उत्तराखण्ड अधीनस्थ सेवा चयन आयोग द्वारा संचालित

उत्तराखण्ड

वन दरोगा

भर्ती परीक्षा 2025

उत्तराखण्ड अधीनस्थ सेवा चयन आयोग द्वारा संचालित

उत्तराखण्ड
वन दरोगा
भर्ती परीक्षा 2025

लेखक
अजय कुमार, निर्मल पाण्डेय
सुशील सिंह

arihant
SUCCESS AND NOTHING LESS

arihant
SUCCESS AND NOTHING LESS

अरिहन्त पब्लिकेशन्स (इण्डिया) लिमिटेड

卐 रजि. कार्यालय

'रामछाया' 4577/15, अग्रवाल रोड, दरिया गंज, नई दिल्ली- 110002
फोन: 011-47630600, 43518550

卐 मुख्य कार्यालय

कालिन्दी, टी.पी. नगर, मेरठ (यूपी)– 250002
फोन: 0121-7156203, 7156204

卐 शाखा कार्यालय

आगरा, अहमदाबाद, बरेली, बेंगलुरु, चेन्नई, दिल्ली, गुवाहाटी, हैदराबाद, जयपुर, झाँसी, कोलकाता, लखनऊ, नागपुर तथा पुणे

卐 मूल्य ₹ 390.00

PO No : TXT-XX-XXXXXXX-X-XX

PUBLISHED BY ARIHANT PUBLICATIONS (INDIA) LTD.

'अरिहन्त' की पुस्तकों के बारे में अधिक जानकारी के लिए हमारी वेबसाइट **www.arihantbooks.com** पर लॉग इन करें या **info@arihantbooks.com** पर सम्पर्क करें।

विषय–सूची

उत्तराखण्ड
वन दरोगा
भर्ती परीक्षा 2025

विज्ञापन प्रकाशन की तिथि	31-01-2025
ऑनलाइन आवेदन की प्रारम्भ तिथि	06-02-2025
ऑनलाइन आवेदन की अन्तिम तिथि	28-02-2025
लिखित परीक्षा का अनुमानित समय	20-04-2025

वेतनमान 29,200-92,300 (लेवल–05)

आयु सीमा 18 वर्ष से 28 वर्ष तक

पद का स्वरूप अराजपत्रित/स्थायी/अंशदायी पेंशनयुक्त।

शैक्षिक अर्हता भारत में विधि द्वारा स्थापित बोर्ड/परिषद या उत्तराखण्ड राज्य स्थित मान्यता प्राप्त विद्यालय से इण्टरमीडिएट (कृषि अथवा विज्ञान के साथ) अथवा समकक्ष स्तर का परीक्षा उत्तीर्ण होनी चाहिए।

शारीरिक अर्हतायें किसी अभ्यर्थी को सेवा में तब तक नियुक्त नहीं किया जायेगा, जब तक कि वह ऊँचाई और सीने के घेरे के लिए नीचे विनिर्दिष्ट न्यूनतम मानक न रखता हो

लिंग	**ऊँचाई**	**सीना**
पुरुष	163 सेमी	सीना फुलाने पर 5 सेमी विस्तार
महिला	150 सेमी	-

परन्तु यह कि अनुसूचित जनजातियों और गोरखा, नेपाली, आसामी, लद्दाखी, सिक्किम, भूटानी, गढ़वाल, कुमाऊँनी, नागा और अरुणांचल प्रदेश लाहुल एवं स्पिति और मेघालयी अभ्यर्थियों की दशा में न्यूनतम ऊँचाई का मानक निम्न प्रकार होगा :

पुरुष–152 सेमी **महिला** 145 सेमी

किसी भी ऐसे अभ्यर्थी को सेवा में किसी पद पर नियुक्त नहीं किया जाएगा, यदि वह शारीरिक और मानसिक रूप से स्वस्थ नहीं हैं, और किसी ऐसे शारीरिक दोष से मुक्त नहीं है, जिसके कारण उसे अपने कर्त्तव्यों के दक्षतापूर्वक निर्वहन में हस्तक्षेप की सम्भावना हो।

शारीरिक दक्षता परीक्षा

विवरण	अर्हकारी मानदण्ड (समय)	
	पुरुष	महिला
पुरुष के मामले में 25 किमी. की दौड़ तथा महिला के मामले में 14 किमी की दौड़	अधिकतम 04 घण्टे में दौड़ पूरी की जानी होगी।	अधिकतम 04 घण्टे में दौड़ पूरी की जानी होगी

दौड़ में सफल अभ्यर्थियों की ही अर्ह (Qualify) घोषित किया जायेगा। शारीरिक अर्हता परीक्षा में अनुपयुक्त पाए जाने पर अथवा शारीरिक दक्षता परीक्षा हेतु विहित अर्हकारी मानदण्ड पूर्ण नहीं किए जाने की दशा में अभ्यर्थी को अनुपयुक्त घोषित कर चयन प्रक्रिया से बाहर कर दिया जाएगा।

लिखित प्रतियोगी परीक्षा हेतु के अनुसार पाठ्यक्रम

चयन के 100 अंकों की 02 घण्टे की वस्तुनिष्ठ प्रकार (Objective Type with Multiple Choice) की एक लिखित परीक्षा, होगी, जिसमें विज्ञान तथा कृषि से सम्बन्धित विषयों पर आधारित प्रश्न होंगे। लिखित परीक्षा का पाठ्यक्रम आयोग की वेबसाइट पर उपलब्ध होगा।

लिखित प्रतियोगी परीक्षा

(I) सामान्य व ओ.बी.सी. श्रेणी के अभ्यार्थियों को 45 प्रतिशत तथा अनुसूचित जाति व अनुसूचित जनजाति श्रेणी को 35 प्रतिशत अंक लाना अनिवार्य हैं, अन्यथा वे लिखित परीक्षा में अनर्ह माने जाएँगे।

(ii) लिखित परीक्षा प्रश्न पत्र मूल्यांकन में प्रत्येक सही उत्तर का 1 अंक व प्रत्येक गलत उत्तर हेतु 1/4 ऋणात्मक अंक दिया जाएगा।

(iii) अभ्यार्थियों को लिखित परीक्षा की प्रश्न बुकलेट, परीक्षा के पश्चात् अपने साथ ले जाने की अनुमति दी जाएगी।

(iv) लिखित परीक्षा के ओ.एम.आर. उत्तर पत्रक (O.M.R. Sheet) ट्रिप्लीकेट में होंगे। ओ.एम.आर. उत्तर पत्रक की द्वितीय प्रति अलग से संरक्षित रखी जाएगी तथा तृतीय प्रति अभ्यर्थी को अपने साथ ले जाने की अनुमति होगी। प्रत्येक अभ्यर्थी उत्तर पत्रक की मूल प्रति एवं द्वितीय प्रति कक्ष निरीक्षक को अनिवार्य रूप से जमा करेंगे, अन्यथा उन्हें अनर्ह घोषित किया जा सकेगा।

यूनिट-I भौतिक विज्ञान

अध्याय

01

गति
(Motion)

गति (Motion)

यदि किसी वस्तु की स्थिति, समय के साथ, अपनी स्थिति परिवर्तित करती है, तो यह स्थिति परिवर्तन ही गति कहलाती है।
जैसे—गतिशील कार, बस आदि पृथ्वी के सापेक्ष गति में हैं।

अदिश राशियाँ (Scalar Quantities)

वे भौतिक राशियाँ जिन्हें व्यक्त करने के लिए केवल परिमाण की आवश्यकता होती है दिशा की नहीं, अदिश राशियाँ कहलाती है। जैसे— दूरी, चाल, आयतन, घनत्व, कार्य आदि।

सदिश राशियाँ (Vector Quantities)

वे भौतिक राशियाँ जिन्हें व्यक्त करने के लिए परिमाण के साथ-साथ दिशा की भी आवश्यकता होती है, सदिश राशियाँ कहलाती है। जैसे— विस्थापन, वेग, त्वरण, बल, संवेग आदि।

गति के प्रकार (Types of Motion)

सामान्यतया गति निम्नलिखित प्रकार की होती हैं

(i) **सरल रेखीय तथा स्थानान्तरीय गति** (Rectilinear and Translatory Motion) जब कोई कण एक सरल रेखा में गति करता है, तो यह गति सरल रेखीय गति कहलाती है तथा जब एक वस्तु (कण नहीं) एक सीधी रेखा में गतिमान होती है, तो उसकी गति स्थानान्तरीय गति कहलाती है। *उदाहरण* क्षैतिज सतह पर लुढ़कती हुई गेंद तथा हाथ से गिरता हुआ पत्थर।

(ii) **वृत्ताकार तथा घूर्णन गति** (Circular and Rotatory Motion) जब कोई कण किसी वृत्ताकार मार्ग पर गति करता है, तो उसकी गति वृत्तीय गति या कोणीय गति कहलाती है।
उदाहरण धागे से बंधे पत्थर को घुमाना।
जब कोई वस्तु किसी स्थिर अक्ष के परित: इस प्रकार गति करती है कि वस्तु का प्रत्येक कण वृत्तीय पथ पर गति करता है एवं समस्त वृत्तीय पथों का केन्द्र उसके अक्ष पर होता है, तो वस्तु की गति घूर्णन गति कहलाती है। *उदाहरण* गोल घूमता लट्टू।

(iii) **दोलनी तथा काम्पनिक गति** (Oscillatory and Vibratory Motion) जब कोई वस्तु एक निश्चित बिन्दु के इधर-उधर एक सरल रेखीय पथ पर गति करती है, तो यह गति दोलनी गति कहलाती है। दोलन करने वाली वस्तु का इसकी माध्य स्थिति की ओर अधिकतम विस्थापन आयाम कहलाता है। यदि आयाम कम है, तो उसकी गति काम्पनिक गति कहलाती है। *उदाहरण* घड़ी के पेण्डुलम की गति।

गति सम्बन्धी कुछ मूलभूत पद
(Some Basic Terms Related to Motion)

गति सम्बन्धी विभिन्न पद निम्न प्रकार हैं

1. निर्देश बिन्दु (Reference Point)

वह बिन्दु जिसके सापेक्ष किसी वस्तु की गति का अध्ययन किया जाता है, निर्देश बिन्दु या मूल बिन्दु कहलाता है।

2. दूरी (Distance)

किसी गतिमान कण द्वारा किसी निश्चित समयान्तराल में तय किए गए वास्तविक पथ की लम्बाई को दूरी कहते हैं। दूरी एक अदिश राशि है तथा इसका मात्रक मीटर है।

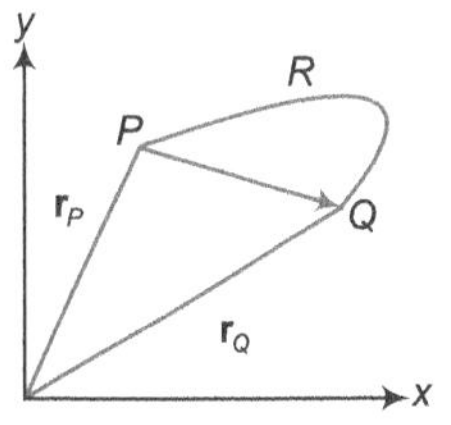

कोई कण बिन्दु P से Q तक पथ PRQ पर गति करता है, तब पथ PRQ की लम्बाई, तय की गई दूरी है।

3. **विस्थापन** (Displacement)

किसी वस्तु की गति की प्रारम्भिक एवं अन्तिम स्थितियों के बीच की न्यूनतम दूरी को उस वस्तु का विस्थापन कहते हैं। यह कण की गति के प्रारम्भिक एवं अन्तिम स्थिति के स्थिति सदिशों के परिवर्तन के बराबर होता है। विस्थापन एक सदिश राशि है तथा इसका मात्रक मीटर है।

दूरी तथा विस्थापन में तुलना
(Comparison between Distance and Displacement)

- वस्तु द्वारा तय की गई दूरी, वस्तु द्वारा अपनाए गए मार्ग पर निर्भर करती है, जबकि विस्थापन, मार्ग पर निर्भर नहीं करता है। यह केवल प्रारम्भिक एवं अन्तिम स्थितियों पर निर्भर करता है।
- दूरी, विस्थापन से अधिक या बराबर हो सकती है परन्तु कम नहीं हो सकती है, अर्थात् दूरी ≥ विस्थापन।
- गतिमान कण द्वारा तय की गई दूरी कभी ऋणात्मक या शून्य नहीं हो सकती, जबकि विस्थापन धनात्मक, ऋणात्मक अथवा शून्य हो सकता है।

एकसमान गति और असमान गति
(Uniform and Non-uniform Motion)

एकसमान गति (Uniform Motion) यदि कोई वस्तु एक नियत समयान्तराल में समान दूरी तय करती है, तो उसकी गति एकसमान गति कहलाती है।

उदाहरण यदि कोई बस चालक प्रथम घण्टे में 60 किमी तथा दूसरे घण्टे में भी 60 किमी दूरी तय करता है, तो बस की चाल एकसमान गति व्यक्त करती है।

असमान गति (Non-uniform Motion) यदि कोई वस्तु समान समयान्तराल में असामान दूरी तय करती है, तो उसकी गति असमान गति कहलाती है। *उदाहरण* यदि कोई बस चालक प्रथम घण्टे में 50 किमी तथा दूसरे घण्टे में 70 किमी की दूरी तय करता है, तब बस की चाल असमान गति को व्यक्त करती है।

चाल (Speed)

किसी गतिमान वस्तु द्वारा प्रति एकांक समय में तय की गई दूरी को, वस्तु की चाल कहते हैं। यह एक अदिश राशि है। इसका मात्रक 'मीटर/सेकण्ड' है।

चाल मुख्यत: निम्नलिखित प्रकार की होती है

(i) **एकसमान चाल** (Uniform speed) जब कोई कण समान समय अन्तराल में समान दूरी तय करता है तो इसकी चाल एकसमान चाल कहलाती है।

(ii) **असमान (परिवर्ती) चाल** (Non-uniform speed) जब कोई कण समान समय अन्तराल में असमान दूरी तय करता है, तो इसकी चाल असमान अथवा परिवर्ती चाल कहलाती है।

(iii) **औसत चाल** (Average speed) दिए गए समय अन्तराल में तय की गई कुल दूरी तथा कुल समय के अनुपात को औसत चाल कहते हैं।

$$\text{औसत चाल} = \frac{\text{तय की गई कुल दूरी}}{\text{लिया गया कुल समय}} \Rightarrow v_{av} = \frac{\Delta s}{\Delta t}$$

(a) **समय औसत चाल** (Time average speed) जब कोई कण भिन्न-भिन्न समयान्तरालों $t_1, t_2, t_3 \ldots$ में भिन्न-भिन्न चालों क्रमश: $v_1, v_2, v_3, \ldots$ से चलता है, तो यात्रा के सम्पूर्ण समय हेतु इसकी औसत चाल 'समय औसत चाल' कहलाती है।

$$v = \frac{\text{तय की गई कुल दूरी}}{\text{लिया गया कुल समय}} = \frac{d_1 + d_2 + d_3 + \ldots}{t_1 + t_2 + t_3 \ldots} = \frac{v_1 t_1 + v_2 t_2 + v_3 t_3 \ldots}{t_1 + t_2 + t_3 \ldots}$$

(b) **दूरी औसत चाल** (Distance average speed) जब कोई कण भिन्न-भिन्न दूरियाँ $d_1, d_2, d_3 \ldots$, भिन्न समयान्तरालों $t_1, t_2, t_3, \ldots$ में क्रमश: $v_1, v_2, v_3, \ldots$ चाल से तय करता है, तो यात्रा की सम्पूर्ण दूरी हेतु इसकी औसत चाल 'दूरी औसत चाल' कहलाती है।

$$v_{av} = \frac{\text{तय की गई कुल दूरी}}{\text{लिया गया कुल समय}} = \frac{d_1 + d_2 + d_3 + \ldots}{t_1 + t_2 + t_3 + \ldots} = \frac{d_1 + d_2 + d_3 + \ldots}{\frac{d_1}{v_1} + \frac{d_2}{v_2} + \frac{d_3}{v_3} + \ldots}$$

(iv) **तात्कालिक या तात्क्षणिक चाल** (Instantaneous Speed) किसी निश्चित क्षण पर अथवा विशेष समय पर गतिमान वस्तु की चाल तात्कालिक या तात्क्षणिक चाल कहलाती है।

अथवा किसी क्षण पर अत्यन्त सूक्ष्म समयान्तराल में वस्तु द्वारा चली गई दूरी तथा सूक्ष्म समयान्तराल के अनुपात को वस्तु की तात्कालिक चाल कहते हैं। माना किसी क्षण t पर गतिमान वस्तु द्वारा अल्प समयान्तराल Δt में तय की गई दूरी Δs है, तो

$$\text{तात्कालिक चाल } (u) = \frac{\Delta s}{\Delta t}$$

सामान्यत: कार, स्कूटर, बस आदि में लगा स्पीडोमीटर या ओडोमीटर, उस क्षण वाहन की तात्कालिक चाल को प्रदर्शित करता है।

वेग (Velocity)

किसी गतिशील वस्तु द्वारा किसी निश्चित दिशा में प्रति एकांक समय में तय की गई दूरी को, वस्तु का वेग कहते हैं। वेग एक सदिश राशि है। इसका मात्रक 'मीटर/सेकण्ड' है।

वेग मुख्यत: निम्नलिखित प्रकार के होते हैं

(i) **एकसमान वेग** (Uniform velocity) यदि कोई वस्तु समान समयान्तरालों में समान विस्थापित होती है, तो उसका वेग, एकसमान वेग कहलाता है।

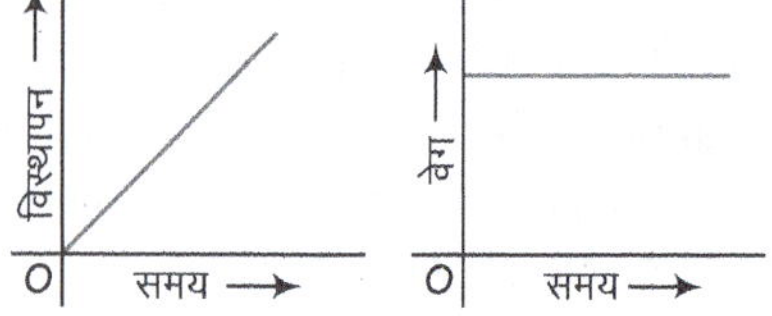

(ii) **असमान या परिवर्ती वेग** (Non-uniform velocity) यदि कोई वस्तु समान समयान्तरालों में असमान विस्थापित हो , तो उसका वेग असमान या परिवर्ती वेग कहलाता है।

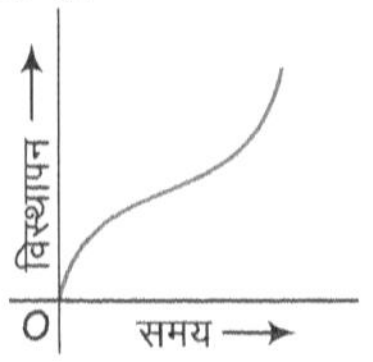

(iii) **औसत वेग** (Average Velocity) किसी गतिमान वस्तु के कुल विस्थापन को समयान्तराल से विभाजित करने पर, औसत वेग प्राप्त होता है अर्थात्

$$\text{औसत वेग} = \frac{\text{कुल विस्थापन}}{\text{समयान्तराल}} = \frac{\Delta x}{\Delta t}$$

जहाँ, Δx = गतिमान पिण्ड का विस्थापन, Δt = विस्थापन में लगा समय

यदि वस्तु का वेग निश्चित दिशा में एकसमान दर से परिवर्तित हो रहा है, तो

$$\text{औसत वेग} = \frac{\text{प्रारम्भिक वेग} + \text{अन्तिम वेग}}{\text{कुल समय}} = \frac{u+v}{2}$$

(iv) **तात्क्षणिक वेग** (Instantaneous Velocity) किसी गतिमान पिण्ड का किसी निश्चित क्षण पर वेग तात्क्षणिक वेग कहलाता है।

अथवा किसी क्षण पर अत्यन्त सूक्ष्म समयान्तराल में वस्तु द्वारा तय किए गए अत्यन्त सूक्ष्म विस्थापन तथा अल्प समयान्तराल के अनुपात को वस्तु का तात्कालिक वेग कहते हैं।

माना किसी क्षण t पर अत्यन्त अल्प समयान्तराल (Δt) में वस्तु का विस्थापन Δs है, तो

$$\text{तात्कालिक वेग } (v) = \frac{\Delta s}{\Delta t}$$

त्वरण (Acceleration)

किसी वस्तु के वेग परिवर्तन की दर उसका त्वरण कहलाता है।

$$\text{त्वरण} = \frac{\text{वेग-परिवर्तन}}{\text{समयान्तराल}} \Rightarrow \mathbf{a} = \frac{\Delta \mathbf{v}}{\Delta t}$$

यह एक सदिश राशि है। इसकी दिशा, वेग-परिवर्तन की दिशा में होती है, इसका मात्रक मी/से^{2} है।

त्वरण मुख्यत: निम्नलिखित प्रकार का होता है

(i) **एकसमान त्वरण** (Uniform acceleration) यदि कण की गति के दौरान, त्वरण का परिमाण व दिशा नियत रहे, तो कण का त्वरण एकसमान त्वरण तथा इसकी गति एकसमान त्वरित गति कहलाती है।

(ii) **परिवर्ती (असमान) त्वरण** (Non-uniform acceleration) यदि गति के दौरान कण के त्वरण का परिमाण अथवा दिशा अथवा दोनों परिवर्तित होते हैं, तो इसका त्वरण परिवर्ती त्वरण कहलाता है।

(iii) **औसत त्वरण** (Average acceleration) किसी वस्तु के वेग में कुल परिवर्तन तथा उसमें लगे कुल समय का अनुपात औसत त्वरण कहलाता है।

$$\text{औसत त्वरण, } a = \frac{\text{वेग में कुल परिवर्तन}}{\text{कुल समय}}$$

(iv) **तात्क्षणिक त्वरण** (Instantaneous acceleration) किसी विशेष क्षण पर वस्तु की गति में त्वरण, तात्क्षणिक त्वरण कहलाता है।

$$\text{तात्क्षणिक त्वरण } (\mathbf{a}) = \lim_{\Delta t \to 0} \frac{\Delta \mathbf{v}}{\Delta t} = \frac{d\mathbf{v}}{dt}$$

नोट त्वरण धनात्मक शून्य अथवा ऋणात्मक हो सकता है। धनात्मक त्वरण का अर्थ है कि वेग समय के साथ बढ़ रहा है। शून्य त्वरण का अर्थ है कि वेग एकसमान अथवा नियत है जबकि ऋणात्मक त्वरण (मन्दन) का अर्थ है कि वेग समय के साथ घट रहा है।

गति का ग्राफीय प्रदर्शन

(Graphical Representation of Motion)

किसी गतिमान पिण्ड की गति के विश्लेषण के लिए दूरी-समय, विस्थापन-समय या वेग-समय के मध्य ग्राफ खींचकर, गतिमान पिण्ड की स्थितियाँ, किसी भी क्षण ज्ञात की जा सकती हैं।

1. दूरी-समय ग्राफ (Distance-Time Graph)

समय के साथ किसी वस्तु की स्थिति परिवर्तन को दूरी-समय ग्राफ द्वारा व्यक्त किया जाता है। इस ग्राफ में समय को X-अक्ष और दूरी को Y-अक्ष पर प्रदर्शित किया जाता है। दूरी-समय ग्राफ का प्रयोग वस्तु की चाल जानने के लिए भी करते हैं। इसको विभिन्न अवस्थाओं में निम्न प्रकार प्रदर्शित किया जाता है

(i) एकसमान चाल से गतिमान किसी वस्तु का दूरी-समय ग्राफ समय अक्ष से न्यूनकोण बनाती हुई एक सरल रेखा होती है।

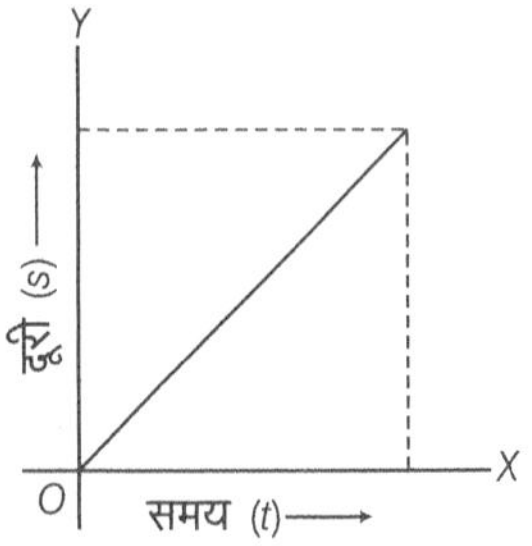

(ii) असमान चाल से चलती हुई किसी गतिमान वस्तु का दूरी-समय ग्राफ एक टेढ़ी-मेढ़ी रेखा अथवा कोई वक्र होता है।

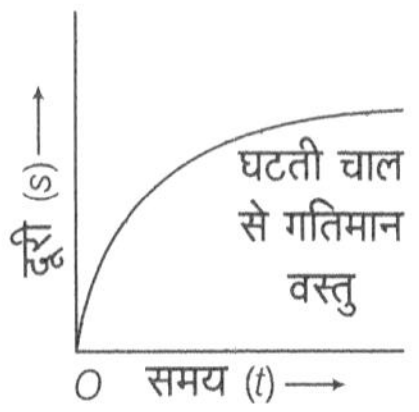

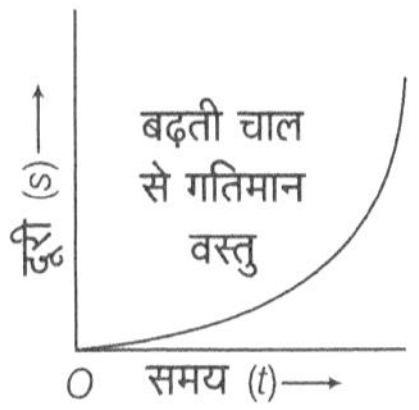

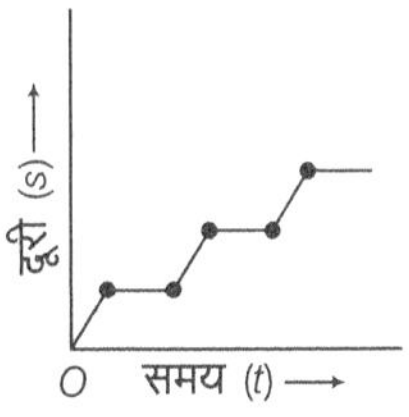

(iii) विरामावस्था में किसी वस्तु का दूरी-समय ग्राफ समय अक्ष के समान्तर एक सरल रेखा होगा।

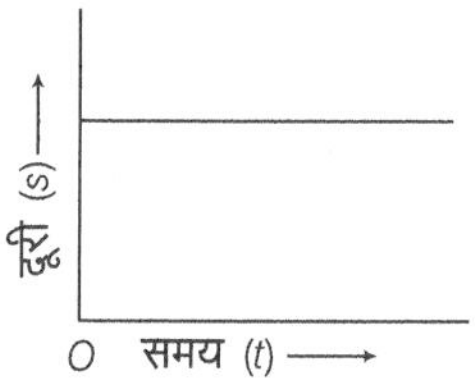

2. विस्थापन-समय ग्राफ (Displacement-Time Graph)

भिन्न-भिन्न समयों पर किसी गतिमान वस्तु के विस्थापन (किसी निर्देश बिन्दु के सापेक्ष) व समय के बीच के ग्राफ को, विस्थापन-समय ग्राफ कहते हैं।

(i) एकसमान वेग से गतिमान किसी वस्तु का विस्थापन-समय ग्राफ, समय अक्ष से न्यूनकोण बनाती हुई एक सरल रेखा होती है।

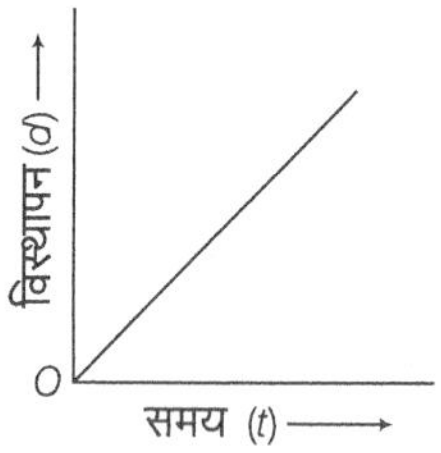

(ii) असमान वेग से गतिमान किसी वस्तु का विस्थापन-समय ग्राफ एक टेढ़ी-मेढ़ी रेखा अथवा कोई वक्र होता है।

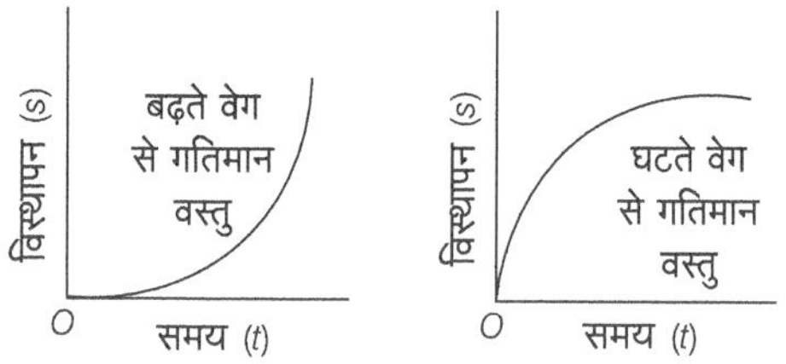

(iii) किसी स्थिर वस्तु का विस्थापन-समय ग्राफ, समय अक्ष की समान्तर रेखा होती है। विस्थापन-समय अक्ष का समय वस्तु के वेग को प्रदर्शित करता है।

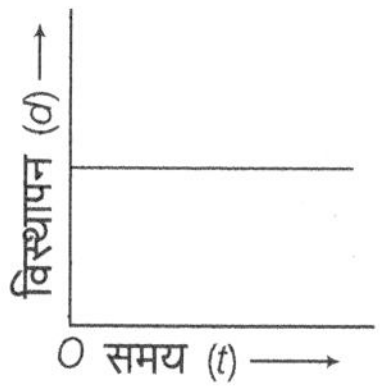

3. वेग-समय ग्राफ (Velocity-Time Graph)

समय के साथ वस्तु के वेग में परिवर्तन को वेग-समय ग्राफ द्वारा व्यक्त करते हैं। इस ग्राफ में समय को X-अक्ष पर और वेग को Y-अक्ष पर लेते हैं।

(i) जब कोई वस्तु एकसमान वेग से गतिमान होती है, तो समय के साथ वेग-समय ग्राफ की ऊँचाई में कोई परिवर्तन नहीं होगा और यह X-अक्ष के समान्तर एक सीधी रेखा होगी। यह निम्न ग्राफ में दर्शाया गया है

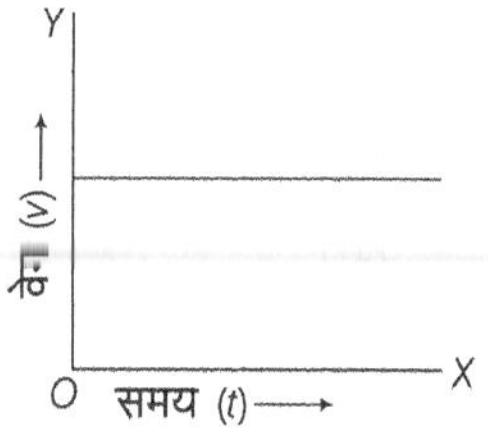

(ii) एकसमान त्वरित गति के लिए वेग-समय ग्राफ एक सरल रेखा होती है। एकसमान त्वरित गति के लिए वेग-समय ग्राफ निम्न है

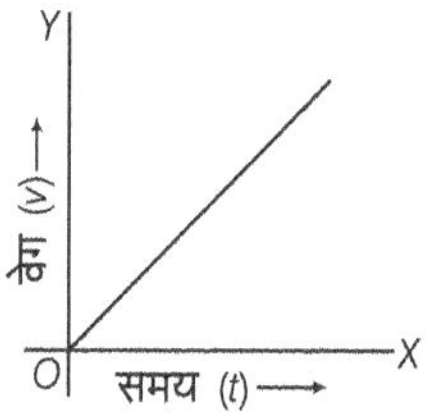

(iii) (a) जब किसी वस्तु की गति में असमान त्वरण होता है, तब उसका वेग अनियमित रूप से बदलता है तथा वेग-समय ग्राफ एक वक्र के रूप में प्राप्त होता है

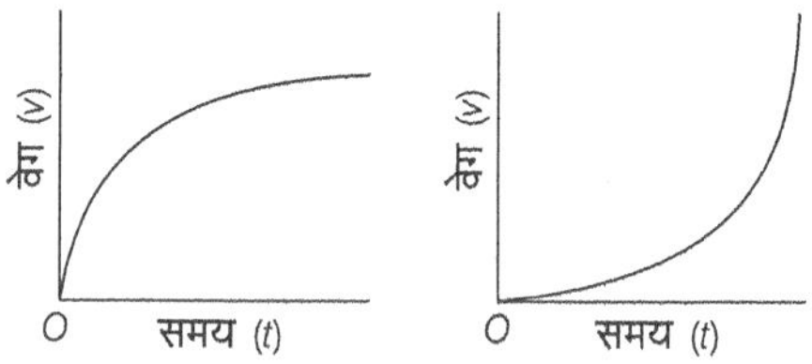

(b) असमान त्वरित गति की स्थिति में वेग-समय ग्राफ टेढ़ी-मेढ़ी आकृति का भी हो सकता है।

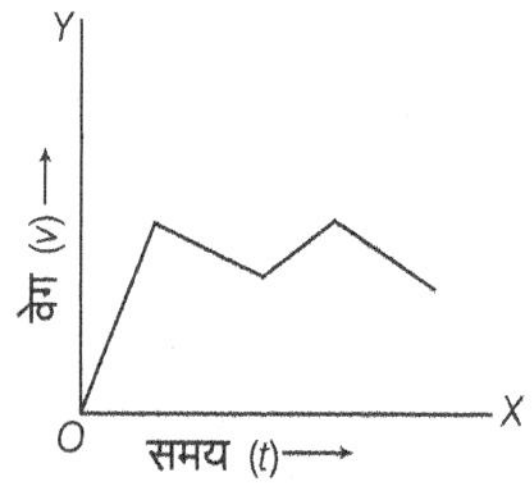

वेग-समय ग्राफ द्वारा घेरे गए क्षेत्रफल से गतिमान वस्तु का विस्थापन ज्ञात किया जा सकता है।

वेग-समय ग्राफ का ढाल, गतिमान वस्तु के त्वरण को प्रदर्शित करता है। यदि ग्राफ का ढलान धनात्मक है, तो त्वरण भी धनात्मक होता है तथा यदि ग्राफ का ढलान ऋणात्मक है, तो त्वरण भी ऋणात्मक होता है।

त्वरण-समय ग्राफ (Acceleration-Time Graph)

समय के साथ वस्तु के त्वरण में परिवर्तन को त्वरण-समय ग्राफ द्वारा प्रदर्शित किया जाता है। इस ग्राफ में समय को X-अक्ष तथा त्वरण को Y-अक्ष पर लिया जाता है। त्वरण-समय ग्राफ द्वारा घेरा गया क्षेत्रफल वस्तु के वेग को दर्शाता है।

त्वरण-समय ग्राफ द्वारा गति विश्लेषण

ग्राफ का आकार — **ग्राफ का विवरण**

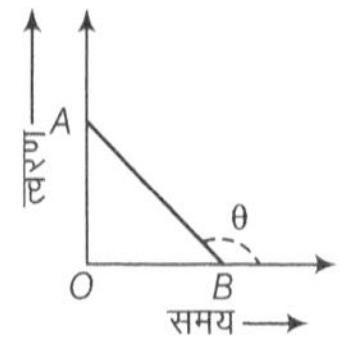

वस्तु ऋणात्मक त्वरण से गतिमान है।

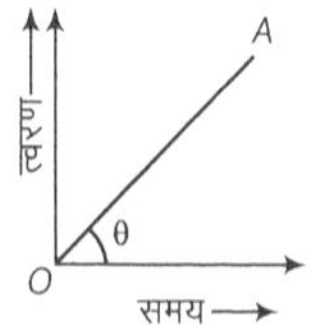

यदि वस्तु धनात्मक त्वरण से गतिमान है।

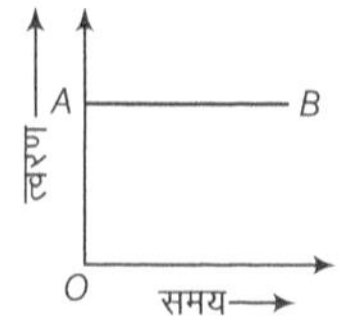

वस्तु एक समान त्वरण से गतिमान है।

गति के समीकरण (Equations of Motion)

यदि किसी वस्तु का प्रारम्भिक वेग u तथा एकसमान त्वरण a है, तो t समय में s दूरी तय करने के पश्चात् वस्तु का वेग v हो जाता है।

(i) $v = u + at$ (ii) $s = ut + \frac{1}{2}at^2$

(iii) $v^2 = u^2 + 2as$ (iv) $s_t = u + \frac{1}{2}a(2t - 1)$

[$s_t = t$ वें सेकण्ड में चली दूरी]

- यदि मन्दन है, तो त्वरण का मान ऋणात्मक $(-a)$ लेंगे।
- यदि पिण्ड एकसमान वेग से गतिमान हो, तो $a = 0$ लेते हैं।
- यदि वस्तु विरामावस्था से चलना प्रारम्भ करती है, तो उसका प्रारम्भिक वेग $u = 0$ होता है।
- यदि वस्तु अन्त में रुक जाती है, तो अन्तिम वेग शून्य होता है।
- इसी प्रकार वस्तु के सरल रेखीय गति (रेखीय त्वरण) में

क्र.सं.	परिस्थितियाँ	समीकरणों का समुच्चय
1.	जब त्वरण धनात्मक हो अर्थात् त्वरण की दिशा वेग की दिशा के अनुदिश हो।	1. (i) $v = u + at$ (ii) $v^2 = u^2 + 2as$ (iii) $s = ut + \frac{1}{2}at^2$
2.	जब त्वरण ऋणात्मक हो अर्थात् त्वरण की दिशा वेग की दिशा के विपरीत हो।	2. (i) $v = u - at$ (ii) $v^2 = u^2 - 2as$ (iii) $s = ut - \frac{1}{2}at^2$

गुरुत्व के अन्तर्गत गति (Motion Under Gravity)

जब कोई वस्तु पृथ्वी तल से ऊपर गति करती है, तो वह गुरुत्वीय त्वरण g के अधीन गति करती है। इसके लिए

$v = u \pm gt$, $h = ut \pm \frac{1}{2}gt^2$

$v^2 = u^2 \pm 2gh$, $S_t = u \pm \frac{1}{2}g(2t - 1)$

जब वस्तु ऊपर से ऊर्ध्वाधर नीचे की ओर गिरती है, तो g का मान धनात्मक लेते हैं।

जब वस्तु ऊर्ध्वाधर ऊपर की ओर फेंकी जाती है, तो g का मान ऋणात्मक लेते हैं। g का मान प्राय: 9.8 मी/से^{2} या 32 फीट/से^{2} होता है।

गुरुत्वीय त्वरण, g के साथ मुक्तरूपेण गिरती वस्तुओं के समीकरणों में चिह्न परिवर्तन

क्र.सं.	परिस्थितियाँ	समीकरणों का समुच्चय
1.	जब वेग g के अनुदिश हो, अर्थात्, $g = +g$	1. (i) $v = u + gt$ (ii) $v^2 = u^2 + 2gh$ (iii) $h = ut + \frac{1}{2}gt^2$
2.	जब वेग g के विपरीत हो, अर्थात्, $g = -g$	2. (i) $v = u - gt$ (ii) $v^2 = u^2 - 2gh$ (iii) $h = ut - \frac{1}{2}gt^2$

वृत्तीय गति (Circular Motion)

जब कोई कण किसी तल में इस प्रकार गति करता है कि उसकी किसी स्थिर बिन्दु से दूरी नियत रहे तो उसकी यह गति उस निश्चित बिन्दु के सापेक्ष वृत्तीय गति कहलाती है।

एकसमान वृत्तीय गति (Uniform Circular Motion)

यदि कोई वस्तु वृत्तीय पथ पर एकसमान चाल से गति करती है, तो उसकी गति एकसमान वृत्तीय गति कहलाती है। यदि कोई ऐथलीट चित्र में दिखाई गई विभिन्न आकृति के अनुदिश गति करता है, तब

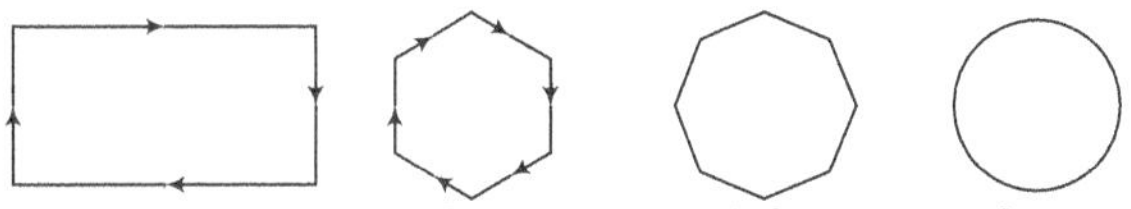

आयताकार पथ (a) कोणीय पथ (b) अष्टकोणीय पथ (c) वृत्तीय पथ (d)

चित्र (a), (b) तथा (c) में ऐथलीट क्रमश: चार, छ: तथा आठ बार अपनी दिशा परिवर्तित करता है, लेकिन जब ऐथलीट वृत्तीय पथ पर नियत चाल से गति करता है, तो इसकी गति की दिशा लगातार परिवर्तित होती है। वेग में परिवर्तन, केवल गति की दिशा में परिवर्तन के कारण होता है। इसलिए वृत्तीय पथ में गति एक त्वरित गति है। यदि त्रिज्या r वाले वृत्त की परिधि $2\pi r$ होती है, तो ऐथलीट r त्रिज्या वाले वृत्तीय पथ का एक चक्कर लगाने में t सेकण्ड का समय लेता है, तब ऐथलीट का वेग, $v = \frac{2\pi r}{t}$ होगा।

वृत्तीय गति के प्रमुख उदाहरण निम्न हैं

(i) पंखे की गति

(ii) चन्द्रमा एवं पृथ्वी की गति

(iii) पृथ्वी के चारों ओर उपग्रह की गति

नोट एकसमान वृत्तीय गति करने वाली किसी वस्तु पर कार्य करने वाले बल को अभिकेन्द्रीय बल कहते हैं।

अभिकेन्द्रीय बल $F = \frac{mv^2}{r}$

अभ्यास प्रश्न

1. दूरी कौन-सी राशि है?

(a) अदिश (b) सदिश

(c) अदिश और सदिश दोनों

(d) इनमें से कोई नहीं

2. यदि किसी वस्तु द्वारा तय की गई दूरी, समय के वर्ग के समानुपाती है, तो

(a) त्वरण नियत है (b) वेग नियत है

(c) त्वरण शून्य है

(d) वेग और त्वरण दोनों परिवर्ती हैं

3. एक कण त्रिज्या r वाले वृत्ताकार मार्ग पर घूम रहा है। आधे चक्कर के बाद कण का विस्थापन होगा

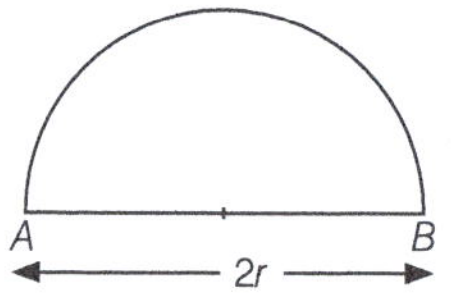

(a) शून्य (b) πr (c) $2r$ (d) $2\pi r$

4. एकसमान वृत्तीय गति में

(a) चाल नियत रहती है

(b) वेग नियत रहती है

(c) चाल और वेग दोनों नियत रहते हैं

(d) चाल तथा वेग दोनों परिवर्तित रहते हैं

5. वाहनों में लगे ओडोमीटर से क्या मापा जाता है?

(a) दूरी (b) चाल

(c) वेग (d) त्वरण

6. चार कार A, B, C और D एक सड़क पर गति कर रही हैं। इनका दूरी-समय ग्राफ चित्र में दर्शाया गया है। सही कथन छाँटिए

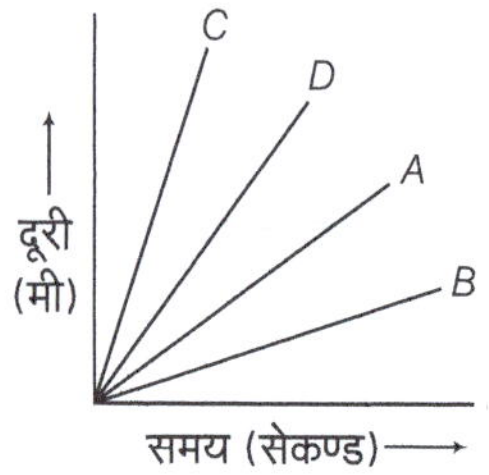

(a) कार A की गति कार D से अधिक है

(b) कार C की गति सबसे कम है

(c) कार D की गति कार C से अधिक है

(d) कार B की गति सबसे कम है

7. त्वरण का मात्रक लिखिए

(a) मी (b) मी/से

(c) मी/से^{2} (d) मी^{2}

8. वेग-समय ग्राफ द्वारा घेरा गया क्षेत्र किस भौतिक राशि को दर्शाता है?

(a) दूरी (b) विस्थापन

(c) त्वरण (d) इनमें से कोई नहीं

9. दिए गए चाल-समय ग्राफ में ग्राफ-समय अक्ष के समान्तर एक सरल रेखा है, तब वस्तु की गति के विषय में कह सकते हैं कि

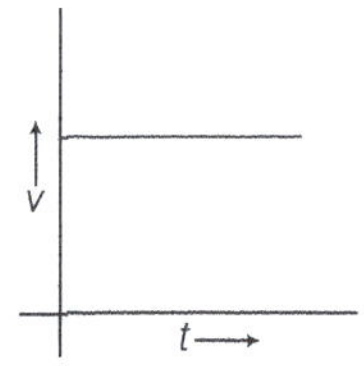

(a) एकसमान गति (b) स्थिर है

(c) असमान गति (d) एकसमान त्वरण

10. निम्न में से कौन-सा चित्र वस्तु की एकसमान गति को दर्शाता है?

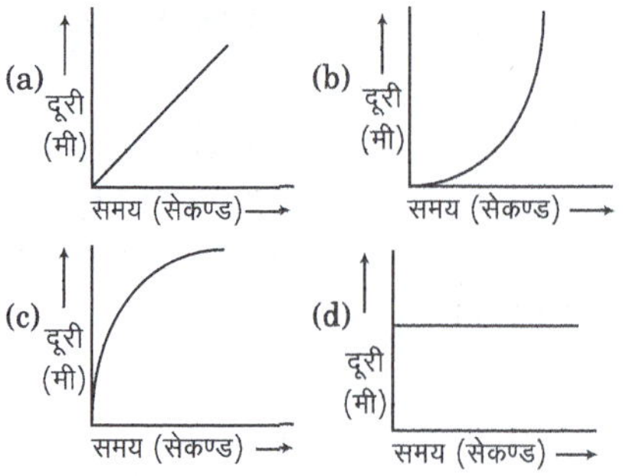

11. वेग-समय ग्राफ द्वारा किसका अध्ययन किया जाता है?

(a) दूरी का (b) विस्थापन का

(c) त्वरण का (d) चाल का

12. वेग-स्थिति सम्बन्ध व्यक्त करने के लिए समीकरण है

(a) $v = u + at$ (b) $s = ut + \frac{1}{2}at^2$

(c) $v^2 = u^2 + 2as$ (d) $v^2 = u^2 - 2as$

13. किसी आनत तल पर वस्तु की गति है

(a) सरल रेखीय (b) वृत्तीय

(c) दोलनी (d) इनमें से कोई नहीं

14. यदि एक चींटी फर्श पर सीधी रेखा में गति कर रही है, तो वह किस प्रकार की गति को प्रदर्शित करेगी?

(a) एक-विमीय (b) द्वि-विमीय

(c) त्रि-विमीय (d) इनमें से कोई नहीं

15. किसी वस्तु या कण की स्थिति के मापन के लिए एक निर्देश बिन्दु का चयन किया जाता है, उसे कहते हैं

(a) मूलबिन्दु (b) शून्य बिन्दु

(c) अशून्य बिन्दु (d) इनमें से कोई नहीं

16. निम्न में से सदिश राशि का युग्म है

I. द्रव्यमान II. चाल III. त्वरण IV. वेग

कूट

(a) I और II (b) II और III

(c) III और I (d) III और IV

17. दूरी के मापन हेतु प्रयुक्त उपकरण

(a) ओडोमीटर (b) स्पीडोमीटर

(c) रेन्जोमीटर (d) इनमें से कोई नहीं

18. एक वृत्तीय पथ की त्रिज्या r है, तो वृत्तीय पथ के दो चक्कर लगाने में तय दूरी तथा विस्थापन का मान होगा

(a) $4\pi r$, शून्य (b) $2\pi r$, शून्य

(c) πr, शून्य (d) $6\pi r$, शून्य

19. निम्नलिखित में से किस राशि का मान शून्य अथवा ऋणात्मक हो सकता है?

(a) दूरी

(b) विस्थापन

(c) a और b दोनों

(d) समय

20. एक वाहन आधी दूरी को चाल v_1 से तथा शेष आधी दूरी को चाल v_2 से तय करता है। औसत चाल है

(a) $\frac{v_1 + v_2}{2}$ (b) $\frac{2v_1 + v_2}{v_1 + v_2}$

(c) $\frac{2v_1v_2}{v_1 + v_2}$ (d) $\frac{v_1 + v_2}{v_1v_2}$

21. किसी वृत्ताकार पथ पर घूमने वाली वस्तु की चाल होगी

(a) $v = \frac{2\pi r}{t}$

(b) $v = 2\pi r$

(c) $v = \frac{\pi r}{t}$

(d) $v = 2r$

22. यदि किसी वस्तु द्वारा तय की गई दूरी समय के अनुक्रमानुपाती है, तो वस्तु

(a) अचर चाल से गतिशील है

(b) अचर त्वरण से गतिशील है

(c) विरामावस्था में है

(d) अचर वेग से गतिशील है

23. यदि कोई वस्तु सीधे पथ पर गतिशील है, तो वस्तु के वेग का परिमाण तुल्य होगा

(a) वस्तु की चाल के

(b) वस्तु के त्वरण के

(c) वस्तु के विस्थापन के

(d) इनमें से कोई नहीं

24.

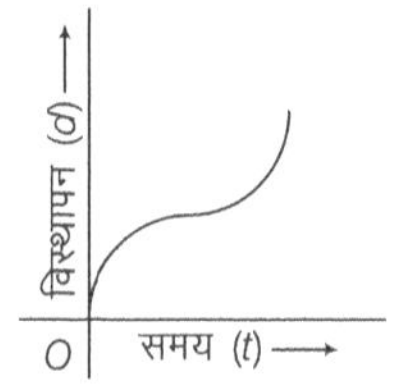

उपरोक्त ग्राफ में वस्तु किस प्रकार के वेग से गतिशील है?

(a) एकसमान वेग

(b) असमान वेग

(c) कुछ समय समान वेग से तथा उसके पश्चात् असमान वेग से

(d) उपरोक्त में से कोई नहीं

25. चाल-समय ग्राफ का ढाल प्रदर्शित करता है

(a) चाल (b) त्वरण

(c) विस्थापन (d) वेग

26. एक कण का प्रारम्भिक वेग 10 मी/से तथा मन्दन 2 मी/से^{2} है। कण द्वारा 5वें सेकण्ड में चली गई दूरी है

(a) 1 मी (b) 19 मी

(c) 5 मी (d) 75 मी

27. पिण्ड का त्वरण शून्य होगा यदि पिण्ड का चाल-समय ग्राफ

(a) समय अक्ष के लम्बवत् रेखा हो

(b) समय अक्ष के समान्तर रेखा हो

(c) समय अक्ष से कोई कोण बनाती हुई रेखा सरल रेखा हो

(d) एक वक्र रेखा हो

28. एक पिण्ड एक समान त्वरण से विरामावस्था से चलता है। तब s तथ t के पदों में इसका तात्क्षणिक वेग होगा?

(a) $v = \frac{2t}{s}$ (b) $v - \frac{s}{t}$

(c) $v = \frac{2s}{t}$ (d) $v = \frac{3s}{t}$

29. दो वस्तुएँ h_1 व h_2 ऊँचाइयों से एकसाथ छोड़ी जाती हैं। उनके पृथ्वी पर पहुँचने में लिए गए समयों में अनुपात होगा

(a) $\frac{h_1}{h_2}$ (b) $\sqrt{\frac{h_1}{h_2}}$

(c) $\frac{h_2}{h_1}$ (d) $\sqrt{\frac{h_2}{h_1}}$

30. जब वस्तु समान समयान्तरालों में समान दूरियाँ तय करती है, तो उसकी गति होती है

(a) अवमन्दित गति (b) त्वरित गति

(c) असमान गति (d) एकसमान गति

31. प्रारम्भ में एक कार समान वेग से चल रही थी। उस पर 1 मी/से^{2} का त्वरण 12 सेकण्ड तक लगा जिसके फलस्वरूप 12वें सेकण्ड में कार ने 190 मी की दूरी तय की। कार का प्रारम्भिक वेग (मी/से में) होगा

(a) 17.85 (b) 187.5

(c) 178.5 (d) 1785

32. कोई पिण्ड विरामावस्था से चलना प्रारम्भ करता है। यदि त्वरण 10 मी/से^{2} हो, तो 10वें सेकण्ड में पिण्ड द्वारा चली दूरी होगी

(a) 95 मी (b) 85 मी

(c) 75 मी (d) 65 मी

33. एक रेलगाड़ी 11 मी/से के वेग से चलती है। ब्रेक लगाने पर रेलगाड़ी 121 मी चलकर रुक जाती है। विरामावस्था में आने में समय लगेगा

(a) 5.5 सेकण्ड (b) 11 सेकण्ड

(c) 4.4 सेकण्ड (d) 22 सेकण्ड

34. एक लिफ्ट नियत वेग से नीचे उतर रही है। एक व्यक्ति लिफ्ट में एक सिक्का उछालता है। सिक्का किस त्वरण से लिफ्ट के फर्श पर गिरेगा?

(a) शून्य (b) $+g$

(c) $-g$ (d) $g/2$

35. एक पिण्ड समान त्वरण के साथ चल रहा है। एक समय पर इसका वेग 10 मी/से है। 5 सेकण्ड बाद इसका वेग 20 मी/से हो जाता है। 2 सेकण्ड पूर्व इसका वेग था

(a) 4 मी/से (b) 6 मी/से

(c) 8 मी/से (d) 10 मी/से

36. एक वस्तु विराम अवस्था से चलना प्रारम्भ करती है। उसका त्वरण 5 मी/से^{2} है। 50 मी/से का वेग प्राप्त होने पर उसके द्वारा चली गई दूरी होगी

(a) 312.5 मी (b) 25 मी

(c) 250 मी (d) 2500 मी

37. एक पिण्ड 10 मी/से के प्रारम्भिक वेग से पृथ्वी तल से ऊपर की ओर फेंका जाता है। वह अधिक-से-अधिक ऊँचाई तक पहुँचेगा ($g = 10$ मी/से^{2})

(a) 5 मी (b) 10 मी (c) 15 मी (d) 20 मी

38. दो स्टेशनों के बीच एक गाड़ी की गति पहले समान रूप से बढ़ती है। तदोपरान्त वह स्थिर गति से चलती है एवं अन्तिम चरण में समान रूप से घटती है। यदि तीनों स्थितियों में लिए गए समय क्रमशः 1 : 6 : 1 के अनुपात में हो तथा अधिकतम गति 32 किमी/घण्टा हो, तो सम्पूर्ण यात्रा की औसत गति (किमी/घण्टा में) है

(a) 4 (b) 14 (c) 28 (d) 32

39. एक हवाई जहाज 75 मी/से की गति से सीधी रेखा में चलते हुए 6 सेकण्ड तक रॉकेट छोड़ता है। इस समय के अन्त तक हवाई जहाज की गति बढ़कर 120 मी/से हो जाती है। जहाज द्वारा प्रथम 10 सेकण्ड में तय की गई दूरी है

(a) 930 मी (b) 1200 मी

(c) 1065 मी (d) इनमें से कोई नहीं

40. कोई बालक मेरठ में 20 मी ऊँचाई तक गेंद फेंक सकता है जहाँ $g = 9.8$ मी/से^{2} है। कानपुर में $g = 9.81$ मी/से^{2} हो तो वहाँ गेंद फेंकेगा

(a) 19.98 मी (b) 20 मी

(c) 19.53 मी (d) 199.8 मी

41. एक पिण्ड 100 मी/से के वेग से ऊर्ध्वाधर फेंका जाता है। गति प्रारम्भ करने वाले बिन्दु पर लौटने का समय होगा

(a) 10.2 सेकण्ड (b) 20.4 सेकण्ड

(c) 30.3 सेकण्ड (d) 40.4 सेकण्ड

42. एक वस्तु विरामावस्था से कुछ दूरी चलकर रूक जाती है। वस्तु के प्रारम्भिक तथा अन्तिम वेगों का अन्तर होगा

(a) शून्य (b) अनन्त

(c) एक (d) इनमें से कोई नहीं

43. किसी पत्थर के टुकड़े को पृथ्वी से 1000 मी की ऊँचाई तक ले जाने हेतु किस वेग से फेंकना होगा?
(a) 140 मी/से (b) 150 मी/से
(c) 100 मी/से (d) 45 मी/से

44. एक गतिमान पिण्ड समय के वर्ग के अनुक्रमानुपाती में दूरियाँ तय कर रहा है। पिण्ड का त्वरण
(a) बढ़ रहा है (b) घट रहा है
(c) शून्य है (d) नियत है

45. एक कार दो स्थानों के बीच की आधी दूरी 40 किमी/घण्टा की चाल से तथा शेष आधी दूरी 60 किमी/घण्टा की चाल से तय करती है। कार की औसत चाल (किमी/घण्टा में) होगी
(a) 48 (b) 38
(c) 28 (d) 58

46. यदि एक वस्तु विरामावस्था से गिरती है, तो वस्तु द्वारा $2h$ दूरी गिरने में प्राप्त वेग है
(a) $\sqrt{gh}$ (b) $\sqrt{2gh}$
(c) $2\sqrt{gh}$ (d) शून्य

47. एक पिण्ड स्थिर अवस्था में एकसमान त्वरण से चलना प्रारम्भ करता है। यदि वह 2 सेकण्डों में s_1 दूरी तथा अगले 2 सेकण्डों में s_2 दूरी तय करें, तो s_1 व s_2 के बीच सम्बन्ध होगा
(a) $s_1 = s_2$ (b) $2s_1 = s_2$
(c) $3s_1 = s_2$ (d) $3s_1 = 2s_2$

48. एक इलेक्ट्रॉन 5×10^4 मी/से के वेग से गतिशील है। वैद्युत क्षेत्र में प्रवेश करने पर 1×10^{15} मी/से^{2} का त्वरण प्राप्त कर लेता है। कितने समय में इलेक्ट्रॉन का वेग प्रारम्भिक वेग का दोगुना हो जाएगा?
(a) 5×10^{-11} सेकण्ड में
(b) 4×10^{-11} सेकण्ड में
(c) 3×10^{-11} सेकण्ड म
(d) 2×10^{-11} सेकण्ड में

49. एक गेंद को भवन की छत से गिराने पर गेंद को जमीन पर पहुँचने में 3 सेकण्ड लगते हैं। गेंद के पृथ्वी की ओर त्वरण 10 मी/से^{2} है, तो भवन की ऊँचाई है
(a) 40 मी
(b) 20 मी
(c) 30 मी
(d) उपरोक्त में से कोई नहीं

50. एक ट्रेन ने एक दूरी 30 किमी/घण्टा की चाल से तय की तथा 50 किमी/घण्टा की चाल से लौट आई। ट्रेन की औसत चाल है
(a) 36 किमी/घण्टा
(b) 37.5 किमी/घण्टा
(c) 38 किमी/घण्टा
(d) 40 किमी/घण्टा

51. एक पिण्ड को ऊर्ध्वाधर रूप से ऊपर की ओर फेंका जाता है। उसे अधिकतम ऊँचाई तक पहुँचने के लिए t समय लगता है। उसे अधिकतम ऊँचाई के $\frac{3}{4}$ तक जाने के लिए समय लगेगा
(a) $\frac{2t}{3}$ (b) $\frac{t}{2}$
(c) $\frac{t}{3}$ (d) $\frac{2t}{\sqrt{2}}$

52. गुरुत्व क्षेत्र में किसी ऊँचाई से एक गेंद विराम अवस्था से मुक्त रूप से गिरना प्रारम्भ करती है और आधी दूरी t सेकण्ड में तय कर लेती है, तो इसके द्वारा शेष आधी दूरी तय करने में लिया गया समय है
(a) $\frac{t}{4}$ सेकण्ड
(b) $\frac{3t}{4}$ सेकण्ड
(c) $(\sqrt{2} - 1)t$ सेकण्ड
(d) $(1 - \sqrt{2})t$ सेकण्ड

53. एक वस्तु एकसमान वेग से चल रही है, इसका त्वरण होगा
(a) a
(b) शून्य
(c) g
(d) उपरोक्त में से कोई नहीं

54. एक पिण्ड एकसमान त्वरण 2 मी/से^{2} तथा 8 मी/से के प्रारम्भिक वेग से गतिमान है। 4 सेकण्ड पश्चात् उसका वेग क्या होगा?
(a) 16 मी/से (b) 8 मी/से
(c) 12 मी/से (d) 10 मी/से

उत्तरमाला

1. (a)	2. (a)	3. (c)	4. (a)	5. (b)	6. (d)	7. (c)	8. (b)	9. (a)	10. (a)
11. (c)	12. (c)	13. (a)	14. (a)	15. (a)	16. (d)	17. (a)	18. (a)	19. (b)	20. (c)
21. (a)	22. (a)	23. (a)	24. (b)	25. (b)	26. (a)	27. (b)	28. (c)	29. (b)	30. (d)
31. (c)	32. (a)	33. (d)	34. (b)	35. (b)	36. (c)	37. (a)	38. (c)	39. (c)	40. (a)
41. (b)	42. (a)	43. (a)	44. (d)	45. (a)	46. (c)	47. (c)	48. (a)	49. (d)	50. (b)
51. (b)	52. (c)	53. (b)	54. (a)						

अध्याय

02

बल एवं गति के नियम

(Force and Laws of Motion)

बल (Force)

वह बाह्य कारक (धक्का/खिंचाव) जो किसी पिण्ड के रूप व आकार या स्थिति में परिवर्तन कर सकता है, बल कहलाता है। दैनिक जीवन में बलों का उपयोग किसी पिण्ड या वस्तु को एक स्थान से उठाकर दूसरे स्थान तक ले जाने में किया जाता है। साधारणतया "बल वह धक्का अथवा खिंचाव होता है, जो किसी वस्तु में गति या विराम की अवस्था में परिवर्तन करता है या परिवर्तन करने का प्रयास करता है।"

नोट बल लगाने की क्रिया दो वस्तुओं के बीच होती है। एक वस्तु जो बल लगाती है तथा दूसरी जिस पर वह बल लगाया जाता है। केवल एक ही वस्तु के लिए बल का कोई अर्थ नहीं है।

बल एक सदिश राशि है और इसका SI मात्रक **न्यूटन** (Newton) तथा CGS मात्रक **डाइन** (Dyne) होता है।

$$1 \text{ न्यूटन} = 1 \text{ किग्रा-मी/से}^2$$
$$1 \text{ न्यूटन} = 10^5 \text{ डाइन}$$

बल का एक अन्य मात्रक **किलोग्राम-भार** भी है। 1 किग्रा-भार बल = 1 किग्रा $\times 9.81$ मी/से^{2} = 9.81 किग्रा-मी/से^{2} = 9.81 न्यूटन

$$\therefore \quad 1 \text{ न्यूटन} = \frac{1}{9.81} \text{ किग्रा-भार}$$

बल के प्रकार (Type of Forces)

बल निम्नलिखित दो प्रकार के होते हैं

(i) **संतुलित बल** (Balanced Forces) यदि किसी वस्तु पर एक साथ दो या दो से अधिक बल कार्य कर रहे हों तथा बलों का परिणामी प्रभाव शून्य हो, तो वे बल संतुलित बल कहलाते हैं। संतुलित बलों के प्रभाव में वस्तु की स्थिति में कोई परिवर्तन नहीं होता है, परन्तु वस्तु की आकृति बदल जाती है।

उदाहरण यदि एक गुटके को दोनों ओर समान बल लगाकर परस्पर विपरीत दिशा में ले जाया जाता है, तब गुटके में कोई गति नहीं होती है। अत: गुटके पर लगा बल संतुलित बल कहलाता है।

(ii) **असंतुलित बल** (Unbalanced Forces) यदि किसी वस्तु अथवा निकाय पर लगे हुए बलों का परिणामी बल शून्य नहीं है, तो वे बल असंतुलित बल कहलाते हैं। असंतुलित बल द्वारा किसी स्थिर वस्तु को गति प्रदान की जा सकती है तथा किसी गतिमान वस्तु को रोका जा सकता है।

उदाहरण रस्साकसी में यदि एक टीम दूसरी टीम से अधिक शक्तिशाली है, तो वह रस्से तथा कमजोर टीम दोनों को अपनी ओर खींच लेती है। इस दशा में रस्से पर लगने वाला बल असंतुलित बल है।

जड़त्व तथा द्रव्यमान (Inertia and Mass)

किसी वस्तु का वह गुण जो उसकी विराम या गति की अवस्था में परिवर्तन का विरोध करता है, **जड़त्व** कहलाता है अर्थात् यदि वस्तु विराम अवस्था में है, तो वह विराम अवस्था में रहेगी और यदि वह किसी दिशा में एकसमान वेग से गतिशील है, तो वह उसी दिशा में समान वेग से गति करती रहेगी। किसी वस्तु का जड़त्व उस वस्तु का प्राकृतिक गुण होता है।

किसी वस्तु का जड़त्व उसके द्रव्यमान के अनुक्रमानुपाती होता है, अत: जिस वस्तु का द्रव्यमान अधिक होगा, उसका जड़त्व भी अधिक होगा। अत: किसी वस्तु का द्रव्यमान उसके जड़त्व की माप है।

जड़त्व के प्रकार (Types of Inertia)

जड़त्व निम्नलिखित दो प्रकार का होता है

(i) **विराम का जड़त्व** (Inertia of Rest) यदि कोई वस्तु स्थिर अवस्था में है, तो वह सदैव स्थिर ही रहेगी, जब तक कि उसकी अवस्था परिवर्तन के लिए बाह्य बल न लगाया जाए। यह विराम का जड़त्व कहलाता है।

(ii) **गति का जड़त्व** (Inertia of Motion) यदि कोई वस्तु एक नियत चाल से सरल रेखा में गतिमान है, तो उसकी अवस्था परिवर्तन के लिए बाह्य बल आरोपित करना होगा। यह गति का जड़त्व कहलाता है।

दैनिक जीवन में जड़त्व के उदाहरण
(Examples of Inertia in Daily Life)

वस्तु के जड़त्व के अनेक उदाहरण हमें दैनिक जीवन में मिलते हैं, जो निम्नलिखित हैं

(i) **बस अथवा कार की विरामावस्था से गति** दैनिक जीवन में प्राय: हम देखते हैं कि बस जैसे ही विरामावस्था से तेजी से गति करती है, तो उसमें बैठे सभी यात्रीगण पीछे की ओर गतिमान हो जाते हैं, क्योंकि यात्रियों का नीचे वाला भाग जो बस के सम्पर्क में है, आगे की ओर गतिमान हो जाता है, जबकि ऊपर वाला भाग जड़त्व के कारण पीछे की ओर विस्थापित हो जाता है।

(ii) **बस अथवा कार का गतिमान अवस्था से अचानक रुकना** यदि तेजी से गतिमान बस अथवा कार अचानक रुक जाती है, तो सभी यात्रियों का नीचे वाला भाग बस के साथ स्थिर हो जाता है। जबकि ऊपर वाला भाग गतिशील ही रहता है, अत: यात्री आगे की ओर झुक जाते हैं।

(iii) **कम्बल को तेजी से झाड़ने पर धूल के कणों का अलग होना** जब किसी कम्बल को तेजी से झाड़ते हैं, तो जड़त्व के कारण धूल के कण अपने स्थान पर ही रहते हैं और कम्बल से अलग होकर नीचे गिर जाते हैं।

(iv) **पेड़ की शाखा को जोर से हिलाने पर फलों और पत्तियों का झड़ना** जब पेड़ की शाखा को जोर से हिलाया जाता है, तो जड़त्व के कारण पत्तियाँ व फल अपने स्थान पर ही रहना चाहते हैं और नीचे गिर पड़ते हैं।

(v) **काँच की खिड़की पर बन्दूक से दागी गई गोली द्वारा छोटा छिद्र बनाना** बन्दूक से दागी गई गोली जब अति तीव्र वेग से काँच से टकराती है, तो जिस छिद्र से गोली काँच से बाहर जाती है, उसके समीप काँच जड़त्व के कारण स्थिर रहता है। अत: गोली अपने आकार के अनुसार छोटा छिद्र बनाती है। जबकि यदि काँच पर कोई पत्थर फेंका जाए, तो सम्पूर्ण काँच की खिड़की चटक जाती है, क्योंकि पत्थर को शीशे से पार करने में अधिक समय लगता है। इस कारण शीशे का शेष भाग भी गतिमान हो जाता है और शीशा चटख जाता है।

(vi) **लम्बी कूद के खिलाड़ी का कूदने से पहले तेज दौड़ना** खिलाड़ी कूदने से पहले तेज दौड़कर अपने शरीर को गतिशील कर लेता है और गतिशील अवस्था में जब वह कूदता है, तो लम्बी दूरी तय कर लेता है।

(vii) **बोतल पर रखे गत्ते को अचानक हटा देने पर उस पर रखे सिक्के का बोतल में गिर जाना** काँच की बोतल पर एक गत्ता रखते हैं, जिस पर एक सिक्का रखा हुआ है। जब गत्ते को अचानक अंगुली से टक्कर मारकर हटा देते हैं, तो सिक्का बोतल में गिर जाता है। इसका कारण यह है कि प्रारम्भ में गत्ता और सिक्का दोनों विरामावस्था में हैं। अंगुली से टकराने पर गत्ते में गति उत्पन्न हो जाती है जबकि सिक्का जड़त्व के कारण उस स्थान पर ठहरा रहता है। अत: गत्ता हटकर आगे बढ़ जाता है तथा सिक्का बोतल में गिर जाता है।

न्यूटन के गति के नियम
(Newton's Laws of Motion)

न्यूटन के गति के तीन नियम निम्नलिखित हैं

1. प्रथम नियम (First Law)

इस नियम के अनुसार, यदि कोई वस्तु विरामावस्था में हो, तो वह विराम की अवस्था में ही रहेगी व यदि कोई वस्तु गति की अवस्था में हो, तो वह गति की अवस्था में ही रहेगी जब तक कि उस पर कोई बाह्य बल न लगाया जाए। इस नियम को जड़त्व का नियम भी कहते हैं।

न्यूटन के गति के प्रथम नियम के व्यावहारिक उदाहरण
(Common Phenomena Based on Newton's First Law of Motion)

न्यूटन के गति के प्रथम नियम के कुछ व्यावहारिक उदाहरण निम्नलिखित हैं

(i) मेज पर रखी पुस्तक, तब तक उसी अवस्था में रहेगी, जब तक उसकी अवस्था परिवर्तन के लिए बाहर से कोई बल न लगाया जाए।

(ii) धरती पर गति करती हुई कोई गेंद गतिमान अवस्था में रहती है, जब तक इस पर कोई बाह्य बल न लगाया जाये।

नोट जब कोई वस्तु जमीन पर गति करती है, तो वह घर्षण बल के कारण विरामावस्था में आ जाती है अन्यथा वह वस्तु गति करती रहेगी।

रैखिक संवेग (Linear Momentum)

किसी वस्तु के द्रव्यमान व वेग के गुणनफल को उसका रैखिक संवेग (p) कहते हैं। $p = mv$

यह एक सदिश राशि है, इसका मात्रक किग्रा-मीटर/सेकण्ड होता है।

यह पृथक्कीकृत तल में संरक्षित राशि होती है। यदि कोई वाहन नियत चाल से इस प्रकार गतिमान होता है कि उसका संवेग परिवर्तित हो रहा है, तो वह वक्राकार पथ पर गतिमान होता है।

2. द्वितीय नियम (Second Law)

किसी वस्तु के संवेग परिवर्तन की दर उस पर आरोयित बाह्य्य बल के अनुक्रमानुपाती होती है तथा यह संवेग परिवर्तन, लगाए गए बल की दिशा में होता है।

$$F \propto \frac{dp}{dE}$$

$$F = \frac{kdp}{dt} \Rightarrow F = \frac{kdmv}{dt} \quad [\because p = mv]$$

$$F = km\frac{dv}{dt} \Rightarrow F = k\,ma$$

यदि $k = 1$ हो, तो $F = ma$

न्यूटन के गति के द्वितीय नियम के कुछ व्यावहारिक उदाहरण

न्यूटन के गति के द्वितीय नियम के कुछ व्यावहारिक उदाहरण निम्नलिखित हैं

(i) **क्रिकेट में गेंद को कैच लेते समय खिलाड़ी का अपने हाथ को पीछे की ओर खींच लेना** जब क्रिकेट मैदान में खिलाड़ी कैच लेता है, तो गेंद द्वारा हाथों पर धक्का या बल लगता है और उसका संवेग शून्य हो जाता है। अँगुलियों के मध्य गेंद आते ही वह हाथों को पीछे हटाता है, जिस कारण संवेग परिवर्तन का समयान्तराल बढ़ जाता है। अत: संवेग-परिवर्तन की दर और इस कारण हाथ पर लगा बल कम हो जाता है, जिसे वह आसानी से सहन कर लेता है।

(ii) **ऊँची कूद के खिलाड़ी का स्पंज के गद्दे पर गिरना** ऊँची कूद का खिलाड़ी स्पंज के गद्दे अथवा मिट्टी पर गिरकर संवेग-परिवर्तन की दर को कम करता है, जिससे उसको चोट कम लगती है।

(iii) **कराटे के खेल में खिलाड़ी द्वारा टाइलों के समूह को एक ही बार में तोड़ना** कराटे के खेल में कोई खिलाड़ी जब टाइलों के समूह अथवा बर्फ की सिल्ली पर तेजी से वार करता है, तो हाथ का सारा संवेग बहुत कम समयान्तराल में शून्य हो जाता है। इसके परिणामस्वरूप टाइलों के समूह या बर्फ की सिल्ली पर इतना बल लगता है कि वह टूट जाती है।

(iv) **गाड़ियों में स्प्रिंगों का प्रयोग करना** टूटी हुई सड़क पर चलती हुई कार या बस में उत्पन्न धक्कों को मन्द करने के लिए उसमें स्प्रिंगें लगी होती हैं। स्प्रिंग के कारण समयान्तराल में वृद्धि हो जाती है तथा संवेग-परिवर्तन की दर कम हो जाती है और लगने वाले धक्कों का प्रभाव भी कम हो जाता है।

(v) **बॉक्सर का अपना सिर पीछे की ओर करना** एक बॉक्सर अपने सामने वाले बॉक्सर के पंच के प्रभाव को कम करने के लिए अपना सिर पीछे की ओर ले जाता है। इसका कारण यह है कि सिर को पीछे करने से उसका समयान्तराल बढ़ जाता है, जिससे संवेग-परिवर्तन तथा लगने वाले बल का प्रभाव कम हो जाता है।

3. तृतीय नियम (Third Law)

"प्रत्येक क्रिया के बराबर परन्तु विपरीत दिशा में प्रतिक्रिया होती है।" क्रिया तथा प्रतिक्रिया बल सदैव भिन्न वस्तुओं पर कार्य करते हैं।

न्यूटन के गति के तृतीय नियम के व्यावहारिक उदाहरण

न्यूटन के गति के तृतीय नियम के कुछ व्यावहारिक उदाहरण निम्नलिखित हैं

(i) **बन्दूक से गोली चलाने पर बन्दूक का पीछे हटना** जब किसी बन्दूक से गोली चलती है, तो उसमें भरी बारूद गैस में परिवर्तित हो जाती है। इसी कारण गोली तीव्र गति से बन्दूक से बाहर निकलती है। यह गोली भी बन्दूक पर विपरीत दिशा में समान प्रतिक्रिया बल लगाती है। इसी कारण बन्दूक पीछे की ओर हटती है।

(ii) **भूमि पर चलते समय पैरों को पीछे की ओर धकेलना** जब हम ठोस भूमि पर चलते हैं, तो हम पैरों के द्वारा भूमि को पीछे की ओर धकेलते हैं तथा भूमि भी प्रतिक्रिया के रूप में हमारे पैरों पर आगे की ओर उतना ही बल लगाती है, जिसके कारण हम आगे की ओर बढ़ते हैं।

(iii) **तैरते समय पानी को पीछे की ओर धकेलना** जब एक तैराक अपने हाथों द्वारा पानी को पीछे की ओर धकेलता है, तब पानी भी तैराक को उतने ही बल से आगे की ओर धकेलता है, जिससे तैराक पानी में आसानी से तैरने लगता है।

(iv) **रेत पर चलना** रेत पर चलना कठिन होता है, क्योंकि जब पैरों द्वारा रेत पर बल लगाया जाता है, तो रेत पीछे की ओर विस्थापित हो जाता है, जिससे वह प्रतिक्रिया स्वरूप उतना ही बल प्रदान नहीं कर पाता है।

(v) **फर्श से टकराने के बाद गेंद का वापस उछलना** जब रबर की गेंद किसी फर्श पर टकराती है, तो उस पर एक बल लगता है, इस बल के विपरीत दिशा में प्रतिक्रिया बल कार्य करता है तथा गेंद वापस ऊपर की ओर गति करने लगती है।

(vi) **कुएँ से जल खींचना** जब कोई व्यक्ति कुएँ से जल से भरी बाल्टी को ऊपर की ओर खींचता है, तो वह रस्सी पर अपना ही बल (क्रिया बल) लगाता है, तो रस्सी भी व्यक्ति को अपनी ओर उतने ही बल (प्रतिक्रिया बल) से खींचती है। रस्सी के अचानक टूट जाने पर रस्सी द्वारा व्यक्ति पर लगा बल समाप्त हो जाता है, अत: व्यक्ति अपने द्वारा लगाए गए बल के कारण पीछे की ओर गिर जाता है।

आवेग (Impulse)

यदि किसी वस्तु पर कोई बल अत्यन्त कम समय के लिए कार्य करता है, तो बल व समय के गुणनफल को बल का आवेग कहते हैं। इसका मात्रक न्यूटन-सेकण्ड है।

$$\text{आवेग} = \text{बल} \times \text{समयान्तराल} = F \times \Delta t$$

किसी बल का आवेग, बल द्वारा संवेग में परिवर्तन के तुल्य होता है। इसे आवेग-संवेग प्रमेय कहते हैं।

$$\text{आवेग} = \text{संवेग परिवर्तन}$$

$$I = p_2 - p_1$$

जहाँ, p_2 व p_1 क्रमश: शून्य तथा t समय पर संवेग है।

आवेग पर आधारित कुछ व्यावहारिक उदाहरण

आवेग पर आधारित कुछ व्यावहारिक उदाहरण निम्नलिखित हैं

(i) चीनी मिट्टी के बर्तनों को कागज या घास-फूस के टुकड़ों में पैक (Pack) करते हैं, क्योंकि गिरने की स्थिति में, घास-फूस या कागज के कारण आवेग, चीनी मिट्टी के बर्तनों तक पहुँचने में अधिक समय लेता है। जिससे बर्तनों पर लगने वाला बल कम हो जाता है, अत: इनके टूटने की सम्भावना कम हो जाती है।

(ii) रेलगाड़ी के डिब्बों की शंटिंग (Shunting) के दौरान गम्भीर झटकों से बचाने के लिए प्रतिरोधों (Buffers) का उपयोग किया जाता है, क्योंकि प्रतिरोधी की उपस्थिति के कारण समय के प्रभाव (Impact) में वृद्धि हो जाती है, जिससे झटकों के दौरान बल कम हो जाता है, अत: नुकसान में कमी हो जाती है।

(iii) एक तीव्र धावक को सुझाव दिया जाता है कि वह रेस समाप्त करने के बाद अपनी गति को धीरे-धीरे कम करे, जिससे उसके समय में वृद्धि होगी तथा उसके द्वारा लगाया गया बल कम होता जाएगा।

रैखिक संवेग संरक्षण का नियम

(Law of Conservation of Linear Momentum)

यदि किसी निकाय पर लगने वाला बल शून्य है, तो उसका कुल रैखिक संवेग संरक्षित रहता है।

यदि m_1 व m_2 द्रव्यमान की दो वस्तुएँ u_1 व u_2 वेग से गतिमान हैं तथा टकराने के बाद इनके वेग v_1 व v_2 हो जाते हैं, तो रैखिक संवेग संरक्षण के नियम से

$$m_1u_1 + m_2u_2 = m_1v_1 + m_2v_2$$

लम्बी कूद लगाने वाला खिलाड़ी संवेग संरक्षण को बनाए रखने के लिए कूदने से पहले दौड़ता है।

जेट इन्जन रेखीय संवेग संरक्षण के सिद्धान्त पर कार्य करता है।

अभ्यास प्रश्न

1. जब किसी वस्तु की गति त्वरित होती है, तो
(a) उसकी चाल में सदैव वृद्धि होती है
(b) उसके वेग में सदैव वृद्धि होती है
(c) वह सदैव पृथ्वी की ओर गिरती है
(d) उस पर सदैव कोई बल कार्य करता

2. जड़त्व का गुण
(a) किसी-किसी वस्तु में होता है
(b) प्रत्येक वस्तु में होता है
(c) किसी भी वस्तु में नहीं होता है
(d) केवल गतिशील वस्तु में होता है

3. किसी गतिशील पिण्ड का वेग आधा करने से उसका संवेग हो जाता है
(a) आधा (b) दोगुना (c) चार गुना
(d) एक-चौथाई

4. स्वतन्त्र गति के लिए किसी वस्तु पर कोई बल लगाया गया। यदि बल का परिमाण तथा वस्तु का द्रव्यमान ज्ञात हो, तो न्यूटन के दूसरे नियम की सहायता से हम
(a) वस्तु का भार ज्ञात कर सकते हैं
(b) वस्तु की चाल ज्ञात कर सकते हैं
(c) वस्तु का त्वरण ज्ञात कर सकते हैं
(d) वस्तु की स्थिति ज्ञात कर सकते हैं

5. स्वतन्त्र गति के लिए 1 किग्रा द्रव्यमान की किसी वस्तु पर 1 न्यूटन का बल लगाया जाए, तो वह
(a) 1 मी/से की चाल से गति करेगी
(b) 1 किमी/सेकण्ड की चाल से गति करेगी
(c) 10 मी/से^{2} के त्वरण से गति करेगी
(d) 1 मी/से^{2} के त्वरण से गति करेगी

6. चालक अपनी कार को पहले 1.8 मी/से^{2} की दर से त्वरित करता है, फिर 1.2 मी/से^{2} की दर से त्वरित करता है। इंजन द्वारा आरोपित बलों का अनुपात क्या होगा?
(a) 1 : 2 (b) 2 : 1 (c) 2 : 3 (d) 3 : 2

7. किसी वस्तु पर कोई बाह्य बल लगता है, तो वह बल की दिशा में त्वरित हो जाती है। इस प्रकार उत्पन्न त्वरण, वस्तु
(a) पर लगे बल के समानुपाती होता है
(b) के वेग के समानुपाती होता है
(c) के द्रव्यमान के समानुपाती होता है
(d) के जड़त्व के समानुपाती होता है

8. अचर बल 0.6 किग्रा द्रव्यमान के किसी पिण्ड में 0.08 मी/से^{2} का त्वरण उत्पन्न करता है, तो बल का परिमाण है
(a) 0.048 न्यूटन (b) 4.8 न्यूटन
(c) 48 न्यूटन (d) 0.48 न्यूटन

9. कोई बल 10 ग्राम द्रव्यमान की वस्तु A में 8 मी/से^{2} का त्वरण उत्पन्न करता है और कोई दूसरा बल 20 ग्राम द्रव्यमान की वस्तु B में 5 मी/से^{2} का त्वरण उत्पन्न करता है, तो
(a) B की अपेक्षा A पर बड़ा बल लगता है
(b) A की अपेक्षा B पर बड़ा बल लगता है
(c) A और B दोनों पर समान बल लगता है
(d) A और B दोनों पर लगा बल शून्य है

10. न्यूटन के तृतीय नियम के अनुसार, क्रिया और प्रतिक्रिया बल
(a) एक ही वस्तु पर कार्य करते हैं
(b) अलग-अलग वस्तुओं पर एक-दूसरे के विपरीत कार्य करते हैं
(c) परिमाण और दिशा में समान होते हैं
(d) एक-दूसरे के लम्बवत् कार्य करते हैं

11. गोली छोड़ने के बाद रायफल पीछे की ओर प्रतिक्षेपित होती है। इसका कारण है
(a) ऊर्जा संरक्षण का नियम
(b) न्यूटन के गति का तृतीय नियम
(c) न्यूटन के गति का प्रथम नियम
(d) न्यूटन के गति का द्वितीय नियम

12. रॉकेट किस सिद्धान्त पर कार्य करता है?
(a) ऊर्जा संरक्षण सिद्धान्त
(b) आवेश संरक्षण सिद्धान्त
(c) ऊष्मा संरक्षण सिद्धान्त
(d) संवेग संरक्षण सिद्धान्त

13. बस के अचानक चलने पर उसमें बैठे यात्री पीछे की ओर गिर पड़ते हैं यह उदाहरण है
(a) विराम का जड़त्व
(b) गति का जड़त्व
(c) दिशा का जड़त्व
(d) इनमें से कोई नहीं

14. जब कोई बस अचानक मुड़ती है, तो बस में खड़े यात्री बाहर की ओर गिरते हैं। इसका कारण है
(a) उन पर बाहर की ओर लगने वाला धक्का
(b) जड़त्व
(c) संवेग परिवर्तन
(d) त्वरण परिवर्तन

15. एक वस्तु त्वरित होती रहेगी, जब तक कि
(a) इस पर कार्यरत् परिणामी बल कम होना प्रारम्भ नहीं होता है
(b) इसका वेग दिशा परिवर्तित नहीं करता है
(c) इस पर परिणामी बल शून्य नहीं होता है
(d) परिणामी बल की दिशा, इसकी गति की दिशा के लम्बवत् नहीं होती है

16. दो पत्थर जिनके द्रव्यमान 3 : 4 अनुपात में हैं, ऐसी ऊँचाइयों से गिरते हैं जिनका अनुपात 4 : 9 है। जमीन के तल पर पहुँचने पर उनके संवेगों का अनुपात होगा
(a) 3 : 4 (b) 2 : 3 (c) 1 : 2 (d) 1 : 3

17. एक लड़का एक ट्रेन के डिब्बे में सबसे ऊपर की बर्थ पर बैठा है, जोकि एक स्टेशन पर रुकने वाली है। लड़का अपने से ठीक नीचे लगभग 2 मी की दूरी पर बैठे अपने भाई के खुले हाथ पर ऊपर से सेब गिराता है, सेब गिरेगा

(a) उसके भाई के हाथ से कुछ दूर ट्रेन के चलने की दिशा में
(b) उसके भाई के हाथ से कुछ दूर ट्रेन के चलने की विपरीत दिशा में
(c) ठीक उसके भाई के हाथ में
(d) उपरोक्त में से कोई नहीं

18. 1 न्यूटन बल वह है, जोकि 0.1 किग्रा द्रव्यमान की वस्तु को त्वरित कर सके
(a) 0.1 मी/से^{2} त्वरण से
(b) 1 मी/से^{2} त्वरण से
(c) 5 मी/से^{2} त्वरण से
(d) 10 मी/से^{2} त्वरण से

19. 5 ग्राम द्रव्यमान की एक वस्तु पर 100 डाइन का बल 10 सेकण्ड तक लगता है। वस्तु में उत्पन्न वेग होगा
(a) 2 सेमी/से
(b) 20 सेमी/से
(c) 200 सेमी/से
(d) 2000 सेमी/से

20. 1000 किग्रा द्रव्यमान की एक कार 40 मी/से की चाल से गति कर रही है। इसे रोकने के लिए ब्रेक लगाया जाता है, यदि ब्रेक का बल 4000 न्यूटन हो, तो कार को रोकने में आवश्यक समय होगा
(a) 5 सेकण्ड
(b) 15 सेकण्ड
(c) 10 सेकण्ड
(d) 20 सेकण्ड

21. एक 5 ग्राम द्रव्यमान की गोली 100 मी/से के वेग से एक लकड़ी के गुटके में 6 सेमी तक धँस जाती है, तब गोली द्वारा गुटके पर आरोपित औसत बल है
(a) 8300 न्यूटन (b) 417 न्यूटन
(c) 830 न्यूटन (d) शून्य

22. 2 किग्रा तथा 5 किग्रा के दो पिण्ड विरामावस्था में हैं। यदि इन पर समान बल लगाया जाए, तो इनके द्वारा समान वेग प्राप्त करने में लगे समय का अनुपात होगा
(a) 5 : 2 (b) 25 : 4
(c) 4 : 25 (d) 2 : 5

23. 250 ग्राम द्रव्यमान की गेंद बल्ले से 10 मी/से के वेग से टकराती है तथा 0.01 सेकण्ड में समान वेग से वापिस लौटती है। गेंद द्वारा बल्ले पर आरोपित बल होगा
(a) 25 न्यूटन
(b) 50 न्यूटन
(c) 250 न्यूटन
(d) 500 न्यूटन

24. m द्रव्यमान की एक गेंद v चाल से एक दीवार से लम्बवत् टकराती है तथा इसी प्रकार लम्बवत् वापिस लौटती है, यदि दीवार के साथ गेंद का सम्पर्क समय t हो, तब गेंद द्वारा दीवार पर आरोपित बल होगा
(a) $\frac{2mv}{t}$ (b) $\frac{mv}{t}$
(c) mvt (d) $\frac{mv}{2t}$

25. कोई वस्तु उस समय तक अपनी विराम अवस्था अथवा गति अवस्था परिवर्तित नहीं करती, जब तक उस पर कोई बाह्य बल न लगाया जाए। इसका कारण है
(a) द्रव्यमान (b) भार (c) जड़त्व (d) त्वरण

26. एक मोटरसाइकिल का त्वरण 8 मी/से^{2} है। यदि एक ऐसी ही खराब मोटरसाइकिल इसके पीछे बाँध दी जाए तो इसका त्वरण होगा
(a) 16 मी/से^{2} (b) 4 मी/से^{2}
(c) 8 मी/से^{2} (d) 7.84 मी/से^{2}

27. किसी पिण्ड पर 100 न्यूटन का बल 0.4 सेकण्ड तक लगाया जाता है। बल का आवेग होगा
(a) 40 न्यूटन-सेकण्ड
(b) 20 न्यूटन-सेकण्ड
(c) 10 न्यूटन-सेकण्ड
(d) 15 न्यूटन-सेकण्ड

28. 25 किग्रा द्रव्यमान के पिण्ड पर 200 न्यूटन का बल लगा है, तो विरामावस्था से 64 मी चलने में उस पिण्ड को समय लगेगा
(a) 1 सेकण्ड (b) 2 सेकण्ड
(c) 4 सेकण्ड (d) 8 सेकण्ड

29. एक पिण्ड का संवेग 1 मिनट में 200 किग्रा–मी/से से बढ़कर 800 किग्रा–मी/से हो जाता है। पिण्ड पर आरोपित बल है
(a) 15 न्यूटन (b) 20 न्यूटन
(c) 35 न्यूटन (d) 10 न्यूटन

30. 5 ग्राम द्रव्यमान के पिण्ड (विराम अवस्था में) पर एक बल 20 सेकण्ड के लिए लगता है जिसके बाद उस पर कोई बल नहीं लगता तथा 5 सेकण्ड पश्चात् 50 सेमी की दूरी चलकर रुक जाता है। बल का मान (न्यूटन में) होगा
(a) 0.2×10^{-3}
(b) 0.2×10^{-2}
(c) 5×10^{-3}
(d) 5×10^{-5}

31. 5 न्यूटन का बल m_1 द्रव्यमान के एक पिण्ड में 8 मी/से^{2} का त्वरण उत्पन्न करता है तथा m_2 द्रव्यमान के एक पिण्ड में 24 मी/से^{2} का त्वरण उत्पन्न करता है। यदि दोनों पिण्ड एकसाथ बाँध दिए जाएँ, तो इस बल द्वारा उत्पन्न त्वरण होगा
(a) 6 मी/से^{2} (b) 7 मी/से^{2}
(c) 8 मी/से^{2} (d) 5 मी/से^{2}

32. 40 किग्रा का एक विस्फोटक 12 मी/से के वेग से जा रहा है। टक्कर के पश्चात् वह 28 किग्रा व 12 किग्रा के दो टुकड़ों में विभाजित हो जाता है। यदि टक्कर के पश्चात् बड़े टुकड़े का वेग शून्य हो जाए, तो छोटे टुकड़े का वेग होगा
(a) 20 मी/से (b) 30 मी/से
(c) 40 मी/से (d) 50 मी/से

33. 30 ग्राम द्रव्यमान की एक गोली 30 मी/से के वेग से राइफल में से निकलती है, जिसके कारण राइफल की 60 सेमी/से वेग से प्रतिक्षेप करने की प्रवृत्ति होती है राइफल का द्रव्यमान है
(a) 1.5 किग्रा (b) 3 किग्रा
(c) 0.75 किग्रा (d) 2 किग्रा

34. 25 किग्रा का बम का गोला जोकि 10 मी/से के वेग से गतिमान है, अचानक फटकर दो टुकड़ों में टूट जाता है जिनके द्रव्यमान 15 किग्रा तथा 10 किग्रा हैं। यदि बड़े टुकड़े का वेग शून्य हो, तो छोटे टुकड़े का वेग होगा
(a) 20 मी/से (b) 15 मी/से
(c) 10 मी/से (d) 25 मी/से

35. 150 किग्रा की एक तोप से 1.5 किग्रा का एक गोला दागा जाता है जो 60 मी/से के वेग से निकलता है। तोप के पीछे हटने का वेग होगा
(a) 10.5 मी/से (b) 6 मी/से
(c) 0.6 मी/से (d) इनमें से कोई नहीं

36. 100 मी/से के वेग से चलती हुई एक 5 ग्राम की गोली किसी लक्ष्य में प्रवेश करने के 0.01 सेकण्ड बाद रुक जाती है। लक्ष्य द्वारा आरोपित बल का मान होगा
(a) + 50 न्यूटन (b) – 50 न्यूटन
(c) + 100 न्यूटन (d) – 100 न्यूटन

37. 5 किग्रा का एक पिण्ड 10 मी/से के नियत वेग से एक सरल रेखा में चल रहा है। पिण्ड पर कितना परिणामी बल कार्य कर रहा है?
(a) शून्य (b) 50 न्यूटन
(c) 0.5 न्यूटन (d) 15 न्यूटन

38. एक वस्तु का संवेग 10 किग्रा-मी/से है। उसे 2 सेकण्ड में रोकने के लिए बल की आवश्यकता होगी

(a) 10 न्यूटन (b) – 5 न्यूटन
(c) 2.5 न्यूटन (d) 25 न्यूटन

39. एक किग्रा भार का मान होता है

(a) 0.98 न्यूटन (b) 98 न्यूटन
(c) 9.8 न्यूटन (d) 1 न्यूटन

40. 1 किग्रा द्रव्यमान का हथौड़ा 5 मी की ऊँचाई से स्वतन्त्रतापूर्वक एक पिण्ड पर गिरता है। पिण्ड के साथ 0.05 सेकण्ड तक सम्पर्क में रहने के पश्चात् यह 5 सेमी की ऊँचाई तक ऊपर उठ जाता है। यदि $g = 10$ मी/से^{2} हो, तो वह बल जिसमें हथौड़ा ऊपर उठेगा, है

(a) 220 न्यूटन
(b) 100 न्यूटन
(c) 110 न्यूटन
(d) उपरोक्त में से कोई नहीं

41. 150 किग्रा का एक गोला घर्षणरहित तल पर रखा है। एक 0.15 किग्रा की गोली 200 मी/से के वेग से गोले से टकराकर विराम अवस्था में आ जाती है। टक्कर के पश्चात् गोले का वेग होगा

(a) 2 मी/से (b) 20 मी/से
(c) 0.30 मी/से (d) 0.2 मी/से

42. 4 किग्रा की वस्तु में 5.0 मी/से का वेग परिवर्तन करने के लिए आवश्यक आवेग का मान है

(a) 20 न्यूटन-सेकण्ड
(b) 30 न्यूटन-सेकण्ड
(c) 40 न्यूटन-सेकण्ड
(d) शून्य

43. एक राइफल जिसकी नली 1 मी लम्बी है, 100 ग्राम की एक गोली को 400 मी/से के वेग से मुक्त करती है। गोली पर औसत बल जो पाउडर द्वारा लगाया गया है

(a) 80 न्यूटन (b) 5000 न्यूटन
(c) 8000 न्यूटन (d) इनमें से कोई नहीं

44. एक मोटरकार का द्रव्यमान 2000 किग्रा है। यह विराम अवस्था से चलकर 5 सेकण्ड में 10 मी/से का वेग प्राप्त करती है। कार के संवेग परिवर्तन की दर है

(a) 2000 न्यूटन (b) 4000 न्यूटन
(c) 3000 न्यूटन (d) 1000 न्यूटन

45. द्रव्यमान m की वेग u से चलती हुई वस्तु को F बल के द्वारा s दूरी में रोक सकते हैं तो दोगुने द्रव्यमान को आधे वेग से चलती हुई वस्तु को उतनी ही दूरी में रोकने के लिए आवश्यक बल होगा

(a) $\frac{F}{2}$ (b) F
(c) $\sqrt{2}F$ (d) $\frac{F}{\sqrt{2}}$

उत्तरमाला

1. (d)	2. (b)	3. (a)	4. (c)	5. (d)	6. (d)	7. (a)	8. (a)	9. (b)	10. (b)
11. (b)	12. (d)	13. (a)	14. (b)	15. (c)	16. (c)	17. (a)	18. (d)	19. (c)	20. (c)
21. (b)	22. (d)	23. (d)	24. (a)	25. (c)	26. (b)	27. (a)	28. (c)	29. (d)	30. (d)
31. (a)	32. (c)	33. (a)	34. (d)	35. (c)	36. (b)	37. (a)	38. (b)	39. (c)	40. (a)
41. (d)	42. (a)	43. (c)	44. (b)	45. (a)					

अध्याय
03
गुरुत्वाकर्षण
(Gravitation)

गुरुत्वाकर्षण की अवधारणा
(Concept of Gravitation)

ब्रह्माण्ड में उपस्थित प्रत्येक पिण्ड एक-दूसरे को अपनी ओर आकर्षित करते हैं। पिण्डों के बीच लगने वाले इस बल को गुरुत्वाकर्षण बल कहते हैं तथा इस घटना को गुरुत्वाकर्षण बल कहते हैं। गुरुत्वाकर्षण के कारण ही पृथ्वी प्रत्येक वस्तु को अपने केन्द्र की ओर आकर्षित करती है। यही कारण है कि पृथ्वी से ऊपर की ओर फेंकी गई वस्तु वापस नीचे गिरती है। पृथ्वी द्वारा किसी वस्तु पर लगाए गए बल को गुरुत्व कहते हैं, अर्थात् गुरुत्व बल वह आकर्षण बल है जिससे किसी वस्तु को पृथ्वी अपनी ओर खींचती है। न्यूटन ने सर्वप्रथम गुरुत्वाकर्षण बल की व्याख्या की थी।

नोट पत्थर, धूलकण, पानी, ग्रह, तारे इत्यादि प्रत्येक वस्तु द्रव्यमान के कारण हर दूसरी वस्तु पर आकर्षण बल लगाते हैं। द्रव्यमान के कारण आकर्षित करने का यह गुण गुरुत्वाकर्षण कहलाता है।

न्यूटन का गुरुत्वाकर्षण नियम
(Newton's Law of Gravitation)

दो वस्तुओं के बीच लगने वाला आकर्षण बल दोनों वस्तुओं के द्रव्यमानों के गुणनफल के समानुपाती व उनके बीच की दूरी के वर्ग के व्युत्क्रमानुपाती होता है। अर्थात्

$$F \propto \frac{m_1 m_2}{r^2}$$

या $$F = \frac{G m_1 m_2}{r^2}$$

जहाँ, G = सार्वत्रिक गुरुत्वाकर्षण नियतांक $= 6.67 \times 10^{-11}$ न्यूटन-मी^{2}/किग्रा^{2}

गुरुत्वाकर्षण बल केन्द्रीय बल है। इसी बल के कारण सौर मण्डल में उपस्थित ग्रहों की गति में कोणीय संवेग संरक्षित रहता है।

गुरुत्वाकर्षण के सार्वत्रिक नियम का महत्त्व
(Importance of Universal Law of Gravitation)

गुरुत्वाकर्षण के सार्वत्रिक नियम के प्रमुख महत्त्व निम्नलिखित हैं

(i) यदि किसी पिण्ड को पृथ्वी की सतह से ऊपर की ओर प्रक्षेपित किया जाए तो पिण्ड गुरुत्व बल के कारण वापस पृथ्वी की सतह पर लौट आता है।

(ii) गुरुत्व बल के कारण ही पृथ्वी के चारों ओर वायुमण्डल विद्यमान है।

(iii) गुरुत्व बल के कारण ही पृथ्वी की सतह पर प्राणियों का चलना सम्भव है।

(iv) कृत्रिम उपग्रहों जैसे चन्द्रमा इत्यादि को पृथ्वी के चारों ओर वृत्ताकार कक्षा में परिभ्रमण के लिए आवश्यक अभिकेन्द्रीय बल, गुरुत्वीय बल से प्राप्त होता है।

(v) चन्द्रमा तथा सूर्य के कारण ज्वार-भाटा आता है।

कैप्लर के ग्रहीय गति सम्बन्धी नियम
(Kepler's Law of Planetary Motion)

जोहांस कैप्लर ने गति सम्बन्धी तीन नियम व्युत्पन्न किये। ये नियम इस प्रकार हैं

(i) **प्रथम नियम** (First Law)

प्रत्येक ग्रह सूर्य के चारों ओर एक दीर्घवृत्ताकार कक्षा में घूमता है तथा सूर्य इसके फोकस पर स्थित होता है। जैसा कि चित्र में दिखाया गया है।

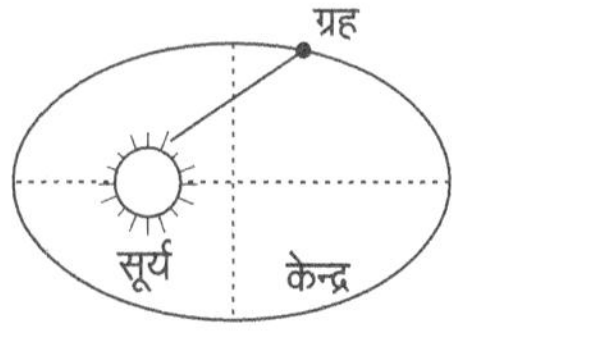

(ii) **द्वितीय नियम** (Second Law)

सूर्य तथा ग्रह को मिलाने वाली रेखा समान समय में समान क्षेत्रफल तय करती है। इस प्रकार, यदि A से B तक गति करने में लगा समय, C से D तक गति करने में लगे समय के बराबर हो, तो क्षेत्रफल OAB तथा क्षेत्रफल OCD बराबर होंगे।

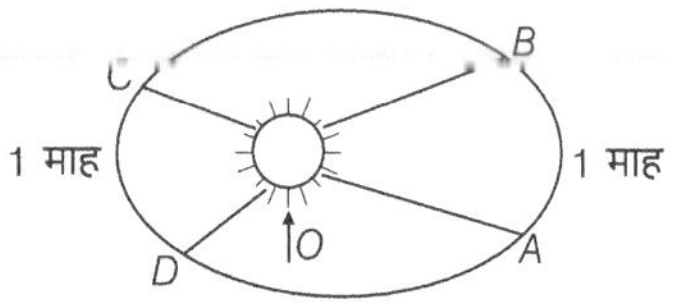

(iii) **तृतीय नियम** (Third Law)

सूर्य से किसी ग्रह की औसत दूरी (r) का घन उस ग्रह के सूर्य के परितः परिक्रमण काल (T) के वर्ग के समानुपाती होता है। इसे निम्न प्रकार व्यक्त किया जा सकता है। $T^2 \propto r^3$ अथवा $\frac{r^3}{T^2}$ = स्थिरांक

ग्रहों की गति की व्याख्या करने के लिए कैप्लर ने कोई सिद्धान्त प्रस्तुत नहीं किया। न्यूटन ने दिखाया, कि ग्रहों की गति का कारण वह गुरुत्वाकर्षण बल है, जो सूर्य उन पर लगाता है।

मुक्त पतन (Free Fall)

जब वस्तुएँ पृथ्वी की ओर केवल पृथ्वी के गुरुत्वाकर्षण बल के प्रभाव में गिरती हैं, तो वस्तुओं की ऐसी गति को मुक्त पतन कहते हैं।

गुरुत्वीय त्वरण (Due to Gravity Acceleration)

पृथ्वी के गुरुत्वीय बल के कारण पृथ्वी की ओर गिरती हुई वस्तु के वेग में परिवर्तन की दर को गुरुत्वीय त्वरण कहते हैं।

$$\text{गुरुत्वीय त्वरण } (g) = \frac{GM_e}{R_e^2}$$

जहाँ, M_e = पृथ्वी का द्रव्यमान, R_e = पृथ्वी की त्रिज्या

पृथ्वी की सतह पर गुरुत्वीय त्वरण (g) का मान 9.8 मी/से^{2} होता है।

गुरुत्वीय त्वरण (g) के मान में परिवर्तन

(Variation in the Value of g)

गुरुत्वीय त्वरण के मान में स्थान परिवर्तित होने पर निम्नलिखित परिवर्तन होते हैं

(i) पृथ्वी की सतह से ऊपर जाने पर g का मान घटता है।

(ii) पृथ्वी की सतह के अन्दर जाने पर g का मान घटता है तथा पृथ्वी के केन्द्र पर g का मान शून्य होता है।

(iii) गुरुत्वीय त्वरण का मान **ध्रुवों पर अधिकतम** तथा **भूमध्य रेखा पर न्यूनतम** होता है।

(G) तथा (g) में सम्बन्ध

(Relation between G and g)

यदि पृथ्वी का द्रव्यमान M और त्रिज्या R हो, तो पृथ्वी की सतह पर या उससे कुछ ऊँचाई पर m द्रव्यमान की वस्तु पर न्यूटन के गुरुत्वाकर्षण नियम के अनुसार पृथ्वी द्वारा लगाया जाने वाला गुरुत्व बल,

$$F = \frac{G\,Mm}{R^2} \qquad \ldots(i)$$

(यहाँ वस्तु की पृथ्वी के केन्द्र से दूरी लगभग पृथ्वी की त्रिज्या के बराबर मानी जा सकती है।)

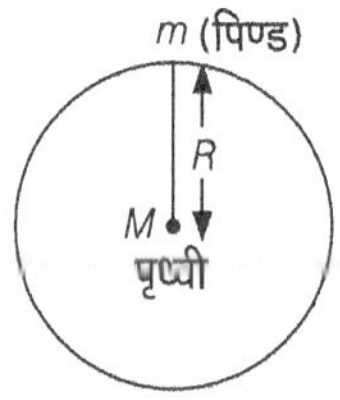

यदि गुरुत्वीय त्वरण g हो, तो न्यूटन के गति के द्वितीय नियम से,

$$F = \text{द्रव्यमान } (m) \times \text{त्वरण } (g) \qquad \ldots(ii)$$

समी (i) व (ii) से, $mg = \frac{GMm}{R^2}$ अतः $g = \frac{GM}{R^2}$

अतः गुरुत्वीय त्वरण g का मान किसी वस्तु के द्रव्यमान m पर निर्भर नहीं करता है।

द्रव्यमान तथा भार (Mass and Weight)

द्रव्यमान तथा भार की व्याख्या नीचे की गई है

द्रव्यमान (Mass)

किसी वस्तु में पदार्थ का परिमाण ही उसका द्रव्यमान कहलाता है। यह एक अदिश राशि है। इसका मान नियत रहता है। इसका SI मात्रक किलोग्राम है।

भार (Weight)

पृथ्वी जिस बल से किसी वस्तु को अपने केन्द्र की ओर आकर्षित करती है, वह उस वस्तु का भार कहलाता है। या वस्तु पर पृथ्वी का आकर्षण बल वस्तु का भार कहलाता है।

भार (w) = वस्तु का द्रव्यमान × उस स्थान पर गुरुत्वीय त्वरण

$w = mg$

इसका SI मात्रक न्यूटन होता है। सूत्र, $w = mg$ से,

1 किग्रा द्रव्यमान की वस्तु का भार (w) = 1 किग्रा × 9.8 मी/से^{2} = 9.8 न्यूटन

अतः 1 किग्रा-भार = 9.8 न्यूटन

नोट यदि निर्वात् में एक भारी एवं एक हल्की वस्तु को साथ-साथ गिराया जाए, तो ये एक साथ जमीन पर गिरती हैं। इसे गैलीलियों ने पीसा की मीनार से दो भिन्न भार की गेंदो को गिराकर सिद्ध किया था।

द्रव्यमान तथा भार में अन्तर

द्रव्यमान	भार
द्रव्यमान वस्तु में द्रव्य अथवा पदार्थ की मात्रा है।	भार पृथ्वी द्वारा वस्तु पर पृथ्वी के केन्द्र की ओर लगे गुरुत्व बल के बराबर होता है। अतः भार = द्रव्यमान × गुरुत्वीय त्वरण
द्रव्यमान में केवल परिमाण होता है। यह एक अदिश राशि है।	भार में परिमाण और दिशा दोनों होते हैं। यह एक सदिश राशि है।
द्रव्यमान को भौतिक तुला द्वारा मापा जाता है।	भार कमानीदार तुला द्वारा मापा जाता है।
द्रव्यमान का एक मात्रक किग्रा है।	भार का एक मात्रक न्यूटन है।
स्थान के परिवर्तन से द्रव्यमान नहीं बदलता है।	स्थान परिवर्तन से भार बदल जाता है, क्योंकि गुरुत्वीय त्वरण, में परिवर्तन होता है।

नोट यदि किसी कारण से प्रतिक्रिया बल शून्य हो जाए, तो वस्तु का भार शून्य हो जाएगा। इस अवस्था को भारहीनता की अवस्था कहते हैं।

गुरुत्व केन्द्र (Centre of Gravity)

प्रत्येक वस्तु पदार्थ के छोटे-छोटे कणों से मिलकर बनी है। पृथ्वी, वस्तु के प्रत्येक कण को अपने केन्द्र की ओर आकर्षित करती है। अत: वस्तु के प्रत्येक कण पर एक बल कार्य करता है, जिसकी दिशा सदैव पृथ्वी के केन्द्र की ओर होती है, चूँकि पृथ्वी का केन्द्र वस्तु से बहुत अधिक दूरी पर है, अत: सभी कणों पर लगने वाले बल, ऊर्ध्वाधर तथा समान्तर माने जा सकते हैं।

इन सभी समान्तर बलों के परिणामी बलों को वस्तु का भार कहते हैं। भार, वस्तु के एक ऐसे बिन्दु G पर ऊर्ध्वाधर नीचे की ओर कार्य करता है, जिससे कि उस बिन्दु के एक ओर बलों के आघूर्णों का योग, दूसरी ओर के बलों के आघूर्णों के योग के बराबर व विपरीत होता है। इस बिन्दु को गुरुत्व केन्द्र कहते हैं। अत: किसी वस्तु का गुरुत्व केन्द्र वह बिन्दु है जिस पर वस्तु का समस्त भार कार्य करता है। किसी वस्तु का गुरुत्व केन्द्र उसके आकार पर निर्भर करता है।

यह आवश्यक नहीं है कि किसी वस्तु का गुरुत्व केन्द्र सदैव वस्तु में ही हो, जैसे वलय अँगूठी का गुरुत्व केन्द्र उसके खाली स्थान के बीच में होता है। इसी प्रकार, हैंगर का गुरुत्व केन्द्र भी हैंगर पर स्थित नहीं होता है।

नियमित आकार की वस्तुओं के गुरुत्व केन्द्र

(Centre of Gravity of Regular Size Bodies)

जिन वस्तुओं के आकार नियमित होते हैं व उनकी भीतरी रचना एकसमान होती है, उनको गुरुत्व केन्द्र मान द्वारा ज्ञात किया जा सकता है। जैसे—

(i) वृत्त या ठोस गोले का गुरुत्व केन्द्र उसका अपना केन्द्र होता है।

(ii) बेलन का गुरुत्व केन्द्र उसकी ज्यामितीय अक्ष का मध्य बिन्दु होता है।

(iii) आयताकार ठोस का गुरुत्व केन्द्र उसके विकर्णों के कटान बिन्दु पर होता है।

(iv) एक त्रिभुजाकार पटल का गुरुत्व केन्द्र त्रिभुज की माध्यिकाओं के कटान बिन्दु पर होता है।

किसी अनियमित आकार के पटल का गुरुत्व केन्द्र ज्ञात करना

(To Find the Centre of Gravity of Irregular Size Lamina)

जिस पटल का गुरुत्व केन्द्र ज्ञात करना होता है उसके किनारे पर तीन छिद्र A, B व C कर लेते हैं। फिर एक छिद्र A में डोरा बाँधकर किसी स्टैंड के हुक से लटका देते हैं। उसी हुक से एक साहुल सूत्र भी लटका देते हैं। इस समय पटल पर दो बल कार्य करते हैं।

(i) पटल का भार, जो उसके गुरुत्व केन्द्र G पर नीचे की ओर ऊर्ध्वाधर दिशा में कार्य करता है तथा

(ii) डोरे का तनाव। चूँकि पटल विराम अवस्था में है, अत: दोनों बल सन्तुलित अवस्था में एक सरल रेखा में विपरीत दिशाओं में कार्य करने चाहिये। दूसरे शब्दों में, पटल का गुरुत्व केन्द्र G पटल को लटकाने वाले बिन्दु A के ठीक नीचे होना चाहिये।

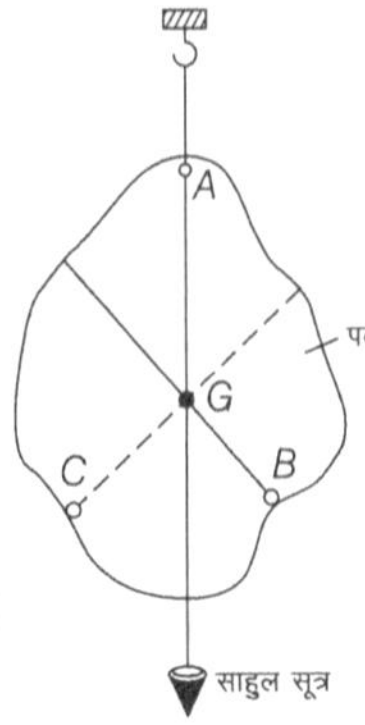

जब पटल व साहुल सूत्र दोनों विराम अवस्था में हों, तब साहुल सूत्र के सहारे एक रेखा, पटल पर खींच लेते हैं। यह रेखा अवश्य ही गुरुत्व केन्द्र G से होकर गुजरेगी। अब पटल को दूसरे छिद्र B से लटका देते हैं और फिर पटल पर साहुल सूत्र के सहारे रेखा खींच लेते हैं। यह रेखा भी पटल के गुरुत्व केन्द्र से होकर गुजरेगी। अत: जहाँ दोनों रेखायें एक-दूसरे को काटेंगी, वही पटल का गुरुत्व केन्द्र G होगा। जाँच के लिये, पटल को तीसरे छिद्र C से लटकाकर साहुल सूत्र के सहारे रेखा खींचते हैं। यदि प्रयोग सही हुआ है तो यह रेखा भी बिन्दु G से गुजरेगी।

स्थिरता या सन्तुलन (Equilibrium)

किसी वस्तु की स्थिरता या सन्तुलन के लिए गुरुत्वीय केन्द्र का स्थान ज्ञात होना आवश्यक है। किसी भी आकार की वस्तु के गुरुत्वीय केन्द्र से एक रेखा नीचे की ओर खींचने पर यदि वह वस्तु के आधार के अन्तर्गत है, तो वस्तु स्थिर रहेगी।

यदि गुरुत्वीय केन्द्र वस्तु के आधार के बाहर होता है, तो वस्तु अस्थिर होती है।

किसी वस्तु के स्थायी सन्तुलन के लिये दो शर्तों का पूरा होना आवश्यक है

(i) वस्तु का गुरुत्व केन्द्र अधिक से अधिक नीचा होना चाहिये।

(ii) वस्तु के गुरुत्व केन्द्र से होकर जाने वाली ऊर्ध्वाधर रेखा, वस्तु के आधार से गुजरनी चाहिये।

स्थिरता या सन्तुलन का उदाहरण

सन्तुलन के कुछ उदाहरण नीचे दिये गये हैं

(i) पीसा की मीनार झुकी होने पर भी आज तक खड़ी हुई है। इसका कारण यह है कि इसके केन्द्र से जाने वाली ऊर्ध्वाधर रेखा इसके आधार से होकर गुजरती है जब इस मीनार का झुकाव इतना अधिक हो जाएगा कि गुरुत्व केन्द्र से होकर गुजरने वाली ऊर्ध्वाधर रेखा आधार के बाहर होकर गुजरने लगेगी, तो ये मीनार गिर जाएगी।

(ii) पीठ पर बोझ लादने वाले मजदूर तथा ढालू पहाड़ी पर चढ़ने वाला व्यक्ति अपने शरीर को आगे की ओर झुका लेता है ताकि उसके भार की क्रिया-रेखा उसके दोनों पैरों के बीच में मिले और सन्तुलन स्थायी रहे। इसी कारण ढालू पहाड़ी पर उतरते समय व्यक्ति अपना शरीर कुछ पीछे की ओर झुका लेता है।

अभ्यास प्रश्न

1. न्यूटन का गुरुत्वाकर्षण का नियम लागू होता है

(a) केवल अनावेशित कणों के लिए
(b) केवल ग्रहों के लिए
(c) केवल आकाशीय पिण्डों के लिए
(d) सभी पिण्डों के लिए

2. दो द्रव्यमानों के बीच की दूरी दोगुनी करने पर द्रव्यमानों के बीच गुरुत्वाकर्षण बल

(a) अपरिवर्तित रहेगा (b) चौथाई हो जाएगा
(c) आधा रह जाएगा (d) दोगुना हो जाएगा

3. गुरुत्वाकर्षण नियतांक का मात्रक है

(a) न्यूटन-मी/किग्रा^{2} (b) न्यूटन-मी^{2}/किग्रा
(c) न्यूटन-मी^{2}/किग्रा^{2} (d) मीटर/सेकण्ड^2

4. m व M द्रव्यमान के दो पिण्ड एक-दूसरे से r दूरी पर रखे हैं। m व M पिण्डों द्वारा लगाए गए गुरुत्वीय बलों का अनुपात होगा

(a) $\frac{m}{M}$ (b) $\frac{M}{m}$
(c) $\frac{m \times r}{M}$ (d) 1 : 1

5. G का मान निर्भर करता है

(a) पिण्डों के द्रव्यमानों पर
(b) पिण्डों के मध्य की दूरी पर
(c) समीप रखे अन्य पिण्ड के द्रव्यमान पर
(d) उपरोक्त में से कोई नहीं

6. यदि पृथ्वी की सतह पर G का मान 6.67×10^{-11} न्यूटन-मी^{2} किग्रा$^{-2}$ है, तो बृहस्पति ग्रह पर G का मान होगा

(a) $12 \times 6.67 \times 10^{-11}$ न्यूटन-मी^{2} किग्रा$^{-2}$
(b) $\frac{6.67}{12} \times 10^{-11}$ न्यूटन-मी^{2} किग्रा$^{-2}$
(c) 6.67×10^{-11} न्यूटन-मी^{2} किग्रा$^{-2}$
(d) $\frac{6.67}{6} \times 10^{-11}$ न्यूटन-मी^{2} किग्रा^{2}

7. पृथ्वी की सतह पर सार्वत्रिक गुरुत्वीय नियतांक का मान G_e तथा चन्द्रमा की सतह पर सार्वत्रिक गुरुत्वीय नियतांक G_m है, तो

(a) $G_e = 6G_m$ (b) $G_e < G_m$
(c) $G_e > G_m$ (d) $G_e = G_m$

8. यदि पृथ्वी चन्द्रमा को 10^{20} न्यूटन बल से आकर्षित करती है, तो चन्द्रमा पृथ्वी को आकर्षित करेगा

(a) 10^{-20} न्यूटन (b) 10^2 न्यूटन
(c) 10^{20} न्यूटन (d) 10^{10} न्यूटन

9. कैप्लर के तृतीय नियमानुसार, सूर्य से ग्रह की दूरी r तथा ग्रह के परिक्रमण काल T में सम्बन्ध होगा

(a) $\frac{T^3}{r^3} = K$ (b) $\frac{T^4}{r^3} = K$
(c) $\frac{r^3}{T^2} = K$ (d) $\frac{r^4}{T^2} = K$

10. किसी ग्रह की सतह पर g का मान निर्भर करता है

(a) केवल द्रव्यमान पर
(b) केवल ग्रह की त्रिज्या पर
(c) द्रव्यमान व त्रिज्या दोनों पर
(d) उपरोक्त में से कोई नहीं

11. निम्न में सही कथन है

(a) पृथ्वी की सतह पर प्रत्येक बिन्दु पर g का मान समान होता है।
(b) विषुवत् रेखा पर g का मान अधिकतम होता है।
(c) पृथ्वी की सतह के ऊपर अथवा सतह के नीचे g का मान कम होता है।
(d) ध्रुवों पर g का मान, विषुवत् रेखा की तुलना में अधिक होता है।

12. एक गेंद को ऊपर की ओर फेंकने पर g का मान होगा

(a) शून्य (b) धनात्मक
(c) ऋणात्मक (d) नगण्य

13. समुद्र में उठने वाले ज्वार का कारण है

(a) चन्द्रमा का पृथ्वी पर लगने वाला गुरुत्वाकर्षण बल
(b) सूर्य का पृथ्वी पर लगने वाला गुरुत्वाकर्षण बल
(c) शुक्र का पृथ्वी पर लगने वाला गुरुत्वाकर्षण बल
(d) पृथ्वी के स्वयं के वायुमण्डल का प्रभाव

14. 100 किग्रा व 10^4 किग्रा की दो वस्तुएँ परस्पर 1 मी दूरी पर स्थित है, 100 किग्रा की वस्तु से किस दूरी पर गुरुत्वीय क्षेत्र की तीव्रता शून्य होगी?

(a) $\frac{1}{9}$ मी (b) $\frac{1}{10}$ मी
(c) $\frac{1}{100}$ मी (d) $\frac{10}{11}$ मी

15. पृथ्वी का एक उपग्रह एकसमान वेग से वृत्तीय कक्षा में परिक्रमण कर रहा है। यदि अचानक गुरुत्वाकर्षण बल समाप्त हो जाए, तो उपग्रह

(a) उसी कक्षा में v वेग से परिक्रमण करता रहेगा
(b) कक्षा के स्पर्श रेखा के अनुदिश v वेग से गति करेगा
(c) वेग में वृद्धि होकर गिर जाएगा
(d) अन्तत: मूल कक्षा के किसी बिन्दु पर विराम स्थिति में आ जाएगा

16. निम्न में से कौन-सा तथ्य यह प्रदर्शित करता है कि पृथ्वी पर एक बल कार्य करता है जिसकी दिशा सूर्य की ओर होती है?

(a) गिरते हुए पिण्डों में पूर्व की ओर विचलन
(b) पृथ्वी का सूर्य के चारों ओर परिक्रमण करना
(c) दिन और रात का होना
(d) सूर्य की पृथ्वी के चारों ओर आभासी गति

17. दो द्रव्यमानों m_1 तथा m_2, जिनके बीच की दूरी r है, के बीच लगने वाला गुरुत्वाकर्षण बल F निम्न सूत्र द्वारा दिया जाता है $F = K\frac{m_1 m_2}{r^2}$ नियतांक K का मान है

(a) केवल मात्रक पद्धति पर निर्भर करता है
(b) केवल द्रव्यमानों के बीच के माध्यम पर निर्भर करता है
(c) (a) तथा (b) दोनों पर निर्भर करता है
(d) (a) तथा (b) दोनों पर निर्भर नहीं करता है

18. किसी व्यक्ति का पृथ्वी की सतह पर भार 72 किग्रा है। चन्द्रमा पर उसका भार होगा

(a) 12 किग्रा (b) 30 किग्रा
(c) 24 किग्रा (d) 18 किग्रा

19. उपग्रह में भारहीनता का कारण है

(a) शून्य गुरुत्व
(b) द्रव्यमान केन्द्र
(c) उपग्रह की सतह द्वारा शून्य प्रतिक्रिया बल
(d) उपरोक्त में से कोई नहीं

20. दो पिण्डों के बीच गुरुत्वाकर्षण बल 8 न्यूटन है। यदि इनके बीच की दूरी पहले की चार गुनी कर दी जाए, तो उनके बीच गुरुत्वाकर्षण बल होगा

(a) $\frac{1}{8}$ न्यूटन (b) $\frac{1}{4}$ न्यूटन
(c) $\frac{1}{2}$ न्यूटन
(d) शून्य

21. एक द्रव्यमान M दो भागों m व $(M-m)$ में टूटता है, तो किसी निश्चित दूरी पर पृथक्कृत हो जाते हैं। इन दोनों भागों के बीच गुरुत्वीय बल न्यूनतम होते हैं, तब $\frac{m}{M}$ होगा

(a) $\frac{2}{3}$ (b) $\frac{3}{4}$ (c) $\frac{1}{2}$ (d) $\frac{1}{3}$

22. यदि पृथ्वी का द्रव्यमान M तथा त्रिज्या R हो, तब उसके गुरुत्वीय त्वरण तथा गुरुत्वीय नियतांक का अनुपात होगा

(a) $\frac{R^2}{M}$ (b) $\frac{M}{R^2}$ (c) MR^2 (d) $\frac{M}{R}$

23. किसी ग्रह की सतह पर g का मान निर्भर करता है

(a) केवल ग्रह के द्रव्यमान पर
(b) केवल ग्रह की त्रिज्या पर
(c) द्रव्यमान व त्रिज्या दोनों पर (d) इनमें से कोई नहीं

24. $\frac{G}{g}$ का मान होता है

(a) 5.8×10^{-12} मी^{2}/किग्रा
(b) 6.8×10^{-12} मी^{2}/किग्रा
(c) 6.8×10^{-10} मी^{2}/किग्रा
(d) 5.8×10^{-10} मी^{2}/किग्रा

25. पृथ्वी तल पर गुरुत्वीय त्वरण g का मान ज्ञात कीजिए
यदि $G = 6.67 \times 10^{-11}$ न्यूटन-मी^{2}/किग्रा^{2}, $M_e = 6 \times 10^{24}$ किग्रा
तथा $R_e = 6.38 \times 10^6$ मी

(a) 8.83 मी/से^{2} (b) 9.83 मी/से^{2}
(c) 100 मी/से^{2} (d) 11.8 मी/से^{2}

26. कैप्लर के द्वितीय नियम के अनुसार, सूर्य को किसी ग्रह से मिलाने वाली रेखा समान समयान्तरालों में समान क्षेत्रफल तय करती है। यह परिणाम निम्न में से किसके संरक्षण पर आधारित है?

(a) ऊर्जा (b) द्रव्यमान
(c) रेखीय संवेग (d) कोणीय संवेग

27. यदि पृथ्वी व सूर्य के बीच की दूरी वर्तमान दूरी की आधी होती है, तो एक वर्ष में दिनों की संख्या होगी

(a) 64.5 (b) 129
(c) 182.5 (d) 730

28. जब दो द्रव्यमान की दूरी समान रखते हुए (अर्थात् जितनी दूरी पर द्रव्यमान पृथ्वी पर थे) पानी के अन्दर ले जाया जाता है, तब गुरुत्वाकर्षण बल कैसे प्रभाव डालता है ?

(a) घटता है (b) बढ़ता है
(c) अप्रभावित रहता है (d) इनमें से कोई नहीं

29. क्या यह सम्भव है कि कोई वस्तु जड़त्व रखती है लेकिन भार नहीं रखती है?

(a) हाँ (b) नहीं
(c) (a) और (b) दोनों
(d) उपरोक्त में से कोई नहीं

30. गुरुत्वीय त्वरण निर्भर करता है

(a) पृथ्वी के द्रव्यमान पर
(b) पिण्ड के द्रव्यमान पर
(c) उपरोक्त दोनों पर
(d) उपरोक्त से कोई नहीं

31. बढ़ती ऊँचाई के साथ गुरुत्वीय त्वरण

(a) बढ़ता है (b) घटता है
(c) स्थिर रहता है (d) इनमें से कोई नहीं

32. g_e तथा g_p क्रमशः पृथ्वी तल पर तथा अन्य ग्रह के तल पर गुरुत्वीय त्वरण हैं। ग्रह का द्रव्यमान व त्रिज्या दोनों पृथ्वी की तुलना में दोगुने हैं, तब

(a) $g_e = g_p$ (b) $g_e = 2g_p$
(c) $g_p = 2g_e$ (d) $g_p = \frac{g_e}{\sqrt{2}}$

33. दो समरूप गोलों के केन्द्र एक-दूसरे से 1.0 मीटर दूरी पर हैं। यदि दोनों के बीच गुरुत्वाकर्षण बल 1 न्यूटन हो तो प्रत्येक गोले का द्रव्यमान होगा ($G = 6.67 \times 10^{-11}$ मी^{3} किग्रा$^{-1}$से$^{-1}$)

(a) 1.225×10^5 किग्रा
(b) 0.125×10^5 किग्रा
(c) 0.251×10^3 किग्रा
(d) 2.125×10^3 किग्रा

34. पृथ्वी की सतह पर एक पिण्ड का भार 90 किग्रा है। मंगल ग्रह पर, जिसकी त्रिज्या पृथ्वी की त्रिज्या की आधी और द्रव्यमान 1/9 है, पिण्ड का भार क्या होगा? (पृथ्वी की सतह पर $g = 9.8$ मी/से^{2})

(a) 20 किग्रा-भार (b) 30 किग्रा-भार
(c) 40 किग्रा-भार (d) 50 किग्रा-भार

उत्तरमाला

1. (d)	2. (b)	3. (c)	4. (d)	5. (d)	6. (c)	7. (d)	8. (c)	9. (c)	10. (c)
11. (d)	12. (c)	13. (a)	14. (c)	15. (b)	16. (b)	17. (a)	18. (a)	19. (c)	20. (c)
21. (c)	22. (b)	23. (c)	24. (b)	25. (b)	26. (d)	27. (b)	28. (c)	29. (a)	30. (a)
31. (b)	32. (b)	33. (a)	34. (c)						

अध्याय

04

ठोसों तथा द्रवों के गुण

(Properties of Solids and Fluids)

प्रत्यास्थता (Elasticity)

किसी वस्तु के पदार्थ का वह गुण, जिसके कारण वस्तु किसी विरूपक बल (Deforming force) के द्वारा अपनी आकृति तथा आकार में होने वाले परिवर्तन का विरोध करती है तथा विरूपक बल हटा लेने पर अपनी प्रारम्भिक अवस्था में आ जाती है अथवा आने का प्रयास करती है,

प्रत्यास्थता (Elasticity) कहलाता है। इस गुण के आधार पर विभिन्न वस्तुओं को निम्न वर्गों में बाँटा गया है

दृढ़ वस्तु (Rigid body) यह वह वस्तु है, जिसकी विराम अथवा गतिमान अवस्था में इस पर कोई बाह्य बल लगाए जाने पर भी इसके आकार तथा आकृति में कोई परिवर्तन नहीं होता है।

प्रत्यास्थ वस्तु (Elastic body) वह वस्तु, जो विरूपक बल के हटाए जाने पर अपने प्रारम्भिक आकार को प्राप्त कर लेती है अथवा प्राप्त करने का प्रयास करती है, प्रत्यास्थ वस्तु कहलाती है। ये दो प्रकार की होती हैं

(i) **पूर्ण प्रत्यास्थ वस्तु** (Perfectly elastic body) वह वस्तु, जो विरूपक बल के हटाए जाने पर अपने प्रारम्भिक आकार को पूर्णत: प्राप्त कर लेती है, पूर्ण प्रत्यास्थ वस्तु कहलाती है।

(ii) **आंशिक प्रत्यास्थ वस्तु** (Partially elastic body) वह वस्तु, जो विरूपक बल के हटाए जाने पर अपने प्रारम्भिक आकार को आंशिक रूप से ही प्राप्त कर पाती है, पूर्णत: नहीं, आंशिक प्रत्यास्थ वस्तु कहलाती है।

अप्रत्यास्थ अथवा प्लास्टिक वस्तु (Inelastic or plastic body) वह वस्तु, जो विरूपक बल के हटाए जाने पर अपने प्रारम्भिक आकार को आंशिक रूप से भी प्राप्त नहीं करती, अर्थात् अपनी विरूपित अवस्था में ही रहती है, पूर्णत: अप्रत्यास्थ अथवा प्लास्टिक कहलाती है।

प्रतिबल (Stress)

जब एक पिण्ड पर बाह्य बल लगाया जाता है, तो पिण्ड के प्रत्येक अनुप्रस्थ-काट पर आन्तरिक क्रिया बल क्रियाशील हो जाता है, जिसे प्रत्यानयन बल (Restoring force) कहते हैं। यह बल पिण्ड को उसकी प्रारम्भिक अवस्था में जाने से रोकता है। साम्य स्थिति में इस प्रत्यानयन बल का मान विरूपक (बाह्य) बल के बराबर होता है। अत: प्रतिबल की माप विरूपक (बाह्य) बल द्वारा ही की जाती है।

$$\text{अत: प्रतिबल} = \frac{\text{प्रत्यानयन बल}}{\text{क्षेत्रफल}}$$

इसका SI मात्रक न्यूटन/मी^{2} है।

अनुदैर्ध्य अथवा अभिलम्ब प्रतिबल (Longitudinal or normal stress) यदि किसी छड़ का अनुप्रस्थ-काट का क्षेत्रफल A हो तथा उस पर एक विरूपक बल F, छड़ की लम्बाई के अनुदिश तथा अनुप्रस्थ-काट के लम्बवत् लगा हो, तो इस दशा में छड़ में उत्पन्न प्रतिबल को अनुदैर्ध्य प्रतिबल अथवा अभिलम्ब प्रतिबल कहते हैं।

$$\text{अनुदैर्ध्य प्रतिबल} = \frac{F_n}{A}$$

यह दो प्रकार का होता है

(i) **तनन प्रतिबल** (Tensile stress) जब विरूपक बल के कारण छड़ की लम्बाई में वृद्धि होती है, तो छड़ में उत्पन्न प्रतिबल को तनन प्रतिबल कहते हैं।

(ii) **संपीडक प्रतिबल** (Compressive stress) जब विरूपक बल के कारण छड़ की लम्बाई में कमी होती है, तो छड़ में उत्पन्न प्रतिबल को संपीडक प्रतिबल कहते हैं।

आयतन प्रतिबल (Volume stress) जब एक वस्तु पर बल इस प्रकार आरोपित होता है कि

- किसी बिन्दु पर बल पृष्ठ के लम्बवत् हो।
- किसी छोटे क्षेत्रफल पर बल का परिमाण क्षेत्रफल के अनुक्रमानुपाती हो, तब प्रति एकांक क्षेत्रफल पर बल आयतन प्रतिबल कहलाता है।

$$\text{आयतन प्रतिबल} = \frac{F_V}{A}$$

अपरूपण अथवा स्पर्श रेखीय प्रतिबल (Shearing or tangential stress) जब एक वस्तु पर स्पर्श रेखीय रूप से बल लगाया जाता है, तो इसे अपरूपण अथवा स्पर्श रेखीय प्रतिबल कहते हैं।

$$\text{स्पर्श रेखीय प्रतिबल} = \frac{F_t}{A}$$

विकृति (Strain)

जब किसी वस्तु पर कोई विरूपक बल लगाया जाता है, तो वस्तु के आकार अथवा आकृति में कुछ परिवर्तन हो जाता है, अर्थात् वस्तु विकृत (Strained) हो जाती है। वस्तु के आकार में होने वाले भिन्नात्मक (Fractional) परिवर्तन को 'विकृति' कहते हैं। इसे प्रायः ε से प्रदर्शित करते हैं। अतः

$$\varepsilon = \frac{\Delta x}{x}$$

यहाँ, Δx वस्तु की विमा में परिवर्तन तथा x प्रारम्भिक विमा है। अतः इसका कोई मात्रक नहीं है।

अनुदैर्ध्य विकृति (Longitudinal strain) यदि एक निलम्बित छड़ पर एक बल लगाने पर छड़ की लम्बाई में वृद्धि होती है, तो अनुदैर्ध्य विकृति,

$$\varepsilon = \frac{\Delta l}{l}$$

यह दो प्रकार की होती है

(i) **तनन विकृति** (Tensile strain) जब विरूपक बल के लगाने पर छड़ की लम्बाई में Δl की वृद्धि हो जाती है, तो छड़ में उत्पन्न विकृति को तनन विकृति कहते हैं।

(ii) **संपीडन विकृति** (Compressive strain) जब संपीडक विरूपक बल के लगाने पर छड़ की लम्बाई में Δl की कमी हो जाती है, तो छड़ में उत्पन्न विकृति को संपीडन विकृति कहते हैं।

आयतन विकृति (Volumetric strain) यदि वस्तु के केवल आयतन में परिवर्तन हो, तब विकृति, आयतन विकृति कहलाती है।

$$\text{आयतन विकृति, } \varepsilon = \frac{\Delta V}{V}$$

अपरूपण विकृति (Shearing strain) प्रायः जब परिवर्तन आकार में उत्पन्न होता है, तब विकृति अपरूपण विकृति कहलाती है।

$$\text{अपरूपण विकृति, } \varepsilon = \phi$$

हुक का नियम (Hooke's Law)

हुक के नियमानुसार, "लघु विकृतियों की सीमा के अन्दर किसी वस्तु में उत्पन्न प्रतिबल उसमें उत्पन्न विकृति के समानुपाती होता है" अर्थात्

$$\text{प्रतिबल} \propto \text{विकृति}$$

या

$$\text{प्रतिबल} = (E)\ (\text{विकृति})$$

यहाँ, $E = \frac{\text{प्रतिबल}}{\text{विकृति}}$ एक नियतांक है, जिसे प्रत्यास्थता गुणांक कहते हैं। इसका मात्रक न्यूटन/मी^{2} है।

वस्तु पर आरोपित बल के व्यवहार के कारण, प्रत्यास्थता गुणांक को तीन वर्गों में विभाजित किया गया है

यंग प्रत्यास्थता गुणांक (Young's Modulus of Elasticity)

लघु विकृति के लिए, किसी वस्तु में उत्पन्न अनुदैर्ध्य प्रतिबल तथा अनुदैर्ध्य विकृति के अनुपात को उस वस्तु के पदार्थ का यंग प्रत्यास्थता गुणांक (Y) कहते हैं।

$$Y = \frac{\text{अनुदैर्ध्य प्रतिबल}}{\text{अनुदैर्ध्य विकृति}}$$

$$Y = \frac{F/A}{\Delta l/l} = \frac{Fl}{A\,\Delta l}$$

आयतनात्मक प्रत्यास्थता गुणांक (Bulk Modulus of Elasticity)

लघु विकृति के लिए, किसी वस्तु में उत्पन्न आयतन अथवा अभिलम्ब प्रतिबल तथा आयतन विकृति के अनुपात को उस वस्तु के पदार्थ का आयतनात्मक प्रत्यास्थता गुणांक (K) कहते हैं।

$$\therefore \quad K = \frac{\text{अभिलम्ब प्रतिबल}}{\text{आयतन विकृति}} = \frac{\Delta p}{-\Delta V/V} = \frac{-V\,\Delta p}{\Delta V}$$

संपीड्यता (Compressibility) किसी पदार्थ के आयतनात्मक प्रत्यास्थता गुणांक (B) के व्युत्क्रम को उस पदार्थ की संपीड्यता कहते हैं।

$$\text{संपीड्यता} = \frac{1}{\text{आयतनात्मक प्रत्यास्थता गुणांक}}$$

$$\therefore \quad \text{संपीड्यता} = \frac{1}{B} = -\frac{dV}{Vdp}$$

दृढ़ता गुणांक (Modulus of Rigidity)

लघु विकृतियों के लिए किसी वस्तु में उत्पन्न अपरूपक प्रतिबल तथा अपरूपण विकृति के अनुपात को उस वस्तु के पदार्थ का दृढ़ता गुणांक कहते हैं।

$$\therefore \quad \eta = \frac{\text{अपरूपक अथवा स्पर्श रेखीय प्रतिबल}}{\text{अपरूपण विकृति}} = \frac{F}{A\theta}$$

नोट दृढ़ता केवल ठोसों में ही होती है, क्योंकि केवल ठोस ही अपने आकार में हुए परिवर्तन का विरोध करते हैं, द्रव तथा गैस नहीं।

पॉयसन अनुपात (Poisson's Ratio)

प्रत्यास्थता की सीमा में पार्श्विक विकृति तथा अनुदैर्ध्य विकृति का अनुपात वस्तु के पदार्थ का पॉयसन अनुपात कहलाता है। अतः

$$\sigma = -\frac{L}{r}\frac{\Delta r}{\Delta L}$$

किसी पदार्थ के लिए σ का सैद्धान्तिक मान (Theoretical value) -1 तथा $\frac{1}{2}$ के बीच होता है, अर्थात् $-1 < \sigma < \frac{1}{2}$ । परन्तु इसका प्रायोगिक मान (Experimental value) सदैव धनात्मक 0 से $\frac{1}{2}$ के मध्य होता है, अर्थात् $0 < \sigma < \frac{1}{2}$, σ का मान पदार्थ पर निर्भर करता है।

विभिन्न प्रत्यास्थता नियतांकों के बीच सम्बन्ध

(Relation among Different Elastic Constants)

प्रत्यास्थता गुणांक केवल तीन हैं—Y, K तथा η, एवं प्रत्यास्थता नियतांक चार हैं—Y, K, η तथा σ; ये चारों प्रत्यास्थता नियतांक निम्न सम्बन्धों द्वारा एक-दूसरे से सम्बन्धित हैं—

$$Y = 3K(1 - 2\sigma) \text{ तथा } Y = 2\eta(1 + \sigma)$$

$$Y = \frac{9K\eta}{3K + \eta} \text{ तथा } \sigma = \frac{3K - 2\eta}{6K + 2\eta}$$

विकृत वस्तु में संचित ऊर्जा
(Energy Stored in Deformed Body)

जब तार को बाह्य बल द्वारा खींचा जाता है, तो एक कार्य सम्पादित होता है, जो कि तार में प्रत्यास्थ स्थितिज ऊर्जा के रूप में संचित हो जाता है, यह खिंचे हुए तार की प्रत्यास्थ स्थितिज ऊर्जा कहलाती है।

तार में संचित प्रत्यास्थ स्थितिज ऊर्जा,

$$U = \frac{1}{2}\frac{YA}{L}\Delta L^2$$

$$U = \frac{1}{2} \times \text{प्रतिबल} \times \text{विकृति} \times \text{तार का आयतन}$$

उत्प्लावन एवं दाब (Thrust and Pressure)

स्थिर द्रव द्वारा उसके सम्पर्क में आने वाली सतह पर लगाया गया अभिलम्ब बल उत्प्लावन कहलाता है।

प्रति एकांक क्षेत्रफल पर लगने वाला उत्प्लावन बल तरल का दाब कहलाता है।

$$\therefore \quad \text{दाब}, \; p = \frac{\text{अभिलम्ब बल (उत्प्लावन बल)} F}{\text{क्षेत्रफल } A}$$

दाब एक अदिश राशि है। इसका SI मात्रक न्यूटन/मी^{2} या पास्कल (Pa) है।

द्रव की सतह से h गहराई पर द्रव का दाब, $p = h\rho g$

जहाँ, ρ = द्रव का घनत्व

वायुमण्डलीय दाब पृथ्वी की सतह पर अधिकतम तथा सतह से ऊपर जाने पर घटता है।

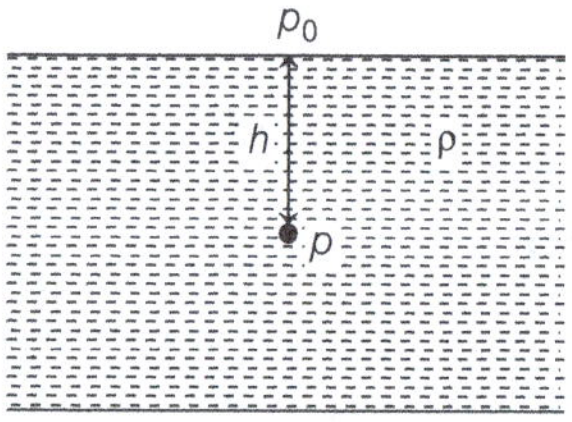

यदि वायुमण्डलीय दाब p_0 हो, तो ρ घनत्व के द्रव में स्वतन्त्र तल से h गहराई पर द्रव स्थैतिक दाब,

$$p = p_0 + h\rho g$$

जहाँ, g गुरुत्वीय त्वरण है। द्रव की सतह से h गहराई पर जाने पर दाब में परिवर्तन, $p = h\rho g$

इस प्रकार द्रव के अन्दर किसी बिन्दु पर द्रव स्थैतिक दाब, द्रव की सतह से गहराई (h), द्रव के घनत्व (ρ) तथा गुरुत्वीय त्वरण (g) पर निर्भर करता है।

नोट

(i) द्रव स्थैतिक दाब द्रव की मात्रा, बर्तन के आकार तथा उसके अनुप्रस्थ-काट के क्षेत्रफल पर निर्भर नहीं करता है।

(ii) विभिन्न आकार के बर्तनों में समान ऊँचाई तक एक ही द्रव भरने पर उनके तलों पर दाब समान होता है।

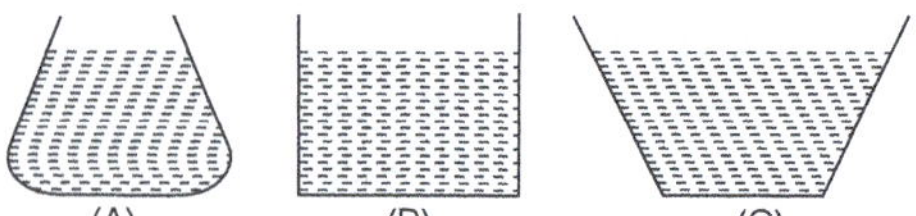

(A) (B) (C)

$$p_A = p_B = p_C$$

(iii) द्रव अपना तल स्वयं ढूँढ लेता है। अतः यदि द्रव को परस्पर सम्बन्धित अनेक आकार के बर्तनों में भरा जाए, तो सभी बर्तनों में द्रव तल की ऊँचाई समान रहती है।

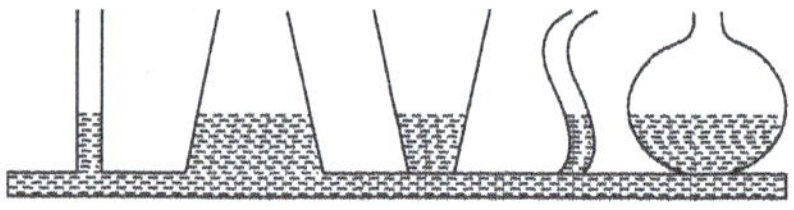

(iv) द्रव स्थैतिक दाब p तथा वायुमण्डलीय दाब p_0 का अन्तर गेज दाब (Gauge pressure) कहलाता है।

$$\text{गेज दाब} = p - p_0 = h\rho g$$

घनत्व (Density)

किसी पदार्थ का घनत्व, उसके एकांक आयतन के द्रव्यमान को कहते हैं।

$$\text{घनत्व } (\rho) = \frac{M}{V}$$

घनत्व का SI मात्रक किग्रा /मी^{3} होता है तथा इसका विमीय सूत्र $[ML^{-3}]$ होता है।

आपेक्षिक घनत्व (Relative Density)

किसी पदार्थ का आपेक्षिक घनत्व उस पदार्थ के घनत्व तथा 4°C पर जल के घनत्व का अनुपात है, अर्थात्

$$\text{आपेक्षिक घनत्व} = \frac{\text{किसी पदार्थ का घनत्व}}{4°C \text{ पर जल का घनत्व}}$$

यह मात्रक विहिन राशि है।

पास्कल का नियम (Pascal's Law)

इस नियम के अनुसार, यदि गुरुत्व नगण्य हो, तो पात्र में रखे द्रव के किसी एक बिन्दु पर दाब बढ़ाने पर, दाब द्रव के सभी बिन्दुओं व पात्र की दीवारों पर समान रूप से संचरित होता है। हाइड्रॉलिक लिफ्ट, ब्रेक तथा प्रेस इसी सिद्धान्त पर कार्य करती हैं।

आर्किमिडीज का सिद्धान्त
(Archimedes' Principle)

जब किसी वस्तु को किसी द्रव में पूर्ण या आंशिक रूप से डुबोया जाता है, तो द्रव द्वारा वस्तु पर ऊपर की ओर एक बल लगता है, जिसे **उत्प्लावन बल** कहते हैं। यह वस्तु द्वारा हटाए गए द्रव के भार के बराबर होता है।

किसी वस्तु को किसी द्रव में पूर्ण रूप से या आंशिक रूप से डुबोने पर वस्तु के भार में कमी प्रतीत होती है, वस्तु के भार में यह आभासी कमी वस्तु द्वारा हटाए गए द्रव के भार के बराबर होती है।

∴ वस्तु का आभासी भार = वस्तु का भार − द्रव का उत्प्लावन बल
= वस्तु का भार − विस्थापित द्रव का भार

द्रव गतिकी (Hydrodynamics)

द्रव का गति की अवस्था में अध्ययन द्रव गतिकी कहलाता है।

द्रव का प्रवाह (Flow of Fluids)

द्रव (तरल) का प्रवाह दो प्रकार का होता है

1. **धारा रेखी प्रवाह** (Streamline Flow)

द्रव का धारा रेखी प्रवाह एक व्यवस्थित प्रवाह है, जिसमें द्रव के प्रवाह का एक क्रम होता है, अर्थात् प्रत्येक कण उसी पथ का अनुसरण करता है, जिस पर उससे पहला कण चलता है, अर्थात् यह एक नियमित प्रवाह है। कण द्वारा चले गए पथ को धारा रेखा कहते हैं।

2. **विक्षुब्ध प्रवाह** (Turbulent Flow)

द्रव का विक्षुब्ध प्रवाह एक अनियमित तथा अव्यवस्थित प्रवाह है। इसमें द्रव के प्रवाह का कोई क्रम नहीं होता, अर्थात् द्रव का प्रत्येक कण किसी भी पथ पर चलने के लिए स्वतन्त्र होता है। अत: इस प्रवाह में द्रव के कण उन पथों का अनुसरण नहीं करते हैं, जिन पर उनसे पहले कण चलते हैं। इस प्रवाह में द्रव के अन्दर भँवर धाराएँ उत्पन्न हो जाती हैं।

क्रान्तिक वेग (Critical Velocity)

किसी द्रव के प्रवाह का वह वेग है, जिससे कम वेग पर द्रव का प्रवाह धारा रेखीय तथा इससे अधिक वेग पर धारा का प्रवाह विक्षुब्ध हो जाता है।

$$v_C \propto \frac{\eta}{\rho r}$$

रेनॉल्ड्स संख्या (Reynolds' Number)

एक विशुद्ध संख्या है, जो किसी नली में द्रव के प्रवाह की प्रकृति को बताती है। किसी बहते हुये द्रव के लिए रेनॉल्ड संख्या, प्रति एकांक क्षेत्रफल जड़त्वीय बल व प्रति एकांक क्षेत्रफल श्यान बल के अनुपात के तुल्य होती है।

$$N_R = \frac{\rho V r}{\eta}$$

(i) यदि $0 < N_R < 2000$ हो, तो द्रव का प्रवाह धारा रेखीय होगा।

(ii) यदि $2000 < N_R < 3000$ हो, तो द्रव का प्रवाह अस्थायी होगा।

(iii) यदि $N_R > 3000$ हो, तो द्रव का प्रवाह विक्षुब्ध ही होगा।

अविरतता का सिद्धान्त (सांतत्य समीकरण)
(Equation of Continuity)

जब कोई असंपीड्य तथा अश्यान द्रव, अर्थात् आदर्श द्रव किसी असमान अनुप्रस्थ परिच्छेद क्षेत्रफल वाली नली में धारा रेखी प्रवाह में बह रहा हो, तो नली में प्रत्येक स्थान पर नली के अनुप्रस्थ परिच्छेद के क्षेत्रफल (A) तथा उस स्थान पर द्रव के वेग (v) का गुणनफल नियत रहता है,

अर्थात् $Av =$ नियतांक

यदि द्रव अंसपीड्य न हो, तो $A_1 v_1 \rho_1 = A_2 v_2 \rho_2$

बरनौली प्रमेय (Bernoulli's Theorem)

इस प्रमेय के अनुसार, जब कोई असंपीड्य तथा अश्यान द्रव अथवा गैस अर्थात् आदर्श तरल धारा रेखीय प्रवाह में प्रवाहित होता है, तो उसके पथ के प्रत्येक बिन्दु पर, द्रव/तरल की कुल ऊर्जा अर्थात् दाब ऊर्जा, गतिज ऊर्जा तथा गुरुत्वीय स्थितिज ऊर्जा का योग सदैव नियत रहता है।

$$p + \frac{1}{2}\rho v^2 + \rho g h = \text{नियतांक}$$

बरनौली प्रमेय के अनुप्रयोग
(Applications of Bernoulli's Theorem)

(i) कणित्र की क्रियाविधि इसी प्रमेय पर आधारित है।

(ii) समान दिशा में अत्यन्त समीप गतिशील नावों (या वायुयानों) में आकर्षण का कारण।

(iii) वायुयान के पंखों की आकृति का निर्धारण।

(iv) तेज आँधी में घास-फूस या टिन से बनी छतों का उड़ जाना।

(v) चक्रण करती हुई गेंद को फेंकने पर उसका मार्ग परिवर्तन (मैगनस प्रभाव)।

श्यानता (Viscosity)

श्यानता, तरल में आन्तरिक घर्षण को कहते हैं। जब किसी तरल (द्रव) की एक पर्त उसी तरल की दूसरी पर्त पर फिसलती है, तो उनके बीच घर्षण बल कार्य करता है जो पर्तों की सापेक्ष गति का विरोध करता है। यह घर्षण बल ही श्यान बल है।

न्यूटन के अनुसार, बहते हुए किसी द्रव की किन्हीं दो परतों के बीच कार्य करने वाला स्पर्श रेखीय श्यान बल F, उन परतों के सम्पर्क क्षेत्रफल (A) तथा उनके बीच वेग प्रवणता $\left(\frac{\Delta v}{\Delta y}\right)$ के समानुपाती होता है, अर्थात्

$$F \propto A$$

तथा $$F \propto \frac{\Delta v}{\Delta y}$$

या $$F \propto A\frac{\Delta v}{\Delta y}$$

या $$F = \pm \eta A \frac{\Delta v}{\Delta y}$$

जहाँ, $\eta =$ श्यानता गुणांक है। इसका SI मात्रक न्यूटन-सेकण्ड-मी^{2} या पास्कल-सेकण्ड है।

द्रवों की श्यानता ताप के बढ़ने पर घट जाती है तथा गैसों की श्यानता ताप के बढ़ने पर बढ़ जाती है।

स्टोक्स का नियम और सीमान्त वेग
(Stokes' Law and Terminal Velocity)

स्टोक्स के अनुसार, यदि r त्रिज्या का गोला, η श्यानता के द्रव में v वेग से गिरता है, तो गति का विरोध करने वाला श्यान बल,

$$F = 6\pi\eta r v$$

यही स्टोक्स का नियम है।

यदि एक गोला किसी श्यान तरल में गिरता है, तो पहले तो वह त्वरित होता है, परन्तु कुछ समय पश्चात् त्वरण शून्य हो जाता है व गोला नियत वेग से गिरने लगता है, जिसे सीमान्त वेग कहते हैं।

सीमान्त वेग, $$v_t = \frac{2}{9}\frac{r^2(\rho - \sigma)g}{\eta}$$

जहाँ, $r =$ गिरते हुए पिण्ड की त्रिज्या,

$\rho =$ पिण्ड का घनत्व

तथा $\sigma =$ द्रव का घनत्व

पृष्ठ तनाव (Surface Tension)

किसी द्रव का वह गुण, जिसके कारण द्रव की सतह तनी हुई झिल्ली के समान व्यवहार करती है व न्यूनतम क्षेत्रफल प्राप्त करने का प्रयास करती है, पृष्ठ तनाव कहलाता है।

पृष्ठ तनाव, $$S = \frac{F}{l}$$

इसका SI मात्रक न्यूटन/मी व जूल/मी^{2} है तथा यह एक अदिश राशि है। इसका विमीय सूत्र $[MT^{-2}]$ है।

पृष्ठ ऊर्जा (Surface Energy)

द्रव के पृष्ठ पर उपस्थित अणुओं की स्थितिज ऊर्जा द्रव की पृष्ठ ऊर्जा कहलाती है। द्रव के अन्दर से किसी अणु को द्रव की सतह पर लाने में अन्तराणविक

बलों के विरुद्ध किया गया कार्य पृष्ठ पर स्थित स्थितिज ऊर्जा के रूप में संचित हो जाता है।

पृष्ठ की स्थितिज ऊर्जा में वृद्धि (ΔU) = किया गया कार्य (ΔW)

$$= S \cdot \Delta A$$

यहाँ, ΔA = क्षेत्रफल में वृद्धि तथा S = पृष्ठ तनाव

स्पर्श कोण (Angle of Contact)

द्रव व ठोस के सम्पर्क बिन्दु पर द्रव के तल व ठोस के तल पर खींची गई स्पर्श रेखाओं के मध्य द्रव के अन्दर बना कोण द्रव-ठोस युग्म के लिए स्पर्श कोण कहलाता है।

आधिक्य दाब (Excess Pressure)

पृष्ठ तनाव के गुण के कारण द्रव के मुक्त पृष्ठ पर एक परिणामी बल नीचे की ओर कार्य करता है, जिस कारण द्रव की बूँद अथवा बुलबुला अपना पृष्ठ क्षेत्रफल कम करने के लिए सिकुड़ने का प्रयत्न करता है। अत: द्रव की बूँद अथवा बुलबुले का आन्तरिक दाब बढ़ता है तथा साम्यावस्था प्राप्त हो जाने पर और अधिक सम्पीडन को रोकता है, इस प्रकार द्रव की बूँद या बुलबुले का आन्तरिक दाब बाह्य दाब से अधिक होता है। दाब का यह अन्तर ही आधिक्य दाब कहलाता है।

(i) द्रव की बूँद के भीतर आधिक्य दाब, $p' = \dfrac{2T}{R}$

(ii) द्रव में बने वायु के बुलबुले के भीतर आधिक्य दाब, $p' = \dfrac{2T}{R}$

(iii) साबुन के घोल के बुलबुले के भीतर आधिक्य दाब, $p = \dfrac{4T}{R}$

केशिकात्व (Capillarity)

यदि अतिअल्प त्रिज्या की नली (केशनली) किसी द्रव में डुबोयी जाए, तो केशनली में द्रव, बाहरी द्रव की तुलना में कुछ ऊपर चढ़ जाता है या नीचे उतर जाता है। यह परिघटना केशिकात्व कहलाती है।

यदि r त्रिज्या की केशनली में उन्नयन होने वाले द्रव की ऊँचाई h है, तो

$$h = \frac{2S\cos\theta}{r\rho g} = \frac{2S}{R\rho g}$$

जहाँ, θ = सम्पर्क कोण

तथा R = द्रव की सतह की वक्रता त्रिज्या $= \dfrac{r}{\cos\theta}$

दिए गए द्रव व ठोस के लिए विशेष स्थान पर $h \propto \dfrac{1}{r}$

यदि एक केशनली द्रव में डुबोकर तिरछी (α कोण पर) की जाए, तो केशनली में द्रव स्तम्भ की ऊँचाई (l) तो बढ़ जाएगी, परन्तु द्रव स्तम्भ की ऊर्ध्वाधर ऊँचाई h अपरिवर्तित रहेगी।

$$h = l\cos\alpha$$

या $$l = \frac{h}{\cos\alpha}$$

अपर्याप्त लम्बाई की केशनली लेने पर भी द्रव केशनली के बाहर नहीं निकलेगा, क्योंकि

$$hR = \text{नियत}$$

$$\Rightarrow \quad h_1R_1 = h_2R_2$$

अभ्यास प्रश्न

1. 1 वर्ग सेमी अनुप्रस्थ परिच्छेद के तार के निचले सिरे से 1.0 किग्रा-भार लटकाने पर तार में उत्पन्न प्रतिबल होगा

(a) 9.8×10^4 न्यूटन/मी^{2}

(b) 6.4×10^4 न्यूटन-मी^{2}

(c) 9.4×10^4 न्यूटन/मी^{2}

(d) 6.0×10^4 न्यूटन/मी^{2}

2. किसी तार से ईंट को लटकाने पर इसकी लम्बाई में 2 मिमी की वृद्धि हो जाती है। जब ईंट को जल में डुबोया जाता है, तो तार में वृद्धि केवल 0.6 मिमी होती है। ईंट का घनत्व है (जल का घनत्व = 1000 किग्रा/मी^{3})

(a) 3333 किग्रा/मी^{3} (b) 4210 किग्रा/मी^{3}

(c) 5000 किग्रा/मी^{3} (d) 2000 किग्रा/मी^{3}

3. धातु के ब्लॉक पर 10^5 न्यूटन/मी^{2} का वायुमण्डलीय दाब लग रहा है। जब इस ब्लॉक को निर्वात् में रखा जाता है, तो इसके आयतन में भिन्नात्मक परिवर्तन होगा (धातु का आयतन प्रत्यास्थता गुणांक 1.25×10^{11} न्यूटन/मी^{2})

(a) 4×10^{-7} (b) 2×10^{-7}

(c) 8×10^{-7} (d) 1×10^{-7}

4. पीतल की छड़ का व्यास 4 मिमी है तथा यंग प्रत्यास्थता गुणांक 9×10^9 न्यूटन/मी है। छड़ की लम्बाई में 0.1% वृद्धि करने में कितने बल की आवश्यकता होगी?

(a) 36π न्यूटन

(b) 36 न्यूटन

(c) $144\pi \times 10^3$ न्यूटन

(d) $36\pi \times 10^5$ न्यूटन

5. यदि किसी पदार्थ के लिए Y तथा η के मान क्रमश: 2×10^{11} पास्कल तथा 8×10^{10} पास्कल हो, तो पॉयजन अनुपात σ का मान क्या होगा?

(a) 0.25 (b) 9.35

(c) 0.45 (d) 0.50

6. जब किसी एकसमान तार से एक निश्चित भार लटकाया जाता है, तो 1 सेमी लम्बाई की वृद्धि होती है। यदि उसी पदार्थ एवं लम्बाई के तार के साथ वही भार लटकाया जाए तथा तार का व्यास आधा कर दिया जाए, तो उसकी लम्बाई में वृद्धि होगी

(a) 0.5 सेमी (b) 2 सेमी

(c) 4 सेमी (d) 8 सेमी

7. L लम्बाई, A अनुप्रस्थ परिच्छेद के भारतीय रबर कार्ड को ऊर्ध्वाधर लटकाया जाता है। रबर का घनत्व D एवं यंग प्रत्यास्थता गुणांक E है तथा उसकी लम्बाई में वृद्धि l हैं, तो l होगी

(a) L^2Dg/E

(b) $L^2Dg/2E$

(c) $L^2Dg/4E$

(d) L

8. सम्पन्न कार्य की गणना कीजिए, यदि एक तार पर Mg भार लटकाने से लम्बाई में वृद्धि l हो जाती है।

(a) Mgl (b) शून्य

(c) $Mgl/2$ (d) $2Mgl$

9. 1 मी लम्बे तार को तोड़ने के लिए न्यूनतम 40 किग्रा भार की आवश्यकता है, तो उसी पदार्थ के दोगुनी मोटाई तथा 6 मी लम्बे तार को तोड़ने के लिए आवश्यक न्यूनतम भार होगा

(a) 80 किग्रा (b) 240 किग्रा

(c) 200 किग्रा (d) $\dfrac{80}{3}$ किग्रा

10. किसी वस्तु के नियत हाइड्रोलिक प्रतिबल के लिए इसके आयतन में भिन्नात्मक परिवर्तन $\left(\frac{\Delta V}{V}\right)$ एवं इसके आयतन मापांक (B) में सम्बन्ध होता है

(a) $\frac{\Delta V}{V} \propto B$ (b) $\frac{\Delta V}{V} \propto \frac{1}{B}$

(c) $\frac{\Delta V}{V} \propto B^2$ (d) $\frac{\Delta V}{V} \propto B^{-2}$

11. स्ट्रा के चूसने के द्वारा एक लड़का अपने फेफड़ों के दाब को 750 मिमी Hg के बराबर तक कम कर लेता है। स्ट्रा की सहायता से वह गिलास की कितनी अधिकतम गहराई तक जल पी सकता है? ($\rho_{Hg} = 13.6$ ग्राम/मी^{3})

(a) 10 सेमी (b) 75 सेमी

(c) 13.6 सेमी (d) 1.36 सेमी

12. किसी झील के पृष्ठ से 400 मी नीचे जल के घनत्व में कितना परिवर्तन होगा? पृष्ठ पर जल का घनत्व 1030 किग्रा/मी^{3} व जल का आयतन प्रत्यास्थता गुणांक 2×10^9 न्यूटन/मी^{2} है।

(a) 4 किग्रा/मी^{3}

(b) 2 किग्रा/मी^{3}

(c) 10.2 किग्रा/मी^{3}

(d) 102.6 किग्रा/मी^{3}

13. आंशिक रूप से भरे पात्र को एक स्प्रिंग तुला से लटका दिया जाता है। एक छोटी वस्तु को यदि उस पात्र में डुबो दिया जाए, तो स्प्रिंग की सुईं

(a) कम पाठ्यांक देगी

(b) दोलन करेगी

(c) समान पाठ्यांक देगी

(d) अधिक पाठ्यांक देगी

14. स्टील की एक गेंद को तेल में छोड़ दिया जाता है, तो

(a) कुछ समय बाद गेंद नियत वेग प्राप्त कर लेगी

(b) गेंद रुक जायेगी

(c) गेंद की गति बढ़ती चली जायेगी

(d) उपरोक्त में से कोई नहीं

15. बरनौली का सिद्धान्त आधारित है

(a) कोणीय संवेग संरक्षण के नियम पर

(b) रेखीय संवेग संरक्षण के नियम पर

(c) द्रव्यमान संरक्षण के नियम पर

(d) ऊर्जा संरक्षण के नियम पर

16. एक बड़ी बेलनाकार टंकी के तल में A क्षेत्रफल का एक छिद्र है। A अनुप्रस्थ-काट की नली से ही टंकी को पानी से भरा जाता है। नली से पानी v वेग से आता है। निम्न में से कौन-सी परिस्थिति उत्पन्न होगी?

(a) टंकी में पानी नहीं रुक पाएगा

(b) पानी का स्तर बढ़ता रहेगा

(c) पानी का स्तर $\frac{v^2}{2g}$ ऊँचाई तक बढ़ेगा फिर रुक जाएगा

(d) पानी का स्तर $\frac{v^2}{2g}$ की माध्य ऊँचाई पर दोलन करेगा

17. 2 मिमी त्रिज्या और 10.5 ग्राम/सेमी^{3} घनत्व वाली धातु की एक गेंद 1.5 ग्राम/सेमी^{3} घनत्व की ग्लिसरीन में गिराई जाती है। ग्लिसरीन का श्यानता गुणांक 9.8 प्वॉइज है। गेंद का सीमान्त वेग होगा

(a) 8 सेमी/से (b) 9 सेमी/से

(c) 10 सेमी/से (d) 11 सेमी/से

18. 4 सेमी व्यास के एक पाइप से प्रवाहित हो रहे जल का वेग 3 मी/से है। तत्पश्चात् जल 2 सेमी व्यास की नलिका में प्रवेश करता है। नलिका में प्रवाहित जल का वेग है

(a) 3 मी/से (b) 6 मी/से

(c) 12 मी/से (d) 8 मी/से

19. 120 किग्रा द्रव्यमान के लकड़ी के ब्लॉक को पानी में डुबोने के लिए इस पर रखे जा सकने वाले भार का मान क्या होना चाहिए? (लकड़ी का घनत्व = 600 किग्रा/मी^{3})

(a) 80 किग्रा (b) 50 किग्रा

(c) 60 किग्रा (d) 30 किग्रा

20. साबुन की एक फिल्म के आकार को 10 सेमी × 6 सेमी से बढ़ाकर 10 सेमी × 11 सेमी करने में 3×10^{-4} जूल कार्य करना पड़ता है। फिल्म का पृष्ठ तनाव है

(a) 5×10^{-2} न्यूटन/मी

(b) 3×10^{-2} न्यूटन/मी

(c) 1.5×10^{-2} न्यूटन/मी

(d) 1.2×10^{-2} न्यूटन/मी

21. एक गोलाकार द्रव बूँद, जिसकी त्रिज्या R है, में सतहीय तनाव के कारण अतिरिक्त दबाव समानुपाती होगा

(a) R के (b) R^3 के

(c) R^{-2} के (d) R^{-1} के

22. दो बूँदों की त्रिज्या का अनुपात 2 : 1 है। इन बूँदों के अन्दर आधिक्य दाबों का अनुपात क्या है?

(a) 1 : 2 (b) 1 : 4 (c) 2 : 1 (d) 4 : 1

23. जब किसी गीला न करने वाले द्रव को केशनली में रखा जाता है, तब द्रव की आकृति होगी

(a) अवतल, ऊपर की ओर

(b) उत्तल, ऊपर की ओर

(c) अवतल, नीचे की ओर

(d) उत्तल, नीचे की ओर

24. जब एक केशनलिका को पानी में डुबोया जाता है, तो h ऊँचाई तक पानी चढ़ता है। यदि केशनलिका की लम्बाई h से कम कर दी जाए, तो

(a) पानी बाहर निकल आयेगा

(b) पानी बाहर नहीं निकलेगा

(c) पानी ऊपर नहीं चढ़ेगा

(d) पानी ऊपर चढ़ेगा, परन्तु केशनलिका की लम्बाई से कम ही चढ़ेगा

25. पृथ्वी पर किसी केशनली में जल h_e ऊँचाई तक चढ़ता है। चन्द्रमा की सतह पर इसी केशनली में जल-स्तम्भ की ऊँचाई होगी

(a) $6h_e$ (b) $\frac{1}{6}h_e$

(c) h_e (d) शून्य

उत्तरमाला

1. (a)	2. (a)	3. (c)	4. (a)	5. (a)	6. (c)	7. (b)	8. (c)	9. (d)	10. (b)
11. (c)	12. (b)	13. (d)	14. (a)	15. (d)	16. (c)	17. (a)	18. (c)	19. (a)	20. (b)
21. (d)	22. (a)	23. (b)	24. (b)	25. (a)					

अध्याय

05

कार्य, ऊर्जा और शक्ति

(Work, Power and Energy)

कार्य (Work)

मनुष्य अपने दैनिक जीवन में अनेक क्रियाएँ करता है; जैसे साइकिल चलाना, पुस्तक पढ़ना, मैदान में खेलना, बातचीत करना, बोझ उठाना, किसी वस्तु को एक स्थान से उठाकर दूसरे स्थान पर रखना आदि। साधारण भाषा में इन सभी क्रियाओं को कार्य कहा जाता है, परन्तु भौतिक विज्ञान के अनुसार, कार्य तब ही किया हुआ माना जाता है जब वस्तु पर बल लगाने से वस्तु में विस्थापन होता है।

अत: "कार्य वह भौतिक क्रिया है जिसमें किसी वस्तु पर बल लगाकर उसे बल की दिशा में विस्थापित किया जाता है अर्थात् वस्तु की स्थिति में परिवर्तन किया जाता है।"

उदाहरण किसी सतह पर रखे लकड़ी के गुटके को धकेलना, ट्रॉली को खींचना, कुएँ से जल खींचना, साइकिल चलाना आदि।

नियत बल द्वारा किया गया कार्य (Work done by a Constant Force)

किसी वस्तु पर लगाया गया बल, जब उसकी स्थिति में परिवर्तन कर दे, तो बल की दिशा में क्रियात्मक बिन्दु के विस्थापन तथा बल के परिमाण का गुणनफल किए गए कार्य के तुल्य होता है।

कार्य (W) = बल $(F) \times$ बल की दिशा में क्रियात्मक बिन्दु का विस्थापन (s)

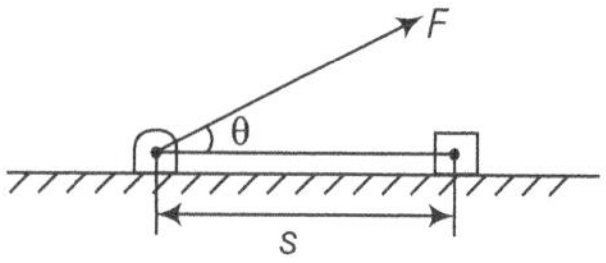

$$W = \mathbf{F} \cdot \mathbf{s} \Rightarrow W = Fs \cos \theta$$

कार्य एक अदिश राशि है। इसका SI मात्रक जूल तथा CGS मात्रक अर्ग होता है।

$$1 \text{ जूल} = 10^7 \text{ अर्ग}$$

कार्य के प्रकार (Types of Work)

कार्य मुख्य रूप से तीन प्रकार का होता है

1. **धनात्मक कार्य**

यदि बल और विस्थापन के मध्य बन रहे कोण का मान 90° से कम हो $\theta < 90°$, तो किया गया कार्य धनात्मक होगा।

उदाहरण यदि कोई व्यक्ति किसी पिण्ड को पृथ्वी की सतह से ऊपर उठाता है, तो उसके द्वारा किया गया कार्य धनात्मक होगा।

2. **ऋणात्मक कार्य**

यदि बल और विस्थापन के मध्य बन रहे कोण का मान 90° से अधिक हो $\theta > 90°$, तो किया गया कार्य ऋणात्मक होगा।

उदाहरण जब किसी वस्तु को खुरदरे धरातल पर खींचा जाता है, तब घर्षण बल तथा विस्थापन परस्पर विपरीत दिशा में होते हैं। अत: घर्षण बल द्वारा किया गया कार्य ऋणात्मक होता है।

3. **शून्य कार्य**

जब बल तथा विस्थापन लम्बवत् दिशा में होते हैं, तो बल द्वारा किया गया कार्य शून्य होगा।

उदाहरण यदि कोई कुली सिर पर बोझ उठाकर प्लेटफार्म पर चल रहा है, तो वह कोई कार्य नहीं करता (क्योंकि उसका कार्य गुरुत्व बल के लम्बवत् है)।

इसी प्रकार वृत्ताकार पथ पर घूमते पिण्ड पर बल की दिशा सदैव पिण्ड की गति के लम्बवत् होती है। अत: वृत्ताकार पथ पर घूमते पिण्ड पर बल द्वारा किया गया कार्य सदैव शून्य होता है।

ऊर्जा (Energy)

किसी व्यक्ति अथवा वस्तु की कार्य करने की क्षमता को उसकी ऊर्जा कहते हैं। ऊर्जा के रूपान्तरण द्वारा ही कार्य किया जाता है, इसलिए कार्य व ऊर्जा के मात्रक समान होते हैं अर्थात् ऊर्जा का मात्रक भी जूल है।

ऊर्जा के रूप

ऊर्जा के कुछ रूप निम्न हैं

(i) **यान्त्रिक ऊर्जा** (Mechanical Energy) वह ऊर्जा जिसके कारण कोई वस्तु यान्त्रिक कार्य (Mechanical work) कर सकती है, यान्त्रिक ऊर्जा कहलाती है। **उदाहरण** गिरता हुआ पत्थर, खिंचा हुआ तीर, चाबी भरी हुई घड़ी की स्प्रिंग।

(ii) **प्रकाश ऊर्जा** (Light Energy) जिस ऊर्जा के कारण हमें वस्तुएँ स्पष्ट रूप से दिखाई देती हैं, प्रकाश ऊर्जा कहलाती है।

उदाहरण विद्युत बल्ब, मोमबत्ती आदि से प्राप्त ऊर्जा।

(iii) **ध्वनि ऊर्जा** (Sound Energy) जिस ऊर्जा के कारण हमें सुनने का आभास होता है, ध्वनि ऊर्जा कहलाती है।

उदाहरण लाउडस्पीकर आदि से प्राप्त ऊर्जा।

(iv) **विद्युत ऊर्जा** (Electric Energy) वह ऊर्जा जो विद्युत धारा द्वारा संचरित होती है, विद्युत ऊर्जा कहलाती है।

उदाहरण विद्युत मोटर, विद्युत बल्ब।

(v) **ऊष्मीय ऊर्जा** (Heat Energy) जिस ऊर्जा के कारण हमें किसी वस्तु के गर्म होने का आभास होता है या किसी वस्तु की गर्माहट के कारण प्राप्त ऊर्जा, ऊष्मीय ऊर्जा कहलाती है। **उदाहरण** भाप की ऊर्जा।

(vi) **पवन ऊर्जा** (Wind Energy) तेज गति से बहती वायु में गतिज ऊर्जा होती है, वायु की यही ऊर्जा पवन ऊर्जा कहलाती है। पवन ऊर्जा का उपयोग पवन चक्कियों, जल पम्प इत्यादि में किया जाता है। वर्तमान में पवन ऊर्जा का उपयोग विद्युत ऊर्जा उत्पन्न करने में भी करते हैं।

(vii) **जल ऊर्जा** (Hydro Energy) बहते जल से प्राप्त ऊर्जा को जल ऊर्जा कहते हैं। इसकी सहायता से विद्युत धारा जनित्र द्वारा विद्युत का उत्पादन करते हैं। भारत में लगभग 25% विद्युत जल-स्रोतों से प्राप्त होती है।

(viii) **रासायनिक ऊर्जा** (Chemical Energy) किसी पदार्थ में उसके परमाणुओं के रासायनिक बन्ध के कारण जो ऊर्जा निहित होती है, उसे रासायनिक ऊर्जा कहते हैं। उदाहरण—लकड़ी, कोयला, पेट्रोलियम आदि के दहन से उत्पन्न ऊर्जा।

(ix) **जैव ऊर्जा** (Bio Mass Energy) गोबर गैस अथवा कचरे इत्यादि से प्राप्त ऊर्जा, जैव भार ऊर्जा होती है। इससे मेथेन गैस उत्पन्न होती है जो ईंधन के रूप में प्रयुक्त होती है।

(x) **सौर ऊर्जा** (Solar Energy) सूर्य से प्रतिदिन प्राप्त होने वाली ऊर्जा को सौर ऊर्जा कहते हैं। पृथ्वी पर पाए जाने वाले सभी ऊर्जा-स्रोतों का प्रत्यक्ष या अप्रत्यक्ष रूप से मूल आधार सूर्य ही है। सूर्य ही ऊर्जा का सबसे बड़ा स्रोत है।

यान्त्रिक ऊर्जा (Mechanical Energy)

किसी वस्तु की गतिज ऊर्जा एवं स्थितिज ऊर्जा का योग, वस्तु की यान्त्रिक ऊर्जा कहलाती है। यान्त्रिक ऊर्जा प्राय: दो प्रकार की होती है

1. गतिज ऊर्जा (Kinetic Energy)

किसी वस्तु की गति के कारण उसमें जो कार्य करने की क्षमता होती है, वह उस वस्तु की गतिज ऊर्जा कहलाती है। वस्तु की गतिज ऊर्जा उसकी चाल के साथ बढ़ती है। गतिशील कार, लुढ़कता हुआ पत्थर, उड़ता हुआ हवाई जहाज, बहता हुआ पानी, दौड़ता हुआ खिलाड़ी आदि सभी में गतिज ऊर्जा विद्यमान है।

गतिज ऊर्जा की गणितीय व्याख्या

(Mathematical Explanation of Kinetic Energy)

गतिज ऊर्जा का मापन उस कार्य के तुल्य है जो उस वस्तु को विरामावस्था से वर्तमान अवस्था तक लाने में किया गया है।

माना कि m द्रव्यमान की कोई वस्तु स्थिर अवस्था में है। जब वस्तु पर F बल लगाया जाता है, तब उसकी गति में a त्वरण उत्पन्न हो जाता है, तो न्यूटन के द्वितीय नियम से

$$\text{लगाया गया बल, } F = ma \Rightarrow a = \frac{F}{m}$$

यदि लगाए गए बल के कारण S दूरी चलने में वस्तु की चाल 0 से v हो जाती है, तो

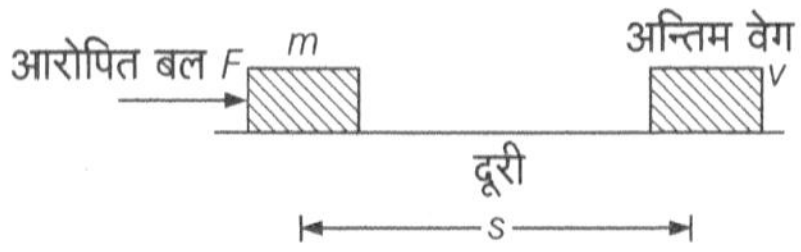

गति के द्वितीय समीकरण से, $v^2 = u^2 + 2as$

यहाँ $u = 0$ ($\because$ वस्तु प्रारम्भ में स्थिर है)

$$v^2 = 0 + 2as = 2\left(\frac{F}{m}\right) \times s$$

अत: $$mv^2 = 2\,(F \times s) \quad \text{या} \quad F \times s = \frac{1}{2} mv^2$$

कार्य की परिभाषा से $F \times s$ वस्तु पर किए गए कार्य (W) के बराबर होगा।

अत: $$W = F \times s$$

यह कार्य ही वस्तु की गतिज ऊर्जा के बराबर होगा, अत: वस्तु की गतिज ऊर्जा, $$K = F \times s = \frac{1}{2} mv^2 \Rightarrow K = \frac{1}{2} mv^2$$

जहाँ, m = वस्तु का द्रव्यमान तथा v = वस्तु का वेग है।

गतिज ऊर्जा तथा रेखीय संवेग में सम्बन्ध

किसी वस्तु की गतिज ऊर्जा (K) तथा संवेग (p) में निम्न सम्बन्ध होता है

$$K = \frac{p^2}{2m}$$

अत: स्पष्ट होता है कि यदि किसी पिण्ड या वस्तु में गतिज ऊर्जा न हो तो उसका संवेग भी शून्य होगा।

2. स्थितिज ऊर्जा (Potential Energy)

किसी वस्तु की स्थिति के कारण उसमें जो कार्य करने की क्षमता होती है, उसे उस वस्तु की स्थितिज ऊर्जा कहते हैं।

किसी ऊँचाई पर वस्तु की स्थितिज ऊर्जा

(Potential Energy of an Object at a Height)

वस्तु को किसी ऊँचाई तक उठाने में उसकी ऊर्जा में वृद्धि होती है। इसका कारण है कि इसको ऊपर उठाने में इस पर गुरुत्व बल के विरुद्ध कार्य किया जाता है। इस प्रकार की वस्तु में विद्यमान ऊर्जा उसकी **गुरुत्वीय स्थितिज ऊर्जा** है। भूमि के ऊपर किसी बिन्दु पर किसी वस्तु की स्थितिज ऊर्जा को वस्तु को भूमि से उस बिन्दु तक उठाने में गुरुत्वीय बल के विरुद्ध किये गये कार्य द्वारा परिभाषित करते हैं।

उदाहरण बाँध में ऊँचाई पर स्थित जल की ऊर्जा (यह गिरकर नीचे रखे टरबाइन को घुमाता है, जिससे विद्युत उत्पन्न होती है।)

स्थितिज ऊर्जा का व्यंजक (Expression for Potential Energy)

यदि m द्रव्यमान का कोई पिण्ड पृथ्वी की सतह से h ऊँचाई पर स्थित है, तो पिण्ड को गुरुत्वीय बल के विरुद्ध विस्थापित करने में किया गया कार्य ही पिण्ड की स्थितिज ऊर्जा को प्रदर्शित करेगा।

$$\text{कार्य} = \text{बल} \times \text{विस्थापन} = mg \times h \quad (\because F = mg)$$
$$= mgh$$

वस्तु को उठाने के लिये आवश्यक न्यूनतम बल वस्तु के भार के बराबर अर्थात् mg है

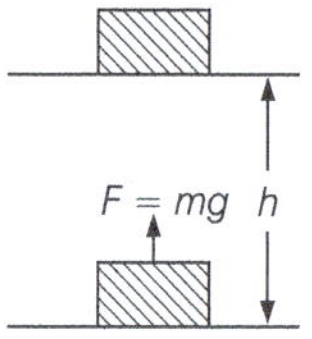

जहाँ, g गुरुत्वीय त्वरण है। यही कार्य, वस्तु की स्थितिज ऊर्जा के बराबर होगा। अत: स्थितिज ऊर्जा $(U) = mgh$

अथवा स्थितिज ऊर्जा = द्रव्यमान × गुरुत्वीय त्वरण × ऊँचाई

गुरुत्वीय बल द्वारा किया गया कार्य वस्तु की प्रारम्भिक तथा अन्तिम स्थितियों की ऊर्ध्वाधर ऊँचाई पर निर्भर करता है न कि उस पथ पर जिस पर वस्तु ने गति की है।

चित्र में ऐसी स्थिति दिखाई गई है, जिसके एक वस्तु स्थिति A से स्थिति B तक दो विभिन्न पथों से होकर जाती है माना $AB = h$

दोनों ही स्थितियों में वस्तु पर किया गया कार्य mgh है।

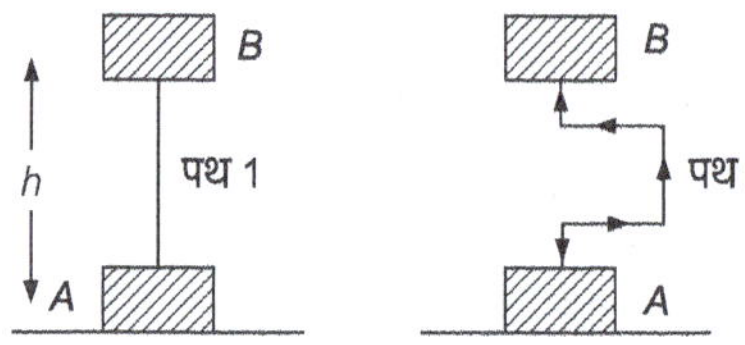

ऊर्जा संरक्षण का नियम

(Law of Conservation of Energy)

इस नियम के अनुसार, ऊर्जा को न तो उत्पन्न किया जा सकता है और न ही नष्ट, परन्तु ऊर्जा को एक रूप से दूसरे रूप में बदला जा सकता है।

यान्त्रिक ऊर्जा संरक्षण का नियम

(Law of Conservation of Mechanical Energy)

संरक्षी बलों के प्रभाव में (घर्षण बलों की अनुपस्थिति में) किसी निकाय की कुल यान्त्रिक ऊर्जा (गतिज ऊर्जा + स्थितिज ऊर्जा) नियत रहती है अर्थात्

$$K + U = E \quad \text{या } \Delta K + \Delta U = 0 \text{ या } + \Delta K = -\Delta U$$

अर्थात् किसी निकाय की गतिज ऊर्जा में वृद्धि = स्थितिज ऊर्जा में कमी

शक्ति अथवा सामर्थ्य (Power)

कार्य करने की दर को शक्ति कहते हैं। यदि t सेकण्ड में W कार्य किया जाए, तो शक्ति, $P = \frac{W}{t}$

तात्क्षणिक शक्ति, $P = \frac{dW}{dt} = \frac{\mathbf{F} \cdot d\mathbf{s}}{dt} = \mathbf{F} \cdot \frac{d\mathbf{s}}{dt} = \mathbf{F} \cdot \mathbf{v} = Fv\cos\theta$

जहाँ, $\mathbf{F}$ = आरोपित बल, $\mathbf{v}$ = तात्क्षणिक वेग तथा

θ = बल तथा वेग की दिशाओं के बीच का कोण है

इसका SI मात्रक जूल/सेकण्ड या वाट है।

अभ्यास प्रश्न

1. कार्य की
(a) केवल दिशा होती है
(b) केवल परिमाण होता है
(c) न दिशा होती है न परिमाण
(d) परिमाण व दिशा दोनों होते हैं

2. जूल मात्रक है
(a) कार्य और ऊर्जा का
(b) कार्य और शक्ति का
(c) शक्ति और ऊर्जा का
(d) बल और कार्य का

3. अपने सिर पर 20 किग्रा का बक्सा उठाए हुए कोई कुली क्षैतिज प्लेटफार्म पर 50 मी चलता है। गुरुत्व बल के विरुद्ध कुली द्वारा किया गया कार्य होगा
(a) 200 जूल
(b) 2000 जूल
(c) 1980 जूल
(d) शून्य

4. एक मनुष्य एक दीवार को धकेलता है तथा इसको विस्थापित नहीं कर पाता है, तो वह
(a) ऋणात्मक कार्य करता है
(b) धनात्मक कार्य करता है, परन्तु अधिकतम नहीं
(c) कोई कार्य नहीं करता है
(d) अधिकतम कार्य करता है

5. R त्रिज्या के वृत्त में घूमने वाले पिण्ड पर अभिकेन्द्रीय बल द्वारा किया गया कार्य होगा
(a) शून्य (b) FR
(c) $F(2\pi R)$ (d) $F(2R)$

6. यदि गतिमान वस्तु की चाल को दोगुना कर दिया जाए, तो
(a) उसका त्वरण दोगुना हो जाएगा
(b) उसका भार दोगुना हो जाएगा
(c) उसकी गतिज ऊर्जा दोगुनी हो जाएगी
(d) उसकी गतिज ऊर्जा चौगुनी हो जाएगी

7. बराबर द्रव्यमान के दो पिण्ड क्रमशः $3v$ और $2v$ के वेग से गतिशील हैं। उनकी गतिज ऊर्जाओं का अनुपात होगा
(a) 9 : 4 (b) 3 : 2
(c) 4 : 9 (d) 2 : 3

8. किसी गतिशील पिण्ड का वेग आधा करने से उसकी गतिज ऊर्जा हो जाती है
(a) आधी
(b) दोगुनी
(c) चौगुनी
(d) चौथाई

9. 1 किग्रा की वस्तु की गतिज ऊर्जा 1 जूल तब होगी जब उसकी चाल होगी
(a) 45 मी/से
(b) 1 मी/से
(c) 1.4 मी/से
(d) 4.4 मी/से

10. 30 किग्रा लोहे के एक गोले तथा 10.5 किग्रा ऐलुमिनियम के एक गोले का व्यास बराबर है। दोनों गोलों को किसी मीनार से एक साथ गिराया जाता है। जब वे गोले पृथ्वी से 10 मी ऊपर हैं, तो उनका
(a) त्वरण समान होगा
(b) संवेग समान होगा
(c) स्थितिज ऊर्जा समान होगी
(d) गतिज ऊर्जा समान होगी

11. किसी वस्तु के संवेग को तीन गुना करने से उसकी गतिज ऊर्जा
(a) दोगुनी हो जाएगी
(b) चौगुनी हो जाएगी
(c) नौगुनी हो जाएगी
(d) तिगुनी हो जाएगी

12. यदि 2500 जूल कार्य करने में किसी मशीन को 5 सेकण्ड लगता है, तो उसकी शक्ति होगी
(a) 250 वाट (b) 125 वाट
(c) 0.5 वाट (d) 0.5 किलोवाट

13. एक लड़का r दूरी तक सिर पर वजन रखकर चलता है। उसे अधिकतम कार्य करना पड़ेगा, जब वह वजन को लेकर
(a) खुरदरे क्षैतिज सतह पर चलता है
(b) चिकनी क्षैतिज सतह पर चलता है
(c) नत समतल पर चलता है
(d) ऊर्ध्वतल पर ऊपर चलता है

14. एक मशीन 500 जूल कार्य 10 सेकण्ड में करती है। मशीन की शक्ति होगी
(a) 5000 वाट (b) 5000 जूल
(c) 50 वाट (d) 50 जूल-सेकण्ड

15. निम्नलिखित में से कौन-सा शक्ति का मात्रक नहीं है?
(a) अश्व शक्ति (b) वाट
(c) जूल/सेकण्ड (d) जूल-सेकण्ड

16. निम्न में से किस उपकरण में विद्युत ऊर्जा गतिज ऊर्जा में रूपान्तरित होती है
(a) बल्ब (b) लालटेन
(c) लाउडस्पीकर (d) पंखा

17. यदि 2500 जूल कार्य करने में किसी मशीन को 5 सेकण्ड लगते हैं, तो उसकी शक्ति होगी
(a) 250 वाट (b) 125 वाट
(c) 0.5 वाट (d) 0.5 किलोवाट

18. एक प्रोटॉन तथा इलेक्ट्रॉन को एक-दूसरे के समीप लाने पर उनकी स्थितिज ऊर्जा
(a) बढ़ जाएगी
(b) घट जाएगी
(c) अपरिवर्तित रहेगी
(d) कुछ कहा नहीं जा सकता है

19. एक कार तथा ट्रक की गतिज ऊर्जा समान है। यदि ट्रक का भार कार के भार का 16 गुना हो, तो ट्रक तथा कार के संवेगों का अनुपात होगा
(a) 1 : 16 (b) 16 : 1
(c) 1 : 4 (d) 4 : 1

20. 1 किग्रा की वस्तु की गतिज ऊर्जा 1 जूल तब होगी, जब उसकी चाल होगी
(a) 45 मी/से (b) 1 मी/से
(c) 1.4 मी/से (d) 4.4 मी/से

21. m द्रव्यमान के एक कण का संवेग p है। इसकी गतिज ऊर्जा होगी
(a) mp (b) p^2m
(c) p^2/m (d) $p^2/2m$

22. एक घोड़ा 20 न्यूटन के बल द्वारा किसी गाड़ी को 5 मी तक खींचता है। घोड़े द्वारा किया गया कार्य होगा
(a) $\frac{5}{10}$ जूल (b) $\frac{20}{5}$ जूल
(c) 20×5 जूल (d) इनमें से कोई नहीं

23. किसी वस्तु पर 7 न्यूटन का बल लगाने पर वस्तु बल की दिशा में 8 मी विस्थापित हो जाती है। बल द्वारा वस्तु पर किए गए कार्य की गणना कीजिए।
(a) 65 जूल (b) 56 जूल
(c) 75 जूल (d) 57 जूल

24. एक पिण्ड पर 40 न्यूटन का बल लगाने से वह बल की दिशा में $60°$ के कोण पर 20 मी विस्थापित हो जाता है। बल द्वारा कृत कार्य होगा
(a) 200 जूल (b) 400 जूल
(c) 600 जूल (d) 700 जूल

25. यदि किसी पिण्ड की गतिज ऊर्जा 4 गुनी कर दी जाए, तो उसका संवेग हो जाएगा
(a) चार गुना (b) दोगुना
(c) तीन गुना (d) पाँच गुना

26. दो वस्तुओं के संवेग समान हैं। यदि इनके द्रव्यमान m_1 व m_2 हो तथा गतिज ऊर्जाएँ क्रमशः K_1 व K_2 हों, तो अनुपात K_2/K_1 होगा
(a) m_1/m_2 (b) $2m_1/m_2$
(c) m_2/m_1 (d) $2m_2/m_1$

27. 1 किग्रा द्रव्यमान का पत्थर का टुकड़ा 25 मी की ऊँचाई से स्वतन्त्रतापूर्वक गिराया जाता है। जब वह पृथ्वी से 4 मी की ऊँचाई पर है, तो उस क्षण इसकी गतिज व स्थितिज ऊर्जाएँ क्रमशः होंगी
(a) 200 जूल, 50 जूल
(b) 250 जूल, 40 जूल
(c) 210 जूल, 40 जूल
(d) 210 जूल, 30 जूल

28. एक लड़का जिसका द्रव्यमान 50 किग्रा है, अपने साथ 10 किग्रा का एक बक्सा लेकर सीढ़ियों द्वारा 10 मी ऊँची छत पर 1 मिनट में चढ़ जाता है। लड़के की सामर्थ्य है
(a) 98 वाट (b) 88 वाट
(c) 78 वाट (d) 48 वाट

29. 10 अश्व शक्ति की मोटर द्वारा 7.46 मी गहरे कुएँ से प्रति सेकण्ड पानी खींचा जा सकता है ($g = 10$ मी/से^{2})
(a) 200 किग्रा (b) 100 किग्रा
(c) 400 किग्रा (d) 500 किग्रा

30. एक मशीन 500 जूल कार्य 10 सेकण्ड में करती हैं मशीन की शक्ति होगी?
(a) 5000 वाट (b) 5000 जूल
(c) 50 वाट (d) 50 जूल-सेकण्ड

31. एक इंजन की शक्ति 20 अश्व शक्ति है। इसके द्वारा 5 मिनट में कितने जूल कार्य सम्पन्न होगा?
(a) 5 (b) 4.47×10^6
(c) 8×10^6 (d) शून्य

32. m द्रव्यमान की कोई वस्तु त्रिज्या r के वृत्ताकार मार्ग पर एकसमान चाल v से घूम रही है। वस्तु पर किया गया कार्य होगा
(a) $\frac{1}{2}mv^2$ (b) $\frac{mv^2}{r}$
(c) mvr (d) शून्य

33. 1000 किग्रा द्रव्यमान का एक ट्रक 2 मिनट में 36 किमी/घण्टा की चाल से 72 किमी/घण्टा की चाल से प्राप्त कर लेता है। ट्रक के इंजन द्वारा कृत कार्य है
(a) 1.5×10^5 जूल (b) 3600 जूल
(c) 7200 जूल (d) 1000 जूल

34. 200 ग्राम के एक पत्थर को ऊर्ध्वाधर ऊपर की ओर 60 मी/से के वेग से फेंका गया है। 7 सेकण्ड बाद पत्थर की गतिज ऊर्जा होगी ($g = 10$ मी/से^{2})
(a) 5 जूल (b) 10 जूल
(c) 15 जूल (d) 20 जूल

35. 5 किग्रा द्रव्यमान के पिण्ड पर 50 न्यूटन का बल $\frac{1}{12}$ मिनट तक कार्य करता है। वस्तु की गतिज ऊर्जा में वृद्धि होगी
(a) 6250 जूल
(b) 6125 जूल
(c) 3000 जूल
(d) 3200 जूल

36. एक गेंद स्वतन्त्र रूप से h ऊँचाई से पृथ्वी की ओर गिर रही है। गिरते समय किसी बिन्दु P पर इसका वेग इसके अधिकतम वेग का $1/\sqrt{3}$ है। P बिन्दु पर गेंद की गतिज एवं स्थितिज ऊर्जाओं का अनुपात होगा
(a) 1 : 3
(b) 2 : 1
(c) 1 : 2
(d) इनमें से कोई नहीं

37. दो चलते हुए पिण्ड जिनके द्रव्यमानों का अनुपात 1 : 2 तथा गतिज ऊर्जाओं का अनुपात 1 : 8 है। उनके वेगों का अनुपात है
(a) 1 : 6
(b) 1 : 2
(c) 1 : 4
(d) 1 : 8

38. एक जल पम्प, जो पेट्रोल से चलता है, 30 मी गहराई से 0.5 मी^{3} प्रति मिनट की दर से जल निकालता है। यदि पम्प की क्षमता 70% हो, तो इंजन द्वारा उत्पन्न शक्ति होगी
(a) 3500 वाट
(b) 25 वाट
(c) 35 वाट
(d) 1000 वाट

39. वह लगभग गति जिस पर एक पोल वॉल्ट के खिलाड़ी को दौड़ना चाहिए ताकि वह 6 मी की ऊँचाई तक कूद लगा सके, है
(a) 11 मी/से (b) 7.7 मी/से
(c) 12 मी/से (d) 6.0 मी/से

40. बराबर द्रव्यमान के दो पिण्ड क्रमशः $3v$ व $2v$ वेग से गतिशील है। उनकी गतिज ऊर्जाओं का अनुपात होगा
(a) 9 : 4 (b) 3 : 2
(c) 4 : 9 (d) 2 : 3

41. रस्सी व पुली पद्धति द्वारा एक बक्से को 20 मी दूरी तक 10 सेकण्ड में 100 न्यूटन बल द्वारा उठाया जाता है। इसमें प्रयुक्त शक्ति होगी
(a) 50 वाट
(b) 20000 वाट
(c) 2000 वाट
(d) 200 वाट

42. किसी पिण्ड पर 6 न्यूटन का बल लगाने पर पिण्ड 2 मी की दूरी तय करता है। कृत कार्य का मान होगा
(a) 6×2 जूल (b) 6×2^2 जूल
(c) 4 जूल (d) 6/2 जूल

43. किसी विद्युत हीटर की शक्ति 1500 वाट है। 10 घण्टे में हीटर द्वारा प्रयुक्त ऊर्जा होगी
(a) 20 यूनिट (b) 40 यूनिट
(c) 10 यूनिट (d) 15 यूनिट

44. एक पम्प 7.5 किलोवाट की मोटर से चलाया जाता है एवं इसे 100 लीटर/से पानी उत्सर्जित करना है। वह लगभग ऊँचाई, जहाँ तक पानी चढ़ाया जा सकता है, होगी
(a) 7.65 मी (b) 75 मी
(c) 4.95 मी (d) 9.8 मी

45. 10 किग्रा की एक वस्तु को पृथ्वी से 6 मी की ऊँचाई तक उठाया गया है। निकाय में संचित स्थितिज ऊर्जा की मात्रा होगी
(a) 600 जूल (b) 688 जूल
(c) 588 जूल (d) 500 जूल

46. 10 किग्रा की एक ट्रॉली को एक स्प्रिंग से इतना सटाकर रखते हैं कि स्प्रिंग दबी रहे। ट्रॉली को छोड़ने पर स्प्रिंग के धक्के से ट्रॉली 4 मी/से के वेग से चलना प्रारम्भ कर देती है। दबी अवस्था में स्प्रिंग की स्थितिज ऊर्जा कितनी थी?
(a) 20 जूल (b) 75 जूल
(c) 80 जूल (d) इनमें से कोई नहीं

उत्तरमाला

1. (b)	2. (a)	3. (d)	4. (c)	5. (a)	6. (d)	7. (a)	8. (d)	9. (c)	10. (a)
11. (c)	12. (d)	13. (d)	14. (c)	15. (d)	16. (d)	17. (d)	18. (b)	19. (d)	20. (c)
21. (d)	22. (c)	23. (b)	24. (b)	25. (b)	26. (a)	27. (c)	28. (a)	29. (b)	30. (c)
31. (b)	32. (d)	33. (a)	34. (b)	35. (a)	36. (a)	37. (b)	38. (a)	39. (a)	40. (a)
41. (d)	42. (a)	43. (d)	44. (a)	45. (c)	46. (c)				

अध्याय

06

ध्वनि
(Sound)

ध्वनि का उत्पन्न होना एवं प्रकृति
(Production and Nature of Sound)

प्रत्येक कम्पन करती वस्तु ध्वनि का एक स्रोत होती है। जब किसी ध्वनि स्रोत को कम्पित करते हैं, तो वायु में विक्षोभ (Disturbance) उत्पन्न होता है, जो एक नियत वेग से आगे बढ़ता जाता है तथा माध्यम के कण अपनी साम्य स्थिति के इधर-उधर कम्पन करते हैं। इस प्रकार विक्षोभ एक कण से दूसरे कण में स्थानान्तरित होता जाता है। यही विक्षोभ हमारे कानों तक तरंग के रूप में वायु में चलकर हमें सुनाई देता है।

ध्वनि सदैव कम्पनों के कारण उत्पन्न होती है, बिना कम्पनों के ध्वनि उत्पन्न नहीं हो सकती।

ध्वनि ऊर्जा का एक प्रारूप है, जिसके कानों में पड़ने से प्रत्येक प्राणी में सुनने की संवेदना उत्पन्न होती है। ध्वनि तभी उत्पन्न होती है, जब ध्वनि स्रोत कम्पन अवस्था में होता है तथा यह तरंगों के रूप में माध्यम के चारों ओर फैलती है।

ध्वनि का संचरण (Propagation of Sound)

जब किसी वस्तु को कम्पित किया जाता है, तो यह अपने चारों ओर विद्यमान माध्यम (ठोस, द्रव या गैस) के कणों को कम्पनित कर देती है, ये कण कम्पनित वस्तु से हमारे कानों तक स्वयं गति द्वारा नहीं पहुँचते हैं। सबसे पहले कम्पनित वस्तु के सम्पर्क में रहने वाले माध्यम के कण अपनी संतुलित अवस्था से विस्थापित होते हैं।

ये अपने समीप के कणों पर एक बल लगाते हैं, जिसके फलस्वरूप निकटवर्ती कण अपनी विरामावस्था से विस्थापित हो जाते हैं। निकटवर्ती कणों को विस्थापित करने के पश्चात् प्रारम्भिक कण अपनी मूल अवस्थाओं में वापस लौट आते हैं।

माध्यम में यह प्रक्रिया तब तक चलती रहती है जब तक कि ध्वनि आपके कानों तक नहीं पहुँच जाती है। माध्यम में ध्वनि द्वारा उत्पन्न विक्षोभ माध्यम से होता हुआ संचरित होता है।

वायु में ध्वनि तरंगों का संचरण
(Transmission of Sound Waves in Air)

वायु में अनुदैर्ध्य ध्वनि तरंगों के संचरण से वायु के दाब में परिवर्तन होने से **सम्पीडन** व **विरलन** उत्पन्न होते हैं। यदि किसी स्वरित्र को कम्पित किया जाए, तो स्वरित्र की भुजा सामान्य स्थिति से बाहर की ओर अथवा अन्दर की ओर कम्पन करती है।

जब स्वरित्र की भुजा बाहर की ओर कम्पन करती है, तो उसके समीप की वायु सम्पीडित होती है। यह सम्पीडन वायु में आगे बढ़ता जाता है।

जब भुजा अन्दर की ओर कम्पन कर रही होती है, तो इसके समीप की वायु विस्तृत हो जाती है और स्वरित्र से उत्पन्न ध्वनि विरलन के रूप में पुनः आगे बढ़ जाती है। इस प्रकार सम्पीडन व विरलनों की शृंखला स्थापित हो जाती है तथा ध्वनि आगे संचरित होती जाती है।

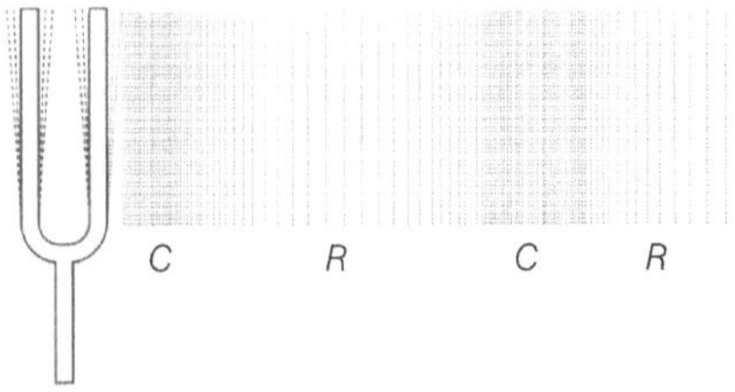

जब किसी कम्पित करने वाली वस्तु से चलने वाली ध्वनि तरंगें वायु के माध्यम से हमारे कानों तक पहुँचकर, कानों के पर्दे से टकराती हैं, तो पर्दे में भी उसी प्रकार के कम्पन होने लगते हैं, जो तंत्रिकाओं द्वारा स्पंदन के रूप में हमारे दिमाग तक पहुँचते हैं व हमें ध्वनि का अनुभव होता है।

ध्वनि संचरण के लिए माध्यम की आवश्यकता
(Sound Needs a Medium to Travel)

ध्वनि, तरंग के रूप में एक स्थान से दूसरे स्थान तक संचरित होती है, इसके संचरण के लिए किसी भौतिक माध्यम की आवश्यकता होती है। यह माध्यम

ठोस, द्रव अथवा गैस किसी भी अवस्था में हो सकता है। जैसे— वायु, विभिन्न गैसें, जल, स्टील इत्यादि सभी ध्वनि तरंगों के लिए माध्यम प्रदान करते हैं। ध्वनि के संचरण में केवल ऊर्जा का स्थानान्तरण होता है, माध्यम का नहीं, अर्थात् ध्वनि के संचरण के दौरान माध्यम अपना स्थान नहीं छोड़ता। स्टील में ध्वनि तरंगों की चाल अधिकतम होती है। निर्वात् में ध्वनि तरंगों का संचरण नहीं हो सकता है। अत: ध्वनि के संचरण के लिए माध्यम की आवश्यकता है।

इस तथ्य की पुष्टि निम्न प्रयोग द्वारा की जा सकती है

काँच का एक जार लेकर उसमें वायुरोधी डाट लगा देते हैं तथा यह निश्चित करते हैं कि जार में कहीं से भी वायु जाने का मार्ग नहीं है। जार के अन्दर एक विद्युत-घण्टी डाट से टाँग देते हैं और उसके दोनों तारों को डाट के बाहर एक बैटरी से जोड़ देते हैं। जार को नीचे से एक वायु निकालने वाले पम्प से सम्बन्धित कर देते हैं। प्रारम्भ में जब जार में वायु है, तो घण्टी बजने पर उसकी ध्वनि सुनाई पड़ती है। जब पम्प से जार की वायु निकालनी प्रारम्भ कर देते हैं, तो घण्टी की ध्वनि धीमी पड़ती जाती है। कुछ देर बाद, जार में निर्वात् होने पर घण्टी की ध्वनि बिल्कुल सुनाई नहीं पड़ती। अब जार में धीरे-धीरे वायु प्रवेश कराते हैं, घण्टी की ध्वनि फिर से सुनाई पड़ने लगती है। इससे सिद्ध होता है कि ध्वनि निर्वात् में होकर नहीं चल सकती अर्थात् ध्वनि के लिये माध्यम की आवश्यकता है। यह माध्यम ठोस, द्रव अथवा गैस किसी भी रूप में हो सकता है।

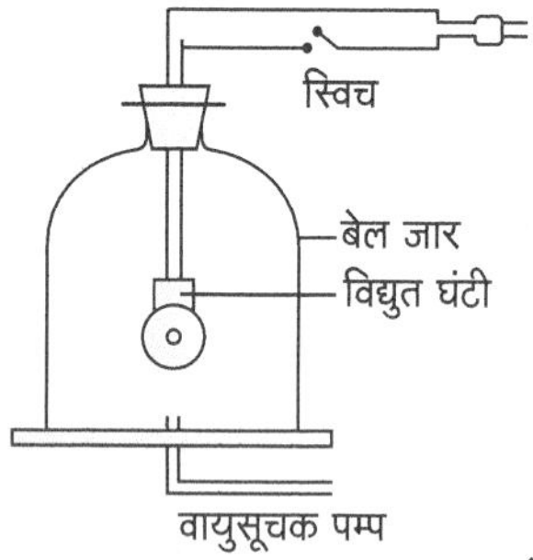

ध्वनि तरंग (Sound Wave)

यह स्पष्ट है कि ध्वनि किसी भी माध्यम में तरंग के रूप में चलती है। अत: ध्वनि को सम्पूर्ण रूप से समझने के लिए सर्वप्रथम तरंग का अध्ययन करना होगा।

तरंग, माध्यम में होने वाली वह हलचल या विक्षोभ है जो बिना रूप बदले माध्यम के कणों के द्वारा एक निश्चित वेग से आगे बढ़ती है। तरंग का यह वेग माध्यम की प्रकृति पर निर्भर करता है। माध्यम में तरंग अथवा विक्षोभ (हलचल) के आगे बढ़ने की प्रक्रिया को **तरंग गति** कहते हैं।

तरंग गति की निम्नलिखित विशेषताएँ हैं

(i) तरंग गति में माध्यम के कण अपनी साम्य स्थिति के दोनों ओर कम्पन करते हैं।

(ii) तरंग गति में कुछ समय पश्चात् माध्यम के आगे वाले कणों में, माध्यम के पिछले वाले कणों जैसी ही गति पायी जाती है।

(iii) तरंग गति में माध्यम के कणों का स्थानान्तरण नहीं होता, केवल ऊर्जा का स्थानान्तरण होता है।

तरंगों के प्रकार (Types of Waves)

तरंगें निम्नलिखित दो प्रकार की होती हैं

1. यान्त्रिक तरंगें (Mechanical Waves)

वे तरंगें जिनके संचरण के लिए भौतिक माध्यम की आवश्यकता होती है, यान्त्रिक तरंगें कहलाती हैं। इस प्रकार की तरंगें ठोस, द्रव अथवा गैसीय माध्यम में, माध्यम के कणों के कम्पनों अथवा दोलनों के कारण संचरित होती हैं। उदाहरण— वाद्य यन्त्रों में लगे तार में उत्पन्न तरंगें, पानी के पृष्ठ पर उत्पन्न तरंगें इत्यादि।

इन तरंगों का संचरण माध्यम के पदार्थ के गुणों (प्रत्यास्थता, घनत्व, जड़त्व इत्यादि) पर निर्भर करता है। ध्वनि तरंगें भी यान्त्रिक तरंगें ही हैं, क्योंकि इनके संचरण के लिए माध्यम की आवश्यकता होती है।

माध्यम के कणों के कम्पन की दिशा के आधार पर तरंगों को दो श्रेणियों में विभक्त किया गया है

(i) अनुप्रस्थ तरंगें (Transverse Waves)

वे तरंगें जिनमें माध्यम के कण अपनी माध्य स्थितियों पर तरंग संचरण के लम्बवत् कम्पन करते हैं, अनुप्रस्थ तरंगें कहलाती हैं। माध्यम के कणों की अपनी साम्यावस्था के दोनों ओर अधिकतम विस्थापन को शृंग व गर्त कहते हैं। अनुप्रस्थ तरंगें माध्यम में शृंगों व गर्तों के रूप में बढ़ती हैं।

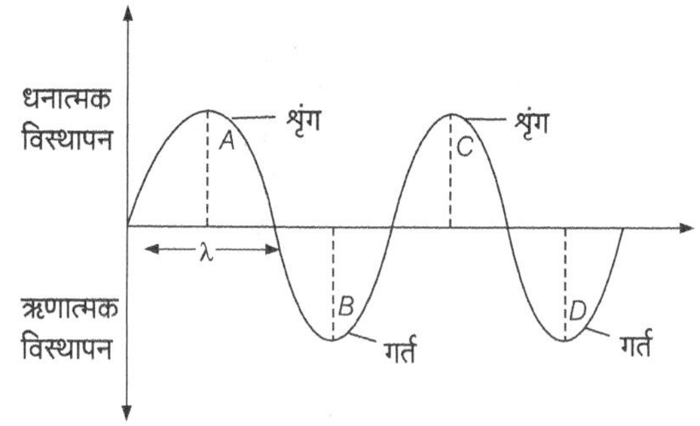

उदाहरण

(a) यदि किसी डोरी के एक सिरे को किसी दीवार पर लगी कील अथवा हुक में बाँध दिया जाए तथा डोरी को खींचकर तनी हुई अवस्था में उसकी लम्बाई के लम्बवत् दिशा में कम्पन कराया जाए, तो डोरी में उत्पन्न विक्षोभ दीवार की ओर शृंग अथवा गर्त के रूप में संचरित हो जाते हैं, जबकि डोरी के कण आगे नहीं बढ़ते, वे केवल तरंग गति के लम्बवत् कम्पन करते हैं।

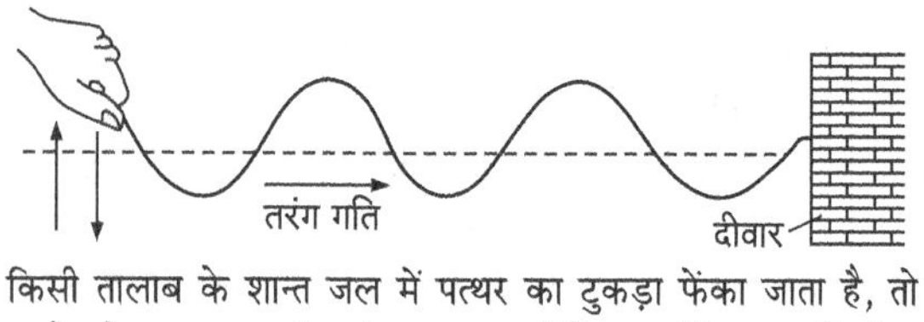

(b) किसी तालाब के शान्त जल में पत्थर का टुकड़ा फेंका जाता है, तो पानी की सतह पर तरंग शृंग अथवा गर्त के रूप में तालाब के किनारों

की ओर संचरित होती है। पानी के कण अपने ही स्थान पर ऊपर-नीचे कम्पन करते रहते हैं। उस क्षण तालाब के कुछ भागों में जल ऊपर उठा हुआ होता है तथा कुछ भागों में नीचे दबा रहता है। उठा हुआ भाग शृंग तथा दबा हुआ भाग गर्त को प्रदर्शित करता है।

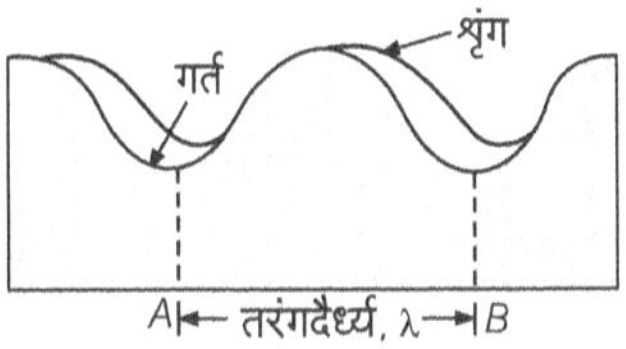

पानी की सतह पर उत्पन्न प्रारूप में शृंग न्यूनतम विक्षोभ की रेखा के ऊपर स्थित होता है तथा गर्त न्यूनतम विक्षोभ रेखा के नीचे की ओर स्थित होता है।

अनुप्रस्थ तरंगों के गुण (Properties of Transverse Waves) इन तरंगों के गुण निम्नलिखित हैं

(i) ये तरंगें केवल उन्हीं ठोस अथवा द्रवों की सतह पर उत्पन्न की जा सकती हैं, जिनमें दृढ़ता होती है।

(ii) ये तरंगें गैसों में उत्पन्न नहीं की जा सकती हैं, क्योंकि गैसों में दृढ़ता नहीं होती है।

(ii) अनुदैर्ध्य तरंगें (Longitudinal Waves)

वे तरंगें जिनमें माध्यम के कणों का कम्पन तरंग संचरण की दिशा के समान्तर होता है, अनुदैर्ध्य तरंगें कहलाती हैं। इन तरंगों में माध्यम के कण अपनी माध्य स्थिति के आगे-पीछे दोलन करते रहते हैं तथा ध्वनि सम्पीडन व विरलन के रूप में संचरित होती जाती है।

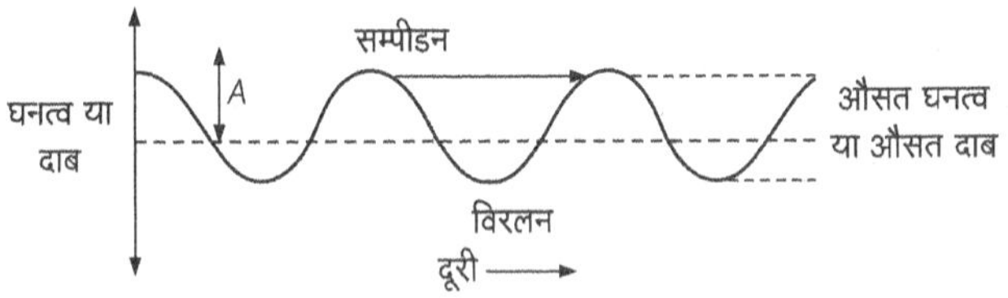

अनुदैर्ध्य तरंग के संचरण के दौरान, वे स्थितियाँ जहाँ कम्पन करते हुए माध्यम के कण पास-पास होते हैं, **सम्पीडन** कहलाती है तथा जहाँ माध्यम के कण दूर-दूर होते हैं, **विरलन** कहलाती है। सम्पीडन वाले स्थानों पर माध्यम का घनत्व व दाब अधिक होता है, जबकि विरलन वाले स्थानों पर माध्यम का घनत्व व दाब कम होता है। अनुदैर्ध्य तरंग, सम्पीडन व विरलन के रूप में आगे बढ़ती है।

अनुदैर्ध्य तरंगों के गुण (Properties of Longitudinal Waves) इन तरंगों के गुण निम्नलिखित हैं

(i) ये तरंगें ठोस, द्रव, गैस तीनों माध्यमों में संचरित हो सकती हैं।

(ii) द्रवों के अन्दर ध्वनि केवल अनुदैर्ध्य तरंगों के रूप में ही संचरित होती हैं।

2. विद्युत चुम्बकीय तरंगें (Electromagnetic Waves)

वे तरंगें जिनके संचरण के लिए भौतिक माध्यम की आवश्यकता नहीं होती तथा ये तरंगें निर्वात् में भी संचरित हो सकती हैं, विद्युत चुम्बकीय तरंगें कहलाती हैं। उदाहरण— प्रकाश तरंगें, रेडियो तरंगें, X-किरणें, γ-किरणें इत्यादि। सभी विद्युत चुम्बकीय तरंगें प्रकाश के वेग (3×10^8 मी/से) से निर्वात अथवा वायु में संचरित होती हैं।

ध्वनि तरंग को व्यक्त करने के लिए महत्त्वपूर्ण पद

किसी माध्यम में तरंग की संचरण को पूर्ण रूप से समझने के लिए नीचे दिए गए पदों को जानना आवश्यक है

साम्य स्थिति (Equilibrium Position)

दोलन करने वाली वस्तु जिस बिन्दु के इधर-उधर गति करती है, उस बिन्दु को वस्तु की साम्य स्थिति अथवा **माध्य स्थिति** कहते हैं।

विस्थापन (Displacement)

दोलन करने वाली किसी वस्तु की किसी क्षण साम्यावस्था से दूरी वस्तु का विस्थापन कहलाती है।

आयाम (Amplitude)

किसी माध्यम में तरंग संचरित होने पर, माध्यम का कम्पन करता हुआ कोई भी कण अपनी साम्यावस्था के दोनों ओर जितना अधिक-से-अधिक विस्थापित होता है, उस दूरी को तरंग का आयाम कहते हैं। इसे चित्र में a द्वारा प्रदर्शित किया गया है।

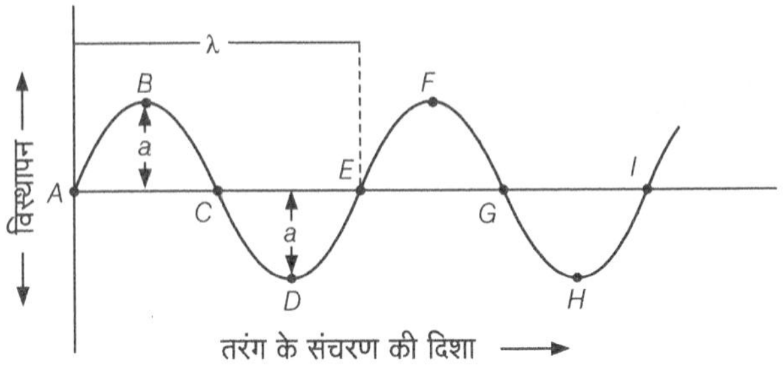

तरंगदैर्ध्य (Wavelength)

किन्हीं दो निकटवर्ती (क्रमागत) शृंगों अथवा दो निकटवर्ती गर्तों के बीच की दूरी तरंगदैर्ध्य कहलाती है अथवा दो क्रमागत सम्पीडनों अथवा दो क्रमागत विरलनों के बीच की दूरी तरंगदैर्ध्य कहलाती है अर्थात् तरंगदैर्ध्य, तरंग द्वारा तय की गई न्यूनतम दूरी होती है, जिसमें ध्वनि तरंग की पुनरावृत्ति होती है।

तरंगदैर्ध्य को ग्रीक अक्षर λ (लैम्डा) से प्रदर्शित करते हैं तथा इसका SI मात्रक मीटर होता है।

आवृत्ति (Frequency)

कम्पन करने वाले किसी कण द्वारा 1 सेकण्ड में किए गए कम्पनों की संख्या को उस कण की आवृत्ति (n या f) कहते हैं। तरंग की आवृत्ति स्थिर होती है तथा तरंग के विभिन्न पदार्थों से गुजरने पर भी आवृत्ति नहीं बदलती है।

इसे ग्रीक शब्द ν न्यू (nu) से भी प्रदर्शित करते हैं। इसका SI मात्रक हर्ट्ज होता है, जिसका नाम हैनरिच रूडोल्फ हर्ट्ज के नाम पर रखा गया। इन्होंने प्रकाश विद्युत प्रभाव (Photoelectric effect) की खोज की थी।

अत: 1 हर्ट्ज = 1 कम्पन प्रति सेकण्ड

$$1 \text{ किलोहर्ट्ज} = 1000 \text{ हर्ट्ज}$$

आवर्तकाल (Time Period)

किन्हीं दो निकटवर्ती सम्पीडन या विरलन का एक स्थिर बिन्दु से गुजरने में लगा समय तरंग का आवर्तकाल कहलाता है। दूसरे शब्दों में, कम्पन करने

वाले किसी कण द्वारा 1 कम्पन पूरा करने में लिए गए समय को उस तरंग का आवर्तकाल (T) कहते हैं। इसका SI मात्रक सेकण्ड होता है।

एक तरंग का आवर्तकाल, आवृत्ति का व्युत्क्रम होता है।

$$\text{आवर्तकाल} = \frac{1}{\text{आवृत्ति}} \quad \text{या} \quad \text{आवृत्ति} = \frac{1}{\text{आवर्त काल}} \quad \text{या } n = \frac{1}{T}$$

चाल (Speed)

एक सेकण्ड में तरंग द्वारा चली गई दूरी को तरंग की चाल कहते हैं। परिस्थितियों के अन्तर्गत ध्वनियों की चालों की सभी आवृत्तियाँ बराबर होती हैं। इसे v से प्रदर्शित करते हैं। इसका SI मात्रक मीटर प्रति सेकण्ड होता है।

$$\text{तरंग चाल} = \text{आवृत्ति} \times \text{आर्वतकाल}$$

कला (Phase)

तरंग संचरण में किसी क्षण माध्यम के कणों की स्थिति तथा गति को उस क्षण पर कण की कला द्वारा प्रदर्शित किया जाता है। उदाहरण— तरंग प्रारूप में B और F स्थितियाँ माध्यम के कणों के विस्थापन की समान कला प्रदर्शित करते हैं जबकि B और D बिन्दु विपरीत कला प्रदर्शित करते हैं।

ध्वनि के अभिलक्षण (Characteristics of Sound)

ध्वनि के प्रमुख अभिलक्षण निम्नलिखित हैं

(i) तारत्व अथवा पिच (Shrillness or Pitch)

तारत्व ध्वनि का वह गुण है, जिससे ध्वनि का मोटा या पतला होना ज्ञात होता है, जैसे पुरुषों की आवाज की अपेक्षा स्त्रियों की आवाज पतली होती है अर्थात् उच्च तारत्व की होती है। मोटी ध्वनि को **निम्न तारत्व की ध्वनि** तथा पतली ध्वनि को **उच्च तारत्व की ध्वनि** कहा जाता है। ध्वनि का तारत्व उसकी आवृत्ति पर निर्भर करता है। अधिक तारत्व वाली ध्वनि की आवृत्ति अधिक होती है और कम तारत्व वाली ध्वनि की आवृत्ति कम होती है। किसी ध्वनि के तारत्व की माप सम्भव नहीं है। निम्न तारत्व की ध्वनि की आवृत्ति कम तथा उच्च तारत्व की ध्वनि की आवृत्ति अधिक होती है।

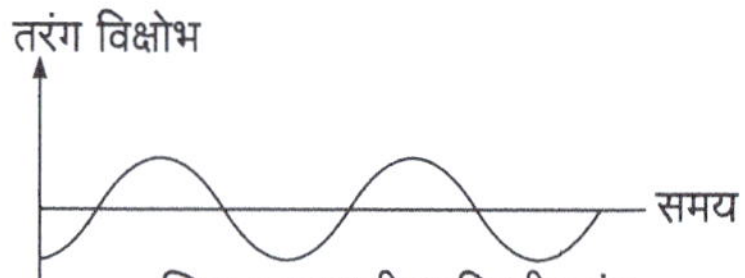

निम्न तारत्व की ध्वनि की तरंग

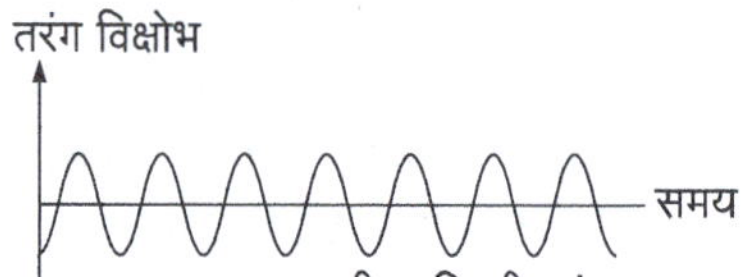

उच्च तारत्व की ध्वनि की तरंग

(ii) प्रबलता (Loudness)

प्रबलता ध्वनि का वह लक्षण है, जिसके आधार पर कोई ध्वनि कान को धीमी या तेज सुनाई पड़ती है। जब कोई ध्वनि हमें धीमी सुनाई पड़ती है, तो प्रबलता कम होती है, जबकि तेज सुनाई पड़ने वाली ध्वनि की प्रबलता अधिक होती है। यदि ध्वनि तरंगों के आयाम छोटे हैं, तब ध्वनि धीमी या मृदु होगी और यदि ध्वनि तरंगों के आयाम बहुत बड़े हैं, तब ध्वनि अधिक या असहज होगी।

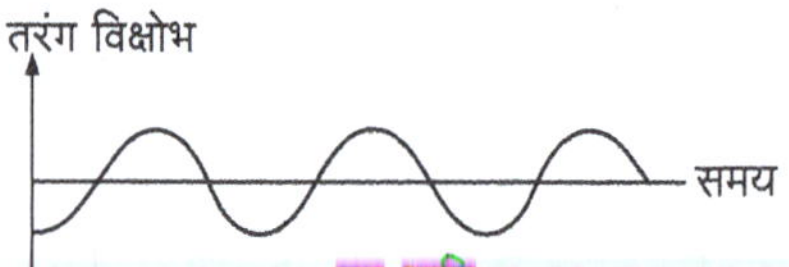

मृदु ध्वनि

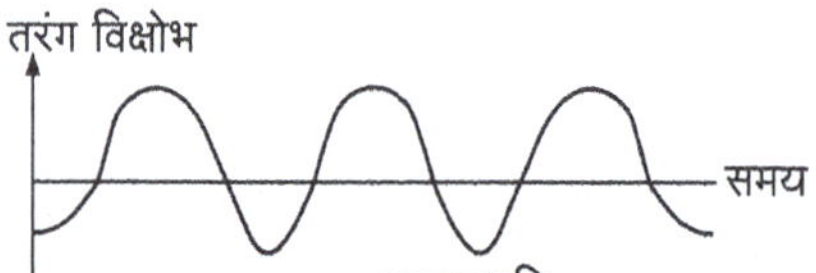

प्रबल ध्वनि

मृदु ध्वनि का आयाम कम होता है जबकि प्रबल ध्वनि का आयाम अधिक होता है। ध्वनि की प्रबलता व्यवहारत: डेसीबल (dB) में मापी जाती है। यह हमारे कानों की सुग्राहिता पर निर्भर करती है। इसका SI मात्रक वाट/मीटर होता है।

उदाहरण एक ही तीव्रता की ध्वनि एक सामान्य व्यक्ति के लिए बहुत प्रबल होगी, किन्तु एक बहरे व्यक्ति के लिए प्रबलता शून्य ही होगी।

(iii) गुणता (Quality or Timbre)

गुणता ध्वनि का वह लक्षण है, जिसके आधार पर दो भिन्न-भिन्न वाद्य-यंत्रों द्वारा उत्पन्न की गई समान आवृत्ति एवं समान तीव्रता की ध्वनियों में भी अन्तर प्रतीत होता है। एकल आवृत्ति की ध्वनि को **टोन** कहते हैं तथा अनेक आवृत्तियों के मिश्रण से उत्पन्न ध्वनि को **स्वर** (Note) कहते हैं। ये हमारे कानों को सुनने में सुखद लगते हैं। जबकि शोर कानों को कर्कश लगता है। अच्छी गुणवत्ता का संगीत कानों के लिए सुखद होता है। **उदाहरण** यदि हारमोनियम, सितार और सारंगी से समान आवृत्ति की ध्वनियाँ उत्पन्न की जाएँ, तो उन्हें सुनते ही हमें उनके उत्पादन स्रोत का ज्ञान हो जाता है।

(iv) तीव्रता (Intensity)

किसी एकांक क्षेत्रफल से, प्रत्येक सेकण्ड में प्रवाहित ध्वनि ऊर्जा की मात्रा, ध्वनि तीव्रता कहलाती है। प्रबलता तथा तीव्रता समान पद नहीं हैं। परन्तु ये एक-दूसरे से सम्बन्धित होते हैं, इसका SI मात्रक वाट/मी^{2} होता है।

उदाहरण जब दो ध्वनियाँ, जिनकी तीव्रताएँ समान हैं, फिर भी हम एक को दूसरे की अपेक्षा अधिक प्रबल ध्वनि के रूप में सुन सकते हैं, क्योंकि हमारे कान इसके लिए अधिक संवेदनशील होते हैं।

नोट तरंग की तीव्रता (ख) कम्पन के आयाम के वर्ग के अनुक्रमानुपाती होती है अर्थात् $I \propto a^2$

विभिन्न माध्यमों में ध्वनि की चाल (Speed of Sound in Different Media)

किसी माध्यम में विक्षोभ जिस गति से संचरित होता है, उसे ध्वनि की चाल अथवा वेग कहते हैं। किसी माध्यम में ध्वनि की चाल मुख्यत: माध्यम की प्रत्यास्थता तथा घनत्व पर निर्भर करती है। विभिन्न माध्यमों में ध्वनि की चाल भिन्न-भिन्न होती है। यदि किसी माध्यम की प्रत्यास्थता E तथा घनत्व d है, तो ध्वनि की चाल

$$v = \sqrt{\frac{E}{d}}$$

गैसों की अपेक्षा द्रवों की प्रत्यास्थता अधिक होती है तथा ठोसों की सबसे अधिक होती है। इसी कारण द्रवों में ध्वनि की चाल, गैसों से अधिक होती है तथा ठोसों में सबसे अधिक होती है। वायु में ध्वनि की चाल 0°C पर 331 मी/से तथा 22°C पर 344 मी/से होती है, जबकि पानी में ध्वनि की चाल 1450 मी/से होती है तथा धातुओं में लगभग 5000 मी/से होती है।

माध्यम परिवर्तित होने पर ध्वनि की चाल परिवर्तित हो जाती है अर्थात् जब ध्वनि तरंगें एक माध्यम से दूसरे माध्यम में जाती हैं, तो ध्वनि की चाल तथा तरंगदैर्ध्य बदल जाते हैं लेकिन आवृत्ति नियत रहती है।

सारणी में विभिन्न माध्यमों में एक विशेष ताप पर ध्वनि की चाल को दर्शाया गया है।

विभिन्न माध्यमों में 25°C पर ध्वनि की चाल

अवस्था	पदार्थ	चाल मी/से में
ठोस	ऐलुमिनियम	6420
	निकिल	6040
	स्टील	5960
	लोहा	5950
	पीतल	4700
	काँच (फ्लिंट)	3980
द्रव	जल (समुद्री)	1531
	जल (आसुत)	1498
	इथेनॉल	1207
	मीथेनॉल	1103
गैस	हाइड्रोजन	1284
	हीलियम	965
	वायु	346
	ऑक्सीजन	316
	सल्फर डाइऑक्साइड	213

नोट प्रकाश की चाल (3×10^8 मी/से) ध्वनि की चाल की तुलना में बहुत अधिक होती है, इसलिए आकाश में बिजली कड़कने पर प्रकाश पहले दिखाई देता है तथा उसके कुछ समय बाद ध्वनि सुनाई देती है।

ध्वनि की चाल पर भौतिक राशियों का प्रभाव
(Effects of Physical Parameters on Speed of Sound)

ध्वनि की चाल निम्न भौतिक पैमाने द्वारा प्रभावित होती है

(i) **दाब का प्रभाव** (Effect of Pressure) ताप समान होने पर गैस में ध्वनि की चाल पर दाब का कोई प्रभाव नहीं पड़ता है।

(ii) **ताप का प्रभाव** (Effect of Temperature) गैसों में ध्वनि की चाल, गैस के परमताप के वर्गमूल के समानुपाती होती है।
अर्थात् $v \propto \sqrt{T}$
अत: माध्यम का ताप बढ़ने पर उसमें ध्वनि की चाल बढ़ जाती है। वायु में 1°C ताप बढ़ने पर ध्वनि की चाल 0.61 मी/से बढ़ जाती है।

(iii) **आर्द्रता का प्रभाव** (Effect of Humidity) नमीयुक्त वायु का घनत्व, शुष्क वायु के घनत्व से कम होता है, अत: नमीयुक्त वायु अर्थात् आर्द्रता में ध्वनि की चाल शुष्क वायु की तुलना में बढ़ जाती है। यही कारण है कि बरसात के मौसम में सीटी की आवाज बहुत दूर तक सुनाई देती है।

(iv) **वायु का प्रभाव** (Effect of Wind) यदि वायु चल रही है, तब ध्वनि की चाल बदलती रहती है। यदि ध्वनि की चाल बढ़ रही है, तो यह दर्शाती है कि ध्वनि तरंगों के संचरण की दिशा में वायु बह रही है।

(v) **आवृत्ति अथवा तरंगदैर्ध्य का प्रभाव** (Effect of Frequency or Wavelength) गैस में ध्वनि की चाल पर आवृत्ति अथवा तरंगदैर्ध्य का कोई प्रभाव नहीं होता है अर्थात् विभिन्न आवृत्तियों की ध्वनि तरंगें वायु में समान चाल से चलती हैं, किन्तु भिन्न-भिन्न आवृत्तियों की संगत तरंगदैर्ध्य भिन्न-भिन्न होती हैं।
यदि वायु में भिन्न-भिन्न आवृत्तियों की ध्वनि तरंगें भिन्न-भिन्न चाल से चलती होती, तो हम आरकैस्ट्रा (Orchestra) का आनन्द नहीं उठा सकते थे।

ध्वनि तरंगों का परावर्तन
(Reflection of Sound Waves)

प्रकाश की भाँति, ध्वनि की दिशा में भी परिवर्तन हो सकता है। अर्थात् ध्वनि किसी ठोस या द्रव सतह से परावर्तित होती है। दो माध्यमों के अन्तरापृष्ठ, जिसे **परावर्तक सतह** कहते हैं, से टकराकर ध्वनि के वापस लौटने की घटना ध्वनि का परावर्तन कहलाती है।

प्रतिध्वनि (Echo)

किसी विस्तृत अथवा बड़े अवरोध से ध्वनि के परावर्तित होकर पुन: सुने जाने की घटना को प्रतिध्वनि कहते हैं। स्पष्ट प्रतिध्वनि सुनने के लिए मूल ध्वनि तथा परावर्तित ध्वनि के बीच कम से कम 0.1 सेकण्ड का समयान्तराल अवश्य होना चाहिए। ध्वनि के स्रोत तथा अवरोधक के बीच की न्यूनतम दूरी 17.2 मी होती है।

यदि ध्वनि स्रोत से प्रेषित ध्वनि तथा वस्तु से परावर्तित ध्वनि के बीच समयान्तर t हो तथा ध्वनि का वेग v हो, तो

$$\text{स्रोत से वस्तु की दूरी} = \frac{v \times t}{2}$$

श्रव्यता का परिसर (Range of Hearing)

मनुष्य के कानों द्वारा आवृत्ति परिसर के सुनने की सुग्राहिता को श्रव्य परिसर कहते हैं। मनुष्य में ध्वनि की श्रव्यता का परिसर लगभग 20 Hz से 20000 Hz तक होता है। पाँच वर्ष तक के बच्चें तथा कुछ जन्तु जैसे कुत्ते 25000 Hz तक की ध्वनि सुन सकते हैं।
जैसे-जैसे व्यक्तियों की आयु बढ़ती जाती है, उनके कान उच्च आवृत्तियों के लिए कम सुग्राही होते जाते हैं।

ध्वनि तरंगों की आवृत्तियों को परास के आधार पर निम्न श्रेणियों में विभाजित किया गया है

1. श्रव्य तरंगें (Audible Waves)

वे ध्वनि तरंगें, जिनकी आवृत्ति 20 हर्ट्ज से 20000 हर्ट्ज परास की होती है, श्रव्य तरंगें कहलाती हैं। 20 हर्ट्ज से कम व 20000 हर्ट्ज से अधिक आवृत्ति की ध्वनि तरंगों को एक स्वस्थ मनुष्य के कानों द्वारा नहीं सुना जा सकता है। श्रव्य तरंगें संगीत के वाद्ययन्त्रों, मनुष्य व पशु-पक्षियों की आवाज द्वारा उत्पन्न होती है।

2. अवश्रव्य तरंगें (Infrasonic Waves)

वे ध्वनि तरंगें, जिनकी आवृत्ति श्रव्य तरंगों की न्यूनतम परास (20 हर्ट्ज) से कम होती है, अवश्रव्य तरंगें कहलाती हैं। इन तरंगों को उत्पन्न करने के लिए ध्वनि स्रोत का आकार बहुत बड़ा होना चाहिए। उदाहरण— पृथ्वी के पृष्ठ के अन्दर भूकम्प आने के समय अवश्रव्य तरंगें उत्पन्न होती हैं।

3. पराश्रव्य तरंगें (Ultrasonic Waves)

वे तरंगें जिनकी आवृत्ति, श्रव्य तरंगों की उच्चतम आवृत्ति (20000 हर्ट्ज) से अधिक होती है, पराश्रव्य तरंगें कहलाती हैं। ये तरंगें गाल्टन की सीटी, पिजो विद्युत प्रभाव की विधि द्वारा क्वार्ट्ज के क्रिस्टल के कम्पनों से उत्पन्न की जाती हैं। इन तरंगों की तरंगदैर्ध्य अतिसूक्ष्म होने के कारण एक किरण पुंज के रूप में दूरस्थ स्थानों को भेजी जाती है।

पराध्वनि के अनुप्रयोग (Ultrasound and Its Applications)

पराध्वनि उच्च आवृत्ति की तरंगें हैं। पराध्वनियाँ अवरोधों की उपस्थिति में भी एक निश्चित पथ पर गमन कर सकती हैं। उद्योगों तथा चिकित्सा के क्षेत्र में पराध्वनियों का विस्तृत रूप से उपयोग किया जाता है।

पराध्वनि के कुछ महत्त्वपूर्ण उपयोग नीचे दिए गए हैं

(i) **छोटे आकार के पुर्जों को साफ करने में** (In Cleaning Minute Parts of Machine) पराध्वनि प्राय: उन भागों को साफ करने में उपयोग की जाती है जिन तक पहुँचना कठिन होता है; जैसे- सर्पिलाकार नली, विषम आकार के पुर्जे, इलेक्ट्रॉनिक अवयव आदि। जिन वस्तुओं को साफ करना होता है, उन्हें साफ करने वाले मार्जन विलयन में रखते हैं और इस विलयन में पराध्वनि तरंगें भेजी जाती हैं। उच्च आवृत्ति के कारण, धूल, चिकनाई तथा गंदगी के कण अलग होकर नीचे गिर जाते हैं। इस प्रकार वस्तु पूर्णतया साफ हो जाती है।

(ii) **उद्योगों में** (In Industries) पराध्वनि का उपयोग धातु के ब्लॉकों में दरारों तथा अन्य दोषों का पता लगाने के लिए किया जा सकता है। धात्विक घटकों को प्राय: बड़े-बड़े भवनों, पुलों, मशीनों तथा वैज्ञानिक उपकरणों को बनाने के लिए उपयोग में लाया जाता है। धातु के ब्लॉकों में विद्यमान दरार या छिद्र जो बाहर से दिखाई नहीं देते, भवन या पुल की संरचना की मज़बूती को कम कर देते हैं। पराध्वनि तरंगें धातु के ब्लॉक से गुज़ारी (प्रेषित की) जाती हैं और प्रेषित तरंगों का पता लगाने के लिए संसूचकों का उपयोग किया जाता है। यदि थोड़ा-सा भी दोष होता है, तो पराध्वनि तरंगें परावर्तित हो जाती हैं जो दोष की उपस्थिति को दर्शाती है।

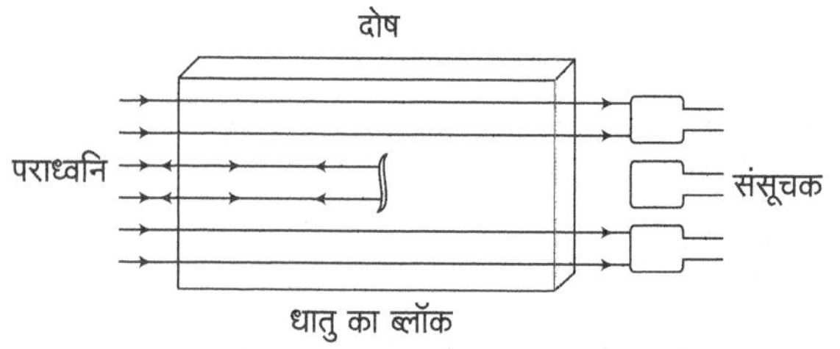

(iii) **मानव शरीर की आंतरिक जाँच में** (In Internal Investigation of Human Body) पराध्वनि संसूचक एक ऐसा यंत्र है, जो पराध्वनि तरंगों का उपयोग करके मानव शरीर के आंतरिक अंगों का प्रतिबिंब प्राप्त करने के लिए काम में लाया जाता है। इस संसूचक से रोगी के अंगों; जैसे—यकृत, पित्ताशय, गर्भाशय, गुदे आदि का प्रतिबिंब प्राप्त किया जा सकता है। यह संसूचक को शरीर की असमान्यताएँ, जैसे पित्ताशय तथा गुर्दे में पथरी तथा विभिन्न अंगों में अर्बुद (ट्यूमर) का पता लगाने में सहायता करता है। इस तकनीक में पराध्वनि तरंगें शरीर के ऊतकों में गमन करती हैं तथा उस स्थान से परावर्तित हो जाती हैं जहाँ ऊतक के घनत्व में परिवर्तन होता है।

इसके पश्चात् इन तरंगों को विद्युत संकेतों में परिवर्तित किया जाता है, जिससे कि उस अंग का प्रतिबिंब बना लिया जाए। इन प्रतिबिंबों को मॉनीटर पर प्रदर्शित किया जाता है या फिल्म पर मुद्रित कर लिया जाता है। इस तकनीक को **अल्ट्रासोनोग्राफ़ी** (Ultrasonogrophy) कहते हैं।

अल्ट्रासोनोग्राफी का उपयोग गर्भ काल में भ्रूण की जाँच तथा उसके जन्मजात दोषों तथा उसकी वृद्धि की अनियमितताओं का पता लगाने में किया जाता है। पराध्वनि तरंगों को हृदय के विभिन्न भागों से परावर्तित कर हृदय का प्रतिबिम्ब बनाया जाता है। इस तकनीक को **इकोकार्डियोग्राफी** (Echocardiography) (ECG) कहते हैं। पराध्वनि का उपयोग गुर्दे की छोटी पथरी को बारीक कणों में तोड़ने के लिये भी किया जा सकता है। ये कण बाद में मूत्र के साथ बाहर निकल जाते हैं।

(iv) **चमगादड़ द्वारा पराध्वनि तरंगों का उपयोग** (Use of Ultransonic Waves by Bats) चमगादड़ गहन अंधकार में अपने भोजन को खोजने के लिए उड़ते समय पराध्वनि तरंगें उत्सर्जित करता है तथा परावर्तन के पश्चात् इनका संसूचन करता है। चमगादड़ द्वारा उत्पन्न उच्च तारत्व के पराध्वनि स्पंद अवरोधों या कीटों से परावर्तित होकर चमगादड़ के कानों तक पहुँचते हैं। इन परावर्तित स्पंदों की सहायता से चमगादड़ यह ज्ञात कर पाता है कि अवरोध या कीट कहाँ पर है। इसी प्रकार, अन्य जीव जैसे डॉलफिन, पारपॉइज मछलियाँ, कछुआ इत्यादि भी भोजन की खोज करने में पराध्वनि तरंगों का उपयोग करते हैं।

सोनार (SONAR)

सोनार (SONAR) शब्द Sound Navigation and Ranging से बना है। सोनार एक ऐसी युक्ति है, जिसमें जल में स्थित पिण्डों की दूरी, दिशा तथा चाल मापने के लिये पराध्वनि तरंगों का उपयोग किया जाता है।

सोनार दो भागों से बना है

(i) प्रेषित (पराध्वनि को उत्सर्जित करने के लिये)

(ii) संसूचक (पराध्वनि को अभिग्रहण करने के लिये)

प्रेषण द्वारा प्रेषित की गई तथा संसूचक द्वारा ग्रहण की गई पराध्वनि का रेखाचित्र नीचे दिया गया है।

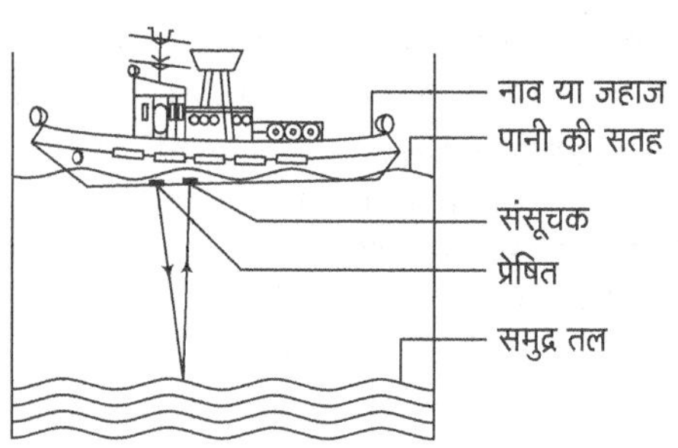

प्रेषित पराध्वनि तरंगें उत्पन्न तथा प्रेषित करता है। ये तरंगें जल में चलती हैं तथा समुद्र तल में पिंड से टकराने के बाद परावर्तित होकर संसूचक द्वारा ग्रहण कर ली जाती हैं। संसूचक पराध्वनि तरंगों को विद्युत संकेतों में बदल देता है, जिनकी उचित रूप से व्याख्या कर ली जाती है। जल में ध्वनि की चाल तथा पराध्वनि के प्रेषण तथा अभिग्रहण के समयांतराल को ज्ञात करके उस पिंड की दूरी की गणना की जा सकती है, जिससे ध्वनि तरंग परावर्तित हुई हैं। माना पराध्वनिक संकेत के प्रेषण तथा अभिग्रहण का समयांतराल t है तथा समुद्री जल में ध्वनि की चाल v है, तब सतह से पिंड की दूरी $2d$ होगी।

$$2d = v \times t$$

उपरोक्त विधि को प्रतिध्वनि **परास** कहते हैं। सोनार की तकनीक का उपयोग समुद्र की गहराई ज्ञात करने तथा जल के अंदर स्थित चट्टानों, घाटियों, पनडुब्बियों, हिमशैल (प्लावी बर्फ), डूबे हुए जहाज, आदि की जानकारी प्राप्त करने के लिए किया जाता है।

अभ्यास प्रश्न

1. प्रयोगशाला में एक सरल लोलक 30 दोलन प्रति सेकण्ड कर रहा है। इससे उत्पन्न तरंगें होंगी

(a) विद्युत चुम्बकीय तरंगें
(b) ध्वनि तरंगें
(c) पराश्रव्य तरंगें
(d) अवश्रव्य तरंग

2. निम्नलिखित में से कौन-सी तरंग विद्युत चुम्बकीय तरंग नहीं है?

(a) ध्वनि तरंगें (b) ऊष्मीय तरंगें
(c) γ-तरंगें (d) X-किरणें

3. ध्वनि तरंगें वायु में

(a) अनुदैर्ध्य होती हैं
(b) अनुप्रस्थ होती हैं
(c) अंशतः अनुप्रस्थ तथा अनुदैर्ध्य होती हैं
(d) कभी अनुप्रस्थ तथा कभी अनुदैर्ध्य होती हैं

4. अनुप्रस्थ तरंगें उत्पन्न की जा सकती हैं

(a) ठोस तथा द्रव में
(b) ठोस तथा गैस में
(c) गैस तथा द्रव में
(d) ठोस, द्रव व गैस सभी में

5. अनुप्रस्थ तरंग में माध्यम के कणों का कम्पन

(a) तरंग की दिशा में होता है
(b) तरंग की दिशा के लम्बवत् होता है
(c) कणों का विस्थापन होता है
(d) कणों में कोई कम्पन गति नहीं होती

6. अनुप्रस्थ तरंगों में दो क्रमागत गर्तों के मध्य की दूरी होती है

(a) आयाम (b) तरंगदैर्ध्य
(c) अर्द्ध आयाम (d) इनमें से कोई नहीं

7. अनुदैर्ध्य तरंग में माध्यम के कणों का कम्पन

(a) तरंग संचरण की दिशा से 45° के कोण पर होता है
(b) तरंग संचरण की दिशा के लम्बवत् होता है
(c) तरंग संचरण की दिशा में होता है
(d) कणों में कम्पन गति नहीं होती

8. एक ध्वनि स्रोत की आवृत्ति 10 किलोहर्ट्ज है। इसके द्वारा पानी में और हवा में उत्पन्न ध्वनि तरंगों की आवृत्तियाँ

(a) वही होंगी, जो ध्वनि स्रोत की हैं
(b) माध्यमों में तरंगों की तरंगदैर्ध्य पर निर्भर करेंगी
(c) माध्यम में घनत्व पर निर्भर करेंगी
(d) माध्यमों में तरंगों की चाल पर निर्भर करेंगी

9. एक कम्पित कण का आवर्तकाल 0.01 सेकण्ड है। इसकी आवृत्ति होती है

(a) 0.01 प्रति सेकण्ड
(b) 100 कम्पन प्रति सेकण्ड
(c) 50 कम्पन प्रति सेकण्ड
(d) 1 कम्पन प्रति सेकण्ड

10. आवृत्ति तथा आवर्तकाल का गुणनफल होता है

(a) 1 (b) 2
(c) 4 (d) इनमें से कोई नहीं

11. किस सूत्र द्वारा आवृत्ति n तथा तरंगदैर्ध्य λ वाले तरंग की चाल ज्ञात की जाती है?

(a) $v = n\lambda$ से (b) $v = \frac{\lambda}{n}$ से
(c) $v = n/\lambda$ से (d) इनमें से कोई नहीं

12. एक तरंग की चाल 330 मी/से तथा तरंगदैर्ध्य 3 मी हो, तो तरंग की आवृत्ति होगी

(a) 100 प्रति सेकण्ड (b) 110 प्रति सेकण्ड
(c) $\frac{1}{110}$ प्रति सेकण्ड (d) 990 प्रति सेकण्ड

13. 600 हर्ट्ज आवृत्ति का एक स्रोत वायु में ध्वनि तरंग उत्पन्न कर रहा है, जिसका वेग 300 मी/से^{2} है। इस तरंग की तरंगदैर्ध्य होगी

(a) 2 मी (b) 1 मी
(c) 0.5 मी (d) 0.25 मी

14. ध्वनि की चाल अधिकतम होती है

(a) जल में (b) वायु में
(c) ठोस में (d) इनमें से कोई नहीं

15. श्रव्यता की परास से कम आवृत्ति की तरंगों को कहते हैं

(a) पराश्रव्य (b) अवश्रव्य
(c) सोनार (d) श्रव्य

16. श्रव्यता के परास से अधिक आवृत्तियों की तरंगों को कहते हैं

(a) अवश्रव्य
(b) ध्वनि का तरंगदैर्ध्य
(c) पराश्रव्य
(d) उपरोक्त में से कोई नहीं

17. समुद्र के जल में छिपी वस्तुओं का पता लगाने में पराश्रव्य तरंगों का उपयोग किया जाता है, क्योंकि

(a) पराश्रव्य तरंगें निम्न आवृत्ति की होती हैं
(b) पराश्रव्य तरंगें उच्च आवृत्ति की होती हैं
(c) इनकी आवृत्ति दृश्य प्रकाश की आवृत्ति के बराबर होती है
(d) उपरोक्त में से कोई नहीं

18. किसी एकांक क्षेत्रफल से एक सेकण्ड में गुजरने वाली ध्वनि ऊर्जा को कहते हैं

(a) ध्वनि का तारत्व
(b) ध्वनि की तीव्रता
(c) पराध्वनि
(d) सोनार

19. स्पष्ट प्रतिध्वनि सुनने के लिए मूलध्वनि तथा परावर्तित ध्वनि के बीच का समयान्तराल कम-से-कम होना चाहिए

(a) 2 सेकण्ड
(b) 1 सेकण्ड
(c) $\frac{1}{10}$ सेकण्ड
(d) 0.2 सेकण्ड

20. एक स्टैथोस्कोप में, हृदय की धड़कन की ध्वनि स्टैथोस्कोप नली में गमन करती है

(a) एक सरल रेखा में
(b) नली में बार-बार परावर्तन द्वारा
(c) नली के मुड़ जाने के कारण
(d) किसी अन्य कारण

21. पराध्वनि तरंगों को हृदय के विभिन्न भागों में परावर्तित कराकर हृदय का प्रतिबिम्ब बनाया जाता है, इस तकनीक को कहते हैं।
(a) कार्डियोग्राफी (b) इकोकार्डियोग्राफी
(c) इकोफोटोग्राफी (d) इनमें से कोई नहीं

22. निम्न में से कौन अनुदैर्ध्य तरंग का उदाहरण है?
(a) वायु में ध्वनि तरंगें
(b) अन्तरिक्ष में रेडियो तरंगें
(c) प्रकाश किरणें
(d) अवरक्त लाल विकिरण

23. निम्नलिखित में से कौन अनुप्रस्थ तरंग के रूप में गमन नहीं करती है?
(a) हवा में अवरक्त तरंगें
(b) निर्वात् में अवरक्त तरंगें
(c) स्प्रिंग में खींचकर छोड़ देने से उत्पन्न तरंगें
(d) खींची हुई डोरी में उत्पन्न तरंगें

24. एक तरंग की आवृत्ति 120 हर्ट्ज है। यदि तरंग की चाल 480 मी/से हो, तो तरंग की तरंगदैर्ध्य होगी
(a) 2 मी
(b) 4 मी
(c) 3 मी
(d) 8 मी

25. अनुप्रस्थ तरंगें बन सकती हैं
(a) वायु में
(b) जल में
(c) केवल जल के तल पर
(d) केवल ठोसों में तथा जल के तल पर

26. एक इलेक्ट्रॉन का आवर्तकाल 0.05 माइक्रो सेकण्ड है। उसकी आवृत्ति होगी
(a) 5×10^6 हर्ट्ज
(b) 20×10^6 कम्पन/से
(c) 2×10^6 साइकिल/से
(d) शून्य

27. यदि प्रकाश तरंग की चाल 3×10^8 मी/से तथा आवृत्ति 5×10^{14} साइकिल/से हो, तो तरंगदैर्ध्य होगी
(a) 6×10^{-8} मी
(b) 6×10^{-6} मी
(c) 6×10^{-7} मी
(d) उपरोक्त में से कोई नहीं

28. वायु में दो तरंगों की तरंगदैर्ध्यों का अनुपात 3 : 5 है। इन तरंगों की आवृत्तियों का अनुपात होगा
(a) 3 : 5 (b) 5 : 3
(c) 15 : 3 (d) 5 : 9

29. एक रेडियो प्रसारण केन्द्र से 40 मेगा हर्ट्ज की विद्युत चुम्बकीय तरंगें प्रसारित होती हैं। यदि विद्युत चुम्बकीय तरंगों की चाल 3×10^8 मी/से हो, तो इन तरंगों की तरंगदैर्ध्य होगी
(a) 7.5 मी (b) 6.5 मी
(c) 5.5 मी (d) 4.5 मी

30. एक कम्पित वस्तु 1 सेकण्ड में 240 कम्पन करती है। वायु में ध्वनि की चाल 320 मी/से है। कम्पित वस्तु के द्वारा किए गए 15 कम्पनों में वायु में ध्वनि कितनी दूर जाएगी?
(a) 320 मी (b) 10 मी
(c) 40 मी (d) 20 मी

31. निम्न चित्र में कम्पन्न करते हुए स्वरित्र में उत्पन्न तरंगों को दर्शाया गया है। तरंग को A से B तक पहुँचने में 0.50 सेकण्ड का समय लगता है। यदि इस तरंग की तरंगदैर्ध्य 4 मी हो, तो तरंग का वेग होगा

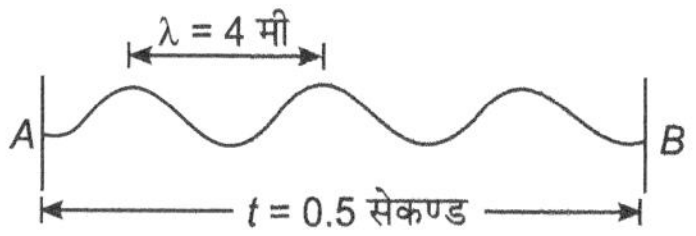

(a) 230 मी/से (b) 3200 मी/से
(c) 320 मी/से (d) 32 मी/से

32. किसी माध्यम में ध्वनि तरंग की चाल 440 मी/से तथा तरंग की आवृत्ति 200 हर्ट्ज है। ध्वनि तरंग की तरंगदैर्ध्य की गणना कीजिए
(a) 4.2 मी (b) 8.2 मी
(c) 9.2 मी (d) 2.2 मी

33. पानी में उत्पादित ध्वनि की तरंगदैर्ध्य 480 सेमी है। यदि ध्वनि का वेग पानी में 1440 मी/से है, तो एक व्यक्ति द्वारा वायु में सुनी गई ध्वनि की तरंगदैर्ध्य (सेमी में) होगी
(a) 2096 (b) 480
(c) 110 (d) इनमें से कोई नहीं

34. ध्वनि की तीव्रता को मापते हैं
(a) हर्ट्ज (Hz) (b) डेसीबल (dB)
(c) सेकण्ड (d) मीटर

35. विद्युत चुम्बकीय तरंग जिसकी तरंगदैर्ध्य 30 सेमी और वेग 3×10^8 मी/से है, की आवृत्ति है
(a) 5000 मेगा हर्ट्ज (b) 500 मेगा हर्ट्ज
(c) 50 मेगा हर्ट्ज (d) इनमें से कोई नहीं

36. एक वस्तु प्रति सेकण्ड 55 कम्पन्न कर रही है तथा ध्वनि का वेग 330 मी/से है। तरंगदैर्ध्य होगी
(a) 6 किमी (b) 6 सेमी
(c) 1.5 मी (d) 6 मी

37. एक स्वरित्र की आवृत्ति 250 कम्पन/से है। स्वरित्र से उत्पन्न तरंग का आवर्तकाल होगा
(a) 0.40 सेकण्ड (b) 0.004 सेकण्ड
(c) 2.50 सेकण्ड (d) 0.04 सेकण्ड

38. 125 हर्ट्ज आवृत्ति की ध्वनि तरंग की लम्बाई 2 मी है। 100 हर्ट्ज की ध्वनि तरंग की लम्बाई (मी में) होगी
(a) 1.25 (b) 50
(c) 80 (d) 2.5

39. एक कण 20 सेकण्ड में 10 कम्पन्न करता है। इसका आवर्तकाल कितना होगा?
(a) 2 सेकण्ड
(b) 3 सेकण्ड
(c) 4 सेकण्ड
(d) 10 सेकण्ड

40. कोई बच्चा किसी शक्तिशाली पटाखे के फटने के 4 सेकण्ड बाद किसी खड़ी चट्टान के कारण प्रतिध्वनि सुनता है। बच्चे से चट्टान की दूरी होगी
(a) 688 मी (b) 788 मी
(c) 988 मी (d) 588 मी

41. समान दूरी पर बने 20 छिद्रों वाली तश्तरी को ऊर्ध्वाधर तल से अपने अक्ष के परितः 120 चक्कर प्रति मिनट घुमाया जाता है। यदि हवा एक ओर से फूँकी जाए, तो ध्वनि तरंगों की लगभग लम्बाई होगी
(a) 16.5 मी (b) 8.25 मी
(c) 6.0 मी (d) इनमें से कोई नहीं

42. 1000 हर्ट्ज आवृत्ति की एक तरंग बिन्दु x और y के बीच 400 मी की दूरी 2 सेकण्ड में तय करती है, तो बिन्दु x और y के बीच तरंगदैर्ध्यों की संख्या होगी
(a) 1000 (b) 400
(c) 2000 (d) 200

43. एक मनुष्य किसी खड़ी चट्टान के पास ताली बजाता है और उसकी प्रतिध्वनि 5 सेकण्ड पश्चात् सुनाई देती है। यदि ध्वनि की चाल 346 मी/से हो, तो चट्टान व मनुष्य के बीच की दूरी है
(a) 865 मी (b) 86.5 मी
(c) 725 मी (d) 72.5 मी

44. निम्नलिखित आवृत्तियों वाली तरंगों में कौन-सी तरंगें मनुष्य को नहीं सुनाई देगीं?
(a) 15 हर्ट्ज (b) 250 हर्ट्ज
(c) 1000 हर्ट्ज (d) इनमें से कोई नहीं

45. वह तापमान जिस पर ध्वनि का वेग 0°C पर ध्वनि के वेग का डेढ़ गुना होता है, है
(a) 136°C (b) 50°C
(c) 341.25°C (d) इनमें से कोई नहीं

46. जब ध्वनि विरल से सघन माध्यम में जाती है, तो बदलता है
(a) तरंगदैर्ध्य
(b) आवृत्ति
(c) आयाम
(d) उपरोक्त में से कोई नहीं

47. चमगादड़ निम्नलिखित में से किस आवृत्ति की ध्वनि को सुन सकता है?
(a) 20 हर्ट्ज से कम
(b) 20000 हर्ट्ज से अधिक
(c) 10 हर्ट्ज
(d) उपरोक्त में से कोई नहीं

48. किसी ध्वनि स्रोत से 550 मी की दूरी पर बैठा हुआ कोई व्यक्ति 500 हर्ट्ज आवृत्ति की ध्वनि सुनता है। स्रोत से आदमी के कान तक पहुँचने वाले दो क्रमागत सम्पीड़नों का समयान्तराल है
(a) 0.001 सेकण्ड
(b) 0.003 सेकण्ड
(c) 0.004 सेकण्ड
(d) 0.002 सेकण्ड

49. किसी माध्यम में चलने वाली दो यान्त्रिक तरंगों की आवृत्तियों का अनुपात 3 : 4 है। इन तरंगों के (i) तरंगदैर्ध्यों का अनुपात (ii) आवर्तकालों का अनुपात
(a) 4 : 3 तथा 3 : 4 (b) 3 : 4 तथा 3 : 4
(c) 4 : 3 तथा 4 : 3 (d) 3 : 4 तथा 4 : 3

50. एक मनुष्य 900 मी दूर स्थित सीटी की ध्वनि सुनकर अपनी घड़ी मिलाता है। उसकी घड़ी में कितना दोष रहेगा? (हवा में ध्वनि का वेग 330 मी/से)
(a) 3 सेकण्ड तेज (b) 3 सेकण्ड सुस्त
(c) 9 सेकण्ड तेज (d) 9 सेकण्ड सुस्त

51. स्वरित्र को कम्पित करने पर उत्पन्न तरंगें किस रूप में बढ़ती हैं?
(a) सम्पीडन और विरलन के रूप में
(b) शृंग और गर्त के रूप में
(c) (a) तथा (b) दोनों
(d) विद्युत चुम्बकीय तरंग के रूप में

52. रबर की अपेक्षा स्टील में ध्वनि संचरण शीघ्रता से होता है क्योंकि
(a) स्टील, रबर से अधिक प्रत्यास्थ है
(b) रबर, स्टील से अधिक प्रत्यास्थ है
(c) रबर, ठोस वस्तु नहीं है
(d) उपरोक्त में से कोई नहीं

53. स्प्रिंग को खींचकर छोड़ने पर इसमें कौन-सी तरंगें उत्पन्न होती हैं?
(a) अनुदैर्ध्य तरंगें
(b) अनुप्रस्थ तरंगें
(c) γ-तरंगें
(d) कोई तरंग उत्पन्न नहीं होती है

54. ध्वनि को यान्त्रिक तरंग कहा जाता है क्योंकि
(a) ध्वनि की चाल 3×10^8 मी/से होती है
(b) ध्वनि संचरण में माध्यम के कण एक-दूसरे में ऊर्जा का स्थानान्तरण नहीं करते हैं
(c) ध्वनि संचरण में माध्यम के एक-दूसरे में ऊर्जा का स्थानान्तरण करते हैं
(d) ध्वनि निर्वात में गति कर सकती है

55. ध्वनि की चाल निम्न में किसमें अधिक होती है?
(a) काँच में (b) जल में
(c) हीलियम में (d) वायु में

उत्तरमाला

1. (b)	2. (a)	3. (a)	4. (a)	5. (b)	6. (b)	7. (c)	8. (a)	9. (b)	10. (a)
11. (a)	12. (b)	13. (c)	14. (c)	15. (b)	16. (c)	17. (b)	18. (b)	19. (c)	20. (b)
21. (b)	22. (a)	23. (c)	24. (b)	25. (d)	26. (b)	27. (c)	28. (b)	29. (a)	30. (d)
31. (c)	32. (d)	33. (c)	34. (b)	35. (d)	36. (d)	37. (b)	38. (d)	39. (a)	40. (a)
41. (b)	42. (c)	43. (a)	44. (a)	45. (c)	46. (a)	47. (b)	48. (d)	49. (c)	50. (b)
51. (a)	52. (a)	53. (a)	54. (c)	55. (a)					

अध्याय

07

ऊष्मा तथा ताप

(Heat and Temperature)

कितना गर्म, कितना ठण्डा

(How Hot, How Cold)

केवल छूकर, महसूस कर या देखकर ही यह बताया नहीं जा सकता कि कौन-सी वस्तु कितनी गर्म है या कितनी ठण्डी है। तापमान के प्रति हमारी संवेदनशीलता भरोसेमन्द न होने के साथ-साथ, बहुत सीमित भी है।

सामान्यत: हम तापमान की व्याख्या तुलनात्मक रूप से करते हैं, परन्तु समय के साथ-साथ वैज्ञानिक द्वारा कुछ ऐसे आविष्कार किये गए, जिससे हम वस्तु कितनी गर्म है या कितनी ठण्डी है, इसका सही, सटीक एवं वस्तुपरक मापन कर सकें।

ताप या तापमान (Temperature)

ताप किसी वस्तु की गर्माहट अथवा ठण्डेपन की माप है, जिसका SI मात्रक केल्विन है तथा यह एक अदिश राशि है।

तापमापी (Thermometer)

वह उपकरण जिससे ताप का मापन किया जा सके, उसे तापमापी कहते हैं। गैलीलियो ने एक ऐसे घरेलू तापमापी यन्त्र का निर्माण किया, जिसमें तापमापी पैमाना नहीं होता है, इस यन्त्र को थर्मोस्कोप कहा जाता है।

तापमान कैसे मापें? (How to Measure Temperature)

किसी भी वस्तु का तापमान मापने के लिए हमें केवल निम्नानुसार बातों की आवश्यकता होती है

1. पदार्थों का एक ऐसा गुण जो तापमान पर निर्भर हो और जिसका तापमान के साथ परिवर्तन स्पष्ट रूप से दृष्टिगोचर हो।
2. इस गुण के परिवर्तन को समरूप दर्शाने वाला एक पदार्थ; जैसे—पारा।
3. एक सर्वमान्य व प्रचलित मापदण्ड या पैमाना जो इस गुण के एक निश्चित बदलाव को तापमान के एक निश्चित घट-बढ़ से जोड़ता हो।

तापमान के पैमाने (Temperature Scales)

ताप के मापन के लिए सेण्टीग्रेट (°C), फारेनहाइट (°F), केल्विन (K) एवं रियूमर (R) आदि पैमानों का सामान्यत: उपयोग किया जाता है, इनका आविष्कार केल्विन ने किया था।

(i) **सेल्सियस पैमाना** (Celsius scale) इस पैमाने में उच्च बिन्दु व निम्न बिन्दु को क्रमश: 100°C व 0°C लिया जाता है।

(ii) **फारेनहाइट पैमाना** (Fahrenheit scale) इस पैमाने में उच्च बिन्दु व निम्न बिन्दु को क्रमश: 212°F व 32°F लिया जाता है।

(iii) **केल्विन पैमाना** (Kelvin scale) इस पैमाने में उच्च बिन्दु व निम्न बिन्दु को क्रमश: 373 K व 273 K लिया जाता है।

(iv) **रियुमर पैमाना** (Reaumur scale) इस पैमाने में उच्च बिन्दु व निम्न बिन्दु क्रमश: 0°R व 80°R होते हैं।

विभिन्न ताप पैमाने के मध्य सम्बन्ध

(Relation between Various Temperature Scales)

- ताप के विभिन्न पैमाने में निम्न सम्बन्ध होता है

$$\frac{C}{100} = \frac{F-32}{180} = \frac{R}{80} = \frac{K-273}{100}$$

- किसी एक पैमाने के ताप को दूसरे पैमाने के ताप में बदलने हेतु निम्न सूत्र प्रयुक्त किया जाता है

$$\frac{\text{किसी भी पैमाने का पाठ्यांक} - \text{निम्नतम नियत बिन्दु (LFP)}}{\text{उच्चतम नियत बिन्दु (UFP)} - \text{निम्नतम नियत बिन्दु (LFP)}}$$

= सभी पैमाने के लिए नियत

- −40° के ताप का मापन, फारेनहाइट व सेल्सियस में समान होता है।
- −25.6° के ताप का मापन, फारेनहाइट व रियूमर में समान होता है।
- 574.25° के ताप का मापन, फारेनहाइट व केल्विन पैमाने में समान होता है।
- 0° के ताप का मापन, सेल्सियस व रियूमर पैमाने में समान होता है।

ऊष्मा (Heat)

किन्हीं दो वस्तुओं के बीच उनके तापान्तर के कारण स्थानान्तरित होने वाली ऊर्जा को ऊष्मा कहते हैं, इसका SI मात्रक जूल तथा प्रायोगिक मात्रक कैलोरी होता है। 1 कैलोरी = 4 .186 जूल

ऊष्मीय ऊर्जा के मात्रक (Units of Thermal Energy)

ऊष्मा अथवा ऊष्मीय ऊर्जा का व्यावहारिक मात्रक कैलोरी होता है। 1 ग्राम पानी का ताप 14°C से 15°C तक बढ़ाने के लिए आवश्यक ऊष्मीय ऊर्जा का मान 1 कैलोरी के तुल्य होता है।

SI पद्धति में ऊष्मा का मात्रक जूल (Joule) होता है।

$$1 \text{ कैलोरी} = 4.186 \text{ जूल}; \quad 1 \text{ किलोकैलोरी} = 4.186 \times 10^3 \text{ जूल}$$

ऊष्मा का प्रभाव (Effect of Heat)

ऊष्मा देने पर वस्तु का ताप बढ़ता है, जितनी अधिक ऊष्मा वस्तु प्राप्त करेगी उतना उसका ताप बढ़ता जाएगा और वस्तु का प्रसार होता जाएगा।

विशिष्ट ऊष्मा : ताप में वृद्धि

(Specific Heat : Increment in Temperature)

जब किसी दिए गए पदार्थ या वस्तु को गर्म किया जाता है, तो वह ऊष्मा ग्रहण करती है तथा जब उसे ठण्डा किया जाता है, तो वह ऊष्मा का विसर्जन या परित्याग करती है।

प्रयोगों द्वारा यह ज्ञात होता है कि किसी वस्तु या पदार्थ द्वारा ग्रहण की गई या उत्सर्जित ऊष्मा की मात्रा निम्न बातों पर निर्भर करती हैं

(i) उस पदार्थ के द्रव्यमान (m) (ii) ताप में परिवर्तन (ΔT)

(iii) पदार्थ की प्रकृति पर

माना किसी दिए गए द्रव्यमान (m) के पदार्थ को ΔQ मात्रा की ऊष्मा देने पर उसके ताप में वृद्धि ΔT हो, तो

(a) दी गई ऊष्मा की मात्रा उसके द्रव्यमान के अनुक्रमानुपाती होती है अर्थात् $\Delta Q \propto m$

(b) दी गई ऊष्मा की मात्रा उसके ताप में वृद्धि के अनुक्रमानुपाती होती है अर्थात् $\Delta Q \propto \Delta T$

उपरोक्त दोनों कथनों को मिलाने पर,

$$\Delta Q \propto m \, \Delta T \text{ या } \Delta Q = c \times m \times \Delta T \text{ या } c = \frac{\Delta Q}{m \times \Delta T}$$

जहाँ, c एक समानुपाती नियतांक है, जिसे पदार्थ की विशिष्ट ऊष्मा कहते हैं।

यदि $m = 1$ तथा $\Delta T = 1\,°C$ हो, तो $\Delta Q = c \times 1 \times 1$

या $c = \Delta Q$

अत: ''किसी पदार्थ के एकांक द्रव्यमान का ताप 1°C बढ़ाने के लिए आवश्यक ऊष्मा की मात्रा को उस पदार्थ की विशिष्ट ऊष्मा कहते हैं।'' विशिष्ट ऊष्मा का मात्रक जूल/किग्रा-केल्विन या जूल/किग्रा-°C होता है। जल की विशिष्ट ऊष्मा =1 कैलोरी/(ग्राम-°C)

=1 किलोकैलोरी/(किग्रा-केल्विन)

= 4.18×10^3 जूल/(किग्रा-केल्विन)

जल की विशिष्ट ऊष्मा का मान अन्य पदार्थों की तुलना में अधिक (4.18×10^3 जूल किग्रा$^{-1}$ केल्विन$^{-1}$) होता है। यही कारण है कि

(i) रोगी की सिकाई गर्म जल की बोतल से की जाती है।

(ii) जल का उपयोग शीतलक (Coolant) के रूप में स्वचालित वाहनों के रेडिएटरों में किया जाता है।

(iii) गर्मियों में समुद्र से दूर थल का ताप सूर्य से ऊष्मा लेकर तेजी से बढ़ता है, जबकि समुद्र के जल का ताप बहुत धीरे-धीरे बढ़ता है, फलस्वरूप समुद्र की ओर से आने वाली हवाएँ ठण्डी होती हैं।

नोट विशिष्ट ऊष्मा पदार्थ का गुण है। एक ही पदार्थ की विभिन्न द्रव्यमानों की वस्तुओं के लिए विशिष्ट ऊष्मा समान होगी।

ऊष्माधारिता (Heat Capacity)

किसी वस्तु के सम्पूर्ण द्रव्यमान का ताप 1°C बढ़ाने के लिए आवश्यक ऊष्मा की मात्रा को उस वस्तु की ऊष्माधारिता कहते हैं।

किसी वस्तु की ऊष्माधारिता वस्तु के द्रव्यमान (m) तथा वस्तु के पदार्थ की विशिष्ट ऊष्मा (c) के गुणनफल के बराबर होती है।

अत: वस्तु की ऊष्माधारिता = द्रव्यमान × विशिष्ट ऊष्मा

वस्तु की ऊष्माधारिता = mc

इसका SI मात्रक जूल/°C अथवा जूल/केल्विन (K) होता है।

ऊष्माधारिता वस्तु का गुण है, एक ही पदार्थ की विभिन्न द्रव्यमानों की वस्तुओं की ऊष्माधारिताएँ भिन्न-भिन्न होंगी।

कैलोरीमिति का सिद्धान्त

(Principle of Calorimetry)

जब दो भिन्न-भिन्न तापों वाली वस्तुओं को परस्पर सम्पर्क में रखा जाता है, तो ऊष्मा का प्रवाह उच्च ताप वाली वस्तु से निम्न ताप वाली वस्तु में होता है।

ऊष्मा का यह प्रवाह तब तक होता रहता है, जब तक कि दोनों वस्तुओं के ताप बराबर न हो जाएँ। इस अवस्था में

गर्म वस्तु द्वारा दी गई ऊष्मा = ठण्डी वस्तु द्वारा ली गई ऊष्मा

$$m_1 s_1 \times (t_1 - t) = m_2 s_2 \times (t - t_2)$$

आर्द्रता (Humidity)

वायुमण्डल में जलवाष्प की उपस्थिति को ही आर्द्रता कहते हैं, जलवाष्प वातावरण से 10 किमी नीचे सान्द्रित होता है तथा भौतिकी की वह शाखा जिसमें वायुमण्डल में विद्यमान जलवाष्प की मात्रा का अध्ययन किया जाता है, आर्द्रतामिति (hygrometry) कहलाती है।

वायु में उपस्थित जलवाष्प की यह मात्रा प्रत्येक स्थान पर समान नहीं होती है। प्राय: समुद्रतटीय स्थान में जलवाष्प की मात्रा अर्थात् आर्द्रता अधिक होती है। वर्षा ऋतु में भी आर्द्रता बढ़ जाती है।

निरपेक्ष आर्द्रता (Absolute Humidity)

हवा के प्रति इकाई आयतन में विद्यमान जलवाष्प की मात्रा को निरपेक्ष आर्द्रता कहते हैं। इसको अधिकाशत: ग्राम प्रति घन मीटर में व्यक्त करते हैं, क्योंकि तापमान और वायुदाब में परिवर्तन के साथ ही हवा के आयतन में भी परिवर्तन होता रहता है इसलिए निरपेक्ष आर्द्रता भी बदल जाती है।

आपेक्षिक आर्द्रता (Relative Humidity)

किसी दिए हुए ताप पर, वायु के किसी आयतन में उपस्थित जलवाष्प की मात्रा तथा उसी ताप पर उसी आयतन की वायु को संतृप्त करने के लिए आवश्यक जलवाष्प की मात्रा के अनुपात को आपेक्षिक आर्द्रता कहते हैं। इस अनुपात को 100 से गुणा करके आपेक्षिक आर्द्रता को प्रतिशत आर्द्रता में व्यक्त किया जाता है।

ऊष्मीय प्रसार (Thermal Expansion)

जब पदार्थों को गर्म किया जाता है, तब उसके अणुओं के बीच की माध्य औसत दूरी में वृद्धि के कारण उसकी लम्बाई, चौड़ाई, मोटाई, क्षेत्रफल या आयतन में वृद्धि हो जाती है, अत: गर्म होकर पदार्थ के फैलने की घटना को ऊष्मीय प्रसार कहते हैं।

ठोसों में ऊष्मीय प्रसार (Thermal Expansion in Solids)

किसी ठोस को गर्म करने पर उसकी लम्बाई, क्षेत्रफल या आयतन में वृद्धि हो जाती है। ताप वृद्धि के कारण ठोस में होने वाला यह प्रसार ही ठोस का ऊष्मीय प्रसार कहलाता है। ठोस का प्रसार तीन प्रकार से होता है

(i) **रेखीय प्रसार** (Linear expansion) जब किसी ठोस का प्रसार एक रेखा के अनुदिश होता है (जैसे—लम्बी छड़ को गर्म करने पर), तो इस प्रकार के प्रसार को रेखीय प्रसार कहते हैं।
एकांक लम्बाई की छड़ के ताप में 1°C वृद्धि करने पर लम्बाई में वृद्धि छड़ के पदार्थ के रेखीय प्रसार गुणांक (α) के बराबर होती है। इसका मात्रक प्रति °C होता है।

$$\alpha = \frac{\Delta L}{L \times \Delta t} = \frac{\text{लम्बाई में वृद्धि}}{\text{प्रारम्भिक लम्बाई} \times \text{ताप वृद्धि}}$$

जहाँ, ΔL = लम्बाई में वृद्धि, L = प्रारम्भिक लम्बाई, Δt = ताप वृद्धि
रेखीय प्रसार के कारण रेल की पट्रियों के बीच स्थान छोड़ा जाता है।

(ii) **क्षेत्रीय प्रसार** (Superficial expansion) जब किसी पटल को गर्म किया जाता है, तो उसकी लम्बाई तथा चौड़ाई दोनों में वृद्धि होती है अर्थात् पटल के क्षेत्रफल में वृद्धि हो जाती है। इस प्रकार के प्रसार को क्षेत्रीय प्रसार कहते हैं।
एकांक क्षेत्रफल वाले पटल के ताप में 1°C की वृद्धि करने पर क्षेत्रफल में हुई वृद्धि पटल के पदार्थ के क्षेत्रीय प्रसार गुणांक (β) के बराबर होती है। इसका मात्रक प्रति °C होता है।

$$\beta = \frac{\Delta A}{A \times \Delta t} = \frac{\text{क्षेत्रफल में वृद्धि}}{\text{प्रारम्भिक क्षेत्रफल} \times \text{ताप वृद्धि}}$$

जहाँ, ΔA = क्षेत्रफल में वृद्धि, A = प्रारम्भिक क्षेत्रफल, Δt = ताप वृद्धि

(iii) **आयतन प्रसार** (Volume expansion) जब किसी आयताकार ब्लॉक को गर्म किया जाता है, तो उसकी लम्बाई, चौड़ाई तथा ऊँचाई तीनों में वृद्धि होती है अर्थात् ब्लॉक के आयतन में वृद्धि हो जाती है, इस प्रकार के प्रसार को आयतन प्रसार कहते हैं।
एकांक आयतन वाले ब्लॉक के ताप में 1°C की वृद्धि करने पर आयतन में हुई वृद्धि, ब्लॉक के पदार्थ के आयतन प्रसार गुणांक (γ) के बराबर होती है। इसका मात्रक भी प्रति °C होता है।

$$\gamma = \frac{\Delta V}{V \times \Delta t} = \frac{\text{आयतन में वृद्धि}}{\text{प्रारम्भिक आयतन} \times \text{ताप वृद्धि}}$$

जहाँ, ΔV = आयतन में वृद्धि, V = प्रारम्भिक आयतन, Δt = ताप वृद्धि
α, β व γ में सम्बन्ध $\alpha : \beta : \gamma = 1 : 2 : 3$

द्रवों का प्रसार (Thermal Expansion of Liquid)

द्रवों में प्रसार दो प्रकार से होता है

(i) **आभासी प्रसार** (Apparent expansion) बर्तन के सापेक्ष द्रव के प्रसार को आभासी प्रसार कहते हैं।
आभासी प्रसार गुणांक, (γ_a)

$$= \frac{\text{आयतन में आभासी वृद्धि } (\Delta V_a)}{\text{प्रारम्भिक आयतन } (V) \times \text{ ताप वृद्धि } (\Delta t)}$$

(ii) **वास्तविक प्रसार** (Real expansion) द्रवों का वह प्रसार, जो बर्तन के प्रसार पर निर्भर नहीं करता, वास्तविक प्रसार कहलाता है।
वास्तविक प्रसार गुणांक

$$(\gamma_r) = \frac{\text{आयतन में आभासी वृद्धि } (\Delta V_r)}{\text{प्रारम्भिक आयतन } (V) \times \text{ ताप वृद्धि } (\Delta t)}$$

द्रव के आभासी तथा वास्तविक प्रसार में सम्बन्ध
वास्तविक प्रसार = आभासी प्रसार + बर्तन का प्रसार
या $\gamma_r = \gamma_a + \gamma_g$
जहाँ, γ_g = बर्तन के पदार्थ का आयतन प्रसार गुणांक

जल का अनियमित प्रसार
(Exceptional Behaviour of Water)

सामान्यत: ताप बढ़ाने पर द्रव का आयतन बढ़ता है। द्रवों का आयतन प्रसार गुणांक, ठोसों की तुलना में 10 गुना बड़ा होता है। जल इस नियम का एक अपवाद (Exception) है। 0°C से 4°C तक ताप वृद्धि करने पर जल का आयतन घटता है तथा 4°C के ऊपर ताप वृद्धि पर जल का आयतन बढ़ता है। अत: जल का घनत्व 4°C पर अधिकतम 1000 किग्रा/मी^{3} है।

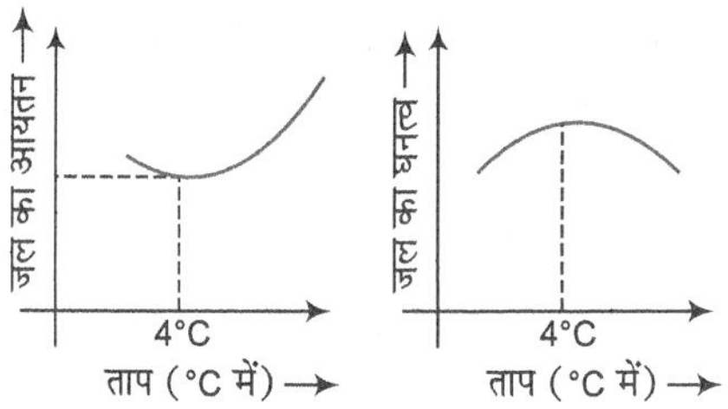

गैसीय प्रसार (Thermal Expansion of Gases)

गैसीय प्रसार में दो प्रकार के गुणांक होते हैं

(i) **आयतन गुणांक** (Coefficient of volume) (γ_V) गैस के एकांक आयतन में प्रति डिग्री सेल्सियस, नियत दाब पर हुए परिवर्तन को आयतन प्रसार गुणांक कहते हैं

$$\gamma_V = \frac{\text{आयतन में वृद्धि}}{\text{प्रारम्भिक आयतन} \times \text{ताप वृद्धि}} = \frac{\Delta V}{V \times \Delta t}, \quad \gamma_V = \frac{V_2 - V_1}{V_1 t_2 - V_2 t_1}$$

(ii) **दाब गुणांक** (Coefficient of pressure) (γ_p) नियत आयतन पर किसी गैस के दाब में प्रति डिग्री सेल्सियस पर परिवर्तन ही दाब गुणांक कहलाता है।

$$\gamma_p = \frac{\text{दाब में वृद्धि}}{\text{प्रारम्भिक दाब} \times \text{ताप वृद्धि}}$$

$$= \frac{\Delta p}{p \times \Delta t}, \quad \gamma_p = \frac{p_2 - p_1}{p_1 t_2 - p_2 t_1}$$

अवस्था परिवर्तन (Change of State)

पदार्थ की तीन भौतिक अवस्थाएँ होती हैं—ठोस, द्रव तथा गैस। साधारण ताप पर प्रत्येक पदार्थ इनमें से किसी एक अवस्था में पाया जाता है। किसी पदार्थ को निश्चित ऊष्मा देकर या उससे ऊष्मा लेकर उसकी अवस्था को परिवर्तित किया जा सकता है। पदार्थ की एक अवस्था से दूसरी अवस्था में संक्रमण को **अवस्था परिवर्तन** कहते हैं।

कुछ मुख्य अवस्था परिवर्तन निम्नलिखित हैं

(i) **गलन** (Melting) स्थिर ताप पर पदार्थ का ठोस अवस्था से द्रव अवस्था में परिवर्तन **गलन** (Melting) कहलाता है तथा जिस ताप पर क्रिया सम्पन्न होती है, उसे **गलनांक** (Melting point) कहते हैं; जैसे—बर्फ का जल में परिवर्तन।

(ii) **क्वथन** (Boiling) स्थिर ताप पर पदार्थ का द्रव अवस्था से गैस अवस्था में परिवर्तन **क्वथन** (Boiling) कहलाता है तथा जिस ताप पर यह क्रिया सम्पन्न होती है, उसे **क्वथनांक** (Boiling point) कहते हैं; जैसे—जल का भाप में परिवर्तन।

(iii) **द्रवण या संघनन** (Liquefaction or Condensation) स्थिर ताप पर पदार्थ की गैसीय अवस्था का द्रव अवस्था में परिवर्तन **द्रवण**या **संघनन** कहलाता है तथा जिस ताप पर यह क्रिया सम्पन्न होती है, उसे **द्रवणांक** कहते हैं; जैसे—भाप का जल में परिवर्तन।

(iv) **ऊर्ध्वपातन** (Sublimation) कुछ ठोस पदार्थ; जैसे—आयोडीन, कपूर, नौसादर इत्यादि ऐसे होते हैं, जो गर्म करने पर बिना द्रवित हुए ठोस अवस्था से सीधे ही गैस अवस्था में परिवर्तित हो जाते हैं तथा ठण्डा करने पर सीधे ठोस में बदल जाते हैं। इस क्रिया को **ऊर्ध्वपातन** कहते हैं।

(v) **हिमायन** (Freezing) स्थिर ताप पर पदार्थ की द्रव अवस्था का ठोस अवस्था में परिवर्तन **हिमायन** कहलाता है तथा यह क्रिया जिस ताप पर सम्पन्न होती है, उसे **हिमांक** (Freezing point) कहते हैं; जैसे—जल का बर्फ में परिवर्तन।

(vi) **पुनर्हिमायन** (Regelation) दाब में वृद्धि के कारण ठोस के पिघलने तथा दाब घटते ही पुन: जम जाने की घटना को **पुनर्हिमायन** कहते हैं। यही कारण है कि बर्फ के टुकड़े मुट्ठी में लेकर दबाने से पिघल जाते हैं तथा मुट्ठी ढीली करने पर वे पुन: जमकर आपस में जुड़ जाते हैं।

नोट किसी पदार्थ के गलनांक तथा हिमांक समान होते हैं। किसी पदार्थ के क्वथनांक तथा द्रवणांक समान होते हैं।

ऊष्मीय ग्राफ

जब m द्रव्यमान के किसी ठोस को नियत दर पर ऊष्मा दी जाती है तथा ताप एवं समय के बीच ग्राफ खींचा जाता है, तो इसे **ऊष्मीय ग्राफ** कहते हैं।

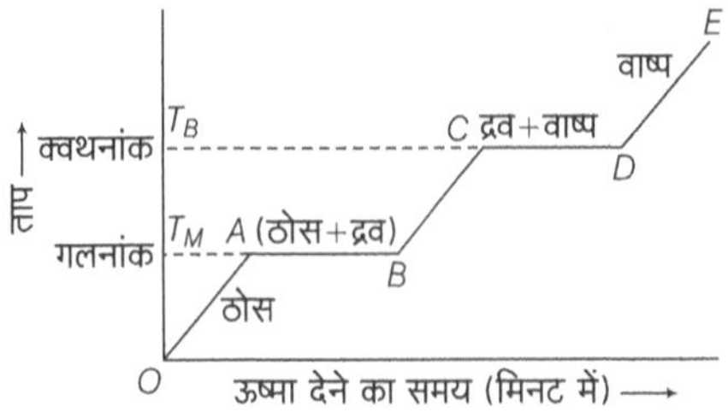

इस ग्राफ से निम्न निष्कर्ष निकलते हैं

एक बीकर में ठोस पदार्थ (बर्फ) को रखने पर उसे एक नियत दर से ऊष्मा देकर धीरे-धीरे गर्म करते हैं। ग्राफ में OA भाग ठोस की ताप वृद्धि को प्रकट करता है। बिन्दु A के संगत ताप T_M पदार्थ का गलनांक है। भाग AB ठोस द्रव में बदलने की अवस्था को प्रदर्शित करता है। अत: बिन्दु B पर ठोस पूर्णत: द्रव में बदल जाता है।

भाग BC द्रव की ताप वृद्धि को प्रकट करता है। बिन्दु C के संगत ताप द्रव का क्वथनांक T_B है। इस ताप पर द्रव वाष्प में बदलने लगता है।

अत: भाग CD द्रव की वाष्प में बदलने की अवस्था को प्रदर्शित करता है। बिन्दु D पर सम्पूर्ण द्रव वाष्प में बदल जाता है। अब धीरे-धीरे वाष्प का ताप बढ़ता है, जिसे DE प्रदर्शित करता है।

गुप्त ऊष्मा (Latent Heat)

स्थिर ताप पर किसी पदार्थ के 1 ग्राम द्रव्यमान के अवस्था में परिवर्तन के लिए आवश्यक ऊष्मा की मात्रा को गुप्त ऊष्मा कहते हैं।

गुप्त ऊष्मा, $L = \frac{Q}{m}$ कैलोरी/ग्राम

जहाँ, Q = दी गई ऊष्मा अथवा ली गई ऊष्मा, m = पदार्थ का द्रव्यमान

गुप्त ऊष्मा दो प्रकार की होती हैं

(i) **गलन की गुप्त ऊष्मा** (Melting heat of fusion) स्थिर ताप पर किसी पदार्थ के 1 ग्राम द्रव्यमान को ठोस अवस्था से द्रव अवस्था में बदलने के लिए आवश्यक ऊष्मा की मात्रा को उस पदार्थ की गलन की गुप्त ऊष्मा कहते हैं। बर्फ की गलन की गुप्त ऊष्मा 80 कैलोरी/ग्राम है। मोम तथा बर्फ का दाब बढ़ाने पर गलनांक बढ़ता है।

(ii) **वाष्पन की गुप्त ऊष्मा** (Latent heat of vaporisation) स्थिर ताप पर किसी पदार्थ के 1 ग्राम द्रव्यमान को द्रव अवस्था से गैस अवस्था में बदलने के लिए आवश्यक ऊष्मा की मात्रा को उस पदार्थ की वाष्पन की गुप्त ऊष्मा कहते हैं। जल की वाष्पन की गुप्त ऊष्मा 536 कैलोरी/ग्राम है। गर्म मौसम में पंखा चलाने पर पसीना तीव्रता से वाष्पित होता है, जिससे ठण्डक का अहसास होता है।

किसी एक पदार्थ की किसी भी मात्रा की गुप्त ऊष्मा समान होती है।

ऊष्मा का संचरण (Transmission of Heat)

ऊष्मा के एक स्थान से दूसरे स्थान तक जाने को ऊष्मा का संचरण कहते हैं। ऊष्मा के संचरण की निम्नलिखित विधियाँ हैं

1. चालन (Conduction)

ऊष्मा के संचरण की वह प्रक्रिया जिसमें ऊष्मा, पदार्थ के एक कण से दूसरे कण में जाती है, परन्तु कोई भी कण अपना स्थान नहीं छोड़ता, चालन कहलाती है। प्राय: सभी ठोसों में ऊष्मा का प्रवाह चालन विधि से होता है।

ऊष्मा का सर्वोत्तम चालक चाँदी एवं निकृष्टतम चालक सीसा हैं।

एबोनाइट, एस्बोट्स ऊष्मारोधी पदार्थ होते हैं।

दैनिक जीवन में ऊष्मा चालन के अनुप्रयोग

Applications of Thermal Conduction in Daily Life

दैनिक जीवन में ऊष्मा चालन के कुछ अनुप्रयोग निम्न प्रकार हैं

(i) **बर्फ को पिघलने से बचाने के लिए उसे कुचालक पदार्थ जैसे–बुरादा, टाट आदि से लपेटकर रखा जाता है** इसका कारण यह है कि लकड़ी का बुरादा व टाट ऊष्मा के कुचालक हैं तथा ये बाह्य वातावरण की ऊष्मा को बर्फ तक नहीं पहुँचने देते जिससे बाह्य ऊष्मा न मिल पाने से बर्फ पिघलती नहीं है।

(ii) **गर्म वस्तुओं को पकड़ने के लिए बर्तनों में लकड़ी अथवा प्लास्टिक आदि के हत्थे लगाए जाते हैं** इसका कारण यह है कि लकड़ी अथवा प्लास्टिक ऊष्मा के कुचालक हैं। जब इन कुचालकों को कपड़ों की प्रेस, केतली, प्रेशर कुकर आदि के हैण्डिल में लगाया जाता है, तो ये गर्म वस्तुओं की ऊष्मा को हाथ तक बहुत कम मात्रा में पहुँचने देते है अत: हम गर्म वस्तुओं को आसानी से उठा सकते हैं तथा कार्य कर सकते हैं।

(iii) **चाय के प्याले चीनी मिट्टी के बनाए जाते हैं** इसका कारण यह है कि चीनी मिट्टी ऊष्मा की कुचालक है। जिससे प्याले की दीवारों द्वारा ऊष्मा का चालन बहुत कम होता है और प्याला होठ को कम गर्म लगता है। दूसरी ओर धातु का प्याला ऊष्मा का सुचालक होने के कारण होठ तक ऊष्मा को शीघ्रता से पहुँचाता है। जिससे चाय का प्याला ज्यादा गर्म लगता है।

(iv) **पुरानी रजाइयाँ नई रजाइयों की अपेक्षा शरीर को कम गर्म रखती हैं** इसका कारण यह है कि पुरानी रजाइयों के रेशों के बीच में वायु भर जाती है, वायु ऊष्मा की कुचालक है अत: वायु की मात्रा पुरानी रजाइयों में कम रुकती है जबकि नई रजाइयों में वायु की मात्रा अधिक होने के कारण ऊष्मा बाहर नहीं जा पाती।

2. संवहन (Convection)

ऊष्मा के संचरण की वह प्रक्रिया जिसमें पदार्थ के कण ऊष्मा स्रोत से ऊष्मा लेकर अन्य भागों में चले जाते हैं व उनके स्थान पर नए कण आ जाते हैं, संवहन कहलाती है। प्राय: सभी द्रवों में ऊष्मा का प्रवाह संवहन विधि से होता है। रसोइयों व मिलों में लगाई गई चिमनियाँ संवहन पर आधारित होती हैं।

दैनिक जीवन में संवहन के अनुप्रयोग

(Applications of Convection in Daily Life)

दैनिक जीवन में ऊष्मीय संवहन के अनुप्रयोग निम्नलिखित हैं

(i) **मकान में रोशनदान लगाए जाते हैं** इसका कारण यह है कि कमरे की गर्म व दूषित वायु हल्की होकर ऊपर की ओर उठकर रोशनदान से बाहर निकल जाती है और शुद्ध वायु उसके स्थान पर खिड़की व दरवाजों से कमरे में आ जाती है।

(ii) **बड़े-बड़े कारखानों में गर्म वायु व धुआँ निकालने में चिमनियों का उपयोग किया जाता है** इसका कारण यह है कि कारखानों से निकलने वाली गर्म वायु एवं दूषित धुआँ कारखाने में न फैले। कारखानों से निकली दूषित वायु हल्की होने के कारण ऊपर उठती है और चिमनियों की सहायता से बाहर निकल जाती है तथा नीचे से शुद्ध वायु भट्टी में पहुँच जाती है।

(iii) **फ्रिज में शीतलन कुण्डलियाँ** (फ्रीजर पेटिका) **ऊपर की ओर लगी होती हैं** इसका कारण यह है कि फ्रिज में नीचे की गर्म वायु हल्की होने के कारण ऊपर उठती है तथा ठण्डी वायु भारी होने के कारण नीचे आ जाती है। इस प्रकार फ्रिज में संवहन धाराएँ उत्पन्न होती हैं और फ्रिज के निचले भाग में रखी वस्तुएँ जैसे—सब्जी, फल इत्यादि ठण्डे बने रहते हैं।

(iv) **समुद्री हवाएँ** दिन के समय सूर्य की ऊष्मा से पृथ्वी की सतह समुद्र की तुलना में अधिक गर्म हो जाती है, क्योंकि पानी की विशिष्ट ऊष्मा अधिक होती है। समुद्र की सतह के पानी द्वारा सौर ऊष्मा का अवशोषण होने के पश्चात् इसका वितरण समुद्र में स्थित बहुत अधिक पानी की मात्रा में हो जाता है। पृथ्वी की सतह के समीप की गर्म हवा हल्की होकर ऊपर की ओर उठ जाती है तथा ठण्डी हवाएँ समुद्र से पृथ्वी की सतह की ओर प्रवाहित होती है। इस कारण समुद्र से पवनें पृथ्वी की ओर प्रवाहित होती है जो समुद्री समीर कहलाती है। रात्रि में यह प्रक्रिया विपरीत हो जाती है। पृथ्वी समुद्र की अपेक्षा शीघ्रता से ठण्डी हो जाती है। गर्म हवा समुद्र की सतह से ऊपर उठ जाती है। यह गर्म हवा, ठण्डी हवा द्वारा विस्थापित हो जाती है। ये हवाएँ पृथ्वी हवाएँ (land breezes) कहलाती है।

3. विकिरण (Radiation)

ऊष्मा के संचरण की वह प्रक्रिया जिसमें ऊष्मा के संचरण के लिए किसी माध्यम की आवश्यकता नहीं होती, विकिरण कहलाती है। विकिरण की तीव्रता स्रोत से प्रेक्षण बिन्दु की दूरी के वर्ग व्युत्क्रमानुपाती होती है। सूर्य से पृथ्वी तक ऊष्मा का संचरण विकिरण विधि से होता है। सूर्य पृष्ठ का ताप लगभग 6000K होता है। विकिरण का नियम जूल ने दिया था।

ऊष्मीय विकिरण के अभिलाक्षणिक गुण

(Characteristics of Thermal Radiation)

(i) ये प्रकाश की चाल से सरल रेखा में गमन करते हैं।

(ii) ये प्रकाश की भाँति विद्युत चुम्बकीय तरंगें हैं, इन्हें अवरक्त तरंगें भी कहते हैं।

(iii) जो माध्यम ऊष्मा विकिरण को जाने देता है, उस पर इनका कोई प्रभाव नहीं पड़ता।

(iv) ये परावर्तन एवं अपवर्तन के नियमानुसार परावर्तित तथा अपवर्तित होते हैं।

अभ्यास प्रश्न

1. $0°C$ केल्विन पैमाने का मान होता है
(a) 272 (b) 273 (c) 274 (d) 275

2. सेल्सियस तथा फॉरेनहाइट पैमाने में सम्बन्ध है
(a) $C = \frac{9}{5}(F - 32)$ (b) $C = \frac{5}{9}(F - 32)$
(c) $C = \frac{9}{5}(F + 32)$ (d) $C = \frac{5}{9}(F + 32)$

3. न्यूनतम सम्भव ताप है
(a) 0°C (b) 0°F
(c) –273°C (d) –273°K

4. ऑक्सीजन –180°C पर उबलती है। यह ताप है
(a) –292° F (b) 329° F
(c) 361°F (d) 373°F

5. क्षेत्रीय प्रसार गुणांक का मात्रक है
(a) केल्विन/ग्राम
(b) $मी^2$ / °C
(c) किलोकेल्विन/किग्रा
(d) प्रति °C

6. यदि किसी धातु का क्षेत्रीय प्रसार गुणांक β है, तो उसका आयतन प्रसार गुणांक होगा
(a) $\frac{\beta}{2}$ (b) 3β
(c) $\frac{3\beta}{2}$ (d) $\frac{2\beta}{3}$

7. रेल की दो पटरियों के मध्य जोड़ पर कुछ स्थान छोड़ा जाता है क्योंकि
(a) ऐसे स्थान छोड़ने से कुछ लागत बचती है
(b) आवश्यक गुरुत्व बल उत्पन्न करने के लिए
(c) धातु गर्म करने पर फैलती है तथा ठण्डी करने पर संकुचित होती है
(d) उपरोक्त में से कोई नहीं

8. हिम मिश्रण का ताप केल्विन पैमाने पर 240 K है। इसका ताप सेल्सियस पैमाने पर होगा
(a) –33°C (b) 33°C
(c) 23°C (d) 13°C

9. दो वस्तुओं के ताप में 45°F का अन्तर है। सेल्सियस में यह अन्तर होगा
(a) 45°C (b) 25°C
(c) 7.2°C (d) शून्य

10. गर्म करने पर एक वस्तु के ताप में 40°C की वृद्धि होती है। फारेनहाइट पैमाने पर यह वृद्धि होगी
(a) 27°F (b) 30°F (c) 72°F (d) 76°F

11. वह ताप जिस पर केल्विन ताप का मान सेल्सियस ताप के मान का दोगुना होता है, है
(a) 273°C (b) 173°C
(c) 373°C (d) 73°C

12. एक अंशांकित बेलन में 0°C पर 200 मिली द्रव भरा है। ताप 50°C कर देने पर द्रव का तल 205 मिली के चिह्न तक बढ़ जाता है। द्रव का आभासी प्रसार गुणांक होगा
(a) 5×10^{-4} प्रति °C
(b) 2×10^{-4} प्रति °C
(c) 3×10^{-4} प्रति °C
(d) 4×10^{-4} प्रति °C

13. स्थिर दाब पर किसी गैस का ताप 0°C से 273°C कर देने पर उसका आयतन दोगुना हो जाता है। आयतन प्रसार गुणांक का मान होगा
(a) $\frac{1}{546}$ प्रति °C (b) $\frac{1}{273}$ प्रति °C
(c) 546 प्रति °C (d) शून्य

14. निम्न में से किस ताप पर सेल्सियस तथा फारेनहाइट तापमापियों का पाठयांक समान रहता है?
(a) 40° (b) –40° (c) 50° (d) –50°

15. यदि लोहे का रेखीय प्रसार गुणांक 1.9×10^{-5} प्रति °C हो, तो 0.70 मी लम्बी छड़ में 70°C ताप वृद्धि के होने पर छड़ की लम्बाई होगी
(a) 0.700931 मी (b) 0.700 मी
(c) 0.7093 मी (d) 0.731 मी

16. एक धात्वीय छड़ की लम्बाई 0°C पर 5 मी है तथा 100°C पर 5.01 मी हो जाती है। धातु का आयतन प्रसार गुणांक होगा
(a) 3×10^{-5} प्रति °C
(b) 3×10^{-6} प्रति °C
(c) 6×10^{-5} प्रति °C
(d) इनमें से कोई नहीं

17. पारे का काँच के आपेक्ष आभासी प्रसार गुणांक 0.00015 प्रति °C है। इसका वास्तविक प्रसार गुणांक 0.00018 प्रति °C है। काँच का रेखीय गुणांक होगा
(a) 1×10^{-5} प्रति °C
(b) 2×10^{-5} प्रति °C
(c) 1.5×10^{-5} प्रति °C
(d) इनमें से कोई नहीं

18. धातु के रेखीय प्रसार गुणांक, क्षेत्रीय प्रसार गुणांक तथा आयतन प्रसार गुणांक में अनुपात है
(a) 3 : 2 : 1 (b) 2 : 3 : 1
(c) 1 : 2 : 3 (d) 3 : 1 : 2

19. एक धातु के पदार्थ का रेखीय प्रसार गुणांक 1.25×10^{-5} प्रति °C है। उस धातु की 100 सेमी लम्बी छड़ का ताप 10° C बढ़ाने पर उसकी लम्बाई में वृद्धि होगी
(a) 1.25 सेमी (b) 0.125 सेमी
(c) 125 सेमी (d) 0.0125 सेमी

20. किसी वस्तु की ऊष्मा धारिता का उसकी विशिष्ट ऊष्मा से सम्बन्ध होता है
(a) ऊष्माधारिता = वस्तु का द्रव्यमान × विशिष्ट ऊष्मा
(b) ऊष्माधारिता = वस्तु का द्रव्यमान/ विशिष्ट ऊष्मा
(c) ऊष्माधारिता × विशिष्ट ऊष्मा = वस्तु का द्रव्यमान
(d) ऊष्माधारिता = विशिष्ट ऊष्मा/ वस्तु का द्रव्यमान

21. 1 ग्राम पानी को 0°F से 0°C तक गर्म करने के लिए ऊष्मा की आवश्यकता होगी
(a) 32.0 कैलोरी (b) शून्य
(c) 17.7 कैलोरी (d) 35.4 कैलोरी

22. एक ही धातु की बनी वस्तुओं की ऊष्मा धारिताओं का अनुपात 2 : 5 है। बर्तनों के द्रव्यमानों का अनुपात होगा
(a) 5 : 2 (b) 1 : 5
(c) 5 : 1 (d) 2 : 5

23. एक बर्तन में 40°C ताप पर 0.07 किग्रा जल भरा है। विकिरण द्वारा 2100 जूल ऊष्मा निकल जाने पर बर्तन एवं जल का ताप 35°C तक घट जाता है। बर्तन की ऊष्मा धारिता होगी
(a) 126 जूल/°C
(b) 120 जूल/°C
(c) 130 जूल/°C
(d) 135 जूल/°C

24. 50 ग्राम जल तुल्यांक वाले ऊष्मामापी में 40°C पर 150 ग्राम जल भरा है। विकिरण द्वारा 0.8 किलोकैलोरी ऊष्मा उससे निकल जाने पर जल का ताप होगा
(a) 5°C (b) 50°C
(c) 36°C (d) 100°F

25. यदि किसी वस्तु का द्रव्यमान 100 ग्राम तथा विशिष्ट ऊष्मा 0.11 कैलोरी/ग्राम °C हो, तो उसकी ऊष्मा धारिता होगी
(a) 110 कैलोरी/°C (b) 11 कैलोरी
(c) 11 कैलोरी/°C (d) इनमें से कोई नहीं

26. ताँबे के एक पिण्ड का द्रव्यमान 1 किग्रा है। इसका ताप 25°C से 125°C करने के लिए 40000 जूल ऊष्मा की आवश्यकता होती है, तो पिण्ड की विशिष्ट ऊष्मा (जूल/किग्रा °C में) होगी
(a) 200 (b) 500 (c) 600 (d) 400

27. एक कैलोरीमापी में 80 ग्राम जल भरा है। जल का ताप 200°C है। कैलोरीमापी में 100 °C का 40 ग्राम जल डालने से मिश्रण का ताप 30°C हो जाता है। कैलोरीमापी का जल तुल्यांक ज्ञात कीजिए।
(a) 400 ग्राम (b) 200 ग्राम
(c) 100 ग्राम (d) 300 ग्राम

28. 15 ग्राम ईंधन को जलाने पर जो ऊष्मा उत्पन्न होती है, वह 6 किग्रा जल का ताप 15°C से 45°C तक बढ़ा देती है। इस ईंधन का ऊष्मीय मान, यदि जल की विशिष्ट ऊष्मा 4.2 जूल/ग्राम°C है, होगा
(a) 25.2 किलोजूल/ग्राम
(b) 12.26 किलोजूल/ग्राम
(c) 15 किलोजूल/ग्राम
(d) 50.4 किलोजूल/ग्राम

29. एक ऊष्मामापी में 75 ग्राम जल भरा है। जल का ताप 15°C है। ऊष्मामापी में 100°C का 50 ग्राम जल डालने से मिश्रण का ताप 25°C हो जाता है। ऊष्मामापी का जल तुल्यांक है
(a) 3000 ग्राम
(b) 200 ग्राम
(c) 300 ग्राम
(d) 500 ग्राम

30. 600 ग्राम जल को 30 °C से 80 °C तक गर्म करने के लिए आवश्यक ऊष्मा की गणना कीजिए। (जल की विशिष्ट ऊष्मा =1 कैलोरी/ग्राम °C)
(a) 3000 कैलोरी (b) 30000 कैलोरी
(c) 4000 कैलोरी (d) शून्य

31. 0°C पर 5 ग्राम बर्फ, 20 ग्राम पानी में जोकि 45°C पर है, डाली जाती है। पानी का परिणामी तापमान होगा
(a) 22.5°C (b) 11.25°C
(c) 45°C (d) 20°C

32. ताँबे की विशिष्ट ऊष्मा 0.1 कैलोरी/ग्राम है। इसका मान जूल/किग्रा सेण्टीग्रेड में है
(a) 0.84×10^3 (b) 0.42×10^3
(c) 0.24×10^3 (d) 4.2×10^3

33. 100 ग्राम जल −10° C तक अतिशीतित किया जाता है। जिससे यह कुछ विक्षेपण के साथ यकायक बर्फ में बदल जाता है, तब यह कितना द्रव्यमान बर्फ में बदलता है? जबकि विशिष्ट ऊष्मा = 1 कैलोरी/ग्राम° C तथा गलन की गुप्त ऊष्मा = 80 कैलोरी/ग्राम
(a) 13.5 ग्राम (b) 36.7 ग्राम
(c) 12.5 ग्राम (d) 54.4 ग्राम

34. चालकों में ऊष्मा का संचरण होता है
(a) चालन द्वारा
(b) संवहन द्वारा
(c) विकिरण द्वारा
(d) उपरोक्त में से कोई नहीं

35. काँच के एक टुकड़े को उच्च ताप तक गर्म करके ठण्डा होने के लिए रखा गया है, यदि वह चटक जाता है, तो इसका मुख्यत: सम्भव कारण होगा
(a) ऊष्मा चालकता कम होना
(b) ऊष्मा चालकता अधिक होना
(c) काँच की विशिष्ट ऊष्मा अधिक होना
(d) काँच का गलनांक अधिक होना

36. निम्नलिखित में कौन-सा युग्म ऊष्मा चालकता के बढ़ते क्रम में सही है?
(a) Cu, Al, Ag (b) Al, Ag, Cu
(c) Al, Cu, Ag (d) Ag, Cu, Al

37. धातुओं की ऊष्मा चालकता बहुत अधिक होती है, क्योंकि
(a) धातुओं में परमाणु बहुत समीप होते हैं
(b) धातुओं में परमाणु अत्यधिक संख्या में होते हैं
(c) धातुओं में परमाणु तेजी से चलते हैं
(d) धातुओं में बड़ी संख्या में मुक्त इलेक्ट्रॉन होते हैं

38. चाय बनाने में ऊष्मा का संचरण किस प्रकार होता है?
(a) विकिरण द्वारा (b) चालन द्वारा
(c) संवहन द्वारा (d) सभी में

39. ऊष्मा सबसे तेजी से संचरित होती है
(a) संवहन द्वारा (b) विकिरण द्वारा
(c) चालन द्वारा (d) सभी में समान

40. सूर्य के प्रकाश की ऊर्जा पृथ्वी तक पहुँचती है
(a) चालन द्वारा
(b) संवहन द्वारा
(c) विकिरण द्वारा
(d) चालन एवं संवहन द्वारा

41. विकिरण द्वारा ऊष्मा के स्थानान्तरण की चाल होती है
(a) 3×10^8 मी/से (b) 3×10^8 किमी/से
(c) 320 किमी/घण्टा (d) 320 मी/से

42. ऊष्मीय विकिरणों का अपवर्तन तथा परावर्तन
(a) प्रकाश के नियमों का पालन नहीं करता
(b) नहीं होता
(c) परिस्थितियों के अनुसार कभी होता है, कभी नहीं होता
(d) प्रकाश के नियमों के अनुसार होता है

उत्तरमाला

1. (b)	2. (b)	3. (c)	4. (a)	5. (d)	6. (c)	7. (c)	8. (a)	9. (b)	10. (c)
11. (a)	12. (a)	13. (b)	14. (b)	15. (a)	16. (c)	17. (a)	18. (c)	19. (d)	20. (a)
21. (c)	22. (d)	23. (a)	24. (c)	25. (c)	26. (d)	27. (b)	28. (d)	29. (c)	30. (b)
31. (d)	32. (b)	33. (c)	34. (a)	35. (a)	36. (c)	37. (d)	38. (c)	39. (b)	40. (c)
41. (a)	42. (d)								

अध्याय

08

प्रकाशिकी

(Optics)

प्रकाश (Light)

प्रकाश ऊर्जा का एक रूप है, जो हमें देखने में सहायता करता है। जब किसी वस्तु पर प्रकाश डाला जाता है या टकराता है, तो यह प्रकाश परावर्तित होकर हमारी आँखों तक पहुँचता है जिससे वस्तु दिखाई देती है। हम प्रकश को रूपान्तरित माध्यम में ही देख सकते हैं। निर्वात् में प्रकाश की चाल 3×10^8 मी/से होती है।

प्रकाश का परावर्तन (Reflection of Light)

जब प्रकाश की एक किरण, पॉलिश की गई सतह, जैसे–दर्पण पर पड़ती है, तो यह सतह से टकराकर समान माध्यम से पुन: लौट जाती है, यह परिघटना प्रकाश का परावर्तन कहलाती है।

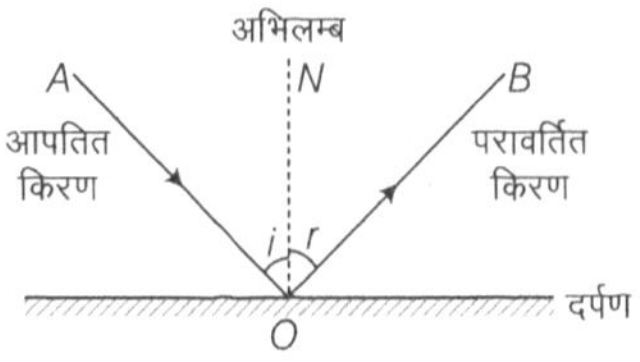

परावर्तन के नियम (Laws of reflection) परावर्तन के दो नियम हैं

(i) आपतन कोण का मान सदैव परावर्तन कोण के मान के बराबर होता है।

(ii) आपतित किरण, अभिलम्ब व परावर्तित किरण तीनों एक ही तल में स्थित होते हैं।

दर्पण (Mirror)

एक चमकदार पृष्ठ, जो स्वयं पर आपतित प्रकाश के अधिकांश भाग को परावर्तित कर देता है, दर्पण कहलाता है। दर्पण मुख्य रूप से दो प्रकार के होते हैं

(i) **समतल दर्पण** (Plane mirror) वे दर्पण जिसका परावर्तक पृष्ठ समतल होता है उसे समतल दर्पण कहते हैं।

(ii) **गोलीय दर्पण** (Spherical mirror) ये दर्पण काँच के खोखले गोले के कटे भाग होते हैं इनके एक पृष्ठ पर पारा या लाल ऑक्साइड लेपित होता है तथा दूसरा पृष्ठ परावर्तक होता है। यह उत्तल व अवतल प्रकार के होते हैं।

प्रतिबिम्ब (Image)

वस्तु के किसी बिन्दु से चलने वाली प्रकाश किरणें परावर्तन या अपवर्तन के पश्चात् जिस बिन्दु पर मिलती हैं या मिलती हुई प्रतीत होती हैं उस बिन्दु को प्रथम बिन्दु का प्रतिबिम्ब कहते हैं।

जब किसी वस्तु को दर्पण के सामने रखा जाता है, तो दर्पण में उसकी आकृति बन जाती है, दर्पण में बनी आकृति को ही वस्तु का प्रतिबिम्ब कहते हैं।

प्रतिबिम्ब निम्नलिखित दो प्रकार के होते हैं

(i) **वास्तविक प्रतिबिम्ब** (Real image) जब किसी बिन्दु वस्तु से चलने वाली प्रकाश किरणें परावर्तन के पश्चात् किसी दूसरे बिन्दु पर वास्तव में मिलती हैं, तो इस दूसरे बिन्दु पर बने प्रतिबिम्ब को उस बिन्दु वस्तु का वास्तविक प्रतिबिम्ब कहते हैं। इस प्रकार के प्रतिबिम्ब को पर्दे पर प्राप्त किया जा सकता है।

(ii) **आभासी प्रतिबिम्ब** (Virtual image) जब किसी बिन्दु वस्तु से चलने वाली प्रकाश किरणें परावर्तन के पश्चात् किसी दूसरे बिन्दु पर वास्तव में नहीं मिलती हैं परन्तु दूसरे बिन्दु से आती हुई प्रतीत होती हैं, तो इस बिन्दु पर बने प्रतिबिम्ब को उस बिन्दु वस्तु का आभासी प्रतिबिम्ब कहते हैं।

इस प्रकार के प्रतिबिम्ब को पर्दे पर प्राप्त नहीं किया जा सकता लेकिन इसका फोटो लिया जा सकता है।

समतल दर्पण से परावर्तन
(Reflection From Plane Mirror)

1. समतल दर्पण पर बिन्दु वस्तु का प्रतिबिम्ब बनना

एक बिन्दु वस्तु का समतल दर्पण द्वारा प्राप्त प्रतिबिम्ब चित्र में प्रदर्शित है। प्राप्त प्रतिबिम्ब (I) के निम्नलिखित अभिलाक्षणिक हैं

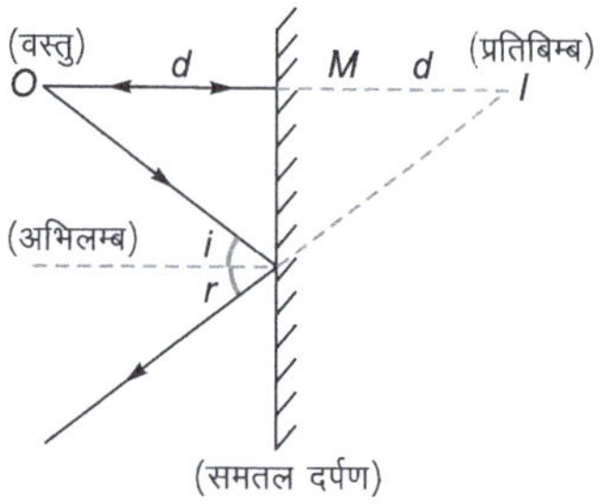

(i) प्रतिबिम्ब का आकार = वस्तु का आकार

(ii) प्रतिबिम्ब की दर्पण से दूरी = वस्तु की दर्पण से दूरी अर्थात् $MO = MI$

(iii) प्रतिबिम्ब आभासी, सीधा तथा पार्श्विक रूप से व्युत्क्रमित बनता है।

2. समतल दर्पण पर विस्तारित वस्तु का प्रतिबिम्ब बनना

मान लीजिए कि एक वस्तु OO' दर्पण के सामने रखी है। परावर्तन के नियम के अनुसार दर्पण पर पड़ने वाली आपतित किरणें व परावर्तित किरणें कुछ इस प्रकार होंगी

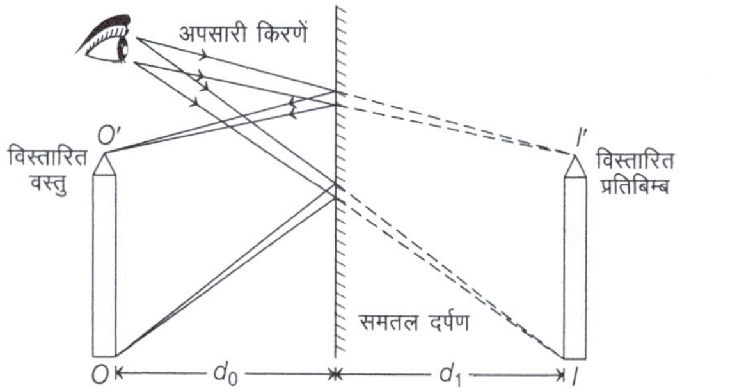

समतल दर्पण से सम्बन्धित महत्त्वपूर्ण तथ्य इस प्रकार है

- यदि वस्तु को दर्पण की ओर या दर्पण से दूर a दूरी तक विस्थापित किया जाता है, तो प्रतिबिम्ब a दूरी तक विस्थापित हो जाता है।
- यदि दर्पण, वस्तु से दूर या वस्तु की ओर a दूरी तक विस्थापित होता है, तो प्रतिबिम्ब $2a$ दूरी तक विस्थापित होता है।
- यदि दो दर्पण θ कोण पर झुके हों, तो उनके बीच रखी वस्तु के प्रतिबिम्बों की संख्या $n = \frac{360°}{\theta} - 1$ होती है।
- किसी व्यक्ति को अपना पूरा प्रतिबिम्ब देखने के लिए दर्पण की ऊँचाई, व्यक्ति की ऊँचाई की आधी होनी चाहिए। समतल दर्पण की फोकस दूरी तथा वक्रता त्रिज्या दोनों अनन्त होती हैं जबकि क्षमता शून्य होती है।
- जब प्रकाश समतल दर्पण पर लम्बवत् आपतित होता है, तो आपतित और परावर्तित किरणों के बीच कोण शून्य होता है।
- जब समतल दर्पण आपतन बिन्दु पर θ कोण से घूमता है, तब परावर्तन किरणें 2θ कोण से घूम जाती हैं।

नोट एल्बिडो शब्द द्वारा, किसी पृष्ठ द्वारा परावर्तित लघु तरंग और विकिरण के अनुपात का बोध कराया जाता है।

गोलीय दर्पण (Spherical Mirror)

वे दर्पण हैं जिनकी परावर्तक सतह गोलीय होती हैं। गोलीय दर्पण दो प्रकार के होते हैं

(i) **उत्तल दर्पण** (Convex mirror) ऐसे दर्पण जिनमें परावर्तन उभरी हुई सतह से होता है, उत्तल दर्पण कहलाते हैं।

(ii) **अवतल दर्पण** (Concave mirror) ऐसे दर्पण जिनमें परावर्तन दबी हुई सतह से होता है, अवतल दर्पण कहलाते हैं।

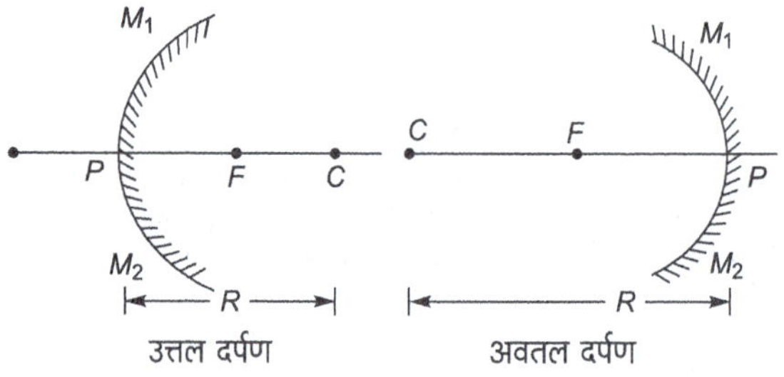

गोलीय दर्पणों से सम्बन्धित कुछ परिभाषाएँ
(Some Definitions Related to Spherical Mirrors)

(i) **वक्रता केन्द्र व वक्रता त्रिज्या** (Centre of curvature or radius of curvature) किसी गोलीय दर्पण की वक्रता त्रिज्या व वक्रता केन्द्र उस गोले की त्रिज्या व केन्द्र है जिसका दर्पण एक भाग है।

(ii) **ध्रुव** (Pole) दर्पण की परावर्तक सतह के मध्य-बिन्दु को दर्पण का ध्रुव कहते हैं। इसे P से प्रदर्शित करते हैं।

(iii) **मुख्य अक्ष** (Principal axis) दर्पण की मुख्य अक्ष के समान्तर आने वाली प्रकाश की किरणें दर्पण से परावर्तन के पश्चात् जिस बिन्दु पर मिलती हैं या मिलती हुई प्रतीत होती हैं, वह बिन्दु दर्पण का मुख्य फोकस (अक्ष) कहलाता है।
- अवतल दर्पण का फोकस दर्पण के सामने, उत्तल दर्पण का फोकस दर्पण के पीछे होता है।
- अवतल दर्पण का फोकस वास्तविक होता है व उत्तल दर्पण का फोकस आभासी होता है।

(iv) **फोकस दूरी** (Focal length) दर्पण के ध्रुव से फोकस तक की दूरी को दर्पण की फोकस दूरी कहते हैं, इसे f से प्रदर्शित करते हैं। उत्तल दर्पण की फोकस दूरी धनात्मक व अवतल दर्पण की फोकस दूरी ऋणात्मक होती है। यदि किसी गोलीय दर्पण की वक्रता त्रिज्या R व फोकस दूरी f हो, तो $f = R/2$

दर्पणों के लिए चिन्ह परिपाटी
(Sign Convention for Mirrors)

चिन्ह परिपाटी के अनुसार,

- मूलबिन्दु ध्रुव (P) पर होना चाहिए।
- सभी दूरियाँ ध्रुव (P) से मापी जानी चाहिए।
- वस्तु, दर्पण के सदैव बाईं ओर होनी चाहिए।
- दर्पण के ध्रुव से बाईं ओर मापी गई दूरियाँ ऋणात्मक एवं ध्रुव से दाईं ओर मापी गई दूरियाँ धनात्मक ली जाती हैं।
- दर्पण की मुख्य अक्ष से ऊपर की ओर मापी गई लम्बाईयाँ धनात्मक एवं मुख्य अक्ष से नीचे की ओर मापी गई लम्बाईयाँ ऋणात्मक ली जाती हैं।
- निम्नलिखित आरेख में चिन्ह परिपाटी का अनुप्रयोग प्रदर्शित है।

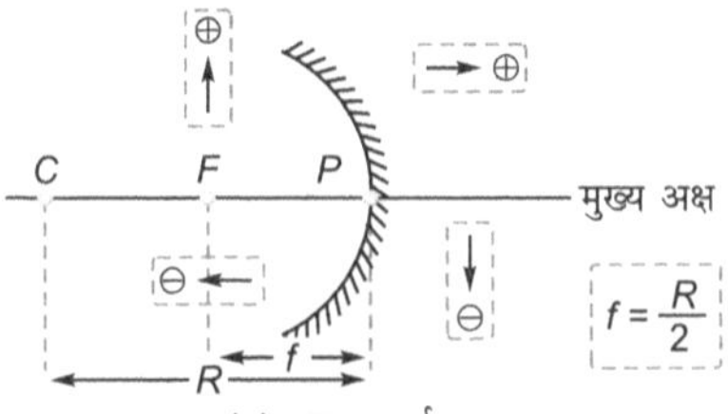

(a) अवतल दर्पण

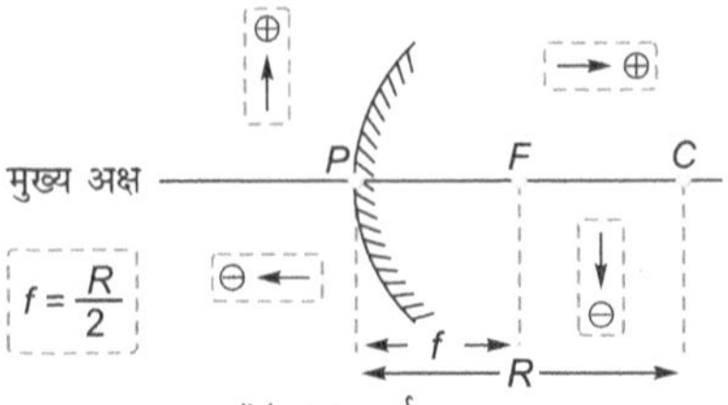

(b) उत्तल दर्पण

गोलीय दर्पणों से प्रतिबिम्ब बनाने के नियम

(Law's of Image Formation by Spherical Mirror's)

प्रतिबिम्ब बनाने के निम्नलिखित तीन नियम हैं

(i) दर्पण के मुख्य अक्ष के समान्तर आने वाली प्रकाश की किरणें दर्पण से परावर्तन के पश्चात् फोकस से गुजरती हैं अथवा आती हुई प्रतीत होती हैं।

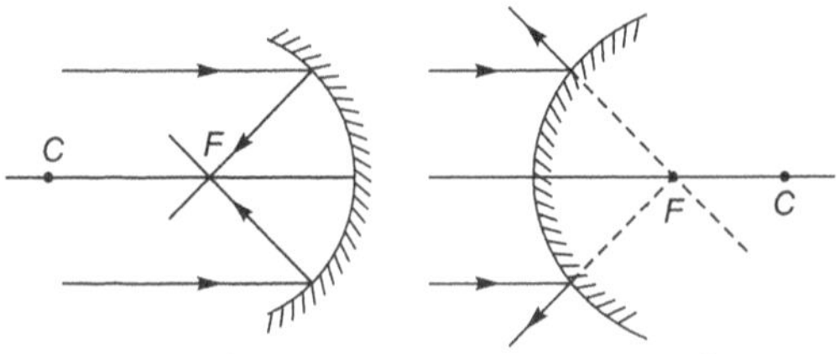

अवतल दर्पण उत्तल दर्पण

(ii) दर्पण के वक्रता केन्द्र से होकर आने वाली किरण, परावर्तन के पश्चात् उसी मार्ग पर वापस लौट जाती है अर्थात् वस्तु का प्रतिबिम्ब वक्रता केन्द्र पर ही बनता है।

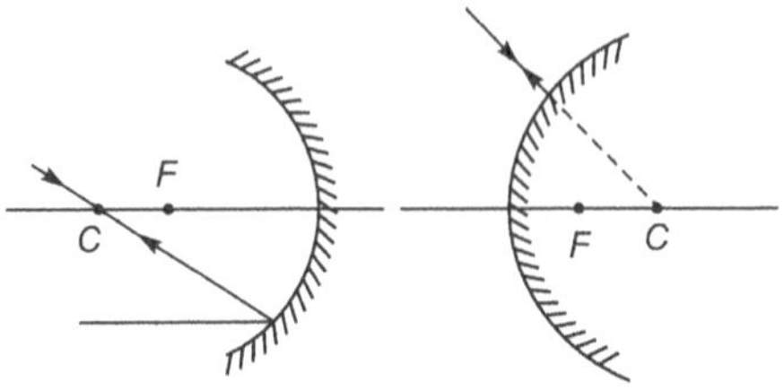

अवतल दर्पण उत्तल दर्पण

(iii) दर्पण के फोकस से होकर आने वाली किरण परावर्तन के पश्चात् दर्पण के मुख्य अक्ष के समान्तर हो जाती है।

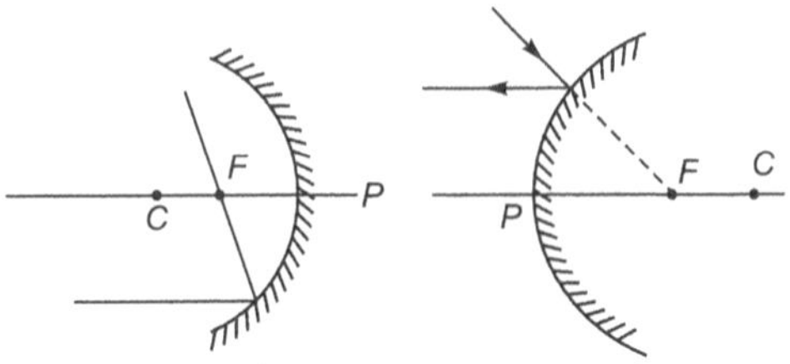

अवतल दर्पण उत्तल दर्पण

गोलीय दर्पण के लिए सूत्र तथा आवर्धन

(Formula and Magnification for Spherical Mirror)

दर्पण का सूत्र (Mirror formula) यदि गोलीय दर्पण के ध्रुव से किसी वस्तु की दूरी u है, इसके प्रतिबिम्ब की ध्रुव से दूरी v तथा दर्पण की फोकस दूरी f है, तो

$$\frac{1}{f} = \frac{1}{u} + \frac{1}{v}$$

रेखीय आवर्धन (Linear magnification) किसी दर्पण के द्वारा बने प्रतिबिम्ब की ऊँचाई व वस्तु की ऊँचाई के अनुपात को दर्पण का रेखीय आवर्धन कहते हैं।

$$\text{रेखीय आवर्धन } (m) = \frac{\text{प्रतिबिम्ब की ऊँचाई } (I)}{\text{वस्तु की ऊँचाई } (O)} \quad \text{या } m = \frac{v}{u}$$

गोलीय दर्पणों द्वारा भिन्न-भिन्न स्थितियों में प्रतिबिम्ब का बनना

दर्पण के प्रकार	वस्तु की स्थिति	प्रतिबिम्ब की स्थिति	प्रतिबिम्ब की प्रकृति एवं आकार	किरण आरेख
अवतल दर्पण	अनन्त पर	फोकस तल में	वास्तविक, उल्टा तथा वस्तु से छोटा	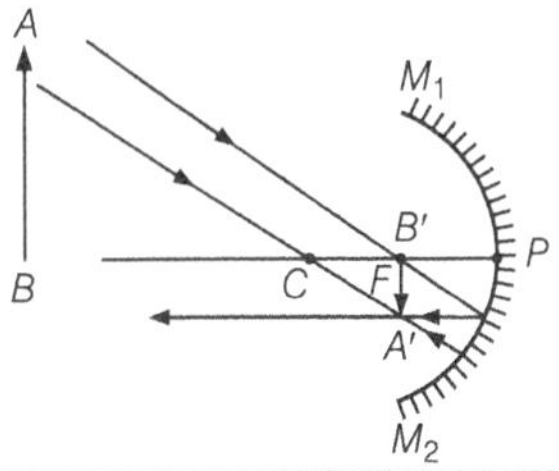
	अनन्त तथा वक्रता केन्द्र के बीच	फोकस तथा वक्रता केन्द्र के बीच	वास्तविक, उल्टा तथा वस्तु से छोटा	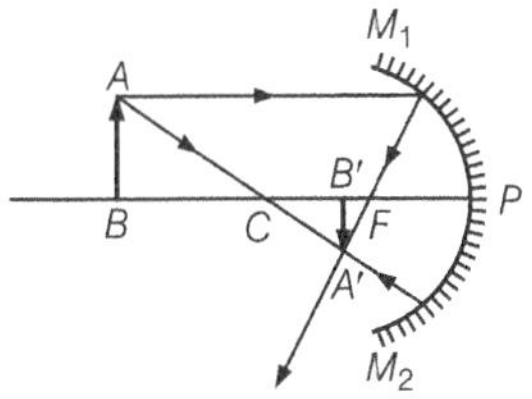

दर्पण के प्रकार	वस्तु की स्थिति	प्रतिबिम्ब की स्थिति	प्रतिबिम्ब की प्रकृति एवं आकार	किरण आरेख
	वक्रता केन्द्र पर	वक्रता केन्द्र पर	वास्तविक, उल्टा तथा वस्तु के बराबर	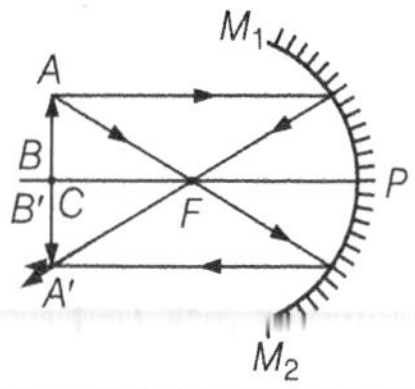
	वक्रता केन्द्र तथा मुख्य फोकस के बीच	वक्रता केन्द्र तथा अनन्त के बीच	वास्तविक, उल्टा तथा वस्तु से बड़ा	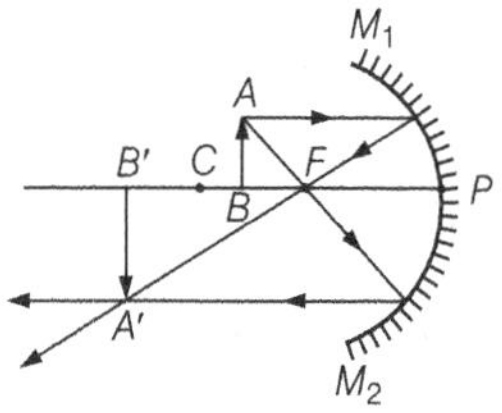
	फोकस पर	अनन्त पर	वास्तविक, उल्टा तथा वस्तु से बहुत बड़ा	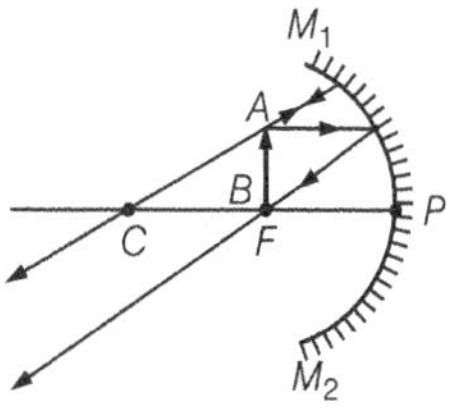
	मुख्य फोकस तथा ध्रुव के बीच	दर्पण के पीछे अनन्त तथा ध्रुव के बीच	आभासी, सीधा तथा वस्तु से बड़ा	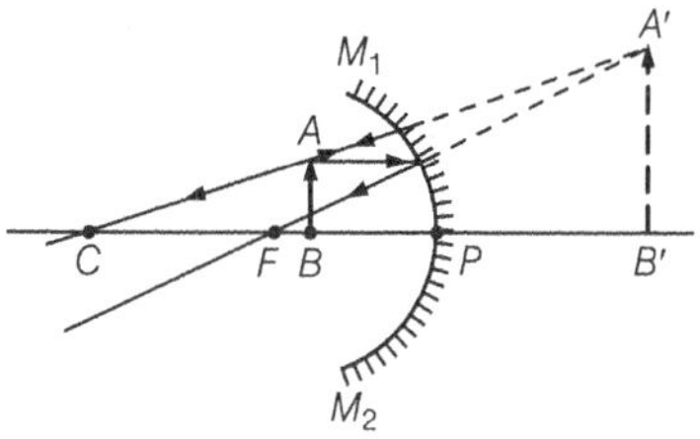
उत्तल दर्पण	अनन्त पर	दर्पण के पीछे तथा मुख्य फोकस पर	आभासी, सीधा तथा वस्तु से अत्यन्त छोटा	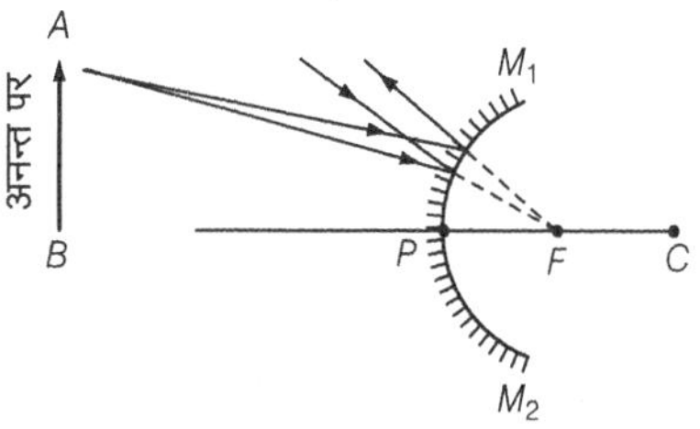
	अनन्त व ध्रुव के बीच	मुख्य फोकस तथा ध्रुव के बीच	आभासी, सीधा तथा वस्तु से छोटा	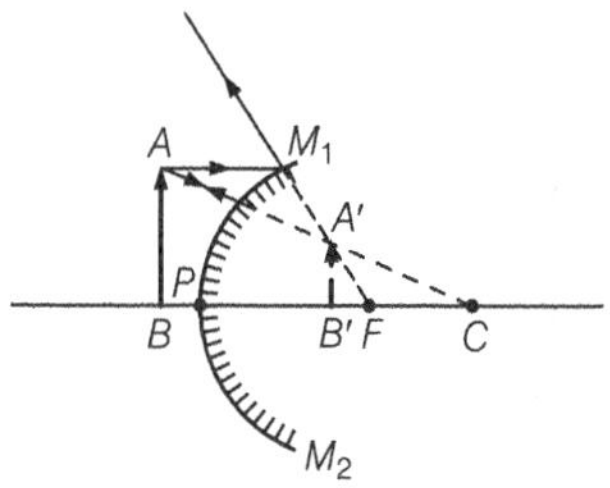

दर्पणों के उपयोग (Uses of Mirrors)

अवतल दर्पणों तथा उत्तल दर्पणों के उपयोग निम्न प्रकार हैं

अवतल दर्पण के उपयोग (Uses of Concave Mirror)

(i) बड़ी फोकस दूरी तथा बड़े द्वारक के अवतल दर्पण का उपयोग दाढ़ी (Shaving) बनाने में किया जाता है।

(ii) छोटे अवतल दर्पण द्वारा प्रकाश की किरणें परावर्तित करके डॉक्टर आँख, दाँत, नाक, गले, आदि का निरीक्षण करते हैं।

(iii) सौर भट्टियों में सूर्य के प्रकाश को केन्द्रित करने के लिए बड़े अवतल दर्पणों का उपयोग किया जाता है।

(iv) अवतल दर्पण का उपयोग टेबिल लैम्पों के शेडों में किया जाता है जिससे थोड़े स्थान को अधिक प्रकाशित किया जा सकता है।

(v) मोटरकारों, रेल के इंजनों, स्टीमरों तथा सर्चलाइट के लैम्पों में परावर्तक के रूप में अवतल दर्पण का उपयोग किया जाता है जिससे दूर की वस्तुओं को प्रकाशित किया जा सकता है।

उत्तल दर्पण के उपयोग (Uses of Convex Mirror)

(i) उत्तल दर्पण का उपयोग स्कूटर, मोटरकारों, आदि वाहनों में साइड दर्पण के रूप में किया जाता है जिससे पीछे की ओर के काफी बड़े क्षेत्र का स्पष्ट व सीधा प्रतिबिम्ब दिखाई पड़ता है।

(ii) उत्तल दर्पण का उपयोग गली तथा बाजारों में लगे हुए लैम्पों में परावर्तक पृष्ठ के रूप में किया जाता है जिससे लैम्प का प्रकाश अपसारी किरण पुँज के रूप में गली तथा सड़क के काफी क्षेत्र तक फैल जाता है।

महत्त्वपूर्ण तथ्य

- अवतल दर्पण को जल में डुबाने पर उसकी फोकस दूरी बढ़ जाती है।
- किसी बिन्दुवत् वस्तु का प्रतिबिम्ब, सदैव समतल दर्पण द्वारा ही प्राप्त किया जा सकता है।
- जब कभी प्रतिबिम्ब वास्तविक होता है, तो यह उल्टा होगा व यदि प्रतिबिम्ब आभासी है, तो यह सीधा होगा।
- सभी वस्तुएँ, अपने पृष्ठ से प्रकाश के परावर्तन के कारण ही दिखाई देती है।

प्रकाश का अपवर्तन (Refraction of Light)

जब प्रकाश की किरण एक माध्यम से दूसरे माध्यम में जाती है, तो दोनों माध्यमों को अलग करने वाले तल पर प्रकाश की किरण अपने मार्ग से विचलित हो जाती है। इस घटना को प्रकाश का अपवर्तन कहते हैं।

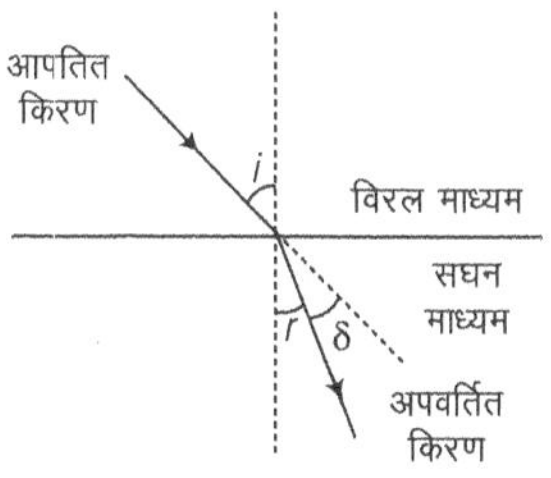

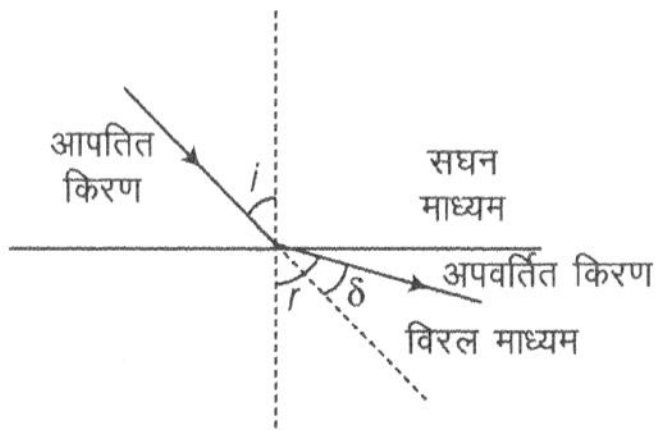

जब प्रकाश की किरण विरल माध्यम से सघन माध्यम में जाती है, तो यह अभिलम्ब की ओर झुक जाती है।

- जब प्रकाश की किरण सघन माध्यम से विरल माध्यम में जाती है, तो यह अभिलम्ब से दूर हट जाती है।
- यदि प्रकाश की किरण दोनों माध्यमों को अलग करने वाले तल पर लम्बवत् आपतित होती है, तो यह अपने मार्ग से विचलित नहीं होती।
- जब प्रकाश किरण एक माध्यम से दूसरे माध्यम में जाती है, तो उसकी आवृति समान रहती है।

अपवर्तन के नियम (Laws of Refraction)

प्रकाश के अपवर्तन के निम्नलिखित दो नियम हैं

1. **प्रथम नियम** (First Law)

अपवर्तन के प्रथम नियम के अनुसार, आपतित किरण, अपवर्तित किरण तथा आपतन बिन्दु पर अभिलम्ब तीनों एक ही तल में होते हैं।

2. **द्वितीय नियम** (Second Law)

अपवर्तन के द्वितीय नियम के अनुसार, किन्हीं दो माध्यमों के लिए आपतन कोण (i) की ज्या (sine) तथा अपवर्तन कोण (r) की ज्या (sine) का अनुपात नियतांक होता है अर्थात्

$$\frac{\sin i}{\sin r} = \text{नियतांक}$$

इस नियम को **स्नैल का नियम** (Snell's law) भी कहते हैं। इस नियतांक को प्रथम माध्यम के सापेक्ष द्वितीय **माध्यम का अपवर्तनांक** (Refractive index) कहते हैं। इसे n (या μ) द्वारा प्रदर्शित करते हैं तथा इसके दोनों ओर प्रथम व द्वितीय माध्यम का संकेत लिखा जाता है।

उदाहरण यदि प्रकाश की किरणें माध्यम 1 से माध्यम 2 में प्रवेश करती हैं, तो अपवर्तनांक को ${}_1n_2$ लिखा जाता है तथा ${}_1n_2$ को माध्यम 2 का माध्यम 1 के लिए **सापेक्ष अपवर्तनांक** (Relative refractive index) कहते हैं।

यदि प्रथम माध्यम **निर्वात** या **वायु** है, तब द्वितीय माध्यम का अपवर्तनांक निर्वात के सापेक्ष माना जाता है। यह माध्यम का **निरपेक्ष अपवर्तनांक** (Absolute refractive index) कहलाता है।

वायु का अपवर्तनांक सबसे कम तथा हीरे का अपवर्तनांक सबसे अधिक होता है।

नोट
- **जब प्रकाश किरण दो माध्यमों को पृथक करने वाले तल पर लम्बवत् आपतित होती है,** तो प्रकाश किरण पृथक्कारी तल पर बिना विचलित हुए सीधी निकल जाती है अर्थात् अपवर्तन की घटना घटित नहीं होती। इस स्थिति में आपतन कोण i व अपवर्तन कोण r का मान $0°$ होता है।
- **जब दोनों माध्यमों के अपवर्तनांक समान हों,** तो अपवर्तित किरण बिना विचलित हुए सीधी निकल जाती है अर्थात् अपवर्तन की घटना घटित नहीं होती।

अपवर्तनांक का प्रकाश की चाल से सम्बन्ध (Relation between Refractive Index and Speed of Light)

किसी माध्यम का अपवर्तनांक, निर्वात् अथवा वायु में प्रकाश की चाल व उस माध्यम में प्रकाश की चाल के अनुपात के बराबर होता है।

$$\text{माध्यम का अपवर्तनांक } (n) = \frac{\text{निर्वात् अथवा वायु में प्रकाश की चाल } (c)}{\text{माध्यम में प्रकाश की चाल } (v)}$$

$$\Rightarrow \quad n = \frac{c}{v}$$

अतः किन्हीं दो माध्यमों के लिए, प्रथम माध्यम के सापेक्ष द्वितीय माध्यम का अपवर्तनांक उन माध्यमों में प्रकाश की चालों के अनुपात के बराबर होता है।

उदाहरण— वायु के सापेक्ष काँच का अपवर्तनांक,

$$ {}_an_g = \frac{\text{वायु में प्रकाश की चाल } (c)}{\text{काँच में प्रकाश की चाल} (v_g)} = \frac{c}{v_g} \quad \ldots(i)$$

इसी प्रकार, वायु के सापेक्ष जल का अपवर्तनांक

$$ {}_an_w = \frac{\text{वायु में प्रकाश की चाल } (c)}{\text{जल में प्रकाश की चाल } (v_w)} = \frac{c}{v_w} \quad \ldots(ii)$$

समी (ii) को समी (i) से भाग देने पर,

$$\frac{{}_an_w}{{}_an_g} = \frac{v_g}{v_w} = {}_gn_w$$

अर्थात् दो माध्यमों का वायु के सापेक्ष अपवर्तनांकों का अनुपात, उन दोनों माध्यमों में प्रकाश की चालों के अनुपात के व्युत्क्रम के बराबर होता है।

नोट एक माध्यम के सापेक्ष दूसरे माध्यम का अपवर्तनांक प्रकाश के रंग पर निर्भर करता है तथा इसका मान बैंगनी रंग के लिए सबसे अधिक व लाल रंग के लिए सबसे कम होता है।

प्रकाश किरणों की उत्क्रमणीयता

(Reversibility of Light Rays)

माना वायु में संचरित कोई प्रकाश किरण OM एक काँच के गुटके ($RSTU$) पर गिरती है। यह किरण पृष्ठ RS द्वारा अपवर्तित होकर काँच में MB दिशा में चली जाती है। यदि आपतन कोण i तथा अपवर्तन कोण r हो, तो वायु के सापेक्ष काँच का अपवर्तनांक ${}_an_g = \frac{\sin i}{\sin r}$ ...(i)

इसके विपरीत, यदि काँच में प्रकाश किरण BM दिशा में चले, तो वह पृष्ठ RS द्वारा अपवर्तित होकर वायु में MO दिशा में जाएगी। इस स्थिति में काँच में आपतन कोण r तथा वायु में अपवर्तन कोण i होगा।

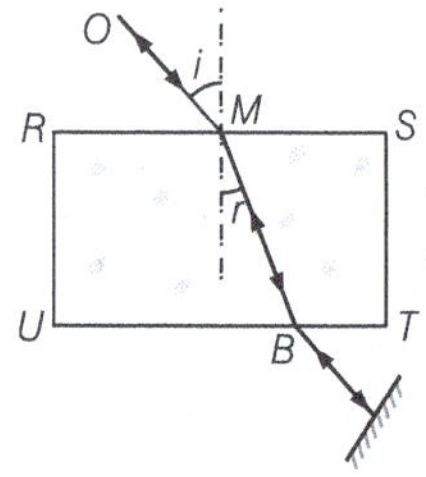

अतः काँच के सापेक्ष वायु का अपवर्तनांक,

$$ {}_gn_a = \frac{\sin r}{\sin i} \quad \ldots(ii)$$

समी (i) व समी (ii) की तुलना करने पर,

$$ {}_an_g \times {}_gn_a = 1$$

$$ {}_an_g = \frac{1}{{}_gn_a}$$

अर्थात् हम कह सकते हैं कि वायु के सापेक्ष काँच का अपवर्तनांक, काँच के सापेक्ष वायु के अपवर्तनांक का व्युत्क्रम होता है।

नोट यदि वायु, जल तथा काँच को तीन समान्तर माध्यमों के रूप में समायोजित किया जाए, तब ${}_an_w \times {}_wn_g \times {}_gn_a = 1$

अथवा $${}_wn_g = \frac{1}{{}_an_w \times {}_gn_a} = \frac{{}_an_g}{{}_an_w} \quad \left[\because {}_an_g = \frac{1}{{}_gn_a}\right]$$

वास्तविक तथा आभासी गहराई

(Real and Apparent Depth)

जल से भरे एक पात्र में एक बिन्दुवत् वस्तु O, h_2 गहराई पर स्थित है तथा प्रकाश के अपवर्तन के कारण वायु से देखने पर उसकी आभासी गहराई h_1 प्रतीत होती है। आभासी गहराई (h_1), वास्तविक गहराई (h_2) को माध्यम (जल) के अपवर्तनांक से विभाजित करने पर प्राप्त होती है

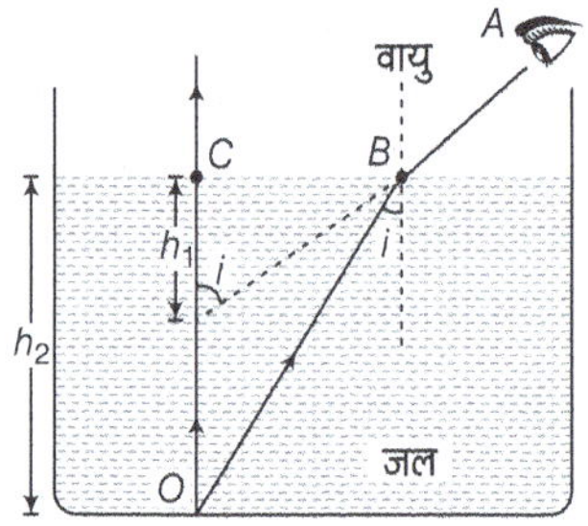

$$\text{अतः आभासी गहराई} = \frac{\text{वास्तविक गहराई}}{\text{माध्यम का अपवर्तनांक}} \Rightarrow h_1 = \frac{h_2}{n} \quad \ldots(i)$$

जहाँ, n माध्यम का अपवर्तनांक है तथा अपवर्तनांक $n = \frac{h_2}{h_1}$

बिन्दुवत् वस्तु O की स्थिति में विस्थापन $(x) = h_2 - h_1$

समी (i) से मान रखने पर, $x = h_2 - \frac{h_2}{n} \Rightarrow x = h_2\left(1 - \frac{1}{n}\right)$

प्रकाश के अपवर्तन के कुछ व्यावहारिक उदाहरण

(Some Practical Examples of Refraction of Light)

(i) अपवर्तन के कारण ही किसी गिलास अथवा बीकर में डूबी हुई छड़ अथवा पेन्सिल टूटी हुई (मुड़ी हुई) प्रतीत होती है।

(ii) रात्रि में ताप परिवर्तन के कारण वायुमण्डल की विभिन्न परतों का घनत्व बदलता है जिसके कारण वायु का अपवर्तनांक बदलता रहता है। इसी कारण तारें टिमटिमाते हुए प्रतीत होते हैं क्योंकि उनसे आने वाले प्रकाश का लगातार अपवर्तन होता रहता है। चन्द्रमा तारों की अपेक्षा आँख पर बड़ा कोण बनाता है। अतः यह टिमटिमाता हुआ प्रतीत नहीं होता।

(iii) धरातल से ऊपर की ओर जाने पर वायु का अपवर्तनांक कम होता जाता है तथा प्रकाश का बार-बार अपवर्तन होता रहता है जिसके फलस्वरूप सूर्योदय व सूर्यास्त के समय, सूर्य क्षितिज से नीचे होने पर भी दिखाई देता है।

(iv) धरातल के समीप की वायु का अपवर्तनांक अधिक होता है तथा जैसे-जैसे ऊपर जाते हैं यह घटता जाता है। इसी कारण सूर्य, तारे तथा आकाश में ऊँचाई पर उड़ता हुआ वायुयान अपनी वास्तविक स्थिति से ऊँचा दिखाई देता है।

(v) जल की सतह पर प्रकाश के अपवर्तन के कारण ही तालाब की गहराई, उसकी वास्तविक गहराई से कम दिखाई पड़ती है।

क्रान्तिक कोण (Critical Angle)

जब प्रकाश की किरण सघन माध्यम से विरल माध्यम में जाती है, तो आपतन कोण का मान बढ़ाने पर अपवर्तन कोण का मान भी बढ़ता है। आपतन कोण के जिस मान के लिए अपवर्तन कोण का मान 90° हो जाता है, क्रान्तिक कोण कहलाता है।

$$\sin C = \frac{\mu_{\text{विरल}}}{\mu_{\text{सघन}}} = \frac{\mu_R}{\mu_D} \Rightarrow C = \sin^{-1}\left(\frac{\mu_R}{\mu_D}\right)$$

पूर्ण आन्तरिक परावर्तन
(Total Internal Reflection)

यदि आपतन कोण का मान क्रान्तिक कोण से अधिक है, तो प्रकाश की किरण पहले माध्यम में ही परावर्तित हो जाती है, इस घटना को पूर्ण आन्तरिक परावर्तन कहते हैं। पूर्ण आन्तरिक परावर्तन के लिए निम्न दो प्रतिबन्ध आवश्यक होते हैं

(i) प्रकाश सघन माध्यम से विरल माध्यम की ओर चले।

(ii) सघन माध्यम में आपतन कोण का मान क्रान्तिक कोण से बड़ा हो।

पूर्ण आन्तरिक परावर्तन के अनुप्रयोग निम्न हैं

(i) हीरे के अन्दर बार-बार पूर्ण आन्तरिक परावर्तन होता है जिस कारण हीरा चमकदार दिखाई देता है।

(ii) जल में स्थित मछली को जल पृष्ठ द्वारा देखा नहीं जा सकता है इसे केवल r त्रिज्या के वृत्तीय प्रकाश द्वारा देखा जा सकता है।

$$r = \frac{h}{\sqrt{\mu^2 - 1}}$$

(iii) रेगिस्तान में मरीचिका का निर्माण भी पूर्ण आन्तरिक परावर्तन के कारण होता है।

(iv) जल के अन्दर वायु का बुलबुला भी प्रकाश के पूर्ण आन्तरिक परावर्तन के कारण चमकीला दिखाई देता है।

प्रिज्म (Prism)

प्रिज्म समतलों से घिरा एक ठोस पारदर्शी त्रिभुजाकार माध्यम होता है। जब कोई श्वेत प्रकाश की किरण प्रिज्म की सतह पर आपतित होती है, तो यह सात रंगों में विभाजित हो जाती है।

प्रिज्म द्वारा प्रकाश का अपवर्तन
(Refraction of Light through Prism)

माना चित्र में ABC काँच के एक प्रिज्म का मुख्य परिच्छेद है। $\angle BAC$ प्रिज्म का अपवर्तक कोण है। माना कि वायु से प्रकाश की किरण PQ प्रिज्म ABC के अपवर्तक पृष्ठ AB पर आपतित होती है। पृष्ठ AB के बिन्दु Q पर अभिलम्ब NQE तथा अपवर्तक पृष्ठ AC के बिन्दु R पर अभिलम्ब MRF है।

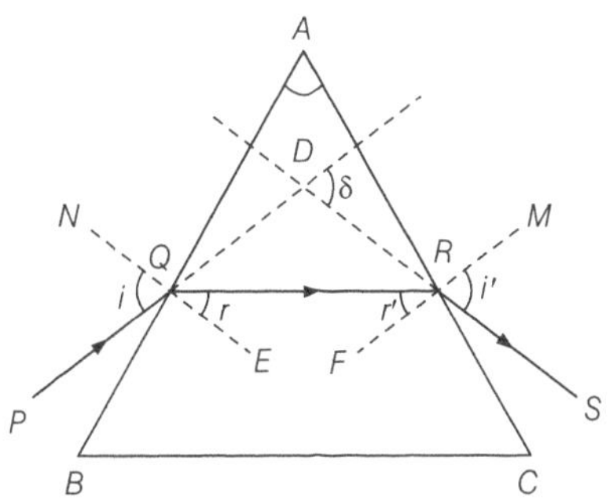

अपवर्तन के पश्चात् आपतित किरण PQ अपवर्तक पृष्ठ AB पर अभिलम्ब NQE की ओर झुकती हुई QR दिशा में अपवर्तित होती है तथा अपवर्तितकिरण QR अपवर्तक पृष्ठ AC पर अभिलम्ब MRF से दूर हटती हुई RS दिशा में निर्गत किरण के रूप में बाहर निकलती है। अत: प्रिज्म, PQ दिशा में आने वाली किरण को RS दिशा में विचलित कर देता है। इस प्रकार प्रिज्म प्रकाश की दिशा में **विचलन** (Deviation) उत्पन्न कर देता है।

यदि आपतित किरण PQ को आगे तथा निर्गत किरण RS को पीछे बढ़ाएँ, तो वे बिन्दु D पर मिलती हैं। आपतित किरण व निर्गत किरण के बीच बना कोण **विचलन कोण** (δ) (Angle of deviation) कहलाता है।

यदि प्रिज्म पर आपतित किरण के आपतन कोण (i) को बढ़ाया जाता है, तो विचलन कोण (δ) का मान घटता जाता है तथा आपतन कोण के एक विशेष मान के लिए विचलन कोण का मान न्यूनतम हो जाता है जिसे अल्पतम या न्यूनतम विचलन कोण (δ_m) (Angle of minimum deviation) कहते हैं।

प्रिज्म का अपवर्तनांक निम्न सूत्र द्वारा दिया जाता है $\mu = \dfrac{\sin\left(\dfrac{A+\delta_m}{2}\right)}{\sin(A/2)}$

प्रिज्म द्वारा वर्ण-विक्षेपण (Dispersion of Light)

जब किसी प्रिज्म पर श्वेत प्रकाश की किरण आपतित होती है, तो वह विभिन्न रंगों की अनेक किरणों में विभाजित हो जाती है। इस घटना को प्रकाश का वर्ण-विक्षेपण कहते हैं। वर्ण-विक्षेपण का कारण किसी पदार्थिक माध्यम में भिन्न-भिन्न रंगों के प्रकाश की चाल का भिन्न-भिन्न होना है, क्योंकि काँच का अपवर्तनांक बैंगनी रंग के प्रकाश के लिए सबसे अधिक तथा लाल रंग के प्रकाश के लिए सबसे कम होता है।

अत: सूत्र $\delta_n = (\mu - 1)A$ से बैंगनी प्रकाश का विचलन कोण, लाल प्रकाश के विचलन कोण से अधिक होगा। अन्य रंगों के लिए विचलन सूत्र दोनों रंगों के मध्य होगा।

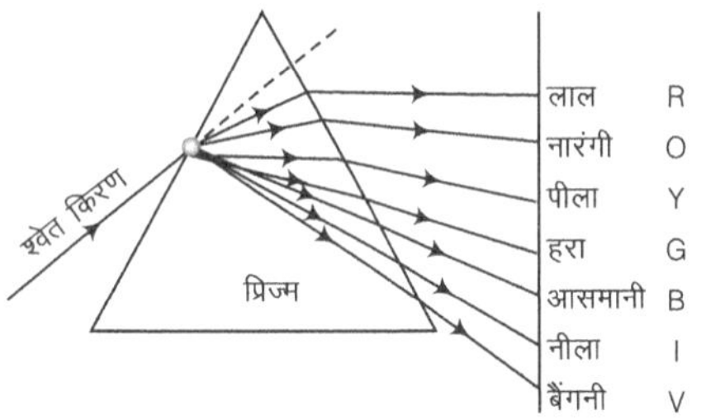

विचलन की इस भिन्नता के कारण ही श्वेत प्रकाश, प्रिज्म से गुजरने पर विभिन्न रंगों में विभाजित हो जाता है।

गोलीय सतह द्वारा अपवर्तन
(Refraction by Spherical Surface)

लेन्स (Lens)

लेन्स दो गोलीय सतहों से घिरा पारदर्शी माध्यम होता है। लेन्स दो प्रकार के होते हैं

(i) **उत्तल लेन्स** (Convex lens) दोनों ओर से उभरी हुई सतहों से घिरे पारदर्शी माध्यम को उत्तल लेन्स कहते हैं।

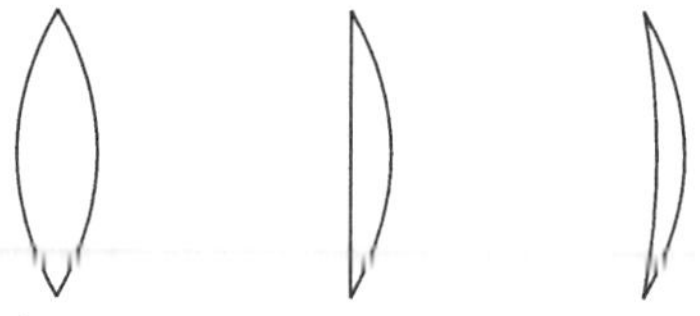

(a) द्वि-उत्तल (b) समतल-उत्तल (c) अवतलोत्तल

(ii) **अवतल लेन्स** (Concave lens) दोनों ओर से दबी हुई सतहों से घिरे पारदर्शी माध्यम को अवतल लेन्स कहते हैं।

(a) द्वि-अवतल (b) समतल-अवतल (c) उत्तलोवतल

लेन्सों से सम्बन्धित कुछ परिभाषाएँ

(Some Definitions Related to Lenses)

(i) **प्रकाशिक केन्द्र** (Optical centre) यदि लेन्स पर प्रकाश की कोई किरण इस प्रकार आपतित हो कि लेन्स से अपवर्तित होकर बाहर निकलने पर निर्गत किरण आपतित किरण के समान्तर हो, तो अपवर्तित किरण लेन्स की मुख्य अक्ष को जिस बिन्दु पर काटती है अथवा काटती हुई प्रतीत होती है, उसे लेन्स का प्रकाशिक केन्द्र कहते हैं।

(ii) **मुख्य फोकस** (Principal focus) लेन्स के दो मुख्य फोकस होते हैं

(a) **प्रथम मुख्य फोकस** (First principal focus) लेन्स के मुख्य अक्ष पर स्थित वह बिन्दु जिससे चलने वाली अथवा जिसकी ओर आती हुई प्रतीत होने वाली किरणें लेन्स से अपवर्तन के पश्चात् मुख्य अक्ष के समान्तर हो जाती हैं, लेन्स का प्रथम मुख्य फोकस कहलाता है।

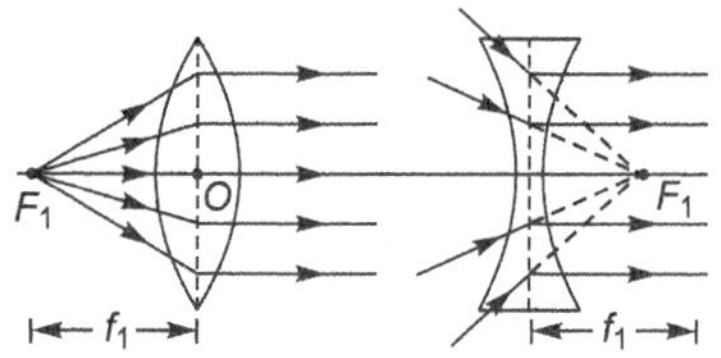

उत्तल लेन्स अवतल लेन्स

(b) **द्वितीय मुख्य फोकस** (Second principal focus) लेन्स के मुख्य अक्ष के समान्तर आने वाली प्रकाश की किरणें लेन्स से अपवर्तन के पश्चात् जिस बिन्दु पर मिलती हैं या जिस बिन्दु से आती हुई प्रतीत होती हैं, लेन्स का द्वितीय फोकस कहलाता है।

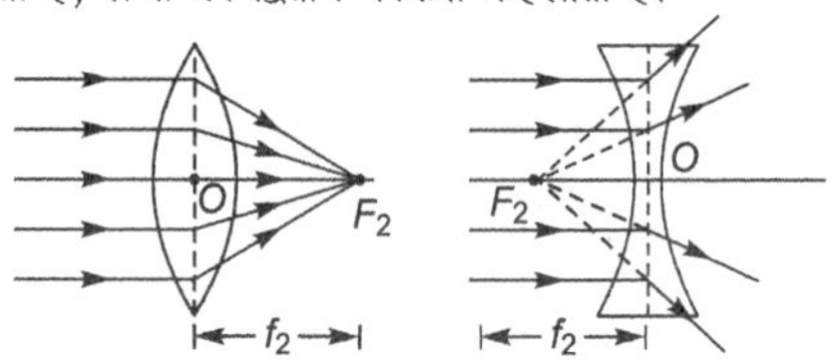

उत्तल लेन्स अवतल लेन्स

(iii) **फोकस दूरी** (Focal length) लेन्स के प्रकाशिक केन्द्र व फोकस के बीच की दूरी को लेन्स की फोकस दूरी कहते हैं। उत्तल लेन्स की फोकस दूरी धनात्मक व अवतल लेन्स की फोकस दूरी ऋणात्मक होती है।

(iv) **वक्रता केन्द्र** (Centre of curvature) जिस गोले अथवा सिलिण्डर का अंश लेन्स की सतह होती है, उसके केन्द्र को वक्रता केन्द्र कहते हैं।

लेन्सों से प्रतिबिम्ब बनाने के नियम

(Law's of Image Formation by Lenses)

(i) लेन्स के मुख्य अक्ष के समान्तर आने वाली प्रकाश की किरणें लेन्स से अपवर्तन के पश्चात् फोकस से होकर जाती हैं।

(ii) लेन्स के फोकस से होकर आने वाली किरणें अपवर्तन के पश्चात् अक्ष के समान्तर हो जाती हैं।

(iii) लेन्स के प्रकाशिक केन्द्र से होकर आने वाली किरण अपवर्तन के पश्चात् बिना अपना मार्ग बदले सीधी निकल जाती है।

उत्तल लेन्स द्वारा प्रतिबिम्ब का बनना

क्र.सं.	वस्तु की स्थिति	प्रतिबिम्ब की स्थिति	प्रतिबिम्ब का आकार	प्रतिबिम्ब की प्रकृति	किरण आरेख
1.	अनन्त पर	F_2 पर	वस्तु से बहुत छोटा	वास्तविक व उल्टा	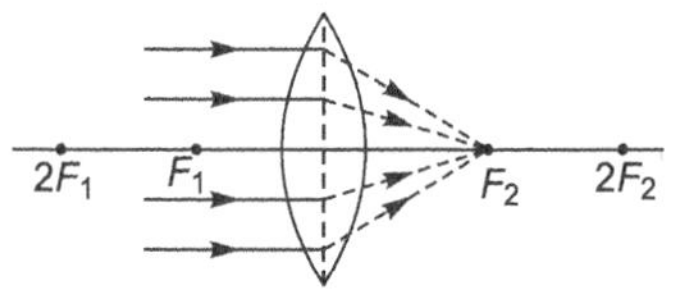
2.	$2F_2$ के पीछे	F_2 व $2F_2$ के बीच	वस्तु से छोटा	वास्तविक व उल्टा	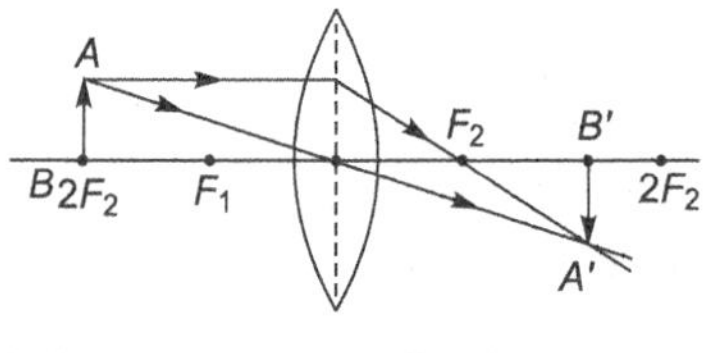

क्र.सं.	वस्तु की स्थिति	प्रतिबिम्ब की स्थिति	प्रतिबिम्ब का आकार	प्रतिबिम्ब की प्रकृति	किरण आरेख
3.	$2F_1$ पर	$2F_2$ पर	वस्तु से छोटा	वास्तविक व उल्टा	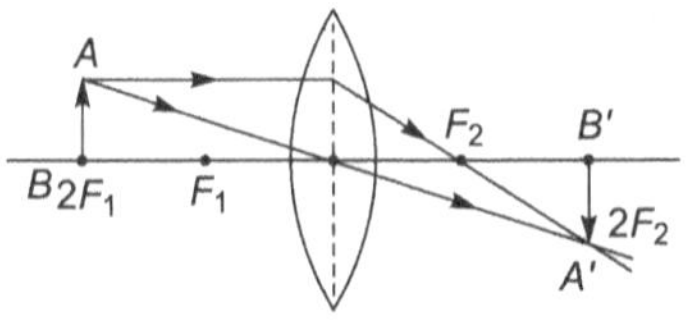
4.	F_1 व $2F_1$ के बीच	$2F_2$ के पीछे	वस्तु से बड़ा	वास्तविक व उल्टा	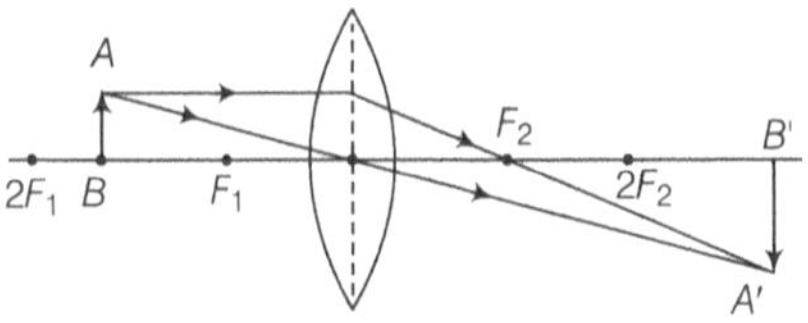
5.	F_1 पर	अनन्त पर	वस्तु से बहुत बड़ा	वास्तविक व उल्टा	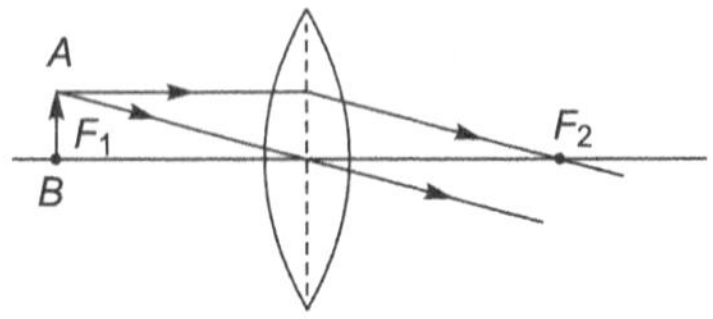
6.	लेन्स व F_1 के बीच	वस्तु के पीछे	वस्तु से बड़ा	आभासी व सीधा	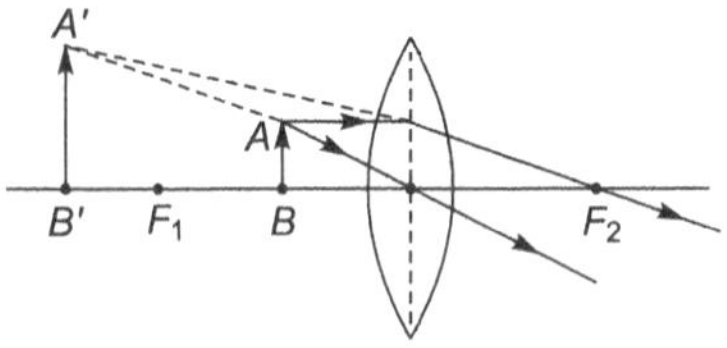

अवतल लेन्स द्वारा प्रतिबिम्ब का बनना

क्र.सं.	वस्तु की स्थिति	प्रतिबिम्ब की स्थिति	प्रतिबिम्ब का आकार	प्रतिबिम्ब की प्रकृति	किरण आरेख
1.	अनन्त पर	फोकस पर (वस्तु की ओर)	वस्तु से बहुत छोटा	आभासी व सीधा	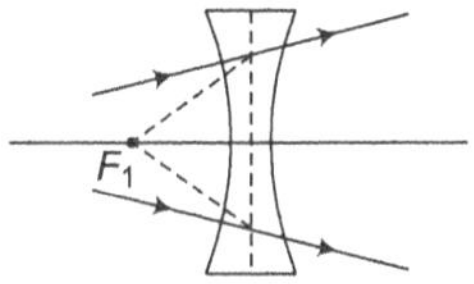
2.	अनन्त व प्रकाशिक केन्द्र के बीच कहीं भी	फोकस व प्रकाशिक केन्द्र के बीच (वस्तु की ओर)	वस्तु से बहुत बड़ा	आभासी व सीधा	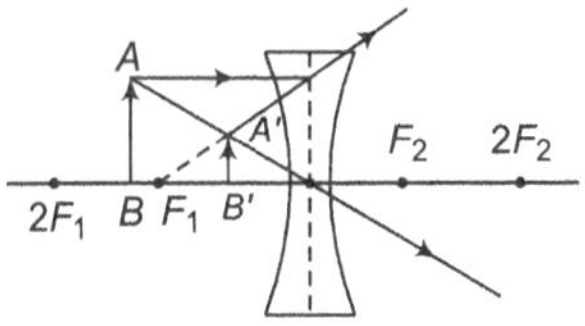

लेन्स से सम्बन्धित सूत्र (Formulae Related to Lens)

लेन्स से सम्बन्धित सूत्र निम्न प्रकार हैं

लेन्स निर्माता सूत्र यदि लेन्स के दोनों अपवर्तक पृष्ठों की वक्रता त्रिज्याएँ क्रमश: R_1 व R_2 तथा लेन्स के पदार्थ का अपवर्तनांक ${}_1\mu_2$ है,

तो $$\frac{1}{f} = ({}_1\mu_2 - 1)\left(\frac{1}{R_1} - \frac{1}{R_2}\right)$$

लेन्स सूत्र (Lens formula) यदि लेन्स के प्रकाशिक केन्द्र से वस्तु की दूरी u, प्रतिबिम्ब की दूरी v व लेन्स की फोकस दूरी f है, तो

$$\frac{1}{f} = \frac{1}{v} - \frac{1}{u}$$

लेन्स की क्षमता (Power of lens) एक पतले लेन्स की क्षमता (P), फोकस दूरी (f) के प्रतिलोम (Reciprocal) के बराबर होती है जबकि फोकस दूरी मीटर में नापी गई है।

$$\text{लेन्स की क्षमता, } P = \frac{1}{\text{फोकस दूरी } (f) \text{ (मी)}} \Rightarrow P = \frac{100}{f(\text{सेमी})}$$

लेन्स की क्षमता का मात्रक डायोप्टर (D) है।

लेन्सों के लिए न्यूटन का सूत्र (Newton formula for lenses) यदि किसी वस्तु की लेन्स के प्रथम फोकस से दूरी a_1 व द्वितीय फोकस से दूरी a_2 है, तो लेन्स की फोकस दूरी

$$f = \sqrt{a_1 a_2}$$

लेन्स का आवर्धन (Magnification of Lens)

लेन्स का आवर्धन मुख्यत: दो प्रकार का होता है

(i) **रेखीय आवर्धन** (Linear magnification) एक लेन्स द्वारा उत्पन्न पार्श्विक (Lateral) या रेखीय आवर्धन m अग्रलिखित सूत्र से ज्ञात किया जाता है

$$m = \frac{\text{प्रतिबिम्ब की ऊँचाई}}{\text{वस्तु की ऊँचाई}} = \frac{I}{O}$$

एक वस्तु OO' का उत्तल लेन्स द्वारा प्राप्त वास्तविक प्रतिबिम्ब II' चित्रानुसार है

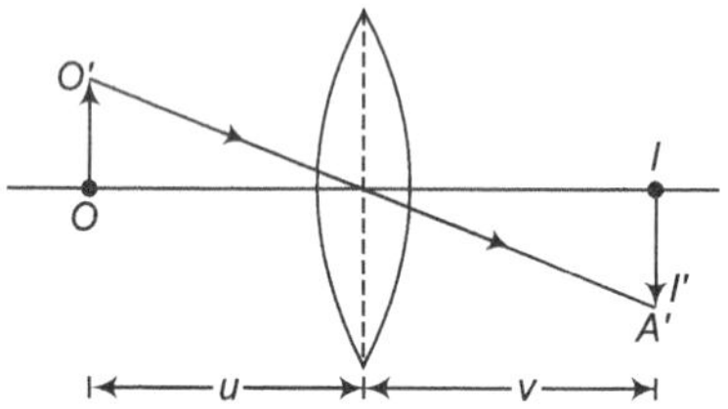

$$\frac{\text{प्रतिबिम्ब की ऊँचाई}}{\text{वस्तु की ऊँचाई}} = \frac{II'}{OO'} = \frac{v}{u}$$

v व u के मान उचित चिन्हों के साथ प्रतिस्थापित करने पर,

$$\frac{II'}{OO'} = \frac{-I}{O} = \frac{v}{-u} \text{ या } \frac{I}{O} = m = \frac{v}{u}$$

अत: $$m = \frac{v}{u} = \frac{I}{O} = \frac{f}{f+u} = \frac{f-v}{f}$$

लेन्सों का संयोजन (Combination of Lenses)

(i) यदि दो या दो से अधिक लेन्स $(f_1, f_2, ...)$ सम्पर्क में रखे हैं, तब उनकी तुल्य फोकस दूरी,

$$\frac{1}{f} = \frac{1}{f_1} + \frac{1}{f_2} + ...$$

$$\frac{1}{f} = \sum_{l=1}^{n} \frac{1}{f_i}$$

इस संयोजन की क्षमता, $P = P_1 + P_2 + ...$

(ii) यदि $f_1 f_2$ फोकस दूरी के दो लेन्स d दूरी से पृथक् है, तो उनकी फोकस दूरी,

$$\frac{1}{F} = \frac{1}{f_1} + \frac{1}{f_2} - \frac{d}{f_1 f_2}$$

संयोग की क्षमता, $P = P_1 + P_2 - dP_1P_2$

लेन्सों के उपयोग (Uses of Lenses)

(i) उत्तल लेन्स का उपयोग घड़ीसाज घड़ी के छोटे पुर्जे देखने के लिए करता है।

(ii) डॉक्टर आँख व कान के अन्दर देखने के लिए उत्तल लेन्स का उपयोग करते हैं।

(iii) उत्तल लेन्स का उपयोग विभिन्न प्रकाशिक यन्त्रों; जैसे—दूरदर्शी, सूक्ष्मदर्शी, फोटोग्राफिक कैमरे, आदि में किया जाता है।

(iv) मानव नेत्र में उत्पन्न दृष्टि दोष के निवारण हेतु चश्में में उचित फोकस दूरी के उत्तल एवं अवतल लेन्सों का प्रयोग किया जाता है।

प्रकाशिक यन्त्र (Optical Instruments)

प्रकाशिक यन्त्र एक ऐसी युक्ति है जो दर्पणों, प्रिज्मों तथा लेन्सों के उपयुक्त संयोग से बनी होती है।

1. फोटोग्राफिक कैमरा (Photographic Camera)

किसी वस्तु का स्थायी प्रतिबिम्ब प्राप्त करने के लिए फोटोग्राफिक कैमरे का उपयोग किया जाता है। कैमरा धातु या प्लास्टिक का बना होता है, जिसका आन्तरिक भाग काला रखा जाता है। यह प्रकाशरोधी होता है। इस बॉक्स के आगे के भाग में उत्तल लेन्स (अभिसारी) लगा होता है, जिसका फोकस समंजित किया जा सकता है, इसकी फोकस दूरी कम होती है। इस लेन्स को अभिदृश्यक लेन्स कहते हैं। इस लेन्स से बने प्रतिबिम्ब में कोई दोष नहीं होता है। लेन्स के पीछे एक गोल परदा होता है, जिसके बीच में एक छिद्र होता है, इसे डायफ्राम कहते हैं। इसके द्वारा कैमरे के अन्दर आने वाली प्रकाश की मात्रा को नियन्त्रित किया जाता है और फोटोग्राफिक फिल्म पर प्रतिबिम्ब बन जाता है। शटर के द्वारा आवश्यकतानुसार एक निश्चित समय के लिए प्रकाश फोटोग्राफिक फिल्म पर डाली जाती है। जिस वस्तु का फोटो खींचना होता है उसे लेन्स के सामने लेन्स की फोकस दूरी से दोगुनी दूरी से अधिक दूरी पर रखा जाता है। इस स्थिति में फिल्म में वस्तु का छोटा, उल्टा एवं वास्तविक प्रतिबिम्ब बनता है।

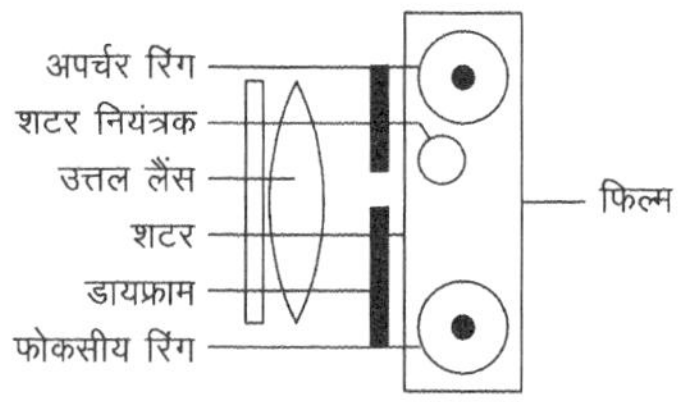

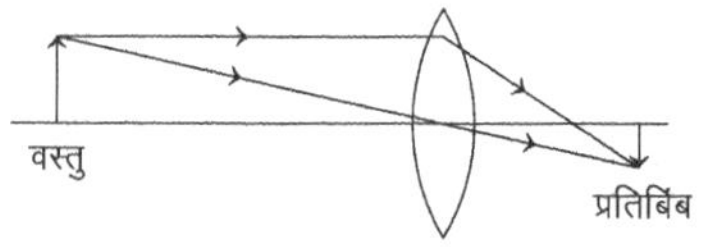

2. सूक्ष्मदर्शी (Microscope)

सूक्ष्मदर्शी वे प्रकाशिक यन्त्र है जो सूक्ष्म वस्तु का बड़ा प्रतिबिम्ब बनाता है, जिससे वस्तु बड़ी दिखाई देने लगती है।

सूक्ष्मदर्शी मुख्यत: दो प्रकार का होता है

(i) **सरल सूक्ष्मदर्शी** (Simple microscope) यह एक कम फोकस दूरी का उत्तल लेन्स होता है जो अपने निकट स्थित किसी वस्तु का सीधा, बड़ा व आभासी प्रतिबिम्ब बनाता है।

सरल सूक्ष्मदर्शी का आवर्धन

(a) $M = 1 + \frac{D}{f}$

[जब अन्तिम प्रतिबिम्ब स्पष्ट दृष्टि की न्यूनतम दूरी पर बनता है]

(b) $M = \frac{D}{f}$ [श्रांत नेत्र के लिए]

(ii) **संयुक्त सूक्ष्मदर्शी** (Compound microscope) संयुक्त सूक्ष्मदर्शी में एक बेलनाकार नली में दो उत्तल लेन्स लगे होते हैं। इनमें से एक लेन्स की फोकस दूरी व द्वारक बड़ा होता है, इसे नेत्रिका कहते हैं। यह नेत्र की ओर होता है। छोटी फोकस दूरी व छोटे द्वारक वाले लेन्स को अभिदृश्यक लेन्स कहते हैं, यह वस्तु की ओर होता है।

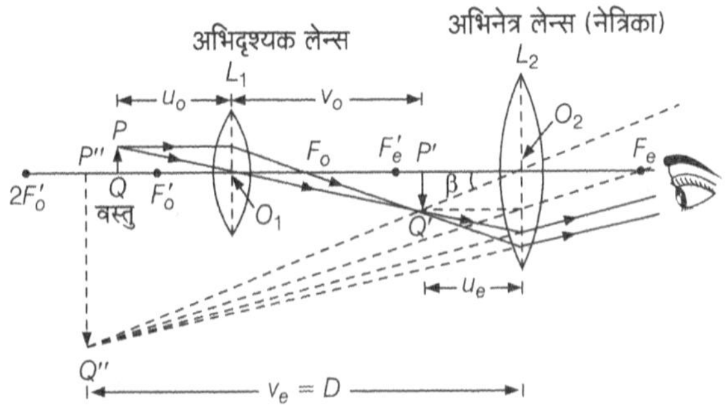

संयुक्त सूक्ष्मदर्शी की आवर्धन क्षमता

(a) श्रांत नेत्र के लिए,

$$M = -\frac{v_o}{u_o}\left(\frac{D}{f_e}\right)$$

(b) जब अन्तिम प्रतिबिम्ब स्पष्ट दृष्टि की न्यूनतम दूरी D पर बनता है, तब

$$M = -\frac{v_o}{u_o}\left(1 + \frac{D}{f_e}\right)$$

जहाँ, v_0 = प्रथम प्रतिबिम्ब की अभिदृश्यक लेन्स से दूरी,

u_0 = वस्तु की अभिदृश्यक लेन्स से दूरी,

f_e = नेत्रिका की फोकस दूरी

यदि संयुक्त सूक्ष्मदर्शी की आवर्धन क्षमता M है तथा इसके अभिदृश्यक व नेत्रिका लेन्स की आवर्धन क्षमताएँ क्रमशः M_1 व M_2 है, तब $M = M_1 M_2$

3. **दूरदर्शी** (Telescope)

दूरदर्शी वे यन्त्र हैं जिसके द्वारा अधिक दूरी पर स्थित वस्तु का बना प्रतिबिम्ब आँख पर बड़ा दर्शन कोण बनाता है तथा वस्तु आँख को बड़ी दिखाई देने लगती है।

खगोलीय अथवा अपवर्ती दूरदर्शी इसमें धातु की एक बेलनाकार नली में दो उत्तल लेन्स लगे होते हैं, इनमें एक लेन्स की फोकस दूरी व द्वारक बड़ा होता है। यह वस्तु की ओर होता है, इसे अभिदृश्यक लेन्स कहते हैं। दूसरे उत्तल लेन्स की फोकस दूरी व द्वारक छोटा होता है। यह आँख की ओर होता है, इसे अभिनेत्र लेन्स कहते हैं।

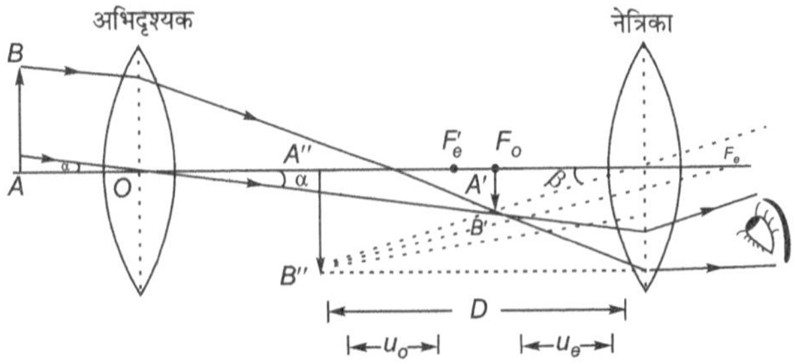

खगोलीय दूरदर्शी की आवर्धन क्षमता

(i) श्रांत नेत्र के लिए, $M = -\frac{f_o}{f_e}$

(ii) जब अन्तिम प्रतिबिम्ब स्पष्ट दृष्टि की न्यूनतम दूरी D पर बनता है, तब $M = -\frac{f_o}{f_e}\left(1 + \frac{f_e}{D}\right)$

जहाँ, f_o = अभिदृश्यक लेन्स की फोकस दूरी,

f_e = नेत्रिका की फोकस दूरी

दूरदर्शी से सम्बन्धित महत्त्वपूर्ण तथ्य
(Important Facts Related to Telescope)

- आवर्धन की चरम सीमा पर अति वृहत दूरबीनों द्वारा पिण्डों का प्रक्षेपण करने पर पृथ्वी के वायुमण्डल में वायु के परिवर्ती घनत्व के कारण प्रतिबिम्ब अस्पष्ट बनाता है।
- आकाश गंगा मन्दाकिनी के समीप के क्षेत्रों में पृथ्वी के आकार के बराबर ग्रहों की खोज के लिए अभिकल्पित दूरबीन **हब्बल दूरबीन** है।
- दूरबीन को अन्तरिक्ष में दूरस्थ आकाश गंगाओं को देखने के लिए मुख्यतः पृथ्वी के वायुमण्डल में प्रकाश या अन्य विकिरणों का अवशोषण रोकने के लिए रखा जाता है।

अभ्यास प्रश्न

1. समतल दर्पण की फोकस दूरी होती है
(a) शून्य (b) अनन्त
(c) 25 सेमी (d) – 25 सेमी

2. समतल दर्पण के सामने एक वस्तु दर्पण से 10 सेमी की दूरी पर रखी गई है, तो दर्पण से प्रतिबिम्ब की दूरी होगी
(a) 5 सेमी (b) 10 सेमी
(c) 20 सेमी (d) शून्य

3. यदि समतल दर्पण को 10° घुमा दिया जाए, तो परावर्तित किरण घूमेगी
(a) 20° (b) 15°
(c) 10° (d) 30°

4. एक समतल दर्पण क्षैतिज से 30° कोण बना रहा है। यदि एक ऊर्ध्वाधर किरण दर्पण से टकराती है, तो दर्पण एवं परावर्तित किरण के मध्य कोण होगा
(a) 30° (b) 45°
(c) 60° (d) 90°

5. कोई मनुष्य समतल दर्पण की ओर 60 सेमी की दूरी से 5 सेमी/से के वेग से दर्पण की ओर चल रहा है। 7 सेकण्ड बाद मनुष्य और उसके प्रतिबिम्ब के बीच दूरी होगी
(a) 60 सेमी (b) 65 सेमी
(c) 95 सेमी (d) 50 सेमी

6. एक मनुष्य की लम्बाई 1.4 मी है। उसको अपना पूरा प्रतिबिम्ब देखने के लिए दर्पण की कम-से-कम लम्बाई लेनी होगी
(a) 0.6 मी (b) 0.8 मी
(c) 0.7 मी (d) 0.9 मी

7. यदि किसी समतल पृष्ठ पर आपतित किरण अभिलम्ब के साथ 45° का कोण बनाती है, तो परावर्तित किरण द्वारा अभिलम्ब के साथ बना कोण होगा
(a) 45° (b) 90°
(c) 180° (d) 75°

8. एक विद्युत बल्ब को 60° पर झुके हुए दो समतल दर्पणों के बीच रखा गया है। इस बल्ब के कितने प्रतिबिम्ब दिखेंगे?
(a) 2 (b) 4 (c) 5 (d) 6

9. अवतल दर्पण के सम्मुख अनन्त पर रखी वस्तु का प्रतिबिम्ब बनता है
(a) फोकस व वक्रता केन्द्र के मध्य
(b) फोकस पर
(c) वक्रता केन्द्र पर
(d) अनन्त पर

10. उत्तल दर्पण से प्रतिबिम्ब सदैव बनता है
(a) वक्रता केन्द्र तथा फोकस के बीच
(b) वक्रता केन्द्र तथा अनन्त के बीच
(c) ध्रुव व फोकस के बीच
(d) कहीं भी बन सकता है

11. उत्तल दर्पण के सामने रखी किसी वस्तु का प्रतिबिम्ब बनता है
(a) वस्तु की स्थिति पर
(b) दर्पण के सामने वस्तु की स्थिति से दोगुनी दूरी पर
(c) दर्पण के सामने वस्तु की स्थिति से आधी दूरी पर
(d) दर्पण के पीछे

12. एक अवतल दर्पण की वक्रता त्रिज्या 15 सेमी है, तो इसकी फोकस दूरी होगी
(a) – 15 सेमी (b) – 7.5 सेमी
(c) + 30 सेमी (d) 7.5 सेमी

13. सीधे प्रतिबिम्बों के लिए आवर्धन क्षमता होती है
(a) धनात्मक (b) ऋणात्मक
(c) दोनों धनात्मक व ऋणात्मक
(d) इनमें से कोई नहीं

14. यदि किसी वस्तु को एक दर्पण के सामने निकट रखने पर प्रतिबिम्ब सीधा बनें परन्तु दूर रखने पर प्रतिबिम्ब उल्टा बने, तो वह दर्पण होगा
(a) समतल दर्पण (b) अवतल दर्पण
(c) उत्तल दर्पण (d) इनमें से कोई नहीं

15. वस्तु के समान माप का वास्तविक प्रतिबिम्ब तब प्राप्त होता है जब वस्तु को उसके वक्रता केन्द्र पर रखा जाता है
(a) समतल दर्पण के सम्मुख
(b) उत्तल दर्पण के सम्मुख
(c) अवतल दर्पण के सम्मुख
(d) इनमें से कोई नहीं

16. अवतल दर्पण से अपसारी किरण पुँज प्राप्त करने के लिए वस्तु को रखेंगे
(a) फोकस पर (b) वक्रता केन्द्र पर
(c) अनन्त पर
(d) फोकस और ध्रुव के बीच

17. फोकस दूरी f के एक अवतल दर्पण के मुख्य अक्ष पर $2f$ की दूरी पर 5 सेमी लम्बी वस्तु रखी है। इसके प्रतिबिम्ब की लम्बाई होगी
(a) 2.5 सेमी (b) 5 सेमी
(c) 7.5 सेमी (d) 10 सेमी

18. एक उत्तल दर्पण से 25 सेमी दूर रखी वस्तु का प्रतिबिम्ब वस्तु की लम्बाई का आधा है। दर्पण की फोकस दूरी है
(a) 20 सेमी (b) 15 सेमी
(c) 25 सेमी (d) 10 सेमी

19. उत्तल दर्पण से 40 सेमी दूर रखी वस्तु का प्रतिबिम्ब 10 सेमी दूरी पर बनता है। उत्तल दर्पण की फोकस दूरी होगी
(a) 12.3 सेमी (b) 11.3 सेमी
(c) 13.3 सेमी (d) इनमें से कोई नहीं

20. किसी अवतल दर्पण की वक्रता त्रिज्या 20 सेमी है। किसी वस्तु का दोगुने आकार का वास्तविक प्रतिबिम्ब बनाने के लिए वस्तु को दर्पण से दूर रखना होगा
(a) 15 सेमी (b) 20 सेमी
(c) 10 सेमी (d) 5 सेमी

21. 16 सेमी फोकस दूरी वाले अवतल दर्पण के सामने 12 सेमी की दूरी पर कोई वस्तु रखी है। यदि वस्तु की ऊँचाई 2 सेमी हो, तो प्रतिबिम्ब की ऊँचाई होगी
(a) 8 सेमी (b) 6 सेमी
(c) 5 सेमी (d) 2 सेमी

22. किसी उत्तल दर्पण की फोकस दूरी 10 सेमी है। एक वस्तु उसकी मुख्य अक्ष पर उसके ध्रुव से 20 सेमी दूरी पर रखी जाती है। वस्तु के प्रतिबिम्ब की स्थिति होगी
(a) 6.67 सेमी दर्पण के पीछे, आभासी
(b) 6.67 सेमी दर्पण के आगे, आभासी
(c) 6.67 सेमी दर्पण के पीछे, वास्तविक
(d) उपरोक्त में से कोई नहीं

23. 10 सेमी फोकस दूरी का अवतल दर्पण वस्तु से 5 गुना बड़ा प्रतिबिम्ब बनाता है। यदि प्रतिबिम्ब दर्पण के सामने हो, तो दर्पण से वस्तु की दूरी होगी
(a) 8 सेमी
(b) 10 सेमी
(c) 2 सेमी
(d) 12 सेमी

24. एक उत्तल दर्पण का आवर्धन $\frac{1}{2}$ है जबकि वस्तु दर्पण से 90 सेमी दूरी पर है। यदि प्रतिबिम्ब की माप वस्तु से $\frac{1}{3}$ हो, तो ध्रुव से वह दूरी जहाँ वस्तु रखनी चाहिए, होगी
(a) 1.8 मी (b) 2.6 मी
(c) 0.90 मी (d) इनमें से कोई नहीं

25. 50 सेमी फोकस दूरी वाले अवतल शीशे के सामने 25 सेमी पर रखी गई वस्तु के प्रतिबिम्ब की स्थिति होगी
(a) 50 सेमी, शीशे के पीछे
(b) 50 सेमी, शीशे के आगे
(c) 35 सेमी, शीशे के पीछे
(d) 35 सेमी, शीशे के आगे

26. अवतल दर्पण की फोकस दूरी 10 सेमी है। दर्पण से 20 सेमी दूरी पर स्थित वस्तु का प्रतिबिम्ब दर्पण से कितनी दूरी पर बनेगा?
(a) –20 सेमी (b) 20 सेमी
(c) 40 सेमी (d) – 30 सेमी

27. प्रकाश के अपवर्तन में यदि दोनों माध्यमों के अपवर्तनांक समान हों, तो अपवर्तन के पश्चात् प्रकाश की किरण
(a) अभिलम्ब से दूर हट जाती है
(b) अभिलम्ब की ओर झुक जाती है
(c) बिना विचलित हुए सीधी निकल जाती है
(d) उपरोक्त में से कोई नहीं

28. वायु में प्रकाश की चाल 3×10^8 मी/से है। $\frac{3}{2}$ अपवर्तनांक वाले काँच में प्रकाश की चाल होगी
(a) 2×10^8 मी/से (b) 3×10^8 मी/से
(c) 4.5×10^8 मी/से (d) 1×10^8 मी/से

29. वायु के सापेक्ष काँच का अपवर्तनांक $\frac{3}{2}$ है, तो काँच के सापेक्ष वायु का अपवर्तनांक क्या होगा?
(a) $\frac{1}{3}$ (b) $\frac{1}{2}$
(c) $\frac{2}{3}$ (d) $\frac{3}{4}$

30. यदि विरल माध्यम के सापेक्ष सघन माध्यम का अपवर्तनांक 2 है, तो क्रान्तिक कोण का मान होगा
(a) 45° (b) 60° (c) 55° (d) 30°

31. प्रकाश का पूर्ण आन्तरिक परावर्तन सम्भव नहीं है
(a) काँच से जल में (b) जल से वायु में
(c) जल से काँच में (d) काँच से वायु में

32. प्रिज्म के अपवर्तनांक (n) का सूत्र होता है
(a) $\dfrac{\sin\left(\frac{A+\delta_m}{2}\right)}{\sin\left(\frac{A}{2}\right)}$
(b) $\dfrac{\sin\left(\frac{\delta_m}{2}\right)}{\sin\left(\frac{A}{2}\right)}$
(c) $\dfrac{\sin\left(\frac{A}{2}\right)}{\sin\left(\frac{A+\delta_m}{2}\right)}$
(d) $1+\sin\left(\frac{A+\delta_m}{2}\right)$

33. जल में डूबी हुई सीधी छड़ मुड़ी हुई प्रतीत होती है। इसका कारण है
(a) अपवर्तन
(b) परावर्तन
(c) प्रकाश किरणों की उत्क्रमणीयता
(d) उपरोक्त में से कोई नहीं

34. वायु में प्रकाश की चाल 3×10^8 मी/से है। यदि काँच में प्रकाश की चाल 2×10^8 मी/से हो, तो वायु के सापेक्ष काँच का अपवर्तनांक होगा
(a) $\frac{2}{3}$ (b) 1.8 (c) 2×10^8 (d) 1.5

35. एक ग्लास की प्लेट के अन्दर एक छोटा-सा हवा का बुलबुला है। एक प्रेक्षक को यह बुलबुला गिलास में नीचे की ओर लम्ब रूप में देखते हुए नजदीकी सतह से 2 मिमी की दूरी पर दिखता प्रतीत होता है। वास्तविक दूरी होगी (गिलास के लिए $\mu = 1.5$)
(a) 3 मिमी (b) 2 मिमी
(c) 1.33 मिमी (d) 4.33 मिमी

36. वायु के सापेक्ष काँच का अपवर्तनांक 1.50 है तथा काँच के सापेक्ष हीरे का अपवर्तनांक 1.61 है। वायु के सापेक्ष हीरे का अपवर्तनांक होगा
(a) 1.61 (b) 1.50
(c) 3.11 (d) 2.41

37. पानी की सतह से 1 मी ऊपर स्थित व्यक्ति को स्वच्छ पानी के तालाब की तली में एक सिक्का 3.4 मी दूरी पर प्रतीत होता है। उस व्यक्ति द्वारा कम-से-कम कितनी लम्बी छड़ से यह सिक्का छुआ जाएगा, जबकि पानी का अपवर्तनांक $\frac{4}{3}$ है?
(a) 4.2 मी (b) 3.5 मी
(c) 1.2 मी (d) 2.1 मी

38. प्रकाश की एक किरण एक माध्यम, जिसमें प्रकाश का वेग 1.5×10^{10} सेमी/से है, से वायु में 20° तथा 40° के आपतन कोणों पर आपतित है। यदि वायु में प्रकाश का वेग 3×10^{10} सेमी/से है, तो किरण में पूर्ण आन्तरिक परावर्तन होगा
(a) किसी दशा में नहीं
(b) जब आपतन कोण 40° हो
(c) जब आपतन कोण 20° हो
(d) दोनों दशाओं में

39. यदि वायु के सापेक्ष किसी पारदर्शी द्रव का अपवर्तनांक 1.25 तथा काँच का अपवर्तनांक 1.5 हो, तो द्रव के सापेक्ष काँच का अपवर्तनांक होगा
(a) 1.5 (b) 1.4
(c) 1.3 (d) 1.2

40. दिए हुए आँकड़ों से द्रव का अपवर्तनांक है
खाली बीकर की तली का पाठ्यांक =11.32 सेमी आधे भरे होने पर तली का पाठ्यांक =11.80 सेमी द्रव की ऊपरी सतह का पाठ्यांक =12.89 सेमी
(a) 1.44 (b) 1.33
(c) 1.14 (d) इनमें से कोई नहीं

41. किसी प्रिज्म के पदार्थ का अपवर्तनांक 1.414 तथा प्रिज्म का कोण 60° है। यदि प्रकाश किरणें सममित गमन करती हैं, तो आपतन कोण होगा
(a) 30° 61′ (b) 30°
(c) 45° (d) 53° 8′

42. यदि एक समबाहु प्रिज्म के पदार्थ का अपवर्तनांक $\sqrt{3}$ है, तो इसका न्यूनतम विचलन कोण होगा
(a) 30° (b) 45°
(c) 60° (d) 75°

43. काँच का अपवर्तनांक $\frac{3}{2}$ है। काँच-हवा की सतह के लिए क्रान्तिक कोण होगा $\left(\sin 42° = \frac{2}{3}\right)$
(a) 46° (b) 32° (c) 42° (d) 40°

44. एक तालाब की आभासी गहराई 9 मी है। यदि जल का वायु के सापेक्ष अपवर्तनांक $\frac{4}{3}$ है, तो वास्तविक गहराई है
(a) 12 मी (b) 5 मी
(c) 6.25 मी (d) 9 मी

45. निम्न में से कौन-सा किरण आरेख, चित्र में दर्शाए गए लेन्स पर आपतित प्रकाश किरण के लिए सर्वाधिक उपयुक्त है?

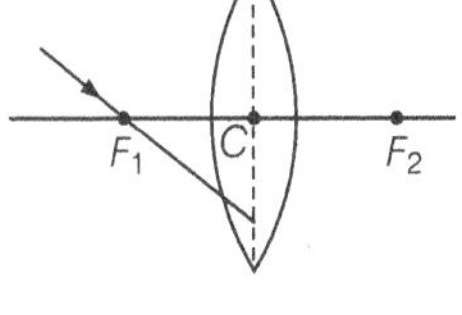

(a)
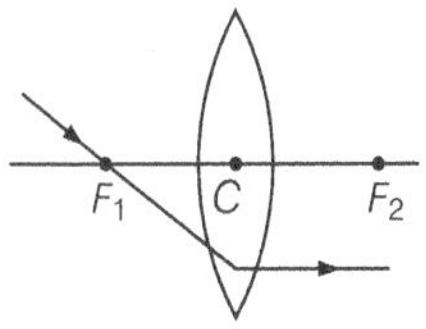

(b) 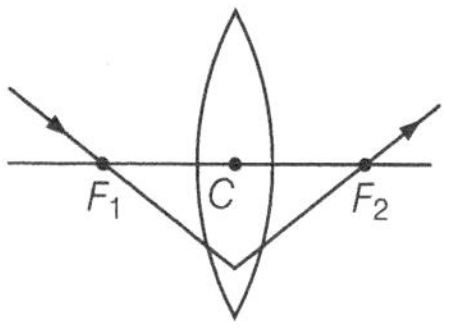

(c) 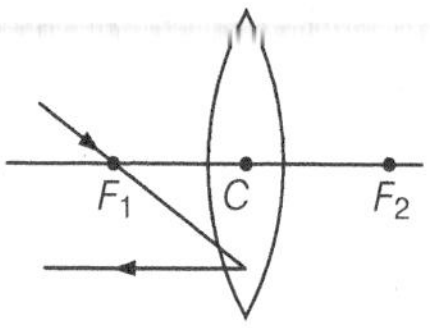

(d) 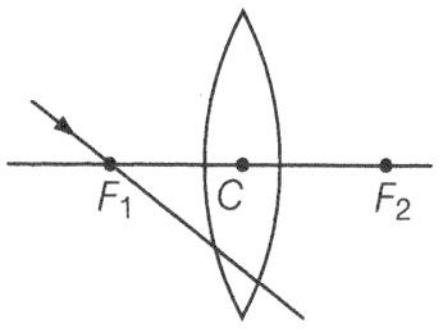

46. एक वस्तु उत्तल लेन्स के सामने $2f$ दूरी पर रखी है। उसका प्रतिबिम्ब बनेगा
(a) अनन्त पर (b) $2f$ पर
(c) f पर (d) $3f$ पर

47. अवतल लेन्स एक वस्तु का प्रतिबिम्ब बनाता है
(a) सीधा, वास्तविक, बड़ा
(b) सीधा, आभासी, छोटा
(c) उल्टा, वास्तविक, छोटा
(d) उल्टा, आभासी, बड़ा

48. 50 सेमी फोकस दूरी के अवतल लेन्स की क्षमता है
(a) – 2D (b) + 2D
(c) – 0.2 D (d) + 0.2 D

49. उत्तल लेन्स का प्रयोग किया जाता है
(a) दूरदर्शी में
(b) सूक्ष्मदर्शी में
(c) मानव नेत्र में उत्पन्न दृष्टि दोष को दूर करने में
(d) उपरोक्त सभी में

50. एक लेन्स को पुस्तक के छपे पृष्ठ पर रखकर थोड़ा ऊपर उठाने से अक्षर बड़े दिखाई देते हैं, तो पुस्तक लेन्स से होगी
(a) f दूरी पर (b) $2f$ दूरी पर
(c) अनन्त दूरी पर
(d) लेन्स के प्रकाशिक केन्द्र व फोकस के बीच

51. किसी उत्तल लेन्स से बना प्रतिबिम्ब आभासी होगा यदि
(a) वस्तु अनन्त पर हो
(b) वस्तु फोकस पर हो
(c) वस्तु F तथा $2F$ के बीच हो
(d) वस्तु फोकस व प्रकाशिक केन्द्र के बीच हो

52. 20 सेमी फोकस दूरी के अवतल लेन्स के सामने लेन्स से 30 सेमी दूर रखी वस्तु के प्रतिबिम्ब की स्थिति ज्ञात कीजिए।
(a) 12 सेमी (b) –12 सेमी
(c) 20 सेमी (d) –20 सेमी

53. लेन्स से 10 सेमी की दूरी पर रखी वस्तु का प्रतिबिम्ब वस्तु से 10 सेमी की दूरी पर वस्तु के पीछे बनता है। लेन्स की फोकस दूरी होगी
(a) 10 सेमी (b) 15 सेमी
(c) 20 सेमी (d) 25 सेमी

54. किसी लेन्स की वस्तु की लम्बाई तथा उसके प्रतिबिम्ब की लम्बाई में 1 : 4 का अनुपात है। u तथा v में अनुपात होगा
(a) 1 : 2 (b) 1 : 16
(c) 1 : 4 (d) 4 : 1

55. एक प्रदीप्त स्लिट उत्तल लेन्स के सामने 40 सेमी की दूरी पर रखी है। लेन्स की फोकस दूरी 15 सेमी है। पर्दे पर बने प्रतिबिम्ब का आवर्धन होगा
(a) $\frac{2}{3}$ (b) $\frac{-4}{5}$ (c) $\frac{-3}{5}$ (d) 2

56. लेन्स के दोनों गोलीय पृष्ठों के वक्रता केन्द्र को मिलाने वाली रेखा कहलाती है
(a) द्वारक (b) मुख्य अक्ष
(c) फोकस तल (d) प्रकाशिक केन्द्र

57. एक उत्तल लेन्स से 5 सेमी की दूरी पर स्थित एक वस्तु का प्रतिबिम्ब वस्तु की ओर उससे दोगुना बड़ा बनता है। यदि वस्तु को उसी लेन्स से 15 सेमी की दूरी पर रखा जाए, तो प्रतिबिम्ब की लेन्स से दूरी होगी
(a) 15 सेमी (b) 20 सेमी
(c) 12 सेमी (d) 30 सेमी

58. निम्न में से सही कथन है
(a) उत्तल लेन्स से कभी सीधा तथा कभी उल्टा प्रतिबिम्ब बनता है
(b) अवतल लेन्स से सदैव आभासी, सीधा तथा छोटा प्रतिबिम्ब बनता है
(c) अवतल लेन्स द्वारा बना प्रतिबिम्ब सदैव लेन्स व फोकस के बीच बनता है
(d) उपरोक्त सभी

59. 25 सेमी फोकस दूरी वाले लेन्स की क्षमता होगी
(a) – 4D (b) + 4D
(c) – 5D (d) + 5D

60. एक उत्तल लेन्स की फोकस दूरी 20 सेमी है, इसकी क्षमता है
(a) +50 डायोप्टर (b) 15 डायोप्टर
(c) 10 डायोप्टर (d) 5 डायोप्टर

61. यदि एक वस्तु उत्तल लेन्स के प्रकाशिक केन्द्र से 40 सेमी की दूरी पर स्थित है, तो उसका प्रतिबिम्ब 60 सेमी की दूरी पर बनता है। वस्तु तथा प्रतिबिम्ब की लम्बाई का अनुपात होगा
(a) 1 : 2 (b) 2 : 4 (c) 3 : 2 (d) 4 : 9

62. बिन्दु, जिससे किरण बिना विचलित हुए गुजरती हैं, कहलाता है
(a) पोल (ध्रुव)
(b) फोकस
(c) कर्वेचर (वलयाकार) का केन्द्र
(d) प्रकाशीय केन्द्र

63. पर्दे पर छवि बनाने के लिए प्रयोग किया जाता है
(a) उत्तल लेन्स का
(b) अवतल लेन्स का
(c) उत्तल एवं अवतल लेन्स का
(d) उपरोक्त में से कोई नहीं

64. सरल सूक्ष्मदर्शी की आवर्धन क्षमता का सूत्र है
(a) $M = \frac{f-D}{f}$ (b) $M = \frac{f+D}{f}$
(c) $M = \frac{D-f}{D}$ (d) $M = \frac{f+D}{D}$

65. संयुक्त सूक्ष्मदर्शी के अभिदृश्यक लेन्स की फोकस दूरी है
(a) नेत्रिका की फोकस दूरी से अधिक
(b) नेत्रिका की फोकस दूरी से कम
(c) नेत्रिका की फोकस दूरी के बराबर
(d) उपरोक्त में से कोई नहीं

66. दूर की वस्तुएँ देखने के लिए किसका प्रयोग करते हैं?
(a) सरल सूक्ष्मदर्शी
(b) संयुक्त सूक्ष्मदर्शी
(c) खगोलीय दूरदर्शी
(d) उपरोक्त में से कोई नहीं

67. यदि किसी खगोलीय दूरदर्शी के अभिदृश्यक लेन्स की फोकस दूरी f_o तथा नेत्रिका की फोकस दूरी f_e हो, तो अनन्त पर प्रतिबिम्ब बनने के लिए आवर्धन क्षमता होगी
(a) $f_o + f_e$
(b) $f_o - f_e$
(c) f_e / f_o
(d) $-f_o / f_e$

68. आवर्धक लेन्स को कहते हैं
(a) सरल सूक्ष्मदर्शी
(b) सरल दूरदर्शी
(c) संयुक्त सूक्ष्मदर्शी
(d) उपरोक्त में से कोई नहीं

69. एक खगोलीय दूरदर्शी की आवर्धन क्षमता सामान्य दृष्टि के लिए 16 है। यदि सामान्य दृष्टि के लिए व्यवस्थित करने पर अभिदृश्यक लेन्स तथा नेत्रिका के बीच की दूरी 34 सेमी हो, तो अभिदृश्यक लेन्स तथा नेत्रिका की फोकस दूरियाँ होंगी

(a) 4 सेमी, 30 सेमी (b) 2 सेमी, 32 सेमी
(c) 30 सेमी, 4 सेमी (d) 32 सेमी, 2 सेमी

70. टेलिस्कोप के अभिदृश्यक की फोकस दूरी 120 सेमी तथा व्यास 6 सेमी तथा नेत्रिका की फोकस दूरी 2 सेमी है। टेलिस्कोप की आवर्धन क्षमता है

(a) 12 (b) 24
(c) 60 (d) 300

71. एक खगोलीय दूरदर्शी जिसके लेन्सों की फोकस दूरियाँ क्रमशः 2.5 सेमी तथा 100 सेमी हैं, की लम्बाई तथा आवर्धन क्षमता होगी

(a) 102.5 सेमी, 40
(b) 102.5 सेमी, 75
(c) 97.5 सेमी, 25
(d) उपरोक्त में से कोई नहीं

72. जब प्रतिबिम्ब अनन्त पर बनता है, तो दूरदर्शी की आवर्धन क्षमता बराबर होती है

(a) $\frac{-f_o}{f_e}$ के (b) $\frac{+f_o}{u_o}$ के
(c) $\frac{u_e}{f_e}$ के (d) $\frac{u_e}{f_o}$ के

73. संयुक्त सूक्ष्मदर्शी में आवर्धन क्षमता अधिक होती है जबकि नेत्रिका की फोकस दूरी होती है

(a) कम
(b) अधिक
(c) अभिदृश्यक की फोकस दूरी के बराबर
(d) शून्य

74. एक खगोलीय दूरदर्शी के अभिनेत्र लेन्स की फोकस दूरी 6 सेमी है। यदि सामान्य समायोजन में कोणीय आवर्धन 15 हो, तो अभिदृश्यक एवं अभिनेत्र लेन्स के बीच की दूरी (सेमी में) है

(a) 2.5 (b) 192 (c) 96 (d) 90

75. एक दूर दृष्टिदोष वाला व्यक्ति अपनी आँख से 60 सेमी से कम की दूरी की वस्तु स्पष्टतया: नहीं देख पाता। यदि वह एक पुस्तक को आँख से 30 सेमी की दूरी पर पढ़ना चाहे, तो लेन्स का प्रकार एवं फोकस दूरी होगी

(a) 20 सेमी फोकस दूरी का अवतल लेन्स
(b) 60 सेमी फोकस दूरी का अवतल लेन्स
(c) 20 सेमी फोकस दूरी का उत्तल लेन्स
(d) 60 सेमी फोकस दूरी पर उत्तल लेन्स

76. 4 सेमी फोकस दूरी का एक उत्तल लेन्स एक साधारण सूक्ष्मदर्शी के रूप में प्रयोग किया गया है। यदि इसे संयुक्त सूक्ष्मदर्शी के अभिनेत्र लेन्स के रूप में, अभिदृश्यक लेन्स के साथ जिसकी आवर्धन क्षमता 40 है, प्रयोग किया जाए, तो सूक्ष्मदर्शी की आवर्धन क्षमता हो जाएगी (माना स्पष्ट दृष्टि की न्यूनतम दूरी 25 सेमी है)

(a) 290 (b) 230
(c) 110 (d) इनमें से कोई नहीं

उत्तरमाला

1. (b)	2. (b)	3. (a)	4. (c)	5. (d)	6. (c)	7. (a)	8. (c)	9. (b)	10. (c)
11. (d)	12. (d)	13. (a)	14. (b)	15. (a)	16. (d)	17. (b)	18. (c)	19. (c)	20. (a)
21. (a)	22. (a)	23. (d)	24. (a)	25. (a)	26. (a)	27. (c)	28. (a)	29. (c)	30. (d)
31. (c)	32. (a)	33. (a)	34. (d)	35. (a)	36. (d)	37. (a)	38. (b)	39. (d)	40. (a)
41. (c)	42. (c)	43. (c)	44. (a)	45. (a)	46. (b)	47. (b)	48. (a)	49. (d)	50. (d)
51. (d)	52. (b)	53. (c)	54. (c)	55. (c)	56. (b)	57. (d)	58. (b)	59. (b)	60. (d)
61. (c)	62. (d)	63. (a)	64. (b)	65. (b)	66. (c)	67. (d)	68. (a)	69. (b)	70. (c)
71. (a)	72. (a)	73. (a)	74. (c)	75. (d)	76. (a)				

अध्याय

09

विद्युत धारा एवं परिपथ

(Electric Current and Circuit)

आवेश (Charge)

आवेश द्रव्य का एक मूल गुण है। इसे द्रव्य से अलग करना असम्भव है। यदि किसी एक वस्तु को दूसरी वस्तु से रगड़ने पर उसमें अन्य पदार्थों को आकर्षित करने का गुण आ जाता है तो हम कहते हैं कि वह वस्तु आवेशित हो गई है। इसका मात्रक कूलॉम होता है।

फ्रेंकलिन (अर्थात् स्थिर विद्युत क्षेत्र) आवेश की सबसे छोटी इकाई है, जबकि फैराडे सबसे बड़ी इकाई है।

(1 फैराडे = 96500 कूलॉम)।

आवेश दो प्रकार के होते हैं, जो निम्न प्रकार हैं

(i) **धनावेश** (Positive charge) किसी पिण्ड अथवा कण पर पदार्थ में इलेक्ट्रॉन की कमी को धनावेश कहते हैं। धनावेश पर पिण्ड का कुछ द्रव्यमान घट जाता है।

(ii) **ऋणावेश** (Negative charge) किसी पिण्ड अथवा कण पर पदार्थ में इलेक्ट्रॉन की अधिकता को ऋणावेश कहते हैं। ऋणावेशन पर इसका द्रव्यमान कुछ बढ़ जाता है।

प्रोटॉन पर आवेश $+1.6\times10^{-19}$ कूलॉम तथा इलेक्ट्रॉन पर -1.6×10^{-19} कूलॉम होता है।

विद्युत धारा (Electric Current)

आवेश प्रवाह की दर को विद्युत धारा कहते है।

अर्थात् $$\text{विद्युत धारा } (i) = \frac{\text{आवेश } (q)}{\text{समय } (t)} = \frac{ne}{t}$$

धारा एक अदिश राशि है जिसका SI मात्रक ऐम्पियर होता है।

धारा प्रवाह की दिशा सदैव इलेक्ट्रॉन प्रवाह की विपरीत दिशा में होती है।

विद्युत धारा के प्रकार (Types of Electric Current)

मापांक तथा दिशा के अनुसार विद्युत धारा दो प्रकार की होती हैं

(i) **दिष्ट धारा** (Direct current,DC) जिस धारा का परिमाण एवं दिशा समय के साथ नहीं बदलता है, उसे दिष्ट धारा कहते हैं। जैसे—सेल, बैटरी तथा DC डायनेमो दिष्ट धारा के विभिन्न स्रोत हैं।

(ii) **प्रत्यावर्ती धारा** (Alternating current,AC) वह धारा जिसका परिमाण एवं दिशा समय के साथ परिवर्तनशील होते हैं, प्रत्यावर्ती धारा कहलाती है। जैसे—AC डायनेमो प्रत्यावर्ती धारा का स्रोत है।

नोट भारत में बिजली का वितरण 220 वोल्ट तथा 50 हर्ट्ज के रूप में किया जाता है।

विद्युत क्षेत्र की तीव्रता (Electric Field Intensity)

विद्युत क्षेत्र में किसी बिन्दु पर विद्युत क्षेत्र की तीव्रता उस बिन्दु पर रखे एकांक धनावेश पर लगने वाले बल के बराबर होती है। विद्युत क्षेत्र की तीव्रता, $\mathbf{E} = \frac{\mathbf{F}}{q_0}$

q आवेश से r दूरी पर स्थित किसी बिन्दु पर विद्युत क्षेत्र की तीव्रता

$$E = \frac{1}{4\pi\varepsilon_0}\frac{q}{r^2}$$

पदार्थों के प्रकार (Types of Materials)

आवेश के प्रवाह की दृष्टि से पदार्थ निम्नलिखित प्रकार के होते हैं

(i) **चालक** (Conductors) वे पदार्थ जिनमें आवेश का प्रवाह सुगमता से होता है, चालक अथवा सुचालक कहलाते हैं। उदाहरण—धातुएँ, अम्लीय जल, लवण, आदि।

(ii) **अचालक** (Non-conductors) वे पदार्थ जिनमें आवेश का प्रवाह नहीं होता, अचालक या कुचालक कहलाते हैं। उदाहरण—सूखी लकड़ी, काँच, रबर, आदि।

(iii) **अर्द्धचालक** (Semiconductors) वे पदार्थ जो सामान्य अवस्था में आवेश का प्रवाह नहीं करते लेकिन पदार्थ का ताप बढ़ाने पर आवेश का प्रवाह करते हैं, अर्द्धचालक कहलाते हैं। उदाहरण—सिलिकॉन (Si), जर्मेनियम (Ge), आदि।

विद्युत परिपथ आरेख
(Electrical Circuit Diagram)

विद्युत धारा के प्रवाह के बन्द मार्ग को विद्युत परिपथ कहते हैं। प्रत्येक विद्युत परिपथ में विभिन्न अवयव; जैसे–विद्युत उपकरण, स्विच तार, आदि लगे होते हैं। किसी विद्युत परिपथ का ऐसा आरेख जो उसमें लगे उपकरणों व धारा स्रोत के विभिन्न सम्बन्धों को चिन्हों द्वारा प्रदर्शित करता है, विद्युत परिपथ आरेख कहलाता है। इन अवयवों को परिपथ में परिपथ आरेख के अनुसार व्यवस्थित किया जाता है।

विद्युत परिपथों में सामान्यतः उपयोग होने वाले कुछ अवयवों के प्रतीक

अवयव	प्रतीक
विद्युत सेल	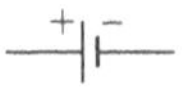
विद्युत बल्ब	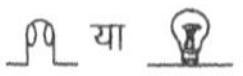
बैटरी अथवा सेलों का संयोजन	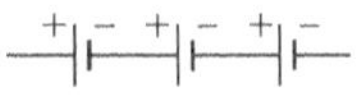
प्रतिरोध	
प्लग कुंजी (खुली) अथवा स्विच	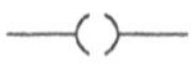
परिवर्ती प्रतिरोध अथवा धारा नियन्त्रक	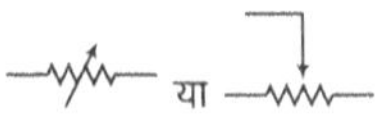
प्लग कुंजी (बन्द) अथवा स्विच	
तार सन्धि	
अमीटर	
तार क्रॉसिंग (बिना सन्धि के)	
वोल्टमीटर	

विद्युत विभव (Electric Potential)

एकांक आवेश को अनन्त से विद्युत क्षेत्र के एक बिन्दु तक लाने में किया गया कार्य विद्युत विभव कहलाता है।

विद्युत विभवान्तर (Potential Difference)

एकांक आवेश द्वारा चालक के एक सिरे से दूसरे सिरे तक प्रवाहित होने में किए गए कार्य को ही दोनों सिरों के बीच का विभवान्तर कहते हैं। विद्युत विभवान्तर का SI मात्रक वोल्ट (V) है, जिसे इटली के भौतिक वैज्ञानिक **अलेसान्द्रो वोल्टा** के नाम पर रखा गया है। यह एक अदिश राशि है।

यदि 1 कूलॉम के आवेश Q को किसी चालक के बिन्दु A से B तक प्रवाहित होने में W जूल कार्य करना पड़ता है, तो दोनों बिन्दुओं के बीच का विभवान्तर निम्न प्रकार है

$$\Delta V = V_B - V_A = \frac{W}{Q}$$

इसे $V = \frac{W}{Q}$ भी लिख सकते हैं।

यदि किसी विद्युत धारावाही चालक के दो बिन्दुओं के बीच एक कूलॉम आवेश को एक बिन्दु से दूसरे बिन्दु तक ले जाने में 1 जूल कार्य किया जाता है, तो उन दो बिन्दुओं के बीच विभवान्तर 1 वोल्ट होता है। अतः

$$1 \text{ वोल्ट} = \frac{1 \text{ जूल}}{1 \text{ कूलॉम}}$$

विद्युत विभवान्तर के छोटे मात्रक $1 \text{ mV} = 10^{-3} \text{ V}$ तथा $1\,\mu\text{V} = 10^{-6}\text{ V}$ है

विद्युत विभव के बड़े मात्रक 1 किलो-वोल्ट $= 10^3$ वोल्ट तथा 1 मेगावाट $= 10^6$ वोल्ट हैं

ओम का नियम (Ohm's Law)

यदि किसी चालक की भौतिक अवस्थाएँ स्थिर रहें, तो चालक के सिरों पर लगा विभवान्तर, उसमें प्रवाहित धारा के समानुपाती होता है।

$$V \propto i \quad \text{या} \quad \frac{V}{i} = R \quad [\text{नियतांक}]$$

जहाँ, R एक नियतांक है, जिसे चालक के पदार्थ का प्रतिरोध कहते हैं। प्रतिरोध का मात्रक ओम (Ω) है। वायु में स्थित समान लम्बाई व समान आयतन के तार का प्रतिरोध समान होता है। ओम का नियम को ऊर्जा संरक्षण के लिए प्रकथन के रूप में लिया जाता है।

ओमीय चालक (Ohmic conductors) वह चालक जो ओम के नियम का पालन करते हैं, ओमीय चालक कहलाते है; जैसे—धात्विक तार

अनओमीय चालक (Non-ohmic conductors) वह चालक जो ओम के नियम का पालन नहीं करते हैं, अनओमीय चालक कहलाते हैं; जैसे—डायोड वाल्व, ट्रायोड वाल्व।

प्रतिरोध (Resistance)

प्रतिरोध किसी चालक का वह गुण होता है, जिसके द्वारा वह इसमें प्रवाहित होने वाली धारा का विरोध करता है, इसे R से प्रदर्शित किया जाता है।

$$R = \frac{V}{i}$$

प्रतिरोध को SI मात्रक ओम (Ω) होता है। यह एक अदिश राशि है।

प्रतिरोध पर ताप का प्रभाव
(Effect of Temperature on the Resistance)

(i) धातु का ताप बढ़ाने पर प्रतिरोध बढ़ता है।

(ii) अर्द्धचालकों का ताप बढ़ाने पर प्रतिरोध घटता है।

(iii) मिश्र धातुओं का ताप बढ़ाने पर प्रतिरोध बढ़ता है, परन्तु प्रतिरोध में वृद्धि धातु की अपेक्षाकृत काफी कम होती है।

(iv) विद्युत अपघट्यों का ताप बढ़ाने पर, इनका प्रतिरोध घटता है।

परिवर्ती प्रतिरोध (Variable Resistance)

स्रोत की वोल्टता में बिना कोई परिवर्तन किये परिपथ की विद्युत धारा को नियन्त्रित करने के लिये उपयोग किये जाने वाले अवयव को परिवर्ती प्रतिरोध कहते हैं, इस युक्ति को धारा नियन्त्रक भी कहते हैं।

विशिष्ट प्रतिरोध

(Specific Resistance)

किसी चालक का वह गुण, जिसके कारण वह उसमें प्रवाहित होने वाली विद्युत धारा के प्रवाह का विरोध करता है, चालक का विद्युत प्रतिरोध कहलाता है। इसे R से प्रदर्शित करते हैं। यदि किसी चालक के सिरों के बीच विभवान्तर V वोल्ट हो तथा चालक में प्रवाहित धारा I एम्पियर हो, तो चालक का प्रतिरोध

$$R = \frac{V}{I}$$

यह एक अदिश राशि है। इसका मात्रक वोल्ट/ऐम्पियर अथवा ओम (Ω) होता है।

यदि किसी चालक में 1 ऐम्पियर विद्युत धारा प्रवाहित हो तथा चालक के दोनों सिरों के बीच विद्युत विभवान्तर 1 वोल्ट हो, तब उसका विद्युत प्रतिरोध **1 ओम** होता है।

बहुत बड़े प्रतिरोध को मेगाओम (Mega-ohm) में तथा बहुत छोटे प्रतिरोध को माइक्रोओम (Micro-ohm) में व्यक्त किया जाता है।

1 मेगाओम = 10^6 ओम, 1 माइक्रोओम = 10^{-6} ओम

विद्युत चालकता (Electric Conductivity)

प्रतिरोध के व्युत्क्रम को विद्युत चालकता कहते हैं। इसे G से प्रदर्शित करते है, इसका मात्रक ओम$^{-1}$ या सीमेन या म्हो होता है।

R प्रतिरोध वाले चालक का चालकत्व, $G = \frac{1}{R}$

विशिष्ट चालकता (Specific Conductivity)

विशिष्ट प्रतिरोध का व्युत्क्रम चालकता (σ) कहलाती है। इसे σ (सिग्मा) से प्रदर्शित करते हैं, इसका मात्रक म्हो, मीटर होता है।

$$\text{चालकता } (\sigma) = \frac{1}{\text{विशिष्ट प्रतिरोध } (\rho)}$$

विभिन्न विद्युतीय चालक पदार्थों के विशिष्ट उपयोग

विद्युतीय चालक पदार्थों के कुछ विशिष्ट उपयोग निम्नलिखित हैं

(i) **विद्युत बल्ब का फिलामेन्ट** (तन्तु) (Filament of electric bulb) यह टंगस्टन का बना होता है, जिसकी प्रतिरोधकता तथा गलनांक अति उच्च होते हैं।

(ii) **तापीय युक्तियों** (Heating equipments) (जैसे—हीटर, गीजर, प्रेस) **की कुण्डली** ये नाइक्रोम की बनी होती हैं, जिनकी प्रतिरोधकता अत्यन्त उच्च तथा गलनांक भी उच्च होता है।

(iii) **प्रतिरोध बॉक्स के प्रतिरोध** (मानक प्रतिरोध) (Resistance of resistance box) यह मैंगनीन या कान्सटेण्टन का बना होता है, ये पदार्थ उचित प्रतिरोधकता के होते हैं तथा इनकी प्रतिरोधकता व्यवहारिक रूप में ताप पर निर्भर नहीं करती। अत: प्रतिरोध का विशिष्ट मान ताप के सूक्ष्म परिवर्तन से परिवर्तित नहीं होता।

(iv) **फ्यूज-तार** (Fuse wire) ये टिन-लैड मिश्रधातु (63% टिन + 37% लेड) के बने होते हैं। इनका गलनांक कम तथा प्रतिरोधकता उच्च होती है। यह विद्युत परिपथ मे सुरक्षा युक्ति के रूप में श्रेणीक्रम में लगाया जाता है। लघुपथन के समय, फ्यूज तार परिपथ को लघुपथित करके धारा का मान शून्य अथवा न्यून कर देता है।

प्रतिरोधों के संयोग

(Combination of Resistances)

प्रतिरोधों को जोड़ने की दो विधियाँ निम्नलिखित हैं

(i) श्रेणीक्रम संयोग (Series combination)

जब प्रतिरोधों को सिरे से सिरा मिलाकर जोड़ा जाता हैं, तो इस प्रकार के क्रम को श्रेणी क्रम कहते हैं।

श्रेणीक्रम में तुल्य प्रतिरोध

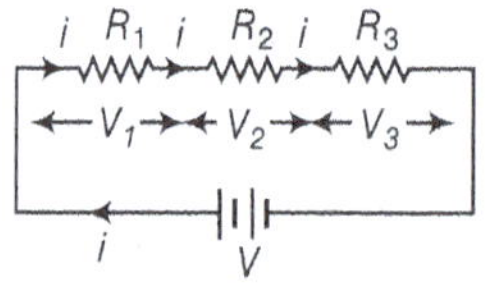

$$R = R_1 + R_2 + R_3 + ...$$

- श्रेणी क्रम में सभी प्रतिरोधों में धारा का मान समान होता है।

$$i_1 = i_2 = i_3 = i$$

- श्रेणी क्रम में सभी प्रतिरोधों का विभवान्तर का मान अलग-अलग होता है।

$$V = V_1 + V_2 + V_3$$

या $V_1 : V_2 : V_3 \equiv R_1 : R_2 : R_3$

(ii) समान्तर क्रम संयोग (Parallel combination)

इस क्रम में सभी प्रतिरोधों के प्रथम सिरों को एक बिन्दु से व द्वितीय सिरों को दूसरे बिन्दु से जोड़ा जाता है।

समान्तर क्रम में तुल्य प्रतिरोध,

$$\frac{1}{R} = \frac{1}{R_1} + \frac{1}{R_2} + \frac{1}{R_3} + ...$$

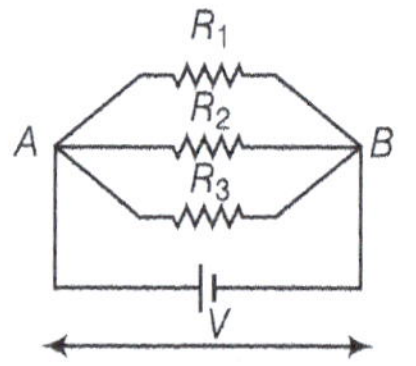

समान्तर क्रम में, सभी प्रतिरोधों में धारा का मान अलग-अलग होता है, परन्तु सभी प्रतिरोधों के सिरों पर विभवान्तर समान होता है। समान्तर क्रम के लिए,

$$i_1 : i_2 : i_3 = \frac{1}{R_1} + \frac{1}{R_2} + \frac{1}{R_3}$$

किरचॉफ का नियम

किसी विद्युत परिपथ में किसी भी सन्धि पर मिलने वाली धाराओं का बीजगणितीय योग शून्य होता है अर्थात् $\Sigma i = 0$

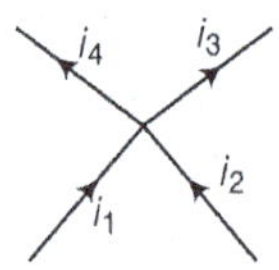

- सन्धि की ओर जाने वाली धाराओं को धनात्मक व सन्धि से दूर जाने वाली धाराओं को ऋणात्मक लिया जाता है।
- यह नियम आवेश संरक्षण के नियम का ही रूप है।

विद्युत धारा का तापीय प्रभाव

(Thermal Effect of Electric Current)

विद्युत धारा के प्रवाह के कारण किसी चालक के ताप में वृद्धि की घटना को विद्युत धारा का ऊष्मीय या तापीय प्रभाव कहते हैं।

जब किसी चालक में इलेक्ट्रॉन गति करते हैं, तो ये चालक में उपस्थित परमाणुओं से बार-बार टकराते हैं। इस प्रक्रिया में गतिशील इलेक्ट्रॉन अपनी गतिज ऊर्जा का कुछ भाग परमाणुओं को स्थानान्तरित कर देते हैं। ऊर्जा के इस स्थानान्तरण से चालक के परमाणुओं की गतिज ऊर्जा बढ़ जाती है जिससे सम्पूर्ण चालक का ताप बढ़ जाता है अर्थात् विद्युत धारा के प्रवाह से पदार्थों में ऊष्मा उत्पन्न होती है।

चालक में उत्पन्न ऊष्मा की माप

(Measurement of Heat Produced in a Conductor)

माना किसी चालक का प्रतिरोध R ओम है तथा इसके सिरों के बीच विभवान्तर V वोल्ट है। यदि चालक में I ऐम्पियर की धारा t सेकण्ड के लिए प्रवाहित की जाती है, तो चालक में व्यय विद्युत ऊर्जा $W = VIt$ जूल

यह ऊर्जा ही ऊष्मा के रूप में उत्पन्न होती है तथा ऊष्मा की माप कैलोरी में की जाती है। अत:

$$1 \text{ कैलोरी} = 4.2 \text{ जूल}$$

या $$1 \text{ जूल} = \frac{1}{4.2} \text{ कैलोरी}$$

$\therefore$ $$W \text{ जूल} = \frac{W}{4.2} \text{ कैलोरी}$$

$\therefore$ चालक में t सेकण्ड में उत्पन्न ऊष्मा

$$H = \frac{W}{4.2} \text{ कैलोरी} \qquad \text{...(viii)}$$

विभवान्तर व धारा के पदों में ऊष्मा समी (viii) में समी (iii) का मान रखने पर,

$$H = \frac{VIt}{4.2} \text{ कैलोरी} \qquad \text{...(ix)}$$

विभवान्तर व प्रतिरोध के पदों में ऊष्मा समी (viii) में समी (vii) का मान रखने पर,

$$H = \frac{V^2 t}{4.2R} \text{ कैलोरी} \qquad \text{...(x)}$$

विद्युत धारा व प्रतिरोध के पदों में ऊष्मा समी (viii) में समी (v) का मान रखने पर,

$$H = \frac{I^2 Rt}{4.2} \text{ कैलोरी} \qquad \text{...(xi)}$$

उपरोक्त सूत्र से स्पष्ट है कि चालक में उत्पन्न ऊष्मा

(i) विद्युत धारा के वर्ग (I^2) के अनुक्रमानुपाती होती है, यदि R व t स्थिर हैं।

(ii) प्रतिरोध R के अनुक्रमानुपाती होती है, यदि I व t स्थिर हैं।

(iii) समय t के अनुक्रमानुपाती होती है, यदि I व R स्थिर हैं।

उपरोक्त तीनों नियमों को **जूल का तापन नियम** कहते हैं।

विद्युत शक्ति (Electric Power)

किसी विद्युत परिपथ में विद्युत ऊर्जा के व्यय होने की दर को विद्युत सामर्थ्य अथवा विद्युत शक्ति कहते हैं। इसे P से प्रदर्शित करते हैं।

अत: $$\text{विद्युत सामर्थ्य} = \frac{\text{विद्युत ऊर्जा}}{\text{समय}}$$

यदि किसी विद्युत परिपथ में t सेकण्ड में W जूल ऊर्जा व्यय होती है, तो परिपथ की विद्युत सामर्थ्य

$$P = \frac{W}{t} \qquad \text{...(i)}$$

इसका मात्रक जूल/सेकण्ड या वाट होता है।

यदि किसी परिपथ में 1 जूल प्रति सेकण्ड की दर से ऊर्जा व्यय होती है, तो परिपथ की विद्युत शक्ति 1 वाट होगी।

विभवान्तर व धारा के पदों में विद्युत सामर्थ्य यदि किसी परिपथ में V वोल्ट के विभवान्तर पर I ऐम्पियर की धारा t सेकण्ड के लिए प्रवाहित होती है, तो व्यय ऊर्जा

$$W = VIt \text{ जूल} \qquad \text{...(ii)}$$

समी (ii) का मान समी (i) में रखने पर, $P = \frac{VIt}{t}$

$\therefore$ $$P = VI \qquad \text{...(iii)}$$

धारा व प्रतिरोध के पदों में विद्युत सामर्थ्य यदि परिपथ का प्रतिरोध R ओम है, तो ओम के नियम द्वारा

$$V = IR \qquad \text{...(iv)}$$

समी (iv) का मान समी (iii) में रखने पर,

$$P = I^2 R$$

विद्युत ऊर्जा

(Electrical Energy)

आवेश के प्रवाह के कारण जो ऊर्जा व्यय होती है, उसे विद्युत ऊर्जा कहते हैं।

$$\text{विद्युत ऊर्जा, } E = Vit = \frac{V^2}{R} t = i^2 Rt \text{ जूल}$$

विद्युत ऊर्जा की इकाई किलोवाट-घण्टा भी है।

विद्युत ऊर्जा के व्यावहारिक मात्रक

(Practical Units of Electric Energy)

जूल विद्युत ऊर्जा का सबसे छोटा मात्रक है इसलिए घरेलू व औद्योगिक कार्यों के लिए प्रयुक्त विद्युत ऊर्जा के मापन हेतु किलोवाट-घण्टा अथवा बोर्ड ऑफ ट्रेड यूनिट (BTU) का प्रयोग किया जाता है जिसे सामान्य भाषा में यूनिट कहा जाता है।

1 किलोवाट-घण्टा या 1 यूनिट विद्युत ऊर्जा की वह मात्रा होती है जो 1 किलोवाट शक्ति वाले परिपथ में 1 घण्टे में व्यय होती है।

$$\text{किलोवाट-घण्टों अथवा यूनिटों की संख्या} = \frac{\text{वाट} \times \text{घण्टे}}{1000}$$

$$= \frac{\text{वोल्ट} \times \text{ऐम्पियर} \times \text{घण्टे}}{1000}$$

यदि दिनों की संख्या भी दी गई हो, तो

किलोवाट-घण्टा अथवा यूनिटों की संख्या $= \frac{\text{वाट} \times \text{घण्टे} \times \text{दिन}}{1000}$

किलोवाट-घण्टा तथा जूल में निम्नलिखित सम्बन्ध होता है

1 किलोवाट-घण्टा $= 3.6 \times 10^6$ जूल

घरेलू विद्युत परिपथ

(Domestic Electric Circuits)

घरों में पावर हाउस से विद्युत धारा दो मोटे तारों द्वारा प्रवाहित होती है, जिसे **सर्विस लाइन** कहते हैं। इन तारों में से एक तार उच्च विभव (220 वोल्ट) का होता है, जिसे **गर्म तार** (Live wire or Phase wire) कहा जाता है तथा दूसरा तार शून्य विभव का होता है, जिसे **ठण्डा या उदासीन तार** (Neutral wire) कहा जाता है। इन तारों को वाट-घण्टा-मीटर के दो टर्मिनलों, जिन पर IN लिखा होता है, से जोड़ दिया जाता है तथा मीटर के अन्य दो टर्मिनलों, जिन पर OUT लिखा होता है, को घर के मेन स्विच से जोड़ देते हैं। मेन स्विच से आगे निकलने वाले दोनों तारों के श्रेणीक्रम में मेन फ्यूज लगा दिया जाता है। इन दोनों तारों के माध्यम से घर के अलग-अलग भागों में कई ब्रांच लाइनें समान्तर क्रम में ली जाती हैं, जिनका सम्बन्ध घर के विभिन्न उपकरणों से कर दिया जाता है तथा उपकरणों में धारा प्रवाहित होने लगती है।

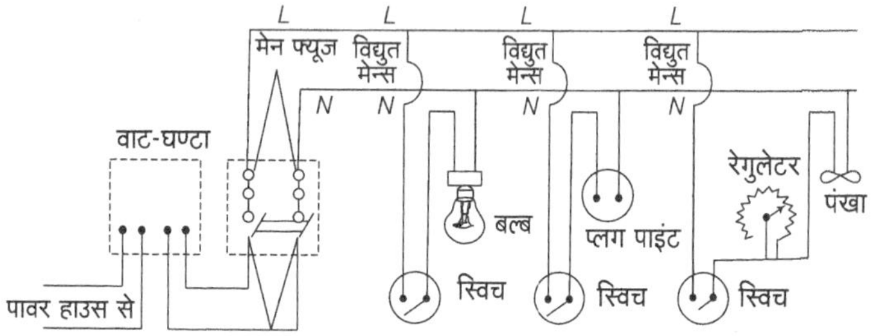

नोट एक ही घर में कई ब्रांच लाइनें होने के निम्नलिखित लाभ होते हैं

(i) ब्रांच लाइन की वायरिंग हेतु पतले तार का प्रयोग कर सकते हैं जबकि एक लाइन के लिए मोटा तार लेना पड़ता है, जिससे लागत में कमी आती है।

(ii) ब्रांच लाइन के कारण यदि किसी एक कमरे में शॉर्ट सर्किट (या लघुपथन) होता है, तो उस कमरे का ही फ्यूज उड़ता है, शेष घर में लाइट आती रहती है।

घरेलू विद्युत परिपथ में विभिन्न घटक एवं घटनाएँ

घरेलू विद्युत परिपथ में विभिन्न घटक एवं घटनाएँ निम्नलिखित हैं

(i) **वितरण बॉक्स** (Distribution Box) वितरण बॉक्स का मुख्य कार्य, आवश्यकतानुसार मेन लाइन को अलग-अलग ब्रांच लाइनों में बाँटना (Distribute) है। वितरण बॉक्स में धातु की दो छड़ें (D) लगी होती हैं, जो मुख्य लाइन के दोनों तारों से जुड़ी होती हैं। वितरण बॉक्स की छड़ों से कई ब्रांच लाइनें ली जाती हैं, जो घर के अलग-अलग भागों में ले जाई जाती हैं। प्रत्येक ब्रांच लाइन के गर्म तार में फ्यूज लगाया जाता है।

ब्रांच लाइन में प्रयुक्त तार व फ्यूज उस लाइन से जुड़ें हुए उपकरणों पर निर्भर करता है। यदि किसी ब्रांच लाइन से जुड़े कमरे में हल्के उपकरण; जैसे—पंखे, बल्ब, आदि ही हैं, तो अपेक्षाकृत कम मोटा तार तथा कम मोटा फ्यूज लगाया जाता है। इसके विपरीत यदि ब्रांच लाइन से उच्च क्षमता वाले उपकरण; जैसे—हीटर, इस्त्री, आदि जुड़े हैं, तो ब्रांच लाइन में मोटा तार व अपेक्षाकृत मोटा फ्यूज लगाया जाता है।

प्राय: देखा जाता है कि घरों में दो पृथक् परिपथ होते हैं। एक 15 ऐम्पियर विद्युत धारा अनुमतांक के लिये, जिसका उपयोग उच्च शक्ति वाले विद्युत साधित्रों जैसे गीजर-वायु शीतित कूलर आदि के लिए किया जाता है तथा दूसरा 5A विद्युत धारा अनुमतांक के लिए होता है, जिससे बल्ब पंखें आदि चलाये जाते हैं।

(ii) **विद्युत फ्यूज** (Electric Fuses) विद्युत फ्यूज सभी घरेलू परिपथों का एक महत्त्वपूर्ण अवयव होता है। विद्युत परिपथ में लगा फ्यूज परिपथ तथा उपकरण को अतिकारण और लघुपथन की स्थिति से बचाता है। और जब कभी परिपथ में विद्युत धारा अकस्मात बहुत अधिक हो जाती है, तब फ्यूज में होने वाला जूल तापन फ्यूज को पिघला देता है। और विद्युत परिपथ टूट जाता है, जिससे विद्युत परिपथ और उपकरण क्षतिग्रस्त होने से बच जाते हैं।

(iii) **लघुपथन** (Short-Circuit) जब विद्युत तन्य या गर्मतार तथा उदासीन तार दो सीधे सम्पर्क में आते हैं, तो अतिभारण हो सकता है (यह तब होता है जब तारों का विद्युतरोधन क्षतिग्रस्त हो जाता है अथवा साधित में कोई दोष होता है) ऐसी परिस्थितियों में किसी परिपथ में विद्युत धारा अकस्मात बहुत अधिक हो जाती है, इसे लघुपथन कहते हैं।

(iv) **भूसम्पर्कन** (Earthing) प्राय: सभी घरेलू उपकरण धातु के बने होते हैं, जिन पर विद्युतरोधी पदार्थ का आवरण चढ़ा होता है। जब एक विद्युतरोधी पदार्थ का आवरण खराब हो जाता है, तो भीतर की वायरिंग कभी-कभी आवरण के सम्पर्क में आ जाती है, जिससे बिजली का झटका लगता है। इस दोष के निवारण हेतु उपकरण के बाह्य आवरण को ताँबे के मोटे तार द्वारा भूसम्पर्कित किया जाता है।

आजकल विद्युत उपकरणों को भूसम्पर्कित करने के लिए सॉकेटों में तीन टर्मिनल लगाए जाते हैं, जिनमें से मोटे वाले टर्मिनल को भूसम्पर्कित किया जाता है।

विद्युत प्रयोग में रखी जाने वाली सावधानियाँ

विद्युत प्रयोग के दौरान सावधानियाँ निम्नलिखित हैं

(i) स्विच तथा प्लग को ठीक प्रकार कस देना चाहिए।

(ii) खराब अथवा क्षतिग्रस्त तार तुरन्त बदल देने चाहिए।

(iii) उचित विद्युतरोधी परत के तार प्रयोग में लेने चाहिए।

(iv) प्रत्येक परिपथ में उचित पदार्थ व आवश्यक क्षमता वाले फ्यूज तार का उपयोग करना चाहिए।

(v) सभी विद्युत उपकरणों के लिए भूतार अवश्य लगाना चाहिए।

(vi) आग लगने या दुर्घटना होने पर परिपथ का स्विच तुरन्त बन्द कर देना चाहिए।

(vii) बिजली के स्विचों व उपकरणों का उपयोग गीले हाथों से न करें।

अभ्यास प्रश्न

1. एक प्रोटॉन पर विद्युत आवेश की मात्रा होती है

(a) 1.0×10^{-19} कूलॉम

(b) 6.25×10^{19} कूलॉम

(c) 1.6×10^{19} कूलॉम

(d) 1.6×10^{-19} कूलॉम

2. एक चालक पर 12.8×10^{-19} कूलॉम ऋणावेश है। इस चालक पर सामान्य अवस्था में इलेक्ट्रॉन अधिक हैं

(a) 5 (b) 6

(c) 7 (d) 8

3. धातुओं में विद्युत चालन होता है

(a) प्रोटॉनों के कारण

(b) मुक्त इलेक्ट्रॉनों के कारण

(c) न्यूट्रॉनों के कारण

(d) परमाणुओं के निकट होने के कारण

4. किसी ठोस धातु में 6×10^{21} परमाणु हैं। यदि ठोस के 0.5% परमाणुओं में से प्रत्येक से 1 इलेक्ट्रॉन निकल जाए, तो ठोस पर होगा

(a) 12.8 कूलॉम ऋणावेश

(b) 12.8 कूलॉम धनावेश

(c) 13.8 कूलॉम ऋणावेश

(d) 13.8 कूलॉम धनावेश

5. यदि किसी चालक में प्रवाहित धारा 4.0 ऐम्पियर है, तो 1.5 मिनट में प्रवाहित आवेश की मात्रा होगी

(a) 60 कूलॉम (b) 160 कूलॉम

(c) 260 कूलॉम (d) 360 कूलॉम

6. ओम का नियम सत्य है

(a) केवल धात्विक चालकों के लिए

(b) केवल अधात्विक चालकों के लिए

(c) केवल अर्द्धचालकों के लिए

(d) उपरोक्त सभी के लिए

7. ओम के नियम के अनुसार, धारा (I), विभवान्तर (V) और प्रतिरोध (R) में अभीष्ट सम्बन्ध है

(a) $I = V^2R$ (b) $I = VR$

(c) $I = \frac{R}{R}$ (d) $I = \frac{V}{R}$

8. 1.5 ओम प्रतिरोध के तार में 1.5 ऐम्पियर धारा प्रवाहित करने पर तारों के सिरों के बीच विभवान्तर होता है

(a) 22.5 वोल्ट (b) 1 वोल्ट

(c) 0.225 वोल्ट (d) 2.25 वोल्ट

9. यदि पाँच प्रतिरोध जिनके मान (प्रत्येक) $\frac{1}{5}$ ओम हैं, श्रेणीक्रम में संयोजित हैं। उनके द्वारा प्राप्त हो सकने वाला अधिकतम प्रतिरोध है

(a) $\frac{1}{5}$ ओम (b) 10 ओम

(c) 5 ओम (d) 1 ओम

10. निम्न परिपथ में धारा (I) का मान है

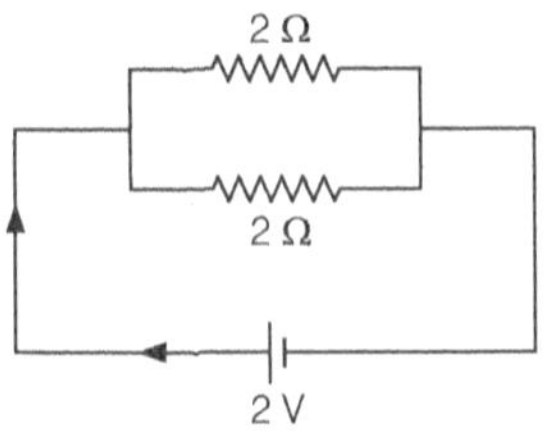

(a) 1 ऐम्पियर (b) 0.5 ऐम्पियर

(c) 4 ऐम्पियर (d) 2 ऐम्पियर

11. ताँबे के तार से होकर 2.5×10^{18} मुक्त इलेक्ट्रॉन प्रति सेकण्ड प्रवाहित हो रहे हैं। चालक में धारा है

(a) 0.2 ऐम्पियर (b) 0.4 ऐम्पियर

(c) 0.5 ऐम्पियर (d) 0.1 ऐम्पियर

12. किसी चालक के सिरों का विभवान्तर 2 वोल्ट है। इस चालक में 0.1 कूलॉम आवेश प्रवाहित होने पर कार्य होगा

(a) 0.1 जूल (b) 0.2 जूल

(c) 2 जूल (d) 1 जूल

13. किसी विद्युत परिपथ के दो बिन्दुओं के बीच 10 कूलॉम आवेश प्रवाहित करने में 250 जूल ऊर्जा व्यय होती है। दोनों बिन्दुओं के बीच विभवान्तर होगा

(a) 20 वोल्ट (b) 10 वोल्ट

(c) 25 वोल्ट (d) 15 वोल्ट

14. एक इलेक्ट्रॉन को अनन्त से किसी आवेशित चालक तक लाने में 4.8×10^{-18} जूल कार्य करना पड़ता है। आवेशित चालक के विभव में वृद्धि होगी

(a) 6 जूल/कूलॉम (b) 4 जूल/कूलॉम

(c) 40 जूल/कूलॉम (d) 30 जूल/कूलॉम

15. एक इलेक्ट्रॉन पर 1.6×10^{-19} कूलॉम का आवेश होता है। यदि किसी चालक में 2.5 ऐम्पियर की धारा 2 सेकण्ड तक प्रवाहित की जाए, तो इलेक्ट्रॉनों की संख्या होगी

(a) 6.25×10^{18} (b) 31.25×10^{18}

(c) 3×10^{19} (d) 3.125×10^{20}

16. 'ओम के नियम' के अनुसार विभवान्तर तथा धारा में सही सम्बन्ध है

(a) $V \propto i$ (b) $V \propto \frac{i}{q}$

(c) $V \propto \frac{1}{i}$ (d) इनमें से कोई नहीं

17. एक प्रतिरोध में 1.5 ऐम्पियर की धारा प्रवाहित करने पर उसमें 5 वोल्ट का विभवान्तर उत्पन्न होता है। प्रतिरोध के सिरों के बीच 2 वोल्ट का विभवान्तर उत्पन्न करने के लिए धारा प्रवाहित करनी होगी

(a) 0.5 ऐम्पियर (b) 0.6 ऐम्पियर

(c) 0.8 ऐम्पियर (d) 1.0 ऐम्पियर

18. किसी धातु का विशिष्ट प्रतिरोध 44×10^{-8} ओम-मी है। इस धातु के 1 मी लम्बे और 1 मिमी व्यास वाले तार का प्रतिरोध होगा

(a) 1.2 Ω (b) 0.56 Ω

(c) 0.48 Ω (d) 0.64 Ω

19. किसी धातु के तार की किसी लम्बाई का प्रतिरोध 6 Ω है। यदि उसी धातु की दोगुनी लम्बाई और पहले से आधी त्रिज्या की तार ली जाए, तो इस तार का प्रतिरोध होगा

(a) 6 Ω (b) 8 Ω (c) 18 Ω (d) 48 Ω

20. 16 ओम प्रतिरोध के एकसमान परिच्छेद वाले तार को एक वृत्त के रूप में मोड़ा गया है। इस वृत्त के किसी भी व्यास के सिरों के बीच तुल्य प्रतिरोध होगा

(a) 16 Ω (b) 8 Ω

(c) 4 Ω (d) 32 Ω

21. दो तारों में समान परिमाण की धारा प्रवाहित होती है। प्रथम ताँबे का तार 2 मी लम्बा है जिसका व्यास 1 मिमी है तथा दूसरा तार भी ताँबे का ही है और वह भी 2 मी लम्बा है। प्रथम तार के सिरों के बीच विभवान्तर 5 वोल्ट तथा दूसरे तार के सिरों के बीच विभवान्तर 20 वोल्ट है। दूसरे तार का व्यास क्या होगा?

(a) 0.5 मिमी (b) 10 मिमी

(c) 6 मिमी (d) 15 मिमी

22. 4 वोल्ट की एक बैटरी से 1 Ω तथा 3 Ω के प्रतिरोध श्रेणीक्रम में जुड़े हैं। बैटरी से होकर प्रवाहित धारा होगी

(a) 1 ऐम्पियर

(b) 3 ऐम्पियर

(c) 4 ऐम्पियर

(d) 4.75 ऐम्पियर

23. निम्न परिपथ में A व B के बीच तुल्य प्रतिरोध है

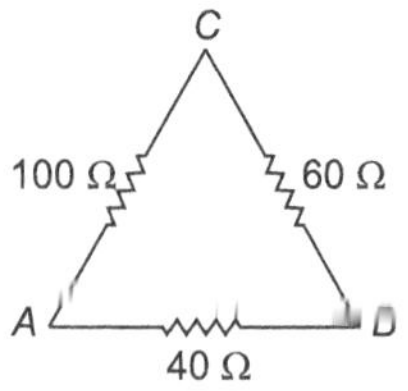

(a) 200 Ω (b) 120 Ω
(c) 64 Ω (d) 32 Ω

24. चित्र में, A और B के बीच तुल्यांकी प्रतिरोध होगा

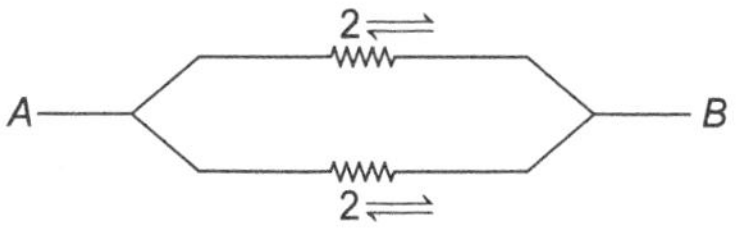

(a) 2 Ω (b) 1 Ω
(c) 1.5 Ω (d) 2.5 Ω

25. विद्युत ऊर्जा तुल्य है
(a) VIt (b) I^2t^2R
(c) IRt (d) $\frac{V^2t}{R^2}$

26. यदि किसी चालक में 5 ऐम्पियर की धारा 15 सेकण्ड के लिए प्रवाहित करने पर व्यय हुई ऊर्जा 45×10^3 जूल हो, तो चालक के प्रतिरोध की गणना कीजिए।
(a) 12 ओम
(b) 120 ओम
(c) 1200 ओम
(d) 12×10^3 ओम

27. जूल के ऊष्मीय उत्पादन के नियम का सूत्र है
(a) $H = \frac{I^2Rt}{4.2}$ (b) $H = \frac{V^2t}{4.2R}$
(c) $H = \frac{VIt}{4.2}$ (d) $H = \frac{V^2I^2t}{4.2}$

28. 1 अश्व शक्ति बराबर होती है
(a) 726 वाट
(b) 736 वाट
(c) 746 वाट
(d) 756 वाट

29. एक पावर स्टेशन की सामार्थ्य 200 मेगावाट है। इसके द्वारा प्रतिदिन उत्पन्न विद्युत ऊर्जा होगी।
(a) 200 मेगावाट-घण्टा
(b) 4800 मेगावाट-घण्टा
(c) 4800 मेगावाट-घण्टा
(d) 4800 मेगावाट-घण्टा

30. एक विद्युत हीटर की सामर्थ्य 0.5 किलोवाट है। इसे 20 मिनट तक उपयोग में लाया गया है, तो उत्पन्न ऊष्मा का मान होगा
(a) 2.5×10^{-2} जूल
(b) 10 जूल
(c) 4 जूल
(d) 6×10^5 जूल

31. एक विद्युत बल्ब पर 240 वोल्ट, 60 वाट अंकित है, तो उसके तन्तु का प्रतिरोध होगा
(a) 1440 ओम (b) 1920 ओम
(c) 960 ओम (d) 1200 ओम

32. एक किलोवाट-घण्टे में जूल की संख्या होगी
(a) 3600 (b) 36×10^3
(c) 3.6×10^5 (d) 3.6×10^6

33. यदि 140 वोल्ट विभवान्तर वाले विद्युत उपकरण द्वारा 12 कूलॉम का आवेश प्रवाहित होता है, तो उपकरण में व्यय ऊर्जा की मात्रा होगी
(a) 1680 जूल
(b) 1480 जूल
(c) 1280 जूल
(d) 1580 जूल

34. समान लम्बाई के हीटर के दो तारों को एक बार श्रेणी क्रम में तथा फिर एक बार समान्तर क्रम में जोड़ने पर उत्पन्न ऊष्माओं का अनुपात होगा
(a) 2 : 1 (b) 1 : 2 (c) 4 : 1 (d) 1 : 4

35. 25 वाट तथा 100 वाट के दो बल्बों के प्रतिरोधों का अनुपात क्या होगा, यदि वोल्टेज समान हो?
(a) 4 : 1 (b) 5 : 11
(c) 11 : 4 (d) इनमें से कोई नहीं

36. घरों में मुख्य लाइन के तार होते हैं
(a) दोनों गर्म (b) दोनों ठण्डे
(c) एक गर्म तथा दूसरा ठण्डा
(d) उपरोक्त में से कोई नहीं

37. घरेलू विद्युत परिपथों में बल्ब प्रयुक्त किए जाते हैं
(a) श्रेणी क्रम में (b) समान्तर क्रम में
(c) मिश्रित क्रम में
(d) श्रेणी अथवा समान्तर क्रम में

38. घरों में प्रवाहित होने वाली धारा होती है
(a) प्रत्यावर्ती (b) दिष्ट
(c) (a) एवं (b) दोनों (d) इनमें से कोई नहीं

39. एक विद्युत हीटर 220 वोल्ट की आपूर्ति पर 440 वाट ऊर्जा लेता है। यदि इसे 440 वोल्ट की विद्युत आपूर्ति पर 15 घण्टे चलाया जाए, तो व्यय होने वाली ऊर्जा होगी।
(a) 26.4 किलोवाट-घण्टा
(b) 13.2 किलोवाट-घण्टा
(c) 3.3 किलोवाट-घण्टा (d) इनमें से कोई नहीं

40. एक बिजली के हीटर पर अंकित है 3 किलोवाट एवं 250 वोल्ट। बिजली खर्च की दर ₹ 5 प्रति यूनिट है। इसे 5 घण्टे तक लगातार चलाने पर बिजली का खर्च होगा
(a) ₹ 10.0 (b) ₹ 50.0
(c) ₹ 75.0 (d) ₹ 25.0

उत्तरमाला

1. (d)	2. (d)	3. (b)	4. (b)	5. (d)	6. (a)	7. (d)	8. (d)	9. (d)	10. (d)
11. (b)	12. (b)	13. (c)	14. (d)	15. (b)	16. (a)	17. (b)	18. (b)	19. (d)	20. (c)
21. (a)	22. (a)	23. (d)	24. (b)	25. (a)	26. (b)	27. (a)	28. (c)	29. (b)	30. (d)
31. (c)	32. (d)	33. (a)	34. (d)	35. (a)	36. (c)	37. (b)	38. (a)	39. (a)	40. (c)

अध्याय

10

विद्युत धारा का तापीय प्रभाव

(Heating Effect of Electric Current)

विद्युत ऊर्जा (Electric Energy)

किसी चालक में विद्युत आवेश प्रवाहित होने से जो ऊर्जा व्यय होती है, उसे विद्युत ऊर्जा कहते हैं। यदि किसी चालक के सिरों के बीच विभवान्तर V वोल्ट हो, तो q कूलॉम आवेश को चालक के एक सिरे से दूसरे सिरे तक ले जाने में किया गया कार्य या व्यय विद्युत ऊर्जा,

$$W = V \times q \qquad \ldots(i)$$

विद्युत ऊर्जा का मात्रक जूल (Joule) होता है।

अत: यदि चालक के सिरों के बीच विभवान्तर 1 वोल्ट हो तथा चालक में 1 कूलॉम आवेश प्रवाहित किया जाए, तो 1 **जूल** ऊर्जा व्यय होगी।

विभवान्तर व धारा के पदों में विद्युत ऊर्जा यदि किसी चालक के सिरों के बीच विभवान्तर V वोल्ट है तथा इसमें I ऐम्पियर की धारा t सेकण्ड के लिए प्रवाहित की जाती है, तो चालक में प्रवाहित आवेश

$$q = I \times t \text{ कूलॉम} \qquad \ldots(ii)$$

समी (ii) का मान समी (i) में रखने पर,

चालक में t सेकण्ड में व्यय हुई विद्युत ऊर्जा

$$W = VIt \text{ जूल} \qquad \ldots(iii)$$

धारा व प्रतिरोध के पदों में विद्युत ऊर्जा यदि चालक का प्रतिरोध R ओम हो, तो ओम के
नियम द्वारा,

$$\text{विभवान्तर } (V) = IR \qquad \ldots(iv)$$

समी (iv) का मान समी (iii) में रखने पर,

$$W = I^2Rt \text{ जूल}. \qquad \ldots(v)$$

विभवान्तर व प्रतिरोध के पदों में विद्युत ऊर्जा पुन: ओम के नियम द्वारा,

$$\text{विद्युत धारा } (I) = \frac{V}{R} \qquad \ldots(vi)$$

समी (vi) का मान समी (v) में रखने पर,

$$W = \left(\frac{V}{R}\right)^2 \times Rt = V^2 \frac{t}{R}$$

$$W = \frac{V^2t}{R} \text{ जूल} \qquad \ldots(vii)$$

समी (iii), (v) व (vii) से, हम कह सकते हैं कि

$$\text{व्यय विद्युत ऊर्जा} \quad W = VIt = I^2Rt = V^2 \frac{t}{R} \text{ जूल}$$

उदाहरण 1. यदि 140 वोल्ट विभवान्तर वाले विद्युत उपकरण द्वारा 12 कूलॉम का आवेश प्रवाहित होता है, तो उपकरण में व्यय ऊर्जा का मान क्या होगा?

हल दिया है,

विभवान्तर $(V) = 140$ वोल्ट

विद्युत आवेश $(q) = 12$ कूलॉम

उपकरण में व्यय ऊर्जा $(W) = q \times V$

$= 140 \times 12 = 1680$ जूल

अत: उपकरण में 1680 जूल ऊर्जा व्यय होगी।

उदाहरण 2. एक विद्युत हीटर में 3 ऐम्पियर की विद्युत धारा 20 सेकण्ड के लिए प्रवाहित की जाती है। यदि हीटर के तार का प्रतिरोध 250 ओम हो, तो हीटर में कितनी ऊर्जा व्यय होगी?

हल दिया है,

विद्युत धारा $(I) = 3$ ऐम्पियर

प्रतिरोध $(R) = 250$ ओम

समय $(t) = 20$ सेकण्ड

$\therefore$ व्यय हुई विद्युत ऊर्जा $(W) = I^2Rt$

$= (3)^2 \times 250 \times 20 = 9 \times 250 \times 20$

$= 45000 = 45 \times 10^3$ जूल

अतः हीटर में 45×10^3 जूल ऊर्जा व्यय होगी।

इलेक्ट्रॉन वोल्ट (Electron Volt)

यदि दो बिन्दुओं के बीच विभवान्तर 1 वोल्ट है, तो इलेक्ट्रॉन को एक बिन्दु से दूसरे बिन्दु तक ले जाने में किया गया कार्य **1 इलेक्ट्रॉन वोल्ट** कहलाता है। यह कार्य व ऊर्जा का सबसे छोटा मात्रक है।

यदि दो बिन्दुओं के बीच विभवान्तर V है, तो एक इलेक्ट्रॉन को एक बिन्दु से दूसरे बिन्दु तक ले जाने में किया गया कार्य

$$W = eV$$

जहाँ, $e =$ इलेक्ट्रॉन का आवेश $= 1.6 \times 10^{-19}$ कूलॉम

यदि $V = 1$ वोल्ट हो, तब

$W = e = 1$ इलेक्ट्रॉन वोल्ट

अर्थात् **1 इलेक्ट्रॉन वोल्ट $= 1.6 \times 10^{-19}$ जूल**

विद्युत धारा का तापीय प्रभाव

(Heating Effect of Electric Current)

विद्युत धारा के प्रवाह के कारण किसी चालक के ताप में वृद्धि की घटना को विद्युत धारा का तापीय प्रभाव कहते हैं।

जब किसी चालक में इलेक्ट्रॉन गति करते हैं, तो ये चालक में उपस्थित परमाणुओं से बार-बार टकराते हैं। इस प्रक्रिया में गतिशील इलेक्ट्रॉन अपनी गतिज ऊर्जा का कुछ भाग परमाणुओं को स्थानान्तरित कर देते हैं। ऊर्जा के इस स्थानान्तरण से चालक के परमाणुओं की गतिज ऊर्जा बढ़ जाती है, जिससे सम्पूर्ण चालक का ताप बढ़ जाता है अर्थात् विद्युत धारा के प्रवाह से पदार्थों में ऊष्मा उत्पन्न होती है।

चालक में उत्पन्न ऊष्मा की माप

(Measurement of Heat Produced in a Conductor)

माना किसी चालक का प्रतिरोध R ओम है तथा इसके सिरों के बीच विभवान्तर V वोल्ट है। यदि चालक में I ऐम्पियर की धारा t सेकण्ड के लिए प्रवाहित की जाती है, तो चालक में व्यय विद्युत ऊर्जा

$$W = VIt \text{ जूल}$$

यह ऊर्जा ही ऊष्मा के रूप में उत्पन्न होती है तथा ऊष्मा की माप कैलोरी में की जाती है। अत:

$$1 \text{ कैलोरी} = 4.2 \text{ जूल या } 1 \text{ जूल} = \frac{1}{4.2} \text{ कैलोरी}$$

$$\therefore \quad W \text{ जूल} = \frac{W}{4.2} \text{ कैलोरी}$$

$\therefore$ चालक में t सेकण्ड में उत्पन्न ऊष्मा

$$H = \frac{W}{4.2} \text{ कैलोरी} \quad ...(viii)$$

विभवान्तर व धारा के पदों में ऊष्मा समी (viii) में समी (iii) का मान रखने पर,

$$H = \frac{VIt}{4.2} \text{ कैलोरी} \quad ...(ix)$$

विभवान्तर व प्रतिरोध के पदों में ऊष्मा समी (viii) में समी (vii) का मान रखने पर,

$$H = \frac{V^2t}{4.2R} \text{ कैलोरी} \quad ...(x)$$

विद्युत धारा व प्रतिरोध के पदों में ऊष्मा समी (viii) में समी (v) का मान रखने पर,

$$H = \frac{I^2Rt}{4.2} \text{ कैलोरी} \quad ...(xi)$$

उपरोक्त सूत्र से स्पष्ट है कि चालक में उत्पन्न ऊष्मा

(i) विद्युत धारा के वर्ग (I^2) के अनुक्रमानुपाती होती है, यदि R व t स्थिर हैं।

(ii) प्रतिरोध R के अनुक्रमानुपाती होती है, यदि I व t स्थिर हैं।

(iii) समय t के अनुक्रमानुपाती होती है, यदि I व R स्थिर हैं।

उपरोक्त तीनों नियमों को **जूल का तापन नियम** कहते हैं।

उदाहरण 3. 42 वोल्ट तथा 0.5 ऐम्पियर के बल्ब से प्रति सेकण्ड कितने कैलोरी ऊष्मा उत्पन्न होगी?

हल दिया है, बल्ब का विभवान्तर $(V) = 42$ वोल्ट

धारा $(I) = 0.5$ ऐम्पियर

$\therefore$ बल्ब से उत्पन्न ऊष्मा $(H) = \frac{VIt}{4.2} = \frac{42 \times 0.5 \times 1}{4.2} = 5$ कैलोरी

अतः बल्ब से प्रति सेकण्ड 5 कैलोरी ऊष्मा उत्पन्न होगी।

उदाहरण 4. एक चालक का प्रतिरोध 10 ओम है। चालक में 10 सेकण्ड में 15 ऐम्पियर की धारा प्रवाहित होती है, तो चालक में उत्पन्न ऊष्मा का मान क्या होगा?

हल दिया है,

चालक का प्रतिरोध $(R) = 10$ ओम

चालक में प्रवाहित धारा $(I) = 15$ ऐम्पियर

समय $(t) = 10$ सेकण्ड

$\therefore$ चालक में उत्पन्न ऊष्मा

$$H = \frac{I^2Rt}{4.2} = \frac{(15)^2 \times 10 \times 10}{4.2} = 5357.14 \text{ कैलोरी}$$

अतः चालक में 5357.14 कैलोरी ऊष्मा उत्पन्न होगी।

उदाहरण 5. किसी 8 ओम प्रतिरोध से प्रति सेकण्ड 200 जूल ऊष्मा उत्पन्न हो रही है। प्रतिरोधक के सिरों पर विभवान्तर ज्ञात कीजिये।

हल दिया है, उत्पन्न ऊष्मा = 200 जूल

प्रतिरोध = 8 ओम

$$H = i^2Rt$$

$$\therefore \quad \text{प्राप्त धारा } i = \sqrt{\frac{H}{Rt}} = \sqrt{\frac{200}{8 \times 1}}$$

= 5 ऐम्पियर

प्रतिरोधक के सिरों पर विभवान्तर

$$V = IR = 5 \times 8 = 40 \text{ वोल्ट}$$

विद्युत धारा के तापीय प्रभाव के व्यावहारिक अनुप्रयोग

(Practical Applications of Heating Effect of Electric Current)

विद्युत धारा के तापीय प्रभाव के व्यावहारिक अनुप्रयोग के आधार पर निम्न उपकरण प्रयुक्त किये जाते हैं।

1. विद्युत बल्ब Electric Bulb

विद्युत बल्ब, विद्युत धारा के ऊष्मीय प्रभाव पर आधारित एक उपकरण है। जब विद्युत बल्ब के तन्तु में धारा प्रवाहित की जाती है, तो तन्तु का प्रतिरोध अत्यधिक होने के कारण इसका तापमान 1500°C से 2500°C तक बढ़ जाता है, जिस कारण यह चमकने लगता है।

संरचना एवं कार्यविधि (Construction and Working)

विद्युत बल्ब काँच का एक खोखला गोला होता है, जिसके अन्दर से वायु निकाल कर निर्वात (Vacuum) रखते हैं। बल्ब के ऊपरी भाग पर एक ऐल्युमिनियम की टोपी लगी होती है, जिसके दोनों ओर दो पिनें लगी होती हैं। टोपी के मुँह को चपड़ा या लाख से बन्द कर दिया जाता है। चपड़े के ऊपर जस्ते के दो टांके लगे होते हैं, जिनका सम्बन्ध दो मोटे तारों से होता है। ये तार एक काँच की नली में से होकर बल्ब के अन्दर इस प्रकार लाए जाते हैं कि ये एक-दूसरे को स्पर्श न करें।

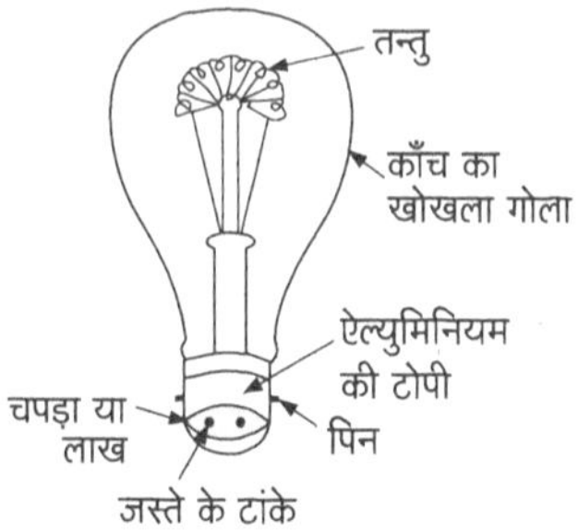

चित्र 19.1 विद्युत बल्ब की संरचना

इनके आन्तरिक सिरों के बीच टंगस्टन का एक बारीक तार जुड़ा होता है, जिसे तन्तु (Filament) कहते हैं। टंगस्टन का गलनांक अतिउच्च (3400°C) होता है। जब तन्तु में विद्युत धारा प्रवाहित की जाती है, तो यह श्वेत तप्त (White hot) होकर श्वेत प्रकाश देने लगता है।

बल्ब में निष्क्रिय गैसों का भरना

(Filling of Inert Gases Inside the Bulb)

सामान्यत: कम सामर्थ्य वाले बल्बों के अन्दर निर्वात उपस्थित होता है जबकि उच्च सामर्थ्य के बल्बों में निष्क्रिय गैसें (जैसे—नाइट्रोजन एवं आर्गन) भरी होती हैं, क्योंकि निष्क्रिय गैसों द्वारा तन्तु का ऑक्सीकरण एवं वाष्पीकरण नहीं हो पाता तथा बल्ब की दक्षता व आयु बढ़ जाती है। यदि बल्ब में वायु होगी, तो बल्ब का तन्तु गर्म होकर वायु की ऑक्सीजन द्वारा ऑक्सीकृत हो जाएगा।

नोट विद्युत बल्ब की सामर्थ्य अथवा शक्ति अलग-अलग वोल्टेज पर अलग-अलग होती है, इसलिए सभी विद्युत बल्बों पर वाट के साथ-साथ वोल्टेज भी लिखा रहता है। जैसे–100 W-230 V वाले बल्ब का अर्थ है कि यदि बल्ब को 230 वोल्ट पर जलाएँ, तो इसकी शक्ति 100 वाट होगी। सप्लाई वोल्टेज कम होने पर बल्ब की शक्ति भी कम हो जाती है, जिससे प्रकाश धीमा हो जाता है।

दोष (Defect)

यदि बल्ब में ताप 2100°C से अधिक होता है, तो टंगस्टन का वाष्पीकरण होने लगता है तथा यह बल्ब की दीवारों पर जमने लगता है, जिससे बल्ब से बाहर आने वाला प्रकाश धुंधला होने लगता है।

2. विद्युत इस्त्री (Electric Press)

यह भी विद्युत धारा के ऊष्मीय प्रभाव पर आधारित एक उपकरण है, जिसमें नाइक्रोम (80% निकिल + 20% क्रोमियम) के तापक तार का उपयोग किया जाता है।

संरचना एवं कार्यविधि (Construction and Working)

विद्युत इस्त्री के मुख्य अवयव निम्नलिखित होते हैं

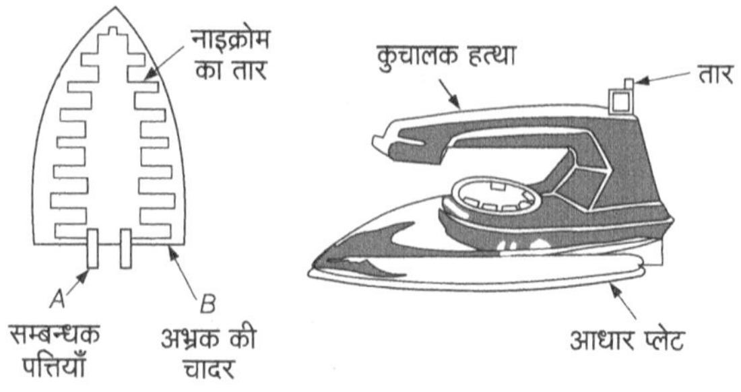

चित्र 19.2 विद्युत इस्त्री

(i) **आधार प्लेट** (Base Plate) विद्युत इस्त्री की आधार प्लेट लोहे की बनी होती है, जिसकी बाहरी सतह को क्रोमियम की पॉलिश करके चिकना बनाया जाता है, जिस कारण ऊष्मा का क्षय नहीं होता।

(ii) **तापक तार** (Heating Wire) विद्युत इस्त्री का तापक तार नाइक्रोम से निर्मित होता है जो एक अभ्रक की पतली चादर पर सपाट रूप से लिपटा होता है। इसे अभ्रक की एक दूसरी प्लेट पर रखकर आधार प्लेट पर रखा जाता है तथा तापक तार को ऐस्बेस्टॉस (Asbestos) की मोटी चादर या परत द्वारा ढक दिया जाता है।

(iii) **भार प्लेट** (Weight Plate) ऐस्बेस्टॉस के ऊपर स्थित प्लेट को भार प्लेट कहते हैं, जिसमें प्लग-पिन लगी होती है। इसका सम्बन्ध नाइक्रोम के तार में लगी सम्बन्धक पत्तियों A तथा B से होता है।

(iv) **कुचालक हत्था** (Non-conductive Handle) भार प्लेट के ऊपर लकड़ी या एबोनाइट या बैकेलाइट से बना कुचालक हत्था लगा होता है।

जब तापक तार में धारा प्रवाहित की जाती है, तो तार लाल तप्त होकर इस्त्री की आधार प्लेट को गर्म कर देता है। यह तार ऐस्बेस्टॉस से ढका हुआ होता है, जिसके ऊपर वायु होती है। ऐस्बेस्टॉस व वायु दोनों ऊष्मा के कुचालक होते हैं, जिस कारण उत्पन्न ऊष्मा ऊपर नहीं जा पाती। अतः समस्त ऊष्मा इस्त्री की तली में जाती है, जिससे पूरी तली समान रूप से गर्म हो जाती है और कुचालक हत्थे द्वारा पकड़कर इस्त्री का उपयोग करते हैं।

3. विद्युत ऊष्मक अथवा हीटर (Electric Heater)

जब किसी उच्च प्रतिरोध वाले तार में विद्युत धारा प्रवाहित की जाती है, तो उस तार में उत्पन्न ऊष्मा का मान बहुत अधिक होता है, जिस कारण वह लाल तप्त (Red hot) होकर ऊष्मा उत्सर्जित करने लगता है।

संरचना एवं कार्यविधि (Construction and Working)

विद्युत ऊष्मक अथवा हीटर में चीनी मिट्टी की बनी एक प्लेट होती है, जिसमें खाँचे बने होते हैं। इन खाँचों में मिश्रधातु नाइक्रोम का सर्पिलाकार तापक तार लगा होता है, जिसके दोनों सिरे प्लेट पर लगे दो पेंचों A व B से सम्पर्कित (Connected) होते हैं।

चित्र 19.3 विद्युत ऊष्मक की संरचना

तापक तार के रूप में नाइक्रोम के तार का उपयोग किया जाता है, क्योंकि नाइक्रोम में 80% निकिल तथा 20% क्रोमियम होता है, जो उच्च ताप पर गर्म करने पर पिघलता नहीं है तथा वायु से क्रिया करके शीघ्र ऑक्सीकृत नहीं होता। जब तापक तार में विद्युत धारा प्रवाहित की जाती है, तो यह लाल तप्त (800°C-1000°C) होकर ऊष्मा उत्सर्जित करने लगता है।

नोट
- विद्युत ऊष्मक में चीनी-मिट्टी की बनी प्लेट का प्रयोग किया जाता है क्योंकि चीनी-मिट्टी ऊष्मा प्रतिरोध तथा विद्युत की अचालक होती है।
- प्लेट को तापक तार सहित धातु के केस में रखा जाता है, ताकि ऊष्मक को एक स्थान से दूसरे स्थान तक ले जाने में प्लेट सुरक्षित रहे तथा ऊष्मक पर बर्तन रखने पर वह तापक तार को स्पर्श न करे। तापक तार को सीधा न रखकर सर्पिलाकार कुण्डली के रूप में इसलिए रखते हैं, ताकि तार की अधिक लम्बाई कम स्थान में ही आ जाए व अधिक ऊष्मा प्राप्त हो सके।

4. विद्युत फ्यूज (Electric Fuse)

कभी-कभी घरों में बिजली के तार आपस में मिल जाते हैं, तो परिपथ में लघुपथन (Short circuit) हो जाता है, जिस कारण उपकरणों में धारा का मान बढ़ जाता है व इतनी अधिक ऊष्मा उत्पन्न हो जाती है कि उपकरणों के जल जाने का भय रहता है।

चित्र 19.4 विद्युत फ्यूज

परिपथ के इस दोष को दूर करने हेतु जिस युक्ति का प्रयोग करते हैं, उसे फ्यूज कहते हैं। यदि किसी परिपथ में लघुपथन के कारण धारा का मान बढ़ता है, तो फ्यूज पिघल जाता है, जिसके कारण परिपथ का मेन लाइन से विच्छेदन (Disconnect) हो जाता है व परिपथ में लगे उपकरण सुरक्षित बच जाते हैं।

सामान्यतः फ्यूज तार मिश्रधातु (ताँबा, टिन और सीसे) से निर्मित होता है, जिसे चीनी-मिट्टी के बने होल्डर पर लगे दो धात्विक टर्मिनलों के मध्य लगाया जाता है। फ्यूज तार का गलनांक ताँबे की तुलना में बहुत कम होता है। फ्यूज को परिपथ के श्रेणीक्रम में संयोजित किया जाता है। मोटाई के अनुसार फ्यूज तार की एक निश्चित क्षमता होती है, जिससे अधिक विद्युत धारा प्रवाहित होने पर फ्यूज तार गर्म होकर पिघल जाता है तथा विद्युत परिपथ टूट जाता है व विद्युत धारा बन्द हो जाती है।

घरेलू परिपथों में उपयोग होने वाली फ्यूज की अनुमत विद्युत धारा 1A, 2A, 3A, 5A, 10A आदि होती है।

नोट उस विद्युत इस्तरी के परिपथ में जो 1 किलोवाट की विघुत शक्ति उस समय उपयुक्त होती हैड जब उसे 220 वोल्ट पर प्रचलित करते हैं, तो इसमे 4.5 ऐम्पियर $\left(=\frac{1000\,W}{200\,V}\right)$ की विद्युत धारा प्रवाहित होती है, इस प्रकरण में 5 ऐम्पियर अनुमतांक का फ्यूज उपयोग किया जाना चाहिये।

विद्युत सामर्थ्य अथवा विद्युत शक्ति (Electric Power)

किसी विद्युत परिपथ में विद्युत ऊर्जा के व्यय होने की दर को विद्युत सामर्थ्य अथवा विद्युत शक्ति कहते हैं। इसे P से प्रदर्शित करते हैं।

अतः $$\text{विद्युत सामर्थ्य} = \frac{\text{विद्युत ऊर्जा}}{\text{समय}}$$

यदि किसी विद्युत परिपथ में t सेकण्ड में W जूल ऊर्जा व्यय होती है, तो परिपथ की विद्युत सामर्थ्य

$$P = \frac{W}{t} \quad \text{...(i)}$$

इसका मात्रक जूल/सेकण्ड या वाट होता है। यदि किसी परिपथ में 1 जूल प्रति सेकण्ड की दर से ऊर्जा व्यय होती है, तो परिपथ की विद्युत शक्ति 1 वाट होगी।

विभवान्तर व धारा के पदों में विद्युत सामर्थ्य यदि किसी परिपथ में V वोल्ट के विभवान्तर पर I ऐम्पियर की धारा t सेकण्ड के लिए प्रवाहित होती है, तो व्यय ऊर्जा

$$W = VIt \text{ जूल} \quad \text{...(ii)}$$

समी (ii) का मान समी (i) में रखने पर,

$$P = \frac{VIt}{t}$$

$$\therefore \quad \boldsymbol{P = VI} \qquad \ldots(iii)$$

धारा व प्रतिरोध के पदों में विद्युत सामर्थ्य यदि परिपथ का प्रतिरोध R ओम है, तो ओम के नियम द्वारा

$$V = IR \qquad \ldots(iv)$$

समी (iv) का मान समी (iii) में रखने पर,

$$\boldsymbol{P = I^2R} \qquad \ldots(v)$$

विभवान्तर व प्रतिरोध के पदों में विद्युत सामर्थ्य

पुन: ओम के नियम द्वारा

$$I = \frac{V}{R} \qquad \ldots(vi)$$

समी (vi) का मान समी (v) में रखने पर,

$$\boldsymbol{P = \frac{V^2}{R}}$$

वाट विद्युत सामर्थ्य का बहुत छोटा मात्रक है। इसके बड़े मात्रक किलोवाट, मेगावाट व अश्व शक्ति होते हैं।

अत: 1 किलोवाट $= 10^3$ वाट, 1 मेगावाट $= 10^6$ वाट

1 अश्व शक्ति = 746 वाट

उदाहरण 6. यदि किसी परिपथ में प्रवाहित धारा 10 ऐम्पियर है तथा परिपथ का प्रतिरोध 10 ओम है, तो परिपथ की विद्युत शक्ति की गणना कीजिए।

हल दिया है, परिपथ में प्रवाहित धारा (I) = 10 ऐम्पियर

परिपथ का प्रतिरोध (R) = 10 ओम

$\therefore$ परिपथ की विद्युत शक्ति $(P) = I^2R$

$= (10)^2 \times 10$

= 1000 वाट

अत: परिपथ की विद्युत शक्ति 1000 वाट होगी।

विद्युत ऊर्जा के व्यावहारिक मात्रक

Practical Units of Electric Energy

जूल विद्युत ऊर्जा का सबसे छोटा मात्रक है, इसलिए घरेलू व औद्योगिक कार्यों के लिए प्रयुक्त विद्युत ऊर्जा के मापन हेतु किलोवाट-घण्टा अथवा बोर्ड ऑफ ट्रेड यूनिट (BTU) का प्रयोग किया जाता है, जिसे सामान्य भाषा में यूनिट कहा जाता है।

1 किलोवाट-घण्टा या 1 यूनिट विद्युत ऊर्जा की वह मात्रा होती है जो 1 किलोवाट शक्ति वाले परिपथ में 1 घण्टे में व्यय होती है।

$$\text{किलोवाट-घण्टों अथवा यूनिटों की संख्या} = \frac{\text{वाट} \times \text{घण्टे}}{1000}$$

$$= \frac{\text{वोल्ट} \times \text{ऐम्पियर} \times \text{घण्टे}}{1000}$$

यदि दिनों की संख्या भी दी गई हो, तो

$$\text{किलोवाट-घण्टा अथवा यूनिटों की संख्या} = \frac{\text{वाट} \times \text{घण्टे} \times \text{दिन}}{1000}$$

किलोवाट-घण्टा तथा जूल में निम्नलिखित सम्बन्ध होता है

1 किलोवाट-घण्टा $= 3.6 \times 10^6$ जूल

नोट विद्युत उत्पादन केन्द्रों (Power houses) में उत्पादित ऊर्जा को मेगावाट-घण्टा में व्यक्त करते हैं।

1 मेगावाट-घण्टा = 1000 किलोवाट-घण्टा $= 10^6$ वाट-घण्टा

उदाहरण 7. एक विद्युत मोटर की सामर्थ्य 5 किलोवाट है। इसे प्रतिदिन 10 घण्टे की दर से 30 दिनों तक प्रयोग में लाने के लिए कितने यूनिट ऊर्जा व्यय होगी?

हल दिया है, विद्युत मोटर की सामर्थ्य (P) = 5 किलोवाट $= 5 \times 10^3$ वाट

समय (t) = 10 घण्टे, दिन = 30

हम जानते हैं, यूनिटों की संख्या $= \frac{\text{वाट} \times \text{घण्टे} \times \text{दिन}}{1000}$

$$= \frac{5 \times 10^3 \times 10 \times 30}{1000}$$

$$= \frac{5 \times 1000 \times 10 \times 30}{1000}$$

= 1500 यूनिट

अत: 1500 यूनिट विद्युत ऊर्जा व्यय होगी।

उदाहरण 8. 500 वाट अनुमत का काई विद्युत रेफ्रिजरेटर 10 घंटे/दिन चलाया जाता है। 2.50 रुपये प्रति किलोवाट-घण्टा की दर से इसके 30 दिन तक चलाने के लिये ऊर्जा का मूल्य क्या है?

हल रेफ्रिजरेटर द्वारा उपयुक्त कुल ऊर्जा

$$= \frac{\text{वाट} \times \text{घण्टे} \times \text{दिन}}{1000}$$

$$= \frac{500 \times 10 \times 30}{1000} = 150 \text{ किलोवाट घण्टा}$$

30 दिन तक रेफ्रिजरेटर को चलाने में उपयुक्त कुल ऊर्जा का मूल्य

$= 150 \times 2.50$

= 375.00 रुपये.

अभ्यास प्रश्न

1. विद्युत ऊर्जा की इकाई है
(a) वोल्ट (b) वाट
(c) ऐम्पियर (d) वाट-सेकण्ड

2. विद्युत ऊर्जा तुल्य है
(a) VIt (b) I^2t^2R
(c) IRt (d) $\frac{V^2t}{R^2}$

3. एक चालक में 2 ऐम्पियर की धारा 10 वोल्ट पर 1 मिनट तक प्रवाहित की गई। तार में व्यय हुई विद्युत ऊर्जा का मान होगा
(a) 5 जूल (b) 10 जूल
(c) 20 जूल (d) 1200 जूल

4. यदि किसी चालक में 5 ऐम्पियर की धारा 15 सेकण्ड के लिए प्रवाहित करने पर व्यय हुई ऊर्जा 45×10^3 जूल हो, तो चालक के प्रतिरोध की गणना कीजिए।
(a) 12 ओम (b) 120 ओम
(c) 1200 ओम (d) 12×10^3 ओम

5. 1 इलेक्ट्रॉन वोल्ट तुल्य होता है
(a) 1.6×10^{-21} कूलॉम
(b) 1.6×10^{-19} कूलॉम
(c) 2.1×10^{-19} कूलॉम
(d) 3×10^{-19} कूलॉम

6. जूल के ऊष्मीय उत्पादन के नियम का सूत्र है
(a) $H = \frac{I^2Rt}{4.2}$ (b) $H = \frac{V^2t}{4.2R}$
(c) $H = \frac{VIt}{4.2}$ (d) $H = \frac{V^2I^2t}{4.2}$

7. एक सेल से R_1 तथा R_2 के दो प्रतिरोध समान्तर क्रम में जोड़े जाते हैं। यदि उनमें प्रवाहित धाराएँ I_1 तथा I_2 एवं प्रति सेकण्ड उत्पन्न ऊष्माएँ क्रमशः H_1 तथा H_2 हों, तो H_1 व H_2 में अनुपात होगा
(a) $\frac{H_1}{H_2} = \frac{R_2}{R_1}$ (b) $\frac{H_1}{H_2} = \frac{R_1}{R_2}$
(c) $\frac{H_1}{H_2} = \frac{I_1^2}{I_2^2}$ (d) $\frac{H_1}{H_2} = \frac{I_2^2}{I_1^2}$

8. विद्युत सामर्थ्य (P) का सूत्र है
(a) $P = \frac{V}{I}$ (b) $P = \frac{I}{V}$
(c) $P = VI$ (d) $P = \frac{V^2}{I}$

9. निम्नलिखित में कौन-सा पद वैद्युत शक्ति को सही निरूपित करता है?
(a) I^2/R (b) V^2R
(c) VI (d) VIR

10. 1 अश्व शक्ति बराबर होती है
(a) 726 वाट (b) 736 वाट
(c) 746 वाट (d) 756 वाट

अथवा एक अश्व शक्ति का मान वाट में होगा
(a) 1.34 (b) 789
(c) 746 (d) 7.46

11. वैद्युत शक्ति का मात्रक होता है
(a) वोल्ट (b) वाट
(c) ऐम्पियर (d) ओम

12. यदि एक विद्युत बल्ब पर 12 वोल्ट एवं 30 वाट लिखा हो, तो इसमें प्रवाहित होने वाली विद्युत धारा होगी
(a) 0.4 ऐम्पियर (b) 2.5 ऐम्पियर
(c) 12 ऐम्पियर (d) 360 ऐम्पियर

13. एक विद्युत केतली को जब 220 वोल्ट पर उपयोग किया जाता है, तो यह 1 किलोवाट विद्युत शक्ति का उपयोग करती है। इसके लिए किस रेटिंग का फ्यूज तार उपयोग किया जाना चाहिए?
(a) 1 ऐम्पियर (b) 2 ऐम्पियर
(c) 4 ऐम्पियर (d) 4.5 ऐम्पियर

14. एक विद्युत बल्ब 200 वोल्ट के स्रोत से जलाने पर 1 ऐम्पियर की धारा लेता है। विद्युत बल्ब की शक्ति है
(a) 100 वाट (b) 200 वाट
(c) 50 वाट (d) 400 वाट

15. दो विद्युत बल्बों की शक्तियाँ 100 वाट तथा 200 वाट हैं। दोनों ही 220 वोल्ट के मेन्स से जोड़े गए हैं। इनके तन्तुओं के प्रतिरोधों का अनुपात होगा
(a) 1 : 2 (b) 2 : 1
(c) 1 : 4 (d) 4 : 1

16. एक विद्युत बल्ब पर 240 वोल्ट, 60 वाट अंकित है, तो उसके तन्तु का प्रतिरोध होगा
(a) 1440 ओम (b) 1920 ओम
(c) 960 ओम (d) 1200 ओम

17. एक पावर स्टेशन की सामर्थ्य 200 मेगावाट है। इसके द्वारा प्रतिदिन उत्पन्न विद्युत ऊर्जा होगी
(a) 200 मेगावाट-घण्टा
(b) 4800 मेगावाट-घण्टा
(c) 4800 मेगावाट
(d) 4800 जूल

18. हीटर का तार बना होता है
(a) ताँबे का (b) पीतल का
(c) नाइक्रोम का (d) लोहे का

19. एक विद्युत हीटर की सामर्थ्य 0.5 किलोवाट है। इसे 20 मिनट तक उपयोग में लाया गया है, तो उत्पन्न ऊष्मा का मान होगा
(a) 2.5×10^{-2} जूल (b) 10 जूल
(c) 4 जूल (d) 6×10^5 जूल

20. किलोवाट-घण्टा किस भौतिक राशि का मात्रक है?
(a) समय (b) द्रव्यमान
(c) ऊर्जा (d) शक्ति

उत्तरमाला

1. *(d)*	2. *(a)*	3. *(d)*	4. *(b)*	5. *(b)*	6. *(a)*	7. *(a)*	8. *(c)*	9. *(c)*	10. *(c)*
11. *(b)*	12. *(b)*	13. *(d)*	14. *(b)*	15. *(b)*	16. *(c)*	17. *(b)*	18. *(c)*	19. *(d)*	20. *(c)*

अध्याय 11

विद्युत धारा का चुम्बकीय प्रभाव
(Magnetic Effect of Electric Current)

चुम्बकीय क्षेत्र (Magnetic Field)

यदि किसी कम्पास सुई को छड़ चुम्बक के समीप किसी बिन्दु पर रखें, तो सुई विक्षेपित होकर एक निश्चित दिशा में ठहर जाती है। अब यदि सुई को फिर छड़ चुम्बक के समीप ही किसी अन्य बिन्दु पर रखें तो वह घूमकर अन्य दिशा में स्थिर हो जाती है। इस प्रकार कम्पास सुई द्वारा चुम्बक के चारों ओर चुम्बक के प्रभाव का अनुभव होता है। अत: "चुम्बक के चारों ओर का वह क्षेत्र जिसमें उसके चुम्बकीय प्रभाव (Magnetic effect) का अनुभव होता है, चुम्बकीय क्षेत्र कहलाता है।"

चुम्बकीय क्षेत्र की दिशा
(Direction of Magnetic Field)

चुम्बकीय क्षेत्र की दिशा क्षेत्र के किसी बिन्दु पर रखी कम्पास सुईं के दक्षिणी ध्रुव से उत्तरी ध्रुव की ओर खींची गई रेखा की दिशा में होती है।

चुम्बकीय क्षेत्र की तीव्रता
(Intensity of Magnetic Field)

किसी स्थान पर चुम्बकीय क्षेत्र के लम्बवत् रखे एकांक लम्बाई के तार में एकांक धारा प्रवाहित करने पर तार पर कार्यरत् बल उस स्थान पर चुम्बकीय क्षेत्र की तीव्रता कहलाती है। चुम्बकीय क्षेत्र की तीव्रता एक सदिश राशि है। इसका मात्रक न्यूटन/ऐम्पियर-मी या वेबर/मी^{2} होता है।

यदि चुम्बकीय क्षेत्र के प्रत्येक बिन्दु पर चुम्बकीय क्षेत्र की दिशा की तीव्रता एवं दिशा परिमाण में समान हों, तो क्षेत्र **एकसमान चुम्बकीय क्षेत्र** कहलाता है परन्तु यदि अलग-अलग बिन्दुओं पर चुम्बकीय क्षेत्र की तीव्रता एवं दिशा परिमाण में असमान हों, तो क्षेत्र **असमान चुम्बकीय क्षेत्र** कहलाता है।

चुम्बकीय बल-रेखाएँ (Magnetic Lines of Force)

किसी चुम्बकीय क्षेत्र में चुम्बकीय बल-रेखाएँ वे काल्पनिक रेखाएँ हैं जो उस स्थान में चुम्बकीय क्षेत्र की दिशा को अविरत (Continuous) प्रदर्शित करती हैं तथा इन रेखाओं के किसी बिन्दु पर खींची गई स्पर्श रेखा उस बिन्दु पर चुम्बकीय क्षेत्र की दिशा प्रदर्शित करती है।

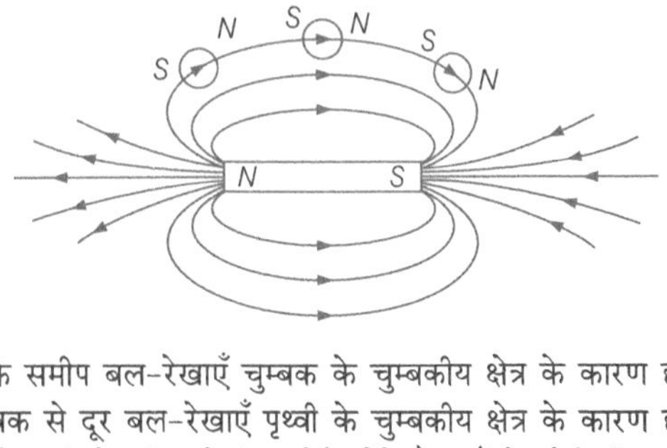

चुम्बक के समीप बल-रेखाएँ चुम्बक के चुम्बकीय क्षेत्र के कारण होती हैं तथा चुम्बक से दूर बल-रेखाएँ पृथ्वी के चुम्बकीय क्षेत्र के कारण होती हैं। इन बल-रेखाओं के बीच दो बिन्दु ऐसे होते हैं जहाँ से कोई भी बल-रेखा नहीं गुजरती।

इन बिन्दुओं को **उदासीन बिन्दु** (Neutral points) कहते हैं। उदासीन बिन्दु पर चुम्बक का चुम्बकीय क्षेत्र तथा पृथ्वी का चुम्बकीय क्षेत्र मान में बराबर व दिशा में विपरीत होते हैं। अत: **उदासीन बिन्दु पर परिणामी चुम्बकीय क्षेत्र शून्य होता है।**

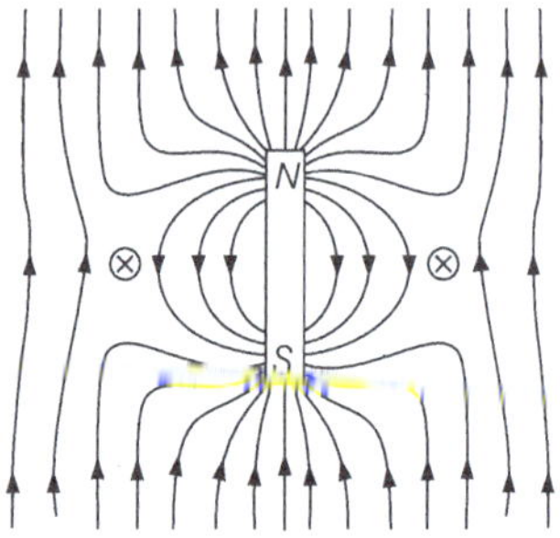

चुम्बकीय बल-रेखाओं के गुण

(Properties of Magnetic Lines of Force)

(i) चुम्बकीय बल-रेखाएँ सदैव चुम्बक के उत्तरी ध्रुव से निकलती हैं तथा वक्र बनाती हुई चुम्बक के दक्षिणी ध्रुव में प्रवेश करती हैं और चुम्बक के भीतर से होती हुई पुनः उत्तरी ध्रुव पर वापस आती हैं। इस प्रकार चुम्बक के बाहर इन बल-रेखाओं की दिशा उत्तरी ध्रुव से दक्षिणी ध्रुव की ओर तथा चुम्बक के अन्दर दक्षिणी ध्रुव से उत्तरी ध्रुव की ओर होती है।

(ii) चुम्बकीय बल-रेखाएँ बन्द वक्र के रूप में चलती है।

(iii) चुम्बकीय बल-रेखाएँ एक-दूसरे को कभी नहीं काटती क्योंकि एक बिन्दु पर चुम्बकीय क्षेत्र की दो दिशाएँ सम्भव नहीं हैं।

(iv) चुम्बक के ध्रुवों के समीप जहाँ चुम्बकीय क्षेत्र प्रबल होता है, वहाँ चुम्बकीय बल-रेखाएँ पास-पास होती हैं तथा ध्रुव से दूर जाने पर चुम्बकीय क्षेत्र की प्रबलता घटती जाती है, अतः वहाँ चुम्बकीय बल-रेखाएँ परस्पर दूर होती जाती हैं।

(v) एकसमान चुम्बकीय क्षेत्र में बल-रेखाएँ परस्पर समान्तर व बराबर दूरियों पर होती हैं।

विद्युत धारा का चुम्बकीय प्रभाव

(Magnetic Effect of Electric Current)

जिस प्रकार किसी चुम्बक के कारण उसके चारों ओर चुम्बकीय क्षेत्र उत्पन्न हो जाता है, उसी प्रकार किसी चालक में विद्युत धारा प्रवाहित करने पर चालक के चारों ओर चुम्बकीय क्षेत्र उत्पन्न हो जाता है। विद्युत धारा के इस प्रभाव को विद्युत धारा का चुम्बकीय प्रभाव कहते हैं।

ऑरस्टेड का प्रयोग (Oersted's Experiment)

यदि एक चुम्बकीय सुई स्वतन्त्रतापूर्वक रखी है तो स्वतन्त्र होने के कारण वह चुम्बकीय याम्योत्तर (Magnetic meridian) की दिशा में है। सुई के ऊपर तथा समान्तर एक ताँबे का तार है।

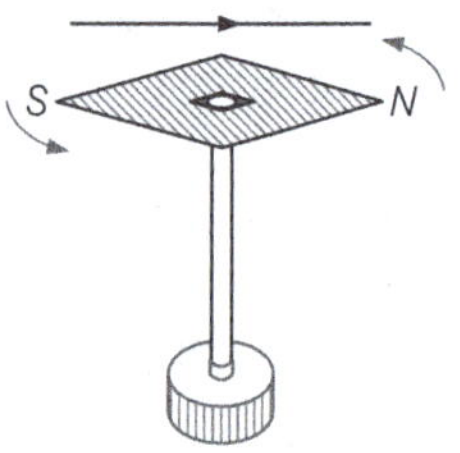

जब धारावाही चालक तार में कोई धारा ($I = 0$) प्रवाहित नहीं होती, तो चुम्बकीय सुई चुम्बकीय याम्योत्तर में स्थिर रहती है। जैसे ही चालक में धारा प्रवाहित करते हैं, तो चुम्बकीय सुई विक्षेपित हो जाती है।

यदि ताँबे के तार को सुई के ऊपर न रख कर नीचे रख दिया जाए, तो चुम्बकीय सुई पूर्व विक्षेप के विपरीत दिशा में विक्षेपित होती है। यदि ताँबे के तार में प्रवाहित धारा की दिशा उल्टी कर दी जाए, तो चुम्बकीय सुई का विक्षेप भी उल्टी दिशा में हो जाता है। अतः चुम्बकीय सुई का घूमना यह सिद्ध करता है कि धारा के कारण चुम्बकीय क्षेत्र उत्पन्न होता है जिसके कारण चुम्बकीय सुई घूमती है।

धारावाही चालक द्वारा उत्पन्न चुम्बकीय क्षेत्रः बायो-सेवर्ट का नियम

(Magnetic Field due to a Current Carrying Conductor : Biot-Savart's Law)

सर्वप्रथम ऑरस्टेड ने प्रयोगों के आधार पर यह पता लगाया कि जब किसी चालक में विद्युत धारा प्रवाहित की जाती है, तो उसके चारों ओर चुम्बकीय क्षेत्र उत्पन्न हो जाता है। इसके बाद बायो तथा सेवर्ट ने प्रयोगों के आधार पर धारावाही चालक से उत्पन्न चुम्बकीय क्षेत्र की तीव्रता का सूत्र प्राप्त किया।

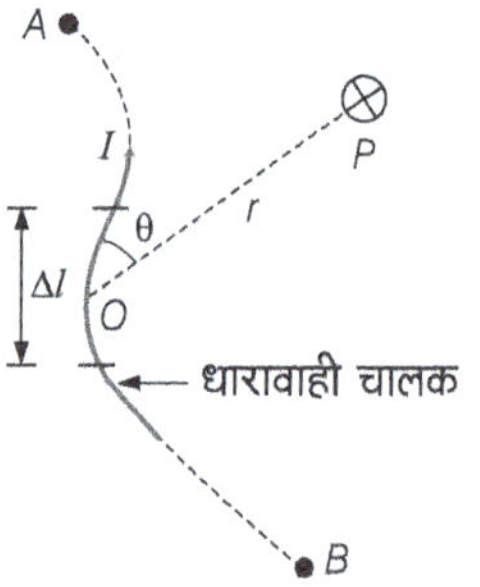

माना AB एक धारावाही तार है जिसमें विद्युत धारा I प्रवाहित हो रही है। तार के एक छोटे खण्ड Δl के मध्य बिन्दु O से r मीटर की दूरी पर धारा की दिशा से θ कोण बनाते हुए कोई बिन्दु P है। बायो तथा सेवर्ट के प्रयोगों के आधार पर, धारावाही तार के छोटे खण्ड Δl द्वारा किसी बिन्दु P पर उत्पन्न चुम्बकीय क्षेत्र की तीव्रता B निम्न बातों पर निर्भर करती है

(i) यह चालक में प्रवाहित विद्युत धारा (I) के अनुक्रमानुपाती होती है

अर्थात् $B \propto I$

(ii) यह चालक खण्ड की लम्बाई (Δl) के अनुक्रमानुपाती होती है

अर्थात् $B \propto \Delta l$

(iii) यह चालक खण्ड से बिन्दु P तक की दूरी के वर्ग (r^2) के व्युत्क्रमानुपाती होती है

अर्थात् $B \propto \frac{1}{r^2}$

(iv) यह चालक खण्ड तथा दूरी r के बीच बनने वाले कोण (θ) की ज्या (Sine) के अनुक्रमानुपाती होती है

अर्थात् $B \propto \sin\theta$

उपरोक्त चारों नियमों को मिलाने पर,

$$B \propto \frac{I\,\Delta l \sin\theta}{r^2}$$

अतः चुम्बकीय क्षेत्र की तीव्रता

$$B = \frac{\mu_0}{4\pi} \frac{I \,\Delta l \sin\theta}{r^2} \text{ न्यूटन/ऐम्पियर-मी}$$

जहाँ, $\frac{\mu_0}{4\pi}$ एक नियतांक है जिसका मान 10^{-7} न्यूटन/ऐम्पियर^2 होता है। μ_0 को निर्वात की चुम्बकशीलता कहते हैं तथा इसका मान $4\pi \times 10^{-7}$ न्यूटन/ऐम्पियर^2 होता है।

उपरोक्त सूत्र ही **बायो-सेवर्ट नियम** कहलाता है।

अनन्त लम्बाई के सीधे धारावाही चालक के कारण उत्पन्न चुम्बकीय क्षेत्र

(Magnetic Field Produced due to a Current Carrying Straight Conductor of Infinite Length)

जब किसी सीधे धारावाही चालक में धारा प्रवाहित करते हैं, तो चालक के समीप चुम्बकीय क्षेत्र उत्पन्न होता है।

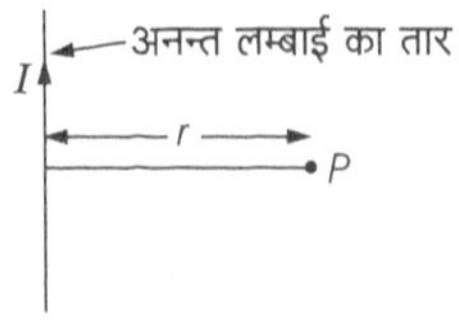

माना किसी अत्यधिक लम्बाई के सीधे तार में I एम्पियर की धारा प्रवाहित करने पर उससे r दूरी पर उत्पन्न चुम्बकीय क्षेत्र B निम्न बातों पर निर्भर करता है

(i) यह चालक तार में प्रवाहित विद्युत धारा के अनुक्रमानुपाती होता है

अर्थात् $B \propto I$

(ii) यह प्रेक्षण बिन्दु की चालक से दूरी (r) के व्युत्क्रमानुपाती होता है

अर्थात् $B \propto \frac{1}{r}$

उपरोक्त दोनों नियमों को मिलाने पर, $B \propto \frac{I}{r}$

अतः चुम्बकीय क्षेत्र $B = \frac{kI}{r}$ न्यूटन/ऐम्पियर-मी

जहाँ, k एक अनुक्रमानुपाती नियतांक है जिसका मान $\frac{\mu_0}{2\pi} = 2 \times 10^{-7}$ न्यूटन/ऐम्पियर^2 होता है तथा μ_0 निर्वात की चुम्बकशीलता है।

अतः $B = \frac{\mu_0 I}{2\pi r}$ न्यूटन/ऐम्पियर-मी या $B = 2 \times 10^{-7} \times \frac{I}{r}$ न्यूटन/ऐम्पियर-मी

सीधे धारावाही चालक तार से उत्पन्न चुम्बकीय क्षेत्र

(Magnetic Field due to a Current-Carrying Straight Wire)

जब किसी सीधे तार में धारा प्रवाहित करते हैं, तो उसके चारों ओर चुम्बकीय क्षेत्र उत्पन्न हो जाता है। इस क्षेत्र की बल-रेखाओं को लोहे के बुरादे अथवा कम्पास सुई द्वारा खींच सकते हैं।

प्रयोग इसके लिए हम एक समतल गत्ता लेते हैं जिस पर एक सफेद कागज चिपका देते हैं और गत्ते के बीच में छेद करके एक चालक तार को ऊर्ध्वाधर खड़ा कर देते हैं। तार की सहायता से विद्युत परिपथ को दिखाए गए चित्रानुसार पूर्ण कर देते हैं।

गत्ते पर लोहे का बुरादा फैला देते हैं और परिपथ में लगी कुँजी को लगाकर चालक में धारा प्रवाहित करते हैं। इससे तार के चारों ओर चुम्बकीय क्षेत्र उत्पन्न हो जाता है तथा गत्ते को अँगुली से धीरे-धीरे थपथपाते हैं। ऐसा करने पर गत्ते पर पड़ा बुरादा संकेन्द्रीय वृत्तों का रूप ग्रहण कर लेता है। चुम्बकीय सुई की सहायता से चुम्बकीय क्षेत्र की दिशा गत्ते पर दर्शाए गए तीर के निशान के अनुसार प्राप्त होती है।

वास्तव में, लोहे का बुरादा चुम्बकीय बल-रेखाओं को प्रदर्शित करता है।

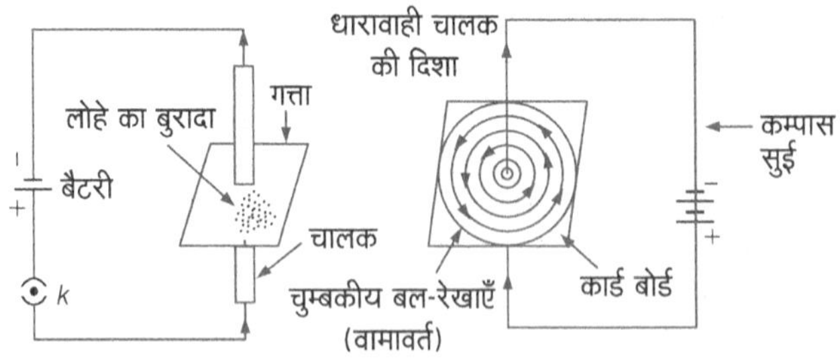

चुम्बकीय क्षेत्र की दिशा ज्ञात करने के लिए दाएँ हाथ का नियम

(Right Hand Rule for Direction of Magnetic Field)

इस नियम के अनुसार, यदि दाएँ हाथ में एक सीधे धारावाही चालक को इस प्रकार पकड़ें कि अंगुलियाँ तार पर लिपटी हों व अंगूठा धारा की दिशा में हो, तो लिपटी हुई अँगुलियों की दिशा चुम्बकीय बल-रेखाओं की दिशा को प्रदर्शित करेगी।

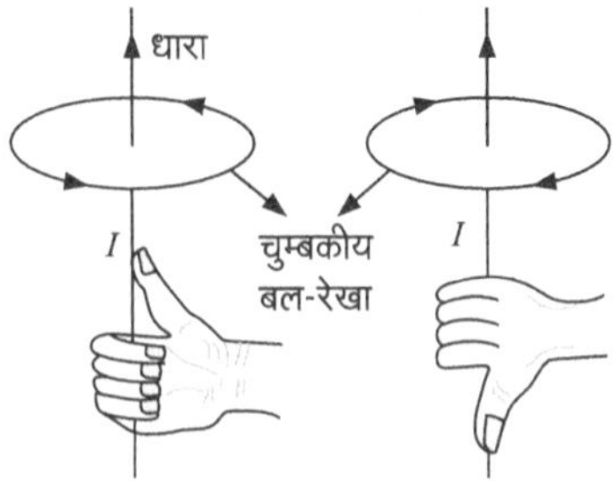

वृत्ताकार धारावाही कुण्डली के कारण चुम्बकीय क्षेत्र

(Magnetic Field due to Current-Carrying Circular Coil)

ताँबे के एक मोटे तार को मोड़कर एक वृत्ताकार कुण्डली बनाकर, कुण्डली को एक गत्ते के ऊपर चिपके सफेद कागज पर समायोजित कर देते हैं।

जब परिपथ में कुँजी लगाकर धारा प्रवाहित करते हैं, तो कुण्डली के समीप रखी कम्पास सुई विक्षेपित हो जाती है।

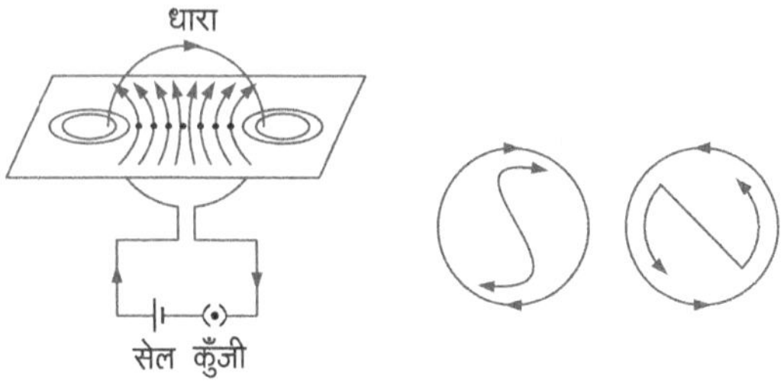

कम्पास सुई की सहायता से गत्ते पर चिपके सफेद कागज पर धारा के कारण उत्पन्न चुम्बकीय क्षेत्र की बल-रेखाओं को खींचते जाते हैं। इस प्रकार प्राप्त चुम्बकीय क्षेत्र की बल-रेखाओं में निम्न विशेषताएँ पाई जाती हैं

(i) कुण्डली के तार के किनारों के समीप बल-रेखाएँ वृत्ताकार होती हैं तथा धारावाही कुण्डली के तार से दूरी बढ़ने पर चुम्बकीय बल-रेखाओं की वक्रता कम होती जाती है।

(ii) कुण्डली के केन्द्र पर चुम्बकीय बल-रेखाएँ समान्तर तथा कुण्डली के तल के लम्बवत् प्राप्त होती हैं, जो यह सिद्ध करती हैं कि **कुण्डली के केन्द्र पर एकसमान चुम्बकीय क्षेत्र उत्पन्न होता है तथा उसकी दिशा कुण्डली के तल के लम्बवत् होती है।**

(iii) चुम्बकीय बल-रेखाएँ कुण्डली के एक तल से अन्दर की ओर जाती हैं, वह तल दक्षिणी ध्रुव की भाँति व्यवहार करता है तथा दूसरे तल से बाहर निकलती हैं, वह तल उत्तरी ध्रुव की भाँति व्यवहार करता है।

(iv) कुण्डली के तल को सामने से देखने पर, यदि प्रवाहित धारा की दिशा दक्षिणावर्त (Clockwise) होती है, तो कुण्डली का सामने का तल दक्षिणी ध्रुव की भाँति व्यवहार करता है और यदि कुण्डली में धारा की दिशा वामावर्त (Anti-clockwise) होती है, तो कुण्डली का सामने का तल उत्तरी ध्रुव की भाँति व्यवहार करता है।

धारावाही परिनालिका के कारण उत्पन्न चुम्बकीय क्षेत्र

(Magnetic Field due to a Current-Carrying Solenoid)

किसी कुचालक बेलनाकार पाइप के ऊपर उसकी लम्बाई के अनुदिश एकसमान रूप से विद्युतरोधी ताँबे के तारों को लपेटकर बनाई गई बहुत अधिक फेरों की कुण्डली **परिनालिका** कहलाती है।

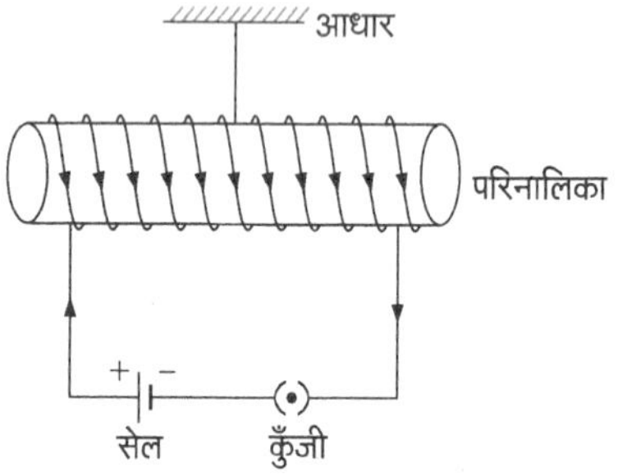

यदि इस कुण्डली में किसी सेल के द्वारा विद्युत धारा प्रवाहित की जाती है, तो यह एक दण्ड चुम्बक की भाँति व्यवहार करने लगती है।

अब कम्पास सुई की सहायता से यदि धारा के कारण उत्पन्न चुम्बकीय क्षेत्र का रेखांकन किया जाए, तो नीचे दिए गए चित्र के अनुसार चुम्बकीय बल-रेखाएँ प्राप्त होती हैं।

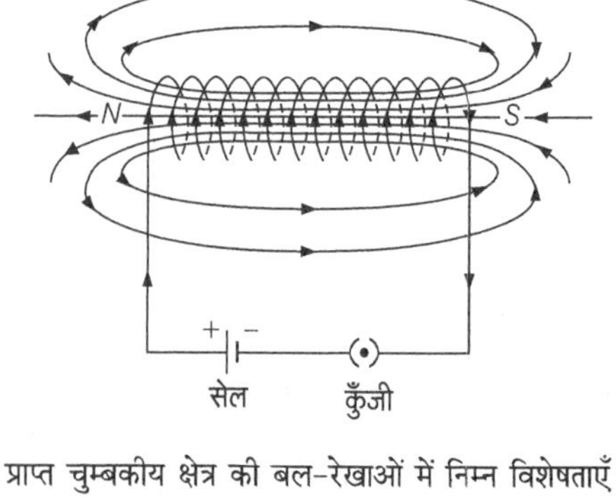

इस प्रकार प्राप्त चुम्बकीय क्षेत्र की बल-रेखाओं में निम्न विशेषताएँ पाई जाती हैं

(i) परिनालिका के अक्ष पर बल-रेखाएँ अक्ष के समान्तर तथा बहुत पास-पास होती हैं। अक्ष पर बल-रेखाओं का समान्तर होना यह सिद्ध करता है कि धारावाही परिनालिका के अक्ष पर चुम्बकीय क्षेत्र एकसमान है तथा बल-रेखाओं का पास-पास होना यह सिद्ध करता है कि वहाँ चुम्बकीय क्षेत्र प्रबल है।

(ii) चुम्बकीय बल-रेखाएँ परिनालिका के एक सिरे से अन्दर की ओर जाती हैं, वह सिरा दक्षिणी ध्रुव की भाँति व्यवहार करता है तथा दूसरे सिरे से बाहर निकलती हैं, वह सिरा उत्तरी ध्रुव की भाँति व्यवहार करता है।

(iii) परिनालिका के तल को सामने से देखने पर, यदि प्रवाहित धारा की दिशा दक्षिणावर्त होती है, तो परिनालिका का सामने का तल दक्षिणी ध्रुव की भाँति व्यवहार करता है और यदि परिनालिका में धारा की दिशा वामावर्त होती है, तो परिनालिका का सामने का तल उत्तरी ध्रुव की भाँति व्यवहार करता है।

परिनालिका द्वारा उत्पन्न चुम्बकीय क्षेत्र की तीव्रता

परिनालिका द्वारा उत्पन्न चुम्बकीय क्षेत्र की तीव्रता निम्नलिखित बातों पर निर्भर करती हैं

(i) **परिनालिका की प्रति एकांक लम्बाई में फेरों की संख्या पर** परिनालिका के कारण उत्पन्न चुम्बकीय क्षेत्र उसकी प्रति एकांक लम्बाई में फेरों की संख्या बढ़ने से बढ़ता है।

(ii) **धारा की प्रबलता पर** यदि परिनालिका में धारा बढ़ा दी जाए, तो उत्पन्न चुम्बकीय क्षेत्र भी बढ़ जाता है।

(iii) **क्रोड के पदार्थ पर** परिनालिका के भीतर यदि चुम्बकीय पदार्थ (जैसे—लोहा) की छड़ रख दी जाए, तो परिनालिका के भीतर चुम्बकीय क्षेत्र काफी बढ़ जाता है। इस छड़ को परिनालिका की क्रोड कहते हैं। अत: परिनालिका द्वारा उत्पन्न चुम्बकीय क्षेत्र उसके क्रोड के पदार्थ पर निर्भर करती है।

नोट परिनालिका का उपयोग विद्युत चुम्बक बनाने में किया जाता है। एक विद्युत चुम्बक किसी कुण्डली में धारा प्रवाहित करने पर बना अस्थायी चुम्बक है तथा इसका चुम्बकत्व तभी तक रहता है। जब तक इसमें धारा प्रवाहित होती रहती है।

चुम्बकीय क्षेत्र में किसी विद्युत धारावाही चालक पर बल

पहले प्रयोगों से हमें ज्ञात है, कि किसी चालक में प्रवाहित विद्युत धारा चुम्बकीय क्षेत्र उत्पन्न करती है, तब उत्पन्न चुम्बकीय क्षेत्र इस चालक के निकट रहने किसी चुम्बक पर बल आरोपित करता है। तब चुम्बक भी विद्युत धारावाही चालक पर परिमाण में समान तथा दिशा में विपरीत बल आरोपित करती है। किसी चालक पर लगने वाला बल निम्न सूत्र द्वारा दिया जाता है $F = Bil \sin\theta$

धारावाही चालक पर बाह्य चुम्बकीय क्षेत्र का प्रभाव

यदि किसी धारावाही चालक को एक बाह्य चुम्बकीय क्षेत्र में रख दिया जाए, तो धारावाही चालक पर बाह्य चुम्बकीय क्षेत्र के कारण एक बल कार्य करने लगता है। इस बल की दिशा बाह्य चुम्बकीय क्षेत्र तथा चालक में प्रवाहित धारा के लम्बवत् होती है।

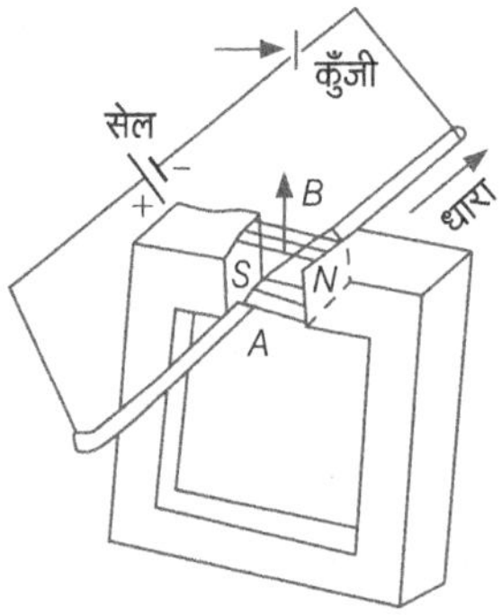

प्रयोग उपरोक्त तथ्य को निम्न प्रयोग द्वारा प्रमाणित करते हैं। एक धारावाही पतले लचीले चालक तार AB को NS चुम्बक के ध्रुवों के मध्य इस प्रकार ढीला बाँध देते हैं कि तार AB चुम्बकीय क्षेत्र की दिशा के लम्बवत् हो। अब यदि तार में बैटरी की सहायता से धारा प्रवाहित की जाए, तो तार ऊपर की ओर तन जाता है जिससे यह स्पष्ट होता है कि धारावाही तार पर एक बल ऊपर की ओर

लग रहा है। यदि तार में प्रवाहित धारा की दिशा उलट दी जाए, तो तार नीचे की ओर तन जाता है अर्थात् अब तार पर बल नीचे की ओर लगता है। अत: उपरोक्त प्रयोग यह सिद्ध करता है कि किसी बाह्य चुम्बकीय क्षेत्र में रखे धारावाही चालक पर एक बल लगता है। इस बल की दिशा **फ्लेमिंग के बाएँ हाथ के नियम** तथा **दाएँ हाथ की हथेली के नियम** द्वारा ज्ञात की जा सकती है।

फ्लेमिंग का बाएँ हाथ का नियम

(Fleming's Left Hand Rule)

इस नियम के अनुसार, यदि बाएँ हाथ के अँगूठे तथा उसके पास वाली दोनों अँगुलियों को इस प्रकार फैलाया जाए कि तीनों एक-दूसरे के लम्बवत् रहें तब इस स्थिति में यदि प्रथम अँगुली चुम्बकीय क्षेत्र (B) की दिशा को तथा बीच वाली अँगुली प्रवाहित धारा (I) की दिशा को प्रदर्शित करे, तो अँगूठा चालक पर लगने वाले बल (F) की दिशा को प्रदर्शित करेगा।

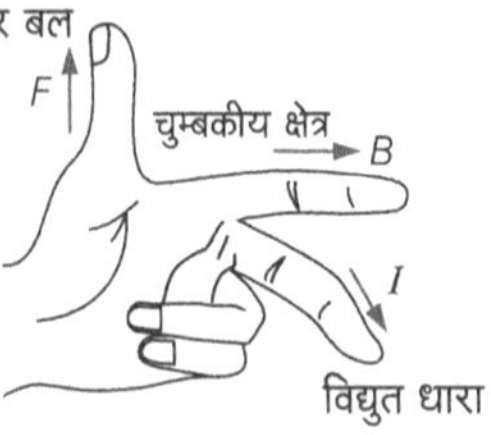

विद्युत मोटर (Electric Motor)

विद्युत मोटर एक ऐसी युक्ति है जिसके द्वारा विद्युत ऊर्जा को यान्त्रिक ऊर्जा (Mechanical energy) में बदला जाता है।

सिद्धान्त (Principle)

जब किसी कुण्डली को चुम्बकीय क्षेत्र में रखकर धारा प्रवाहित की जाती है, तो कुण्डली पर धारा के कारण एक बलयुग्म कार्य करने लगता है जिसकी दिशा फ्लेमिंग के बाएँ हाथ के नियम द्वारा निर्धारित की जाती है। यह बलयुग्म कुण्डली को चुम्बकीय क्षेत्र में लगातार घुमाता रहता है।

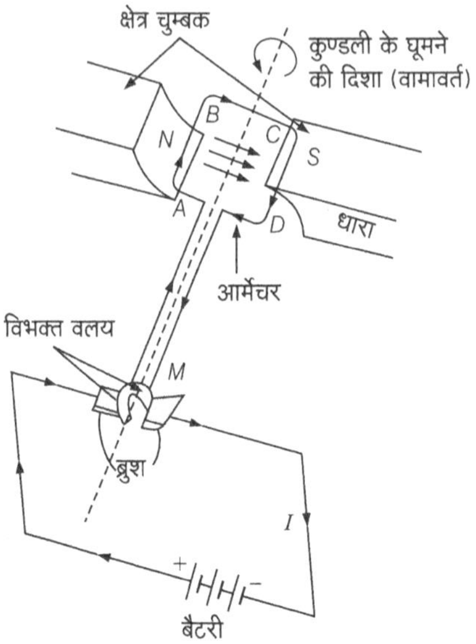

संरचना (Construction)

विद्युत मोटर के चार मुख्य भाग होते हैं

(i) **क्षेत्र चुम्बक** (Field Magnet) यह एक शक्तिशाली स्थाई चुम्बक होता है, जिसके ध्रुव-खण्ड N व S हैं।

(ii) **आर्मेचर** (Armature) यह बहुत अधिक फेरों वाली आयताकार कुण्डली होती है जिसे ताँबे के पृथक्कित (Insulated) तारों की सहायता से कच्चे लोहे के क्रोड पर लपेटकर बनाया जाता है। यह चुम्बक के ध्रुवों के बीच घूमती रहती है।

(iii) **विभक्त वलय** (Split Rings) ये दो अर्द्धवृत्ताकार खण्डों में विभक्त एक वलय के रूप में होते हैं। आर्मेचर के सिरे चित्रानुसार इन दो अलग-अलग वलयों में जुड़े रहते हैं।

(iv) **ब्रुश** (Brush) ये कार्बन धातु की बनी दो पत्तियाँ होती हैं जिन्हें विभक्त वलय स्पर्श करते हैं। इन ब्रुशों का सम्बन्ध दो संयोजक पेंचों से करके इनके बीच एक बैटरी लगा देते हैं। एक ब्रुश से विद्युत धारा कुण्डली में प्रवेश करती है तथा दूसरे ब्रुश से बाहर निकलती है।

क्रियाविधि (Procedure)

जब बैटरी से कुण्डली में धारा प्रवाहित करते हैं, तो फ्लेमिंग के बाएँ हाथ के नियमानुसार कुण्डली की भुजाओं पर बराबर परन्तु विपरीत दिशा में दो बल कार्य करते हैं। ये दोनों बल एक बलयुग्म बनाते हैं जिसके कारण कुण्डली वामावर्त दिशा में घूमने लगती है। साथ ही इसमें लगे विभक्त वलय भी घूमने लगते हैं। इन विभक्त वलय की सहायता से कुण्डली का घूर्णन एक ही दिशा में रखा जाता है।

उपयोग (Uses)

विद्युत मोटर का उपयोग बिजली के उपकरण, जल पम्प, आटा चक्की, बड़ी-बड़ी मशीनें, विद्युत पंखें, आदि को चलाने में किया जाता है।

विद्युत चुम्बकीय प्रेरण

(Electromagnetic Induction)

चुम्बकीय प्रभाव या चुम्बकीय क्षेत्र में परिवर्तन के कारण बन्द परिपथ में विद्युत धारा उत्पन्न होने की घटना **विद्युत चुम्बकीय प्रेरण** (Electromagnetic induction) कहलाती है। इस घटना की खोज ब्रिटिश वैज्ञानिक माइकेल फैराडे ने की थी।

उदाहरण—यदि सीधे तार को नाल चुम्बक के दोनों ध्रुवों के बीच तेजी से ऊपर नीचे चलाया जाता है, तो तार में विद्युतधारा उत्पन्न होती है। इसे प्रेरित विद्युत धारा कहते हैं इसके अतिरिक्त यदि दण्ड चुम्बक को तार की कुण्डली में अन्दर और बाहर चलाया जाता है, तो भी कुण्डली में विद्युत धारा उत्पन्न होती है।

फैराडे के विद्युत चुम्बकीय प्रेरण के प्रयोग

(Faraday's Experiments of Electromagnetic Induction)

विद्युत चुम्बकीय प्रेरण की घटना को समझाने के लिए फैराडे ने निम्नलिखित प्रयोग किए।

1. **प्रथम प्रयोग** (First Experiment)

दिए गए चित्रों में तारों की एक कुण्डली को धारामापी (गैल्वनोमीटर) से जोड़ा गया है तथा *NS* एक छड़ चुम्बक है, जिसे कुण्डली के समीप अथवा दूर विस्थापित किया जा सकता है।

(i) **प्रथम स्थिति** (First Position) इस स्थिति में चुम्बक स्थिर है। धारामापी में विक्षेप शून्य है, अत: परिपथ में प्रवाहित धारा का मान शून्य है। अत: कुण्डली से कोई धारा प्रवाहित नहीं होती है।

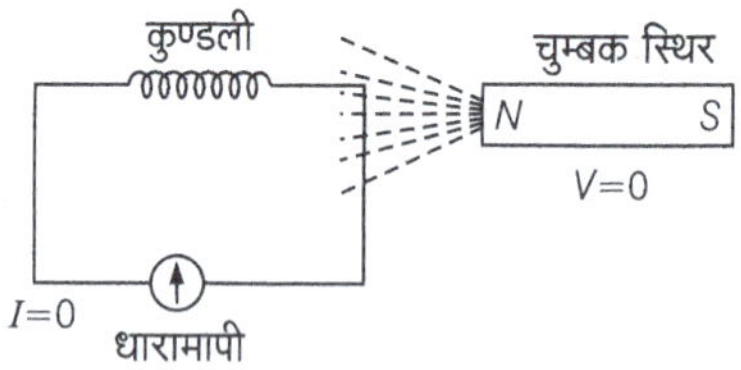

(ii) **द्वितीय स्थिति** (Second Position) इस स्थिति में चुम्बक का उत्तरी ध्रुव, कुण्डली की ओर गतिशील है। धारामापी में दाईं ओर विक्षेप प्राप्त होता है तथा परिपथ में वामावर्त (Anti-clockwise) दिशा में धारा प्रवाहित होती है और जैसे ही चुम्बक की गति समाप्त होती है, धारामापी में विक्षेप शून्य हो जाता है।

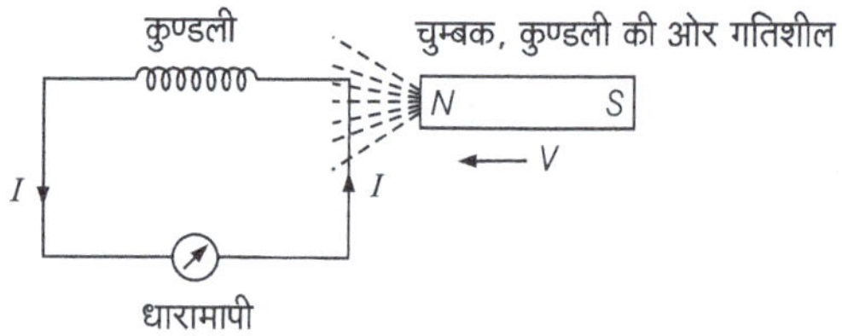

(iii) **तृतीय स्थिति** (Third Position) इस स्थिति में चुम्बक का उत्तरी ध्रुव कुण्डली से दूर ले जाया जाता है। धारामापी में बाईं ओर विक्षेप प्राप्त होता है, अत: परिपथ में दक्षिणावर्त (Clockwise) दिशा में धारा प्रवाहित होती है अर्थात् अब परिपथ में उत्पन्न विद्युत धारा की दिशा पहले के विपरीत है।

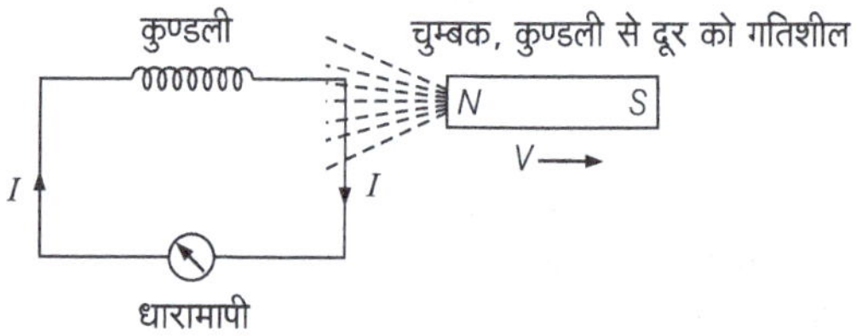

इसी प्रकार यदि चुम्बक के दक्षिण ध्रुव को कुण्डली के सिरे की ओर गति कराते हैं या उससे दूर ले जाते हैं, तो धारामापी में विक्षेप पहली स्थिति के विपरीत होगा। उपर्युक्त प्रयोगों से प्राप्त प्रेक्षणों से निष्कर्ष निकलता है कि जब किसी कुण्डली तथा चुम्बक के मध्य सापेक्ष गति होती है, तो परिपथ में प्रेरित विद्युत धारा प्रवाहित होती है। यही घटना विद्युत चुम्बकीय प्रेरण कहलाती है।

2. **द्वितीय प्रयोग** (Second Experiment)

इस प्रयोग में, दो भिन्न भिन्न कुण्डलियों को पास-पास रखा जाता है। इस प्रयोग में कुण्डली स्थिर रहती है। चित्र में दर्शाया गया है

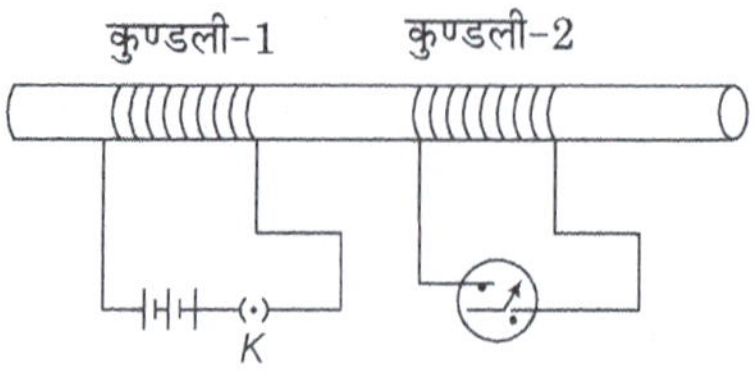

कुण्डली 1 को प्राथमिक कुण्डली कहते हैं तथा कुण्डली 2 को द्वितीयक कुण्डली कहते हैं। कुंजी को दबाते ही प्राथमिक कुण्डली में धारा प्रवाहित होने लगती है और बहुत कम समय में शून्य से अधिकतम हो जाती है अर्थात् प्रथम कुण्डली में प्रवाहित विद्युत धारा में परिवर्तन हो जाता है, तब इससे सम्बद्ध चुम्बकीय क्षेत्र परिवर्तित हो जाता है, इस प्रकार द्वितीयक कुण्डली के चारों ओर की चुम्बकीय क्षेत्र रेखाएँ भी परिवर्तित होती हैं, अत: द्वितीय कुण्डली में प्रेरित धारा उत्पन्न हो जाती है और यह घटना **विद्युत चुम्बकीय प्रेरण** कहलाती है।

फ्लेमिंग के दाएँ हाथ का नियम

(Fleming's Right Hand Rule)

किसी चालक में प्रेरित धारा की दिशा ज्ञात करने के लिए **फ्लेमिंग ने दाएँ हाथ का नियम** दिया। इस नियम के अनुसार, 'यदि हम दाएँ हाथ का अगूँठा, उसके पास वाली अँगुली तथा बीच वाली अँगुली तीनों को एक-दूसरे के लम्बवत् विस्तृत फैलाएँ, तो इस स्थिति में अँगूठा चालक की गति की दिशा को प्रदर्शित करेगा, अँगूठे के पास वाली अँगुली चुम्बकीय क्षेत्र की दिशा को प्रदर्शित करेगी तथा बीच वाली अँगुली चालक में प्रेरित धारा की दिशा को दर्शाएगी।

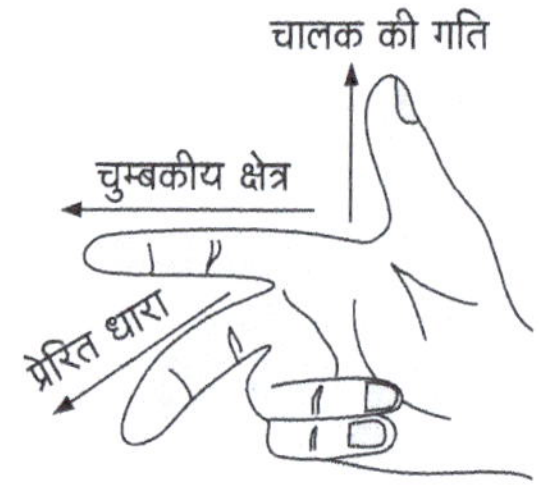

विद्युत जनित्र अथवा डायनमो

(Electric Generator or Dynamo)

वह यन्त्र जो यान्त्रिक ऊर्जा को विद्युत ऊर्जा में बदल देता है, विद्युत जनित्र (डायनमो) कहलाता है। यह विद्युत चुम्बकीय प्रेरण के सिद्धान्त पर आधारित है। विद्युत जनित्र में यान्त्रिक ऊर्जा का उपयोग चुम्बकीय क्षेत्र में रखे चालक को घूर्णी गति प्रदान करने में किया जाता है जिसके फलस्वरूप प्रेरित विद्युत धारा उत्पन्न होती है। विद्युत जनित्र दो प्रकार के होते हैं

(i) प्रत्यावर्ती धारा जनित्र (ii) दिष्ट धारा जनित्र

प्रत्यावर्ती धारा जनित्र (Alternating Current Generator)

सिद्धान्त (Principle)

विद्युत जनित्र विद्युत चुम्बकीय प्रेरण के सिद्धान्त पर कार्य करता है। जब किसी चालक से बद्ध चुम्बकीय फ्लक्स में परिवर्तन होता है, तो उसमें विद्युत वाहक बल उत्पन्न हो जाता है जिसे प्रेरित विद्युत वाहक बल कहते हैं और यदि परिपथ बन्द है, तो उसमें विद्युत धारा प्रवाह होने लगती है जिसे प्रेरित विद्युत धारा कहते हैं।

संरचना (Construction)

प्रत्यावर्ती धारा जनित्र के निम्नलिखित प्रमुख भाग होते हैं

(i) **क्षेत्र चुम्बक** (Field Magnet) यह एक अतिशक्तिशाली चुम्बक होता है जिसके ध्रुवों के मध्य एक कुण्डली को चुम्बकीय क्षेत्र की दिशा के लम्बवत् अक्ष के परित: तेजी से घुमाया जाता है।

(ii) **आर्मेचर या कुण्डली** (Armature) यह एक मुलायम लोहे के एक क्रोड पर लिपटी अत्यधिक संख्या में पृथक्कित तारों की कुण्डली है, जिसे चुम्बकीय क्षेत्र में तीव्र गति से घुमाया जाता है।

(iii) **सर्पीवलय** (Slip Rings) कुण्डली के सिरे दो अलग-अलग धातु के वलयों C_1 व C_2 से जोड़ देते हैं। ये वलय सम-अक्षीय होते हैं तथा कुण्डली के साथ-साथ घूमते हैं।

(iv) **ब्रुश** (Brush) ये कार्बन या किसी धातु की पत्तियों से बने दो ब्रुश (B_1 व B_2) होते हैं। इनका एक-एक सिरा, दो वलयों को स्पर्श करता है तथा शेष दूसरे सिरों को बाहरी परिपथ से सम्बन्धित कर दिया जाता है। ये ब्रुश कुण्डली के साथ नहीं घूमते हैं।

कार्यविधि (Procedure)

माना प्रारम्भ में कुण्डली $ABCD$ का तल चुम्बकीय क्षेत्र के लम्बवत् है। कुण्डली का सिरा A सर्पीवलय C_1 से तथा सिरा D सर्पीवलय C_2 से जुड़ा है। ब्रुश B_1, वलय C_1 को तथा ब्रुश B_2, वलय C_2 को स्पर्श करता है।

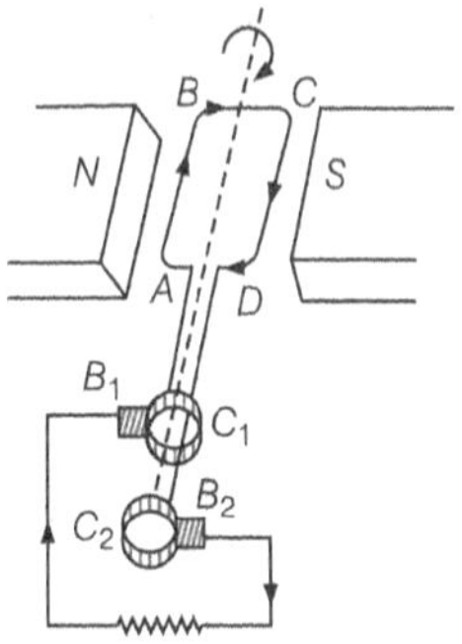

यदि कुण्डली दक्षिणावर्त दिशा में घुमाई जा रही है, तो फ्लेमिंग के दाएँ हाथ के नियम से कुण्डली में प्रेरित धारा $ABCD$ दिशा में प्रवाहित होगी।

कुण्डली का आधा चक्कर पूरा होने के बाद भुजा AB व CD क्रमश: अपनी-अपनी स्थितियाँ बदल लेती हैं। सर्पीवलय C_1 व C_2 भी अपने स्थान पर घूम जाते हैं परन्तु ब्रुश B_1 का सम्बन्ध सर्पीवलय C_1 से तथा ब्रुश B_2 का सम्बन्ध सर्पीवलय C_2 से ही बना रहता है।

आधा चक्र पूरा होने के पश्चात् कुण्डली की दोनों भुजाओं की गति की दिशा विपरीत हो जाती है, अत: बाहरी परिपथ में धारा की दिशा परिवर्तित हो जाती है। इस प्रकार कुण्डली के एक पूरे चक्कर के दौरान बाह्य परिपथ में धारा की दिशा परिवर्तित हो जाती है जो कुण्डली के घूमने के साथ इसी प्रकार परिवर्तित होती रहती है। अत: बाह्य परिपथ में प्राप्त धारा प्रत्यावर्ती धारा होती है क्योंकि इसकी दिशा निश्चित समयान्तराल पर बदलती रहती है। प्रत्यावर्ती धारा की आवृत्ति, कुण्डली के घूमने की आवृत्ति के बराबर होती है। तापीय विद्युत संयंत्र, जल विद्युत संयंत्र, नाभिकीय ऊर्जा संयंत्र, आदि प्रत्यावर्ती विद्युत धारा उत्पन्न करते हैं।

दिष्ट धारा जनित्र (Direct Current Generator)

सिद्धान्त (Principle)

यह प्रत्यावर्ती धारा जनित्र की भाँति ही होता है। अन्तर केवल इतना होता है कि इसमें सर्पीवलयों के स्थान पर विभक्त वलय लगे होते हैं।

दिष्ट धारा जनित्र में भी जब कोई कुण्डली या आर्मेचर शक्तिशाली चुम्बकीय क्षेत्र में घूर्णन करती है, तो उसमें विद्युत चुम्बकीय प्रेरण के सिद्धान्त के अनुसार प्रेरित विद्युत वाहक बल तथा प्रेरित धारा उत्पन्न होती है।

संरचना Construction

दिष्ट धारा जनित्र के निम्न भाग होते हैं

(i) **क्षेत्र चुम्बक** (Field Magnet) यह एक शक्तिशाली छड़ चुम्बक होता है जिसके ध्रुवों के मध्य कुण्डली घूमती है। इसके द्वारा उत्पन्न चुम्बकीय क्षेत्र की बल-रेखाएँ N से S की ओर होती हैं।

(ii) **आर्मेचर** (Armature) यह एक आयताकार कुण्डली $ABCD$ होती है, जो कच्चे लोहे के क्रोड पर पृथक्कित ताँबे के तार के अनेक फेरों को लपेट कर बनाई जाती है।

(iii) **विभक्त वलय** (Split Rings) ये वलय किसी पीतल की धातु के बेलन को उसकी अक्ष के अनुदिश दो बराबर भागों में काटकर बनाए जाते हैं। कुण्डली इन दोनों वलयों में जुड़ी रहती है। इस आर्मेचर कुण्डली को क्षेत्रीय चुम्बक के ध्रुवों (NS) के मध्य किसी बाह्य स्रोत, जैसे पेट्रोल इंजन, जल टरबाइन, इत्यादि से अत्यधिक गति से घुमाया जाता है।

(iv) **ब्रुश** (Brush) ये कार्बन के बने होते हैं जो चालक होते हैं। बाहरी परिपथ में धारा ब्रुशों B_1 व B_2 की सहायता से ही प्रवाहित होती हैं। ये विभक्त वलय को स्पर्श करते हैं तथा अपने स्थान से विस्थापित होते रहते हैं।

कार्यविधि (Procedure)

जब आर्मेचर चुम्बकीय ध्रुवों के मध्य दक्षिणावर्त दिशा में घूर्णन करता है, तो आर्मेचर से गुजरने वाले चुम्बकीय फ्लक्स में परिवर्तन होता है और आर्मेचर कुण्डली में एक विद्युत वाहक बल प्रेरित हो जाता है तथा इस विद्युत वाहक बल के कारण कुण्डली में धारा प्रवाहित होने लगती है। आर्मेचर कुण्डली के पहले आधे चक्कर में आर्मेचर कुण्डली में प्रेरित विद्युत वाहक बल का मान शून्य से बढ़कर अधिकतम हो जाता है तथा पुन: शून्य हो जाता है।

दूसरे आधे चक्कर में विद्युत वाहक बल विपरीत दिशा में शून्य से अधिकतम मान तक पहुँच जाता है तथा पुन: घटकर शून्य हो जाता है। परन्तु प्रत्येक आधे चक्कर के पश्चात् विभक्त वलय के भाग आपस में ब्रुशों के स्थान को बदल देते हैं। अत: बाह्य परिपथ में धारा निरन्तर एक ही दिशा में प्रवाहित होती रहती है अर्थात् दिष्ट धारा प्राप्त होती है। शुष्क सेल, बटन सेल, आदि दिष्ट धारा उत्पन्न करते हैं।

अभ्यास प्रश्न

1. कौन-सा चुम्बकीय क्षेत्र का मात्रक नहीं है
   (a) वेबर/मी^{2} (b) टेस्ला
   (c) गॉस (d) न्यूटन/ऐम्पियर^2

2. चुम्बकीय क्षेत्र की तीव्रता का मात्रक है
   (a) न्यूटन/(ऐम्पियर-मीटर^2)
   (b) न्यूटन/(ऐम्पियर-मीटर)
   (c) न्यूटन-ऐम्पियर-मीटर
   (d) न्यूटन^2/(ऐम्पियर-मीट

3. बायो-सेवर्ट नियम के अनुसार, चुम्बकीय क्षेत्र की तीव्रता चालक खण्ड से किसी प्रेक्षण बिन्दु तक की दूरी के
   (a) अनुक्रमानुपाती होती है
   (b) व्युत्क्रमानुपाती होती है
   (c) बराबर होती है
   (d) वर्ग के व्युत्क्रमानुपाती होती है

4. किसी विद्युत धारावाही सीधी लम्बी परिनालिका के भीतर चुम्बकीय क्षेत्र
   (a) शून्य होता है
   (b) इसके सिरे की ओर जाने पर घटता है
   (c) इसके सिरे की ओर जाने पर बढ़ता है
   (d) सभी बिन्दुओं पर समान होता

5. फ्लेमिंग के बाएँ हाथ के नियम के अनुसार बीच वाली अँगुली प्रदर्शित करती है
   (a) चालक पर लगने वाले बल की दिशा को
   (b) चुम्बकीय क्षेत्र की दिशा को
   (c) चालक में प्रवाहित धारा की दिशा को
   (d) उपरोक्त में से किसी को नहीं

6. विद्युत मोटर में स्थानान्तरण होता है
   (a) विद्युत ऊर्जा का ध्वनि ऊर्जा में
   (b) विद्युत ऊर्जा का यान्त्रिक ऊर्जा में
   (c) यान्त्रिक ऊर्जा का विद्युत ऊर्जा में
   (d) रासायनिक ऊर्जा का यान्त्रिक ऊर्जा में

7. विद्युत मोटर की संरचना का भाग नहीं है
   (a) क्षेत्र चुम्बक (b) आर्मेचर
   (c) चोक कुण्डली (d) ब्रुश

8. 1 न्यूटन/ऐम्पियर-मी निम्न के बराबर है
   (a) 10^6 गौस (b) 10^4 गौस
   (c) 10^{-4} गौस (d) 10^{-2} गौस

9. फ्लेमिंग के दाहिने हाथ का नियम प्रदान करता है
   (a) प्रेरित धारा की दिशा
   (b) प्रेरित धारा का परिमाण
   (c) प्रेरित धारा की दिशा व परिमाण दोनों
   (d) उपरोक्त में से कोई नहीं

10. यदि एक इलेक्ट्रॉन, जो पूर्व की ओर चल रहा है, उत्तर दिशा मे दिष्ट बाह्य चुम्बकीय क्षेत्र से प्रभावित होता है, तो इलेक्ट्रॉन पर बल होगा
    (a) ऊर्ध्वाधर ऊपर की ओर
    (b) ऊर्ध्वाधर नीचे की ओर
    (c) उत्तर की ओर
    (d) पूर्व की ओर

11. तीव्र गतिमान धनावेशित कण कभी-कभी अन्तरिक्ष से पृथ्वी की ओर आते हैं। पृथ्वी के चुम्बकीय क्षेत्र के कारण ये कण विक्षेपित हो जाएँगे
    (a) उत्तर की ओर
    (b) दक्षिण की ओर
    (c) पूर्व की ओर
    (d) पश्चिम की ओर

12. धारावाही परिनालिका के कारण चुम्बकीय क्षेत्र की तीव्रता निर्भर करती है
    (a) क्रोड के पदार्थ की प्रकृति पर
    (b) विद्युत धारा के परिमाण पर
    (c) कुण्डली में फेरों की संख्या पर
    (d) इन सभी पर

13. l मी लम्बाई के चालक में पूर्व से पश्चिम की ओर क्षैतिज तल में i ऐम्पियर धारा बह रही है और यह चालक, B न्यूटन/ऐम्पियर-मी के चुम्बकीय क्षेत्र में रखा है। चुम्बकीय क्षेत्र की दिशा ऊर्ध्वाधरतः ऊपर की ओर है। चालक पर लगने वाला बल होगा
    (a) iBl न्यूटन, दक्षिण से उत्तर की ओर
    (b) iBl न्यूटन, उत्तर से दक्षिण की ओर
    (c) $\frac{i}{Bl}$ न्यूटन, क्षैतिज तल में
    (d) $\frac{i}{Bl}$ न्यूटन, दक्षिण से उत्तर की ओर

14. जब स्वतन्त्र लटकी हुई धारावाही परिनालिका में धारा प्रवाहित की जाती है, तो परिनालिका के रुकने की दिशा होती है
    (a) पूर्व-पश्चिम (b) उत्तर-पश्चिम
    (c) किसी भी दिशा में रुक सकती है
    (d) इनमें से कोई नहीं

15. एक सीधे विद्युत धारावाही तार में विद्युत धारा के प्रवाहन से उत्पन्न होने वाली चुम्बकीय बल रेखाएँ होंगी
    (a) तार के लम्बवत्
    (b) तार के समान्तर
    (c) तार के वृत्त की ओर
    (d) उपरोक्त में से कोई नहीं

16. धारा की दिशा बदलने पर परिनालिका की ध्रुवता पर क्या प्रभाव पडेगा?
    (a) ध्रुवता बढ़ जाएगी
    (b) ध्रुवता घट जाएगी
    (c) ध्रुवता पर कोई प्रभाव नहीं पडेगा।
    (d) उपरोक्त में से कोई नहीं

17. दो सीधे लम्बे समान्तर तार एक-दूसरे से $2r$ दूरी पर हैं। प्रत्येक तार में धारा i एक ही दिशा में बह रही है। दोनों तारों के बीच एक बिन्दु पर, जो प्रत्येक तार से r दूरी पर है, चुम्बकीय क्षेत्र की तीव्रता होगी
    (a) $\frac{1}{r}$
    (b) $\frac{2i}{r}$
    (c) $\frac{4i}{r}$
    (d) शून्य

18. एक धारावाही कुण्डली के केन्द्र पर उत्पन्न चुम्बकीय क्षेत्र होता है
    (a) कुण्डली के तल के समान्तर
    (b) कुण्डली के तल के लम्बवत्
    (c) शून्य
    (d) अनन्त

19. किस परिस्थिति में किसी चुम्बकीय क्षेत्र में रखे धारावाही चालक पर लगने वाला बल शून्य होता है?
    (a) जब धारा चुम्बकीय क्षेत्र के समान्तर हो
    (b) जब धारा चुम्बकीय क्षेत्र के लम्बवत् हो
    (c) (a) और (b) दोनों
    (d) उपरोक्त में से कोई नहीं

20. वैद्युत मोटर में रूपान्तरण होता है
    (a) वैद्युत ऊर्जा का ध्वनि ऊर्जा में
    (b) वैद्युत ऊर्जा का यान्त्रिक ऊर्जा में
    (c) यान्त्रिक ऊर्जा का वैद्युत ऊर्जा में
    (d) रासायनिक ऊर्जा का यान्त्रिक ऊर्जा में

21. विद्युत चुम्बकीय प्रेरण की परिघटना
    (a) किसी वस्तु को आवेशित करने की प्रक्रिया है।
    (b) किसी कुण्डली में विद्युत धारा प्रवाहित होने के कारण चुम्बकीय क्षेत्र उत्पन्न करने की प्रक्रिया है।
    (c) कुण्डली तथा चुम्बक के बीच आपेक्षिक गति के कारण कुण्डली में प्रेरित विद्युत धारा उत्पन्न करना है।
    (d) किसी विद्युत मोटर की कुण्डली को घूर्णन कराने की प्रक्रिया है।

22. किसी AC जनित्र तथा DC जनित्र में एक मूलभूत अन्तर यह है कि
(a) AC जनित्र में विद्युत चुम्बक होता है जबकि DC जनित्र में स्थायी चुम्बक होता है।
(b) DC जनित्र उच्च वोल्टता का जनन करता है।
(c) AC जनित्र उच्च वोल्टता का जनन करता है।
(d) AC जनित्र में सर्पी वलय होते हैं जबकि DC जनित्र में दिक्परिवर्तक होता है।

23. डायनमो उत्पन्न करता है
(a) आवेश (b) विद्युत वाहक बल
(c) विद्युत क्षेत्र (d) चुम्बकीय क्षेत्र

24. यान्त्रिक ऊर्जा को विद्युत ऊर्जा में बदलने वाला यन्त्र है
(a) मोटर (b) डायनमो
(c) धारामापी (d) ट्रांसफॉर्मर

25. गलत/असत्य कथन को छाँटिए।
(a) फ्लेमिंग का दक्षिण-हस्त नियम प्रेरित धारा की दिशा ज्ञात करने का एक सरल नियम है।
(b) दक्षिण-हस्त अंगुष्ठ नियम का उपयोग एक विद्युत धारावाही के कारण उत्पन्न चुम्बकीय क्षेत्र की दिशा बताने हेतु किया जाता है।
(c) दिष्ट धारा (DC) तथा प्रत्यावर्ती धारा (AC) में यह अन्तर है कि दिष्ट धारा सदैव एक ही दिशा में बहती है जबकि प्रत्यावर्ती धारा की दिशा एक निश्चित अन्तराल के बाद उत्क्रमित हो जाती है।
(d) भारत में प्रत्यावर्ती धारा (AC) की दिशा प्रत्येक $\frac{1}{50}$ सेकण्ड के पश्चात् उत्क्रमित हो जाती है।

26. एक AC जनित्र को DC जनित्र में परिवर्तित करने के लिए
(a) विभक्त वलय दिक्परिवर्तक का प्रयोग आवश्यक है
(b) विभक्त वलयों तथा ब्रुशों का प्रयोग आवश्यक है
(c) एक अधिक प्रबल चुम्बकीय क्षेत्र का होना आवश्यक है
(d) एक आयताकार पाश (तार से बने) का प्रयोग आवश्यक है

27. भारत में विद्युत ऊर्जा का उत्पादन किस आवृत्ति पर होता है?
(a) 400 हर्ट्ज पर (b) 200 हर्ट्ज पर
(c) 100 हर्ट्ज पर (d) 50 हर्ट्ज पर

28. निम्न में से कौन-सा विद्युत चुम्बकीय प्रेरण पर आधारित है?
(a) डायनमो (b) विद्युत मोटर
(c) विभवमापी (d) इनमें से कोई नहीं

उत्तरमाला

1. *(d)*	2. *(c)*	3. *(d)*	4. *(d)*	5. *(c)*	6. *(d)*	7. *(c)*	8. *(c)*	9. *(d)*	10. *(c)*
11. *(d)*	12. *(b)*	13. *(c)*	14. *(c)*	15. *(a)*	16. *(c)*	17. *(d)*	18. *(b)*	19. *(a)*	20. *(a)*
21. *(a)*	22. *(d)*	23. *(c)*	24. *(a)*	25. *(d)*	26. *(b)*	27. *(c)*	28. *(a)*		

अध्याय

12

प्रत्यावर्ती धारा

(Alternating Current)

हम अपने दैनिक जीवन में दो प्रकार की धाराओं का प्रयोग करते हैं (i) दिष्ट धारा तथा (ii) प्रत्यावर्ती धारा। दिष्ट धारा परिपथ में विद्युत वाहक बल के स्रोत के लिए सेल या बैटरी ली जाती है जिससे उत्पन्न धारा तथा विद्युत वाहक बल के परिमाण एवं दिशा समय के साथ नहीं बदलते हैं, जबकि प्रत्यावर्ती धारा किसी परिपथ में बहने वाली ऐसी धारा है जो कुछ समय तक एक ही दिशा में तथा फिर उतने ही समय तक विपरीत दिशा में प्रवाहित होती है। इसके अतिरिक्त प्रत्यावर्ती धारा की वोल्टता को लम्बी दूरी तक वितरित किया जा सकता है। इस अध्याय में प्रत्यावर्ती धारा व इसके विभिन्न परिपथों का अध्ययन करेंगे।

धारा के प्रकार (Types of Current)

धारा मुख्यत: दो प्रकार की होती है

1. **दिष्ट धारा** (Direct Current)

इस धारा के परिमाण एवं दिशा में सामान्यत: कोई परिवर्तन नहीं होता है। किसी बैटरी परिपथ से हम जो धारा प्राप्त करते हैं, वह दिष्ट धारा कहलाती है।

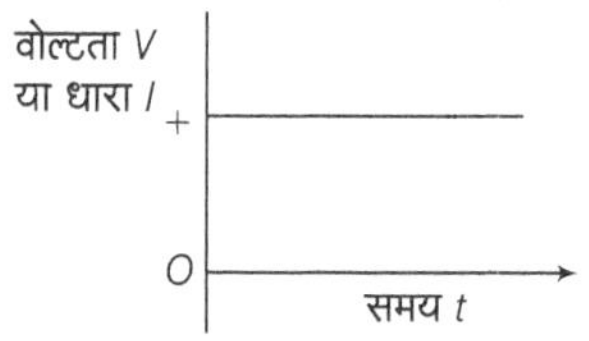

दिष्ट धारा का ग्राफीय निरूपण

2. **प्रत्यावर्ती धारा** (Alternating Current)

वह धारा जिसका मान तथा दिशा लगातार आवर्त रूप (Periodically) से परिवर्तित होता है, प्रत्यावर्ती धारा कहलाती है। प्रत्यावर्ती धारा तथा समय के मध्य खींचा गया ग्राफ नीचे चित्र में दर्शाया गया है। इसे **ज्या-वक्रीय प्रत्यावर्ती** धारा भी कहते हैं।

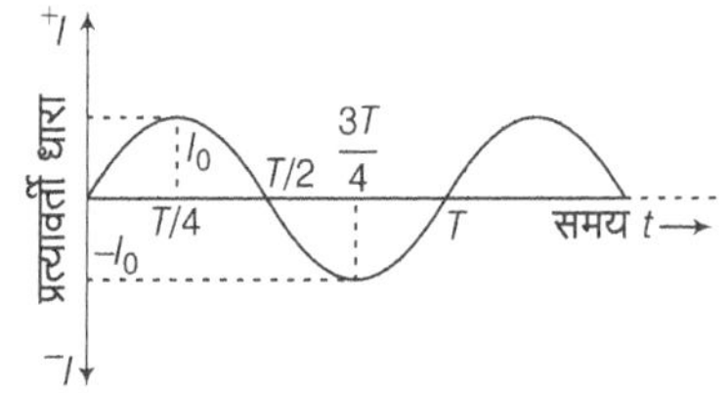

प्रत्यावर्ती धारा का ग्राफीय निरूपण

जहाँ, I_0 प्रत्यावर्ती धारा का अधिकतम मान या शिखर मान है। इसी प्रकार प्रत्यावर्ती विद्युत वाहक बल का मान तथा दिशा आवर्त रूप से परिवर्तित होते हैं। प्रत्यावर्ती विद्युत वाहक बल तथा समय के बीच ग्राफ पिछले पृष्ट पर दिए गए ग्राफ के अनुसार प्राप्त होता है।

प्रत्यावर्ती विद्युत वाहक बल एवं प्रत्यावर्ती धारा की उत्पत्ति

(Origin of Alternating EMF and Alternating Current)

जब किसी कुण्डली को एक शक्तिशाली चुम्बकीय क्षेत्र में अपनी अक्ष के परित: तेजी से घुमाया जाता है, तो कुण्डली में से गुजरने वाले चुम्बकीय फ्लक्स में लगातार परिवर्तन होता रहता है।

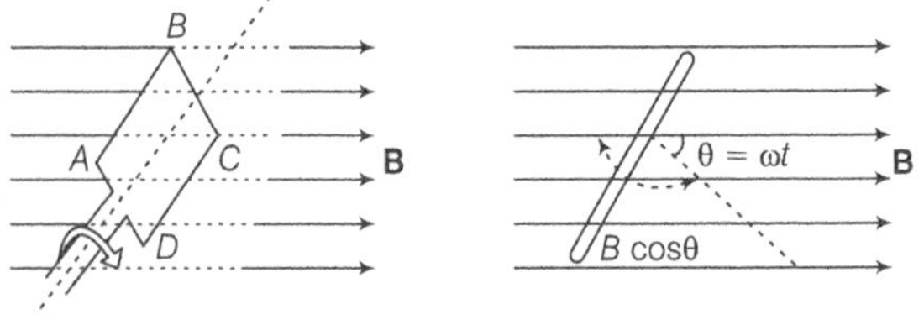

प्रत्यावर्ती विद्युत वाहक बल

जिसके कारण कुण्डली में प्रेरित विद्युत वाहक बल उत्पन्न होता है। इस विद्युत वाहक बल को प्रत्यावर्ती विद्युत वाहक बल कहते हैं।

माना चालक तार के N फेरों की एक कुण्डली $ABCD$ एकसमान बाह्य चुम्बकीय क्षेत्र **B** में, अपनी अक्ष XY के परित: दक्षिणावर्त दिशा में कोणीय वेग ω से घुमाई जा रही है। माना $t = 0$ समय पर कुण्डली का तल चुम्बकीय फ्लक्स रेखाओं के लम्बवत् है जिस कारण इस स्थिति में कुण्डली के तल से गुजरने वाली फ्लक्स रेखाओं की संख्या अधिकतम होगी।

जब कुण्डली अपनी अक्ष के परित: घूमती है, तो उससे गुजरने वाला चुम्बकीय फ्लक्स परिवर्तित होने लगता है। माना t समय में कुण्डली का तल θ कोण से घूम जाता है। इस क्षण कुण्डली के तल पर खींचा गया लम्ब फ्लक्स रेखाओं के साथ θ कोण बनाता है। अत: चुम्बकीय क्षेत्र **B** का कुण्डली के तल के लम्बवत् घटक $B\cos\theta$ होगा।

यदि कुण्डली के तल का क्षेत्रफल A है, तो $\phi = \mathbf{B}\cdot\mathbf{A}$

चुम्बकीय फ्लक्स, $\phi = BA\cos\theta \Rightarrow \phi = BA\cos\omega t$

चुम्बकीय फ्लक्स के परिवर्तन की दर,

$$\frac{d\phi}{dt} = \frac{d}{dt}\phi = \frac{d}{dt}(BA\cos\omega t) = BA\frac{d}{dt}(\cos\omega t)$$

$$= BA(-\omega\sin\omega t) \Rightarrow \phi = -BA\omega\sin\omega t$$

फैराडे के नियमानुसार, यदि कुण्डली में तार के N फेरे हों, तो प्रेरित विद्युत वाहक बल,

$$e = -N\frac{d\phi}{dt} = -N(-BA\omega\sin\omega t)$$

$$\boxed{e = NBA\omega\sin\omega t}$$

उपरोक्त समीकरण से स्पष्ट है कि कुण्डली में प्रेरित विद्युत वाहक बल का मान t पर निर्भर करता है। $\sin\omega t$ का अधिकतम मान 1 होता है। अत: प्रेरित विद्युत वाहक बल e का महत्तम मान $= NBA\omega$

माना कि यह e_0 है, तब $e_0 = NBA\omega \Rightarrow \boxed{e = e_0\sin\omega t}$

सूत्र से स्पष्ट है कि जब किसी कुण्डली को चुम्बकीय क्षेत्र में घुमाया जाता है तो उसमें एक प्रेरित विद्युत वाहक बल उत्पन्न हो जाता है जो ज्या वक्र की भाँति परिवर्तित होता रहता है।

चित्र के ऊपर के भाग में विभिन्न समयों पर कुण्डली की स्थितियाँ दिखाई गई हैं, जबकि नीचे वाला भाग प्रेरित विद्युत वाहक बल तथा घुमाव कोण को प्रदर्शित करता है।

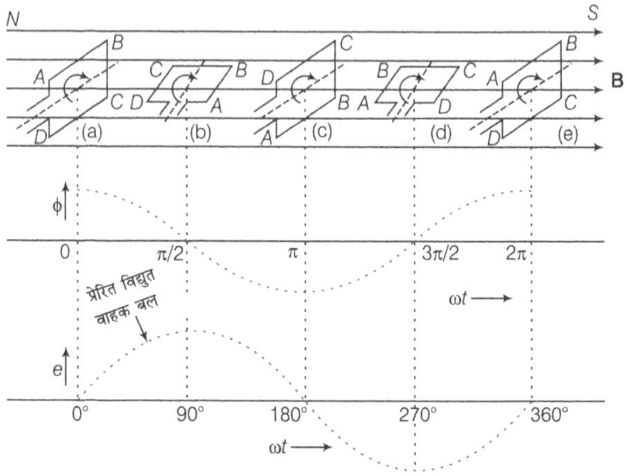

प्रेरित विद्युत वाहक बल

स्थिति 1 *जब* $\sin\omega t = 0$ *अर्थात् कुण्डली का तल चुम्बकीय फ्लक्स रेखाओं के लम्बवत् है*

$$e = e_0\sin\omega t = 0$$

इस स्थिति में कुण्डली में उत्पन्न प्रेरित विद्युत वाहक बल शून्य होता है। इसके बाद जैसे-जैसे कुण्डली घूमती है, तो इससे गुजरने वाले फ्लक्स का मान कम होता जाता है तथा प्रेरित विद्युत वाहक बल बढ़ने लगता है।

स्थिति 2 $\omega t = 90°$ *जब कुण्डली 3/4 चक्कर पूरा करके फ्लक्स रेखाओं के तल में आ जाती है, तब*

$$e = e_0\sin 90° \Rightarrow \boxed{e = e_0}$$

इसमें प्रेरित विद्युत वाहक बल महत्तम है। अत: जब कुण्डली का तल चुम्बकीय क्षेत्र के लम्बवत् है, तो प्रेरित विद्युत वाहक बल न्यूनतम होता है एवं जब कुण्डली चुम्बकीय क्षेत्र के समान्तर है, तो प्रेरित विद्युत वाहक बल महत्तम होगा।

कुण्डली के प्रत्येक पूर्ण घूर्णन (Complete rotation) की अवधि में प्रेरित विद्युत वाहक बल का मान नीचे की सारणी में व्यक्त किया गया है

t	$\omega t = \frac{2\pi}{T}t$	$e = e_0\sin\omega t$
0	0	0
$\frac{T}{4}$	$\frac{\pi}{2}$	$+e_0$
$\frac{T}{2}$	π	0
$3\frac{T}{4}$	$3\frac{\pi}{2}$	$-e_0$
T	2π	0

इस प्रकार एक पूर्ण घूर्णन की अवधि में विद्युत वाहक बल की दिशाएँ पूर्वार्द्ध और उत्तरार्द्ध में एक-दूसरे के विपरीत रहती हैं। $t = 0$ से $t = \frac{T}{2}$ की अवधि में विद्युत वाहक बल धनात्मक रहता है जिसे **धनात्मक अर्द्धचक्र** (Positive half-cycle) तथा $t = \frac{T}{2}$ से $t = T$ के बीच विद्युत वाहक बल ऋणात्मक रहता है जिसे **ऋणात्मक अर्द्धचक्र** (Negative half-cycle) कहा जाता है।

यदि कुण्डली के एक पूर्ण चक्र का समय T सेकण्ड हो या प्रति सेकण्ड चक्करों की संख्या अर्थात् आवृत्ति f हो, तो

$$f = \frac{1}{T} \text{ या } \omega = \frac{2\pi}{T} = 2\pi f$$

अत: $e = e_0\sin\omega t = e_0\sin\frac{2\pi}{T}t = e_0\sin 2\pi ft$

ऐसे विभव को जिसका परिमाण व दिशा समय के साथ बदले तथा एक निश्चित समय के पश्चात् उसी दिशा में उसी परिमाण के साथ उसकी पुनरावृत्ति हो प्रत्यावर्ती विभव (Alternating voltage) कहते हैं। प्रत्यावर्ती विभव या प्रत्यावर्ती विद्युत वाहक बल की समीकरण $V = V_0\sin\omega t$ या $E = E_0\sin\omega t$ है।

किसी क्षण प्रत्यावर्ती वोल्टेज का मान,

$$\boxed{V = V_0\sin\omega t} \text{ या } \boxed{E = E_0\sin\omega t}$$

जहाँ, V_0 वोल्टेज का महत्तम अथवा शिखर (Peak) मान है।

प्रत्यावर्ती वोल्टेज तथा प्रत्यावर्ती धारा का समय के साथ ग्राफ निम्नलिखित है

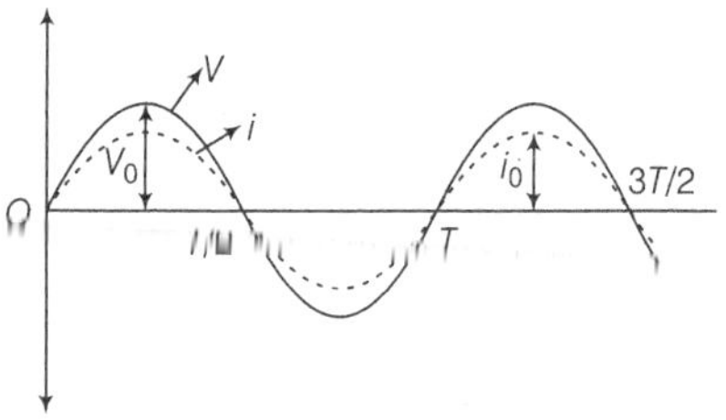

प्रत्यावर्ती धारा व समय के बीच ग्राफ

यदि प्रत्यावर्ती विद्युत वाहक बल के स्रोत से किसी प्रतिरोध R को जोड़ दिया जाए, तो ओम के नियमानुसार प्रतिरोध में किसी समय तात्कालिक धारा

$$I = \frac{E}{R} \text{ या } \frac{V}{R} \Rightarrow \boxed{I = \frac{E_0 \sin \omega t}{R}}$$

जैसे-जैसे प्रत्यावर्ती वोल्टेज समय के साथ बदलती है वैसे ही परिपथ में धारा का मान बदलता है।

$$\boxed{I = I_0 \sin\omega t}$$

जहाँ, I_0 धारा का अधिकतम मान या शिखर मान तथा ω इसकी कोणीय आवृत्ति है।

उदाहरण 1. एक जनित्र की आर्मेचर कुण्डली में 20 फेरे हैं तथा इसका क्षेत्रफल 0.127 मी^{2} है। इसे 0.2 वेबर/मी^{2} के चुम्बकीय क्षेत्र में कितने वेग से घुमाएँ ताकि प्रेरित विद्युत वाहक बल का मान अधिकतम 160 वोल्ट हो जाए?

हल कुण्डली में प्रेरित अधिकतम विद्युत वाहक बल, $e_0 = NBA\omega \Rightarrow$

$$\omega = \frac{e_0}{NBA}$$

यदि 160 वोल्ट के अधिकतम विद्युत वाहक बल की आर्मेचर कुण्डली में प्रति सेकण्ड n चक्कर आवश्यक हों, तब

$$n = \frac{\omega}{2\pi} = \frac{e_0}{2\pi NBA} = \frac{160}{2 \times 3.14 \times 20 \times (0.2) \times (0.127)}$$

$$= 50 \text{ हर्ट्ज}$$

प्रत्यावर्ती धारा अथवा विभव से सम्बन्धित कुछ परिभाषाएँ (Some Definitions Related to Alternating Current or Voltage)

(i) आवर्तकाल (Time Period)

प्रत्यावर्ती धारा अथवा विभव के एक सम्पूर्ण चक्र में लगा समय, प्रत्यावर्ती धारा अथवा विभव का आवर्तकाल कहलाता है। इसे T से प्रदर्शित करते हैं।

प्रत्यावर्ती धारा का आवर्तकाल, $T = \frac{2\pi}{\omega}$

जहाँ, 2π एक चक्कर में कोणीय विस्थापन तथा ω कोणीय वेग है।

(ii) आवृत्ति (Frequency)

प्रत्यावर्ती धारा अथवा विभव द्वारा 1 सेकण्ड में पूर्ण किए गए चक्करों की संख्या, उसकी आवृत्ति कहलाती है। इसे f से प्रदर्शित करते हैं।

$$\text{आवृत्ति, } f = \frac{1}{T} = \frac{\omega}{2\pi}$$

भारतवर्ष में प्रत्यावर्ती धारा की आवृत्ति 50 चक्कर प्रति सेकण्ड है, जबकि USA में यह 60 चक्कर प्रति सेकण्ड होती है।

(iii) शिखर मान या आयाम (Peak Value or Amplitude)

प्रत्यावर्ती विभव या धारा अपने माध्य मान से एक ओर जितना अधिकतम मान प्राप्त करती है, वह विभव या धारा का शिखर मान या आयाम कहलाता है। इसे V_0 या i_0 से प्रदर्शित करते हैं।

(iv) कला (Phase)

प्रत्यावर्ती धारा के तात्कालिक मान में ज्या या कोज्या के कोणांक (Argument) को प्रत्यावर्ती धारा की कला कहते हैं।

या प्रारम्भ में या $t = 0$ समय पर ज्या या कोज्या के कोणांक को प्रत्यावर्ती धारा की प्रारम्भिक कला कहते हैं। यदि प्रत्यावर्ती विद्युत वाहक बल का तात्क्षणिक मान $e = e_0 \sin (\omega t + \phi)$ हो, तब $(\omega t + \phi)$ कला है।

प्रत्यावर्ती धारा एवं वोल्टता के माध्य एवं वर्ग माध्य मूल मान (Mean and Root Mean Square Values of Alternating Current and Voltage)

माध्य अथवा औसत मान Mean or Average Value

एक सम्पूर्ण साइकिल के लिए प्रत्यावर्ती धारा का माध्य (अथवा औसत) मान शून्य होता है, परन्तु प्रत्यावर्ती धारा की अर्द्ध-साइकिल के लिए धारा का माध्य मान एक परिमित राशि है।

प्रत्यावर्ती धारा का औसत मान उस दिष्ट धारा (नियत धारा) के मान के बराबर है जो किसी परिपथ में प्रत्यावर्ती धारा के अर्द्धचक्र में लगे समय में उतना ही आवेश प्रवाहित करती है, जितना आवेश प्रत्यावर्ती धारा अपने अर्द्धचक्र में उस परिपथ में प्रवाहित करती है।

प्रत्यावर्ती धारा का माध्य मान, $i_m = \frac{1}{T/2} \int_0^{T/2} i\,dt$

यहाँ, i धारा का तात्कालिक मान है, अत: $i = i_0 \sin \omega t$

यहाँ, i_0 धारा का शिखर मान है तथा $T = \frac{2\pi}{\omega} \Rightarrow i_m = \frac{\omega}{\pi} \int_0^{\pi/\omega} i_0 \sin \omega t\,dt$

हल करने के पश्चात् $i_m = \frac{2}{\pi} i_0 = 0.637\, i_0$

पहले अर्द्धचक्र के लिए धारा का औसत मान,

$$\boxed{i_m = \frac{2i_0}{\pi} = 0.637\, i_0}$$

दूसरे अर्द्धचक्र के लिए, $\boxed{i_m = -\frac{2i_0}{\pi} = -0.637\, i_0}$

जहाँ, i_0 धारा का शिखर मान है।

इसी प्रकार प्रत्यावर्ती वोल्टता का अर्द्धचक्रों के लिए मान इस प्रकार है

$$\boxed{V_m = \frac{2\,V_0}{\pi} = 0.637\, V_0}$$

तथा $\boxed{V_m = \frac{2\,V_0}{\pi} = -\,0.637\, V_0}$

वर्ग माध्य मूल मान (Root Mean Square Value)

प्रत्यावर्ती धारा की एक पूर्ण चक्र या साइकिल के लिए धारा के वर्ग i^2 के औसत मान के वर्गमूल को धारा का वर्ग माध्य मूल मान कहते हैं। इसे i_{rms} से प्रदर्शित करते हैं।

प्रत्यावर्ती धारा का वर्ग माध्य मूल मान उस नियत दिष्ट धारा के मान के बराबर होता है जिसके द्वारा किसी चालक अथवा तार में उसी दर से ऊष्मा उत्पन्न की जाती है जितनी उसी चालक तार में प्रत्यावर्ती धारा द्वारा ऊष्मा उत्पन्न होती है।

एक पूर्ण साइकिल के लिए i^2 का माध्य औसत मान, $\overline{i^2} = \frac{1}{T}\int_0^T i^2 dt$

समीकरण में $i = i_0 \sin \omega t$ तथा $T = \frac{2\pi}{\omega}$ रखने पर,

$$\overline{i^2} = \frac{\omega}{2\pi}\int_0^{2\pi/\omega} i_0^2 \sin^2 \omega t\, dt$$

$$\overline{i^2} = \frac{\omega}{2\pi} i_0^2 \int_0^{2\pi/\omega} \frac{(1-\cos 2\omega t)}{2} dt$$

$$= \frac{\omega}{2\pi}\cdot\frac{i_0^2}{2}\left[t - \frac{\sin 2\omega t}{2\omega}\right]_0^{2\pi/\omega} = \frac{\omega}{2\pi}\cdot\frac{i_0^2}{2}\left(\frac{2\pi}{\omega}\right) = \frac{i_0^2}{2}$$

$$i_{rms} = \sqrt{\overline{i^2}} = \sqrt{\frac{i_0^2}{2}}$$

$$\Rightarrow \quad \boxed{i_{rms} = \frac{i_0}{\sqrt{2}} = 0.707 i_0}$$

इसी प्रकार, प्रत्यावर्ती वोल्टता का वर्ग माध्य मूल मान

$$\boxed{V_{rms} = \frac{V_0}{\sqrt{2}} = 0.707\, V_0}$$

प्रत्यावर्ती धारा के वर्ग माध्य मूल मान (i_{rms}) को धारा का प्रभावी मान (Effective value) अथवा आभासी मान (Virtual value) भी कहते हैं।

अत: $\quad i_{\text{आभासी}} = i_{rms} = \frac{i_0}{\sqrt{2}}$

इसी प्रकार, $V_{\text{आभासी}} = V_{rms} = \frac{V_0}{\sqrt{2}}$

उदाहरण 2. प्रत्यावर्ती धारा समीकरण $i = i_0 \sin \omega t$ में धारा आयाम तथा आवृत्ति ज्ञात कीजिए।

हल धारा आयाम $= i_0$, कोणीय आवृत्ति $(\omega) = 2\pi f$

$\therefore$ आवृत्ति $(f) = \frac{\omega}{2\pi}$

उदाहरण 3. 75 हर्ट्ज आवृत्ति वाली प्रत्यावर्ती धारा का समीकरण ज्ञात कीजिए, यदि उसका वर्ग माध्य मूल मान 20 ऐम्पियर हो।

हल धारा का शिखर मान, $i_0 = i_{rms}\sqrt{2} = 20\sqrt{2}$ ऐम्पियर

कोणीय आवृत्ति, $\omega = 2\pi f = 2\pi \times 75 = 150\,\pi$

$\therefore$ धारा का समीकरण, $i = 20\sqrt{2}\sin(150\pi t)$

उदाहरण 4. 50 हर्ट्ज आवृत्ति वाली प्रत्यावर्ती धारा को शून्य मान से अधिकतम मान तक पहुँचने में लगा न्यूनतम समय ज्ञात कीजिए।

हल धारा को शून्य मान से अधिकतम मान तक पहुँचने में लगा समय $= \frac{T}{4}$

$$= \frac{1}{4f} \qquad \left(\because T = \frac{1}{f}\right)$$

$$= \frac{1}{4\times 50} = \frac{1}{200} \text{ सेकण्ड} = 0.005 \text{ सेकण्ड}$$

उदाहरण 5. किसी परिपथ में प्रत्यावर्ती धारा का शिखर मान 423 वोल्ट है, तो उसका प्रभावी विभवान्तर कितना होगा?

हल परिपथ में प्रभावी विभवान्तर, $V_{rms} = \frac{V_0}{\sqrt{2}} = \frac{423}{\sqrt{2}} = 300$ वोल्ट

उदाहरण 6. एक 40 ओम प्रतिरोध का विद्युत हीटर 200 वोल्ट, 50 हर्ट्ज विद्युत स्रोत से जोड़ा जाता है। परिपथ में प्रवाहित विद्युत धारा का शिखर मान ज्ञात कीजिए।

हल परिपथ में प्रभावी धारा, $i_{rms} = \frac{V_{rms}}{R} = \frac{200}{40} = 5$ ऐम्पियर

धारा का शिखर मान, $i_0 = i_{rms}\sqrt{2} = 5\sqrt{2} = 5\times 1.414 = 7.070$

≈ 7 ऐम्पियर

उदाहरण 7. यदि AC परिपथ में धारा निम्न समीकरण से प्रदर्शित की जाए।

$$i = 5\sin\left(300t - \frac{\pi}{4}\right)$$

जहाँ, t सेकण्ड में तथा i ऐम्पियर में है, तब गणना कीजिए

(i) धारा का शिखर तथा rms मान

(ii) AC की आवृत्ति

(iii) औसत धारा

हल (i) AC के लिए, $\quad i = i_0 \sin(\omega t \pm \phi)$

$\therefore$ शिखर मान, $i_0 = 5$ ऐम्पियर

तथा $\quad i_{rms} = \frac{i_0}{\sqrt{2}} = \frac{5}{\sqrt{2}}$

$= 3.535$ ऐम्पियर

(ii) कोणीय आवृत्ति, $\omega = 300$ रेडियन/से

$\therefore \quad f = \frac{\omega}{2\pi} = \frac{300}{2\pi} \approx 47.75$ हर्ट्ज

(iii) औसत धारा $i_{av} = \left(\frac{2}{\pi}\right) i_0$

$= \left(\frac{2}{\pi}\right)(5) = 3.18$ ऐम्पियर

प्रत्यावर्ती धारा के वर्ग माध्य मूल मान की सार्थकता (Significance of Root Mean Square Value of Alternating Current)

प्रत्यावर्ती धारा ऊष्मीय प्रभाव उत्पन्न करती है, क्योंकि किसी चालक में ऊष्मा प्रवाह की दर ($P = I^2R$) धारा के वर्ग पर निर्भर करती है, जिसका मान प्रत्यावर्ती धारा के दोनों धनात्मक व ऋणात्मक के लिए एकसमान होता है, क्योंकि धारा के धनात्मक व ऋणात्मक दोनों मानों के लिए I^2 सदैव धनात्मक होता है।

एक चालक तार में एक प्रतिरोध R जिसमें प्रत्यावर्ती धारा I प्रवाहित हो रही है। अत: धारा के कारण उत्पन्न ऊष्मा,

$$P = I^2R$$

प्रत्यावर्ती धारा का मान समय के साथ आवर्त रूप में परिवर्तित होता है। अत: चालक तार में ऊष्मा उत्पन्न होने की दर P भी परिवर्तित होती रहेगी।

अत: प्रत्यावर्ती धारा पूर्ण चक्र में ऊष्मा उत्पन्न होने की दर,

$$\overline{P} = \overline{I}^2 R$$

जहाँ, औसत मान, $\overline{I^2} = (I_{rms})^2$

$\therefore$ $$\overline{P} = (I_{rms})^2 R$$

यदि किसी तार अथवा चालक में (I_{rms}) मान की नियत दिष्ट धारा प्रवाहित करें, तब भी उसमें ऊष्मा उत्पन्न होने की दर $(I_{rms})^2 \cdot R$ ही रहेगी। इस कारण ही प्रत्यावर्ती धारा के वर्ग माध्य मूल मान को प्रत्यावर्ती धारा का **प्रभावी मान** (Effective value, I_{eff}) अथवा **आभासी मान** (Virtual value, I_v) कहा जाता है।

प्रत्यावर्ती धारा तथा विभव के बीच कलान्तर

(Phase Difference between Alternating Current and Voltage)

जब किसी प्रत्यावर्ती परिपथ में विभवान्तर व धारा साथ-साथ अपने अधिकतम मान (Maximum value) ग्रहण करते हैं अथवा साथ ही साथ न्यूनतम मान ग्रहण करते हैं, तो विभवान्तर व धारा समान कला में होते हैं।

इसके विपरीत यदि विभवान्तर व धारा दोनों भिन्न क्षणों पर अधिकतम अथवा न्यूनतम मान ग्रहण करते हैं, तो दोनों के मध्य कलान्तर होता है।

विभवान्तर व धारा के मध्य कलान्तर (phase) परिपथ की प्रकृति पर निर्भर करता है। *इनके समीकरण निम्न प्रकार होंगे*

$$V = V_0 \sin \omega t \text{ तथा } I = I_0 \sin(\omega t \pm \phi)$$

प्रत्यावर्ती धारा तथा विभव का घूर्णी सदिश द्वारा निरूपण-कला समंजक तथा कला आरेख

(Representation of Alternating Current and Voltage by Rotational Vectors-Phasors and Phasor Diagrams)

- प्रत्यावर्ती धारा परिपथ में धारा एवं वोल्टेज के बीच कला सम्बन्ध (Phase relation) तथा उनके तात्कालिक मान (Instantaneous values) दर्शाने के लिए फेजर्स (Phasors) की धारणा का उपयोग किया जाता है। फेजर मूलत: एक घूर्णी सदिश (Rotating vector) है जो मूलबिन्दु के परित: एक निश्चित कोणीय आवृत्ति (Angular frequency) ω से घूमता है।
- इस सदिश की लम्बाई (अर्थात् परिमाण) वोल्टेज तथा धारा के शिखर मान (Peak values) क्रमश: V_0 तथा I_0 के बराबर होती हैं। फेजर V_0 तथा I_0 के Y-अक्ष पर प्रक्षेप (Projection) से प्रत्यावर्ती विद्युत वाहक बल तथा प्रत्यावर्ती धारा के तात्कालिक मान (Instantaneous values) ज्ञात किए जाते हैं।

विभिन्न स्थितियों में घूर्णी सदिश व कला आरेख निम्न प्रकार हैं

स्थिति 1 *यदि प्रत्यावर्ती परिपथ में विभवान्तर के अधिकतम होने से पहले ही धारा का मान अधिकतम हो जाता है, तो धारा, विभवान्तर से कला में अग्रगामी (Leading) होती है।*

इस स्थिति में कला आरेख व घूर्णी सदिश आरेख निम्न होंगे

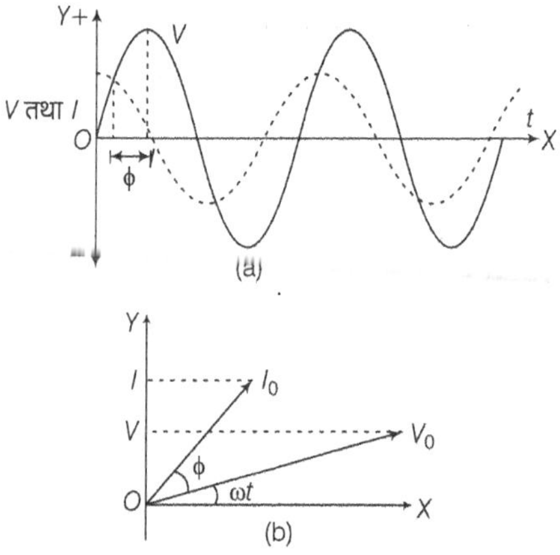

(a) कला आरेख (b) घूर्णी सदिश आरेख

प्रत्यावर्ती धारा I तथा विभवान्तर V के मध्य कलान्तर ϕ है व धारा विभव से कला ϕ से अग्रगामी है, तो इस स्थिति में धारा व विभव के समीकरण निम्न प्रकार होंगे

$$V = V_0 \sin \omega t$$
$$I = I_0 \sin (\omega t + \phi)$$

स्थिति 2 *यदि परिपथ में विभवान्तर के अधिकतम होने के कुछ समय पश्चात् धारा का मान अधिकतम हो जाता है, तो धारा विभवान्तर से कला में पश्चगामी (Lagging behind) होती है।*

इस स्थिति में कला आरेख व घूर्णी सदिश आरेख निम्न होंगे

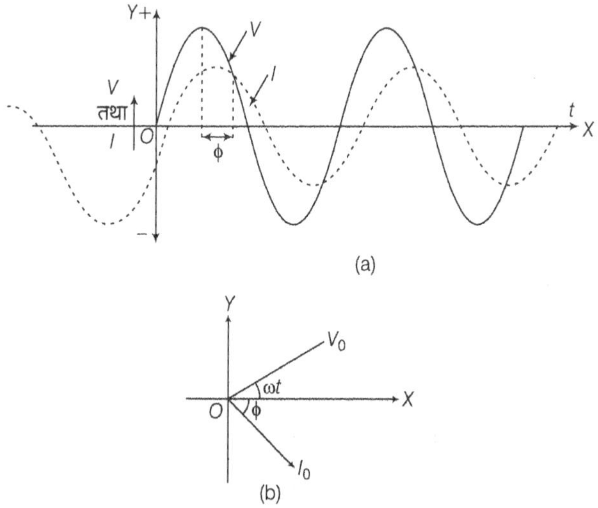

(a) कला आरेख (b) घूर्णी सदिश आरेख

प्रत्यावर्ती धारा I तथा विभवान्तर V के मध्य कलान्तर ϕ है व धारा विभवान्तर से कला ϕ से पश्चगामी है, तो इस स्थिति में धारा व विभवान्तर के समीकरण निम्न होंगे

$$V = V_0 \sin \omega t \Rightarrow I = I_0 \sin(\omega t - \phi)$$

स्थिति 3 *यदि परिपथ में धारा व विभवान्तर दोनों के अधिकतम मान साथ-साथ होते हैं, तो धारा व विभवान्तर समान कला में होंगे।*

इस स्थिति में कला आरेख व घूर्णी सदिश निम्न होंगे

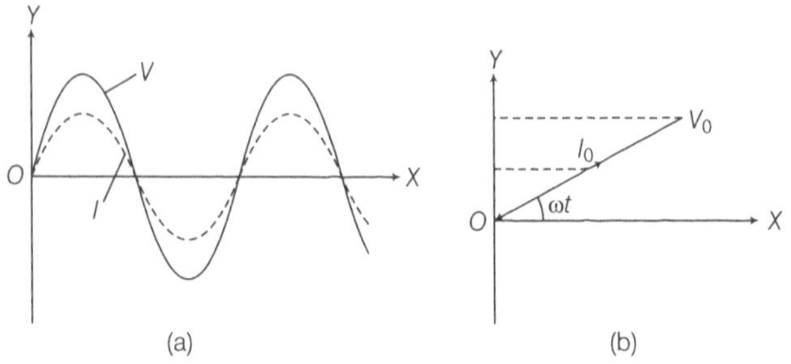

(a) कला आरेख (b) घूर्णी सदिश आरेख

विभिन्न प्रकार के प्रत्यावर्ती धारा परिपथ

(Various Types of Alternating Current Circuits)

विभिन्न प्रकार के प्रत्यावर्ती धारा परिपथ निम्न हैं

1. AC परिपथ में शुद्ध प्रतिरोध

(Pure Resistor in an AC Circuit)

यदि एक प्रत्यावर्ती धारा परिपथ में प्रत्यावर्ती वि०वा०बल $V = V_0 \sin \omega t$ तथा प्रतिरोध R जुड़े हैं,

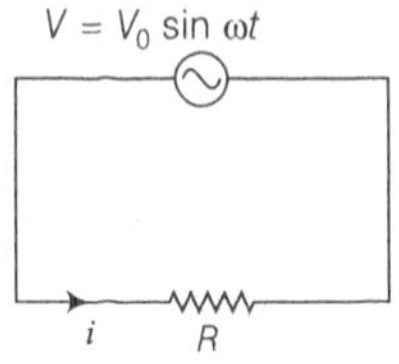

AC परिपथ में शुद्ध प्रतिरोध

तो परिपथ में धारा, $i = \dfrac{V}{R} = \dfrac{V_0}{R} \sin \omega t$ ...(i)

चूँकि R एक नियतांक है। *अतः इस समीकरण को निम्न प्रकार लिखा जा सकता है*

$$i = i_0 \sin \omega t \quad ...(ii)$$

जहाँ, $i_0 = \dfrac{V_0}{R}$

शुद्ध प्रतिरोधक के सिरों के बीच लगाया गया विभव (V) व इसमें प्रवाहित धारा (i) का समय के *फलन के रूप में आरेख खींचने पर निम्न आरेख प्राप्त होता है*

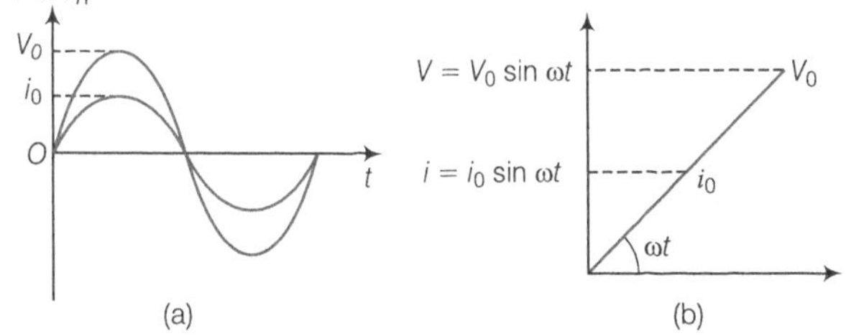

(a) कला आरेख (b) घूर्णी सदिश आरेख

चित्र 12.10 (a) से स्पष्ट है कि प्रत्यावर्ती धारा परिपथ में जब केवल प्रतिरोध उपस्थित होता है, तो प्रत्यावर्ती विभव व प्रत्यावर्ती धारा समान कला में होते हैं। चित्र 12.10 (b) से स्पष्ट है कि विभव व धारा की कला तो समान है परन्तु इनके आयाम अर्थात् अधिक मान भिन्न-भिन्न हैं।

2. AC परिपथ में शुद्ध संधारित्र

(Pure Capacitor in an AC Circuit)

यदि परिपथ में एक प्रत्यावर्ती वि.वा. बल स्रोत $V = V_0 \sin \omega t$ तथा धारिता C का एक संधारित्र हो, तो ऐसे परिपथ को **शुद्ध धारितीय** (Pure capacitive) परिपथ कहते हैं।

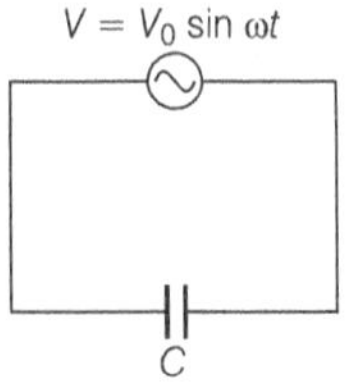

AC परिपथ में शुद्ध संधारित्र

परिपथ में धारा परिवर्ती होने के कारण संधारित्र की प्लेटें एकान्तर रूप में धनावेशित तथा ऋणावेशित होती रहती हैं।

किसी भी क्षण संधारित्र की प्लेटों के बीच विभवान्तर लगाए गए प्रत्यावर्ती स्रोत की वोल्टता के बराबर होता है। यदि किसी क्षण t पर संधारित्र की प्लेटों पर आवेश q हो, तब

$$q = CV \text{ या } q = CV_0 \sin \omega t$$

समय t के सापेक्ष अवकलन करने पर,

$$\frac{dq}{dt} = CV_0\, \omega \cos \omega t$$

$$\frac{dq}{dt} = i \text{ (किसी क्षण परिपथ में प्रवाहित धारा)}$$

$$i = \frac{V_0}{\left(\frac{1}{C\omega}\right)} \sin\left(\omega t + \frac{\pi}{2}\right) \qquad [\because \cos\theta = \sin(90° + \theta)]$$

∴ परिपथ में धारा, $\boldsymbol{i = i_0 \sin\left(\omega t + \frac{\pi}{2}\right)}$

जहाँ, $i_0 = \dfrac{V_0}{\frac{1}{\omega C}}$

उपरोक्त सम्बन्ध की तुलना, ओम के नियम $i = \dfrac{V}{R}$ से करने पर यह स्पष्ट हो जाता है कि राशि $\dfrac{1}{\omega C}$ धारितीय परिपथ में प्रतिरोध को प्रदर्शित करती है, इसे परिपथ का **धारितीय प्रतिघात** (Capacitive reactance) कहते हैं। इसका मात्रक ओम (Ω) है।

शुद्ध धारितीय परिपथ में प्रतिरोध $\boldsymbol{X_C = \dfrac{1}{\omega C}}$

या $\boldsymbol{X_C = \dfrac{1}{2\pi f C}}$

जहाँ, f = प्रत्यावर्ती धारा की आवृत्ति।

धारितीय प्रतिघात (X_C) उसी प्रकार धारितीय परिपथ में धारा को नियन्त्रित करता है जैसे विशुद्ध प्रतिरोधकीय परिपथ में प्रतिरोध, परन्तु इसका मान आवृत्ति व धारिता के व्युत्क्रमानुपाती होता है। X_C व f ग्राफ समकोणीय अतिपरवलय प्राप्त होता है जैसा कि चित्र 12.12 में दिखाया गया है।

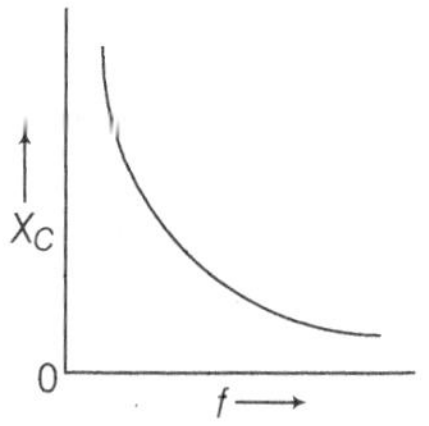

धारितीय प्रतिघात (X_C) व आवृत्ति (f) का ग्राफीय निरूपण

यदि $f = 0$ हो, तो $X_C = \infty$ अर्थात् दिष्ट धारा (आवृत्ति शून्य) के लिए धारितीय प्रतिघात अनन्त होता है। यही कारण है कि संधारित्र में दिष्ट धारा प्रवाहित नहीं होती है।

धारा की समीकरण से स्पष्ट है कि शुद्ध धारितीय परिपथ में धारा, विभव से कला में 90° या $\left(\frac{\pi}{2}\right)$ अग्रगामी (Leading) **है।**

धारा के विभव से 90° अग्रगामी होने का अर्थ यह है कि जब विभव शून्य होता है, तो धारा महत्तम होती है।

शुद्ध धारिता परिपथ में संधारित्र पर लगाए गए विभव (V) व धारा (i) को समय के फलन के रूप में आरेख खींचने पर निम्न आरेख प्राप्त होता है

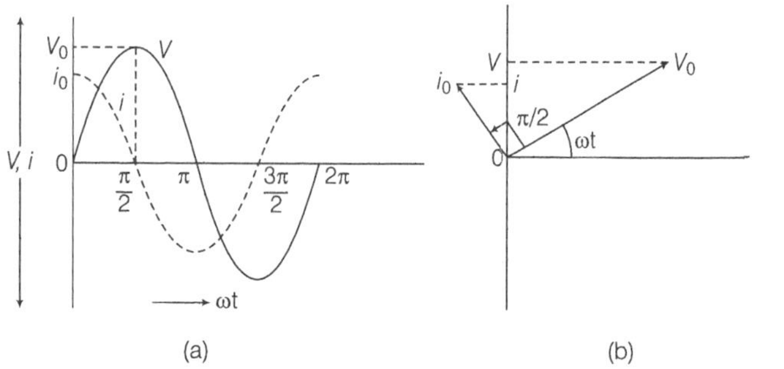

कला आरेख व घूर्णी सदिश आरेख

3. AC परिपथ में शुद्ध प्रेरकत्व

(Pure Inductor in an AC Circuit)

यदि परिपथ में एक प्रत्यावर्ती विद्युत वाहक बल $V = V_0 \sin \omega t$ तथा स्वप्रेरकत्व L की शुद्ध प्रेरकत्व वाली कुण्डली हो, तब ऐसा परिपथ **शुद्ध प्रेरकीय** (Pure inductive) परिपथ कहलाता है।

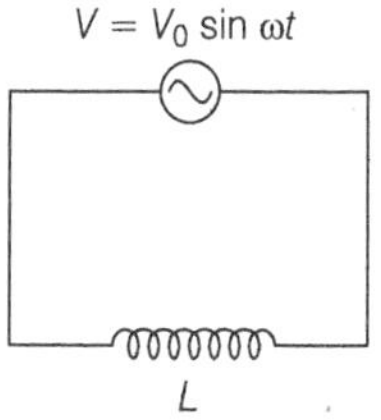

AC परिपथ में शुद्ध प्रेरकत्व

$$V = V_0 \sin \omega t$$

परिपथ में निरन्तर परिवर्ती धारा के कारण, एक परिवर्ती चुम्बकीय फ्लक्स उत्पन्न हो जाता है, जिस कारण कुण्डली में एक प्रेरित विद्युत वाहक बल उत्पन्न हो जाता है, जो लगाए गए प्रत्यावर्ती वोल्टेज के बराबर होता है।

$$\therefore \quad e = V$$

यदि कुण्डली में धारा परिवर्तन की दर $\frac{di}{dt}$ हो, तब

$$e = L \cdot \frac{di}{dt} = V_0 \sin \omega t \Rightarrow di = \frac{V_0}{L} \sin \omega t \, dt$$

समाकलन करने पर, $i = -\frac{V_0}{L\omega} \cos \omega t$

$$\Rightarrow \quad i = -\frac{V_0}{L\omega} \sin\left(\frac{\pi}{2} - \omega t\right)$$

$\therefore$ परिपथ में धारा, $\boldsymbol{i = i_0 \sin\left(\omega t - \frac{\pi}{2}\right)}$

जहाँ, $$i_0 = \frac{V_0}{\omega L}$$

उपरोक्त सम्बन्ध की तुलना, ओम के नियम से करने पर यह स्पष्ट हो जाता है कि राशि ωL प्रेरकत्व परिपथ में प्रतिरोध को प्रदर्शित करती है। इसे **प्रेरक प्रतिघात** (Inductive reactance) कहते हैं। इसका मात्रक भी ओम (Ω) है।

शुद्ध प्रेरकत्व परिपथ में प्रतिरोध $\boldsymbol{X_L = \omega L}$

या $\boldsymbol{X_L = 2\pi f L}$

जहाँ, f प्रत्यावर्ती धारा की आवृत्ति है।

प्रेरकत्व प्रतिघात (X_L), प्रेरकत्व परिपथ में उसी प्रकार धारा को नियन्त्रित करता है जिस प्रकार विशुद्ध प्रतिरोधकीय परिपथ में प्रतिरोध, परन्तु इसका मान आवृत्ति व प्रेरकत्व के समानुपाती होता है।

X_L व f के बीच ग्राफ खींचने पर एक सरल रेखा प्राप्त होती है।

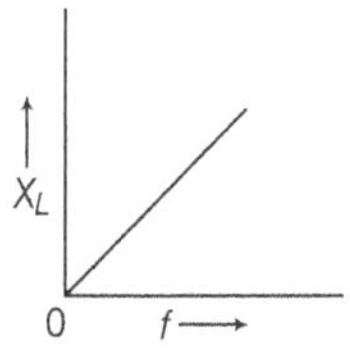

X_L व f का ग्राफीय निरूपण

दिष्ट धारा (आवृत्ति शून्य) के लिए प्रेरकत्व प्रतिघात शून्य होता है। यही कारण है कि कुण्डली में से दिष्ट धारा प्रवाहित हो जाती है।

प्रत्यावर्ती धारा की इस समीकरण की कुण्डली के सिरों के बीच लगाए विभवान्तर $V = V_0 \sin \omega t$ से तुलना करने पर पता चला कि केवल प्रेरकत्व वाले प्रत्यावर्ती परिपथ में धारा i, वोल्टेज V से कला में $\pi/2$ अथवा 90° पश्चगामी होती है अथवा वोल्टेज V, धारा i से कला में $\pi/2$ अथवा 90° अग्रगामी होता है।

इसका अर्थ है कि जब वोल्टेज महत्तम होती है, तब धारा शून्य होती है।

शुद्ध प्रेरकत्व परिपथ में प्रेरकत्व पर लगाए गए विभव (V) व धारा (i) को समय के फलन के रूप में आरेख खींचने पर निम्न आरेख प्राप्त होता है

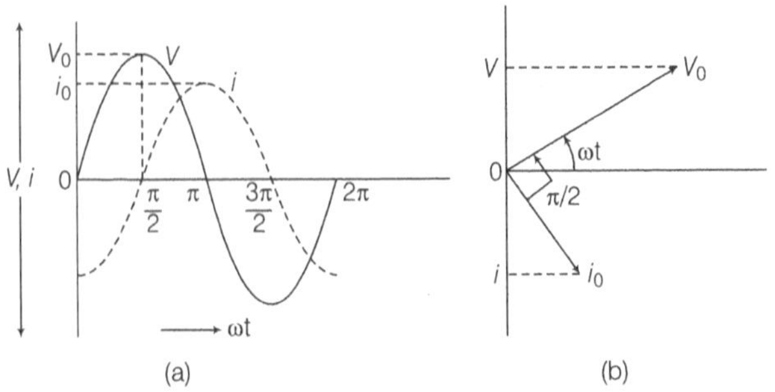

कला आरेख व घूर्णी सदिश आरेख

4. श्रेणी L-R परिपथ (Series R-L Circuit)

माना किसी परिपथ में प्रेरकत्व L की एक कुण्डली व प्रतिरोध R को श्रेणीक्रम में जोड़कर उनके संयोग पर एक प्रत्यावर्ती धारा स्रोत $V = V_0 \sin \omega t$ लगाया जाता है।

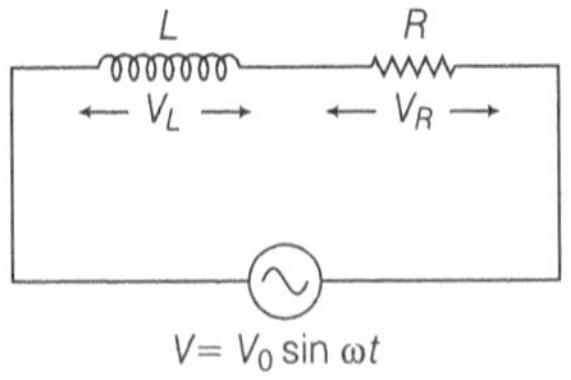

श्रेणी R-L परिपथ

माना प्रेरकत्व के सिरों पर विभवान्तर V_L व प्रतिरोध के सिरों पर विभवान्तर V_R है। हम यह अध्ययन कर चुके हैं कि प्रेरकत्व के लिए विभवान्तर, धारा से 90° अग्रगामी होता है व प्रतिरोध के लिए विभवान्तर, धारा के समान कला में होता है। अत: V_L व V_R परस्पर लम्बवत् होंगे।

इनके लिए निम्न स्थिति सदिश ग्राफ प्राप्त होगा

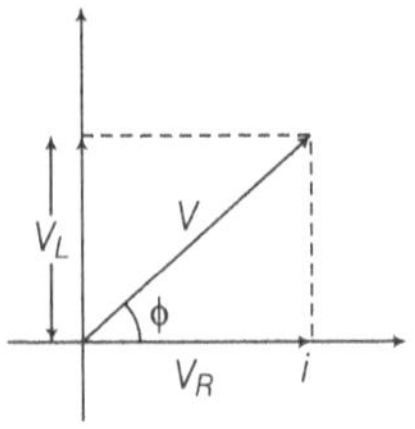

V_L व V_R लम्बवत् दिशा में

यदि V_L व V_R का परिणामी V हो, तो सदिश नियम से

$$V^2 = V_R^2 + V_L^2 \qquad \text{...(i)}$$

दोनों प्रेरकत्व व प्रतिरोध श्रेणीक्रम में जुड़े हैं, अत: दोनों के बीच समान धारा (i) प्रवाहित होगी

$\therefore$ $$V_R = iR \text{ व } V_L = iX_L$$

समी (i) से, $$V^2 = (iR)^2 + (iX_L)^2 \Rightarrow V^2 = i^2(R^2 + X_L^2)$$

$$\frac{V^2}{i^2} = R^2 + X_L^2 \text{ या } \frac{V}{i} = \sqrt{R^2 + X_L^2} \qquad \text{...(ii)}$$

समी (ii) का बायाँ पक्ष V/i, ओम के नियम के अनुसार परिपथ के प्रभावी प्रतिरोध को व्यक्त करता है। चूँकि यह प्रतिरोध, प्रेरकत्व L व ओमीय प्रतिरोध R दोनों के कारण है। अत: इसे प्रतिरोध नहीं, **प्रतिबाधा** (Impedance) कहा जाता है। इसे Z से प्रदर्शित करते हैं।

$\therefore$ R-L परिपथ में प्रतिबाधा $$\boxed{Z = \sqrt{R^2 + X_L^2}} \qquad \text{...(iii)}$$

या $$\boxed{Z = \sqrt{R^2 + (\omega L)^2}}$$

प्रतिबाधा का मात्रक भी ओम (Ω) होता है। प्रतिबाधा के व्युत्क्रम को परिपथ की प्रवेश्यता (Admittance) कहते हैं।

यदि परिणामी विभवान्तर V, धारा i से अग्रगामी है व दोनों के बीच कलान्तर ϕ हो, तो

$$\boxed{\tan \phi = \frac{V_i}{V_R} = \frac{iX_L}{iR} = \frac{X_L}{R} = \frac{\omega L}{R}} \qquad [\because X_L = \omega L]$$

$\therefore$ $$\boxed{\tan \phi = \frac{\omega L}{R}} \qquad \text{...(iv)}$$

समी (iv) से स्पष्ट है कि यदि $L = 0$ हो, तो $\tan \phi = 0°$ या $\phi = 0$ अर्थात् परिपथ में प्रेरकत्व शून्य है तो विभवान्तर व धारा समान कला में होंगे। इसी प्रकार, यदि $R = 0$ हो, तो $\tan \phi = \infty$ या $\phi = 90°$ अर्थात् यदि परिपथ में प्रतिरोध शून्य है तो विभवान्तर व धारा के बीच 90° कलान्तर होगा।

यदि R-L परिपथ में दिष्ट धारा प्रवाहित हो, तो प्रेरकत्व प्रतिरोध (ωL) शून्य होगा, केवल ओमीय प्रतिरोध ही प्रभावी होगा।

5. श्रेणी R-C परिपथ Series R-C Circuit

माना किसी परिपथ में C धारिता का संधारित्र व प्रतिरोध R को श्रेणीक्रम में जोड़कर उनके संयोग पर एक प्रत्यावर्ती धारा स्रोत $V = V_0 \sin \omega t$ लगाया जाता है।

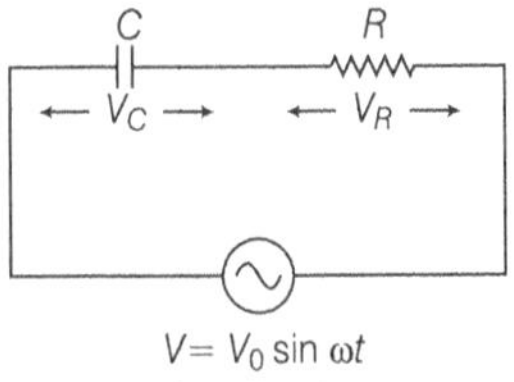

श्रेणी R-C परिपथ

माना संधारित्र के सिरों पर विभवान्तर V_C व प्रतिरोध के सिरों पर विभवान्तर V_R है। हम यह अध्ययन कर चुके हैं कि धारिता के लिए विभवान्तर, धारा से 90° पश्चगामी होता है व प्रतिरोध के लिए विभवान्तर, धारा के समान कला में होता है। अत: V_C व V_R परस्पर लम्बवत् होंगे। इनके लिए निम्न सदिश आरेख प्राप्त होगा

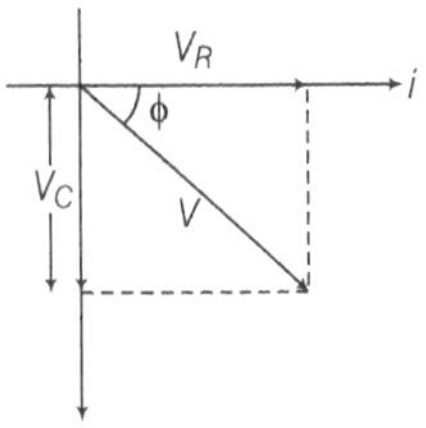

V_C व V_R लम्बवत् दिशा में

यदि V_C व V_R का परिणामी V हो, तो

$$V^2 = V_R^2 + V_C^2 \qquad \text{...(i)}$$

दोनों संधारित्र व प्रतिरोध श्रेणीक्रम में जुड़े हैं, अत: दोनों के बीच समान धारा (i) प्रवाहित होगी।

$\therefore$ $$V_R = iR \text{ व } V_C = iX_C$$

समी (i) से,

$$V^2 = (iR)^2 + (iX_C)^2$$
$$V^2 = i^2 (R^2 + X_C^2)$$
$$\frac{V^2}{i^2} = R^2 + X_C^2 \text{ या } \frac{V}{i} = \sqrt{R^2 + X_C^2} \quad \ldots\text{(ii)}$$

समी (ii) का बायाँ पक्ष $\frac{V}{i}$, ओम के नियमानुसार परिपथ के प्रभावी प्रतिरोध को व्यक्त करता है। चूँकि यह प्रतिरोध, संधारित्र C व ओमीय प्रतिरोध R दोनों के कारण है अत: इसे प्रतिरोध नहीं, **प्रतिबाधा** (Impedance) कहा जाता है। इसे Z से प्रदर्शित करते हैं।

$\therefore$ R-C परिपथ में प्रतिबाधा $\boxed{Z = \sqrt{R^2 + X_C^2}}$ ...(iii)

या $\boxed{Z = \sqrt{R^2 + \left(\frac{1}{\omega C}\right)^2}}$ $\left(\because X_C = \frac{1}{\omega C}\right)$

प्रतिबाधा का मात्रक भी ओम (Ω) होता है।

यदि परिणामी विभवान्तर V, धारा i से पश्चगामी है व दोनों के बीच कलान्तर ϕ हो, तो

$$\boxed{\tan\phi = \frac{V_C}{V_R} = \frac{iX_C}{iR} = \frac{X_C}{R}}$$

$$\boxed{\tan\phi = \frac{1}{\omega CR}} \quad \ldots\text{(iv)}$$

समी (iv) से स्पष्ट है कि यदि परिपथ में संधारित्र अनुपस्थित हो, तो धारितीय प्रतिघात $X_C\left(=\frac{1}{\omega C}\right)$ शून्य होगा अर्थात् C का मान अनन्त होगा, तब $\tan\phi = 0$ या $\phi = 0°$। इस स्थिति में धारा व विभवान्तर समान कला में होंगे, यदि परिपथ में प्रतिरोध $R = 0$ हो, तो $\tan\phi = \infty$ या $\phi = 90°$ अर्थात् यदि परिपथ में ओमीय प्रतिरोध अनुपस्थित हो, तो इस स्थिति में धारा व विभवान्तर के बीच कलान्तर 90° होगा।

6. श्रेणी L-C परिपथ (Series L-C Circuit)

माना किसी परिपथ में प्रेरकत्व L की एक कुण्डली व धारिता C का एक संधारित्र को श्रेणीक्रम में जोड़कर एक प्रत्यावर्ती धारा स्रोत $V = V_0 \sin\omega t$ लगाया गया है।

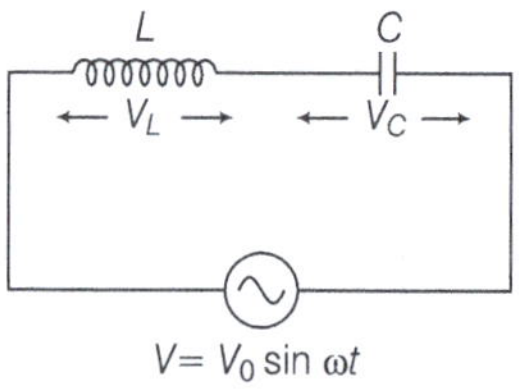

श्रेणी L-C परिपथ

माना प्रेरकत्व के सिरों पर विभवान्तर V_L व संधारित्र के सिरों पर विभवान्तर V_C है। हम यह अध्ययन कर चुके हैं कि प्रेरकत्व के लिए विभवान्तर, धारा से 90° अग्रगामी होता है व संधारित्र के लिए विभवान्तर, धारा से 90° पश्चगामी होता है, अर्थात् V_L व V_C के बीच कलान्तर 180° होगा (क्योंकि ये दोनों परस्पर विपरीत दिशाओं में हैं)। इन दोनों के लिए निम्न सदिश आरेख प्राप्त होगा

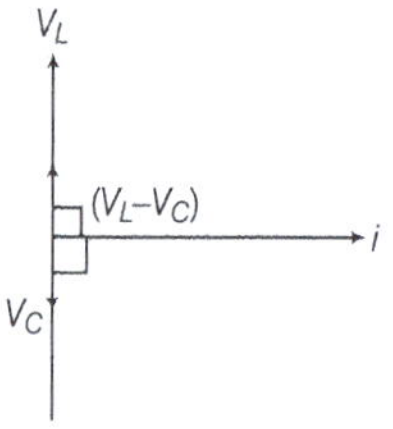

यदि V_L व V_C का परिणामी विभवान्तर V हो, तो सदिश के नियम से

$$V = V_L \sim V_C \quad \ldots\text{(i)}$$

प्रेरकत्व व संधारित्र दोनों श्रेणीक्रम में जुड़े हैं, अत: दोनों के बीच समान धारा (i) प्रवाहित होगी,

अत: $V_L = iX_L$ व $V_C = iX_C$

समी (i) से, $V = iX_L \sim iX_C$

$$\frac{V}{i} = (X_L \sim X_C) \quad \ldots\text{(ii)}$$

ओम के नियमानुसार, समी (ii) का बायाँ पक्ष परिपथ में प्रभावी प्रतिरोध को व्यक्त करता है, इसे परिपथ की **प्रतिबाधा** कहा जाता है तथा इसे Z से प्रदर्शित करते हैं।

$\therefore$ L-C परिपथ में प्रतिबाधा $\boxed{Z = X_L \sim X_C}$ ...(iii)

यदि परिपथ में $X_L = X_C$ हो, तो $Z = 0$ अर्थात् इस दशा में परिपथ में धारा का मान अनन्त हो जाएगा [$\because$ धारा $= \frac{\text{विभव}}{\text{प्रतिरोध (प्रतिबाधा)}}$, यदि प्रतिरोध (प्रतिबाधा) $= 0$ तो धारा $= \frac{1}{0} =$ अनन्त]

यह स्थिति विद्युत अनुनाद की स्थिति कहलाती है। विद्युत अनुनाद की स्थिति में,

$$X_L = X_C$$
$$\omega L = \frac{1}{\omega C} \Rightarrow \omega^2 = \frac{1}{LC}$$
$$\omega = \frac{1}{\sqrt{LC}}$$

या $$2\pi f = \frac{1}{\sqrt{LC}} \Rightarrow \boxed{f = \frac{1}{2\pi}\cdot\frac{1}{\sqrt{LC}}}$$

यह आवृत्ति परिपथ की **अनुनादी आवृत्ति** कहलाती है। प्रत्यावर्ती धारा की इस आवृत्ति के लिए L-C परिपथ की प्रतिबाधा शून्य हो जाएगी।

7. श्रेणी L-C-R परिपथ (Series L-C-R Circuit)

माना किसी परिपथ में प्रेरकत्व L की एक कुण्डली, धारिता C का संधारित्र व एक ओमीय प्रतिरोध R को श्रेणीक्रम में जोड़कर उनके संयोग पर एक प्रत्यावर्ती धारा स्रोत $V = V_0 \sin\omega t$ लगाया गया है।

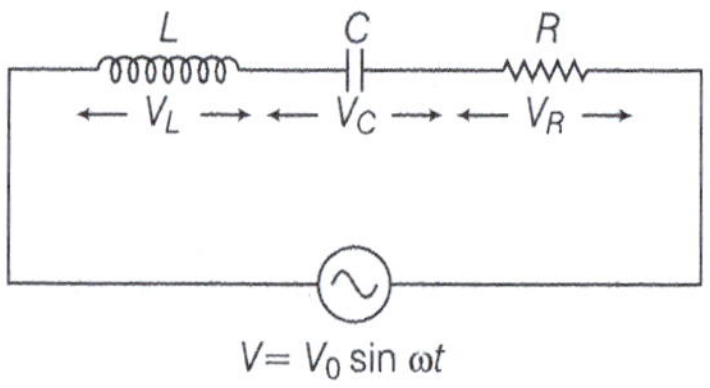

श्रेणी L-C-R परिपथ

यदि परिपथ में L, C व R के सिरों पर विभवान्तर क्रमशः V_L, V_C व V_R हों व प्रवाहित धारा i हो, तो V_L, धारा i से 90° अग्रगामी होगा, V_C धारा i से 90° पश्चगामी होगा व V_R, धारा i के समान कला में होगा। अतः V_L, V_C व V_R के लिए निम्न सदिश आरेख प्राप्त होता है

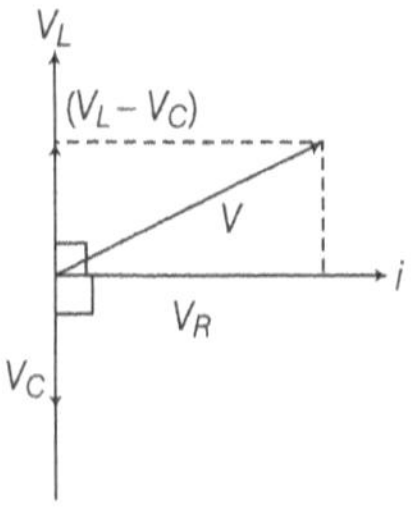

V_R तथा i समान कला में

यदि L-C-R परिपथ में परिणामी विभवान्तर V हो, तो सदिश नियम से,

$$V^2 = (V_L - V_C)^2 + V_R^2 \quad \text{...(i)}$$

परन्तु $V_R = iR, V_L = iX_L, V_C = iX_C$

$\therefore$ $V^2 = (iX_L - iX_C)^2 + (iR)^2$

$$\frac{V}{i} = \sqrt{(X_L - X_C)^2 + R^2}$$

यहाँ, $\frac{V}{i}$ = परिपथ की प्रतिबाधा (Z)

$$\boldsymbol{Z = \sqrt{R^2 + (X_L - X_C)^2}} \quad \text{...(ii)}$$

समी (ii) में $X_L = \omega L$ व $X_C = \frac{1}{\omega C}$ रखने पर,

परिपथ की प्रतिबाधा $$\boldsymbol{Z = \sqrt{R^2 + \left(\omega L - \frac{1}{\omega C}\right)^2}} \quad \text{...(iii)}$$

यदि वोल्टेज V व धारा i के बीच कलान्तर ϕ हो, तो

$$\tan\phi = \frac{V_L - V_C}{V_R}$$

$[\because V_L = iY_L, V_R = iR$ तथा $V_C = iX_C]$

या $$\boldsymbol{\tan\phi = \frac{X_L - X_C}{R}}$$

या $$\boldsymbol{\tan\phi = \frac{\omega L - \frac{1}{\omega C}}{R}} \quad \text{...(iv)}$$

कलान्तर ϕ, X_L व X_C के आपेक्षिक मानों पर निर्भर करता है

(i) यदि $X_L > X_C$ अर्थात् $\omega L > \frac{1}{\omega C}$, तब $\tan\phi$ धनात्मक होगा। इस स्थिति में विभवान्तर V, धारा i से अग्रगामी होगा।

(ii) यदि $X_L < X_C$ अर्थात् $\omega L < \frac{1}{\omega C}$, तब $\tan\phi$ ऋणात्मक होगा। इस स्थिति में विभवान्तर V, धारा i से पश्चगामी होगा।

(iii) यदि $X_L = X_C$ अर्थात् $\omega L = \frac{1}{\omega C}$, तब $\tan\phi = 0$ इस स्थिति में धारा i व विभवान्तर V समान कला में होंगे। इस स्थिति में परिपथ की प्रतिबाधा भी न्यूनतम होगी, इसका मान R के बराबर होगा।

उदाहरण 8. 25 मिली हेनरी का एक शुद्ध प्रेरक 220 वोल्ट के एक स्रोत से जुड़ा है। यदि स्रोत की आवृत्ति 50 हर्ट्ज हो, तो परिपथ का प्रेरकीय प्रतिघात एवं rms धारा ज्ञात कीजिए।

हल दिया है, $L = 25$ मिली हेनरी, $f = 50$ हर्ट्ज

तथा $E_{rms} = 220$ वोल्ट

प्रेरकीय प्रतिघात, $X_L = \omega L = 2\pi f L$

$= 2 \times 3.14 \times 50 \times 25 \times 10^{-3}$

$= 7.85$ ओम

परिपथ में rms धारा,

$$I_{rms} = \frac{E_{rms}}{X_L} = \frac{220}{7.85} = 28 \text{ ऐम्पियर}$$

उदाहरण 9. $E = 200\sqrt{2}\sin 100t$ वोल्ट का एक प्रत्यावर्ती विभव 1 माइक्रोफैरड के संधारित्र से जोड़ा जाता है। परिपथ में धारा का मान ज्ञात कीजिए।

हल विद्युत वाहक बल के समीकरण से,

$E_0 = 200\sqrt{2}$, $\omega = 100$ रेडियन/से

$$I_{rms} = \frac{E_{rms}}{X_C} \quad \text{...(i)}$$

$$E_{rms} = \frac{E_0}{\sqrt{2}} = \frac{200\sqrt{2}}{\sqrt{2}}$$

$= 200$ वोल्ट

$$X_C = \frac{1}{\omega C} = \frac{1}{100 \times 1 \times 10^{-6}} = 10^4 \text{ ओम}$$

समी (i) से, $I_{rms} = \frac{200}{10^4} = 0.02$ ऐम्पियर

उदाहरण 10. श्रेणीक्रम में जुड़े प्रेरकत्व व धारिता के सिरों के मध्य कुल वोल्टता 220 वोल्ट है। इनके प्रतिघात क्रमशः 75 ओम व 35 ओम हों, तो प्रेरकत्व व धारिता के सिरों पर विभवान्तर V_L व V_C के क्या मान हैं?

हल प्रेरकत्व के सिरों पर विभवान्तर, $V_L = iX_L$

तथा धारिता के सिरों पर विभवान्तर, $V_C = iX_C$

$\therefore$ $\frac{V_L}{V_C} = \frac{X_L}{X_C} = \frac{75}{35} = \frac{15}{7}$

कुल विभवान्तर, $V = V_L \sim V_C$

प्रश्नानुसार, $220 = \frac{15}{7}V_C \sim V_C = \frac{8}{7}V_C$

$\therefore$ $V_C = \frac{7}{8} \times 220 = 192.5$ वोल्ट

तथा $V_L = V + V_C$

$= 220 + 192.5 = 412.5$ वोल्ट

अतः $V_L = 412.5$ वोल्ट

तथा $V_C = 192.5$ वोल्ट

उदाहरण 11. चित्रानुसार L-C-R परिपथ के लिए स्रोत की आवृत्ति उसके अनुनाद की आवृत्ति के बराबर है। (i) वोल्टमीटर V_1, (ii) वोल्टमीटर V_2, (iii) अमीटर A के पाठ्यांक ज्ञात कीजिए।

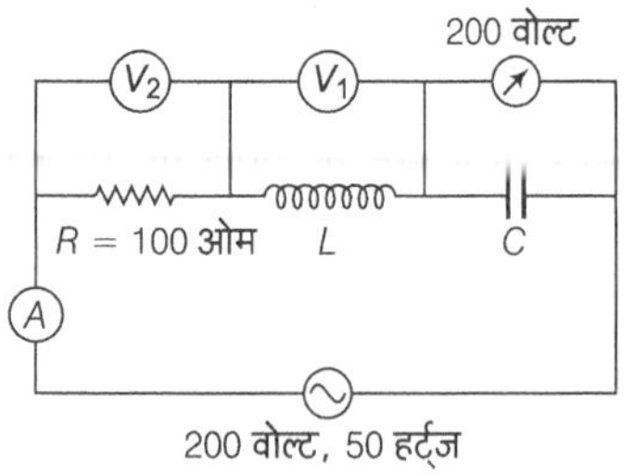

हल (i) श्रेणी L-C-R परिपथ में, L, C व R में धारा समान है। अनुनाद की स्थिति में प्रेरण प्रतिघात तथा धारितीय प्रतिघात बराबर होते हैं ($X_L = X_C$)। अतः प्रेरकत्व L के सिरों के बीच विभवान्तर V_L, धारिता C के सिरों के बीच विभवान्तर V_C के बराबर होगा।

$$V_L = V_C = 200 \text{ वोल्ट (चित्र में दिया है)}$$

$\therefore$ वोल्टमीटर V_1 का पाठ्यांक $= V_L = 200$ वोल्ट

(ii) माना परिपथ पर लगाया गया वोल्टेज $V = 200$ वोल्ट (दिया है), तब

$$V = \sqrt{V_R^2 + (V_L - V_C)^2} = V_R \quad (\because V_L = V_C)$$

$\therefore$ वोल्टमीटर V_2 का पाठ्यांक $= V_R = V = 200$ वोल्ट

(iii) अनुनादी परिपथ की प्रतिबाधा, $Z = R = 100$ ओम

$\therefore$ परिपथ में धारा, $i = \dfrac{V}{Z} = \dfrac{200}{100} = 2$ ऐम्पियर

अमीटर A का पाठ्यांक $= 2$ ऐम्पियर

उदाहरण 12. 0.21 हेनरी का प्रेरकत्व तथा 12 ओम का प्रतिरोध 220 वोल्ट तथा 50 हर्ट्ज के प्रत्यावर्ती धारा स्रोत से श्रेणीक्रम में जोड़े गए हैं। परिपथ में धारा का मान तथा धारा एवं स्रोत वोल्टता के मध्य कला कोण का मान ज्ञात कीजिए।

हल परिपथ में धारा का मान, $i_{rms} = \dfrac{V_{rms}}{\sqrt{(L^2\omega^2 + R^2)}}$

$$i_{rms} = \frac{220}{\sqrt{[(0.21 \times 2\pi \times 50)^2 + (12)^2]}}$$

$$i_{rms} = 3.28 \text{ ऐम्पियर}$$

धारा तथा वोल्टता के मध्य कला कोण,

$$\tan\phi = \frac{L\omega}{R} = \frac{0.21 \times 2\pi \times 50}{12}$$

$$\tan\phi = 5.5 \text{ या } \phi = \tan^{-1}(5.5) \text{ या } \phi = 80°$$

उदाहरण 13. दिए गए चित्र में प्रतिरोध, संधारित्र तथा प्रेरक कुण्डली के सिरों के बीच विभवान्तर प्रदर्शित हैं। परिपथ में प्रत्यावर्ती स्रोत का विद्युत वाहक बल तथा परिपथ का शक्ति गुणांक ज्ञात कीजिए।

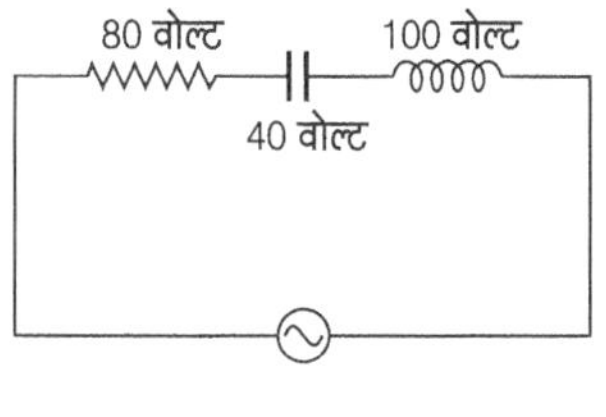

हल यदि L-C-R परिपथ में परिणामी विभवान्तर V हो, तो

$$V^2 = V_R^2 + (V_L - V_C)^2 = (80)^2 + (100 - 40)^2 = 10000$$

$\therefore$ परिपथ में प्रत्यावर्ती स्रोत का विद्युत वाहक बल, $V = 100$ वोल्ट

L-C-R परिपथ में, यदि वोल्टेज V व धारा i के बीच कलान्तर ϕ हो, तब

शक्ति गुणांक, $\cos\theta = \dfrac{R}{Z} = \dfrac{iR}{iZ}$

$$= \frac{V_R}{V} = \frac{80}{100} = 0.8$$

उदाहरण 14. L-C-R श्रेणी परिपथ में प्रत्यावर्ती विद्युत वाहक बल एवं धारा के मान क्रमशः निम्न हैं

$$E = 300 \sin 100t$$

$$\Rightarrow \quad I = 6 \sin(100t - \theta)$$

यदि परिपथ में प्रतिरोध का मान 40 ओम हो, तो ज्ञात कीजिए

(i) प्रतिबाधा
(ii) प्रतिघात
(iii) विद्युत वाहक बल की आवृत्ति
(iv) विद्युत वाहक बल एवं धारा में कलान्तर
(v) परिपथ की प्रवेश्यता स्रोत

हल दिया है, $E_0 = 300$ वोल्ट, $I_0 = 6$ ऐम्पियर, $\omega = 100$ रेडियन/से

तथा $R = 40$ ओम

(i) प्रतिबाधा, $Z = \dfrac{E_0}{I_0} = \dfrac{300}{6} = 50$ ओम

(ii) प्रतिबाधा, $Z^2 = R^2 + (X_L - X_C)^2$

$$(X_L - X_C)^2 = Z^2 - R^2$$
$$= (50)^2 - (40)^2 = 900$$

$\therefore$ प्रतिघात, $X_L - X_C = 30$ ओम

(iii) हम जानते हैं, $2\pi f = \omega = 100$

विद्युत वाहक बल की आवृत्ति $f = \dfrac{100}{2\pi} = \dfrac{50}{\pi}$ हर्ट्ज

(iv) कलान्तर, $\tan\phi = \dfrac{X_L - X_C}{R} = \dfrac{30}{40} = \dfrac{3}{4}$

$$= \tan^{-1}\left(\frac{3}{4}\right)$$

(v) परिपथ प्रवेश्यता, $A = \dfrac{1}{Z} = \dfrac{1}{50} = 0.02$ ओम

प्रत्यावर्ती धारा परिपथ में शक्ति
(Power in an AC Circuit)

किसी विद्युत परिपथ में विद्युत वाहक बल के स्रोत द्वारा दी गई तात्कालिक शक्ति परिपथ में धारा तथा वोल्टेज (emf) के तात्कालिक मानों के गुणनफल के बराबर होती है। यदि किसी प्रत्यावर्ती धारा परिपथ में धारा तथा विद्युत वाहक बल (emf) के तात्कालिक मान क्रमश:

$$I = I_0 \sin\omega t \text{ तथा } V = V_0 \sin(\omega t + \phi)$$

जहाँ धारा तथा विद्युत वाहक बल के बीच नियत कलान्तर ϕ हो, तो उस क्षण प्रत्यावर्ती धारा परिपथ में तात्कालिक शक्ति

$$P = VI = V_0 I_0 \sin\omega t \sin(\omega t + \phi)$$

$$= V_0 I_0 (\sin^2\omega t \cos\phi + \sin\omega t \cos\omega t \sin\phi)$$

$$= \frac{1}{2} V_0 I_0 \,[(1 - \cos 2\omega t) \cos \phi + \sin 2\omega t \sin \phi]$$

$$= \frac{1}{2} V_0 I_0 [\cos \phi - \cos(2\omega t + \phi)]$$

स्पष्टतः परिपथ की शक्ति समय के साथ बदलती है। अतः किसी प्रत्यावर्ती धारा परिपथ में एक पूर्ण चक्र में माध्य शक्ति की गणना की जाती है। एक पूर्ण चक्र में परिपथ की यथार्थ माध्य शक्ति

$$P_{av} = \frac{1}{T}\left[\int_0^T V_0 I dt\right] = \frac{1}{T}\frac{1}{2} V_0 I_0 \int_0^T [\cos \phi - \cos(2\omega t + \phi)] dt$$

$$= \frac{1}{2}\frac{V_0 I_0}{T}\left[(\cos \phi)t - \frac{\sin(2\omega t + \phi)}{2\omega}\right]_0^T$$

$$= \frac{1}{2}\frac{V_0 I_0}{2\pi/\omega}\left[(\cos \phi)T - \frac{\sin(2\omega T + \phi)}{2\omega} + \frac{\sin \phi}{2\omega}\right]$$

$$= \frac{1}{2}\frac{V_0 I_0}{2\pi/\omega}\left[(\cos \phi)\frac{2\pi}{\omega} - \frac{\sin(4\pi + \phi)}{2\omega} + \frac{\sin \phi}{2\omega}\right] \quad (\because T = 2\pi/\omega)$$

$$= \frac{1}{2}\frac{V_0 I_0}{2\pi/\omega}\left[(\cos \phi)\frac{2\pi}{\omega} - \frac{\sin \phi}{2\omega} + \frac{\sin \phi}{2\omega}\right] \quad [\because \sin(4\pi + \phi) = \sin \phi]$$

$$\therefore \; P_{av} = \frac{1}{2} V_0 I_0 \cos \phi$$

या $$\boldsymbol{P_{av} = \frac{V_0}{\sqrt{2}}\frac{I_0}{\sqrt{2}} \cos \phi = V_{rms} I_{rms} \cos \phi} \quad \ldots(i)$$

या यथार्थ माध्य शक्ति = आभासी विद्युत वाहक बल × आभासी धारा × $\cos \phi$

= आभासी माध्य शक्ति × $\cos \phi$ ...(ii)

यहाँ $\cos \phi$ को प्रत्यावर्ती धारा परिपथ का **शक्ति गुणांक** कहा जाता है, जिसका मान परिपथ में लिए गए अवयवों जैसे L, C, R पर निर्भर करता है।

$$\therefore \quad \text{शक्ति गुणांक} = \frac{\text{यथार्थ माध्य शक्ति}}{\text{आभासी माध्य शक्ति}} \quad \ldots(iii)$$

शक्ति गुणांक की परिभाषा

(Definition of Power Coefficient)

समी (ii) के अनुसार, किसी प्रत्यावर्ती धारा परिपथ का शक्ति गुणांक वह गुणांक है जिसे परिपथ की आभासी माध्य शक्ति से गुणा करने पर यथार्थ माध्य शक्ति का मान प्राप्त होता है। दूसरे शब्दों में समी (iii) के अनुसार, किसी प्रत्यावर्ती धारा परिपथ का शक्ति गुणांक परिपथ की यथार्थ माध्य शक्ति और आभासी माध्य शक्ति का अनुपात है।

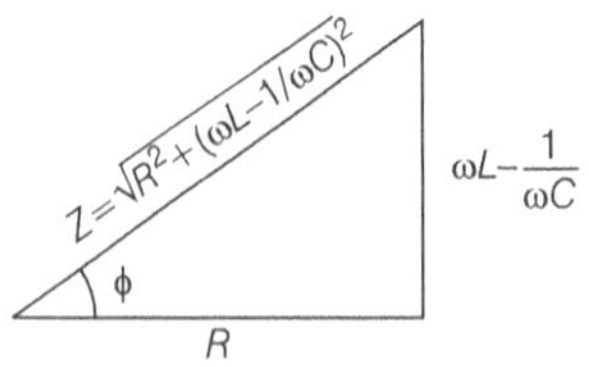

त्रिभुज प्रतिबाधा

चूँकि परिपथ का शक्ति गुणांक विद्युत वाहक बल V तथा धारा I के बीच कलान्तर की कोज्या (Cosine) के तुल्य है, अतः श्रेणीबद्ध L-C-R परिपथ के लिए प्रतिबाधा त्रिभुज (Impedance triangle) चित्र 12.25 से शक्ति गुणांक

$$\boldsymbol{\cos \phi = \frac{R}{Z} = \frac{R}{\sqrt{R^2 + \left(\omega L - \frac{1}{\omega C}\right)^2}}} \quad \ldots(iv)$$

विभिन्न प्रत्यावर्ती परिपथों के शक्ति गुणांक के मान

विभिन्न परिपथों के शक्ति गुणांक निम्न प्रकार ज्ञात किए जा सकते हैं

(i) यदि परिपथ में केवल प्रतिरोध हो, तो शक्ति गुणांक

$$\cos \phi = \frac{R}{Z} \text{ से}, \quad Z = R \quad (\text{केवल प्रतिरोध की स्थिति में})$$

$$\therefore \quad \cos \phi = \frac{R}{R} = 1$$

अर्थात् केवल प्रतिरोध युक्त परिपथ में शक्ति गुणांक का मान एकांक होता है।

(ii) यदि परिपथ में केवल प्रेरकत्व अथवा धारिता हो, इस स्थिति में धारा व विभवान्तर के बीच 90° कलान्तर होता है अर्थात् $\phi = 90°$

$$\text{शक्ति गुणांक} = \cos \phi = \cos 90° = 0$$

अर्थात् यदि परिपथ में केवल प्रेरकत्व अथवा धारिता है, तो उसका शक्ति गुणांक शून्य होगा।

(iii) अनुनाद की स्थिति में प्रत्यावर्ती धारा परिपथ की प्रतिबाधा, ओमीय प्रतिरोध के बराबर होती है अर्थात् $Z = R$

$$\therefore \quad \text{शक्ति गुणांक } \cos \phi = R/Z \;\Rightarrow\; \cos \phi = \frac{R}{R} = 1$$

अर्थात् अनुनाद की अवस्था में प्रत्यावर्ती धारा परिपथ का शक्ति गुणांक एकांक होता है।

विभिन्न प्रकार के प्रत्यावर्ती धारा परिपथ (AC circuit) के लिए शक्ति गुणांक के व्यंजक नीचे दी गई सारणी में दिए गए हैं

परिपथ की प्रकृति	R	X	प्रतिबाधा $Z = \sqrt{R^2 + X^2}$	कलान्तर ϕ	शक्ति गुणांक $(\cos \phi) = R/Z$
शुद्ध प्रतिरोध (Pure resistance)	R	0	R	0	1
शुद्ध प्रेरकत्व (Pure inductance)	0	ωL	ωL	$\frac{\pi}{2}$	0
शुद्ध संधारित्र (Pure capacitor)	0	$\frac{1}{\omega C}$	$\frac{1}{\omega C}$	$\frac{\pi}{2}$	0
L-R परिपथ (L-R circuit)	R	ωL	$\sqrt{R^2 + \omega^2 L^2}$	$\tan^{-1} \frac{\omega L}{R}$	$\frac{R}{\sqrt{R^2 + \omega^2 L^2}}$

परिपथ की प्रकृति	R	X	प्रतिबाधा $Z=\sqrt{R^2+X^2}$	कलान्तर ϕ	शक्ति गुणांक $(\cos\phi) = R/Z$
R-C परिपथ (R-C circuit)	R	$\frac{1}{\omega C}$	$\sqrt{R^2+\frac{1}{\omega^2C^2}}$	$\tan^{-1}\frac{1}{\omega CR}$	$\frac{R}{\sqrt{R^2+\frac{1}{\omega^2C^2}}}$
L-C परिपथ (L-C circuit)	0	$\omega L-\frac{1}{\omega C}$	$\omega L-\frac{1}{\omega C}$	$\frac{\pi}{2}$	0
L-C-R परिपथ (L-C-R circuit)	R	$\omega L-\frac{1}{\omega C}$	$\sqrt{R^2+\left(\omega L-\frac{1}{\omega C}\right)^2}$	$\tan^{-1}\frac{\omega L-\frac{1}{\omega C}}{R}$	$\frac{R}{\sqrt{R^2+\left(\omega L-\frac{1}{\omega C}\right)^2}}$

वाटहीन धारा (Wattless Current)

यदि किसी प्रत्यावर्ती परिपथ में धारा प्रवाहित होने पर शक्ति व्यय शून्य हो, तो परिपथ की धारा को वाटहीन धारा कहते हैं।

यह तभी सम्भव है जब शक्ति गुणांक का मान शून्य हो

अर्थात् $\cos\phi = 0$ या $\phi = \frac{\pi}{2}$

इसका अर्थ यह है कि प्रत्यावर्ती धारा परिपथ में यदि धारा व विभवान्तर के बीच $\frac{\pi}{2}$ कलान्तर है, तो परिपथ का शक्ति गुणांक शून्य होगा। अत: ऐसे परिपथ में प्रत्यावर्ती धारा के व्यय से शक्ति का व्यय नहीं होता है। प्रत्यावर्ती धारा परिपथ में यदि केवल प्रेरकत्व अथवा धारिता हो, तो धारा व विभवान्तर के बीच कलान्तर $\frac{\pi}{2}$ होता है। अत: इन परिपथों में शक्ति व्यय शून्य होता है।

$$\overline{P} = V_{rms}\times I_{rms}\times\cos\frac{\pi}{2}$$

$$\Rightarrow \quad \overline{P} = 0$$

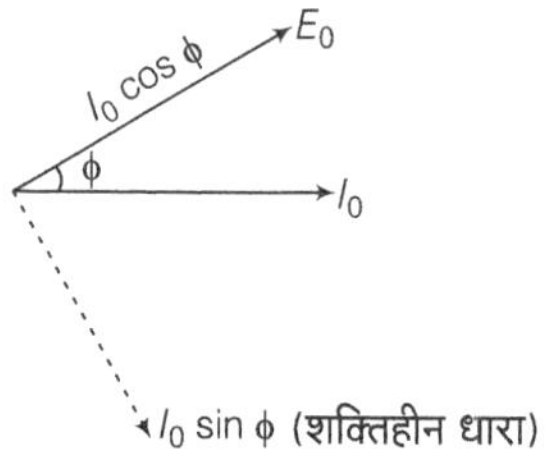

वाटहीन धारा

वास्तव में, किसी भी परिपथ का ओमीय प्रतिरोध शून्य नहीं हो सकता है। अत: यह कहा जा सकता है कि वाटहीन धारा मात्र एक कल्पना है। परिपथ में अति अल्प शक्ति क्षय होता है।

शुद्ध प्रेरकत्व वाले परिपथ के धारा i, वोल्टेज V तथा शक्ति P के समय के फलन के रूप में ग्राफ चित्र 12.27 में प्रदर्शित है। शक्ति वक्र P, समय अक्ष के सापेक्ष ऊपर व नीचे सममित है जिससे स्पष्ट है कि एक चक्र में औसत शक्ति क्षय शून्य है।

एक-चौथाई चक्र ($t=0$ से $T/4$) में, प्रेरक प्रत्यावर्ती धारा स्रोत से शक्ति लेकर अपने भीतर चुम्बकीय क्षेत्र में संचित करता है तथा अगले एक-चौथाई चक्र ($t=T/4$ से $T/2$) में यह अपनी संचित ऊर्जा स्रोत को लौटा देता है। अगले आधे चक्र में भी ऐसा ही होता है। शुद्ध धारिता वाले परिपथ में भी यही प्रक्रिया होती है।

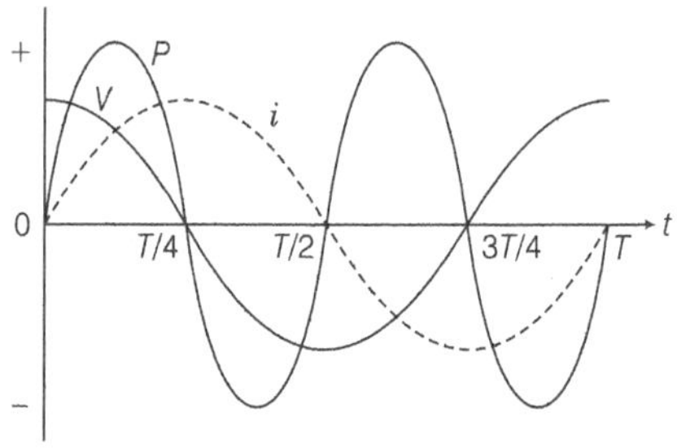

धारा i, वोल्टेज V तथा शक्ति P के मध्य ग्राफ

उदाहरण 15. एक परिपथ में 100 वोल्ट विद्युत वाहक बल लगाने पर 1 ऐम्पियर की धारा प्रवाहित होती है। यदि धारा की कला विद्युत वाहक बल से $\frac{\pi}{3}$ कोण से पीछे हो, तो परिपथ का (i) शक्ति गुणांक (ii) परिपथ में औसत शक्ति एवं (iii) शक्तिहीन धारा का वर्ग माध्य मूल मान ज्ञात कीजिए।

हल दिया है, $E_{rms} = 100$ वोल्ट, $I_{rms} = 1$ ऐम्पियर; $\phi = \frac{\pi}{3} = 60°$

(i) शक्ति गुणांक $= \cos\phi = \cos 60° = 0.5$

(ii) परिपथ में औसत शक्ति $\overline{P} = E_{rms}\times I_{rms}\times\cos\phi$
$= 100\times1\times0.5 = 50$ वाट

(iii) शक्तिहीन धारा का वर्ग माध्य मूल मान
$= I_{rms}\times\sin\phi = 1\times\sin 60° = \frac{\sqrt{3}}{2}$
$= \frac{1.732}{2} = 0.866$ ऐम्पियर

उदाहरण 16. किसी विद्युत परिपथ में प्रयुक्त प्रत्यावर्ती विद्युत वाहक बल $E = 20\sin 300t$ वोल्ट होने पर धारा $I = 4\sin\left(300t+\frac{\pi}{6}\right)$ ऐम्पियर प्राप्त होती है।

(i) शक्तिहीन धारा का शिखर मान

(ii) शक्तिहीन धारा के वर्ग माध्य मूल मान की गणना कीजिए।

हल दिया है, $I_0 = 4$ ऐम्पियर, $\phi = 30°$

विद्युत वाहक बल एवं धारा में कलान्तर $= \frac{\pi}{6} = 30°$

(i) शक्तिहीन धारा का शिखर मान $= I_0\sin\phi = 4\sin 30° = 2$ ऐम्पियर

(ii) शक्तिहीन धारा का वर्ग माध्य मूल मान $= \frac{2}{\sqrt{2}} = 1.41$ ऐम्पियर

चोक कुण्डली (Choke Coil)

जिस प्रकार दिष्ट धारा परिपथ में धारा को नियन्त्रित करने के लिए प्रतिरोध का प्रयोग किया जाता है। उसी प्रकार प्रत्यावर्ती धारा परिपथ में धारा को नियन्त्रित करने के लिए चोक कुण्डली का प्रयोग किया जाता है।

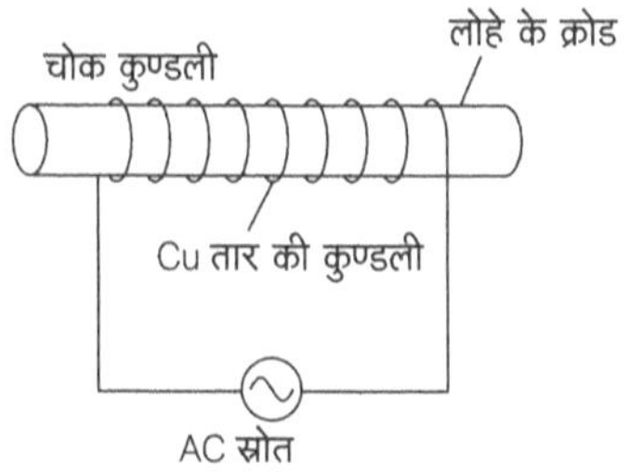

चोक कुण्डली

चोक कुण्डली उच्च प्रेरकत्व की एक कुण्डली होती है, जो नरम लोहे के क्रोड पर विद्युतरोधी ताँबे के तार को लपेटकर बनाई जाती है। इस कुण्डली का प्रतिरोध लगभग शून्य रहता है, परन्तु लोहे के क्रोड के कारण प्रेरकत्व (Inductance) L का मान बहुत अधिक होता है और इसका प्रतिघात (Reactance) ωL बहुत अधिक होता है जो परिपथ की प्रतिबाधा (Impedance) को बढ़ा देता है। जब इस कुण्डली में प्रत्यावर्ती धारा प्रवाहित की जाती है, तो कुण्डली के अन्दर स्वप्रेरण (Self-induction) द्वारा एक ऐसा विद्युत वाहक बल उत्पन्न हो जाता है जो प्रत्यावर्ती धारा का सदैव विरोध करता है। अत: यह प्रत्यावर्ती धारा का मान कम कर देता है। अधिक आवृत्ति की प्रत्यावर्ती धारा के साथ जिस चोक कुण्डली का प्रयोग किया जाता है उसका क्रोड वायु का ही होता है, क्योंकि आवृत्ति अधिक होने के कारण कुण्डली के प्रेरकत्व L के कम होने पर भी इसका प्रतिघात ωL काफी अधिक हो जाता है।

ओमीय प्रतिरोध पर श्रेष्ठता

(Superiority Over Ohmic Resistance)

प्रत्यावर्ती धारा परिपथ में धारा का मान ओमीय प्रतिरोध (Ohmic resistance) अथवा धारा-नियन्त्रक (Rheostat) से व्यवहार कम किया जा सकता है परन्तु, परिपथ में प्रतिरोध लगाने से विद्युत ऊर्जा का एक भाग (I^2r प्रति सेकण्ड, जहाँ I धारा की प्रबलता तथा r प्रतिरोध का मान है) ऊष्मा के रूप में व्यय हो जाता है, जो तार को गर्म कर देता है। यदि इतनी ही प्रबलता की धारा L प्रेरकत्व वाली कुण्डली से प्रवाहित की जाए, तो प्रेरकत्व में प्रति सेकण्ड व्यय हुई ऊर्जा (शक्ति) $= IV\cos\phi$ जबकि $\tan\phi = \frac{\omega L}{R}$,

जहाँ, R प्रेरण कुण्डली का प्रतिरोध है।

यदि $R = 0$ अर्थात् प्रेरण कुण्डली का प्रतिरोध शून्य है, तो

$$\tan\phi = \frac{\omega L}{0} = \infty = \tan 90° \quad \text{या} \quad \phi = 90°$$

इस प्रकार, प्रेरण कुण्डली में प्रति सेकण्ड व्यय हुई ऊर्जा (शक्ति)

$$= IV\cos 90° = 0$$

स्पष्ट है कि प्रतिरोध के स्थान पर शून्य प्रतिरोध की प्रेरण कुण्डली (चोक कुण्डली) का प्रयोग करने पर विद्युत शक्ति भी व्यर्थ में व्यय नहीं होती और इस कुण्डली की प्रतिबाधा $\sqrt{R^2 + \omega^2L^2}$ अधिक होने के कारण धारा को भी आवश्यक प्रबलता तक कम किया जा सकता है।

चोक कुण्डली में धारा का व्यय केवल लोहे के क्रोड में शैथिल्य क्षय के कारण होता है। भँवर धाराओं के कारण होने वाले क्षय को, लोहे के क्रोड पर पटलित करके न्यूनतम कर दिया जाता है।

उदाहरण 17. एक विद्युत बल्ब 220 वोल्ट आपूर्ति पर 100 वाट शक्ति देने के लिए बनाया गया है।

(i) बल्ब का प्रतिरोध (ii) स्रोत की शिखर वोल्टता

(iii) बल्ब में प्रवाहित होने वाली rms धारा का मान ज्ञात कीजिए।

हल दिया है, शक्ति $P = 100$ वाट, $E_{rms} = 220$ वोल्ट

(i) बल्ब का प्रतिरोध, $R = \frac{E_{rms}^2}{P} = \frac{220 \times 220}{100} = 484$ ओम

(ii) स्रोत की शिखर वोल्टता

$$E_0 = \sqrt{2}E_{rms} = 1.414 \times 220 = 311 \text{ वोल्ट}$$

(iii) बल्ब में प्रवाहित धारा

$$I_{rms} = \frac{E_{rms}}{R} = \frac{220}{484} \text{ ऐम्पियर} = 0.454 \text{ ऐम्पियर}$$

उदाहरण 18. एक कुण्डली 220 वोल्ट, 50 हर्ट्ज वाले प्रत्यावर्ती धारा स्रोत से 2 ऐम्पियर धारा तथा 200 वाट शक्ति लेती है। कुण्डली का प्रतिरोध तथा प्रेरकत्व ज्ञात कीजिए।

हल दिया है, विद्युत वाहक बल, $E_{rms} = 220$ वोल्ट

धारा, $I_{rms} = 2$ ऐम्पियर, $P = 200$ वाट

आवृत्ति, $f = 50$ हर्ट्ज

शक्ति क्षय केवल प्रतिरोध में होगा—$P = I_{rms}^2 R$

$$200 = 2^2 \times R \Rightarrow R = 50 \text{ ओम}$$

कुण्डली की प्रतिबाधा, $Z = \frac{E_{rms}}{I_{rms}} = \frac{220}{2} = 110$ ओम

हम जानते हैं, $Z^2 = R^2 + X_L^2$

प्रतिघात, $X_L = \sqrt{Z^2 - R^2} = \sqrt{(110)^2 - (50)^2} = 98$ ओम

हम जानते हैं, $X_L = 2\pi f L$

प्रेरकत्व, $L = \frac{X_L}{2\pi f} \Rightarrow L = \frac{98}{2 \times 3.14 \times 50} = 0.312$ हेनरी

अनुनादी परिपथ (Resonant Circuit)

जब किसी निकाय पर आरोपित बाह्य ऊर्जा स्रोत की आवृत्ति, उस निकाय की स्वाभाविक आवृत्ति के बराबर हो जाती है, तब इस अवस्था को अनुनाद कहते हैं तथा परिपथ अनुनादी परिपथ कहलाता है।

L-C-R अनुनादी परिपथ दो प्रकार के होते हैं

(i) श्रेणी अनुनादी परिपथ तथा (ii) समान्तर अनुनादी परिपथ

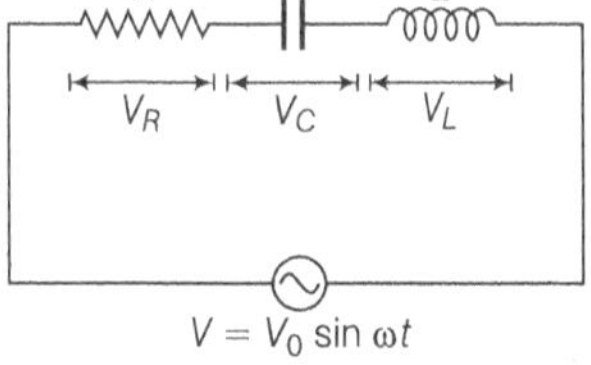

अनुनादी परिपथ

L-C-R श्रेणी परिपथ की वह विशेष अवस्था, जिसमें प्रेरणिक प्रतिघात X_L तथा धारितीय प्रतिघात (X_C) के मान बराबर हों, अनुनाद (Resonance) कहलाती है।

$$X_L = X_C$$

हम जानते हैं कि, $Z = \sqrt{R^2 + (X_L - X_C)^2}$

$$Z = \sqrt{R^2} \quad \text{या} \quad Z_{\text{न्यूनतम}} = R \qquad \ldots\text{(i)}$$

$$I_0 = I_{\text{अधिकतम}} = \frac{V_0}{Z_{\text{न्यूनतम}}} \qquad \ldots\text{(ii)}$$

$$I_{\text{rms}} = I_{\text{अधिकतम}} = \frac{V_{\text{rms}}}{Z_{\text{न्यूनतम}}}$$

अनुनाद की शर्त लागू करने पर हम प्रतिबाधा के मान को न्यूनतम पाते हैं। इस कारण अनुनादी परिपथ में प्रवाहित धारा का मान अधिकतम होता है।

अनुनादी आवृत्ति (Resonant Frequency) इसे f_r से प्रदर्शित करते है

$$X_L = X_C$$

$$\omega_r L = \frac{1}{\omega_r C}$$ [जहाँ, ω_r अनुनादी कोणीय आवृत्ति]

$$\omega_r^2 = \frac{1}{LC} \Rightarrow \omega_r = \frac{1}{\sqrt{LC}} \Rightarrow 2\pi f_r = \frac{1}{\sqrt{LC}}$$

$$f_r = \frac{1}{2\pi\sqrt{LC}}$$

अनुनादी वक्र (Resonant Curve)

R-L-C परिपथ की प्रतिबाधा

$$Z = \sqrt{R^2 + (X_L - X_C)^2} = \sqrt{R^2 + \left(\omega L - \frac{1}{\omega C}\right)^2}$$

$$= \sqrt{R^2 + \left(2\pi f L - \frac{1}{2\pi f C}\right)^2}$$

प्रत्यावर्ती धारा, $I_{\text{rms}} = \dfrac{E_{\text{rms}}}{Z} = \dfrac{E_{\text{rms}}}{\sqrt{R^2 + (X_L - X_C)^2}}$

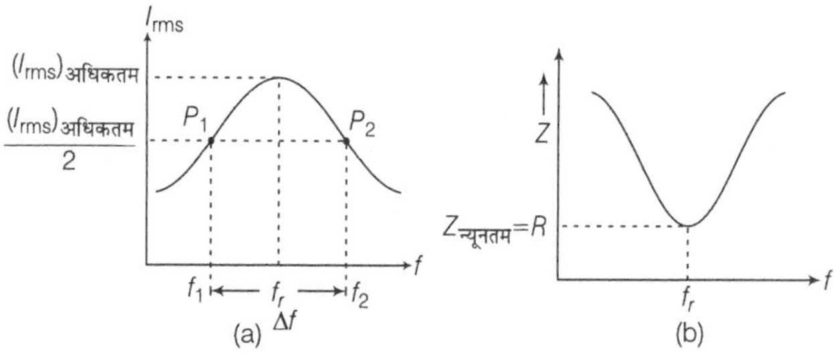

अनुनादी वक्र

अनुनादी परिपथ की विशेषताएँ

Characteristics of Resonant Circuit

अनुनादी परिपथ की मुख्य विशेषताएँ निम्न है

(i) परिपथ की कुल प्रतिघात, $X = X_L - X_C = 0$
अर्थात् अनुनादी परिपथ का कुल प्रतिघात (Total reactance) या परिणामी प्रतिघात शून्य होता है।

(ii) $X_L = X_C$ होने से $Z_{\text{न्यूनतम}} = R$
अर्थात् अनुनादी परिपथ में प्रतिबाधा का मान न्यूनतम तथा प्रतिरोध के तुल्य होता है।

(iii) $I_{\text{rms}} = \dfrac{E_{\text{rms}}}{Z} \Rightarrow I_{\text{अधिकतम}} = \dfrac{E}{Z_{\text{न्यूनतम}}}$

(iv) $\tan\phi = \dfrac{X_L - X_C}{R}$
$X_L = X_C$ रखने पर,
$\Rightarrow \tan\phi = 0 \Rightarrow \phi = 0$
अर्थात् अनुनाद की अवस्था में विद्युत वाहक बल तथा धारा में कलान्तर शून्य होता है। दूसरे शब्दों में दोनों समान कला में होते हैं।

(v) L व C के सिरों पर विभवान्तर (V_{0L} तथा V_{0C}) बराबर तथा विपरीत होते हैं।

उदाहरण 19. एक L-C-R श्रेणी परिपथ की अनुनादी आवृत्ति 600 हर्ट्ज है। 575 हर्ट्ज एवं 625 हर्ट्ज आवृत्तियों पर परिपथ में धारा उसकी अनुनादी स्थिति की धारा से $\frac{1}{\sqrt{2}}$ गुना रह जाती है। परिपथ का विशेषता गुणांक Q ज्ञात कीजिए। यदि परिपथ का प्रतिरोध $R = 3$ ओम हो, तब अनुनादी स्थिति में प्रेरणिक प्रतिघात, धारितीय प्रतिघात एवं प्रेरकत्व, धारिता का मान ज्ञात कीजिए।

हल दिया है, $f_r = 600$ हर्ट्ज, $f_1 = 575$ हर्ट्ज, $f_2 = 625$ हर्ट्ज

प्रतिरोध, $R = 3$ ओम,

$$Q = \frac{f_r}{f_2 - f_1} = \frac{600}{625 - 575} = \frac{600}{50} = 12$$

$$Q = \frac{\omega_r L}{R}$$

अनुनाद स्थिति में प्रेरणिक प्रतिघात,

$$\omega_r L = QR = 12 \times 3 = 36 \text{ ओम}$$

चूँकि अनुनाद स्थिति में प्रेरणिक एवं धारितीय प्रतिघात बराबर होते हैं

$$X_C = \frac{1}{C\omega_r} = X_L = 36 \text{ ओम}$$

$$C = \frac{1}{36 \times \omega_r} = \frac{1}{36 \times 2\pi f_r}$$

$$= \frac{1}{36 \times 2 \times 3.14 \times 600} = 7.37 \times 10^{-6} \text{ फैरड}$$

$$= 7.37 \text{ माइक्रोफैरड}$$

इसी प्रकार, $X_L = \omega_r L$

$$L = \frac{X_L}{2\pi f_r} = \frac{36}{2 \times 3.14 \times 600} = 9.56 \times 10^{-3} \text{ हेनरी}$$

$$= 9.56 \text{ मिली-हेनरी}$$

ट्रान्सफॉर्मर (Transformer)

सिद्धान्त (Principle)

यह युक्ति **अन्योन्य प्रेरण** के सिद्धान्त पर कार्य करती है। इसकी सहायता से प्रत्यावर्ती वोल्टता का मान परिवर्तित किया जा सकता है। ट्रान्सफॉर्मर दिष्ट वोल्टताओं के लिए उपयोगी नहीं है। इस प्रकार कार्य के आधार पर ट्रान्सफॉर्मर दो प्रकार के होते हैं

(i) उच्चायी ट्रान्सफॉर्मर (Step-up transformer) यह निम्न प्रत्यावर्ती वोल्टता को उच्च प्रत्यावर्ती वोल्टता में बदलता है।

(ii) अपचायी ट्रान्सफॉर्मर (Step-down transformer) यह उच्च प्रत्यावर्ती वोल्टता को निम्न प्रत्यावर्ती वोल्टता में बदलता है।

बनावट (रचना) (Structure)

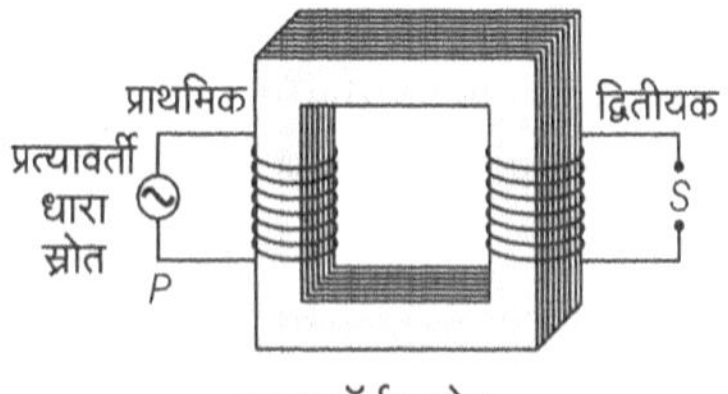

ट्रान्सफॉर्मर क्रोड

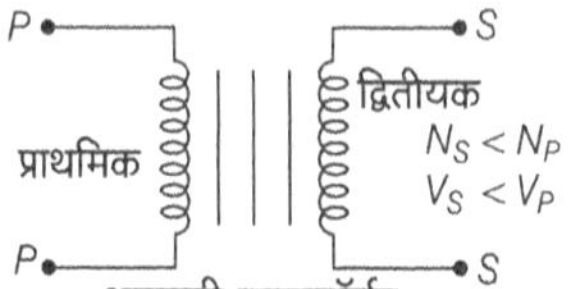

अपचायी ट्रान्सफॉर्मर

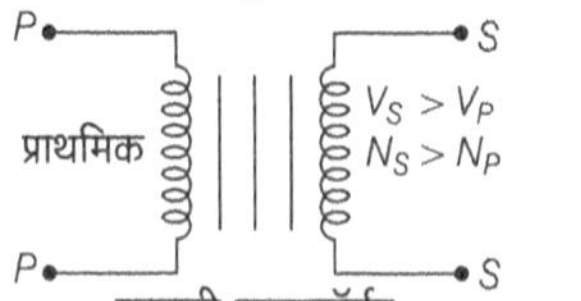

उच्चायी ट्रान्सफॉर्मर

ट्रान्सफॉर्मर की क्रोड कच्चे लोहे की विद्युतरोधित पट्टियों से बनाई जाती है। क्रोड, चुम्बकीय बल रेखाओं को अपने में केन्द्रित करके ऊर्जा के क्षय को कम कर देती है।

क्रोड में भँवर धाराएँ (Eddy current) कम उत्पन्न हों इसलिए क्रोड को पटलित (Laminated) किया जाता है। शैथिल्य हानि (Hysteresis loss) को कम करने के लिए क्रोड लौह चुम्बकीय पदार्थों की बनाई जाती है। क्रोड की एक भुजा पर ताँबे के तार की कुण्डली लपेटी जाती है। जिसे उस प्रत्यावर्ती धारा स्रोत से जोड़ दिया जाता है, जिसकी वोल्टता हमें बढ़ानी या घटानी है। इस कुण्डली को **प्राथमिक कुण्डली** कहते हैं। प्राथमिक कुण्डली के सामने वाली भुजा पर एक ओर ताँबे के तार की कुण्डली लपेट दी जाती हैं, जिसके सिरों पर हम निर्गत वोल्टता प्राप्त करते हैं। इसे **द्वितीयक** (Secondary) कुण्डली कहते हैं।

कार्यविधि (Procedure)

जब प्राथमिक कुण्डली के सिरों के मध्य कोई निवेशी प्रत्यावर्ती वोल्टता को जोड़ा जाता है, तो प्राथमिक कुण्डली में प्रत्यावर्ती धारा प्रवाहित होने लगती है। यदि धारा परिवर्तन के कारण क्रोड में चुम्बकीय फ्लक्स उत्पन्न हो जाता है। यदि प्राथमिक कुण्डली में फ्लक्स परिवर्तन की दर $\frac{\Delta\phi_B}{\Delta t}$ हो तथा प्राथमिक कुण्डली में फेरों की संख्या N_P हो, तो प्राथमिक कुण्डली में उत्पन्न प्रेरित वि.वा. बल

$$E_P = -N_P(\Delta\phi_B/\Delta t) \qquad ...(i)$$

यदि द्वितीयक कुण्डली में फेरों की संख्या N_S हो तथा चुम्बकीय फ्लक्स की हानि को नगण्य मान लिया जाए, तो यही फ्लक्स द्वितीयक कुण्डली से होकर जाएगा और अन्योन्य प्रेरण के कारण समान आवृत्ति की प्रत्यावर्ती वोल्टता E_S उत्पन्न होगी।

द्वितीयक कुण्डली में प्रेरित वि. वा. बल

$$E_S = -N_S(\Delta\phi_B/\Delta t) \qquad ...(ii)$$

$$\boxed{\frac{E_S}{E_P} = \frac{N_S}{N_P}}$$

एक आदर्श ट्रान्सफॉर्मर के लिए कुण्डलियों का प्रतिरोध नगण्य होता है तथा अन्य किसी भी प्रकार का ऊर्जा क्षय भी नहीं होता है। इसलिए प्राथमिक में लगाए गए विभवान्तर V_P का मान प्रेरित विद्युत वाहक बल (emf) E_P के समान होगा। इसी प्रकार, यदि द्वितीयक कुण्डली का परिपथ खुला हो अर्थात् उसका प्रतिरोध अत्यधिक हो, तो द्वितीयक के सिरों पर प्रेरित विद्युत वाहक बल (emf) E_S प्राप्त विभवान्तर V_S के समान होगा। इस प्रकार

$$\frac{V_S}{V_P} = \frac{E_S}{E_P} = \frac{N_S}{N_P} = r = \text{परिणमन अनुपात}$$

उच्चायी ट्रान्सफॉर्मर में r का मान एक से अधिक होता है इसमें द्वितीयक कुण्डली के सिरों पर प्राप्त वोल्टता प्राथमिक कुण्डली के सिरों पर लगाई गई वोल्टता से अधिक होती है। इसमें द्वितीयक कुण्डली में फेरों की संख्या प्राथमिक कुण्डली में फेरों की संख्या से अधिक होती है। अपचायी ट्रान्सफॉर्मर में r का मान 1 से कम होता है। इसमें द्वितीयक कुण्डली के सिरों पर प्राप्त वोल्टता, प्राथमिक कुण्डली के सिरों पर लगायी गयी वोल्टता से कम होती है। इसमें द्वितीयक कुण्डली में फेरों की संख्या, प्राथमिक कुण्डली में फेरों की संख्या से कम होती है।

ट्रान्सफॉर्मर प्रत्यावर्ती वोल्टता में परिवर्तन करता है लेकिन आदर्श ट्रान्सफॉर्मर के लिए निवेशी शक्ति में किसी प्रकार का परिवर्तन नहीं होता है। इस प्रकार द्वितीयक कुण्डली में शक्ति = प्राथमिक कुण्डली में शक्ति

$$P_P = P_S \Rightarrow V_P i_P = V_S i_S$$

$$\frac{V_P}{V_S} = \frac{i_S}{i_P} = \frac{N_P}{N_S} = r$$

अत: ट्रान्सफॉर्मर द्वारा वि. वा. बल में परिवर्तित होने पर धारा की प्रबलता में भी उसी अनुपात में परिवर्तन हो जाता है अर्थात् वि. वा. बल के बढ़ने पर धारा की प्रबलता कम हो जाती है तथा वि. वा. बल के घटने पर धारा उसी अनुपात में बढ़ जाती है।

ट्रान्सफॉर्मर की दक्षता (Efficiency of Transformer)

आदर्श ट्रान्सफॉर्मर में किसी भी प्रकार की विद्युत ऊर्जा की क्षति नहीं होती है। ऐसे ट्रान्सफॉर्मर की दक्षता 100% आंकी जाती है लेकिन यह व्यवहारिक रूप से सम्भव नहीं है। व्यवहारिक रूप से ट्रान्सफॉर्मर की दक्षता 90% से 98% तक होती है।

$$\eta = \text{ट्रान्सफॉर्मर की दक्षता}$$

$$= \frac{\text{द्वितीयक कुण्डली पर प्राप्त ऊर्जा}}{\text{प्राथमिक कुण्डली को दी गई ऊर्जा}} \times 100$$

$$= \frac{\text{निर्गत शक्ति}}{\text{निवेशी शक्ति}}$$

ट्रान्सफॉर्मर में विद्युत ऊर्जा की हानि

(Loss of Electric Energy in Transformer)

ट्रान्सफॉर्मर में निम्न प्रकार से ऊर्जा हानि होती हैं

(i) **ताम्र हानि** (Copper Loss)

ट्रान्सफॉर्मर की प्राथमिक एवं द्वितीयक कुण्डलियाँ ताँबे के तार की बनाई जाती हैं। इनका प्रतिरोध अल्प होता है, लेकिन शून्य नहीं होता है। अत: इनमें i^2R के समान विद्युत शक्ति क्षय होता है। इसे ताम्र हानि कहते हैं। इसे कम करने के लिए ताँबे के तार की मोटाई बढ़ाई जाती है।

(ii) **भँवर धारा हानि** (Eddy Current Loss)

प्रत्यावर्ती धाराओं के कारण जब विद्युत फ्लक्स में आवृत्ति परिवर्तन होता है, तो क्रोड में भी वोल्टेज प्रेरित हो जाता है। इसके कारण क्रोड में भँवर धाराएँ बहती हैं। इन भँवर धाराओं के कारण क्रोड में ऊष्मा के रूप में शक्ति क्षय होती है। जिसे भँवर धारा हानि कहते हैं। इस हानि को कम करने के लिए क्रोड कच्चे लोहे की पतली रोधित पट्टियों से बनाई जाती है। इन पट्टियों पर अचालकता वार्निश या किसी ऑक्साइड का लेप किया जाता है। जिससे इनके अत्यधिक प्रतिरोध के कारण भँवर धाराओं का आयाम कम हो जाए।

(iii) **शैथिल्य हानि** (Hysteresis Loss)

कुण्डली में प्रत्यावर्ती धारा के प्रवाह से क्रोड पर प्रत्यावर्ती चुम्बकीय क्षेत्र आरोपित होता है। जिस कारण से प्रत्यावर्तन के प्रत्येक आवर्तकाल में एक शैथिल्य लूप पूर्ण हो जाता है।

इससे शक्ति क्षय होती है। इस क्षय को न्यून करने के लिए क्रोड लोहे की पतली रोधित पट्टियों से बनाई जाती है। इन पट्टियों पर वार्निश या किसी ऑक्साइड का लेप किया जाता है। इनके अत्यधिक प्रतिरोध के कारण भँवर धाराओं का आयाम कम हो जाता है।

(iv) **चुम्बकीय फ्लक्स क्षरण के कारण हानि**

(Losses due to Magnetic Flux Leakage)

प्राथमिक कुण्डली द्वारा उत्पन्न प्रत्यावर्ती चुम्बकीय फ्लक्स पूर्णतया द्वितीयक कुण्डली के साथ बद्ध नहीं रहता है। प्राथमिक तथा द्वितीयक कुण्डलियों के बीच अन्योन्य प्रेरकत्व का मान $M = K\sqrt{L_1 L_2}$ होता है। चुम्बकीय फ्लक्स क्षरण समाप्त करने के लिए युग्मन गुणांक (K) को एक करने के प्रयास किए जाते हैं अन्यथा इस क्षरण से विद्युत शक्ति क्षय जारी रहेगा।

उदाहरण 20. एक 60 वाट का लोड ट्रांसफॉर्मर की द्वितीयक कुण्डली से जुड़ा है जिसकी प्राथमिक कुण्डली लाइन वोल्टेज है यदि लोड में 0.54 A की धारा बहती है तब प्राथमिक कुण्डली में धारा का मान ज्ञात करो? किस प्रकार का ट्रांसफॉर्मर प्रयुक्त किया गया है?

हल शक्ति $P_L = 60$ वाट,

धारा $I_L = 0.54$ ऐम्पियर

वोल्टेज $V_L = \frac{P_L}{I_L} = \frac{60}{0.54} = 110$ वोल्ट

औसत में निवेशी धारा लोड धारा का आधा है।

$$I_P = \frac{I_L}{2} = \frac{0.54}{2}$$

$= 0.27$ ऐम्पियर

अत: ट्रांसफॉर्मर अपचायी है।

विद्युत जनित्र अथवा डायनमो

(Electric Generator or Dynamo)

वह यन्त्र जो यान्त्रिक ऊर्जा को विद्युत ऊर्जा में बदल देता है, विद्युत जनित्र (डायनमो) कहलाता है।

यह विद्युत चुम्बकीय प्रेरण के सिद्धान्त पर आधारित है। विद्युत जनित्र में यान्त्रिक ऊर्जा का उपयोग चुम्बकीय क्षेत्र में रखे चालक को घूर्णी गति प्रदान करने में किया जाता है, जिसके फलस्वरूप प्रेरित विद्युत धारा उत्पन्न होती है।

विद्युत जनित्र मुख्यत: दो प्रकार के होते हैं

(i) प्रत्यावर्ती धारा जनित्र (Alternating Current or AC Generator)

(ii) दिष्ट धारा जनित्र (Direct Current or DC Generator)

प्रत्यावर्ती धारा जनित्र (Alternating Current Generator)

सिद्धान्त (Principle)

प्रत्यावर्ती धारा जनित्र या विद्युत जनित्र विद्युत चुम्बकीय प्रेरण के सिद्धान्त पर कार्य करता है। जब किसी चालक से बद्ध चुम्बकीय फ्लक्स में परिवर्तन होता है, तो उसमें विद्युत वाहक बल उत्पन्न हो जाता है जिसे **प्रेरित विद्युत वाहक बल** कहते हैं और यदि परिपथ बन्द है, तो उसमें विद्युत धारा प्रवाह होने लगती है, जिसे **प्रेरित विद्युत धारा** कहते हैं।

संरचना (Construction)

प्रत्यावर्ती धारा जनित्र के निम्नलिखित प्रमुख भाग होते हैं

(i) **क्षेत्र चुम्बक** (Field Magnet) यह एक अतिशक्तिशाली चुम्बक होता है, जिसके ध्रुवों के मध्य एक कुण्डली को चुम्बकीय क्षेत्र की दिशा के लम्बवत् अक्ष के परित: तेजी से घुमाया जाता है।

(ii) **आर्मेचर या कुण्डली** (Armature) यह एक मुलायम लोहे के एक क्रोड पर लिपटी अत्यधिक संख्या में पृथक्कित तारों की कुण्डली है, जिसे चुम्बकीय क्षेत्र में तीव्र गति से घुमाया जाता है।

(iii) **सर्पीवलय** (Slip Rings) कुण्डली के सिरे दो अलग-अलग धातु के वलयों C_1 व C_2 से जोड़ देते हैं। ये वलय सम-अक्षीय होते हैं तथा कुण्डली के साथ-साथ घूमते हैं।

(iv) **ब्रुश** (Brush) ये कार्बन या किसी धातु की पत्तियों से बने दो ब्रुश (B_1 व B_2) होते हैं। इनका एक-एक सिरा, दो वलयों को स्पर्श करता है तथा शेष दूसरे सिरों को बाहरी परिपथ से सम्बन्धित कर दिया जाता है। ये ब्रुश कुण्डली के साथ नहीं घूमते हैं।

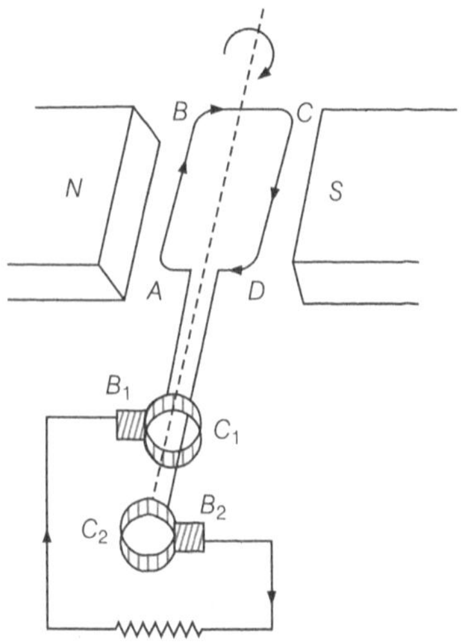

प्रत्यावर्ती धारा जनित्र की संरचना

कार्यविधि (Procedure)

माना प्रारम्भ में कुण्डली $ABCD$ का तल चुम्बकीय क्षेत्र के लम्बवत् है। कुण्डली का सिरा A सर्पीवलय C_1 से तथा सिरा D सर्पीवलय C_2 से जुड़ा है। ब्रुश B_1, वलय C_1 को तथा ब्रुश B_2, वलय C_2 को स्पर्श करता है।

यदि कुण्डली दक्षिणावर्त दिशा में घुमाई जा रही है, तो फ्लेमिंग के दाएँ हाथ के नियम से कुण्डली में प्रेरित धारा $ABCD$ दिशा में प्रवाहित होगी।

कुण्डली का आधा चक्कर पूरा होने के बाद भुजा AB व CD क्रमश: अपनी-अपनी स्थितियाँ बदल लेती हैं। सर्पीवलय C_1 व C_2 भी अपने स्थान पर घूम जाते हैं परन्तु ब्रुश B_1 का सम्बन्ध सर्पीवलय C_1 से तथा ब्रुश B_2 का सम्बन्ध सर्पीवलय C_2 से ही बना रहता है।

आधा चक्र पूरा होने के पश्चात् कुण्डली की दोनों भुजाओं की गति की दिशा विपरीत हो जाती है, अत: बाहरी परिपथ में धारा की दिशा परिवर्तित हो जाती है। इस प्रकार कुण्डली के एक पूरे चक्कर के दौरान बाह्य परिपथ में धारा की दिशा परिवर्तित हो जाती है जो कुण्डली के घूमने के साथ इसी प्रकार परिवर्तित होती रहती है। अत: बाह्य परिपथ में प्राप्त धारा प्रत्यावर्ती धारा होती है क्योंकि इसकी दिशा निश्चित समयान्तराल पर बदलती रहती है।

प्रत्यावर्ती धारा की आवृत्ति, कुण्डली के घूमने की आवृत्ति के बराबर होती है। तापीय विद्युत संयंत्र, जल विद्युत संयंत्र, नाभिकीय ऊर्जा संयंत्र, आदि प्रत्यावर्ती विद्युत धारा उत्पन्न करते हैं।

उदाहरण 21. 500 फेरों तथा 0.2 मी^{2} क्षेत्रफल की एक कुण्डली 0.5 टेस्ला चुम्बकीय प्रेरण के एकसमान क्षेत्र में 200 चक्कर प्रति मिनट की गति से घूर्णन कर रही है। कुण्डली में प्रेरित अधिकतम विद्युत वाहक बल का मान ज्ञात कीजिए।

हल प्रेरित विद्युत वाहक बल, $E = E_0 \sin(\omega t) \Rightarrow E = [NBA\omega] \sin(\omega t)$

अधिकतम प्रेरित विद्युत वाहक बल, $E_0 = NBA\omega = NBA\ (2\pi f)$

दिया है, फेरों की संख्या $N = 500$,

चुम्बकीय क्षेत्र, $B = 0.5$ टेस्ला

क्षेत्रफल, $A = 0.2$ मी^{2}

आवृत्ति, $f = \frac{200}{60}$ चक्कर/से

विद्युत वाहक बल, $E_0 = 500 \times 0.5 \times 0.2 \times 2\pi \times \frac{200}{60} = 1046.7$ वोल्ट

(ii) दिष्ट धारा जनित्र

दिष्ट धारा की तुलना में प्रत्यावर्ती धारा के गुण एवं दोष Merit and Demerits of Alternating Current in Comparison of Direct Current

आजकल सभी विद्युत उपकरणों को प्रयोग करने में प्रत्यावर्ती धारा को दिष्ट धारा की तुलना में अधिक उपयोगी मानते हैं। इसके कुछ कारणों के उदाहरण नियमानुसार वर्णित हैं

(i) प्रत्यावर्ती धारा के जनित्र एवं मोटरें, दिष्ट धारा जनित्र एवं मोटरों की तुलना में अधिक दृढ़ एवं सुविधाजनक होते हैं।

(ii) प्रत्यावर्ती धारा को कम ऊर्जा ह्रास पर नियन्त्रित करने हेतु चोक कुण्डली का प्रयोग किया जा सकता है जबकि दिष्ट धारा में नहीं।

(iii) **उच्च वोल्टता** (अर्थात् न्यून धारा) पर विद्युत संचरण करके शक्ति ह्रास बहुत कम किए जा सकते हैं। अत: प्रत्यावर्ती धारा को उच्चायी ट्रान्सफॉर्मर की सहायता से पावर हाऊस में वोल्टता बढ़ाकर दूरस्थ स्थानों तक भेजा जाता है। इससे संचरण के दौरान ऊर्जा ह्रास बहुत कम होता है अत: ये विद्युत वितरण के स्थान पर वहाँ अपचायी ट्रान्सफॉर्मर द्वारा उच्च वोल्टता को पुन: न्यून करके सप्लाई कर दिया जाता है। यह विधि केवल प्रत्यावर्ती धारा में उपयोग में ली जा सकती है, दिष्ट धारा में नहीं।

(iv) प्रत्यावर्ती धारा को दिष्ट धारा में परिवर्तित करना सुविधाजनक है। दिष्ट धारा को प्रत्यावर्ती धारा में परिवर्तित करना उतना सुविधाजनक नहीं है।

(v) प्रत्यावर्ती धारा वाले यन्त्र, दिष्ट धारा वाले यन्त्रों की तुलना में अधिक टिकाऊ तथा सुविधाजनक होते हैं।

इसके विपरीत, दिष्ट धारा की तुलना में प्रत्यावर्ती धारा में कुछ दोष भी हैं

(i) दिष्ट धारा को जब किसी तार से होकर प्रवाहित करते हैं, तो यह तार के सम्पूर्ण अनुप्रस्थ परिच्छेद में एकसमान रूप से वितरित होते हुए प्रवाहित होती है लेकिन जब एक उच्च आवृत्ति की प्रत्यावर्ती धारा को तार से होकर प्रवाहित किया जाता है, तो यह अनुप्रस्थ परिच्छेद पर एकसमान रूप से वितरित नहीं होती है। उच्च आवृत्तियों का लगभग सम्पूर्ण भाग तार के पृष्ठ (Skin) की पर्तों में से होकर ही प्रवाहित है। इस परिघटना को त्वाचिक प्रभाव (Skin effect) कहते हैं। अत: तारों का भीतरी भाग धारा प्रवाह में कोई योगदान नहीं देता है। इसलिए उच्च आवृत्ति की प्रत्यावर्ती धाराओं के संचरण के लिए विद्युतरोधी पतले-पतले तारों को मिलाकर एक मोटा तार बनाकर प्रयोग में लाते हैं।

(ii) प्रत्यावर्ती धारा दिष्ट धारा की तुलना में अधिक घातक एवं खतरनाक है क्योंकि प्रत्यावर्ती धारा का अधिकतम मान इसके औसत मान से अधिक होता है।

(iii) विद्युत चुम्बक, विद्युत अपघटन व इलेक्ट्रोप्लेटिंग आदि में केवल दिष्ट धारा का उपयोग करते हैं, प्रत्यावर्ती धारा का नहीं।

अभ्यास प्रश्न

1. वोल्टमीटर द्वारा मापे गए प्रत्यावर्ती धारा के मेन्स का विभव 200 वोल्ट प्राप्त होता है, तो इस विभव का वर्ग माध्य मूल मान होगा

(a) $200\sqrt{2}$ वोल्ट (b) $100\sqrt{2}$ वोल्ट

(c) 200 वोल्ट (d) $\frac{400}{\pi}$ वोल्ट

2. यदि L तथा R क्रमशः प्रेरकत्व तथा प्रतिरोध है, तब L/R की विमायें होंगी

(a) $[M^0L^0T^{-1}]$ (b) $[M^0LT]$

(c) $[M^0L^0T]$ (d) $[M^0LT^{-2}]$

3. प्रेरकत्व का मात्रक है

(a) ओम-सेकण्ड (b) ओम/सेकण्ड

(c) सेकण्ड/ओम (d) 1/ओम-सेकण्ड

4. एक अमीटर का प्रत्यावर्ती धारा परिपथ में पाठ्यांक 4 ऐम्पियर है। परिपथ में धारा का शिखर (अधिकतम) मान है

(a) 4 ऐम्पियर (b) 8 ऐम्पियर

(c) $4\sqrt{2}$ ऐम्पियर (d) $2/\sqrt{2}$ ऐम्पियर

5. किसी परिपथ में प्रत्यावर्ती धारा का शिखर मान $5\sqrt{2}$ ऐम्पियर है। धारा का वर्ग माध्य मूल मान होगा

(a) 1 ऐम्पियर (b) 3 ऐम्पियर

(c) 5 ऐम्पियर (d) 7 ऐम्पियर

6. 200 ओम प्रतिरोध तथा 1 हेनरी प्रेरकत्व के श्रेणी संयोजन पर प्रत्यावर्ती वोल्टता $V = 10\sqrt{2}\sin(200t)$ लगाई गई है। तो V तथा i के बीच कलान्तर होगा

(a) 90° (b) 45° (c) 60° (d) 30°

7. 50 हर्ट्ज आवृत्ति वाली प्रत्यावर्ती धारा को शून्य से अधिकतम मान तक पहुँचने में लगा समय होगा

(a) 0.5 सेकण्ड (b) 0.005 सेकण्ड

(c) 0.05 सेकण्ड (d) 5 सेकण्ड

8. यदि मुख्य प्रत्यावर्ती धारा 220 वोल्ट की दी गई है, तो धन अर्द्धचक्र में माध्य विद्युत वाहक बल का मान होगा

(a) 198.2 वोल्ट (b) 98.2 वोल्ट

(c) 9.82 वोल्ट (d) शून्य

9. एक 220 वोल्ट तथा 50 हर्ट्ज आवृत्ति वाले प्रत्यावर्ती धारा स्रोत से 1 पिकोफैरड धारिता का संधारित्र जुड़ा हुआ है। परिपथ में प्रवाहित धारा होगी

(a) 6.9×10^{-8} ऐम्पियर

(b) 6.9 ऐम्पियर

(c) 6.9×10^{-6} ऐम्पियर

(d) शून्य

10. 60 वाट तथा 100 वाट के दो बल्ब श्रेणीक्रम में 220 वोल्ट के प्रत्यावर्ती धारा स्रोत से जुड़ें हैं। प्रत्येक बल्ब से प्रवाहित धारा होगी

(a) 0.17 ऐम्पियर (b) 1.7 ऐम्पियर

(c) 17 ऐम्पियर (d) शून्य

11. किसी प्रत्यावर्ती परिपथ के विभवान्तर तथा धारा के समीकरण क्रमशः $V = 100\sin(100t)$ वोल्ट तथा $i = 100\sin(100t + \pi/3)$ मिली ऐम्पियर हैं। परिपथ में व्यय औसत शक्ति होगी

(a) 5 वाट (b) 10 वाट

(c) 2.5 वाट (d) 10^4 वाट

12. दोलन करने वाले L-C परिपथ की आवृत्ति है

(a) $2\pi\sqrt{LC}$ (b) $\frac{1}{2\pi}\sqrt{LC}$

(c) $\frac{1}{2\pi}\sqrt{\frac{1}{LC}}$ (d) $2\pi\sqrt{\frac{1}{LC}}$

13. L, C तथा R क्रमश : स्वप्रेरकत्व, धारिता एवं प्रतिरोध को व्यक्त करते हैं। निम्नलिखित सूत्रों में किसका विमीय सूत्र आवृत्ति का नहीं है?

(a) $\frac{1}{RC}$ (b) $\frac{R}{L}$

(c) $\frac{1}{\sqrt{LC}}$ (d) $\frac{C}{L}$

14. किसी प्रत्यावर्ती परिपथ में शक्ति गुणांक अधिकतम होता है, जब परिपथ

(a) केवल प्रेरकीय हो

(b) केवल धारितात्मक हो

(c) L-C हो

(d) केवल प्रतिरोध युक्त हो

15. किसी L-C-R श्रेणी परिपथ के लिए अनुनाद की स्थिति में धारा तथा लगाई गई वोल्टता के बीच कलान्तर होगा

(a) π (b) $\frac{\pi}{2}$

(c) $\frac{\pi}{4}$ (d) शून्य

16. एक प्रतिरोध R, प्रेरकत्व L तथा संधारित्र C, आवृत्ति f के दोलित्र के साथ श्रेणीक्रम में जोड़े गए हैं। यदि अनुनादी आवृत्ति f_r है, तब धारा वोल्टेज से पश्चगामी होगी, तब

(a) $f = 0$ (b) $f < f_r$

(c) $f = f_r$ (d) $f > f_r$

17. किसी परिपथ के लिए धारा और विभव का सदिश निरूपण निम्न है, तो परिपथ के अवयव होंगे

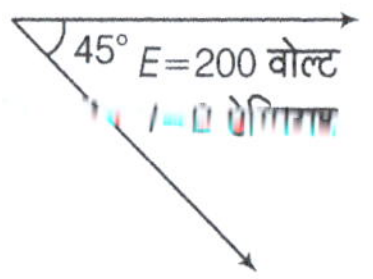

(a) L-C-R (b) L-R

(c) L-C-R या L-R (d) C-R

18. चित्र में किसी परिपथ से प्रवाहित होने वाली प्रत्यावर्ती धारा $I = I_0 \sin \omega t$ के लिए वोल्टता व समय के ग्राफ को दर्शाया गया है

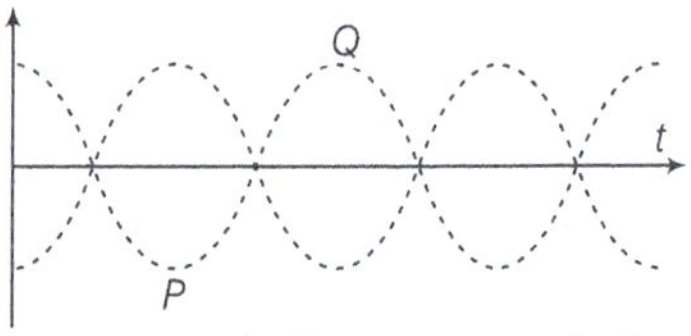

(a) वक्र P, R-L के लिए व Q, R-C के लिए है

(b) वक्र P, R-C के लिए व Q, R-L के लिए है

(c) दोनों R-C के लिए हैं

(d) दोनों R-L के लिए हैं

19. L-C-R परिपथ में विद्युत अनुनाद तीक्ष्ण होगा यदि परिपथ में

(a) R बड़ा है (b) R छोटा है

(c) $R = X_L$ या X_C

(d) R पर निर्भर नहीं करता है

20. यदि P वाट के N लैम्प समान्तर क्रम में जुड़े हों, तो प्रत्येक लैम्प की शक्ति होगी

(a) P (b) PN

(c) $\frac{P}{N}$ (d) $\frac{P}{N^2}$

21. AC अमीटर का धारा स्केल है

(a)
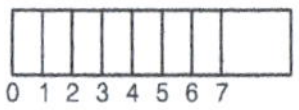

(b)
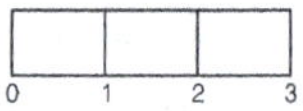

(c)
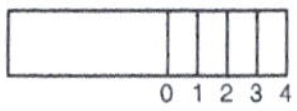

(d) इनमें से कोई नहीं

22. यदि एक बल्ब तथा एक कुण्डली को श्रेणीक्रम में एक DC स्रोत से जोड़ा जाता है तथा एक लौह की नली कुण्डली के बीच में रख दी जाती है, तब बल्ब की तीव्रता

(a) घट जाएगी (b) बढ़ जाएगी

(c) वही रहेगी (d) शून्य हो जाएगी

23. 60 माइक्रोफैरड धारिता के संधारित्र का 600 हर्ट्ज आवृत्ति पर धारितीय प्रतिघात होगा
(a) 2.42 ओम (b) 4.42 ओम
(c) 4.24 ओम (d) 2.24 ओम

24. एक संधारित्र और 30 ओम का प्रतिरोध श्रेणीक्रम में जुड़े हैं, जब इन्हें 120 वोल्ट के प्रत्यावर्ती जनित्र से जोड़ते हैं, तो प्रवाहित धारा 1.5 ऐम्पियर होती है। संधारित्र के सिरों पर विभवान्तर का मान होगा
(a) 1.11 वोल्ट
(b) 111.25 वोल्ट
(c) शून्य
(d) 220 वोल्ट

25. 50 हर्ट्ज और 180 वोल्ट की प्रत्यावर्ती धारा प्रदायक से 0.2 हेनरी प्रेरकत्व तथा 100 ओम प्रतिरोध की एक कुण्डली जोड़ी गई है। परिपथ में प्रवाहित धारा का आभासी मान होगा
(a) 0.525 ऐम्पियर (b) 5.25 ऐम्पियर
(c) 1.525 ऐम्पियर (d) 15.25 ऐम्पियर

26. 100 माइक्रोफैरड धारिता के एक संधारित्र को 1 हेनरी प्रेरकत्व के साथ श्रेणीक्रम में 50 हर्ट्ज वाले प्रत्यावर्ती धारा स्रोत से जोड़ा जाता है। इस संयोजन की प्रतिबाधा है
(a) 225.25 ओम (b) 252.15 ओम
(c) 282.15 ओम (d) 312.15 ओम

27. एक कुण्डली के सिरों के बीच 40 V का प्रत्यावर्ती वोल्टेज लगाने पर इसमें 80 mA की धारा प्रवाहित होती है। कुण्डली का प्रेरणिक-प्रतिघात होगा
(a) $500\,\Omega$ (b) $2\times10^{-3}\,\Omega$ (c) $20\,\Omega$
(d) $3.2\,\Omega$

28. एक प्रतिरोधरहित चोक कुण्डली के लिए प्रत्यावर्ती धारा व विद्युत वाहक बल के आभासी मान क्रमशः 1 ऐम्पियर तथा 220 वोल्ट हैं। इसमें व्ययित शक्ति होगी
(a) शून्य (b) अनन्त
(c) $V_{rms}\,i_{rms}$ (d) $\frac{V_{rms}\,i_{rms}}{2}$

29. यदि किसी शुद्ध संधारित्र की धारिता 1 फैरड है, तो दिष्ट धारा परिपथ में इसका प्रभावी प्रतिरोध होगा
(a) शून्य (b) अनन्त
(c) 1 ओम (d) $\frac{1}{2}$ ओम

30. 2×10^3 हर्ट्ज आवृत्ति वाली प्रत्यावर्ती धारा के लिए
50 माइक्रोफैरड धारिता का प्रतिघात होगा
(a) $\frac{2}{\pi}$ ओम (b) $\frac{3}{\pi}$ ओम
(c) $\frac{4}{\pi}$ ओम (d) $\frac{5}{\pi}$ ओम

31. उस आवृत्ति का मान क्या होगा जिस पर 2 हेनरी प्रेरकत्व का प्रेरणीय प्रतिघात 2 माइक्रोफैरड धारिता के धारितीय प्रतिघात के संख्यात्मक रूप से बराबर हो जाए?
(a) 80 हर्ट्ज (b) 40 हर्ट्ज
(c) 60 हर्ट्ज (d) 20 हर्ट्ज

32. एक कुण्डली में 6 ऐम्पियर विद्युत धारा बहती है, जब इसे 36 वोल्ट दिष्ट धारा स्रोत से जोड़ा जाता है। यदि इस कुण्डली को 36 वोल्ट, 50 चक्कर/से की प्रत्यावर्ती धारा स्रोत से जोड़ते हैं, तो परिपथ में 3.6 ऐम्पियर विद्युत धारा बहती है। कुण्डली के प्रेरण प्रतिघात का मान होगा
(a) 4 ओम (b) 8 ओम
(c) 12 ओम (d) 16 ओम

33. 0.5 हेनरी स्वप्रेरण गुणांक एवं 100 ओम प्रतिरोध की कुण्डली 240 वोल्ट, 50 हर्ट्ज प्रत्यावर्ती धारा सप्लाई से जुड़ी है। कुण्डली में अधिकतम धारा होगी
(a) 1.21 ऐम्पियर (b) 1.44 ऐम्पियर
(c) 1.82 ऐम्पियर (d) 2.21 ऐम्पियर

34. एक प्रत्यावर्ती परिपथ में $R = 100\,\Omega$, $X_L = 200\,\Omega$ तथा $X_C = 200\,\Omega$ श्रेणीक्रम में जुड़े हैं। आरोपित वोल्टता तथा प्रवाहित धारा में कलान्तर है
(a) 0° (b) 30°
(c) 45° (d) 90°

35. एक 10 माइक्रोफैरड संधारित्र को 1 हेनरी प्रेरकत्व के साथ श्रेणीक्रम में 50 हर्ट्ज वाले प्रत्यावर्ती धारा स्रोत से जोड़ा गया है। संयोजन की प्रतिबाधा होगी
(a) शून्य (b) अनन्त
(c) 44.7 ओम (d) 4.47 ओम

36. प्रयुक्त चित्र में वोल्टमीटर तथा अमीटर के पाठ्यांक क्रमशः होंगे

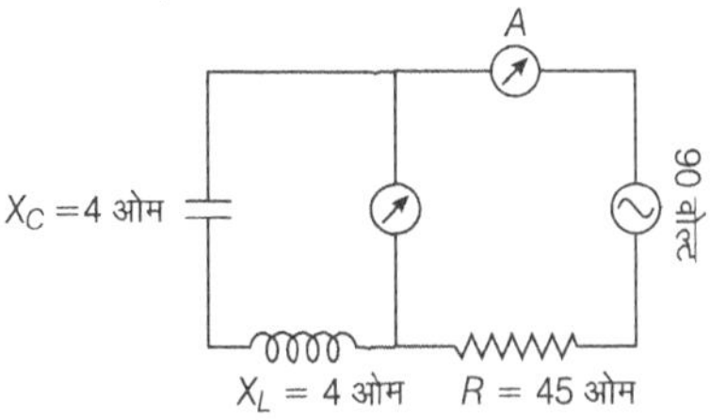

(a) शून्य तथा 2 ऐम्पियर
(b) 2 वोल्ट तथा शून्य
(c) 2 वोल्ट तथा 2 ऐम्पियर
(d) शून्य तथा शून्य

37. एक प्रसारण केन्द्र से 300 मी लम्बी तरंगदैर्ध्य वाली तरंग प्रसारित की जाती है। यदि अनुनादी परिपथ के लिए 2.4 माइक्रोफैरड धारिता का संधारित्र हो, तो आवश्यक कुण्डली का स्वप्रेरण गुणांक होगा
(a) 10^{-6} हेनरी
(b) 1.056×10^{-8} हेनरी
(c) 10.56×10^{-8} हेनरी
(d) 105.6×10^{-8} हेनरी

38. एक अनुनादी परिपथ में लगी कुण्डली के स्वप्रेरकत्व का मान 10 मिलीहेनरी है। यदि परिपथ की अनुनादी आवृत्ति 1.0 मेगासाइकिल/से हो, तो परिपथ में लगे संधारित्र की धारिता का मान होगा (दिया है, $\pi^2 = 9.86$)
(a) 1.353 पिकोफैरड
(b) 2.535 पिकोफैरड
(c) 1.635 पिकोफैरड
(d) 2.125 पिकोफैरड

39. समान वोल्टता के 200 वाट तथा 100 वाट के बल्बों के प्रतिरोध क्रमशः R_1 व R_2 हैं, तो $\frac{R_1}{R_2}$ का मान होगा
(a) $\frac{1}{2}$ (b) $\frac{1}{4}$
(c) $\frac{4}{1}$ (d) $\frac{2}{1}$

40. प्रदर्शित चित्र में प्रत्यावर्ती धारा स्रोत के विद्युत वाहक बल का मान होगा

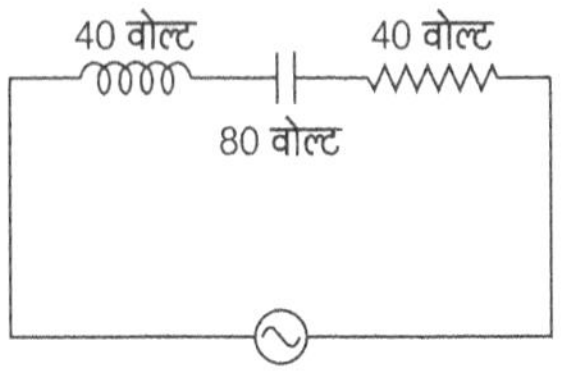

(a) 40 वोल्ट (b) $40\sqrt{2}$ वोल्ट
(c) $\frac{40}{\sqrt{2}}$ वोल्ट (d) 160 वोल्ट

41. 10 मिलीहेनरी और 10 ओम प्रतिरोध की कुण्डली 0.1 माइक्रोफैरड धारिता के साथ समान्तर क्रम में जोड़ी जाती है। अनुनाद पर परिपथ की प्रतिबाधा होगी
(a) 10^2 ओम (b) 10^6 ओम
(c) 10^3 ओम (d) 10^4 ओम

42. 1 हेनरी का प्रेरकत्व तथा 1 ओम का प्रतिरोध 200 वोल्ट विद्युत वाहक बल और 50 हर्ट्ज के प्रत्यावर्ती धारा स्रोत के साथ श्रेणीक्रम में जुड़े हैं। धारा तथा वोल्टता के मध्य समय पश्चता का मान होगा
(a) 5×10^{-2} सेकण्ड
(b) 5×10^{-3} सेकण्ड
(c) 5×10^{-4} सेकण्ड
(d) 5×10^{3} सेकण्ड

43. 100 वोल्ट तथा 500 हर्ट्ज की आवृत्ति के किसी प्रत्यावर्ती स्रोत को एक श्रेणीक्रम में जुड़े L-C-R परिपथ में जोड़ा गया है, जिसमें $R = 10$ ओम, $L = 8.1$ मिलीहेनरी तथा $C = 12.5$ माइक्रोफैरड है। प्रतिरोध के सिरों पर विभवान्तर होगा
(a) 25 वोल्ट (b) 50 वोल्ट
(c) 75 वोल्ट (d) 100 वोल्ट

44. 200 किमी लम्बे टेलीग्राफ के तार की धारिता 0.014 माइक्रोफैरड प्रति किमी है। यदि इसमें 5 किलोहर्ट्ज आवृत्ति की प्रत्यावर्ती धारा प्रवाहित हो, तो उस प्रेरकत्व का कितना मान होना चाहिए जिसे इसके साथ श्रेणीक्रम में लगाने पर प्रतिबाधा न्यूनतम हो?
(a) 0.12 मिलीहेनरी (b) 0.24 मिलीहेनरी
(c) 0.36 मिलीहेनरी (d) 0.48 मिलीहेनरी

45. एक प्रत्यावर्ती परिपथ में जिसमें 100 वोल्ट तथा 50 हर्ट्ज आवृत्ति का विद्युत वाहक बल लगा है, 10 ओम का प्रतिरोध तथा $1/(10\pi)$ हेनरी का प्रेरकत्व श्रेणीक्रम में जुड़े हैं। परिपथ में शक्ति क्षय होगा
(a) 250 वाट
(b) 500 वाट
(c) 750 वाट
(d) 1000 वाट

46. 10 ओम प्रतिरोध तथा 10 हेनरी प्रेरकत्व की एक कुण्डली 50 वोल्ट की बैटरी से जोड़ी गई है। कुण्डली में संचित ऊर्जा है
(a) 125 जूल
(b) 62.5 जूल
(c) 250 जूल
(d) 500 जूल

47. किसी प्रत्यावर्ती धारा परिपथ में वोल्टेज V तथा धारा I हो, तब शक्ति क्षय का मान होता है
(a) VI (b) $\frac{VI}{2}$
(c) $\frac{VI}{\sqrt{2}}$
(d) V तथा I के बीच कला कोण पर निर्भर करता है

48. एक प्रत्यावर्ती धारा परिपथ में धारा $I = I_0 \sin\left(\omega t - \frac{\pi}{2}\right)$ प्रवाहित है। परिपथ में सिरों के बीच प्रत्यावर्ती विभव $E = E_0 \sin \omega t$ लगाया जाता है। परिपथ में व्यय शक्ति P होगी
(a) $P = \frac{E_0 I_0}{\sqrt{2}}$ (b) $P = \frac{E_0 I_0}{2}$
(c) $P = E_0 I_0 \sqrt{2}$ (d) $P =$ शून्य

49. एक ट्रान्सफॉर्मर 220 वोल्ट को 11 वोल्ट तक गिरा देता है। प्राथमिक धारा 1.0 ऐम्पियर है तथा द्वितीयक भाग कुण्डली में 6 ऐम्पियर की धारा प्रवाहित हो रही है, तो कुण्डली के सिरों के बीच विभवान्तर तथा प्राथमिक कुण्डली में विद्युत धारा का मान क्रमशः होगा
(a) 300 वोल्ट, 15 ऐम्पियर
(b) 450 वोल्ट, 15 ऐम्पियर
(c) 450 वोल्ट, 13.5 ऐम्पियर
(d) 600 वोल्ट, 15 ऐम्पियर

50. समान वोल्टता के दो बल्बों के प्रतिरोधों का अनुपात 1 : 2 है। श्रेणीक्रम में जोड़ने पर उनमें शक्ति क्षय का अनुपात होगा
(a) 2 : 1 (b) 1 : 1
(c) 1 : 2 (d) 1 : 4

51. 10Ω प्रतिरोध तथा 10 हेनरी स्वप्रेरकत्व की एक कुण्डली 50 वोल्ट की एक बैटरी से जुड़ी है। कुण्डली में संचित ऊर्जा है
(a) 125 जूल (b) 62.5 जूल
(c) 250 जूल (d) 500 जूल

उत्तरमाला

1. (b)	2. (c)	3. (a)	4. (c)	5. (c)	6. (b)	7. (b)	8. (a)	9. (a)	10. (a)
11. (c)	12. (c)	13. (d)	14. (d)	15. (d)	16. (d)	17. (c)	18. (b)	19. (b)	20. (b)
21. (b)	22. (c)	23. (b)	24. (b)	25. (c)	26. (c)	27. (a)	28. (a)	29. (b)	30. (d)
31. (a)	32. (b)	33. (c)	34. (a)	35. (d)	36. (a)	37. (b)	38. (b)	39. (a)	40. (b)
41. (d)	42. (b)	43. (d)	44. (c)	45. (b)	46. (a)	47. (d)	48. (d)	49. (b)	50. (c)
51. (a)									

अध्याय

13

ऊर्जा : स्वरूप एवं स्रोत

(Energy : Forms and Sources)

ऊर्जा (Energy)

ऊर्जा द्वारा हम कोई भी कार्य कर सकते हैं; जैसे-बोझ उठाना, हल चलाना, साइकिल चलाना, चक्की पीसना इत्यादि किसी भी कार्य को सम्पन्न करने के लिए हमें श्रम करने की आवश्यकता पड़ती है। किसी भारी वस्तु को उठाने के लिए अधिक कार्य करना पड़ता है और इसमें अधिक ऊर्जा की आवश्यकता होती है।

अर्थात् अधिक कार्य करने के लिए अधिक ऊर्जा की आवश्यकता होती है या आपके पास जितनी अधिक ऊर्जा होगी आप उतना ही अधिक कार्य कर पाएँगे।

'ऊर्जा' शब्द का आविष्कार आज से 200 वर्ष पूर्व एक ब्रिटिश वैज्ञानिक थॉमस यंग ने किया था। उनके अनुसार 'ऊर्जा' के अन्दर कार्य छिपा हैं, आप उस 'ऊर्जा' के उपयोग से कार्य कर सकते हैं। हमारे शरीर में भी एक निश्चित मात्रा में ऊर्जा हैं, जिसकी आपूर्ति के लिये हमें भोजन की आवश्यकता होती है।

मनुष्य और ऊर्जा (Human and Energy)

ज्यादातर हम कार्य शब्द का सम्बन्ध जीवित मनुष्यों से जोड़ते हैं। अब जीवित मनुष्यों व जानवरों के साथ-साथ निर्जीव वस्तुओं की ऊर्जा को भी कार्य करने के लिए उपयोग में लिया जाने लगा। 1700 में स्टीम इंजन का आविष्कार हुआ। पहली बार ईंधन की रासायनिक ऊर्जा को गतिज ऊर्जा में बदल पाना सम्भव हुआ। भिन्न-भिन्न प्रकार के स्टीम इंजन बनाए गए। 1800 के अन्त में पेट्रोल से चलने वाले इंजन बनने लगे। इनका उपयोग कारों, ट्रकों, बसों, जहाजों, हवाईजहाजों इत्यादि को चलाने के लिए होता है। तेल घरों को गर्म करने और विद्युत पैदा करने के लिए भी उपयोग में आने लगा।

तेल और कोयले के अलावा भी कई और स्त्रोत हैं जिनसे ऊर्जा की आपूर्ति हो सकती है। लोग आण्विक ऊर्जा का उपयोग कर सकते हैं। पानी और हवा के बहाव की धाराओं का उपयोग कर सकते हैं। समुद्र में ज्वार भाटे द्वारा उत्पन्न ऊर्जा का इस्तेमाल कर सकते हैं। पृथ्वी के भीतर छिपी अपार ऊष्मा का भी उपयोग किया जा सकता है। सूर्य की ऊर्जा कई जरूरतों को पूरा कर सकती है। इस अध्याय में हम ऊर्जा के विभिन्न स्रोतों के बारे में जानकारी प्राप्त करेंगे।

ऊर्जा के प्रकार एवं स्वरूप (Types and Forms of Energy)

हम विभिन्न प्रकार की ऊर्जा का उपयोग करके अनेक कार्यों को सम्पन्न करते हैं। ऊर्जा के सभी स्वरूप दो भागों में बाँटे जा सकते हैं-स्थितिज व गतिज ऊर्जा

स्थितिज ऊर्जा	गतिज ऊर्जा
स्थितिज ऊर्जा : संग्रहित ऊर्जा एवं स्थिति की ऊर्जा है।	गतिज ऊर्जा : यह कण में गति के कारण ऊर्जा है। यह तरंगों, इलेक्ट्रॉन्स, अणुओं एवं परमाणुओं की गति है।
रासायनिक ऊर्जा रासायनिक ऊर्जा, परमाणुओं एवं अणुओं के बंधो में संग्रहित ऊर्जा है। जैव-भार, पेट्रोलियम, प्राकृतिक गैस, प्रोपेन, कायेला, संग्रहित रासायनिक ऊर्जा के उदाहरण हैं।	**विकिरण ऊर्जा** यह विद्युत चुम्बकीय ऊर्जा है, जो अनुप्रस्थ तरंगों में गति करती है। विकिरण ऊर्जा में दृश्य-प्रकाश, एक्स-रे, गामा-किरणें तथा रेडियो किरणें शामिल हैं। सूर्य की ऊर्जा, विकिरण ऊर्जा का उदाहरण है।
नाभिकीय ऊर्जा परमाणु के नाभिक में संग्रहित ऊर्जा, नाभिकीय-ऊर्जा है यह ऊर्जा, अणुओं को एक-साथ बाँधकर रखती है। यूरेनियम परमाणु का नाभिक, नाभिकीय ऊर्जा का उदाहरण है।	**तापीय ऊर्जा** तापीय ऊर्जा, पदार्थ की आन्तरिक ऊर्जा है। यह पदार्थ के भीतर परमाणुओं एवं अणुओं के कम्पन्न एवं गति है। भू-तापीय ऊर्जा, तापीय ऊर्जा का उदाहरण है।
संग्रहित यान्त्रिक ऊर्जा वस्तुओं में बल के प्रयोग के परिणामस्वरूप संग्रहित ऊर्जा, संग्रहित यान्त्रिक ऊर्जा है संपीडित स्प्रिंग, और तने हुए रबर, संग्रहित यान्त्रिक ऊर्जा के उदाहरण हैं।	**गति ऊर्जा** किसी वस्तु अथवा पदार्थ का एक स्थान से दूसरे स्थान पर चलना गति है। पवन एवं जल-विद्युत, गति के उदाहरण हैं।
गुरुत्वीय ऊर्जा स्थान अथवा स्थिति की ऊर्जा, गुरुत्वीय ऊर्जा है। किसी जल-विद्युत बाँध के पीछे के जलाशय में संग्रहित पानी, गुरुत्वीय स्थितिज ऊर्जा का उदाहरण है। जब यह पानी टरबाईन को घुमाने के लिए छोड़ा जाता है, तो यह गतिज ऊर्जा में बदल जाता है।	**ध्वनि ऊर्जा** ध्वनि ऊर्जा, ऊर्जा का अनुदैर्ध्य तरंगों (संपीडन एवं विरलन) में पदार्थों में होकर गमन करना है।
	विद्युत ऊर्जा बिजली का चमकना एवं विद्युत, विद्युत ऊर्जा के उदाहरण हैं। इलेक्ट्रॉन्स की गति, विद्युत ऊर्जा है।

ऊर्जा का रूपान्तरण (Transformation of Energy)

किसी वस्तु की गतिज ऊर्जा तथा स्थितिज ऊर्जा के योग को उस वस्तु की यान्त्रिक ऊर्जा कहते हैं। यान्त्रिक ऊर्जा के अतिरिक्त ऊर्जा के और भी अनेक स्वरूप हैं; जैसे—ऊष्मा ऊर्जा, प्रकाश ऊर्जा, ध्वनि ऊर्जा, नाभिकीय ऊर्जा, द्रव्यमान ऊर्जा इत्यादि। जब भी हम कोई कार्य करते हैं, तभी ऊर्जा एक रूप से दूसरे रूप में बदलती रहती है।

ऊर्जा रूपान्तरण के कुछ अन्य उदाहरण निम्न हैं

(i) स्थितिज ऊर्जा का गतिज ऊर्जा में रूपान्तरण (बाँध के जल को नीचे गिराकर टरबाइन घुमाना)।
(ii) वैद्युत ऊर्जा का गतिज ऊर्जा में रूपान्तरण (बिजली के पंखे इत्यादि का चलना)।
(iii) गतिज ऊर्जा का वैद्युत ऊर्जा में रूपान्तरण (डायनमो से वैद्युत उत्पन्न करना)।
(iv) वैद्युत ऊर्जा का प्रकाश व ऊष्मा में रूपान्तरण (बल्ब, ट्यूबलाइट व हीटर का जलना)।
(v) रासायनिक ऊर्जा का प्रकाश व ऊष्मा में रूपान्तरण (मोमबत्ती का जलना)।
(vi) ध्वनि ऊर्जा का वैद्युत ऊर्जा में रूपान्तरण (माइक्रोफोन)।
(vii) वैद्युत ऊर्जा का ध्वनि में रूपान्तरण (लाउडस्पीकर)।

ऊर्जा के स्रोत
(Sources of Energy)

वह स्रोत जो सरलता से नियत दर पर, लम्बे समय तक ऊर्जा प्रदान कर सके ऊर्जा का स्रोत कहलाता है।

किसी अच्छे ऊर्जा स्रोत में निम्न विशेषताएँ होनी चाहिए

(i) समान मात्रा से अधिक कार्य करने में सक्षम होना चाहिए।
(ii) सरलता से सुलभ हो सके।
(iii) भंडारण व परिवहन में आसान हो।
(iv) कीमत बहुत अधिक नहीं होनी चाहिए।

ऊर्जा के परंपरागत स्रोत
(Conventional Sources of Energy)

ऊर्जा के वे स्रोत, जो प्रकृति द्वारा प्रदत्त हैं तथा जिनका निर्माण अत्यन्त अधिक समय में हुआ है, पारंपरिक स्रोत कहलाते हैं। प्रकृति में ऊपर तक ये स्रोत सीमित और अनवीकरणीय होते हैं; जैसे—कोयला, पेट्रोलियम, प्राकृतिक गैस, फिशन पदार्थ, आदि।

ऊर्जा के प्रमुख परंपरागत स्रोत निम्नलिखित हैं

1. जीवाश्म ईंधन (Fossil Fuels)

लाखों वर्ष पूर्व पृथ्वी की सतह के अन्दर दबे पेड़ पौधे तथा जीव जन्तु, जो उच्च ताप तथा दाब के कारण सतह के अन्दर जीवाश्म ईंधन के रूप में परिवर्तित हो गए, जीवाश्म ईंधन कहलाते हैं। वास्तव में जीवाश्म ईंधन वह सौर ऊर्जा है, जो प्राकृतिक संसाधनों द्वारा संग्रहित की गई है। कोयला, पेट्रोलियम पदार्थ तथा प्राकृतिक गैस, सबसे अधिक उपयोग में लिए जाने वाले जीवाश्म ईंधन हैं। जीवाश्म ईंधन बनने की क्रिया **जीवाश्मीकरण** कहलाती है।

कुछ प्रमुख जीवाश्म ईंधन निम्नलिखित हैं

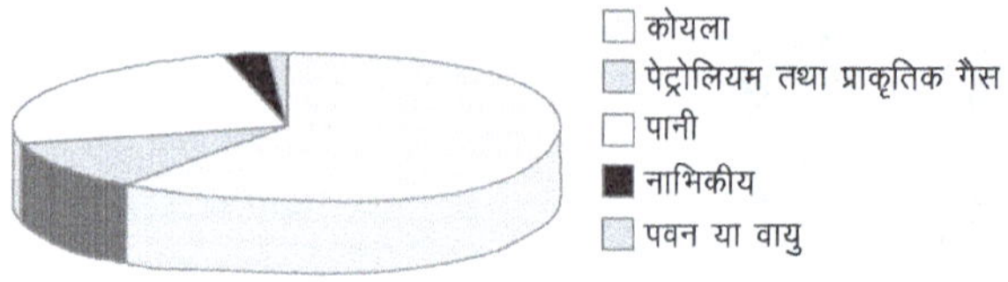

(i) **कोयला** (Coal) यह कार्बन तथा कार्बन के अन्य तत्वों (हाइड्रोजन, नाइट्रोजन, ऑक्सीजन, सल्फर, आदि) के साथ बनाए गए यौगिकों का मिश्रण है। यह ऊर्जा का वृहद् स्रोत है। इसका उपयोग घरों तथा उद्योगों में ईंधन के रूप में होता है।

(ii) **पेट्रोलियम** (Petroleum) यह काले रंग का एक विशेष गंध वाला अपरिष्कृत (Crude) तेल है, जो हाइड्रोकार्बनों का समिश्रण होता है। इसमें पानी, लवण तथा पृथ्वी के कण के अतिरिक्त ऑक्सीजन, नाइट्रोजन तथा गंधक यौगिक भी मिश्रित होते हैं। इसका उपयोग मुख्य रूप से वाहनों में किया जाता है।

(iii) **प्राकृतिक गैस** (Natural Gas) प्राकृतिक गैस एक महत्त्वपूर्ण स्वच्छ ऊर्जा संसाधन है। यह जलने पर कम कार्बन और प्रदूषक उत्पन्न करती है। कोयला और पेट्रोलियम उत्पादों की तुलना में यह हानिकारक गैसों और अन्य प्रदूषकों के कम उत्सर्जन के साथ जलती है। यह पेट्रोकेमिकल उद्योगों को संचालित करने के लिए ऊर्जा प्रदान करती है। इसके अतिरिक्त यह खाना पकाने और ऑटोमोबाइल के लिए ईंधन के रूप में प्रयोग की जा रही है।

ऊर्जा और उर्वरक उद्योग प्राकृतिक गैस के प्रमुख प्रयोक्ता हैं। गाड़ियों में इसका प्रयोग संपीडित प्राकृतिक गैस (Compressed Natural Gas, CNG) के रूप में हो रहा है, जो बहुत लोकप्रिय है।

जीवाश्म ईंधन के दोष (Disadvantages of Fossil Fuel)

जीवाश्म ईंधन से होने वाले दोष निम्नलिखित हैं

(i) जीवाश्म ईंधन जलने पर वायु प्रदूषण उत्पन्न करता है।
(ii) इसके जलने पर अम्लीय ऑक्साइड उत्पन्न होते हैं, जो अम्लीय वर्षा करके पीने योग्य पानी तथा पृथ्वी के अन्य स्रोत को प्रभावित करते हैं।
(iii) जीवाश्म ईंधन के जलने पर CO_2 मुक्त होती है।
(iv) जीवाश्म ईंधन पूर्णतया ज्वलित नहीं है, कुछ अवशेष रह जाते हैं।

जीवाश्म ईंधन से उत्पन्न प्रदूषण का नियंत्रण
(Controlling of Pollution Caused by Fossil Fuels)

जीवाश्म ईंधन के जलाने के कारण उत्पन्न होने वाले प्रदूषण को कुछ सीमाओं तक दहन प्रक्रम की दक्षता में वृद्धि करके कम किया जा सकता है। इसी के साथ दहन के फलस्वरूप निकलने वाली हानिकारक गैसों तथा राखों के वातावरण में पलायन को कम करने वाली विविध तकनीकों द्वारा घटाया जा सकता है।

2. तापीय विद्युत संयंत्र (Thermal Power Plant)

विद्युत संयंत्रों में प्रतिदिन विशाल मात्रा में जीवाश्मी ईंधन का दहन करके जल उबालकर भाप बनाई जाती है, जो टरबाइनों को घुमाकर विद्युत उत्पन्न करती है।

समान दूरियों तक कोयले तथा पेट्रोलियम के परिवहन की तुलना में विद्युत संचरण अधिक दक्ष होता है। यही कारण है कि बहुत से तापीय विद्युत संयंत्र कोयले तथा तेल के क्षेत्रों के निकट स्थापित किए गए हैं। इन संयंत्रों को तापीय विद्युत संयंत्र कहने का कारण यह है कि इन संयंत्रों में ईंधन के दहन द्वारा ऊष्मीय ऊर्जा उत्पन्न की जाती है, जिसे विद्युत ऊर्जा में रूपांतरित किया जाता है।

3. जल विद्युत संयंत्र (Hydro Power Plant)

ऊर्जा का एक अन्य पारंपरिक स्रोत बहते जल की गतिज ऊर्जा अथवा किसी ऊँचाई पर स्थित जल की स्थितिज ऊर्जा है। जल विद्युत संयंत्रों में गिरते जल की स्थितिज ऊर्जा को विद्युत में रूपांतरित किया जाता है चूँकि ऐसे जल प्रपातों की संख्या बहुत कम है, जिनका उपयोग स्थितिज ऊर्जा के स्रोत के रूप में किया जा सके, अत: जल विद्युत संयंत्रों को बाँधों से संबद्ध किया गया है।

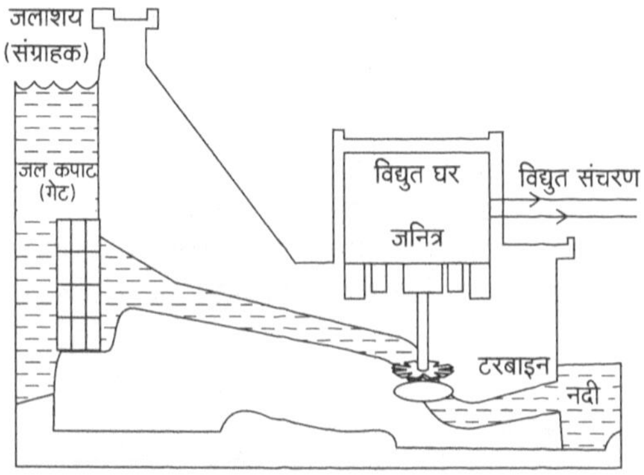

जल विद्युत उत्पादन का सिद्धान्त
(Principle of Generating Hydro Electricity)

जल विद्युत उत्पन्न करने के लिए नदियों के बहाव को रोककर बड़े जलाशयों (कृत्रिम झीलों) में जल एकत्र करने के लिए ऊँचे-ऊँचे बाँध बनाए जाते हैं। इन जलाशयों में जल संचित होता रहता है, जिसके फलस्वरूप इनमें भरे जल का तल ऊँचा हो जाता है। बाँध के ऊपरी भाग से पाइपों द्वारा जल, बाँध के आधार के पास स्थापित टरबाइन के ब्लेडों पर मुक्त रूप से गिरता है, फलस्वरूप टरबाइन के ब्लेड घूर्णन गति करते हैं और जनित्र द्वारा विद्युत उत्पादन होता है।

जलीय विद्युत के लाभ (Advantages of Hydro Electricity)

जलीय विद्युत के लाभ निम्नलिखित हैं

(i) इससे वातावरण प्रदूषित नहीं होता।

(ii) बहता हुआ जल बिना किसी मूल्य के प्राप्त होता है।

(iii) जल एक नवीकरणीय ऊर्जा स्रोत है, जो कभी समाप्त नहीं होगा। अत: जब-जब वर्षा होती है, बाँध के संग्राहक स्वत: ही जल से भर जाते हैं।

(iv) नदियों के किनारे बने बाँध, बाढ़ को रोकने में सहायक होते हैं तथा खेतों की सिंचाई करने में भी सहयोग करते हैं।

जलीय विद्युत के दोष
(Disadvantages of Hydro Electricity)

जलीय विद्युत के दोष निम्नलिखित हैं

(i) बाँधों का निर्माण वातावरण को नुकसान पहुँचाता है।

(ii) उस स्थान पर स्थित पेड़ पौधे, पशु तथा उस क्षेत्र के रहने वाले प्राणी जल में डूबे रहते हैं।

(iii) इससे खेतों की उत्पादक क्षमता में कमी आ जाती है, जिससे फसलें भी प्रभावित होती हैं।

(iv) बाँधों का निर्माण पहाड़ी क्षेत्रों में ही किया जा सकता है, अत: इनके निर्माण का क्षेत्र सीमित होता है।

(v) वह वनस्पति जो बाँध के समीप है, पानी में डूब जाती है तथा यह ग्रीन हाउस गैस मीथेन का निर्माण करने लगती है।

(vi) बाँध के समीप से हटाए गए व्यक्तियों के पुन: निर्वासन की समस्या बनी रहती है।

(vii) बाँधों पर पानी को रोकने से पानी के जीव जन्तु, मछली व अन्य जीव प्रभावित होते हैं।

उपरोक्त कारणों से बाँधों के निर्माण में वहाँ की जनता विरोध करती है, **उदाहरण** टिहरी बाँध योजना (गंगा नदी पर), सरदार सरोवर बाँध योजना (नर्मदा नदी पर)।

यंत्र-विज्ञान में सुधार
(परंपरागत ऊर्जा स्रोतों के उपयोग के लिए)

यंत्र-विज्ञान में भिन्न स्रोतों की सहायता से सुधार किया जा सकता है

(i) जैव-मात्रा (Bio-mass)

यह परंपरागत ऊर्जा का स्रोत है, लकड़ी, फसलों का अवशेष, गन्ने के छिलके, गाय के गोबर के उपले आदि को घरों तथा उद्योगों में ईंधन के रूप में उपयोग में लिया जाता है, जिसे जैव-मात्रा कहते हैं। जैव-मात्रा का उपयोग विद्युत के उत्पादन में भी किया जाता है।

(ii) लकड़ी का कोयला (Charcoal)

यह लकड़ी को नियंत्रित हवा की उपस्थिति में जलाकर प्राप्त किया जाता है। इसकी तापीय (या ऊष्मीय) क्षमता, लकड़ी से अधिक होती है तथा अपेक्षाकृत कम धुआँ उत्पन्न करता है।

(iii) बायो-गैस (Bio-gas)

गोबर, फसलों के कटने के पश्चात् बचे अपशिष्ट, सब्जियों के अपशिष्ट जैसे-विविध पादप तथा वाहित मल आदि के ऑक्सीजन की अनुपस्थिति में अपघटित होकर बायो-गैस प्राप्त होती है। चूँकि इस गैस को बनाने में उपयोग होने वाला आरंभिक पदार्थ मुख्यत: गोबर होता है, इसलिए इसे **गोबर गैस** भी कहते हैं।

बायो-गैस संयंत्र (Bio-gas Plant)

बायो-गैस बनाने में जिस संयंत्र का उपयोग करते हैं, बायो-गैस संयंत्र कहलाता है। इसका आकार 'गुम्बद' की आकृति का होता है, जो ईंटों से बना होता है। बायो-गैस संयंत्र के मुख्य भाग निम्न होते हैं

(a) **निर्गत कक्ष** यह स्लेरी को बाहर निकालने का कक्ष है। प्राप्त अवशेष का उपयोग खाद के रूप में किया जाता है, क्योंकि इसमें नाइट्रोजन के यौगिक उपस्थित होते हैं।

(b) **मिश्रण टैंक** पशुओं का गोबर तथा पानी मिलाकर मिश्रण टैंक में स्लेरी तैयार की जाती है।

(c) **गैस टैंक** जैव गैस को संपाचित्र के ऊपर बनी गैस टंकी में संचित किया जाता है तथा गैस को उपयोग के लिए पाइपों द्वारा बाहर निकाल लिया जाता है।

(d) **आंतरिक कक्ष** यह मिश्रण कक्ष को संपाचित्र कक्ष से जोड़ता है। इसमें एक स्लोप बना होता है, जिससे स्लेरी आसानी से संपाचित्र कक्ष में पहुँच जाती है।

(e) **संपाचित्र कक्ष** यह चारों ओर से बंद एक कक्ष होता है, जिसमें ऑक्सीजन नहीं होती है। अवायवीय सूक्ष्म जीव जिन्हें जीवित रहने के लिए ऑक्सीजन की आवश्यकता नहीं होती, गोबर की स्लेरी के जटिल यौगिकों का अपघटन कर बायो-गैस का निर्माण करता है। इस प्रक्रिया को पूरा होने में कुछ दिन का समय लगता है।

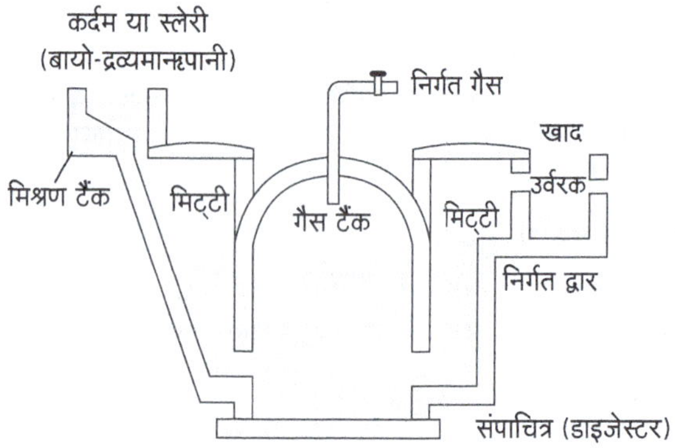

बायो-गैस की विशेषताएँ (Advantages of Bio-gas) बायो-गैस की विशेषताएँ निम्नलिखित हैं

(a) इसके जलने से धुआँ उत्पन्न नहीं होता है, अत: इससे प्रदूषण कम होता है।

(b) इसकी ऊष्मीय क्षमता अधिक होती है, इसलिए प्रकाश उत्पन्न करने में भी उपयोग में लिया जाता है।

(c) इसका उपयोग करना सुगम होता है तथा अवशेष भी नहीं बचता है।

(d) अवशेष स्लेरी का उपयोग खाद के रूप में किया जा सकता है, क्योंकि इसमें प्रचुर मात्रा में नाइट्रोजन तथा फॉस्फोरस उपस्थित होता है।

(e) यह अनुप्रयुक्त अवशेष को उपयोग में लेकर वातावरण की प्रदूषण से रक्षा करता है।

(f) जीव अवशेष तथा सीवेज पदार्थ का सही उपयोग इस संयंत्र से होता है।

बायो-गैस के उपयोग (Uses of Bio-gas) बायो-गैस के उपयोग निम्नलिखित हैं

(a) घरों में, ईंधन के रूप में तथा उद्योगों में।

(b) इंजन, चक्कियाँ आदि के चलाने में।

(c) विद्युत के उत्पादन में।

(iv) पवन ऊर्जा (Wind Energy)

गतिशील हवा को पवन कहते हैं। वायु की तीव्र गति के कारण इसमें गतिज ऊर्जा होती है। इस गतिज ऊर्जा का उपयोग निम्न कार्यों में किया जाता है

(a) विद्युत उत्पादन में।

(b) नदियों व समुद्र में नावों चलाने में।

(c) पृथ्वी की सतह के अन्दर से पानी बाहर निकालने में।

(d) अनाज पीसने की चक्कियों में।

(e) वायु मील द्वारा इसको घूर्णित करके कुएँ से पानी निकालने में।

पवन कारखाना (Wind Mill)

यह गतिशील वायु की ऊर्जा से कार्य करने वाली एक मशीन है। इसकी संरचना में बिजली के पंखे के आकार के समान एक ऊँचाई पर पंखुड़ियों को पोल पर लगा दिया जाता है।

जब बहती वायु अथवा पवन, पंखुड़ियों से टकराती है, तो उन पर एक बल लगाती है, जिससे पंखुड़ियाँ घूर्णन प्रारम्भ कर देती हैं। इन पंखुड़ियों की घूर्णन गति का उपयोग पानी के पम्पों, आटा मिलों तथा विद्युत के उत्पादन के लिए किया जाता है।

पवन कारखाना जिसका उपयोग विद्युत के उत्पादन के लिए किया जाता है, **पवन टरबाइन** (Air turbine) कहलाता है। सम्पूर्ण संयंत्र जिसमें पवन ऊर्जा का उपयोग होता है, **वायु जनित्र** (Air generator) कहलाता है। बहती वायु, टरबाइन की पंखुड़ियों को घूर्णित करती है, जिससे आर्मेचर घूर्णन करने लगती है तथा जनित्र में विद्युत का उत्पादन होने लगता है।

पवन ऊर्जा फार्म (Wind Energy Farm)

व्यापारिक स्तर पर विद्युत ऊर्जा का वायु से उत्पादन करने के लिए पवन कारखाने अधिक संख्या में एक वृहद क्षेत्र में लगा दिए जाते हैं। यह क्षेत्र 'पवन ऊर्जा फार्म' कहलाता है। प्रत्येक 'पवन कारखाने' से उत्सर्जित विद्युत का संग्रहण एक जगह करके व्यापारिक स्तर पर विद्युत का उत्पादन किया जाता है।

पवन ऊर्जा के लाभ (Advantages of Wind Energy) पवन ऊर्जा के लाभ निम्नलिखित हैं

(a) यह वातावरण के लिए हानिकारक नहीं है अर्थात् प्रदूषण रहित है तथा नवीकरणीय ऊर्जा का शक्तिशाली स्रोत है।

(b) एक बार पवन कारखाना स्थापित होने के पश्चात् धन व्यय की आवश्यकता नहीं होती है।

पवन ऊर्जा के उपयोग की सीमाएँ (Limitations of Harnessing Wind Energy) पवन ऊर्जा के उपयोग की सीमाएँ निम्नलिखित हैं

(a) इनको केवल उन्हीं स्थानों पर स्थापित किया जा सकता है, जहाँ पूरे साल वायु बहती रहती है।

(b) वायु की न्यूनतम गति 15 किमी/घंटा होनी चाहिए, जो सदैव नहीं होती।

(c) पवन ऊर्जा फार्म के लिए अधिक भूमि की आवश्यकता होती है अर्थात् 1 मेगावाट विद्युत के उत्पादन के लिए 2 हेक्टेयर भूमि की आवश्यकता होती है।

(d) वायु ऊर्जा फार्म स्थापित करना बहुत महंगा होता है।

(e) मीनार (टावर) तथा पंखुड़ियाँ खुले स्थान पर होते हैं, जिससे वर्षा, धूप, तूफान आदि का प्रभाव पड़ता है, अत: इनके रख-रखाव के लिए अधिक धन की आवश्यकता होती है।

(f) उत्पादित विद्युत को संग्रहित करने की सुविधा होनी चाहिए, जिससे वायु नहीं चलने की स्थिति में भी विद्युत उपलब्ध रहें।

नोट डेनमार्क वायु या पवनों का देश कहलाता है। देश की 25^{3} से भी अधिक विद्युत की पूर्ति पवन चक्कियों के विशाल नेटवर्क द्वारा विद्युत उत्पन्न करके की जाती है। कुल उत्पादित क्षमता के रूप में 'जर्मन' अग्रणी है जब कि भारत पाँचवे स्थान पर है।

ऊर्जा के गैर-परंपरागत या वैकल्पिक स्रोत

(Non-conventional Sources of Energy)

आधुनिक समय मशीनीकरण का समय है, जिसमें निरंतर ऊर्जा की माँग बढ़ रही है तथा परंपरागत ऊर्जा स्रोतों की सीमित मात्रा कम होती जा रही है। अत: आवश्यक ऊर्जा की पूर्ति के लिए ऊर्जा के गैर-परंपरागत स्रोतों को खोजने की आवश्यकता है।

कुछ गैर-परंपरागत ऊर्जा के स्रोत निम्न हैं

1. सौर ऊर्जा (Solar Energy)

सूर्य की विकिरण से प्राप्त ऊर्जा सौर ऊर्जा कहलाती है, जिससे ऊष्मा तथा प्रकाश प्राप्त होता है। सूर्य की सतह के अन्दर नाभिकीय संलयन के द्वारा इस ऊर्जा का उत्पादन ऊष्मा तथा प्रकाश के रूप में होता है। सौर ऊर्जा का केवल एक लघु भाग ही पृथ्वी के वायुमंडल की बाह्य परतों पर पहुँच जाता है। इसका लगभग आधा भाग वायुमंडल से गुजरते समय अवशोषित हो जाता है तथा शेष भाग पृथ्वी के पृष्ठ पर पहुँचता है।

सौर ऊर्जा के लाभ (Advantages of Solar Energy)

सौर ऊर्जा के लाभ निम्नलिखित हैं

(i) इससे प्रदूषण नहीं होता है।

(ii) यह हमारे देश में (ग्रीष्म देशों की भाँति) प्रचुर मात्रा में उपलब्ध है।

(iii) यह मूल्य रहित है।

(iv) इसका व्यावहारिक उपयोग किया जा सकता है।

सौर ऊर्जा की सीमाएँ (Limitations of Solar Energy)

सौर ऊर्जा की सीमाएँ निम्नलिखित हैं

(i) पृथ्वी की सतह पर पहुँचने वाली सौर ऊर्जा धुंधली होती है, अत: इसका सीधे उपयोग सीमित है।

(ii) यह पूरे समय समान मात्रा में सब स्थानों पर उपलब्ध नहीं होती है।

(iii) रात्रि में उपलब्ध नहीं होती है।

(iv) आकाश में बादल होने पर उपलब्ध नहीं होती है।

सौर ऊर्जा युक्तियाँ (Solar Energy Devices)

वे युक्तियाँ जिनके प्रचालन के लिए सौर ऊर्जा का उपयोग होता है, सौर ऊर्जा युक्तियाँ कहलाती है। जैसे-सौर कुकर, सौर पेनल, सौर सैल।

सौर ऊर्जा की कुछ प्रमुख युक्तियाँ निम्नलिखित हैं

(i) सौर कुकर (Solar Cooker)

इस युक्ति में सूर्य की ऊर्जा का उपयोग करके खाना पकाया जाता है। इसमें एक पृथक्कृत धातु का बक्सा या लकड़ी का बक्सा होता है, जिसको अन्दर से काला पेंट कर दिया जाता है, जिससे यह अधिकतम सूर्य के विकिरणों का अवशोषण कर सके। इस बॉक्स के ऊपर एक काँच की पतली आवरण होती है।

बॉक्स में एक समतल दर्पण को परावर्तक के रूप में लगा दिया जाता है। कुछ सोलर कुकर में अवतल दर्पण का उपयोग करके सूर्य की किरणों को फोकसित किया जाता है।

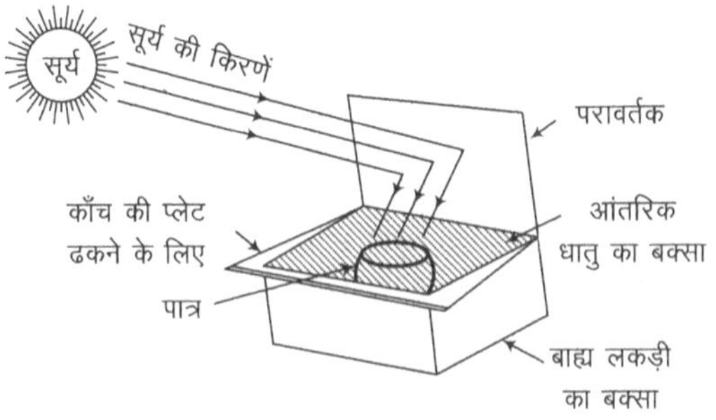

सौर कुकर के लाभ (Advantages of Solar Cooker)

सौर कुकर के लाभ निम्न है

(a) यह ईंधन बचाता है।

(b) इससे प्रदूषण नहीं होता है।

(c) इसमें खाना पकाने की क्रिया धीमी होती है, अत: खाने में पोषक तत्व नष्ट नहीं होते हैं।

(d) यह एक समय में चार प्रकार के व्यंजन पका सकता है।

सौर कुकर की सीमाएँ (Limitations of Solar Cooker)

सौर कुकर की सीमाएँ निम्न हैं

(a) इसका उपयोग आकाश में बादल होने पर या रात्रि में नहीं किया जा सकता है।

(b) इसका उपयोग रोटियाँ बनाने या किसी खाने को तलने के लिए नहीं किया जा सकता है।

(c) सौर कुकर की दिशा समय-समय पर परिवर्तित करनी पड़ती है, जिससे अधिकतम समय तक सूर्य की ओर रहे।

(ii) सौर सेल (Solar Cell)

यह सौर ऊर्जा को विद्युत ऊर्जा में परिवर्तित करने की युक्ति है। यह सेल अर्द्धचालकों जैसे-सिलिकन, जर्मेनियम तथा गेलियम से बने होते हैं। इन सेलों को **फोटोवोल्टिक सेल** भी कहते हैं। सौर सेल में फोकसन की कोई आवश्यकता नहीं होती है। इनको कही भी इस प्रकार के क्षेत्र में जहाँ विद्युत का पहुँचना सम्भव नहीं हो, लगाया जा सकता है। सौर सेल बनाने के लिए सिलिकन अर्द्धचालक का उपयोग किया जाता है। यह वातावरण के अनुकूल है तथा कोई प्रदूषण उत्पन्न नहीं करता है। इसको बनाने की प्रक्रिया बहुत महँगी होती है।

सौर सेलों के उपयोग (Uses of Solar Cells)

सौर सेलों के उपयोग निम्नलिखित हैं

(a) सड़कों पर प्रकाश के लिए, ट्रैफिक सिग्नल में तथा पानी के पम्पों में।

(b) समुद्र स्थित प्रकाश स्तम्भों को बिजली देने में।

(c) दूरस्थ स्थानों में रेडियो तथा टी.वी. के संचारण में।

(d) इससे इलेक्ट्रॉनिक घड़ियाँ तथा संगणकों को प्रचालित करने में।

(e) कृत्रिम उपग्रहों में विद्युत प्रदान करने में।

(f) खिलौनों में।

(iii) **सौर पैनल** (Solar Panel)

जब बहुत सारे सौर सेलों को एक क्रम में संयोजित कर दिया जाता है, तो यह संयोजन सौर पैनल कहलाता है। इससे प्राप्त विद्युत वाहक बल का मान अधिक होता है तथा धारा का मान भी अधिक प्राप्त होता है। यह व्यवस्था सौर पैनल कहलाती है। इससे प्राप्त विद्युत शक्ति का उपयोग व्यावहारिक रूप से किया जाता है, लेकिन सेलों को एक-दूसरे से संयोजित करने के लिए चाँदी की आवश्यकता होती है, अतः यह महँगी प्रक्रिया होती है।

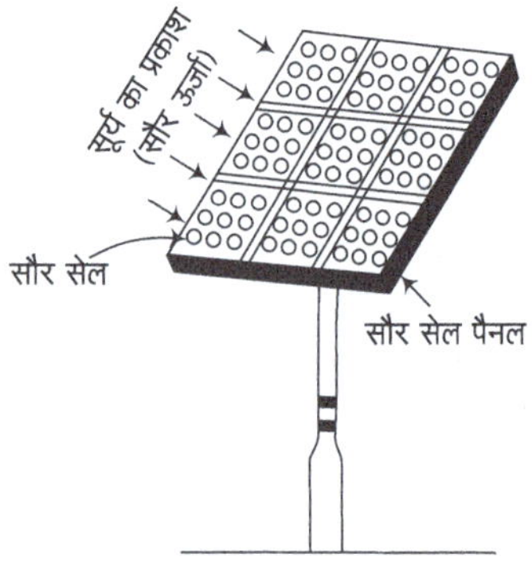

> ***हरित गृह प्रभाव*** (Green House Effect)
>
> वायुमण्डल में CO_2 द्वारा अवरक्त किरणों के अवशोषण के कारण ऊष्मा का उत्पन्न होना, हरित गृह प्रभाव कहलाता है। सूर्य का ताप बहुत अधिक होता है। अतः यह निम्न तरंगदैर्ध्य की अवरक्त किरणों का उत्सर्जन करता है। पृथ्वी इन विकिरणों का अवशोषण कर लेती है तथा इनका पुनः उत्सर्जन करती है।
>
> पृथ्वी का ताप कम होने के कारण यह लम्बी तरंगदैर्ध्य के विकिरणों का उत्सर्जन करती है। इनका अवशोषण कुछ गैसें जैसे-कार्बन डाईऑक्साइड, पानी की वाष्प तथा मीथेन इत्यादि द्वारा कर लिया जाता है, जिसके कारण पृथ्वी से ऊष्मा बाह्य वातावरण में नहीं जा पाती व पृथ्वी का ताप बढ़ने लगता है। यही प्रभाव हरित गृह प्रभाव कहलाता है तथा गैसें **हरित गृह गैस** कहलाती हैं। इनके कारण ही वायुमण्डल तप्त होता है।

2. **समुद्र से ऊर्जा** (Energy from the Sea)

समुद्र एक नवीकरणीय ऊर्जा का स्रोत है। समुद्र से प्राप्त ऊर्जा के अनेक प्रारूप हैं, जिनका वर्णन नीचे दिया गया है

(i) **ज्वारीय ऊर्जा** (Tidal Energy)

चन्द्रमा के आकर्षण के कारण समुद्र की सतह ऊपर व नीचे होती रहती है। इस प्रकार समुद्र की सतह पर तरंगें उत्पन्न हो जाती हैं। यही तरंगें **ज्वारीय तरंगें** (Tidal wave) कहलाती हैं। इन तरंगों के ऊपर नीचे जाने में जो ऊर्जा उत्पन्न होती है वही ऊर्जा, ज्वारीय ऊर्जा कहलाती है। समुद्र के पानी का गुरुत्वाकर्षण के कारण ऊपर उठना, **उच्च ज्वार भाटा** (High tide) तथा नीचे जाना, **निम्न ज्वार भाटा** (Low tide) कहलाता है। एक दिन में यह ज्वार भाटा तरंगें दो बार उत्पन्न होती हैं।

समुद्र के पानी का ऊपर उठना या नीचे जाना ऊर्जा का वृहद स्रोत होता है। विश्व में इस ऊर्जा का उपयोग समुद्र तटीय स्थानों पर हो रहा है।

(ii) **तरंग ऊर्जा** (Wave Energy)

वायु के कारण समुद्र की सतह पर पानी में तरंगें उत्पन्न हो जाती हैं। इन तरंगों में अत्यधिक गतिज ऊर्जा होती है। इस ऊर्जा का उपयोग, अनेक युक्तियों में, जैसे— जनित्र की टरबाइन के घूर्णन में तथा विद्युत के उत्पादन में किया जाता है।

(iii) **महासागरीय तापीय ऊर्जा** (Ocean Thermal Energy)

समुद्रों अथवा महासागरों के पृष्ठ का जल सूर्य द्वारा तप्त हो जाता है जबकि इसकी गहराई वाले भाग का जल अपेक्षाकृत ठंडा होता है। ताप में इस अंतर का उपयोग सागरीय तापीय ऊर्जा रूपांतरण विद्युत संयंत्र (Ocean Thermal Energy Conversion Plant या OTEC विद्युत संयंत्र) में ऊर्जा प्राप्त करने के लिए किया जाता है।

OTEC विद्युत संयंत्र केवल तभी प्रचालित होते हैं जब महासागर के पृष्ठ पर जल का ताप तथा 2 किमी तक की गहराई पर जल के ताप में 20°C का अंतर हो। पृष्ठ के तप्त जल का उपयोग अमोनिया जैसे वाष्पशील द्रवों को उबालने में किया जाता है। इस प्रकार बनी द्रवों की वाष्प फिर जनित्र के टरबाइन को घुमाती है। महासागर की गहराइयों से ठंडे जल को पंपों से खींचकर वाष्प को ठंडा करके फिर से द्रव में संघनित किया जाता है। महासागरों की ऊर्जा की क्षमता (ज्वारीय ऊर्जा, तरंग-ऊर्जा तथा महासागरीय-तापीय ऊर्जा) अति विशाल है, परंतु इसके दक्षतापूर्ण व्यापारिक दोहन में कठिनाइयाँ हैं।

3. **भूतापीय ऊर्जा** (Geothermal Energy)

भौमकीय परिवर्तनों के कारण भूपर्पटी में गहराइयों पर तप्त क्षेत्रों में पिघली चट्टानें ऊपर धकेल दी जाती हैं, जो कुछ क्षेत्रों में एकत्र हो जाती हैं। इन क्षेत्रों को **तप्त स्थल** कहते हैं। जब भूमिगत जल इन तप्त स्थलों के संपर्क में आता है, तो भाप उत्पन्न होती है।

कभी-कभी इस तप्त जल को पृथ्वी के पृष्ठ से बाहर निकलने के लिए निकास मार्ग मिल जाता है। इन निकास मार्गों को **गरम चश्मा** अथवा **ऊष्ण स्रोत** कहते हैं। कभी-कभी यह भाप चट्टानों के बीच में फँस जाती है जहाँ इसका दाब अत्यधिक हो जाता है।

तप्त स्थलों तक पाइप डालकर इस भाप को बाहर निकाल लिया जाता है। उच्च दाब पर निकली यह भाप विद्युत जनित्र की टरबाइन को घुमाती है, जिससे विद्युत उत्पादन करते हैं। इसके द्वारा विद्युत उत्पादन की लागत अधिक नहीं है परंतु ऐसे बहुत कम क्षेत्र हैं जहाँ व्यापारिक दृष्टिकोण से इस ऊर्जा का दोहन करना व्यावहारिक है। न्यूजीलैंड तथा संयुक्त राज्य अमेरिका में भूतापीय ऊर्जा पर आधारित कई विद्युत शक्ति संयंत्र कार्य कर रहे हैं।

4. **नाभिकीय ऊर्जा** (Nuclear Energy)

परमाणु के नाभिक में संग्रहित ऊर्जा नाभिकीय ऊर्जा कहलाती है। यह ऊर्जा नाभिकीय अभिक्रियाओं में मुक्त होती है।

नाभिकीय अभिक्रियाएँ दो प्रकार की होती हैं

(i) **नाभिकीय विखंडन** (Nuclear Fission)

नाभिकीय विखंडन में एक भारी नाभिक का विखंडन दो या दो से अधिक छोटे भागों में हो जाता है। इस विखंडन में असीम ऊर्जा उत्पन्न होती है। यह विखंडन धीमी गति के न्यूट्रॉनों को उस पदार्थ के नाभिक से टकराने पर होता है।

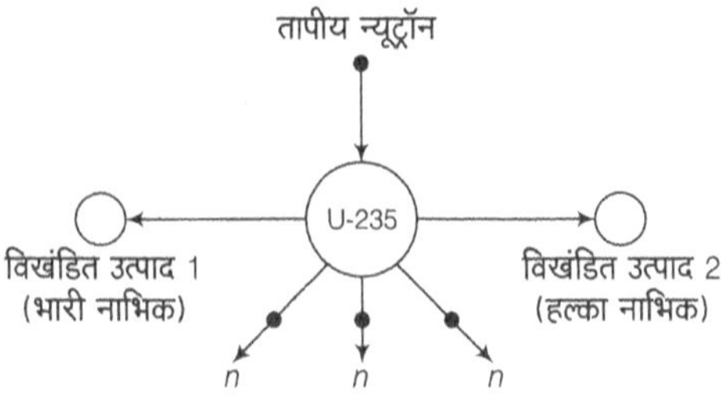

U-235 का नाभिकीय विखंडन

$${}^{235}_{92}U + {}^{1}_{0}n \longrightarrow \underbrace{{}^{139}_{56}Ba + {}^{94}_{36}Kr}_{\text{मिशन उत्पाद}} + 3{}^{1}_{0}n + Q$$

भारी नाभिक, तापीय न्यूट्रान, उत्पादित न्यूट्रान, असीमित ऊर्जा (220 MeV)

इस सिद्धान्त के आधार पर नाभिकीय संयंत्र विद्युत ऊर्जा का उत्पादन करते हैं।

विखंडन अभिक्रिया में मुक्त ऊर्जा विखण्डन अभिक्रिया में द्रव्यमान की क्षति होती है। यह क्षय हुआ द्रव्यमान आइंस्टीन की द्रव्यमान ऊर्जा समीकरण के अनुसार ऊर्जा में परिवर्तित हो जाती है।

$$E = \Delta mc^2$$

यहाँ, c = प्रकाश की चाल = 3×10^8 मी/से

(ii) **नाभिकीय संलयन** (Nuclear Fusion)

जब दो या दो से अधिक हल्के नाभिक किसी अभिक्रिया में संलयित होकर एक भारी नाभिक बनाते हैं, तो इस अभिक्रिया में बहुत अधिक ऊर्जा उत्सर्जित होती है। यही अभिक्रिया नाभिकीय संलयन कहलाती है।

नाभिकीय अभिक्रिया के लिए निम्न आवश्यक शर्तें हैं

(i) अति उच्च ताप (4-15 लाख केल्विन)

(ii) अति उच्च दाब (1 लाख वायुमंडलीय दाब के बराबर)

हाइड्रोजन परमाणु का हीलियम परमाणु में संलयन के कारण ही सूर्य से प्राप्त ऊर्जा अत्यधिक होती है।

$${}^{2}_{1}H + {}^{2}_{1}H \rightarrow {}^{3}_{2}He + {}^{1}_{0}n$$

नाभिकीय संलयन के कारण ही सूर्य तथा दूसरे तारे ऊर्जा के स्रोत हैं।

हाइड्रोजन बम (Hydrogen Bomb)

हाइड्रोजन बम 'ताप नाभिकीय अभिक्रिया' पर आधारित होता है। हाइड्रोजन बम के क्रोड में यूरेनियम अथवा प्लूटोनियम के विखंडन पर आधारित किसी नाभिकीय बम को रख देते हैं। यह नाभिकीय बम ऐसे पदार्थ में अंतःस्थापित किया जाता है जिनमें ड्यूटीरियम तथा लीथियम होते हैं। जब इस नाभिकीय बम (जो विखंडन पर आधारित है) को अधिविस्फोटित करते हैं, तो इस पदार्थ का ताप कुछ ही माइक्रोसेकंड में 10^7K तक बढ़ जाता है। यह अति उच्च ताप हल्के नाभिकों को संलयित होने के लिए पर्याप्त ऊर्जा उत्पन्न कर देता है जिसके फलस्वरूप अति विशाल परिमाण की ऊर्जा मुक्त होती है।

नाभिकीय ऊर्जा उत्पादन के खतरे

(Hazards of Nuclear Power Generation)

नाभिकीय ऊर्जा के मुख्य खतरे निम्न हैं

(i) प्रयुक्त ईंधन का रख-रखाव।

(ii) नाभिकीय अवशेषों का उचित रख-रखाव न हो पाना।

(iii) नाभिकीय विकिरणों का लीक होने का भय।

ऊर्जा का वातावरण पर प्रभाव

(Consequences of Energy on Environment)

किसी भी ऊर्जा को प्राप्त करने पर वातावरण को क्षति पहुँचती है तथा वातावरण का संतुलन भी बिगड़ जाता है। जीवाश्म ईंधन की तुलना में वैकल्पिक स्रोतों से क्षति कम होती है।

ऊर्जा की बढ़ती खपत के पर्यावरण पर निम्न प्रभाव होंगे

(i) जीवाश्म ईंधन को जलाने पर अम्लीय वर्षा की सम्भावनाएँ बढ़ेंगी, जिससे पेड़-पौधे तथा फसलें और खेती की भूमि प्रभावित होगी। पानी में रहने वाले जीव जन्तुओं पर विपरीत प्रभाव पड़ेगा।

(ii) जीवाश्म ईंधन के जलने पर हरित गृह प्रभाव की CO_2 गैस की मात्रा वातावरण में बढ़ जाएगी।

(iii) ऊर्जा के लिए वनों तथा पेड़ो की कटाई बढ़ने से मिट्टी में कटाव उत्पन्न होगें तथा वन जीवों के जीवन का खतरा बढ़ जाएगा।

(iv) जल तापीय विद्युत घर वातावरण में असंतुलन उत्पन्न कर देंगें।

(v) नाभिकीय विद्युत तापीय घरों के निर्माण से वातावरण में रेडियोएक्टिवता की मात्रा बढ़ती जा रही है।

अभ्यास प्रश्न

1. वायुमण्डल में CO_2 द्वारा अवरक्त किरणों के अवशोषण के कारण ऊष्मा का उत्पन्न होना कहलाता है
(a) ग्रह प्रभाव (b) हरित ग्रह प्रभाव
(c) हरित प्रभाव (d) सौरभित ग्रह प्रभाव

2. कोयले में पायी जाती है
(a) नाइट्रोजन (b) हाइड्रोजन
(c) ऑक्सीजन (d) ये सभी

3. सौर सेल है
(a) सौर ऊर्जा को विघुत ऊर्जा में परिवर्तित करने की युक्ति
(b) विद्युत ऊर्जा को सौर ऊर्जा में परिवर्तित करने की युक्ति
(c) सौर ऊर्जा को जलीय ऊर्जा में परिवर्तित करने की युक्ति
(d) सौर ऊर्जा को तापीय ऊर्जा में परिवर्तित करने की युक्ति

4. समुद्र से उत्पन्न ऊर्जा का प्रारूप है
(a) ज्वारीय ऊर्जा (b) सौर ऊर्जा
(c) नाभिकीय ऊर्जा (d) यांत्रिक ऊर्जा

5. जीवाश्म ईंधन की हानियाँ हैं
(a) ग्लोबल वार्मिंग
(b) यह अनवीकरणीय संसाधन है
(c) वायु प्रदूषण
(d) उपरोक्त सभी

6. अच्छे ऊर्जा स्रोत की विशेषता है
(a) सरलता से सुलय हो
(b) भंडारण व परिवहन में आसान हो
(c) समान मात्रा से अधिक कार्य करने में सक्षम होना चाहिये
(d) उपरोक्त सभी

7. जीवाश्म ईंधन जलने पर कौन-सी गैस मुक्त होती है?
(a) NO_2 (b) O_2
(c) SO_2 (d) CO_2

8. निम्न में गैर परंपरागत ऊर्जा का स्रोत है।
(a) सौर ऊर्जा
(b) लकड़ी का कोयला
(c) बायो गैस
(d) जैव मात्रा

9. पवन ऊर्जा का उपयोग करने के लिये पवन की गति कितनी होनी चाहिये?
(a) 20 किमी/घंटा
(b) 15 किमी/घंटा
(c) 30 किमी/घंटा
(d) 45 किमी/घंटा

10. महासागरीय तापीय ऊर्जा संयंत्र तभी प्रचालित होते हैं, जब
(a) महासागर के पृष्ठ पर जल का ताप तथा 2 किमी तक की गहराई पर जल के ताप में कम से कम 30°C का अन्तर हो
(b) महासागर के पृष्ठ पर जल का ताप तथा 2 किमी तक की गहराई पर जल के ताप के कम से कम 20°C का अन्तर हो
(c) महासागर के पृष्ठ पर जल का ताप तथा 2 किमी तक की गहराई पर जल के ताप में कम से कम 25°C के अन्तर हो
(d) जब महासागर के पृष्ठ पर जल का ताप तथा 2 किमी तक की गहराई पर जल के ताप में कम से कम 40°C का अन्तर हो

11. नाभिकीय संलयन की प्रक्रिया होने के लिये
(a) ताप 5 लाख केल्विन होना चाहिए
(b) ताप 5 हजार केल्विन होना चाहिए
(c) ताप 60 केल्विन होना चाहिए
(d) ताप 36 केल्विन होना चाहिए

12. हाइड्रोजन बम आधारित है
(a) नाभिकीय विखण्डन पर
(b) नाभिकीय संलयन पर
(c) (a) और (b) दोनों पर
(d) महासागरीय तापीय ऊर्जा पर

13. निम्न में से कौन-सा बायो गैस का उपयोग नहीं है?
(a) ईंधन के रूप में उपयोग
(b) चक्कियाँ आदि चलाने में उपयोग
(c) पृथ्वी की सतह से पानी बाहर निकालने में उपयोग
(d) नावों को चलाने में उपयोग

14. निम्न में से कौन वैकल्पिक स्रोत है?
(a) पवन ऊर्जा
(b) जल ऊर्जा
(c) सौर ऊर्जा
(d) बायो गैस

15. पवन ऊर्जा का उपयोग कौन-से देश में अधिक होता है?
(a) डेनमार्क
(b) भारत
(c) चीन
(d) सऊदी अरब

उत्तरमाला

1. *(b)*	2. *(d)*	3. *(a)*	4. *(a)*	5. *(d)*	6. *(d)*	7. *(d)*	8. *(a)*	9. *(b)*	10. *(b)*
11. *(a)*	12. *(b)*	13. *(c)*	14. *(c)*	15. *(a)*					

यूनिट-II रसायन विज्ञान

अध्याय
01

द्रव्य और इसकी अवस्थाएँ
(Matter and its States)

द्रव्य (Matter)

अपने चारों ओर नजर दौड़ाने पर हमें विभिन्न प्रकार की वस्तुएँ नजर आती हैं, जिनका आकार, आकृति और बनावट अलग-अलग होती है। इस विश्व में प्रत्येक वस्तु जिस सामग्री से बनी होती है उसे वैज्ञानिकों ने पदार्थ का नाम दिया। सभी वस्तुएँ जैसे पत्थर, बादल, भोजन, तारें, पौधे, यहाँ तक कि पानी की एक बूँद या रेत का एक कण भी स्थान घेरता है और इनका द्रव्यमान होता है। दूसरे शब्दों में, द्रव्य वह है जिसमें भार हो, जो आयतन ग्रहण करे, भौतिक प्रतिरोध तथा जड़ता का गुण हो और ज्ञानेन्द्रियों (sense organs) द्वारा अनुभव किया जा सके।

भारत के प्राचीन दार्शनिकों ने पदार्थ को पाँच मूल तत्वों 'पंचतत्व' : वायु, पृथ्वी, अग्नि, जल और आकाश में वर्गीकृत किया। उनके अनुसार, सभी वस्तुएँ चाहे वे सजीव हों या निर्जीव, इन्हीं पाँच तत्वों से मिलकर बनी हैं।

द्रव्य के लक्षण (Characteristics of Matter)

(i) द्रव्य बहुत छोटे कणों से मिलकर बना है जो हमारी कल्पना से परे है।
(ii) कणों के बीच रिक्त स्थान होता है, जिसे **अन्तरआण्विक स्थान** (intermolecular space) कहते हैं।
(iii) ये कण निरन्तर गतिशील होते हैं अर्थात् इनमें गतिज ऊर्जा होती है। तापमान बढ़ने से कणों की गति तेज हो जाती है जिसके कारण कणों की गतिज ऊर्जा भी बढ़ जाती है।
(iv) ये एक दूसरे को आकर्षित करते हैं। आकर्षण बल जिसे **अन्तरआण्विक बल** (intermolecular force) कहते हैं इन्हें एक साथ रखने के लिए उत्तरदायी है।
(v) इस आकर्षण बल का सामर्थ्य प्रत्येक पदार्थ में अलग-अलग होता है।

द्रव्य के कण (Particles of Matter)

द्रव्य में मुख्यतया दो प्रकार के कण होते हैं

परमाणु (Atoms)

- 'एटम' शब्द ग्रीक भाषा के एटोमोस (atomos) शब्द से लिया गया है जिसका अर्थ है 'अविभाज्य'। तत्व का वह सूक्ष्मतम कण जो स्वतन्त्र रूप से रह सकता है और नहीं भी तथा उसके सभी रासायनिक गुणधर्मों को प्रदर्शित करता है अर्थात् रासायनिक अभिक्रिया में भाग लेता है, परमाणु कहलाता है। विभिन्न तत्वों के परमाणुओं के द्रव्यमान तथा रासायनिक गुणधर्म भिन्न-भिन्न होते हैं।

अणु (Molecules)

- साधारणतया अणु ऐसे दो या दो से अधिक परमाणुओं का समूह होता है जो आपस में रासायनिक आबन्ध द्वारा जुड़े होते हैं। अणु किसी तत्व अथवा यौगिक का वह सूक्ष्मतम कण है जो सामान्य दशाओं में रह सकता है।
- यह पदार्थ के सभी गुणधर्मों को प्रदर्शित करता है। यद्यपि यह रासायनिक अभिक्रिया में भाग नहीं लेता है।

अणुओं के प्रकार (Types of Molecules)

ये दो प्रकार के होते हैं

(i) **समअणु अथवा तत्व के अणु** (Homomolecules or Molecules of the Element) ये तत्वों के अणु हैं जो समान प्रकार के परमाणुओं से मिलकर बने होते हैं। *उदाहरण* O_2, N_2, H_2, आदि। किसी अणु के निर्माण में प्रयुक्त होने वाले परमाणुओं की संख्या को उस अणु की **परमाणुकता** (atomicity) कहते हैं। *जैसे* ऑक्सीजन (O_2) की परमाणुकता दो, फॉस्फोरस (P_4) की परमाणुकता चार तथा सल्फर (S_8) की परमाणुकता आठ है।
(ii) **विषम अणु अथवा यौगिक के अणु** (Heteromolecules or Molecules of Compound) इन अणुओं में विभिन्न तत्वों के परमाणु एक निश्चित अनुपात में जुड़े होते हैं।

विषम अणुओं के उदाहरण (Examples of Heteromolecules)

यौगिक	संयोग करने वाले तत्व	द्रव्यमान अनुपात
जल (H_2O)	हाइड्रोजन, ऑक्सीजन	1 : 8
अमोनिया (NH_3)	नाइट्रोजन, हाइड्रोजन	14 : 3
कार्बन डाइऑक्साइड (CO_2)	कार्बन, ऑक्सीजन	3 : 8

द्रव्य की अवस्थाएँ (States of Matter)

द्रव्य अपने तीन रूप में होते हैं— ठोस, द्रव और गैस। द्रव्य की ये अवस्थाएँ इनमें उपस्थित अन्तरआण्विक बलों और अन्तरआण्विक स्थान में विभिन्नता के कारण होती हैं।

1. ठोस अवस्था (The Solid State)

द्रव्य की इस अवस्था में, पदार्थ निश्चित द्रव्यमान, आयतन और आकृति रखते हैं। *उदाहरण* लकड़ी, मेज, पेन, किताब, आदि। ठोसों में अवयवी कणों के बीच अन्तरआण्विक स्थान बहुत कम होते हैं लेकिन अन्तरआण्विक बल बहुत प्रबल होते हैं। इनके अवयवी कण (परमाणु, अणु अथवा आयन) गति नहीं कर सकते लेकिन ये केवल अपनी माध्य स्थितियों के चारों ओर दोलन कर सकते हैं। यही कारण है कि ठोस असम्पीड्य (incompressible) और कठोर (rigid) होते हैं (अर्थात् निश्चित आकार और आकृति रखते हैं)। प्रबल अन्तरआण्विक बलों के कारण ठोस बहुत अधिक सघन (highly densed) और उच्च गलनांक (high melting point) वाले होते हैं।

ठोसों का वर्गीकरण (Classification of Solids)

इन्हें दो वर्गों में वर्गीकृत किया गया है

(i) **क्रिस्टलीय ठोस** (Crystalline Solids) ये क्रिस्टलों की अत्यधिक संख्या से बने होते हैं। क्रिस्टल में अवयवी कणों का क्रम सुव्यवस्थित होता है। *उदाहरण* सोडियम क्लोराइड, क्वार्ट्ज (क्रिस्टलीय), डायमण्ड, ग्रेफाइट, आदि।

(ii) **अक्रिस्टलीय ठोस** (Amorphous Solids) ये असमाकृति (आकृति नहीं होना) के कणों से बने होते हैं। इनमें अवयवी कणों का व्यवस्था क्रम अनियमित होता है। *उदाहरण* काँच, रबड़, प्लास्टिक, आदि। अक्रिस्टलीय ठोसों को **आभासी ठोस** (pseudo solids) अथवा **अतिशीतित द्रव** (supercooled liquids) भी कहा जाता है।

महत्त्वपूर्ण तथ्य

- ✔ बाह्य बल लगाए जाने पर रबड़ बैण्ड का आकार बदलता है और बल हटा लेने पर यह पुनः अपने मूल आकार में आ जाता है। अत्यधिक बल लगाने पर यह टूट जाता है अर्थात् यह कठोर तथा निश्चित आकार का है। यही कारण है कि इसे ठोस माना जाता है।
- ✔ स्पंज सम्पीड्य है लेकिन इसे ठोस माना जाता है क्योंकि इसमें उपस्थित छिद्रों में वायु का समावेश होता है। जब हम इसे दबाते हैं तो वायु बाहर निकलती है और यह सम्पीडित हो जाता है।
- ✔ हवा या जल (वायु की अपेक्षा कम आसानी से) में हम अपना हाथ चला सकते हैं लेकिन एक ठोस लकड़ी के टुकड़े में हाथ चलाने के लिए हमे कराटे में दक्ष होना पड़ेगा। क्योंकि ठोसों के कणों के मध्य उच्च सीमा के अन्तरआण्विक बल होते हैं।
- ✔ यद्यपि बर्फ ठोस है लेकिन यह जल पर तैरती है। बर्फ का घनत्व जल की अपेक्षा कम होता है क्योंकि बर्फ में दुर्बल हाइड्रोजन आबन्धन के कारण वायु से भरी रिक्तियाँ होती हैं।

2. द्रव अवस्था (The Liquid State)

इस अवस्था में, पदार्थों की आकृति निश्चित नहीं होती लेकिन आयतन निश्चित होता है। ये जिस पात्र में रखे जाते हैं उसी की आकृति ले लेते हैं। *उदाहरण* जल, तेल, दूध, आदि। पात्र की आकृति कुछ भी हो सभी स्थितियों में द्रव की ऊपरी सतह सदैव समतल होती है। द्रव बहते हैं और अपनी आकृति परिवर्तित कर लेते हैं इसलिए ये कठोर नहीं होते हैं। इन्हें बहने वाला **द्रव** अर्थात् **तरल** (fluids) कहते हैं (पदार्थ जो बह सकते हों)। द्रवों में अन्तरआण्विक बल इतने प्रबल नहीं होते कि वे कणों को प्रबलता से बाँधे रख सकें यही कारण है कि ये कम सघनता से सम्पीड्य हैं। यद्यपि बल इतने पर्याप्त होते हैं कि इनके कण एक दूसरे के वातावरण से पलायन नहीं करते। अत: इनमें पर्याप्त गति होती है और इनका आयतन निश्चित होता है।

3. गैस अवस्था (The Gaseous State)

इस अवस्था में, द्रव्य की न तो निश्चित आकृति होती है और न ही आयतन। ये जिस पात्र में रखे जाते हैं उसका आकार और आयतन ले लेते हैं। *उदाहरण* वायु, हाइड्रोजन, ऑक्सीजन, नाइट्रोजन, आदि। गैसीय अवस्था में अन्तरआण्विक बल बहुत दुर्बल होते हैं और अणुओं के बीच अन्तरआण्विक स्थान बहुत अधिक होते हैं। यही कारण है कि ठोस और द्रवों की अपेक्षा गैसें बहुत अधिक सम्पीड्य होती हैं। गैसें जिस पात्र में रखी जाती हैं उसमें बहती हैं। अत: उन्हें भी तरल कहा जाता है।

इसके अतिरिक्त गैसें गर्म करने पर ठोस और द्रव की अपेक्षा अधिक फैलती हैं क्योंकि इनमें द्रव और ठोस की अपेक्षा अन्तरआण्विक बल दुर्बल होते हैं।

द्रव्य की दो और अवस्थाएँ (Two More States of Matter)

- आजकल द्रव्य की दो और अवस्थाओं पर चर्चा हो रही है लेकिन ये दोनों अवस्थाएँ ताप और दाब की चरम दशाओं में ही पाई जाती हैं।
- **प्लाज्मा** (Plasma) यह अत्यधिक ऊर्जा वाले और अधिक उत्तेजित कणों से बना होता है। इस अवस्था में कण आयनीकृत (ionised) गैस के रूप में होते हैं। फ्लोरसेंट ट्यूब और निऑन बल्ब में प्लाज्मा होता है। विद्युत प्रवाहित होने पर इनके अन्दर उपस्थित गैस आयनीकृत हो जाती है जिसके कारण बल्ब या ट्यूब में चमकीला प्लाज्मा बनता है। उच्च तापमान के कारण तारों में भी प्लाज्मा बनता है जिसके कारण इनमें चमक होती है।
- **बोस-आईन्स्टीन कन्डेनसेट** (Bose-Einstein Condensate, BEC) इस अवस्था का नाम वैज्ञानिक सत्येन्द्रनाथ बोस (भारत) और अल्बर्ट आईन्स्टीन के नाम पर रखा गया। सामान्य वायु के घनत्व के एक लाखवें भाग जितने कम घनत्व वाली गैस को बहुत ही कम तापमान पर ठण्डा करने से BEC तैयार होता है। सन् 2001 में USA के ऐरिक ए. कॉर्नेल, उल्फगैंग केटरले और कार्ल ई. वेमैन ने 'बोस-आईन्स्टीन कन्डनसेशन' की अवस्था प्राप्त करने के लिए भौतिकी में नोबेल पुरस्कार प्राप्त किया।

विसरण (Diffusion)

- दो विभिन्न प्रकार के द्रव्यों के कणों के स्वत: अन्त मिश्रण (आपस में मिलने) होने की प्रक्रिया विसरण कहलाती है। *उदाहरण* जल में एक बूँद स्याही की डालने पर यह पूरे जल में एक समान रूप से फैल जाती है। गर्म करने पर कणों की गति तेज हो जाती है जिसके कारण अन्तरआण्विक स्थान बढ़ जाते हैं अर्थात् अन्तरआण्विक बल घट जाते हैं। इस प्रकार विसरण तेज हो जाता है। यही कारण है कि गर्मा-गरम खाने की गन्ध कई मीटर दूर से ही आपके पास पहुँच जाती है लेकिन ठण्डे खाने की महक लेने के लिए आपको उसके पास जाना पड़ता है।
- ठोस, द्रव और गैस, द्रवों में विसरित हो सकते हैं। ठोसों की अपेक्षा द्रवों के विसरण की दर अधिक होती है क्योंकि द्रव अवस्था में कण मुक्त रूप से गति करते हैं और ठोसों की अपेक्षा द्रवों में अन्तरआण्विक स्थान भी अधिक होते हैं।
- कणों की तेज गति और अत्यधिक रिक्त स्थानों के कारण, गैसें अन्य गैसों में बहुत तीव्रता से विसरित होने का गुण दर्शाती हैं।

द्रव्य की अवस्थाओं का अन्त: परिवर्तन

(Interconversion of States of Matter)

द्रव्य की अवस्थाएँ अन्त: परिवर्तित होती हैं। द्रव्य की अवस्थाओं में परिवर्तन ताप और दाब में परिवर्तन से किया जा सकता है।

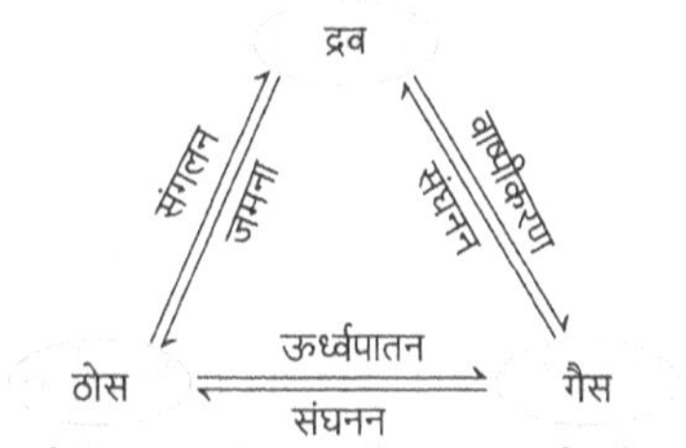

तीनों अवस्थाओं में पदार्थ का अन्तः परिवर्तन

द्रव्य की अवस्थाओं के अन्त: परिवर्तन से सम्बन्धित विभिन्न परिभाषिक शब्द निम्न प्रकार हैं

(i) **संगलन** (Fusion) गलने की प्रक्रिया अर्थात् ठोस से द्रव अवस्था में परिवर्तन को संगलन कहते हैं।

(ii) **गलनांक** (Melting Point) साधारण वायुमण्डलीय दाब पर वह तापमान जिस पर ठोस पिघलकर द्रव बन जाता है, इसका गलनांक कहलाता है। किसी ठोस का गलनांक उसके कणों के बीच के आकर्षण बल के सामर्थ्य को दर्शाता है अर्थात् ठोस का गलनांक अधिक होने पर ठोस के कणों के मध्य आकर्षण बल भी अधिक होते हैं। साधारण वायुमण्डलीय दाब पर बर्फ का गलनांक 0°C होता है।

(iii) **ऊर्ध्वपातन** (Sublimation) यह प्रक्रिया उन ठोसों के लिए प्रयुक्त की जाती है जो गर्म करने पर द्रव अवस्था में परिवर्तित हुए बिना ठोस अवस्था से सीधे गैस तथा ठण्डा करने पर सीधे गैस से वापस ठोस में बदल जाते हैं। इस प्रकार के ठोस **ऊर्ध्वपात** (sublimates) कहलाते हैं।

(iv) **वाष्पीकरण** (Vaporisation) इस प्रक्रिया में द्रव को गर्म करने पर यह तीव्रता से गैस में परिवर्तित होता है। क्वथनांक से कम तापमान पर द्रव के वाष्प में परिवर्तित होने की इस प्रक्रिया को वाष्पीकरण कहते हैं।

(v) **क्वथनांक** (Boiling Point) साधारण वायुमण्डलीय दाब पर वह तापमान जिस पर कोई द्रव उबलना शुरु होता है, इसका कवथनांक कहलाता है। क्वथनांक एक समष्टि परिघटना (bulk phenomenon) है। सामान्य ताप पर जल का क्वथनांक 100°C होता है।

(vi) **संघनन** (Condensation) इस प्रक्रिया में गैस द्रव अवस्था में परिवर्तित हो जाती है।

(vii) **जमना** (Solidification) इस प्रक्रिया में द्रव ठोस अवस्था में परिवर्तित हो जाता है।

(viii) **गुप्त ऊष्मा** (Latent Heat) Latent शब्द का अर्थ है छुपा हुआ। निश्चित ताप पर किसी पदार्थ के अवस्था परिवर्तन (*जैसे* बर्फ का जल में परिवर्तन, जल का भाप में परिवर्तन) में उत्सर्जित या अवशोषित ऊष्मा, गुप्त ऊष्मा कहलाती है। *गुप्त ऊष्मा की गणना दो तरह से कर सकते हैं*

संगलन की गुप्त ऊष्मा (Latent Heat of Fusion) संगलन की गुप्त ऊष्मा ऊर्जा की वह मात्रा है जो 1 किलोग्राम ठोस को वायुमण्डलीय दाब पर उसके संगलन बिन्दु पर लाने के लिए प्रयोग होती है।

0°C पर जल के कणों की ऊर्जा उसी तापमान पर बर्फ के कणों की ऊर्जा से अधिक होती है। ऐसा संगलन की गुप्त ऊष्मा की उपस्थिति के कारण होता है।

वाष्पीकरण की गुप्त ऊष्मा (Latent Heat of Vaporisation) वाष्पीकरण की गुप्त ऊष्मा ताप की वह मात्रा है जो 1 किलोग्राम द्रव को वायुमण्डलीय दाब और द्रव के क्वथनांक पर गैसीय अवस्था में परिवर्तन करने हेतु प्रयोग होती है। क्वथन के दौरान वाष्पीकरण की गुप्त ऊष्मा के कारण ताप स्थिर रहता है।

अन्त: परिवर्तन पर तापमान परिवर्तन का प्रभाव

(Effect of Change of Temperature on interconversion)

- ठोस को गर्म करने पर उसके कणों की गतिज ऊर्जा बढ़ जाती है जिसके कारण वे अधिक तेजी से कम्पन करने लगते हैं (अपने निश्चित स्थान पर)। ऊष्मा के द्वारा प्रदत्त (supplied) की गई ऊर्जा, कणों के बीच के आकर्षण बल को पार कर लेती है।
- इस कारण कण अपने नियत स्थान को छोड़कर अधिक स्वतन्त्र होकर गति करने लगते हैं तथा एक अवस्था ऐसी आती है, जब ठोस पिघलकर द्रव में परिवर्तित हो जाता है।

अन्त: परिवर्तन पर दाब परिवर्तन का प्रभाव

(Effect of Change of Pressure on interconversion)

दाब बढ़ाने से और ताप घटाने से हम किसी गैस को द्रव में तथा द्रव को ठोस में परिवर्तित कर सकते हैं। इसका विपरीत हम दाब घटाकर और ताप बढ़ाकर प्राप्त कर सकते हैं।

महत्त्वपूर्ण तथ्य

- ✔ वाष्पीकरण की गुप्त ऊष्मा के कारण 100°C तापमान पर भाप अर्थात् वाष्प के कणों में उसी तापमान पर पानी के कणों की अपेक्षा अधिक ऊर्जा होती है। यही कारण है कि 100°C के पानी से जलने की अपेक्षा भाप से जलने पर अधिक कष्ट होता है।
- ✔ ऊँचाई पर वायुमण्डलीय दाब सामान्य से कम होता है। अतः कम ताप पर द्रव का वाष्प दाब वायुमण्डलीय दाब के बराबर हो जाता है अर्थात् जल 100°C से कम ताप पर ही उबलने लगता है। यही कारण है कि ऊँचाई पर खाना पकने में अधिक समय लगता है।
- ✔ प्रेशर कुकर के अन्दर दाब उच्च होता है। अत: जल 100°C से अधिक ताप पर उबलता है इस प्रकार प्रेशर कुकर में खाना कम समय में पक जाता है।
- ✔ अशुद्धियों की उपस्थिति में कवथनांक बढ़ जाता है जबकि हिमांक (freezing point) घट जाता है।
- ✔ ठोस CO_2 को उच्च दाब पर संग्रहित किया जाता है। 1 वायुमण्डलीय दाब पर यह ठोस अवस्था से सीधे (द्रव अवस्था में आए बिना) गैस में परिवर्तित हो जाती है। यही कारण है कि ठोस CO_2 को शुष्क बर्फ कहते हैं।

द्रव्य का रासायनिक वर्गीकरण
(Chemical Classification of Matter)

रासायनिक प्रकृति के आधार पर द्रव्य को इस प्रकार वर्गीकृत किया जा सकता है

- द्रव्य
  - शुद्ध पदार्थ
    - तत्व
      - धातु
      - अधातु
      - उपधातु
    - यौगिक
      - कार्बनिक
      - अकार्बनिक
  - मिश्रण
    - समांगी
    - विषमांगी

तत्व (Element)

राबर्ट बॉयल (1661) ने सर्वप्रथम तत्व शब्द का प्रयोग किया था। **एण्टोनी लॉरेन्ट लैवॉइजर** (Antoine Laurent Lavoisier) के अनुसार, "तत्व पदार्थ का वह मूल रूप है जिसे किसी भौतिक या रासायनिक प्रतिक्रिया द्वारा अन्य सरल पदार्थों मे विभाजित नहीं किया जा सकता।" वास्तव में तत्व वह मूलभूत द्रव्य है, जो केवल एक ही प्रकार के परमाणुओं से मिलकर बना है। इलेक्ट्रॉनिक संरचना के अनुसार, तत्व वह पदार्थ (द्रव्य) है जिसके प्रत्येक परमाणु का नाभिकीय आवेश समान होता है।

उदाहरण ऑक्सीजन, डायमण्ड, ग्रेफाइट, लाल फॉस्फोरस, आदि।

तत्व ठोस जैसे ऐलुमिनियम (Al), आयरन (Fe), गोल्ड (Au), सिल्वर (Ag), आदि, द्रव जैसे मर्करी (Hg), ब्रोमीन (Br) और गैस जैसे आर्गन (Ar), हीलियम (He), ऑक्सीजन (O), हाइड्रोजन (H), आदि हो सकते हैं।

वर्तमान समय में 118 तत्वों की खोज की जा चुकी है इनमें से 98 तत्व प्रकृति में पाए जाते हैं जबकि शेष तत्व कृत्रिम रूप से संश्लेषित किए गए हैं।

कुछ तत्वों के प्रतीक

तत्व	प्रतीक	तत्व	प्रतीक	तत्व	प्रतीक
ऐलुमिनियम	Al	कॉपर	Cu	नाइट्रोजन	N
ऑर्गन	Ar	फ्लुओरीन	F	ऑक्सीजन	O
बेरियम	Ba	स्वर्ण (गोल्ड)	Au	पोटैशियम	K
बोरॉन	B	हाइड्रोजन	H	सिलिकॉन	Si
ब्रोमीन	Br	आयोडीन	I	चाँदी (सिल्वर)	Ag
कैल्सियम	Ca	आयरन	Fe	सोडियम	Na
कार्बन	C	सीसा	Pb	सल्फर	S
क्लोरीन	Cl	मैग्नीशियम	Mg	यूरेनियम	U
कोबाल्ट	Co	निऑन	Ne	जिंक	Zn

कुछ तत्वों के प्रतीकों को लैटिन, जर्मन और ग्रीक भाषाओं में उनके नामों से बनाया गया है। किसी प्रतीक के पहले अक्षर को सदैव बड़े अक्षर (capital letter) में तथा दूसरे अक्षर को छोटे अक्षर (small letter) में लिखा जाता है। तत्वों को साधारणतया धातुओं, अधातुओं और उपधातुओं में बाँटा जा सकता है।

यौगिक (Compound)

यौगिक वह शुद्ध पदार्थ है जो दो या दो से अधिक तत्वों के निश्चित अनुपात में रासायनिक तौर पर संयोजन से बना है। यौगिक का संघटन हमेशा निश्चित होता है (सब जगह समान) तथा इसके भौतिक और रासायनिक गुणधर्म उसके घटक तत्वों के गुणधर्मों से भिन्न होते हैं। *उदाहरण* जल (H_2O), मेथेन (CH_4), सुक्रोज ($C_{12}H_{22}O_{11}$), नमक (NaCl), बेकिंग सोड़ा ($NaHCO_3$), आदि।

किसी यौगिक के घटकों (अवयवी तत्वों) को रासायनिक या विद्युत रासायनिक अभिक्रियाओं द्वारा पृथक् किया जा सकता है लेकिन भौतिक विधियों द्वारा नहीं। यह समांग होता है। किसी यौगिक के भौतिक और रासायनिक गुणधर्म इसके अवयवी तत्वों से भिन्न होते हैं। यौगिकों को मोटे तौर पर **कार्बनिक** (जिसमें कार्बन मुख्य अवयव है) तथा **अकार्बनिक** (जिनमें कार्बन मुख्य अवयव नहीं है) यौगिकों में वर्गीकृत किया जा सकता है।

मिश्रण (Mixture)

हमारे आस-पास उपस्थित अधिकांश पदार्थ दो या दो से अधिक शुद्ध पदार्थों (घटकों) के मिश्रण हैं। अतः मिश्रण अशुद्ध पदार्थ है तथा इनमें इनके घटकों का अनुपात निश्चित नहीं होता है। *उदाहरण* वायु (विभिन्न गैसों जैसे O_2, N_2, CO_2, आदि का मिश्रण), समुद्री जल, खनिज, मृदा, आदि सभी मिश्रण हैं।

मिश्रणों को उनके घटकों में सरल भौतिक विधियों तथा यान्त्रिक विधियों द्वारा पृथक् किया जा सकता है।

मिश्रण के प्रकार (Types of Mixture)

मिश्रण में उपस्थित घटकों की प्रकृति के आधार पर मिश्रण दो प्रकार के होते हैं

(i) **समांगी मिश्रण** (Homogeneous Mixture) इन मिश्रणों का संघटन सब जगह समान होता है। इस प्रकार के मिश्रणों के उदाहरण हैं जल में नमक, जल में चीनी, मेथेनॉल और जल, सिरका, टूथपेस्ट, टॉयलेट सोप, मृदु पेय, आदि। इन्हें **वास्तविक विलयन** (true solutions) भी कहा जाता है। इन विलयनों में विलेय के कणों का व्यास 1 नैनोमी से कम होता है।

(ii) **विषमांगी मिश्रण** (Heterogeneous Mixture) इन मिश्रणों का संघटन पूरे मिश्रण में समान नहीं होता तथा इनमें भौतिक रूप से घटकों को स्पष्ट देखा जा सकता है। सोडियम क्लोराइड और लोहे के चूर्ण का मिश्रण, वायु में धूल के कण, नमक और सल्फर, जल और तेल, कोलॉइड (दूध) और निलम्बन (suspension) आदि विषमांगी मिश्रणों के उदाहरण हैं।

मिश्रण के अवयवों का पृथक्करण
(Separating the Components of a Mixture)

विषमांगी मिश्रणों को उनके संगत घटकों में साधारण भौतिक प्रक्रिया द्वारा पृथक् किया जा सकता है *जैसे* हाथ से चुनकर, छन्नी से छानकर, जो हम प्रतिदिन व्यवहार में लाते हैं। कभी-कभी समांगी मिश्रण से घटकों को पृथक् करने के लिए विशेष तकनीकों को प्रयोग में लाया जाता है।

(i) **वाष्पीकरण** (Evaporation) हम वाष्पशील घटकों (विलायक) को इसके अवाष्पशील घटकों (विलेय) से वाष्पीकरण की प्रक्रिया द्वारा पृथक् कर सकते हैं। *उदाहरण* समुद्री जल से नमक की पुनः प्राप्ति। वाष्पीकरण की दर तापमान, पृष्ठीय क्षेत्रफल, वायु की गति में वृद्धि तथा आर्द्रता में कमी के साथ बढ़ जाती है।

(ii) **अपकेन्द्रण** (Centrifugation) इस प्रक्रिया में विषमांगी मिश्रण के अवसादन (भारी कणों का बैठना) के लिए अपकेन्द्रीय बल (centrifugal force) का उपयोग किया जाता है। यह इस सिद्धान्त पर आधारित है, कि मिश्रण को तेजी से घुमाने पर भारी कण नीचे बैठ जाते हैं और हल्के कण ऊपर ही रह जाते हैं।

अपकेन्द्रण तकनीक का प्रयोग डेयरी और घरों में क्रीम से मक्खन अलग करने में, वाशिंग मशीन में भीगे कपड़ों से जल निचोड़ने में और अशुद्धियों को दूर करने में किया जाता है।

(iii) **पृथक्कारी कीप द्वारा** (By the Use of Separating Funnel) पृथक्कारी कीप की सहायता से हम दो अमिश्रणीय द्रवों के मिश्रण को पृथक् कर सकते हैं। यह इस सिद्धान्त पर आधारित है कि आपस में न मिलने वाले द्रव अपने घनत्व के अनुसार विभिन्न परतों में पृथक् हो जाते हैं।

इसका उपयोग मिट्टी के तेल और जल के मिश्रण को पृथक् करने में किया जाता है तथा धातु शोधन (extraction) के दौरान लोहे को पृथक् करने में। इस विधि के द्वारा हल्के स्लैग (धातुमल) को ऊपर से हटा लिया जाता है तथा भट्टी की निचली सतह पर पिघला हुआ लोहा शेष रह जाता है।

(iv) **ऊर्ध्वपातन** (Sublimation) ऊर्ध्वपातन प्रक्रिया द्वारा उन मिश्रणों, जिनमें ऊर्ध्वपातित हो सकने वाले अवयव हों, को ऊर्ध्वपातित न होने योग्य अशुद्धियों से पृथक् किया जाता है। इस विधि में मिश्रण को गर्म किया जाता है जिससे ऊर्ध्वपातनीय पदार्थ की वाष्प बनती हैं जिन्हें एकत्रित करके ठण्डा करने पर शुद्ध ठोस पदार्थ प्राप्त करते हैं।

इस तकनीक के द्वारा ऊर्ध्वपातनीय यौगिकों जैसे नैफ्थेलीन, ऐन्थ्रासीन, कपूर, बेन्जोइक अम्ल, अमोनियम क्लोराइड, मर्क्यूरिक क्लोराइड, शुष्क बर्फ, सैलिसिलिक अम्ल, आयोडीन आदि का पृथक्करण विशुद्ध यौगिकों (जो ऊर्ध्वपातनीय नहीं होते) से किया जाता है।

(v) **वर्णलेखन** (Chromatography) क्रोमैटोग्राफी शब्द ग्रीक शब्द 'क्रोमा' (chroma) से बना है जिसका अर्थ है 'रंग' यह कार्बनिक यौगिकों के शोधन और पृथक्करण की आधुनिक तकनीक है। यह उन मिश्रणों के अवयवों को पृथक् करने में उपयोगी है जिनकी अधिशोषण क्षमता (adsorption capacity) भिन्न होती हैं। इस तकनीक की खोज **Tswett** ने की थी। यह उन विलेय पदार्थों के लिए उपयोगी है जो एक ही विलायक में घुलनशील हैं। इस तकनीक का प्रयोग डाई में रंगों को पृथक् करने में, प्राकृतिक रंगों से पिगमेन्ट को पृथक् करने में तथा रक्त से नशीले पदार्थों को पृथक् करने में किया जाता है।

(vi) **आसवन** (Distillation) इस विधि का उपयोग उन मिश्रणों को पृथक् करने में किया जाता है जो विघटित हुए बिना उबलते हैं तथा जिनके घटकों के क्वथनांकों के मध्य अधिक अन्तराल होता है। उबालने पर, कम क्वथनांक वाले द्रव की वाष्प पहले बनती है। इसे संघनित्र से ठण्डा करके अलग एकत्रित कर लेते हैं। उच्च क्वथनांक वाले घटक की वाष्प बाद में बनती हैं। इस विधि द्वारा क्लोरोफॉर्म और ऐनिलीन; ऐसीटोन और जल पृथक् किए जाते हैं। इस विधि में दो विपरीत प्रक्रम वाष्पीकरण तथा संघनन सम्मिलित हैं क्योंकि पहले द्रव वाष्पित होता है इसके बाद वाष्पों को संघनित कर पुनः द्रव प्राप्त करते हैं।

महत्त्वपूर्ण तथ्य

- ✓ गर्मियों में घड़े या सुराही में रखा जल ठण्डा हो जाता है क्योंकि घड़े की सतह पर उपस्थित नन्हें छिद्रों से जल का वाष्पन होता रहता है। वाष्पीकरण की प्रक्रिया में आवश्यक ऊर्जा शेष जल द्वारा उपलब्ध करायी जाती है जिससे इसका तापमान गिर जाता है और यह ठण्डा हो जाता है।
- ✓ गर्मियों में हमें सूती कपड़े पहनने चाहिए। कॉटन, अच्छा अवशोषक होने के कारण जल के वाष्पीकरण के लिए अधिक पृष्ठ क्षेत्रफल उपलब्ध कराता है क्योंकि वाष्पीकरण में आवश्यक ऊर्जा हमारे शरीर द्वारा ली जाती है। अतः हम इन कपड़ों में राहत और चैन का अनुभव करते हैं।
- ✓ हमें बर्फीले जल से भरे गिलास की बाहरी सतह पर जल की बूँदे नजर आती हैं। क्योंकि वायु में उपस्थित जल वाष्प जब बर्फीले जल से भरे गिलास के सम्पर्क में आती हैं तो अपनी ऊर्जा खोकर द्रव जल में परिवर्तित हो जाती हैं जो हमें जल की बूँदों के रूप में नजर आती हैं।
- ✓ जब थोड़ा सा नेल पॉलिश रिमूवर या स्प्रिट हथेली पर रखते हैं तो हम ठण्डा अनुभव करते हैं। क्योंकि रिमूवर या स्प्रिट हमारे हाथ से वाष्पीकरण के लिए आवश्यक ऊष्मा लेते हैं।
- ✓ तेज धूप वाले गर्म दिन के बाद लोग अपनी छत या खुले स्थान पर जल छिड़कते हैं क्योंकि जल के वाष्पीकरण की गुप्त ऊष्मा गर्म सतह को शीतल बनाती है।

पृथक्करण में निम्न आसवन विधियाँ प्रयोग में लाई जाती हैं

प्रभाजी आसवन (Fractional Distillation) दो या दो से अधिक घुलनशील द्रवों, जिनके क्वथनांकों में अन्तर 25 K से कम हो, के मिश्रण को पृथक् करने के लिए प्रभाजी आसवन विधि का प्रयोग किया जाता है।

इसका उपकरण साधारण आसवन विधि के समान ही होता है। केवल आसवन फ्लास्क और संघनक के बीच एक प्रभाजी स्तम्भ का प्रयोग किया जाता है।

उदाहरण मेथेनॉल और ऐसीटोन के मिश्रण का पृथक्करण, वायु से विभिन्न गैसों का पृथक्करण तथा पेट्रोलियम उत्पादों से उनके विभिन्न घटकों जैसे पैट्रोल, डीजल, आदि का पृथक्करण इस विधि द्वारा किया जाता है।

निम्न दाब पर आसवन (Distillation under Reduced Pressure) इस विधि का उपयोग ऐसे द्रवों के पृथक्करण या शोधन में किया जाता है जिनके क्वथनांक उच्च होते हैं अथवा जो अपने क्वथनांक या उससे भी कम तापमान पर अपघटित हो जाते हैं। ग्लिसरॉल अपने क्वथनांक से काफी कम ताप पर अपघटित हो जाती है। अतः ग्लिसरॉल इस विधि द्वारा शोधित की जाती है तथा सोप इण्डस्ट्रीज में स्पेंट-लाई से ग्लिसरॉल का पृथक्करण किया जाता है।

भाप आसवन (Steam Distillation) इस विधि का उपयोग उन पदार्थों के शोधन और पृथक्करण में किया जाता है जो भाप के साथ वाष्पशील हों परन्तु जल में अमिश्रणीय हों। इस विधि में मिश्रण में भाप को प्रवाहित किया जाता है। शुद्ध कार्बनिक यौगिक (जो कि भाप के साथ वाष्पशील होता है) भाप के साथ बाहर आ जाता है जिसे ठण्डा करके एकत्रित कर लिया जाता है।

पृथक्कारी कीप का उपयोग करके कार्बनिक यौगिक को जल से अलग कर लेते हैं। *ऑर्थो* और *पैरा* नाइट्रोफिनॉल (अवाष्पशील) के मिश्रण को इस विधि द्वारा पृथक् किया जाता है। ऐनिलीन, चन्दन का तेल, तारपीन का तेल तथा यूकेलिप्टस का तेल, आदि का निष्कर्षण और शोधन इस विधि द्वारा किया जाता है।

(vii) **क्रिस्टलीकरण** (Crystallisation) यह ठोसों के शोधन की प्राय: प्रयुक्त विधि है। इस विधि में क्रिस्टल के रूप में शुद्ध ठोस को विलयन से पृथक् किया जाता है। इस विधि में शोधन किए जाने वाले पदार्थ को उचित विलायक में घोलते हैं तथा विलयन को गर्म करने पर शुद्ध पदार्थ क्रिस्टल के रूप में अलग हो जाता है और अशुद्धियाँ विलयन, जिसे मातृ द्रव (mother liquor) कहते हैं, में रह जाती हैं। क्रिस्टलों को छानकर, सुखाकर अलग कर लिया जाता है। इस तकनीक का उपयोग समुद्री जल से [illegible] शोधन में तथा अशुद्ध नमूने से फिटकरी के क्रिस्टल प्राप्त करने में किया जाता है।

द्रव्य से सम्बन्धित द्रव्यमान परिभाषिक शब्द
(Mass Terms Related to Matter)

परमाणु द्रव्यमान (Atomic Mass)

किसी तत्व का परमाणु द्रव्यमान कार्बन-12 के एक परमाणु के सापेक्ष व्यक्त किया जाता है। इसे **परमाणु-द्रव्यमान मात्रक** [atomic mass unit (amu)] में प्रदर्शित करते हैं। कार्बन-12 के एक परमाणु के द्रव्यमान के 12वें भाग को परमाणु द्रव्यमान मात्रक कहते हैं। आजकल amu के स्थान पर u का प्रयोग किया जाता है जिसे 'एकीकृत द्रव्यमान' (unified mass) कहा जाता है।

$$1 \text{ amu} = 1.66056 \times 10^{-24} \text{g}$$

औसत परमाणु द्रव्यमान (Average Atomic Mass)

प्रकृति में अनेक तत्व एक से अधिक समस्थानिकों के रूप में पाए जाते हैं। सामान्यत: हम जब तत्वों के लिए परमाणु द्रव्यमानों का प्रयोग करते हैं वह वास्तव में औसत परमाणु द्रव्यमान होता है। इसका परिकलन तत्व के समस्थानिकों की उपस्थिति और उनकी आपेक्षिक बाहुल्यता को ध्यान में रखते हुए किया जाता है।

आण्विक द्रव्यमान (Molecular Mass)

किसी अणु का आण्विक द्रव्यमान उसमें उपस्थित विभिन्न तत्वों के परमाणु द्रव्यमानों का योग होता है। इसे प्रत्येक तत्व के परमाणु द्रव्यमान और उपस्थित परमाणुओं की संख्या के गुणनफलों के योग द्वारा प्राप्त किया जा सकता है। *उदाहरण*—जल (H_2O) का आण्विक द्रव्यमान = 2 × हाइड्रोजन का परमाणु द्रव्यमान + 1 × ऑक्सीजन का परमाणु द्रव्यमान

$$= (2 \times 1.008) + (1 \times 16) = 18.02 \text{ u}$$

सूत्र इकाई द्रव्यमान (Formula Unit Mass)

किसी पदार्थ का सूत्र इकाई द्रव्यमान यौगिक की सूत्र इकाई में उपस्थित सभी परमाणुओं के परमाणु भारों का कुल योग है। *उदाहरण*

सोडियम क्लोराइड का सूत्र इकाई द्रव्यमान = सोडियम का परमाणु द्रव्यमान + क्लोरीन का परमाणु द्रव्यमान

$$= 23.0 \text{ u} + 35.5 \text{ u} = 58.5 \text{ u}$$

तुल्यांकी भार (Equivalent Weight)

किसी पदार्थ का तुल्यांकी भार इसके अणुभार (या सूत्र इकाई द्रव्यमान) को इसकी संयोजकता (valency) से भाग देकर प्राप्त किया जा सकता है।

$$\text{तुल्यांकी भार} = \frac{\text{आण्विक द्रव्यमान (अणुभार)}}{\text{संयोजकता}}$$

भौतिक और रासायनिक परिवर्तन
(Physical and Chemical Changes)

भौतिक परिवर्तन में, पदार्थ के भौतिक गुणों जैसे आकार, अर्थात् साइज, रंग और अवस्था में परिवर्तन हो जाता है। सामान्यत: यह उत्क्रमणीय (reversible) हैं अर्थात् अभिक्रिया की दशाओं को बदल कर पुन: मूल पदार्थ प्राप्त किया जा सकता है। इस प्रकार के परिवर्तन में कोई नया पदार्थ नहीं बनता है। पदार्थ का एक अवस्था से दूसरी अवस्था में परिवर्तन जैसे जल का वाष्पीकरण, बर्फ का पिघलना, [illegible], [illegible], बादलों का बनना, स्प्रिंग को खींचना, आदि भौतिक परिवर्तन के उदाहरण हैं।

वह परिवर्तन जिसमें एक अथवा एक से अधिक नए पदार्थ बनते हैं अर्थात् मूल पदार्थ का आन्तरिक आण्विक संघटन विकृत (deformed) हो जाता है, **रासायनिक परिवर्तन** कहलाता है। मैग्नीशियम रिबन, कोयला, लकड़ी व पत्तियों का जलना रासायनिक परिवर्तन हैं। फलों का पकना, पौधों में प्रकाश संश्लेषण का होना (CO_2 और H_2O का ग्लूकोस में परिवर्तन), सूर्य से प्रकाश, लोहे में जंग लगना, दही का जमना, आदि रासायनिक परिवर्तन के कुछ उदाहरण हैं।

मोमबत्ती का जलना भौतिक और रासायनिक दोनों परिवर्तनों का उदाहरण है।

जुगनू (firefly) में प्रकाश उत्सर्जित करने के लिए विशेष अंग होते हैं। प्रकाश उत्पन्न करने की इस प्रक्रिया को bioluminescence कहते हैं।

रासायनिक संयोजन के नियम
(Laws of Chemical Combinations)

तत्वों के संयोजन से यौगिकों का बनाना निम्न मूल नियमों के अन्तर्गत होता है

द्रव्यमान-संरक्षण का नियम (Law of Conservation of Mass)

इस नियम को एण्टोनी लैवॉइजर (Antoine Lavoisier) ने सन् 1789 में दिया था। इस नियम के अनुसार, द्रव्य न तो बनाया जा सकता है। और न ही नष्ट किया जा सकता है।

किसी रासायनिक अभिक्रिया में,

अभिकारकों का कुल द्रव्यमान = उत्पादों का कुल द्रव्यमान

स्थिर अनुपात का नियम (Law of Definite Proportions)

यह नियम फ्रॉंसीसी रसायनज्ञ जोसेफ प्राउस्ट ने 1799 में दिया था। उनके अनुसार, किसी यौगिक मे तत्वों के द्रव्यमानों का अनुपात सदैव समान होता है। *उदाहरण* विभिन्न स्थानों से लिए गए जल के प्रत्येक नमूने में भारानुसार हाइड्रोजन तथा ऑक्सीजन का अनुपात 2 : 16 या 1 : 8 है। यही कारण है कि इसे **निश्चित संघटन का नियम** (law of constant proportions) भी कहा जाता है।

गुणित अनुपात का नियम (Law of Multiple Proportions)

यह नियम डाल्टन द्वारा सन् 1803 में दिया गया। इस नियम के अनुसार, यदि दो तत्व संयोजित होकर एक से अधिक यौगिक बनाते हैं, तो एक तत्व के साथ दूसरे तत्व के संयुक्त होने वाले द्रव्यमान छोटे पूर्णांकों (small whole numbers) के अनुपात में होते हैं।

उदाहरण हाइड्रोजन ऑक्सीजन के साथ संयुक्त होकर जल तथा हाइड्रोजन परॉक्साइड बनाती है।

$$\underset{2\text{ g}}{\text{हाइड्रोजन}} + \underset{16\text{ g}}{\text{ऑक्सीजन}} \longrightarrow \underset{18\text{ g}}{\text{जल}}$$

हाइड्रोजन + ऑक्सीजन $\longrightarrow$ हाइड्रोजन परॉक्साइड
2 g 32 g 34 g

इन यौगिकों में हाइड्रोजन के निश्चित द्रव्यमान (2 g), ऑक्सीजन के 16 g और 32 g से संयुक्त होते हैं, जो कि एक सरल अनुपात 16 : 32 या 1 : 2 में है।

गै-लुसैक का गैसीय आयतनों का नियम

(Gay-Lussac's Law of Combining Volumes)

यह नियम गै-लुसैक द्वारा सन् 1808 में दिया गया। उन्होंने पाया कि जब रासायनिक अभिक्रियाओं में गैसें संयुक्त होती हैं या बनती हैं तो उनके आयतन सरल अनुपात में होते हैं बशर्ते सभी गैसें समान ताप और दाब पर हों।

उदाहरण हाइड्रोजन + ऑक्सीजन $\longrightarrow$ जल
100 mL 50 mL 100 mL

अत: हाइड्रोजन और ऑक्सीजन के आयतन (जो आपस में संयुक्त अर्थात् 100 mL और 50 mL होते हैं) आपस में सरल अनुपात 2 : 1 में होते हैं।

मोल संकल्पना (Mole Concept)

किसी रासायनिक स्पीशीज की मात्रा के लिए मोल SI आधार मात्रक है। सन् 1896 में विल्हेल्म ओस्टवॉल्ड ने मोल शब्द प्रस्तावित किया था जो एक लैटिन शब्द मोल्स (moles) से व्युत्पन्न होता है जिसका अर्थ होता है ढेर (heap or pile)। सन् 1967 में SI पद्धति में रासायनिक पदार्थों की इकाई के रूप में मोल स्वीकार कर लिया गया। इसे 'mol' प्रतीक द्वारा दर्शाते हैं। यह रासायनिक गणनाओं में उपयोग होने वाला सबसे उपयुक्त मात्रक है।

किसी पदार्थ के 1 मोल को इस प्रकार परिभाषित किया गया है

- पदार्थ की वह मात्रा जिसका भार ठीक इसके ग्राम में सूत्रभार के बराबर है।
- पदार्थ की वह मात्रा जिसमें कणों की संख्या (परमाणु, आयन, अणु या सूत्र इकाई, आदि) कार्बन-12 के ठीक 12 ग्राम में विद्यमान परमाणुओं के बराबर होती है अर्थात् 6.022×10^{23}।
  यह संख्या (6.022×10^{23}) आवोगाद्रो संख्या कहलाती है तथा इसे N_A या N_0 से व्यक्त करते हैं।
  1 ग्राम परमाणु = 6.022×10^{23} परमाणु; 1 मोल 6.022×10^{23} परमाणु
- पदार्थ के 1 मोल का द्रव्यमान इसके परमाण्विक या आण्विक द्रव्यमान के बराबर होता है।
- पदार्थ (गैस) की वह मात्रा जिसका सा.ता.दा. (N.T.P.) पर आतयन 22.4 L हो।

$$\text{मोलों की संख्या} = \frac{\text{पदार्थ की मात्रा (ग्राम में)}}{\text{आण्विक भार / परमाण्विक भार (ग्राम में)}}$$

$$= \frac{\text{सा.ता.दा. (N.T.P.) पर कणों की संख्या}}{\text{आवोगाद्रो संख्या}}$$

$$= \frac{\text{सा.ता.दा. (N.T.P.) पर गैस का आयतन (लीटर में)}}{22.4}$$

अभ्यास प्रश्न

1. 'आधुनिक रसायन शास्त्र का जनक' किसे माना जाता है?
(a) अर्नेस्ट रदरफोर्ड (b) ओटो हॉन
(c) मेण्डलीफ (d) एण्टोनी लैवॉइजर

2. द्रव्य की अवस्थाओं की अधिकतम संख्या क्या है?
(a) तीन (b) चार
(c) पाँच (d) परिवर्तनशील

3. 'विश्व का प्रत्येक पदार्थ अत्यन्त सूक्ष्म कणों से मिलकर बना होता है।' यह सर्वप्रथम किसने कहा?
(a) डाल्टन ने (b) कणाद ने
(c) रदरफोर्ड ने (d) आवोगाद्रो ने

4. निम्न को इनमें उपस्थित अन्तराअणुक आकर्षण बलों के बढ़ते क्रम में व्यवस्थित करें।
पत्थर, तेल, नाइट्रोजन
(a) पत्थर, तेल, नाइट्रोजन
(b) नाइट्रोजन, तेल, पत्थर
(c) तेल, नाइट्रोजन, पत्थर
(d) तेल, पत्थर, नाइट्रोजन

5. **कथन I** जल में चीनी घोलने पर आयतन में कोई परिवर्तन नहीं होता है।
कथन II चीनी के कण, जल के कणों के बीच रिक्तियों में चले जाते हैं

कूट
(a) दोनों ही कथन व्यष्टित: सत्य हैं और कथन I, कथन II का सही स्पष्टीकरण है।
(b) दोनों ही कथन व्यष्टित: सत्य हैं, किन्तु कथन II कथन I का सही स्पष्टीकरण नहीं है।
(c) कथन I सत्य है, किन्तु कथन II असत्य है।
(d) कथन I असत्य है, किन्तु कथन II सत्य है।

6. निम्नलिखित में से कौन-सा एक, एक-परमाणुक (monoatomic) तत्व नहीं है?
(a) कॉपर (ताम्र) (b) हीलियम
(c) आयोडीन (d) बेरियम

7. सामान्यत: द्रव्य की अवस्थाओं के भौतिक वर्गीकरण में....... अवस्था शामिल नहीं होती है।
(a) कोलॉइडल (b) गैसीय
(c) द्रव (d) ठोस

8. ....पदार्थ की उन अवस्थाओं में से एक है, जो बहुत ही कम घनत्व वाली गैस को अत्यन्त कम तापमान के तहत ठण्डा करके प्राप्त होती है।
(a) प्लाज्मा घनीभूत
(b) प्लाज्मा
(c) बोस आईन्सटीन घनीभूत
(d) गैस

9. निम्नलिखित में से किसे 'सूखी बर्फ' कहा जाता है?
(a) आइसक्रीम में उपस्थित बर्फ
(b) अण्टार्कटिका का ठोस जल
(c) कार्बन डाइऑक्साइड की ठोस अवस्था
(d) आयनमण्डल का ठोस जल

10. किसी गैस के द्रवण (द्रव बनने) के लिए सर्वाधिक अनुकूल अवस्था निम्नलिखित में से कौन-सी है?
(a) निम्न दाब और उच्च तापमान
(b) निम्न दाब और निम्न तापमान
(c) उच्च दाब और उच्च तापमान
(d) उच्च दाब और निम्न तापमान

11. किसी द्रव पर वायुमण्डलीय दाब कम करने पर
(a) द्रव का क्वथनांक बढ़ जाता है
(b) द्रव का क्वथनांक कम हो जाता है
(c) द्रव के क्वथनांक पर कोई प्रभाव नहीं पड़ता है
(d) इसके उबलने के लिए आवश्यक समय में वृद्धि हो जाती है

12. जल के बारे में निम्नलिखित में से कौन-सा कथन सही नहीं है?
(a) द्रव जल में हाइड्रोजन आबन्ध होते हैं।
(b) जल का उच्च क्वथनांक होता है।
(c) जल की उच्च गलन-ऊष्मा होती है।
(d) जल एक अध्रुवी अणु है।

13. निम्नलिखित में से कौन-सा कथन सही है?
(a) क्वथन और वाष्पन दोनों सतही परिघटनाएँ हैं।
(b) क्वथन एक सतही परिघटना है, किन्तु वाष्पन एक स्थूल (आयतन) परिघटना है।
(c) क्वथन और वाष्पन दोनों स्थूल (आयतन) परिघटनाएँ हैं।
(d) क्वथन एक स्थूल (आयतन) परिघटना है, किन्तु वाष्पन एक सतही परिघटना है।

14. आयोडीन और पोटैशियम क्लोराइड के मिश्रण में से आयोडीन को पृथक् किया जा सकता है
(a) अवसादन द्वारा (b) छानन द्वारा
(c) ऊर्ध्वपातन द्वारा (d) आसवन द्वारा

15. निम्नलिखित में से कौन-सी पद्धति दूध से मक्खन (क्रीम) निकालने में सहायक है?
(a) आसवन (b) अभिकेन्द्रण
(c) क्रोमैटोग्राफी (d) ऊर्ध्वपातन

16. कागज वर्णलेखन (पेपर क्रोमैटोग्राफी) में निहित सिद्धान्त है
(a) अवशोषण (b) विभाजन
(c) विलेयता (d) वाष्पशीलता

17. वर्णलेखन (क्रोमैटोग्राफी) को प्रयुक्त कररके निम्नलिखित में से कौन प्रथक् नहीं किए जा सकते ?
(a) रेडियो-समस्थानिक
(b) एक रंजक से रंग
(c) किसी प्राकृतिक रंग से वर्णक
(d) रक्त से औषध

18. किसी द्रव में अविलेय अति सूक्ष्म कणों को द्रव से अलग करने के लिए निम्नलिखित में से किसका प्रयोग किया जाता है?
(a) क्रिस्टलीकरण (b) प्रभाजी आसवन
(c) अपकेन्द्रीकरण (d) निस्तारण

19. किसी भी यौगिक में तत्त्व सदैव एक निश्चित......के अनुपात में विद्यमान होते हैं।
(a) द्रव्यमान
(b) आयतन
(c) आकार
(d) उपरोक्त में से कोई नहीं

20. **कथन I** काँच एक यथार्थ यौगिक नहीं माना जाता है।
कथन II काँच का निश्चित गलनांक नहीं होता है।
कूट
(a) दोनों ही कथन व्यष्टितः सत्य हैं और कथन I, कथन II का सही स्पष्टीकरण है।
(b) दोनों ही कथन व्यष्टितः सत्य हैं, किन्तु कथन II, कथन I का सही स्पष्टीकरण नहीं है।
(c) कथन I सत्य है, किन्तु कथन II असत्य है।
(d) कथन I असत्य है, किन्तु कथन II सत्य है।

21. किसी द्रव को काँच के एक बीकर में रखा गया है। द्रव स्तम्भ द्वारा बीकर के आधार पर आरोपित दाब के सम्बन्धों में, निम्नलिखित में से कौन-सा एक कथन सही है?
(a) दाब, बीकर के आधार के क्षेत्रफ पर निर्भर करता है
(b) दाब, द्रव स्तम्भ की ऊँचाई पर निर्भर करता है
(c) दाब, द्रव के घनत्व पर निर्भर नहीं करता है।
(d) दाब, न तो बीकर के आधार के क्षेत्रफल पर निर्भर करता है, न ही द्रव स्तम्भ की ऊँचाई पर निर्भर करता है

22. निम्नलिखित में से कौन-सा एक मिश्रण नहीं है?
(a) दूध (b) नींबू पानी
(c) बर्फ (d) मिट्टी

23. हवा ....है।
(a) शुद्ध मिश्रण
(b) केवल यौगिकों का मिश्रण
(c) केवल तत्वों का मिश्रण
(d) दोनों (b) और (c)

24. दो द्रवों का एक समांगी मिश्रण है। उन्हें कैसे अलग किया जा सकता है?
(a) निस्यन्दन (छनन) द्वारा
(b) वाष्पन द्वारा
(c) आसवन द्वारा
(d) संघनन द्वारा

25. निम्नलिखित में से कौन-सा पदार्थ एक मिश्रण नहीं है?
(a) राँगा (टिन)
(b) समुद्री जल
(c) मृदा
(d) वायु

26. विज्ञान के सन्दर्भ में निम्न में से कौन-सा गुण मिश्रण का नहीं है?
(a) इसकी संरचना नियत होती है।
(b) यह दो या अधिक तत्वों अथवा यौगिकों द्वारा बनता है।
(c) इसे भौतिक तरीकों से अलग किया जा सकता है।
(d) किसी मिश्रण के घटक अपने गुणों को बनाए रखते हैं।

27. मिश्रण के बारे में निम्नलिखित कथनों पर विचार कीजिए।
1. एक पदार्थ को किसी भौतिक प्रक्रिया द्वारा अन्य प्रकार के द्रव्यों में विभक्त (पृथक्) किया जा सकता है।
2. घुले हुए सोडियम क्लोराइड को वाष्पीकरण की भौतिक प्रक्रिया द्वारा जल से पृथक् किया जा सकता है।

उपरोक्त में से कौन-सा/से कथन सही है/हैं?
(a) केवल 1
(b) केवल 2
(c) 1 और 2
(d) न तो 1 और न ही 2

28. किसी तत्व का परमाणु भार ज्ञात करने के लिए, निम्नलिखित में से किसके साथ उस तत्व के परमाणु भार की तुलना की जाती है?
(a) ऑक्सीजन (b) नाइट्रोजन
(c) हाइड्रोजन (d) कार्बन

29. यौगिक $C_6H_{12}O_4$ में
(a) प्रति मोल 22 परमाणु होते हैं
(b) C के द्रव्यमान प्रतिशत की तुलना में H का द्रव्यमान प्रतिशत दोगुना होता है
(c) H के द्रव्यमान प्रतिशत की तुलना में C का द्रव्यमान प्रतिशत छह गुना होता है
(d) O के द्रव्यमान प्रतिशत की तुलना में H का द्रव्यमान प्रतिशत तीन गुना होता है

30. किसी तत्व के तुल्यांकी भार और संयोजकता का गुणनफल बराबर होता है?
(a) वाष्प घनत्व (b) विशिष्ट ऊष्मा
(c) परमाणु भार (d) अणुभार

31. $C_2H_2O_4 \cdot 2H_2O$ में ऑक्सैलिक अम्ल का तुल्यांकी भार है
(a) 45 (b) 63
(c) 90 (d) 126

32. निम्नलिखित में से कौन-सा एक रासायनिक परिवर्तन नहीं है?
(a) दूध का जमना
(b) फल का पकना
(c) जल का वाष्पन
(d) कोयले का जलना

33. निम्नलिखित कथनों पर विचार कीजिए
I. जल का बर्फ में जमना रासायनिक परिवर्तन है।
II. अन्तराण्विक संघटन में उत्पन्न परिवर्तन रासायनिक परिवर्तन है।
III. किसी रासायनिक परिवर्तन में नए पदार्थ प्राप्त होते हैं।
IV. आकृति, माप और अवस्था में परिवर्तन रासायनिक परिवर्तन है।

उपरोक्त दिए गए कथनों में से कौन-से सही हैं?
(a) I और II (b) II और III
(c) I और III (d) I और IV

34. **कथन I** द्रव्य में भौतिक परिवर्तन इसके संघटन और प्रकृति में परिवर्तन लाते हैं।
कथन II भौतिक परिवर्तन में अवस्थाओं तथा रंग में अन्तः परिवर्तन होता है।

कूट

(a) दोनों ही कथन व्यष्टितः सत्य हैं और कथन I, कथन II का सही स्पष्टीकरण है।

(b) दोनों ही कथन व्यष्टितः सत्य हैं, किन्तु कथन II, कथन I का सही स्पष्टीकरण नहीं है।

(c) कथन I सत्य है, किन्तु कथन II असत्य है।

(d) कथन I असत्य है, किन्तु कथन II सत्य है।

35. वर्णलेखन (chromatography) निम्न में से किस पर आधारित है?

(a) विभिन्न माध्यमों में विभिन्न पदार्थों की भिन्न विलेयताओं पर

(b) समान माध्यम में विभिन्न पदार्थों की समान विलेयताओं पर

(c) समान माध्यम में विभिन्न पदार्थों की भिन्न विलेयताओं पर

(d) (a) और (b) दोनों

36. द्रव्यमान संरक्षण के नियम के बारे में निम्नलिखित कथनों में से कौन-सा सही है?

(a) किसी यौगिक में तत्वों का अनुपात सदैव एक समान ही होता है।

(b) जब किसी अभिक्रिया में गैसें संयुक्त होती हैं, तो वे आयतन के साधारण अनुपात में मिश्रित होती है, बशर्ते कि सभी गैसें सामान्य ताप पर हों

(c) द्रव्य को न तो उत्पन्न किया जा सकता है और न ही नष्ट किया जा सकता है।

(d) समान ताप और दाब पर सभी गैसों के समान आयतनों में अणुओं की संख्या बराबर होती है।

37. STP पर गैस के एक मोल में कितने परमाणु होते हैं?

(a) 6.023×10^{20}

(b) 6.023×10^{23}

(c) 6.023×10^{-23}

(d) 6.023×10^{-20}

उत्तरमाला

1. (d)	2. (c)	3. (b)	4. (b)	5. (c)	6. (c)	7. (a)	8. (c)	9. (c)	10. (d)
11. (b)	12. (d)	13. (d)	14. (c)	15. (b)	16. (b)	17. (a)	18. (d)	19. (c)	20. (a)
21. (b)	22. (c)	23. (d)	24. (c)	25. (a)	26. (a)	27. (b)	28. (d)	29. (c)	30. (d)
31. (b)	32. (c)	33. (b)	34. (d)	35. (c)	36. (c)	37. (b)			

अध्याय 02

परमाणु संरचना
(Atomic Structure)

19वीं शताब्दी तक यह माना जाता रहा कि परमाणु सबसे छोटा कण है। परमाणु की संरचना को समझानें तथा इसके मुख्य गुणों को स्पष्ट करने के लिए शृंखलागत प्रयोग किए गए। इन प्रयोगों ने परमाणु के अवपरमाण्विक कणों में विभाज्यता का संकेत दिया और दिखाया कि परमाणु का एक निश्चित आन्तरिक विन्यास (internal configuration) और संघटन होता है।

डाल्टन का परमाणु सिद्धान्त
(Dalton's Atomic Theory)

सन् 1808 में जॉन डाल्टन ने 'A New System of Chemical Philosophy' नामक पुस्तक प्रकाशित की। *उसमें इन्होंने निम्न सिद्धान्त प्रस्तुत किए*

(i) प्रत्येक द्रव्य अति सूक्ष्म कणों से मिलकर बना होता है, जिसे परमाणु कहते हैं।

(ii) एक ही तत्व के परमाणु, द्रव्यमान एवं अन्य सभी गुणों में समान होते हैं। भिन्न-भिन्न तत्वों के परमाणु भार एवं द्रव्यमान भिन्न-भिन्न होते हैं।

(iii) एक से अधिक तत्वों के परमाणुओं के निश्चित अनुपात में संयोजन से यौगिक बनते हैं।

(iv) रासायनिक अभिक्रियाओं में परमाणु पुनर्व्यवस्थित होते हैं। रासायनिक अभिक्रियाओं में न तो उन्हें बनाया जा सकता है न ही नष्ट किया जा सकता है।

(v) डाल्टन के परमाणु सिद्धान्त ने रासायनिक संयोजन के नियमों की व्याख्या की।

डाल्टन के परमाणु सिद्धान्त की कमियाँ
(Demerits of Dalton's Atomic Theory)

डाल्टन के परमाणु सिद्धन्त में निम्न कमियाँ पाई गई

(i) परमाणु लम्बे समय तक अविनाशी (अविभाज्य) नहीं है। इलेक्ट्रॉन, प्रोटॉन और न्यूट्रॉन परमाणु के मुख्य घटक हैं।

(ii) एक ही तत्व के परमाणुओं का भार कुछ भिन्न हो सकता है। (समस्थानिक)

(iii) भिन्न-भिन्न तत्वों के परमाणुओं के भार समान हो सकते हैं। (समभारिक)

(iv) समान प्रकार के परमाणुओं से बने पदार्थों के गुण भिन्न हो सकते हैं।

(v) वह अनुपात जिसमें विभिन्न परमाणु संयोग करके यौगिक बनाते हैं, स्थिर और अविभाज्य हो सकता है परन्तु, सरल नहीं हो सकता है।

अवपरमाण्विक कण और इनके गुणधर्म
(Subatomic Particles and their Properties)

- डाल्टन का परमाणु सिद्धान्त अधिक समय तक नहीं चल सका। अनुसन्धानकर्ताओं *जैसे* जे जे थॉमसन (1897), रदरफोर्ड (1911), नील्स बोर (1912), वेक्टर, चैडविक, मोसले, आदि ने प्रयोगों द्वारा यह सिद्ध किया कि परमाणु कई प्रकार के अतिसूक्ष्म कणों *जैसे* इलेक्ट्रॉन, प्रोटॉन, न्यूट्रॉन, पॉजिट्रान, न्यूट्रिनो, मेसॉन, आदि से मिलकर बना है जिन्हें अवपरमाण्विक कण कहते हैं।
- यद्यपि प्रथम तीन कणों को **मूलभूत कण** (fundamental particles) माना जाता है तथा बाद वाले कण सूक्ष्म कण विनिमय क्रियाविधि के दौरान केवल थोड़े समय के लिए प्रकट होते हैं। अत: ये मूलभूत कण नहीं हैं।

मौलिक कण (Fundamental Particles)

इलेक्ट्रॉन, प्रोटॉन और न्यूट्रॉन परमाणु के मौलिक कण है, जिनकी खोज और गुण इस प्रकार हैं

(a) **इलेक्ट्रॉन की खोज** ($_{-1}e^0$) (Discovery of Electron) इलेक्ट्रॉन की खोज जे जे थॉमसन द्वारा सन् 1897 में कैथोड किरण प्रयोग में की गई। इस प्रयोग में जब विसर्जन नलिका में दाब को निर्वातन द्वारा 10^{-6} वायु पर नियन्त्रित करके उच्च वोल्टता लागू की गई, तो कैथोड से ऋणावेशित कणों की धारा, जिन्हें **इलेक्ट्रॉन** कहते हैं, आरम्भ हुई। इन किरणों को **कैथोड किरणें** (cathode rays) कहा गया।

कैथोड किरणों के निम्नलिखित लक्षण हैं

(i) ये किरणें स्वयं दिखाई नहीं देती परन्तु इनके व्यवहार को गैसों तथा कुछ स्फुरदीप्त (fluorescent) तथा प्रतिदीप्त

(phosphorescent) पदार्थों की उपस्थिति में देखा जा सकता है। (टेलीविजन चित्र नलिका कैथोड नलिका होती है)।

(ii) विद्युत और चुम्बकीय क्षेत्रों की उपस्थिति में कैथोड किरणों का व्यवहार ऋणावेशित कणों, जिन्हें इलेक्ट्रॉन कहते हैं, के अपेक्षित व्यवहार के समान होता है।

(iii) **आर ए मिलिकन** ने **तेल बूँद प्रयोग** (oil drop experiment) द्वारा इलेक्ट्रॉन पर आवेश, -1.602×10^{-19}C ज्ञात किया।

(iv) जे जे थॉमसन ने इलेक्ट्रॉन का द्रव्यमान 9.11×10^{-31} kg निर्धारित किया। परमाणु के तीनों मूलभूत कणों में इलेक्ट्रॉन सबसे हल्का है।

(v) थॉमसन ने इलेक्ट्रॉन के लिए e/m का मान 1.76×10^{18} C/g निर्धारित किया।

(vi) इलेक्ट्रॉन के लिए e/m का मान गैस की प्रकृति और प्रयुक्त इलेक्ट्रोड पर निर्भर नहीं करता है। अत: इलेक्ट्रॉन सभी प्रकार के पदार्थों का मूलभूत कण है।

(b) **प्रोटॉन ($^1_1$H) की खोज** (Discovery of Proton) इलेक्ट्रॉन के पहचाने जाने से पूर्व ही ई **गोल्डस्टीन** ने सन् 1886 में एक नए विकिरण की खोज की जिसे उन्होंने **केनाल रे** (canal ray) का नाम दिया। ये किरणें धनावेशित विकिरण थीं, जिसके द्वारा अंतत: दूसरे अवपरमाणुक कणों की खोज हुई। इस अवपरमाणुक कण पर आवेश इलेक्ट्रॉन के आवेश के बराबर, किन्तु विपरीत था। इसे **प्रोटॉन** नाम **रदरफोर्ड** ने सन् 1919 में दिया। प्रोटॉन का द्रव्यमान 1.67×10^{-27} kg जबकि इस पर आवेश $+1.6 \times 10^{-19}$C होता है।

- इलेक्ट्रॉन का द्रव्यमान नगण्य तथा इस पर आवेश *– 1* माना जाता है।
- प्रोटॉन का द्रव्यमान एक इकाई तथा इस पर आवेश *+1* माना जाता है।
- न्यूट्रॉन का द्रव्यमान 1.67×10^{-27} kg (लगभग प्रोटॉन के बराबर) होता है।
- हाइड्रोजन अर्थात् प्रोटियम के परमाणु में न्यूट्रॉन नहीं होते हैं।
- आधुनिक परमाणु सिद्धान्त के जन्मदाता जॉन डाल्टन को माना जाता है।
- स्केनिंग टनेलिंग माइक्रोस्कोप (scanning tunneling microscope) का प्रयोग करके परमाणुओं को देखा जा सकता है।
- उत्कृष्ट गैसों को छोड़कर सभी के परमाणु अभिक्रियाशील होते हैं।
- हीलियम (He) का परमाणु सबसे छोटा होता है। इसकी त्रिज्या 32×10^{-12} मी होती है, जबकि सीजियम (Cs) का परमाणु सबसे बड़ा होता है और इसकी त्रिज्या 225×10^{-12} मी होती है।
- भारतीय और ग्रीक दार्शनिकों (400 BC) ने परमाणु के अस्तित्व का प्रतिपादन किया था।

(c) **न्यूट्रॉन (^1_0n) की खोज** (Discovery of Neutron) नाभिक पर धनावेश इसमें उपस्थित धनावेशित कण प्रोटॉनों के कारण होता है। लेकिन नाभिक का द्रव्यमान केवल प्रोटॉनों के कारण नहीं होता। सन् 1932 में **चैडविक** ने बेरीलियम पर α-कणों के प्रहार से एक ओर अवपरमाणुक कण जिसे **न्यूट्रॉन** कहा गया, की खोज की। न्यूट्रॉन विद्युत उदासीन कण है अर्थात् इस पर आवेश नहीं होता है। इसका द्रव्यमान प्रोटॉन की अपेक्षा हल्का सा अधिक है।

अस्थाई मौलिक कण (Non-Fundamental Particles)

इलेक्ट्रॉन, प्रोटॉन और न्यूट्रॉन के अलावा दूसरे कणों को अस्थाई मौलिक कण कहा जाता है।

(a) **पॉजिट्रॉन** (Positron) सन् 1932 में इसकी खोज **एण्डरसन** ने की थी। यह इलेक्ट्रॉन का प्रतिकण (antiparticle) है। यह धनावेशित कण है इसका द्रव्यमान इलेक्ट्रॉन के द्रव्यमान के बराबर है। इसका प्रतीक e^+ है।

(b) **एन्टीप्रोटॉन** (Antiproton) यह प्रोटॉन का प्रतिकण है। इसकी खोज सन् 1955 में सीगर ने की थी। इस पर आवेश $-e$ है और इसका द्रव्यमान प्रोटॉन के द्रव्यमान के बराबर है। इसका प्रतीक p है।

प्रत्येक मौलिक कण के लिए कुछ गुणों में विपरीत वाला समान मौलिक कण पाया जाता है। जिसे **प्रतिकण** (antiparticle) कहते हैं। उदाहरण इलेक्ट्रॉन तथा पॉजिट्रॉन सभी दृष्टि से समान है,परन्तु दोनों पर विपरीत आवेश होता है। अत: पाजिट्रॉन, इलेक्ट्रॉन का प्रतिकण है।

(c) **न्यूट्रिनो तथा एन्टिन्यूट्रिनो** (Neutrino and Antineutrino) सन् 1930 में पाउली ने रेडियो सक्रिय नाभिक से β-कण के उत्सर्जन की व्याख्या करते समय इन कणों की भविष्यवाणी की थी। लेकिन वास्तव में ये कण प्रायोगिक तौर पर सन् 1956 में ज्ञात हुए। ये द्रव्यमान और आवेश रहित मूल कण हैं। (द्रव्यमान और आवेश दोनों शून्य) लेकिन ऊर्जा और संवेग इनमें होता है। न्यूट्रिनों तथा एन्टिन्यूट्रिनों के चक्रण एवं रेखीय संवेग की दिशाएँ एक दूसरे के विपरीत होते हैं। अत: ये आपस में एक दूसरे के प्रतिकण (antiparticle) है। इनका प्रतीक ν हैं।

(d) **पाई मेसॉन** (Pi-meson) इनके अस्तित्व की भविष्यवाणी **युकावा** ने सन् 1935 में की थी। लेकिन वास्तव में ये कॉस्मिक किरणों में सन् 1947 में खोजा गया। नाभिकीय बलों की व्याख्या न्यूक्लिऑनों के मध्य π-मेसॉन के विनिमय द्वारा की जाती है। π-मेसॉन तीन प्रकार के होते हैं। धनात्मक π-मेसॉन (π^+), ऋणात्मक π-मेसॉन (π^-) तथा उदासीन π-मेसॉन (π^0)। π^+ का द्रव्यमान इलेक्ट्रॉन के द्रव्यमान का 274 गुना होता है। तथा π^0 का द्रव्यमान इलेक्ट्रॉन के द्रव्यमान का 264 गुना होता है।

(e) **क्वार्क और बोसॉन** (Quark and Boson) वे बुनियादी कण जिनसे दूसरे भारी अवपरमाण्विक कण *जैसे* प्रोटॉन, न्यूट्रॉन, आदि बने हैं, क्वार्क कहलाते हैं। इन पर भिन्नात्मक आवेश (fractional charge) होता है। बोसॉन वे कण है जिनके घूर्णनों की संख्या पूर्णांक होती हैं।

$$\text{बोसॉन} \longrightarrow \text{मेसॉन} + \text{फोटॉन}$$

- π–मेसॉन, बोसॉन और क्वार्क किसी मौलिक कण के प्रतिकण नहीं हैं।
- किसी परमाणु में इनका श्रेणीकरण इनके द्रव्यमानों के आधार पर किया जाता है।
- विशेष रूप से प्रोटॉन तथा न्यूट्रॉन दोनों तीन क्वार्कों से मिलकर बने हैं।

पूर्व परमाणु मॉडल (Earlier Atomic Models)

किसी परमाणु में आवेशित कण *जैसे* इलेक्ट्रॉन, प्रोटॉन तथा न्यूट्रॉन के वितरण की व्याख्या करने के लिए विभिन्न परमाणु मॉडल प्रस्तावित किये गए।

थॉमसन का परमाणु मॉडल (Thomson's Atomic Model)

थॉमसन ने परमाणु संरचना से सम्बन्धित एक मॉडल, जो कि क्रिसमस पुडिंग के समान था, प्रस्तुत किया।

थॉमसन ने प्रस्तावित किया कि

(i) परमाणु धनावेशित गोले का बना होता है और इलेक्ट्रॉन उसमें उपस्थित होते हैं।

(ii) ऋणात्मक और धनात्मक आवेश परिमाण में समान होते हैं। इसलिए परमाणु विद्युतीय रूप से उदासीन होते हैं।

कमियाँ (Drawbacks) यद्यपि यह मॉडल परमाणु की विद्युत उदासीनता को स्पष्ट करता था लेकिन दूसरे वैज्ञानिकों के प्रयोगों के परिणामों (*जैसे* α-कण प्रकीर्णन प्रयोग) को इस मॉडल द्वारा नहीं समझाया जा सकता है।

रदरफोर्ड का परमाणु मॉडल

(Rutherford's Atomic Model)

रदरफोर्ड और उसके विद्यार्थियों ने (हेंस गीगर और अर्नेस्ट मार्सडेन) सन् 1911 में α-**कण प्रकीर्णन प्रयोग** किया। जिसमें उन्होंने सोने की पतली पन्नी पर α-कणों की बौछार की। प्रेक्षणों और परिणामों के आधार पर रदरफोर्ड ने परमाणु का नाभिकीय मॉडल प्रस्तुत किया। *इस मॉडल के अनुसार*

(i) परमाणु का केन्द्र धनावेशित होता है, जिसे **नाभिक** (nucleus) कहा जाता है। परमाणु का लगभग सम्पूर्ण द्रव्यमान नाभिक में होता है। अर्थात् प्रोटॉन और न्यूट्रॉन नाभिक में भरें होते हैं।

(ii) इलेक्ट्रॉन नाभिक के चारों ओर वृत्ताकार पथों, जिन्हें कक्षा (orbit) कहा जाता है, में चक्कर लगाते हैं। इस प्रकार परमाणु का अधिकांश भाग रिक्त होता है।

(iii) नाभिक का आकार परमाणु के आकार की तुलना में काफी कम होता है।

कमियाँ (Drawbacks) कलार्क मैक्सवेल के विद्युत गतिकी (electrodynamics) के सिद्धान्त के अनुसार, यदि किसी गतिशील विद्युत आवेशित कण को त्वरित किया जाए तो उससे ऊर्जा का विकिरण होगा। इस प्रकार घूमते हुए इलेक्ट्रॉन की ऊर्जा घटती जाएगी। यह नाभिक के पास और पास आयेगा और अन्तत: नाभिक में गिर जाएगा। यदि ऐसा होता है, तो परमाणु को बहुत अधिक अस्थाई होना चाहिए। अत: यह मॉडल परमाणु के स्थायित्व तथा नाभिक के चारों ओर इलेक्ट्रॉन के वितरण की व्याख्या नहीं कर सका।

बोर का परमाणु मॉडल (Bohr's Atomic Model)

बोर के अनुसार, अवपरमाण्विक कणों के विषय में पुराने पारम्परिक नियम वैद्य नहीं रह सकते हैं। रदरफोर्ड के मॉडल पर उठी आपत्तियों को दूर करने के लिए **नील्स बोर** (1913) ने **मैक्स प्लांक** के **क्वाण्टम सिद्धान्त** का उपयोग किया और प्लांक क्वाण्टम सिद्धान्त के आधार पर परमाणु मॉडल के विषय में निम्न अवधारणाएँ प्रस्तुत की।

(i) इलेक्ट्रॉन लगातार बिना ऊर्जा खोए अपनी अनुमत कक्षाओं (respective orbits) में घूमते रहते हैं। इस प्रकार प्रत्येक कक्षा की ऊर्जा की मात्रा निश्चित होती है। अत: इन्हें **ऊर्जा स्तर** (energy level) भी कहते हैं।

चित्र में एक परमाणु के ऊर्जा स्तरों को दिखाया गया है

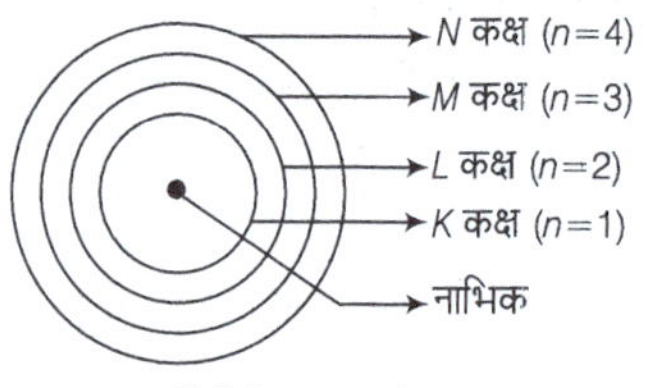

परमाणु में विभिन्न ऊर्जा स्तर

इन कक्षाओं या (कोशों) को K, L, M, N.... अक्षरों या संख्याओं 1, 2, 3, 4.... से प्रदर्शित किया जाता है।

(ii) कूलॉम के नियामानुसार, इलेक्ट्रॉन और नाभिक के मध्य स्थिर विद्युत आकर्षण बल घूमते इलेक्ट्रॉन के लिए आवश्यक अपकेन्द्र बल को प्रतिसन्तुलित कर देते हैं।

(iii) इलेक्ट्रॉन केवल उन्हीं कक्षों में घूम सकता है, जिनमें कोणीय संवेग (mvr) का मान $\frac{h}{2\pi}$ का पूर्णांक गुणक होगा।

$$mvr = \frac{nh}{2\pi}; \quad n = 1, 2, 3, ...$$

(iv) किसी परमाणु द्वारा ऊर्जा का अवशोषण या उत्सर्जन केवल तभी किया जाता है जब इलेक्ट्रॉन एक ऊर्जा स्तर से दूसरे ऊर्जा स्तर तक जाता है।

$$\Delta E = E_2 - E_1 = \frac{hc}{\lambda}$$

जहाँ, $E_2 = n = 2$ स्तर की ऊर्जा

$E_1 = n = 1$ स्तर की ऊर्जा

कक्षा की त्रिज्या जितनी अधिक होगी, ऊर्जा का मान भी उतना अधिक होगा।

कमियाँ (Drawbacks)

(i) यह मॉडल हाइड्रोजन के अलावा अन्य परमाणुओं से स्पेक्ट्रम की व्याख्या करने में असफल रहा। उदाहरण के लिए, हीलियम परमाणु जिसमें केवल दो इलेक्ट्रॉन हैं।

(ii) यह **जीमान प्रभाव** (चुम्बकीय क्षेत्र में स्पेक्ट्रमी रेखाओं का विपाटन) और **स्टार्क प्रभाव** (विद्युत क्षेत्र में स्पेक्ट्रमी रेखाओं का विपाटन) को स्पष्ट करने में असफल रहा।

(iii) यह परमाणुओं के रासायनिक आबन्धों द्वारा अणु बनाने की योग्यता की व्याख्या नहीं कर सका।

परमाणु के अभिलक्षण

(Characteristics of an Atom)

परमाणु संख्या और द्रव्यमान संख्या किसी परमाणु के अभिलाक्षणिक गुण होते हैं।

जिनका वर्णन नीचे दिया गया है

परमाणु संख्या या परमाणु क्रमांक (Atomic Number) (Z)

यह किसी तत्व का मौलिक अभिलक्षण है। एक परमाणु के नाभिक में उपस्थित प्रोटॉनों की संख्या उसकी परमाणु संख्या को बताती है। इसे Z से निरूपित करते हैं। परमाणु की उदासीनता को बनाए रखने के लिए किसी परमाणु में प्रोटॉनों की संख्या इलेक्ट्रॉनों की संख्या के बराबर होती है। *उदाहरण* ऑक्सीजन परमाणु में 8 इलेक्ट्रॉन और 8 न्यूट्रॉन होते हैं। अत: इसकी परमाणु संख्या 8 है।

परमाणु संख्या (Z) = नाभिक में प्रोटॉनों की संख्या

= परमाणु में इलेक्ट्रॉनों की संख्या

मोसले का नियम (Moseley's Law)

मोसले ने दर्शाया कि, परमाणु द्रव्यमान की तुलना में किसी तत्व का परमाणु क्रमांक उस तत्व के गुणों को दर्शाने में अधिक सक्षम है। उन्होंने तत्वों के अभिलाक्षणिक गुणों की तुलना सरल वक्रों की सहायता से

परमाणु द्रव्यमान और परमाणु संख्या के साथ अलग अलग की और इस निष्कर्ष पर पहुँचे कि परमाणु संख्या के पक्ष में परिणाम अधिक यथार्थ और परिशुद्ध हैं।

द्रव्यमान संख्या (Mass Number) (A)

नाभिक में उपस्थित प्रोटॉनों तथा न्यूट्रॉनों की कुल संख्या अर्थात् न्यूक्लिऑनों की संख्या को परमाणु की द्रव्यमान संख्या (A) कहते हैं। *उदाहरण* ऑक्सीजन में 8 प्रोटॉन और 8 न्यूट्रॉन होते हैं। अत: इसकी द्रव्यमान संख्या 16 है।

द्रव्यमान संख्या (A) = प्रोटॉनों की संख्या (p) + न्यूट्रॉनों की संख्या (n)

= परमाणु संख्या (Z) + न्यूट्रॉनों की संख्या (n)

$\therefore$ न्यूट्रॉनों की संख्या (n) = $A - Z$

जहाँ, A = द्रव्यमान संख्या तथा Z = परमाणु संख्या
किसी परमाणु (X) को इस प्रकार ${}^{A}_{Z}X$ निरूपित करते हैं

- प्रोटॉनों और न्यूट्रॉनों को सम्मिलित रूप से न्यूक्लिऑन (nucleons) भी कहते हैं।
- जब इलेक्ट्रॉनों की संख्या प्रोटॉनों की संख्या की अपेक्षा अधिक होती है, तो परमाणु पर ऋणावेश आ जाता है इसे **ऋणायन** (anion) कहते हैं। इसी प्रकार जब इलेक्ट्रॉनों की संख्या प्रोटॉनों की संख्या की अपेक्षा कम होती है, तो परमाणु पर धनावेश आ जाता है, इसे **धनायन** (cation) कहते हैं।

विभिन्न परमाण्विक स्पीशीज (Different Atomic Species)

परमाणु अनेक रूपों में मिलते हैं, जो इस प्रकार हैं

समस्थानिक (Isotopes)

- आइसोटोप शब्द की उत्पत्ति ग्रीक शब्द '*आइसोस*' (*isos* अर्थ समान) तथा '*टोपोस*' (*topos* अर्थ स्थान), जिसका अर्थ 'समान स्थान' से हुई। समस्थानिकों को इस प्रकार परिभाषित किया जा सकता है, एक ही तत्व के परमाणु जिनमें प्रोटॉनों या इलेक्ट्रॉनों की संख्या समान (अर्थात् परमाणु संख्या) लेकिन न्यूट्रॉनो की संख्या भिन्न (द्रव्यमान संख्या) होती है।
- *उदाहरण* ${}^{1}_{1}H$ (प्रोटियम), ${}^{2}_{1}H$ (ड्यूटीरियम) तथा ${}^{3}_{1}H$ (ट्राइटियम-रेडियोऐक्टिव) हाइड्रोजन के समस्थानिक हैं। ${}^{12}_{6}C$, ${}^{13}_{6}C$ और ${}^{14}_{6}C$ कार्बन के समस्थानिक हैं। किसी तत्व के समस्थानिकों में इलेक्ट्रॉनों की संख्या समान होती है। अत: आवर्त सारणी में समान स्थान प्राप्त करते हैं। इनके रासायनिक गुण समान लेकिन भौतिक गुणधर्म भिन्न होते हैं।
- हाइड्रोजन केवल ऐसा तत्व है जिसके समस्थानिकों के नाम भिन्न-भिन्न हैं।
- पोलोनियम के समस्थानिकों की संख्या सर्वाधिक है।

समभारी (Isobars)

यह ग्रीक शब्द *आइसोस* (*isos* अर्थ समान) तथा *बेरोस* (*baros* अर्थ भार), जिसका अर्थ 'समान भार' है से लिया गया है। विभिन्न तत्वों के परमाणु जिनकी द्रव्यमान संख्या (A) समान लेकिन परमाणु संख्या (Z) भिन्न होती है, समभारी कहलाते हैं।

उदाहरण ${}^{40}_{16}S, {}^{40}_{17}Cl, {}^{40}_{18}Ar, {}^{40}_{19}K, {}^{40}_{20}Ca$ में न्यूक्लिऑनों की संख्या अर्थात् द्रव्यमान संख्या समान लेकिन परमाणु संख्या भिन्न है। भौतिक गुण द्रव्यमान संख्या पर निर्भर करते हैं, जो समभारी में समान होते हैं। क्योंकि आवर्त सारणी का दीर्घ स्वरूप परमाणु संख्या पर आधारित है। अत: इस सारणी में समभारियों को अलग रखा गया है।

कृत्रिम समभारी रेडियों सक्रिय तत्वों से β-कणों के उत्सर्जन के फलस्वरूप प्राप्त होते हैं।

समन्यूट्रॉनिक (Isotones)

ये रासायनिक रूप से भिन्न तत्वों के परमाणु है। जिनकी परमाणु संख्या एवं द्रव्यमान संख्या दोनों भिन्न-भिन्न है किन्तु जिनके नाभिक में न्यूट्रॉनों की संख्या समान है।

उदाहरण ${}^{23}_{11}Na$ व ${}^{24}_{12}Mg$ समन्यूट्रॉनिक है क्योंकि प्रत्येक में 12 न्यूट्रॉन हैं। इसी प्रकार ${}^{31}_{15}P$ व ${}^{30}_{14}Si$ समन्यूट्रॉनिक है क्योंकि प्रत्येक में 16 न्यूट्रॉन हैं।

आइसोडायफर (Isodiaphers)

रासायनिक रूप से भिन्न तत्वों के परमाणु जिनमें न्यूट्रॉनों और प्रोटॉनों की संख्या का अन्तर समान होता है आइसोडायफर कहलाते हैं। *उदाहरण* ${}^{239}_{94}Pu$ व ${}^{235}_{92}U$ आइसोडायफर है।

परमाणु के संरचनात्मक लक्षण (Structural Features of an Atom)

वर्तमान परिप्रेक्ष्य में परमाणु के संरचनात्मक लक्षण इस प्रकार हैं

कोश तथा उपकोश (Shell and Subshell)

विभिन्न तथा निश्चित ऊर्जाओं वाले वृत्ताकार पथ जिनमें इलेक्ट्रॉन घूमते हैं, कोश कहलाते हैं। सबसे आन्तरिक कोश की उर्जा सबसे कम तथा बाह्यतम कोश की ऊर्जा सर्वाधिक होती है। विभिन्न कोशों को (निम्न से उच्च ऊर्जा) निरूपित करने के लिए K, L, M, N, आदि प्रतीकों का प्रयोग किया जाता है। प्रत्येक कोश या कक्षा एक या अधिक उपकोशों से बनी होती है, जो इलेक्ट्रॉन के तरंग फलन के त्रिविमीय ग्राफिक प्लॉट तथा आन्तरिक परमाणु संघटन पर आधारित है। प्रत्येक उपकोश में एक या अधिक कक्षक होते हैं। जिन्हें s, p, d, f से निरूपित करते हैं।

कोश	उपकोश	कक्षक	इलेक्ट्रॉनों की कुल संख्या
K-कोश (n = 1)	1 (केवल s)	1	2
L-कोश (n = 2)	2 (s और p)	1 + 3 = 4	8
M-कोश (n = 3)	3 (s, p और d)	1 + 3 + 5 = 9	18
N-कोश (n = 4)	4 (s, p, d और f)	1 + 3 + 5 + 7 = 16	32
O-कोश (n = 5)	5 (s, p, d और f)	1 + 3 + 5 + 7 = 16	32
P-कोश (n = 6)	6 (s, p और d)	1 + 3 + 5 = 9	18
Q-कोश (n = 7)	7 (s और p)	1 + 3 = 4	8

कक्षक (Orbitals)

किसी परमाणु के नाभिक के चारों ओर त्रिविम का वह क्षेत्र जिसमें इलेक्ट्रॉन के पाए जाने की प्रायिकता सर्वाधिक होती है, कक्षक कहलाती है। प्रत्येक कक्षक में इलेक्ट्रॉनों की संख्या निश्चित होती है। *उदाहरण* s, p, d और f-कक्षकों में उपस्थित इलेक्ट्रॉनों की अधिकतम संख्या क्रमश: 2, 6, 10 और 14 होती हैं।

कक्षकों का आकार (Shape of Orbitals)

- *s*-कक्षक गोलीय आकृति के तथा सममित विन्यास के होते हैं। *n* (मुख्य क्वाण्टम संख्या) का मान बढ़ने के साथ *s*-का आकार भी बढ़ जाता है। सभी *s*-कक्षकों के लिए, गोलीय नोडों की संख्या $(n-1)$ होती है जहाँ इलेक्ट्रॉन के पाए जाने की प्रायिकता शून्य होती है।
- *p*-कक्षक संख्या में तीन होते हैं और डम्बल की आकृति के होते हैं। डम्बल की दोनों पालियाँ (lobes) नाभिक से गुजरने वाले तल के दोनों ओर स्थित होती है। जहाँ दोनों पालियाँ एक दूसरे को स्पर्श करती हैं वहां इलेक्ट्रॉन के पाए जाने की प्रायिकता शून्य होती है।
- *d*-कक्षक संख्या में पाँच होते हैं। इनमें से चार डबल डम्बल की आकृति के होते हैं, जबकि पाँचवाँ उच्च इलेक्ट्रॉन घनत्व के कॉलर (collar) के साथ डम्बल की आकृति का होता है।

इलेक्ट्रॉनिक विन्यास : विभिन्न कोशों में इलेक्ट्रॉनों का वितरण

(Electronic Configuration: Distribution of Electrons in Different Orbits or Shells)

यह किसी परमाणु के विभिन्न कोशों, उपकोशों तथा कक्षकों में इलेक्ट्रॉनों का वितरण है।

बोर-बरी योजना (Bohr-Burry Scheme)

परमाणुओं की विभिन्न कक्षाओं में इलेक्ट्रॉनों के वितरण के लिए बोर और बरी ने सन् 1921 में सुझाव दिए।

इनके अनुसार कोशों में इलेक्ट्रॉनों का प्रवेश निम्न नियमों के अनुसार,

(i) किसी कक्षा में उपस्थित अधिकतम इलेक्ट्रॉनों की संख्या को सूत्र $2n^2$ से दर्शाया जाता है। $(n = 1, 2, 3, ...$ क्रमशः $K, L, M, ...$ कक्षा के लिए)

(ii) सबसे बाहरी कोश में इलेक्ट्रॉनों की अधिकतम संख्या 8 हो सकती है।

(iii) उपान्तिम (अन्तिम से ठीक पहली) कक्षा में आठ से अधिक इलेक्ट्रॉन नहीं हो सकते जब तक कि बाह्यतम कक्षा में दो इलेक्ट्रॉन न हो जाएँ।

(iv) बाह्यतम कक्षा में दो इलेक्ट्रॉनों से अधिक होने के लिए उपान्तिम कक्षा में 18 इलेक्ट्रॉन होने चाहिए तथा बाह्यतम कक्षा में दो इलेक्ट्रॉन होने चाहिए।

(v) किसी कक्षा में 18 इलेक्ट्रॉन होने के लिए आन्तरिक कक्षा पूर्ण भरी होनी चाहिए तथा बाह्यतम और अन्तिम कक्षा में क्रमशः 2 और 8 इलेक्ट्रॉन होने चाहिए।

(vi) कोशों में इलेक्ट्रॉन क्रमवार भरे जाते हैं (अर्थात् आन्तरिक से बाहरी)।

कुछ तत्वों के लिए विभिन्न कोशों में इलेक्ट्रॉनों का वितरण

तत्व का नाम	प्रतीक	परमाणु संख्या	इलेक्ट्रॉनों की संख्या	इलेक्ट्रॉनों का वितरण			
				K	L	M	N
हाइड्रोजन	H	1	1	1	—	—	—
हीलियम	He	2	2	2	—	—	—
बेरीलियम	Be	4	4	2	2	—	—
निऑन	Ne	10	10	2	8	—	—
सोडियम	Na	11	11	2	8	1	—
ऑर्गन	Ar	18	18	2	8	8	—
पोटैशियम	K	19	19	2	8	8	1

nl^x प्रकार योजना (nl^x Type Scheme)

यह इस प्रकार लिखा जाता है 2, 8, 8, 18, 32 या nl^x, जहाँ, n मुख्य क्वाण्टम संख्या या कोश को इंगित करता है, l द्विगंशी क्वाण्टम या उपकोश को इंगित करता है तथा x इलेक्ट्रॉनों की संख्या है।

उदाहरण $2s^2$ का अर्थ है दो इलेक्ट्रॉन द्वितीय ऊर्जा स्तर के s-उपकोश में हैं।

कक्षकों में इलेक्ट्रॉनों के भरे जाने के नियम

(Rules for Filling Electrons in the Orbitals)

विभिन्न कक्षकों में इलेक्ट्रॉन निम्न तीन नियमों द्वारा भरे जाते हैं

ऑफबाऊ सिद्धान्त (Aufbau Principle)

जर्मन भाषा में ऑफबाऊ का अर्थ है निर्माण होना। कक्षकों का निर्माण होने का अर्थ है कक्षकों का इलेक्ट्रॉनों द्वारा भरा जाना।

इस नियम के अनुसार, परमाणुओं की तलस्थ अवस्था में, कक्षकों को उनकी ऊर्जा के बढ़ते क्रम में भरा जाता है। अर्थात् इलेक्ट्रॉन पहले सबसे कम ऊर्जा वाले उपलब्ध कक्षक में जाते हैं और उनको भरने के बाद उच्च ऊर्जा वाले कक्षकों को भरते हैं।

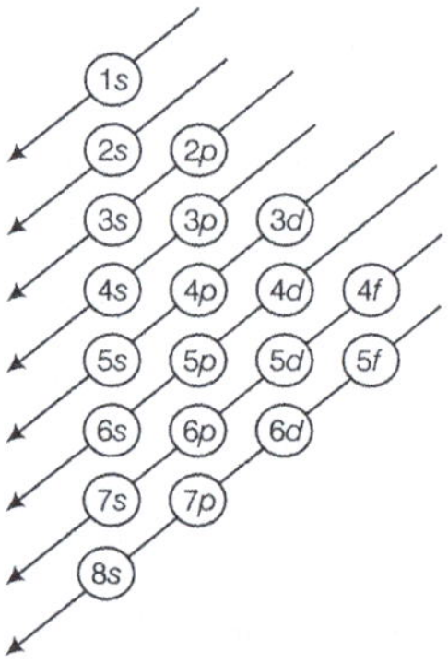

कक्षकों की ऊर्जाओं का बढता क्रम इस प्रकार है

$$1s < 2s < 2p < 3s < 3p < 4s < 3d < 4p < 5s < 4d < 5p < 6s < 4f < 5d < 6p < 7s, ...$$

इस प्रकार उच्च ऊर्जा वाले कक्षक अन्त में भरे जाते हैं। इस क्रम को नीचे दिए गए चित्र के द्वारा भी याद किया जा सकता है।

यद्यपि 5*g*, 6*g*, 6*h*, 6*f*, 7*g*, 7*h*, 7*d*, 7*f* कक्षक भी सम्भव हैं लेकिन सामान्य दशाओं में इलेक्ट्रॉन इनमें प्रवेश नहीं करते हैं।

उदाहरण

$_{11}Na = 1s^2, 2s^2 2p^6, 3s^1$; $_7N = 1s^2, 2s^2 2p^3$; $_8O = 1s^2, 2s^2 2p^4$

हुण्ड का अधिकतम बहुलता का नियम
(Hund's Rule for Maximum Multiplicity)

इस नियम के अनुसार, एक ही उपकोश के कक्षकों में इलेक्ट्रॉनों का युग्मन तब तक नहीं हो सकता है, जब तक उस उपकोश के सभी कक्षकों में एक-एक इलेक्ट्रॉन न आ जाए, क्योंकि इस प्रकार की दशा में चक्रण बहुलता अथवा स्थायित्व अधिकतम होता है लेकिन ऊर्जा निम्नतम होती है।

संयोजी और कोर इलेक्ट्रॉन (Valence and Core Electrons)

किसी परमाणु की बाह्यतम कक्षा में उपस्थित इलेक्ट्रॉनों को संयोजी इलेक्ट्रॉन कहते हैं। लेकिन परमाणु की आन्तरिक कक्षा में उपस्थित इलेक्ट्रॉनों को कोर इलेक्ट्रॉन कहते हैं।

उदाहरण Mg (12) = (2,8) (2)
कोर इलेक्ट्रॉन संयोजी इलेक्ट्रॉन

तत्वों के रासायनिक गुणधर्म तत्व की संयोजकता पर निर्भर करते हैं। जिसकी गणना इलेक्ट्रॉनो की संख्या द्वारा की जाती है यदि संयोजी इलेक्ट्रॉनों की संख्या 1, 2 या 3 है तो,

संयोजकता = संयोजी इलेक्ट्रॉनों संख्या

यदि संयोजी इलेक्ट्रॉनों की संख्या ≥ 4 है तो,

संयोजकता = 8 – संयोजी इलेक्ट्रॉनों की संख्या

संयोजी इलेक्ट्रॉनों की ऊर्जा कोर इलेक्ट्रॉनों की अपेक्षा उच्च होती है।

क्वाण्टम संख्या (Quantum Numbers)

क्वाण्टम संख्याएँ चार संख्याओं का समूह है, जो निम्न के सम्बन्ध में हमें पूर्ण जानकारी देते हैं

(i) स्थिति और ऊर्जा (अर्थात् कक्षा संख्या या कोश)
(ii) उपकोश
(iii) अभिविन्यास (उपकोश के ऑर्बिटल)
(iv) इलेक्ट्रॉन का चक्रण (इलेक्ट्रॉन के चक्रण की दिशा)

मुख्य क्वाण्टम संख्या (n) (Principal Quantum Number)

यह एक धनात्मक पूर्णांक होती है इसका मान 1, 2, 3,......, आदि हो सकता है। इससे इलेक्ट्रॉन के कोश का पता चलता है। यह अकेले ही कक्षक के आकार और ऊर्जा को निर्धारित करता है।

n का मान बढ़ने से कक्षक की ऊर्जा बढ़ जाती है। $n = 1$ दर्शाता है कि इलेक्ट्रॉन अपनी सामान्य अवस्था में है।

द्विगंशी क्वाण्टम संख्या या कोणीय संवेग क्वाण्टम संख्या (l) (Azimuthal Quantum Number or Angular Momentum Quantum Number)

यह घूमते हुए इलेक्ट्रॉन के कोणीय संवेग या उपकोश को बताती है। यह कक्षक के त्रिविमीय आकार को परिभाषित करती है।

यदि $l = 0, 1, 2, 3, 4, ...$

उपकोश $= s, p, d, f, ...$

मुख्य क्वाण्टम संख्या, n के लिए l के मान 0 से $(n-1)$ तक होते हैं।

उदाहरण यदि $n = 1$, तो $l = 0$; यदि $n = 3$, तो $l = 0, 1, 2$

चुम्बकीय क्वाण्टम संख्या (m)
(Magnetic Quantum Number)

यह समन्वय अक्ष के संगत कक्षकों के त्रिविम अभिविन्यास अर्थात् अन्तराकाश में कक्षक की दिशा के बारे में जानकारी देती है। इसका मान l के मान पर निर्भर करता है, इसका मान l के किसी एक मान के लिए $-l$ से शून्य सहित $+l$ तक के सभी पूर्णांक होते हैं।

m के कुल मान $= (2l + 1) =$ उपकोश (l) में कक्षकों की संख्या

यदि $l = 0$, तो $m = 0$ (केवल $1s$-कक्षक है)

यदि $l = 1$, तो $m = -1, 0, +1$ (तीन p-कक्षक है)

यदि $l = 2$, तो $= -2, -1, 0, +1, +2$ ($5d$-कक्षक हैं)

चक्रण क्वाण्टम संख्या (s) (Spin Quantum Number)

यह कक्षक में किसी इलेक्ट्रॉन के चक्रण को प्रदर्शित करता है। किसी इलेक्ट्रॉन के लिए दो प्रकार के चक्रण सम्भव हैं। दक्षिणावर्त (clockwise) या वामावर्त (anti-clockwise)। s के मान $+\frac{1}{2}$ या $-\frac{1}{2}$ हो सकते हैं। चक्रण करते इलेक्ट्रॉन में चक्रण कोणीय संवेग होता है। अत: किसी चुने हुए अक्ष के सापेक्ष दो अभिविन्यास हो सकते हैं। इस प्रकार एक कक्षक में दो से अधिक इलेक्ट्रॉन नहीं हो सकते हैं और इन दोनों इलेक्ट्रॉनों का विपरीत चक्रण होना चाहिए।

पाउली अपवर्जन सिद्धान्त (Pauli Exclusion Principle)

यह क्वाण्टम संख्याओं की अवधारणा की प्रस्तुति के बाद दिया गया। विभिन्न कक्षकों में भरे जाने वाले इलेक्ट्रॉनों की संख्या अपवर्जन सिद्धान्त द्वारा नियन्त्रित होती हैं, जिसे ऑस्ट्रिया के **वॉल्फगंग पाउली** नामक वैज्ञानिक ने दिया था।

इस सिद्धान्त के अनुसार, किसी परमाणु में उपस्थित दो इलेक्ट्रॉनों की चारों क्वाण्टम संख्याएँ एक समान नहीं हो सकती हैं। अर्थात् यदि दो इलेक्ट्रॉनों की तीन क्वाण्टम संख्याएँ n, l और m एक समान हैं, तो उनकी चक्रण क्वाण्टम संख्या (s) भिन्न होनी चाहिए। (यदि एक इलेक्ट्रॉन के लिए $+\frac{1}{2}$ है, तो दूसरे के लिए $-\frac{1}{2}$ होनी चाहिए) मुख्य क्वाण्टम संख्या n कोश मे अधिकतम इलेक्ट्रॉनों की संख्या $2n^2$ के बराबर होती है।

रेडियोऐक्टिवता (Radioactivity)

वे तत्व जो प्रकृति में स्वत: विघटित होते रहते हैं **रेडियोऐक्टिव तत्व** कहलाते हैं, उनसे निकलने वाली किरणें **रेडियोऐक्टिव किरणें** कहलाती हैं तथ उनका यह गुण **रेडियोऐक्टिवता** कहलाता है।

परमाणु क्रमांक 83 के बाद के सभी तत्व रेडियोऐक्टिव होते हैं।

*बैकुरेल द्वारा यूरेनियम की रेडियोऐक्टिवता की खोज हो जाने के कुछ समय बाद मैरी क्यूरी द्वारा थोरियम के रेडियोऐक्टिव गुणों की खोज हुई। 1898 ई. में मैरी क्यूरी और उनके पति पीरे क्यूरी (Pierre Curie) ने रेडियोऐक्टिव तत्व 'पोलोनियम' की खोज की। मैरी क्यूरी ने वर्ष 1902 में यूरेनियम के अयस्क पिचब्लैण्ड (U_3O_8) में एक नए तत्व रेडियम की खोज की जो यूरेनियम की अपेक्षा लगभग 30 लाख गुना अधिक रेडियोऐक्टिव है।

*वर्तमान शताब्दी में कई नए रेडियोऐक्टिव तत्वों की खोज हुई है, जिनमें रेडॉन (Rn), प्रोटोऐक्टिनियम (Pa), ऐक्टिनियम (Ac), फ्रॉन्सियम (Fr) और ऐस्टैटीन (At) प्रमुख हैं।

रेडियोऐक्टिवता परमाणु नाभिक का गुण है। रेडियोऐक्टिव तत्वों के नाभिक अस्थायी होते हैं। उनमें स्वत: विघटन (spontaneous disintegration) का गुण होता है। परमाणु नाभिक के स्वत: विघटन को रेडियोऐक्टिव विघटन (radioactive disintegration or decay) कहते हैं। परमाणु नाभिकों से बेधी किरणें (α,β,γ-किरणें) उत्सर्जित होती हैं। ये किरणें रेडियोऐक्टिव किरणें कहलाती हैं।

एल्फा, बीटा तथा गामा किरणों के गुण

क्र.सं.	गुण	α-किरणें	β-किरणें	γ-किरणें
1.	प्रकृति	ये धनावेशित होती हैं। इन पर दो इकाई धनावेश तथा चार इकाई द्रव्यमान होता है। ये साधारणतया हीलियम नाभिक हैं।	ये ऋणावेशित होती हैं। इनका आवेश इलेक्ट्रॉन के आवेश के समान तथा द्रव्यमान भी इलेक्ट्रॉन के समान होता है।	इन पर कोई आवेश या द्रव्यमान नहीं होता है। ये X-किरणों के विद्युत चुम्बकीय विकिरण के समान होती है।
2.	वेग	प्रकाश के वेग का $\frac{1}{10}$	प्रकाश के वेग का $\frac{9}{10}$	प्रकाश के वेग के बराबर
3.	भेदन क्षमता	अधिक द्रव्यमान तथा कम वेग के कारण इनकी भेदन क्षमता β तथा γ-किरणों से कम होती है। ये किरणें 0.01 सेमी मोटी ऐलुमिनियम की चादर को भेद सकती हैं।	कम द्रव्यमान तथा अधिक वेग होने के कारण इनकी भेदन क्षमता α-किरणों से अधिक तथा γ-किरणों से कम होती है। ये किरणें 0.2 सेमी मोटी ऐलुमिनियम की चादर को भेद सकती हैं।	उच्च वेग तथा अद्रव्य प्रकृति के कारण इनकी भेदन क्षमता α तथा β-किरणों से अधिक होती है। ये किरणें 100 सेमी मोटी ऐलुमिनियम की चादर को भेद सकती हैं।
4.	गतिज ऊर्जा	उच्च	मध्यम	बहुत कम
5.	आयनन क्षमता	इनकी गैसों को आयनित करने की क्षमता β-किरणों से 100 गुना तथा γ-किरणों से 10,000 गुना अधिक होती है।	इनकी गैसों को आयनित करने की क्षमता α-किरणों से 100 गुना कम तथा γ-किरणों से 100 गुना अधिक होती है।	इनकी गैसों को आयनित करने की क्षमता α-किरणों से 10,000 गुना तथा β-किरणों से 100 गुना कम होती है।
6.	चुम्बकीय क्षेत्र में विचलन	चुम्बकीय क्षेत्र में ये उत्तरी ध्रुव की ओर मुड़ जाती हैं। अधिक द्रव्यमान होने के कारण चुम्बकीय क्षेत्र में इनका विचलन β-किरणों की तुलना में कम होता है।	चुम्बकीय क्षेत्र में ये दक्षिणी ध्रुव की ओर मुड़ जाती हैं। कम द्रव्यमान होने के कारण चुम्बकीय क्षेत्र में इनका विचलन γ-किरणों की तुलना में अधिक होता है।	आवेशहीन होने के कारण इन पर चुम्बकीय क्षेत्र पर कोई प्रभाव नहीं पड़ता है।
7.	फोटोग्राफिक प्लेट पर प्रभाव	काला कर देती हैं।	काला कर देती हैं।	काला कर देती हैं।
8.	जिंक सल्फाइड की प्लेट पर प्रभाव	प्रतिदीप्ति उत्पन्न करती हैं।	प्रतिदीप्ति उत्पन्न करती हैं।	प्रतिदीप्ति उत्पन्न करती हैं।

अभ्यास प्रश्न

1. पदार्थ का परमाणु सिद्धान्त किसने प्रतिपादित किया था?

(a) आवोगाद्रो (b) डाल्टन
(c) न्यूटन (d) पास्कल

2. इलेक्ट्रॉन की खोज किसने की थी?

(a) ई. गोल्डस्टीन (b) जे. जे. थॉमसन
(c) अर्नेस्ट रदरफोर्ड (d) जेम्स. चैडविक

3. न्यूट्रॉन की खोज किसने की थी?

(a) जैम्स चैडविक (b) अर्नेस्ट रदरफोर्ड
(c) जे जे थॉमसन (d) जॉन डाल्टन

4. ....वह सूक्ष्म अणु है जिसके पास कोई विद्युत आवेश नहीं होता है।

(a) इलेक्ट्रॉन (b) प्रोटॉन
(c) न्यूट्रॉन (d) ये सभी

5. एक परमाणु की परमाणु संख्या क्या होती है, जिसमें 10 प्रोटॉन और 11 न्यूट्रॉन होते हैं?

(a) 1 (b) 10
(c) 11 (d) 21

6. कार्बन के 1 परमाणु में 6 प्रोटॉन होते हैं। इसकी द्रव्यमान संख्या 12 होती है। कार्बन के 1 परमाणु में कितने न्यूट्रॉन होते हैं?

(a) 12 (b) 6
(c) 10 (d) 14

7. निम्नलिखित में से कौन धनावेशित नहीं है?

(a) अल्फा कण (b) प्रोटॉन
(c) हीलियम नाभिक (d) इलेक्ट्रॉन

8. कैथोड़ किरणों के सम्बन्ध में निम्नलिखित में से कौन-सा कथन सही नहीं है?

(a) कैथोड़ किरणों के कण इलेक्ट्रॉन होते है।
(b) कैथोड़ किरणों के कण ऐनोड से आरम्भ होकर कैथोड़ की ओर चलते है।
(c) विद्युत और चुम्बकीय क्षेत्र की अनुपस्थिति में, कैथोड़ किरणें सरल रेखा में चलती है।
(d) दूरदर्शन (टेलीविजन) की चित्र नलिकाएँ (पिक्चर ट्यूब्स) कैथोड़ किरण नलिकाएँ होती है।

9. निम्नलिखित कथनों में से कौन-सा सही नहीं है?

(a) विभिन्न तत्वों के परमाणुओं की द्रव्यमान संख्याएँ समान हो सकती हैं।
(b) किसी तत्व के परमाणुओं की द्रव्यमान संख्याएँ भिन्न-भिन्न हो सकती हैं।
(c) किसी तत्व के सभी परमाणुओं में प्रोटॉनों की संख्या समान होती है।

(d) किसी तत्व के सभी परमाणुओं में न्यूट्रॉनों की संख्या सदैव समान होगी।

10. रदरफोर्ड का प्रकीर्णन प्रयोग (scattering experiment) किसकी पुष्टि करता है?
(a) सभी पदार्थों में परमाणुओं की
(b) परमाणुओं में इलेक्ट्रॉनों की
(c) परमाणुओं में न्यूट्रॉनों की
(d) परमाणुओं में नाभिक की

11. निम्नलिखित कथनों में से कौन-सा एक सही है?
(a) रदरफोर्ड के α-कण प्रकीर्णन प्रयोग के परिणामस्वरूप इलेक्ट्रॉन की खोज हुई।
(b) जे.जे. थॉमसन ने प्रस्तावित किया था कि परमाणु के नाभिक में प्रोटॉन होते हैं।
(c) किसी तत्व की परमाणु संख्या वही होती है, जो उसके परमाणु के नाभिक में प्रोटॉनों की संख्या है।
(d) किसी परमाणु की द्रव्यमान संख्या इसके कोशों में इलेक्ट्रॉनों की संख्या के बराबर होती है।

12. किसी तत्व का सर्वाधिक अभिलाक्षणिक गुणधर्म निम्नलिखित में से कौन-सा है?
(a) घनत्व (b) क्वथनांक
(c) द्रव्यमान (d) परमाणु क्रमांक

13. एक तत्व का परमाणु क्रमांक 8 है। इस तत्व को सोडियम के साथ एक यौगिक बनाने के लिए कितने इलेक्ट्रॉन प्राप्त करने होंगे?
(a) एक (b) दो
(c) तीन (d) चार

14. निम्नलिखित तत्वों में से किसकी परमाणु संख्या फॉस्फोरस की तुलना में अधिक है?
(a) ऐलुमिनियम (b) सिलिकॉन
(c) क्लोरीन (d) मैग्नीशियम

15. किसी तत्व के परमाणु भार से सम्बन्धित निम्नलिखित कथनों में से कौन-सा एक कथन सर्वाधिक उपयुक्त है?
(a) एक तत्व का परमाणु भार उस तत्व के परमाणु में उपस्थित प्रोटॉनों और न्यूट्रॉनों का योग होता है।
(b) द्रव्यमान संख्या के विपरीत एक तत्व का परमाणु भार एक भिन्न हो सकता है।
(c) एक तत्व का परमाणु भार एक पूर्णांक होता है।
(d) एक तत्व के सभी परमाणुओं के परमाणु भार समान होते हैं।

16. किसी तत्व की परमाणु संहति, निम्नलिखित में से किसी संख्या के योग के बराबर होती है?
(a) केवल इलेक्ट्रॉनों और प्रोटॉनों की संख्या के
(b) केवल प्रोटॉनों और न्यूट्रॉनों की संख्या के
(c) केवल इलेक्ट्रॉनों और न्यूट्रॉनों की संख्या के
(d) इलेक्ट्रॉनों, प्रोटॉनों और न्यूट्रॉनों की संख्या के

17. हाइड्रोजन के रेडियोसक्रिय समस्थानिक को कहते हैं
(a) ड्यूटीरियम (b) प्रोटियम
(c) रेडियम (d) ट्राइटियम

18. निम्नलिखित में से कौन-से एक तत्व का समस्थानिक, कैंसर के उपयार में प्रयुक्त किया जाता है?
(a) यूरेनियम (b) कोबाल्ट
(c) सोडियम (d) आयोडीन

19. समान तत्व के सभी आइसोटोप में क्या होता है?
(a) भिन्न परमाणविक क्रमांक और भिन्न परमाणविक संहति
(b) भिन्न परमाणविक क्रमांक
(c) एक जैसा परमाणविक क्रमांक, किन्तु भिन्न परमाणविक संहति
(d) एक जैसा परमाणविक क्रमांक और एक जैसी परमाणविक संहति

20. समभारकों में.......होती हैं।
(a) समान भार संख्याएँ, किन्तु विभिन्न परमाणु संख्याएँ
(b) विभिन्न भार संख्याएँ, किन्तु समान परमाणु संख्याएँ
(c) समान भार और परमाणु संख्याएँ
(d) विभिन्न भार एवं परमाणु संख्याएँ

21. दो तत्व-कैल्सियम (परमाणु क्रमांक 20) और आर्गन (परमाणु क्रमांक 18) है दोनों तत्वों की द्रव्यमान संख्या 40 है। ऐसे तत्वों को क्या कहा जाता है?
(a) समन्यूट्रॉनिक (b) समआयतनिक
(c) समभारिक (d) समस्थानिक

22. ....इलेक्ट्रॉनों की समान संख्या वाले परमाणु/अणु/आयन होते हैं।
(a) समन्यूट्रॉनिक
(b) समस्थानिक
(c) समइलेक्ट्रॉनी
(d) संयोजक समइलेक्ट्रॉनी

23. निम्नलिखित में से किस युग्म में आयन सम-इलेक्ट्रॉनी है?
(a) Mg^{2+}, Ar (b) Na^+, O^{2-}
(c) Al^{3+}, Cl^- (d) K^+, Ne

24. रेडियोसक्रियता की परिघटना की खोज किसने की?
(a) मेरी क्यूरी (b) पियरे क्यूरी
(c) हेनरी बेकुरेल (d) जे.जे. थॉमसन

25. रेडियोधर्मिता का मात्रक क्या है?
(a) ऐंग्स्ट्रॉम (b) कैण्डेला
(c) फर्मी (d) क्यूरी

26. α-कण.......होते हैं।
(a) β-कण से मात्रा में दोगुने
(b) ऋण आवेशित
(c) γ-किरणों की तुलना में कम आयनीकरण क्षमता के
(d) बिल्कुल हीलियम के केन्द्रक के जैसे

27. किसी नाभिक के गामा क्षय से क्या होता है?
(a) नाभिक की द्रव्यमान संख्या बदलती है, जबकि इसका परमाणु क्रमांक नहीं बदलता है।
(b) नाभिक की द्रव्यमान संख्या नहीं बदलती है, जबकि इसका परमाणु क्रमांक बदलता है।
(c) नाभिक की द्रव्यमान संख्या और परमाणु-क्रमांक दोनों बदलते हैं।
(d) न तो नाभिक की द्रव्यमान संख्या बदलती है और न ही परमाणु क्रमांक बदलता है।

28. N-कोश (शैल) में इलेक्ट्रॉनों की अधिकतम संख्या कितनी होती है?
(a) 2 (b) 8
(c) 18 (d) 32

29. सबसे बाहरी कोश में इलेक्ट्रॉनों की अधिकतम संख्या क्या हो सकती है?
(a) 2 (b) 6
(c) 8 (d) इनमें से कोई नहीं

30. निम्नलिखित में से कौन-सा एक क्लोरीन का सही इलेक्ट्रॉनिक विन्यास है?
(a) 2, 7, 8 (b) 2, 8, 7
(c) 2, 8, 8 (d) 7, 8, 2

31. निम्नलिखित में से कौन-सी संख्या इलेक्ट्रॉन की अधिकतम संख्या है जो M-कोश में उपस्थित रह सकती है?
(a) 2 (b) 8
(c) 18 (d) 32

32. किसी कक्षा (n) में उपस्थित अधिकतम इलेक्ट्रॉनों की संख्या क्या हो सकती है?
(a) $2n$ (b) $2n^2$
(c) n (d) n^2

उत्तरमाला

1. (b)	2. (b)	3. (a)	4. (c)	5. (b)	6. (b)	7. (d)	8. (b)	9. (d)	10. (d)
11. (c)	12. (d)	13. (b)	14. (c)	15. (a)	16. (b)	17. (d)	18. (b)	19. (c)	20. (a)
21. (c)	22. (c)	23. (b)	24. (c)	25. (d)	26. (d)	27. (d)	28. (d)	29. (c)	30. (b)
31. (c)	32. (b)								

अध्याय

03

अम्ल, क्षारक एवं लवण

(Acids, Bases and Salts)

सभी यौगिकों को उनके रासायनिक गुणों के आधार पर अम्ल, क्षारक और लवण में वर्गीकृत किया जा सकता है। इनमें कुछ विशिष्ट गुण होते हैं जो एक यौगिक को दूसरे से अलग करते हैं। भोजन का खट्टा या कड़वा स्वाद इनमें उपस्थित अम्ल या क्षारक (क्रमशः) के कारण होता है।

अम्ल (Acids)

ऐसिड शब्द की उत्पत्ति लैटिन शब्द 'ऐसिडस' (acidus) से हुई है, जिसका अर्थ है 'खट्टा'। अतः अम्ल वे पदार्थ हैं जिनका स्वाद खट्टा होता है, एक या अधिक विस्थापनशील हाइड्रोजन परमाणु रखते हों और जिनके जलीय विलयन नीले लिटमस को लाल तथा मेथिल ऑरेंज को लाल करते हों।

उदाहरण हाइड्रोक्लोरिक अम्ल (HCl), नाइट्रिक अम्ल (HNO_3), सल्फ्यूरिक अम्ल (H_2SO_4), आदि।

अम्लों के प्रकार (Types of Acids)

अम्लों को निम्नलिखित समूहों में वर्गीकृत किया गया है

(i) **अकार्बनिक अम्ल या खनिज अम्ल** (Inorganic or Mineral Acids) अकार्बनिक अम्लों को खनिजों से प्राप्त किया जाता है। *उदाहरण* हाइड्रोक्लोरिक अम्ल (HCl), नाइट्रिक अम्ल (HNO_3), सल्फ्यूरिक अम्ल (H_2SO_4), आदि।

(ii) **कार्बनिक अम्ल** (Organic Acids) ये पौधों व जन्तुओं से प्राप्त किए जाते हैं। ये दुर्बल अम्ल हैं। *उदाहरण* ऑक्सैलिक अम्ल, लैक्टिक अम्ल, यूरिक अम्ल, ऐसीटिक अम्ल, आदि।

(iii) **हाइड्रा अम्ल** (Hydra Acids) जिन अम्लों में केवल हाइड्रोजन पाया जाता है उन्हें हाइड्रा अम्ल कहते हैं। *उदाहरण* हाइड्रोफ्लोरिक अम्ल (HF), हाइड्रोक्लोरिक अम्ल (HCl), हाइड्रोसायनिक अम्ल (HCN), आदि।

(iv) **ऑक्सी अम्ल** (Oxy Acids) जिन अम्लों में हाइड्रोजन तथा ऑक्सीजन दोनों पाए जाते हैं उन्हें ऑक्सी अम्ल कहते हैं। *उदाहरण* सल्फ्यूरिक अम्ल (H_2SO_4), फॉस्फोरिक अम्ल (H_3PO_4), आदि।

(v) **प्रबल अम्ल** (Strong Acids) ये अपने जलीय विलयन में पूर्णतया आयनित हो जाते हैं।

उदाहरण हाइड्रोक्लोरिक अम्ल (HCl), नाइट्रिक अम्ल (HNO_3), सल्फ्यूरिक अम्ल (H_2SO_4), आदि।

(vi) **दुर्बल अम्ल** (Weak Acids) ये अपने जलीय विलयन में आंशिक रूप से आयनित होते हैं। अतः इनके जलीय विलयन में आयन तथा अणु दोनों उपस्थित होते हैं।

उदाहरण ऐसीटिक अम्ल (CH_3COOH), फॉस्फोरिक अम्ल (H_3PO_4), कार्बोनिक अम्ल (H_2CO_3), आदि।

(vii) **तनु अम्ल** (Dilute Acids) इनके जलीय विलयन में अम्ल की सान्द्रता (मात्रा) अपेक्षाकृत कम होती है।

(viii) **सान्द्र अम्ल** (Concentrated Acids) इनके जलीय विलयन में अम्ल की सान्द्रता (मात्रा) अपेक्षाकृत अधिक होती है।

अम्लों के गुणधर्म (Properties of Acids)

(i) अम्ल धातु से अभिक्रिया करके हाइड्रोजन गैस तथा धातु के संगत लवण का निर्माण करते हैं।

अम्ल + धातु $\longrightarrow$ लवण + हाइड्रोजन गैस

(ii) अम्ल सभी धातु कार्बोनेट तथा धातु हाइड्रोजन कार्बोनेट के साथ अभिक्रिया करके संगत लवण, कार्बन डाइऑक्साइड एवं जल बनाते हैं।

धातु कार्बोनेट/धातु हाइड्रोजन कार्बोनेट + अम्ल $\longrightarrow$ लवण + कार्बन डाइऑक्साइड + जल

(iii) अम्ल और क्षारक की परस्पर अभिक्रिया के परिणामस्वरूप लवण तथा जल प्राप्त होते हैं। इसे **उदासीनीकरण अभिक्रिया** (neutralisation reaction) कहते हैं।

अम्ल + क्षारक $\longrightarrow$ लवण + जल

$$\underset{\text{हाइड्रोक्लोरिक अम्ल}}{HCl(aq)} + \underset{\text{सोडियम हाइड्रॉक्साइड}}{NaOH(aq)} \longrightarrow \underset{\text{सोडियम क्लोराइड}}{NaCl(aq)} + H_2O$$

(iv) अम्ल, धात्विक ऑक्साइडों के साथ अभिक्रिया करके लवण तथा जल प्रदान करते हैं।

धातु ऑक्साइड + अम्ल $\longrightarrow$ लवण + जल

क्षारक और अम्ल की अभिक्रिया के समान धात्विक ऑक्साइड अम्लों से अभिक्रिया करके लवण और जल देते हैं। अत: धात्विक ऑक्साइड को क्षारकीय ऑक्साइड भी कहते हैं।

(v) अम्ल नाइट्राइट से भूरे रंग की NO_2, सल्फाइड से H_2S तथा सल्फाइट से SO_2 मुक्त करते हैं।

(vi) अम्ल जैसे HCl, HNO_3 और H_2SO_4 अपने जलीय विलयन में विद्युत के अच्छे चालक हैं।

महत्त्वपूर्ण तथ्य

- मृदुपेयों (colddrinks) का खट्टा और तीखा स्वाद (flavour) फॉस्फोरिक अम्ल (H_3PO_4) की उपस्थिति के कारण होता है। यह अम्ल बैक्टीरिया तथा कवकों की वृद्धि को भी मंद करता है।
- जब नींबू के रस को बेकिंग सोडा में मिलाया जाता है तब तीव्र अभिक्रिया के साथ बुलबुलों के रूप में CO_2 गैस उत्पन्न होती है।

(vii) अम्ल जल में घोले जाने पर $H^+(aq)$ (हाइड्रोजन आयन) या $H_3O^+(aq)$ (हाइड्रोनियम आयन) देते हैं।

उदाहरण $HCl + H_2O \longrightarrow H_3O^+(aq) + Cl^-(aq)$

विलयन में $H^+(aq)$ आयनों के कारण ही पदार्थ की प्रकृति अम्लीय होती है। जल की अनुपस्थिति में अम्ल के अणुओं में से H^+ आयनों को पृथक् करना सम्भव नहीं है अर्थात् H^+ आयन अकेले प्राप्त नहीं हो सकते हैं, ये जल के अणुओं से संयुक्त होने के पश्चात् ही मिलते हैं।

$$H^+ + H_2O \longrightarrow H_3O^+$$

- कार्बोक्सिलिक अम्ल, ऐल्कोहॉल से अभिक्रिया करके मीठी गन्धयुक्त यौगिक एस्टर बनाते हैं। यह अभिक्रिया ऐस्टरीकरण (estrification) कहलाती है।

कार्बोक्सिलिक अम्ल + ऐल्कोहॉल $\longrightarrow$ एस्टर + जल

कुछ प्राकृतिक अम्ल अर्थात् कार्बनिक अम्ल तथा इनके स्रोत

अम्ल	स्रोत
बेन्जोइक अम्ल	घास, पत्तियाँ तथा मूत्र
ग्लूटॉमिक अम्ल	गेहूँ
टार्टरिक अम्ल	इमली, अंगूर, कच्चा आम
ऑक्सैलिक अम्ल	टमाटर, पालक, सॉरेलट्री
सिट्रिक अम्ल	सन्तरा, नींबू
फॉर्मिक अम्ल	लाल चींटी, नेटल
ऐसीटिक अम्ल	सिरका
मैलिक अम्ल	चाय
लैक्टिक अम्ल	दही, खट्टा दूध
ऐस्कॉर्बिक अम्ल (विटामिन C)	आँवला

अम्लों के उपयोग (Uses of Acids)

(i) **ऐसीटिक अम्ल** (Acetic Acid) (CH_3COOH) इसका उपयोग सिरका निर्माण में, खाद्य पदार्थों के प्रसंस्करण (food processing) में, विलायक के रूप में तथा ऐसीटोन बनाने में किया जाता है।

(ii) **बेन्जोइक अम्ल** (Benzoic Acid) (C_6H_5COOH) इसका उपयोग खाद्य पदार्थों के संरक्षण में किया जाता है।

(iii) **सिट्रिक अम्ल** (Citric Acid) ($C_6H_8O_7$) इसका उपयोग खाद्य पदार्थों, दवाओं, धातुओं को साफ करने तथा कपड़ा उद्योग में किया जाता है।

(iv) **फॉर्मिक अम्ल** (Formic Acid) (HCOOH) इसका उपयोग फलों के संरक्षण में, रबड़ के स्कन्दन में, जीवाणुनाशक के रूप में, चमड़ा उद्योग में किया जाता है।

(v) **हाइड्रोक्लोरिक अम्ल** (Hydrochloric Acid) (HCl) इसका उपयोग प्लास्टिक (PVC), रंजक, टेक्सटाईल, औषधियाँ, सौन्दर्य प्रसाधन, एक्वा-रेजिया, आदि के निर्माण में किया जाता है। यह चमड़ा उद्योग में और प्रयोगशाला अभिकर्मक के रूप में भी प्रयुक्त किया जाता है।

(vi) **नाइट्रिक अम्ल** (Nitric Acid) (HNO_3) इसका उपयोग उर्वरकों, रंजकों, प्लास्टिक, दवाओं, एक्वा-रेजिया, विस्फोटकों के निर्माण में, स्टेनलैस स्टील के अम्लोपचार में, धातुओं के निक्षारण में, फोटोग्राफी तथा रॉकेट ईंधनों में किया जाता है।

(vii) **सल्फ्यूरिक अम्ल** (Sulphuric Acid) (H_2SO_4) इसका उपयोग पेट्रोलियम के शोधन में, वर्णकों, प्रलेपों, रंजकों के, मध्यवर्तियों के उत्पादन में, अपमार्जक उद्योग में, धातुकर्मीय प्रक्रमों में, संचायक बैटरियों में, नाइट्रोसेलुलोस के उत्पादन में किया जाता है। इसका उपयोग पेट्रोलियम के अन्वेषण में भी किया जाता है।

(viii) **ऑक्सैलिक अम्ल** (Oxalic Acid) ($H_2C_2O_4$) इसका उपयोग फोटोग्राफी में, कपड़ों की रंगाई और छपाई में, चमड़े के विरंजन में, कपड़ों से स्याही और जंग के दाग हटाने में किया जाता है।

महत्त्वपूर्ण तथ्य

- नेटल एक शाकीय पादप है इसके पत्तों में डंकनुमा बाल होते हैं जिनके शरीर पर छूने से डंक जैसा दर्द होता है। इन बालों से मेथेनॉइक अम्ल का स्राव होने के कारण यह दर्द होता है। डॉक पौधे की पत्तियों से रगड़कर अम्ल के प्रभाव को उदासीन किया जा सकता है। डॉक पौधे भी अधिकतर नेटल के पास ही पैदा होते हैं।

क्षारक (Bases)

क्षारक वे पदार्थ हैं, जिनका स्वाद कड़वा होता है। ये स्पर्श में साबुन जैसे चिकने होते हैं। ये लाल लिटमस विलयन को नीला तथा मेथिल ऑरेंज को पीला तथा फिनॉल्फ्थैलीन को गुलाबी कर देते हैं। *उदाहरण* पोटैशियम हाइड्रॉक्साइड (KOH), मैग्नीशियम हाइड्रॉक्साइड [$Mg(OH)_2$] और सोडियम हाइड्रॉक्साइड (NaOH), आदि।

रासायनिक भाषा में क्षारक वे धात्विक यौगिक या मूलक हैं जो अम्ल से अभिक्रिया करते हैं और उन्हें उदासीन करते हैं। सामान्यता, धात्विक ऑक्साइड और हाइड्रॉक्साइड क्षारकों की तरह व्यवहार करते हैं।

क्षारकों के प्रकार (Types of Bases)

आयनीकरण की मात्रा के आधार पर

(i) **प्रबल क्षारक** (Strong Bases) ये अपने जलीय विलयन में पूर्णतया आयनित हो जाते हैं। *उदाहरण* सोडियम हाइड्रॉक्साइड (NaOH), पोटैशियम हाइड्रॉक्साइड (KOH), बेरियम हाइड्रॉक्साइड ($Ba(OH)_2$), आदि।

सामान्यतः क्षार धातुओं और क्षारीय मृदा धातुओं के ऑक्साइड और हाइड्रॉक्साइड प्रबल क्षारक है।

(ii) **दुर्बल क्षारक** (Weak Bases) ये अपने जलीय विलयन में आंशिक रूप से आयनित होते हैं अत: इनके जलीय विलयन में अणु तथा आयन दोनों होते हैं। *उदाहरण* अमोनियम हाइड्रॉक्साइड (NH_4OH), आयरन हाइड्रॉक्साइड ($Fe(OH)_2$), मैग्नीशियम हाइड्रॉक्साइड ($Mg(OH)_2$), आदि।

क्षारकों के गुणधर्म (Properties of Bases)

(i) क्षारक धातु से अभिक्रिया करके हाइड्रोजन गैस के उत्सर्जन के साथ लवण का निर्माण करते हैं।

$$\underset{\text{सोडियम हाइड्रॉक्साइड}}{2NaOH} + Zn \longrightarrow \underset{\text{सोडियम जिंकेट}}{Na_2ZnO_2} + H_2\uparrow$$

यद्यपि सभी क्षार धातुओं के साथ इस प्रकार की अभिक्रियाएँ नहीं देते हैं।

(ii) क्षारकों की अम्लों के साथ अभिक्रिया उदासीनीकरण अभिक्रिया कहलाती है। जिसके फलस्वरूप संगत लवण तथा जल बनते हैं।

(iii) क्षारक अधात्विक ऑक्साइडों से अभिक्रिया करके लवण तथा जल बनाते हैं।

$$\text{क्षारक} + \text{अधात्विक ऑक्साइड} \longrightarrow \text{लवण} + \text{जल}$$

क्योंकि यह अभिक्रिया अम्ल और क्षारक के मध्य अभिक्रिया जैसी है अत: हम यह निष्कर्ष निकाल सकते हैं कि अधात्विक ऑक्साइडों की प्रकृति अम्लीय होती है।

(iv) क्षारक जल में घोले जाने पर हाइड्रॉक्साइड आयन (OH^-) उत्पन्न करते हैं।

उदाहरण $$\underset{\text{सोडियम हाइड्रॉक्साइड}}{NaOH(s)} \xrightarrow{\text{जल}} Na^+(aq) + OH^-(aq)$$

सभी क्षारक जल में घुलनशील नहीं होते हैं। जल में घुलनशील क्षारक को **क्षार** कहते हैं। *उदाहरण* NaOH, KOH, $Ca(OH)_2$, NH_4OH, आदि। अत: सभी क्षार क्षारक हैं लेकिन सभी क्षारक क्षार नहीं होते हैं।

(v) तेल और गंधक क्षार में घुल जाते हैं। क्षार जैसे जिंक, ऐलुमिनियम, टिन, आदि के ऑक्साइड और हाइड्रॉक्साइड अम्ल के साथ-साथ गर्म सान्द्र NaOH और KOH के विलयनों में भी घुल जाते हैं। अत: ये **उभयधर्मी** (amphoteric) कहलाते हैं।

(vi) प्रबल क्षार जैसे NaOH, KOH आदि अपने जलीय विलयन तथा गलित अवस्था में विद्युत के अच्छे चालक हैं क्योंकि इन अवस्थाओं में ये शीघ्रता से आयन उपलब्ध कराते हैं।

क्षारकों के उपयोग (Uses of Bases)

(i) **कैल्सियम हाइड्रॉक्साइड** (Calcium Hydroxide) [$Ca(OH)_2$] इसका उपयोग विरंजक पाउडर के निर्माण में, कंकरीट और प्लास्टर में, चूना पोतने में, जल के मृदुकरण में और अम्लीय मृदा को उपचारित करने में किया जाता है। इसकी सहायता से चमड़े की बाहरी सतह पर स्थित बालों को भी हटाया जा सकता है।

(ii) **मैग्नीशियम हाइड्रॉक्साइड** (Magnesium Hydroxide) [$Mg(OH)_2$] इसका उपयोग प्रतिअम्ल के रूप में और चीनी उद्योग में किया जाता है।

(iii) **सोडियम हाइड्रॉक्साइड** (Sodium hydroxide) (NaOH) इसे कॉस्टिक सोड़ा भी कहते हैं। इसका उपयोग धातुओं से ग्रीस हटाने में, कागज बनाने में, कठोर साबुन तथा अपमार्जक के निर्माण में तथा टैक्सटाइल उद्योग में किया जाता है। इसके अलावा इसका प्रयोग पेट्रोलियम के शोधन में तथा घरों की सफाई में किया जाता है।

(iv) **पोटैशियम हाइड्रॉक्साइड** (Potassium Hydroxide) (KOH) इसका उपयोग प्रयोगशाला अभिकर्मक के रूप में, मृदु साबुन, शैम्पू तथा शेविंग क्रीम के निर्माण में किया जाता है। इसमें CO_2 तथा SO_2 को अवशोषित करने की क्षमता होती है।

(v) **कैल्सियम ऑक्साइड** (Calcium Oxide) (CaO) इसका उपयोग शुष्क कारक के रूप में विरंजक चूर्ण के निर्माण में एक अवयव के रूप में किया जाता है।

(vi) **मैग्नीशियम ऑक्साइड** (Magnesium Oxide) (MgO) इसका उपयोग भट्टी में अग्निसह ईटों के निर्माण में, रबड़ पूरक के रूप में तथा बायलरों के प्रयोग में किया जाता है।

महत्त्वपूर्ण तथ्य

- ऐक्वा-रेजिया शक्तिशाली अम्ल है लैटिन में इसके नाम का अर्थ है **'रॉयल वाटर'**, 3 भाग सान्द्र HCl + 1 भाग सान्द्र HNO_3 का मिश्रण ऐक्वा-रेजिया नाम से जाना जाता है। यह सिल्वर तथा स्वर्ण को पृथक् करने में प्रयुक्त किया जाता है।
- सल्फ्यूरिक अम्ल को **'ऑयल ऑफ विट्रियॉल'** नाम से जाना जाता है। इसका प्रयोग लगभग सभी कार बैटरियों में किया जाता है। यद्यपि सल्फ्यूरिक अम्ल **'अम्लों का राजा'** नाम से जाना जाता है। लेकिन सिल्वर तनु H_2SO_4 से अभिक्रिया नहीं करता है।
- दूध के किण्वन द्वारा दही बनाने में लैक्टिक अम्ल बनता है।
- मृदु पेयों में उत्पन्न 'फिज' ध्वनि का कारण पेयों में उपस्थित कार्बोनिक अम्ल का CO_2 बुलबुलों में अपघटन है।
- अचार हमेशा काँच के जार में रखा जाता है। अचार में उपस्थित अम्ल धात्विक बर्तन की धातु से अभिक्रिया कर सकता है।

अम्ल और क्षारक सम्बन्धी आधुनिक विचार
(Modern Concepts of Acids and Bases)

ये निम्न प्रकार के हैं

(i) **अम्ल तथा क्षारक की आरहेनियस धारणा** (Arrhenius Concept of Acids and Bases) इनके अनुसार अम्ल वे पदार्थ हैं, जो जल में अपघटित होकर हाइड्रोजन आयन ($H^+(aq)$) आयन देते हैं तथा क्षारक वे पदार्थ हैं, जो जल में अपघटित होकर हाइड्रॉक्सिल आयन $OH^-(aq)$ देते हैं।

उदाहरण $$\underset{\text{अम्ल}}{HCl(aq)} \longrightarrow H^+(aq) + Cl^-(aq)$$

$$\underset{\text{क्षारक}}{NaOH(aq)} \longrightarrow Na^+(aq) + OH^-(aq)$$

(ii) **ब्रॉन्सटेड लॉरी अम्ल एवं क्षारक** (Bronsted Lowry Acids and Bases) इनके अनुसार, वे पदार्थ जो विलयन में प्रोटॉन देने में सक्षम

हैं, अम्ल हैं तथा वे पदार्थ, जो विलयन से प्रोटॉन ग्रहण करने में सक्षम हैं, क्षारक हैं। अर्थात् अम्ल प्रोटॉन दाता हैं और क्षारक प्रोटॉन ग्राही हैं।

उदाहरण $\underset{\text{क्षारक}}{NH_3(aq)} + \underset{\text{अम्ल}}{H_2O(l)} \rightleftharpoons NH_4^+(aq) + OH^-(aq)$

(iii) **लुईस अम्ल एवं क्षारक** (Lewis Acids and Bases) जी एन लुईस के अनुसार, अम्ल इलेक्ट्रॉन युग्म ग्राही तथा क्षारक इलेक्ट्रॉन युग्म दाता है।

उदाहरण $BF_3 + :NH_3 \longrightarrow BF_3 : NH_3$

सभी इलेक्ट्रॉन क्षुद्र स्पीशीज तथा धनायन लुईस अम्ल हैं तथा वे स्पीशीज जो इलेक्ट्रॉन युग्म दान कर सकते हैं लुईस क्षारक हैं।

अम्ल तथा क्षारक का तनुकरण

(Dissolution of an Acid or a Base in Water)

जल में अम्ल या क्षारक के घुलने की प्रक्रिया अत्यन्त ऊष्माक्षेपी होती है अत: सान्द्र अम्ल (या क्षारक) को सदैव धीरे-धीरे जल में हिलाते हुए मिलाना चाहिए। क्योंकि सान्द्र अम्ल में जल मिलाने पर उत्पन्न हुई ऊष्मा के कारण मिश्रण आस्फलित (splash out) होकर हमें जला सकता है या काँच का पात्र टूट सकता है।

अम्ल के विलयन को या क्षार के विलयन को तनुकृत करते समय क्रमश: हाइड्रोनियम आयन या हाइड्रॉक्सिल आयन की सान्द्रता में प्रति इकाई आयतन में कमी हो जाती है। इस प्रक्रिया को **तनुकरण** (dilution) कहते हैं। अम्ल या क्षारक तनुकृत होते हैं।

लवण (Salts)

अम्लों और क्षारकों की अभिक्रिया से प्राप्त यौगिकों को लवण कहते हैं तथा ऐसी अभिक्रियाएँ उदासीनीकरण अभिक्रियाएँ कहलाती हैं। दूसरे शब्दों में, इन्हें किसी अम्ल के विस्थापनशील H को क्षार द्वारा विस्थापित करके प्राप्त किया जाता है। लवण का धनायन क्षार से तथा लवण का ऋणायन अम्ल से आता है।

$$NaOH + HCl \longrightarrow \underset{\text{लवण}}{NaCl} + H_2O$$

लवणों के प्रकार (Types of Salts)

विभिन्न प्रकार के लवण निम्न प्रकार हैं

(i) **सामान्य लवण** (Normal Salts) किसी अम्लीय अणु से धातु द्वारा हाइड्रोजन परमाणुओं के पूर्णत: विस्थापन द्वारा बने लवण को सामान्य लवण कहते हैं। दूसरे शब्दों में, इन लवणों में विस्थापनीय परमाणु नहीं होते हैं।

उदाहरण $NaCl$, Na_2SO_4, KNO_3, $FeSO_4$, K_2SO_4, $[Ca_3(PO_4)_2]$ Na_3BO_3, आदि।

(ii) **अम्लीय लवण** (Acidic Salts) ये लवण अम्लों के अपूर्ण उदासीनीकरण द्वारा प्राप्त किए जाते हैं अर्थात् क्षारक अथवा धातु द्वारा हाइड्रोजन (H^+) परमाणुओं के आंशिक विस्थापन द्वारा इन्हें प्राप्त किया जाता है। इन लवणों में एक या एक से अधिक विस्थापनीय हाइड्रोजन परमाणु बने रहते हैं। *उदाहरण* $NaHCO_3$, $NaHSO_4$, NaH_2PO_4, आदि।

(iii) **क्षारीय लवण** (Basic Salts) इन लवणों में विस्थापनीय एक या अधिक हाइड्रॉक्सिल (OH^-) आयन होते हैं। ये लवण अम्ल द्वारा क्षारक के आंशिक उदासीनीकरण के फलस्वरूप बनते हैं। *उदाहरण* $Mg(OH)Cl$, $Zn(OH)Cl$, आदि।

(iv) **द्विक लवण** (Double Salts) ये दो सरल लवणों के संयोग से बने होते हैं। इनका अस्तित्व केवल ठोस अवस्था में होता है। इनमें रवा जल भी होता है। *उदाहरण* मोहर लवण $[FeSO_4 \cdot (NH_4)_2SO_4 \cdot 6H_2O]$, पोटाश एलम $[K_2SO_4 \cdot Al_2(SO_4)_3 \cdot 24H_2O]$, आदि। ये लवण सूत्र में उपस्थित सभी आयनों (अवयवों) का परीक्षण देते हैं।

(v) **संकर लवण** (Complex Salts) ये वे यौगिक होते हैं जिनमें धातु आयन निश्चित संख्या में ऋणायन अथवा उदासीन अणुओं, जिन्हें लिगेण्ड कहते हैं, से बन्धन करके संकुलन स्पीशीज बनाते हैं जिनके अपने अभिलाक्षणिक गुण होते हैं। इनका अस्तित्व विलयन में होता है। *उदाहरण* पोटैशियम हेक्सासायनोफेरेट (III), $K_4[Fe(CN)_6]$ में $[Fe(CN)_6]^{4-}$ संकर आयन है तथा ट्रेटाऐमीनोक्यूप्रिकसल्फेट $[Cu(NH_3)_4]SO_4$ में $[Cu(NH_3)_4]^{2+}$ संकर आयन है।

(vi) **मिश्रित लवण** (Mixed Salts) इन लवणों में एक से अधिक क्षारीय या अम्लीय मूलक (धनायन या ऋणायन) होते हैं। *उदाहरण* विरंजक चूर्ण $[Ca(OCl)Cl]$, सोडियम पोटैशियम सल्फेट ($NaKSO_4$) एवं रोशेल लवण, आदि।

- यदि एक सामान्य लवण दुर्बल अम्ल तथा प्रबल क्षारक से प्राप्त किया जाता है तो यह लवण क्षारीय कहलाता है। क्योंकि इसका जलीय विलयन लाल लिटमस को नीला कर देता है।
  उदाहरण Na_2CO_3, CH_3COONa, $Na_2B_4O_7 \cdot 10H_2O$, आदि।
- यदि एक सामान्य लवण प्रबल अम्ल और प्रबल क्षार की अभिक्रिया से प्राप्त किया जाता है तो प्राप्त लवण उदासीन लवण कहलाता है क्योंकि इसके जलीय विलयन का लिटमस पर कोई प्रभाव नहीं पडता है।
  उदाहरण $NaCl$, KCl, K_2SO_4, $NaNO_3$, $KClO_3$, आदि।
- यदि एक सामान्य लवण प्रबल अम्ल तथा दुर्बल क्षारक की अभिक्रिया से प्राप्त होता है तो प्राप्त लवण अम्लीय होता है क्योंकि इसका जलीय विलयन नीले लिटमस को लाल कर देता है।
  उदाहरण $FeCl_3$, $CuSO_4$, $ZnCl_2$, $FeSO_4$, $HgSO_4$, आदि।

कुछ सामान्य लवणों के उपयोग

(Uses of Some Common Salts)

(i) **सोडियम क्लोराइड** (Sodium Chloride) ($NaCl$) इसे सामान्य लवण या चट्टानी नमक भी कहते हैं। इसके क्रिस्टल अशुद्धियों की उपस्थिति के कारण भूरे रंग के दिखाई देते हैं। यह हमारे भोजन का आवश्यक अंग है। यह विभिन्न खाद्य पदार्थों जैसे अचार के परिरक्षण में प्रयुक्त किया जाता है।

यह प्रतिदिन उपयोग में आने वाले अनेक यौगिकों जैसे विरंजक चूर्ण, बेकिंग सोडा, सोडियम हाइड्रॉक्साइड के निर्माण में प्रयुक्त होने वाला कच्चा पदार्थ है। हमारे स्वतन्त्रता संग्राम में नमक एक महत्वपूर्ण प्रतीक था (महात्मा गाँधी की दांडी यात्रा)।

(ii) **सोडियम बाईकार्बोनेट** (Sodium Bicarbonate) ($NaHCO_3$) इसे बेकिंग सोडा भी कहते हैं। इसका उपयोग बेकिंग पाउडर (जो बेकिंग सोडा तथा टार्टरिक अम्ल का मिश्रण है) बनाने में, सोडा अम्ल अग्निशामक में, प्रतिअम्ल के रूप में किया जाता है।

(iii) **एप्सम लवण** ($MgSO_4 \cdot 7H_2O$) **और कैलोमल** (Hg_2Cl_2) (Epsom Salts and Calomel) इनका उपयोग दवाओं में किया जाता है।

(iv) **जिप्सम** (Gypsum) ($CaSO_4 \cdot 2H_2O$) आंशिक रूप से इसमें से क्रिस्टलन जल को हटाकर प्लास्टर ऑफ पेरिस $\left(CaSO_4 \cdot \frac{1}{2}H_2O\right)$ प्राप्त किया जाता है। प्लास्टर ऑफ पेरिस का उपयोग टूटी हड्डियों को जोड़ने में प्लास्टर के रूप में, खिलौने बनाने में, दीवारों को चिकना बनाने में किया जाता है।

(v) **सोडियम कार्बोनेट** (Sodium Carbonate) ($Na_2CO_3 \cdot 10H_2O$) इसे **धोने का सोडा** (Washing soda) भी कहते हैं। यह क्षारीय लवण है। इसका उपयोग काँच, साबुन एवं कागज उद्योग में, जल की स्थायी कठोरता हटाने में, अपमार्जकों के निर्माण में, कपडों की शुष्क धुलाई में तथा बोरेक्स जैसे अन्य सोडियम यौगिकों के उत्पादन में किया जाता है।

(vi) **पोटैशियम नाइट्रेट** (Potassium Nitrate) (KNO_3) इसका उपयोग उर्वरक के रूप में, काँच उद्योग में, गन पाउडर तथा आतिश बनाने में किया जाता है।

(vii) **कॉपर सल्फेट** (Copper Sulphate) ($CuSO_4 \cdot 5\,H_2O$) इसका उपयोग विद्युत लेपन में, कॉपर को शुद्ध करने में, रंगाई छपाई में तथा कीटाणुनाशक के रूप में किया जाता है।

(viii) **पोटाश एलम** (Potash Alum) [$K_2SO_4 \cdot Al_2(SO_4)_3 \cdot 24H_2O$] इसका उपयोग जल को शुद्ध करने में, खून बहने से रोकने में, रंगाई में रंग बन्धक के रूप में, चमडा उद्योग में तथा औषधि निर्माण में किया जाता है।

pH **स्केल** (pH Scale)

pH मान किसी पदार्थ की अम्लीयता और क्षारीयता की माप है। pH स्केल वह स्केल है, जो किसी विलयन में उपस्थित हाइड्रोजन आयन की सान्द्रता ज्ञात करने के लिए प्रयुक्त किया जाता है। pH में p सूचक है पोटेन्ज (Potenz) जो एक जर्मन शब्द है इसका अर्थ होता है 'शक्ति'। इस स्केल से सामान्यत: शून्य (अधिक अम्लता) से चौदह (अधिक क्षारीय) तक pH को ज्ञात कर सकते हैं। हाइड्रोनियम आयन की सान्द्रता जितनी अधिक होगी उसका pH उतना ही कम होगा।

किसी विलयन में उपस्थित हाइड्रोजन आयन की सान्द्रता (मोल प्रति लीटर में) के ऋणात्मक 10 आधारीय लघुगुणकीय मान को pH कहते हैं।

$$\therefore \quad pH = -\log [H^+] = \log \frac{1}{[H^+]} \quad \text{अथवा} \quad \log \frac{1}{[H_3O^+]}$$

क्योंकि H^+ सामान्य H_3O^+ (हाइड्रोनियम आयन) के रूप में रहता है।

उदासीन विलयन का pH = 7

अम्लीय विलयन का pH < 7

क्षारीय विलयन का pH > 7

सामान्यत: सार्वभौम सूचक, (वह पदार्थ जो विभिन्न pH वाले विलयन में भिन्न-भिन्न रंग देता है), से संसेचित पेपर जिसे pH पेपर कहते हैं, को pH मापने के लिए प्रयुक्त किया जाता है।

अम्ल तथा क्षारक की शक्ति विलयन (जल) में क्रमश: H^+ आयन तथा OH^- आयन की संख्या पर निर्भर करती है। अधिक संख्या में H^+ आयन उत्पन्न करने वाले अम्ल प्रबल अम्ल कहलाते हैं जबकि कम H^+ आयन उत्पन्न करने वाले अम्ल दुर्बल अम्ल कहलाते हैं।

कुछ सामान्य पदार्थों के pH मान

अम्लीय	pH 0 – 1	बैटरी अम्ल
	pH 1.2 – 2	जठर अम्ल
	pH 2.2 – 3.4	नींबू का रस, सिरका
	pH 3.2 – 3.9	सन्तरे का रस, सोडा, कुछ दाँतों को साफ करने वाले विलयन, वाइन
	pH 4.0 – 4.4	टमाटर का रस, बियर
	pH 4.5 – 5.5	काली कॉफी
	pH 6.4 – 6.6	लार, गाय का दूध
उदासीन	pH 7	शुद्ध जल
क्षारीय	pH 7.3 – 7.5	मानव मूत्र, मानव रक्त
	pH 8	समुद्री जल, pH उदासीन करने वाले दन्त विलयन
	pH 9.2	बेकिंग सोडा, सोडा पेय
	pH 10	प्रतिअम्ल
	pH 11	प्रति अम्ल, दाँतों के उपचार में प्रयुक्त विलयन
	pH 12.5	साबुन वाला पानी
	pH 14	सोडियम हाइड्रॉक्साइड

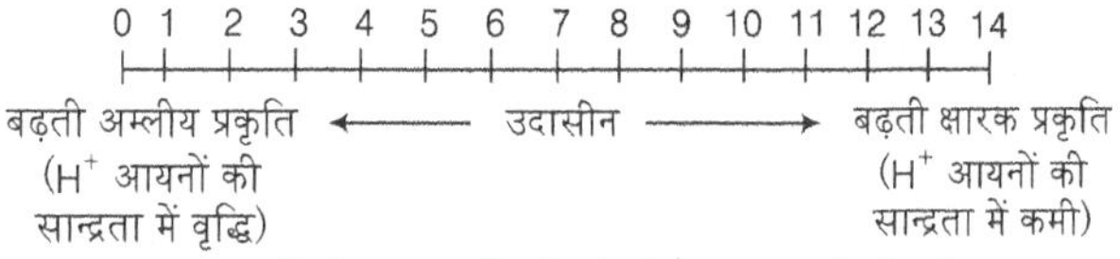

H^+ आयनों की सान्द्रता में परिवर्तन के साथ pH में परिवर्तन

- वायु के सम्पर्क में आने पर ताजे भौम जल का pH हल्का-सा घट जाता है। क्योंकि वायु में उपस्थित CO_2 जल में घुलकर दुर्बल अम्ल H_2CO_3 (कार्बोनिक अम्ल) बनाती है। यह अम्ल H^+ देता है जिसके कारण जल हल्का अम्लीय हो जाता है तथा pH घट जाता है।
- जब क्षारक को अम्लीय विलयन में मिलाया जाता है तो विलयन का pH बढ़ जाता है लेकिन अम्ल को क्षारीय विलयन में मिलाने पर विलयन का pH घट जाता है।
- यदि प्रबल अम्ल जैसे HCl, H_2SO_4 को समान तुल्यांक के प्रबल क्षारक जैसें (सोडियम हाइड्रॉक्साइड), KOH (पोटैशियम हाइड्रॉक्साइड) में मिलाते हैं तो पूर्ण उदासीनीकरण के साथ विलयन का pH 7 हो जाता है।
- जब किसी विलयन को जल में मिलाकर तनुकृत (dilute) किया जाता है, तो इसका pH घट जाता है।
  उदाहरण pH 6 वाले विलयन को तनुकृत करने पर इसका pH घट जाता है और यह अम्लीय ही रहता है। क्योंकि जल में आयनीकरण बढ़ जाता है।

दैनिक जीवन में pH **का महत्व**

(Importance of pH in Everyday Life)

1. पौधे और पशु pH के प्रति संवेदनशील होते हैं। हमारा शरीर 7.0 से 7.8 pH परास के बीच कार्य करता है। जीवित प्राणी केवल संकीर्ण pH परास (परिसर) में ही जीवित रह सकते हैं। जब नदी के जल का pH अम्लीय वर्षा के कारण घट जाता है तो ऐसी नदी में जलीय जीवधारियों की उत्तरजीविता कठिन हो जाती है। अच्छी उपज के लिए

(पौधों को अच्छी वृद्धि के लिए) पौधों को विशिष्ट pH परास की आवश्यकता होती है।

2. उर्वरकों के अत्यधिक प्रयोग से मृदा अम्लीय हो जाती है, जो पौधों की वृद्धि के लिए अच्छा नहीं है। अतः मृदा को पौधों की वृद्धि के अनुरूप बनाने के लिए इसमें उचित मात्रा में (मृदा के परीक्षण के उपरान्त) कुछ क्षारक *जैसे* क्विक लाइम (चूना, कैल्सियम ऑक्साइड) अथवा बुझा चूना (कैल्सियम हाइड्रॉक्साइड) मिला दिए जाते हैं, जो मृदा में उपस्थित अम्ल को उदासीन कर देते हैं। यदि मृदा अधिक क्षारीय हो जाती है, तो इसमें कार्बनिक पदार्थ, जो अम्ल मुक्त करते हैं, मिला दिए जाते हैं।
3. कारखानों से निकलने वाले वाहित जल में अनेकों अम्ल होते हैं, जो नदी या झील में मिलकर इसे प्रदूषित करते हैं। अतः इसमें उपस्थित अम्ल को उदासीन करने के लिए इसमें कुछ क्षारीय पदार्थ मिला दिए जाते हैं।
4. हमारा उदर भोजन के पाचन के लिए हाइड्रोक्लोरिक अम्ल उत्पन्न करता है। अपच की स्थिति में उदर द्वारा अत्यधिक मात्रा में अम्ल उत्पन्न करने से जलन व दर्द का अनुभव होता है, जिससे मुक्त होने के लिए क्षारक, जो प्रतिअम्ल कहलाते हैं *जैसे* मिल्क ऑफ मैग्नीशिया (दुर्बल क्षारक), का उपयोग किया जाता है। ये प्रतिअम्ल आधिक्य (आवश्यकता से अधिक) अम्ल को उदासीन कर देते हैं।
5. मुँह के pH का मान 5.5 से कम होने पर दाँतों का क्षय आरम्भ हो जाता है। मुँह में अवशिष्ट शर्करा एवं खाद्य पदार्थों का बैक्टीरिया द्वारा निम्नीकरण करने से अम्ल उत्पन्न होता है। अम्ल दाँतों के इनैमल, जो कैल्सियम फॉस्फेट से बना होता है, को संक्षारित करता है। दन्त मंजन सामान्यतः क्षारीय होते हैं इनके उपयोग द्वारा अम्ल की आधिक्य मात्रा को उदासीन करके दन्त क्षय रोका जा सकता है।
6. मधुमक्खी के डंक मारने पर या चींटी के काटने पर अम्ल (फॉर्मिक अम्ल) के शरीर के छोड़ने के कारण दर्द व जलन का अनुभव होता है। प्रभावित अंग में बेकिंग सोडा (सोडियम हाइड्रोजन कार्बोनेट) या कैलेमाइन (जिंक कार्बोनेट) जैसे दुर्बल क्षारक रगड़ने से आराम मिलता है।
7. केले के पत्तों की प्रकृति क्षारीय होती है। अतः यह यीस्ट की वृद्धि को रोकता है। यही कारण है कि दूध के डिब्बों में केले की पत्ती रखते हैं।

सूचक (Indicators)

- सूचक रंग में परिवर्तन के द्वारा विलयन के pH में परिवर्तन को दर्शाते हैं। अतः सूचकों का प्रयोग किसी विलयन की प्रकृति अम्लीय, क्षारीय अथवा उदासीन है ज्ञात करने के लिए किया जाता है।
- विलयन का pH, pH पेपर या सार्वभौम सूचक या pH मीटर द्वारा ज्ञात किया जा सकता है। लिटमस, हल्दी, गुड़हल, हायड्रेंजिया, ट्यूनिया, जेरानियम की पंखुड़ियाँ प्राकृतिक सूचक हैं।

अम्ल-क्षार सूचक (Acid-Base Indicators)

ये दुर्बल कार्बनिक अम्ल या फिर दुर्बल कार्बनिक क्षारक होते हैं। *उदाहरण* फीनॉल्फ्थैलीन एक दुर्बल कार्बनिक अम्ल है तथा मेथिल ऑरेंज एक दुर्बल कार्बनिक क्षारक है।

विभिन्न माध्यमों में सूचकों के रंग

सूचक	pH परास	रंग	
		क्षारीय माध्यम में	अम्लीय माध्यम में
मेथिल ऑरेंज	3.1-4.5	पीला	लाल
मेथिल रेड	4.2-6.3	पीला	लाल
फीनॉल्फ्थैलीन	8.0-9.8	गुलाबी	रंगहीन
लिटमस	5.5-7.5	नीला	लाल

- दुर्बल क्षार के साथ फीनॉल्फ्थैलीन तथा दुर्बल अम्ल के साथ मेथिल ऑरेंज का प्रयोग उचित नहीं है।

बफर विलयन (Buffer Solution)

ऐसे विलयन, जिनका pH तनु करने अथवा अम्ल या क्षारक की थोडी-सी मात्रा मिलाने के बाद भी अपरिवर्तित रहता है, 'बफर-विलयन' कहलाते हैं।

बफर विलयन के प्रकार (Types of Buffer Solutions)

ये दो प्रकार के होते हैं

(i) **अम्लीय बफर** (Acidic Buffer) किसी दुर्बल अम्ल तथा इसका प्रबल क्षार के साथ लवण का समान मात्रा में मिश्रण अम्लीय बफर कहलाता है। ऐसीटिक अम्ल व सोडियम ऐसीटेट का मिश्रण, हाइड्रोजन सायनाइड व पोटैशियम सायनाइड का मिश्रण तथा बोरिक अम्ल और बोरेक्स का मिश्रण अम्लीय बफर के उदाहरण हैं। ऐसीटिक अम्ल और सोडियम ऐसीटेट से बने अम्लीय बफर का pH 4.75 (लगभग) होता है।

(ii) **क्षारीय बफर** (Basic Buffer) किसी दुर्बल क्षारक तथा इसके प्रबल अम्ल के साथ लवण का समान मात्रा में मिश्रण क्षारीय बफर कहलाता है। pH 9.25 के लगभग अमोनियम क्लोराइड (NH_4Cl) तथा अमोनियम हाइड्रॉक्साइड (NH_4OH) का मिश्रण क्षारीय बफर की तरह कार्य करता है। अमोनियम हाइड्रॉक्साइड तथा अमोनियम नाइट्रेट का मिश्रण भी क्षारीय बफर का उदाहरण है।

अनेकों अम्लीय खाद्य पदार्थों का सेवन करने के पश्चात् भी रक्त का pH 7.4 बना रहता है ऐसा रक्त में उपस्थित कार्बोनेट और बाइकार्बोनेट (H_2CO_3/HCO_3^-) के बफर विलयन की सहायता से होता है।

लवणों का जल-अपघटन (Hydrolysis of Salts)

निश्चित अनुपात में अम्लों और क्षारकों के बीच अभिक्रिया से लवण प्राप्त होते हैं। जब प्रबल अम्ल तथा प्रबल क्षार से बने लवण को जल में घोला जाता है तो विलयन में यह पूर्णतया आयनित हो जाता है लेकिन यह जल से क्रिया नहीं करता है। जब प्रबल क्षारक और दुर्बल अम्ल या दुर्बल क्षारक और प्रबल अम्ल से बने लवण को जल में घोला जाता है तो यह जल से अभिक्रिया करके दोबारा मूल अम्ल तथा क्षारक, जिनसे यह लवण बना होता है, देता है। यह प्रक्रिया लवण का जल-अपघटन कहलाती है।

इस प्रक्रिया में लवण के आयन, जल के अणुओं अथवा जल के आयनों से अन्योन्य क्रिया करते हैं जिसके फलस्वरूप **अम्लीय** या **क्षारकीय विलयन** बनता है।

उदाहरण सोडियम कार्बोनेट (Na_2CO_3), सोडियम हाइड्रॉक्साइड (NaOH) और कार्बोनिक अम्ल (H_2CO_3) का लवण है। अत: जब इसे जल में घोला जाता है तो यह मूल अम्ल और क्षारक (जिनसे यह बना होता है) देता है।

$$\underset{}{Na_2CO_3} + 2H_2O \longrightarrow \underset{\text{प्रबल क्षार}}{2\,NaOH} + \underset{\text{दुर्बल अम्ल}}{H_2CO_3}$$

अथवा $2Na^+CO_3^{2-} + 2H_2O \longrightarrow 2\,Na^+OH^- + H^+HCO_3^-$

प्रबल क्षारक की उपस्थिति के कारण। इसका विलयन क्षारीय होता है।

जल-अपघटन के आधार पर लवणों के प्रकार

(Types of Salts on the Basis of Hydrolysis)

जल-अपघटित स्पीशीज की प्रकृति के आधार पर लवणों को निम्न वर्गों में वर्गीकृत किया गया है

(i) **दुर्बल अम्ल और प्रबल क्षारक के लवण** (Salt of Weak Acids and Strong Bases) सोडियम ऐसीटेट ऐसीटिक अम्ल (दुर्बल अम्ल) तथा सोडियम हाइड्रॉक्साइड (प्रबल क्षारक) का लवण है।

$$\underset{\text{सोडियम ऐसीटेट}}{CH_3COONa} + H_2O \rightleftharpoons \underset{\text{दुर्बल अम्ल}}{CH_3COOH} + \underset{\text{प्रबल क्षारक}}{NaOH}$$

इसका जलीय विलयन क्षारीय है। अत: इसका pH मान 7 से अधिक है।

(ii) **प्रबल अम्ल और दुर्बल क्षारक के लवण** (Salts of Strong Acids and Weak Bases) अमोनियम क्लोराइड, अमोनियम हाइड्रॉक्साइड (दुर्बल क्षारक) तथा हाइड्रोक्लोरिक अम्ल प्रबल अम्ल का लवण है। अत: जल-अपघटन के फलस्वरूप यह अम्लीय विलयन देता है। इसके विलयन का pH मान 7 से कम है।

(iii) **दुर्बल अम्ल और दुर्बल क्षारक के लवण** (Salts of Weak Acids and Weak Bases) अमोनियम ऐसीटेट ऐसीटिक अम्ल दुर्बल अम्ल तथा अमोनियम हाइड्रॉक्साइड दुर्बल क्षारक का लवण है। इस प्रकार के लवण का जलीय विलयन अम्लीय या क्षारीय या उदासीन हो सकता है।

(iv) **प्रबल अम्ल और प्रबल क्षारक के लवण** (Salts of Strong Acids and Strong Bases) सोडियम या पोटैशियम के हैलाइड, सल्फेट तथा नाइट्रेट लवणों के इस वर्ग के उदाहरण हैं। अम्ल तथा क्षार दोनों ही प्रबल हैं। अत: जल-अपघटन की प्रक्रिया नहीं होती है। इनके जलीय विलयन **उदासीन** (neutral) रहते हैं तथा इस प्रकार के लवणों का जलीय विलयन का pH मान 7 होता है।

अभ्यास प्रश्न

1. निम्नलिखित में से किस में COOH समूह नहीं होता है?
(a) सिट्रिक अम्ल (b) लैक्टिक अम्ल
(c) टार्टरिक अम्ल (d) ऐस्कॉर्बिक अम्ल

2. विटामिन C किस नाम से जाना जाता है?
(a) ऐमीनो अम्ल (b) ऐस्कॉर्बिक अम्ल
(c) ऐसीटिक अम्ल (d) ऐजीलेक अम्ल

3. अमाशय रस में कौन-सा अम्ल है?
(a) ऐसीटिक अम्ल
(b) नाइट्रिक अम्ल
(c) हाइड्रोक्लोरिक अम्ल
(d) सल्फ्यूरिक अम्ल

4. निम्नलिखित में से कौन-सा एक उच्चतम मात्रा में हाइड्रोजन आयन (H^+) देता है?
(a) सोडियम हाइड्रॉक्साइड विलयन
(b) दूधिया मैग्नीशिया (मिल्क ऑफ मैग्नीशिया)
(c) नींबू रस
(d) आमाशय रस

5. निम्नलिखित में से कौन-सा एक त्रि-क्षारकी अम्ल है?
(a) हाइड्रोक्लोरिक अम्ल
(b) नाइट्रिक अम्ल
(c) सल्फ्यूरिक अम्ल
(d) फॉस्फोरिक अम्ल

6. बिच्छू बूटी (नेटॉल) की पत्तियों के छू जाने पर जलन पैदा होती है। यह किसके अन्त:क्षेपण के कारण होता है?
(a) हाइड्रोक्लोरिक अम्ल
(b) मेथेनोइक अम्ल
(c) सिट्रिक अम्ल
(d) सल्फ्यूरिक अम्ल

7. परखनलियों में मौजूद H_2O और जलीय NaOH में किसकी सहायता से विभेद किया जा सकता है?
(a) लाल लिटमस
(b) नीला लिटमस
(c) Na_2CO_3
(d) HCl (जलीय)

8. आजकल सिरके का मुख्यत: उपयोग रसोईघर में एक सामान्य पकाने के संघटक के रूप में किया जाता है। यह एक आसानी से उपलब्ध हल्का अम्ल है। इसे गन्ने के रस के किण्वन द्वारा बनाया जाता है। इसमें पाया जाता है।
(a) पामिटिक अम्ल
(b) लैक्टिक अम्ल
(c) सिट्रिक अम्ल
(d) ऐसीटिक अम्ल

9. निम्नलिखित घोलों में से कौन-सा/से नीले लिटमस पत्र को लाल में परिवर्तित नहीं करता है/करते हैं?
I. अम्ल घोल II. क्षारक घोल
III. साधारण लवण घोल
(a) I और III (b) II और III
(c) केवल I (d) केवल II

10. बोतलों के नाम पत्र (लेबल) पर कुछ मृदु पेय दावा करते हैं कि वे अम्लीयता नियामक हैं। वे अम्लीयता नियमन किसका प्रयोग करते हैं?
(a) कार्बन डाइऑक्साइड
(b) बाइकार्बोनेट लवण
(c) 'a' और 'b' दोनों
(d) कार्बन डाइऑक्साइड और लाइम

11. अम्ल के विषय में निम्नलिखित में से कौन-सा/से कथन सही है/हैं?
I. वे लाल लिटमस को नीला कर देते हैं।
II. वे नीले लिटमस को लाल कर देते हैं।
III. उनका pH मान 7 से कम होता है।
(a) I तथा III
(b) II तथा III
(c) केलव I
(d) केवल II

12. निम्नलिखित में से कौन-सा/से कथन सही है/हैं?
I. अम्ल स्वाद में खट्टे होते हैं तथा H^+ आयन देते हैं।
II. अम्ल स्वाद में खट्टे होते हैं तथा OH^- आयन देते हैं।
III. क्षार स्वाद में कड़वे होते हैं तथा OH^- आयन देते हैं।
(a) I तथा III (b) I तथा II
(c) II तथा III (d) I, II तथा III सभी

13. निम्न सूचियों को सुमेलित कीजिए

सूची I (कार्बनिक अम्ल)		सूची II (प्राकृतिक स्रोत)	
A.	ऐसीटिक अम्ल	1.	दही
B.	लैक्टिक अम्ल	2.	इमली
C.	टार्टरिक अम्ल	3.	सिरका
D.	ऑक्सैलिक अम्ल	4.	टमाटर

कूट

	A	B	C	D
(a)	3	1	2	4
(b)	4	3	2	1
(c)	3	1	4	2
(d)	4	2	1	3

14. किसी टूथपेस्ट के लिए निम्नलिखित गुणधर्मों में से कौन-सा सही है?
(a) यह अम्लीय है।
(b) यह उदासीन है।
(c) यह क्षारीय है।
(d) यह कैल्सियम फॉस्फेट का बना है, जो दन्तवल्क (एनैमल) का पदार्थ है।

15. जलीय घोल में निम्नलिखित में से कौन-सा सबसे अधिक प्रबल क्षारक है?
(a) ट्राइएथिलेमाइन
(b) अमोनिया
(c) एथिलेमाइन
(d) डाइएथिलेमाइन

16. निम्नलिखित में से किस अम्ल में क्षारकता तीन है?
(a) डाइसोडियम हाइड्रोजन फॉस्फेट
(b) सोडियम फॉस्फेट
(c) फॉस्फोरिक अम्ल
(d) सोडियम डाइहाइड्रोजन फॉस्फेट

17. *ऐक्वा-रेजिया* आयतन में 1 : 3 के अनुपात में निम्नलिखित में से किसका मिश्रण है?
(a) सान्द्र HNO_3 और सान्द्र HCl
(b) सान्द्र HNO_3 और सान्द्र H_2SO_4
(c) सान्द्र HCl और तनु HNO_3
(d) सान्द्र HCl और सान्द्र HNO_3

18. यदि एक ऋणायन X के सोडियम लवण का सूत्र Na_2X है, तो इसके ऐलुमिनियम लवण का सूत्र क्या होगा?
(a) AlX (b) AlX_3
(c) Al_2X_3 (d) Al_3X_2

19. लवण जल (ब्राइन) किसका जलीय विलयन है?
(a) NaCl
(b) NaOH
(c) $NaHCO_3$
(d) Na_2CO_3

20. निम्नलिखित में से कौन-सा एक कैल्सियम कार्बोनेट लवण को प्रदर्शित नहीं करता है?
(a) चूने का पानी (लाइम वॉटर)
(b) चूना पत्थर (लाइमस्टोन)
(c) खड़िया (चॉक)
(d) संगमरमर (मार्बल)

21. निम्न में से कौन-सा एक लवण गुणधर्म नहीं है?
(a) लवणों में क्रमिक संकुलन विन्यास होते हैं जिन्हें जालक कहते हैं।
(b) लवणों के गलनांक निम्न किन्तु क्वथनांक उच्च होते हैं।
(c) लवण भंगुर होते हैं।
(d) पानी में विलीन होने पर अथवा गलित अवस्था में भी लवण विद्युत चालक हो जाते हैं।

22. निम्नलिखित में से कौन-सा एक धोने के सोडा (washing soda) का रासायनिक सूत्र है?
(a) $NaHCO_3$
(b) $Na_2CO_3 \cdot 10H_2O$
(c) $Na_2CO_3 \cdot 5H_2O$
(d) NaOH

23. वॉशिंग सोडा का इस्तेमाल.........किया जा सकता है।
(a) पेयजल के कीटाणुशोधन के लिए
(b) पकाने के लिए
(c) कठोर जल को नरम करने के लिए
(d) एक गैर जहरीले घटक के रूप में घरेलू देखभालपरक उत्पाद के तौर पर

24. 'चीली शीरा' (chile saltpeter) किसका सामान्य नाम है?
(a) पोटैशियम नाइट्रेट
(b) सोडियम नाइट्रेट
(c) सोडियम नाइट्राइट
(d) पोटैशियम नाइट्राइट

25. 'कॉस्टिक सोडा' का रासायनिक नाम........है।
(a) सोडियम थायोसल्फेट
(b) सोडियम कार्बोनेट
(c) सोडियम क्लोराइड
(d) सोडियम हाइड्रॉक्साइड

26. निम्नलिखित में से जल अणुओं की वह संख्या कौन-सी है, जो प्लास्टर ऑफ पेरिस में $CaSO_4$ के दो फॉर्मूला यूनिट से सहभाजन (साँझा) करती है?
(a) एक (b) दो
(c) पाँच (d) दस

27. निम्नलिखित में कौन-सा एक, विरंजक चूर्ण (ब्लीचिंग पाउडर) के लिए सही नहीं है?
(a) रासायनिक उद्योगों में अपचायक पदार्थ के रूप में इसका प्रयोग होता है।
(b) कागज कारखानों में काष्ठ लुगदी के विरंजन के लिए इसका प्रयोग होता है।
(c) पेयजल के विसंक्रमण (रोगाणुनाशन) के लिए इसका प्रयोग होता है।
(d) वस्त्र उद्योग में वस्त्र (लिनन) के विरंजन के लिए इसका प्रयोग होता है।

28. निम्न सूचियों को सुमेलित कीजिए

सूची I		सूची II	
A.	सोडियम हाइड्रॉक्साइड	1.	जल को विसंक्रमित करने के लिए
B.	ब्लीचिंग पाउडर	2.	जल की स्थाई कठोरता दूर करने के लिए
C.	सोडियम हाइड्रोजन कार्बोनेट	3.	टूटी अस्थियों को जोड़ने में
D.	वाशिंग सोडा	4.	साबुन और अपमार्जकों, कागज निर्माण में
E.	प्लास्टर ऑफ पेरिस	5.	सोडा-अम्ल अग्निशामकों में

कूट

	A	B	C	D	E
(a)	4	1	5	2	3
(b)	3	2	1	5	4
(c)	4	3	1	2	5
(d)	5	1	4	3	2

29. मानव रक्त के pH का अनुमानित मान क्या है?
(a) 7.4 (b) 7.9
(c) 6.7 (d) 8.1

30. निम्नलिखित में कौन-सा एक अम्लीय विलयन का सम्भव pH मान है?
(a) 6 (b) 7
(c) 8 (d) 9

31. निम्न में से किसका pH मान 7 है?
(a) शुद्ध पानी
(b) उदासीन विलयन
(c) क्षारीय विलयन
(d) उपरोक्त में से कोई नहीं

32. बहु-आसुत जल के एक नमूने का pH मान है
(a) शून्य
(b) 14
(c) शून्य के अतिनिकट
(d) सात के अतिनिकट

33. अम्ल वर्षा का pH मान कितना होता है?
(a) 5.5 या कम
(b) 12.5 या ज्यादा
(c) 10.5 या ज्यादा
(d) 8.5 या ज्यादा

34. ताजे दूध का pH मान 6 है। जब यह खट्टा हो जाता है, तो pH मान
(a) < 6 हो जाता है
(b) वही रहता है अर्थात् 6
(c) > 6 हो जाता है
(d) उदासीन हो जाता है अर्थात् 7

35. यदि एक पदार्थ का pH मान 7 से कम होता है तो इसे माना जाएगा
(a) उदासीन (b) आयन
(c) अम्ल (d) क्षार

36. निम्नलिखित में से किसके विलयन की pH मान 7 से कम होगी?
(a) NaOH (b) KCl
(c) $FeCl_3$ (d) NaCl

37. सूची I को सूची II के साथ सुमेलित कीजिए और सूचियों के नीचे दिए गए कूट का प्रयोग कर सही उत्तर चुनिए

सूची I (यौगिक)	सूची II (प्रकृति)
A. सोडियम हाइड्रॉक्साइड	1. प्रबल अम्ल
B. कैल्सियम ऑक्साइड	2. क्षार (ऐल्कली)
C. ऐसीटिक अम्ल	3. क्षीण अम्ल
D. हाइड्रोक्लोरिक अम्ल	4. क्षारक (बेस)

कूट

	A	B	C	D
(a)	2	3	4	1
(b)	2	4	3	1
(c)	1	4	3	2
(d)	1	3	4	2

उत्तरमाला

1. *(d)*	2. *(b)*	3. *(c)*	4. *(d)*	5. *(d)*	6. *(b)*	7. *(a)*	8. *(d)*	9. *(c)*	10. *(d)*
11. *(b)*	12. *(a)*	13. *(a)*	14. *(c)*	15. *(d)*	16. *(c)*	17. *(d)*	18. *(c)*	19. *(a)*	20. *(a)*
21. *(b)*	22. *(b)*	23. *(c)*	24. *(b)*	25. *(d)*	26. *(a)*	27. *(a)*	28. *(a)*	29. *(a)*	30. *(a)*
31. *(d)*	32. *(c)*	33. *(a)*	34. *(a)*	35. *(c)*	36. *(c)*	37. *(b)*			

अध्याय

04

रासायनिक अभिक्रियाएँ एवं रासायनिक समीकरण

(Chemical Reactions and Chemical Equations)

रासायनिक अभिक्रिया (Chemical Reaction)

वह अभिक्रिया, जिसमें एक या एक से अधिक पदार्थ परस्पर अभिक्रिया करके अर्थात् पुन: व्यवस्थित होकर नए पदार्थ का निर्माण करते हैं एवं निर्मित पदार्थ के भौतिक व रासायनिक गुण मूल पदार्थों से सर्वथा भिन्न होते हैं, रासायनिक अभिक्रिया कहलाती है।

उदाहरण – मैग्नीशियम धातु को वायु में जलाने पर मैग्नीशियम ऑक्साइड का सफेद चूर्ण प्राप्त होता है, जिसके भौतिक व रासायनिक गुण मैग्नीशियम धातु के गुणों से सर्वथा भिन्न होते हैं।

$$\underset{\text{मैग्नीशियम}}{2Mg} + \underset{\text{ऑक्सीजन}}{O_2} \longrightarrow \underset{\text{मैग्नीशियम ऑक्साइड (उत्पाद)}}{MgO}$$

रासायनिक समीकरण (Chemical Equation)

किसी रासायनिक अभिक्रिया में अभिकारक, उत्पाद एवं प्रतीकात्मक रूप से उनकी भौतिक अवस्था को प्रदर्शित करना रासायनिक समीकरण कहलाता है।

रासायनिक अभिक्रिया में प्रयुक्त पदार्थ **अभिकारक** (Reagent) या **क्रियाकारक** तथा उत्पन्न होने वाले पदार्थ **उत्पाद** (Product) कहलाते हैं।

उदाहरण— मेथेन (CH_4) का वायु (O_2) के आधिक्य में दहन करने पर कार्बन डाइऑक्साइड (CO_2) तथा जल (H_2O) बनते हैं। इस अभिक्रिया को रासायनिक समीकरण के द्वारा निम्न प्रकार व्यक्त किया जाता है

$$\underset{\text{मेथेन}}{CH_4\,(g)} + \underset{\text{ऑक्सीजन}}{2O_2\,(g)} \xrightarrow{\Delta} \underset{\text{कार्बन डाइऑक्साइड}}{CO_2(g)} + \underset{\text{जल}}{2H_2O(g)}$$

उपरोक्त अभिक्रिया में मेथेन (CH_4) एवं ऑक्सीजन (O_2) अभिकारक हैं तथा कार्बन डाइऑक्साइड (CO_2) एवं जल (H_2O) उत्पाद हैं।

रासायनिक समीकरण लिखना

(Writing the Chemical Equation)

निम्नलिखित पदों को ध्यान में रखते हुए ढाँचा रासायनिक समीकरण को लिखा जाता है

पद 1 किसी रासायनिक समीकरण में क्रियाकारकों के उत्पादों में परिवर्तन को इनके मध्य तीर का चिह्न ($\rightarrow$) लगाकर प्रदर्शित करते हैं। तीर के चिह्न के बाईं ओर (LHS) क्रियाकारकों को तथा दाई ओर (RHS) उत्पादों को लिखा जाता है।

पद 2 रासायनिक समीकरण में भाग लेने वाले दो या अधिक क्रियाकारकों के अणुसूत्रों के मध्य धनात्मक (+) चिह्न लिखते हैं। समान रूप से, उत्पादों के अणुओं के मध्य भी धनात्मक (+) चिह्न लिखते हैं। तीर का सिरा उत्पादों की ओर होता है, जोकि अभिक्रिया की दिशा को प्रदर्शित करता है।

उदाहरण— जिंक की हाइड्रोजन क्लोराइड से अभिक्रिया के फलस्वरूप जिंक क्लोराइड तथा हाइड्रोजन के निर्माण को निम्न प्रकार से प्रदर्शित किया जाता है।

$$\overbrace{\underset{\text{जिंक}}{Zn} + \underset{\text{हाइड्रोजन क्लोराइड}}{HCl}}^{\text{अभिकारक}} \longrightarrow \overbrace{\underset{\text{जिंक क्लोराइड}}{ZnCl_2} + \underset{\text{हाइड्रोजन}}{H_2}}^{\text{उत्पाद}}$$

पद 3 यदि अभिक्रिया उत्क्रमणीय है, अर्थात् बाईं तथा दाईं दोनों दिशाओं में होती है, तो दोनों दिशाओं को अर्द्ध-शीर्ष वाले तीर के चिन्ह ($\rightleftharpoons$) द्वारा प्रदर्शित करते हैं।

उदाहरण— $N_2 + H_2 \rightleftharpoons NH_3$
नाइट्रोजन हाइड्रोजन अमोनिया

रासायनिक समीकरण को सन्तुलित करना
(Balancing the Chemical Equations)

रासायनिक समीकरण को सन्तुलित करने के लिए निम्नलिखित चार विधियाँ प्रचलन में हैं

- जाँच एवं त्रुटि विधि
- आंशिक समीकरण विधि
- संयोजकता विधि
- आयनिक समीकरण विधि

रासायनिक समीकरण को सन्तुलित करने की सर्वोत्तम विधि जाँच एवं त्रुटि विधि का विवरण निम्नलिखित है

जाँच एवं त्रुटि विधि (Hit and Trial Method)

इस विधि में सर्वप्रथम समीकरण में सबसे कम स्थानों पर आने वाले तत्व के परमाणुओं को सन्तुलित किया जाता है तथा इसके पश्चात् इससे अधिक व और अधिक स्थानों पर आने वाले तत्वों के परमाणुओं को सन्तुलित किया जाता है। यह विधि अनुमान पर आधारित है। किसी भी समीकरण को सन्तुलित करते समय यह ध्यान रखना चाहिए कि गुणक को केवल सूत्र से पहले लिखकर समीकरण को सन्तुलित कर सकते हैं। सन्तुलित करते समय सूत्र में कोई परिवर्तन नहीं करना चाहिए।

जाँच एवं त्रुटि विधि द्वारा रासायनिक समीकरण को सन्तुलित करने की विधि को निम्न उदाहरण की सहायता से पूर्णतया समझा जा सकता है

उदाहरण 1. रासायनिक समीकरण,

$Al + H_2SO_4 \longrightarrow Al_2(SO_4)_3 + H_2$ को सन्तुलित कीजिए (अनुमान विधि द्वारा)।

हल (i) सर्वप्रथम अभिकारक पक्ष तथा उत्पाद पक्ष के प्रत्येक तत्व के परमाणुओं की संख्या लिखकर यह देखते हैं, कि कौन-से तत्व के कितने परमाणु उपस्थित हैं।

	बाईं ओर	दाईं ओर
Al	1	2
H	2	2
SO_4	1	3

उपरोक्त तुलना से यह ज्ञात होता है, कि Al तथा SO_4 असन्तुलित हैं।

(ii) Al तथा SO_4 को सन्तुलित करने के लिए Al से पूर्व 2 तथा H_2SO_4 से पूर्व 3 लिख देते हैं, इससे निम्न समीकरण प्राप्त होती है

$$2Al + 3H_2SO_4 \longrightarrow Al_2(SO_4)_3 + H_2$$

(iii) प्राप्त समीकरण के सन्तुलन की जाँच करने के लिए पुन: दोनों पक्षों में प्रत्येक तत्व के परमाणुओं की संख्या की तुलना करते हैं।

	बाईं ओर	दाईं ओर
Al	2	2
H	6	2
SO_4	3	3

जाँच करने पर ज्ञात होता है कि हाइड्रोजन (H) अब भी असन्तुलित है।

(iv) हाइड्रोजन को सन्तुलित करने के लिए (H_2) से पहले 3 लिख देते हैं, जिससे निम्न समीकरण प्राप्त होती है।

$$2Al + 3H_2SO_4 \longrightarrow Al_2(SO_4)_3 + 3H_2$$

(v) अब पुन: प्राप्त समीकरण के सन्तुलित होने की जाँच करते हैं।

	बाईं ओर	दाईं ओर
Al	2	2
H	6	6
SO_4	3	3

चूँकि अब बाईं ओर स्थित प्रत्येक तत्व के परमाणुओं की संख्या दाईं ओर के समान है, अत: उपरोक्त समीकरण सन्तुलित रासायनिक समीकरण है।

रासायनिक अभिक्रियाओं के प्रकार
(Types of Chemical Reactions)

रासायनिक अभिक्रियाएँ निम्न प्रकार की होती हैं

(i) **संयोजन अभिक्रिया (योगात्मक अभिक्रिया)** वह रासायनिक अभिक्रिया जिसमें दो या दो से अधिक पदार्थ आपस में संयोग करके केवल एक नया पदार्थ बनाते हैं तथा कोई भी अन्य पदार्थ नहीं बनता है, योगात्मक (Addition) अभिक्रिया कहलाती है।

उदाहरण— $2Mg + O_2 \xrightarrow{\text{जलने पर}} MgO$
मैग्नीशियम — मैग्नीशियम ऑक्साइड

(ii) **विस्थापन अभिक्रिया (प्रतिस्थापन अभिक्रिया)** वह रासायनिक अभिक्रिया जिसमें किसी यौगिक के अणु के किसी एक परमाणु अथवा परमाणुओं के समूह को दूसरे यौगिक का परमाणु या परमाणुओं का समूह विस्थापित कर देता है और स्वयं उस स्थान पर आ जाता है, प्रतिस्थापन अभिक्रिया कहलाती है।

उदाहरण— $CuSO_4 + Fe \longrightarrow FeSO_4 + Cu$
कॉपर सल्फेट आयरन फेरस सल्फेट कॉपर

$$CH_4 + Cl_2 \xrightarrow{\text{सूर्य का प्रकाश}} CH_3Cl + HCl$$

(iii) **अपघटन अभिक्रिया** वह रासायनिक अभिक्रिया जिसमें एक बड़ा यौगिक किसी बाह्य कारक (जैसे-ऊष्मा, विद्युत आदि) की उपस्थिति में दो या दो से अधिक छोटे यौगिको अथवा अपने अवयवी तत्वों में अपघटित हो जाता है, अपघटन अभिक्रिया कहलाती है। यह एक अनुत्क्रमणीय अभिक्रिया है।

उदाहरण— $2KClO_3 \xrightarrow{\text{गर्म}} 2KCl + 3O_2$
पोटैशियम क्लोरेट पोटैशियम क्लोराइड ऑक्सीजन

(iv) **द्विविस्थापन अभिक्रिया (उभय अपघटन अभिक्रिया)** वह रासायनिक अभिक्रिया जिसमें यौगिकों के आयनों अथवा घटकों का विनिमय हो जाता है तथा नये यौगिक बनते हैं, उभय अपघटन (Double displacement) अभिक्रिया कहलाती है।

उदाहरण— $AgNO_3$ + $NaCl$ ⟶ $AgCl$ + $NaNO_3$
सिल्वर नाइट्रेट सोडियम क्लोराइड सिल्वर क्लोराइड सोडियम नाइट्रेट

ऑक्सीकरण अभिक्रिया (Oxidation Reactions)

ऑक्सीकरण वह प्रक्रम है, जिसमें ऑक्सीजन का योग होता है अर्थात् ऑक्सीजन जुड़ती है। ऑक्सीकरण की प्रक्रिया में हाइड्रोजन की कमी होती है अर्थात् हाइड्रोजन निकलती है। इसमें विद्युत ऋणात्मक तत्व का योग होता है। विद्युतधनात्मक तत्व की कमी होती है। आधुनिक परिभाषा के अनुसार, ऑक्सीकरण वह प्रक्रम है, जिसमें पदार्थ के इलेक्ट्रॉन कम हो जाते हैं।

उदाहरण— $2FeCl_2 + Cl_2 \longrightarrow FeCl_3$

इसमें फेरस आयन (Fe^{2+}), फेरिक आयन (Fe^{3+}) में बदल जाता है।

अपचयन अभिक्रिया (Reduction Reactions)

अपचयन वह प्रक्रम है, जिसमें ऑक्सीजन की कमी होती है और हाइड्रोजन का योग होता है। इस प्रक्रिया में विद्युत ऋणात्मक तत्व की कमी होती है, साथ ही विद्युत धनात्मक तत्व का योग होता है। आधुनिक परिभाषा के अनुसार, अपचयन वह प्रक्रम है जिसमें पदार्थ के इलेक्ट्रॉन अधिक हो जाते हैं।

उदाहरण— $SnCl_4 \longrightarrow SnCl_2 + Cl_2$

इसमें टिन आयन पर धनावेश $+4$ से घटकर $+2$ हो जाता है।

रासायनिक समीकरण को अधिक सूचनात्मक बनाना

(To make the Reaction More Informative)

विभिन्न प्रकार की रासायनिक अभिक्रियाओं के रासायनिक समीकरण में अभिकारकों और उत्पादों की निम्नलिखित विशेषताओं को दर्शाकर उसे अधिक सूचनात्मक बनाया जा सकता है, ये इस प्रकार हैं

(i) **भौतिक अवस्था को अभिव्यक्त करना** रासायनिक समीकरण को अधिक सूचनात्मक बनाने के लिए पदार्थों की भौतिक अवस्था को उनके सूत्रों के साथ अभिव्यक्त किया जा सकता है जैसे— गैस, द्रव, ठोस तथा जलीय विलयन को क्रमशः (g), (l), (s) तथा (aq) से दर्शाया जाता है।

$$Pb(NO_3)_2(s) \xrightarrow{\text{ताप}} 2PbO(s) + 4NO_2(g) + O_2(g)$$

(ii) **ऊष्मा में परिवर्तन को अभिव्यक्त करना** ऊष्माक्षेपी क्रिया में ऊष्मा उत्पन्न होती है और ऊष्माशोषी अभिक्रिया में ऊष्मा अवशोषित होती हैं। नीचे दिए गए उदाहरणों को देखिए।

$$C(s) + O_2(g) \longrightarrow CO_2(g) + Q \quad \text{ऊष्माक्षेपी अभिक्रिया}$$

$$N_2(g) + O_2(g) \longrightarrow 2NO(g) - Q \quad \text{ऊष्माशोषी अभिक्रिया}$$

ऊष्माक्षेपी अभिक्रियाओं में उत्पन्न हुई ऊष्मा की मात्रा (Q) को उत्पादों की ओर (+) चिह्न के साथ अभिव्यक्त किया जाता है ऊष्माशोषी अभिक्रियाओं में अवशोषित हुई ऊष्मा की मात्रा को (–) चिह्न के साथ अभिव्यक्त किया जाता है।

(iii) **गैस के निकलने को अभिव्यक्त करना** यदि अभिक्रिया में कोई गैस मुक्त हो रही है, तो इसे ऊर्ध्व तीर (↑) निशान से अभिव्यक्त किया जाता है।

$$Zn(s) + H_2SO_4(aq) \longrightarrow ZnSO_4(aq) + H_2 \uparrow$$

(iv) **अवक्षेप के बनने को अभिव्यक्त करना** यदि किसी रासायनिक अभिक्रिया में कोई अवक्षेप बन रहा हो, तो उसे नीचे की ओर तीर (↓) से अभिव्यक्त करते हैं।

$$AgNO_3(aq) + NaCl(aq) \longrightarrow AgCl \downarrow + NaNO_3(aq)$$

(v) **विभिन्न परिस्थितियों को अभिव्यक्त करना** कभी-कभी रासायनिक अभिक्रियाओं की परिस्थितियाँ, जैसे— ताप, दाब, उत्प्रेरक आदि को भी तीर के निशान के ऊपर या नीचे लिखकर दर्शाया जाता है।

$$6CO_2(g) + 6H_2O(I) \xrightarrow[\text{क्लोरोफिल}]{\text{सूर्य प्रकाश}} C_6H_{12}O_6(aq) + 6O_2(g)$$

$$2AgCl(s) \xrightarrow{\text{सूर्य प्रकाश}} 2Ag(s) + Cl_2(g)$$

अभ्यास प्रश्न

1. मैग्नीशियम धातु, का वायु में जलना एक उदाहरण है
(a) भौतिक परिवर्तन का
(b) रासायनिक परिवर्तन का
(c) ऊष्मागतिकी का
(d) इनमें से कोई नहीं

2. $2FeCl_3 + 2H_2O + y \longrightarrow 2FeCl_2 + H_2SO_4 + 2HCl$
रासायनिक अभिक्रिया में y है
(a) S
(b) H_2S
(c) SO_2
(d) Cl_2

3. यदि उत्पाद अधिक अस्थायित्व रखते हैं, तो रासायनिक अभिक्रिया
(a) सम्पन्न होती है
(b) सम्पन्न नहीं होती है
(c) अत्यधिक तीव्र होती है
(d) निम्न गति से होती है

4. अमोनिया (NH_3) और हाइड्रोजन क्लोराइड (HCl) सम्पर्क में आने पर क्रिया करके बनाते हैं
(a) अमोनियम क्लोराइड
(b) अमोनियम सल्फाइड
(c) अमोनियम ऑक्साइड
(d) गन्धक

5. यदि उत्पाद अधिक स्थायित्व रखते हैं, तो रासायनिक अभिक्रिया
(a) सम्पन्न होती है
(b) सम्पन्न नहीं होती है
(c) अत्यधिक तीव्र होती है
(d) निम्न गति से होती है

6. लोहे एवं गन्धक को परस्पर गर्म करने पर बनता है
(a) आयरन सल्फाइड
(b) आयरन पायराइट
(c) आयरन सल्फाइट
(d) फेरस ऑक्साइड

7. अमोनिया (NH_3) और CuO को गर्म करने पर बनाते हैं
(a) $Cu + N_2 + H_2O$
(b) $NH_4NO_2 + N_2 + CuO$
(c) $NH_4OH + CuSO + N_2$
(d) $Cu_2O + H_2 + N_2$

8. निम्न में से रासायनिक परिवर्तन नहीं है
(a) दूध का जमना
(b) फल का पकना
(c) जल का वाष्पन
(d) कोयले का जलना

9. निम्नलिखित में से कौन-सा एक रासायनिक परिवर्तन नहीं है?
(a) फलों का पकना
(b) दूध का दही बनना
(c) जल का हिमीकरण
(d) भोजन का पचना

10. नाइट्रोजन एवं ऑक्सीजन के मिश्रण को उच्च ताप पर गर्म करने पर प्राप्त होता है
(a) नाइट्रिक ऑक्साइड
(b) नाइट्रस ऑक्साइड
(c) लेड ऑक्साइड
(d) सल्फर ऑक्साइड

11. निम्न में से किस रासायनिक समीकरण में, अभिकर्मकों तथा उत्पादों को सही प्रतीकों (abbreviations) द्वारा प्रदर्शित किया गया है?
(a) $2H_2(l) + 2O_2(l) \longrightarrow 2H_2O(g)$
(b) $2H_2(g) + O_2(l) \longrightarrow 2H_2O(l)$
(c) $2H_2(g) + O_2(g) \longrightarrow 2H_2O(l)$
(d) $2H_2(g) + O_2(g) \longrightarrow 2H_2O(g)$

12. निम्न में से कौन-सी गैस को ताजा तेल के नमूने के लम्बे समय तक परिरक्षण (भंडारण) के लिए उपयोग किया जा सकता है
(a) कार्बन डाईऑक्साइड या ऑक्सीजन
(b) नाइट्रोजन या ऑक्सीजन
(c) कार्बन डाईऑक्साइड या हीलियम
(d) हीलियम या नाइट्रोजन

13. कार्बन मोनॉक्साइड की क्लोरीन के साथ अभिक्रिया द्वारा कार्बोनिल क्लोराइड का बनना उदाहरण है
(a) वियोजन अभिक्रिया का
(b) संयोजन अभिक्रिया का
(c) विस्थापन अभिक्रिया का
(d) अपघटन अभिक्रिया का

14. जब कॉपर सल्फेट विलयन में लोहे का टुकड़ा डालते हैं, तो कॉपर व फेरस सल्फेट बनते हैं। यह अभिक्रिया कहलाती है
(a) प्रतिस्थापन अभिक्रिया
(b) योगात्मक अभिक्रिया
(c) ऊष्मीय वियोजन
(d) ऊष्मीय अपघटन

15. प्रतिस्थापन अभिक्रिया निम्न में से किसका गुण होता है?
(a) ऐल्कीन का
(b) ऐल्काइन का
(c) पैराफिन का
(d) इनमें से कोई नहीं

16. निम्नलिखित में कौन-सी उभय अपघटन अभिक्रिया नहीं है?
(a) $AgNO_3 + NaCl \longrightarrow AgCl + NaNO_3$
(b) $NH_4Cl \longrightarrow NH_3 + HCl$
(c) $BaCl_2 + Na_2SO_4 \longrightarrow BaSO_4 + 2NaCl$
(d) $CH_3COOH + NaOH \longrightarrow CH_3COONa + H_2O$

17. रासायनिक अभिक्रिया का वह प्रकार जिसमें अभिकारक यौगिकों के आयन (Ions) एवं मूलक (Radicals) परस्पर विनिमय कर नए उत्पाद निर्मित करते हैं, कहलाता है
(a) उभय अपघटन अभिक्रिया
(b) अपघटन अभिक्रिया
(c) आयनिक वियोजन अभिक्रिया
(d) अनुत्क्रमणीय अभिक्रिया

18. फेरिक ऑक्साइड, सल्फर डाइऑक्साइड तथा सल्फर ट्राइऑक्साइड निम्न में से किसका वियोजित रूप है?
(a) फेरस सल्फेट
(b) फेरिक क्लोराइड
(c) हेमेटाइट
(d) फेरिक ऑक्साइड

19. कैल्सियम ऑक्साइड जल के साथ तीव्रता से अभिक्रिया करके बुझे चूने (कैल्सियम हाइड्रॉक्साइड) का निर्माण के दौरान ताप में क्या परिवहन होगा?
(a) ऊष्मा का अवशोषण
(b) ऊष्मा का उत्सर्जन
(c) a एवं b दोनों
(d) ताप में कोई परिवर्तन नहीं

20. निम्नलिखित को सुमेलित कीजिए

सूची I		**सूची II**	
A.	संयोजन अभिक्रिया	1.	संश्लेषित
B.	आयरन का ऑक्सीकरण	2.	अभिकारकों का टूटना
C.	विस्थापन अभिक्रिया	3.	दहन
D.	विघटन	4.	प्रतिस्थापन

कूट

	A	B	C	D
(a)	1	2	3	4
(b)	1	3	4	2
(c)	3	1	3	4
(d)	3	4	3	1

21. सोडियम बाइकार्बोनेट गर्म करने पर कौन-सी गैस उत्पन्न होगी?
(a) हाइड्रोजन
(b) ऑक्सीजन
(c) कार्बन डाइऑक्साइड
(d) कार्बन मोनोक्साइड

22. अमोनियम क्लोराइड को जल में घोलने पर यह क्रमश: निम्न आयनों में विभक्त हो जाता है

(a) NH_4^+ एवं Cl^-
(b) Cl^- एवं NH_3^-
(c) NH_3 एवं Cl
(d) NH_2 एवं Cl_2

23. कैल्सियम कार्बोनेट का कैल्सियम ऑक्साइड तथा कार्बन डाइऑक्साइड में टूटना किस रासायनिक अभिक्रिया का प्रकार है?

(a) संयोजन अभिक्रिया
(b) प्रतिस्थापन अभिक्रिया
(c) उभय उपघटन अभिक्रिया
(d) अपघटन अभिक्रिया

24. ऊष्माशोषी अभिक्रिया में

(a) प्रकाश तथा जल का उत्सर्जन होता है।
(b) ऊष्मा का उत्सर्जन होता है
(c) ऊष्मा का अवशोषण होता है
(d) उपरोक्त में से कोई नहीं

25. निम्न को सुमेलित कीजिए।

सूची I		सूची II
A. $AgNO_3 + NaCl \longrightarrow AgCl + NaNO_3$	1.	द्विविस्थापन
B. $2KI + Br_2 \rightarrow 2KBr + I_2$	2.	कोई अभिक्रिया नहीं
C. $Zn + 2NaCl \longrightarrow 2Na + ZnCl_2$	3.	एकल विस्थापन

कूट

	A	B	C
(a)	1	2	3
(b)	1	3	2
(c)	3	1	2
(d)	2	1	3

26. निम्न में से कौन-सी संयोजन अभिक्रियाएँ हैं?

I. $2KClO_3 \xrightarrow{\text{ऊष्मा}} 2KCl + 3O_2$

II. $MgO + H_2O \longrightarrow Mg(OH)_2$

III. $4Al + 3O_2 \longrightarrow 2Al_2O_3$

IV. $Zn + FeSO_4 \longrightarrow ZnSO_4 + Fe$

(a) I तथा III (b) III तथा IV (c) II तथा IV (d) II तथा III

27. निम्न में से कौन-सा भौतिक परिवर्तन नहीं है?

(a) जल के उबलने से जल वाष्प का निर्माण
(b) बर्फ के पिघलने से जल प्राप्त होना
(c) जल में नमक का घुलना
(d) द्रवित पैट्रोलियम गैस (LPG) का दहन

28. ऊष्माशोषी अभिक्रिया है

(a) $N_2 + O_2 \longrightarrow 2NO$
(b) $H_2 + I_2 \longrightarrow 2HI$
(c) $C + O_2 \longrightarrow 2HI$
(d) $S + O_2 \longrightarrow SO_2$

29. प्रयोगशाला में ऑक्सीजन गैस बनाने के लिए निम्न अभिक्रिया का उपयोग किया जाता है

$$2KClO_3(s) \xrightarrow[\text{उत्प्रेरक}]{\text{ऊष्मा}} 2KCl(s) + 3O_2(g)$$

इस अभिक्रिया के लिए कौन-सा कथन सही है?

(a) यह एक वियोजन अभिक्रिया है, जो ऊष्माशोषी प्रकृति की है
(b) यह एक संयोजन अभिक्रिया है
(c) यह एक वियोजन अभिक्रिया है तथा इसमें ऊष्मा उत्पन्न होती है
(d) यह एक प्रकाश रासायनिक अभिक्रिया है तथा इसकी प्रकृति ऊष्माक्षेपी है

30. प्रतीकों को उनके अर्थ से सुमेलित कीजिए।

सूची I (प्रतीक)		सूची II (अर्थ)
A. $\rightarrow$	1.	जलीय
B. $\uparrow$	2.	लब्धि
C. Δ	3.	ऊष्मा
D. (aq)	4.	गैस की निर्मुक्ति

कूट

	A	B	C	D
(a)	1	2	3	4
(b)	1	3	2	4
(c)	2	1	3	4
(d)	2	4	3	1

31. निम्न को सुमेलित करें।

सूची I		सूची II
A. उदासीनीकरण	1.	$Mg + O_2 \longrightarrow MgO$
B. अवक्षेपण	2.	$H_2SO_4 + 2NaOH \longrightarrow Na_2SO_4 + 2H_2O$
C. गैस निर्माण	3.	$ZnS + 2HCl \longrightarrow ZnCl_2 + H_2S\uparrow$
D. ऑक्सीकरण	4.	$PbNO_3 + Na_2SO_4 \longrightarrow PbSO_4 + 2NaNO_3$

कूट

	A	B	C	D
(a)	1	2	3	4
(b)	1	3	2	4
(c)	3	4	2	1
(d)	2	4	3	1

32. सूची-I का सूची-II से मिलान कीजिए।

सूची I		सूची II
A. मोमबत्ती का जलना	1.	रासायनिक परिवर्तन
B. विद्युत बल्ब के तन्तु का चमकना	2.	भौतिक तथा रासायनिक परिवर्तन
C. मैग्नीशियम तार का जलना	3.	भौतिक परिवर्तन
D. लोहे में जंग लगना	4.	संक्षारण और भौतिक परिवर्तन
	5.	संक्षारण और रासायनिक परिवर्तन

कूट

	A	B	C	D
(a)	1	2	3	4
(b)	1	3	2	5
(c)	4	5	3	2
(d)	2	1	3	4

उत्तरमाला

1. *(b)*	2. *(c)*	3. *(b)*	4. *(a)*	5. *(a)*	6. *(a)*	7. *(a)*	8. *(c)*	9. *(c)*	10. *(a)*
11. *(c)*	12. *(d)*	13. *(b)*	14. *(a)*	15. *(a)*	16. *(b)*	17. *(a)*	18. *(a)*	19. *(b)*	20. *(b)*
21. *(c)*	22. *(a)*	23. *(d)*	24. *(c)*	25. *(b)*	26. *(d)*	27. *(d)*	28. *(a)*	29. *(a)*	30. *(d)*
31. *(d)*	32. *(b)*								

अध्याय

05

धातु एवं धातुकर्म

(Metals and Metallurgy)

धातु (Metals)

वे तत्व, जो ऊष्मा तथा विद्युत का चालन करते हैं, धातु कहलाते हैं अथवा धातु वे तत्व होते हैं, जो इलेक्ट्रॉन त्यागकर धनायन बनाने की प्रवृत्ति रखते हैं अर्थात् धातुएँ **विद्युतधनात्मक** होती हैं। धातुएँ आघातवर्धनीय (Malleable) तथा तन्य (Ductile) होती हैं। सामान्यतया ये कमरे के ताप पर ठोस होती हैं, परन्तु मर्करी (Hg) कमरे के ताप पर द्रव अवस्था में होती है।

धातुओं के भौतिक गुण

(Physical Properties of Metals)

धातुओं के प्रमुख भौतिक गुण निम्नलिखित हैं

धात्विक चमक (Metallic Lustre)

मुक्त इलेक्ट्रॉनों की उपस्थिति के कारण शुद्ध धातुओं की सतह चमकयुक्त होती है तथा धातुओं पर लेप या पॉलिश करके भी उनकी सतह को चमकदार बनाया जा सकता है। **उदाहरण**—ताँबा (Cu), सोना (Au), चाँदी (Ag), आदि। धात्विक चमक के कारण ही इनका प्रयोग ज्वैलरी तथा सजावट की वस्तुएँ बनाने में किया जाता है।

अपवाद—आयोडीन तथा ग्रेफाइट भी चमकीली होती हैं, परन्तु ये अधातुएँ हैं।

विद्युत एवं ऊष्मीय सुचालकता

(Electrical and Thermal Conductivity)

अधिकांश धातुएँ विद्युत तथा ऊष्मा की सुचालक होती हैं अर्थात् सुगमता से विद्युत तथा ऊष्मा को अपने अन्दर से प्रवाहित होने देती हैं, क्योंकि इनमें मुक्त इलेक्ट्रॉन उपस्थित होते हैं। चाँदी (Ag) और ताँबा (Cu) विद्युत तथा ऊष्मा के सर्वश्रेष्ठ सुचालक हैं।

तत्वों की विद्युत चालकता का क्रम निम्न है

विभिन्न Ag > Cu > Al, इसी कारण हमारे घरों में विद्युत के संचालन के लिए कॉपर (Cu) तथा ऐलुमिनियम (Al) के तारों का प्रयोग किया जाता है तथा खाना बनाने के बर्तन एवं बॉयलर भी इनसे बनाए जाते हैं।

आघातवर्धनीयता (Malleability)

कुछ धातुएँ आघातवर्धनीय होती हैं अर्थात् इन्हें पीटकर धातु की पतली चादर (Sheet) के रूप में परिवर्तित किया जा सकता है (बिना टूटे)। धातुओं के चादर में परिवर्तित होने की क्षमता के गुण को धातु की आघातवर्धनीयता कहते हैं।

उदाहरण– चाँदी (Ag) और सोना (Au) अत्यधिक आघातवर्धनीय धातुएँ हैं।

तन्यता (Ductility)

कुछ धातुएँ सामान्यतया तन्य होती हैं अर्थात् इन्हें खींचकर पतले (महीन) तारों में परिवर्तित किया जा सकता है। धातुओं के इस विशिष्ट गुण को तन्यता कहते हैं।

उदाहरण—1 ग्राम सोने से 2 किमी लम्बी महीन तार खींची जा सकती है। चाँदी (Ag) धातु के 0.0008 मिमी व्यास के महीन तार खींचे जा सकते हैं तथा टंगस्टन (W) के लगभग अदृश्य (अत्यधिक सूक्ष्म) तार खींचे जा सकते हैं। टंगस्टन के तारों का प्रयोग विद्युत बल्ब के फिलामेन्ट (तन्तु) बनाने में किया जाता है।

अपवाद–जिंक (Zn), मर्करी (Hg), गैलियम (Ga)।

कठोरता (Hardness)

साधारण ताप पर अधिकांश धातुएँ कठोर होती हैं।

उदाहरण– ऐलुमिनियम (Al), ताँबा (Cu), लोहा (Fe), आदि।

गलनांक (द्रवणांक) व क्वथनांक (Melting and Boiling Points)

वह ताप जिस पर कोई धातु अपनी ठोस अवस्था से द्रव अवस्था में परिवर्तित हो जाती है, उस धातु का गलनांक कहलाता है, जबकि क्वथनांक वह ताप है जिस पर धातु अपनी द्रव अवस्था से वाष्प अवस्था में परिवर्तित हो जाती है। सामान्यतया धातुओं के गलनांक व क्वथनांक उच्च होते हैं तथा ये उच्च ताप पर ही वाष्पित होती हैं।

घनत्व (Density)

लगभग सभी धातुओं के घनत्व उच्च होते हैं अर्थात् ये भारी होती हैं। सोना (Au), सिल्वर (Ag), आदि का घनत्व उच्च (क्रमश: 19.3 ग्राम सेमी$^{-3}$, 10.5 ग्राम सेमी$^{-3}$) होने के कारण ये भारी धातुएँ होती हैं।

मैग्नीशियम (Mg) तथा ऐलुमिनियम (Al) के घनत्व निम्न (क्रमश: 1.74 ग्राम सेमी$^{-3}$, 2.7 ग्राम सेमी$^{-3}$) होने के कारण ये हल्की धातुएँ होती हैं।

भंगुरता (Brittleness)

धातुएँ सामान्यतया कठोर होती हैं, जिस कारण इनमें भंगुरता का गुण पाया जाता है। *अपवाद*—जिंक (Zn)।

ध्वनि (Sound)

धातुओं को हथौड़े से पीटने पर एक विशिष्ट प्रकार की ध्वनि उत्पन्न होती है, जिसे **धात्विक ध्वनि** (Metallic sound) भी कहते हैं।

विलेयता (Solubility)

सामान्यतया धातुएँ द्रव विलायकों में विलेय नहीं होती हैं।

धातुओं के रासायनिक गुण

(Chemical Properties of Metals)

धातुओं द्वारा विभिन्न रासायनिक गुण प्रदर्शित किए जाते हैं, उनमें से कुछ महत्त्वपूर्ण गुण निम्नलिखित हैं

धातुओं की ऑक्सीजन से अभिक्रिया (वायु में दहन)

Reaction of Metals with Oxygen (burning in air)

धातुओं का वायु में दहन करने पर ये वायु में उपस्थित ऑक्सीजन से अभिक्रिया करके ऑक्साइड में परिवर्तित हो जाती हैं।

$$\text{धातु} + \underset{\text{(वायु से)}}{\text{ऑक्सीजन}} \longrightarrow \text{धातु ऑक्साइड}$$

इस प्रकार निर्मित ऑक्साइड के जलीय विलयन क्षारीय होते हैं। क्षारीय प्रकृति होने के कारण ये लाल लिटमस पेपर को नीला कर देते हैं तथा नीले लिटमस पेपर पर कोई प्रभाव नहीं डालते।

धातुओं की जल से अभिक्रिया

(Reaction of Metals with Water)

धातुओं की क्रियाशीलता के अनुसार, धातुएँ जल से भिन्न-भिन्न प्रकार से क्रिया करती हैं। धातुएँ जल के साथ अभिक्रिया करके हाइड्रोजन गैस तथा धातु ऑक्साइड अथवा धातु हाइड्रॉक्साइड निर्मित करती हैं।

उदाहरण—

$$\underset{\text{धातु}}{2M(s)} + \underset{\substack{\text{जल}\\\text{(ठण्डा)}}}{2H_2O(l)} \longrightarrow \underset{\substack{\text{धातु}\\\text{हाइड्रॉक्साइड}}}{2MOH(aq)} + \underset{\text{हाइड्रोजन}}{H_2(g)} + \text{ऊष्मा}$$

(जहाँ M = Na, K, आदि।)

धातुओं की हाइड्रोजन के साथ अभिक्रिया

(Reaction of Metals with Hydrogen)

सामान्यतया धातुएँ हाइड्रोजन से क्रियाशीलता नहीं दर्शाती, परन्तु कुछ क्रियाशील धातुएँ जैसे— सोडियम (Na), पोटैशियम (K), कैल्सियम (Ca), आदि हाइड्रोजन (H_2) से संयोग करके धात्विक लवण के समान ठोस यौगिक अर्थात् हाइड्राइड का निर्माण करती हैं।

$$\underset{\text{सोडियम}}{2Na(s)} + \underset{\text{हाइड्रोजन}}{H_2(g)} \longrightarrow \underset{\text{सोडियम हाइड्राइड}}{2NaH(s)}$$

धातुओं की तनु अम्लों से अभिक्रिया

(Reaction of Metals with Dilute Acids)

सामान्यतया सभी धातुएँ, तनु अम्लों से क्रिया करके हाइड्रोजन गैस तथा धातु लवण निर्मित करती हैं।

$$\text{धातु} + \text{तनु अम्ल} \longrightarrow \text{धातु लवण} + \text{हाइड्रोजन}$$

कॉपर (Cu), सिल्वर (Ag) तथा सोना (Au) की कम सक्रियता के कारण ये धातुएँ तनु अम्लों के प्रति कोई क्रिया नहीं दर्शाती हैं।

धातुओं की तनु सल्फ्यूरिक अम्ल (H_2SO_4) से अभिक्रिया (Reaction of Metals with Dilute Sulphuric Acid) हाइड्रोक्लोरिक अम्ल के समान धातुएँ तनु सल्फ्यूरिक अम्ल (H_2SO_4) से क्रिया करके धातु सल्फेट तथा हाइड्रोजन गैस निर्मित करती हैं।

$$\text{धातु} + H_2SO_4 \longrightarrow \text{धातु सल्फेट} + H_2\uparrow$$

(जहाँ, धातु = Na, Mg, Zn, Al, Fe, आदि।)

धातुओं की लवण विलयनों के साथ अभिक्रिया

(Reaction of Metals with Salt Solutions)

जब किसी कम सक्रिय धातु के लवण के विलयन में अधिक सक्रिय धातु को डाला जाता है, तो अधिक सक्रिय धातु अपने से कम सक्रिय धातु के लवण के विलयन से कम सक्रिय धातु को विस्थापित करके एवं स्वयं उसका स्थान लेकर अधिक सक्रिय धातु के लवण के विलयन में परिवर्तित हो जाती है।

उदाहरण—

$$\underset{\text{कॉपर सल्फेट}}{CuSO_4(aq)} + \underset{\text{जिंक}}{Zn(s)} \longrightarrow \underset{\text{जिंक सल्फेट}}{ZnSO_4(aq)} + \underset{\text{कॉपर}}{Cu(s)}$$

धातुओं की उपस्थिति (प्राप्ति) (Occurrence of Metals)

भू-पर्पटी धातुओं का प्रमुख स्रोत है। समुद्री जल भी कुछ धातुओं का स्रोत है। इसमें विलेय लवण जैसे-सोडियम क्लोराइड, मैग्नीशियम क्लोराइड इत्यादि हैं।

प्रकृति में धातुएँ दो अवस्थाओं में पाई जाती हैं

मुक्त या स्वतन्त्र अवस्था में (In Free or Native State) वे ठोस धातुएँ, जो कम क्रियाशील होती हैं, प्रकृति में मुक्त अथवा स्वतन्त्र अवस्था में पाई जाती हैं। उदाहरण—Ag, Au, Pt, आदि।

संयुक्त अवस्था में (In Combined State) वे ठोस धातुएँ, जो क्रियाशील होती हैं, प्रकृति में संयुक्त अवस्था में अर्थात् अपने यौगिकों के रूप में पाई जाती हैं। उदाहरण— Na, Ca, Fe, Zn, Cu, आदि।

धातुओं का निष्कर्षण (Extraction of Metals)

धातु यौगिकों से शुद्ध धातु की प्राप्ति धातु का निष्कर्षण कहलाती है। कुछ धातुएँ भू-पर्पटी में स्वतन्त्र अवस्था में पाई जाती हैं तथा कुछ धातुएँ अपने यौगिकों के रूप में मिलती है।

धातुओं के निष्कर्षण में प्रयुक्त चरण

(Steps Involved in the Extraction of Metal)

अयस्क से शुद्ध धातु का निष्कर्षण कई चरणों में होता है। *इन चरणों का सारांश नीचे दिया गया है।*

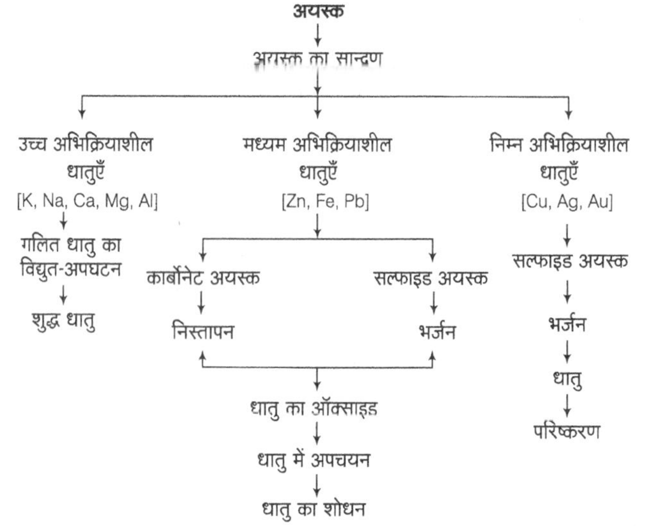

अयस्कों का समृद्धीकरण (सान्द्रण)

(Enrichment of Ores)

अयस्क से अनावश्यक पदार्थों (गैंग) का पृथक्करण समृद्धीकरण या **अयस्क का सान्द्रण** कहलाता है। अयस्क से गैंग को हटाने के लिए गुरुत्वीय पृथक्करण, चुम्बकीय (विद्युतचुम्बकीय) सान्द्रण एवं फेन प्लवन विधि आदि का उपयोग होता है। ये प्रक्रियाएँ अयस्क तथा गैंग के भौतिक या रासायनिक गुणों पर आधारित होती हैं।

धातुओं के सल्फाइड या कार्बोनेट अयस्क का आक्सॉइड में परिवर्तन

- **भर्जन** (Roasting) सल्फाइड अयस्क को वायु की उपस्थिति में गलनांक बिन्दु से निम्न ताप पर गर्म करने पर यह ऑक्साइड में परिवर्तित हो जाता है। इस प्रक्रिया को भर्जन कहते हैं।

  उदाहरण—$2ZnS(s) + 3O_2(s) \xrightarrow{\text{भर्जन}} 2ZnO(s) + 2SO_2(g)$

- **निस्तापन** (Calcination) वायु की अनुपस्थिति में सान्द्रित अयस्क को उसके गलनांक से नीचे परन्तु उच्च ताप पर गर्म करके ऑक्साइड में परिवर्तित करने का प्रक्रम निस्तापन कहलाता है।

  उदाहरण—$ZnCO_3(s) \xrightarrow{\text{निस्तापन}} ZnO(s) + CO_2(g)$

- **अयस्क ऑक्साइड का अपचयन** (Reduction of Oxide Ore) यह धातु ऑक्साइड अयस्क के धातु में परिवर्तन की प्रक्रिया है। यह ऑक्साइड को गर्म करके की जा सकती है।

$$ZnO(s) + C(s) \longrightarrow Zn(s) + CO(g)$$

विद्युत अपघटनी अपचयन (Electrolytic Reduction)

इन धातुओं के लवणों जैसे क्लोराइडों को द्रवित रूप में विद्युत अपघटित करते हैं। धातु कैथोड पर निक्षेपित हो जाती है तथा क्लोराइड ऐनोड पर मुक्त होती है। अभिक्रिया

कैथोड पर, $Na^+ + e^- \longrightarrow Na$ (अपचयन)

ऐनोड पर, $2Cl^- \longrightarrow Cl_2 + 2e^-$ (ऑक्सीकरण)

समान रूप से ऐलुमिनियम गलित ऐलुमिनियम ऑक्साइड के (इसे ऐलुमिना भी कहते हैं) विद्युत अपघटनी अपचयन से प्राप्त होती है।

कैथोड पर $Al^{3+} + 3e^- \longrightarrow Al$ (अपचयन)

ऐनोड पर $O^{2-} \longrightarrow \frac{1}{2}O_2 + 2e^-$ (ऑक्सीकरण)

धातुओं का परिष्करण (शोधन)

(Refining of Metals (Purification))

यह अपचयन के पश्चात् प्राप्त धातुओं के शुद्धिकरण की प्रक्रिया है। परिष्करण के लिए अनेक विधियाँ प्रयोग में ली जाती हैं, परन्तु सबसे सामान्य विद्युत अपघटनी परिष्करण है। कॉपर टिन, निकैल, सिल्वर, गोल्ड आदि अनेक धातुओं का परिष्करण विद्युत-अपघटन द्वारा किया जाता है।

प्रक्रिया इस प्रक्रम में, अशुद्ध धातु का ऐनोड तथा शुद्ध धातु की पतली परत का कैथोड के रूप में प्रयोग किया जाता है। धातु के लवण विलयन का उपयोग विद्युत-अपघट्य के रूप में होता है।

लोहे का धातुकर्म (Metallurgy of Iron)

यह प्रक्रम निम्नलिखित पदों में किया जाता है

अयस्क का सान्द्रण (Concentration of Ore)

लौह अयस्क के सान्द्रण हेतु निम्नलिखित दो विधियाँ प्रयोग में लायी जा सकती हैं।

(i) **गुरुत्वीय पृथक्करण** (Gravity Separation) इस विधि में अयस्क के छोटे-छोटे टुकड़ों को जल की धारा में धोया जाता है।

(ii) **चुम्बकीय पृथक्करण** (Magnetic Separation) इस विधि में मैग्नेटाइट अयस्क का सान्द्रण चुम्बकीय विधि द्वारा किया जाता है।

अयस्क का निस्तापन या भर्जन

(Calcination or Roasting of Ore)

अयस्क को छोटे-छोटे टुकड़ों में परिवर्तित करके निस्तापन या वायु की अधिकता में भर्जन किया जाता है; *जिससे निम्न परिवर्तन होते हैं*

(i) H_2O एवं CO_2 निष्कासित हो जाते हैं

(ii) S एवं As की अशुद्धियाँ ऑक्साइडों के रूप में बाहर निकल जाती हैं।

प्रगलन (Smelting)

निस्तापित/भर्जित अयस्क में कोक (Coke) और चूना पत्थर मिलाकर मिश्रण या घान (Charge) को कप तथा कोन व्यवस्था की सहायता से एक बड़ी वात्या भट्टी में प्रगलित किया जाता है।

$3Fe_2O_3 + CO \rightarrow 2Fe_3O_4 + CO_2$
(लौह अयस्क)

$Fe_3O_4 + CO \rightarrow 3FeO + CO_2$

$CaCO_3 \rightarrow CaO + CO_2$
(चूना पत्थर)

$CaO + SiO_2 \rightarrow CaSiO_3$
(धातुमल)

$FeO + CO \rightarrow Fe + CO_2$

$C + CO_2 \rightarrow 2CO$
(कोक)

$C + O_2 \rightarrow CO_2$

$FeO + C \rightarrow Fe + CO$

धातुओं का संक्षारण (Corrosion of Metals)

नम वायु के सम्पर्क में आने पर सतह की धातु का क्षरण, संक्षारण कहलाता है। यह एक ऑक्सीकारक प्रक्रम है। लोहे पर जंग लगना, चाँदी का बदरंग होना, ताँबे तथा काँसा पर हरी परत का निर्माण आदि संक्षारण के उदाहरण हैं।

लोहे का संक्षारण **जंग लगना** (Rusting) कहलाता है। रासायनिक रूप से, जंग फेरिक ऑक्साइड का जलयोजित (Fe_2O_3, xH_2O) रूप है। जंग लगने का मुख्य कारण वायु में नमी, कार्बन डाइऑक्साइड और ऑक्सीजन की उपस्थिति है। सामान्यतया यह पाया गया है कि जंग लगना केवल तभी सम्पन्न होता है जब लोहा नमी के सम्पर्क में होता है जबकि शुष्क वायु या निर्वात् में जंग नहीं लगता है।

संक्षारण की रोकथाम (Prevention of Corrosion)

पेंट करके, तेल लगाकर, ग्रीस लगाकर, यशदलेपन, क्रोमियम लेपन, ऐनोडीकरण या मिश्रधातु बनाकर लोहे को जंग लगने से बचाया जा सकता है।

लोहे पर जंग लगने का रासायनिक सिद्धान्त (Chemical Principle of Rusting on Iron)

यद्यपि संक्षारण का रसायन जटिल है, लेकिन यह ज्ञात है, कि लोहे के किसी एक बिन्दु (स्थान) पर ऑक्सीकरण होता है तथा यह बिन्दु ऐनोड की भाँति व्यवहार करता है।

आयरन जल के साथ सम्पर्क पर ऐनोड तथा वायु के साथ सम्पर्क पर कैथोड का निर्माण करता है। ऐनोड पर आयरन Fe^{2+} में ऑक्सीकृत हो जाता है तथा कैथोड पर ऑक्सीजन जल में अपचयित हो जाती है)।

ऐनोड पर, $Fe(s) \longrightarrow Fe^{2+}(aq) + 2e^-$; ($E^\circ_{Fe^{2+}/Fe} = -0.44$ वोल्ट)

ऐनोड से मुक्त इलेक्ट्रॉन धातु से होकर गति करते हैं और उसके दूसरे बिन्दु तक जाते हैं जहाँ ये H^+ आयनों की उपस्थिति में ऑक्सीजन का अपचयन करते हैं।(ऐसा माना जाता है कि H^+ आयन CO_2 के जल में घुलने से बने H_2CO_3 से प्राप्त होते हैं $CO_2 + H_2O \longrightarrow H_2CO_3 \rightleftharpoons H^+ + HCO_3^-$) तथा यह बिन्दु कैथोड की तरह कार्य करता है।

कैथोड पर, $O_2(g) + 4H^+(aq) + 4e^- \longrightarrow 2H_2O(l)$; ($E^\circ = 1.23$ वोल्ट)

मिश्रधातु (Alloys)

दो या दो से अधिक धातुओं को गलित अवस्था में मिश्रित करने पर निर्मित समांगी मिश्रण को मिश्रधातु कहते हैं। मिश्रधातुएँ गलित धातुओं को उचित मात्रा में मिलाकर ठण्डा करने पर प्राप्त होती हैं।

अमलगम (Amalgam)

कुछ धातुओं जैसे— ताँबा (Ag), सोना (Au), टिन (Sn), कॉपर (Cu), सोडियम (Na), तथा पोटैशियम (K) के मर्करी (Hg) में बने विलयन को अमलगम कहते हैं। Fe, Pt, आदि धातुएँ अमलगम नहीं बनाती हैं।

अभ्यास प्रश्न

1. गुणों के आधार पर तत्वों को कितनी श्रेणियों में विभाजित किया गया है?
(a) 4 (b) 6 (c) 3 (d) 2

2. धातु वे तत्व हैं, जिनमें
(a) धनायन बनाने की प्रवृत्ति होती है।
(b) ऋणायन बनाने की प्रवृत्ति होती है।
(c) हथौड़े से पीटने पर छोटे-छोटे कणों में टूट जाने का गुण होता है।
(d) विद्युत तथा ऊष्मा के कुचालक होने का गुण होता है।

3. वह धातु जो सामान्य ताप पर द्रव है
(a) मर्करी (b) जल (c) ब्रोमीन (d) लोहा

4. निम्नलिखित धातुओं में से उत्कृष्ट धातु का उदाहरण है
(a) Ar (b) Ca (c) Ba (d) Pt

5. कॉपर (Cu), ऐलुमिनियम (Al), सिल्वर (Ag), आयरन (Fe) धातुओं में से विद्युत की सर्वश्रेष्ठ सुचालक धातु कौन-सी है?
(a) Al (b) Cu
(c) Ag (d) Fe

6. ऐसी कौन-सी धातु है, जिसका प्रयोग बल्ब के फिलामेन्ट (तन्तु) बनाने में किया जाता है?
(a) Mg (मैग्नीशियम) (b) Ag (सिल्वर)
(c) Pt (प्लेटिनम) (d) W (टंगस्टन)

7. सोना (Au) धातु का घनत्व मैग्नीशियम की अपेक्षा होता है
(a) कम (b) अधिक
(c) बराबर (d) इनमें से कोई नहीं

8. विद्युत अपघटन का उपयोग होता है
(a) विद्युत लेपन
(b) विद्युत अपघटनी शोधन
(c) दोनों (a) तथा (b)
(d) उपरोक्त में से कोई नहीं

9. ऐसी कौन-सी धातु है, जिसे पीटकर 0.0001 मिमी से भी कम मोटाई की पतली चादर में परिवर्तित किया जा सकता है?
(a) Cu (b) Hg
(c) Au (d) K

10. ऐसी कौन-सी धातु है, जिसके लगभग अदृश्य तार खींचे जा सकते हैं?
(a) लेड (b) सोना
(c) चाँदी (d) टंगस्टन

11. पोटैशियम (K) का गलनांक कितना होता है?
(a) 40° सेल्सियस (b) 50° सेल्सियस
(c) 64° सेल्सियस (d) 68° सेल्सियस

12. मैग्नीशियम धातु का घनत्व कितना होता है?
(a) 1.74 ग्राम-सेमी$^{-3}$
(b) 1.60 ग्राम-सेमी$^{-3}$
(c) 1.52 ग्राम-सेमी$^{-3}$
(d) 1.30 ग्राम-सेमी$^{-3}$

13. निम्न में से कौन-सी धातु ठण्डे जल के साथ हाइड्रोजन गैस निकालती है?
(a) ताँबा (b) सोना
(c) पोटैशियम (d) ऐलुमिनियम

14. धातुओं के ऑक्साइड सामान्यतया होते हैं
(a) अम्लीय (b) क्षारीय
(c) उभयधर्मी (d) उदासीन

15. कुछ धातुएँ जैसे— Al, Zn, Pb, Be, ऑक्सीजन (O_2) से क्रिया करके ऑक्साइडों का निर्माण करती हैं। इन ऑक्साइडों की प्रकृति कैसी होती है?
(a) अम्लीय (b) क्षारीय (c) उदासीन
(d) उभयधर्मी

16. लोह के धातुकर्म में उत्पादित होने वाला धातुमल होगा
(a) CO (b) $FeSiO_3$
(c) $MgSiO_3$ (d) $CaSiO_3$

17. आयरन का निम्न में से कौन-सा ऑक्साइड आयरन की जलवाष्प से देर तक अभिक्रिया के परिणामस्वरूप प्राप्त होता है?
(a) FeO
(b) Fe_2O_3
(c) Fe_3O_4
(d) Fe_2O_3 तथा Fe_3O_4

18. जस्ता धातु हाइड्रोक्लोरिक अम्ल से क्रिया करके कौन-सी गैस निष्कासित करती है?
(a) ओजोन (b) ऑक्सीजन
(c) हाइड्रोजन (d) नाइट्रोजन

19. सान्द्र हाइड्रोक्लोरिक अम्ल (HCl) तथा सान्द्र नाइट्रिक अम्ल (HNO_3) को (3 : 1) अनुपात में मिलाने पर निर्मित मिश्रण की प्रकृति कैसी होती है?
(a) कठोर (b) क्षारीय
(c) संक्षारक (d) मृदु

20. तनु सल्फ्यूरिक अम्ल (H_2SO_4) मैंगनीज (Mn) से अभिक्रिया करके किसका निर्माण करता है
(a) $MnSO_4$ (b) Mn_2O_3
(c) MnO_4 (d) MnO

21. जब किसी कम सक्रिय धातु को अधिक सक्रिय धातु के धनायनों के विलयन में डाला जाता है, तो क्या प्रदर्शित होता है?
(a) कोई क्रिया नहीं
(b) सक्रिय धातु का विस्थापन
(c) कम सक्रिय धातु का विस्थापन
(d) हाइड्रोजन विस्थापन

22. निम्न में से कौन-सी धातु अम्ल से हाइड्रोजन (H_2) विस्थापित करती है?
(a) Mg (b) Cu
(c) Pt (d) Hg

23. निम्नलिखित में से कौन-सी धातु अम्ल से हाइड्रोजन विस्थापित नहीं करती है?
(a) Mg (b) Fe
(c) Cu (d) Zn

24. सिल्वर नाइट्रेट ($AgNO_3$) के विलयन में कॉपर (Cu) धातु डालने पर क्या प्रतिक्रिया होती है?
(a) कम सक्रिय धातु का प्रतिस्थापन
(b) अधिक सक्रिय धातु का प्रतिस्थापन
(c) सक्रिय धातु की क्रियाशीलता का घटना
(d) सक्रिय धातु की क्रियाशीलता का बढ़ना

25. कौन-सी अधातु द्रव अवस्था में पाई जाती है?
(a) सल्फर (S)
(b) नाइट्रोजन (N_2)
(c) ब्रोमीन (Br_2)
(d) हाइड्रोजन (H_2)

26. ऐलुमीनियम कार्बाइड पर जल की क्रिया द्वारा इनमें से कौन-सा हाइड्रोकार्बन उत्पन्न होता है?
(a) एथेन (b) मेथेन
(c) ऐसीटिलीन (d) एथिलीन

27. मिश्रधातु काँसा में होते हैं
(a) Cu, Sn (b) Cu, Zn
(c) Al, Zn (d) Zn, Sn

28. मुद्रा धातु है
(a) Cu-Sn-Pt मिश्रण
(b) Fe-Cr-C मिश्रण
(c) Al-Mg-Cu मिश्रण
(d) Cu-Zn-Ni मिश्रण

29. अमलगम होते हैं
(a) उपधातु (b) मिश्रधातु
(c) यौगिक (d) विषमांगी मिश्रण

30. जर्मन सिल्वर में कौन-सी धातु नहीं होती?
(a) Cu (b) Zn (c) Ag (d) Ni

31. ऐन्टीमनी है
(a) उपधातु (b) धातु
(c) अधातु (d) अक्रिय गैस

32. पीतल है
(a) उपधातु (b) मिश्रधातु
(c) यौगिक (d) विषमांगी मिश्रण

33. निम्नलिखित धातुओं में से सर्वाधिक आघातवर्धनीय धातु है
(a) Fe (b) Na (c) Mg (d) Au

34. धातुओं को पतले तारों में खींचने की क्षमता को कहते हैं
(a) तन्यता (b) आघातवर्धनीयता
(c) ध्वनिकता (d) सुचालकता

35. ऐलुमिनियम (Al), कॉपर (Cu) तथा सिल्वर (Ag) धातुओं का विद्युत तथा ऊष्मीय चालकता का क्रम कैसा होगा?
(a) Al < Cu > Ag (b) Ag > Cu > Al
(c) Cu > Ag > Al (d) Ag > Al > Cu

36. निम्नलिखित में से कौन-सी धातु जल के साथ सामान्य ताप पर क्रिया करती है?
(a) Cu (b) Na
(c) Al (d) Mg

37. निम्न में से कौन-सी धातु शीतल व गर्म दोनों दशाओं में जल से अभिक्रिया नहीं करती?
(a) Na (b) Ca
(c) Mg (d) Fe

38. यदि कॉपर को वायु में खुला रखते हैं, तो इसकी भूरी चमकीली सतह धीरे-धीरे अपनी चमक खो देती है तथा इस पर एक हरे रंग की परत जमा हो जाती है, यह निम्न के बनने के कारण होता है
(a) $CuSO_3$ (b) $CuCO_3$
(c) $Cu(NO_3)_2$ (d) CuO

39. अयस्क को वायु की अनुपस्थिति में गलनांक से नीचे ताप पर गर्म करना कहलाता है
(a) प्रक्षालन (b) भर्जन
(c) निस्तापन (d) प्रगलन

उत्तरमाला

1. (c)	2. (a)	3. (a)	4. (d)	5. (c)	6. (d)	7. (b)	8. (c)	9. (c)	10. (d)
11. (c)	12. (a)	13. (c)	14. (b)	15. (d)	16. (d)	17. (c)	18. (c)	19. (c)	20. (a)
21. (a)	22. (a)	23. (c)	24. (a)	25. (c)	26. (c)	27. (a)	28. (a)	29. (b)	30. (c)
31. (a)	32. (b)	33. (d)	34. (a)	35. (b)	36. (b)	37. (d)	38. (b)	39. (c)	

अध्याय

06

अधातुओं का रसायन

(Chemistry of Non-Metals)

अधातु (Non-Metals)

वे तत्व, जो ऊष्मा तथा विद्युत का चालन नहीं करते, अधातु कहलाते हैं अथवा अधातु वे तत्व होते हैं, जो इलेक्ट्रॉन ग्रहण करके ऋणायन बनाने की प्रवृत्ति रखते हैं अर्थात् अधातुएँ **विद्युत ऋणात्मक** होती हैं। अधातुएँ आघातवर्धनीय व तन्य नहीं होती परन्तु भंगुर (Brittle) होती हैं।

अधातुओं के भौतिक गुण (Physical Properties of Non-Metals)

अधातुओं के मुख्य भौतिक गुण निम्नलिखित हैं

धात्विक चमक (Metallic Lustre)

सामान्यतया अधातुओं में कोई विशेष चमक नहीं होती, इनकी सतह मलिन (Dull) होती है।

उदाहरण—सल्फर (S) तथा फॉस्फोरस (P) दोनों अधातुओं में कोई चमक नहीं पाई जाती अर्थात् ये मलिन होती हैं।

अपवाद—आयोडीन व ग्रेफाइट चमकीले होते हैं।

विद्युत एवं ऊष्मीय अचालकता (Electrical and Thermal Non-Conductivity)

अधातुएँ विद्युत तथा ऊष्मीय सुचालकता प्रदर्शित नहीं करती, क्योंकि इनमें मुक्त इलेक्ट्रॉन नहीं पाए जाते।

अपवाद—कार्बन का अपररूप (Allotrope) ग्रेफाइट मुक्त इलेक्ट्रॉन की उपस्थिति के कारण विद्युत का चालन करता है तथा इलेक्ट्रोड बनाने में प्रयुक्त होता है।

भंगुरता (Brittleness)

ठोस अधातुओं को पीटने पर ये चादर में परिवर्तित नहीं होती हैं, क्योंकि इनकी प्रकृति भंगुर (Brittle) होती है अर्थात् इनको हथौड़े से पीटने पर ये छोटे-छोटे टुकड़ों में टूट जाती हैं।

अतन्यता (Non-Ductility)

अधातुओं को खींचकर तारों में परिवर्तित नहीं किया जा सकता अर्थात् इनमें तन्यता का अभाव होता है। इनकी भंगुर प्रकृति के कारण ये खींचने पर टूट जाती हैं।

कठोरता (Hardness)

अधिकांश ठोस अधातुएँ जैसे—सल्फर (S) और फॉस्फोरस (P) मृदु होती हैं, जबकि कुछ कठोर होती हैं।

अपवाद—कार्बन का अपररूप हीरा सर्वाधिक कठोर पदार्थ है।

गलनांक (द्रवणांक) व क्वथनांक (Melting and Boiling Points)

अधातुओं के गलनांक तथा क्वथनांक कम होते हैं अर्थात् ये निम्न ताप पर ही वाष्पित हो जाती हैं।

अपवाद—कार्बन (C), बोरॉन (B) और सिलिकॉन (Si)।

घनत्व (Density)

अधातुओं के घनत्व सामान्यतया कम होते हैं, **उदाहरण**—सल्फर का घनत्व 2 ग्राम/सेमी^{3} होता है, जो अत्यन्त कम है।

अपवाद—हीरे तथा आयोडीन का घनत्व बहुत-सी धातुओं की अपेक्षा अधिक होता है।

ध्वनि (Sound)

अधातुएँ अध्वनिक होती हैं अर्थात् इन्हें हथौड़े से पीटने पर कोई ध्वनि उत्पन्न नहीं होती है।

अधातुओं का आवर्त सारणी में स्थान

(Position of Non-metals in the Periodic Table)

आवर्त सारणी में समस्त अधातु तत्व p-ब्लॉक में स्थित हैं। इनका सामान्य बाह्यतम् इलेक्ट्रॉनिक विन्यास ns^2np^{1-6} होता है।

अधातुओं की खोज (Discovery of Non-metals)

आवर्त सारणी के प्रयासों के पहले से ही कुछ अधातुओं को खोजा जा चुका था। आवर्त सारणी के विकास के साथ ही अधातु तत्वों की खोज होती गई। अधिकांश अक्रिय तत्वों (नोबल गैसें) की खोज सबसे अन्त में हुई।

अधातुओं का रसायन (Chemistry of Non-metals)

अधातुओं द्वारा विभिन्न रासायनिक गुण प्रदर्शित किए जाते हैं, उनमें से कुछ महत्त्वपूर्ण गुण निम्नलिखित हैं

अधातुओं की जल से अभिक्रिया अधातुएँ जल के साथ सामान्यतया अभिक्रिया नहीं दर्शाती हैं।

अधातुओं की अम्लों से अभिक्रिया सामान्यतया अधातुएँ तनु अम्लों से क्रिया प्रदर्शित नहीं करती हैं। इनकी अभिक्रिया केवल तभी सम्भव है, जब अभिक्रिया में निर्मित प्रोटॉनों को इलेक्ट्रॉनों की पूर्ति हो जाए।

$$H_2SO_4(aq) \longrightarrow 2H^+(aq) + SO_4^{2-}(aq)$$

$$2H^+(aq) + 2e^- \longrightarrow H_2(g)$$

अधातुओं की आपस में अभिक्रिया

(Reaction of Non-metals with Itself)

अधातुओं की क्लोरीन से अभिक्रिया

(Reaction of Non-metals with Chlorine)

अधातुएँ क्लोरीन से अभिक्रिया द्वारा क्लोराइड निर्मित करती हैं। निर्मित क्लोराइडों की प्रकृति सहसंयोजक होती है।

$$\underset{\text{फॉस्फोरस}}{P_4} + \underset{\text{क्लोरीन}}{6Cl_2} \longrightarrow \underset{\text{फॉस्फोरस ट्राइक्लोराइड}}{4PCl_3(g)}$$

अधातुओं की हाइड्रोजन से अभिक्रिया

(Reaction of Non-metals with Hydrogen)

अधातुएँ, हाइड्रोजन से क्रिया करके हाइड्राइड निर्मित करती हैं।

$$\underset{\text{नाइट्रोजन}}{N_2(g)} + \underset{\text{हाइड्रोजन}}{3H_2} \longrightarrow \underset{\text{अमोनिया}}{2NH_3(g)}$$

$$\underset{\text{कार्बन}}{C(s)} + \underset{\text{हाइड्रोजन}}{2H_2(g)} \longrightarrow \underset{\text{मेथेन}}{CH_4(g)}$$

अधातु और धातुओं के बीच अभिक्रिया

(Reaction between Metal and Non-metals)

परमाणुओं के मध्य इलेक्ट्रॉनों का स्थानान्तरण होने पर उनमें से एक परमाणु (धातु), एक या अधिक इलेक्ट्रॉनों का त्याग करके धनायन में परिवर्तित हो जाता है तथा अन्य परमाणु, (अधातु) इन इलेक्ट्रॉनों को ग्रहण करके ऋणायन (Anion) बना लेता है। धनायन तथा ऋणायन (विपरीत आवेशित आयनों) के मध्य लगने वाले विद्युत आकर्षण बल (स्थिर विद्युत बल) को ही आयनिक बन्ध कहते हैं। अर्थात् आयनिक बन्ध धातु तथा अधातु के बीच बनता है। जिन यौगिकों में यह बन्ध पाए जाते हैं, उन्हें आयनिक यौगिक कहते हैं। **उदाहरण—**

कैल्सियम क्लोराइड ($CaCl_2$) के अणु का बनना कैल्सियम और क्लोरीन परमाणु के इलेक्ट्रॉनिक विन्यास निम्न हैं

Ca (20) = 2, 8, 8, 2

Cl (17) = 2, 8, 7

अधातुओं के ऑक्साइड की प्रकृति

(Nature of Oxides of Non-metals)

अधातुएँ ऑक्सीजन से क्रिया करके ऑक्साइड निर्मित करती हैं। इन ऑक्साइडों की प्रकृति अम्लीय/उदासीन होती है।

$$C(s) + O_2(g) \longrightarrow CO_2(g) \text{ (अम्लीय)}$$

कार्बन (C) तथा सल्फर (S) की ऑक्सीजन (O_2) से क्रिया द्वारा निर्मित ऑक्साइड, जल (H_2O) से क्रिया करके अम्ल निर्मित करते हैं।

$$CO_2(g) + H_2O(aq) \longrightarrow \underset{\text{कार्बोनिक अम्ल}}{H_2CO_3(aq)}$$

अधातुओं के कुछ ऑक्साइड जैसे—कार्बन मोनोक्साइड (CO), नाइट्रस ऑक्साइड (N_2O), नाइट्रिक ऑक्साइड (NO) उदासीन प्रकृति के होते हैं तथा लिटमस के प्रति कोई प्रतिक्रिया प्रदर्शित नहीं करते हैं।

हाइड्रोजन (Hydrogen)

हाइड्रोजन प्रकृति में मुक्त तथा संयुक्त दोनों अवस्थाओं में पायी जाती है। पृथ्वी की ऊपरी सतह में भारानुसार लगभग 1% हाइड्रोजन होती है। मुक्त अवस्था में वायुमण्डल के 10^6 भाग आयतन में केवल 1 भाग हाइड्रोजन होती है। हाइड्रोजन के मुख्य स्रोत जल, अम्ल, कार्बनिक पदार्थ, अमोनिया, हाइड्रोजन सल्फाइड आदि हैं।

प्रयोगशाला विधि (Laboratory Method)

प्रयोगशाला में, डाइहाइड्रोजन Zn की क्रिया तनु H_2SO_4 के साथ कराने पर उत्पन्न होती हैं।

$$Zn + H_2SO_4 \longrightarrow ZnSO_4 + H_2$$

वास्तविक परिवर्तन यहाँ इस प्रकार होते हैं

$$Zn \longrightarrow Zn^{2+} + 2e^-$$

$$H_2SO_4 \longrightarrow H^+ + H_2SO_4^-$$

$$2H^+ + 2e^- \longrightarrow 2H \longrightarrow H_2 \uparrow$$

हाइड्रोजन के रासायनिक गुण

(Chemical Properties of Hydrogen)

हाइड्रोजन की अभिक्रियाएँ कमरे के ताप पर मन्द तथा उच्च तापों पर तीव्र होती हैं। यह लिटमस के प्रति उदासीन है।

(i) **दहन** (Combustion) यह दहनीय है तथा वायु या ऑक्सीजन में लगभग अदृश्य पीली-नीली लौ के साथ जलती है।

उदाहरण— $2H_2 + O_2 \longrightarrow 2H_2O$

(ii) **अपचायक गुण** (Reducing property) यह तप्त धातु ऑक्साइडों से क्रिया करके उनको संगत धातु में अपचयित कर देती हैं।

उदाहरण— $CuO + H_2 \longrightarrow Cu + H_2O$

(iii) **धातुओं तथा अधातुओं के साथ अभिक्रिया** (Reaction with metals and non-metals) यह प्रबल धनविद्युती धातुओं (सक्रिय

धातुओं) जैसे—Na, Li, Ca आदि के साथ संयोग करके उनके अनुरूप हाइड्राइड बनाती है।

उदाहरण— $2Na + H_2 \longrightarrow 2NaH$

$2Li + H_2 \longrightarrow 2LiH$

यह उपयुक्त परिस्थितियों में N, C, O, हैलोजन, S आदि के साथ संयोग करके क्रमश: NH_3, CH_4, H_2O, HX तथा H_2S बनाती है।

हाइड्रोजन के उपयोग (Uses of Hydrogen)

(i) यह NH_3, CH_3OH, गैसोलीन (संश्लेषित पेट्रोल), HCl आदि के निर्माण में प्रयुक्त होती है।

(ii) यह वनस्पति घी के निर्माण (अर्थात् तेलों के वसा में हाइड्रोजनीकरण) में प्रयुक्त होती है।

(iii) ऑक्सीहाइड्रोजन ज्वाला (ऑक्सीहाइड्रोजन टॉर्च) तथा परमाण्विक हाइड्रोजन ज्वाला (परमाण्विक हाइड्रोजन टॉर्च), स्टील तथा अन्य कठोर धातुओं को काटने तथा वैल्डिंग करने के लिए प्रयोग की जाती हैं।

(iv) यह भट्टियों में अपचायक वातावरण उत्पन्न करने के लिए प्रयुक्त की जाती है।

(v) निम्न घनत्व होने के कारण यह गुब्बारों को भरने तथा वायुयानों के लिए गैस के थैलों को भरने में प्रयोग की जाती है।

नाइट्रोजन (Nitrogen)

नाइट्रोजन की खोज डेनियल रदरफोर्ड (1772) ने की। यह मुक्त तथा संयुक्त दोनों अवस्थाओं में पाया जाता है। वायु का पाँच-चौथाई भाग मुक्त N_2 है।

नाइट्रोजन की संयोजकता 3 है। जबकि अन्य तत्व संयोजकता 5 भी प्रदर्शित करते हैं। नाइट्रोजन के संयोजी कोश में d-कक्षकों की अनुपस्थिति के कारण नाइट्रोजन संयोजकता 5 प्रदर्शित नहीं करता, इसलिए N केवल NCl_3 बनाता है, NCl_5 नहीं। जबकि अन्य तत्व पाँच संयोजक यौगिक बनाते हैं।

जैसे PCl_5 आदि।

प्रयोगशाला विधि (Laboratory Method)

प्रयोगशाला में नाइट्रोजन $NaNO_2$ व NH_4Cl के मिश्रण को गर्म करके बनाई जाती है।

$$NH_4Cl + NaNO_2 \longrightarrow NH_4NO_2 + NaCl$$

$$NH_4NO_2 \xrightarrow{\Delta} N_2 + 2H_2O$$

रासायनिक गुण (Chemical Properties)

(i) नाइट्रोजन एक निष्क्रिय द्विपरमाणुक गैस है, यह हाइड्रोजन से क्रिया करके अमोनिया देती है। (हैबर विधि)

$$N_2 + 3H_2 \underset{400-550°C}{\overset{Fe + Mo}{\rightleftharpoons}} 2NH_3$$

नाइट्रोजन एक रंगहीन, गन्धहीन व स्वादहीन गैस है।

(ii) यह विभिन्न प्रकार के ऑक्साइड़ों (N_2O, NO, N_2O_3, NO_2, N_2O_4, N_2O_5) का निर्माण कर सकती है।

(iii) NO_2 जल में घुलकर HNO_2 तथा HNO_3 का मिश्रण देता है।

उपयोग (Uses)

(i) नाइट्रोजन गैस की उपस्थिति वायुमण्डल में ऑक्सीजन गैस की दहनशीलता को कम करती है।

(ii) यह विद्युत लैम्पों में तथा अनेक धातुकर्मिक क्रियाओं में अक्रिय वातावरण उत्पन्न करने में प्रयुक्त होती है।

(iii) यह गैस यूरिया खाद के निर्माण में प्रमुखता से भाग लेती है।

(iv) द्रवित नाइट्रोजन का उपयोग शीतलीकरण यन्त्रों में किया जाता है जहाँ जैविक पदार्थों को सुरक्षित रखा जाता है।

ऑक्सीजन (Oxygen)

(i) इनका इलेक्ट्रॉनिक विन्यास $ns^2\ np^4$ होता है।

$$_8O = 1s^2, 2s^2\ 2p^4$$

(ii) ऑक्सीजन, पृथ्वी पर सर्वाधिक मात्रा में पाया जाने वाला तत्व है।

प्रयोगशाला विधि (Laboratory Method)

प्रयोगशाला में यह पोटैशियम क्लोरेट तथा मैगनीज डाइऑक्साइड के 4 : 1 मिश्रण को गर्म करके बनाई जाती है।

$$\underset{\text{पोटैशियम क्लोरेट}}{2KClO_3} \xrightarrow[\Delta]{MnO_2} 2KCl + 3O_2$$

रासायनिक गुण (Chemical Properties)

अधातुओं के साथ क्रिया (Reaction with Non-metals) O_2 अधातुओं के साथ क्रिया करके संगत ऑक्साइड बनाती है।

(i) H_2 के साथ क्रिया करके जल बनाती है।

$$2H_2(g) + O_2(g) \longrightarrow 2H_2O(l)$$

(ii) N_2 के साथ अभिक्रिया करके नाइट्रिक ऑक्साइड बनाती है।

$$N_2(g) + O_2(g) \xrightarrow{3300\ K} \underset{\text{नाइट्रिक ऑक्साइड}}{2NO(g)}$$

धातुओं के साथ क्रिया उच्च विद्युत धनी धातुएँ **जैसे** Na, K आदि O_2 के साथ क्रिया करके ऑक्साइड, परॉक्साइड पर सुपर ऑक्साइड देती है।

$$4Na(s) + O_2(g) \xrightarrow{\text{कमरे का ताप}} \underset{\text{सोडियम ऑक्साइड}}{2Na_2O(s)}$$

ऑक्सीजन के उपयोग (Uses of Oxygen)

(i) ऑक्सी-हाइड्रोजन तथा ऑक्सीऐसीटिलीन ज्वाला वैल्डिंग/कटिंग में प्रयोग होती है।

(ii) द्रव O_2 रॉकेट ईंधन में प्रयोग होती है।

(iii) ऑक्सीजनयुक्त कार्बनिक यौगिकों के निर्माण में।

(iv) द्रव्य O_2 तथा कार्बन चूर्ण, खानों में डाइनामाइट के स्थान पर प्रयोग होता है।

(v) ऑक्सीकारक व विरंजक के रूप में।

(vi) श्वसन क्रिया में।

(vii) ऑक्सीजन के समस्थानिक $_8O^{18}$ का प्रयोग विभिन्न अभिक्रियाओं की क्रियाविधि के अध्ययन में किया जाता है।

अभ्यास प्रश्न

1. सामान्यतया अधातु होते हैं
(a) ऊष्मीय चालक
(b) भंगुर
(c) निम्न गलनांक के
(d) ध्वनि उत्पन्न करने वाले

2. सामान्यतया तनु अम्लों से अभिक्रिया पर अधातु देते हैं
(a) H_2 गैस (b) O_2 गैस
(c) NH_2 गैस (d) N_2O_2 गैस

3. सामान्यतया धातु एवं अधातु के मध्य बनने वाले आबन्ध की प्रकृति होती है।
(a) आयनिक (b) उपसहसयोंजक
(c) धात्विक (d) वाण्डर वाल्स बल

4. आयतन के अनुसार जल में हाइड्रोजन की विलेयता कितने प्रतिशत होती है?
(a) 2% (b) 5% (c) 3% (d) 4%

5. कौन-सा युग्म हाइड्रोजन समस्थानिक को नहीं दर्शाता?
(a) *ऑर्थो* हाइड्रोजन तथा *पैरा* हाइड्रोजन
(b) प्रोटियम तथा ड्यूटीरियम
(c) ड्यूटीरियम तथा ट्राइटियम
(d) ट्राइटियम तथा प्रोटियम

6. हाइड्रोजन के सबसे भारी समस्थानिक में प्रोटॉन, इलेक्ट्रॉन तथा न्यूट्रॉनों का योग है
(a) 3 (b) 5 (c) 4 (d) 6

7. धातुओं द्वारा हाइड्रोजन का अधिशोषण कहलाता है
(a) अधिशोषण (b) ऑक्लूजन
(c) हाइड्रोजनीकरण (d) विहाइड्रोजनीकरण

8. हाइड्रोजन, हैलोजन के साथ अनेक समानताएँ दर्शाता है, जिसके लिए अनेक कारण उत्तरदायी हैं। निम्नलिखित कारकों में से कौन-सा इसका सबसे बड़ा कारण है?
(a) इसकी एक इलेक्ट्रॉन खोकर धनायन बनाने की प्रवृत्ति
(b) इसकी अपने संयोजन कोश में एक एकल इलेक्ट्रॉन प्राप्त करके स्थायी इलेक्ट्रॉनिक विन्यास ग्रहण करने की प्रवृत्ति
(c) इसका निम्न ऋणात्मक इलेक्ट्रॉन लब्धि
(d) इसका छोटा आकार

9. H^+ आयन हमेशा दूसरे परमाणु तथा अणु से सम्बन्धित क्यों होता है?
(a) हाइड्रोजन की आयनन ऐन्थैल्पी की क्षार धातु से समानता
(b) इसकी अभिक्रियाशीलता हैलोजनों के समान होने के कारण
(c) इसकी क्षार धातु तथा हैलोजन दोनों से समानता के कारण
(d) हाइड्रोजन परमाणु से एक इलेक्ट्रॉन की हानि के कारण अन्य परमाणुओं और आयनों की तुलना में छोटे आकार का केन्द्रक बनने के कारण तथा छोटा आकर होने के कारण यह स्वतन्त्र नहीं रह सकता

10. कौन-सा दुर्बलतम अपचायक है?
(a) परमाणवीय हाइड्रोजन
(b) नवजात हाइड्रोजन
(c) डाइहाइड्रोजन
(d) सभी की अपचायक शक्ति समान है

11. निम्नलिखित में से कौन-सी अभिक्रिया हाइड्रोजन उत्पन्न करती है?
(a) $H_2S_4O_8 + H_2O$ (b) $BaO + HCl$
(c) $Mg + H_2O$ (d) $Na_2O_2 + 2HCl$

12. कौन-सी धातु ठण्डे व तनु HNO_3 के साथ हाइड्रोजन देती है?
(a) Fe (b) Cu
(c) Al (d) Mg

13. हाइड्रोजन, न्यूट्रॉन नहीं रखता है
(a) ट्राइटियम (b) प्रोटियम
(c) ड्यूटिरियम (d) ये सभी

14. शुद्ध नाइट्रोजन बनायी जा सकती है
(a) NH_4OH से (b) NH_4NO_2 से
(c) $Ba(NO_3)_2$ से (d) Ca_3N_2 से

15. नाइट्रोजन की अधिकतम संयोजकता है
(a) 3 (b) 5
(c) 4 (d) 6

16. निम्नलिखित में से कौन-सा नाइट्रोजन का ऑक्साइड नाइट्रस अम्ल का ऐनहाइड्राइड है?
(a) NO (b) N_2O_4
(c) N_2O_3 (d) N_2O_5

17. –30°C पर दो गैसों की समान मोलर मात्रा की क्रिया कराने पर कौन-सा नीला द्रव प्राप्त होता है?
(a) N_2O_4 (b) N_2O
(c) N_2O_3 (d) N_2O_5

18. मैंगनीज का एक काला यौगिक हैलोजन अम्ल से क्रिया करके हरी-पीली गैस देता है। जब इस गैस का आधिक्य अमोनिया साथ क्रिया करता है एक अस्थाई ट्राइहैलाइड बनता है। इस प्रक्रिया में नाइट्रोजन की ऑक्सीकरण अवस्था परिवर्तित होती है
(a) – 3 से + 3 तक (b) – 3 से 0 तक
(c) – 3 से + 5 तक (d) शून्य से – 3 तक

19. NO किसके वायु में ऑक्सीकरण से बनता है?
(a) N_2O (b) N_2O_3 (c) NO_2 (d) N_2O_5

20. अमोनिया के उत्प्रेरकीय ऑक्सीकरण से एक ऑक्साइड प्राप्त होता है जोकि नाइट्रिक अम्ल बनाने में उपयोग होता है, यह ऑक्साइड है
(a) N_2O_5 (b) N_2O_4
(c) NO_2 (d) NO

21. नाइट्रोजन अपेक्षाकृत अक्रिय तत्व है क्योंकि
(a) इसके परमाणुओं का इलेक्ट्रॉनिक विन्यास स्थायी होता है
(b) इसकी परमाण्विक त्रिज्या कम होती है
(c) इसकी विद्युत ऋणात्मकता उच्च होती है
(d) इसके परमाणुओं की वियोजन ऊर्जा उच्च होती है

22. नाइट्रोजन के सन्दर्भ में कौन-सा तथ्य सत्य नहीं है?
(a) इसका आकार छोटा होता है
(b) यह O_2 के साथ तीव्रता से क्रिया नहीं करती
(c) यह प्रारूपिक रूप से अधात्वीय है
(d) बन्धुता के लिए *d*-कक्षक उपलब्ध होते हैं

23. नाइट्रोजन की आयनन ऊर्जा ऑक्सीजन से अधिक होती है, क्योंकि
(a) नाभिक द्वारा इलेक्ट्रॉनों का अधिक आकर्षण
(b) नाइट्रोजन परमाणु का छोटा आकार
(c) अधिक भेदन प्रभाव
(d) अर्द्धपूर्ण *p*-कक्षकों का अधिक स्थायित्व

24. O_2 अणु है
(a) लौह-चुम्बकीय
(b) प्रतिचुम्बकीय
(c) अनुचुम्बकीय
(d) उपरोक्त में से कोई नहीं

25. ऑक्सीजन में से नीरव् विद्युत विसर्जन करने पर ओजोन बनती है, इस अभिक्रिया में
(a) ऊर्जा बाहर निकलती है
(b) ऊर्जा अवशोषित होती है
(c) ऑक्सीजन ऊर्जा से पूर्ण होती है
(d) ऑक्सीजन परमाणुओं में वियोजित हो जाती है

26. ऑक्सीजन OF_6 नहीं बनाती क्योंकि
(a) इसका आकार छोटा है
(b) रिक्त *d*-कक्षक उपलब्ध नहीं होते हैं
(c) इसकी आयनन ऊर्जा अधिक है
(d) इसका आकार बड़ा है

27. O_2 गैस कमरे के ताप पर रासायनिक निष्क्रिय है क्योंकि
(a) O_2 अणु में परमाणु बहु-बन्धों द्वारा जुड़े होते हैं
(b) O == O अणु बन्ध प्रबल है
(c) O_2 अणु इतने बल से नहीं टकराते कि बन्ध सामान्य ताप पर टूट जाए
(d) उपरोक्त सभी

28. ऑक्सीजन से ओजोन प्राप्त होती है
(a) उच्च ताप पर ऑक्सीकरण द्वारा
(b) उत्प्रेरक से ऑक्सीकरण द्वारा
(c) उच्च दाब पर परिवर्तन द्वारा
(d) मौन विद्युत विसर्जन द्वारा

29. निम्नलिखित में से किस हाइड्राइड का क्वथनांक सबसे अधिक है?
(a) H_2O
(b) H_2S
(c) H_2Se
(d) H_2Te

30. पृथ्वी पर प्रचुर मात्रा में उपस्थित तत्व है
(a) O (b) S
(c) Se (d) Te

31. ऑक्सीजन तत्व की त्रिपरमाणुक प्रजाति कहलाती है
(a) एजोन (b) पॉलिजोन
(c) ट्राइजोन (d) ओजोन

32. ऑक्सीजन वायु की अपेक्षा भारी है इसलिए इसे एकत्रित किया जाता है
(a) H_2O के ऊपर (b) एथेनॉल के ऊपर
(c) मर्करी के ऊपर (d) कैरोसीन के ऊपर

33. $KO_2 + CO_2 \longrightarrow$? (गैस)
(a) H_2 (b) N_2
(c) O_2 (d) CO

34. निम्नलिखित में ऑक्सीजन का उपयोग नहीं होता
(a) ऑक्सी-हाइड्रोजन वैल्डिंग में
(b) रॉकेट में
(c) विरंजक के रूप में
(d) वृत्तीय प्लास्टिक बनाने में

35. मानव के लिए ऑक्सीजन उपयोगी है
(a) प्रकाश-संश्लेषण के लिए
(b) श्वसन क्रिया के लिए
(c) ऊर्जा उत्पन्न करने के लिए
(d) प्रकाश प्राप्त करने के लिए

36. नाइट्रोजन डाइऑक्साइड
(a) जल में विलेय नहीं है
(b) जल में विलेय होकर नाइट्रिक अम्ल बनाती है
(c) जल में विलेय होकर नाइट्रस और नाइट्रिक अम्ल का मिश्रण बनाती है
(d) जल में विलेय होकर नाइट्रस अम्ल बनाता है तथा ऑक्सीजन निकालता है

उत्तरमाला

1. (b)	2. (a)	3. (a)	4. (a)	5. (a)	6. (c)	7. (b)	8. (b)	9. (d)	10. (c)
11. (c)	12. (d)	13. (b)	14. (b)	15. (c)	16. (c)	17. (c)	18. (a)	19. (c)	20. (d)
21. (d)	22. (d)	23. (d)	24. (c)	25. (b)	26. (b)	27. (d)	28. (d)	29. (a)	30. (a)
31. (d)	32. (a)	33. (c)	34. (d)	35. (b)	36. (c)				

अध्याय

07

कार्बनिक यौगिक

(Organic Compounds)

हाइड्रोकार्बन और उनके व्युत्पन्न (derivatives) अर्थात् कार्बन के यौगिक CO, CO_2, कार्बोनेटों और बाइकार्बोनेटों को छोड़कर कार्बनिक यौगिक कहलाते हैं। सन् 1780 के आस-पास यह धारणा थी कि प्रयोगशाला में कार्बनिक यौगिक का संश्लेषण नहीं किया जा सकता है लेकिन केवल सजीवों द्वारा ही इनका संश्लेषण किया जा सकता है। यही कारण है कि इन यौगिकों को निरूपित करने के लिए ऑर्गेनिक (organic) शब्द का प्रयोग किया गया। ऑर्गेनिक एक ऐंग्लो शब्द है जिसका अर्थ 'बायो' (या सजीव) है।

स्वीडिश वैज्ञानिक **बर्जिलियस** ने प्रतिपादित किया कि 'जैव शक्ति' (vital force) कार्बनिक यौगिकों के निर्माण के लिए उत्तरदायी है। **(जैव शक्ति सिद्धान्त)**।

एफ वोल्हर (1828) ने संयोग से अकार्बनिक यौगिकों अमोनियम सल्फेट और पोटैशियम सायनेट से कार्बनिक यौगिक यूरिया का संश्लेषण किया, जब वह इन यौगिकों से अमोनियम सायनेट बनाने की कोशिश कर रहे थे।

बाद में, **कोल्बे** (1845) द्वारा ऐसीटिक अम्ल का संश्लेषण इसके अवयवी तत्वों से, **बर्थलेट** (1856) द्वारा मेथेन के संश्लेषण के परिणामस्वरूप यह दिखाया गया कि कार्बनिक यौगिकों को अकार्बनिक स्त्रोतों से प्रयोगशाला में संश्लेषित किया जा सकता है।

पेट्रोलियम : कार्बनिक यौगिकों के एक स्त्रोत के रूप में

(Petroleum : as a Source of Organic Compounds)

पेट्रोलियम मुख्यतया ऐलिफैटिक हाइड्रोकार्बनों तथा अल्प मात्रा में ऐरोमैटिक हाइड्रोकार्बनों का मिश्रण है। इसमें अल्प मात्रा में सल्फर तथा नाइट्रोजन के कार्बनिक यौगिक भी पाए जाते हैं।

पेट्रोलियम के विभिन्न घटक (अवयव) तथा उनके उपयोग

पेट्रोलियम के अवयव	उपयोग
द्रव रूप में पेट्रोलियम गैस (LPG)	घरों और उद्योगों में ईंधन के रूप में।
पेट्रोल	मोटर ईंधन, वैमानिक ईंधन, शुष्क धुलाई के लिए।
मिट्टी का तेल	स्टोव, लैम्प, जेट वायुयान के लिए ईंधन।
डीजल	भारी मोटर वाहनों व विद्युत जनित्रों के लिए ईंधन।
स्नेहक तेल (lubricating oil)	स्नेहन।
ग्रीस, वैसलीन, पेट्रोलियम जैली	औषधीय विरचन में।
पैराफिन मोम	मलहम, मोमबत्ती, वैसलीन, आदि में।
एस्फाल्ट (asphalt) या टार (बिटुमेन)	पेन्ट और सड़क निर्माण में।

- पेट्रोलियम को रॉक ऑयल (पेट्रा = चट्टान, ओलियम = तेल) काला सोना और द्रव सोना (इसकी वाणिज्यिक महत्ता के कारण) भी कहते हैं।
- इन दिनों पक्की सड़कों के निर्माण में कोलतार के स्थान पर एक पेट्रोलियम उत्पाद बिटुमेन का प्रयोग किया जाता है।
- विश्व का पहला तेल का कुआँ, पेनसिलवेनिया अमेरिका में 1859 में प्रवोधित (ड्रिल) किया गया था।
- रुका हुआ पानी टार से बनी सड़कों को क्षतिग्रस्त कर देता है।
- बायोडीजल ट्रॉन्सएस्टरीफिकेशन प्रक्रिया से प्राप्त किया जाता है।

पेट्रोरसायन (Petrochemicals)

- पेट्रोलियम और प्राकृतिक गैस से अनेक उपयोगी पदार्थ प्राप्त किए जाते हैं। इन्हें, पेट्रोरसायन कहते हैं।
- संतृप्त हाइड्रोकार्बन (मेथेन, एथेन, प्रोपेन, आदि), असंतृप्त हाइड्रोकार्बन (एथिलीन, प्रोपिलीन, आदि), ऐरोमैटिक हाइड्रोकार्बन (बेन्जीन, टॉलुईन), ऐल्कोहॉल, फॉर्मेल्डिहाइड, ऐसीटोन, ऐसीटिक अम्ल, आदि कुछ पेट्रोरसायनों के उदाहरण हैं।
- **उपयोग** (Uses) पेट्रोरसायनों का उपयोग अपमार्जक (detergents), रेशे (पॉलीएस्टर, नायलॉन, ऐक्रिलिक, आदि), पॉलीथीन और अन्य मानव निर्मित प्लास्टिक आदि के औद्योगिक निर्माण में किया जाता है। प्राकृतिक गैस से प्राप्त हाइड्रोजन गैस का उपयोग उर्वरकों (यूरिया) के उत्पादन हेतु किया जाता है।

कार्बनिक यौगिकों का वर्गीकरण

(Classification of Organic Compounds)

कार्बनिक यौगिक

- अचक्रीय अथवा विवृत्त शृंखला यौगिक
- चक्रीय अथवा बन्द शृंखला अथवा वलीय यौगिक
  - कार्बोचक्रीय अथवा समचक्रीय यौगिक
    - ऐलिसाइक्लिक यौगिक
    - ऐरोमैटिक यौगिक
      - बेन्जिनॉइड यौगिक
      - नॉन-बेन्जिनॉइड यौगिक
  - विषम चक्रीय यौगिक

अचक्रीय अथवा विवृत्त शृंखला यौगिक

(Acyclic or Open Chain Compounds)

इन यौगिकों को **ऐलिफैटिक** (वसीय यौगिक) भी कहा जाता है। ये सीधी या शाखित विवृत शृंखला (branched open chain) के बने होते हैं

उदाहरण CH_4 मेथेन; $CH_3—CH_3$ एथेन; $CH_3—CH(CH_3)—CH_3$ *आइसो-ब्यूटेन*

मेथेन सबसे सरल ऐलिफैटिक यौगिक है और बेन्जीन सबसे सरल ऐरोमैटिक यौगिक है अत: इन्हें अपनी संगत श्रेणियों (respective classes) का पिता अर्थात् मूल (parent) यौगिक माना जाता है।

ऐलिसाइक्लिक यौगिक या बन्द शृंखला या वलय यौगिक

(Alicyclic or Closed Chain Compounds)

इन यौगिकों में कार्बन परमाणु जुड़कर एक वलय समचक्रीय बनाते हैं। कभी-कभी वलय में कार्बन के अलावा अन्य परमाणु होते हैं (विषम चक्रीय)।

उदाहरण

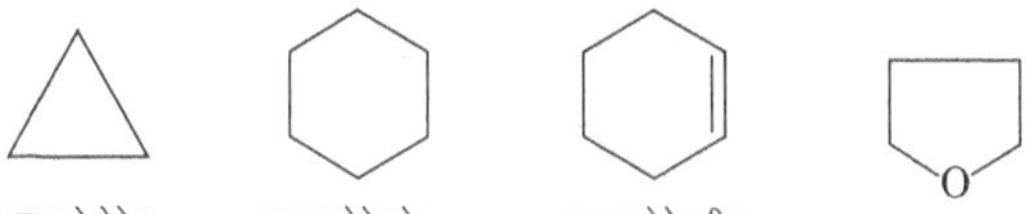

साइक्लोप्रोपेन, साइक्लोहेक्सेन, साइक्लोहेक्सीन (समचक्रीय); टेट्राहाइड्रोफ्यूरेन (विषम चक्रीय)

ये ऐरोमैटिक यौगिकों की अपेक्षा अचक्रीय (ऐलिफैटिक) यौगिकों से अधिक मिलते जुलते हैं।

ऐरोमैटिक यौगिक (Aromatic Compounds)

ऐरोमैटिक शब्द ग्रीक शब्द *ऐरोमा* जिसका अर्थ 'सुगन्ध' है से लिया गया था। इन यौगिकों में बेन्जीन (छ: कार्बन से बना वलय यौगिक जिसमें एकान्तर क्रम में एकल और द्विआबन्ध होते हैं) तथा दूसरे सम्बन्धित वलय यौगिक (बेन्जिनॉइड) हैं।

ऐलिसाइक्लिक यौगिकों की तरह, ऐरोमैटिक यौगिकों में वलय में विषम परमाणु हो सकता है (विषम चक्रीय ऐरोमैटिक यौगिक)।

उदाहरण

बेन्जिनॉइड ऐरोमैटिक यौगिक   नॉन-बेन्जिनॉइड ऐरोमैटिक यौगिक

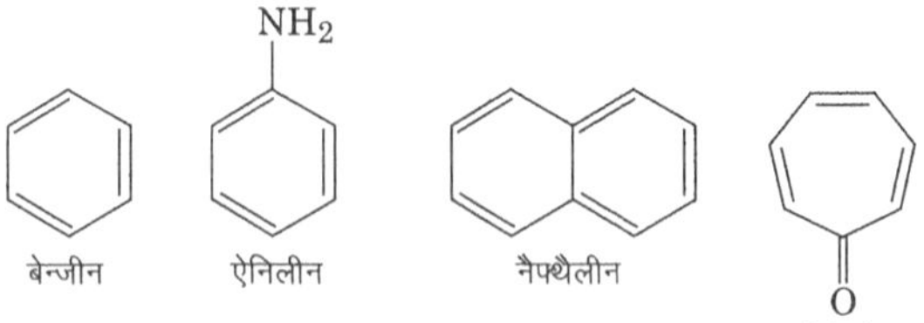

बेन्जीन, ऐनिलीन, नैफ्थैलीन, ट्रोपोलोन

विषम चक्रीय ऐरोमैटिक यौगिक

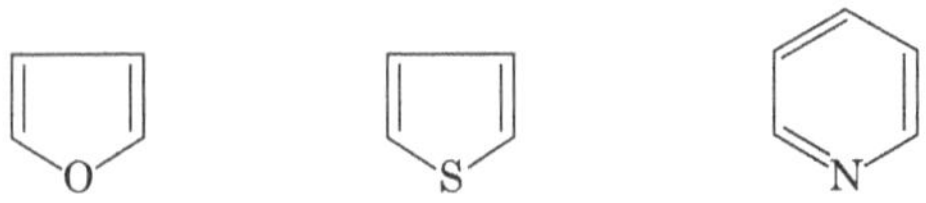

फ्यूरेन, थायोफीन, पिरीडिन

क्रियात्मक समूह अथवा प्रकार्यात्मक समूह

(Functional Group)

किसी कार्बनिक यौगिक में विशिष्ट प्रकार से जुड़ा परमाणु या परमाणुओं का समूह, जो कार्बनिक यौगिकों में अभिलाक्षणिक (characteristic) रासायनिक गुणों के लिए उत्तरदायी होता है, क्रियात्मक समूह या प्रकार्यात्मक समूह कहलाता है।

कुछ कार्बनिक यौगिकों के वर्ग, क्रियात्मक समूह, समूह पूर्वलग्न तथा अनुलग्न

यौगिक का वर्ग	क्रियात्मक समूह	समूह पूर्वलग्न	अनुलग्न	उदाहरण
ऐल्केन	–	ऐल्किल (*R*)	ऐन	ब्यूटेन, $CH_3CH_2CH_2CH_3$
ऐल्कीन	$>C=C<$	ऐल्किनाइल	ईन	एथिलीन, $H_2C=CH_2$
ऐल्काइन	$—C\equiv C—$	ऐल्काइनाइल	आइन	ऐसीटिलीन, $HC\equiv CH$
ऐरीन	–	–	–	बेन्जीन, 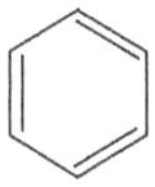
हैलाइड	$-X (X = F, Cl, Br, I)$	हैलो	–	1-ब्रोमो ब्यूटेन $CH_3CH_2CH_2CH_2Br$

यौगिक का वर्ग	क्रियात्मक समूह	समूह पूर्वलग्न	अनुलग्न	उदाहरण
ऐल्कोहॉल	—OH	हाइड्रॉक्सी	ऑल	प्रोपेन-2-ऑल $CH_3—CH(OH)—CH_3$
ऐल्डिहाइड	—CHO	फॉर्मिल या ऑक्सो	एल	प्रोपेनल, CH_3CH_2CHO
कीटोन	>C=O	ऑक्सो	ओन	प्रोपेनोन, CH_3COCH_3
नाइट्राइल	—C≡N	सायनो	नाइट्राइल	[illegible]
ईथर	$R—O—R$	ऐल्कॉक्सी	—	मेथॉक्सी मेथेन, CH_3OCH_3
कार्बोक्सिलिक अम्ल	—COOH	कार्बोक्सी	ओइक अम्ल	मेथेनॉइक अम्ल, HCOOH
कार्बोक्सिलेट आयन	$—COO^-$	–	ओएट	सोडियम मेथेनोएट, HCOONa
एस्टर	— COOR	ऐल्कॉक्सी कार्बोनिल	ओएट	मेथिल एथेनोएट CH_3COOCH_3
एसिल हैलाइड	—COX(X = F, Cl, Br, I)	हैलोकार्बोनिल	ऑयल हैलाइड	एथेनॉयल क्लोराइड CH_3COCl
ऐमीन	$—NH_2$, >NH, =N—	ऐमीनो	एमाइन	एथेनामीन, $CH_3CH_2NH_2$
एमाइड	$— CONH_2$, —CONHR, — CONR_2	कार्बामायल	ऐमाइड	एथेनामाइड, CH_3CONH_2
नाइट्रो	$—NO_2$	नाइट्रो	—	1-नाइट्रोप्रोपेन $CH_3CH_2CH_2NO_2$
सल्फोनिक अम्ल	$—SO_3H$	सल्फो	सल्फोनिक अम्ल	मेथिल सल्फोनिक अम्ल CH_3SO_3H
ऐनहाइड्राइड	—COOCOR	–	ऐनहाइड्राइड	(ऐसीटिक ऐनहाइड्राइड) $(CH_3CO)_2O$
आइसोसायनाइड	—NC	–	आइसोनाइट्राइल	मेथिल आइसोनाइट्राइल CH_3NC
फिनाइल	$—C_6H_5$	फिनाइल	—	1-फिनाइल एथेन $C_6H_5CH_2CH_3$

सजातीय श्रेणियाँ (Homologous Series)

कार्बनिक यौगिकों के समूह अथवा ऐसी श्रेणी, जिसमें एक विशिष्ट क्रियात्मक समूह हो सजातीय श्रेणी बनाते हैं। इसके सदस्यों को सजात (homologues) कहते हैं। *उदाहरण* मेथेन (CH_4), एथेन (C_2H_6), प्रोपेन (C_3H_8), ब्यूटेन (C_4H_{10}), आदि सीधे शृंखला ऐल्केन हैं।

इसी प्रकार मेथिल ऐल्कोहॉल (CH_3OH), एथिल ऐल्कोहॉल (C_2H_5OH), प्रोपिल ऐल्कोहॉल (C_3H_7OH), ब्यूटिल ऐल्कोहॉल (C_4H_9OH) और एमिल ऐल्कोहॉल ($C_5H_{11}OH$), आदि ऐल्कोहॉल श्रेणी के समजात हैं। इस घटना को **समजातीयता** (homology) कहते हैं।

सजातीय श्रेणी के लक्षण

(Characteristics of Homologous Series)

(i) सजातीय श्रेणी के सदस्यों को एक सामान्य सूत्र द्वारा प्रदर्शित किया जा सकता है। जैसे ऐल्केन श्रेणी का सामान्य सूत्र C_nH_{2n+2}, ऐल्कीन का C_nH_{2n} तथा ऐल्कोहॉल का $C_nH_{2n+1}\cdot OH$ है।

(ii) सजातीय श्रेणी के क्रमागत सदस्यों के अणुसूत्रों के मध्य CH_2 इकाई का अन्तर होता है।

(iii) सजातीय श्रेणी के क्रमागत सदस्यों के आण्विक द्रव्यमानों में 14 u का अन्तर होता है।

(iv) किसी श्रेणी के सभी सदस्यों को कुछ सामान्य प्रतिक्रियाओं द्वारा बनाया जा सकता है।

(v) किसी भी श्रेणी के सभी सदस्यों के भौतिक गुणधर्मों जैसे क्वथनांक, गलनांक, घनत्व आदि में अणुभार वृद्धि के साथ-साथ क्रमिक परिवर्तन होता है।

(vi) किसी भी श्रेणी के सभी सदस्यों के रासायनिक गुणधर्म लगभग समान होते हैं क्योंकि सभी सदस्यों में एक ही क्रियाशील समूह होता है।

समावयवता (Isomerism)

दो या दो से अधिक यौगिक जिनके अणुसूत्र समान हो, किन्तु गुण अथवा विन्यास (configuration) भिन्न हों) **समावयव** (isomers) कहलाते हैं और इस परिघटना को 'समावयवता' कहते हैं।

समावयवता दो प्रकार की होती है

1. संरचनात्मक समावयवता (Structural Isomerism)

यौगिक जिनके अणुसूत्र समान होते हैं, किन्तु संरचना भिन्न होती है, उन्हें संरचनात्मक समावयवियों में वर्गीकृत किया जाता है।

उदाहरण आण्विक सूत्र C_5H_{12} के तीन शृंखला समावयवी (i) n-पेन्टेन (ii) *आइसो*-पेन्टेन और (iii) *निओ*-पेन्टेन हैं। जिनके संरचना सूत्र इस प्रकार है

$CH_3CH_2CH_2CH_2CH_3$, (n-पेन्टेन)

$CH_3—CH(CH_3)—CH_2—CH_3$, (*आइसो*-पेन्टेन या 2-मेथिल ब्यूटेन)

$H_3C—C(CH_3)_2—CH_3$ (*निओ*-पेन्टेन या 2,2-डाइमेथिल प्रोपेन)

संरचनात्मक समावयवता चार प्रकार की होती है

(i) शृंखला समावयवता (ii) स्थिति समावयवता
(iii) क्रियात्मक समूह समावयवता (iv) मध्यावयवता

2. **त्रिविम समावयवता** (Stereoisomerism)

त्रिविम समावयव वे यौगिक हैं जिनमें संरचना एवं परमाणुओं के आबन्धन का क्रम तो समान रहता है, परन्तु उनके अणुओं में परमाणुओं अथवा समूहों की त्रिविम स्थितियाँ भिन्न रहती है। इस प्रकार की समावयवता त्रिविम समावयवता कहलाती है।

त्रिविम समावयवता दो प्रकार की होती हैं

(i) ज्यामितीय समावयवता (geometrical isomerism)
(ii) प्रकाशीय समावयवता (optical isomerism)

हाइड्रोकार्बन (Hydrocarbon)

हाइड्रोकार्बन शब्द का अर्थ है केवल हाइड्रोजन और कार्बन के यौगिक। पेट्रोलियम या कच्चा तेल इनका प्राकृतिक स्रोत है हाइड्रोकार्बन विभिन्न प्रकार के होते हैं। *कार्बन-कार्बन आबन्धों के प्रकार के आधार पर इन्हें तीन मुख्य वर्गों में वर्गीकृत किया गया है*

1. **संतृप्त हाइड्रोकार्बन** (Saturated Hydrocarbons)

इनमें कार्बन-कार्बन तथा कार्बन-हाइड्रोजन एकल आबन्ध होते हैं।

ये दो प्रकार के होते हैं

(i) **ऐल्केन या पैराफिन** (Alkanes or Paraffin) *पैराफिन* एक लैटिन शब्द है जिसका अर्थ है 'अल्प क्रियाशील', अत: ये रासायनिक रूप से अधिकांश रसायनों के प्रति निष्क्रिय हैं। इन यौगिकों में, विभिन्न कार्बन परमाणु एक दूसरे से एकल आबन्धों द्वारा जुड़कर कार्बन परमाणुओं की खुली शृंखला बनाते हैं। ऐल्केनों का सामान्य सूत्र C_nH_{2n+2} होता है। मेथेन इस परिवार का प्रथम सदस्य है।

परिवार के दूसरे सदस्य द्रव्यमान के बढ़ते क्रम के साथ इस प्रकार हैं

एथेन (C_2H_6) < प्रोपेन (C_3H_8) < ब्यूटेन (C_4H_{10}) < पेन्टेन (C_5H_{12}) < हेक्सेन (C_6H_{14}) < हेप्टेन (C_7H_{16})।

मेथेन या मार्श गैस (Methane or Marsh Gas), CH_4 यह साधारण ताप पर गैस है। यह दलदली स्थानों में वनस्पतियों के सड़ने से (जीवाणुओं द्वारा अपघटन से) बुलबुलों के रूप में उत्पन्न होती रहती है अत: इसे मार्श गैस भी कहते हैं। सामान्यत: यह सेप्टिक टैंक के द्वारा भी मुक्त होती रहती हैं।

प्रयोगशाला में यह सोडियम ऐसीटेट को सोडालाइम के साथ गर्म करके प्राप्त की जाती है। व्यापारिक स्तर पर इसे ऐलुमिनियम कार्बाइड पर जल या तनु हाइड्रोक्लोरिक गैस की अभिक्रिया द्वारा बनाया जाता है। इसकी आकृति चतुष्फलकीय होती है तथा दो C—H आबन्धों के बीच का कोण 109°28′ होता है। यह काले रंग की होती है।

मेथेन का उपयोग ईंधन के रूप में प्रकाश और ऊर्जा उत्पन्न करने में कार्बन ब्लैक, छापेखाने की स्याही बनाने में, मेथेनॉल के औद्योगिक उत्पादन में, कार्बनिक यौगिकों के संश्लेषण में तथा हाइड्रोजन के औद्योगिक उत्पादन में किया जाता है।

(ii) **साइक्लोऐल्केन** (Cycloalkane) साइक्लोऐल्केनों में कार्बन परमाणु बन्द शृंखला या वलय बनाते हैं। इनका सामान्य सूत्र C_nH_{2n} है। साइक्लोप्रोपेन (C_3H_8) इस परिवार का प्रथम सदस्य है। एकल आबन्ध से जुड़े दो कार्बन परमाणुओं के बीच की दूरी हमेशा बहुआबन्धों (द्विआबन्ध और त्रिआबन्ध) से जुड़े दो कार्बन परमाणु के बीच की दूरी से अधिक होती है। अत: एथेन में C—C आबन्ध लम्बाई एथीन, एथाइन और बेन्जाइन की अपेक्षा अधिक है।

2. **असंतृप्त हाइड्रोकार्बन** (Unsaturated Hydrocarbons)

असंतृप्त हाइड्रोकार्बनों में कार्बन-कार्बन बहुआबन्ध जैसे द्विआबन्ध, त्रिआबन्ध या दोनों उपस्थित होते हैं।

ये दो प्रकार के होते हैं

(i) **ऐल्कीन** (Alkenes) ये द्विआबन्ध युक्त असंतृप्त हाइड्रोकार्बन होते हैं। इनका सामान्य सूत्र C_nH_{2n} होता है। इनका प्रथम सदस्य एथिलीन अथवा एथीन C_2H_4 है। ऐल्कीनों के प्रथम सदस्य एथिलीन की अभिक्रिया क्लोरीन से कराने पर तैलीय द्रव प्राप्त होता है। अत: ऐल्कीनों को ओलीफीन (तैलीय यौगिक बनाने वाले) भी कहते हैं।

एथिलीन (Ethylene), C_2H_4 इसे एथिल ऐल्कोहॉल तथा सान्द्र सल्फ्यूरिक अम्ल के मिश्रण को 160° से 170°C पर गर्म करके प्राप्त किया जाता है। इसका उपयोग पॉलिथीन प्लास्टिक, पॉलिविनाइल क्लोराइड तथा उच्च बहुलक बनाने में, अल्प मात्रा में निश्चेतक के रूप में, मस्टर्ड गैस बनाने में, फलों को पकाने तथा उन्हें सड़ने से रोकने के लिए और ऑक्सी एथिलीन ज्वाला उत्पन्न करने (वेल्डिंग में) किया जाता है।

ट्राइक्लोरोएथिलीन भी शुष्क धुलाई (dry cleaning) में प्रयुक्त की जाती है।

ब्यूटीन ($CH_3CH_2CH{=}CH_2$) यह द्रवित पेट्रोलियम गैस का अवयव है और ईंधन के रूप में प्रयुक्त किया जाता है।

(ii) **ऐल्काइन** (Alkynes or Acetylenic Hydrocarbon) ये कम से कम एक त्रिआबन्ध युक्त असंतृप्त हाइड्रोकार्बन होते हैं। इनका सामान्य सूत्र C_nH_{2n-2} होता है। इनका प्रथम सदस्य ऐसीटिलीन या ऐथाइन (C_2H_2) है। सिल्वर नाइट्रेट के साथ ऐसीटिलीन की अभिक्रिया इसके अम्लीय गुण को दर्शाती है।

ऐसीटिलीन (Acetylene), C_2H_2 सर्वप्रथम इसे अमेरिकी वैज्ञानिक **विल्सन** ने बनाया था। यह कैल्सियम कार्बाइड पर जल की अभिक्रिया द्वारा बनाई जाती है। ऐसीटिलीन का उपयोग ऑक्सीऐसीटिलीन ज्वाला (वेल्डिंग में) ताप 3200°C उत्पन्न करने में, अल्प मात्रा में निश्चेतक (नारसेलिन के रूप में), ल्यूसाइट नामक विषैली गैस बनाने में, बेन्जीन के संश्लेषण में, कपूर बनाने में, दीप्तिमान ज्वाला उत्पन्न करने में तथा फलों को कृत्रिम रूप से पकाने में तथा निओप्रीन नामक कृत्रिम रबड़ बनाने में किया जाता है।

3. **ऐरोमैटिक हाइड्रोकार्बन** (Aromatic Hydrocarbons)

इन्हें ऐरीन भी कहते हैं, क्योंकि इनके अधिकांश यौगिकों में विशिष्ट गन्ध होती है (ग्रीक शब्द *ऐरोमा* का अर्थ है सुगन्ध)। इनका सामान्य सूत्र C_nH_{2n-6} होता है। इनमें अधिकांश यौगिकों में बेन्जीन वलय पाई जाती है। बेन्जीन, टॉलुईन, नेफ्थैलीन, बाइफेनिल, ऐन्थ्रासीन, आदि ऐरोमैटिक हाइड्रोकार्बन है।

बेन्जीन (Benzene), C_6H_6 बेन्जीन को सभी ऐरोमैटिक यौगिकों का जन्मदाता कहा जाता है। इसकी खोज सर्वप्रथम फैराडे ने सन् (1825) में की

थी। फैराडे ने बेन्जीन को व्हेल मछली के तेल के भंजक आसवन से प्राप्त किया था। हॉफमान (Hofmann) ने कोलतार के प्रभाजी आसवन द्वारा इसे प्राप्त किया। कोलतार और पेट्रोलियम इसके मुख्य स्रोत हैं। रक्त तप्त नली में ऐसीटिलीन गैस प्रवाहित करके सर्वप्रथम **बर्थेलोट** ने बेन्जीन का संश्लेषण किया।

इसका उपयोग अन्य ऐरोमैटिक यौगिकों के निर्माण में, तेल, वसा, रबड़ तथा अन्य पदार्थों के विलायक के रूप में, ऊनी कपड़ा की शुष्क धुलाई में किया जाता है। बेन्जीन और पेट्रोल के मिश्रण का उपयोग मोटरकारों में ईंधन के रूप में किया जाता है।

टॉलुईन (Toluene), $C_6H_5CH_3$ इसे सर्वप्रथम टॉलू बाल्सम (tolue balsam) नामक एक रेजिन के शुष्क आसवन द्वारा प्राप्त किया जाता है। इसका उपयोग TNT विस्फोटक, प्रतिहिमीभूत (antifreeze) के रूप में, विलायक के रूप में, क्लोरामीन-टी (chloramine-T) नामक दवा बनाने में, कृत्रिम मधुरक सैकरीन के निर्माण में तथा शुष्क धुलाई में किया जाता है।

कार्बन हाइड्रोजन और ऑक्सीजन के कार्बनिक यौगिक (Organic Compounds Containing Carbon, Hydrogen and Oxygen)

ये ऐल्कोहॉल, फीनॉल, ईथर, ऐल्डिहाइड, कीटोन, कार्बोक्सिलिक अम्ल, ऐसिड ऐनहाइड्राइड और एस्टर है।

1. ऐल्कोहॉल (Alcohols)

जब ऐलिफैटिक हाइड्रोकार्बन का कोई हाइड्रोजन परमाणु हाइड्रॉक्सिल (—OH) समूह द्वारा प्रतिस्थापित होता है, तो ऐल्कोहॉल बनते हैं। इनका सामान्य सूत्र $C_nH_{2n+1}OH$ है। ऐल्कोहॉलों को इनके यौगिकों में उपस्थित एक (मोनो), दो (डाइ), तीन, (ट्राइ) अथवा अधिक हाइड्रॉक्सिल (—OH) समूह की संख्या के अनुसार क्रमश: मोनो, डाइ, ट्राइ और पॉलिहाइड्रॉक्सी यौगिकों में वर्गीकृत किया गया है।

मोनोहाइड्रिक ऐल्कोहॉल (monohydric alcohols) *उदाहरण* मेथेनॉल, एथेनॉल।

डाइहाइड्रिक ऐल्कोहॉल (dihydric alcohols) *उदाहरण* ग्लाइकॉल।

ट्राइहाइड्रिक ऐल्कोहॉल (trihydric alcohols) *उदाहरण* ग्लिसरॉल।

इस समूह की उपस्थिति एस्टरीकरण परीक्षण द्वारा ज्ञात की जाती है। कार्बोक्सिलिक अम्ल के साथ भीनी-भीनी गन्ध वाले यौगिक का बनना ऐल्कोहॉल की उपस्थिति दर्शाता है।

(i) मेथिल ऐल्कोहॉल या मेथेनॉल

(Methyl Alcohol or Methanol), CH_3OH

इसे काष्ठ स्प्रिट भी कहते हैं क्योंकि इसे लकड़ी के भंजक आसवन से प्राप्त किया जाता है। यह फार्मेल्डिहाइड को पोटैशियम या सोडियम हाइड्रॉक्साइड के साथ गर्म करने पर भी प्राप्त किया जाता है। अभिक्रिया के दौरान सोडियम और पोटैशियम फॉर्मेट भी बनते हैं। यह रंगहीन, विषैला, वाइन जैसी गन्ध वाला द्रव है।

इसके बहुत कम सेवन से भी अन्धापन हो जाता है। ऐसा ऑप्टिक नर्व के प्रभावित होने के कारण होता है। अधिक मात्रा में इसके सेवन से मृत्यु भी हो सकती है। (यकृत में मेथेनॉल का ऑक्सीकरण मेथेनल में हो जाता है, जो यकृत की कोशिकाओं के घटकों के साथ शीघ्रता से क्रिया करके प्रोटोप्लाज्म को स्कन्दित कर देता है)।

इसका प्रयोग पेन्ट और वार्निशों में विलायक के रूप में, कृत्रिम रंगों के निर्माण में, फॉर्मेल्डिहाइड और विकृत ऐल्कोहॉल बनाने में, पेट्रोल में मिश्रित करके ईंधन के रूप में किया जाता है।

(ii) एथिल ऐल्कोहॉल या एथेनॉल

(Ethyl Alcohol or Ethanol), C_2H_5OH

औद्योगिक स्तर पर इसे शीरे (molasses-a by-product of sugar industry) या स्टार्च युक्त खाद्यान्न के किण्वन से बनाया जाता है। इसे फॉस्फोरिक अम्ल की उपस्थिति में एथीन की जल (भाप) के साथ अभिक्रिया द्वारा बनाया जाता है।

$$\underset{\text{एथीन}}{CH_2{=}CH_2} + H_2O \xrightarrow{H_3PO_4} \underset{\text{एथेनॉल}}{CH_3CH_2OH}$$

यह एक रंगहीन वाष्पशील द्रव है। यह वार्निश, पेन्ट, आदि में विलायक के रूप में प्रयुक्त होता है। यह पारदर्शक साबुन, परफ्यूम, आयोडीन टिंचर, पॉलिश, शराब (वाइन) के उत्पादन में तथा अनेक कार्बन यौगिकों के बनाने में प्रयुक्त होता है। यह स्प्रिट लैम्प तथा स्टोव में ईंधन के रूप में और जख्मों को साफ करने में भी प्रयुक्त किया जाता है।

जब अधिक मात्रा में एथेनॉल का सेवन किया जाता है, तो इससे उपापचयी प्रक्रिया धीमी हो जाती है तथा केन्द्रीय तन्त्रिका तन्त्र कमजोर हो जाता है। व्यक्ति राहत महसूस करता है लेकिन उसे पता नहीं चल पाता कि उसके सोचने समझने की क्षमता तथा माँसपेशी बुरी तरह प्रभावित हुई हैं।

(iii) एथिलीन ग्लाइकॉल

(Ethylene Glycol), $CH_2OH — CH_2OH$

यह डाइहाइड्रॉक्सी ऐल्कोहॉल है। यह मीठा गाढ़ा द्रव है। ठण्डे स्थानों में जल का हिमांक कम करने के लिए इसका उपयोग कारों के रेडिऐटर में किया जाता है।

(iv) ग्लिसरॉल या ग्लिसरीन

(Glycerol or Glycerine), $CH_2OHCHOHCH_2OH$

यह अत्यधिक आर्द्रताग्राही पदार्थ है। यह मुक्त अवस्था में मानव रक्त तथा शक्कर के किण्वित घोल में पाया जाता है तथा संयुक्त अवस्था में ग्लिसराइड (एस्टर) के रूप में वसा और तेलों में पाया जाता है। इसका उपयोग विस्फोटकों जैसे ट्राईनाइट्रोग्लिसरीन (सान्द्र HNO_3 और सान्द्र H_2SO_4 द्वारा ग्लिसरीन के नाइट्रीकरण द्वारा) और डायनामाइट, आदि के बनाने में, कॉर्डाइट नोदक बनाने में, छापे की स्याही, जूते की पॉलिश, टाइप मशीन के फीते, पारदर्शक साबुन, प्रसाधन सामग्री बनाने में किया जाता है।

अनेक कार्बनिक यौगिकों को बनाने में, शक्ति पहुँचाने वाली दवाओं (टॉनिक) में, सूजन आदि को ठण्डक पहुँचाने वाले मलहम बनाने में तथा खाद्य पदार्थों शराब तथा फलों को सुरक्षित रखने में परिरक्षक के रूप में भी ग्लिसरॉल का प्रयोग किया जाता है। घड़ियों के विभिन्न कलपुर्जे साफ करने में भी इसका प्रयोग किया जाता है।

ऐल्कोहॉलीय पेय (Alcoholic Beverages)

ऐल्कोहॉलीय पेय अन्य पेयों चाय, कॉफी जैसे हैं। ये अंगूर, मक्का, गन्ना, आदि के किण्वन से प्राप्त किए जाते हैं। विभिन्न पेयों में ऐल्कोहॉल की मात्रा भिन्न-भिन्न होती है। ऐल्कोहॉलीय पेयों में मुख्य अवयव एथिल ऐल्कोहॉल होता

है। यीस्ट में उपस्थित जाइमेस एन्जाइम ग्लूकोस को ऐल्कोहॉल में परिवर्तित कर देता है।

ऐल्कोहॉलीय पेयों के प्रकार (Types of Alcoholic Beverages)

ऐल्कोहॉलीय पेय पदार्थों को दो वर्गों में बाँटा गया है

(i) **आसवित पेय** (Distilled Beverages)

इन पेयों को आसवन द्वारा प्राप्त किया जाता है इनमें ऐल्कोहॉल की मात्रा 40% से 55% तक होती है।

आसवित पेय, इनके स्त्रोत और ऐल्कोहॉल की प्रतिशत मात्रा

आसवित पेय	ऐल्कोहॉल की प्रतिशत मात्रा	स्त्रोत
ब्राण्डी	(40-50)%	अंगूर (किण्वित रस)
जिन	(35-40)%	मक्का
रम	(45-55)%	गन्ना
वोदका	40%	गेहूँ, मक्का
व्हिस्की	(40-50)%	शीरा

- **वाइन** (Wine) यह एक ऐल्कोहॉलीय पेय है इसे अंगूर, सेब और बेरी, आदि के किण्वन से प्राप्त किया जाता है। इसमें आयतनानुसार लगभग 9% से 16% तक एथिल ऐल्कोहॉल होता है।
- **स्प्रिट** (Spirit) यह ऐल्कोहॉलीय पेय है यह अन्न, फल आदि पदार्थों के किण्वन से प्राप्त एथिल ऐल्कोहॉल के आसवन द्वारा प्राप्त की जाती है।
- ऑनोलोजी (Oenology) रसायन विज्ञान की वह शाखा जिसमें वाइन और वाइन बनाने के सभी पहलुओं का अध्ययन किया जाता है ऑनोलोजी कहलाती है।

(ii) **अनासवित पेय** (Undistilled Beverages)

इन्हें अन्न या फलों के रस के किण्वन से बनाया जाता है। किण्वित द्रव को छानकर उसमें इच्छानुसार रंग, सुगन्ध आदि मिला दिए जाते हैं। इनमें भी ऐल्कोहॉल की मात्रा 3% से 15% तक होती है।

अनासवित पेय इनके स्त्रोत और ऐल्कोहॉल की प्रतिशत मात्रा

अनासवित पेय	ऐल्कोहॉल की प्रतिशत मात्रा	स्त्रोत
बियर	(4-6)%	जौ
साइडर	(2-6)%	सेब
शैम्पेन	(10-15)%	अंगूर
पोर्ट और शेरी	(15-25)%	अंगूर

ऐल्कोहॉल से सम्बन्धित कुछ परिभाषित शब्द
(Some Terms Related to Alcohols)

- **विकृतिकृत ऐल्कोहॉल** (Denatured Alcohol) पीने के अयोग्य बने एथिल ऐल्कोहॉल को विकृतिकृत ऐल्कोहॉल कहते हैं। एथिल ऐल्कोहॉल को पीने के अयोग्य बनाने के लिए इसमें पिरिडीन, ऐसीटोन, मेथिल ऐल्कोहॉल, आदि विषैले पदार्थ मिलाए जाते हैं।
- **परिशुद्ध ऐल्कोहॉल** (Absolute Alcohol) यह 100% शुद्ध एथिल ऐल्कोहॉल है, जो कि वाष्पशील तथा रंगहीन द्रव होता है।
- **शक्ति ऐल्कोहॉल** (Power Alcohol) परिशोधित स्प्रिट, बेन्जीन और पेट्रोल का मिश्रण शक्ति ऐल्कोहॉल कहलाता है। क्योंकि इसका प्रयोग इन्जनों को चलाने में किया जाता है।
- **रेक्टिफाइड स्प्रिट (Rectified Spirit)** इसमें 95.6% एथिल ऐल्कोहॉल तथा 4.4% जल होता है। इसे बारम्बर आसवित करके प्राप्त किया जाता है। इसे व्यवसायिक ऐल्कोहॉल भी कहते हैं।
- **काष्ठ स्प्रिट** (Wood Spirit) यह काष्ठ (लकड़ी) के भंजक आसवन से प्राप्त किया जाता है इसमें मेथिल ऐल्कोहॉल (मेथेनॉल) होता है।
- **अन्न ऐल्कोहॉल** (Grain Alcohol) एथिल ऐल्कोहॉल स्टार्च युक्त खाद्य पदार्थों के किण्वन से प्राप्त किया जाता है। अतः इसे अन्न ऐल्कोहॉल भी कहते हैं।

2. **फीनॉल** (Phenols), C_6H_5OH

जब ऐरोमैटिक हाइड्रोकार्बन का कोई H-परमाणु हाइड्रॉक्सिल समूह (—OH) द्वारा प्रतिस्थापित होता है, तो फीनॉल बनते हैं। बेन्जीन का सबसे सरलतम हाइड्रॉक्सिल व्युत्पन्न फीनॉल (C_6H_5OH) है। फेरिक क्लोराइड परीक्षण फीनॉलों की उपस्थिति को इंगित करता है।

फीनॉल को सामान्यतः **कार्बोलिक अम्ल** भी कहते हैं। इसे रुंगे (Runge) ने सन् 1834 में बनाया था। इसका उपयोग रोगाणुनाशक के रूप में, पिक्रिक अम्ल (विस्फोटक), फिनॉल्फ्थैलीन (सूचक), बैकेलाइट, सैलोल, फेनेसिटिन, सैलिसिलिक अम्ल, ऐस्प्रिन, आदि के निर्माण में किया जाता है। कार्बोलिक साबुन बनाने में भी फीनॉल का प्रयोग किया जाता है।

3. **ईथर** (Ethers)

जब हाइड्रोकार्बन का एक H-परमाणु ऐल्कॉक्सी (—OR) या एरिलॉक्सी (—OAr) समूह द्वारा प्रतिस्थापित होता है, तो ईथर बनते हैं। इनका सामान्य सूत्र $(C_nH_{2n+1})_2O$ होता है *उदाहरण* डाइमेथिल ईथर, डाइएथिल ईथर, आदि।

डाइएथिल ईथर (Diethylether), $C_2H_5OC_2H_5$ Fmes kesâJeue F&Lej Yeer keânles nQ~ Fmes 140°C पर एथेनॉल को सान्द्र H_2SO_4 के साथ गर्म करके या विलियमसन-संश्लेषण विधि द्वारा (सोडियम एथॉक्साइड को आयोडो एथेन के साथ गर्म करके) संश्लेषित किया जाता है। यह रंगहीन, तीक्ष्ण स्वाद वाला, अतिवाष्पशील द्रव है। इसका उपयोग क्लोरोफॉर्म से बेहतर होने के कारण निश्चेतक के रूप में किया जाता है।

4. **ऐल्डिहाइड** (Aldehydes)

कार्बनिक यौगिकों जिनमें प्रकार्यात्मक समूह —CHO होता है, ऐल्डिहाइड कहलाते हैं। इनका सामान्य सूत्र $C_nH_{2n+1}CHO$ होता है। फॉर्मेल्डिहाइड (HCHO), ऐसीटैल्डिहाइड (CH_3CHO), प्रोपिऑनैल्डिहाइड (CH_3CH_2CHO) आदि कुछ प्रमुख ऐल्डिहाइड हैं। ये टॉलेन अभिकर्मक, शिफ अभिकर्मक और फेहलिंग विलयन द्वारा पहचाने जाते हैं।

फॉर्मेल्डिहाइड (Formaldehyde), HCHO यह ऊतक स्थापक तथा मृत शरीर को रसायनों द्वारा सुरक्षित रखने में प्रयुक्त होता है। यह रोगाणुनाशक के रूप में प्रयुक्त किया जाता है। इसका 40% जलीय विलयन **फॉर्मेलिन** (formalin) कहलाता है। इसका उपयोग जैविक नमूनों के परिरक्षण में किया जाता है। इसके अलावा यह कृत्रिम रंगों के निर्माण में, मूत्र रोगों की दवा में, प्लास्टिक जैसे बैकेलाइट, फॉर्मेल्डिहाइड यूरिया बनाने में तथा फोटोग्राफी की प्लेटों पर जिलेटिन फिल्म को स्थिर रखने में प्रयुक्त किया जाता है।

5. **कीटोन** (Ketones)

कार्बनिक यौगिकों जिनमें प्रकार्यात्मक समूह $>C=O$ होता है, कीटोन कहलाते हैं। इनका सामान्य सूत्र $(C_nH_{2n+1})_2CO$ या $C_nH_{2n}O$ होता है।

ऐसीटोन (डाइमेथिल कीटोन), मेथिल एथिल कीटोन, डाइएथिल कीटोन तथा मेथिल-n-प्रोपिल कीटोन आदि कीटोन के उदाहरण हैं।

ऐसीटोन (Acetone), CH_3COCH_3 यह एक साधारण औद्योगिक विलायक है यह कॉस्मेटिक्स में प्रयुक्त किया जाता है। यह कृत्रिम सिल्क, संश्लेषित रबर, नेल पॉलिश रिमूवर और दवाओं जैसे सल्फोनल, क्लोरटोन, आयोडोफॉर्म, आदि के निर्माण में प्रयुक्त किया जाता है।

महत्त्वपूर्ण तथ्य

आजकल बाजार में ऐसीटोन मुक्त नेल पॉलिश रिमूवर उपलब्ध हैं क्योंकि ऐसीटोन कुछ-कुछ हमारी त्वचा के लिए हानिकारक है यह हमारे विस्तारित नाखून को कमजोर करता है और हमारे प्राकृतिक नाखूनों से अलग कर देता है। इन रिमूवर में एथिल ऐसीटेट या ब्यूटिल ऐसीटेट मुख्य घटक के रूप में होते हैं।

6. कार्बोक्सिलिक अम्ल (Carboxylic Acids)

ऐसे कार्बनिक यौगिक जिनमें कार्बोक्सिलिक (—COOH) प्रकार्यात्मक समूह उपस्थित होता है कार्बोक्सिलिक अम्ल कहलाते हैं। इनका सामान्य सूत्र $C_nH_{2n+1}COOH$ होता है। फॉर्मिक अम्ल (HCOOH), ऐसीटिक अम्ल (CH_3COOH), प्रोपिओनिक अम्ल (CH_3CH_2COOH), आदि कार्बोक्सिलिक अम्ल के उदाहरण हैं।

- **फॉर्मिक अम्ल** (Formic Acid), HCOOH सर्वप्रथम इसे लाल चीटियों और जल के आसवन द्वारा प्राप्त किया था जिसके कारण इसका नाम फॉर्मिक अम्ल रखा गया। (लेटिन में फार्मिक्स का अर्थ है लाल चीटियाँ)
- इसका उपयोग ऊनी तथा सूती कपड़ों की रंगाई में, फलों के रसों को सुरक्षित रखने में, रबर लेटेक्स को स्कन्दित करने में, विद्युत लेपन में, चमड़े के शोधन में, गठिया रोग की औषधियों में, निकैल फॉर्मेट (तेलों के हाइड्रोजनीकरण में) बनाने में किया जाता है। यह कीटनाशक के रूप में भी प्रयुक्त किया जाता है।
- **ऐसीटिक अम्ल** (Acetic Acid), CH_3COOH औद्योगिक स्तर पर इसका निर्माण पायरोलिग्नियस अम्ल से किया जाता है। आजकल ऐसीटिक अम्ल मुख्यत: सिरके (4-6% ऐसीटिक अम्ल) से बनाया जाता है। यह एक रंगहीन, तीक्ष्ण गन्ध वाला तथा संक्षारक द्रव है। इसका उपयोग रबर के स्कन्दन में, फोटोग्राफिक फिल्म बनाने में, सेलुलोस ऐसीटेट तथा पॉलीवाइनिल ऐसीटेट नामक कृत्रिम रेशे बनाने में, लेड टेट्राऐसीटेट बनाने में किया जाता है। यह सिरके के रूप में, अचार, चटनी, आदि बनाने में भी प्रयुक्त किया जाता है।
- पैरों के पसीने में उपस्थित कार्बोक्सिलिक अम्ल को पहचानकर प्रशिक्षित कुत्ते लोगों का पीछा करते हैं।
- **ऑक्सैलिक अम्ल** (Oxalic Acid), COOHCOOH यह डाइकार्बोक्सिलिक अम्ल वर्ग का प्रथम सदस्य है यह रुबार्ब, सारेल तथा ऑक्सेलिक समूह के पौधों में अपने पोटैशियम लवण के रूप में पाया जाता है।इसका उपयोग कपड़ों की छपाई व रंगाई में रंग बंधक के रूप में, स्याही के धब्बे छुड़ाने में (10% विलयन), चमड़े के विरंजन में, धातुओं की पॉलिश, स्याही व रंगों के बनाने में, एलिल ऐल्कोहॉल, फॉर्मिक अम्ल तथा अन्य उपयोगी कार्बनिक यौगिक बनाने में किया जाता है। फोटोग्राफी में फेरस ऑक्सैलेट का प्रयोग उत्पादक के रूप में किया जाता है।
- **लैक्टिक अम्ल** (Lactic Acid), $CH_3CHOHCOOH$ यह मोनोहाइड्रॉक्सी अम्ल है, जो दूध में पाया जाता है। और दूध को खट्टा बनाता है। यह जल में H -आबन्धों के कारण अधिक विलेय है लेकिन कार्बनिक विलायकों में अविलेय है। लैक्टिक अम्ल के माँसपेशियों में एकत्रित होने के कारण हम थकान अनुभव करते हैं। इसका प्रयोग खाद्य उत्पाद जैसे— दही बनाने में, फॉर्मेसी में तथा प्रसाधन सामग्री बनाने में किया जाता है।
- **सैलिसिलिक अम्ल** $C_6H_4(OH)COOH$ (Salicylic Acid) यह श्वेत क्रिस्टलीय हाइड्रॉक्सी बेन्जोइक अम्ल है। इसका उपयोग दर्द निवारक दवाओं, काय मलहमों के निर्माण में किया जाता है।
- **सिट्रिक अम्ल** (Citric Acid) यह सिट्रस फल जैसे नींबू, सन्तरा, मौसमी में पाया जाता है यह मोनोहाइड्रॉक्सी ट्राइकार्बोक्सिलिक अम्ल है।

- ✔ **कैल्सियम ऑक्सैलेट** के रूप में ऑक्सेलिक अम्ल पौधों की कोशिकाओं में पाया जाता है।
- ✔ अल्पमात्रा में कैल्सियम ऑक्सैलेट मानव मूत्र में पाया जाता है। कभी-कभी यह यौगिक गुर्दे में जमा हो जाता है और गुर्दे की पथरी या प्रोस्टेट की पथरी के रूप में सामने आता है।
- ✔ ऐल्केन सामान्य अवस्थाओं में निष्क्रिय होते हैं क्योंकि ये अम्लों, क्षारों और दूसरे अभिकर्मकों से अभिक्रिया नहीं करते हैं। अत: इन्हें पैराफिन भी कहते हैं। (लैटिन में Parum = कम, affinis = क्रियाशील)।
- ✔ द्विबन्धन तथा त्रिबन्धन की उपस्थिति के कारण असंतृप्त हाइड्रोकार्बन अर्थात् ऐल्कीन और ऐल्काइन रासायनिक तौर पर अधिक क्रियाशील होते हैं।
- ✔ संतृप्त तथा असंतृप्त हाइड्रोकार्बन सामूहिक रूप से **ऐलिफैटिक हाइड्रोकार्बन** (aliphatic hydrocarbons) कहलाते हैं।
- ✔ ऐल्किल हैलाइड का सामान्य सूत्र $C_nH_{2n+1}X (X = Cl, Br, I)$ तथा प्राथमिक ऐलिफैटिक ऐमीन का सामान्य सूत्र $C_nH_{2n+1}NH_2$ है।

7. एस्टर (Esters)

ऐसे कार्बनिक यौगिक जिनमें —COOR प्रकार्यात्मक समूह उपस्थित होता है एस्टर कहलाते हैं। इनका सामान्य सूत्र $RCOOR'$ या $C_nH_{2n+1}COOR$ या $C_nH_{2n}O_2$ मेथिल ऐसीटेट CH_3COOCH_3, एथिल ऐसीटेट $CH_3COOC_2H_5$, आदि एस्टर के उदाहरण हैं।

ऐथिल ऐसीटेट (Ethyl Acetate), $CH_3COOC_2H_5$ यह कृत्रिम परफ्यूम तथा दवाएँ बनाने में प्रयुक्त किया जाता है।

कुछ अन्य महत्वपूर्ण कार्बनिक यौगिक
(Some Other Important Organic Compounds)

क्लोरोफॉर्म (Chloroform), $CHCl_3$

- इसकी खोज लीबिग ने सन् 1831 में की थी। क्लोरोफॉर्म प्रकाश की उपस्थिति में ऑक्सीकृत होकर विषैली फॉस्जीन (कार्बोनिल क्लोराइड) बनाता है। इसलिये इसे भण्डारण के लिए पूर्णत: भरी हुई रंगीन बोतलों में रखा जाता है। जिससे इसमें वायु न रहे।
- सर्वप्रथम इसका प्रयोग सेम्पसन ने निश्चेतक के रूप में किया था बाद में इसका प्रयोग शल्य चिकित्सा में किया गया। यह वसा, ऐल्केलॉइडों, आयोडीन, रबड़, आदि के लिए विलायक के रूप में प्रयुक्त किया जाता है। इसका प्रयोग कीटनाशक के रूप में भी किया जाता है।
- वर्तमान में क्लोरोफॉर्म का प्रमुख उपयोग फ्रेऑन प्रशीतक R-22 बनाने में किया जाता है। क्लोरोफॉर्म को सूँघने से केन्द्रीय तन्त्रिका तन्त्र अवनमित हो जाता है इससे संवेदी अंग बन्द हो जाते हैं। इसलिये इसे निश्चेतक के रूप में प्रयुक्त किया जाता है।

आयोडोफॉर्म (Iodoform), CHI_3

यह पीले रंग का विशिष्ट गन्ध वाला उर्ध्वपातित क्रिस्टलीय ठोस है। यह आयोडीन, NaOH और एथेनॉल की अभिक्रिया जिसे हैलोफॉर्म अभिक्रिया

कहते हैं के द्वारा बनाया जाता है। पूर्व में इसका उपयोगी पूतिरोधी (antiseptic) के रूप में किया जाता था। इसका पूतिरोधक गुण मुक्त हुई आयोडीन के कारण होता है न कि स्वयं आयोडोफॉर्म के कारण। यह एक बैक्टीरियानाशक पदार्थ है।

क्लोरोफ्लोरोकार्बन (Chlorofluorocarbons), CFCs

इन्हें फ्रेऑन भी कहते हैं। ये अत्याधिक स्थाई, अक्रियाशील, अविषैले (निरावेषी- non-toxic), असंक्षारक (non-corrosive) और आसानी से द्रवित होने वाली गैसें हैं। फ्रेऑन-12 उद्योगों में सर्वाधिक प्रयुक्त होने वाले सामान्य फ्रेऑनों में से एक है। इनका प्रयोग ऐरोसॉल प्रणोदक, प्रशीतक तथा वायु शीतलन में किया जाता है। ये क्षोभमण्डल में विसरित होकर ओजोन परत का क्षरण करते हैं तथा प्रकृति में ओजोन सन्तुलन को अनियन्त्रित कर देते हैं।

कार्बन टेट्राक्लोराइड (Carbon Tetrachloride), CCl_4

इसका अत्यधिक मात्रा में उत्पादन प्रशीतक बनाने तथा ऐरोसॉल कैन के लिए प्रणोदक के उत्पादन में उपयोग करने के लिए किया जाता है ग्रीस, दाग, धब्बे, आदि को छुड़ाने वाले द्रव के रूप में इसका प्रयोग किया जाता है। पायरीन नाम से इसे बिजली से लगी आग बुझाने में भी प्रयुक्त किया जाता है।

ऐनिलीन (Aniline or Amino Benzene), $C_6H_5NH_2$

यह ऐमीन व्युत्पन्न है तथा इसका नाम पुर्तगाली शब्द एनिल जिसका अर्थ इंडिगो (नील) है से लिया गया है। अनवरडॉरबेन ने इसे प्रथम बार सन् 1826 में चूने के पानी और इंडिगो के आसवन से तैयार किया था। रुंगे ने इसे कोलतार से तथा फ्रित्से ने इसे इंडिगो को सान्द्र क्षार के साथ गर्म करके प्राप्त किया था।

इसका उपयोग अन्य ऐरोमैटिक यौगिकों जैसे सल्फोनिलिक अम्ल, नाइट्रोऐनिलीन तथा विस्फोटकों के निर्माण में, रंजकों के निर्माण में, औषधियों के निर्माण में, ज्विटर आयन (Zwitter ion) के निर्माण मे, रबड़ उद्योग में, वल्कनीकरण में, उत्प्रेरक के रूप में किया जाता है।

मेथिल आइसोसायनेट (Methyl Isocyanate)

इसका प्रयोग रबड़, चिपकाने वाले पदार्थ (adhesives) तथा पीड़कनाशी के निर्माण में किया जाता है। USA की यूनियन कार्बाइड कम्पनी के प्लांट से इस गैस (MIC) के रिसाव के कारण भोपाल गैस दुर्घटना में हजारों लोग मारे गए थे।

बेन्जीन हेक्साक्लोराइड (BHC) **या गैमेक्सीन या लिण्डेन** (Gammexane or Benzene Hexachloride or Lindane)

सूर्य के प्रकाश की उपस्थिति में बेन्जीन की क्लोरीन से अभिक्रिया के फलस्वरूप इसे प्राप्त किया जाता है। यह एक प्रबल कीटाणुनाशक है।

- **फॉर्मामिन्ट** (Formamint) यह गले की दवाएँ (चबाने वाली गोली) बनाने में प्रयुक्त होता है।
- **नाइट्रोबेन्जीन या मिरबेन का तेल** (Nitrobenzene or Oil of Mirbane), $C_6H_5NO_2$ इसमें प्रकार्यात्मक समूह $-NO_2$ (नाइट्रो) होता है इसका निष्कर्षण सर्वप्रथम मिश्चरलिच (Mitscherlich) ने सन् 1834 में किया था। इसका उपयोग ऐनिलीन, बेन्जिडीन, मेटानिलिक अम्ल, TNB (ट्राइनाइट्रो बेन्जीन-विस्फोटक) तथा अन्य कार्बनिक यौगिकों के निर्माण में किया जाता है। मिरबेन के तेल के नाम से इसका उपयोग साबुन तथा पॉलिश में सस्ती सुगन्ध के रूप में किया जाता है।
- **नेफ्थैलीन** (Naphthalene), $C_{10}H_8$ यह बहुल केन्द्रकीय हाइड्रोकार्बन है इसका मुख्य स्त्रोत कोलतार है यह विषाक्त कैन्सर जनित गुण दर्शाते हैं। इसका प्रयोग जीवाणुनाशी के रूप में तथा (moth) कीड़ों को कपड़ों से दूर करने में किया जाता है।
- **ल्यूसाइट** (Lewisite) यह एक विषैली गैस है इसका प्रयोग द्वितीय विश्वयुद्ध में किया गया था। ऐसीटिलीन की निर्जल ऐलुमिनियम क्लोराइड की उपस्थिति में आर्सेनिक ट्राइक्लोराइड से अभिक्रिया के फलस्वरूप इसे प्राप्त किया जाता है।
- **पैराऐल्डिहाइड** (Paraldehyde) ऐसीटैल्डिहाइड सान्द्र सल्फ्यूरिक अम्ल की उपस्थिति में पैराऐल्डिहाइड देता है। इसका उपयोग नींद की दवा में किया जाता है।
- **यूरोट्रोपीन या हेक्सामेथिलीन टेट्राऐमीन** (Urotropine or Hexamethylene Tetramine) यह फॉर्मेल्डिहाइड और अमोनिया की अभिक्रिया के फलस्वरूप प्राप्त होता है इसका उपयोग मूत्र रोगों की दवा के निर्माण में किया जाता है।
- **क्लोरिटोन** (Chloretone) ऐसीटोन कॉस्टिक पोटाश की उपस्थिति में क्लोरोफॉर्म से अभिक्रिया के फलस्वरूप क्लोरिटोन यौगिक बनाता है। इसका उपयोग पहाड़ी यात्रा या समुद्री यात्रा में चक्कर आने तथा उल्टियाँ रोकने की दवा के रूप में होता है।
- **ऐसिटामाइड** (Acetamide), CH_3CONH_2 अशुद्ध अवस्था में इसमें से चूहे जैसी गन्ध आती है। आर्द्रताग्राही होने के कारण इसका प्रयोग कपड़े, चमड़े, कागज, आदि पदार्थों को मुलायम बनाने में, मेथिल ऐमीन बनाने में तथा न्यूरोनल नामक नींद लाने वाली औषधि बनाने में किया जाता है।
- **क्लोरोबेन्जीन** (Chlorobenzene), C_6H_5Cl इसे आयरन उत्प्रेरक की उपस्थिति में बेन्जीन की क्लोरीन के साथ अभिक्रिया द्वारा बनाया जाता है।

$$C_6H_6 + Cl_2 \xrightarrow{Fe} C_6H_5Cl + HCl$$

- औद्योगिक स्तर पर इसे बेन्जीन द्वारा राश्चिग विधि से बनाया जाता है। इसका उपयोग ऐनिलीन, फीनॉल, क्लोरोनाइट्रोबेन्जीन तथा कीटाणुनाशक डी टी टी के निर्माण में किया जाता है।
- **डाइक्लोरोमेथेन** (Dichloromethane), CH_2Cl_2 यह पॉलिहैलोजन यौगिक है इसका प्रयोग विलायक के रूप में, पेन्ट अपचायक के रूप में, ऐरोसॉल में प्रणोदक के रूप में तथा औषध निर्माण की प्रक्रिया में विलायक के रूप में तथा धातुओं की सफाई में किया जाता है।
- **डाइक्लोरो डाइफिनाइल ट्राइक्लोरो एथेन (डी डी टी)** (Dichloro Diphenyl Trichloro Ethane) यह मच्छर, जुओं के लिए एक प्रमुख कीटनाशक है तथा इसके अनेकों औद्योगिक उपयोग हैं।
- **बेन्जीन सल्फोनिक अम्ल** (Benzene Sulphonic Acid), $C_6H_5SO_3H$ यह रंगहीन क्रिस्टलीय ठोस है इसे बेन्जीन के सल्फोनीकरण से प्राप्त किया जाता है। इसका उपयोग रंजकों, औषधियों (सल्फा ड्रग्स), सैकरीन (कृत्रिम मधुरक) तथा अपमार्जकों के निर्माण में किया जाता है।
- **यूरिया** (Urea), NH_2CONH_2 यह प्रयोगशाला में संश्लेषित किए जाने वाला प्रथम कार्बनिक यौगिक है। इसका निष्कर्षण सर्वप्रथम (1773) मूत्र से किया गया था। यह रंगहीन, गन्धहीन, जल में विलेय पदार्थ है। इसमें नाइट्रोजन की मात्रा 46% होती है जिसके कारण इसे नाइट्रोजनी उर्वरक के रूप में प्रयुक्त किया जाता है। इसका उपयोग बेरोनल दवा बनाने में, फॉर्मेल्डिहाइड यूरिया, प्लास्टिक बनाने में किया जाता है।

- **क्लोरल या ट्राइक्लोरोऐसीटैल्डिहाइड** (Chloral or Trichloroacetaldehyde), CCl_3CHO इसे ऐसीटैल्डिहाइड पर क्लोरीन की अभिक्रिया द्वारा बनाया जाता है। यह तैलीय रंगहीन द्रव है मुख्यत: इसका उपयोग डी डी टी बनाने में किया जाता है।
- **अश्रु गैस** ऐक्रोलिन, ऐल्फाक्लोरो ऐसीटोफीनॉन, कार्बोनिल क्लोराइड और क्लोरोपिक्रिन आदि कुछ प्रमुख अश्रु गैस हैं। अश्रु गैस का प्रयोग अनियन्त्रित भीड़ को नियन्त्रित करने में किया जाता है। यह गैस नेत्रों के सम्पर्क में आने से आँखों में जलन उत्पन्न करती है।
- **मस्टर्ड गैस** यह विषैली गैस है इसका प्रयोग प्रथम विश्वयुद्ध में रासायनिक हथियार के रूप में किया गया था।
एथिलीन की सल्फर मोनोक्लोराइड से अभिक्रिया के फलस्वरूप इसे प्राप्त किया जाता है। इसमें सरसों के तेल के समान गन्ध आती है। अत: इसका नाम मस्टर्ड गैस पड़ा। यह गैस त्वचा के सम्पर्क में आने पर फफोले उत्पन्न करती है तथा साथ-साथ फेफड़ों को भी प्रभावित करती है।

अभ्यास प्रश्न

1. सभी जैव यौगिक का अनिवार्य मूल तत्व है
(a) नाइट्रोजन (b) ऑक्सीजन
(c) कार्बन (d) गन्धक

2. व्यापारिक वैसलिन (vaseline) किससे निकाला जाता है?
(a) पादप गोन्द (b) कोलतार
(c) पर्ण मोम (d) पेट्रोलियम

3. पैराफिन (paraffin) किसका उपोत्पाद है?
(a) पेट्रोलियम परिशोधन का
(b) चमड़ा उद्योग का
(c) मधुमक्खी पालन उद्योगों का
(d) कृषक अपशिष्टों के संसाधन का

4. किसमें *sp*-संकरित कार्बन है?
(a) CH_4 (b) $CH_2 = CH_2$
(c) $CH \equiv CH$ (d) CH_3CH_3

5. C_6H_{14} के कितने अचक्रीय शृंखला समावयवी सम्भव है?
(a) 3 (b) 4
(c) 5 (d) 6

6. ऐलिफैटिक हाइड्रोकार्बन, जिनमें द्विसहसंयोजक बन्ध पाए जाते हैं ऐल्कीन कहलाते हैं। ऐल्कीन हैं
(a) संतृप्त हाइड्रोकार्बन
(b) असंतृप्त हाइड्रोकार्बन
(c) ऐरोमैटिक हाइड्रोकार्बन
(d) उपरोक्त में से कोई नहीं

7. निम्नलिखित में से कौन ऐल्केन को दर्शाता है?
(a) $-C=C-$ (b) $-C \equiv C-$
(c) $-C-C-$ (d) उपरोक्त सभी

8. नीचे दिए गए आई. यू. पी. ए. सी. नामों में से जो एक अलग है, उसका चयन करें?
(a) CH_3OH मेथेनॉल – मिथाइल –ऐल्कोहॉल
(b) C_2H_5OH एथेनॉल – एथाइल – ऐल्कोहॉल
(c) C_4H_8OH ब्यूटेनॉल – ब्यूटाइल – ऐल्कोहॉल
(d) C_3H_7OH प्रोपेनॉल – प्रोपिल – ऐल्कोहॉल

9. एथेनॉइक ऐसिड का सामान्य नाम .... होता है?
(a) ब्यूटेनॉइक ऐसिड (b) ऐसीटिक ऐसिड
(c) फॉर्मिक ऐसिड (d) प्रोपेनॉइक ऐसिड

10. आइसोब्यूटेन का आण्विक सूत्र क्या है?
(a) C_4H_8 (b) C_4H_{10}
(c) C_3H_8 (d) C_3H_6

11. यदि एथेन, हाइड्रोजन, क्लोराइड और ग्लूकोस के आण्विक सूत्र क्रमश: C_2H_6, HCl और $C_6H_{12}O_6$ है, तो इनके सम्बन्धित आण्विक सूत्र क्या होगें?
(a) CH_3HCl और CH_2O
(b) C_2H_6, HCl और $C_6H_{12}O_6$
(c) $2CH_3$, HCl और $6CH_2O$
(d) CH, HCl और CHO

12. यौगिक CH_3-CH_3 का क्या नाम है?
(a) मेथेन (b) ब्यूटेन
(c) एथेन (d) प्रोपेन

13. एथेनॉल के एक अणु में कितने हाइड्रोजन परमाणु होते हैं?
(a) चार (b) पाँच
(c) सात (d) छ:

14. C_6H_6 क्या है?
(a) हाइड्रोकार्बन
(b) हाइड्रोक्लोरिक ऐसिड
(c) बेन्जीन
(d) टॉलुईन

15. मेथेन एक रंगहीन, गन्धहीन, रौर विषैली किन्तु ज्वलनशील गैस है। इसका सामान्य नाम क्या है?
(a) मेथेन गैस (मार्श गैस)
(b) कॉपर सल्फेट (नीला थोथा)
(c) ताप गैस (हीटिंग गैस)
(d) हँसाने वाली गैस (नाइट्रस ऑक्साइड)

16. निम्न में से कौन-सा मिश्रण कम प्रतिक्रिया करने वाला है?
(a) प्रोपेन (b) एथाइन
(c) एथेन (d) ब्यूटेन

17. हाइड्रोकार्बनों के अणुभारों के बढ़ते अनुक्रम के अनुसार निम्नलिखित में से कौन-सा सही क्रम है?
(a) मेथेन, एथेन, प्रोपेन और ब्यूटेन
(b) प्रोपेन, ब्यूटेन, एथेन और मेथेन
(c) ब्यूटेन, एथेन, प्रोपेन और मेथेन
(d) ब्यूटेन, प्रोपेन, एथेन और मेथेन

18. निम्न सूचियों को सुमेलित कीजिए

सूची I		सूची II	
A.	ऐल्केन	1.	C_nH_{2n}
B.	ऐल्कीन	2.	C_nH_{2n-2}
C.	ऐल्काइन	3.	$C_nH_{2n-1}OH$
D.	ऐल्कोहॉल	4.	C_nH_{2n-2}

कूट

	A	B	C	D		A	B	C	D
(a)	4	3	2	1	(b)	2	1	4	3
(c)	2	1	3	4	(d)	1	2	3	4

19. CH_3OH किसका रासायनिक सूत्र है?
(a) एथिल ऐल्कोहॉल (b) मेथिल ऐल्कोहॉल
(c) प्रोपिल ऐल्कोहॉल (d) ब्यूटिल ऐल्कोहॉल

20. निम्नलिखित में से किसका प्रयोग एक ऐन्टीफ्रीज के रूप में किया जाता है?
(a) आइसोप्रोपिल ऐल्कोहॉल
(b) मेथिल ऐल्कोहॉल
(c) फॉर्मेल्डिहाइड
(d) ऐसीटोन

21. किण्वन के पश्चात सबसे व्यापक रूप में 'मोलासे' का प्रयोग निम्नलिखित में से क्या तैयार करने के लिए किया जाता है?
(a) मेथेनॉल (b) चीनी
(c) एथेनॉल (d) गन्ना

22. निम्नलिखित में से कौन-से विकल्प को अल्प कार्बन-युक्त यौगिकों के रूप में वर्गीकृत किया जा सकता है न कि कार्बनिक के रूप में?
(a) प्रोपेन (b) न्यूक्लिक एसिड
(c) सायनाइड्स (d) मेथेन

23. निम्नलिखित में से 'एथेनॉल' किससे प्राप्त किया जा सकता है?
(a) चावल (b) सूरजमुखी
(c) गन्ना (d) पेट्रोल

24. निम्नलिखित में से किसको 'वुड-स्पिरिट' भी कहा जाता है?
(a) मेथिल ऐल्कोहॉल
(b) एथिल ऐल्कोहॉल
(c) एथिलीन ग्लाइकॉल
(d) ग्लिसरॉल

25. 'संशोधित स्पिरिट' होती है
(a) 100% एथिल ऐल्कोहॉल
(b) टिंक्चर आयोडीन
(c) 95% एथिल ऐल्कोहॉल
(d) मेथिल स्पिरिट

26. एथिल ऐल्कोहॉल में निम्न को मिलाकर पीने के आयोग्य बनाया जाता है
(a) पोटैशियम सायनाइड
(b) मेथेनॉल एवं पिरीडीन
(c) ऐसीटिक अम्ल एवं पिरीडीन
(d) नैफ्थेलीन

27. संश्लेषित एथेनॉल फॉस्फोरिक अम्ल की उपस्थिति में एथीन को किसके साथ अभिक्रिया से बनाया जाता है?
(a) हाइड्रोजन
(b) पोटैशियम डाइक्रोमेट
(c) ऑक्सीजन
(d) जल (भाप)

28. निम्नलिखित में कौन डाईकार्बोक्सिलिक अम्ल में नाम से जाना जाता है?
(a) फिनॉल (b) ऑक्सैलिक ऐसिड
(c) ऐसीटिक ऐसिड (d) एथेनॉल

29. एक कार्बनिक अम्ल का उपयोग पिक्रिक अम्ल (विस्फोटक), फीनॉलफ्थैलीन (सूचक), बैकेलाइट, सैसोल, ऐस्पिरिन, सेलिसिलिक अम्ल आदि बनाने में किया जाता है। कार्बनिक यौगिक है
(a) बेन्जीन (b) फीनॉल
(c) नाइट्रोबेन्जीन (d) ऐनिलीन

30. **कथन I** सेब या केले को काटने के बाद, काट-पृष्ठ का रंग भूरा हो जाता है।
कथन II फलों में स्थित पॉलीफीनॉलिक यौगिक वायु में ऑक्सीकृत होकर रंग प्रदर्शित करते हैं।
कूट
(a) दोनों ही कथन व्यष्टितः सत्य हैं और कथन I कथन II का सही स्पष्टीकरण है
(b) दोनों ही कथन व्यष्टितः सत्य हैं, किन्तु कथन II कथन I का सही स्पष्टीकरण नहीं है
(c) कथन I सत्य है, किन्तु कथन II असत्य है
(d) कथन I असत्य है, किन्तु कथन II सत्य है

31. एक विद्यार्थी ने संयोगवश ऐसीटोन को ऐल्कोहॉल के साथ मिला दिया। ऐसीटोन और ऐल्कोहॉल के इस मिश्रण को कैसे अलग-अलग कर सकते हैं?
(a) प्रभाजी आसवन द्वारा
(b) पृथक्कारी कीप द्वारा
(c) प्रभाजी क्रिस्टलन द्वारा
(d) छानकर

32. सिरका (विनेगर) का अन्य नाम क्या है?
(a) एथेनॉइक ऐसिड (एथेनॉइक ऐसिड)
(b) नाइट्रिक ऐसिड
(c) सल्फ्यूरिक ऐसिड
(d) टार्टरिक ऐसिड

33. निम्नलिखित में से कौन-सा ऐल्डिहाइड है?
(a) प्रोपेनल (b) प्रोपेनॉल
(c) प्रोपाइन (d) प्रोपैनॉन

34. निम्नलिखित में से किसमें फल की बहुत तेज सुगन्ध आती है?
(a) मेथेनॉल
(b) मेथेनॉइक अम्ल
(c) मेथिल क्लोराइड
(d) एथिल ऐसीटेट

35. मेथेन गैस को पृथक करने वाला पहला व्यक्ति कौन था, जिसने पाया कि हवा के साथ मिश्रित मेथेन को बिजली की चिंगारी से विस्फोट किया जा सकता है
(a) एलेसन्ड्रो वोल्टा (b) विलियम थॉमसन
(c) विलियम क्रुक्स (d) लुईस पाश्चर

36. निम्नलिखित में से कौन-सा ऐसिड चींटी के काटने में मौजूद होता है?
(a) नाइट्रिक ऐसिड
(b) मैलिक ऐसिड
(c) फॉर्मिक ऐसिड
(d) परक्लोरिक ऐसिड

37. सिरका में मुख्य रूप से कौन-सा रसायन मौजूद होता है?
(a) मैलिक ऐसिड (b) एथेनॉइक ऐसिड
(c) फॉर्मिक ऐसिड
(d) सल्फ्यूरिक ऐसिड

38. निम्नलिखित में से कौन-सा अम्ल (ऐसिड) अंगूर में नहीं पाया जाता है?
(a) टार्टरिक अम्ल (b) ऐसीटिक अम्ल
(c) सिट्रिक अम्ल (d) मैलिक अम्ल

39. सेब में निम्नलिखित में से कौन-सा ऐसिड पाया जाता है?
(a) फॉर्मिक ऐसिड (b) नाइट्रिक ऐसिड
(c) मैलिक ऐसिड (d) सल्फ्यूरिक ऐसिड

40. मेथिल प्रोपेन निम्नलिखित में से किस का एक समावयव है?
(a) *n*-ब्यूटेन (b) *n*-हेक्सेन
(c) *n*-प्रोपेन (d) *n*-पेन्टेन

41. निम्नलिखित में से किस में COOH समूह नहीं होता है?
(a) सिट्रिक अम्ल
(b) लैक्टिक अम्ल
(c) टार्टरिक अम्ल
(d) ऐस्कॉर्बिक अम्ल

42. कार्बोक्सिलिक अम्लों के बारे में निम्नलिखित कथनों में कौन-सा/से सही है/हैं?
1. साधारण ऐलिफैटिक कार्बोक्सिलिक अम्ल जल में घुलनशील है।
2. उच्चतर कार्बोक्सिलिक अम्ल वास्तव में जल में अघुलनशील है।
3. किसी कार्बोक्सिलिक अम्ल की अम्लता हाइड्रोकार्बन श्रृंखला में उपस्थित कार्बन परमाणुओं की संख्या पर निर्भर होती है।

कूट
(a) 1 और 2 (b) 2 और 3
(c) केवल 1 (d) 1, 2 और 3

43. **कथन I** फॉर्मिक ऐसिड, ऐसीटिक ऐसिड से अधिक तेज अम्ल है।
कथन II फॉर्मिक ऐसिड ऑर्गेनिक ऐसिड है।
कूट
(a) दोनों ही कथन व्यष्टितः सत्य हैं और कथन I कथन II का सही स्पष्टीकरण है
(b) दोनों ही कथन व्यष्टितः सत्य हैं, किन्तु कथन II कथन I का सही स्पष्टीकरण नहीं है
(c) कथन I सत्य है, किन्तु कथन II असत्य है
(d) कथन I असत्य है, किन्तु कथन II सत्य है

44. निम्नलिखित में से कौन-सा युग्म सही सुमेलित नहीं है?
(a) ऐस्कॉर्बिक अम्ल-नींबू
(b) माल्टोस-माल्ट
(c) ऐसीटिक अम्ल-दही
(d) फॉर्मिक अम्ल-लाल चींटी

45. निम्नलिखित में से कौन-सा एक युग्म सही सुमेलित नहीं है?
(a) लैक्टोस-खट्टा दूध
(b) कार्बोनिक अम्ल-सोडा वाटर
(c) फॉर्मिक अम्ल-लाल चींटी
(d) टार्टरिक अम्ल-अँगूर का रस

46. क्लोरोफॉर्म को रंगीन बोतलों या पात्रों में रखा जाता है क्योंकि यह सीधे वायु और प्रकाश से क्रिया करता है और विषैला पदार्थ बनाता है

(a) फॉस्फीन (b) फॉस्जीन
(c) मस्टर्ड गैस (d) CO

47. क्लोरोफॉर्म के विषय में निम्नलिखित में से कौन-से कथन सही है?

I. द्रव ईंधन
II. संवेदनाहारक (निश्चेतक)
III. फॉस्जीन उत्पन्न करता है
IV. अग्निशामक

कूट

(a) I, II (b) I, III
(c) II, III (d) I, IV

48. क्लोरोफ्लुओरो कार्बनों का व्यापक रूप से किसमें उपयोग किया जाता है?

(a) माइक्रोओवन (b) सोलर हीटर
(c) वाशिंग मशीन (d) रेफ्रिजरेटर

49. निम्नलिखित में से कौन-सा कार्बनिक यौगिक ताँबे की मौजूदगी में गर्म करने पर नीले हरे रंग की ज्वाला उत्पन्न करता है?

(a) बेन्जोइक ऐसिड
(b) क्लोरोबेन्जीन
(c) ऐनिलीन
(d) बेन्जैल्डिहाइड

50. 'गैमेक्सेन' का रासायनिक नाम क्या है?

(a) बेन्जीन हेक्साक्लोराइड
(b) क्लोरोबेन्जीन
(c) ऐनिलीन
(d) टॉलुईन

51. डी. डी. टी. (DDT) का पूरा नाम है

(a) डाइक्लोरो डाइफेनिल ट्राइक्लोरो मेथेन
(b) डाइक्लोरो डाइफेनिल ट्राक्लोरो एथेन
(c) डाइक्लोरो डाइबेन्जिल ट्राइक्लोरो एथेन
(d) डाइक्लोरो डाइएथिल ट्राइक्लोरो मेथेन

52. निम्न में से कौन-सा DDT के सम्बन्ध में सत्य है?

(a) यह हल्के नीले रंग का होता है।
(b) इसकी एक तीखी गन्ध होती है।
(c) ये गैर-विषैला है।
(d) यह एक सम्पर्क कीटनाशक है।

उत्तरमाला

1. *(c)*	2. *(d)*	3. *(a)*	4. *(c)*	5. *(a)*	6. *(b)*	7. *(c)*	8. *(c)*	9. *(b)*	10. *(b)*
11. *(a)*	12. *(c)*	13. *(d)*	14. *(a)*	15. *(a)*	16. *(a)*	17. *(a)*	18. *(b)*	19. *(b)*	20. *(b)*
21. *(c)*	22. *(c)*	23. *(c)*	24. *(a)*	25. *(c)*	26. *(b)*	27. *(d)*	28. *(b)*	29. *(b)*	30. *(a)*
31. *(a)*	32. *(a)*	33. *(a)*	34. *(d)*	35. *(a)*	36. *(c)*	37. *(b)*	38. *(b)*	39. *(c)*	40. *(a)*
41. *(d)*	42. *(a)*	43. *(b)*	44. *(c)*	45. *(a)*	46. *(b)*	47. *(c)*	48. *(d)*	49. *(b)*	50. *(a)*
51. *(a)*	52. *(d)*								

अध्याय 08

हाइड्रोकार्बन

(Hydrocarbons)

वर्तमान में ज्ञात कार्बन यौगिकों की संख्या लगभग तीन मिलियन है, परन्तु अब यह प्रश्न आता है कि कार्बन का कौन-सा गुण कार्बन यौगिकों के वृहद् संख्या में निर्माण के लिए उत्तरदायी है।

कार्बन यौगिकों के बड़ी संख्या में निर्माण के मुख्य कारण निम्नलिखित हैं

श्रृंखलन (Catenation)

कार्बन एकमात्र ऐसा तत्व है, जिसमें स्वयं के परमाणुओं के साथ बन्ध बनाने की अत्यधिक क्षमता होती है। कार्बन स्वयं के परमाणुओं के साथ सहसंयोजी बन्धों की लम्बी विवृत अथवा खुली या संवृत अथवा बन्द श्रृंखला बना सकता है। कार्बन के इस गुण को श्रृंखलन कहते हैं।

श्रृंखलन का मुख्य कारण कार्बन-कार्बन के मध्य बनने वाले सहसंयोजी बन्ध का अत्यधिक प्रबल होना, अर्थात् कार्बन-कार्बन आबन्ध की आबन्ध ऊर्जा का अत्यधिक होना है, जिस कारण कार्बन स्वयं के परमाणुओं के साथ बन्ध बनाकर लम्बी श्रृंखलाएँ बना सकता है।

सामान्यतया कार्बनिक यौगिक कार्बन तथा हाइड्रोजन से मिलकर बने होते हैं तथा इनके अतिरिक्त अधिकांश यौगिकों में O, N, S, P या हैलोजन परमाणु भी उपस्थित हो सकते हैं। अत: जिन यौगिकों में केवल हाइड्रोजन तथा कार्बन उपस्थित होते हैं, उन्हें **हाइड्रोकार्बन यौगिक** कहते हैं तथा वे यौगिक, जिनमें C व H के अतिरिक्त O, N, S, P, आदि भी उपस्थित होते हैं, उन्हें **हाइड्रोकार्बन व्युत्पन्न** कहते हैं।

हाइड्रोकार्बन (Hydrocarbons)

वे यौगिक, जिनमें केवल कार्बन और हाइड्रोजन तत्व उपस्थित होते हैं, हाइड्रोकार्बन कहलाते हैं।

उदाहरण— CH_4, C_2H_6, C_2H_4, C_6H_6, आदि।

बन्धन के आधार पर हाइड्रोकार्बन के प्रकार (Types of Hydrocarbon on the Basis of Bonding)

हाइड्रोकार्बनों को मुख्यतया दो भागों में वर्गीकृत किया गया है

ऐलिफैटिक हाइड्रोकार्बन (Aliphatic Hydrocarbons)

वे हाइड्रोकार्बन, जिनमें कार्बन परमाणुओं की खुली विवृत श्रृंखला होती है, ऐलिफैटिक हाइड्रोकार्बन कहलाते हैं।

ऐलिफैटिक हाइड्रोकार्बनों को पुन: दो भागों में वर्गीकृत किया गया है

संतृप्त हाइड्रोकार्बन (Saturated Hydrocarbons)

वे ऐलिफैटिक हाइड्रोकार्बन, जिनमें कार्बन-कार्बन परमाणुओं के मध्य एकल बन्ध होता है तथा प्रत्येक कार्बन की चारों संयोजकताएँ एकल बन्धों द्वारा सन्तुष्ट होती हैं, संतृप्त हाइड्रोकार्बन कहलाते हैं। इनका सामान्य सूत्र C_nH_{2n+2} होता है। **उदाहरण**—मेथेन (CH_4), एथेन (C_2H_6), प्रोपेन (C_3H_8), आदि।

असंतृप्त हाइड्रोकार्बन (Unsaturated Hydrocarbons)

वे ऐलिफैटिक हाइड्रोकार्बन, जिनमें दो कार्बन परमाणुओं के मध्य कम से कम एक द्विबन्ध (Double bond) या त्रिबन्ध (Triple bond) उपस्थित होता है तथा प्रत्येक बहु-आबन्धित कार्बन की चारों संयोजकताएँ चार एकल बन्धों द्वारा पूर्णतया सन्तुष्ट नहीं होती हैं, असंतृप्त हाइड्रोकार्बन कहलाते हैं।

उदाहरण—एथिलीन ($CH_2{=}CH_2$), ऐसीटिलीन ($CH{\equiv}CH$), आदि।

असंतृप्त हाइड्रोकार्बनों को पुन: दो भागों में वर्गीकृत किया गया है

(a) **द्विबन्ध युक्त असंतृप्त हाइड्रोकार्बन या ऐल्कीन** इनका सामान्य सूत्र C_nH_{2n} होता है, जहाँ n का मान कम से कम 2 होता है।

उदाहरण— एथिलीन (C_2H_4) या 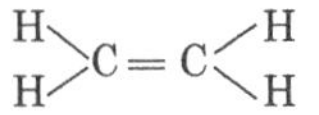

(b) **त्रिबन्ध युक्त असंतृप्त हाइड्रोकार्बन या ऐल्काइन** इनका सामान्य सूत्र C_nH_{2n-2} होता है, जहाँ n का मान कम से कम 2 होता है।

उदाहरण—ऐसीटिलीन (C_2H_2) या H—C≡C—H

ऐरोमैटिक हाइड्रोकार्बन

(Aromatic Hydrocarbons)

वे हाइड्रोकार्बन, जिनमें कार्बन परमाणु आपस में सिग्मा अथवा पाई बन्ध के द्वारा बन्द संवृत श्रृंखला में विन्यासित होते हैं, ऐरोमैटिक हाइड्रोकार्बन कहलाते हैं।

हाइड्रोकार्बन का संघनित निरूपण

(Condensed Representation of Hydrocarbon)

उपरोक्त पूर्ण संरचनात्मक सूत्र में से सभी सहसंयोजक आबन्धों को हटाकर तथा एक परमाणु से जुड़े समान समूह को कोष्ठक में लिखकर उनकी संख्या को पादोक में प्रदर्शित कर संक्षिप्त में लिखे जाने पर, प्राप्त संक्षिप्त सूत्रों को संघनित सूत्र (Condensed structural formula) कहते हैं।

संघनित संरचना में द्वि-बन्ध तथा त्रि-बन्ध के अतिरिक्त सभी बन्ध हटा दिए जाते हैं। अत: एथेन, एथीन, इथाइन तथा मेथेनॉल को उनकी संघनित संरचना में इस प्रकार लिखा जा सकता है।

CH_3CH_3	$H_2C = CH_2$	$HC \equiv CH$	CH_3OH
एथेन	एथीन	एथाइन	मेथेनॉल

ठीक इसी प्रकार, $CH_3CH_2\,CH_2\,CH_2\,CH_2\,CH_3$ को आगे इस प्रकार संघनित कर सकते हैं।

$$CH_3\,(CH_2)_4\,CH_3$$

ऐल्केन (Alkanes)

केवल दो तत्वों कार्बन (C) तथा हाइड्रोजन (H) द्वारा निर्मित यौगिक **हाइड्रोकार्बन** (Hydrocarbon) कहलाते हैं तथा वे हाइड्रोकार्बन जिनमें कार्बन परमाणु की चारों संयोजकताएँ केवल एकल आबन्ध द्वारा संतृप्त होती हैं, **संतृप्त हाइड्रोकार्बन** (Saturated hydrocarbon) या **ऐल्केन** (Alkane) कहलाते हैं। इनको **पैराफिन** (Paraffins) भी कहा जाता है। पैराफिन शब्द दो शब्दों से मिलकर बना है *पैरम* (*Parum* = बहुत कम) तथा *ऐफिन्स* (*Affins* = क्रियाशील) अर्थात् इसका अर्थ है बहुत कम क्रियाशील।

ऐल्केनों का नामकरण (Nomenclature of Alkanes)

ऐल्केन संतृप्त हाइड्रोकार्बन होते हैं अर्थात् इनमें कार्बन परमाणु परस्पर तथा हाइड्रोजन परमाणुओं से केवल एकल आबन्ध (Single bond) द्वारा आबन्धित होते हैं। इन यौगिकों का IUPAC नाम लिखने के लिए कार्बन श्रृंखला के मूल शब्द में अनुलग्न 'ऐन' जोड़ा जाता है। जैसे

ऐल्क + ऐन ⟶ ऐल्केन

ऐल्केनों का सामान्य सूत्र : C_nH_{2n+2} श्रेणी अनुलग्न : ऐन (ane)

ऐल्केन का अणुसूत्र	कार्बन परमाणुओं की संख्या	ऐल्केन का नाम
CH_4	1	मेथेन
C_2H_6	2	एथेन
C_3H_8	3	प्रोपेन
C_4H_{10}	4	ब्यूटेन

ऐल्केनों में समावयवता (Isomerism in Alkanes)

किसी भी क्रियात्मक समूह तथा असंतृप्तता की अनुपस्थिति के कारण ऐल्केन केवल श्रृंखला समावयवता प्रदर्शित करते हैं। इस समावयवता को प्रदर्शित करने के लिए ऐल्केनों में कम-से-कम चार कार्बन परमाणु उपस्थित होने चाहिए। **उदाहरण—**ब्यूटेन के निम्नलिखित श्रृंखला समावयवी सम्भव हैं

$CH_3CH_2\,CH_2\,CH_3$, (*n*-ब्यूटेन)

$CH_3 - CH(CH_3) - CH_3$ (*आइसो*-ब्यूटेन या 2-मेथिल प्रोपेन)

इसी प्रकार, पेन्टेन के तीन श्रृंखला समावयवी *n*-पेन्टेन, *आइसो*-पेन्टेन तथा *निओ*-पेन्टेन हैं।

ऐल्केनों के भौतिक गुणधर्म

(Trends is Physical Properties of Alkanes)

भौतिक अवस्था (Physical State)

ऐल्केन श्रेणी के प्रथम चार सदस्य ($C_1 - C_4$) रंगहीन, गन्धहीन गैसें हैं। इससे आगे के 12 सदस्य ($C_5 - C_{17}$) रंगहीन वाष्पशील द्रव हैं तथा शेष उच्च सदस्य रंगहीन ठोस होते हैं।

क्वथनांक (Boiling Point)

नॉर्मल ऐल्केनों के क्वथनांक उनमें कार्बन परमाणुओं की संख्या (या अणुभार) में वृद्धि के साथ बढ़ते हैं, क्योंकि परमाणुओं की संख्या (या शृंखला) में वृद्धि होने से पृष्ठ क्षेत्रफल अधिक होगा। अत: अन्तराण्विक वाण्डरवाल्स बल भी अधिक होते हैं। यद्यपि शाखाओं की संख्याओं में वृद्धि होने पर पृष्ठ क्षेत्रफल कम होने के कारण वाण्डरवाल्स बल भी कम हो जाते हैं। अत: क्वथनांक कम हो जाता है। **उदाहरण—***पेन्टेन के तीनों समावयवियों के क्वथनांक का क्रम निम्नलिखित है*

$CH_3CH_2\,CH_2\,CH_2\,CH_3 > CH_3CH(CH_3) - CH_2\,CH_3 > CH_3 - C(CH_3)_2 - CH_3$

n-पेन्टेन (अशाखित) क्वथनांक 309 K; *आइसो*-पेन्टेन (कम शाखित) क्वथनांक 301K; *निओ*-पेन्टेन (अधिक शाखित) क्वथनांक 28.5K

गलनांक (Melting Point)

ऐल्केनों का गलनांक भी अणुभार में वृद्धि के साथ बढ़ता है, परन्तु इसमें क्रमिक परिवर्तन नहीं होता है। कार्बन परमाणुओं की सम संख्या वाले ऐल्केनों का गलनांक इससे पूर्व तथा पश्चात् स्थित विषम संख्या वाले ऐल्केनों की अपेक्षा अधिक होता है।

उदाहरण—

	विषम मेथेन		सम एथेन		विषम प्रोपेन
	(CH_4)	<	C_2H_6	>	(C_3H_8)
गलनांक (mp)	90.5 K	<	101 K	>	85.3 K

इसका कारण यह है कि कार्बन परमाणुओं की सम संख्या वाले ऐल्केनों में कार्बन श्रृंखला के सिरों पर स्थित कार्बन परमाणु विपरीत पक्षों (Opposite sides) में होते हैं।

अत: ये कार्बन परमाणुओं की विषम संख्या वाले ऐल्केनों की अपेक्षा अधिक निबिड संकुलित (Close packed) होते हैं। जिस कारण इन्हें तोड़ने के लिए अधिक ऊर्जा की आवश्यकता होती है, अर्थात् इनके गलनांक उच्च होते हैं।

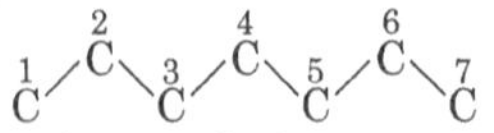

कार्बन परमाणुओं की विषम संख्या

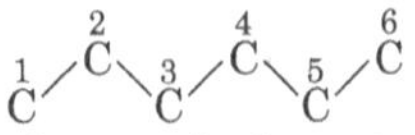

कार्बन परमाणुओं की सम संख्या (अधिक निबिड़ संकुलित)

ऐल्कीन (Alkenes)

केवल कार्बन तथा हाइड्रोजन द्वारा निर्मित ऐसे यौगिक, जिनमें कम से कम एक कार्बन-कार्बन द्वि-आबन्ध उपस्थित होता है, **ऐल्कीन** (Alkenes) कहलाते हैं। ऐल्कीनों को C_nH_{2n} सामान्य सूत्र द्वारा प्रदर्शित किया जाता है, जहाँ, $n = 2, 3, 4,...$ पूर्णांक हैं।

$n = 1$ रखने पर CH_2 प्राप्त होता है, जिसमें द्वि-आबन्ध की उपस्थिति सम्भव नहीं है, क्योंकि द्वि-आबन्ध के उपस्थित होने के लिए कम से कम दो कार्बन परमाणुओं की उपस्थिति आवश्यक है। अत: $n = 2$ रखने पर, C_2H_4 (एथीन) प्राप्त होता है, जो ऐल्कीन श्रेणी का प्रथम सदस्य है। इसे **एथिलीन** (Ethylene) के नाम से भी जाना जाता है।

ऐल्कीनों में समावयवता (Isomerism in Alkenes)

ऐल्कीन, श्रृंखला, स्थान, वलय-श्रृंखला तथा ज्यामितीय चार प्रकार की समावयवता प्रदर्शित करती हैं
संक्षेप में इनका वर्णन एवं उदाहरण निम्न तालिका में दिया गया है

ऐल्कीनों में समावयवता

समावयवता के प्रकार	कारण	उदाहरण
श्रृंखला समावयवता	श्रृंखला में भिन्नता	1-ब्यूटीन तथा 2-मेथिल प्रोपीन [$\overset{1}{C}H_2 = CHC_2H_5$ तथा $\overset{1}{C}H_2 = C(CH_3)_2$]
स्थान समावयवता	द्वि-आबन्ध की स्थिति में भिन्नता	$CH_2 = CHCH_2CH_3$ (ब्यूटीन-1) तथा $CH_3CH = CHCH_3$ (ब्यूटीन-2)
वलय-श्रृंखला समावयवता	एक ही सूत्र द्वारा वलय तथा श्रृंखला को प्रदर्शित करना	$CH_3—CH = CH_2$ (प्रोपीन) तथा  या 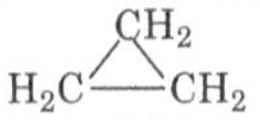 (साइक्लोप्रोपीन)
ज्यामितीय समावयवता	द्वि-आबन्ध की उपस्थिति तथा द्वि-आबन्धित कार्बन पर भिन्न समूहों की उपस्थिति (क्योंकि द्वि-आबन्ध के परित: घूर्णन प्रतिबन्धित होता है।)	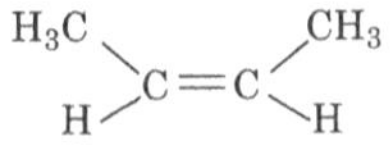 *समपक्ष* 2-ब्यूटीन तथा 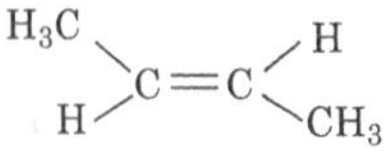 *विपक्ष* 2-ब्यूटीन

ऐल्काइन (Alkynes)

कार्बन तथा हाइड्रोजन द्वारा निर्मित ऐसे यौगिक, जिनमें कम से कम एक कार्बन-कार्बन त्रि-आबन्ध ($C \equiv C$) उपस्थित हो, **ऐल्काइन** कहलाते हैं। इनका सामान्य सूत्र C_nH_{2n-2} होता है। चूँकि एक त्रि-आबन्ध की उपस्थिति के लिए कम से कम दो कार्बन परमाणुओं की उपस्थिति आवश्यक है

अत: n का मान सदैव 1 से अधिक कोई भी पूर्णांक होता है। $n = 2$ रखने पर, $C_2H_{2\times2-2} = C_2H_2$ या ($CH \equiv CH$) प्राप्त होता है अत: यह ऐल्काइन श्रेणी का प्रथम सदस्य है तथा एथाइन (Ethyne) या ऐसीटिलीन (Acetylene) के नाम से जाना जाता है। ऐसीटिलीन के नाम के आधार पर ही कार्बन-कार्बन त्रि-आबन्ध को ऐसीटिलीनिक आबन्ध (Acetylenic bond) कहा जाता है।

उदाहरण—$HC \equiv C—$, एथाइनिल समूह; $CH_3—C \equiv C—$, 1-प्रोपाइनिल समूह

ऐल्काइनों में समावयवता (Isomerism in Alkynes)

ऐल्काइन स्थान, श्रृंखला तथा वलय श्रृंखला समावयवता प्रदर्शित करती हैं। प्रत्येक समावयवता के कुछ उदाहरण नीचे तालिका में दिए गए हैं

समावयवता	उदाहरण
स्थान समावयवता	ब्यूट-1-आइन ($CH \equiv CCH_2CH_3$) तथा ब्यूट-2-आइन ($CH_3C \equiv CCH_3$)
श्रृंखला समावयवता	पेन्ट-1-आइन ($CH_3CH_2CH_2C \equiv CH$) तथा 3-मेथिल ब्यूट-1-आइन [$(CH_3)_2CH—C \equiv CH$]
वलय-श्रृंखला समावयवता	प्रोपाइन ($CH_3C \equiv CH$) तथा साइक्लोप्रोपीन 

अभ्यास प्रश्न

1. यदि किसी यौगिक में भिन्न-भिन्न कार्बन परमाणु आपस में जुड़कर एकल बन्ध युक्त खुली शृंखला का निर्माण करते हैं, इस प्रकार के यौगिक कहलाते हैं
(a) ऐल्कीन (b) ऐल्काइन
(c) बेन्जीन (d) ऐल्केन

2. निम्न में से कौन-सी गैस कोयले के खानों में पायी जाती है?
(a) मेथेन (b) प्रोपेन
(c) एथेन (d) ब्यूटेन

3. निम्न में से किस हाइड्रोकार्बन की केवल एक संरचना होती है?
(a) मेथेन (b) एथेन
(c) प्रोपेन (d) ये सभी

4. ऐल्केनों की संरचना में भिन्नता के कारण इनके गुणों में भिन्नता पायी जाती है। इन्हें किस रूप में जाना जाता है?
(a) शृंखला समावयवी
(b) स्थिति समावयवी
(c) संरचनात्मक समावयवी
(d) क्रियात्मक समावयवी

5. ब्यूटेन द्वारा कितने शृंखला समावयवी बनाए जा सकते हैं?
(a) एक (b) तीन
(c) दो (d) चार

6. निम्न संरचनाएँ हैं

$$CH_3-\underset{}{\overset{CH_3}{\overset{|}{C}H}}-CH_3 \text{ व } CH_3CH_2CH_2CH_3$$

(a) संरूपण समावयवी
(b) शृंखला समावयवी
(c) स्थिति समावयवी
(d) क्रियात्मक समावयवी

7. C_7H_{16} में शृंखला समावयवियों की संख्या है
(a) 9 (b) 4
(c) 6 (d) 7

8. $CH_3-\overset{CH_3}{\overset{|}{C}H}-CH_2CH_2CH_3$ का IUPAC नाम हैं
(a) *n*-हेक्सेन (b) 2-मेथिल पेन्टेन
(c) 4-मेथिल पेन्टेन (d) 3-मेथिल पेन्टेन

9. समावयवी पेन्टेनों के क्वथनांक के मान भिन्न-भिन्न होते हैं, क्योंकि
(a) इनमें शृंखला नहीं होती है
(b) इनमें दुर्बल अन्तराआणुक आकर्षण बल होता है
(c) इनमें सम्पर्क के विभिन्न क्षेत्र होते हैं
(d) उपरोक्त में से कोई नहीं

10. वे यौगिक जिनमें कार्बन परमाणु बन्द शृंखला बनाते हैं, कहलाते हैं
(a) ऐलिफैटिक हाइड्रोकार्बन
(b) साइक्लोऐल्केन
(c) [illegible]
(d) ऐल्कीन

11. ऐरोमैटिक यौगिक होते हैं
(a) चक्रीय यौगिक
(b) ऐलिफैटिक यौगिक
(c) संतृप्त यौगिक
(d) ये सभी

12. हाइड्रोकार्बन में कार्बन परमाणु चतुर्थ संयोजी होता है अत: हाइड्रोजन होगा
(a) द्वि-संयोजी (b) त्रि-संयोजी
(c) एकल-संयोजी (d) चतुर्थ-संयोजी

13. C_5H_{12} के 5 C-परमाणुओं और 12 H-परमाणुओं को कितने प्रकार से जोड़ा जा सकता है?
(a) एक (b) दो
(c) तीन (d) चार

14. निम्न में से कौन-सा C_6H_{14} का समावयवी है?
(a) $CH_3-CH_2-CH_2-CH_2-CH_2-CH_3$
(b) $CH_3-\underset{CH_3}{\underset{|}{C}H}-CH_2-CH_2-CH_3$
(c) $CH_3-CH_2-\underset{CH_3}{\underset{|}{C}H}-CH_2-CH_3$
(d) उपरोक्त सभी

15. C-परमाणु जो तीन कार्बन परमाणुओं से तीन H-परमाणुओं को प्रतिस्थापित करके जुड़ा हुआ है, कहलाता है
(a) प्राथमिक कार्बन परमाणु
(b) द्वितीयक कार्बन परमाणु
(c) तृतीयक कार्बन परमाणु
(d) चतुष्क कार्बन परमाणु

16. C-परमाणु जो किसी कार्बन परमाणु से नहीं जुड़ा हो या एक C-परमाणु से जुड़ा हो, कहलाता है
(a) प्राथमिक कार्बन परमाणु
(b) द्वितीयक कार्बन परमाणु
(c) तृतीयक कार्बन परमाणु
(d) चतुष्क कार्बन परमाणु

17. ऐल्किल समूह का सामान्य सूत्र है
(a) C_nH_{2n+2} (b) C_nH_{2n-2}
(c) C_nH_{2n+1} (d) C_nH_{n+2}

18. उस हाइड्रोकार्बन की प्रकृति क्या होगी, जिसमें कम-से-कम एक द्विबन्ध उपस्थित हो?
(a) संतृप्त
(b) असंतृप्त
(c) ऐरोमैटिक
(d) चक्रीय

19. ऐल्कीनों का सामान्य सूत्र है
(a) C_nH_{2n-2} (b) C_nH_{2n+2}
(c) C_nH_{2n} (d) C_nH_{2n-1}

20. एथीन की क्लोरीन के साथ अभिक्रिया से उत्पाद X बनता है।
X पदार्थ की कौन-सी अवस्था को प्रदर्शित करता है?
(a) केवल द्रव (b) ठोस
(c) गैस (d) इनमें से कोई नहीं

21. ऐल्कीन में C—C द्वि-बन्ध में होते हैं
(a) दो σ-बन्ध
(b) एक σ-बन्ध व एक π-बन्ध
(c) दो π-बन्ध
(d) उपरोक्त में से कोई नहीं

22. σ-बन्ध व π-बन्ध का निर्माण क्रमशः किस प्रकार के अतिव्यापन से होता है?
(a) पार्श्व व पास से (b) पास से व सिरे से
(c) सिरे से व पास से (d) सिरे से व सिरे से

23. C_4H_8 के सम्भावित संरचनात्मक समावयवी कितने है?
(a) 3 (b) 4
(c) 5 (d) 2

24. ब्यूट-1-इन व 2-मेथिलप्रोप-1-इन उदाहरण है
(a) शृंखला समावयवता
(b) स्थिति समावयवता
(c) क्रियात्मक समावयवता
(d) उपरोक्त सभी

25. ब्यूट-1-ईन और ब्यूट-2-ईन उदाहरण है
(a) शृंखला समावयवता (b) स्थिति समावयवता
(c) क्रियात्मक समावयवता
(d) ब्यूटेन

26. निम्न में से कौन-सा C_5H_{10} का संरचनात्मक समावयवी नहीं है?
(a) पेन्ट-1-ईन
(b) 2-मेथिलब्यूट-2-ईन
(c) 3-मेथिलब्यूट-1-ईन
(d) 2, 3- डाइमेथिलप्रोपीन

27. ऐल्काइनों का सामान्य सूत्र है
(a) C_nH_{2n-2} (b) C_nH_{2n-4}
(c) C_nH_{2n+2} (d) C_nH_{2n-1}

28. ऐल्काइन श्रेणी का प्रथम स्थायी सदस्य हैं
(a) एथीलीन
(b) ऐसीटिलीन
(c) एथीन
(d) उपरोक्त सभी

29. दी गयी संरचना का सही IUPAC नाम है

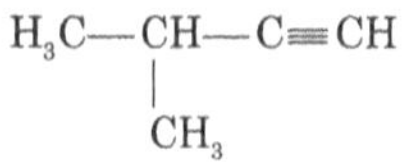

(a) 2-मेथिल ब्यूट-1-आइन
(b) 1-मेथिल ब्यूट-3-आइन
(c) 2-मेथिल ब्यूट-3-आइन
(d) 3-मेथिल ब्यूट-1-आइन

30. $CH_3CH_2—C≡CH$ का सामान्य नाम व IUPAC नाम क्रमश: है
(a) डाइमेथिल ऐसीटिलीन और ब्यूट-2-आइन
(b) एथिल ऐसीटिलीन और ब्यूट-1-आइन
(c) ऐसीटिलीन और ब्यूट-2-आइन
(d) मेथिल ऐसीटिलीन और ब्यूट-2-आइन

31. C_6H_{10} के कितने समावयवी सम्भव है?
(a) 7 (b) 6 (c) 4 (d) 5

32. एथाइन में दो C-परमाणुओं का संकरण क्या है?
(a) sp^2 (b) sp^3
(c) sp (d) sp^3d

33. एथाइन में H—C—C—H बन्ध का बन्ध कोण क्या है?
(a) 120° (b) 180°
(c) 109° (d) 60°

34. एथाइन अणु की ज्यामिति क्या है?
(a) रेखीय
(b) समतल त्रिकोणीय
(c) चतुष्फलकीय
(d) विकृत

35. एथाइन में कुल कितने σ और π-बन्ध उपस्थित है?
(a) क्रमश: 4 व 3
(b) क्रमश: 3 व 2
(c) क्रमश: 2 व 3
(d) क्रमश: 1 व 2

36. एथाइन का निर्माण होता है
(a) रेखीय अतिव्यापन से
(b) पार्श्वीय अतिव्यापन से
(c) विकल्प (a) तथा (b) दोनों
(d) इनमें से कोई नहीं

37. एथाइन अणु के लिए निम्न में से कौन-सा कथन सत्य हैं?
(a) दो कार्बन परमाणुओं के मध्य इलेक्ट्रॉन अभ्र बेलनाकार सममित होता है।
(b) यह एक अरेखीय अणु है।
(c) इसमें एक π-बन्ध होता है।
(d) अणु में दो C—C, σ-बन्ध उपस्थित होते हैं।

उत्तरमाला

1. (d)	2. (a)	3. (d)	4. (c)	5. (c)	6. (b)	7. (a)	8. (b)	9. (c)	10. (b)
11. (a)	12. (c)	13. (c)	14. (d)	15. (c)	16. (a)	17. (c)	18. (b)	19. (c)	20. (a)
21. (b)	22. (c)	23. (a)	24. (a)	25. (b)	26. (d)	27. (a)	28. (b)	29. (d)	30. (b)
31. (a)	32. (c)	33. (b)	34. (a)	35. (b)	36. (c)	37. (a)			

अध्याय

09

हाइड्रोकार्बन के व्युत्पन्न

(Derivative of Hydrocarbon)

ऐल्कोहॉल (Alcohol)

ऐल्केनों के हाइड्रॉक्सी व्युत्पन्नों को ऐल्कोहॉल कहते हैं। इनमें हाइड्रॉक्सी समूह (— OH) ऐलिफैटिक कार्बन के साथ सीधे ही जुड़ा होता है। कार्बन की अन्य संयोजकताएँ अन्य कार्बन या हाइड्रोजन परमाणु द्वारा संतृप्त होती हैं।

$$\underset{\text{ऐल्केन}}{RH} \xrightarrow[-H]{+\text{—OH}} \underset{\text{ऐल्कोहॉल}}{R\text{—OH}}$$

ऐल्कोहॉल का नामकरण (Nomenclature of Alcohol)

ऐल्कोहॉल का नाम लिखने के लिए मूल ऐल्केन के नाम में 'ऑल' प्रत्यय जोड़ दिया जाता है जैसे—

$$\underset{\text{एथेन}}{C_2H_6} \longrightarrow \underset{\text{एथेनॉल}}{C_2H_5OH}$$

एथिल ऐल्कोहॉल या एथेनॉल
(Ethyl Alcohol or Ethanol)

एथिल ऐल्कोहॉल (C_2H_5OH) सबसे प्रमुख ऐल्कोहॉल है। इसका निर्माण स्टार्च युक्त पदार्थों से किण्वन विधि द्वारा करने के कारण इसे ग्रेन ऐल्कोहॉल (Grain alcohol) भी कहा जाता है। यह फलों में एस्टरों के रूप में पाया जाता है। सभी प्रकार की शराबों का मुख्य अवयव एथिल ऐल्कोहॉल होने के कारण इसे **स्प्रिरिट ऑफ वाइन** (Spirit of wine) भी कहते हैं।

एथेनॉल का औद्योगिक उत्पादन
(Methods of Industrial Preparation)

एथिल ऐल्कोहॉल को औद्योगिक स्तर पर बनाने हेतु निम्नलिखित विधियाँ प्रयुक्त की जाती हैं

(i) **एथिलीन द्वारा** एथिलीन पर सान्द्र H_2SO_4 की क्रिया से एथिल हाइड्रोजन सल्फेट तथा एथिल सल्फेट बनता है जो जल-अपघटन करने पर एथिल ऐल्कोहॉल देते हैं।

$$\underset{\text{एथिलीन}}{CH_2{=}CH_2} + H_2SO_4 \xrightarrow{80°C/\text{उच्च दाब}} \underset{\text{एथिल हाइड्रोजन सल्फेट}}{CH_3CH_2HSO_4}$$

$$CH_3CH_2HSO_4 + CH_2{=}CH_2 \longrightarrow \underset{\text{एथिल सल्फेट}}{(CH_3CH_2)_2 \cdot SO_4}$$

$$(CH_3CH_2)_2SO_4 + 2H_2O \xrightarrow{\text{गर्म}} 2CH_3CH_2OH + H_2SO_4$$

एथिलीन, पेट्रोलियम पदार्थों के भंजन से प्राप्त की जा सकती है।

(ii) **किण्वन द्वारा** सूक्ष्म जीवों जैसे-यीस्ट की उपस्थिति में जटिल कार्बनिक यौगिकों के साधारण यौगिकों में विखण्डित होने का प्रक्रम किण्वन कहलाता है। यह एक ऊष्माक्षेपी प्रक्रम है। "किण्वन" शब्द लिबेग द्वारा दिया गया। यीस्ट एककोशिकीय पादप है।

$$\underset{\text{माल्टोस}}{C_{12}H_{22}O_{11}} + H_2O \xrightarrow{\text{माल्टेस}} \underset{\text{ग्लूकोस}}{2C_6H_{12}O_6}$$

$$\underset{\text{ग्लूकोस}}{C_6H_{12}O_6} \xrightarrow[\text{(किण्वन)}]{\text{जाइमेज}} \underset{\text{एथेनॉल}}{2C_2H_5OH} + 2CO_2$$

(iii) **स्टार्च द्वारा** $[(C_6H_{10}O_5)_n]$ स्टार्च, ग्लूकोस का एक बहुलक है। यह आलू, चावल, मक्का, आदि में उपस्थित होता है इसको एथेनॉल में निम्नवत् परिवर्तित किया जा सकता है

$$\text{स्टॉर्च} \xrightarrow{\text{शर्करीकरण}} \text{माल्टोस} \xrightarrow{\text{जल-अपघटन}} \text{ग्लूकोस} \xrightarrow{\text{किण्वन}} \text{एथिल ऐल्कोहॉल}$$

$$\underset{\text{स्टार्च}}{(C_6H_{10}O_5)_n} + nH_2O \xrightarrow[\text{दाब}]{\text{तनु } H_2SO_4, \Delta} nC_{12}H_{22}O_{11} + H_2O$$

$$\xrightarrow{\text{माल्टेस}} \underset{\text{ग्लूकोस}}{n\, C_6H_{12}O_6}$$

$$\underset{\text{ग्लूकोस}}{nC_6H_{12}O_6} \xrightarrow[\text{(यीस्ट)}]{\text{जाइमेज}} \underset{\text{एथिल ऐल्कोहॉल}}{2nC_2H_5OH} + 2nCO_2 + \text{ऊष्मा}$$

ऐल्कोहॉल के गुणधर्म
(Properties of Alcohol)

भौतिक गुण (Physical Properties)

इसके प्रमुख भौतिक गुण निम्नलिखित हैं

(i) यह एक रंगहीन, ज्वलनशील द्रव है।

(ii) इसका क्वथनांक 78.1°C तथा आपेक्षिक घनत्व 0.789 होता है।

(iii) इसमें एक विशेष गन्ध होती है तथा यह स्वाद में तीखा होता है।

(iv) यह एक आर्द्रताग्राही द्रव है तथा उत्तम उद्दीपक (Stimulant) है।

(v) यह उदासीन होता है।

रासायनिक गुण (Chemical Properties)

(i) **निर्जलीकरण** विभिन्न अभिक्रिया दशाओं पर निर्जलीकारक की उपस्थिति में ऐल्कोहॉल के अणु से जल के एक अणु के निराकरण द्वारा ऐल्कीन या ईथर का बनना ऐल्कोहॉलों का निर्जलीकरण कहलाता है।

सान्द्र H_2SO_4, H_3PO_4, P_2O_5, Al_2O_3, $KHSO_4$, ThO_2 (थोरिया), आदि विभिन्न निर्जलीकारक हैं जिनका प्रयोग ऐल्कोहॉलों के निर्जलीकरण के लिए किया जा सकता है।

$$\underset{\text{ऐल्कोहॉल}}{CH_3CH_2OH} + \underset{\text{सान्द्र}}{H_2SO_4} \xrightarrow[160°-180°C]{\Delta} \underset{\text{एथीन}}{CH_2=CH_2} + H_2O$$

$$\underset{\substack{\text{ऐल्कोहॉल}\\\text{(आधिक्य)}}}{2C_2H_5OH} \xrightarrow[130°-140°C]{H_2SO_4,\ \Delta} \underset{\text{डाइएथिल ईथर}}{C_2H_5-O-C_2H_5} + H_2O$$

$$\underset{\text{2-ब्यूटेनॉल}}{\overset{1}{C}H_3-\overset{2}{C}H(OH)-\overset{3}{C}H_2-\overset{4}{C}H_3} \xrightarrow{\text{सान्द्र } H_2SO_4,\ \Delta}$$

$$\underset{80\%,\ \text{2-ब्यूटीन}}{CH_3-CH=CH-CH_3} + \underset{20\%,\ \text{1-ब्यूटीन}}{CH_3CH_2CH=CH_2}$$

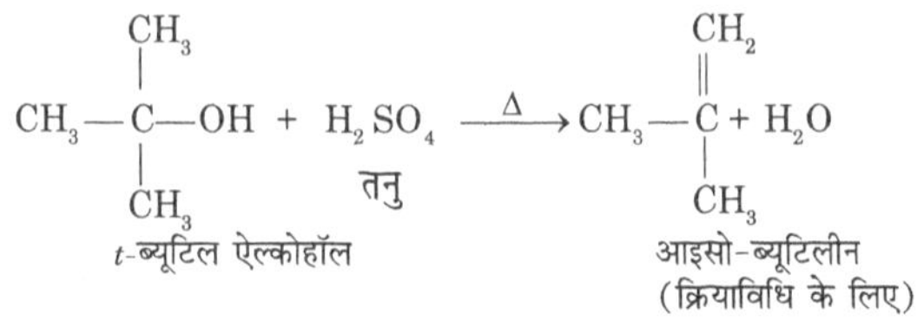

ऐल्कोहॉलों का निर्जलीकरण के प्रति क्रियाशीलता का क्रम निम्न है तृतीयक ऐल्कोहॉल > द्वितीयक ऐल्कोहॉल > प्राथमिक ऐल्कोहॉल ऐल्कोहॉल का निर्जलीकरण सेटजैफ नियम के अनुसार होता है तथा अम्ल उत्प्रेरित निर्जलीकरण में अधिक स्थायी कार्बोनियम आयन क्रियाशील मध्यस्थ के रूप में बनता है।

(ii) **ऑक्सीकरण** (a) प्राथमिक ऐल्कोहॉलों का ऑक्सीकरण सरलता से पहले ऐल्डिहाइड में तथा तत्पश्चात् कार्बोक्सिलिक अम्ल में हो जाता है। इन दोनों उत्पादों में कार्बन परमाणुओं की संख्या जनक ऐल्कोहॉल के समान होती है।

$$\underset{1°\ \text{ऐल्कोहॉल}}{R-CH_2-OH} + [O] \xrightarrow[(-H_2O)]{\text{ऑक्सीकरण}} \underset{\text{ऐल्डिहाइड}}{R-CH=O} \xrightarrow{[O]} \underset{\text{कार्बोक्सिलिक अम्ल}}{R-COOH}$$

(b) द्वितीयक ऐल्कोहॉल ऑक्सीकरण पर कीटोन देते हैं जिनमें कार्बन परमाणुओं की संख्या जनक ऐल्कोहॉल के समान होती है। यद्यपि कीटोनों का ऑक्सीकरण कठिनता से होता है तो भी विशिष्ट दशाओं में कीटोनों का ऑक्सीकरण हो जाता है तथा ये जनक ऐल्कोहॉल से कम कार्बन परमाणुओं के कार्बोक्सिलिक अम्लों का मिश्रण उत्पन्न करते हैं।

$$\underset{\substack{\text{2-पेन्टेनॉल (5C-परमाणु)}\\\text{(द्वितीयक ऐल्कोहॉल)}}}{CH_3-CH_2-CH_2-CH(OH)-CH_3} \xrightarrow{\text{ऑक्सीकारक}}$$

$$\underset{\substack{\text{2-पेन्टेनॉन}\\\text{(कीटोन, 5C-परमाणु)}}}{CH_3CH_2CH_2-\overset{\overset{\displaystyle O}{\|}}{C}-CH_3} \xrightarrow[\text{ऑक्सीकरण}]{[O]}$$

$$\longrightarrow \underset{\substack{\text{प्रोपेनोइक अम्ल}\\\text{(3C-परमाणु)}}}{CH_3-CH_2-COOH} + \underset{\text{ऐसीटिक अम्ल (2C-परमाणु)}}{CH_3COOH}$$

प्रयुक्त ऑक्सीकारक निम्न में कोई एक हो सकता है—

$KMnO_4/H^+$, $KMnO_4/OH^-$, $KMnO_4$/उदासीन, $K_2Cr_2O_7/H^+$, MnO_2/H^+ या ऐलुमिनियम टर्शियरी ब्यूटॉक्साइड तथा कीटोन (ऑपिनाउर ऑक्सीकरण)

(c) तृतीयक ऐल्कोहॉल का ऑक्सीकरण अत्यन्त कठिनता से होता है। उदासीन या क्षारीय माध्यम में तृतीयक ऐल्कोहॉलों का ऑक्सीकरण सम्भव नहीं है। परन्तु अम्लीय ऑक्सीकारक इन्हें ऑक्सीकृत करके पहले कीटोन बनाते हैं, तत्पश्चात् कार्बोक्सिलिक अम्लों का मिश्रण प्राप्त होता है जिनमें कार्बन परमाणुओं की संख्या जनक ऐल्कोहॉल की अपेक्षा कम होती है।

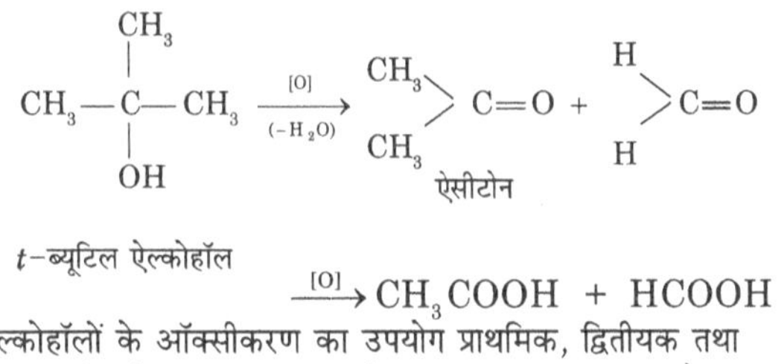

ऐल्कोहॉलों के ऑक्सीकरण का उपयोग प्राथमिक, द्वितीयक तथा तृतीयक ऐल्कोहॉलों की पहचान के लिए किया जा सकता है।

उपयोग

(i) ऐल्कोहॉलिक पेय के निर्माण में।

(ii) पेन्ट, वार्निश, तेल, सुगन्धित पदार्थों आदि में विलायक के रूप में।

(iii) रसायनों के निर्माण में।

(iv) गाड़ियों के रेडिएटरों में प्रतिशीतक के रूप में।

(v) स्पिरिट मापक जैसे वैज्ञानिक उपकरणों में।

ऐसीटिक अम्ल या एथेनोइक अम्ल
(Acetic Acid or Ethanoic Acid)

अणु सूत्र	अणु भार	संरचना सूत्र
CH_3COOH	60	

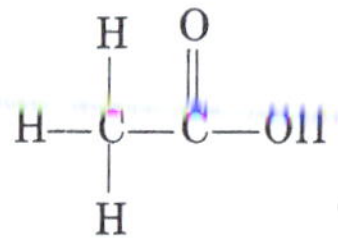

सान्द्र ऐसीटिक अम्ल का पृथक्करण सर्वप्रथम **स्टाहल** (Stahl) ने सन् 1700 में किया था। 1845 ई. में **कोल्बे** ने इसे इसके तत्वों से संश्लेषित किया था। ऐसीटिक अम्ल सिरके (Vinegar) का मुख्य अवयव होता है, इसलिए इसे **सिरके का अम्ल** भी कहते हैं। इसी की उपस्थिति के कारण सिरके का स्वाद खट्टा (Sour) होता है। अल्प मात्रा में यह पसीने में भी उपस्थित रहता है।

एथेनोइक अम्ल का औद्योगिक निर्माण (शीघ्र सिरका विधि या किण्वन)
(Industrial Preparation Method of Ethanoic Acid (By Quick Vinegar Process or Fermentation)

क्विक विनेगर प्रक्रम अथवा किण्वन द्वारा (By Quick Vinegar Process or Fermentation) यह ऐसीटिक अम्ल बनाने की आधुनिक विधि है, जिसे **जर्मन विधि** (German process) भी कहते हैं। यह सिरका (ऐसीटिक अम्ल) बनाने की तीव्र विधि हैं। इस विधि द्वारा ऐसीटिक अम्ल का निर्माण लगभग एक सप्ताह में किया जा सकता है, जबकि अन्य पुरानी विधियों द्वारा ऐसीटिक अम्ल के निर्माण में दो से तीन माह का समय लग जाता है।

इस विधि में लकड़ी से बने बड़े पीपे (डेग) में, जिसका शीर्ष और तल छिद्रित होता है, बीच में लकड़ी की छीलन (Shavings) को पुराने सिरके में भिगोकर भर देते हैं। पुराने सिरके में 'माइकोडर्मा ऐसीटी' जीवाणु होते हैं। डेक में वायु प्रवाहित करने के लिए एक छिद्र होता है।

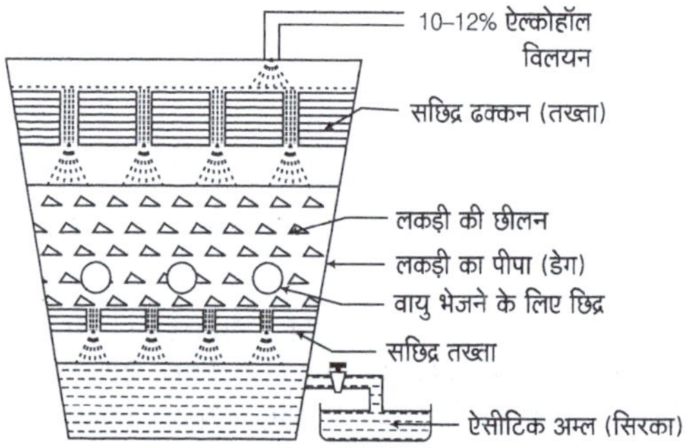

चित्र किण्वन विधि से सिरके का निर्माण

एथिल ऐल्कोहॉल के तनु विलयन (लगभग 10%) में किण्वन में सहायक अमोनियम फॉस्फेट व अन्य अकार्बनिक लवण मिलाकर डेक में ऊपर से धीरे-धीरे डालते हैं एवं नीचे से धीरे-धीरे वायु की धारा प्रवाहित करते हैं। फलस्वरूप ऐल्कोहॉल माइकोडर्मा ऐसीटी जीवाणु की उपस्थिति में वायु द्वारा ऐसीटिक अम्ल में ऑक्सीकृत हो जाता है। प्राप्त ऐसीटिक अम्ल को डेक की तली में लगी टोंटी के द्वारा निकाल लेते हैं।

प्राप्त ऐसीटिक अम्ल को पुन: डेक में डाल देते हैं तथा यह प्रक्रम कई बार दोहराते हैं जिससे ऐसीटिक अम्ल का 6-10 प्रतिशत विलयन प्राप्त होता है। इस विलयन को सिरका (Vinegar) कहते हैं। सिरके से शुद्ध ऐसीटिक अम्ल प्राप्त नहीं किया जा सकता है।

ऐल्केनोइक अम्लों के गुणधर्म
(Properties of Alcanoic Acid)

भौतिक गुण (Physical Properties)

इसके भौतिक गुण निम्नलिखित हैं

(i) ऐसीटिक अम्ल रंगहीन, सिरके जैसी तीक्ष्ण गन्ध वाला संक्षारक द्रव है।

(ii) यह जल में (अन्तराणुक H-बन्ध के कारण) तथा कार्बनिक विलायकों में विलेय है।

(iii) यह जल से भारी है तथा इसका आपेक्षिक घनत्व 1.045 ग्राम/मिली होता है।

(iv) इसका क्वथनांक 118°C तथा हिमांक 16.5°C होता है।

रासायनिक गुण (Chemical Properties)

इसके रासायनिक गुण निम्नलिखित हैं

(i) **अम्लीय गुण** (Acidic Property) जल में ऐसीटिक अम्ल आयनित होकर एक H^+ देता है, जिस कारण यह नीले लिटमस विलयन को लाल कर देता है।

$$CH_3COOH \rightleftharpoons CH_3COO^- + H^+$$

(ii) **एस्टरीकरण** (Esterification) सान्द्र सल्फ्यूरिक अम्ल (H_2SO_4) की उपस्थिति में ऐसीटिक अम्ल तथा एथिल ऐल्कोहॉल की क्रिया कराने पर एथिल ऐसीटेट तथा जल का निर्माण होता है। इस अभिक्रिया को एस्टरीकरण तथा निर्मित एथिल ऐसीटेट यौगिक को **एस्टर** कहते हैं।

$$\underset{\text{ऐसीटिक अम्ल}}{CH_3COOH} + \underset{\text{एथिल ऐल्कोहॉल}}{C_2H_5OH} \xrightarrow{\text{सान्द्र } H_2SO_4} \underset{\text{एथिल ऐसीटेट}}{CH_3COOC_2H_5} + H_2O$$

एस्टर, अम्ल या क्षारक की उपस्थिति में अभिक्रिया करके पुन: ऐल्कोहॉल एवं कार्बोक्सिलिक अम्ल बनाता है। इस अभिक्रिया को साबुनीकरण कहते हैं। इस अभिक्रिया का प्रयोग साबुन बनाने में होता है।

$$\underset{\text{एथिल ऐसीटेट}}{CH_3COOC_2H_5} \xrightarrow{NaOH} C_2H_5OH + CH_3COONa$$

(iii) **कार्बोनेट व बाइकार्बोनेट के साथ अभिक्रिया** (Reaction with Carbonates and Bicarbonates) ऐसीटिक अम्ल कार्बोनेट व बाइकार्बोनेट के साथ अभिक्रिया करके ऐसीटेट लवण निर्मित करता है तथा CO_2 गैस मुक्त होती है।

$$2CH_3COOH + Na_2CO_3 \longrightarrow 2CH_3COONa + CO_2 + H_2O$$

$$CH_3COOH + NaHCO_3 \longrightarrow CH_3COONa + CO_2 + H_2O$$

उपयोग (Uses)

इसके प्रमुख उपयोग निम्नलिखित हैं

(i) प्रयोगशाला में विभिन्न यौगिकों के रूप में; जैसे—सफेदा, ऐसीटोन, ऐसीटेट लवण आदि।

(ii) सिरके के रूप में (आचार बनाने में)।
(iii) रंग, कागज, रेशम के उद्योग में।
(iv) विभिन्न कार्बनिक अभिक्रियाओं में विलायक के रूप में।
(v) सेलुलोस ऐसीटेट तथा पॉलीवाइनिल ऐसीटेट, कृत्रिम रेशों के निर्माण में।
(vi) रबड़ के स्कन्दन में।
(vii) इसके लवणों का प्रयोग औषधियों में होता है।
(viii) EDTA के निर्माण में।

बहुलक (Polymer)

वह प्रक्रम जिसमें बड़ी संख्या में सरल अणु एक-दूसरे से संयोग करके उच्च अणुभार वाला एक वृहत् अणु (Large molecule) बनाते हैं, **बहुलकीकरण** कहलाता है तथा इस प्रक्रम के फलस्वरूप बने उच्च अणुभार ($10^3 - 10^7$) वाले यौगिक **बहुलक** (Polymer) कहलाते हैं। जिन सरल अणुओं के संयोजन से बहुलक बनता है, वे **एकलक** (Monomers) कहलाते हैं।

$$\underset{\text{ऐल्कीन}}{n(CH_2{=}CH_2)} \xrightarrow{\text{बहुलकन}} \underset{\text{पुनरावृत्त इकाई}}{\left[CH_2{-}CH_2 \right]}$$

$$\rightarrow \underset{\text{पॉलीथीन बहुलक}}{\left[CH_2{-}CH_2 \right]_n}$$

बहुलकों का वर्गीकरण

स्रोत के आधार पर वर्गीकरण

(i) **प्राकृतिक बहुलक** प्रकृति में पौधों तथा जन्तुओं द्वारा प्राप्त होने वाले बहुलक प्राकृतिक बहुलक कहलाते हैं; **उदाहरण**— प्रोटीन, रबर, स्टार्च, सेलुलोस आदि।

(ii) **अर्द्धसंश्लेषित बहुलक** अर्द्धसंश्लेषित बहुलक रासायनिक पदार्थों के प्रयोग से प्राकृतिक बहुलकों के गुणधर्मों के विकास द्वारा बनाए जाते हैं; **उदाहरण**— सेलुलोस ऐसीटेट (रेयॉन), सेलुलोस नाइट्रेट आदि।

(iii) **संश्लेषित बहुलक** प्रयोगशाला में मानव निर्मित बहुलक संश्लेषित बहुलक कहलाते हैं; **उदाहरण**— नायलॉन-6, 6, ब्यूना-S, पॉलिथीन, आदि।

प्लास्टिक (Plastic)

प्लास्टिक सामान्यतया उच्च अणुभार वाले हाइड्रोकार्बन होते हैं।

ये दो प्रकार के होते हैं

थर्मोप्लास्टिक या तापसुघट्य (Thermoplastic)

वे प्लास्टिक जो गर्म करने पर मुलायम हो जाए तथा ठण्डा करने पर कठोर हो जाए, थर्मोप्लास्टिक कहलाती हैं; जैसे—पॉलिथीन, पॉलिवाइनिल क्लोराइड, आदि।

इनके मुख्य लक्षण निम्न हैं

(i) थर्मोप्लास्टिक की संरचना रेखीय होती है।
(ii) ये ऐसे पदार्थों के बहुलीकरण से बनते हैं, जिनके पास एक युग्म बन्ध होता है।
(iii) ये प्लास्टिक कम ताप पर गर्म करने पर मुलायम हो जाती हैं।
(iv) ये यान्त्रिक प्रतिबल डालने पर आसानी से विकृत हो जाते हैं।
(v) ये कार्बनिक विलायकों; जैसे—बेन्जीन, क्लोरोफॉर्म में विलेय होती है।

थर्मोप्लास्टिक के उदाहरण (Examples of Thermoplastic)

(i) **पॉलिथीन** एथीन के बहुलीकरण से पॉलिथीन प्राप्त होती है। ये प्लास्टिक गर्म करने पर मुलायम हो जाने के कारण साँचों में ढाली जा सकती हैं। इनका प्रयोग पाइप, तार, खिलौने तथा पैकिंग सामग्री में होता है।

(ii) **पॉलिवाइनिल क्लोराइड** यह वाइनिल क्लोराइड के बहुलीकरण से प्राप्त होती है। इसका उपयोग पतली चादरें, बरसाती, सीट कवर, आदि बनाने में किया जाता है।

(iii) **टेफ्लॉन** यह टेट्राफ्लुओरो एथिलीन का बहुलक है। यह सर्वोत्तम प्लास्टिक है। इसका प्रयोग बिना चिपकने वाले बर्तनों के निर्माण में किया जाता है। इसमें F-परमाणु उपस्थित होता है।

थर्मोसेटिंग या तापदृढ़ प्लास्टिक (Thermosetting)

थर्मोसेटिंग (तापदृढ़) बहुलक पदार्थ गर्म करने पर पिघल जाते हैं तथा इन्हें साँचों में ढाला जा सकता है लेकिन पुन: मूल अवस्था में नहीं लाया जा सकता; जैसे—बैकेलाइट, यूरिया, फॉर्मेल्डिहाइड, प्लास्टिक, आदि।

इनके मुख्य लक्षण निम्न हैं

(i) थर्मोसेटिंग प्लास्टिक क्रॉस बन्धित (तिर्यक बन्धित) होती हैं।
(ii) थर्मोसेटिंग प्लास्टिक उच्च ताप पर एवं अधिक यान्त्रिक दाब के प्रति उच्च प्रतिरोध रखती हैं।
(iii) ये अत्यन्त कठोर होती हैं, इन्हें तोड़ना या जलाना सरल नहीं है।
(iv) थर्मोसेटिंग का पुनर्चक्रण सम्भव नहीं है।

थर्मोसेटिंग के उदाहरण (Example of Thermosetting)

(i) **बैकेलाइट** यह फीनॉल तथा फॉर्मेल्डिहाइड को सोडियम हाइड्रॉक्साइड की उपस्थिति में गर्म करके बनाया जाता है। इसका उपयोग रेडियो, टीवी के केस, गीयर, प्लाई की लकड़ी जोड़ने में करते हैं।

(ii) **यूरिया फॉर्मेल्डिहाइड प्लास्टिक** इसका उपयोग सजावट की वस्तुओं के निर्माण में करते हैं।

पॉलिथीन का पर्यावरण पर प्रभाव
(Effect of Polythene on Environment)

- वर्तमान समय को यदि पॉलिथीन अथवा प्लास्टिक युग के नाम से जाना जाए तो इसमें कोई अतिशयोक्ति नहीं होगी। क्योंकि सम्पूर्ण विश्व में यह पॉली अपना एक महत्त्वपूर्ण स्थान बना चुका है और दुनिया के सभी देश इससे निर्मित वस्तुओं का किसी न किसी रूप में प्रयोग कर रहे हैं। सोचनीय विषय यह है कि सभी इसके दुष्प्रभावों से अनभिज्ञ हैं या जानते हुए भी अनभिज्ञ बने जा रहे हैं। पॉलिथीन एक प्रकार का जहर है जो पूरे पर्यावरण को नष्ट कर देगा। पॉलिथीन एक ऐसा प्रदूषक है जो हजारों सालों तक नष्ट नहीं होता है जो कि आजकल जल-प्रदूषण का कारण बन रहा है।
- पॉलिथीन मृदा में भी विघटित नहीं हो पाता है। जिससे की मृदा प्रदूषण का कारण बनता है।
- पॉलिथीन का निर्माण विभिन्न प्रकार के रसायनों से होता है। जिससे कि पॉलिथीन को जलाने पर वायु प्रदूषण होता है। पॉलिथीन व अन्य प्लास्टिक समुद्र में पहुँच कर समुदी जीवों को भी हानि पहुँचाती है।

अभ्यास प्रश्न

1. निम्न में से कौन-सा हाइड्रॉक्सिल समूह वाला यौगिक लकड़ी के फर्नीचर की पॉलिश (चमकाने) में प्रयोग किया जाता है?
(a) [illegible] (b) फीनॉल
(c) एथेनॉल (d) ये सभी

2. कागज, खादी एवं चीनी में कौन-सा क्रियात्मक समूह उपस्थित है?
(a) NH_2 समूह (b) OH समूह
(c) COO*R* समूह (d) *RX* समूह

3. हाइड्रोकार्बन के हाइड्रोजन परमाणु को एक ऐल्कॉक्सी अथवा ऐरिलऑक्सी समूह से प्रतिस्थापित करने पर बने यौगिकों की श्रेणी कहलाती है
(a) ऐल्कोहॉल (b) फीनॉल
(c) ईथर (d) एस्टर

4. निम्न में से कौन-से ऐल्कोहॉल में C_{sp^3}—OH बन्ध होता है?
(a) ऐलिलिक ऐल्कोहॉल
(b) विनाइलिक ऐल्कोहॉल
(c) फीनॉल
(d) उपरोक्त में से कोई नहीं

5. इनमें से कौन-सा सही सुमेलित नहीं है?
(a) डाइएथिल ईथर → सामान्य ईथर
(b) $C_2H_5OC_6H_5$ → मिश्रित ईथर
(c) $C_2H_5OCH_3$ → असममित ईथर
(d) $C_2H_5OC_2H_5$ → असममित ईथर

6. निम्न विकल्पों में से गलत कथन को चुनिए।
(a) ऐल्कोहॉल का सामान्य नाम उसके ऐल्किल समूह के सामान्य नाम के साथ ऐल्कोहॉल जोड़ने पर प्राप्त होता है।
(b) ऐल्कोहॉल का IUPAC नाम उसके सापेक्ष ऐल्केन के नाम से 'e' को 'ol' प्रत्यय से प्रतिस्थापित करने पर प्राप्त होता है।
(c) सबसे लम्बी कार्बन शृंखला को हाइड्रॉक्सिल समूह के पास वाले छोर से गणना (गिनती) की जाती है। —OH समूह एवं दूसरे प्रतिस्थापित समूहों की स्थिति को उससे जुड़े कार्बन परमाणु की संख्या से दर्शाया जाता है।
(d) बहुहाइड्रिक ऐल्कोहॉल की दशा में, ऐल्केन से 'e' हटाकर और उसके अन्त में 'di','tri' 'ol' को लगाया जाता है।

7. निम्न सारणी को जाँचिए

यौगिक	सामान्य नाम	IUPAC नाम
CH_3—OH	मेथिल ऐल्कोहॉल	I
$CH_3CH_2CH_2OH$	*n*-प्रोपिल ऐल्कोहॉल	प्रोपेन-1-ऑल
$CH_3-\underset{\displaystyle OH}{\underset{\mid}{CH}}-CH_3$	II	प्रोपेन-2-ऑल
III	*n*-ब्यूटिल ऐल्कोहॉल	ब्यूटेन-1-ऑल

उपरोक्त सारणी में से I, II एवं III को पहचानिए
(a) I-मेथेनॉल; II-तृतीयक-प्रोपिल ऐल्कोहॉल; III- $CH_3CH_2CH_2CH_2OH$
(b) I-मेथेनॉल; II-प्रोपिल ऐल्कोहॉल; III- $CH_3CH_2CH_2OH$
(c) I-मेथनॉल; II-आइसो-प्रोपिल ऐल्कोहॉल; III- $CH_3CH_2CH_2CH_2OH$
(d) I-मेथेनॉल ; II-तृतीयक-प्रोपिल ऐल्कोहॉल; III- $CH_3CH_2CH_2OH$

8. एथेनॉल में सोडियम धातु डालने पर कौन-सी गैस मुक्त होती है?
(a) H_2 (b) O_2
(c) C_2 (d) CO

9. एथेनॉल को व्यापारिक स्तर पर किसके द्वारा बनाया जाता है?
(a) भंजक आसवन द्वारा
(b) किण्वन द्वारा
(c) निर्वात् आसवन द्वारा
(d) उपरोक्त सभी

10. सोडियम तथा एथेनॉल की क्रिया से निर्मित उत्पाद है
(a) C_2H_5Na (b) C_2H_5ONa
(c) $C_2H_5OC_2H_5$ (d) इनमें कोई नहीं

11. किण्वन के दौरान जाइमेज की क्रिया दर कम हो जाती है। यदि बने हुए ऐल्कोहॉल का प्रतिशत ज्यादा हो
(a) 5% (b) 7%
(c) 10% (d) 14%

12. मैग्नीशियम, एथेनॉल से क्रिया करके बनाता है।
(a) सोडियम एथॉक्साइड
(b) मैग्नीशियम एथॉक्साइड
(c) मैग्नीशियम ऑक्साइड
(d) मैग्नीशियम कार्बोनेट

13. कार्बिनॉल है
(a) C_2H_5OH
(b) CH_3OH
(c) $(CH_3)_2CHOH$
(d) $CH_3CH_2CH(OH)CH_3$

14. द्वितीयक ऐल्कोहॉल में उपस्थित लाक्षणिक समूह है'
(a) $—CH_2OH$ (b) CHOH
(c) $-\overset{\mid}{\underset{\mid}{C}}-OH$ (d) $C\langle^{OH}_{OH}$

15. निम्न में से कौन-सा प्राथमिक ऐल्कोहॉल है?
(a) ब्यूटेन-2-ऑल
(b) ब्यूटेन-1-ऑल
(c) प्रोपेन-2-ऑल
(d) *आइसो*-प्रोपिल ऐल्कोहॉल

16. निम्न अभिक्रियाओं में से किससे 2° ऐल्कोहॉल प्राप्त नहीं होता है?
(a) $C_2H_5MgBr + CH_3CHO \xrightarrow{H_3O^+}$
(b) $(CH_3)_2CHMgBr + HCHO \xrightarrow{H_3O^+}$
(c) $CH_3MgBr + C_2H_5CHO \xrightarrow{H_3O^+}$
(d) उपरोक्त में से कोई नहीं

17. सक्रिय धातुएँ सोडियम तथा मैग्नीशियम क्रिया करके मुक्त करती है
(a) हाइड्रोजन
(b) नाइट्रोजन
(c) ऑक्सीजन
(d) कार्बन-डाइआक्साइड

18. ग्लेशियल ऐसीटिक अम्ल है
(a) शुद्ध (100%) एथेनोइक अम्ल
(b) शुद्ध (80%) एथेनोइक अम्ल
(c) शुद्ध (90%) एथेनोइक अम्ल
(d) ....

19. अम्ल की ऐल्कोहॉल से क्रिया द्वारा बनता है
(a) एस्टर (b) कीटोन
(c) ईथर (d) ऐल्कोहॉल

20. एक एस्टर और ग्रिग्नार्ड अभिकर्मक की अधिकता में होने वाली अभिक्रिया का अन्तिम उत्पाद है
(a) प्राथमिक ऐल्कोहॉल
(b) द्वितीयक ऐल्कोहॉल
(c) तृतीयक ऐल्कोहॉल
(d) कीटोन

21. जल-गैस $(CO + H_2) + H_2$ की 673 K तथा 300 वायुमण्डलीय दाब पर Cr_2O_3/ZnO उत्प्रेरक की उपस्थिति में क्रिया से बनने वाला उत्पाद है
(a) HCHO (b) HCOOH
(c) CH_3OH (4) CH_3COOH

22. ऐसीटिल ब्रोमाइड, CH_3MgI के आधिक्य के साथ क्रिया करता है तत्पश्चात् NH_4Cl के संतृप्त विलयन के साथ अभिकृत होकर देता है
(a) 2-मेथिल-2-प्रोपेनॉल (b) ऐसीटेमाइड
(c) ऐसीटोन (d) ऐसीटिल आयोडाइड

23. ऐसीटोन की क्रिया $CH_3—Mg—I$ से कराने पर तथा फिर उसका जल-अपघटन कराने पर प्राप्त होता है
(a) *आइसो*-प्रोपिल ऐल्कोहॉल
(b) प्राथमिक ऐल्कोहॉल
(c) ऐसीटिक अम्ल
(d) 2-मेथिल-2-प्रोपेनॉल

24. एथेनोइक अम्ल, ऐल्कोहॉल से किसकी उपस्थिति में क्रिया करके एस्टर बनाता है?
(a) सान्द्र H_2SO_4 (b) सान्द्र HCl
(c) H_2O (d) CO_2

25. सूची I व सूची II को सुमेलित कीजिए।

सूची I (नाम)		सूची II (स्त्रोत एवं % ऐल्कोहॉल)	
A.	बीयर	1.	अंगूर 18-25%
B.	वाइन	2.	सेब 3-6%
C.	साइडर	3.	अंगूर 8-10%
D.	शेरी	4.	जौं 3-5%

कूट

	A	B	C	D
(a)	3	4	1	2
(b)	4	1	2	3
(c)	4	3	2	1
(d)	2	4	1	3

26. एथेनोइक अम्ल तथा एल्कोहॉल की क्रिया से निर्मित उत्पाद की गन्ध होती है।
(a) तीव्र गन्ध (b) फलों जैसी गन्ध
(c) धीमी गन्ध (d) इनमें से कोई नहीं

27. जल में सबसे कम घुलनशील ऐल्कोहॉल है
(a) 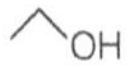 (b) 
(c) 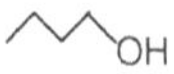 (d) 

28. निम्नलिखित में से किस ऐल्कोहॉल का क्वथनांक उच्चतम् होगा?
(a) 2-ब्यूटेनॉल (b) 1-ब्यूटेनॉल
(c) 2-मेथिल 2-प्रोपेनॉल
(d) उपरोक्त में में से कोई नहीं

29. कमरे के ताप पर ल्यूकास अभिकर्मक के साथ तेजी से अभिक्रिया करने वाला यौगिक है
(a) ब्यूटेन-1-ऑल
(b) ब्यूटेन-2-ऑल
(c) 2-मेथिल-प्रोपेन-1-ऑल
(d) 2-मेथिल-प्रोपेन-2-ऑल

30. टेफ्लॉन गर्म करने पर उत्पन्न करता है
(a) टेट्राफ्लुओरो एथेन
(b) टेट्राफ्लुओरो मेथिलीन
(c) टेट्राफ्लुओरो एथीन
(d) टेट्राफ्लुओरो मेथेन

31. वह यौगिक, जो विक्टर-मेयर परीक्षण में लाल रंग देता है
(a) 2-ब्यूटेनॉल
(b) 1-ब्यूटेनॉल
(c) तृतीयक ब्यूटिल ऐल्कोहॉल
(d) 2-प्रोपेनॉल

32. अर्द्ध-संश्लेषित बहुलक के सामान्य उदाहरण हैं
(a) सेलुलोस एवं स्टार्च
(b) सेलुलोस ऐसीटेट व सेलुलोस नाइट्रेट
(c) ब्यूना-N और ब्यूना-S
(d) सेलुलोस नाइट्रेट तथा ब्यूना-S

33. $(CH_3)_2CHOH$ के लिए असत्य कथन है
(a) यह ऐल्किल मैग्नीशियम हैलाइड के साथ उपचारित कराने पर C_nH_{2n-1} सामान्य सूत्र वाला हाइड्रोकार्बन देता है
(b) यह Al_2O_3 के साथ 350°C पर गर्म करने पर ऐल्कीन देता है
(c) यह तथा इसका ऑक्सीकरण उत्पाद दोनों ही आयोडोफॉर्म परीक्षण देते हैं
(d) यह विक्टर मेयर परीक्षण के अन्तर्गत क्षार के साथ नीला रंग देता है

34. एथेनॉलों को शुष्क करने के लिए अनार्द्र कैल्सियम क्लोराइड का उपयोग नहीं किया जाता है, क्योंकि
(a) अनार्द्र कैल्सियम क्लोराइड निर्जलीकारक नहीं है
(b) अनार्द्र कैल्सियम क्लोराइड प्रस्वेद्य गुणधर्म नहीं दर्शाता है
(c) कैल्सियम क्लोराइड एथेनॉल के साथ कैल्सियम एथॉक्साइड देता है
(d) यह एथेनॉल के साथ $CaCl_2 \cdot 4C_2H_5OH$ का क्रिस्टलीय उत्पाद देता है

35. निम्न में से कौन-सा मानव निर्मित बहुलक का सामान्य उदाहरण है?
(a) नायलॉन-6, 6 व रेयॉन
(b) ब्यूना-S व ब्यूना-N
(c) नायलॉन-6, 6 व ब्यूना-N
(d) रेयॉन व ब्यूना-N

36. ऐलिफैटिक कार्बोक्सिलिक अम्लों के कुछ उच्च सदस्य वसीय (Fatty) अम्ल कहलाते हैं, जो प्राकृतिक वसा में पाए जाते हैं एवं ग्लिसरॉल के एस्टर होते हैं। इनमें उपस्थित कार्बन की संख्या है
(a) $C_{12}—C_{18}$ (b) $C_{10}—C_{15}$
(c) $C_5—C_{10}$ (d) $C_{20}—C_{30}$

37. α-ऐसीटिल सक्सीनिक अम्ल का IUPAC नाम है
(a) 2- (1-ऑक्सोऐथिल) ब्यूटेन-1, 4-डाइऑइक अम्ल
(b) 3- (2-ऑक्सोऐथिल) ब्यूटेन-1, 4-डाइऑइक अम्ल
(c) हेक्सेन-1, 6-डाइऑइक अम्ल
(d) ब्यूटेन-1, 4-डाइकार्बोक्सिलिक अम्ल

38. 2-हाइड्रॉक्सीप्रोपेनोइक अम्ल का सामान्य नाम है
(a) ऐडीपिक अम्ल (b) क्रोटोनिक अम्ल
(c) लैक्टिक अम्ल (d) ऐक्रिलिक अम्ल

39. वाष्प माध्यम में या अप्रोटिक विलायकों में कार्बोक्सिलिक अम्ल का अस्तित्व होता है।
(a) द्विलक (b) त्रिलक
(c) चतुष्क (d) ये सभी

40. कार्बोक्सिलिक अम्लों के भौतिक गुणों के सन्दर्भ में गलत कथन चुनिए।
(a) बड़े कार्बोक्सिलिक अम्ल जल में अविलेय होते हैं
(b) बेन्जोइक अम्ल ठण्डे जल में विलेय हैं
(c) कार्बोक्सिलिक अम्लों का क्वथनांक ऐल्डिहाइड के सापेक्ष अधिक होता है
(d) ऐलिफैटिक कार्बोक्सिलिक अम्लों में चार कार्बन परमाणु तक के यौगिक रंगीन होते हैं

41. प्राकृतिक बहुलक के उदाहरण हैं
(a) प्रोटीन, सेलुलोस, स्टार्च
(b) रेयॉन, सेलुलोस, स्टार्च
(c) रेयॉन, ब्यूना-S, स्टार्च
(d) प्रोटीन, ब्यूना-S, ब्यूना-N

उत्तरमाला

1. (c)	2. (b)	3. (c)	4. (a)	5. (d)	6. (d)	7. (c)	8. (a)	9. (b)	10. (b)
11. (d)	12. (b)	13. (b)	14. (b)	15. (b)	16. (b)	17. (a)	18. (a)	19. (a)	20. (c)
21. (c)	22. (a)	23. (d)	24. (a)	25. (c)	26. (b)	27. (d)	28. (b)	29. (d)	30. (c)
31. (b)	32. (b)	33. (a)	34. (d)	35. (b)	36. (a)	37. (a)	38. (c)	39. (a)	40. (d)
41. (a)									

अध्याय 10

कोयला, पेट्रोलियम एवं पेट्रोरसायन

(Coal, Petroleum and Petrochemicals)

कोयला और पेट्रोलियम की उत्पत्ति

(Origin of Coal and Petroleum)

लगभग 36 से 28 करोड़ वर्ष पूर्व कार्बोनिफेरस काल में वनस्पतियों (पेड़-पौधों) एवं जन्तुओं के मृत शरीर पृथ्वी के भीतर दब गए। धीरे-धीरे उन पर मिट्टी की परतें जमती गई। भू-गर्भ में उच्च ताप एवं दाब पर ऑक्सीजन की अनुपस्थिति में ये मृत शरीर कोयले में बदल गए। हालाँकि यह भी माना जाता है कि ये मूलत: वनस्पतियों से ही बनते हैं। इस मत के पक्ष में तर्क यह है कि कोयले की परतों में बड़ी संख्या में जीवाश्म मिले हैं। इनमें से कुछ जीवाश्म, पत्तियों व पौधों के नाजुक अंगों की छापें हैं।

ऐसा माना जाता है कि पेट्रोलियम की उत्पत्ति समुद्र में रहने वाले जीवों (प्लवक) से हुई है। जब ये जीव मृत हुए तब इनके शरीर समुद्र के पेंदे में जाकर जम गए और फिर रेत तथा मिट्टी की तहों द्वारा ढक गए। लाखों वर्षों तक ऑक्सीजन की अनुपस्थिति में उच्च ताप व दाब पर मृत जीव पेट्रोलियम तथा प्राकृतिक गैस में परिवर्तित हो गए।

कोयले के प्रकार (Types of Coals)

- भू-गर्भ में दबी वनस्पतियों के विघटन (Decomposition) से कोयले का निर्माण हुआ है। ये विघटित वनस्पतियाँ सर्वप्रथम पीट में परिवर्तित होती हैं तथा लगातार उच्च ताप एवं दाब के कारण क्रमश: लिग्नाइट, बिटुमिनस व ऐन्थ्रासाइट कोयले में बदल जाती हैं।
- कोयले में मुख्यत: कार्बन एवं उसके यौगिक होते हैं इसके अलावा कोयले में कार्बन के साथ हाइड्रोजन ऑक्सीजन, नाइट्रोजन, सल्फर आदि भी पाए जाते हैं।
- कार्बन की प्रतिशत मात्रा के आधार पर कोयले को निम्नलिखित वर्गों में बाँटा गया है

1.	**पीट**	यह वनस्पति के कोयले में रूपान्तरण की प्रथम अवस्था है। इसमें लगभग 25-35% कार्बन होता है। इसका उपयोग अधिकतर ईंधन के रूप में किया जाता है।
2.	**लिग्नाइट**	यह कोयला, भूरा कोयला के नाम से भी जाना जाता है। इसमें लगभग 35-45% तक कार्बन होता है। इसका उपयोग विद्युत उत्पादन में किया जाता है।
3.	**बिटुमिनस**	यह प्रकृति में सबसे अधिक मात्रा में पाया जाने वाला तथा सर्वाधिक उपयोग में आने वाला कोयला है। इसमें कार्बन लगभग 45-85% तक होता है। इसका उपयोग मुख्यतः तापीय और सीमेन्ट संयन्त्रों में, पेपर कारखानों में, ऑटोमोबाइल एवं वस्त्र उद्योगों में किया जाता है। इसका उपयोग इस्पात संयन्त्रों में कोक के रूप में भी किया जाता है। इस कोयले में सल्फर की मात्रा अधिक पाई जाती है।
4.	**ऐन्थ्रासाइट**	इसे कठोर कोयला भी कहते हैं, यह एक उत्तम श्रेणी का कोयला है। इसमें कार्बन लगभग 85% से अधिक होता है। अधिक कार्बन प्रतिशत के कारण यह अधिक समय तक जलता है, इससे धुँआ और राख कम उत्पन्न होने के कारण इसका उपयोग घरेलू ईंधन के रूप में किया जाता है।

कोयले के ग्रेड (Grade of Coals)

कोयले के प्रकारों (पीट, लिग्नाइट, बिटुमिनस एवं ऐन्थ्रासाइट) के ऊष्मीय मानों में अन्तर होता है, अत: व्यापारिक उपयोग की दृष्टि से कोयले की ग्रेडिंग की जाती है।

कोयले की ऊष्मीय क्षमता को मापने के लिए ग्रेड (G) का उपयोग किया जाता है। इसका आधार सकल कैलोरी मान (Gross Calorific Value) है। इसकी इकाई किलो कैलोरी प्रति किलोग्राम (kcal/kg) है।

सारणी क्रमांक 1 : कोयले के ग्रेड

ग्रेड	सकल कैलारी मान (GCV) (kcal/kg)	ग्रेड	सकल कैलोरी मान (GCV) (kcal/kg)
G-1	7000 से ऊपर	G-10	4301 से 4600 तक
G-2	6701 से 7000 तक	G-11	4001 से 4300 तक
G-3	6401 से 6700 तक	G-12	3701 से 4000 तक
G-4	6101 से 6400 तक	G-13	3401 से 3700 तक
G-5	5801 से 6100 तक	G-14	3101 से 3400 तक
G-6	5501 से 5800 तक	G-15	2801 से 3100 तक
G-7	5201 से 5500 तक	G-16	2501 से 2800 तक
G-8	4901 से 5200 तक	G-17	2201 से 2500 तक
G-9	4601 से 4900 तक		

छत्तीसगढ़ में कोयला (Coal in Chhattisgarh)

भारत में कोयला के भण्डारण एवं उत्खनन में छत्तीसगढ़ का एक महत्त्वपूर्ण स्थान है। छत्तीसगढ़ के कोरबा, रायगढ़, सरगुजा तथा कोरिया में कोयले की भूमिगत एवं खुली खदानें हैं। कोरबा जिले में रजगामार, बगदेवा, सुराकछार एवं बाँकीमोंगरा की खदानों में G-4 एवं G-5 ग्रेड का कोयला प्राप्त होता है। इसके अलावा गेवरा, दिपका एवं कुसमुंदा की खदानों से G-11 ग्रेड का कोयला प्राप्त होता है। हमारे छत्तीसगढ़ राज्य में एन.टी.पी.सी. (नेशनल थर्मल पावर कार्पोरेशन), सी.एस.ई.बी. (छत्तीसगढ़ स्टेट इलेक्ट्रिसिटी बोर्ड) के तापीय संयन्त्रों में कोयले का उपयोग किया जाता है। इसके अलावा ऐलुमिनियम संयन्त्र बालकों, इस्पात, सयन्त्र भिलाई, तापीय एवं इस्पात संयन्त्र रायगढ़ व रायपुर के सिलतरा में स्थित औद्योगिक संयन्त्रों में कोयले का उपयोग हो रहा है। इस प्रकार विभिन्न उपयोगों के कारण इसे काला हीरा भी कहते हैं।

पेट्रोलियम (Petroleum)

पेट्रोलियम तेलीय, गहरे रंग का तथा विशिष्ट गन्ध युक्त द्रव है। प्राकृतिक रूप से पाए जाने वाले पेट्रोलियम को अपरिष्कृत तेल (Crude oil) कहते है। इसके प्रभाजी आसवन से केरोसिन, पेट्रोल, डीजल आदि प्राप्त होते हैं।

पेट्रोलियम का प्रभाजी आसवन (Steam Distillation of Petroleum)

पेट्रोलियम कई हाइड्रोकार्बनों (मुख्यत: ऐलिफैटिक हाइड्रोकार्बनों) का मिश्रण है, जिनके क्वथनांकों में बहुत कम अन्तर होता है।

दो या दो से अधिक द्रवों के मिश्रण, जिनके क्वथनांकों के मध्य बहुत कम अन्तर होता है उनको पृथक् करने की विधि प्रभाजी आसवन कहलाती है।

पेट्रोलियम से पेट्रोल, डीजल, केरोसिन एवं अन्य घटकों को इसी विधि द्वारा अलग किया जाता है।

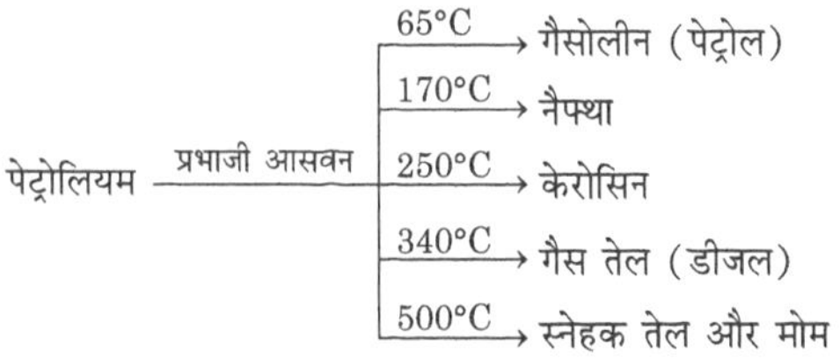

पेट्रोरसायन (Petrochemicals)

पेट्रोलियम से उत्पन्न रसायन पेट्रोरसायन कहलाते है। लगभग 200 वर्ष पूर्व पेट्रोलियम से केरोसिन को पृथक् किया गया, तब से ही इसका उपयोग ईंधन के लिए बहुतायत से होने लगा।

इसी प्रकार उन्नीसवीं शताब्दी के मध्य पेट्रोलियम से प्राप्त जैली का प्रयोग मजदूरों द्वारा जख्मों के उपचार में किया जाता था। इसी आधार पर पेट्रोलियम जैली के उपयोग की शुरूआत सौन्दर्य प्रसाधन सामग्रियों में हुई।

पेट्रोरसायन का उपयोग अपमार्जक, रेशे (नाइलॉन, पॉलिएस्टर आदि), पॉलिथीन आदि के औद्योगिक निर्माण में भी किया जाता है।

प्लास्टिक का पुनः चक्रण (Plastic Recycling)

प्लास्टिक की वस्तुएँ उपयोग करने के पश्चात् इधर-उधर फेंक दी जाती है किन्तु ये मिट्टी में अपघटित नहीं हो पाती हैं। जिसके कारण इनको नष्ट करना अथवा इन्हें पुन: उपयोग में लाने लायक बनाना आवश्यक हो जाता है। अनुपयोगी प्लास्टिक की वस्तुओं को उपयोगी उत्पादों में बदलने की प्रक्रिया को प्लास्टिक का पुन: चक्रण कहते हैं।

ईंधन का दहन (Combustion of Fuel)

ऑक्सीजन की उपस्थिति में किसी वस्तु का जलना दहन कहलाता है। दहन की प्रक्रिया में ऊष्मा निकलती है, अत: यह एक ऊष्माक्षेपी अभिक्रिया है।

(i) कोयले के दहन की प्रक्रिया में मुख्यत: कार्बन डाइऑक्साइड तथा ऊष्मा निकलती है।

$$C + O_2 \longrightarrow CO_2 + \text{ऊष्मा}$$

(ii) यदि कोयले का दहन ऑक्सीजन की आंशिक मात्रा में होता है, तो कार्बन मोनोऑक्साइड प्राप्त होती है।

$$C + \tfrac{1}{2}O_2 \longrightarrow CO$$

इस प्रकार ईंधन के दहन से कार्बन डाइऑक्साइड एवं कार्बन मोनो ऑक्साइड निकलती है, जिनकी अधिक मात्रा पर्यावरण को प्रदूषित करती है।

जीवाश्म ईंधन के बढ़ते उपयोग का पर्यावरण पर प्रभाव (Impact of the Increasing Use of Fossil Fuels on the Environment)

जीवाश्म ईंधन कई वर्षों पूर्व बना प्राकृतिक ईंधन है। यह ईंधन पेट्रोल, डीजल, केरोसिन आदि के रूप में होता है। बढ़ते औद्योगीकरण के कारण जीवाश्म ईंधन का उपयोग लगातार बढ़ता जा रहा है। यदि इसी तरह हम जीवाश्म ईंधन का उपयोग करते रहे, तो पर्यावरण पर इसका दुष्प्रभाव पड़ेगा।

(i) कोयले को जलाने से जो कार्बनडाइऑक्साइड उत्पन्न होती है उसका कुछ भाग तो हरे पेड़-पौधों द्वारा प्रकाश संश्लेषण में उपयोग कर लिया जाता है परन्तु ज्यादातर भाग हरित ग्रह प्रभाव (Green house effect) उत्पन्न करता है, जिससे पृथ्वी का तापमान बढ़ रहा है।

(ii) ईंधन के दहन से उत्पन्न कार्बन मोनोऑक्साइड एक विषैली गैस है जो रक्त में पाए जाने वाले हीमोग्लोबिन में, ऑक्सीजन की अपेक्षा तीव्रता से घुलती है। यदि कार्बन मोनोऑक्साइड की मात्रा रक्त में अधिक होगी, तो व्यक्ति की मृत्यु तक हो सकती है।

(iii) ईंधन में पाए जाने वाले नाइट्रोजन तथा सल्फर दहन के पश्चात् उनके ऑक्साइड में बदल जाते हैं, जिनके वर्षा के जल में घुलने से अम्ल वर्षा होती है। अम्ल वर्षा से पेड़ों, इमारतों और नदियों को नुकसान पहुँचता है।

जीवाश्म ईंधन का संरक्षण

(Conservation of Fossil Fuels)

जीवाश्म ईंधन ऊर्जा का ऐसा स्त्रोत है जिसे बनने में करोड़ों वर्ष लगते हैं। हमें इसके दुरुपयोग को रोकने का प्रयास करना चाहिए। हमारे द्वारा इसके सन्तुलित उपयोग करने पर ही यह भावी पीढ़ी के लिए उपलब्ध हो सकेगा।

(i) जीवाश्म ईंधनों के दुरुपयोग को रोकने के उपायों की जानकारी समाज को देनी चाहिए।

(ii) कोयला खनन हेतु नए वैज्ञानिक तरीकों का उपयोग करना चाहिए जिससे कोयले की सम्पूर्ण मात्रा प्राप्त हो सके तथा अनावश्यक हानि न हो।

(iii) वाहनों में सम्पीडित प्राकृतिक गैस (CNG) के उपयोग को प्राथमिकता देनी चाहिए, क्योंकि इसमें नाइट्रोजन व सल्फर नहीं पाया जाता।

(iv) प्लास्टिक का उपयोग सीमित होना चाहिए।

अभ्यास प्रश्न

1. कोयले के बनने के लिए आवश्यक परिस्थितियाँ है
(a) उच्च ताप (b) उच्च दाब
(c) ऑक्सीजन की अनुपस्थिति
(d) ये सभी

2. कोयले का निर्माण मुख्यत: निम्नलिखित के अवशेषों से होता है
(a) वनस्पतियों (b) जन्तुओं
(c) वनस्पति एवं जन्तुओं दोनों
(d) उपरोक्त में से कोई नहीं

3. कोयले के वर्गीकरण का मुख्य आधार है
(a) कार्बन की प्रतिशत मात्रा
(b) सल्फर की प्रतिशत मात्रा
(c) ऑक्सीजन की प्रतिशत मात्रा
(d) नाइट्रोजन की प्रतिशत मात्रा

4. निम्नलिखित में से वनस्पति के कोयले में रूपान्तरण की प्रथम अवस्था है?
(a) पीट (b) लिग्नाइट
(c) बिटुमिनस (d) ऐन्थ्रासाइट

5. किस प्रकार के कोयले में कार्बन की मात्रा सबसे कम होती है?
(a) पीट (b) लिग्नाइट
(c) बिटुमिनस (d) ऐन्थ्रासाइट

6. प्रकृति में सबसे अधिक मात्रा में पाया जाने वाले कोयले का प्रकार है?
(a) पीट (b) लिग्नाइट
(c) बिटुमिनस (d) ऐन्थ्रासाइट

7. निम्नलिखित में से किस प्रकार के कोयले में सल्फर की मात्रा सबसे अधिक पाई जाती है?
(a) पीट (b) लिग्नाइट
(c) बिटुमिनस (d) ऐन्थ्रासाइट

8. किस प्रकार के कोयले में कार्बन की मात्रा सर्वाधिक होती है
(a) पीट (b) लिग्नाइट
(c) बिटुमिनस (d) ऐन्थ्रासाइट

9. निम्नलिखित में से उत्तम श्रेणी का कोयला है?
(a) पीट (b) लिग्नाइट
(c) बिटुमिनस (d) ऐन्थ्रासाइट

10. निम्नलिखित में से घरेलू ईंधन के रूप में उपयोग किया जाने वाला कोयला है?
(a) पीट (b) लिग्नाइट
(c) बिटुमिनस (d) ऐन्थ्रासाइट

11. कोयले के निर्माण में सबसे अन्त में बनने वाले कोयले का प्रकार है
(a) पीट (b) लिग्नाइट
(c) बिटुमिनस (d) ऐन्थ्रासाइट

12. निम्नलिखित में से छत्तीसगढ़ में पाए जाने वाले कोयले के ग्रेड है
(a) G-4 (b) G-5
(c) G-11 (d) ये सभी

13. निम्नलिखित में से पेट्रोलियम के प्रभाजी आसवन से प्राप्त उत्पाद है
(a) पेट्रोल (b) डीजल
(c) केरोसिन (d) ये सभी

14. पेट्रोलियम से उत्पन्न रसायन कहलाते हैं?
(a) विद्युत रसायन (b) पेट्रोरसायन
(c) कृषि रसायन (d) बहुलक रसायन

15. ऑक्सीजन की उपस्थिति में किसी वस्तु का जलना कहलाता है?
(a) दहन (b) गलन
(c) वाष्पन (d) इनमें से कोई नहीं

16. निम्नलिखित में से ईंधन के दहन की प्रक्रिया है?
(a) उष्माशोषी (b) उष्माक्षेपी
(c) 'a' व 'b' दोनों (d) इनमें से कोई नहीं

17. ईंधन के दहन की प्रक्रिया में प्राप्त उत्पाद कौन-सा है?
(a) कार्बन डाइऑक्सइड
(b) कार्बन मोनोऑक्साइड
(c) 'a' और 'b' दोनों
(d) उपरोक्त में से कोई नहीं

18. जीवाश्म ईंधन के बढ़ते उपयोग के कारण पर्यावरण प्रदूषण
(a) बढ़ेगा (b) घटेगा
(c) समान रहेगा (d) इनमें से कोई नहीं

19. प्रकाश संश्लेषण में उपयोग की जाने वाली गैस है?
(a) कार्बन डाइऑक्साइड
(b) ऑक्सीजन
(c) कार्बन मोनोऑक्साइड
(d) नाइट्रोजन

20. जीवाश्म ईंधन बनने के लिए आवश्यक स्थितियाँ हैं
(a) उच्च ताप (b) उच्च दाब
(c) ऑक्सीजन की अनुपस्थिति
(d) ये सभी

21. निम्नलिखित में से कोयले को जलाने से उत्पन्न गैस है?
(a) कार्बन डाईऑक्साइड
(b) ऑक्सीजन
(c) नाइट्रोजन
(d) उपरोक्त सभी

उत्तरमाला

1. (d)	2. (a)	3. (a)	4. (a)	5. (a)	6. (c)	7. (c)	8. (d)	9. (d)	10. (d)
11. (d)	12. (d)	13. (d)	14. (b)	15. (a)	16. (b)	17. (c)	18. (a)	19. (a)	20. (d)
21. (a)									

अध्याय
11

तत्त्वों का वर्गीकरण तथा गुणों में आवर्तिता

(Classification of Elements and Periodicity in Properties)

वर्गीकरण का महत्त्व

(Significance of Classification)

ज्ञात तत्वों की बढ़ती हुई संख्या के साथ यह आवश्यक हुआ कि तत्वों का वर्गीकरण किया जाय जिससे कि तत्वों के गुणों का क्रमबद्ध ज्ञान व्यवस्थित हो सके। यह प्रयत्न किया गया कि सभी ज्ञात तत्वों को इस प्रकार समूहों में वर्गीकृत किया जाए कि किसी एक समूह में सम्मिलित सभी तत्वों के गुण समान प्रकार के हों। इस प्रकार किसी एक समूह के किसी भी तत्व के गुणों के अध्ययन से उस समूह के अन्य सभी तत्वों के अधिकांश गुणों का ज्ञान हो सकता है। प्राउट, डोबेराइनर, ड्यूमा, न्यूलैण्ड, लोथर मेयर, मेण्डलीफ आदि वैज्ञानिकों ने इस दिशा में अनेकों प्रयास किए।

आवर्त सारणी के विकास का संक्षिप्त इतिहास (Short Discription of Development for Periodic Table)

(i) **प्राउट परिकल्पना** (Prout's Hypothesis) यह परिकल्पना सन् 1815 में दी गई इसके अनुसार सभी तत्व हाइड्रोजन परमाणुओं से मिलकर बने हैं। परन्तु व्यवहारिक रूप से यह कथन ठीक नहीं था।

(ii) **डोबेराइनर का त्रिक** (Dobereiner's Triads) डोबेराइनर वैज्ञानिक ने (1815-1829) में कुछ तत्वों के तीन-तीन के जोड़े बनाये। त्रिक में उपस्थित तत्व समान गुणधर्म रखते थे तथा बीच वाले तत्व का परमाणु भार सिरे पर उपस्थित तत्वों के परमाणु भार का गणितिय मध्यमान (औसत) था।

तत्व	Li	Na	K
परमाणु भार	7	23	39

औसत परमाणु भार $= \frac{7+39}{2} = \frac{46}{2} = 23$

परन्तु कुछ त्रिक इस प्रकार के भी थे जिनमें इस नियम का पालन नहीं होता है जैसे—Fe-Co-Ni, Os-Ir-Pt आदि। अत: नियम को सही नहीं मान कर इसे अस्वीकार कर दिया गया।

(iii) **न्यूलैण्ड का अष्टक नियम** (Newland's Law of Octaves) सन् 1864 ई में न्यूलैण्ड वैज्ञानिक ने आठ तत्वों के जोड़े बनाये तथा यह बताया कि जिस प्रकार संगीत में हर आठवाँ स्वर प्रथम स्वर की ही आवृर्तित रखता है उसी प्रकार तत्वों को परमाणु भार की वृद्धि क्रम से रखने पर आठवाँ तत्व भी प्रथम समूह के तत्व के समान ही गुणधर्म प्रदर्शित करेगा

सा	रे	गा	मा	पा	धा	नी
H	Li	Be	B	C	N	O
F	Na	Mg	Al	Si	P	S
Cl	K					

(iv) **लोथर मेयर का वक्र** (Lothar Meyer's Graph) लोथर मेयर ने 1869 में परमाणु व तत्वों के गुणों में सम्बन्ध स्थापित किया इसके अनुसार "तत्वों के भौतिक व रसायनिक गुण उनके परमाणु आयतन के अनुसार बदलते हैं।"

परमाणु आयतन ज्ञात करने के लिये निम्न सूत्र दिया

$$\text{परमाणु आयतन} = \frac{\text{परमाणु भार}}{\text{घनत्व}}$$

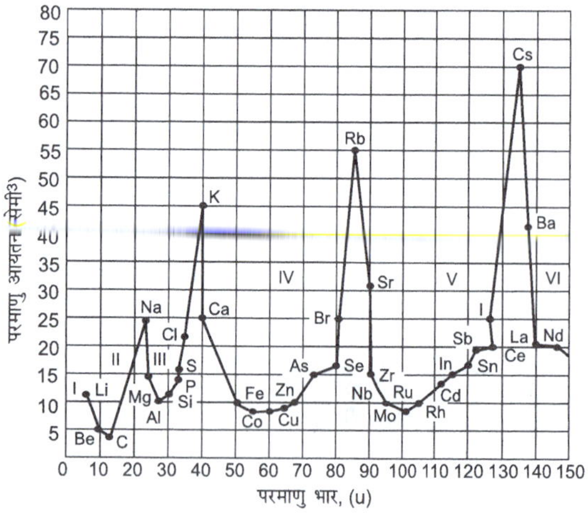

लोथर मेयर वक्र

मेण्डलीफ का आवर्त नियम (Mendeleef's Periodic Law)

मेण्डलीफ ने तत्वों के भौतिक व रासायनिक गुणों का सम्बन्ध परमाणु भार से स्थापित किया तथा एक आवर्त नियम दिया। जिसके अनुसार "तत्वों के भौतिक व रासायनिक गुण उनके परमाणु भारों के आवर्ती फलन होते हैं।" दूसरे शब्दों में यदि तत्वों को उनके परमाणु भारों के बढ़ते क्रम से रखा जाये तो निश्चित अन्तराल पर समान गुणधर्म वाले तत्व उपस्थित होते हैं।

वास्तव में मेण्डलीफ ने न्यूलैण्ड के अष्टक नियम का विस्तार ही किया तथा तत्वों का वर्गीकृत करने का आधार प्रस्तुत किया जिससे तत्व एक सारिणी के रूप में रखे गये "जिसे तत्वों की आवर्त सारणी" कहते हैं। मेण्डलीफ ने तत्वों को **क्षैतिज श्रेणियों** (Horizontal series) तथा **उर्ध्वाधर खानों** (Vertical column) में वर्गीकृत किया।

मेण्डलीफ की मूल सारणी में 8 उर्ध्वाधर खाने (Vertical columns) तथा 12 क्षैतिज पंक्तियाँ (Horizontal rows) थी, जिन्हें क्रमश: समूह (Groups) तथा श्रेणी (Series) अथवा आवर्त (Periods) कहा गया।

आधुनिक आवर्त नियम (Modern Periodic Law)

यह मोजले के आवर्त नियम पर आधारित है जिसके अनुसार, 'तत्वो के भौतिक एवं रासायनिक गुण उनके परमाणु क्रमांको के आवर्ती फलन होते है।'

आवर्त सारणी का वर्तमान स्वरूप

(Present form of Periodic Table)

1913 में रदरफोर्ड की टीम में कार्य करते हुए मोजले ने विभिन्न धातुओं को विरोधी कैथोड (Anti-cathode) की तरह प्रयुक्त करके उत्सर्जित विशिष्ट X-किरणों की तरंगदैर्ध्य का अध्ययन किया और X-किरणों के स्पेक्ट्रम की एक रेखा की आवृत्ति (v) के वर्गमूल और लक्ष्य तत्व की परमाणु संख्या (Z) में निम्न सम्बन्ध दर्शाया।

$$\sqrt{v} = a\,(Z - b)$$

जहाँ, a = अनुपातिक नियतांक

b = विशेष नियतांक जो सभी एक्स-किरणें के स्पेक्ट्रम के लिये समान होता है।

अतः इन वैज्ञानिकों द्वारा यह निश्चित किया गया कि परमाणु क्रमांक किसी तत्व का मूल गुण है ना कि परमाणु भार क्योंकि एक ही तत्व के भिन्न-भिन्न परमाणु भार हो सकते हैं।

इसके आधार पर मोजले ने निम्नलिखित नियम दिया। "तत्वों के भौतिक व रासायनिक गुण उनके परमाणु क्रमांक के आवर्ती फलन होते हैं।"

मोजले नियम को ही आधुनिक आवर्त नियम कहते हैं। तथा इसके आधार पर **संशोधित** अथवा **आधुनिक आवर्त सारणी** का निर्माण हुआ।

आधुनिक आवर्त सारणी की विशेषताएँ

(Characteristics of Modern Periodic Table)

(i) इस सारणी में 9 ऊर्ध्वाधर खाने होते हैं जिन्हे समूह (Group) कहते हैं तथा 7 क्षैतिज खाने जिन्हें आवर्त (Period) कहते हैं।

(ii) 9वें समूह को शून्य समूह भी कहते हैं।

(iii) प्रथम समूह से लेकर सातवें समूह के तत्वों की उपसमूह A तथा उपसमूह B में रखा गया है।

(iv) प्रथम उपसमूह A (Li, Na, K, Cs, Fr) को क्षारीय तत्व तथा II A तत्वों (Be, Mg, Ca, Sr, Ba) को क्षारीय मृदा तत्व कहा जाता है।

(v) VII A समूह के तत्वों को हैलोजन गैस तथा 9वें समूह के तत्वों को उत्कृष्ट गैस (Noble gas) या दुर्लभ गैस (Rare gases) कहते हैं।

(vi) VIII समूह में तीन एक जैसे तत्वों को एक स्थान पर रखा गया है इन्हें **संक्रमण त्रिक** कहते हैं। जैसे Fe, Co और Ni; Ru, Rh और Pd; Os, Ir और Pt आदि।

(vii) इस सारणी में हाइड्रोजन से लेकर यूरेनियम तक तत्वों को 7 क्षैतिज श्रेणियों (Periods) में रखा गया है। जिन्हें निम्न प्रकार वर्गीकृत किया गया है।

(viii) छठे आवर्त में परमाणु क्रमांक ($Z = 58$ से $Z = 71$) को **लैन्थेनॉइड** कहा जाता है जिन्हें एक ही स्थान तृतीय B में रखा गया है। इसी प्रकार सातवें आवर्त में परमाणु क्रमांक ($Z = 89$ से $Z = 103$) को भी एक ही स्थान पर रखा गया है जिन्हें **ऐक्टीनॉइड** कहते हैं।

दीर्घ आवर्त सारणी

(Long form of Periodic Table)

आधुनिक आवर्त सारणी को भी संशोधित किया गया है जिसे **आवर्त सारणी का दीर्घ रूप** कहते हैं। इस कार्य को किसी एक वैज्ञानिक ने नही किया बल्कि इसे राँग, बार्नर, बोहर-बरी आदि वैज्ञानिकों ने संयुक्त रूप से किया।

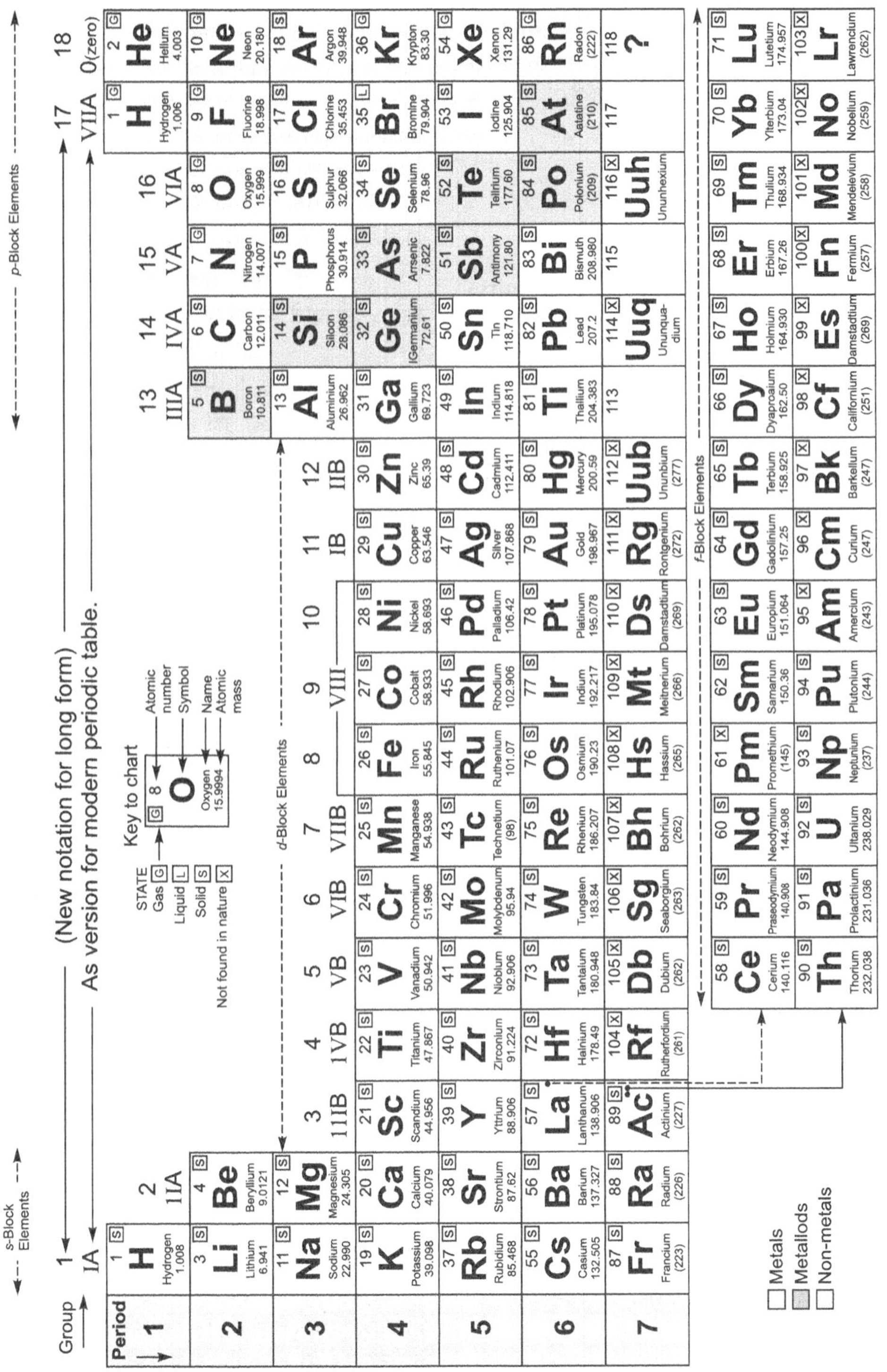

दीर्घ आवर्त सारणी तत्वों के इलेक्ट्रॉनिक विन्यास पर आधारित है अत: यह ऑफबाऊ नियम का ग्राफीय निरूपण है। यह सारणी बोहर वैज्ञानिक के इलेक्ट्रॉनिक विन्यास के आधार पर होने के कारण **बोहर आवर्त सारणी** भी कहलाती है।

इस सारणी में तत्वों को परमाणु क्रमांक वृद्धि क्रम से रखा गया है। इस सारणी में समस्थानिकों को एक ही स्थान पर रखने के कारण मेण्डलीफ की सारणी की कमी को दूर कर दिया गया है। इस सारणी में 7 आवर्त तथा 18 समूह हैं। तथा उपसमूहों A व B का विचार अस्वीकार कर दिया गया है। आठवें समूह के संक्रमण तत्वों को तीन पृथक् समूहों (8, 9, 10) में रखा गया है तथा शून्य समूह को 18वें समूह के रूप में लिखा गया है।

इस सारणी में किसी भी आवर्त में ns^1 से शुरू होकर ns^2np^6 पर इलेक्ट्रॉनिक विन्यास के आधार पर तत्वों को प्रवेश दिया जाता है। इलेक्ट्रॉनिक विन्यास के आधार पर तत्वों को चार समूहों में निम्न प्रकार बाँटा गया है

(i) शून्य समूह के तत्व या अक्रियशील गैसें
(ii) निरूपक
(iii) संक्रमण तत्व
(iv) आन्तरिक संक्रमण तत्व

तत्वों का वर्गीकरण (Classification of Elements)

इस सारणी में इलेक्ट्रॉनिक विन्यास के आधार पर तत्वों को *s*, *p*, *d*, *f* में वर्गीकृत किया गया है। इस आधार पर तत्वों की निम्न विशेषताएँ होती हैं

s–ब्लॉक के तत्व (*s*-Block Elements)

s–ब्लॉक के तत्वों को आवर्त सारणी के सबसे बायीं तरफ लिखा गया है। ये सभी अति क्रियाशील धातु तत्व कहलाते हैं।
इनका इलेक्ट्रॉनिक विन्यास निम्न प्रकार प्रदर्शित किया जाता है।
अक्रिय गैस] ns^x $(x = 1, 2)$
यदि $x = 1$, इन्हें क्षारीय तत्व कहा जाता है।,
$x = 2$, इन्हें क्षारीय मृदा तत्व कहा जाता है।
क्षारीय तत्वों की संयोजकता एक तथा मृदा क्षारीय तत्वों की संयोजकता दो होती है।

p–ब्लॉक के तत्व (*p*-Block Elements)

p-ब्लॉक के तत्व आवर्त सारणी के दायीं ओर लिखे गये हैं।
साधारणतया *p*-ब्लॉक के तत्वों में धातु, उपधातु तथा अधातु तत्वों को रखा गया है। धातु तत्व ठोस होते हैं (मरकरी को छोड़कर) तथा अधातु तत्व ठोस, द्रव, गैस हो सकते हैं।

साधारणतया *p*-ब्लॉक के तत्वों का इलेक्ट्रॉनिक विन्यास $ns^2\ np^x$ द्वारा लिखा जा सकता हैं जहाँ, $x = [1 \text{ से } 6]$ इस ब्लॉक को तत्वों को पुरानी आवर्त सारणी में III A, IV A, V A द्वारा लिखा जाता है तथा आधुनिक दीर्घ आवर्त सारणी में [13, 14, 15] द्वारा लिखा गया है।

p-ब्लॉक के तत्वों में Si तत्व उपधातु है जो त्रिविमीय संरचना रखता है। इसमें बहुपरमाण्विक तत्व होते हैं यथा (P_4, S_8, Cl_2) आदि इनके गलनांक व क्वथनांक कम होते हैं।
इन सभी तत्वों में सहसंयोजकता पायी जाती है।

d–ब्लॉक के तत्व (*d*-Block Elements)

- दीर्घ आवर्त सारणी में *d*-ब्लॉक के तत्वों को *s*-ब्लॉक व *p*-ब्लॉक के तत्वों के बीच में रखा गया है। ये सभी तत्व अपूर्ण *d*–उपकक्षा रखते हैं। इन सभी तत्वों को संक्रमण तत्व भी कहा जाता है क्योंकि ये परिवर्तनशील संयोजकता प्रदर्शित करते हैं।
- यद्यपि ल्यूटेशियम $(Z = 71)$ तथा लोरेन्सियम $(Z = 103)$ को भी *d*-ब्लॉक के तत्वों में रखा गया है परन्तु इन तत्वों की 4*f* व 5*f* उपकक्षा भरी होने के कारण इन्हें संक्रमण तत्वों व आन्तरिक संक्रमण सेतू तत्व के रूप में रखा जा सकता है।
- संक्रमण तत्वों को विभिन्न तीन श्रेणियों में बाँटा गया है। इसमें कुल 30 तत्वों को रखा गया है।

3*d* प्रथम श्रेणी $_{21}Se$ से $_{30}Zn$
4*d* द्वितीय श्रेणी $_{39}Y$ से $_{48}Cd$
5*d* तृतीय श्रेणी $_{57}La$, $_{72}Hg$ से $_{80}Hg$

जबकि 6*d* श्रेणी अभी अपूर्ण है। $_{21}Sc$ स्केण्डियम सबसे हल्का संक्रमण तत्व है। सभी संक्रमण तत्व ठोस धातु तत्व हैं जिनके गुणों में काफी समानता पायी जाती है। इन सभी तत्वों के गलनांक तथा क्वथनांक उच्च होते हैं।

इन संक्रमण तत्वों का इलेक्ट्रॉनिक विन्यास निम्न प्रकार लिखा जा सकता है

$$(n-1)\, s^2 p^6 d^x ns^{1 \text{ या } 2}$$

जहाँ, *x* इलेक्ट्रॉनों की संख्या 1 से 10 तक हो सकती है।

या $$(n-1)\, d^x\, ns^y$$

जहाँ, *x* = सबसे बाहरी से अन्दर वाली कक्षा में इलेक्ट्रॉनों की संख्या 1 से 10 तक होगी (4, 9 संख्या नहीं होगी)
y = सबसे बाहर कक्षा में इलेक्ट्रॉनों की संख्या
= 2 सभी तत्वों में केवल VI B व I B को छोड़कर $(x = y)$
आई.यू.पी.ए.सी. के नये नियमों के अनुसार समूह $= (x + y)$

f–ब्लॉक के तत्व (*f*-Block Elements)

f–ब्लॉक के तत्वों को आन्तरिक संक्रमण तत्व भी कहा जाता है। इनकी दो श्रेणियाँ 4*f* व 5*f* होती हैं। 4*f* श्रेणी सीरियम $(Z = 58)$ से शुरू होकर लूटेशियम $(Z = 71)$ पर खत्म होती है तथा 5*f* श्रेणी थोरियम $(Z = 90)$ से शुरू होकर लोरेंसियम $(Z = 103)$ पर समाप्त होती है। 4*f*-श्रेणी के तत्वों को **लैन्थेनॉइड** या **दुर्लभ तत्व** भी कहा जाता है क्योंकि इनकी शुरूआत लैन्थेनम $(Z = 57)$ से शुरू होती है।

5*f* श्रेणी के तत्वों को ऐक्टीनॉइड कहा जाता है क्योंकि इस श्रेणी की शुरूआत ऐक्टीनियम $(Z = 89)$ से होती है।

इन सभी तत्वों का इलेक्ट्रॉनिक विन्यास निम्न प्रकार लिखा जाता है

$$(n-2)f^{1-14}\,(n-1)s^2p^6d^{0-1}ns^2$$

या 4*f* श्रेणी $4f^{1-14}\ 5s^2p^6d^{(0-1)6s^2}$

5*f* श्रेणी $5f^{1-14}6s^2p^6d^{0-1}7s^2$

इन सभी तत्वों के इलेक्ट्रॉनिक विन्यास में काफी समानता होने के कारण भौतिक व रासायनिक गुणों में समानता पायी जाती है इन तत्वों की बाहरी दो कक्षाओं का इलेक्ट्रॉनिक विन्यास समान तथा परमाणु आकार भी समान पाया जाता है। लैन्थेनॉइड व ऐक्टीनॉइड तत्वों को दीर्घ आवर्त सारणी में नीचे स्थान दिया गया है। वास्तव में यह सारणी का III B के साथ जोड़ने पर सबसे बड़ा समूह माना गया है।

परमाणु क्रमांक $_{92}U$ (यूरेनियम) के बाद के सभी तत्व मनुष्यों द्वारा कृत्रिम रूप से बनाये गये हैं। इन्हे **ट्रान्स-यूरेनियम तत्व** कहा जाता है।

अभी तक परमाणु क्रमांक 118 तक तत्वों की खोज कर ली गई है। 4*f* श्रेणी के लैन्थेनॉइड की अपेक्षा 5*f* श्रेणी ऐक्टीनॉइडस में इलेक्ट्रॉन पृथक् करने की प्रवृति अधिक पायी जाती है।

लैन्थेनॉइड परमाणु आकार में बाईं से दाईं तरफ को कमी दर्शाते हैं इसे **लैन्थेनॉइड खिंचाव** अथवा **संकुचन** कहा जाता है। इसे परमाणुओं के परिरक्षण प्रभाव द्वारा समझाया जाता है।

परमाणु क्रमांक > 100 वाले तत्वों का नामकरण
(Nomenclature of the Elements having Atomic Number >100)

अकार्बनिक रसायन में नामकरण पर बना आयोग (CNIC) इस प्रकार के तत्वों का नामकरण लैटिन शब्दों के द्वारा किया जाता है

संख्या	0	1	2	3	4	5	6	7	8	9
नाम	nil	un	bi	Tri	quad	pent	hex	sept	oct	enn
संकेत	n	u	b	t	q	p	h	s	o	e

यथा, यदि हमें 109 क्रमांक वाले तत्व का नामकरण करना हैं तो इसका नाम होगा un-nil-ennium और संकेत une (u = 1, n = 0, e = 9) होगा।

तत्वों के गुणधर्मों में आवर्ती प्रवृति
(Periodicity in Properties of Elements)

किसी समूह व आवर्त में उपस्थित तत्वों के गुणों में क्रमिक परिवर्तन होता है इस घटना को आवर्त्तिता कहते हैं।

इस घटना को इलेक्ट्रॉनिक विन्यास के आधार पर समझाया जाता है। क्योंकि समान इलेक्ट्रॉनिक विन्यास वाले तत्व समान भौतिक व रासायनिक गुण प्रदर्शित करते हैं। तत्वों के गुणों का अध्ययन करने से पूर्व हमें परिक्षण प्रभाव या रक्षण प्रभाव को समझना आवश्यक है क्योंकि इस प्रभाव द्वारा गुणों पर अधिक प्रभाव पड़ता है।

रक्षण अथवा परिरक्षण प्रभाव
(Screening or Shielding Effect)

किसी तत्व की आन्तरिक कक्षाओं में उपस्थित इलेक्ट्रॉन नाभिक द्वारा आकर्षित होते हैं तथा नाभिक का आकर्षण बाह्यतम इलेक्ट्रॉनों को अधिकतम प्रभावित करते हैं। इसका कारण यह होता है कि संयोजकता इलेक्ट्रॉनों पर नाभिक के आकर्षण का प्रभाव कम हो जाता है। इस प्रभाव में नाभिक व बाह्यतम इलेक्ट्रॉनों में एक पर्दा प्रभाव आ जाता है इसे ही रक्षण या परिरक्षण प्रभाव कहते हैं।

इस प्रभाव को निम्न सूत्र द्वारा प्रदर्शित किया जाता है

$$Z' = Z - \sigma$$

जहाँ, Z' = प्रभावी नाभिकीय आवेश, Z = परमाणु क्रमांक

σ = परिक्षण नियतांक या स्लेटर नियतांक

वास्तव में प्रभावी नाभिकीय आवेश (Z') आन्तरिक इलेक्ट्रॉनों की संख्या पर निर्भर करता है जितने अधिक आन्तरिक इलेक्ट्रॉन होंगे उतना ही अधिक रक्षण प्रभाव होगा।

परमाणु तथा आयनिक त्रिज्या
(Atomic and Ionic Radius)

परमाणु त्रिज्या किसी बाह्यतम इलेक्ट्रॉन की नाभिक से दूरी को कहते हैं। वास्तव में यह दूरी काल्पनिक ही होगी क्योंकि इलेक्ट्रॉन घूमता हुआ अपना स्थान बदल देता है। प्रयोगिक आधार पर परमाणु त्रिज्या को निम्न तीन प्रकार से व्यक्त किया जाता है

सहसंयोजक त्रिज्या Covalent Radius

यदि दो समान परमाणु किसी एकल सहसंयोजक बन्ध द्वारा जुड़े हैं तो उनके नाभिकों के बीच की आधी दूरी को सहसंयोजक त्रिज्या कहते हैं।

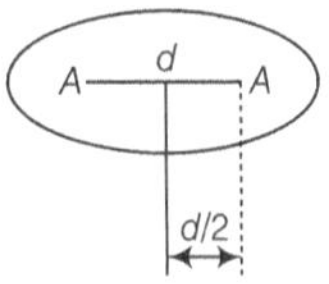

किसी द्विपरमाणुक अणु के लिए त्रिज्या/दूरी

$(A-A) = A$ की त्रिज्या $+ A$ की त्रिज्या या $d = 2rA,\ rA = \frac{d}{2}$

तथा दो असमान द्विपरमाणुक अणु के लिये दूरी $(A-B) = A$ की त्रिज्या $+ B$ की त्रिज्या परन्तु यह सम्बन्ध तभी सही माना जाता है यदि बन्ध पूर्णतया सहसंयोजक हो।

वाण्डरवाल्स त्रिज्या (van der Waals' Radius)

इसे निम्न प्रकार व्यक्त किया जाता है "दो अन्तर नाभिकीय नाभिकों के बीच की दूरी का वाण्डरवाल्स त्रिज्या कहते हैं।"

सहसंयोजक त्रिज्या हमेशा वाण्डरवाल्स त्रिज्या से कम होती है।

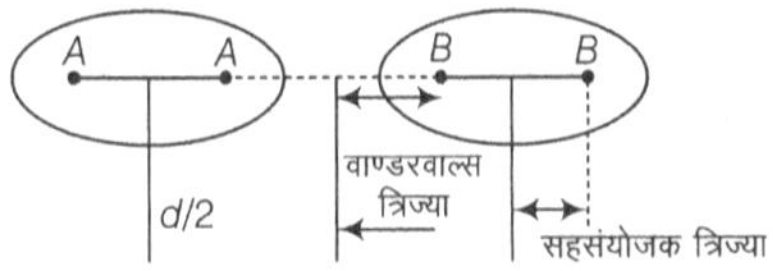

यह घटना किसी ठोस अणु में समान परमाणुओं के जुड़ने पर ज्ञात की जाती है।

परमाणु त्रिज्या को प्रभावित करने वाले कारक
(Factors Affecting Atomic Radius)

(i) किसी परमाणु में इलेक्ट्रॉन कक्षाओं के बढ़ने पर परमाणु त्रिज्या भी बढ़ती है।

(ii) परमाणु त्रिज्या, नाभिकीय आवेश के व्युत्क्रमानुपाती होता है

$$\text{परमाणु त्रिज्या} \propto \frac{1}{\text{नाभिकीय आवेश}}$$

(iii) परमाणु त्रिज्या रक्षण प्रभाव के अनुसार बदलती है रक्षण प्रभाव ज्यादा होगा तो परमाणु त्रिज्या भी ज्यादा होती है

(iv) विद्युत संयोजक यौगिकों में परमाणु त्रिज्या कम होती है।

(v) जैसे बन्ध कोटि बढ़ती है परमाणु त्रिज्या कम होती है।

आयनिक त्रिज्या (Ionic Radius)

किसी आयन के नाभिक के केन्द्र व बाह्यतम कक्षा में उपस्थित इलेक्ट्रॉन के बीच की दूरी को आयनिक त्रिज्या कहते हैं। किसी आयनिक यौगिक में आयनिक त्रिज्या को X-किरण विवर्तन विधि द्वारा ज्ञात करते हैं। यह दो नाभिकों के बीच की दूरी के बराबर होता है।

धनायन की त्रिज्या (Radius of Cation)

धनायन की त्रिज्या सदैव इसके उदासीन परमाणु से छोटी होती है क्योंकि शेष इलेक्ट्रॉनों पर प्रभावी नाभिकीय आवेश का मान अधिक हो जाता है। यदि विभिन्न धनायनों में इलेक्ट्रॉनों की संख्या समान हो (समइलेक्ट्रॉनिक), तो अधिक प्रोटॉनों की संख्या वाला धनायन, आकार में छोटा होता है।

	Na^{+} >	Mg^{2+} >	Al^{3+}
इलेक्ट्रॉनों की संख्या	10	10	10
प्रोटॉनों की संख्या	11	12	13

किसी दिए गए परमाणु पर जितना अधिक धनावेश आता है, उसकी आयनिक त्रिज्या उतनी ही कम होती है।

$$Fe^{+} > Fe^{2+} > Fe^{3+} \text{ तथा, } Sn > Sn^{2+} > Sn^{4+}$$

ऋणायन की त्रिज्या (Radius of Anion)

किसी भी ऋणायन की त्रिज्या, इसके उदासीन परमाणु से अधिक होती है क्योंकि अधिक इलेक्ट्रॉनों के कारण प्रभावी नाभिकीय आवेश का मान घट जाता है। समइलेक्ट्रॉनिक ऋणायनों के लिए, अधिक प्रोटॉनों की संख्या वाला ऋणायन, आकार में बढ़ा होता है।

	N_3^{-} >	O^{2-} >	F^{-}
इलेक्ट्रॉनों की संख्या	10	10	10
प्रोटोनों की संख्या	7	8	9

किसी दिए गए परमाणु पर जितना अधिक ऋणावेश आता है उसकी आयनिक त्रिज्या उतनी ही बढ़ जाती है।

उदाहरण—$O^{2-} > O^{-} > O$

आयनिक त्रिज्या में परिवर्तन
(Trends in Ionic Radius)

किसी समूह में परमाणु क्रमांक की वृद्धि क्रम के साथ परमाणु त्रिज्या बढ़ती है। किसी आवर्त में परमाणु क्रमांक की वृद्धि क्रम के साथ परमाणु त्रिज्या कम होती है।

उपरोक्त तथ्यों को ध्यान में रखते हुये धनायनों व ऋणायनों की त्रिज्या ज्ञात करने के लिये निम्न सूत्र लिखा जा सकता है

$$\frac{Z}{e} \propto \frac{1}{r}$$

जहाँ Z = परमाणु क्रमांक, e = परमाणु में इलेक्ट्रॉनों की संख्या

r = आयनिक त्रिज्या

इस सूत्र का धनायनों तथा ऋणायनों के लिये अलग-अलग प्रयोग किया जाता है।

आयनन ऊर्जा (Ionisation Energy)

"किसी तत्व के उदासीन गैसीय परमाणु की तलस्थ अवस्था में उसकी बाह्यतम कक्षा से इलेक्ट्रॉन निकालने के लिए आवश्यक ऊर्जा की मात्रा को उस तत्व की आयनन ऊर्जा" कहते हैं।

यदि यह परिभाषा किये गए कार्य के अनुसार व्यक्त करें तो इसे आयनीकरण विभव भी कहते हैं। इसकी विमा किलोजूल/मोल होती है। इसे I शब्द से व्यक्त करते है किसी तत्व की विभिन्न आयनिक ऊर्जाएँ होती है। जिन्हें हम I_1, I_2 I_3 द्वारा व्यक्त करते हैं। इनका अर्थ है

I_1 = प्रथम आयनन ऊर्जा,

I_2 = द्वितीय आयनन ऊर्जा ... आदि

I_2 का मान सदैव I_1 से अधिक होता है। इसका कारण यह है कि किसी परमाणु की बाहरी कक्षा से एक इलेक्ट्रॉन मुक्त करने में जो ऊर्जा खर्च होती है उसके बाद दूसरे इलेक्ट्रॉन को निकालने में उससे ज्यादा ऊर्जा खर्च होगी। इसी प्रकार, तृतीय आयनन ऊर्जा, द्वितीय आयनन ऊर्जा से अधिक होगी आदि।

क्योंकि किसी परमाणु में से इलेक्ट्रॉन पृथक् कर देने पर प्राप्त धनायन की त्रिज्या कम होती है जिसके कारण प्रभावी नाभिकीय आवेश बढ़ जाता है।

आयनन ऊर्जा को प्रभावित करने वाले कारक
(Factors Affecting the Ionisation Energy)

(i) आयनन ऊर्जा किसी परमाणु की त्रिज्या पर निर्भर करती है।

$$I_E = \frac{1}{\text{परमाणु/आयन की त्रिज्या}}$$

अर्थात आयनिक त्रिज्या/आकार जितना कम होगा उतनी ही अधिक आयनन ऊर्जा होगी।

(ii) यदि परमाणु या आयन अक्रियाशील गैस विन्यास रखते हैं तो उनकी आयनन ऊर्जा अधिक होगी। आंशिक अर्द्ध भरी उपकक्षाओं से इलेक्ट्रॉन को मुक्त करना आसान होता है। क्योंकि उनका $Z_{\text{प्रभाव}}$ कम होता है। परन्तु पूर्ण भरी उपकक्षाओं से इलेक्ट्रॉन पृथक् करना कठिन होता है वहाँ $Z_{\text{प्रभाव}}$ अधिक होता है।

(iii) उपकक्षाओं से इलेक्ट्रॉनों को पृथक् करने के लिये ऊर्जा का क्रम निम्न प्रकार होगा $s > p > d > f$

इसका कारण है कि s उपकक्षा नाभिक से अधिकतम करीब होती है।

अतः s-कक्षा से इलेक्ट्रॉन पृथक् करना कठिन होता है तथा f-उपकक्षा अधिक दूर होने के कारण आसानी से इलेक्ट्रॉन पृथक् कर देती है।

इलेक्ट्रॉन लब्धि एन्थैल्पी (Electron Gain Enthalpy)

जब कोई विलगित गैसीय परमाणु अतिरिक्त इलेक्ट्रॉन ग्रहण करता है तो इस क्रिया में जो ऊर्जा मुक्त होती है उसे इलेक्ट्रॉन बन्धुता कहते हैं।

इलेक्ट्रॉन बन्धुता (A_e) तथा इलेक्ट्रॉन प्राप्त एन्थैल्पी ($\Delta_{eg}H$) समान मान रखते हैं परन्तु उनका चिन्ह विपरीत होता है।

इलेक्ट्रॉन बन्धुता तथा इलेक्ट्रॉन प्राप्त एन्थैल्पी की इकाई इलेक्ट्रॉन वोल्ट/परमाणु अथवा किलोजूल/ग्राम परमाणु होती है। इन दोनों का मान समान परन्तु चिन्ह विपरीत होता है निश्चय ही इलेक्ट्रॉन बन्धुता परम शून्य पर परिभाषित की जाती है जबकि इलेक्ट्रॉन ग्रहण एन्थैल्पी 298 केल्विन पर।

किसी ताप पर इन्हें निम्न सूत्र द्वारा निरूपित किया जाता हैं

$$\Delta_{eg}H = -A_e - \frac{5}{2}RT$$

इसके लिये $Cl_2(g) + e^- \longrightarrow Cl^-(g) + E_A$

हमेशा इलेक्ट्रॉन बन्धुता धनात्मक परन्तु $\Delta_{eg}H$ ऋणात्मक होती है इलेक्ट्रॉन बन्धुता किसी परमाणु के नाभिक की इलेक्ट्रॉन को बाँधने की क्षमता पर निर्भर करती है। यदि A_e का मान अधिक हो तो इलेक्ट्रॉन की बन्धन ऊर्जा का मान भी अधिक होगा। द्वितीय $\Delta_{eg}H$ तथा इनके आगे का मान सदैव धनात्मक होगा क्योंकि उस समय तन्त्र को ऊर्जा देनी पड़ती है। उदाहरण—ऑक्सीजन की इलेक्ट्रॉन बन्धुता धनात्मक होती है। इसका अर्थ है यह क्रिया ऊष्माक्षेपी है।

$$O(g) + e^- \longrightarrow O^-(g), \Delta H = -141 \text{ किलोजूल/मोल}$$

इसकी दूसरी अवस्था में O^- आयन की इलेक्ट्रॉन बन्धुता अधिक ऋणात्मक है इस का अर्थ है यह क्रिया ऊष्माशोषी है

$$O^-(g) + 1e^- \longrightarrow O^{-2}(g); \Delta H = 780 \text{ किलोजूल/मोल}$$

यद्यपि O^{2-} आयन स्थाई अक्रिय गैस विन्यास रखता है तो भी यह ऊष्माशोषी है। गैसीय अवस्था में यह प्रक्रम प्रतिकूल है क्योंकि इलेक्ट्रॉन-इलेक्ट्रॉन प्रतिकर्षण में परिणामी वृद्धि अक्रिय गैस विन्यास प्राप्त करके स्थायित्व ग्रहण

करने की अपेक्षा भारी है। ठोस अवस्था में यह प्रक्रम अनुकूल हो जाता है क्योंकि O^{2-} आयन समीपवर्ती धनायनों द्वारा स्थिरता प्राप्त कर आयनिक जालक बनाते हैं इस प्रक्रम में ऊर्जा मुक्त होती है।

इलेक्ट्रॉन ग्राही एन्थैल्पी को प्रभावित करने वाले कारक (Factors Affecting Electron Gain Enthalpy)

इस क्रिया को निम्न कारक प्रभावित करते हैं

(i) मान $\Delta_{eg}H \propto Z_{\text{प्रभाव}}$

(ii) मान $\Delta_{eg}H \propto \dfrac{1}{\text{परमाणु आकार}}$

(iii) मान $\Delta_{eg}H \propto$ भेदन क्षमता अत: $\Delta_{eg}H$ का क्रम $s > p > d > f$ होगा।

(iv) आधे पूर्णतया भरे तथा पूर्णतया भरे कक्षाओं का स्थायित्व अधिकतम होगा।

विद्युतऋणात्मकता एवं विद्युतऋणात्मक गुण (Electronegativity and Electronegative Character)

किसी सहसंयोजक यौगिक में किसी परमाणु द्वारा साझे के इलेक्ट्रॉन युग्म को अपनी ओर आकषित करने की क्षमता विद्युतऋणात्मकता कहलाती है। वास्तव में यह याद रखना चाहिये यह विद्युतऋणात्मकता जो कि एक तत्व की इलेक्ट्रॉन ग्रहण करके ऋणायन बनाने की प्रवृत्ति होती है। के गुण से भिन्न होती है। पहली घटना तुलनात्मक होती है जबकि दूसरी घटना परमाणु का व्यक्तिगत गुण होता है।

विद्युतऋणात्मकता क्षमता को प्रभावित करने वाले कारक (Factors Affecting the Magnitude of Electronegativity)

(i) किसी परमाणु की परमाणु त्रिज्या बढ़ती है, तो विद्युतऋणात्मकता कम होती है

$$\text{विद्युतऋणात्मकता} \propto \frac{1}{\text{परमाणु त्रिज्या}}$$

(ii) विद्युतऋणात्मकता का मान बढता है। जैसे कि प्रभावी नाभिकीय आवेश ($Z_{\text{प्रभाव}}$) बढ़ता है।
विद्युतऋणात्मकता $\propto$ प्रभावी नाभिकीय आवेश ($Z_{\text{प्रभाव}}$)

(iii) जैसे-जैसे परमाणु की ऑक्सीकरण अवस्था बढ़ती है विद्युतऋणात्मकता बढ़ती है।

(iv) यदि s-गुण किसी संकरण में बढ़ता है तो विद्युतऋणात्मकता भी बढ़ती है। क्योंकि s-इलेक्ट्रॉन अपेक्षाकृत नाभिक के पास होते हैं। उदाहरण—C परमाणु की विद्युतऋणात्मकता निम्न संकरण में इस प्रकार बढ़ती है।

संकरण अवस्था	sp^3	sp^2	sp
s-गुण	25%	33.3%	50%
विद्युतऋणात्मकता	2.48	2.75	3.25

s-गुण बढ़ रहा है।
अत: विद्युतऋणात्मकता का मान बढ़ता जाता है।

विद्युतऋणात्मकता में क्रमिक परिवर्तन (Trends in Electronegativity)

(i) किसी भी आवर्त में बाएँ से दाएँ जाने पर विद्युतऋणात्मकता बढ़ती है क्योंकि प्रभावी नाभिकीय आवेश व आयनन ऊर्जा बढ़ती हैं।

(ii) I A क्षारीय तत्वों की विद्युतऋणात्मकता कम होती है तथा VII A हैलोजन की अधिकतम होती है।

(iii) किसी समूह में ऊपर से नीचे जाने पर विद्युतऋणात्मकता कम होती है क्योंकि परमाणु त्रिज्या बढ़ती है।

(iv) फ्लोरीन F की विद्युतऋणात्मकता अधिक होती है तथा Cs की सबसे कम होती है।

विकर्ण सम्बन्ध तथा विद्युतऋणात्मकता (Diagonal Relationship and Electronegativity)

किसी आवर्त के बाएँ से दाएँ जाने पर, नाभिकीय आवेश बढ़ने के कारण परमाणु में इलेक्ट्रॉन कसे हुए होते हैं। समूह में एक स्थान नीचे जाने पर, एक अतिरिक्त कोश के बढ़ जाने से नाभिक का बाह्य इलेक्ट्रॉनों का प्रतिआकर्षण घट जाता है। विकर्ण जाने पर ये दोनों प्रभाव एक-दूसरे की कमी पूरी करते हैं। विद्युतऋणात्मकता Li से Be तक बढ़ती है लेकिन यह Be से Mg तक घटती है विकर्ण जाने पर ये दोनों प्रभाव एक-दूसरे को लगभग निरस्त करते हैं जिसके कारण विद्युतऋणात्मकता में कोई परिवर्तन नहीं होता। इस प्रकार Li और Mg की विद्युतऋणात्मकताओं के मान नजदीकी अर्थात् समान है। इसी कारण Li और Mg गुणों में समानता दर्शाते हैं। इसे **विकर्ण सम्बन्ध** कहते हैं। आवर्त सारणी में कुछ तत्वों के गुणों में विकर्ण समानता का गुण पाया जाता है।

Li	Be	B	C
Na	Mg	Al	Si
K	Ca	Ga	Ge

विद्युतऋणात्मकता का मापन (Measurement of Electronegativity)

विद्युतऋणात्मकता का सही-सही ठीक निर्धारण करना सम्भव नहीं होता है क्योंकि यह तत्वों का गुणात्मक प्रभाव होता है। इसके लिये निम्न पैमाना प्रयोग किया जाता है।

(i) **पोलिंग पैमाना** हम जानते हैं कि फ्लोरीन आवर्त सारणी का सबसे अधिक ऋणात्मक तत्व है। इसकी विद्युतऋणात्मकता 4.0 निर्धारित की गई है तथा इसके आधार पर अन्य तत्वों की विद्युतऋणात्मकता ज्ञात की गई है।

$X_A - X_B = 0.208\sqrt{\Delta}$ जहाँ, $\Delta = E_{A-B} - \sqrt{E_{A-A} + E_{B-B}}$

(ii) **मुलिकन पैमाना** किसी परमाणु की A_e एवं IE मूल्यों द्वारा भी विद्युतऋणात्मकता ज्ञात की जाती है। इस पैमाने में विद्युतऋणात्मकता को लैटिन शब्द चाई (χ) द्वारा प्रदर्शित किया जाता है।

$$\chi = \frac{\text{IE} + A_e}{2}$$

विद्युतधनात्मकता अथवा धात्विक गुण (Electropositive or Metallic Character)

किसी तत्व का धनात्मक आवेश ग्रहण करना उसकी विद्युतधनात्मकता या धात्विक गुण कहलाता है। इसका अर्थ होता है कि धातुएँ इलेक्ट्रॉन पृथक् करने का गुण रखती हैं। *इसे आवर्त सारणी में निम्न प्रकार व्यक्त कर सकते हैं*

	Li	Be	B	C	N	O	F
बाएँ	Na	विद्युतधनात्मकता घटती जाती है					
	K						
	Rb						
	Cs						
	Fr	विद्युतधनात्मकता या धात्विक गुण बढ़ता जाता है					

अर्थात् यह गुण (विद्युतऋणात्मकता) तथा आयनन ऊर्जा का व्युत्क्रम सम्बन्ध है।

रासायनिक गुणों में क्रमिक परिवर्तन

(Periodic Trends in Chemical Properties)

संयोजकता (Valency)

- यह किसी तत्व की संयोग करने की क्षमता को प्रदर्शित करती है। यह कभी भी शून्य नहीं हो सकती है। यह केवल एक संख्या है यह ऋणात्मक और धनात्मक नहीं होती संयोजकता के सम्बन्ध में निम्न परिवर्तन होता है

  निरूपक तत्वों (Representative elements) की संयोजकता

  सामान्यतया उस तत्व के बाह्यतम कोश में उपस्थित इलेक्ट्रॉनों की संख्या के बराबर होती है या आठ की संख्या में से बाह्यतम इलेक्ट्रॉनों की संख्या घटाने पर जो संख्या प्राप्त होती है, वही उस तत्व की संयोजकता कहलाती है।

समूह	1	2	13	14	15	16	17	18
संयोजी इलेक्ट्रॉनों की संख्या	1	2	3	4	5	6	7	8
संयोजकता	1	2	3	4	3	2	1	0

- किसी आवर्त में बाएँ से दाएँ जाने पर हाइड्रोजन के साथ संयोजकता 1 से 7 तक बढ़ती है तथा ऑक्सीजन के साथ पहले 1 से 4 तक बढ़ती है फिर 1 तक घटती है। एक समूह के सभी तत्वों की संयोजकता समान रहती है क्योंकि बाह्य कोश में संयोजकता इलेक्ट्रॉनों की संख्या समान होती है।
- *s* और *p*-ब्लॉक के तत्वों के समूह में अन्य सदस्यों की तुलना में प्रथम तत्वों के रासायनिक व्यवहार भिन्न होते हैं। इसका कारण तत्वों का छोटा आकार, अधिक आवेश/त्रिज्या अनुपात, अधिक विद्युतऋणात्मकता तथा *d*-उपकक्षक की अनुपस्थिति है।
- *p*-ब्लॉक के तत्वों में समूहों के प्रथम सदस्य स्वयं से एवं द्वितीय आवर्त के अन्य सदस्यों से बन्ध बनाने की प्रबल बनाने की प्रबल योग्यता रखते हैं। (जैसे $C{=}C, C{\equiv}C, N{=}N, N{\equiv}N, C{=}N, C{\equiv}N$) जबकि वर्गों के उत्तरवर्ती सदस्य ऐसा नहीं कर पाते हैं।

ऑक्सीकरण अवस्था (Oxidation State)

- यह किसी परमाणु पर उपस्थित आवेश की मात्रा को प्रदर्शित करता है जो वह किसी यौगिक के बनने पर ग्रहण करता है। इसके मान शून्य, धनात्मक, ऋणात्मक या भिन्न भी हो सकते हैं।
- एक ही परमाणु की भिन्न-भिन्न यौगिकों में अलग-अलग ऑक्सीकरण अवस्था हो सकती हैं जैसे N की ऑक्सीकरण अवस्था इन यौगकों में क्रमशः NO_2, NO, N_2O_3 व N_2O_5 में + 4, + 2, + 3 व + 5 होगी।
- यद्यपि क्षारीय व क्षारीय मृदा तत्वों की ऑक्सीकरण अवस्था सदैव + 1 व + 2 ही होगी। यह साधारणतया भिन्न-भिन्न यौगिकों में बदल जाती है। यद्यपि *p*-ब्लॉक के तत्वों के लिये कम ऑक्सीकरण अवस्था स्थायी होती है तुलनात्मक अधिक ऑक्सीकरण अवस्था में जैसे $Pb^{2+} > Pb^{4+}$ से अधिक स्थायी हैं किसी *d*-ब्लॉक तत्व के लिये अधिकतम ऑक्सीकरण अवस्था = $(n-1)$ इलेक्ट्रॉन अयुग्मित + *ns* में उपस्थित इलेक्ट्रॉन साधारणतया स्थायित्व इस क्रम में निश्चित किया गया है।

$$3d < 4d < 5d < 6d$$

रासायनिक क्रियाशीलता में आवर्तिता

(Periodicity in Chemical Reactivity)

धातुओं की क्रियाशीलता उनकी धनायन बनाने की प्रवृत्ति पर निर्भर करती है। अतः यदि किसी धातु में धन विद्युतीय गुण अधिक होगा तो उसकी क्रियाशीलता भी अधिक होगी।

अधातुओं की क्रियाशीलता उनका ऋणायन बनाने की प्रवृत्ति पर निर्भर करती है। अतः यदि किसी अधातु में ऋण विद्युतीय गुण अधिक होगा तो उसकी क्रियाशीलता भी अधिक होगी। आवर्त सारणी में दोनों छोरों पर सबसे अधिक और मध्य में सबसे कम रासायनिक क्रियाशीलता होती हैं। अधिक क्रियाशील तत्व हमेशा संयुक्त अवस्था में पाये जाते हैं।

अपचायक तथा ऑक्सीकारक गुण

(Reducing and Oxidising Property)

अपचायक इलेक्ट्रॉन प्रदान करते हैं अर्थात् इलेक्ट्रॉन देते हैं। धातुएँ इलेक्ट्रॉन त्यागकर धनायन बनाती हैं अतः ये **अपचायक** होती हैं।

आवर्त सारणी में अपचायक गुण का परिवर्तन

→ घटता हुआ क्रम (आवर्त में बाएँ से दाएँ जाने पर)

अपचायक गुण

↓ बढ़ता हुआ क्रम (वर्ग में ऊपर से नीचे जाने पर)

ऑक्सीकारक इलेक्ट्रॉन प्रदान करते हैं। अधातुएँ इलेक्ट्रॉन ग्रहण करके ऋणायन बनाती हैं, अतः ये ऑक्सीकारक होती हैं।

आवर्त सारणी में ऑक्सीकारक गुण का परिवर्तन

→ बढ़ता हुआ क्रम (आवर्त में बाएँ से दाएँ जाने पर)

तत्वों का ऑक्सीकरण गुण

↓ घटता हुआ क्रम (वर्ग में ऊपर से नीचे जाने पर)

ऑक्साइडों की प्रकृति (Nature of Oxides)

धातुओं के ऑक्साइड जल से क्रिया करके क्षार बनाते हैं अतः धातुओं के ऑक्साइड क्षारीय होते हैं। अधातुओं के ऑक्साइड, जल से क्रिया करके अम्ल बनाते हैं अतः अधातुओं के ऑक्साइड अम्लीय होते हैं। उपधातुओं के ऑक्साइड उभयधर्मी होते हैं।

आवर्त सारणी में धातु ऑक्साइडों की क्षारीय प्रकृति का परिवर्तन

→ घटता हुआ क्रम (आवर्त में बाएँ से दाएँ जाने पर)

धातु ऑक्साइडों की क्षारीय प्रकृति

↓ बढ़ता हुआ क्रम (वर्ग में ऊपर से नीचे जाने पर)

आवर्त सारणी में अधातु ऑक्साइडों की अम्लीय प्रकृति का परिवर्तन

→ बढ़ता हुआ क्रम (आवर्त में बाएँ से दाएँ जाने पर)

धातु ऑक्साइडों की अम्लीय प्रकृति

↓ घटता हुआ क्रम (वर्ग में ऊपर से नीचे जाने पर)

अभ्यास प्रश्न

1. तत्वों को आवर्त सारणी के समूहों में रखने का आधार है
(a) आयनन विभव (b) विद्युतऋणात्मकता
(c) इलेक्ट्रॉन बन्धुता (d) संयोजी इलेक्ट्रॉन

2. इसमें से कौन-से दो एक ही आवर्त के तत्व हैं?
(a) Na—Cl (b) Na—Br
(c) Ca—Cl (d) Cl—Br

3. किसी तत्व का परमाणु क्रमांक ज्ञात करो, यदि वह तीसरे आवर्त तथा सातवें समूह में स्थित है
(a) 15 (b) 17 (c) 21 (d) 9

4. किस तत्व का नाम लोरेन्स बर्कले प्रयोगशाला द्वारा दिया गया
(a) बर्केलियम (b) लोरेन्सियम
(c) दोनों (a) व (b) (d) सिबोरजियम

5. बताओ, एक ही समूह के तत्व समान गुणधर्म प्रदर्शित करते हैं
(a) क्योंकि समान इलेक्ट्रॉनिक विन्यास होता है
(b) क्योंकि समान इलेक्ट्रॉनों की संख्या होती है
(c) क्योंकि समान प्रोटॉनों की संख्या होती है
(d) क्योंकि समान संयोजकता इलेक्ट्रॉनों की संख्या होती है।

6. आवर्त सारणी के वर्गीकरण में निम्न कथन ठीक नहीं है
(a) तत्वों के गुण उनके परमाणुओं के आवृत्ति फलन होते हैं।
(b) अधातु तत्व कम हैं धातु तत्वों की अपेक्षा
(c) संक्रमण तत्वों के लिए 3*p* व 4*s* भरने से पूर्व 3*d* उपकक्षा सर्वप्रथम भरेगी
(d) किसी भी आवर्त में बाएँ से दाएँ जाने पर प्रथम आयनन विभव का मान बढ़ता है

7. इनमें से कौन-सा उभयधर्मी तत्व है?
(a) एन्टीमनी (b) मैग्नीशियम
(c) जस्ता (d) बिस्मथ

8. बेरिलियम के गुण मिलते हैं
(a) Li (b) Al (c) Zn (d) Ra

9. परमाणु क्रमांक 20 वाला तत्व किस आवर्त में रखा गया है?
(a) 1 (b) 2 (c) 3 (d) 4

10. यदि किसी तत्व का विन्यास ns^2np^4 है तो इसके समूह व आवर्त की स्थिति होगी। यदि $n = 3$
(a) II आवर्त, IV समूह
(b) III आवर्त, IV समूह
(c) II आवर्त, 16 समूह
(d) III आवर्त, 16 समूह

11. तत्व का नाम बताओ यदि विन्यास दिया है $(n-1)d^2ns^2$ यदि $n = 4$
(a) स्केण्डियम (b) वेनेडियम
(c) टाइटेनियम (d) टंगस्टन

12. यदि बाहरी कक्षा का विन्यास $n = 6$ के लिए $(n-2)f^7(n-1)d^1ns^2$
(a) यूरेनियम (b) गेडोलिनियम
(c) लेड (d) नियोबियम

13. मेण्डलीफ की आवर्त सारणी की मुख्य कमी थी
(a) काफी तत्व समस्थानिक रखते हैं
(b) अक्रियाशील तत्व यौगिकों का निर्माण नहीं करते हैं
(c) कुछ समूहों को उपसमूह A व उपसमूह B में बाँटा गया है
(d) परमाणु भार सभी तत्वों का हमेशा पूर्णांक नहीं होता है

14. निम्न क्रमांक वाले तत्व (9, 17, 35, 53, 85) होंगे
(a) हैलोजन (b) अक्रिय गैसें
(c) भारी धातु तत्व (d) हल्के धातु तत्व

15. परमाणु क्रमांक 106 वाला तत्व होगा
(a) *s*-ब्लॉक (b) *p*-ब्लॉक (c) *d*-ब्लॉक (d) *f*-ब्लॉक

16. क्षारीय तत्वों का इलेक्ट्रॉनिक विन्यास प्रस्तुत होगा
(a) $ns^2p^6d^1$ (b) $(n-1)s^2p^6ns^1$
(c) $(n-1)s^2p^6ns^2np^1$
(d) $(n-1)s^2p^6d^{10}ns^1$

17. आवर्त सारणी के निरूपक तत्वों में निम्न होगा
(a) ऐलुमिनियम (b) क्रोमियम
(c) ऑर्गन (d) लैन्थेनम

18. आधुनिक आवर्त सारणी में आवर्त प्रदर्शित करता है
(a) परमाणु संख्या
(b) परमाणु भार
(c) मुख्य क्वाण्टम संख्या
(d) द्विगंशी क्वाण्टम संख्या

19. इनमें से आधुनिक आवर्त सारणी के सम्बन्ध में कौन-सा कथन ठीक नहीं है?
(a) *p*-ब्लॉक में 6 खड़े खाने होते हैं अतः इनमें 6 इलेक्ट्रॉन ही प्रवेश करते हैं
(b) *d*-ब्लॉक में 8 खड़े खाने होते हैं क्योंकि इनमें 8 इलेक्ट्रॉन प्रवेश करते हैं
(c) प्रत्येक ब्लॉक में उतने ही इलेक्ट्रॉन होने चाहिए जितने किसी कॉलम में इलेक्ट्रॉन होते हैं
(d) ब्लॉक को प्रदर्शित करने के लिए द्विगंशी क्वांटम संख्या (*l*) द्वारा प्रदर्शित इलेक्ट्रॉनों की संख्या होनी चाहिए।

20. इन तत्वों में कौन-सा युग्म *s*-ब्लॉक को प्रदर्शित करता है?
(a) 3, 12 (b) 6, 12
(c) 7, 15 (d) 9, 7

21. आवर्त सारणी में 10वाँ तत्व कौन-से आवर्त में होगा?
(a) प्रथम आवर्त में (b) द्वितीय आवर्त में
(c) चतुर्थ आवर्त में (d) नौवें आवर्त में

22. आई.यू.पी.ए.सी. के अनुसार यदि तत्व का नाम Uun हो, तो उसका परमाणु क्रमांक होगा
(a) 111 (b) 112 (c) 109 (d) 110

23. दीर्घ सारणी में आवर्त का पता चलेगा
(a) चुम्बकीय क्वाण्टम संख्या से
(b) परमाणु क्रमांक ज्ञात करने से
(c) मुख्य क्वाण्टम संख्या से ज्ञात होने पर
(d) अधिकतम द्विगंशी क्वाण्टम संख्या का मान ज्ञात होने पर

24. परिवर्तनशील संयोजकता प्रदर्शित की जाती है
(a) संक्रमण तत्वों द्वारा
(b) गैसीय तत्वों द्वारा
(c) अधातुओं द्वारा
(d) *s*-ब्लॉक के तत्वों द्वारा

25. तृतीय आवर्त के तत्वों की परमाणु त्रिज्या Na से Cl तक क्रमशः
(a) क्रमशः कम होती है
(b) क्रमशः बढ़ती है
(c) नियत रहती है
(d) बढ़ती है परन्तु क्रमशः नहीं बढ़ती है

26. रक्षण प्रभाव *d*-इलेक्ट्रॉनों के लिए होता है
(a) *p*-इलेक्ट्रॉन के समान
(b) *p*-इलेक्ट्रॉन से अधिक
(c) *f*-इलेक्ट्रॉन के समान
(d) *p*-इलेक्ट्रॉन से कम

27. इनमें से किसकी अधिकतम आयनिक त्रिज्या होगी?
(a) Li^+ (b) K^+ (c) Na^+ (d) Cs^+

28. इनमें किस आयन का आकार कम होगा?
(a) O_2 (b) O_2^+ (c) O_2^- (d) O_2^{2-}

29. *s, p, d, f* इलेक्ट्रॉनों का रक्षण प्रभाव निम्न क्रम अनुसार होगा
(a) $s > p > d > f$ (b) $f > d > p > s$
(c) $p < d < s > f$ (d) $f > p > s > d$

30. किसी तत्व के गुणों की संयोजकता इलेक्ट्रॉन सबसे अधिक प्रभावित करते हैं। इनमें से कौन-सा गुण संयोजकता इलेक्ट्रॉन से प्रभवित नहीं होता है?
(a) मुख्य क्वाण्टम संख्या
(b) नाभिकीय आवेश
(c) नाभिकीय भार
(d) सबसे बाहरी कक्षा में इलेक्ट्रॉनों की संख्या

31. इन सभी में क्या समानता है
$N^{3-}, O^{2-}, F^{-}, Na^{+}, Mg^{2+}, Al^{3+}$
(a) इलेक्ट्रॉनों की संख्या
(b) संयोजकता इलेक्ट्रॉनों की संख्या
(c) प्रोटोनों की संख्या (d) ये सभी

32. आयनिक त्रिज्या का सही क्रम होगा
(a) $Na^{+} < Mg^{2+} < Al^{3+} < N^{3-} < O^{2-} < F^{-}$
(b) $Al^{3+} < Mg^{2+} < Na^{+} < N^{3-} < O^{2-} < F^{-}$
(c) $Al^{3+} < Mg^{2+} < Na^{+} < F^{-} < O^{2-} < N^{3-}$
(d) $F^{-} < O^{2-} < N^{3-} < Al^{3+} < Mg^{2+} < Na^{+}$

33. सबसे कम आकार होगा
(a) Na^{+} (b) Mg^{2+} (c) Al^{3+} (d) P^{5+}

34. निम्न में से कौन-सा कथन ठीक है?
(a) X^{-} आयन बड़ा होगा X परमाणु से
(b) X^{+} आयन बड़ा होगा X परमाणु से
(c) X^{-} आयन बड़ा होगा X आयन से
(d) X^{+} एवं X^{-} के आकार समान होंगे

35. निम्न तत्वों का अधात्विक क्रम होगा
(a) P<S<O<N (b) S<O<P<N
(c) S<P<O<N (d) P<S<N<O

36. आयनिक ऊर्जा किसी आवर्त में किस प्रकार परिवर्तित होती है?
(a) बायीं से दायीं तरफ बढ़ती है
(b) बायीं से दायीं तरफ कम होती है
(c) पहले बढ़ती है बाद में कम होती है
(d) समान रहती है

37. प्रथम आयनन विभव लीथियम तत्व का होगा
(a) Be से अधिक (b) बेरिलियम से कम
(c) सोडियम के समान (d) फ्लोरीन के समान

38. आयनीकरण विभव नाइट्रोजन का ऑक्सीजन के ज्यादा होता है क्योंकि
(a) नाभिक द्वारा इलेक्ट्रॉनों की अधिक आकर्षण के कारण
(b) नाइट्रोजन का कम आकार होने के कारण
(c) p-अर्ध पूर्ण उपकक्षाओं की अधिक स्थायित्व रखती है
(d) अधिक भेदन प्रभाव के कारण इलेक्ट्रॉन

39. कार्बन, नाइट्रोजन तथा ऑक्सीजन में आयनन उर्जा का सही क्रम होगा
(a) C>N<0 (b) C<N>O
(c) C>N>O (d) C<N<O

40. इन समआयनिक आयनों में किसकी आयनन ऊर्जा सबसे कम होगी?
(a) Cl^{-} (b) Ca^{2+}
(c) K^{+} (d) S^{2-}

41. इनमें से कौन-सा कथन ठीक है निम्न समूहों में आयनन ऊर्जा का सम्बन्ध
(a) C की प्रथम आयनन ऊर्जा >B की प्रथम आयनन ऊर्जा
(b) C की प्रथम आयनन ऊर्जा <B की प्रथम आयनन ऊर्जा
(c) C की द्वितीय आयनन ऊर्जा > B की द्वितीय आयनन ऊर्जा
(d) दोनों (b) तथा (c)

42. यदि सोडियम का आयनन विभव मान 5.48 इलेक्ट्रॉन वोल्ट है, तो K का आयनन विभव मान होगा
(a) Na के समान होगा
(b) 4.34 इलेक्ट्रॉन वोल्ट
(c) 5.68 इलेक्ट्रॉन वोल्ट
(d) 10.88 इलेक्ट्रॉन वोल्ट

43. नाइट्रोजन की प्रथम आयनन ऊर्जा ऑक्सीजन से अधिक है। इसके निम्न कारणों में कौन-सा ठीक है?
(a) नाइट्रोजन की अपेक्षा ऑक्सीजन पर प्रभावी नाभिकीय आवेश कम होगा
(b) ऑक्सीजन का परमाणु आकार नाइट्रोजन से कम होगा
(c) समान p-कक्षक में दो इलेक्ट्रॉनों के मध्य अधिक इलेक्ट्रॉन प्रतिकर्षण नाइट्रोजन से ऑक्सीजन की ओर जाते हुए बढ़े हुए प्रभावी नाभिकीय आवेश को सन्तुलित कर देता है।
(d) नाइट्रोजन की अपेक्षा ऑक्सीजन पर

44. द्वितीय आवर्त में वास्तविक आयनीकरण एन्थैल्पी निम्न क्रम में होगी
Li < B < Be < C < O < N < F < Ne
इसमें Be का अधिक $\Delta_i H$ होगा B से। कारण होगा
(a) B के स्थायी इलेक्ट्रॉनिक विन्यास के कारण जिससे इलेक्ट्रॉन का पृथक्करण होगा
(b) बड़े होने के कारण p-कक्षक नाभिक की और अधिक आकर्षित हो जाती है
(c) $2p$ के अपेक्षा $2s$-कक्षक इलेक्ट्रॉन नाभिक के अधिक नजदीक होते हैं
(d) $2p$-कक्षक का स्थायित्व $2s$ की अपेक्षा अधिक होता है

45. इनमें से कौन-से गुण समूह में नीचे जाने पर तथा आवर्त में बाएँ से दाएँ जाने पर विपरीत गुण रखते हैं।
(a) नाभिकीय आवेश तथा इलेक्ट्रॉन बन्धुता
(b) आयनीकरण तथा इलेक्ट्रॉन बन्धुता
(c) परमाणु त्रिज्या तथा इलेक्ट्रॉन बन्धुता
(d) उपरोक्त में से कोई भी नहीं

46. इनमें से कौन-सा अधिकतम इलेक्ट्रॉन बन्धुता रखता है?
(a) N (b) O (c) F (d) Cl

47. क्लोरीन के सापेक्ष हाइड्रोजन होती है
(a) विद्युतधनात्मक
(b) विद्युतऋणात्मक
(c) उदासीन
(d) इनमें से कोई भी नहीं

48. यदि A व B तत्वों की विद्युतऋणात्मकता क्रमशः 1.20 व 4.0 हो, तो AB बन्ध कितने प्रतिशत आयनिक होगा?
(a) 58.3% (b) 48%
(c) 79.6% (d) 73.6%

49. हैलोजन जो आसानी से अपचयित हो जाये
(a) F_2 (b) Cl (c) Br (d) I_2

50. यदि तत्व X, Y, Z व T जिनके इलेक्ट्रॉनिक विन्यास नीचे दिये गये हैं। इनमें से कौन-सा अधिकतम धनात्मक तत्व होगा?
(a) X = 2, 8, 4 (b) Y = 2, 8, 8
(c) Z = 2, 8, 8, 1 (d) T = 2, 8, 8, 7

51. किसी अधिकतम विद्युतऋणी तत्व का विन्यास होगा
(a) ns^2np^3 (b) ns^2np^4
(c) ns^2np^5 (d) ns^2np^6

52. क्लोरीन की अपेक्षा फ्लोरीन कम इलेक्ट्रॉन बन्धुता प्रदर्शित करता है क्योंकि
(a) फ्लोरीन का अधिक आकार तथा कम घनत्व
(b) फ्लोरीन का कम आकार तथा उच्च घनत्व
(c) फ्लोरीन का कम आकार तथा अधिक घनत्व
(d) क्लोरीन का कम आकार तथा कम घनत्व

53. किसी सबसे कम क्रियाशील तत्व का इलेक्ट्रॉनिक विन्यास होगा
(a) ns^2np^3 (b) ns^2np^4
(c) ns^2np^5 (d) ns^2np^6

54. इन क्षारीय तत्वों में से किसकी विद्युतऋणात्मकता सबसे कम होगी?
(a) K (b) Na
(c) Cs (d) Fr

55. इलेक्ट्रॉन प्राप्त एन्थैल्पी फ्लोरीन की कम ऋणात्मक होगी Cl से, क्योंकि
(a) ग्रहण क्रिया इलेक्ट्रॉन फ्लोरीन से अधिक आकर्षण रखता है साथी इलेक्ट्रॉनों से

(b) ग्रहण किया इलेक्ट्रॉन फ्लोरीन में अधिक प्रतिकर्षण रखता है अन्य इलेक्ट्रॉनों द्वारा
(c) फ्लोरीन का आकार क्लोरीन से कम होगा
(d) दोनों (b) व (c)

56. धात्विक गुण तथा ऑक्साइडों का क्षारीयता का गुण आवर्त में किस प्रकार बदलता है?
(a) बढ़ता है (b) घटता है
(c) स्थिर रहता है (d) पहले बढ़ता है फिर घटता है

57. कौन-सी धातु एक से अधिक ऑक्सीकरण अवस्था रखती है?
(a) Na (b) Mg (c) Al (d) Fe

58. परमाणु क्रमांक 7 वाले तत्व की अधिकतम संयोजकता होगी?
(a) 2 (b) 3 (c) 4 (d) 5

59. हैलोजन की क्रियाशीलता का सही क्रम निम्न प्रकार है
(a) F > Br > Cl > I (b) F > Cl > Br > I
(c) I > Br > Cl > F (d) Cl > I > Br > F

60. तत्वों की ऑक्सीकरण अवस्था का सही क्रम होगा
(a) $F_2 < Cl_2 < Br_2 < I_2$
(b) $I_2 < F_2 < Cl_2 < Br_2$
(c) $Br_2 < I_2 < F_2 < Cl_2$
(d) $I_2 < Br_2 < Cl_2 < F_2$

61. इनमें कौन-सा ऑक्साइड सबसे क्षारीय होगा
(a) Na_2O
(b) SiO_2
(c) SO_2
(d) सभी समान क्षारीय होंगे

उत्तरमाला

1. *(d)*	2. *(a)*	3. *(b)*	4. *(c)*	5. *(a)*	6. *(c)*	7. *(a)*	8. *(b)*	9. *(d)*	10. *(d)*
11. *(c)*	12. *(b)*	13. *(a)*	14. *(a)*	15. *(c)*	16. *(b)*	17. *(a)*	18. *(c)*	19. *(b)*	20. *(a)*
21. *(a)*	22. *(d)*	23. *(c)*	24. *(a)*	25. *(a)*	26. *(d)*	27. *(d)*	28. *(b)*	29. *(a)*	30. *(c)*
31. *(a)*	32. *(c)*	33. *(d)*	34. *(a)*	35. *(d)*	36. *(a)*	37. *(b)*	38. *(c)*	39. *(b)*	40. *(d)*
41. *(a)*	42. *(b)*	43. *(c)*	44. *(c)*	45. *(c)*	46. *(d)*	47. *(a)*	48. *(d)*	49. *(a)*	50. *(c)*
51. *(c)*	52. *(b)*	53. *(d)*	54. *(d)*	55. *(d)*	56. *(b)*	57. *(d)*	58. *(d)*	59. *(b)*	60. *(a)*
61. *(a)*									

संकेत एवं हल

2. *(a)* Na—Cl में दोनों तत्व तृतीय आवर्त में उपस्थित हैं।

3. *(b)* साधारणतया 17 समूह के तत्वों का विन्यास ns^2np^5। इनकी मुख्य क्वाण्टम संख्या 3 है। अतः इनके संयोजकता इलेक्ट्रॉनों का विन्यास $3s^23p^5$ होगा। तृतीय आवर्त 11 से शुरू होकर 18 तक जाता है।
अतः दिये गये परमाणु क्रमांक $= 10 + 7 = 17$

4. *(c)* लोरेन्सियम ($Z = 103$) एवं बर्केलियम ($Z = 9$) का नामकरण लोरेन्स बर्कले प्रयोगशाला में किया गया।

5. *(a)* समान समूह में उपस्थित तत्व समान इलेक्ट्रॉनिक विन्यास रखते हैं अतः उनके भौतिक व रासायनिक गुण भी समान होंगे।

6. *(c)* संक्रमण तत्वों में इलेक्ट्रॉनों के जाने का क्रम होगा

$$3p < 4s < 3d$$

9. *(d)* $1s^22s^22p^63s^23p^64s^2$ में मुख्य क्वाण्टम संख्या 4 है, तो यह चौथे आवर्त में होगा।

10. *(d)* ns^2np^4 में यदि $n = 3$ (आवर्त) का अर्थ है यह *p*-ब्लॉक में होगा।
समूह संख्या = 10 + संयोजी इलेक्ट्रॉन
$= 10 + (2 + 6) = 16$
अतः विन्यास $1s^22s^22p^63s^23p^4$
तत्व का नाम गन्धक होगा।

11. *(c)* विन्यास $(n-1)d^2ns^2$ जब $n = 4$
यह चौथा आवर्त होगा।
समूह संख्या = *d*-इलेक्ट्रॉन + *s*-इलेक्ट्रॉन
$= 2 + 2 = 4$
इलेक्ट्रॉनिक विन्यास
$1s^22s^22p^63s^23p^63d^24s^2$
तत्व का नाम टाइटेनियम होगा।

12. *(b)* (iii) $(n-2)f^7(n-1)d^1ns^2$ यदि $n = 6$
इसका अर्थ है कि तत्व छठे आवर्त में है तथा अन्तिम इलेक्ट्रॉन *f* में प्रवेश करता है अतः *f*-ब्लॉक का तत्व है।
अतः तत्व छठे आवर्त तथा तीसरे समूह में है।
तत्व का पूर्ण विन्यास
$1s^22s^22p^63s^23p^63d^{10}4s^24p^64d^{10}5s^25p^65d^14f^76s^2$
तत्व का नाम गेडोलिनियम (Gd) होगा।

13. *(a)* मेण्डलीफ की आवर्त सारणी में समस्थानिकों को स्थान नहीं दिया जा सका क्योंकि वह परमाणुओं पर आधारित थी।

14. *(a)* इन तत्वों का विन्यास ns^2np^6 होगा, जो हैलोजनों का होता है।

15. *(c)* परमाणु क्रमांक 106 का इलेक्ट्रॉनिक विन्यास
$106 = |Rn|_{86}7s^15f^{14}6d^5$ होगा
अन्तिम इलेक्ट्रॉन *d*-कक्षक में आता है। अतः *d*-ब्लॉक का तत्व होगा तथा तत्व का आई.यू.पी.ए.सी. नाम Unh होगा।

19. *(b)* कथन (b) ठीक नहीं है। *d*-ब्लॉक 10 इलेक्ट्रॉन रखते हैं।

20. *(a)* परमाणु क्रमांक $3 = 1s^22s^1$,
$12 = 1s^22s^22p^63s^2$
क्योंकि *s* उपकक्षा में इलेक्ट्रॉन प्रवेश करते हैं। अतः *s*-ब्लॉक का तत्व है।

21. *(b)* एक ही आवर्त के तत्व समान मुख्य क्वाण्टम संख्याएँ रखते हैं। क्योंकि द्वितीय आवर्त का विन्यास अधिकतम ns^2np^6 होगा। अतः इसमें 8 तत्व ही होंगे। इनका क्रमांक 3 से 10 तक होगा।

24. *(a)* संक्रमण तत्वों की मुख्य विशेषताएँ उनकी परिवर्तनशील संयोजकता होती है।

25. *(a)* क्योंकि प्रभावी नाभिकीय आवेश बाएँ से दाएँ को बढ़ता है तथा परमाणु त्रिज्या कम होती है।

27. *(d)* आयनिक त्रिज्या समूह में ऊपर से नीचे को बढ़ती है।

28. *(b)* धनायन का आकार कम होता है तथा ऋणायन का बढ़ता है। इसलिए O_2^+ आयन का आकार कम होगा। अतः Cs^+ की आयनिक त्रिज्या अधिकतम होगी।

32. (c) आयनिक त्रिज्या कम होती है समइलेक्ट्रॉनिक तत्वों की परमाणु क्रमांक वृद्धि के साथ। क्योंकि परमाणु क्रमांक की वृद्धि क्रम के साथ प्रभावी नाभिकीय आवेश बढ़ता है।

समइलेक्ट्रॉनिक आयन

$= Al^{3+} < Mg^{2+} < Na^{+} < F^{-} < O^{2-} < N^{3-}$

परमाणु क्रमांक $Z = 13, 12, 11, 9, 8, 7$

33. (d) जबकि P^{5+} में प्रति इलेक्ट्रॉन नाभिकीय आवेश बढ़ता है। अतः आकार कम हो जाता है।

35. (d) अधातु गुण किसी भी आवर्त में क्रमशः बढ़ता है। परन्तु समूह में ऊपर से नीचे को घटता है। अतः क्रम होगा $P < S < N < O$ (अधात्विक गुण)

39. (b) नाइट्रोजन का आयनन विभव कार्बन व ऑक्सीजन से अधिकतम होगा क्योंकि इसमें पूर्ण अर्द्ध भरी उपकक्षाएँ होती हैं।

$C < N > O$

40. (d) S^{2-} का आकार बड़ा होगा तथा आयनन ऊर्जा कम होगी।

41. (a) ${}_6C = 1s^2 2s^2 2p^2$; ${}_5B = 1s^2 2s^2 2p^1$

अतः प्रथम अवस्थाओं में IE कार्बन का $> IE_B$ के क्योंकि C का आकार B से कम है। परन्तु $IE_2(B) > IE_2(C)$

कार्बन में 2 इलेक्ट्रॉन p–उपकक्षा में अर्ध पूर्ण भरे हैं।

42. (b) आयनीकरण विभव का मान समूह में नीचे की तरफ घटता है।

43. (c) नाइट्रोजन का इलेक्ट्रॉनिक विन्यास

$${}_7N = 1s^2 2s^2 2p^3$$

$2p^3$	1	1	1

अर्द्ध भरे p कक्षक

अतः इससे इलेक्ट्रॉन पृथक् करने में ज्यादा ऊर्जा खर्च होगी।

44. (c) Be को $\Delta_i H$ (आयनीकरण विभव) का मान B से ज्यादा होगा

$Be = 1s^2 2s^2$

$B = 1s^2 2s^2 2p^1$

हम जानते हैं कि s इलेक्ट्रॉन नाभिक के नजदीक होने के कारण अधिक आकर्षित होते हैं। अतः 2s में से इलेक्ट्रॉन पृथक् करने के लिए ज्यादा ऊर्जा की आवश्यकता होती है। अतः Be का $\Delta_i H$ का मान B से ज्यादा होगा।

46. (d) द्वितीय आवर्त में N, O, F की विद्युत बन्धुता कम होती है अपने नीचे आने वाले P, S, Cl से, जो तृतीय आवर्त के तत्व हैं। इसका कारण है कि इसका परमाणु आकार कम होता है।

अतः ये आसानी से इलेक्ट्रॉन ग्रहण नहीं कर पाते हैं। अपने समूह में उपस्थित शेष तत्वों की तुलना में।

48. (d) यदि EN अन्तर >1.9 तब आयनिक बन्ध की प्रतिशत्ता 50% होगी। यदि विद्युतऋणात्मकता का अन्तर 2.8 हो तो

$$\text{प्रतिशत्ता} = \frac{2.8}{1.9} \times 50$$

$$= \frac{1400}{19} = 73.6\%$$

49. (a) फ्लोरीन की विद्युतऋणात्मकता सबसे ज्यादा होती है। अतः यह आसानी से ऋणायन बनाता है।

50. (c) $Z = 2, 8, 8, 1$ सबसे बाहरी कक्षा में एक इलेक्ट्रॉन है जो आसानी से पृथक् हो सकता है।

51. (c) हैलोजन सबसे अधिक विद्युतऋणी होते हैं इनका विन्यास $= ns^2 np^5$

54. (d) किसी भी समूह में विद्युतऋणात्मकता कम होती है तथा परमाणु आकार बढ़ता है। अतः Fr का आकार बड़ा है तथा विद्युतऋणात्मकता कम है।

58. (d) संयोजकता इस विन्यास के कारण $1s^2 2s^2 3p^3$, अर्थात् 5 होगी।

61. (a) एक ही आवर्त में बाएँ से दाएँ जाने पर ऑक्साइडों का क्षारीय गुण कम होता है अतः Na_2O सबसे ज्यादा क्षारीय होगा।

यूनिट-III & IV जीव विज्ञान, जैव-विविधता/ पर्यावरण एवं पारिस्थितकी

अध्याय

01

कोशिका एवं ऊतक

(Cell and Tissue)

कोशिका (Cell)

कोशिका या 'सेल' शब्द लैटिन भाषा के शब्द *सेल्युला* से व्युत्पन्न हुआ है, जिसका अर्थ है, एक छोटा कक्ष या कोष्ठक। कोशिका जीवद्रव्य के संगठित द्रव्यमान से बनी संरचना है, जो सुरक्षात्मक तथा वरणात्मक पारगम्य कला द्वारा घिरी रहती है।

- यह सजीवों की आधारभूत संरचनात्मक एवं क्रियात्मक इकाई है, जिसे जीवों का 'बिल्डिंग ब्लॉक' भी कहा जाता है।
- **रॉबर्ट हुक** ने सर्वप्रथम सरल सूक्ष्मदर्शी के द्वारा कॉर्क के पतले टुकड़े में मधुमक्खी के छत्ते के समान संरचना देखी, जोकि मृत कोशिकाएँ थीं और किसी जेल की कोठरियों से सम्बन्ध करते हुए इन्हें ***सेल्युला*** कहा। बाद में यही नाम बदलकर कोशिका हो गया।
- सबसे छोटी कोशिका ***माइकोप्लाज्मा*** या 'प्ल्यूरोन्यूमोनिया लाइक ऑर्गेनिज्म' है। इसे **पादप जगत का जोकर** भी कहते हैं।
- पादप जगत में सबसे लम्बी कोशिका रेमई तन्तु की होती हैं, जो ***बोहमेरिया निविया*** पादप के तने से प्राप्त होती है।
- जन्तु जगत में तन्त्रिका कोशिका सबसे लम्बी कोशिका है।
- शुतुरमुर्ग का अण्डा सबसे बड़ी कोशिका है।

कोशिका सिद्धान्त

जर्मन वनस्पति वैज्ञानिक **मैथियस श्लाइडेन** ने सन् 1838 में तथा जर्मन जन्तु वैज्ञानिक **थियोडोर श्वान** ने सन् 1839 में 'कोशिका सिद्धान्त' प्रस्तुत किया। उनके अनुसार,

- सभी जीवधारी कोशिकाओं तथा उनके उत्पादों से मिलकर बने होते हैं।
- कोशिका जीवन की मूल इकाई है।
- **आर. विरचोव** ने बताया कि 'नई कोशिकाओं का निर्माण केवल पूर्ववर्ती कोशिकाओं से ही होता है'।
- कोशिका सिद्धान्त विषाणुओं पर लागू नहीं होता है, क्योंकि विषाणु अकोशिकीय होते हैं।

सारणी 1. कोशिका से सम्बन्धित कुछ खोज

वैज्ञानिक	सन्	खोज
डब्ल्यू. फ्लेमिंग	1877 1879	समसूत्री कोशिका विभाजन की खोज की, गुणसूत्रों का विभाजन एवं क्रोमैटिन शब्द का प्रतिपादन किया
डब्ल्यू. एस. सटन	1902	न्यूनकारी विभाजन का महत्त्व
एफ. मिब्ज	1904	पादप कोशिका में माइटोकॉण्ड्रिया
जे. बी. फार्मर एवं मोरे	1905	अर्द्धसूत्री विभाजन नाम दिया
एफ. ए. जॉनसन	1909	किएज्मा का बनना
टी. एच. मॉर्गन	1933	आनुवंशिकता में गुणसूत्रों की भूमिका

कोशिका के प्रकार (Types of Cell)

केन्द्रक की संरचना के आधार पर कोशिका निम्न दो प्रकार की होती है

1. प्रोकैरियोटिक कोशिका

- यह सरलतम् संरचना कुछ सरल एवं आद्य एककोशिकीय जीवों में पाई जाती है।
- इसमें अल्पविकसित केन्द्रक पाया जाता है अर्थात् केन्द्रक में एक निश्चित संरचना का अभाव होता है तथा उसके प्रमुख अवयव (केन्द्रक कला, गुणसूत्र, केन्द्रिका आदि) अनुपस्थित होते हैं। वास्तविकता में केन्द्रक के स्थान पर इनमें नग्न DNA पाया जाता है।
- केन्द्रक की इस प्रकार की संरचना को आरम्भी केन्द्रक या न्यूक्लिओइड या जीनोफोर कहते हैं।
  उदाहरण—जीवाणु, नीली-हरी शैवाल, विषाणु, जीवाणुभोजी आदि।

2. यूकैरियोटिक कोशिका

- यह जटिल व विकसित कोशिका है, जिसमें सुविकसित केन्द्रक अपने सभी अवयवों के साथ पाया जाता है।
- यह सभी जन्तु व पादप कोशिकाओं में पाई जाती है।
- यूकैरियोटिक कोशिकाओं की संरचना जन्तुओं एवं पादपों में भिन्न-भिन्न होती है। उदाहरण—पादपों में कोशिका कला के बाहर एक दृढ़ **कोशिका भित्ति** (Cell wall) पाई जाती है, जो सेलुलोस (Cellulose) नामक पदार्थ की बनी होती है। अतः हम कह सकते हैं, कि यूकैरियोटिक कोशिकाएँ पुनः जन्तु और पादप कोशिकाओं में विभक्त की जा सकती हैं।

सारणी 2. प्रोकैरियोटिक और यूकैरियोटिक कोशिका में अन्तर

प्रोकैरियोटिक कोशिका	यूकैरियोटिक कोशिका
इनमें प्रारम्भी अविकसित केन्द्रक होता है।	इनमें पूर्ण विकसित केन्द्रक होता है।
ये आदिम कोशिकाएँ हैं।	ये सुविकसित कोशिकाएँ हैं।
केन्द्रक कला तथा केन्द्रिका अनुपस्थित होती है।	केन्द्रक कला तथा केन्द्रिका उपस्थित होती है।
DNA हिस्टोन प्रोटीन रहित होता है।	DNA के साथ हिस्टोन प्रोटीन जुड़ी होती है।
गॉल्जी तन्त्र, अन्तःप्रद्रव्यी जालिका, लवक तथा माइटोकॉण्ड्रिया अनुपस्थित होते हैं।	गॉल्जी तन्त्र, अन्तःप्रद्रव्यी जालिका तथा माइटोकॉण्ड्रिया उपस्थित होते हैं (लवक केवल पादप कोशिका में)।
श्वसन जीवद्रव्य कला (मीसोसोम) में होता है।	श्वसन माइटोकॉण्ड्रिया में होता है।
प्रकाश-संश्लेषण क्रोमेटोफोर में होता है।	प्रकाश-संश्लेषण पादप कोशिका के हरितलवक में होता है।
राइबोसोम 70S प्रकार के होते हैं।	राइबोसोम 70S तथा 80S प्रकार के होते हैं।
कशाभिका में सूक्ष्म तन्तुओं की (9 + 2) व्यवस्था नहीं होती है।	कशाभिका में सूक्ष्म नलिकाओं की (9 + 2) व्यवस्था होती है।
रिक्तिका अनुपस्थित होती है।	रिक्तिका उपस्थित होती है।
लयनकाय अथवा लाइसोसोम अनुपस्थित होते हैं।	लयनकाय जन्तु कोशिका में उपस्थित होते हैं।
सूत्री कोशिका विभाजन (Mitosis) नहीं होता है।	सूत्री कोशिका विभाजन होता है।
कोशिका भित्ति पतली होती है।	इनमें कोशिका भित्ति मोटी होती है।
लैंगिक जनन अनुपस्थित अथवा कम विकसित होता है।	लैंगिक जनन पूर्ण विकसित होता है।

कोशिका का रासायनिक संघटन

घटक	प्रतिशत
जल	70-90%
प्रोटीन	10-15%
कार्बोहाइड्रेट	3%
लिपिड	2%
न्यूक्लिक अम्ल	5-7%
आयन	1%

यूकैरियोटिक कोशिका का संरचनात्मक संगठन

यूकैरियोटिक कोशिका के संरचनात्मक संगठन को रेखांकित रूप से निम्न प्रकार दर्शा सकते है।

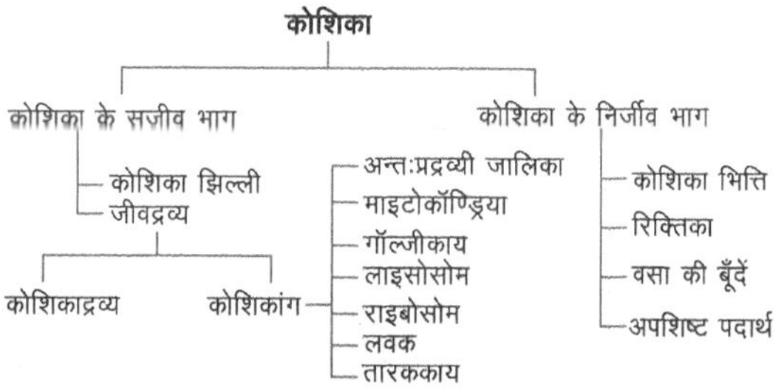

यूकैरियोटिका कोशिका में उपस्थित कोशिकांगों का संक्षिप्त विवरण निम्न प्रकार है

1. कोशिका भित्ति

- कोशिका भित्ति पादपों का अभिलक्षणीय लक्षण है। सामान्यतया हरे पादपों में कोशिका भित्ति सेलुलोस की बनी होती है।
- इसके अतिरिक्त इसमें हेमीसेलुलोस, पेक्टिन, लिग्निन आदि का जमाव मिलता है।
- इसके तीन भाग होते हैं—प्राथमिक, द्वितीयक तथा तृतीयक भित्ति।
- यह कोशिका को आकार, सुरक्षा तथा दृढ़ता प्रदान करती है।

2. कोशिका झिल्ली

- सभी कोशिकाओं में प्रोटीन, लिपिड व कार्बोहाइड्रेट की बनी एक पतली झिल्ली होती है, जिसे प्लाज्मा झिल्ली या कोशिका झिल्ली या प्लाज्मालेमा कहते हैं।
- **डेनिएली** एवं **डेवसन** के त्रिझिल्ली या त्रिस्तरीय वाद के अनुसार, कोशिका झिल्ली प्रोटीन की दो परतों के बीच, फॉस्फोलिपिड की द्विअणुक परत के अन्तर्निविष्ट होने (Sandwitched) से बनती है।
- **रॉबर्टसन** की इकाई झिल्ली अवधारणा (Unit membrane hypothesis) के अनुसार, सभी जैविक झिल्लियों में दो प्रोटीन परतों (प्रत्येक 20 Å मोटी) के मध्य, एक वसीय पदार्थ फॉस्फोलिपिड की बनी (35 Å मोटी) दो परतें होती हैं।
- **सिंगर** एवं **निकोल्सन** के तरल मोजैक प्रारूप (Fluid mosaic model) के अनुसार, कोशिका कला के मध्य में द्विआण्विक लिपिड की परत होती है तथा इस परत के बाहर परिधीय (Peripheral) या बाह्य (Extrinsic) प्रोटीन एवं परत में धँसे समाकल (Intrinsic = integral) प्रोटीन उपस्थित होता है। परिधीय प्रोटीन शर्करा की श्रृंखलाओं से जुड़कर ग्लाइकोप्रोटीन (Glycoprotein) तथा लिपिड के साथ जुड़कर ग्लाइकोलिपिड (Glycolipid) बनाती है।
- कोशिका झिल्ली कोशिका को आकृति प्रदान करने, आघातों से रक्षा, एन्जाइमों का संग्रह (जैसे—माइटोकॉण्ड्रिया झिल्ली में) तथा विभिन्न पदार्थों के आदान-प्रदान का कार्य करती है।
- जन्तु कोशिकाओं में कोशिका झिल्ली पिनोसाइटोसिस (Pinocytosis) तथा फैगोसाइटोसिस (Phagocytosis) की क्रिया द्वारा पदार्थों के चयनात्मक अभिगमन में सहायता करती है।

3. जीवद्रव्य

सभी कोशिकाओं में एक जैलीनुमा अर्द्धतरल द्रव्य भरा रहता है, जिसे जीवद्रव्य कहते हैं। जीवद्रव्य को सर्वप्रथम **कॉर्टी** (Corti) ने देखा था, परन्तु जीवद्रव्य की खोज का श्रेय **डुजार्डिन** (Dujardin) को जाता है, जिन्होंने इसके लिए 'सार्कोड (Sarcode)' शब्द प्रयुक्त किया। बाद में **पुरकिन्जे** ने इसे जीवद्रव्य (Protoplasm) नाम दिया।

हक्सले (Huxley) के अनुसार 'जीवद्रव्य जीवन का भौतिक आधार है।

जीवद्रव्य के भाग

जीवद्रव्य के भाग निम्न प्रकार हैं

(i) **कोशिकाद्रव्य** कोशिका में भरा वह सारा जीवद्रव्य, जिसमें अन्य कोशिकांग उपस्थित होते हैं व कई रासायनिक व भौतिक क्रियाएँ सम्पन्न होती हैं, कोशिकाद्रव्य कहलाता है।

(ii) **केन्द्रकद्रव्य** केन्द्रक में भरा सारा जीवद्रव्य, जिसमें गुणसूत्र व केन्द्रिका उपस्थित होते हैं, केन्द्रकद्रव्य कहलाता है।

4. केन्द्रक

- सर्वप्रथम **रॉबर्ट ब्राउन** (Robert Brown; 1831) ने केन्द्रक का पता लगाया। यह कोशिका का महत्त्वपूर्ण भाग है। केन्द्रक कोशिका की सभी क्रियाओं को नियन्त्रित करता है।
- **हैमरलिंग** (Hammerling; 1953) नामक वैज्ञानिक ने *एसीटाबुलेरिया* (*Acetabularia*) नामक एककोशिकीय हरी शैवाल पर प्रयोगों द्वारा सिद्ध किया कि केन्द्रक कोशिका के विभिन्न कार्यों को नियन्त्रित करता है।

केन्द्रक की संरचना

केन्द्रक प्रायः गोलाकार होता है और संरचनात्मक रूप से इसे प्रायः चार प्रमुख भागों में बाँटते हैं

(i) **केन्द्रक कला** केन्द्रक के चारों ओर दोहरी कला का आवरण होता है, जिनके मध्य परिकेन्द्रीय अवकाश (Perinuclear space) होता है। प्रत्येक कला 75 Å मोटी होती है तथा परिकेन्द्रीय अवकाश 100-300 Å तक मोटा होता है।

(ii) **केन्द्रकद्रव्य** केन्द्रक के अन्दर भरे पारदर्शी, अर्द्धतरल, प्रोटीन युक्त व विशिष्ट माध्यम को ही केन्द्रकद्रव्य या केन्द्रक रस कहते हैं। इसमें केन्द्रिका व गुणसूत्र निलम्बित अवस्था में पाए जाते हैं।

(iii) **केन्द्रिका** इसकी खोज **फोन्टाना** (Fontana) ने की थी व 'न्यूक्लियोलस' नाम **बोमन** (Bomen) ने दिया। इसे कैरियोसोम (Karyosome) या एण्डोसोम (Endosome) भी कहते हैं। यह गोल या अण्डाकार होती है। यह अन्तरावस्था (Interphase) में स्पष्ट दिखाई देती है तथा विभाजन के समय प्रोफेज अवस्था में लुप्त होकर अन्त्यावस्था में पुनः बन जाती है।

प्रायः एक केन्द्रक में एक ही केन्द्रिका होती है। केन्द्रक का यह भाग कोशिका में पाए जाने वाले राइबोसोम के निर्माण का प्रमुख स्रोत होता है।

(iv) **गुणसूत्रीय जालक** केन्द्रकद्रव्य में लम्बी धागेनुमा संरचनाओं का जाल पाया जाता है, जिसे गुणसूत्रीय जाल या जालक कहते हैं। कोशिका विभाजन के समय यही संघनित होकर गुणसूत्र बन जाते हैं। इन पर जीन के रूप में DNA पाया जाता है। कुछ स्थानों पर गुणसूत्रीय जालक अधिक सघन मजबूत व गुँथे होते हैं, जिसे विषमगुणसूत्रीय जालक (Heterochromatin) कहते हैं तथा कुछ स्थानों पर यह कम सघन व ढीला नेटवर्क बनाता है, जिसे सुगुणसूत्रीय जालक (Euchromatin) कहते हैं।

माइटोकॉण्ड्रिया

माइटोकॉण्ड्रिया को सर्वप्रथम **कोलिकर** ने सन् 1850 में कीटों की विच्छेदित (dissected) रेखीय माँसपेशियों (striated muscles) में देखा था।

- **अल्टमान** (1890) ने इन्हें कणिका के रूप में देखा तथा इसे बायोब्लास्ट कहा।
- **सी बेन्डा** (1897) ने इन्हें सर्वप्रथम माइटोकॉण्ड्रिया नाम दिया। पादप कोशिका में जन्तु कोशिका की अपेक्षा माइटोकॉण्ड्रिया की संख्या कम होती है।
- बाह्य कला, आन्तरिक कला से एक स्थान के द्वारा पृथक् होती है, जिसे **पेरीमाइटोकॉण्ड्रियल स्थान** कहते हैं।
- क्रिस्टी माइटोकॉण्ड्रिया की आन्तरिक कला मुड़कर तथा अँगुलीनुमा उभारों के रूप में निकलकर, एक संरचना बनाती है, जिन्हें क्रिस्टी कहते हैं।
- माइटोकॉण्ड्रिया अर्द्ध-स्वायत्त (semi-autonomous) कोशिकांग होता है। माइटोकॉण्ड्रिया में DNA, *m*RNA एवं राइबोसोम पाए जाते हैं, जिनकी सहायता से ये प्रोटीन संश्लेषण में सक्षम हैं।
- माइटोकॉण्ड्रिया, कोशिका का ऊर्जा गृह कहलाता है, क्योंकि इसमें ईंधन का चरणबद्ध ऑक्सीकरण होता है, जिसके फलस्वरूप रासायनिक ऊर्जा (ATP) मुक्त होती है।

अन्तःप्रद्रव्यी जालिका

के.आर. पोर्टर ने वर्ष 1953 में अन्तःप्रद्रव्यी जालिका शब्द की खोज की। यह झिल्ली से घिरा, वाहिकाओं का अन्तः संचारित तन्त्र होता है, जो सिस्टर्नी, पुटिका तथा द्रव्य युक्त संकरी नलिकाओं से मिलकर बना होता है। *ये दो प्रकार की होती हैं*

- **राइबोसोमविहीन** अथवा **चिकनी अन्तःप्रद्रव्यी जालिका** (SER), इसका कार्य वसा संश्लेषण करना है।
- **राइबोसोमयुक्त** अथवा **खुरदरी अन्तःप्रद्रव्यी जालिका** (RER), जो प्रोटीन संश्लेषण में भाग लेती है।
- यह कोशिका के लिए यान्त्रिक आधार प्रदान करते हैं तथा कोशिका का अन्तःकंकाल बनाते हैं।
- यह पदार्थों के अन्तरा कोशिकीय परिसंचरण (intracellular transport) में सहायता करते हैं।
- कणिका रहित अन्तःप्रद्रव्यी जालिका लिपिड, ग्लाइकोजन तथा स्टीरॉइड, जैसे—कोलेस्टेरॉल, हॉर्मोन टेस्टोस्टेरॉन तथा प्रोजेस्टेरॉन आदि के संश्लेषण में सहायता करती है।

राइबोसोम

राइबोसोम की खोज तथा नामकरण **पैलेड** (1955) के द्वारा किया गया। ये अतिसूक्ष्म कोशिकांग हैं, जो केवल इलेक्ट्रॉन सूक्ष्मदर्शी के द्वारा देखें जा सकते हैं। इन्हें **पैलेड कण** या **कोशिका की प्रोटीन फैक्ट्री** भी कहा जाता है।

राइबोसोम 70 S तथा 80 S प्रकार के होते हैं

- **70 S प्रकार के राइबोसोम** प्रोकैरियोटिक कोशिका, माइटोकॉण्ड्रिया तथा लवकों में पाए जाते हैं तथा ये 50S (बड़ी) तथा 30S (छोटी) सह इकाइयों से मिलकर बने होते हैं।
- **80 S प्रकार के राइबोसोम** यूकैरियोटिक कोशिकाओं के कोशिकाद्रव्य में पाए जाते हैं तथा ये 60S (बड़ी) तथा 40S (छोटी) सह इकाईयों से मिलकर बने होते हैं।
- ये कोशिका के प्रोटीन संश्लेषण के लिए स्थान तथा एन्जाइम प्रदान करते हैं, इसलिए इन्हें प्रोटीन संश्लेषण का कारखाना भी कहा जाता है।
- लाल रुधिराणु में राइबोसोम्स हीमोग्लोबिन प्रोटीन को संश्लेषित करते हैं।

लयनकाय

- लाइसोसोम की खोज **क्रिस्टियन डी डुवे** ने वर्ष 1955 में की। इन्हें प्राय: आत्मघाती थैली (suicidal bag) भी कहते हैं।
- ये एकल झिल्लीयुक्त, गोल, छोटी थैलीनुमा संरचना होती हैं। ये प्राय: यूकैरियोटिक कोशिका में पाई जाती हैं, परन्तु जन्तु कोशिका में प्रचुर मात्रा में पाई जाती है तथा भक्षण क्रिया प्रदर्शित करती हैं।
- कोशिका में विभाजन प्रारम्भ करने में ये एक महत्त्वपूर्ण भूमिका निभाते हैं।

गॉल्जीकाय

- इसकी खोज 1898 ई. में **कैमिलो गॉल्जी** ने की तथा इसके लिए उन्होंने वर्ष 1906 में नोबेल पुरस्कार प्राप्त किया।
- यह जालिकानुमा नलिकाओं या पुटिकाओं से बना जटिल संगठन होता है, जो छोटी गोल पुटिकाओं से घिरा होता है।
- ये मुख्यतया यूकैरियोटिक कोशिका (स्तनधारियों के RBCs के अतिरिक्त) में उपस्थित होती हैं तथा स्रावण कोशिकाओं में प्रचुर मात्रा में पाई जाती हैं।
- गॉल्जीकाय की तारककाय के निर्माण, शुक्राणु में एक्रोसोम के निर्माण, पीतक के निर्माण, स्राव के भण्डारण, मिलेनिन कणिकाओं के निर्माण, हॉर्मोन (इन्सुलिन) के स्रावण में महत्त्वपूर्ण भूमिका होती है।

लवक

ये सभी प्रकार की पादप कोशिकाओं में पाए जाते हैं (जीवाणु नील-हरित शैवालों व कवकों को छोड़कर)।

ये निम्न तीन प्रकार के होते हैं

(i) **अवर्णी लवक** (Leucoplast) एक रंगहीन लवक, जो जड़ों और भूमिगत तनों में पाए जाते हैं। ये स्टार्च के रूप में भोजन का संग्रह करते हैं, *ये मुख्यतया तीन प्रकार के होते हैं*
- **एमाइलोप्लास्ट**, ये जड़ों, भूमिगत तनों तथा चावल, गेहूँ तथा मक्का के बीज में पाए जाते हैं तथा स्टार्च का संग्रहण करते हैं।
- **इलायोप्लास्ट** बीज में वसा का संग्रहण करते हैं।
- **प्रोटीनोप्लास्ट** इनमें प्रोटीन संग्रहण होता है, जो बीजों में पाए जाते हैं।

(ii) **वर्णी लवक** (Chromoplast) ये पौधों के रंगीन भागों, पुष्पों की पँखुड़ियों तथा फलों की भित्तियों में पाए जाते हैं।
- ये पीले, लाल तथा नारंगी रंग के लवक हैं। *उदाहरण*-टमाटर में लाइकोपिन, गाजर में कैरोटिन, चुकन्दर में विटानीन आदि वर्णक के कारण इसका रंग निर्धारित होता है।

(iii) **हरितलवक** (Chloroplast) ये हरे रंग के होते हैं। यह पत्ती की कोशिकाओं में तथा पौधे के अन्य हरे भागों की कोशिकाओं में पाए जाते हैं।
- कोशिकीय संरचनाओं में केन्द्रक को छोड़कर ये सबसे बड़े कोशिकांग होते हैं।
- इनका बाहरी भाग द्विस्तरीय झिल्ली से घिरा होता है तथा इनकी गुहा में द्रव भरा होता है, जिसे **स्ट्रोमा** कहते हैं।
- स्ट्रोमा में कई सतत् तथा असतत् पटलिका (lamellae) पाई जाती है।
- अनेक स्थानों पर झिल्लियाँ एक-दूसरे पर इस प्रकार व्यवस्थित रहती हैं, जिससे विशिष्ट रचनाएँ ग्रेना का निर्माण होता है।
- ग्रेना झिल्लियों के मध्य में छोटे-छोटे प्रकोष्ठ निर्मित होते हैं, जिन्हें थाइलैकॉइड्स कहते हैं।
- हरितलवक पौधों में प्रकाश-संश्लेषण का केन्द्र है। इसके स्ट्रोमा में अन्धकार अभिक्रिया तथा ग्रेना में प्रकाश अभिक्रिया होती है तथा कार्बोहाइड्रेट्स का निर्माण होता है।

रसधानियाँ

परिपक्व पादप कोशिकाओं में रसधानियाँ पाई जाती हैं। जन्तु कोशिकाओं में रसधानियाँ नहीं पाई जाती हैं, यह अत्यन्त छोटी होती हैं।

- रसधानी के बाहर पाई जाने वाली कला अथवा झिल्ली को टोनोप्लास्ट या रसधानीय झिल्ली (vacuolar membrane) कहते हैं।
- रसधानी में कोशिका रस (cell sap) भरा होता है। इसमें 75-80% तक जल होता है, जिसमें अनेक खनिज लवण, खाद्य पदार्थ तथा अम्ल घुले होते हैं।
- कोशिका रस में जलीय घुलनशील वर्णक एन्थोसायनिन पाया जाता है। इस वर्णक के कारण फल, पुष्प तथा पत्तियों का रंग लाल या बैंगनी होता है।

रसधानियों को उनके कार्य के अनुसार चार प्रकार से वर्गीकृत किया गया है

(i) **रस रसधानी** (Sap vacuole) खनिज लवणों तथा पोषक तत्वों का संचयन तथा सान्द्रण करती है।

(ii) **संकुचन रसधानी** (Contractile vacuole) ये उत्सर्जन व परासरण नियमन में भाग लेती हैं। सामान्यतया जन्तुओं में अधिक मिलती हैं।

(iii) **खाद्य रसधानी** (Food vacuole) इनमें पाचक रस भरा रहता है तथा ये पोषक तत्वों के पाचन में भाग लेती हैं।

(iv) **वायु रसधानी** (Air vacuole) ये केवल प्रोकैरियोट्स में मिलती हैं तथा इनमें उपापचयी गैसें मिलती हैं। ये कोशिका उत्पलावन में सहायता करती हैं।

सूक्ष्मकाय

कोशिका में कुछ सूक्ष्मकाय रचनाएँ भी पाई जाती हैं, *जिनमें से निम्नलिखित दो प्रमुख हैं*

(i) **परऑक्सीसोम्स** (Peroxisome) सर्वप्रथम इन्हें **टॉल्बर्ट** तथा उनके साथियों ने खोजा था। ये रचनाएँ प्रकाशीय श्वसन में मुख्य भूमिका निभाती हैं।
- इनका आकार 0.5-1.0 μm होता है। इनमें इकहरी झिल्ली का एक खोल होता है, जिसमें सघन स्ट्रोमा होती है।
- इसमें अनेक एन्जाइम पाए जाते हैं, *जैसे*-ग्लाइकोलेट, ऑक्सीडेज, ग्लाइऑक्सीलेट रिडक्टेज, कैटेलेज, ग्लूटामेट, ग्लाइऑक्सीलेट ट्रान्सएमाइनेज तथा मैलेट डीहाइड्रोजिनेज।

(ii) **ग्लाइऑक्सीसोम्स** (Glyoxysome) **बीवर्स** ने अरण्ड के बीज में भ्रूणपोष के माइटोकॉण्ड्रिया में 0.5-1.0 μm आकार के दानों की खोज की। इन कणों पर एक परत वाली झिल्ली होती है, जो एक दानेदार स्ट्रोमा को घेरे रहती है।

- ग्लाइऑक्सीलेट चक्र दो विशिष्ट एन्जाइम आइसोसिट्रेडलेज तथा मैलेट सिन्थेटेज एवं कुछ अन्य एन्जाइम भी इन कणों में पाए जाते हैं।
- सामान्यतया ये अंकुरणशील वसीय बीजों जैसे-अरण्ड, मूँगफली, इत्यादि में पाए जाते हैं। इनका सम्बन्ध वसाओं को विघटित करने से होता है।

सूक्ष्मनलिकाएँ

- ऐसी संरचनाएँ, जो बेलनाकार तथा खोखली होती हैं, को **स्लॉटर** (1953) ने सूक्ष्मनलिकाएँ की संज्ञा दी। अनेक यूकैरियोटिक कोशिकाओं की प्लाज्मा झिल्ली में ये रचनाएँ पाई जाती हैं।
- प्रायः इन रचनाओं का व्यास 250 Å तथा इनकी खोखली गुहा 13 लम्बी माइक्रोफाइब्रिल्स से घिरी रहती है। इन रचनाओं के द्वारा सेलुलोस तन्तुओं का पुनर्संगठन व संश्लेषण तथा गॉल्जीकॉय की क्रियाओं को भी नियन्त्रित किया जाता है।

तारककाय

- तारककाय की खोज **बेनडेन** ने (1887) में की। 'सेन्ट्रोसोम' शब्द को **टी. बोवेरी** (1888) ने प्रतिपादित किया।
- यह जन्तु कोशिका में कुछ कवक में, यीस्ट में इन्टरफेज नाभिक के पास पाए जाते हैं।
- प्रत्येक तारककेन्द्र, बैलगाड़ी के पहिए की आकृति का होता है, जो मध्य छड़ से बना रहता है।
- यह सूक्ष्मनलिका अंग है, जिसमें सूक्ष्मनलिका विशिष्ट क्रम में व्यवस्थित रहते हैं। यह **राबट्रीस** एवं **फेन्ची** ने खोजा था।
- इसका निर्माण तारककेन्द्र द्वारा होता है, जो सेमीऑटोनोम्स होते हैं। तारककेन्द्र के सूक्ष्मनलिका मुख्यतया तीन रसायन से बने रहते हैं, जो ट्यूलिन (प्रोटीन), लिपिड एवं एटीपेज एन्जाइम हैं। यह तर्कु उपकरण के निर्माण द्वारा कोशिका विभाजन में महत्त्वपूर्ण भूमिका निभाते हैं।
- यह आधार पिण्ड का निर्माण करते हैं, जो पक्ष्माभिका या कशाभिका निर्माण के लिए उत्तरदायी है।

5. गुणसूत्र

स्ट्रासबर्गर (Strasburger) ने सन् 1875 में इनकी खोज की थी तथा 'गुणसूत्र' शब्द का प्रयोग **वाल्डेयर** (Waldeyer) ने सन् 1888 में कोशिका विभाजन का अध्ययन करते हुए दिया था।

सरल शब्दों में ये केन्द्रक में पाए जाने वाले न्यूक्लियोप्रोटीन हैं, जोकि विभाजन के समय संघनित होकर दण्डाकार, सर्पिलाकार, डम्बलाकार या तन्तुनुमा हो जाते हैं। इसकी लम्बाई 0.5-30 μm व व्यास 0.2-3 μm होता है।

सारणी 4. कुछ जीवों में गुणसूत्रों की संख्या

जीव	प्रत्येक कोशिका में गुणसूत्रों की संख्या	जीव	प्रत्येक कोशिका में गुणसूत्रों की संख्या
गोलकृमि	2	चूहा	42
मच्छर	6	मानव	46
मटर	14	आलू	48
प्याज	16	कुत्ता	64
मक्का	20	कबूतर	80
चावल	24	गोल्डफिश	100
मेंढक	26	*अमीबा*	250
सूरजमुखी	34	तितली	300-360

- ***हेप्लोपेपस ग्रेसिलिस*** पादप में सबसे कम गुणसूत्र पाए जाते हैं, जबकि जन्तुओं में सबसे कम गुणसूत्र *ऑफरिओरटोक प्यूरीलिस* तथा गोलकृमि (*ऐस्कैरिस*) में पाए जाते हैं।
- सबसे अधिक गुणसूत्र *ऑफियोग्लोसम रेटीकुलेटम* (एर्डस टंग फर्न)—1262 और *ओलोकेन्थ* (एक प्रोटिस्टा)—1600 में पाए जाते हैं।

महत्त्वपूर्ण बिन्दु

- जीवाणु की कोशिका भित्ति पेप्टाइडोग्लाइकेन या म्यूरिन की बनी होती है।
- गॉल्जीकाय जीवाणुओं, नील-हरित शैवाल, परिपक्व RBCs एवं परिपक्व शुक्राणुओं में अनुपस्थित होते हैं।
- वर्णी लवक (Chromoplast) लाल, पीले व नारंगी रंग के होते हैं। ये पुष्पों के दलपुंजों व फलों में पाए जाते हैं।
- अवर्णीलवक (Leucoplast) रंगहीन लवक हैं, जो भोजन का संचय करते हैं।
- पके हुए फल खाने योग्य मुलायम एवं रसीले हो जाते हैं, क्योंकि इनकी कोशिका भित्ति की मध्य पट्टलिका में उपस्थित दृढ़ कैल्शियम पैक्टेट पेक्टिनेज एन्जाइम द्वारा घुल जाता है।

कोशिका चक्र (Cell Cycle)

एक कोशिका के बनने से लेकर विभाजन द्वारा सन्तति कोशिका बनने तक होने वाली प्रक्रियाओं को कोशिका चक्र कहते हैं। इसमें दो अवस्थाएँ अन्तरावस्था व विभाजनशील M-अवस्था होती है।

1. अन्तरावस्था

इसमें केन्द्रक उपापचयी रूप से सक्रिय होता है। इसमें तीन चरण होते हैं

- G_1-**अवस्था** (G_1-phase) RNA तथा प्रोटीन का संश्लेषण होता है।
- G_0-**अवस्था** (G_0-phase) कोशिकाएँ विभेदित हो जाती हैं।
- **S-अवस्था** (S-phase) DNA का द्विगुणन तथा हिस्टोन प्रोटीन का संश्लेषण होता है।
- G_2-**अवस्था** (G_2-phase) तर्कु (Spindle) हेतु प्रोटीन का संश्लेषण एवं कोशिकांगों की वृद्धि होती है।

2. M-अवस्था

इसमें केन्द्रक विभाजन (Karyokinesis) एवं कोशिकाद्रव्य विभाजन (Cytokinesis) होते हैं। इसमें समसूत्री एवं अर्द्धसूत्री प्रकार का विभाजन होता है।

समसूत्री विभाजन

यह विभाजन कायिक कोशिकाओं में होता है। विभाजन के पूर्व की अवस्था अन्तरावस्था कहलाती है, जिसमें कोशिका विभाजन की तैयारी होती है। इस विभाजन को दो अवस्थाओं, केन्द्रकीय विभाजन तथा कोशिकाद्रव्य विभाजन में विभाजित किया जा सकता है।

केन्द्रकीय विभाजन में चार अवस्थाएँ होती हैं

(i) **पूर्वावस्था** में प्रत्येक गुणसूत्र अपने अर्द्धगुणसूत्रों (Chromatids) में पृथक् दिखाई देता हैं, परन्तु ये अर्द्धगुणसूत्र गुणसूत्र बिन्दु (Centromere) पर जुड़े होते हैं। केन्द्रक कला तथा केन्द्रिका नष्ट हो जाती है।

(ii) **मध्यावस्था** में गुणसूत्र मध्य रेखा पर एकत्र हो जाते हैं। गुणसूत्र के सेन्ट्रोमीयर से कुछ तन्तु ध्रुवों से जुड़े रहते हैं। उच्च पादपों में अतारकीय (Anastral), जबकि जन्तुओं में तारकीय (Astral) सूत्री विभाजन होता है।

(iii) **पश्चावस्था** में अर्द्धगुणसूत्र अलग हो जाते हैं और सन्तति गुणसूत्रों के मध्य प्रतिकर्षण बल (Repulsive force) या टेक्टाइल तन्तुओं के ध्रुवों की ओर खिंचाव के कारण ये विपरीत ध्रुवों की ओर गति करते हैं।

(iv) **अन्त्यावस्था** में सन्तति गुणसूत्र विपरीत ध्रुवों पर एकत्र हो जाते हैं और केन्द्रक कला तथा केन्द्रिका दिखाई देने लगते हैं।

कोशिकाद्रव्य विभाजन पादप कोशिकाओं में फ्रेग्मोप्लास्ट (Phragmoplast) से, कोशिका के मध्य से बाहर की ओर कोशिका पट्ट (Cell plate) के निर्माण द्वारा एवं जन्तुओं में कोशिका कला के मध्यवर्ती स्थान से अन्तर्वलन (Invagination) द्वारा होता है।

सूत्री कोशिका विभाजन जीवों की वृद्धि तथा विकास में सहायक है। यह अलैंगिक जनन का आधार है। इसमें सन्तति कोशिकाओं में गुणसूत्रों की संख्या मातृकोशिका के समान होती है।

अर्द्धसूत्री विभाजन

यह जनन कोशिकाओं में होता है। इसके फलस्वरूप पुत्री कोशिकाओं (युग्मकों) में गुणसूत्रों की संख्या अगुणित (आधी) रह जाती है। यह विभाजन दो चरणों में पूर्ण होता है।

(i) **प्रथम अर्द्धसूत्री विभाजन** इसे **न्यूनकारी विभाजन** (Reduction division) या विषमकारी विभाजन (Heterotypic division) भी कहते हैं। इसमें निम्नलिखित अवस्थाएँ होती हैं

(a) **प्रथम पूर्वावस्था** अर्द्धसूत्री विभाजन की सबसे लम्बी अवस्था है, इसे निम्न पाँच उप-अवस्थाओं में विभाजित करते हैं।

- **लेप्टोटीन** उप-अवस्था में केन्द्रक जाल संघनित होकर गुणसूत्र बनाते हैं। एक ही प्रकार के गुण रखने वाले गुणसूत्र **समजात गुणसूत्र** (Homologous chromosome) कहलाते हैं।
- **जाइगोटीन** उप-अवस्था में समजात गुणसूत्र युग्म बनाते हैं। इस युग्म बनाने की क्रिया को सूत्रयुग्मन या सिनेप्सिस (Synapsis) कहते हैं। युग्म को **युगली गुणसूत्र** (Bivalent chromosome) कहते हैं।
- **पैकीटीन** उप-अवस्था में प्रत्येक गुणसूत्र के लम्बाई में टूटने के कारण समजात गुणसूत्र-युग्म में चार क्रोमैटिड्स दिखाई देते हैं। इस दशा को **चतुर्संयोजक** (Tetrad) कहते हैं। युग्मित गुणसूत्र क्रोमैटिड्स किएज्मा पर परस्पर जुड़कर क्रोमैटिड्स के टुकड़ों का आदान-प्रदान करते हैं। इन क्रिया को **जीन विनिमय** (Crossing over) कहते हैं।
- **डिप्लोटीन** उप-अवस्था में समजात गुणसूत्र का प्रत्येक अर्द्धगुणसूत्र एक-दूसरे से अलग होने लगता है, परन्तु कुछ स्थानों पर एक-दूसरे के साथ क्रॉस बनाए रखता है, जिनको **किएज्मेटा** (Chiasmata) कहते हैं।
- **डाइकाइनेसिस** इसमें केन्द्रक तथा केन्द्रक कला अदृश्य हो जाते हैं। किएज्मेटा गुणसूत्र के सिरे की ओर खिसकने लगते हैं, जिसे उपान्तीभवन या टर्मिनेलाइजेशन (Terminalisation) कहते हैं। अब तर्कु तन्तुओं (Spindle fibre) का निर्माण प्रारम्भ हो जाता है।

(b) **प्रथम मध्यावस्था** में तर्कु उपकरण (Spindle apparatus) बन जाता है तथा तर्कु तन्तु गुणसूत्रों के सेन्ट्रोमीयर से जुड़ जाते हैं।

(c) **प्रथम पश्चावस्था** में तर्कु तन्तुओं के संकुचन के कारण समजात गुणसूत्र विपरीत ध्रुवों पर जाने लगते हैं और प्रत्येक ध्रुव पर गुणसूत्रों की संख्या आधी हो जाती है।

(d) **प्रथम अन्त्यावस्था** में केन्द्रिका तथा केन्द्रक कला प्रकट हो जाती है।

कोशिकाद्रव्य विभाजन द्वारा दो कोशिकाएँ बनती हैं, जो अन्तरावस्था में प्रवेश करती हैं, लेकिन इसमें DNA का द्विगुणन नहीं होता है।

(ii) **द्वितीय अर्द्धसूत्री विभाजन** इसे समरूप अर्द्धसूत्री विभाजन (Homotypic meiosis) भी कहते हैं। ये समसूत्री विभाजन के समान होता है।

(a) **पूर्वावस्था-II** गुणसूत्र छोटे तथा पतले होते हैं।

(b) **मध्यावस्था-II** गुणसूत्र मध्य रेखा पर व्यवस्थित हो जाते हैं।

(c) **पश्चावस्था-II** गुणसूत्र दो क्रोमैटिडों में विभाजित होता है।

(d) **अन्त्यावस्था-II** गुणसूत्र, विपरीत ध्रुवों पर समूह बनाते हैं तथा चार अगुणित कोशिकाओं का निर्माण होता है।

सारणी 5. समसूत्री कोशिका विभाजन एवं अर्द्धसूत्री कोशिका विभाजन में अन्तर

समसूत्री कोशिका विभाजन	अर्द्धसूत्री कोशिका विभाजन
यह कायिक कोशिकाओं में होता है।	यह जनन कोशिकाओं में होता है।
परिणामस्वरूप दो द्विगुणित पुत्री कोशिकाएँ बनती हैं।	चार अगुणित कोशिकाएँ बनती हैं।
प्रत्येक गुणसूत्र स्वतन्त्र रूप से व्यवहार करता है।	समजात गुणसूत्र युग्म बनाते हैं।
गुणसूत्रों की संख्या स्थिर रहती है।	गुणसूत्र की संख्या आधी हो जाती है।
जीन विनिमय नहीं होता है।	जीन विनिमय होता है।
विभाजन केवल एक अवस्था में पूर्ण हो जाता है।	विभाजन दो अवस्थाओं में पूर्ण होता है।

पादप ऊतक (Plant Tissue)

ऊतक **रचना**, **उत्पत्ति** तथा **कार्य** में **समान कोशिकाओं** का समूह होता है। ऊतकों का अध्ययन **शारीरिकी** या **औतकी** (Anatomy) कहलाता है। विकास के आधार पर ऊतक दो प्रकार के होते हैं

(i) विभज्योतकी (ii) स्थायी

विभज्योतकी ऊतक

विभज्योतकी ऊतक वर्धी भागों में उपस्थित विभाजन की क्षमता युक्त कोशिकाओं द्वारा निर्मित होते हैं। इसकी कोशिकाएँ जीवित तथा पतली कोशिका भित्ति युक्त होती है, जिनमें कोशिका में गाढ़ा जीवद्रव्य, बड़ा

केन्द्रक एवं रिक्तिका छोटी या अनुपस्थित होती है। इनमें अन्तरा कोशिकीय स्थानों का अभाव होता है तथा कोशिकाएँ उपापचयी रूप से अत्यधिक क्रियाशील होती हैं।

विभज्योतकी ऊतक क्रमशः निम्न प्रकार के होते हैं

1. स्थिति के आधार पर

(i) **शीर्षस्थ विभज्योतक** जड़ तथा तने के शिखाग्र पर स्थित यह ऊतक निरन्तर विभाजन से लम्बाई में वृद्धि करता है; जैसे—प्ररोह शीर्ष तथा मूल शीर्ष।

(ii) **पार्श्व विभज्योतक** तनों तथा जड़ों की पार्श्व दिशाओं में स्थित यह ऊतक, विभाजन द्वारा द्वितीयक वृद्धि का निर्माण करता है; जैसे—संवहन कैम्बियम तथा कॉर्क कैम्बियम।

(iii) **अन्तर्विष्ट विभज्योतक** स्थायी ऊतकों के बीच-बीच में स्थित यह ऊतक शीर्षस्थ विभज्योतक का ही भाग है। यह घास के पर्व, *इक्वीसिटम* के तने के आधार एवं पोदीने में पर्वसन्धियों के नीचे पाए जाते हैं।

2. उत्पत्ति के आधार पर

(i) **प्राक्विभज्योतक** जड़ तथा तने के शिखाग्र पर स्थित यह ऊतक पादप के किसी वृद्धि करते हुए भाग की प्रारम्भिक अवस्था को दर्शाता है।

(ii) **प्राथमिक विभज्योतक** जड़ों, तनों तथा उपांगों के शिखाग्रों पर स्थित यह ऊतक, प्राक्विभज्योतक से बनते हैं। इनकी कोशिकाएँ विभज्योतकी होती हैं तथा स्थायी ऊतक बनाती हैं।

(iii) **द्वितीयक विभज्योतक** कुछ प्राथमिक विभज्योतकी कोशिकाओं में विभाजन की क्षमता आ जाने से बनते हैं; जैसे—अन्तरापूलीय तथा कॉर्क कैम्बियम।

3. कोशिका विभाजन तल के आधार पर

(i) **स्थूल विभज्योतक** विभज्योतकी कोशिकाओं का सभी दिशाओं में विभाजन होता है, जिससे अनियमित संरचनाएँ, (जैसे—भ्रूणपोष) बनती है।

(ii) **पट्टिका विभज्योतक** विभज्योतकी कोशिकाएँ दो तलों में अपनतिक विभाजन द्वारा पट्टिका जैसी रचना बनाती है; जैसे—पत्तियों में।

(iii) **शिरा विभज्योतक** विभज्योतकी कोशिकाएँ केवल एक तल में अपनतिक विभाजन करती हैं जिससे कोशिकाओं की पंक्तियाँ बन जाती है; जैसे—वल्कुट तथा मज्जा का बनना।

4. कार्य के आधार पर

(i) **प्रोटोडर्म** वृद्धि प्रदेशों का सबसे बाह्य ऊतक स्तर होता है। उदाहरण— एपिडर्मिस तथा सम्बन्धित भागों का विकास।

(ii) **प्रोकैम्बियम** इनकी कोशिकाएँ लम्बी एवं संकुचित होती हैं। उदाहरण— प्राथमिक संवहन ऊतकों का निर्माण।

(iii) **भरण ऊतक** यह आधारभूत विभज्योतकी ऊतक, एपिडर्मिस तथा संवहन पूलों को छोड़कर सभी ऊतकों का विकास।

प्ररोह शीर्ष विभज्योतक से सम्बन्धित सिद्धान्त

(i) **शीर्षस्थ कोशिका सिद्धान्त नगेली** (1858) के अनुसार, प्ररोह शीर्ष एक कोशिका का बना होता है, जिसके विभाजन से पूर्ण पादप का निर्माण होता है।

(ii) **ऊतकजन वाद हेन्सटीन** (1870) के अनुसार, प्ररोह शीर्ष में तीन ऊतकजन, त्वचाजन, जो बाह्य त्वचीय ऊतक तन्त्र बनाता है, वल्कुटजन, जो हाइपोडर्मिस तथा वल्कुट बनाता है तथा रम्भजन, जो प्राथमिक संवहन ऊतक, परिरम्भ, मज्जा किरणें तथा मज्जा बनाता है, उपस्थित होते हैं।

(iii) **ट्यूनिका कॉर्पस वाद शिमट** (1924) के अनुसार, प्ररोह शीर्ष में दो परत होती हैं, ट्यूनिका जो बाह्यत्वचा का निर्माण करती है तथा कॉर्पस जो वल्कुट, पिथ व संवहन ऊतक का निर्माण करती है।

मूल शीर्ष विभज्योतक से सम्बन्धित सिद्धान्त

(i) **ऊतकजन वाद हेन्सटीन** (1870) द्वारा दी गई इस विचारधारा के अनुसार त्वचाजन, बाह्य त्वचीय ऊतक तन्त्र, वल्कुटजन, हाइपोडर्मिस तथा वल्कुट, रम्भजन-प्राथमिक संवहन ऊतक, परिरम्भ, मज्जा किरणों तथा मज्जा के निर्माण तथा कैलिप्ट्रोजन मूलगोप का निर्माण करती है।

(ii) **प्रशान्त केन्द्र वाद क्लोव्ज** (1959-61) द्वारा दी गई इस विचारधारा के अनुसार, मूलगोप व सक्रिय विभज्योतकी कोशिकाओं के बीच अत्यन्त कम विभाजन वाला प्रशान्त केन्द्र उपस्थित होता है। प्रशान्त केन्द्र की कोशिकाओं में DNA तथा प्रोटीन की कम मात्रा तथा माइटोकॉण्ड्रिया, अन्तःप्रद्रव्यी जालिका आदि कम विकसित होते हैं, यह वास्तव में संरक्षित विभज्योतक है।

(iii) **कॉर्पर कैपे वाद श्यूप** (1970) द्वारा प्रतिपादित इस वाद के अनुसार, मूल शीर्ष पर दो भाग कॉर्पर तथा कैपे का निर्माण होता है।

स्थायी ऊतक

स्थायी ऊतक, विभज्योतकी ऊतकों के विभाजन तथा विभेदन के फलस्वरूप बनता है। इन ऊतकों की कोशिकाएँ मृत अथवा जीवित, पतली या मोटी भित्ति वाली होती हैं। ये तीन प्रकार के होते हैं

1. साधारण ऊतक

ये ऊतक सामान्यतया समांगी कोशिकाओं से मिलकर बने होते हैं। ये निम्न प्रकार के होते हैं

(i) **मृदूतक** ये कोशिकाएँ समव्यासी, जीवित, पतली भित्ति युक्त, अण्डाकार, गोल या बहुभुजी तथा सुविकसित अन्तराकोशिकीय अवकाश युक्त होती है। यह कोमल भागों में उपस्थित होते हैं। हरितलवक युक्त मृदूतक क्लोरेनकाइमा (Chlorenchyma) कहलाते हैं। जलीय पादपों में यह वायुतक (Aerenchyma) के रूप में पाए जाते हैं। इनका मुख्य कार्य खाद्य पदार्थों; जैसे—मण्ड, प्रोटीन तथा वसा का संग्रह करना है। कुछ पादपों; जैसे—नागफनी तथा *यूफोर्बिया* के मांसल तनों तथा पत्तियों में ये जल संग्रह का कार्य करते हैं।

(ii) **स्थूलकोणोतक** कोशिकाएँ जीवित, रिक्तिका युक्त, बहुभुजीय या गोलाकार एवं कोशिका भित्तियाँ कोनों की ओर सेलुलोस तथा पेक्टिन के जमाव के कारण असमान रूप से मोटी होती हैं। यह शाकीय द्विबीजपत्री पादपों के तनों में बाह्यत्वचा के नीचे अधस्त्वचा का निर्माण करते हैं। यह पादपों को यान्त्रिक बल तथा लचीलापन प्रदान करने एवं हरितलवक की उपस्थिति में प्रकाश-संश्लेषण का कार्य करता है।

(iii) **दृढ़ोतक** कोशिकाएँ मृत, लम्बी, संकरी तथा दोनों सिरों पर नुकीली होती हैं। कोशिका भित्ति मोटी तथा लिग्निन युक्त होती है। यह दो प्रकार की कोशिकाओं से बना होता है।

(a) **दृढ़ोतक तन्तु** इनकी कोशिकाएँ लम्बी, पतली तथा दोनों सिरों पर नुकीली होती हैं। इनकी कोशिका भित्ति अत्यधिक लिग्निन युक्त, कोशिका भित्ति में छोटे-छोटे गोल तथा सरल गर्त पाए जाते हैं। ये जाइलम, फ्लोएम तथा वल्कुट में पाए जाते हैं एवं यान्त्रिक शक्ति प्रदान करते हैं।

(b) **दृढ़ कोशिकाएँ** इनकी कोशिकाएँ गोल अथवा बेलनाकार, कोशिका भित्ति मोटी तथा लिग्निन युक्त होती हैं, जिस कारण इनकी गुहा अत्यन्त संकीर्ण होती है। ये पादपों के दृढ़ भागों जैसे अखरोट तथा नारियल की अन्तः फल भित्तियों में एवं लेग्यूमिनोसी कुल के बीजों के बीजावरण में पाई जाती है।

2. जटिल ऊतक

ये एक से अधिक प्रकार की कोशिकाओं से मिलकर बने होते हैं। ये निम्न प्रकार के होते हैं

(i) जाइलम

ये ऊतक जल संवाहक ऊतकों से मिलकर बने होते हैं। ये निम्न प्रकार के होते हैं

(a) **वाहिनिकाएँ** यह निर्जीव, लम्बी व नलिकाकार तथा दोनों सिरों पर पतली कोशिकाएँ होती हैं। इनकी कोशिका भित्ति सख्त तथा लिग्निन युक्त होती है एवं भित्तियों का स्थूलन सर्पिलाकार, वलयाकार, सोपानवत, जालिकावत् तथा गर्ती हो सकता है। इनका मुख्य कार्य जल व घुलित लवणों का स्थानान्तरण तथा पादपों को सहारा प्रदान करना है।

(b) **वाहिकाएँ** लम्बी बेलनाकार रचनाएँ हैं, जो अनेक कोशिकाओं से मिलकर बनती हैं। इनके दोनों सिरों की भित्तियाँ छिद्रित होती है तथा द्वितीयक भित्ति पर लिग्निन का जमाव सर्पिलाकार, वलयाकार, सोपानवत्, जालिकावत् तथा गर्तीय प्रकार का होता है। यह टेरिडोफाइट्स तथा अनावृतबीजियों में अनुपस्थित तथा आवृतबीजियों में उपस्थित होती है।

(c) **काष्ठ तन्तु** यह तन्तु दृढ़ोतकी, लम्बी, पतली एवं सिरों पर नुकीली कोशिकाओं द्वारा निर्मित होता है। इसकी कोशिका भित्ति अत्यन्त मोटी, लिग्निन युक्त तथा गर्त युक्त होती है, जिसका मुख्य कार्य दृढ़ता व सहारा प्रदान करना है।

(d) **काष्ठ मृदूतक** यह जीवित एवं साधारण मृदूतक कोशिकाओं की होती है। द्वितीयक दारु में अधिक मात्रा में पाई जाती है तथा इसका मुख्य कार्य भोज्य पदार्थों का संचय करना है।

(ii) फ्लोएम

(a) **चालनी नलिका** यह लम्बी नलिकानुमा संरचना है, जिसकी कोशिका भित्ति पतली होती है। इसकी कोशिकाओं के मध्य स्थित अनुप्रस्थ भित्तियों में अनेक छिद्रों के कारण इन्हें चालनी पट्टिकाएँ कहते हैं। परिपक्व अवस्था में केन्द्र विहीन होती है।

आवृतबीजियों में चालनी नलिकाएँ, जबकि टेरिडोफाइट्स व अनावृतबीजियों में चालनी कोशिकाएँ पाई जाती हैं। सर्दियों में चालनी पट्टिकाओं की दोनों सतहों पर कैलोस नामक कार्बोहाइड्रेट के जमाव के कारण इसके छिद्र बन्द हो जाते हैं।

(b) **सह कोशिकाएँ** यह आवृतबीजियों में चालनी नलिकाओं के साथ उपस्थित लम्बी, संकरी, पतली तथा जीवद्रव्य की अधिकता युक्त कोशिकाएँ हैं इसमें बड़ा केन्द्रक पाया जाता है। यह अनावृतबीजी तथा निम्न संवहनी पादपों में अनुपस्थित होती हैं तथा भोजन संवहन में चालनी नलिकाओं को सहायता प्रदान करती हैं।

(c) **फ्लोएम मृदूतक** लम्बी, चौड़ी, जीवित तथा चालनी नलिकाओं के बीच-बीच में स्थित कोशिकाएँ होती हैं। यह एकबीजपत्री पादपों के तने में अनुपस्थित होती हैं तथा द्विबीजपत्री में भोजन का संचय तथा संवहन में सहायता प्रदान करती है।

(d) **फ्लोएम तन्तु** ये दृढ़ोतकी तन्तु, लम्बे, संकरे सिरों वाले तथा मृत होते हैं। कोशिका भित्ति मोटी तथा अनेक साधारण गर्त युक्त, रस्सी व धागे बनाने में प्रयुक्त होते हैं।

3. विशिष्ट ऊतक

विशेष प्रकार के पदार्थों का स्रावण करने हेतु बने ऊतक हैं। ये निम्न प्रकार के होते हैं

(i) ग्रन्थिल (ii) रबरक्षीरी

(i) ग्रन्थिल

पादपों में उपापचयी क्रियाओं के फलस्वरूप बनने वाला यह एक विशिष्ट ऊतक है। ग्रन्थिल ऊतक दो प्रकार की ग्रन्थियों से बना होता है। ये निम्न प्रकार के होते हैं

(a) **बाह्य ग्रन्थियाँ** इसमें बाह्यत्वचा पर उपस्थित, दंश रोम विषैले पदार्थ का स्रावण करते हैं; जैसे—बिच्छू पादप। मकरन्दकोष शर्करा जैसे पदार्थ मकरन्द का स्रावण करती है तथा कीटभक्षी पादपों की पाचक ग्रन्थियाँ प्रोटीनपाचक एन्जाइम का स्रावण करती हैं।

(b) **आन्तरिक ग्रन्थियाँ** ये ऊतकों के अन्दर पाई जाती हैं; जैसे—नींबू तथा सन्तरे के फलों के छिलके में तेल ग्रन्थियाँ, पान की पत्तियों में श्लेष्मक स्रावी ग्रन्थियाँ, *पाइनस* में रेजिन व टेनिन का स्रावण करने वाली ग्रन्थियाँ पाई जाती हैं। जलोत्सर्जक (Hydrathodes) जल का स्रावण करने वाली ग्रन्थियाँ हैं।

(ii) रबरक्षीरी

इसकी कोशिकाएँ लम्बी, पतली भित्ति युक्त, बहुकेन्द्री तथा सफेद या कुछ पीले तथा गाढ़े तरल पदार्थ (रबरक्षीर) से भरी होती हैं ये निम्न प्रकार की होती हैं

(a) **रबरक्षीरी कोशिकाएँ** पतली भित्ति युक्त, शाखित तथा बहुकेन्द्रकी होती है। यह स्वतन्त्र इकाइयों के रूप में पाई जाती है; जैसे—*यूफोर्बिया*, मदार तथा कनेर में।

(b) **रबरक्षीरी वाहिकाएँ** ये अनेक कोशिकाओं के मिलने तथा बीच की परतों के घुल जाने से बनती हैं। ये अत्यन्त लम्बी, शाखान्वित तथा जाल समान रचना बनाती हैं; जैसे—पोस्त, *सन्कस*, रबड़, *आर्जीमोन*, आदि में।

जन्तु ऊतक (Animal Tissue)

कोशिकाओं का ऐसा समूह, जिनकी उत्पत्ति, रचना तथा कार्य समान हो, **ऊतक** कहलाता है। 'ऊतक' शब्द का प्रयोग सर्वप्रथम **बाइकाट** (1771-1802) ने किया, जबकि ऊतकों का अध्ययन **मारसेलो मैल्पीघी** (1694) ने किया। जन्तु विज्ञान की वह शाखा जिसके अन्तर्गत ऊतकों का अध्ययन किया जाता है, **ऊतक विज्ञान या औतकी** (Histology) कहलाती है।

कोशिकाओं की रचना, आकार, कार्य एवं अन्तराकोशिकीय पदार्थ के आधार पर जन्तु ऊतक चार प्रकार के अर्थात् उपकलीय ऊतक, संयोजी ऊतक, पेशीय ऊतक तथा तन्त्रिका ऊतक होते हैं।

उपकलीय ऊतक

उपकला ऊतक शरीर पर त्वचा की बाहरी परत, अन्तरांगों के बाहरी तल, नालों के बाहर तथा भीतर स्थित होता है। इसकी उत्पत्ति भ्रूण के तीनों प्राथमिक जनन स्तरों से होती है।

- उपकला ऊतक की कोशिकाएँ एक-दूसरे से सटी रहती हैं तथा अन्तराल बन्धन (Gap-junction) द्वारा जुड़ी होती हैं।
- इनमें रुधिर वाहिनियाँ अनुपस्थित होती हैं।
- इसका मुख्य कार्य नीचे के ऊतकों को सुरक्षा प्रदान करना है। यह बाह्य तल को सूखने से भी बचाता है।
- यह चयनात्मक अवरोध की तरह कार्य करता है।
- यह आहारनाल में अवशोषण में सहायता करता है।
- ये स्रावण में सहायक होते हैं।
- यह वृक्क नलिकाओं में पुनरावशोषण तथा उत्सर्जन में सहायक है।

उपकला ऊतक निम्न तीन प्रकार के होते हैं

1. सरल उपकला ऊतक

यह कोशिकाओं की एक मोटी परत होती है और प्रत्येक कोशिका आधार कला पर स्थित होती है। यह स्रावण तथा अवशोषण करने वाली सतहों पर पाई जाती है।

कोशिकाओं की आकृति, रचना व कार्य के आधार पर इसे निम्नलिखित भागों में विभाजित किया गया है

(i) **सरल शल्की उपकला** इसकी कोशिकाएँ चपटी, बहुमुखी, शल्की अथवा चौड़ी प्लेट के आकार की होती हैं। इसको आच्छादन उपकला भी कहते हैं। ये फेफड़ों की वायु कूपिकाओं, हृदय (पेरीकार्डियम), रुधिर वाहिनी (एण्डोथीलियम), बोमेन सम्पुट के बाहरी व भीतरी स्तर, हेनले लूप की अवरोही भुजा, उदर गुहा के आवरण, आँख के लैंस, आन्तरिक कर्ण की कलागहन आदि में पाई जाती हैं।

(ii) **सरल घनाकार उपकला** इसकी कोशिकाएँ घनाकार होती हैं। यह ऊतक, उन अंगों में मिलती है जहाँ अवशोषण, उत्सर्जन तथा स्रावण की क्रियाएँ होती हैं। यह ऊतक वृक्क नलिकाओं, जनदों, बोंकियोल्स तथा स्वेद ग्रन्थियों में पाया जाता है।

(iii) **सरल स्तम्भाकार उपकला** इसकी कोशिकाएँ स्तम्भनुमा लम्बी व एक-दूसरे से सटी होती है। यह ऊतक आमाशय, आँत, पित्ताशय वाहिनियों, श्वास नाल, ब्रोन्कस, ब्रोन्काई, अण्डवाहिनी, मूत्राशय, टिम्पेनिक गुहा आदि में पाई जाती हैं। सामान्य स्तम्भी रोमाभि उपकला की कोशिकाएँ रोमाभि होती हैं। ये छोटी श्वसनियों, अण्डवाहिनियों, मूत्रवाहिनियों, मस्तिष्क एवं सुषुम्ना की तन्त्रिका गुहा, गर्भाशयी नाल आदि की दीवार का भीतरी स्तर बनाते हैं।

2. स्तरित उपकला ऊतक

इस प्रकार की उपकला में कोशिकाएँ एक से अधिक स्तरों में व्यवस्थित होती हैं तथा कोशिकाओं का केवल सबसे भीतरी स्तर ही आधार कला पर स्थित रहता है।

यह उपकला ऊतक तीन प्रकार की होती हैं

(i) **स्तरित शल्की उपकला** शरीर की अधिकांश संयुक्त उपकला इसी प्रकार की होती हैं। त्वचा की उपचर्म, ग्रसिका, मलाशय, योनि आदि की दीवार स्तरित शल्की उपकला की बनी होती है।

(ii) **स्तरित घनाकार उपकला** इसमें सबसे बाहर के स्तर की कोशिकाएँ घनाकार होती हैं। यह स्तर स्वेद ग्रन्थियों व स्तन ग्रन्थियों की बड़ी नलिकाओं में पाया जाता है।

(iii) **स्तरित स्तम्भी उपकला** इसमें सबसे बाहर के स्तर की कोशिकाएँ स्तम्भाकार होती है। यह स्वर कोष्ठ, पैरोटिड ग्रन्थियों, स्तन ग्रन्थियों की वाहिनियों में पाई जाती हैं।

3. विशिष्ट उपकला ऊतक

यह उपकला ऊतक निम्न प्रकार के होते हैं

(i) **कूट स्तरित उपकला** इसकी कोशिकाएँ लम्बी तथा एक परत मोटी होती है। ऐसी कोशिकाएँ घ्राणगुहा की श्लेष्मिक झिल्ली, श्वास-नली, नासिका गुहाओं, नर जनन वाहिनियों, नर मूत्रमार्ग, ग्रन्थियों की बड़ी वाहिनियों, ग्रसनी आदि में पाई जाती हैं।

(ii) **पक्ष्माभी स्तम्भाकार उपकला** जब स्तम्भाकार ऊतक में पक्ष्माभ (Cilia) अर्थात् एपीथीलियल की सतह पर बाल जैसी रचनाएँ होती हैं, जो पक्ष्माभी एपीथीलियम कहलाते हैं। ये पक्ष्माभी गति कर सकते हैं व पदार्थों को आगे धकेल सकते हैं; जैसे—श्लेष्मा (Mucus) को आगे स्थानान्तरित करके साफ करने में सहायता प्रदान करते हैं।

(iii) **अन्तर्वर्ती उपकला** यह स्तरित उपकला के समान होती है। यह उपकला मूत्राशय और उत्सर्गी नलिकाओं में पाई जाती है।

(iv) **संवेदी उपकला** यह घ्राण अंगों की श्लेष्मिका कला अर्थात् श्नीडेरियन कला, अन्त:कर्णों की उपकला, स्वाद कलिकाओं तथा आँखों की रेटिना में संवेदी उपकला पाई जाती है।

(v) **रंगा उपकला** आँखों की दृष्टि पटल में आधार स्तर की कोशिकाओं में रंगा-कण होते हैं।

(vi) **ग्रन्थिल उपकला** यह स्तम्भी उपकला का एक रूपान्तरण है। इसकी कोशिकाओं में एक स्पष्ट केन्द्रक होता है। इसकी कोशिकाओं से विशेष प्रकार का पदार्थ स्रावित होता है। विभिन्न अन्त:स्रावी ग्रन्थियाँ, बहिस्रावी ग्रन्थियाँ तथा चूषक कोशिकाएँ ग्रन्थिल उपकला के उदाहरण हैं।

संयोजी ऊतक

संयोजी ऊतक भ्रूणीय मीसोडर्म से बनते हैं। **हर्टविग** ने सन् 1883 में मीसोडर्म से बनने वाले सभी ऊतकों को मीसेनकाइमा के नाम से सम्बोधित किया।

- संयोजी ऊतक शरीर का लगभग 30% भाग बनाता है। यह विभिन्न कोशिकाओं, ऊतकों व अंगों के बीच रहता है तथा इनको परस्पर बाँधने या जोड़ने का कार्य करता है।
- संयोजी ऊतक मूलरूप से तीन घटकों मैट्रिक्स, कोशिकाएँ तथा तन्तुओं का बना होता है।

मैट्रिक्स तथा तन्तुओं की रचना के आधार पर संयोजी ऊतक को तीन श्रेणियों में विभाजित किया गया है

1. वास्तविक संयोजी ऊतक

इसमें मैट्रिक्स तथा तन्तु के अलावा निम्न कोशिकाएँ पाई जाती हैं

- **फाइब्रोब्लास्ट** ये संख्या में अधिक व चपटी होती है। ये कोशिकाएँ कोलेजन तन्तुओं का निर्माण करती हैं तथा घाव भरने के समय सर्वाधिक क्रियाशील होती है। स्कर्वी नामक रोग में इनकी क्रियाशीलता कम हो जाती है।
- **मेक्रोफेज** ये स्वभाव में फैगोसाइटिक होती है तथा अपमार्जक कोशिकाएँ भी कहलाती हैं। मस्तिष्क की ग्लीयल कोशिका, यकृत की कुफ्फर कोशिका तथा रुधिर की मोनोसाइट इसी प्रकार की कोशिकाएँ हैं।
- **मास्ट कोशिकाएँ** यह एलर्जी क्रियाओं में भाग लेती है तथा शरीर की रक्षा में कार्य करती है। यह निम्नलिखित उत्पाद बनाती है
- **हिपैरिन** यह रुधिर को जमने से रोकता है।
- **हिस्टामिन** यह एलर्जी की अवस्था में उत्तेजना पैदा करता है।
- **सिरोटोनिन** वह वाहिका संकीर्णक है।
- **लसिकाणु कोशिकाएँ** ये शरीर में प्रतिरक्षियों के संश्लेषण एवं संवहन का कार्य करती है। ये ऊतकों की जीवाणुओं और हानिकारक पदार्थों से रक्षा करती हैं।
- **प्लाज्मा कोशिकाएँ** ये लसिका कोशिकाओं के समान प्रतिरक्षी पदार्थों का संश्लेषण करती है।

वास्तविक संयोजी ऊतक के प्रकार

वास्तविक संयोजी ऊतक निम्न प्रकार के होते हैं

(i) **अन्तराली संयोजी ऊतक** ये त्वचा के नीचे, खोखले अंगों व धमनी तथा शिराओं की भित्तियों पर पाए जाते हैं। यह ऊतक विभिन्न ऊतकों के बीच का स्थान भरने तथा उन्हें जोड़ने व अंगों को उनके स्थान पर बनाए रखने में सहायता प्रदान करता है।

(ii) **वसा संयोजी ऊतक** इसकी मुख्य कोशिकाएँ वसा कोशिका या एडिपोसाइट होती है, जिनमें वसा संग्रहित रहती है। व्हेल का ब्लबर, ऊँट का कूबड़ तथा मैरीनों भेड़ की मोटी पूँछ मुख्यतया वसा ऊतक की बनी होती है।

(iii) **श्वेत तन्तुमय ऊतक** इसके मैट्रिक्स में केवल कौलेजन तन्तु एवं मुख्यतया फाइब्रोब्लास्ट कोशिकाएँ पाई जाती है। यह टेण्डन्स या कण्डराओं का निर्माण करता है, जो पेशी को अस्थि से जोड़ता है।

(iv) **पीत लोचदार ऊतक** यह इलास्टिन तन्तुओं का बना होता है, जिसके कारण यह लचीला होता है। यह लिगामेन्ट या स्नायु का निर्माण करता है, जो एक अस्थि को दूसरी अस्थि से जोड़ते हैं। इसमें तन्यता पाई जाती है।

(v) **जालिकामय संयोजी ऊतक** इस ऊतक में मुख्य कोशिका मेक्रोफेज होती है। यह ऊतक प्लीहा में लाल पल्प तथा सफेद पल्प के रूप में, थाइमस, अस्थि मज्जा तथा आँत के पेयर के चकतों में पाया जाता है। यह शरीर की प्रतिरक्षा में सहायक है।

(vi) **श्लेष्मी संयोजी ऊतक** यह मुर्गे की कलंगी, भ्रूण की ऑवल तथा आँख के विट्रस ह्यूमर में पाया जाता है।

2. कंकालीय संयोजी ऊतक

यह ऊतक शरीर का अन्त: कंकाल बनाता है तथा मीसोडर्म से विकसित होता है। यह विभिन्न अंगों को आधार प्रदान करता है। यह दो प्रकार का होता है

(i) **उपास्थि** यह ऊतक भ्रूणीय अवस्था का निर्माण करता है। वयस्क अवस्था में यह केवल शरीर के कुछ भागों; जैसे—लेरिंक्स, ट्रैकिया, ब्रोंकाई, आदि में ही मिलता है तथा शेष भाग में अस्थियाँ पाई जाती हैं। उपास्थि की रचना तीन घटकों द्वारा होती है

1. पेरीकॉण्ड्रियम 2. मैट्रिक्स (कॉण्ड्रिन) 3. कॉण्ड्रियोसाइट्स

रचना के आधार पर उपास्थि चार प्रकार की होती है

(a) **प्रभासी उपास्थि** यह उपास्थि नीले रंग की तथा पारदर्शी होती है यह उपास्थि सबसे अधिक लचीली होती है। तथा श्वास नली की दीवार, पसलियों के सिरों, टाँगों की अस्थियों, लैरिंक्स आदि में पाई जाती है।

(b) **श्वेत तन्तुमय उपास्थि** यह सफेद रंग की होती है। इसमें मोटे-मोटे श्वेत कौलेजन तन्तु पाए जाते हैं। ये उपास्थि कशेरुकाओं के मध्य स्थित अन्तरा कशेरुक गद्दियों तथा स्तनियों की श्रोणि मेखला के प्यूबिक सिमफाइसिस आदि में पाई जाती है।

(c) **लचीली तन्तुमय उपास्थि** यह उपास्थि प्रभासी उपास्थि के समान होती है, परन्तु इसके मैट्रिक्स में पीले व लचीले इलास्टिन तन्तुओं का जाल फैला रहता है। यह उपास्थि अपारदर्शक होती है और नाक के सिरे पर एपीग्लोटिस, कान के पिन्ना आदि में पाई जाती है।

(d) **कैल्सीफाइड उपास्थि** यह आरम्भ में प्रभासी उपास्थि के समान होती है, परन्तु इसके मैट्रिक्स में कैल्शियम लवण जमा हो जाते हैं, जिसके कारण यह उपास्थि अस्थि के समान कठोर हो जाती है और इसका लचीलापन समाप्त हो जाता है। मेंढक की अंश मेखला की सुप्रास्केपुला और श्रोणि मेखला इसी उपास्थि की बनी होती है।

(ii) **अस्थि** मीसोडर्मी कोशिकाएँ अर्थात् ऑस्टिओसाइट (Osteocytes) अस्थि का निर्माण करती है। अस्थि निर्माण की प्रक्रिया को ऑस्टियोजेनेसिस या अस्थिभवन कहते हैं। अस्थि के मैट्रिक्स को ओसीन (Ossein) कहते हैं। मैट्रिक्स का लगभग 62% भाग अकार्बनिक लवणों का तथा 38% भाग कार्बनिक पदार्थ का बना होता है। अस्थि संयोजी ऊतक की परत पेरीऑस्टियम (Periosteum) से ढकी रहती है।

स्नायु तथा कण्डरा अस्थि से इसी झिल्ली द्वारा जुड़े रहते हैं। स्तनधारियों की लम्बी अस्थियों के मैट्रिक्स में एक **हैवर्सियन नलिका** के चारों ओर संकेन्द्रित लैमेली के बीच, पंक्तियों में ऑस्टिओसाइट होती हैं।

अस्थि की 4-20 तक संकेन्द्रीय लैमेली प्रत्येक हैवर्सियन नलिका को गोलाई में घेरती हैं। ऐसी एक पूरी संरचना को हैवर्सियन तन्त्र या ऑस्टिऑन कहते है। हैवर्सियन नलिकाएँ मुख्य अक्ष के समानान्तर होती है तथा क्षैतिज **वोल्कमैन नलिकाओं** द्वारा जुड़ी रहती है। हैवर्सियन तन्त्र का मुख्य कार्य रुधिर द्वारा अस्थि के भीतर पोषक पदार्थों तथा ऑक्सीजन का परिवहन करना है। जिनकी अस्थियों में हैवर्सियन तन्त्र पाया जाता है उन्हें **संहत अस्थि** (Compact Bone) कहते है। यदि किसी अस्थि को जलाया जाए तो कार्बनिक पदार्थ जल जाता है तथा अकार्बनिक पदार्थ राख के रूप में शेष रह जाता है।

3. तरल या संवहनीय संयोजी ऊतक

रुधिर व लसीका तरल संयोजी ऊतक होते हैं। यह ऊतक शरीर में संवहन करते हैं। जिसके कारण इसको संवहनीय ऊतक भी कहते हैं। यह शरीर का लगभग 8% भाग होता है।

रुधिर

- रुधिर एक लाल, संवहनीय संयोजी ऊतक है। यह अपारदर्शी तथा चिपचिपा द्रव्य है।
- रुधिर की श्यानता 4.7 होती है।
- मनुष्य का रुधिर जल से 5 गुना अधिक चिपचिपा होता है।
- रुधिर हल्का क्षारीय प्रकृति का होता है, जिसका pH 7.36-7.54 तक होता है (औसत pH = 7.4)।
- ऑक्सीकृत रुधिर चमकीले लाल रंग का होता है, जबकि अनॉक्सीकृत रुधिर गुलाबी नीले रंग का होता है।
- रुधिर सम्पूर्ण शरीर का लगभग 6-10% भाग बनाता है। एक वयस्क मनुष्य में लगभग 5.8 लीटर रुधिर पाया जाता है।
- ऊँचे स्थानों पर रहने वाले लोगों में निचले स्थानों पर रहने वाले लोगों की तुलना में अधिक रुधिर पाया जाता है। यह अतिरिक्त रुधिर, शरीर की कोशिकाओं को अधिक ऑक्सीजन पहुँचाता है।
- रुधिर दो भागों, प्लाज्मा तथा रुधिर कणिकाओं का बना होता है।

(i) **प्लाज्मा**

- प्लाज्मा पीले रंग का निर्जीव द्रव्य है।
- यह हल्का क्षारीय एवं चिपचिपा होता है।
- यह रुधिर के सम्पूर्ण आयतन का लगभग 55-60% भाग होता है।
- प्लाज्मा में 90-92% जल, 1-2% अकार्बनिक लवण, 6-7% प्लाज्मा प्रोटीन एवं 1-2% अन्य कार्बनिक यौगिक पाए जाते हैं।
- इसका कार्य सरल भोज्य पदार्थों (ग्लूकोस, अमीनो अम्ल आदि) का आँत एवं यकृत से शरीर के अन्य भागों में परिवहन करना है।
- यह उपापचयी वर्ज्य पदार्थों; जैसे—यूरिया, यूरिक अम्ल आदि का ऊतकों से वृक्कों तक उत्सर्जन हेतु परिवहन करता है।
- यह अन्त:स्रावी ग्रन्थि से लक्ष्य अंगों तक हॉर्मोनों का परिवहन करता है।
- यह रुधिर का pH स्थिर रखने में सहायक होता है।
- प्लाज्मा में उपस्थित रुधिर प्रोटीन एवं फाइब्रिनोजन जख्म अथवा क्षति पहुँचने पर रुधिर का थक्का जमाने में सहायक होते हैं।
- यह ऊतक द्रव्य का निर्माण करता है, जो ऊतक को आर्द्र रखता है और रुधिर एवं कोशिकाओं के मध्य पदार्थों के आदान-प्रदान में सहायक है।

(ii) **रुधिराणु या रुधिर कणिकाएँ या कोशिकाएँ**

- ये कोशिकाएँ प्लाज्मा में पाई जाती हैं।
- ये रुधिर का 40-45% भाग बनाती है।
- रुधिर कणिकाओं का प्रतिशत **हीमेटोक्रिट मूल्य** (Haematocrit value) अथवा पैक्ड सेल वॉल्यूम (Packed cell volume) कहलाता है।
- मनुष्य में सामान्य हीमेटोक्रिट मूल्य अथवा पैक्ड सेल वॉल्यूम 40-50% होता है।

रुधिर कणिकाएँ निम्न तीन प्रकार की होती हैं

(a) **लाल रुधिर कणिकाएँ**

- ये स्तनधारियों के अलावा सभी कशेरुकियों में अण्डाकार, द्विउत्तल एवं केन्द्रकीय होती हैं।
- स्तनियों में ऊँट एवं लामा को छोड़कर सभी की RBCs गोलाकार, द्विअवतल और केन्द्रकविहीन होती हैं।
- RBCs की संख्या का निर्धारण हीमोसाइटोमीटर द्वारा किया जाता है। स्त्रियों में RBCs की संख्या पुरुषों से कुछ कम होती है।
- कार्यिकीय अवस्था एवं स्थान की ऊँचाई के कारण RBCs की संख्या बदल जाती है।
- हेमरेज एवं हीमोलाइसिस से RBCs की संख्या घट जाती है, जिसे **रक्ताल्पता** (Anaemia) कहते हैं।
- RBCs की संख्या में सामान्य स्तर से अधिक वृद्धि **पॉलीसाइथीमिया** (Polycythemia) कहलाती है।
- अकेली RBC पीले रंग की दिखाई पड़ती है, परन्तु RBCs का गुच्छा हीमोग्लोबिन (Haemoglobin) के कारण लाल रंग का दिखाई पड़ता है।
- गर्भस्थ शिशु में RBCs का निर्माण यकृत एवं प्लीहा में होता है, जबकि शिशु के जन्म के उपरान्त RBCs का निर्माण मुख्यतया अस्थि मज्जा में होता है।
- RBC का परिपक्वन फोलिक अम्ल एवं विटामिन-B_1 द्वारा नियन्त्रित होता है।
- RBCs की अतिरिक्त मात्रा प्लीहा में संग्रहित होती है, जो रुधिर बैंक (Blood Bank) की भाँति कार्य करता है।
- RBC का विखण्डन यकृत में होता है। अत: इसे RBC का **कब्रिस्तान** भी कहते हैं।
- मनुष्य की RBC का औसत जीवनकाल 120 दिन होता है, जबकि मेंढक एवं खरगोश की RBC का जीवनकाल क्रमश: 100 दिन एवं 50-70 दिन होता है।

(b) **सफेद रुधिर कणिकाएँ**

ये गोल अथवा अमीबाकार, केन्द्रकयुक्त, वर्णक विहीन कोशिकाएँ हैं। WBCs आकार में RBCs से बड़ी होती हैं, किन्तु संख्या में RBCs से कम होती हैं (1 : 600)। ल्यूकीमिया (रुधिर कैंसर) में WBCs की संख्या बढ़ जाती है। यह दो प्रकार की होती हैं

(i) **ग्रैन्यूलोसाइट्स** ये कणिकामय कोशिकाएँ लाल अस्थि मज्जा में बनती हैं। ये कुल ल्यूकोसाइट्स की लगभग 65% होती हैं। ये केन्द्रक के आकार एवं उनके कणों की अभिरंजक क्रियाओं के आधार पर पुन: निम्न प्रकार विभाजित की जा सकती हैं

- **न्यूट्रोफिल्स** ये WBCs की कुल संख्या का लगभग 62% होती हैं। इनके कोशिकाद्रव्य में महीन कण पाए जाते हैं, जो अम्लीय एवं क्षारीय अभिरंजकों द्वारा अभिरंजित होते हैं तथा बैंगनी रंग के दिखाई देते हैं। इसका केन्द्रक 3-5 पालीयुक्त होता है। इनका जीवनकाल रुधिर में 10-12 घण्टे तथा ऊतक में 4-5 दिन होता है। ये शरीर की सुरक्षा का कार्य करती हैं।
- **बैसोफिल्स** ये साएनोफिल्स भी कहलाती हैं। कोशिकाद्रव्यी कण बड़े होते हैं, जो नीले रंग के दिखाई पड़ते हैं। इनका केन्द्रक दो अथवा तीन पालीयुक्त अथवा S के आकार का होता है। इनका जीवनकाल 12-15 दिन होता है। ये हिपैरिन एवं हिस्टेमाइन को स्रावित कर केशिकाओं में रुधिर का थक्का जमने से रोकती हैं।

- **एसिडोफिल्स या इओसिनोफिल्स** इनका केन्द्रक द्विपालीयुक्त होता है। इनका जीवनकाल 14 घण्टे होता है। एलर्जी में इनकी संख्या बढ़ जाती है। ये घावों को भरने में सहायक होती हैं।

(ii) **एग्रेन्यूलोसाइट्स** ये कणिकविहीन रुधिराणु कुल WBCs का लगभग 35% भाग होती हैं। एग्रेन्यूलोसाइट्स को मोनोसाइट्स व लिम्फोसाइट्स में विभाजित किया जा सकता है

- **मोनोसाइट्स** ये सबसे बड़ी ल्यूकोसाइट्स (WBCs) हैं। ये कुल ल्यूकोसाइट्स का लगभग 5.3% भाग बनाती हैं। इनका केन्द्रक अण्डाकार, वृक्क अथवा घोड़े की नाल के आकार का और बाह्य केन्द्रीय होता है। इनका निर्माण लसीका एवं प्लीहा में होता है। ये अत्यधिक चल होती हैं तथा जीवाणु एवं अन्य रोगकारक जीवों का भक्षण करने का कार्य करती हैं। इनका जीवनकाल कुछ घण्टों से लेकर कई दिनों तक हो सकता है।
- **लिम्फोसाइट्स** ये ल्यूकोसाइट्स का लगभग 30% भाग बनाती हैं। इनका केन्द्रक बड़ा और गोल होता है तथा कोशिकाद्रव्य पतली परिधीय परत बनाता है। इनका निर्माण थाइमस, लसीका, प्लीहा तथा टॉन्सिल्स में होता है। इनका जीवनकाल 3-4 दिन होता है। ये प्रतिरक्षियों का निर्माण कर शरीर के प्रतिरक्षा तन्त्र में महत्त्वपूर्ण भूमिका निभाती हैं।

(iii) **रुधिर प्लेटलेट्स** (Blood Platelets or Thrombocytes) स्तनियों में रुधिर प्लेटलेट्स सूक्ष्म, रंगहीन, केन्द्रकहीन, कुछ गोलाकार होती हैं। इनका जीवनकाल लगभग एक सप्ताह का होता है। इनका पाया जाना स्तनियों की प्रमुख विशेषता है। दूसरे कशेरुकियों में इनके स्थान पर **शंकु कोशिकाएँ** (Spindle cells) पाई जाती हैं। ये रुधिर के स्कंदन (Clotting) जमने में सहायक हैं।

(c) लसीका

- लसीका अर्द्धपारदर्शी क्षारीय तरल है, जो रुधिर कोशिकाओं तथा ऊतक के बीच उपस्थित होता है।
- लसीका में RBCs अनुपस्थित व प्लाज्मा प्रोटीन की मात्रा कम होती है।
- लसीका में कैल्शियम व फॉस्फोरस की मात्रा कम होती है।
- लसीका में प्लाज्मा तथा ल्यूकोसाइट पाई जाती हैं।

पेशीय ऊतक

- पेशीय ऊतक भ्रूणीय मीसोडर्म से विकसित होता है।
- पेशियाँ शरीर का लगभग 50% भाग बनाती हैं।
- संकुचनशीलता पेशीय ऊतक का विशिष्ट गुण है।
- पेशी में संकुचन तथा शिथिलन होता है, लेकिन इनमें प्रसार नहीं होता है।
- पेशी कोशिका को पेशी तन्तु भी कहते हैं। पेशी तन्तु की प्लाज्मा झिल्ली को **सार्कोलेमा** (Sarcolemma) कहते हैं।
- पेशी तन्तु के एण्डोप्लाज्मिक रेटिकुलम को सार्कोप्लाज्मिक रेटिकुलम कहते हैं।
- पेशी तन्तु के कोशिकाद्रव्य को **सार्कोप्लाज्म** (Sarcoplasm) कहते हैं।
- पेशी तन्तु की संरचनात्मक तथा क्रियात्मक इकाई **सार्कोमियर** (Sarcomere) कहलाती है।

पेशीय ऊतक को निम्नलिखित तीन पेशियों में विभाजित किया गया है

1. रेखित पेशियाँ

- रेखित पेशियाँ, अस्थियों से कण्डराओं के द्वारा जुड़ी रहती हैं तथा इच्छानुसार हिलाई जा सकती हैं, इसीलिए इन्हें ऐच्छिक या कंकालीय पेशियाँ भी कहते हैं।
- प्रत्येक पेशीय तन्तु पर क्रमशः गहरे (A) तथा हल्के (I) पट्ट होते हैं। (I) पट्ट के मध्य में एक गहरी Z रेखा उपस्थित होती है।
- A-डिस्क को दो भागों में बाँटने वाली एक पतली हेन्सन की डिस्क या M-रेखा पाई जाती है।
- दो Z-डिस्कों के बीच का भाग सार्कोमियर कहलाता है।
- मायोफाइब्रिल्स घने मायोसिन (Myosin) तथा पतले एक्टिन (Actin) तन्तुओं के बने होते हैं।
- रेखित पेशियाँ पाद, जिह्वा, ग्रासनली आदि में पाई जाती हैं।

2. अरेखित पेशियाँ

- अरेखित या सरल पेशियाँ हमारी इच्छा के नियन्त्रण में नहीं होती हैं, इसीलिए अनैच्छिक (Involuntary) पेशियाँ कहलाती हैं।
- अरेखित पेशियाँ पतली, लम्बी, तर्कुरूप तथा तन्तुमय पेशी कोशिकाओं की बनी होती हैं। प्रत्येक पेशी कोशिका में सार्कोलेमा द्वारा घिरा केन्द्रक युक्त या **सार्कोप्लाज्म** पाया जाता है।
- ये पेशियाँ स्वायत्त तन्त्रिका तन्त्र के नियन्त्रण में एक निश्चित लय में संकुचित होती रहती हैं।
- कार्यात्मक रूप से अरेखित पेशियाँ दो प्रकार की होती हैं एकल इकाई तथा बहु इकाई।
- एकल इकाई सरल पेशियाँ मूत्राशय तथा जठरांत्र मार्ग में उपस्थित होती हैं तथा बहुइकाई पेशियाँ बड़ी रुधिर वाहिनियों की भित्ति, पुतली के पेशियों आदि में पाई जाती है।

3. हृदय पेशियाँ

- हृदय पेशियाँ अपवर्जनीय रूप से हृदय की दीवारों में पाई जाती हैं।
- इनमें दो तन्तुओं के सन्धि स्थानों पर अर्न्तविष्ट डिम्ब उपस्थित होता है।
- ये अविभाजनशील पेशियाँ उत्तेजक लहर उत्पन्न करती हैं।
- अर्न्तविष्ट डिम्ब उत्तेजक लहरों के लिए अभिवर्धक का कार्य करती है।

तन्त्रिका ऊतक

- तन्त्रिका ऊतक का निर्माण एक्टोडर्म से होता है।
- तन्त्रिका ऊतक में दो प्रकार की कोशिकाएँ अर्थात् तन्त्रिका कोशिकाएँ तथा न्यूरोग्लिया कोशिकाएँ उपस्थित होती हैं।
- यह ऊतक प्रेरणाओं का संवहन करता है, जिससे उपवाहक अंग प्रतिक्रिया करते हैं।
- यह ऊतक शरीर के विभिन्न अंगों के मध्य पारस्परिक समन्वयन स्थापित करता है।

1. तन्त्रिका कोशिका

- न्यूरॉन में एक बड़ी कोशिका काय, साइटॉन एवं पैरीकैरिऑन पाई जाती हैं। इसके कोशिकाद्रव्य के बने पतले प्रवर्ध डेन्ड्राइट (Dendrites) तथा एक लम्बा प्रवर्ध-एक्सॉन (Axon) निकलता है।

- कोशिका काय (Cyton) में एक केन्द्रक होता है।
- कोशिका काय में अनेक असममित आकार के बड़े-बड़े **निसल्स के कण** (Nissl's granules) उपस्थित होते हैं।
- एक्सॉन की कोशिका कला को एक्सोलेमा तथा कोशिकाद्रव्य को एक्सोप्लाज्म कहते हैं।
- एक्सॉन दूरस्थ छोर पर छोटी-छोटी शाखाओं में विभाजित हो जाता है, जिन्हें टीलोडेण्ड्रिया (Telodendria) कहते हैं।
- टीलोडेण्ड्रिया के सिरे पर घुण्डीनुमा अनेक बटन होते हैं, जिनमें न्यूरोट्रान्समीटर संचित रहते हैं।

2. न्यूरोग्लिया कोशिकाएँ

न्यूरोग्लिया कोशिकाएँ छः प्रकार की होती हैं, जिनमें चार प्रकार की **केन्द्रीय तन्त्रिका तन्त्र** (CNS) में तथा दो प्रकार की **परिधीय तन्त्रिका तन्त्र** (PNS) में पाई जाती हैं।

(i) **एस्ट्रोसाइट्स** ये मस्तिष्क के ऊतक में पाई जाती हैं। इनमें चारों ओर कई प्रवर्ध निकले होते हैं। अतः इनकी आकृति सितारे जैसी होती है। ये तन्त्रिकासंचारी पदार्थों के उपापचय में भाग लेती हैं, तन्त्रिकीय प्रेरणाओं की उत्पत्ति के लिए K^+ आयनों का सन्तुलन बनाए रखती हैं तथा रुधिर से पदार्थों के आदान-प्रदान एवं मस्तिष्क की वृद्धि में सहायता प्रदान करती हैं।

(ii) **ओलिगोडेन्ड्रोसाइट्स** ये मस्तिष्क के ऊतक में सबसे अधिक पाई जाने वाली, परन्तु कुछ छोटी न्यूरोग्लिया कोशिकाएँ होती हैं। इनमें प्रवर्ध भी कम होते हैं। ये तन्त्रिका तन्तुओं के चारों ओर एक माइलिन खोल बनाकर इनकी सुरक्षा करती हैं।

(iii) **माइक्रोग्लिया** ये रुधिर की मोनोसाइट कोशिकाओं से व्युत्पन्न छोटी भक्षी कोशिकाएँ होती हैं, जो CNS के ऊतक में पहुँचने वाले रोगाणुओं तथा कोशिकीय अवशेषों का भक्षण करके इनका विघटन करती है।

(iv) **इपेन्डाइमल कोशिकाएँ** ये घनाकार या स्तम्भी, प्रायः रोमाभि कोशिकाएँ होती हैं, जो CNS की गुहाओं के चारों ओर आच्छादित एकस्तरीय उपकला बनाती हैं। ये इन गुहाओं में भरे सेरीब्रोस्पाइनल तरल (Cerebrospinal fluid) का स्रावण करती हैं।

(v) **अनुचर कोशिकाएँ** कुछ तन्त्रिका कोशिकाएँ CNS के बाहर छोटे-छोटे समूहों में पाई जाती हैं, जिन्हें गुच्छक (Ganglia) कहते हैं।

(vi) **न्यूरोलेमोसाइट्स या श्वान कोशिकाएँ** ये PNS के तन्त्रिका तन्तुओं के चारों ओर माइलिन खोल बनाती हैं।

अभ्यास प्रश्न

1. निम्नलिखित में से किसका अण्डा सबसे छोटा होता है?
(a) शुतुरमुर्ग का (b) हमिंग बर्ड का
(c) कबूतर का (d) *होमो सैपिअन्स* का

2. मानव शरीर में पाई जाने वाली सबसे लम्बी कोशिका है
(a) तन्त्रिका कोशिका (b) पेशी कोशिका
(c) यकृत कोशिका (d) वृक्क

3. कोशिका भित्ति में खुरदरापन (Rigidity) होता है
(a) काइटिन से (b) लिग्निन से
(c) सुबेरिन से (d) पैकीटीन से

4. जीवों के लिए 'कोशिका सिद्धान्त' प्रतिपादित किया था
(a) पुरकिन्जे और वॉन मोहल ने
(b) श्लाइडेन और श्वान ने
(c) कैरोलस लीनियस ने
(d) फेलिक्स डुजार्डिन ने

5. 'नई कोशिकाओं का उद्‌भव पहले से विद्यमान (Pre-existing) कोशिकाओं द्वारा होता है।' यह तथ्य प्रतिपादित किया
(a) जे. ई. पुरकिन्जे ने
(b) एफ. डुजार्डिन ने
(c) आर. विरचॉव ने
(d) ई. एबे ने

6. जीवाणु में श्वसनीय एन्जाइम उपस्थित होते हैं
(a) माइटोकॉण्ड्रिया में
(b) गॉल्जीकाय में
(c) प्लाज्मा झिल्ली में
(d) अन्तःप्रद्रव्यी जालिका में

7. सूची I को सूची II से सुमेलित कीजिए।

	सूची I		सूची II
A.	सिंगर व निकोल्सन	1.	माइटोकॉण्ड्रिया की खोज
B.	कॉलीकर	2.	एकल झिल्ली परिकल्पना
C.	रॉबर्टसन	3.	परॉक्सीसोम की खोज
D.	टॉल्बर्ट	4.	तरल मोजैक मॉडल

कूट
	A	B	C	D
(a)	4	3	1	2
(b)	4	1	2	3
(c)	3	1	4	2
(d)	4	3	2	1

8. निम्न में से किस प्रकार के कोशिका विभाजन में क्रॉसिंग ओवर होता है?
(a) सूत्री विभाजन (b) अर्द्धसूत्री विभाजन
(c) असूत्री विभाजन (d) साइटोकाइनेसिस

9. गुणसूत्र
(a) कोशिका के केन्द्रक में उपस्थित होते हैं
(b) मानव की कोशिका में सर्वाधिक संख्या में होते हैं
(c) मुख्यतया RNA के बने होते हैं
(d) कोशिका में हर समय दिखाई पड़ते हैं

10. जीवन का भौतिक आधार क्या है?
(a) माइटोकॉण्ड्रिया (b) राइबोसोम
(c) प्रोटोप्लाज्म (d) केन्द्रक

11. अर्द्धसूत्री विभाजन की सबसे अधिक लम्बी अवधि की अवस्था है
(a) प्रथम पूर्वावस्था
(b) द्वितीय पूर्वावस्था
(c) प्रथम पश्चावस्था
(d) द्वितीय मध्यावस्था

12. सूची I को सूची II से सुमेलित कीजिए।

	सूची I (हरितलवक के प्रकार)		सूची II (शैवाल)
A.	प्यालेनुमा	1.	*यूलोथ्रिक्स*
B.	मेखलाकार	2.	*ऊडोगोनियम*
C.	ताराकार	3.	*क्लैमाइडोमोनास*
D.	जालिकावृत्त	4.	*जिग्निमा*

कूट
	A	B	C	D
(a)	2	4	3	1
(b)	3	1	4	2
(c)	3	4	1	2
(d)	4	3	2	1

13. सिंगर तथा निकोल्सन के मोजैक मॉडल के अनुसार, जीवद्रव्य कला में होता है
(a) सेलुलोस व हेमीसेलुलोस
(b) फॉस्फोलिपिड व समाकल प्रोटीन
(c) फॉस्फोलिपिड, बाह्य व समाकल प्रोटीन
(d) फॉस्फोलिपिड व सेलुलोस

14. गुणसूत्र अत्यधिक स्पष्ट दिखाई पड़ते हैं
(a) टीलोफेज में
(b) एनाफेज में
(c) मेटाफेज में
(d) प्रोफेज में

15. सूची I को सूची II से सुमेलित कीजिए।

सूची I (कोशिकांग)		सूची II (खोजकर्ता)	
A.	केन्द्रक	1.	कालीकर
B.	माइटोकॉण्ड्रिया	2.	रॉबर्ट ब्राउन
C.	गॉल्जीकाय	3.	ई. हेकल
D.	लवक	4.	कैमीलो गॉल्जी

कूट
	A	B	C	D
(a)	4	1	2	3
(b)	2	3	1	4
(c)	4	3	2	1
(d)	2	1	4	3

16. कोशिकाओं का वह समूह, जो एक निश्चित कार्य, एक निश्चित स्थान पर करता है, कहलाता है
(a) ऊतक (b) अंगक
(c) घटक (d) इनमें से कोई नहीं

17. निम्नलिखित में से कौन-से भाग वनस्पति और जन्तु दोनों ही कोशिकाओं में पाए जाते हैं?
(a) कोशिका कला, हरितलवक, रिक्तिका
(b) कोशिका भित्ति, केन्द्रक, रिक्तिका
(c) कोशिका कला, कोशिकाद्रव्य, केन्द्रक
(d) कोशिका भित्ति, हरितलवक, कोशिकाद्रव्य

18. कवकों की कोशिका में अनुपस्थित होता है
(a) जीवद्रव्य (b) केन्द्रक
(c) पर्णहरिम (d) कोशिका भित्ति

19. वार्षिक वलय किसकी सक्रियता से निर्मित होते हैं?
(a) कैम्बियम (b) जाइलम
(c) फ्लोएम (d) (b) व (c) दोनों

20. निम्नलिखित में से कोशिका का ऊर्जा गृह है
(a) माइटोकॉण्ड्रिया
(b) अन्तःप्रद्रव्यी जालिका
(c) केन्द्रक (d) कोशिका भित्ति

21. जीवद्रव्य के सन्दर्भ में सत्य कथन छाँटिए।
I. पुरकिन्जे ने जीवद्रव्य नाम दिया।
II. हक्सले ने जीवद्रव्य को जीवन का भौतिक आधार कहा।
III. जीवद्रव्य के तीन भाग होते हैं— कोशिकाद्रव्य, केन्द्रकद्रव्य तथा केन्द्रिका।
(a) I, II एवं III सत्य हैं (b) I एवं III सत्य हैं
(c) I एवं II सत्य हैं (d) II एवं III सत्य हैं

22. अर्द्धसूत्री विभाजन की प्रथम पूर्वावस्था में होती है
I. लेप्टोटीन
II. पैकीटीन
III. जीवद्रव्य विभाजन
IV. केन्द्रक विभाजन
(a) I, III एवं IV सत्य हैं
(b) I एवं II सत्य हैं
(c) II एवं IV सत्य हैं
(d) III एवं IV सत्य हैं

23. सूची I को सूची II से सुमेलित कीजिए।

सूची I (कोशिकांग)		सूची II (सामान्य नाम)	
A.	राइबोसोम	1.	कोशिका का कचरापात्र
B.	रसधानी/रिक्तिका	2.	कोशिका की प्रोटीन फैक्ट्री
C.	अन्तःप्रद्रव्यी जालिका	3.	कोशिका का रसोईघर
D.	हरितलवक	4.	कोशिका का अन्तः कंकाल

कूट
	A	B	C	D
(a)	1	3	2	4
(b)	2	1	4	3
(c)	2	1	3	4
(d)	3	4	2	1

24. कोशिका में केन्द्रक के अलावा किस कोशिकांग में DNA होता है?
(a) अन्तःप्रद्रव्यी जालिका
(b) गॉल्जी उपकरण
(c) लाइसोसोम
(d) माइटोकॉण्ड्रिया

25. निम्न कथनों को पढ़कर सत्य तथा असत्य का चयन कीजिए।
I. सूत्री विभाजन कायिक एवं जनन कोशिकाओं में होता है।
II. अर्द्धसूत्री विभाजन सिर्फ जनन कोशिकाओं में होता है।
(a) कथन I सत्य तथा कथन II असत्य है
(b) कथन I असत्य तथा कथन II सत्य है
(c) दोनों कथन सत्य है
(d) दोनों कथन असत्य हैं

26. निम्नलिखित कथनों में से कौन-सा एक सही है?
(a) प्रौकैरियोटिक कोशिकाओं में केन्द्रक होता है
(b) वनस्पति और जन्तु दोनों ही कोशिकाओं में कोशिका कला होती है
(c) यूकैरियोटिक कोशिका में माइटोकॉण्ड्रिया और क्लोरोप्लास्ट नहीं पाए जाते हैं
(d) राइबोसोम केवल यूकैरियोटिक कोशिकाओं में उपस्थित होते हैं

27. कोशिका का समस्त जीवित अंश जीवद्रव्य (प्रोटोप्लाज्म) कहलाता है। यह निम्न में से किससे निर्मित होता है?
(a) केवल कोशिकाद्रव्य (साइटोप्लाज्म)
(b) कोशिकाद्रव्य और केन्द्रकद्रव्य
(c) केवल केन्द्रकद्रव्य
(d) कोशिकाद्रव्य, केन्द्रकद्रव्य और अन्य कोशिकांग

28. सूची I को सूची II से सुमेलित कीजिए।

सूची I		सूची II	
A.	डिप्लोटीन	1.	जीन विनिमय
B.	जाइगोटीन	2.	उपान्तीभवन
C.	पैकीटीन	3.	किएज्मेटा
D.	डाइकाइनेसिस	4.	सूत्रयुग्मन

कूट
	A	B	C	D
(a)	1	3	2	4
(b)	4	2	1	3
(c)	2	1	4	3
(d)	3	4	1	2

29. कोशिका कला निम्न में से किससे मिलकर बनती है,
(a) लिपिड (b) प्रोटीन
(c) कार्बोहाइड्रेट (d) ये सभी

30. फेलोजन या कॉर्क कैम्बियम किसका निर्माण करती है?
(a) कॉर्क तथा द्वितीयक वल्कुट
(b) द्वितीयक जाइलम व फ्लोएम
(c) कॉर्क
(d) द्वितीयक कॉर्टेक्स तथा फ्लोएम

31. सूची I को सूची II से सुमेलित कीजिए।

सूची I		सूची II	
A.	शीर्षस्थ कोशिका सिद्धान्त	1.	क्लोज
B.	ऊतकजन वाद	2.	नगेली
C.	ट्यूनिका कॉर्पस वाद	3.	हेन्सटीन
D.	प्रशान्त केन्द्र वाद	4.	श्मिट

कूट
	A	B	C	D
(a)	2	1	3	4
(b)	1	2	3	4
(c)	2	3	4	1
(d)	4	3	2	1

32. कॉर्क कैम्बियम होता है
(a) द्वितीयक विभज्योतक
(b) शीर्ष विभज्योतक
(c) अन्तर्वेशी विभज्योतक
(d) प्राथमिक विभज्योतक

33. निम्न में से कौन पादप के तने और जड़ की मोटाई में वृद्धि के लिए उत्तरदायी है?
(a) जाइलम (b) फ्लोएम
(c) कॉर्टेक्स (d) कैम्बियम

34. कैस्पेरियन पट्टियों की उपस्थिति प्रमुख लक्षण है
(a) बाह्यत्वचा का (b) परिरम्भ का
(c) एक्सोडर्मिस का (d) अन्तस्त्वचा का

35. प्रौकैरियोटिक तथा यूकैरियोटिक के सन्दर्भ में सत्य/असत्य कथन छाँटिए।
I. प्रौकैरियोटिक कोशिका में राइबोसोम के अतिरिक्त सभी कोशिकांग पाए जाते हैं।
II. यूकैरियोटिक कोशिका में राइबोसोम, माइटोकॉण्ड्रिया तथा हरितलवक कोशिकांग पाए जाते हैं।
(a) I एवं II दोनों सत्य हैं
(b) I सत्य एवं II असत्य है
(c) I असत्य एवं II सत्य है
(d) I एवं II दोनों असत्य हैं

36. पेरीडर्म में सम्मिलित होते हैं
(a) कॉर्क तथा द्वितीयक वल्कुट
(b) कॉर्क
(c) कॉर्क एधा, कॉर्क तथा द्वितीयक वल्कुट
(d) कॉर्क एधा एवं कॉर्क

37. हिस्टोजन सिद्धान्त के अनुसार, बाह्यत्वचा उत्पन्न होती है
(a) पेरीब्लेम से (b) कैम्बियम से
(c) कॉर्टेक्स से (d) डर्मेटोजन से

38. जीवित कोशिकाओं से बना यान्त्रिक ऊतक है
(a) दृढ़ोतक (b) स्थूलकोणोतक
(c) मृदूतक (d) जटिल ऊतक

39. केन्द्रक कला का निर्माण किस कोशिकांग द्वारा होता है?
(a) अन्तःप्रद्रव्यी जालिका (b) हरितलवक
(c) माइटोकॉण्ड्रिया (d) गॉल्जीकाय

40. मरुद्भिद् पादपों का लक्षण नहीं है
(a) मोटा रन्ध्र (b) विकसित जड़
(c) वायुतक (d) ये सभी

41. निम्नलिखित किस कोशिकाओं में परिपक्वता पर केन्द्रक उपस्थित नहीं होता है?
(a) वाहिनिकाओं में
(b) सहचर कोशिकाओं मे
(c) मृदूतक में
(d) स्थूलकोणोतक में

42. समद्विपार्श्विक पत्ती में लवक अधिक पाए जाते हैं
(a) ऊपरी बाह्यत्वचा में
(b) निचली बाह्यत्वचा में
(c) पर्ण मध्योतक में
(d) परिरम्भ में

43. अवशिष्ट पदार्थ से भरे हुए मृदूतक कोष को क्या कहते हैं?
(a) फ्रैग्मोप्लास्ट
(b) कोनिडियोब्लास्ट
(c) आइडियोब्लास्ट
(d) ब्लास्टोमियर

44. निम्नलिखित में से जीवन की इकाई है
(a) जीन
(b) DNA
(c) जीव
(d) कोशिका

45. एकबीजपत्री पादप के फ्लोएम में कमी होती है
(a) चालनी नलिकाओं की
(b) फ्लोएम रेशों की
(c) सहचर कोशिकाओं की
(d) फ्लोएम मृदूतक की

46. संयुक्त, बहिफ्लोएमी, एण्डार्क तथा वर्धी संवहन पूल मिलते हैं
(a) द्विबीजपत्री मूल में
(b) द्विबीजपत्री तने में
(c) एकबीजपत्री मूल में
(d) एकबीजपत्री तने में

47. ट्यूनिका-कॉर्पस सिद्धान्त सम्बन्धित है
(a) मूल शीर्ष से
(b) पार्श्व विभज्योतक से
(c) मूलगोप से
(d) प्ररोह शीर्ष से

48. निम्नलिखित में से कौन-सा लक्षण मोनेरा जगत के प्राणियों में नहीं पाया जाता है?
(a) बहुकोशिका (b) पूर्वकेन्द्रक
(c) क्रोमोसोम्स (d) राइबोसोम्स

49. अरीय संवहन पूल पाए जाते हैं
(a) एकबीजपत्री पत्ती में
(b) द्विबीजपत्री मूल में
(c) तने में
(d) द्विबीजपत्री पत्ती में

50. सूची I को सूची II से सुमेलित कीजिए।

सूची I		सूची II	
A.	अरीय	1.	कुकरबिटेसी
B.	बाह्य फ्लोएमी	2.	*ड्रेसिना*
C.	उभय फ्लोएमी	3.	जड़ तन्त्र
D.	संकेद्री	4.	द्विबीजपत्री तना
		5.	बीज

कूट
	A	B	C	D
(a)	1	3	4	5
(b)	3	4	1	2
(c)	5	4	3	1
(d)	2	3	4	1

51. द्विबीजपत्री तने के काष्ठ में नवनिर्मित द्वितीयक जाइलम की परत स्थित होती है
(a) कैम्बियम के बाहर (b) कैम्बियम के भीतर
(c) पिथ के बाहर (d) कॉर्टेक्स के भीतर

52. सूची I को सूची II से सुमेलित कीजिए।

सूची I		सूची II	
A.	शीर्षस्थ विभज्योतक	1.	कैम्बियम
B.	पार्श्व विभज्योतक	2.	पर्व
C.	अन्तर्वेशी विभज्योतक	3.	मूलाग्र
D.	द्वितीयक विभज्योतक	4.	कॉर्क कैम्बियम

कूट
	A	B	C	D
(a)	3	1	2	4
(b)	1	2	4	3
(c)	3	2	4	1
(d)	4	3	1	2

53. एकबीजपत्री पादपों में ग्राफ्टिंग (कलम रोपण) इस कारण सम्भव नहीं होती है, क्योंकि
(a) इनमें संवहन पूल बिखरे हुए होते हैं
(b) इनमें समानान्तर शिराविन्यास पाया जाता है
(c) इनके पादप शाकीय होते हैं
(d) इनमें कैम्बियम अनुपस्थित होता है

54. वाहिका के ल्यूमन में पैरेनकाइमा की गुब्बारे के समान बाह्य वृद्धि कहलाती है
(a) हिस्टोजन (b) टायलोसिस
(c) फेलोजन (d) ट्यूनिका

55. सूची I को सूची II से सुमेलित कीजिए।

सूची I		सूची II	
A.	विभज्योतक	1.	ग्रेव
B.	स्थूलकोणोतक	2.	नगेली
C.	मृदूतक	3.	हर्टविग
D.	चालनी नलिका	4.	श्लाइडेन

कूट
	A	B	C	D
(a)	2	4	1	3
(b)	2	1	4	3
(c)	4	3	2	1
(d)	3	2	1	4

56. कौन-सा यान्त्रिक ऊतक केवल द्विबीजपत्री पादपों में ही पाया जाता है?
(a) मृदूतक
(b) स्थूलकोणोतक
(c) दृढ़ोतक
(d) हरित ऊतक

57. सूची I को सूची II से सुमेलित कीजिए।

सूची I		सूची II	
A.	विभज्योतक	1.	प्रकाश-संश्लेषण एवं भण्डारण
B.	बाह्य त्वचीय ऊतक	2.	यान्त्रिक सहारा
C.	मृदूतक	3.	सक्रिय विभाजनशील कोशिकाएँ
D.	स्थूलकोणोतक	4.	रन्ध्र

कूट
	A	B	C	D
(a)	3	1	2	4
(b)	3	4	1	2
(c)	1	3	2	4
(d)	2	1	3	4

58. स्तन ग्रन्थि किस वर्ग के प्राणियों में पायी जाती है?
(a) उभयचर (b) सरीसृप
(c) स्तनधारी (d) एवीज

59. पादप कोशिकाओं में निम्न में से कौन-सी कोशिका टोटीपोटेन्सी प्रदर्शित करती है?
(a) चालनी नलिका (b) जाइलम
(c) विभज्योतक (d) कॉर्क

60. मानव को किस वर्ग में रखा गया है?
(a) एवीज (b) पिसीज
(c) स्तनधारी (d) सरीसृप

61. पादपों के बाह्य सुरक्षात्मक ऊतक होते हैं
(a) परिरम्भ तथा वल्कुट
(b) अधिचर्म तथा कॉर्क
(c) कॉर्क एवं परिरम्भ
(d) वल्कुट एवं अधिचर्म

62. समुद्र के आस-पास वृक्षों में वार्षिक वलय नहीं पाए जाते हैं, क्योंकि
(a) भूमि रेतीली होती है
(b) जलवायु में परिवर्तन होता रहता है
(c) मौसम में स्पष्ट परिवर्तन नहीं होता है
(d) वायुमण्डल में काफी अधिक नमी होती है

63. सिस्टोलिथ, जो कभी-कभी पादप कोशिकाओं में जमा होता है वह किसके रवे होते हैं?
(a) कैल्शियम ऑक्जलेट के
(b) कैल्शियम कार्बोनेट के
(c) मैग्नीशियम कार्बोनेट के
(d) ग्लूकोसाइड्स के

64. सूची I को सूची II से सुमेलित कीजिए।

सूची I		सूची II	
A.	क्यूटिकल	1.	एकल स्तर
B.	बुलीफॉर्म कोशिकाएँ	2.	रक्षक कोशिका
C.	रन्ध्र	3.	मोम का स्तर
D.	बाह्यत्वचा	4.	रिक्त रंगहीन कोशिका

कूट

	A	B	C	D		A	B	C	D
(a)	2	3	1	4	(b)	3	4	1	2
(c)	3	4	2	1	(d)	2	3	4	1

65. सूची I को सूची II से सुमेलित कीजिए।

सूची I		सूची II	
A.	बहिः फ्लोएमी तथा खुले	1.	*कुकरबिटा* तना
B.	अरीय	2.	फर्न
C.	अभय फ्लोएमी	3.	मक्का की जड़
D.	संकेद्री	4.	सुरजमुखी का तना
		5.	मक्का का तना

कूट

	A	B	C	D
(a)	4	1	3	2
(b)	4	3	2	1
(c)	4	3	1	2
(d)	5	4	3	1

66. प्रकाश-संश्लेषण के उत्पाद स्थानान्तरित होते हैं

(a) चालनी नलिकाओं द्वारा
(b) सूक्ष्म नलिकाओं द्वारा
(c) जाइलम वाहिनिकाओं द्वारा
(d) रबरक्षीरी वाहिनियों द्वारा

67. प्रशान्त केन्द्र पाया जाता है

(a) मूल शीर्ष में
(b) प्ररोह शीर्ष में
(c) पुष्प शीर्ष में
(d) पर्ण शीर्ष में

68. लिग्नीभूत कोशिका भित्ति मुख्य लक्षण होता है

(a) फ्लोएम कोशिकाओं का
(b) अधिचर्म कोशिकाओं का
(c) कैम्बियम कोशिकाओं का
(d) जाइलम कोशिकाओं का

69. सूची I को सूची II से सुमेलित कीजिए।

सूची I		सूची II	
A.	सरल स्तम्भी एपीथीलियम	1.	हृदय की भित्ति
B.	हृदय पेशियाँ	2.	अस्थियों के जोड़
C.	वसीय ऊतक	3.	आमाशय तथा आँत का भीतरी स्तर
D.	काचाभ उपस्थित	4.	त्वचा के नीचे उदर, जांघ छाती, कूल्हे आदि

कूट

	A	B	C	D		A	B	C	D
(a)	1	3	4	2	(b)	3	1	2	4
(c)	3	1	4	2	(d)	1	3	2	4

70. व्हेल एक गर्म रुधिर वाला प्राणि है, जोकि ठण्डे समुद्र में रहता है। इसके शरीर को गर्म बनाता है

(a) ब्लबर (b) पीलेज
(c) पेशी (d) रुधिर वाहिकाएँ

71. पेशी संकुचन के लिए तन्तु विसर्पण सिद्धान्त किसने दिया?

(a) कोरी ने
(b) एच. ई. हक्सले ने
(c) ए. एफ. हक्सले ने
(d) एच. ई. हक्सले व ए. एफ. हक्सले ने

72. अस्थि उपास्थि से निम्न की उपस्थिति के कारण भिन्न होती है

(a) कौलेजन (b) रुधिर वाहिकाएँ
(c) लिम्फ वाहिकाएँ (d) हैवर्सियन नलिका

73. सूची I को सूची II से सुमेलित कीजिए।

सूची I		सूची II	
A.	न्यूट्रोफिल्स	1.	एक बड़ा केन्द्रक
B.	इओसिनोफिल्स	2.	2-3 पालियों वाला केन्द्रक
C.	बैसोफिल्स	3.	वृक्क के आकार का केन्द्रक
D.	लिम्फोसाइट	4.	2-7 पालियों वाला केन्द्रक
E.	मोनोसाइट	5.	द्विपालिवत् केन्द्रक

कूट

	A	B	C	D	E		A	B	C	D	E
(a)	4	1	3	5	2	(b)	2	5	1	4	3
(c)	4	5	2	1	3	(d)	2	4	5	3	1

74. वह प्रोटीन जोकि पेशियों में O_2 संग्रहित करता है

(a) मायोग्लोबिन (b) एक्टोमाइसिन
(c) मायोसिन (d) हीमोग्लोबिन

75. तन्त्रिका को घेरने वाली संयोजी ऊतक की मोटी परत कहलाती है

(a) न्यूरीलेमा (b) एण्डोन्यूरियम
(c) एपिन्यूरियम (d) पेरीन्यूरियम

76. निम्न कथनों को पढ़कर नीचे दिए गए विकल्पों में से सही का चयन कीजिए।

I. पेशियों की A-पट्टियाँ गहरे रंग की तथा मायोसीन मुक्त होती हैं।
II. I-पट्टियाँ हल्की तथा एक्टिन युक्त होती हैं।
III. पेशीय संकुचन के दौरान A-पट्टियाँ संकुचित होती हैं।
IV. दो Z-पंक्तियों के मध्य का भाग सार्कोमीयर कहलाता है।
V. हल्के तन्तुओं का वह भाग, जो स्थूल तन्तु से अतिव्यापित नहीं होता, *H*-क्षेत्र कहलाता है।

उक्त कथनों में से

(a) I, II, III सत्य, जबकि IV और V असत्य हैं
(b) I, III और V सत्य, जबकि II और IV असत्य हैं
(c) I और II सत्य, जबकि III, IV और V असत्य हैं
(d) I, II और IV सत्य हैं, जबकि III और V असत्य हैं

77. हृदय पेशी तन्तु कंकाल पेशियों से भिन्न हैं, क्योंकि ये हैं

(a) रेखित एवं अनैच्छिक
(b) अरेखित एवं ऐच्छिक
(c) अरेखित एवं अनैच्छिक
(d) प्रतिगामी

78. मास्ट कोशिकाएँ कौन-सा पदार्थ स्रावित करती हैं?

(a) हिपैरिन (b) हिस्टामिन
(c) सिरोटोनिन (d) ये सभी

79. हैवर्सियन तन्त्र किसका प्रमुख लक्षण है?

(a) पक्षियों की अस्थियों का
(b) सभी जन्तुओं का
(c) स्तनधारियों की अस्थियों का
(d) सरीसृपों की अस्थियों का

80. पेशी संकुचन के लिए निम्न में कौन-सा आयन आवश्यक है?

(a) Na^+ (b) K^+
(c) Ca^{2+} (d) कोई नहीं

81. एरिओलर ऊतक जोड़ता है

(a) दो अस्थियों को
(b) पेशी तथा अस्थियों को
(c) पेशी तथा वसा ऊतक को
(d) पेशियों एवं उनके यौगिकों को

82. श्नीडेरियन झिल्ली पाई जाती है

(a) नासा मार्ग में (b) ट्रैकिया में
(c) बोमैन कैप्सूल में (d) हेनले लूप में

83. जनन स्तर तथा उनके व्युत्पन्नों के सही युग्म पहचानिए।

I. एक्टोडर्म— एपिडर्मिस
II. एण्डोडर्म— डर्मिस
III. मीसोडर्म— पेशियाँ
IV. मीसोडर्म— नोटोकॉर्ड
V. एण्डोडर्म— दाँतों का इनेमल

(a) I, III एवं IV (b) I, II, III एवं V
(c) I एवं IV (d) I एवं II

84. शल्की उपकला कोशिकाएँ नहीं पाई जाती हैं

(a) मुख गुहिका के आस्तर में
(b) किण स्तर में
(c) हृदयावरणी कला में
(d) आँत के आस्तर में

85. सूची I को सूची II से सुमेलित कीजिए।

सूची I		सूची II	
A.	घनाकार	1.	त्वचा की एपिडर्मिस
B.	पक्ष्मयुक्त	2.	रुधिर वाहनियों का आन्तरिक स्तर
C.	स्तम्भाकार	3.	पित्ताशय की आन्तरिक सतह
D.	शल्की	4.	फैलोपियन नलिका का आन्तरिक स्तर
E.	किरैटिनाइज्ड शल्की	5.	अग्न्याशयी नलिका का स्तर

	A	B	C	D	E
(a)	5	4	2	3	1
(b)	3	4	5	2	1
(c)	5	4	3	2	1
(d)	3	4	5	1	2

86. मास्ट कोशिकाएँ पाई जाती हैं
(a) एडिपोस ऊतक में
(b) एरिओलर ऊतक में
(c) पीले तन्तुमय ऊतक में
(d) सफेद तन्तुमय ऊतक में

87. संयोजी ऊतक की उत्पत्ति होती है
(a) बाह्यस्तर से (b) अन्त: स्तर से
(c) मध्यस्तर से (d) मध्य अन्त: स्तर से

88. ऐच्छिक पेशियाँ उपस्थित होती हैं
(a) फेफड़ों में
(b) पित्ताशय में
(c) रुधिर वाहिनियों में
(d) पादों की माँस पेशियों में

89. सूची I को सूची II से सुमेलित कीजिए।

	सूची I		सूची II
A.	बैसोफिल्स	1.	हिपैरिन तथा हिस्टामिन स्रावण
B.	एसिडोफिल्स	2.	एण्टीबॉडी का निर्माण
C.	मोनोसाइट	3.	फैगोसाइट्स
D.	लिम्फोसाइट	4.	एण्टीएलर्जिक तथा घावों को भरना

कूट

	A	B	C	D
(a)	1	3	2	4
(b)	4	3	2	1
(c)	1	3	2	4
(d)	1	4	3	2

90. सूची I को सूची II से सुमेलित कीजिए।

	सूची I		सूची II
A.	शल्की	1.	आँत्रीय ग्रन्थियाँ
B.	घनाकार	2.	ट्रैकिया
C.	स्तम्भकार	3.	अण्डाशय
D.	पक्ष्माभिकीय	4.	रुधिर वाहिनियों
E.	कूटस्तरीय स्तम्भाकार	5.	ब्रोंकियोलस

कूट

	A	B	C	D	E
(a)	1	2	4	3	5
(b)	5	4	2	1	3
(c)	4	5	1	2	3
(d)	4	3	1	5	2

91. पेशियाँ, जो थकती नहीं हैं
(a) अरेखित पेशी
(b) रेखित पेशी
(c) हृदय पेशी
(d) जबड़ों की पेशियाँ

92. त्वचा पर चोट लगने के बाद इसका पुनरुद्भवन किसके द्वारा किया जाता है?
(a) शल्की उपकला द्वारा
(b) चर्म द्वारा
(c) देहभित्ति की पेशियों द्वारा
(d) घनाकार उपकला द्वारा

93. कोशिका सिद्धान्त किसने प्रतिपादित किया था?
(a) श्लाइडेन तथा श्वान ने
(b) विरकोव ने
(c) रॉबर्ट हुक ने
(d) हेकल ने

94. कण्डरा किसकी बनी होती है?
(a) अप्रत्यास्थ संयोजी ऊतक तन्तु की
(b) प्रत्यास्थ संयोजी ऊतक तन्तु की
(c) दोनों (a) एवं (b) की
(d) केवल कौलेजन तन्तु की

95. पेशी में संकुचन होता है
(a) मायोसिन से (b) एक्टिन से
(c) ATP से (d) एक्टोमायोसिन से

96. लैरिंक्स का भीतरी स्तर बना होता है
(a) रोमाभि एपिथीलियम का
(b) कूटस्तरित एपिथीलियम का
(c) स्तम्भी एपिथीलियम का
(d) स्तरित शल्की का एपिथीलियम का

97. मास्ट कोशिकाएँ पाई जाती हैं
(a) संयोजी ऊतक में (b) पेशीय ऊतक में
(c) तन्त्रिका ऊतक में (d) रुधिर में

98. स्तनधारियों में हैवर्सियन नलिका अनुप्रस्थ नलिका द्वारा जुड़ी रहती है। ये कहलाती हैं
(a) अर्द्धचन्द्राकार नलिकाएँ
(b) वोल्कमैन नलिकाएँ
(c) इन्नवाइनल नलिकाएँ
(d) बिडर्स नलिकाएँ

99. ऊँट का कूबड़ बना होता है
(a) कंकाल ऊतक का (b) पेशी ऊतक का
(c) उपास्थि का (d) वसीय ऊतक का

100. लिम्फ रुधिर से किसकी उपस्थिति से भिन्न होता है?
(a) कोई WBC नहीं (b) कोई प्रोटीन नहीं
(c) अधिक पानी (d) कोई RBC नहीं

उत्तरमाला

1 (d)	2 (a)	3 (b)	4 (b)	5 (c)	6 (c)	7 (b)	8 (b)	9 (a)	10 (c)
11 (a)	12 (b)	13 (b)	14 (c)	15 (d)	16 (a)	17 (c)	18 (c)	19 (a)	20 (a)
21 (c)	22 (b)	23 (b)	24 (d)	25 (b)	26 (b)	27 (d)	28 (d)	29 (d)	30 (a)
31 (c)	32 (a)	33 (d)	34 (d)	35 (c)	36 (c)	37 (d)	38 (b)	39 (d)	40 (c)
41 (a)	42 (c)	43 (c)	44 (d)	45 (d)	46 (b)	47 (d)	48 (a)	49 (b)	50 (c)
51 (b)	52 (a)	53 (d)	54 (b)	55 (a)	56 (b)	57 (b)	58 (c)	59 (c)	60 (c)
61 (c)	62 (c)	63 (b)	64 (c)	65 (c)	66 (a)	67 (a)	68 (d)	69 (c)	70 (a)
71 (d)	72 (d)	73 (c)	74 (a)	75 (c)	76 (d)	77 (a)	78 (d)	79 (c)	80 (c)
81 (d)	82 (a)	83 (a)	84 (d)	85 (c)	86 (b)	87 (c)	88 (d)	89 (d)	90 (d)
91 (c)	92 (d)	93 (a)	94 (d)	95 (a)	96 (a)	97 (a)	98 (b)	99 (d)	100 (d)

अध्याय

02

जीवों में विविधता एवं वर्गीकरण

(Diversity in Organisms and Classification)

सजीवों में विविधता की संकल्पना

(Concept of Diversity in the Living Organisms)

हमारे चारों ओर विभिन्न प्रकार के जीवों की उपस्थिति को **जैव-विविधता** (Biodiversity) कहते हैं। जैव-विविधता दो शब्दों अर्थात् **जैविक** या **जीवन** (Biological) तथा **विविधता** (Diversity) से मिलकर बना है। अत: जैव-विविधता सजीवों में उपस्थित जीवन या जीव रूपों की विविधता होती है। इस शब्द का सर्वप्रथम प्रयोग **वाल्टर जी रोसेन** (Walter G Rosen) ने सन् 1986 में किया था।

हमारे आस-पास पेड़-पौधे, कीट, पक्षी, जानवर तथा इसके अतिरिक्त आँखों से दिखाई न देने वाले सूक्ष्मजीव; जैसे—जीवाणु, विषाणु, कवक, आदि रहते हैं। जीवों की प्रत्येक किस्म एक **जीव जाति** (Species) कहलाती है।

कुछ जीव भूमि पर, कुछ समुद्र में, कुछ तालाबों, झीलों, आदि के लवणरहित जल (Freshwater) में तथा कुछ अन्य जन्तुओं तथा पादपों के शरीर पर परजीवी (Parasites) या सहजीवी (Symbiotic) के रूप में रहते हैं। अब तक वैज्ञानिकों द्वारा खोजी गई जातियों की संख्या लगभग 20 लाख (15 लाख जन्तु तथा 5 लाख वनस्पति) तक है और अनेक जातियाँ अभी तक ज्ञात भी नहीं की गई हैं। वैज्ञानिकों का अनुमान है, कि वर्तमान में पृथ्वी पर जीवों की लगभग **तीन करोड़** जातियाँ उपस्थित हैं।

जैव-विविधता का अध्ययन निम्न तीन स्तरों के आधार पर किया जा सकता है

1. आनुवंशिक विविधता स्तर (Genetic diversity level)
2. जातीय विविधता स्तर (Species diversity level)
3. पारिस्थितिक तन्त्र का विविधता स्तर (Ecosystem diversity level)

विश्व में पाई जाने वाली पादपों, जन्तुओं एवं सूक्ष्मजीवों की जातियों की लगभग संख्या

वर्ग	जातियों की संख्या
कीट (Insects)	1025000
पादप (Higher plants)	270000
मत्स्य (Fishes)	26959
सरीसृप (Reptiles)	7150
उभयचर या जलस्थलचर (Amphibians)	4780
पक्षी (Birds)	9700
स्तनधारी जन्तु (Mammals)	4650
जीवाणु (सायनोबैक्टीरिया सहित) Bacteria (Including cyanobacteria)	4000
विषाणु (Viruses)	1550

विविधता में क्रमबद्धता (Order in Diversity)

जीवों में इतनी विविधता होते हुए भी सम्पूर्ण जीव-जगत को एक क्रमबद्ध व व्यवस्थित रूप देने हेतु पारस्परिक समानताओं तथा असमानताओं के आधार पर तुलनात्मक विभाजन की सहायता से छोटे व बड़े **समूहों** या **वर्गकों** (Groups or Taxa) में विभक्त किया गया है; उदाहरण—सभी प्रकार के पक्षियों को संरचना तथा कार्यिकी में समानता के आधार पर सम्मिलित एक ही समूह—पक्षी (Aves) वर्ग में रखा गया है।

इसी प्रकार चमगादड़, चूहे, कुत्ते, भैंस, लंगूर, मानव, आदि परस्पर असमान होते हुए भी, स्तन तथा बालों की उपस्थिति के कारण एक समूह—स्तनधारी (Mammalia) वर्ग में सम्मिलित किए गए हैं।

क्रमबद्ध ज्ञान के आधार पर देखा जाए, तो मछली, मेंढक, सर्प, पक्षी, मानव, आदि को कुछ विशेष समानताओं के आधार पर (पृष्ठीय कशेरुक दण्ड की उपस्थिति) एक बड़े समूह कशेरुकी (Vertebrata) में रखा गया है।

वर्गीकरण (Classification)

नए जीवों को पहचानना, इन्हें सही वैज्ञानिक नाम देना, समान तथा असमान लक्षणों के आधार पर जीवों को अलग-अलग समूहों अथवा वर्गों में रखना वर्गीकरण कहलाता है। जीव विज्ञान की वह शाखा, जिसके अन्तर्गत वर्गीकरण एवं इसके मूल सिद्धान्तों का अध्ययन किया जाता है, **वर्गीकरण विज्ञान** या **वर्गिकी** (Taxonomy) कहलाती है। टैक्सोनॉमी दो

यूनानी (ग्रीक) शब्दों; *टैक्सिस (Taxis)* – व्यवस्था अथवा क्रम में रखना एवं *नोमोस (nomos)* – नियम अथवा सिद्धान्त से मिलकर बना है।

जीवों को वर्गीकृत करने के लिए निम्न तीन चरण होते हैं

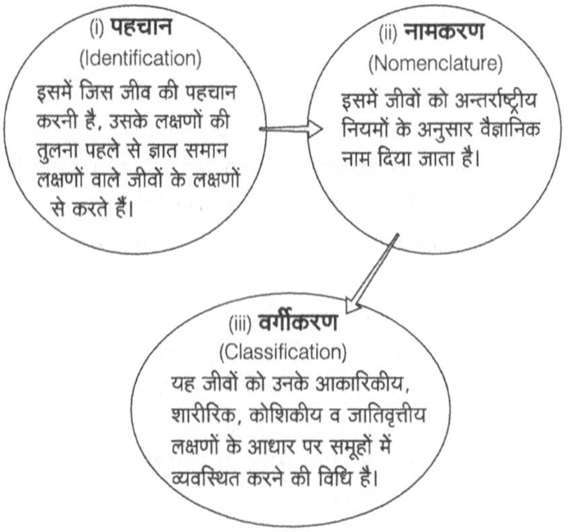

आधुनिक वैज्ञानिक जगत में वर्गिकी वैज्ञानिक पहचान, वर्गीकरण व नामकरण को वर्गिकी का आधार मानते हैं।

जीवों में निम्नलिखित कारणों के आधार पर वर्गीकरण आवश्यक है

1. **अध्ययन की सुविधा** एक वर्ग में रखे गए जीवों का अध्ययन करने से उस वर्ग के अन्य जीवों के सम्बन्ध में भी जानकारी प्राप्त हो जाती है। उदाहरण—केवल मानव का अध्ययन करने से उनके वर्ग—स्तनधारी में उपस्थित अन्य जीव-जन्तुओं के बारे में पता चल जाता है।
2. **जैव विकास के क्रम का ज्ञान** जीवों के वर्गीकरण का अध्ययन करने से जीवों के विकास क्रम का ज्ञान होता है। उदाहरण—यदि जन्तु-जगत के वर्गीकरण को एकसाथ देखें, तो सरल संरचना वाले जन्तुओं (पोरीफेरा) से जटिल संरचना वाले जन्तुओं (ऐनेलिडा) का विकास क्रम स्पष्ट नजर आता है।
3. **अनुकूलन का ज्ञान** वर्गीकरण के अध्ययन की सहायता से हमें जीवों के अनुकूलन से सम्बन्धित तथ्यों का ज्ञान होता है। किसी विशेष वातावरण में रहने वाले जीवों के आकार व अंगों में समानता प्रदर्शित होती है।
4. **जातिवृति का ज्ञान** वर्गीकरण जातिवृत्त पर आधारित होता है। अत: एक समूह के जीव एक **समान पूर्वज** से विकसित होते हैं। इस तथ्य का बोध वर्गीकरण के अध्ययन से ही प्राप्त होता है।

- जीव विज्ञान की वह शाखा, जिसमें जीवधारियों की पहचान, नामकरण तथा वर्गीकरण से सम्बन्धित अध्ययन किया जाता है, **वर्गिकी** कहलाती है। वर्गिकी या टैक्सोनॉमी शब्द **ए.पी.डी.कैन्डोल** ने प्रतिपादित किया था।
- जीवों का वर्गीकरण करने के लिए उन्हें विभिन्न स्तरों की श्रेणियों या समूहों में विभाजित करते हैं, जिन्हें **वर्गक** या **टैक्सॉन** कहते हैं।
- प्रत्येक टैक्सॉन वर्गीकरण के किसी स्तर को दर्शाता है; जैसे—जाति, वंश आदि।

वर्गिकीय पदानुक्रम

वर्गीकरण विज्ञान में जीवों को एकल पद में वर्गीकृत न करके उनके कई सूक्ष्म पद होते हैं। जिनको संवर्ग (Category) कहते हैं; जैसे—जगत, संघ, वर्ग, गण, कुल, वंश, जाति आदि। सभी वर्गी संवर्ग मिलकर वर्गिकी के पदानुक्रम का निर्माण करते हैं। वर्गिकी पदानुक्रम का प्रत्येक संवर्ग एक इकाई पद को दर्शाता है। जिसके वर्गक (Taxon) कहते हैं।

सभी जन्तु एवं पादपों के वर्गीकरण में सामान्य वर्ग (Category) होते हैं। जैसे—जगत (Kingdom), संघ (Phylum), वर्ग (Class), गण (Order), कुल (Family), वंश (Genus), जाति (Species) आदि। इनमें जाति को वर्गीकरण की सबसे छोटी संरचनात्मक व क्रियात्मक इकाई माना जाता है।

लिनियस के अनुसार भी वर्गिकी में निम्न सात पद होते हैं

संवर्ग	नाम देने का श्रेय
जगत (Kingdom)	–
संघ (Phylum)	हेकल (1889)
वर्ग (Class)	लिनियस
गण (Order)	लिनियस
कुल (Family)	ब्रुश्चली (1790)
वंश (Genus)	लिनियस
जाति (Species)	लिनियस

वर्गिकी के पदानुक्रम को तिरछा इस प्रकार लिखा जाता है।

जगत (Kingdom) ↑ उच्चतम
संघ (Phylum) (जन्तुओं में)/विभाग (पादपों में)
वर्ग (Class)
गण (Order)
कुल (Family)
वंश (Genus)
जाति (Species) निम्नतम

इस सूची में कुछ श्रेणियों को जोड़ा गया है, जोकि मध्यवर्ती श्रेणियाँ कहलाती है। उदाहरण—उपजगत महासंघ या महाप्रभाग, प्रभाग, उप-गण, महा-कुल, उप-कुल, जाति, उप-जाति, किस्म आदि।

जीवों का नामकरण

किसी जीव की खोज तथा स्थान निर्धारित करने के पश्चात् एक निश्चित तथा उपयुक्त नाम देने की पद्धति नामकरण कहलाती है।

- नामकरण की द्विनाम पद्धति को **कैरोलस लिनियस** (Carolus Linnaeus) ने प्रतिपादित किया।
- **लिनियस** ने अपनी पुस्तक *'सिस्टेमा नेचुरी (Systema Naturae)'* के दसवें संस्करण (1758) में, जीव-जातियों का नामकरण द्विनाम पद्धति से किया।
- इस पद्धति के अनुसार, प्रत्येक जीव के नाम में दो शब्द होते हैं, प्रथम शब्द **वंश** को एवं द्वितीय शब्द **जाति** को दर्शाता है।

सारणी 1. द्विनाम पद्धति के अनुसार, कुछ जन्तुओं के वैज्ञानिक नाम

सामान्य नाम	वंश का नाम	जाति का नाम	वैज्ञानिक नाम
गाय	*Bos*	*taurus*	*Bos taurus*
भैंस	*Bos*	*bubalis*	*Bos bubalis*
घोड़ा	*Equus*	*caballus*	*Equus caballus*
बिल्ली	*Felis*	*domesticus*	*Felis domesticus*
शेर	*Panthera*	*leo*	*Felis leo*
चीता	*Panthera*	*tigris*	*Panthera tigris*

सारणी 2. द्विनाम पद्धति के अनुसार, कुछ पादपों के वैज्ञानिक नाम

सामान्य नाम	वंश का नाम	जाति का नाम	वैज्ञानिक नाम
आम	*Mangifera*	*indica*	*Mangifera indica*
अमरुद	*Psidium*	*guajava*	*Psidium guajava*
कमल	*Nelumbo*	*nucifera*	*Nelumbo nucifera*
केला	*Musa*	*paradisiaca*	*Musa paradisiaca*
ज्वार	*Sorghum*	*vulgare*	*Sorghum vulgare*

त्रिनाम पद्धति के वर्गीकरण वंश, जाति एवं उपजाति के नामों को सम्मिलित किया जाता है। तृतीय नाम (उपजाति) भी अंग्रेजी के छोटे अक्षर से लिखा जाता है।

उदाहरण—भारतीय कौवे – *कोर्वस स्प्लेण्डेन्स स्प्लेण्डेन्स*
श्रीलंका के कौवे – *कोर्वस स्प्लेण्डेन्स प्रोटीगेटस*

नामकरण की अन्तर्राष्ट्रीय संहिता

(International Code of Biological Nomenclature or ICBN)

जीवों के नामकरण हेतु सन् 1898 में वैज्ञानिकों ने एक अन्तर्राष्ट्रीय आयोग का गठन किया तथा सन् 1901 में इस आयोग के द्वारा नामकरण के लिए एक अन्तर्राष्ट्रीय सिद्धान्त को स्वीकृति दी गई, जिसे सन् 1904 में अन्तिम रूप देकर प्रकाशित किया गया। सन् 1964 में नामकरण का यह अन्तर्राष्ट्रीय सिद्धान्त आधुनिक संस्करण में पुन: प्रकाशित हुआ। नामकरण के इस सिद्धान्त में एक भूमिका, 86 धाराएँ, 5 परिशेषिकाएँ व एक शब्दावली है।

नामकरण के अन्तर्राष्ट्रीय नियम

(International Rules of Nomenclature)

प्रत्येक जाति का समस्त विश्व में एक ही वैज्ञानिक नाम हो, इसके सन्दर्भ में सन् 1901 में अन्तर्राष्ट्रीय जीव विज्ञान में जीवों के नामकरण हेतु कुछ अन्तर्राष्ट्रीय नियमों को मान्यता दी गई। इन नियमों को 'वानस्पतिक नामकरण की अन्तर्राष्ट्रीय संहिता' (International Code of Botanical Nomenclature or ICBN), जन्तु वैज्ञानिक नामकरण की अन्तर्राष्ट्रीय संहिता (International Code of Zoological Nomenclature or ICZN), जीवाणु नामकरण की अन्तर्राष्ट्रीय संहिता (International Code of Bacterial Nomenclature or ICBN), विषाणु नामकरण की अन्तर्राष्ट्रीय संहिता (International Code of Viral Nomenclature or ICVN) के नाम से जाना जाता है।

नामकरण के कुछ अन्तर्राष्ट्रीय नियम निम्नलिखित हैं

(i) वैज्ञानिक नाम लम्बा व कठिन न हो।

(ii) प्रत्येक जीव को एक **वंशीय** (Generic) तथा एक **जातीय** (Specific) नाम दिया जाता है।

(iii) प्रत्येक जीव का वैज्ञानिक नाम **लैटिन भाषा** में लिखा जाता है।

(iv) वंश का नाम **पहले** तथा जाति का नाम **बाद** में आना चाहिए।

(v) जीवों के वैज्ञानिक नाम को सदैव **तिरछे** (Italic) अक्षरों में लिखा जाना चाहिए। हस्तलिपि में इन नामों के नीचे लाइन खींची जानी चाहिए।

(vi) अंग्रेजी में वंश के नाम का पहला अक्षर **बड़ा** (Capital) और जाति के नाम का पहला अक्षर **छोटा** (Small) होना चाहिए।

(vii) दो अलग-अलग प्राणियों के जातीय नाम समान हो सकते हैं, किन्तु इनके वंश के नाम समान नहीं होने चाहिए।

(viii) किसी वैज्ञानिक द्वारा ज्ञात नए प्राणी का वैज्ञानिक नाम तभी स्वीकार किया जाता है, जब वह अन्तर्राष्ट्रीय संहिता के नियमों का पालन करता हो।

(ix) वैज्ञानिक नाम देने वाले व्यक्ति का पूर्ण एवं संक्षिप्त नाम रोमन भाषा में वैज्ञानिक नाम के बाद लिखा जाता है।

(x) विभिन्न वैज्ञानिकों द्वारा एक वंश या जाति का नाम अलग-अलग रख दिया गया है, तो ऐसी स्थिति में सर्वप्रथम प्रकाशित होने वाला नाम ही सर्वमान्य होगा।

विषाणु

ये अत्यन्त सूक्ष्म नग्न कणों के रूप में पाए जाते हैं। इन्हें केवल इलेक्ट्रॉन सूक्ष्मदर्शी के द्वारा ही देखा जा सकता है। विषाणु की खोज **इवानोवस्की** ने सन् 1892 में तम्बाकू की पत्ती के मोजैक रोग के अध्ययन द्वारा की थी। **डब्ल्यू.एम. स्टैनले** ने सन् 1935 में संक्रमित तम्बाकू की पत्ती में से तम्बाकू के मोजैक विषाणु के क्रिस्टल तैयार किए थे।

विषाणु के प्रमुख लक्षण निम्नलिखित हैं

- न्यूक्लियोप्रोटीन कण होते हैं। ये केवल जीवित कोशिका में ही प्रजनन कर सकते हैं। इसमें केवल एक ही प्रकार का न्यूक्लिक अम्ल DNA या RNA पाया जाता है (अपवाद—HIV विषाणु)।
- विषाणुओं पर प्रतिजैविकों का कोई प्रभाव नहीं पड़ता है, क्योंकि इनमें स्वयं का प्रोटीन-संश्लेषण तन्त्र नहीं पाया जाता है।
- विषाणु में न्यूक्लिक अम्ल के चारों ओर प्रोटीन का कवच कैप्सिड होता है, जो अनेक इकाइयों कैप्सोमीयर से बना होता है।
- कुछ विषाणुओं में बाहर की तरफ लिपिड या लिपोप्रोटीन का आवरण होता है।
- विषाणुओं का क्रिस्टलीकरण किया जा सकता है। इनमें कोशिका भित्ति, कोशिका कला, श्वसन आदि का अभाव होता है।
- इन्टरफेरॉन (Interferon) विषाणु प्रतिरोधी प्रोटीन पदार्थ हैं, जो कोशिका में विषाणु के संक्रमण के बाद बनते हैं।

महत्त्वपूर्ण बिन्दु

- **वाइरॉइड** (Viroid) ये सिर्फ RNA के बने अतिसूक्ष्म संक्रामक कण होते हैं, जिनमें प्रोटीन अनुपस्थित होती है। ये नारियल के पादप में कदंग रोग एवं गुलदाउदी में स्टंट रोग उत्पन्न करते हैं।
- **प्रियॉन्स** (Prions) ये प्रोटीन के बने कण हैं, जिन्हें सर्वप्रथम **प्रुसीनर** ने देखा था। ये भेड़ तथा बकरियों में स्क्रेपी रोग, मानव में कुरु तथा क्रुजफेल्ट जैकोब नामक रोग उत्पन्न करते हैं।

पाँच-जगत वर्गीकरण

(Five Kingdom Classification)

जीवधारियों की विभिन्नताओं एवं विषमताओं के कारण उपजगत (Subkingdom) वर्गीकरण की कमियों को देखते हुए सन् 1969 में **आर.एच. व्हिटेकर** (RH Whittaker) द्वारा सजीवों को पाँच-जगत प्रणालियों (Five kingdom systems) के अन्तर्गत इस प्रकार विभाजित किया गया है

(i) मोनेरा (ii) प्रोटिस्टा

(iii) प्लाण्टी (iv) कवक

(v) एनिमेलिया

व्हिटेकर का वर्गीकरण निम्न लक्षणों पर आधारित है

1. **कोशिका संरचना की जटिलता** प्रोकैरियोटिक (Prokaryotic) तथा यूकैरियोटिक (Eukaryotic) कोशिकाएँ।
2. **पोषण विधि के प्रकार तथा स्रोत** स्वपोषी (Autotrophic) अपना भोजन स्वयं बनाते हैं तथा परपोषी (Heterotrophic) अपने भोजन के लिए अन्य पादप पर निर्भर रहते हैं।
3. **शरीर संगठन की जटिलता** एककोशिकीय (Unicellular) तथा बहुकोशिकीय (Multicellular) जीव।
4. **जीवन-चक्र प्रकार** उत्पादक (Producer) तथा उपभोक्ता (Consumer)।

सारणी 3. पाँच-जगत वर्गीकरण के तुलनात्मक लक्षण

लक्षण	पाँच जगत				
	मोनेरा	प्रोटिस्टा	कवक	पादप	जन्तु
कोशिका प्रकार	प्रोकैरियोटिक	यूकैरियोटिक	यूकैरियोटिक	यूकैरियोटिक	यूकैरियोटिक
कोशिका भित्ति	सेलुलोस रहित + अमीनो अम्ल	कुछ में उपस्थित	उपस्थित (सेलुलोस रहित)	उपस्थित (सेलुलोस सहित)	अनुपस्थित
केन्द्रक झिल्ली	अनुपस्थित	उपस्थित	उपस्थित	उपस्थित	उपस्थित
कायिक संरचना	कोशिकीय	कोशिकीय	बहुकोशिक/अदृढ़ ऊतक	ऊतक/अंग	ऊतक/अंग/अंगतन्त्र
माइटोकॉण्ड्रिया तथा दूसरे कोशिकांग	अनुपस्थित	उपस्थित	उपस्थित	उपस्थित	उपस्थित
पोषण की विधि	स्वपोषी (रसायन-संश्लेषी एवं प्रकाश-संश्लेषी) तथा परपोषी (मृतपोषी एवं परजीवी)	स्वपोषी (प्रकाश-संश्लेषी) तथा परपोषी	परपोषी (मृतपोषी एवं परजीवी)	स्वपोषी (प्रकाश-संश्लेषी)	परपोषी (प्राणि समभोजी, मृतपोषी आदि)
प्रजनन की विधि	संयुग्मन	युग्मक संलयन एवं संयुग्मन	निषेचन	निषेचन	निषेचन
उदाहरण	जीवाणु, नील-हरित शैवाल, *माइकोप्लाज्मा*, आर्किबैक्टीरिया आदि।	प्रोटोजोआ आदि।	सभी प्रकार के कवक, *राइजोपस*, *म्यूकर* आदि।	शैवाल, ब्रायोफाइटा, टेरिडोफाइटा, अनावृतबीजी, आवृतबीजी पादप आदि।	सभी प्रकार के बहुकोशिकीय जन्तु, कीट व पृष्ठाधारी जन्तु आदि।

जगत-मोनेरा

'मोनेरा' शब्द **स्टेनीर** व **वान नील** ने दिया। इसमें उपस्थित जीवों का शरीर, एककोशिकीय, प्रोकैरियोट तथा मुख्य कोशिकांग अनुपस्थित, कशाभिकाओं की सहायता से गमनशील, प्रकाश-संश्लेषण या अवशोषण द्वारा पोषण तथा जनन अलैंगिक विखण्डन विधि द्वारा होता है। विकासीय स्थिति के आधार पर जीवाणु दो प्रकार के होते हैं अर्थात् आदिम आर्किबैक्टीरिया तथा वास्तविक यूबैक्टीरिया।

आर्किबैक्टीरिया

यह आद्य प्रोकैरियोट का समूह है तथा इन्हें सजीव जीवाश्म (Living fossils) भी कहते हैं। इनकी खोज **वोसे** ने की। ये चरम वातावरणों; जैसे—नमक की उच्च सान्द्रता, उच्च तापक्रम, अम्लीय तथा क्षारीय माध्यम व गन्धक स्रोतों में जीवित रहते हैं। ये अवायवीय जीवन व्यतीत करते हैं तथा पशुओं के आमाशय में रहकर आहारनाल में सेलुलोस का पाचन करते हैं। इनकी कोशिका भित्ति में प्रोटीन व सेलुलोस पॉलीसैकेराइड्स होते हैं। ये तीन प्रकार के होते हैं

1. **मीथेनोजेन्स** (Methanogens) ये अनॉक्सीश्वसन करते हैं। दलदली क्षेत्रों व पशुओं के आमाशय में रहते हैं। *मीथेनोबैक्टीरियम* CO_2 व फॉर्मिक अम्ल से CH_3 बनाते हैं। यह बायोगैस प्लाण्ट्स या गोबर गैस में कार्बनिक पदार्थों का किण्वन करते हैं।
   उदाहरण—*मीथेनोकोकस* एवं *मीथेनोबैक्टीरियम*।
2. **हैलोफाइल्स** (Halophiles) ये सभी अनॉक्सी श्वसनकारी होते हैं, जो प्रचुर लवण स्रोतों में रहते हैं। ये बैंगनी वर्णक युक्त झिल्ली के द्वारा सूर्य ऊर्जा को ग्रहण कर ATP बनाते हैं।
   उदाहरण—*हेलोकोकस, हेलोबैक्टीरियम*।
3. **थर्मोएसिडोफाइल्स** (Thermoacidophiles) ये अनॉक्सी श्वसनकारी होते हैं, जो गर्म गन्धक के झरनों (80°C, 2 pH) में मिलते हैं। ये रसायन संश्लेषण ($2H_2S \rightarrow S$) भी करते हैं।
   उदाहरण—*थर्मोप्रोटियस एवं थर्मोप्लाज्मा*।

यूबैक्टीरिया

- इसको **ल्यूवेनहॉक** (1676) ने खोजा तथा **एहरेनबर्ग** (1928) ने इन्हें बैक्टीरिया नाम दिया। **एन्टोनियो वॉन ल्यूवेनहॉक** को सूक्ष्मजीव विज्ञान का जनक (Father of Microbiology) कहते हैं। **रॉबर्ट कोच** ने जानवरों में एन्थ्रैक्स, मानवों में क्षय व हैजा रोग का पता लगाया, इन्हें जीवाणु विज्ञान का जनक (Father of Bacteriology) कहते हैं।

- जीवाणु अतिसूक्ष्म, एककोशिकीय, सभी स्थलों पर विद्यमान, उच्च ताप से न्यूनताप तक पाए जाते हैं।
- सबसे छोटा जीवाणु *डायलिस्टर निमोसिन्टेस* (0.15 µm) व सबसे लम्बा जीवाणु *स्पाइरिलम लेडलो* (15 µm) होता है, परन्तु *बेजियाटोआ मिराबिलिस* जीवाणु की लम्बाई 50 µm तक मिलीमीटर तक होती है।

जीवाणुओं की विशेषताएँ

- ये सबसे सरल तथा आद्य (Simple and primitive) जीव हैं।
- यह एककोशिकीय (Unicellular) होते हैं, जो स्वतन्त्र रूप से या समूहों में रहते हैं। ये अतिसूक्ष्म कोशिका के रूप में साधारणतया 2-10 µm तक व्यास वाले होते हैं। जीवाणु कोशिका की कोशिका भित्ति मोटी तथा काइटिन की बनी होती है।
- कोशिकाद्रव्य में विभिन्न प्रकार के कोशिकांग (Cell organelle); जैसे—गॉल्जीकाय, माइटोकॉण्ड्रिया व अन्त:प्रद्रव्यी जालिका आदि नहीं होते, किन्तु राइबोसोम कोशिकाद्रव्य में स्वतन्त्र रूप से पाए जाते हैं।
- इनमें वास्तविक केन्द्रक नहीं होता है, क्योंकि इनमें केन्द्रकीय झिल्ली का अभाव होता है। इनमें केन्द्रिका (Nucleolus) भी नहीं होती है अर्थात् यह एक अकेन्द्रकीय या प्रोकैरियोटिक जीव है।
- इनका आकार मुख्यतया, गोल, छड़ाकर या सर्पिलाकार होता है। कुछ जीवाणु शृंखलाओं या निवहों में रहते हैं।
- इनमें सामान्यतया पर्णहरित (Chlorophyll) नहीं होता, अत: पोषण के लिए ये प्राय: परजीवी या मृतजीवी ही होते हैं। कुछ जीवाणुओं में भिन्न प्रकार के पर्णहरित; जैसे—बैक्टीरियोक्लोरोफिल, बैक्टीरियोविरिडिन आदि पाए जाते हैं। ये जीवाणु स्वपोषी होते हैं अन्य कुछ जीवाणु रसायन-संश्लेषी भी होते हैं।
- इनमें जनन मुख्यतया अलैंगिक विखण्डन द्वारा होता है तथा वास्तविक लैंगिक जनन नहीं होता है।
- आकार के आधार पर जीवाणु पाँच प्रकार के माने जाते हैं
  (i) **कोकाई** (Cocci) ये गोल जीवाणु हैं।
  उदाहरण—*सारसिना*, (जो मनुष्य के आमाशय में रहते हैं), निमोनिया के जीवाणु, (*डिप्लोकोकस न्यूमोनी*) आदि।
  (ii) **बैसिलाई** (Bacilli) ये आकार में शलाका (Rod) की तरह होते हैं तथा काफी लम्बे या छोटे हो सकते हैं।
  उदाहरण—*लैक्टोबैसिलस* (दही के जीवाणु) आदि।
  (iii) **कॉमा** (Commas) ये कॉमा (,) की आकृति के होते हैं।
  उदाहरण—हैजा का जीवाणु (*विब्रियो कॉलेरी*)।
  (iv) **स्पाइरिलाई** (Spirilli) ये लम्बे किन्तु स्प्रिंग की तरह सर्पिल या पेंच की तरह होते हैं। उदाहरण—*स्पाइरिलम* आदि।
  (v) **एक्टिनोमाइसीट्स** (Actinomycetes) ये अत्यन्त पतले, शाखित, सूत्राकार जीवाणु हैं, जो कवक तन्तुओं की तरह दिखाई पड़ते हैं। अन्य जीवाणुओं से अत्यन्त भिन्न तथा अधिक विकसित मालूम होते हैं। **उदाहरण**—*स्ट्रेप्टोमाइसीज*।
  क्रिश्चिन ग्राम (1884) ने अभिरंजन क्रिया के आधार पर जीवाणुओं को दो समूह ग्राम धनात्मक व ग्राम ऋणात्मक में रखा।

सारणी 4. ग्राम धनात्मक तथा ग्राम ऋणात्मक जीवाणुओं में अन्तर

ग्राम धनात्मक	ग्राम ऋणात्मक
कोशिका भित्ति मोटी होती है	कोशिका भित्ति अपेक्षाकृत पतली होती है
कोशिका भित्ति में पेप्टाइडोग्लाइकेन की मात्रा अधिक (70-80%) तथा लिपिड की मात्रा कम (1%) होता है	कोशिका भित्ति में पेप्टाइडोग्लाइकेन की मात्रा कम (10-20%) तथा लिपिड की मात्रा अधिक होती है
कोशिका भित्ति में टिकोइक अम्ल उपस्थित होता है	कोशिका भित्ति में टिकोइक अम्ल अनुपस्थित होता है
ये प्रतिजैविकों के प्रति कम प्रतिरोधी हैं	ये प्रतिजैविकों के प्रति अधिक प्रतिरोधी हैं
ये लाइसोजाइम के प्रति अधिक प्रतिरोधी हैं	ये लाइसोजाइम के प्रति कम प्रतिरोधी हैं
उदाहरण—*क्लॉस्ट्रिडियम, न्यूमोकोकस, माइकोबैक्टीरियम, स्टेफाइलोकोकस* आदि।	उदाहरण—*ई. कोलाई, साल्मोनेला, स्यूडोमोनास, बैसिलस, विब्रियो* आदि।

जगत-प्रोटिस्टा

- इस जगत के सदस्य सामान्यतया एककोशिकीय किन्तु कभी-कभी बहुकोशिकीय हो सकते हैं व प्राय: जलीय आवासों में रहते हैं।
- पादप प्लवक प्रकाश-संश्लेषी होते हैं, जो पृथ्वी पर 80% प्रकाश-संश्लेषण हेतु उत्तरदायी हैं। इनकी उत्पत्ति मोनेरा से हुई है तथा ऐसा माना जाता है कि उच्च जीवों (कवक, प्लाण्टी, ऐनिमेलिया) की उत्पत्ति इनसे हुई है।
- इनकी कोशिकाओं में यूकैरियोटिक संगठन होता है। कोशिका झिल्ली युक्त कोशिकांग पाए जाते हैं। इनमें सुविकसित केन्द्रक, 80S व 70S प्रकार के राइबोसोम, कोशिकाद्रव्य प्रवाही गति (Cytoplasm streamings movement) एवं सेलुलोस की कोशिका भित्ति उपस्थित होती है।
- इनमें गति अमीबीय या कशाभिकी/पक्ष्मी प्रकार की होती है। पक्ष्म/कशाभिका में 9 + 2 सूक्ष्म नलिका व्यवस्था पाई जाती है।
- इनमें विभिन्न पोषण रीति मिलती हैं; जैसे—प्रकाश-संश्लेषी, परभक्षी, परजीवी या मृतजीवी। *यूग्लीना* मिश्रितपोषी (Myxotrophic) होता है।
- जीवों में कायिक, अलैंगिक व लैंगिक प्रजनन विधियाँ तथा सभी प्रकार के सूत्री विभाजन मिलते हैं। इनका जीवन-चक्र अगुणित प्रधान व द्विगुणित प्रधान दोनों प्रकार का होता है।
- प्रोटिस्टा के अन्तर्गत *यूग्लीना*, स्लाइम मोल्ड्स व अन्य प्रोटोजोआ आते हैं।

जगत-कवक

- 'फंगस' लैटिन भाषा का शब्द है, जिसका अर्थ मशरुम है।
- ये बहुकोशिकीय अपघटक, पर्णहरित रहित, बीजाणु धारण करने वाले यूकैरियोटिक जीव हैं।
- ये सर्वव्यापी, जल, थल, वायु, मृत सड़े-गले पदार्थों पर मिलते हैं तथा मानव, जन्तु व पादप को संक्रमित करते हैं।
- इनका शरीर शाखित, तन्तुमय कवक तन्तुओं से बना हुआ व संघन वृद्धि कर कवक जाल बनाता है। इनमें अन्त:कोशिका व अन्तरकोशिका कवकजाल होता है

पोषण के आधार पर यह तीन प्रकार के होते हैं

(i) **परजीवी** जीवित कोशिकाओं (पादप अथवा जन्तु) से अपना पोषण प्राप्त करते हैं। यह निम्न दो प्रकार के होते हैं

(a) **अविकल्पी परजीवी** ये केवल जीवित परपोषी से ही अपना भोजन लेते हैं। **उदाहरण**—*पक्सीनिया*।

(b) **विकल्पी परजीवी** ये कवक सामान्यतया मृतोपजीवी होते हैं, परन्तु परजीवी की भाँति जीवित परपोषी से भी अपना पोषण प्राप्त कर सकते हैं। **उदाहरण**—*पाइथियम, फ्यूजेरियम*।

(ii) **मृतोपजीवी** मृत जीवद्रव्य अथवा कार्बनिक पदार्थों से भोजन प्राप्त करते हैं। यह निम्न दो प्रकार के होते हैं

(a) **अविकल्पी मृतोपजीवी** ये कवक केवल सड़े-गले कार्बनिक पदार्थों से ही अपना पोषण प्राप्त करते हैं। उदाहरण—*म्यूकर*।

(b) **विकल्पी मृतोपजीवी** ये कवक सामान्यतया परजीवी होते हैं, परन्तु मृतोपजीवी की भाँति सड़े-गले पदार्थों से भी अपना पोषण प्राप्त कर सकते हैं। **उदाहरण**—*अस्टिलैगो, स्फेसिलॉथिका*।

(iii) **सहजीवी** दूसरे जीवित पादपों के साथ सहजीवी के रूप में रहते हैं और दोनों एक-दूसरे के लिए परस्पर लाभकारी होते हैं। इसके दो उदाहरण निम्न हैं

(a) **लाइकेन** यह शैवाल तथा कवक से मिलकर बने होते हैं। शैवाल प्रकाश-संश्लेषण तथा कवक खनिज पदार्थों के अवशोषण का कार्य करता है।

(b) **कवकमूल** यह कवक का उच्चकोटि के पादपों की जड़ों के साथ सहजीवन होता है। यहाँ कवक खनिज लवणों का अवशोषण करता है व बदले में आवश्यक खाद्य पदार्थ पादपों से प्राप्त करता है।

- कवक तन्तु संकोशिक (फाइकोमाइसिटीज में) या पटयुक्त व एक, द्वि या बहुकेन्द्रकी (एस्कोमाइसिटीज, बेसीडियोमाइसिटीज व ड्यूटेरोमाइसिटीज) होते हैं।
- कोशिका भित्ति कवक सेलुलोस या काइटिन या दोनों की ही बनी होती है। कवक का काइटिन प्राणि काइटिन से भिन्न होता है, जिसे कवक काइटिन कहते हैं।
- कोशिकाओं के जीवद्रव्य में सभी कोशिकांग मिलते हैं। संचित खाद्य पदार्थ ग्लाइकोजन होता है।
- कवकों में अलैंगिक जनन (कोनिडिया या बीजाणु) द्वारा होता है।
- लैंगिक जनन में चलयुग्मकी संलयन होता है, जो समयुग्मकी (Isogamous), असमयुग्मकी (Anisogamous) व विषमयुग्मकी (Oogamous) प्रकार का होता है।
- अन्य में लैंगिक जनन युग्मकधानीय सम्पर्क (Gametangial contact), युग्मकधानीय संयुग्मन (Gametangial copulation), अचलपुंमणु युग्मन (Spermatisation) व कायिक युग्मन (Somatogamy) प्रकार का होता है।

कवक तन्तु के आकार, पोषण व जनन विधि के आधार पर कवकों को चार वर्गों में बाँटा गया है

(i) **फाइकोमाइसिटीज**
उदाहरण—*सेपरोलेगिया, म्यूकर, एल्ब्यूगो* आदि।

(ii) **एस्कोमाइसिटीज**
उदाहरण—*यीस्ट, पेनिसिलियम, एस्पर्जिलस* आदि।

(iii) **बेसीडियोमाइसिटीज**
उदाहरण—*अस्टिलैगो, पोलीपोरस, पक्सीनिया* आदि।

(iv) **ड्यूटेरोमाइसिटीज** इस समूह में वे कवक होते हैं, जिनमें केवल अलैंगिक या अपूर्ण अवस्था ही ज्ञात है। अत: इसे अपूर्ण कवक भी कहते हैं।
उदाहरण—*अल्टरनेरिया सोलेनी, सरकोस्पोरा परसोनेटा, कॉलेटोट्राइकम फ्लेक्टम, हेल्मिन्थोस्पोरियम ओराइजा, जिबरेला फ्यूजीक्यूरॉई, एथलीट* **फूट**—*टीनिया रबरम*, **रिंगवॉर्म**—*ट्राइकोफाइटॉन*।

पादप जगत का वर्गीकरण

आइकलर की वर्गीकरण पद्धति के अनुसार, पादप जगत को निम्नलिखित प्रकार से वर्गीकृत किया गया है

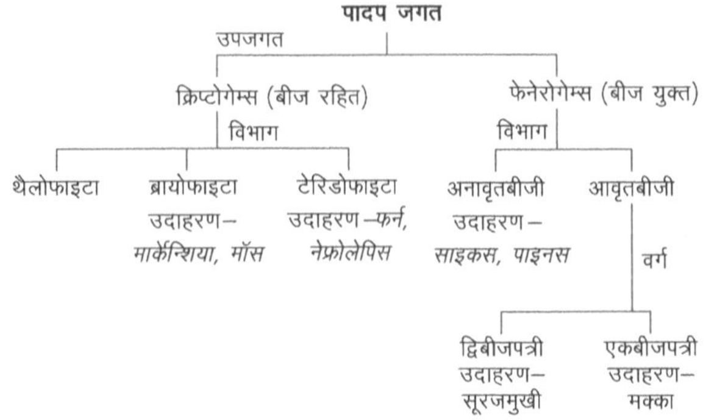

1. क्रिप्टोगेम

ये पादप फूल तथा बीज उत्पन्न नहीं कर पाते हैं। इन्हें तीन समुहों पर बाँटा गया है

(i) थैलोफाइटा-शैवाल

इन पादपों की शारीरिक संरचना में विभेदीकरण नहीं पाया जाता है। इनका शरीर सुकाय सदृश (Thalloid) होता है। ये पादप पर्णहरिमयुक्त थैलोफाइटा (Chlorophyllous thallophyta) हैं।

- ये पादप स्वपोषी (Autotrophic) होते हैं अर्थात् प्रकाश-संश्लेषण (Photosynthesis) करते हैं।
- इनकी कोशिका भित्ति सेलुलोस (Cellulose) की बनी होती है।
- संचित भोज्य पदार्थ मण्ड (Starch) होता है।
- इनमें जननांग प्राय: एककोशिकीय (Unicellular) होते हैं यद्यपि कुछ शैवालों (भूरे शैवालों) में ये बहुकोशिकीय (Multicellular) भी होते हैं।
- इनमें नर एवं मादा युग्मकों के संलयन से युग्मनज (Zygote), तो बनता है, किन्तु भ्रूण (Embryo) का निर्माण नहीं होता है।
- लाल सागर का रंग *ट्राइकोडेस्मियम इरिथ्री* द्वारा स्रावित फाइकोइरिथ्रिन वर्णक के कारण लाल होता है।
- लाल शैवाल *ग्रेसिलेरिया* एवं *जेलिडियम* से अगार-अगार का उत्पादन होता है।
- कुछ शैवाल; जैसे—*अल्वा, पोरफाइरा, क्लोरेला, एलेरिया, सारगासम, स्पाइरुलिना* आदि भोजन के रूप में प्रयोग किए जाते हैं।

कुछ शैवाल; जैसे—*फ्यूकस, लेमिनेरिया* चारे के रूप में प्रयोग किए जाते हैं।

(ii) ब्रायोफाइटा

- इस समूह के पादप भूमि पर नम एवं छायादार स्थानों पर उगते हैं। अत: इन्हें पादप वर्ग का उभयचर भी कहा जाता है।
- अधिकांश पादप हरे एवं छोटे होते हैं।
- इनका शरीर थैलस के रूप में होता है या फिर तना और पत्तियों जैसी रचना में विभेदित रहता है। वास्तविक जड़ के स्थान पर मूलाभास (Rhizoids) पाए जाते हैं।
- इनमें संवहन ऊतक (दारु एवं पोषवाह) अनुपस्थित रहते हैं।
- इनका मुख्य उदाहरण—*मॉस, रिक्सिया, मार्केन्शिया* आदि पादप हैं।

- *स्फैगनम* का प्रयोग ईंधन, जीवित पादपों के परिवहन तथा घाव को सुखाने में किया जाता है।

(iii) **टेरिडोफाइटा**

- इस समूह के पादपों का शरीर जड़, तना और पत्तियों में विभाजित रहता है।
- इनमें संवहन ऊतक मौजूद रहते हैं, जिसके द्वारा जल तथा अन्य पदार्थों का स्थानान्तरण होता है। इसे सबसे पुराना संवहनी पादप कहा जाता है।
- ये अधिकांशतया छायादार या नम स्थानों में पाए जाते हैं।
- इन पादपों में बीज नहीं बनता है। इसलिए इन्हें विकसित बीजरहित पादप कहा जाता है।
- सभी फर्न इसके उदाहरण हैं। इनमें बड़ी-बड़ी पत्तियाँ होती हैं, जो अनेक पत्रकों में विभाजित रहती हैं। पत्तियाँ तरुण अवस्था में कुण्डलित रहती हैं।

2. फेनेरोगेम

वे पादप जिनमें जनन ऊतक पूर्ण विकसित एवं विभेदित होते हैं तथा जनन के पश्चात् बीज उत्पन्न करते है, फेनेरोगेम कहलाते हैं।

इसे दो भागों में विभाजित किया गया है

(i) **अनावृतबीजी**

- इन पादपों में बीज फलों के भीतर नहीं बनते हैं क्योंकि यहाँ अण्डाशय अनुपस्थित होता है। इसी कारण इन पादपों को नग्नबीजी भी कहा जाता है।
- इनमें फूल एवं फल का अभाव होता है।
- ये पादप बहुवर्षी, सदाबहार एवं काष्ठीय होते हैं।
- इन पादपों में जड़ें, तना एवं पत्तियाँ विकसित होती हैं।
- इनके मुख्य, उदाहरण— *साइकस* एवं *पाइनस* के पादप हैं। इनकी मूसला जड़ों में शैवाल सहजीवी की तरह रहते हैं।
- *साइकस* ताड़ जैसा मरुद्भिद् पादप है, जिसमें तना लम्बा, मोटा तथा अशाखित होता है। इसके सिरे पर अनेक हरी पत्तियाँ गोलाकार ढंग से एक मुकुट जैसी रचना शंकु (Cone) बनाती है। इसमें नर एवं मादा पादप अलग-अलग होते हैं।
- *जैमिया* से शर्करा (Starch), *साइकस* से सागो तथा *पाइनस* से चिलगोजा प्राप्त होता है।
- *एबीस बालसेमिया* से कनाडा बालसम, *पाइनस* से तारपीन का तेल तथा *इफिड्रा* से इफिड्रिन औषधि प्राप्त होती है।

(ii) **आवृतबीजी**

- यह पादप जगत का सबसे बड़ा समूह है।
- इसमें बीज हमेशा फल के भीतर ही पाए जाते हैं। अत: इनमें बीजों का विकास अण्डाशय के अन्दर होता है, जो बाद में फल बन जाता है।
- मानव के अधिकांश आवश्यकताओं की पूर्ति इन्हीं पादपों से होती है। समस्त प्रकार के अनाज, दालें, तेल, फल, सब्जियाँ इन्हीं पादपों से प्राप्त होती हैं।
- इनमें भोजन का संचय या तो भ्रूणपोष में या बीजपत्रों में होता है।

बीजों में बीजपत्र की संख्या के आधार पर इसे दो समूहों में बाँटा गया है

(a) **एकबीजपत्री** इन पादपों के बीजों में केवल एक बीजपत्र मौजूद होता है। इनकी पत्तियों में समानान्तर शिरा विन्यास (Parallel venation) पाया जाता है। लेकिन *स्माइलेक्स* एवं *डायोस्कोरिया* की पत्तियों में जालिकावत् शिरा विन्यास (Reticular venation) होता है। इनके संवहन बण्डल (दारु एवं पोषवाह) फैले हुए रहते हैं। इनमें रेशेदार जड़ तन्त्र होता है।

उदाहरण—धान, घास, बाँस, नारियल, ताड़, ईख, गेहूँ, आदि।

(b) **द्विबीजपत्री** इनके बीजों में दो बीजपत्र मौजूद होते हैं। इनकी पत्तियों में जालिकावत् शिरा विन्यास पाया जाता है, लेकिन *कैरोफिल्लम, इरिन्जियम* तथा *कोरिम्बियम* की पत्तियों में समानान्तर शिरा विन्यास मिलता है। इनमें पाया जाने वाले संवहन बण्डल वलय रूप में व्यवस्थित रहते हैं। इनका जड़ तन्त्र अधिमूल एवं उसकी शाखाओं के साथ फैला रहता है।

उदाहरण—आम, लीची, बरगद, सरसों, अमरुद आदि।

जन्तु-जगत का वर्गीकरण

जन्तु-जगत को निम्न संघों में वर्गीकृत किया गया है

1. संघ-प्रोटोजोआ

(*Protos*— आदिम या प्रथम; *Zoon*— जन्तु)

इसे जगत—प्रोटिस्टा में जगह मिली है। अत: यह पूर्णरूप से मान्यता प्राप्त संघ नहीं है।

सामान्य लक्षण

- ये एककोशिकीय व यूकैरियोटिक (Eukaryotic) जीव हैं। ये अतिसूक्ष्म जीव जल, कीचड़ या नमी युक्त स्थान पर स्वतन्त्र रूप से या पादपों व जीवों में परजीवी के रूप में पाए जाते हैं।
- इनमें अन्त:कोशिकीय श्रम विभाजन (Intracellular division of labour) होता है। अत: जीवद्रव्यी स्तर का संगठन पाया जाता है।
- इनमें गमन हेतु रोमाभ (Cilia), कशाभिका (Flagella) व कूटपाद या पादाभ (Pseudopodia) पाए जाते हैं।
- इनमें संकुचनशील रिक्तिका (Contractile vacuole) द्वारा शरीर में जल की मात्रा निर्धारित होती है।
- इनका पोषण प्राणीसम (Holozoic), मृतोपजीवी (Saprozoic or Saprophytic) या परजीवी (Parasitic) प्रकार का होता है।
- इनमें श्वसन व उत्सर्जन शरीर की सतह द्वारा सम्पन्न होता है।
- जनन लैंगिक (अनुकूल परिस्थितियों में) या अलैंगिक (प्रतिकूल परिस्थितियों में) होता है। अलैंगिक जनन में विखण्डन (Fission) पुटीभवन (Encystment) तथा परिकोष्ठन (Multiple fission) मुख्य विधियाँ हैं। **उदाहरण**—*अमीबा, पैरामीशियम, प्लाज्मोडियम* आदि।

2. संघ-पोरीफेरा

(*Poros*–छिद्र; *Ferre*–धारण करना)

यह निम्न कोटि के बहुकोशिकीय जीव हैं। यह पादपों की भाँति स्थिर व शाखित होते हैं। इन्हें छिद्रों के कारण स्पंज (Spong) भी कहते हैं।

सामान्य लक्षण

- ये प्राय: सभी जलीय जीव हैं, जो समुद्र तथा जलाशयों में पाए जाते हैं तथा उभयलिंगी होते हैं।
- इनका शारीरिक संगठन कोशिका स्तर (Cellular grade) का होता है। अत: इनमें ऊतक व अंग अनुपस्थित होते हैं।
- इनका शरीर असममित, देहगुहाहीन व द्विस्तरीय (Diploblastic) होता है।

- इनमें नाल तन्त्र (Canal system) पाया जाता है, जो शरीर की सभी महत्त्वपूर्ण प्रक्रियाओं में सहायक है। यह तीन प्रकार का हो सकता है; जैसे—एस्कॉन, साइकॉन व ल्यूकॉन।
- बाह्य त्वचीय स्तर पिनेकोसाइट कोशिकाओं तथा आन्तरिक जठरीय स्तर कीप या कॉलर (Collar) कोशिकाओं का बना होता है। इन दोनों स्तरों के मध्य जैलीनुमा मीसेनकाइमा (Mesenchyma) पाया जाता है।
- इन जन्तुओं में पुनरुद्भवन (Regeneration) की अपार क्षमता पाई जाती है, जिसका कारण आर्कियोसाइट (Archaeocytes) कोशिकाएँ हैं।
- इनका अन्त:कंकाल $CaCO_3$, सिलिका व स्पॉंजीन (Spongin) प्रोटीन के तन्तुओं की कोशिकाओं का बना होता है।
- इसमें पूरे शरीर पर छोटे-छोटे छिद्र पाए जाते हैं, जिन्हें चर्म रन्ध्र या ऑस्टिया (Ostia) तथा अग्रभाग के एक बड़े छिद्र को अपवाही रन्ध्र या ऑस्कुलम (Osculum) कहते हैं।
- इनमें अन्त:कोशिकीय (Intracellular) पाचन पाया जाता है।
- इनमें अलैंगिक जनन मुकुलन, जैम्यूल या विखण्डन द्वारा व लैंगिक जनन आन्तरिक परनिषेचन द्वारा होता है।
- इनका परिवर्धन अप्रत्यक्ष (लार्वा अवस्था उपस्थित) होता है।
उदाहरण—*साइकॉन, यूप्लैक्टेला, ल्यूकोसोलीनिया, स्पॉंजिला* आदि।

3. संघ–निडेरिया या सीलेन्ट्रेटा

(*Knide*-दंश कोशिका; *coel*–खोखला; *enteron*–आँत)

इसका पुराना नाम सीलेन्ट्रेटा है। निडेरिया नाम इनका दंश कोशिकाओं की उपस्थिति के कारण पड़ा है।

सामान्य लक्षण

- ये एकल या निवही जीव हैं, जो प्राय: समुद्र तथा जलाशयों में ही पाए जाते हैं।
- इनका शरीर द्विस्तरीय (Diploblastic) देहभित्ति युक्त एवं अरीय सममित (Radial symmetry) होता है। शरीर के दोनों स्तरों के बीच मीसोग्लीआ (Mesogloea) उपस्थित होता है।
- ये जन्तु बहुरूपी (Polymorphic) होते हैं तथा इनमें पीढ़ी एकान्तरण (Alternation of generation) पाया जाता है।
- इनके शरीर पर दंश कोशिकाएँ (Nematoblast or Sting cells) पाई जाती हैं, जो गमन, सुरक्षा व पोषण में महत्त्वपूर्ण भूमिका निभाती हैं।
- इनके शरीर के मध्य में जठरवाहिनी गुहा या सीलेन्ट्रॉन (Coelenteron) पाई जाती हैं, जिसमें भोजन का पाचन व वितरण दोनों होते हैं।
- इनके शरीर में एक ही छिद्र होता है, जो मुख एवं मलद्वार दोनों का कार्य करता है। इनमें श्वसन, उत्सर्जन, संवहन तन्त्र अनुपस्थित व तन्त्रिका तन्त्र अल्प विकसित होता है।
- इनमें पुनरुद्भवन की अपार क्षमता पाई जाती है।
- अधिकतर सदस्यों में दो अवस्थाएँ पाई जाती हैं, प्रथम अवस्था जीवनकाल की स्थानबद्ध अवस्था या पॉलिप (Polyp) कहलाती है, जिसमें शरीर प्राय: बेलनाकार होता है तथा जो अलैंगिक जनन करती है। दूसरी अवस्था जीवनकाल की स्वतन्त्र अवस्था या मेडुसा (Medusa) कहलाती है जिसमें शरीर छातानुमा या तश्तरीनुमा होता है तथा यह लैंगिक जनन का पर्याय है।
- अलैंगिक जनन मुख्यतया मुकुलन द्वारा होता है।
उदाहरण—सी-ऐनीमॉन, *मैड्रीपोरा, हाइड्रा,* जैलीफिश, *ओबेलिया, फाइसेलिया, पेनेटुला* आदि।

4. संघ–प्लैटीहेल्मिन्थीज

(*Platy*–चपटा; *helminth*–कृमि)

इनका शरीर पृष्ठ-अधर अक्ष (Dorsoventral axis) से चपटा होता है। ये विभिन्न जन्तुओं में पाए जाने वाले अन्त:परजीवी हैं।

सामान्य लक्षण

- इनका शरीर त्रिस्तरीय (Triploblastic), अगुहिक (Acoelomate) व द्विपार्श्व सममित (Bilaterally symmetrical) होता है तथा शारीरिक संगठन अंग स्तर (Organ level) का होता है।
- सिर का विभेदीकरण (Cephalisation) इसी संघ के जन्तुओं से प्रारम्भ हुआ है, परन्तु वास्तविक सिर (Head) इस संघ के किसी भी जन्तु में नहीं पाया जाता है। इनमें गमनांगों का अभाव होता है, किन्तु चूषकांग या आसंजक अंग पाए जाते हैं।
- इनके शरीर पर मोटी क्यूटिकल की परत होती है, जो अम्ल, क्षार तथा एन्जाइम प्रतिरोधी होती है।
- इनमें आहारनाल अल्पविकसित या अनुपस्थित होती है।
- इनमें कंकाल तन्त्र, श्वसन तन्त्र व परिसंचरण तन्त्र अनुपस्थित होता है तथा श्वसन त्वचा द्वारा व प्राय: अवायवीय होता है।
- इनमें उत्सर्जन विशिष्ट ज्वाला कोशिकाओं (Flame cells) द्वारा होता है। इसे वृक्क के विकास का उद्गम बिन्दु मानते हैं।
- ये द्विलिंगी (Bisexual) होते हैं तथा जनन क्षमता अत्यधिक विकसित होती है। इनमें अन्त:निषेचन पाया जाता है। **उदाहरण**—*प्लेनेरिया, टीनिया सोलियम, एम्फीलीना, फेशियोला हिपेटिका, सिस्टोसोमा हीमेटोबियम* (रुधिर कृमि), *पेरागोनिमस* (फेफड़ा कृमि) आदि।

5. संघ–एस्कैहेल्मिन्थीज या निमैटोडा

(*Nema*-धागा/सूत्र; *eidos*-आकार)

यह धागेनुमा आकार वाले जीव है, जिन्हें गोलकृमि (Roundworm) भी कहते हैं।

सामान्य लक्षण

- इस संघ के जीव स्वतन्त्र जीवी या परजीवी प्रकार के होते हैं।
- इनका शरीर कृमिनुमा, नुकीले सिरे युक्त तथा त्रिस्तरीय, द्विपार्श्व सममित व कुटगुहीय (Pseudocoelomate) होता है।
- शरीर पर खण्ड अनुपस्थित होते हैं तथा यह उपचर्म (Cuticle) से आस्तरित होता है।
- इनके शरीर के अग्र सिरे पर मुख व पश्च सिरे पर गुदाद्वार पाया जाता है।
- यह ऐसा प्रथम संघ है, जिसके जन्तुओं के मुख से लेकर गुदाद्वार तक सीधी एवं सम्पूर्ण आहारनाल (Alimentary canal) उपस्थित होती है।
- इनमें श्वसन व परिसंचरण तन्त्र अनुपस्थित होता है।
- इनमें रैनेट कोशिका (Rennet cell) द्वारा उत्सर्जन सम्पन्न होता है तथा तन्त्रिका तन्त्र विकसित होता है।
- ये एकलिंगी (Unisexual) होते हैं अर्थात् नर व मादा पृथक्-पृथक् होते हैं तथा इनमें लैंगिक द्विरूपता (Sexual dimorphism) पाई जाती है।
उदाहरण—*ऐस्कैरिस*, हुकवर्म, फाइलेरिया कृमि आदि।

6. संघ–ऐनेलिडा (*Annelus*–वलय या छल्ले; *eidas*–रूप)

ऐनेलिडा का शाब्दिक अर्थ 'सूक्ष्म वलयकृमि' (Small ringworms) है अर्थात् इस संघ के जीवों के शरीर पर सूक्ष्म वलय (Small rings) पाई जाती हैं।

सामान्य लक्षण

- ये प्राय: बिलकारी, बेलनाकार, द्विपार्श्व सममित, त्रिस्तरीय (Triploblastic) व रेंगने वाले जन्तु हैं।
- इनमें वास्तविक देहगुहा (Coelom) व वास्तविक विखण्डीभवन (Metameric segmentation) पाया जाता है।
- इनका शरीर अधिचर्म से ढका व देहगुहा संकुचनशील होती है।
- इनमें मुख से लेकर गुहा तक सीधी आहारनाल पाई जाती है।
- इनका गमन पैरापोडिया (Parapodia), सीटा (Seta), चूषक (Suckers) व पेशियों द्वारा होता है।
- इनका श्वसन त्वचा या क्लोमों द्वारा होता है। रुधिर परिसंचरण बन्द प्रकार का होता है अर्थात् रुधिर वाहिनियाँ व हृदय जैसे अंग पाए जाते हैं तथा रुधिर में हीमोग्लोबिन नामक श्वसन रंगा पाई जाती है। इनमें उत्सर्जन नेफ्रीडिया (Nephridia) द्वारा होता है।
- इनमें तन्त्रिका तन्त्र विकसित होता है, जिसमें तन्त्रिका वलय व प्रतिपृष्ठ तल पर दो तन्त्रिका रज्जु (Nerve cord) उपस्थित होती हैं।
- ये एकलिंगी या द्विलिंगी हो सकते हैं तथा परिवर्धन प्रत्यक्ष या अप्रत्यक्ष प्रकार का होता है।
- इनमें अप्रत्यक्ष अवस्था में ट्रोकोफोर (Trochophore) लार्वा अवस्था पाई जाती है। उदाहरण—केंचुआ, जोंक, *नेरीस* (रेतकृमि) आदि।

7. संघ–आर्थ्रोपोडा

(*Arthron*–जोड़ या सन्धि; *poda*–पाद)

यह जन्तु-जगत का सबसे बड़ा संघ है। इस संघ के जन्तुओं का शरीर त्रिस्तरीय एवं द्विपार्श्वीय सममित होता है तथा खण्डों में विभाजित होता है।

सामान्य लक्षण

- इनका शारीरिक संगठन अंगतन्त्र स्तर का होता है।
- इनमें जुड़े हुए उपांग (Jointed appendages) पाए जाते हैं, जो शरीर के विभिन्न खण्डों से निकलते हैं तथा गमन, भोजन ग्रहण, श्वसन, उत्सर्जन व जनन आदि में सहायक होते हैं।
- इनके शरीर पर काइटिन (Chitin) नामक पदार्थ का दृढ़ आवरण होता है, जिसके कारण इनको दबाकर मारना अत्यन्त कठिन होता है।
- इनकी देहगुहा रक्तगुहा (Haemocoel) कहलाती है, जो रुधिर लसीका (Haemolymph) से भरी होती है।
- इनमें पाचन तन्त्र पूर्ण होता है, जिसमें मुख से गुदा तक सभी अंग पाए जाते हैं तथा मुख सभी प्रकार के भोजन के लिए अनुकूलित होता है।
- इनमें श्वसन शारीरिक सतह, क्लोम (Clome), ट्रैकिया (Trachea) या बुक-फेफड़ों (Book lungs) द्वारा होता है।
- इनके उत्सर्जी तन्त्र में ग्रीन ग्रन्थियाँ (Green glands) या मैल्पीघियन नलिकाएँ (Malpighian tubules) पाई जाती हैं।
- इनमें तन्त्रिका तन्त्र पूर्ण विकसित होता है, जिनमें तन्त्रिका वलय (Nerve ring) पाया जाता है। साथ ही समन्वयन के लिए हॉर्मोनों का भी स्रावण होता है।
- ये एकलिंगी होते हैं तथा लैंगिक द्विरूपता पूर्णरूपेण विकसित होती है। विकास प्रत्यक्ष या अप्रत्यक्ष दोनों प्रकार का होता है।
  उदाहरण—मधुमक्खी, रेशम का कीट, मच्छर (*Anopheles, Culex, Aedes*), बिच्छू, मकड़ी, झींगा, केकड़ा, तिलचट्टा, कनखजूरा आदि।

8. संघ–मोलस्का

(*Molluscum*–कोमल/कमजोर)

इस संघ में वे जन्तु आते हैं, जिनका शरीर कोमल होता है तथा एक कवच जैसी संरचना से ढका रहता है। यह संघ सबसे बड़े अकशेरुकी जन्तुओं के लिए भी जाना जाता है।

सामान्य लक्षण

- इस संघ के जन्तु मुख्यतया समुद्री होते हैं, परन्तु कुछ स्वच्छ जल एवं भूमि पर भी पाए जाते हैं।
- ये कोमल शरीर वाले जन्तु होते हैं, जिन पर प्रावार (Mantle) की एक पतली झिल्ली पाई जाती है। प्रावार के चारों तरफ $CaCO_3$ का एक कठोर खोल या कवच (Shell) होता है।
- इनमें चलन हेतु पेशीय पाद पाया जाता है।
- इनमें पूर्ण पाचन तन्त्र पाया जाता है, जिसमें यकृत तथा दाँत भी शामिल हैं।
- इनमें श्वसन क्लोमों या प्रावार द्वारा होता है।
- इनके रुधिर में हीमोसायनिन नामक वर्णक पाया जाता है, जिसके कारण इनका रुधिर हल्का नीला-सा दिखाई देता है।
- इनमें उत्सर्जी तन्त्र में वृक्क पाए जाते हैं। इनका उत्सर्जी पदार्थ अमोनिया या यूरिक अम्ल होता है।
- ये मुख्यतया एकलिंगी होते हैं। इनमें निषेचन आन्तरिक एवं बाह्य दोनों प्रकार का हो सकता है। **उदाहरण**—घोंघा, सीपी, *लोलिगो, सीपिया, ऑक्टोपस* आदि। इनमें से *लोलिगो* और *सीपिया* सबसे बड़े अकशेरुकी जन्तुओं में आते हैं।

9. संघ–इकाइनोडर्मेटा

(*Echimos*–काँटेदार; *dermotos*–त्वचा)

यह पूर्णतया समुद्र में पाए जाने वाले काँटेदार त्वचा वाले जन्तुओं का संघ है।

सामान्य लक्षण

- इनका अंगतन्त्र स्तर का शारीरिक संगठन, त्रिस्तरीय तथा सीलोम युक्त शरीर होता है।
- इनमें लार्वा में द्विपार्श्वीय सममित तथा वयस्कों में पंचकोणीय अरीय सममित (Pentamerous radial symmetry) पाई जाती है।
- इनके पूर्ण शरीर पर सुरक्षा हेतु कंटिकाएँ पाई जाती हैं।
- इनमें पूर्ण पाचन तन्त्र पाया जाता है।
- इनमें विशेष परिवहन तन्त्र उपस्थित होता है, जोकि खुले प्रकार का होता है।
- इनमें श्वसन के लिए नाल पाद, श्वसन वृक्ष, आदि पाया जाता है।
- इनमें उत्सर्जी तन्त्र कम विकसित होता है।
- इनमें तन्त्रिका तन्त्र कम विकसित होता है तथा मस्तिष्कहीन होता है।
- इनमें पुनरुद्भवन की अदभुत् क्षमता पाई जाती है। उदाहरण—तारा मछली, समुद्री खीरा, समुद्री अर्चिन आदि।

10. संघ हेमीकॉर्डेटा

हेमी (*Hemi*) का अर्थ 'आधा' तथा कॉर्डेटा (Chordata) शब्द नोटोकॉर्ड से लिया गया है। हेमीकॉर्डेटा को पहले उपसंघ के रूप में कॉर्डेटा संघ में रखा जाता था, परन्तु अब इसे एक अलग संघ के रूप में रखा गया है। इन्हें अर्द्ध कॉर्डेटा (Half Chordata) भी कहते हैं।

सामान्य लक्षण

- ये पूर्णतया समुद्री जीव होते हैं, जो बिलों में रहते हैं।
- इनमें वास्तविक देहगुहा पाई जाती है।
- इनमें पाचन तन्त्र पूर्ण होता है तथा श्वसन क्लोम दरारों तथा शारीरिक सतह द्वारा होता है।
- इनमें उपकला की तन्त्रिका कोशिका, ग्राही अंगों की भाँति कार्य करते हैं।
- इनमें लैंगिक जनन होता है तथा लिंग अलग-अलग होता है। इनमें कृमि जैसे छोटे जीव आते हैं। **उदाहरण**—*बैलेनोग्लॉसस, सिफैलोडिस्कस*, आदि।

11. संघ–कॉर्डेटा

(*Chord*–रस्सी; *ata*–धारण करना। पृष्ठरज्जु या नोटोकॉर्ड धारक जन्तु)

यह सर्वाधिक विकसित संघ है।

सामान्य लक्षण

- इस संघ के जन्तुओं में द्विपार्श्वीय सममित, त्रिस्तरीय शरीर एवं वास्तविक देहगुहा (Enterocoel) पाई जाती है, जिसमें अंगतन्त्र स्तर का संगठन पाया जाता है।
- इनमें पृष्ठीय नालवत् तन्त्रिका रज्जु (Nerve cord), पृष्ठीय मेरुरज्जु (Notochord), ग्रसनीय क्लोम दरारें (Pharyngeal gill clefts) तथा पश्च गुदीय पुच्छ (Post anal tail) पाई जाती हैं।
- इनमें परिवहन तन्त्र पूर्ण विकसित एवं बन्द प्रकार का होता है। रुधिर में हीमोग्लोबिन नामक श्वसन रंगा पाई जाती है।
- इनमें पूर्ण विकसित तन्त्रिका तन्त्र, उत्सर्जी तन्त्र एवं प्रजनन तन्त्र पाया जाता है। अन्त:स्रावी तन्त्र भी अत्यन्त विकसित होता है।
- जन्तु एकलिंगी (Unisexual) होते हैं। निषेचन एवं परिवर्धन बाह्य या आन्तरिक होता है। इसी आधार पर ये जन्तु अण्डयुज या जरायुज होते हैं। संघ—कॉर्डेटा, को दो महावर्गों में विभाजित किया गया है

(i) महावर्ग मत्स्य

इसके प्रमुख लक्षण निम्नलिखित हैं

- ये पूर्णतया जलीय होते हैं, जो स्वच्छ व समुद्री दोनों जल में मिलते हैं। इस महावर्ग के जन्तुओं को सत्य मछली (True fish) मानते हैं।
- इनके शरीर के ऊपर कंटकों एवं शल्क का बना बाह्य कंकाल पाया जाता है।
- इनमें युग्मित उपांग (पखनों के रूप में) पाए जाते हैं, जो तैरने में सहायता करते हैं।
- ये क्लोमों द्वारा श्वसन करते हैं, जो जल में घुलनशील ऑक्सीजन ग्रहण करते हैं।
- इनमें वायु थैली या वाताशय होता है, जो जल दाब नियन्त्रित करता है तथा जल की गहराई में मछलियों की रक्षा करता है।
- इसमें हृदय द्विवेश्मी (Two-chambered) होता है अर्थात् एक अलिन्द (Auricle) तथा एक निलय (Ventricle) होता है। जिसमें सदैव अनॉक्सीकृत (Deoxygenated) रुधिर बहता है।
- ये अनियततापी जन्तु होते हैं। उदाहरण—मेडेरियन मछली, एंग्लर मछली, लायन मछली, विद्युत रे, स्टिंग-रे, डॉग फिश, रोहू, समुद्री घोड़ा, *एनाबास*, कैट मछली आदि।

(ii) महावर्ग–चतुष्पाद या टेट्रापोडा

महावर्ग—चतुष्पादा के अन्तर्गत उभयचर, सरीसृप, पक्षी तथा स्तनधारी वर्गों को रखा जाता है।

(a) वर्ग–उभयचर

(Gr. *Amphi*–दोनों (जल और थल); *bios*–जीवन)

उभयचर वर्ग के जन्तु जल एवं थल दोनों पर निवास करते हैं। लार्वा अवस्था में ये जल में रहते हैं तथा मत्स्य जैसा व्यवहार करते हैं। ये तैरने के लिए पुच्छ एवं श्वसन के लिए क्लोमों का उपयोग करते हैं। वयस्क अवस्था में ये पृथ्वी पर रहते हैं तथा धरातलीय जन्तुओं की भाँति व्यवहार करते हैं, परन्तु इस अवस्था में भी ये अपनी सभी महत्त्वपूर्ण क्रियाओं के लिए जल पर निर्भर होते हैं।

सामान्य लक्षण

- इनका शरीर सिर, गर्दन, धड़ एवं पुच्छ या सिर व धड़ में विभाजित होता है।
- इनमें अस्थियों का बना अन्त:कंकाल पाया जाता है। कशेरुकदण्ड में एटलस (Atlas) नामक प्रथम कशेरुक पाई जाती है, जो सिर की चलनशीलता के लिए उत्तरदायी होती है।
- इनमें दाँत युक्त मुख तथा श्लेष्म युक्त जिह्वा पाई जाती है, जो पाचन में सहायता करती है। उभयचर वे प्रथम जन्तु हैं, जिनमें सत्य जिह्वा पाई जाती है।
- इनमें श्वसन क्लोम, फेफड़ों या त्वचा द्वारा होता है।
- इनमें हृदय त्रिवेश्मी (Three-chambered) होता है।
- ये अण्डों को जन्म देते हैं, जो बाह्य वातावरण में विकसित होते हैं। ये अनियततापी होते हैं। **उदाहरण**—सैलामेण्डर, टोड, मेंढक, *हाइला* तथा *इकोथोफिस* आदि।

(b) वर्ग सरीसृप

(*Reptum*–रेंगना)

इस वर्ग में रेंगने वाले धरातलीय जन्तु आते हैं। ये प्रथम **सत्य स्थलचर** (True terrestrial) जन्तु भी कहे जाते हैं। पूर्णरूपेण स्थल पर पहुँचने के कारण इनमें पूर्णतया वायवीय श्वसन अर्थात् फेफड़ों द्वारा श्वसन होता है।

सामान्य लक्षण

- इनका शरीर सिर, गर्दन, धड़ एवं पुच्छ में विभाजित होता है।
- इनकी त्वचा सूखी एवं श्लेष्मरहित होती है।
- इन पर काँटेदार शल्क का आवरण पाया जाता है, जो इनका बाह्य कंकाल बनाता है। इनमें अस्थियों का अन्त:कंकाल पाया जाता है।
- इनमें श्वसन फेफड़ों द्वारा होता है।
- ये असमतापी होते हैं तथा इनका हृदय त्रिवेश्मी (Three-chambered) होता है, परन्तु उच्च सरीसृप; जैसे—मगरमच्छ का हृदय चार वेश्मों का बना होता है।
- ये कैल्शियम कार्बोनेट के आवरणयुक्त अण्डे देते हैं, जिनसे शिशुओं का जन्म होता है। इन अण्डों को क्लेडॉइक (Cleidoic) अण्डे कहते हैं। **उदाहरण**-सर्प, छिपकली, कछुआ, मगरमच्छ, घड़ियाल, गिरगिट, आदि।

(c) वर्ग–पक्षी

इस वर्ग के जन्तुओं में अग्रपाद पँखों में रूपान्तरित हो जाते हैं, जो उड़ने में सहायता करते हैं। इनका विकास सरीसृपों से हुआ है। अत: इन्हें विशेषीकृत सरीसृप (Glorified reptiles) भी कहते हैं।

सामान्य लक्षण

- इनका शरीर सिर, गर्दन, धड़ एवं पुच्छ में विभाजित होता है।
- इनमें पश्चपाद चलने, कूदने तथा अग्रपाद उड़ने हेतु रूपान्तरित होते हैं।
- इनकी त्वचा पतली होती है तथा इनका शरीर पंखों या फरों (Feathers) में ढका रहता है।
- इनके मुख पर एक कठोर हॉर्नी चोंच पाई जाती है, जोकि दाँतों का रूपान्तरण मानी जाती है।
- इनमें प्रत्येक नेत्र के चारों तरफ स्क्लोरोटिक प्लेन्टो का बना अस्थि छल्ला पाया जाता है।
- इनमें बाह्य कर्ण (External ears) का अभाव होता है।
- इनमें अस्थियों का बना हल्का एवं खोखला अन्त:कंकाल पाया जाता है।
- इनका हृदय चार वेश्मों (Four-chamber) का बना होता है। ये नियततापी जीव होते हैं।
- ये अण्डज होते हैं। **उदाहरण**—कबूतर, गौरेया, कौआ, कीवीं, शुतुरमुर्ग, टफ्ट बत्तख, सफेद स्टार्क, आदि।

(d) **वर्ग–स्तनधारी**

(Gr. *Mammal*–स्तनीय)

इस वर्ग के जन्तुओं में मादा में स्तन ग्रन्थियाँ पाई जाती हैं तथा इस वर्ग में उच्चतम श्रेणी के जन्तु भी आते हैं।

सामान्य लक्षण

- इनकी त्वचा में स्वेद, दुग्ध, तेल एवं श्लेष्म ग्रन्थियाँ पाई जाती हैं। इनमें से दुग्ध या स्तन ग्रन्थियाँ इन जन्तुओं का विशिष्ट लक्षण हैं।
- ये नियततापी होते हैं। इनके शरीर पर बाल पाए जाते हैं, जो शारीरिक तापमान को नियत रखने में सहायता करते हैं।
- इनका शरीर सिर, गर्दन, धड़ एवं पुच्छ में विभाजित तथा शारीरिक आकार अनेक प्रकार के हो सकते हैं।
- इनका मुख छोटा तथा इनमें सीढ़ीदार होठ, दाँत तथा जबड़े पाए जाते हैं।
- इनमें बाह्य कर्णों में कर्ण पल्लव (Ear pinnae) पाए जाते हैं।
- इनमें अग्रपाद व पश्चपाद पाए जाते हैं, जो चलने, उछलने, पकड़ने का कार्य करते हैं।
- इनमें सुसंहत अस्थियों का बना अन्त:कंकाल पाया जाता है।
- इनमें पाचन तन्त्र पूर्ण विकसित होता है।
- इनमें पूर्ण विकसित श्वसन तन्त्र पाया जाता है, जो फेफड़ों द्वारा होता है।
- इनमें परिवहन तन्त्र बन्द प्रकार का होता है तथा हृदय चार वेश्मों (Four-chamber) में बँटा होता है।
- ये एकलिंगी होते हैं तथा इनमें आन्तरिक निषेचन पाया जाता है। ये शिशु को जन्म देते हैं। **उदाहरण**—मनाव, कुत्ता, बिल्ली, चमगादड़, चूहा, डॉल्फिन आदि। (अपवाद—*प्लेटीपस* एवं *एकिंडना* अण्डज होते हैं।)

अभ्यास प्रश्न

1. वर्गिकी (Taxonomy) का जनक किसे माना जाता है?
(a) तख्ताजन को (b) लिनियस को
(c) बेन्थम तथा हुकर का (d) थियोफ्रैस्टस को

2. नामकरण की द्विनाम पद्धति का सुझाव किसने दिया?
(a) व्हिटेकर ने (b) मेण्डल ने
(c) लिनियस ने (d) टिप्पो ने

3. द्विनाम पद्धति का अर्थ है
(a) गण तथा कुल द्वारा नाम का प्रदर्शन
(b) कुल तथा वंश द्वारा नाम का प्रदर्शन
(c) वंश तथा जाति द्वारा नाम का प्रदर्शन
(d) जाति तथा किस्म द्वारा नाम का प्रदर्शन

4. वर्गीकरण की इकाई होती है
(a) वंश (b) जाति
(c) उपजाति (d) प्रजाति

5. नीचे दिए गए कथनों को पढ़कर सही कथनों वाले विकल्प का चुनाव कीजिए।
I. टैक्सॉन वर्गीकरण के एक निश्चित स्तर को दर्शाता है।
II. वर्ग, पदानुक्रमिक वर्गीकरण में संघ तथा कुल के मध्य आता है।
III. त्रिनाम पद्धति में वंश, जाति तथा उसके खोजकर्ता का नाम लिखा जाता है।

कूट
(a) केवल I (b) I एवं II
(c) I एवं III (d) II एवं III

6. सूची I को सूची II से सुमेलित कीजिए।

	सूची I		सूची II
A.	कैरोलस लिनियस	1.	वर्गिकी की आधारीय इकाई
B.	जाति	2.	प्राकृतिक पद्धति
C.	बेन्थम एवं हुकर	3.	जातिवृत्तीय पद्धति
D.	हचिन्सन	4.	वर्गिकी के जनक

कूट

	A	B	C	D
(a)	1	2	3	4
(b)	2	3	4	1
(c)	3	4	1	2
(d)	4	1	2	3

7. व्हिटेकर के पाँच-जगत वर्गीकरण में यूकैरियोट्स का स्थान है
(a) केवल दो जगतों में
(b) केवल तीन जगतों में
(c) केवल चार जगतों में
(d) सभी पाँचों जगतों में

8. निम्न में से टैक्सॉन कौन-सा है?
(a) वंश (b) कुल (c) वर्ग (d) ये सभी

9. सूची I को सूची II से सुमेलित कीजिए।

	सूची I (जगत)		सूची II (वर्ग)
A.	प्लाण्टी	1.	आर्किबैक्टीरिया
B.	कवक	2.	युग्लीनॉइड
C.	प्रोटिस्टा	3.	फाइकोमाइसिटीज
D.	मोनेरा	4.	शैवाल

कूट

	A	B	C	D
(a)	4	3	2	1
(b)	4	2	3	1
(c)	1	2	4	3
(d)	2	3	4	1

10. प्रत्यय 'फाइटा' लगता है
(a) वर्ग में (b) विभाग में
(c) गण में (d) कुल में

11. जाति शब्द दिया
(a) जॉन हचिन्सन ने
(b) जोन रे ने
(c) चार्ल्स डार्विन ने
(d) लिनियस ने

12. वर्गीकरण की सबसे बड़ी इकाई है
(a) संघ (b) वर्ग
(c) गण (d) सीरीज

13. संघ-प्रोटोफाइटा के अन्तर्गत सम्मिलित हैं
(a) विषाणु और जीवाणु
(b) विषाणु, नील-हरित शैवाल, जीवाणु और रिकेट्सिया
(c) बैक्टीरिया, विषाणु और नील-हरित शैवाल
(d) केवल विषाणु

14. व्हिटेकर के पाँच-जगत वर्गीकरण में एककोशिकीय, अकेन्द्रकीय जीवों को रखा गया है
(a) मोनेरा में (b) प्लाण्टी में
(c) प्रोटिस्टा में (d) कवक में

15. विषाणु के लिए निम्न में से कौन-सा कथन सत्य नहीं है?
(a) ये नाभिकीय अम्ल व प्रोटीन के बने होते हैं
(b) ये पोषी कोशिका में जनन करते हैं
(c) इन्हें शर्करा युक्त माध्यम में उगाया जाता है
(d) ये अविकल्पी परजीवी हैं

16. निम्नलिखित में से सही विकल्प चुनिए।
(a) शैवाल तथा कवकों के अन्तर्सम्बन्ध से लाइकेन बनते हैं।
(b) जीवाणु में श्वसन के लिए माइटोकॉण्ड्रिया पाए जाते हैं।
(c) जीवाणु में केन्द्रक कला, केन्द्रिका तथा गॉल्जीकाय का अभाव होता है।
(d) (a) व (c) दोनों

17. पाँच-जगत के वर्गीकरण में वह कौन-सा एकल जगत है, जिसमें नील-हरित शैवाल, नाइट्रोजन स्थिरीकरण जीवाणु व मैथोजीनिक आर्किबैक्टीरिया को रखा गया है?
(a) मोनेरा (b) प्रोटिस्टा
(c) कवक (d) प्लाण्टी

18. विषाणु का आवरण कहलाता है
(a) कैप्सिड (b) विरियॉन
(c) न्यूक्लियोप्रोटीन (d) कोर

19. सूची I को सूची II से सुमेलित कीजिए।

सूची I (प्रोटिस्टा)	सूची II (उदाहरण)
A. क्रायसोफाइटस	1. *पैरामीशियम*
B. डायनोफ्लेजिलेट्स	2. *युग्लीना*
C. युग्लिनॉइड्स	3. गोनयूलेक्स
D. प्रोटोजोअन्स	4. डायएटम्स

कूट

	A	B	C	D
(a)	1	3	2	4
(b)	2	4	3	1
(c)	4	2	3	1
(d)	4	3	2	1

20. एककोशिकीय जीव, जो प्राय: पादप व प्राणियों के मध्य योजक कड़ी के रूप में माना जाता है, वह है
(a) *पैरामीशियम*
(b) *मोनोसिस्टिस*
(c) *यूग्लीना*
(d) *एण्टअमीबा*

21. नील-हरित शैवाल को किस जगत में रखा है?
(a) मोनेरा में (b) प्रोटिस्टा में
(c) कवक में (d) प्लाण्टी में

22. वैज्ञानिक, जिसने एककोशिकीय पादप व प्राणियों दोनों के लिए प्रोटिस्टा समूह बनाया, हैं
(a) हेकल (b) पाश्चर
(c) कॉच (d) लिस्टर

23. जगत-मोनेरा के सन्दर्भ में सही कथन चुनिए।
(a) इसके अन्तर्गत अविकसित केन्द्रक युक्त सभी प्रोकैरियोटिक जीव आते हैं।
(b) इसके अन्तर्गत विकसित केन्द्रक युक्त सभी प्रोकैरियोटिक जीव आते हैं।
(c) (a) व (b) दोनो
(d) उपरोक्त में से कोई नहीं

24. निम्न कथनों को पढ़कर सही कथन/कथनों वाले विकल्प का चयन कीजिए।
(a) जीवाणुओं में केन्द्रक तथा माइटोकॉण्ड्रिया का अभाव होता है।
(b) *सारसिना* गोलाकार जीवाणु अर्थात् कोकस होता है।
(c) जीवाणुओं में लैंगिक जनन का अभाव होता है
(d) उपरोक्त सभी

25. प्रोकैरियोटिक में आनुवंशिक पदार्थ होता है
(a) रैखिक DNA + हिस्टोन्स
(b) वृत्ताकार + हिस्टोन्स
(c) रैखिक DNA + हिस्टोन्स का अभाव
(d) वृत्ताकार DNA + हिस्टोन्स का अभाव

26. विषाणु के सन्दर्भ में सही कथन चुनिए।
(a) इनमें जनन लैंगिक व अलैंगिक दोनों प्रकार से होता है
(b) इनमें स्वयं का प्रोटीन संश्लेषण तन्त्र पाया जाता है।
(c) (a) व (b) दोनों
(d) इनमें से कोई नहीं

27. प्रोटिस्ट्स होते हैं।
1. एकोशिकीय तथा प्रोकैरियोट
2. एकोशिकीय तथा यूकैरियोट
3. बहुकोशिकीय तथा यूकैरियोट
4. स्वपोषी तथा विषमपोष
(a) 1 + 2 + 3 (b) 2 + 3 + 4
(c) 3 + 4 (d) 2 + 4

28. मोनेरा में सर्वाधिक आद्य है
(a) रिकेट्सी
(b) एक्टिनोमाइसिटीज
(c) आर्किबैक्टीरिया
(d) यूबैक्टीरिया

29. निम्नलिखित कथनों में से सही कथन चुनिए
(a) शैवाल व कवक की कोशिका भित्ति क्रमशः सेलुलोस एवं काइटिन की बनी होती है।
(b) शैवाल मृतपोषी होते हैं।
(c) कवक परपोषी या मृतोपजीवी है।
(d) (a) व (c) दोनो

30. ड्यूटेरोमाइसिटीज (अपूर्ण कवक) में कमी होती है
(a) बीजाणुओं की (b) लैंगिक प्रजनन की
(c) अलैंगिक प्रजनन की (d) कवक तन्तु की

31. कॉलर कोशिकाएँ पाई जाती हैं
(a) स्पंजों में (b) *हाइड्रा* में
(c) सेंड कृमि में (d) तारा मछली में

32. लाइकेन आर्थिक महत्त्व के होते हैं क्योंकि वे
(a) वायु को शुद्ध करते हैं
(b) नग्न चट्टानों पर पुरागामी हैं
(c) शैवाल व कवक के सहजीवी हैं
(d) कवकमूल के साथ होते हैं

33. निम्न कथनों को पढ़कर सही कथन/कथनों वाले विकल्प का चयन कीजिए।
(a) कवकों में कॉनिडिया द्वारा अलैंगिक जनन होता है।
(b) *पक्सीनिया* बैसीडियोमाइसिटीज वर्ग का सदस्य है।
(c) फाइकोमाइसिटीज को अपूर्ण कवक भी कहते हैं।
(d) (a) व (c) दोनों

34. सूची I को सूची II से सुमेलित कीजिए।

सूची I	सूची II
A. पेनिसिलिन	1. *पक्सीनिया ग्रेमिनिस*
B. एल्कोहॉल तथा डबल रोटी	2. *सैकेरोमाइसीज सेरेविसी*
C. रस्ट	3. *पेनिसिलियम क्रायसोजिनम*
D. खाद्य छत्र	4. *एगैरिकस बाइस्पोरस*

कूट

	A	B	C	D
(a)	2	1	4	3
(b)	3	2	1	4
(c)	4	3	2	1
(d)	1	4	3	2

35. कवकमूल (Mycorrhiza) है
(a) उच्च श्रेणी के पादप मूल व मृदा कवक का साहचर्य
(b) बीजधारी पादप मूल व कवक के मध्य परजीवी सम्बन्ध
(c) बीजधारी पादप मूल व कवक के मध्य मृतजीवी सम्बन्ध
(d) बीजधारी पादप मूल व शैवाल के मध्य सहजीवी सम्बन्ध

36. सूची I को सूची II से सुमेलित कीजिए।

सूची I	सूची II
A. *राइजोपस*	1. एस्कोमायसिटीज
B. *पेनिसिलियम*	2. बेसीडियोमायसिटीज
C. *अस्टिलैगो*	3. ड्यूटेरोमायसिटीज
D. *अल्टरनेरिया*	4. फाइकोमायसिटीज

कूट

	A	B	C	D
(a)	4	3	1	2
(b)	2	3	4	1
(c)	2	1	4	3
(d)	4	1	2	3

37. सभी शैवालों में होता है
(a) पर्णहरित-*a* तथा पर्णहरित-b
(b) पर्णहरित-*a* तथा कैरोटिन
(c) पर्णहरित-*b* तथा कैरोटिन
(d) फाइकोबिलिन तथा कैरोटिन

38. लसकसा पॉलीसैकेराइड कैराजीनिन किस शैवाल से प्राप्त होता है?
(a) *जैलीडियम* से
(b) *लैमिनेरिया* से
(c) *कॉन्ड्रस* से
(d) *ग्रैसीलेरिया* से

39. निम्न कथनों को ध्यान में रखते हुए, कौन-सा विकल्प सही है?
I. क्लोरोफायसी में संचित भोजन स्टार्च तथा मुख्य पिगमेन्ट्स क्लोरोफिल-a व d हैं।
II. फियोफायसी में संचित भोजन लेमिनेरिन तथा मुख्य पिगमेन्ट्स क्लोरोफिल-a व b हैं।
III. फियोफायसी में संचित भोजन लेमिनेरिन तथा मुख्य पिगमेन्ट्स क्लोरोफिल-*a* व *b* फायकोएरिथ्रिन हैं।
(a) I सही, II व III गलत (b) I व II सही, III गलत
(c) I व III सही, II गलत (d) III सही, I व II गलत

40. पाँच-जगतीय वर्गीकरण में, *क्लैमाइडोमोनास* तथा *क्लोरेला* किसमें सम्मिलित किए गए हैं?
(a) प्रोटिस्टा (b) एल्गी (c) प्लाण्टी (d) मोनेरा

41. शैवालों के हरितलवकों में प्राय: अभाव होता है
(a) ग्रैना का (b) वर्णकों का
(c) क्वान्टासोम का (d) पटलिकाओं का

42. निम्न में से कौन-सा वर्णक नीले-हरे शैवालों में पाया जाता है?
(a) फ्यूकोजैन्थिन (b) β-साइनिन
(c) फाइकोसाइनिन (d) एन्थोसाइनिन

43. शैवालों तथा कवकों को किस समूह में रखा गया है?
(a) ब्रायोफाइट्स (b) थैलोफाइट्स
(c) आवृतबीजी (d) अनावृतबीजी

44. निम्न में से किस शैवाल से अगार-अगार प्राप्त होता है?
(a) *नॉस्टॉक* (b) *क्लैमाइडोमोनास*
(c) *जेलिडियम* (d) *यूलोथ्रिक्स*

45. किस शैवाल से आयोडीन प्राप्त होती है?
(a) *एक्टोकार्पस* से
(b) *लैमिनैरिया* से
(c) *ऊडोगोनियम* से
(d) *यूलोथ्रिक्स* से

46. एक से अधिक पायरीनॉयड उपस्थित होती हैं
(a) *यूलोथ्रिक्स* में (b) *स्पाइरोगायरा* में
(c) *ऊडोगोनियम* में (d) इन सभी में

47. कौन-सा शैवाल परजीवी है?
(a) *सिफेल्यूरोस* (b) *यूलोथ्रिक्स*
(c) *सरगासम* (d) *कारा*

48. निम्न में से कौन-सा असत्य कथन का है?
(a) *साल्वीनिया* विषम बीजाणुकी होता है।
(b) सभी बीजीय पादपों में जीवन-चक्र डिप्लोन्टिक (द्विगुणित) होता है।
(c) *पाइनस* में नर तथा माद शंकु अलग-अलग पेड़ों पर लगते हैं।
(d) उपरोक्त सभी

49. अत्यधिक विकसित युग्मकोद्भिद् होता है
(a) फर्न का (b) मॉस का
(c) *पाइनस* का (d) *साइकस* का

50. *रिक्सिया* के मादा जननांग को कहते हैं
(a) ऊगोनियम (b) आर्किगोनियम
(c) ऊस्फेयर (d) कार्पोगोनियम

51. *मार्केन्शिया* के इलेटर्स प्रदर्शित करते हैं
(a) जीरोकैसी (b) हाइड्रोकैसी
(c) उत्परिवर्तन (d) सर्कमनुटेशन

52. *फ्यूनेरिया* में पेरिस्टोम दाँतों की संख्या होती है
(a) 8 + 16 (b) 16 + 16
(c) 32 + 32 (d) 16 + 32

53. ब्रायोफाइट्स में
(a) बीजाणुद्भिद्, युग्मकोद्भिद् पर आश्रित होता है
(b) बीजाणुद्भिद् एवं युग्मकोद्भिद् पीढ़ियाँ स्वतन्त्र होती हैं
(c) बीजाणुद्भिद् स्वयं जीवन-चक्र पूर्ण करता है
(d) युग्मकोद्भिद् , बीजाणुद्भिद् पर आश्रित होता है

54. सूची I को सूची II से सुमेलित कीजिए।

	सूची I		सूची II
A.	एन्थोसिरोटी	1.	नग्नबीजी पादप
B.	अनावृतबीजी	2.	*ड्रायोप्टेरिस*
C.	क्लब मॉस	3.	*साइकस*
D.	फर्न	4.	हार्नवॉर्ट
		5.	*लाइकोपोडियम*

कूट

	A	B	C	D
(a)	2	3	4	5
(b)	4	1	5	2
(c)	1	2	3	4
(d)	3	4	2	1

55. निम्न में से किसे 'वनस्पति जगत के उभयचर' कहते हैं?
(a) शैवाल को
(b) थैलोफाइट को
(c) ब्रायोफाइट को
(d) प्लवकपादप को

56. ब्रायोफाइट्स में सबसे सरल बीजाणुद्भिद् होता है
(a) *मार्केन्शिया* का
(b) *रिक्सिया* का
(c) *एन्थोसिरोस* का
(d) *फ्यूनेरिया* का

57. एक जलीय फर्न, जो चावल के खेत में हरी खाद के रूप में प्रयुक्त होता है
(a) *एस्परजिलस* (b) *एजोला*
(c) *साल्वीनिया* (d) *म्यूकर*

58. निम्न कथनों को पढ़कर सही कथनों वाले विकल्प का चयन कीजिए।
I. टेरिडोफाइटा सबसे आद्य संवहनी पादप वर्ग है।
II. फेनेरोगेम में वे पादप आते हैं, जो फल का निर्माण करने में सक्षम होते हैं।
III. एकबीजपत्री पादपों में समानान्तर शिरा विन्यास पाया जाता है।
(a) केवल I (b) II एवं III
(c) I एवं III (d) I एवं II

59. स्थायी स्लाइड बनाने में प्रयोग होने वाला कनाडा बालसम प्राप्त होता है
(a) *साइकस* से (b) *एबीज* से
(c) *पाइनस* से (d) *एगेथिस* से

60. अनावृतबीजियों को नग्न बीज वाले पादप कहा जाता है क्योंकि इनमें अनुपस्थित होता है
(a) बीजपत्र (b) भ्रूणपोष
(c) अण्डाशय भित्ति (d) बीज चोल

61. जिम्नोस्पर्म के लिए निम्न कथनों को ध्यान में रखते हुए सही विकल्प को चुनिए।
I. जिम्नोस्पर्म में, नर तथा मादा गैमिटोफाइट्स का अस्तित्व स्वतन्त्र होता हैं।
II. बहुकोशियकीय मादा गैमिटोफाइट्स मेगास्पोरेंजियम में जुड़ी होती है।
III. जिम्नोस्पर्मस हिटरोस्पोरस होते हैं।
(a) I तथा II सत्य हैं किन्तु III असत्य हैं
(b) I तथा III सत्य हैं किन्तु II असत्य हैं
(c) II तथा III सत्य हैं परन्तु I असत्य हैं
(d) II तथा II सत्य हैं परन्तु I असत्य हैं

62. एक पादप बीज व भ्रूण उत्पन्न करता है इसमें संवहन तन्त्र पाया जाता है परन्तु फल का अभाव होता है इसे आप किस समूह में रखेंगे?
(a) ब्रायोफाइटा में (b) टेरिडोफाइटा में
(c) आवृतबीजी में (d) अनावृतबीजी में

63. सूची I को सूची II से सुमेलित कीजिए।

	सूची I		सूची II
A.	एकबीजपत्री	1.	कोनिफर
B.	द्विबीजपत्री	2.	सजीव जीवाश्म
C.	*पाइनस*	3.	सूरजमुखी, मटर एवं गुलाब
D.	*जिंगो* एवं *साइकस*	4.	सागोपाम
		5.	मक्का, घास एवं केला

कूट

	A	B	C	D
(a)	1	2	3	4
(b)	5	2	3	1
(c)	5	3	1	2
(d)	1	4	5	2

64. निम्नलिखित कथनों पर विचार कीजिए।
I. ब्रायोफाइटा को पादप जगत का उभयचर भी कहा जाता है।
II. टेरिडोफाइटा को बीजरहित पादप कहा जाता है।
III. अनावृतबीजी पादपों में बीज आवरण से ढका नहीं होता है।
उपरोक्त कथनों में से कौन-से कथन सही हैं?
(a) I एवं II (b) I एवं III
(c) II एवं III (d) ये सभी

65. निम्नलिखित कथनों पर विचार कीजिए।
I. संघ—निमैटोडा के जीव को गोलकृमि भी कहा जाता है। इनमें उत्सर्जन के लिए रेनेट कोशिकाएँ पाई जाती है।
II. संघ—ऐनेलिडा के जीवों का शरीर कूटगुहीय होता है।
III. संघ—आर्थ्रोपोडा के जीवों के उत्सर्जी तन्त्र में ग्रीन ग्रन्थियाँ पाई जाती हैं।
IV. संघ—मोलस्का को सबसे बड़े कशेरुकी जन्तुओं के लिए जाना जाता है।
उपरोक्त कथनों में से कौन-से कथन सही हैं?
(a) I एवं II (b) I, II एवं III
(c) I एवं III (d) ये सभी

66. स्तनियों में ग्रीवा कशेरुकाओं की संख्या होती हैं
(a) 5 (b) 7
(c) 11 (d) 6

67. काउपर ग्रन्थि किसमें पाई जाती है?
(a) कॉकरोच में (b) खरगोश में
(c) केंचुएँ में (d) मेंढक में

68. ग्रीन ग्रन्थि किसमें पाई जाती है?
(a) रेप्टीलिया में
(b) पक्षियों में
(c) स्तनियों में
(d) मछलियों में

69. सूची I को सूची II से सुमेलित कीजिए।

	सूची I (जन्तु का सामान्य नाम)		सूची II (जन्तु का वैज्ञानिक नाम)
A.	स्टारफिश	1.	*सीपिया*
B.	जैली फिश	2.	*ऐस्टेरिआस*
C.	डेविलफिश	3.	*ऑरेलिया*
D.	कटलफिश	4.	*ऑक्टोपस*

कूट
	A	B	C	D
(a)	1	2	4	3
(b)	2	3	4	1
(c)	4	3	2	1
(d)	1	2	4	3

70. छिपकलियों के अध्ययन को क्या कहा जाता है?
(a) हरपेटोलोजी (b) सॉरोलोजी
(c) ऑफियोलोजी (d) सीरोलोजी

71. कॉकरोच का उत्सर्जी अंग है
(a) मैल्पीघियन नलिका (b) नेफ्रिडिया
(c) कॉक्सल ग्रन्थि (d) ज्वाला कोशिकाएँ

72. जन्तु विज्ञान के जनक कौन हैं?
(a) कैरोलस लिनियस (b) अरस्तू
(c) थियोफ्रेस्टस (d) लैजारो स्पैलेन्जानी

73. सूची I को सूची II से सुमेलित कीजिए।

	सूची I		सूची II
A.	इकाइनोडर्मेटा	1.	*बैलेनोग्लॉसस*
B.	हेमीकॉर्डेटा	2.	*एनाबास*
C.	मत्स्य	3.	*हाइला*
D.	उभयचर	4.	तारा मछली

कूट
	A	B	C	D
(a)	4	1	2	3
(b)	3	2	1	4
(c)	4	3	2	1
(d)	2	1	3	4

74. केंचुएँ में कौन-से खण्ड में हृदय होता है?
(a) 8th, 12th, 13th खण्ड
(b) 10th, 12th, 13th खण्ड
(c) 7th, 9th, 12th, 13th खण्ड
(d) 15th, 16th, 17th, 18th खण्ड

75. केंचुएँ की क्लोरोगोजन कोशिकाएँ समरूप होती हैं
(a) वृक्क (b) यकृत
(c) त्वचा (d) आहारनाल

76. केंचुएँ में पोरफाइरिन वर्णक का कार्य है
(a) रुधिर में O_2 का संवहन
(b) त्वचा में भोजन निर्माण
(c) शरीर की हानिकारक पराबैंगनी किरणों से रक्षा
(d) उत्सर्जन में सहायक

77. नीचे दिए गए वाक्यों को पढ़िए।
I. पोरीफेरा से लेकर इकाइनोडर्मेटा तक कशेरुक रज्जु नहीं पाई जाती है।
II. प्लैटीहेल्मिन्थीज में ऊतक स्तरीय संगठन प्रदर्शित होता है।
III. सीलेन्ट्रेटा के विकास के समय मैसेग्लिया उपस्थित होता है
सही वाक्य/वाक्यों के लिए विकल्प चुनिए।
(a) केवल I (b) I एवं II
(c) I एवं III (d) II एवं III

78. सूची I को सूची II से सुमेलित कीजिए।

	सूची I		सूची II
A.	*यूप्लेक्टेला*	1.	पी पेन
B.	*फाइसेलिया*	2.	पिन वर्म
C.	*पिन्नेटुला*	3.	वीनस फ्लावर बास्केट
D.	*एन्टिरोबियस*	4.	मिडवाइफ टोफ
E.	*अलाइट्स*	5.	पुर्तगाली सिपाही

कूट
	A	B	C	D	E
(a)	5	4	3	1	2
(b)	4	5	2	1	3
(c)	3	5	1	2	4
(d)	3	2	1	4	5

79. *अमीबा* की संकुचनशील रिक्तिका का कार्य है
(a) उत्सर्जन (b) जल नियन्त्रण
(c) जनन (d) पोषण

80. निम्नलिखित कथनों पर विचार कीजिए।
I. संघ—पोरीफेरा में नाल तन्त्र पाया जाता है।
II. संघ—निडेरिया में गमन, सुरक्षा तथा पोषण के लिए दंश कोशिकाएँ पाई जाती हैं।
III. संघ—प्लैटीहेल्मिन्थीज में उत्सर्जन के लिए विशिष्ट ज्वाला कोशिकाएँ पाई जाती हैं।
IV. *हाइड्रा* को पुर्तगाली युद्धपोत कहा जाता है।
उपरोक्त कथनों में से कौन-से कथन सही हैं?
(a) I एवं II (b) I, II एवं III
(c) I एवं III (d) ये सभी

81. पक्षी के लक्षण चुनिए।
I. शीत रुधिर जन्तु।
II. अस्थि के अन्दर वायुकोष्ठों की उपस्थिति।
III. शरीर पर पंखों की उपस्थिति।
IV. चार कोष्ठीय हृदय।
(a) I एवं II (b) I, II एवं III
(c) II, III एवं IV (d) II एवं III

82. हिप्नोटॉक्सिन का निर्माण किसके द्वारा होता है?
(a) स्पंजों द्वारा (b) नहाने के स्पंज द्वारा
(c) दंश कोशिका द्वारा
(d) *ल्यूकोसोलीनिया* द्वारा

83. सूची I को सूची II से सुमेलित कीजिए।

	सूची I		सूची II
A.	उभयचर	1.	हृदय द्विवेश्मी
B.	मत्स्य	2.	सफेद स्टार्क
C.	पक्षी	3.	*प्लेटीपस*
D.	स्तनधारी	4.	हृदय त्रिवेश्मी

कूट
	A	B	C	D
(a)	4	1	2	3
(b)	3	2	1	4
(c)	4	2	1	3
(d)	2	1	3	4

84. मार्सूपिलिया का उदाहरण है
(a) *मेक्रोपस* (b) हाथी
(c) घोड़ा (d) खरगोश

85. मूत्राशय अनुपस्थित होता है
(a) छिपकलियों में (b) सर्पों में
(c) क्रोकोडाइल्स में (d) इन सभी में

86. निम्न में कौन-से कथन गलत हैं?
I. आर्थोपोड्स में पेरापोडिया पार्श्वीय उपांग होते हैं, जिनका उपयोग तैरने में किया जाता है।
II. मोलस्का में रेड्यूला उत्सर्जन से सम्बन्धित संरचना हैं।
III. एस्केहेल्मिन्थीज एकलिंगाश्रयी होते हैं।
IV. वरुस्क इकानोडर्म अरीय सममित दर्शाते हैं।
V. टीनोफोर डिप्लोब्लास्टिक होते हैं।
(a) I तथा II
(b) I तथा III
(c) I, IV तथा V
(d) III तथा V

87. निम्न में से किस सरीसृप का हृदय चार कोष्ठीय होता है?
(a) कोबरा (b) मगरमच्छ
(c) *केलोटस* (d) कछुआ

88. पक्षी में ध्वनि उत्पन्न करने वाला अंग है
(a) कण्ठ
(b) घाँटी
(c) शब्दिनी
(d) नासा ग्रसनी

89. पक्षी तथा सरीसृपों का उत्सर्जी पदार्थ है
(a) अमोनिया
(b) यूरिया
(c) यूरिक अम्ल
(d) अमोनिया तथा यूरिया

90. पक्षियों की विश बोन बनती है
(a) अंश मेखला से
(b) पश्चपाद से
(c) करोटि से
(d) श्रोणि मेखला से

91. सूची I को सूची II से सुमेलित कीजिए।

	सूची I		सूची II
A.	केकड़ा	1.	इंसेक्टा
B.	मकड़ी	2.	एरेकनिडा
C.	कानखजूरा	3.	क्रस्टेशिया
D.	टिड्डा	4.	डिपलोपोडा

कूट
	A	B	C	D
(a)	3	2	4	1
(b)	2	4	1	3
(c)	3	4	2	1
(d)	4	1	2	3

92. कोंग्लोबेट ग्रन्थि पाई जाती है
(a) केंचुएँ में (b) मेंढक में
(c) झींगा में (d) कॉकरोच में

93. कॉकरोच में एलरी पेशियाँ किससे सम्बन्धित है?
(a) हृदय
(b) डायफ्राम
(c) ट्रैकिया
(d) मैल्पीघी नलिका

94. निम्न में से कौन-सा/से कथन सही नहीं हैं।
I. यूरोकॉर्डेटा में पृष्ठ रज्जु (नोटोकॉर्ड) केवल लार्वा की पुच्छ में पाई जाती है।
II. सिफेलोकॉर्डेटा में पृष्ठ रज्जु सिर से पुच्छ तक पाई जाती है।
III. सिफेलोकॉर्डेटा, हेमिकॉर्डेटा में आता है।
IV. केवल वर्ग—साइक्लोस्टोमेटा (जीवित सदस्यों का एक मात्र वर्ग ही महावर्ग—एग्नेथा का प्रतिनिधित्व करता है।)
(a) I, II एवं IV (b) III, IV एवं I
(c) केवल III (d) I एवं IV

95. अविकसित कॉकरोच कहलाता है
(a) मैगट (b) निम्फ
(c) इफाईरा (d) प्यूपा

96. सूची I को सूची II से सुमेलित कीजिए।

	सूची I		सूची II
A.	ज्वाला कोशिकाएँ	1.	स्पंज
B.	काप कोशिकाए	2.	*हाइड्रा*
C.	दंश कोशिकाएँ	3.	*प्लेनैरिया*
		4.	*ऐस्कैरिस*

कूट
	A	B	C
(a)	3	1	4
(b)	3	4	1
(c)	3	2	4
(d)	3	1	2

97. *हाइड्रा* का उत्सर्जी पदार्थ है
(a) अमोनिया
(b) यूरिया
(c) यूरिक अम्ल
(d) उपरोक्त सभी

98. लॉरर की नलिका किसमें पाई जाती है?
(a) *फैशियोला* में
(b) *टीनिया* में
(c) कॉकरोच में
(d) *ऐस्कैरिस* में

99. 'प्रोटिस्टा' शब्द का प्रयोग सबसे पहले किसने किया?
(a) जॉन रे
(b) कैरोलस लीनियस
(c) क्यूवियर
(d) अर्नेस्ट हैकल

100. एम्निओटा समूह में कौन-से जन्तु आते हैं?
(a) पक्षी एवं सरीसृप
(b) पक्षी एवं स्तनी
(c) सरीसृप एवं स्तनी
(d) सरीसृप, पक्षी एवं स्तनी

उत्तरमाला

1 (b)	2 (c)	3 (c)	4 (b)	5 (a)	6 (d)	7 (c)	8 (d)	9 (a)	10 (b)
11 (b)	12 (c)	13 (b)	14 (a)	15 (c)	16 (d)	17 (a)	18 (a)	19 (d)	20 (c)
21 (a)	22 (a)	23 (a)	24 (d)	25 (d)	26 (d)	27 (d)	28 (c)	29 (d)	30 (b)
31 (a)	32 (b)	33 (d)	34 (b)	35 (a)	36 (d)	37 (b)	38 (c)	39 (d)	40 (c)
41 (a)	42 (b)	43 (b)	44 (c)	45 (b)	46 (d)	47 (a)	48 (c)	49 (b)	50 (b)
51 (a)	52 (b)	53 (a)	54 (b)	55 (c)	56 (b)	57 (b)	58 (c)	59 (b)	60 (c)
61 (d)	62 (d)	63 (c)	64 (d)	65 (b)	66 (b)	67 (b)	68 (b)	69 (b)	70 (b)
71 (a)	72 (b)	73 (a)	74 (c)	75 (b)	76 (c)	77 (a)	78 (c)	79 (b)	80 (b)
81 (c)	82 (c)	83 (a)	84 (a)	85 (d)	86 (a)	87 (b)	88 (b)	89 (c)	90 (a)
91 (a)	92 (d)	93 (a)	94 (c)	95 (b)	96 (d)	97 (c)	98 (a)	99 (d)	100 (d)

अध्याय

03

जैविक प्रक्रम

(Biological Processes)

सजीव (Living Beings)

जीव जगत में **सजीव** एवं **निर्जीव** दोनों प्रकार की वस्तुएँ उपस्थित हैं तथा दोनों का ही निर्माण तत्वों (elements) से मिलकर होता है।

- सजीवों का शरीर कार्बनिक एवं अकार्बनिक (निर्जीव) पदार्थों से मिलकर बना होता है। सजीवों के निर्माण में मुख्यतया 99% भाग कार्बन (C), हाइड्रोजन (H), ऑक्सीजन (O) तथा नाइट्रोजन (N) का होता है।
- सजीवों का प्रमुख लक्षण **जीवद्रव्य** (protoplasm) की उपस्थिति है। जीवद्रव्य एक जटिल क्रिस्टलीय, कोलॉइडी, सजीव द्रव्य है। जीवद्रव्य का निर्माण जीवित कोशिकाओं में उपापचय के फलस्वरूप कार्बनिक एवं अकार्बनिक पदार्थ विशेष अनुपात में मिलकर करते हैं।
- जीवद्रव्य में सभी **जैविक क्रियाएँ** (biological activities) होती हैं। इसलिए कह सकते हैं, कि यह सजीवों का वास्तविक जीवित पदार्थ है।

सजीवों के लक्षण (Characteristics of Living Beings)

जीवन की एक निश्चित परिभाषा देना बहुत कठिन है, परन्तु सजीवों के कुछ विशेष लक्षण होते हैं, जिनके आधार पर उन्हें निर्जीव से पृथक् किया जा सकता है।

ये विशेष लक्षण निम्न प्रकार हैं

- **जीवद्रव्य** (Protoplasm) जीवधारियों के जीवन का भौतिक आधार जीवद्रव्य है। इसकी रासायनिक संरचना जटिल होती है। जीवद्रव्य निरन्तर परिवर्तन की स्थिति में रहता है।
- **कोशिका संरचना** (Cell structure) जीवधारी एक या अनेक कोशिकाओं के बने होते हैं। पौधों व जन्तुओं में जीवद्रव्य कोशिका झिल्ली द्वारा घिरा रहता है। पौधों में कोशिका झिल्ली के बाहर एक निर्जीव कोशिका भित्ति भी होती है। कोशिका जीवों की संरचनात्मक तथा क्रियात्मक इकाई होती है।
- **पोषण** (Nutrition) जीवों को वृद्धि तथा गति के लिए ऊर्जा की आवश्यकता होती है। उन्हें ऊर्जा भोज्य-पदार्थों से मिलती है। पौधे जल, खनिज पदार्थ तथा कार्बन डाइऑक्साइड से सूर्य के प्रकाश की उपस्थिति में पर्णहरिम की सहायता से भोजन का निर्माण करते हैं। जन्तु भोजन के लिए पौधों पर निर्भर हैं।
- **उपापचय** (Metabolism) जीवों में भौतिक तथा रासायनिक परिवर्तन होते रहते हैं। इनमें उपचय (anabolic) क्रियाएँ रचनात्मक होती हैं, जिससे सरल से जटिल पदार्थ बनते हैं, जो जीवद्रव्य के घटक होते हैं। इसके ठीक विपरीत अपचय (catabolic) क्रियाएँ विनाशात्मक होती हैं, जिनमें जटिल पदार्थों का विघटन होता है।
- **श्वसन** (Respiration) श्वसन जीवधारियों का प्रमुख लक्षण है। इस क्रिया में वे ऑक्सीजन लेकर कार्बन डाइऑक्साइड बाहर निकालते हैं। इस क्रिया से भोज्य पदार्थों में संचित ऊर्जा मुक्त होती है। इस ऊर्जा से जैविक क्रियाएँ संचालित होती हैं।
- **गति** (Movement) सभी जीवधारी गति करते हैं। कोशिका के अन्दर जीवद्रव्य का या पौधे के स्वतन्त्र भाग; जैसे युग्मक (gamete) या चलबीजाणु (zoospore) का एक स्थान से दूसरे स्थान पर गमन करना, गति कहलाता है।
- **वृद्धि** (Growth) जीवों की आकृति, आयतन तथा शुष्कभार में अपरिवर्तनीय बढ़ोत्तरी को **वृद्धि** कहते हैं। पौधों में विभज्योतकी ऊतक द्वारा निरन्तर तथा अनिश्चितकाल तक वृद्धि होती है परन्तु जन्तुओं में एक विशेष अवस्था आने पर वृद्धि रुक जाती है।
- **प्रजनन** (Reproduction) जीवधारी अपने समान जीव प्रजनन द्वारा पैदा करते हैं, परन्तु निर्जीव ऐसा नहीं कर सकते हैं।
- **संवेदनशीलता तथा अनुकूलन** (Sensitivity and adaptability) जीव अपने चारों ओर के वातावरण में होने वाले परिवर्तनों का अनुभव करते हैं इस कारण वे संवेदनशील होते हैं तथा उनके अनुसार अपनी संरचना, रहन-सहन व क्रियाओं में परिवर्तन कर लेते हैं, इसको **अनुकूलन** कहते हैं।
- **उत्सर्जन** (Excretion) जीवधारियों में विभिन्न क्रियाओं के फलस्वरूप हानिकारक व अनावश्यक पदार्थ बनते हैं, जिन्हें वे अपने शरीर से निष्कासित करते रहते हैं। यह क्रिया जीवों में निरन्तर व जीवन-पर्यन्त चलती रहती हैं।
- **जीवन-चक्र** (Life cycle) सभी जीवों में एक निश्चित जीवन चक्र होता है। जीव जन्म लेते हैं, विकसित होकर प्रजनन करते हैं तथा अन्त में मर जाते हैं। अत: जीवधारियों में क्रमबद्ध रूप से विभिन्न क्रियाएँ होती हैं।

जैविक प्रक्रम (Biological Processes)

वे सभी प्रक्रियाएँ, जो जीव को जीवित बनाए रखने के लिए आवश्यक होती हैं, **जैविक** या **जीवन प्रक्रियाएँ** कहलाती हैं; जैसे—पोषण, श्वसन, उत्सर्जन, परिवहन, आदि। जीवों में होने वाली जैव-रासायनिक अभिक्रियाएँ अपचयी (Catabolic) एवं उपचयी (Anabolic) प्रकार की होती हैं। पोषण, पाचन तथा श्वसन अपचयी, जबकि प्रकाश-संश्लेषण एक उपचयी क्रिया है।

नोट—शरीर के अन्त:वातावरण के रासायनिक संगठन को स्थिर एवं सन्तुलित बनाए रखने की प्रक्रिया समस्थैतिकता कहलाती है।

पोषण (Nutrition)

सजीवों के शरीर में होने वाली उपापचयी क्रियाओं हेतु ऊर्जा के स्रोत की आवश्यकता होती है। पादप प्रकाश-संश्लेषण द्वारा जबकि जन्तु भोजन ग्रहण कर, उसका पाचन एवं स्वांगीकरण कर ऊर्जा के स्रोत का निर्माण करते हैं। अत: सजीवों के शरीर में ऊर्जा उत्पन्न करने वाले स्रोत अर्थात् भोजन के निर्माण या भण्डारण की प्रक्रिया को **पोषण** कहते हैं।

पोषण के आधार पर जीवधारी दो प्रकार के होते हैं

1. **स्वपोषी** प्राय: सभी हरे पादप एवं कुछ सूक्ष्मजीव; जैसे—*यूग्लीना*, नील-हरित शैवाल, जीवाणु, आदि प्रकाश-संश्लेषण प्रक्रिया द्वारा स्वयं का भोजन निर्मित करते हैं।
2. **विषमपोषी** प्राय: सभी जन्तु एवं कवक विषमपोषी होते हैं, जो पादपों या उत्पादकों से प्रत्यक्ष या अप्रत्यक्ष रूप से भोजन प्राप्त करते हैं। पोषण प्राप्त करने की विधि के आधार पर यह निम्न प्रकार के होते हैं
   (i) **प्राणिसमभोजी** इसमें जीव अपने भोजन को मुख से पूर्णतया ग्रहण करता है।
   उदाहरण—शाकाहारी जीव— गाय, हाथी, आदि।
   माँसाहारी जीव— शेर, बाघ, आदि।
   (ii) **परजीवीता** इसमें जीव अपने से बड़े जीव से प्रत्यक्ष रूप से धीरे-धीरे पोषण प्राप्त करता है।
   उदाहरण—आन्तरिक परजीवी—*टीनिया, अमीबा*।
   बाह्य परजीवी—जोंक, ईल, आदि।
   (iii) **मृतोपजीवी** ये जीव मृत कार्बनिक पदार्थों के अपघटन से पोषण प्राप्त करते हैं।
   उदाहरण— जीवाणु, *म्यूकर, राइजोपस,* आदि।

पादपों में पोषण

पोषण की विधियों के आधार पर पादपों को दो वर्गों में बाँटा गया है

स्वपोषित पादप

अधिकांश पादप सूर्य के प्रकाश की उपस्थिति में पर्णहरित (Chlorophyll) की सहायता से, वायुमण्डल से CO_2 व भूमि से जल ग्रहण कर प्रकाश- संश्लेषण द्वारा कार्बनिक भोज्य पदार्थ बना लेते हैं। ये पादप जड़ों द्वारा भूमि से विभिन्न खनिज पोषकों का भी अवशोषण करते हैं।

परपोषित पादप

पर्णहरित की अनुपस्थिति के कारण ये पादप अपना भोजन स्वयं नहीं बना पाते हैं, यद्यपि कीटभक्षी पादपों में पर्णहरित उपस्थित होता है, परन्तु नाइट्रोजन ग्रहण की विभिन्न विधियों के कारण इन पादपों को भी परपोषी वर्ग में रखा गया है।

परपोषित पादप निम्नलिखित प्रकार के होते हैं

1. **परजीवी पादप** परजीवी पादप अपना भोजन दूसरे जीवित पादपों अथवा जन्तुओं से प्राप्त करते हैं, जिन्हें **पोषक** (Host) कहते हैं। इनके शरीर का कोई भाग परजीवी मूल (Haustorium) में रूपान्तरित हो जाता है और पोषक से भोज्य पदार्थों का अवशोषण करता है।
   अमरबेल एक पीले, पतले, दुर्बल तने युक्त पूर्ण स्तम्भ परजीवी है। *आरसियुथोबियम* भी पूर्ण स्तम्भ परजीवी है। *ओरोबैन्की, बैलेनोफोरा, रैफ्लेसिया*, आदि पूर्ण मूल परजीवी पादप हैं। *विस्कम, लोरेन्थस, कैसिथा फिलिफॉर्मिस* आंशिक स्तम्भ परजीवी पादप हैं। चन्दन (*सेन्टेलम*), *थेसियस, स्ट्राइया, रिनेन्थस*, आदि आंशिक मूल परजीवी पादप हैं।
2. **मृतोपजीवी पादप** मृतोपजीवी पादप जीवों के मृत, सड़े हुए शरीर से अपना भोजन प्राप्त करते हैं, अनेक जीवाणु तथा कवक मृतोपजीवी होते हैं। कुछ मॉस; जैसे—*स्पलैंकनम* तथा *हाइपनम* मृतोपजीवी हैं। टेरिडोफाइट्स, *बोट्रिकिम तथा लाइकोपोडियम* की कुछ जातियाँ आंशिक मृतोपजीवी हैं। कुछ आवृतबीजी पादप; जैसे—*निओटिया* व *मोनोट्रोपा* मृतोपजीवी हैं।
3. **सहजीवी पादप** सहजीवन दो जीवों के बीच इस प्रकार का सम्बन्ध है, जिसमें दोनों जीवों को लाभ होता है; जैसे—लाइकेन में शैवाल तथा कवक सहजीवी के रूप में रहते हैं। कवक मूल में कवक पादपों की जड़ों में रहते हैं और जल तथा खनिज लवण अवशोषित करते हैं। लेग्युमिनोसी कुल के पादपों की जड़ों में उपस्थित *राइजोबियम* जीवाणु नाइट्रोजन का स्थिरीकरण करते हैं।
4. **कीटभक्षी पादप** ये पादप पर्णहरित की उपस्थिति के कारण अपना भोजन स्वयं बना लेते हैं, परन्तु नाइट्रोजन की आवश्यकता को कीटों को पकड़कर तथा उनका पाचन कर पूरा करते हैं। **उदाहरण**—*ड्रोसेरा* (Sundew plant), *डायोनिया* (Venus fly trap), *यूट्रीकुलेरिया* (Bladder wort), *नेपेन्थीस* (Pitcher plant), *सरासीनिया* (Devil bootes), आदि।

खनिज पोषण

सर्वप्रथम **डी. साउसर** (De Saussure; 1804) ने वर्णन किया कि पादप खनिजों को मृदा से मूल तन्त्र (Root system) के द्वारा प्राप्त करते हैं।

पादप भस्म (Plant ash) का विश्लेषण दर्शाता है कि विभिन्न पादपों में लगभग 92 खनिज तत्व उपस्थित होते हैं, जिनमें से 30 तत्व प्रत्येक पादप में उपस्थित होते हैं।

इन 30 तत्वों में से 16 तत्व पादपों के लिए आवश्यक होते हैं, जो **आवश्यक तत्व** (Essential elements) कहलाते हैं; जैसे—C, H, O, N, P, S, K, Mg, Ca, Fe, Cu, B, Zn, Mn, Mo तथा Cl हैं।

आवश्यक तत्व दो प्रकार के होते हैं

- **दीर्घ तत्व** (Macroelements) ये अधिक मात्रा में आवश्यक होते हैं। **उदाहरण**—C, H, O, N, S, P, K, Ca तथा Mg।

- **सूक्ष्म तत्व** (Microelements) ये कम मात्रा में आवश्यक होते हैं।
उदाहरण—Fe, Cu, B, Zn, Mn, Mo तथा Cl।

> **रेडियोधर्मी तत्व** (Radioactive Elements) इनका उपयोग पादपों में विभिन्न उपापचयी प्रक्रियाओं का पता लगाने में किया जाता है। उदाहरण–C^{14}, N^{15}, P^{32}.

सारणी 1. विभिन्न तत्वों के विशिष्ट कार्य तथा कमी के प्रभाव

तत्व	जिस रूप में अवशोषित रूप	कार्य	कमी के प्रभाव
C, H, O	कार्बनिक यौगिक	ढाँचा बनाना	वृद्धि कम होती है
N	नाइट्रेट (NO_3^{2-})	प्रोटीन, न्यूक्लिक अम्ल, एन्जाइम एवं क्लोरोफिल का घटक	पुरानी पत्तियों में हरिमहीनता
S	सल्फेट (SO_4^{2-})	अमीनो अम्ल का भाग	नवीन पत्तियों की हरिमहीनता
P	फॉस्फेट (PO_4^{3-})	न्यूक्लिक अम्ल का भाग	पत्तियों की हरिमहीनता
Ca	नाइट्रेट्स तथा सल्फेट्स	मध्य पटलिका का भाग	विभज्योतक में हरिमहीनता
K	नाइट्रेट्स तथा क्लोराइड	एन्जाइम का सक्रियक	पत्तियों की हरिमहीनता
Mg	मैग्नीशियम आयन (Mg^{2+})	पर्णहरिम का अवयव	वृद्धि में कमी
Fe	फैरस तथा फैरिक (Fe^{2+},Fe^{2+})	प्रकाश-संश्लेषण तथा श्वसन	वृद्धि में कमी
B	बोरेट	शर्करा का स्थानान्तरण	जड़ की वृद्धि को रोक देता है
Mn	मैग्नीज के ऑक्साइड	कुछ एन्जाइमों का सक्रियक	कार्यिकी रोग
Zn	जिंक आयन (Zn^{2+})	ऑक्सिन का संश्लेषण	पुरानी पत्तियों की हरिमहीनता
Cu	कॉपर आयन (Cu^{2+})	एन्जाइमों का ऑक्सीकरण	पत्तियों का ऊतक क्षय
Mo	मॉलिब्डेनम आयन (MO^{2+})	फलियों में ग्रन्थिका का निर्माण	फल निर्माण को रोकना
Cl	क्लोराइड (Cl^-)	प्रकाश-संश्लेषण	वृद्धि को कम कर देता है

प्रकाश-संश्लेषण

- प्रकाश-संश्लेषण वह क्रिया है, जिसमें पादपों के हरे भाग सूर्य के प्रकाश से ऊर्जा ग्रहण करके पर्णहरित (क्लोरोफिल) द्वारा सरल यौगिकों (CO_2 तथा H_2O) से जटिल कार्बनिक यौगिकों (कार्बोहाइड्रेट्स) का निर्माण करते हैं।
- इस क्रिया को निम्नलिखित समीकरण द्वारा व्यक्त किया जा सकता है

$$6CO_2 + 12H_2O \xrightarrow[\text{पर्णहरित}]{\text{सूर्य का प्रकाश}} C_6H_{12}O_6 + 6O_2 + 6H_2O$$

- प्रकाश-संश्लेषण में प्रकाशीय ऊर्जा का रासायनिक ऊर्जा में परिवर्तन होता है तथा इस क्रिया में ऑक्सीजन सहउत्पाद के रूप में निकलती है।
- प्रकाश-संश्लेषण एक अपचयी (Catabolic), उपचयी (Anabolic) तथा ऊर्जाशोषी (Endothermic) क्रिया है।
- पृथ्वी पर होने वाले कुल प्रकाश-संश्लेषण का लगभग 90% भाग महासागरों तथा स्वच्छ जल में पाई जाने वाली शैवालों तथा जलीय पादपों द्वारा होता है तथा 10% भाग वनों में वृक्षों द्वारा होता है।

प्रकाश-संश्लेषण का स्थल

- हरितलवक (Chloroplasts) पादपों के हरे भागों में पाए जाने वाले हरे लवक हैं, जो प्रकाश-संश्लेषण का स्थल होते हैं।
- हरितलवक सर्वाधिक संख्या में पत्तियों में पाए जाते हैं।
- हरितलवक दोहरी झिल्ली द्वारा घिरा कोशिकांग है, जिसके भीतर अधात्री (Matrix) या पीठिका (Stroma) पाया जाता है। पीठिका में कला तन्त्र द्वारा निर्मित चपटी पट्टलिकाएँ (Lamellae) या थैलेकॉइड्स (Thylakoids) होते हैं, जो ढेरी के रूप में व्यवस्थित होकर ग्रेना (Grana) का निर्माण करते हैं।
- स्ट्रोमा में विभिन्न प्रकार के विकर मिलते हैं तथा यह प्रकाश-संश्लेषण की अप्रकाशिक अभिक्रिया (Dark reaction) का स्थल है, जबकि थैलेकॉइड्स (संयुक्त रूप से ग्रेना) प्रकाशिक अभिक्रिया (Light reaction) का केन्द्र है।

प्रकाश-संश्लेषी वर्णक

प्रकाश-संश्लेषी वर्णक ऐसे कार्बनिक अणु होते हैं, जो प्रकाश के दृश्य स्पेक्ट्रम में निश्चित तरंगदैर्ध्य के प्रकाश को अवशोषित करते हैं।
ये वर्णक मुख्यतया तीन प्रकार के होते हैं

(i) पर्णहरिम (ii) कैरोटिनॉइड्स (iii) फाइकोबिलिन

पर्णहरिम

क्लोरोफिल (GK. *Chlor*–हरा, *Phyll*–पत्ती) हरा प्रकाश-संश्लेषी वर्णक हैं, जो सभी स्वपोषी हरे पादपों में पाया जाता है। यह लगभग दस प्रकार का होता है–*a, b, c, d* और *e* तथा जीवाणु पर्णहरिम–*a, b, c* और *d* तथा बैक्टीरियोविरिडीन। इन्हें प्राथमिक प्रकाश-संश्लेषी वर्णक कहते हैं।

क्लोरोफिल पोरफाइरिन शीर्ष तथा फाइटोल पुच्छ से निर्मित होती है।

(i) **पोरफाइरिन शीर्ष** इसके अन्तर्गत चार पायरोल वलय पाई जाती हैं, जो आपस में मेथेन समूह से जुड़कर एक पोरफाइरिन वलयाकार रचना बनाती है।

चारों पायरोल वलय के मध्य में द्विसंयोजी मैग्नीशियम आयन (Mg^{2+}) पाया जाता है, जो चार नाइट्रोजन अणुओं द्वारा जुड़ा होता है।

(ii) **फाइटोल पुच्छ** यह 20 कार्बनों की बनी होती है तथा पायरोल वलय द्वारा जुड़ी होती है।

क्लोरोफिल–*a* एवं *b* का आण्विक सूत्र क्रमशः $C_{55}H_{72}O_5N_4Mg$ एवं $C_{55}H_{70}O_6N_4Mg$ होता है।

कैरोटीनोइड्स

ये सहायक वर्णक है, जो प्रकाश-संश्लेषण में मदद करते हैं। यह दो प्रकार के होते हैं— कैरोटीन्स (Carotenes) जिनमें ऑक्सीजन नहीं पाई जाती है तथा जैन्थोफिल, जिसमें ऑक्सीजन पाई जाती है।

फाइकोबिलिन्स

यह लाल तथा नीले रंग के शैवाल में पाए जाते हैं।

प्रकाश-संश्लेषण की क्रियाविधि

प्रकाश-संश्लेषण की प्रक्रिया दो चरणों में होती हैं

(i) **प्रथम चरण** प्रकाश पर निर्भर होता है तथा स्वांगीकरण शक्ति के एकत्रीकरण (Accumulation of assimilatory power) हेतु उत्तरदायी होता है। इसमें सम्मिलित अभिक्रिया **प्रकाश-अभिक्रिया** (Light reaction) कहलाती है।

(ii) **द्वितीय चरण** को **अप्रकाशिक अभिक्रिया** कहते हैं, क्योंकि इस अभिक्रिया के लिए प्रकाश की कोई आवश्यकता नहीं होती है। यह कार्बोहाइड्रेट (स्टार्च) के रूप में CO_2 के स्थिरीकरण हेतु उत्तरदायी होता है।

जन्तुओं में पोषण

जन्तु अन्तर्ग्रहण किए गए भोजन के पाचन, अवशोषण एवं स्वांगीकरण से पोषण प्राप्त करते हैं।

भोजन

भोजन वह पोषक पदार्थ है, जो किसी जीव द्वारा वृद्धि, कार्य, मरम्मत और जीवन क्रियाओं के संचालन हेतु ग्रहण किया जाता है। यह विभिन्न पदार्थों का मिश्रण होता है, जिसकी मात्रा एवं उसके अवयव भिन्न-भिन्न हो सकते हैं।

भोजन के अवयव

भोजन के सात मुख्य अवयव निम्नलिखित हैं

1. कार्बोहाइड्रेट
2. वसा
3. प्रोटीन
4. खनिज लवण
5. विटामिन
6. जल
7. मोटा चारा

कार्बोहाइड्रेट्स

कार्बोहाइड्रेटस, पॉलीहाइड्रॉक्सी एल्डिहाइड अथवा कीटोन होते हैं, जो C, H एवं O से बने होते हैं। इनमें C, H एवं O का अनुपात सामान्यतया 1 : 2 : 1 होता है तथा सामान्य सूत्र $C_n(H_2O)_n$ (n = कार्बन परमाणुओं की संख्या) होता है।

कार्बोहाइड्रेट्स हमारे शरीर हेतु ऊर्जा के मुख्य स्रोत हैं। ये ऑक्सीकरण के पश्चात् शरीर में ऊर्जा उत्पन्न करते हैं। 1 ग्राम कार्बोहाइड्रेट के ऑक्सीकरण से 17 किलो जूल अथवा 4.1 किलो कैलोरी ऊर्जा निकलती है। हमारे भोजन की कुल ऊर्जा में से लगभग 60-80% ऊर्जा कार्बोहाइड्रेट से आती है तथा ये हमारे शरीर का लगभग 1% भाग बनाते हैं।

कार्बोहाइड्रेट्स के प्रकार

शर्करा अणुओं के आधार पर इन्हें तीन भागों में बाँटा जा सकता है

1. **मोनोसैकेराइड्स** ये सबसे सरल कार्बोहाइड्रेट हैं, जो केवल एक शर्करा अणु के बने होते हैं; जैसे—ग्लूकोस, फ्रक्टोस, गैलेक्टोस।
2. **डाइसैकेराइड्स** ये मोनोसैकेराइड्स की दो इकाइयों के बने होते हैं; जैसे—सुक्रोस (चीनी), माल्टोस, लैक्टोस (दुग्ध शर्करा)।
3. **पॉलीसैकेराइड्स** ये बहुत-सी मोनोसैकेराइड इकाइयों के ग्लाइकोसाइडिक बन्ध (Glycosidic bonds) द्वारा जुड़ने से बनते हैं; जैसे—सेलुलोस, स्टार्च (आलू में), ग्लाइकोजन (जन्तु यकृत में), काइटिन (आर्थ्रोपोड्स के कवच), हैलुरिक अम्ल, आदि।

भोजन में कार्बोहाइड्रेट्स

भोजन में पाए जाने वाले कुछ कार्बोहाइड्रेट निम्न हैं

- **सेलुलोस** यह पादप की कोशिका भित्ति (Cell wall) में पाई जाती है। कपास एवं कागज शुद्ध सेलुलोस के बने होते हैं। यह ग्लूकोस का बहुलक (Polymer) है। पशुओं (जैसे—गाय, भैंस, बकरी, आदि) में सेलुलोस का पाचन होता है, परन्तु मनुष्य में इसका पाचन नहीं होता है।
- **शर्करा** यह मीठा, क्रिस्टलीय, सफेद एवं जल में घुलनशील पदार्थ है। यह मुख्यतया फलों में पाया जाता है।
  ग्लूकोस शर्करा की अतिरिक्त मात्रा, यकृत में **ग्लाइकोजन** (Glycogen) के रूप में तथा शरीर के अन्य भागों में **वसा** (Fat) के रूप में संग्रहित रहती है।
- **स्टार्च** पादप कोशिकाओं का संग्रहित पदार्थ है। रासायनिक रूप से यह एमाइलेज एवं एमाइलोपेक्टिन का मिश्रण है, जिनमें इनका अनुपात 1 : 4 होता है। तनु HCl द्वारा यह ग्लूकोस में अपघटित हो जाता है।

कार्बोहाइड्रेट्स के स्रोत

इसके मुख्य स्रोत आलू, फल (केला, आम), अनाज (चावल, गेहूँ तथा मक्का), शर्करा (शहद, गन्ना, चुकन्दर तथा जैम), रोटी, दुग्ध, आदि हैं। कार्बोहाइड्रेट की अत्यधिक मात्रा लेने से पाचन तन्त्र सम्बन्धी रोग हो जाते हैं तथा बच्चों एवं वयस्कों में मोटापा हो जाता है।

वसा

- वसा, वसीय अम्लों एवं ग्लिसरॉल से बना यौगिक है, जो कार्बन (C), हाइड्रोजन (H) एवं ऑक्सीजन (O) का बना होता है। इसमें अत्यधिक कैलोरी (ऊर्जा) होती है और ये आवश्यक वसा अम्लों के मुख्य स्रोत हैं। 1 ग्राम वसा के ऑक्सीकरण से 9.3 किलो कैलोरी ऊर्जा प्राप्त होती है। ये जल में अविलेय एवं एसीटोन, बैन्जीन, क्लोरोफार्म, आदि में विलेय होती हैं।
- यह कोशिकाद्रव्य, कोशिका कला, आदि में मुख्य रूप से पाई जाती है। जन्तु वसाएँ अर्द्ध ठोस होती हैं, जबकि वनस्पति वसाएँ तरल रूप में होती हैं तथा तेल कहलाती हैं।
- वसा का जल-अपघटन (Hydrolysis) लाइपेज एन्जाइम द्वारा छोटी आँत में होता है।
- वसा की अल्पता से त्वचा सूखी हो जाती है। वसा की कमी के कारण वसा में घुलनशील विटामिनों की भी कमी हो जाती है। वसा की अत्यधिक मात्रा के सेवन से मोटापा हो जाता है। कोलेस्ट्रॉल के स्तर में वृद्धि से हृदय रोग उत्पन्न हो जाते हैं।

वसा के स्रोत

घी, मक्खन, बादाम, पनीर, अण्ड योक, माँस, सोयाबीन और सभी वनस्पति तेल वसा के मुख्य स्रोत हैं।

प्रोटीन

प्रोटीन शब्द **जे. बर्जीलियस** ने सन् 1930 में प्रतिपादित किया था। प्रोटीन, अमीनो अम्लों (Amino acids) के बहुलक हैं। प्रोटीन, कार्बन (C), हाइड्रोजन (H), ऑक्सीजन (O) एवं नाइट्रोजन (N) से बने होते हैं। कुछ प्रोटीनों में गंधक (S), फॉस्फोरस (P) और लौह (Fe) भी पाया जाता है। प्रोटीनों में लगभग 20 प्रकार के अमीनो अम्ल पाए जाते हैं।

प्रोटीन के स्रोत Source s of Proteins

प्रोटीन के मुख्य स्रोत दालें, मछली, अण्डा, पत्तीदार सब्जियाँ, दुग्ध, फल, सोयाबीन, मटर, सेम, पनीर, दही, आदि हैं। प्रोटीन की कमी से बच्चों में **मैरेस्मस** (Marasmus) एवं **क्वाशिओकॉर** (Kwashiorkor) रोग उत्पन्न हो जाते हैं।

सारणी 2. कुछ आवश्यक प्रोटीन

शारीरिक प्रोटीन	कार्य
एन्जाइम्स	जैव उत्प्रेरक, जैव रासायनिक अभिक्रियाओं में सहायक है।
हॉर्मोन्स	शरीर की क्रियाओं का नियमन करते हैं।
परिवहन प्रोटीन	हीमोग्लोबिन, विभिन्न पदार्थों का परिवहन करती है।
संरचनात्मक प्रोटीन	कोशिका एवं ऊतक निर्माण करती है।
रक्षात्मक प्रोटीन	संक्रमण से रक्षा करने में सहायक है।
संकुचनशील प्रोटीन	ये पेशी संकुचन एवं चलन हेतु उत्तरदायी है। उदाहरण–मायोसिन, एक्टिन, आदि।

खनिज लवण

धातु, अधातु एवं उनके लवण, खनिज लवण कहलाते हैं। खनिज लवण हमारे शरीर का लगभग 6.1% भाग बनाते हैं।

खनिज लवण दो प्रकार के होते हैं

1. **वृहत् पोषक** इन तत्वों की शरीर को अधिक मात्रा में आवश्यकता होती है।
   उदाहरण—कैल्शियम (Ca), फॉस्फोरस (P), पोटैशियम (K), गंधक (S), सोडियम (Na), क्लोरीन (Cl) और मैग्नीशियम (Mg)।
2. **सूक्ष्ममात्रिक पोषक** इन तत्वों की शरीर को बहुत कम मात्रा में आवश्यकता होती है।
   उदाहरण—आयोडीन (I), लौह (Fe), कोबाल्ट (Co), फ्लोरीन (F), मोलीब्डेनम (Mo) और सेलिनियम (Se)।

खनिज लवणों के स्रोत

जीवों द्वारा खनिज लवण, भोजन एवं पेय पदार्थों के रूप में प्राप्त किए जाते हैं। ये दुग्ध, अण्डा, माँस, फल, सब्जियाँ एवं नमक, आदि में पाए जाते हैं।

सारणी 3. आवश्यक खनिज, महत्त्व एवं उनके प्रभाव

खनिज तत्व	प्रतिदिन की आवश्यक मात्रा तथा स्रोत	महत्त्व	कमी के प्रभाव
दीर्घ तत्व (Major Elements)			
कैल्शियम (Calcium—Ca)	900 मिग्रा; दुग्ध, पनीर, हरी सब्जियाँ, फलियाँ, अनाज।	दाँतों और हड्डियों की रचना; रुधिर- स्कन्दन; तन्त्रिकाओं एवं पेशियों के कार्य।	दाँत व हड्डियाँ दुर्बल, शरीर-वृद्धि कुण्ठित एवं टिटेनी।
फॉस्फोरस (Phosphorus—P)	900 मिग्रा; दुग्ध, माँस, अनाज।	दाँतों और हड्डियों की रचना; अम्ल-क्षार सन्तुलन; ATP, DNA, RNA, आदि का घटक।	दाँत व हड्डियाँ दुर्बल, शरीर की वृद्धि एवं कार्यिकी कुण्ठित।
गंधक (Sulphur—S)	अज्ञात; अण्डे, माँस, पनीर, मछली, सेम।	कई अमीनो अम्लों तथा कुछ हॉर्मोन्स एवं विटामिनों का घटक।	प्रोटीन्स की कमी तथा प्रोटीन उपापचय की गड़बड़ियाँ।
पोटैशियम (Potassium—K)	2 ग्राम; माँस, दुग्ध, अनाज, फल, सब्जियाँ।	अम्ल-क्षार सन्तुलन, जल-सन्तुलन; तन्त्रिकाओं की कार्यिकी।	निम्न रक्तचाप, पेशियों की दुर्बलता एवं अंगघात (Paralysis) की आशंका।
क्लोरीन (Chlorine—Cl)	3.2 ग्राम; खाने वाला नमक।	अम्ल-क्षार सन्तुलन; जठर रस का घटक।	भूख की कमी एवं पेशियों की ऐंठन।
सोडियम (Sodium—Na)	1.5 ग्राम; खाने वाला नमक।	अम्ल-क्षार सन्तुलन; जल-सन्तुलन; तन्त्रिकाओं की कार्यिकी।	निम्न रक्तचाप; भूख की कमी एवं पेशियों की ऐंठन।
मैग्नीशियम (Magnesium—Mg)	350 मिग्रा; अनाज, हरी सब्जियाँ।	ग्लाइकोलाइसिस तथा ATP पर आश्रित कई उपापचयी अभिक्रियाओं के एन्जाइमों का सहघटक (Cofactor)।	उपापचयी अभिक्रियाओं की अनियमितताओं से विविध तन्त्रों की मुख्यतया तन्त्रिका तन्त्र की कार्यिकी प्रभावित।
अल्प तत्व (Trace Elements)			
जिंक (Zinc—Zn)	15 मिग्रा; अनाज, दुग्ध, अण्डे, माँस, समुद्री भोजन।	जल-अपघटन अर्थात् पाचन एन्जाइमों सहित अनेक (लगभग 80) एन्जाइमों का सहघटक।	कुण्ठित वृद्धि, रुधिरक्षीणता, खुरदरी त्वचा, दुर्बल सुरक्षा-तन्त्र एवं जनन-क्षमता का क्षय।
लौह (Iron—Fe)	12 मिग्रा; माँस, अण्डे, फलियाँ, अनाज, हरी सब्जियाँ।	हीमोग्लोबिन तथा साइटोक्रोम एन्जाइमों का घटक।	हीमोग्लोबिन की कमी से रुधिरक्षीणता (Anaemia), दुर्बलता एवं शरीर का सुरक्षा-तन्त्र दुर्बल।
फ्लोरीन (Fluorine—F)	2.5 मिग्रा; पीने वाला जल, चाय, समुद्री भोजन।	हड्डियों और दाँतों का रख-रखाव।	दाँतों की दुर्बलता एवं आधिक्य से फ्लोरोसिस (Flourosis) रोग जिसमें दाँत चितकबरे हो जाते हैं।
आयोडीन (Iodine—I)	150 मिग्रा; दुग्ध, समुद्री भोजन, आयोडीन युक्त नमक।	थाइरॉक्सिन हॉर्मोन का महत्त्वपूर्ण घटक।	घेंघा एवं जड़मानवता।

खनिज तत्व	प्रतिदिन की आवश्यक मात्रा तथा स्रोत	महत्त्व	कमी के प्रभाव
ताँबा (Copper—Cu)	2.0 मिग्रा; माँस, मेवा, फलियाँ, हरी सब्जियाँ, समुद्री भोजन, अण्डे, मछली।	साइटोक्रोम ऑक्सिडेज एन्जाइम का सहघटक, लौह उपापचय तथा संयोजी ऊतकों और रुधिर वाहिनियों के विकास हेतु आवश्यक।	रुधिरक्षीणता, संयोजी ऊतकों और रुधिर वाहिनियों की दुर्बलता।
मैंगनीज (Manganese—Mn)	3.5 मिग्रा; मेवा, अनाज, हरी सब्जियाँ, चाय, फल।	यूरिया-संश्लेषण तथा फॉस्फेट समूह के स्थानान्तरण से सम्बन्धित अभिक्रियाओं के कुछ एन्जाइमों का सहघटक।	उपास्थि, अस्थि तथा संयोजी ऊतकों की वृद्धि में अनियमितता।
कोबाल्ट (Cobalt—Co)	अज्ञात; दुग्ध, पनीर, माँस।	विटामिन -B_{12} का महत्त्वपूर्ण घटक।	रुधिरक्षीणता।
सेलीनियम (Selenium—Se)	70 माइक्रोग्राम; माँस, अनाज, अण्डे, समुद्री भोजन।	कई एन्जाइमों का सहघटक; विटामिन-E का सहायक।	पेशियों की पीड़ा तथा हृद्पेशी-क्षय।
क्रोमियम (Chromium—Cr)	120 माइक्रोग्राम; यीस्ट, समुद्री भोजन, माँस, कुछ सब्जियाँ।	ग्लूकोस तथा अपचयी उपापचय में महत्त्वपूर्ण।	ग्लूकोस उपापचय तथा ऊर्जा उत्पादन की गड़बड़ियाँ।
मोलिब्डेनम (Molybdenum—Mo)	150 माइक्रोग्राम; अनाज, फलियाँ, कुछ सब्जियाँ।	कुछ एन्जाइमों का सहघटक।	नाइट्रोजनीय वर्ज्य पदार्थों के उत्सर्जन में अनियमितता।

विटामिन

ये कार्बनिक पदार्थ हमारे भोजन का आवश्यक भाग हैं। इनकी अल्प मात्रा की आवश्यकता सामान्य स्वास्थ्य बनाए रखने के लिए होती है। 'विटामिन' नाम **फुंक** (Funk) ने दिया था।

विटामिनों की कमी से अनेक रोग हो जाते हैं। इन रोगों को एविटामिनोसिस कहते हैं। अधिक मात्रा में विटामिन लेना भी हानिकारक है। इस अवस्था को हाइपरविटामिनोसिस कहते हैं। विटामिन उपापचयी क्रियाओं में सीधे भाग नहीं लेते हैं। किन्तु अनेकों एन्जाइमों के सहकारक (Cofactor) की भाँति कार्य करते हैं, जो कार्बोहाइड्रेट, वसा तथा प्रोटीन उपापचय में भाग लेते हैं। विटामिन उपापचय नियामक (Metabolic regulator) होते हैं।

विटामिनों के **पूर्वगामी** (Precurser) को प्रोविटामिन (Provitamin) कहते हैं। कैरोटिन (Carotein) विटामिन-A के तथा अर्गेस्टीरोल (Ergasterol) विटामिन-D के पूर्वगामी हैं।

ड्रमण्ड ने सन् 1920 में विटामिनों का अक्षर क्रम में नाम रखने का विचार रखा। विटामिनों को दो समूहों में वर्गीकृत किया गया है

1. **जल घुलनशील विटामिन** (Water Soluble Vitamins) B-समूह के विटामिन, विटामिन-C तथा फोलिक अम्ल।
2. **वसा घुलनशील विटामिन** (Fat Soluble Vitamins) विटामिन-A, विटामिन-D, विटामिन-E, विटामिन-K तथा विटामिन-Q।

सारणी 4. वसा एवं जल में घुलनशील विटामिन

नाम	स्रोत	कार्यिकी पर प्रभाव	कमी का प्रभाव
वसा में घुलनशील विटामिन			
विटामिन-A (रेटिनॉल)	कैरोटिन रंगाओं से, यकृत व आँत्रीय श्लेष्मा की कोशिकाओं में संश्लेषित, दुग्ध, मक्खन, अण्डा, जिगर, मछली का तेल।	दृष्टि रंगाओं का संश्लेषण, उपकला स्तरों की वृद्धि एवं विकास।	कॉर्निया व त्वचा की कोशिकाओं का शल्कीभवन, रतौंधी, कुण्ठित वृद्धि जीरोप्थैल्मिया।
विटामिन-D (कैल्सीफेरॉल)	मक्खन, यकृत, मछली का तेल, गुर्दे, अण्डे, त्वचा और यीस्ट में, सूर्य प्रकाश में संश्लेषण।	कैल्शियम व फॉस्फोरस का उपापचय, हड्डियों और दाँतों की वृद्धि।	सूखा रोग, ऑस्टियोमैलेसिया।
विटामिन-E (टोकोफेरॉल)	तेल, गेहूँ , अण्डों की जर्दी, सोयाबीन।	कोशिका झिल्ली की सुरक्षा, जननिक उपकला की वृद्धि, पेशियों की क्रियाशीलता।	जनन क्षमता की कमी, जननांग तथा पेशियों का कमजोर होना।
विटामिन-K (नैफ्थोक्विनोन)	हरी पत्तियाँ, अण्डा, यकृत, टमाटर, गोभी, सोयाबीन, आँत के जीवाणु।	यकृत में प्रोथ्रॉम्बिन का संश्लेषण।	चोट पर रुधिर का थक्का न जमने से अधिक रुधिर स्राव।
जल में घुलनशील विटामिन			
विटामिन-B_1 (थायमीन)	अनाज, फलियाँ, सोयाबीन, दुग्ध, यीस्ट, अण्डे एवं माँस।	कार्बोहाइड्रेट एवं अमीनो अम्ल उपापचय के लिए आवश्यक एन्जाइमों का सहएन्जाइम।	बेरी-बेरी।
विटामिन-B_2 (राइबोफ्लैविन)	पनीर, अण्डे, यीस्ट, हरी पत्तियाँ, माँस एवं यकृत।	उपापचय में महत्त्वपूर्ण सहएन्जाइमों, FAD तथा FMN का घटक।	कीलोसिस।
विटामिन-B_3 (निकोटिनिक अम्ल या नियासीन)	यीस्ट, माँस, यकृत, मछली, अण्डे, दुग्ध, मटर, मेवा एवं फलियाँ।	उपापचय में महत्त्वपूर्ण सहएन्जाइमों, NAD तथा NADP का घटक।	मानसिक एवं त्वचा विकार (पैलेग्रा)।
विटामिन-B_6 (पाइरीडॉक्सिन)	दुग्ध, यीस्ट, अनाज, माँस, यकृत एवं मछली।	प्रोटीन उपापचय में आवश्यक एन्जाइमों का सहएन्जाइम।	रुधिरक्षीणता, चर्म रोग एवं पेशीय ऐंठन।

नाम	स्रोत	कार्यिकी पर प्रभाव	कमी का प्रभाव
विटामिन-B_5 (पैन्टोथीनिक अम्ल)	अण्डे, यकृत, माँस, दुग्ध, टमाटर, मूँगफली एवं गन्ना।	अपचय के सहएन्जाइम-A का घटक।	चर्म रोग, वृद्धि कम, बाल सफेद एवं जनन क्षमता कम।
विटामिन-H या B_7 (बायोटिन)	माँस, गेहूँ, अण्डा, मूँगफली, चॉकलेट, सब्जी, फल एवं यीस्ट।	वसीय एवं अमीनो अम्लों सहित कई अन्य पदार्थों की संश्लेषण अभिक्रियाओं का सहएन्जाइम।	चर्म रोग एवं बालों का झड़ना।
विटामिन-B_9 (फोलिक अम्ल समूह)	हरी पत्तियाँ, यकृत, सोयाबीन, यीस्ट, गुर्दे, फलियाँ एवं आँत के जीवाणु।	वृद्धि, रुधिराणुओं का निर्माण एवं DNA का संश्लेषण।	मेगालोब्लास्टिक एनीमिया एवं कुण्ठित वृद्धि।
विटामिन-B_{12} (सायनोकोबालएमीन)	माँस, मछली, यकृत, अण्डा, दुग्ध एवं आँत के जीवाणु।	वृद्धि, रुधिराणुओं का निर्माण एवं न्यूक्लिक अम्लों का संश्लेषण।	परनिसियस एनीमिया एवं तन्त्रिका तन्त्र की गड़बड़ियाँ।
विटामिन-C (एस्कॉर्बिक अम्ल)	नींबू-वंश के फल, टमाटर, सब्जियाँ, आलू एवं अन्य फल।	अन्तरकोशिकीय सीमेंट, कोलैजन तन्तुओं, हड्डियों के मैट्रिक्स एवं दाँतों के डेन्टीन का निर्माण।	स्कर्वी रोग।

जल

यह एक अकार्बनिक पदार्थ है। मानव शरीर में लगभग 65% जल होता है। यह पसीने एवं वाष्पन द्वारा शरीर का ताप नियन्त्रित करता है। यह पाचन, परिवहन एवं उत्सर्जन में सहायक है। इसके मुख्य स्रोत उपापचयी जल, तरल भोजन और पीने का जल है। इसकी कमी से **निर्जलीकरण** (Dehydration) हो जाता है।

मोटा चारा

यह कुछ भोज्य पदार्थों में पाया जाने वाला तन्तुमय पदार्थ है। यह शरीर की वृद्धि नहीं करता है, क्योंकि हम इसका पाचन नहीं कर पाते हैं। यह कब्ज को रोकने हेतु अधिक मात्रा में भोजन में लिया जाता है। यह शरीर में जल की मात्रा को नियन्त्रित करता है तथा आहारनाल के मार्ग को साफ रखता है। इसका मुख्य स्रोत सलाद, अनाजों की बाह्य परत, सब्जियाँ एवं दलिया है।

सन्तुलित आहार

वह आहार जिसमें सभी पोषक तत्व उचित अनुपात में सम्मिलित होते हैं सन्तुलित आहार कहलाता है। सन्तुलित आहार प्रत्येक व्यक्ति की उम्र, स्वास्थ्य और कार्य के अनुसार होता है। बढ़ते हुए बच्चों के लिए, वयस्क की तुलना में अधिक प्रोटीन की आवश्यकता होती है। अधिक परिश्रम करने वाले मनुष्यों (व्यायाम करने वाले, बढ़ई, रिक्शा चालक, आदि) को अधिक कार्बोहाइड्रेट एवं वसा की आवश्यकता होती है। गर्भवती महिलाओं को अधिक प्रोटीन, कैल्शियम एवं पोटैशियम युक्त भोजन की आवश्यकता होती है। एक ही प्रकार का भोजन ग्रहण करने से अल्पता रोग (Deficiency disease) हो सकता है।

पाचन तन्त्र (Digestive System)

- पाचन वह प्रक्रिया है, जिसमें पाचक एन्जाइमों के द्वारा अपरासरणीय (Non-diffusible) खाद्य, परासरणी (Diffusible) खाद्यों में परिवर्तित होते हैं।
- पाचन की क्रिया में भोजन के अणु जल अपघटित होकर छोटे एवं सरल अणुओं में परिवर्तित हो जाते हैं, जिन्हें जठर आँत्रीय मार्ग की उपकला द्वारा अवशोषित कर लिया जाता है।

मानव में पाचन आहारनाल में होता है, जिसमें निम्नलिखित भाग सम्मिलित होते हैं

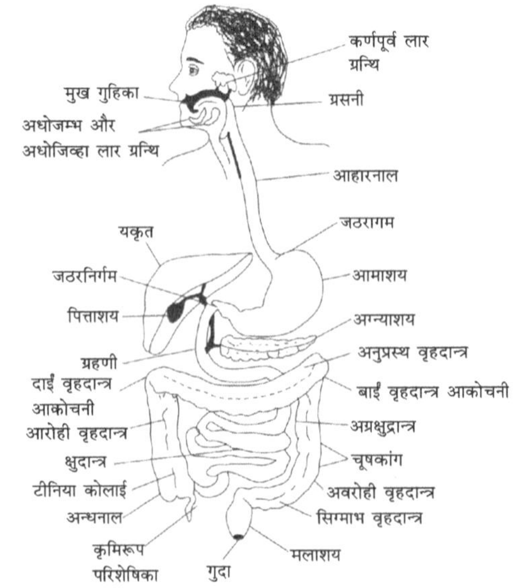

मानव आहारनाल

1. मुख या मुखगुहा

- इसमें तालु (Palate), जिव्हा (Tongue) तथा दाँत (Teeth) होते हैं।
- तालु मुख की छत बनाता है तथा मुख को नासा कक्ष (Nasal chamber) से पृथक् करता है।
- जिव्हा पेशीय संरचना होती है, जिस पर स्वाद ग्रहण हेतु स्वाद कलिकाएँ (Taste buds) पाई जाती हैं।
- इसमें लारीय एमाइलेज तथा लाइसोजाइम (जीवाणु को मारने वाले) एन्जाइम उपस्थित होते हैं।
- दाँत, जबड़े पर दन्त कोष्ठक (Teeth sockets) में लगे होते हैं।

दन्त विन्यास

- वयस्क मानव में 32 स्थायी दाँत होते हैं, जो चार प्रकार के होते हैं (एक जबड़े में)।
- **कृन्तक** (Incisors) ये संख्या में 4 होते हैं तथा भोजन कुतरने का कार्य करते हैं।
- **रदनक** (Canines) ये संख्या में 2 होते हैं तथा भोजन को चीरने-फाड़ने का कार्य करते हैं।

- **अग्रचर्वणक** (Premolars) ये संख्या में 4 होते हैं तथा भोजन को चबाने तथा दबाने का कार्य करते हैं।
- **चर्वणक** (Molars) ये संख्या में 6 होते हैं तथा भोजन चबाने का कार्य करते हैं।
- हाथी के दाँत (Tusks) ऊपरी जबड़े के कृन्तक (Incisor) दाँत होते हैं।
- सूअर एवं घोड़े में दाँतों की संख्या सर्वाधिक होती है।
- दाँतों का इनेमल (Enamel) शरीर का सबसे कठोर पदार्थ होता है।
- दाँतों का अधिकांश भाग अस्थिनुमा पदार्थ डेन्टाइन (Dentine) का बना होता है।

सारणी 5. कुछ स्तनधारियों के दन्त सूत्र

स्तनधारी	दन्त सूत्र	दाँतों की संख्या
मानव (बच्चा)	2102/2102	20
मानव (वयस्क)	2123/2123	32
घोड़ा	3143/3143	44
कुत्ता	3142/3143	42
गाय एवं भेड़	0033/3133	32
बिल्ली	3131/3121	30
खरगोश	2033/1023	28
चूहा	1003/1003	16

2. ग्रसनी

- मुखगुहा के आगे का हिस्सा **मुखग्रसनी** (Oropharynx) कहलाता है।
- इसकी प्रत्येक पार्श्व दीवार में लिम्फोइड ऊतक की गाँठे **गलतुण्डिकाएँ** (Tonsils) कहलाती हैं।
- ग्रसनी की पश्च दीवार में दो छिद्र ग्रसिका (Gullet) तथा घाँटीद्वार (Glottis) होते हैं।
- श्वासनली के लिए घाँटीद्वार (Glottis) पर घाँटीढ़ापन (Epiglottis) नामक उपास्थि पाई जाती है, जो कि घाँटीद्वार को भोजन निगलते समय बन्द रखती है।

3. ग्रासनली

- यह डायाफ्राम (Diaphragm) को भेदती हुई उदर गुहा में प्रवेश करती है तथा आमाशय में कार्डियक ओरीफिस (Cardiac orifice) द्वारा खुलती है।
- इसके चारों और **कार्डियक स्फिंक्टर** (Cardiac sphincter) पाया जाता है।
- इसमें श्लेष्म ग्रन्थियाँ होती हैं परन्तु पाचन ग्रन्थियों का अभाव होता है।

4. आमाशय

- पूर्ण आमाशय चार भागों अर्थात् कार्डियक भाग (Cardiac region), आमाशय काय (Body of stomach), फन्डिक भाग (Fundic part) तथा पाइलोरिक भाग (Pyloric part) में विभेदित होता है।
- प्रत्येक व्यक्ति के आमाशय की दीवार में लगभग 3.5 करोड़ जठर ग्रन्थियाँ (Gastric glands) होती हैं।

5. छोटी आँत

- इसकी लम्बाई लगभग छः मीटर तथा मोटाई 2.5 सेमी होती है।
- यह तीन भागों में बँटी होती है
- ग्रहणी (Duodenum), मध्यान्त्र (Jejunum) एवं शेषान्त्र (Ileum) मध्यान्त्र व शेषान्त्र की दीवारों में वर्तुलाकार वलन पाए जाते हैं, जिन्हें पैलिका सरकुलर तथा रसांकुर (Villi) कहते हैं।
- आँत की अध:श्लेष्मिका (Sub-mucosa) में स्थान-स्थान पर लसीका गाँठे होती हैं जिन्हें **पेयर के चकते** (Payer's patches) कहते हैं। आँत ग्रन्थियाँ **लिबरकुहन की दरारों** (Crypts of Leiberkuhn) में उपकला कोशिकाएँ होती हैं, जो श्लेष्मा का स्रावण करती हैं।

6. बड़ी आँत

- बड़ी आँत लगभग 1.5 मीटर लम्बी और 6-7 सेमी मोटी होती है। बड़ी आँत तीन भागों में बँटी होती हैं— उण्डुक या सीकम (Caecum), वृहदान्त्र या कोलन (Colon) एवं मलाशय या रेक्टम (Rectum)।

पाचन की प्रक्रिया

भोजन का पाचन मुख द्वारा अन्तर्ग्रहण से ही प्रारम्भ हो जाता है। मानव में पाचन क्रिया निम्नलिखित चरणों में होती है

(i) भोजन का अन्तर्ग्रहण
(ii) भोजन का पाचन
(iii) पचे हुए भोजन का अवशोषण एवं स्वांगीकरण
(iv) अपचित भोजन का निष्कासन

(i) भोजन का अन्तर्ग्रहण

अन्तर्ग्रहण मुखगुहा (Buccal cavity) में होता है।

(ii) भोजन का पाचन

संयुक्त एवं अघुलनशील भोज्य कणों के सरल, घुलनशील एवं अवशोषण योग्य कणों में परिवर्तन की क्रिया पाचन कहलाती है।

(iii) मुखगुहा में पाचन

मुखगुहा में स्टार्च पर लारीय एमाइलेज या टाइलिन कार्य करता है।

$$\underset{\text{(सम्मिश्र अवस्था)}}{\text{शर्करा}} \xrightarrow{\text{टाइलिन}} \underset{\text{(साधारण अवस्था)}}{\text{माल्टोस}}$$

(iv) आमाशय में पाचन

- भोजन ग्रासनली (Oesophagus) से होकर आमाशय में प्रवेश करता है।
- अब भोजन में आमाशयी रस एवं हाइड्रोक्लोरिक अम्ल मिलता है, जो भोजन को जीवाणु रहित एवं माध्यम को अम्लीय बना देता है।
- पेप्सिन प्रोटीन का पाचन करके उन्हें पेप्टोन्स में परिवर्तित कर देता है।
- रेनिन दुग्ध को दही में परिवर्तित करता है।
- अब यह अर्द्ध पचित भोजन काइम (Chyme) कहलाता है।

(v) छोटी आँत में पाचन

- काइम ग्रहणी (Duodenum) में पहुँचता है।
- भोजन में पित्त रस मिलता है, जो वसा को छोटी कणिकाओं (Small globules) में तोड़ देता है।
- अग्न्याशयी ट्रिप्सिन प्रोटीन पर कार्य करके उसे पेप्टाइड में तोड़ देता है।
- अग्न्याशयी एमाइलेज स्टार्च को सरल शर्करा में परिवर्तित कर देता है।
- लाइपेज, वसा को वसा अम्लों एवं ग्लिसरॉल में परिवर्तित कर देता है।
- भोजन में क्षुद्रान्त्र में आँत्रीय रस मिलता है।

- माल्टेज, माल्टोस को ग्लूकोस में परिवर्तित कर देता है।
- लेक्टेज, लैक्टोस को ग्लूकोस में परिवर्तित कर देता है।
- सुक्रेज, सुक्रोस को ग्लूकोस में बदल देता है।
- ट्रिप्सिन, पेप्टाइड्स का अमीनो अम्लों में पाचन करता है।
- अब यह पूर्ण पचित भोजन काइम कहलाता है।

(vi) **पचे हुए भोजन का अवशोषण एवं स्वांगीकरण**

- क्षुद्रान्त्र की आन्तरिक सतह पर अंगुलीनुमा उभार पाए जाते हैं, जिन्हें विलाई या रसांकुर (Villi) कहते हैं।
- प्रत्येक विलाई पर रुधिर वाहिनियों (Blood capillaries) और लिम्फ वाहिनियों (Lymph capillaries) का जाल बिछा होता है, जो भोजन के अवशोषण में सहायता करता है।

(vii) **अनावश्यक भोजन का निष्कासन**

- अब अवशिष्ट भोजन (अपचित भोजन) बड़ी आँत में प्रवेश करता है।
- बड़ी आँत भोजन का अवशोषण नहीं कर सकती है, लेकिन जल का अवशोषण करती है।
- शेष बचा हुआ ठोस वर्ज्य पदार्थ विष्ठा (Faeces) कहलाता है और मलाशय (Rectum) में एकत्रित होता है।
- यह मलद्वार (Anus) के द्वारा बाहर निकाल दिया जाता है।

पाचक ग्रन्थियाँ

ये भोजन के पाचन के लिए पाचक रस (Digestive juice) स्रावित करती हैं। ये चार प्रकार की होती हैं

1. लार ग्रन्थियाँ

यह लार उत्पन्न करती हैं। ये तीन जोड़ी होती हैं

(i) कर्णपूर्व ग्रन्थियाँ (Parotid glands)
(ii) अद्योजम्भ ग्रन्थियाँ (Submaxillary glands)
(iii) अधोजिव्हा ग्रन्थियाँ (Sublingual glands)

2. जठर ग्रन्थियाँ

आमाशय में उपस्थित होती हैं। ये तीन प्रकार की होती हैं

(i) **कार्डियक ग्रन्थि** क्षारीय श्लेष्म स्रावित करती हैं।
(ii) **जठर ग्रन्थियाँ** क्षारीय श्लेष्म का स्रावण करती हैं।
(iii) **फन्डिक ग्रन्थियाँ** इसमें चार प्रकार की कोशिकाएँ होती हैं।
- **पेप्टिक/जाइमोजन कोशिकाएँ** पेप्सिनोजन, प्रोरेनिन स्रावित करती है।
- **ऑक्जिन्टिक कोशिकाएँ** HCl स्रावित करती हैं।
- **गोब्लेट कोशिकाएँ** श्लेष्म स्रावित करती हैं।
- **अरजेन्टैफिन कोशिकाएँ** गैस्ट्रिन हॉर्मोन स्रावित करती हैं।

3. यकृत

- यह **सबसे बड़ी ग्रन्थि** होती है।
- इसके दाईं पाली की ओर पित्ताशय होता है, जो यकृत द्वारा स्रावित पित्त रस को संग्रहित करता है।
- पित्त रस में कोई एन्जाइम नहीं होता है, परन्तु इसमें पित्त लवण तथा पित्त वर्णक (बाइलिरुबिन-पीला तथा बाइलिवर्डिन-हरा) होते हैं, जो वसा के पाचन में सहायक होते हैं।

4. अग्न्याशय

यह मिश्रित ग्रन्थि अग्न्याशयी रस में वसा, प्रोटीन तथा कार्बोहाइड्रेट का पाचन करने वाले एन्जाइमों का स्रावण करती है।

"श्वसन जीवित कोशिकाओं में होने वाली वे सभी **एंजाइमी अभिक्रियाएँ** (Enzymatic reactions) हैं, जिनमें ऑक्सीजन की उपस्थिति या अनुपस्थिति में कार्बनिक पदार्थों का **ऑक्सीकरण** होता है तथा ऊर्जा मुक्त होती है।"

इसे निम्नलिखित सामान्य समीकरण द्वारा समझा जा सकता है

$$\text{भोज्य पदार्थ} + \text{ऑक्सीजन} \xrightarrow[25-45°C]{\text{एंजाइम}} \text{कार्बन डाइऑक्साइड} + \text{जल} + \text{ऊर्जा}$$

ऑक्सीकरण के लिए कोशिकाएँ मुख्यतया ग्लूकोस (Glucose) का उपयोग करती हैं। अत: ग्लूकोस को कोशिकीय ईंधन (Cellular fuel) भी कहा जाता है।

विभिन्न जीवों में भोजन की विघटन विधि अलग-अलग होती है। कुछ जीव ग्लूकोस का कार्बन डाइऑक्साइड एवं जल में पूर्णतया विखंडन करने के लिए ऑक्सीजन का उपयोग करते हैं। कुछ अन्य पथ का उपयोग करते हैं, जहाँ ऑक्सीजन की उपस्थिति नहीं होती, लेकिन सभी स्थितियों में, प्रथम पद ग्लूकोस (6-कार्बन अणु) का तीन कार्बन युक्त अणु पाइरुवेट में विघटन होता हैं। यह प्रक्रम ग्लाइकोलाइसिस (Glycolysis) कहलाता है, जोकि कोशिकाद्रव्य में संपन्न होता है।

श्वसन के प्रकार

श्वसन दो प्रकार का होता है

1. वायवीय श्वसन

- वह प्रक्रिया, जिसमें श्वसन क्रियाधर (Respiratory substrate) का ऑक्सीकरण ऑक्सीजन की उपस्थिति में CO_2, जल एवं ऊर्जा में होता है।

$$C_6H_{12}O_6 + 6O_2 \longrightarrow 6CO_2 + 6H_2O + 2836 \text{ किलो कैलोरी}$$

- **ऊर्जा उत्पादन**

1 ग्लूकोस अणु = 36 ATP (यूकैरियोटिक कोशिका में)
= 38 ATP (प्रोकैरियोटिक कोशिका में)

2. अवायवीय श्वसन

वह प्रक्रिया, जिसमें श्वसन, क्रियाधर का ऑक्सीजन की अनुपस्थिति में CO_2 एवं एल्कोहॉल में अपूर्ण ऑक्सीकरण होता है।

$C_6H_{12}O_6 \rightarrow 2CO_2 + 2C_2H_5OH + 56$ किलो कैलोरी (यीस्ट कोशिका में)

अत: श्वसन के इस संपूर्ण प्रक्रम को निम्न रेखाचित्र द्वारा संक्षेप में प्रदर्शित किया जा सकता है—

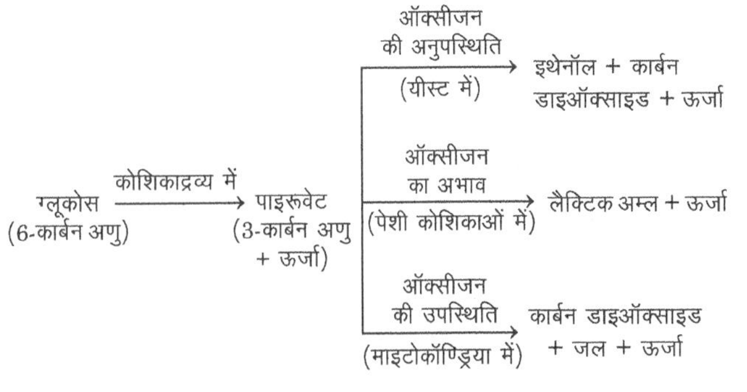

वायवीय एवं अवायवीय श्वसन में अंतर

अंतर का आधार	ऑक्सी श्वसन	अनॉक्सी श्वसन
ऑक्सीजन	ऑक्सीजन की आवश्यकता होती है।	ऑक्सीजन की आवश्यकता नहीं होती है।
अंतिम उत्पाद	CO_2, जल एवं ऊर्जा होती हैं।	प्रायः एथिल एल्कोहॉल, CO_2 एवं ऊर्जा होती हैं।
ग्लूकोस का ऑक्सीकरण	पूर्ण ऑक्सीकरण होता है।	आंशिक ऑक्सीकरण होता है।
निर्गत ऊर्जा	38 ATP अणु (673 किलो कैलोरी)।	2 ATP अणु (27 किलोकैलोरी)।
उदाहरण-	सभी स्वपोषी पादपों तथा अधिकतर जंतुओं में।	अनेक कवक; जैसे-यीस्ट, अनेक जीवाणु तथा मनुष्य में व्यायाम करते समय पेशियों में।

एडीनोसीन ट्राइ फॉस्फेट (ATP)

ATP (एडीनोसीन ट्राइ फॉस्फेट) को लोहमैन (1929) ने खोजा तथा ATP नाम दिया। ATP चक्र को लिपमैन (1941) ने खोजा था, जिसके लिए इन्हें 1953 में नोबेल पुरस्कार दिया गया। प्यूरीन क्षार एडीनिन, राइबोज शर्करा तथा तीन फॉस्फेट का बना होता है।

$$\text{ADP} + \sim \text{Pi} \xrightarrow{\text{ऊर्जा}} \text{ADP} \sim \text{Pi} = \text{ATP}$$

आखिरी फॉस्फेट बंध आसानी से टूट सकता है, जिसके टूटने से 7.6 किलो कैलोरी ऊर्जा निकलती है तथा ADP (एडीनोसीन डाइफॉस्फेट) बनता है। ATP कोशिका में ऊर्जा का महत्त्वपूर्ण स्रोत है तथा यह ऊर्जा की मुद्रा भी कहलाता है। ATP ऊर्जाशोषी क्रिया है। ATP संश्लेषण का मुख्य स्थान माइट्रोकॉण्ड्रिया है। ATP कोशिकीय क्रिया; जैसे-कोशिका विभाजन, सक्रिय परिवहन तथा जीवद्रव्य गति के लिए आवश्यक है।

श्वसन गुणांक

- श्वसन के दौरान मुक्त CO_2 तथा उपभोग की जाने वाली ऑक्सीजन के अनुपात को श्वसन गुणांक कहते हैं।

$$RQ = \frac{\text{मुक्त } CO_2 \text{ का आयतन}}{\text{उपभोग की गई } O_2 \text{ का आयतन}}$$

- भिन्न-भिन्न क्रियाधारों (substrates) के लिए RQ का मान भिन्न-भिन्न होता है; जैसे—

क्रियाधर	श्वसन गुणांक
कार्बोहाइड्रेटस	1
वसा एवं प्रोटीन	< 1 (0.7)
कार्बनिक अम्ल	> 1 (1.4)
अवायवीय श्वसन में	∞ (अनन्त)

श्वसन प्रक्रिया (Mechanism of Respiration)

श्वसन प्रक्रिया को निम्नलिखित दो भागों में बाँटा जा सकता है—

(i) **बाह्य श्वसन** (External Respiration) बाह्य श्वसन के लिए सभी कशेरुकी जंतुओं (सरीसृप, पक्षी एवं स्तनी) में बाह्य श्वसनांग (Respiratory organs); जैसे—मेंढक में त्वचा, मछलियों में गलफड़े, मनुष्य में फेफड़े, आदि होते हैं।

बाह्य श्वसन को अध्ययन की सुगमता के लिए निम्नलिखित पदों में विभक्त किया जा सकता है

(a) **श्वासोच्छ्वास** (Breathing) वायुमण्डल से श्वसनांगों द्वारा शुद्ध वायु (O_2) को ग्रहण करना तथा अशुद्ध वायु (CO_2) को बाहर निकालना अर्थात् बहि:गमन (Discharge) की प्रक्रिया को श्वासोच्छ्वास कहते हैं। श्वास अंदर लेना अंत: श्वसन तथा बाहर छोड़ना नि:श्वसन कहलाता है।

(b) **गैसीय विनिमय** (Gaseous exchange) गैसीय विनिमय सामान्य विसरण (Diffusion) द्वारा होता है। पादपों में यह कार्य रंध्र द्वारा, जबकि मानव में यह कार्य फेफड़ों द्वारा संपन्न होता है। फेफड़ों के वायु कोषों (Alveoli) में उपस्थित वायु में ऑक्सीजन रुधिर कोशिकाओं में तथा रुधिर कोशिकाओं से कार्बन डाइऑक्साइड वायु कोषों में विसरित हो जाती है।

(ii) **आंतरिक श्वसन** (Internal Respiration) रुधिर कोशिकाओं व अन्य कोशिकाओं के मध्य गैसीय विनिमय ही आंतरिक श्वसन कहलाता है।

पादपों में गैसीय विनिमय (Gaseous Exchange in Plants)

- पादपों को भी वृद्धि एवं उपापचयी क्रियाओं के संचालन हेतु ऊर्जा की आवश्यकता होती है, जिसका उत्पादन श्वसन द्वारा होता है। पादपों में विशिष्ट श्वसनांगों का अभाव होता है।
- इसलिए इनमें रंध्रों द्वारा गैसीय विनिमय होता है। इनमें कोशिकाओं के मध्य बड़े अंतरकोशिकीय अवकाश पाए जाते हैं, जिनके द्वारा वायु का आंतरिक ऊतकों में संचरण होता है।

मूल में गैसीय विनिमय (Gaseous Exchange in Roots)

- पादपों की मूल में मृदा कणों के मध्य में उपस्थित, वायु के साथ विसरण द्वारा गैसीय विनिमय होता है।
- यहाँ मूलरोम से होते हुए ऑक्सीजन मूलीय कोशिकाओं में प्रवेश कर जाती है एवं CO_2 बाहर आ जाती है।

तने में गैसीय विनिमय (Gaseous Exchange in Stems)

काष्ठीय पादपों के तने में उपस्थित सूक्ष्म छिद्र, वातरंध्रों (Lenticels) द्वारा गैसीय विनिमय होता है, जबकि शाकीय पादपों में यही कार्य रंध्रों (Stomata) द्वारा होता है।

पर्ण में गैसीय विनिमय (Gaseous Exchange in Leaves)

- पर्ण में रंध्रों द्वारा O_2 एवं CO_2 का गैसीय विनिमय होता है। ये रंध्र वृक्काकार या डंबलाकार द्वार कोशिकाओं से घिरे होते हैं।
- रंध्रों द्वारा गैसीय विनिमय की दिशा मुख्यतया वातावरणीय परिस्थितियों के अनुसार होती है। रात्रि में, जब प्रकाश-संश्लेषण की क्रिया नहीं होती है, तब कार्बन डाइऑक्साइड का निष्कासन ही मुख्य आदान-प्रदान क्रिया होती है। दिन में, श्वसन के दौरान निकली CO_2 प्रकाश-संश्लेषण में प्रयुक्त हो जाती है। अत: कोई CO_2 नहीं निकलती है। इस समय ऑक्सीजन का निकलना मुख्य घटना होती है।

जंतुओं में गैसीय विनिमय
(Gaseous Exchange in Animals)

जंतुओं में श्वसन के प्रकारों एवं श्वसनांगों में बहुत अधिक विविधता पाई जाती है। कुछ जीवों में त्वचा द्वारा सरलतापूर्वक श्वसन संपन्न हो जाता है, तो कुछ में इस कार्य हेतु जटिल तंत्र पाया जाता है। जीवों में प्रभावी गैसीय विनिमय हेतु श्वसन सतह में निम्न विशेषताएँ होनी चाहिए–

(i) पतली भित्ति
(ii) तीव्र विसरण हेतु नमी
(iii) बड़ा पृष्ठीय क्षेत्रफल
(iv) रुधिर प्रवाह का आधिक्य

जलीय जीवों में श्वसन
(Respiration in Aquatic Organisms)

- जो जीव जल में रहते हैं वे जल में विलेय ऑक्सीजन का उपयोग श्वसन हेतु करते हैं, क्योंकि जल में विलेय ऑक्सीजन की मात्रा वायु में ऑक्सीजन की मात्रा की तुलना में बहुत कम होती है, इसलिए जलीय जीवों की श्वास दर स्थलीय जीवों की अपेक्षा द्रुत होती है।
- मछली अपने मुँह के द्वारा जल लेती है तथा बलपूर्वक इसे क्लोम तक पहुँचाती है, जहाँ जल में विलेय ऑक्सीजन रुधिर द्वारा अवशोषित कर ली जाती है।

स्थलीय जीवों में श्वसन
(Respiration in Terrestrial Organisms)

- स्थलीय जीव श्वसन के लिए वायुमंडल की ऑक्सीजन का उपयोग करते हैं। विभिन्न जीवों में यह ऑक्सीजन भिन्न-भिन्न अंगों द्वारा अवशोषित की जाती है। इन सभी अंगों में एक रचना होती है, जो उस सतही क्षेत्रफल को बढ़ाती है, परिणामस्वरूप वह अंग ऑक्सीजन बाहुल्य वायुमंडल के संपर्क में रहता है।
- क्योंकि ऑक्सीजन व कार्बन डाइऑक्साइड का विनिमय इस सतह के आर-पार होता है, अत: यह सतह बहुत पतली व मुलायम होती है। यह सतह शरीर के अन्दर स्थित होती है। इस सतह द्वारा ही गैसों का विनिमय होता है।

विभिन्न जीवों में श्वसनी सतह

जंतु	श्वसनी सतह
अमीबा व *प्लेनेरिया*	कोशिका झिल्ली
मृदाकृमि व लीच	नम त्वचा
मछली, *प्रॉन* (समुद्री झींगा), टेडपोल (जलीय जंतु)	गिल्स
मेंढक	नम त्वचा व फेफड़े
मच्छर व घरेलू मक्खी	वायुनलिका व स्पाइरेकल्स
पक्षी, छिपकली व मरुद्भिद जीव	फेफड़े

मानव श्वसन तंत्र (Human Respiratory System)

- मानव के प्रमुख श्वसनांग फेफड़े (Lungs) होते हैं। फेफड़ों तक बाहरी वायु के आवागमन हेतु नासिका, ग्रसनी, वायुनाल तथा इसकी शाखाएँ मिलकर एक जटिल वायु मार्ग (Air passage way) बनाती हैं। इस प्रकार ये सभी संवाही अंग तथा फेफड़े मिलकर मानव का श्वसन तंत्र बनाते हैं।

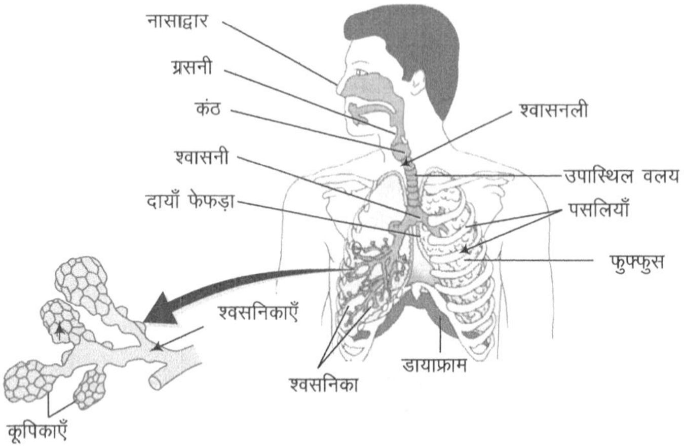

मानव श्वसन तंत्र

मानव के प्रमुख संवाही अंग निम्नलिखित हैं—

श्वसन अंगों का प्रथम भाग नासिका कहलाता है, जोकि दो बाह्य नासाछिद्रों द्वारा बाहर खुलता है।

- **नासिका** (Nose) के बीच का स्थान नासा वेश्म (Nasal chamber) होता है। इसके पृष्ठ भाग में घ्राण उपकला (Olfactory epithelium) होती है तथा शेष भाग में रोमाभि उपकला (Ciliated epithelium) होती है। इसमें रोम पाए जाते हैं। यहाँ वायु का शोधन एवं ताप नियंत्रण होता है।
- **ग्रसनी** (Pharynx) मुख गुहा का पिछला भाग है, जो घाँटी या ग्लॉटिस (Glottis) द्वारा लैरिंक्स (Larynx) में खुलता है। ग्लॉटिस के ऊपर **एपिग्लॉटिस** (Epiglottis) लगा होता है, जो भोजन निगलते समय श्वासनली का छिद्र बंद कर देता है।
- **कंठ या स्वर यंत्र** (Larynx) के चारों ओर उपास्थि की बनी चार प्लेटें पाई जाती हैं। यह ध्वनि उत्पन्न करने वाला भाग है।
- **श्वासनाल** (Trachea) श्वासनाल ग्रासनली (Oesophagus) के अधर तल से चिपकी रहती है। इसकी भित्ति में हायलाइन उपास्थि के बने C के आकार के छल्ले (Cartilaginous rings) पाए जाते हैं।
- **श्वसनी** (Bronchus) श्वसनी वक्षगुहा में जाकर दो श्वसनी में विभक्त हो जाती है। इनकी भित्ति में भी उपास्थि के छल्ले होते हैं।
- **श्वसनिका** (Bronchioles) मानव में दाँयी श्वसनिका तीन एवं बाँयी दो भागों में विभक्त हो जाती है। श्वसनिकाएँ कूपिका वाहिनियों (Alveolar duct) में विभक्त हो जाती हैं। प्रत्येक कूपिका वाहिनी अपने छोर पर कूपिका (Atrium) में घुस जाती है। इसमें कई छोटे-छोटे वायुकोष (Alveolar sacs) उपस्थित होते हैं। प्रत्येक वायुकोष में दो या तीन छोटे-छोटे थैलीनुमा **वायुकोष्ठक** (Alveoli) खुलते हैं।

- **वायुकोष्ठक** (Alveoli) यह फेफड़े की संरचनात्मक एवं कार्यात्मक इकाई है। यह सूक्ष्म एवं पतली गुब्बारेनुमा संरचना होती है, जो रुधिर कोशिकाओं के जाल के साथ गैसीय विनिमय स्थल प्रदान करती है।
- **पसली** (Ribs) ये 12 जोड़ी हड्डियों से बनी पिंजरे जैसी संरचना होती है, जिसमें हृदय व फेफड़े सुरक्षित रहते हैं। अंतरापर्शुक पेशियाँ, जोकि पसली से जुड़ी रहती हैं, की गति श्वास लेने में सहायक होती है।
- **फेफड़े** (Lungs) ये हृदय के दोनों तरफ स्थित, श्वसन का प्राथमिक अंग है। ये वातावरणीय O_2 को रुधिर में व रुधिर से CO_2 को वातावरण में छोड़ते हैं। ये एक सुरक्षा परत से घिरे रहते हैं, जिसे प्लूरा कहते हैं।
- **डायाफ्राम** (Diapharm) यह वक्ष व पेट के बीच एक माँसपेशीय भाग होता है व वक्ष गुहा का आधार बनाता है। अंत:श्वसन के समय ये समतल हो जाता है व वक्ष गुहा फैल जाती है, जिससे फेफड़ों में वायु भर जाती है तथा नि:श्वसन के समय यह शिथिल हो जाता है या पूर्व स्थिति में आ जाता है।

मानव में गैसीय विनिमय की क्रियाविधि (Mechanism of Gaseous Exchange in Human)

इसे अध्ययन की सुगमता के लिए निम्नलिखित पदों में विभक्त किया जा सकता है

(i) श्वासोच्छ्वास (Breathing)

वायुमण्डल से श्वसनांगों द्वारा शुद्ध वायु (O_2) को ग्रहण करना तथा अशुद्ध वायु (CO_2) को बाहर निकालना अर्थात् बहि:गमन (Discharge) की प्रक्रिया को श्वासोच्छ्वास कहते हैं। श्वासोच्छ्वास क्रियाविधि निम्नलिखित दो चरणों में पूर्ण होती हैं

चरण 1 अंत:श्वसन (Inspiration) इस क्रिया में शुद्ध वायु (O_2) श्वसनांगों द्वारा फेफड़ों में पहुँचती है। इस प्रक्रिया में डायाफ्राम एवं आंतरिक अंतरापर्शुक (Internal incostals) पेशियाँ संकुचित हो जाती हैं एवं डायाफ्राम समतल (Flattened) हो जाता है। निचली पसलियाँ बाहर एवं ऊपर की ओर फैलती हैं तथा छाती फूल जाती है, जिसके फलस्वरूप वक्ष गुहा (Thoracic cavity) का आयतन बढ़ जाता है और फेफड़ों में वायु का दाब कम हो जाता है। अंततया वायु नासारंध्र (Nostrils), कंठद्वार (Larynx) तथा श्वासनली (Trachea) में होते हुए फेफड़ों में भर जाती है।

चरण 2 नि:श्वसन (Expiration) इस क्रिया में वायु फेफड़ों से बाहर निकलती है। इसमें केवल बाह्य अंतरापर्शुक (External intercostals) पेशियों तथा डायाफ्राम में शिथिलन से ही पसलियाँ, स्टर्नम और डायाफ्राम अपनी पूर्व स्थिति में आ जाती है, जिससे वक्ष गुहा (Thoracic cavity) का आयतन कम हो जाता है तथा फेफड़ों पर दबाव बढ़ जाता है और वायु नासामार्ग व वायुनाल द्वारा बाहर निकल जाती है।

(ii) फेफड़ों में गैसीय विनिमय (Gaseous Exchange in Lungs)

फेफड़ों में गैसीय विनिमय सामान्य विसरण (Diffusion) द्वारा होता है। वायु कोषों (Alveoli) में उपस्थित वायु से ऑक्सीजन रुधिर कोशिकाओं में तथा रुधिर कोशिकाओं से कार्बन डाइऑक्साइड वायु कोषों में विसरित हो जाती है।

फेफड़ों में ऑक्सीजन विनिमय के दौरान, विसरित ऑक्सीजन रुधिर में उपस्थित श्वसन वर्णक (हीमोग्लोबिन) के साथ लगातार अभिक्रिया कर ऑक्सीहीमोग्लोबिन नामक उत्पाद बनाती है, जिसका संपूर्ण शरीर में परिवहन होता है।

श्वसन वर्णक हीमोग्लोबिन (Haemoglobin)

यह एक जटिल प्रोटीन है। इसका निर्माण लौहयुक्त वर्णक हीम तथा ग्लोबिन प्रोटीन से होता है। सभी कशेरुकीय प्राणियों में यह लाल रुधिराणुओं में पाया जाता है। केंचुएँ तथा अकशेरुकीय प्राणियों में यह रुधिर प्लाज्मा में घुला रहता है। हीमोग्लोबिन ऑक्सीजन से मिलकर अस्थायी यौगिक ऑक्सीहीमोग्लोबिन बनाता है। कोशिकाओं तथा ऊतकों में पहुँचकर ऑक्सीहीमोग्लोबिन विखंडित होकर ऑक्सीजन को मुक्त कर देता है और पुन: अपने वास्तविक रूप में आ जाता है। इस प्रकार यह प्रक्रिया निरंतर चलती रहती है।

मानव में वायु का मार्ग निम्न प्रकार हैं

नासारन्ध्र ⟶ ग्रसनी ⟶ स्वर यन्त्र ⟶ श्वसन नाल ⟶ श्वसनी ⟶ श्वसनिकाएँ ⟶ वायुकोष्ठक ⟶ रुधिर ⟶ कोशिका

श्वसन की सम्पूर्ण प्रक्रिया को चार भागों—बाह्य श्वसन, गैसों का परिवहन, आन्तरिक श्वसन तथा कोशिकीय श्वसन में बाँटा जा सकता है।

फेफड़ों की वायु क्षमता

- **प्रवाही आयतन** सामान्य श्वसन में अन्त:श्वसन या उच्छवसन में निकाली गई वायु की मात्रा (500 मिली) होती है।
- **नि:श्वसन क्षमता** प्रवाही आयतन के अतिरिक्त अधिक-से-अधिक ली जाने वाली वायु की मात्रा (3000-3500 मिली) होती है
- **उच्छवसन क्षमता** प्रवाही आयतन के अतिरिक्त अधिक-से-अधिक निकाली जा सकने वाली वायु (1000 मिली) होती है।
- **सजीव क्षमता** फेफड़ों में पूरे प्रयास के साथ अधिक-से-अधिक वायु भरकर जितनी वायु (4500 मिली) पूरे प्रयास से बाहर निकाली जा सकती है।
- **अवशेषी आयतन** पूरे प्रयास से फेफड़ों से वायु निकालने के पश्चात् शेष बची वायु (1500 मिली) होती है।
- **सम्पूर्ण क्षमता** फेफड़ों में वायु की अधिकतम मात्रा (6000 मिली), जो इनमें समा सकती है।

पादपों में परिवहन (Transpiration in Plants)

पादपों में जल एवं खनिज लवणों का परिवहन जाइलम द्वारा जबकि भोजन का परिवहन सुक्रोस के रूप में फ्लोएम द्वारा होता है। इस क्रिया हेतु निम्न भौतिक प्रक्रमों की आवश्यकता होती है।

पादप कोशिकाओं का जल सम्बन्ध

प्रत्येक पदार्थ को कोशिका में पहुँचने के लिए कोशिका झिल्ली से होकर गुजरना पड़ता है। कोशिका झिल्ली को **वरणात्मक पारगम्य** (Selectively permeable) कहा जाता है। जीवन के लिए यह वरणात्मकता नितान्त आवश्यक है।

प्रत्येक कोशिका के जीवद्रव्य और बाह्य तरल के बीच एक **परासरणी तन्त्र** (Osmotic system) स्थापित हो जाता है। इनके बीच एक

वरणात्मक झिल्ली (Selective membrane) होती है। कोशिकाओं के मध्य निम्न भौतिक जलीय सम्बन्ध पाए जाते हैं

1. विसरण

गैस, द्रव्य तथा ठोस के अणुओं की उनके अधिक सान्द्रता के क्षेत्र से कम सान्द्रता की ओर होने वाली गति को **विसरण** (Diffusion) कहते हैं। यह गति तब तक होती रहती है, जब तक दोनों की सान्द्रता अर्थात् अणुओं का वितरण समान नहीं हो जाता है।

किसी पदार्थ के विसरण दाब को **आंशिक दाब** (Partial pressure) कहते हैं। प्रकाश-संश्लेषण की प्रक्रिया में जल वाष्प तथा ऑक्सीजन बाहर विसरित होती हैं, जबकि CO_2 पत्ती के अन्दर विसरित होती है।

2. परासरण

जब दो विभिन्न सान्द्रता वाले विलयनों को अर्द्धपारगम्य झिल्ली के द्वारा पृथक् किया जाता है, तब विलायक (Solvent) का कम सान्द्रता वाले विलयन से अधिक सान्द्रता वाले विलयन की ओर गमन, **परासरण** (Osmosis) कहलाता है।

परासरण के अन्तर्गत जब कोशिका में जल प्रवेश करता है, तो इसे **अन्त:परासरण** (Endosmosis) कहते हैं व जब जल कोशिका से बाहर की ओर गमन करता है तब यह **बाह्य परासरण** (Exosmosis) कहलाता है।

परासरण का महत्त्व

पादपों में एक कोशिका से दूसरी कोशिका में जल का परिवहन तथा पादपों में जल का वितरण परासरण द्वारा होता है। जड़ों के मूलरोम मृदा से जल का अवशोषण परासरण क्रिया द्वारा करते हैं। रन्ध्रों का खुलना व बन्द होना परासरण पर निर्भर करता है।

स्फीति दाब व भित्ति दाब

- जब एक कोशिका को जल में रखा जाता है, तो रिक्तिका रस का परासरण दाब अधिक होने से जल के अणु बाहर से कोशिका में विसरित होते हैं। इसके कारण जीवद्रव्य फैलता है और जीवद्रव्य कला कोशिका भित्ति के ऊपर दबाव डालती है, तो यह दाब **स्फीति दाब** (Turgor pressure) कहलाता है।
- कोशिका भित्ति दृढ़ होने के कारण जीवद्रव्य पर स्फीति दाब के बराबर परन्तु विपरीत दिशा में दाब डालती है, जिसे **भित्ति दाब** (Wall pressure) कहते हैं।

स्फीति दाब का महत्त्व

स्फीति दाब पादपों की स्फीति बनाए रखता है, जो पादपों की वृद्धि में सहायक है। स्फीति दाब के कारण युवा प्ररोह सीधा खड़ा रहता है।

चूषण दाब

साधारणतया परासरण दाब का मान स्फीति दाब से अधिक होता है। परासरण दाब तथा स्फीति दाब के अन्तर को **चूषण दाब** (Suction pressure) कहते हैं।

चूषण दाब (SP) = परासरण दाब (OP) − स्फीति दाब (TP)

$$SP = OP - TP$$

अन्त:शोषण

किसी पदार्थ के ठोस कणों के द्वारा किसी द्रव्य का बिना विलयन बनाए अवशोषण करने को **अन्त:शोषण** कहते हैं। अन्त:शोषण, बीजों के अंकुरण के समय व जड़ों द्वारा जल अवशोषण के समय की प्रारम्भिक अवस्था है।

विसरण दाब न्यूनता

विलायक व विलयन के विसरण दाब में अन्तर **विसरण दाब न्यूनता** कहलाता है। विसरण दाब न्यूनता (DPD) परासरण की दिशा को निर्धारित करती है। यह कोशिका की जल अवशोषण शक्ति है।

जीवद्रव्यकुंचन

बहि:परासरण (Exomosis) की क्रिया के फलस्वरूप जल के अणु रिक्तिका रस से बाहर की ओर गति करते हैं, जिसके परिणामस्वरूप जीवद्रव्य कोशिका भित्ति से हटकर संकुचित हो जाता है, इस घटना को **जीवद्रव्यकुंचन** कहते हैं। कोशिका की यह अवस्था **श्लथ** (Flaccid) कहलाती है।

जल का अवशोषण

शैवालों में जल का अवशोषण सभी कोशिकाओं द्वारा, ब्रायोफाइटा में मूलाभासों (Rhizoids) द्वारा तथा टेरिडोफाइटा, अनावृतबीजी व आवृतबीजी में जड़ों द्वारा होता है। जड़ में कोशिका **परिपक्वन प्रदेश** (Zone of cell maturation) में उपस्थित मूलरोमों के द्वारा पादप जल का अवशोषण करते हैं।

रसारोहण

जड़ों द्वारा अवशोषित जल के पृथ्वी के गुरुत्वाकर्षण के विपरीत, स्तम्भ, शाखाओं तक पहुँचने की क्रिया **रसारोहण** (Ascent of sap) कहलाती हैं। रसारोहण की क्रियाविधि के सम्बन्ध में तीन प्रकार की विचारधाराएँ (अर्थात् जैव शक्तिवाद, मूलदाब वाद व भौतिक शक्तिवाद) दी गई हैं

1. जैव शक्तिवाद

गोडलेवस्की (Godlewski; 1884) के अनुसार, जाइलम मृदूतक तथा मज्जा किरणों (Medullary rays) के बीच परासरण दाब में परिवर्तन के कारण नीचे की कोशिका से जल ऊपर की कोशिका में स्थानान्तरित होता है।

सर जे. सी. बोस (Sir JC Bose; 1923) ने इलेक्ट्रिक प्रोब (Electric probe) के प्रयोग द्वारा निष्कर्ष निकाला कि वल्कुट की सबसे आन्तरिक परत अर्थात् एण्डोडर्मिस की कोशिकाओं की संवेदन क्रिया (Pulsation movement) के कारण रसारोहण होता है।

स्ट्रासबर्गर (Strasburger) ने पिकरिक अम्ल (जिससे जीवित कोशिकाओं की मृत्यु हो जाती है) के प्रयोग द्वारा सिद्ध किया कि जैव शक्तिवाद की धारणा गलत है।

2. मूलदाब वाद

जड़ों द्वारा शोषित जल के संचय से उत्पन्न द्रव्य स्थैतिक दाब (Hydrostatic pressure) मूल दाब (Root pressure) कहलाता है।

प्रिस्टले (Priestley) ने तने के कटे हुए भाग से बाहर निकलने वाले जल के लिए मूल में उत्पन्न होने वाले दाब को द्रव्य स्थैतिक दाब (Hydrostatic pressure) कहा। मूलदाब की माप **मैनोमीटर** (Manometer) द्वारा की जाती है।

3. **भौतिक शक्तिवाद**

डिक्सन (Dixon) तथा **जौली** (Jolly) द्वारा दिए गए **वाष्पोत्सर्जनाकर्षण-जलीय ससंजक मत** (Transpiration pull-cohesive force of water theory) के अनुसार, रसारोहण की क्रिया निम्नलिखित तथ्यों पर आधारित है

1. **वाष्पोत्सर्जनाकर्षण** पत्तियों की पर्णमध्योतक कोशिकाओं की भित्तियों से जल के वाष्पन के कारण इनकी परासरण सान्द्रता तथा विसरण दाब न्यूनता (DPD) अधिक हो जाती है और परासरण द्वारा जल जाइलम वाहिकाओं (Xylem vessels) से पर्णमध्योतक कोशिकाओं में प्रवेश करता है। इससे जाइलम के द्रव्य में उत्पन्न तनाव को **वाष्पोत्सर्जनाकर्षण** कहा जाता है।
2. **जल का ससंजक बल** हाइड्रोजन बन्धों के कारण जल के अणुओं के बीच परस्पर आकर्षण को ससंजक बल कहते है। ससंजक बल के कारण मूलरोम से पत्तियों तक जल का एक अविरल स्तम्भ (Continuous column) बना रहता है।
3. **जल का आसंजक बल** जल के अणु संकीर्ण जाइलम वाहिकाओं तथा वाहिनिकाओं से आसंजक बल द्वारा जुड़े रहते हैं।

वाष्पोत्सर्जन

पादप के वायवीय भागों से जल की वाष्प के रूप में हानि को वाष्पोत्सर्जन कहते हैं।

वाष्पोत्सर्जन के प्रकार

वाष्पोत्सर्जन निम्नलिखित प्रकार का होता है

1. **रन्ध्रीय वाष्पोत्सर्जन** लगभग 80-90% वाष्पोत्सर्जन पत्तियों की सतह पर उपस्थित छोटे-छोटे छिद्रों या रन्ध्रों द्वारा होता है।
2. **उपत्वचीय वाष्पोत्सर्जन** लगभग 3-9% वाष्पोत्सर्जन शाकीय तनों तथा पत्तियों पर पाई जाने वाली उपत्वचा द्वारा होता है।
3. **वातरन्ध्रीय वाष्पोत्सर्जन** यह काष्ठीय तनों एवं कुछ फलों में पाए जाने वाले वातरन्ध्रों द्वारा होता है। यह कुल वाष्पोत्सर्जन का 0.1% से 1% अर्थात् नगण्य होता है।

भोजन तथा दूसरे पदार्थों का स्थानांतरण

(Transport of Food and Other Substances)

- प्रकाश-संश्लेषण के द्वारा निर्मित विलेय भोज्य कार्बनिक उत्पादों का वहन **स्थानांतरण** (Translocation) कहलाता है।
- इन संश्लेषित खाद्य-पदार्थों का स्थानांतरण पत्तियों से तरल अवस्था में मूल (जड़) की ओर होता है। इसके अतिरिक्त मज्जा रश्मियों (Pith rays) द्वारा कुछ खाद्य-पदार्थ पार्श्वीय दिशा में भी वितरित कर दिया जाता है। इन खाद्य-पदार्थों (शर्करा) का स्थानांतरण फ्लोएम की मुख्यतया चालनी नलिकाओं (Sieve tubes) तथा सह-कोशिकाओं (Companion cells) के माध्यम से होता है।
- फ्लोएम अमीनो अम्ल तथा अन्य पदार्थों का भी परिवहन करता है। ये पदार्थ विशेष रूप से जड़ के भंडार अंगों, फलों, बीजों तथा वृद्धि वाले अंगों में ले जाए जाते हैं। भोजन तथा अन्य पदार्थों का स्थानांतरण उपरिमुखी तथा अधोमुखी दोनों दिशाओं में होता है।
- सुक्रोज जैसे पदार्थ फ्लोएम ऊतक में ATP से प्राप्त ऊर्जा से ही स्थानांतरित होते हैं। मुन्च (Munch; 1930) के अनुसार, खाद्य-पदार्थों का स्थानांतरण खाद्य-पदार्थों की अधिक सांद्रता वाले स्थान से उनकी कम सांद्रता वाले स्थान की ओर होता है।
- पर्णमध्योतक कोशिकाओं (Mesophyll cells) में निरंतर खाद्य-पदार्थों के बनते रहने के कारण उनकी सांद्रता एवं परासरण दाब अधिक बना रहता है।
- मूल अथवा भोजन संचय करने वाले भागों द्वारा शर्करा (घुलनशील भोज्य पदार्थ) के निरंतर उपयोग के कारण अथवा खाद्य-पदार्थों के अघुलनशील अवस्था में बदलकर संचित हो जाने के कारण वहाँ उपस्थित कोशिकाओं का परासरणी दाब कम हो जाता है, जिसके परिणामस्वरूप खाद्य-पदार्थ अविरल रूप से फ्लोएम द्वारा मूल की ओर प्रवाहित होते रहते हैं।

रन्ध्र की संरचना

- रन्ध्र एक छोटा-सा छिद्र है, जो चारों ओर से गुर्दे या सेम के बीज के आकार की बाह्य त्वचीय कोशिकाओं (Epidermal cells) से घिरा होता है।
- इन कोशिकाओं को **द्वार कोशिकाएँ** या **रक्षक कोशिकाएँ** (Guard cells) कहते हैं। द्वार कोशिकाएँ जीवित, हरितलवक युक्त तथा केन्द्रकयुक्त होती हैं। द्वार कोशिकाओं की अन्दर की भित्ति मोटी तथा बाहरी भित्ति पतली होती है।
- रक्षक कोशिकाओं के चारों ओर विभिन्न आकार की बाह्य त्वचीय कोशिकाएँ होती हैं, जिनको **उपकोशिका** या **गौण कोशिका** (Subsidiary cells or Accessory cells) कहते हैं।

वाष्पोत्सर्जन की दर को प्रभावित करने वाले कारक

वाष्पोत्सर्जन की दर को दो कारक प्रभावित करते हैं

बाह्य कारक

1. **ताप** (Temperature) वातावरण का ताप बढ़ने से वाष्पोत्सर्जन की गति बढ़ जाती है।
2. **प्रकाश** (Light) प्रकाश की उपस्थिति में वाष्पोत्सर्जन की गति बढ़ जाती है। अन्धकार में गति कम हो जाती है।
3. **वायु वेग** (Wind Velocity) 20-30 किमी/घण्टा के वायु वेग में वाष्पोत्सर्जन की गति बढ़ जाती है परन्तु वायु की गति 40-50 किमी/घण्टे पर वाष्पोत्सर्जन की गति कम हो जाती है।
4. **आर्द्रता** (Humidity) बढ़ने पर वाष्पोत्सर्जन की गति कम हो जाती है।

   $\text{वाष्पोत्सर्जन} \propto \frac{1}{\text{आर्द्रता}}$

आन्तरिक कारक

(i) **पर्ण क्षेत्रफल** (Area of Leaf) पर्ण क्षेत्र बढ़ने से वाष्पोत्सर्जन की दर बढ़ जाती है।वाष्पोत्सर्जन $\propto$पर्ण क्षेत्रफल

(ii) **पर्ण की संरचना** (Structure of Leaf) पर्ण के रूपान्तरण; जैसे– मोटा वल्कुट (Eoticle) पत्ती के तल पर पाया जाना, पादप पर मोम, रेजिन, आदि के लेप के कारण वाष्पोत्सर्जन कम हो जाता है।

जन्तुओं में परिवहन

(Transportation in Animals)

उच्च बहुकोशिकीय जन्तुओं में आवश्यक पदार्थों की आपूर्ति एवं अनावश्यक पदार्थों का निष्कासन सीधे कोशिका द्वारा नहीं होता है, इसलिए इन्हें एक संयुक्त परिवहन तन्त्र की आवश्यकता होती है, जिसे परिसंचरण तन्त्र कहते हैं।

परिसंचरण तन्त्र के प्रकार

परिसंचरण तन्त्र के दो प्रकार होते हैं

1. **खुला परिसंचरण तन्त्र**

- रुधिर कुछ समय के लिए रुधिर नलिकाओं में उपस्थित रहता है तथा अन्त में रुधिर नलिकाओं से खुले स्थान में आ जाता है।
- इस प्रकार का रुधिर परिसंचरण तन्त्र तिलचट्टा, प्रॉन, कीट, मकड़ी, आदि में पाया जाता है। रुधिर कम दाब एवं कम वेग से बहता है।
- तिलचट्टे (Cockroach) में रुधिर परिसंचरण चक्र 5-6 मिनट में पूर्ण होता है।

2. **बन्द परिसंचरण तन्त्र**

- यह केंचुएँ, *नेरिस,* मोलस्क एवं सभी कशेरुकियों में पाया जाता है।
- रुधिर बन्द नलिकाओं में बहता है।
- रुधिर अधिक दाब एवं अधिक वेग से बहता है।
- यहाँ पदार्थों का आदान-प्रदान ऊतक द्रव्य द्वारा होता है।

रुधिर परिसंचरण तन्त्र

रुधिर परिसंचरण तन्त्र रूधिर के अतिरिक्त दो अन्य अवयवों का बना होता है

1. **रुधिर नलिकाएँ**

रुधिर नलिकाएँ निम्नलिखित प्रकार की होती हैं

(i) **धमनियाँ** ये मोटी भित्तियुक्त रुधिर नलिकाएँ हैं, जो रुधिर को हृदय से विभिन्न अंगों में पहुँचाती हैं। ये शरीर में गहराई में स्थित होती हैं तथा इनमें वाल्व का अभाव होता है। फुफ्फुस धमनी (Pulmonary artery) के अतिरिक्त सभी धमनियों में ऑक्सीकृत (शुद्ध) रुधिर प्रवाहित होता है। धमनियों में रुधिर अधिक दाब एवं अधिक गति से बहता है।

(ii) **शिराएँ** ये पतली भित्ति वाली रुधिर नलिकाएँ है, जो विभिन्न अंगों से रुधिर को हृदय तक ले जाती हैं। ये शरीर में अधिक गहराई में नहीं होती हैं तथा इनमें रुधिर की विपरीत गति को रोकने हेतु कपाट या वाल्व (Valves) पाए जाते हैं। इनमें रुधिर कम दाब एवं कम गति से बहता है। फुफ्फुस शिरा के अतिरिक्त सभी शिराओं में अनॉक्सीकृत अशुद्ध रुधिर प्रवाहित होता है।

(iii) **केशिकाएँ** ये सबसे पतली रुधिर नलिकाएँ हैं, जो धमनियों को शिराओं से जोड़ती हैं। प्रत्येक केशिका चपटी कोशिकाओं की एक परत से बनी होती है। ये पोषक पदार्थों, वर्ज्य पदार्थों आदि का रुधिर एवं कोशिका के मध्य आदान-प्रदान करने में सहायक है।

2. **हृदय**

- यह रुधिर को शरीर में प्रवाहित करने वाला अंग है।
- हृदय एक मोटा, पेशीय, संकुचनशील एवं स्वतया पम्पिंग अंग है। इसका वह भाग, जो शरीर के ऊतकों से रुधिर ग्रहण करता है, अलिन्द (Auricle) कहलाता है तथा हृदय का वह भाग, जो ऊतकों में रुधिर पम्प करता है, निलय (Ventricle) कहलाता है।
- मछलियों में केवल दो-कोष्ठीय (Two-chambered) हृदय पाया जाता है, जिसमें एक अलिन्द एवं एक निलय होता है।
- उभयचरों (Amphibians) में तीन कोष्ठीय (Three-chambered) हृदय होता है।
- सरीसृपों का हृदय संरचना में तीन कोष्ठीय तथा कार्यिकी में चार-कोष्ठीय (Four-chambered) होता है।
- पक्षियों एवं स्तनियों में हृदय चार-कोष्ठीय होता है, जिसमें दो अलिन्द एवं दो निलय होते हैं।

मानव हृदय

- सभी मानव का हृदय लगभग समान आकार का होता है।
- पुरुषों में हृदय का औसत वजन 280-340 ग्राम तथा स्त्रियों में 230-280 ग्राम होता है।
- नवजात शिशु के हृदय का वजन लगभग 20 ग्राम होता है।
- हृदय वक्ष गुहा (Thoracic cavity) में दोनों फेफड़ों के मध्य स्थित होता है।
- हृदय के चारों ओर द्विकलायुक्त कोष पाया जाता है। यह कला पेरीकार्डियम कहलाती है। दोनों कलाओं के मध्य पेरीकार्डियल द्रव्य से भरी एक गुहा पाई जाती है।
- पेरीकार्डियल द्रव्य हृदय की आघातों से सुरक्षा करता है।
- मानव का हृदय चार-कोष्ठीय होता है, जिसमें दो अलिन्द एवं दो निलय पाए जाते हैं।

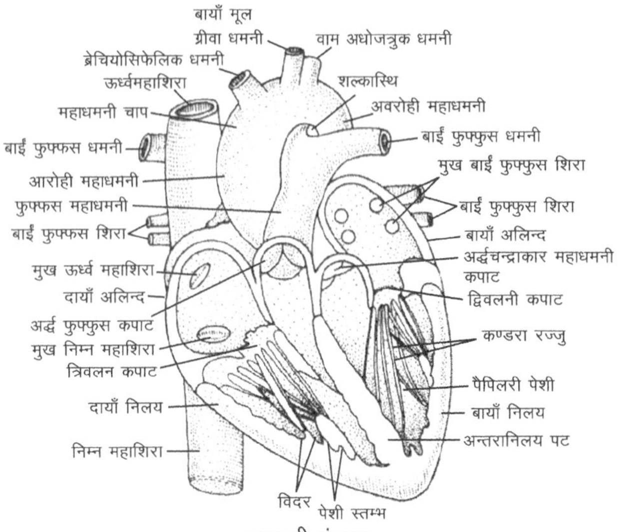

हृदय की संरचना

दायाँ अलिन्द

- इसमें सुपीरियर वेना केवा (Superior vena cava) एवं इन्फीरियर वेना केवा (Inferior vena cava) से अनॉक्सीकृत रुधिर आता है।
- दायाँ अलिन्द, दाएँ निलय में एक चौड़े एवं वृत्तीय दाएँ अलिन्द निलय छिद्र (Auriculoventricular aperture) द्वारा खुलता है, जो ट्राइकस्पिड वाल्व (Tricuspid valve) द्वारा ढका होता है।

- ट्राइकस्पिड वाल्व, दाएँ अलिन्द से दाएँ निलय की ओर रुधिर के एक दिशीय प्रवाह को नियन्त्रित करता है।

दायाँ निलय

इससे फुफ्फुस धमनी (Pulmonary artery) निकलकर फेफड़ों में पहुँचती है, जिनमें अनॉक्सीकृत रुधिर (Deoxygenated blood) प्रवाहित होता है।

बायाँ अलिन्द

- इसमें फुफ्फुस शिरा (Pulmonary vein) के द्वारा फेफड़ों से ऑक्सीकृत रुधिर (Oxygenated blood) आता है।
- इनमें वाल्व अनुपस्थित होते हैं।
- बायाँ अलिन्द बाएँ निलय में, बाएँ अलिन्द-निलय छिद्र (Auriculo-ventricular apearture) द्वारा खुलता है, जो बाइकस्पिड वाल्व या मिट्रल वाल्व द्वारा ढका रहता है।
- बाइकस्पिड वाल्व बाएँ अलिन्द से बाएँ निलय में रुधिर के विपरीत प्रवाह को रोकता है।

बायाँ निलय

- इससे बड़ी रुधिर नलिका निकलती है, जिसे महाधमनी (Aorta) कहते हैं।
- महाधमनी शरीर के विभिन्न भागों में ऑक्सीकृत रुधिर प्रवाहित करती है।
- मानव हृदय का सबसे मोटा भाग दाएँ निलय की भित्ति होती है।

कार्डियक चक्र

हृदय की एक धड़कन के प्रारम्भ होने से दूसरी धड़कन के प्रारम्भ होने तक के क्रम को कार्डियक चक्र कहते हैं।

- हृदय स्पन्दन (Heartbeat) की सामान्य दर 70-72 बार/मिनट होती है।
- नवजात शिशु की हृदय स्पन्दन दर लगभग 140 बार प्रति मिनट होती है।
- व्यायाम के समय हृदय स्पन्दन दर 170-200 बार प्रति मिनट होती है।

रुधिर दाब

- यह रुधिर के बहने से धमनियों (Arteries) की दीवारों पर लगने वाला दाब है तथा पारे के मिमी के रूप में जिस उपकरण द्वारा मापा जाता है, वह स्फिग्मोमैनोमीटर (Sphygmomanometer) कहलाता है।
- इसका उच्च प्रकुंचन मूल्य (Systolic value) सामान्यतया 120 मिमी Hg तथा निम्न अनुशिथिलन मूल्य (Diastolic value) सामान्यतया 80 मिमी Hg होता है। अतितनाव (Hypertension) से उच्च रुधिर दाब प्रकुंचन (Systolic pressure) 140 मिमी Hg से अधिक तथा अनुशिथिलन 90 मिमी Hg से अधिक होता है।

  न्यून तनाव (Hypotension) से निम्न रुधिर दाब-प्रकुंचन 110 मिमी Hg से कम तथा अनुशिथिलन 70 मिमी Hg से कम होता है।

रुधिर स्कन्दन

- यह रुधिर की क्षति के पश्चात् रुधिर स्कन्दन (Blood clotting) की प्रक्रिया है।
- रुधिर स्कन्दन का सामान्य समय 3-8 मिनट होता है।
- रुधिर नलिकाओं में स्कन्दन, प्रतिस्कन्दन पदार्थों; जैसे—हिपैरिन द्वारा रोका जाता है।
- प्रतिस्कन्दन (Anticoagulant) स्कन्दन को रोकने हेतु धनायन हटाता है।
- रुधिर स्कन्दन के मुख्य घटक फाइब्रिनोजन, प्रोथ्रोम्बिन, थ्रोम्बोप्लास्टिन, कैल्शियम आयन तथा विटामिन–K हैं।

क्षति से लेकर रुधिर स्कन्दन के मुख्य पद हैं

क्षति ⟶ रुधिर पट्टिकाओं का टूटना ⟶ थ्रोम्बोप्लास्टिन का विमुक्तन

↓ Ca^{2+} की उपस्थिति में

प्रोथ्रोम्बिन पर कार्य करना (अक्रिय)

↓

थ्रोम्बिन (सक्रिय)

[सक्रिय थ्रोम्बिन फाइब्रिनोजन को फाइब्रिन में बदलता है]

फाइब्रिनोजन ———— फाइब्रिन (रुधिर स्कन्दन)

- हीमोफीलिया एक आनुवंशिक रोग है, जिसमें रुधिर स्कन्दन नहीं होता है। इसके रोगी में रुधिर स्कन्दन के VIII एवं IX कारक अनुपस्थित होते हैं।

लसीका परिसंचरण तंत्र

(Lymph Circulatory System)

मनुष्य में रुधिर परिसंचरण तंत्र के अतिरिक्त एक अन्य तरल परिसंचरण भी पाया जाता है, जिसे लसीका परिसंचरण तंत्र कहते हैं। यह तंत्र लसीका वाहिनियों (Lymph vessels) द्वारा संपूर्ण शरीर में फैला होता है।

लसीका परिसंचरण तंत्र निम्न भागों से मिलकर बना होता है—

(i) **लसीका** (Lymph) एक अन्य प्रकार का द्रव, जो संवहन में भी सहायता करता है, उसे लसीका या तरल ऊतक कहते हैं। यह रंगहीन होता है। कोशिकाओं की भित्ति में उपस्थित छिद्रों द्वारा कुछ प्लाज्मा, प्रोटीन तथा रुधिर कोशिकाएँ बाहर निकलकर ऊतक के अंत:कोशिकीय अवकाश में आ जाते हैं तथा लसीका का निर्माण करते हैं।

(ii) **लसीका वाहिनियाँ** (Lymph Vessels) लसीका केशिकाएँ परस्पर मिलकर लसीका वाहिनियों का निर्माण करती हैं। लसीका वाहिनियों के अंदर लसीका नामक द्रव्य भरा होता है, जो रुधिर प्लाज्मा का ही अंश होता है। यह वाहिनियाँ भी रंगहीन होती हैं।

(iii) **लसीका अंग** (Lymph Organs) थाइमस ग्रंथि, प्लीहा (Spleen) एवं टॉन्सिल्स प्रमुख लसीका अंग हैं।

लसीका के कार्य (Functions of Lymph)

(i) यह लसीकाणुओं का निर्माण करती है।

(ii) लसीका ग्रंथियों में प्रतिरक्षी का निर्माण होता है।

(iii) ये वसा अम्ल एवं ग्लिसरॉल का अवशोषण आहारनाल से करती है तथा शरीर के विभिन्न अंगों में पहुँचाने का कार्य करती है।

(iv) ये ऊतक कोशिकाओं में पोषक एवं अपशिष्ट पदार्थों के परिवहन का कार्य करती है।

उत्सर्जन तन्त्र (Excreatory System)

- शरीर से उपापचयी अपशिष्ट पदार्थों (नाइट्रोजनी वर्ज्य पदार्थों) को बाहर निष्कासित करने की प्रक्रिया उत्सर्जन कहलाती हैं तथा उत्सर्जन में सहायक अंग उत्सर्जी अंग कहलाते हैं।

- उत्सर्जन द्वारा शरीर में जल की कुल मात्रा (आयतन) तथा कोशिकाओं या देह तरल में विलेयों की मात्रा के नियन्त्रण को परासरण नियन्त्रण कहते हैं।

विभिन्न जन्तुओं में उत्सर्जी अंग

- **प्लाज्मा कला** *अमीबा* सदृश प्रोटोजोआ
- **सामान्य शरीर सतह** पोरीफेरा (स्पंज), सीलेन्ट्रेटा (*हाइड्रा*)
- **ज्वाला कोशिकाएँ** प्लैटीहेल्मिन्थीज (*टीनिया* एवं *फेसिओला*)
- **नेफ्रीडिया** ऐनेलिडा
- **मैल्पीघीयन नलिका** आर्थ्रोपोडा (कॉकरोच)
- **कोक्सल ग्रन्थि** मकड़ी
- **एण्टीनल ग्रन्थि या ग्रीन ग्रन्थि** क्रस्टेशियन जीव, क्रे-फिश, प्रॉन
- **क्लोरागोगन कोशिकाएँ** केंचुआ
- **वृक्क** सभी कशेरुकियों में मुख्य उत्सर्जी अंग

उत्सर्जन के प्रकार

विभिन्न जन्तु भिन्न-भिन्न प्रकार के नाइट्रोजनी पदार्थ निकालते हैं, जिनके आधार पर जीव निम्न तीन प्रकार के होते हैं

1. अमोनोटीलिक

- मुख्य नाइट्रोजनी वर्ज्य पदार्थ अमोनिया होता है।
- अमोनोटीलिक उत्सर्जन जलीय जन्तुओं; जैसे—प्रोटोजोआ (*अमीबा, पैरामीशियम*), सीलेन्ट्रेट (*हाइड्रा*), जलीय आर्थ्रोपोड (प्रॉन), मोलस्क (*पाइला*), अस्थिल फिश (*लेबियो*), टेडपोल (*उभयचर*), आदि में पाया जाता है।

2. यूरियोटीलिक

- मुख्य नाइट्रोजनी वर्ज्य पदार्थ यूरिया होता है।
- यूरियोटीलिक उत्सर्जन उन जन्तुओं में पाया जाता है, जो जल का उपयोग करते हैं तथा जिनका रुधिर यूरिया की काफी मात्रा धारण करने में सक्षम है।
- इस प्रकार का उत्सर्जन मानव, व्हेल, सील, ऊँट, कंगारु, टोड, मेंढक तथा शार्क, आदि में पाया जाता है।
- स्तनियों में यूरिया निर्माण का अध्ययन क्रेब्स एवं हैन्सलेट चक्र द्वारा किया जाता है। यूरिया निर्माण यकृत में अमोनिया के निर्विषीकरण (Detoxification) द्वारा होता है।

3. यूरिकोटीलिक

- मुख्य नाइट्रोजनी वर्ज्य पदार्थ यूरिक अम्ल के रवे होते हैं।
- यह पक्षियों, स्थलीय सरीसृपों, कीटों, आदि में पाया जाता है।
- यह ठोस अवस्था में उत्सर्जित होता है।
- यह यूरिकोटीलिक जन्तुओं के यकृत में तथा कीटों की मैल्पीघियन नलिकाओं में बनता है।

मानव का उत्सर्जन तन्त्र

मानव का उत्सर्जी तन्त्र निम्नलिखित भागों द्वारा निर्मित होता है

- वृक्क (दो)
- मूत्रवाहिनी नलिका (दो)
- मूत्राशय (एक)
- मूत्रमार्ग (एक)

1. वृक्क

यह उदरगुहा में पाई जाने वाली सेम के आकार की, भूरी चॉकलेटी रंग की संरचना है।

- प्रत्येक वृक्क डायफ्राम के नीचे कशेरुक दण्ड (Vertebral column) के पार्श्व में स्थित होते हैं।
- बायाँ वृक्क, दाएँ वृक्क की तुलना में कुछ ऊँचाई पर स्थित होता है, किन्तु खरगोश में इसके विपरीत स्थिति होती है।
- वृक्क में बाह्य कार्यिकीय स्तर को रीनल कॉर्टेक्स तथा भीतरी कार्यिकीय स्तर को रीनल मेड्यूला कहते हैं।
- रीनल मेड्यूला के शंक्वाकार भाग में स्तनधारियों के वृक्क की क्रियात्मक इकाई अर्थात् वृक्कक (Nephron) पाए जाते हैं।
- वृक्कक मूत्र का निर्माण करते हैं तथा अन्त: इसे वृक्क के पेल्विस या श्रेणी में डालते हैं जहाँ से मूत्रवाहिनी आरम्भ होती है।
- वृक्क बाहर की ओर उत्तल तथा अन्दर की ओर अवतल होती है तथा सतह पर उपस्थित गड्ढे को वृक्कनाभि या हाइलम कहते हैं।
- ये मूत्र का निर्माण करते हैं तथा बाह्य वातावरण के अनुसार, अन्दर के परासरण दाब को नियन्त्रित रखते हैं।

2. मूत्रवाहिनी नलिका

ये वृक्क के हाइलम से निकलने वाली एक जोड़ी नलिकाएँ हैं।

- इनकी लम्बाई 30 सेमी होती है।
- मूत्रवाहिनी में मूत्र रीनल पेल्विस के द्वारा प्रवेश करता है।
- ये मूत्र को नीचे की ओर लाती है तथा मूत्राशय में खुलती हैं।

3. मूत्राशय

- यह थैलीनुमा संरचना है, जो अस्थायी रूप से मूत्र का संग्रह करती है।
- इसमें लगभग 0.5–1.0 लीटर मूत्र एकत्र हो सकता है।
- यह पक्षियों में अनुपस्थित होता है।
- सरीसृपों एवं पक्षियों में मूत्रवाहिनी नलिका तथा मलाशय (Rectum) दोनों एक ही कोष में खुलते हैं, जो अवस्कर द्वार (Cloaca) कहलाता है।

4. मूत्रमार्ग

- मूत्राशय पीछे की ओर संकरा होकर मूत्र मार्ग बनाता है।
- यह झिल्लीनुमा नली है, जो मूत्र को बाहर निष्कासित करती है।
- मादा में यह नलिका छोटी होती है, जो केवल मूत्र हेतु मार्ग बनाती है।
- नर में यह नलिका लम्बी होती है, जो मूत्र-जनन मार्ग बनाती है।
- मूत्रमार्ग अवरोधनी (Urethral sphincters), मूत्रमार्ग को मल त्यागने के दौरान बन्द करती है।
- मूत्र त्यागने की प्रक्रिया को मूत्रण कहते हैं।

वृक्क नलिका या नेफ्रॉन

- वृक्क नलिका, वृक्क की संरचनात्मक एवं क्रियात्मक इकाई है।
- प्रत्येक वृक्क में लगभग एक मिलियन वृक्कक पाए जाते हैं।
- प्रत्येक वृक्कक की लगभग 6 सेमी लम्बी संरचना होती है।
- इसके दो भाग होते हैं—बोमैन सम्पुट तथा कुण्डलित नलिका।

बोमैन सम्पुट

- यह दोहरी भित्ति युक्त प्यालेनुमा संरचना है, जो पोडोसाइट्स (Podocytes) नामक पतली एवं चपटी कोशिकाओं द्वारा स्तरित होती है।
- इसमें रुधिर नलिकाओं का जाल होता है, जिसे ग्लोमेरुलस कहते हैं, जो एक साथ मिलकर मैल्पीघियन बॉडी बनाते हैं।
- वृक्क में ग्लोमेरुलस 'डायलायसिंग बैग' (Dialysing bag) की भाँति कार्य करता है।
- रुधिर, ग्लोमेरुलस नलिकाओं में अभिवाही धमनिका (Afferent arteriole) के द्वारा प्रवेश करता है तथा अपवाही धमनिका (Efferent arteriole) के द्वारा बाहर निकलता है।

कुण्डलित नलिका

इसके तीन भाग होते हैं

- **समीपस्थ कुण्डलित नलिका** (Proximal Convoluted Tubule or PCT)
- **हेनले लूप** (Loop of Henle) पतली अवरोही तथा मोटी आरोही भुजा होती है।
- **दूरस्थ कुण्डलित नलिका** (Distal Convoluted Tubule or DCT), जो संग्रहण नलिका में खुलती है।

मूत्र

- मूत्र ग्लोमेरुलर निस्यन्दन (Glomerular filteration), पुन: अवशोषण एवं स्रावण से बनता है।
- यूरोक्रोम वर्णक (Urochrom pigment) की उपस्थिति के कारण मूत्र पीले रंग का होता है।
- मूत्र अम्लीय प्रकृति का तथा जल से कुछ भारी होता है।
- यूरीनोड के कारण मूत्र में तीव्र शोरामिक गन्ध (Foul aromatic odour) होती है।
- सामान्य मानव में प्रतिदिन 1.5-1.8 लीटर मूत्र निकलता है।
- मूत्र का रासायनिक संघटन है— जल = 95-96%, यूरिया = 2% एवं अन्य पदार्थ; जैसे—यूरिक अम्ल, क्रिएटिनीन, आदि = 2-3%।

मूत्र का निर्माण (Formation of Urine)

वृक्क के नेफ्रॉन में मूत्र निर्माण निम्नलिखित तीन प्रक्रियाओं द्वारा होता है—

परानिस्यंदन (Ultrafitration)

कोशिकागुच्छ की रुधिर केशिकाओं में रुधिर का दाब बढ़ जाता है। इस बढ़े हुए दाब के कारण रुधिर का तरल भाग छनकर बोमेन संपुट में आ जाता है।

वरणात्मक या चयनात्मक पुनरावशोषण (Selective Reabsorption)

वृक्क में परानिस्यंदन के दौरान प्रतिदिन लगभग 150-180 लीटर नेफ्रिक निस्यंद प्राप्त होता है, जिसमें से मात्र 1.5 लीटर मूत्र के रूप में उत्सर्जित होता है तथा शेष भाग का पुन:अवशोषण हेनले लूप में हो जाता है। यहाँ विसरण तथा सक्रिय पुनरावशोषण द्वारा क्रमशः जल तथा अन्य घटकों का अवशोषण होता है।

वाहिकीय स्रावण (Tubular Secretion)

- वृक्क नलिकाओं के समीपस्थ तथा दूरस्थ भाग की नलिकाएँ परिनलिका जाल (Peritubular network) की रुधिर केशिकाओं से हानिकारक उत्सर्गी पदार्थ (जैसे—K^+, H^+, यूरिक अम्ल), जो छनने से रह गए थे, सक्रिय विसरण द्वारा वृक्क की संग्राहक नलिका में मुक्त कर दिए जाते हैं।
- तत्पश्चात् मूत्र, मूत्रवाहिनी द्वारा मूत्राशय में तब तक एकत्रित रहता है, जब तक कि फैले हुए मूत्राशय का दाब मूत्रमार्ग द्वारा उसे बाहर न कर दें। मूत्राशय पेशीय होता है। अत: यह केंद्रीय तंत्रिका तंत्र के नियंत्रण में रहता है।

पादपों में उत्सर्जन (Excretion in Plants)

पादप भी जंतुओं की भाँति उत्सर्जन प्रक्रम का नियमन करते हैं, किंतु पादप उत्सर्जन के लिए जंतुओं से भिन्न युक्तियाँ प्रयुक्त करते हैं, जो निम्न हैं—

गैसीय अपशिष्ट उत्पादों का उत्सर्जन (Excretion of Gaseous Waste Products)

पादप दिन में प्रकाश-संश्लेषण के दौरान बनी ऑक्सीजन एवं रात्रि में श्वसन द्वारा उत्पन्न CO_2 के उत्सर्जन हेतु रंध्रों एवं वातरंध्रों का उपयोग करते हैं।

तरल अपशिष्ट उत्पादों का उत्सर्जन (Excretion of Liquid Waste Products)

- पादप अतिरिक्त जल को वाष्पोत्सर्जन (Transpiration) तथा बिंदु स्रावण (Guttation) प्रक्रम द्वारा निष्कासित करते हैं। पादपों में जल का स्रावण रंध्रों द्वारा होता है। इसके अतिरिक्त पादप पुराने जाइलम में रेजिन एवं गोंद के रूप में अपशिष्ट पदार्थों को संचित करते हैं।
- गोंद पादप के आंतरिक ऊतकों (सेलुलोस) के विघटन द्वारा निर्मित होती है, जबकि रेजिन का निर्माण अनेक आवश्यक तेलों के ऑक्सीकरण द्वारा होता है।
- रबर के पादप द्वारा स्रावित लैटेक्स भी अपशिष्ट पदार्थ का उदाहरण है। इसके अतिरिक्त इनमें विभिन्न तेलों; जैसे—लौंग का तेल, चंदन का तेल, आदि का भी स्रावण होता है।

ठोस अपशिष्ट पदार्थों का उत्सर्जन (Excretion of Solid Waste Products)

बहुवर्षीय पादपों में मृत कोशिकाओं, ऊतकों या रिक्तिकाओं (जैसे—कठोर काष्ठ) में अपशिष्ट पदार्थ संचित हो जाते हैं; जैसे—टेनिन, लिग्निन, आदि। इसके अतिरिक्त कुछ अपशिष्ट पदार्थ छाल या पर्ण में संचित हो पादप से पृथक् हो जाते हैं।

अभ्यास प्रश्न

1. यूग्लीना होता है
(a) स्वपोषी (b) प्राणिसमभोजी
(c) परजीवी (d) दोनों (a) और (b)

2. निम्न में से अन्त: परजीवी है
(a) घोंघा (b) एण्टअमीबा
(c) ईल (d) जोंक

3. पादपों के स्वपोषी होने का कारण है
(a) प्रकाश-संश्लेषण
(b) सौर प्रकाश को अवशोषित करने की क्षमता
(c) पादपों का हरा होना
(d) उपरोक्त सभी

4. चन्दन है
(a) आंशिक स्तम्भ परजीवी
(b) आंशिक मूल परजीवी
(c) पूर्ण स्तम्भ परजीवी
(d) पूर्ण मूल परजीवी

5. सहजीवी पादप का उदाहरण है
(a) गुड़हल (b) *पाइनस* (c) कमल (d) चना

6. कीटभक्षी पादप कीटों का भक्षण करते हैं, क्योंकि
(a) ये नाइट्रोजन न्यून मृदा में उगते हैं
(b) ये पोटैशियम न्यून मृदा में उगते हैं
(c) ये छायावाले स्थानों में उगते हैं
(d) ये पादपों तथा जन्तुओं के मध्य की कड़ी होते हैं।

7. सूची I को सूची II से सुमेलित कीजिए।

सूची I (पादप)	सूची II (उदाहरण)
A. पूर्ण स्तम्भ परजीवी	1. *रैफ्लेसिया*
B. पूर्ण मूल परजीवी	2. अमरबेल
C. आंशिक मूल परजीवी	3. *सेन्टेलम*
D. आंशिक स्तम्भ परजीवी	4. *विस्कम*

कूट

	A	B	C	D
(a)	1	2	3	4
(b)	2	1	4	3
(c)	1	3	4	2
(d)	3	2	1	4

8. प्रकाश-संश्लेषण एक प्रक्रिया है
(a) ऑक्सीकारक एवं ऊष्माक्षेपी
(b) अपचयित एवं ऊष्माशोषी
(c) अपचयित एवं ऊष्माक्षेपी
(d) अपचयित एवं ऊष्माशोषी

9. प्रकाश-संश्लेषण के दौरान
(a) कार्बन डाइऑक्साइड व जल दोनों का ऑक्सीकरण होता है
(b) कार्बन डाइऑक्साइड व जल दोनों का अपचयन होता है
(c) कार्बन डाइऑक्साइड का ऑक्सीकरण व जल का अपचयन होता है
(d) कार्बन डाइऑक्साइड का अपचयन व जल का ऑक्सीकरण होता है

10. पर्णहरित-a का संरचनात्मक सूत्र है
(a) $C_{35}H_{72}O_5N_4Mg$
(b) $C_{55}H_{70}O_6N_4Mg$
(c) $C_{55}H_{72}O_5N_4Mg$
(d) $C_{54}H_{70}O_6N_4Mg$

11. प्रकाश-संश्लेषण में प्रकाश-ऊर्जा का विशिष्ट कार्य है
(a) पर्णहरित का संक्रियण
(b) जल का विघटन
(c) CO_2 का टूटना
(d) ग्लूकोस का संश्लेषण

12. निम्न में से कौन-कौन से कीटभक्षी पादप हैं?
I. वाटर लिली II. घटपर्णी
III. सेन्ड्यू IV. बिगनोनिया
(a) I एवं IV (b) I एवं II
(c) II एवं III (d) I, II एवं III

13. निम्नलिखित चार कथनों (I-IV) को पढ़िए।
I. प्रकाश-फॉस्फोरिलीकरण तथा ऑक्सीकृत फॉस्फोरिलीकरण, दोनों में कला के आर-पार प्रोटॉनों का श्रमसाध्य अभिगमन होता है।
II. द्विबीजपत्री तनों में नई एधा, द्वितीयक वृद्धि के समय परिरम्भ की कोशिकाओं से बनती है।
III. *ग्लोरीओसा* तथा *पिटूनिया* के पुष्पों में पुंकेसर पृथक् होते हैं।
IV. सहजीवी नाइट्रोजन यौगिकीकारक मृदा में स्वतन्त्र अवस्था में भी पाए जाते हैं।

उपरोक्त कथनों में कितने कथन सही हैं?
(a) दो (b) तीन
(c) चार (d) एक

14. प्रकाश-संश्लेषण के लिए सीमाकारी कारकों का सिद्धान्त दिया
(a) ब्लैकमैन ने (b) हिल ने
(c) रुबेन ने (d) कैमन ने

15. हरे पादपों में प्रकाश-संश्लेषण के समय निकली ऑक्सीजन का स्रोत होता है
(a) प्रकाश-संश्लेषी एन्जाइम
(b) पत्तियों में उपस्थित कार्बोहाइड्रेट
(c) जल
(d) कार्बन डाइऑक्साइड

16. प्रकाश फॉस्फोरिलीकरण क्रिया की खोज की थी
(a) कैल्विन ने
(b) आर्नन ने
(c) प्रीस्टले ने
(d) वारबर्ग ने

17. निम्नलिखित चार कथनों I, II, III तथा IV को पढ़िए तथा उस विकल्प का चयन कीजिए, जिसमें दोनों कथन सत्य हों।
I. प्रकाश-अभिक्रिया की Z-स्कीम केवल प्रकाश तन्त्र-I की उपस्थिति में होती है।
II. चक्रीय प्रकाश फॉस्फोरिलीकरण में केवल प्रकाश-I क्रियाशील होती है।
III. चक्रीय प्रकाश फॉस्फोरिलीकरण के परिणाम स्वरूप ATP तथा $NADPH_2$ का संश्लेषण होता है।
IV. स्ट्रोमा लैमिली में प्रकाश तन्त्र-II तथा NADP का अभाव होता है।
(a) II एवं IV (b) I एवं II
(c) II एवं III (d) III एवं IV

18. प्रकाश-संश्लेषण में कार्बन के मार्ग की व्याख्या के लिए कैल्विन ने कौन-सा रेडियोएक्टिव समस्थानिक प्रयोग किया?
(a) C^{13} (b) C^{14}
(c) C^{15} (d) C^{16}

19. सूची I को सूची II से सुमेलित कीजिए।

सूची I	सूची II
A. एच. एच. डिक्सन तथा जे. जौली	1. प्रकाश-संश्लेषण
B. ई. मुन्च	2. दीप्तकालिता
C. लेविट	3. रन्ध्रीय क्रियाविधि
D. डब्ल्यू. डब्ल्यू. गार्नर तथा एच. एच. एलार्ड	4. कार्बनिक पदार्थों का स्थानान्तरण
	5. रसारोहरण

कूट

	A	B	C	D		A	B	C	D
(a)	5	3	4	2	(b)	5	4	2	3
(c)	5	4	3	2	(d)	4	5	2	3

20. C_4-चक्र में CO_2
(a) PGA से जुड़ती है
(b) PEP से जुड़ती है
(c) RuBP के साथ क्रिया करती है
(d) PMP के साथ क्रिया करती है

21. शरीर हेतु ऊर्जा का मुख्य स्रोत है
(a) वसा (b) प्रोटीन
(c) लिपिड (d) कार्बोहाइड्रेट

22. निम्न में से कौन-सी शर्करा मोनोसैकराइड नहीं है?
(a) लैक्टोस
(b) गैलैक्टोस
(c) ग्लूकोस
(d) फ्रक्टोस

23. निम्न में से कौन एक पॉलीसैकेराइड नहीं है?
(a) सेलुलोस (b) ग्लाइकोजन
(c) सुक्रोस (d) स्टार्च

24. इन्यूलिन (डेहलिया मण्ड) एक कार्बोहाइड्रेट है, जो बना होता है
(a) [illegible]
(b) फ्रक्टोस इकाइयों से
(c) सुक्रोस इकाइयों से
(d) माल्टोस इकाइयों से

25. मधुमक्खी से प्राप्त होने वाला मोम है, एक
(a) कार्बोहाइड्रेट (b) प्रोटीन
(c) वसा (d) अमीनो अम्ल

26. वसा का संग्रह होता है
(a) रुधिर में (b) यकृत में
(c) पेशियों में (d) एडिपोस ऊतक में

27. रेशम मुख्यतया बना होता है
(a) कार्बोहाइड्रेट द्वारा (b) प्रोटीन द्वारा
(c) वसा द्वारा (d) लिपिड द्वारा

28. वसा के प्रत्येक ग्राम मोल से कितनी ऊर्जा निकलती है?
(a) 4.6 किलो कैलोरी (b) 20.3 किलो कैलोरी
(c) 9.3 किलो कैलोरी (d) 1.6 किलो कैलोरी

29. निम्न में से कौन एक आवश्यक वसा अम्ल नहीं है?
(a) लिनोलिक अम्ल (b) लिनोलिनिक अम्ल
(c) एराचिडोनिक अम्ल (d) पामिटिक अम्ल

30. सर्वाधिक ऊर्जा उत्पन्न होती है
(a) कार्बोहाइड्रेट से (b) वसा से
(c) प्रोटीन से (d) ग्लूकोस से

31. विटामिन शब्द प्रतिपादित किया था
(a) लुनिन ने (b) फुंक ने
(c) एडीसन ने (d) डुरुमण्ड ने

32. निम्न में से कौन-सा रोग विटामिन-A की कमी से नहीं होता है?
(a) निक्टेलोपिया (b) रतौंधी
(c) जीरोफ्थैलमिया (d) रिकेट्स

33. निम्न कथनों को पढ़कर सही कथन/कथनों वाले विकल्प का चयन कीजिए।
I. सन्तरा, नींबू एवं आँवला एस्कॉर्बिक अम्ल के प्रचुर स्रोत होते हैं।
II. विटामिन- A तथा D वसा में विलेयशील होते हैं।
III. विटामिन- B_2 टोकोफेरॉल भी कहलाता है।
(a) I एवं II (b) केवल I
(c) II एवं III (d) I एवं III

34. आयोडीन युक्त नमक के सेवन से निम्न में से किस रोग की सम्भावना कम हो जाती है?
(a) रक्ताल्पता (b) घेंघा
(c) रतौंधी (d) स्कर्वी

35. रुधिर स्कन्दन हेतु आवश्यक विटामिन है
(a) विटामिन-A (b) विटामिन-B
(c) विटामिन-E (d) विटामिन-K

36. दुग्ध का स्कन्दन (Coagulation of milk) होता है
(a) केसीन द्वारा (b) रेनिन द्वारा
(c) [illegible] (d) [illegible]

37. सूची I को सूची II से सुमेलित कीजिए।

सूची I		सूची II	
A.	पित्त	1.	1.5-1.8
B.	लार	2.	8.0
C.	आमाशय रस	3.	7.8-8.6
D.	अग्न्याशय रस	4.	6.4-6.8

कूट

	A	B	C	D
(a)	1	2	3	4
(b)	4	3	2	1
(c)	2	4	1	3
(d)	3	2	4	1

38. निम्न में से विटामिन तथा उसकी कमी से होने वाले रोग का सही युग्म नहीं है
(a) विटामिन- A – रतौंधी
(b) विटामिन- B_1 – पेलैग्रा
(c) विटामिन- D – हड्डियों का रोग
(d) विटामिन- K – हैमरेज रुधिर स्रावण

39. पाचन क्रिया है, एक
(a) भौतिक क्रिया
(b) रासायनिक क्रिया
(c) दोनों (a) और (b)
(d) उपरोक्त सभी

40. सबसे बड़ी लार ग्रन्थियाँ हैं
(a) सबलिंग्युअल ग्रन्थियाँ
(b) सबमैक्सिलरी ग्रन्थियाँ
(c) पैरोटिड ग्रन्थियाँ
(d) सबमैण्डीबुलर ग्रन्थियाँ

41. अन्त:कोशिकीय पाचन पाया जाता है
(a) *अमीबा* में (b) *यूग्लीना* में
(c) *पैरामीशियम* में (d) इन सभी में

42. बाह्य कोशिकीय पाचन पाया जाता है
(a) *हाइड्रा* में (b) कॉकरोच में
(c) मनुष्य में (d) इन सभी में

43. मनुष्य का दन्त विन्यास है
(a) $I\frac{2}{2}, C\frac{1}{1}, Pm\frac{2}{2}, M\frac{3}{3}$
(b) $I\frac{3}{3}, C\frac{1}{1}, Pm\frac{4}{4}, M\frac{2}{3}$
(c) $I\frac{3}{3}, C\frac{1}{1}, Pm\frac{4}{4}, M\frac{3}{3}$
(d) $I\frac{1}{1}, C\frac{0}{0}, Pm\frac{0}{0}, M\frac{3}{3}$

44. ब्रुनर्स ग्रन्थियाँ पाई जाती हैं
(a) छोटी आँत में
(b) आमाशय में
(c) मलाशय में
(d) मुखगुहा में

45. निम्न कथनों पर अध्ययन कर, जो आमाशय के कोष्ठों के विषय में हैं—रुमेन, रेटीकुलम, ओमेसम, रुमीनेन्ट्स में पाए जाते हैं।
I. सभी रुमीनेन्ट्स में इनमें से एक कोष्ठ अनुपस्थित हो सकता है।
II. कुछ रुमीनेन्ट्स में इनमें से एक कोष्ठ अनुपस्थित हो सकता है।
III. रुमेन या रेटीकुलम में जल कोशिकाएँ अनुपस्थित होती हैं।
IV. रुमेन तथा रेटीकुलम में जल कोशिकाएँ उपस्थित होती हैं।
इन कथनों में से कौन सत्य हैं?
(a) I एवं III (b) I, II एवं III
(c) II एवं IV (d) I एवं IV

46. ग्लिसन का सम्पुट पाया जाता है
(a) हृदय में (b) यकृत में
(c) वृक्क में (d) प्लीहा में

47. प्रोटीन की कमी से होने वाला रोग है
(a) मलेरिया (b) हैपेटाइटिस
(c) टायफॉइड (d) क्वाशिओरकॉर

48. मनुष्य में लार होती है
(a) अम्लीय
(b) क्षारीय
(c) उदासीन
(d) उपरोक्त में से कोई नहीं

49. सूची I को सूची II से सुमेलित कीजिए।

सूची I		सूची II	
A.	पेप्टिक कोशिकाएँ	1.	श्लेष्मा
B.	ऑक्सिन्टिक कोशिकाएँ	2.	क्षारीय द्रव्य
C.	चूषक कोशिकाएँ	3.	प्रोएन्जाइम
		4.	HCl

कूट

	A	B	C
(a)	4	1	2
(b)	3	4	1
(c)	2	1	4
(d)	4	3	2

50. अक्कल दाढ़ (Wisdom teeth) होते हैं
(a) रदनक
(b) अग्रचर्वणक
(c) चर्वणक
(d) कृन्तक

51. लार में पाया जाने वाला एन्जाइम है
(a) पेप्सिन (b) टायलिन
(c) ट्रिप्सिन (d) काइमोट्रिप्सिन

52. निम्न में सत्य आमाशय (True stomach) है
(a) रुमेन (b) रेटिकुलम
(c) ओमासम (d) एबोमेसम

53. मनुष्य में प्रोटीन का पाचन कहाँ से प्रारम्भ होता है?
(a) मुखगुहा से (b) आमाशय से
(c) ग्रासनली से (d) आँत से

54. सूची I को सूची II से सुमेलित कीजिए।

सूची I		सूची II	
A.	यकृत	1.	एमाइलेज
B.	बीटा-कोशिकाएँ	2.	काइमोट्रिप्सिन
C.	ग्रहणी	3.	इन्सुलिन
D.	अग्न्याशय	4.	स्टीरिकोबिलिन

कूट

	A	B	C	D		A	B	C	D
(a)	4	3	2	1	(b)	4	3	1	2
(c)	3	2	1	4	(d)	1	2	3	4

55. श्वसन की सही समीकरण है
(a) $C_6H_{12}O_6 + 6O_2 \rightarrow 6CO_2 + 6H_2O +$ 686 किलो कैलोरी ऊर्जा
(b) $C_6H_{12}O_6 + 5O_2 \rightarrow 5CO_2 + 5H_2O +$ 686 किलो कैलोरी ऊर्जा
(c) $C_6H_{12}O_6 + 6H_2O \rightarrow 6O_2 + 6CO_2$
(d) $6O_2 + 6CO_2 \rightarrow C_6H_{12}O_6 + 6H_2O$

56. कोशिका का ऊर्जा का सिक्का (energy currency of cell) कहलाता है
(a) ATP (b) ADP
(c) NAD (d) NADP

57. अवायवीय श्वसन माँसपेशियाँ उत्पन्न करती हैं
(a) साइट्रिक अम्ल (b) लैक्टिक अम्ल
(c) ऑक्सेलिक अम्ल (d) एसीटिक अम्ल

58. किस जीव में वायु का आदान-प्रदान शरीर की नम सतह से होता है?
(a) *अमीबा में* (b) *पैरामीशियम में*
(c) *यूग्लीना में* (d) इन सभी में

59. निम्न में से किस जन्तु में वायु सहित ऑक्सीजन स्पाइरेकिल से ट्रैकिया में प्रवेश करती है?
(a) कॉकरोच में (b) मक्खी में
(c) मच्छर में (d) इन सभी में

60. बुक लंग (Book lungs) द्वारा गैसीय आदान-प्रदान होता है
(a) मकड़ी में (b) बिच्छु में
(c) मेंढक में (d) दोनों (a) और (b) में

61. सामान्य अवस्था में मनुष्य प्रति मिनट कितनी बार श्वास लेता है?
(a) 1-2 बार (b) 12-15 बार
(c) 50-70 बार (d) 100-110 बार

62. निम्नलिखित परिवर्तनों (I-IV) में से कौन-से दो परिवर्तन मैदानी भाग के निवासियों के उच्च अक्षांशों (3500 मीटर अथवा अधिक) पर जाने से उत्पन्न होते हैं?
I. लाल रुधिर कोशिकाओं के आकार में वृद्धि
II. लाल रुधिर कोशिकाओं के उत्पादन में वृद्धि
III. श्वास दर में वृद्धि
IV. थ्रॉम्बोसाइट्स की संख्या में वृद्धि
(a) II एवं III (b) III एवं IV
(c) I एवं IV (d) I एवं II

63. श्वसनीय एन्जाइम (Respiratory enzyme) उपस्थित होते हैं, जीवाणु के
(a) माइटोकॉण्ड्रिया में (b) गॉल्जीकाय में
(c) प्लाज्मा झिल्ली में
(d) अन्तःप्रद्रव्यी जालिका में

64. मनुष्य के लिए हीमोग्लोबिन अणु के साथ ऑक्सीजन के कितने अणु जुड़े होते हैं?
(a) एक (b) दो (c) तीन (d) चार

65. अनॉक्सीकृत श्वसन होता है
(a) चींटी में (b) केंचुए में
(c) फीताकृमि में (d) इकानोडर्म्स में

66. सूची I को सूची II से सुमेलित कीजिए।

सूची I		सूची II	
A.	त्वक् श्वसन	1.	आरिटिनॉयड
B.	प्रवाही आयतन	2.	डॉगफिश
C.	क्लोम जन्तु	3.	मेंढक
D.	लैरिंग्स	4.	ऑक्सीजन
		5.	फेफड़े

कूट

	A	B	C	D		A	B	C	D
(a)	3	5	2	4	(b)	3	5	2	1
(c)	3	4	2	1	(d)	4	3	2	1

67. वह कौन-सी मुख्य अवस्था है जिसमें CO_2 का स्थानान्तरण रुधिर द्वारा होता है?
(a) कार्बोनिक अम्ल (b) ऑक्सीहीमोग्लोबिन
(c) बाइकार्बोनेट (d) कार्बोक्सीहीमोग्लोबिन

68. मनुष्य के फुफ्फुसों की कुल सजीव क्षमता कितनी होती है?
(a) 500 मिली (b) 2,000 मिली
(c) 4,500 मिली (d) 9,800 मिली

69. मनुष्य में वसा का श्वसन भागफल क्या होता है?
(a) 0.693 (b) 0.655
(c) 0.703 (d) 0.825

70. सर्वोच्च परासरणीय दाब होता है
(a) लवणोद्भिदों में (b) समोद्भिदों में
(c) शुष्कोद्भिदों में (d) लिथोफाइट्स में

71. शुद्ध जल का जल विभव तथा परासरण विभव होता है
(a) 100 तथा शून्य (b) शून्य तथा शून्य
(c) 100 तथा 100 (d) शून्य तथा 100

72. वाष्पोत्सर्जनाकर्षण जल ससंजन वाद के प्रतिपादक है
(a) जे. सी. बोस (b) गोल्डवस्की
(c) डिक्सन एवं जौली (d) बोहम

73. निम्नतम जलधारण क्षमता वाली मृदा है
(a) चिकनी मृदा (b) दोमट मिट्टी
(c) बलुआ मृदा (d) इनमें से कोई नहीं

74. शाकीय पादप का तना काट देने पर जाइलम रस का रिसना किस कारण सम्भव है
(a) निष्क्रिय अवशोषण से
(b) मूलदाब से
(c) बिन्दुस्राव से
(d) वाष्पोत्सर्जन की उपस्थिति से

75. सर जे.सी. बोस ने रसारोहरण की क्रिया को समझाने के लिए प्रतिपादित किया था
(a) रिले पम्प वाद
(b) स्पन्दन वाद
(c) वाष्पोत्सर्जनाकर्षण वाद
(d) केशिका बलवाद

76. जब एक कोशिका पूर्णतया स्फीति हों, तो शून्य क्या होगा?
(a) परासरण दाब
(b) भित्ति दाब
(c) स्फीति दाब
(d) विसरण दाब न्यूनता

77. जीवद्रव्यकुंचन एक प्रक्रम है
(a) बाह्य परासरण का
(b) अन्तःपरासरण का
(c) अन्तःचूषण का
(d) वाष्पोत्सर्जन का

78. पूर्णतया स्फीति कोशिका में होता है
(a) TP = OP (b) WP = OP
(c) DPD = OP (d) DPD = TP

79. रसारोहण के दौरान, वाहिकाओं/वाहिनिकाओं में जल स्तम्भ का टूटना एवं प्रभाजन सामान्यतया किसके कारण नहीं होता है?
(a) लिग्नीकृत मोटी भित्तियाँ
(b) ससंजन तथा आसंजन
(c) मन्द गुरुत्वाकर्षण अभिकर्ष
(d) वाष्पोत्सर्जन अभिकर्ष

80. चयनात्मक पारगम्य कला का उदाहरण है
(a) कोशिका भित्ति
(b) माइटोकॉण्ड्रिया की कला
(c) हरितलवक की कला
(d) जीवद्रव्य कला

81. सामान्यतया अचार को नमक तथा तेल के संतृप्त घोल में तथा मुरब्बा को सान्द्र घोल में संरक्षित रखा जाता है, क्योंकि
(a) ये नरम बने रहते हैं
(b) सूक्ष्मजीव जीवद्रव्यकुंचित होकर मर जाते हैं
(c) ये गल जाते हैं
(d) उपरोक्त में से कोई नहीं

82. रुधिर के स्कन्दन के लिए आवश्यक खनिज है
(a) Na (b) Ca
(c) K (d) Cl

83. निम्न में से कौन-सी शिरा केशिकाओं में विभाजित होती है?
(a) वृक्कीय शिरा
(b) यकृत निवाहिका शिरा
(c) पेल्विक शिरा
(d) फुफ्फुसीय शिरा

84. मनुष्य की तुलना में, मेंढक की लाल रुधिर कणिकाएँ होती है
(a) केन्द्रक रहित किन्तु हीमोग्लोबिन युक्त
(b) केन्द्रक युक्त तथा हीमोग्लोबिन युक्त
(c) अत्यधिक छोटी तथा अपेक्षाकृत कम
(d) केन्द्रक युक्त किन्तु हीमोग्लोबिन रहित

85. हृदय का पेसमेकर है
(a) SA नोड (b) AV नोड
(c) AV सेप्टम (d) IA सेप्टम

86. हीमोग्लोबिन क्या है?
(a) ताँबा युक्त प्रोटीन वर्णक
(b) लौह युक्त प्रोटीन वर्णक
(c) मैग्नीशियम युक्त प्रोटीन वर्णक
(d) कैल्शियम युक्त प्रोटीन वर्णक

87. निम्नलिखित में से कौन-सा एक मानव अंग है, जिसे प्रायः लाल रुधिर कणिकाओं का 'कब्रिस्तान' कहा जाता है?
(a) वृक्क (b) यकृत
(c) प्लीहा (d) हृदय

88. RBC तथा WBC का अनुपात मनुष्य में कितना होता है?
(a) 6 : 1 (b) 60 : 1
(c) 600 : 1 (d) 6000 : 1

89. मानव में RBC कितने दिनों के पश्चात् मृत हो जाती हैं?
(a) 120 दिन (b) 150 दिन
(c) 157 दिन (d) 70 दिन

90. एक मनुष्य का हृदय सामान्य रूप से प्रति मिनट धड़कता है
(a) 60-70 बार
(b) 70-80 बार
(c) 80-90 बार
(d) 85-95 बार

91. प्रकुंचन दाब अनुशिथिलन दाब से उच्च होता है क्योंकि
(a) धमनियाँ प्रकुंचन के दौरान संकुचित होती हैं
(b) रुधिर प्रकुंचन में हृदय द्वारा धमनी में दबाव से परिवहित किया जाता है लेकिन अनुशिथिलन में नहीं
(c) प्रकुंचन में केवल धमनियाँ अवरुद्ध हो जाती हैं
(d) हृदय में प्रकुंचन में अनुशिथिलन की अपेक्षाकृत रुधिर आयतन उच्च होता है

92. सूची I को सूची II से सुमेलित कीजिए।

सूची I	सूची II
A. मत्स्य	1. एकल परिसंचरण
B. उभयचर	2. द्वि परिसंचरण
C. सरीसृप	3. मिश्रित परिसंचरण
D. पक्षी	

कूट

	A	B	C	D
(a)	2	2	3	1
(b)	3	2	3	2
(c)	1	1	2	2
(d)	1	3	3	2

93. सूची I को सूची II से सुमेलित कीजिए।

सूची I	सूची II
A. थ्रॉम्बोप्लास्टिन	1. बहुलोहित अणुरुधिर
B. कोलेस्ट्रॉल	2. रक्ताल्पता
C. RBCs की वृद्वित संख्या	3. लिम्फोसाइट
D. प्रतिरक्षी	4. उच्च रुधिर दाब
	5. रुधिर स्कन्दन

कूट

	A	B	C	D
(a)	1	4	3	2
(b)	2	3	4	1
(c)	5	3	4	2
(d)	5	4	1	3

94. बिन्दुस्राव परिणाम है
(a) विसरण का
(b) वाष्पोत्सर्जन का
(c) परासरण का
(d) मूलदाब का

95. बिन्दुस्राव किसके द्वारा होता है?
(a) रन्ध्र
(b) जल रन्ध्र
(c) मूलरोम
(d) पुष्पकलिया

96. सामान्यतया वाष्पोत्सर्जन की दर मापी जाती है
(a) ऑक्सिनोमीटर से
(b) बारवर्गमीटर से
(c) पोटोमीटर से
(d) माइक्रोमीटर से

97. रन्ध्रों के खुलने व बन्द होने से सम्बन्धित हॉर्मोन है
(a) GA
(b) ऑक्सिन
(c) ABA
(d) साइटोकाइनिन

98. पत्तियों पर PMA (Phenyl Mercuric Acetate) के छिड़कने से
(a) बिन्दुस्राव की दर बढ़ जाती है
(b) जल अवशोषण की दर बढ़ जाती है
(c) वाष्पोत्सर्जन की दर कम हो जाती है
(d) वाष्पोत्सर्जन की दर बढ़ जाती है

उत्तरमाला

1 (d)	2 (b)	3 (a)	4 (b)	5 (d)	6 (a)	7 (b)	8 (b)	9 (d)	10 (c)
11 (b)	12 (c)	13 (a)	14 (a)	15 (c)	16 (b)	17 (a)	18 (b)	19 (c)	20 (b)
21 (d)	22 (a)	23 (b)	24 (b)	25 (c)	26 (d)	27 (b)	28 (c)	29 (d)	30 (b)
31 (b)	32 (d)	33 (a)	34 (b)	35 (d)	36 (b)	37 (c)	38 (b)	39 (c)	40 (a)
41 (d)	42 (d)	43 (a)	44 (a)	45 (b)	46 (b)	47 (d)	48 (a)	49 (b)	50 (c)
51 (b)	52 (d)	53 (b)	54 (b)	55 (a)	56 (a)	57 (b)	58 (d)	59 (d)	60 (a)
61 (b)	62 (a)	63 (c)	64 (d)	65 (c)	66 (c)	67 (c)	68 (c)	69 (c)	70 (a)
71 (b)	72 (c)	73 (c)	74 (b)	75 (b)	76 (d)	77 (a)	78 (a)	79 (b)	80 (b)
81 (b)	82 (b)	83 (b)	84 (b)	85 (a)	86 (b)	87 (c)	88 (c)	89 (a)	90 (b)
91 (b)	92 (d)	93 (d)	94 (d)	95 (b)	96 (c)	97 (c)	98 (c)		

अध्याय

04

नियंत्रण एवं समन्वयन
(Control and Coordination)

बहुकोशिकीय जीवों में बहुत से अंग (Organs) एवं अंग तंत्र (Organ system) पाए जाते हैं, जोकि स्वतंत्र रूप से कार्य करने में असमर्थ होते हैं। जैव-स्थिरता (साम्यवस्था) बनाने हेतु इन अंगों के कार्यों में समन्वयन अति आवश्यक है। जीवों में बाह्य तथा अंत: वातावरण के बीच संतुलन बनाए रखने की क्षमता को नियंत्रण या समस्थापन (Homeostasis) तथा सामान्य स्थिति बनाए रखने की प्रतिक्रियाओं को समन्वयन (Coordination) कहते हैं। जंतुओं में जैविक क्रियाओं के नियंत्रण व समन्वयन के लिए विशेष तंत्र व अंग पाए जाते हैं, जोकि पादपों की तुलना में अत्यधिक विकसित होते हैं। ऐसा जंतुओं के गतिशील रहने और बार-बार अपने बाह्य वातावरण को बदलते रहने के कारण होता है। जंतुओं में नियंत्रण एवं समन्वयन के लिए तंत्रिका एवं अंत:स्रावी तंत्र पाए जाते हैं, परंतु पादप गतिशील नहीं होते हैं तथा उनका बाह्य वातावरण लगभग समान रहता है। अत: उनमें तंत्रिका तंत्र जैसा नियंत्रक व समन्वयक तंत्र अनुपस्थित होता है।

जंतुओं में कार्यिकीय समन्वयन
(Physiological Coordination in Animals)

जंतुओं में विभिन्न जैविक क्रियाओं एवं प्रतिक्रियाओं का कार्यिकीय समन्वयन तंत्रिका तंत्र द्वारा संचालित होता है।

तन्त्रिका तन्त्र (Nervous System)

- शरीर का वह तन्त्र, जो सोचने, समझने तथा किसी चीज को याद रखने के साथ-साथ विभिन्न अंगों के कार्यों में सामंजस्य तथा सन्तुलन स्थापित करने का कार्य करता है, तन्त्रिका तन्त्र कहलाता है।
- यह संवेदी अंगों, तन्त्रिकाओं, मस्तिष्क, मेरुरज्जु एवं तन्त्रिका कोशिकाओं का बना होता है।

तन्त्रिका कोशिका

यह तन्त्रिका तन्त्र की संरचनात्मक तथा क्रियात्मक इकाई है। तन्त्रिका कोशिकाएँ तीन प्रकार की होती हैं

1. **चालक** केन्द्रीय तन्त्रिका तन्त्र से प्रभावित अंग तक सूचना पहुँचाती हैं।
2. **संवेदी** संवेदी अंगों से केन्द्रीय तन्त्रिका तन्त्र तक सूचना पहुँचाती हैं।
3. **मिश्रित** दोनों संवेदी तथा चालक तन्त्रिकाओं का कार्य करती हैं।

- तन्त्रिका कोशिकाएँ आपस में मिलकर तन्त्रिकाएँ बनाती हैं।
- तन्त्रिकाएँ तन्त्रिका केन्द्रों को विशिष्ट अंगों से जोड़ती हैं।
- यह विद्युतरोधी तन्त्रिकाएँ चारों ओर से माइलिन आच्छद (Myelin sheath) द्वारा ढकी रहती हैं।
- तन्त्रिका में कुछ स्थानों पर विद्युतरोधन नहीं होता है, जो रेनवियर की सन्धियाँ (Nodes of Ranvier) कहलाते हैं।

तंत्रिका कोशिका की संरचना (Structure of Neurons)

सामान्य तंत्रिका कोशिका के निम्नलिखित भाग होते हैं

(i) **कोशिकाकाय** (Cyton) इसके जीवद्रव्य में केंद्रक, माइटोकॉण्ड्रिया, गॉल्जीकाय, वसा बिंदु, अंत:प्रद्रव्यी जालिका, आदि के अतिरिक्त अनियमित आकार के **निस्सल के कण** (Nissl's granules) उपस्थित होते हैं।

(ii) **वृक्षिकांत या द्रुमिका** (Dendrites) ये अपेक्षाकृत छोटे एवं शाखामय प्रवर्ध होते हैं, जो सिरों की ओर क्रमश: संकरे होते जाते हैं। ये प्रेरणा या उद्दीपनों को कोशिकाकाय की ओर ले जाते हैं।

(iii) **तंत्रिकाक्ष या अक्ष तंतु** (Axon) कोशिकाकाय से एक लगभग बराबर मोटाई का लंबा प्रवर्ध निकलता है, जिसे **अक्ष तंतु** (Axial filament) या **तंत्रिकाक्ष** कहते हैं। तंत्रिकाक्ष के अंतिम छोर की उपशाखाओं पर घुंडीनुमा रचनाएँ, **सिनैप्टिक घुंडियाँ** (Synaptic knobs) उपस्थित होती हैं।
तंत्रिकाक्ष चारों ओर से तंत्रिकाच्छद (Neurolemma) से घिरा होता है तथा यह श्वान कोशिकाओं (Schwann cells) का बना होता है।

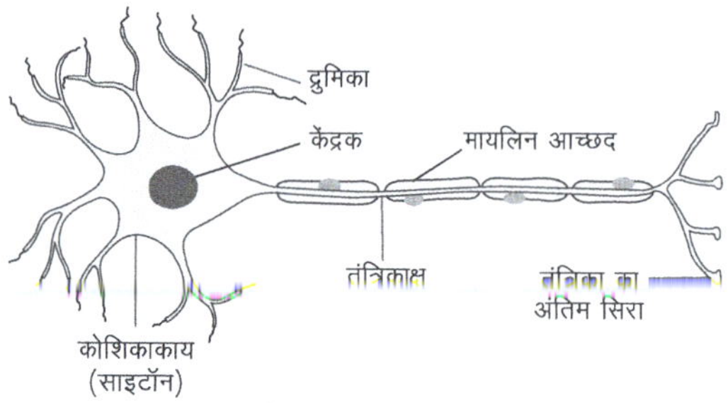

एक तंत्रिका कोशिका की संरचना

युग्मानुबंधन (Synapse)

दो तंत्रिका कोशिकाओं (न्यूरॉन) के बीच में एक रिक्त स्थान होता है, जिसे युग्मानुबंधन कहते हैं। तंत्रिका के अंत से विद्युत आवेग कुछ रसायनों का विमोचन करते हैं। ये रसायन युग्मानुबंधन को पार करके अगली तंत्रिका कोशिकाओं तक विद्युत आवेग को पहुँचाते हैं।

तंत्रिका आवेग का संचरण

(Transmission of Nerve Impluse)

तंत्रिका तंतुओं का मुख्य कार्य संवेदी अंगों से उद्दीपन ग्रहण करके उन्हें मस्तिष्क तक पहुँचाना तथा मस्तिष्क से प्राप्त प्रेरणाओं को अपवाही अंगों तक ले जाना है। यह संपूर्ण कार्य आवेगों के रूप में होता है। तंत्रिका तंतुओं में आवेगों का संवहन एक विद्युत-रासायनिक (Electro-chemical) प्रक्रम है, जिसके अंतर्गत आवेग स्वसंचारी (Self-propagative) विद्युत-रासायनिक लहरों (Electro-chemical waves) के रूप में तंत्रिका तंतुओं में से प्रसारित होते हैं।

तंत्रिका आवेग की चालन क्रिया को निम्न भागों में बाँटा जा सकता है—

(i) तंत्रिका तंतु में तंत्रिका आवेग की उत्पत्ति, जोकि तंत्रिका तंतु में उपस्थित विभिन्न आयनों के आदान-प्रदान के फलस्वरूप होती है।

(ii) तंत्रिका तंतु में आवेग संचरण या आवेगों का अंतरा-तंत्रिकीय संचरण, जोकि आयनों के उपरोक्त आदान-प्रदान के सभी संभव दिशाओं में संचरण के फलस्वरूप होता है।

सरल शब्दों में, हम इसे निम्न प्रकार से समझ सकते हैं, विश्रामावस्था के दौरान प्रत्येक तंत्रिका तंतु ध्रुवित अवस्था (Polarised state) में रहता है। किसी आवेग के उत्पन्न होने के कारण इसका विध्रुवण (Depolarisation) हो जाता है, जोकि एक लहर के रूप में पूरे तंतु में फैलता जाता है। यहाँ लहर शब्द का प्रयोग इसलिए किया गया है, क्योंकि जितनी तेजी से यह विध्रुवण तंत्रिका तंतु में फैलता है, उतनी ही तेजी से इसके पीछे-पीछे प्रत्येक स्थान पर इसका पुन:ध्रुवण (Repolarisation) होता है।

इस आवेग को एक तंत्रिका तंतु से दूसरी तंत्रिका तंतु तक पहुँचने के लिए विशेष प्रक्रिया द्वारा युग्मानुबंधन (Synapsis) से गुजरना पड़ता है।

तंत्रिका पेशीय संधि (Neuromuscular Junction)

यह वह क्षेत्र होता है, जहाँ पेशीय तंतु केंद्रीय तंत्रिका तंत्र (Central Nervous System, CNS) से आवेग (निर्देश) लाने वाली चालक तंत्रिका तंतु से जुड़ता है। यहाँ तंत्रिकाप्रेषी (Neurotransmitter) रसायन निर्मुक्त किए जाते हैं, ताकि आवेग तंत्रिका तंतु से पेशीय तंतु में, युग्मानुबंधन में उपस्थित दो न्यूरॉनों के मध्य आवेग संचरण की भाँति संचरित हो जाए।

विद्युत आवेग के उपयोग की सीमाएँ

(Uses of Limitations of Electric Impulses)

विद्युत आवेग सूचनाओं को एक स्थान से दूसरे स्थान तक संचारित करने का सर्वोत्तम तरीका है, किंतु इस विधि की भी कुछ सीमाएँ हैं, जो निम्न प्रकार हैं—विद्युत आवेग केवल उन कोशिकाओं तक ही पहुँच पाता है, जोकि तंत्रिका कोशिकाओं से जुड़ी होती हैं। अत: इसकी पहुँच जन्तु की प्रत्येक कोशिका तक नहीं होती है।विद्युत आवेग के निर्माण व संचरण के पश्चात् पुन: ये प्रक्रिया शुरु करने से पूर्व कोशिका पुन:संघटित होने हेतु कुछ समय लेती है।

प्रतिवर्ती क्रिया (Reflex Action)

किसी उद्दीपन (Stimulus) के फलस्वरूप शीघ्रतापूर्वक होने वाली स्वचालित और अनैच्छिक क्रिया को **प्रतिवर्ती क्रिया** कहते हैं; जैसे—स्वादिष्ट भोजन देखते ही मुँह में लार का आना, काँटा चुभते ही पैर का झटके के साथ ऊपर खींच लेना, तेज प्रकाश में आँख की पुतली का सिकुड़ जाना, छींकना, खाँसना, आदि प्रतिवर्ती क्रियाएँ हैं।

ये क्रियाएँ मेरुरज्जु द्वारा नियंत्रित होती हैं। प्रतिवर्ती क्रिया तीव्रगति से होने वाली स्वचालित अनुक्रिया है, जिसके संचालन में मस्तिष्क भाग नहीं लेता है।

प्रतिवर्ती चाप में निम्न भाग सम्मिलित होते हैं

(i) संवेदी अंग, जो उद्दीपन ग्रहण करता है।

(ii) संवेदी या अभिवाही तंत्रिका, जो उद्दीपन के आवेग को मेरुरज्जु तक ले जातीं है।

(iii) मेरुरज्जु, जो उद्दीपन के आवेग को ग्रहण कर आवश्यक निर्देश आवेग के रूप में प्रेषित करता है।

(iv) प्रेरक या चालक या अपवाही तंत्रिका, जो निर्देश के आवेग को संबंधित अंग तक लेकर जाती है।

(v) ग्राही या पेशियाँ, जो निर्देशानुसार प्रतिवर्ती क्रिया करती हैं।

संवेदी अंगों द्वारा संवेदना प्राप्त होने पर आवेग की लहर पृष्ठ मूल से होकर पृष्ठ मूल गुच्छक में स्थित तंत्रिका कोशिका तथा उसके तंत्रिकाक्ष में से होती हुई मेरुरज्जु के धूसर द्रव्य में पहुँचती है, जिसके फलस्वरूप मेरुरज्जु से अनुक्रिया के लिए निर्देश चालक तंत्रिका कोशिका द्वारा, संबंधित माँसपेशियों में पहुँचते हैं और अंग अनुक्रिया करता है।

इस क्रिया में संवेदना के मार्ग अर्थात् प्रतिवर्ती चाप को निम्न रेखाचित्र से समझ सकते हैं

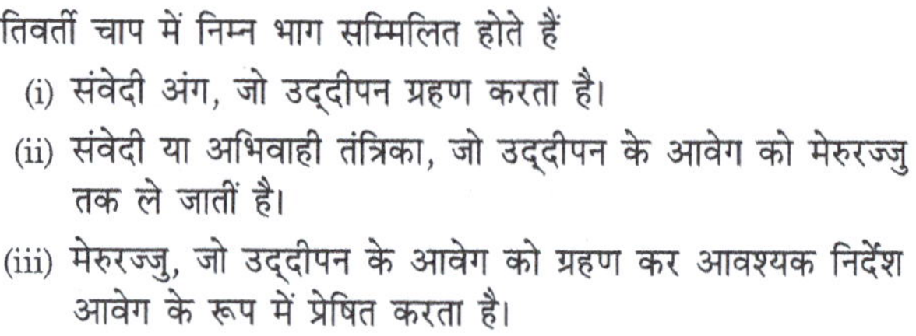

कशेरुकियों में तन्त्रिका तन्त्र

तन्त्रिकीय नियन्त्रण एवं समन्वय का कार्य मुख्यतया मस्तिष्क तथा मेरुरज्जु के द्वारा किया जाता है। मानव एवं अन्य कशेरुकियों में तन्त्रिका तन्त्र तीन भागों में विभक्त होता है

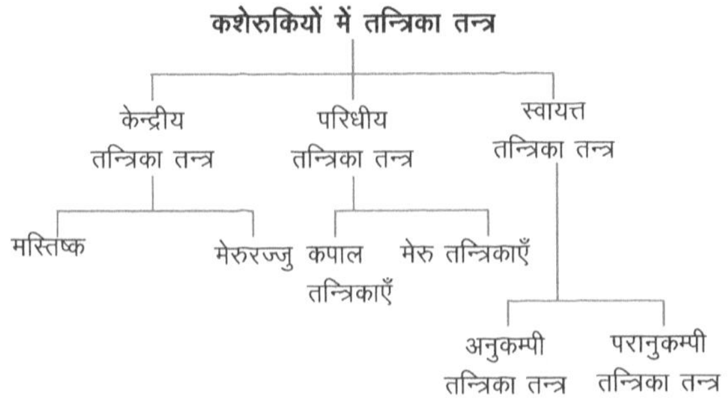

केन्द्रीय तन्त्रिका तन्त्र

- तन्त्रिका तन्त्र का वह भाग, जो सम्पूर्ण शरीर तथा स्वयं तन्त्रिका तन्त्र पर नियन्त्रण रखता है, केन्द्रीय तन्त्रिका तन्त्र कहलाता है।
- यह मस्तिष्क एवं मेरुदण्ड द्वारा बना होता है।
- इसका धूसर द्रव्य (Grey matter) न्यूरॉन की कोशिका काय (Cell bodies) का बना होता है और श्वेत द्रव्य (White matter) तन्त्रिका तन्तुओं का बना होता है।
- मस्तिष्क खोपड़ी के क्रेनियम में स्थित होता है।
- मेंढक में मस्तिष्क एवं मेरुदण्ड दो मस्तिष्कावरण (Meninges) द्वारा घिरे होते हैं तथा स्तनियों में तीन मस्तिष्कावरण द्वारा घिरे रहते हैं।
- मस्तिष्क एवं मेरुदण्ड के अन्दर तथा चारों ओर सेरीब्रोस्पाइनल द्रव्य पाया जाता है।
- मेनिनजाइटिस (Meningites) में मस्तिष्कावरण संक्रमित हो जाती है, जिसके फलस्वरूप सिरदर्द, उल्टी एवं दर्द, आदि होता है।

मस्तिष्क

- यह पूरे शरीर तथा तन्त्रिका तन्त्र का नियन्त्रण कक्ष है।
- मानव का मस्तिष्क अस्थियों के खोल क्रेनियम (Cranium) में बन्द रहता है, जो इसे बाहरी आघातों से बचाता है।
- इसका औसत भार 1400 ग्राम होता है।
- इसके चारों ओर मस्तिष्कावरण (Meninges) नामक आवरण पाया जाता है, जो तीन स्तरों का बना होता है।
- इस आवरण या झिल्ली की सबसे बाहरी परत को दृढ़तानिका (Duramater), मध्य परत को जलतानिका (Arachnoid) तथा सबसे अन्दर की परत को मृदुतानिका (Piamater) कहते हैं।
- मृदुतानिका (Piamater) मस्तिष्क को ऑक्सीजन एवं भोज्य पदार्थ पहुँचाती हैं।

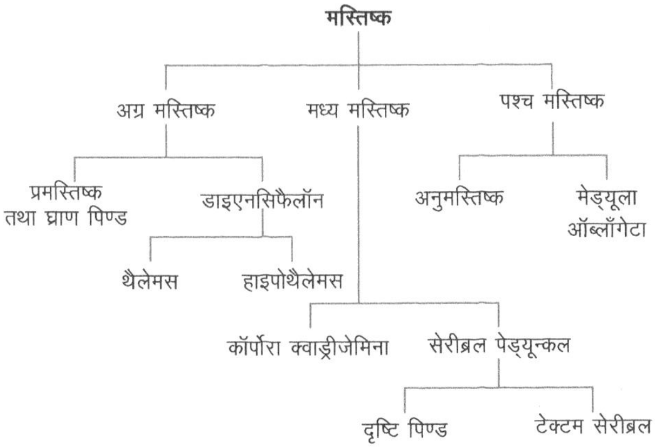

अग्र मस्तिष्क

- यह कुल 'मस्तिष्क का 2/3 भाग बनाता है। यह दो भागों का बना होता है—सेरीब्रम एवं डाइएनसिफैलॉन। सेरीब्रम में अनेक वलय (Folds) पाए जाते हैं, जिन्हें **गाइरी** कहते हैं। डाइएनसिफैलॉन, सेरीब्रम के पीछे तथा नीचे स्थित रहता है। इसकी गुहा को डायोसील कहते हैं। इसकी पृष्ठ सतह मृदुतानिका के साथ जुड़ जाती है और एक वलय मुक्त रचना बनाती है, जिसे फ्लेक्सस कहते हैं। यह अत्यन्त संवेदी होती है। थैलेमस तथा हाइपोथैलेमस इसके दो भाग हैं।
- घ्राण पिण्ड छोटे आकार की एक जोड़ी संरचनाएँ हैं, जो प्रमस्तिष्क द्वारा घिरी होती हैं। ये खोपड़ी के केन्द्र में पाई जाती हैं।
- प्रमस्तिष्क मस्तिष्क का सबसे बड़ा भाग है, जो प्रमस्तिष्क अर्द्धगोलार्द्धों (Cerebral hemispheres) द्वारा घिरा होता है।र
- प्रमस्तिष्क की छत प्रमस्तिष्क वल्कुट (Cerebral cortex) होती है।
- प्रमस्तिष्क में संचेतना और सूचनाओं का संग्रहण होता है।
- सेरीब्रम गोलार्द्ध बुद्धिमत्ता, याददाश्त, संचेतन संवेदनाओं, इच्छाशक्ति, ऐच्छिक गतियों, स्मृति ज्ञान, वाणी एवं चिन्तन के केन्द्र हैं। ज्ञानेन्द्रियों से प्राप्त प्रेरणाओं का इसमें विश्लेषण एवं समन्वयन होता है तथा ऐच्छिक पेशियों को अनुकूल प्रतिक्रियाओं की संवेदना प्रसारित की जाती है।
- ब्रोका का क्षेत्र (Broca's area) भाषण (Speech) से सम्बन्धित होता है, जबकि मस्तिष्क का रेनिक्स क्षेत्र (Wrenick's area) भाषण को समझने से सम्बन्धित है।
- थैलेमस दो गोलाकार संरचनाएँ होती हैं, जो दर्द, ठण्डा तथा गरम को पहचानने का कार्य करती हैं।
- थैलेमस संवेदी अंगों; जैसे—नेत्र, कान, त्वचा, आदि से आने वाली संवेदी तरंगों (Sensory impulses) को जोड़ता है।
- थैलेमस दर्द, दाब और ताप से सम्बन्धित होता है।
- हाइपोथैलेमस भाषण, शरीर सन्तुलन, लिंग व्यवहार, निद्रा, तनाव तथा पीयूष ग्रन्थि के हॉर्मोन के नियन्त्रण से सम्बन्धित होता है।
- हाइपोथैलेमस अन्त:स्रावी ग्रन्थियों से स्रावित होने वाले हॉर्मोन्स का नियन्त्रण करता है। पश्च पीयूष ग्रन्थि से स्रावित होने वाले हॉर्मोन्स इससे स्रावित होते हैं। यह भूख, प्यास, ताप नियन्त्रण, प्यार, घृणा, आदि का केन्द्र बिन्दु होता है तथा वसा एवं कार्बोहाइड्रेट उपापचय पर भी नियन्त्रण करता है।

मध्य मस्तिष्क

- यह दो भागों सेरीब्रल पेड्यून्कल एवं कॉर्पोरा क्वाड्रीजेमिना का बना होता है।
- मानव के मस्तिष्क में चार ठोस ऑप्टिक पिण्ड पाए जाते हैं, जिन्हें संयुक्त रूप से **कॉर्पोरा क्वाड्रीजेमिना** कहते हैं। ये दृष्टि व श्रवण नियन्त्रण के केन्द्र होते हैं।
- **सेरीब्रल पेड्यून्कल** तन्तुओं का बण्डल होता है, जो सेरीब्रल कॉर्टेक्स को मस्तिष्क के अन्य भागों तथा मेरुरज्जु से जोड़ता है।

पश्च मस्तिष्क

- अनुमस्तिष्क (सेरीबेलम) एवं मेड्यूला ऑब्लाँगेटा का बना होता है।
- अनुमस्तिष्क सिर के पीछे की ओर आधार भाग में स्थित होता है।
- अनुमस्तिष्क का मुख्य कार्य शरीर का सन्तुलन बनाए रखना होता है। यह शरीर की ऐच्छिक पेशियों के संकुचन पर नियन्त्रण करता है। यह आन्तरिक कान के सन्तुलन भाग से संवेदनाएँ ग्रहण करता है।
- मेड्यूला ऑब्लाँगेटा मस्तिष्क एवं मेरुदण्ड को जोड़ने वाला लम्बा भाग होता है।
- **मेड्यूला ऑब्लाँगेटा** उपापचय, रुधिर नलिकाओं, रुधिर दाब, आहारनाल के क्रमाकुंचन, ग्रन्थि स्राव, (जैसे—लार स्राव), श्वासोच्छ्वास, हृदय की धड़कनों और बहुत-सी प्रत्यावर्ती एवं अनैच्छिक गतियों को नियन्त्रित करता है।

मेरुदण्ड या मेरुरज्जु

- यह लम्बी, रस्सीनुमा संरचना है, जो पीठ पर मध्य लम्बवत् स्थित होती है और अस्थिमय कशेरुक दण्ड द्वारा सुरक्षित रहती है।
- मेड्यूला ऑब्लाँगेटा का पिछला भाग ही मेरुरज्जु बनाता है। मेरुरज्जु के चारों ओर दृढ़तानिका, जलतानिका और मृदुतानिका का बना आवरण पाया जाता है।
- मानव में 31 जोड़ी मेरु तन्त्रिकाएँ पाई जाती हैं।
- मेरुरज्जु बेलनाकार, खोखली तथा पृष्ठ एवं प्रतिपृष्ठ तल पर चपटी होती है।
- मेरुरज्जु के मध्य में एक संकरी नाल पाई जाती है, जिसे **केन्द्रीय नाल** कहते हैं। इसमें सेरीब्रोस्पाइनल द्रव्य भरा होता है।
- मेरुरज्जु प्रतिवर्ती क्रिया का केन्द्र बिन्दु है तथा संवेदनाओं (Impulses) का संचरण करता हैं।

प्रतिवर्ती क्रिया

- ये आबन्धित, जन्मजात, स्वायत्त क्रियाएँ हैं, जिन पर मस्तिष्क का नियन्त्रण नहीं होता है। उदाहरण— नेत्र प्रतिवर्ती क्रिया, लार स्रावण प्रतिवर्ती क्रिया, जानुझटक प्रतिवर्ती क्रिया, उबासी, खाँसना, छींकना, आदि।
- प्रतिवर्ती क्रियाएँ बहुत तीव्र होती हैं।
- तीव्र क्रिया हेतु, ये सबसे छोटे मार्ग से संचारित होती हैं।
- इसके अतिरिक्त जन्तुओं में उपार्जित या प्रतिबन्धित प्रतिवर्ती क्रियाएँ भी पाई जाती हैं, जिसे जन्तु, अनुभव एवं प्रशिक्षण द्वारा सीखता है।
- इनको सबसे पहले रूसी जैव कार्यिकी के वैज्ञानिक **इवान पैट्रोविच पैवलोव** ने भूखे कुत्ते में प्रदर्शित किया। उदाहरण—नाचना, साइकिल चलाना, तैरना, गाना गाना और सीखना, आदि।
- ये सीखने के दौरान प्रमस्तिष्क (Cerebrum) के नियन्त्रण में रहती हैं।

परिधीय तन्त्रिका तन्त्र

- यह मस्तिष्क एवं मेरुरज्जु से निकलने वाली तन्त्रिकाओं का बना होता है, जिन्हें क्रमश: कपालीय तन्त्रिकाएँ एवं मेरुरज्जु तन्त्रिकाएँ कहते हैं।
- मानव में 12 जोड़ी कपाल तन्त्रिकाएँ एवं 31 जोड़ी मेरुरज्जु या रीढ़ तन्त्रिकाएँ पाई जाती हैं।
- मछलियों एवं उभयचरों में 10 जोड़ी कपाल तन्त्रिकाएँ होती हैं।
- खरगोश में 12 कपाल तन्त्रिकाएँ तथा 37 रीढ़ तन्त्रिकाएँ पाई जाती हैं।
- पहली 10 जोड़ी तन्त्रिकाएँ, मेंढक एवं खरगोश में समान होती हैं।

सारणी 1. मानव की कपाल तन्त्रिकाएँ

कपाल तन्त्रिका	संख्या	कार्य का प्रकार	वितरण
घ्राण तन्त्रिका (Olfactory)	I	संवेदी	नाक
दृक् तन्त्रिका (Optic)	II	संवेदी	नेत्र की रेटिना
नेत्र प्रेरक तन्त्रिका (Occulomotor)	III	चालक	नेत्र गोलक की चार पेशियों में
चक्रक तन्त्रिका (सबसे छोटी) (Trochlear)	IV	चालक	नेत्र गोलक की उत्तर-तिरछी पेशी में
त्रक तन्त्रिका (सबसे बड़ी) (Trigeminal)	V	मिश्रित	
(a) ऑप्थैल्मिक (Opthalmic)	—	संवेदी	प्रोथ
(b) मैक्सिलरी (Maxillary)	—	संवेदी	ऊपरी जबड़ा
(c) मैन्डिबुलर (Mandibular)	—	चालक	निचला जबड़ा
अपचालिनी तन्त्रिका (Abducens)	VI	चालक	पश्च रेक्टस पेशी
आनन तन्त्रिका (Facial nerve)	VII	मिश्रित	गर्दन, कर्ण, जिव्हा, निचला जबड़ा
श्रवण तन्त्रिका (Auditory)	VIII	संवेदी	अन्तः कर्ण
जिव्हा-ग्रसनी (Glossopharyngeal)	IX	मिश्रित	जिव्हा एवं ग्रसनी
वेगस तन्त्रिका (Vagus nerve)	X	मिश्रित	आमाशय, फेफड़ें, हृदय, आदि।
मेरु सहायक (Spinal accessory)	XI	चालक	गर्दन
हाइपोग्लोसल (Hypoglossal)	XII	चालक	गर्दन एवं जीभ

स्वायत्त तन्त्रिका तन्त्र

- इसकी खोज **लेंगले** (Langley) ने की थी।
- यह पूर्णतया चालक तथा नियन्त्रण रहित होता है।
- यह शरीर के सभी आन्तरिक अंगों व रुधिर वाहिनियों को तन्त्रिकाओं की आपूर्ति करता है।
- स्वायत्त तन्त्रिका तन्त्र दो भागों का बना होता है
  (a) अनुकम्पी तन्त्रिका तन्त्र
  (b) परानुकम्पी तन्त्रिका तन्त्र
- अनुकम्पी तथा परानुकम्पी तन्त्रिका एक-दूसरे के विपरीत कार्य करते हैं तथा शरीर की सभी क्रियाओं की गतियों पर उचित नियन्त्रण रखते हैं।

सारणी 2. अनुकम्पी एवं परानुकम्पी तन्त्रिका तन्त्र की तुलना

अनुकम्पी तन्त्रिका तन्त्र	परानुकम्पी तन्त्रिका तन्त्र
हृदय की धड़कन बढ़ाता है।	हृदय की धड़कन कम करता है।
पुतली को फैलाता है	पुतली को सिकोड़ता है।
अश्रु ग्रन्थियों के स्रावण को बढ़ाता है।	अश्रु ग्रन्थियों के स्रावण को कम करता है।
मूत्राशय को शिथिल करता है।	मूत्राशय को संकुचित करता है।
एड्रीनल ग्रन्थि के स्रावण को प्रेरित करता है।	एड्रीनल ग्रन्थि के स्रावण को रोकता है।
आहारनाल की क्रमानुकुंचन गतियों को धीमा करता है।	क्रमानुकुंचन गति को बढ़ाता है।
गुदा अवरोधनी को संकुचित करता है।	गुदा अवरोधनी को फैलाता है।
श्वास नली, श्वसनी, आदि को फैलाता है।	श्वास नली, श्वसनी, आदि को संकुचित करता है।
ग्लूकेगॉन का स्रावण बढ़ाता है।	इन्सुलिन का स्रावण बढ़ाता है।
यह तन्त्र आपातकाल तथा तनाव की स्थितियों में कार्य करता है।	यह तन्त्र शान्ति तथा विश्राम की स्थितियों में कार्य करता है। यह ऊर्जा संरक्षण में सहायक है।

संवेदी अंग

मानव में निम्न चार प्रकार के संवेदी अंग पाए जाते हैं

कर्ण

- कर्ण सुनने एवं सन्तुलन बनाने में सहायक होता है।
- कर्ण की संरचना, कार्यों एवं रोगों से सम्बन्धित अध्ययन को ओटोलॉजी (Otology) कहते हैं।

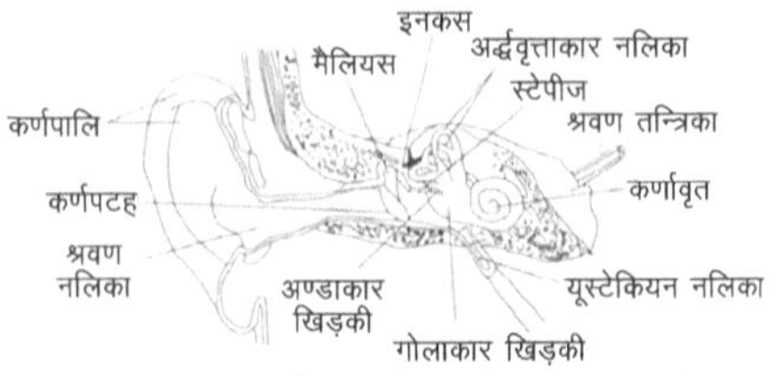

कान की आन्तरिक संरचना

- मानव कर्ण 50-20000, चक्र/सेकण्ड की ध्वनि आवृत्ति हेतु संवेदी होता है।
- कर्ण 1000-3000 चक्र/सेकण्ड की आवृत्ति हेतु सर्वाधिक संवेदी होता है।
- सुनने की क्रिया का नियन्त्रण कर्ण क्षेत्र की सेरीब्रल कॉर्टेक्स में टेम्पोरल प्रवर्ध के श्रवण क्षेत्र द्वारा होता है।
- ध्वनि को डेसीबल (dB) में मापा जाता है।

कर्ण को निम्न तीन भागों मे विभाजित किया जा सकता है

(a) बाह्य कर्ण (कर्ण पल्लव + बाह्य कर्ण कुहर)

(b) मध्य कर्ण (कर्णपटह गुहा)

(c) अन्तः कर्ण (मेम्ब्रेनस लेबिरिन्थ)

बाह्य कर्ण

- बाह्य कर्ण, कर्ण पल्लव से नालाकार गुहा में होता हुआ कर्णपटह कला (Tympanic membrane) तक फैला होता है।
- कर्ण पल्लव ध्वनि तरंगों का संग्रह करती है।
- कर्ण कूहर (Auditory meatus) की दीवार में कर्ण मोम या सेरुमिनस ग्रन्थियाँ होती हैं।
- सेरुमिनस ग्रन्थियों से स्रावित होने वाला मोम जैसा पदार्थ कर्णपटह को चिकना बनाए रखता है तथा बाह्य कणों को अन्दर प्रवेश करने से रोकता है।

मध्य कर्ण

- कर्णपटह कला (Tympanic membrane) मध्य कर्ण को बाह्य कर्ण से पृथक् करती है।

मध्य कर्ण की तीन कर्ण अस्थिकाएँ निम्न हैं

(a) **मैलियस** (Malleus) बाहरी एवं हथौड़ी सदृश।

(b) **इनकस** (Incus) मध्य में एवं निहाई (Anvil) के आकार की।

(c) **स्टेपीज** (Stapes) आन्तरिक तथा रकाब (Stirrup) या घोड़े की नाल के आकार की यह फेनेस्ट्रा ओवेलिस झिल्ली की ऊपरी सतह से जुड़ी रहती है।

- स्टेपीज मानव शरीर की सबसे छोटी अस्थि (1.2 मिग्रा) है।
- मध्य कर्ण गुहा एक यूस्टेकियन नलिका (Eustachian tube) द्वारा नासाग्रसनी में खुलती है। इसके कारण कर्णपटह के भीतर एवं बाहर दोनों ओर वायु का दबाव एक समान रहने से उसके फटने का डर नहीं रहता है।

अन्तः कर्ण

- लेबिरिन्थ दो मुख्य भागों का बना होता है—अस्थिमय लेबिरिन्थ (Bony labyrinth) तथा कलागहन लेबिरिन्थ (Membranous labyrinth)।
- अस्थिमय लेबिरिन्थ परिलसीका (Perilymph) द्रव्य से भरा होता है, जबकि कलागहन लेबिरिन्थ अन्तः लसीका (Endolymph) द्रव्य से भरा होता है।
- कलागहन लेबिरिन्थ सन्तुलन एवं सुनने से सम्बन्धित है।
- अन्तः कर्ण तीन भागों का बना होता है

  (a) काय (यूट्रिकुलस तथा सैकुलस)

  (b) अर्द्धवृत्ताकार नलिकाएँ

  (c) कॉक्लिया
- कॉक्लिया छोटे घोंघा (Snail) सदृश संरचना है। यह खरगोश में $2\frac{1}{2}$ कुण्डल द्वारा तथा मानव में $2\frac{3}{4}$ कुण्डल द्वारा बना होता है। कॉक्लिया में तीन कक्ष स्केला वेस्टिबुलाई, स्केला मीडिया तथा स्केला टिम्पैनाई होते हैं।
- स्केला मीडिया में कॉर्टी का अंग (Organ of Corti) पाया जाता है, जिसकी खोज **एल्फेन्सो कॉर्टी** ने की थी।

महत्त्वपूर्ण बिन्दु

- मानव में कर्ण पल्लव अवशेषी अंग है, जो हिल-डुल नहीं सकते हैं, परन्तु कुछ जन्तुओं; जैसे– पशु, कुत्ता, बिल्ली, खरगोश और हाथी, आदि में ये हिल-डुल सकते है।
- सर्प में बाह्य कर्ण का अभाव होता है।
- चमगादड़ पराश्रव्य ध्वनियों को उत्पन्न कर सकता है और सुन भी सकता है।

मानव नेत्र

- नेत्र प्रकाश संवेदी अंग हैं।
- नेत्रों की संरचना, कार्य और रोगों से सम्बन्धित अध्ययन को ऑप्थेल्मोलॉजी (Opthalmology) कहते हैं।
- नेत्र गहरी अस्थि गुहाओं में व्यवस्थित होते हैं, जिन्हें नेत्र कोटर (Orbits or Sockets of eyes) कहते हैं।
- प्रत्येक नेत्र एक खोखला गोल अंग है और प्रायः नेत्र गोलक (Eye ball) कहलाता है।
- नेत्र गोलक मुख्यतया तीन स्तरों का बना होता है

  (i) **दृढ़ पटल** (Scleratic) बाह्य दृढ़ तथा अपारदर्शी भाग।

  (ii) **रक्तक पटल** (Choroid) यह कोमल, संयोजी ऊतक का बना होता है। इसमें रंगा कणिकाएँ होती हैं। खरगोश में रंगा कणिकाएँ लाल, मानव में काली, भूरी या नीली होती हैं।

(iii) **दृष्टि पटल** (Retina) सबसे भीतरी परत है, जो संवेदी होती है।

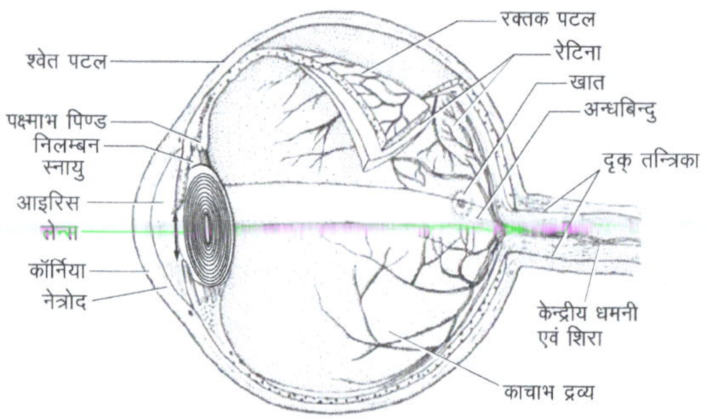

नेत्र की आन्तरिक संरचना

- कॉर्निया एक पतली, पारदर्शी परत से ढका होता है, जिसे कन्जक्टाइवा (Conjuctiva) कहते हैं। यह प्रकाश को दृष्टिपटल पर केन्द्रित करता है।
- आइरिस, वर्तुल संकोचक पेशियों (Circular sphincter muscles) एवं अरीय प्रसारी पेशियों (Radial dilatory muscles) से जुड़ी होती है।
- आइरिस (Iris) पुतली के आकार को नियन्त्रित करता है।
- पुतली (Pupil) आइरिस के बीच में स्थित काला छिद्र है, जिसके द्वारा प्रकाश नेत्र गोलक में प्रवेश करता है। यह प्रकाश के नेत्र गोलक में प्रवेश को नियन्त्रित करता है।
- लेन्स द्विउत्तल, पारदर्शी, वृत्तीय एवं ठोस संरचना होती है, जो प्रोटीन का बना होता है।
- कॉर्निया एवं लेन्स के बीच का भाग तेजोजल या एक्वस ह्यूमर द्वारा भरा होता है।
- लेन्स एवं रेटिना के मध्य की गुहा में काचार जल का विट्रस ह्यूमर भरा होता है।
- दृष्टिपटल (Retina) एक तन्त्रिका ऊतक की परत एवं एक वर्णक (Pigment) परत का बना होता है। किसी भी वस्तु का चित्र दृष्टिपटल पर बनता है।
- रेटिना दो प्रकार की कोशिकाओं; **दृष्टि शलाकाएँ** (Rods) एवं **दृष्टि शंकु** (Cones) का बना होता है।
- शलाकाएँ लम्बी, बेलनाकार एवं तन्तुमय होती हैं, जबकि शंकु छोटे एवं मोटे होते हैं।
- शलाकाएँ कम प्रकाश के लिए संवेदी होती हैं तथा इनमें लाल-गुलाबी वर्णक, रोडोप्सिन (Rhodopsin) पाया जाता है।
- शंकु तेज प्रकाश के लिए संवेदी है तथा रंगों में अन्तर उत्पन्न करते हैं; जैसे—लाल, हरा, नीला, आदि।
- शंकुओं में बैंगनी रंग का प्रकाश संवेदी वर्णक आयोडॉप्सिन पाया जाता है तथा चमकीले प्रकाश ग्रहण के लिए संवेदी होता है।
- पीत बिन्दु (Yellow spot) दृष्टिपटल के ठीक मध्य में स्थित होता है। यहाँ वस्तु का प्रतिबिम्ब सबसे स्पष्ट बनता है। पीत बिन्दु की महीन रेटिना मैकुला लुटिया (Macula lutea) कहलाती है।
- पीत बिन्दु के मध्य में केन्द्रिक श्वेत या फॉविया सेन्ट्रेलिस होता है, इसमें केवल दृष्टि शंकु उपस्थित होते हैं।
- अन्ध बिन्दु (Blind spot) पर शलाका व शंकु अनुपस्थित होते हैं। यहाँ कोई प्रतिबिम्ब नहीं बनता है।
- टेपीटम से धीमे प्रकाश में भी जन्तु भली प्रकार देखने में सफल होते हैं। उदाहरण—उल्लू, बिल्ली, आदि।
- टेपीटम ल्यूसीडम, जस्ता सिस्टीन और ग्वानीन का बना होता है।

मानव नेत्र के रोग

- **निकट दृष्टि दोष** (Myopia) केवल निकट की वस्तुएँ स्पष्ट दिखाई देती हैं। प्रतिबिम्ब दृष्टिपटल के सामने बनता है। यह रोग अवतल लेन्स के उपयोग द्वारा ठीक हो सकता है।
- **दूर दृष्टि दोष** (Hypermetropia) केवल दूर की वस्तुएँ स्पष्ट दिखाई देती हैं। प्रतिबिम्ब दृष्टिपटल के पीछे बनता है। इस रोग को उत्तल लेन्स का उपयोग करके दूर किया जा सकता है।
- **दृष्टिवैषम्य** (Astigmatism) इसमें कॉर्निया की आकृति असामान्य हो जाती है। बेलनाकार लेन्स द्वारा यह रोग दूर हो सकता है।
- **मोतिया बिन्द** (Cataract) इसमें विटामिन-A की कमी से रोडोप्सिन का संश्लेषण कम होने लगता है, जिससे कम प्रकाश में दिखाई नहीं देता है।
- **कन्जक्टीवाइटिस** (Conjunctivitis) जीवाणु द्वारा कन्जक्टाइवा में सूजन आ जाती है।

अन्य जीवों के नेत्रों की विशेषताएँ

- बहुत से घरेलू जन्तु (कुत्ता) तथा शार्क में रंगीन दृष्टि नहीं होती है।
- बहुत से रात्रिचर प्राणि; जैसे—उल्लू की दृष्टिपटल में केवल शलाकाएँ होती हैं, जिसके कारण वे अन्धेरे में देखने में सक्षम होते हैं।
- मानव नेत्र केवल दृश्य स्पैक्ट्रम (380-760 nm) के प्रति संवेदी होता है।
- वर्णान्धता या डाल्टोनिज्म शंकुओं की कमी के कारण होती है।
- उल्लू की दृष्टिपटल में केवल शलाकाएँ तथा मुर्गे के दृष्टिपटल में केवल शंकु पाए जाते हैं।
- एट्रॉपीन रसायन का उपयोग चिकित्सक द्वारा पुतली के विस्फारण (Dilation) में किया जाता है।
- रतौंधी रोग शलाकाओं में रोडोप्सिन की कमी से होता है।
- मानव, कपि, बन्दर, पक्षी, छिपकली, टर्टील एवं कुछ मछलियों में रंगीन दृष्टि पाई जाती है।
- माँसाहारी जन्तुओं; जैसे—बिल्ली, कुत्ता, शेर, आदि आँखें टेपीटम ल्यूसीडम के कारण रात में चमकती हैं।
- पीले-हरे रंग के लिए नेत्र सबसे अधिक संवेदी होते हैं।
- मधुमक्खियाँ पराबैंगनी किरणें देख सकती हैं, जबकि गिद्ध में सबसे तीव्र दृष्टि पाई जाती है। शरीर अनुपात के आधार पर हिरन में सबसे बड़े नेत्र होते हैं।
- दृष्टिपटल पर प्रतिबिम्ब सत्य एवं उल्टा बनता है।

नाक या नासिका

- नाक गन्ध ग्रहण करने वाला संवेदी अंग है।
- नाक में श्लेष्म द्वारा स्तरित घ्राण संवेदी या गन्धग्राही (Olfactory or Smell receptors) उपस्थित होते हैं।
- नासावेश्मों की दीवार घ्राण उपकला की बनी होती है।
- घ्राण कोशिकाएँ लम्बी पतली एवं तर्कु रूप होती हैं।
- घ्राण कोशिकाएँ स्वाद कोशिकाओं की तुलना में अधिक रसायन संवेदी होती हैं।

- घ्राण संवेदी कोशिकाएँ विशिष्ट रसायनों के द्वारा उत्तेजित होती हैं तथा घ्राण संवेदनाएँ उत्पन्न करती हैं।
- मॉथ, तितली, आदि की एन्टीना में घ्राण रसायन संवेदांग होते हैं।
- नासावेश्मों के आधार पर जैकोब्सन के अंग (Jacobson's organ) नामक दो खोखले कोष होते हैं। मानव में ये अवशेषी अंग होते हैं, जबकि सरीसृपों में सक्रिय होते हैं।
- गन्ध ग्राहियों के अतिरिक्त नाक में ट्राइजैमिनल तन्त्रिका या डैन्टिस्ट्स नर्व (Dentist's nerve) भी पाई जाती हैं, जो दर्द हेतु संवेदी होती हैं। यह तन्त्रिका जिव्हा एवं मुख में भी पाई जाती हैं।

जिव्हा

- स्वाद कलिकाएँ स्वाद संवेदना के अंग हैं। स्वाद कलिकाएँ, श्लेष्म झिल्ली की पैपिली पर उपस्थित होती है, जो जिव्हा की सतह पर पाए जाते हैं। मानव की जिव्हा में 100000 स्वाद कलिकाएँ होती हैं।
- स्वाद कलिका पर स्वाद ग्राही कोशिकाएँ होती हैं, जो रसायन संवेदी के रूप में कार्य करती हैं। मानव में चार विभिन्न प्रकार के स्वाद जिव्हा के विभिन्न भागों द्वारा अनुभव किए जाते हैं।
  - मीठा — जिव्हा के अग्र छोर पर
  - नमकीन — अग्र स्वतन्त्र सिरे के पार्श्व पर
  - खट्टा — पश्च पार्श्वों में
  - कड़वा — पश्च भाग में

त्वचा

त्वचा शरीर का बाह्य आवरण है। यह शरीर की सुरक्षा का पहला व बाहरी कवच है। त्वचा का बाहरी स्तर उपचर्म या **एपिडर्मिस** (Epidermis) होता है, जो एक्टोडर्म (Ectoderm) से बनता है। त्वचा का आन्तरिक स्तर चर्म या **डर्मिस** (Dermis) होता है, जो **मीसोडर्म** (Mesoderm) से बनता है।

चर्म में अनेकों स्वतन्त्र **तन्त्रिका छोर** (Nerve ending) होते हैं। कुछ विशेष संवेदी कोशिकाएँ भी होती हैं। त्वचा में **त्वक् संवेदी** (Cutaneous receptors) होते हैं, जो निम्न हैं

1. **एल्जीसीरिसेप्टर** (Algecireceptor) पीड़ा ग्राही।
2. **स्पर्शग्राही** (Tangoreceptors) **मीसनर के देहाणु** (Meissner's corpuscles) तथा **मरकेल की तश्तरियाँ** (Merkel's discs) स्पर्शग्राही (Tangoreceptor) हैं।
3. **दाब** तथा **कम्पन्न ग्राही** (Pressure and vibration receptors)
   पैसीनी के देहाणु (Pacini's corpuscles) दाब तथा कम्पन ग्राही होते हैं।
4. **तापग्राही** (Thermoreceptor) **क्राउस के देहाणु** (Krause's corpuscles) शीत उद्दीपन ग्रहण करते हैं, और शीत ग्राही (Cold receptors) कहलाते हैं।
5. **रूफिनी के छोर** (End of Ruffini) गर्मी का उद्दीपन ग्रहण करते हैं और ऊष्मा ग्राही (Heat receptors) कहलाते हैं।

शरीर की उपापचयी क्रियाओं के लिए आवश्यक रासायनिक पदार्थों का स्रावण ग्रन्थिल ऊतक युक्त विभिन्न संरचनाओं द्वारा होता है, जिन्हें ग्रन्थियाँ कहते हैं।

ग्रन्थियाँ (Glands)

शरीर की उपापचयी क्रियाओं के लिए आवश्यक रासायनिक पदार्थों का स्रावण ग्रन्थिल ऊतक युक्त विभिन्न संरचनाओं द्वारा होता है, जिन्हें ग्रन्थियाँ कहते हैं।

ग्रन्थियों के प्रकार

कशेरूकी प्राणियों में मुख्यतया तीन प्रकार की ग्रन्थियाँ पाई जाती है

(i) **बहिः स्रावी ग्रन्थियाँ** (Exocrine Glands) ये नलिकायुक्त या प्रणाल ग्रन्थियाँ होती है। इनका स्राव नलिका द्वारा शरीर के उस विशेष स्थान या अंग में पहुँचाया जाता है, जहाँ उसे कार्य करना है। उदाहरण—स्वेद, लार, दुग्ध, तेल आदि।

(ii) **अन्तः स्रावी ग्रन्थियाँ** (Endocrine Glands) हॉर्मोन्स स्रावित करने वाली नलिका विहीन (Ductless) ग्रन्थियों को अन्त:स्रावी ग्रन्थियाँ कहते हैं। अन्त:स्रावी ग्रन्थियों में वाहिकाएँ नहीं होती है तथा ये अपना स्राव (हॉर्मोन) सीधे रुधिर में स्रावित करती है। रुधिर के द्वारा ही ये स्राव अपनी लक्ष्य कोशिकाओं (वे कोशिकाएँ जिन पर ये हॉर्मोन्स प्रभाव डालते हैं) तक पहुँचते हैं; उदाहरण—थाइरॉइड, पीयूष ग्रन्थि आदि।

(iii) **मिश्रित ग्रन्थियाँ** (Mixed Glands) इस प्रकार की ग्रन्थियाँ मुख्य रूप से तो बहि:स्रावी होती है, परन्तु इनका कुछ भाग अन्त:स्रावी भी होता है; उदाहरण—अग्न्याशय।

मानव की अन्त:स्रावी ग्रन्थियाँ

मानव शरीर में कुल 9 अन्त:स्रावी ग्रन्थियाँ पाई जाती हैं, जिनमें से अधिकांश नर एवं मादा में समान होती हैं, जो निम्न हैं

1. पीयूष ग्रन्थि (मास्टर ग्रन्थि)
2. पैराथाइरॉइड
3. अग्न्याशय
4. पीनियल ग्रन्थि
5. हाइपोथैलेमस
6. थाइरॉइड
7. एड्रिनल (सुपरएड्रिनल)
8. थाइमस
9. जनद।

हॉर्मोन

हॉर्मोन अन्त:स्रावी ग्रन्थियों से अल्प मात्रा में स्रावित होने वाला कार्बनिक पदार्थ है। इसकी खोज **बेलिस** और **स्टारलिंग** ने सेक्रेटिन हॉर्मोन के रूप में की। रासायनिक दृष्टि से हॉर्मोन प्रोटीन, स्टीरॉइड्स तथा अमीनो अम्ल के व्युत्पन्न पदार्थ होते हैं। अत: हॉर्मोन अन्त:स्रावी ग्रन्थियों से स्रावित होने वाला वह तत्व है, जो जैव-उत्प्रेरक के रूप में कार्य करता है तथा अन्त: वातावरण को नियन्त्रित करता है तथा अन्य हॉर्मोनों की क्रिया को अनुमति प्रदान करता है। हॉर्मोन कोशिका झिल्ली (Cell membrane) की पारगम्यता को बदलकर उसे चयनात्मक पारगम्य बनाता है, ताकि आवश्यक अणुओं का विनिमय हो सकें।

निम्न तालिका में मानव हॉर्मोन, उनका स्रोत, स्वभाव एवं उनके प्रभावों का वर्णन दिया गया है

सारणी 3. विभिन्न मानव हॉर्मोन्स उनके स्रोत, स्वभाव तथा मानव शरीर पर प्रभाव

हॉर्मोन का नाम	स्रोत	स्वभाव	प्रभाव
(A) हाइपोथैलेमस			
सोमेटोस्टेटिन हॉर्मोन	हाइपोथैलेमस के न्यूरॉन	प्रोटीन	GH का स्रावण रोकता है।
थाइरोट्रॉपिन मुक्ति हॉर्मोन	हाइपोथैलेमस के न्यूरॉन	प्रोटीन	TSH का स्रावण प्रेरित करता है।
कॉर्टिकोट्रॉपिन मुक्ति हॉर्मोन	हाइपोथैलेमस के न्यूरॉन	प्रोटीन	ACTH का स्रावण प्रेरित करता है।
गोनेडोट्रॉपिन मुक्ति हॉर्मोन	हाइपोथैलेमस के न्यूरॉन	प्रोटीन	गोनेडोट्रॉपिन का स्रावण प्रेरित करता है।
(B) पीयूष ग्रन्थि			
सोमेटोट्रॉफिक या वृद्धि हॉर्मोन (STH or GH)	अग्र पीयूष ग्रन्थि	प्रोटीन	DNA, RNA व प्रोटीन संश्लेषण में सहायक। ग्लूकोनियोजेनेसिस प्रेरित करता है। शरीर की वृद्धि में सहायक।
एड्रिनोकॉर्टिकोट्रॉफिक हॉर्मोन (ACTH)	अग्र पीयूष ग्रन्थि	प्रोटीन	एड्रिनल कॉर्टेक्स को हॉर्मोन स्रावण के लिए प्रेरित करता है।
थाइरॉइड प्रेरक हॉर्मोन (TSH)	अग्र पीयूष ग्रन्थि	प्रोटीन	थाइरॉइड ग्रन्थि को हॉर्मोन स्रावण के लिए प्रेरित करता है।
गोनेडोट्रॉफिक हॉर्मोन	अग्र पीयूष ग्रन्थि		
(i) पुटिका प्रेरक हॉर्मोन (FSH)		प्रोटीन	जनदों का विकास कराता है। गेमीटोजेनेसिस को प्रेरित करता है।
(ii) ल्यूटीनाइजिंग हॉर्मोन (LH)		प्रोटीन	जनदों से लिंग हॉर्मोनों के स्रावण को प्रेरित करता है। अण्डोत्सर्ग प्रेरित करता है।
प्रोलैक्टिन हॉर्मोन	अग्र पीयूष ग्रन्थि	प्रोटीन	दुग्ध निर्माण प्रेरित करता है। स्तन ग्रन्थियों का विकास कराता है।
मेलेनोसाइट प्रेरक हॉर्मोन (MSH)	मध्य पीयूष ग्रन्थि	प्रोटीन	मेलेनोसाइट में मेलेनिन निर्माण व वितरण में सहायक।
वेसोप्रेसिन या पिट्रेसिन या मूत्र बहुलता हॉर्मोन (ADH)	पश्च पीयूष ग्रन्थि	प्रोटीन	धमनियों का संकुचन। नेफ्रॉन्स द्वारा जल का पुनरावशोषण।
ऑक्सीटोसिन या पिटोसिन	पश्च पीयूष ग्रन्थि	प्रोटीन	शिशु जन्म के समय प्रसव वेदना प्रारम्भ करता है। स्तन ग्रन्थियों से दुग्ध स्रावण को प्रेरित करता है।
मैलेटोनिन	पीनियल काय	अमीनो अम्ल	स्तनधारियों में लैंगिक परिपक्वन को रोकता है। उभयचरों में त्वचा के रंग को हल्का करता है।
(C) थाइरॉइड ग्रन्थि			
थाइरॉक्सिन या टैट्राआयोडोथाइरोनिन	थाइरॉइड ग्रन्थि	अमीनो अम्ल	आधारी उपापचय का नियन्त्रण। हृदय स्पन्दन का नियमन तथा शरीर ताप का नियन्त्रण। ऊतक विभेदन में सहायक है, अन्तःकायान्तरण प्रेरित करता है। ग्लूकोनियोजेनेसिस।
थाइरोकैल्सिटोनिन	थाइरॉइड ग्रन्थि की C-कोशिकाएँ	प्रोटीन	मूत्र में Ca का उत्सर्जन बढ़ाता है तथा अन्तरा कोशिकीय द्रव्य (ECF) में Ca स्तर बढ़ाता है।
(D) पैराथाइरॉइड ग्रन्थि			
पैराथॉर्मोन (PTH) या कोलिप का हॉर्मोन	पैराथाइरॉइड ग्रन्थि	प्रोटीन	Ca तथा P उपापचय का नियन्त्रण। होमियोस्टेसिस तथा रुधिर में Ca तथा P स्तर का नियन्त्रण। अस्थियों तथा दाँतों का निर्माण व वृद्धि।
कैल्सीटोनिन	पैराथाइरॉइड ग्रन्थि	प्रोटीन	पैराथॉर्मोन का विपरीत प्रभाव।
(E) थाइमस ग्रन्थि			
थाइमोसीन	थाइमस ग्रन्थि	प्रोटीन	लिम्फोसाइटों के विभेदीकरण में सहायक तथा शरीर के रक्षा तन्त्र का भाग।
(F) एड्रिनल ग्रन्थि			
ग्लूकोकॉर्टिकॉएड, कॉर्टीसोल तथा कार्टिकॉस्टीरॉन	एड्रिनल कॉर्टेक्स	कॉर्टिकॉएड	कार्बोहाइड्रेट, वसा तथा प्रोटीन उपापचय का नियन्त्रण।
मिनरेलोकॉर्टिकॉएड, एल्डोस्टीरॉन	एड्रिनल कॉर्टेक्स	कॉर्टिकॉएड	Na तथा K उपापचय का नियन्त्रण। रुधिर में Na की मात्रा बढ़ाने में सहायक।
लिंग कॉर्टिकॉएड, एण्डोस्टोनेडिओन तथा एस्ट्रोजन	एड्रिनल कॉर्टेक्स	कॉर्टिकॉएड (लिंग हॉर्मोन)	बाह्य लिंग लक्षणों के विकास में सहायक।
एड्रिनेलीन या एपीनेफ्रीन (संकटकालीन हॉर्मोन)	एड्रिनल मेड्यूला	कैटकोलेमीन	हृदय स्पन्दन, रुधिर दबाव तथा श्वसन का नियमन। शरीर को युद्ध या पलायन के लिए तैयार करता है।
नॉर-एड्रिनेलीन या नॉर-एपीनेफ्रीन	एड्रिनल मेड्यूला	कैटकोलेमीन	रुधिर वाहिनियों के संकुचन द्वारा रुधिर के प्रवाह व मात्रा दोनों को घटाकर शरीर सामान्य अवस्था में करता है।

हॉर्मोन का नाम	स्रोत	स्वभाव	प्रभाव
(G) अग्न्याशय			
इन्सुलिन	अग्न्याशय में उपस्थित लैंगरहैन्स की द्वीपिकाओं की β-कोशिकाएँ	प्रोटीन	ग्लूकोस उपापचय का नियन्त्रण। ग्लाइकोजेनेसिस तथा लाइपोजेनेसिस में सहायक। ग्लूकोनियोजेनेसिस में वृद्धि। प्रोटीन-संश्लेषण बढ़ाता है।
ग्लूकेगॉन या हाइपरग्लाइसेमिक कारक	अग्न्याशय की लैंगरहैन्स की द्वीपिकाओं की α-कोशिकाएँ	प्रोटीन	इन्सुलिन के विपरीत ग्लाइकोजीनोलाइसिस प्रेरित करता है तथा प्रोटीनों का अपचय बढ़ाता है।
(H) अण्डाशय			
एस्ट्रोजन	अण्डाशय की ग्राफियन पुटिकाएँ	स्टीरॉइड	मादा में सहायक प्रजनन अंगों की वृद्धि व विकास। मादा में द्वितीयक लिंग लक्षणों का विकास।
प्रोजेस्टेरॉन	1. अण्डाशय की कॉर्पस ल्यूटियम 2. अपरा	स्टीरॉइड	गर्भाशय को भ्रूण के अधिरोपण के लिए तैयार करता है। गर्भावस्था बनाए रखने में सहायक है।
(I) वृषण			
टेस्टोस्टेरॉन	वृषण की लीडिग कोशिकाएँ	स्टीरॉइड	नर के सहायक प्रजनन अंगों की वृद्धि तथा विकास। द्वितीयक लिंग लक्षणों का विकास। पेशियों के विकास में सहायक।
(J) अपरा			
कोरियोनिक गोनैडोट्रॉपिक हॉर्मोन	अपरा (Placenta)	प्रोटीन	कॉर्पस ल्यूटियम को बनाए रखने में सहायक।
प्लेसेण्टल लैक्टोजन	अपरा	प्रोटीन	दुग्ध निर्माण को प्रेरित करता है।
रिलैक्सिन	अपरा	प्रोटीन	प्यूबिक संधान की पेशियों को लचीला बनाकर बच्चे के जन्म में सहायता करता है।
(K) वृक्क	वृक्क	प्रोटीन	एल्डोस्टीरॉन के स्रावण को प्रेरित करता है।
रेनिन			प्लाज्मा प्रोटीन एन्जियोटेन्सीनोजन को एन्जियोटेन्सिन में तोड़ता है, जो हृदय स्पन्दन की दर को बढ़ाता है।

हॉर्मोन मानव के शरीर में अतिसूक्ष्म मात्रा में उत्पन्न होते हैं। इनकी थोड़ी-सी भी कम मात्रा या अधिक मात्रा शरीर की कार्यिकी में बदलाव लाती है। निम्न दो तालिकाओं में हॉर्मोन के अल्प एवं अति स्राव के कुप्रभावों को बताया गया है

सारणी 4. मनुष्य में हॉर्मोन के अल्पस्त्रावण के कारण होने वाले रोग

रोग	हॉर्मोन	स्रावी ग्रन्थि	प्रमुख प्रभाव
बौनापन	STH	एड्रिनोहाइपोफाइसिस	बाल्यावस्था में वृद्धि का निरोधन।
सायमण्ड रोग	STH	एड्रिनोहाइपोफाइसिस	वयस्क अवस्था में व्यक्ति समय से पूर्व बूढ़ा दिखाई देता है।
अवटुमनता	थाइरॉक्सिन	थाइरॉइड ग्रन्थि	शारीरिक वृद्धि व मानसिक वृद्धि मन्द व बौनापन हो जाता है।
मिक्सोडेमा	थाइरॉक्सिन	थाइरॉइड ग्रन्थि	हृदय गति मन्द, रोगी सुस्त त्वचा शुष्क, पलकें व होंठ मोटे हो जाते हैं।
हाशीमोटो रोग	थाइरॉक्सिन	थाइरॉइड ग्रन्थि	थाइरॉइड की आत्महत्या।
हाइपोकैल्सीमिया	PTH	पैराथाइरॉइड	Ca^{2+} की मात्रा कम व फॉस्फेट की मात्रा बढ़ जाती है।
टिटेनी	PTH	पैराथाइरॉइड	Ca^{2+} की कमी व पेशियों में ऐंठन।
एडीसन रोग	मिनरेलोकॉर्टिकॉएड्स	एड्रिनल कॉर्टेक्स	Na^{+} की कमी, रुधिर दाब कम (हाइपोनेट्रिया) हो जाता है।
डाइबिटीज मेलीटस	इन्सुलिन	लैंगरहैन्स के द्वीप समूह (β-कोशिकाएँ)	रुधिर में शर्करा की मात्रा बढ़ जाती है व मूत्र से होकर उत्सर्जन होने लगता है।
डाइबिटीज इन्सीपीडस	ADH	न्यूरोहाइपोफाइसिस	पॉलियूरिया

सारणी 5. हॉर्मोन के अतिस्रावण के कारण होने वाले रोग

रोग	हॉर्मोन	स्रावी ग्रन्थि	प्रमुख प्रभाव
महाकायता या भीमकायता	STH	एड्रिनोहाइपोफाइसिस	बाल्यावस्था में अतिस्रावण से भीमकाय शरीर।
अग्राभिकायता	STH	एड्रिनोहाइपोफाइसिस	वयस्कावस्था में चेहरे की अस्थियों का लम्बा होना, इसे रिवर्सल टू गोरिल्ला भी कहते हैं।
नैत्रोत्सेंधी गलगण्ड	थाइरॉक्सिन	थाइरॉइड ग्रन्थि	नेत्र गोलक बाहर की ओर उभर जाते हैं।
प्लूमर रोग	थाइरॉक्सिन	थाइरॉइड ग्रन्थि	थाइरॉइड ग्रन्थि में जगह-जगह गाँठें हो जाती हैं।
ग्रेव का रोग	थाइरॉक्सिन	थाइरॉइड ग्रन्थि	सम्पूर्ण थाइरॉइड ग्रन्थि फूल जाती है।
ऑस्टियोपोरोसिस	PTH	पैराथाइरॉइड ग्रन्थि	अस्थियाँ कमजोर व भंगुर हो जाती हैं व अस्थियों से Ca^{2+} निकलकर रुधिर सीरम में बढ़ जाता है। इसे **हाइपरकैल्सीमिया** कहते हैं।
संपुटीतन्तुमय अस्थि विकृति	PTH	पैराथाइरॉइड ग्रन्थि	**हाइपोकैल्सीमिया**
कुशिंग रोग	कॉर्टीसोल	एड्रिनल कॉर्टेक्स	वक्षीय भाग में वसा के जमाव से शरीर भौंडा हो जाता है।

पादपों में कार्यिकीय समन्वयन (Physiological Coordination in Plants)

हम सभी जानते हैं, कि जैविक क्रियाएँ (Metabolic activities) प्रत्येक जीव का अभिन्न अंग हैं और सभी जीवों के लिए जैविक प्रक्रियाओं का नियंत्रण एवं समन्वयन अतिआवश्यक है। जंतुओं में इन क्रियाओं के नियंत्रण व समन्वयन के लिए विशेष तंत्र व अंग पाए जाते हैं, जोकि पादपों की तुलना में अत्यधिक विकसित होते हैं, परंतु पादप गतिशील नहीं होते हैं तथा उनका बाह्य वातावरण लगभग समान रहता है। अत: ये अंत:स्रावी तंत्र अर्थात् विशेष रासायनिक समन्वयकों (हॉर्मोन्स) के द्वारा ही अपनी जैविक क्रियाओं का नियंत्रण एवं समन्वयन करते हैं।

पादपों में कार्यिकीय समन्वयन (प्रतिक्रिया) विभिन्न भागों या अंगों की दिशात्मक या अदिशात्मक गतियों या वृद्धि के रूप में दृष्टिगत होता है। पादपों मे गतियों को दो भागों में विभाजित किया जा सकता है—

1. उद्दीपन के प्रति तत्काल अनुक्रिया (Immediate Response to Stimulus)

यह गति किसी वृद्धि के कारण नहीं, अपितु उद्दीपन के प्रति अनुक्रिया (Response) के कारण होती है। उद्दीपन, जीवद्रव्य की उत्तेजनशीलता (Excitability) की तीव्रता अथवा दिशा में एक परिवर्तन है, जो कि जीवित जीवद्रव्य पर समुचित प्रभाव (Response) उत्पन्न करता है।

उद्दीपन के फलस्वरूप जीवद्रव्य की वैद्युत स्थिति (Electrical condition) में परिवर्तन होने के कारण यह उद्दीपित अथवा उत्तेजित हो जाता है। यह स्फीति में परिवर्तन स्वरूप अभिव्यक्त होता है। उदाहरण–*मिमोसा (Mimosa)* के पर्ण की पर्णतल्पों की निचली कोशिकाओं में परिवर्तन। इसी प्रकार उद्दीपन से वृद्धि अनियमित अर्थात् एक सतह पर अधिक तथा दूसरी सतह पर रुक जाती है; उदाहरण–अनुवर्तन गतियाँ। इससे ग्रंथि कोशिका से तरल का अधिक स्राव भी हो सकता है।

अत: यह निम्न प्रकार से होता है—

(i) छुई-मुई के पादप की गति वृद्धि से संबंधित नहीं होती हैं। स्पर्श होने की सूचना पादप एक कोशिका से दूसरी कोशिका तक संचारित करने के लिए विद्युत-रसायन साधन का उपयोग करते हैं, परंतु इनमें सूचनाओं के संचरण के लिए कोई विशिष्ट ऊतक कार्यरत् नहीं होता है।

(ii) पादप कोशिकाएँ संचित जल की मात्रा में परिवर्तन करके अपनी आकृति बदल लेती हैं, जिससे फूलने या सिकुड़ने से उसका आकार बदल जाता है।

2. वृद्धि के कारण गति (Movement Due to Growth)

पादपों की वृद्धि की दिशा विभिन्न उद्दीपनों द्वारा नियंत्रित होती है (जैसे–प्रकाश, जल, आदि)। मटर के पादप की तरह कुछ पादप, दूसरे पादप या बाड़ पर प्रतान की सहायता से ऊपर चढ़ते हैं। प्रतान का वह भाग, जो वस्तु के संपर्क में होता है, उतनी तेजी से वृद्धि नहीं करता है, जितना प्रतान का वह भाग करता है, जो वस्तु से दूर रहता है। वृद्धि के कारण पादप एक निश्चित दिशा में धीमी गति से वृद्धि करके उद्दीपन के प्रति अनुक्रिया करते हैं।

अनुवर्तनी गतियाँ या दिशीय गतियाँ (Tropic Movements or Directive Movements)

ये गतियाँ जीवद्रव्य की उत्तेजनशीलता से संबंधित होती हैं। इन गतियों में उद्दीपन जीवद्रव्य पर एक दिशा में कार्य करता है तथा अनुक्रिया का उद्दीपनों से सीधा संबंध होता है।

अनुवर्तनी गतियों के प्रकार (Types of Tropic Movements)

ये निम्न प्रकार की होती हैं—

(i) **प्रकाशानुवर्तनी गतियाँ** (Phototropic Movements) पादप की वृद्धि की गति की दिशा पर प्रकाश का प्रभाव प्रकाशानुवर्तन (Phototropism) कहलाता है। प्रकाशानुवर्तनी गति में मुख्य स्तंभ प्रकाश उद्दीपन के कारण प्रकाश की दिशा की ओर मुड़ जाता है, इसे धनात्मक प्रकाशानुवर्तन (Positive phototropism) कहते हैं, परंतु मूल एवं मूलाभास प्रकाश उद्दीपन की दिशा के विपरीत मुड़ जाते हैं, इसे ऋणात्मक प्रकाशानुवर्तन (Negative phototropism) कहते हैं।

उदाहरण–सूरजमुखी *(Helianthus annuus)* के पुष्प एवं *नेप्टूनिया ओलिरेसिया (Neptunia olearacea)* की पत्तियाँ। प्रकाशानुवर्तन के प्रदर्शन के लिए गमले में लगे एक पादप को लकड़ी के बक्से में रखते हैं। इस बक्से में प्रकाश आने के लिए एक ओर छिद्र होता है। कुछ दिनों बाद पादपों की शाखाएँ छिद्र से आते हुए प्रकाश की ओर मुड़ जाती है, यह धनात्मक प्रकाशानुवर्तन को दर्शाता है, जबकि जड़ें विपरीत दिशा की ओर मुड़ कर ऋणात्मक प्रकाशानुवर्तन दर्शाती है।

(ii) **गुरुत्वानुवर्तनी गतियाँ** (Geotropic Movements) पादप की वृद्धि की गति की दिशा पर गुरुत्वानुकर्षण का प्रभाव गुरुत्वानुवर्तन कहलाता है। **गुरुत्वानुवर्तन** (Geotropism) शब्द **फ्रेंक** (Frank; 1868) द्वारा दिया गया है। गुरुत्वानुवर्तनी गतियाँ गुरुत्वानुकर्षण बल के प्रति अनुक्रिया के फलस्वरूप होती हैं।

पादपों में प्ररोह ऋणात्मक गुरुत्वानुवर्तन (Negative geotropism) दर्शाता हैं, क्योंकि इसकी वृद्धि गुरुत्वाकर्षण बल के विपरीत दिशा में ऊपर की ओर होती है, जबकि जड़ की वृद्धि मृदा में गुरुत्वाकर्षण बल की दिशा में होती है, इसलिए इसे धनात्मक गुरुत्वानुवर्तन (Positive geotropism) कहते हैं।

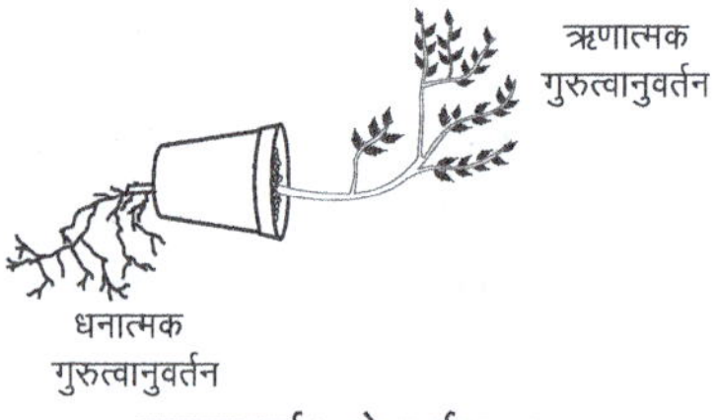

गुरुत्वानुवर्तन को दर्शाता पादप

(iii) **जलानुवर्तनी गतियाँ** (Hydrotropic Movements) वे गतियाँ जो जल के उद्दीपन के कारण होती हैं, जलानुवर्तनी गतियाँ कहलाती हैं। इस प्रकार की गतियों का सर्वप्रथम प्रदर्शन जोहन्सन (Johnson, 1829) ने किया था। उदाहरण–जड़ जल की दिशा की

ओर गति करती है, इसलिए यह धनात्मक जलानुवर्तनी (Positively hydrotropic) होती है।

(iv) **रसायनानुवर्तनी गतियाँ** (Chemotropic Movements) किसी रसायन के उद्दीपन के कारण होने वाली गति को रसायनानुवर्तनी गति कहते हैं। उदाहरण-परागनली की वर्तिका में बीजांड की ओर वृद्धि।

पादपों में रासायनिक समन्वयन
(Chemical Coordination in Plants)

यह तंत्र वास्तव में विशिष्ट रासायनिक पदार्थों द्वारा शरीर की विभिन्न जैविक क्रियाओं और तंत्रों का नियमन व समन्वयन करता है, **अंत:स्रावी तंत्र** (Endocrine system) कहलाता हैं। इस तंत्र की कार्य प्रणाली में प्रयुक्त विभिन्न विशिष्ट रासायनिक पदार्थों को रासायनिक संदेश वाहक या हॉर्मोन (Chemical messengers or hormones) कहते हैं। ये हॉर्मोन्स विशिष्ट ग्रंथियों या ऊतकों से स्रावित होते हैं।

पादप हॉर्मोन्स (Plant Hormones)

पादप हॉर्मोन्स विशेष प्रकार के जटिल कार्बनिक रसायन होते हैं, जो पादपों में वृद्धि (Growth) तथा विकास (Development) को नियंत्रित करते हैं। सामान्यतया ये पादप की जड़ या तने के शीर्ष विभज्योतकों से स्रावित होते हैं और जैविक क्रियाओं का नियंत्रण एवं नियमन करते हैं।

ऑक्सिन

ऑक्सिन (Auxin) की खोज डार्विन ने की थी। इसका निर्माण पादप के ऊपरी भाग में होता है। यह हॉर्मोन प्राकृतिक एवं संश्लेषित दोनों रूपों में मिलते है। इसे वृद्धिकारक हॉर्मोन भी कहते हैं।

1. इन्डोल एसिटिक एसिड (IAA)
2. इन्डोल 3- एसिटेल्डिहाइड
3. इन्डोल 3- पाइरूविक एसिड

संश्लेषित ऑक्सिन (Synthetic auxin) निम्न प्रकार के होते हैं

(i) 2, 4- डाक्लोरो फिनॉक्सी एसिटिक अम्ल

(ii) ट्राइक्लोरो फिनॉक्सी एसिटिक अम्ल

ऑक्सिन के कार्य

- ऑक्सिन के कारण पादपों में शीर्ष प्रमुखता (Apical dominance) हो जाती है तथा पार्श्वीय कक्षीय कलिकाओं की वृद्धि रुक जाती है। यह पत्तियों के विलगन (Abscission) को रोकता है। 2, 4-D खरपतवार (Weeds) को नष्ट करता है।
- इसके द्वारा अनिषेकफल; जैसे–सन्तरा, नींबू, अंगूर, केला, आदि में बीजरहित फल बनते हैं। द्वितीयक वृद्धि के समय ऑक्सिन कैम्बियम में विभाजन को बढ़ाता है।
- कटे हुए पादपों, कलम आदि में कटे सिरे पर, ऑक्सिन का घोल लगा देने पर अपस्थानिक जड़ें बनने लगती है।
- यह पुष्प बनाने पर रोक लगाता है परन्तु अनानास में ऑक्सिन छिड़कने से सभी पादपों में एक साथ पुष्पन होता है।
- यह प्रसुप्ता नियन्त्रक (Control of dormancy) का कार्य करता है। ऑक्सिन तथा साइटोकाइनिन का निश्चित अनुपात पादप ऊतक संवर्द्धन (Plant tissue culture) में प्रयोग होता है।

जिबरेलिन

जिबरेलिन (Gibberellin) हॉर्मोन को धान के खेत में अत्यधिक लम्बे पादपों में देखा गया, इससे धान के पादपों में रोग उत्पन्न होता है। इस बीमारी को बैकेन (Bakene) या फूलिश सीडलिंग (Foolish seedling) कहा जाता है, जिसका कारण *जिबरेला फ्यूजीकुरोई* नामक फफूँद है, जिससे एक वृद्धि नियन्त्रक प्राप्त किया, जिसे जिबरेलिन-A नाम दिया गया।

जिबरेलिन के कार्य

यह बोने पादप को लम्बा कर देता है तथा फूल बनने में सहायता करता है। यह बीजों की प्रसुप्ति भंग कर अंकुरित होने हेतु प्रेरित करता है। यह काष्ठीय पादपों में कैम्बियम की सक्रियता को बढ़ाता है। जिबरेलिन-3 मुख्य रूप से प्रयोग में आने वाला जिबरेलिन है।

साइटोकाइनिन

- **साइटोकाइनिन** (Cytokinin) हॉर्मोन को **मिलर** ने खोजा। **लेथम** ने मक्का के अपरिपक्व बीज से एक साइटोकाइनिन प्राप्त किया, जिसे जीयाटिन (Zeatin) नाम दिया गया।

साइटोकाइनिन के कार्य

- यह ऑक्सिन की उपस्थिति में कोशिका विभाजन एवं विकास में योगदान देता है।
- यह जीर्णता; जैसे—पर्णहरित का विलोपन एवं प्रोटीन के नष्ट होने की क्रिया को रोकता है।
- यह RNA एवं प्रोटीन बनने में मदद करती है।
- इसके द्वारा शीर्ष प्रमुखता की समाप्ति तथा पार्श्वीय वृद्धि होती है।

एब्सिसिक अम्ल

- एब्सिसिक अम्ल (Abscisic acid) को कॉर्न्स और एडिकोट (कपास के पादप से) से खोजा। इसे वृद्धिरोधक हॉर्मोन (Growth regulatory hormone) भी कहते हैं।

एब्सिसिक अम्ल के कार्य

- यह बीजों को सुषुप्तावस्था (Dormant) में रखता है।
- पत्तियों के विलगन तथा जीर्णावस्था को बढ़ावा देता है।
- यह पुष्प (Flowering) में बाधक होता है।

यह वाष्पोत्सर्जन नियन्त्रक के रूप में काम करता है अर्थात् रन्ध्रों को बन्द करता है। फलत: वाष्पोत्सर्जन कम होता है

इथाइलीन

इथाइलीन (Ethylene) की खोज **नेलजोबो** ने की है। इथाइलीन गैसीय रूप में पाया जाने वाला एकमात्र पादप हॉर्मोन है। यह इथेफोन (2-chlorethyl Phosphoric Acid) से निकलती है, जिसका प्रयोग फलों को कृत्रिम रूप से पकाने में किया जाता है। इसे वृद्धि रोधक हॉर्मोन भी कहते हैं।

इथाइलीन के कार्य

इथाइलीन के निम्नलिखित कार्य हैं

- यह फल पकाने वाला हॉर्मोन है।
- यह तने की लम्बाई का वृद्धिरोधक, तने के फूलने से सहायक तथा गुरुत्वानुवर्तन गति को नष्ट करता है।

- यह पत्तियों, फूलों एवं फलों के विलगन की तीव्र करता है।
- मादा पुष्पों की संख्या में वृद्धि, जबकि नर पुष्पों की संख्या में कमी करता है।

अन्य पादप हॉर्मोन

- **फ्लोरिजेन** (Florigen) फूलों के खिलनने में मदद करता है, इसलिए इन्हें फूल खिलाने वाला हॉर्मोन (Flowering hormone) भी कहते हैं।
- **मॉर्फेक्टिन** (Morphectin) ये कृत्रिम वृद्धिरोधक है।
- **क्लोरोकोलीन क्लोराइड** (Chlorocholine Chloride or CCC) यह जिबरेलिन संश्लेषण को रोकता है।
- मैलिक हाइड्राजाइड (Malic Hydrazide) यह पादपों की वृद्धि को रोकता है।

अभ्यास प्रश्न

1. निम्न में से कौन केन्द्रीय तन्त्रिका तन्त्र का भाग है?
(a) मस्तिष्क (b) मेरुदण्ड
(c) संवेदांग (d) दोनों (a) और (b)

2. स्पाइनल तन्त्रिकाएँ होती हैं
(a) चालक (b) संवेदी
(c) मिश्रित (d) इनमें से कोई नहीं

3. अनुकूल प्रतिवर्ती क्रियाओं (Conditional reflex action) का अध्ययन किया था
(a) पैवलोव ने (b) मेण्डल ने
(c) विलियम हार्वे ने (d) ह्यूगो डी व्रीज ने

4. निम्न कथनों को पढ़कर सही कथनों वाले विकल्प का चयन कीजिए।
I. प्रेरक तन्त्रिकाओं के अन्य नाम चालक तन्त्रिकाएँ या अपवाही तन्त्रिकाएँ भी होते हैं।
II. प्रमस्तिष्क एवं डाइएनसिफैलॉन सम्मिलित रूप से अग्र मस्तिष्क कहलाते हैं।
III. ग्लाइसीन एवं GABA आवेश सन्दमक कहलाते हैं।
(a) केवल II (b) I एवं II (c) II एवं III (d) I एवं III

5. अग्र मस्तिष्क से सम्बन्धित नहीं है
(a) घ्राण भाग (b) प्रमस्तिष्क
(c) डाइएनसिफैलॉन (d) अनुमस्तिष्क

6. गन्ध ज्ञान का केन्द्र स्थित है
(a) घ्राण पिण्ड में (b) प्रमस्तिष्क में
(c) अनुमस्तिष्क में (d) पॉन्स में

7. प्रमस्तिष्क है
(a) ज्ञान स्मृति का केन्द्र
(b) वाणी तथा चिन्तन का केन्द्र
(c) इच्छा-शक्ति तथा ऐच्छिक गतियों का केन्द्र
(d) उपरोक्त सभी

8. निम्न में से कौन-सी क्रिया का नियन्त्रण केन्द्र हाइपोथैलेमस में स्थित नहीं है?
(a) भूख, प्यास एवं थकावट
(b) नींद एवं ताप नियन्त्रण
(c) प्रेम, घृणा, तृप्ति एवं क्रोध
(d) ज्ञान, स्मृति, वाणी एवं चिन्तन

9. निम्न में से कौन-सी क्रिया अग्र मस्तिष्क के भाग सेरीब्रम द्वारा नियन्त्रित होती है?
(a) बुद्धिमत्ता (b) रोना
(c) मूत्र त्याग (d) ये सभी

10. तन्त्रिका तन्त्र का विकास होता है
(a) एक्टोडर्म से (b) मीजोडर्म से
(c) एण्डोडर्म से (d) इन सभी से

11. शशक में कितनी कपाल तन्त्रिकाएँ होती हैं?
(a) 10 जोड़ी (b) 11 जोड़ी
(c) 20 जोड़ी (d) 12 जोड़ी

12. मनुष्य में कितनी जोड़ी कपाल तन्त्रिकाएँ होती हैं?
(a) 10 (b) 12
(c) 14 (d) 16

13. मनुष्य में कितने जोड़ी स्पाइनल तन्त्रिकाएँ होती हैं?
(a) 30 (b) 31
(c) 37 (d) 40

14. शशक में कितने जोड़ी स्पाइनल तन्त्रिकाएँ होती हैं?
(a) 30 (b) 31
(c) 37 (d) 40

15. एक सामान्य मनुष्य के मस्तिष्क का भार होता है
(a) 1380 ग्राम (b) 1004 ग्राम
(c) 1880 ग्राम (d) 2500 ग्राम

16. सूची I को सूची II से सुमेलित कीजिए।

	सूची I		सूची II
A.	प्रतिवर्ती क्रिया	1.	प्रतिवर्ती क्रिया
B.	बहुध्रुवीय	2.	न्यूरॉन
C.	Na^+ तथा N^+ आयन्स	3.	पैरासिम्पैथेटिक तन्त्रिका तन्त्र
D.	लार तथा ग्रैस्ट्रिक द्रवों के स्रावण में वृद्धि	4.	अनैच्छिक क्रिया
E.	घुटने में मोच	5.	सक्रिय संवहन

कूट
A B C D E
(a) 4 2 5 3 1 (b) 1 4 3 5 2
(c) 2 4 3 5 1 (d) 2 3 5 1 4

17. निम्न में से कौन तन्त्रिका कोशिका का भाग नहीं है?
(a) साइटॉन (b) एक्सॉन
(c) डेण्ड्रॉन (d) मेरुदण्ड

18. तन्त्रिका कोशिकाओं में अनुपस्थित होता है
(a) माइटोकॉण्ड्रिया (b) गॉल्जीकाय
(c) सेन्ट्रोसोम (d) केन्द्रक

19. भ्रूणीय परिवर्द्धन के पश्चात् निम्न में से कौन-सी कोशिका कभी विभाजित नहीं होती है?
(a) तन्त्रिका कोशिका
(b) पेशी कोशिका
(c) त्वचा की कोशिका
(d) यकृत कोशिका

20. निसल्स कण पाए जाते हैं
(a) उपास्थिमय कोशिकाओं में
(b) तन्त्रिका कोशिकाओं में
(c) पेशी कोशिकओं में
(d) अस्थि कोशिकाओं में

21. दो तन्त्रिका कोशिकाओं (Neurons) के मिलने के स्थान को कहते हैं
(a) सिनैप्सिस (b) सिनेप्टिकुला
(c) सिनैप्स (d) सिनैप्टिक क्लेफ्ट

22. सूची I को सूची II से सुमेलित कीजिए।

	सूची I		सूची II
A.	प्रीमोटर भाग	1.	भाषा का ज्ञान
B.	सोमेस्थैटिक भाग	2.	पेशियों की ऐच्छिक गति
C.	लिम्बिक तन्त्र	3.	व्यवहार
D.	वनरनिके का भाग	4.	स्पर्श, दाब तथा तापमान परिवर्तन की संवेदनशीलता

कूट
A B C D
(a) 2 4 3 1
(b) 1 2 3 4
(c) 4 3 2 1
(d) 3 1 4 2

23. मनुष्य में तन्त्रिका तन्तुओं (Spinal nerves) की संख्या होती है
(a) 10 जोड़ी (b) 12 जोड़ी
(c) 21 जोड़ी (d) 31 जोड़ी

24. मनुष्य के मस्तिष्क का बाह्य आवरण होता है
(a) ड्यूरामेटर (b) पायामेटर
(c) एरेक्नॉएड (d) कोरॉएड

25. पर्किन्सन रोग (Parkinson disease) सम्बन्धित है
(a) केन्द्रीय तन्त्रिका तन्त्र से
(b) अग्न्याशय से
(c) त्वचा से
(d) मुखगुहा से

26. मस्तिष्क में कॉर्पस कैलोसम (Corpus callosum) पाया जाता है
(a) हाथी में (b) कबूतर में
(c) घड़ियाल में (d) मेंढक में

27. तन्त्रिका कोशिका (Neuron) में क्रिया विभव (Action potential) उत्पन्न होता है
(a) Ca^{2+} द्वारा
(b) K^+ द्वारा
(c) Mn^+ द्वारा
(d) Na^+ द्वारा

28. शराब का सेवन करने के पश्चात् किसी व्यक्ति के मस्तिष्क का कौन-सा भाग सबसे पहले प्रभावित होता है?
(a) सेरीब्रम (b) सेरीबेलम
(c) पॉन्स वैरोली (d) मेड्यूला ऑब्लॉंगेटा

29. तन्त्रिका आवेग के संचरण में
(a) Na^+ तन्त्रिकाक्ष द्रव्य (Axoplasm) के अन्दर जाता है
(b) Na^+ तन्त्रिकाक्ष द्रव्य के बाहर जाता है
(c) K^+ तन्त्रिकाक्ष द्रव्य के अन्दर जाता है
(d) Ca^{2+} तन्त्रिकाक्ष द्रव्य के अन्दर जाता है

30. श्वसन केन्द्र कहाँ उपस्थित होता है?
(a) मेड्यूला ऑब्लॉंगेटा में (b) सेरेब्रम में
(c) सेरीबेलम में (d) हाइपोथैलेमस में

31. सूची I को सूची II से सुमेलित कीजिए।

	सूची I		सूची II
A.	पैराइटल पालि	1.	प्रीमोटर भाग
B.	फ्रन्टल पालि	2.	सोमेस्थैटिक भाग
C.	टेम्पोरल पालि	3.	लिम्बिक तन्त्र
D.	हाइपोथैलेमस	4.	वनरनिके का भाग

कूट

	A	B	C	D
(a)	3	1	4	2
(b)	3	4	2	1
(c)	2	1	4	3
(d)	3	4	1	2

32. निम्न कथनों को पढ़कर सही कथनों का चयन कीजिए।
I. अनुकम्पी तन्त्रिका तन्त्र हृदय की धड़कन बढ़ाता है तथा मूत्राशय को शिथिल करता है।
II. परानुकम्पी क्रमाकुंचन की गति को बढ़ाता है तथा इन्सुलिन के स्रावण को घटाता है।
(a) कथन I सही है, किन्तु II गलत है
(b) कथन I गलत है, किन्तु II सही है
(c) दोनों कथन सही हैं
(d) दोनों कथन गलत हैं

33. हमारे कान किस आवृत्ति की ध्वनि को सुन सकते हैं?
(a) 50-20000 हर्ट्ज प्रति सेकण्ड
(b) 20000-40000 हर्ट्ज प्रति सेकण्ड
(c) 40000-100000 हर्ट्ज प्रति सेकण्ड
(d) 100000-200000 हर्ट्ज प्रति सेकण्ड

34. कान का पर्दा कहलाता है
(a) टिम्पैनिक झिल्ली (b) टेन्सर टिम्पैनाई
(c) स्केला टिम्पैनाई (d) स्केला वेस्टीब्यूली

35. सूची I को सूची II से सुमेलित कीजिए।

	सूची I (नेत्र के भाग)		सूची II (कार्य)
A.	फोविया	1.	प्रकाश प्रवेश द्वार बनाती है
B.	आइरिस	2.	आर. जी. बी. (RGB) प्रकाश को ट्रान्सड्यूस करती है
C.	प्यूपिल	3.	केन्द्रीय तन्त्रिका तन्त्र को संवेदना भेजती है
D.	लेन्स	4.	प्रकाश की मात्रा नियन्त्रित करती है
E.	वृक् तन्त्रिका	5	रेटिना पर प्रकाश को केन्द्रित करती है

कूट

	A	B	C	D	E
(a)	4	1	5	2	3
(b)	5	1	4	3	2
(c)	3	1	4	5	2
(d)	2	4	1	5	3

36. मायोपिया या निकट दृष्टि दोष ठीक किया जा सकता है
(a) उत्तल लेन्स द्वारा
(b) अवतल लेन्स द्वारा
(c) सिलेण्ड्रिकल लेन्स द्वारा
(d) कॉर्निया को बदल कर

37. मानव नेत्र के रेटिना में सर्वाधिक शंकु (Cone) पाए जाते हैं
(a) अन्ध बिन्दु पर
(b) रेटिना के किनारों पर
(c) फोविया पर
(d) कोरॉइड पर

38. प्रकाश का तन्त्रिकीय आवेग में संचरण है, एक
(a) जैविक क्रिया (b) रासायनिक क्रिया
(c) यान्त्रिक क्रिया (d) जैव-भौतिक क्रिया

39. सूची I को सूची II से सुमेलित कीजिए।

	सूची I		सूची II
A.	शलाका कोशिकाएँ	1.	आँख का तन्त्रिका स्तर
B.	दृक शंकु	2.	प्रकाश ग्राही कोशिकाएँ
C.	आइरिस	3.	आँख में जाने वाले प्रकाश को नियन्त्रित करना
D.	दृष्टि पटल	4.	प्रकाशीय उद्दीपन को ग्रहण करना

कूट

	A	B	C	D
(a)	1	2	3	4
(b)	1	3	4	2
(c)	4	3	2	1
(d)	2	4	3	1

40. मध्य कर्ण की सबसे छोटी अस्थि है
(a) मैलियस
(b) इनकस
(c) स्टेपीस
(d) इनमें से कोई नहीं

41. उल्लू केवल रात्रि में ही देखने में सक्षम है, क्योंकि
(a) उल्लू के रेटिना में केवल शलाका होती है
(b) उल्लू के रेटिना में केवल शंकु होते हैं
(c) उल्लू रात्रिचर है
(d) शलाकाएँ तथा शंकु दोनों अनुपस्थित होते हैं

42. मीठा तथा खट्टा स्वाद अच्छी प्रकार से पहचाना जा सकता है
(a) जिव्हा के अग्र भाग द्वारा
(b) जिव्हा के आधार द्वारा
(c) जिव्हा के मध्य भाग द्वारा
(d) जिव्हा के पार्श्व भाग द्वारा

43. काचर जल द्रव्य पाया जाता है
(a) कान में (b) आँख में
(c) मस्तिष्क में (d) अस्थि मज्जा में

44. नेत्र प्रचलन के नियमन हेतु कितनी नेत्र पेशियाँ पाई जाती हैं?
(a) 3 (b) 4 (c) 5 (d) 6

45. वर्णान्धता किसकी अनुपस्थिति के कारण होती है?
(a) शलाका (b) शंकु
(c) पलक (d) इनमें से कोई नहीं

46. निम्नलिखित कथनों पर विचार कीजिए।
I. निकट दृष्टि (मायोपिया) वाला व्यक्ति दूरस्थ वस्तुओं को सुस्पष्टता से नहीं देख सकता।
II. दीर्घदृष्ट (हाइपरमेट्रोपिया) वाला व्यक्ति दूरस्थ वस्तुओं का स्पष्टता से नहीं देख सकता।
III. जरा दूरदर्शिता (प्रेस्बायोपिया) वाला व्यक्ति निकटस्थ वस्तुओं को बिना संशोधक चश्में के देख सकता है।
उपरोक्त कथनों में कौन-सा/से सही नहीं है?
(a) I, II एवं III (b) I एवं II
(c) I एवं III (d) केवल II

47. अवतल लेन्स का प्रयोग किस रोग के उपचार में किया जाता है?
(a) मोतियाबिन्द में (b) निकट दृष्टि दोष में
(c) रात्रि अन्धता में (d) दूर दृष्टि दोष में

48. निम्नलिखित में से कौन त्वचा की सतह को जल से अभेद्य बनाता है?
(a) कौलेजन (b) मिलैनिन
(c) किरैटिन (d) काइटिन

49. शलाका (Rods) कोशिकाएँ तथा दृक शंकु (Cones) पाए जाते हैं
(a) आइरिस (Iris) में
(b) कॉर्निया (Cornea) में
(c) स्कलीरोटिक (Sclerotic) में
(d) दृष्टिपटल (Retina) में

50. आँख में प्रवेश करने वाले प्रकाश की मात्रा नियन्त्रित होती है
(a) कॉर्निया द्वारा (b) पुतली द्वारा
(c) आइरिस द्वारा (d) दृढ़ पटल द्वारा

51. सूची I को सूची II से सुमेलित कीजिए।

सूची I (जिह्वा के भाग)		सूची II (स्वाद)	
A.	अग्र छोर	1.	नमकीन
B.	अग्र पार्श्व	2.	मीठा
C.	पश्च पार्श्व	3.	कड़वा
D.	पश्च भाग	4.	खट्टा

कूट

	A	B	C	D
(a)	1	2	3	4
(b)	1	2	4	3
(c)	2	1	4	3
(d)	4	3	2	1

52. वह रिसेप्टर, जो दर्द के प्रति संवेदी होते हैं, कहलाते हैं
(a) टेंगो रिसेप्टर (b) फ्रेगिडोरिसेप्टर
(c) रियोरिसेप्टर (d) एल्गेसी रिसेप्टर

53. मनुष्य में जैकोब्सन के अंग (Jacobson's organ) का क्या कार्य है?
(a) दर्द संवेदी अंग (b) अवशेषी अंग
(c) स्वाद अंग (d) सूँघने का

54. स्तनधारियों की त्वचा के निश्चित भागों में पाई जाने वाली पेसीनियन (Pacinion) देहाणु हैं
(a) दर्दग्राही (b) नग्न स्पर्शग्राही
(c) ग्रन्थिल प्रकार (d) एनकैप्सूलेटेड

55. त्वचा के सन्दर्भ में दिए गए निम्न कथनों को पढ़कर सही कथनों वाले विकल्प का चयन कीजिए।
I. पेसीनी के देहाणु स्पर्शग्राही होते हैं।
II. क्राउस के देहाणु शीतग्राही होते हैं।
III. मरकेल की तश्तरियाँ स्पर्शग्राही होती हैं।
IV. रूफिनी के छोर ऊष्माग्राही होते हैं।
(a) I, II एवं III (b) III एवं IV
(c) I, II एवं IV (d) II, III एवं IV

56. अन्त: कर्ण (Internal ear) में कॉर्टी के अंग (Organ of Corti) जो रोम को कोशिका में वहन करते हैं, निम्न में स्थित होते हैं
(a) स्केला टिम्पैनी (b) स्केला मीडिया
(c) स्केला वेस्टीबुली (d) सैक्यूलस

57. मीसनर के देहाणु (Meissner's corpuscles) स्थित होते हैं
(a) त्वचा में (b) टॉन्सिल्स में
(c) कॉक्लिया में (d) आमाशय की दीवार में

58. हॉर्मोन क्या है?
(a) प्रोटीन (b) अमीनो अम्ल
(c) साधारण कार्बोनेट (d) जटिल कार्बोनेट

59. निम्नलिखित में से कौन-सी अन्त:स्रावी ग्रन्थि अयुग्मित होती हैं?
(a) अधिवृक्क
(b) वृषण
(c) पीयूष
(d) अण्डाशय

60. पीयूष ग्रन्थि पाई जाती है
(a) मस्तिष्क के अधर तल पर
(b) सेरेब्रम पर
(c) सेरेबेलम पर
(d) मस्तिष्क के पृष्ठ तल पर

61. त्वचा का रंग गहरा करने वाला हॉर्मोन है
(a) MTH (b) MSH
(c) STH (d) ACTH

62. पिट्यूट्रिन हॉर्मोन स्रावित करती है
(a) पीयूष
(b) थाइरॉइड
(c) लैंगरहैन्स की द्वीपिकाएँ
(d) अधिवृक्क

63. ऑक्सीटोसिन का स्रावण कहाँ से होता है?
(a) थाइरॉइड (b) थाइमस
(c) पीयूष (d) एड्रीनल

उत्तरमाला

1 *(d)*	2 *(c)*	3 *(a)*	4 *(d)*	5 *(d)*	6 *(a)*	7 *(d)*	8 *(d)*	9 *(d)*	10 *(a)*
11 *(d)*	12 *(b)*	13 *(b)*	14 *(c)*	15 *(a)*	16 *(c)*	17 *(d)*	18 *(c)*	19 *(a)*	20 *(b)*
21 *(c)*	22 *(a)*	23 *(d)*	24 *(a)*	25 *(a)*	26 *(a)*	27 *(d)*	28 *(b)*	29 *(a)*	30 *(a)*
31 *(c)*	32 *(a)*	33 *(a)*	34 *(a)*	35 *(d)*	36 *(b)*	37 *(c)*	38 *(b)*	39 *(d)*	40 *(c)*
41 *(a)*	42 *(a)*	43 *(b)*	44 *(d)*	45 *(b)*	46 *(a)*	47 *(b)*	48 *(c)*	49 *(d)*	50 *(c)*
51 *(c)*	52 *(d)*	53 *(b)*	54 *(b)*	55 *(d)*	56 *(b)*	57 *(a)*	58 *(b)*	59 *(c)*	60 *(a)*
61 *(b)*	62 *(a)*	63 *(c)*							

अध्याय

05

जीवों में जनन

(Reproduction in Organisms)

पृथ्वी पर कोई भी जाति अमर नहीं है। अत: प्रत्येक जीव पृथ्वी पर अपना अस्तित्व बनाए रखने के लिए जनन प्रक्रिया द्वारा अपने जैसी सन्तानों की उत्पत्ति करता है। जनन को हम इस प्रकार परिभाषित कर सकते हैं। जीवों में होने वाली यह प्रक्रिया, जिसके अन्तर्गत जीव अपने ही समान दूसरे जीवों को जन्म देता है, **जनन** (Reproduction) कहलाता है।

जनन की आवश्यकता

- जनन की सबसे ज्यादा आवश्यकता और उपयोगिता किसी जाति विशेष की निरन्तरता बनाए रखने के लिए है।
- जनन द्वारा जीव अपने **समान लक्षणों** वाले जीव उत्पन्न कर सकते हैं।
- जीवों के **आनुवंशिक लक्षण** उनकी सन्तानों में वंशागत होते हैं, इसी कारण सन्तानें जनकों के समान होती हैं।
- एक मुख्य प्रकार के जनन (लैंगिक जनन) द्वारा सन्तानों में विभिन्नताएँ उत्पन्न होती हैं, ये विभिन्नताएँ जैव-विकास का आधार होती हैं।
- विभिन्नताओं की अनुपस्थिति में कोई भी जाति विकास नहीं कर सकती हैं।
- जातियों की उत्तरजीविता हेतु भी जनन आवश्यक है।

जनन प्रक्रिया मुख्यतया दो प्रकार की होती हैं

1. अलैंगिक जनन   2. लैंगिक जनन

अलैंगिक जनन (Asexual Reproduction)

इस प्रकार के जनन में विशेष **जनन कोशिकाओं** (Generative cells) के बिना ही एक जनक द्वारा नई सन्तान का निर्माण होता है। इसके फलस्वरूप, जिस सन्तान का जन्म होता है, वह आनुवंशिकी रूप से पूरी तरह अपने जनक के समान होती है।

अलैंगिक जनन के लक्षण

(i) इसमें सन्तान का एक ही जनक होता है।

(ii) इसमें नए जीव का जन्म केवल कायिक कोशिकाओं द्वारा होता है। अत: इसे **कायिक प्रजनन** (Vegetative reproduction) भी कहते हैं।

(iii) इस प्रकार के जनन में कोशिकाएँ **समसूत्री** (Mitotic) विभाजन करती हैं।

(iv) इस प्रकार के जनन में युग्मकों का निर्माण व निषेचन नहीं होता है।

(v) इस प्रकार के जनन में उत्पन्न आनुवंशिकी व आकारीय रूप से समरूप सन्तति को **क्लोन** या एक पूर्वजक (Clones) कहते हैं। अलैंगिक जनन विधि मुख्यतया एकल जीव, निम्न पादपों तथा जन्तुओं में पाई जाती हैं। **उदाहरण**—प्रोटोजोआ, कवकों तथा कुछ निम्न जीव; जैसे—प्रोटिस्टा, स्पंज, सीलेन्ट्रेटा व *प्लेनेरिया*, आदि।

अलैंगिक जनन की विधियाँ (Modes of Asexul Reproduction)

इसके अंतर्गत निम्न विधियाँ आती हैं

अलैंगिक जनन

- विखंडन
  - द्विविखंडन — उदाहरण-*अमीबा*
  - बहुविखंडन — उदाहरण-*प्लाज्मोडियम*
- खंडन — उदाहरण-*स्पाइरोगायरा*
- पुनरुद्भवन — उदाहरण-*हाइड्रा, प्लेनेरिया*
- मुकुलन — उदाहरण-यीस्ट, *हाइड्रा*
- बीजाणु निर्माण — उदाहरण-फर्न, *राइजोपस*
- कायिक प्रवर्धन
  - प्राकृतिक
  - कृत्रिम
  - ऊतक संवर्धन

  } उदाहरण-आलू, गन्ना *ब्रायोफिल्लम*

1. **विखंडन** (Fission)

इस विधि में परिपक्व जीव विभाजित होकर दो या अधिक कोशिकाओं में विभक्त हो जाता है। इसमें सर्वप्रथम केंद्रक विभाजित होता है तथा बाद में कोशिकाद्रव्य विभाजित होता है। इस विधि द्वारा प्राय: एककोशिकीय जंतुओं में प्रजनन होता है। आद्य एवं सरल एककोशिकीय जंतुओं में कोशिका विभाजन या विखंडन (Cell division) द्वारा नए जंतु की उत्पत्ति होती है। विखंडन की कुछ प्रमुख विधियाँ निम्न हैं

(i) **द्विविखंडन** (Binary Fission)

कुछ प्रोटोजोअन्स (Protozoans) की कोशिकाएँ विभाजन द्वारा सामान्यतया दो बराबर भागों में विभक्त हो जाती हैं; उदाहरण—*अमीबा, पैरामीशियम,* आदि। इस प्रक्रिया में पहले केंद्रक का विभाजन होता है, तत्पश्चात् कोशिकाद्रव्य (Cytoplasm) का विभाजन होता है, जिससे प्रत्येक कोशिका दो संतति कोशिकाओं में बँट जाती है।

(ii) **बहुविखंडन** (Multiple Fission)

कुछ एककोशिकीय जंतुओं में कोशिकाद्रव्य विभाजित होकर सूक्ष्म विखंड बना लेते हैं। अनुकूल परिस्थितियों में कोशिका आवरण के फटने पर ये विखंड मुक्त होकर स्वतंत्र जीवों के रूप में विकसित हो जाते हैं; उदाहरण—*प्लाज्मोडियम* (मलेरिया परजीवी)।

2. **खण्डन द्वारा**

- इस विधि में बहुकोशिकीय जीव पूर्ण वृद्धि करके दो या अधिक खण्डों में टूट जाते हैं।
- इसके पश्चात् प्रत्येक खण्ड वृद्धि करके पूर्ण जीव बना लेता है। उदाहरण—*स्पाइरोगायरा, राइजोपस, यूलोथ्रिक्स।*

3. **मुकुलन द्वारा**

- इस प्रक्रिया में जनन कोशिका पर एक उभार बनता है, जो **मुकुल** (Bud) कहलाता है।
- यह मुकुल धीरे-धीरे बड़ा हो जाता है और मातृकोशिका से अलग होकर स्वतन्त्र पादप बना लेता है। उदाहरण—यीस्ट, *हाइड्रा* आदि।
- यीस्ट में ये मुकुल मातृकोशिका से अलग हुए बिना ही नए मुकुल का निर्माण करते हैं, जिससे एक ही यीस्ट कोशिका पर मुकुलों या कलिकाओं की शृंखला बन जाती है।

4. **पुनरुद्भवन** (Regeneration)

- किसी जंतु के किसी भी कटे हुए भाग से नए जंतु की उत्पत्ति को पुनरुद्भवन (पुनर्जनन) कहते हैं; उदाहरण—*हाइड्रा, प्लेनेरिया,* आदि। इन जीवों को यदि अनेक टुकड़ों में काट दिया जाएँ, तो प्रत्येक भाग वृद्धि एवं विभाजन द्वारा विकसित होकर पूर्ण जीव का निर्माण करते हैं।
- जटिल संरचना वाले जीव पुनरुद्भवन द्वारा नई संतति उत्पन्न नहीं कर सकते हैं, क्योंकि इन जीवों की कोशिकाएँ विभिन्न कार्यों हेतु विशिष्टकृत हो जाती हैं और उनमें विभाजन की क्षमता नहीं रहती है।
- कवकों में भी इसी प्रकार के बीजाणु बनते हैं। अधिकतर बीजाणुओं की संरचना एककोशिकीय होती है तथा इनमें बाहर की तरफ वातावरण से सुरक्षा हेतु कठोर आवरण उपस्थित होता है।
- इनका प्रकीर्णन वायु या जल द्वारा होता है, जो अनुकूल परिस्थितियों में नमी अवशोषित कर नए जीव या कवक तंतु (Hyphae) का निर्माण करते है; उदाहरण—*म्यूकर, राइजोपस, पक्सीनिया,* फर्न, आदि।

5. **बीजाणुओं द्वारा**

- एककोशिकीय पादपों में बहुविखण्डन के पश्चात् **चलबीजाणुओं** (Zoospores) का निर्माण होता है। उदाहरण—*क्लैमाइडोमोनास*। तत्पश्चात् ये चलबीजाणु मुक्त होकर सामान्य पादप की तरह जीवन व्यतीत करने लगते हैं।
- इसी प्रकार प्रतिकूल परिस्थितियों में यीस्ट कोशिकाएँ आवरणयुक्त बीजाणु का निर्माण करते हैं, जो **अन्त:बीजाणु** (Endospores) कहलाते हैं। उदाहरण—*म्यूकर, राइजोपस, पक्सीनिया,* फर्न, आदि।

6. **कायिक जनन या प्रवर्धन**

- कुछ पादप; जैसे—गन्ना, गुलाब या अंगूर, आदि को उगाने के लिए **कायिक प्रवर्धन** का प्रयोग किया जाता है, क्योंकि इसके द्वारा उगाए गए पादपों में बीज की आवश्यकता नहीं होती है और बीज द्वारा उगाए गए पादपों की अपेक्षा पुष्प व फल कम समय में आ जाते हैं।
- यह पद्धति उन पादपों; जैसे—केला, सन्तरा एवं चमेली, आदि को उगाने के लिए भी उपयोगी हैं, जो बीज उत्पन्न करने की क्षमता खो चुके होते हैं।
- कायिक प्रवर्धन का दूसरा लाभ यह भी है कि इस प्रकार उत्पन्न सभी पादप आनुवंशिक रूप से जनक पादप के समान ही होते हैं।
- इस प्रक्रिया में पादप का कोई भी **वर्धी भाग** मातृ पादप से अलग होकर नए पादप का निर्माण करता है, कायिक प्रजनन या प्रवर्धन, जो निम्न प्रकार के होते हैं

(i) **प्राकृतिक कायिक प्रवर्धन**

- इस क्रिया में प्राकृतिक रूप से पादप का कोई भी अंग या रूपान्तरित भाग मातृ पादप से अलग होकर नया पादप बनाता है।
- यह अनुकूल परिस्थितियों में सम्पन्न होता है।
- कायिक अंगों से जनन के आधार पर प्राकृतिक कायिक जनन को *निम्नलिखित भागों में बाँटा गया है*

1. **जड़ों द्वारा** जिन जड़ों में भोजन संचय होता है तथा जिन जड़ों पर अपस्थानिक कलिकाएँ उपस्थित होती हैं। अनुकूल परिस्थितियों में ये अपस्थानिक कलिकाएँ पादप का निर्माण करती हैं।
   उदाहरण—शकरकन्द, सतावर, पुदीना, आदि।
2. **पत्ती द्वारा** कुछ मांसल पर्णों (पत्तियों) में भोजन संग्रह होता है। यह पर्ण कलिकाओं का निर्माण करती है तथा ये कलिकाएँ अनुकूल परिस्थितियों में नए पादप का निर्माण करती हैं। **उदाहरण**—*ब्रायोफिल्लम, बिगोनिया,* घाव पत्ता, आदि।
3. **तनों द्वारा** जिन तनों में भोजन संग्रह होता है, उनमें पर्व सन्धियों पर अपस्थानिक कलिकाएँ उपस्थित होती हैं। ये पर्व सन्धियाँ नए-नए पादप के निर्माण में सहायक होती हैं।
   ये तने निम्न प्रकार के होते हैं

- **भूमिगत तने : उदाहरण**—आलू, अरबी, जिमीकन्द, अदरक, आदि।
- **अर्द्धवायवीय तने : उदाहरण**—स्ट्राबेरी, जलकुम्भी, आदि।
- **वायवीय तने : उदाहरण**—खट्टी-बूटी, अनानास, आदि।

(ii) **कृत्रिम कायिक प्रवर्धन**

मानव द्वारा पादपों में कृत्रिम ढंग से किए गए कायिक जनन को कृत्रिम कायिक जनन या प्रवर्धन कहते हैं।

पादपों में कृत्रिम कायिक जनन की विधियाँ निम्नलिखित हैं

1. **कलम लगाना** इस विधि में अच्छे विकसित **परिपक्व पादपों** की शाखाओं को काटकर भूमि में दबा दिया जाता है। इन शाखाओं पर कुछ कक्षस्थ कलिकाओं का होना आवश्यक है। शाखा के भूमिगत भाग की पर्व सन्धियों से अपस्थानिक जड़ें निकलती हैं। इनकी कक्षस्थ कलिकाएँ वृद्धि करके एक नए पादप का निर्माण करती हैं। उदाहरण—गुलाब, गन्ना, गुड़हल, आदि।
2. **दाब लगाना** वह पादप, जिनकी शाखाएँ कठोर होती हैं, सरलता से कलम के रूप में प्रवर्धित नहीं हो पाते हैं। इसलिए इन पादपों में, पादप की शाखा के कुछ भाग को छीलकर शाखा को भूमि में दबा देते हैं। कुछ समय पश्चात्, मृदा में दबे हुए भाग से अपस्थानिक जड़ें निकल आती हैं। अब इस अवस्था में शाखा को जनक पादप से काटकर अलग करके इसे मिट्टी में रोप देते हैं। उदाहरण—नींबू, चमेली, अंगूर, आदि।
3. **गूटी लगाना/बाँधना** पुराने वृक्षों की शाखाएँ मोटी तथा मजबूत होती हैं इसलिए इनकी शाखाओं को नीचे झुकाना या रोके रखना आसान नहीं होता है। अतः इस विधि में पादप की एक शाखा को छीलकर उस पर खादयुक्त मिट्टी लगाकर टाट लपेट देते हैं। मिट्टी को नम बनाए रखने के लिए एक घड़े में छेद करके इसके ऊपर लटका देते हैं। खादयुक्त मिट्टी के स्थान पर माँस भी लपेटा जा सकता है। तत्पश्चात् छेद से रस्सी का टुकड़ा निकालकर गूटी से लपेट दिया जाता है। कुछ दिनों में इसमें अपस्थानिक जड़ें विकसित हो जाती हैं। इस शाखा को गूटी के निचले भाग से अलग करके मिट्टी में रोप देते हैं। उदाहरण—अमरूद, सन्तरा, आदि।
4. **पैबन्द लगाना या रोपण** इसमें निम्न या अशुद्ध जाति के पादप पर उच्च या शुद्ध किस्म के पादप को रोपित किया जाता है। यह निम्न विधियों द्वारा होता है
   - **कशारोपण** इस विधि में निम्न किस्म के जाति के तने को तिरछा काट लिया जाता है, जिसे **स्कन्ध** (Stock) कहते हैं तथा उच्च किस्म की जाति के पादप की एक शाखा या **कलम** (श्यान) को इसी प्रकार तिरछी काटकर मिलान करके इसके साथ जोड़ दिया जाता है। इसके पश्चात् इस पूर्ण संरचना को रस्सी, आदि से बाँध दिया जाता है।
   - **स्फान रोपण** इस विधि में स्कन्ध में 'V' **आकार** की खाँच बनाई जाती है तथा श्यान भी इसमें फिट करने के अनुरूप ही काटी जाती है।
   - **कलिका रोपण** इसमें साधारण जाति के वृक्ष के तने पर छाल की गहराई तक तिरछी काट लगाते हैं। इस काट में उच्च जाति की कलिका को सावधानीपूर्वक रोप दिया जाता है तथा चारों ओर से डोरी से बाँधकर उस पर मोम पिघलाकर लेप चढ़ा दिया जाता है, इसे **चश्मा चढ़ाना** भी कहा जाता है।
5. **शाखा बन्धन** इस विधि में निम्न जाति के पादप को उच्च जाति के पादप के पास उनकी शाखाओं के काष्ठीय भाग को छीलकर एक-दूसरे से चिपकाकर तथा इस बन्धन पर लेप करके रस्सी से बाँध दिया जाता है। कुछ समय पश्चात् दोनों पादप जुड़ जाते हैं तत्पश्चात् गमले में लगे पादप के शीर्ष को तथा कलम को भी मातृ पादप से अलग कर देते हैं।
6. **पादप के ऊतक या अंगों** (पादप टुकड़े) द्वारा प्रयोगशाला में उचित संवर्धन माध्यम की उपस्थिति में रोगहीन पादपों का विकास करना, ऊतक संवर्धन कहलाता है। इस तकनीक को अंतः पात्रे (In vitro) जनन या सूक्ष्म प्रवर्धन (Micropropagation) भी कहते हैं, क्योंकि यह प्रयोगशाला में पात्र में होती है। तत्पश्चात् विकसित नवपादप को मृदा में व्यवस्थित कर दिया जाता है। इस विधि में, जिस पादप के ऊतक (Explant) को संवर्धित करना होता है, उस पादप की कोशिका को पोषक माध्यम में रख दिया जाता है। इस संवर्धन माध्यम में अकार्बनिक लवण, कुछ विटामिन तथा वृद्धि नियंत्रक पादप हॉर्मोन (साइटोकाइनिन) मिलाते हैं। ऊतक की कोशिकाएँ अनियमित रूप से विभाजन कर कैलस (Callus) का निर्माण करती हैं। कैलस की कोशिकाएँ कलिकाओं का निर्माण करती हैं, जो वृद्धि करके नए पादप का निर्माण करती हैं। यह तकनीक सजावट वाले पादप; जैसे-कार्निशन, ऑर्किड, डहेलिया, आदि के उत्पादन हेतु अधिक प्रयोग की जाती है।

   ऊतक संवर्धन तकनीक के निम्न लाभ हैं-

   इससे रोगहीन वातावरण में एकल जनक द्वारा अत्यधिक मात्रा में पादप विकसित किए जाते हैं।

   इस विधि द्वारा पादपों को विभिन्न रोगों से बचाया जा सकता है।

   इस विधि द्वारा सजावट योग्य पादपों का जल्दी विकास संभव है।

   इस विधि में वातावरण का पादप वृद्धि पर कोई प्रभाव नहीं पड़ता है।

कायिक जनन के लाभ

- इस विधि द्वारा कम समय में पादप विकसित किए जा सकते हैं।
- इस विधि से उत्पन्न नए पादप, मातृ पादप के समान होते हैं। इनमें विभिन्नताएँ नहीं होती हैं।
- कायिक जनन द्वारा अनुपयोगी जंगली प्रजातियों को उपयोगी पादपों में परिवर्तित किया जा सकता है।
- कायिक जनन द्वारा विकसित पादप बाह्य वातावरण से अप्रभावित रहते हैं।
- अनेक पादपों में सामान्यतया कायिक जनन ही सम्भव होता है। इसमें लिंगी या लैंगिक जनन सम्भव नहीं होता है; जैसे—केला, बाँस, इलायची, आदि।
- पादपों के विशेष लक्षण पीढ़ी-दर-पीढ़ी बने रहते हैं।

कायिक जनन की हानियाँ

- इस प्रकार के जनन से पादप में उनके लक्षणों को बदला नहीं जा सकता।
- कायिक जनन से कुछ पीढ़ियों के बाद पादपों की प्रजनन क्षमता कम हो जाती है।
- इस जनन के कारण नई जातियाँ उत्पन्न नहीं हो पाती हैं।

अलैंगिक जनन के लाभ

- अलैंगिक जनन में एकल जनक होने के कारण **प्रजनन** आसान हो जाता है, जिन पादपों में बीज नहीं बन पाते हैं, वे भी इस विधि द्वारा अपनी ही जैसी सन्तति को उत्पन्न कर सकते हैं तथा जनकों को युग्मक बनने में अपनी ऊर्जा व्यय नहीं करनी पड़ती है।
- अलैंगिक जनन कई विधियों द्वारा हो सकता है। इसी कारण अलग-अलग पादपों में यह अलग-अलग विधि द्वारा सम्पन्न होता है।
- किसी एक ऐसे स्थल पर जहाँ पर-परागण या लैंगिक जनन नहीं हो पाता है, अलैंगिक जनन सफलतापूर्वक सन्तति उत्पन्न कर सकता है।

लैंगिक जनन (Sexual Reproduction)

- इस प्रकार के जनन में, विशेष जनन कोशिकाओं द्वारा **दो जनकों** (अधिकतर माता एवं पिता) से नई सन्तान का निर्माण होता है।
- इस प्रकार के जनन में विशेष जनन कोशिकाएँ दो प्रकार के **युग्मक** (Gametes) बनाती है, जो स्वभावतया एक-दूसरे के विपरीत होते हैं।
- इन युग्मकों के मिलन (निषेचन-Fertilisation) के फलस्वरूप नई सन्तान की उत्पत्ति होती है। ये युग्मक अपने व्यवहार के अनुरूप नर एवं मादा में वर्गीकृत होते हैं।
- इनका निर्माण एक ही जनक या दो अलग-अलग जनकों में हो सकता है, जब इनका निर्माण अलग-अलग जनकों में होता है, तो उन्हें अलग-अलग लिंग का मानते हैं तथा नर युग्मक वाले जनक को पिता (पुरुष-Male) एवं मादा युग्मक वाले जनक को माता (स्त्री-Female) कहते हैं।
- समान युग्मकों के संयुग्मन को **समयुग्मन** (Isogamy) कहतें हैं। **उदाहरण**—जीवाणु तथा असमान युग्मकों के संयुग्मन को **असमयुग्मन** (Anisogamy) कहते हैं। उदाहरण—सभी उच्च प्राणी।

लैंगिक जनन के लक्षण

- इस विधि में मुख्यतया पूरक लिंग जनक स्त्री व पुरुष सम्मिलित होते हैं।
- इन जनकों में अर्द्धसूत्री (Meiotic) विभाजन के फलस्वरूप नर व मादा युग्मकों का निर्माण होता है।
- इसके पश्चात् मादा व नर युग्मकों का निषेचन होता है, जिसके फलस्वरूप युग्मनज (Zygote) का निर्माण होता है।
- लैंगिक जनन से उत्पन्न सन्तति, अपने माता व पिता के पूर्णतया समरूप नहीं होती, अपितु अधिकतर लक्षण समान होते हैं।
- लैंगिक जनन अधिकतर उच्च पादपों एवं जन्तुओं में होता है।

पुष्पीय पादपों में लैंगिक जनन

- उच्च पादपों में लैंगिक जनन की प्रक्रिया के लिए विशेष संरचनाएँ पाई जाती हैं, जिन्हें **पुष्प** कहते हैं।
- इन पुष्पों के विशेष अंगों में जनन कोशिकाएँ पाई जाती हैं, जिनसे युग्मनज बनकर लैंगिक जनन की प्रक्रियाओं में भाग लेते हैं।

पुष्प की संरचना

- पुष्पी पादपों में लैंगिक जनन के मुख्य अंग पुष्प होते हैं।
- अधिकांश पादपों में पुष्प चार प्रकार की रूपान्तरित पत्तियों की संरचना है। पुष्प के विभिन्न भाग बाह्यदल (Calyx), दल (Corolla), पुंकेसर (Stamen) एवं स्त्रीकेसर (Pistil) होते हैं।
- इसमें से बाह्य दलपुंज तथा दलपुंज पुष्प के सहायक अंग तथा पुमंग एवं जायांग आवश्यक अंग कहलाते हैं।
- ये भाग पुष्पवृन्त के फूले हुए सिरे पर चक्रों के रूप में बाहर से अन्दर की ओर निम्न प्रकार विन्यासित रहते हैं
  बाह्य दलपुंज → दलपुंज → पुमंग (पुंकेसर) → जायांग (स्त्रीकेसर)
- पुष्प के नर जनन अंग को **पुंकेसर** और मादा जनन अंग को **स्त्रीकेसर** कहते हैं, जिनमें जनन कोशिकाएँ होती हैं।

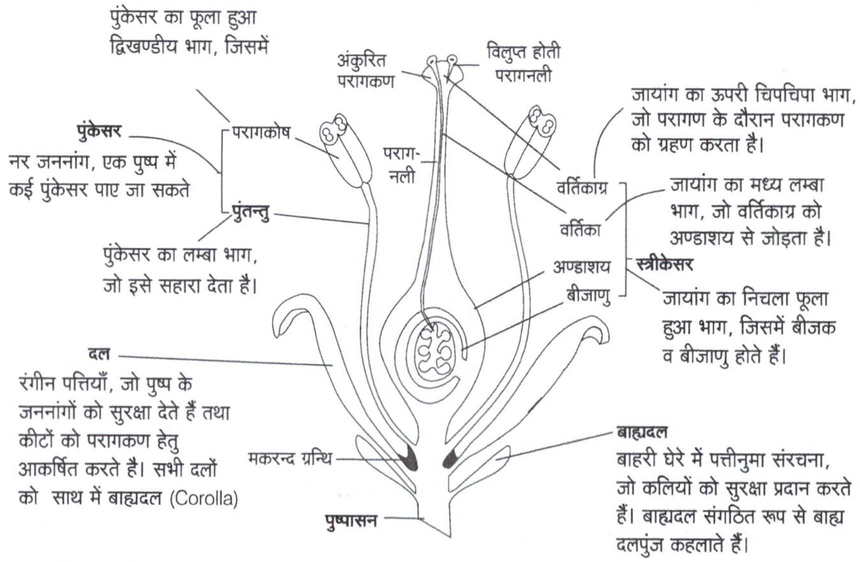

पुष्प के विभिन्न जनन अंग (अनुदैर्ध्य काट)

जननांगों के आधार पर पुष्प दो प्रकार के होते हैं

1. **एकलिंगी पुष्प** जब पुष्प में पुंकेसर या स्त्रीकेसर में से कोई एक जननांग उपस्थित होता है, तो पुष्प एकलिंगी कहलाते हैं; जैसे—पपीता, तरबूज, आदि।
2. **उभयलिंगी पुष्प** जब पुष्प में पुंकेसर एवं स्त्रीकेसर दोनों उपस्थित होते हैं, तो पुष्प उभयलिंगी कहलाते हैं; जैसे—गुड़हल, सरसों, आदि। वह पुष्प, जिनमें चारों प्रकार के चक्र पाए जाते हैं, **पूर्ण पुष्प** (Complete flower) तथा जिनमें एक या एक से अधिक चक्र अनुपस्थित होते हैं, उन्हें **अपूर्ण पुष्प** (Incomplete flower) कहते हैं।

पादपों में लैंगिक जनन के चरण

पादपों में होने वाले लैंगिक जनन के चारों चरण निम्न प्रकार हैं

1. **युग्मकजनन** अर्द्धसूत्री विभाजन द्वारा अगुणित युग्मकों का निर्माण ही युग्मकजनन कहलाता है। नर कोशिकाएँ या परागकण के निर्माण को **नर युग्मक जनन** कहते हैं। अण्ड के निर्माण को **मादा युग्मक जनन** कहते हैं।
2. **परागण** परागकणों का वर्तिकाग्र तक पहुँचने की क्रिया।
3. **निषेचन** नर तथा मादा युग्मक केन्द्रकों का संलयन।
4. **बीज तथा फलों का निर्माण** निषेचन के पश्चात् बीजाण्ड एवं अण्डाशय का परिपक्वन।

युग्मकजनन

इसमें मुख्यतया दो क्रिया होती हैं

नर युग्मकोद्भिद् अथवा परागकण का बनाना पुंकेसर पर दो **परागकोष** उपस्थित होते हैं। इनके दो-दो परागपुटों में परागकणों का निर्माण विशेष **लघुबीजाणु मातृ कोशिका** से होता है। यह कोशिका विभाजन के द्वारा एकसाथ चार कोशिकाओं का निर्माण करती है।

चार कोशिकाओं का यह समूह **चतुष्क** (Tetrad) कहलाता है तथा चतुष्क की प्रत्येक कोशिका एक लघुबीजाणु बनाती है, जो बाद में परागकण के रूप में बदल जाती है। परागकण परागपुट में बिखरे रहते हैं तथा यह प्राय: दो आवरणों से ढका होता है।

परागकण की संरचना

परागकण या लघुबीजाणु (Pollen grain or Microspore) वास्तविकता में पादप का **नर युग्मकोद्भिद** (Male gametophyte) होता है। यह दो आवरणों से ढकी हुई एक कोशिका सदृश्य संरचना है। परागपुट में ही इसका एकमात्र केन्द्रक साधारण विभाजन द्वारा विभाजित होकर एक **नलिका केन्द्रक** (Tube nucleus) एवं दूसरा **जनन केन्द्रक** (Generative nucleus) बनाता है। अब जनन केन्द्रक और इसके चारों तरफ के जीवद्रव्य को **जनन कोशिका** (Generative cell) कहते हैं।

परागकण में जनन कोशिका एवं नलिका केन्द्रक के बाहर उपस्थित दो आवरण निम्न प्रकार हैं

1. **बाह्यचोल** यह अत्यन्त कठोर, खुरदरा एवं क्युटिन युक्त पदार्थों का बना हुआ आवरण है। विभिन्न पादपों में परागण के आधार पर यह आवरण भिन्न-भिन्न प्रकार से अनुकूलित होता है। बाह्यचोल विभिन्न प्रकार से अनुकूलित होने के साथ-साथ एक समानता भी रखता है, जिसके फलस्वरूप सभी परागकणों के बाह्यचोल में एक या एक से अधिक **जनन छिद्र** (Germ pores) होते हैं, जिनसे **परागण** (Pollination) के पश्चात् पराग नलिका (Pollen tube) बाहर निकलती है।
2. **अन्त:चोल** यह बाह्यचोल के भीतर जीवद्रव्य एवं केन्द्रक अर्थात् जनन कोशिका के बाहर का अत्यन्त पतली भित्ति सदृश आवरण होता है, जोकि पराग नलिका बनाने के लिए उत्तरदायी होता है।

मादा युग्मकजनन या मादा युग्मकोद्भिद् का बनना पुष्प के स्त्रीकेसर में अण्डाशय नामक भाग होता है। इसके आधारीय भाग में **बीजाण्ड** (Ovule) **जरायु** (Placenta) नामक संरचना से लगे होते हैं। बीजाण्ड के भीतर उपस्थित भ्रूणकोष नामक संरचना को मादा युग्मकोद्भिद् की संज्ञा दी जाती है।

बीजाण्ड की संरचना

पादपों में प्रत्येक बीजाण्ड, बीजाण्डासन से एक पतले व छोटे **बीजाण्डवृन्त** (Funicle) द्वारा जुड़ा रहता है, जिस स्थान पर बीजाण्ड, बीजाण्डवृन्त से जुड़ता है, उसे **नाभिका** (Hilum) कहते हैं। बीजाण्ड के भीतर का अधिकांश भाग **बीजाण्डकाय** (Nucellus) से बना होता है, जिसके चारों ओर बाह्य अध्यावरण तथा अन्त:अध्यावरण पाए जाते हैं। इन पर्तों के मध्य नीचे की ओर एक छिद्र होता है, जिसे **बीजाण्डद्वार** (Micropyle) कहते हैं। बीजाण्ड का आधारीय भाग **निभाग** (Chalaza) कहलाता है।

बीजाण्डकाय में अन्दर की ओर **भ्रूणकोष** (Embryo sac) स्थित होता है। भ्रूणकोष में बीजाण्डद्वार की ओर तीन कोशिकाओं का समूह पाया जाता है। इसे **अण्ड समुच्चय** (Egg apparatus) कहते हैं।

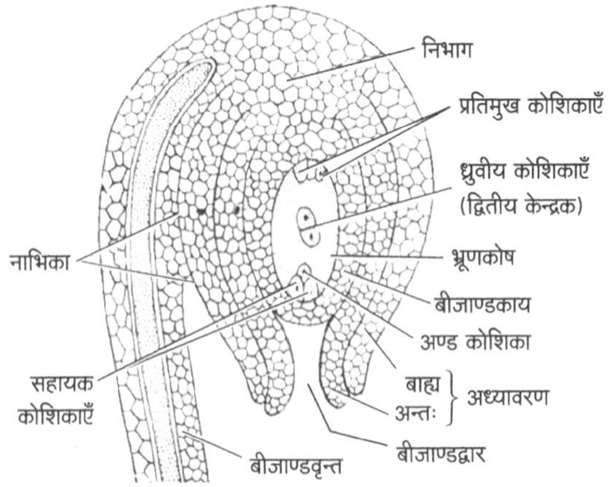

बीजाण्ड की अनुलम्ब काट

अण्ड समुच्चय के मध्य में बड़ी **अण्डकोशिका** (Egg cell) तथा इसके दोनों ओर एक-एक छोटी **सहायक कोशिकाएँ** (Synergid cells) होती हैं। निभाग की ओर भी तीन कोशिकाएँ स्थित होती हैं। इन कोशिकाओं को **प्रतिमुख कोशिकाएँ** (Antipodal cells) कहते हैं। भ्रूणकोष के मध्य दो कोशिकाएँ पाई जाती हैं। इन्हें **ध्रुवीय कोशिकाएँ** (Polar cells) कहते हैं। कभी-कभी दोनों ध्रुवीय कोशिकाएँ मिलकर **द्वितीयक केन्द्रक** (Secondary nucleus) का निर्माण भी करती हैं।

परागण

किसी पुष्प के परागकणों का उसी पुष्प अथवा उसी जाति के किसी अन्य पुष्प के वर्तिकाग्र पर पहुँचने की क्रिया को 'परागण' कहते हैं।

परागण मुख्य रूप से दो प्रकार का होता है

(i) स्व-परागण

किसी पादप के पुष्प के परागकण उसी पुष्प के **वर्तिकाग्र** (Stigma) पर या उसी पादप के किसी अन्य पुष्प के वर्तिकाग्र पर अथवा कायिक जनन द्वारा तैयार किए गए उसी जाति के किसी अन्य पादप के पुष्प के वर्तिकाग्र पर पहुँचने को 'स्व-परागण' कहते हैं।

स्व-परागण के लाभ

- इससे पीढ़ी की शुद्धता बनी रहती है।
- इसमें अधिक परागकणों की आवश्यकता नहीं होती है, क्योंकि परागकण विभिन्न माध्यमों में नष्ट नहीं होते।

- इसमें अन्य किसी माध्यम; जैसे—सुगन्ध, मधु, आदि की आवश्यकता नहीं होती है।

स्व-परागण की हानियाँ

- इससे उत्पन्न बीज संख्या में कम व छोटे होते हैं।
- बीजों को पकने में अधिक समय लगता है।
- नई तथा स्वस्थ किस्म का निर्माण नहीं होता है।

(ii) **पर-परागण**

जब एक पुष्प के परागकण लिंगी जनन द्वारा उत्पन्न उसी जाति के अन्य पादप के **वर्तिकाग्र** पर विभिन्न माध्यमों से पहुँचते हैं, तो इसे पर-परागण कहते हैं। एकलिंगी पुष्प पपीता, मक्का में पर-परागण पाया जाता है। पर-परागण कीटों द्वारा, वायु द्वारा, जल द्वारा और जन्तुओं के माध्यम से होता है।

पर-परागण की विधियाँ

पादपों में पर-परागण निम्न प्रकार से होता है

1. **कीटों द्वारा परागण** कीटों को आकर्षित करने के लिए पादपों में विशेष युक्तियाँ; जैसे—पुष्पों का रंग, सुगन्ध, मकरन्द, आदि की उपस्थिति अपनाई जाती हैं। कीट परागित पुष्प बड़े ही आकर्षण एवं मकरन्द युक्त होते हैं। इन पुष्पों के वर्तिकाग्र प्राय: चिपचिपे होते हैं। **उदाहरण**—अंजीर, आक, *साल्विया*, पीपल, आदि।
2. **वायु द्वारा परागण** अनेक पादपों में वायु द्वारा परागण होता है। इसके लिए अनेक युक्तियाँ पाई जाती हैं; जैसे—पुष्प प्राय: छोटे और समूह में लगे होते हैं। इन पुष्पों में सुगन्ध, मकरन्द और रंग का अभाव होता है। इनकी वर्तिकाग्र खुरदरे एवं चिपचिपे होते हैं। परागकण हल्के, जलरोधी और शुष्क होते हैं तथा अत्यधिक मात्रा में बनते हैं, क्योंकि वायु के माध्यम से इनकी हानि बहुत अधिक होती है। **उदाहरण**—गेहूँ, मक्का, ज्वार, आदि।
3. **जल द्वारा परागण** यह परागण जल में उगने वाले पादपों में पाया जाता है। इन पादपों में पुष्प जल के ऊपर खिलते हैं; जैसे—कमल, जललिली, आदि जल परागण के लिए पुष्पों, परागकणों, वर्तिका, वर्तिकाग्र, आदि में अनेक अनुकूलन पाए जाते हैं। पुष्प रंगहीन, मकरन्दहीन और गन्धहीन होते हैं। परागकण हल्के होते हैं, इनका घनत्व अधिक अर्थात् ये संख्या में ज्यादा होते हैं।

   इससे परागकण जल सतह पर तैरते हुए मादा पुष्प के सम्पर्क में आते हैं। तत्पश्चात् परागकण वर्तिकाग्र द्वारा ग्रहण कर लिए जाते हैं; **उदाहरण**—*वैलिस्नेरिया, हाइड्रिला, सिरेटोफिल्लम*, आदि में।
4. **जन्तु परागण** कुछ पादपों में परागण घोंघों, पक्षियों, चमगादड़, आदि की सहायता से होता है; **उदाहरण**—सेमल, कदम्ब, *बिगोनिया*, आदि।

पर-परागण के लाभ

- पर-परागण के फलस्वरूप आनुवंशिक पुनर्योजन होता है, जिसके कारण सन्तति में लाभदायक लक्षण विकसित होते हैं।
- पर-परागण से नई जातियाँ उत्पन्न होती हैं।
- पर-परागण के फलस्वरूप बने बीज संख्या में अधिक और स्वस्थ होते हैं।
- कृत्रिम पर-परागण के फलस्वरूप रोग-प्रतिरोधी प्रजातियाँ विकसित होती हैं, जिनकी प्रतिरोधक क्षमता अधिक होती है।

पर-परागण की हानियाँ

- परागकण अधिक संख्या में बनते हैं और व्यर्थ होते हैं।
- पादपों को परागकण, गन्ध और मकरन्द बनाने के लिए बहुत अधिक ऊर्जा व्यय करनी पड़ती है।
- पर-परागण के लिए पादपों को विभिन्न युक्तियों; जैसे—कीट, वायु, जल, पक्षी, आदि पर निर्भर रहना होता है।
- पर-परागण के फलस्वरूप प्रजाति के पैतृक लक्षणों में भिन्नता आ जाती है।

परागकण का अंकुरण

वर्तिकाग्र (Stigma) से परागण के समय एक तरल पदार्थ स्रावित होता है, जिसमें प्राय: शर्करा या **मैलिक अम्ल** (Maleic acid) जैसे रसायन पाए जाते हैं। इन तरल पदार्थों का अवशोषण करके परागकण फूल जाते हैं। परिणामस्वरूप **अन्तःचोल** (Intine) जनन छिद्रों से पराग नलिका के रूप में बाहर निकल आती है। परागकण की जनन कोशिका के दोनों केन्द्रक अर्थात् जनन एवं वर्धी केन्द्रक **पराग नलिका** बनने के बाद उसकी तरफ जाना आरम्भ कर देते हैं और शीघ्र ही उसके अन्दर पहुँच जाते हैं। पराग नलिका वृद्धि करके वर्तिकाग्र एवं वर्तिका से होती हुई अण्डाशय में स्थित बीजाण्ड में प्रवेश कर जाती है। पराग नलिका का जनन केन्द्रक सूत्री विभाजन द्वारा दो **नर युग्मकों** का निर्माण करता है। अत: पराग नलिका का मुख्य कार्य इन नर युग्मकों को बीजाण्ड तक पहुँचाना है, जिसके फलस्वरूप निषेचन की प्रक्रिया सम्पन्न होती है।

निषेचन

पराग नलिका बीजाण्ड में प्रवेश कर नर युग्मकों को मुक्त कर देती है। एक नर युग्मक अग्र कोशिका से संलयित होकर **द्विगुणित युग्मनज** (Zygote) का निर्माण करता है। तत्पश्चात् यह द्विगुणित युग्मनज वृद्धि और विभाजन के फलस्वरूप भ्रूण का निर्माण करता है।

द्विनिषेचन एवं त्रिक संलयन

निषेचन के दौरान पराग नलिका का बीजाण्ड में बीजाण्डद्वार द्वारा प्रवेश होता है। यह पराग नलिका दोनों नर युग्मकों को मुक्त कर देती हैं। इनमें से एक नर युग्मक (Male gamete) अण्ड कोशिका से संलयित होकर युग्मनज बनाता है। इसे सत्य निषेचन (True fertilisation) कहते हैं तथा दूसरा नर युग्मक द्वितीयक केन्द्रक ($2n$) को निषेचित करता है, जिससे त्रिगुणित भ्रूणपोष केन्द्रक ($3n$) बनता है। इस प्रक्रिया को त्रिक संलयन कहते हैं, क्योंकि इसमें तीन अगुणित (Haploid) केन्द्रकों का संलयन होता है। इस प्रकार आवृतबीजी पादपों में **दोहरा निषेचन** तथा **त्रिक संलयन** (Triple fusion) दो अतिमहत्त्वपूर्ण प्रक्रियाएँ हैं।

निषेचन के पश्चात् होने वाले परिवर्तन

1. **बाह्यदल** प्राय: मुरझाकर गिर जाते हैं, परन्तु कई पादपों में चिरलग्न होते हैं; उदाहरण—टमाटर, आदि में।
2. **दल** पुंकेसर, वर्तिकाग्र, वर्तिका मुरझाकर गिर जाते हैं।
3. **अण्डाशय** व **अण्डाशय भित्ति** अण्डाशय फल में तथा अण्डाशय भित्ति फल भित्ति में बदल जाती है।
4. **बीजाण्ड** बीज का निर्माण करता है।
   (i) **अण्डद्वार** बीजद्वार बनाता है।
   (ii) **बीजाण्डकाय** नष्ट हो जाता है।
   (iii) **भ्रूणकोष**
   - अण्डकोशिका—भ्रूण बनाती है।
   - सहायक कोशिकाएँ—नष्ट हो जाती हैं।

- प्रतिमुख कोशिकाएँ—नष्ट हो जाती हैं।
- द्वितीयक केन्द्रक—भ्रूणपोष बनाता है, जो भ्रूण के परिवर्धन के समय भ्रूण के पोषण के काम आता है। भ्रूणपोष के कारण भ्रूण का उचित परिवर्धन होता है तथा अच्छे व स्वस्थ बीज बनते हैं।

फल तथा बीज का निर्माण

निषेचन के बाद **अण्डाशय** (Ovary) से फल और बीजाण्डों से फल के अन्दर के बीज बनते हैं। परिपक्व अण्डाशय से सत्य फल बनता है। यदि अण्डाशय के अतिरिक्त पुष्प के अन्य भाग भी फल निर्माण में भाग लेते हैं, तो इस प्रकार से बनने वाले फल **कूटफल** (False fruit) कहलाते हैं; **उदाहरण**—सेब, अनानास, आदि।

बीजाण्ड में **भ्रूणपोष** (Endosperm) तथा भ्रूण के विकास के साथ-साथ अध्यावरण सूखकर सख्त हो जाते हैं और बीज कवच बनाते हैं। बीजाण्डकाय (Nucellus) समाप्त हो जाता है, लेकिन कुछ बीजों में यह एक पतली परत के रूप में शेष बचा रहता है, जिसे **परिभ्रूणपोष** (Perisperm) कहते हैं। बीज दो प्रकार के होते हैं

1. **अभ्रूणपोषी बीज** इन बीजों में भ्रूणपोष अनुपस्थित होता है, क्योंकि यह वृद्धि करते हुए **बीजाण्ड** द्वारा पूर्णतया उपयोग में ले लिया जाता है। इनमें भोजन का संग्रह बीजपत्रों में होने से ये मोटे हो जाते हैं; **उदाहरण**—चना, मटर, दालें तथा सेम।
2. **भ्रूणपोषी बीज** इन बीजों में भोजन भ्रूणपोष में संग्रहित रहता है तथा **बीजपत्र** पतले होते हैं। इनकी कोशिकाएँ ($3n$) होती हैं। **उदाहरण**—मक्का, गेहूँ तथा अरण्डी।

बीजों का अंकुरण

बीज के अन्दर स्थित भ्रूण के **प्रसुप्तावस्था** से सक्रिय अवस्था में आने तथा नवोद्भिद् पादप को जन्म देने की प्रक्रिया को अंकुरण कहते हैं। बीज का अंकुरण जल, उचित ताप, वायु जैसी अनुकुल परिस्थितियों के मिलने पर ही होता है।

अंकुरण के प्रकार

बीजों का अंकुरण मुख्य रूप से निम्नलिखित दो प्रकार का होता है

(i) **भूम्युपरिक** इस प्रकार के अंकुरण में **बीजपत्र** भूमि के बाहर निकल आते हैं। **उदाहरण**—सेम, अरण्डी में।

(ii) **अधोभूमिक** जब बीजपत्र **अंकुरण** के समय भूमि के अन्दर ही रह जाते हैं, केवल प्रांकुर ही भूमि के बाहर आता है, **उदाहरण**—चना, मक्का में।

जरायुज

इसमें अंकुरण के समय फल पादपों पर लगे रहते हैं, जब मूलांकुर सुविकसित हो जाता है, तो नवोद्भिद् पादप मातृ पादप से पृथक् होकर दलदल में धँस जाता है। **उदाहरण**—*राइजोफोरा* में।

लैंगिक जनन के लाभ

- लैंगिक जनन में जनक दो विपरीत लिंगों के होते हैं, जो युग्मक (नर एवं मादा) बनाते हैं तथा इनके निषेचन से नए जीव उत्पन्न होते हैं।
- नर व मादा में **युग्मकजनन** (Gametogenesis) के द्वारा अर्द्धसूत्री विभाजन में आनुवंशिक पदार्थ का भी आदान-प्रदान होने से युग्मकों में आनुवंशिक भिन्नता आ जाती है।
- निषेचन के पश्चात् लैंगिक जनन से उत्पन्न सन्तति, अपने जनकों से थोड़ी भिन्न होती है और यही जैव-विकास का आधार बनती है।

नोट
- कभी-कभी पादप के जीवन चक्र में युग्मक संलयन नहीं होता है तथा इनकी अनुपस्थिति में नए पादप का निर्माण होता है, इस क्रिया को असंगजनन (Apomixis) कहते हैं।
- यदि भ्रुणकोष के अण्ड से नर युग्मक के संयोजन के बिना भ्रूण का विकास हो जाए, तो उसे अनिषेकजनन (Parthenogenesis) कहते हैं।
- एक बीजाण्ड या बीज में से एक से अधिक भ्रूणों का उत्पन्न होना, बहुभ्रूणता (Polyembryony) कहलाता है।

जन्तुओं में लैंगिक जनन

जन्तुओं में लैंगिक जनन ही मुख्य जनन होता है।

युग्मकों के निर्माण के आधार पर जन्तुओं को निम्न प्रकार से वर्गीकृत कर सकते हैं

(i) जिन जन्तुओं के शरीर में दोनों प्रकार के युग्मकों का निर्माण होता है, उन्हें **द्विलिंगी** (Bisexual or Hermaphrodite) कहते हैं। उदाहरण—केंचुआ, जोंक, आदि।

(ii) जिन जन्तुओं में नर और मादा युग्मक अलग-अलग शरीरों में बनते हैं, उन्हें **एकलिंगी** (Unisexual) कहते हैं। इन जन्तुओं में जब नर एवं मादा को उनके दैहिक गुणों (मुख्यतया सहायक जननांगों) से देखकर पहचान सकते हैं, तो ऐसे जीवों में **लैंगिक द्विरूपता** (Sexual dimorphism) उपस्थित होती है। उदाहरण—मानव। यह द्विरूपता पादपों में नहीं पाई जाती, हालाँकि जन्तुओं एवं पादपों दोनों के ही युग्मकों में द्विरूपता पाई जाती है।

नर युग्मक (Male gamete) आकार में अपेक्षाकृत छोटा व सचल (Motile) होता है, जबकि **मादा युग्मक** (Female gamete) आकार में बड़ा तथा अचल (Non-motile) होता है। नर युग्मक को **शुक्राणु** (Sperm) तथा मादा युग्मक को **अण्डाणु** (Ovum) कहते हैं। इन युग्मकों का निर्माण **युग्मकजनन** (Gametogenesis) के द्वारा होता है।

- किसी भी प्राणी के जनन करने योग्य हो जाने को यौवनारंभ (Adolescent) कहते हैं। इसकी आयु पुरुषों में 15-18 वर्ष तक तथा स्त्रियों में 11-14 वर्ष तक होती हैं। इस अवस्था में स्त्री एवं पुरुषों के लक्षणों में कुछ महत्त्वपूर्ण बदलाव आते हैं, जोकि गौण लैंगिक लक्षणों के कारण होते हैं।
- बाह्य जननांग मनुष्य में प्राथमिक जनन अंग (Primary sex organs) माने जाते हैं, क्योंकि इनके द्वारा पुरुषों एवं स्त्रियों में जन्म से ही विभेद किया जा सकता है। इनके अतिरिक्त पुरुष और स्त्री में पाए जाने वाले वे सभी लक्षण, जिनके द्वारा किसी पुरुष और स्त्री में विभेद किया जा सकता है, गौण या द्वितीयक लैंगिक लक्षण कहलाते हैं।
- अत: गौण लैंगिक लक्षण लैंगिक विभेद के वे लक्षण है, जोकि किसी मानव में पैदा होने के बाद विशेषकर यौवनावस्था में प्रदर्शित होते हैं तथा नर एवं मादा द्वारा एक-दूसरे को परस्पर आकर्षित करने के लिए उपयोग में आते हैं। पुरुष एवं स्त्री में पाए जाने वाले द्वितीयक लैंगिक लक्षणों का विवरण निम्नलिखित हैं–

(A) पुरुष के द्वितीयक (गौण) लैंगिक लक्षण

यौवनावस्था के साथ ही लड़कों में निम्नलिखित परिवर्तन होते हैं

(i) चेहरे व शरीर पर बाल उग जाते हैं।

(ii) स्वर भारी हो जाता है।
(iii) वृषण कोषों तथा शिश्न के आकार में वृद्धि हो जाती है।
(iv) शुक्रजनन नलिकाओं में शुक्राणुओं का निर्माण शुरू हो जाता है।
(v) अस्थियाँ व पेशियाँ मजबूत तथा कंधे चौड़े हो जाते हैं। शरीर की लंबाई बढ़ने लगती है।
(vi) जननांगों के आस-पास व बगलों, आदि स्थानों पर बाल उग जाते हैं। वृषण से स्रावित हॉर्मोन्स (टेस्टोस्टेरॉन व एंड्रोस्टेरॉन) नर में यौवनावस्था को प्रेरित करते हैं।

(B) स्त्री के द्वितीयक (गौण) लैंगिक लक्षण

यौवनारंभ के पश्चात् लड़कियों में निम्नलिखित परिवर्तन होते हैं
(i) बाह्य जननांगों तथा स्तनों का विकास प्रारंभ हो जाता है।
(ii) अंडोत्सर्ग तथा मासिक धर्म या आर्तव चक्र प्रारंभ हो जाता है।
(iii) श्रोणि मेखला तथा नितंब चौड़े हो जाते हैं।
(iv) स्वर मधुर व तीव्र हो जाता है।
(v) बगल, जननांगों, आदि के आस-पास बाल उग जाते हैं।

मादा में पीयूष ग्रंथि (Pituitary gland) द्वारा स्रावित गोनैडोट्रॉपिन हॉर्मोन (Gonadotropin hormone), प्रोजेस्ट्रॉन, एस्ट्रोजन, आदि हॉर्मोन्स अंडाशय के विकास व कार्यों का नियंत्रण करते हैं तथा मादा में यौवनावस्था को प्रेरित करते हैं।

मानव जनन तंत्र (Human Reproductive System)

मानव भी अन्य कशेरुकियों (Vertebrates) के समान एकलिंगी (Unisexual) प्राणी है। साथ ही उसमें लैंगिक द्विरूपता (Sexual dimorphism) भी पाई जाती है, अर्थात् नर तथा मादा के जननांगों में असमानता होती है तथा बाह्य आकारिकी से ही नर व मादा में विभेदन कर सकते हैं। मानव एवं सभी कशेरुकियों में जनन केवल लैंगिक स्वरूप में ही होता है, जिसके अंतर्गत निषेचन के फलस्वरूप भ्रूण का निर्माण होता है, भ्रूण का विकास मादा के गर्भाशय में होता है। इसके पश्चात् शिशु के गर्भाशय से बाहर निकलने की क्रिया होती है, जिसे शिशु जन्म या प्रसव कहते हैं। अत: मनुष्य एक जरायुज प्राणी है।

नर जनन तंत्र (Male Reproductive System)

मानव के नर जनन तंत्र में निम्नलिखित अंग पाए जाते हैं

(i) **वृषण** (Testis) पुरुषों में एक जोड़ी वृषण, उदरगुहा से बाहर शिश्न के पास वृषण कोष (Scrotal sacs or scrotum) में सुरक्षित पाए जाते हैं। वृषण कोष की संरचना थैलेनुमा होती है, जिसका तापमान शरीर से लगभग $2-2\cdot5^0C$ कम रहता है। प्रत्येक वृषण के अंदर अनेक महीन कुंडलित शुक्रनलिकाएँ (Seminiferous tubules) उपस्थित होती हैं, जिसकी जननिक उपकला (Germinal epithelium) में शुक्राणुजनन क्रिया से शुक्राणुओं का निर्माण होता है। शुक्रनलिकाएँ आपस में मिलकर जाल सदृश रचनाएँ बनाती हैं, जिसे वृषण जालक (Rete testis) कहते हैं। वृषण से नर हॉर्मोन टेस्टोस्टेरॉन (Testosterone) का स्रावण भी होता है।

(ii) **अधिवृषण** (Epididymis) यह प्रत्येक वृषण से चिपकी कुंडलित, नलिकाकार, लंबी एवं चपटी संरचना है, जिसका निर्माण वृषण की अपवाहक नलिकाओं द्वारा होता है। यह लगभग 6 मीटर लंबी संरचना है। इसमें शुक्राणु परिपक्व होते हैं तथा उनमें गति उत्पन्न होती है।

(iii) **शुक्रवाहिनियाँ** (Vas Deferens) ये एक जोड़ी लगभग 40-45 सेमी लंबी तथा मोटी संरचना होती है। शुक्राणु इनके द्वारा उदरगुहा में स्थित शुक्राशय में पहुँचते हैं।

(iv) **शुक्राशय** (Seminal Vesicle) यह थैलीनुमा संरचना होती है। इसके द्वारा हल्का पीला एवं क्षारीय पोषक तरल का स्रावण होता है, जिसमें शुक्राणु गति करते हैं। शुक्राणु इस तरल के साथ मिलकर वीर्य (Semen) का निर्माण करते हैं। शुक्राशय से निकलने वाली एक छोटी नलिका शुक्रवाहिनी से मिलकर स्खलन नलिका (Ejaculatory duct) बनाती है।

(v) **मूत्रमार्ग** (Urethra) शुक्राशय स्खलन नलिका की सहायता से मूत्रमार्ग में खुलता है, जो शिश्न के शीर्ष सिरे पर मूत्र जनन छिद्र द्वारा बाहर खुलता है। यह शुक्राणु तथा मूत्र के बाहर निकलने का संयुक्त मार्ग होता है।

(vi) **शिश्न** (Penis) यह बेलनाकार पेशीय मैथुनांग (Copulatory organ) होता है, जो मैथुन क्रिया में सहायक होता है। यह रुधिर एवं पेशियों द्वारा निर्मित होता है।

(vii) **सहायक ग्रंथियाँ** (Accessory Glands) प्रोस्टेट (Prostate), काउपर (Cowper), पेरीनियल (Perineal) ग्रंथि नर जनन तंत्र की सहायक ग्रंथियाँ होती हैं। ये वीर्य निर्माण, शुक्राणुओं को पोषण देने तथा उनको जीवित रखने में सहायता करती हैं।

(viii) **शुक्राणु** (Sperm) मानव में शुक्राणु लगभग $60\,\mu$ लंबा, भालाकार एवं गतिशील होता है। यह शीर्ष, ग्रीवा, मध्य भाग एवं पूँछ में विभाजित होता है।

मादा जनन तंत्र (Female Reproductive System)

मानव के मादा जनन तंत्र में निम्नलिखित अंग पाए जाते हैं

(i) **अंडाशय** (Ovaries) ये एक जोड़ी, अंडाकार एवं उदरगुहा में वृक्क के नीचे श्रोणि मेखला (Pelvic girdle) के पीछे गर्भाशय के पार्श्वों में स्थित होते हैं। यह लगभग 3 सेमी लंबी, 2 सेमी चौड़ी व 0.8 सेमी मोटी होती हैं। इसमें अंडाणुओं का निर्माण होता है। इसके अतिरिक्त ये मादा हॉर्मोन्स अर्थात् प्रोजेस्टेरॉन (Progesterone) तथा एस्ट्रोजन (Oestrogen) का भी स्रावण करते हैं।

(ii) **अंडवाहिनियाँ** (Oviducts) यह कीपनुमा झालरदार संरचनाएँ हैं। इनका अधिकांश भाग फैलोपियन नलिका (Fallopian tube) कहलाता है, जहाँ निषेचन संपन्न होता है।

(iii) **गर्भाशय** (Uterus) यह दोनों अंडवाहिनियों के खुलने का स्थान होता है, जो लगभग 7.5 सेमी लंबा, 3 सेमी मोटा तथा 5 सेमी चौड़ा थैलेनुमा, खोखला एवं उल्टी नाशपाती के आकार का होता है। भ्रूण का परिवर्धन तथा भरण-पोषण यहीं होता है। गर्भाशय का अंतिम भाग योनि कहलाता है।

(iv) **योनि** (Vagina) यह लगभग 7-10 सेमी लंबी, नलिका-समान, मूत्राशय तथा मलाशय के मध्य स्थित होती है। यह पुरुष के लिंग का प्रवेश द्वार, प्रसव पश्चात् शिशु के बाहर आने जन्म का मार्ग तथा रजोधर्म स्रावण का मार्ग होती है।

कुंवारी कन्याओं के योनि छिद्र पर झिल्लीनुमा पर्दा होता है, जिसे योनिच्छद या हाइमन (Hymen) कहते हैं। प्राय: प्रथम सम्भोग के दौरान फट जाती है।

5. **बाह्य जननांग या भग**

इसमें स्त्री के कई बाह्य जननांग आते हैं, जिन्हें सम्मिलित रूप से भग कहते हैं। ये निम्नलिखित हैं

(i) जघनशैल (External Genitalia or Vulva)
(ii) वृहत् भगोष्ठ (Mons pubis)
(iii) लघु भगोष्ठ (Labia majora)
(iv) भगशिश्न या भगशेफ (Clitoris)

6. **सहायक ग्रन्थियाँ**

(i) **ब्रार्थोलिन प्रघाण** योनि छिद्र के दोनों ओर स्थित इन ग्रन्थियों द्वारा स्रावित श्लेष्म मैथुन क्रिया के समय स्नेहक (Lubricant) का कार्य करता है।
ये नर की काउपर ग्रन्थियों के समजात अंग है।

(ii) **स्तन ग्रन्थियाँ** इसमें दो उभरे हुए वर्गीकृत चूचुक (Nipples) होते हैं। प्रत्येक चूचुक के चारों ओर का रंगायुक्त भाग एरिओला कहलाता है। प्रसव पश्चात् इनसे दुग्ध का स्रावण होता है।

(iii) **युग्मकजनन** यह जनदों में युग्मकों के निर्माण की प्रक्रिया है। इसमें शुक्रजनन तथा अण्डाणुजनन की प्रक्रिया होती है।
युग्मकजनन, जनदों द्वारा स्रावित हॉर्मोन (FSH, LH, ICSH), आदि के द्वारा नियन्त्रित होता है, जो पीयूष ग्रन्थि से स्रावित होते हैं।

जन्तुओं में लैंगिक जनन के आवश्यक चरण

जन्तुओं में जनन मुख्यतया तीन चरणों में सम्पन्न होता है

युग्मकजनन

युग्मकों के निर्माण की प्रक्रिया युग्मकजनन (Gametogenesis) कहलाती है। युग्मकजनन में **जनन कोशिका** (Generative cell) में अर्द्धसूत्री विभाजन (Meiosis) द्वारा अगुणित (Haploid) कोशिकाओं का निर्माण होता है, जो युग्मक कहलाते हैं। नर में **मातृ कोशिका** (Spermatogonia) से चार कोशिकाएँ बनती हैं, जो प्राय: सभी शुक्राणुओं में बदल जाती हैं। मादा में **मातृ कोशिका** (Oogonia) के अर्द्धसूत्री विभाजन द्वारा बनी चार कोशिकाओं में से केवल एक ही कोशिका परिपक्व होकर अण्डाणु का निर्माण करती है।

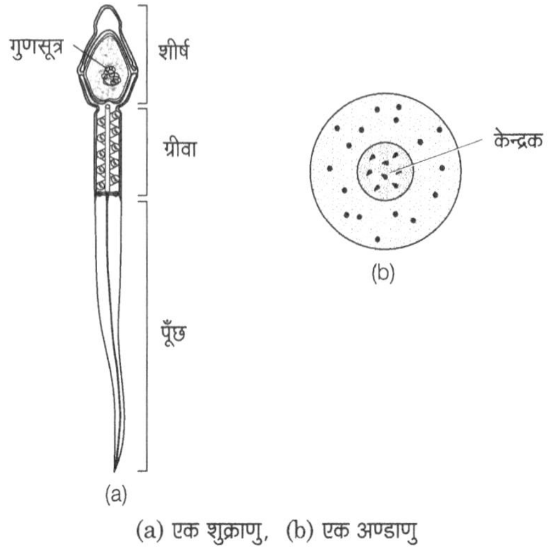

(a) एक शुक्राणु, (b) एक अण्डाणु

नर युग्मक से शुक्राणु के बनने की क्रिया **शुक्राणुजनन** (Spermatogenesis) तथा मादा युग्मक से अण्ड बनने की क्रिया **अण्डजनन** (Oogenesis) कहलाती है। शुक्राणुओं का निर्माण वृषण (Testis) में होता है। वृषण नर के शरीर में उदरगुहा के बाहर त्वचा निर्मित एक थैली (Scrotum or Scrotal sac) में शिश्न (Penis) के दोनों ओर स्थित होते हैं। स्तनियों में शुक्राणुओं का निर्माण देहगुहा (Body) के तापक्रम पर नहीं हो सकता है। इन्हें देहगुहा के ताप से 2-3°C कम ताप की आवश्यकता होती है। शुक्राणु एवं अण्डाणु की संरचना चित्र से समझ सकते हैं।

निषेचन

युग्मकों के परस्पर मिलने की क्रिया निषेचन कहलाती है।

जन्तुओं में निषेचन दो प्रकार से होता है

(i) **बाह्य निषेचन** जब निषेचन शरीर के बाहर होता है, तो वह बाह्य निषेचन कहलाता है। यह सदैव **जलीय माध्यम** में होता है। उदाहरण—मत्स्य एवं उभयचर में।

(ii) **आन्तरिक निषेचन** यह शरीर के अन्दर होता है। माध्यम इसमें भी जलीय ही होता है, परन्तु विशेष संरचनाओं या जनन **वाहिनियों के अन्दर** होता है। उदाहरण—सरीसृप, पक्षियों एवं स्तनियों (मनुष्य) में।
इन जन्तुओं में विविध प्रकार के सहायक जननांग होते हैं, जोकि शुक्राणुओं को मादा के शरीर में पहुँचाने में मदद करते हैं। शुक्राणुओं का मादा शरीर में पहुँचाने की प्रक्रिया को मैथुन (Copulation) कहते हैं।

निषेचन को **स्व-निषेचन** (Self-fertilisation) और **पर-निषेचन** (Cross -fertilisation) की तरह भी वर्गीकृत कर सकते हैं। अधिकतर जन्तुओं में विभिन्नताएँ बढ़ाने के लिए पर-निषेचन ही होता है, परन्तु कुछ जन्तुओं में स्व-निषेचन भी पाया जाता है। उदाहरण—मुख्यतया कृमि परजीवियों में।

मानव में आन्तरिक निषेचन

मैथुन के पश्चात् शुक्राणु, मादा की योनि (Vagina) में चले जाते हैं, जो पूँछ की सहायता से गति करके गर्भाशय (Uterus) से होते हुए अण्डवाहिका (Fallopian tube) में पहुँचते हैं, जहाँ निषेचन क्रिया सम्पन्न होती है।

निषेचन के एक सप्ताह पश्चात् निषेचित अण्ड या युग्मनज (Zygote) गर्भाशय में स्थापित हो जाता है, यह प्रक्रिया **गर्भाधान** (Implantation) कहलाती है। भ्रूण (Embryo) को माँ के रुधिर से ही पोषण मिलता है, इसके लिए एक विशेष प्रकार की संरचना होती है, जिसे अपरा (Placenta) कहते हैं।

युग्मनज का परिवर्धन

युग्मनज एककोशिकीय द्विगुणित (Diploid) संरचना होती है। इसमें समसूत्री विभाजन (Mitosis) होता है, जिसके फलस्वरूप यह बहुकोशिकीय भ्रूण में बदल जाता है। युग्मनज में इस प्रक्रिया को **विदलन** (Cleavage) कहते हैं, सम्पूर्ण बहुकोशिकीय भ्रूणावस्था तक पहुँचने के लिए युग्मनज पहले मॉरुला (Morula), ब्लास्टुला (Blastula) तथा फिर गैस्टुला (Gastrula) प्रावस्था में बदलता है।

गैस्टुला अवस्था में तीन जनन स्तरों का विकास होता है। अधिकांश जन्तुओं में (मुख्यतया पक्षियों में) भ्रूण का परिवर्धन शरीर के बाहर अण्डे के कवच के अन्दर होता है, इसे अण्डजरायुजता (Oviparity) कहते हैं, ऐसे जीव **अण्डजरायुज** (Oviparous) कहलाते हैं।

मनुष्य तथा सभी स्तनियों में अधिकांश भ्रूण का परिवर्धन मादा शरीर के अन्दर (गर्भाशय में) होता है। इसे जरायुजता (Viviparity) कहते हैं तथा ऐसे जीव **जरायुज** (Viviparous) कहलाते हैं।

मानव में युग्मनज का परिवर्धन

मानव में भ्रूण को विकसित होने में 9 माह का समय लगता है। इस पूरे समय के दौरान भ्रूण मादा (स्त्री) के गर्भाशय में रोपित रहता है और अपरा (Placenta) के द्वारा अपनी सारी आवश्यकताओं की पूर्ति करता है। यह एक तश्तरीनुमा संरचना होती है, जो गर्भाशय की भित्ति में धँसी रहती है। मानव में युग्मनज का विदलन एवं भ्रूण का प्रारम्भिक विकास निम्न चित्र से समझा जा सकता है

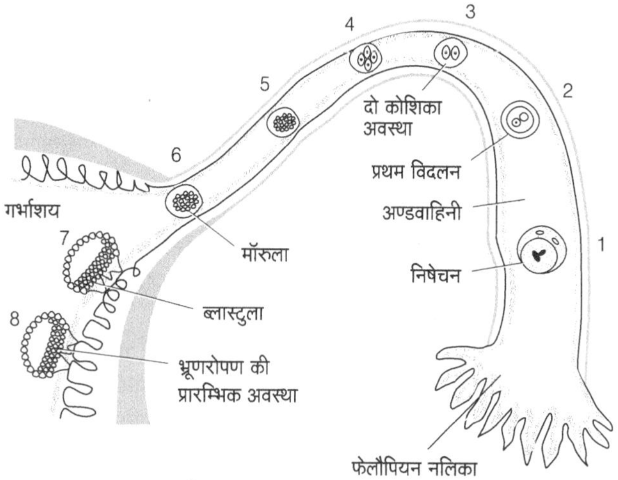

युग्मनज का विदलन, भ्रूण का प्रारम्भिक विकास तथा रोपण

जनसंख्या एवं परिवार नियोजन

(Population and Family Planning)

एक ही समय में एक ही क्षेत्र में रहने वाले एक ही जाति के जीवों के समूह को जनसंख्या या समष्टि (Population) कहते हैं। किसी क्षेत्र विशेष में जनसंख्या का उस स्थिति तक बढ़ जाना कि उस क्षेत्र में उपलब्ध खाद्य-पदार्थ, जल तथा अन्य प्राकृतिक संसाधन उस जनसंख्या के लिए अपर्याप्त हो जाए, तो उसे **जनसंख्या विस्फोट** (Population explosion) कहते हैं। परिवार नियोजन जनसंख्या विस्फोट रोकने का सबसे व्यावहारिक माध्यम है। नीचे दी गई अस्थायी और स्थायी विधियों द्वारा आसानी से परिवार को नियोजित किया जा सकता है

1. **अस्थायी विधियाँ** ये विधियाँ निम्न हैं
   (i) **सुरक्षित काल** मासिक धर्म से एक सप्ताह पूर्व व एक सप्ताह बाद का समय सुरक्षित काल माना जाता है। इस काल में लैंगिक सम्पर्क स्थापित करने पर गर्भधारण की सम्भावना कम रहती है, परन्तु यह विधि अधिक विश्वसनीय नहीं है।
   (ii) **धैर्य** असुरक्षित (मासिक) काल में आत्मसंयम रखना चाहिए तथा लैंगिक सम्पर्क स्थापित नहीं करना चाहिए।
   (iii) **लूप अथवा कॉपर-टी** स्त्रियाँ लूप लगवाकर गर्भधारण करने से अपना बचाव कर सकती हैं।
   (iv) **निरोध** निरोध का प्रयोग पुरुष द्वारा किया जाता है। इसके प्रयोग से गर्भधारण होने की कोई भी सम्भावना नहीं होती है।
   (v) **गर्भ निरोधक गोलियाँ** आजकल ऐसी गोलियाँ उपलब्ध हैं, जिनके सेवन से गर्भधारण की सम्भावनाएँ समाप्त हो जाती हैं। स्त्रियों के लिए अनेक प्रकार की गर्भ निरोधक गोलियाँ उपलब्ध है; जैसे—माला-डी, पर्ल्स, सहेली, आदि।
   (vi) **गर्भ समापन** गर्भधारण करने के बाद भी एक सीमित काल के भीतर, किसी कुशल व शिक्षित विशेषज्ञ डॉक्टर से, गर्भ समापन कराया जा सकता है।
2. **स्थायी विधियाँ** ये विधियाँ निम्न हैं
   (i) **महिला का ऑपरेशन** (नलबन्दी—Tubectomy) यह विधि पूर्ण तथा स्थायी विधि है। इस विधि में स्त्रियों की अण्डवाहिनी को काटकर बाँध दिया जाता है, जिससे अण्डाणु अण्डवाहिका (Fallopian tube) में आगे नहीं बढ़ पाते हैं तथा निषेचन की क्रिया नहीं हो पाती है। यह कार्य सन्तान उत्पत्ति के समय ही कराया जा सकता है।
   (ii) **पुरुष का ऑपरेशन** (नसबन्दी—Vasectomy) महिलाओं की नलबन्दी की तरह पुरुषों में शुक्रवाहिनी के ऑपरेशन से भी गर्भधारण की समस्या स्थायी रूप से दूर हो जाती है। इसमें पुरुष की शुक्रवाहिनी काट कर बाँध दी जाती है। यह ऑपरेशन अत्यन्त सरल है तथा कभी भी कराया जा सकता है। पुरुष की सम्भोग क्षमता पर भी इसका कोई प्रभाव नहीं होता है।

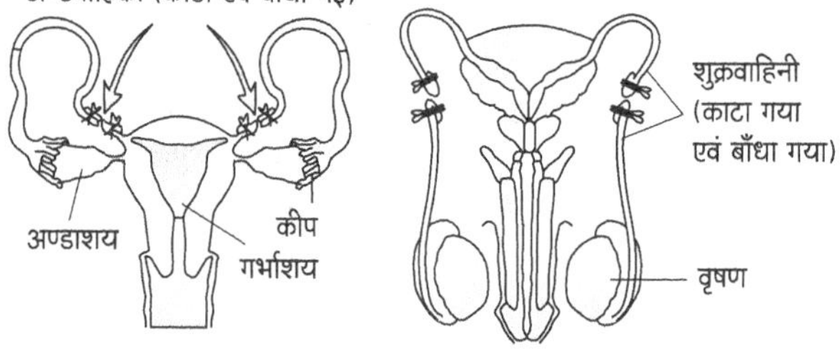

(a) ट्यूबेक्टॉमी (नलबन्दी), (b) वैसेक्टॉमी (नसबन्दी)

3. **अन्य विधियाँ** ये विधियाँ निम्न हैं
   (i) **वैक्सीन** गर्भधारण रोकने हेतु सीमित प्रभाव वाली वैक्सीन विकसित कर ली गई है।
   (ii) **विवाह योग्य आयु** लड़के के लिए 25 वर्ष तथा लड़की के लिए 21 वर्ष की जानी चाहिए।

जनन स्वास्थ्य

इसके अन्तर्गत जननांगों की स्वच्छता, कार्यक्षमता एवं इनसे सम्बन्धित रोग सम्मिलित होते हैं।

प्राय: मैथुन के समय शारीरिक द्रव्यों के आदान-प्रदान के कारण **यौन संक्रमित रोगों** (Sexual Transmitted Diseases or STD) का संचरण

होता है। इन्हें वेनेरल रोग (Veneral Diseases) भी कहते हैं। इसके कुछ उदाहरण निम्न हैं

जीवाणु-जनित रोग

मानव से सम्बन्धित जीवाणु-जनित रोग निम्न प्रकार के है

सिफिलिस

- सिफिलिस रोग, *ट्रिपोनिमा पैलिडम (Treponema pallidum)* नामक स्पाइरोकीट के द्वारा उत्पन्न होता है। यह रोग लैंगिक स्पर्श के द्वारा तथा माँ से बच्चे में स्थानान्तरित होता है।
- जनदों पर दर्द रहित छाले तथा स्थानीय लसीका ग्रन्थियों पर सूजन, झुर्रियाँ, बालों का झड़ना, सन्धियों में सूजन तथा फ्लूनुमा रोग इसके लक्षण हैं।
- प्रतिरक्षियों; जैसे—पेनिसिलिन, टेट्रासाइक्लिन, आदि के द्वारा इस रोग को रोका जा सकता है।

गोनोरिया या सूजाक

- गोनोरिया रोग, *निसेरिया गोनोरी (Neisseria gonorrhoeae)* के द्वारा उत्पन्न होता है।
- यह लैंगिक सम्पर्क, समान मूत्राशय तथा समान कपड़ों से फैलता है।
- जीवाणु जनद नलिकाओं (Genital tubes) में रहता है तथा पसयुक्त पदार्थ पैदा करता है, जनदों के चारों ओर दर्द, मूत्र निष्कासन के समय जलन इसके लक्षण हैं।
- प्रतिरक्षियों (पेनिसिलिन, एम्फीसिलिन) का उपयोग तथा उच्च चारित्रिक लक्षणों का वहन करके इस रोग का उपचार किया जा सकता है।

विषाणु-जनित रोग

इसके प्रमुख उदाहरण निम्न हैं

एड्स

- एड्स (AIDS or Acquired Immuno Deficiency Syndrome) एक **विषाणु-जनित रोग** (Viral disease) हैं। एड्स का विषाणु **HIV** विषाणु (Human Immunodeficiency Virus) कहलाता है। यह एक **RNA विषाणु** है।
- सर्वप्रथम **ल्यूमोन टैगनियर** (Leumon taigneer) ने वर्ष 1984 में पाश्चर इन्स्टीट्यूट ऑफ पेरिस में एड्स विषाणु की खोज की।
- एड्स का विषाणु सर्वप्रथम बन्दरों से मनुष्य में पहुँचा। यह सर्वप्रथम अफ्रीकी मानवों में पाया गया।
- एड्स का वाइरस रिट्रोवाइरस (Retrovirus) प्रकार का होता है, जो मानव कोशिका में व्युत्क्रम द्विगुणन (Replication) करके स्वयं की एक DNA कॉपी बनाता है।
- इसका बाह्य स्तर ग्लाइकोप्रोटीन 120 (gp 120) का बना होता है, जो मैक्रोफेज (Macrophage) और T-लिम्फोसाइट की सतह पर उपस्थित CD^4 ग्राही (Receptor) से चिपक जाता है।
- **T-लिम्फोसाइट** प्रतिरक्षा प्रणाली में महत्त्वपूर्ण भूमिका अदा करती हैं। इनके संक्रमण से प्रतिरक्षा प्रणाली निष्क्रिय हो जाती है तथा रोगी में अन्य रोगों की सम्भावना प्रबल हो जाती है। यही अवस्था एड्स कहलाती है।

संक्रमण के प्रकार

- समलिंगी (Homosexual) या विषमलिंगी (Heterosexual) सम्भोग द्वारा (योनि व गुदा मैथुन के द्वारा)।
- रुधिर आदान (Blood transfusion) द्वारा।
- संक्रमित सूँइयों (Needles) के प्रयोग से।
- संक्रमित माता से शिशु को।

एड्स के लक्षण

- फेफड़ों में संक्रमण, लगातार खाँसी, छाती में दर्द व लगातार ज्वर।
- शरीर का वजन कम होना, पेट में दर्द।
- व्यवहारिक परिवर्तन, याद्दाश्त कमजोर होना।
- कैपोसी सारकोमा (Caposy sarcoma) या स्किन मैलिगनेन्सी का होना।
- CD_4^+ कोशिकाओं की संख्या 2.00 per cu mm से कम हो जाना।

एड्स के परीक्षण

- रुधिर में HIV विषाणु पाया जाना।
- ELISA टेस्ट या (वेर्स्टन ब्लॉट विधि) द्वारा HIV प्रतिकारकों की पहचान करके।
- CD^4 कोशिकाओं की संख्या द्वारा।

उपचार

- **जिडोवुडीन** (Zidovudine, AZT) नामक दवाई एड्स के उपचार में प्रयुक्त की जाती है। यह रिवर्स ट्रांसक्रिप्टेज (Reverse transcriptase) एन्जाइम की कार्यविधि में बाधक (Inhibitor) है।
- **डाइडेनोसिन** (Didanosine), **लैमिवुडीन** (Lamivudine) व **स्टैवुडिन** (Stavudin) अन्य रिवर्स ट्रांसक्रिप्टेज बाधक है।
- प्रतिवर्ष 1 दिसम्बर को एड्स दिवस मनाया जाता है।

अन्य STD रोग

STD रोग	कारण/कारक	लक्षण	जाँच तकनीक
क्लैमेडिया क्लैमाइडियोसिस	*क्लैमोडिया ट्रेकोमैटिस* जीवाणु	मूत्र में मवाद जैसे पदार्थ का आना मूत्र उत्सर्जन में दर्द व जलन।	स्रावित द्रव्य की जाँच से
जेनाइटल मस्सा	मानव पैपिलोमा विषाणु	गुदा के आस-पास मस्से बनना	HPV, प्रतिजन पहचान व संवर्धन
वैजाइनिटिस (हर्पिज जेनाइटलिस)	गार्नेरेला वैजाइनेलिस	मादा की योनी से सफेद द्रव्य का स्राव	स्रावित द्रव्य की जाँच से
हिपेटाइटिस- B	हिपेटाइटिस- B विषाणु	थकान , लगातार हल्का बुखार, पीलिया व पेट दर्द	मूत्र व रुधिर जाँच
चैनक्रॉइड या कॉन्काइड	*हिमोफिलिस ड्यूकाई* जीवाणु	दुर्गन्ध युक्त स्राव एवं घाव	प्रतिजन जाँच
जैनीटल हर्पीस	हर्पिस सिप्लैक्स विषाणु (HSV-2)DNA-विषाणु	बगलों की लसीका ग्रन्थियों में गाँठों का होना एवं शिश्न मुण्ड पर फफोलों का होना	प्रतिजन जाँच व PCR
कोन्डाइलोमा एक्यूमिनेटम	पैपोवा (DNA) विषाणु	मादा की योनी से श्वेत द्रव्य का स्राव, बुखार	मूत्र जाँच
ट्राइकोमोनिएसिस	*ट्राइकोमोनोस वेजाइनेनिस*	योनि से हरा-पीला द्रव्य का स्रावित होना	मूत्र जाँच
मौलस्कम कॉन्टाजियोसम	पॉक्स (DNA) विषाणु	खुजली व बुखार	रुधिर जाँच

यौन संचारित रोगों की रोकथाम एवं उपचार

यौन संचारित रोगों से बचाव हेतु सर्वप्रथम उपचार से पूर्व बचाव पर अधिक ध्यान रखा जाना चाहिए, इन रोगों से निम्नलिखित साधारण क्रिया-कलाप तथा अभ्यास से बचाव किया जा सकता है।

- अनजान तथा अनेक व्यक्तियों के साथ लैंगिक सम्पर्क/शारीरिक सम्बन्ध नहीं होने चाहिए/बनाने चाहिए।
- मैथुन के समय अवरोध विधियाँ; जैसे—कण्डोम, आदि का प्रयोग किया जाना चाहिए।
- सदैव निजर्मीकृत (Sterilised) सुई एवं सिरिंजों का उपयोग किया जाना चाहिए तथा नशीली दवाओं के प्रयोग से बचकर रहना चाहिए।
- लोगों को यौन या लैंगिक संचारित सम्बन्ध में जागरुक बनाना चाहिए।
- जनन अंगों तथा पथ में किसी असामान्य लक्षण; जैसे—जलन, सूजन, स्राव STDs के संकेत हो सकते हैं। इसलिए तत्काल अनुभवी यौन रोग विशेषज्ञ से उपचारित कराना चाहिए।

उपरोक्त उपायों के अतिरिक्त रोगी व्यक्ति को सम्भोग की स्थिति से दूर रखा जाना चाहिए। इनको उपयुक्त हवादार कमरों में रखा जाना चाहिए तथा शारीरिक स्वच्छता का ध्यान रखना चाहिए। रुधिर आधान के समय अतिरिक्त सावधानी बरती जानी चाहिए तथा रुधिरदाता की पहचान अवश्य होनी चाहिए।

अभ्यास प्रश्न

1. एक परिपक्व निषेचित आवृतबीजीय बीजाण्ड में n, $2n$ तथा $3n$ अवस्था पाई जाती हैं
(a) प्रतिमुख सहायक कोशिका तथा अध्यावरण में
(b) अण्ड, बीजाण्डकाय तथा भ्रूणपोष में
(c) प्रतिमुख, बीजाण्डकाय तथा भ्रूणपोष में
(d) भ्रूणपोष, बीजाण्डकाय तथा अण्ड में

2. लघुबीजाणुजनन कहा जाता है
(a) शुक्रजनन
(b) परागकण का विकास
(c) नर युग्मकोद्भिद् का विकास
(d) मादा युग्मकोद्भिद् का विकास

3. परागण करने वाले कारकों की अनुपस्थिति में भी बीज निर्माण सुनिश्चित होता है
(a) *कॉमेलिना* में
(b) *जोस्टेरा* में
(c) *साल्विया* में
(d) अंजीर में

4. निम्नलिखित में किस पादप में तेल भ्रूणपोष में भण्डारित रहता है?
(a) मूँगफली
(b) तिल
(c) सोयाबीन
(d) नारियल

5. निम्नलिखित में से कौन-सा कथन सही है?
(a) *ऑर्किड्स* के बीजों में तेल-प्रचुर भ्रूणपोष पाया जाता है
(b) प्रिमरोज में आधारीय बीजाण्डन्यास पाया जाता है
(c) ट्यूलिप का पुष्प एक रूपान्तरित प्ररोह है
(d) टमाटर का फल एक सम्पुट (Capsule) होता है

6. अलैंगिक जनन द्वारा सन्तति का निर्माण बहुत समानता रखता है, क्योंकि
(a) अलैंगिक जनन द्वारा सन्तति का निर्माण बहुत समानता रखता है।
(b) अलैंगिक प्रजनन में युग्मकों (जनन कोशिकाओं) को शामिल नहीं करते हैं।
(c) लैंगिक प्रजनन के बाद, अलैंगिक प्रजनन पाया जाता है।
(d) (a) एवं (b) दोनों

7. पोरोगैमी होता है
(a) बीजाण्डद्वार में होकर पराग नलिका का बीजाण्ड में प्रवेश
(b) निभाग (Chalaza) में होकर पराग नलिका का बीजाण्ड में प्रवेश
(c) वर्तिकाग्र तथा वर्तिका में होकर पराग नलिका का प्रवेश
(d) अध्यावरणों में होकर पराग नलिका का बीजाण्ड में प्रवेश

8. युग्मक संलयन (Syngamy) का अभिप्राय है
(a) एक शुक्राणु का द्वितीयक केन्द्रक से संयोजन
(b) एक शुक्राणु का अण्डाणु से संयोजन
(c) शुक्राणुओं में से एक का अण्डाणु तथा दूसरे का द्वितीयक केन्द्रक से संयोजन
(d) एक शुक्राणु का सहायक कोशिका (Synergid) से संयोजन

9. फिलीफॉर्म उपकरण एक प्रमुख अभिलक्षण है
(a) अण्ड (b) सहायक कोशिका
(c) युग्मनज (d) निलम्बक

10. जब किसी पादप के एक पुष्प के परागकण द्वारा उसी पादप का दूसरा पुष्प परागित किया जाता है, तो इस प्रक्रिया को कहते हैं
(a) डाइकोगैमी (b) हरकोगैमी
(c) गीटनोगैमी (d) ऑटोगैमी

11. बीज विकसित होता है
(a) अण्डाशय से (b) बीजाण्ड से
(c) भ्रूण से (d) भ्रूणकोष से

12. एक बीजाण्ड में अर्द्धसूत्री विभाजन होता है
(a) गुरुबीजाणु में
(b) आर्किस्पोरियम में
(c) बीजाण्डकाय में
(d) गुरुबीजाणु मातृकोशिका में

13. आवृतबीजियों में निषेचन के पश्चात् भ्रूणपोष (Endosperm) बनता है
(a) युग्मनज से
(b) द्वितीयक केन्द्रक से
(c) प्रतिमुख कोशिकाओं (Antipodals) से
(d) सहायक कोशिकाओं (Synergids) से

14. किसी पुष्पित पादप में, लैंगिक जनन के सन्दर्भ में निम्नलिखित में से कौन-से कथन सही हैं?
(a) इसके लिए दो प्रकार के युग्मकों की आवश्यकता होती है।
(b) इस जनन में निषेचन एक अनावश्यक घटना है।
(c) सन्तति एक पूर्वजक बनाते हैं।
(d) उपरोक्त सभी

15. द्विनिषेचन (Double fertilisation) मुख्य लक्षण है
(a) ब्रायोफाइट्स का (b) टेरिडोफाइट्स का
(c) अनावृतबीजियों का (d) आवृतबीजियों का

16. नारियल पानी तथा नारियल का खाने योग्य भाग समतुल्य है
(a) भ्रूणपोष के (b) अन्त:फलभित्ति के
(c) मध्यफलभित्ति के (d) भ्रूण के

17. मटर का बीज निम्न प्रकार का होता है
(a) एक दलपत्र, भ्रूणपोषयुक्त अधोभूमिक
(b) द्विदलपत्र, भ्रूणपोषयुक्त अपरभूमिक
(c) एक दलपत्र, भ्रूणपोषविहीन अपरभूमिक
(d) द्विदलपत्र, भ्रूणपोषविहीन अधोभूमिक

18. परागण की प्रक्रिया केवल निम्न पादप समूहों में पाई जाती है
(a) आवृतबीजी पादपों में
(b) शैवाल तथा कवक में
(c) अनावृतबीजी पादपों में
(d) अनावृतबीजी तथा आवृतबीजी पादपों में

19. पुमंग तथा जायांग के मध्य पाए जाने वाले अक्ष को कहते हैं
(a) एण्ड्रोफोर (b) गाइनोफोर
(c) एन्थोफोर (d) गाइनेंड्रोफोर

20. ऊतक संवर्धन द्वारा जनक ऊतक की थोड़ी-सी मात्रा से अनगिनत संख्या में पादप प्राप्त किए जा सकते हैं। यह तकनीक अधिक महत्त्व की है क्योंकि
(a) नई प्रजाति उत्पन्न होती है
(b) सोमाक्लोनल विभिन्नता के द्वारा अधिक संख्या में विभिन्नताएँ पृथक् हो जाती हैं
(c) यह इलाइट प्रजाति की आनुवंशिक रूप से समान समष्टि के गुणन की महत्त्वपूर्ण विधि है
(d) समयुग्मी द्विगुणित प्राप्त होते हैं

21. आवृतबीजी पादपों के मादा युग्मकोद्भिद् का द्वितीयक केन्द्रक बनता है
(a) द्विनिषेचन से
(b) ध्रुवीय केन्द्रकों के संयोजन से
(c) परागण द्वारा
(d) नर युग्मकों के विसर्जन से

22. कायिक जनन तथा असंगजनन में एक समान है
(a) दोनों ही केवल द्विबीजपत्री पादपों पर लागू होते हैं
(b) दोनों में ही पुष्पन प्रावस्था छोड़ दी जाती है
(c) दोनों क्रियाएँ पूरे वर्ष होती है
(d) दोनों के द्वारा जनक के समान सन्तति उत्पन्न होती है

23. एक बीजाण्ड में अर्किस्पोरियम होता है
(a) एक कोशिकीय तथा उत्पत्ति में शीर्षस्थ
(b) एक कोशिकीय तथा उत्पत्ति में अधस्त्वचीय
(c) एक कोशिकीय तथा बीजाण्ड के केन्द्र में स्थित
(d) उपरोक्त में से कोई नहीं

24. सूची I को सूची II से सुमेलित कीजिए।

सूची I		सूची II	
A.	बीजाण्ड	1.	भ्रूणपोष
B.	बीजाण्डवृन्त	2.	एरिल
C.	बीजाण्डकाय	3.	बीज
D.	ध्रुवीय केन्द्रक	4.	परिभ्रूणकोष

कूट

	A	B	C	D		A	B	C	D
(a)	2	3	4	1	(b)	2	3	1	4
(c)	3	2	4	1	(d)	3	2	1	4

25. बीज में छूटा हुआ बीजाण्डकाय का थोड़ा-सा अप्रयुक्त भाग कहलाता है
(a) भ्रूणपोष (b) टेग्मेन
(c) परिभ्रूणपोष (d) क्रीमोकार्प

26. परागकोष प्राय: बना होता है
(a) दो बीजाणुधानियों का
(b) तीन बीजाणुधानियों का
(c) चार बीजाणुधानियों का
(d) केवल एक बीजाणुधानी का

27. एक बीजाणु मातृकोशिका से चार बीजाणुओं से अधिक का बनना कहलाता है
(a) पॉलीसाइफोनी
(b) पॉलीस्पर्मी
(c) पॉलीस्पोरी
(d) बहुभ्रूणता

28. क्रॉसीन्यूसीलेट बीजाण्ड प्रदर्शित करता है
(a) बीजाण्डकाय की अनुपस्थिति
(b) विकसित बीजाण्डकाय
(c) आंशिक रूप से विकसित बीजाण्डकाय
(d) अपूर्ण विकसित बीजाण्डकाय

29. एकबीजपत्री पादप में एक बीजपत्र होता है, तथा यह होता है
(a) पार्श्व (b) अग्रस्थ
(c) आधारीय (d) अनुप्रस्थ

30. फल का बिना निषेचन के विकसित होना कहलाता है
(a) अनिषेकफलन
(b) अनिषेकजनन
(c) स्पोरोगैमी
(d) स्वपरागण

31. दिए गए कथन में सही कथन चुनिए
(a) कायिक प्रवर्धन के द्वारा पादप का आनुवंशिकी संगठन प्रभावित नहीं होता है।
(b) अदरक में प्रकन्द, एक कायिक प्रजननकारी अंग की भाँति कार्य करता है।
(c) कोशिका की टोटीपोटेन्सी (पूर्णशक्तता) हमें पादपों का सूक्ष्म प्रवर्धन करने में सक्षम बनाती है।
(d) उपरोक्त सभी

32. निम्न में से कौन एक किण (Callus) भित्ति से घिरा होता है?
(a) लघुबीजाणु मातृकोशिका
(b) नर युग्मक
(c) अण्ड
(d) परागकण

33. आवृतबीजी पादपों के नर युग्मक इनके विभाजन द्वारा बनते हैं
(a) लघुबीजाणु के
(b) जनन कोशिका के
(c) कायिक कोशिका के
(d) लघुबीजाणु मातृकोशिका के

34. एकलिंगी पुष्पों के लिए निम्नलिखित कथनों में से कौन-से सही हैं?
(a) इसमें पुंकेसर और स्त्रीकेसर दोनों एक साथ उपस्थित हैं।
(b) इसमें या तो पुंकेसर या स्त्रीकेसर उपस्थित हैं।
(c) ये पर-परागण को प्रदर्शित करते हैं।
(d) (b) एवं (c) दोनों

35. अनावृतबीजियों में, पराग कक्ष प्रतिनिधित्व करता है
(a) परागकणों की कोशिका का, जिसमें शुक्राणु बनते हैं
(b) बीजाण्ड की गुहा का, जिसमें परागण के पश्चात् परागकण संग्रहित होते हैं
(c) गुरुयुग्मकोद्भिद् के एक मुख का, जिससे अण्डे परागनली में पहुँचते हैं
(d) लघुबीजाणुधानी का, जिसमें परागकण विकास करते हैं

36. आवृतबीजियों में द्विनिषेचन का आविष्कार किया था
(a) स्ट्रासबर्गर ने (b) जगदीश चन्द्र बोस ने
(c) माहेश्वरी ने (d) नावाश्चिन ने

37. सूची I को सूची II से सुमेलित कीजिए।

सूची I		सूची II	
A.	सूक्ष्म कलिका	1.	कवक
B.	बीजाणु	2.	*मार्केन्शिया*
C.	जैम्युल	3.	निषेचन के बिना बीज निर्माण
D.	अनिषेकफलन	4.	यीस्ट
		5.	शैवाल

कूट

	A	B	C	D
(a)	1	2	3	4
(b)	4	1	2	3
(c)	5	2	1	4
(d)	3	2	1	4

38. नव परागकोष की चार तहों वाली कोशिकाएँ, जो बाद में पराग बनाती हैं, को कहते हैं
(a) पुंधानी (b) प्रसूतक
(c) टैपीटम (d) चलबीजाणुधानी

39. गुहा एवं माहेश्वरी के द्वारा परागकण में पहला बीजाणुद्भिद् किसमें तैयार किया गया?
(a) हाइसीन्थस (b) *धतूरा*
(c) *ड्रॉसेरा* (d) सोयाबीन

40. दिए गए कथनों का अध्ययन कीजिए तथा सही विकल्प का चयन कीजिए
(a) टैपीटम, विकसित हो रहे परागकणों को पोषित करते हैं।
(b) जलीय पादपों जैसे जलीय हाइसीन्थ (Water hyacinth) तथा वाटर लिली (Water lily) में परागण जल के द्वारा होता है।
(c) प्राथमिक भ्रूणपोष केन्द्रक त्रिगुणित होता है।
(d) सभी विकल्प सही है

41. *पॉलीगोनम* प्रकार का भ्रूणकोष होता है
(a) 8-केन्द्रकीय व 8-कोशिकीय
(b) 8-केन्द्रकीय व 7-कोशिकीय
(c) 7-केन्द्रकीय व 8-कोशिकीय
(d) 4-केन्द्रकीय व 8-कोशिकीय

42. परिभ्रूणपोष है, बचा हुआ
(a) स्त्रीधानी (b) अध्यावरण
(c) भ्रूणपोष (d) बीजाण्डकाय

43. प्राय: एक अण्डाणु से एक नए सदस्य के निर्माण, वृद्धि एवं परिवर्धन के अध्ययन को कहते हैं
(a) कोशिका विज्ञान (b) औतिकी
(c) भ्रौणिकी (d) आनुवंशिकी

44. आवृतबीजियों में नर युग्मकोद्भिद् लघुकृत होता है
(a) एक कोशिका में (b) दो कोशिकाओं में
(c) तीन कोशिकाओं में (d) चार कोशिकाओं में

45. निम्नलिखित में से किन-किन पादपों के भाग द्वारा पादपों में अलैंगिक प्रजनन होता है?
I. शल्क कन्द (Bulb)
II. घनकन्द (Corn)
III. प्रकन्द (Rhizome)

कूट
(a) I एवं II (b) II एवं III
(c) I एवं III (d) ये सभी

46. पुष्पों के लिए निम्नलिखित में से कौन-से कथन सही हैं?
(a) पुष्प हमेशा द्विलिंगी होते हैं।
(b) ये लैंगिक जननीय अंग होते हैं।
(c) ये पादपों के सभी संघों में उत्पन्न होते हैं।
(d) उपरोक्त सभी

47. एक सामान्य आवृतबीजी भ्रूणपोष के विकास की अन्तिम अवस्था में होता है
(a) 4-केन्द्रकी (b) 8-केन्द्रकी
(c) 3-केन्द्रकी (d) 7-केन्द्रकी

48. पराग नलिका की अच्छी वृद्धि के लिए आवश्यक तत्व है
(a) Ca (b) B
(c) Mg (d) Mo

49. भ्रूणकोष का निर्माण कहलाता है
(a) गुरुबीजाणु जनन (b) गुरुयुग्मक जनन
(c) लघुयुग्मक जनन (d) इनमें से कोई नहीं

50. सूची I को सूची II से सुमेलित कीजिए।

सूची I	सूची II
A. जूफिली	1. पक्षी के द्वारा परागण
B. ऑर्निथोफिली	2. कीट के द्वारा परागण
C. एन्टोमोफिली	3. चमगादड़ के द्वारा परागण
D. काइरेप्टोरोफिली	4. जन्तु के द्वारा परागण

कूट
A B C D A B C D
(a) 3 2 1 4 (b) 1 4 3 2
(c) 4 1 2 3 (d) 4 2 1 3

51. भारतीय भ्रूण विज्ञान के पिता कहलाते हैं
(a) प्रो. बीरबल साहनी
(b) डॉ. आर.पी. राय
(c) सर जगदीश चन्द्र बोस
(d) प्रो. पी. माहेश्वरी

52. *क्रोकस* के पुष्प का भाग जिससे केसर बनता है, वह है
(a) बाह्य दलपुंज (b) दलपुंज
(c) परिदलपुंज (d) वर्तिका एवं वर्तिकाग्र

53. ऑइनोथेरा प्रकार का मादा युग्मकोद्भिद् होता है
(a) 8-केन्द्रकीय तथा 7-कोशिकीय
(b) 16-केन्द्रकीय तथा 13-कोशिकीय
(c) 8-केन्द्रकीय तथा 8-कोशिकीय
(d) 4-केन्द्रकीय तथा 4-कोशिकीय

54. अरण्ड के बीज के जिस भाग से तेल निकलता है, वह है
(a) बीजपत्र (b) कैरन्किल
(c) भ्रूणपोष (d) न्यूसेलस

55. कारंकल (Caruncle) उत्पन्न होती है
(a) बीजपत्र से
(b) अध्यावरण से
(c) पुष्पावलिवृन्त (Peduncle) से
(d) उपरोक्त में से कोई नहीं

56. सूची I को सूची II से सुमेलित कीजिए।

सूची I	सूची II
A. नारियल	1. जानवरों द्वारा
B. ड्रम स्टीक (मोरिंगा)	2. स्फुटन द्वारा
C. कुकुरमुत्ता (मशरूम)	3. जल द्वारा
D. अरण्डी	4. वायु द्वारा

कूट
A B C D A B C D
(a) 2 1 4 3 (b) 2 4 1 3
(c) 3 4 2 1 (d) 3 1 4 2

57. आवृतबीजी पादपों के जीवन-चक्र के सन्दर्भ में सर्वाधिक उपयुक्त विधि कौन-सी है?
(a) अंकुरण, भ्रूणकोष निर्माण, बीज-प्रकीर्णन, द्विनिषेचन
(b) विदलन, निषेचन, ग्राफ्टिंग, फल-निर्माण
(c) परागण, निषेचन, बीज-निर्माण, अंकुरण
(d) परिपक्वन, सूत्री विभाजन, विभेदन, निषेचन

58. निम्न के संवर्धन माध्यम से त्रिगुणित पादप प्राप्त किए जा सकते हैं
(a) पराग (b) भ्रूणपोष
(c) बीजाण्ड (d) मेगास्पोर

59. एकबीजपत्री के पुष्प में अनावश्यक भाग को कहते हैं
(a) बाह्य दलपुंज (b) दलपुंज
(c) परिदलपुंज (d) एपिकैलिक्स

60. भ्रूणकोष के विकास का क्रम होता है
(a) आर्किस्पोरियम → गुरुबीजाणु मातृकोशिका → गुरुबीजाणु → भ्रूणकोष
(b) आर्किस्पोरियम → गुरुबीजाणु → गुरुबीजाणु मातृकोशिका → भ्रूणकोष
(c) आर्किस्पोरियम → गुरुबीजाणु → गुरुबीजाणुद्भिद् → भ्रूणकोष
(d) उपरोक्त में से कोई नहीं

61. निम्न कुलों के पुष्पों के अण्डाशय में सर्वाधिक बीजाण्ड होते हैं
(a) ग्रैमिनी (b) कम्पोजिटी
(c) लेग्युमिनोसी (d) सोलेनेसी

62. स्तनियों में 'बार बॉडी' (Barr body) प्रदर्शित करती है
(a) स्त्री की कोशिकाओं में उपस्थित सम्पूर्ण हेटेरोक्रोमैटिन
(b) स्त्री की कायिक कोशिकाओं में दो X-गुणसूत्रों में से एक गुणसूत्र
(c) स्त्री तथा पुरुष की कोशिकाओं में उपस्थित सम्पूर्ण हेटेरोक्रोमैटिन
(d) पुरुष की कायिका कोशिकाओं में उपस्थित Y-गुणसूत्र

63. निम्नलिखित चार कथनों (I-IV) को पढ़िए। नवजात शिशु को कोलॉस्ट्रम (नवस्तन्य) इसलिए पिलाया जाना चाहिए क्योंकि उसमें
I. एन्टीजन प्रचुर मात्रा में पाए जाते हैं।
II. चिकनगुनिया एक ग्राम ऋणात्मक जीवाणु के द्वारा होता है।
III. ऊतक संवर्धन विषाणु रहित पादप प्राप्त करने में लाभदायक सिद्ध हुआ है।
IV. बीयर का उत्पादन किण्वित अंगूर रस के आसवन द्वारा किया जाता है।
उपरोक्त कथनों में कितने कथन गलत हैं?
(a) दो (b) तीन
(c) चार (d) एक

64. गैमीट इण्ट्रा फैलोपियन ट्रान्सफर (GIFT) की तकनीक का सुझाव, उन महिलाओं के लिए दिया जाता है,
(a) जो अण्ड उत्पन्न करने में अक्षम होती हैं
(b) जो गर्भाशय के भीतर गर्भ (Foetus) को धारण नहीं कर पाती हैं
(c) जिनकी ग्रैव नली (Cervical canal) बहुत संकरी होती है, जिसके कारण शुक्राणुओं को उचित मार्ग प्रदान नहीं हो पाता है
(d) जो निषेचन हेतु उपयुक्त परिस्थिति प्रदान करने में अक्षम होती है

65. सर्टोली कोशिकाएँ
(a) अण्डाशय में पाई जाती हैं तथा प्रोजेस्टेरॉन स्रावित करती हैं
(b) एड्रिनल कॉर्टेक्स में पाई जाती हैं तथा एड्रिनेलीन स्रावित करती हैं
(c) शुक्रजनन नलिकाओं में पाई जाती हैं तथा जनन कोशिकाओं को पोषण प्रदान करती हैं
(d) अग्न्याशय में पाई जाती हैं तथा कोलीस्टोकाइनिन स्रावित करती हैं

66. अण्डाशय में अण्डों के निर्माण की प्रक्रिया कहलाती है
(a) अण्डजनन
(b) अण्डोत्सर्ग
(c) अण्डनिक्षेपण
(d) अण्डजरायुजता

67. निषेचित अण्डा किस क्रिया द्वारा विभाजित होता है?
(a) पुनरुद्भवन (b) अण्डजनन
(c) विदलन (d) अन्तर्वलन

68. पूर्ण विकसित गर्भ (Foetus) तथा अपरा से उत्पन्न संकेत अन्तत: प्रसव को प्रेरित करते हैं, जिसके लिए आवश्यक होता है
(a) अपरा से एस्ट्रोजन का मोचन
(b) मातृ पिट्यूटरी से ऑक्सीटोसिन का मोचन
(c) गर्भ की पिट्यूटरी से ऑक्सीटोसिन का मोचन
(d) अपरा से रिलेक्सिन का मोचन

69. वृषण हो सकते हैं
I. उदर के भीतर
II. प्रजनन काल के पश्चात् देहगुहा में वापस चले जाते हैं।
III. हमेशा वृषण कोश में ही रहने वाले
इन तीनों के ही उदाहरण नीचे गए हैं सही उत्तर का चुनाव कीजिए।
(a) I काइरोप्टेरा, II मोनोट्रीमेटा, III प्राइमेट्स
(b) I मेटाथीरिया, II काइरोप्टेरा, III अधिकांश माँसाहारी
(c) I मोनोट्रीमेटा, II काइरोप्टेरा, III प्राइमेट्स
(d) I मेटाथीरिया, II कुछ माँसाहारी, III सभी प्राइमेट्स

70. मानव स्त्री में ब्लास्टोसिस्ट
(a) रोपण से पहले अपरा का निर्माण करती है
(b) अण्डोत्सर्ग के तीन दिन पश्चात् गर्भाशय में रोपित हो जाती है
(c) रोपण के पश्चात् गर्भाशयी एण्डोमेट्रियल स्राव से पोषण प्राप्त करती है
(d) ट्रोफोब्लास्ट कोशिकाओं द्वारा एण्डोमेट्रियम में रोपित हो जाती है

71. स्तनधारियों के अण्डाशय से सम्बन्धित 'कॉर्पस ल्यूटियम तथा कॉर्पस एल्बिकन्स (Corpus albicans) के विषय में सही कथन चुनिए।
(a) कॉर्पस ल्यूटियम अण्डोत्सर्ग के लिए हॉर्मोन स्रावित करता है।
(b) कॉर्पस ल्यूटियम हॉर्मोन स्रावित करता है, जो प्रजनन ट्रेक्ट को गर्भावस्था के लिए तथा कुछ स्तनधारियों में गर्भावस्था बनाए रखने में सहायक होता है।
(c) कॉर्पस ल्यूटियम के ह्रास के पश्चात् यहाँ एक सफेद-सा निशान (Scar) बचता है, जिसे कॉर्पस एल्बिकन्स कहते हैं
(d) (b) व (c) दोनों

72. निम्नलिखित में से किसके द्वारा प्रसव हेतु संकेतों की उत्पत्ति होती है?
(a) केवल अपरा द्वारा
(b) अपरा तथा पूर्ण विकसित गर्भ द्वारा
(c) मातृ पिट्यूटरी से स्रावित ऑक्सीटोसिन द्वारा
(d) केवल पूर्ण विकसित गर्भ द्वारा

73. नर तथा मादा दोनों ही लिंगों में सहायक लिंग ग्रन्थियाँ (Accessory sex glands) पाई जाती हैं। ये ग्रन्थियाँ सहायता करती हैं
(a) लिंग हॉर्मोनों के उत्पादन में
(b) अण्डाणु व शुक्राणु निर्माण में
(c) मैथुन की प्रक्रिया में सहायता करती हैं
(d) उपरोक्त सभी

74. नर मनुष्यों के सक्रिय प्लाज्मा (Seminal plasma) में प्रचुर मात्रा में उपस्थित होते हैं
(a) फ्रक्टोस तथा कैल्शियम
(b) ग्लूकोस तथा कैल्शियम
(c) DNA तथा टेस्टोस्टेरॉन
(d) राइबोस तथा पोटैशियम

75. शुक्रवाहिकाएँ (Vasa efferentia) वे नलिकाएँ हैं, जो फैली होती हैं
(a) वृषण पालिकाओं से वृषण जालिका तक
(b) वृषण जालिका से शुक्रवाहक तक
(c) शुक्रवाहक से अधिवृषण तक
(d) अधिवृषण से मूत्रमार्ग तक

76. अण्डोत्सर्ग के पश्चात् ग्राफियन पुटिका (Graafian follicle) किस हॉर्मोन के प्रभाव में कॉर्पस ल्यूटियम में बदल जाता है?
(a) एस्ट्रोजन
(b) प्रोजेस्टेरॉन
(c) FSH
(d) LH

77. सूची I को सूची II से सुमेलित कीजिए।

सूची I	सूची II
A. गोली	1. शुक्राणुओं को सर्विक्स में पहुँचने से रोकना
B. कण्डोम	2. अन्तरोपण को न होने देना
C. शुक्रवाहिका विच्छेदन	3. अण्डोत्सर्ग न होने देना
D. कॉपर-T	4. वीर्य में शुक्राणुओं का न होना

कूट

	A	B	C	D
(a)	3	1	4	2
(b)	4	1	2	3
(c)	2	4	3	1
(d)	2	3	1	4

78. फैलोपियन नलिका का अण्डाशय से निकटस्थ भाग होता है
(a) संकीर्ण पथ
(b) वायुकोष्ठिका
(c) गर्भाशय ग्रीवा
(d) तुम्बिका

79. एकमदकाल (Monoestrous) जन्तु वे हैं, जिसमें
(a) एक अण्डाणु बनता है
(b) वर्ष में एक बार प्रजनन काल होता है
(c) प्रत्येक माह में एक बार अण्डोत्सर्ग होता है
(d) प्रत्येक माह में एक बार रजोधर्म होता है

80. मद चक्र किनकी विशिष्टता है
(a) स्तनी
(b) स्तनीय मादाएँ
(c) मानव स्त्री
(d) प्राइमेटों को छोड़कर शेष स्तनीय मादाएँ

81. सूची I को सूची II से सुमेलित कीजिए।

सूची I	सूची II
A. प्रसव	1. एण्डोमेट्रियम से युग्मनज का जुड़ना
B. गर्भकाल	2. ग्राफियन फॉलीकल से अण्डे का मुक्त होना
C. अण्डोत्सर्ग	3. गर्भाशय से बच्चे का निकलना
D. रोपण	4. गर्भस्थ होने तथा शिशु के जन्म के बीच का समय
E. गर्भधारण	5. अण्ड तथा शुक्राणु के संलयन द्वारा युग्मनज का निर्माण
	6. अण्डोत्सर्ग तथा रजोधर्म का रुकना

कूट

	A	B	C	D	E
(a)	3	4	5	6	2
(b)	3	4	2	1	5
(c)	4	2	1	6	3
(d)	6	4	3	2	1

82. एक्रोसोम का निर्माण करता है
(a) लाइसोसोम
(b) गॉल्जी बॉडी
(c) माइटोकॉण्ड्रिया
(d) केन्द्रक

83. परखनली शिशु कार्यक्रम के अन्तर्गत किस तकनीक का प्रयोग किया जाता है?
(a) इण्ट्रा साइटोप्लाज्मिक स्पर्म इन्जेक्शन (ICSI)
(b) इण्ट्रा यूटेराइन इनसेमीनेशन (IUI)
(c) गैमीट इण्ट्रा फैलोपियन ट्रान्सफर (GIT)
(d) जाइगोट इण्ट्रा फैलोपियन ट्रान्सफर (ZIFT)

84. स्तनधारियों के शुक्राणु की जीवन क्षमता (Viability) के सम्बन्ध में निम्नलिखित में से कौन-सा कथन असत्य है?
(a) शुक्राणु केवल 24 घण्टों तक जीवित रह पाता है
(b) शुक्राणु की जीविता माध्यम के pH पर निर्भर करती है और यह क्षारीय माध्यम में अधिक सक्रिय होता है
(c) शुक्राणु की जीविता इसकी गति द्वारा निर्धारित होती है
(d) शुक्राणुओं को एक गाढ़े निलम्बन (Thick suspension) में सान्द्रित होना चाहिए

85. कभी-कभी वृषण, वृषणकोष (Scrotal sacs) में नहीं उतरते, यह अवस्था कहलाती है
(a) वैसेक्टॉमी
(b) ट्यूबेक्टॉमी
(c) क्रिप्टोर्कोएडिज्म
(d) नपुंसकता

86. यदि किसी कारणवश मुनष्य के जनन तन्त्र में अपवाही नलिकाएँ (Vasa efferentia) बन्द हो जाएँ, तो युग्मकों का स्थानान्तरण नहीं होगा
(a) अधिवृषण से शुक्रवाहिनी को
(b) अण्डाशय से गर्भाशय को
(c) योनि से गर्भाशय को
(d) वृषणों से अधिवृषण को

87. परखनली शिशु को उत्पन्न करने के लिए भ्रूण को कौन-सी अवस्था में स्त्री के शरीर में रोपित किया जाता है?
(a) 32-कोशिकीय अवस्था में
(b) 64-कोशिकीय अवस्था में
(c) 100-कोशिकीय अवस्था में
(d) 164-कोशिकीय अवस्था में

88. ग्रीवा (Cervix) किसका एक अंश है?
(a) अधिवृषण का
(b) वृक्क का
(c) गर्भाशय एवं योनि के बीच का
(d) फैलोपियन नलिका का

89. नीचे दी गई सूची में अलैंगिक जनन द्वारा कौन जनन करता है?
I. मलेरिया परजीवी II. कुत्ता
III. *हाइड्रा* IV. *अमीबा*
(a) II एवं IV
(b) I, III एवं IV
(c) I एवं IV
(d) II, III एवं IV

90. महिलाओं के आर्तव चक्र की वह प्रावस्था, जो 7-8 दिन तक चलती है, कहलाती है
(a) पुटिका (Follicular) प्रावस्था
(b) अण्डोत्सर्ग (Ovulatory) प्रावस्था
(c) पीत पिण्ड (Luteal) प्रावस्था
(d) रजोधर्म (Menstruation)

91. लीडिग कोशिकाओं की स्थिति एवं उनके द्वारा स्त्रावित रस होते हैं
(a) वृषण एवं टेस्टोस्टेरॉन
(b) अग्न्याशय एवं ग्लूकेगॉन
(c) यकृत एवं कोलेस्ट्रोल
(d) अण्डाशय एवं एस्ट्रोजन

92. सूची I को सूची II से सुमेलित कीजिए।

सूची I		सूची II	
A.	हायलूरोनिडेज	1.	एक्रोसोमल क्रिया
B.	कॉर्पस ल्यूटियम	2.	मॉर्फोजेनेटिक गति
C.	गैस्ट्रुलेशन	3.	प्रोजेस्टेरॉन
D.	केपेसिटेशन	4.	स्तन ग्रन्थि
E.	कॉलेस्ट्रम	5.	शुक्राणु का सक्रियण

कूट

	A	B	C	D	E
(a)	2	4	1	5	3
(b)	1	3	4	5	2
(c)	2	5	3	4	1
(d)	1	3	2	5	4

93. निम्नलिखित में से किस एवं भ्रूणीय झिल्ली/संरचना का कार्य उत्सर्जी है?
(a) एम्नियॉन
(b) एलेन्टॉइस
(c) योक सैक
(d) विटेलाइन कोरियॉन

94. स्तनधारियों के अण्डाशय का कौन-सा भाग अण्डोत्सर्ग के पश्चात अन्त:स्त्रावी ग्रन्थि की तरह कार्य करने लगता है?
(a) ग्राफियन पुटिका (b) पीठिका
(c) जनन उपकला (d) पीतकी झिल्ली

95. गर्भ में स्थित बच्चे का मूत्राशय होता है
(a) पीतककोष
(b) अपरापोषिका
(c) कॉरिओन
(d) एम्निओन

उत्तरमाला

1 (c)	2 (b)	3 (a)	4 (d)	5 (c)	6 (d)	7 (a)	8 (b)	9 (b)	10 (c)
11 (b)	12 (d)	13 (b)	14 (a)	15 (d)	16 (a)	17 (d)	18 (d)	19 (b)	20 (c)
21 (b)	22 (d)	23 (b)	24 (c)	25 (c)	26 (c)	27 (c)	28 (b)	29 (b)	30 (a)
31 (d)	32 (a)	33 (b)	34 (d)	35 (b)	36 (d)	37 (b)	38 (b)	39 (b)	40 (d)
41 (b)	42 (d)	43 (c)	44 (c)	45 (d)	46 (b)	47 (c)	48 (b)	49 (b)	50 (c)
51 (d)	52 (d)	53 (d)	54 (c)	55 (b)	56 (c)	57 (c)	58 (b)	59 (c)	60 (a)
61 (d)	62 (b)	63 (a)	64 (a)	65 (b)	66 (a)	67 (c)	68 (b)	69 (c)	70 (d)
71 (d)	72 (b)	73 (c)	74 (a)	75 (b)	76 (d)	77 (a)	78 (b)	79 (b)	80 (d)
81 (b)	82 (b)	83 (d)	84 (a)	85 (c)	86 (d)	87 (a)	88 (c)	89 (b)	90 (b)
91 (a)	92 (d)	93 (b)	94 (a)	95 (b)					

अध्याय

06

आनुवंशिकी एवं जैव विकास

(Genetics and Evolution)

आनुवंशिकी (Genetics)

- वे लक्षण, जो एक पीढ़ी (माता-पिता) से दूसरी पीढ़ी (सन्तानों) में वंशागत (Inherit) होते हैं, **आनुवंशिक लक्षण** या **विशेषक** (Hereditary characters or Traits) कहलाते हैं तथा आनुवंशिक लक्षणों के एक पीढ़ी से दूसरी पीढ़ी में स्थानान्तरित होने की प्रक्रिया को आनुवंशिकता या वंशागति (Heredity or Inheritance) कहते हैं।
- जीव विज्ञान की वह शाखा, जिसके अन्तर्गत जीवों की आनुवंशिक समानताओं और असमानताओं एवं उनकी वंशागति का अध्ययन किया जाता है, आनुवंशिकी कहलाती है। 'आनुवंशिकी' शब्द का सर्वप्रथम प्रयोग **डब्ल्यू. बेटसन** (W Bateson) ने सन् 1905 में किया था।

आनुवंशिकी के कुछ तकनीकी शब्द

1. **जीन या कारक** जीन आनुवंशिकी की क्रियात्मक इकाई (Functional unit) है, जो किसी लक्षण की वंशागति एवं इसके प्रदर्शन के लिए उत्तरदायी होते हैं। 'जीन' शब्द का सर्वप्रथम प्रयोग **जॉहन्सन** (Johansen) ने किया।
2. **लक्षणप्रारूप एवं जीनप्रारूप** लक्षणप्रारूप जीव के विभिन्न दैहिक लक्षण; जैसे—आकार, आकृति, रंग एवं स्वभाव, आदि को व्यक्त करता है। जीनप्रारूप जीव के जीन स्तर पर आनुवंशिक संगठन को व्यक्त करता है, जोकि उसमें विभिन्न दिखाई न देने वाले लक्षणों को भी निर्धारित करता है।
3. **संकर एवं संकरण** जब तुलनात्मक लक्षण वाले नर और मादा के मध्य निषेचन कराया जाता है, तो इस क्रिया को संकरण कहते हैं और इससे उत्पन्न सन्तानों को संकर कहते हैं; जैसे—शुद्ध लम्बे (TT) तथा शुद्ध बौने (tt) पादपों को क्रॉस कराने पर संकर लम्बे (Tt) पादप प्राप्त होते हैं।
4. **एकसंकर संकरण** जब एक समय में केवल एक तुलनात्मक **आनुवंशिक लक्षण** की वंशागति का अध्ययन किया जाता है, तो इसे एकसंकर संकरण कहते हैं; जैसे—लाल पुष्प वाले पादप तथा सफेद पुष्प वाले पादप के मध्य संकरण।
5. **द्विसंकर संकरण** जब दो तुलनात्मक आनुवंशिक लक्षणों को ध्यान में रखकर संकरण कराया जाता है, तो इसे द्विसंकर संकरण कहते हैं; जैसे—गोल व पीले बीज वाले पादप तथा हरे व झुर्रीदार बीज वाले पादप के मध्य संकरण।
6. **संकर पूर्वज संकरण** F_1-पीढ़ी में प्राप्त सन्तानों और उनके किसी भी एक जनक के बीच होने वाले संकरण को संकर पूर्वज संकरण कहते हैं; जैसे—$Tt \times tt$ या $Tt \times TT$।
7. **परीक्षण संकरण** जब F_1-पीढ़ी के **विषमयुग्मजी संकर** का संकरण, समयुग्मजी अप्रभावी सदस्य के साथ कराया जाता है, तो इसे परीक्षण संकरण कहते हैं; जैसे— F_1-पीढ़ी में प्राप्त सन्तति संकर लम्बे (Tt) तथा शुद्ध बौने पादप (tt) के मध्य संकरण। इस संकरण में बनने वाली सन्तानो में सदैव 1 : 1 का अनुपात पाया जाता है।

मेण्डलवाद (Mendelism)

- **ग्रेगर जॉन मेण्डल** ने मटर के पौधे पर अपने संकरण प्रयोग किए। इन्हें 'आनुवंशिकी के जनक' के रूप में भी जाना जाता है। डच वैज्ञानिक **ह्यूगो डी व्रीज**, जर्मन वैज्ञानिक **कार्ल कॉरेन्स** तथा ऑस्ट्रियन **वॉन शेरमैक** ने स्वतन्त्र रूप से मेण्डल के निष्कर्षों का पुन: वर्णन किया।
- मेण्डल की सफलता के कारण, मटर का एकवर्षीय व द्विलिंगी होना, स्वपरागण की उपस्थिति, परपरागण की सम्भवता, विपरीत या विभेदात्मक लक्षणों की उपस्थिति आदि थे। मेण्डल द्वारा लिए गए सात जोड़े के लक्षण, चार अलग-अलग गुणसूत्रों पर उपस्थित थे।

मेण्डल द्वारा लिए गए लक्षणों के प्रभावी तथा अप्रभावी रूप

लक्षण	प्रभावी	अप्रभावी
पौधे की ऊँचाई	लम्बा	बौना
पुष्प की स्थिति	कक्षस्थ	अग्रस्थ
फली का रंग	हरा	पीला
फली की प्रकृति	फूली हुई	संकुचित
बीज का आकार	गोल	झुर्रीदार
पुष्प का रंग	बैंगनी	सफेद
बीजपत्र का रंग	पीला	हरा

- जब विपरीत लक्षणों वाले पौधों में क्रॉस कराया जाता है, तो F_1 पीढ़ी में केवल प्रभावी लक्षण ही दृष्टिगत होता है। इस क्रिया को **प्रभाविता** कहते हैं।

मेण्डल के वंशागति के नियम

(Mendel's Laws of Inheritance)

मेण्डल ने तीन नियमों को प्रतिपादित किया

1. प्रभाविता का नियम

मेण्डल के प्रभाविता तथा अप्रभाविता के निष्कर्ष को सन् 1901 में **कार्ल कॉरेन्स** (Carl Correns) ने ही मेण्डल के नियम के रूप में प्रस्तुत किया, जिसे प्रभाविता का नियम कहा गया।

- इस नियम के अनुसार, जब दो समयुग्मजी (शुद्ध नस्ली) पादपों में संकरण कराया जाता है, तो F_1-पीढ़ी में प्रकट होने वाले लक्षणों को **प्रभावी** (dominant) तथा F_1-पीढ़ी में न दिखने वाले लक्षणों को **अप्रभावी** (recessive) लक्षण कहते हैं; *उदाहरण*—एकसंकर क्रॉस में जब एक बौने पादप का संकरण एक लम्बे पादप से कराया जाता है, तब F_1-पीढ़ी में सभी लम्बे पादप ही उत्पन्न होते हैं।

2. पृथक्करण का नियम

इसे **युग्मकों की शुद्धता का नियम** (law of purity of gametes) कहते हैं। जब F_1 पीढ़ी के संकर पौधों में स्वपरागण कराया जाता है, तो द्वितीय पीढ़ी में पैतृक लक्षण 3 : 1 के निश्चित अनुपात में पृथक् हो जाते हैं।

प्रत्येक युग्म के विपरीत लक्षण, युग्मकों के बनते समय एक-दूसरे से पृथक् होकर अलग-अलग युग्मकों में चले जाते हैं।

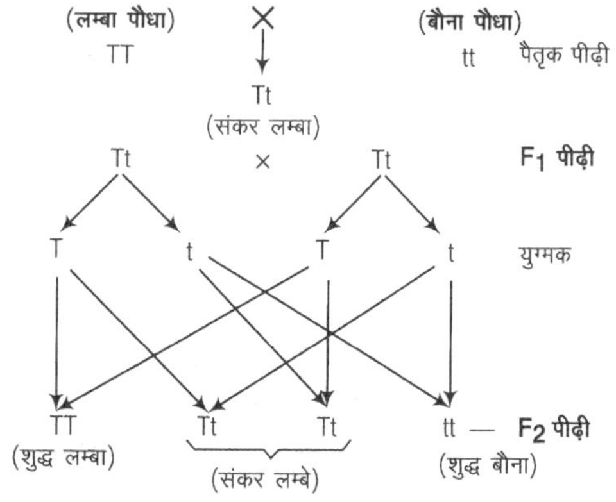

3. स्वतन्त्र अपव्यूहन का नियम

- इस नियम के अनुसार, जब दो या दो से अधिक असम्बन्धित **प्रभावी लक्षणों** वाले पौधों के मध्य संकरण कराया जाता है, तो उनके जीन युग्म के कारकों का पृथक्करण एवं अपव्यूहन स्वतन्त्र रूप से होता है अर्थात् ये स्वतन्त्र रूप से पृथक् होकर जनकों के अन्य किसी भी लक्षण के साथ संयोग न बनाते हुए सन्तानीय पीढ़ियों में जाते हैं।
- मेण्डल के इस नियम की व्याख्या **द्विसंकर संकरण** के आधार पर की जा सकती है। *उदाहरण*—जब पीले गोल तथा हरे झुर्रीदार बीज वाले शुद्ध जनक पौधों में संकरण कराया जाता है, तो प्रथम पीढ़ी (F_1) में सभी संकर पौधे गोल तथा पीले बीज वाले होते हैं। इससे यह सिद्ध होता है, कि बीजों का पीला रंग एवं गोल आकार प्रभावी गुण है तथा हरा रंग एवं झुर्रीदार आकार अप्रभावी गुण है। F_1 पीढ़ी के पौधों में स्व-परागण कराने पर F_2 पीढ़ी में चार प्रकार के बीज वाले पौधे 9 : 3 : 3 : 1 के अनुपात में प्राप्त होते हैं।

(a) पीले गोल–9 (b) हरे गोल–3 (c) पीले झुर्रीदार–3 (d) हरे झुर्रीदार–1

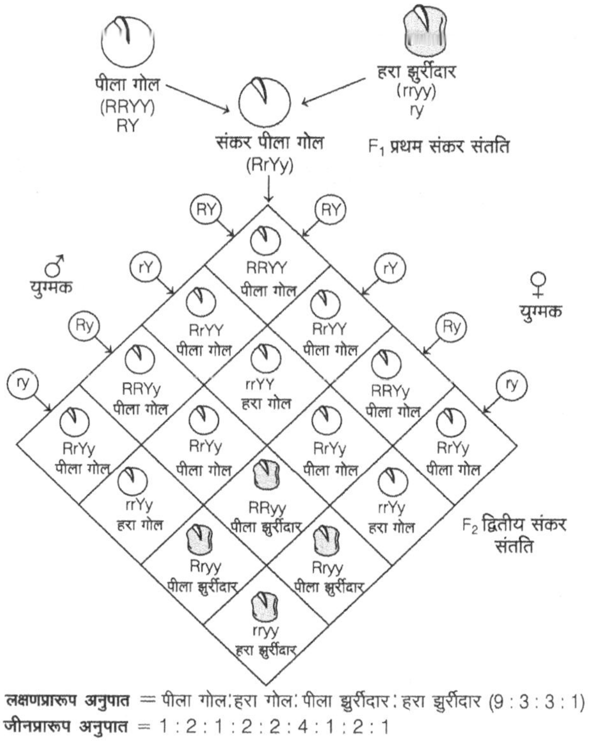

मेण्डलवाद के अपवाद (Exceptions of Mendelism)

मेण्डल द्वारा दिए गए अपवाद निम्नलिखित हैं

1. अपूर्ण प्रभाविता

- कुछ पौधों व जन्तुओं में F_1 पीढ़ी की संतति में कोई भी लक्षण पूर्णत: प्रभावी नहीं होता अर्थात् मध्यवर्ती होता है, इसे **अपूर्ण प्रभाविता** कहते हैं।
- **कोरेन्स** ने गुलाबाँस (*Mirabilis jalapa*) में देखा कि लाल फूल वाले पौधे को सफेद फूल वाले पौधे से क्रॉस कराने पर गुलाबी फूल वाले पौधे उत्पन्न होते हैं और ये F_2 पीढ़ी में
- 1 : 2 : 1 का फीनोटाइप व जीनोटाइप अनुपात दर्शाते हैं।

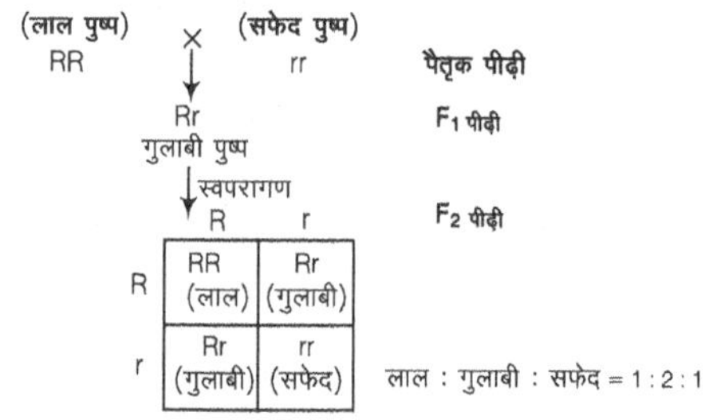

2. **सहप्रभाविता**

इसमें दोनों ही जनकों के लक्षण पृथक् रूप से F_1 पीढ़ी में प्रकट होते हैं। *उदाहरण*—यदि एक लाल रंग के पशु को श्वेत रंग के पशु से क्रॉस कराया जाता है, तो F_1 पीढ़ी में चितकबरी संतान पैदा होती है एवं मानव का AB रक्त समूह सहप्रभाविता का उदाहरण होता है।

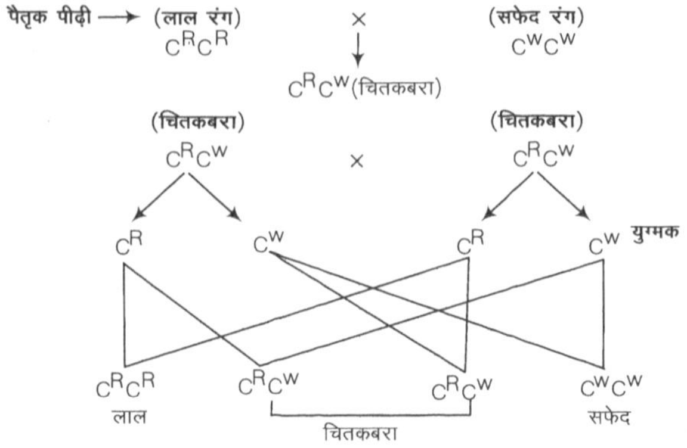

3. **बहुविकल्पता**

मेण्डल के अनुसार, जीन के दो ही विकल्पी रूप होते हैं, परन्तु एक ही जीन के एक ही स्थान (locus) पर दो से अधिक एलील हो सकते हैं, जो बहुविकल्पी कहलाते हैं। उदाहरण—मनुष्य में रुधिर वर्गों की वंशागति (A, B, AB तथा O) के लिए तीन एलील (I^A, I^B, I^O) एक ही लोकस पर स्थित होते हैं।

मानव रुधिर वर्ग, उनका जीनोटाइप तथा आधान

रुधिर वर्ग	लाल रुधिराणु में प्रतिजन	प्लाज्मा में प्रतिरक्षी	रुधिर दे सकता है	रुधिर ले सकता है	जीनोटाइप
O	–	एन्टी-a एन्टी-b	O, A, B, AB	O	I^O I^O
A	A	एन्टी-b	A, AB	O, A	I^AI^A or I^AI^O
B	B	एन्टी-a	B, AB	O, B	I^BI^A or I^BI
AB	A और B	–	AB	O, A, B, AB	I^AI^B

डॉ. कार्ल लैण्डस्टीनर ने सन् 1900 में यह खोज की, कि सभी व्यक्तियों का रुधिर समान नहीं होता है। विभिन्न व्यक्तियों के लाल रुधिराणुओं पर विभिन्न प्रकार के प्रोटीन (प्रतिजन) पाए जाते हैं। ये प्रतिजन दो प्रकार के 'A' तथा 'B' होते हैं तथा प्लाज्मा में दो प्रकार के प्रतिरक्षी 'a' तथा 'b' पाई जाती हैं। प्रतिजन तथा प्रतिरक्षी की उपस्थिति के आधार पर चार प्रकार के रुधिर समूह पाए जाते हैं।

रुधिर समूहों की वंशागति

लाल रुधिराणुओं पर उपस्थित प्रतिजन एक प्रभावी जीन 'I' के कारण होते हैं। यदि अप्रभावी जीन 'i' उपस्थित होता है, तब लाल रुधिराणु पर कोई प्रतिजन नहीं पाए जाते हैं तथा O रुधिर समूह होता है। जीन 'i', जीन 'I' के समक्ष अप्रभावी होता है। जीन I^A प्रतिजन A तथा जीन I^B प्रतिजन B का निर्माण करता हैं। जीन I^A तथा I^B सहप्रभावी हैं, अतः एक विषमयुग्मजी व्यक्ति

(जिसका जीनोटाइप I^AI^B है) में प्रतिजन A तथा B दोनों ही पाए जाते हैं, जिस कारण उसका रुधिर समूह AB होता है।

सारणी 2. माता-पिता के रुधिर से सन्तान के सम्भावित रुधिर समूह

माता-पिता का रुधिर समूह	जीनोटाइप	सन्तान का सम्भावित रुधिर समूह
O × O	ii × ii	O
O × A	ii × I^AI^A ii × I^Ai	A A, O
A × A	I^AI^A × I^AI^A I^Ai × I^Ai	A A, O
O × B	ii × I^BI^B ii × I^Bi	B B, O
B × B	I^BI^B × I^BI^B I^Bi × I^Bi	B B, O
O × AB	ii × I^AI^B	A, B
AB × AB	I^AI^B × I^AI^B	A, B, AB
AB × A	I^AI^B × I^AI^A I^AI^B × I^Ai	A, AB A, AB, B
AB × B	I^AI^B × I^BI^B I^AI^B × I^Bi	B, AB B, AB, A
A × B	I^AI^A × I^BI^B I^AI^A × I^Bi I^Ai × I^BI^B I^Ai × I^Bi	AB A, AB AB, B A, B, AB, O

वंशागति का गुणसूत्रीय वाद

(Chromosomal Theory of Inheritance)

- जब **मेण्डल** (Mendel) मटर के पादप पर अपने प्रयोग कर रहे थे, उस समय तक जीव कोशिकाओं की संरचना, केन्द्रक और गुणसूत्रों का ज्ञान बहुत कम था।
- **नागेली** (Nageli) ने सर्वप्रथम सन् 1842 में कोशिका के केन्द्रक में धागेनुमा रचनाओं को देखा था।
- **रूसो** (Russow) ने सन् 1872 में इनकी उपस्थिति की पुष्टि की तथा **जी. ई. बालबियानी** (GE Balbiani) ने सन् 1876 में दीर्घ गुणसूत्रों (Giant chromosomes) की खोज की थी।
- **वाल्डेयर** (Waldeyer) ने सन् 1888 में उपस्थित इन गहरे रंग की सूत्रवत् इकाइयों को **गुणसूत्र** (Chromosome) नाम दिया।
- **बोवेरी** एवं **सटन** (Boveri and Sutton; 1902) ने पता लगाया कि युग्मकों के बनने की प्रक्रिया, **युग्मकजनन** (Gametogenesis) में समजात गुणसूत्रों का युग्मकों में पृथक्करण एवं नर तथा मादा युग्मकों के संयुग्मन की प्रक्रिया, **निषेचन** (Fertilisation) में समजात गुणसूत्रों का फिर से जोड़ियों से मिलना, मेण्डल के द्वारा बताए गए एकल आनुवंशिक कारकों (Unit hereditary factors) की तरह ही होता है।
- इन समानताओं के कारण वैज्ञानिकों में यह धारणा बनी कि गुणसूत्र ही **मेण्डल के कारकों** (Mendelian factors) का कार्य करते हैं। इसी आधार पर सटन एवं बोवेरी ने सन् 1902 में **'वंशागति के गुणसूत्रीय मत'** का प्रतिपादन किया था।

इस सिद्धान्त के अनुसार,

(i) मेण्डल के कारकों का जोड़ा **समजात गुणसूत्रों** (Homologous chromosomes) के जोड़े पर भौतिक रूप से स्थित होता है। अत: यह कहा जा सकता है कि समजात गुणसूत्र के जोड़े के प्रत्येक गुणसूत्र पर एक कारक उपस्थित होता है।

(ii) अर्द्धसूत्री (Meiosis division) विभाजन की प्रक्रिया के दौरान इस समजात गुणसूत्रों का ही **पृथक्करण** तथा **स्वतन्त्र अपव्यूहन** होता है अर्थात् इससे यह स्पष्ट हो जाता है कि गुणसूत्र ही मेण्डल के कारकों के वाहक होते हैं।

लिंग-निर्धारण (Sex-Determination)

"लिंग-निर्धारण वह प्रक्रिया है, जिसके द्वारा यह सुनिश्चित होता है कि एकलिंगी जन्तुओं में **लैंगिक जनन** (sexual reproduction) द्वारा उत्पन्न होने वाला नया प्राणी नर होगा या मादा"।

- **मैक्कलंग** (McClung) ने "लिंग-निर्धारण के गुणसूत्रीय वाद" द्वारा इस लिंग-निर्धारण का सही स्पष्टीकरण दिया। इसके अनुसार, सन्तानों का लिंग लक्षण गुणसूत्रों पर निर्भर करता है एवं अन्य आनुवंशिक लक्षणों के समान मेण्डल के नियमों के अनुसार ही वंशागत होता है।
- **ई. बी. विल्सन** एवं **स्टीवेन** (EB Wilson and Steven) ने सन् 1902-1905 में लिंग निर्धारण के गुणसूत्रीय सिद्धान्त पर कार्य किया था। उन्होंने X और Y-गुणसूत्रों को **लिंग गुणसूत्र** या **एलोसोम** (allosome) तथा कोशिका के अन्य गुणसूत्रों को **ऑटोसोम** (autosome) नाम दिया।

जन्तुओं में गुणसूत्रों द्वारा निर्धारण की विभिन्न प्रक्रियाएँ निम्नलिखित हैं

(i) XX-XY **प्रतिक्रिया या लायगीयस प्रक्रिया** इस प्रकार की लिंग-निर्धारण की क्रियाविधि का सबसे पहले अध्ययन मिल्क वीड बग *लायगीयस टर्सिकस* में **विल्सन** एवं **स्टीवेन** (Wilson and Steven) के द्वारा किया गया था, इसलिए इसे लायगीयस प्रक्रिया कहते हैं।

- अधिकांश उच्च प्राणियों; जैसे -मानव में लिंग गुणसूत्रों का केवल एक जोड़ा पाया जाता है एवं मादा में दोनों लिंग गुणसूत्र समान होते हैं। इन्हें XX द्वारा प्रदर्शित किया जाता है।
- इनसे निर्मित सभी युग्मक एक ही प्रकार के होते हैं। अत: इसे **समयुग्मकी लिंग** (homogametic sex) कहते हैं।
- नर में लिंग गुणसूत्र असमान होते हैं तथा इन्हें XY द्वारा प्रदर्शित किया जाता है। इन्हें **विषमयुग्मकी लिंग** (heterogametic sex) कहते हैं।
- इनमें दो प्रकार के युग्मकों का निर्माण होता है—50% युग्मक X-गुणसूत्र वाले एवं 50% युग्मक Y-गुणसूत्र वाले होते हैं; *उदाहरण—ड्रोसोफिला*।

(ii) XX-XO **प्रक्रिया या प्रोटीनर प्रक्रिया** लिंग-निर्धारण की यह विधि Y-गुणसूत्र के विलोपन के कारण उत्पन्न हुई। अत: सभी अण्डाणु 11 गुणसूत्रों के अगुणित समुच्चय (Sets) वाले होते हैं, परन्तु शुक्राणु दो प्रकार के होते हैं— 50% शुक्राणु X गुणसूत्र युक्त तथा शेष 50% शुक्राणु X गुणसूत्र विहिन होते हैं।

- गुणसूत्र वाले शुक्राणु द्वारा अण्डाणु के निषेचन के परिणामस्वरूप मादा का निर्माण होता है, जबकि गुणसूत्र विहिन शुक्राणु द्वारा नर उत्पन्न होता है; *उदाहरण*-स्कवेश बग।

(iii) ZZ-ZW **प्रक्रिया** लिंग-निर्धारण की यह क्रियाविधि कुछ कीटों, *जैसे*- तितली तथा कशेरुकियों; *जैसे*-मछली, सरीसृप, पक्षियों आदि में पाई जाती है।

- इसमें नर समयुग्मकी होता है, जिसके दो लिंग गुणसूत्रों को ZZ से प्रदर्शित किया जाता है।
- नर सदैव समान प्रकार के युग्मक उत्पन्न ही करेगा।
- मादा विषमयुग्मकी होती है, जिसके दो लिंग गुणसूत्रों को ZW से प्रदर्शित किया जाता है। अत: मादा दो प्रकार के अण्डाणु या तो Z-गुणसूत्र युक्त या W-गुणसूत्र युक्त उत्पन्न करती है।

(iv) ZZ-ZO **प्रक्रिया** इस प्रकार का लिंग-निर्धारण तितलियों व मॉथ में देखने को मिलता है। यहाँ नर समयुग्मकी होता है, जिसे ZZ से प्रदर्शित करते हैं। अत: नर समान प्रकार के शुक्राणु उत्पन्न करता है। इसके विपरीत मादा में W गुणसूत्र के विलोपन से ZO स्थिति उत्पन्न हो जाती है।

अत: मादा दो प्रकार के अण्डाणु उत्पन्न करती है, आधे Z-गुणसूत्र युक्त व आधे Z-गुणसूत्र रहित।

लिंग-निर्धारण की अगुणित-द्विगुणित क्रियाविधि

इस प्रकार के लिंग-निर्धारण की क्रियाविधि हाइमेनोप्टेरन्स (Hymenopterans) कीट; जैसे - मधुमक्खियों (honeybees), ततैया (wasp) और चींटियों (ants) में देखने को मिलती है।

मधुमक्खियों में सामान्यतया निम्नलिखित तीन प्रकार के सदस्य होते हैं

(i) **द्विगुणित रानी** (Diploid queen) इसका विकास निषेचित अण्डे से होता है। केवल रानी मक्खी में जनन की क्षमता पाई जाती है।

(ii) **द्विगुणित श्रमिक** (Diploid workers) ये अर्द्धविकसित मादाएँ हैं जिनका विकास निषेचित अण्डों से होता है, परन्तु इनमें जनन अंग विकसित नहीं होते हैं।

(iii) **अगुणित नर या ड्रोन** (Haploid male or drone) इनका विकास अनिषेचित अण्डों से अनिषेकजनन द्वारा होता है। नर शुक्राणु उत्पन्न करने की क्षमता रखता है। इस प्रकार के विकास को **आर्हीनोटोकी** (arhenotoky) कहते हैं।

लिंग-निर्धारण की जीनीय सन्तुलन क्रियाविधि

- विभिन्न जन्तुओं में यह देखा गया है कि इनमें एक ही जीव में दोनों लिंगों का विकास करने की वंशानुगत सामर्थ्य (inherent potential) छिपी होती है।
- *ड्रोसोफिला* में, वास्तव में X-गुणसूत्रों एवं दैहिक गुणसूत्र का अनुपात ही लिंग-निर्धारण का महत्त्वपूर्ण कारक है।
- **सी.बी. ब्रिजेस** (CB Bridges) ने त्रिगुणित मादा *ड्रोसोफिला* ($3n + XXX$) का द्विगुणित नर *ड्रोसोफिला* ($2n + XY$) से संकरण कराया और प्रयोगों के आधार पर **लिंग-निर्धारण का आनुपातिक सिद्धान्त** (ratio theory of sex determination) प्रस्तुत किया, जो बाद में 'जीनीय सन्तुलन सिद्धान्त' के नाम से विख्यात हुआ।
- इस सिद्धान्त के अनुसार, X-गुणसूत्र व दैहिक गुणसूत्र के बीच सन्तुलन, लिंग-निर्धारण के लिए आवश्यक है।
- *ड्रोसोफिला* में X एवं दैहिक गुणसूत्रों का अनुपात, यदि 1.0 हो तो सन्ततियाँ मादा होंगी। यदि यह अनुपात 0.5 है, तो सन्ततियाँ नर

होंगी, जबकि यदि यह अनुपात 1.0 से अधिक है, तो सन्ततियाँ **श्रेष्ठ मादा** (super female) होंगी,

- इसके अतिरिक्त 0.5 से कम का अनुपात **श्रेष्ठ नर** (super male) तथा 0.5-1.0 का अनुपात **अन्तरलिंगी** (intersex) सन्ततियों के रूप में परिलक्षित होता है।

सहलग्नता Linkage

- जब दो या दो से अधिक जीन एक ही गुणसूत्र पर पास-पास स्थित होते हैं तो अर्द्धसूत्री विभाजन के पश्चात् भी ये जीन एक-दूसरे से पृथक् नहीं होते तथा एकसाथ बने रहते हैं। यह सह-वंशागति प्रदर्शित करते हैं, इन जीनों को **सहलग्न जीन** (Linked gene) तथा इस गुण को सहलग्नता कहते हैं।
- 'लिंकेज' शब्द का सर्वप्रथम प्रयोग **सटन** एवं **बोवेरी** (Sutton and Boveri) ने सन् 1903 में किया था।

सहलग्नता के प्रकार Types of Linkage

सामान्यतया सहलग्नता दो प्रकार की होती है

(i) **पूर्ण सहलग्नता** (Complete Linkage) इस प्रकार की सहलग्नता नर *ड्रोसोफिला* में पाई जाती है। जब एक गुणसूत्र पर स्थित सहलग्न जीन अर्द्धसूत्री विभाजन के समय पृथक् नहीं होते हैं तथा इससे अगली पीढ़ी में पैतृक प्रकार के ही लक्षण मिलते हैं। इस प्रकार की प्रक्रिया को पूर्ण सहलग्नता कहते हैं।

(ii) **अपूर्ण सहलग्नता** (Incomplete Linkage) जब समजात गुणसूत्रों (Homologous chromosomes) के बीच जीन विनिमय की क्रिया हो जाती है तथा इससे अगली पीढ़ी की सन्तानों में पैतृक प्रकार तथा पुनर्संयोजित प्रकार (Recombinant type) के लक्षण उत्पन्न होते हैं। इस प्रक्रिया को अपूर्ण सहलग्नता कहते हैं।

वर्णान्धता तथा हीमोफीलिया मानव में लिंग सहलग्नता के उदाहरण हैं।

पारगमन या जीन विनिमय Crossing Over or Gene Exchange

- अर्द्धसूत्री विभाजन की प्रथम पूर्वावस्था (Prophase-I) की पैकिटीन प्रावस्था (Pachytene stage) में समजात गुणसूत्रों के परस्पर जुड़े हुए अर्द्धगुणसूत्रों (Chromatids) के बीच एक या अधिक खण्डों की आदान-प्रदान (Reciprocal exchange) होने से सहलग्न जीन भी एक-दूसरे से पृथक् हो जाते हैं। खण्डों के इस आदान-प्रदान को ही **पारगमन** या **जीन विनियम** कहते हैं।
- इसके फलस्वरूप समजात गुणसूत्रों का DNA समजात पुनर्संयोजित DNA बन जाता है, इससे अगली पीढ़ी की सन्तानों में नए लक्षण उत्पन्न होते हैं, जिन्हें पुनर्संयोजित लक्षण कहते हैं।

पारगमन की क्रिया में निम्न परिघटनाएँ होती हैं

- समजात गुणसूत्रों का संयुग्मन (Pairing) यह प्रोफेज-I की जाइगोटीन (Zygotene) उपअवस्था में होता है, इसे **सूत्रयुग्मन** (Synapsis) कहते हैं। इससे द्विसंयोजक (Bivalent) निर्मित होता है, जो द्विगुणन की क्रिया के फलस्वरूप **चतुष्क** (Tetrad) का निर्माण करता है।
- चतुष्क निर्माण के उपरान्त, पारगमन की प्रक्रिया पूर्ण होती है इसके अन्तर्गत दो अबहन अर्द्ध-गुणसूत्रों में खण्डों की अदला-बदली होती है। अदला-बदली के बाद अर्द्ध-गुणसूत्र एक-दूसरे से दूर जाने लगते हैं एवं एक X-जैसी संरचना का निर्माण करते हैं, जिसे **किएज्मेटा** कहते हैं।
- किएज्मेटा निर्माण के बाद गुणसूत्र एक-दूसरे से पृथक् होने लगते हैं, पृथक्करण, सेन्ट्रोमीयर से प्रारम्भ होकर गुणसूत्र छोरों तक होता है, इसे **टर्मिनालाइजेशन** (Terminalisation) कहते हैं।

जीन विनिमय के प्रकार ऊब्जे र्द ऐदेग्हु ध्नी

सामान्यतया जीन विनिमय तीन प्रकार का होता है

(i) **सरल जीन विनिमय** (Simple Crossing Over) इसमें अर्द्धगुणसूत्र केवल एक स्थान से टूटता है। इससे दो जीन विनिमित या **क्रॉस ओवर** अर्द्धगुणसूत्र तथा दो अजीन विनिमित या नॉन-क्रॉस ओवर अर्द्धगुणसूत्र बनते हैं।

(ii) **दोहरा जीन विनिमय** (Double Crossing Over) उसी चतुष्क में अर्द्धगुणसूत्र में दो स्थान पर जीन विनिमय होता है। इसमें दो प्रकार का किएज्मा निर्माण हो सकता है

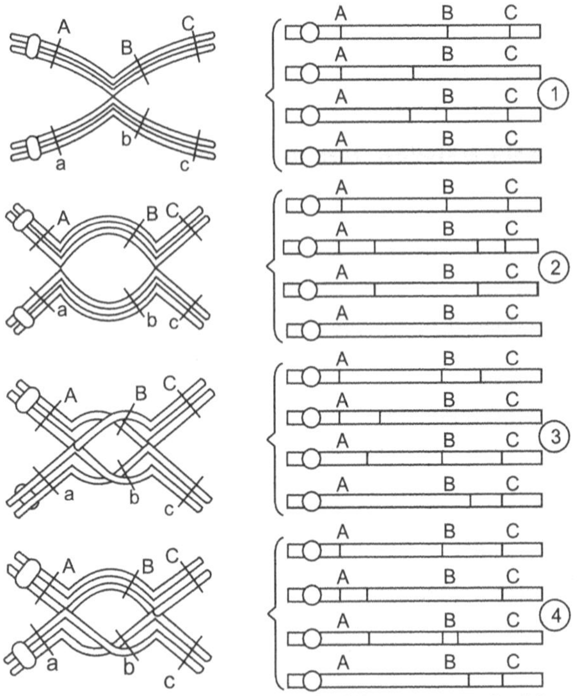

विभिन्न प्रकार का जीन विनिमय 1. सरल जीन विनिमय 2. दोहरा जीन विनिमय (पारस्परिक) 3. दोहरा जीन विनिमय (पूरक) 4. बहुजीन विनिमय

(a) **पारस्परिक या रेसीप्रोकल जीन विनिमय** (Reciprocal crossing over) उन्हीं दो अर्द्धगुणसूत्रों के बीच दो किएज्मा का निर्माण होता है। इस प्रकार दो दोहरे जीन विनिमय वाले अर्द्धगुणसूत्र तथा दो बिना जीन विनिमय अर्द्धगुणसूत्र बनते हैं।

(b) **पूरक या कॉम्प्लीमेन्टरी जीन विनिमय** (Complimentary crossing over) चारों या तीन अर्द्धगुणसूत्रों के बीच किएज्मा निर्माण होता है। दोनों गुणसूत्रों के दोनों अर्द्धगुणसूत्र किएज्मा निर्माण में सम्मिलित होते हैं किन्तु दूसरे किएज्मा निर्माण में दूसरे दो अर्द्धगुणसूत्र सम्मिलित होते हैं। इस प्रकार चार एक जीन विनिमय वाले अर्द्धगुणसूत्र बनते हैं किन्तु चारों अर्द्धगुणसूत्र चार प्रकार के होते हैं। यदि किएज्मा निर्माण में तीन अर्द्धगुणसूत्र भाग लेते हैं तब एक अर्द्धगुणसूत्र बिना विनिमय वाला रह जाता है (पितृ प्रकार का), एक अर्द्धगुणसूत्र दो जीन विनिमय वाला तथा दो अर्द्धगुणसूत्र एक-एक जीन विनिमय वाले बनते हैं।

(iii) **बहुजीन विनिमय** (Multiple Crossing Over) समान गुणसूत्र जोड़े में कई स्थानों पर जीन विनिमय होता है। ऐसा जीन विनिमय बहुत कम होता है।

उत्परिवर्तन (Mutations)

जीव के शरीर के आनुवंशिक गुणों का निर्धारण जीन के द्वारा किया जाता है। ये जीन पैतृकों से उनकी सन्तति में पहुँचते हैं, परन्तु कभी-कभी जीव के इन जीनों की संरचना या व्यवस्था में आकस्मिक परिवर्तन आ जाते हैं। इन आकस्मिक परिवर्तनों को ही उत्परिवर्तन कहते हैं। इन उत्परिवर्तनों के कारण सन्ततियाँ भी अपने जनकों से भिन्न हो जाती हैं। इस प्रकार जीवों में होने वाले उत्परिवर्तन भी जैव-विकास में सीधी भूमिका निभाते हैं। **ह्यूगो डी व्रीज** (Hugo de Vries) ने तो उत्परिवर्तन को ही विकास का प्रमुख कारक माना था।

उत्परिवर्तन के प्रकार (Types of Mutations)

उत्परिवर्तन निम्नलिखित प्रकार के होते हैं

1. गुणसूत्रीय उत्परिवर्तन या गुणसूत्र विपथन (Chromosomal Mutations or Chromosomal Aberrations)

गुणसूत्रों में स्थित जीन्स की संख्या में तथा उनके व्यवस्था क्रम में होने वाले परिवर्तनों के फलस्वरूप उत्पन्न उत्परिवर्तन, गुणसूत्रीय उत्परिवर्तन या विपथन कहलाते हैं। ये उत्परिवर्तन प्रायः **युग्मकजनन** (Gametogenesis) के दौरान होने वाले अर्द्धसूत्री विभाजन के समय होते हैं। *ये उत्परिवर्तन निम्न प्रकार के होते हैं*

गुणसूत्रीय संख्या में परिवर्तन (Change in the Number of Chromosomes)

किसी भी जीव में प्रायः गुणसूत्र द्विगुणित (Diploid) या अगुणित (Haploid) अवस्था में पाए जाते हैं। अगुणित अवस्था प्रायः अर्द्धसूत्री विभाजन द्वारा युग्मकों के बनने के कारण उत्पन्न होती है। गुणसूत्रों की संख्या में होने वाले गुणात्मक परिवर्तनों (Numerical changes) अथवा गुणसूत्रों की संख्या में आने वाली विभिन्नताओं को **विषमगुणिता** (Heteroploidy) कहते हैं।

गुणसूत्रों की संख्या में परिवर्तन निम्नलिखित दो प्रकारों के द्वारा होता है

(i) **सुगुणिता** (Euploidy) जब गुणसूत्र के अगुणित सेट में सम्पूर्ण रूप से गुणोत्तर रूप से वृद्धि होती है, तो उसे सुगुणिता (Euploidy) कहते हैं एवं ऐसे जीवों को **सुगुणित** कहते हैं। इसे **सत्य बहुगुणिता** (True polyploidy) भी कहते हैं। इस प्रकार के उत्परिवर्तन में गुणसूत्रों की संख्या अगुणित संख्या (Haploid number) की 3, 4, 5 या 6 गुनी तक होती है। गुणसूत्रों के **अगुणित समुच्चय** (Haploid-set) को 'n' से प्रदर्शित किया जाता है।

इसमें सजीवों के गुणसूत्रों के सम्पूर्ण समुच्चयों का विलोपन या संकलन एक साथ होता है अर्थात् गुणसूत्रों की संख्या अगुणित ($2n - n$), त्रिगुणित ($2n + n$), चतुर्गुणित ($2n + 2n$) या पंचगुणित ($2n + 3n$) हो सकती है।

गुणसूत्रों के समुच्चयों की संख्या $2n$ से अधिक होने पर इसे **बहुगुणिता** (Polyploidy) कहते हैं। यह जन्तुओं की तुलना में पादपों में अधिक पाई जाती है। जन्तुओं में भ्रूण में यह स्थिति उत्पन्न होने पर वह शिशु मृत पैदा होता है, इसलिए यह जीवित जन्तुओं में लगभग नहीं पाई जाती है। यह स्थिति अपूर्ण समसूत्री विभाजन के समय या युग्मकजनन के दौरान अर्द्धसूत्री विभाजन न होने पर द्विगुणित युग्मकों के निर्माण के फलस्वरूप या एक मादा युग्मक के एक से अधिक नर युग्मकों से निषेचित होने के कारण उत्पन्न होती है।

उदाहरण-गेहूँ (*Triticum*) की तीन जातियों में गुणसूत्रों की संख्या निम्न है

- **द्विगुणित** ($2n$) (एनकॉर्न गेहूँ) 7 जोड़ी अर्थात् 14-गुणसूत्र।
- **चतुर्गुणित** ($4n$) (एमर गेहूँ) 14 जोड़ी अर्थात् 28-गुणसूत्र।
- **षटगुणित** ($6n$) (वल्गेयर गेहूँ) 21 जोड़ी अर्थात् 42-गुणसूत्र।

ड्रोसोफिला की विभिन्न जातियों में गुणसूत्रों की संख्या निम्न हैं

- *ड्रोसोफिला मैलेनोगैस्टर* —4 जोड़ी गुणसूत्र ($4n$)
- *ड्रोसोफिला विरिलिस* —6 जोड़ी गुणसूत्र ($6n$)
- *ड्रोसोफिला परसिमिलिस* —3 जोड़ी गुणसूत्र ($3n$)

गुणसूत्र के स्रोत के आधार पर बहुगुणिता दो प्रकार की होती है

(a) **स्वबहुगुणिता** (Autopolyploidy) इसके अन्तर्गत बहुगुणित जीव में उपस्थित सभी गुणसूत्र समजात होते हैं। अतः हम यह कह सकते हैं कि बहुगुणित जीव एक ही जीनोम की आवृत्ति (Duplication) से निर्मित होते हैं। विभिन्न जीवों में स्वबहुगुणिता, अर्द्धसूत्री विभाजन की अनुपस्थिति के कारण अथवा अनियमित सूत्री विभाजन के कारण उत्पन्न होती है। प्रायः स्वबहुगुणित, दो एकसूत्री जीनोम के संलयन (Fusion) से भी निर्मित होते हैं।

(b) **परबहुगुणिता** (Allopolyploidy) बहुगुणित जीव, जिसमें गुणसूत्र, असमजात स्रोतों से प्राप्त होते हैं। अतः हम कह सकते हैं कि इस प्रकार के गुणसूत्रों का समूह विषमयुग्मजी होता है। परबहुगुणिता, कृत्रिम रूप से अधिक ताप, रसायनों (जैसे—कोल्चीसीन (Colchicine), IAA (Indole Acetic Acid), आदि तथा कर्तन (Cutting) से भी प्रेरित की जा सकती है।

(ii) **असुगुणिता** (Aneuploidy) एक गुणसूत्रीय समुच्चय (Set) में से एक या अधिक गुणसूत्रों की संख्या में अधिकता या कमी का हो जाना असुगुणिता कहलाता है। इस प्रकार के उत्परिवर्तन में कभी भी गुणसूत्र के पूरे समुच्चय की कमी या वृद्धि नहीं होती है।

ये भी विभिन्न प्रकार के हो सकते हैं; जैसे—

- **एकन्यूनसूत्रता** (Monosomy) गुणसूत्रों में एक गुणसूत्र की कमी आना अर्थात् $2n-1$ स्थिति; उदाहरण—टर्नर सिण्ड्रोम (Turner's syndrome)।
- **द्विन्यूनसूत्रता** (Nullisomy) गुणसूत्रों में दो गुणसूत्रों की कमी आना अर्थात् $2n-2$ स्थिति।
- **एकाधिसूत्रता** (Trisomy) गुणसूत्रों में एक गुणसूत्र की वृद्धि अर्थात् $2n+1$ स्थिति; उदाहरण—क्लाइनफेल्टर सिण्ड्रोम (Klinefelter's syndrome)।
- **द्विअधिसूत्रता** (Tetrasomy) गुणसूत्रों में दो गुणसूत्रों की वृद्धि अर्थात् $2n+2$ स्थिति।
- **सांध्य प्रिमरोज** (*Oenothera lamarckiana*) की विभिन्न जातियों में गुणसूत्रों की संख्या 15, 16, 20, 22, 24 तक होती है।

गुणसूत्रों की संरचना में परिवर्तन
(Change in Structure of Chromosomes)

इन उत्परिवर्तनों के कारण गुणसूत्रों की संरचना में रूपान्तरण हो जाता है। ये परिवर्तन यदि केवल एक गुणसूत्र को प्रभावित करता है, तो इसे **अन्त:गुणसूत्रीय रूपान्तरण** (Intrachromosomal modification) कहते हैं; जैसे—विलोपन (Deletion) तथा उत्क्रमण (Inversion)। इसके विपरीत यदि परिवर्तन दो अलग-अलग गुणसूत्रों को एकसाथ प्रभावित करता है, तो इसे **अन्तरागुणसूत्रीय रूपान्तरण** (Interchromosomal modification) कहते हैं; जैसे—द्विआवृत्ति (Duplication) तथा स्थानान्तरण (Translocation)। अत: ये निम्न प्रकार के होते हैं

(a) **विलोपन** (Deletion) इसमें गुणसूत्र के किसी भाग के टूटकर अलग होने से, विलोपित गुणसूत्र में जीन की संख्या में कमी आ जाती है। अर्द्धसूत्री विभाजन में घटित **जीन विनिमय** (Crossing over) की प्रक्रिया में समजात गुणसूत्रों (Homologous chromosome) के मध्य गुणसूत्रीय खण्डों का आदान-प्रदान होता है। कभी-कभी इन बदले खण्डों के न जुड़ पाने पर इस टूटे हुए खण्ड के नष्ट हो जाने से विलोपन की क्रिया होती है।

(b) **उत्क्रमण** (Inversion) इस प्रकार के उत्परिवर्तन में गुणसूत्र में व्यवस्थित जीनों का क्रम पलट जाता है अर्थात् गुणसूत्रों के खण्डों के आपस में जुड़ाव के दौरान सिरों का 180° पर घूम जाने से उत्क्रमण की क्रिया होती है।

(c) **द्विआवृत्ति** (Duplication) इस प्रकार के उत्परिवर्तन में समजात गुणसूत्रों में से विखण्डित खण्ड दूसरे गुणसूत्र से जुड़ जाता है, तो प्रथम गुणसूत्र में विखण्डित खण्ड में स्थित जीन्स का विलोपन तथा द्वितीय गुणसूत्र में उन जीन्स की आवृत्ति बढ़ जाती है अर्थात् एक प्रकार के जीन्स एक से अधिक बार अपनी उपस्थिति प्रदर्शित करते हैं।

(d) **स्थानान्तरण** (Translocation) इस प्रकार के उत्परिवर्तन में या तो असमजात (Non-homologous) गुणसूत्रों में खण्डों का आदान-प्रदान हो जाता है या किसी एक गुणसूत्र का कोई खण्ड किसी दूसरे गुणसूत्र से जुड़ जाता है।
यदि दो असमजात गुणसूत्र आपस में गुणसूत्र खण्डों का आदान-प्रदान करते हैं, तो उसे **व्युत्क्रम स्थानान्तरण** कहते हैं।

2. जीन या बिन्दु उत्परिवर्तन (Gene or Point Mutations)

इस उत्परिवर्तन में जीन की रासायनिक संरचना परिवर्तित हो जाती है। जीन, DNA द्वारा निर्मित होते हैं। DNA में न्यूक्लियोटाइड्स का एक निश्चित क्रम होता है। प्रत्येक न्यूक्लियोटाइड का निर्माण नाइट्रोजन क्षार, पेन्टोस शर्करा व फॉस्फेट समूह से मिलकर बना होता है। *ये उत्परिवर्तन दो प्रकार के होते हैं*

(i) **प्रतिस्थापन उत्परिवर्तन** (Substitution Mutation) इस उत्परिवर्तन में DNA अणु में स्थित एक या अधिक नाइट्रोजनी क्षार (Nitrogenous bases) किसी दूसरे नाइट्रोजन क्षार से विस्थापित हो जाता है। यहाँ पर यदि प्यूरीन क्षार, पिरीमिडीन क्षार से या पिरीमिडीन क्षार, प्यूरीन क्षार से विस्थापित हो, तो यह क्रिया **अनुप्रस्थता** (Transvertion) कहलाती है। यदि एक प्यूरीन क्षार, दूसरे प्यूरीन क्षार से या एक पिरीमिडीन क्षार दूसरे पिरीमिडीन क्षार से विस्थापित हो, तो यह क्रिया **संक्रमण** (Transition) कहलाती है।
इस प्रकार के उत्परिवर्तन के फलस्वरूप उसी प्रकूट (Codon) में परिवर्तन आता है, जिसमें क्षार का विस्थापन होता है तथा उत्परिवर्तित DNA से निर्मित पॉलीपेप्टाइड शृंखला के एक या कुछ अमीनो अम्लों का ही प्रतिस्थापन होता है; उदाहरण—मानव में हँसियाकार रुधिराणु रक्ताल्पता (Sickle-cell anaemia) नामक रोग, गुणसूत्र पर स्थित हीमोग्लोबिन जीन में केवल एक न्यूक्लियोटाइड के परिवर्तन के फलस्वरूप होता है। अत: यह बिन्दु उत्परिवर्तन के कारण होने वाले रोग का उदाहरण है।

(ii) **फ्रेम-शिफ्ट उत्परिवर्तन** (Frame-shift Mutation) इस प्रकार के उत्परिवर्तन में DNA अणु में कुछ न्यूक्लियोटाइड की कमी हो जाती है या कुछ का जुड़ाव हो जाता है, जिसके फलस्वरूप आनुवंशिक सूचना परिवर्तित हो जाती है।
इसके कारण पॉलीपेप्टाइड बनाने की सूचना का क्रम पार्श्व दिशाओं में खिसक जाता है और बनने वाली पॉलीपेप्टाइड शृंखला पूर्णरूप से बदल जाती है; जैसे—थैलेसीमिया।
यह निम्न प्रकारों से होता है

- **विलोपन** (Deletion) इसमें एक न्यूक्लियोटाइड शृंखला से एक या अधिक नाइट्रोजनी क्षारों का विलोपन हो जाता है। चूँकि कूट, कॉमाविहीन (Commaless) होते हैं। अत: विलोपन के बाद शृंखला का फ्रेम दाहिनी ओर खिसक जाता है।
  वास्तविक क्रम → GAT CAT GAT CAT GAT CAT
  ↑ (इस नाइट्रोजनी क्षार का विलोपन होता है)
  परिवर्तित क्रम → GAT (अपरिवर्तित) ATG ATC ATG ATC AT (फ्रेम का दाँयीं ओर खिसकना (→))
- **निवेशन** (Insertion) इसके अन्तर्गत एक या अधिक नाइट्रोजनी क्षार जुड़ जाते हैं इन क्षारों के जुड़ने से क्षार क्रम का फ्रेम बाँयी ओर खिसक जाता है।
- **वास्तविक क्रम** → CAG TAG CAG TAG CAG TAG
  ↑ एडीनिन का सम्मिलन बिन्दु
- **परिवर्तित क्रम** → CAG (अपरिवर्तित) ATA GCA GTA GCA GTA G (फ्रेम का बाँयी ओर खिसकना (←))
- **सहविलोपन एवं सम्मिलन** (Stimulatenous Deletion and Insertion) इसमें DNA शृंखला में विलोपन एवं सम्मिलन साथ ही होता है।
- **वास्तविक क्रम** → CAG TAG CAG TAG CAG TAG
  ↑ T का विलोपन बिन्दु ↑ T का सम्मिलन बिन्दु
- **परिवर्तित क्रम** → CAG (अपरिवर्तित) AGC AGT AGT (परिवर्तित फ्रेम) CAG TAG (अपरिवर्तित)

उत्परिवर्तन के कारण (Reasons of Mutation)

कुछ उत्परिवर्तन स्वत: ही उत्पन्न हो जाते हैं, जबकि कुछ वातावरण के प्रेरण के फलस्वरूप उत्पन्न होते हैं। उत्परिवर्तन के प्रमुख कारण निम्न हैं

(i) **युग्मकजनन के दौरान होने वाली त्रुटियाँ** (Errors During Gametogenesis) युग्मकजनन के दौरान सम्पन्न होने वाली क्रियाओं; जैसे—गुणसूत्रों का द्विगुणन, अर्द्धसूत्रण, पारगमन, आदि के समय होने वाली प्रत्येक गलतियाँ उत्परिवर्तन का कारण बनती हैं।

(ii) **शरीर की आन्तरिक दशाएँ** (Internal Conditions of Body) शरीर में पोषक तत्वों की कमी, उपापचय के समय सम्पन्न हुई, रासायनिक प्रतिक्रियाओं की अनियमितताएँ, शरीर-ताप तथा हॉर्मोन्स का प्रभाव, आदि आन्तरिक दशाएँ उत्परिवर्तन उत्पन्न कर सकती हैं। ये **स्वजात उत्परिवर्तन** (Autogenous mutations) कहलाते हैं।

(iii) **वातावरणी दशाएँ** (Environmental Conditions) **बेट्स** (Bates) के अनुसार, युग्मकजनन के दौरान वातावरण में ताप के अचानक कम हो जाने से उत्परिवर्तन हो सकते हैं। प्रकृति की रेडियोधर्मिता, पराबैंगनी तथा अन्तरिक्षी किरणों (Radioactive, ultraviolet and cosmic rays) के प्रभाव के कारण भी उत्परिवर्तन हो सकते हैं। ये **बहिर्जात उत्परिवर्तन** (Exogenous mutations) के उदाहरण हैं।

(iv) **कृत्रिम दशाएँ** (Artificial Conditions) अनेक वैज्ञानिकों ने कृत्रिम दशाओं द्वारा जीवों में अनेक उत्परिवर्तन प्रेरित (Induced mutations) किए हैं। सन् 1946 के नोबेल पुरस्कार विजेता **एच. जे. मुलर** (HJ Muller) ने *ड्रोसोफिला* मक्खी में आयनीकृत विकिरणों के द्वारा उत्परिवर्तन उत्पन्न किए। इसी प्रकार α, β, γ-किरणों, कैफीन, मॉर्फीन कैम्फर, आदि रासायनिक पदार्थों तथा ताप की अधिकता से जीवधारियों में उत्परिवर्तन उत्पन्न हो जाते हैं।

मानव में लिंग-सहलग्न लक्षण
(Sex-linked Traits in Human)

- लैंगिक गुणसूत्रों में कुछ अन्य गैर-लैंगिक या दैहिक लक्षणों के जीन्स भी होते हैं, इन्हीं लक्षणों को लिंग-सहलग्न **आनुवंशिक गुण** या **लक्षण** कहा जाता है और इनकी वंशागति को लिंग-सहलग्न वंशागति कहते हैं।
- इस वंशागति की खोज **टी. एच. मॉर्गन** (TH Morgan) ने सन् 1910-11 में *ड्रोसोफिला* में की थी।
- इसी के अनुसार, लिंग-सहलग्न लक्षणों को हम तीन श्रेणियों में विभाजित कर सकते हैं, *जो निम्नलिखित हैं*

1. X-सहलग्न गुण (X-linked Characters)

- इन लक्षणों के जीन्स X-गुणसूत्रों के असमजात खण्डों पर स्थित होते हैं, परन्तु साथी Y-गुणसूत्र पर इन जीनों के युग्मविकल्पी उपस्थित नहीं होते। अत: ये जीन्स पुत्रियों में माता एवं पिता दोनों से तथा पुत्रों में केवल माता से मिलते हैं।
- मानव में अधिकांश लिंग-सहलग्न गुण, X-सहलग्न ही होते हैं।
- *X-सहलग्न वंशागति निम्न दो प्रकार की हो सकती हैं*

(i) **अप्रभावी X-सहलग्न वंशागति** (Recessive X-linked inheritance) मानव से अधिकांश X-सहलग्न रोगों के जीन अप्रभावी होते हैं अर्थात् इनके प्रभावी युग्मविकल्पी ही रोग उत्पन्न करने के लिए उत्तरदायी हैं।
- सुप्त होने के कारण ये रोग संकर अर्थात् विषमयुग्मजी (heterozygous) में नहीं होते, लेकिन समयुग्मजी (homozygous) स्त्रियों में होते हैं।
- पुरुषों में एक ही X-गुणसूत्र होने के कारण इन रोगों का विकास एक ही जीन से हो जाता है।
- पुत्रों को इन लक्षणों के जीन कभी पिता से नहीं मिल सकते, क्योंकि पिता का अकेला X-गुणसूत्र पुत्रियों में जाता है।
- वाहक पुत्रियों से ही फिर ये जीन दूसरी पीढ़ी (F_2) के पुत्रों में जाते हैं। ऐसी वंशागति को ***क्रिस-क्रॉस* वंशागति** (*Criss-cross* inheritance) कहते हैं।
- मानव में **वर्णान्धता**, **हीमोफीलिया** एवं **रतौंधी** इस प्रकार की वंशागति प्रदर्शित करते हैं।

(ii) **प्रभावी X-सहलग्न वंशगति** (Dominant X-linked inheritance) मानवों में कुछ X-सहलग्न आनुवंशिक लक्षण; जैसे—दाँतों का त्रुटिपूर्ण इनेमल (defected enamel), सुप्त नहीं बल्कि प्रभावी जीन के कारण होता है। अत: इन लक्षणों की आनुवंशिकता पुरुषों एवं स्त्रियों में समान रूप से होती है, किन्तु स्त्रियों में पुरुषों की अपेक्षा X-गुणसूत्रों की संख्या दुगुनी होने के कारण इन लक्षणों की सम्भावना भी दुगुनी होती है।

2. Y-सहलग्न गुण (Y-linked Characters)

इन लक्षणों के जीन्स, Y-गुणसूत्र के असमजात खण्डों पर स्थित होते हैं। अत: साथी X-गुणसूत्रों पर इनके युग्मविकल्पी (allele) स्थित नहीं होते हैं। स्पष्ट है कि ऐसे लक्षण केवल पुरुषों में होते हैं तथा इनके जीन्स पिता द्वारा ही वंशागत होते हैं।

- इन्हें होलेण्ड्रिक जीन (holandric gene) तथा इनकी वंशागति को **होलेण्ड्रिक वंशागति** (holandric inheritance) कहते हैं। कर्णपल्लवों पर बालों की उपस्थिति (hypertrichosis), एक Y-सहलग्न गुण है।

3. XY-सहलग्न गुण (XY-linked Characters)

- इन लक्षणों के जीन्स X एवं Y-गुणसूत्रों के समजात खण्डों पर युग्मविकल्पियों के रूप में स्थित होते हैं। स्पष्ट है कि इन लक्षणों की वंशागति स्त्रियों एवं पुरुषों में सामान्य ऑटोसोमल लक्षणों की भाँति होती है।
- इन्हें **अपूर्ण लिंग-सहलग्न** (incompletely sex-linked) लक्षण कहते हैं; जैसे-पूर्ण वर्णान्धता (total colour blindness), वृक्कों में होने वाला नेफ्राइटिस (nephritis) रोग, आदि।

मानव में वंशागत रोग
(Hereditary Diseases in Human)

मानव के प्रमुख आनुवंशिक या वंशागत रोग निम्नलिखित हैं

(i) **वर्णान्धता** (Colour blindness) इस रोग से ग्रसित व्यक्ति लाल व हरे रंग का भेद नहीं कर पाता है। इसका जीन X-गुणसूत्र पर उपस्थित होता है और अप्रभावी होता है।

उदाहरण—जब एक वर्णान्ध स्त्री का विवाह एक सामान्य पुरुष से करा दिया जाता है, तो उनसे उत्पन्न सन्तानों में पुत्रों में वर्णान्धता के गुण होंगे, जबकि पुत्रियाँ वाहक (सामान्य) होंगी।

(ii) **हीमोफिलिया** (Haemophilia) इसे **ब्लीडर रोग** (Bleeder's disease) भी कहते हैं। इस रोग से पीड़ित व्यक्ति में चोट लगने पर रुधिर का थक्का नहीं बनता या बहुत देर से बनता है और लगातार रुधिर बहने से रोगी की मृत्यु तक हो जाती है।

यह रोग अप्रभावी X-सहलग्न जीन के कारण होता है।

उदाहरण—जब एक हीमोफिलिक पुरुष का विवाह सामान्य स्त्री से

कराया जाता है, तो उनकी सभी पुत्रियाँ वाहक (carrier), जबकि पुत्र सामान्य होंगे।

(iii) **दाँत्र-कोशिका अरक्तता** (Sickle-cell anaemia) यह एकल जीन उत्परिवर्तन के कारण होता है। इसमें हीमोग्लोबिन की β-शृंखला में छठे अमीनो अम्ल, ग्लूटामिक अम्ल का स्थान वेलीन (valine) ले लेता है। इसमें लाल रुधिराणु दाँत्र या हँसिया आकार की हो जाती है और ऑक्सीजन का परिवहन नहीं कर पाती है।

(iv) **ऐल्कैप्टोन्यूरिया** (Alkaptonuria) **आर्किबाल्ड गैरोड** तथा **बेटसन** ने सन् 1902 में सर्वप्रथम ऐल्कैप्टोन्यूरिया का अध्ययन किया। इससे पीड़ित व्यक्ति में उत्परिवर्तन के कारण होमोजेन्टिसिक अम्ल ऑक्सीडेज (homogentisic acid oxidase), जो होमोजेन्टिसिक अम्ल के उपापचय में भाग लेता है, का संश्लेषण नहीं हो पाता है।

(v) **रंजकहीनता** (Albinism) यह ऑटोसोमल अप्रभावी उत्परिवर्तन के कारण होता है। इसमें एन्जाइम टाइरोसीनेज (tyrosinase) की अनुपस्थिति में मिलेनीन (melanin) वर्णक का संश्लेषण नहीं हो पाता।

(vi) **फिनाइलकीटोन्यूरिया** (Phenylketonuria) इसमें उत्परिवर्तन के कारण फिनाइलएलेनीन को टाइरोसीन में अपचयित करने वाले एन्जाइम फिनाइलाएलेनीन हाइड्रोक्सीलेज (phenylalanine hydroxylase) का संश्लेषण नहीं हो पाता है। जिससे फिनाइलएलेनीन का स्तर बढ़ जाता है, जो मस्तिष्क विकास में बाधा पहुँचाता है।

(vii) **थैलेसीमिया** (Thalassemia) यह अप्रभावी अपरिवर्तित जीन के कारण होता है। इससे पीड़ित व्यक्ति हीमोग्लोबिन का संश्लेषण नहीं कर पाता है। समयुग्मजी अवस्था में यह थैलेसीमिया मेजर (thalassemia major) तथा विषमयुग्मजी अवस्था में थैलेसीमिया माइनर (thalassemia minor) या **कुले अरक्तता** (cooley's anaemia) कहलाता है।

(viii) **डाउन्स सिन्ड्रोम** (Down's syndrome) यह 21वीं जोड़ी गुणसूत्र की ट्राइसोमी के कारण होता है, इसे **मोंगोलिज्म** (mongolism) भी कहते हैं। इन मानवों में माथा चौड़ा, हाथ चपटे, गर्दन छोटी, जीभ मोटी तथा मस्तिष्क असामान्य होता है।

(ix) **एडवर्ड् सिन्ड्रोम** (Edward's syndrome) यह 18वें जोड़े गुणसूत्रों की ट्राइसोमी के कारण होता है। इन बच्चों में मानसिक व शारीरिक वृद्धि कम होती है।

(x) **टर्नर सिन्ड्रोम** (Turner's syndrome) यह एक लिंग गुणसूत्र के कम होने के कारण होता है। इस मादा में 45 (44+ XO) गुणसूत्र होते हैं, अण्डाशय कम विकसित, लम्बाई कम तथा गर्दन जालयुक्त होती है।

(xi) **क्लाइनफेल्टर सिन्ड्रोम** (Klinefelter's syndrome) इससे पीड़ित पुरुषों में एक या अधिक X-गुणसूत्र बढ़ जाते हैं; *जैसे*— 44+ XXY, 44+ XXXY आदि।

इनमें वृषण अल्पविकसित, स्तन के समान रचनाओं की उपस्थिति, चेहरे तथा शरीर पर बालों की अल्पवृद्धि, शुक्राणु का न बनना (अर्थात् बंध्य), मस्तिष्क कम विकसित, आदि लक्षण पाए जाते हैं।

(xii) **क्राइ-डू-चैट सिन्ड्रोम** (Cry-du-chat syndrome) यह पाँचवें गुणसूत्र की छोटी भुजा में हानि (deletion) के कारण होता है। इसमें शिशु बिल्ली की तरह रोता है।

(xiii) **पटाऊ सिन्ड्रोम** (Patau's syndrome) यह 13वें गुणसूत्र की ट्राईसोमी के कारण होता है। इससे प्रभावित बच्चा मानसिक रूप से कमजोर, मुख, नेत्र व हृदय असामान्य, आदि लक्षण रखता है।

(xiv) **गाउचर रोग** (Goucher's disease) यह अप्रभावी जीन के कारण **ग्लूकोसेरेब्रोसिडेज** (glucocerebrosidase) एन्जाइम की अनुपस्थिति के कारण होता है, जो वसा उपापचय के लिए आवश्यक है।

वंशागति का आण्विक आधार
(Molecular Basis of Inheritance)

- कोशिका के केन्द्रक में पाए जाने वाले वे अम्लीय पदार्थ, जो कोशिका के कार्यों का नियमन करते हैं, न्यूक्लिक अम्ल कहलाते हैं। न्यूक्लिक अम्ल आनुवंशिक पदार्थ है, जो सजीवों में पाया जाता है।
- इसकी खोज **फ्रेडरिक मीश्चर** (Frederick Meischer) ने की थी तथा इसे न्यूक्लिन कहा। अल्टमान ने इन्हें 'न्यूक्लिक अम्ल' कहा। *न्यूक्लिक अम्ल मुख्यतया दो प्रकार के होते हैं*

1. डीऑक्सीराइबोन्यूक्लिक अम्ल (DNA)

- DNA की खोज सन् 1869 में जर्मन रसायनशास्त्री **फ्रेडरिक मीश्चर** (Frederick Meischer) ने की। DNA के संश्लेषण के लिए **डॉ. हरगोविन्द खुराना** (Dr. Har Govind Khorana) को सन् 1968 में नोबेल पुरस्कार मिला था।
- DNA की अधिकांश मात्रा केन्द्रक में होती है सभी पादपों, जन्तुओं तथा कुछ विषाणुओं में DNA द्विकुण्डलित (double helical) होता है।
- इसके अतिरिक्त $\phi \times 174$ नामक विषाणु में एक कुण्डलित DNA (Single helical DNA) पाया जाता है।
- **वाटसन एवं क्रिक** (Watson and Crick) ने सन् 1953 में DNA का द्विचक्राकार कार्यकारी मॉडल प्रस्तुत किया। इसके लिए वाटसन एवं क्रिक को सम्मिलित रूप में सन् 1962 में नोबेल पुरस्कार प्रदान किया गया।

इनके अनुसार DNA की संरचना निम्न प्रकार से होती है

(i) DNA का प्रत्येक अणु दो कुण्डलित पॉलीन्यूक्लियोटाइड शृंखलाओं का बना होता है, दोनों शृंखलाएँ एक-दूसरे से सर्पिल क्रम में जुड़ी रहती हैं, इस द्विकुण्डलन का व्यास लगभग 20 Å होता है।

(ii) प्रत्येक पॉलीन्यूक्लियोटाइड शृंखला में डीऑक्सीराइबोस शर्करा और फॉस्फेट समूह एकान्तर क्रम में जुड़े होते हैं। इसी क्रम के द्वारा शृंखला का आधार बनता है।

फॉस्फेट समूह एक तरफ की शर्करा के 5′ कार्बन से तथा दूसरी ओर 3′ कार्बन पर एस्टर बन्धों (ester bonds) द्वारा जुड़े रहते हैं। इन एस्टर बन्धों को **फॉस्फोडाइएस्टर बन्ध** (phosphodiester bond) कहते हैं।

(iii) एक शृंखला के प्यूरीन, दूसरी शृंखला के पिरिमिडीन से हाइड्रोजन आबन्धों द्वारा जुड़े होते हैं। A सदैव T से तथा C सदैव G से जुड़ा होता है।

(iv) एडीनीन व थाइमीन के मध्य दो हाइड्रोजन आबन्ध (bond) तथा साइटोसीन व ग्वानीन के मध्य तीन हाइड्रोजन आबन्ध होते हैं।

(v) एक ही श्रृंखला के किन्हीं दो न्यूक्लियोटाइड्स के बीच 3.4 Å की दूरी होती है।

चारगाफ के नियमानुसार, DNA में एडीनीन, थाइमीन तथा ग्वानीन, साइटोसीन का अनुपात 1 के बराबर होता है।

$$\frac{A+T}{C+G}=1$$

2. राइबोन्यूक्लिक अम्ल (Ribonucleic Acid or RNA)

- इसका निर्माण DNA से होता है। यह भी पॉलीन्यूक्लियोटाइड्स श्रृंखला से बना होता है, जिसका निर्माण हजारों न्यूक्लियोटाइड्स से होता है।
- RNA का न्यूक्लियोटाइड भी DNA जैसा ही होता है, परन्तु यह निम्न दो बातों में DNA न्यूक्लियोटाइड से भिन्न होता है
  (i) इसमें उपस्थित शर्करा राइबोस (ribose) होती है, डीऑक्सीराइबोस नहीं।
  (ii) इसमें थाइमीन नामक नाइट्रोजन क्षारक के स्थान पर यूरेसिल (uracil) होता है। सामान्यतया यह आनुवंशिक पदार्थ नहीं होता है, परन्तु अपवाद स्वरूप यह रियोवाइरस में द्विरज्जुकी (double helical) एवं आनुवंशिक भी होता है।

RNA के प्रकार

ये तीन प्रकार के होते हैं

(i) **राइबोसोमल RNA** (*r*RNA) यह कुल RNA का 80% होता है। यह राइबोसोम में पाया जाता है। यह प्रोटीन संश्लेषण हेतु स्थल प्रदान करते हैं।

(ii) **स्थानान्तरण RNA** (*t*RNA) यह कुल RNA का 15% होता है। इनका मुख्य कार्य अनुवादन (translation) प्रक्रम में अमीनो अम्ल के अणुओं को पकड़कर राइबोसोम पर लाना है तथा सन्देश वाहक RNA अणुओं की सहायता से इन्हें जोड़कर प्रोटीन संश्लेषण में सहायता करना है।

(iii) **सन्देशवाहक RNA** (*m*RNA) ये राइबोसोम्स की सतह पर प्रोटीन संश्लेषण में सहायता करते हैं तथा DNA में उपस्थित आनुवंशिक सन्देशों को कोडॉन के रूप में केन्द्रक से कोशिकाद्रव्य में पहुँचाते हैं।

DNA का द्विगुणन

- DNA का द्विगुणन अन्तरावस्था की S-**प्रावस्था** में होता है। वाटसन तथा क्रिक ने DNA द्विगुणन की **अर्द्धसंरक्षी विधि** का प्रतिपादन किया। **मेसेलसन** एवं **स्टाहल** (1958) ने *ई. कोलाई* पर रेडियोऐक्टिव नाइट्रोजन के प्रयोग द्वारा अर्द्धसंरक्षी द्विगुणन का प्रमाण दिया।
- DNA का द्विगुणन **समारंभन बिन्दु** से शुरू होता है। यूकैरियोटिक में कई या अनगिनत समारंभन बिन्दु होते हैं, जबकि प्रोकैरियोटिक में एक ही समारंभन बिन्दु होता है, क्योंकि यूकैरियोटिक का DNA बड़ा व कॉम्पलेक्स होता है।
- **हेलिकेस** एन्जाइम DNA के दोनों रज्जुकों को पृथक् कर देता है तथा प्रत्येक रज्जुक, एकल रज्जुक बंधन प्रोटीन की सहायता से स्थिर हो जाता है।
- **टोपोआइसोमेरेस** एन्जाइम रज्जुक में कुण्डलन के तनाव को समाप्त करता है।
- प्रत्येक रज्जुक फर्मे की तरह कार्य करता है। बहुलीकरण से पूर्व प्राइमेस एन्जाइम की सहायता से रज्जुक के 3′छोर के पूरक RNA **प्राइमर** का संश्लेषण होता है, जिससे आगे DNA **पॉलीमरेस—**III द्वारा बहुलीकरण होता है।
- **अग्रग रज्जुक** पर 5′ → 3′ दिशा में **सतत्** संश्लेषण होता है, जबकि **पश्चगामी रज्जुक** पर छोटे-छोटे टुकड़ों जिन्हें **ओकाजाकी टुकड़े** कहते हैं, में असतत् संश्लेषण होता है। प्रत्येक ओकाजाकी टुकड़े के लिए एक अलग RNA प्राइमर बनता है।
- ओकाजाकी टुकड़े के पूर्ण निर्मित होने पर DNA पॉलीमरेस-I द्वारा RNA प्राइमर को हटा दिया जाता है और DNA लाइगेस एन्जाइम ओकाजाकी टुकड़ों को जोड़ने का कार्य करता है।

जीन (Gene)

- **मेण्डल** (Mendel) ने अपने आनुवंशिक प्रयोगों में लक्षणों की वंशागति के लिए उत्तरदायी तत्वों के लिए कारक (factor) शब्द का प्रयोग किया, जिसे आधुनिक समय में **जीन** (gene) कहा जाता है।
- जीन शब्द का सर्वप्रथम प्रयोग सन् 1909 में **जॉहन्सन** (Johanssen) द्वारा किया गया।
- जीन्स एक जीव में एक निश्चित जैविक लक्षणों का निर्धारण करते हैं।
- जीन्स सक्रिय DNA के खण्डों के बने होते हैं, जिसमें सभी जैव-क्रियाओं की सूचनाएँ स्थित होती हैं। अत: 'जीन' आनुवंशिक पदार्थ की **क्रियात्मक इकाई** (functional unit) होती है अर्थात् "जीन, DNA के अणु का एक ऐसा खण्ड है, जिसमें प्रोटीन के अणुओं के निर्माण के लिए न्यूक्लियोटाइड के अनुक्रम प्रारूप में सांकेतिक सूचनाएँ संचित रहती हैं।"

आण्विकता के आधार पर जीन के भागों को निम्न प्रकार से परिभाषित किया जा सकता है

(i) **सिस्ट्रॉन** (Cistron) DNA अणु (जीन) की वह कार्यात्मक इकाई, जो किसी विशिष्ट प्रकार की **पॉलीपेप्टाइड श्रृंखला** (polypeptide chain) के निर्माण की क्षमता रखती है, सिस्ट्रॉन कहलाती है।

(ii) **रेकॉन** (Recon) जीन का वह सबसे छोटा भाग, जिसमें **जीन विनिमय** (crossing over) हो सकता है, रेकॉन कहलाता है। यह पुनर्योजन (recombination) की इकाई कहलाता है।

(iii) **म्यूटॉन** (Muton) DNA अणु का वह सूक्ष्मतम भाग, जिसमें उत्परिवर्तन (mutation) हो सकता है अर्थात् यह **उत्परिवर्तन की इकाई** (unit of mutation) कहलाता है।

- **बेन्जर** (Benger) ने सिस्ट्रॉन, रेकॉन तथा म्यूटॉन शब्द का प्रतिपादन किया।

आनुवंशिक कूट (Genetic Code)

- आनुवंशिक कूट *m*RNA अणुओं में स्थित नाइट्रोजनी क्षारों का वह क्रम है जिसमें प्रोटीन संश्लेषण के लिए संदेश निहित होते हैं।
- एक अमीनो अम्ल के लिए संदेश देने वाला न्यूक्लिओटाइड का समूह **कोडॉन** कहलाता है।
- जेनेटिक कोड की खोज **नीरेनबर्ग** एवं **मथाई** (1961) ने की थी।
- AUG तथा GUG (कभी-कभी) **प्रारम्भिक कोडॉन** जबकि UAA, UGA, UAG **समापन कोडॉन** हैं।
- आनुवंशिक कूट **अपभ्रष्टता** दर्शाता है अर्थात् कुछ अमीनो अम्लों को एक से अधिक कोडोन कोड करते हैं।

- आनुवंशिक कूट **कोमाविहीन** है तथा **सार्वत्रिकता** (universality) दर्शाता है।
- आनुवंशिक कूट **नॉन-ओवरलेपिंग** होता है।
- आनुवंशिक कूट **असंदिग्धता** को दर्शाता है अर्थात् एक विशिष्ट कोडॉन एक ही अमीनो अम्ल को कोड करता है।
- **एच. सी. क्रिक** (1965) ने **वोबल हाइपोथेसिस** प्रस्तुत की, जिसके अनुसार, एक कोडॉन की विशिष्टता प्रथम दो क्षारकों द्वारा निर्धारित होती है।

जीन अभिव्यक्ति (Gene Expression)

जीन अभिव्यक्ति, वह क्रिया है जिसके अन्तर्गत, जीन्स में कूटित सूचनाओं का अन्य पदार्थों में प्रकटीकरण होता है। ये पदार्थ (प्रोटीन) विभिन्न जीवों में लक्षणप्रारूप (phenotypes) का निर्धारण करते हैं।

- DNA में उपस्थित सूचनाएँ *m*RNA में अनुलेखित होकर कोशिकाद्रव्य (cytoplasm) में आती है, यहाँ पर ये राइबोसोम, अमीनो अम्ल, *t*RNA व विशिष्ट एन्जाइमों की सहायता से नए अणुओं का निर्माण करती हैं अर्थात् *जीन की अभिव्यक्ति में DNA, RNA व प्रोटीन में सम्बन्ध निम्नलिखित हैं*

DNA $\rightarrow$ RNA $\rightarrow$ प्रोटीन

इस प्रक्रिया के प्रमुख चरण निम्न प्रकार से हैं

(i) *m*RNA अणु का संश्लेषण, RNA पॉलीमरेज नामक एन्जाइम की उपस्थिति में होता है, इस क्रिया में DNA का एक खण्ड 'साँचे' (template) के रूप में प्रयुक्त होता हैं। यह प्रक्रिया **अनुलेखन** (transcription) कहलाती है।

(ii) सुकेन्द्रकीय कोशिका में निर्मित प्रारम्भिक *m*RNA से कार्यात्मक *m*RNA का रासायनिक प्रतिरूपण (chemical modification) होता है, जिसे **RNA प्रसंस्करण** (RNA processing) कहते हैं।

(iii) पूर्ण रूप से प्रतिरूपित (processed) RNA द्वारा प्रोटीन्स में अमीनो अम्लों के अनुक्रम का निर्धारण। इस प्रकार किसी प्रोटीन (पॉलीपेप्टाइड) में अमीनो अम्लों का अनुक्रम, DNA के क्षार अनुक्रमों (base sequences) के ही समान होता है। यह प्रक्रिया **अनुवादन** (translation) कहलाती है।

उपरोक्त जीन अभिव्यक्ति के पदों को अणुजैविकी का केन्द्रीय सिद्धान्त कहते हैं, जिसका प्रतिपादन फ्रांसिस क्रिक (1958) ने किया था।

टेमिन एवं **बाल्टीमोर** ने **विपरीत अनुलेखन** का पता लगाया।

जीन अभिव्यक्ति

अनुलेखन	अनुलिपीकरण
DNA पर, RNA पॉलीमरेज की सहायता से RNA का बनना।	राइबोसोम पर *m*RNA के निर्देश में *t*RNA व अमीनो अम्लों की सहायता से प्रोटीन का बनना।
प्रोकैरियोटिक में एक ही RNA पॉलीमरेज से तीनों RNA (अर्थात् *m*RNA, *t*RNA व *r*RNA) का संश्लेषण होता है, जबकि यूकैरियोटिक में RNA पॉलीमरेज-I से *r*RNA, RNA पॉलीमरेज-II से *m*RNA तथा RNA पॉलीमरेज-III से *t*RNA का संश्लेषण होता है।	एक विशिष्ट अमीनो अम्ल ATP व एन्जाइम से क्रिया कर AA-AMP-एन्जाइम कॉम्पलेक्स बनाता है, जो *t*RNA के 3′छोर पर जुड़ता है अमीनो अम्ल का संक्रियण, अमीनो एसाइल *t*RNA सिन्थेटेस एन्जाइम द्वारा उत्प्रेरित होता है।
DNA के जिस रज्जुक पर RNA का संश्लेषण होता है, उसे **टेम्पलेट** रज्जुक या **एंटीसेन्स** या **नॉन-कोडिंग** रज्जुक कहते हैं।	एक निश्चित अमीनो अम्ल के लिए विशिष्ट *t*RNA होता है।
ई. कोलाई में RNA पॉलीमरेज पाँच पॉलीपेप्टाइड श्रृंखलाओं $2\alpha, \beta, \beta'$ तथा ω से मिलकर बना होता है।	*m*RNA समारम्भन कारक की उपस्थिति में राइबोसोम की छोटी इकाई से जुड़ जाता है।
जीवाणु में RNA पॉलीमरेज आरम्भ स्थल से कुछ पहले **प्रोमोटर भाग** जो 20-200 क्षारकों का एक विशिष्ट क्रम है, पर जुड़ता है।	प्रोटीन संश्लेषण **मेथयोनीन** अमीनो अम्ल से आरम्भ होता है।
जीवाणु में *m*RNA के प्रथम क्षारक से 5-10 क्षारक बाँयी ओर **कन्सेन्सस अनुक्रम** युक्त **प्रिब्नो बॉक्स** होता है, जबकि यूकैरियोटिक में TATA box या **होगनेस बॉक्स** होता है।	प्रोकैरियोटिक में तीन समारम्भन कारक जबकि यूकैरियोटिक में नौ समारम्भन कारक होते हैं।
सिग्मा कारक प्रोमोटर भाग में आरम्भन बिन्दु को पहचानता है, जबकि **रो कारक** अनुलेखन की समाप्ति के लिए आवश्यक है।	इसके पश्चात् राइबोसोम की बड़ी इकाई भी जुड़ जाती है।
यूकैरियोटिक *m*RNA में 5′ छोर पर 7-मिथाइल ग्वानोसीन टोपी तथा 3′ छोर पर पॉली A पूँछ जुड़ती हैं, उसके पश्चात् इन्ट्रॉन बाहर निकलते हैं तथा एक्सॉन जुड़कर प्रोटीन संश्लेषण के लिए आवश्यक परिपक्व *m*RNA बनाते हैं।	अब नया अमीनो एसाइल *t*RNA कॉम्पलेक्स राइबोसोम की बड़ी इकाई की A-site पर पहुँचकर mRNA के कोडोन से हाइड्रोजन बन्धों द्वारा जुड़ जाता है और दो अमीनो अम्लों के बीच पेप्टाइल ट्रांसफरेज एन्जाइम की उपस्थिति में पेप्टाइड बंध बनता है।

जीन अभिव्यक्ति का नियन्त्रण
(Regulation of Gene Expression)

जीन अपने आप को प्रोटीन संश्लेषण के माध्यम से अभिव्यक्त करती है। किसी कोशिका द्वारा बनाए जा सकने वाले सारे प्रोटीनों की एक ही समय पर आवश्यकता नहीं होती है। इसलिए इनका संश्लेषण नियन्त्रित होता है। इस नियन्त्रण के लिए अनेकों विधियाँ होती हैं।

लैक-ऑपेरॉन (*Lac-Operon*)

- **जैकोब** तथा **मोनोड** (1961) ने *ई. कोलाई* में लेक्टोस के अपचय के अध्ययन के आधार पर *लैक* ओपेरॉन मॉडल प्रस्तुत किया।
- लेक्टोस उपापचय के लिए आवश्यक तीन एन्जाइमों बीटा–ग्लेक्टोसाइडेज, परमिएज तथा ट्रांसएसिटाइलेज का संश्लेषण तीन संरचनात्मक जीनों z, y, a द्वारा होता है। इन तीनों संरचनात्मक जीनों का नियन्त्रण प्रचालक जीन, रेगुलेटर जीन से उत्पन्न दमनकर पदार्थ द्वारा करता है। β-ग्लैक्टोसाइडेज, लेक्टोस को ग्लूकोस तथा गेलेक्टोस में तोड़ देता है।
- प्रेरक एक रासायनिक पदार्थ (क्रियाधार, हॉर्मोन या अन्य उपापचयी पदार्थ) है, जो दमनकारी पदार्थ से जुड़कर इसे नॉन–DNA बंधन अवस्था में परिवर्तित कर देता है, जिससे प्रचालक जीन स्वतन्त्र हो जाती है।
- यूकैरियोटिक में जीन नियमन की प्रक्रिया और भी जटिल होती है।

जीवन की उत्पत्ति

जीवन के दो प्रमुख पक्ष उत्पत्ति एवं विकास है। जीव विज्ञान भी वह शाखा, जिसमें इन दोनों का अध्ययन किया जाता है, **उद्विकासीय जीव विज्ञान** (Evolutionary biology) कहलाती है। पृथ्वी की उत्पत्ति के सम्बन्ध में बिग-बैंग परिकल्पना (Big-Bang hypothesis) तथा निहारिका या नेबूलर परिकल्पनाएँ (Nebular hypothesis) प्रमुख हैं, जिनके अनुसार, पृथ्वी का उद्गम लगभग 4.6 अरब वर्ष पूर्व हुआ एवं इस पर जीवन की उत्पत्ति लगभग 4 अरब वर्ष पूर्व हुई।

जीवन की उत्पत्ति के सम्बन्ध में मुख्य सिद्धान्त निम्नलिखित हैं

स्वतः जननवाद

इस मतानुसार जीव स्वतः निर्जीव पदार्थों से उत्पन्न हुए है।

वान हेल्मॉन्ट (Van Helmont; 1642) के अनुसार, जब गेहूँ के चोकर को पसीने से भीगी कमीज में लपेटकर एक बॉक्स में रखा जाता है, तो 21 दिन में चूहे उत्पन्न हो जाते हैं।

जीवात् जीवोत्पत्तिवाद

- जीवात् जीवोत्पत्तिवाद के अनुसार, किसी भी नए जीव की उत्पत्ति पहले से उपस्थित जीवों द्वारा ही सम्भव है।
- **फ्रेन्सिस्को रेड्डी** (1668), **लेजारो स्पेलेन्जानी** (1765) एवं **लुईस पाश्चर** (1862) ने जीवन की उत्पत्ति के स्वतः जननवाद का प्रायोगिक खण्डन किया। माँस के ऊपर मक्खियों के स्वतः जनन को रेड्डी ने अप्रमाणित कर दिया।
- स्पेलेन्जानी ने बताया कि वायु में सूक्ष्मजीव उपस्थित होते हैं।
- पाश्चर 'रोगों के रोगाणु सिद्धान्त' (Germ theory of diseases) के लिए प्रसिद्ध हैं।

जीवन की उत्पत्ति से सम्बन्धित आधुनिकवाद

हेकल (Haeckel) ने इस सिद्धान्त का प्रतिपादन किया, कि जीवन की उत्पत्ति अकार्बनिक पदार्थों से भौतिक क्रियाओं के फलस्वरूप हुई है तथा **ओपैरिन** (Oparin) ने इस सिद्धान्त को विस्तृत रूप से प्रतिपादित किया।

जैव-रासायनिक उद्विकास या ओपैरिन का सिद्धान्त

रासायनिक उद्विकास के फलस्वरूप जीवन की उत्पत्ति के सन्दर्भ में रूसी वैज्ञानिक **ए. आई. ओपैरिन** (AI Oparin) ने सन् 1924 में सर्वमान्य परिकल्पना प्रस्तुत की तथा इसका नाम भौतिकवाद या पदार्थवाद (Materialistic theory) रखा। यह सिद्धान्त उनकी पुस्तक, *'जीवन की उत्पत्ति' (The Origin of Life)* में सन् 1936 में छपा। इस सिद्धान्त के अनुसार, पृथ्वी पर एक लम्बे रासायनिक उद्विकास के फलस्वरूप जीवन की उत्पत्ति हुई तथा पृथ्वी की उत्पत्ति एवं जीवन की उत्पत्ति की सम्पूर्ण प्रक्रिया को निम्नलिखित चरणों में बाँट सकते हैं

- परमाणु अवस्था
- अणु अवस्था
- कार्बनिक यौगिकों का निर्माण
- विशिष्ट जटिल कार्बनिक पदार्थों का निर्माण
- न्यूक्लियोप्रोटीन्स एवं कोशा-कलाओं जैसी संरचनाओं का निर्माण
- आदि कोशिकाओं का निर्माण
- कोशिकाओं का निर्माण एवं ऑक्सीजन का स्वतन्त्र होना

इस सिद्धान्त की प्रयोगिक पुष्टि **स्टैनले-मिलर** ने सन् 1953 में की।

जैव विकास (Evolution)

सरल संरचना वाले जीवों से आधुनिक जटिल जीवों के क्रमिक विकास को जैव विकास कहते हैं अर्थात् जैव विकास धीमी गति से होने वाला वह क्रमिक परिवर्तन है, जिसके परिणामस्वरूप पूर्व काल के सरल संरचना तथा निम्न कोटि वाले प्राणियों से, आधुनिक जटिल तथा उच्च कोटि के प्राणियों का विकास हुआ है। 'जैव-विकास' शब्द का प्रयोग सर्वप्रथम **हरबर्ट स्पेन्सर** (Herbert Spencer) ने किया।

जैव विकास की मौलिक परिकल्पना

यह सर्वविदित एवं सर्वमान्य है, कि पृथ्वी, इसका वातावरण एवं इस पर रहने वाले जीव आदिकाल में आज जैसे नहीं थे। परिवर्तन के साथ अवतरण विकास की मौलिक परिकल्पना है। इसका अर्थ है कि सरल रचना वाले जीवों से जटिल जीवों का विकास धीरे-धीरे परिवर्तन के फलस्वरूप हुआ।

जैव विकास के प्रमाण

प्रकृति में जैव विकास हुआ है तथा आगे भी होता रहेगा, इस बात की पुष्टि हम निम्नलिखित प्रमाणों से कर सकते हैं

1. **जीवों की शारीरिक संरचना एवं कार्यिकी** के तुलनात्मक अध्ययन से, जहाँ संरचना एवं कार्य की समानताएँ और विषमताएँ मुख्य आधार हैं।

   (i) **समजात अंग** (Homologous Organs) ऐसे अंग, जो रचना और उत्पत्ति में समान हों, लेकिन कार्य में भिन्न हों, समजात अंग कहलाते हैं। उनकी इस समानता को समजातता कहते हैं। उदाहरण—सील के फ्लीपर (अगली टाँगें) तैरने के लिए, पक्षी और चमगादड़ के पंख उड़ने के लिए, घोड़े की अगली टाँगें

दौड़ने के लिए, मानव के हाथ वस्तुओं को पकड़ने के लिए अनुकूलित होते हैं। इनके कार्यों में अन्तर होते हुए भी इनकी मूल रचना और उत्पत्ति में समानता है।

एक ही पूर्वज से विभिन्न जातियों के विकास को **अपसारी विकास** (Divergent evolution) या **विकासीय अपसरण** (Evolutionary divergence) कहते हैं। समजात अंग अपसारी विकास को प्रदर्शित करते हैं।

(ii) **समवृत्ति अंग** (Analogous Organs) ऐसे अंग, जो रचना तथा उत्पत्ति में भिन्न हों, लेकिन कार्य में समान हों, समवृत्ति अंग कहलाते हैं। उदाहरण—कीट, पक्षी एवं चमगादड़ के पंख उड़ने का कार्य करते हैं, परन्तु मूल रचना तथा उत्पत्ति में भिन्न होते है। कीटों के पंख काइटिन के बने होते हैं। इनमें कंकाल नहीं होता है, जबकि चमगादड़ के पंख धड़ के नीचे फैली त्वचा से बने होते हैं। एक ही पर्यावरण या समान पर्यावरण में रहने के कारण भिन्न वर्गों के जीवों में समान लक्षणों के विकास को **विकासीय अभिसरण** (Evolutionary convergence) या अभिसारी विकास (Convergent evolution) कहते हैं। समरूपी या समवृत्ति अंग अभिसारी विकास को दर्शाते हैं।

2. **जीवाश्मों** (Fossils) के अध्ययन से, जो पूर्वजों की संरचना एवं कार्यिकी के मुख्य प्रमाण हैं। प्राचीन जीवों के शेष बचे पदार्थों; जैसे—हड्डी, दाँत, शैल, आदि को **जीवाश्म** (Fossil) कहते हैं। जीवाश्मों का अध्ययन **जीवाश्म विज्ञान** (Palaeontology) कहलाता है। सबसे पहले जीवाश्म का पता **लियोनार्डो डी विंसी** (Leonardo de Vinci) ने लगाया। इन्हें **जीवाश्म विज्ञान का पिता** (Father of Palaeontology) कहते हैं। **जॉर्ज क्यूवियर** (George Cuvier; 1800) ने जीवाश्म विज्ञान की स्थापना की। **जीवाश्मीकरण** अर्थात् जीवाश्मों के बनने, की विधियों के अनुसार जीवाश्म निम्न प्रकार के होते हैं

(i) **अपरिवर्तित जीवाश्म** (Unaltered Fossil) जीवों के पूरे शरीर, जो बर्फ या अम्बर (चीड़ की परिरक्षित रेजिन) में दबकर ज्यों के त्यों सुरक्षित पड़े रहते हैं।

(ii) **प्रस्तीकृत जीवाश्म** (Petrified Fossil) मृत्यु के पश्चात् जन्तुओं के कोमल भाग सड़ गए या जन्तुओं द्वारा खा लिए गए, जबकि कड़े भाग; जैसे—कशेरुकियों के दाँत एवं अस्थि, मोलस्का के कवच, आर्थ्रोपोडा के कंकाल, आदि के छिद्रों में चूना, सिलिका, आदि खनिज जमा हो गए।

(iii) **साँचा जीवाश्म** (Mould Fossil) इनमें जीव शरीर की केवल आकृति के साँचे होते हैं।

(iv) **ठप्पा जीवाश्म** (Print Fossil) इनमें चट्टानों पर अतीतकालीन जीवों की छाप होती है।

(v) **कॉप्रोलाइट्स** (Coprolites) ये बड़े जन्तुओं के मल के ऐसे जीवाश्म होते हैं, जिनका जीवाश्मीकरण फॉस्फेट लवणों के संचय से हुआ।

जीवाश्मों की आयु यूरेनियम-लैड विधि (Uranium lead method) तथा रेडियोधर्मी कार्बन विधि (Radioactive carbon dating method), फिसन ट्रैक (Fission track), इलेक्ट्रॉन चक्रण रेसोनेन्स (Electron spin resonance), आदि विधियों द्वारा ज्ञात की जा सकती है।

(vi) **भ्रौणिकी** (Embryo) के अध्ययन से, क्योंकि ऐसा माना जाता है, कि भ्रूण के विकास के दौरान कोई भी जीव अपने जैव विकास के इतिहास को दोहराता है।

(vii) **संयोजक कड़ियों** (Connecting Links) के अध्ययन से, जोकि जैव विकास के सबसे सशक्त प्रमाणों में से एक है, क्योंकि इनमें किन्हीं दो वर्गों के जीवों के गुण सम्मिलित रूप से मिलते हैं।

कुछ प्रमुख संयोजी कड़ियाँ निम्नलिखित हैं

संयोजी कड़ी	वर्ग/कड़ी
विषाणु	सजीव व निर्जीव के मध्य कड़ी
यूग्लीना	जन्तु व पादपों के बीच की कड़ी
प्रोटेरोस्पॉन्जिया	प्रोटोजोआ व पोरीफेरा के मध्य कड़ी
पेरिपेटस	ऐनेलिडा तथा आर्थ्रोपोडा के मध्य कड़ी
निओपिलाइना	ऐनेलिडा तथा मोलस्का के मध्य कड़ी
बैलेनोग्लॉसस	नॉन-कॉर्डेट्स तथा कॉर्डेट्स के मध्य कड़ी
काइमेरा	अस्थिल मछली तथा उपास्थिल मछली के मध्य कड़ी
फुफ्फुस मछली (लंग फिश)	मत्स्य तथा उभयचरों के मध्य कड़ी
आर्किऑप्टेरिक्स	सरीसृपों तथा पक्षियों के मध्य कड़ी
प्रोटोथीरिया (*एकिडना* या स्पाइनी चींटीखोर तथा *ऑर्निथोरिंकस* या *प्लेटिपस*)	सरीसृपों तथा स्तनधारियों के मध्य कड़ी

(viii) **भौगोलिक पृथक्करण एवं वितरण** (Geographical isolation and distribution) के अध्ययन से, जो इस बात का सशक्त प्रमाण है, कि प्रकृति जैव विकास प्रक्रिया की प्रमुख दिशा निर्देशक है।

(ix) **आनुवंशिकी** (Genetics) के अध्ययन से जिसके प्रक्रमों द्वारा आण्विक स्तर पर जैव विकास की प्रक्रिया को समझाया जा सकता है।

(x) **अवशेषी अंग** (Vestigial organs) जन्तुओं के शरीर में अनेक ऐसी रचनाएँ पाई जाती हैं, जिनका शरीर में कोई महत्त्व नहीं होता है। ये अवशेषी अंग कहलाते हैं। अवशेषी अंगों की उपस्थिति से प्रमाणित होता है, कि ये रचनाएँ इन जन्तुओं के पूर्वजों में, कभी विकसित और उपयोगी रही होंगी।

उदाहरण—सर्पों के अल्प विकसित पाद, कीवी पक्षी के पंख, कबूतर के पंख अग्रपाद का रूपान्तरण, जीवों में अवशेषी अंग। मानव शरीर में 100 से अधिक अवशेषी अंग पाए जाते हैं। इनमें से कुछ प्रमुख; जैसे—निमेषक झिल्ली, कर्ण पल्लवों की पेशियाँ, पुच्छ कशेरुकाएँ, कृमिरूप परिशेषिका, अक्ल दाढ़, आदि हैं।

अजगर तथा बोआ में पश्चपादी और उनकी मेखलाओं के अवशेष, जलीय स्तनधारियों; जैसे—सील तथा व्हेल में कर्णपल्लवों के अवशेष, घोड़े की ह्रासित अँगुलियों की अस्थियों (स्प्लिण्ट अस्थियों) के अवशेष, उड़ान रहित पक्षियों में अवशेषी पंख, आदि जन्तुओं में अवशेषी अंगों के उदाहरण हैं।

कैक्टस के काँटों में रूपान्तरित पत्तियाँ तथा क्यूटिन की परत के नीचे स्थित निष्क्रिय स्टोमेटा, खुबानी में पर्णवृन्त पर उपस्थित पत्रक पादपों में अवशेषी अंगों के उदाहरण हैं।

(xi) **पूर्वजता** (Atavism) या **प्रत्यानुवर्तन** (Peversion) में कुछ पूर्वजों के लक्षण पुन: नई पीढ़ी में प्रदर्शित होने लगते हैं। कुछ मानव शिशुओं में छोटी पुच्छ, शरीर पर कपियों के समान लम्बे, घने बाल, लम्बे कैनाइन दन्तों की उपस्थिति, अतिरिक्त चूचक (Nipples), आदि पूर्वजता के उदाहरण हैं।

जैव विकास के सिद्धान्त

उपरोक्त प्रमाणों को सामने रखकर विभिन्न वैज्ञानिकों ने जैव-विकास के सिद्धान्त दिए, जो जैव-विकास की कार्यविधि पर प्रकाश डालते हैं। जैव-विकास के सिद्धान्तों के रूप में लैमार्कवाद, डार्विनवाद तथा उत्परिर्वतनवाद मुख्य हैं।

लैमार्कवाद

जीन बैप्टिस्ट डी लैमार्क (Jean Baptiste De Lamarck 1744-1829) एक फ्रांसीसी वैज्ञानिक थे। इन्होंने सन् 1809 में जैव विकास के बारे में अपने सिद्धान्त को *'फिलॉसफी जूलोजिक'* (*Philosophie Zoologique*) नामक पुस्तक में प्रकाशित कराया। उनका सिद्धान्त लैमार्कवाद के नाम से प्रचलित हुआ। इन्होंने अपने सिद्धान्त में मुख्यतया निम्न चार बातों पर बल दिया

1. **जीवों के आकार में वृद्धि की प्रवृत्ति** लैमार्क के अनुसार, जीवधारियों और उनके अंगों के आकार में वृद्धि की स्वभाविक प्रवृत्ति होती है।
2. **वातावरण का सीधा प्रभाव** वातावरण के परिवर्तन के अनुसार, जीव स्वयं को अनुकूल बनाने के लिए अपने शरीर की संरचना और आदतों में परिवर्तन कर लेता है।
3. **अंगों का उपयोग और अनुपयोग** वातावरण के प्रभाव के फलस्वरूप जीवधारी अपने अंगों का उपयोग या अनुपयोग करते हैं। उपयोग में आने वाले अंग अधिक विकसित होने लगते हैं। इसके विपरीत उपयोग में न आने वाले अंगों का धीरे-धीरे ह्रास होने लगता है और अन्त में वे लुप्त हो जाते हैं।
4. **उपार्जित लक्षणों की वंशागति** ये वातावरण से प्रभावित लक्षण अर्थात् उपार्जित लक्षण उसकी सन्तानों में पहुँच जाते हैं तथा इनके सम्मिलित होते रहने से धीरे-धीरे नई प्रजाति बन जाती है।

डार्विनवाद या प्राकृतिक चयनवाद

चार्ल्स डार्विन (Charles Darwin) अंग्रेज प्राकृतिवादी वैज्ञानिक (Naturalist) थे। उन्होंने **माल्थस** (Malthus) के 'जनसंख्या के सिद्धान्त' के अनुसार बताया, कि जनसंख्या बढ़ने पर पादपों और जन्तुओं में जीवन-संघर्ष होता है तथा प्रकृति द्वारा योग्यतम् का चयन होता है।

डार्विन तथा **वैलेस** (Darwin and Wallace) का एक संयुक्त शोधपत्र 'जीव जातियों की उत्पत्ति' सन् 1858 में इंग्लैण्ड के 'प्रोसीडिंग्स ऑफ लीनियन सोसायटी' में प्रकाशित हुआ। डार्विन ने सन् 1859 में *'ऑन द ऑरिजिन ऑफ स्पीशीज बाइ मीन्स ऑफ नेचुरल सेलैक्शन'* नाम पुस्तक लिखी। डार्विन के नियमों को वैलेस ने संक्षेप में चार्ट द्वारा प्रस्तुत किया, जिसे **वैलेस चार्ट** (Wallace chart) कहते हैं।

सारणी 5. वैलेस का चार्ट

प्रमाणित तथ्य	परिणाम
जीवों में सन्तानोत्पत्ति की अपार क्षमता, जीवों की संख्या में स्थिरता	जीवन संघर्ष
जीवन संघर्ष, विभिन्नताएँ एवं उनकी वंशागति	योग्यतम् की उत्तरजीविता (अतिजीविता) या प्राकृतिक वरण (चयन)
वातावरण में निरन्तर परिवर्तन	प्राकृतिक वरण तथा संरचनात्मक रूपान्तरण के द्वारा नई जातियों की उत्पत्ति

उत्परिवर्तनवाद

उत्परिवर्तनवाद सर्वप्रथम हॉलैण्ड के वनस्पति शास्त्री **ह्यूगो डी व्रीज** (Hugo de Vries; 1901) ने प्रस्तुत किया। जीवों में अकस्मात् उत्पन्न होने वाले लक्षणों को उत्परिवर्तन (Mutation) तथा इनकी सन्तानों को उत्परिवर्ती (Mutant) कहते हैं।

उत्परिवर्तन के कारण

उत्परिवर्तन के निम्नलिखित कारण हैं

- गुणसूत्रों की संख्या में परिवर्तन होने से गुणसूत्र समूह में उत्परिवर्तन होता है।
- गुणसूत्र पर उपस्थित जीन की स्थिति में परिवर्तन से जीन उत्परिवर्तन होता है।
- अनेक रसायनों तथा X-किरणों से कृत्रिम उत्परिवर्तन होता है।
- शरीर के आन्तरिक भाग में अनियमित हॉर्मोन स्रावण, उपापचय त्रुटियों, आदि के कारण उत्परिवर्तन हो जाता है।

आधुनिक संश्लेषणात्मक सिद्धान्त

आधुनिक संश्लेषणात्मक सिद्धान्त वास्तव में नवडार्विनवाद का ही एक बदला हुआ रूप है। **डॉब्जोंस्की** (Dobzhansky; 1937) ने अपनी पुस्तक *'आनुवंशिकी तथा जातियों की उत्पत्ति'* में इस सिद्धान्त का वर्णन किया है।

जूलियन हक्सले (Julian Huxley; 1942) ने इस सिद्धान्त का नामकरण किया।

डेविस ने अपनी पुस्तक *'जैव विकास की क्रियाविधि'* में संश्लेषणात्मक सिद्धान्त का वर्णन किया है। इनके अनुसार, इस सिद्धान्त में जैव विकास को प्रभावित करने वाले निम्नलिखित कारक बताए गए हैं

(i) **मूल कारक** ये पाँच मूल कारक हैं

(a) गुणसूत्रों की संरचना तथा संख्या में परिवर्तन
(b) जीन उत्परिवर्तन (c) जीन पुनर्मिश्रण
(d) प्राकृतिक वरण (e) जननिक पृथक्करण

प्रथम तीन कारकों के फलस्वरूप विभिन्नताएँ उत्पन्न होती हैं तथा अन्तिम दो कारक जैव-विकास को एक निश्चित दिशा प्रदान करते हैं।

(ii) **सहायक कारक** ये निम्न प्रकार के होते हैं

(a) प्रवास (b) प्रसंस्करण (c) आनुवंशिक अपवहन

जाति निर्माण

जाति अन्त: प्रजनन करने वाले ऐसे जीवों का समूह है, जो एक या अनेक जनसंख्याओं में रहते हैं। किसी जनसंख्या के सारे सदस्यों की जीन मिलकर उस जनसंख्या की जीन राशि (Gene pool) बनाते हैं। एक जननिक रूप से समांग जनसंख्या का दो या अधिक जनसंख्याओं, जो आनुवंशिक रूप से भिन्न तथा जननिक पृथक्करण युक्त हो, में टूटना जाति निर्माण या स्पेसिएशन (Speciation) कहलाता है। जाति निर्माण मुख्यत: दो प्रकार से होता है

एलोपैट्रिक स्पेसिएशन

इसमें एक जाति की कुछ जनसंख्याओं का भौगोलिक पृथ्क्करण (Geographical isolation) हो जाता है। हजारों वर्षों बाद ये दो जनसंख्याएँ विकास के क्रम में भिन्न हो जाती हैं। जब ये दो जनसंख्याएँ दोबारा सम्पर्क में आती है, तब इनके बीच प्रजनन नहीं होता है। इस प्रकार प्रत्येक जनसंख्या एक नई जाति बन जाती है।

सिम्पैट्रिक स्पेसिएशन

जब एक जाति की, एक ही भौगोलिक क्षेत्र में रहने वाली दो जनसंख्याएँ जननकि रूप से पृथक् (Reproductively isolated) हो जाती है, तब ये जनसंख्या धीरे-धीरे एक-दूसरे से भिन्न होती चली जाती हैं और अलग जातियाँ बन जाती हैं।

महत्त्वपूर्ण बिन्दु

- युग्मनज से वयस्क जन्तु बनने तक के परिवर्धन को **व्यक्तिवृत** (Ontogeny) तथा किसी जन्तु जाति के विकासीय इतिहास को **जातिवृत** (Phylogeny) कहते हैं।
- कायान्तरण के समय लार्वा के विकसित लक्षणों की विलुप्ति द्वारा अल्पविकसित प्रौढ़ का निर्माण प्रतिगामी कायान्तरण (Retrogressive metamorphosis) कहलाता है। उदाहरण–एसीडियन प्राणियों के लार्वा में कॉर्डेट लक्षणों की विलुप्ति।
- प्रथम कोशिका (प्रोकैरियोटिक) प्रीकैम्ब्रियन काल में विकसित हुई।
- सीनोजोइक महाकल्प को स्तनधारियों एवं पक्षियों का युग कहा जाता है।
- मानव युग या मानव सभ्यता का युग होलोसीन युग को कहा जाता है।
- मीसोजोइक महाकल्प के जुरैसिक काल को सरीसृपों एवं डायनोसॉर का युग कहा जाता है।
- प्रारम्भिक पेलियोजोइक महाकल्प को अकशेरुकियों का युग कहा जाता है।
- पेलियोजोइक महाकल्प के कार्बोनिफेरस कल्प को उभयचरों का युग कहा जाता है।
- मार्सुपियल जन्तुओं के विकास के बाद सम्भवतया ऑस्ट्रेलिया पृथक् हो गया। अलग होने के पश्चात शेष भू-भाग में यूथीरियन जन्तुओं के विकास के कारण मार्सुपियल प्राणियों का विनाश हो गया, किन्तु यूथीरियन ऑस्ट्रेलिया नहीं पहुँच पाए। फलस्वरूप वहाँ मार्सुपियल जीव सुरक्षित रहकर विकसित होते गए। यही कारण है कि मार्सुपियल (कंगारू) केवल ऑस्ट्रेलिया में ही पाए जाते हैं।

मानव का जैव विकास (Evolution in Human)

- मानव या होमीनिड वंश-जो मनुष्य व कपियों के पूर्वज थे, का उद्भव आज से लगभग 2.4 करोड़ वर्ष पूर्व हुआ। होमीनिड वंश का विकास एशिया तथा अफ्रीका में हुआ।
- **डार्विन** ने अपनी पुस्तक *'डिसेन्ट ऑफ मैन एण्ड सेलेक्शन इन रिलेशन टू सेक्स'* में मानव का विकास कपियों जैसे पूर्वज से होने के सिद्धान्त का वर्णन किया।
- **लिनियस** ने मनुष्य को वानरों व कपियों के साथ रखा तथा उसे वैज्ञानिक नाम *होमो सेपियन्स* दिया, जिसका अर्थ है 'बुद्धिमान प्राणी'।
- **गज-श्रूज** मानव के प्रारम्भिक पूर्वज माने जाते हैं।
- टारसियर्स छोटे-चूँहे के समान कीट भक्षी है, जो ईस्ट इण्डिया तथा फिलीपीन्स में पाए जाते हैं।
- गिब्बन भारत में पाया जाने वाला अकेला कपि है।
- मानव व कपियों का विकास एक सम्मिलित पूर्वज से हुआ था।
- *प्रोप्लिओपिथेकस* मानव-पूर्व पूर्वज है, जिसके जीवाश्म लगभग 3.5 करोड़ वर्ष पूर्व ओलिगोसीन युग की चट्टानों में मिले हैं। इसमें मनुष्य व कपि दोनों के लक्षण हैं।
- मायोसीन में पाए जाने वाले कपि *लिम्नोपिथेकस* को गिब्बन का पूर्वज माना जाता है। आधुनिक चिम्पैन्जी का पूर्वज *प्रोकोंसल* को माना जाता है।
- *प्रोकोंसल* के जीवाश्म **लीकी** द्वारा पूर्वी अफ्रीका से प्राप्त किए गए।

मानव का वर्गीकरण

संघ (Phylum)	–	कॉर्डेटा (Chordata)
वर्ग (Class)	–	स्तनधारी (Mammalia)
गण (Order)	–	प्राइमेट (Primate)
उपगण (Suborder)	–	एन्थ्रोपोइडिया (Anthropoidea)
कुल (Family)	–	होमीनिडी (Hominide)
वंश (Genus)	–	*होमो (Homo)*
जाति (Species)	–	*सेपिअन्स (Sapiens)*
उपजाति (Sub-species)	–	*सेपिअन्स (Sapiens)*

ड्रायोपिथेकस

- *ड्रायोपिथेकस* अफ्रीकेन्स का जीवाश्म अफ्रीका और यूरोप की चट्टानों से प्राप्त हुआ।
- इसे मनुष्य एवं कपि दोनों का पूर्वज माना जाता है।
- यह चिम्पैन्जी से करीबी समानता दिखाता है।
- यह मायोसीन के समय 250 लाख साल पहले जीवित था।
- यह शाकाहारी था और कोमल फलों व पत्तियों को खाता था।

रामापिथेकस

- **लेविस** ने सन् 1932 में भारत की शिवालिक पहाड़ी की प्लीयोसीन चट्टानों से *रामापिथेकस* के जीवाश्म को खोजा। यह 14-15 मिलियन वर्ष पहले पश्च-मायोसीन से प्लायोसीन युग में जीवित था।
- *रामापिथेकस* अपनी पिछली टाँगों पर सीधा खड़ा होकर चलता था।
- यह आधुनिक मानव की तरह कठोर नट व बीज खाता था।

ऑस्ट्रेलोपिथेकस

- इसे प्रथम कपि मानव माना जाता है।
- यह लगभग 4-1.5 मिलियन वर्ष पहले प्लीस्टोसीन युग के दौरान गुफाओं में रहता था।
- इसकी कपाल क्षमता 500-700 घन सेमी थी।
- यह पूरी तरह द्विपद होमोनिड था।
- जबड़े तथा दाँत मनुष्य के समान थे और यह सर्वाहारी था।

जावा मानव *(होमो इरेक्टस इरेक्टस)*

- जावा मानव का विकास पूर्व तथा मध्य प्लीस्टोसीन में लगभग 6,00,000 वर्ष पूर्व हुआ।

- इसका जीवाश्म जावा के त्रिनिल स्थान से प्राप्त हुआ जिसे डुबॉइस ने खोजा।
- *होमो इरेक्टस इरेक्टस* नाम **मेयर** ने दिया।
- इसके जबड़े बड़े तथा भारी लेकिन आधुनिक मानव के लगभग समान थे।
- इसकी कपाल क्षमता लगभग 940 घन सेमी थी।
- औसत शारीरिक लम्बाई 170 सेमी तथा भार 70 किग्रा था।
- यह सर्वाहारी था। इसने सबसे पहले अग्नि का उपयोग भोजन पकाने, अपनी रक्षा करने तथा शिकार में किया था।

पेकिंग मानव *(होमो इरेक्टस पेकीनेन्सिस)*

- पेकिंग मानव की खोज **पाई** (Pai) ने सन् 1924 में चीन के पेकिंग (बीजिंग) में की। पेकिंग मानव के जीवाश्म लगभग 6 लाख वर्ष पुराने थे।
- इसकी कपाल गुहा का आयतन लगभग 850-1200 घन सेमी था।
- ये जावा मानव की तरह सर्वाहारी तथा केनीबल थे। इनमें ठोड़ी अनुपस्थित थी।
- ये पत्थर के औजारों को शिकार करने तथा अपनी रक्षा के लिए प्रयोग करते थे।

निएण्डरथल मानव *(होमो सेपिअन्स निएण्डरथेलेन्सिस)*

- जर्मनी की निएन्डर घाटी से सन् 1856 में सी फूलरॉट ने निएण्डरथल मानव के जीवाश्म प्राप्त किए थे। ये सबसे पुराने जीवाश्म हैं।
- इनका विकास लगभग 1,50,000 वर्ष पूर्व हुआ था और लगभग 25000 वर्ष पहले ये विलुप्त हो गए।
- इनकी कपाल गुहा का आयतन 1450 घन सेमी था।
- इनका जबड़ा गहरा, ठोड़ी रहित और खोपड़ी की अस्थियाँ चौड़ी थीं।
- ये सर्वाहारी और केनिबल थे और आग का प्रयोग खाना पकाने व गर्म रखने के लिए करते थे। ये वास्तविक मनुष्य थे, जिनमें संस्कृति की उत्पत्ति हुई और ये हथियार बनाना भी जानते थे।

क्रो-मैगनॉन मानव *(होमो सेपिअन्स फोसिलिस)*

- ये लगभग 50,000 वर्ष पूर्व उत्पन्न हुए तथा 20,000 वर्ष पूर्व विलुप्त हो गए। इनके जीवाश्म क्रो-मैगनॉन (फ्रांस) के पत्थरों से **मैक ग्रीगर** ने सन् 1868 में प्राप्त किए।
- इनकी कपाल गुहा का आयतन 1660 घन सेमी था, जोकि आधुनिक मानव से भी अधिक था अर्थात् ये आधुनिक मानव से अधिक बुद्धिमान थे।
- ये गुफाओं में सुन्दर चित्रकारी करते थे।
- निएन्डरथल व क्रो-मैगनॉन दोनों ही आधुनिक मानव के सीधे पूर्वज माने जाते हैं। क्रो-मैगनॉन मानव पुराने पत्थर युग जिसे पेलियोलिथिक भी कहते हैं में रहते थे।

आधुनिक मानव *(होमो सेपिअन्स सेपिअन्स)*

- लगभग 10,000 वर्ष पूर्व आखिरी हिम युग के पश्चात् आधुनिक मानव का विकास क्रो-मैगनॉन मानव से हुआ।
- इनकी कपाल गुहा का आयतन लगभग 1450 घन सेमी होता है।
- इनमें सेरीब्रम अत्यधिक विकसित होता है।

डॉ. शैपीरो के अनुसार *होमो सेपिअन्स सेपिअन्स* धीरे-धीरे *होमो सेपिअन्स फ्युचुरिस (Homo sapiens futuris)* में विकसित हो जाएगा। इस मानव का मस्तिष्क अधिक उन्नत व जटिल होगा, सिर गुम्बद के आकार का होगा, यह अधिक लम्बा होगा तथा शरीर बाल रहित होगा।

अभ्यास प्रश्न

1. मेण्डल की सफलता के लिए मुख्य कारण था कि उन्होंने
(a) सन्तानों का गणनात्मक विश्लेषण प्रस्तुत किया था
(b) अपने क्रॉसों में पहले केवल एक ही लक्षण को एक बार में लिया था
(c) वंशावली अभिलेख रखे थे
(d) मटर के पादप का चयन किया था

2. अजगर में कौन-सा अवशेषी अंग है?
(a) नासिका (b) पश्चपाद
(c) स्केल्स (d) दाँत

3. लक्षणों के स्वतन्त्र अपव्यूहन का नियम सिद्ध किया जाता है
(a) इस प्रेक्षण द्वारा कि F_1- पीढ़ी की सन्तानें लम्बी होती हैं
(b) लम्बे तथा बौने पादप के 3 : 1 के अनुपात में प्रकटन द्वारा तथा चिकने एवं झुर्रीदार बीजों वाले पादप में दृष्टिगोचर 3:1 के अनुपात द्वारा
(c) F_2-पीढ़ी में चिकने तथा झुर्रीदार बीजों वाले पादपों के प्रकटन द्वारा
(d) F_2-पीढ़ी में लम्बे तथा बौने पादप के प्रकटन द्वारा

4. एकसंकर संकरण की F_2-पीढ़ी में समयुग्मजी सन्तति किस अनुपात में होगी?
(a) 3 : 1 (b) 2 : 1
(c) 1 : 2 : 1 (d) 1 : 1

5. दो जीव बाह्य रूप में समान हों, परन्तु उनकी जीनी संरचना भिन्न हो, तो उन्हें कहते हैं
(a) फीनोटाइप (b) जीनोटाइप
(c) होमोजाइगस (d) हेटेरोजाइगस

6. एपिसोम्स एक कारक हो सकता है
(a) सहप्रभाविता में
(b) अपूर्ण प्रभाविता में
(c) गुणसूत्री वंशागति में
(d) कोशिकाद्रव्यी वंशागति में

7. अनुलेखन के दौरान एक निश्चित क्रम में इन्ट्रॉन्स का निष्कासन एवं एक्सॉन्स के जोड़ने को कहते हैं
(a) लूपिंग
(b) एन्ड्यूसिंग
(c) स्लाइसिंग
(d) स्प्लाइसिंग

8. एक मेण्डेलियन संकरण में F_2-पीढ़ी जीन प्रारूपी एवं लक्षणप्रारूपी, दोनों प्रकार से एक समान अनुपात 1 : 2 : 1 प्रदर्शित करती है। यह निम्नलिखित को दर्शाता है
(a) सह प्रभाविता
(b) द्विसंकर संकरण
(c) पूर्ण प्रभाविता के साथ एक संकर संकरण
(d) अपूर्ण प्रभाविता के साथ एक संकर संकरण

9. मोनोहाइब्रिड अनुपात होता है
(a) 9 : 3 : 3 : 1 (b) 3 : 1
(c) 1 : 1 (d) 2 : 1

10. डार्विन की 'पैन्जेनेसिस वाद' के अनुसार, एक पीढ़ी से दूसरी पीढ़ी में कारकों का आदान-प्रदान शरीर की किस कोशिका के द्वारा उत्पन्न पदार्थ का होता है?
(a) केन्द्रक (b) जर्म
(c) जेम्यूल (d) DNA अणु

11. दोनों पैतृकों में अप्रभावी जीन्स उत्तरदायी होते हैं
(a) कोन्जेनाइटल रोग के लिए
(b) संक्रामक रोग के लिए

(c) असंक्रामक रोग के लिए
(d) कमी से होने वाले रोग के लिए

12. यदि DNA के एक सूत्र में नाइट्रोजनी क्षारकों का क्रम ATCTG हो, तो इसके पूरक RNA सूत्र का क्रम क्या होगा?
(a) TTAGU (b) UAGAC
(c) AACTG (d) ATCGU

13. यदि DNA में 10% ग्वानीन उपस्थित है, तो इसमें थाइमीन उपस्थित होगी
(a) 10% (b) 40% (c) 80% (d) 20%

14. निम्नलिखित में से किस एक में DNA के भीतर विलोमानुक्रमी अनुक्रम दर्शाया गया है?
(a) 5′-GAATTC-3
(b) 5′-CCAATG-3′
3′-CTTAAG-5′
3′-GAATCC-5′
(c) 5′-CATTAG-3′
(d) 5′-GATACC-3′
3′-GATAAC-5′
3′-CCTAAG-5′

15. एक सामान्य दृष्टि वाला व्यक्ति, जिसके पिता वर्णान्ध थे, एक ऐसी स्त्री से विवाह करता है, जिसके पिता भी वर्णान्ध थे। इस व्यक्ति को प्रथम सन्तान के रूप में एक पुत्री प्राप्त होती है। इस बच्चे के वर्णान्ध होने की कितनी सम्भावना है?
(a) 100% (b) 0%
(c) 25% (d) 50%

16. DNA के एक घुमाव में होते हैं?
(a) न्यूक्लियोटाइड्स के 5 जोड़े
(b) न्यूक्लियोटाइड्स के 10 जोड़े
(c) न्यूक्लियोटाइड्स के 20 जोड़े
(d) न्यूक्लियोटाइड्स के 40 जोड़े

17. मेण्डल द्वारा लिए गए सात विपरीत लक्षण कितने गुणसूत्रों पर उपस्थित थे?
(a) 4 (b) 5 (c) 7 (d) 14

18. DNA द्विगुणन की अर्द्धसंरक्षी विधि का प्रायोगिक प्रदर्शन किया था
(a) वाटसन एवं क्रिक ने
(b) बाउडन एवं पिअरे ने
(c) मेसेल्सन व स्टाहल ने
(d) खुराना एवं नीरेनबर्ग ने

19. 1959 में कृत्रिम DNA के संश्लेषण के लिए नोबेल पुरस्कार मिला था
(a) कोरेनबर्ग को (b) ओकोआ को
(c) मेथाई को (d) नीरेनबर्ग को

20. जीन की आधुनिक परिकल्पना के अनुसार यह
(a) DNA का खण्ड है, जिसमें विनिमय की क्षमता होती है
(b) DNA की कार्यात्मक इकाई है
(c) DNA का खण्ड है
(d) गुणसूत्र का खण्ड है

21. DNA पॉलीमरेज एन्जाइम की खोज करने वाले थे
(a) कोरेनबर्ग (b) नीरेनबर्ग
(c) वाटसन (d) क्रिक

22. यदि DNA स्ट्रेण्ड के न्यूक्लियोटाइडों का क्रम ATTGCC हो, तो *m*RNA में न्यूक्लियोटाइडों का क्रम होगा
(a) ATTGCA (b) ATCGCC
(c) UGGACC (d) UAACGG

23. सूची I को सूची II से सुमेलित कीजिए।

सूची I	सूची II
A. संरचनात्मक जीन	1. संदमक प्रोटीन के लिए आबन्धन स्थल
B. प्रचालक जीन	2. संदमक प्रोटीन के लिए कोड
C. प्रोमोटर जीन	3. माध्यम से लैक्टोस अभिगमन
D. नियामक जीन	4. एन्जाइम प्रोटीन के लिए कोड करता है
	5. RNA पॉलीमरेज के लिए आबन्धन स्थल

कूट

	A	B	C	D
(a)	4	1	5	2
(b)	5	4	2	1
(c)	2	5	1	3
(d)	3	4	5	1

24. शृंखला समापन प्रकूट है
(a) AGA, TAG, TAA
(b) GAT, AAT, AGT
(c) AGT, TAG, UGA
(d) UAG, UGA, UAA

25. होलेन्ड्रिक जीन कहाँ उपस्थित होते हैं?
(a) X-गुणसूत्र पर
(b) Y-गुणसूत्र पर
(c) X व Y दोनों गुणसूत्रों पर
(d) ऑटोसोम पर

26. मॉर्गन तथा उनके सहयोगियों द्वारा वंशागति के गुणसूत्रीय सिद्धान्त के प्रायोगिक सत्यापन हेतु फलमक्खी अर्थात् *ड्रोसोफिला मेलेनोगैस्टर* को सर्वाधिक उपयुक्त पाया गया, क्योंकि
(a) यह अनिषेकजनन द्वारा जनन करती है
(b) एक बार संगम से ही दो युवामक्खियाँ उत्पन्न होती हैं
(c) छोटी मादा मक्खी, बड़ी नर मक्खी से अलग सरलतापूर्वक पहचानी जा सकती है
(d) यह लगभग दो सप्ताह में अपना जीवन-चक्र पूर्ण कर लेती है

27. सूची I को सूची II से सुमेलित कीजिए।

सूची I	सूची II
A. सीकल-सेल एनीमिया	1. 7वाँ गुणसूत्र
B. फिनाइलकीटोन्यूरिया	2. चौथा गुणसूत्र
C. सिस्टिक फाइब्रोसिस	3. 11वाँ गुणसूत्र
D. हटिंगटन	4. X-गुणसूत्र
E. वर्णान्ध	5. 12वाँ गुणसूत्र

कूट

	A	B	C	D	E		A	B	C	D	E
(a)	1	3	4	2	5	(b)	3	5	1	2	4
(c)	4	5	3	1	2	(d)	2	1	3	5	4

28. *लैक* ओपेरॉन में सम्मिलित होते हैं
(a) केवल चार नियन्त्रक जीन्स
(b) एक नियन्त्रक जीन तथा तीन संरचनात्मक जीन्स
(c) दो नियन्त्रक जीन्स तथा दो संरचनात्मक जीन्स
(d) तीन नियन्त्रक जीन्स तथा तीन संरचनात्मक जीन्स

29. DNA का एक खण्ड, जो अपनी स्थिति बदल सकता है
(a) सिस्ट्रॉन (b) म्यूटोन
(c) रिकॉन (d) ट्रान्सपोसोन

30. सूची I को सूची II से सुमेलित कीजिए।

सूची I	सूची II
A. संदमक जीन अनुपात	1. 9:3:4
B. सम्पूरक जीन अनुपात	2. 1:1:1:1
C. अप्रभावी प्रबलता अनुपात	3. 12:3:1
D. द्विसंकर टेस्ट क्रॉस अनुपात	4. 13:3
E. प्रभावी प्रबलता अनुपात	5. 9:7

कूट

	A	B	C	D	E		A	B	C	D	E
(a)	5	4	2	3	1	(b)	4	5	1	2	3
(c)	2	1	4	5	3	(d)	5	4	1	2	3

31. डी व्रीज के मतानुसार, उद्विकास होता है
(a) असतत् (b) अचानक
(c) सतत् (d) दोनों (a) एवं (b)

32. मेण्डल ने सफेद पुष्प वाले अप्रभावी मटर के पादप का शुद्ध लाल पुष्प वाले प्रभावी पादप के साथ संकरण कराया, तो प्रथम पीढ़ी में होंगे
(a) 50% सफेद पुष्प व 50% लाल पुष्प वाले पादप
(b) सभी लाल पुष्प वाले पादप
(c) 75% लाल व 25% सफेद पुष्प वाले पादप
(d) सभी सफेद पुष्प वाले पादप

33. निम्न कथनों पर विचार
I. rRNA प्रोटीन के संश्लेषण के लिए टेम्पलेट उपलब्ध कराता है।
II. tRNA अमीनो अम्ल को लाता है तथा आनुवंशिक कूट पढ़ता है।
III. RNA पॉलीमरेज प्रोमोटर से जुड़ कर अनुलेखन का प्रारम्भ करता है।
IV. DNA के खण्ड को जो पॉलीपेप्टाइड को कोड करते हैं, इन्ट्रॉन कहलाते हैं।
(a) I एवं III (b) I एव II
(c) I, II एव III (d) II एव III

34. 9 : 3 : 3 : 1 का अनुपात किस कारण 9 : 7 में रूपान्तरित होता है
(a) कॉम्पलीमेन्टरी जीन
(b) एपिस्टेटिक जीन
(c) हायपोस्टेटिक जीन
(d) अनुलिपिक जीन

35. सूची I को सूची II से सुमेलित कीजिए।

सूची I	सूची II
A. डाउन सिन्ड्रोम	1. एक X-गुणसूत्र की कमी (XO)
B. हीमोफीलिया	2. एक अतिरिक्त लिंग गुणसूत्र (XXY)
C. क्लाइनफेल्टर	3. अप्रभावी जीन का सिण्ड्रोम
D. टर्नर सिन्ड्रोम	4. किसी गुणसूत्र की ट्राइसोमी

कूट

	A	B	C	D	E
(a)	1	2	3	4	
(b)	4	3	2	1	
(c)	4	3	1	2	
(d)	3	2	1	4	

36. 1900 A D में तीन वैज्ञानिकों ने पृथक् रूप से मेण्डल के सिद्धान्तों की खोज की वे हैं
(a) डी व्रीज, कोरेन्स एवं शरमार्क
(b) सटन, मॉर्गन एवं व्रीज
(c) ऐवेरी, मेकलिओड एवं मैकॉर्टी
(d) बेटसन, पुनट एवं व्रीज

37. आधुनिक मानव की कपाल क्षमता (Cranial capacity) है
(a) 430-650 cc (b) 600-1000 cc
(c) 900-1100 cc (d) 1200-1600 cc

38. दमनकारी (Repressor) प्रोटीन बनती है
(a) सरंचनात्मक जीन द्वारा
(b) ऑपरेटर जीन द्वारा
(c) नियन्त्रक जीन द्वारा
(d) रिप्रेसर जीन द्वारा

39. RR (लाल) तथा WW (सफेद) के संकरण से उत्पन्न सन्तति गुलाबी (RW) है यह R जीन किस प्रकार का होना सिद्ध करता है?
(a) संकर (b) अप्रभावी
(c) अपूर्ण प्रभावी (d) उत्परिवर्ती

40. सूची I को सूची II से सुमेलित कीजिए।

सूची I	सूची II
A. *t*RNA	1. अमीनों अम्लों को जोड़ना
B. *m*RNA	2. आनुवंशिक सूचनाओं का स्थानान्तरण
C. *r*RNA	3. न्यूक्लियोलर संगठन क्षेत्र
D. पेप्टाइडल ट्रान्सफरेज	4. अमीनो अम्लों का जीवद्रव्य से राइबोसोम पर स्थानान्तरण

कूट

	A	B	C	D
(a)	4	2	3	1
(b)	1	4	3	2
(c)	1	2	3	4
(d)	1	3	2	4

41. व्युत्क्रम ट्रान्सक्रिप्शन (Reverse transcription) की खोज की थी
(a) वाटसन एवं क्रिक (b) बीडल एवं टेटम
(c) टेमिन एवं बाल्टीमोर (d) खुराना

42. प्रोकैरियोट में जीन नियमन तथा संगठन के लिए ओपेरॉन मॉडल प्रस्तावित किया था
(a) जैकोब व मोनोड ने
(b) बीडल व टेटम ने
(c) मेसेल्सन व स्टाइल ने
(d) विल्किन्स व फ्रेंकलिन ने

43. एक F_1 -संकर और अप्रभावी जनक के मध्य क्रॉस से प्राप्त अनुपात है
(a) 3 : 1 (b) 1 : 1 (c) 2 : 1 (d) 4 : 1

44. सरीसृपों का सुनहरा युग (Golden age of reptiles) था
(a) प्रोटेरोजोइक महाकल्प
(b) पेलियोजोइक महाकल्प
(c) मीसोजोइक महाकल्प
(d) सीनोजोइक महाकल्प

45. सूची I को सूची II से सुमेलित कीजिए।

सूची I	सूची II
A. AUG	1. फिनाइलएलेनाइन
B. UAA	2. मेथियोनाइन
C. UUU	3. ट्रिप्टोफेन
D. UGG	4. टर्मिनेशन

कूट

	A	B	C	D
(a)	1	4	2	3
(b)	2	4	1	3
(c)	2	3	4	1
(d)	4	1	3	2

46. अनुलेखन के दौरान RNA, पॉलीमरेज होलोएन्जाइम एक जीन वर्धक से बँध जाता है तथा काठीनुमा संरचना बना लेता है। इसका DNA बन्धन अनुक्रम क्या है?
(a) TTAA (b) AATT
(c) CACC (d) TATA

47. निम्नलिखित में से कौन जीन कूट या आनुवंशिक कूट का प्रमुख अभिलक्षण नहीं है?
(a) अपभ्रष्टता (b) सन्दिग्धता
(c) सार्वभौमिकता (d) विशिष्टता

48. सूची I को सूची II से सुमेलित कीजिए।

सूची I	सूची II
A. डाउन सिन्ड्रोम	1. एक और लिंग गुणसूत्र की उपस्थिति
B. क्राइ-डू-चैट सिन्ड्रोम	2. गुणसूत्र संख्या 5 के एक भाग का टूटना
C. क्लाइनफेल्टर सिन्ड्रोम	3. एक लिंग गुणसूत्र की अनुपस्थिति
D. टर्नर का सिन्ड्रोम	4. एक गुणसूत्र की अतिरिक्त उपस्थिति
	5. दो अतिरिक्त गुणसूत्रों की उपस्थिति

कूट

	A	B	C	D
(a)	4	1	1	3
(b)	5	4	2	2
(c)	4	2	3	1
(d)	4	3	1	1

49. एक जीन-एक एन्जाइम अभिकल्पना किसने प्रस्तुत की थी?
(a) आर. फ्रैंकलिन ने
(b) हर्शे एवं चेज ने
(c) ए. गैरॉड ने
(d) बीडल एवं टेटम ने

50. कॉर्डेट्स तथा नॉन-कॉर्डेट्स के मध्य संयोजी कड़ी है
(a) *पेरिपेट्स* (b) *बैलेनोग्लॉसस*
(c) *स्फीनोडॉन* (d) *टैकिग्लॉसस*

51. *न्यूरोस्पोरा* पर बीडल एवं टेटम के कार्य द्वारा सिद्ध हुआ कि
(a) DNA का द्विगुणन अर्द्धसंरक्षी होता है
(b) विषाणुओं में आनुवंशिक पदार्थ होता है
(c) प्रत्येक जीन विशिष्ट एन्जाइम हेतु उत्तरदायी होता है
(d) पादप कोशिकाएँ पूर्णशक्त (टोटीपोटेन्ट) होती हैं

52. बारबरा मैकक्लिन्टॉक प्रसिद्ध हैं
(a) मक्का में जम्पिंग जीन की खोज के लिए
(b) मक्का में उत्परिवर्तन के लिए
(c) गेहूँ में जम्पिंग जीन की खोज के लिए
(d) चावल में उत्परिवर्तन के लिए

53. जब प्रभावी लक्षणप्रारूप वाले किसी जीव का संकरण इसका जीनप्रारूप ज्ञात करने के लिए किसी अप्रभावी जनक के साथ कराया जाता है, तो इसे कहते हैं
(a) एकसंकर संकरण
(b) प्रतीप संकरण
(c) परीक्षार्थ संरकण
(d) द्विसंकर संकरण

54. अभिसारी विकास (Convergent evolution) प्रदर्शित होता है
(a) समजात अंगों द्वारा
(b) समवृत्ति अंगों द्वारा
(c) अवशेषी अंगों द्वारा
(d) इन सभी के द्वारा

55. सूची I को सूची II से सुमेलित कीजिए।

सूची I	सूची II
A. मोनोप्लॉइडी	1. $2n-1$
B. मोनोसोमी	2. $2n+1$
C. नलीसोमी	3. $2n+2$
D. ट्राइसोमी	4. $2n-2$
E. टेट्रासोमी	5. n
	6. $3n$

कूट

	A	B	C	D	E
(a)	6	5	3	4	1
(b)	5	2	4	1	3
(c)	5	1	4	2	3
(d)	2	1	3	6	5

56. डुबोइस ने पहले मानव जीवाश्म प्राप्त किए थे
(a) अफ्रीका
(b) चीन
(c) भारत में शिवालिक पहाड़ियाँ
(d) जावा में सोलो नदी के किनारे

57. मानव में निम्न में से कौन-सा अवशेषी अंग है?
(a) एपिग्लॉटिस
(b) बाह्य कर्ण (पिन्ना) की पेशियाँ
(c) अण्डाकार खात
(d) इलीयम

58. स्टैनले मिलर के प्रयोग में मीथेन, अमोनिया तथा हाइड्रोजन का अनुपात था
(a) 3 : 1 : 2 (b) 2 : 1 : 2
(c) 1 : 2 : 1 (d) 5 : 4 : 1

59. भू-वैज्ञानिक समय मापक्रम के द्वारा *ड्रायोपिथेकस* जीवाश्म की उम्र है
(a) 75×10^6 वर्ष पुरानी है
(b) 35×10^6 वर्ष पुरानी है
(c) 24×10^6 वर्ष पुरानी है
(d) 50×10^6 वर्ष पुरानी है

60. मानव द्वारा सर्वप्रथम पालतू बनाया गया प्राणी कौन-सा था?
(a) घोड़ा (b) गाय
(c) कुत्ता (d) सूअर

61. आधुनिक मानव *होमो सेपिअन्स* के विकास के चरणों का सही क्रम है
(a) निएन्डरथल मानव, *ऑस्ट्रेलोपिथेकस*, क्रो-मैग्नॉन मानव, *होमो इरेक्टस*, आधुनिक मानव
(b) *ऑस्ट्रेलोपिथेकस*, *होमो इरेक्टस*, निएन्डरथल मानव, क्रो-मैग्नॉन मानव, आधुनिक मानव
(c) *होमो इरेक्टस*, *ऑस्ट्रेलोपिथेकस*, निएन्डरथल मानव, क्रो-मैग्नॉन मानव, आधुनिक मानव
(d) *ऑस्ट्रेलोपिथेकस*, निएन्डरथल मानव, क्रो-मैग्नॉन मानव, *होमो इरेक्टस*, आधुनिक मानव

62. उत्परिवर्तन प्रेरित किए जा सकते हैं
(a) IAA द्वारा
(b) इथाइलीन द्वारा
(c) गामा विकिरणों द्वारा
(d) अवरक्त विकिरणों द्वारा

63. मानव का निकटतम् सम्बन्धी है
(a) गोरिल्ला
(b) गिब्बन
(c) चिम्पैन्जी या वनमानुष
(d) औरंगउटान

64. निम्न में से सही क्रम क्या है?
(a) जावा मानव–पेकिंग मानव–हीडलबर्ग मानव–निएन्डरथल मानव–क्रो-मैग्नॉन मानव
(b) निएन्डरथल मानव–जावा मानव–हीडलबर्ग मानव–क्रो-मैग्नॉन मानव
(c) अटलाण्टिक मानव–पेकिंग मानव–जावा मानव–निएन्डरथल मानव–आधुनिक मानव
(d) जावा मानव–कपि मानव–अटलाण्टिक मानव–निएन्डरथल मानव–क्रो-मैग्नॉन मानव

65. उपार्जित लक्षणों की वंशानुगति का सिद्धान्त दिया
(a) लैमार्क ने (b) वीजमान ने
(c) गाल्टन ने (d) डी व्रीज ने

66. निम्नलिखित में से सही कथन चुनिए।
(a) डार्विनियन विभिन्नताएँ छोटी और दिशाहीन होती हैं
(b) योग्यता, अनुकूलन क्षमता का अन्तिम परिणाम होती है और प्रकृति द्वारा चयनित हो जाती है
(c) केवल व्हेलों तथा ऊँटों को छोड़कर सभी स्तनियों में सात ग्रीवा कशेरुक होते हैं
(d) उत्परिवर्तन यादृच्छिक तथा दिशात्मक होते हैं

67. जावा मानव का वैज्ञानिक नाम है
(a) *होमो हैबिलिस* (b) *होमो इरेक्टस*
(c) *होमो सेपिअन्स* (d) *ऑस्ट्रेलोपिथेकस*

68. कौन-सा पुरातन मानव आधुनिक मानव के समान था?
(a) अफ्रीकी मानव (b) क्रो-मैग्नॉन मानव
(c) जावा कपि मानव (d) पेकिंग मानव

69. अनुकूली विकिरण का क्या अर्थ है?
(a) भौगोलिक पृथक्करण के कारण होने वाले अनुकूलन
(b) एक समान पूर्वज से विभिन्न जाति का विकास
(c) किसी जाति के सदस्यों का बिभिन्न भौगोलिक क्षेत्रों में प्रवास
(d) किसी एक व्यष्टि की, विभिन्न पर्यावरणों के लिए अनुकूलन-क्षमता

70. सूची I को सूची II से सुमेलित कीजिए।

सूची I	सूची II
A. वॉन हेल्मॉन्ट	1. संश्लेषणात्मक वाद
B. लुईस पाश्चर	2. उत्परिवर्तन वाद
C. डॉब्जोहन्स्की	3. स्वतः जननवाद
D. डी व्रीज	4. जीवात् जीवोत्पत्तिवाद

कूट

	A	B	C	D		A	B	C	D
(a)	4	1	3	2	(b)	3	4	1	2
(c)	3	2	1	4	(d)	2	1	3	4

71. डार्विन की फिन्च एक अच्छा उदाहरण है
(a) औद्योगिक अतिमेलानिनता का
(b) संयोजी कड़ी का
(c) अनुकूली विकिरण का
(d) अभिसारी जैव विकास का

72. सूची I को सूची II से सुमेलित कीजिए।

सूची I (भूगर्भीय समय मापक्रम)	सूची II (जीव-रूप)
A. प्लाइस्टोसीन	1. स्तनधारी
B. पैलियोसीन	2. मानव वंश
C. पर्मियन	3. अकशेरुकी
D. कैम्ब्रियन	4. मण्डूक

कूट

	A	B	C	D		A	B	C	D
(a)	2	1	4	3	(b)	2	4	1	3
(c)	3	4	1	2	(d)	3	1	4	2

73. जब कभी विभिन्न वंशवृत्तों की दो जाति अनुकूलनों के कारण एक-दूसरे के समान दिखने लगती हैं, तब इस परिघटना को क्या कहा जाता है?
(a) अपसारी विकास
(b) सूक्ष्मविकास
(c) सहविकास
(d) अभिसारी विकास

74. सूची I को सूची II से सुमेलित कीजिए।

सूची I	सूची II
A. सजीव व निर्जीव मध्य कड़ी	1. *बैलेनोग्लॉसस*
B. जन्तु व पादपों के मध्य की कड़ी	2. प्रोटोथीरिया
C. सरीसृपों तथा स्तनधारियों के मध्य कड़ी	3. विषाणु
D. नॉन-कॉर्डेट्स के मध्य कड़ी	4. *यूग्लीना*

कूट

	A	B	C	D		A	B	C	D
(a)	1	3	2	4	(b)	4	3	2	1
(c)	3	4	2	1	(d)	3	2	4	1

75. निम्नलिखित में से कौन-सा निष्कर्ष डार्विन से सम्बन्धित नहीं है?
(a) योग्यतम् की उत्तरजीविता
(b) अस्तित्व के लिए संघर्ष
(c) उपार्जित लक्षणों की वंशागति
(d) प्राकृतिक चयन द्वारा जातियों की उत्पत्ति

76. निम्न में से कौन-सा तथ्य कार्बनिक विकास का महत्त्वपूर्ण साक्ष्य है?
(a) समजात एवं अवशेषी अंगों का पाया जाना
(b) समरूप एवं अवशेषी अंगों का पाया जाना
(c) समजात एवं समरूप अंगों का पाया जाना
(d) केवल समरूप अंगों का पाया जाना

77. रासायनिक उद्विकास के फलस्वरूप जीवन की उत्पत्ति की सही प्रकार से व्याख्या की गई है अथवा जीवन की उत्पत्ति के सम्बन्ध में सर्वाधिक उपयुक्त जैव-रासायनिक वाद प्रस्तुत किया गया था
(a) स्टैनले मिलर द्वारा (b) डार्विन द्वारा
(c) ए. आइ. ओपैरिन द्वारा
(d) फॉक्स द्वारा

78. कोएसरवेट, निम्नलिखित वर्ग से सम्बन्धित है
(a) सायनोबैक्टीरिया
(b) प्रोटोजोअन
(c) आणविक पुंज
(d) लिपिड कला द्वारा घिरे हुए आणविक पुंज

79. जन्तुओं के शरीर तरल में लवणों (सोडियम क्लोराइड एवं अन्य) की उपस्थिति से पता चलता है कि जीवन की शुरुआत हुई होगी
(a) लवणों के घोल में
(b) वर्षा के जल में
(c) आदि सागर में
(d) उपरोक्त में से कोई नहीं

80. निम्नलिखित में से कौन-सी/से सन्तति के आनुवंशिक पदार्थ में विभिन्नता का/के कारण है/है?

I. लैंगिक जनन

II. अलैंगिक जनन

III. उत्परिवर्तन

IV. पश्चजात परिवर्तन

नीचे दिए गए कूट का प्रयोग करके सही उत्तर चुनिए

(a) केवल II (b) I, II एवं III

(c) I, III एवं IV (d) I, एवं III

81. निम्न में से कौन-सा सिद्धान्त डी व्रीज द्वारा दिया गया है?

(a) प्राकृतिक वरण का सिद्धान्त

(b) पृथक्करण का नियम

(c) उत्परिवर्तन का सिद्धान्त

(d) प्रभाविता का नियम

82. निम्न में से मानव के विकास के चरणों का सही अनुक्रम है

(a) *केन्यापिथेकस > ऑस्ट्रेलोपिथेकस > होमो हैबिलिस > पिथेकेन्थ्रोपस > होमो सेपिअन्स*

(b) *केन्यापिथेकस > ऑस्ट्रेलोपिथेकस > पिथेकेन्थ्रोपस > होमो हैबिलिस > होमो सेपिअन्स*

(c) *ऑस्ट्रेलोपिथेकस > केन्यापिथेकस > होमो हैबिलिस > पिथेकेन्थ्रोपस > होमो सेपिअन्स*

(d) *पिथेकेन्थ्रोपस > ऑस्ट्रेलोपिथेकस > केन्यापिथेकस > होमो हैबिलिस > होमो सेपिअन्स*

उत्तरमाला

1 (b)	2 (b)	3 (b)	4 (d)	5 (a)	6 (d)	7 (d)	8 (d)	9 (b)	10 (c)
11 (b)	12 (b)	13 (a)	14 (a)	15 (b)	16 (b)	17 (a)	18 (c)	19 (a)	20 (b)
21 (a)	22 (d)	23 (a)	24 (b)	25 (c)	26 (d)	27 (b)	28 (b)	29 (d)	30 (b)
31 (d)	32 (b)	33 (d)	34 (a)	35 (b)	36 (a)	37 (d)	38 (c)	39 (c)	40 (a)
41 (c)	42 (a)	43 (b)	44 (c)	45 (b)	46 (d)	47 (d)	48 (d)	49 (d)	50 (b)
51 (c)	52 (a)	53 (c)	54 (b)	55 (c)	56 (d)	57 (b)	58 (b)	59 (c)	60 (c)
61 (b)	62 (c)	63 (c)	64 (a)	65 (a)	66 (d)	67 (b)	68 (b)	69 (b)	70 (b)
71 (c)	72 (a)	73 (d)	74 (c)	75 (c)	76 (a)	77 (c)	78 (d)	79 (c)	80 (d)
81 (c)	82 (a)								

अध्याय

07

हम बीमार क्यों होते हैं?

(Why Do We Fall Ill?)

विश्व स्वास्थ्य संगठन (World Health Organisation) की परिभाषा के अनुसार स्वास्थ्य को शारीरिक, मानसिक और सामाजिक इन तीन आयामों के आधार पर निर्धारित किया जाता है। शरीर की वह अवस्था, जिसमें शरीर शारीरिक, मानसिक एवं सामाजिक रूप से पूर्णतया सही हो, स्वास्थ्य (Health) कहलाती है।

रोग (Diseases)

रोग वह अवस्था है, जब शरीर या इसके किसी भाग की सामान्य प्रक्रियाओं में कोई अवरोध उत्पन्न हो जाता है। कुपोषण, आनुवंशिक-अव्यवस्था, संक्रमण होने या अन्य किसी कारणवश शरीर के दैहिक, क्रियात्मक या मानसिक दशा में विकार उत्पन्न होने की अवस्था को रोग कहते हैं।

मानव रोगों के प्रकार

मनुष्य में पाए जाने वाले समस्त रोगों को दो वर्गों में रखा जा सकता है

1. जन्मजात रोग

जो रोग जन्म से ही प्रारम्भ होते हैं, उन्हें जन्मजात रोग कहते हैं। ये आनुवंशिक-अव्यवस्था के कारण पीढ़ी-दर-पीढ़ी वंशागत होते हैं; जैसे—दात्र-कोशिका अरक्तता, हीमोफीलिया, विभिन्न अंगों के विकास में विकार, आदि जन्मजात रोग हैं।

2. उपार्जित रोग

ये जन्म के बाद उत्पन्न होते हैं, जो निम्नलिखित प्रकार से हो सकते हैं

(i) **संक्रामक या संचरणीय रोग** (Infectious or Communicable Diseases) ये रोग विभिन्न जीवधारियों, जैसे—जीवाणु, विषाणु, कवक, प्रोटोजोआ तथा कृमियों द्वारा फैलते हैं। रोग उत्पन्न करने वाले जीव को रोगजनक (Pathogen) कहा जाता है।

उदाहरण—फ्लू, मलेरिया, क्षय, गोनोरिया, सिफिलिस, एड्स, आदि। ये रोग एक व्यक्ति से दूसरे व्यक्ति को होता है।

(ii) **असंक्रामक रोग** (Non-infectious or Non-communicable Diseases) ये रोग एक व्यक्ति से दूसरे व्यक्ति को नहीं होते। ये निम्न प्रकार के होते हैं

(a) **एलर्जी** (Allergy) यह बाह्य पदार्थों; जैसे—धूल, परागकण, रेशम, नायलॉन, रासायनिक पदार्थों व कभी-कभी खाद्य पदार्थों से होती है। **उदाहरण**—छींक, खुजली का होना, आदि।

(b) **कुपोषण सम्बन्धी** (Nutritional Deficiencies) ये पोषक तत्वों की कमी के कारण होते हैं।
उदाहरण—मैरैस्मस, क्वाशियोकॉर, आदि प्रोटीन की कमी से होते हैं।

(c) **अपह्रासित रोग** (Degenerated Diseases) ये रोग किसी अंग; जैसे—फेफड़े, हृदय, यकृत, वृक्क, आदि के ठीक प्रकार से कार्य न करने के कारण होते हैं। **उदाहरण**—कोरोनरी आर्टिस्क्लेरोसिस, आदि।

(d) **कैंसर** (Cancer) यह शरीर के किसी भी भाग में अविभेदित कोशिकाओं के ट्यूमर के रूप में विकसित होता है;
उदाहरण—मुख का कैंसर, यकृत का कैंसर, गर्भाशय का कैंसर तथा फेफड़े का कैंसर, आदि।

(e) **मानसिक रोग** (Mental Diseases) तन्त्रिका तन्त्र में विकृति से मानसिक रोग होते हैं; जैसे—डिप्रेशन, हिस्टीरिया, आत्महत्या की प्रवृत्ति, तनाव, आदि मानसिक रोग के कारण हैं।

(f) **औद्योगिक प्रदूषण सम्बन्धी रोग** (Diseases Related to Industrial Pollution)फैक्ट्रियों एवं वाहनों, आदि से उत्पन्न होने वाले प्रदूषण से मनुष्य में साँस एवं चर्म सम्बन्धी कई रोग उत्पन्न होते हैं। मनुष्य में होने वाले रोगों में अधिकांश संक्रमण से होते हैं।

संक्रामक रोग एवं रोगाणु

अधिकांश रोग विभिन्न प्रकार के रोगाणुओं; जैसे–विषाणु, जीवाणु, कवक, प्रोटोजोअन्स तथा परजीवियों, आदि के द्वारा होते हैं। इनको रोगजनक कहते हैं। सर्वप्रथम **लुईस पाश्चर, रॉबर्ट कोच,** आदि ने सन् 1876 में रोगों का रोगाणु सिद्धान्त प्रतिपादित किया। कोच ने एन्थ्रैक्स रोग से मरने वाले पशुओं के शरीर में श्लाका समान जीवाणुओं को देखा तथा यह निष्कर्ष निकाला कि एन्थ्रैक्स रोग का कारण ये जीवाणु ही हैं।

उन्होंने रोगाणुओं के विषय में निम्नलिखित तथ्य प्रस्तुत किए

(i) रोग से ग्रस्त सभी जन्तुओं में किसी रोग के रोगाणु होने चाहिए।

(ii) रोगग्रस्त जन्तु के शरीर से रोगाणुओं को पृथक् पर कृत्रिम संवर्धन माध्यम में उनकी वृद्धि सम्भव होनी चाहिए।

(iii) संवर्धित माध्यम से लेकर रोगाणुओं को स्वस्थ जन्तु के शरीर में प्रवेश कराने पर उसमें भी वही रोग प्रकट होना चाहिए।

(iv) नए रोगी जन्तु के शरीर में भी वही रोगाणु होने चाहिए।

संक्रमण के वाहक

वाहक प्रत्येक रोगाणु का भण्डारगृह (Reservoir) होता है, जहाँ वह सामान्य रूप से रहता है और उसमें रोग उत्पन्न नहीं करता, परन्तु ये रोगाणु के वाहक का कार्य करते हैं। मृदा, वायु, जल, जीव यहाँ तक कि स्वयं मानव भी रोगाणु का भण्डारगृह अथवा वाहक (Carrier) हो सकता है। संक्रामक रोग निम्नलिखित अनेक विधियों से स्वस्थ मनुष्य में प्रेषित होते हैं

प्रत्यक्ष प्रेषण

- सम्पर्क से संक्रमित व्यक्ति का स्वस्थ व्यक्ति के सम्पर्क में आने से।
- छींकने, खासने, थूकने तथा वार्तालाप द्वारा।
- जन्तु के काटने या सम्पर्क से।
- मिट्टी के सम्पर्क से।
- गर्भस्थ शिशु को माता द्वारा।

अप्रत्यक्ष प्रेषण

- वाहक द्वारा अर्थात् कीट या किसी अन्य जन्तुओं द्वारा।
- प्रदूषित पदार्थों द्वारा कपड़े, बर्तन, शल्य, चिकित्सा, औजार, आदि द्वारा।
- प्रदूषित पेय एवं खाद्य पदार्थों द्वारा।
- गन्दे हाथों द्वारा भोजन ग्रहण करने से।

सारणी 1. रोग वाहक कीट

रोग	वाहक कीट
मलेरिया	*एनॉफिलिज*
पीत ज्वर या डेंगू	*एडीज*
हाथी पाँव	*क्यूलेक्स*
अफ्रीकन निद्रा रोग	सी-सी मक्खी
प्लेग	पिस्सू
काला-अजार	सैण्ड फ्लाई
रिलेपसिंग बुखार	खटमल
टाइफॉइड, डायरिया एवं हैजा	घरेलू मक्खी
ट्रेन्च ज्वर	जूँ

विभिन्न संक्रामक रोग

विभिन्न रोग निम्नलिखित पाँच प्रकार के रोगजनकों द्वारा संक्रमित होते हैं

1. **जीवाणु** जीवाणुजन्य रोग विशेष जीवाणुओं द्वारा होते हैं। उदाहरण—डिफ्थीरिया, क्षयरोग, आदि।
2. **प्रोटोजोआ** ये अकोशिकीय प्राणी हैं। उदाहरण—पेचिश, मलेरिया।
3. **विषाणु** विषाणु जन्य रोग विषाणुओं द्वारा होते हैं। ये जीवाणु से भी सूक्ष्म जीव होते हैं। उदाहरण—चेचक, खसरा, आदि।
4. **कवक** ये रोगाणु चर्म रोग उत्पन्न करते हैं। उदाहरण—दाद, खाज, आदि।
5. **कृमियों** इनकें द्वारा मनुष्यों के शरीर में रोग उत्पन्न होते हैं। उदाहरण—फाइलेरिएसिस, टीनिएसिस, आदि।

सारणी 2. प्रमुख प्रोटोजोअन्स जन्य मानव रोग

रोग	रोगाणु	संक्रमण की विधि	लक्षण
अमीबियता	*एण्टअमीबा हिस्टोलिटिका*	सन्दूषित जल व भोजन द्वारा	दस्त, कभी-कभी रुधिर भी साथ तथा पेट में दर्द।
मलेरिया	*प्लाज्मोडियम* की जातियाँ	संक्रमित मादा *एनॉफिलीज* मच्छर के काटने से	सर्दी व कँपकपी के साथ निश्चित समय पर ज्वर चढ़ना एवं लाल रुधिराणुओं का विनाश।
अफ्रीकन निद्रा रोग या गैम्बियन ज्वर	*ट्रिपैनोसोमा गैम्बिएन्स*	*ग्लॉसीना पैल्पेलिस* या सी-सी मक्खी के काटने से	निद्रा आती है, केन्द्रीय तन्त्रिका तन्त्र प्रभावित होता है तथा अन्त में मृत्यु।
चागा रोग काला-अजार	*ट्रि. क्रूजी,* *लीशमानिया डोनोवनी*	*ग्लॉसीना पैल्पेलिस* के काटने से *फ्लीबोटेमस* या बालू मक्खी के काटने से	परिवहन तन्त्र प्रभावित होता है। तेज पर यकृत व प्लीहा में वृद्धि।
प्राच्य दाह	*ली. ट्रॉपिका*	*फ्लीबोटेमस* के काटने से	त्वचा, नाक व कान में घाव बन सकते हैं।
अतिसार	*जियार्डिया*	सन्दूषित जल व भोजन	दस्त व वमन।
ल्यूकोरिया	*ट्राइकोमोनास वैजीनेलिस*	लैंगिक सम्बन्ध	योनि से गाढ़ा, बदबूदार, चिपचिपा स्राव निकलता है।

सारणी 3. प्रमुख जीवाणु जन्य मानव रोग

रोग	रोगाणु	संक्रमण की विधि	प्रमुख लक्षण
तपेदिक (TB) या यक्ष्मा	*माइकोबैक्टीरियम ट्यूबरकुलोसिस*	वायु द्वारा तथा सीधे सम्पर्क द्वारा	फेफड़े, अस्थियाँ या शरीर के किसी भी भाग को प्रभावित कर सकती है। ज्वर, खाँसी, बलगम में रुधिर, भार में कमी।
डिफ्थीरिया	*कॉर्नीबैक्टीरियम डिफ्थीरी*	वायु द्वारा	ज्वर, गला खराब, गले में एक सख्त झिल्ली बन जाती है, जो श्वसन मार्ग को अवरुद्ध कर देती है। यदि समय पर उपचार न हो, तो मृत्यु भी हो सकती है।
काली खाँसी	*बैसिलस परट्यूसिस*	वायु द्वारा तथा सीधे सम्पर्क द्वारा	हूपिंग की ध्वनि के साथ खाँसी।
हैजा	*विब्रिओ कॉलेरी*	सन्दूषित भोजन व पानी द्वारा	अचानक तेज व जल के समान दस्त होते हैं, उल्टी, शरीर का निर्जलीकरण तथा पेशियों में दर्द।
टिटैनस	*क्लॉस्ट्रीडियम टिटेनी*	जख्मों द्वारा या जंग लगे ब्लेड या कैंची या कील द्वारा	ऐच्छिक पेशियों का संकुचन तथा जबड़ा अटक जाता है।
कोढ़	*माइकोबैक्टीरियम लेप्री*	संक्रमित व्यक्ति के लगातार सम्पर्क से	शरीर पर घाव, गाँठें, अँगुलियाँ तथा नाक गल जाती हैं।
न्यूमोनिया	*स्ट्रेप्टोकोकस न्यूमोनी*	वायु द्वारा	श्वसन तन्त्र प्रभावित तथा उच्च ज्वर।

रोग	रोगाणु	संक्रमण की विधि	प्रमुख लक्षण
पीलिया	*लैप्टोस्पाइरा इसीटेरोहैरेगी*	सन्दूषित जल द्वारा	यकृत का कार्य रुक जाता है तथा रुधिर व ऊतकों में पित्त रंगा एकत्रित हो जाती है।
टाइफॉइड	*साल्मोनेला टाइफी*	सन्दूषित जल व भोजन द्वारा	उच्च ज्वर तथा आँत में पाचन प्रभावित।
प्लेग	*पाश्चूरेला पेस्टिस* या *यर्सिनिया पेस्टिस*	चूहे के पिस्सू द्वारा	उच्च ज्वर, वमन, अतिसार, लसिका ग्रन्थियों की सूजन तथा मृत्यु हो सकती है।
अतिसार	*शिजेला* जातियाँ, *साल्मोनेला* जातियाँ एवं *इस्चेरिचिया कोलाई*	सन्दूषित जल या भोजन या सीधे सम्पर्क द्वारा	मल के साथ रुधिर व श्लेष्म, तेज अतिसार, निर्जलीकरण तथा मन्द अतिसार।
सिफिलिस	*ट्रिपोनेमा पैलिडम*	लैंगिक सम्बन्ध द्वारा	ज्वर तथा जनन अंगों पर घाव।
सुजाक या गोनोरिया	*नीसेरिया गोनोरी*	लैंगिक सम्बन्ध द्वारा	रुधिर तथा जनन अंगों पर प्रभाव।

सारणी 4. प्रमुख विषाणु जन्य मानव रोग

रोग	रोगाणु	संक्रमण की विधि	प्रमुख लक्षण
इन्फ्लुएन्जा	*ऑर्थोमिक्सो* विषाणु RNA विषाणु	वायु द्वारा–थूक, छींक एवं खाँसने से	ज्वर, छींक, पेशियों में दर्द
छोटी चेचक	*वैरीसेला हर्पीज,* DNA विषाणु	वायु द्वारा–थूक, छींक, खाँसी से तथा दानों की पपड़ी से	ज्वर, शरीर पर ओस की बूँद के समान दाने निकल आते हैं।
कनफड़े	*पैरामिक्सो* विषाणु RNA विषाणु	वायु द्वारा	पैरोटिड ग्रन्थि फूल जाती हैं, गर्दन में दर्द व सूजन। इससे नर बन्ध्य हो सकते हैं।
खसरा या रूबीओला	*पैरामिक्सो* विषाणु RNA विषाणु	वायु द्वारा तथा दानों की पपड़ी	उच्च ज्वर, नाक बहना, शरीर पर महीन दाने।
जर्मन खसरा या रुबैला	*टोगा* विषाणु RNA विषाणु	वायु द्वारा	शरीर पर दाने, गर्भवती स्त्री की गर्भस्थ सन्तान का मस्तिष्क विकसित नहीं हो पाता तथा बहरापन हो जाता है।
रेबीज	*रहैब्डो* विषाणु RNA विषाणु	पागल कुत्ते के काटने से	पानी से डर लगने लगता है, ज्वर तथा अन्त में मृत्यु हो जाती है।
पोलियोमाइ-लिटिस	*एण्ट्रो* विषाणु RNA विषाणु	खाने या गन्दे पानी द्वारा	मेरुरज्जू के पृष्ठ हॉर्न की तन्त्रिका कोशिकाओं को प्रभावित करता है, जिस कारण पेशियाँ निष्क्रिय हो जाती हैं (सामान्यतया पैरों की)।
डेंगू ज्वर	*फ्लेवी विषाणु*	*एडीज* मच्छर के काटने से	तीव्र ज्वर, तीव्र सिर दर्द, आँखों, पेशियों व जोड़ों में दर्द, भूख का ह्रास, उल्टी, जी मिचलाना, आदि।
पीत ज्वर	*आर्बो* विषाणु	*क्यूलेक्स* या *एडीज* मच्छर के काटने से	सिर दर्द, ज्वर, त्वचा का पीला रंग, वृक्क, प्लीहा, यकृत की शिराओं का फटना, आदि।
एड्स	एच.आई.वी. (HIV) RNA विषाणु, जो रिट्रो विषाणु है	लैंगिक सम्बन्धों से, संक्रमित रुधिर चढ़ाने से या संक्रमित सुई से इन्जेक्शन लगाने से	लसिका ग्रन्थियाँ सूज जाती हैं, ज्वर, अतिसार, भार में कमी, अन्त में मृत्यु।

सारणी 5. प्रमुख हेल्मिन्थ जन्य रोग

रोग	परजीवी	वयस्क का रहने का स्थान	संक्रमण	प्रमुख लक्षण
ऐस्कैरिएसिस	*ऐस्कैरिस लुम्ब्रीकॉएडिस*	छोटी आँत	अण्डों से सन्दूषित जल या सब्जी द्वारा	न्यूमोनिया, उदर में दर्द, रक्ताल्पता एवं ब्रोंकाइटिस।
एन्काइलोस्टोमिएसिस	*एन्काइलोस्टोमा ड्यूडीनेल*	छोटी आँत	लार्वा द्वारा त्वचा श्लेष्म कला भेदकर	आँत द्वारा रुधिर स स्रावण एवं रक्ताल्पता त्वचा की सूजन।
ड्रेकनकुलेएसिस या गिनीकृमि रोग	*ड्रेकनकुलस मेडीनेन्सिस*	त्वचा के नीचे	*साइक्लोप्स* खाने से	त्वचा के घाव तथा फफोले।
एन्टेरोबिएसिस	*एन्टेरोबिअस वर्मीकुलेरिस*	सीकम, कोलन या पेरीनियम के बाहर	अण्डों से सन्दूषित जल या भोजन द्वारा	गुदा के पास वाले भाग में जलन व खुजली।
लोएसिस (कन्जक्टीवाएटिस)	*लोआ लोआ*	संयोजी ऊतक	क्राइसोप्स मक्खी के काटने या सन्दूषित जल द्वारा	उपत्वचा में सूजन तथा आँख के ऊतक में ग्रेन्यूलोमा।
ऑंकोसरकाएसिस	*ऑंकोसेरिया वाल्वोलस*	त्वचा के नीचे या गाँठों में	काली मक्खी-सिमूलियम के काटने से	डर्मेटाइटिस, कीरेटाइटिस तथा अन्धापन।
स्ट्रांगाइलोएसिस	*स्ट्रांगाइलोएसिस स्टरकार्डिस*	पूर्ण आँत	लार्वा त्वचा भेद कर	घाव वाली या एट्रोफिक एन्ट्राइटिस।
ट्राइक्यूरिएसिस	*ट्राइक्यूरिस ट्राइक्यूरा*	कोलन	अण्डों द्वारा	कोलाइटिस, रक्ताल्पता तथा दस्त।
ट्राइकाइनेलिएसिस	*ट्राइकाइनेला स्पाइरेलिस*	छोटी आँत	अधपका माँस खाने से	दस्त, जी मिचलाना तथा उदर शूल।
सिस्टोसोमिएसिस	*सिस्टोसोमा हीमेटोबियम*	रुधिर वाहिनियाँ	लार्वा त्वचा भेद कर	खुजली, रैश, इसनोफिलिया तथा दर्द।
फाइलेरिएसिस या फीलपाव	*वुचेरेरिया बैंक्रॉफ्टाई*	लसिका वाहिनियाँ	मच्छर (*क्यूलेक्स*) के काटने से	पैरों का, उदर तथा जनन अंगों का फूल जाना।

कवक जन्य रोग

मानव सम्बन्धित प्रमुख कवक जनित रोग इस प्रकार हैं

दाद Ringworm

यह रोग एक कवक *माइक्रोस्पोरम* के द्वारा उत्पन्न होता है। यह बिना नहाई हुई बिल्लियों, कुत्तों तथा संक्रमित मनुष्यों से फैलता है। इसमें दाने निकलते हैं, जो बाद में लाल तथा भंगुर हो जाते हैं। इसकी रोकथाम के लिए उपयुक्त सफाई तथा स्वास्थ्य पर ध्यान देना चाहिए।

कुछ अन्य कवकीय रोग निम्नलिखित हैं

एस्पर्जिलोसिस (*एस्पर्जिलस फ्यूमिगेट्स*), मैनिनजाइटिस (*क्रिप्टोकोकस नियोफॉरमेन्स*), दाढ़ी तथा बालों के चर्मरोग (*ट्राइकोफाइटॉन वेरुकोसम*)।

कैंसर

- यह कोशिकाओं का रोग (Disease of cells) कहलाता है।
- कोशिकाओं के अनियमित व अनियन्त्रित विभाजन द्वारा कैंसर उत्पन्न होता है।
- इस अनियन्त्रित विभाजन द्वारा ट्यूमर का निर्माण हो जाता है। इसमें प्रारम्भिक अवस्था में दर्द भी नहीं होता है।
- कभी-कभी कैंसर कोशिकाएँ रुधिर प्रवाह द्वारा एक स्थान से दूसरे स्थान पर चली जाती हैं व द्वितीयक संक्रमण उत्पन्न करती हैं।
- कैंसर का अध्ययन विज्ञान की शाखा ऑन्कोलॉजी (Oncology) के अन्तर्गत किया जाता है।

कैंसर कोशिकाओं के लक्षण

- इसका केन्द्रक अत्यधिक बड़ा होता है।
- केन्द्रिका अत्यधिक मोटी हो जाती है व राइबोसोम आपस में जुड़कर पॉलिराइबोसोम का निर्माण करते हैं।
- इनमें गॉल्जीकाय ह्रासित (Reduced) हो जाती है।
- प्लाज्मा झिल्ली अनियमित हो जाती है।
- माइटोकॉण्ड्रिया फूल जाते हैं।

कैंसर के प्रकार

- **ल्यूकेमिया** रुधिर कोशिकाओं का कैंसर।
- **कार्सिनोमा** एपिथिलियल कोशिकाओं का कैंसर।
- **लिम्फोमा** लिम्फोसाइट्स का कैंसर।
- **सारकोमा** संयोजी ऊतक का कैंसर।
- **लिपोमा** एडिपोस ऊतक का कैंसर।

प्रतिरक्षा (Immunity)

किसी विशिष्ट रोगाणुओं के प्रति प्रतिरोध (Resistance) प्राप्त करना प्रतिरक्षा कहलाता है। किसी विशेष रोग के लिए शरीर सुरक्षा तन्त्र का विकास करता है अर्थात् प्रत्येक रोग के लिए पृथक् सुरक्षा तन्त्र विकसित होता है। ये सुरक्षा तन्त्र ही प्रतिरक्षी क्रियाएँ करते हैं। जन्तुओं के इस गुण को प्रतिरक्षा कहते हैं तथा जो अंग प्रतिरक्षा में भाग लेते हैं, वे **प्रतिरक्षा तन्त्र** का निर्माण करते हैं।

जीव विज्ञान की वह शाखा, जो प्रतिरक्षी प्रतिक्रियाओं से सम्बन्धित है उसे **प्रतिरक्षा विज्ञान या इम्यूनोलॉजी** (Immunology) कहते हैं। **वॉन बेहरिंग** (Von Behring) को **प्रतिरक्षा विज्ञान का जनक** माना जाता है।

सारणी 9. प्रतिरक्षा के प्रकार एवं वितरण

प्रकार	परिभाषा	उदाहरण
सहज प्रतिरक्षा	जन्मजात (Inborn) प्रतिरक्षा को सहज प्रतिरक्षा कहते हैं।	शरीर को फेगोसाइट्स द्वारा प्राप्त रक्षा, लाइसोजाइम द्वारा प्राप्त रक्षा।
प्राकृतिक रूप से निष्क्रिय प्रतिरक्षा	जब प्राकृतिक रूप से एक व्यक्ति से दूसरे व्यक्ति को प्रतिरक्षियों (Antibodies) का स्थानान्तरण होता है, तो इसे प्राकृतिक रूप से अर्जित निष्क्रिय प्रतिरक्षा कहते हैं।	माँ के शरीर में उत्पन्न प्रतिरक्षियों का प्लेसेन्टा द्वारा भ्रूण को स्थानान्तण।
प्राकृतिक रूप से अर्जित सक्रिय प्रतिरक्षा	एक बार रोगाणुओं के संक्रमण से प्राणियों के शरीर में उन रोगाणुओं के विरुद्ध प्रतिरक्षियों (Antiboides) का निर्माण होना।	खसरा, कुक्कुट, चेचक, पीत ज्वर व चेचक से जीवन पर्यन्त के लिए प्रतिरक्षा का प्राप्त होना।
कृत्रिम रूप से अर्जित निष्क्रिय प्रतिरक्षा	ऐसी वैक्सीन, जो शरीर में जाकर प्रतिरक्षी उत्पन्न करें।	–
कृत्रिम रूप से अर्जित सक्रिय प्रतिरक्षा	इसमें व्यक्ति को बाहर से सीधे प्रतिरक्षी दिए जाते हैं। इनसे तुरन्त प्रतिरक्षा प्राप्त होती है।	टिटैनस एन्टीटॉक्सिन वैक्सीन।

शरीर में दो प्रकार के प्रतिरक्षा तन्त्र पाए जाते हैं

कोशिका मध्यस्थता प्रतिरक्षा या T-कोशिका प्रतिरक्षा

कोशिका मध्यस्थता प्रतिरक्षा का प्रथम प्रेक्षण **जेनर** (Jenner) द्वारा किया गया।

CMI के लिए T-लिम्फोसाइट्स, मोनोसाइट्स व वृहत्भक्षकाणु Macrophages जिम्मेदार हैं। जीवाणु, विषाणु या कवक के प्रभाव से T-लिम्फोसाइट्स सक्रिय होकर विभाजन करने लगती हैं। इससे T-लिम्फोसाइट्स का एक पुन्जक (Clone) बन जाता है। इस पुन्जक में से कुछ T-लिम्फोसाइट्स विभेदित होकर कोशिका विष T-लिम्फोसाइट्स या सहायक T-लिम्फोसाइट्स में विभेदित हो जाती हैं।

कुछ विभेदन द्वारा स्मृति T-लिम्फोसाइट्स में विभेदित हो जाती हैं। यह कोशिका विष T-लिम्फोसाइट्स रोगजनक को नष्ट कर देती है। T-लिम्फोसाइट्स द्वारा लिम्फोकाइन्स का स्रावण भी होता है, जो वृहत्भक्षकाणुओं को संक्रमित क्षेत्र की ओर आकर्षित करता है।

ह्यूमोरल प्रतिरक्षा या B-कोशिका प्रतिरक्षा या प्रतिरक्षी मध्यस्थता

इस प्रतिरक्षा का प्रेक्षण **ग्लिक** व **चेंग** द्वारा किया गया। HMI (Humoral Mediated Immunity)B-लिम्फोसाइट्स द्वारा प्राप्त होती है।

प्रतिजन के प्रभाव से B-लिम्फोसाइट्स आकार में बड़ी होकर समसूत्री विभाजन करती हैं। इससे B-लिम्फोसाइट्स का एक पुन्जक तैयार हो जाता है। इस पुन्जक में से कुछ B-लिम्फोसाइट्स प्लाज्मा कोशिकाओं में विभेदित हो जाते हैं। प्लाज्मा कोशिकाओं द्वारा विशिष्ट प्रतिरक्षियों (Antibodies) का स्रावण किया जाता है। प्रतिरक्षा प्रतिजन क्रिया द्वारा एन्टीजन (रोगजनक) नष्ट कर दिया जाता है।

कुछ B-लिम्फोसाइट्स स्मृति कोशिकाओं में विभेदित हो जाती हैं जिनका उपयोग भविष्य में इसी रोगजनक के प्रवेश पर पुन: होता है।

लिम्फोसाइट्स की उत्पत्ति अस्थि मज्जा में रक्तोत्पादक स्तम्भ कोशिकाओं द्वारा होती है, जो थाइमस से गुजरती हैं, T-लिम्फोसाइट्स कहलाती हैं व जो बुर्सा से गुजरती हैं वह B-लिम्फोसाइट्स कहलाती हैं।

इस दौरान सहायक T-लिम्फोसाइट्स भी B- लिम्फोसाइट्स के संक्रमण में सहायता करती हैं। इस दौरान, सहायक T-लिम्फोसाइट्स द्वारा लिम्फोकाइम का स्रावण होता है, जो B-लिम्फोसाइट्स के सक्रियण के लिए आवश्यक है।

प्रतिरक्षी

प्रतिजन के प्रभाव से उत्पन्न होने वाले प्रोटीन द्वारा निर्मित पदार्थों को प्रतिरक्षी कहते हैं। WHO ने प्रतिरक्षी को इम्यूनोग्लोब्यूलिन (Immunoglobulin) नाम दिया।

इम्यूनोग्लोब्यूलिन को पाँच श्रेणियों में वर्गीकृत किया गया है

(i) इम्यूनोग्लोब्यूलिन (IgG) (ii) इम्यूनोग्लोब्यूलिन (IgA)
(iii) इम्यूनोग्लोब्यूलिन (IgM) (iv) इम्यूनोग्लोब्यूलिन (IgD)
(v) इम्यूनोग्लोब्यूलिन (IgE)

सारणी 10. विभिन्न इम्यूनोग्लोब्यूलिन वर्गों के कार्य

इम्यूनो-ग्लोब्यूलिन वर्ग	उपस्थिति	कार्य
lgA	दुग्ध, लार, आँसू श्वसनी एवं आँत्रीय स्रावण	निःश्वास तथा अन्तर्ग्रहित रोगाणुओं से सुरक्षा
lgD	B-कोशिकाओं की सतह	लसिकाणु की सतहों पर ग्राही के रूप में
		उपस्थित, B-कोशिकाओं की सक्रियता
lgE	मास्ट कोशिकाओं और बैसोफिल्स की सतह	प्रत्यूर्जता प्रतिवेदन में मध्यस्थता
lgG	माता से भ्रूण में जाने वाले रुधिर में	भक्षकाणुओं का उद्दीपन तथा गर्भ में पूरक तन्त्र की निष्क्रिय प्रतिरक्षण
IgM	रुधिर और B-कोशिकाओं की सतह	B-कोशिकाओं की सक्रियता

स्वप्रतिरक्षण

कभी-कभी शरीर का प्रतिरक्षी तन्त्र स्वयं अपने शरीर के विरुद्ध ही कार्य करने लगता है। इसे स्वप्रतिरक्षण कहते हैं। जब शरीर स्वयं की RBC नष्ट करने लगता है, तो क्रोनिक रक्ताल्पता हो जाती है। पेशियों को नष्ट करने से मायोस्थीनिया ग्रेविस हो जाता है। स्वयं यकृत की कोशिकाओं को नष्ट कर देने से क्रॉनिक हेपैटाइटिस (Chronic hepatitis) हो जाता है।

एलर्जी

कुछ व्यक्ति किसी पदार्थ विशेष के प्रति संवेदनशील होते हैं। इस संवेदनशीलता को एलर्जी कहते हैं। एलर्जी उत्पन्न करने वाले पदार्थों को एलर्जन कहते हैं। अधिकांश एलर्जन प्रोटीन द्वारा निर्मित होते हैं। कुछ व्यक्तियों को धूल के कण, परागकण, कार्बनकण, आदि से एलर्जी होती है। एलर्जी के दौरान मास्ट कोशिकाओं द्वारा हिस्टामीन का स्रावण होता है। एलर्जी से बचाव हेतु एन्टीहिस्टामीन (Antihistamine) का उपयोग किया जाता है। एवं प्रतिरक्षण

टीकाकरण एवं प्रतिरक्षण

टीकाकरण तथा प्रतिरक्षण का सिद्धान्त प्रतिरक्षी तन्त्र के याद्दाश्त के ऊपर आधारित है। टीकाकरण में रोगाणुओं के या असक्रिय कमजोर रोगाणुओं के प्रतिजन प्रोटीन को तैयार कर शरीर में प्रवेश कराया जाता है। ये प्रतिजन प्राथमिक प्रतिरक्षी तथा मैमोरी B तथा T-कोशिकाओं को उत्पादित करते हैं। जब टीकायुक्त व्यक्ति उसी रोगाणु से संक्रमित होता है, तो उपस्थित मैमोरी T या B-कोशिकाएँ प्रतिजन को तेजी से पहचान लेती हैं तथा आक्रमणकारी को अत्यधिक लसिकाणुओं तथा प्रतिरक्षियों से घेर लेती हैं। टीकाकरण की खोज **एडवर्ड जेनर** (Edward Jeener) ने की थी। इन्होंने चेचक के टीके की खोज की थी।

टीके के प्रकार

1. **जीवाणुजन्य टीका** यह वैक्सीन अनुग्र या विनाशित जीवाणुओं द्वारा बनाई जाती है। ग्राम ऋणात्मक जीवाणु के प्रति प्रतिरोधकता उत्पन्न करने के लिए विनाशित जीवाणुजन्य का उपयोग किया जाता है। काली खाँसी, टाइफॉइड, पैराटाइफॉइड व प्लेग के वैक्सीन विनाशित जीवाणुजन्य है।
2. **आविष व आविषाभ** (Toxins and Toxicoids) जीवाणुओं की उपापचय क्रियाओं द्वारा आविष या टॉक्सिन का निर्माण होता है। विष का सीधा प्रयोग सम्भव नहीं है, क्योंकि यह अत्यधिक हानिकारक हो सकते हैं। उपयोग करने से पहले इन्हें फॉर्मेल्डिहाइड द्वारा उपचारित किया जाता है। इस उपचार से आविष की विषाक्तता तो समाप्त हो जाती है, लेकिन उसकी प्रतिजनता प्रभावित नहीं होती है। इस निष्क्रिय आविष को आविषाभ कहते हैं। **उदाहरण**—टिटैनस या डिफ्थीरिया के आविषाभ।
3. **रिकेट्स टीके** (Rickettisae Vaccines) इस टीके में *रिकेट्सी* सूक्ष्मजीव पाए जाते हैं। *रिकेट्सी* को सामान्यतया चूजे के पीतक कोश पर सम्वर्धित किया जाता है। इन्हें अब फॉर्मेल्डिहाइड द्वारा विनाशित कर दिया जाता है।
4. **वायरल टीके** (Viral Vaccines) जीवित या निर्जीव विषाणु द्वारा निर्मित टीके को विषाणु वैक्सीन कहते हैं। विनाशित (Killed) वायरल वैक्सीन का प्रमुख, **उदाहरण**—इन्फ्लूएन्जा टीके हैं। जीवित वायरल टीके (Living viral vcccine) के प्रमुख **उदाहरण** निम्न हैं—पोलियो वाइरस, लाल खसरा, जर्मन खसरा, पीत ज्वर, छोटी चेचक व गलसुआ।

अभ्यास प्रश्न

1. पैरों तथा पंजों पर अत्यधिक सूजन किस रोग का विशिष्ट लक्षण है?
(a) भोज्य विषाक्तता का (b) एड्स का
(c) हाथीपाँव का (d) मलेरिया का

2. निम्नलिखित में से कौन जीवाणु जनित रोग है?
(a) दाद (b) एड्स
(c) मलेरिया (d) कोढ़

3. डिफ्थीरिया सम्बन्धित है
(a) यकृत से (b) रुधिर से
(c) गले से (d) प्लीहा से

4. वर्णान्धता एक रोग है
(a) आनुवंशिक
(b) जीवाणु जनित
(c) विषाणु जनित
(d) विटामिन-A की अल्पता जनित

5. वृद्धि हॉर्मोन का अत्यधिक स्रावण उत्तरदायी है
(a) मधुमेह (Diabetes) का
(b) दमा (Asthma) का
(c) बौनापन (Dwarfism) का
(d) अतिकायता (Gigantism) का

6. अवटुवामनता (Cretinism) एक रोग है।
(a) जीवाणु जनित (b) विषाणु जनित
(c) हॉर्मोन से सम्बन्धित (d) आनुवंशिक

7. सूची I को सूची II से सुमेलित कीजिए।

सूची I		सूची II	
A.	विशिष्ट ग्राही स्थल	1.	संवेदित B-लिम्फोसाइट द्वारा एक ही प्रकार की अधिक कोशिकाओं का उत्पादन
B.	पूरक तन्त्र	2.	जन्मजात प्रतिरक्षा
C.	इन्टरफेरॉन	3.	B-लिम्फोसाइट
D.	क्लोनीय वरण	4.	रोगाणुओं प्रोटीन का विलेय
		5.	विषाणु प्रोटीन-संश्लेषण अवरुद्धन

कूट

	A	B	C	D
(a)	3	4	1	5
(b)	2	3	4	5
(c)	3	4	5	1
(d)	2	5	1	4

8. डी.पी. टी. (DPT) का प्रयोग किसे रोकने में होता है?
(a) डिफ्थीरिया *(b) परट्यूसिस*
(c) टिटैनस (d) ये सभी

9. दाद (Ringworm) निम्न में से किसके संक्रमण द्वारा होता है?
(a) कवक (b) विषाणु
(c) जीवाणु (d) प्रोटोजोआ

10. बी.सी.जी. (BCG) का प्रयोग किसे रोकने में होता है?
(a) काली खाँसी को (b) कैंसर को
(c) टी.बी. को (d) मधुमेह को

11. हमारे शरीर में प्रतिरोधी तन्त्र (Immune system) का शमन (suppression) किस रोग के द्वारा होता है?
(a) एड्स (AIDS) (b) टी.बी. (T.B.)
(c) कैंसर (Cancer) (d) गठिया (Arthritis)

12. एड्स एक प्रकार का रोग है
(a) जीवाणु जनित (b) विषाणु जनित
(c) कवकीय (d) हॉर्मोन से सम्बन्धित

13. मलेरिया के लिए सबसे अधिक प्रमाणित औषधि है
(a) स्ट्रेप्टोमाइसिन (b) क्यूनीन
(c) पेनिसिलिन (d) इनमें से कोई नहीं

14. निम्न में से कौन-सा विषाणु जनित रोग है?
(a) हैजा (b) टिटैनस
(c) रैबीज (d) इनमें से कोई नहीं

15. निम्नलिखित में से किस रोग को 'शाही रोग' (Royal disease) कहते हैं?
(a) हीमोफीलिया (b) कैंसर
(c) मधुमेह (d) रक्ताल्पता

16. सिलिकोसिस रोग है
(a) हॉर्मोन सम्बन्धी (b) खनन सम्बन्धी
(c) आनुवंशिक (d) इनमें से कोई नहीं

17. मलेरिया परजीवी का नाम है
(a) *प्लाज्मोडियम* (b) *ई. कोलाई*
(c) *अमीबा* (d) *यूग्लीना*

18. सूची I को सूची II से सुमेलित कीजिए।

सूची I		सूची II	
A.	*ट्रिपोनीमा पैलेडियम*	1.	प्लेग
B.	*यार्सिनिया पेस्टिस*	2.	एन्थ्रैक्स
C.	*बैसिलस ऐथ्रेसिस*	3.	सिफिलिस
D.	*विब्रिओ*	4.	कॉलेरा

कूट

	A	B	C	D
(a)	4	3	2	1
(b)	3	1	2	4
(c)	2	3	1	4
(d)	4	3	1	2

19. ल्यूकेमिया (Leukaemia) किसका कैंसर है?
(a) त्वचा (Skin) का (b) रुधिर (Blood) का
(c) स्तन (Nipple) का (d) जिह्वा (Tongue) का

20. 'काली मृत्यु' (Black death) नाम दिया गया है
(a) मलेरिया को (b) हैजा को
(c) कैंसर को (d) प्लेग को

21. *एस्कैरिस (Ascaris)* किसके द्वारा स्थानान्तरित होता है?
(a) घरेलू मक्खी द्वारा
(b) संक्रमित भोजन तथा जल द्वारा
(c) मच्छर द्वारा
(d) सी-सी मक्खी द्वारा

22. चूँहे किसके रोगाणुओं के स्थानान्तरण के लिए जाने जाते हैं?
(a) मलेरिया के
(b) टाइफॉइड के
(c) प्लेग के
(d) रैबीज के

23. टीनिएसिस (Taeniasis) का संक्रमण मुख्यतया किसके द्वारा होता है?
(a) मच्छर
(b) कम पके हुए भोजन
(c) संक्रमित भोजन तथा जल
(d) उपरोक्त में से कोई नहीं

24. काला-आजार किसके द्वारा होता है?
(a) *एस्कैरिस के*
(b) *लीशमैनिया के*
(c) *साल्मोनेला के*
(d) *ट्रिपैनोसोमा के*

25. पोलियो के टीके का निर्माण सर्वप्रथम किसके द्वारा किया गया?
(a) जे. साल्क (b) लुईस पाश्चर
(c) जी. जे. मेण्डल (d) वाटसन

26. मनुष्य में हीमोफीलिया नामक रोग किसके कारण होता है?
(a) लिंग सम्बन्धी अप्रभावी जीन
(b) लिंग सम्बन्धी प्रभावी जीन
(c) स्वजात अप्रभावी जीन
(d) स्वजात प्रभावी जीन

27. सूची I को सूची II से सुमेलित कीजिए।

सूची I		सूची II	
A.	निओप्लाज्म	1.	हिमेटोपायोटिक सेल ट्यूमर
B.	बिनाइन (Benign) ट्यूमर	2.	अस्थि तथा उपास्थि कैंसर
C.	कार्सिनोमा	3.	मेलिग्नेन्ट ट्यूमर
D.	सार्कोमास	4.	उपकला ऊतक कैंसर
E.	लिम्फोमास	5.	कैंसर रहित ट्यूमर
		6.	नए ट्यूमर का प्रारम्भ

कूट

	A	B	C	D	E
(a)	3	5	4	2	1
(b)	6	3	1	4	2
(c)	4	3	1	2	5
(d)	2	5	4	3	6

28. निम्नलिखित में से कौन-सा आनुवंशिक रोग है?
(a) श्वसन शोषण
(b) रतौंधी
(c) अस्थि सुषिरता
(d) हँसियाकार कोशिकीय रक्ताल्पता

29. सूची I को सूची II से सुमेलित कीजिए।

सूची I	सूची II
A. मल्टीपल स्क्लेरोसिस	1. आनुवंशिक
B. एड्स	2. *कोरोना* वाइरस
C. SCID	3. RNA वाइरस
D. सार्स (SARS)	4. स्वयं प्रतिरक्षण
	5. एक्वायर्ड इम्यूनो डेफिसिएन्सी

कूट

	A	B	C	D		A	B	C	D
(a)	4	5	1	2	(b)	2	3	1	5
(c)	2	4	5	3	(d)	2	4	1	5

30. निम्नलिखित में से कौन एक जीवाणु नहीं है?
(a) *इस्चेरिचिया कोलाई* (b) *निसेरिया गोनोरी*
(c) *ट्रिपोनिमा पैलिडम* (d) *वूचेरेरिया बैंक्रोफ्टाई*

31. सूची I को सूची II से सुमेलित कीजिए।

सूची I (कमी)	सूची II (विटामिन)
A. साधारण जुकाम	1. *हीमोफाइस परट्यूसिस*
B. भोज्य विषाक्तता	2. *राइनो विषाणु*
C. काली खाँसी	3. *स्ट्रेप्टोकोकस*
D. गले में पस आना	4. *क्लॉस्ट्रीडियम बॉट्युलिनम*

कूट

	A	B	C	D
(a)	2	4	1	3
(b)	2	4	3	1
(c)	4	2	1	3
(d)	4	2	3	1

32. निम्नलिखित युग्मों पर विचार कीजिए।
I. रॉबर्ट कोच—*एन्थ्रैक्स* जीवाणु
II. एडवर्ड जेनर—चेचक का टीका
III. पाश्चर—रैबीज का टीका
IV. इमिल वान बेहरिंग—निष्क्रिय प्रतिरक्षा
उपरोक्त में से कौन-सा/से युग्म सुमेलित है/हैं?
(a) केवल I (b) II, III और IV
(c) I, II और IV (d) ये सभी

33. विषाणु से होने वाला रोग नहीं है
(a) पोलियो
(b) रैबीज
(c) हीमोफीलिया
(d) एड्स

34. निम्नलिखित में से किस रोग के टीकाकरण/प्रतिरक्षण (Immunisation) द्वारा नहीं रोका जा सकता है?
(a) पोलियो
(b) डिफ्थीरिया
(c) एन्जाइना
(d) तपेदिक

35. एक वर्णान्ध व्यक्ति किन-किन रंगों को पहचानने में असमर्थ होता है?
(a) काला व नीला
(b) हरा व बैंगनी
(c) सफेद व नीला
(d) हरा व लाल

36. एमनिशिया (Amnesia) सम्बन्धित है
(a) निद्रा रोग (Sleeping sickness) से
(b) दृष्टि में कमी से
(c) सुनने में कमी से
(d) स्मृति (Memory) में कमी से

37. सूची I को सूची II से सुमेलित कीजिए।

	सूची I (रोग)	सूची II (रोग जनित अभिकर्ता)
(a)	स्कैबीज	*एण्टअमीबा हिस्टोलिटिका*
(b)	न्यूमोनिया	*स्ट्रेप्टोकोकस जाति*
(c)	फाइलेरिया	*वुचेरेरिया बैन्क्रोफ्टाई*
(d)	मलेरिया	*हीमोफाइलस परट्यूसिस*

38. निम्न में से कौन-सा रोग मच्छर के द्वारा नहीं फैलता?
(a) डेंगू बुखार
(b) चिकनगुनिया
(c) निद्रा रोग
(d) फाईलेरिया

39. वृक्क (Kidney) में पथरी वाले मनुष्य को सलाह दी जाती है, छोड़ने की
(a) नींबू
(b) सिरका
(c) टमाटर
(d) मसूर

उत्तरमाला

1 (c)	2 (d)	3 (c)	4 (a)	5 (d)	6 (c)	7 (c)	8 (d)	9 (a)	10 (c)
11 (a)	12 (b)	13 (b)	14 (c)	15 (a)	16 (b)	17 (a)	18 (b)	19 (b)	20 (d)
21 (b)	22 (c)	23 (b)	24 (b)	25 (a)	26 (a)	27 (a)	28 (d)	29 (a)	30 (d)
31 (a)	32 (d)	33 (c)	34 (c)	35 (d)	36 (d)	37 (c)	38 (c)	39 (c)	

अध्याय

08

प्राकृतिक संसाधनों का संरक्षण

(Conservation of Natural Resources)

वे पदार्थ, जो मानव के लिए उपयोगी हों अथवा जिन्हें उपयोगी उत्पाद में रूपांतरित किया जा सके या जिनका उपयोग किसी उपयोगी वस्तु के निर्माण में किया जा सके, **संसाधन** (Resources) कहलाते हैं। वे संसाधन, जिन्हें प्रकृति से प्राप्त किया जाता है, **प्राकृतिक संसाधन** (Natural Resources) कहलाते हैं। प्राकृतिक संसाधन प्रकृति में हवा, जल, मृदा, खनिज, जंतु तथा पादपों के रूप में संग्रहित होते हैं।

प्राकृतिक संसाधनों को दो श्रेणियों में वर्गीकृत किया जाता है

(i) **अक्षय या नवीकरणीय संसाधन** (Inexhaustible or Renewal Resources) ये प्राकृतिक संसाधन हैं, जो असीमित मात्रा में उपलब्ध होते हैं। इन प्राकृतिक संसाधनों की गुणवत्ता न्यून होती है, लेकिन मात्रा नहीं। इसमें वायु, मृदा, जल, बालू, सौर ऊर्जा, आदि सम्मिलित होते हैं। इनको पुन: प्राप्त किया जा सकता है।

(ii) **क्षयशील या अनवीकरणीय संसाधन** (Exhaustible or Resources) ये प्राकृतिक संसाधन हैं, जिनकी आपूर्ति सीमित होती है एवं यदि इनका उपयोग अधिक व अनियंत्रित मात्रा में किया जाता है, तो इनकी मात्रा में कमी के कारण अंतत: पूरी तरह समाप्त हो जाने की संभावना होती हैं। उदाहरण-खनिज, कोयला, पेट्रोल, जीवाश्म ईंधन, वन, चारागाह, जलीय जीव, आदि। इनको पुन: निर्मित या प्राप्त नहीं किया जा सकता है।

प्राकृतिक संसाधनों का प्रबंधन तथा संरक्षण

पृथ्वी की संपदाएँ या संसाधन सीमित मात्रा में उपलब्ध हैं। मानव जनसंख्या में तीव्र वृद्धि के कारण, संपदाओं या संसाधनों के लिए माँग दिन-प्रतिदिन बढ़ रही है। अत: इनका उचित प्रबंधन सुनिश्चित करता है, कि प्राकृतिक संपदाओं का विवेकपूर्वक उपयोग किया जाए, ताकि वे वर्तमान पीढ़ी की आवश्यकताओं को पूरा करें और आने वाली पीढ़ियों के लिए भी बनी रहें। यह प्राकृतिक संपदाओं का उचित वितरण भी सुनिश्चित करता है, कि इन संपदाओं के वितरण से सभी लोगों को लाभ हो।

वर्तमान में प्राकृतिक संसाधनों के विवेकपूर्ण उपयोग एवं उनके द्वारा उत्पन्न अपशिष्ट के उत्पादन को कम करने हेतु 3R पद्धति का उपयोग किया जाता है। *तीन R अर्थात् Reduce (कम उपयोग करना), Recycle (पुन:चक्रण) तथा Reuse (पुन: उपयोग करना) का पालन करके हम प्राकृतिक संसाधनों का सही प्रबंध कर पर्यावरण को सुरक्षित रख सकते हैं।*

1. कम उपयोग करना

इससे तात्पर्य है, कि कम से कम वस्तुओं का उपयोग करना, क्योंकि हमारे द्वारा उपयोग किए जाने वाले पदार्थ या वस्तुएँ प्रत्यक्ष व अप्रत्यक्ष रूप से प्राकृतिक संसाधनों से प्राप्त होते हैं। जैसे—आवश्यकता न होने पर पंखे एवं बल्ब के स्विच बंद करके विद्युत बचाना, खाद्य सामग्री को बेकार नहीं करना, जल को व्यर्थ नहीं बहाना, आदि।

2. पुन:चक्रण

इसके द्वारा प्लास्टिक, कागज, काँच, धातु, आदि पदार्थों का पुन:चक्रण करके उनका बार-बार उपयोग किया जा सकता है। पुन:चक्रण योग्य पदार्थों को कचरे से पृथक् किया जाता है। इसके पश्चात् शेष कचरे से कार्बनिक कचरे को पृथक् कर इससे खाद (ह्यूमस) तैयार करके इसके पोषक तत्वों का पुन: उपयोग किया जा सकता है, जबकि अकार्बनिक कचरे का उपयोग भराव, आदि के लिए किया जा सकता है।

3. पुन: उपयोग करना

यह पुन: चक्रण से बेहतर साधन है, क्योंकि इसमें ऊर्जा व्यय नहीं होती है एवं वस्तु का बार-बार उपयोग किया जाता है। जैसे—काँच एवं प्लास्टिक के डिब्बों, बोतल, आदि का बार-बार उपयोग किया जा सकता है। जैम तथा आचार की खाली बोतलों, डिब्बों में रसोईघर के सामान का संग्रहण किया जा सकता है।

प्राकृतिक संसाधनों के प्रबंधन की आवश्यकता

हमें हमारे संसाधनों का सावधानीपूर्वक प्रबंधन करना आवश्यक है, क्योंकि

(i) पृथ्वी पर संसाधन सीमित हैं एवं मानव जनसंख्या में तीव्र वृद्धि के कारण, संसाधनों की माँग दिन-प्रतिदिन बढ़ती जा रही है।

(ii) प्राकृतिक संसाधनों का उचित प्रबंधन दीर्घकालिक महत्त्व पर विचार करता है और अल्पकालिक लाभ के लिए उनके शोषण को पूर्णतया रोकता है, ताकि ये अगली पीढ़ी हेतु भी उपलब्ध हो।

(iii) संसाधनों का वितरण कुछ अमीर व शक्तिशाली लोगों के हाथ में न जाकर सभी के लिए समान होना चाहिए, जिससे ये संसाधन सभी लोगों के विकास में लाभ दे सकें।

(iv) संसाधनों के शोधन तथा उपयोग को नियंत्रित कर पर्यावरण को क्षति से बचाया जा सकता है।

संपोषित प्रबंधन

- प्राकृतिक संसाधनों के उपयोग को नियंत्रित एवं नियमित करने वाला वह प्रक्रम या तंत्र या विधि जो पर्यावरण को प्रभावित या असंतुलित किए बिना संसाधनों की अगली पीढ़ियों हेतु सतत् उपलब्धता सुनिश्चित करता है, प्राकृतिक संसाधनों का संपोषित प्रबंधन कहलाता है।
- संसाधनों का इस तरह उपयोग किया जाना चाहिए, कि वर्तमान प्रगति में कोई बाधा भी उत्पन्न न हो एवं इनकी भविष्य में उपलब्धता भी बनी रहे। संसाधनों को इस तरीके से उपयोग करने की आवश्यकता है, जिसका पर्यावरण और विकास की दृष्टि से नियंत्रित उपभोग हो। यदि स्थानीय लोग अपने लाभ के लिए संसाधनों का अत्यधिक दोहन करते हैं, तो आर्थिक और सामाजिक विकास तेजी से होगा, लेकिन पर्यावरण संतुलन बिगड़ जाएगा।

संपोषित विकास की अवधारणा

- विकास की इस प्रक्रिया का उद्देश्य प्राकृतिक तंत्र तथा उसकी उत्पादकताओं को, लंबे समय तक पर्यावरण को कोई हानि पहुँचाए बिना बनाए रखना है।
- वर्तमान मानव पीढ़ी की विवेकपूर्ण आवश्यकताओं की पूर्ति करते हुए आगामी पीढ़ियों की आवश्यकताओं के लिए प्राकृतिक संसाधनों का संरक्षण करना ही संपोषित विकास की अवधारणा का मूल आधार है। यह जीवनशैली के सभी क्षेत्रों को प्रभावित करता है। इसके अंतर्गत सभी व्यक्तियों द्वारा उनके पर्यावरण की चिंता करते हुए उनकी आवश्यकताओं एवं जीवनशैली में पर्यावरण-हितैषी परिवर्तन सम्मिलित हैं।

जल संसाधनों का प्रबंधन

कई सालों से खेती तथा दैनिक आवश्यकताओं को पूरा करने के लिए बाँध, कुंड तथा नहरों का उपयोग किया जा रहा है। बाँधों में संग्रहित जल का नियंत्रित उपयोग किया जाता है। अधिकतर फसल उत्पादन के तरीके जल की उपलब्धता पर आधारित है।

हम जल स्रोतों का प्रबंधन निम्न विधियों द्वारा करते हैं

(i) बाँध

नदियों के जल को रोक के रखने के लिए इन विशाल संरचनाओं का निर्माण किया जाता है। ये जल को अधिक मात्रा में संचित रखते हैं। इनमें संग्रहित जल का उपयोग विभिन्न कार्यों के लिए किया जाता है।

बाँधों के उद्देश्य एवं उपयोग

बाँधों में संग्रहित जल का उपयोग विभिन्न उद्देश्यों के लिए किया जाता है, *जो निम्नलिखित हैं—*

(i) सिंचाई के लिए

(ii) विद्युत (जल-विद्युत) के उत्पादन में

(iii) वर्षा ऋतु के दौरान आने वाले बाढ़ को बाँधों में जल संग्रहण करके रोका जा सकता है।

(iv) जिस स्थान पर जल की आवश्यकता है, नहर परियोजना द्वारा अधिक दूरी तक भी जल पहुँचाया जा सकता है। जैसे-इंदिरा गाँधी नहर ने राजस्थान के उत्तरी-पश्चिमी क्षेत्रों को हरा-भरा कर दिया हैं।

नोट इंदिरा गाँधी नहर हरिके बैराज बाँध, सुल्तानपुर से प्रारंभ होती है, जो सतलज एवं व्यास नदियों के संगम पर पंजाब राज्य में स्थित हैं।

बड़े बाँध की आलोचना

बड़े बाँध के विरोध में मुख्यतया तीन समस्याएँ आती हैं

(i) **सामाजिक समस्याएँ** (Social Problems) इससे बड़ी संख्या में किसान स्थानीय लोग एवं आदिवासी विस्थापित होते हैं और उन्हें उचित मुआवजा भी नहीं मिलता है।

(ii) **आर्थिक समस्याएँ** (Economic Problems) इनमें जनता का बहुत अधिक धन लगता है और उस अनुपात में अपेक्षित लाभ प्राप्त नहीं होता है।

(iii) **पर्यावरणीय समस्याएँ** (Environmental Problems) इससे बड़े स्तर पर वनों का विनाश होता है, जिससे स्थानीय जैव-विविधता की क्षति होती है। यह क्षेत्र को भूकंप संवेदी भी बना देते हैं।

जल वितरण का कुप्रबंधन

जल वितरण के कुप्रबंधन से केवल कुछ लोगों को ही लाभ मिल पाता है, क्योंकि जल का वितरण सभी लोगों में बराबर मात्रा में नहीं हो पाता है। वे लोग, जो जल संसाधनों के निकट रहते हैं, उच्च सिंचाई की आवश्यकता वाली फसलों; जैसे-गन्ना एवं चावल का उत्पादन करते हैं, जबकि जल स्रोतों की अनुपलब्धता वाले क्षेत्रों के लोग कम सिंचाई वाली फसलों जैसे-बाजरा का उत्पादन करते हैं। स्थानीय लोग, जिन्हें बाँधों तथा नहर तंत्रों का निर्माण करके जल का सही वितरण किए जाने का वादा किया जाता है, उन्हें इसका उचित लाभ प्राप्त नहीं हो पाता है।

(ii) जल-संग्रहण

इसका अर्थ है, स्थानीय क्षेत्र जहाँ वर्षा जल भूमि पर गिरता है या प्रवाहित होता है, में जल का संग्रहण करना।

जल संभर प्रबंधन

- जल संभर प्रबंधन में मिट्टी एवं जल संरक्षण पर जोर दिया गया है, ताकि जैव-भार के उत्पादन में वृद्धि हो सके। इसका मुख्य उद्देश्य भूमि एवं जल के प्राथमिक स्रोतों का विकास कर पादपों एवं जंतुओं के द्वितीयक संसाधनों के उत्पादन में वृद्धि करना है, जिससे पारिस्थितिकी असंतुलन उत्पन्न न हो।
- जल संभर प्रबंधन, जल संभर समुदाय का उत्पादन एवं आय बढ़ाता है और सूखे एवं बाढ़ में कमी लाता है तथा प्रवाह क्षेत्र के बाँधों एवं जल संसाधनों की आयु बढ़ाता है।

जल संग्रहण की परंपरागत विधियाँ

भारत में, अधिकाधिक वर्षा जल जो भूमि पर गिरता है, को रोकने के लिए स्थानीय लोग ने अनेक जल एकत्रीकरण विधियों का उपयोग करते हैं।

ये विधियाँ निम्न प्रकार हैं

(i) छोटे गड्ढ़ों तथा झीलों या तालाबों की खुदाई।

(ii) छोटे मृद-बाँधों का निर्माण या तटबंधन करना।

(iii) बाँधों या नहरों का जल रोकने के लिए मिट्टी की लंबी दीवारों का निर्माण करना।

(iv) बालू तथा चूना-पत्थर द्वारा जलाशयों का निर्माण करना।

(v) घरों की छतों के ऊपर जल संचयन इकाइयों की स्थापना करना।

परंपरागत जल संग्रहण तन्त्र

बड़े समतल भू-भाग में, जल संग्रहण स्थल मुख्यतया अर्धचंद्राकार मिट्टी के गड्ढे या निचले ढ़लान वाले स्थानों पर, वर्षा ऋतु में जल प्रवाह के

मार्ग में कंक्रीट या छोटे कंकड़ पत्थरों द्वारा एनीकट या चैक डैम (Check dams) बनाए जाते हैं। इसका मुख्य उद्देश्य जल के भौम-स्तर में सुधार करना हैं, जो मानसून के दौरान भर जाते हैं तथा मानसून के बाद लगभग अगले छः महीने जल की आपूर्ति करते हैं।

इसका मुख्य प्रयोजन भू-पृष्ठ (Earth surface) पर वर्षा-जल को रोककर रखना मात्र नहीं है, वरन् वर्षा-जल को भूमि के नीचे संचित कराना है, जिससे भौमजल (Ground water) स्तर पुनः बढ़ सके। भूमि में संग्रहित जल के विभिन्न लाभ निम्नलिखित हैं

(i) भूमि में संग्रहित जल, वाष्पित नहीं होता है।
(ii) भूमि में संग्रहित जल, कुओं को भरने के लिए फैल जाता है और विशाल क्षेत्र में फसलों के लिए नमी उपलब्ध कराता है।
(iii) भूमि में संग्रहित जल, मच्छरों के प्रजनन को नहीं बढ़ाता है (तालाबों अथवा कृत्रिम सरोवरों में एकत्रित स्थिर जल से भिन्न)।
(iv) भूमि में संग्रहित जल मानव तथा जंतु अपशिष्टों द्वारा प्रदूषित होने से सुरक्षित रहता है।

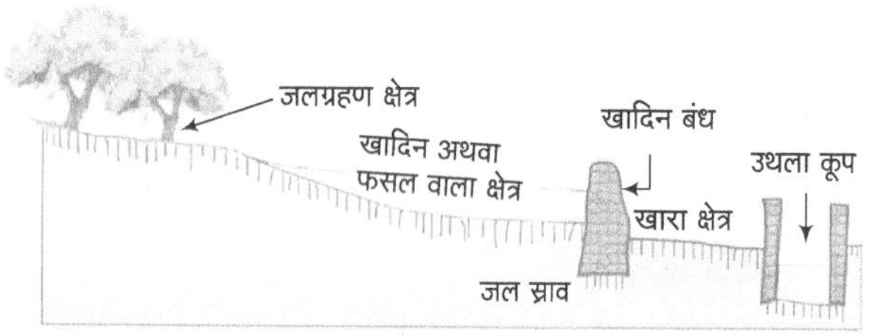

जल संग्रहण की परंम्परागत व्यवस्था—खादिन पद्धति

ऊर्जा के स्रोत (Sources of Energy)

वह स्रोत जो सरलता से नियत दर पर, लम्बे समय तक ऊर्जा प्रदान कर सके **ऊर्जा का स्रोत** कहलाता है।

किसी अच्छे ऊर्जा स्रोत में निम्न विशेषताएँ होनी चाहिए

(i) समान मात्रा से अधिक कार्य करने में सक्षम होना चाहिए।
(ii) सरलता से सुलभ हो सके।
(iii) भंडारण व परिवहन में आसान हो।
(iv) कीमत बहुत अधिक नहीं होनी चाहिए।

ऊर्जा के परंपरागत स्रोत
(Conventional Sources Of Energy)

ऊर्जा के वे स्रोत, जो प्रकृति द्वारा प्रदत्त हैं तथा जिनका निर्माण अत्यंत अधिक समय में हुआ है, पारंपरिक स्रोत कहलाते हैं। प्रकृति में ऊपर तक ये स्रोत सीमित और अनवीकरणीय होते हैं। जैसे-कोयला, पेट्रोलियम, प्राकृतिक गैस, फिशन पदार्थ, आदि।

ऊर्जा के प्रमुख परंपरागत स्रोत निम्नलिखित हैं

1. जीवाश्म ईंधन (Fossil Fuels)

लाखों वर्ष पूर्व पृथ्वी की सतह के अन्दर दबे पेड़ पौधे तथा जीव जन्तु, जो उच्च ताप तथा दाब के कारण सतह के अन्दर जीवाश्म ईंधन के रूप में परिवर्तित हो गए, जीवाश्म ईंधन कहलाते हैं। वास्तव में जीवाश्म ईंधन वह सौर ऊर्जा है, जो प्राकृतिक संसाधनों द्वारा संग्रहित की गई है। कोयला, पेट्रोलियम पदार्थ तथा प्राकृतिक गैस, सबसे अधिक उपयोग में लिए जाने वाले जीवाश्म ईंधन हैं। जीवाश्म ईंधन बनने की क्रिया **जीवाश्मीकरण** कहलाती है।

कुछ प्रमुख जीवाश्म ईंधन निम्नलिखित हैं

(i) **कोयला** (Coal) यह कार्बन तथा कार्बन के अन्य तत्वों (हाइड्रोजन, नाइट्रोजन, ऑक्सीजन, सल्फर, आदि) के साथ बनाए गए यौगिकों का मिश्रण है। यह ऊर्जा का वृहद् स्रोत है। इसका उपयोग घरों तथा उद्योगों में ईंधन के रूप में होता है।
(ii) **पेट्रोलियम** (Petroleum) यह काले रंग का एक विशेष गंध वाला अपरिष्कृत (Crude) तेल है, जो हाइड्रोकार्बनों का समिश्रण होता है। इसमें पानी, लवण तथा पृथ्वी के कण के अतिरिक्त ऑक्सीजन, नाइट्रोजन तथा गंधक यौगिक भी मिश्रित होते हैं। इसका उपयोग मुख्य रूप से वाहनों में किया जाता है।
(iii) **प्राकृतिक गैस** (Natural Gas) प्राकृतिक गैस एक महत्त्वपूर्ण स्वच्छ ऊर्जा संसाधन है। यह जलने पर कम कार्बन और प्रदूषक उत्पन्न करती है। कोयला और पेट्रोलियम उत्पादों की तुलना में यह हानिकारक गैसों और अन्य प्रदूषकों के कम उत्सर्जन के साथ जलती है। यह पेट्रोकेमिकल उद्योगों को संचालित करने के लिए ऊर्जा प्रदान करती है। इसके अतिरिक्त यह खाना पकाने और ऑटोमोबाइल के लिए ईंधन के रूप में प्रयोग की जा रही है।

ऊर्जा और उर्वरक उद्योग प्राकृतिक गैस के प्रमुख प्रयोक्ता हैं। गाड़ियों में इसका प्रयोग संपीडित प्राकृतिक गैस (Compressed Natural Gas, CNG) के रूप में हो रहा है, जो बहुत लोकप्रिय है।

जीवाश्म ईंधन के दोष (Disadvantages of Fossil Fuel)

जीवाश्म ईंधन से होने वाले दोष निम्नलिखित हैं

(i) जीवाश्म ईंधन जलने पर वायु प्रदूषण उत्पन्न करता है।
(ii) इसके जलने पर अम्लीय ऑक्साइड उत्पन्न होते हैं, जो अम्लीय वर्षा करके पीने योग्य पानी तथा पृथ्वी के अन्य स्रोत को प्रभावित करते हैं।
(iii) जीवाश्म ईंधन के जलने पर CO_2 मुक्त होती है।
(iv) जीवाश्म ईंधन पूर्णतया ज्वलित नहीं है, कुछ अवशेष रह जाते हैं।

जीवाश्म ईंधन से उत्पन्न प्रदूषण का नियंत्रण
(Controlling of Pollution Caused by Fossil Fuels)

जीवाश्म ईंधन के जलाने के कारण उत्पन्न होने वाले प्रदूषण को कुछ सीमाओं तक दहन प्रक्रम की दक्षता में वृद्धि करके कम किया जा सकता है। इसी के साथ दहन के फलस्वरूप निकलने वाली हानिकारक गैसों तथा राखों के वातावरण में पलायन को कम करने वाली विविध तकनीकों द्वारा घटाया जा सकता है।

2. तापीय विद्युत संयंत्र (Thermal Power Plant)

विद्युत संयंत्रों में प्रतिदिन विशाल मात्रा में जीवाश्मी ईंधन का दहन करके जल उबालकर भाप बनाई जाती है, जो टरबाइनों को घुमाकर विद्युत उत्पन्न करती है। समान दूरियों तक कोयले तथा पेट्रोलियम के परिवहन की तुलना में विद्युत संचरण अधिक दक्ष होता है। यही कारण है कि बहुत से तापीय विद्युत संयंत्र कोयले तथा तेल के क्षेत्रों के निकट स्थापित किए गए हैं। इन संयंत्रों को तापीय विद्युत संयंत्र कहने का कारण यह है कि इन संयंत्रों में ईंधन के दहन द्वारा ऊष्मीय ऊर्जा उत्पन्न की जाती है, जिसे विद्युत ऊर्जा में रूपांतरित किया जाता है।

3. जल विद्युत संयंत्र (Hydro Power Plant)

ऊर्जा का एक अन्य पारंपरिक स्रोत बहते जल की गतिज ऊर्जा अथवा किसी ऊँचाई पर स्थित जल की स्थितिज ऊर्जा है। जल विद्युत संयंत्रों में गिरते जल की स्थितिज ऊर्जा को विद्युत में रूपांतरित किया जाता है चूँकि ऐसे जल प्रपातों की संख्या बहुत कम है, जिनका उपयोग स्थितिज ऊर्जा के स्रोत के रूप में किया जा सके, अत: जल विद्युत संयंत्रों को बाँधों से संबद्ध किया गया है।

जल विद्युत उत्पादन का सिद्धान्त
(Principle of Generating Hydro Electricity)

जल विद्युत उत्पन्न करने के लिए नदियों के बहाव को रोककर बड़े जलाशयों (कृत्रिम झीलों) में जल एकत्र करने के लिए ऊँचे-ऊँचे बाँध बनाए जाते हैं। इन जलाशयों में जल संचित होता रहता है, जिसके फलस्वरूप इनमें भरे जल का तल ऊँचा हो जाता है। बाँध के ऊपरी भाग से पाइपों द्वारा जल, बाँध के आधार के पास स्थापित टरबाइन के ब्लेडों पर मुक्त रूप से गिरता है, फलस्वरूप टरबाइन के ब्लेड घूर्णन गति करते हैं और जनित्र द्वारा विद्युत उत्पादन होता है।

जलीय विद्युत के लाभ Advantages of Hydro Electricity

जलीय विद्युत के लाभ निम्नलिखित हैं

(i) इससे वातावरण प्रदूषित नहीं होता।

(ii) बहता हुआ जल बिना किसी मूल्य के प्राप्त होता है।

(iii) जल एक नवीकरणीय ऊर्जा स्रोत है, जो कभी समाप्त नहीं होगा। अत: जब-जब वर्षा होती है, बाँध के संग्राहक स्वत: ही जल से भर जाते हैं।

(iv) नदियों के किनारे बने बाँध, बाढ़ को रोकने में सहायक होते हैं तथा खेतों की सिंचाई करने में भी सहयोग करते हैं।

जलीय विद्युत के दोष
(Disadvantages of Hydro Electricity)

जलीय विद्युत के दोष निम्नलिखित हैं

(i) बाँधों का निर्माण वातावरण को नुकसान पहुँचाता है।

(ii) उस स्थान पर स्थित पेड़ पौधे, पशु तथा उस क्षेत्र के रहने वाले प्राणी जल में डूबे रहते हैं।

(iii) इससे खेतों की उत्पादक क्षमता में कमी आ जाती है, जिससे फसलें भी प्रभावित होती हैं।

(iv) बाँधों का निर्माण पहाड़ी क्षेत्रों में ही किया जा सकता है, अत: इनके निर्माण का क्षेत्र सीमित होता है।

(v) वह वनस्पति जो बाँध के समीप है, पानी में डूब जाती है तथा यह ग्रीन हाउस गैस मीथेन का निर्माण करने लगती है।

(vi) बाँध के समीप से हटाए गए व्यक्तियों के पुन: निर्वासन की समस्या बनी रहती है।

(vii) बाँधों पर पानी को रोकने से पानी के जीव जन्तु, मछली व अन्य जीव प्रभावित होते हैं।

उपरोक्त कारणों से बाँधों के निर्माण में वहाँ की जनता विरोध करती है, उदाहरण—टिहरी बाँध योजना (गंगा नदी पर), सरदार सरोवर बाँध योजना (नर्मदा नदी पर)।

यंत्र-विज्ञान में सुधार (परंपरागत ऊर्जा स्रोतों के उपयोग के लिए)

यंत्र-विज्ञान में भिन्न स्रोतों की सहायता से सुधार किया जा सकता है।

(i) जैव-मात्रा (Bio-mass)

यह परंपरागत ऊर्जा का स्रोत है, लकड़ी, फसलों का अवशेष, गन्ने के छिलके, गाय के गोबर के उपले आदि को घरों तथा उद्योगों में ईंधन के रूप में उपयोग में लिया जाता है, जिसे जैव-मात्रा कहते हैं। जैव-मात्रा का उपयोग विद्युत के उत्पादन में भी किया जाता है।

(ii) लकड़ी का कोयला (Charcoal)

यह लकड़ी को नियंत्रित हवा की उपस्थिति में जलाकर प्राप्त किया जाता है। इसकी तापीय (या ऊष्मीय) क्षमता, लकड़ी से अधिक होती है तथा अपेक्षाकृत कम धुआँ उत्पन्न करता है।

(iii) बायो-गैस (Bio-gas)

गोबर, फसलों के कटने के पश्चात् बचे अपशिष्ट, सब्जियों के अपशिष्ट जैसे-विविध पादप तथा वाहित मल आदि के ऑक्सीजन की अनुपस्थिति में अपघटित होकर **बायो-गैस** प्राप्त होती है। चूँकि इस गैस को बनाने में उपयोग होने वाला आरंभिक पदार्थ मुख्यत: गोबर होता है, इसलिए इसे **गोबर गैस** भी कहते हैं।

बायो-गैस संयंत्र (Bio-gas Plant)

बायो-गैस बनाने में जिस संयंत्र का उपयोग करते हैं, बायो-गैस संयंत्र कहलाता है। इसका आकार 'गुम्बद' की आकृति का होता है, जो ईंटों से बना होता है। *बायो-गैस संयंत्र के मुख्य भाग निम्न होते हैं*

(a) **निर्गत कक्ष** यह स्लेरी को बाहर निकालने का कक्ष है। प्राप्त अवशेष का उपयोग खाद के रूप में किया जाता है, क्योंकि इसमें नाइट्रोजन के यौगिक उपस्थित होते हैं।

(b) **मिश्रण टैंक** पशुओं का गोबर तथा पानी मिलाकर मिश्रण टैंक में स्लेरी तैयार की जाती है।

(c) **गैस टैंक** जैव गैस को संपाचित्र के ऊपर बनी गैस टंकी में संचित किया जाता है तथा गैस को उपयोग के लिए पाइपों द्वारा बाहर निकाल लिया जाता है।

(d) **आंतरिक कक्ष** यह मिश्रण कक्ष को संपाचित्र कक्ष से जोड़ता है। इसमें एक स्लोप बना होता है, जिससे स्लेरी आसानी से संपाचित्र कक्ष में पहुँच जाती है।

(e) **संपाचित्र कक्ष** यह चारों ओर से बंद एक कक्ष होता है, जिसमें ऑक्सीजन नहीं होती है। अवायवीय सूक्ष्म जीव जिन्हें जीवित रहने के लिए ऑक्सीजन की आवश्यकता नहीं होती, गोबर की स्लेरी के जटिल यौगिकों का अपघटन कर बायो-गैस का निर्माण करता है। इस प्रक्रिया को पूरा होने में कुछ दिन का समय लगता है।

बायो-गैस की विशेषताएँ (Advantages of Bio-gas) *बायो-गैस की विशेषताएँ निम्नलिखित हैं*

(a) इसके जलने से धुआँ उत्पन्न नहीं होता है, अत: इससे प्रदूषण कम होता है।

(b) इसकी ऊष्मीय क्षमता अधिक होती है, इसलिए प्रकाश उत्पन्न करने में भी उपयोग में लिया जाता है।

(c) इसका उपयोग करना सुगम होता है तथा अवशेष भी नहीं बचता है।

(d) अवशेष स्लेरी का उपयोग खाद के रूप में किया जा सकता है, क्योंकि इसमें प्रचुर मात्रा में नाइट्रोजन तथा फॉस्फोरस उपस्थित होता है।
(e) यह अनुप्रयुक्त अवशेष को उपयोग में लेकर वातावरण की प्रदूषण से रक्षा करता है।
(f) जीव अवशेष तथा सीवेज पदार्थ का सही उपयोग इस संयंत्र से होता है।

बायो-गैस के उपयोग (Uses of Bio-gas) *बायो-गैस के उपयोग निम्नलिखित हैं*

(a) घरों में, ईंधन के रूप में तथा उद्योगों में।
(b) इंजन, चक्कियाँ आदि के चलाने में।
(c) विद्युत के उत्पादन में।

(iv) **पवन ऊर्जा** (Wind Energy)

गतिशील हवा को पवन कहते हैं। वायु की तीव्र गति के कारण इसमें गतिज ऊर्जा होती है। *इस गतिज ऊर्जा का उपयोग निम्न कार्यों में किया जाता है*

(a) विद्युत उत्पादन में।
(b) नदियों व समुद्र में नावों चलाने में।
(c) पृथ्वी की सतह के अन्दर से पानी बाहर निकालने में।
(d) अनाज पीसने की चक्कियों में।
(e) वायु मील द्वारा इसको घूर्णित करके कुएँ से पानी निकालने में।

पवन कारखाना (Wind Mill)

- यह गतिशील वायु की ऊर्जा से कार्य करने वाली एक मशीन है। इसकी संरचना में बिजली के पंखे के आकार के समान एक ऊँचाई पर पंखुड़ियों को पोल पर लगा दिया जाता है।
- जब बहती वायु अथवा पवन, पंखुड़ियों से टकराती है, तो उन पर एक बल लगाती है, जिससे पंखुड़ियाँ घूर्णन प्रारम्भ कर देती हैं। इन पंखुड़ियों की घूर्णन गति का उपयोग पानी के पम्पों, आटा मिलों तथा विद्युत के उत्पादन के लिए किया जाता है।
- पवन कारखाना जिसका उपयोग विद्युत के उत्पादन के लिए किया जाता है, **पवन टरबाइन** (Air turbine) कहलाता है। सम्पूर्ण संयंत्र जिसमें पवन ऊर्जा का उपयोग होता है, **वायु जनित्र** (Air generator) कहलाता है।
- बहती वायु, टरबाइन की पंखुड़ियों को घूर्णित करती है, जिससे आर्मेचर घूर्णन करने लगती है तथा जनित्र में विद्युत का उत्पादन होने लगता है।

पवन ऊर्जा फार्म Wind Energy Farm

व्यापारिक स्तर पर विद्युत ऊर्जा का वायु से उत्पादन करने के लिए पवन कारखाने अधिक संख्या में एक वृहद क्षेत्र में लगा दिए जाते हैं। यह क्षेत्र 'पवन ऊर्जा फार्म' कहलाता है। प्रत्येक 'पवन कारखाने' से उत्सर्जित विद्युत का संग्रहण एक जगह करके व्यापारिक स्तर पर विद्युत का उत्पादन किया जाता है।

पवन ऊर्जा के लाभ (Advantages of Wind Energy) *पवन ऊर्जा के लाभ निम्नलिखित हैं*

(a) यह वातावरण के लिए हानिकारक नहीं है अर्थात् प्रदूषण रहित है तथा नवीकरणीय ऊर्जा का शक्तिशाली स्रोत है।
(b) एक बार पवन कारखाना स्थापित होने के पश्चात् धन व्यय की आवश्यकता नहीं होती है।

पवन ऊर्जा के उपयोग की सीमाएँ (Limitations of Harnessing Wind Energy) *पवन ऊर्जा के उपयोग की सीमाएँ निम्नलिखित हैं*

(a) इनको केवल उन्हीं स्थानों पर स्थापित किया जा सकता है, जहाँ पूरे साल वायु बहती रहती है।
(b) वायु की न्यूनतम गति 15 किमी/घंटा होनी चाहिए, जो सदैव नहीं होती।
(c) पवन ऊर्जा फार्म के लिए अधिक भूमि की आवश्यकता होती है अर्थात् 1 मेगावाट विद्युत के उत्पादन के लिए 2 हेक्टेयर भूमि की आवश्यकता होती है।
(d) वायु ऊर्जा फार्म स्थापित करना बहुत महंगा होता है।
(e) मीनार (टावर) तथा पंखुड़ियाँ खुले स्थान पर होते हैं, जिससे वर्षा, धूप, तूफान आदि का प्रभाव पड़ता है, अत: इनके रख-रखाव के लिए अधिक धन की आवश्यकता होती है।
(f) उत्पादित विद्युत को संग्रहित करने की सुविधा होनी चाहिए, जिससे वायु नहीं चलने की स्थिति में भी विद्युत उपलब्ध रहें।

नोट डेनमार्क वायु या पवनों का देश कहलाता है। देश की 25% से भी अधिक विद्युत की पूर्ति पवन चक्कियों के विशाल नेटवर्क द्वारा विद्युत उत्पन्न करके की जाती है। कुल उत्पादित क्षमता के रूप में 'जर्मन' अग्रणी है जब कि भारत पाँचवे स्थान पर है।

ऊर्जा के गैर-परंपरागत स्रोत
(Non-conventional Sources of Energy)

आधुनिक समय मशीनीकरण का समय है, जिसमें निरंतर ऊर्जा की माँग बढ़ रही है तथा परंपरागत ऊर्जा स्रोतों की सीमित मात्रा कम होती जा रही है। अत: आवश्यक ऊर्जा की पूर्ति के लिए ऊर्जा के गैर-परंपरागत स्रोतों को खोजने की आवश्यकता है। *कुछ गैर-परंपरागत ऊर्जा के स्रोत निम्न हैं*

1. सौर ऊर्जा Solar Energy

सूर्य की विकिरण से प्राप्त ऊर्जा सौर ऊर्जा कहलाती है, जिससे ऊष्मा तथा प्रकाश प्राप्त होता है। सूर्य की सतह के अन्दर नाभिकीय संलयन के द्वारा इस ऊर्जा का उत्पादन ऊष्मा तथा प्रकाश के रूप में होता है। सौर ऊर्जा का केवल एक लघु भाग ही पृथ्वी के वायुमंडल की बाह्य परतों पर पहुँच जाता है। इसका लगभग आधा भाग वायुमंडल से गुजरते समय अवशोषित हो जाता है तथा शेष भाग पृथ्वी के पृष्ठ पर पहुँचता है।

नोट सूर्य के विकिरण में पराबैंगनी किरणें, दृश्य प्रकाश किरणें तथा अवरक्त किरणें होती हैं। पृथ्वी की सतह पर 1 मी^{2} क्षेत्रफल में प्रति सेकण्ड आपतित होने वाली सौर ऊर्जा को ही सौर स्थिरांक कहते हैं। इसका मान 1.4 किलोजूल/मी^{2} या 1.4 किलोवाट/मी^{2} होता है।
वर्ष के अधिकांश समय भारत को सौर ऊर्जा प्राप्त होती रहती है। यह ऊर्जा लगभग 5000 ट्रिलोओन किलोवाट घण्टा से अधिक होती है तथा पृथ्वी के किसी क्षेत्र में प्राप्त होने वाली सौर ऊर्जा का औसत परिवर्तन 4 से 7 किलोवाट/मी^{2} है, जब आकाश स्वच्छ होता है।

सौर ऊर्जा के लाभ Advantages of Solar Energy

सौर ऊर्जा के लाभ निम्नलिखित हैं

(i) इससे प्रदूषण नहीं होता है।
(ii) यह हमारे देश में (ग्रीष्म देशों की भाँति) प्रचुर मात्रा में उपलब्ध है।
(iii) यह मूल्य रहित है।
(iv) इसका व्यावहारिक उपयोग किया जा सकता है।

सौर ऊर्जा की सीमाएँ (Limitations of Solar Energy)

सौर ऊर्जा की सीमाएँ निम्नलिखित हैं

(i) पृथ्वी की सतह पर पहुँचने वाली सौर ऊर्जा धुंधली होती है, अत: इसका सीधे उपयोग सीमित है।

(ii) यह पूरे समय समान मात्रा में सब स्थानों पर उपलब्ध नहीं होती है।

(iii) रात्रि में उपलब्ध नहीं होती है।

(iv) आकाश में बादल होने पर उपलब्ध नहीं होती है।

सौर ऊर्जा युक्तियाँ Solar Energy Devices

वे युक्तियाँ जिनके प्रचालन के लिए सौर ऊर्जा का उपयोग होता है, सौर ऊर्जा युक्तियाँ कहलाती है। जैसे-सौर कुकर, सौर पेनल, सौर सैल। *सौर ऊर्जा की कुछ प्रमुख युक्तियाँ निम्नलिखित हैं*

(i) **सौर कुकर** (Solar Cooker)

इस युक्ति में सूर्य की ऊर्जा का उपयोग करके खाना पकाया जाता है। इसमें एक पृथक्कृत धातु का बक्सा या लकड़ी का बक्सा होता है, जिसको अन्दर से काला पेंट कर दिया जाता है, जिससे यह अधिकतम सूर्य के विकिरणों का अवशोषण कर सके। इस बॉक्स के ऊपर एक काँच की पतली आवरण होती है। बॉक्स में एक समतल दर्पण को परावर्तक के रूप में लगा दिया जाता है। कुछ सोलर कुकर में अवतल दर्पण का उपयोग करके सूर्य की किरणों को फोकसित किया जाता है।

सौर कुकर के लाभ (Advantages of Solar Cooker)

सौर कुकर के लाभ निम्न है

(a) यह ईंधन बचाता है।

(b) इससे प्रदूषण नहीं होता है।

(c) इसमें खाना पकाने की क्रिया धीमी होती है, अत: खाने में पोषक तत्व नष्ट नहीं होते हैं।

(d) यह एक समय में चार प्रकार के व्यंजन पका सकता है।

सौर कुकर की सीमाएँ (Limitations of Solar Cooker)

सौर कुकर की सीमाएँ निम्न हैं

(a) इसका उपयोग आकाश में बादल होने पर या रात्रि में नहीं किया जा सकता है।

(b) इसका उपयोग रोटियाँ बनाने या किसी खाने को तलने के लिए नहीं किया जा सकता है।

(c) सौर कुकर की दिशा समय-समय पर परिवर्तित करनी पड़ती है, जिससे अधिकतम समय तक सूर्य की ओर रहे।

(ii) **सौर सेल** (Solar Cell)

- यह सौर ऊर्जा को विद्युत ऊर्जा में परिवर्तित करने की युक्ति है। यह सेल अर्द्धचालकों जैसे-सिलिकन, जर्मेनियम तथा गेलियम से बने होते हैं। इन सेलों को **फोटोवोल्टिक सेल** भी कहते हैं। सौर सेल में फोकसन की कोई आवश्यकता नहीं होती है।
- इनको कही भी इस प्रकार के क्षेत्र में जहाँ विद्युत का पहुँचना सम्भव नहीं हो, लगाया जा सकता है। सौर सेल बनाने के लिए सिलिकन अर्द्धचालक का उपयोग किया जाता है।
- यह वातावरण के अनुकूल है तथा कोई प्रदूषण उत्पन्न नहीं करता है। इसको बनाने की प्रक्रिया बहुत महँगी होती है।

सौर सेलों के उपयोग (Uses of Solar Cells)

सौर सेलों के उपयोग निम्नलिखित हैं

(a) सड़कों पर प्रकाश के लिए, ट्रैफिक सिग्नल में तथा पानी के पम्पों में।

(b) समुद्र स्थित प्रकाश स्तम्भों को बिजली देने में।

(c) दूरस्थ स्थानों में रेडियो तथा टी.वी. के संचारण में।

(d) इससे इलेक्ट्रॉनिक घड़ियाँ तथा संगणकों को प्रचालित करने में।

(e) कृत्रिम उपग्रहों में विद्युत प्रदान करने में।

(f) खिलौनों में।

(iii) **सौर पैनल** Solar Panel

- जब बहुत सारे सौर सेलों को एक क्रम में संयोजित कर दिया जाता है, तो यह संयोजन सौर पैनल कहलाता है। इससे प्राप्त विद्युत वाहक बल का मान अधिक होता है तथा धारा का मान भी अधिक प्राप्त होता है। यह व्यवस्था सौर पैनल कहलाती है।
- इससे प्राप्त विद्युत शक्ति का उपयोग व्यावहारिक रूप से किया जाता है, लेकिन सेलों को एक-दूसरे से संयोजित करने के लिए चाँदी की आवश्यकता होती है, अत: यह महँगी प्रक्रिया होती है।

हरित गृह प्रभाव (Green House Effect)

- वायुमण्डल में CO_2 द्वारा अवरक्त किरणों के अवशोषण के कारण ऊष्मा का उत्पन्न होना, हरित गृह प्रभाव कहलाता है। सूर्य का ताप बहुत अधिक होता है। अत: यह निम्न तरंगदैर्ध्य की अवरक्त किरणों का उत्सर्जन करता है। पृथ्वी इन विकिरणों का अवशोषण कर लेती है तथा इनका पुन: उत्सर्जन करती है।
- पृथ्वी का ताप कम होने के कारण यह लम्बी तरंगदैर्ध्य के विकिरणों का उत्सर्जन करती है। इनका अवशोषण कुछ गैसें जैसे-कार्बन डाईऑक्साइड, पानी की वाष्प तथा मीथेन इत्यादि द्वारा कर लिया जाता है, जिसके कारण पृथ्वी से ऊष्मा बाह्य वातावरण में नहीं जा पाती व पृथ्वी का ताप बढ़ने लगता है। यही प्रभाव हरित गृह प्रभाव कहलाता है तथा गैसें ***हरित गृह गैस*** *कहलाती हैं। इनके कारण ही वायुमण्डल तप्त होता है।*

2. समुद्र से ऊर्जा (Energy from the Sea)

समुद्र एक नवीकरणीय ऊर्जा का स्रोत है। समुद्र से प्राप्त ऊर्जा के अनेक प्रारूप हैं, *जिनका वर्णन नीचे दिया गया है*

(i) **ज्वारीय ऊर्जा** Tidal Energy

- चन्द्रमा के आकर्षण के कारण समुद्र की सतह ऊपर व नीचे होती रहती है। इस प्रकार समुद्र की सतह पर तरंगें उत्पन्न हो जाती हैं। यही तरंगें **ज्वारीय तरंगें** (Tidal wave) कहलाती हैं। इन तरंगों के ऊपर नीचे जाने में जो ऊर्जा उत्पन्न होती है वही ऊर्जा, ज्वारीय ऊर्जा कहलाती है।
- समुद्र के पानी का गुरुत्वाकर्षण के कारण ऊपर उठना, **उच्च ज्वार भाटा** (High tide) तथा नीचे जाना, **निम्न ज्वार भाटा** (Low tide) कहलाता है। एक दिन में यह ज्वार भाटा तरंगें दो बार उत्पन्न होती हैं। समुद्र के पानी का ऊपर उठना या नीचे जाना ऊर्जा का वृहद स्रोत होता है। विश्व में इस ऊर्जा का उपयोग समुद्र तटीय स्थानों पर हो रहा है।

(ii) **तरंग ऊर्जा** (Wave Energy)

वायु के कारण समुद्र की सतह पर पानी में तरंगें उत्पन्न हो जाती हैं। इन तरंगों में अत्यधिक गतिज ऊर्जा होती है। इस ऊर्जा का उपयोग, अनेक युक्तियों में, जैसे—जनित्र की टरबाइन के घूर्णन में तथा विद्युत के उत्पादन में किया जाता है।

(iii) **महासागरीय तापीय ऊर्जा** (Ocean Thermal Energy)

- समुद्रों अथवा महासागरों के पृष्ठ का जल सूर्य द्वारा तप्त हो जाता है जबकि इनके गहराई वाले भाग का जल अपेक्षाकृत ठंडा होता है। ताप में इस अंतर का उपयोग सागरीय तापीय ऊर्जा रूपांतरण विद्युत संयंत्र (Ocean Thermal Energy Conversion Plant या OTEC विद्युत संयंत्र) में ऊर्जा प्राप्त करने के लिए किया जाता है।
- OTEC विद्युत संयंत्र केवल तभी प्रचालित होते हैं जब महासागर के पृष्ठ पर जल का ताप तथा 2 किमी तक की गहराई पर जल के ताप में 20°C का अंतर हो। पृष्ठ के तप्त जल का उपयोग अमोनिया जैसे वाष्पशील द्रवों को उबालने में किया जाता है। इस प्रकार बनी द्रवों की वाष्प फिर जनित्र के टरबाइन को घुमाती है। महासागर की गहराइयों से ठंडे जल को पंपों से खींचकर वाष्प को ठंडा करके फिर से द्रव में संघनित किया जाता है।
- महासागरों की ऊर्जा की क्षमता (ज्वारीय ऊर्जा, तरंग-ऊर्जा तथा महासागरीय-तापीय ऊर्जा) अति विशाल है, परंतु इसके दक्षतापूर्ण व्यापारिक दोहन में कठिनाइयाँ हैं।

3. भूतापीय ऊर्जा (Geothermal Energy)

- भौमकीय परिवर्तनों के कारण भूपर्पटी में गहराइयों पर तप्त क्षेत्रों में पिघली चट्टानें ऊपर धकेल दी जाती हैं, जो कुछ क्षेत्रों में एकत्र हो जाती हैं। इन क्षेत्रों को **तप्त स्थल** कहते हैं। जब भूमिगत जल इन तप्त स्थलों के संपर्क में आता है, तो भाप उत्पन्न होती है। कभी-कभी इस तप्त जल को पृथ्वी के पृष्ठ से बाहर निकलने के लिए निकास मार्ग मिल जाता है।
- इन निकास मार्गों को **गरम चश्मा** अथवा **ऊष्ण स्त्रोत** कहते हैं। कभी-कभी यह भाप चट्टानों के बीच में फँस जाती है जहाँ इसका दाब अत्यधिक हो जाता है। तप्त स्थलों तक पाइप डालकर इस भाप को बाहर निकाल लिया जाता है। उच्च दाब पर निकली यह भाप विद्युत जनित्र की टरबाइन को घुमाती है, जिससे विद्युत उत्पादन करते हैं। इसके द्वारा विद्युत उत्पादन की लागत अधिक नहीं है परंतु ऐसे बहुत कम क्षेत्र हैं जहाँ व्यापारिक दृष्टिकोण से इस ऊर्जा का दोहन करना व्यावहारिक है। न्यूजीलैंड तथा संयुक्त राज्य अमेरिका में भूतापीय ऊर्जा पर आधारित कई विद्युत शक्ति संयंत्र कार्य कर रहे हैं।

4. नाभिकीय ऊर्जा (Nuclear Energy)

परमाणु के नाभिक में संग्रहित ऊर्जा नाभिकीय ऊर्जा कहलाती है। यह ऊर्जा नाभिकीय अभिक्रियाओं में मुक्त होती है।

नाभिकीय अभिक्रियाएँ दो प्रकार की होती हैं

(i) **नाभिकीय विखंडन** Nuclear Fission

नाभिकीय विखंडन में एक भारी नाभिक का विखंडन दो या दो से अधिक छोटे भागों में हो जाता है। इस विखंडन में असीम ऊर्जा उत्पन्न होती है। यह विखंडन धीमी गति के न्यूट्रॉनों को उस पदार्थ के नाभिक से टकराने पर होता है।

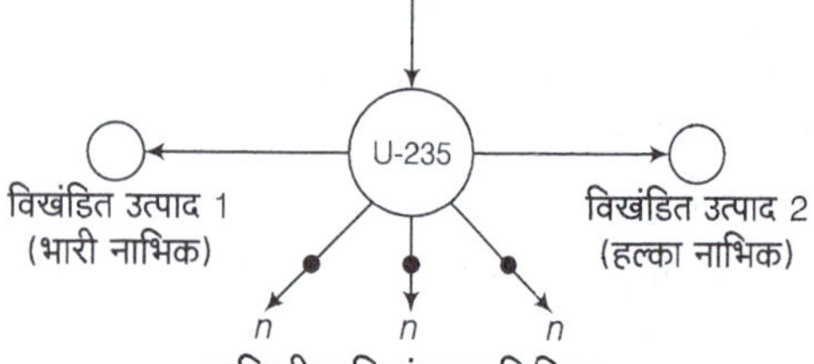

नाभिकीय विखंडन अभिक्रिया

U-235 का नाभिकीय विखंडन

$$\underset{\text{भारी नाभिक}}{{}^{235}_{92}\text{U}} + \underset{\text{तापीय न्यूट्रान}}{{}^{1}_{0}n} \longrightarrow \underbrace{{}^{139}_{56}\text{Ba} + {}^{94}_{36}\text{Kr}}_{\text{मिशन उत्पाद}} + \underset{\text{उत्पादित न्यूट्रान}}{3\,{}^{1}_{0}n} + \underset{\text{असीमित ऊर्जा (220 MeV)}}{Q}$$

इस सिद्धान्त के आधार पर नाभिकीय संयंत्र विद्युत ऊर्जा का उत्पादन करते हैं।

विखंडन अभिक्रिया में मुक्त ऊर्जा विखण्डन अभिक्रिया में द्रव्यमान की क्षति होती है। यह क्षय हुआ द्रव्यमान आइंस्टीन की द्रव्यमान ऊर्जा समीकरण के अनुसार ऊर्जा में परिवर्तित हो जाती है।

$$E = \Delta mc^2$$

यहाँ, c = प्रकाश की चाल $= 3\times10^8$ मी/से

(ii) **नाभिकीय संलयन** Nuclear Fusion

जब दो या दो से अधिक हल्के नाभिक किसी अभिक्रिया में संलयित होकर एक भारी नाभिक बनाते हैं, तो इस अभिक्रिया में बहुत अधिक ऊर्जा उत्सर्जित होती है। यही अभिक्रिया नाभिकीय संलयन कहलाती है।

नाभिकीय अभिक्रिया के लिए निम्न आवश्यक शर्तें हैं

(i) अति उच्च ताप (4-15 लाख केल्विन)

(ii) अति उच्च दाब (1 लाख वायुमंडलीय दाब के बराबर)

हाइड्रोजन परमाणु का हीलियम परमाणु में संलयन के कारण ही सूर्य से प्राप्त ऊर्जा अत्यधिक होती है।

$${}^{2}_{1}\text{H} + {}^{2}_{1}\text{H} \rightarrow {}^{3}_{2}\text{He} + {}^{1}_{0}n$$

नाभिकीय संलयन के कारण ही सूर्य तथा दूसरे तारे ऊर्जा के स्त्रोत हैं।

हाइड्रोजन बम (Hydrogen Bomb)

- हाइड्रोजन बम 'ताप नाभिकीय अभिक्रिया' पर आधारित होता है। हाइड्रोजन बम के क्रोड में यूरेनियम अथवा प्लूटोनियम के विखंडन पर आधारित किसी नाभिकीय बम को रख देते हैं।
- यह नाभिकीय बम ऐसे पदार्थ में अंत:स्थापित किया जाता है जिनमें ड्यूटीरियम तथा लीथियम होते हैं।
- जब इस नाभिकीय बम (जो विखंडन पर आधारित है) को अधिविस्फोटित करते हैं, तो इस पदार्थ का ताप कुछ ही माइक्रोसेकंड में 10^7 K तक बढ़ जाता है।
- यह अति उच्च ताप हल्के नाभिकों को संलयित होने के लिए पर्याप्त ऊर्जा उत्पन्न कर देता है जिसके फलस्वरूप अति विशाल परिमाण की ऊर्जा मुक्त होती है।

नाभिकीय ऊर्जा उत्पादन के खतरे

Hazards of Nuclear Power Generation

नाभिकीय ऊर्जा के मुख्य खतरें निम्न हैं

(i) प्रयुक्त ईंधन का रख-रखाव।

(ii) नाभिकीय अवशेषों का उचित रख-रखाव न हो पाना।

(iii) नाभिकीय विकिरणों का लीक होने का भय।

ऊर्जा का वातावरण पर प्रभाव
(Consequences of Energy on Environment)

किसी भी ऊर्जा को प्राप्त करने पर वातावरण को क्षति पहुँचती है तथा वातावरण का संतुलन भी बिगड़ जाता है। जीवाश्म ईंधन की तुलना में वैकल्पिक स्रोतों से क्षति कम होती है।

ऊर्जा की बढ़ती खपत के पर्यावरण पर निम्न प्रभाव होगें

(i) जीवाश्म ईंधन को जलाने पर अम्लीय वर्षा की सम्भावनाएँ बढ़ेंगी, जिससे पेड़-पौधे तथा फसलें और खेती की भूमि प्रभावित होगी। पानी में रहने वाले जीव जन्तुओं पर विपरीत प्रभाव पड़ेगा।

(ii) जीवाश्म ईंधन के जलने पर हरित गृह प्रभाव की CO_2 गैस की मात्रा वातावरण में बढ़ जाएगी।

(iii) ऊर्जा के लिए वनों तथा पेड़ो की कटाई बढ़ने से मिट्टी में कटाव उत्पन्न होगें तथा वन जीवों के जीवन का खतरा बढ़ जाएगा।

(iv) जल तापीय विद्युत घर वातावरण में असंतुलन उत्पन्न कर देंगें।

(v) नाभिकीय विद्युत तापीय घरों के निर्माण से वातावरण में रेडियोएक्टिवता की मात्रा बढ़ती जा रही है।

नोट ऊर्जा स्रोतों की समाप्ति (Exhaustivity of an Energy Sources) जीवाश्म ईंधन स्रोत समाप्ति की ओर अग्रसर है, अतः नवीकरणीय स्रोतों की ओर अधिकतम ध्यान देना होगा।

अभ्यास प्रश्न

1. निम्न में से कौन अक्षय संसाधन नहीं है
(a) वायु (b) मृदा
(c) जल (d) कोयला

2. प्राकृतिक संसाधनों को विवेकपूर्ण प्रयोग करने के उपाय हैं
(a) कम उपयोग करना
(b) पुनः चक्रण
(c) पुनः उपयोग करना
(d) उपरोक्त सभी

3. निम्न में से कौन क्षयशील संसाधन नहीं है?
(a) पेट्रोल
(b) जीवाश्म ईंधन
(c) वन
(d) सौर ऊर्जा

4. जैव विविधता दिखाते हैं
(a) वन (b) जलीय स्थान
(c) मृदा (d) ये सभी

5. वन संरक्षण में दावेदार होते हैं
(a) स्थानीय लोग (b) वन विभाग
(c) उद्योग पत्तियों (d) ये सभी

6. वन्य जीवन के लिए प्राणियों को संरक्षण प्राप्त हुआ
(a) बाघ (b) शेर
(c) गेंडा (d) ये सभी

7. अमृता देवी विश्नोई है
(a) वन संरक्षक
(b) जलीय जन्तु संरक्षक
(c) समाजिक एक्टिविस्ट
(d) उपरोक्त में से कोई नहीं

8. निम्न में से क्या वन संरक्षण का उपाय नहीं है?
(a) वन विभाग द्वारा वन की निगरानी
(b) संकटापन्न जातियों को संरक्षण
(c) राष्ट्रीय उद्यान बढ़ाना
(d) कृषि के लिए वन काटना

9. निम्न में से क्या जल संसाधन का प्रर्वधन नहीं है।
(a) बोध (b) जल संग्रहण
(c) कुण्ड (d) समुन्द्र

10. भौम जल क्या है?
(a) जलाशय का जल
(b) वर्षा का जल
(c) भूमि के नीचे संचित जल
(d) उपरोक्त में से कोई नहीं

11. प्राकृतिक संसाधनों को कितनी श्रेणियों में वर्गीकृत किया जाता है?
(a) तीन (b) दो (c) चार (d) सात

12. वर्तमान में प्राकृतिक संसाधनों के विवेकपूर्ण उपयोग एवं उनके द्वारा उत्पन्न अपशिष्ट के उत्पादन को कम करने हेतु किस पद्धति का उपयोग किया जाता है।
(a) 3*R* (b) 4*R*
(c) 2*R* (d) इनमें से कोई नहीं

13. वह ठोस कार्बनिक ईंधन है, जो पृथ्वी के भूगर्भ में पाया जाता है
(a) पेट्रोल (b) डीजल
(c) कोयला (d) लोहा

14. ऊर्जा के प्रमुख स्रोत हैं
(a) कोयला (b) पेट्रोलियम
(c) दोनों (a) एवं (b) (d) डीजल

15. अमृता देवी ने अपने जीवन का बलिदान कौन-से वर्ष में दिया था?
(a) 1731 (b) 1631
(c) 1732 (d) 1730

16. गंगा को प्रदूषित करने वाले कारक हैं
(a) कीटनाशक (b) रसायन
(c) कचरा वाहित मल (d) ये सभी

17. अमृता देवी विश्नोई पुरस्कार सरकार ने स्थापित किया
(a) वन संरक्षण के लिए
(b) जीवों के संरक्षण के लिए
(c) संकटापन्न जातियों के लिए
(d) उपरोक्त सभी

18. कोयला एवं पेट्रोलियम उपयोग होता है
(a) वायुयान (b) रेल
(c) बस (d) ये सभी

19. अम्ल वर्षा का कारण है
(a) सल्फ्यूरिक अम्ल
(b) नाइट्रिक अम्ल
(c) (a) एवं (b) दोनों
(d) उपरोक्त में से कोई नहीं

20. जन सहभागिता है
(a) स्थानीय लोगों से वन संरक्षण में सहयोग
(b) केन्द्र सरकार द्वारा वन संरक्षण
(c) राज्य सरकार द्वारा वन संरक्षण
(d) उपरोक्त सभी

उत्तरमाला

1. *(d)*	2. *(d)*	3. *(d)*	4. *(d)*	5. *(d)*	6. *(d)*	7. *(a)*	8. *(d)*	9. *(a)*	10. *(b)*
11. *(b)*	12. *(a)*	13. *(c)*	14. *(c)*	15. *(a)*	16. *(d)*	17. *(a)*	18. *(d)*	19. *(c)*	20. *(a)*

अध्याय

09

पारिस्थितिकी पारितन्त्र एवं प्रदूषण

(Ecology, Ecosystem and Pollution)

पारिस्थितिकी (Ecology)

जीव तथा उसके वातावरण के पारस्परिक सम्बन्धों का अध्ययन **पारिस्थितिकी** कहलाता है। 'पारिस्थितिकी' शब्द का प्रयोग सर्वप्रथम **एच रेटर** ने 1868 में ऑइकोलॉजी (Oikologie) के रूप में किया।

- **यूजीन ओडम** (1963) के अनुसार, 'पारिस्थितिकी, प्रकृति की संरचना एवं प्रक्रिया का अध्ययन है।'
- **प्रो० आर. मिश्रा** (1967) के अनुसार, 'पारिस्थितिकी रूप, प्रक्रिया तथा कारकों के बीच पारस्परिक सम्बन्धों का अध्ययन है।'

पारिस्थितिकी की सामान्यतया दो शाखाएँ होती हैं

(a) **स्वपारिस्थितिकी** (Autecology) किसी एक प्राणी या एक जाति एवं उसके वातावरण के बीच पारस्परिक सम्बन्धों का अध्ययन होता है।

(b) **संपारिस्थितिकी** (Synecology) किसी स्थान पर पाए जाने वाले समस्त जीव-समूह एवं वहाँ के वातावरण के पारस्परिक सम्बन्धों का अध्ययन होता है। संपारिस्थितिकी के अन्तर्गत समष्टि पारिस्थितिकी, समुदाय पारिस्थितिकी तथा पारितन्त्र पारिस्थितिकी आते हैं।

पारिस्थितिकीय कारक (Ecological Factor)

पारिस्थितिकी को प्रभावित करने वाले कारक निम्न हैं

1. जलवायवीय कारक (Climatic Factors)

पृथ्वी के चारों ओर स्थित पारदर्शी गैसीय आवरण को **वायुमण्डल** कहते हैं। वायुमण्डल में विभिन्न स्तर-क्षोभमण्डल, स्ट्रेटोस्फेयर, मीसोस्फेयर तथा थर्मोस्फेयर होते हैं।

किसी स्थान विशेष पर होने वाली समस्त वातावरणीय गतिविधियों का समन्वित परिणाम, उस स्थान की जलवायु कहलाता है। किसी क्षेत्र की वनस्पति को प्रभावित करने वाले जलवायवीय कारक मिलकर उस क्षेत्र की जलवायु का निर्माण करते हैं।

जलवायवीय कारक निम्न हैं

(i) **प्रकाश** पौधों के लिए सूर्य ही एक-मात्र ऊर्जा का स्रोत है। प्रकाश की आवश्यकता के अनुसार पौधों को प्रकाश रागी या सूर्यानुरागी या प्रकाशप्रिय तथा छायारागी या छायाप्रिय वर्गों में रखा गया है।

(ii) **तापमान** पौधों में दिन तथा रात के तापमानों में अन्तर की प्रक्रिया को **तापकालिता** कहते हैं। ताप के आधार पर पौधों को चार वर्गों-महातापी (उच्च तापक्रम पर पाए जाने वाले पौधे) जैसे—उष्णकटिबन्धीय वर्षा वन, **मध्यतापी** (उच्च-निम्न तापमान का एकान्तरण; जैसे—उपोष्ण कटिबन्धीय क्षेत्र के पौधे), **न्यूनतापी** (कम तापमान पर वृद्धि करने वाले पौधे) जैसे—मिश्रित **शंकुवृक्षी** वन तथा **अतिन्यूनतापी** (अत्यन्त कम तापमान पर उगने वाले पौधे) जैसे—उच्च पर्वतीय वनस्पति, में विभाजित किया जाता है।

(iii) **जल** पौधों की वृद्धि एवं विकास जल की प्राप्ति पर ही निर्भर करता है। जल प्राप्ति के आधार पर पौधों को जलोद्भिद्, समोद्भिद्, मरुद्भिद् एवं लवणोद्भिद वर्गों में रखा जाता है।

(iv) **वायु** तेज वायु मृदा अपरदन, अधिक वाष्पोत्सर्जन व वाष्णीकरण, वृक्षों के टूटने का प्रमुख कारण है।

(v) **वायुमण्डलीय गैसें** पृथ्वी के गैसीय आवरण में ऑक्सीजन (21%), कार्बन डाइऑक्साइड (0.03%), नाइट्रोजन (79%) सूक्ष्म मात्रा में हाइड्रोजन तथा अनेक प्रकार की निष्क्रिय गैसें उपस्थित हैं।

2. मृदीय कारक या मृदा (Edaphic Factor or Soil)

- मृदा पृथ्वी की सतह की ऊपरी उपजाऊ परत है। मृदा का निर्माण चट्टानों के भौतिक, रासायनिक तथा जैविक अपक्षरण के कारण होता है। मृदा निर्माण को **पीडोजेनेसिस** कहते हैं।
- अम्लीय मृदा में पाई जाने वाली वनस्पतियों को ऑक्सेलोफाइट्स, लवणीय मृदा में पाई जाने वाली वनस्पतियों को हैलोफाइट्स, बलुई मृदा में उगने वाली वनस्पतियों को सैमोफाइट्स तथा चट्टानों पर उगने वाली वनस्पतियों को लीथोफाइट्स कहते हैं।

निर्माण के आधार पर मृदा दो प्रकार की होती है

(i) **अवशिष्ट मृदा** यह मृदा अपने निर्माण वाले स्थान पर ही उपस्थित रहती है।

(ii) **वाहित मृदा** यह मृदा निर्माण के बाद दूसरे स्थान पर वाहकों के साथ स्थानान्तरित हो जाती है। *वाहकों के अनुसार यह निम्न प्रकार की होती है*

(a) **जलोढ़** (Alluvial) बहते जल के द्वारा स्थानान्तरित मृदा।
(b) **वायोढ़** (Eotian) पवन द्वारा स्थानान्तरित मृदा।
(c) **मिश्रोढ़** (Colluvial) गुरुत्व द्वारा स्थानान्तरित मृदा।
(d) **हिमनदीय** (Glacial) बर्फ या हिम द्वारा स्थानान्तरित मृदा।

मृदा अपरदन (Soil Erosion)

- उपजाऊ मिट्टी या ऊपरी मृदा की हवा, पानी या अन्य भौगोलिक परिस्थितियों के कारण हानि को मृदा अपरदन कहते हैं।
- मृदा अपरदन तीन मुख्य कारकों-जल, वायु एवं मानव हस्तक्षेप द्वारा होता है
- जल के बहाव के कारण पतली परत के रूप में मिट्टी का बहना परत अपरदन कहलाता है।
- बहते जल द्वारा मृदा के बह जाने से कम गहरी नालियों का बन जाना रिल या क्षुद्र सरिता अपरदन कहलाता है। अनेक छोटी नालियों के मिलने से बड़ी नालियों का बनना **अवनलिका** या **गली अपरदन** कहलाता है।
- मृदा के सूक्ष्म कणों का तेज वायु के साथ धूल के रूप में एक स्थान से दूसरे स्थान पर जाना निलम्बन अपरदन कहलाता है।
- मृदा के बड़े तथा भारी कणों का तेज हवा के कारण लुढ़ककर एक स्थान से दूसरे स्थान पर स्थानान्तरित होना वल्गन कहलाता है।
- वनों के काटने, वन-अग्नि तथा खनन संक्रिया आदि के कारण भी मृदा अपरदन को बढ़ावा मिलता है।

मृदा संरक्षण (Soil Conservation)

मृदा की हानि या अपरदन को रोकना भूमि संरक्षण कहलाता है, *मृदा अपरदन को निम्न विधियों द्वारा रोका जा सकता है*

(i) जैविक विधियाँ (Biological Method)

- मृदा अपरदन को रोकने के लिए विभिन्न शस्यविज्ञानीय विधियाँ; जैसे—कण्टूर कृषि अर्थात् क्रमशः खाँचों व कटक का बनाना, फसल-चक्र।
- विभिन्न प्रकार की फसलों को एकान्तर में उगाना, सीढीनुमा खेती अर्थात् ढालू क्षेत्रों में विभिन्न ऊँचाईयों पर भूमि को काटकर समतल खेत बनाना, मुल्चिग।
- अर्थात् फसल काटने के बाद पौधों के वृन्त का खेतों में फैला दिया जाना व पट्टीदार खेती अर्थात् बड़े व छोटे पौधों का एकान्तर पट्टियों में लगाया जाना आदि प्रयोग की जाती हैं।
- **वनारोपण** के अन्तर्गत बड़े-बड़े वृक्षों को कतारों में लगा दिया जाता है।

(ii) यान्त्रिक विधियाँ (Mechanical Method)

- भूमि के कटाव व बाढ़ को रोकने के लिए बाँध बना दिए जाते हैं।
- नदियों के उद्धर्व किनारों को ढालू बनाकर तथा किनारों पर वृक्ष, घासें व अन्य वनस्पतियाँ उगाकर किनारों की सुरक्षा की जा सकती है।
- जल को रोकने के लिए समुच्च रेखाओं के साथ-साथ संग्रहण क्षेत्र बनाए जाते हैं।

पारिस्थितिक तन्त्र (Ecosystem)

पारिस्थितिक तन्त्र शब्द का प्रयोग सर्वप्रथम **ए जी टैन्सले** (1935) ने किया, उनके अनुसार 'पारिस्थितिक तन्त्र वह तन्त्र है, जो वातावरण के जैविक तथा अजैविक सभी कारकों के परस्पर सम्बन्धों तथा प्रक्रियाओं द्वारा प्रकट होता है'। पारिस्थितिक तन्त्र प्रकृति की एक क्रियात्मक इकाई है।

प्रमुख पारिस्थितिक तन्त्रों के उदाहरण
(Examples of Ecosystem)

ये निम्न प्रकार के होते हैं

(i) **प्राकृतिक पारिस्थितिक तन्त्र** (Natural Ecosystem) ये प्राकृतिक स्थितियों के द्वारा संचालित होते हैं। *ये दो प्रकार के होते हैं*
  (a) **स्थलीय** (Terrestrial); जैसे—वन, घास का मैदान तथा मरुस्थलीय पारिस्थितिक तन्त्र।
  (b) **जलीय** (Aquatic) यह **स्थिरजलीय** स्वच्छ; जैसे—तालाब, पोखर, **सरितजलीय** स्वच्छ; जैसे—नदी, धारा, झरना, तथा **समुद्री** जैसे—महासागर होता है।

(ii) **कृत्रिम पारिस्थितिक तन्त्र** (Artificial Ecosystem) यह मनुष्य द्वारा संचालित होता है; जैसे—फसल पारिस्थितिक तन्त्र, एक्वेरियम।

पारिस्थितिक तन्त्र के घटक (Components of Ecosystem)

पारिस्थितिक तन्त्र के घटक दो प्रकार के होते हैं

1. पारिस्थितिक तन्त्र के अजैवीय घटक
(Abiotic Components of Ecosystem)

पारिस्थितिक तन्त्र के अजैवीय घटकों में उन कारकों को सम्मिलित किया गया है, जो जैवीय घटकों के वितरण, संरचना, आदि को प्रभावित करते हैं।

इन्हें निम्न प्रकार से वर्गीकृत किया जा सकता है

(i) **जलवायवीय कारक** (Climatic Factors) इन कारकों के अन्तर्गत भौतिक कारकों (जैसे—प्रकाश, ताप, वर्षा, नमी) तथा मृदीय कारकों (जैसे—मृदा pH, मृदा जल, मृदा संरचना, आदि) को सम्मिलित किया गया है।

(ii) **अकार्बनिक पदार्थ** (Inorganic Substances) ये वे पदार्थ हैं, जो जीव के रासायनिक संघटन के घटक होते हैं तथा पदार्थों के चक्रण में भाग लेते हैं। किसी भी दिए गए समय पर किसी भी पारितन्त्र में इन पदार्थों की मात्रा निश्चित होती है। इनमें जल, नाइट्रोजन, कार्बन डाइऑक्साइड, ऑक्सीजन, आदि सम्मिलित हैं।

(iii) **कार्बनिक पदार्थ** (Organic Substances) ये पदार्थ पारितन्त्र के अजैवीय व जैवीय घटकों के मध्य सम्बन्ध स्थापित करते हैं। इनमें प्रोटीन, कार्बोहाइड्रेट, वसा, न्यूक्लिक अम्ल, आदि को सम्मिलित किया गया है।
इन घटकों के बारे में हम अध्याय 24 में विस्तार से पढ़ चुके हैं।

2. पारिस्थितिक तन्त्र के जैवीय घटक
(Biotic Components of Ecosystem)

पारिस्थितिक तन्त्र के जैवीय घटकों में सजीवों को सम्मिलित किया जाता है; जैसे—पादप, जन्तु, जीवाणु, कवक, आदि। इनका पारिस्थितिक तन्त्र में महत्त्वपूर्ण स्थान होता है।

पोषण के आधार पर जैवीय घटकों को भी दो भागों में बाँटा जा सकता है

(i) स्वपोषी घटक या उत्पादक
(Autotrophic Components or Producer)

- ऐसे सभी जीव, जो अपने पोषण के लिए स्वयं सरल अकार्बनिक पदार्थों से जटिल कार्बनिक पदार्थों (Organic substances) का निर्माण कर सकते हैं, उन्हें स्वपोषी घटकों में सम्मिलित किया जाता है। इनमें समस्त हरे पादप, प्रकाश-संश्लेषी जीवाणु तथा सायनोबैक्टीरिया

(Cynobacteria; उदाहरण—*नॉस्टॉक*) आते हैं, जिन्हें **उत्पादक** (Producer) कहा जाता है।

- ये स्वपोषी घटक सूर्य की प्रकाशीय ऊर्जा की सहायता से हरितलवक (Chloroplast) की उपस्थिति में अकार्बनिक पदार्थ; जैसे—CO_2 व जल का उपयोग करके प्रकाश-संश्लेषण की प्रक्रिया द्वारा कार्बनिक पदार्थ के रूप में भोजन का निर्माण करते हैं।
- स्वपोषी जीव इस भोजन या कार्बनिक पदार्थों को संचित कर लेते हैं व इन्हीं कार्बनिक पदार्थों का उपयोग अन्य सभी जीव परोक्ष या अपरोक्ष रूप से अपने भोजन प्राप्ति के लिए करते हैं।
- जलीय पारितन्त्र में जलीय पादप, पादपप्लवक (Phytoplankton) व शैवाल; (उदाहरण—*वॉलवॉक्स, स्पाइरोगायरा*) प्रमुख उत्पादक होते हैं, जबकि स्थलीय पारितन्त्र में शाक, झाड़ी व वृक्ष, आदि प्रमुख उत्पादक होते हैं।

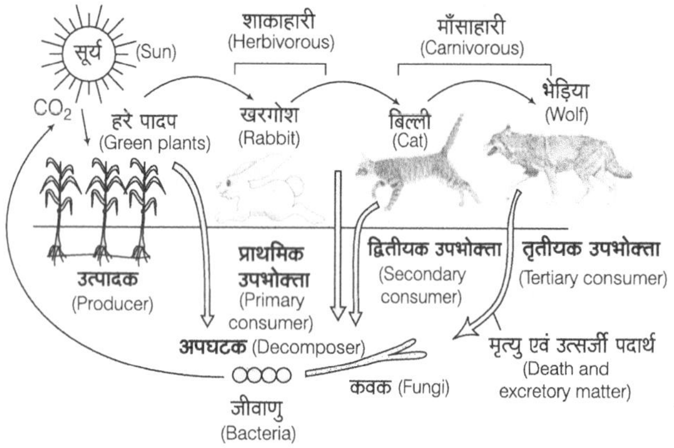

चित्र 26.1 पारितन्त्र के जैविक घटकों के मध्य सम्बन्ध

(ii) विषमपोषी घटक या उपभोक्ता
(Heterotrophic Components or Consumer)

- ऐसे जीव, जो स्वयं अपने लिए कार्बनिक पदार्थों (भोजन) का निर्माण नहीं कर सकते हैं एवं स्वपोषी घटकों द्वारा निर्मित भोजन से अपने पोषण (Nutrition) की प्राप्ति करते हैं, विषमपोषी कहलाते हैं; जैसे—खरगोश, चूहा, मेंढक, शेर, मनुष्य, आदि।
- ये जीव या तो पादपों से प्रत्यक्ष (Direct) रूप से भोजन प्राप्त करते हैं या फिर अप्रत्यक्ष (Indirect) रूप से अन्य दूसरे जीवों से भोजन प्राप्त करते हैं। इसी कारण ये जीव **उपभोक्ता** या **अपघटनकर्ता** (Decomposer) कहलाते हैं।
- विषमपोषी जीवों को उनके आकार के आधार पर निम्न प्रकार से वर्गीकृत किया जा सकता है

(a) **दीर्घ उपभोक्ता या भक्षकपोषी** (Macroconsumer or Phagotrophs)

इस श्रेणी में उन सभी जीवों को रखा गया है, जो भोजन को सीधे ही ग्रहण करते हैं तथा उसका पाचन करके ऊर्जा की प्राप्ति करते हैं।

दीर्घ उपभोक्ताओं को भी भोजन की प्रकृति के आधार पर निम्न प्रकार से वर्गीकृत किया जा सकता है

- **प्राथमिक या प्रथम श्रेणी उपभोक्ता** (Primary Consumers) वे जीव, जो अपना भोजन सीधे ही उत्पादकों से प्राप्त करते हैं, प्रथम श्रेणी उपभोक्ता कहलाते हैं। इन जीवों को **शाकाहारी** (Herbivores) जन्तु भी कहा जाता है, क्योंकि ये पादप के विभिन्न भागों का भक्षण करते हैं। कीट, चूहे, हिरन, खरगोश, चिड़िया, बकरी, आदि प्राथमिक उपभोक्ता के कुछ उदाहरण हैं।
- **द्वितीयक या द्वितीय श्रेणी उपभोक्ता** (Secondary Consumers) ऐसे जीव, जो शाकाहारी जन्तुओं का शिकार करके अपने भोजन की प्राप्ति करते हैं, द्वितीयक श्रेणी उपभोक्ता या **प्रथम माँसाहारी जन्तु** (First carnivores) कहलाते हैं; जैसे—पक्षी, बिल्ली, कुत्ता, मेंढक, लोमड़ी, सर्प, भेड़िया, आदि।
- **तृतीयक या तृतीय श्रेणी उपभोक्ता** (Tertiary Consumers) ऐसे जीव, जो द्वितीय श्रेणी के उपभोक्ताओं को खाकर अपने भोजन की प्राप्ति करते हैं, तृतीय श्रेणी उपभोक्ता या **द्वितीय माँसाहारी** (Second carnivores) कहलाते हैं। इन्हें सर्वोच्च उपभोक्ता (Top consumer) भी कहते हैं।
- ये स्वयं किसी अन्य जन्तु के द्वारा नहीं खाए जाते हैं; जैसे—बाज, शेर, मगरमच्छ, बाघ, शार्क, व्हेल, सारस, आदि। चूँकि मनुष्य सभी जीवों (उत्पादक एवं उपभोक्ता) को भोजन के रूप में ग्रहण कर सकता है। इसलिए मनुष्य को **सर्वाहारी** (Omnivores) कहा जाता है। कुत्ता, मोर, चूहा, चींटी, बिल्ली, कौआ, कैट फिश, भालू, कछुआ, आदि जन्तु भी सर्वाहारी होते हैं।

(b) **सूक्ष्म उपभोक्ता या मृतोपजीवी या अपघटक**
(Microconsumer or Saprotrophs or Decomposers)

- वे जीव, जो पादप व जन्तुओं के मृत शरीर के जटिल कार्बनिक पदार्थों को सरल अकार्बनिक पदार्थों में तोड़कर अपना पोषण प्राप्त करते हैं, **अपघटक** कहलाते हैं, जैसे—मृतोपजीवी जीवाणु (Bacteria), कवक (Fungi; उदाहरण—*एगेरिकस*), आदि।
- ये जीवाणु व कवक, पादप व जन्तुओं में संचित जटिल कार्बनिक पदार्थों को सरल अकार्बनिक एवं कार्बनिक पदार्थों तोड़कर पुन: वातावरण में लौटाने का कार्य करते हैं।
- वातावरण में लौटे अकार्बनिक एवं कार्बनिक पदार्थों को उत्पादकों द्वारा पुन:अवशोषित कर लिया जाता है। अत: अपघटक पदार्थों के **पुनश्चक्रण** (Recycling) में सहायक होते हैं। इसी कारण अपघटकों को **परिवर्तक** (Transformers) भी कहा जाता है। इसका उल्लेख **क्लार्क** (Clark) नामक वैज्ञानिक ने किया था।

कुछ विशिष्ट पारिस्थितिक तन्त्रों के उदाहरण
(Examples of Some Specific Ecosystems)

कुछ विशिष्ट पारिस्थितिक तन्त्रों के उदाहरण निम्नलिखित हैं

1. तालाब पारिस्थितिक तन्त्र (Pond Ecosystem)

तालाब का पारिस्थितिक तन्त्र अपने आप में एक पूर्ण पारिस्थितिक तन्त्र है। तालाब में उपस्थित जैविक व अजैविक घटक आपस में पारस्परिक अन्त:क्रिया करते हैं तथा एक कार्यशील इकाई का निर्माण करते हैं।

तालाब के पारिस्थितिक तन्त्र में पाए जाने वाले जैवीय व अजैवीय घटक निम्न प्रकार हैं

(i) **अजैवीय घटक** (Abiotic Components)

तालाब के जल में कार्बन डाइऑक्साइड (CO_2), ऑक्सीजन, ताप, प्रकाश, खनिज लवण, कैल्शियम, नाइट्रोजन, फॉस्फोरस के यौगिक, अमीनो अम्ल, आदि अजैवीय घटक के रूप में पाए जाते हैं।

तालाब के पारिस्थितिक तन्त्र में भी ऊर्जा के स्रोत के रूप में सूर्य (Sun) उपस्थित होता है। कुछ अजैवीय पदार्थ तालाब के जल के निचले स्तर में भी उपस्थित होते हैं तथा वहाँ से इनकी थोड़ी-थोड़ी मात्रा ऊपर आती रहती है।

(ii) **जैवीय घटक** (Biotic Components)

तालाब के पारितन्त्र में उत्पादक, उपभोक्ता व अपघटक जैवीय घटक के रूप में उपस्थित होते हैं, *जो निम्न प्रकार हैं*

(a) **उत्पादक** (Producer) तालाब के पारिस्थितिक तन्त्र में पाए जाने वाले पादपप्लवक (Phytoplankton); जैसे—शैवाल, डायटम, आदि तथा जलीय हरे पादप; जैसे- *हाइड्रिला (Hydrilla)*, *पोटामोजिटॉन (Potamogeton)*, *लेम्ना (Lemna)*, जलकुम्भी (*Nymphea*), आदि प्रमुख उत्पादक होते हैं।
इस प्रकार विभिन्न प्रकार के जल निमग्न पादप, प्रकाश-संश्लेषण की प्रक्रिया द्वारा कार्बनिक पदार्थों का निर्माण करते हैं।

(b) **उपभोक्ता** (Consumer) तालाब के पारिस्थितिक तन्त्र के उपभोक्ताओं को निम्न प्रकार से वर्गीकृत किया जा सकता है

- **प्रथम श्रेणी उपभोक्ता** (Primary Consumer) तालाब के जल में पाए जाने वाले अनेक छोटे **जन्तुप्लवक** (Zooplankton), क्रस्टेशियन लार्वा (Crystacean larvae), टैडपोल (Tadpol), आदि को प्रथम श्रेणी उपभोक्ता या शाकाहारी जन्तु माना जाता है। तालाब के सबसे निचले तल पर अनेक प्रकार के जन्तु; जैसे—ऐनीलिड्स, मोलस्क, आदि उपस्थित होते हैं। ये तल पर गिरे हुए पादपीय अवशेषों का सेवन करते हैं।
- **द्वितीय श्रेणी उपभोक्ता** (Secondary Consumer) ये जीव जलीय शाकाहारियों का भक्षण करते हैं। इनमें मेंढक, जलीय सर्प, छोटी मछली (Small fish) तथा भृंग (Beetles) को सम्मिलित किया गया है।
- **तृतीय श्रेणी उपभोक्ता** (Tertiary Consumer) ये जलीय माँसाहारी जीवों का भक्षण करते हैं। इनमें बड़ी मछलियों (Large fishes), बत्तख, आदि को सम्मिलित किया गया है, जो छोटी मछलियों, मेंढकों, आदि को खाते हैं।

(c) **अपघटक** (Decomposers) तालाब के जल में मृत पादप (Dead plant) व जन्तुओं (Animals) के शरीर के कार्बनिक पदार्थों के अपघटन के लिए जीवाणु (Bacteria) तथा कवक (Fungi) उपस्थित होते हैं। ये इनके शरीर से अकार्बनिक पदार्थों को मुक्त करते रहते हैं, जिनका उपयोग पुन: स्वपोषियों द्वारा भोजन निर्माण में कर लिया जाता है।

2. वन पारिस्थितिक तन्त्र (Forest Ecosystem)

वन पारिस्थितिक तन्त्र, स्थलीय पारिस्थितिक तन्त्र का उदाहरण है। एक वन पारिस्थितिक तन्त्र के अजैवीय व जैवीय घटक निम्न प्रकार हैं

(i) **अजैवीय घटक** (Abiotic Components)

वन पारिस्थितिक तन्त्र के अजैवीय घटक वायुमण्डल व मृदा में मिलते हैं। ये वन में जटिल रूप से विद्यमान होते हैं, क्योंकि वन में प्रकाश की मात्रा, ताप, प्रकाश की अवधि, मृदा की संरचना, पोषकों की मात्रा, जल की मात्रा, आर्द्रता एवं CO_2 व O_2 का अनुपात अलग-अलग स्तरों पर अलग-अलग होता है। इस प्रकार जलीय पारिस्थितिक तन्त्र की तुलना में, वन पारिस्थितिक तन्त्र में अजैवीय घटक अधिक प्रभावी हो जाते हैं।

(ii) **जैवीय घटक** (Biotic Components)

वन पारितन्त्र में भी जैवीय घटकों के रूप में उत्पादक, उपभोक्ता व अपघटक पाए जाते हैं, जो निम्न हैं

(a) **उत्पादक** (Producer) वन पारिस्थितिक तन्त्र में सभी शाक, झाड़ी व वृक्ष उत्पादकों का कार्य करते हैं। ये सभी सूर्य की प्रकाश ऊर्जा का उपयोग करके जटिल कार्बनिक पदार्थों (भोजन) का निर्माण करते हैं। चूँकि विभिन्न जलवायु में पाए जाने वाले वन भी अलग-अलग प्रकार के होते हैं। अत: वहाँ उत्पादकों का प्रकार भी अलग हो जाता है; जैसे—समशीतोष्ण जलवायु में पर्णपाती वन (Deciduous forest) मिलते हैं, जबकि उष्णकटिबन्धीय (Tropical) जलवायु में सदाबहार वन (Evergreen forest) मिलते हैं।

(b) **उपभोक्ता** (Consumer) वन के पारिस्थितिक तन्त्र में उपभोक्ताओं को निम्न प्रकार से वर्गीकृत किया जा सकता है

- **प्रथम श्रेणी उपभोक्ता** (Primary Consumers) इनमें शाकाहारी जन्तुओं; जैसे—कीट, चूहों, खरगोश, गिलहरी, हिरन, आदि को सम्मिलित किया गया है, जो उत्पादकों से सीधे भोजन की प्राप्ति करते हैं।
- **द्वितीय श्रेणी उपभोक्ता** (Secondary Consumers) ये जीव शाकाहारी जीवों से अपना भोजन प्राप्त करते हैं। ये प्रथम माँसाहारी जीव हैं, जिनमें बिल्ली, तेन्दुआ, भेड़िया, सर्प, सियार, आदि को सम्मिलित किया गया है।
- **तृतीय श्रेणी उपभोक्ता** (Tertiary Consumers) ये जीव प्रथम माँसाहारी जन्तुओं से अपने भोजन की प्राप्त करते हैं। इनमें शेर, चीता, बाघ, बाज, आदि को सम्मिलित किया गया है।

(c) **अपघटक** (Decomposer) वन पारिस्थितिक तन्त्र में विभिन्न प्रकार के जीवाणु एवं कवक अपघटक के रूप में कार्य करते हैं, जबकि चींटी गिद्ध, केंचुआ, लकड़बग्घा, आदि **अपमार्जक** (अ्रीग्न्दी) के रूप से कार्य करते हैं, जो मृत जन्तु अवशेषों को खाते हैं। ये उत्पादकों व उपभोक्ताओं के मृत शरीर में उपस्थित जटिल कार्बनिक पदार्थों को सरल अकार्बनिक पदार्थों में बदल देते हैं तथा इन पदार्थों के चक्रण में सहायता करते हैं।

3. घास का मैदान या चारगाह पारितन्त्र (Grassland Ecosystem)

घास के मैदान महाद्वीपों के भीतरी क्षेत्रों अर्जेन्टीना, USA, अफ्रीका, आदि क्षेत्रों में स्थित होते हैं। इन क्षेत्रों में 25 से 75 सेमी तक औसतन वार्षिक वर्षा होती है। इस क्षेत्रों में लम्बी घासें तथा झाड़ियाँ पाई जाती है। घासस्थल की मृदा में ह्यूमस अधिक मात्रा में पाया जाता है, जिसके कारण यह अत्यधिक उपजाऊ होती है। यह क्षेत्र फसलों के लिए उपयोगी होता है। भारत वर्ष में लगभग 8% भाग पर घास स्थल पाए जाते हैं।

(i) **अजैविक या अजीवीय घटक** (Abiotic Components) ये प्राय: वन पारिस्थितिक तन्त्र के समान ही होते हैं।

(ii) **जैविक या जीवीय घटक** (Biotic Components) ये निम्न है

(a) **उत्पादक** (Producers) बड़े घने वृक्षों की तुलना में घास एवं झाड़ियाँ अधिक होती हैं; उदाहरण—*सायनोडॉन (Cynodon)*, *डिजिटेरिया (Digitaria)*, आदि।

(b) **उपभोक्ता** (Consumers) ये निम्न तीन प्रकार के होते हैं
- **प्राथमिक उपभोक्ता**; उदाहरण–जंगली भैंस, हिरण, आदि।
- **द्वितीयक उपभोक्ता**; उदाहरण – सर्प, लोमड़ी, जरख, लकड़बग्घा, आदि।
- **तृतीयक उपभोक्ता**; उदाहरण – गाज, मोर, चीता, शेर, आदि।

(c) **अपघटक** (Decomposers) अनेक सूक्ष्मजीवी कवक (Fungi), जीवाणु, आदि।

पारिस्थितिक तन्त्र में पोषी स्तर
(Trophic Levels in Ecosystem)

- किसी भी पारितन्त्र के सभी जैवीय घटक आपस में पूर्णतया सम्बन्धित होते हैं। सभी जीव अपने भोजन के लिए अपने समुदाय (Community) या पारितन्त्र में एक निश्चित स्थान ग्रहण करते हैं तथा इस स्थान को ही पोषी स्तर (Trophic level) कहा जाता है।
- इस प्रकार जीवों में भोजन प्राप्ति के लिए आपसी सम्बन्ध बने होते हैं। पोषण के लिए बने जीवों के इस परस्पर सम्बन्ध को **खाद्य शृंखला** (Food chain) भी कहते हैं, जो उत्पादकों (Producers) से सर्वोच्च उपभोक्ताओं (Top consumers) तक जाती है।
- हरे पेड़-पादप सूर्य के प्रकाश की उपस्थिति में स्वयं अपने भोजन का निर्माण कर लेते हैं। इस कारण इन्हें **उत्पादक** (Producer) कहते हैं तथा ये पारिस्थितिक तन्त्र के **प्रथम पोषी स्तर** (First trophic level = T_1) का निर्माण करते हैं।
- किसी भी पारितन्त्र में अनेक प्रकार के उपभोक्ता होते हैं, जो उत्पादकों से प्रत्यक्ष या अप्रत्यक्ष रूप से भोजन ग्रहण करते हैं। वे उपभोक्ता, जो उत्पादकों से प्रत्यक्ष पोषण प्राप्त करते है अर्थात् सीधे उत्पादकों को खाते हैं, वे शाकाहारी या प्राथमिक उपभोक्ता (Primary consumers) कहलाते हैं तथा ये **द्वितीय पोषी स्तर** (Second trophic level = T_2) का निर्माण करते हैं।
- शाकाहारी जीवों का भक्षण प्रथम माँसाहारी (Primary carnivores) या द्वितीयक उपभोक्ताओं (Secondary consumers) द्वारा किया जाता है। अत: ये उत्पादकों से अप्रत्यक्ष रूप से पोषण प्राप्त करते हैं एवं **तृतीय पोषी स्तर** (Third trophic level = T_3) का निर्माण करते हैं। द्वितीयक उपभोक्ताओं का भक्षण तृतीयक श्रेणी के उपभोक्ताओं (Tertiary consumers) द्वारा किया जाता है जो **चतुर्थ पोषी स्तर** (Fourth trophic level = T_4) का निर्माण करते हैं। इस प्रकार ये **सर्वोच्च उपभोक्ता** (Top consumers) भी कहलाते हैं।
- पारिस्थितिक तन्त्र के प्रत्येक पोषी स्तर पर जीवों के मृत शरीर पर अपघटक कार्य करते हैं व उनमें उपस्थित जटिल कार्बनिक पदार्थों को सरल अकार्बनिक पदार्थों में बदलकर पदार्थों का पुन:चक्रण (Recycling) करते रहते हैं।
- पारितन्त्र में किसी निश्चित समय पर प्रत्येक पोषी स्तर में उपस्थित कुल जीवित पदार्थ अर्थात् जैवभार (Biomass) की मात्रा **खड़ी फसल** (Standing crop) कहलाती है। जैव भार को ताजे या शुष्क भार के रूप में व्यक्त किया जाता है।

पारिस्थितिक तन्त्र की उत्पादकता
(Productivity of Ecosystem)

- एक निश्चित समयावधि में निश्चित क्षेत्र में उपस्थित हरे पादपों द्वारा उत्पन्न की गई कार्बनिक पदार्थ की दर ही उत्पादकता कहलाती है।
- प्राथमिक उत्पादकों द्वारा प्रकाश-संश्लेषण की क्रिया द्वारा बनाए गए कार्बनिक पदार्थों की कुल मात्रा को **सकल प्राथमिक उत्पादकता** (gross primary productivity) कहते हैं।
- प्राथमिक उत्पादकों द्वारा संचित कार्बनिक पदार्थों या ऊर्जा की मात्रा शुद्ध प्राथमिक उत्पादकता (net primary productivity) कहलाती है।
- शुद्ध प्राथमिक उत्पादकता, सकल प्राथमिक उत्पादकता का वह भाग है, जो श्वसन क्रिया में कार्बनिक पदार्थों के ऑक्सीकरण के पश्चात् शेष बचता है अर्थात् शुद्ध प्राथमिक उत्पादकता = सकल प्राथमिक उत्पादकता-श्वसन में प्रयुक्त ऊर्जा
- उपभोक्ताओं के विभिन्न स्तरों द्वारा अधिक मात्रा में संचित पदार्थों के कारण जीवभार में हुई वृद्धि **द्वितीयक उत्पादकता** कहलाती है।
- विभिन्न ऊर्जा स्तरों से होकर ऊर्जा प्रवाह में कितनी ऊर्जा एक स्तर से दूसरे स्तर को उपलब्ध होती है, इसे **पारिस्थितिक कुशलता** कहते हैं।

खाद्य शृंखला और खाद्य जाल

पारिस्थितिक तन्त्र में सभी जीव भोजन ग्रहण करने के लिए एक-दूसरे से परस्पर जुड़े रहते हैं और एक शृंखला बनाते हैं। यही शृंखला खाद्य शृंखला कहलाती है।

घास ⟶ खरगोश ⟶ शेर, चीता ⟶ बाज
(उत्पादक) (प्राथमिक उपभोक्ता) (द्वितीयक उपभोक्ता) (तृतीयक उपभोक्ता)

प्रकृति में खाद्य शृंखला तीन प्रकार की होती है

(i) **परभक्षी खाद्य शृंखला** हरे पौधे से प्रारम्भ होकर छोटे जन्तुओं में और फिर बड़े जन्तुओं की ओर जाती है।

(ii) **परजीवी खाद्य शृंखला** बड़े जन्तुओं से प्रारम्भ होकर छोटे जन्तुओं की ओर जाती है।

(iii) **अपरद् या मृतोपजीवी खाद्य शृंखला** मृत प्राणियों से आरम्भ होकर सूक्ष्मजीवों की ओर जाती है।

- खाद्य शृंखला में उत्पादक से उपभोक्ता तथा अपघटक तक ऊर्जा का स्थानान्तरण सीधी कड़ी के रूप में होता है। प्रकृति में विभिन्न खाद्य शृंखलाएँ आपस में जुड़कर एक तन्त्र बनाती हैं, इसे **खाद्य जाल** (food web) कहते हैं।
- इस प्रकार प्रकृति में खाद्य के अनेक वैकल्पिक रास्ते होते हैं, जो पारिस्थितिक तन्त्र में साम्यावस्था के लिए महत्वपूर्ण हैं।

पारिस्थितिक तन्त्र में ऊर्जा का प्रवाह

- पारिस्थितिक तन्त्र में ऊर्जा का प्रवेश, रूपान्तरण तथा विसरण, ऊष्मागतिकी के नियमों का पालन करता है।
- ऊष्मागतिकी के प्रथम नियम के अनुसार 'ऊर्जा न तो उत्पन्न की जा सकती है, और न ही नष्ट की जा सकती है'।
- ऊष्मागतिकी के द्वितीय नियम के अनुसार 'ऊर्जा के रूपान्तरण की क्रिया में कुछ ऊर्जा परिवर्तित रूप में तन्त्र से परिक्षेपित अवस्था में विसरित होती है।'

- हरे पौधे या उत्पादक प्रकाश-संश्लेषण की क्रिया द्वारा प्रकाश ऊर्जा को रासायनिक ऊर्जा में परिवर्तित कर देते हैं।
- पारिस्थितिक तन्त्र में ऊर्जा का स्थानान्तरण एकदिशीय होता है।
- लिन्डेमान (1942) के 10% नियम के अनुसार एक पोषक स्तर से दूसरे पोषक स्तर में ऊर्जा का केवल 10% भाग स्थानान्तरित होता है, शेष 90% ऊर्जा व्यर्थ हो जाती है।
- किसी पारिस्थितिक तन्त्र में ऊर्जा का मूल स्रोत सूर्य है।
- पारिस्थितिक तन्त्र में खाद्य शृंखला जितनी छोटी होगी ऊर्जा का ह्रास उतना ही कम होगा।

पारिस्थितिक पिरामिड (Ecological Pyramids)

- पारिस्थितिक तन्त्र की पोषक संरचना एक प्रकार की उत्पादक-उपभोक्ता व्यवस्था है और पारिस्थितिक तन्त्र की पोषक संरचना का आलेखी **प्रदर्शन पारिस्थितिक पिरामिड** कहलाता है। इन आलेखों में सबसे नीचे का पोषक स्तर उत्पादक तथा सबसे ऊपर का पोषक स्तर माँसाहारी का होता है।
- पारिस्थितिक पिरामिड का सिद्धान्त **एल्टन** के द्वारा 1927 में दिया गया।

पारिस्थितिक पिरामिड तीन प्रकार के होते हैं

(i) **संख्या का पिरामिड** (Pyramid of Number) इस पिरामिड में प्रत्येक पोषक स्तर पर व्यक्तिगत संख्या दर्शाई जाती है। संख्या का पिरामिड घास तथा तालाब पारिस्थितिक तन्त्र में सीधा तथा वृक्ष पारिस्थितिक तन्त्र में उल्टा होता है।

(ii) **जीवभार का पिरामिड** (Pyramid of biomass) इस पिरामिड में प्रत्येक पोषक स्तर पर जीवभार दर्शाया जाता है। जीवभार का पिरामिड घास पारिस्थितिक तन्त्र तथा वन पारिस्थितिक तन्त्र में सीधा जबकि तालाब पारिस्थितिक तन्त्र में उल्टा होता है।

(iii) **ऊर्जा का पिरामिड** (Pyramid of energy) इसमें निहित ऊर्जा या विभिन्न पोषक स्तरों पर उत्पादकता दर्शाई जाती है। ऊर्जा का पिरामिड सभी पारिस्थितिक तन्त्रों में सदैव सीधा होता है।

जैव भू-रासायनिक चक्र (Bio-geochemical Cycle)

पोषक तत्वों तथा महत्वपूर्ण लघु व दीर्घ तत्वों का जैविक से अजैविक व अजैविक से पुनः जैविक घटकों में प्रवाह होता रहता है, इसे **जैव भू-रासायनिक चक्र** कहते हैं। जैव भू-रासायनिक चक्र गैसीय (CO_2, N_2) और अवसादी (P, S) प्रकार के होते हैं।

पारिस्थितिक *तन्त्र के कुछ प्रमुख जैव भू-रासायनिक चक्र निम्नलिखित हैं*

(i) **कार्बन चक्र** (Carbon Cycle)

- वायुमण्डल में कार्बन CO_2 (0.03%) के रूप में पाई जाती है। हरे पौधे प्रकाश-संश्लेषण में CO_2 का प्रयोग कर भोजन या कार्बनिक पदार्थ का निर्माण करते हैं।
- विषमपोषी जीव कार्बनिक पदार्थों को भोजन के रूप में प्रयोग करते हैं।
- जीवों के श्वसन, ईंधन के जलने तथा कार्बनिक पदार्थों के अपघटन द्वारा CO_2 वायुमण्डल में पहुँचती है।

(ii) **नाइट्रोजन चक्र** (Nitrogen Cycle)

- वायुमण्डल में लगभग 79% नाइट्रोजन है, जो पौधों को नाइट्रेट तथा अमोनियम यौगिकों के रूप में प्राप्त होती है। *इसमें चार चरण होते हैं*

(a) **नाइट्रोजन-स्थिरीकरण** (Nitrogen-fixation) अजैविक नाइट्रोजन स्थिरीकरण बादलों में बिजली के चमकने से होता है, जबकि जैविक नाइट्रोजन-स्थिरीकरण असहजीवी सूक्ष्मजीवों; जैसे—*क्लॉस्ट्रिडियम, एजोटोबैक्टर*, नीले-हरे शैवालों; जैसे—*नोस्टॉक, एनाबीना* तथा सहजीवी सूक्ष्मजीवों, जैसे—*राइजोबियम लेग्यूमिनोसेरम* द्वारा होता है।

(b) **नाइट्रीकरण** (Nitrification) अमोनिया को नाइट्रेट में बदलने या ऑक्सीकरण की क्रिया जो *नाइट्रोसोमोनास, नाइट्रोबैक्टर* आदि जीवाणुओं द्वारा होती है।

(c) **अमोनीकरण** (Amonification) कुछ जीवाणुओं; जैसे—*बैसिलस रेमोसस, बैसिलस वल्गेरिस* तथा *बैसिलस माइकोइड्स* द्वारा जन्तुओं के मृत शरीर की प्रोटीन से अमोनिया बनाने की क्रिया अमोनीकरण कहलाती है।

(d) **विनाइट्रीकरण** (Denitrification) कुछ जीवाणु; जैसे—*थायोबैसिलस डीनाइट्रीफिकेन्स, माइक्रोकोकस डीनाइट्रीफिकेन्स अमोनियम यौगिकों* को स्वतन्त्र नाइट्रोजन में परिवर्तित कर देते हैं।

(iii) **फॉस्फोरस चक्र** (Phosphorus Cycle)

- फॉस्फोरस न्यूक्लिक अम्ल, कोशिका झिल्ली, कोशिकीय ऊर्जा स्थानान्तरण प्रक्रिया तथा हड्डी आदि का प्रमुख अवयव है। फॉस्फोरस को पौधे अपनी जड़ों द्वारा ऑर्थोफॉस्फेट के रूप में ग्रहण करते हैं।
- द्वितीयक उत्पादक फॉस्फोरस को कार्बनिक फॉस्फोरस के रूप में प्राथमिक उत्पादकों से प्रत्यक्ष या परोक्ष रूप से ग्रहण करते हैं।
- विभिन्न ऊर्जा स्तरों के जीवों की मृत्यु के पश्चात् उनके मृत कार्बनिक पदार्थ सूक्ष्मजीवों द्वारा अपघटित कर दिए जाते हैं।
- मृत जीवों के शरीर में उपस्थित कार्बनिक फॉस्फोरस का सूक्ष्मजीवों द्वारा फॉस्फेटेज एन्जाइम की सहायता से अघुलनशील अकार्बनिक फॉस्फोरस में खनिजीकरण हो जाता है, जो घुलनशील अकार्बनिक फॉस्फोरस में रूपान्तरित हो जाता है, और पौधों द्वारा अवशोषित कर लिया जाता है।

(iv) **सल्फर चक्र** (Sulphur Cycle)

- सल्फर का उपयोग कुछ अमीनो अम्लों; जैसे—मेथियोनिन व सिस्टीन तथा प्रोटीन, एन्जाइम, कला तन्त्र, कुछ सह-एन्जाइम, विटामिन व न्यूक्लिओप्रोटीन आदि के निर्माण में होता है।
- पौधे सल्फर को मृदा से सल्फेट (SO_4^{-2}) के रूप में, जबकि जीवाणु H_2S के रूप में ग्रहण करते हैं।
- पौधों में विभिन्न कार्बनिक अणुओं के रूप में बद्ध सल्फर का उच्च ऊर्जा स्तर के जन्तुओं द्वारा उपयोग किया जाता है।
- इनकी मृत्यु के पश्चात् मृत शरीर में उपस्थित कार्बनिक सल्फर का सल्फर तत्व में सूक्ष्मजीवों द्वारा रूपान्तरण होता है, और रसायन-संश्लेषी जीवाणुओं द्वारा सल्फर में ऑक्सीकृत किया जाता है, जो जड़ों द्वारा आसानी से ग्रहण कर लिया जाता है।

1. **जल चक्र** (Water Cycle or Hydrological Cycle)

- जल चक्र सभी चक्रों में सबसे अधिक महत्त्वपूर्ण चक्र है। पर्यावरण में जल का परिवहन जल चक्र कहलाता है। इसे गैसीय या अवसादीय किसी भी श्रेणी में नहीं रखा जाता है।

- पृथ्वी के 75% भाग में जल उपस्थित है। जल, हाइड्रोजन और ऑक्सीजन के संयोग से बना एक यौगिक है, जिसमें हाइड्रोजन और ऑक्सीजन एक विशिष्ट अनुपात (2 : 1) में पाई जाती है।

जलीय चक्र को निम्नलिखित चरणों में समझाया जा सकता हैं

(i) सूर्य द्वारा उत्सर्जित ऊर्जा के कारण पर्यावरण का तापमान बढ़ता है, इस कारण महासागरों, समुद्रों, नदियों, झीलों और मृदा की सतह से जल का लगातार वाष्पीकरण (Evaporation) होता रहता है।

(ii) पादपों द्वारा वाष्पोत्सर्जन (Transpiration) की क्रिया में और जीवों द्वारा उत्सर्जन (Excretion); जैसे—मूत्र, पसीना, आदि द्वारा जल और जलवाष्प उत्सर्जित होती है।

(iii) सभी जीवों में श्वसन (Respiration) क्रिया के फलस्वरूप भी जलवाष्प (Water vapour) उत्पन्न होती है, जो वायु में छोड़ दी जाती है।

(iv) जलवाष्प हल्की होने के कारण वायुमण्डल में इकट्ठी होती रहती है।

(v) जब वातावरण का तापमान गिरता है, तो निम्नताप पर जलवाष्प **संघनित** (Condense) होकर कोहरा, धुन्ध, पाला, ओस, आदि के रूप में या जल की बूँदों में बदल जाती है।

(vi) ये बूँदें वर्षा अथवा हिम के रूप में पृथ्वी पर पुन: वापस आ जाती हैं। इस प्रकार जल चक्रण चलता रहता है।

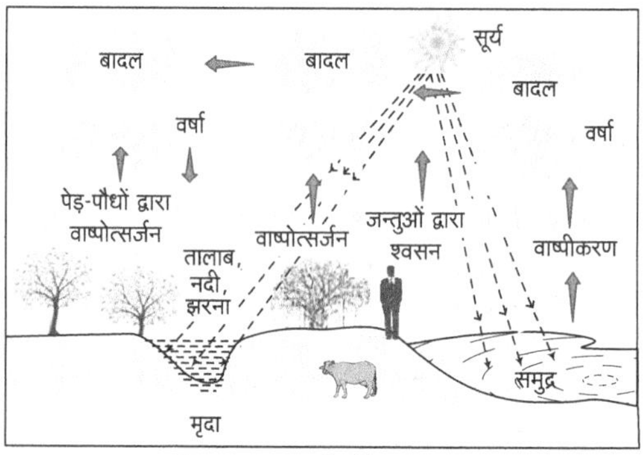

चित्र 17.2 प्रकृति में जल चक्र

जल चक्र के क्रम में जल की तीन अवस्थाएँ पाई जाती हैं

(i) **गैस अवस्था** यह जलवाष्प के रूप में होती है। जलीय भागों से जलवाष्प बनती है और वायु में प्रवाहित हो जाती है।

(ii) **द्रव अवस्था** जलवाष्प, वायुमंडल के गर्म होने से संघनित होती है और पृथ्वी पर वर्षा के रूप में गिरती है।

(iii) **ठोस अवस्था** जल की बूँदें संघनित होने के कारण बड़ी हो जाती हैं। कभी-कभी जब वायु का तापमान काफी कम हो जाता है, तब ये हिमवृष्टि अथवा ओले के रूप में अवक्षेपित हो जाती है।

प्रदूषण (Pollution)

- वायु, जल तथा मृदा के भौतिक, रासायनिक तथा जैविक गुणों में अवाँछनीय परिवर्तन जो प्रत्यक्ष या अप्रत्यक्ष रूप से मनुष्य को प्रभावित करता है, प्रदूषण कहलाता है।
- प्रदूषण उत्पन्न करने वाले कारक या पदार्थ प्रदूषक (pollutants) कहलाते हैं। *प्रदूषकों को दो भागों में विभाजित किया गया है—*
- **अजैव-अनिम्नीकरणीय प्रदूषक** (Non- biodegradable Pollutants); जैसे—एल्युमिनियम के बर्तन, पारे के यौगिक, डी. डी. टी., काँच, आर्सेनिक तथा प्लास्टिक सूक्ष्मजीवों द्वारा अपघटित नहीं होते हैं।
- **जैव निम्नीकरणीय प्रदूषक** (Bio-degradable pollutants); जैसे—घरेलू वाहित मल, कपड़ा, कागज, कूड़ा-करकट; आदि सूक्ष्मजीवों द्वारा अपघटित कर दिए जाते हैं।

1. वायु प्रदूषण (Air Pollution)

- वायु के भौतिक, रासायनिक या जैविक गुणों का ऐसा अवाँछनीय परिवर्तन जिससे हमारी प्राकृतिक सम्पदा नष्ट हो, वायु प्रदूषण कहलाता है।
- इंजनों से उत्पन्न मुख्य प्रदूषक कार्बन मोनोऑक्साइड (77.2%), नाइट्रोजन के ऑक्साइड (7.7%) तथा हाइड्रोकार्बन (13.7%) हैं।
- वाहनों में प्रयोग होने वाले पेट्रोलियम में टेट्राइथाइल लैड तथा टेट्रामिथाइल लैड जैसे कणिकीय प्रदूषक पाए जाते हैं।
- कार्बन मोनोऑक्साइड गैस की अधिक मात्रा के कारण यह रुधिर के हीमोग्लोबिन में घुलकर स्थाई यौगिक कार्बोक्सीहीमोग्लोबिन बनाती है, जिससे साँस लेने में कठिनाई होती है, और अन्त में श्वासावरोध के कारण मृत्यु हो सकती है।
- रेफ्रिजरेटरों तथा जेट हवाई जहाजों से विमोचित ऐरोसोल में क्लोरोफ्लोरोकार्बन होता है।
- वायुमण्डल में ओजोन की परत हानिकारक पराबैंगनी किरणों को पृथ्वी पर पहुँचने से रोकती है। क्लोरोफ्लोरोकार्बन्स (CFCs) के कारण ओजोन की परत नष्ट हो रही है। इसे **ओजोन छिद्र** कहते हैं। ओजोन छिद्र के कारण अधिक मात्रा में पराबैंगनी किरणें पृथ्वी पर पहुँचती हैं, और **त्वचा का कैंसर** उत्पन्न करती हैं।
- अदग्ध हाइड्रोकार्बनों में 3,4 बेन्जोपायरीन होता है, जो फेफड़ों में पहुँचकर कैंसर उत्पन्न करता है।
- नाइट्रोजन के ऑक्साइड आँख तथा नाक में अस्वस्थता उत्पन्न करते हैं, और वातावरण में प्रकाश रासायनिक कोहरा बनाकर ओजोन (O_3) मुक्त करते हैं।

  नाइट्रोजन ऑक्साइड + हाइड्रोकार्बन ⟶ परऑक्सी एसीटिल नाइट्रेट + ओजोन (O_3) (PAN)
- PAN प्रकाश-संश्लेषण में जल के प्रकाशीय अपघटन को रोकता है।
- ओजोन की अधिक सान्द्रता के कारण तीव्र श्वसन रोग, श्वसनी दमा तथा फेफड़ों का कैंसर, आदि रोग हो जाते हैं।
- जीवाश्म ईंधनों में पाई जाने वाली सल्फर ऑक्सीकृत होकर सल्फर डाइऑक्साइड तथा सल्फर ट्राइऑक्साइड बनाती है। सल्फर डाइऑक्साइड (SO_2) जल के साथ मिलकर सल्फ्यूरिक तथा सल्फ्यूरस अम्ल बनाते हैं।
- नाइट्रोजन के ऑक्साइड भी नाइट्रिक अम्ल बनाते हैं। जब सल्फ्यूरिक अम्ल तथा नाइट्रिक अम्ल बूँदों के रूप में पृथ्वी पर पहुँचते हैं। इसे **अम्ल वर्षा** कहते हैं।
- सल्फर डाइऑक्साइड जीवित कोशिकाओं के झिल्ली तन्त्र को नुकसान पहुँचाती है, और जन्तुओं के श्वसन पथ में प्रवेश कर H_2SO_4 बनाती है, जिसके कारण ऊतकों की क्षति होने पर सिर-दर्द होने लगता है।
- कुछ लाइकेन; जैसे—*यूस्निया* SO_2 प्रदूषण के सूचक होते हैं।

- CO_2 की अधिक सान्द्रता के कारण वायुमण्डल में एक मोटा आवरण बन जाता है, जो पृथ्वी से वापिस लौटने वाली ऊष्मा को रोकता है। इससे पृथ्वी का तापमान बढ़ने लगता है। इसे हरित-गृह प्रभाव कहते हैं। CO_2, N_2O, CH_4, CFCs आदि प्रमुख हरित-गृह प्रभाव की गैसें हैं।
- मथुरा तेल परिशोधन कारखाने से उत्पन्न SO_2 के कारण ताजमहल पर हानिकारक प्रभाव पड़ रहा है।

वायु प्रदूषण का नियन्त्रण (Control of Air Pollution)

वायु प्रदूषण नियन्त्रण के उपाय निम्नलिखित हैं

- पैट्रोल से लेड तथा सल्फर को पृथक् करके इनके कारण होने वाले प्रदूषण को कम किया जा सकता है।
- स्वचालित वाहनों में उत्प्रेरक परिवर्तक (catalytic convertor) के प्रयोग द्वारा वायुमण्डलीय प्रदूषण को कम किया जा सकता है।
- धुएँ का निस्यन्दन और शुद्धिकरण करने के पश्चात् ही उसे वातावरण में छोड़ा जाना चाहिए।
- चिमनियों की समुचित ऊँचाई तथा उनमें स्थिर विद्युत अवक्षेपण (electrostatic precipitator) के प्रयोग द्वारा प्रदूषण को कम किया जा सकता है।

2. जल प्रदूषण (Water Pollution)

- यदि जल में घुले पदार्थ आवश्यकता से अधिक मात्रा में हों या जल में कुछ अन्य हानिकारक पदार्थ उपस्थित हों तो वह जल प्रदूषण कहलाता है।
- **घरेलू अपमार्जकों** में फॉस्फेट, नाइट्रेट, अमोनिया के यौगिक तथा एल्किल बेन्जीन सल्फोनेट आदि होते हैं जो नदियों, तालाबों एवं झीलों में जाकर पानी को दूषित करते हैं।
- फॉस्फेट तथा नाइट्रोजन की अधिक मात्रा के कारण, शैवालों की अत्यधिक वृद्धि से जल प्रस्फुटन हो जाता है। जिससे सम्पूर्ण जल सतह शैवालों से ढ़क जाती है। इस अवस्था को सुपोषण या सुपोषिता (eutrophication) कहते हैं।
- सूक्ष्मजीवों द्वारा अपघटन के लिए आवश्यक ऑक्सीजन की मात्रा **बायोलॉजिकल ऑक्सीजन डिमाण्ड** (BOD) कहलाती है। कार्बनिक पदार्थों के कारण जलाशयों में जीवाणुओं तथा कवकों की संख्या में वृद्धि हो जाती है, और BOD अत्यधिक बढ़ जाती है।
- **वाहित मल** (sewage) घरों से निकला मलमूत्र व कूड़ा करकट भूमिगत नालियों द्वारा नदियों एवं झीलों आदि में गिराया जाता है। फलस्वरूप वाहित मल प्रदूषण उत्पन्न हो जाता है।
- जल प्रदूषण के लिए *डैफ्निया, ट्राउट* तथा कुछ मछलियाँ संवेदनशील होती हैं, और प्रदूषण की तीव्रता को दर्शाती हैं। औद्योगिक इकाईयाँ अनेक विषैली गैसें, धुआँ एवं विषैले रसायन वर्ज्य पदार्थ निकालती हैं। ये वर्ज्य पदार्थ नदियों में पहुँचकर जलीय जन्तुओं को प्रभावित करते हैं।
- अधिक मात्रा में फ्लुओराइड्स युक्त जल से **फ्लुओरोसिस** नामक रोग हो जाता है। इसके कारण अस्थियों व दाँतों में तेजी से कैल्सिकरण होता है।
- पारे (Hg) के कारण **मिनामाटा** नामक रोग हो जाता है।
- कैडमियम के कारण **इटाई-इटाई** नामक बीमारी हो जाती है।
- जल में अत्यधिक मात्रा में उपस्थित नाइट्रेट हीमोग्लोबिन से क्रिया कर मिथेमोग्लोबिन बनाता है, जो ऑक्सीजन के परिवहन को विकृत करता है। इसे **मिथेमोग्लोबीनिमिया** या **ब्लू-बेबी सिण्ड्रोम** कहते हैं।
- आर्सेनिक के लगातार सम्पर्क से **ब्लैक फुट** बीमारी हो जाती है।

भारी धातु जल प्रदूषण का मानव पर प्रभाव

धातु	हानिकारक प्रभाव
कैडमियम	डायरिया, CNS की हानि, क्षीण वृद्धि
कॉपर	हाइपरटेंशन, यूरीमिया, कोमा
मरकरी	सरदर्द, डायरिया, हीमोलाइसिस
लैड	एनीमिया, उल्टी, मस्तिष्क का नष्ट होना
क्रोमियम	कैंसर, नेफ्रिटिस
जिंक	उल्टी, क्रॉम्प, रीनल नष्टीकरण
कोबाल्ट	पैरालाइसिस, निम्न रक्त दाब, आँत्र हानि

जल प्रदूषण का नियन्त्रण (Control of Water Pollution)

जल प्रदूषण नियन्त्रण के उपाय निम्नलिखित हैं

- अपमार्जकों में एल्किल बेन्जीन सल्फोनेट के स्थान पर लीनियर एल्किल बेन्जीन सल्फोनेट का प्रयोग किया जाना चाहिए।
- फॉस्फोरस का अवक्षेपण कर उसे जलाशयों से हटा दिया जाना चाहिए।
- सेप्टिक टैंक ऑक्सीकरण तालाब तथा फिल्टर स्तर का प्रयोग कर कार्बनिक पदार्थों की मात्रा को कम किया जा सकता है।
- घरों से निकले मलिन जल को एकत्र कर संशोधन संयन्त्रों के पूर्ण उपचार के उपरान्त ही नदी या तालाबों में विसर्जित किया जाना चाहिए।

3. मृदा प्रदूषण (Soil Pollution)

- मृदा में विभिन्न प्रकार के अवशिष्टों द्वारा लाया गया अवाँछित परिवर्तन जिनका हानिकारक प्रभाव मनुष्य तथा अन्य जीवों पर पड़ता है, **मृदा प्रदूषण** कहलाता है।
- कृषि विधियों में नाशक जीवों को मारने के लिए कीटनाशी, शाकनाशी, खरपतवारनाशी, आदि विभिन्न पीड़कनाशियों का प्रयोग किया जाता है, इनसे पौधों तथा मृदीय जीवों को हानि पहुँचती है।
- आर्गेनो क्लोरीन जैसे DDT क्लोरीन युक्त हाइड्रोकार्बन अनिम्नीकरण होते हैं। अजैव निम्नीकित तत्वों के खाद्य श्रृंखला में निरन्तर ऊपर की ओर बढ़ने पर क्रमिक तौर पर जीवों में इसकी सान्द्रता का स्तर बढ़ता जाता है तथा मनुष्य में सबसे अधिक पाई जाती है। इसको बायोमैग्नीफिकेशन या जैविक आवर्धन कहते हैं।
- DDT वायु, जल तथा मृदा तीनों प्रकार के प्रदूषण का कारण है। यह पादप प्लवक में प्रकाश-संश्लेषण की क्रिया को कम करते हैं।
- कशेरुकियों में यह तन्त्रिका तन्त्र को हानि पहुँचाता है तथा जनन ग्रन्थियों में हॉर्मोन सन्तुलन को विक्षुब्ध करके अण्डोत्सर्ग में विलम्बन करता है।
- जैव-रसायन, शाकनाशी तथा खरपतवारनाशी जैसे 2, 4-D तथा 2, 4, 5-T कोशिका विभाजन बढ़ाकर ट्यूमर बनाते हैं तथा पारिस्थितिक विकृतियाँ उत्पन्न करते हैं।

मृदा प्रदूषण का नियन्त्रण (Control of Soil Pollution)

मृदा प्रदूषण के नियन्त्रण के निम्न उपाय हैं

- उर्वरकों तथा कीटनाशकों का प्रयोग आवश्यकतानुसार ही करना चाहिए।

- मृदा अपरदन रोकने के लिए घास तथा छोटे पौधे लगाने चाहिए।
- मानव एवं जन्तुओं के मल को ईंधन गैस (जैव गैस) बनाने में उपयोग करना चाहिए।

4. **ध्वनि प्रदूषण** (Noise Pollution)

- आवश्यकता से अधिक ध्वनि या शोर ध्वनि प्रदूषण कहलाता है।
- ध्वनि की तीव्रता डेसीबल या बेल में नापी जाती है।
- 80 डेसीबल से अधिक ध्वनि को शोर का नाम दिया जाता है और इस पर मनुष्य में अस्वस्थता बेचैनी तथा भाषात्मक विक्षोभ उत्पन्न हो जाता है।
- 130-140 डेसीबल पर पीड़ा तथा दर्द होने लगता है।
- सतत् शोर के कारण अल्सर हृदय रोग व उच्च रुधिर दाब आदि उत्पन्न होते हैं तथा एड्रिनल हॉर्मोनों का उत्पादन अधिक मात्रा में होने लगता है।
- जठर की पेशियाँ संकीर्ण हो जाती हैं तथा मनुष्य के स्वभाव में क्रोध व उत्तेजना उत्पन्न हो जाती है।
- अधिक तेज ध्वनि में सुनने की क्षमता का ह्रास होता है। कभी-कभी पागलपन का रोग भी हो जाता है।

ध्वनि प्रदूषण का नियन्त्रण (Control of Sound Pollution)

ध्वनि प्रदूषण पर हम निम्न प्रकार नियन्त्रण कर सकते हैं

- सड़कों के किनारे वृक्ष लगाने चाहिएँ, जिससे ध्वनि प्रदूषण कम होता है।
- कारखाने आवास गृहों से दूर लगाने चाहिए।
- स्वचालित वाहनों के अनावश्यक हॉर्न बजाने पर प्रतिबन्ध लगाना चाहिए।
- ध्वनि अवशोषक (sound absorbing) पदार्थों का प्रयोग करना चाहिए।
- शोर न करने वाली मशीनों का निर्माण होना चाहिए।
- ध्वनि उत्पादन करने वाली मशीनों को ध्वनिरोधी कमरों में ही लगाना चाहिए।

5. **रेडियोधर्मी प्रदूषण** (Radioactive Pollution)

- रेडियोधर्मी प्रदूषण का मुख्य स्रोत नाभिकीय विस्फोट है।
- आयनीकारी विकिरण; जैसे—X-किरणों के कारण उत्परिवर्तन, ट्यूमर तथा कैंसर, आदि रोग उत्पन्न होते हैं।
- अनायनीकारी विकिरण; जैसे—UV किरणें, DNA, RNA तथा प्रोटीन की संरचना को प्रभावित करती हैं, तथा जिरोडर्मा पिगमेन्टोसम नामक त्वचा रोग हो जाता है।
- स्ट्रान्शियम-90 (Sr^{90}) से अस्थि कैंसर होता है तथा ऊतक नष्ट हो जाते हैं।
- आयोडीन-131 (I^{131}) से अस्थिमज्जा, लाल रुधिराणु (RBCs), लसीका पर्व तथा प्लीहा को हानि पहुँचाती है।
- नाभिकीय अपशिष्टों को सावधानीपूर्वक भूमि के गर्त में दबा देना चाहिए।

ओजोन परत अपक्षय (Ozone Layer Depletion)

वायुमण्डल में भू-सतह से लगभग 50 किमी ऊपर **समतापमण्डल** (Stratosphere) में ओजोन (O_3) गैस का लगभग 25-30 km मोटा एक सघन स्तर पाया जाता है, जिसे **ओजोन परत** (Ozone layer) कहते हैं। यह गैसीय परत सूर्य से आने वाली हानिकारक पराबैंगनी (Ultraviolet or UV) किरणों को अंतरिक्ष में अवशोषित एवं परावर्तित कर जैवमण्डल की सुरक्षा करती है। वायुमण्डल में ओजोन गैस UV-किरणों को अवशोषित कर निरंतर O_2 एवं ऑक्सीजन मुक्त मूलक में विघटित एवं पुन: संघटित होती रहती है, जिसके कारण ओजोन की सांद्रता नियत बनी रहती है।

ओजोन संघटन— $O_2 \xrightarrow{\text{पराबैंगनी(UV) किरणें}} O + O,\ O + O_2 \longrightarrow O_3$ (ओजोन)

ओजोन विघटन— $O_3 \xrightarrow{UV} O_2 + O$

- समतापमण्डल में सन् 1980 से प्राण रक्षक ओजोन की परत पतली होती जा रही है, जिसे **ओजोन छिद्र** (Ozone hole) कहते हैं। इसका मुख्य कारण मानव द्वारा **क्लोरोफ्लोरोकार्बन्स** (Chlorofluorocarbons or CFCs) का अत्यधिक उपयोग है।
- इनमें फ्रेऑन (Freon) सबसे अधिक घातक ण्इण गैस है, जिसका प्रयोग प्रशीतलक के रूप में रेफ्रिजरेटर एवं एअर कंडिशनर, गद्देदार सीट या सोफों में काम आने वाली फोम तथा ऐरोसॉल स्प्रे में होता है।
- वायुमण्डल में यह CFC UV-किरणों द्वारा विघटित होकर क्लोरीन अणु उत्पन्न करती है, जो O_3 से क्रिया कर उसे तीव्रता से विघटित कर देता है। इसका जीवनकाल लगभग 80-140 वर्ष होता है एवं प्राय: एक क्लोरीन अणु 100000 ओजोन अणुओं को विघटित कर देती है।
- CFC के अतिरिक्त ओजोन परत के अपक्षय में कार्बन ट्रेटाक्लोराइड (CCl_4), अन्य हैलोजन गैसों, क्लोरोफॉर्म, विरंजकों, जेट विमान से निकली नाइट्रिक ऑक्साइड (NO), आदि का भी प्रमुख योगदान है।

नोट विश्व की सर्वाधिक पतली ओजोन परत अण्टार्कटिका पर पाई जाती है। ओजोन परत की मोटाई को डॉबसन इकाई (Dobson Unit or DU) में मापा जाता है। समतापमण्डल में ओजोन परत की मोटाई लगभग 0.3 ppm या 330 DU होती है।

ओजोन परत के अपक्षय के प्रभाव

(Effects of Ozone Layer Depletion)

ओजोन परत के अपक्षय का मानव, पादप व जंतुओं पर प्रभाव निम्नलिखित हैं

(i) **मानव पर प्रभाव** (Effects on human) UV- किरणों से उत्परिवर्तन के कारण त्वचा की कोशिकाओं के विभाजन में तेजी से वृद्धि होती है, जिससे विकृतियाँ, जलन, त्वचा कैंसर, आदि रोग उत्पन्न हो जाते हैं। UV-किरणों के कारण नेत्रों में मोतियाबिंद (Cataract) उत्पन्न हो जाता है। इनके द्वारा अंधापन भी हो सकता है। इसके अतिरिक्त जीर्णता, गंजापन, बालों का कम उम्र में सफेद होना, आनुवंशिक विकार एवं प्रोटीन विकृतिकरण UV-किरणों के सामान्य दुष्प्रभाव हैं।

(ii) **पादपों पर प्रभाव** (Effects on Plants) ओजोन परत के अपक्षय का कृषि, वन व प्राकृतिक पारितंत्रों पर भी प्रभाव पड़ता है; जैसे-UV-किरणों की मात्रा के बढ़ने से संसार की अधिकांश फसलें प्रभावित होती है, जिससे उनकी उत्पादकता, प्रकाश-संश्लेषण तथा पुष्पीकरण में कमी आ जाती है।

(iii) **जंतुओं पर प्रभाव** (Effects on Animals) घरेलू जानवरों UV-किरणों द्वारा नेत्र संबंधित रोग तथा त्वचा कैंसर उत्पन्न होते हैं। अण्टार्कटिका में उत्पन्न ओजोन छिद्र के कारण समुद्री जीवों की प्रजातियाँ (मछली एवं केकड़े का लार्वा) पिछले कुछ वर्षों में अत्यधिक मात्रा में प्रभावित हुई हैं। इनकी संख्या में आई कमी खाद्य

श्रृंखला को प्रभावित करती है। हमारे जल स्रोतों में उपस्थित मछलियों की संख्या में आयी कमी मछली व्यवसाय व भोजन हेतु मछली के उपयोग पर हानिकारक प्रभाव डालती है।

ओजोन अपक्षय का नियंत्रण (Control of Ozone Depletion)

ओजोन परत के अपक्षय को कम करने हेतु पर्यावरण हितैषी CFC विहीन फ्रिज तथा वातानुकूलन का उपयोग करना चाहिए। 1985 में ओजोन परत के संरक्षण हेतु यूरोप के विएना (Vienna) में वैश्विक संगोष्ठी हुई तथा 16 सितम्बर, 1987 में कनाड़ा के मॉन्ट्रियल शहर में हुए वैश्विक समझौते या **मॉन्ट्रियल प्रोटोकॉल** (Montreal Protocol) पर 46 राष्ट्रों ने हस्ताक्षर किए, जिसमें वायुमण्डल में ओजोन के स्तर को 1986 तक के स्तर पर लाना तय किया गया। संयुक्त राष्ट्र की आम सभा (General Assembly) ने लोगों में जागरूकता लाने के उद्देश्य से प्रतिवर्ष **16 सितम्बर** को **विश्व ओजोन दिवस** (World Ozone Day) के रूप में मनाना घोषित किया है।

अपशिष्ट पदार्थों के प्रकार एवं हमारे पर्यावरण पर उनका प्रभाव (Waste Materials Types and Their Effects on Our Environment)

मानव हेतु अनुपयोगी या अवाँछित पदार्थों को **अपशिष्ट पदार्थ** (Waste matter) कहते हैं। वर्तमान में पर्यावरणीय असंतुलन के कारणों में अपशिष्टों का अनुचित प्रबंधन प्रमुख है।

ये तीन प्रकार के होते हैं–

(i) **ठोस अपशिष्ट** नगरपालिका का कचरा, औद्योगिक अपशिष्ट, कृषि अपशिष्ट, आदि।

(ii) **गैसीय अपशिष्ट** उद्योगों की चिमनी एवं वाहनों से निकला धुँआ।

(iii) **तरल अपशिष्ट** वाहित मल, औद्योगिक रसायन, रंजक, आदि।

अपशिष्ट पदार्थों को विघटन के आधार पर दो श्रेणियों में विभक्त किया जा सकता है

1. जैवनिम्नीकृत पदार्थ
2. अजैवनिम्नीकृत पदार्थ

1. जैवनिम्नीकृत पदार्थ (Biodegradable Substances)

- वे पदार्थ, जो वातावरण में कुछ समय बाद स्वत: ही ऊष्मा या सूक्ष्मजीवों की अपघटन क्रियाओं द्वारा नष्ट या अपघटित हो जाते हैं, जैव-निम्नीकृत अपशिष्ट कहलाते हैं।
- जैव-निम्नीकरणीय अपशिष्टों को अपशिष्ट उपचारक संयंत्रों (Waste treatment plants) में प्राकृतिक अपघटन प्रक्रियाओं द्वारा निम्नीकृत या अपघटित कर दिया जाता है। ये पुन: स्रोत में परिवर्तित हो सकते हैं; उदाहरण- कार्बनिक कचरा (जैसे-जूट, फलों तथा सब्जियों के छिलके, मृत देह, मल, आदि), वाहित मल, आदि।
- कार्बनिक अपशिष्टों या जैवनिम्नीकृत पदार्थों के अपघटन से खाद एवं जैव-गैस (Biogas) का उत्पादन किया जाता है, जो क्रमश: खेतों में उर्वरक के रूप में एवं भोजन पकाने में प्रयुक्त होती है।

जैवनिम्नीकृत पदार्थों के प्रभाव
(Effects of Biodegradable Substances)

ये केवल मात्रात्मक रूप में अधिक हो जाने पर ही प्रदूषकों की भाँति व्यवहार करते हैं।

जैवनिम्नीकृत पदार्थों के प्रभाव निम्न हैं

- जैवनिम्नीकृत पदार्थों के अपघटन से तीक्ष्ण दुर्गंध उत्पन्न होती है।
- औद्योगिक अपशिष्टों को मृदा में दबाने से मृदा की उर्वरता कम हो जाती है, जिससे फसल की उत्पादकता भी कम हो जाती है।
- बड़ी मात्रा में इन अपशिष्टों के एकत्रित होने के कारण इनमें रोगवाहक मक्खियाँ एवं मच्छर उत्पन्न हो जाते हैं, जो लोगों को बीमार कर देते हैं।
- ये अपशिष्ट जलस्रोतों में डालने पर जलस्रोत प्रदूषित हो जाते हैं तथा अनेक जल-जनित रोगों के कारण बनते हैं।

2. अजैवनिम्नीकृत पदार्थ (Non-biodegradable Substances)

- ये अपशिष्ट सूक्ष्मजीवों, विकिरण, ऑक्सीकरण या रासायनिक अपघटन की प्राकृतिक क्रियाओं द्वारा विघटित होकर उपयोगी पदार्थ के रूप में परिवर्तित नहीं होते हैं; उदाहरण- काँच, प्लास्टिक, BHC, अपमार्जक, DDT, आदि। इन्हें संरक्षित या दृढ़ या अजैव-निम्नीकृत प्रदूषक के नाम से भी जाना जाता है।
- ये पर्यावरण हेतु विषाक्त व हानिकारक होते हैं तथा अधिक मात्रा में एकत्रित होने पर पारितंत्र एवं जीवों हेतु प्राणघातक हो सकते हैं। ये पर्यावरण प्रदूषण के प्रमुख कारण हैं। इनमें से कुछ पर्यावरण हेतु अत्यंत हानिकारक होते हैं; उदाहरण- रेडियोधर्मी अपशिष्ट, कीटनाशी, भारी धातुएँ; जैसे- आर्सेनिक, पारा, लैड, एल्युमीनियम, आदि।

अजैवनिम्नीकृत पदार्थों के प्रभाव
(Effects of Non-biodegradable Substances)

अजैवनिम्नीकृत पदार्थों के प्रभाव निम्न हैं–

- कीटनाशकों के लंबे समय तक अपघटित न होने के कारण ये मृदा एवं जल में से आहार श्रृंखला में प्रवेश कर जीवों को नुकसान पहुँचा सकते हैं।
- रेडियोधर्मी तत्वों एवं जल में भारी धातुओं के एकत्रित होने के कारण ये मानव समेत सभी जीवों के लिए प्राणघातक हो सकते हैं।
- ये जल को प्रदूषित कर जलीय पारितंत्र को नष्ट कर सकते हैं।
- ये मृदा प्रदूषण द्वारा मृदा की उर्वरता समाप्त करते हैं।

कचरा प्रबंधन (Managing the Garbage)

मानवीय क्रियाकलापों के कारण दैनिक जीवन में बेकार समझकर फेंकी या त्यागी गई ठोस वस्तुएँ ही ठोस अपशिष्ट या कचरा कहलाती है। रद्दी कागज, पॉलीथीन, पैकिंग बॉक्स तथा रेपर, रबर तथा धातु के बेकार टुकड़े, बेकार प्लास्टिक, टूटे चीनी मिट्टी तथा काँच के बर्तन, फलों तथा सब्जियों के छिलके, फटे-पुराने वस्त्र तथा बेकार चमड़ा, घरों का बेकार तथा टूटा-फूटा सामान, आदि ठोस अपशिष्ट के सामान्य उदाहरण है।

नगरीकरण, आर्थिक विकास, पाश्चात्य संस्कृति तथा बढ़ती जनसंख्या के कारण प्रतिदिन शहरों से लाखों टन ठोस अपशिष्ट का उत्पादन होता है।

ठोस अपशिष्ट निस्तारण की विधियाँ
(Methods of Solid Wastes Disposal)

ठोस अपशिष्टों के कारण जल तथा भूमि प्रदूषण होता है तथा अनेक संक्रामक बीमारियाँ उत्पन्न हो जाती हैं। इस कारण इनका उचित निस्तारण करना आवश्यक है। वर्तमान में ठोस अपशिष्ट के नियंत्रण के लिए 3R (Reduce, Reuse and Recycling) विधि अर्थात् अपशिष्ट के उत्पादन में

कमी लाना, पुरानी वस्तुओं को पुन: उपयोग करना तथा पुन:चक्रण तकनीक के उपयोग को बढ़ावा दिया जा रहा है।

ठोस अपशिष्टों के निस्तारण हेतु प्रयुक्त प्रमुख विधियाँ निम्न हैं

(i) **पुन:चक्रण** (Recycling) इसके अंतर्गत पुन: उपयोग में आ सकने वाले अपशिष्टों का अन्य पदार्थों के कच्चे माल के लिए उपयोग किया जाता है। उदाहरण-लकड़ी, लोहा एवं अन्य धातुएँ, कागज, रबर, आदि।

(ii) **कम्पोस्टिंग** (Composting) इसके अंतर्गत असंक्रामक जैवनिम्नीकृत अपशिष्टों; जैसे-घरेलू कचरा, चमड़ा, पादप अपशिष्ट, आदि का भूमि में दबाकर खाद निर्माण में उपयोग किया जाता है।

(iii) **सैनेटरी लैण्ड फिलिंग** (Sanitary Land Filling) इसके अंतर्गत शहर से दूर बंजर भूमि में विशाल बहुमंजिला गड्ढे खोदकर इनमें अपशिष्ट भरा जाता है। महानगरों में अपशिष्ट के निस्तारण में यह तकनीक उपयोग में ली जाती है। यहाँ गड्ढे आस्तरित (Coated) होते हैं तथा लीचिंग के निकास की उचित व्यवस्था होती है।

(iv) **दहन** (Burning) इस तकनीक में अपशिष्ट को उच्च तापमान पर जला दिया जाता है। यह तकनीक संक्रामक तथा विषाक्त अपशिष्टों के लिए उपयुक्त है। यह दो प्रकार से होती हैं

- **भस्मीकरण** (Incineration) यहाँ ऑक्सीजन की उपस्थिति में अवशिष्ट को 900 – 1200°C तक के तापक्रम पर जलाया जाता है। इसमें अत्यधिक वायु प्रदूषक हानिकारक गैसें उत्सर्जित होती हैं।
- **पायरोलाइसिस** (Pyrolysis) यहाँ ऑक्सीजन की अनुपस्थिति में अपशिष्ट को कम ताप 600 – 800°C पर बंद कक्ष में जलाया जाता है।

(v) **वाहित मल उपचार** (Sewage Treatment) महानगरों के वाहित मल को नदियों या जल स्रोतों में डालने से पूर्व तथा पुन: उपयोग में लाने से पहले वाहित मल उपचार संयंत्र (STP) में उपचारित किया जाता है। यहाँ विभिन्न भौतिक (जैसे-निस्यंदन, अवसादन, अभिकेंद्रण) तथा जैविक (सूक्ष्मजीवीय अपघटन) विधियों द्वारा वाहित मल का उपचार किया जाता है। इस कार्य हेतु यहाँ अनेक विशाल टैंक या कक्ष बनाए जाते हैं।

(vi) **जैव-गैस उत्पादन** (Biogas Production) कुछ स्थानों पर खाद एवं जैवगैस निर्माण हेतु वाहित मल एवं अन्य जैवनिम्नीकृत अपशिष्ट पदार्थों का उपयोग किया जाता है।

पर्यावरण संरक्षण हेतु बने प्रमुख भारतीय कानून
(Main Indian Laws for Environmental Conservation)

- भारत सरकार ने सन् 1980 में संयुक्त वन प्रबन्धन (Joint Forest Management or JFM) नियम लागू किया, जिसमें स्थानीय लोगों की भागीदारी से वन संरक्षण तथा वन प्रबन्धन का संचालन किया जाता है।
- इसके अन्तर्गत स्थानीय लोग वनोत्पाद; जैसे—फल, दवाई, रबर, गोंद, रेशा, आदि का उत्पादन करते हैं तथा वन संरक्षण में योगदान देते हैं। इसके अन्तर्गत कुछ वन क्षेत्रों में सीमित पशु चारण की सुविधा भी दी जाती है।
- पारितन्त्र में किसी निश्चित समय पर प्रत्येक पोषी स्तर में उपस्थित कुल जीवित पदार्थ अर्थात् जैवभार (Biomass) की मात्रा **खड़ी फसल** (Standing crop) कहलाती है। जैव भार को ताजे या शुष्क भार के रूप में व्यक्त किया जाता है।
- भारत में वायु प्रदूषण निवारण तथा नियन्त्रण कानून, 1981 (Air Prevention and Control of Pollution Act; 1981) **29 मार्च, 1981** में बनाया गया, जो सन् 1987 में लागू हुआ। समय-समय पर इसमें कई संशोधन किए गए हैं।
- इसके अनुसार, केन्द्र तथा राज्य स्तर पर प्रदूषण नियन्त्रण बोर्ड तथा जाँच प्रयोगशाला बनाई गई हैं, जो सम्बन्धी मानकों तथा तकनीकों का क्रियान्वयन करवाते हैं। आवश्यकता पड़ने पर इसमें दण्ड का भी प्रावधान है। इसके अतिरिक्त मोटर वाहन कानून, 1988, जोकि 1 जुलाई, 1989 में लागू किया गया, में वायु प्रदूषण के नियन्त्रण हेतु अनेक नियम तथा प्रावधान हैं।
- भारत सरकार ने एक नई वाहन ईंधन नीति के अन्तर्गत यहाँ के शहरों में वाहन प्रदूषण को कम करने के लिए मार्गदर्शी सिद्धान्त निर्धारित किया है। ईंधन के लिए पहले से अधिक कठोर मानक बनाए गए हैं, ताकि पेट्रोल और डीजल ईंधनों में धीरे-धीरे गन्धक और एरोमैटिक पदार्थों की मात्रा कम की जाए, जिससे प्रदूषण कम हो।
- भारत में वायु प्रदूषण निरोध एवं नियन्त्रण अधिनियम, 1981 एवं 1987 में संशोधन कर शोर को वायु प्रदूषण के रूप में सम्मिलित किया गया है। *भारत में ध्वनि की निर्धारित सीमा निम्न है*

क्षेत्र	dB (A) स्तर पर	
	दिन में	रात में
औद्योगिक क्षेत्र	75	70
व्यवसायिक क्षेत्र	65	55
आवासीय क्षेत्र	55	45
शान्त क्षेत्र	50	40

- भारत में जल प्रदूषण निवारण तथा नियन्त्रण कानून (Water Prevention and Control of Pollution Act) 23 मार्च, 1974 में बनाया गया, जो सन् 1988 में लागू हुआ। समय-समय पर इसमें कई संशोधन किए गए हैं। इसके अनुसार केन्द्र तथा राज्य स्तर पर प्रदूषण नियन्त्रण बोर्ड तथा जाँच प्रयोगशाला बनाई गई है, जो सम्बन्धी मानकों तथा तकनीकों का क्रियान्वयन करवाते हैं। मानकों का उल्लंघन करने पर इसमें दण्ड का भी प्रावधान है।

(i) भारतीय वन अधिनियम, 1927
(ii) वन संरक्षण अधिनियम, 1980
(iii) पर्यावरण सुरक्षा अधिनियम, 1986
(iv) वन्यजीव सुरक्षा अधिनियम, 1972
(v) राष्ट्रीय पर्यावरण ट्रिब्यूनल अधिनियम, 1995
(vi) जैव-विविधता संरक्षण अधिनियम, 2002

इसके अतिरिक्त प्रति वर्ष लोगों में जागरुकता लाने के उद्देश्य से 5 जून को **विश्व पर्यावरण दिवस** तथा 22 अप्रैल को **पृथ्वी दिवस** मनाया जाता है।

अभ्यास प्रश्न

1. जीव विज्ञान की वह शाखा जिसमें वातावरण व जीवों के बीच पाए जाने वाले पारस्परिक सम्बन्धों का अध्ययन किया जाता है
(a) फाइटोजिओग्राफी (b) इकोलॉजी
(c) इकोसिस्टम (d) पीडोलॉजी

2. दो समुदायों के बीच का संयोजी क्षेत्र कहलाता है
(a) इकोटाइप (b) पारितन्त्र
(c) इकोलाइन (d) इकोटोन

3. मृदा अपरदन रोका जा सकता है
(a) अत्यधिक चरने से
(b) मृदा संरक्षण के कृत्रिम उपायों द्वारा
(c) वन विनाशीकरण के द्वारा
(d) उपरोक्त सभी

4. भारतवर्ष में सर्वाधिक क्षेत्र में व्याप्त है
(a) काली मृदा (b) लाल मृदा
(c) जलोढ़ (d) मरुस्थलीय मृदा

5. पृथ्वी की वह परत जिसमें जीव रहते हैं, कहलाती है
(a) स्थलमण्डल (b) जैवमण्डल
(c) वायुमण्डल (d) जलमण्डल

6. जनक शैल से मृदा के विकास को कहते हैं
(a) मृदीय कारक
(b) मृदाजनन
(c) मृदानुवर्तन
(d) मृदीय चरम अवस्था

7. जल धारण शक्ति किसमें सबसे अधिक होती है?
(a) चिकनी मिट्टी (b) दोमट मिट्टी
(c) सिल्ट मिट्टी (d) बलुई मिट्टी

8. मृदा संरक्षण के लिए टेरेसिंग एक कारगर विधि है
(a) मरुस्थल में
(b) पहाड़ों पर
(c) मैदानों पर
(d) नदी के किनारों पर

9. पौधे और जानवर जब एक विशेष क्षेत्र में रहते हैं तो उसको क्या कहते हैं?
(a) वनस्पति पशु-वर्ग (b) समुदाय
(c) पारिस्थितिक तन्त्र (d) पारिस्थितिकी

10. बायोसिनोसिस शब्द प्रस्तावित किया था
(a) टेन्सले ने (b) वार्मिंग ने
(c) ऑडम ने (d) कार्ल मोबियस

11. इडेफिक कारक का सम्बन्ध है
(a) मिट्टी से (b) पशु से
(c) मनुष्य से (d) ताप से

12. पारितन्त्र के दो घटक होते हैं
(a) खरपतवार एवं वृक्ष
(b) जैवीय एवं अजैवीय
(c) मेंढक तथा मानव
(d) जन्तु एवं पादप

13. पारितन्त्र का महत्व होता है
(a) ऊर्जा के प्रवाह में
(b) खनिजों के चक्रण में
(c) दोनों (a) व (b) में
(d) उपरोक्त में से कोई नहीं

14. पारितन्त्र का चालक बल होता है
(a) उत्पादक
(b) पौधों में कार्बोहाइड्रेट
(c) जैव-भार
(d) सौर ऊर्जा

15. पारिस्थितिक तन्त्र के जैविक घटकों में होते हैं
(a) उत्पादक (b) उपभोक्ता
(c) अपघटक (d) ये सभी

16. सर्वाधिक स्थाई पारितन्त्र कौन-सा है?
(a) पर्वत (b) रेगिस्तान
(c) महासागर (d) वन

17. 'इकोसिस्टम' शब्द प्रतिपादित किया था
(a) हेकल ने (b) रेटर ने
(c) टैन्सले ने (d) ऑडम ने

18. निम्नलिखित में से सर्वाधिक ऊर्जा किसमें होती है?
(a) उत्पादक
(b) प्राथमिक उपभोक्ता
(c) द्वितीयक उपभोक्ता
(d) अपघटक

19. पारिस्थितिक तन्त्र में ऊर्जा प्रवाह होता है
(a) बहुदिशीय (b) द्विदिशीय
(c) एकदिशीय (d) अनियमित

20. पारिस्थितिक तन्त्र की परिभाषा है
(a) किसी क्षेत्र में रहने वाले जन्तु तथा पादप
(b) किसी क्षेत्र में रहने वाले विभिन्न पादप, जन्तु, सूक्ष्मजीव तथा उनके साथ भौतिक-रासायनिक वातावरण
(c) किसी क्षेत्र में रहने वाले पौधे और सूक्ष्मजीव तथा उनके साथ भौतिक-रासायनिक वातावरण
(d) उपरोक्त में से कोई नहीं

21. निम्न में से कौन-सा पारिस्थितिक तन्त्र कृत्रिम है?
(a) धान का खेत (b) वन
(c) घास स्थल (d) झील

22. एक जीवधारी, बिना किसी जीवधारी को नुकसान पहुँचाए लाभान्वित होता है तो इसे कहते हैं
(a) परजीविता
(b) सहभोजिता
(c) मृतजीविता
(d) सहजीविता

23. *नेपेन्थीस* है
(a) प्राथमिक उत्पादक
(b) उपभोक्ता
(c) उत्पादक एवं उपभोक्ता
(d) उपरोक्त में से कोई नहीं

24. वृक्ष पारितन्त्र में संख्या का पिरामिड होता है
(a) सीधा
(b) उल्टा
(c) अनियमित
(d) उपरोक्त में से कोई नहीं

25. ऋणात्मक पारस्परिक सम्बन्ध है
(a) सहोपकारिता (b) परजीविता
(c) सहभोजिता (d) आद्य सहयोग

26. किसी पारितन्त्र में सर्वाधिक विविधता युक्त जीव है
(a) उत्पादक (b) उपभोक्ता
(c) माँसाहारी (d) अपघटक

27. अप्रतिबन्धित जनन क्षमता कहलाती है
(a) जन्म दर (b) जैव विभव
(c) वहन क्षमता (d) उर्वरता

28. निम्नलिखित में से किसे सर्वाधिक उपयुक्त प्रकार से स्पष्ट किया गया है?
(a) पोषी वह जीव है, जो किसी अन्य जीव को भोजन उपलब्ध कराता है
(b) एमैनसेलिज्म एक सम्बन्ध है, जिसमें एक जाति लाभ प्राप्त करती है, जबकि दूसरी अप्रभावित रहती है
(c) परभक्षी वह जीव है, जो भोजन प्राप्त करने के लिए अन्य जीवों को पकड़कर मार देता है
(d) परजीवी वह जीव है, जो सदैव किसी अन्य जीव के शरीर के भीतर रहता है तथा उसे मार सकता है

29. किसी घास स्थल में खरगोश द्वारा नए जैविक पदार्थ के बनने की दर को क्या कहते हैं?
(a) शुद्ध उत्पादकता
(b) द्वितीयक उत्पादकता
(c) शुद्ध प्राथमिक उत्पादकता
(d) सकल प्राथमिक उत्पादकता

30. पारितन्त्र के निम्न प्रकारों में से कौन अधिकतम वार्षिक शुद्ध प्राथमिक उत्पादकता दर्शाते हैं?
(a) उष्णकटिबन्धीय वर्षा वन
(b) उष्णकटिबन्धीय पर्णपाती वन
(c) शीतोष्ण सदाबहार वन
(d) शीतोष्ण पर्णपाती वन

31. शाकाहारियों तथा अपघटनकर्ताओं के उपभोग हेतु उपलब्ध जैवभार कहलाता है
(a) शुद्ध प्राथमिक उत्पादकता
(b) द्वितीयक उत्पादकता
(c) स्थित शस्य
(d) सकल प्राथमिक उत्पादकता

32. किसी खाद्य कड़ी में सर्वाधिक आबादी होती है
(a) प्राथमिक उपभोक्ताओं की
(b) द्वितीयक उपभोक्ताओं की
(c) अपघटकों की
(d) उत्पादकों की

33. वातावरण में ऊर्जा का सर्वोत्तम स्रोत है
(a) जल (b) मृदा
(c) वृक्ष (d) सूर्य

34. निम्नलिखित में से कौन-सा जन्तु किसी पारितन्त्र में एक ही समय पर एक से अधिक पोषी स्तरों में रखा जा सकता है?
(a) गौरैया (b) शेर
(c) बकरी (d) मेंढक

35. निम्नलिखित में से कौन सही अर्थों में परजीवी की भाँति श्रेणीबद्ध किया गया है?
(a) गर्भाशय के भीतर विकसित होता हुआ मानव गर्भ अपना पोषण माता से प्राप्त करता है
(b) मानव के सिर पर जुएँ रहती हैं एवं उसके बालों पर अण्डे देती हैं
(c) कोयल अपने अण्डे कौवे के घौसंले में देती हैं
(d) मादा *एनोफिलीज* मनुष्य को काटती है तथा उसका रुधिर चूसती है

36. कौन-सा जैवीय कारक मरुस्थलों में कम वनस्पति के उत्पादन के लिए उत्तरदाई होता है?
(a) जन्तुओं तथा बकरियों द्वारा चरना
(b) रहने वाले मानव
(c) निम्न वर्षा
(d) मृदा की दुर्बल उर्वरता

37. खाद्य कड़ी में निम्न में से कौन-सा क्रम सही है?
(a) गिरी हुई पत्तियाँ → जीवाणु → कीटों के डिम्भक → पक्षी
(b) फाइटोप्लैंक्टॉन → जूप्लैंक्टॉन → मछली
(c) घास → लोमड़ी → शशक
(d) घास → गिरगिट → कीट → पक्षी

38. वह पिरामिड जो किसी स्थिर पारितन्त्र में उल्टा नहीं हो सकता, होता है
(a) संख्या का पिरामिड
(b) ऊर्जा का पिरामिड
(c) जीवभार का पिरामिड
(d) उपरोक्त उपरोक्त

39. माँसाहारी होते हैं
(a) प्राथमिक उपभोक्ता
(b) द्वितीयक उपभोक्ता
(c) द्वितीयक अथवा तृतीयक उपभोक्ता
(d) अपघटन कर्ता

40. तालाब के पारितन्त्र में जीव संख्या का पिरामिड होता है
(a) सीधा (b) उल्टा
(c) अनियमित (d) रेखीय

41. किसी खाद्य कड़ी में सर्वाधिक बड़ी आबादी होती है
(a) प्राथमिक उपभोक्ताओं की
(b) द्वितीयक उपभोक्ताओं की
(c) अपघटकों की
(d) उत्पादकों की

42. एक खाद्य शृंखला किससे शुरू होती है?
(a) नाइट्रोजन स्थिरीकारी जीवों से
(b) प्रकाश-संश्लेषी जीवों से
(c) श्वसन से
(d) विघटनकर्ता से

43. एक पारिस्थितिक तन्त्र से सभी अपघटक हटा देने पर
(a) सभी उपभोक्ता समाप्त हो जाएगें
(b) ऊर्जा चक्र प्रभावित होगा
(c) जैव भू-रासायनिक चक्र का सन्तुलन बिगड़ जाएगा
(d) केवल शाकाहारी समाप्त होंगे

44. पारिस्थितिक पिरामिड के शीर्ष पर स्थित है
(a) शाकाहारी
(b) माँसाहारी
(c) उत्पादक
(d) उपरोक्त में से कोई नहीं

45. उपभोक्ता स्तर पर ऊर्जा दर को कहते हैं
(a) द्वितीयक उत्पादकता
(b) प्राथमिक उत्पादकता
(c) कुल उत्पादकता
(d) नेट उत्पादकता

46. ऊर्जा के पिरामिड के सन्दर्भ में निम्नलिखित में से कौन-सा कथन असत्य है, जबकि अन्य सभी कथन सत्य हैं?
(a) यह विभिन्न पोषी स्तरों एवं जीवों की ऊर्जा को प्रदर्शित करता है
(b) यह आकृति में उल्टा होता है
(c) यह आकृति में सीधा होता है
(d) इसका आधार चौड़ा होता है

47. संख्या का सीधा पिरामिड अनुपस्थित होता है
(a) वृक्ष में
(b) वन में
(c) झील में
(d) घास के मैदान में

48. किसी समय पर एक क्षेत्र में एक पोषी स्तर पर जीवित पदार्थ का द्रव्यमान होता है
(a) डेट्राइट्स (b) ह्यूमस
(c) स्टेन्डिंग स्टेट (d) स्टेन्डिंग क्रॉप

49. निम्न में से किस एक जोड़े में अवसादी प्रकार का जैव भू-रासायनिक चक्र पाया जाता है?
(a) फॉस्फोरस तथा CO_2
(b) ऑक्सीजन व नाइट्रोजन
(c) फॉस्फोरस व नाइट्रोजन
(d) फॉस्फोरस व सल्फर

50. वायु में कार्बन डाइऑक्साइड की मात्रा कितनी होती है?
(a) 0.003% (b) 0.03% (c) 0.3% (d) 3%

51. निम्न में से कौन-सा एक द्वितीयक वायु प्रदूषक है?
(a) ऐरोसॉल (b) SO_2
(c) CO (d) PAN

52. स्वतन्त्रजीवी, अवायवीय नाइट्रोजन स्थिरीकारक है
(a) *बीजेरिंकिया* (b) *रोडोस्पाइरिलम*
(c) *राइजोबियम* (d) *एजोटोबैक्टर*

53. सकल वैश्विक कार्बन का लगभग 70% भाग किसमें पाया जाता है?
(a) घासस्थलों में (b) कृषि-पारितन्त्रों में
(c) महासागरों में (d) वनों में

54. निम्नलिखित में से कौन-सा वायुमण्डलीय प्रदूषक नहीं होता?
(a) हाइड्रोकार्बन्स (b) CO
(c) CO_2 (d) SO_2

55. निम्न में से कौन-सी गैस हीमोग्लोबिन से जुड़कर रुधिर में एक विषैला पदार्थ बनाती है?
(a) CO_2 (b) मीथेन (c) CO (d) O_2

56. हरित गृह गैसें कहलाने वाली गैसें होती हैं
(a) CO_2, O_2, NO_2, NH_3
(b) CFCs, CO_2, NH_3, N_2
(c) CH_4, N_2, CO_2, NH_3
(d) CFCs, CO_2, CH_4, NO_2

57. स्ट्रेटोस्फीयर में ओजोन के विलोपन के फलस्वरूप होगी
(a) त्वचा कैंसर में अत्यधिक वृद्धि
(b) ग्लोबों पर गर्मी
(c) वनों में आग लगने की क्रिया
(d) उपरोक्त में से कोई नहीं

58. स्ट्रेटोस्फीयर की सुरक्षात्मक ओजोन परत को नष्ट करने के लिए उत्तरदायी है
(a) SO_2
(b) CO_2
(c) क्लोरोफ्लोरोकार्बन्स
(d) अम्लीय वर्षा

59. अम्ल वर्षा किसके द्वारा होती है?
(a) CO_2 (b) O_3
(c) SO_2 या NO_2 (d) CO

60. भोपाल गैस काण्ड की त्रासदी के लिए कौन-सी गैस उत्तरदाई है?
(a) इथाइल आइसोथायोसायनेट
(b) मिथाइल आइसोसायनेट
(c) सोडियम आइसोथायोसायनेट
(d) पोटेशियम आइसोथायोसायनेट

61. DDT के फसलों पर छिड़काव से किस तरह का प्रदूषण उत्पन्न होता है?
(a) वायु (b) वायु और भूमि
(c) वायु, भूमि और जल (d) वायु तथा जल

62. ताजमहल को किसके प्रभाव से खतरा बना हुआ है?
(a) क्लोरीन
(b) सल्फर डाइऑक्साइड
(c) ऑक्सीजन
(d) हाइड्रोजन

63. जब किसी नदी में मल जल की भारी मात्रा प्रवाहित कर दी जाती है तो BOD
(a) बढ़ जाएगा (b) उतना ही रहेगा
(c) थोड़ा सा घटेगा (d) घट जाएगा

64. पारे के यौगिकों से मुक्त औद्योगिक अपशिष्ट द्वारा संदूषित मछली को खाने से उत्पन्न रोग होता है
(a) ब्राइट रोग
(b) मिनामाटा रोग
(c) हाशीमोटो रोग
(d) ओस्टियोस्कलेरोसिस

65. मेट्रोपोलिटन नगरों में प्रदूषण का प्रमुख स्रोत कौन-सा है?
(a) रेडियोधर्मी पदार्थ (b) स्वचालित वाहन
(c) उद्योग (d) कीटनाशक

66. निम्न में से कौन जल प्रदूषण का मुख्य कारक है?
(a) पेस्टीसाइड्स
(b) औद्योगिक अपशिष्ट
(c) अपमार्जक
(d) NH_3

67. पेय जल में एक खास रासायनिक तत्त्व के मौजूद होने से दाँतों में चितकबरापन पैदा हो जाता है, यह तत्त्व है
(a) बोरॉन (b) क्लोरीन
(c) फ्लोरीन (d) पारा

68. वाहित मल को जलाशयों में बहा देने से वहाँ की मछलियाँ मर जाती है, क्योंकि
(a) जल में अत्यधिक CO_2 मिल जाती है
(b) उससे एक दुर्गन्ध निकलती हैं
(c) इससे मछलियों का आहार समाप्त हो जाता है
(d) घुली ऑक्सीजन के लिए मछलियों की स्पर्धा बढ़ जाती है

69. लाइकेन अच्छे संकेतक हैं
(a) जल प्रदूषण के
(b) ध्वनि प्रदूषण के
(c) वायु प्रदूषण के
(d) मृदा प्रदूषण के

70. प्रदूषित जल का प्रमुख सूचक जीव है
(a) *एन्टअमीबा* (b) हैजा जीवाणु
(c) *ई. कोलाई* (d) टायफॉइड जीवाणु

71. सल्फर डाइऑक्साइड तथा उसके रूपान्तरित उत्पादों द्वारा मुख्यतया प्रभावित होता है
(a) किण्वन (b) पर्णहरित विनाश
(c) गॉल्जीकाय विनाश
(d) कोशिका भित्ति विनाश

72. पेट्रोल में से लैड तथा इसके यौगिकों को निकालना आवश्यक है, क्योंकि यह
(a) त्वचा का कैंसर करता है
(b) श्वसन रोकता है
(c) हीमोग्लोबिन का बनना रोकता है
(d) उपरोक्त सभी

73. स्मोग किसके आपस में मिलने से बनता है
(a) वायु तथा जल के
(b) आग तथा जल के
(c) धुआँ तथा धुन्ध के
(d) जल तथा धुआँ के

74. निम्न में से किससे प्रदूषण नहीं होता है?
(a) CO (b) NO_2
(c) H_2 (d) O_3

75. जैविकीय ऑक्सीजन माँग (BOD) किसका मापन है?
(a) जल राशियों में बहाए जाने वाले औद्योगिक अपशिष्ट
(b) जल में कार्बनिक यौगिकों के प्रदूषण की सीमा
(c) कार्बन मोनोऑक्साइड की मात्रा जो हीमोग्लोबिन के साथ अपृथकशील रूप में संयोजित हो जाती है
(d) हरे पौधों के लिए रात में आवश्यक ऑक्सीजन की मात्रा

76. हाल ही में कुछ औद्योगिक शहरों में वायुमण्डल प्रदूषण के प्रभाव से अम्ल वर्षा के समाचार मिले हैं, प्रदूषण का कारण है
(a) ईंधन जैसे लकड़ी, कोयला के जलने, वनों के काटने, प्राणियों की बढ़ती जनसंख्या के कारण अत्यधिक CO_2 निकलने से
(b) अत्यधिक NO_2 व SO_2 जो जीवाश्मीय ईंधन के जलने से वायुमण्डल में मुक्त होती है
(c) औद्योगिक कारखानों और कोल गैस से अत्यधिक मात्रा में मुक्त NH_3
(d) ऑक्सीजन की कमी के कारण कोयले और अन्य कार्बन युक्त ईंधन के अपूर्ण ज्वलन से निकली CO

77. अधिकतम नुकसानदायक प्रदूषक है
(a) CO_2 (b) SO_2
(c) SO_3 (d) NO_2

78. जेट हवाई जहाज के विमोचन में प्रमुख प्रदूषक है
(a) कार्बन टेट्राक्लोराइड
(b) सल्फर डाइऑक्साइड
(c) कार्बन मोनोऑक्साइड
(d) फ्लोरोकार्बन

उत्तरमाला

1. *(b)*	2. *(d)*	3. *(b)*	4. *(c)*	5. *(b)*	6. *(b)*	7. *(a)*	8. *(b)*	9. *(b)*	10. *(d)*
11. *(a)*	12. *(b)*	13. *(c)*	14. *(d)*	15. *(d)*	16. *(c)*	17. *(c)*	18. *(a)*	19. *(c)*	20. *(b)*
21. *(a)*	22. *(b)*	23. *(c)*	24. *(b)*	25. *(b)*	26. *(d)*	27. *(b)*	28. *(c)*	29. *(b)*	30. *(a)*
31. *(a)*	32. *(a)*	33. *(d)*	34. *(a)*	35. *(b)*	36. *(a)*	37. *(b)*	38. *(b)*	39. *(c)*	40. *(a)*
41. *(d)*	42. *(b)*	43. *(c)*	44. *(d)*	45. *(a)*	46. *(b)*	47. *(a)*	48. *(d)*	49. *(d)*	50. *(b)*
51. *(d)*	52. *(b)*	53. *(c)*	54. *(c)*	55. *(c)*	56. *(d)*	57. *(a)*	58. *(c)*	59. *(c)*	60. *(b)*
61. *(c)*	62. *(b)*	63. *(a)*	64. *(b)*	65. *(b)*	66. *(b)*	67. *(c)*	68. *(d)*	69. *(c)*	70. *(c)*
71. *(b)*	72. *(c)*	73. *(c)*	74. *(c)*	75. *(b)*	76. *(b)*	77. *(b)*	78. *(d)*		

अध्याय 10

जैव-विविधता एवं इसका संरक्षण
(Biodiversity and Its Conservation)

जैव-विविधता (Biodiversity)

किसी स्थान विशेष पर प्राकृतिक रूप से मिलने वाले जीव-जन्तु एवं पेड़ पौधों की भिन्न-भिन्न प्रजातियों को सामूहिक रूप से उस क्षेत्र की **जैव-विविधता** (Biodiversity) कहते हैं। 'विभिन्न आवास; जैसे-स्थल, जल, वायु, आदि में मिलने वाले जीवन के विभिन्न रूप जैविक विविधता कहलाते हैं। जैव-विविधता एक ही जाति के सदस्यों, विभिन्न जातियों तथा विभिन्न समुदाय के बीच होती है।'

जैव-विविधता के स्तर (Levels of Biodiversity)

जैव-विविधता के तीन स्तर हैं

(i) **आनुवंशिक विविधता** (Genetic diversity) एक ही जाति के जीवों के बीच पाई जाने वाली विविधता है। आनुवंशिक विविधता वातावरणीय परिस्थितियों में अनुकूलन व स्वस्थ प्रजनन के लिए उपयोगी होती है।

(ii) **जातिगत विविधता** (Species Diversity) पृथ्वी पर उपस्थित सभी जातियों की शारीरिक बनावट एक-दूसरे से भिन्न होती हैं। विभिन्न जातियों के बीच मिलने वाले अन्तर जातिगत विविधता कहलाते हैं।

(iii) **समुदाय तथा पारिस्थितिक तन्त्र की विविधता** (Community and ecosystem diversity) वह विविधता, जो समुदाय तथा पारिस्थितिकी तन्त्र में मिलती है वह तीन प्रकार की होती हैं

- **एल्फा-विविधता** (α-Diversity) एक ही समुदायों के सदस्यों के बीच होती है।
- **बीटा-विविधता** (β-Diversity) दो समुदायों के सदस्यों के बीच होती है।
- **गामा-विविधता** (γ-Diversity) भिन्न आवास तथा भौगोलिक दशाओं के कारण होती है।

जैव-विविधता के प्रतिरूप (Patterns of Biodiversity)

सम्पूर्ण पृथ्वी पर जैव-विविधता के निम्नलिखित प्रतिरूप पाए जाते हैं

1. **अक्षांशीय प्रवणता** (Latitudinal gradient) सामान्यतया जैसे-जैसे हम भूमध्य रेखा से ध्रुवों और उष्णकटिबन्धीय क्षेत्र (tropical area) (जिसकी अक्षांशीय परास 23.5° उत्तर से 23.5° दक्षिण तक है।) की ओर जाते हैं, तो जैव-विविधता कम होती जाती है; *उदाहरण*—कोलम्बिया जोकि भूमध्य रेखा के पास स्थित देश है,

   पक्षियों की 1400 लगभग प्रजातियाँ पाई जाती हैं, जबकि न्यूयॉर्क जोकि 41° उत्तर में स्थित है, वहाँ 105 प्रजातियाँ एवं ग्रीनलैण्ड (71° उत्तर) में केवल 56 प्रजातियाँ पाई जाती हैं।

2. **जातीय-क्षेत्र सम्बन्ध** (Species-area relationship) **एलेक्जैण्डर वॉन हम्बोल्ट** (Alexander von Humboldt) प्रसिद्ध प्रकृतिविद् (naturalist) व भूगोलशास्त्री ने शोध के पश्चात् यह बताया कि किसी भी दिए गए क्षेत्र की जातीय समृद्धि अन्वेषण (explored) क्षेत्र के साथ केवल एक सीमा तक ही बढ़ सकती है। इनके अनुसार, जातीय समृद्धि (पक्षी, चमगादड़, मछलियाँ, आदि) के मध्य सम्बन्ध एक **आयताकार अतिपरवलय** (rectangular hyperbola) के रूप में परिलक्षित होता है।

जैव-विविधता का महत्त्व (Importances of Biodiversity)

विगत कुछ वर्षों में रासायनिक व अन्य संश्लेषित उत्पादों के दुष्प्रभावों के कारण लोगों का ध्यान प्राकृतिक उत्पादों की ओर आकर्षित हो रहा है।
जैव-विविधता के महत्त्व को निम्न बिन्दुओं के अन्तर्गत समझा जा सकता है

(i) **कृषि में महत्त्व** (Importance in Agriculture) अनेक उपयोगी कृषि फसलों के जंगली सम्बन्धी कई रोगों, नाशकों, आदि के प्रति प्रतिरोधकता दर्शाते हैं। इनसे वाँछित जीन के स्थानान्तरण द्वारा या संकरण द्वारा वाँछित गुणसूत्र वाले फसली पादपों को प्राप्त किया जा सकता है; जैसे—धान व गेहूँ की रोग प्रतिरोधक किस्में।

(ii) **खाद्य में महत्त्व** (Importance in Food) पादपों की अनेक जातियों का उपयोग भोजन के रूप में किया जाता है। वर्तमान समय में 80-90% खाद्य सामग्री पादपों की केवल 10-12 जातियों से प्राप्त होती है। बढ़ती जनसंख्या को देखते हुए पादप जातियों में से नए खाद्य स्रोतों की तलाश आवश्यक है। ग्रामीण समुदाय प्राय: पादपों की जंगली जातियों से भोजन प्राप्त करते हैं; जैसे—*ऑर्डीसिया* (उत्तर-पूर्व भारत), *सेरोपेजिया बल्बोसा* (मध्य भारत)।

(iii) **औषधि में महत्त्व** (Importance in Medicine) वर्तमान में भी लगभग 70% औषधियाँ प्राकृतिक उत्पादों से प्राप्त की जाती है; जैसे—सर्पगन्धा, अश्वगंधा, आदि।

(iv) **पारिस्थितिक में महत्त्व** (Importance in Ecology) पारिस्थितिक संतुलन बनाए रखने में जैव-विविधता का विशेष महत्त्व है। जीव भू-रासायनिक चक्र पारिस्थितिक तन्त्र की भरण-पोषण क्षमता को बढ़ाते हैं।

(v) **उद्योगों में महत्त्व** (Importance in Industries) पादप व जन्तु अनेक उद्योगों के लिए कच्चा माल प्रदान करते हैं; जैसे—गोंद, रबड़, ऊन, चमड़ा, आदि।

जैव-विविधता की क्षति के कारण
(Causes of Biodiversity Loss)

जैव-विविधता की क्षति के प्रमुख कारण निम्नलिखित हैं

(i) **आवासीय क्षति तथा विखण्डन** (Habitat Loss and Fragmentation) ये जन्तुओं एवं पादपों के विलुप्तीकरण का मुख्य कारण है। उष्णकटिबन्धीय वर्षा-वनों के क्षेत्रफल में आने वाली कमी आवासीय क्षति के परिणामस्वरूप जैव-विविधता में आने वाली कमी का सबसे अच्छा उदाहरण है। एक समय वर्षा वन पृथ्वी के 14% क्षेत्र में फैले थे, जो अब 6% से अधिक नहीं है। विशाल अमेजन वर्षा वनों (विशालता के कारण 'पृथ्वी का फेफड़ा' कहा जाता है) में सम्भवतया करोड़ों जातियाँ निवास करती हैं।

इन वनों को सोयाबीन की खेती एवं जानवरों हेतु चारागाहों के विकास हेतु नष्ट किया जा रहा है। आवासीय क्षति के अलावा प्रदूषण के कारण भी आवास का विखण्डन (Fragmentation) हुआ है, जिससे कई जातियों के जीवन के लिए खतरा उत्पन्न हो गया है। मानवीय क्रियाकलापों द्वारा बड़े आवासों को छोटे-छोटे खण्डों में विभक्त करने से भी स्तनधारियों एवं प्रवासी (Migratory) पक्षी भी बुरी तरह प्रभावित होते हैं। इससे **समष्टि** (Population) में कमी होती है।

(ii) **अतिदोहन** (Over-exploitation) मानव हमेशा भोजन एवं आवास के लिए प्रकृति पर निर्भर रहा है, लेकिन अधिक की इच्छा रखने के कारण उसने प्राकृतिक सम्पदाओं का दोहन आरम्भ कर दिया।

मानव द्वारा अतिदोहन से पिछले 500 वर्षों में कई जातियाँ; जैसे—स्टीलर समुद्री गाय, पैसेंजर कबूतर विलुप्त हो गए। आज बहुत सारी समुद्री मछलियों की जनसंख्या उनके शिकार के फलस्वरूप कम होती जा रही है, कुछ व्यावसायिक महत्त्व की अन्य जातियों को भी खतरा है।

(iii) **विदेशी जातियों द्वारा आक्रमण** (Invasion by Exotic Species) प्रायः बाहरी जातियों का किसी क्षेत्र में प्रवेश उनके व्यापारिक महत्त्व व अन्य उपयोगों हेतु कराया जाता है। उनमें से कुछ विदेशी जातियाँ आक्रामक होकर स्थानिक जातियों में कमी या उनकी विलुप्ति का कारण बन जाती हैं; जैसे—जब नाइल पर्च (नील नदी की मछली) को पूर्वी अफ्रीका की विक्टोरिया झील में डाला गया, तब झील में रहने वाली पारिस्थितिक रूप से बेजोड़ **सिचलिड मछलियों** (Cichlid fish) की 200 से अधिक जातियाँ विलुप्त हो गईं।

इसी प्रकार गाजर घास (*पार्थेनियम*), *लैंटाना कैमरा* (*Lantana camara*) और वाटर हायसिंथ (*आइकॉर्निया*) जैसी आक्रामक खरपतवार जातियाँ पर्यावरण को क्षति पहुँचा रही हैं और हमारी देशज जातियों के लिए खतरा पैदा कर रही हैं। मत्स्य पालन के उद्देश्य से अफ्रीकन कैटफिश (*Clarias gariepinus*) को हमारी नदियों में लाया गया, लेकिन अब ये मछली हमारी नदियों की मूल अशल्कमीन (कैटफिश जातियों) के लिए खतरा उत्पन्न कर रही है।

(iv) **सहविलुप्तता** (Co-extinction) प्रकृति में कुछ अविकल्पी सहोपकारी सम्बन्ध पाए जाते हैं। जब उनमें से एक जाति विलुप्त होती है तब उस पर आधारित दूसरी जन्तु एवं पादप जाति भी विलुप्त होने लगती है; उदाहरण—जब एक परपोषी मत्स्य जाति विलुप्त होती है, तब उस पर आश्रित विशिष्ट परजीवियों का भी वही भविष्य होता है। एक अन्य उदाहरण सहविकसित (Coevolved) परागणकारी (Pollinator) सहोपकारिता (Mutualism) का है। इसमें एक (पादप) का विलोपन दूसरे (कीट) के विलोपन के लिए उत्तरदायी होता है।

(v) **प्रदूषण** (Pollution) प्रदूषण स्थलीय एवं जलीय जीवों को भी प्रभावित करता है। यह मानव के क्रियाकलापों का ही दुष्परिणाम है, जिसने जलाशयों को नष्ट कर दिया है। सीवेज के दूषित जल, जिसमें अपशिष्ट पदार्थों की मात्रा अत्यधिक होती है, कल-कारखानों के दूषित रसायनयुक्त जल को नदियों, तालाबों में सीधा डाल दिया जाता है, जिससे वहाँ के पारिस्थितिकी तन्त्र नष्ट हो गए हैं।

वायु प्रदूषण से संवेदनशील पादपों; जैसे—लाइकेन एवं ब्रायोफाइटा के अस्तित्व को खतरा उत्पन्न हो गया है। प्रदूषण से हो रही अम्ल वर्षा ने अनेक पक्षियों की जातियों को विलुप्त होने की कगार पर ला दिया है। प्रदूषकों की **जैविक आवर्धन** (Biological magnification) प्रक्रिया ने गिद्धों की संख्या में तेजी से गिरावट पैदा कर दी है।

(vi) **विक्षुब्धन** (Disturbance) जीवों के प्राकृतिक आवासों में होने वाले परिवर्तन को विक्षुब्धन कहते हैं। इसके अनेक कारण हो सकते हैं; जैसे—राजमार्ग का निर्माण, सूखा पड़ना, आग लगना, बाढ़, खनन, पेड़ों की कटाई, आदि। इन सभी के कारण जीवों के आवास क्षेत्र कम हो जाते हैं और उन्हें वहाँ से प्रवास (Migration) करना पड़ता है। नए क्षेत्रों में उन्हें संघर्ष करना पड़ता है, जिससे उनके अस्तित्व को खतरा उत्पन्न होता है।

(vii) **कृषि** (Agriculture) कृषि हेतु अनेक वनों, घास के मैदानों को नष्ट कर दिया जाता है। इससे जीवों के प्राकृतिक आवास नष्ट हो जाते हैं। कृषि हेतु कुछ उच्च उत्पादकता वाली पादप जातियों पर भी ध्यान केन्द्रित किया जाता है, जिससे अन्य जातियों के नष्ट होने की सम्भावना रहती है। इससे आनुवंशिक विविधता (Genetic diversity) का ह्रास होता है।

(viii) **वानिकी** (Forestry) प्रायः व्यावसायिक महत्त्व के पादपों को अलग से बड़ी संख्या में उगाया जाता है; जैसे—साल, टीक, आदि। इसके परिणामस्वरूप वन में उपस्थित अन्य जातियों की संख्या पर विपरीत प्रभाव पड़ता है।

(ix) **जातियों का विलोपन** (Extinction of Species) प्राकृतिक या मानवजनित क्रियाकलापों के कारण भी कई जातियाँ विलुप्त हो जाती हैं और जैव-विविधता का ह्रास होता है; जैसे—डोडो पक्षी।

जैव-विविधता संरक्षण के राष्ट्रीय और अन्तर्राष्ट्रीय प्रयास (Conservation of Biodiversity by National and International Efforts)

प्रकृति के संरक्षण के लिए पहले भी अनेक कदम उठाए गए हैं, परन्तु वे भी शिकार पर प्रतिबन्ध से ही सम्बन्धित हैं। बाद में वनों में वृक्षों को काटने से रोकने हेतु भी अनेक नियम बनाए गए। जल, वायु, ध्वनि एवं हानिकारक विकिरणों से होने वाले प्रदूषण को रोकना भी प्रकृति संरक्षण (जैव-विविधता संरक्षण) के अन्तर्गत आता है। प्रकृति ही मनुष्य का पर्यावरण है, जिसमें उपस्थित हवा, पानी, प्रकाश, आदि अजैवकारक तथा जीव-जन्तु जैसे जैवकारक सम्मिलित हैं। इन सभी कारकों के उचित संरक्षण से ही प्रकृति में सन्तुलन बना रहता है। इसके संरक्षण हेतु राष्ट्रीय व अन्तर्राष्ट्रीय संस्थाओं ने अपना सहयोग दिया है।

जैव-विविधता संरक्षण के राष्ट्रीय एवं अन्तर्राष्ट्रीय प्रयास निम्नवत् हैं

जैव-विविधता के संरक्षण के राष्ट्रीय प्रयास

(National Efforts of Conservation of Biodiversity)

हमारे देश में प्रकृति संरक्षण के प्रयास वन्य जीवों के संरक्षण से सम्बन्धित हैं।

वन्य जीवों के संरक्षण हेतु किए गए राष्ट्रीय प्रयास निम्नलिखित हैं

(i) सन् 1952 में वन्य जीवन भारतीय परिषद् (Indian Board of Wild Life or IBWL) की स्थापना की गई, जिसके अन्तर्गत वन्य जन्तुओं का संरक्षण किया जाता है।

(ii) जुलाई, 1955 से सम्पूर्ण देश में प्रत्येक वर्ष 1-7 अक्टूबर तक वन्य जीव सप्ताह मनाया जाता है।

(iii) सन् 1980 में भारत में भी जैव संरक्षण हेतु एक पर्यावरण विभाग की स्थापना की गई।

जिसके उद्देश्य निम्न हैं

(a) पर्यावरण स्वच्छ रखने की दिशा में कार्य करने वाली परियोजनाओं को प्रोत्साहित करना।

(b) पर्यावरण नीति को दिशा-निर्देश देना।

(c) पर्यावरण से सम्बन्धित जानकारी, शिक्षा एवं सामाजिक चेतना का विकास करना।

(d) पर्यावरण से सम्बन्धित अन्तर्राष्ट्रीय प्रयासों में सहयोग देना।

(e) पर्यावरण विभाग को सलाह देने हेतु NCEP नामक संगठन के अतिरिक्त पर्यावरण शोध संगठन एवं INMBC (Indian National Man and Biosphere Committee) जैसी संस्थाएँ स्थापित की गई।

(f) NCEP के दिशा-निर्देशों पर एक वैकल्पिक 'राष्ट्रीय वन नीति' की भी घोषणा की गई।

(iv) सन् 1985 में पर्यावरण सम्बन्धी जानकारी देने हेतु 'एनविस (ENVIS)' की शुरुआत की गई।

जिसके उद्देश्य निम्न हैं

(a) पर्यावरण सम्बन्धी समस्त जानकारी एकत्र कर उसे फैलाना।

(b) जनता में पर्यावरण सम्बन्धी चेतना जागृत करना।

(c) प्रतिवर्ष 5 जून को 'विश्व पर्यावरण दिवस' मनाना, जिसका उद्देश्य पर्यावरण को संरक्षित रखना तथा मानव जाति के योगदान को पर्यावरण संरक्षण में सम्मिलित करना है, जिससे सभी प्राकृतिक संसाधन सुलभ रूप से उपलब्ध हो सकें।

(v) एक राष्ट्रीय पर्यावरण काँग्रेस का भी गठन हुआ है, जिसकी पहली महासभा दिसम्बर, 1982 में हुई थी।

(vi) वर्षों से कार्यरत् संस्थाओं; जैसे—बॉटनीकल सर्वे ऑफ इण्डिया (BSI), जूलॉजिकल सर्वे ऑफ इण्डिया (ZSI) तथा बॉम्बे नैचुरल हिस्ट्री सोसाइटी (BNHS) ने भी विलुप्त होती हुई पादप एवं जन्तु जातियों को बचाने के प्रयास में 10 वर्षीय प्रोजेक्ट तैयार किए हैं।

जैव-विविधता के संरक्षण के अन्तर्राष्ट्रीय प्रयास

(International Efforts of Conservation of Biodiversity)

जैव-विविधता संरक्षण हेतु अन्तर्राष्ट्रीय प्रयास निम्नलिखित हैं

(i) सर्वप्रथम पेरिस में सन् 1902 में प्राकृतिक संरक्षण की एक अन्तर्राष्ट्रीय प्रतिज्ञा पर सभी यूरोपीय देशों ने हस्ताक्षर किए।

(ii) स्विट्जरलैण्ड में सन् 1948 में प्राकृतिक सम्पदाओं के संरक्षण के लिए एक अन्तर्राष्ट्रीय संघ (IUCN) की स्थापना की गई। इसका पूरा नाम प्रकृति व प्राकृतिक स्रोतों के संरक्षण का अन्तर्राष्ट्रीय संघ (International Union of Conservation of Nature and Natural Resources) है। यह संघ दुर्लभ और विलुप्त जातियों के बारे में जानकारी देता है।

(iii) 'विश्व वन्यजीव कोष (WWF)' नामक एक सहायक संगठन भी स्थापित किया गया था। इसका मुख्यालय स्विट्जरलैण्ड में है। भारत में WWF का मुख्यालय मुम्बई में है, जो सन् 1969 से कार्य कर रहा है।

नोट सन् 1969 में प्रकृति संरक्षण के अन्तर्राष्ट्रीय संघ (IUCN) की 10वीं गोष्ठी की एक सार्वजनिक सभा दिल्ली में हुई। (IUCN) को अब विश्व संरक्षण संघ (World Conservation Union or WCU) कहा जाता है।

संकटग्रस्त जातियों की अवधारणा

(Concepts of Endangered Species)

वे वन्य जीव जातियाँ जिनका अस्तित्व पृथ्वी पर मनुष्य द्वारा इनके आवास स्थानों या स्वयं इनके सदस्यों के व्यापक विनाश के कारण लगभग अनिश्चित है, संकटग्रस्त जातियाँ कहलाती हैं।

IUCN (International Union of Conservation of Nature and Natural Resources) *ने संकटग्रस्त जीव-जातियों का वर्गीकरण निम्नलिखित आधार पर किया है*

(i) जीवों का वर्तमान एवं भूतकालीन वितरण

(ii) समष्टियों की संख्या में कमी

(iii) प्राकृतिक आवासों की स्थिति

(iv) किसी जाति का जैविक महत्त्व

अत: IUCN की लाल किताब (Red Data Book) में वन्य जीवों के संरक्षण के लिए उन्हें निम्नलिखित श्रेणियों में बाँटा हैं

(i) **विकट संकटापन्न जातियाँ** (Critically Endangered Species) इसके अन्तर्गत आने वाली जातियाँ विलुप्तता की कगार पर हैं, जो आगामी भविष्य में किसी भी क्षण विलुप्त हो सकती हैं।

इसके अन्तर्गत विश्वभर से 925 जन्तु [(10% स्तनधारी, 9% पक्षी, 15% सरीसृप, 16% उभयचर तथा 1014 पादप (16% आवृतबीजी)] आते हैं। भारत में विकट संकटापन्न जातियों में लगभग 18 जन्तु व 44 पादप हैं; जैसे—*सस साल्वेनियस* (*Sus salvanius*), *बरबेरिस नीलगिरिएन्सिस* (*Berberis nilghiriensis*), आदि।

(ii) **संकटग्रस्त जातियाँ** (Endangered Species) इस श्रेणी में उन जातियों को रखा गया है, जिनकी जनसंख्या बहुत तेजी से घटी है और भविष्य में इनके विलुप्त होने का खतरा उत्पन्न हो गया है।

(iii) **सुभेद्य जातियाँ** (Vulnerable Species) इस श्रेणी में उन जातियों को रखा गया है, जिनकी संख्या अभी तो पर्याप्त है, लेकिन उचित संरक्षण न होने पर निकट भविष्य में ये संकटग्रस्त जातियों की श्रेणी में आ जाएगीं। मगरमच्छ, हिमालयन कस्तूरी हिरन, हिमालयन छछूँदर इसी श्रेणी के जन्तु हैं।

(iv) **दुर्लभ जातियाँ** (Rare Species) इस श्रेणी में उन जातियों को रखा गया है, जिनकी पहले से ही संसार में कम संख्या है और इनके आवास सीमित हैं। निकट भविष्य में इनके विलुप्त होने की सम्भावना तो नहीं है, लेकिन कम संख्या होने के कारण इनके जीवन को खतरा हो सकता है; जैसे—हाथी, जंगली भैंसा, आदि।

(v) **विलुप्त जातियाँ** (Extinct Species) इस श्रेणी में उन जातियों को रखा गया है, जिनका अस्तित्व सजीव रूप में इस पृथ्वी से समाप्त हो चुका है या ये जातियाँ विलुप्त हो चुकी हैं। भारत की **हिमालयन कुयैल** तथा **गुलाबी सिर वाली बत्तख** विलुप्त जातियाँ हैं। मॉरीशस की **डोडो चिड़िया** भी विलुप्त पक्षी है।

(vi) **संकटमुक्त जातियाँ** (Out of Danger Species) इस श्रेणी में वे जातियाँ आती हैं, जो पहले संकटग्रस्त या दुर्लभ की श्रेणी में थीं, लेकिन संरक्षण किए जाने से इनकी संख्या में इतनी बढ़ोत्तरी हो गई है कि अब इनके विलुप्त होने का खतरा समाप्त हो गया है।

(vii) **आँकड़े उपलब्ध नहीं** (Data Deficiency) कुछ जातियाँ ऐसी भी हैं जिनके आँकड़े उपलब्ध नहीं हैं।

भारत में वन्य प्राणियों की संकटग्रस्त जातियाँ (Threatened Species of Wild Animals in India)

इस समय हमारे देश में वन्य प्राणियों की अनेक जातियाँ संकटग्रस्त हैं, जिनमें वन्य पक्षियों की लगभग 38, सरीसृपों एवं उभयचरों की लगभग 18, वन्य स्तनियों की लगभग 66 तथा अकशेरुकियों की अनेक जातियाँ सम्मिलित हैं। इन संकटग्रस्त वन्य जीवों की सम्पूर्ण सूची, भारतीय शासन द्वारा प्रसारित **रेड डाटा पुस्तक** (Red Data Book) में दी गई है।

ये संकटग्रस्त वन्य प्राणि निम्नलिखित हैं

(i) **संकटग्रस्त उभयचर** (Threatened Amphibians) इसमें जरायुजी टोड तथा हिमालयी सरटिका (Newt) मुख्य हैं।

(ii) **संकटग्रस्त सरीसृप** (Threatened Reptiles) इनमें मगरमच्छ, अजगर, विषैले सर्प तथा कई जातियों के कछुए सम्मिलित हैं।

(iii) **संकटग्रस्त पक्षी** (Threatened Aves) इसमें कुछ जातियों की बत्तखें, बाज, समुद्री गरुड़, बाँस तीतर, पहाड़ी बटेर, धनेश हुकना, सारस, आदि मुख्य हैं।

(iv) **संकटग्रस्त स्तनी** (Threatened Mammal) बब्बर शेर, भेड़िए, बाघ, सियार, लोमड़ी, गन्ध बिलाव, भालू, शल्की चींटीखोर, लोरिस, अधिकांश जातियों के बन्दर, हिमचीता, जंगली गधा, गैंडा, जंगली सुअर, कश्मीरी एवं कस्तूरी मृग, सेही, कुरंग, भारतीय बब्बर शेर, लाल पाण्डा, जंगली भेड़ और बकरियाँ, गिब्बन, हाथी, आदि संकटग्रस्त स्तनी हैं।

संकटग्रस्त पादप जातियाँ (Endangered Plant Species)

कुछ संकटग्रस्त पादप जातियाँ निम्नलिखित हैं

(i) *एट्रोपा एक्यूमिनैटा* (*Atropa acuminata*) सोलेनेसी।

(ii) *बैलेनोफोरा इन्वोल्युक्रेटा* (*Balanophora involucrata*) बैलेनोफोरेसी।

(iii) *कोमीफोरा वाहटाई* (*Commiphora wightii*) बुरसेरे।

(iv) *डेन्ड्रोबियम डेन्सीफ्लोरम* (*Dendrobium densiflorum*) ऑर्कीडेसी।

(v) *रोडोडेन्ड्रॉन एजर्थाई* (*Rhododendron edgeworthii*) इरीकेसी।

(vi) *रोसा इन्वोलुक्रेटा* (*Rosa involucrata*) रोजेसी।

रेड डाटा पुस्तक (Red Data Book or RDB)

विलुप्त होते जीवों की जातियों की जानकारी के सम्बन्ध में IUCN ने एक पुस्तक का प्रकाशन किया है, जिसे **लाल डाटा पुस्तक** नाम दिया गया है। **उत्तरजीविता सेवा आयोग** (Survival Service Commission or SSC) IUCN का एक अंग है। इसी आयोग द्वारा यह पुस्तक प्रकाशित की जाती है।

रेड डाटा पुस्तक का प्रथम प्रकाशन 1 जनवरी 1972 में हुआ था। रेड डाटा पुस्तक सीरीज में 5 पुस्तकें प्रकाशित की जा चुकी हैं। इन पुस्तकों में अलग-अलग जीवों के सम्बन्ध में जानकारी दी गई है।

प्रत्येक रेड डाटा पुस्तक में चार रंगों के पृष्ठ प्रयोग किए गए हैं

(a) **लाल पृष्ठ** (Red Pages) इन पृष्ठों पर उन लुप्तप्राय या लुप्त हो रही प्रजातियों की जानकारी दी जाती है, जिनके बचाव का पूरा ध्यान रखना आवश्यक है।

(b) **सफेद पृष्ठ** (White Pages) सफेद पृष्ठों पर उन प्रजातियों की जानकारी दी जाती है, जो दुर्लभ तथा कुछ निश्चित स्थानों पर ही उपलब्ध हैं और इनकी संख्या बहुत कम है।

(c) **पीले पृष्ठ** (Yellow Pages) इन पृष्ठों पर उन लुप्त हो रही प्रजातियों की जानकारी दी जाती है, जिनकी संख्या तेजी से कम हो रही है।

(d) **भूरे पृष्ठ** (Brown Pages) इन पृष्ठों पर उन प्रजातियों की जानकारी दी जाती है, जिनके बारे में आशंका है कि ये कम हो रही हैं, लेकिन इनका पूर्ण विवरण उपलब्ध नहीं है।

पुस्तक के अन्त में उन प्रजातियों का जिक्र भी किया गया है, जिनको प्रयास करके बचा लिया गया है। इसके लिए **हरे रंग के पृष्ठ** प्रयोग किए गए हैं। समय-समय पर इस पुस्तक को अपग्रेड किया जाता है। यद्यपि यह पुस्तक अन्तर्राष्ट्रीय स्तर पर प्रकाशित की गई है, लेकिन अब राष्ट्रीय स्तर पर भी रेड डाटा पुस्तक बनाई गई है।

रेड डाटा पुस्तक के उद्देश्य (Objectives of Red Data Book)

(i) लुप्त हो रही जीव प्रजातियों की जानकारी देना।

(ii) संकटग्रस्त जातियों के आश्रय स्थल की स्थिति की जानकारी देना।

(iii) वर्तमान में उपलब्ध जीवों की संख्या उपलब्ध कराना।

(iv) आँकड़ों के माध्यम से लोगों को जीव संरक्षण के लिए प्रेरित करना।

जैव-विविधता के संरक्षण की युक्तियाँ (Strategies of Biodiversity Conservation)

जैव-विविधता के महत्त्वों को समझ लेने के पश्चात् यह निश्चित हो जाता है कि इसे संरक्षित एवं सुरक्षित रखना अत्यन्त आवश्यक है।

जैव-विविधता का संरक्षण आवश्यक पारिस्थितिक प्रक्रियाओं व जीवन आधार तन्त्र को बनाए रखने, जातीय विविधता को सुरक्षित रखने व अधिक उपयोग की जातियों पारिस्थितिकी तन्त्रों के तर्कसंगत उपयोग के उद्देश्य से किया जाता है।

जैव-विविधता को निम्नलिखित दो प्रकार से संरक्षित किया जा सकता है

1. *स्व स्थाने* संरक्षण (*In situ* conservation)
2. *बाह्य स्थाने* संरक्षण (*Ex situ* conservation)

1. स्व स्थाने संरक्षण (*In Situ* Conservation)

ऐसा संरक्षण जिसमें जैव-विविधता का प्राकृतिक आवासों; जैसे-वनों, चरागाहों तथा मैदानों में ही संरक्षण किया जाता है, *स्व स्थाने* संरक्षण कहलाता है। इस संरक्षण में इस प्रकार के उपाय किए जाते हैं कि जीवों को वे सभी सुविधाएँ प्रदान की जाए, जिससे वे बिना संघर्ष किए अपनी संख्या को बढ़ा सकें। *स्व स्थाने* संरक्षण जैव-विविधता को बचाए रखने का सबसे अच्छा तरीका है। *स्व स्थाने संरक्षण निम्न प्रकार से किया जाता है*

(i) जैव संवेदी क्षेत्र या तप्त स्थल (Hotspots)

स्व स्थाने संरक्षण के लिए क्षेत्रों की प्राथमिकता को वियुक्त करने के लिए **नॉर्मन मेयर** (Norman Mayer) ने तप्त स्थल प्रणाली को सन् 1988 में विकसित किया। तप्त स्थल पृथ्वी पर पादप एवं जन्तुओं की दुर्लभ प्रजातियों की घनी आबादी के क्षेत्र हैं। सर्वप्रथम 25 जैव-विविधता तप्त स्थल चिह्नित किए गए थे। तत्पश्चात् इस सूची में 9 तप्त स्थल और सम्मिलित किए गए हैं।

अब संसार में कुल 34 जैव-विविधता तप्त स्थल हैं। यद्यपि जैव-विविधता के सभी तप्त स्थल परस्पर मिलकर संसार का 2% से भी कम हैं, परन्तु इन क्षेत्रों में 44% जातियाँ पाई जाती हैं। इन तप्त स्थलों को विशेष सुरक्षा प्रदान करके विलोपन की दर को 30% तक कम किया जा सकता है।

तप्त स्थल क्षेत्र का निर्धारण निम्न तथ्यों के आधार पर किया जाता है

(a) क्षेत्र विशेष में मिलने वाली **स्थानीय जातियों** की संख्या, जोकि क्षेत्र विशेष में प्राकृतिक रूप से मिलने वाली जातियाँ हैं।

(b) पर्यावरण असन्तुलन से स्थानीय जातियों को पहुँचने वाले नुकसान के आधार पर।

भारतीय तप्त स्थल (Indian Hotspots)

भारत के तीन जैव-विविधता तप्त स्थल **पश्चिमी घाट** और **श्रीलंका**, **पूर्वी हिमालय** एवं **इण्डो बर्मा** क्षेत्र में है।

पश्चिमी घाट

- यह तप्त स्थल भारतीय महाद्वीप के पश्चिमी तट के समानान्तर फैला है, इसका क्षेत्रफल 1600 वर्ग किमी है। इसके अन्तर्गत महाराष्ट्र, कर्नाटक, तमिलनाडु तथा केरल राज्यों का क्षेत्र आता है। यहाँ अधिकांश सदाबहार वन मिलते हैं।
- केरल की प्रसिद्ध **शान्त घाटी** (Silent valley) पश्चिमी घाट के अन्तर्गत ही आती है। हमारे देश में वृक्षों की सर्वाधिक विविधता इसी क्षेत्र में मिलती है।
- इस क्षेत्र में 1650 पादप जातियाँ मिलती हैं, जो देश की कुल जातियों का 40% हैं। इस क्षेत्र में पुष्पी पादप भी अधिकता में हैं। वन्य प्राणियों की दृष्टि से भी यह क्षेत्र सम्पन्न है। इस क्षेत्र में सरीसृप, उभयचर, कुछ तितलियाँ एवं स्तनधारियों की कई जातियाँ स्थानिक रूप से मिलती हैं। यहाँ वृक्षवासी प्राणियों की अधिकता है।
- भारत में **हुलोका** एवं **गिब्बन** केवल इसी क्षेत्र में मिलते हैं। देश के सर्वाधिक **उभयचर** (Amphibian) भी इसी क्षेत्र में मिलते हैं। इस क्षेत्र का वार्षिक तापमान 28° C, वार्षिक आर्द्रता 75% तथा औसत वार्षिक वर्षा 200 सेमी से अधिक होती है।

पूर्वी हिमालय (Eastern Himalaya)

- इस क्षेत्र के अन्तर्गत **सिक्किम** का अधिकांश भाग आता है और यह क्षेत्र पड़ोसी देश भूटान तक फैला है। इस क्षेत्र की समुद्रतल से ऊँचाई 1780-3500 मी तक है, इसलिए इस क्षेत्र की जलवायु शीतोष्ण है। इस क्षेत्र में कुछ अलग-अलग घाटियाँ हैं, जिनमें अधिकांशतया स्थानीय जातियाँ हैं।
- इस क्षेत्र का कुछ भाग वृक्षविहीन है, इसे **एल्पाइन क्षेत्र** (Alpine area) कहते हैं। इस भाग में वनस्पति एवं झाड़ियों की अधिकता है।
- सामान्यतया पूर्वी हिमालय क्षेत्र में **विन्टरेसी** (Winteraceae) तथा **मेग्नोलिएसी** (Magnoliaceae) कुल के पादपों की अधिकता है; जैसे– *मेग्नोलिया* एवं *बेतुला*, आदि। बाँस एवं शीशम के वृक्ष भी काफी संख्या में मिलते हैं। इस क्षेत्र में स्तनधारी भी काफी संख्या में मिलते हैं।

(ii) राष्ट्रीय उद्यान (National Park)

- वह क्षेत्र, जो वन्यजीवों के लिए पूर्णरूप से संरक्षित होता है तथा जहाँ शिकार खेलना, पशु चराना, फसल बोना निषेध होता है, राष्ट्रीय उद्यान कहलाता है।
- इन क्षेत्रों में जन्तुओं या **प्राणिजात** (Fauna) तथा पादपों या **वनस्पतिजात** (Flora) दोनों का संरक्षण किया जाता है।
- भारत में 104 (अप्रैल, 2012) राष्ट्रीय उद्यान हैं, जिनका अनुमानित क्षेत्र 38029.18 वर्ग किमी है। यह भारत के भौगोलिक क्षेत्र का 1.16% है।
- **जिम कॉर्बेट राष्ट्रीय उद्यान** (Jim Corbett National Park) भारत का **प्रथम राष्ट्रीय उद्यान** है, जिसकी स्थापना सन् 1936 में हुई थी। यह अब उत्तराखण्ड में स्थित है।
- ये उद्यान टाइगर प्रोजेक्ट पर भी कार्य कर रहा है। **येलोस्टोन राष्ट्रीय उद्यान** विश्व का प्रथम राष्ट्रीय उद्यान है, जिसकी स्थापना सन् 1872 में USA में हुई थी।

भारत के प्रमुख राष्ट्रीय उद्यानों का सारणीवार अध्ययन निम्नलिखित है

भारत के राष्ट्रीय उद्यान

राज्य	राष्ट्रीय उद्यान का नाम	स्थापित वर्ष	प्रमुख वन्य जीव आकर्षण
अण्डमान और निकोबार द्वीप समूह	वान्डूर राष्ट्रीय उद्यान	1983	इस्टुअंटिन मगरमच्छ, नारियल केकड़ा
अरुणाचल प्रदेश	नामधापा राष्ट्रीय उद्यान	1983	तेंदुआ, गौर, हिमालयी काला भालू
असोम	काजीरंगा राष्ट्रीय उद्यान	1974	गैंडा, हाथी, बाघ
	मानस राष्ट्रीय उद्यान	1990	बाघ, असोम छाजित कच्छप, सुनहरा लंगूर, गेंडा, खरगोश
छत्तीसगढ़	इंदिरावती राष्ट्रीय उद्यान	1981	बाघ, तेंदुआ, नीला सांड
गुजरात	गिर राष्ट्रीय उद्यान (काठियावाड़ स्थित गिर जंगल)	1975	एशियाई शेर (बब्बर शेर), तेंदुआ, चौसिंगा चितकबरा हिरण, हिना, सांभर, चिंकारा
कच्छ	मरिन राष्ट्रीय उद्यान	1980	दरियाई घोड़ा, ऑक्टोपस, पर्ल ओयस्टर, स्टार फिश, लोबस्टार डॉलफिन डूगॉग
हरियाणा	सुल्तानपुर राष्ट्रीय उद्यान	1989	स्थाई और प्रवासी पक्षियों की बड़ी संख्या, हंस, साइबेरियाई सारस, डिमोइसेली सारस, पेलिकन फ्लेमिंगो, ग्रे लेग गेडपॉल, मिलार्ड, पोचार्ड आदि, काला हिरण, नील गाय, होग हिरण, सांभर, जंगली कुत्ता (ढोल), काराकल, तेंदुआ, जंगली सुअर, चार सींगों वाला हिरण
हिमाचल प्रदेश	ग्रेट हिमालय राष्ट्रीय उद्यान	1984	बकरी, भराल (नीली भेड़) गोराल, सरोउ, भूरी भेड़, तेंदुआ, स्नो तेंदुआ
	पिन वैली राष्ट्रीय उद्यान	1987	स्नो लियोपार्ड, हिमालन स्नोकॉक, चुकार (तीतर)
जम्मू-कश्मीर	दाचीगाम राष्ट्रीय उद्यान	1981	हिमालयी काला भालू, तेंदुआ, कस्तूरी प्रवासी पक्षी, हिमचीता
झारखण्ड	हजारी बाग राष्ट्रीय उद्यान	—	बाघ, जंगली भालू, नील गाय, चीतल, काकर
	पलामू राष्ट्रीय उद्यान	—	बाघ, ढोल, हाथी
कर्नाटक	बादीपुर राष्ट्रीय उद्यान	1974	एशियाई हाथी, बाघ
	नागरहोल राष्ट्रीय उद्यान	1988	बाघ, जंगली हाथी, तेंदुआ, ढोल (जंगली कुत्ता), गौर (भारतीय पहाड़ी भैंसा), मुटंजैक (भौंकने वाला हिरण), माउस डियर, चार सींगों वाला हिरण, जंगली भालू, रीछ, भेड़िया।
केरल	पेरियार राष्ट्रीय उद्यान	1982	बाघ, नीलगिरि लंगूर, उड़ने वाली गिलहरी, हाथी, शेर की पूँछ वाला मकाऊ
मध्य प्रदेश	बांधवगढ़ राष्ट्रीय उद्यान	1982	बाघ, तेंदुआ, भालू
	कान्हा राष्ट्रीय उद्यान	1955	बाघ, तेंदुआ, हाथी
	पन्ना राष्ट्रीय उद्यान	1973	बाघ, भेड़िया, चीतल, रीछ, बाराहसिंगा
महाराष्ट्र	नवेगांव राष्ट्रीय उद्यान	1975	बाघ, चीता, पहाड़ी भैंसा
	तदोवा राष्ट्रीय उद्यान	1955	बाघ, तेंदुआ, रीछ, सांभर, भौंकने वाला हिरण, नीलगाय
ओडिशा	नंदन कानन राष्ट्रीय उद्यान	—	सफेद बाघ, एशियाई शेर, मगरमच्छ
	सिमीपाल राष्ट्रीय उद्यान	1980	बाघ, तेंदुआ, हाथी, सांभर, लंगूर, हिरण, गौर, जंगली भालू, रीछ, बन्दर, साही
राजस्थान	केवलादेव राष्ट्रीय उद्यान	1981	पक्षी अभ्यारण्य-साइबेरियाई सारस, हुकना भारतीय सारंग
	रणथम्भौर राष्ट्रीय उद्यान	1980	बाघ, तेंदुआ, भालू
	सरिस्का राष्ट्रीय उद्यान	1982	बाघ, चार सींगों वाला हिरण, काकत, तेंदुआ, नील गाय, सांभर, चीतल
उत्तर प्रदेश	दुधवा राष्ट्रीय उद्यान	1977	बाघ, गैंडा, स्वाम हिरण, बंगाल फ्लोरिकन चीतल, होग हिरण, भूमि पर रहने वाला तेंदुआ।
पश्चिम बंगाल	सुन्दरवन राष्ट्रीय उद्यान	1984	रॉयल बंगाल टाइगर (बाघ), मछली पकड़ने वाली बिल्ली, मॉनिस्टर छिपकली, नदी मुहाने वाला मगरमच्छ, ऑसिव रिडले कच्छप

(iii) **वन्यजीव अभ्यारण्य या शरणस्थल** (Wildlife Sanctuaries)

वन्यजीव अभ्यारण्य, वे सामूहिक आरक्षित क्षेत्र हैं, जहाँ पादप एवं जन्तुओं की स्थानीय जातियों तथा अभिगमन करके आई जातियों को अनुकूल परिस्थितियाँ प्रदान की जाती हैं। इन क्षेत्रों में शिकार पर पाबन्दी होती है। ये क्षेत्र राज्य सरकारों द्वारा घोषित एवं व्यवस्थित किए जाते हैं। पादपों के संरक्षण के लिए वर्तमान में भारत में 520 वन्य जीव अभ्यारण्य हैं। *भारत में कुछ प्रमुख वन्यजीव अभ्यारण्य निम्न हैं*

भारत के कुछ प्रमुख वन्यजीव अभ्यारण्य या शरणस्थल

नाम और स्थिति	क्षेत्रफल	प्रमुख प्राणि
अन्नामलाई शरणस्थल कोएम्बटूर, तमिलनाडु	958 वर्ग किमी	हाथी, बाघ, तेंदुआ, नीलगिरि लंगूर, सिंहपुच्छी वानर, गौर, चीतल, सांबर, भौंकने वाला हिरण या मृग, रीछ, जंगली शूकर, आदि।
बीर मोतीबाग वन्यजीवन शरणस्थल, पटियाला, पंजाब	8.3 वर्ग किमी	नील गाय, जंगली शूकर, हॉग डीयर, ब्लैकबक या कृष्णसार, नीला सांड, सियार, मोर, तीतर, चिड़िया मैना, कबूतर, फाख्ता, आदि।
शिकारी देवी शरणस्थल, मण्डी, हिमाचल प्रदेश	213 वर्ग किमी	काला भालू, हिम तेंदुआ, उड़ने वाली लोमड़ी, भौंकने वाला मृग, कस्तूरी मृग, चकोर, तीतर, आदि।
डकिंगम शरणस्थल, श्रीनगर, जम्मू-कश्मीर	89 वर्ग किमी	हंगुल या कश्मीरी स्टैग, कस्तूरी मृग, हिम तेंदुआ, काला भालू, भूरा भालू, आदि।
नागार्जुन सागर शरणस्थल, गुन्टूर व नाला गोन्डा में मल्लामलाई पहाड़ियों में, आन्ध्र प्रदेश	3568 वर्ग किमी	बाघ, चीता, जंगली भालू, चीतल, नील गाय, ब्लैकबक या कृष्णसार, लोमड़ी, सियार, भेड़िया, मगरमच्छ, आदि।
मुडुमलाई वन्यजीव, शरणस्थल, नीलगिरि, तमिलनाडु	520 वर्ग किमी	हाथी, गौर, सांबर, चीतल, भौंकने वाला हिरण, चार सींग वाला एन्टिलोप, लंगूर, वृहत् गिलहरी, उड़ने वाली लोमड़ी, जंगली कुत्ता, जंगली बिल्ली, सिवेट, रीछ, सेही, अजगर, रैट स्नेक, मोनिटर लिजार्ड, उड़ने वाली छिपकली, आदि।
जलदापारा शरणस्थल, मदारीहाट, पश्चिमी बंगाल	1555 वर्ग किमी	गैंडा, हाथी, शेर, तेंदुआ, गौर, हिरण, सांबर तथा विभिन्न प्रकार के पक्षी।
चिलका झील पक्षी शरणस्थल, ओडिशा	990 वर्ग किमी	विभिन्न प्रकार के पक्षी; जैसे-जलीय मुर्गा, बत्तख, सारस, सुनहरी प्लोवर, सैण्ड-पाइपर, फ्लेमिंगो या हंसावर, आदि।

(iv) **बाघ आरक्षित क्षेत्र** (Tiger Reserve Area)

बाघों (भारत का राष्ट्रीय जन्तु) की सुरक्षा एवं उनकी घटती हुई जनसंख्या को ध्यान में रखकर भारत में 1 अप्रैल, 1973 को विश्व वन्यजीव कोष (WWF) तथा IUCN की सहायता से **बाघ परियोजना** (Tiger Project) प्रारम्भ की गई। प्रारम्भ में भारत में 9 बाघ रिजर्व थे, लेकिन अब तक 53 बाघ आरक्षित क्षेत्र का सरकार द्वारा अनुमोदन हो चुका है। *इन बाघ रिजर्वों की सूची निम्नलिखित हैं*

भारत में बाघ आरक्षित क्षेत्रों की सूची

बाघ आरक्षित क्षेत्र (टीआर)	राज्य	स्थापित	बाघों की संख्या
काजीरंगा बाघ आरक्षित क्षेत्र	असोम	2006	42
मानस बाघ आरक्षित क्षेत्र	असोम	1973-74	35
बांदीपुर बाघ आरक्षित क्षेत्र	कर्नाटक	1973-74	89
पेरियार बाघ आरक्षित क्षेत्र	केरल	1978-79	77
कान्हा बाघ आरक्षित क्षेत्र	मध्य प्रदेश	1973-74	87
पन्ना टाइगर रिजर्व	मध्य प्रदेश	1994-95	18
पेंच बाघ आरक्षित क्षेत्र	महाराष्ट्र	1998-99	35
बोर बाघ आरक्षित क्षेत्र	महाराष्ट्र	2001 (प्रस्तावित)	15
दम्पा बाघ आरक्षित क्षेत्र	मिजोरम	1994-95	48
सिमलीपाल बाघ आरक्षित क्षेत्र	ओडिशा	1973-74	64
रणथम्भौर बाघ आरक्षित क्षेत्र	राजस्थान	1973-74	68
सरिस्का बाघ आरक्षित क्षेत्र	राजस्थान	1978-79	5
दुधवा टाइगर रिजर्व	उत्तर प्रदेश	1887-88	141
जिम कॉर्बेट बाघ आरक्षित क्षेत्र	उत्तराखण्ड	1973-74	146
सुन्दरवन बाघ आरक्षित क्षेत्र	प. बंगाल	1973-74	89

(v) **हाथी आरक्षित क्षेत्र** (Elephant Reserve Area)

भारत में जंगली हाथियों की रक्षा के लिए सन् 1992 में हाथी परियोजना (Project elephant) प्रारम्भ की गई। इस परियोजना के अन्तर्गत कुल 30 हाथी आरक्षित क्षेत्र स्थापित करने का प्रावधान है।

इनमें से स्थापित कुछ आरक्षित क्षेत्रों का वर्णन निम्नलिखित है

भारत में हाथी आरक्षित क्षेत्रों की सूची

राज्य	हाथी आरक्षित क्षेत्र	अधिसूचना की तारीख	कुल क्षेत्र (किमी)
असोम	काजीरंगा-करबई हाथी आरक्षित क्षेत्र	17-4-2003	3270
अरूणाचल प्रदेश	दीमाली हाथी आरक्षित क्षेत्र		900
आन्ध्र प्रदेश	रयाला हाथी आरक्षित क्षेत्र	9-12-2003	766
कर्नाटक	मैसूर हाथी आरक्षित क्षेत्र	25-11-2002	6724
केरल	पेरियार हाथी आरक्षित क्षेत्र	2-4-2002	3742
मेघालय	गैरो हिल्स हाथी आरक्षित क्षेत्र	31-1-2001	3500

इनके अतिरिक्त भारत में दो शेर रिजर्व भी हैं

- **गिर वन राष्ट्रीय उद्यान** इसकी स्थापना सन् 1965 में 1412 किमी के क्षेत्र में हुई।
- **बनेरघाटा राष्ट्रीय उद्यान** इसकी स्थापना सन् 2002 में हुई।

कस्तूरी मृग परियोजना (Project Musk Deer)

सन् 1981 में शुरू की गई इस परियोजना का उद्देश्य हिमालयी कस्तूरी मृग (*मास्कस ल्यूगकोगास्टर*) का संरक्षण करना है। इस जन्तु को उत्तराखण्ड का राजकीय पशु घोषित किया गया है। उत्तराखण्ड में यह केदारनाथ, फूलों की घाटी, उत्तरकाशी, पिथौरागढ़ जनपद के लगभग 15,000 फीट की ऊँचाई वाले जंगलों में पाया जाता है। जम्मू व कश्मीर के श्रीनगर में स्थित दाचीगम राष्ट्रीय उद्यान इस परियोजना का प्रमुख केन्द्र है। उत्तराखण्ड में केदारनाथ वन्य जीव अभयारण्य इस परियोजना का प्रमुख केन्द्र है।

(vii) **अन्त: स्थलीय आर्द्रभूमि** (Wetlands)

इसके अन्तर्गत नदीय आर्द्रभूमि, कच्छ, दलदल, बॉग भूमि, आदि को सम्मिलित किया जाता है। अधिक आर्द्र होने के कारण इन पर वनस्पतियों तथा अन्य जीवों का अधिक विकास होता है। आर्द्रभूमियों के अन्तर्गत पाई जाने वाली जैव-विविधता के संरक्षण के लिए 2 फरवरी 1971 में ईरान के रामसर तट पर एक समझौता किया गया, *जोकि निम्नलिखित है*

- **द कन्वेशन ऑन वेटलैन्ड्स ऑफ इन्टरनेशनल इन्पोर्टेंस** (अन्तर्राष्ट्रीय महत्त्व की झीलों पर सम्मेलन) को रामसर कन्वेशन भी कहा जाता है। यह एक **अन्त:सरकारी** समझौता है, जिसकी कार्य योजनाओं तथा अन्तर्राष्ट्रीय सहयोग के आधार पर आर्द्रभूमि तथा उसके संसाधनों को संरक्षित रखा जा सकता है।
- सन् 1971 में ईरान के शहर रामसर में एक समझौते पर हस्ताक्षर किया गया, जिसमें आर्द्रभूमि के क्षय तथा इन स्थलों में प्रवास करने वाले जीवों को बचाने के लिए एक रणनीति तैयार की गई। रामसर कन्वेन्शन के प्रस्तावों को सन् 1975 में लागू किया गया। भारत ने सन् 1982 में रामसर कन्वेन्शन के प्रस्तावों पर हस्ताक्षर किया।
- भारत में रामसर कन्वेन्शन के आधार पर जिन आर्द्रभूमियों (झीलों) के संरक्षण हेतु कार्य किया जा रहा है, *वे इस प्रकार हैं*

भारत में स्थित रामसर स्थल

झीलें	राज्य	झीलें	राज्य
अश्तामुदी	केरल	प्वाइन्ट केलिमर	तमिलनाडु
भितरकनिका मैंग्रोव	ओडिशा	पोंग डैम झील	हिमाचल प्रदेश
भोज सागर	मध्य प्रदेश	रेणुका झील	हिमाचल प्रदेश
चिल्का	ओडिशा	रोपड़	पंजाब
ईस्ट कोलकाता वेटलैन्ड्स	पश्चिम बंगाल	साम्भर झील	राजस्थान
हरिके झील	पंजाब	स्तम्भकोटा	केरल
लोकटक झील	मणिपुर	नदर ताल दलदली क्षेत्र	हिमाचल प्रदेश

(viii) **जैव-मण्डल आरक्षित क्षेत्र** (Biosphere Reserves)

यह संरक्षित क्षेत्रों की एक विशेष श्रेणी है। जैव-मण्डल आरक्षित क्षेत्र में एक सीमा तक मानव गतिविधियाँ जारी रहती हैं, लेकिन इन गतिविधियों से जैव सम्पदा को कोई नुकसान नहीं पहुँचने दिया जाता। जैव-मण्डल आरक्षित क्षेत्र का विचार सन् 1975 में **यूनेस्को** (UNESCO) द्वारा दिया गया। यूनेस्को ने इसी वर्ष **मानव तथा जैव-मण्डल कार्यक्रम** (Man and Biosphere or MAB Programme) प्रारम्भ किया। मई 2002 तक 94 देशों में 408 जैव-मण्डल आरक्षित क्षेत्र घोषित किए जा चुके हैं।

जैव-मण्डल आरक्षित क्षेत्रों को तीन भागों में बँटा होता है

(a) **परिचालन क्षेत्र** (Manipulation or Transition Zone) यह जैव-मण्डल आरक्षित क्षेत्र का बाहरी क्षेत्र है। इस क्षेत्र में मानव-बस्ती होती है। इसलिए यह मानव सक्रियता वाला क्षेत्र होता है।

(b) **प्रतिरोधक क्षेत्र** (Buffer Zone) परिचालन के अन्दर का क्षेत्र प्रतिरोधक क्षेत्र कहलाता है। इस क्षेत्र में मानव बस्तियाँ तो नहीं होती, लेकिन सीमित मानव क्रियाएँ होती हैं।

(c) **केन्द्रीय क्षेत्र** (Core Zone) यह जैव-मण्डल का केन्द्रीय भाग है। यह भाग पूरी तरह वन्य जीवों के लिए संरक्षित होता है और इस भाग में मानव क्रियाकलाप पूर्णतया प्रतिबन्धित होते हैं।

एक जैव-मण्डल आरक्षित क्षेत्र की संरचना

नोट परिचालन क्षेत्र को तीन उपक्षेत्रों में विभाजित किया जाता है, जो बाहर से भीतर को ओर क्रमश: वानिकी, पर्यटन व कृषि हेतु प्रयोग किए जाते हैं।

भारत में MAB प्रोग्राम सन् 1986 में प्रारम्भ हुआ तथा भारत का प्रथम जैव-मण्डल आरक्षित क्षेत्र **नीलगिरि जैव-मण्डल आरक्षित क्षेत्र** (Nilgiri Biosphere Reserve or NBR) है। 2011 तक भारत में 18 जैव-मण्डल आरक्षित क्षेत्र घोषित किए जा चुके थे।

भारत के जैव-मण्डल आरक्षित क्षेत्र

जैव-मण्डल आरक्षित क्षेत्र	सम्बन्धित राज्य
नीलगिरि	तमिलनाडु, केरल, कर्नाटक
नन्दादेवी	उत्तराखण्ड
नोकरेक	मेघालय
मानस	असोम
सुन्दरवन	पश्चिम बंगाल
मन्नार की खाड़ी	तमिलनाडु
ग्रेट निकोबार	अण्डमान व निकोबार
सिमलीपाल	ओडिशा
डिब्रुसेखोवा	असोम
देहांग देबांग	अरूणाचल प्रदेश
पचमड़ी	मध्य प्रदेश
कंचनजंगा	सिक्किम
अगस्त्यामलाई	केरल, तलिनाडु
अचनाकमार-अमरकटंक	छत्तीसगढ़
कच्छ	गुजरात
शीत रेगिस्तान	हिमाचल प्रदेश
सेशाचल	आन्ध्र प्रदेश
पन्ना	मध्य प्रदेश

जैव-मण्डल आरक्षित क्षेत्र का महत्त्व

(Significances of Biosphere Reserves)

जैव-मण्डल आरक्षित क्षेत्र के महत्त्व निम्नलिखित हैं

(a) जैव-मण्डल आरक्षित क्षेत्र जैव-विविधता को बनाए रखने में सहायक हैं। इन्हें प्राकृतिक एवं आनुवंशिक खजाना कहा जा सकता है।

(b) आरक्षित क्षेत्र पारिस्थितिकी एवं पर्यावरणीय अनुसंधानों के लिए महत्त्वपूर्ण क्षेत्र हैं।

(c) आरक्षित क्षेत्र शिक्षा एवं प्रशिक्षण का साधन हैं।

(d) आरक्षित क्षेत्र अन्तर्राष्ट्रीय सहयोग को बढ़ावा देते हैं।

उत्तराखण्ड के राष्ट्रीय उद्यान एवं वन्य जीव अभयारण्य

राष्ट्रीय उद्यान

राष्ट्रीय उद्यान, वन्यजीव अभयारण्य तथा सुरक्षित वनों की दृष्टि से उत्तराखण्ड एक सम्पन्न राज्य है। हिमालयी पक्षियों का सिरमौर कहे जाने वाले मोनाल के शिकार पर सरकार द्वारा वन्यजीव संरक्षण अधिनियम, 1972 के अन्तर्गत पाबन्दी लगाई गई है।

राष्ट्रीय उद्यान निम्न है

जिम कार्बेट राष्ट्रीय उद्यान

- राज्य का प्रथम वन्यजीव संरक्षण केन्द्र **मोतीचुर वन्यजीव विहार** वर्ष 1935 में घोषित किया गया, जो बाद में राजाजी राष्ट्रीय उद्यान में शामिल हो गया।
- भारत एवं एशिया के प्रथम राष्ट्रीय उद्यान के रूप में गवर्नर हैली के नाम पर वर्ष 1936 में **हैली राष्ट्रीय उद्यान** की स्थापना की गई।
- हैली राष्ट्रीय उद्यान स्वतन्त्रता के पश्चात् **रामगंगा नेशनल** पार्क हो गया।
- वर्ष 1957 में रामगंगा नेशनल पार्क का नाम परिवर्तित होकर **जिम कार्बेट राष्ट्रीय उद्यान** हो गया। यह राष्ट्रीय उद्यान नैनीताल एवं पौड़ी गढ़वाल के 520.82 वर्ग किमी. में फैला हुआ है।
- जिम कार्बेट राष्ट्रीय उद्यान के मध्य में **पाटली दून** स्थित है तथा इसके मध्य से कोसी व ढेला नदियाँ बहती हैं।
- सर्वाधिक बाघों वाला उद्यान जिम कार्बेट राष्ट्रीय उद्यान है, जिसे वर्ष **1973 में प्रोजेक्ट टाइगर** के अन्तर्गत शामिल किया गया।
- यहाँ पर पाए जाने वाले प्रमुख वृक्ष साल, शीशम, खैर, व सवाना घास आदि है।
- यहाँ पर पाए जाने वाले प्रमुख जीव बाघ, हाथी, चीतल, सांभर आदि है।

राजाजी राष्ट्रीय उद्यान

- इसकी स्थापना स्वतन्त्रता सेनानी सी. राजगोपालाचारी के नाम पर वर्ष 1983 में चीला पशु विहार, मोतीपुर पशु विहार तथा राजाजी पशु विहार को मिलाकर की गई है।
- यह राष्ट्रीय उद्यान देहरादून, हरिद्वार तथा पौढ़ी गढ़वाल जनपदों में स्थित है।
- यह राष्ट्रीय उद्यान 820.42 वर्ग किमी. में फैला हुआ है। इस उद्यान का नाम चक्रवर्ती राजगोपालाचारी के नाम पर रखा गया। इस पार्क की जलवायु मानसूनी है।
- राज्य सरकार ने राजाजी राष्ट्रीय उद्यान को टाइगर रिज़र्व घाषित किया। कॉर्बेट के बाद यह उत्तराखण्ड का दूसरा और देश का 48वाँ टाइगर रिज़र्व है। राजाजी राष्ट्रीय उद्यान **हाथियों के लिए भी प्रसिद्ध** है।
- राजाजी राष्ट्रीय उद्यान को वर्ष 2016 में **प्रोजेक्ट टाइगर** के अन्तर्गत शामिल किया गया है।
- राजाजी उद्यान में एशियायी हाथियों के साथ-साथ चीला व गोहरी रेंज में बाघ पाए जाते हैं।
- राजाजी उद्यान के चीला रेंज में पर्यटकों हेतु **एलीफेण्ट सफारी** भी उपलब्ध है। राजाजी राष्ट्रीय उद्यान का मुख्यालय देहरादून में अवस्थित है।

गंगोत्री राष्ट्रीय उद्यान

- इसकी स्थापना वर्ष 1989 में हुई थी। यह उत्तरकाशी जिले में स्थित है। इस उद्यान में कस्तूरी मृग, हिमालयन भालू, मोनाल आदि पशु-पक्षी मुख्य आकर्षण हैं। यहाँ भोजपत्र, देवदार आदि पर्वतीय वनस्पतियाँ मिलती हैं।
- यह राष्ट्रीय उद्यान 2390 वर्ग किमी. में फैला है।
- यह राष्ट्रीय उद्यान उत्तरकाशी में स्थित है। इसकी स्थापना वर्ष 1982 में की गई थी।
- उत्तराखण्ड का सबसे बड़ा नेशनल पार्क गंगोत्री राष्ट्रीय उद्यान है।

जैवमण्डल आरक्षित क्षेत्र

जैवमण्डल आरक्षित क्षेत्र से तात्पर्य है, जहाँ जीव-जन्तुओं तथा पेड़-पौधों को उनके प्राकृतिक आवास क्षेत्र में संरक्षण प्रदान किया जाता है।

यह कार्यक्रम वर्ष 1971 में यूनेस्को द्वारा प्रारम्भ किया गया।

उत्तराखण्ड राज्य में नन्दादेवी जैवमण्डल आरक्षित क्षेत्र है जिसके अन्तर्गत निम्न दो राष्ट्रीय उद्यान आते है

नन्दादेवी राष्ट्रीय उद्यान

- यह जैवमण्डल उद्यान चमोली जनपद में नन्दादेवी के समीपवर्ती क्षेत्रों में स्थित है। इसे वर्ष 1982 में स्थापित किया गया था। यह 624.60 वर्ग किमी में फैला हुआ है।
- नन्दादेवी राष्ट्रीय उद्यान यूनेस्को की विश्व धरोहर सूची में वर्ष 1988 में शामिल किया गया।
- इस जैवमण्डल की प्रमुख वन प्रजातियाँ देवदार, ब्लू पाइन, फर, स्प्रूस, बाँस, बुराँस, मोरू, खर्सू, बर्च तथा जैनिफर हैं। इस जैवमण्डल के प्रमुख वन्यजीव बाघ, हिम तेन्दुआ, काला व भूरा भालू, घोराला आदि हैं।

फूलों की घाटी राष्ट्रीय उद्यान

- भ्यूण्डार घाटी में अवस्थित 'फूलों की घाटी' बुग्याल की खोज वर्ष 1931 में ब्रिटिश पर्वतारोही फ्रैंक स्मिथ ने की थी। फूलों की घाटी का नाम स्मिथ की पुस्तक **द वैली ऑफ फ्लॉवर्स** के कारण पड़ा। यह चमोली में जोशीमठ-बद्रीनाथ मार्ग पर स्थित है।
- इसे 1982 में राष्ट्रीय उद्यान घोषित किया गया। यह 87 किमी. के क्षेत्र में फैला है।
- वर्ष 2005 में, इसे यूनेस्कों की विश्व धरोहर सूची में शामिल किया गया।
- फूलों की घाटी में 500 प्रकार के फूल मिलते हैं तथा यहाँ फूलों के खिलने का समय जुलाई के प्रथम सप्ताह से अक्टूबर के तीसरे सप्ताह तक होता है।
- फूलों की घाटी के बर्बादी के लिए अमेला या नटग्राम (पॉलीगोनम) पौधा खतरा बना हुआ है।

वन्यजीव अभयारण्य

उत्तराखण्ड के वन्यजीव अभयारणों का विवरण निम्न हैं

केदारनाथ वन्यजीव अभयारण्य

- यह वन्यजीव अभयारण्य चमोली जनपद के उत्तर-पश्चिमी भाग में विस्तृत है। यह वर्ष 1972 में स्थापित किया गया था। यह अभयारण्य 975.20 वर्ग किमी क्षेत्रफल में फैला है।
- बाँस, खर्सू, मोरू, बुराँस, बलूत, देवदार, जैनिफर तथा हेमलॉक आदि प्रमुख वन प्रजातियाँ हैं।
- यहाँ अल्पाइन घास के मैदान अधिक मिलते हैं।
- कस्तूरी मृग, तेन्दुआ, बाघ, हिमालयन भूरा भालू आदि प्रमुख वन्यजीव हैं।
- पक्षियों में हिवांल, मोनाल तथा अन्य दुर्लभ पक्षी हैं।

बिनसर वन्यजीव अभयारण्य

- अल्मोड़ा के पास स्थित इस वन्यजीव विहार की स्थापना वर्ष 1988 में की गई।
- यह अभयारण्य 47 वर्ग किमी. में फैला हुआ है।
- यह जीव अभयारण्य अल्मोड़ा, बागेश्वर की सीमा में विस्तृत है।
- यहाँ मुख्यत: तेन्दुआ, काला भालू, धुरड, काकड जंगली बिल्ली आदि वन्यजीव पाए जाते हैं।

गोविन्द वन्यजीव अभयारण्य

- यह वन्यजीव अभयारण्य उत्तरकाशी के हर की दून में फैला हुआ है। इसकी स्थापना वर्ष 1955 में की गई थी। इसका विस्तार 953 वर्ग किमी में है। यह सबसे पुराना वन्यजीव विहार है।
- इसका विस्तार स्वर्गारोहिणी पर्वत तथा बन्दरपूँछ पर्वत तक विस्तृत है।
- यहाँ मुख्यत: मोनाल, गोल्डन ईगल, कलीज व कोकलास पक्षी तथा कस्तूरी मृग, हिम बाघ सांभर आदि जानवर पाए जाते है।

अस्कोट वन्यजीव अभयारण्य

- वर्ष 1986 में स्थापित और 599.93 वर्ग किमी क्षेत्र में फैला यह अभयारण्य पिथौरागढ़ जनपद में स्थित है।
- यहाँ वन्यजीवों में प्रमुख रूप से हिम बाघ, रीछ, हिमालयी रीछ, भरल थार, कस्तूरी मृग आदि पाए जाते हैं।
- यहाँ पक्षियों में कोकलास, फीजेण्ट, मोनाल, पहाड़ी तीतर, हिमालयन स्नोकोक, ट्रैगोपान आदि प्रमुख हैं। यहाँ सर्वाधिक कस्तूरी मृग पाए जाते हैं।

सोनानदी वन्यजीव अभयारण्य

- पौड़ी जनपद में स्थित इस वन्यजीव अभयारण्य की स्थापना वर्ष 1987 में हुई।
- यह अभयारण्य 301 वर्ग किमी. में फैला हुआ है।
- यहाँ हाथी, शेर, गुलदार, अजगर, मगर, घड़ियाल आदि जानवर पाए जाते हैं।

नैनीताल चिड़ियाघर

- गोविन्द बल्लभ पन्त उच्चस्थलीय प्राणी उद्यान अथवा नैनीताल चिड़ियाघर नैनीताल में स्थित है।
- वर्ष 1995 यह 4 वर्ग किमी क्षेत्र में फैला है। स्थापित इस उद्यान में साइबेरियन टाइगर, लैपर्ड, भेड़िया, काला भालू, सिल्वर फीजेण्ट, कलीज फीजेण्ट तथा पक्षी पाए जाते हैं।

उत्तराखण्ड के पक्षी संरक्षण क्षेत्र

- राज्य में **आसन, झिलमिल, पवालगढ़** तथा **नैनादेवी** पक्षी संरक्षण आरक्षित क्षेत्र हैं।
- आसन कंजर्वेशन रिजर्व देहरादून में, पवालगढ़ एवं नैनादेवी नैनीताल में तथा झिलमिल हरिद्वार में है।
- वर्ष 2005 में देहरादून में स्थापित आसन वेटलैण्ड एवं कंजर्वेशन रिजर्व देश का पहला कंजर्वेशन रिजर्व है। यह 440 वर्ग किमी. में फैला हुआ है।
- नैना देवी हिमालयी बर्ड कंजर्वेशन रिजर्व वर्ष 2015 में नैनीताल में स्थापित किया गया। यह 111.9 वर्ग किमी. में फैला हुआ है।

वन्यजीवों के लिए विशेष प्रबन्ध या कार्यक्रम

- वन्यजीव (संरक्षण) अधिनियम, 1972 के अन्तर्गत राज्य वन्यजीव बोर्ड के गठन की व्यवस्था है।
- वर्ष 1977 में महरूठी में कस्तूरी मृग अनुसन्धान केन्द्र की स्थापना की गई।
- वर्ष 1982 में चमोली (काँचुला खरक) में कस्तूरी मृग प्रजनन एवं संरक्षण केन्द्र की स्थापना की गई।

• वर्ष 1991-92 में स्नो लैपर्ड योजना के साथ टाइगर वाच योजना की शुरुआत की गई।

2. **बाह्य स्थाने संरक्षण** (*Ex Situ* Conservation)

इस संरक्षण में संकटोपन्न जीवों तथा पादपों की उनके प्राकृतिक आवास से अलग एक विशेष स्थान पर अच्छी देखभाल की जाती है तथा सावधानीपूर्वक संरक्षित किया जाता है। इस संरक्षण के अनेक तरीके हो सकते हैं, *जो निम्नलिखित हैं*

(i) **जन्तु उद्यान, वानस्पतिक उद्यान एवं जन्तु घर**
(Zoological Garden, Botanical Garden and Zoo)

भारत में अलग-अलग स्थानों पर जन्तु उद्यान, वानस्पतिक उद्यान एवं जन्तु घर बनाए गए हैं, जिनका उद्देश्य *बाह्य स्थाने* संरक्षण है। ऐसे बहुत-से जन्तु हैं, जोकि वनों में विलुप्त हो गए हैं, लेकिन जन्तु उद्यानों में सुरक्षित हैं।

कुछ संरक्षित भारतीय वन्यजीव

क्र.सं.	स्तनधारी
1.	बिसन या गौर या मिथयून (*बॉस गोरस*)
2.	ब्लैक बक (*एन्टीलोप सरविकाप्रा*)
3.	चिन्कारा या भारतीय गेजिली (*गेजिला बेनेटी*)
4.	चीतल (*एक्सिस एक्सिस*)
5.	क्लाउडेड लियोपार्ड (*नियोफेलिस नेबूलोसा*)
6.	फ्लाईंग स्क्यूरिल (*पेट्यूरिस्टा यूप्टोरस, बेलोमयिस, हायलीपेट्स* की सभी जातियाँ)
7.	फॉर हॉर्ने एन्टीलोप (*टेट्रासेरोस क्वाड्रिकोर्निस*)
8.	गंगेटिक डॉलफिन (*प्लेटेनिस्टा गंगेस्टिका*)
9.	गोल्डन लंगूर (*प्रेस्बायटिस गेई*)
10.	हिमालयन ब्लैक बीयर (*सेलेनेर्कटोस थाईवेटेनस*)
11.	हिमालयन ब्राउन बीयर (*यूर्सस अर्कटोस*)
12.	हूलोक या गिब्बन (*हायलोबेट्स हूलोक*)
13.	हायना (*हायना हायना*)
14.	इन्डियन एलीफेन्ट (*एलीफस मेक्सिमस*)
15.	इन्डियन लाइन (*पेन्थेरा लियो परसिका*)
16.	इन्डियन पेन्गोलिन (*मेनिस क्रेसिकॉडेटा*)
17.	इन्डियन वाइल्ड ऐस (*इक्कवस हेमियोनस खुर*)
18.	इन्डियन वॉल्फ (*केनिस लूपस*)
19.	लियोपार्ड या पेन्थर (*पेन्थेरा पारडस*)

(ii) **निम्नताप परिरक्षण** (Cryopreservation)

इस विधि में जीवों के युग्मकों, बीजों एवं बीजाणुओं को बहुत कम ताप पर (– 196°C) पर द्रव नाइट्रोजन में रखा जाता है।

(iii) **जीन बैंक** (Gene Bank)

जीन बैंक या जर्मप्लाज्म बैंक वे स्थान हैं जहाँ उपयोगी पादप पदार्थों; जैसे–बीज, अण्डे, परागकण तथा कोशिकाओं को सुरक्षित रखा जाता है। इसमें कायिक अंगों को भी बहुत कम ताप पर बर्फ में सुप्तावस्था में रखने की व्यवस्था होती है। इन जैविक पदार्थों का भविष्य में अनुसन्धान कार्यों में प्रयोग किया जाता है।

(iv) **बीज बैंक** (Seed Bank)

जीवित अवस्था में पादप जर्मप्लाज्म जीवित बीज होते हैं। बीजों का नमी घटक निम्न (5– 15%) होना चाहिए। इन्हें कम ऑक्सीजन (O_2) आपूर्ति के साथ निम्न ताप (– 10 से – 20°C) पर संग्रहित करते हैं, जिसे बीज बैंक कहते हैं।

आवश्यकता पड़ने पर इन बीजों से नए पादप उत्पन्न किए जा सकते हैं तथा उनके बीजों को भी इसी विधि द्वारा सुरक्षित रखा जा सकता हैं। इस प्रकार के बीज **ऑर्थोडोक्स बीज** (Orthodox seeds) कहलाते हैं; जैसे–लैग्यूम, आदि। इसके विपरीत कुछ पादपों के बीज शुष्क एवं निम्न ताप पर तथा कम ऑक्सीजन में मर जाते हैं। इस प्रकार के बीजों को **रीकैल्सिट्रेन्ट बीज** (Recalcitrant seeds) कहते हैं; जैसे–लीची, आदि।

(v) **ऊतक संवर्धन** Tissue Culture

कैलस निर्माण, परागकण, पराग संवर्धन के द्वारा उन पादपों का संवर्धन किया जाता है, जो बीजरहित होते हैं। रीकैल्सिट्रेन्ट बीजयुक्त होते हैं या जिनमें कायिक प्रवर्धन होता है। प्ररोह शीर्ष संवर्धन विषाणु मुक्त पादपों को उत्पन्न करने हेतु किया जाता है।

वन्यजीवन की सुरक्षा हेतु बनाए गए विधेयक व योजनाएँ
(List of Various Legislations and Project for Wildlife Protection)

समय-समय पर राज्य एवं संघ सरकार द्वारा वन्यजीवन संरक्षण के लिए असंख्य विधेयक बनाए गए हैं। *जिनमें से कुछ निम्न हैं*

1. चेन्नई जंगली हाथी परिरक्षण अधिनियम, 1873
(Chennai Wild Elephant Preservation Act, 1873)
2. अखिल भारतीय हाथी परिरक्षण अधिनियम, 1879
(All India Elephant Preservation Act, 1879)
3. वन्य पक्षी एवं जन्तु संरक्षण अधिनियम, 1912
(The Wild Birds and Animals Protection Act, 1912)
4. बंगाल गैंडा परिरक्षण अधिनियम, 1932
(Bengal Rhinoceros Preservation Act, 1932)
5. असम गैंडा परिरक्षण अधिनियम, 1954
(Assam Rhinoceros Preservation Act, 1954)
6. वन्य जीवन भारतीय संघ, 1952
(Indian Board for Wildlife (IBWL), 1952)
7. वन्य जीव संरक्षण अधिनियम, 1972
(Wildlife Protection Act, 1972)
8. भारतीय राष्ट्रीय मानव व जैव-मण्डल समिति, 1972 (जैव-मण्डल संरक्षण हेतु)
(Indian National Man and Biosphere Committee, 1972; for Biosphere Reserves)
9. एकल संकटग्रस्त जाति; जैसे–मगरमच्छ (1954), शेर (1972) व चीता (1973) के संरक्षण हेतु परियोजनाएँ
(Projects to conserve individual endangered species like crocodiles, 1954; lion, 1972 and tiger, 1973)
10. IBWL द्वारा समर्थित राष्ट्रीय वन्य जीवन कार्य योजना, 1982
(National Wildlife Action Plan, 1982 endorsed by IBWL)

अभ्यास प्रश्न

1. जैव-विविधता शब्द का सर्वप्रथम प्रयोग किया था
(a) रोजन (b) रॉबर्ट मे
(c) एलेक्जैण्डर (d) अर्नेस्ट हेकल

2. किसी जीव-जाति की प्रति इकाई क्षेत्र संख्या क्या कहलाती है?
(a) जाति प्रचुरता (b) जैव-विविधता
(c) एकरूपता (d) इनमें से कोई नहीं

3. γ-जैव-विविधता को निम्नलिखित में से किस अन्य नाम से जाना है?
(a) स्थानीय जैव-विविधता
(b) सामुदायिक जैव-विविधता
(c) क्षेत्रीय जैव-विविधता
(d) उपरोक्त में से कोई नहीं

4. पश्चिमी घाट पर उपस्थित उभयचरों की प्रजातियों में जैव-विविधता पूर्वी घाट पर उपस्थित उभयचरों से अधिक होती है। यह किस प्रकार की जैव-विविधता का उदाहरण है?
(a) आनुवंशिक विविधता
(b) जातीय विविधता
(c) पारितन्त्र विविधता
(d) उपरोक्त में से कोई नहीं

5. उष्णकटिबन्धीय क्षेत्रों में अधिक जैव-विविधता पाए जाने का मुख्य कारण है
(a) निम्न तापमान
(b) निम्न प्रकाश
(c) अधिक स्थाई वातावरण
(d) उर्वरकों की उपस्थिति

6. भूमध्य रेखा से ध्रुवों की ओर जाने पर जैव-विविधता घटती जाती है, इस प्रक्रिया को कहते हैं
(a) अक्षांशीय प्रवणता
(b) देशान्तरीय प्रवणता
(c) रेखीय ढलान
(d) जातीय समृद्धि

7. जैव-विविधता की क्षति का कारण है
(a) आवासीय क्षति
(b) अतिदोहन
(c) सहविलुप्ता
(d) ये सभी

8. वन्यजीव सप्ताह मनाया जाता है
(a) 1-7 जनवरी (b) 1-7 जुलाई
(c) 1-7 मार्च (d) 1-7 अक्टूबर

9. IUCN का स्थापना वर्ष क्या है?
(a) 1938 (b) 1948
(c) 1940 (d) 1947

10. पेरियार राष्ट्रीय उद्यान का मुख्य जन्तु है
(a) एन्टीलोप (b) हाथी
(c) गधा (d) चीता

11. नंदन-कानन प्रणाली उद्यान किस के लिए जाना जाता है?
(a) दरियाई घोड़ा
(b) नीलगिरी पहाड़ी बकरा
(c) सफेद बाघ
(d) व्हेल

12. कान्हा राष्ट्रीय पार्क किसके लिए प्रसिद्ध है?
(a) पक्षियों के लिए (b) गैंडे के लिए
(c) बाघ के लिए (d) घड़ियाल के लिए

13. हमारे देश का पक्षी विहार स्थित है
(a) बाँदीपुर में (b) काजीरंगा में
(c) पलामू में (d) भरतपुर में

14. भारतवर्ष का सर्वश्रेष्ठ एक्वेरियम स्थित है
(a) जेड एस आई (कोलकाता) में
(b) तारापुर (मुम्बई) में
(c) चेन्नई में
(d) विशाखापट्टनम में

15. कान्हा राष्ट्रीय उद्यान किस राज्य में स्थित है?
(a) राजस्थान (b) उत्तर प्रदेश
(c) मध्य प्रदेश (d) असोम

16. दुधवा राष्ट्रीय उद्यान किस राज्य में स्थित है?
(a) राजस्थान (b) उत्तर प्रदेश
(c) मध्य प्रदेश (d) गुजरात

17. भारत में सर्प उद्यान स्थित है
(a) दिल्ली में (b) चेन्नई में
(c) कर्नाटक में (d) राजस्थान में

18. केरल की शान्त घाटी किसके लिए संरक्षित है?
(a) बाघों के लिए
(b) लंगूर के लिए
(c) जंगली भैंसों के लिए
(d) दुर्लभ वृक्षों के लिए

19. भारत में बनने वाला प्रथम राष्ट्रीय उद्यान है
(a) गिर (b) काजीरंगा
(c) कान्हा (d) जिम कॉर्बेट

20. सुन्दरवन राष्ट्रीय उद्यान स्थित है
(a) उत्तर प्रदेश (b) केरल
(c) महाराष्ट्र (d) पश्चिम बंगाल

21. निम्नलिखित में से कौन-सी संरक्षण विधि *स्व स्थाने* प्रकार की है?
(a) वानस्पतिक उद्यान (b) राष्ट्रीय उद्यान
(c) ऊतक संवर्धन (d) निम्नताप परिरक्षण

22. जैवमण्डल आरक्षित क्षेत्र के किस भाग में सीमित मानवीय क्रियाओं की अनुमति होती है?
(a) केन्द्रीय क्षेत्र
(b) परिचालन क्षेत्र
(c) प्रतिरोधक (बफर) क्षेत्र
(d) उपरोक्त में से कोई नहीं

23. भारत में कुल जैवमण्डल आरक्षित क्षेत्रों की संख्या है
(a) 15 (b) 11
(c) 12 (d) 18

24. नन्दादेवी जैवमण्डल आरक्षित क्षेत्र किस राज्य में स्थित है?
(a) उत्तराखण्ड (b) तमिलनाडु
(c) मेघालय (d) गुजरात

25. आरक्षित जीव मण्डल की अवधारणा किसने विकसित की थी?
(a) MAB ने (b) UGC ने
(c) CSIR ने (d) DSI ने

26. 'मानव व जैवमण्डल' परियोजना UNESCO द्वारा प्रारम्भ की गई थी
(a) 1980 में (b) 1971 में
(c) 1986 में (d) 1965 में

27. रणथम्भौर राष्ट्रीय उद्यान है
(a) महाराष्ट्र में
(b) राजस्थान में
(c) उत्तर प्रदेश में
(d) गुजरात में

28. राष्ट्रीय उद्यान में क्या संरक्षित किया जाता है?
(a) केवल जन्तु वर्ग को
(b) केवल पेड़-पौधों को
(c) पारिस्थितिक तन्त्र को
(d) पौधों और जन्तुओं दोनों को

29. वर्तमान में भारत में वन्यजीव अभ्यारण्यों की संख्या है
(a) 440 (b) 53
(c) 448 (d) 500

30. चिलका झील पक्षी शरणस्थल स्थित है
(a) ओडिशा (b) तमिलनाडु
(c) पंजाब (d) पश्चिमी बंगाल

31. बाघ परियोजना किस वर्ष प्रारम्भ की गई?
(a) 1972 (b) 1973
(c) 1974 (d) 1971

32. भारत में अब तक कितने बाघ आरक्षित क्षेत्रों का अनुमोदन किया जा चुका है?
(a) 25 (b) 60
(c) 53 (d) 15

33. निम्नलिखित में *बाह्य स्थाने* संरक्षण विधि है
(a) जन्तु घर
(b) निम्नताप परिरक्षण
(c) जीन बैंक
(d) उपरोक्त सभी

34. निम्न ताप परिरक्षण में नमूनों को किसमें संरक्षित रखा जाता है?
(a) द्रव कार्बन (b) द्रव नाइट्रोजन
(c) द्रव ऑक्सीजन (d) इनमें से कोई नहीं

35. बीज बैंक में बीजों को किस ताप पर संरक्षित किया जाता है
(a) – 120° (b) – 10 से – 20°C
(c) 5°C (d) 0°C

36. ऊतक संवर्धन का उद्देश्य है
(a) बीजरहित पादपों का संवर्धन
(b) विषाणुमुक्त पादपों का संवर्धन
(c) जर्मप्लाज्म का संरक्षण
(d) उपरोक्त सभी

37. विश्व वन्यजीव कोष की भारतीय इकाई का मुख्यालय स्थित है
(a) मुम्बई (b) पुणे
(c) दिल्ली (d) चेन्नई

38. स्वादिष्ट माँस की प्राप्ति हेतु मनुष्यों द्वारा इस पक्षी का व्यापक वध किया गया, जिससे यह जाति विलुप्त हो गई?
(a) डोडो (b) हुकना
(c) सारस (d) *आर्किऑप्टेरिक्स*

39. निम्नलिखित में से कौन-सा स्तनी संकटग्रस्त नहीं है?
(a) लाल पाण्डा (b) कस्तूरी मृग
(c) नील गाय (d) भारतीय बब्बर शेर

40. पेरियार वन्य जीव अभ्यारण्य स्थित है
(a) केरल में (b) कर्नाटक में
(c) आन्ध्र प्रदेश में (d) तमिलनाडु में

41. काजीरगा अभ्यारण्य कौन-से राज्य में स्थित है?
(a) जम्मू तथा कश्मीर
(b) मध्य प्रदेश
(c) असोम
(d) पश्चिम बंगाल

42. वे जातियाँ जिनकी संख्या बहुत कम हो गई है और विलुप्तता के कगार पर हैं, कहलाती हैं
(a) दुर्लभ जातियाँ
(b) संकटापन्न जातियाँ
(c) क्षति आशंकित जातियाँ
(d) भेद जातियाँ

43. रेड डेटा पुस्तक है
(a) लाल रंग के आवरण की एक पुस्तक
(b) कार्ल मार्क्स द्वारा लिखी गई एक पुस्तक
(c) विलुप्त जातियों की सूची की एक पुस्तक
(d) एक ऐसी पुस्तक जिसमें दुर्लभ तथा विलुप्त जातियों की सूची है

44. IUCN क्या है?
(a) यूनियन फोर इन्टरनेशनल काउंसिल फोर नेचर
(b) यूनाइटेड इण्डिया कम्बाइण्ड नेशनस
(c) इण्टरनेशनल यूनियन फोर कन्जरवेशन ऑफ नेचर एण्ड नेचुरल रिसोर्सेस
(d) उपरोक्त में से कोई नहीं

45. विश्व की सबसे अच्छी, हल्की, गर्म तथा सबसे महंगी ऊन-शहतूत का स्रोत कौन-सा संकटापन्न प्राणी है?
(a) नीलगाय (b) चीतल
(c) कश्मीरी बकरी (d) चीरू

46. पक्षी 'डोडो' के लुप्त होने का कारण है
(a) मांस (b) निडरता
(c) मुड़ी हुई चोंच (d) मीठा स्वर

47. भारत के किस राज्य ने अपने सभी पर्यटन स्थानों को पक्षियों के नाम पर नामकरण कर दिया है?
(a) असोम (b) केरल
(c) आन्ध्र प्रदेश (d) हरियाणा

48. मानस जन्तु विहार प्रसिद्ध है
(a) जंगली भैसों के लिए
(b) सुअर के लिए
(c) गैंडों के लिए
(d) हीसपीड खरहे के लिए

49. कौन-सा जन्तु भारत से अभी हाल ही में विलुप्त हुआ है?
(a) भेड़िया (b) गैंडा
(c) दरयाई घोड़ा (d) चीता

50. वन्य जीवों की घटती संख्या का मुख्य कारण है
(a) माँसाहारी होना
(b) पानी की कमी
(c) रहने का स्थान समाप्त होना
(d) पेड़ों का कटना

51. नया वन्य जीवन संरक्षण एक्ट (WLP Act) कब पास किया गया?
(a) 1962 में
(b) 1972 में
(c) 1982 में
(d) 1987 में

52. टाइगर प्रोजेक्ट निम्न में से किसमें कार्य कर रहा है?
(a) जिम कॉर्बेट राष्ट्रीय उद्यान
(b) केवलादेव राष्ट्रीय उद्यान
(c) पेरियार राष्ट्रीय उद्यान
(d) गिर राष्ट्रीय उद्यान

53. भारतीय गेंडा संरक्षित है
(a) काजीरंगा नेशनल पार्क में
(b) कॉर्बेट नेशनल पार्क में
(c) गिर नेशनल पार्क में
(d) बाँदीपुर नेशनल पार्क में

54. कौन-सी जाति कम प्रजनन दर होने के कारण विलुप्त होने जा रही है?
(a) शेर
(b) गंजा बाज
(c) विशाल पांडा
(d) टापू जातियाँ

55. निम्न में से किस राष्ट्रीय उद्यान में 'सिंह' को संरक्षण प्राप्त है?
(a) जिम कार्बेट राष्ट्रीय उद्यान
(b) केवलादेव राष्ट्रीय उद्यान
(c) कान्हा राष्ट्रीय उद्यान
(d) गिर राष्ट्रीय उद्यान

उत्तरमाला

1. *(a)*	2. *(a)*	3. *(c)*	4. *(b)*	5. *(c)*	6. *(a)*	7. *(d)*	8. *(d)*	9. *(b)*	10. *(b)*
11. *(c)*	12. *(c)*	13. *(d)*	14. *(b)*	15. *(c)*	16. *(b)*	17. *(b)*	18. *(d)*	19. *(d)*	20. *(d)*
21. *(b)*	22. *(c)*	23. *(d)*	24. *(a)*	25. *(a)*	26. *(b)*	27. *(b)*	28. *(d)*	29. *(b)*	30. *(a)*
31. *(b)*	32. *(c)*	33. *(d)*	34. *(b)*	35. *(b)*	36. *(d)*	37. *(a)*	38. *(a)*	39. *(c)*	40. *(a)*
41. *(c)*	42. *(b)*	43. *(d)*	44. *(c)*	45. *(d)*	46. *(a)*	47. *(d)*	48. *(d)*	49. *(d)*	50. *(d)*
51. *(b)*	52. *(a)*	53. *(a)*	54. *(c)*	55. *(d)*					

यूनिट-V कृषि, कृषि वानिकी एवं वन संवर्धन

अध्याय

01

कृषि का परिचय

(Introduction of Agriculture)

परिचय (Introduction)

कृषि फसलोत्पादन, फलोत्पादन, पशुपालन व भूमि पर विविध खेती सम्बन्धी उत्पादन हेतु अनन्य प्रकार की क्रियाएँ सम्पन्न करने की कला व विज्ञान है।

"पृथ्वी के विभिन्न स्रोतों का इष्टतम् एक विशिष्ट उपयोग करने के लिए, मानव द्वारा प्रारम्भिक उद्देश्यों; जैसे—भोजन, कपड़ा व ईंधन आदि की पूर्ति के लिए जो क्रियाएँ की जाती हैं, उन्हें **कृषि** कहते हैं।"

मनुष्य ने सर्वप्रथम लगभग 7500 ई.पू. में फसल उगानी शुरू की, समय-चक्र के साथ-साथ इस कला का निरन्तर विकास किया, जिससे कृषि विज्ञान की नींव पड़ी। मुख्यत: कृषि विज्ञान जीव विज्ञान की एक विशिष्ट शाखा है।

'Agriculture' *शब्द की उत्पत्ति लैटिन भाषा के दो शब्दों से मिलकर हुई है*

Agriculture = Agric (मृदा) + **Cultura** (कर्षण) अर्थात् 'मृदा का कर्षण' करना ही कृषि कहलाता है।

कृषि विज्ञान एक कला व विज्ञान दोनों है। इसमें मिट्टी के उपयोग सम्बन्धी सभी मानवीय क्रियाओं का अध्ययन करते हैं।

कृषि विज्ञान की विशिष्ट शाखाएँ

(Branches of Agriculture)

कृषि विज्ञान को निम्नलिखित शाखाओं में बाँटा गया है

1. **शस्य विज्ञान** इसमें विशेषतया फसलों एवं मृदा प्रबन्ध का अध्ययन किया जाता है।
2. **पादप रोग विज्ञान** इसके अन्तर्गत फसलों में लगने वाले रोग एवं उनकी रोकथाम का अध्ययन किया जाता है।
3. **कीट विज्ञान** इसमें फसलों पर लगने वाले कीटों एवं उनकी रोकथाम का अध्ययन किया जाता है।
4. **मृदा विज्ञान** इसमें मृदा सम्बन्धी अध्ययन किया जाता है।
5. **उद्यान विज्ञान** इसके अन्तर्गत फलों, सब्जियों व पुष्पों का अध्ययन किया जाता है।
6. **पादप आनुवंशिकी** इसमें पादप प्रजनन व नई प्रजातियों के विकास सम्बन्धी अध्ययन किया जाता है।
7. **पादप दैहिकी** इसके अन्तर्गत पौधों में होने वाली दैहिक क्रियाओं का अध्ययन किया जाता है।
8. **कृषि अभियन्त्रण** इसमें कृषि कार्यों में उपयोग होने वाली मशीनों तथा कल-पुर्जों का अध्ययन किया जाता है।
9. **मृदा संरक्षण** इसमें मृदा की उर्वराशक्ति के, मृदा, अपरदन आदि से नष्ट होने से बचाने तथा मृदा की उर्वराशक्ति में वृद्धि के उपायों का गहन अध्ययन किया जाता है।

कृषि क्षेत्र में हुई महत्त्वपूर्ण क्रान्तियाँ

- **हरित क्रान्ति** इसका सम्बन्ध अनाज उत्पादन से है।
- **सफेद क्रान्ति** इसका सम्बन्ध दुग्ध उत्पादन से है।
- **नीली क्रान्ति** नीली क्रान्ति का सम्बन्ध मत्स्य पालन से है।
- **ग्रे क्रान्ति** इसका सम्बन्ध उर्वरक उत्पादन से है।
- **लाल क्रान्ति** इस क्रान्ति का सम्बन्ध टमाटर उत्पादन से है।
- **गोल्डन क्रान्ति** इस क्रान्ति का सम्बन्ध उद्यान फसलों के उत्पादन से है।
- **पीली क्रान्ति** इसका सम्बन्ध तिलहनी फसलों के उत्पादन से है।
- **गोल क्रान्ति** गोल क्रान्ति का सम्बन्ध आलू के उत्पादन से है।
- **सिल्वर क्रान्ति** इस क्रान्ति का सम्बन्ध मुर्गी व अण्डा उत्पादन से है।

फसलों का वर्गीकरण

सामान्यत: फसलों का वर्गीकरण विभिन्न आधार पर किया जाता है—

(A) पौधों के जीवन-चक्र के आधार पर वर्गीकरण

फसलों को जीवन-चक्र के आधार पर निम्नलिखित तीन वर्गों में बाँटा गया है—

1. **एकवर्षीय फसलें**—जो फसलें अपना जीवन-चक्र एक वर्ष के अन्दर पूरा कर लेती हैं; जैसे—गेहूँ, चना, जौ, सोयाबीन आदि।
2. **द्विवर्षीय फसलें** (Biennial crop)—जो फसलें अपना जीवन-चक्र दो वर्ष में पूरा करती हैं। अर्थात् पहले वर्ष में वृद्धि करती हैं और दूसरे वर्ष में बीजोत्पादन करती हैं; जैसे—चुकन्दर।
3. **बहुवर्षीय फसलें** (Perenial crops)—इस वर्ग की फसलें अनेक वर्षों तक जीवित रहने की क्षमता रखती हैं; जैसे—लुर्सन, नेपियर घास आदि।

(B) ऋतुओं के आधार पर वर्गीकरण

ऋतुओं के आधार पर फसलों को तीन भागों में बाँटा गया है—

1. **खरीफ की फसलें**—इस वर्ग की फसलों को बोते समय अधिक तापक्रम तथा आर्द्रता व पकते समय शुष्क वातावरण की आवश्यकता होती है।

   इन फसलों का न्यूनतम तापक्रम 15° से 19°C व अनुकूल तापमान 32° से 36°C तथा अधिकतम तापक्रम 37° से 45°C होता है।

   इस वर्ग की मुख्य फसलें—धान, मक्का, ज्वार, बाजरा, जूट, कपास, लोबिया आदि।

2. **रबी की फसलें**—इस वर्ग की फसलों को बोते समय अपेक्षाकृत कम तापमान तथा पकते समय अधिक तापमान व शुष्क मौसम की आवश्यकता होती है।

   इन फसलों का न्यूनतम तापमान 3° से 5°C व उचित तापमान 21° से 30°C तथा अधिकतम तापमान 31° से 37°C मिलता है।

3. **जायद की फसलें**—इस वर्ग की फसलों में गर्म शुष्क मौसम को सहन करने की क्षमता होती है। इस वर्ग में मुख्यतया खरबूजा, तरबूज, ककड़ी व खीरे की फसलें आती हैं।

(C) फसलों का आर्थिक वर्गीकरण

1. **अनाज वाली फसलें**—इन फसलों के दाने मनुष्य व पशुओं के आहार में प्रयोग लाये जाते हैं और वानस्पतिक भाग पशुओं के चारे के रूप में प्रयोग किया जाता है; जैसे— ज्वार, गेहूँ, मक्का, बाजरा, जौ, जई, चीना, मण्डुआ आदि।
2. **दलहनी फसलें**—इस वर्ग की फसलें प्रोटीन की धनी होती हैं; जैसे—मूंग, उर्द, चना, मसूर, मटर, अरहर।
3. **तिलहनी फसलें**—इस वर्ग की फसलें मुख्यतया तेलों के लिए उगायी जाती हैं; जैसे—सूरजमुखी, तिल, राई, मूँगफली अरण्डी आदि।
4. **रेशे वाली फसलें**—इस वर्ग की फसलों से रेशा प्राप्त किया जाता है, जो टाट, बोरी, रस्सी, दरी बनाने के काम आता है; जैसे—जूट, कपास, सनई, पटसन आदि।
5. **शर्करा वाली फसलें**—इस वर्ग की फसलों से चीनी तैयार की जाती है; जैसे—गन्ना, चुकन्दर आदि गन्ने के तने व चुकन्दर की जड़ से चीनी का संग्रह होता है।
6. **सब्जी वाली फसलें**—ये फसलें सब्जी के लिए उगायी जाती हैं; जैसे—टमाटर, भिण्डी, बैंगन, लौकी, गाजर, मूली, पात गोभी, फूल गोभी आदि।
7. **चारे वाली फसलें**—इस वर्ग की फसलें पशुओं के लिए चारे के उद्देश्य से उगाई जाती हैं; जैसे—बरसीम, लोबिया, ज्वार, नेपियर, घास, जई, बाजरा आदि।
8. **मसाले वाली फसलें**—इन फसलों को उगाने का उद्देश्य मसाले व औषधि प्राप्त करना है; जैसे—जीरा, सौंफ, मिर्च, धनिया, अजवायन, मेथी, हल्दी, प्याज, सौठ पुदीना, अदरक आदि।
9. **उद्दीपक फसलें**—इस वर्ग में तम्बाकू, चाय, कॉफी, पोस्त, आदि आती हैं।
10. **फलों वाली फसलें**—इस वर्ग में खरबूजा, तरबूज, कचरा, सिंघाड़ा, टमाटर आदि आते हैं।

(D) भूमि की उपयुक्तता के आधार पर

1. **हल्की भूमि की फसलें**—इस वर्ग की फसलें हल्की भूमि में अच्छी वृद्धि करती हैं; जैसे—मूँग, ककड़ी, बाजरा, मूँगफली आदि।
2. **भारी भूमि की फसलें**—इस वर्ग की फसलें भारी भूमि में अच्छा उत्पादन देती हैं। जैसे—कपास, धान।
3. **मध्यम भूमि की फसलें**—अधिकतर सब्जियाँ मध्यम भूमि में उगायी जाती हैं।

(E) फसलों के विशेष उपयोग के आधार पर

1. **हरी खाद वाली फसलें**—जो फसलें भूमि में कार्बनिक पदार्थ व नाइट्रोजन की मात्रा बढ़ाने के लिए उगायी जाती हैं और उपयुक्त समय पर उन्हें हरी अवस्था में खेत में दबा दिया जाता है; जैसे—सनई, ढैंचा, लोबिया, ग्वार आदि।
2. **नगदी फसलें** (Cash crop)—इन फसलों की बड़े खेतों या तुरन्त बेचने पर कीमत मिल जाती है; जैसे—गन्ना, आलू, तम्बाकू, कपास, जूट आदि।
3. **अन्तर्वर्ती फसलें** (Catch crop)—दो मुख्य फसलों के बीच, तेजी से वृद्धि करने वाली व अल्प अवधि में तैयार होने वाली फसलों को अन्तर्वर्ती फसलें कहते हैं; जैसे—चीना, मूँग, तोरिया आदि।
4. **भूमि संरक्षी फसलें**—भूमि में मृदा कटाव को रोकने के लिए भूमि पर फैलने वाली, फसलें बोयी जाती हैं उन्हें भूमि संरक्षी फसलें कहते हैं; जैसे—मूँग, मूँगफली, उर्द आदि।
5. **सूचक फसलें** (Indicator crop)—वे फसलें जो पोषक तत्त्वों की भूमि में कमी होने पर तुरन्त अपने ऊपर कमी के लक्षण प्रकट करें; जैसे—मक्का, फूलगोभी।
6. **कीट आकर्षक फसलें**—मुख्य फसल को कीड़ों से बचाने के लिए अन्य फसलों को मुख्य फसल के चारों ओर उगाते हैं; जैसे—कपास के चारों ओर भिण्डी की फसल उगाना।
7. **समानान्तर फसलें** (Parallel crops)—मुख्य फसलों की पैदावार को हानि पहुँचाए बगैर उसके साथ अतिरिक्त उपज प्राप्त करने के लिए उगायी जाती है। उन्हें सीमान्त या प्रहरी फसलें कहते हैं; जैसे—मटर के चारों ओर कुसुम, गन्ने के चारों ओर पटसन, अरहर आदि।
8. **सीमान्त प्रहरी फसलें**—जो फसलें मुख्य रूप के चारों और पशु इत्यादि के नुकसान से बचाने के लिए उगायी जाती हैं उन्हें सीमान्त या प्रहरी फसलें कहते हैं; जैसे—मटर के चारों ओर कुसुम, गन्ने के चारों ओर पटसन, अरहर आदि।
9. **परिचारिका फसलें** (Nurse crops)—ऐसी सहचर (componion) फसल जो मुख्य के लिए कार्बनिक पदार्थ व सहारा प्रदान करती हो अर्थात् उसकी वृद्धि व विकास में लाभदायक हो; जैसे—मटर में सरसों, धान में लोबिया आदि।
10. **वृद्धिकारक फसलें** (Auganeting crops)—ऐसे मिश्रण में मुख्य फसल की पैदावार बढ़ाने के लिए गौण फसलें उसके साथ मिलकर बोयी जाती हैं; जैसे—बरसीम में सरसो।
11. **ट्रक फसलें** (Truck crops)—ऐसी फसलें जिनकी पैदावार टनों में होती है तथा जिन्हें दूरस्थ बाजार में भेजने के लिए पैदा किया जाता है; जैसे—भिण्डी।

(F) फसलों का वानस्पतिक वर्गीकरण

1. **घास कुल** (Gramineae)—गेहूँ, जौ, धान, मक्का, बाजरा, गन्ना, ज्वार कौंदो आदि।
2. **मटर कुल** (Leguminosae)—मटर, चना, मूँग, उर्द, सोयाबीन, अरहर, मसूर, सनई आदि।

3. **सरसो कुल** (Cruciferae)—सरसो, राई, तारा मीरा, मूली, शलजम, फूलगोभी आदि।
4. **कपास कुल** (Malvaceae)—कपास, पटसन, भिण्डी, गुड़हल आदि।
5. **आलू कुल** (Solanaceae)—तम्बाकू, आलू, धतूरा, बैंगन, टमाटर, मिर्च आदि।
6. **जूट कुल** (Taliaceae)—जूट फालसा।
7. **अलसी कुल** (Linaceae)—अलसी आदि।
8. **अरण्डी कुल** (Euphorbiaceae)—अरण्डी, हजार दाना आदि।
9. **कम्पोजिटी कुल** (Compositeae)—सूरजमुखी आदि।
10. **चुकन्दर कुल** (Chenopodiaceae)—चुकन्दर, बथुआ।
11. **एलियेसी कुल** (Aliaceae)—प्याज, लहसुन आदि।
12. **तिल कुल** (Peduliaceae)—तिल आदि।

(G) दीप्तिकाल के आधार पर वर्गीकरण

1. **कम अवधि का प्रकाश चाहने वाली फसलें** (Short day crops)—इस वर्ग की फसलें फूल व फल बनाने के लिए कम अवधि का प्रकाश अर्थात् छोटे दिन चाहती हैं; जैसे—धान, ज्वार, बाजरा, सोयाबीन, ऐसी फसलों को कम-से-कम 8 घण्टे प्रकाश की आवश्यकता होती है।
2. **दीर्घ प्रकाश चाहने वाली फसलें** (Long day crops)—इस वर्ग की फसल, फूल व फल बनाने के लिए अपेक्षाकृत अधिक प्रकाश चाहती है। जैसे—जौ, मटर, चना आदि, ऐसी फसलों के लिए कम-से-कम 12 घण्टे का प्रकाश आवश्यक है।
3. **प्रकाश निष्प्रभावी फसलें** (Day neutral crops)—इस वर्ग की फसलों के पुष्पन व फलन की क्रिया पर, प्रकाश अवधि का कोई प्रभाव नहीं पड़ता; जैसे—कपास, सूरजमुखी आदि।

कृषि के प्रकार (Types of Agriculture)

विश्व के विभिन्न हिस्सों में विभिन्न प्रकार की कृषि करने का प्रचलन है

1. **स्थानान्तरित खेती** यह कृषि का अति प्राचीन स्वरूप है, जो प्रमुख रूप से उष्णकटिबन्धीय वनों में रहने वाली जनजातियों द्वारा की जाती है। इस प्रकार की खेती में मनुष्य वन के छोटे भू-भाग से वृक्षों व झाड़ियों को काटकर या जलाकर व उन्हें साफ करके कुछ वर्षों तक कृषि करते हैं तथा जब इस जमीन की उर्वराशक्ति कम हो जाती है, तो किसी दूसरी जगह जाकर यही प्रक्रिया पुन: की जाती है। इस कृषि को काटना व जलाना कृषि भी कहते हैं। इसे 'बुश फैलो कृषि' भी कहा जाता है। स्थानान्तरित कृषि को विश्व के विभिन्न हिस्सों में निम्न नामों से जाना जाता है

स्थानान्तरित कृषि एवं सम्बन्धित क्षेत्र

स्थानान्तरित कृषि का नाम	क्षेत्र
मिल्पा	मलेशिया व इण्डोनेशिया
लदांग	मध्य अमेरिका व मैक्सिको
रोका	ब्राजील
चेन्ना	श्रीलंका
लोगन	पश्चिमी अफ्रीका
तुंग्या	म्यांमार (बर्मा)
हुमा	जावा एवं इण्डोनेशिया
झूम	उत्तरी पूर्वी भारत
कोनुको	वेनेजुएला
केंगिन	फिलीपीन्स
मसोल	जायरे एवं इण्डोनेशिया

भारत के विभिन्न क्षेत्रों में निम्न नामों से स्थानान्तरित खेती को जाना जाता है

पोडू	आन्ध्र प्रदेश
कुमारी	केरल
बत्रा	दक्षिण पूर्वी राजस्थान
वेवर, दहिया	मध्य प्रदेश

2. **स्थानबद्ध कृषि** इस प्रकार की कृषि में किसी एक स्थान पर निवास करने वाले कृषक व उसके पारिवारिक सदस्य मिलजुलकर खेती करते हैं। ऐसी कृषि में कृषक फसलों में परिवर्तन करता है तथा भूमि व फसलों की अधिक देखभाल करता है।
3. **जीविका कृषि** ऐसी कृषि, जो सम्पूर्ण रूप से खेती करने वाले परिवार या उसी क्षेत्र में खप जाती है जीविका कृषि कहलाती है।
4. **गहन कृषि** प्रति इकाई क्षेत्र में अधिकाधिक उत्पादन प्राप्त करना गहन कृषि कहलाती है। गहन कृषि में पर्याप्त मात्रा में रासायनिक उर्वरक, अच्छे संकर किस्म के बीज, कीटनाशी, सिंचाई, शस्यावर्तन आदि इस्तेमाल किए जाते हैं। विश्व में इस प्रकार की कृषि विशेषतया उन क्षेत्रों में की जाती है, जहाँ प्रति व्यक्ति आय कम होती है।
5. **विस्तृत खेती** बड़े-बड़े क्षेत्रों या खेतों पर मुख्यत: की जाने वाली यान्त्रिक कृषि को विस्तृत कृषि कहते हैं। इस प्रकार की खेती मुख्य रूप से कम आबादी वाले क्षेत्रों में की जाती है। इसमें श्रमिकों का उपयोग कम तथा प्रति हेक्टेयर उपज भी अपेक्षाकृत कम होती है।
6. **मिश्रित कृषि** ऐसी कृषि जिसमें फसलें उगाना व पशुपालन दोनों ही कार्य साथ-साथ किए जाते हैं। इसमें दोनों का समन्वय होता है।
7. **रोपण कृषि** इस प्रकार की कृषि बड़े-बड़े बागानों में मुख्यत: की जाती है। मुख्यत: इसमें नगदी फसलों; जैसे-चाय, कॉफी, रबड़ आदि का उत्पादन बड़े पैमाने पर किया जाता है।

कृषि वानिकी

कृषि वानिकी, कृषि व वानिकी का अच्छा सन्तुलन है। फसल उत्पादन के साथ-साथ पेड़-पौधों को भी उगाना चाहिए, ताकि अन्न उत्पादन के साथ-साथ ईंधन के लिए लकड़ी, हरा चारा, जीवांश खाद की भूमि में वृद्धि आदि का लाभ संयुक्त रूप से मिल सके।

खेती की संक्षेप में, 'फसलों के साथ-साथ पेड़-पौधों को उगाना ताकि सकारात्मक बहुद्देश्यों की पूर्ति संयुक्त रूप से हो सके, कृषि वानिकी कहलाता है।' इस पद्धति में सभी फसलों का प्रबन्ध (सिंचाई, उर्वरक, खरपतवार नियन्त्रण आदि) एक साथ किया जा सकता है। पेड़ों के लिए अलग से कुछ नहीं करना पड़ता।

कृषि वानिकी के उद्देश्य निम्नलिखित हैं

1. बंजर भूमि का वैकल्पिक उपयोग कर पोषक तत्त्वों के जमाव से भूमि सुधार करना।

2. वर्षा के जल का उचित उपयोग करके अधिक उत्पादन लेना।
3. बेरोजगारों एवं कृषि श्रमिकों को रोजगार के अवसर प्रदान करना।
4. पर्यावरण, पारिस्थितिकी, जलवायु को सुव्यवस्थित कर सुधार करना।

कृषि वानिकी के स्वरूप

- **एग्री-सिल्वीकल्चर** (फसलें + ईंधन के पेड़)
- **एग्रो-हॉर्टीकल्चर** (फसलें + फल + वृक्ष)
- **एग्रो-सिल्वी पास्चुरल** (फसल + पेड़ + चरागाह + पशु)
- **एग्रो-हार्टी-सिल्वी-कल्चर** (फसलें + फल + ईंधन के पेड़)
- **सिल्वी पास्चुरल** (पेड़ + चरागाह + पशु)

कृषि संस्था (Agricultural Institutions)

भारत में विभिन्न कृषि संस्थान, कृषि को प्रोत्साहन देने के लिए (अनुसन्धान आदि) स्थापित किए गए हैं। जिनमें, राज्य कृषि विश्वविद्यालय, केन्द्रीय अनुसन्धान संस्थान, राष्ट्रीय अनुसन्धान केन्द्र, कृषि विज्ञान केन्द्र आदि प्रमुख हैं।

संक्षिप्त नाम	पूरा नाम	स्थापना वर्ष
SKUAST	शेरे-कश्मीर कृषि विज्ञान एवं प्रौद्योगिकी विश्वविद्यालय, कश्मीर, श्रीनगर (जम्मू-कश्मीर)	—
SKUAST	शेरे-कश्मीर कृषि विज्ञान एवं प्रौद्योगिकी विश्वविद्यालय रेलवे रोड, जम्मू (जम्मू-कश्मीर)	—
SWU	श्री वेंकटेश्वर वेटरनरी विश्वविद्यालय, तिरूपति	—
TNAU	तमिलनाडु कृषि विश्वविद्यालय, कोयम्बटूर (तमिलनाडु)	1972
TNAUVAS	तमिलनाडु पशु चिकित्सा एवं पशु विज्ञान विश्वविद्यालय, चेन्नई (तमिलनाडु)	
UAS	कृषि विज्ञान विश्वविद्यालय, बंगलुरु (कर्नाटक)	1965
UAS	कृषि विज्ञान विश्वविद्यालय, धारवाड़ (कर्नाटक)	1987
PDDUPSUGAS	पण्डित दीन दयाल उपाध्याय पशु चिकित्सा विज्ञान विश्वविद्यालय एवं गौ अनुसन्धान संस्थान, मथुरा (उत्तर प्रदेश)	—
UBUAFS	उत्तर बंगा कृषि विश्वविद्यालय, कूच बिहार (पश्चिम बंग)	—
WBUAFS	पश्चिम बंगाल पशु एवं मत्स्य विज्ञान विश्वविद्यालय, कोलकाता (पश्चिम बंग)	—
GADUASV	गुरु आनन्द देव पशुचिकित्सा एवं पशु विज्ञान विश्वविद्यालय, लुधियाना (पंजाब)	—
UAS	कृषि विज्ञान विश्वविद्यालय लिंगासूगूर रोड, रायचूर	—
RVSAU	राजमाता विजयाराजे सिन्धिया कृषि विश्वविद्यालय रेस कोर्स रोड, ग्वालियर (मध्य प्रदेश)	—
UHS	उद्यान विज्ञान विश्वविद्यालय, बगलकोट, (कर्नाटक)	—
APHU	आन्ध्र प्रदेश उद्यान विश्वविद्यालय, पश्चिम गोदावरी (आन्ध्र प्रदेश)	—

राष्ट्रीय ब्यूरोस

संक्षिप्त नाम	पूरा नाम	स्थापना वर्ष
NBPGR	नेशनल ब्यूरो ऑफ प्लॉट जेनेटिक रिर्सोसेज, (नई दिल्ली)	1976
NBSSLP	नेशनल ब्यूरो ऑफ सोइल सर्वे एण्ड लैण्ड-यूज प्लैनिंग नागपुर (महाराष्ट्र)	1976
NBAGR	नेशनल ब्यूरो ऑफ एनीमल जेनेटिक रिर्सोसेज, करनाल (हरियाणा)	1985
NBFGR	नेशनल ब्यूरो ऑफ फिश जेनेटिक रिर्सोसेज, लखनऊ (उत्तर प्रदेश)	—
NBAIM	नेशनल ब्यूरो ऑफ एग्रीकल्चरल इम्पार्टेण्ट माइक्रोऑरगैनिज्म, मऊनाथ भंजन (उत्तर प्रदेश)	—
NBAII	नेशनल ब्यूरो ऑफ एग्रीकल्चरल इम्पार्टेण्ट इंसेक्ट, (बंगलुरु)	—

राष्ट्रीय अनुसन्धान केन्द्र

संक्षिप्त नाम	पूरा नाम	स्थापना वर्ष
NCAEPR	नेशनल सेण्टर ऑफ एग्रीकल्चरल इकोनोमिक्स एण्ड पॉलिसी रिसर्च, पूसा (नई दिल्ली)	1991
PCIPM	नेशनल सेण्टर फॉर इट्रीगेट पेस्ट मैनेजमेण्ट IARI कैम्पस (नई दिल्ली)	—
NRCAF	नेशनल रिसर्च सेण्टर फॉर एग्रो-फोरेस्ट्री, झाँसी (मध्य प्रदेश)	1988
NRCC	नेशनल सेण्टर फॉर कैमल, बीकानेर (राजस्थान)	1984
NRCC	नेशनल सेण्टर फॉर सिट्रस, नागपुर (महाराष्ट्र)	1985
NRCB	नेशनल रिसर्च सेण्टर फॉर बनाना, त्रिचनापल्ली (तमिलनाडु)	—
NRCDF	नेशनल रिसर्च सेण्टर फॉर डी एन ए फिंगरप्रिण्टिंग, नागपुर (महाराष्ट्र)	—
NRCE	नेशनल रिसर्च सेण्टर फॉर इक्वाइन्स, हिसार, हरियाणा)	1986
NRCG	नेशनल रिसर्च सेण्टर फॉर ग्रेप, पुणे (महाराष्ट्र)	—
NRCMMP	नेशनल रिसर्च सेण्टर फॉर मीट एण्ड मीट प्रोडक्ट, हैदराबाद (आन्ध्र प्रदेश)	—
NRCM	नेशनल रिसर्च सेण्टर फॉर मिथुन, झरनापानी (नागालैण्ड)	—
NRCO	नेशनल रिसर्च सेण्टर फॉर ऑर्किड, गंगटोक (सिक्किम)	—

संक्षिप्त नाम	पूरा नाम	स्थापना वर्ष
NRCY	नेशनल रिसर्च सेण्टर फॉर याक, डीरांग वेस्ट केमांग (अरुणाचल प्रदेश)	1989
NRCPB	नेशनल रिसर्च सेण्टर फॉर प्लाण्ट बायोटैक्नोलॉजी, पूसा (नई दिल्ली)	1985
NRCS	नेशनल रिसर्च सेण्टर फॉर सोयाबीन इन्दौर (मध्य प्रदेश)	1987
NRCL	नेशनल रिसर्च सेण्टर फॉर लीची, मुजफ्फरपुर (बिहार)	—
NRCP	नेशनल रिसर्च सेण्टर फॉर पोमोग्रेनेट, सोलापुर (महाराष्ट्र)	—
NRCSS	नेशनल रिसर्च सेण्टर फॉर सीड स्पाइस, अजमेर (राजस्थान)	—
NRCP	नेशनल रिसर्च सेण्टर फॉर पिग, गुवाहाटी (असोम)	—
NRCM	नेशनल रिसर्च सेण्टर फॉर मखाना, पटना (बिहार)	—

इण्टरनेशनल इन्स्टीट्यूट

संक्षिप्त नाम	पूरा नाम	स्थापना वर्ष
AVRDC	एशियन वेजीटेबल रिसर्च एण्ड डेवलपमेण्ट सेण्टर ताइवान	—
CGIAR	कन्सल्टेटिव ग्रुप ऑन इण्टरनेशनल एग्रीकल्चरल रिसर्च, कोलम्बिया (दक्षिण अमेरिका)	1971
CIAT	इण्टरनेशनल सेण्टर फॉर एग्रीकल्चरल ट्रॉपिकल, कोलम्बिया दक्षिण अमेरिका	1967
CIMMYT	इण्टरनेशनल सेण्टर फॉर द इम्प्रूवमेण्ट ऑफ मेज एण्ड व्हीट, मैक्सिको	
CIP	इण्टरनेशनल पोटैटो सेण्टर, पेरू दक्षिण अमेरिका	1971
FAO	फूड एण्ड एग्रीकल्चरल ऑर्गेनाइजेशन ऑफ द, यूनाइटेड नेशन, रोम (इटली)	
IBPGR	इण्टरनेशनल बोर्ड फॉर प्लाट जेनेटिक रिसोर्सेस, रोम (इटली)	1974
IBRD	इण्टरनेशनल बैंक फॉर रिकन्ट्रक्शन एण्ड डेवलपमेण्ट, यू एस ए	—
IBSNAT	इण्टरनेशनल बेन्चमार्क रॉयल नेटवर्क फॉर एग्रो-टैक्नोलॉजी टार्फस, हवाई	—
ICARDA	इण्टरनेशनल सेण्टर फॉर एग्रीकल्चरल रिसर्च इन द ड्राइ एरियाज, एलेपो (सीरिया)	1976
ICRISAT	इण्टरनेशनल सेण्टर फॉर क्रॉप रिसर्च इन्स्टीट्यूट फॉर द सेमी एरिड ट्रॉपिक्स, पटनचेरू, आन्ध्र प्रदेश (भारत)	—
IDRC	इण्टरनेशनल डेवलपमेण्ट रिसर्च सेण्टर, कनाडा	—
IFDC	ई. फर्टीलाइजर डेवलपमेण्ट सेण्टर मूसकेल शोलस, यू एस ए	—
IITA	इण्टरनेशनल इन्स्टीट्यूट ऑफ ट्रॉपीकल एग्रीकल्चर इबादान, (नाइजीरिया)	1968
INSFFER	इण्टरनेशनल नेटवर्क ऑन सॉइल फर्टीलिटी फर्टिलाईजर इव्हैलूशन ऑन राइस, फिलीपिन्स	—
IRRI	इण्टरनेशनल राइस रिसर्च इन्स्टीट्यूट, फिलीपिन्स	—
ISNAR	इण्टरनेशनल सर्विस फॉर नेशनल एग्रीकल्चरल रिसर्च, हेग (नीदरलैण्ड्स)	—
ISRIC	इण्टरनेशनल सॉइल रिफ्रेन्स एण्ड इन्फॉरमेशन सेण्टर नीदरलैण्ड	—
TPRI	ट्रॉपीकल्स पेस्टीसाइड रिसर्च इन्स्टीट्यूट, अरूशा, तानझेनिया	—
WARDA	वैस्ट अफ्रीकन राइस डेवलपमेण्ट एसोसिएशन, मौनरोविया, लाइबेरिया	—
WMO	वर्ड मीट्रोलॉजीकल ऑरगेनाइजेशन, जेनेवा (स्विट्जरलैण्ड)	—
ILSCA	इण्टरनेशनल लाइवस्टॉक सेण्टर फॉर अफ्रीका आक्सि आबाबा, इथोपिया	1974

केन्द्रीय संस्थान

संक्षिप्त नाम	पूरा नाम	स्थापना वर्ष
CARI	सेण्ट्रल एग्रीकल्चरल रिसर्च इन्स्टीट्यूट, पोर्ट ब्लेयर	1978
CARI	सेण्ट्रल एवियन रिसर्च इन्स्टीट्यूट, इज्जतनगर (उत्तर प्रदेश)	1979
CAZRI	सेण्ट्रल एरिड जोन रिसर्च इन्स्टीट्यूट, जोधपुर (राजस्थान)	1595
CIAE	सेण्ट्रल इन्स्टीट्यूट ऑफ एग्रीकल्चरल इन्जीनियरिंग भोपाल (मध्य प्रदेश)	1955
CIBA	सेण्ट्रल इन्स्टीट्यूट ऑफ ब्रेकिश वाटर एक्वाकल्चर, चेन्नई (तमिलनाडु)	1987
CICR	सेण्ट्रल इन्स्टीट्यूट फॉर कॉटन रिसर्च, नागपुर (महाराष्ट्र)	1976
CIFA	सेण्ट्रल इन्स्टीट्यूट ऑफ फ्रेश वाटर एक्वाकल्चर, भुवनेश्वर (उड़ीसा)	1987
CIFA	सेण्ट्रल इन्स्टीट्यूट ऑफ फिशरीज एजुकेशन, मुम्बई (महाराष्ट्र)	1961
CIFI	सेण्ट्रल इन्स्टीट्यूट ऑफ फिशरीज टैक्नॉलोजी, कोचीन (केरल)	1957
CISH	सेण्ट्रल इन्स्टीट्यूट फॉर सबट्रोपिकल हॉर्टीकल्चर, लखनऊ (उत्तर प्रदेश)	1984
CIPHET	सेण्ट्रल इन्स्टीट्यूट ऑफ पोस्ट-हारवेस्ट इन्जीनियरिंग एण्ड टैक्नोलॉजी, लुधियाना (पंजाब)	1989

CIRT	सेण्ट्रल इन्स्टीट्यूट फॉर रिसर्च ऑन बफैलोज, हिसार (हरियाणा)	1985
CIRCT	सेण्ट्रल इन्स्टीट्यूट फॉर रिसर्च ऑन कॉटन टेक्नोलॉजी, मुम्बई (महाराष्ट्र)	1985
CIRG	सेण्ट्रल इन्स्टीट्यूट फॉर रिसर्च ऑन गोट्स, मुखदम (उत्तर प्रदेश)	1979
CMFRI	सेण्ट्रल इन्स्टीट्यूट मैराइल फिशरीज, रिसर्च, कोच्चि (केरल)	1947
CPCRI	सेण्ट्रल प्लान्टेशन क्रॉप्स रिसर्च इन्स्टीट्यूट कासरगॉड (केरल)	1947
CPRI	सैण्ट्रल पोटेटो रिसर्च इन्स्टीट्यूट, शिमला (हिमाचल प्रदेश)	1949
CRIDA	सेण्ट्रल रिसर्च इन्स्टीट्यूट फॉर ट्राईलैण्ड एग्रीकल्चर, हैदराबाद (आन्ध्र प्रदेश)	1949
CRIJAF	सेण्ट्रल इन्स्टीट्यूट फॉर जूट एण्ड एलाइड फाइबर्स, बैरकपुर, (पश्चिम बंगाल)	1953
CRRI	सेण्ट्रल राइस रिसर्च इन्स्टीट्यूट, कटक (उड़ीसा)	1946
CSSRI	सेण्ट्रल सीयक्त सेलेनिटी रिसर्च, इन्स्टीट्यूट, अविकानगर (राजस्थान)	1962
CSWRI	सेण्ट्रल सीप एण्ड वूल रिसर्च इन्स्टीट्यूट, अविकानगर (राजस्थान)	1962
CTCRI	सेण्ट्रल टयुबर क्रॉप्स रिसर्च, इन्स्टीट्यूट, तिरूअनन्तपुरम (केरल)	1963
CTRI	सेण्ट्रल टौबैको रिसर्च इन्स्टीट्यूट, राजमुन्दरी (आन्ध्र प्रदेश)	1947
CITH	सेण्ट्रल इन्स्टीट्यूट फॉर टैम्परेट हर्टिकल्चर, श्रीनगर (जम्मू एवं कश्मीर)	—
CPCRI	सेण्ट्रल प्लाण्टेशन क्रॉप रिसर्च इन्स्टीट्यूट, कासरगोड (केरल)	—
CSWCRII	सेण्ट्रल सोयक्त एण्ड वाटर कन्जर्वेशन रिसर्च एण्ड ट्रेनिंग इन्स्टीट्यूट, देहरादून, (उत्तर प्रदेश)	—
ILRI	इण्डियन लोक रिसर्च इन्स्टीट्यूट, राँची (झारखण्ड)	1925
IVRI	इण्डियन वेटेंनरी रिसर्च इन्स्टीट्यूट, इज्जतनगर (उत्तर प्रदेश)	1984
IARI	इण्डियन एग्रीकल्चर रिसर्च इन्स्टीट्यूट, नई दिल्ली	1905
IASRI	इण्डियन एग्रीकल्चर स्टॅटीस्टीक रिसर्च इन्स्टीट्यूट, पूसा (नई दिल्ली)	1959
IGFRI	इण्डियन ग्रासलैण्ड एण्ड फॉडर रिसर्च, इण्डियन झाँसी (उत्तर प्रदेश)	1962
IIPR	इण्डियन इन्स्टीट्यूट ऑफ हॉर्टीकल्वरल रिसर्च, बंगलुरु (कर्नाटक)	1984
IIHT	इण्डियन इन्स्टीट्यूट ऑफ हॉर्टीकल्वरल रिसर्च, बंगलुरु (कर्नाटक)	1967
IISS	इण्डियन इन्स्टीट्यूट ऑफ सॉयल साइन्स, भोपाल (मध्य प्रदेश)	—
IISR	इण्डियन इन्स्टीट्यूट ऑफ स्पाइसेस रिसर्च, कालीकट (केरल)	—
IISR	इण्डियन इन्स्टीट्यूट ऑफ शुगरकेन रिसर्च, लखनऊ (उत्तर प्रदेश)	1952
IIVR	इण्डियन इन्स्टीट्यूट ऑफ विजिटेबल रिसर्च, वाराणसी (उत्तर प्रदेश)	
NAARM	नेशनल एकेड्मी ऑफ एग्रीकल्चरल रिसर्च मैनेजमेण्ट, हैदराबाद (आन्ध्र प्रदेश)	1976
NDRI	नेशनल डेरी रिसर्च इन्स्टीट्यूट, करनाल (हरियाणा)	1955
NIRJAFI	नेशनल इन्स्टीट्यूट फॉर रिसर्च ऑन जूट अलाइड फाइबर टैक्नोलॉजी, कोलकाता (पश्चिम बंगाल)	—
NIANP	नेशनल इन्स्टीट्यूट ऑफ एनिमल न्यूट्रीशन एण्ड फिजीयोलॉजी, अडूगोदी, बंगलुरु, (कर्नाटक)	—
SBI	शूगरकेन ब्रीडिंग इन्स्टीट्यूट, कोयम्बटूर (तमिलनाडु)	1912
VPKAS	विवेकानन्द पर्वतीय कृषि अनुसन्धान संस्थान, अल्मोड़ा	1985
NIASM	नेशनल इन्स्टीट्यूट ऑफ अबायोटिक स्ट्रेस, मेनेजमेण्ट, मालेगाव (महाराष्ट्र)	—
IINRG	इण्डियन इन्स्टीट्यूट ऑफ नेचुरल रेझिन एण्ड गमूस, राँची (झारखण्ड)	—
ICARRCG	आई सी ए आर रिसर्च कॉम्पेक्स फॉर गोवा (गोवा)	—
ICARRCNR	आई सी ए आर रिसर्च कॉम्पेक्स फॉर एन इ एच रेझिन, बारापाणी, (मेघालय)	—

भारतीय अर्थव्यवस्था में कृषि का महत्त्व
(Importance of Agriculture in Indian Economy)

भारत के आर्थिक विकास की कुंजी कृषि विकास में ही निहित है। गाँधीजी के शब्दों में, 'कृषि भारत की आत्मा है' इसीलिए नेहरूजी ने कहा था, 'कृषि को सर्वाधिक प्राथमिकता देने की आवश्यकता है।' *भारतीय अर्थव्यवस्था में कृषि के महत्त्व को निम्नवत् स्पष्ट किया जा सकता है*

1. **राष्ट्रीय आय का मुख्य स्रोत** भारत की राष्ट्रीय आय का सर्वाधिक अंश कृषि सम्बद्ध व्यवसायों से ही प्राप्त होता है। भारत की कुल आय में कृषि क्षेत्र का योगदान लगभग 28% है।
2. **जीविका का मुख्य साधन** हमारे देश में कार्यशील जनसंख्या का 68.67% भाग कृषि से ही आजीविका प्राप्त करता है। देश की कुल जनसंख्या का 69.7% भाग गाँवों में रहता है और गाँवों का मुख्य व्यवसाय कृषि ही है।

3. **खाद्यान्नों की पूर्ति का प्रमुख स्रोत** देश की जनसंख्या को अपना भरण-पोषण करने के लिए खाद्य सामग्री की आवश्यकता होती है जो मुख्यत: कृषि से ही उपलब्ध होती है।
4. **सर्वाधिक भूमि उपयोग** देश की कुल भूमि क्षेत्रफल का सर्वाधिक भाग कृषि में प्रयुक्त किया जाता है। कुल भूमि क्षेत्रफल के 48.05% भाग में खेती की जाती है।
5. **कृषि पर आश्रित उद्योग** देश के महत्त्वपूर्ण उद्योग कच्चे माल के लिये कृषि पर ही निर्भर करते हैं। सूती वस्त्र, चीनी, पटसन, वनस्पति तेल, चाय व कॉफी इसके प्रमुख उदाहरण हैं।
6. **परिवहन व्यवस्था का मुख्य आधार** देश में कृषि उत्पादन में क्षेत्रीय विशिष्टीकरण पाया जाता है। अत: कृषि पदार्थों को काफी मात्रा में एक स्थान से दूरे स्थान पर ले जाना पड़ता है। इससे परिवहन कम्पनियों को काफी आय प्राप्त होती है।
7. **राजस्व में योगदान** केन्द्रीय व राज्य सरकारों की आय का कृषि एक प्रमुख स्रोत है। केन्द्रीय सरकार को निर्यात शुल्क व उत्पादन शुल्क का एक बड़ा भाग चाय, तम्बाकू, तिलहन आदि फसलों से प्राप्त होता है। इसी तरह राज्य सरकारों को मालगुजारी, सिंचाई कर, कृषि आय पर कर, कृषि सम्पत्ति पर कर आदि के रूप में काफी आय प्राप्त होती है।
8. **अन्तर्राष्ट्रीय महत्त्व** विश्व में भारत का चाय व मूँगफली उत्पादन में प्रथम स्थान तथा चावल, जूट, कपास तथा गन्ने के उत्पादन में दूसरा स्थान है। लाख के उत्पादन में भारत का एकाधिकार की स्थिति है।
9. **विदेशी व्यापार** निर्यात और विदेशी मुद्रा अर्जन की दृष्टि से कृषि का अर्थव्यवस्था में महत्त्वपूर्ण स्थान है। देश के निर्यात व्यापार में चाय, वस्त्र, पटसन, तम्बाकू, मसाले, तिलहन आदि कृषि उपजों का विशेष महत्त्व है।

अभ्यास प्रश्न

1. सिमिट में अनुसन्धान किया जाता है
(a) गेहूँ व मक्का (b) मक्का व कपास
(c) कपास व तम्बाकू (d) सोयाबीन

2. भारत में रॉयल कमीशन ऑफ एग्रीकल्चर किस वर्ष में गठित किया गया?
(a) वर्ष 1906 (b) वर्ष 1916
(c) वर्ष 1926 (d) वर्ष 1936

3. किस प्रदेश में गेहूँ का सर्वाधिक क्षेत्र है?
(a) मध्य प्रदेश (b) उत्तर प्रदेश
(c) बिहार में (d) पंजाब में

4. भारतीय शर्करा संस्थान स्थित है
(a) कानपुर में (b) लखनऊ में
(c) झाँसी में (d) कोयम्बटूर में

5. निम्नलिखित में से किस फसल का मध्य प्रदेश में सर्वाधिक क्षेत्रफल है?
(a) गन्ना (b) मक्का
(c) सोयाबीन (d) जौ

6. इण्टरनेशनल क्रॉप रिसर्च इन्स्टीट्यूट फॉर सेमी एरिड ट्रॉपिक्स स्थित है
(a) जोधपुर में (b) भरतपुर में
(c) हैदराबाद में (d) कोलम्बो में

7. 'हरित क्रान्ति' शब्द दिया था
(a) बी पी पाल ने
(b) एम एस स्वामीनाथन ने
(c) डॉ. विलियम गॉड ने
(d) रफी अहमद किदवई ने

8. केन्द्रीय कपास अनुसन्धान संस्थान स्थित है
(a) नागपुर में (b) मुम्बई में
(c) कानपुर में (d) अहमदाबाद में

9. भारत में किस फसल का अधिकतम क्षेत्र व उत्पादन है?
(a) गेहूँ (b) धान
(c) मक्का (d) ज्वार

10. भारत की मुख्य दलहन फसल कौन-सी है?
(a) मूँग (b) उर्द
(c) चना (d) मोठ

11. कागज (पेपर) बनाए जाते हैं
(a) अरहर से (b) अलसी (फ्लैक्स) से
(c) बाजरा से (d) सनई से

12. निम्न में से कौन-सी प्राचीन फसल है?
(a) मक्का (b) आलू (c) गेहूँ (d) धान

13. दलहनी फसलों में उत्तर प्रदेश में अधिकतम क्षेत्रफल है
(a) मूँग का (b) उर्द का
(c) अरहर का (d) चने का

14. निम्नलिखित सोयाबीन उगाने वाले प्रदेशों पर विचार कीजिए
1. राजस्थान 2. महाराष्ट्र
3. मध्य प्रदेश 4. उत्तर प्रदेश
उपरोक्त प्रदेशों का उनके क्षेत्र और उत्पादन के सन्दर्भ में समान क्रम में सही अनुक्रम कौन-सा है?
(a) 3-2-1-4 (b) 4-2-1-3
(c) 3-1-2-4 (d) 4-1-2-3

15. भारत के किस राज्य में धान की तीन फसलें उगाई जाती हैं?
(a) उत्तर प्रदेश में (b) पश्चिम बंग में
(c) ओडिशा में (d) आन्ध्र प्रदेश में

16. 'आई आर आर आई' कहाँ स्थित है?
(a) रोम में (b) फिलीपिन्स में
(c) नई दिल्ली में (d) न्यूयॉर्क में

17. नीली क्रान्ति का सम्बन्ध है
(a) अण्डा उत्पादन से
(b) मछली उत्पादन से
(c) दूध उत्पादन से
(d) तेल उत्पादन से

18. गेहूँ में हरित क्रान्ति का आधारीय श्रेय है
(a) अधिक उपज देने वाली जातियों का अधिक प्रयोग
(b) एन पी के उर्वरकों का अधिक प्रयोग
(c) पौध सुरक्षा रसायनों का अधिक प्रयोग
(d) सिंचाई की अधिक उपलब्धता

19. 'सी ए जेड आर आई' स्थित है
(a) झाँसी में (b) नवसारी में
(c) जोधपुर में (d) जोबनेर में

20. भारतीय कृषि अनुसन्धान परिषद् के प्रथम महानिदेशक कौन थे?
(a) डॉ. एम एस स्वामीनाथन
(b) डॉ. एम एस रंधावा
(c) डॉ. एन एस रंधावा
(d) डॉ. बी पी पाल

21. भारत में प्रथम कृषि विश्वविद्यालय की स्थापना हुई
(a) वर्ष 1950 में (b) वर्ष 1957 में
(c) वर्ष 1960 में (d) वर्ष 1962 में

22. **डॉ. नॉर्मन ई बोरलॉग** को किस फसल पर कार्य करने पर 'नोबेल पुरस्कार' दिया गया है?
(a) धान (b) ज्वार
(c) गेहूँ (d) कपास

23. 'एग्रीकल्चर' किस शब्द से लिया गया है?
(a) लैटिन (b) ग्रीक
(c) हिब्रू (d) इनमें से कोई नहीं

24. प्रथम सिंचाई आयोग का गठन कब हुआ?
(a) वर्ष 1901 (b) वर्ष 1941
(c) वर्ष 1921 (d) वर्ष 1961

25. एग्रोनोमी शब्द किस भाषा से लिया गया है?
(a) लैटिन (b) ग्रीक
(c) अंग्रेजी (d) फ्रेन्च

26. भारत में प्रथम कृषि विश्वविद्यालय जो वर्ष 1960 में खुला था वह है
(a) PAU लुधियाना में
(b) GBPUAT पन्तनगर (नैनीताल) में
(c) JNKVV जबलपुर में
(d) UAS बंगलौर में

27. राष्ट्रीय कृषि वानिकी अनुसन्धान संस्थान स्थित है
(a) कानपुर में (b) झाँसी में
(c) नई दिल्ली में (d) नागपुर में

28. इण्टरनेशनल मेट्रॉलोजिकल ऑर्गेनाइजेशन (IMO) कब स्थापित हुआ था?
(a) 1873 ई. में (b) 1973 ई. में
(c) 1852 ई. में (d) 1950 ई. में

29. भारत को कितने उप-कृषि पारिस्थितिक क्षेत्रों में बाँटा गया है?
(a) 15 (b) 20
(c) 60 (d) 5

30. भारतवर्ष में वर्तमान में प्रति व्यक्ति वन क्षेत्र है
(a) 0.11 हेक्टेयर (b) 0.09 हेक्टेयर
(c) 0.07 हेक्टेयर (d) 0.05 हेक्टेयर

31. केन्द्रीय मौसम वेधशाला स्थित है
(a) पुणे में (b) शिमला में
(c) हैदराबाद में (d) नई दिल्ली में

32. भारत के कितने भाग पर जलमण्डल पाया जाता है?
(a) 20% (b) 71%
(c) 90% (d) 50%

33. इण्डियन मेट्रॉलोजिकल डिपार्टमेण्ट (IMD) कब स्थापित हुआ था?
(a) वर्ष 1975 में (b) वर्ष 1875 में
(c) वर्ष 1866 में (d) वर्ष 1977 में

34. अमेरिकन सोसाइटी ऑफ एग्रोनोमी की स्थापना हुई थी
(a) वर्ष 1980 में (b) वर्ष 1908 में
(c) वर्ष 1988 में (d) वर्ष 1978 में

35. भारत में इण्डियन सोसाइटी ऑफ एग्रोनोमी की स्थापना की गई थी
(a) वर्ष 1908 में (b) वर्ष 1950 में
(c) वर्ष 1955 में (d) वर्ष 1960 में

36. ऐसी फसल कौन-सी है जिसे कम-से-कम 8 घण्टे प्रकाश की आवश्यकता होती है?
(a) गेहूँ (b) धान
(c) चना (d) जौ

37. फलों वाली फसलें हैं
(a) खरबूजा (b) खीरा
(c) तरबूज (d) ये सभी

38. देश को योजना आयोग ने कितने जलवायु क्षेत्रों में बाँटा है?
(a) 22 (b) 20 (c) 15 (d) 9

39. देश के कुल कितने कृषि पारिस्थितिक क्षेत्र हैं?
(a) 15 (b) 21 (c) 23 (d) 09

40. pH मान के आधार पर लवण प्रतिरोधी पौधा है
(a) आलू (b) जई
(c) धान (d) चुकन्दर

41. राष्ट्रीय कृषि वानिकी अनुसन्धान संस्थान स्थित है
(a) कानपुर में (b) झाँसी में
(c) नागपुर में (d) नई दिल्ली में

42. शस्य विज्ञान क्या है?
(a) विज्ञान (b) कला
(c) 'a' और 'b' (d) इनमें से कोई नहीं

43. शस्य विज्ञान के पिता हैं
(a) पीटरो डे क्रेसेन्जी (b) जी बी बोसिंगल्ट
(c) सी आर बाल (d) इनमें से कोई नहीं

44. राष्ट्रीय कृषि आयोग का गठन हुआ था
(a) वर्ष 1971 में (b) वर्ष 1961 में
(c) वर्ष 1941 में (d) वर्ष 1955 में

45. 'आई सी ए आर' की स्थापना हुई थी
(a) वर्ष 1902 में (b) वर्ष 1905 में
(c) वर्ष 1929 में (d) वर्ष 1940 में

46. भारत की मुख्य खाद्य फसल है
(a) गेहूँ (b) धान
(c) मक्का (d) बाजरा

47. भारत में रबर का उत्पादन सबसे अधिक होता है
(a) केरल (b) तमिलनाडु
(c) उत्तर प्रदेश (d) महाराष्ट्र

48. उत्पादन की दृष्टि से भारत में चाय पैदा करने वाला प्रथम राज्य है
(a) असोम (b) केरल
(c) पश्चिम बंग (d) महाराष्ट्र

49. विश्व में दालों का सबसे अधिक क्षेत्रफल है
(a) भारत में (b) पाकिस्तान में
(c) भूटान में (d) अफ्रीका में

50. विश्व में तम्बाकू उत्पादन की दृष्टि से भारत का कौन-सा स्थान है?
(a) प्रथम (b) द्वितीय
(c) तृतीय (d) चतुर्थ

51. भारत में दलहन का सर्वाधिक उत्पादन होता है
(a) मध्य प्रदेश में (b) उत्तर प्रदेश में
(c) महाराष्ट्र में (d) राजस्थान में

52. उत्पादन की दृष्टि से भारत में कॉफी पैदा करने वाला प्रथम राज्य है
(a) तमिलनाडु (b) कर्नाटक
(c) असोम (d) महाराष्ट्र

53. भारत में सबसे अधिक रेशम उत्पादन होता है
(a) असोम में (b) पश्चिम बंग में
(c) कर्नाटक में (d) तमिलनाडु में

54. C_4 पौधे हैं
(a) मक्का (b) धान
(c) सरसो (d) जौ

55. बिना मृदा के पौधों की खेती को कहते हैं
(a) हाइड्रोपोनिक्स (b) सिल्वीकल्चर
(c) स्वॉयल कल्चर (d) इनमें से कोई नहीं

56. पौधों की वृद्धि का मापक है
(a) केस्कोग्राफ (b) प्लानीमीटर
(c) हाइड्रोमीटर (d) इनमें से कोई नहीं

57. राष्ट्रीय बीज निगम की स्थापना की गई
(a) वर्ष 1963 में (b) वर्ष 1964 में
(c) वर्ष 1965 में (d) वर्ष 1966 में

58. C_3 पौधे हैं
(a) गेहूँ (b) उर्द
(c) मूँग (d) ये सभी

59. निम्नलिखित में से कौन-सी फसल कम्पोसिटी कुल की है?
(a) मूली (b) चुकुन्दर
(c) सूरजमुखी (d) अल्फी

60. सोयाबीन उदाहरण है
(a) धान्य फसल का (b) छोटे अनाज का
(c) चारे की फसल का (d) दलहनी फसल का

61. नशे वाली फसल में किस पौधे का उपयोग किया जाता है?
(a) चाय (b) कस्तूरी
(c) ढैंचा (d) लोबिया

62. भारत में आयात किया जाता है
(a) अनाजों का (b) दलहनों का
(c) तिलहनों का (d) इनमें से किसी का नहीं

63. रबी की फसल कही जाती है, जो
(a) जून में बोई जाती है
(b) मार्च में बोई जाती है
(c) दिसम्बर में बोई जाती है
(d) अक्टूबर में बोई जाती है

64. निम्न में खरीफ की फसल का उदाहरण है
(a) गेहूँ (b) मक्का
(c) खीरा (d) सरसो

65. मनुष्य ने घर का निर्माण कर, किस युग में रहना प्रारम्भ किया?
(a) शिकारी युग (b) बर्बर युग
(c) पशुपालन युग (d) पत्थर युग

66. गेहूँ को काला किट रोग किसके कारण होता है?
(a) फफूँदी (b) विषाणु
(c) प्रोटोजोआ (d) जीवाणु

67. निम्न में से कौन-सा रोग फफूँदी से नहीं लगता है?
(a) डम्पिंग ऑफ (b) झुलसा
(c) उकठा (d) मोजैक रोग

68. गन्ने की फसल में लाल सड़न रोग किसके कारण होता है?
(a) विषाणु (b) जीवाणु
(c) फफूँदी (d) कीट

69. कृष्णकान्त रोग आलू में किस तत्त्व की कमी से लगता है?
(a) जस्ता (b) कॉपर
(c) ऑक्सीजन (d) जल

70. निम्न सब्जियों में किसका खाने योग्य भाग जड़ नहीं होता है?
(a) आलू (b) मूली (c) गाजर (d) शलजम

71. पत्तागोभी का कौन-सा भाग खाया जाता है?
(a) पत्तियाँ (b) वानस्पतिक कलिका
(c) फूल (d) जड़

72. फूलगोभी का कौन-सा भाग खाया जाता है?
(a) पुष्पक्रम (b) गाँठ
(c) फूल (d) वानस्पतिक कलिका

73. हाइड्रोपोनिक्स किसे कहते हैं?
(a) बिना मृदा के पौधों की खेती
(b) बिना मृदा के फूलों की खेती
(c) बिना मृदा के वनों की खेती
(d) उपरोक्त में से कोई नहीं

74. बपनीयन किसे कहते हैं?
(a) बन्द डिब्बों में फल संरक्षण का तरीका
(b) फलों की एक बीमारी
(c) वातानुकूलित कमरों में फल संरक्षण
(d) उपरोक्त सभी

75. ट्रक फार्मिंग किसे कहते हैं?
(a) व्यापारिक स्तर पर सब्जियों की खेती
(b) व्यापारिक स्तर पर फलों की खेती
(c) व्यापारिक स्तर पर फूलों की खेती
(d) उपरोक्त सभी

76. टमाटर के पकने पर लाल रंग किसकी उपस्थिति के कारण होता है?
(a) कैरोटिन (b) लाइकोपीन
(c) बीटानिन (d) जैन्थोफिल

77. दलहनी फसलों की जड़ों में कौन-सा जीवाणु निवास करता है?
(a) एनारोबिक (b) एजोटोबैक्टर
(c) राइजोबियम (d) क्लॉस्ट्रोडियम

78. नाबार्ड (NABARD) की स्थापना किस वर्ष की गई थी?
(a) वर्ष 1980 में (b) वर्ष 1981 में
(c) वर्ष 1982 में (d) वर्ष 1983 में

79. भारतीय कृषि अनुसन्धान संस्थान (IARI) किस वर्ष स्थापित किया गय है?
(a) वर्ष 1909 में (b) वर्ष 1919 में
(c) वर्ष 1929 में (d) वर्ष 1949 में

80. भारतीय खाद्य निगम (FCI) की स्थापना कब की गई थी?
(a) वर्ष 1957 में (b) वर्ष 1958 में
(c) वर्ष 1965 में (d) वर्ष 1971 में

81. कृषि उपज के समर्थन मूल्य का निर्धारण कौन करता है?
(a) वित्त मन्त्रालय
(b) एग्रीकल्चर प्राइस कमीशन
(c) एग्रीकल्चर प्रोडक्सन कमीशन
(d) खाद्य एवं कृषि मन्त्रालय

82. विश्व वन दिवस प्रत्येक मार्च की किस तारीख को मनाया जाता है?
(a) 19 (b) 21
(c) 16 (d) 24

83. कृषि में हरित-क्रान्ति के जन्मदाता कौन हैं?
(a) वी एल चोपड़ा
(b) एस एन विनोग्रेड स्काई
(c) नॉरमन ई बोरलॉग
(d) एम एस स्वामीनाथन

84. भारत में हरित-क्रान्ति के जनक हैं?
(a) अमृता पटेल (b) एम एस स्वामीनाथन
(c) वी एल चोपड़ा (d) वर्गीज कुरियन

85. किसानों को लम्बी अवधि के ऋण उपलब्ध कौन कराता है?
(a) ग्रामीण बैंक (b) सहकारी बैंक
(c) पंजाब बैंक (d) भूमि विकास बैंक

86. भारत में सबसे पहले कृषि प्रसार का कार्य किस संस्था द्वारा शुरू किया गया?
(a) वर्धा योजना (b) श्री निकेतन योजना
(c) भारथेण्डम योजना (d) सेवाग्राम योजना

87. श्री निकेतन योजना किस महापुरुष ने चलाई थी?
(a) महात्मा गाँधी ने
(b) सरदार पटेल ने
(c) विनोबा भावे ने
(d) रवीन्द्रनाथ टैगोर ने

88. अन्त्योदय योजना का आरम्भ किस राज्य ने शुरू किया?
(a) राजस्थान में (b) पंजाब में
(c) हरियाणा में (d) उत्तर प्रदेश में

89. प्रयोगशाला से खेतों तक की योजना का क्या तात्पर्य है?
(a) किसानों को प्रयोगशाला में ले जाकर प्रयोगशाला के यन्त्रों को दिखाना
(b) प्रयोगशाला में हुए शोध कार्यों की जानकारी किसानों को देना
(c) खेतों में प्रयोगशाला का निर्माण करना
(d) उपरोक्त में से कोई नहीं

90. बोरलॉग पुरस्कार किस क्षेत्र में दिया जाता है?
(a) भौतिकी के (b) चिकित्सा के
(c) कृषि के (d) दर्शनशास्त्र के

91. कौन-सा जल पौधे आसानी से ग्रहण करते हैं?
(a) आर्द्रताग्राही जल (b) कोशिका जल
(c) गुरुत्वीय जल (d) ये सभी

92. भारत में सबसे अधिक सिंचाई किसके द्वारा होती है?
(a) कुँओं व नलकूप
(b) नहर
(c) तालाब
(d) उपरोक्त में से कोई नहीं

93. दलहनी फसलों को नाइट्रोजन उर्वरक की मात्रा कम दी जाती है, क्यों?
(a) क्योंकि ये नाइट्रोजन का कम उपयोग करते हैं
(b) इनकी जड़ें स्वयं नाइट्रोजन का स्थिरीकरण कर लेती हैं
(c) 'a' और 'b' दोनों
(d) उपरोक्त में से कोई नहीं

94. यूरिया में नाइट्रोजन किस रूप में उपस्थित होता है?
(a) एमाइड (b) अमोनियम
(c) नाइट्राइट (d) नाइट्रेट

95. यूरिया में कितने प्रतिशत नाइट्रोजन होता है?
(a) 45% (b) 46% (c) 47% (d) 48%

उत्तरमाला

1. (a)	2. (c)	3. (b)	4. (a)	5. (c)	6. (c)	7. (c)	8. (a)	9. (b)	10. (c)
11. (b)	12. (d)	13. (d)	14. (a)	15. (b)	16. (b)	17. (b)	18. (a)	19. (c)	20. (d)
21. (c)	22. (c)	23. (a)	24. (a)	25. (b)	26. (b)	27. (b)	28. (a)	29. (c)	30. (d)
31. (a)	32. (b)	33. (b)	34. (c)	35. (c)	36. (d)	37. (d)	38. (c)	39. (b)	40. (b)
41. (b)	42. (c)	43. (a)	44. (a)	45. (c)	46. (b)	47. (a)	48. (a)	49. (a)	50. (c)
51. (a)	52. (b)	53. (c)	54. (a)	55. (a)	56. (a)	57. (a)	58. (a)	59. (c)	60. (d)
61. (a)	62. (d)	63. (d)	64. (d)	65. (a)	66. (a)	67. (b)	68. (c)	69. (c)	70. (a)
71. (b)	72. (a)	73. (a)	74. (a)	75. (a)	76. (b)	77. (c)	78. (c)	79. (a)	80. (c)
81. (b)	82. (b)	83. (c)	84. (b)	85. (d)	86. (b)	87. (d)	88. (a)	89. (b)	90. (c)
91. (b)	92. (a)	93. (b)	94. (a)	95. (b)					

अध्याय

02

शस्य विज्ञान
(Agronomy)

परिचय (Introduction)

- **शस्य विज्ञान** शब्द ग्रीक भाषा के *एग्रोस* एवं *नोमोस* शब्दों से बनाया गया है, जिसमें ***एग्रोस*** का अर्थ है **खेत** तथा ***नोमोस*** का अर्थ है प्रबन्ध अर्थात् **एग्रोनोमोस** का शाब्दिक अर्थ है भूमि का प्रबन्ध।
- सर्वप्रथम शस्य विज्ञान में अनुसन्धान कार्य 1834 ई. में **एलसेस** नामक स्थान पर **जे बी बोसिगाल्ट** नामक कृषि वैज्ञानिक द्वारा प्रथम अनुसन्धान केन्द्र स्थापित करने पर आरम्भ हुआ। शस्य विज्ञान को कृषि विज्ञान की एक अलग शाखा के रूप में 20वीं शताब्दी में मान्यता मिली तथा वर्ष 1908 में अमेरिकन सोसाइटी ऑफ एग्रोनोमी की स्थापना हुई, जिसके कारण शस्य विज्ञान के क्षेत्र में काफी उन्नति हुई।
- **एग्रोनोमी** विषय को अलग से स्वतन्त्र रूप से वर्ष 1900 में मान्यता प्राप्त हुई।
- सर्वप्रथम 1908 में **अमेरिकन सोसाइटी ऑफ एग्रोनोमी** की स्थापना हुई।
- भारत में 'इण्डियन सोसाइटी ऑफ एग्रोनोमी' की स्थापना वर्ष 1955 में हुई।

अर्थ एवं परिभाषा
(Meaning and Definition)

- फसल उत्पादन के लिए भूमि पर जितने भी कार्य किए जाते हैं, उसे कृषि कहते हैं और इससे सम्बन्धित विशिष्ट ज्ञान को **कृषि विज्ञान** कहते हैं।
- 'शस्य विज्ञान कृषि की एक विशिष्ट शाखा है जो फसल उत्पादन और भूमि प्रबन्ध से सम्बन्ध रखती है।"
- "शस्य विज्ञान कृषि की एक महत्त्वपूर्ण शाखा है जो फसल उत्पादन एवं भूमि प्रबन्ध की विभिन्न क्रियाओं की कला, दक्षता एवं वैज्ञानिक सिद्धान्तों का व्यावहारिक ज्ञान प्रदान करती है।"

शस्य विज्ञान का क्षेत्र एवं महत्त्व

शस्य विज्ञान का क्षेत्र मनुष्य की अधिकांश आवश्यकताओं की पूर्ति फसलों द्वारा की जाती है। लेकिन भारत जैसे देश में जनसंख्या दिन-प्रतिदिन बढ़ती जा रही है। इस बढ़ती जनसंख्या की आवश्यकताओं की पूर्ति करना एक चिन्ता जनक समस्या है।

- हमारे देश में उर्वरक, सिंचाई, फसल सुरक्षा तथा कृषि का तकनीकी ज्ञान पर्याप्त नहीं है तथा फसलों का उत्पादन भी विदेशों की तुलना में कई गुना कम है। इनमें सुधार कर हम फसलों का उत्पादन बढ़ा सकते हैं।
- फसल की उपज पर विभिन्न कारकों; जैसे—जलवायु, मृदा, खेत की तैयारी, बुवाई का समय, फसल की प्रजातियाँ, बुवाई का तरीका, कृषि तकनीक आदि का सर्वाधिक प्रभाव पड़ता है। अत: इन कारकों की त्रुटियों को ठीक करके उत्पादन से वृद्धि की जा सकती है।

कृषि प्रणालियाँ (Farm System)

निश्चित क्षेत्र पर निश्चित समय में, जो शस्य क्रम विभिन्न प्रक्षेत्र स्रोतों, प्रक्षेत्र धन्धों व उपलब्ध तकनीकी सामंजस्य के बीच अपनाया जाता है, शस्य प्रणाली कहते हैं।

हमारे देश में विभिन्न परिस्थितियों के अन्तर्गत निम्नलिखित शस्य पद्धतियाँ प्रचलित हैं

1. **एकल शस्यक्रम** किसी खेत के अन्दर इष्टतम् अन्तरण पर एक वर्ष में एक ही फसल को उगाना एकल शस्यक्रम कहलाता है;
जैसे-गन्ना-गन्ना-गन्ना।
2. **फसल-चक्र** किसी निश्चित समय में, निश्चित क्षेत्र पर, निश्चित क्रम में फसलों को उगाना ही फसल-चक्र कहलाता है।

बढ़ती हुई जनसंख्या का समाधान

- कृषि योग्य भूमि के आकार में वृद्धि करना।
- प्रति इकाई क्षेत्र में सघन खेती करना इस विधि से समस्या का शीघ्र समाधान हो सकता है।
- उपयुक्त जल प्रबन्ध व्यवस्था।
- कृषि सम्बन्धी नवीन व उन्नत तकनीकों का समुचित उपयोग करना।
- फसलों की खेती के लिए उपयुक्त अवधि
- खरपतवारों का उचित समय पर उन्मूलन करना
- अनुभवी किसानों द्वारा खेत में उपयुक्त व अच्छी विधि से यन्त्रों का उपयोग करना।
- फसल, पशुधन व उसके चारे का उचित प्रबन्ध।

फसल-चक्र के सिद्धान्त (Principles of Crop-rotation)

- गहरी जड़ों वाली फसलों के बाद उथली जड़ो वाली फसल उगाना, जैसे—कपास, मेथी।

- अधिक जल चाहने वाली फसलों के बाद कम जल चाहने वाली फसलें, जैसे—धान, चना।
- अधिक खाद चाहने वाली फसलों के बाद कम खाद चाहने वाली फसलें उगाना, जैसे—आलू, मूँग।
- अधिक निराई-गुड़ाई चाहने वाली फसलों के बाद कम निराई-गुड़ाई चाहने वाली फसलें उगाना, जैसे—गन्ना, गेहूँ।
- फलीदार फसलों के बाद बिना फलीदार फसलें उगाना, जैसे—अरहर, गेहूँ
- लम्बी अवधि वाली फसल चक्रों में एक बार खेत को परती छोड़ना।
- उपलब्ध कृषि साधनों का उचित उपयोग करना।

फसल-चक्र के लाभ (Merits of Crop-rotation)

1. वर्ष भर नियमित आमदनी मिलती है।
2. फसल-चक्र के द्वारा भूमि कटाव को रोका जा सकता है।
3. फसल उत्पादन के व्यय में कमी।
4. फसल-चक्र से प्रति इकाई उत्पादन से अधिक आय मिलती है।
5. उपलब्ध संसाधनों का क्षमतापूर्ण प्रयोग करना।
6. भूमि की भौतिक, रासायनिक व जैविक दशा लगातार ठीक रहती है।
7. फसल के उत्पादन में वृद्धि होती है।
8. मृदा उर्वरता का संरक्षण होता है।

फसल-चक्र की सघनता (Intensity of Crop-rotation)

किसी फसल-चक्र की गहनता ज्ञात करने के लिए उसमें सम्मिलित फसलों की संख्या में 100 की गुणा करके फसल-चक्र की अवधि (वर्ष में) का भाग दिया जाता है।

मुख्य फसल-चक्र

- **एक वर्षीय**
  धान-गेहूँ-मूँग (300 %)
  चरी-बरसीम (200 %)
- **द्विवर्षीय**
  मक्का-जौ-परती गेहूँ (150 %)
  चरी-गेहँ-चरी-मटर (200 %)
  कपास-मटर-परती गेहूँ (150 %)
- **तीन वर्षीय**
  मक्का-आलू-भिण्डी-टमाटर (133%)
  हरी खाद-आलू-गन्ना-पेडी (133 %)
  मूँगफली-अरहर-गन्ना-मूँग (167 %)
- **चार वर्षीय**
  कपास-मेथी-गन्ना-पेडी-सनई-(बीज हेतु)-गेहूँ (150 %)

बहुफसली खेती

एक ही क्षेत्र में एक वर्ष में दो से अधिक फसलें उगाने को बहुफसली खेती कहते हैं।

- भारत में भूमि सीमित होने की वजह से कृषि उत्पादन बढ़ाने के लिए उन्नत तरीके प्रयोग किये जा रहे हैं, जिनमें उन्नत विधियों द्वारा बहुफसली खेती महत्त्वपूर्ण है।
- बहुफसली खेती की सफलता, उर्वरकों के सघन प्रयोग तथा अन्य आवश्यक उपादानों और उचित फसल चक्रों द्वारा भूमि की उर्वरता उचित स्तर पर बनाए रखने पर निर्भर करती है।

बहुफसली खेती के लाभ—बहुफसली खेती के निम्नलिखित लाभ हैं।

1. इससे प्रति हैक्टेयर उत्पादन में वृद्धि होती है।
2. कृषि यन्त्रीकरण को बढ़ावा मिलता है।
3. किसान के परिवार के सदस्यों तथा कृषि मजदूरों को काम मिलता रहता है।
4. दलहनी फसलों के प्रयोग से उपज में बढ़ोतरी होती है।
5. यदि सह-खेती में दलहनी फसलों को बोया जाए तो नाइट्रोजन उर्वरक के प्रयोग की बचत होती है।
6. राष्ट्रीय खाद्यान्न लक्ष्य को प्राप्त किया जा सकता है।

उदाहरण—धान-गेहूँ-मूँग
धान-सरसों-मूँग आदि

बहुफसली खेती के प्रकार

1. **ओवर लेपिंग खेती**—इस विधि में भूमि पर बिना अन्तराल के लगातार अनेक फसलें उगायी जा सकती हैं। इसमें एक फसल की कटाई से पहले अगली फसल का अंकुरण हो जाता है।
2. **क्रमवार फसल उगाना**—क्रमवार फसल उगाने की अवधारणा रिले रेस से ली गयी है। इस विधि में पूर्ववर्ती फसल की कटाई के पूर्व ही बाद वाली फसल के बोने की तैयारी पूर्ण कर ली जाती है ताकि बाद की फसल को बोने में देर न हो।
   जैसे—धान-धान-धान
   मक्का-गेहूँ-मूँग आदि

मिश्रित शस्यन (Mixed cropping)

जब किसी खेत में दो या दो से अधिक फसलें बिना किसी पंक्ति विन्यास के साथ-साथ उगाई जाती हैं उसे मिश्रित शस्यन कहते हैं।

शस्य मिश्रण में निम्न प्रकार होते हैं—

1. **मिश्रित फसलें** (Mixed crops)—इसमें फसलों के बीज एक जगह मिलाकर, छिटककर या कतारों में खेत में बुआई करते हैं। इन फसलों का बोने, पकने या काटने का समय एक-सा होता है; जैसे—गेहूँ + चना।
2. **सहयोगी फसलें** (Companion crops)—इस वर्ग में दोनों फसलों के बीज बोने से पहले मिलाते नहीं हैं बल्कि अलग-अलग पंक्तियों में बोते हैं; जैसे—सरसों की दो कतारों के बीच पाँच कतारों में गेहूँ बोना।
3. **सीमान्त फसलें** (Border crops)—इस विधि में मुख्य फसलों की सुरक्षा के लिए उसके चारों ओर 10-15 पंक्तियाँ गौण फसल को बो देते हैं; जैसे—गन्ने के चारों ओर अरहर आदि की बुआई।
4. **सहायक या वृद्धिकारक फसलें** (Augmenting crops)—इस वर्ग के मिश्रण में मुख्य फसल की उपज बढ़ाने के लिए अन्य गौण फसलें उसके साथ मिला दी जाती है; जैसे—बरसीम के साथ सरसों की बुआई।

शुष्क खेती (Dry Farming)

उन क्षेत्रों में फसलों को उगाना जहाँ वार्षिक वर्षा 50 सेमी से कम होती है शुष्क खेती कहते हैं।

- शुष्क खेती उत्तर प्रदेश, मध्य प्रदेश, राजस्थान, हरियाणा के क्षेत्रों में की जाती है।

शुष्क खेती के कारण

- वर्षा का असमान होना
- नमी का संरक्षण न होना
- बलुई मृदा का अधिक होना
- भूमि का कम उपजाऊपन
- सिंचाई के कम साधन
- उबड़-खाबड़ भूमि का होना
- बड़ी-बड़ी जोत व जनसंख्या घनत्व का कम होना
- विरल खेती
- एक ही तरह की फसलें उगाना
- फसलों की उपज कम होना आदि।
- शुष्क खेती का उत्पादन या शुष्क क्षेत्रों में फसलों का उत्पादन निम्नलिखित बिन्दुओं को ध्यान में रखकर बढ़ाया जा सकता है—
- सूखा सहन करने वाली फसलें ही उगानी चाहिए; जैसे—बाजरा, ज्वार, जौ, चना, अलसी आदि।
- ग्रीष्मकालीन जुताई करनी चाहिए जिससे मृदा की पानी सोखने की क्षमता बढ़ सके।
- खेतों की मेंडबन्दी कर देनी चाहिए जिससे वर्षा का पानी पूरी तरह से सोखा जा सके।
- बीज दर को साधारणत: सिंचित क्षेत्रों की अपेक्षा कम रखना चाहिए।
- पंक्तियों में बुआई करनी चाहिए।
- जीवांश खाद मृदा में प्रयोग करना चाहिए जिससे मृदा की जलधारण क्षमता बढ़ सके।
- वर्षा जल को इकट्ठा करना चाहिए इसके लिए वाटर हार्वेस्टिंग विधि अपनानी चाहिए।
- शुष्क खेती के लिए विभिन्न फसल-चक्र अपनाने चाहिए; जैसे—बाजरा-चना, बाजरा-मटर, धान-तोरिया, मक्का-अलसी, मूँग-जौ, मक्का-गेहूँ।
- उपयुक्त प्रजातियों का चयन करना चाहिए।
- कम अवधि की फसलें उगानी चाहिए।

मिश्रित खेती (Mixed Farming)

जब फसलों के उत्पादन के साथ-साथ इस प्रकार के व्यवसाय भी चलाये जाते हैं जो कृषि कार्य से सम्बन्धित या आश्रित हों मिश्रित खेती कहलाती है; जैसे—फसलोत्पादन के साथ, पशुपालन या मुर्गीपालन आदि।

मिश्रित खेती के लाभ

- किसान की आर्थिक दशा सुधरती है।
- किसानों को अपेक्षाकृत अधिक आय प्राप्त होती है।
- कुछ अन्य आवश्यक उत्पाद; जैसे—दूध, घी, क्रीम आदि भी प्राप्त होते हैं।
- भूमि का पूर्णत: उपयोग होता है।
- पशुओं से गोबर, मूत्र, बिछावन आदि मिलता है जिससे मृदा की उर्वरा शक्ति बढ़ती है।
- श्रमिकों का अधिक उपयोग होता है।
- यह अच्छी विधि मानी जाती है।

मिश्रित खेती को सुधारने के उपाय

1. फार्म के लिए एक उपयुक्त योजना बनानी चाहिए।
2. खाद (मल, मूत्र, बिछावन) को इकट्ठा करना या प्रबन्ध की व्यवस्था होनी चाहिए।
3. पुराने या बूढ़े पशुओं को बेच देना चाहिए।
4. फार्म में उत्पादित पदार्थों को बेचने की उपयुक्त व्यवस्था होनी चाहिए।
5. पशुओं की उपयुक्त या उचित संख्या होनी चाहिए।
6. फार्म पर पशुओं को स्वस्थ रखना चाहिए।

टिकाऊ खेती (Sustainable Agriculture)

'कृषि संसाधनों का सफलतम प्रबन्ध करना ताकि बढ़ती आवश्यकताओं की पूर्ति हो सके, साथ ही पर्यावरण सुधरे अर्थात् गिरावट न आए और प्राकृतिक संसाधनों की रक्षा हो सके।'

टिकाऊ खेती मुख्य रूप से तीन मुख्य लक्ष्यों का समन्वय है

(i) वातावरणीय स्वास्थ्य (ii) आर्थिक लाभ

(iii) सामाजिक और आर्थिक निष्पक्षता

- प्राकृतिक खेती, टिकाऊ खेती का एक अच्छा उदाहरण है। इसे पारिस्थितिक खेती/कार्बनिक खेती भी कहते हैं।
- टिकाऊ खेती में कृषि वानिकी, बहुस्तरीय खेती और एकीकृत पशुपालन भी सम्मिलित है।

टिकाऊ खेती के परिणाम को प्रभावित करने वाले मुख्य बिन्दु

__डॉ. स्वामीनाथन__ एक प्रतिष्ठित कृषि वैज्ञानिक हैं, जिन्होंने 14 मुख्य बिन्दु दिए हैं, जो टिकाऊ खेती को सर्वाधिक प्रभावित करते हैं

- प्रौद्योगिकी
- आर्थिक जीवन क्षमता
- वातावरणीय शोर
- स्थानीय अनुकूलता
- सामाजिक स्वीकार्यता तथा टिकाऊपन
- सांस्कृतिक इच्छा-शक्ति
- निष्पक्षता
- आर्थिक बाध्यता
- अल्पकालिक स्थिरता
- संसाधन प्रयोग दक्षता
- राजनीतिक रणनीति
- प्रशासनिक प्रबन्धता
- नवीनीकरण
- उत्पादन

कृषि जलवायु क्षेत्र एवं कृषि परिस्थितिकी क्षेत्र (Agro Climatical zones and Agro Ecological zones)

आधुनिक समय में देश को 21 कृषि पारिस्थितिकी क्षेत्रों में बाँटा गया है, जिन्हें पुन: 60 उप कृषि परिस्थितिकी क्षेत्रों में बाँटा गया है। देश के योजना आयोग द्वारा देश को 15 कृषि जलवायु क्षेत्रों में बाँटा गया है तथा इसे पुन: 73 उप जलवायु क्षेत्रों में बाँटा गया है।

कृषि जलवायु क्षेत्र

15 कृषि जलवायु क्षेत्रों का संक्षिप्त विवरण अग्रलिखित हैं

1. **पश्चिमी हिमालय क्षेत्र** इसमें **जम्मू-कश्मीर, हिमाचल प्रदेश** तथा **उत्तरांचल** के पर्वतीय क्षेत्र रखे गए हैं। इसमें कुल 34 जिले हैं तथा वार्षिक वर्षा औसतन 165-2000 मिमी है। गेहूँ, मक्का, धान, आलू यहाँ की मुख्य फसलें हैं।

2. **पूर्वी हिमालय क्षेत्र** इस क्षेत्र में असोम, पश्चिम बंगाल, मणिपुर, मेघालय, नागालैण्ड, अरुणाचल प्रदेश, त्रिपुरा तथा मिजोरम सम्मिलित हैं। इसमें 58 जिले हैं, यहाँ पर वार्षिक वर्षा 1840-3528 मिमी तक होती है। मक्का, जूट, धान, रेपसीड आदि यहाँ की मुख्य फसलें हैं।
3. **नीचे का गंगा का मैदानी क्षेत्र** इस क्षेत्र में **पश्चिम बंगाल** को रखा गया है। इसे 4 उपक्षेत्रों में बाँटा गया है, यहाँ औसतन 1302-1607 मिमी तक वार्षिक वर्षा होती है। यहाँ की मुख्य फसलें धान, रेपसीड, जूट आदि हैं।
4. **मध्यवर्ती गंगा का मैदानी क्षेत्र** इस क्षेत्र में **उत्तर प्रदेश** तथा **बिहार** सम्मिलित हैं। इसे छ: उपक्षेत्रों में बाँटा गया है। यहाँ वार्षिक वर्षा 1211 से 1470 मिमी तक होती है तथा यहाँ की मुख्य फसलें गन्ना, धान, मक्का, गेहूँ आदि हैं।
5. **ऊपरी गंगा का मैदानी क्षेत्र** इस क्षेत्र में **उत्तर प्रदेश** को रखा गया है और इसे अधिक समानता के लिए 3 उपक्षेत्रों में बाँटा गया है। यहाँ की जलवायु शुष्क उपार्द्र से अर्द्ध शुष्क है। इस क्षेत्र की मुख्य फसलें गेहूँ, धान, मक्का, गन्ना आदि हैं।
6. **गंगा के पार का मैदान** इस क्षेत्र में **पंजाब, हरियाणा, दिल्ली** एवं **राजस्थान** सम्मिलित हैं। यहाँ की जलवायु अति शुष्क से शुष्क उपार्द्र होती है। मक्का, गेहूँ, धान, गन्ना यहाँ की प्रधान फसलें हैं।
7. **पूर्वी समतल एवं पठारी क्षेत्र** इस क्षेत्र में **महाराष्ट्र, मध्य प्रदेश, उड़ीसा** एवं **पश्चिम बंगाल** रखे गए हैं तथा इसे 5 उपक्षेत्रों में बाँटा गया है। यहाँ की जलवायु नम उपार्द्र से शुष्क उपार्द्र होती है। यहाँ की मुख्य फसलें धान, गेहूँ, मक्का, रागी आदि हैं।
8. **मध्यवर्ती समतल एवं पठारी क्षेत्र** इस क्षेत्र में **मध्य प्रदेश, राजस्थान तथा उत्तर प्रदेश** सम्मिलित हैं, जिसे 14 उपक्षेत्रों में बाँटा गया है। यहाँ की जलवायु अर्द्ध शुष्क से शुष्क उपार्द्र जलवायु है। गेहूँ, चना, ज्वार, बाजरा, आदि मुख्य फसलें हैं।
9. **पश्चिमी समतल व पठारी क्षेत्र** इस क्षेत्र में **महाराष्ट्र , मध्य प्रदेश व राजस्थान** के कुछ जिले शामिल किए गए हैं, जिन्हें 4 उपक्षेत्रों में बाँटा गया है। यहाँ की जलवायु अर्द्ध शुष्क होती है। गेहूँ, कपास, ज्वार, बाजरा आदि मुख्य फसलें हैं।
10. **दक्षिणी समतल एवं पठारी क्षेत्र** इस क्षेत्र में **आन्ध्र प्रदेश, कर्नाटक, तमिलनाडु** के कुछ जिले रखे गए हैं। इस क्षेत्र को 6 उपक्षेत्रों में बाँटा गया है। यहाँ की जलवायु अर्द्ध शुष्क है। ज्वार, धान, रागी, तम्बाकू, मूँगफली आदि यहाँ की मुख्य फसलें हैं।
11. **पूर्वी तटीय मैदानी एवं पठारी क्षेत्र** इन क्षेत्रों में **उड़ीसा, आन्ध्र प्रदेश व तमिलनाडु** के कुछ जिले तथा पुद्दुचेरी लिए गए हैं। इस क्षेत्र को 6 उपक्षेत्रों में बाँटा गया है। धान, रागी, ज्वार, मूँगफली, बाजरा यहाँ की मुख्य फसलें हैं।
12. **पश्चिमी तटीय मैदान एवं पठारी क्षेत्र** इस क्षेत्र में **तमिलनाडु, केरल, गोवा, कर्नाटक एवं महाराष्ट्र** के भागों को सम्मिलित किया गया है। यहाँ की जलवायु शुष्क उपार्द्र से लेकर आर्द्र तक पाई जाती है। रागी, धान, मूँगफली आदि यहाँ की मुख्य फसलें हैं।
13. **गुजरात के मैदानी व पठारी भाग** इस क्षेत्र में **गुजरात** के **22** जिले शामिल किए गए हैं, जिन्हें 7 उपक्षेत्रों में बाँटा गया है। यहाँ वार्षिक वर्षा औसतन 340-1793 मिमी तक होती है। मक्का, गेहूँ, धान, मूँगफली, तम्बाकू, कपास, ज्वार व बाजरा यहाँ की मुख्य फसलें हैं।
14. **पश्चिमी शुष्क क्षेत्र** इस क्षेत्र में **राजस्थान के** 9 जिले औसतन सम्मिलित हैं। यहाँ की जलवायु अत्यन्त शुष्क है। यहाँ की मुख्य फसलें बाजरा, चना, गेहूँ, रेपसीड आदि हैं।
15. **द्वीप समूह क्षेत्र** इसमें **अण्डमान** व **निकोबार** तथा **लक्षद्वीप** समूह को रखा गया हैं, जिसे 3 उपक्षेत्रों में बाँटा गया है। यहाँ की जलवायु आर्द्र है तथा धान व नारियल यहाँ की मुख्य फसलें हैं।

कृषि पारिस्थितिक क्षेत्र

देश के कुल 21 कृषि पारिस्थितिकी क्षेत्र निम्नलिखित हैं

- पश्चिमी हिमालय-I–ठण्डा शुष्क क्षेत्र
- पश्चिमी हिमालय-II–उत्तर प्रदेश, उत्तर-पश्चिमी क्षेत्र
- पश्चिमी मैदानी क्षेत्र–गर्म शुष्क क्षेत्र
- दक्षिणी पठार-I–गर्म शुष्क क्षेत्र
- उत्तरी मैदान और मध्य ऊँची भूमियाँ
- मध्य ऊँची भूमियाँ (मालवा), मैदानी गुजरात एवं काठियावाड़ अर्द्ध शुष्क क्षेत्र
- मध्य ऊँची भूमियाँ (मालवा एवं बुन्देलखण्ड) गर्म अर्द्धनम क्षेत्र
- दक्षिण का पठार-II
- दक्षिण पठारी एवं पूर्वी घाट, गर्म अर्द्धनम क्षेत्र
- पूर्वी घाट, तमिलनाडु की ऊपरी भूमियाँ एवं दक्षिण पठारी गर्म अर्द्ध शुष्क क्षेत्र
- दक्षिणी पठारी एवं मध्य उच्च भूमियाँ (बुन्देलखण्ड)
- पूर्वी घाट (छत्तीसगढ़ क्षेत्र)
- पूर्वी पठार (छोटा नागपुर) और पूर्वी घाट
- उत्तरी मैदान, गर्म-अर्द्ध शुष्क क्षेत्र
- पूर्वी मैदान गर्म अर्द्धनम क्षेत्र
- असोम और बंगाल का मैदान
- उत्तरी-पूर्वी पहाड़ियाँ (पूर्वांचल)
- पूर्वी हिमालय गर्म नम क्षेत्र
- पूर्वी तटीय मैदान
- पश्चिमी घाट एवं तटीय मैदान
- अण्डमान-निकोबार द्वीप समूह तथा लक्षद्वीप समूह (गर्म नम से अर्द्धनम)

अभ्यास प्रश्न

1. विभिन्न ऊँचाई के पौधों को एक साथ ही खेत में उगाने को कहते हैं
(a) मिश्रित फसलोत्पादन
(b) अविराम फसलोत्पादन
(c) बहुफसलोत्पादन
(d) बहु-स्तरीय फसलोत्पादन

2. टिकाऊ खेती प्राप्त की जा सकती है
(a) अधिक साधनों से
(b) अधिक अनुदान से
(c) अधिक तकनीकी सहायता से
(d) उत्पादों के अच्छे मूल्य से

3. खड़ी फसल में कटने से पूर्व उसी खेत में दूसरी फसल के बोने को कहते हैं
(a) मिश्रित क्रॉपिंग
(b) रिले क्रॉपिंग
(c) इण्टर क्रॉपिंग
(d) बहुफसली क्रॉपिंग

4. निम्नलिखित में से कौन-सा वृद्धिकारक खेती का उदाहरण है?
(a) गेहूँ के साथ चना
(b) बरसीम के साथ सरसों
(c) गेहूँ के साथ जौ
(d) कपास के साथ भिण्डी

5. शस्यावर्तन की परिभाषा है
(a) एक ही भूमि पर विभिन्न प्रकार की शस्यों को उगाने की पद्धति
(b) एक ही भूमि पर विभिन्न प्रकार की शस्यों को अनुक्रम में उगाने की पद्धति
(c) विभिन्न शस्यों को उगाने की विधि
(d) विभिन्न खेतों पर एक ही शस्य को उगाने की पद्धति

6. शस्य क्रम (शस्य स्वरूप) की परिभाषा है
(a) विभिन्न शस्यों के अन्तर्गत क्षेत्र का अनुपात
(b) विभिन्न शस्यों को पुनरावर्ती अनुक्रम में उगाना
(c) समय के विशेष बिन्दु पर विभिन्न शस्यों के अन्तर्गत क्षेत्र का अनुपात
(d) विभिन्न शस्यों को उगाने की विधि

7. फार्म की फसलों की पैदावार की गणना करने के लिए उसकी तुलना स्थानीय फसलों की औसत उपज से की जाती है
(a) उत्पादकता सूचकांक
(b) फसल पैदावार सूचकांक
(c) शस्य सघनता
(d) कटाई सूचकांक

8. सिनर्जेटिक खेती का उदाहरण है
(a) गन्ना + आलू　(b) गन्ना + सरसों
(c) गेहूँ + सरसों　(d) चना + सरसों

9. शस्यावर्तन क्या है ?
(a) एक वर्ष में कई फसलों को लेना
(b) मृदा उर्वरता बनाये रखने के लिए एक के बाद दूसरी फसल लेना
(c) फसलों की झूम खेती एक खेत के बाद दूसरे खेत में
(d) खाद्यान्न फसलों और नगदी फसलों का क्रमवार लेना

10. देश में अधिक उपजदायी प्रजातिय कार्यक्रम किस वर्ष में प्रारम्भ हुआ?
(a) 1964-65　(b) 1965-66
(c) 1971-72　(d) 1951-52

11. निम्नलिखित में से कौन-सा एक टिकाऊ खेती की संकल्पना की विशेषता है?
(a) यह बढ़े उत्पादन में बाधा डालता है
(b) यह संसाधन आधार के रख-रखाव का विचार नहीं करता
(c) यह बढ़े उत्पादन में बाधा नहीं डालता है
(d) यह बढ़े उत्पादन में बाधा नहीं डालता लेकिन संसाधन के आधार पर रख-रखाव की अतिरिक्त मांग करता हैं

12. एले क्रॉपिंग का तात्पर्य है
(a) शीघ्र बढ़ने वाले वृक्ष की दूरी पर लगाई गई दो कतारों के बीच चरागाह उगाना
(b) शीघ्र बढ़ने वाले वृक्ष की दूरी पर लगाई गई दो कतारों के बीच फसलें उगाना
(c) शीघ्र बढ़ने वाले वृक्ष की दूरी पर लगाई गई दो कतारों के बीच केवल लघु अवधि की फसलें उगाना
(d) शीघ्र बढ़ने वाले वृक्ष की दूरी पर लगाई गई दो कतारों के बीच केवल चारे की फसलें उगाना

13. रिले क्रॉपिंग का तात्पर्य है
(a) एक भूमि पर एक ही वर्ष में एक से अधिक फसलें उगाना
(b) एक भूमि पर एक ही वर्ष में तीन फसलें उगाना
(c) एक भूमि पर एक वर्ष में चार फसलें इस प्रकार उगाना कि बाद में बोई जाने वाली फसल उसके पहले बोई गई फसल के कटने से पूर्व बो दी जाए
(d) उपरोक्त में से कोई नहीं

14. कुल फसल क्षेत्र और शुद्ध फसल क्षेत्र के अनुपात को कहते हैं
(a) फसल गहनता
(b) बहुफसली खेती
(c) अति गहन खेती
(d) उपरोक्त में से कोई नहीं

15. अन्तर्वर्ती खेती में उपज लगभग मापने का सर्वोत्तम तरीका है
(a) कुल उपज　(b) भूमि समतुल्य अनुपात
(c) आर्थिक लाभ　(d) समतुल्य उपज

16. मिश्रित खेती का कृषक पर प्रभाव पड़ता है
(a) अच्छा　(b) खराब
(c) कुछ नहीं　(d) इनमें से कोई नहीं

17. सिंचाई के निजी साधन उपलब्ध होने पर उगाना चाहिए
(a) ज्वार　(b) बाजरा
(c) धान　(d) तिल

18. किस फसल को उगाने के लिए अधिक पूँजी की जरूरत होती है?
(a) मक्का　(b) आलू
(c) ज्वार　(d) उड़द

19. मध्य प्रदेश का क्षेत्रफल कितने वर्ग किमी है ?
(a) 4,54,446　(b) 4,30,444
(c) 4,43,446　(d) 4,44,446

20. वह खेती जिसमें प्रति इकाई भूमि से अधिक पैदावार लेने के लिए पूँजी तथा श्रम की मात्रा बढ़ायी जाती है, कौन-सी होती है ?
(a) गहन खेती　(b) शुष्क खेती
(c) उन्नत खेती　(d) इनमें से कोई नहीं

21. निम्न में से कौन-सी फसल शुष्क खेती के लिए उपयुक्त मानी गयी है ?
(a) गन्ना　(b) आलू
(c) गेहूँ　(d) अरहर या बाजरा

22. मध्य प्रदेश की शुष्क खेती के लिए गेहूँ की निम्न में से एक जाति को बोने की सलाह दी जाती है
(a) सोनालिका　(b) सी-306
(c) कल्याण सोना　(d) मालवीय-12

23. मिश्रित खेती का निम्न में से उपयुक्त उदाहरण है
(a) फसलोत्पादन + मछली पालन
(b) फसलोत्पादन + पशुपालन
(c) फसलोत्पादन + मधुमक्खी पालन
(d) फसलोत्पादन + बाग उगाना

24. निम्न में से जायद की फसल है
(a) आलू　(b) गाजर
(c) तरबूज　(d) इनमें से कोई नहीं

25. बिना बोये उगने वाले पौधे को कहते हैं
(a) फसल　(b) खरतपवार
(c) सब्जी　(d) इनमें से कोई नहीं

26. गेहूँ किस माह में बोया जाता है?
(a) नवम्बर-जनवरी　(b) फरवरी-मार्च
(c) सितम्बर-अक्टूबर　(d) इनमें से कोई नहीं

27. देश में फसली भूमि की दृष्टि से 12वाँ स्थान किस प्रदेश को माना गया है?
(a) केरल　(b) मध्य प्रदेश
(c) तमिलनाडु　(d) उत्तर प्रदेश

28. मध्य प्रदेश के किस भाग में काली मिट्टी पायी जाती है।
(a) पूर्वी भाग　(b) पश्चिमी भाग
(c) उत्तरी भाग　(d) दक्षिणी भाग

29. मध्य प्रदेश में सहकारी खेती की क्या स्थिति है?
(a) सफल (b) असफल
(c) निष्प्रभाव (d) कुछ सफल

30. सहकारी खेती का प्रकार है
(a) संयुक्त कृषि (b) उन्नत कृषि
(c) काश्तकारी कृषि (d) सामूहिक कृषि

31. सहकारी खेती के लाभ होते हैं
(a) आर्थिक सुरक्षा
(b) उन्नत खेती का अंगीकरण
(c) जोखिम का भय कम
(d) उपरोक्त सभी

32. मृदा कटाव वाली मृदा में उगाना चाहिए
(a) ज्वार (b) उड़द
(c) तिल (d) ये सभी

33. मिश्रित फसल के कौन-से लाभ होते हैं ?
(a) रोग कीट से बचाव
(b) पानी-खाद का उचित उपयोग
(c) अधिक वर्षा में उपज
(d) उपरोक्त सभी

34. फसल-चक्र के सिद्धान्तों के अनुसार फसल-चक्र में दलहनी वाली फसल का समावेश किया जाना श्रेयस्कर है क्योंकि
(a) इसके द्वारा दालों में कुल उत्पादन में बढ़ोतरी हो जाती है
(b) इससे भूमि की उर्वरा शक्ति सही रहती है
(c) इसमें फसलों की सघनता बढ़ जाती है
(d) यह 20 सूत्री कार्यक्रम का एक अंग है

35. निम्नलिखित में से कौन-सा फसल-चक्र का सही उदाहरण है ?
(a) धान-गेहूँ (b) धान-गेहूँ-हरी खाद
(c) धान-जौ (d) धान-मक्का रागी

36. हरि खाद हेतु फसल का चुनाव करना चाहिए
(a) दलहनी फसल
(b) हरी फसल
(c) लम्बी बढ़ने वाली फसल
(d) उपरोक्त में से कोई नहीं

37. मिर्च निम्न में से किस प्रकार की फसल है ?
(a) सब्जी वाली (b) मसाले वाली
(c) नशे वाली (d) फल वाली

38. करेला एक औषधि वाली सब्जी निम्न में से किस रोग के लिए उपयोगी है?
(a) तपेदिक (b) डाइबिटीज
(c) हार्निया (d) उपरोक्त सभी

39. कैल्शियम की मात्रा किस चारे में अधिक मात्रा में होती है ?
(a) ज्वार (b) बाजरा
(c) सरसों (d) बरसीम

40. एक वर्ष में मक्का-आलू-गेहूँ-मूँग के उगाये जाने को कहते हैं
(a) अविराम खेती (b) सघन खेती
(c) मिश्रित खेती (d) उपरोक्त सभी

41. आलू खुदने से पहले आलू के कूंडों में गेहूँ बोने जैसी खेती को कहा जाता है
(a) बहुफसली खेती (b) रिले खेती
(c) मिश्रित खेती (d) ऊपरी खेती

42. देश में सर्वाधिक उत्पादन किस अनाज का होता है ?
(a) गेहूँ (b) मक्का
(c) चावल (d) बाजरा

43. दलहन में कौन-सी फसल सबसे ज्यादा पैदा होती है ?
(a) उड़द (b) मसूर (c) मूँग (d) चना

44. हरी खाद के लिए उपयुक्त फसल का उदाहरण है
(a) जई (b) मटर
(c) सनई (d) लहाई

45. अनाज वाली फसलें किस कुल में आती हैं ?
(a) मालवेसी (b) कुकरबिटेसी
(c) ग्रेगिनी (d) इनमें से कोई नहीं

46. रंग की प्राप्ति के लिए उगाया जाता है
(a) अरहर (b) उर्द
(c) मूँग (d) कुसुम

47. निम्न में से कौन-सी फसल दो ऋतुओं में खड़ी रहती है?
(a) मूली (b) अरहर
(c) आलू (d) इनमें से कोई नहीं

48. खाद्य तत्त्व फसलों को किस प्रकार दिये जाने चाहिए ?
(a) गोबर की खाद द्वारा
(b) रासायनिक खाद द्वारा
(c) खली द्वारा
(d) उपरोक्त सभी द्वारा

49. फसल सघनता बढ़ाने के लिए मुख्य कारण कौन-सा है ?
(a) सिंचाई की सुविधा
(b) उर्वरक की उपलब्धिता
(c) मशीनीकरण
(d) मजदूर की उपलब्धिता

50. निम्न में से कौन-सा उदाहरण मिश्रित खेती का है?
(a) अनाज की खेती + पशुपालन
(b) गेहूँ की खेती + सरसों की खेती
(c) सरसों + मटर की खेती
(d) उपरोक्त में से कोई नहीं

51. निम्न में से कौन-सा उदाहरण बहुसंस्थीय योजना का है ?
(a) गन्ना (b) मक्का-आलू-गेहूँ
(c) गन्ना + मूँग (d) इनमें से कोई नहीं

52. निम्न में से बहुफसली खेती का प्रकार है
(a) सघन खेती
(b) मिश्रित खेती
(c) ओवरलेपिंग खेती
(d) उपरोक्त में से कोई नहीं

53. निम्न में से अन्तर्वर्ती फसल का उदाहरण है
(a) बाजरा (b) मूँग
(c) अलसी (d) धान

54. चाय किस प्रान्त में सबसे ज्यादा पैदा की जाती है ?
(a) उत्तर प्रदेश (b) मध्य प्रदेश
(c) हिमाचल प्रदेश (d) आन्ध्र प्रदेश

55. हरी खाद के लिए प्रयुक्त फसल होनी चाहिए
(a) एकदलीय (b) द्विदलीय
(c) तिलहनी (d) इनमें से कोई नहीं

56. खरपतवार कम होते हैं
(a) मिश्रित फसल उगाने से
(b) मिश्रित खेती अपनाने से
(c) गहन खेती के अपनाने से
(d) उपरोक्त सभी

57. बुआई के समय बीज कहाँ से खरीदना चाहिए ?
(a) पड़ोस द्वारा
(b) बाजार द्वारा
(c) राष्ट्रीय बीज निगम से
(d) उपरोक्त सभी

58. गन्ने की खेती किस स्थान पर उपयोगी है ?
(a) गन्ना फैक्ट्री के पास
(b) शहर के पास
(c) नदी के पास
(d) उपरोक्त में से कोई नहीं

59. गन्ने के साथ मिश्रित फसल के रूप में कौन-सी फसल उगानी चाहिए ?
(a) उर्द (b) मूँग
(c) खरबूजा (d) ये सभी

60. गेहूँ के साथ कौन-सी मिश्रित फसल बोनी चाहिए ?
(a) जौ
(b) चना
(c) सरसों
(d) उपरोक्त में से कोई नहीं

61. भारत की प्रमुख नगद फसल है
(a) आलू (b) गन्ना
(c) तम्बाकू (d) ये सभी

62. मसूर किस मौसम में दलहनी फसल है ?
(a) रबी (b) खरीफ
(c) जायद (d) ये सभी

63. आर. मान निम्न मे से किसे निदेशित करता है?
(a) एक वर्ष में वास्तविक कृषि क्षेत्र के प्रतिशत का
(b) मृदा उर्वरता को
(c) सूर्य विकिरण उपलब्धता को
(d) उपलब्ध जल को

64. मिश्रित शस्य का अभिप्राय है—खेती करना
(a) एक मौसम में एक फसल
(b) एक मौसम में दो फसल
(c) एक मौसम में दो या अधिक फसल
(d) उपरोक्त में से कोई नहीं

65. शस्य चक्र जिसमें मुख्य फसल से पहले या बाद में घास एवं दलहनी फसलों का मिश्रण कई वर्षों तक उगाते हैं। इस प्रकार की खेती को कहते हैं
(a) ले फार्मिंग (b) कवर क्रॉपिंग
(c) अल्टरनेट फार्मिंग (d) इनमें से कोई नहीं

66. बहुफसलोत्पादान हेतु निम्नलिखित में से कौन-सी आवश्यकता की विशेष जरूरत होती है ?
(a) सिंचाई के साधनों की
(b) उर्वरकों की
(c) बीज की
(d) उपरोक्त सभी

67. फसल सघनता की इकाई को कहा जाता है
(a) फसल प्रति खेत (b) फसल प्रति मौसम
(c) फसल प्रति वर्ष (d) इनमें से कोई नहीं

68. केन्द्रीय शुष्क अनुसन्धान संस्थान स्थित है
(a) जोधपुर में (b) भोपाल में
(c) कानपुर में (d) वाराणसी में

69. $\frac{\text{फसल–चक्र में फसलों की संख्या}}{\text{फसल–चक्र के वर्ष}} \times 100$ सूत्र द्वारा ज्ञान करते हैं
(a) फसल-चक्र गहनता
(b) फसल उर्वरता
(c) मृदा उर्वरता
(d) फसल उत्पादन प्रतिशत

70. सहकारी खेती की विशेषता होती है
(a) भूमि का एकत्रीकरण (b) संयुक्त प्रबन्ध
(c) लाभांश वितरण (d) उपरोक्त सभी

71. लोबिया-आलू-गन्ना-पेडी कितने वर्ष का फसल चक्र है ?
(a) एक वर्ष (b) दो वर्ष
(c) तीन वर्ष (d) चार वर्ष

72. जब कृषि सम्बन्धी एक से अधिक व्यवसाय एक साथ चलते हैं तो उसे कहते हैं
(a) मिश्रित खेती (b) सहफसली खेती
(c) समानान्तर खेती (d) रिले खेती

73. निम्नलिखित में से कौन-सी खेती भारत में सर्वाधिक प्रचलित है?
(a) शुष्क खेती (b) मिश्रित खेती
(c) राज्य सहकारी खेती (d) अन्त:शस्यन

74. धान-गेहूँ-हरी खाद फसल चक्र की सघनता है
(a) 100 % (b) 200 %
(c) 400 % (d) 300 %

75. $\frac{\text{कुल बोया गया क्षेत्र}}{\text{कुल जोता गया क्षेत्र}} \times 100$ सूत्र द्वारा ज्ञात किया जाता है
(a) फसल गहनता (b) फसल-चक्र सघनता
(c) सिंचाई गहनता (d) इनमें से कोई नहीं

76. निम्नलिखित में से कौन-सी खेती के साथ पशुपालन भी किया जाता है?
(a) मिश्रित खेती (b) सहकारी खेती
(c) सामूहिक खेती (d) इनमें से कोई नहीं

77. फसलोत्पादन एवं पशुपालन साथ-साथ किया जाता है
(a) बहुफसलीकरण में (b) रिले शस्यन में
(c) मिश्रित खेती में (d) इनमें से कोई नहीं

78. मक्का-आलू-गेहूँ-मूँग की फसल गहनता है
(a) 200 % (b) 100 % (c) 300 % (d) 400 %

79. फसल-चक्र के लिए प्रभावित कारक होते है
(a) जलवायु (b) मृदा पी०एच०
(c) सिंचाई का प्रबन्ध (d) ये सभी

80. कौन-सी खेती की प्रणाली नहीं है ?
(a) राजकीय खेती (b) सामूहिक खेती
(c) सहकारी खेती (d) शुष्क खेती

81. शुष्क क्षेत्र में उगने वाली फसल का उदाहरण है
(a) बाजरा (b) धान
(c) गेहूँ (d) ये सभी

82. रिले खेती का अभिप्राय है
(a) एक खेत में दो फसलें उगाना
(b) एक खेत में एक वर्ष में चार फसलें उगाना
(c) एक खेत में एक वर्ष में तीन फसलें उगाना
(d) उपरोक्त में से कोई नहीं

83. पटसन किस परिवार की फसल है?
(a) कम्पोजिटी (b) एलिएसी
(c) मालवेसी (d) टिलिएसी

84. उद्दीपक फसलें हैं
(a) मेथी (b) प्याज
(c) चाय (d) टमाटर

85. रबी की फसलें हैं
(a) मँग (b) ज्वार (c) जूट (d) जई

86. चरी-बरसीम कितने वर्ष का फसल चक्र है?
(a) दो वर्ष (b) एक वर्ष
(c) तीन वर्ष (d) चार वर्ष

87. अरहर + मूँग-गेहूँ, फसल चक्र की फसल सघनता है
(a) 100 % (b) 200 %
(c) 300 % (d) 400 %

88. बहुवर्षीय फसलें हैं
(a) लूसर्न (b) चुकन्दर
(c) गेहूँ (d) जौ

89. बाजरा किस परिवार से सम्बन्धित है ?
(a) घास कुल (b) मटर कुल
(c) सरसों कुल (d) आलू कुल

90. भूमि संरक्षी कहते हैं
(a) मूँग (b) उर्द
(c) मूँगफली (d) ये सभी

91. हरी खाद वाली फसलें हैं
(a) सनई (b) ज्वार
(c) गन्ना (d) आलू

92. हरी खाद-आलू-गन्ना-पेडी की फसल चक्र गहनता है
(a) 150 % (b) 167 %
(c) 133 % (d) 155 %

93. फसल-चक्र का सिद्धान्त है
(a) गहरी जड़ वाली फसल के बाद उथली जड़ वाली फसलें उगाना
(b) फलीदार फसलों के बाद बिना फलीदार फसलें उगाना
(c) अधिक खाद चाहने वाली फसल के बाद कम खाद चाहने वाली फसलें उगाना
(d) उपरोक्त सभी

94. धान-गेहूँ-मूँग फसल-चक्र की सघनता है
(a) 100 % (b) 200 %
(c) 300 % (d) 400 %

95. मक्का-आलू-भिण्डी-टमाटर कितने वर्ष का फसल-चक्र है ?
(a) एक वर्ष (b) दो वर्ष
(c) तीन वर्ष (d) चार वर्ष

96. निम्नलिखित में से किस देश में सहकारी खेती अपनाई जाती है ?
(a) भारत (b) चीन
(c) अमेरिका (d) इंग्लैण्ड

97. निम्नलिखित में से कौन-सी खेती का अध्ययन खेती के प्रकार के अन्तर्गत किया जाता है?
(a) विविध खेती (b) विशिष्ट खेती
(c) शुष्क खेती (d) ये सभी

98. विशिष्ट खेती एक उदाहरण है
(a) खेती के प्रकार का
(b) खेती की पद्धति का
(c) पूँजी बहुल खेती का
(d) उपरोक्त में से कोई नहीं

99. मिश्रित खेती उसे कहते हैं जिसमें
(a) सारे फार्म में मिश्रित फसल बोई जाती है
(b) केवल दूध देने वाले पशु पाले जाते हैं
(c) दूध देने वाले पशुओं द्वारा 95% आय प्राप्त होती है
(d) शस्य उत्पादन और पशुधन उद्यम साथ-साथ होते हैं और दोनों से सम्पूर्ण आय का 50-50% प्राप्त होता है

100. निम्न में से कौन खेती की सफलता का मापक नहीं है?
(a) शुद्ध आय
(b) पारिवारिक श्रम आय
(c) पूँजी पर प्रतिशत प्रतिफल
(d) पूँजी पर मूल्य द्वारा

101. निम्न में से कौन-सा खेती का प्रकार नहीं है ?
(a) शुष्क खेती (b) रेचिंग
(c) संयुक्त खेती (d) मिश्रित खेती

102. रिले क्रॉपिंग का तात्पर्य है
(a) एक भूमि पर एक ही वर्ष में एक से अधिक फसलें उगाना
(b) एक भूमि पर एक ही वर्ष में तीन फसलें उगाना
(c) एक भूमि पर एक वर्ष में चार फसलें इस प्रकार उगाना कि बाद में बोई जाने वाली फसल उसके पहले बोई गई फसल के कटने से पूर्व बो दी जाए
(d) उपरोक्त में से कोई नहीं

103. कुल फसल क्षेत्र और शुद्ध फसल क्षेत्र के अनुपात को कहते हैं
(a) फसल गहनता (b) बहुफसली खेती
(c) अति गहन खेती (d) इनमें से कोई नहीं

104. अन्तर्वर्ती खेती में उपज लगभग मापने का सर्वोत्तम तरीका है
(a) कुल उपज
(b) भूमि समतुल्य अनुपात
(c) आर्थिक लाभ
(d) समतुल्य उपज

105. मिश्रित खेती का कृषक पर प्रभाव पड़ता है
(a) अच्छा (b) खराब
(c) कुछ नहीं (d) इनमें से कोई नहीं

106. सिंचाई के निजी साधन उपलब्ध होने पर उगाना चाहिए
(a) ज्वार (b) बाजरा
(c) धान (d) तिल

107. किस फसल को उगाने के लिए अधिक पूँजी की जरूरत होती है?
(a) मक्का (b) आलू
(c) ज्वार (d) उर्द

108. मध्य प्रदेश का क्षेत्रफल कितने वर्ग किमी है?
(a) 4,54,446 (b) 4,30,444
(c) 4,43,446 (d) 4,44,446

109. वह खेती जिसमें प्रति इकाई भूमि से अधिक पैदावार लेने के लिए पूँजी तथा श्रम की मात्रा बढ़ाई जाती है, कौन-सी होती है?
(a) गहन खेती (b) शुष्क खेती
(c) उन्नत खेती (d) इनमें से कोई नहीं

110. निम्न में से कौन-सी फसल शुष्क खेती के लिए उपयुक्त मानी गई है?
(a) गन्ना (b) आलू
(c) गेहूँ (d) अरहर या बाजरा

111. मध्य प्रदेश की शुष्क खेती के लिए गेहूँ की निम्न में से एक जाति को बोने की सलाह दी जाती है
(a) सोनालिका (b) सी-306
(c) कल्याण सोना (d) मालवीय-12

112. मिश्रित खेती का निम्न में से उपयुक्त उदाहरण है
(a) फसलोत्पादन + मछली पालन
(b) फसलोत्पादन + पशुपालन
(c) फसलोत्पादन + मधुमक्खी पालन
(d) फसलोत्पादन + बाग उगाना

113. निम्न में से जायद की फसल है
(a) आलू (b) गाजर
(c) तरबूज (d) इनमें से कोई नहीं

114. बिना बोए उगने वाले पौधे को कहते हैं
(a) फसल
(b) खरपतवार
(c) सब्जी
(d) उपरोक्त में से कोई नहीं

115. गेहूँ किस माह में बोया जाता है?
(a) नवम्बर-जनवरी (b) फरवरी-मार्च
(c) सितम्बर-अक्टूबर (d) इनमें से कोई नहीं

116. देश में फसली भूमि की दृष्टि से 12वाँ स्थान किस प्रदेश को माना गया है?
(a) केरल (b) मध्य प्रदेश
(c) तमिलनाडु (d) उत्तर प्रदेश

117. मध्य प्रदेश के किस भाग में काली मिट्टी पाई जाती है?
(a) पूर्वी भाग (b) पश्चिमी भाग
(c) उत्तरी भाग (d) दक्षिणी भाग

118. मध्य प्रदेश में सहकारी खेती की क्या स्थिति है?
(a) सफल (b) असफल
(c) निष्प्रभाव (d) कुछ सफल

119. सहकारी खेती का प्रकार है
(a) संयुक्त कृषि (b) उन्नत कृषि
(c) काश्तकारी कृषि (d) सामूहिक कृषि

120. सहकारी खेती के लाभ होते हैं
(a) अर्थिक सुरक्षा
(b) उन्नत खेती का अंगीकरण
(c) जोखिम का भय कम
(d) ये सभी

121. मृदा कटाव वाली मृदा में उगाना चाहिए
(a) ज्वार (b) उर्द
(c) तिल (d) ये सभी

122. मिश्रित फसल के कौन-से लाभ होते हैं?
(a) रोग कीट से बचाव
(b) पानी-खाद का उचित उपयोग
(c) अधिक वर्षा में उपज
(d) उपरोक्त सभी

123. फसल-चक्र के सिद्धान्तों के अनुसार फसल-चक्र में दलहनी वाली फसल का समावेश किया जाना श्रेयस्कर है, क्योंकि
(a) इसके द्वारा दालों में कुल उत्पादन में बढ़ोतरी हो जाती है
(b) इससे भूमि की उर्वरा शक्ति सही रहती है
(c) इसमें फसलों की सघनता बढ़ जाती है
(d) यह 20-सूत्री कार्यक्रम का एक अंग है

124. निम्नलिखित में से कौन-सा फसल-चक्र का सही उदाहरण है?
(a) धान-गेहूँ
(b) धान-गेहूँ-हरी खाद
(c) धान-जौ
(d) धान-मक्का रागी

125. हरी खाद हेतु फसल का चुनाव करना चाहिए
(a) दलहनी फसल
(b) हरी फसल
(c) लम्बी बढ़ने वाली फसल
(d) उपरोक्त में से कोई नहीं

126. मिर्च निम्न में से किस प्रकार की फसल है?
(a) सब्जी वाली (b) मसाले वाली
(c) नशे वाली (d) फल वाली

127. करेला एक औषधि वाली सब्जी, निम्न में से किस रोग के लिए उपयोगी है?
(a) तपेदिक (b) डायबिटीज
(c) हार्निया (d) ये सभी

128. कैल्शियम की मात्रा किस चारे में अधिक होती है?
(a) ज्वार (b) बाजरा
(c) सरसों (d) बरसीम

129. एक वर्ष में मक्का-आलू-गेहूँ-मूँग के उगाए जाने को कहते हैं
(a) अविराम खेती (b) सघन खेती
(c) मिश्रित खेती (d) ये सभी

130. आलू खोदने से पहले आलू के कूँड़ों में गेहूँ बोने जैसी खेती को कहा जाता है
(a) बहुफसली खेती (b) रिले खेती
(c) मिश्रित खेती (d) ऊपरी खेती

131. देश में सर्वाधिक उत्पादन किस अनाज का होता है?
(a) गेहूँ (b) मक्का
(c) चावल (d) बाजरा

132. दलहन में कौन-सी फसल सबसे ज्यादा पैदा होती है?
(a) उर्द (b) मसूर (c) मूँग (d) चना

133. हरी खाद के लिए उपयुक्त फसल का उदाहरण है
(a) जई (b) मटर (c) सनई (d) लहाई

134. अनाज वाली फसलें किस कुल में आती हैं?
(a) मालवेसी (b) कुकरबिटेसी
(c) ग्रेगिनी (d) इनमें से कोई नहीं

135. रंग की प्राप्ति के लिए उगाया जाता है
(a) अरहर (b) उर्द
(c) मूँग (d) कुसुम

136. निम्न में से कौन-सी फसल दो ऋतुओं में खड़ी रहती है?
(a) मूली (b) अरहर
(c) आलू (d) इनमें से कोई नहीं

137. खाद्य तत्त्व फसलों को किस प्रकार दिए जाने चाहिए?
(a) गोबर की खाद द्वारा
(b) रासायनिक खाद द्वारा
(c) खली द्वारा
(d) उपरोक्त सभी

138. फसल सघनता बढ़ाने के लिए मुख्य कारण कौन-सा है?
(a) सिंचाई की सुविधा
(b) उर्वरक की उपलब्धता
(c) मशीनीकरण
(d) मजदूर की उपलब्धता

139. निम्न में से कौन-सा उदाहरण मिश्रित खेती का है?
(a) अनाज की खेती + पशुपालन
(b) गेहूँ की खेती + सरसों की खेती
(c) सरसों + मटर की खेती
(d) उपरोक्त में से कोई नहीं

140. निम्न में से कौन-सा उदाहरण बहुसंस्थीय योजना का है?
(a) गन्ना (b) मक्का-आलू-गेहूँ
(c) गन्ना + मूँग (d) इनमें से कोई नहीं

141. निम्न में से बहुफसली खेती का प्रकार है
(a) सघन खेती (b) मिश्रित खेती
(c) ओवरलेपिंग खेती (d) इनमें से कोई नहीं

142. निम्न में से अन्तर्वर्ती फसल का उदाहरण है
(a) बाजरा (b) मूँग
(c) अलसी (d) धान

143. चाय किस प्रान्त में सबसे ज्यादा पैदा की जाती है?
(a) उत्तर प्रदेश (b) मध्य प्रदेश
(c) हिमाचल प्रदेश (d) आन्ध्र प्रदेश

144. हरी खाद के लिए प्रयुक्त फसल होनी चाहिए
(a) एकदलीय (b) द्विदलीय
(c) तिलहनी (d) इनमें से कोई नहीं

145. खरपतवार कम होते हैं
(a) मिश्रित फसल उगाने से
(b) मिश्रित खेती अपनाने से
(c) गहन खेती के अपनाने से
(d) उपरोक्त सभी

146. बुवाई के समय बीज कहाँ से खरीदना चाहिए?
(a) पड़ोस द्वारा
(b) बाजार द्वारा
(c) राष्ट्रीय बीज निगम से
(d) उपरोक्त सभी

147. गन्ने की खेती किस स्थान पर उपयोगी है?
(a) गन्ना फैक्ट्री के पास
(b) शहर के पास
(c) नदी के पास
(d) उपरोक्त में से कोई नहीं

148. गन्ने के साथ मिश्रित फसल के रूप में कौन-सी फसल उगानी चाहिए?
(a) उर्द (b) मूँग
(c) खरबूजा (d) ये सभी

149. गेहूँ के साथ कौन-सी मिश्रित फसल बोनी चाहिए?
(a) जौ (b) चना
(c) सरसों (d) इनमें से कोई नहीं

150. भारत की प्रमुख नगद फसल है
(a) आलू (b) गन्ना
(c) तम्बाकू (d) ये सभी

151. मसूर किस मौसम में दलहनी फसल है?
(a) रबी (b) खरीफ
(c) जायद (d) ये सभी

152. आर मान निम्न में से किसे निर्देशित करता है?
(a) एक वर्ष में वास्तविक कृषि क्षेत्र के प्रतिशत को
(b) मृदा उर्वरता को
(c) सूर्य विकिरण उपलब्धता को
(d) उपलब्ध जल को

153. मिश्रित शस्य का अभिप्राय है—खेती करना
(a) एक मौसम में एक फसल
(b) एक मौसम में दो फसल
(c) एक मौसम में दो या अधिक फसल
(d) उपरोक्त में से कोई नहीं

154. शस्य चक्र जिसमें मुख्य फसल से पहले या बाद में घास एवं दलहनी फसलों का मिश्रण कई वर्षों तक उगाते हैं। इस प्रकार की खेती को कहते हैं
(a) ले फॉर्मिंग
(b) कवर क्रॉपिंग
(c) अल्टरनेट फॉर्मिंग
(d) उपरोक्त में से कोई नहीं

155. बहुफसलोत्पादन हेतु निम्नलिखित में से कौन-सी आवश्यकता की विशेष जरूरत होती है ?
(a) सिंचाई के साधनों की
(b) उर्वरकों की
(c) बीज की
(d) उपरोक्त सभी

156. फसल सघनता की इकाई को कहा जाता है
(a) फसल प्रति खेत
(b) फसल प्रति मौसम
(c) फसल प्रति वर्ष
(d) उपरोक्त में से कोई नहीं

157. केन्द्रीय शुष्क अनुसन्धान संस्थान स्थित है
(a) जोधपुर में
(b) भोपाल में
(c) कानपुर में
(d) वाराणसी में

158. फसल-चक्र में फसलों की संख्या/फसल-चक्र के वर्ष × 100 सूत्र द्वारा ज्ञान करते हैं
(a) फसल-चक्र गहनता
(b) फसल उर्वरता
(c) मृदा उर्वरता
(d) फसल उत्पादन प्रतिशत

159. सहकारी खेती की विशेषता होती है
(a) भूमि का एकत्रीकरण (b) संयुक्त प्रबन्ध
(c) लाभांश वितरण (d) ये सभी

160. लोबिया-आलू-गन्ना-पेडी कितने वर्ष का फसल-चक्र है?
(a) एक वर्ष (b) दो वर्ष
(c) तीन वर्ष (d) चार वर्ष

उत्तरमाला

1. (a)	2. (c)	3. (b)	4. (b)	5. (b)	6. (b)	7. (b)	8. (a)	9. (b)	10. (b)
11. (d)	12. (c)	13. (c)	14. (a)	15. (b)	16. (a)	17. (c)	18. (b)	19. (c)	20. (a)
21. (d)	22. (b)	23. (c)	24. (c)	25. (b)	26. (a)	27. (b)	28. (b)	29. (b)	30. (d)
31. (d)	32. (b)	33. (d)	34. (b)	35. (b)	36. (a)	37. (b)	38. (b)	39. (d)	40. (a)
41. (b)	42. (c)	43. (d)	44. (c)	45. (c)	46. (d)	47. (b)	48. (d)	49. (a)	50. (a)
51. (b)	52. (c)	53. (b)	54. (c)	55. (b)	56. (a)	57. (c)	58. (a)	59. (d)	60. (d)
61. (d)	62. (a)	63. (a)	64. (c)	65. (a)	66. (d)	67. (a)	68. (a)	69. (a)	70. (d)
71. (c)	72. (a)	73. (b)	74. (b)	75. (a)	76. (a)	77. (c)	78. (d)	79. (d)	80. (d)
81. (a)	82. (b)	83. (c)	84. (c)	85. (d)	86. (b)	87. (b)	88. (a)	89. (a)	90. (d)
91. (a)	92. (c)	93. (d)	94. (c)	95. (c)	96. (d)	97. (d)	98. (a)	99. (d)	100. (d)
101. (c)	102. (c)	103. (a)	104. (b)	105. (a)	106. (c)	107. (b)	108. (c)	109. (a)	110. (d)
111. (b)	112. (c)	113. (c)	114. (b)	115. (a)	116. (b)	117. (b)	118. (b)	119. (d)	120. (d)
121. (b)	122. (d)	123. (b)	124. (b)	125. (a)	126. (b)	127. (b)	128. (b)	129. (a)	130. (b)
131. (c)	132. (d)	133. (c)	134. (c)	135. (d)	136. (b)	137. (d)	138. (a)	139. (a)	140. (b)
141. (c)	142. (b)	143. (c)	144. (b)	145. (a)	146. (c)	147. (a)	148. (d)	149. (d)	150. (d)
151. (a)	152. (a)	153. (c)	154. (a)	155. (d)	156. (a)	157. (a)	158. (a)	159. (d)	160. (c)

अध्याय
03
शस्य फसलों की खेती
(Cultivation of Field Crops)

परिचय (Introduction)

"एक ही प्रकार एवं आकार के पौधों का समूह जब किसी निश्चित क्षेत्र में तथा किसी निश्चित समय पर आर्थिक लाभ के लिए उगाया जाता है; फसल उत्पादन कहलाता है।" शस्य फसलें, मनुष्य के विभिन्न उद्देश्यों जैसे—अनाज, रेशा, दालें, तेल, शर्करा आदि की पूर्ति के लिए विभिन्न ऋतुओं (खरीफ, रबी व जायद) में उगाई जाती हैं।

प्रमुख शस्य फसलों का विवरण निम्नलिखित है।

1. धान (Rice)

वानस्पतिक नाम *ओराइजा सेटाइवा*

कुल ग्रेमिनी

गुणसूत्र संख्या $2n = 24$

उत्पत्ति स्थान भारत और बर्मा

- विश्व में क्षेत्रफल की दृष्टि से एशिया महाद्वीप का धान में प्रथम स्थान है।
- **डी. कैन्डोल** (1886) के मतानुसार, धान का उत्पत्ति स्थान दक्षिण भारत माना जाता है।
- **वेविलोव** (1926) के मतानुसार, धान का उद्भव स्थान भारत तथा बर्मा हैं।
- धान के उत्पादन की दृष्टि से भारत में पश्चिम बंगाल राज्य सबसे अग्रणी है। उत्तर प्रदेश के बस्ती जिले में धान की सर्वाधिक क्षेत्रफल में खेती की जाती है।

सामान्यतया सेटाइवा प्रजाति को विश्व में तीन उपजातियों में बाँटा गया है

1. ***इण्डिका*** भारत में उगाया जाने वाला धान *इण्डिका* उपप्रजाति से सम्बन्धित है।
2. ***जेपोनिका*** इन सब स्पीशीज से सम्बन्धित जातियाँ जापान में पैदा की जाती हैं। ये जातियाँ उष्ण और गर्म ठण्डे क्षेत्र में उगाई जाती हैं। इसका बीज गोल व अण्डाकार होता है।
3. ***जावानिका*** ये मुख्यतया इण्डोनेशिया में पाई जाती हैं।
   धान स्व-परागित फसल है।

धान की फसल के लिए गर्म व आर्द्र जलवायु आवश्यक है।

धान की फसल को अपना जीवन-चक्र पूरा करने के लिए औसत तापमान 21°C से 37°C की आवश्यकता होती है।

फूल आने के समय 26.5°C से 29.5°C तापमान की आवश्यकता होती है।

जबकि पकते समय 20°C से 25°C तापमान होना चाहिए।

धान कम प्रकाश चाहने वाला पौधा है।

धान में अच्छी पैदावार के लिए अन्तिम माह में लगभग 200 घण्टे प्रकाश होना आवश्यक है।

दिन की लम्बी अवधि धान की देशी किस्मों के लिए महत्त्वपूर्ण है।

धान के चावल में 6–7% प्रोटीन पाया जाता है।

उत्तरी-पूर्वी भारत में धान की खेती तीन मौसमों में की जाती है

फसल ऋतु	स्थानीय नाम	बुवाई का समय	कटाई का समय
शरद	आउस (पश्चिम बंग, बिहार)	मई-जून	सितम्बर-अक्टूबर
शीत	अमन (ओडिशा)	जून-जुलाई	नवम्बर-दिसम्बर
वसन्त या ग्रीष्म	बोरो (पश्चिम बंग)	नवम्बर-दिसम्बर	मार्च-अप्रैल

- धान की खेती **खरीफ मौसम** में की जाती है, लेकिन चेन्नई के आसपास के क्षेत्रों में धान की खेती रबी के मौसम में भी की जाती है।
- धान विश्व में 60% जनसंख्या का मुख्य भोजन है। यह मुख्य रूप से दक्षिण-पूर्वी एशिया का मुख्य भोजन है।
- विश्व का लगभग 90% धान एशिया में पैदा होता है और उपभोग भी।
- धान में 2.0 से 2.5% तक वसा पाई जाती है।
- धान, क्षेत्र और उत्पादन में गेहूँ के बाद दूसरे स्थान पर है।
- विश्व में धान का उत्पादित क्षेत्र सबसे अधिक एशिया में है।
- धान के कुल उत्पादक क्षेत्र में भारत का पहला स्थान है (40.2 मि. हेक्टेयर),उसके बाद चीन और बांग्लादेश आते हैं।
- धान के उत्पादन में चीन का पहला तथा भारत का दूसरा स्थान है

भूमि

- धान की खेती के लिए चिकनी मटियार या मटियार दोमट भूमि उत्तम रहती है, क्योंकि इसमें पानी को सतह पर रोकने की क्षमता होती है।
- धान के लिए उचित pH 6.5 होना चाहिए। धान की खेती अम्लीय भूमि में भी की जाती है।

- लवण सहनशील जातियाँ लवणीय भूमि में भी उत्पन्न की जाती हैं।

किस्में

- **IR-8** धान की यह किस्म **पेटा** (*इण्डोनेशियन जाति*) और **डी जी वो-जीन** (*इण्डिका* जाति) का क्रॉस है, जो वर्ष 1966 में (IRRI) फिलीपीन्स से निकाली गई। यह बौनी किस्म है, जो 140 से 145 दिन में तैयार होती है। यह बैक्टीरियल लीफ अंगमारी से प्रतिरोधी है।
- **जया** यह भारत की प्रथम धान की बौनी किस्म है, जो टाँइचुंग नेटिव व टाइप-141 के क्रॉस से निकाली गई है।
- **पद्मा** यह T-141 × TN-1 से निकाली गई है। इसकी खेती उपरवार खेत में की जाती है।
- **पंकज** यह किस्म, पेटा तथा टोन्काइ रतन से क्रॉस करके वर्ष 1969 में निकाली गई, इसकी उपज 50 कुन्तल/हेक्टेयर प्राप्त होती है।
- **जगन्नाथ** यह धान की **प्रथम** उत्परिवर्तित किस्म है। इसकी खेती अधिक पानी वाली भूमि में की जाती है, फसल 160 दिन में पककर तैयार हो जाती है।
- **बाला** यह किस्म CRRI द्वारा N-22 × TN के क्रॉस से निकाली गई, इसकी खेती शुष्क क्षेत्रों में की जाती है।
- **रत्ना** TKM-6 × IR-8 से वर्ष 1970 में CRRI से निकाली गई, इसकी खेती पंजाब, उत्तर प्रदेश व हरियाणा में की जाती है।
- **साबरमती** IARI द्वारा TN-1 व बासमती 370/5 के क्रॉस से निकाली गई, यह ब्लास्ट रोगरोधी है।
- **साकेत-4** इसे उत्तर प्रदेश के लिए जारी किया गया। यह 110 दिन में पककर तैयार हो जाती है।
- **सरजू-52** इस किस्म का विकास आचार्य नरेन्द्र देव कृषि एवं प्रौद्योगिकी कृषि विश्वविद्यालय फैजाबाद में किया गया। इस किस्म की खेती उत्तर प्रदेश में अधिक होती है।
- **सरजू-49** यह TN-6 × TN-1 के क्रॉस से IRRI फिलीपीन्स से निकाली गई, यह फसल 110 दिन में पककर तैयार हो जाती है।
- **IR-24** IR-8I × IR-127-2-2, इसकी खेती क्षारीय मृदा में भी की जा सकती है।
- **टाइप-3** यह फसल 125 दिन में तैयार होती है। इसके दाने सफेद होते हैं।
- चावल के खाने की गुणवत्ता अच्छी होती है। इसकी खेती उत्तर प्रदेश के पश्चिमी व तराई क्षेत्र में की जाती है।
- **अनुपमा** IR-8 × SLO-16, यह किस्म फिलीपीन्स से निकाली गई। यह मध्य प्रदेश में उगाई जाती है।
- **गरिमा** यह बौनी किस्म है। तथा कल्ले निकलने की क्षमता भी अधिक पाई जाती है।
- 130 से 135 दिन में तैयार होती है। तथा यह मध्य प्रदेश के लिए जारी की गई है।
- **राजेश्वरी** इसका विकास T-90 × IR-8 से हुआ। यह रबी व खरीफ दोनों मौसम में उगाई जा सकती है।
- **हेमा** यह किस्म भी रबी व खरीफ दोनों मौसम में पैदा की जा सकती है तथा इसका क्रॉस T-141 × IR-8 है।
- **हमसा** इसका विकास HR-12 × TN-1 से हुआ। इसका दाना सुनहरा तथा भूरे रंग का होता है।
- **वशिण्टा** इसका क्रॉस IR-8 × SLO-13 है। इस किस्म में तना बेधक कीट व गाल मिज का प्रकोप नहीं होता है।
- **धान की अन्य किस्में** जागृति, क्रान्ति, प्रगति, महसुरी, कुमार, शक्ति, गोविन्द, जलमग्न, प्रसाद, नगीना-22, पूसा 2-21, दीपा, पूसा-33, जवाहर आदि हैं।
- **अगेती किस्में** 110 दिन में पक जाती हैं।
- **मध्य अवधि वाली किस्में** 120-140 दिन में पक जाती हैं।
- धान की अगेती जातियाँ 100 से 105 दिन में पककर तैयार होती हैं। उनकी सीधी बुवाई छींटकर करते हैं; जैसे—कावेरी, बाला, गोविन्द, नगीना-22 आदि।

बीजदर व बुवाई

- छींटकर बोने के लिए 100 किग्रा बीज प्रति हेक्टेयर चाहिए, जबकि हल के पीछे धान की बुवाई करने के लिए 60 किग्रा प्रति हेक्टेयर बीज की आवश्यकता होती है।
- जलमग्न क्षेत्रों में धान की बुवाई के लिए कैल्सियम परॉक्साइड रसायन से बीजों को उपचारित करके बोएँ, जिससे अंकुरण के समय बीजों को ऑक्सीजन मिलती रहे । इससे उपज में 50 से 60% की वृद्धि होती है तथा फसल गिरने नहीं पाती है। एक हेक्टेयर रोपाई के लिए 500 वर्ग मी. पौध क्षेत्र पर्याप्त होता है।
- धान की पौध के लिए मध्यम व देर से पकने वाली किस्मों को मई के अन्त या जून के शुरू में क्यारियों में रोपना चाहिए।
- जल्दी पकने वाली किस्मों की बुवाई 15 जून के आसपास करनी चाहिए।
- नर्सरी में बोने के लिए **जया** व IR-8 के लिए बीजदर 40 से 45 किग्रा/हेक्टेयर तथा **रत्ना, साकेत**-4 व **प्रसाद** के लिए 30- 40 किग्रा. बीज प्रति हेक्टेयर की आवश्यकता होती है

धान की डैपोग विधि

- धान की नर्सरी (डैपोग विधि) का विकास **फिलीपीन्स** में किया गया। भारत में यह विधि आन्ध्र प्रदेश में अपनाई जाती है।
- इस विधि में पौधों को बिना मृदा के उगाते हैं। पौधों को तैयार करने में उर्वरक एवं खाद की आवश्यकता नहीं पड़ती।
- इस विधि में पौधे 10 से 15 दिन में रोपने योग्य हो जाते हैं।
- डैपोग विधि से नर्सरी तैयार करने के लिए 25 से 30 वर्ग मी. स्थान की आवश्यकता होती है।
- डैपोग विधि में बीज 36 से 48 घण्टे में अंकुरित हो जाते हैं।
- पौधे रोपने के बाद खेत में 4-5 सेमी. पानी रहना आवश्यक है।

खाद्य एवं उर्वरक

- धान की बौनी किस्म के लिए 150-175 किग्रा. नाइट्रोजन, 20-30 किग्रा फॉस्फोरस तथा 200 ग्रा. पोटॉश का प्रयोग करना चाहिए।
- धान की फसल में अमोनियम सल्फेट, अमोनियम क्लोराइड तथा यूरिया के उपयोग से एक समान लाभ होता है।
- धान में नाइट्रोजन की आधी मात्रा रोपाई के समय, चौथाई भाग कल्ले निकलते समय तथा शेष चौथाई भाग पुष्प-गुच्छ, कलिका के बनते समय देने पर बौनी किस्मों में अधिक उपज प्राप्त होती है। ऊँची भूमि वाले धान के खेतों में 2 से 5% यूरिया के घोल का प्रयोग करना चाहिए।

सिंचाई

धान की फसलों में सिंचाई करने के लिए महत्त्वपूर्ण अवस्थाएँ निम्नलिखित हैं

1. सर्वप्रथम पौध रोपने के 10 दिन बाद।

2. फूल आने से पहले तथा फूल आने की अवस्था पर लगभग 25 से 30 दिन बाद।
3. दाना बनने की अवस्था में 5-8 दिन तक। इस अवस्था में पानी की कमी से फसलोत्पादन में भारी कमी हो जाती है। कल्ले फूटते समय व फूल आने की अवस्थाओं में सड़ा पानी निकाल दें और ताजा पानी भर देना चाहिए। धान में कल्ले निकलना फूल आने की अवस्था को कहते हैं।

- जब धान के पौधे 25 से 45 दिन के हो जाएँ, तो खेत में हल चलाकर खरपतवार या अधिक पौधों को निकालने की क्रिया को **बुशर्निंग** कहते हैं।
- *धान के खेत में निम्न खरपतवार पाए जाते हैं* मोथा, मकरा, दूबघास, सनई, बनरा-बनरी आदि।
- खरपतवार नियन्त्रण के लिए 2-4-D के ऐमीन फार्म, एम सी पी ए, प्रोपेनिल (सभी वरणात्मक) और फिनोक्सी यौगिक जो स्थानान्तरित शाकनाशी हैं, का प्रयोग करते हैं।
- पूर्वी भारत के निचले क्षेत्रों में जूट के साथ धान उगाते हैं।

धान के महत्त्वपूर्ण रोग

- सहसामारी रोग *'पायरीलेरिया ओराइजी'* नामक कवक द्वारा होता है। रोगरोधी किस्में—IR-8, IR-20, जया।
- ब्राउन स्पाट नामक बीमारी *हेलामिन्थोस्पोरियम ओराइजी* कवक द्वारा होता है। इसके कारण वर्ष 1943 में बंगाल में अकाल पड़ा था। रोगरोधी किस्में—बाला, कृष्ण, IR-24 आदि।
- धान में फाल्स स्मट बीमारी *क्लेविसेप्स ओराइजी सेटाइवा* नामक कवक के द्वारा होती है।
- फाल्स स्मट का प्रकोप फूल आने पर होता है।
- धान में **शीथ ब्लाइट** कवक द्वारा होता है। खेत में अधिक नाइट्रोजन डालने पर यह रोग होता है।
- धान का जीवाणु अंगमारी एवं धारी रोग एक जीवाणु जनित रोग है, जोकि *'जैन्थोमोनास ओराइजी'* द्वारा होती है। रोगरोधी किस्में—रत्ना, IR-20, प्रसाद, गोविन्द, पूसा 2-21 आदि।
- धान का टुंग्रो विषाणु रोग वाइरस के द्वारा होता है। इसकी रोगरोधी किस्में—IR-20, रत्ना आदि।
- धान में खैरा रोग जिंक की कमी से होता है। इसकी रोकथाम के लिए 5 किग्रा. जिंक सल्फेट, 2.5 किग्रा. चूना 1000 ली. पानी के साथ मिलाकर छिड़काव करना चाहिए।
- खासकर तराई क्षेत्रों में जिंक की कमी पाई जाती है।
- धान की फसल में गन्धी कीट का प्रकोप धान की दुग्धावस्था के समय होता है। ये बालियों में दाने का रस चूस लेते हैं, जिससे बालियाँ सफेद होकर सूख जाती हैं।
- हरा फुदका का प्रकोप धान की फसल में होता है तथा टुंग्रो वाइरस का प्रसार करता है।

2. गेहूँ (Wheat)

वानस्पतिक नाम *ट्रिटिकम* स्पीशीज

कुल ग्रेमिनी

उत्पत्ति स्थान दक्षिणी-पश्चिमी एशिया

- डी. कैन्डोल (1884) के अनुसार गेहूँ का उत्पत्ति स्थान दजला फरात की घाटी है।
- वेवीलोव (1926) के अनुसार, कड़े गेहूँ का जन्म स्थान अबीसीनिया तथा भूमध्य सागर के क्षेत्र तथा कोमल गेहूँ का जन्म स्थान भारत तथा अफगानिस्तान हैं।
- पिसिया गेहूँ का जन्म ईसा से चौथी शताब्दी से पूर्व माना जाता है।
- भारत गेहूँ के क्षेत्रफल व उत्पादन की दृष्टि से विश्व में चौथे स्थान पर है। (सोवियत संघ रूस > अमेरिका > चीन > भारत)
- भारत में गेहूँ के उत्पादन व क्षेत्रफल की दृष्टि से उत्तर प्रदेश प्रथम स्थान पर है। लेकिन प्रति हेक्टेयर उत्पादन की दृष्टि से पंजाब चोटी पर है।

तापक्रम एवं जलवायु

- गेहूँ मुख्यतया शीतोष्ण जलवायु का पौधा है।
- गेहूँ के बीज के अंकुरण के लिए इष्टतम् तापमान 22-25°C होना चाहिए तथा **अधिकतम तापमान** 35°C होता है।
- गेहूँ को पकते समय औसत तापमान 14°C से 15°C मिलना चाहिए।
- गेहूँ रबी ऋतु की फसल है।
- दोमट मृदा गेहूँ की खेती के लिए उत्तम है।

भारत में निम्नलिखित ट्रिटिकम स्पीशीज उगाई जाती हैं

इमर गेहूँ (*ट्रिटिकम डाइकोकम*) गुणसूत्र संख्या $2n = 28$ होती है। यह मुख्यतया महाराष्ट्र, तमिलनाडु तथा कर्नाटक आदि में उगाया जाता है।

मारकोनी गेहूँ गुणसूत्र संख्या $2n = 28$ होती है। इस गेहूँ से सूजी बनाई जाती है। गेहूँ उगाने में इस किस्म का देश में दूसरा नम्बर है। यह मुख्यतया मध्य प्रदेश, गुजरात के कुछ भाग, राजस्थान, महाराष्ट्र तथा कर्नाटक के कुछ भाग में उगाया जाता है।

ब्रेड ह्वीट इसकी गुणसूत्र संख्या $2n = 42$ है, इसकी मुख्य जातियाँ; जैसे-C-306, K-65, K-68 आदि हैं।

मैक्सिकन बौना गेहूँ इसकी गुणसूत्र संख्या $2n = 42$ होती है। इसे कॉमन ह्वीट भी कहते हैं। यह लगभग सारे भारत में उगाया जाता है।

- इस गेहूँ को मैक्सिको के **डॉ. नॉर्मन ई बोरलॉग** ने सी. आई. एम. एम. वाई. टी. में विकसित किया।

भारतीय बौना गेहूँ यह उत्तर प्रदेश, मध्य प्रदेश के सीमित क्षेत्रों में उगाया जाता है।

- भारत में *ट्रिटिकम एस्टाइवम* की खेती 87%, *ट्रिटिकम ड्यूरम* की खेती लगभग 12% और *डाइकोक्रम* ह्वीट की खेती 1% पर की जाती है।
- क्षेत्रफल की दृष्टि से गेहूँ का धान के बाद दूसरा स्थान है।
- गेहूँ और आटे में **ग्लूटिन** नामक प्रोटीन अधिक मात्रा में पाया जाता है, जिससे डबल रोटी व बिस्कुट बनाए जाते हैं।
- गेहूँ में विटामिन **बी**$_1$, बी$_2$, **बी**$_6$ व **ई** पाए जाते हैं, लेकिन पिसाई के समय ये नष्ट हो जाते हैं।

किस्में

- भारत में सर्वप्रथम **बौनी किस्म वर्ष** 1963 में आई। इनमें सोनारा-63, सोनारा-64, लरमा रोजो-64A आदि हैं।
- वर्ष 1970 में तीन बौनी किस्मों में से यू.पी. 301, हीरा, लाल बहादुर निकाली गईं।
- वर्ष 1945 के बाद मैक्सिको व USA के वैज्ञानिकों ने **जापान** में **नोरिन** नाम का एक गेहूँ देखा, जो लम्बाई में अन्य गेहूँ की तुलना में कम था और उत्पादन में भी कम था।

- सबसे पहले **डॉ. ओ. ए. बोगल** ने वाशिंगटन (USA) में अमेरिकी गेहूँ का नोरिन के साथ संकरण कराकर वर्ष 1961 में **जेन्स** नामक बौना गेहूँ प्राप्त किया।
- मैक्सिको में **डॉ. नॉर्मन ई बोरलॉग** ने नोरिन गेहूँ के **बौनेपन को वसन्तकालीन गेहूँ में समाहित किया।**
- ''नोरिन'' एक बौनेपन का जीन है, जो नोरिन सीरीज की गेहूँ की जातियों से प्राप्त किया गया है।
- ''नोरिन 10'' पहली बौने जीन वाली गेहूँ की किस्म है।

गेहूँ की एक जीन बौने किस्म

जैसे—सोनालिका, यू पी 262, यू.पी. 115, HD-2285, मालवीय-37आदि।

- गेहूँ की दो जीन बौनी किस्म; जैसे—प्रताप (एच डी 1981), मालवीय-12, एच डी 1925 (शेरा), एच.डी. 2329, कल्याण सोना, यू पी -2003, यू.पी. 368 तीन जीन बौनी किस्म है।
- राज-911, जयराज, मेघदूत (एच आई-7483) ड्यूरम गेहूँ की किस्में हैं।
- **गिरिजा किस्म** शिमला में विकसित की गई, जो उत्तर प्रदेश, हिमाचल प्रदेश, कश्मीर, पश्चिम बंग के पर्वतीय क्षेत्रों के लिए अच्छी पाई जाती है।
- शैलजा गेहूँ की किस्म, जो पर्वतीय क्षेत्रों के लिए अच्छी पाई गई है।
- गेहूँ की ऊसर सहनशील प्रजातियाँ; जैसे—डब्लू एच-157, राज-30, 55 आदि हैं।

बुवाई

- असिंचित क्षेत्रों में गेहूँ की बुवाई 15 अक्टूबर से नवम्बर तक करनी चाहिए।
- 135-140 दिन में पकने वाली गेहूँ की किस्मों की बुवाई नवम्बर के प्रथम पखवाड़े में करते हैं।
- 120 दिन में पकने वाली जातियों की बुवाई 15-30 नवम्बर तक करते हैं।
- पछेती गेहूँ की बुवाई दिसम्बर तक करते हैं। जैसे— सोनालिका, यू पी-115 आदि।

खाद एवं उर्वरक

- सिंचित क्षेत्रों में खाद एवं उर्वरक की मात्रा 120 किग्रा नाइट्रोजन, 40 किग्रा फॉस्फोरस और 40 किग्रा पोटाश प्रति हेक्टेयर देते हैं।
- असिंचित क्षेत्रों में 40 से 60 किग्रा नाइट्रोजन, 30 किग्रा फॉस्फोरस तथा 20 किग्रा पोटाश देना चाहिए।
- पछेती किस्म के लिए 80 किग्रा नाइट्रोजन, 40 किग्रा फॉस्फोरस व 30 किग्रा पोटाश देते हैं।
- पौधों में नाइट्रोजन की सबसे अधिक मात्रा फसल पकने के लगभग तीन सप्ताह पूर्व पाई जाती है।
- पौधों तथा पत्तियों में नाइट्रोजन बाल आने के समय सबसे अधिक पाया जाता है। गेहूँ के दानों में नाइट्रोजन प्रोटीन के रूप में बदल जाता है।
- गेहूँ में 'ग्लूटिन' नाइट्रोजन के रूप में बदल जाता है।
- गेहूँ में 2-3% यूरिया का घोल बनाकर 1000 ली/हेक्टेयर की दर से छिड़कना चाहिए।
- गेहूँ में नाइट्रोजन की पूरी मात्रा एक साथ न देकर तीन बार में देनी चाहिए। हल्की भूमियों में एक-तिहाई बोने के समय, 1/3 पहली सिंचाई पर, शेष 1/3 दूसरी सिंचाई पर देनी चाहिए।
- बुवाई के समय नाइट्रोजन देने से पौधों में अधिक वृद्धि होती है। टिलरिंग (कल्ले फूटना) बढ़ती है, बाल में दानों की संख्या बढ़ती है।
- बाल निकलते समय फसल को नाइट्रोजन देने पर उपज में तो कोई वृद्धि नहीं होती है। लेकिन दाने में प्रोटीन की मात्रा में बढ़ोतरी होती है, जिससे उत्पादन के गुणों में वृद्धि होती है।

सिंचाई

गेहूँ की फसल के लिए सामान्यतया छः सिंचाइयों की आवश्यकता पड़ती है

1. **पहली सिंचाई** मुख्य जड़ बनते (CRI) समय अर्थात् बुवाई के 20-25 दिन बाद करनी चाहिए। लेकिन पछेती बुवाई में 25-30 दिन बाद सिंचाई करनी चाहिए।
2. **दूसरी सिंचाई** कल्ले फूटते समय अर्थात बुवाई के 40-45 दिन बाद करनी चाहिए।
3. **तीसरी सिंचाई** गाँठ बनने की अन्तिम अवस्था अर्थात् बुवाई के 70-75 दिन बाद करनी चाहिए।
4. **चौथी सिंचाई** फूल आने के समय यानि 90-95 दिन के बाद करनी चाहिए।
5. **पाँचवीं सिंचाई** दूध पड़ने के समय बोने के 110-115 दिन बाद करनी चाहिए।
6. **छठी सिंचाई** दाना सख्त पड़ते समय अर्थात् बुवाई के 120-125 दिन बाद करनी चाहिए।
   - अगर एक सिंचाई उपलब्ध है, तो CRI के समय यानि बुवाई के 20-25 दिन बाद करनी चाहिए।
   - अगर **दो सिंचाई** उपलब्ध हों तो पहली **सिंचाई** CRI अवस्था पर और दूसरा **फूल** आने के समय करनी चाहिए।
   - अगर तीन सिंचाई उपलब्ध हों तो पहली CRI अवस्था पर दूसरी गाँठ बनने की अन्तिम अवस्था व तीसरी दूध बनते समय करनी चाहिए।

रोग

गेरूई रोग *गेहूँ में मुख्य रूप से तीन प्रकार के गेरूई रोग का प्रकोप होता है*

1. **काली गेरूई** यह रोग *पक्सीनिया ग्रेमिनिस ट्रिटिसाई* नामक कवक द्वारा फैलता है। यह पछेती जातियों को अधिक हानि पहुँचाता है। यह रोग गर्मतर वातावरण में अधिक वृद्धि करता है।
2. **पीली गेरूई** यह रोग *पक्सीनिया स्ट्रसीफोरमिस* नामक कवक द्वारा फैलता है। यह ठण्डे व नम वातावरण में अधिकतर फैलता है तथा दाने का विकास रोक देता है।
3. **भूरी गेरूई** यह रोग *पक्सीनिया रिकॉण्डिटा ट्रिटिसाई* नामक कवक द्वारा होता है। इसका प्रकोप सम्पूर्ण भारत में होता है। मुख्यतया दिसम्बर के अन्तिम माह में देखा जाता है।

पछेती बोई गई फसल पर गेरूई रोग का प्रभाव अधिक होता है।

गेरूई रोग का नियन्त्रण डाईथेन एम-45 या 78 का प्रयोग करके किया जा सकता है।

(i) अनावृत कण्ड रोग का प्रकोप *अस्टिलैगो न्यूडा वैराइटी ट्रिटिसाई* द्वारा होता है। इस रोग का प्रभाव बालियाँ निकलने के बाद दिखाई देता है। यह अन्तः बीजोढ़ रोग है।

इस रोग के नियन्त्रण के लिए विटावैक्स या बेनलेट नामक रसायन की 2.5 ग्राम/किग्रा बीज का शुष्क उपचार करें।

(ii) गेहूँ में टुण्डू रोग कोरिनी बैक्टीरियम ट्रिटिसाई जीवाणु द्वारा होता है।

- गेहूँ में **मोल्या रोग** का प्रकोप नेमाटोड द्वारा होता है तथा इसका नियन्त्रण नेमागान द्वारा करते हैं।

- मैक्सिकन गेहूँ में दाने व भूसे का अनुपात 1 : 1.5 होता है।

- गेहूँ में चौड़ी पत्ती वाले खरपतवारों; जैसे-बथुआ, रखतुआ आदि का नियन्त्रण 2,4-D द्वारा करते हैं।
- **फैलेरिस माइनर** गेहूँ की फसल का मुख्य खरपतवार है, जिसके नियन्त्रण के लिए डोसेनेक्सर या आइसोप्रोटान की 2 किग्रा मात्रा 400-600 ली पानी में मिलाकर बुवाई के 32-35 दिन बाद छिड़काव करना चाहिए या पेडीमैथिलीन 3% ई.सी. की मात्रा प्रति हेक्टेयर बुवाई के बाद व जमाव से पहले छिड़काव करनी चाहिए।

3. मक्का (Maize)

वानस्पतिक नाम *जिया मेज*
कुल ग्रेमिनी
गुणसूत्र संख्या $2n = 20$
उत्पत्ति स्थान मैक्सिको (द. अमेरिका)

- मक्का को **अनाजों की रानी** भी कहते हैं।
- भारत मे मक्का का आगमन 16 वी शताब्दी में पूर्तगालियों द्वारा हुआ था।
- मक्का प्रमुख रूप से गरीब जनता का मुख्य भोजन है।
- मक्का के दानें में 10% प्रोटीन, 40% तेल, 75% कार्बोहाइड्रेट व 2.5% क्रूड फाइबर व 2.2% राख व एल्यूमिनोइड 10.4% होता है।
- मक्का में पाई जाने वाली प्रोटीन को जीन कहते हैं।
- मक्का उगाने वाले देशों में क्षेत्रफल की दृष्टि से संयुक्त राज्य अमेरिका (USA) का पहला स्थान है। इसके बाद क्रमश: चीन, मैक्सिको तथा भारत आते हैं।
- उत्पादन की दृष्टि से संयुक्त राज्य अमेरिका का पहला स्थान है। उसके बाद चीन आता है।
- प्रति हेक्टेयर उत्पादन की दृष्टि से भी संयुक्त राज्य अमेरिका का पहला स्थान आता है। इसके बाद कनाडा दूसरे स्थान पर है।
- भारत में क्षेत्रफल और उत्पादन की दृष्टि से उत्तर प्रदेश का पहला स्थान आता है तथा कर्नाटक प्रति हेक्टेयर उपज की दृष्टि से पहले स्थान पर है।

किस्में

- "ऑल इण्डिया को-ऑर्डिनेटिड मेज इम्प्रूवमेण्ट प्रोजेक्ट" के अन्तर्गत गंगा-1, गंगा-101, रणजीत व दक्कन किस्में वर्ष 1961 में निकाली गईं।
- **मक्का की तीन सफेद संकर किस्में** गंगा सफेद-2, हाई-स्टार्च। वर्ष 1963 में तथा गंगा-4 वर्ष 1971 में निकाली गईं।
- **मक्का की पाँच पीली संकर किस्में** वी एल-54 वर्ष 1962 में, गंगा-3, हिम-123 वर्ष 1964 में, गंगा-5 वर्ष 1968 में तथा दक्कन-101 वर्ष 1975 में निकाली गईं।
- **शक्ति, प्रोटीना** व **रतन** मक्का की ओपेक-2 संकुल किस्में हैं, जिनमें 100% लाइसीन व ट्रिप्टोफेन पाया जाता है।
- मक्का में ओपेक-2 तथा फ्लोरी-2 जीन पाए जाते हैं।
- ओपेक-2 जीन संकुल किस्मों में पाया जाता है।
- **ई एम ईस्ट** ने सबसे पहले संकर मक्का के बारे में विचार किया और जी एच शल ने वर्ष 1910 में एकल संकरण द्वारा संकर मक्का का उत्पादन किया।
- इस तकनीक का अधिकतर प्रयोग यू एस ए और चीन में होता है।
- डबल क्रॉस तकनीक द्वारा मक्का का संकर बीज उत्पादन **डी एफ जोन्स** ने वर्ष 1920 में शुरू किया। यह विधि भारत में अधिकतर प्रयोग की जाती है।
- मक्का गर्म मौसम की फसल है। जिसे अच्छे अंकुरण के लिए लगभग 21°C तथा वृद्धि के लिए 31.5°C तापमान की आवश्यकता होती है।
- मक्का की फसल pH 5.5 से 7.5 के बीच अच्छी वृद्धि करती है।
- **मक्का की प्रमुख संकर किस्में** दक्कन, गंगा सफेद-2, गंगा-4, गंगा-5, गंगा-7, हाई-स्टार्च, वी. एल.-54, हिमालयन-123, संगम आदि हैं।
- **मक्का की प्रमुख संकुल किस्में** अम्बर, विक्रम, किसान, जवाहर, सोना, विजय आदि हैं।
- **अन्य संकुल किस्में** जैसे—अगेती-76, प्रताप, लक्ष्मी, तरुण, नवीन, कंचन, श्वेता आदि हैं।
- दक्षिण भारत में मक्का की बुवाई अप्रैल व अक्टूबर में की जाती है जिस मशीन से मक्का की बुवाई करते हैं, उसे 'मेज प्लाण्टर' कहते हैं।
- मक्के की बुवाई के समय बीज बोने की गहराई 3-5 सेमी आवश्यक है। अच्छी फसल की बुवाई के लिए डिबलिंग विधि सर्वाधिक उत्तम है।

मक्का की रोग प्रतिरोधी किस्में

- मक्का की गंगा –2, तरुण, जवाहर, किसान, इत्यादि ब्राउन स्ट्राइप डाउनी मिल्ड्यू रोग रोधी किस्में है।
- डक्कन, जवाहर, किसान गेरुई रोग रोधी किस्में हैं।
- डक्कन, रणजीत, किसान व जवाहर मौजेक रोग रोधी किस्में हैं।

उर्वरक

- मक्का के खेत में फॉस्फोरस तथा तथा पोटाश की पूरक मात्रा **प्लेसमेण्ट** विधि से देनी चाहिए।
- नाइट्रोजन उर्वरक का एक-तिहाई भाग बुवाई के समय, एक-तिहाई भाग बुवाई के 30-40 दिन बाद व शेष एक-तिहाई भाग नरमंजरी अवस्था में देते हैं।
- संकर तथा संकुल किस्मों के लिए नाइट्रोजन 100 से 120 किग्रा, फॉस्फोरस 50-60 किग्रा तथा पोटाश 40-50 किग्रा/हेक्टेयर की दर से देते हैं।
- देशी व क्षेत्रीय जातियों के लिए नाइट्रोजन 60-80 किग्रा, फॉस्फोरस 30-40 किग्रा तथा पोटाश 30-40 किग्रा/हेक्टेयर की दर से देते हैं।
- मक्का में जिंक की कमी से **सफेद कली** रोग होता है।
- मक्का में नरमंजरी आते समय, दाने बनने की दर से दूधिया होते समय अगर सिंचाई नहीं की, तो उपज में 20% तक कमी आ जाती है।

अन्तःक्रियाएँ

मक्का के खेत में निम्न खरपतवार हानि पहुँचाते हैं

- सांवा, मकरा, कोन्दो, बन्दरा, साइनोडॉन डेक्टाइलॉन, लहसुआ, हजारदाना आदि।
- एट्राजीन या सिमेजीन का प्रयोग करके खरपतवार नियन्त्रण किया जा सकता है।
- लासो की 5 ली मात्रा बुवाई के 30-40 दिन बाद खेत में छिड़कने से खरपतवार नष्ट हो जाते हैं।
- मक्का को दलहनी फसलों के साथ उगाकर अधिक लाभ व अच्छी उपज प्राप्त की जा सकती है।
- मक्का की फसल में टेसलिंग तथा सिलकिंग अवस्था, क्रिटिकल अवस्था में होती है।

फसल पकने का समय

- मक्का की अगेती किस्में 70 से 80 दिन में पककर तैयार हो जाती हैं।
- मक्का की मध्य किस्में 80-90 दिन में पककर तैयार हो जाती हैं।
- मक्का की पछेती किस्में 90-120 दिन में पककर तैयार होती हैं।

उपज

- 50-60 कुन्तल दाना प्रति हेक्टेयर सकर किस्मों से तथा 45-50 कुन्तल दाना प्रति हेक्टेयर संकुल किस्मों से प्राप्त होता है।

रोग

1. **मक्का का पर्णअंगमारी** यह रोग *हेल्मिन्थोस्पोरियम टर्सीकम कवक* द्वारा होता है। इस रोग के नियन्त्रण के लिए रोगरोधी किस्में; जैसे– गंगा-2, गंगा-5, विजय, दक्कन आदि को बोना चाहिए।
2. **मक्का का डण्ठल विगलन रोग** यह रोग मुख्यतया अधिक वर्षा वाले क्षेत्रों में होता है। इससे मक्का की फसल को अधिक हानि होती है।
3. **मक्का का चारकोल विगलन रोग** इस रोग की रोकथाम के लिए फसल में फूल आते समय भूमि में नमी की कमी नहीं होने देनी चाहिए।
   - मक्का में तना बेधक, गुलाबी तना बेधक, शूट फ्लाई, लीफ रोलर, आर्मी कीट, खरीफ ग्रास हॉपर आदि कीट हानि पहुँचाते हैं।
   - **सफेद ग्रब** मक्का का भयंकर कीट है। यह पूरी फसल को नष्ट कर देता है। इसकी रोकथाम के लिए फ्यूराडॉन-3G की 30 किग्रा मात्रा बुआई के पहले खेत में मिला देनी चाहिए।

4. मसूर (Lentils)

वानस्पतिक नाम *बिसिया लेंस या लेंस कुबिनारिस*

कुल लेग्युमिनोसी

गुणसूत्र संख्या $2n = 22$

- दलहनी फसलों में मसूर का एक महत्त्वपूर्ण स्थान है।
- मसूर की दाल को 'लाल दाल' के नाम से भी जाना जाता है। मसूर उत्पादन में भारत का विश्व में दूसरा स्थान है।
- प्रकृति गर्म, शुष्क, रक्तवर्द्धक एवं रक्त में गाढ़ापन लाने वाली होती है। दस्त, बहुमूत्र, प्रदर, कब्ज व अनियमित पाचन क्रिया में मसूर की दाल का सेवन लाभकारी होता है।

उन्नत प्रजातियाँ

- उत्तर-पश्चिमी मैदानी क्षेत्र के लिए- एलएल-147, पंत एल-406, पंत एल-639, समना, एलएच 84-8, एल-4076, शिवालिक, पंत एल-4, प्रिया, डीपीएल-15, पंत लेंटिल-5, पूसा वैभव और डीपीएल-62 प्रमुख रूप से उपयोगी है।
- उत्तर-पूर्व मैदानी क्षेत्र के लिए एडब्लूबीएल-58, पंत एल-406, डीपीएल-63, पंत एल-639, मलिका के-75, के एलएस-218 और एचयूएल-671 किस्में अच्छी मानी गई हैं।
- भारत के मध्य क्षेत्र के लिए जेएलएस-1, सीहोर 74-3, मलिका के 75, एल 4076, जवाहर लेंटिल-3, नूरी, पंत एल 639 और आईपीएल-81 किस्में काफी उपयोगी साबित हुई हैं।

खेत की तैयारी, बीजोपचार, बुवाई

- मसूर की खेती करने से पहले खेत को अच्छी तरह से तैयार कर लें। इसके लिए खरीफ फसल काटने के बाद 2 से 3 आड़ीखड़ी जुताइयाँ देशी हल या कल्टीवेटर से करनी चाहिए हैं, जिस से मिट्टी भुरभुरी व नरम हो जाए।
- मसूर की समय से बुवाई के लिए उन्नत किस्मों के 30 से 35 किलोग्राम बीज प्रति हेक्टेयर की आवश्यकता होती है। देर से बुवाई के लिए 50 से 60 किलोग्राम बीज प्रति हेक्टेयर की जरूरत होती है। देर से बोआई करने पर 40 किलोग्राम बीज प्रति हेक्टेयर की दर से बोना चाहिए।
- अच्छी उपज के लिए केरा या पोरा विधि से कतार में बोनी करें। इस क्रिया से खेत समतल होने के अतिरिक्त बीज भी ढक जाते हैं। पोरा विधि में देशी हल के पीछे पोरा चोंगा लगा कर बोनी कतार में की जाती है। इसके लिए सीड ड्रिल का भी प्रयोग किया जाने लगा है।
- मसूर का बीज अपेक्षाकृत छोटा होने के कारण इस की उथली 3-4 सेन्टीमीटर बुवाई सही होती है। आजकल शून्य जुताई तकनीक से भी जीरो टिल सीड ड्रिल से मसूर की बोआई की जा रही है।

खाद एवं उर्वरक

- सिंचित अवस्था में 20 किलोग्राम नत्रजन, 40 किलोग्राम सल्फर, 20 किलोग्राम पोटाश व 20 किलोग्राम सल्फर प्रति हेक्टेयर की दर से बीज बोआई करते समय डालना चाहिए।
- असिंचित दशा में क्रमश: 15 : 30 : 10 : 10 किलोग्राम नाइट्रोजन, फॉस्फोरस, पोटाश व सल्फर प्रति हेक्टेयर की दर से बोआई के समय कूंड़ में देना सही रहता है।
- फॉस्फोरस को सिंगल सुपर फॉस्फेट के रूप में देने से आवश्यक सल्फर तत्त्व की पूर्ति भी हो जाती है। जस्ता की कमी वाली भूमियों में जिंक सल्फेट 25 किलोग्राम प्रति हेक्टेयर की दर से अन्य उर्वरकों के साथ दिया जा सकता है।

सिंचाई

- मसूर में सूखा सहन करने की क्षमता होती है। सामान्यत: पर सिंचाई नहीं की जाती है, फिर भी सिंचित क्षेत्रों में 1 से 2 सिंचाई करने से उपज में वृद्धि होती है।
- पहली सिंचाई शाखा निकलते समय यानी बोआई के 40 से 45 दिन बाद और दूसरी सिंचाई फलियों में दाना भरते समय बुवाई के 70 से 75 दिन बाद करनी चाहिए। ध्यान रखें कि पानी अधिक न होने पाए। इसके लिए स्प्रिंकलर का उपयोग सिंचाई के लिए किया जा सकता है। खेत में स्ट्रिप बना कर हल्की सिंचाई करना लाभकारी रहता है।

खरपतवार नियन्त्रण

- मसूर की फसल में खरपतवारों द्वारा अधिक हानि होती है। यदि समय पर खरपतवार नियन्त्रण पर ध्यान नहीं दिया गया, तो उपज में 30 से 35 फीसदी तक की कमी आ सकती है।
- इसलिए 45 से 60 दिन अन्तर में खरपतवार निकालने का कार्य करते रहना चाहिए।

पैदावार

- यदि मौसम अनुकूल हो और आधुनिक तरीके से इसकी उन्नत खेती की जाए तो अच्छा उत्पादन मिलता है। मसूर दानों की उपज 20 से 25 क्विण्टल और भूसे की उपज 30 से 35 क्विण्टल प्रति हेक्टेयर तक प्राप्त की जा सकती है।

5. चना (Chickpea)

वानस्पतिक नाम *साइसर एराइटिनम*

कुल लेग्युमिनोसी

गुणसूत्र संख्या $2n = 16$

- चने को 'ग्राम' अथवा 'बंगाल ग्राम' के नाम से भी जाना जाता है।
- कश्मीरी भाषा में चना को मूँग अथवा मोंग कहा जाता है।

उत्पत्ति स्थान दक्षिणी पश्चिमी एशिया

- भारत में विश्व का सबसे अधिक (लगभग 80%) चना पैदा होता है।
- अंकुरित चने में सर्वाधिक विटामिन C पाया जाता है।
- चने को चिक पी तथा **बंगाल ग्राम** भी कहते हैं।
- डी. कैन्डोल के मतानुसार चना एक संस्कृति भाषा का नाम है। इस कारण यह प्रतीत होता है कि भारतवर्ष चना उगाने वाला सबसे पुराना देश है।
- प्रमुख चना उत्पादित देशों में, उत्पादकता की दृष्टि से मैक्सिको का प्रथम (1443 किग्रा/हे.) ऑस्ट्रेलिया का द्वितीय (1247 किग्रा/हे.) तथा टर्की का तृतीय (930 किग्रा/हे.) स्थान है।
- भारत में चने की खेती मुख्य रूप से उत्तर प्रदेश, कर्नाटक, मध्य प्रदेश, महाराष्ट्र राजस्थान, तथा बिहार में की जाती है। देश के कुल चना क्षेत्रफल का लगभग 90% भाग तथा कुल उत्पादन का लगभग 92% भाग इन्हीं प्रदेशों से प्राप्त होता है।
- भारत में चने की खेती गंगा-यमुना के दोआबी मैदानों में की जाती है।
- चने की पत्तियों में **हल्की खटास** मैलिक तथा **ऑक्जेलिक अम्ल** के कारण होती है।

बुवाई का समय

- मैदानी क्षेत्रों में चने की बुवाई अक्टूबर के दूसरे तथा तीसरे सप्ताह में करने से अधिकतम उपज मिलती है।
- तराई क्षेत्रों में चने की बुवाई नवम्बर के पहले तथा दूसरे सप्ताह में करते हैं।

बीजदर

- देशी जातियों के लिए 70-80 किग्रा बीज प्रति हेक्टेयर की दर से पर्याप्त होता है।
- देर से बुवाई करने पर बीज की दर 90-100 किग्रा/हेक्टेयर की दर से ली जाती है।
- काबुली चने के लिए 100-125 किग्रा बीज प्रति हेक्टेयर लेते हैं।
- सिंचित क्षेत्रों में पहली सिंचाई शाखाएँ निकलने पर बुवाई के 30 दिन बाद, दूसरी बुवाई के 55-60 दिन बाद फूल आते समय तथा तीसरी 80-90 दिन बाद करते हैं।
- अगर एक सिंचाई उपलब्ध हो तो फूल निकलते समय (50 दिन बाद) सिंचाई करते हैं।

किस्में

चने की देशी किस्में टाइप-1, टाइप-2, टाइप-3, राधे, K-468, K-850, पन्त जी-114, H-208, H-355, G-24, G-130, G-235, G-543, ST-4, BR-78, BR-65, BR-77, RS-10, RS-11, JG-221, JG-74, उज्जैन-24, उज्जैन-21, चाफा, B-124, B-108, पूसा-209 अतुल, अजय, गौरव, गिरनार, पूसा-212 आदि।

- काबुली चने की किस्में; K-4, K-5, C-104, L-550, L-144 आदि।
- **टॉपिंग** की क्रिया जब पौधे 20 सेमी ऊँचे हो जाएँ तो उनकी शाखाएँ तोड़ देने से शाखाएँ अधिक निकलती हैं, जिससे फूल-फल अधिक मात्रा में बनते हैं।
- तराई क्षेत्रों में लाही और चने की मिश्रित खेती अधिक प्रचलित है।
- चने में खरपतवार नियन्त्रण के लिए ट्रिब्यूनल 2.5 किग्रा/हेक्टेयर की दर से बुवाई के समय छिड़काव करके मृदा में मिलाना चाहिए।

- चने में **स्व-परागण** पाया जाता है।
- एक पौधे पर 55 से 150 तक कलियाँ पाई जाती हैं।
- चने में अंकुरण **अधोभूमिक** होता है।
- चने में 5-10% पर-परागण कीटों द्वारा होता है।
- चना ठण्डे मौसम की फसल है जबकि चने के अंकुरण के लिए उच्च तापक्रम की आवश्यकता होती है।

साइसर वंश में दो जातियाँ शामिल हैं

- **देशी चना या भूरा चना** इसमें गुणसूत्र संख्या $2n = 14$ होती है।
- **काबुली चना या सफेद चना** इसमें गुणसूत्र संख्या $2n = 16$ होती है।

रोग

- चने में **उकठा रोग** *फ्यूजेरियम अर्थोसेरस* नामक कवक द्वारा होता है।
- उकठा लगे खेत में 3 वर्ष तक फसल नहीं उगानी चाहिए। मुख्यत: इन खेतों में रोगरोधी किस्में उगानी चाहिए; जैसे—G-24, विकास आदि उगानी चाहिए
- चने का *ऐस्कोकाइटा अंगमारी* रोग नामक कवक द्वारा होता है। इस रोग का प्रकोप सबसे अधिक उत्तर-पश्चिम भारत में होता है।
- *स्कलेरोटिनिया अंगमारी* नामक रोग *स्कलेरोटिनिया स्कलेरोशियोरम* कवक द्वारा होता है।
- भूरी फफँदी रोग का प्रकोप उत्तर भारत के तराई भागों में सर्वाधिक होता है।

कीट

- चने का **कट वर्म** भयंकर कीट है इस कीट की सूँड़ी बहुत नुकसानदायक है। इसकी रोकथाम के लिए 5% एल्ड्रिन बुवाई के समय खेत में मिला देनी चाहिए।
- चने के फली बेधक कीट का प्रकोप दाना बनते समय होता है। इसकी **सूँड़ी अवस्था** हानिकारक होती है।
- इसकी रोकथाम के लिए इण्डोसल्फॉन 35 EC 1.25 ली, 1000 ली पानी में मिलाकर प्रति हेक्टेयर की दर से छिड़काव करना चाहिए।

6. गन्ना (Sugarcane)

वानस्पतिक नाम *सैकेरम ऑफीसिनेरम*

कुल ग्रेमिनी

उत्पत्ति स्थान ओसीनिया, उत्तरी-पूर्वी भारत

- भारत वर्ष में गन्ने की खेती प्राचीनकाल से ही होती चली आ रही है इसलिए गन्ने का जन्म स्थान भारत वर्ष ही बतलाया जाता है। 'Sugar' शब्द संस्कृत भाषा के शब्द 'Sakkara' या 'Sarkara' से बना है।
- गन्ने के उत्पादन व क्षेत्रफल में वर्ष 1979 में ब्राजील का प्रथम स्थान है। उसके बाद भारत, क्यूबा तथा चीन आते हैं।

- भारत में सबसे अधिक चीनी मिलें उत्तर प्रदेश (105) में, इसके बाद महाराष्ट्र (99) में हैं।
- विश्व में भारत में सबसे अधिक (400) चीनी मिल हैं।
- भारत में गन्ने के क्षेत्रफल की दृष्टि से उत्तर प्रदेश (52%) का प्रथम स्थान है। प्रति हेक्टेयर गन्ना उत्पादन में **तमिलनाडु का** पहला स्थान है इसके बाद **महाराष्ट्र, कर्नाटक** आता है।
- [illegible]
- भारत में चीनी उद्योग, देश की कुल चालू पूँजी का 11% तथा स्थिर पूँजी का 8% भाग है।
- भारत में प्रतिवर्ष गन्ने से होने वाली आय, कुल राष्ट्रीय आय का 23-28% भाग है।

वर्गीकरण

गन्ना सैकेरम वंश से सम्बन्ध रखता है जिसमें पाँच जातियाँ हैं

1. ***सैकेरम ऑफीसिनेरम*** इस जाति का गन्ना मोटा होता है, इसकी गुणसूत्र संख्या $2n = 80$ होती है। इसमें चीनी की मात्रा अधिक पाई जाती है, लेकिन रेड रॉट तथा मोजेक के प्रति संवेदनशील है, उत्पत्ति न्यू ग्याना से हुई।
2. ***सैकेरम साइनेंस*** *(2n–124)* इस प्रजाति में गन्ने का तना लम्बा, पतला, मध्यम सुक्रोस की मात्रा और जल्दी पकने वाले गुण होते हैं यह उत्तरी-पूर्वी भारत की पैदावार है।
3. ***सैकेरम बारबेरी*** यह स्पीशीज भी उत्तरी-पूर्वी भारत की पैदावार है, इसका तना छोटा व पतला होता है।
   गुणसूत्र संख्या $\mathbf{2n = 82}$ होती है।
4. ***सैकेरम स्पॉण्टेनियम*** इसमें गुणसूत्र संख्या $2n = 54, 56$ होते हैं।
5. ***सैकेरम रोबस्टम*** गन्ना को प्राकृतिक संकरण द्वारा कोयम्बटूर में बार्बर एवं वेंकटरमन ने नोबेल गन्ने का उत्पादन—*सै. बारबेरी का, सै. स्पॉण्टेनियम(कांसा)* तथा *सै. रोबस्टम आदि* के संकरण से निकाला गया।

इस प्रकार नोबेल गन्ने से **औसतन 40%** अधिक उपज प्राप्त होती है। भारत में उगाई जाने वाली सभी किस्में **नोबलीकृत** हैं। गन्ने में पुष्प गुच्छा निकलने को **एरोइंग** कहते हैं। यह एक परिपक्वता का प्रतीक है। इसके निकलने पर गन्ना कटाई योग्य हो जाता है। गन्ने का बीज **कैरिऑप्सिस** कहलाता है।

गन्ना साधारणतया **26 से 32°C** पर अच्छी तरह पनपता है। 20°C से नीचे व 35°C से ऊपर गन्ने की बढ़वार घटने लगती है। गन्ने का टुकड़ा जब बोया जाता है तो प्राथमिक जड़ें निकलती हैं, जिन्हें **सेट रूट्स** कहते हैं। मृदा pH मान **6.0 से 7.5** के बीच होना चाहिए। गन्ने के तने के ऊपरी भाग को **वर्धन शिखा** कहते हैं।

भारत में गन्ने की बुवाई तीन समय में होती हैं

1. **वसन्तकालीन** गन्ने की बुआई फरवरी में करते हैं तथा अगले वर्ष दिसम्बर-जनवरी में काटा जाता है।
2. **शरदकालीन** गन्ने की बुआई अक्टूबर में करते हैं यह अगले वर्ष नवम्बर-दिसम्बर में काटा जाता है।

परीक्षणों से पता चलता है कि शरदकालीन गन्ने की उपज वसन्तकालीन गन्ने से **20-25% अधिक** उपज देती है। इसका मुख्य कारण गन्ने की बढ़वार के लिए अधिक समय का मिलना।

3. **वर्षाकालीन** गन्ने की बुवाई जून-जुलाई में करते हैं, जो भारत के दक्षिण प्रान्त में अधसाली के रूप में उगाते हैं। फसल पकने में 18-14 महीने का समय लेती है।

गन्ने की भारत में वर्ष में तीन बार बुवाई की जाती है

1. **मुख्य फसल** गन्ने की मुख्य फसल आन्ध्र प्रदेश, महाराष्ट्र, कर्नाटक तमिलनाडु के कुछ जिलों में, दिसम्बर से फरवरी तक उगाई जाती है। यह एक वर्ष में तैयार हो जाती है। इस प्रकार इसे **एकसाली** कहते हैं।
2. **दूसरी अधसाली फसल** यह फसल महाराष्ट्र, कर्नाटक, आन्ध्र प्रदेश में जुलाई-अगस्त में बोयी जाती है और 18 महीने में काटी जाती है।
3. **अगेती फसल** यह फसल गुजरात, महाराष्ट्र, कर्नाटक, ओडिशा में लोकप्रिय हो रही है यह अक्टूबर-नवम्बर में बोई जाती है और 15-16 महीने में तैयार हो जाती है।

गन्ने में बीज बनते हैं, लेकिन वह अंकुरण के योग्य नहीं रहता। गन्ने में कुछ हॉर्मोन होते हैं जो पौधों में ऊपर से नीचे की तरफ चलते हैं तथा इनका प्रभाव नीचे की आँखों पर प्रतिकूल पड़ता है।

ये हॉर्मोन आँखों को विकसित होने से रोकते हैं। इसीलिए **गन्ने को काटकर** बोया जाता है। गन्ने का तीन आँख वाला टुकड़ा बुवाई के लिए अच्छा रहता है।

गन्ने के टुकड़ों को **बीज** कहते हैं। ये 10 महीने पुरानी फसल से तैयार किए जाते हैं जो रोग हीन व कीट बाधा रहित होते हैं।

बीज को बोने से पहले कवक से बचाने के लिए **एगलाल** तथा **ऐराटान** रसायनों से उपचारित करते हैं।

एगलाल की 0.5% या ऐराटान की 0.25% मात्रा के घोल में 5 मिनट के लिए टुकड़ों को डुबोकर बोते हैं। मृदा में दीमक आदि से बचाने के लिए **BHC घोल** में या चारकोल के घोल से टुकड़ों को उपचारित करते हैं। गन्ने के ऊपरी तने के टुकड़ों में अंकुरण इसलिए अच्छा होता है कि ऊपरी भाग में **ग्लूकोज की मात्रा** अधिक होती है, जिससे अंकुरण के लिए तुरन्त ऊर्जा मिलती है। अधिक नमी व नाइट्रोजन की मात्रा भी पाई जाती है, जिससे ऊपर का 1/2 भाग गन्ने की बुवाई के लिए उपयुक्त होता है।

- जिस गन्ने में फूल आ गए हों उसे बुवाई के लिए प्रयोग नहीं करते, क्योंकि पिथ बन जाता है और पोषक तत्त्वों की कमी होती है। गन्ने में फूल फरवरी में आता है। जलमग्न क्षेत्रों से गन्ने का बीज नहीं लेना चाहिए। गन्ने की पतली किस्म से बीज लेना चाहिए, जिससे बीज कम लगता है। बीज के तने की लम्बाई 30-45 सेमी रखते हैं।
- एक हेक्टेयर क्षेत्र की बुवाई के लिए **35 से 40 हजार** तीन आँख वाले टुकड़ों की आवश्यकता पड़ती है या 75-80 कुन्तल/हेक्टेयर। दो आँख वाले टुकड़ों की संख्या **40 से 60** हजार प्रति हेक्टेयर लेते हैं। अगर सिर्फ गन्ने का ऊपरी भाग बीज के लिए प्रयोग करना हो तो 20-30 कुन्तल टुकड़े प्रयोग करते हैं।

बुवाई की विधियाँ

1. **समतल विधि** इस विधि में 8-10 सेमी गहरी नाली (उथली) में 75-90 सेमी के क्षेत्र में प्रचलित है।
2. **कूँड विधि** इस विधि में 10-15 सेमी गहरी उत्तरी भारत में 20 सेमी (लगभग) दक्षिण में रिज में गन्ने की बुवाई करते हैं। यह विधि पूर्वी उत्तर प्रदेश, प्रायद्वीपीय भारत में, भारी मृदा में प्रयोग की जाती है।
3. **ट्रेन्च विधि** यह विधि तटीय क्षेत्रों व अन्य भागों में जहाँ फसल बहुत लम्बी बढ़ जाती है और तेज हवा (वर्षा के मौसम) से गिर जाने का

भय रहता है, वहाँ प्रयोग की जाती है। इसमें 20-25 सेमी गहरी ट्रेन्च बनाई जाती है, तब गन्ने की बुवाई करते हैं। इसे जावा विधि भी कहते हैं।

4. **रेयूनगनस विधि** भारत में वर्ष **1968 में** (IISR) के द्वारा अपनाई गई। इस विधि में बुवाई के 4-6 सप्ताह पहले गन्ने के ऊपरी भाग को (अगोला) काट देते हैं, जिससे कलिका फूट जाती हैं। फिर उसे काटकर बोने के लिए प्रयोग करते हैं। अंकुरित भाग को रेयूनगनस कहते हैं, जिसे काटकर बोया जाता है।
   इण्डियन इन्स्टीट्यूट ऑफ सुगरकेन रिसर्च (IISR) लखनऊ में स्थित है।
5. **पर्था विधि** दक्षिण तमिलनाडु में जुलाई से नवम्बर तक वर्षा के कारण बुआई में बाधा पड़ती है। कभी-कभी जनवरी के मध्य तक परेशानी होती है। इस समस्या से निपटने के लिए पार्थसार्थी ने वर्ष 1961 में यह विधि निकाली। इस विधि में खेत को मेड़ों व कूडों में बाँटा गया और 3 कलिका वाले तनों को मेड़ों पर 45° कोण के झुकाव पर इस तरह बोते हैं कि कम से कम एक कलिका रिज से ऊपर रहे। 5-6 सप्ताह बाद शूट्स निकलते हैं, इसके और 5-6 सप्ताह बाद या जब पौधे की ऊँचाई 20-25 सेमी की हो जाए टुकड़ों को क्षैतिज दिशा में दबाते हैं।
6. **पौध रोपण विधि** यह विधि IISR लखनऊ द्वारा विकसित की गई। इस विधि में एक कलिका वाले तने नर्सरी में बोते हैं,
   pees 20 कुन्तल/हेक्टेयर या 18,000 टुकड़े/हेक्टेयर लिए जाते हैं तथा 45-60 दिन बाद मुख्य खेत में रोपाई करते हैं।
7. **जेबलॉक विधि** यह रेयूनगनस विधि का सुधरा रूप है।
   इस विधि में गन्ने के तने को उसकी लम्बाई का आधा काटते हैं और ऊर्ध्वाधर बुवाई करते हैं। इसमें एक गाँठ भूमि में नीचे रखते हैं जड़ निकलने के लिए और अच्छी तरह सिंचाई व पोषक तत्त्व देते हैं। अब मदर केन व जेबलॉक की ऊपर कलिका को टुकड़ों में काटकर रेयूनगनस की तरह बोते हैं।
8. **ढलगिन विधि** यह विधि **इलाहाबाद कृषि संस्थान, इलाहाबाद** द्वारा विकसित की गई। इसमें छिले हुए गन्ने के सबसे ऊपरी भाग से पर्वसन्धियाँ इकट्ठी करते हैं और गेहूँ की चार पंक्तियों के बाद एक पंक्ति गन्ने की 90 × 50 सेमी दूरी पर बोई जाती है। दक्षिण भारत में काली मिट्टी में गन्ने की बुआई गड्ढों में करते हैं, तैयार गड्ढों में 5 गन्ने के टुकड़ों की बुवाई करते हैं।

गन्ना शरद ऋतु में थोड़ा उथला तथा वसन्त ऋतु में गहरा बोया जाता है, क्योंकि वसन्त की तुलना में शरद ऋतु में नमी अधिक होती है।

गन्ने में 90-110 किग्रा नाइट्रोजन, 180-300 किग्रा फॉस्फोरस, 60-180 किग्रा पोटाश तथा 30-90 किग्रा कैल्शियम देते हैं।

फॉस्फोरस व **कैल्शियम** गन्ने में उपज को बढ़ाते हैं। चीनी की मात्रा भी बढ़ती है।

अधिक नाइट्रोजन से चीनी की मात्रा में कमी आ जाती है।

फॉस्फोरस व पोटाश से पौधे की वृद्धि रुक जाती है।

गन्ने को गिरने से बचाने के लिए कई पत्तियों को मिलाकर तनों को बाँध देते हैं, जिससे गन्ने के गिरने का भय नहीं रहता है।

गन्ने को इस तरह बाँधना चाहिए कि हरी-हरी पत्तियाँ एक समूह में जमा न हो पाएँ अन्यथा प्रकाश संश्लेषण की क्रिया कम हो जाएगी।

गन्ने में **प्रोपिंग** की क्रिया तेज धूप, वर्षा व कीट-पतंगों के प्रकोप से बचाने के लिए करते हैं।

इस प्रक्रिया में गन्ने के तने को सूखी पत्तियों से ढक दिया जाता है।

किस्में

को-1148, को-1158, को-7314, को-7321, को-7717, को-62399, को जे-46, को जे-64, को जे-67, बो-91, बो-99, को-1007, को-975, बो-54, बो-70, को-740, को-7508, को-62175, को-6304, को सी-671, को एम-7125 आदि।

- Bo-99 में चीनी की मात्रा अधिक होती है।
- गन्ने में मिट्टी चढ़ाने का कार्य जुलाई तक पूरा कर देना चाहिए।
- गन्ने में बुवाई के एक सप्ताह बाद गुड़ाई करते हैं, इसे **अन्धी गुड़ाई** कहते हैं।
- इस गुड़ाई का मुख्य उद्देश्य खरपतवार नियन्त्रण है। इसे अंकुरण से पहले करते हैं,
- खरपतवार नियन्त्रण के लिए सिमेजिन का छिड़काव करते हैं।

रोग

रेड रॉट

- यह रोग *कोलेटोट्राइकम फाल्केटम* कवक द्वारा होता है, इससे गन्ने की फसल को काफी हानि होती है।
- रेड रॉट रोग **जुलाई** में दिखाई देता है और पकने तक रहता है, तने के रोगी ऊतक एल्कोहलिक गन्ध छोड़ते हैं।
- गन्ने का **स्मट** रोग *अस्टिलैगो स्टिमिनिया* कवक द्वारा होता है, इस रोग का प्रकोप अप्रैल से जुलाई तक होता है।
- गन्ने में एल्बिनो या ग्रासी शूट रोग द्वारा होता है। इससे प्रभावित पौधे में से पतले-पतले बहुत सारे कल्ले निकलते हैं।
- बौना पैडी रोग विषाणु द्वारा होता है।
- गन्ने में लाल धारी रोग *जेन्थोमोनाज रूब्रीलिनेन्स* बैक्टीरिया द्वारा होता है।

महत्त्वपूर्ण तथ्य

- फसल पकने की जाँच हैड **रिफ्रैक्टोमीटर** द्वारा की जाती है। गन्ने का ब्रिक्स 16-18% होना चाहिए।
- जब गन्ने के तने से धात्विक आवाज आने लगे तो गन्ना पक जाता है।
- गन्ने से गुड़–9-10% (अधिकतम 15-18%)
- गन्ने के रस क्रिस्टेलाइज चीनी–62.5%, गन्ने में सुक्रोस–13-24%, रस से चीनी–6-10%, राब–रस की 18-20%, खोई–3.5%
- गन्ने की उपज 800-1000 कुन्तल/हेक्टेयर प्राप्त होती है। अधसाली फसल (18 महीने में) से दक्षिण में 1000-1200 कुन्तल/हेक्टेयर प्राप्त होती है।

कीट

- गुरदासपुर बोरर, रूट बोरर, टॉप बोरर, गन्ने की सफेद मक्खी आदि कीट हानि पहुँचाते हैं।
- **पाइरिला** गन्ने का हानिकारक कीट है, जो अप्रैल-मई में तथा दोबारा अगस्त-सितम्बर में दिखाई देता है।
- इस कीट के **निम्फ** व **प्रौढ़** दोनों पत्ती के नीचे के भाग का रस चूसते हैं।

अभ्यास प्रश्न

धान

1. निम्नलिखित में से कौन-सी फसल में खेरा रोग लगता है?
(a) गेहूँ में (b) धान में
(c) मक्का में (d) बाजरा में

2. धान की फसल में गन्धी बग आक्रमण करता है
(a) CRI अवस्था पर
(b) फूल आने से पहली अवस्था पर
(c) फूल आने से बाद की अवस्था पर
(d) दाना सख्त पड़ते समय

3. धान में कितने पुंकेसर पाये जाते हैं
(a) 3 पुंकेसर (b) 4 पुंकेसर
(c) 5 पुंकेसर (d) 6 पुंकेसर

4. रोपण विधि द्वारा बासमती धान की बीज दर होती है
(a) 25-30 किग्रा/हैक्टेयर
(b) 35-40 किग्रा/हैक्टेयर
(c) 45-60 किग्रा/हैक्टेयर
(d) 55-70 किग्रा/हैक्टेयर

5. धान के पौधों में पनिकल बनने की क्रिया आती है
(a) रोपाई के तुरन्त बाद
(b) अधिकतम कल्ले बनने के बाद
(c) क्लैथ के बाद
(d) रोपाई के बाद कभी भी

6. जीरो-टिल सीड-ड्रिल का प्रयोग बोने में होता है
(a) मक्का-गेहूँ फसल पद्धति में गेहूँ बोने के लिए
(b) मूँग-गेहूँ फसल पद्धति में गेहूँ बोने के लिए
(c) धान-गेहूँ फसल पद्धति में गेहूँ बोने के लिए
(d) उपरोक्त सभी फसल पद्धतियों में गेहूँ बोने के लिए

7. धान के खेतों में लेव (पडलिंग) लगाया जाता है
(a) जल रिसवा बढ़ाने के लिए
(b) जल रिसाव कम करने के लिए
(c) पोषक तत्त्वों की उपलब्धता
(d) सूक्ष्म जीवों की क्रियाशीलता बढ़ाने के लिए

8. धान के खेत में नाइट्रोजन की हानि सबसे अधिक होती है
(a) नाइट्रीकरण द्वारा
(b) विनाइट्रीकरण द्वारा
(c) अमोनीकरण द्वारा
(d) उपरोक्त सभी के द्वारा

9. ऊसर भूमि में मध्यम अवधि वाले धान की रोपाई हेतु धान की अनुशंसित उम्र है
(a) 20-25 दिन
(b) 25-30 दिन
(c) 30-35 दिन
(d) 40-45 दिन

10. अमन धान की रोपाई इन महीनों में की जाती है
(a) जून-जुलाई (b) अप्रैल-मई
(c) नवम्बर-दिसम्बर (d) अगस्त-सितम्बर

11. धान में पानी के लिए क्रान्तिक अवस्था है
(a) बूटिंग अवस्था
(b) फूल आने की अवस्था
(c) अंकुरण
(d) उपरोक्त में से कोई नहीं

12. धान के खेत से कौन-सी गैस निकलती है?
(a) एथेन (b) मेथेन
(c) ऑक्सीजन (d) CO_2

13. स्वस्थ धान की जड़ों का रंग होता है
(a) सफेद (b) आसमानी
(c) रक्ताभ बादमी (d) इनमें से कोई नहीं

14. भारत के किस राज्य में धान की तीन फसलें उगायी जाती हैं ?
(a) उत्तर प्रदेश में (b) पश्चिम बंगाल में
(c) उड़ीसा में (d) आन्ध्र प्रदेश में

15. 'डैपोग' विधि से उगायी गयी धान की बेहन रोपाई के लिए तैयार होती है
(a) 6-10 दिनों में
(b) 11-14 दिनों में
(c) 15-19 दिनों में
(d) 20-24 दिनों में

16. निम्न में से कौन-सी प्राचीन फसल है?
(a) मक्का (b) आलू (c) गेहूँ (d) धान

17. प्रकाश संवेदनहीन फसल है
(a) धान (b) गेहूँ
(c) मटर (d) अरहर

18. उकठा रोग किस फसल में लगता है?
(a) गेहूँ (b) धान
(c) मटर (d) सोयाबीन

19. धान के प्रमाणित बीज के लिए पृथक्करण दूरी है
(a) 50 मीटर (b) 20 मीटर
(c) 10 मीटर (d) 3 मीटर

20. संकर धान की खेती का सर्वाधिक प्रचलन है
(a) जापान में (b) कोरिया में
(c) चीन में (d) भारत में

21. निचली भूमि की धान की खड़ी फसलों में भूमि की अवशेष नमी का उपयोग करने के लिए बोई फसल को कहते हैं
(a) शिकारी फसल (b) पाड़रा फसल
(c) अन्तर्वर्ती (d) नाभिक फसल

22. 'साकेत-4' धान की किस्म पक कर तैयार होती है
(a) 100-120 दिन में (b) 75-100 दिन में
(c) 120-140 दिन में (d) 140 दिन में

23. धान की नर्सरी उगाने की डैपोग विधि का प्रादुर्भाव कहाँ से हुआ?
(a) फिलीपीन्स (b) भारत
(c) जापान (d) चीन

24. भारत में किस फसल का अधिकतम क्षेत्र और उत्पादन है?
(a) गेहूँ (b) मक्का
(c) धान (d) सोरघम

25. किस फसल में नील हरित शैवाल का उपयोग, जैविक उर्वरक के रूप में सबसे अधिक लाभप्रद होगा?
(a) मक्का (b) आलू
(c) धान (d) गन्ना

26. धान की पौध मिट्टी रहित माध्यम में उगाने की विधि को कहते हैं
(a) गीली विधि (b) सूखी विधि
(c) 'a' व 'b' दोनों (d) डैपोग विधि

27. गोल्डन धान में प्रचुर मात्रा में पाया जाता है
(a) विटामिन 'ए' (b) विटामिन '$बी_{12}$'
(c) विटामिन 'सी' (d) विटामिन 'के'

28. बुशनिंग क्रिया की जाती है
(a) गेहूँ में (b) धान में
(c) मक्का में (d) बाजरे में

29. धान की फसल के लिए सबसे उपयुक्त खरपतवारनाशी है
(a) ब्यूटाक्लोर (b) सेंकार
(c) 2, 4-डी (d) गोल

30. 'प्रगति' प्रजाति है
(a) सूरजमुखी की (b) सरसों की
(c) मक्का की (d) धान की

31. धान की नर्सरी में एक क्यारी का आकार निम्न में से होता है
(a) 1×10 वर्ग मीटर (b) 1×15 वर्ग मीटर
(c) 1×20 वर्ग मीटर (d) 1×25 वर्ग मीटर

32. धान की बौनी बासमती प्रजाति नहीं है
(a) हरियाणा बासमती-1 (b) पूसा बासमती-1
(c) कस्तूरी (d) मनहर

33. 9 मीटर गहरे पानी में उगाने योग्य धान की प्रजाति है
(a) नगीना 12 (b) जयसुरिया
(c) आई०ई०टी० 62/2 (d) इनमें से कोई नहीं

34. पानी भरे खेत में यूरिया का प्रयोग किया जाता है
(a) घोल द्वारा (b) बखेर द्वारा
(c) पौधे के पास (d) इनमें से कोई नहीं

35. सर्वाधिक धान उत्पन्न करने वाला राज्य है
(a) आन्ध्र प्रदेश (b) पंजाब
(c) पश्चिमी बंगाल (d) उत्तर प्रदेश

गेहूँ

1. कल्याण सोना निम्नलिखित में से किस फसल की किस्म है ?
(a) जौ (b) धान (c) मक्का (d) गेहूँ

2. गेहूँ में हरित क्रान्ति का आधारीय श्रेय है
(a) अधिक उपज देने वाली प्रजातियों का अधिक प्रयोग
(b) एन.पी.के. उर्वरकों का अधिक प्रयोग
(c) पौधे सुरक्षा रसायनों का अधिक प्रयोग
(d) सिंचाई की अधिक उपलब्धता

3. किस प्रदेश में गेहूँ का सर्वाधिक क्षेत्र है ?
(a) मध्य प्रदेश में (b) उत्तर प्रदेश में
(c) बिहार में (d) पंजाब में

4. करनाल बन्ट बीमारी है
(a) ज्वार की (b) जई की
(c) गेहूँ की (d) सरसों की

5. भारत की हरित क्रान्ति में किस फसल का योगदान अधिकतम है ?
(a) धान (b) गेहूँ
(c) आलू (d) सोयाबीन

6. गेहूँ की खेती हेतु उपयुक्त तापमान है
(a) 30-35° सेन्टीग्रेड (b) 16-25° सेन्टीग्रेड
(c) 25-30° सेन्टीग्रेड (d) 35-40° सेन्टीग्रेड

7. 25-30 किग्रा गेहूँ का बीज प्रति हैक्टेयर आवश्यक है
(a) बखेर कर (b) ड्रिल द्वारा
(c) डिबलर द्वारा (d) इनमें से कोई नहीं

8. सबसे अधिक गेहूँ की उपज वाला भारतीय राज्य है
(a) पंजाब (b) हरियाणा
(c) गुजरात (d) मध्य प्रदेश

9. विश्व में सबसे अधक उपज (गेहूँ) वाला देश है
(a) भारत (b) कनाडा
(c) ऑस्ट्रेलिया (d) जाम्बिया

10. बौने (छोटे) गेहूँ में कुल सिंचाई आवश्यक है
(a) 3 (b) 4 (c) 5 (d) 6

11. गेहूँ की बौनी किस्म का जन्म स्थान है
(a) भारत (b) रूस
(c) कनाडा (d) मैक्सिको

12. भारत में बौनी प्रजातियाँ आयात की गयी हैं
(a) लरमा रोजो (b) सोनोरो-64
(c) एस-227 (d) ये सभी

13. गेहूँ संसार के लोगों का भोजन है
(a) 15 % का (b) 25 % का
(c) 35 % का (d) 45 % का

14. गेहूँ की ड्यूरम प्रजाति कौन-सी है ?
(a) एच.डी.-2285
(b) सोनालिका
(c) एच.पी.1209
(d) मेघदूत

15. कल्याण सोना एक किस्म है
(a) गेहूँ की (b) धान की
(c) मक्का की (d) ज्वार की

16. निम्न में से गेहूँ की कौन-सी किस्म असिंचित क्षेत्रों के लिए है ?
(a) एच.डी.-2285
(b) एच.डी.-2009
(c) मुक्ता (एच.आई.-385)
(d) उपरोक्त में से कोई नहीं

17. गेहूँ की अधिक उपज प्राप्त करने के लिए प्रतिवर्ग मीटर क्षेत्र में बालियों की संख्या होनी चाहिए
(a) 100-150 (b) 200-250
(c) 400-450 (d) 600-650

18. गेहूँ में चौड़ी पत्ती वाले खरपतवारों के नियन्त्रण हेतु कौन-सा खरपतवारनाशी उपयुक्त है ?
(a) 2, 4-डी (b) आइसोप्रोट्यूरान
(c) एट्राजिन (d) एम०सी०पी०बी०

19. गेहूँ की एक जीन बौनी किस्म है
(a) एच.डी.-2285 (b) पताप
(c) कल्याण सोनर (d) मालवीय-12

20. गेहूँ की फसल के लिए सामान्यत: कितनी सिंचाइयों की आवश्यकता होती है?
(a) 5 (b) 6
(c) 4 (d) 2

मक्का

1. मक्का के पौधे में
(a) सिल्क पहले निकलता है
(b) टैसेल पहले निकलता है
(c) उपरोक्त दोनों साथ-साथ निकलते हैं
(d) उपरोक्त में से कोई नहीं

2. मक्का के पौधे की ऊपरी पत्तियों के मध्य शिराओं पर अनियमित विकृत धब्बे कौन-से पोषक तत्त्व की कमी दर्शाते हैं ?
(a) कॉपर (b) मॉलिब्डिनम
(c) मैंगनीज (d) बोरॉन

3. संकुल जातियों में बीज दर रखी जाती है
(a) 20-25 किग्रा/हैक्टेयर
(b) 15-20 किग्रा/हैक्टेयर
(c) 40-45 किग्रा/हैक्टेयर
(d) 10-15 किग्रा/हैक्टेयर

4. 'स्वेता' किस फसल की कम्पोजिट प्रजाति है ?
(a) ज्वार (b) बाजरा
(c) मक्का (d) रागी

5. निम्नलिखित में से कौन-सा एक जीन मक्के में उच्च प्रोटीन मिस्री के उत्पादन में प्रयोग किया था ?
(a) R Hit-1
(b) डी.जी. वू जेन
(c) ओपेक-2
(d) नोरिन

6. मक्का की महत्त्वपूर्ण किस्में जवाहर, विक्रम, किसान और सोना हैं
(a) द्विसंकर हाइब्रिड
(b) संश्लिष्ट किस्में
(c) मिश्रित किस्में
(d) एकल-संकर हाइब्रिड

7. संकुल और संश्लिष्ट किस्मों का निम्नांकित में से किसमें उपयोग होता है ?
(a) चावल (b) गेहूँ
(c) मक्का (d) मक्का

8. निम्न में से कौन-सी सभी ऋतुओं में बोई जाती है ?
(a) गन्ना (b) मूँगफली
(c) मसूर (d) मक्का

9. निम्न में से कौन-सी मक्का की हाइब्रिड नहीं है ?
(a) गंगा (b) किसान
(c) संगम (d) हाई-स्टार्च

10. मक्के की निम्नलिखित जड़ों में से कौन एक मक्के के पौधे को खड़ा रखने में सहायक होती है ?
(a) सेमिनल जड़ें (b) ताजकीय जड़ें
(c) टेक जड़ें (d) इनमें से कोई नहीं

11. मक्का-गेहूँ + चना-मूँग की फसल चक्र गहनता है
(a) 200 % (b) 250 %
(c) 300 % (d) 400 %

12. उच्च दाने की गुणवत्ता वाली मक्के की किस्म 'प्रोटीना' है
(a) संकर प्रजाति
(b) संश्लिस्ट प्रजाति
(c) संकुल प्रजाति
(d) मुक्त परागित प्रजाति

13. भारत में मक्का की खेती शुरू की गयी
(a) बारहवीं शताब्दी में (b) चौदहवीं शताब्दी में
(c) सोलहवीं शताब्दी में (d) इनमें से कोई नहीं

14. भारत में मक्का का पैदावार की दृष्टि से स्थान है
(a) प्रथम (b) द्वितीय (c) तृतीय (d) चतुर्थ

15. भुट्टों की उपयुक्त प्रजाति का उदाहरण है
(a) गंगा-2 (b) विजय
(c) तरुण (d) ये सभी

16. वी०एल०-42 एक मक्का की प्रजाति है
(a) पर्वतीय प्रजाति (b) मैदानी प्रजाति
(c) तरबी प्रजाति (d) इनमें से कोई नही

17. मक्का में कार्बोहाइड्रेट्स की प्रतिशत मात्रा होती है
(a) 68.9 (b) 78.9 (c) 78.0 (d) 79.0

18. मक्का का औद्योगिक उपयोग निम्न में किस उद्योग में होता है ?
(a) गोंद रंग (b) शराब-स्टार्च
(c) रेयन-प्लास्टिक (d) ये सभी

19. मक्का की संकर प्रजातियों की पंक्ति से पंक्ति एवं पौधे से पौधे की दूरी रखते हैं
(a) 45×20 सेमी (b) 60×20 सेमी
(c) 80×20 सेमी (d) 100×20 सेमी

20. संकुल मक्का में प्रति हैक्टेयर उर्वरक आवश्यक होता है
(a) 120, 60, 60 किग्रा (b) 80,40, 40 किग्रा
(c) 60, 30, 30 किग्रा (d) 40, 20, 20 किग्रा

जौ

1. कौन-सी फसल सर्वाधिक लवणता रोधी है ?
(a) सूर्यमुखी (b) जौ
(c) चावल (d) मूँगफली

2. कलिपर रणजीत किस फसल की किस्में हैं ?
(a) जौ (b) मटर
(c) राजमा (d) धान

3. जौ की छिलका रहित प्रजाति है
(a) मन्जुला (b) के.के. 141
(c) डोलमा (d) आर.एस. 6

4. प्लाण्ट वैक्स के दो-तीन छिड़काव से निम्न में से किस रोग का नियन्त्रण होता है?
(a) छितरा काण्ड (b) पीला रतुआ
(c) धारीदार पत्ती (d) इनमें से कोई नहीं

5. बरानी जौ के लिए वर्षा के शीघ्र बाद जुताई करके पाटा चलाया जाता है
(a) घास नष्ट करने हेतु
(b) नमी संरक्षण हेतु
(c) कीट नियन्त्रण हेतु
(d) बीमारी नियन्त्रण हेतु

6. सिंचित जौ को बोया जाता है
(a) अक्टूबर में (b) नवम्बर में
(c) दिसम्बर में (d) इन तीनों में

7. ऊसरीले क्षेत्र के लिए उपयुक्त जौ की प्रजाति है
(a) आजाद और के-141
(b) विजय और रत्ना
(c) ज्योति और करण -3
(d) जागृति और करन-18

8. बीयर बनाने के लिए उपयोग में लाया जाता है
(a) गेहूँ (b) जौ
(c) अंगूर (d) गुड़

9. बीटा-बैक्स (20%) से बीज उपचारित करने पर जौ में निम्न में से किसका नियन्त्रण होता है ?
(a) छितरा कण्ड (b) आवृत्त
(c) पीला रतुआ (d) ये दोनों

10. जौ की दो कतारों के बीच की दूरी होती है।
(a) 10 सेमी (b) 20 सेमी
(c) 30 सेमी (d) 40 सेमी

11. रत्ना एक प्रजाति है
(a) चने की (b) जौ की
(c) मूँग की (d) सोयाबीन की

12. जौ के लिए निम्न में से कौन-सी जलवायु आवश्यक है ?
(a) ठण्डी व नम (b) गर्म व शुष्क
(c) गर्म व नम (d) इनमें से कोई नहीं

13. निम्न में से बरानी फसल है
(a) गेहूँ (b) धान
(c) मक्का (d) जौ

14. डी०एल० 157 की औसत उपज होती है
(a) 20 कुन्तल/हैक्टेयर (b) 25 कुन्तल/हैक्टेयर
(c) 29 कुन्तल/हैक्टेयर (d) 31 कुन्तल/हैक्टेयर

15. हार्डियम वल्गेयर की गुणसूत्र संख्या होती है
(a) $2n = 14$ (b) $2n = 48$
(c) $2n = 36$ (d) $2n = 18$

16. जौ की उत्परिवर्तित किस्म है
(a) अम्बर (b) हिमानी
(c) BM-10 (d) कैलाश

17. जौ से माल्ट बनाने के लिए उपयुक्त प्रजाति है
(a) रतन (b) अम्बर (c) करन (d) ये सभी

18. जौ के दानों में प्रोटीन पायी जाती है
(a) 12 % (b) 11 % (c) 75 % (d)15 %

19. भारत में जौ सबसे अधिक किस राज्य में उगाया जाता है ?
(a) मध्य प्रदेश में (b) उत्तर प्रदेश मं
(c) महाराष्ट्र में (d) राजस्थान में

20. जौ में कार्बोहाइड्रेट पाया जाता है
(a) 11 % (b) 75 % (c) 1.3 % (d) 12 %

मसूर

1. दलहनी फसलों में किसका महत्त्वपूर्ण स्थान है?
(a) मूंग (b) चना दाल
(c) मसूर (d) अरहर

2. मसूर उत्पादन में भारत का विश्व में कौन-सा स्थान है?
(a) पहला (b) दूसरा
(c) चौथा (d) पाँचवाँ

3. कौन-सी मसूर की प्रमुख किस्में है?
(a) एल.एल.-147 व पंत एल-406
(b) एडब्ल्यूबीएल-58 व एचयूएल-671
(c) जेएलएस-1 व सीहारे-74-3
(d) उपरोक्त सभी

4. मसूर घी बुवाई के समय उन्नत किस्मों के कितने बीज प्रति हेक्टेयर की आवश्यकता होती है?
(a) 10-15 किग्रा बीज/हेक्टेयर
(b) 15-20 किग्रा बीज/हेक्टेयर
(c) 30-35 किग्रा बीज/हेक्टेयर
(d) उपरोक्त में से कोई नहीं

5. मसूर के सिचिंत क्षेत्रों में कितनी सिंचाई की आवश्यकता होती है?
(a) 1-2 सिंचाई की (b) 3-4 सिंचाई की
(c) 6-7 सिंचाई की (d) इनमें से कोई नहीं

चना

1. अवरोधी किस्म है
(a) चना (b) मटर
(c) मूँगफली (d) लोबिया

2. दलहनी फसलों में उत्तर प्रदेश में अधिकतम क्षेत्रफल है
(a) मूग का (b) उर्द का
(c) अरहर का (d) चने का

3. भारत की मुख्य दलहन फसल कौन-सी है?
(a) चना (b) उर्द
(c) मूँग (d) कपास

4. चने के पौधे मुरझाकर सूखने का सम्भावित कारण है
(a) झुलसा के कारण (b) अंगमारी के कारण
(c) उकठा के कारण (d) ये तीनों के कारण

5. मध्य प्रदेश के लिए चने की कौन-सी नवीनतम उन्नतम म्यूमेन्ट किस्म है?
(a) पूसा - 408 (अजय)
(b) पूसा - 413 (अतुल)
(c) पूसा - 417 (गिरनार)
(d) उपरोक्त में से कोई नहीं

6. चने को नाइट्रोजन की आवश्यकता है
(a) बहुत अधिक (b) अधिक
(c) कम (d) बिल्कुल नहीं

7. बुआई के समय दीमक से बचाव हेतु बी.एच.सी. (10%) प्रयोग किया जाता है
(a) 15 किग्रा/हैक्टेयर (b) 20 किग्रा/हैक्टेयर
(c) 25 किग्रा/हैक्टेयर (d) 30 किग्रा/हैक्टेयर

8. काबुली चने की बीज दर प्रति हैक्टेयर होती है
(a) 50 किग्रा (b) 75 किग्रा
(c) 100 किग्रा (d) 125 किग्रा

9. चने का मुख्य कीट है
(a) गुझिया बीविल
(b) कटुआ कीट
(c) फली बेधक
(d) उपरोक्त तीनों

10. निरोगी अनाज है
(a) गेहूँ (b) जौ (c) चना (d) चावल

11. चने में एक निराई-गुड़ाई बुआई के कितने दिन बाद की जानी चाहिए?
(a) 25-30 दिन बाद (b) 30-35 दिन बाद
(c) 35-40 दिन बाद (d) इनमें से कोई नहीं

12. चने में जब पौधे कुछ बड़े हो जाएँ तो उनकी शीघ्र शाखा तोड़ी जाती है
(a) 5-10 सेमी (b) 10-15 सेमी
(c) 15-20 सेमी (d) 20-25 सेमी

13. भारत में दालों की पैदावार में किस दलहनी फसल का सबसे अधिक अंशदान माना गया है?
(a) अरहर का (b) उड़द का
(c) चने का (d) मूँग का

14. चने के लिए अच्छी मृदा मानी गयी है
(a) बलुई (b) दोमट
(c) चिकनी (d) ये सभी

15. चने के बीज के अंकुरण के लिए तापमान आवश्यक है
(a) 20° - 30 ° सेन्टीग्रेड
(b) 15° - 20 ° सेन्टीग्रेड
(c) 30° - 35 ° सेन्टीग्रेड
(d) उपरोक्त में से कोई नहीं

16. मध्य प्रदेश के लिए चने की सर्वोत्तम उन्नत प्रजाति है
(a) पूसा-256 (b) पूसा-209
(c) पूसा-267 (d) ये तीनों

17. यदि आवश्यक हो तो चने में प्रथम सिंचाई बुआई के कितने दिन बाद की जाती है?
(a) फूल आते समय
(b) फल बनते समय
(c) फली पूर्ण बन जाने पर
(d) उपरोक्त में से कोई नहीं

18. चने वाली मृदा में ढेलों का आधार रखा जा सकता है
(a) 1 सेमी (b) 2 सेमी (c) 3 सेमी (d) 5 सेमी

19. बारानी क्षेत्रों में चने का बोने का उचित समय है
(a) अक्टूबर का प्रथम पखवाड़ा
(b) अक्टूबर का द्वितीय पखवाड़ा
(c) नवम्बर का प्रथम पखवाड़ा
(d) नवम्बर का द्वितीय पखवाड़ा

20. भारत में चने का कुल उत्पादन होता है
(a) 24.3 (b) 36.4
(c) 56.8 (d) इनमें से कोई नहीं

21. चने में गिरनार प्रजाति की उपज है
(a) 21 कुन्तल/हैक्टेयर
(b) 25 कुन्तल/हैक्टेयर
(c) 35 कुन्तल/हैक्टेयर
(d) 39 कुन्तल/हैक्टेयर

22. उकठा विरोधी चने की प्रजाति है
(a) टाइप-1 (b) पूसा-417
(c) पूसा-209 (d) जे.जी.-74

23. 8.1% सिंचित मिट्टी में मध्य प्रदेश में दलहनी फसल रबी के रूप में उगायी जाती है
(a) सरसों (b) जौ (c) गेहूँ (d) ये तीनों

24. चने का संकुचित पूर्ण रोग फैलता है
(a) विषाणु द्वारा (b) जीवाणु द्वारा
(c) फंगस द्वारा (d) स्वयमेव

25. निम्न में बारानी फसल है
(a) मटर (b) चना
(c) मसूर (d) इनमें से कोई नहीं

गन्ना

1. गन्ने के टुकड़ों को बोने से पहले किस रसायन से उपचारित किया जाता है ?
(a) एल्ड्रीन से (b) एगलॉल से
(c) थाययूरिया से (d) जिनेब से

2. गन्ने की वृद्धि के लिए कितने उपयुक्त तापक्रम की आवश्यकता होगी ?
(a) 15-20°C (b) 20-25°C
(c) 25-30°C (d) 30-35°C

3. अन्धी गुड़ाई एक संस्तुत पद्धति है
(a) खरबूजा के लिए (b) गन्ना के लिए
(c) कपास के लिए (d) तम्बाकू के लिए

4. 'एकसाली' विधि द्वारा पौध लगाई जाती है
(a) तम्बाकू की (b) चुकन्दर की
(c) गन्ने की (d) चाय की

5. किस फसल में लाल सड़न रोग होता है ?
(a) चुकन्दर (b) आलू
(c) गन्ना (d) इनमें से कोई नहीं

6. बुआई के लिए गन्ने का कौन-सा भाग प्रयोग किया जाता है ?
(a) ऊपरी भाग (b) निचला भाग
(c) बीच का मार्ग (d) गन्ने का पूरा

7. गन्ने के चारों ओर बोई गई पटसन की फसल को कहते हैं
(a) सहचर शस्य (b) सहायक शस्य
(c) ट्रेप शस्य (d) रक्षक शस्य

8. ऐरोइंग का सम्बन्ध है
(a) गन्ना से (b) धान से
(c) गेहूँ से (d) ज्वार से

9. गन्ने की कौन-सी प्रजाति जल्दी तैयार होती है?
(a) सी.ओ.-975 (b) सी.ओ.-7717
(c) सी.ओ.-1158 (d) सी.ओ.-1184

10. मध्य प्रदेश में गन्ने की फसल में सिंचाइयों की उपयुक्त संख्या है
(a) 4-6 (b) 6-8
(c) 8-10 (d) 15-20

11. गन्ने में खरपतवार नियन्त्रण हेतु गुड़ाइयाँ अनुशंसित हैं
(a) 2-3 (b) 3-4
(c) 4-5 (d) 6

12. भारत में सबसे अधिक गन्ना पैदा करने वाला राज्य है
(a) मध्य प्रदेश (b) उत्तर प्रदेश
(c) महाराष्ट्र (d) तमिलनाडु

13. गन्ने की अच्छी पैदावार के लिए उपयुक्त तापमान है
(a) 20-30° सेग्रे (b) 26-32° सेग्रे
(c) 15-20° सेग्रे (d) 35-40° सेग्रे

14. रिजर का प्रयोग गन्ने की फसल में किस समय करते हैं ?
(a) कटाई के समय
(b) गुड़ाई के समय
(c) बुआई के समय
(d) छिड़काव के समय

15. गन्ने के पायरिला परजीवी के अण्डों का रंग होता है
(a) हल्का पीला (b) काला चमकीला
(c) भूरा मटमैला (d) हरा

16. अगर पायरिला का उग्र आक्रमण हो तो इसके बचाव के लिए
(a) 10 किग्रा यूरिया का बुरकाव करें
(b) राख की धूल फेंकें
(c) 25 किग्रा सेविन धूल (10%) हैक्टेयर का बुरकाव करें
(d) उपरोक्त में से कोई नहीं

17. गन्ने के साथ निम्न में से कौन-सी फसल ली जा सकती है ?
(a) सरसों (b) चना
(c) मूँग (d) ये सभी

18. गन्ने में लगी दीमक को नष्ट किया जा सकता है
(a) गोबर की खाद डालकर
(b) 30 किग्रा एल्ड्रिन (5%) या बी०एच०सी० (5%) हैक्टेयर खेत की तैयारी के समय
(c) राख बुरककर
(d) तम्बाकू का घोल दीमक पर डालकर

19. गन्ने में घासवत और चौड़ी पत्ती वाले दोनों प्रकार के खरपतवारों के नियन्त्रण हेतु निम्न में से कौन-सी दवाई प्रयोग करनी चाहिए ?
(a) अट्राजीन (1 किग्रा) + 2, 4-डी (1 किग्रा)
(b) अट्राजीन (1 किग्रा) + 2, 4-डी (2 किग्रा)
(c) अट्राजीन (2 किग्रा) + 2, 4-डी (1 किग्रा)
(d) अट्राजीन (2 किग्रा) + 2, 4-डी (2 किग्रा)

20. भारत में गन्ने का सर्वाधिक क्षेत्र
(a) महाराष्ट्र में है (b) उत्तर प्रदेश में है
(c) हरियाणा में है (d) पंजाब में है

उत्तरमाला

धान

1. (b)	2. (d)	3. (d)	4. (b)	5. (c)	6. (c)	7. (b)	8. (b)	9. (d)	10. (d)
11. (a)	12. (b)	13. (c)	14. (b)	15. (b)	16. (d)	17. (a)	18. (b)	19. (d)	20. (c)
21. (b)	22. (a)	23. (a)	24. (c)	25. (c)	26. (d)	27. (a)	28. (b)	29. (a)	30. (d)
31. (a)	32. (d)	33. (b)	34. (a)	35. (c)					

गेहूँ

1. (d)	2. (a)	3. (d)	4. (c)	5. (b)	6. (c)	7. (d)	8. (a)	9. (d)	10. (d)
11. (d)	12. (d)	13. (c)	14. (d)	15. (a)	16. (c)	17. (d)	18. (a)	19. (b)	20. (b)

मक्का

1. (b)	2. (c)	3. (b)	4. (c)	5. (c)	6. (b)	7. (c)	8. (d)	9. (b)	10. (c)
11. (c)	12. (a)	13. (c)	14. (d)	15. (d)	16. (a)	17. (b)	18. (d)	19. (b)	20. (b)

जौ

1. (b)	2. (a)	3. (a)	4. (b)	5. (b)	6. (a)	7. (d)	8. (b)	9. (b)	10. (c)
11. (b)	12. (c)	13. (d)	14. (b)	15. (a)	16. (c)	17. (b)	18. (b)	19. (b)	20. (b)

मसूर

1. (c)	2. (b)	3. (d)	4. (c)	5. (a)

चना

1. (a)	2. (d)	3. (a)	4. (b)	5. (c)	6. (c)	7. (c)	8. (b)	9. (d)	10. (c)
11. (a)	12. (b)	13. (c)	14. (b)	15. (a)	16. (a)	17. (b)	18. (d)	19. (b)	20. (c)
21. (c)	22. (b)	23. (b)	24. (a)	25. (b)					

गन्ना

1. (b)	2. (c)	3. (b)	4. (c)	5. (c)	6. (d)	7. (d)	8. (a)	9. (a)	10. (a)
11. (c)	12. (b)	13. (a)	14. (c)	15. (b)	16. (c)	17. (d)	18. (b)	19. (c)	20. (b)

अध्याय

04

मृदा विज्ञान
(Soil Science)

परिचय (Introduction)

मृदा लैटिन भाषा के 'सोलम' शब्द से लिया गया हैं, जिसका अर्थ फर्श या ऊपरी सतह से होता है अर्थात् मृदा पृथ्वी की सबसे ऊपरी परत होती है।

विभिन्न वैज्ञानिकों ने मृदा को निम्नानुसार परिभाषित किया है

'सामान्यत: पृथ्वी की सबसे ऊपरी सतह को ही मृदा कहा जाता है।'

'मृदा जैविक पदार्थों के साथ चट्टानों एवं खनिजों का सम्मिश्रण है।'

'मृदा पृथ्वी की सबसे ऊपरी सतह है, जिसमें पौधों की वृद्धि के लिए पोषक तत्त्व तथा खड़ा रहने के लिए यान्त्रिक आधार पाया जाता है।'

'यह एक प्राकृतिक पिण्ड हैं, जो प्राकृतिक पदार्थों पर प्राकृतिक शक्तियो ं के प्रभाव से उत्पन्न हुआ है। यह खनिज एवं जैविक अवयवों के विभिन्न गहराई वाले संस्तरों में विभक्त होती है तथा अपने पैतृक पदार्थों से गुण एवं संगठन में भिन्न होती है।'

'कृषि विज्ञान की उस शाखा को जिसके अन्तर्गत मृदा से संबधित अध्ययन किया जाता है। मृदा विज्ञान कहते हैं।' मृदा विज्ञान में मृदा से संबधित सभी प्रकार का अध्ययन सम्मिलित होता है।

मृदा का वर्गीकरण (Classification of Soil)

विश्व में मिट्टियों का वर्गीकरण विभिन्न आधारों पर किया गया है

1. प्रसिद्ध अमेरिकी विज्ञानी **सी एफ मारबुत** ने वर्ष 1938 में मृदा वर्गीकरण के व्यापक तन्त्र की योजना प्रस्तुत की। इस योजना को तन्त्र कहा जाता है, क्योंकि मृदाओं का वर्गीकरण की इस योजना का निर्माण अमेरिकी कृषि विभाग के तदत्वाधान में किया गया था
   - (i) मण्डलीय या प्रादेशिक मृदाएँ
   - (ii) अन्त:प्रादेशीय मृदाएँ
   - (iii) अमण्डलीय या अप्रादेशीय मृदाएँ

मृदा का यू स डी ए तन्त्र

इसके अन्तर्गत मिट्टियों को तीन भागों में बाँटा गया है

1. **मण्डलीय या प्रादेशिक मिट्टियाँ** इसके अन्तर्गत व मिट्टियाँ आती हैं, जिनका निर्माण अच्छे जल निकास की मिट्टियों में हुआ है, इसमें प्रौढ तथा पूर्णतया विकसित मिट्टियाँ आती हैं।
   - मण्डलीय मिट्टियों में मृदा परिच्छेदिका के प्राय: सभी संस्तरों का विकास हुआ रहता है।

   इस श्रेणी को छ: उप-श्रेणियों तथा 21 वृहद् मृदा वर्गों में बाँटा गया हैं

प्रादेशिक मृदाओं की उप-श्रेणियाँ तथा वृहद् वर्ग

मृदा की उप-श्रेणी	वृहद् मिट्टियाँ
शीत मण्डल की मिट्टियाँ	(i) टुण्ड्रा मिट्टियाँ
शुष्क प्रदेशों की हल्के रंग की मिट्टियाँ	(i) रेगिस्तानी मिट्टियाँ (ii) रेगिस्तानी लाल मिट्टियाँ (iii) सायरोजेम (iv) भूरी मिट्टियाँ (v) लाल-भूरी मिट्टियाँ
आर्द्र शुष्क, अर्द्ध आर्द्र तथा घास क्षेत्रों की गहरे रंग की मिट्टियाँ	(i) चेस्टनट मिट्टियाँ (ii) लाल चेस्टनट मिट्टियाँ (iii) चरनोजेम मिट्टियाँ (iv) प्रेयरी मिट्टियाँ (v) प्रेयरी लाल मिट्टियाँ
वन, घास क्षेत्रों एवं अवान्तर क्षेत्रों की मिट्टियाँ	(i) अवक्रमित चरनोजम मिट्टियाँ (ii) कैल्शियम रहित भूरी या शांतुग भूरी मिट्टियाँ
वनाच्छादित प्रदेशों की हल्के रंग वाली पॉडजॉल मिट्टियाँ	(i) पॉडजॉल मिट्टियाँ (ii) भूरी पॉडजॉल मिट्टियाँ (iii) घूसर मिट्टी
वनाच्छादित उपोष्ण एवं उष्ण प्रदेशों की लेटेराइट मिट्टियाँ	(i) पीली पॉडजॉल मिट्टियाँ (ii) लाल पॉडजॉल मिट्टियाँ (iii) पीली-भूरी लेटेराइट मिट्टियाँ (iv) लेटेराइट मिट्टियाँ

2. **निचलें अन्त:मण्डलीय या अन्त: प्रादेशिक मिट्टियाँ** इस तरह की मिट्टियों का निर्माण उन क्षेत्रों में होता है, जहाँ के भागों में जलाक्रांत रहता है तथा जल निकास की उचित व्यवस्था नहीं होती है। इस श्रेणी की मिट्टियों के 3 उप-श्रेणियों तथा 12 वृहद् मृदा समूहों में विभक्त किया गया है

अन्तः प्रादेशिक मृदाओं की उप-श्रेणियाँ तथा वृहद् वर्ग

मृदा की उप-श्रेणी	वृहद् मृदा वर्ग
शुष्क प्रदेशों एवं सागर तटीय जमावों के क्षेत्रों की अपूर्ण प्रवाहित लोनी या लवणीय मिट्टियाँ	(i) लवण मिट्टियाँ (ii) क्षार मिट्टियाँ (iii) सोलोथ मिट्टियाँ
दलदली क्षेत्रों की मिट्टियाँ	(i) चरागाह/बांगर मिट्टियाँ (ii) अल्पाइन चारगाह मिट्टियाँ (iii) बॉग मिट्टियाँ (iv) अर्द्ध बाग मिट्टियाँ (v) प्लोनोसॉल (vi) भूमिगत जल पॉडजॉल मिट्टियाँ (vii) भूमिगत जल लेटेराइट मिट्टियाँ
कैल्शियम युक्त मिट्टियाँ	(i) भूरी वन मिट्टियाँ (ii) रेण्डजिना मिट्टियाँ

3. **अमण्डलीय या अप्रादेशिक मिट्टियाँ** इस श्रेणी की मिट्टियों में मृदा संस्तरों का पूर्ण उपयोंग नहीं होता है इसमें मृदा-परिच्छेदिका की ऊपरी सतह से निचली सतह तक मिट्टियों की रचना तथा गुणों में समान एकरसता होती है। इस श्रेणी के अन्तर्गत, इसके तीन वृहद् मृदा समूहों में बाँटा गया है
   (i) लिथोसॉल
   (ii) जलोढ़/कॉप मिट्टियाँ
   (iii) रेतीली मिट्टियाँ/जलोढ़ मृदाएँ

- वर्ष 1960 में अमेरिकी मृदा विज्ञानियों ने मिट्टियों के वर्गीकरण की एक नई योजना प्रस्तुत की इस योजना को **व्यापक मृदा वर्गीकरण तन्त्र** के नाम से जानते हैं। इस वर्गीकरण की इस योजना को मूलरूप से 'सातवाँ अनुमान' कहा गया था, क्योंकि वर्ष 1950 से मिट्टियों के वर्गीकरण में किया जाने वाला सातवाँ संशोधन है।
- वर्ष 1975 में अमेरिकी मृदा संरक्षण सेवा के मृदा सर्वेक्षण विभाग ने मिट्टियों के वर्गीकरण की योजना CSCS प्रस्तुत की।
- इस योजना में विश्व की सभी मृदाओं को छ: वर्गों में बाँटा गया है

मृदाओं के वर्ग

मृदा वर्ग (उच्च से निम्न क्रम की ओर)	मिट्टियों के निर्धारित वर्गों की संख्या
श्रेणी	10
उपश्रेणी	50
वृहद् मृदा वर्ग	225
मृदा उपवर्ग	1000
कुल	5000
शृंखला	10000

CSCS योजना के अन्तर्गत, विश्व की सारी मिट्टियों को उच्चतम वर्ग की 10 श्रेणियों में बाँटा गया है

1. **एण्टीसॉल** इस तरह की मिट्टियों का विकास अच्छी तरह नहीं हुआ है, इनमें मृदा का एक भी संस्तर विकसित नहीं होता है। इन्हें निम्न उप श्रेणियों में बाँटा गया है
   (i) अरेण्टस (ii) फ्लूवेण्टस
   (iii) अर्थेण्टस
2. **इनसेप्टीसॉल** इस श्रेणी में वे मिट्टियाँ आती हैं, जिनमें मृदाओं का संस्तर या तो ठीक प्रकार से विकसित नहीं हुआ है या संस्तरों का शीघ्रता से विकास हुआ है, इस प्रकार की मिट्टियाँ प्राय: **नवीन मिट्टियाँ** होती हैं। इसकी छ: उप श्रेणियाँ होती हैं
   (i) अक्वेप्टस मिट्टियाँ (ii) अण्टेप्टस मिट्टियाँ
   (iii) ट्रोपेप्टस मिट्टियाँ (iv) अम्ब्रेप्टस मिट्टियाँ
   (v) आक्रेप्टस मिट्टियाँ (vi) प्लेजेप्टस मिट्टियाँ
   इस प्रकार की मिट्टियों के कण बारीक होते हैं, मृदा के एक या दो संस्तरों का ठीक प्रकार से विकास होता है। मिट्टियों में इतना जल रहता है, कि पौधों को कम-से-कम तीन महीने तक लगातार जल मिलता रहे। मृदा अपक्षय से कुछ खनिज अप्रभावित भी होते हैं।
3. **हिस्टोसॉल** इन मिट्टियों की ऊपरी 80 सेमी वाले भाग में जैविक पदार्थों की अधिकता होती है। हिस्टोसॉल में अम्ल की मात्रा अधिक तथा पौधों के पोषक तत्त्वों की मात्रा कम होती है। इन्हें चार उप श्रेणियों में बाँटा गया है
   (i) फाइब्रिस्ट मिट्टियाँ (ii) फोलिस्ट मिट्टियाँ
   (iii) हेमिस्ट मिट्टियाँ (iv) सैप्रिस्ट मिट्टियाँ
4. **ऑक्सीसॉल** इस श्रेणी के अन्तर्गत अति पुरानी या अपक्षयित मिट्टियाँ आती हैं, जिनमें अधिकांश कटिबन्धीय क्षेत्र की मिट्टियाँ आती हैं, जिनमें जैविक संस्तर की प्रधानता होती है।
   इनमें कैटायन विनिमय क्षमता अत्यन्त कम होती है ,जबकि दोमट तथा मृतिका के कण अधिक पाए गए है, इस मिट्टी का सर्वाधिक विकास भूमध्यरेखीय, उष्ण कटिबन्धीय उपोष्ण कटिबन्धीय क्षेत्रों में हुआ है। इनका रंग प्राय: पीला-भूरा होता है। अधिकांश भागों में इस तरह की मिट्टियाँ पर स्थानान्तरित खेती या झूम खेती की जाती है। इसकी पाँच उप श्रेणियाँ हैं
   (i) अक्वाक्स (ii) ह्यूमाक्स
   (iii) आर्थक्स (iv) टोराक्स
   (v) अस्टाक्स
5. **अल्टीसॉल** इस श्रेणी की मिट्टियाँ कई तरह की जलवायु में पाई जाती हैं, जैसे—आर्द्र उपोष्ण जलवायु, शुष्कतर उष्ण कटिबन्धीय जलवायु, मानसूनी जलवायु आदि। इनका निर्माण मुख्य रूप से वन आच्छादित होता है, इनमें कैटायन विनिमय क्षमता कम होती है। इसे पाँच उप श्रेणियों में बाँटा गया है
   (i) आकल्टस (ii) ह्यूमल्टस
   (iii) अडल्टस (iv) अस्टलटस
   (v) जेरल्टस
6. **वर्टीसॉल** इन मिट्टियों का निर्माण मुख्य रूप से शुष्क एवं आर्द्र मौसम वाले उष्ण एवं उपोष्ण सवाना प्रदेशों की घास या सवाना वनस्पति की दशाओं में हुआ है। ये मिट्टियाँ उष्ण एवं उपोष्ण कटिबन्धों में ही पाई विभिन्न क्षेत्रों में इन मिट्टियों को काली मिट्टी, कपास मिट्टी, रेगुर आदि नामों से जानी जाती हैं। इन मृदाओं में खनिज मुख्यतया मोण्टमोरिलोनाइट की अधिकता होती है, यह खनिज जल से संतृप्त होने पर फैलता व सिकुने के मौसम में मिट्टियाँ गीली होकर मुलायम हो जाती हैं तथा वे खिसकने लगती हैं।

7. **अल्फीसॉल** सामान्यतया ये मिट्टियाँ कृषि की दृष्टि से उत्पादक होती हैं। ये तर मिट्टियाँ होती है तथा इनमें मृत्तिका का संचय होता रहता है। मृदा के संस्तरों का रंग घूसर, भूरा या लाल होता है।

   इस प्रकार की मिट्टियाँ प्राय: यूरोप, उत्तरी साइबेरिया, दक्षिणी ऑस्ट्रेलिया, दक्षिणी अफ्रीका, उत्तरी आस्ट्रेलिया तथा पूर्वी भारत में पाई जाती हैं। इसे पाँच श्रेणियों में बाँटा गया है

   (i) अक्वल्पस (ii) बोरलप्स
   (iii) उडलप्स (iv) अस्टलफ्स
   (v) जेरलप्स

8. **मोलीसॉल** ये अति विकसित तथा उपजाऊ मिट्टियाँ होती हैं, इन मिट्टियों का निर्माण उपोष्ण कटिबन्धीय मध्य अक्षांशीय क्षेत्रों की उष्णार्द्र जलवायु वाले घास क्षेत्रों में होता है, इसके क्षेत्र **अन्न का भण्डार** कहे जाते हैं। संयुक्त राज्य अमेरिका, दक्षिणी अमेरिका, यूरेशिया आदि में पाई जाती है।

9. **स्पोडोसॉल** इस श्रेणी की मिट्टियों का कृषि की दृष्टि से कम महत्त्व होता है।

   इन मिटि्ट्यों में अम्ल की अधिकता तथा पोषक तत्त्वों की कमी होती है। इनमें ह्यूमस की भी कमी होती है तथा जलधारण करने की क्षमता भी कम होती है। इनकी चार उप श्रेणियाँ हैं

   (i) अक्वाडस (ii) फेराडस (iii) ह्यूमाइडस (iv) अर्थाडस

10. **एरिडाइसॉल** यह मिट्टी विश्व के सभी उष्ण एवं उपोष्ण कटिबन्धीय मरुस्थलीय भागों में पाई जाती है। अधिकतर ऐसी मिट्टियों का उपयोग चरागाह के लिए किया जाता है। मृदा में जैविक पदार्थों की कमी अधिक होती है। इन मिट्टियों का निर्माण उप मरुस्थली जलवायु दशाओं के अन्तर्गत होता है। सिंचाई द्वारा जल सुलभ हो जाने पर ये मिट्टियाँ अत्यधिक उपजाऊ हो जाती हैं।

भारत की मृदाएँ (Soils of India)

1. **सिन्धु गंगा की जलोढ़ मृदाएँ** ये भारत की सबसे महत्त्वपूर्ण एवं उर्वर मृदाएँ हैं, इन मृदाओं की गहराई अत्यधिक होती है।
   - भारत के दक्षिणी, उत्तर पश्चिमी और उत्तर पूर्वी भागों पंजाब, उत्तर प्रदेश, राजस्थान, ब्रह्मपुत्र, कृष्णा, गोदावरी, कावेरी, सुरमा नदियों की घाटियों में पाई जाती हैं।
   - पुरानी जलोढ़ मृदाओं को स्थानीय भाषा में **भांगर** कहते हैं। इसका रंग हल्का तथा कम कंकरीली तथा बलुई होती हैं।
   - नई जलोढ़ को **खादर** कहते हैं, इनमें क्ले की प्रधानता होती है। कछार मृदा में नाइट्रोजन ह्यूमस और फॉस्फोरस का अभाव पाया जाता है।
   - उत्तर प्रदेश की अधिकतर मृदाएँ इसी तरह का मृदाओं में गेहूँ, कपास, मक्का, चना, ज्वार, बाजरा, गन्ना व तेलीय बीजों वाली फसलें उगाई जाती हैं।

2. **कपास की काली मृदाएँ** इस प्रकार की मृदाओं में लौह, कैल्शियम कार्बोनेट ($CaCO_3$), मैग्नीशियम कार्बोनेट ($MgCO_3$) की अधिक मात्रा होती है। इन मृदाओं में माण्टमोरिलोनाइट तथा वीडेलाइट समूह के खनिजों की मात्रा अधिक होती है।
   - इस मृदा का रंग काला होता है, जो टिटैनीफेरस मैग्नेटाइट की उपस्थिति के कारण होता है।
   - इनमें कार्बनिक पदार्थ, नाइट्रोजन तथा फॉस्फोरस की मात्रा कम होती है तथा पोटैशियम व चूने की मात्रा अधिक होती है।
   - ये मृदाएँ दक्षिणी भारत के आधे भाग, मध्य प्रदेश, आन्ध्र प्रदेश के पश्चिमी भाग, तमिलनाडु के कुछ भागों तथा दक्कन के पठार में पाई जाती हैं। इन मृदाओं की गहराई 1, 2 या कई फीट तक होती है।

3. **लाल मृदाएँ** ये मृदाएँ अधिकतर सम्पूर्ण तमिलनाडु, मैसूर, ओडिशा, मुम्बई प्रान्त के दक्षिणी पूर्वी भाग में तथा मध्य प्रदेश के भाग तथा छोटा नागपुर में पाई जाती हैं।
   - इन मृदाओं की उत्पत्ति ग्रेनाइट, नीस, सिस्ट आदि खनिज तत्त्वों से हुई है। लाल मृदा का लाल रंग मृदा में उपस्थित आयरन के विभिन्न ऑक्साइड की वजह से होता है। इन मृदाओं का pH मान 6.0 से 7.5 तक होता है।
   - इन मृदाओं में विभिन्न उर्वर अवयवों; जैसे—नाइट्रोजन, फॉस्फोरस, पोटाश, चूना आदि कम पाए जाते हैं और कार्बनिक पदार्थ नहीं पाया जाता। इन मृदाओं को अधिकतर **अल्फीसॉल** मृदा समूह में रखा गया है।

4. **लैटेराइट मृदाएँ** इस प्रकार की मृदाएँ उच्च वर्षा क्षेत्रों में पाई जाती हैं। इन मृदाओं में पोटाश, फॉस्फोरस चूने की कमी होती है।
   - नीचे क्षेत्र की लैटेराइट मृदाओं में धान की खेती की जाती है तथा ऊँचे क्षेत्र की लैटेराइट मृदाओं में सिनकोना, रबड़, कॉफी की खेती की जाती है।
   - इस प्रकार की मृदाओं का pH मान 5.0 से 6.0 तक होता है। ये मृदाएँ पश्चिमी तट, मैसूर, केरल, दक्कन में पहाड़ियों की ऊँचाई पर, मध्य प्रदेश एवं ओडिशा में पाई जाती हैं।

5. **शुष्क एवं रेगिस्तानी मृदाएँ** ये मृदाएँ शुष्क एवं अर्द्धशुष्क प्रदेशों में पाई जाती हैं, इन क्षेत्रों में लीचिंग की अपेक्षा वाष्पीकरण कम होता है, जिससे विलेय लवण ऊपर आ जाते हैं तथा मृदाओं का pH अधिक हो जाता है।
   - ये मृदाएँ मुख्य रूप से बलुई होती हैं तथा बहुत कम उपजाऊ होती हैं। यहाँ तापमान वर्ष भर उच्च रहता है तथा वर्षा 50 सेमी से 19 सेमी से कम तक होती है। ये राजस्थान के मरुस्थलीय भागों, दक्षिणी पंजाब, कच्छ क्षेत्र में पाई जाती हैं।

6. **अम्लीय एवं क्षारीय मृदाएँ** ये मृदाएँ मुख्यतया शुष्क एवं अर्द्धशुष्क क्षेत्रों में पाई जाती हैं, इनको विभिन्न नामों रेह, कल्लर, ऊसर मृदा कहते हैं। ये मृदाएँ विशेष रूप से उत्तर प्रदेश, पंजाब, राजस्थान में पाई जाती हैं। इन मृदाओं की ऊपरी सतह पर भूरा-सफेद रवेदार जमाव दिखाई देता है, यह जमाव मुख्य रूप से सोडियम, कैल्शियम, मैग्नीशियम लवणों के कारण होता है।

मृदा प्रोफाइल (Soil profile)

मृदा को उदग्र रूप से काटने पर,जो जननिक रूप से सम्बन्धित अनेकों संस्तर दिखाई पड़ते हैं, इन संस्तरों की इकाई को मृदा प्रोफाइल कहते हैं

- मृदा प्रोफाइल प्रमुख रूप से पाँच प्रमुख संस्तरों से बँटी होती है, जिन्हें अंग्रेजी के बड़े अक्षरों 0, A, E, B व C से निर्देशित करते हैं।
- प्रोफाइल के A व B संस्तरों को मिलाकर उसे **सोलम** कहते हैं।

मृदा प्रोफाइल के प्रमुख संस्तर एवं उनके लक्षण

O संस्तर 'ओ' समूह में कार्बनिक संस्तर सम्मलित होते हैं, जो खनिज मृदा की ऊपरी सतह बनाते हैं। यह संस्तर मृत पौधों व जन्तुओं के अवशेषों का परिणाम होता है।

- यह खनिज संस्तर होता है जो पृष्ठ, के समीप होता है तथा इसमें आंशिक रूप से विच्छेदित कार्बनिक पदार्थ व खनिज मिश्रण रूप में पाया जाता है

- इन संस्तरों में क्ले, लोहा, एल्युमिनियम आदि का निक्षालन होता है परिणामत: इसमे क्वार्टज, सिल्ट कणों, रेत खनिजों की सान्द्रता होती है।
- ये संस्तर A, O व E संस्तरों के नीचे बनता है। इन संस्तरों में पदार्थों का संचयन होता है, जिससे इसे **निक्षेपण संस्तर** भी कहते हैं। इसे अवमृदा भी कहते हैं।
- ये कठोर आधार चट्टाने है, जो सोलम (A तथा B संस्तर) के नीचे बनी होती हैं। इन संस्तरों में प्रमुख जैविक क्रियाएँ नहीं होती है। यह संस्तर, संस्तरों के विकास करने की प्रक्रिया से भी कम प्रभावित होते हैं।

A संस्तर यह खनिज संस्तर होता है जो पृष्ठ, के समीप होता है तथा इसमें आंशिक रूप से विच्छेदित कार्बनिक पदार्थ व खनिज मिश्रण रूप में पाया जाता है

E संस्तर इन संस्तरों में क्ले, लोहा, एल्युमिनियम आदि का निक्षालन होता है परिणामत: इसमें क्वार्टज, सिल्ट कणों, रेत खनिजों की सान्द्रता होती है।

B संस्तर ये संस्तर A, O तथा E संस्तरों के नीचे बनता है इन संस्तरों में पदार्थों का संचयन होता है, जिससे इसे निक्षेपण संस्तर भी कहते हैं। इसे अवमृदा (subsoril) भी कहते हैं।

C संस्तर ये कठोर आधार चट्टाने है, जो (A तथा B संस्तर) के नीचे बनी होती हैं। इन संस्तरों में प्रमुख जैविक क्रियाएँ नहीं होती है यह संस्तर, संस्तरों के विकास करने की प्रक्रिया से भी कम प्रभावित होते हैं।

मृदा के भौतिक गुण

मृदा के भौतिक गुण, मृदा कणों की मात्रा, आकार, आकृति, विन्यास, खनिजों के संगठन, कार्बनिक पदार्थ की मात्रा व प्रकार, रन्ध्रों का आयतन आदि पर निर्भर होते हैं। मृदाओं के प्रमुख भौतिक गुण निम्नलिखित हैं

(i) **मृदा गठन** मृदा में विभिन्न मृदा वर्ग कणों के आपेक्षिक अनुपात को **मृदा कणाकार** कहते हैं।

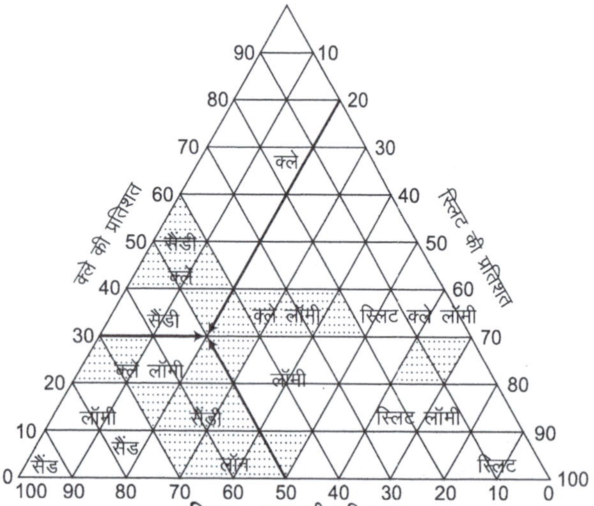

चित्र : मृदा की प्रतिशतता

मृदा कणाकार संगठन

कणाकार वर्ग	बालू (%)	सिल्ट (%)	क्ले (%)
बालू	80-100	00-20	00-20
बलुई लोम	50-80	00-50	00-20
लोम	30-50	30-50	00-20
सिल्ट लोम	00-50	50-100	00-20
बलुई क्ले लोम	50-80	00-30	20-30
सिल्टी क्ले दोमट	00-30	50-80	20-30
क्ले लोम	20-50	20-50	20-30
बलुई क्ले	50-76	00-20	30-50
सिल्टी क्ले	00-20	50-70	30-50
क्ले	00-50	00-50	30-100

(ii) **मृदा संरचना** मृदा कणों की व्यवस्था को मृदा संरचना कहते हैं। भौतिक मृदा कण–बालू, सिल्ट और क्ले प्राकृतिक पुंज पैड्स कहलाता है, जबकि कृत्रिम रूप से बना पुंज **ढेला** कहलाता है।

मृदा संरचना के प्रकार

मृदा संरचना के चार मुख्य प्रकार होते हैं

a. **प्लेटी संरचना** इस प्रकार की संरचना में कण पुंजों का क्षैतिज अक्ष, ऊर्ध्वाधर अक्ष की अपेक्षा अधिक विकसित होता है। यह संरचना सामान्यतया नम प्रदेशों की मृदाओं के A संस्तरों में पाई जाती है तथा कण पुंजों का आकार 1-10 मिमी होता है।

b. **प्रिज्मीय संरचना** इस प्रकार की संरचना में कण पुंजों का ऊर्ध्वाधर अक्ष, क्षैतिज अक्ष की अपेक्षा बड़ा होता है। जब इस प्रकार के पैड या कण पुंजों का शीर्ष तथा किनारे गोलाकार होते हैं तो संरचना स्तम्भाकार होती है।
   - जब सिरा समतल या सपाट होता है, तो वह संरचना प्रिज्मीय संरचना कहलाती है।
   - इसमें कण पुंजों का आकार 10-100 मिमी तक होता है।
   - प्रिज्मीय संरचना शुष्क तथा अर्द्धशुष्क मृदाओं के B संस्तरों में पाई जाती हैं।

c. **ब्लॉकी संरचना** इसे घनाकार या नटनुमा संरचना भी कहते हैं। जब पैड्स के फलक चपटे तथा किनारे तेज व कोणीय होते हैं तो ऐसी संरचना को ब्लॉकी संरचना कहते हैं।
   - किन्तु जब फलक तथा किनारे गोलाकार होते हैं तो संरचना नटी होती है। इसमें कणों का आकार 5.5 मिली होता है।
   - ब्लॉकी संरचना B संस्तर में पाई जाती है।

d. **गोलाकार संरचना** इस वर्ग के पुंज दानेदार होते हैं तथा पैडस का आकार 1-10 मिमी होता है।
   - जब कणिकाएँ बहुत अधिक सरन्ध्री होती है, तो यह क्रम्बी संरचना कहलाती हैं।
   - यह संरचना मृदा की ऊपरी सतह पर पाई जाती है।

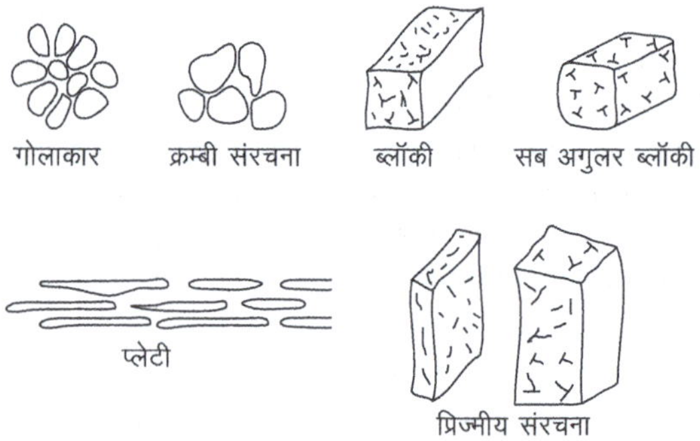

चित्र : मृदा संरचना

(iii) **मृदा घनत्व** किसी पदार्थ के एक इकाई आयतन की संहति को उस पदार्थ को घनत्व कहते हैं। किसी वस्तु के कुल आयतन की संहति तथा समान आयतन वाले जल की संहति के अनुपात को **आपेक्षिक घनत्व** कहते हैं। मृदा के दो आपेक्षिक घनत्व होते हैं

(i) स्थूलता घनत्व

(ii) कण घनत्व

a. **स्थूलता घनत्व** शुष्क मृदा के एक इकाई आयतन के भार को मृदा का स्थूलता घनत्व कहते हैं। इसकी इकाई मैगाग्रॉफ/घन मीटर (Mg/m^3) होती है।

- अधिकांश मृदाओं का स्थूलता घनत्व 1.02 से 1.8 ग्राम/घन सेमी होता है।

$$\text{मृदा का स्थूलता घनत्व} = \frac{\text{एक घन फुट सूखी मिट्‌टी की संहति}}{\text{एक घन फुट पानी की संहति}}$$

b. **कण घनत्व** मृदा के ठोस भाग के प्रति इकाई आयतन के भार को **कण** घनत्व कहते हैं।

- मृदाओं के कण घनत्व का परिसर 2.5 से 2.7 तक या औसत मान 2.65 ग्राम/घन सेमी होता है।
- कार्बनिक पदार्थों का कण घनत्व 1.2-1.7 ग्राम/घन सेमी होता है।

(iv) **सरन्ध्रता** मृदा आयतन के अन्दर ठोस पदार्थों से रहित जो रिक्त स्थान होता है, उसे मृदा रन्ध्र कहते हैं तथा मृदा के कुल आयतन का वह प्रतिशत भाग जो रिक्त रहता है वह मृदा सरन्ध्रता कहलाता है।

$$\text{प्रतिशत ठोस स्थान} = \frac{\text{स्थूलता घनत्व}}{\text{कण घनत्व}} \times 100$$

चूँकि, प्रतिशत रन्ध्रावकाश + प्रतिशत ठोस स्थान = 100

$$\text{प्रतिशत रन्ध्रावकाश} = 100 - \text{प्रतिशत ठोस स्थान}$$

$$\text{प्रतिशत रन्ध्रावकाश} = 100 - \frac{\text{स्थूलता घनत्व}}{\text{कण घनत्व}} \times 100$$

(v) **मृदा गाढ़ता** मृदा गाढ़ता भिन्न-भिन्न आर्द्रताओं में मृदा पदार्थों के ससंजन तथा आसंजन की मात्रा तथा प्रकार या मृदा पदार्थ को विघटन या विरूपित करने की ओर लगे बलों की प्रतिरोधिता को प्रदर्शित करती है।

(vi) **मृदा चिपचिपापन** चिपचिपापन दूसरे पदार्थो से आसंजन का गुण है खेत में चिपचिपापन मालूम करने के लिए मृदा को अँगूठे या अँगुली के बीच में दबाया जाता है और मृदा का अँगुली या अँगूठे से लगाव या आसंजित देखे जाते हैं।

(vii) **सुघट्यता** सुघट्यता गीली मृदा का वह गुण है, जिसमें बल लगाने पर मृदा किसी ऐच्छिक रूप में बदली जा सके और बल हटाने पर उसी अवस्था में बनी रहे।

(viii) **मृदा रंग** मृदा रंग अप्रत्यक्ष रूप से मृदा ताप एवं नमी को प्रभावित करके पौधों की वृद्धि को प्रभावित करता है।

- मृदा किस जलवायु में विकसित हुई है और उत्पादक क्षमता का सूचक मृदा रंग होता है।

मृदा में रंग प्रमुख रूप से दो पदार्थों की उपस्थिति के कारण होता है

- ह्यूमस की मात्रा
- मृदा में उपस्थित आयरन के यौगिकों की रासायनिक प्रवृत्ति।

(ix) **मृदा जल** मृदा में जल तीन प्रकार से पाया जाता है

a. **आर्द्रताग्राही जल** वह जल जो कोलाइडी कणों की सतह पर इसके अणुओं के द्विध्रुवीय अभिविन्यास द्वारा धारित होता हैं आर्द्रताग्राही जल कहलाता है।

b. **केशिका जल** आर्द्रताग्राही गुणांक और क्षेत्र धारिता के मध्य उपस्थित जल की मात्रा को केशिका जल कहते हैं। यह 31 ATM से कम तथा 1/3 ATM के बीच के तनाव पर धारित होता है।

c. **गुरुत्वाकर्षण जल** मृदा में जल की वह मात्रा, जिसका तनाव बल 1/3 ATM या इससे भी कम होता है तथा जो गुरुत्वाकर्षण बल के कारण नीचे की ओर बहता है।

मृदा जल एवं मृदा स्थिरांक में सम्बन्ध तथा उसके तनाव

मृदा जल स्थिरांक	तनाव के परिसर जिस पर जल धारण होता है (ATM)	समतुल्य PF परिसर
आर्द्रताग्राही जल	31-10000	4.5 से 7.0
आर्द्रताग्राही गुणांक	31	4.5
मुरझान बिन्दु	15	4.2
कोशिका जल	1/3 से 31	2.54-4.5
नमी तुल्यांक	1/3 से 1	2.7-3.0
क्षेत्र धारिता	1/3 1	2.54
असलांग बिन्दु	1/4 (कम या अधिक)	2.54
गुरुत्वाकर्षण जल	शून्य या 1/3 से कम	2.54 से कम
जल धारण क्षमता	लगभग शून्य	–

(x) **मृदा वायु** मृदा आयतन में लगभग 30-60% रन्ध्रावकाश मृदा वायु से भरे रहते हैं।

मृदा में पौधों व सूक्ष्म जीवों की आवश्यक मेटोबोलिक प्रक्रमों की दर को प्रोत्साहित करने के लिए मृदा वायु का रन्ध्रों में आवागमन मृदा वातन कहलाता है।

- मृदा वायु में नाइट्रोजन 79-80%, ऑक्सीजन 18.20% व CO_2 $0.15-20\%$ पाई जाती है।
- मृदा में CO_2 की मात्रा गहराई बढ़ने से बढ़ती है, जबकि O_2 की मात्रा घटती है।

मृदा के रासायनिक गुण

ये गुण मृदा की रासायनिक प्रवृति में परिवर्तन उत्पन्न करते हैं।

(i) मृदा pH या मृदा अभिक्रिया

परिभाषा pH हाइड्रोजन आयन सान्द्रण के व्युत्क्रम का 10 आधार पर लघुगुणक होता है। अर्थात् $pH = \log_{10} \frac{1}{[H^+]}$ pH हाइड्रोजन आयन सान्द्रण का लघुगुणक भी हो ता है। अर्थात् $pH = -\log [H^+]$ वैज्ञानिक **सौरेन्सन** ने किसी विलयन या माध्यम की अम्लता व क्षारीयता को एक सरल संख्या में व्यक्त किया, उस संख्या को ही pH कहा गया। मृदा pH मृदा की अम्लीयता, उदासीनता तथा क्षारीयता को प्रदर्शित करता है। शुद्ध आसुत जल 25°C तापक्रम पर विद्युत का कुचालक होता हैं तथा इसमें हाइड्रॉक्सील आयन एवं हाइड्रोजन आयनों का सान्द्रण बराबर होता है तथा इन दोनों आयनों का गुणनफल एक स्थिर संख्या होती है, जिसका मान 1×10^{-10} होता है।

अर्थात्

$$[H^+] = [OH^-]$$

$$[H^+][OH^-] = 1 \times 10^{-14}$$

$$[H^+] = \frac{1 \times 10^{-14}}{[OH]}$$

या $$[OH^-] = \frac{1 \times 10^{-14}}{[H^+]}$$

pH स्केल pH स्केल संख्याओं की एक श्रेणी होती है, जो किसी माध्यम या विलयन की अम्लीयता एवं क्षारीयता को प्रदर्शित करती है। इसमें 0 से 14 तक संख्याएँ होती है। 7pH संख्या पर माध्यम उदासीन होता है, जबकि 7 से 0 की तरफ बढ़ने पर विलयन में हाइड्रोजन आयन का सान्द्रण तथा अम्लीयता दोनों में वृद्धि होती है, जबकि 7 से 14 pH की तरफ बढ़ने पर विलयन में H आयनों का सान्द्रण तथा अम्लीयता कम होती जाती है एवं क्षारीयता में वृद्धि होती जाती है।

विभिन्न फसलों के लिए उपर्युक्त मृदा pH

फसल	उपर्युक्त pH
गेहूँ जौ तथ मक्का	6 - 7.5
धान	4.5 - 8.5
मूँगफली	5.5 - 6.5
बरसीम	6 - 8
जई	6 - 8
कपास, मटर, चना, मसूर, उर्द	5 - 8
आलू	5.5 - 7.50
गन्ना	6 - 8
सोयाबीन	6.5 - 7.5

(ii) मृदा रासायनिक पदार्थ

वनस्पति एवं जन्तु पदार्थों के वे अवशेष, जो मृदा में मिलाए जाते हैं या मृदा में स्वयं ही होते हैं मृदा रासायनिक पदार्थ कहलाते हैं।

रासायनिक अवशेष को दो भागों में बाँटा गया है

- कार्बनिक
- अकार्बनिक

a. **कार्बनिक यौगिक** कार्बनिक यौगिक दो प्रकार के होते हैं

नाइट्रोजन युक्त यौगिक इसमें मुख्य रूप से प्रोटीन, पेपटाइड, पेपटोन्स आदि आते हैं। ये सभी जल अविलेय हैं, हालाँकि नाइट्रेटस आदि जल अविलेय है।

नाइट्रोजन रहित यौगिक इसमें निम्न यौगिक आते हैं

- **कार्बोहाइड्रेट** सेल्लूलोज (अविलेय), स्टार्च, हेमीसेल्लूलोज, पेक्टिन, क्यूसीलेज आदि।
- **ईथर विलेय** वसा, तेल, मोम, रेजिनस, स्टीरोइडस आदि
- **अन्य** लिग्निन, टेनिन, आवश्यक तेल, कार्बनिक अम्ल आदि।

b. **अकार्बनिक यौगिक** इसमें सल्फर, फॉस्फेट, क्लोराइड, कार्बोनेट, कैल्सियम, मैग्नीशियम, Na, K, Fe, Zn, Cu, Mn आदि।

(iii) कार्बन/नाइट्रोजन अनुपात

मृदा में कार्बन एवं नाइट्रोजन की मात्राओं के अनुपात को C : N अनुपात कहते हैं।

- कार्बन/नाइट्रोजन अनुपात काफी परिवर्तनीय होता है। कृषि योग्य भूमि में इसका परिसर 8 : 1 से 15 : 1 तक होते हैं, जबकि औसत 10 : 0 से 12 : 1 तक होता है।
- फलीदार पौधों एवं गोबर की खाद में C : N अनुपात 20 से 25 : 1 होती है, जबकि भूसा तथा इस जैसे अन्य पदार्थों में यह अनुपात 90 : 1 तथा इससें भी अधिक होता है।

$$\text{कार्बन/नाइट्रोजन अनुपात} = \frac{\text{मृदा में प्राप्त कार्बन की कुल मात्रा}}{\text{मृदा में प्राप्त कुल नाइट्रोजन की मात्रा}}$$

- सा डस्ट में कार्बन/नाइट्रोजन अनुपात 400 : 1 होता है।
- सूक्ष्मजीवों में C : N अनुपात 4 : 1 से 9 : 1 होता है।

पादप पोषण (Plant Nutrition)

जो तत्त्व पौधे के पोषण में भाग लेते हैं **पोषक** कहलाते हैं। इन पोषक तत्त्वों की कमी से पौधे अपने जीवन-चक्र को पूर्ण नहीं कर सकते हैं।

आर्नोन के अनुसार आवश्यक पोषक तत्त्व वह होते हैं

- जिसकी कमी के कारण पौधे अपने जीवन-चक्र को पूरा नहीं कर पाते हैं। वह पोषक तत्त्व पौधे के पोषण में सीधे भाग लेते हैं।
- किसी विशेष आवश्यक तत्त्व की कमी को केवल उसी तत्त्व को मृदा में प्रदान करके दूर किया जा सकता है। पौधों को 16 आवश्यक पोषक तत्त्वों की आवश्यकता होती है जिन्हें **पादप पोषक** कहते हैं। ये हैं—*कार्बन, हाइड्रोजन, ऑक्सीजन, कैल्शियम, फॉस्फोरस, पोटैशियम, सल्फर, आयरन, मैगनीज, मॉलिब्डेनम, कॉपर, बोरॉन, जिंक, क्लोरीन, सोडियम वेनेडियम तथा सिलिकॉन हैं।*
- आवश्यक पोषक तत्त्वों को पौधों की आवश्यकतानुसार **तीन वर्गों** में बाँटा गया है

1. **मुख्य पोषक तत्त्व** पौधों को कुछ पोषक तत्त्वों की अधिक मात्रा में आवश्यकता होती है, इन्हें मुख्य पोषक तत्त्व कहते हैं;
   जैसे- नाइट्रोजन, फॉस्फोरस एवं पोटैशियम।
2. **गौण पोषक तत्त्व** ये भी पौधों को पर्याप्त मात्रा में चाहिए, लेकिन इनका कार्य मुख्य पोषक तत्त्व से कम माना जाता है। ये हैं-कैल्शियम, मैग्नीशियम और सल्फर।
3. **सूक्ष्म पोषक तत्त्व** पौधों को जिन पोषक तत्त्वों की केवल सूक्ष्म मात्रा में आवश्यकता होती है वे **सूक्ष्म पोषक** तत्त्व कहलाते हैं। *ये हैं* आयरन, कॉपर, जिंक, मॉलिब्डेनम, बोरॉन, मैगनीज, क्लोरीन, कोबाल्ट, वेनेडियम।

पोषक तत्त्व एवं इनकी मुख्य भूमिका

1. **बेसिक संरचना** कार्बन, हाइड्रोजन एवं ऑक्सीजन।
2. **ऊतक निर्माणक तत्त्व** कार्बन, हाइड्रोजन, ऑक्सीजन, नाइट्रोजन, फॉस्फोरस एवं सल्फर।
3. **इलेक्ट्रोलाइटिक सन्तुलन** पोटैशियम, मैग्नीशियम, कैल्शियम एवं क्लोरीन
4. **स्केलेटल तत्त्व** कैल्शियम मैग्नीशियम एवं फॉस्फोरस।
5. **ऊर्जा विनिमयक** ऑक्सीजन एवं हाइड्रोजन।

6. **ऊर्जा संग्रही** कार्बन, नाइट्रोजन, फॉस्फोरस एवं सल्फर।

पौधों के आवश्यक पोषक तत्त्व

प्रमुख पोषक तत्त्व	गौण पोषक तत्त्व	सूक्ष्म पोषक तत्त्व
नाइट्रोजन (N)	गंधक (S)	बोरॉन (B)
फॉस्फोरस (P)	कैल्शियम (Ca)	आयरन (Fe)
पोटैशियम (K)	मैग्नीशियम (Mg)	मैंगनीज (Mn)
		कॉपर (Cu)
		जिंक (Zn)
		मॉलिब्डेनम (Mo)
		क्लोरीन (Cl)

मृदा में गतिशीलता के आधार पर पोषक तत्त्व

1. **गतिशील पोषक तत्त्व** NO_3, SO_4, BO_3, Cl और Mn
2. **कम गतिशील पोषक तत्त्व** NH_4, K, Ca, Mg, Cu इत्यादि
3. **अचल पोषक तत्त्व** H_2PO_4, HPO_4, Zn आदि

पौधों में पोषक तत्त्वों की गतिशीलता के आधार पर

1. अत्यधिक गतिशील N, P और K
2. मध्यम गतिशील Zn, Mg इत्यादि
3. अल्प गतिशील Fe, S, Cu, Mo और Cl
4. अचल Ca और B

पोषक तत्त्वों का पौधों में अवशोषण रूप एवं परिवर्तनशीलता

पोषक तत्त्व	अवशोषण रूप	पौधे में परिवर्तनशीलता
नाइट्रोजन	NH_4^+, NO_3^-	अधिक परिवर्तनशील
फॉस्फोरस	H_2, PO_4^-, HPO_4^-, PO_4^{3-}	परिवर्तनशील
पोटैशियम	K^+	परिवर्तनशील
सल्फर	SO_3^{2-}, SO_4^{2-}, SO_2	आपेक्षित अपरिवर्तनशील
कैल्सियम	Ca^{2+}	आपेक्षित अपरिवर्तनशील
मैग्नीशियम	Mg^{2+}	परिवर्तनशील
बोरॉन	BO_3^{2-}	आपेक्षित अपरिवर्तनशील
कॉपर	$C4^{2+}$	आपेक्षित अपरिवर्तनशील
आयरन	Fe^{2+}, Fe^{3-}	अपेक्षित अपरिवर्तनशील
मैगनीज	Mn^{2+}, Mn^{4+}	अपेक्षित अपरिवर्तनशील
जिंक	Zn^{2+}	कम परिवर्तनशील
मॉलिब्डेनम	MoO_2^{2-}	मध्यम परिवर्तनशील
क्लोरीन	Cl^-	परिवर्तनशील
सोडियम	Na^+	परिवर्तनशील

- पौधे में कुल ऊतक का लगभग 45% **कार्बन** तत्त्व का बना होता है।
- कुल ऊतक का (पौधे में) 6% भाग **हाइड्रोजन** का बना होता है तथा लगभग 43% कुल ऊतक का भाग **ऑक्सीजन** का बना होता है।
-

एकीकृत पोषक तत्त्व प्रबन्धन
(Integrated Nutrient Management System)

उर्वरकों की उपलब्धता से पूर्व प्रदेश में जैविक खादों के माध्यम से खेती होती थी, परन्तु हरित क्रान्ति के उद्भव के साथ उर्वरकों का अन्धाधुन्ध प्रयोग शुरू हुआ। प्रथमतया तो नाइट्रोजनी उर्वरकों का प्रयोग हुआ, परन्तु धीरे-धीरे फॉस्फेटिक एवं पोटाशिक उर्वरकों का भी प्रयोग हुआ।

जिसके कारण मिट्टी में से प्राप्त किए जाने वाले अन्य पोषक तत्त्वों की मैग्नीशियम, सल्फर, जिंक, आयरन, कॉपर, मैंगनीज, मॉलेब्डिनम, बोरॉन एवं क्लोरीन की सतत् कमी होती रही और पौधों को ये तत्त्व आवश्यकतानुसार उपलब्ध नहीं हो सकें। रासायनिक खादों के असन्तुलित प्रयोग से व पौधों की जरूरत के अनुसार आवश्यक तत्त्व उपलब्ध न होने के कारण अधिकांश क्षेत्रों में ठहराव आ गया है तथा उत्पादन में कमी भी देखी गई है। इसके कारण मृदा के जीवांश में भी कमी आई। फलतः मृदा में भौतिक, रासायनिक एवं जैविक क्रियाओं में परिवर्तन हुआ।

अतः पौधों के लिए पोषक तत्त्वों की पूर्ति हेतु मृदा में सन्तुलित पोषक तत्त्वों का प्रबन्ध करना अतिआवश्यक हो गया है। मृदा की उत्पादन क्षमता तथा पोषक तत्त्वों की पूर्ति के लिए हमें कार्बनिक, अकार्बनिक तथा जैव-संसाधनों का तर्क संगत तरीके से उपयोग करना चाहिए। मृदा उर्वरता का सन्तुलन इस प्रकार किया जाए, कि फसल की माँग के अनुसार उन्हें आवश्यक पोषक तत्त्व उपलब्ध होते रहें तथा सम्बन्धित फसल की वांछित उपज भी मिले और मृदा स्वास्थ्य सुरक्षित रहे। इसके लिए स्थलीय आवश्यकतानुसार अकार्बनिक एवं कार्बनिक स्रोतों का यथेष्ठ सम्मिश्रण अपरिहार्य है। इस तकनीकी को ही एकीकृत पोषक तत्त्व प्रबन्धन की संज्ञा दी गई है।

एकीकृत पोषक तत्त्व प्रबन्धन के मुख्य कारक

1. **खाद** वे सभी पदार्थ जो वनस्पति तथा पशुओं व पक्षियों के मूल-मूत्र से प्राप्त होते हैं या फार्म के उप-उत्पाद होते हैं **खाद** कहलाते हैं। खाद प्रायः कार्बनिक व अधिक भारी होते हैं; जैसे-गोबर की खाद, ग्वानो, कम्पोस्ट की खाद, हरी खाद आदि।
2. **उर्वरक** ये अकार्बनिक रासायनिक पदार्थ होते हैं, जो कारखानों में तैयार किए जाते हैं, इनमें पोषक तत्त्वों की मात्रा अधिक पाई जाती है।

खाद एवं उर्वरकों का वर्गीकरण

खाद का प्राप्ति, स्थान, संगठन आदि गुणों के आधार पर वर्गीकरण निम्न है

(i) प्रक्षेत्र खाद या गोबर की खाद

प्रक्षेत्र या फार्म पर रहने वाले पशुओं के गोबर, मूत्र बिछावन में प्रयोग होने वाले वनस्पति पदार्थ एवं पशुओं के चारे के अवशेषों को सड़ाकर प्राप्त किया जाता है वह **प्रक्षेत्र खाद या गोबर** की खाद कहलाती है।

- गोबर की खाद का संगठन गोबर की खाद तीन पदार्थों-पशुओं का गोबर, मूत्र व बिछावन द्वारा बनती है।
- गोबर की खाद में औसतन 0.5% नाइट्रोजन, 0.25% फॉस्फोरस व 0.5% पोटाश की मात्रा पाई जाती है।
- गोबर की सड़ी खाद में ह्यूमस अधिक मात्रा में पाया जाता है जो मृदा की भौतिक दशा व उर्वराशक्ति को बढ़ाता है।
- इसमें लगभग सभी आवश्यक पोषक तत्त्व (कम मात्रा में) पाए जाते हैं, लेकिन पौधों को धीरे-धीरे प्राप्त होते हैं। अतः खाद का प्रभाव वर्षों तक बना रहता है।
- छोटे-छोटे पौधों को भी यह खाद अच्छी तरह बिना हानि के दी जा सकती है।

- यह खाद मृदा में विनिमेय कैल्शियम की मात्रा को बढ़ाता है जो मृदा के भौतिक गुणों को सुधारने में सहायक होता है।
- गोबर की खाद में फॉस्फोरिक अम्ल व पोटाश काफी मात्रा में पाए जाते हैं।
- जीवांश पदार्थ के विच्छेदन से प्राप्त ह्यूमस रेतीली मृदाओं की जल धारण क्षमता को बढ़ाता है।

(ii) कम्पोस्ट

कूड़ा-कचरा, पौधों के अवशेष पदार्थों, पशुओं का बचा हुआ चारा आदि पदार्थों के बैक्टीरिया तथा कवक विच्छेदन से तैयार खाद **कम्पोस्ट** कहलाती है।

- इसे कृत्रिम संश्लेषित गोबर की खाद भी कहते हैं।
- कम्पोस्ट खाद तैयार करने की क्रिया को **कम्पोस्टिंग** कहते हैं।

मुख्य रूप से कम्पोस्ट दो प्रकार से बनाया जाता है

a. **फार्म लिटर** (पशुओं के बचे चारे, भूसा आदि) से बनाया जाता है, इसमें 0.5% N, 0.15% P_2O_5 व 0.5% K_2O पाया जाता है।

b. **शहरी कूड़ा-करकट से** इसे **टाउन कम्पोस्ट** भी कहते हैं, इसमें 1.4% N, 1.07%. P_20_5 व 1.4% K_2O पाया जाता है।

कम्पोस्ट के प्रकार

कम्पोस्ट के प्रकार	N%	P_2O_5%	K_2O%
इन्दौर विधि	1.0	0.5	3.0
शहर के कूड़े-करकट से बना कम्पोस्ट	1-2	1.0	1.5
घास-फूस से तैयार कम्पोस्ट	2.0	0.86	—
गाँव के कचरे से तैयार कम्पोस्ट	0.4-8.0	0.3-0.6	0.7-1.0

(iii) मानव मल-मूत्र की खाद

मनुष्य का मल व मूत्र खाद के रूप में प्रयोग किया जाता है जो पशुओं के गोबर व मूत्र से अच्छा समझा जाता है। इसमें 1.5% नाइट्रोजन, 1.1% फॉस्फोरस पाई जाती है।

(iv) वाहित मल एवं अवमल

वहित दो अवयवों से मिलकर बना होता है-

a. **अवमल** इसे **गाद** या स्लज या ठोस पदार्थ भी कहते हैं, इसमें 3.5% N, 2.5% P_2O_5 व 0.5% K_2O होता है

b. **वाहित मल-जल** यह द्रव भाग होता है। इसका प्रयोग सिंचाई के लिए करते हैं।

(v) हड्डी का चूरा

हड्डियों को खाद के रूप में प्रयोग करने के लिए **पीस कर** प्रयोग किया जाता है। इसमें 3.5-4.5% नाइट्रोजन पाई जाती है।

(vi) शुष्क रक्त की खाद

शुष्क रक्त को भी खाद के रूप में प्रयोग किया जाता है। इसमें 10 से 12% नाइट्रोजन, 1 से 2% फॉस्फोरस व 1% से कम पोटाश पाई जाती है।

(vii) वर्मी कम्पोस्ट

घास-फूस, गोबर, धान की पुआल, डेयरी, कुक्कुट कचरा आदि खाकर केंचुओं द्वारा प्राप्त मल तथा पादप अवशेषों से तैयार खाद ही वर्मी कम्पोस्ट कहलाती है।

- वर्मी कम्पोस्ट को **वर्मी कल्चर** भी कहा जाता है।
- वर्मी कम्पोस्ट में 1.2 से 1.6% नाइट्रोजन, 1.8-2.0% फॉस्फोरस, 0.56% पोटाश पाया जाता है।
- केंचुए के मल से भूमि की उर्वरता व भौतिक दशा सुधरती है।
- भूमि की जल सोखने की क्षमता में वृद्धि होती है।
- सी ई सी बढ़ती है।
- फसलों में बीमारी इत्यादि कम लगती है।
- केंचुए के मल से भूमि में 4-5 गुणा नाइट्रोजन, 7.2 गुणा P_2O_5 व 11 गुणा पोटाश बढ़ जाता है।

(viii) हरी खाद

मृदा की भौतिक दशा सुधारने तथा मृदा उर्वरता को बनाए रखने के लिए हरी फसलों या अविच्छेदित हरे पादप अवशेषों को खेत/मृदा में जोतना या दबाना हरी खाद कहलाता है।

- वे फसलें जिन्हें हरी खाद के लिए उपयोग किया जाता है उन्हें हरी खाद वाली फसलें कहते हैं। हरी खाद के लिए प्रमुख रूप से दलहनी फसलों, अदलहनी फसलों, व हरी पत्तियों का प्रयोग किया जाता है।

हरी खाद के लिए प्रमुख फसलें

1. सनई
2. ढैंचा
3. लोबिया
4. बरसीम
5. रिजका
6. सैंजी
7. मूँग
8. ग्वार
9. *पोंगेमिया पिन्नाटा*
10. *ग्लिसीरीडिया मैकूलाटा*

हरी खाद प्रयोग के लाभ

हरी खाद देने के निम्नलिखित लाभ हैं

1. मृदा में कार्बनिक पदार्थ में वृद्धि होती है।
2. मृदा कटाव को रोका जा सकता है।
3. लवणीय व क्षारीय मृदाओं में सुधार होता है।
4. मृदा संरचना में सुधार होता है।
5. अगली फसल की उपज में वृद्धि होती है।
6. जल धारण क्षमता में वृद्धि होती है।
7. मृदा में नाइट्रोजन का संग्रहण होता है।

(ix) खलियाँ

ये सॉन्द्रित कार्बनिक खादों या हल्की कार्बनिक खादों में सम्मलित की जाती है। इनमें नाइट्रोजन, फॉस्फोरस तथा पोटाश की मात्रा स्थूल कार्बनिक खादों की अपेक्षा काफी अधिक होती है। खलियों को पशुओं के राशन में प्रयोग के आधार पर दो भागों में बाँटा गया है

1. **न खाने योग्य खलियाँ** ये खलियाँ पशुओं को राशन में नहीं दी जाती हैं। जो निम्न हैं

न खाने योग्य खलियाँ

खली का नाम	नाइट्रोजन	फॉस्फोरस	पोटाश
अरण्डी की खलियाँ	4.37%	1.85%	1.39%
बिनौले (बिना छिले) की खली	3.99%	1.89%	1.62%
करंज की खली	3.97%	0.94%	1.27%
नीम की खली	5.22%	1.08%	1.48%
महुआ की खली	2.51%	0.80%	1.85%
कुसुम (बिना छिले) की खली	4.92%	1.44%	1.23%

2. **खाने योग्य खलियाँ** ये खलियाँ पशुओं को राशन के रूप में दी जाती हैं। जो निम्नलिखित हैं

खाने योग्य खलियाँ

खली का नाम	नाइट्रोजन	फॉस्फोरस	पोटाश
मूँगफली की खली	7.29%	1.53%	1.33%
नारियल की खली	3.02%	1.90%	1.77%
अलसी की खली	5.56%	1.44%	1.28%
सरसों की खली	5.21%	1.84%	1.19%
तिल की खली	6.22%	2.09%	1.26%
कुसुम (छिली) की खली	7.88%	2.20%	1.92%

- तिलहनी बीजों को कोल्हू में पेरने से तेल निकाल लिया जाता है।
- इसके बाद बचा अवशेष **खली** कहलाता है।
- इसमें भी कुछ अंश तेल का रह जाता है।
- खलियों का कार्बन–नाइट्रोजन अनुपात काफी कम होता है।
- इसलिए इसकी नाइट्रोजन शीघ्र नाइट्रेट में बदल जाती है।

(x) नाइट्रोजनी उर्वरक

सभी अकार्बनिक उर्वरकों में नाइट्रोजन का महत्त्वपूर्ण स्थान है। फसलों की वृद्धि के लिए नाइट्रोजन का प्रयोग किया जाता है। भारत में नाइट्रोजनी उर्वरकों में **यूरिया** सर्वाधिक प्रचलित है। वर्तमान में नाइट्रोजनी उर्वरकों का लगभग 80% अकेले यूरिया द्वारा आपूर्ति होती है तथा शेष 20% अन्य स्रोतों द्वारा होती है।

- नाइट्रोजन के कार्बनिक, अकार्बनिक व जैविक स्रोत उपलब्ध होते हैं।

नाइट्रोजनी उर्वरकों का वर्गीकरण नाइट्रोजनी उर्वरकों का वर्गीकरण उनमें उपस्थित नाइट्रोजन के रूप के आधार पर किया जाता है

1. **नाइट्रेट उर्वरक** इन उर्वरकों में नाइट्रोजन, नाइट्रेट (NO_3^-) के रूप में उपलब्ध होती है।
   (i) **सोडियम नाइट्रेट** ($NaNO_3$) इसमें 16% नाइट्रोजन पाई जाती है।
   (ii) **कैल्शियम नाइट्रेट** [$Ca(NO_3)_2$] इसमें 15% नाइट्रोजन पाई जाती है।
   (iii) **पोटैशियम नाइट्रेट** (KNO_3) इसमें 13% नाइट्रोजन पाई जाती है।
2. **अमोनियम उर्वरक** इन उर्वरकों में नाइट्रोजन, अमोनियम (NH_4^+)के रूप में होती है।
   (i) **अमोनियम सल्फेट** [$(NH_4)_2SO_4$] इसमें 20% नाइट्रोजन पाई जाती है।
   (ii) **अमोनियम क्लोराइड** (NH_4Cl) इसमें लगभग 25% नाइट्रोजन पाई जाती है।
   (iii) **निर्जल अमोनिया** (NH_3) इसमें लगभग 82% नाइट्रोजन पाई जाती है।
   (iv) **अमोनियम फॉस्फेट** ($NH_4H_2PO_4$) इसमें 11% नाइट्रोजन पाई जाती है।
   (v) **डाइ अमोनियम फॉस्फेट** [$(NH_4)_2PO_4$] इसमें 18% नाइट्रोजन पाई जाती है।
3. **अमोनियम व नाइट्रेट उर्वरक** इन उर्वरकों में नाइट्रोजन अमोनियम व नाइट्रेट दोनों रूपों में पाई जाती है।
   (i) **अमोनियम नाइट्रेट** (NH_4NO_3) इसमें 33.5% नाइट्रोजन पाई जाती है।
   (ii) **अमोनियम सल्फेट नाइट्रेट** (ASN) इसमें 26% नाइट्रोजन पाई जाती है।
   (iii) **कैल्शियम अमोनियम नाइट्रेट** (CAN) इसमें 25% नाइट्रोजन पाई जाती है।
4. **एमाइड उर्वरक** इन उर्वरकों में नाइट्रोजन, एमाइड के रूप में पाई जाती है।
   (i) **यूरिया** [$CO(NH_2)_2$] इसमें 46% नाइट्रोजन पाई जाती है।
   (ii) **कैल्शियम सायनामाइड** ($CaCN_2$) इसमें 21% नाइट्रोजन पाई जाती है।
5. **धीमी गति से नाइट्रोजन अवमुक्त करने वाले उर्वरक** इन उर्वरकों का संगठन अलग-अलग होता है।
   (i) यूरिया फॉर्मेल्डिहाइड (ii) लेपित यूरिया
   (iii) मिश्रित यूरिया
   (iv) मैटल अमोनियम फॉस्फेट

(xi) फॉस्फेटिक उर्वरक

पौधों में फॉस्फेटिक उर्वरकों का स्थान, नाइट्रोजन के बाद आता है। पौधों में फॉस्फोरस विभिन्न रूपों में पाया जाता है।

फॉस्फेटिक उर्वरकों का वर्गीकरण

फॉस्फेटिक उर्वरकों को विलेयता के आधार पर तीन वर्गों में बाँटा गया है

1. **जल विलेय फॉस्फेटिक उर्वरक** ये उर्वरक जल में विलेय होते हैं। इस वर्ग के प्रमुख उर्वरक निम्नलिखित हैं
   (i) **सिंगल सुपर फॉस्फेट** इसमें 16% फॉस्फोरस पाया जाता है।
   (ii) **ट्रिपल सुपर फॉस्फेट** इसमें 40-42% फॉस्फोरस पाया जाता है।
   (iii) **मोनो अमोनियम फॉस्फेट** इसमें 11% नाइट्रोजन व 48% फॉस्फोरस पाया जाता है।
   (iv) **डाइ अमोनियम फॉस्फेट** इसमें 18% नाइट्रोजन व 46% फॉस्फोरस पाया जाता है।
2. **साइट्रिक अम्ल में विलेय फॉस्फेटिक उर्वरक** ये उर्वरक साइट्रेट अम्ल में विलेय होते हैं, परन्तु जल में अविलेय होते हैं। इन उर्वरकों में फॉस्फोरस HPO_4^- आयन के रूप में होता है। इस वर्ग के प्रमुख उर्वरक निम्न हैं
   (i) **बेसिक स्लेग** इसमें 13-18% फॉस्फोरस पाया जाता है।
   (ii) **डाई कैल्शियम फॉस्फेट** इसमें फॉस्फोरस 34 से 36% पाया जाता है।
   (iii) हड्डी का चूरा
3. **अविलेय फॉस्फेटिक उर्वरक** ये उर्वरक न तो जल में विलेय होते हैं और न ही साइट्रिक अम्ल में विलेय होते हैं। ये केवल खनिज अम्लों में विलेय होते हैं
   (i) **रॉक फॉस्फेट** इसमें 8 से 40% फॉस्फोरस पाई जाती है।
   (ii) हड्डी का चूरा

(xii) पोटाशिक उर्वरक

पादप पोषण में पोटैशियम का नाइट्रोजन और फॉस्फोरस के बाद तीसरा स्थान है। पोटैशियम उर्वरकों में पोटैशियम की मात्रा K_2O (पोटैशियम ऑक्साइड) के रूप में व्यक्त की जाती है। इसे पोटाश के नाम से भी पुकारा जाता है।

पोटाशिक उर्वरकों का वर्गीकरण

सामान्यतया पोटैशियम उर्वरकों को दो वर्गों में बाँटा गया है

1. **क्लोराइड युक्त पोटाशिक उर्वरक** इस वर्ग का प्रमुख उर्वरक पोटैशियम क्लोराइड अथवा म्यूरेट ऑफ पोटाश है। यह सस्ता पोटाशिक उर्वरक है तथा भारत में सम्पूर्ण पोटाशिक उर्वरकों का 60% भाग केवल पोटैशियम क्लोराइड के रूप में प्रयोग होता है।
   - म्यूरेट ऑफ पोटाश या पोटैशियम क्लोराइड में 60% तक पोटाश पाया जाता है।
2. **क्लोराइड विहीन पोटाशिक उर्वरक** इस वर्ग में वे पोटाशिक उर्वरक आते हैं, जिनमें क्लोराइड उपस्थित नहीं होता है। इस वर्ग के उर्वरकों से प्राप्त होने वाली पोटाश अपेक्षाकृत महँगी होती है। इसके प्रमुख उर्वरक निम्न हैं

   पोटैशियम सल्फेट, पोटैशियम कार्बोनेट, पोटैशियम, मैग्नीशियम कार्बोनेट, पोटैशियम मैग्नीशियम सल्फेट, पोटैशियम नाइट्रेट, सोडियम पोटैशियम नाइट्रेट इत्यादि।
   - इन उर्वरकों में पोटैशियम क्लोराइड व पोटैशियम सल्फेट प्रमुख उर्वरक हैं। यह उर्वरक पूर्णत: विदेशों से आयात किए जाते हैं। भारत में इनके शुद्ध खनिज उपलब्ध नहीं है।
   - विभिन्न पोटाशिक खनिजों; जैसे-सिल्वीनाइट, कार्नेलाइट, केनाइट, लैंगबिनाइट आदि से पोटाशिक उर्वरकों का निर्माण किया जाता है।
   - पोटाशिक उर्वरकों के निर्माण में सिल्वीनाइट का प्रमुख रूप से प्रयोग होता है।

खाद एवं उर्वरकों का रासायनिक संगठन

खाद का नाम	नाइट्रो (%)	फॉस्फोरस (%)	पोटाश (%)
खाद			
गोबर की खाद	0.4 - 0.5	0.25	0.5
कम्पोस्ट	0.5 - 0.6	1.15	2.3
बायो गैस से तैयार कम्पोस्ट	1.2 - 2.0	1.1 - 2.0	0.8 - 1.0
मानव विष्ठा	1.5	1.1	0.5
मानव मूत्र	0.6	0.1	0.8
पक्षियों की बीट	1.1-1.6	1.0-1.0	6.1-8.5
मुर्गी की बीट	3.8	1.5	1.7
हड्डी चूर्ण	3.5 - 4.5	1.8 - 2.5	-
गंदी नालियों का कीचड़	6.0	4.0	-
शीश	3.0	3.5	-
गन्ने के रस का सूखा मैला	1.1 - 1.5	4.5	2 - 7
तालाब की मिट्टी	1.0	-	-
वर्मी कम्पोस्ट	1.2-1.6	1.8-2.0	0.50.75
नेपेड कम्पोस्ट	0.6	0.45	0.5
खलियाँ			
अण्डी की खली	4.37	1.85	1.39
महुआ की खली	2.51	0.80	1.85
नीम की खली	5.22	1.08	1.48
मूँगफली की खली	7.29	1.53	1.33
अलसी की खली	5.56	1.44	1.28
सरसों की खली	5.27	1.84	1.16
बिनौले की खली	0.00	1.09	1.02
बिनौले की खली (छिले हुए)	6.41	2.89	1.62
अकार्बनिक उर्वरक			
नाइट्रो उर्वरक			
अमोनियम उर्वरक			
अमोनियम सल्फेट	20.5	-	-
अमोनियम क्लोराइड	26.0	-	-
एनहाइड्रास अमोनिया	82	-	-
अमोनिया घोल	20 - 25	-	-
नाइट्रेट उर्वरक			
सोडियम नाइट्रेट	16.0	-	-
कैल्सियम नाइट्रेट	15.5	-	-
नाइट्रेट एवं अमोनियम उर्वरक			
अमोनियम सल्फेट नाइट्रेट	26.0	-	-
अमोनियम नाइट्रेट	33 - 34	-	-
कैल्सियम अमोनियम नाइट्रेट	20	-	-
अमाइड उर्वरक			
यूरिया	46	-	-
कैल्सियम साइनेमाइड	21	-	-
फास्फोरस संयुक्त उर्वरक			
जल में घुलनशील			
सिंगल सुपर फॉस्फेट	-	16	-
डबल सुपर फॅास्फेट	-	32	-
ट्रिपिल सुपरफॉस्फेट	-	46 - 48	-
साइट्रिक अम्ल में घुलनशील फॉस्फोरस			
डाइकैल्शियम फॉस्फेट	-	34 - 39	-
राक फॉस्फेट	-	20 - 40	-
बेसिग स्लैग	-	14 - 18	-
हड्डी का चूरा -	-	20 - 25	-
कच्चा - वाष्पित	-	22	-
पोटाशयुक्त उर्वरक			
म्यूरेट ऑफ पोटाश	-	-	60
काइनाइट	-	-	12 - 1
पोटेशियम नाइट्रेट	13	-	44 - 48
सल्फेट ऑफ पोटाश	-	-	-

एकीकृत पोषक तत्त्व प्रबन्धन हेतु कुछ उपाय

- मिट्टी परीक्षण के आधार पर ही उर्वरकों एवं जैविक खादों का प्रयोग करें।
- दलहनी फसलों में *राइजोबियम* कल्चर का प्रयोग अवश्य करें।
- धान व गेहूँ के फसल चक्र में ढैचे की हरी खाद का प्रयोग करें।
- फसल चक्र में परिवर्तन करें।
- आवश्यकतानुसार उपलब्धता के आधार पर गोबर तथा कूड़े-करकट का प्रयोग कर कम्पोस्ट (खाद) बनाए।
- खेत में फसलावशिष्ट जैविक पदार्थों को मिट्टी में मिला दिया जाए।
- विभिन्न प्रकार के जैव उर्वरकों यथा नत्रजनिक संश्लेषी एवं फास्फेट को घुलनशील बनाने वाले जीवाणु, शैवाल तथा कवक जैव-उर्वरक का प्रयोग करें।

जैविक खादों एवं जैव उर्वरकों द्वारा उर्वरकों के समतुल्य पोषक तत्त्व

सामग्री	निवेश की मात्रा	उर्वरकों के रूप में पोषक तत्त्वों की समतुल्य मात्रा
(क) जैविक खादें/फसल अवशेष गोबर की खाद	प्रति टन	3.6 किग्रा नाइट्रोजन, फॉस्फोरस (पी. 2 ओ. 5) + पोटाश (के. 2 ओ.) (2 : 1 : 1)
ढैंचा की हरी खाद	45 दिन की फसल	50-60 किग्रा. नाइट्रोजन (बौनी जाति के धान में)
गन्ने की खोई	5 टन प्रति हेक्टर	12 किग्रा नाइट्रोजन प्रति टन
धान की पुआल + जलकुम्भी	5 टन प्रति हेक्टर	2 किग्रा नाइट्रोजन प्रति टन
(ख) जैव उर्वरक *राइजोबियम* कल्चर		19-22 किग्रा नाइट्रोजन
एजोटोबैक्टर एवं कल्चर *एजोस्पाइरिलम*		20 किग्रा नाइट्रोजन
नील हरित शैवाल	10 किग्रा. प्रति हेक्टर	20-30 किग्रा नाइट्रोजन
एजोला	6-21 टन प्रति हेक्टर	3.5 किग्रा प्रति हेक्टर

एकीकृत पोषक तत्त्व प्रबंधन की महत्ता

1. मिट्टी की उत्पादकता व स्वास्थ्य बनाए रखना।
2. पोषक तत्त्व का सन्तुलन मात्रा में बनाए रखना।
3. भरपूर उत्पादन प्राप्त करना।
4. विषैलापन का प्रभाव कम करना तथा विपरीत प्रतिक्रियाओं से बचना।
5. जमीन में लाभदायक जीवाणुओं की संख्या में वृद्धि करना।
6. गुणात्मक उत्पादन एवं वातावरण की प्रतिकूल परिस्थितियों से बचाव करना।

अम्लीय मृदाएँ (Acid Soil)

अम्लीय मृदाएँ प्राय: नम जलवायु वाले भागों में पाई जाती हैं। जिनका pH मान 7.0 से कम होता है। अधिक वर्षा वाले क्षेत्रों में अम्लीय मृदा पाई जाती है। मिट्टी कोलाइडी संकीर्ण पर भस्मों के स्थान पर हाइड्रोजन अणु सान्द्रण बढ़ जाने से हाइड्रोजन मिट्टी या अम्लीय मृदा बनती है।

मृदा अम्लता का वर्गीकरण

आयनों की उपस्थिति के अनुसार मृदा अम्लता तीन प्रकार की होती है

1. **सक्रिय अम्लता** H^+ आयन मृदा घोल में स्वतन्त्र रूप से उपस्थित रहते हैं जो सीमित अम्लता पैदा करता हैं। सक्रिय अम्लता, मृदा घोल में H^+ आयन्स की सक्रियता का माप करती है।
2. **स्थानान्तरित या परिवर्तनीय अम्लता** अधिक अम्लीय भूमि में परिवर्तनीय हाइड्रोजन एवं एल्युमीनियम आयन काफी मात्रा में उपस्थित होते हैं।

$$\text{कोलॉइड} \begin{matrix} Al^{3+} \\ H^{2+} \end{matrix} + 4\,KCl \;\text{कोलॉइड} \begin{matrix} K^+ \\ K^+ \\ K^+ \\ K^+ \end{matrix} + AlCl + HCl$$

3. **अवशेष अम्लता** जो अम्लता सक्रिय एवं परिवर्तित अम्लता के बाद बचती है। अवशेष अम्लता सक्रिय अम्लता एवं परिवर्तित अम्लता से अधिक होती है। इस अम्लता को दूर करने के लिए अधिक चूने की आवश्यकता होती है।

अम्लीय मृदा बनने के कारण

अम्लीय मृदा का निर्माण कृत्रिम रूप से अम्लीय उर्वरकों के निरन्तर प्रयोग से होता है।

1. भारी वर्षा के कारण मृदा कोलाइडी संकीर्ण पर से कैल्शियम, मैग्नीशियम, पोटैशियम आदि भास्मिक आयन पानी के साथ बहकर निचली सतहों में चले जाते हैं, जिससे कोलाइडी संकीर्ण पर इनकी मात्रा कम हो जाती है।
2. अम्लता पैदा करने वाले उर्वरकों का लगातार प्रयोग; जैसे—अमोनियम सल्फेट, अमोनियम नाइट्रेट आदि उर्वरक।
3. कुछ चट्टानों में भस्म खनिजों की अपेक्षा क्वार्टज तथा **सिलिका** की मात्रा अधिक होती है; जैसे—ग्रेनाइट व रायोलाइट अम्लीय चट्टानें होती हैं। इनमें उपस्थित सिलिका पानी के संयोग में आकर सिलिसिक अम्ल की रचना करता है।
4. कुछ फसलों जैसे—चुकन्दर द्वारा क्षारीय तत्त्व अवशोषित कर लिए जाते हैं, जिससे मृदा अम्लता पैदा होती है।
5. जीवांश पदार्थ के विच्छेदन से कार्बन डाइऑक्साइड तथा अनेक अकार्बनिक अम्ल बनते हैं। कार्बन डाइऑक्साइड पानी से मिलकर कार्बोनिक अम्ल (H_2CO_3) देती है अम्लों के विघटन से H^- आयन मिलते हैं, जो कोलाइडी संकीर्ण पर उपस्थित कैल्शियम, मैग्नीशियम, पोटैशियम आदि को विस्थापित करते हैं।

पौधों पर अम्लता का प्रभाव

1. पादप जड़ों के ऊतकों पर हाइड्रोजन आयन्स का विषैला प्रभाव पड़ता है।
2. विभिन्न पोषक तत्त्वों की उपलब्धता पर विपरीत प्रभाव
3. नाइट्रीफिकेशन
4. नाइट्रोजन स्थिरीकरण

अम्लीय मृदाओं का सुधार

1. चूना पदार्थ मिलाना

$$H^+ \begin{matrix} H^+H^+H^+ \\ \text{कोलाइड} \\ H^+H^+H^+ \end{matrix} H^+ + H_2O + Ca(OH)_2 \rightarrow H_2O$$

$$+\, Ca^{++} \begin{matrix} Ca^{++}Ca^{++} \\ \text{कोलाइड} \\ Mg^{++}K^+Ca^{++} \end{matrix} Ca^{++}$$

2. क्षारीय उर्वरकों का प्रयोग; जैसे—सोडियम नाइट्रेट, बेसिक स्लैग
3. मृदा व पानी का सही प्रबन्ध,
4. अम्लता रोधी फसलों को उगाना इन फसलों को 3 भागों में बाँटी जा सकती है
   (i) **उच्च अम्लतारोधी फसलें** धान, आलू, शकरकन्द, जई, एकीनो कलोआ।
   (ii) **मध्यम अम्लतारोधी फसलें** गेहूँ, जौ, मक्का, बैंगन, शलजम आदि।
   (iii) **कम अम्लतारोधी फसलें** टमाटर, गाजर, रेड क्लोवर आदि।

चूना पदार्थों में

1. चूना पत्थर 2. क्विक लाइम 3. डोलोमाइट चूना पत्थर
4. ब्लास्ट फरेनस स्लैग 5. हाइड्रेटिस लाइम

लवणीय तथा क्षारीय मृदाएँ
(Saline and Alkaline Soil)

इस प्रकार की मृदाएँ मुख्य रूप से शुष्क व अर्द्ध शुष्क जलवायु क्षेत्रों में पाई जाती हैं। इन मृदाओं को विभिन्न क्षेत्रों में विभिन्न नामों से पुकारा जाता है। **ऊसर** नाम उत्तर प्रदेश में खासकर पुकारा जाता है। ऊसर अधिक प्रचलित नाम है, जो संस्कृत के 'उस्तर' शब्द से बना है, जिसका अर्थ बंजर है। ऊसर के अलावा इन मृदाओं को रेह भी कहते हैं। पंजाब में लवणीय मृदाओं को **थर** तथा क्षार शकर या **बार बारी** कहते हैं। लवणीय तथा क्षारीय मृदाओं के लिए **कल्लर** शब्द भी प्रयोग किया जाता है।

लवणीय तथा क्षारीय मृदाओं का वर्गीकरण

सोडियम लवण की उपस्थिति के कारण इन मृदाओं को निम्न प्रकार से बाँटा गया है

1. **लवणीय मृदाएँ** इनमें सोडियम लवण अधिक मात्रा में पाई जाता है। लवणीय मृदाओं में सोडियम क्लोराइड, सल्फेट, बाइकार्बोनेट और कभी-कभी नाइट्रेट्स भी पाए जाते हैं। सोडियम के क्लोराइड व सल्फेट के कारण मृदा सतह का रंग सफेद हो जाता है, जबकि सोडियम नाइट्रेट्स के कारण भूरा रंग आता है। इस मृदा का ई एस पी (ESP) बहुत कम होता है तथा सी ई सी 15% से भी कम होता है। कुल घुलनशील लवण 0.1% से भी अधिक होते हैं। इस मृदा की ई सी पी 4 मिली या इससे अधिक मिलीमोह/सेमी होती है।
2. **क्षारीय मृदाएँ** भस्म विनिमय की क्रिया में कैल्शियम, मैग्नीशियम तथा पोटैशियम आदि विनिमय धनायनों के साथ सोडियम भी मृदा के कोलाइडी कणों पर अधिशोषित हो जाता है जैसे-जैसे मृदा विलयन में सोडियम का सॉन्द्रण बढ़ता जाता है। यह कोलाइडी कणों पर अधिशोषित दूसरे धनायनों को वहाँ से विस्थापित करता रहता है। इस प्रकार मृदा अधिक-से-अधिक क्षारीय हो जाती है।

   क्षारीय मृदा तीन प्रकार की होती हैं

   (i) **अलवणीय-क्षारीय मृदा** इस प्रकार की मृदा को प्राय: काली मृदा कहते हैं। इन मृदाओं में सोडियम कार्बोनेट (Na_2CO_3) काफी मात्रा में पाया जाता है। अत: इसे विशेषकर ऊसर भी कहते हैं। परिवर्तनीय सोडियम प्रतिशत 15% से अधिक होता है। परिणामस्वरूप इसका pH 8.5 से 10 होता है। कुल घुलनशील लवण 0.1% से कम पाए जाते हैं।

   विद्युत चालकता प्राय: 4 मिली मोह/सेमी से कम पाया जाता है। सोडियम कार्बोनेट कार्बनिक पदार्थ को अवशोषित कर लेती है, जिससे कार्बनिक पदार्थ की कमी हो जाती है और ऊसर बनने में मदद मिलती है।

   (ii) **लवणीय-क्षारीय मृदा** ये मृदाएँ लवणीय व क्षारीय प्रकार की होती हैं। इनका बनना घुलनशील लवणों पर निर्भर करता है। यदि घुलनशील सोडियम लवण का कम या उपयुक्त वर्षा के ना होने पर निक्षालन नहीं हो पाता, तो ये लवण भूमि पर ही रह जाते हैं और लवणीय क्षारीय मृदा का निर्माण होता है।

   - पी एच परिवर्तनीय सोडियम 15% से अधिक होता है। प्राय: इन मृदाओं का pH मान 8.5 से अधिक होता है।
   - सामान्यत: घुलनशील लवण 0.1% से अधिक होता है। विद्युत चालकता 4 मिली मोह/सेमी से अधिक होता है।

   (iii) **निम्नीकृत क्षारीय मृदाएँ** इस प्रकार की मृदा का विकास तब होता है जब मृदा में आधिक्य लवणों के न्यूनीकरण की क्रिया हो तो उसके अन्दर $CaCO_3$ या $CaSO_4$ नहीं रह जाता है।

   अधिक लीचिंग के कारण $NaCO_3$ धीरे-धीरे भूमि की निचली परतों में चला जाता है और मृदा कोलाइड पर सोडियम के स्थान को H^+ ग्रहण कर लेता है और मृदा का pH मान कम हो जाता है। अधिकांशत: सतही मृदा का pH मान 6.0 से कम पाया जाता है, जबकि निचली परत का pH मान 8.5 से अधिक होता है। परिवर्तनीय सोडियम प्रतिशत 15% से अधिक होता है।

   - विद्युत चालकता प्राय: 4 मिली मोह/सेमी से कम होती है। इन मृदाओं की निचली परत का रंग काला होता है।

रिग्रेडेशन ऐसी मृदाएँ जिनका एक बार निम्नीकरण हो चुका है और पुन: क्षार एकत्रित होने लगते हैं और सोडियम लवणों की मात्रा बढ़ने लगती है तो इस क्रिया को रिग्रेडेशन कहते हैं। इस क्रिया के परिणामस्वरूप मृदा का पी एच मान पुन: बढ़ने लगता है।

$$\text{ई एस पी} = \frac{\begin{array}{c}\text{विनिमय सोडियम}\\ \text{(मृदा के प्रति 100 ग्राम में मिली ग्राम की मात्रा)}\end{array}}{\text{कुल धनायन विनिमय क्षमता}} \times 100$$

$$\text{एस ए आर (सोडियम अधिशोषण अनुपात)} = \frac{Na^+}{\sqrt{\dfrac{[Ca^{2+}] + [Mg^{2+}]}{2}}}$$

$$\text{सोडियम प्रतिशत} = \frac{Na^+ \times 100}{Ca^{++} + Mg^{++} + K^+ + Na^+}$$

लवण सहनशील फसलें

- **उच्च लवण सहनशील** धान, गन्ना, जई
- **मध्यम लवण सहनशील** कपास, ज्वार, मक्का, मस्टर्ड, गेहूँ
- **निम्न सहनशील फसलें** दालें, तिल, मूली, बीनस
- **क्षारीयता सहनशील फसलें** धान, कपास, सरसों, जौ, जई, गेहूँ, चुकन्दर, टमाटर, प्याज, आलू, गाजर, फूलगोभी, बैंगन, खजूर, बेर, अमरूद, अंगूर, सिस्ट्रस, बरसीम, आदि।

लवणीय एवं क्षारीय मृदाओं का सुधार भौतिक विधि द्वारा

इस विधि में मृदा सतह को 15-30 सेमी गहराई तक खुरचतें हैं और खुरची हुई मृदा को खेत से बाहर कर देते हैं

- **निक्षालन विधि** द्वारा भी लवणों को कम किया जा सकता है या विलेय लवणों को सतह से बहा दिया जाता है। उचित जल-निकास द्वारा लवणों को कम करना।

रासायनिक विधि

इस विधि से सोडियम युक्त मृदाओं को रासायनिक सुधारकों का उपयोग करके सुधारा जाता है, लेकिन सुधारकों का प्रयोग उचित मात्रा में करना चाहिए।

जिप्सम

रासायनिक रूप में जिप्सम कैल्शियम सल्फेट होता है। इसमें 23.3% कैल्शियम, 18.6%सल्फर तथा 20.9% भारानुसार जल होता है। यह रासायनिक पदार्थ सस्ता होता है और आसानी से उपलब्ध होता है। इसलिए इसे भूमि सुधारक के रूप में प्रयोग किया जाता है। क्षारीय मृदाओं में कैल्शियम आयन विनिमय सोडियम आयन को विस्थापित करके सोडियम मिट्टी को कैल्शियम मिट्टी में बदल देते हैं।

$$Na_2CO_3 + CaSO_4 \rightleftharpoons CaCO_3 + Na_2SO_4 \downarrow$$

- जिप्सम सोडियम कार्बोनेट के साथ क्रिया करके उसे $CaCO_3$ में बदल देता है। इसका प्रभाव इसकी महीनता पर निर्भर करता है।

सल्फर

मृदा की गहरी जुताई करके सल्फर का बारीक चूर्ण फैला देना चाहिए। सल्फर के ऑक्सीकरण से मृदा में H_2SO_4 बनता है जो मृदा में अविलेय कैल्शियम को विलेय रूप में परिवर्तित कर देता है और मिट्टी का पी एच मान कम कर देता है, जिससे कैल्शियम कार्बोनेट की विलेयता बढ़ जाती है।

सल्फ्यूरिक अम्ल

धात्विक सल्फर ऑक्सीकृत होकर सल्फ्यूरिक अम्ल बनाता है अत: सल्फ्यूरिक अम्ल को सीधे सुधारक के रूप में प्रयोग किया जाता है, लेकिन यह महँगा एवं अत्यन्त ज्वलशील होने के कारण खतरनाक है।

आयरन पायराइट

पायराइट, आयरन तथा सल्फर युक्त खनिज है। सामान्यत: इसमें धात्विक खनिजों के सल्फाइड्स होते हैं तथा रूपान्तरित एवं आग्नेय चट्टानों में मिलता है। यह ज्वलनशील पदार्थ हैं तथा पानी व हवा से क्रिया करके तुरन्त ही सल्फ्यूरिक अम्ल बनाता है। यह रवेदार परतदार एवं चूर्ण रूप में पाया जाता है, किन्तु चूर्ण के रूप में पाया जाने वाला पायराइट सल्फर होता है।

- इसमें सल्फर 22-24%, आयरन 20-22%, मैग्नीशियम 0.5-0.6%, सिलिका 35-40%। पूर्णवि चूनेदार में पाइराइड अधिक उपयोगी सिद्ध होती है। इसके द्वारा बनाया गया H_2SO_4 मृदा में $CaCO_3$ से क्रिया करके कैल्शियम सल्फेट बनाता है जो मृदा को कैल्शियम मृदा में परिवर्तित कर देता है।

जैविक सुधार कार्बनिक पदार्थ सड़ने पर कार्बन डाइऑक्साइड तथा कार्बनिक अम्ल पैदा करते हैं। ये अम्ल अविलेय कैल्शियम लवणों को विलेय करके मृदा क्षारता को कम करते हैं। शीरा मृदा में मिलाने पर इसके विच्छेदन की प्रारम्भिक अवस्था में कार्बोहाइड्रेट के ऑक्सीकरण से कार्बन डाइऑक्साइड तथा कार्बनिक अम्ल पैदा करती है तथा कार्बन डाइऑक्साइड जल में घुलकर H_2CO_3 बनाती है, जो क्षारों को उदासीन करती है तथा फॉस्फोरस की प्राप्यता को बढ़ाती है। हरी खाद मुख्यतया ढैंचा, ग्वार, सनई के प्रयोग द्वारा क्षारीय मृदाओं को सुधारा जा सकता है।

लवणीय एवं क्षारीय मृदाओं का प्रबन्ध लवण प्रवाहित मृदा में कूँड सिंचाई के बजाय प्रवाहित सिंचाई का तरीका ठीक रहता है। लवणीय मृदाओं में मेड़ो की दिशा पूरब से पश्चिम की ओर रखते हैं। फसलों को मेड़ से उत्तरी ढलान की ओर बोना चाहिए, क्योंकि इस ढलान पर लवणों की सान्द्रता दक्षिण ढलान की अपेक्षाकृत कम होती है। बाजरा अंकुरण के समय ज्वार से अधिक प्रतिरोधी है। धान की पछेती किस्में, अगेती किस्मों की अपेक्षा अधिक लवण प्रतिरोधी होती हैं।

मृदा क्षरण एवं भूमि संरक्षण

आमतौर पर भूमि निर्माण के तत्पश्चात विभिन्न प्रकार के प्राकृतिक एवं अप्राकृतिक क्रियाओं द्वारा भूमि का कटाव होता रहता है।, भूमि का क्षरण मुख्य रूप से वायु, जल तथा वर्षा के कारण होता है इनके प्रभाव से मृदा कणों का कटकर एक स्थान से दूसरे स्थान पर स्थानान्तरित होना मृदा क्षरण कहलाता है।

जल द्वारा मृदा क्षरण

भारतवर्ष में अधिकांश मृदा क्षरण की प्रक्रिया जल द्वारा होती है, अत्यधिक वर्षा या नदियों में बाढ़ तटवर्ती क्षेत्रों में गम्भीर रूप से भूमि क्षरण का कार्य करती है। भूमि क्षरण के लिए दो प्रक्रियाएँ आवश्यक होती हैं

1. भूमि या भूमि के कणों का कटाव
2. कटे भूमि कणों का एक स्थान से दूसरे स्थान पर जाना।
    - भूमि के कणों के कटाव में मुख्य प्रतिकारक वर्षा की गिरती हुई बूँदें होती हैं। जल के वेग से उत्पन्न गतिज ऊर्जा कणों के कटाव के लिए उत्तरदायी होती है।
    - वर्षा की बूँदें सर्वप्रथम मृदा कणों पर प्रहार कर कणों को तितर-बितर करती हैं। इसके बाद इनका स्थानान्तरण होता है। जल का बहाव मुख्य रूप से उसकी मात्रा, गहनता, सतह पर बहाव की गति, भूमि के प्रकार आच्छादन तथा भूमि ढलान पर निर्भर होता है। वर्षा की बूँदों के प्रहार से ढेले या समुच्यय टूटने लगते हैं। जल क्षरण मुख्य रूप से तीन श्रेणियों में कार्य करता है

1. मृदा कणों का मृदा बिलगाव
2. बिलगति कणों का एक स्थान से दूसरे स्थान पर स्थानान्तरित करना
3. कणों का दूसरे स्थान पर जमा होना

जल द्वारा मृदा क्षरण के प्रकार जल द्वारा मृदा क्षरण निम्नलिखित पाँच प्रकार का होता है

1. **अपस्फुरण क्षरण** वर्षा की गिरती बूँदों के प्रभाव से मृदा कणों का तितर-बितर होना तथा अन्य स्थान पर स्थानान्तरित हो जाना **अपस्फुरण क्षरण** कहलाता है।
    - इससे हल्के कण तथा तत्त्व नष्ट हो जाते हैं और भूमि की उर्वराशक्ति घट जाती है। एक क्षेत्र में गिरती हुई वर्षा की बूँदों का मृदा कण पर प्रभाव उसकी मात्रा, आकार तथा वेग पर निर्भर होता है।
    - इस प्रकार मृदा क्षरण बूँदों के आकार, वर्षा की गहनता, वायु अवरोध, वायुमण्डल का दबाव, तापक्रम तथा आर्द्रता से प्रभावित होता है।

    (i) **पडल क्षरण** वर्षा की बूँदों के प्रभाव से प्रथम मृदा के ऊपरी सतह की ठोस संरचना नष्ट हो जाती है तथा मृदा शीघ्र कीचड़ के रूप में परिवर्तन हो जाती है इसे **पडल क्षरण** कहते हैं।

    (ii) **उर्वरता क्षरण** वर्षा की बूँदों के प्रभाव से मृदा के पोषक तत्त्व नष्ट हो जाते हैं पोषक तत्त्वों के नष्ट हो जाने को उर्वरता क्षरण कहा जाता है।
2. **परत क्षरण** वर्षा तथा अपधावन से मृदा के ऊपरी सतह का सामान्य रूप से कटकर बह जाना परत क्षरण कहलाती है, यह क्रिया अत्यन्त धीमी गति से होती है। प्राय: उन मृदाओं में जिनकी निचली सतह कठोर हो यह अधिक होता है।

3. **क्षुद्र सरिता क्षरण** इस प्रकार का क्षरण मुख्य रूप से असमतल क्षेत्रों से होता है। जब ऊँचाई से वर्षा का जल नीचे की ओर बहता है तो अपने साथ मृदा कणों का काटकर बहाता है और लगातार बहाव से ये बड़ी नालियों में परिवर्तित हो जाते हैं। इस प्रकार के कटाव को **क्षुद्र सरिता क्षरण** कहते हैं तथा बड़ी नालियों को अवनालिका कहा जाता है।
   - इस प्रकार का क्षरण नदियों, नालों तथा सरिताओं में बाढ़ आने के रागम होता है इस क्षरण में नदियों तथा सरिताओं के किनारों या उसके आस-पास की भूमि प्रभावित होती है।
   - जब नदियों में जल बहाव की गति अधिक होती हैं तो ये अपने किनारों को नीचे-नीचे की गहरी जल गति द्वारा काटती है और किनारे कटकर नदियों में गिरते रहते हैं, इसे सरिता तीर क्षरण कहा जाता हैं।
4. **अवनालिका क्षरण** क्षुद्र सरिता क्षरण के लगातार होने से आगे चलकर इसका कटाव और गहरा हो जाता है तथा नालिकाएँ गहरी व बड़ी हो जाती हैं इसे अवनालिका क्षरण कहते हैं।

जल द्वारा मृदा क्षरण का नियन्त्रण

जल द्वारा मृदा क्षरण में दो प्रतिक्रियाएँ होती हैं

1. वर्षा की बूँदों का मृदा धरातल पर गिरना तथा कणों को काटना तथा सतह पर बहाव
2. वर्षा की गिरती बूँदों के प्रभाव को कम किया जाए
3. जल एकत्रीकरण तथा उसके बहाव को रोका जाए
4. कृषि क्रियाएँ
5. यान्त्रिक क्रियाएँ
6. वृक्षारोपण एवं घास रोपण आदि

1. **कृषि क्रियाएँ** पाट्टियों में फसल उत्पादन एकान्तर पट्टियों में खेती करना जिसमें मिश्रित फसलें तथा अधिक बीज दर से बुवाई प्रायः होती है पट्टियों में फसलोत्पादन कहलाता है। पट्‌टीदार फसलोत्पादन के साथ कण्टूर भू-परिष्करण या वेदिकाओं या बाँध का प्रयोग उपयुक्त होता है। पट्टियों का निर्माण ढ़लान पर आधारित होता है। ये खेती तीन प्रकार से की जाती हैं
   (i) **कण्टूर पट्‌टीदार खेती** ढलान के विपरीत दिशा में फसलों को पट्टियों या चक्रों में उगाना कण्टूर खेती होती है।
   (ii) **समतल पट्‌टीदार खेती** अधिक विभिन्नता वाले धरातलीय क्षेत्रों में इसे अपनाते हैं। इनमें समतल टुकड़ों पर एकान्तर पटिट्याँ बनाकर खेती की जाती है।
   इन पटिट्यों को जिधर मृदा क्षरण की क्रियाशीलता अधिक हो उसके विपरीत बनाते हैं।
   (iii) **बफर पट्‌टीदार खेती** कण्टूर पट्‌टीदार खेती में पहिया के मध्य घास या दलहनी फसलों की पहिया में उगाना बफर पट्‌टीदार खेती कहलाती है। इन बचाव पहियों को अधिक ढलान पर या जहाँ मृदा क्षरण की सम्भावना अधिक हो बनाते हैं।
2. **जुताई** मृदा संरक्षण में जुताई का अधिक महत्त्व है। अपधावन गति कम करनी तथा पृष्ठीय जल स्रवण बढ़ाने में जुताई सहायक होती है। भारी मृदाओं में गहरी जुताई से जल स्रवण बढ़ जाता है और अपधावन कम होता हैं।
3. **आच्छादित भू-परिष्करण** भू-परिष्करण की क्रियाएँ जिनमें मृदा में ढेलेनुमा स्थिति पैदा हो तथा वनस्पतिक अवशेषों को इस प्रकार मृदा में मिला दें जो एक कृत्रिम आच्छादन का कार्य करें मृदा क्षरण को नियन्त्रित करता हैं।
4. **फसल-चक्र** जलीय मृदा क्षेत्रों में फसल-चक्र निम्न आधार पर बनाना चाहिए
   (i) भूमि क्षरण अवरोधी फसलों का चुनाव
   (ii) मृदा आच्छादित फसलों का चुनाव
   (iii) मृदा कणों को बाँधने वाली जड़ों की फसलों चक्र में अवश्य हो
   (iv) अत्यधिक फसल अवशेष छोड़ने वाली फसलों का चुनाव।

यान्त्रिक विधियाँ

1. **कण्टूर का निर्माण** भू-परिष्करण की सभी क्रियाएँ जो ढाल के विपरीत की जाती है, उसे कण्टरिंग कहा जाता है। कण्टूरों की ढलान क्षेत्रों में ढाल के विपरीत बनाया जाता है।
2. **वेदिकाएँ** इसका निर्माण अधिक ढलान वाले क्षेत्रों में करते हैं वेदिकाएँ एक प्रकार से बाँध या मेड़ होती हैं जो ढाल के विपरीत अपधावन में अवरोध के लिए बनाईं जाती हैं।
   ये सीढ़ियों की तरह बनाईं जाती हैं ढलान के आधार पर इन सीढ़ियों की चौड़ाई की जाती हैं।
3. **मेड़बन्दी** कम वर्षा वाले क्षेत्रों में मेड़बन्दी उपयुक्त होती है चूँकि ये अपधावन रोकने के साथ नमी संचित करने में भी सहायक होती है अतः इन्हें प्रचूथी वेदिका भी कहते हैं।

वायु द्वारा मृदा क्षरण और उसका नियन्त्रण

शुष्क तथा अर्द्ध शुष्क क्षेत्रों में मृदा क्षरण वायु रूप से होता है। वायु द्वारा मृदा क्षरण उसके वेग, भूमि, भूमिगत तथा मृदा पर पाए जाने वाले वनस्पतियों पर निर्भर करता है इन क्षेत्रों में तापमान अधिक होने से वायु वेग से चलती है और हल्के मृदा कणों तथा पोषक तत्त्व को अपने साथ उड़ा ले जाती है। नम क्षेत्रों में वायुवीय मृदा क्षरण तालाबों, समुद्र व तालों के किनारों पर होता है।

वायु द्वारा मृदा क्षरण की क्रिया

वायु जब मृदा तल पर बहती है, तो उसके वेग में उतार-चढ़ाव उत्पन्न होता है। यह उतार-चढ़ाव भूमि तल के निकट तथा उसके ऊपर ऊँचाई के साथ बढ़ता जाता है। इसके कारण वायु में शक्ति उत्पन्न होती है। वायु की इस शक्ति का प्रभाव मृदा के उन कणों के ऊपर सर्वप्रथम पड़ता है जो इसके बहाव से प्रभावित होते हैं। इस शक्ति को न सहन करने वाले हल्के कण मृदा से अलग हो स्थानान्तरित होने लगते हैं। मृदा कण पहले ढीले होते हैं तत्पश्चात् वे वायु द्वारा उठाएँ जाते हैं और फिर मृदा सतह पर खसकते या उलझते हैं। इस क्रिया द्वारा वायु मृदा क्षरण की तीन अवस्थाएँ होती हैं

- कणों का स्थानान्तरण
- वायु द्वारा कणों का बहाव
- अन्य स्थान पर कणों का जमाव

1. **कणों का स्थानान्तरण** वायु द्वारा मृदा कण तीन अवस्थाओं में स्थानान्तरित होते हैं
   (i) **उत्परिवर्तन** वायु द्वारा स्थानान्तरित होने वाले मृदा कण एवं शृंखला में उछालते हुए छिटकते जाते हैं। जिसे उत्परिवर्तन कहते है। इसमें प्रायः 0.05 से 0.1 मिमी आकार के कण छिंटकते हैं।
   (ii) **निलम्बन** मृदा कणों का वायु लहर में तैरने की प्रक्रिया को निलम्बन कहते हैं। कणों का निलम्बन उत्परिवर्तन के फलस्वरूप होता है, इसमें 0.05 से 0.1 मिमी के कण प्रभावित होते हैं।
   - ये वायु के उत्प्रेरित बहाव के नीचे रह जाते हैं

- लेकिन मृदा तल से हट जाने पर अधिक दूरी तक स्थानान्तरित हो जाते हैं।

(iii) **सतह विसर्पण** मृदा के बड़े कणों के भूमि सतह पर उलटना-पलटना या रेंगना सतह विसर्पण कहलाता है।

- चूँकि ये कण आकार में बड़े होते हैं।
- वायु द्वारा नहीं बहाए जाते अत: इनका स्थानान्तरण उत्परिवर्तन के प्रभाव से होता हैं।

2. **कणों का बहाव** कणों का बहाव वायु के वेग, कणों के आकार, भूमितल तथा अवरोधी के ऊपर निर्भर होता है। वायु अपने दबाव गति के कारण कणों को बहाकर ले जाती है। इस बहाव शक्ति को थ्रेस होल्ड गति भी कहते हैं।
3. **कणों का जमाव** स्थानान्तरित मृदा कणों का भूमि पर जमाव उनके भार के ऊपर निर्भर करता है। इसके अतिरिक्त वायु का वेग और दबाव भी कणों के जमाव को प्रभावित करती है।

अभ्यास प्रश्न

1. मृदा सुधारक है
(a) अमोनियम सल्फेट (b) रॉक फास्फेट
(c) जिप्सम (d) डी ए पी

2. मृदा कोलाइड का प्रमुख गुण है
(a) ब्राउनियन गति
(b) अर्द्रपारगम्य झिल्ली से विसरित न होना
(c) अधिशोषण
(d) उपरोक्त सभी

3. दोमट मृदा में मुरझांक बिन्दु कितने प्रतिशत जल की मात्रा पर होता है?
(a) 6.8% (b) 10.7%
(c) 12.9% (d) 14.7%

4. गीली मृदा का वह गुण, जिसमें बल लगाने पर मृदा किसी ऐच्छिक रूप में बदली जा सके और बल हटाने पर उसी अवस्था में बनी रहे इस गुण को क्या कहते हैं?
(a) मृदा कणाकार (b) मृदा सुघट्यता
(c) मृदा गाढ़ता (d) मृदा संरचना

5. भारत के किस प्रदेश में ऊसर मृदाओं का क्षेत्रफल सर्वाधिक है?
(a) गुजरात (b) महाराष्ट्र
(c) मध्य प्रदेश (d) उत्तर प्रदेश

6. सोलम मृदा स्तर के किस भाग से मिलकर बनता है?
(a) A और B स्तर से
(b) A और C स्तर से
(c) A स्तर से ही बनता है
(d) A, B और C तीनों स्तरों से मिलकर

7. मध्यम बालू के कण का व्यास कितना होता है?
(a) 0.25-0.10 मिमी (b) 0.50-0.25 मिमी
(c) 1.00-0.50 मिमी (d) 2.00-1.00 मिमी

8. मृदा क्या है?
(a) यह मिट्टी के कणों से बना एक अक्रिय पिण्ड है
(b) यह खनिज पदार्थों का जैविक पिण्ड है
(c) यह जैविक एवं खनिज पदार्थ का सक्रिय प्राकृतिक पिण्ड है
(d) यह खनिज एवं जैविक पदार्थ का एक प्राकृतिक पिण्ड है

9. मृदा परिच्छेदिका क्या है?
(a) धरातल के ऊपर वायु की परतें
(b) भूमि के विभिन्न रंगों का समूह
(c) ऊपरी धरातल की संरचना
(d) ऊपरी धरातल से लेकर नीचे स्थित अनुरक्षित पदार्थ

10. क्षारीय मृदाओं के सुधार के लिए सबसे उपयुक्त रसायन कौन-सा है?
(a) गन्धक
(b) जिप्सम
(c) चूना पत्थर
(d) पायराइटस

11. क्षारीय मृदा में पौधों पर कुप्रभाव किस की अधिकता से पड़ता है?
(a) सोडियम आयन
(b) पोटैशियम
(c) 'a' और 'b'
(d) अत्याधिक मात्रा में घुलनशील लवण

12. भारत में सबसे अधिक कौन-सी मिट्टी पाई जाती है?
(a) एल्यूवियल मिट्टी (b) लैटेराइटिक मिट्टी
(c) लाल मिट्टी (d) काली मिट्टी

13. अम्लीय मृदाएँ, वे मृदाएँ होती हैं जिनका pH मान होता है
(a) 6 से कम (b) 6 से अधिक
(c) 7 से कम (d) 7 से अधिक

14. खेत की वह प्रणाली, जिनमें श्वेत जीवांश अवशेषों को भूमि की सतह पर छोड़ दिया जाता है, खेत की तुलाई करके जीवांश को भूमि में नहीं मिलाने को क्या कहते हैं?
(a) घास स्थली (b) जीवांश खेत
(c) पलवार खेती (d) सरंक्षण खेती

15. ढाल के विपरीत मृदा कटाव को रोकने वाली तथा मृदा कटाव को रोकने वाली तथा मृदा कटाव को बढ़ाने वाली फसलों की पत्तियों में खेती करना क्या कहलाता है?
(a) कण्टूर स्ट्रिप क्रापिंग
(b) ले फॉर्मिंग
(c) कन्जरवेशन क्रॉपिंग
(d) कण्टूर फॉर्मिंग

16. मिट्टी में पाए जाने वाले विभिन्न कार्बनिक अवयवों को उनके अपघटन की गति के बढ़ते क्रम में लिखिए
(a) शर्करा, स्टॉर्च, सेल्यूलोज, हेमीसेल्यूलोज
(b) लिग्निन, सेल्यूलोज, हेमीसेल्यूलोज
(c) सेल्यूलोज, स्टार्च, शर्करा, लिग्निन, हेमीसेल्यूलोज
(d) सेल्यूलोज, लिग्निन, स्टार्च, शर्करा

17. मृदा सूक्ष्मजीव व पोषक तत्त्वों में परिवर्तन
(a) फफूँद की वृद्धि पर कोई प्रभाव नहीं
(b) कैल्शियम उपलब्धता बढ़ती है
(c) फास्फोरस उपलब्धता कम होती है
(d) जीवाणु वृद्धि बढ़ती है

18. सुमेलित कीजिए

सूची I (फल का नाम)	सूची II (इष्टतम् pH परास)
A. धान	1. 5.0-6.5
B. गेहूँ	2. 5.5-7.5
C. गन्ना	3. 4.8-6.5
D. आलू	4. 6.0-8.0

कूट

	A	B	C	D
(a)	1	2	4	3
(b)	2	3	1	4
(c)	3	1	2	4
(d)	4	3	2	1

19. **सुमेलित कीजिए**

सूची I (कणकार वर्ग)	सूची II (बालू %)
A. बालू	1. 0-50
B. बलुई दोमट	2. 80-100
C. चिकनी	3. 50-80
D. दोमट	4. 30-50

कूट

	A	B	C	D
(a)	1	4	3	2
(b)	1	2	3	4
(c)	3	2	1	4
(d)	4	3	2	1

20. सुमेलित कीजिए

सूची I (मृदा संरचना वर्ग)		सूची II (मृदा कण का आकार मिमी)	
A.	महीन	1.	7-15
B.	मध्यम	2.	1-5
C.	मोटा	3.	2-5
D.	अति मोटा	4.	5-10

कूट

	A	B	C	D
(a)	2	3	4	1
(b)	1	2	3	4
(c)	3	1	4	2
(d)	4	3	2	1

21. पीट मृदा होती है
(a) काली, भारी तथा अम्लीय
(b) लाल, हल्की तथा अम्लीय
(c) काली, हल्की तथा क्षारीय
(d) काली, भारी तथा उदासीन

22. मृदा सुधारक है
(a) अमोनियम सल्फेट (b) डी ए पी
(c) जिप्सम (d) ये सभी

23. वायुमण्डल में नाइट्रोजन की मात्रा पाई जाती है
(a) 20.13 % (b) 78.80%
(c) 80.80% (d) 21.03%

24. रन्ध्रावकाश बराबर होता है
(a) $100 + \frac{\text{स्थूलता घनत्व}}{\text{कण घनत्व}} \times 100$
(b) $100 - \frac{\text{स्थूलता घनत्व}}{\text{कण घनत्व}} \times 100$
(c) $100 + \frac{\text{कण घनत्व}}{\text{स्थूलता घनत्व}} \times 100$
(d) $\frac{\text{स्थूलता घनत्व}}{\text{कण घनत्व}}$

25. 'द नेचर एण्ड प्रॉपर्टीज ऑफ स्वॉयल' पुस्तक के लेखक हैं
(a) आई जे कूने (b) डॉ. जे एस कंवर
(c) एन सी ब्रैडी (d) इनमें से कोई नहीं

26. मृदा का औसत कण घनत्व होता है
(a) 1.65 (b) 2.65 (c) 1.33 (d) 2.50

27. मृदा का औसत स्थूलता घनत्व होता है
(a) 2.65 (b) 1.33 (c) 2.50 (d) 1.65

28. मृदा वायु में ऑक्सीजन पायी जाती है
(a) 20.6% (b) 21.0%
(c) 78.9% (d) 21.8%

29. मृदा वायु में कार्बन डाइऑक्साइड पाई जाती है
(a) 0.25% (b) 0.03%
(c) 0.003% (d) 0.025%

30. मृदा में बोरॉन का मुख्य स्रोत है
(a) हेमेटाइट (b) टूरलेमाइन
(c) बॉयोटाइट (d) ये सभी

31. अम्लीय मृदा का सुधार किया जाता है
(a) जिप्सम द्वारा (b) पायराइट द्वारा
(c) सल्फर द्वारा (d) चूना द्वारा

32. पायराइट का रासायनिक सूत्र होता है
(a) FeS_2 (b) $CaSO_4.2H_2O$
(c) $CaCO_3$ (d) H_2SO_4

33. जिप्सम का रासायनिक सूत्र हाता है
(a) FeS_2 (b) $CaSO_4.2H_2O$
(c) $CaCO_3$ (d) H_2SO_4

34. केशिका जल पाया जाता है
(a) क्षेत्र धारिता एवं आर्द्रताग्राही गुणांक के मध्य
(b) आर्द्रताग्राही गुणांक एवं गुरुत्वाकर्षण बल के बीच
(c) आर्द्रताग्राही एवं आर्द्रताग्राही गुणांक के मध्य
(d) उपरोक्त में से कोई नहीं

35. कोलॉइडल विलयन में कणों का आकार होता है
(a) 10^{-6} से 10^{-15} मी (b) 10^{-15} से 10^{-20} मी
(c) 10^{-6} से 10^{-9} मी (d) 10^{-2} से 10^{-13} मी

36. मॉण्टमोरिलोनाइट क्ले की धनायन विनिमय क्षमता होती है
(a) 15-40 m/100 ग्राम मृदा
(b) 3-40 m/100 ग्राम मृदा
(c) 10-15 m/100 ग्राम मृदा
(d) 80-120 m/100 ग्राम मृदा

37. मृदा कोलाइड का प्रमुख गुण है
(a) अधिशोषण
(b) ब्राउनियन गति
(c) अर्धपारगम्य झिल्ली से विसरित न होना
(d) उपरोक्त सभी

38. सार बराबर होता है
(a) $\frac{Mg^{++}}{\sqrt{Ca^{++} + SO_4}}$ (b) $\frac{Na^{+}}{\sqrt{Ca^{++} + Mg^{++}}}$
(c) $\frac{Na^{++} + Mg^{++}}{\sqrt{\frac{Ca^{++} + Mg}{2}}}$ (d) $\frac{Ca^{+}}{\sqrt{Na^{++} + Mg^{++}}}$

39. सोडियम कार्बोनेट की प्रधानता होती है
(a) अम्लीय मृदा में (b) लवणीय मृदा में
(c) क्षारीय मृदा में (d) उदासीन मृदा में

40. कार्बनिक पदार्थ का कार्बन/नाइट्रोजन अनुपात होता है
(a) 100 : 1 (b) 40 : 1 (c) 10 : 1 (d) 1 : 1

41. तराई मृदा में किस तत्त्व की कमी होती है ?
(a) Cu (b) Zn (c) Fe (d) B

42. चर्नोजम मिट्टी को अन्य नाम से जाना जाता है
(a) बांगर (b) खादर
(c) चोपन (d) रेगुर

43. क्ले मृदा के कणों का आकार होता है
(a) 0.002 मिमी व्यास
(b) 0.12 मिमी व्यास
(c) 0.002 मिमी व्यास से भी कम
(d) 0.02 से 0.2 मिमी व्यास

44. मृदा पृष्ठ में ऑक्सीजन पाई जाती है
(a) 25.67% (b) 49.2% (c) 3.39% (d) 7.5%

45. अम्लीय चट्टान है
(a) ग्रैबो (b) बेसाल्ट
(c) चूना पत्थर (d) ग्रेनाइट

46. पौधों द्वारा जल शोषण की दर कम हो जाती है, जब अभाव होता है
(a) बोरॉन का (b) पोटैशियम का
(c) लोहे का (d) मैंगनीज का

47. जब मृदा में कार्बनिक पदार्थ डाला जाता है, तो
(a) स्थूल घनत्व बढ़ जाता है
(b) स्थूल घनत्व घट जाता है
(c) स्थूल घनत्व में कोई परिवर्तन नहीं
(d) उपरोक्त में से कोई नहीं

48. मॉलिब्डेनम तत्त्व की उपलब्धता होती है
(a) 5.0 pH मान पर (b) 7.0 pH मान पर
(c) 7.5 pH मान पर (d) 9.0 pH मान पर

49. लवण युक्त क्षारीय मृदाओं के संतृप्ति सार की वैद्युत चालकता मिली मोह प्रति सेमी इकाई में होती है
(a) 2.0 (b) 2.0-3.0 के बीच
(c) 3.5 (d) 4.0 से अधिक

50. कृषि में उपयोग होने वाले पाइराइट में सल्फर की मात्रा होती है
(a) 18% (b) 22% (c) 25% (d) 28%

51. मॉण्टमोलिलोनाइट मृत्तिका में सिलिका और एल्युमिना परतों का क्रमश: अनुपात होता है
(a) 2 : 1 (b) 1 : 2 (c) 3 : 2 (d) 2 : 3

52. मृदा कणों पर नमी को आकर्षण से जाना जाता है
(a) प्लास्टिसिटी (b) संसजन
(c) आसंजन (d) स्टिकिनै

53. वातावरण की तुलना में मृदा वायु में अधिकता होती है
(a) नाइट्रोजन की (b) ऑक्सीजन की
(c) कार्बन डाइऑक्साइड की (d) ओजोन की

54. भूमि में पोटेशियम का स्रोत है
(a) एपेटाइट (b) अगाइट
(c) बॉयोटाइट (d) क्वार्टज

55. क्षारीय मृदा की विशेषता होती है
(a) उच्च विलेय लवण सान्द्रता तथा न्यून pH
(b) उच्च विलेय तथा उच्च विनिमय सोडियम
(c) न्यून pH तथा उच्च विनिमय सोडियम
(d) उच्च विनिमय सोडियम तथा उच्च pH

56. भूगर्भीय क्षरण को कहा जाता है
(a) त्वरित क्षरण (b) प्राकृतिक क्षरण
(c) भू-क्षरण (d) जल क्षरण

57. गंधक है, एक
(a) दीर्घ एवं प्राथमिक तत्त्व
(b) सूक्ष्म एवं प्राथमिक
(c) सूक्ष्म एवं द्वितीयक तत्त्व
(d) दीर्घ एवं द्वितीय

58. मध्यम बालू के कणों का व्यास होता है
(a) 1.00 से 0.50 मिमी (b) 0.50 से 0.25 मिमी
(c) 0.25 से 0.10 मिमी (d) 2.00 से 1.00 मिमी

59. खनिजों के योग से बना ठोस पदार्थ कहलाता है
(a) चट्टान (b) पीट
(c) कार्बनिक पदार्थ (d) इनमें से कोई नहीं

60. भूमि में लाल रंग, पीले में परिवर्तित करने वाली क्रिया है
(a) ऑक्सीकरण (b) अपचयन
(c) जलयोजन (d) निर्जलीकरण

61. षट्कोणीय क्रिस्टल है
(a) मॉण्टमोरिलोनाइट (b) इलाइट
(c) केओलिनाइट (d) इनमें से कोई नहीं

62. आयरन पायराइट में गन्धक की मात्रा होती है
(a) 16-22% (b) 26-32%
(c) 36-42% (d) 46-52%

63. एक मृदा, जिसमें 40% रेत, 40% गाद, और 40% चिकनी मिट्टी होती है, कहलाती है
(a) रेतीली दोमट (b) दोमट
(c) गाद दोमट (d) चिकनी दोमट

64. जिप्सम किस प्रकार की भूमि के सुधार के लिए प्रयोग किया जाता है?
(a) लवणीय मृदा (b) क्षारीय मृदा
(c) पीट मृदा (d) अम्लीय मृदा

65. जलमग्न अवस्था में मृदा में लोहा किस रूप में पाया जाता है?
(a) आयरन ऑक्साइड (b) पायराइट
(c) फेरस आयरन (d) फेरिक आयरन

66. संतृप्तावस्था पर मृदा में नमी का अंश होता है
(a) क्षेत्र क्षमता का दो गुना
(b) क्षेत्र क्षमता का तीन गुना
(c) क्षेत्र क्षमता का चार गुना
(d) क्षेत्र क्षमता का पाँच गुना

67. लवण सहनशील फसलें हैं
(a) मक्का और सरसों (b) मक्का और गेहूँ
(c) सरसों और कपास (d) जौ और कपास

68. लौहयुक्त एन्जाइम, जो जैविक नाइट्रोजन के स्थायीकरण के लिए जिम्मेदार है, वह है
(a) नाइट्रेट रिडक्टेज (b) नाइट्राइट रिडक्टेज
(c) नाइट्रोजीनेज (d) परऑक्सीडेज

69. मिट्टी की मात्रा सर्वाधिक होती है
(a) लाल मिट्टी में (b) काली मिट्टी में
(c) वन वाली मिट्टी में (d) दोमट मिट्टी में

70. 1.325 ग्राम/सी सी बी डी और 2.65 ग्राम/सी सी पी डी (बी डी), बल्क डेंसिटी = आभासी घनत्व, पी डी अर्थात् (पार्टिकल डेंसिटी = कण घनत्व) वाली मृदा में सकल सरन्ध्रता होती है
(a) 30% (b) 40% (c) 50% (d) 60%

71. मृदा विज्ञान में मृदा को मानते हैं
(a) प्राकृतिक पिण्ड
(b) विशुद्ध रूप से संश्लेषित
(c) पौधों के लिए वृद्धि का माध्यम
(d) भू-पर्पटी की चूरा की हुई शैल रहित

72. मृदा निर्माणकारी सक्रिय कारकों में होंगे
(a) वनस्पति एवं स्थलाकृति
(b) समय स्थलाकृति एवं जलवायु
(c) समय एवं वनस्पति
(d) वनस्पति एवं जलवायु

73. यदि किसी मृदा का स्थूल घनत्व 1.50 मिग्रा/मी^{3} हो और कण घनत्व 2.65 मिग्रा/मी^{3} हो तो उस मृदा का प्रतिशत रन्ध्रावकाश होगा
(a) 35.0 (b) 38.5
(c) 43.4 (d) 48.5

74. मध्य भारत की काली कपास मिट्टियाँ बनी हैं
(a) ग्रेनाइट से (b) ग्रेनोडाइयोराइट से
(c) बेसाल्ट से (d) रायोलाइट से

75. मृदा में किस सूक्ष्म जीव की संख्या सबसे अधिक होती है?
(a) शैवाल (b) बैक्टीरिया
(c) कवक (d) प्रोटोजोआ

76. पृथ्वी का औसत घनत्व होता है
(a) 5.5 (b) 6.5 (c) 5.0 (d) 4.5

77. निम्नलिखित में से कौन-सी रूपान्तरित चट्टान है?
(a) पीट (b) ग्रेनाइट
(c) बालू पत्थर (d) संगमरमर

78. 2 : 2 टाइप खनिज समूह में आते हैं
(a) क्लोराइट्स (b) वर्मीकुलाइट
(c) इलाइट (d) केओलीनाइट

79. प्रोटोजोआ का प्रमुख भोजन होते हैं
(a) विषाणु (b) जीवाणु
(c) सूत्रकृमि (d) मक्खियाँ

80. नाइट्रीकरण की क्रिया के लिए उपयुक्त तापमान होता है
(a) 25-30°C (b) 30-35°C
(c) 35-40°C (d) 20-25°C

81. ऊर्जा संग्रही पोषक तत्त्व हैं
(a) हाइड्रोजन एवं ऑक्सीजन
(b) आयरन एवं मैग्नीशियम
(c) सोडियम व कॉपर
(d) नाइट्रोजन एवं कार्बन डाइआक्साइड

82. डोलोमाइट स्रोत होता है
(a) कैल्शियम (b) सल्फर
(c) नाइट्रोजन (d) पोटॉश

83. भूमि की कौन-सी परत में सबसे ज्यादा निक्षालन होता है?
(a) A_1 (b) A_2 (c) B_1 (d) B_2

84. ह्यूमस बना होता है
(a) ह्यूमिक पदार्थों से (b) अह्यूमिक पदार्थों से
(c) 'a' और 'b' (d) इनमें से कोई नहीं

85. अम्लीय चट्टानों में सिलिका पाई जाती है
(a) 40-55% (b) 55-65%
(c) 65-70% (d) 85-90%

86. गेहूँ तथा धान में नाइट्रोजन का स्थिरीकरण होता है
(a) *एजोला से* (b) *नॉस्टॉक से*
(c) *राइजोबियम से* (d) *एजोटोबैक्टर द्वारा*

87. शैवाल के लिए कौन-सा कथन असत्य है?
(a) 'A' संस्तर में मिलते हैं
(b) भूमि संरक्षण को बढ़ाते हैं
(c) नाइट्रोजन का स्थिरीकरण करते हैं
(d) उच्च pH पर

88. चूने के प्रयोग से कौन-सा परिवर्तन होता है?
(a) H आयन बढ़ते हैं
(b) H आयन कम होते हैं
(c) OH आयन कम होते हैं
(d) कोई परिवर्तन नहीं होता

89. इनवर्स-उत्पादन नाइट्रोजन नियम दिया था
(a) विलकाक्स ने (b) जे वी लीविंग ने
(c) मिचार्लिक ने (d) मैसी ने

90. मृदा में अम्लता का स्रोत है
(a) हाइड्रोजन आयन
(b) एल्युमीनियम आयन
(c) सोडियम आयन
(d) 'a' और 'b'

91. उच्च लवण सहिष्णु है
(a) खजूर एवं फालसा
(b) नाशपाती एवं फालसा
(c) सेब एवं नाशपाती
(d) आम एवं नाशपाती

92. मृदा पर pH बढ़ने पर उसका CEC पर क्या प्रभाव पड़ेगा?
(a) बढ़ता है
(b) घटता है
(c) पहले बढ़ता है बाद में घटता है
(d) कोई प्रभाव नहीं पड़ता

93. केन्द्रीय मृदा लवणता अनुसन्धान संस्थान है
(a) हिसार में (b) करनाल में
(c) जोधपुर में (d) झाँसी में

94. सिलिका, सेस्क्की ऑक्साइड अनुपात किस मृदा में अधिक होता है?
(a) लाल मृदा (b) लैटेराइट मृदा
(c) भूरी मृदा (d) काली मृदा

95. सबसे अधिक नाइट्रोजन का स्थिरीकरण होता है
(a) मटर में (b) सनई में
(c) चना में (d) ढैंचा में

96. कौन-सी जीवाणु फॉस्फेट की घुलनशीलता बढ़ाता है?
(a) *स्यूडोमोनास* (b) *राइजोबियम*
(c) *एजोटोबैक्टर* (d) *क्लॉस्ट्रीडियम*

97. कौन-सा तत्त्व फाइटिन एवं न्यूक्लिक अम्ल का मुख्य अवयव है?
(a) नाइट्रोजन (b) पोटॉश
(c) फॉस्फोरस (d) आयरन

98. निम्न में से कौन-सा तत्त्व पर्णहरिम का अवयव नहीं है, लेकिन उसके निर्माण में सहायक है?
(a) मैगनीज (b) बोरॉन (c) सल्फर (d) जस्ता

99. सबसे अधिक नाइट्रीकरण की दर होती है
(a) यूरिया की
(b) अमोनियम सल्फेट की
(c) अमोनियम नाइट्रेट की
(d) डोलोमाइट की

100. अमोनीकरण के लिए उपयुक्त तापक्रम होता है
(a) 10-15°C (b) 30-40°C
(c) 50-60°C (d) 5-10°C

101. सोयाबीन वर्गीय फसलों में नाइट्रोजन स्थिरीकरण होता है
(a) *राइजोबियम ट्राइफोली द्वारा*
(b) *राइजोबियम लूपिनी द्वारा*
(c) *राइजोबियम जेपोनिकम* द्वारा
(d) *राइजोबियम फैजिओली द्वारा*

102. ह्यूमस की धनायन विनिमेय क्षमता होती है
(a) 3-15 परिसर (b) 60-100 परिसर
(c) 100-300 परिसर (d) 20-40 परिसर

103. मटर वर्ग की फसलों में नाइट्रोजन स्थिरीकरण होता है
(a) *राइजोबियम मेलीलोटी*
(b) *राइजोबियम ट्राइफोली*
(c) *राइजोबियम फैजिओली*
(d) *राइजोबियम लेग्यूमिनोसेरम*

104. कैलामिन ($ZnCO_3$) किस तत्त्व का स्रोत है?
(a) जिंक (b) आयरन
(c) बोरॉन (d) मैगनीज

105. पोल्ट्री की खाद में नाइट्रोजन पाई जाती है
(a) 3.8% (b) 5.5% (c) 6.5% (d) 8.0%

106. शुष्क खून में नाइट्रोजन पाया जाता है
(a) 10.5% (b) 13.0%
(c) 6.5% (d) 5.5%

107. जीवांश खाद देने का समय
(a) बुवाई से 15-45 दिन पूर्व
(b) बुवाई के समय
(c) बवाई के 15-45 दिन बाद
(d) बुवाई के बाद विभिन्न चरणों में

108. बोरेक्स में बोरॉन की मात्रा पाई जाती है
(a) 12% (b) 11% (c) 14% (d) 20%

109. जिंक सल्फेट में गन्धक पाया जाता है
(a) 21% (b) 18% (c) 15% (d) 20%

110. लवणीय मृदा में विद्युत चालकता होती है
(a) 4 मिली म्हो/सेमी से कम होता है
(b) 4 मिली म्हो/सेमी से अधिक होता है
(c) 6 मिली म्हो/सेमी से अधिक होता है
(d) उपरोक्त में से कोई नहीं

111. उच्च लवण सहनशील फसल है
(a) दालें (b) मूली (c) धान (d) तिल

112. नाइट्रीकरण के लिए उपयुक्त तापक्रम होता है
(a) 20-25°C (b) 30-35°C
(c) 40-45°C (d) 10-20°C

113. *एजोस्पाइरिलम* सूक्ष्मजीवों का प्रयोग होता है
(a) धान्य फसलों में (b) दाल वाली फसलों में
(c) 'a' और 'b' (d) इनमें से कोई नहीं

114. **क्लोवर** में नाइट्रोजन स्थिरीकरण होता है
(a) *राइजोबियम लूपिनी* द्वारा
(b) *राइजोबियम फैजिओली* द्वारा
(c) *राइजोबियम ट्राइफोली* द्वारा
(d) *राइजोबियम जेपोनिकम* द्वारा

115. ह्यूमस में लिग्निन की मात्रा होती है
(a) 30-33% (b) 40-45%
(c) 50-60% (d) 10-20%

116. अमोनियम क्लोराइड में नाइट्रोजन पाया जाता है
(a) 20.6% (b) 26% (c) 82% (d) 21%

117. निर्जल अमोनिया (NH_3) में नाइट्रोजन का प्रतिशत होता है
(a) 82% (b) 26% (c) 20.6% (d) 21%

118. कैल्शियम सायनेमाइड में नाइट्रोजन होता है
(a) 20.6% (b) 21.0% (c) 26% (d) 35%

119. कैल्शियम नाइट्रेट में नाइट्रोजन होता है
(a) 16% (b) 15% (c) 13% (d) 21%

120. निम्नलिखित में से कौन-सा उर्वरक केवल जल में घुलनशील होता है ?
(a) सुपर फॉस्फेट
(b) अस्थिचूर्ण
(c) रॉक फॉस्फेट
(d) डाइ कैल्शियम फॉस्फेट

121. चूना पत्थर में कैल्शियम प्रतिशत पाया जाता है
(a) 16% (b) 17% (c) 39% (d) 30%

122. पोटैशियम सल्फेट में पोटैशियम पाया जाता है
(a) 65% (b) 58-62%
(c) 48-52% (d) 22-24%

123. बोरिक अम्ल में बोरॉन पाई जाती है
(a) 11% (b) 39% (c) 17% (d) 54%

124. बिना बुझे चूने (CaO) में कैल्शियम की मात्रा होती है
(a) 39% (b) 54% (c) 60% (d) 70%

125. **थायोयूरिया** में नाइट्रोजन पाई जाती है
(a) 60% (b) 36.8%
(c) 54% (d) 31%

126. निम्न में से कौन सूक्ष्म पोषक तत्त्व नहीं है?
(a) कैल्शियम (b) बोरॉन
(c) कॉपर (d) मैंगनीज

127. नीम की खली में नाइट्रोजन पाई जाती है
(a) 10% (b) 5.5% (c) 5.0% (d) 8.5%

128. **कैल्शियम अमोनियम नाइट्रेट** में कैल्शियम एवं मैग्नीशियम पाई जाती है
(a) 19.5 व 1.5 (b) 8.1 व 4.5
(c) 10.0 व 15.0 (d) 4.5 व 8.1

129. कॉपर सल्फेट में पाया जाता है
(a) 20% ताँबा व 12.8% गन्धक
(b) 30% ताँबा व 15 % गन्धक
(c) 19.5% ताँबा व 1.5 % गन्धक
(d) 25% ताँबा व 30 % गन्धक

130. निम्न में नाइट्रोजन प्रतिशत (हरे वजन आधारित) कौन-सा गलत है?
(a) सनई में 0.43 (b) ढैंचा में 0.42
(c) मूँग में 0.53 (d) बरसीम में 0.70

उत्तरमाला

1. (c)	2. (d)	3. (b)	4. (b)	5. (b)	6. (b)	7. (a)	8. (d)	9. (a)	10. (c)
11. (a)	12. (c)	13. (c)	14. (c)	15. (b)	16. (d)	17. (d)	18. (c)	19. (b)	20. (d)
21. (a)	22. (c)	23. (b)	24. (c)	25. (c)	26. (b)	27. (b)	28. (a)	29. (a)	30. (b)
31. (b)	32. (a)	33. (b)	34. (a)	35. (c)	36. (d)	37. (d)	38. (b)	39. (c)	40. (c)
41. (b)	42. (d)	43. (c)	44. (b)	45. (d)	46. (b)	47. (b)	48. (c)	49. (d)	50. (a)
51. (a)	52. (c)	53. (c)	54. (c)	55. (d)	56. (b)	57. (d)	58. (b)	59. (a)	60. (c)
61. (c)	62. (a)	63. (d)	64. (b)	65. (c)	66. (a)	67. (a)	68. (c)	69. (b)	70. (c)
71. (a)	72. (d)	73. (b)	74. (c)	75. (b)	76. (b)	77. (d)	78. (a)	79. (b)	80. (b)
81. (d)	82. (a)	83. (b)	84. (c)	85. (c)	86. (d)	87. (b)	88. (b)	89. (a)	90. (d)
91. (a)	92. (b)	93. (b)	94. (d)	95. (b)	96. (a)	97. (c)	98. (c)	99. (b)	100. (b)
101. (c)	102. (c)	103. (d)	104. (a)	105. (a)	106. (b)	107. (a)	108. (b)	109. (b)	110. (b)
111. (a)	112. (b)	113. (a)	114. (c)	115. (b)	116. (b)	117. (a)	118. (b)	119. (b)	120. (a)
121. (d)	122. (c)	123. (c)	124. (d)	125. (b)	126. (a)	127. (c)	128. (b)	129. (a)	130. (a)

अध्याय

05

सिंचाई और जल निकास

(Irrigation and Drainage)

सिंचाई (Irrigation)

- कृषि में भूमि को कृत्रिम विधि से जल देने की क्रिया, जिससे भूमि में नमी की उचित मात्रा बरकरार रहे और पौधों की उचित वृद्धि हो, सिंचाई कहते हैं।
- पौधे पोषक खनिज तत्वों को जड़ों द्वारा मृदा में से पानी के विलयन के रूप में प्राप्त करते हैं। इनके लिए भूमि के अन्दर पानी की उचित मात्रा का होना आवश्यक होता है।
- इसके अतिरिक्त पादपों में वाष्पोत्सर्जन, उपापचयी क्रियाओं, जीवद्रव्य निर्माण, खाद्य संचरण, प्रकाश-संश्लेषण, आदि हेतु जल की आवश्यकता होती है। पानी की यह मात्रा फसल को वर्षा जल या कृत्रिम जल स्रोतों; जैसे—कुँआ, नहर, बोरिंग, आदि से पूरी होती है।

सिंचाई की आवश्यकता (Necessity of Irrigation)

- भारत का कुल भौगोलिक क्षेत्रफल 3,28,048 मिलियन हेक्टेयर है, जिसमें से 143 मिलियन हेक्टेयर क्षेत्र पर खेती की जाती है, जबकि कृषिगत क्षेत्रफल का लगभग 30% भाग ही सिंचित है।
- भारत में अधिकतर खेती मानसूनी वर्षा पर निर्भर है। भारत में सिंचाई का मुख्य स्रोत वर्षा जल है, जो बहकर तालाबों या नदियों में चला जाता है। भारत में औसत वार्षिक वर्षा स्तर 112 सेमी है, किन्तु इसका वितरण देशभर में असमान है।
- भारत में सबसे अधिक वर्षा चेरापूँजी (मेघालय) में तथा सबसे कम वर्षा जैसलमेर (राजस्थान) में होती है।

सिंचाई की आवश्यकता निम्नलिखित प्रमुख कारणों से पड़ती है

(i) **वर्षा का एकसमान वितरण न होना** देशभर में होने वाली वर्षा में काफी असमानता है। कहीं 200 सेमी से भी अधिक वर्षा होती है, तो कहीं 50 सेमी से भी कम वर्षा होती है। ऐसी स्थिति में सिंचाई का प्रबन्ध करना अत्यन्त आवश्यक होता है।

(ii) **वर्षा की अनियमितता** हमारे देश में अनियमित रूप से वर्षा होती है। यदि नियमित रूप से वर्षा होती है, तो फसलें अच्छी प्रकार उगाई जा सकती हैं। देश के अनेक भागों में मानसून में वर्षा कभी 10-15 जून से तो कभी जुलाई के अन्त तक भी वर्षा नहीं होती है। अत: खरीफ की फसलों की बुवाई समय पर नहीं हो पाती है। कभी-कभी वर्षा शीघ्र समाप्त हो जाती है, जिससे सूखे जैसी स्थिति उत्पन्न हो जाती है। इन परिस्थितियों में फसल की समय से बुवाई के लिए एवं फसल की उचित वृद्धि के लिए सिंचाई की आवश्यकता होती है।

(iii) **कम वर्षा का होना** कभी-कभी प्राकृतिक वर्षा काफी कम होती है, अत: जल की माँग को पूरा करने के लिए फसल की सिंचाई की आवश्यकता होती है।

(iv) **अधिक पानी की माँग वाली फसलें उगाना** अधिक पानी की माँग वाली फसलों; जैसे—धान, बरसीम, गन्ना, आदि को अच्छी तरह से उगाने के लिए सिंचाई की आवश्यकता होती है।

(v) **मिट्टी में जलधारण शक्ति की कमी** जब मृदा की जलधारण क्षमता कम होती है, तो वर्षा का अधिकांश जल मिट्टी की सतह से बह जाता है या अन्त:स्रावण द्वारा भूगर्भ में चला जाता है या वाष्पन द्वारा नष्ट हो जाता है। अत: पानी के भूमि में संचित न होने के कारण शीघ्र सिंचाई की आवश्यकता होती है। ऐसी भूमि रेतीली होती है जिनमें मिट्टी में बड़े कण अधिक तथा छोटे कण कम होते हैं।

(vi) **शुष्क क्षेत्र में कृषि करना** शुष्क क्षेत्रों में वर्षा कम होती है। ऐसे क्षेत्रों में यदि वर्षा होती भी है, तो तेज धूप के कारण जल वाष्पित हो जाता है; जैसे—राजस्थान में। ऐसे क्षेत्रों में भूमिगत जल भी बहुत कम होता है।

(vii) **सघन कृषि अपनाना** सघन कृषि या बहुफसली कार्यक्रम अपनाने के लिए सिंचाई की आवश्यकता होती है।

(viii) **कीमती फसलें उगाना** कीमती या नगदी फसलें उगाने के लिए कृत्रिम सिंचाई की आवश्यकता होती है। नगदी फसलों में गन्ना, आलू, तिलहन, आदि फसलें आती हैं।

(ix) **पाले से फसलों की रक्षा के लिए** सर्दियों में फसलों को पाले से बचाने के लिए सिंचाई का आवश्यकता पड़ती है; जैसे—आलू, मटर, आदि फसलें।

(x) **खेती में जीवांश पदार्थ सड़ाने के लिए** भूमि में जीवांश पदार्थ कभी-कभी पानी की कमी से ठीक तरह से अपघटित नहीं हो पाते हैं। अत: सिंचाई की आवश्यकता पड़ती है।

पौधों में जल की आवश्यकता के कारण
(Requirement of Water in Plants)

पौधों में पानी की आवश्यकता निम्नलिखित कारणों से पड़ती हैं

- पौधे का लगभग 90% भाग पानी से बना होता है। अत: पानी की आवश्यकता पौधे को अधिक होती है।
- पोषक तत्वों को घोल के रूप में प्राप्त करने के लिए पानी की आवश्यकता होती है।
- पानी पौधे के तापक्रम को नियन्त्रित रखता है तथा पौधे की कोशिकाओं रखता है। पानी वाष्पोत्सर्जन के लिए महत्त्वपूर्ण पदार्थ है।
- पौधे अपना भोजन जलीय विलयन के रूप में प्राप्त करते हैं। इसके लिए पानी की आवश्यकता होती है।
- ऊसर भूमियों में लवणों को बाहर निकालने के लिए पानी की आवश्यकता होती है।
- पौधों को गर्म लू या पाले से बचाने के लिए पानी की आवश्यकता होती है।
- हानिकारक कीट खेत में पानी लगाने से नष्ट हो जाते हैं।

विभिन्न फसलों की सिंचाई की क्रान्तिक अवस्थाएँ
(Critical Stages of Irrigation of Various Crops)

फसलों के वृद्धिकाल में कुछ अवस्थाएँ ऐसी आती हैं, जबकि फसल की जल-माँग सर्वाधिक होती है। ऐसी अवस्थाओं को फसल की क्रान्तिक अवस्था कहते हैं। इस समय पर फसलों में सिंचाई न करने पर, फसलों की वृद्धि रुक जाती है तथा उपज कम हो जाती है। कुछ फसलों की जल-माँग की क्रान्तिक अवस्थाओं को नीचे दिया गया है

कुछ फसलों की जल-माँग की क्रान्तिक अवस्थाएँ

फसल का नाम	क्रान्तिक अवस्थाएँ
गेहूँ	शिखर जड़ निकलते समय कल्ले फूटते समय फूल आते समय दानों के परिपक्व होते समय
जौ व जई	शिखर जड़ों के निकलते समय फूल आते समय
आलू	कन्द बनते समय
मक्का	मादा फूल आते समय दानों के परिपक्व होते समय
धान	कल्ले फूटते समय फूल आते समय दाने बनने की अवस्था पर
गन्ना	कलमों की वृद्धि पर कल्लों की वृद्धि गन्ने में चीनी बनते समय
ज्वार	फूल आते समय
चना, मटर, अरहर, उड़द, मूँग, मसूर, सोयाबीन	शाखाएँ फूटते समय फूल निकलते समय
सरसों व राई	शाखाएँ फूटते समय फूल निकलते समय

जलमान या जल क्षमता
(Water Efficiency)

- "कार्य की वह मात्रा जो पानी के एक अणु भार (18 ग्राम पानी) के समान ताप की दशाओं में किसी माध्यम में से होकर शुद्ध एवं स्वतन्त्र जल में जाने से की जा सकती है, वह उस प्रणाली की जल क्षमता कहलाती है।"
- दूसरे शब्दों में, "एक क्यूसेक (घन मी/सेकण्ड) की गति से किसी निश्चित अवधि तक लगातार बहने वाले जल द्वारा सींचे गए क्षेत्र से जितने हेक्टेयर फसल पककर तैयार होती है, वह जल क्षमता कहलाती है।"

जलमान निम्नलिखित दो प्रकार का होता है

(i) **कुल जल क्षमता** (Net Water Efficiency) एक क्यूसेक की गति से किसी निश्चित अवधि तक लगातार बहने वाले जल द्वारा जितने हेक्टेयर फसल पककर तैयार होती है, वह क्षेत्रफल कुल जल क्षमता कहलाती है।

(ii) **वास्तविक जल क्षमता** (Actual Water Efficiency) जल स्रोत के प्रस्रवित जल के रास्ते में अवरुद्ध होने के बाद एक निश्चित अवधि में एक क्यूसेक गति से निरन्तर बहने वाले जल द्वारा सींचे गए क्षेत्र से जितने हेक्टेयर फसल पककर तैयार होती है, उसे स्रोत की वास्तविक जल क्षमता कहते हैं।

जल क्षमता के अवयव
(Components of Water Efficiency)

- जल क्षमता के ग्रीक भाषा के ψ अक्षर से प्रदर्शित करते हैं।
- जल क्षमता मुख्यतया पानी की स्वतन्त्र ऊर्जा का आंकलन है। इसके निम्न अवयव हैं

$$\psi w = \psi m + \psi p + \psi s$$

जहाँ पर ψw = किसी माध्यम की जल क्षमता

ψm = किसी माध्यम विभिन्न अणुओं द्वारा व्यवधान

(ψm का मान सदैव ऋणात्मक होता है।)

ψp = दबाव या गुरुत्वाकर्षण दाब

ψs = विलायक क्षमता

- चूँकि जलमान के सभी अवयवों का मान ऋणात्मक होता है, इसीलिए जलमान भी ऋणात्मक होता है।

जलमान ज्ञात करने का सूत्र $D = \frac{B}{V} \times 8.64$

जबकि, D = जलमान

B =

जलमान का आधार या वह समय जितने दिनों तक एक क्यूसेक की गति से सिंचाई का जल फसल में बहा

V = दिए गए पानी की मात्रा की गहराई (मी. में)

जल निर्वहन का मापन
(Measurement of Water Supply)

- सिंचाई के पानी को या तो खुले चैनलों या पाइपों के माध्यम से पौधों तक पहुँचाया जाता है। पौधों को उपलब्ध पानी की मात्रा को जानने के लिए सिंचाई जल प्रबन्धन आवश्यक है।

जल मापन की इकाइयाँ
(Units of Water Measurement)

जल मापन की इकाइयाँ निम्न प्रकार हैं

- **एकड़ इंच** पानी के अनुप्रयोग की समतुल्य मात्रा जो एक एकड़ भूमि को एक इंच गहरे पानी में ढकेगी।
- **एकड़ फुट** पानी के अनुप्रयोग के समतुल्य मात्रा जो एक एकड़ भूमि को एक फुट गहरे पानी में ढक देती है।
- **गैलन प्रति मिनट** (GPM) खेत में जा रहे पानी की गैलन में संख्या जो एक मिनट में सिंचाई प्रणाली के माध्यम से पहुँचाई जा रही है।
- **वाष्पीकरण** (ET) वाष्पीकरण और वाष्पोत्सर्जन की प्रक्रियाओं के माध्यम से मिट्टी से खोए जा रहे पानी की दर।
- **वाष्पीकरण दर** (ET_0) एक निश्चित समय अवधि में वाष्पीकरण के माध्यम से खोए पानी की मात्रा।
- **प्रवाह दर** (*Q*) किसी दिए गए बिन्दु के प्रति पिछले समय बहने वाले पानी की मात्रा हैं। आमतौर पर सिंचाई के प्रयोजनों के लिए उपयोग की जाने वाली प्रवाह दर की इकाइयाँ गैलन प्रति मिनट और एकड़ इंच प्रति घण्टा होती है।
- **वेग** (*V*) वह औसत गति है जिस पर पानी प्रवाह की दिशा में चलता है। आमतौर पर इस्तेमाल की जाने वाली वेग यूनिट तय दूरी प्रति सेकण्ड (जैसे—फीट/सेकण्ड) है।

जल के माप के तरीके
(Methods of Water Measurement)

खेत पर सिंचाई के पानी की माप के लिए कई विधियों का उपयोग किया जाता है। उन्हें निम्न श्रेणियों में बाँटा जा सकता है

1. मात्रात्मक (Quantitive Method)

यह विधि छोटी सिंचाई धारा को मापने के लिए उपर्युक्त है। इसमें पानी ज्ञात मात्रा के एक कंटेनर में एकत्र किया जाता हैं और कंटेनर को भरने में लगने वाला समय दर्ज किया जाता है। प्रवाह की दर को सूत्र द्वारा मापा जाता है।

निर्वहन दर (एल/एस)= कंटेनर की मात्रा (I)/ भरने के लिए आवश्यक समय (S)

2. क्षेत्र वेग विधि (Area Velocity Method)

खुले चैनल में एक बिन्दु से गुजरने वाले पानी के प्रवाह की दर को पानी के औसत वेग द्वारा प्रवाह की दिशा में समकोण पर प्रवाह अनुभाग के क्रॉस अनुभागीय क्षेत्र को गुणा करके निर्धारित किया जाता है।

क्रॉस अनुभागीय क्षेत्र को विभिन्न स्थानों पर गहराई को मापने के द्वारा निर्धारित किया जाता है। गहराई अलग-अलग तरीकों से मापी जा सकती है; जैसे—सटीक माप के लिए साउण्डिंग रॉड या साउण्डिंग वेट या इको-डेप्थ साउण्डर।

डिस्चार्ज गणना के लिए पूरे क्रॉस सेक्शन को कई उप-वर्गों में विभाजित किया गया है और इनमें से प्रत्येक उप-वर्ग में औसत वेग वर्तमान मीटर या फ्लोट्स द्वारा निर्धारित किया जाता है। इन खण्डों की संख्या में वृद्धि के साथ निर्वहन माप की सटीकता बढ़ जाती है। वर्गों की संख्या चुनने के लिए कुछ दिशा निर्देश हैं।

- खण्ड में डिस्चार्ज कुल डिस्चार्ज के 10% से अधिक नहीं होना चाहिए।
- दो आसन्न वर्गों के बीच वेग में अन्तर 20% से अधिक नहीं होना चाहिए।
- खण्ड की चौड़ाई कुल चौड़ाई का 1/15 वाँ से 1/20 वाँ नहीं होनी चाहिए।

3. फ्लोट विधि (Flot Method)

इस सस्ती और सरल विधि का उपयोग खुली खाई में होने वाले प्रवाह की दर का एक अनुमानित उपाय प्राप्त करने के लिए किया जा सकता है। यह विशेष रूप से वहाँ उपयोगी है, जहाँ अधिक महँगें उपकरणों की स्थापना उचित नहीं है या उच्च स्तरीय सटीकता की आवश्यकता नहीं है।

जल की क्षति की रोकथाम
(Prevention of Loss of Water)

फसलों की परिपक्वता के लिए निश्चित समयावधि के भीतर फसलों को पानी की आवश्यकता होती हैं और इसमें वाष्पीकरण, वाष्पन, आदि के कारण होने वाली क्षति भी शामिल होती है।

- इसके अतिरिक्त भूमि की तैयारी, लीचिंग के लिए आवश्यक पानी और पानी के अनुप्रयोग के दौरान होने वाली जल की हानियाँ, फसलों के उच्च उत्पादन के लिए सिंचाई महत्त्वपूर्ण अभ्यास है।
- खेत में पानी के नुकसान को रोकने के लिए सतही मृदा को पलटा जाता है।
- खेत में पानी के नुकसान को रोकने के लिए अन्य परम्परागत तरीकों; जैसे— खरपतवार को हटाना, हैरोइंग, खुदाई, आदि का उपयोग किया जा सकता है।
- सतही पानी के बह जाने से होने वाले नुकसान से बचने के लिए पट्टीदार कृषि, मिश्रित कृषि, अपरदनरोधी कृषि, आदि को अपनाना चाहिए।
- मेढ़ों को उथले और मध्यम मिट्टी के मामले में 0.2% श्रेणी पर और मध्यम-गहरी और गहरी मिट्टी में 0.3% पर संरेखित किया जा सकता है।
- मेढ़ों के बीच के क्षेत्र में एक समान एक तरफा ढलान होना चाहिए और मेढ़ों के साथ पट्टी के लिए 0.2 से 0.3% की एक योजनाबद्ध श्रेणी ग्रेड तैयार किया जाना चाहिए।
- निचले क्षेत्र जो जल भराव के अन्तर्गत आते हैं, उन्हें धान के खेतों में परिवर्तित किया जाना चाहिए जबकि गैर-धान वाले क्षेत्रों में जल निकासी हेतु मिट्टी में या सतह पर जल निकासी तन्त्र होना चाहिए।
- सिंचाई का समय मिट्टी का तापमान मध्यम होने पर निर्धारित किया जाना चाहिए।

पानी की गुणवत्ता (Quality of Water)

सिंचाई के पानी की उपयुक्तता (गुणवत्ता) मुख्य रूप से पानी में मौजूद नमक की मात्रा और प्रकार पर निर्भर करती है। जल में मुख्य घुलनशील धनायन कैल्शियम, मैग्नीशियम और सोडियम आयन हैं, जबकि क्लोराइड, सल्फेट और बाइकार्बोनेट प्रमुख ऋणायन हैं।

जल में बोरॉन, सेलेनियम, मोलिब्डेनम और फ्लोराइड भी अल्प मात्रा में मौजूद होते हैं। इन आयनों की उच्च सान्द्रता पादपों एवं इन्हें खाने वाले जन्तुओं दोनों के लिए हानिकारक होती है।

सिंचाई के जल की गुणवत्ता को तीन मापदण्डों द्वारा मापा जाता है

(i) **कुल लवण एकाग्रता** (Total Salt Concentration) सिंचाई के पानी की लवण सान्द्रता को विद्युत चालकता (EC) द्वारा मापा जाता है। खारे पानी में मुख्य नमक के रूप सोडियम क्लोराइड उपस्थित होता है।

(ii) **सोडियम अवशोषण अनुपात** (Sodium Absorption Ratio) सोडियम अवशोषण अनुपात (SAR) और अवशिष्ट सोडियम कार्बोनेट (RSC) भी सिंचित पानी की गुणवत्ता निर्धारित करने के लिए मुख्य मानदण्ड है।

(iii) **बोरॉन** (Boron) सिंचाई का पानी जिसमें 3 ppm से अधिक बोरॉन होता है, विशेष रूप से हल्की मिट्टी के लिए व फसलों के लिए हानिकारक होता है।

सिंचाई की विधियाँ (Methods of Irrigation)

सिंचाई की विधियों का चयन बड़ी सावधानी से करना होता है। इन विधियों का प्रयोग करते समय भूमि की विशेषता, पानी की उपलब्धता, जल के गुण, नालियों की क्षमता, मौसम तथा बोई जाने वाली फसलों पर विशेष ध्यान देना होता है।

सिंचाई की प्रमुख विधियाँ निम्नलिखित हैं

1. सतह सिंचाई विधि (Surface Irrigation Method)

यह सर्वाधिक प्रयोग की जाने वाली सिंचाई की विधि है। इसके द्वारा पानी क्षेत्र के एक सिरे पर स्थित नाली द्वारा खेत में पहुँचता है। इसकी निम्नलिखित विधियाँ हैं

(i) **अप्लावन या तोड़ विधि** यह विधि उसी जगह या क्षेत्र में प्रयोग हो सकती है, जहाँ सिंचाई के सस्ते साधन; जैसे—नहर उपलब्ध हो तथा पानी की उपलब्धता बनी रहती हो।

अप्लावन विधि में जल की नाली का मुहाना खेत में खोल दिया जाता है और उस समय तक इसे चलने दिया जाता है, जब तक कि पूरे खेत या क्षेत्र में पानी समान रूप से फैल नहीं जाता। इस विधि का प्रयोग धान तथा जूट, आदि की फसलों में किया जाता है। इसे कटवाँ विधि भी कहा जाता है।

लाभ इसके निम्नलिखित लाभ हैं

- इस विधि में श्रम व धन कम लगता है।
- इस विधि द्वारा अधिक क्षेत्रों में एकसाथ सिंचाई की जा सकती है।

हानियाँ इसकी निम्नलिखित हानियाँ हैं

- पानी की उपलब्धता हमेशा नहीं रहती है, जिससे फसल बर्बाद हो सकती है।
- इससे पानी का अपव्यय होता है।

(ii) **क्यारी विधि/रोक द्रोणी विधि** यह सतह सिंचाई की विधियों में सबसे सामान्य विधि है। इसमें खेत को समतल करके छोटी-छोटी क्यारियाँ बना दी जाती हैं, जिसके चारों ओर छोटे-छोटे मेड़ बने होते हैं। पानी को मुख्य नाली से एक-एक करके सभी क्यारियों में डाला जाता है। यह अधिकांश फसलों के लिए सर्वोत्तम विधि है, परन्तु यह श्रम साध्य है। मजदूरी अधिक लगने के साथ-साथ अधिकतर भूमि मेड़ बनाने में बर्बाद हो जाती है। यह विधि पास-पास उगाई जाने वाली फसलों; जैसे—गेहूँ, मूँगफली, खाद्यान्न फसलें, चारा, घास, आदि के लिए उपयुक्त है।

लाभ इससे निम्नलिखित लाभ होते हैं

- ऐसी सिंचाई से भूमि का क्षरण या कटाव नहीं होता है।
- खेतों में आवश्यकतानुसार जल का स्तर रहता है अर्थात् आवश्यकता से अधिक पानी नहीं लगता है।
- इस विधि में इससे भूमि कठोर नहीं होती है।
- इस विधि में पानी की बचत होती है।
- इस विधि से सिंचाई करने पर समय की बचत होती है।

हानियाँ इससे निम्नलिखित हानियाँ होती हैं

- इस विधि में मेड़ बनाने पर धन का व्यय अधिक होता है।
- इस विधि में क्यारियाँ बनाने में समय व श्रम अधिक लगता है।
- इस विधि में मेड़ बनाने में भूमि अधिक मात्रा में बर्बाद होती है।

(iii) **बेसिन/रिंग या थाला विधि** यह सिंचाई की ऐसी विधि है, जिसमें प्रत्येक वृक्ष तक पानी अलग-अलग पहुँचाया जाता है। बागों में पेड़ों के चारों ओर से थाला बनाया जाता है। यह थाला वर्गाकार या गोलाकार बनाया जाता है। उदाहरण—आम, लीची व फलदार वृक्षों की सिंचाई में यह विधि उपयोगी है। नए रोपित बागों के पौधों की सिंचाई के लिए भी थाला विधि सर्वोत्तम विधि है।

लाभ इससे निम्नलिखित लाभ होते हैं

- इसमें पानी सीधे पौधे (पेड़) तक पहुँचता है।
- इसमें पानी कम लगता है।
- इसमें सिंचाई (पानी) की दक्षता में वृद्धि हो जाती है।

हानियाँ इससे निम्नलिखित हानियाँ होती हैं

- इसके अन्तर्गत थाले को बनाने में श्रम व समय अधिक लगता है।
- थाला बनाने में धन का व्यय (मजदूरी) अधिक होता है।

(iv) **गहरे कुण्ड सिंचाई विधि** यह विधि कतार (Line) में बोई जाने वाली फसलों में अधिक उपयोगी है। इसका उपयोग पहाड़ी तथा मृदा कटाव वाले क्षेत्रों में तथा जहाँ भूमि का ढाल 15-20% हो, वहाँ लाभदायक है। इस विधि के अन्तर्गत कुण्ड में उपलब्ध जल से कुण्ड के समीप में रिट पर बोई गई फसलों को रिस-रिस कर नमी की प्राप्ति होती है।

कुण्ड में ढाल 0.05% तक रखा जाता है। अधिक लम्बे कुण्ड समुचित सिंचाई हेतु उत्तम होते हैं। ऐसी सिंचाई गन्ना, मक्का, ज्वार, आलू, मूँगफली, शकरकन्द, चुकन्दर, कपास तथा शाक-सब्जियों के लिए अधिक उपयोगी होती है।

लाभ इससे निम्नलिखित लाभ होते हैं

- सभी पौधों तक जल पर्याप्त मात्रा में पहुँच जाता है।
- इस विधि द्वारा सिंचाई जल के रिसाव द्वारा हो जाती है।

हानियाँ इससे निम्नलिखित हानियाँ होती हैं

- इसमें नालियाँ बनाने में श्रम अधिक लगता है।
- इस विधि में नालियाँ बनाने में धन का व्यय बढ़ जाता है।

(v) **समोच्च कुण्ड सिंचाई विधि** जहाँ भूमि का ढाल 15-20% हो, वहाँ सिंचाई की यह विधि बहुत ही लाभदायक होती है। यह विधि मृदा कटावग्रस्त क्षेत्रों तथा पहाड़ी क्षेत्रों में उपयोगी होती है। कम ढाल वाली हल्की मिट्टी में इसका प्रयोग सही रहता है। कुण्ड को समोच्च रेखा के समानान्तर बनाकर सिंचाई प्रवाह की दिशा को ढाल के लम्बवत् रखते हैं। पानी को सिंचाई की मुख्य नाली से प्रत्येक समोच्च कुण्ड में खोला जाता है। उदाहरण—आलू के खेत की सिंचाई।

लाभ इससे निम्नलिखित लाभ होते हैं

- इसके द्वारा पहाड़ी क्षेत्रों में कृषि कार्य सम्भव हो पाता है।
- इस विधि द्वारा सिंचाई में जल की बचत होती है।
- इसमें पानी प्रत्येक पौधे तक समान रूप में पहुँचता है।

हानियाँ इससे निम्नलिखित हानियाँ होती हैं

- इसमें कुण्ड बनाने में श्रम व धन का अधिक व्यय होता है।
- इसमें भूमि का कुछ भाग कुण्ड बनाने में बर्बाद हो जाता है।
- इसमें कुण्ड बनाने से फसल का उत्पादन क्षेत्र कम हो जाता है।

2. टपकदार (ड्रिप) सिंचाई विधि
(Drip Irrigation Method)

इस विधि का प्रयोग जलाभाव वाले क्षेत्रों में किया जाता है।

ड्रिप सिंचाई को सर्वप्रथम इज़रायल में शुरू किया गया था। इसे **माइक्रो सिंचाई** भी कहा जाता है। लवणीय जल वाले क्षेत्र में यह विधि कारगर सिद्ध होती है। इसमें पाइप द्वारा पौधों की आयु तथा मृदा की किस्म के अनुसार पानी को सीधे जड़ों तक पहुँचाया जाता है। सभी पौधों के पास प्लास्टिक का पाइप लगा रहता है, जिससे आवश्यकतानुसार जलापूर्ति तथा उर्वरक की समान मात्रा उपलब्ध कराई जाती है।

पौधों को पानी तथा उर्वरक एक साथ देने की क्रिया को फर्टीगेशन (Fertigation) कहा जाता है।

इसमें शुरुआत से ही उर्वरक को जल के पाइप में डालते हैं, जिससे उर्वरक समान रूप में पौधे तक पहुँचता है। जल के जड़ों तक पहुँचने में गुरुत्वाकर्षण और कैपिलेरिटी की संयुक्त शक्तियाँ कार्य करती हैं। इसका प्रयोग निम्न फसलों में किया जाता है

- **शाक भाजी** बैंगन, प्याज, मटर, मिर्च, टमाटर, चुकन्दर, आलू , आदि।
- **फूल** गुलाब, जैसमिन, कारनेशन, गुलदावरी, झाड़ीदार फूल, आदि।
- **फल** आँवला, चीकू, शरीफा, पपीता, अनार, नाशपाती, आड़ू, सेब, केला, अमरूद, अंगूर, आम, आदि।

ड्रिप सिंचाई के लाभ इससे निम्नलिखित लाभ होते हैं

- इस विधि से सिंचाई द्वारा जल का वाष्पीकरण और रिसाव नहीं होता है, जिससे जल की बचत होती है तथा जल की न्यूनतम क्षति होती है।
- इसमें खारे पानी का भी उपयोग हो सकता है।
- इस विधि में खेत को समतल या मेड़ या नालियाँ बनाने की आवश्यकता नहीं होती है, जिससे लागत कम आती है।
- इस विधि द्वारा गुणवत्ता वाले फलों का उत्पादन बढ़ाया जा सकता है।

ड्रिप सिंचाई की हानियाँ इससे निम्नलिखित हानियाँ होती हैं

- इसमें कुशल श्रमिकों एवं तकनीक की आवश्यकता होती है।
- इसमें पाइप बिछाने पर प्रारम्भिक खर्च अधिक आता है।

3. छिड़काव या बौछारी सिंचाई विधि
(Sprinkler Irrigation Method)

इसे फव्वारा विधि भी कहते हैं। इस विधि का उपयोग रेतीली भूमियों, ढालू क्षेत्रों (ढलवाँ क्षेत्र), मृदा क्षरण या कटाव वाले क्षेत्रों में अधिक लाभकारी होता है।

इसमें पानी वर्षा की तरह बौछार के रूप में गिरता है। इससे कम पानी से अधिक क्षेत्रों में सिंचाई हो जाती है। इसमें पानी की 20-70% तक बचत होती है। इस विधि का उपयोग मरुस्थली एवं अर्द्धमरुस्थली क्षेत्रों में अधिक लाभकारी होता है।

पानी का छिड़काव दबाव के द्वारा छोटी नोजल में प्राप्त करते हैं, पाइपों और नोजलों में दबाव पम्प द्वारा प्राप्त करते हैं। नोजल घूमने वाला या स्थिर दोनों हो सकता है। वर्तमान में यह विधि अधिकांश समतल क्षेत्रों में भी उपयोगी है। यह विधि मुख्यतया गेहूँ, धान, मक्का, आदि के लिए उपयोगी है।

छिड़काव सिंचाई के लाभ इससे निम्नलिखित लाभ होते हैं

- इससे जल संरक्षण होता है एवं कम पानी से अधिक क्षेत्रों में सिंचाई होती है।
- इसमें जल की लगभग 10-15% तक की ही हानि होती है।
- इस विधि से भूमि सख्त नहीं होती है।
- छिड़काव विधि से जलभराव की समस्या नहीं आती है तथा बीज अंकुरण भी शीघ्रता से होता है।
- इस विधि में किसी भी प्रकार की भूमि पर सिंचाई सम्भव है।

छिड़काव सिंचाई की हानियाँ इससे निम्नलिखित हानियाँ होती हैं

- आरम्भ में पाइप तथा अन्य संयन्त्रों की खरीद पर व्यय अधिक आता है, जिससे यह विधि कम प्रचलित है।
- यह विधि महँगी तकनीक व संयन्त्रों के कारण आम-आदमी की पहुँच से दूर है।
- इसके लिए स्वच्छ जल की आवश्यकता होती है।
- इसमें दक्षता व तकनीक की आवश्यकता होती है।

4. भूमिगत सिंचाई विधि
(Sub-surface Irrigation Method)

भूमिगत सिंचाई विधियाँ प्राकृतिक और कृत्रिम दो प्रकार की होती हैं। इसमें भूमिगत पाइप लाइन, टाइल ड्रेन या मोल ड्रेन का प्रयोग होता है। इसमें 0.5–1 मीटर गहरी तथा 15-30 मीटर की दूरी पर खाई खोदकर पाइप लाइन को स्थापित किया जाता है। पानी कैपिलरी एक्शन द्वारा पौधों को उपलब्ध होता है।

भूमि की बनावट एवं पौधों की जड़ की गहराई के अनुसार ही पानी की सतह बरकरार रखी जाती है। यह कम जलधारण क्षमता वाली भूमि में तथा औद्योगिक फसलों के लिए अधिक उपयोगी मानी जाती है।

प्राकृतिक सिंचाई में नहर आदि का पानी नजदीक के किनारों से होकर हमेशा बाहर की ओर बहता रहता है, जिसका उपयोग पौधे जड़ों द्वारा ग्रहण करके करते हैं।

कृत्रिम विधि के अन्तर्गत रन्ध्र पाइप को मूल क्षेत्र के नीचे आवश्यकतानुसार उचित दूरी पर बिछाकर सिंचाई की जाती है। इस सिंचाई विधि में बागानी फसलें, आम, कटहल, लीची, फलदार वृक्ष, आदि की सिंचाई होती है।

लाभ इससे निम्नलिखित लाभ होते हैं

- इसमें कम पानी से अधिक क्षेत्रों में सिंचाई होती है।
- इसमें पानी की हानि कम होती है।
- इसका प्रयोग पानी की कमी वाले क्षेत्रों में किया जाता है।

हानियाँ इससे निम्नलिखित हानियाँ होती हैं

- यह विधि खर्चीली है तथा पाइप बिछाने में व्यय अधिक करना पड़ता है।
- यह विधि सभी स्थानों पर उपयोगी नहीं है, क्योंकि प्रारम्भ में इसमें लागत अधिक आती है।

जल निकास (Water Drainage)

- पौधों की वृद्धि एवं विकास के लिए पानी की आवश्यकता पड़ती है और इस पानी की पूर्ति प्राकृतिक रूप से वर्षा तथा कृत्रिम सिंचाई द्वारा की जाती है, लेकिन आवश्यकता से अधिक पानी का खेत में जमा होना भी फसलों की वृद्धि, विकास एवं जीवन पर प्रतिकूल प्रभाव पड़ता है।
- ''फसल की पैदावार बढ़ाने के लिए भूमि की सतह अथवा अधो सतह आवश्यकता से अधिक पानी को कृत्रिम रूप से बाहर निकालने की प्रक्रिया को जल निकास कहते हैं।''

जल निकास की आवश्यकता (Necessity of Drainage)

जल निकास की आवश्यकता निम्न कारणों द्वारा हो सकती है

- अधो भूमि में सख्त तह का होना, जिसके कारण पानी रिसकर नीचे की सतहों में नहीं पहुँच पाता है और ऊपरी सतह पर इकट्ठा हो जाता है।
- ऐसे क्षेत्रों में जहाँ पर भूमि में जल सतह ऊपरी सतहों में पाया जाता है।
- चिकनी मृदा पर पानी एकत्र हो जाता है, क्योंकि ये मृदा कम मात्रा में पानी सोखती हैं।
- नहरी क्षेत्रों में जहाँ किनारे वाले खेतों में पानी निस्पन्दन द्वारा एकत्रित हो जाता है।
- लवणीय भूमि में लवणों की हटाने के लिए भूमिगत जल निकास की आवश्यकता पड़ती है।
- तराई क्षेत्रों की दलदली भूमि में अधिक जल को हटाने के लिए।
- निचली समतल भूमि में जल भराव की स्थिति में।
- अधिक वर्षा वाले क्षेत्रों में जल भराव की स्थिति में।
- जल क्षरण से प्रभावित भूमि में भी जल निकास की आवश्यकता पड़ती है।

जल निकास के लाभ (Advantages of Water Drainage)

जल निकास के लाभ निम्नलिखित हैं

- जल द्वारा मृदा कटाव कम हो जाता है।
- हानिकारक लवण भूमि की ऊपरी सतह पर एकत्रित नहीं हो पाते हैं।
- मृदा में वायु-संचार बढ़ता है, जिसके फलस्वरूप भूमि में ऑक्सीजन की मात्रा बढ़ जाती है।
- जल निकास द्वारा, अगली फसल के लिए खेत की तैयारी व बुवाई समय पर हो जाती है।
- भूमि दलदली होने से बच जाती है।
- उपयुक्त जल निकास होने से सूक्ष्मजीवों की क्रियाशीलता भी बढ़ती है।
- जल निकास की उपयुक्त सुविधा होने पर पौधों के खाद्य तत्त्वों का भूमि में निक्षालन कम होता है।
- यदि उचित जल निकास का प्रबन्ध न हो तो, भूमि में CO_2 की सान्द्रता बढ़ जाती है और यह पानी के साथ क्रिया करके कार्बनिक अम्ल बनाती है, जिससे मृदा अम्लीय हो जाती है।
- अच्छे जल निकास से फसलों को विभिन्न रोगों एवं कीटों से बचाया जा सकता है।
- भूमि की रासायनिक एवं जैविक क्रियाएँ ठीक प्रकार से होती हैं एवं मृदा संरचना में सुधार होता है।
- मृदा ताप उपयुक्त बना रहता है, जिससे बीजों का अंकुरण शीघ्रता से होता है।

जलाक्रांत स्थिति की हानियाँ (Disadvantages of Water Logging)

खेतों में लम्बे समय तक जल का अत्यधिक मात्रा का भरे रहना, जलाक्रांत स्थिति कहलाता है।

जलाक्रांत स्थिति की जल निकास नहीं हो पाने से होने वाली हानियाँ निम्नलिखित हैं

(i) **मृदा वायु संचार में कमी** भूमि के प्रकारों के अनुसार, मृदा में 30-60% रन्ध्रावकाश होता है, जिनमें पानी भरने से हवा बाहर निकल जाती है। इससे पौधों की जड़ों को श्वसन में कठिनाइयाँ आती हैं और फसल नष्ट हो सकती है।

(ii) **मृदा ताप का गिरना** भूमि में अधिक पानी भरने से मृदा ताप गिरता है, जिससे बीजों के अंकुरण में बाधा आएँगी तथा फसलों के विकास पर प्रतिकूल प्रभाव पड़ता है।

(iii) **जड़ों का छोटी रह जाना** पौधों की जड़ों को ऊपरी सतह पर ही जल मिल जाने से वे छोटी रह जाती हैं, जिससे वे केवल भूमि की ऊपरी सतह से ही खनिज तत्व ले पाती हैं, अर्थात् भूमि में पर्याप्त मात्रा में पोषक तत्व होने पर भी पौधे उनका उपभोग नहीं कर पाते हैं तथा पौधों की सामान्य वृद्धि नहीं होती है जिससे ये कमजोर रह जाते हैं।

(iv) **लाभदायक सूक्ष्मजीवों के कार्य में बाधा** भूमि में सूक्ष्मजीवों की उचित क्रियाशीलता के लिए उचित ताप व वायु की आवश्यकता होती है, लेकिन भूमि अधिक पानी होने की वजह से दोनों चीजों का अभाव हो जाता है और सूक्ष्मजीव अपना कार्य नहीं कर पाते हैं।

(v) **हानिकारक लवणों का इकट्ठा होना** अधिक जल होने की वजह से भूमि की ऊपरी सतह में लवण एकत्रित हो जाते हैं एवं पौधों की वृद्धि पर विषैला प्रभाव डालते हैं। लवणों की अधिक मात्रा होने पर भूमि ऊसर हो जाती है।

(vi) **भूमि का दलदली होना** भूमि सतह पर अधिक पानी इकट्ठा होने से व जल निकास प्रबन्ध के न होने की वजह से भूमि दलदली हो सकती है तथा फसलों की उपज पर बुरा प्रभाव पड़ता है।

(vii) **पोषक तत्त्वों की हानि** पानी की अधिकता के कारण भूमि के पोषक तत्व निक्षालन द्वारा नष्ट हो जाते हैं तथा पौधों पर प्रतिकूल प्रभाव पड़ता है।

(viii) **बुवाई में देरी** खेतों में पानी अधिक समय तक भरे रहने के कारण अगली फसल की बुवाई में देरी होती है और उपज में कमी होती है।

(ix) भूमि की संरचना बिगड़ जाती है।

(x) समय-समय पर जुताई-गुड़ाई नहीं की जा सकती है।

(xi) पौधे रोग और कीट के हमले से प्रभावित होते हैं।

जल निकास की विधियाँ (Methods of Water Drainage)

जल निकास की विभिन्न विधियों का वर्गीकरण नीचे दिया गया है

1. सतही जल निकास (Surface Water Drainage Method)

- इस विधि के द्वारा भूमि की ऊपरी सतह से खुली नालियों द्वारा जल निकास किया जाता है।
- भारत में यह विधि काफी समय से प्रयोग की जा रही है।
- जल निकास की नालियाँ काफी चौड़ी होनी चहिए और उनका आकार इस प्रकार का होना चहिए कि नीचे की तरफ चौड़ाई कम व ऊपर ही तरफ चौड़ाई उत्तरोत्तर बढ़ती जाए।
- जल निकास नालियाँ खेतों के धरातल से कम-से-कम 30 सेमी नीची होनी चाहिए तथा उनकी मेंढ़ें खेत की सतह से 75 सेमी ऊँची होनी चाहिए। यह विधि निम्न तीन प्रकार की होती है

1. **अस्थायी नालियाँ** इस विधि में खेत में थोड़ी-थोड़ी दूरी पर 10-15 सेमी गहरी नालियाँ बना देते हैं तथा ये नालियाँ मुख्य नाली से जोड़ दी जाती हैं। इस प्रकार की नालियों को बाद में नष्ट कर देते हैं।
2. **कटाउट नालियाँ** जिन क्षेत्रों में नहर खेतों के धरातल से ऊपर रहती है वहाँ पर निस्पन्दन की क्रिया द्वारा नहर का पानी, किनारे वाले खेतों में जमा होता रहता है। इस प्रकार की समस्याओं से बचने के लिए नहर एवं

खेत के बीच 1.0-1.5 मी चौड़ी व 0.8-1.0 मी गहरी नालियाँ खोद देते हैं, जिससे नहरों से रिसने वाले पानी की मात्रा नाली में जमा हो सके तथा इन नालियों को नाले से जोड़कर पानी निकाल दिया जाता है।

3. **स्थायी नालियाँ** जिन क्षेत्रों मे जल निकास की समस्या अधिक होती है, वहाँ पर क्षेत्र के निचले भाग पर स्थायी मुख्य नाली व इनकी सहायक नालियाँ, जोकि स्थायी होती हैं, बनाई जाती हैं। सहायक नालियाँ मुख्य नाली में पानी इकट्ठा करती हैं।

2. भूमिगत जल निकास

(Sub-surface Water Drainage Method)

भूमिगत जल निकास में भूमि में नालियाँ बनाकर फालतू पानी को निकालने की व्यवस्था की जाती है।

- इसमें जल निकास के लिए सहायक व मुख्य जल निकास नालियाँ भूमि के अन्दर 3' से 6' की गहराई में तैयार की जाती हैं।
- मुख्य जल निकास की नाली का धरातल हमेशा सहायक नालियों से नीचे रखा जाता है।

भूमिगत जल निकास की निम्नलिखित विधियाँ प्रयोग में लाई जाती हैं

1. **टाइल नालियाँ** खपरैल से बनी भूमिगत जल निकास नालियाँ सर्वोत्तम रहती हैं। इनसे अपेक्षाकृत अधिक दिनों तक काम लिया जा सकता है।

   इसके अन्दर 10 सेमी व्यास वाले मिट्टी के टाइल, जोकि छिद्र युक्त होते हैं। इन्हें उचित गहराई पर दबा देते हैं तथा सहायक नालियों के बीच की दूरी 45-75 सेमी तक रखते हैं।
2. **पाइप नालियाँ** इस विधि में भूमि में लगभग 1 मी नीचे 10 सेमी व्यास के छिद्रयुक्त लोहे या प्लास्टिक के नल सहायक नालियों में दबा देते हैं तथा उनका सम्बन्ध मुख्य नाली से कर देते हैं।
3. **मोल विकास नालियाँ** इस विधि में एक विशेष प्रकार के बने मोल हल के द्वारा भूमि के अन्दर 8-10 सेमी व्यास वाली नालियाँ 45-75 सेमी की गहराई पर बिना पृष्ठ मृदा से ढके तैयार की जाती हैं। ये विधि भारी भूमियों के लिए उपयुक्त है।
4. **पत्थर की नालियाँ** इस विधि में भूमि की सतह से लगभग 1.25 नीचे पत्थरों से नाली बनाई जाती है। इसमें सहायक नालियों को 4.5 से 10 मी की दूरी पर बनाते हैं।

   ये नालियाँ लगभग 'V' के आकार की बनाते हैं। नालियों के ऊपर पत्थर लगाकर ऊपर से मिट्टी डालकर ढक देते हैं, जिससे पानी पत्थरों में से रिसकर नाली में जाता रहता है। इनमें शीघ्र मिट्टी भर जाती है और ये बन्द हो जाती है।

5 **पोल नालियाँ** जहाँ लकड़ी आसानी से प्राप्त हो जाती है, वहाँ जल निकास नालियाँ लकड़ी के टुकड़ों से बनाते हैं। इन नालियों का आकार 80-90 सेमी गहरा व 30 सेमी चौड़ा रखा जाता है। इन नालियों के बगलों में लकड़ी के टुकड़े भर दिए जाते हैं।

इस विधि में लकड़ियाँ कुछ समय बाद गीली होकर सड़ने लगती हैं तथा नालियों में मिट्टी भरने लगती है तथा धन व श्रम अधिक खर्च होता है।

खुली या भूमिगत नालियाँ खोदते समय विशेष ध्यान देने योग्य बातें

- नालियाँ खोदते समय भूमि के प्राकृतिक ढाल का विशेष ध्यान रखें।
- जल निकास की मुख्य व सहायक नालियों को अधिकतर सीधा बनाने की कोशिश करनी चाहिए। आवश्यकता पड़ने पर इन्हें थोड़ा-थोड़ा करके मोड़ देना चाहिए।
- जल निकास नालियाँ बनाते समय ध्यान रखना चाहिए, कि इनके द्वारा पूरे क्षेत्र का जल निकाला जा सके।
- सहायक नालियों की लम्बाई अधिक रखनी चाहिए, जिससे मुख्य नाली कम बनानी पड़ें।
- जल निकास नालियाँ चिकनी भूमियों में 20-25 मी एवं हल्की भूमियों में 40-50 मी की दूरी पर बनानी चाहिए।
- मुख्य नालियों की तुलना में सहायक नालियों में अधिक ढाल रखना चाहिए। लगभग प्रति 30 मी लम्बाई पर 5 सेमी ढाल रखना चाहिए।

अभ्यास प्रश्न

1. $\dfrac{\text{फसल वृद्धि के लिए प्रयोग में लाए पानी की मात्रा}}{\text{कुल दिया पानी}} \times 100$

सूत्र द्वारा मालूम की जाती है

(a) जल माँग
(b) जल मान
(c) जल-उपयोग क्षमता
(d) उपरोक्त में से कोई नहीं

2. सिंचाई से पूर्व और बाद में आवश्यक एवं उपलब्ध पानी की मात्रा के प्रतिशत अनुपात को कहते हैं

(a) जल उपयोग क्षमता
(b) जल धारण दक्षता
(c) जल-माँग
(d) उपरोक्त में से कोई नहीं

3. पौधे के द्वारा उपयोग कुल जल/सिंचाई में प्रयुक्त कुल जल × 100, सूत्र से ज्ञात किया जाता है

(a) जलधारण दक्षता
(b) जल उपयोग दक्षता
(c) जलमान
(d) उपरोक्त में से कोई नहीं

4. जल उपयोग क्षमता को बढ़ाया जा सकता है

(a) कम चौड़ी सिंचाई नाली
(b) गहरी सिंचाई नाली
(c) पक्की सिंचाई नाली
(d) उपरोक्त सभी

5. फसल की जल-माँग में शामिल है

(a) वाष्पीकरण में कम जल
(b) वाष्पोत्सर्जन में प्रयुक्त जल
(c) पौधों के शरीर निर्माण में प्रयुक्त जल
(d) उपरोक्त सभी

6. पौधों में जड़ के भार के अलावा इकाई का भार शुष्क पदार्थ पैदा करने में जितनी इकाई पानी की आवश्यकता है, उसे कहते हैं

(a) सिंचाई के पानी की माँग
(b) फसलों की जल माँग
(c) वाष्पोत्सर्जन गुणांक
(d) उपरोक्त में से कोई नहीं

7. 630 mm फसल जल-माँग होती है

(a) गेहूँ (b) जौ
(c) आलू (d) मक्का

8. जई की जल-माँग निम्न में से है

(a) 475-500 mm (b) 500-600 mm
(c) 560-626 mm (d) 320-420 mm

9. सबसे अधिक सिंचाई की आवश्यकता निम्न में से किस फसल में होती है ?

(a) जौ (b) मटर
(c) धान (d) गेहूँ

10. पौधों के लिए पानी की आवश्यकता किस क्रिया के लिए होती है ?
(a) ताप नियन्त्रण हेतु
(b) वाष्पोत्सर्जन हेतु
(c) संवहन हेतु
(d) उपरोक्त सभी के लिए

11. एक हजार लीटर पानी समतुल्य है
(a) एक घन सेमी
(b) एक घन मीटर
(c) एक घन डेसी मीटर
(d) उपरोक्त में से कोई नहीं

12. फसलों की जल-माँग होती है
(a) वाष्पी वाष्पोत्सर्जन + अन्तःस्रावण आदि द्वारा जल हानि
(b) वाष्पोत्सर्जन + अन्तःस्रावण आदि द्वारा जल हानि
(c) वाष्पीकरण + अन्तःस्रावण आदि द्वारा जल हानि
(d) वाष्पी वाष्पोत्सर्जन + वाष्पोत्सर्जन

13. गन्ने और धान की फसलों की जल-माँग होती है क्रमशः
(a) 1.45-1.67 मीटर और 1.16-1.23 मीटर
(b) 1.16-1.67 मीटर और 1.01-1.06 मीटर
(c) 1.45-1.67 मीटर और 1.02-1.06 मीटर
(d) 1.16-1.23 मीटर और 1.45-1.67 मीटर

14. गेहूँ की जल आवश्यकता है
(a) 100-250 मिमी (b) 250-600 मिमी
(c) 600-850 मिमी (d) 850-1000 मिमी

15. क्यूसेक है
(a) घन सेन्टीमीटर प्रति सेकण्ड
(b) घन सेन्टीमीटर प्रति मिनट
(c) घन मीटर प्रति सेकण्ड
(d) घन मीटर प्रति मिनट

16. किसी फसल में सर्वाधिक जल की माँग के समय को कहते हैं
(a) जलमान (b) संकटकाल
(c) दोनों (a) एवं (b) (d) इनमें से कोई नहीं

17. फील्ड कैपेसिटी पर पौधों को कितना मृदा जल उपलब्ध रहता है ?
(a) 100 (b) 80 (c) 60 (d) 70

18. अधिकतर फसलों की सिंचाई मृदा में कितना जल उपलब्ध रहने पर कर देनी चाहिए ?
(a) 60% (b) 30%
(c) 50% (d) 40%

19. सबसे अधिक सिंचाई दक्षता किस विधि से प्राप्त की जा सकती है ?
(a) ड्रिप सिंचाई (b) थाला सिंचाई
(c) बहाव सिंचाई (d) ये सभी

20. 100 घन मीटर पानी समतुल्य होता है
(a) एक बीघा सेमी
(b) एक एकड़ सेमी
(c) एक हेक्टेयर सेमी
(d) उपरोक्त में से कोई नहीं

21. बेडी द्वारा कितने मीटर गहराई तक पानी उठाया जाता है?
(a) 1.2 मीटर (b) 2 मीटर
(c) 2.5 मीटर (d) 5 मीटर

22. अच्छे फुट वाल्व का मुख्य गुण है
(a) बड़ी छलनी
(b) छूते ही ढक्कन खुल जाए
(c) कम घर्षण वाला
(d) उपरोक्त सभी

23. पम्प सैट में डीजल की बचत के उद्देश्य से पाइप लाइन का आकार होना चाहिए
(a) बड़ा
(b) मध्यम
(c) छोटा
(d) उपरोक्त में से कोई नहीं

24. हेक्टेयर क्षेत्र में जलमान किस सूत्र से निकाला जाता है?
(a) $D = \frac{B}{V} \times 864$
(b) $D = \frac{V}{B} \times 8.64$
(c) $D = \frac{B}{V} \times 86.4$
(d) उपरोक्त में से कोई नहीं

25. प्रत्येक सेकण्ड में एक हजार लीटर पानी बहाव की इकाई को कहा जाता है
(a) क्यूबिक मीटर/सेकण्ड
(b) क्यूबिक सेमी/सेकण्ड
(c) क्यूबिक मिमी/सेकण्ड
(d) उपरोक्त में से कोई नहीं

26. खुली नाली में जल प्रवाह निम्न में से किस सूत्र द्वारा मापा जाता है ?
(a) $A = DV$ (b) $D = AV$
(c) $D = A/V$ (d) इनमें से कोई नहीं

27. 90° V नाच का प्रभाव सूत्र होता है
(a) $\theta = .0184\, LH^{3/2}$
(b) $\theta = .0138\, H^{5/2}$
(c) $\theta = .61 \times 10^{-3}\, A\sqrt{2gh}$
(d) $\theta = .60 \times 10^{-2}\, A\sqrt{2gh}$

28. फुट वाल्व का प्रयोग होता है
(a) चूषण पाइप में
(b) वितरण पाइप में
(c) केसिंग में
(d) उपरोक्त में से कोई नहीं

29. सम्पर्ण शोषित जल का वाष्पोत्सर्जित भाग कितना है ?
(a) 95% (b) 50% (c) 55% (d) 125%

30. 10 पौण्ड पानी समतुल्य होता है
(a) एक किग्रा (b) एक लीटर
(c) एक गैलन (d) इनमें से कोई नहीं

31. सबसे अधिक सिंचाई जल की आवश्यकता किस मृदा में होती है ?
(a) बलुई (b) दोमट
(c) चिकनी (d) ये तीनों

32. सबसे अधिक वर्षा होती है
(a) पंजाब में
(b) मध्य प्रदेश में
(c) असम की पहाड़ी (मासिनराम) में
(d) राजस्थान में

33. बौछारी सिंचाई विधि अपनाई जाती है
(a) समतल मृदा मे
(b) असमतल मृदा में
(c) ढालू मृदा में
(d) बलुई मृदा में

34. बागों के लिए उपयुक्त विधि है
(a) द्रोणी
(b) तोड़
(c) कोरुगेशन
(d) उपरोक्त में से कोई नहीं

35. चम्बल नदी से कौन-सी सिंचाई योजना सम्बन्धित है ?
(a) जवाहर सागर योजना
(b) गाँधी सागर योजना
(c) राणा प्रताप सागर योजना
(d) कोटा बाँध योजना

36. सतह की सिंचाई विधि है
(a) क्यारी विधि (b) तोड़ विधि
(c) द्रोणी विधि (d) ये सभी

37. बलुई मृदा वाले खेत में सिंचाई की जाती है
(a) तोड़ विधि द्वारा (b) क्यारी विधि द्वारा
(c) कूँड विधि द्वारा (d) ये सभी

38. द्रोणी विधि द्वारा किस फसल में सिंचाई की जाती है ?
(a) गेहूँ (b) चना (c) धान (d) आम

39. अप्लावन विधि से सिंचाई की जाती है
(a) पूर्ण खेत में तोड़ पानी देकर
(b) क्यारी बनाकर
(c) मेंड बनाकर
(d) उपरोक्त में से कोई नहीं

40. ड्रिप या ट्रिकिल सिंचाई विधि अति उत्तम है
(a) मटियार मृदा के लिए
(b) बलुई या रेतीली मृदा के लिए
(c) दोमट मृदा के लिए
(d) एलाइन मृदा के लिए

41. अधोपृष्ठीय सिंचाई अधिक प्रभावी होती है
(a) लवण मृदाओं में
(b) कड़ी अन्तःपृष्ठीय मृदाओं में
(c) क्षारीय मृदाओं में
(d) अम्लीय मृदाओं में

42. थाला सिंचाई विधि साधारणतया उपयुक्त है
(a) धान्य फसलों में
(b) तिलहनी फसलों में
(c) फल-बागों में
(d) उपरोक्त में से कोई नहीं

43. कुण्ड में सिंचाई करना बहुत उपयुक्त है
(a) धान में (b) आलू में
(c) चने में (d) बरसीम में

44. मक्के में सिंचाई के लिए सबसे क्रान्तिक अवस्था है
(a) दाना निकलते समय
(b) पौध की घुटने तक ऊँचाई
(c) रेशमी बाल तथा भुट्टा निकलना
(d) उपरोक्त में से कोई नहीं

45. जल प्रयोग क्षमता सर्वाधिक होती है
(a) बाढ़ सिंचाई में (b) बार्डर सिंचाई में
(c) छिड़काव सिंचाई में (d) बूँद-बूँद सिंचाई में

46. मृदा में बारीक कण और वर्षा द्वारा मृदा की ऊपरी सतह को कठोर करने से पृष्ठीय स्रवण पर क्या प्रभाव पड़ता है ?
(a) कम (b) अधिक
(c) सामान्य (d) इनमें से कोई नहीं

47. समोच्च खेती में ढाल के विपरीत खेती करने से मृदा जल स्राव की दर पर क्या प्रभाव पड़ता है ?
(a) घटती है (b) बढ़ती है
(c) सामान्य (d) इनमें से कोई नहीं

48. खेतों को समतल बनाने में मृदा जल स्राव पर क्या प्रभाव पड़ता है ?
(a) बढ़ती है (b) घटती है
(c) सामान्य (d) इनमें से कोई नहीं

49. सीमान्त पट्टी या नकदार सिंचाई विधि में क्यारियों की चौड़ाई प्राय: कितनी रखी जाती है?
(a) 7-8 मीटर (b) 3-4 मीटर
(c) 9-10 मीटर (d) 5-6 मीटर

50. अधोपृष्ठीय सिंचाई की सहायक नालियों में कितने सेमी प्रति 32 मीटर ध्यान दिया जाता है?
(a) 3 (b) 5 (c) 6 (d) 7

51. अधोपृष्ठीय सिंचाई में सहायक नालियों की दूरी कितनी रखी जाती है ?
(a) 1.0-2.0 मीटर (b) 4-5 मीटर
(c) 1.25-3 मीटर (d) 5-6 मीटर

52. समतल मृदाओं में कुछ फसलें पानी में कितने घण्टे रहने पर उन पर प्रतिकूल प्रभाव पड़ता है ?
(a) 12-14 (b) 15-16
(c) 6-10 (d) 10-12

53. भारत में सिंचित भूमि है
(a) 22% (b) 32% (c) 42% (d) 52%

54. गन्ना व आलू की सिंचाई किस विधि से करते हैं ?
(a) कूँड विधि (b) थाला विधि
(c) अंगूठी विधि (d) ट्रिकिल विधि

55. 4-7 लीटर प्रति सेकण्ड जल के निकास हेतु पाइप की माप होना चाहिए
(a) 5 सेमी (b) 6 सेमी
(c) 6.5 सेमी (d) 8 सेमी

56. अस्थायी जल निकास के दौरान नालियों की गहराई रखी जाती है
(a) 5-10 सेमी (b) 10-15 सेमी
(c) 15-20 सेमी (d) इनमें से कोई नहीं

57. कटआउट नालियों की चौड़ाई होती है
(a) 1 मीटर (b) 1-1.5 मीटर
(c) 1.5-2 मीटर (d) 2-2.5 मीटर

58. एक 40 सेमी चौड़ी वर्गाकार नाली जिसमें पानी की ऊँचाई 50 सेमी है एवं 1 लीटर/सेकण्ड की गति से बह रहा है। नाली से जल का निकास होगा
(a) 0.2 क्यूबिक (b) 2 क्यूबिक
(c) 3 क्यूबिक (d) इनमें से कोई नहीं

59. भीतरी जल निकास में भूमिगत नालियाँ बनाई जाती हैं
(a) टाइल नालियाँ (b) पाइप नालियाँ
(c) पत्थर की नालियाँ (d) ये सभी

60. किस जल निकास व्यवस्था में सहायक नालियाँ समानान्तर क्रम में विन्यस्त रहती हैं?
(a) प्राकृतिक प्रणाली विधि
(b) गिरोजियोन विधि
(c) हैरंगबोन विधि
(d) उपरोक्त में से कोई नहीं

61. भूमिगत जल निकास में लगे पाइप का व्यास होता है
(a) 5 सेमी (b) 10 सेमी
(c) 15 सेमी (d) 20 सेमी

62. गिरोजियोन भूमिगत जल निकास हेतु नाली बनाई जाती है
(a) समतल मृदा में (b) पहाड़ी मृदा में
(c) असमतल मृदा में (d) इनमें से कोई नहीं

63. भारत में पृष्ठीय जल निकास अपनाया जाता है, क्योंकि यह है
(a) कम महँगा
(b) कम तकनीकी वाला
(c) सिंचाई में बाधा उत्पन्न न करने वाला
(d) उपरोक्त सभी

64. समतल खेतों में मध्यम काली मिट्टी में निकास नालियों के बीच की दूरी मीटर में रखते हैं
(a) 2-3 (b) 4-8
(c) 6-8 (d) इनमें से कोई नहीं

65. भूमि जल निकास में दो टाइल कतारों के बीच वाली मृदा में कितने मीटर दूरी रखते हैं ?
(a) 2-4 (b) 4-8 (c) 6-8 (d) 9-15

66. दोमट मृदा में दो टाइल कतारों के बीच की दूरी क्या रखते हैं?
(a) 8-12 (b) 16-22
(c) 18-30 (d) इनमें से कोई नहीं

67. मृदा में जल निकास की क्रिया द्वारा
(a) हानिकारक लवण कम होते हैं
(b) हानिकारक लवण बढ़ते हैं
(c) खाद तत्त्व प्राप्त होते हैं
(d) उपरोक्त में से कोई नहीं

68. जल निकास के बारे में कौन-सा विवरण उपयुक्त है ?
(a) कृत्रिम रूप से पानी फसल में पहुँचना
(b) कृत्रिम रूप से फालतू पानी खेत से बाहर निकालना
(c) पानी का स्वयं खेत से बाहर निकलना
(d) उपरोक्त में से कोई नहीं

69. भूमिगत जल निकास में नाली का निर्माण किया जाता है
(a) मिट्टी पलट हल द्वारा
(b) मोल हल द्वारा
(c) हैरो द्वारा
(d) उपरोक्त में से कोई नहीं

70. चिकनी मृदा में अधो पृष्ठीय जल निकास नाली की दूरी कितनी रखी जाती है ?
(a) 15-20 मीटर (b) 20-25 मीटर
(c) 35-40 मीटर (d) 40-45 मीटर

उत्तरमाला

1. (c)	2. (b)	3. (b)	4. (d)	5. (d)	6. (b)	7. (c)	8. (c)	9. (c)	10. (d)
11. (b)	12. (a)	13. (d)	14. (b)	15. (c)	16. (c)	17. (a)	18. (c)	19. (a)	20. (c)
21. (a)	22. (d)	23. (a)	24. (a)	25. (a)	26. (b)	27. (b)	28. (b)	29. (a)	30. (a)
31. (a)	32. (c)	33. (b)	34. (a)	35. (c)	36. (d)	37. (a)	38. (d)	39. (a)	40. (b)
41. (b)	42. (b)	43. (b)	44. (a)	45. (a)	46. (a)	47. (b)	48. (a)	49. (d)	50. (b)
51. (c)	52. (c)	53. (b)	54. (a)	55. (c)	56. (b)	57. (b)	58. (b)	59. (c)	60. (c)
61. (a)	62. (a)	63. (d)	64. (d)	65. (d)	66. (c)	67. (a)	68. (b)	69. (b)	70. (b)

अध्याय

06

बीज अंकुरण व उसके प्रकार

(Germination of Seed and their Types)

परिचय (Introduction)

''फसल का उचित पादप घनत्व प्राप्त करने के लिए रोग, कीट व यान्त्रिक क्षति से मुक्त लैंगिक अथवा वानस्पतिक प्रवर्द्धित सामग्री, जो फसल बोने अथवा रोपने के लिए प्रयोग की जाती है।''

बीज (Seed)

लैंगिक या वानस्पतिक प्रवर्द्धित बुवाई की सामग्री, जो फसल बोने अथवा रोपने के काम आती है एवं बोने के बाद प्रति इकाई क्षेत्र पौधों की इच्छित संख्या देती है, **बीज** कहलाती है।

पुष्पीय पादपों (Flowering plants) में निषेचन प्रक्रिया के पश्चात् बीजाण्ड में बहुत सारे परिवर्तन होते हैं, जिसके फलस्वरूप बीजाण्ड का बीज में परिवर्तन होता है। परिपक्व निषेचित बीजाण्ड को **बीज** कहा जाता है। *इसे निम्न प्रकार से परिभाषित कर सकते हैं*

बीज एक परिपक्व, निषेचित बीजाण्ड है, जिनके भीतर भ्रूणीय अवस्था में नन्हा पौधा संचित भोज्य-पदार्थ एवं रक्षा कवच पाए जाते हैं।

बीज की प्रारूपिक संरचना (Typical Structure of Seed)

विभिन्न पादप में बीजों की आकृति एवं संरचना में विविधता पाई जाती है। ये गोलाकार, अण्डाकार, वृक्काकार, शंक्वाकार, लम्बे, पतले तथा चपटे हो सकते हैं, इनका रंग भी उनमें उपस्थित जैविक अणुओं के आधार पर अलग-अलग होता है।

एक प्रारूपिक बीज (Typical seed) में निम्नलिखित दो भाग पाए जाते हैं

बीजावरण (Seed Coat)

- बीजावरण बीज का बाह्य आवरण या कवच बनाता है, जो बीजाण्ड के अध्यावरणों के सूखने से विकसित होता है। बीजों में यह दो परतों से बना होता है, बाहरी परत को **बाह्य कवच** या **बीजचोल** (Testa) कहा जाता है तथा भीतरी परत को **अन्त:चोल** या **प्रवर** (Tegmen) कहा जाता है।
- बीजचोल मोटा व चर्मिल होता है, जबकि अन्त:चोल पतली, शल्कीय तथा बीजचोल से जुड़ी संरचना होती है। बीजावरण का मुख्य कार्य अन्दर स्थित कोमल भ्रूण तथा बीज के भीतरी भागों को सुरक्षा प्रदान करना है।
- प्रत्येक बीज अण्डाशय भित्ति (Ovary wall) के साथ एक छोटे वृन्त में जुड़ा रहता है, जिसे **बीजाण्ड वृन्त** (Funiculus) भी कहते हैं।
- पूर्ण रूप से पके हुए बीज में वृन्त के नीचे एक सूक्ष्म अण्डाकार गर्त होता है, जिसे **नाभिका** (Hilum) कहते हैं।
- बीज में नाभिका के समीप एक छिद्र स्थित होता है, जिसे **अण्डद्वार** या **बीजाण्डद्वार** (Micropyle) कहा जाता है।
- बीजाण्डद्वार तथा बीज आपस में नाभिका द्वारा ही जुड़े होते हैं। बीजाण्डद्वार से होकर ही जल बीज के अन्दर प्रवेश करता है।
- कुछ बीजों में नाभिका के पीछे की ओर एक रेखा होती है, जिसे **सन्धिरेखा** (Raphe) कहा जाता है, जोकि बीजाण्ड वृन्त एवं अध्यावरणों के जुड़ने से बनती है।

भ्रूण (Embryo)

भ्रूण पादप के बीज में बीजावरण के अन्दर स्थित शिशु पादप है। यह बीजाण्ड में स्थित अण्डे के निषेचन से बनता है।

एक परिपक्व बीज में पाए जाने वाले भ्रूण के निम्नलिखित दो भाग होते हैं

(i) बीजपत्र (Cotyledons)

इन्हें बीजीय पर्ण (Seed leaves) भी कहा जाता है। इनकी संख्या एकबीजपत्री पादपों में एक तथा द्विबीजपत्री पादपों में दो होती है। इनका मुख्य कार्य खाद्य पदार्थों को एकत्रित करना है, जिसके कारण ये फूलकर मांसल हो जाते हैं।

बीजपत्रों के कार्य (Functions of Cotyledons)

बीजपत्रों के विभिन्न कार्य निम्नलिखित हैं

(a) बीजपत्रों का मुख्य कार्य भोजन को संचित करके बीज के अंकुरण के समय इसके अन्दर स्थित भ्रूण को पोषण प्रदान करना है। बीजपत्रों में भोजन संचय केवल अभ्रूणपोषी पादपों में होता है।

(b) भ्रूणपोषी पादपों में इनका मुख्य कार्य अपने द्वारा स्रावित पाचक रस से भ्रूणपोष में संचित अघुलनशील भोजन को घुलनशील बनाना है, जिससे यह मूलांकुर तथा प्रांकुर तक पहुँच सके।

(c) बीजपत्र बीज की तथा इसके अन्दर से निकलने वाले प्रांकुर की सुरक्षा भी करते हैं।

(d) भूम्यूपरिक अंकुरण करने वाले बीजों में (जैसे–सेम) बीजपत्र हरे होकर सूर्य के प्रकाश द्वारा भोजन भी बनाते हैं।

(ii) **बीजाक्ष** (Tigellum)

यह बीज या भ्रूण का मुख्य अक्ष है। अत: इसे **भ्रूणीय अक्ष** (Embryonal axis) भी कहा जाता है। बीजपत्र भ्रूणीय अक्ष से संलग्न होते हैं। द्विबीजपत्री पादपों में वे भ्रूणीय अक्ष पर एक-दूसरे के सम्मुख स्थित होते हैं।

बीजाक्ष निम्नलिखित भागों से मिलकर बना होता है

(a) बीजाक्ष का ऊपरी भाग **बीजपत्रोंपरिक** (Epicotyl) कहलाता है, जिसके ऊपरी सिरे को **प्रांकुर** (Plumule) कहते हैं। प्रांकुर के सिरे पर नवीन पत्तियाँ निकली होती हैं तथा यह अंकुरित होने पर प्ररोह (Shoot) बनाता है।

(b) बीजाक्ष के निचले भाग को **बीजपत्राधार** (Hypocotyl) कहा जाता है या बीजपत्राधार भ्रूणीय अक्ष का वह भाग है, जो बीजपत्रों से नीचे स्थित होता है। बीजपत्राधार के निचले सिरे को **मूलांकुर** (Radicle) कहा जाता है। मूलांकुर बीजपत्राधार का आधारीय शीर्ष (Basal tip) है। यह वृद्धि करके जड़ तन्त्र (Root system) को विकसित करता है।

भ्रूणपोष (Endosperm)

भ्रूणपोष, भ्रूण के एक ओर स्थित अथवा इसको चारों ओर घेरे हुए एक पोषक ऊतक है, जो खाद्य पदार्थों से युक्त होता है तथा बीजों को अंकुरण के लिए व नए पादप को स्थापित करने के लिए पर्याप्त भोजन उपलब्ध कराता है।

बीजों के प्रकार (Types of Seeds)

द्विबीजपत्री पादप भ्रूणपोष की उपस्थिति के आधार पर दो प्रकार के होते हैं

(a) **भ्रूणपोषी बीज** (Albuminous or Endospermic Seed)

भ्रूणपोषी पादप में बीजों के अंकुरण के समय तक भ्रूणपोष पाया जाता है। जिस कारण इनमें भोजन भ्रूणपोष में संचित रहता है तथा इनके बीजपत्र पतले होते हैं। उदाहरण- अरण्डी, गेहूँ, मक्का, आदि।

(b) **अभ्रूणपोषी बीज** (Non-albuminous or Non-endospermic Seed)

अभ्रूणपोषी पादप में भ्रूणपोष, भ्रूण परिवर्धन में पूर्ण रूप से प्रयोग हो जाता है, अत: इनमें भोजन बीजपत्रों में संचित रहता है तथा इनके बीजपत्र मोटे होते हैं। उदाहरण—चना, सेम, मटर, ऑर्किड, आदि।

बीजों का वर्गीकरण (Classification of Seeds)

पादपों में उपस्थित बीज को बीजपत्रों की संख्या, भ्रूणपोष की उपस्थिति अथवा अनुपस्थिति, अंकुरण के प्रकार के आधार पर निम्न प्रकार से वर्गीकृत किए गए है

बीज (Seed)

बीजपत्रों की संख्या	भ्रूणपोष की उपस्थिति	अंकुरण का प्रकार	उदाहरण
द्विबीजपत्री (Dicotyledons)	अभ्रूणपोषी	अधोभूमिक	चना, मटर।
		भूम्यूपरिक	सेम, इमली, कपास, सरसों, सूरजमुखी, टमाटर, कद्दू।
	भ्रूणपोषी	अधोभूमिक	असामान्य।
		भूम्यूपरिक	अरण्डी, पपीता, पोस्त, शरीफा।
एकबीजपत्री (Monocotyledons)	अभ्रूणपोषी	अधोभूमिक	असामान्य।
		भूम्यूपरिक	ऑर्किड, *सैजिटेरिया*, *अलिस्मा*।
	भ्रूणपोषी	अधोभूमिक	गेहूँ, चावल, मक्का, जौ, ज्वार, बाजरा, ताड़।
		भूम्यूपरिक	प्याज, लिली।

अच्छी गुणवत्ता वाला बीज

शुद्ध बीज जो बीमारी, कीट, खरपतवार के बीज, अन्य फसल के बीज व अन्य बाहरी अक्रिय पदार्थों से मुक्त तथा जिसकी अंकुरण क्षमता तथा ओजता अधिक हो, गुणवत्ता बीज कहलाता है।

अच्छे बीज की विशेषताएँ

अच्छे बीज की निम्नलिखित विशेषताएँ होनी चाहिए

1. **बीज की भौतिक शुद्धता** बीज अन्य फसल के बीजों व खरपतवारों के बीजों से पूर्णतया मुक्त होना चाहिए। बीजों में कंकड़-पत्थर, फसल के अवशेष, मिट्टी-धूल आदि नहीं होनी चाहिए अन्यथा फसलों की उपज पर प्रतिकूल प्रभाव पड़ता है।

$$\text{बीज की शुद्धता} = \frac{\text{शुद्ध बीज का भार}}{\text{नमूने के लिए बीज का भार}} \times 100$$

2. **बीज की आनुवंशिक शुद्धता** बीजों में भौतिक शुद्धता के अलावा आनुवंशिक शुद्धता भी आवश्यक होती है अर्थात् किसी फसल की जिस जाति विशेष को हम बो रहे हैं, यह प्रमाणित होना चाहिए कि बीज उसी जाति विशेष का है, अन्यथा उपज व गुणवत्ता में कमी आएगी। इसके लिए समय-समय पर रोगिंग करना आवश्यक होता है।

   रोगिंग जब उसी फसल की अन्य जाति के पौधे या अन्य फसल के अनावश्यक पौधे उग आते हैं, तो उन्हें निकालना **रोगिंग** कहलाता है।

3. **बीजों में नमी की मात्रा** बीजों को भण्डारित करते समय, उनमें 10-15% नमी रहनी चाहिए। बीजों में नमी की मात्रा ज्ञात करने के लिए, नम बीजों की निश्चित मात्रा को 105°C पर सुखाकर बाद में फिर सूखे बीजों की मात्रा ज्ञात करते हैं।
   - बीजों की अंकुरण क्षमता का बीज में नमी की मात्रा से सीधा सम्बन्ध होता है। बीज न ही अधिक सूखे हों और न ही अधिक नमी होनी चाहिए।

- पकने की अवस्था में सब्जियों व धान्यों के बीजों में नमी 30-40% तक होनी चाहिए।

4. **बीजों की अंकुरण क्षमता** बीजों को बोने से पूर्व उनकी अंकुरण क्षमता का ज्ञान होना आवश्यक है, अन्यथा उपज पर प्रतिकूल प्रभाव पड़ता है।

   बुवाई के लिए बीजों की अंकुरण क्षमता 90-100% होनी चाहिए। बीजों की अंकुरण क्षमता निम्न सूत्र द्वारा ज्ञात करते हैं।

   $$\text{अंकुरण प्रतिशत} = \frac{\text{अंकुरित बीजों की संख्या}}{\text{परीक्षण हेतु लिए गए बीजों की संख्या}} \times 100$$

5. **बीजों की जीवन क्षमता** बीजों की जीवन क्षमता परीक्षण की महत्त्वपूर्ण विधि टी-टेस्ट या टेट्राजोलियम परीक्षण है।
   - यह परीक्षण 2, 3, 5-ट्राइफिनाइल टेट्राजोलियम क्लोराइड या ब्रोमाइड की सहायता से किया जा सकता है।

टी-टेस्ट : परीक्षण की विधि

- यह रसायन **हल्के पीले रंग** का होता है, जो गुनगुने पानी में घुलनशील होता है। इससे बीज के भ्रूण में तेजी से लाल रंग के आने से बीज की जीवन क्षमता तथा ओजता का पता चलता है। जीवित भ्रूण में विशेष अपचायक एन्जाइम होता है, जो टेट्राजोलियम के सम्पर्क में आने पर **लाल रंग** में परिवर्तित हो जाता है।
- परीक्षण करने से पहले रात भर बीजों को पानी में डालकर भिगोया जाता है जिससे बीज नरम हो जाए। इसके बाद बीज को इस तरह से दो भागों में काटा जाता है, जिससे भ्रूण भी दो बराबर भागों में कट जाए।
- कटे भ्रूण का एक हिस्सा रख लेते हैं तथा दूसरे को फेंक देते हैं। इसी तरह सौ बीज काटते हैं और भ्रूण लेते है। अब भ्रूण के कटे भागों को पानी से निकालकर खाली पेट्राडिश में रखकर उसमें 1% टेट्राजोलियम क्लोराइड या ब्रोमाइड का इतना घोल भरते हैं जिससे सारे बीज डूब जाएँ तथा 2 से 3 घण्टे बाद निरीक्षण करते हैं, जो बीज भ्रूण चमकीले लाल रंग के होते हैं जीवित होते हैं।

बीजों के प्रकार

बीजों को उत्पादन क्रम के आधार पर निम्नलिखित भागों में बाँटा गया है

नाभिकीय बीज
↓
प्रजनक बीज
↓
आधार बीज
↓
पंजीकृत बीज
↓
प्रमाणित बीज

1. **नाभिकीय बीज** यह बीज पादप प्रजनक द्वारा प्रथम बार तैयार किया जाता है, जिसमें आनुवंशिक एवं भौतिक शुद्धता शत-प्रतिशत पाई जाती है इस बीज का प्रयोग प्रजनक बीज के गुणन के लिए किया जाता है।
2. **प्रजनक** बीज यह बीज पादप प्रजनक या किसी संस्था द्वारा पैदा किया जाता है, इस बीज में अधिकतम आनुवंशिक शुद्धता एवं गुण पाए जाते हैं।
3. **आधार बीज** यह बीज प्रजनक बीज से उत्पन्न किया जाता है। इसका उत्पादन विशेष मानकों के आधार पर किया जाता है, जिससे इसमें आनुवंशिक गुण एवं शुद्धता बनी रहे, तभी यह बीज किसानों को वितरित किया जाता है।
4. **पंजीकृत बीज** यह बीज प्रमाणीकृत संस्था की देख-रेख में आधार बीज से पैदा किया जाता है, इसमें आनुवंशिक गुण व शुद्धता विशेष मानकों के अनुसार देखे जाते हैं।
5. **प्रमाणित बीज** यह आधार बीज या पंजीकृत बीज से प्रमाणीकृत संस्था की देख-रेख में पैदा किया जाता है, अधिकतर इस बीज का उपयोग किसानों द्वारा खेतों में व्यापारिक फसल उत्पादन में किया जाता है।

बीज का आयुकाल एवं जनन क्षमता
(Seed Viability and Vagous)

- बीज की जननक्षमता, एक जटिल जनन सम्बन्धी विशेषता है, जो बीज के लम्बे आयुकाल, अंकुरण की गति, बीज के अंकुरण, वृद्धि और विकास को निर्धारित करती है।
- बीज कितने समय तक के लिए जननक्षम रह सकते हैं। यह समय या काल (period) बीज का आयुकाल कहलाता है।
- सामान्यतया जिन बीजों में प्रसुप्ति काल नहीं होता अथवा कम होता है। उन बीजों का आयुकाल भी कम होता है।
- विभिन्न पादपों के बीज विभिन्न काल तक जननक्षम (viable) रहते हैं। यह विभिन्न कारकों जैसे विशिष्ट प्रजाति (species), बीज की प्रकृति एवं संग्रहण की परिस्थितियों (storage conditions) पर निर्भर करता है।
- अधिकांश पादपों में प्रसुप्ति काल कुछ महीनों से कुछ वर्षों तक होता है।
- लिलि कुल के सदस्य (प्याज, लहसुन) इत्यादि के बीज 2-3 माह तक ही जननक्षम रह पाते हैं, जबकि कुकरबिटेसी कुल के सदस्यों के बीज की जननक्षमता अनेक वर्षों तक बनी रहती है।
- उत्तर-पूर्वी चीन के एक गाँव में पवित्र कमल पुष्प (The sacred Lotus) का बीज लगभग 0.5 से 2.8 मीटर गहरी मिट्टी में वर्षों तक दबा पड़ा रहा जिसमें लगभग 1288 वर्षों के बाद अंकुरण हुआ।
- 1879 में विलियम जे. बेल (William J. Beal) के द्वारा मिट्टी में अनेक खरपतवार के बीजों को प्रयोग के तौर पर दबा दिया गया था तथा जब उन्हें प्रति 5 एवं 10 वर्षों बाद अंकुरण के लिए जाँचा गया, तो उनमें से कुछ को 101 वर्ष बाद भी जननक्षम (viable) माना गया है।
- ऐसे बीज जो शुष्कन (drying) अथवा हिमकारी ताप (freezing temperature) पर रखने से जननक्षम नहीं रहते हैं, दुश्शास्य बीज (recalcitrant seed) कहलाते हैं, जैसे रबर, चाय, कटहल, नारियल इत्यादि के बीज। इन्हें कुछ समय के लिए ही संग्रह (store) किया जा सकता है। इस दौरान उन्हें ऑक्सीजन युक्त आर्द्र वातावरण में रखा जाता है।
- अधिकांश बीजों पर शुष्कन एवं हिमकारी ताप पर रखने का विशेष प्रभाव नहीं होता है तथा वे जननक्षम बने रहते हैं। ऐसे बीज परम्परागत बीज (orthodox seeds) कहलाते हैं। इनमें जल मात्रा बहुत कम (5-12%) पाई जाती है।

बुवाई से पूर्व बीजोपचार

बीजों में पाए जाने वाले रोगाणुओं को नष्ट करने, भूमि में पाए जाने वाले रोगाणुओं से बचाने हेतु, दलहनी फसलों के बीजों के साथ ग्रन्थियाँ बनाने वाले जीवाणुओं के निवेशन आदि के लिए बुवाई से पूर्व बीजों का उपचार किया जाता है।

इसकी निम्नलिखित विधियाँ हैं

भौतिक उपचार

भौतिक उपचार में निम्नलिखित विधियाँ आती हैं

1. **गर्म पानी से उपचार** इस विधि में बीजों को किसी निश्चित तापक्रम या समय तक रखकर, पानी से बाहर निकालकर, ठण्डे पानी में डुबोकर बाहर सुखाते हैं, जैसे—गेहूँ में अनावृत कण्डवा की रोकथाम के लिए 54°C तापक्रम वाले पानी में 10 मिनट तक रखते हैं।

- जौ के अनावृत कण्डवा को रोकने के लिए बीज को 54°C गर्म पानी में 13 मिनट तक रखें।

2. **सौर उष्णता उपचार** इस विधि में सौर उपचार द्वारा बीजों को रोग मुक्त किया जाता है।

- इस विधि में मई-जून के महीनों में तेज धूप में सुखाने से पहले बीजों को सुबह दो घण्टे के लगभग ठण्डे पानी में भिगोते हैं, बाद में धूप में फर्श पर फैला देते हैं। इसके लिए दिन का तापक्रम 40-50°C होना चाहिए।

रासायनिक उपचार

बीजों को रोगाणुओं व कीटों से बचाने के लिए रसायनों का प्रयोग करते हैं।

इसके लिए निम्नलिखित विधियाँ अपनाते हैं

(i) **कवकनाशियों द्वारा बीजोपचार** रसायनों (कवकनाशियों) को बीजों के अन्दर पहुँचाने के लिए उनका उपचार रसायनों के घोल द्वारा करते हैं; जैसे—मूँगफली को टिक्का रोग से बचाने के लिए बीजों के फार्मेलिन के 2.5% घोल में 1/2 घण्टे तक रखते हैं।

- तम्बाकू के बीजों को सड़ने से बचाने के लिए ब्लाइटॉक्स 50 के 0.2% घोल का उपचार करना चाहिए।
    - मक्का, ज्वार व बाजरा के बीजों को केप्टान या थायराम रसायनों से उपचारित करना उपयुक्त रहता है।

(ii) **कवकनाशियों की धूलि से बीजोंपचार** इस विधि में विभिन्न रसायनों की धूलि का प्रयोग बीजों के उपचार के लिए किया जाता है; जैसे—एग्रोसान, जी एन या सरेसान आदि कवकनाशियों की 2.0-2.5% मात्रा की दर से उपचार करते हैं।

- इन रसायनों की सहायता से अनेक रोगों; जैसे—गेहूँ का बंट रोग, गेहूँ, जौ, जई, का अनावृत कण्डवा रोग, ज्वार के दानों का कण्डवा रोग, मटर का पादप सड़न रोग, अलसी का रस्ट, विल्ट आदि रोग।

(iii) **गोदामों में धूम्रण** गोदामों में बीजों को बचाने के लिए मिथाइल ब्रोमाइड 0.5-0.75 किग्रा से 1000 घन फीट स्थान को 24 घण्टे तक धूम्रित करते हैं, इसके अलावा अन्य धूम्रण रसायनों का प्रयोग भी करते हैं।

बीज गुणता के ह्रास के कारण
(Cause of Deterioration of Seed Quality)

बीज के उत्पादन, संसाधन एवं वितरण के दौरान अनेक कारक बीज गुणता को प्रभावित करते हैं

वातावरणीय कारक

वातावरण के कारण विविधता यद्यपि एक पीढ़ी-से-दूसरी पीढ़ी में स्थानान्तरित नहीं होती, परन्तु पौधों के आर्थिक महत्त्व के लक्षणों की अभिव्यक्ति के लिए वातावरण का बहुत अधिक महत्त्व होता है। भूमि की किस्म, नमी की मात्रा व तापमान आदि का बीजांकुरण पर प्रभाव पड़ता है।

आनुवंशिक परिवर्तन

(i) **वातावरणीय विभिन्नता** बीज की एक किस्म, जो एक वातावरण में अनुकूलित है, उसे यदि भिन्न वातावरण में उगाया जाता है, तो वह नए वातावरण में अभ्यस्त होने का प्रयास करती है, जिसके परिणामस्वरूप कभी-कभी उसमें आनुवंशिक परिवर्तन आ जाते हैं। अत: किस्मों को उन्हीं क्षेत्रों तथा मौसम में उगाया जाना चाहिए, जिनकी कि इस किस्म के लिए सिफारिश की गई है।

(ii) **प्राकृतिक संकरण** स्व-परागित फसलों में भी थोड़ा बहुत (1-5%) पर-परागण होता ही है, जिससे होने वाले प्राकृतिक संकरण से बीज की आनुवंशिक शुद्धता में कमी आ जाती है। इसी कारण वैज्ञानिक बीज उत्पादन में पूर्व फसल, बीज स्रोत की पुष्टि, अलगाव तथा अवांछनीय पौधों तथा रोगग्रस्त, अन्य किस्मों के पौधों व खरपतवारों को निकालने की क्रियाएँ अपनाई जाती हैं।

(iii) **स्वत: उत्परिवर्तन** पौधों में यदाकदा होने वाले स्वत: उत्परिवर्तनों से भी बीज की आनुवंशिक शुद्धता का ह्रास होता रहता है। सूक्ष्म उत्परिवर्तनों की पहचान करना मुश्किल होता है और ये विशेष प्रभाव भी नहीं रखते, लेकिन बड़े उत्परिवर्तन स्पष्ट प्रभाव डालते हैं। इन्हें पता चलते ही निकाल देना चाहिए।

(iv) **पृथक्करण** कभी-कभी नई किस्म पूरा परीक्षण किए बिना ही कृषि के लिए संस्तुत कर दी जाती है, जिसमें रोगी व कीटरोधिता तथा अन्य लक्षणों के लिए अभी तक पृथक्करण हो रहा होता है, जिससे ऐसी किस्म शीघ्र ही अशुद्ध हो जाती है। इसके लिए प्रजनक बीज के अनुरक्षण के समय ध्यान रखा जाना चाहिए।

यान्त्रिक मिश्रण

बीज फसल उत्पादन, कटाई, गहाई सुखाई आदि संसाधन क्रियाओं व भण्डारण के दौरान अन्य किस्मों, फसलों व खरपतवारों के बीच मिल सकते हैं। यदि गहाई व सुखाई के समय कच्चा फर्श प्रयोग में लाया जाता है, तो उसमें कंकड़, मिट्टी आदि भी मिल सकते हैं।

इसलिए वैज्ञानिक बीज उत्पादन में बीज उत्पादन की विभिन्न अवस्थाओं-फसलोत्पादन, संसाधन, भण्डारण व वितरण के दौरान बीज को सन्दूषण के सभी सम्भव स्रोतों से यथा सम्भव दूर रखने का पूरा प्रयत्न किया जाता है।

रोग व कीट

यदि फसल उत्पादन के लिए प्रयुक्त बीज ठीक से बीमारियों व कीड़ों के लिए उपचारित नहीं है, तो वह बीज जन्य रोगों व कीड़ों का वाहक हो सकता है और साथ ही ऐसे बीज अंकुरित होते ही अनेक बीमारियों व कीड़ों के द्वारा दबोच लिए जाते हैं और फसल सुरक्षा की समुचित व्यवस्था न होने पर उपज कम व निम्न कोटि की होती है।

भण्डारण से पूर्व कीटनाशकों एवं कवकनाशकों से बीज को उपचारित नहीं किया जाता, तो ये रोग व कीट भण्डारण के समय बीज को क्षति पहुँचा सकते हैं।

इसलिए वैज्ञानिक बीज उत्पादन में बीज बोने से पूर्व प्रयोगशाला में उगाकर वृद्धि परीक्षण किए जाते हैं, फसल सुरक्षा की समुचित व्यवस्था की जाती है और भण्डारण से पूर्व बीजों को उपचारित किया जाता है। कई बार बीज की जो किस्म जारी करने के समय रोग व कीटरोधी थी, कुछ समय बाद उसकी रोधिता में कमी आ जाती है या रोगाणु की नई किस्में उत्पन्न हो जाती हैं।

नमी

बीजों को सामान्य रूप से स्वस्थ एवं जीवनक्षम बनाए रखने वाले कारकों में नमी प्रमुख है। बीजों के संसाधन, भण्डारण एवं वितरण के दौरान वांछित गुणता एवं जीवन क्षमता बनाए रखने के लिए उनमें सुरक्षित आर्द्रता मात्रा का होना आवश्यक है।

बीज में नमी न तो इतनी कम हो, कि बीज के जीवन को समाप्त कर दे और न ही इतनी अधिक, कि वह कीड़ों व बीमारियों का शिकार हो जाए। संसाधन के समय बीजों में नमी अधिक होने पर उनमें यान्त्रिक क्षति (टूट-फूट) अधिक होती है।

भण्डारण व वितरण के दौरान अधिक नमी के कारण बीज में श्वसन क्रिया तेज हो जाती है, जिससे ऊष्मा की मात्रा बढ़ जाती है, जो बीज के सड़ने का कारण बनती है तथा बीज की अंकुरण क्षमता में कमी आ जाती है और वह बुवाई के योग्य नहीं रहता। वैज्ञानिक भण्डारण प्रणाली का मुख्य उद्देश्य श्वसन दर को कम रखना है।

बीज गुणवत्ता नियन्त्रण (Control of Seed Quality)

बीज उत्पादन के दौरान गुणवत्ता नियन्त्रण

1. **बीज स्रोत का नियन्त्रण** उच्च गुणत्ता सम्पन्न बीज प्राप्ति के लिए बीज किसी मान्य स्रोत से लिया जाता है, जिससे शुद्धता के साथ-साथ, उसकी वंशावली व वर्ग भी ज्ञात रहे।

   बुवाई से पूर्व बीज की शुद्धता की पुष्टि बीज थैलों पर लगे लेबिल एवं सील से कर ली जाती है। बीज किसी प्रमाणीकरण संस्था की देख-रेख में तैयार किया जाता है।
2. **खेत का चयन** यदि खेत में पिछले वर्ष वही फसल उगांई गई थी फिर फसल में रोगों और कीड़ों का संक्रमण स्तर से अधिक हुआ था, तो ऐसे खेत का चयन नहीं किया जा सकता, क्योंकि ऐसी स्थिति में मृदा-जन्य रोग व कीड़े तथा स्वैच्छिक उगे पौधे समस्या उत्पन्न कर सकते हैं। अत: जहाँ आवश्यक हो पिछली आवश्यकता लागू की जाती है।
3. **सन्दूषण स्रोतों से पृथक्करण** बीज फसल के पर-परागण द्वारा होने वाले सन्दूषण तथा कटाई व गहाई के समय अन्य बीजों के मिश्रण तथा रोगों के फैलाव की रोकथाम के लिए निश्चित दूरी पर उगाया जाता है।
4. **फसल सुरक्षा** बीज फसल को खरपतवार, रोग व कीड़ों से मुक्त रखने के लिए आवश्यकतानुसार निकाई-गुड़ाई व कवकनाशकों तथा कीटनाशकों का छिड़काव भी करना चाहिए, अन्यथा उसकी उपज व गुणता में कमी होगी।
5. **अवांछित पौधा निष्कासन** बीज फसल से पुष्पन से पूर्व अन्य किस्मों के पौधों, रोगी पौधों व खरपतवारों को निकाल देना चाहिए, जिससे पर-परागण व रोगों के प्रसार से बीज खराब न होने पाए। शेष बचे अवांछनीय पौधों को बीज मिश्रण रोकने के लिए कटाई से पूर्व निकाल देना चाहिए।
6. **कटाई व गहाई** सर्वोच्च अंकुरण व गुणवत्ता प्राप्त करने के लिए सही परिपक्वता पर बीज फसल की कटाई की जाती है, क्योंकि इसके तुरन्त पश्चात् बीज गुणवत्ता में ह्रास होना शुरू हो जाता है।
   - कटाई में देरी होने पर धूप, वर्षा, चिड़ियों, जंगली जानवरों, बीज बिखरने व चटकने से बीज गुणवत्ता में ह्रास होता है और कटाई शीघ्र करने से अधिक नमी के कारण कटाई, गहाई व सफाई करने में बीज क्षति होती है तथा कवकों व कीड़ों का आक्रमण शीघ्र होता है।
   - कटाई व गहाई के समय यह विशेष ध्यान रखा जाता है कि अन्य फसलों से बीज मिश्रण न होने पाएँ।
   - इसके लिए गहाई दूसरी फसलों व किस्मों के बीजों से पर्याप्त दूरी पर की जाती है तथा गहाई के फर्श व मशीनों की उचित सफाई की जानी चाहिए।

बीज संसाधन (Seed Processing)

फसल की कटाई व गहाई के बाद बीजों को उचित नमी की अवस्था तक सुखाना, सफाई करना, छँटाई व उपचार के बाद थैलों में भरकर भण्डारित करना, बीज संसाधन कहलाता है।

बीज संसाधन के सिद्धान्त

बीज संसाधन के निम्नलिखित सिद्धान्त हैं

1. बीजों की अच्छी तरह सफाई और छँटाई आवश्यक है अन्यथा बीजों में अनेक फसलों व खरपतवारों के बीज मिले हो सकते हैं, जो बीजों की शुद्धता को नष्ट करते हैं और पैदावार कम करते हैं।
2. मशीनों के द्वारा संसाधन करते समय ध्यान रखना चाहिए, कि हानि कम-से-कम हो, क्योंकि मशीन में बीज व अशुद्धियों में अन्तर नहीं हो पाता है।
3. खराब मशीनों में संसाधन का कार्य नहीं करना चाहिए अन्यथा बीज भी खराब हो जाते हैं।
4. बीज संसाधन का प्रमुख कार्य और सिद्धान्त बीज की गुणवत्ता बनाए रखना है।
5. कुशल श्रमिकों द्वारा कुशलतापूर्वक संसाधन का कार्य करना चाहिए।

बीज संसाधन का महत्त्व

बीज संसाधन का महत्त्व निम्न बिन्दुओं द्वारा आसानी से समझा जा सकता है

1. बीज संसाधन द्वारा स्वस्थ बीज प्राप्त होता है, क्योंकि बीज का उपचार संसाधन का एक महत्त्वपूर्ण अंग है।
2. बीज की गुणवत्ता को सुधारा जाता है, इसके लिए बीजों को सुखाना, श्रेणीकरण आदि क्रियाएँ की जाती हैं।
3. उचित भण्डारण व्यवस्था भी बीज संसाधन का महत्त्वपूर्ण अंग है, जिसके द्वारा अधिक समय तक ओजपूर्ण रखा जाता है।
4. संसाधित बीजों में शुद्ध बीजों की प्रतिशत मात्रा अधिक होने से उपज भी अधिक प्राप्त होती है।
5. संसाधित बीज का प्रयोग फसल उत्पादन में करने से ज्यादा लागत कम आती है।
6. शुद्ध संसाधित बीजों को मशीनों द्वारा आसानी से बोया जा सकता है।

बीज संसाधन के चरण

बीज संसाधन को निम्न चरणों में पूरा किया जाता है

1. **संसाधन इकाई में बीज की प्राप्ति** संसाधन हेतु बीज की प्राप्ति से पहले उसका बीज नमूना लेकर प्रयोगशाला में भेजा जाता है। जिससे उसका परीक्षण करके देखा जा सकें, कि बीज मानक के अनुरूप है या नहीं।
2. **अनुकूलन** अधिकतर फसलों का बीज कटाई के बाद संसाधन के लिए उपयुक्त नहीं होता है; जैसे—मूँगफली, कपास, अरण्डी आदि। इनमें

विभिन्न प्रकार क्रियाएँ की जाती हैं। इन सभी क्रियाओं को **बीज अनुकूलन** कहते हैं।

- बीज में मिले अन्य पदार्थों को अलग करने के लिए छनाई मशीन का प्रयोग किया जाता है।
- जिन बीजों में या बीजों के चारों तरफ शूक, अनगहे गुच्छे व फलियाँ या रेशा रह जाता है, तो इनको अलग करने के लिए रेशा हटाने की मशीन का प्रयोग करते हैं।
- कुछ फसलों के बीज के अंकुरण के लिए छिलका उतारना या खुरचना आवश्यक होता है।
- इसके लिए छिलका उतारने व खुरचने की मशीन की आवश्यकता पड़ती है। खुरचने की क्रिया के बाद बीज की सफाई के लिए वायुशोधन मशीन में भेजा जाता है।

3. **बीज की सुखाई** बीजों में निश्चित मात्रा से कम या अधिक नमी होने पर उसमें विभिन्न तरह की हानियाँ होने का खतरा रहता है; जैसे
    - रोग व कीटों का आक्रमण
    - बीज सड़ने लगते हैं।

- अंकुरण क्षमता का ह्रास हो जाता है।

बीज को सुखाने के लाभ

- बीजों को उपयुक्त नमी तक सुखाने से रोगों व कीड़ों से होने वाली हानि से बचा जा सकता है।
- यदि बीज सुखाने की उचित व्यवस्था है, तो फसल की कटाई जल्दी की जा सकती है। जिससे झड़ने जैसी समस्या से बचा जा सकता है।
- बीज को उचित आर्द्रता अंश तक सुखाने से भण्डारण के समय उसकी अंकुरण क्षमता का ह्रास नहीं होता है।
- जल्दी खेत खाली होने से दूसरी फसल बोई जा सकती है।

बीज सुखाने की विधियाँ

1. प्राकृतिक विधि

इस विधि को दो भागों में बाँटा गया है

(i) **धूप में सुखाना** इसमें बीजों को धूप में फैलाकर सुखाया जाता है; *जैसे–*

- बीजों को खेत में फैलाकर सुखाना
- बीजों को फर्श पर सुखाना
- यह विधि सरल एवं सस्ती है, लेकिन इस विधि में समय अधिक लगता है तथा खराब मौसम में सम्भव नहीं है।

(ii) **प्राकृतिक हवा में सुखाना** इसमें बीजों को प्राकृतिक वायु में सुखाया जाता है। यह विधि सरल व सस्ती है तथा कम स्थान में बीज को सुखाया जा सकता है।

2. कृत्रिम विधि से बीजों को सुखाना

इस विधि में तप्त व अतप्त वायु को बलपूर्वक बीज में प्रवाहित किया जाता है। जिसका तापमान बीज की आर्द्रता के अनुसार रखा जाता है।

- 10% से कम नमी रखने के लिए 43°C तापमान रखा जाता है।
- इस विधि में बीजों को सुखाने में समय कम लगता है।
- बड़े पैमाने पर बीजों को सुखाने के लिए यह उपयुक्त विधि है।
- फसल की कटाई जल्दी की जा सकती है।

(i) **बीज शोषक** बीजों को सुखाने के लिए, जो उपकरण प्रयोग किया जाता है, उसे बीज शोषक कहते हैं। *इसमें निम्न भाग होते हैं*

- एक भण्डार (धान्य कोष्ठ)
- एक ताप इकाई (तेल-ज्वालक, विद्युत ज्वालक आदि)
- **पंखा** इस प्रणाली में तप्त या अतप्त वायु बलपूर्वक बीज भण्डार रचना में भेजी जाती है। तप्त वायु प्रत्यक्ष या अप्रत्यक्ष रूप से बीजों के सम्पर्क में आती है। तप्त वायु का प्रयोग करते समय ताप नियन्त्रण आवश्यक है।

(ii) **बीज की सफाई** विभिन्‌ प्रकार की अशुद्धियों को बीज से अलग करने की क्रिया बीज की सफाई कहलाती है।

- बीज की सफाई अधिकतर वायु चालनी मशीनों द्वारा किया जाता है, जो बीज के आकार व भार के आधार पर सफाई करती है।
- मशीन में बीज के प्रकार व विजातीय पदार्थों की मात्रा को ध्यान में रखकर विभिन्न प्रकार की बीज धानियों व चालनियों का प्रयोग किया जाता है।

(iii) **बीज की छँटाई एवं श्रेणीकरण** बीजों में अन्य फसल या खरपतवारों के बीज मिले होते हैं। इन्हें शुद्ध बीज से अलग करने की क्रिया को छँटाई कहते हैं। बीज की छँटाई व श्रेणीकरण मशीन द्वारा किया जाता है। इसे ग्रेडर या छँटाई मशीन कहा जाता है। बीजों की छँटाई उसकी भौतिक विशेषताओं के आधार पर की जाती है।

ये निम्न प्रकार से हैं

- बीज की मोटाई
- बीज की चौड़ाई
- बीज की आकृति
- बीज का रंग
- बीज का भार
- पृष्ठ गठन
- विद्युत चालकता आदि

बीजोपचार (Seed Treatment)

बीज अनेक रोगजनकों (कवक, जीवाणु, विषाणु) कीड़ों व सूत्रकृमि आदि के वाहक हो सकते हैं, जो भण्डारण के समय अथवा खेत में बीज व बीज फसल को क्षति पहुँचा सकते हैं, जिससे बीज गुणता व उपज में ह्रास होता है। कुछ बीजों में प्रसुप्ति व अंकुरण बाधक पदार्थों की उपस्थिति एवं आवश्यक जीवाणुओं की अनुपस्थिति के कारण अंकुरण बाधित रहता है। बीज संसाधन (सफाई, सुखाई, छँटाई आदि) के बाद बीज के साथ भण्डारण अथवा बोने से पूर्व कुछ भौतिक व रासायनिक क्रियाएँ की जाती हैं, जिन्हें बीज उपचार कहा जाता है।

बीजोपचार के लाभ

बीजोपचार के अनेक लाभ हैं

1. **बीज-जन्य रोगों का नियन्त्रण** सही बीज उपचार अधिकतर बीज-जन्य रोगों की रोकथाम करने में सक्षम होता है।
2. **बीज का रक्षण** बीजोपचार से बीज के ऊपर एक रक्षक लेप चढ़ जाता है, जो बीजों को बीज-जन्य व मृदा-जन्य सूक्ष्मजीवों के साथ-साथ उन्हें सड़ने से बचाता है।

3. **अंकुरण में सुधार** बीजों को उचित कवकनाशी से उपचारित करने में विभिन्न कवक बीजावरण को क्षति नहीं पहुँचा पाते, जिससे बीज की जैविकता बनी रहती है। प्रसुप्ति समाप्त करके, अंकुरण बाधक पदार्थों को दूर करके तथा अंकुरण वर्द्धक पदार्थों द्वारा बीजोपचार करके भी अंकुरण में वृद्धि की जा सकती है।
4. **भण्डारण कीटों से सुरक्षा** बीज किसी उचित कीटनाशी से उपचारित करने के पश्चात् भण्डारगृह में भी कीट-क्षति से बचा रहता है।
5. **मृदा कीटों का नियन्त्रण** उपचारित बीज पर रसायनों का लेप बुवाई के बाद भी अनेक मृदा कीड़ों से बीज तथा प्रौद्य की रक्षा करता है, जिससे पौधे का विकास निर्विघ्न होता है।
6. **बीज उत्पादन लागत में कमी** उपचारित बीज बोने से फसल की वृद्धि अवस्था में कीड़ों व रोगों की सम्भावना कम हो जाती है, जिससे फसल सुरक्षा पर होने वाला खर्च बच जाता है।
7. **लाभदायक कीड़ों की वृद्धि** फसल सुरक्षा के लिए रसायनों का छिड़काव करने से कुछ लाभदायक (परागण में) कीड़ों की कमी से उपज प्रभावित होती है। उपचारित बीज बोने से इनकी संख्या में वृद्धि होती है।

बीजोपचार के प्रकार

बीज को विभिन्न कारणों से उपचारित किया जाता है

1. **कीड़ों व बीमारियों के नियन्त्रण के लिए बीजोपचार** इस प्रकार के उपचार का उद्देश्य बीज को रोगजनकों से मुक्त रखना है। इसके अन्तर्गत बीज विसंक्रमण कुछ सर्वागी कवकनाशक; जैसे—विटावेक्स व बेनोमिल बीज के ऊतकों में प्रवेश कर सकने में भी समर्थ होते हैं।
2. **पंक उपचार** पानी में क्लेदनीय चूर्ण के निलम्बन को **पंक उपचार** कहते हैं। बीजों को कवकनाशी से पूर्णतया ढक दिया जाता है। जिससे वह बीज के पृष्ठ पर चिपक जाता है। उपचारित एवं अनुपचारित बीज ढेरों में अन्तर करना आसान होता है। इसके लिए एक विशेष मशीन पंक बीजोपचार यन्त्र का प्रयोग किया जाता है। यह धूल उपचार से अधिक प्रभावी होता है।
3. **द्रव उपचार** तरल रूप में रसायनों के प्रयोग को द्रव उपचार कहते हैं।
   - द्रव रसायनों को घोल, फुहार तथा कुहासे के रूप में प्रयोग किया जाता है। बीजों को कुछ घण्टे रसायन के घोल में भिगोकर रखा जाता है, जिससे बीज के अन्दर बैठे रोगजनक मर जाएँ इस विधि में हमारे देश में प्राय: कुछ पारदीय कवकनाशियों; जैसे—मरक्यूरिक क्लोराइड, सेरेसॉन वैट आदि रसायनों का धान व कपास के बीजोपचार में काफी प्रचलन है। मूँगफली के टिक्का रोग में बीजों को फोर्मेलीन के 2-3% घोल में 30 मिनट रखते हैं। तम्बाकू के बीजों को सड़न रोग से बचाने के लिए ब्लाइटॉक्स-50 के 2% घोल में डुबोते है।
   - आलू के स्कर्फ नामक रोग से फसल को बचाने के लिए आलू के बीजों को एरीटॉन या टेफासान के 0. 25% घोल में 2 मिनट तक डुबोते हैं। कीटों को नष्ट करने के लिए इन रसायनों को भण्डारण के समय ही बीजों में मिला देते हैं, परन्तु रोगाणुओं को नष्ट करने के लिए इन्हें 8-10 दिन पूर्व ही बीजों में मिलाना चाहिए।
4. **कुहासा उपचार** इस विधि में कवकनाशी, निलम्बन उपचार प्रक्रिया के दौरान छोटी-छोटी बूँदों में विभाजित हो जाता है। यहाँ बीजों को उपचारित करने की सर्वाधिक प्रभावशाली विधि है, क्योकि बीज कवकनाशी से समान रूप से ढक जाता है। इसके लिए मिस्टोमेटिक उपचार यन्त्र का प्रयोग किया जाता है।
5. **गोली बनाना** बीजों पर कवकनाशी की परत चढ़ाकर गोलियाँ बनाई जाती हैं। अनेक फसलों के बीज छोटे एवं अनियमित आकार के होते हैं, जिससे यान्त्रिक बुवाई करने के लिए सही मापन में कठिनाई होती है। गोली बनाने से सभी बीज समान आकार के हो जाते हैं। कुछ सब्जियों व पुष्पों के बीजों में यह तकनीक अपनाई जाती है। इसके अतिरिक्त प्याज, चुकन्दर आदि में बीज-जन्य कवकों के नियन्त्रण के लिए यह विधि अपनाई जाती है। इस विधि में कवकनाशियों का अवशोषण मन्द गति से होता है।
6. **धूमन उपचार** भण्डारण के दौरान कीटनाशी रसायनों को गैस रूप में प्रयोग करने की क्रिया धूमन कहलाती है। धूम्रक या तो सामान्य तापमान पर स्वयं गैस के रूप में होते हैं या ऐसे ठोस या द्रव होते हैं, जो हवा से मिलकर विषैली गैस बनाते हैं।
   - गोदामों में बीजों को कीड़ों से बचाने के लिए मिथाइल ब्रोमाइड के 0.5-0.75 किग्रा से 1000 घन फुट स्थान 24 घण्टे तक धूमित करते हैं। ई डी /सी टी मिश्रण के 10-12 किग्रा से 1000 घन फुट स्थान 24 घण्टे तक धूमित किया जा सकता है।
   - फास्टोक्सिन की 5 गोलियों द्वारा प्रति 2 टन बीज की दर से 5 दिन तक उपचार पर्याप्त है। गोदामों में तिलचट्टे व झींगुर आदि को एल्ड्रिन के घोल से नष्ट करते हैं।

बीज का अंकुरण (Germination of Seeds)

अनुकूल परिस्थितियों में बीज के भ्रूण से नए पादप के निर्माण करने की क्रिया को बीज का अंकुरण कहते हैं। *बीजों में अंकुरण निम्न दो प्रकार से होता है*

1. भूम्यूपरिक अंकुरण (Epigeal Germination)

इस प्रकार के अंकुरण में बीजपत्राधार (Hypocotyl) लम्बाई में तेजी से बढता है, जिसकी वजह से बीजपत्र भूमि के ऊपर आ जाते हैं। ये बीजपत्र प्राय: हरे व पत्ती जैसे दिखाई देते हैं। इसके विपरीत कुछ बीजों में ये मोटे तथा पर्ण सदृश दिखाई नहीं देते है तथा सिकुड़कर गिर जाते हैं; उदाहरण—सेम व इमली।

2. अधोभूमिक अंकुरण (Hypogeal Germination)

इस प्रकार के अंकुरण में बीजपत्राधार की वृद्धि तो रुक जाती है, परन्तु बीजपत्रोपरिक लम्बाई में बढ़ता रहता है, जिससे प्रांकुर बीजपत्रों से निकलकर भूमि के नीचे ही वृद्धि करता है। इसमें सूर्य का प्रकाश न मिलने के कारण बीजपत्र रंगहीन ही रहते हैं तथा बाद में सूखकर गिर जाते हैं; उदाहरण—चना, मटर, बाजरा, आदि।

3. विशेष प्रकार का अंकुरण (Special Type Germination)

कुछ पादपों में; जैसे—*राइजोफोरा* (*Rhizophora*), *सेरिओप्स* (*Ceriops*), *एवीसीनिया* (*Avicennia*) अर्थात् दलदली पादपों (Mangroves) में विशेष प्रकार का अंकुरण पाया जाता है। इन पादपों में बीज, वृक्ष पर लगे फलों के भीतर ही अंकुरित होते हैं। इस प्रकार के अंकुरण को **जरायुजता** या **पितृस्थ अंकुरण** (Vivipary) भी कहा जाता है।

इस अंकुरण प्रक्रिया में बीज अन्दर से लम्बा होकर मूलांकुर फल के बाहर निकल जाता है। बीज की इस अवस्था को **बीजांकुर** (Seedling) कहते हैं, जो फल से टूटकर अलग हो जाता है तथा जमीन (दलदली भाग) पर गिरकर वृद्धि करके पूरा पादप बना लेता है।

बीज के अंकुरण के लिए आवश्यक कारक
(Essential Factors for Seed Germination)

बीजों के अंकुरण हेतु कुछ कारक अति आवश्यक है; जैसे—जल, ऑक्सीजन, भोजन व तापमान। *इन कारकों का विवरण निम्नलिखित है*

(i) **जल** (Water) बीजों में शुष्कावस्था में जल की मात्रा 5-15% तक होती है, परन्तु अंकुरण के लिए बीज का जीवद्रव्य जल से संतृप्त होना चाहिए। अंकुरण के समय बीजों में जल अवशोषण से जल की मात्रा 65-90% तक हो जाती है। बीजों में जल द्वारा O_2 व CO_2 का परासरण होता है तथा इससे बीजावरण मुलायम हो जाता है, जो भ्रूण के बाहर निकलने के लिए अतिआवश्यक कारक है। भ्रूणपोष में संचित कार्बनिक पदार्थों को घोलने का कार्य करता है।

(ii) **ऑक्सीजन** (Oxygen) बीजों में ऊर्जा हेतु भोजन का ऑक्सीकरण होता है, जिसके लिए ऑक्सीजन एक अति महत्त्वपूर्ण कारक है। अधिकांश बीजों में ऑक्सीजन की आवश्यकता बीजावरण फटने के बाद वायु के सम्पर्क में आने पर होती है, क्योंकि बीजों में प्रारम्भिक अवस्था में ऑक्सी श्वसन होता है, जिससे भोजन का अपचयन होता है और ऊर्जा निष्कासित होती है।

(iii) **भोजन** (Food) भ्रूणपोषी बीजों में अंकुरण हेतु भोजन, भ्रूणपोष (Endosperm) में संचित रहता है, जबकी अभ्रूणपोषी बीजों में भोजन बीजपत्रों में संचित होता है। बीजों में भोजन मण्ड, प्रोटीन व वसा के रूप में रहता है। इनमें संचित भोजन की जैव-रासायनिक प्रवृत्ति के अनुसार ही भोजन के रूप में इनका प्रयोग किया जाता हैं; उदाहरण—अरण्डी-तिल के बीज का उपयोग तेल के लिए; अनाज; जैसे—गेहूँ, चावल का मण्ड के लिए तथा दालों का प्रोटीन के लिए।

बीज के अंकुरण की क्रियाविधि
(Mechanism of Seed Germination)

अनुकूल परिस्थितियों में बीजों का अंकुरण होता है, अंकुरण की यह प्रक्रिया नीचे मक्के के दाने को उदाहरण लेकर नीचे विभिन्न चरणों में समझाई गई हैं

(a) सर्वप्रथम बीज जल का अन्त:शोषण (Imbibition) करके फूल जाता है व बीजावरण मुलायम हो जाता है।

(b) अब भ्रूण के जलीयकरण (Hydration) द्वारा यह सक्रिय हो जाता है तथा एल्यूरॉन विभिन्न पादप हॉर्मोन्स व एन्जाइम्स के स्रावण को प्रेरित करता है।

(c) इन हॉर्मोन्स की सहायता से कोशिकाएँ विभाजित होती हैं व कोशिका की लम्बाई में वृद्धि होती है।

(d) अब पादप हॉर्मोन मूलांकुर व प्रांकुर में प्रवेश करके, इन्हें वृद्धि के लिए प्रेरित करता है। मूलांकुर भूमि की ओर वृद्धि करके जड़ तन्त्र व प्रांकुर तना तन्त्र का निर्माण करता है व नवीन पादप का निर्माण प्रारम्भ हो जाता है।

बीज के निर्माण का महत्त्व
(Significance of Seed Formation)

- बीज के निर्माण की प्रक्रिया आवृतबीजी पादपों में एक अत्यन्त महत्त्वपूर्ण अनुकूलन है। बीजों के अन्दर भ्रूण जीवित होते हुए भी सक्रिय अवस्था में नहीं होता है, अर्थात् प्रसुप्त अवस्था में रहता है। प्राय: बीजों के अंकुरण के लिए ऑक्सीजन, जल एवं उचित तापमान की आवश्यकता होती हैं, जबकि कुछ बीज तो विशेष परिस्थितियों में ही अंकुरित होते हैं, बीजों की यह निष्क्रिय अवस्था **प्रसुप्ति** (Dormancy) कहलाती है।
- वातावरणीय दशाओं के अनुकूल ना होने की स्थिति में भ्रूण बीज के अन्दर लम्बे समय तक सुरक्षित अवस्था में रहते हैं, जैसे ही उचित परिस्थितियाँ आती हैं। ये अंकुरित हो जाते हैं। बीजों के भ्रूणपोष में संचित भोजन अंकुरण के समय भ्रूण की वृद्धि में सहायक होता है।
- बीज वायु, जल तथा अन्य माध्यमों की सहायता से एक स्थान से दूसरे स्थान तक प्रकीर्णित होते हैं। ये बीज विभिन्न वातावरण में पहुँचकर अंकुरित होते हैं। जिससे पादपों में अनुकूल विभिन्नताओं के कारण नई जातियों की उत्पत्ति होती है।

बीज भण्डारण (Seed Storage)

बीज को उसके विक्रय तथा बुवाई के समय तक उसकी अंकुरण क्षमता तथा गुणता बनाए रखने के लिए, निम्न ताप व निम्न नमी की दशाओं में सम्भालकर रखा जाता है, जिसे बीज का भण्डारण कहा जाता है।

- ब्रीज संसाधन में भण्डारण का विशेष महत्त्व है। यदि संसाधित एवं उपचारित बीज को ठीक प्रकार से भण्डारित नहीं किया गया है, तो बीज उत्पादन व संसाधन का सारा कार्य व्यर्थ हो जाता है।
- भण्डारण के दौरान बीज की प्रसुप्ति तथा दीर्घायु, नमी तथा ताप से प्रभावित होती है।
- अधिक वायु संचार से बीजों में श्वसन क्रिया अधिक होती है, जिसमें कार्बन डाइ-ऑक्साइड ऊष्मा व जल उत्पन्न होते हैं, जिसके फलस्वरूप बीज में अनेक भौतिक तथा जीव रासायनिक परिवर्तन हो जाते हैं और उसकी अंकुरण क्षमता में ह्रास हो जाता है।
- इसके अतिरिक्त भण्डारण में बीज को चूहें, कीड़ों, फफूँदी, आदि से भी क्षति पहुँचती है। अत: भण्डारण की परिस्थितियों तथा बीज नमी को अनुकूल अवस्था में लाकर ही बीज को सुरक्षित ढंग से भण्डारित किया जा सकता है।
- संसाधित व उपचारित बीज को तो विक्रय तथा बुवाई के समय तक भण्डारण करना आवश्यक होता ही है, लेकिन कई बार संसाधन पूर्व भण्डारण की भी आवश्यकता पड़ती है। कभी-कभी संसाधन केन्द्र पर संयन्त्र की क्षमता से अधिक बीज आ जाने पर उसे अस्थायी तौर पर भण्डारित करना पड़ता है।
- फसल की कटाई के समय मौसम खराब होने पर स्थित अधिक विकट हो जाती है, क्योंकि ऐसी स्थिति में कई बार बीज को धूप में सुखाना भी सम्भव नहीं हो पाता।

बीज भण्डारण की विधियाँ

भण्डारण की संरचना, भण्डारण की विधि (बोरों में भण्डारण या पुंज भण्डारण) वातावरण की दशाओं (खुला वायुरोधी अथवा शीत भण्डारण) तथा भण्डारण काल (आपातकालीन, अल्पकालीन अथवा दीर्घकालीन भण्डारण) पर निर्भर होती है।

1. **बोरों में भण्डारण** भारत में बोरों में भण्डारण की विधि बहुत पुरानी है, जो जूट अथवा कपड़े के बने होते हैं। ये प्राय: नमी सोख लेते हैं और इनमें सूक्ष्मजीवों के लिए आश्रय स्थल भी होता है। आजकल पॉलिथीन लगे जूट के बोरे प्रयुक्त होते हैं, जो नमीयुक्त होते हैं और उनमें कीड़ों का प्रवेश भी नहीं हो पाता।

   बोरों की क्षमता 20, 30, 50 या 100 किग्रा. होती है। बोरों को किसी कमरे या मालगोदाम में लकड़ी के लट्ठों पर अलग-अलग रखा जाता है और एक ढेर—से—दूसरे ढेर में कम-से-कम आधा मीटर दूरी रखी जाती है।

2. **पुंज भण्डारण** इस विधि में बीज का ढेर लगा दिया जाता है। प्राय: ग्रामीण स्तर के भण्डारों तथा बड़े संसाधन संयन्त्रों पर इस विधि को अपनाया जाता है। इसमें श्रम व व्यय की बहुत बचत होती है। इस विधि में बीज को 8-12% नमी स्तर पर भण्डारित करना चाहिए और फर्श पूर्णतया नमीरोधी होना चाहिए।
3. **खुला भण्डारण** शुष्क जलवायु वाले क्षेत्रों में खुले भण्डारण की विधि अपनाई जाती है, जिससे बीज के आस-पास की वायु और वायुमण्डल में विनिमय होता है, जिससे बीज की नमी, ऊष्मा व दुर्गन्ध दूर हो जाती है।
4. **वायुरोधी भण्डारण** इस विधि में बीज को ऐसे पात्रों (ड्रम व बिन आदि) में रखा जाता है, जिसमें बाहरी ऑक्सीजन व जलवाष्प न पहुँच पाए, जिससे श्वसन दर बहुत कम रहे। इस विधि में बीज में 8-10% से अधिक नमी नहीं होनी चाहिए। इस विधि में वातन सम्भव नहीं होता और अतिरिक्त नमी, ऊष्मा व दुर्गन्ध दूर करना कठिन होता है।
5. **शीत भण्डारण** बीज की उचित सफाई और सुखाई के बाद उसे वायुरोधी या अवायुरोधी भण्डारों में रखा जाता है, जिनमें निम्न ताप की व्यवस्था रहती है और सापेक्षिक आर्द्रता 60-65% के नीचे बनाए रखी जाती है। इस विधि से भण्डरण में श्वसन दर व कीड़ों तथा सूक्ष्मजीवों की सक्रियता न्यूनतम हो जाती है। यह विधि अति महत्त्वपूर्ण बीजों (कोमल बीजों व आधार बीज) के लिए अपनाई जाती है।
5. **अल्पकालीन या आपातकालीन भण्डारण** ऐसा भण्डारण फसल की कटाई के समय खराब मौसम होने या अन्य कठिन परिस्थितियों में किया जाता है। अत: बीज प्राय: गीले (14-22% नमी वाले) होते हैं। यह भण्डारण बहुत थोड़े समय (एक या दो माह) के लिए किया जाता है और पूर्णतया अस्थायी होता है। बीज का बाद में स्थायी भण्डारण किया जाता है। इस विधि में धातु अथवा प्लास्टिक के धान्य-कोष्ठों में भण्डारण किया जाता है, जो प्राय: वहनीय होते हैं।
6. **दीर्घकालीन भण्डारण** यह विधि लम्बे समय तक (कभी-कभी एक वर्ष से भी अधिक) भण्डारण में प्रयोग की जाती है, जो स्थायी होते हैं।
   - इस प्रकार के भण्डारण में बीज उपचार पर अधिक ध्यान दिया जाता है, जिससे नाशक जीवग्रसन न हो। इनकी कार्यक्षमता हजारों टन तक होती है।
   - ऐसे भण्डार प्राय: सरकारी संस्थाओं व निगमों; जैसे—राष्ट्रीय बीज निगम, तराई विकास निगम आदि के पास होते हैं।

बीज भण्डारण पर प्रभाव डालने वाले कारक

बीज की भण्डारण क्षमता को अनेक कारक प्रभावित करते हैं

बीज की किस्म कुछ बीज प्राकृतिक रूप में अल्पायु होते हैं; जैसे—मूँगफली, सोयाबीन, प्याज आदि, जबकि कुछ अन्य जातियों के बीज (धान्यों) को अंकुरण तथा ओज में विशेष अन्तर आए बिना लम्बे समय तक भण्डारित किया जा सकता है।

- सरल बीजों में नमी की मात्रा 5% या और कम करके जीवन-क्षमता में ह्रास के बिना उनका लम्बे समय तक सुरक्षित भण्डारण किया जा सकता है, जबकि अड़ियल बीज में नमी स्तर 12-13% से नीचे लाने पर उनकी जीवन-क्षमता पर विपरीत प्रभाव पड़ता है।
- अत: इन्हें अधिक समय तक भण्डारित नहीं किया जा सकता है। विभिन्न बीजों के रासायनिक संघटन बीजावरण की मोटाई एवं बनावट, बीज का आकार आदि में अन्तर होता है, जिससे उनकी भण्डारण क्षमता में अन्तर आ जाता है, जो आनुवंशिक कारणों से होता है।
- स्टार्चयुक्त बीज उच्च नमी अवस्था (11-13%) पर भण्डारित किए जा सकते हैं, जबकि तेलयुक्त बीज कम (8-11%) नमी अवस्था पर।

बीज गुणता निम्न गुणता वाले बीज अथवा ऐसे बीज जिनमें कटाई से पूर्व खराब वातावरणीय दशाओं, कटाई व बहाई के दौरान क्षति, सुखाई के समय ताप क्षति अथवा बीजोपचार के समय रसायन से क्षति के कारण बीज ह्रास प्रारम्भ हो गया है, भण्डारण के दौरान उचिततम दशाएँ होते हुए भी गुणता ह्रास तीव्र गति से होता है।

- क्षतिग्रस्त बीजों पर रोगजीवों व कीड़ों का आक्रमण आसान हो जाता है तथा बीज में अशुद्धियाँ अधिक होने पर वे कीटों एवं रोगजनकों को आश्रय स्थल प्रदान करते हैं।
- अत: उच्च गुणता सम्पन्न बीज का ही भण्डारण किया जाना चाहिए।

बीज में नमी की मात्रा भण्डारण के दौरान बीज की गुणता को प्रभावित करने वाले कारकों में बीज में नमी की मात्रा सर्वाधिक महत्त्वपूर्ण कारक है।

- कम नमी अवस्था पर बीज का लम्बे समय तक सुरक्षित भण्डारण किया जा सकता है। कटाई के समय बीजों में नमी की मात्रा अधिक होती है, जिसे भण्डारण से पूर्व सुरक्षित नमी स्तर तक सुखाया जाता है।
- "आर्द्रता मात्रा में 1% की कमी बीज की भण्डारण क्षमता को लगभग दोगुना कर देती है।" यह नियम 5-14% नमी मात्रा के मध्य लागू होता है और हेरिंगटन का नियम कहलाता है।

तापमान तापमान बढ़ने पर बीज तथा सूक्ष्मजीवों की श्वसन दर में वृद्धि होने से बीज ओज व अंकुरण क्षमता घट जाती है। *इसलिए भण्डारण के दौरान निम्न तापमान बीज गुणता के अनुरक्षण में सहायक होता है।*

- तापमान में 10° F (5°C) की कमी बीज की भण्डारण क्षमता को लगभग दोगुना कर देती है।
- निम्न तापमान पर सापेक्षिक आर्द्रता अधिक होते हुए भी बीज सुरक्षित रहता है। अच्छी भण्डारण अवस्था में सापेक्षिक आर्द्रता (%) एवं तापमान (F) का योग 100 रहना चाहिए। अत: शुष्क व ठण्डी दशाएँ भण्डारण के लिए उत्तम है।

सापेक्षिक आर्द्रता परिपक्व बीज आर्द्रताग्राही होते हैं। अत: वायुमण्डल की सापेक्षिक आर्द्रता के अनुसार, बीजों में नमी की मात्रा में परिवर्तन होता है, क्योंकि बीज वायुमण्डल से नमी ग्रहण कर सकते हैं अथवा निकाल सकते हैं।

- वायुमण्डल में सापेक्षिक आर्द्रता 80% से अधिक होने पर अधिकतर फसलों के बीजों में जीवन क्षमता समाप्त हो जाती है। अत: भण्डारण के दौरान सापेक्षिक आर्द्रता 50% के आसपास रहनी चाहिए।
- 50% सापेक्षिक आर्द्रता तथा 50° से तापमान पर भण्डारित बीज 3-8 वर्ष तक सुरक्षित रखे जा सकते हैं।

ऑक्सीजन की पूर्ति बीज की परिवेशी वायु में ऑक्सीजन की मात्रा बढ़ने पर बीज के श्वसन में वृद्धि हो जाती है, जिससे जल व ऊष्मा उत्पन्न होती है, जो बीज की जीवन-क्षमता पर विपरीत प्रभाव डालते हैं। खुले भण्डारों में असीमित ऑक्सीजन सुलभ होती है। इसलिए खुले भण्डारों की अपेक्षा वायुरोधी भण्डारों में बीज की गुणता अच्छी बनी रहती है।

सूक्ष्मजीवों तथा कीटों की सक्रियता कीड़े व सूक्ष्मजीव बीज को क्षति पहुँचाते हैं, जिससे बीज की जीवन-क्षमता तथा ओज में कमी आती है।

- सूक्ष्मजीवों तथा कीड़ों की सक्रियता सापेक्षिक आर्द्रता तापमान व बीज में नमी की मात्रा पर निर्भर करती है। सापेक्षिक आर्द्रता 62% से कम होने पर कवकों की क्रियाशीलता समाप्त हो जाती है, जबकि जीवाणु 90% से अधिक सापेक्षिक आर्द्रता पर क्रियाशील होते हैं।

- कुछ सूक्ष्मजीव बहुत निम्न तापमान (–8°C तक) अथवा उच्च तापमान (80°C तक) वृद्धि कर सकते हैं। अत: केवल तापमान नियन्त्रण से सूक्ष्मजीवों का नियन्त्रण सम्भव नहीं है।
- कवक बीज में 12-14% से अधिक तथा कीट 8-9% से अधिक नमी होने पर क्रियाशील हो जाते हैं।

बीज भण्डारण के दौरान होने वाले परिवर्तन

भण्डारण का मुख्य उद्देश्य लम्बे समय तक बीज गुणता का अनुरक्षण करना है, लेकिन कितनी भी अच्छी दशाओं में बीज का भण्डारण क्यों न किया जाए, उसकी गुणता में कमी आती है।

भण्डारण के दौरान निम्नलिखित मुख्य परिवर्तन होते हैं

भौतिक परिवर्तन भौतिक परिवर्तनों के अन्तर्गत रंग, संरचना, यान्त्रिक सामर्थ्य, नमी की मात्रा तथा शुष्क पदार्थों की हानि आते है।

- भण्डारण के दौरान तापमान तथा सापेक्षिक आर्द्रता में होने वाले परिवर्तनों से बीज के बीजावरण में ऑक्सीकरण क्रियाएँ होती हैं, जिससे बीज का रंग गहरा हो जाता है तथा उस पर धब्बे पड़ जाते हैं।
- लम्बे समय तक भण्डारण से बीज पीले पड़ जाते हैं तथा नमी अवशोषण से कुछ शुष्क पदार्थ निकल जाते हैं, जो अंकुरण के लिए आवश्यक हैं तथा बीज मुलायम पड़ जाते हैं।
- इन परिवर्तनों से बीज गन्दा दिखाई देने लगता है, जिससे उसका बाजार मूल्य घट जाता है।

शरीर क्रियात्मक परिवर्तन इन परिवर्तनों में मुख्य रूप से बीजों में होने वाली श्वसन क्रिया है।

- भण्डारण में ऐसी स्थितियाँ बनाए रखने का भरसक प्रयत्न किया जाता है, जिनमें श्वसन निम्नतम हो, लेकिन बीज एक सजीव पिण्ड है, इसलिए उसमें थोड़ी-बहुत श्वसन क्रिया चलती ही रहती है।
- श्वसन क्रिया में कार्बन डाइ-ऑक्साइड, जल तथा ऊष्मा की उत्पत्ति होती है, जिनका बीज ओज तथा अंकुरण क्षमता पर विपरीत प्रभाव पड़ता है।

पोषण सम्बन्धी परिवर्तन श्वसन क्रिया में भोज्य पदार्थों का विघटन होता है, जिससे बीज में पोषक तत्त्वों की कमी हो जाती है, जिनकी अंकुरण के समय आवश्यकता होती है।

कोशिकीय परिवर्तन श्वसन क्रिया में उत्पन्न होने वाली कार्बन डाइ-ऑक्साइड की सान्द्रता अधिक होने पर यह बीज के ऊतकों पर विषैला प्रभाव डालती है, जिससे बीज के ऊतक तथा कोशिकाएँ मर जाती हैं।

- कभी-कभी ऑक्सीजन की अनुपस्थिति में अवायु श्वसन होता है, जिसमें ऐसे यौगिकों का निर्माण होता है, जो विषैले होते हैं जैसे—इथाइल एल्कोहल, लैक्टिक अम्ल, एल्डिहाइड आदि।
- कभी-कभी बीज में नमी की कमी के कारण भण्डारण ऊतकों से भोज्य पदार्थ श्वसन के स्थान तक नहीं पहुँच पाते, जिससे इन कोशिकाओं की पोषण की कमी के कारण मृत्यु हो जाती है।
- कभी-कभी बीजोपचार रसायन (विशेषकर पारदीय रसायन) भण्डारण के दौरान बीज को क्षति पहुँचाते हैं।
- भण्डारण के दौरान कीटों से बचाव के लिए किया जाने वाला धूमन उपचार (विशेषकर दोहराने पर अथवा बीज में नमी की मात्रा अधिक होने पर) बीज को क्षति पहुँचाता है।

अभ्यास प्रश्न

1. नाभिकीय बीज में शुद्धता कितने प्रतिशत पाई जाती है?
(a) 50% (b) 60%
(c) 80% (d) शत-प्रतिशत

2. आधार बीज किससे पैदा किया जाता है?
(a) नाभिकीय बीज
(b) प्रजनक बीज
(c) पंजीकृत बीज
(d) उपरोक्त में से कोई नहीं

3. राष्ट्रीय बीज निगम की स्थापना कब हुई?
(a) वर्ष 1963 (b) वर्ष 1966
(c) वर्ष 1968 (d) वर्ष 1973

4. बीज एक्ट कब पास किया गया?
(a) वर्ष 1968 (b) वर्ष 1966
(c) वर्ष 1970 (d) वर्ष 1975

5. टेट्राजोलियम टेस्ट किसके लिए किया जाता है?
(a) जीवन क्षमता
(b) ओजता के लिए
(c) जीवन क्षमता व ओजता के लिए
(d) उपरोक्त में से कोई नहीं

6. गेहूँ व धान के आधार बीज उत्पादन के लिए कितनी पृथक्करण दूरी रखते हैं?
(a) 3 मी (b) 6 मी
(c) 50 मी (d) 200 मी

7. राष्ट्रीय बीज प्रोजेक्ट कब से चलाया गया?
(a) वर्ष 1976 (b) वर्ष 1966
(c) वर्ष 1972 (d) वर्ष 1963

8. राष्ट्रीय बीज निगम का मुख्यालय कहाँ है?
(a) दिल्ली (b) बंगलुरु
(c) हैदराबाद (d) लखनऊ

9. पंजीकृत बीज का किस रंग का टैग उपयोग करते है?
(a) लाल (b) हरा
(c) बैंगनी (d) सफेद

10. कौन-सा बीज मातृ बीज कहलाता है?
(a) पंजीकृत बीज (b) प्रजनक बीज
(c) आधार बीज (d) इनमें से कोई नहीं

11. बीज के भाग कौन-से हैं?
(a) बीजावरण (b) भ्रूण
(c) भ्रूणपोष (d) ये सभी

12. आधार बीज का टैग किस रंग का होता है?
(a) सफेद (b) बैंगनी
(c) नीला (d) लाल

13. प्रजनक बीज किससे पैदा किया जाता है?
(a) आधार बीज (b) प्रजनन बीज
(c) न्यूक्लियस बीज (d) प्रमाणीकृत बीज

14. धान में संकर बीज उत्पादन के लिए कौन-सी विधि प्रयोग करते हैं?
(a) PGMS (b) TGMS
(c) CMS (d) ये सभी

15. किस फसल के संकर बीज उत्पादन में **डॉक विधि** अपनाई जाती है?
(a) कपास (b) अरहर
(c) धान (d) अरण्डी

16. बीज वर्ष कब मनाया गया था?
(a) वर्ष 1968 (b) वर्ष 1961
(c) वर्ष 1966 (d) वर्ष 1993

17. सीड प्लाण्ट तकनीक किस फसल में अपनाई जाती है?
(a) आलू में (b) कपास में
(c) टमाटर में (d) फूलगोभी में

18. टमाटर का प्रमाणीकृत बीज पैदा करने के लिए कितनी पृथक्करण दूरी की आवश्यकता पड़ती है?
(a) 100 मी (b) 400 मी
(c) 250 मी (d) 300 मी

19. संकर बीज उत्पादन के लिए किस फसल में नट मंजरी तकनीक अपनाई जाती है?
(a) अरण्डी (b) कपास
(c) मक्का (d) टमाटर

20. बीज तकनीकी पर किताब किसने लिखी थी?
(a) आर एल अग्रवाल (b) पी के अग्रवाल
(c) त्यागी (d) इनमें से कोई नहीं

21. प्याज के संकर बीज उत्पादन के लिए कौन-सी विधि अपनाई जाती है?
(a) GMS (b) CMS
(c) CGMS (d) इमस्कुलेसन

22. ISTA का मुख्यालय कहाँ स्थित है?
(a) हॉलैण्ड (b) स्वीट्जरलैण्ड
(c) वाशिंगटन (d) रोम

23. गुलाब का फल क्या कहलाता है?
(a) हिप (b) ड्रुप
(c) पोम (d) ऐकीन

24. गंगा-5, मक्का की कैसी संकर किस्म है?
(a) एकल क्रॉस (b) डबल क्रॉस
(c) ट्रिपल क्रॉस (d) डबल टॉप क्रॉस

25. बीजों में कौन-सा प्राकृतिक निरोधक पाया जाता है?
(a) साइटोकाइनिन (b) IAA
(c) GA (d) ABA

26. संश्लेषित बीज में कौन-सा भाग प्राकृतिक होता है?
(a) भ्रूण (b) भ्रूणपोष
(c) बीजावरण (d) इनमें से कोई नहीं

27. कपास का बीज गुणन अनुपात क्या है?
(a) 28 (b) 46
(c) 23 (d) 52

28. मूँगफली का बीज गुणन अनुपात है
(a) 1 : 36 (b) 1 : 8
(c) 1 : 30 (d) 1 : 22

29. DSR (डायरेक्टोरेट ऑफ सीड रिसर्च) कहाँ स्थित है?
(a) मऊ (b) दिल्ली
(c) कोयम्बटूर (d) हैदराबाद

30. बीज गाँव अवधारणा कहाँ अपनाई गईं?
(a) आन्ध्र प्रदेश (b) कर्नाटक
(c) बिहार (d) (a) और (b) दोनों

31. सीड वाइबिलिटी किताब किसके द्वारा लिखी गई?
(a) आर एन बासु (b) एफ नोबे
(c) एलिस (d) ई एच रॉबर्ट

32. नई बीज नीति कब बनाई गई?
(a) वर्ष 2001 (b) वर्ष 1999
(c) वर्ष 1988 (d) वर्ष 1969

33. ISTA कब स्थापित हुआ था?
(a) वर्ष 1968 (b) वर्ष 1997
(c) वर्ष 1966 (d) वर्ष 1924

34. राष्ट्रीय बीज परीक्षण प्रयोगशाला कब स्थापित हुई थी?
(a) वर्ष 1960 (b) वर्ष 1966
(c) वर्ष 1968 (d) वर्ष 1969

35. प्रमाणीकृत बीज के टैग का आकार क्या होता है?
(a) 15 × 7.5 सेमी (b) 10 × 11 सेमी
(c) 15 × 15 सेमी (d) 15 × 10 सेमी

36. बीज नियम कब से लागू हुआ?
(a) 1 जनवरी, 2005 (b) 5 अक्टूबर, 1969
(c) 2 अक्टूबर, 1969 (d) 29 दिसम्बर, 1966

37. बीज परीक्षण के पिता कौन हैं?
(a) रॉबर्ट (b) आर एन बासु
(c) एफ नॉब (d) मैडोनाल्ड

38. सर्वप्रथम बीज ओजता अवधारणा किसने दी थी?
(a) रॉबर्ट, 1969 (b) इस्लॉय, 1951
(c) डेल्क, 1969 (d) टेक क्रॉनी, 1976

39. टेट्राजॉलियम परीक्षण सर्वप्रथम किसने किया था?
(a) फिटज, 1965 (b) लेकॉन, 1942
(c) हिल्टनर, 1969 (d) वुडस्टॉक, 1976

40. GADA परीक्षण किसने किया था?
(a) हिल्टनर, 1969 (b) लिन्को, 1961
(c) वुडस्टॉक, 1976 (d) रॉबर्ट, 1969

41. पकने की अवस्था में सब्जियों व धान्यों के बीजों में नमी होनी चाहिए
(a) 30-40% (b) 5-8%
(c) 10-11% (d) 48-62%

42. अत्रमक बीज के गुणन के लिए कौन-से बीज का प्रयोग किया जाता है?
(a) आधार बीज (b) नाभिकीय बीज
(c) पंजीकृत बीज (d) ये सभी

43. मूंगफली में प्रमाणिक बीज के लिए पार्थक्य दूरी रखते हैं?
(a) 3 मी (b) 10 मी
(c) 400 मी (d) 80 मी

44. मटर का आधार बीज पैदा करने के लिए पार्थक्य दूरी कितनी रखते हैं?
(a) 3 मी (b) 100 मी
(c) 20 मी (d) 200 मी

45. मिर्च का आधार बीज पैदा करने के लिए पार्थक्य दूरी कितनी रखते हैं?
(a) 3 मी (b) 100 मी
(c) 20 मी (d) 200 मी

46. इण्डियन सोसायटी ऑफ सीड टैक्नोलॉजी (ISST) कब स्थापित किया गया?
(a) वर्ष 1972 (b) वर्ष 1971
(c) वर्ष 1990 (d) वर्ष 2001

47. नई बीज पॉलिसी कब से लागू की गई।?
(a) 1 अक्टूबर, 1990
(b) 1 अक्टूबर, 1963
(c) 1 अक्टूबर, 1989
(d) 1 अक्टूबर, 1971

48. कपास के बीज में कितना प्रतिशत तेल पाया जाता है?
(a) 45-55% (b) 22-24%
(c) 10-20% (d) 50-64%

49. तिल के बीजों में कितना प्रतिशत तेल पाया जाता है?
(a) 22-40% (b) 25-27%
(c) 45-55% (d) 37-40%

50. बीज किन भागों द्वारा बना होता है?
(a) भ्रूण (b) भ्रूणपोष
(c) बीजचोल (d) ये सभी

51. निम्नलिखित में से बीज के भ्रूण का कौन-सा भाग है?
(a) भ्रूणीय भग (b) बीज पत्र
(c) 'a' और 'b' दोनों (d) इनमें से कोई नहीं

52. अंकुर किसका भाग होता है?
(a) भ्रूणीय अक्ष (b) बीजपत्र
(c) भ्रूण मूल (d) अधो-बीजपत्र

53. भ्रूणमूल में जो आवरण होता है, क्या कहलाता है?
(a) मध्य बीजपत्र (b) भ्रूणमूल चोल
(c) अधो-बीजपत्र (d) वरुचिका

54. निम्नलिखित में से किस पौधे के बीज में एक से अधिक भ्रूण पाए जाते हैं?
(a) नींबू (b) नागफनी
(c) जामुन (d) ये सभी

55. भ्रूणपोषीय बीज का उदाहरण है
(a) अरण्डी (b) मेथी
(c) खजूर (d) ये सभी

56. बीज का कौन-सा भाग सुरक्षा कवच का कार्य करता है
(a) बीज कवच (b) भ्रूणपोष
(c) बीज-पत्री (d) ये सभी

57. एकबीजपत्रीय बीज है
(a) मक्का (b) धान
(c) गेहूँ (d) ये सभी

58. अभ्रूणपोषी बीज का उदाहरण है
(a) चना (b) मटर
(c) 'a' और 'b' दोनों (d) इनमें से कोई नहीं

59. द्विबीजपत्रीय बीजों का उदाहरण है
(a) चना (b) मटर
(c) अरण्डी (d) ये सभी

60. उपरी भूमि अंकुरण पाया जाता है
(a) कपास में (b) पपीता में
(c) अरण्डी में (d) इन सभी में

61. अधोभूमिक अंकुरण पाया जाता है
(a) मूँगफली (b) मटर
(c) धान (d) इन सभी में

62. फोटोप्लास्टिक बीज होते हैं
(a) प्रकाश-संवेदित (b) अन्धकार संवेदित
(c) प्रकाश अभेदित (d) कोई नहीं

63. बीजों की प्रसुप्ति तोड़ते हैं
(a) थायोयूरिया द्वारा (b) GA_3 द्वारा
(c) पोटैशियम नाइट्रेट (d) ये सभी

64. जब बीज की प्रसुप्ति के लिए भ्रूण के अन्दर के कारक जिम्मेदार हों, तो कहलाती है
(a) एक्जोजिनस प्रसुप्ति
(b) एण्डोजिनस प्रसुप्ति
(c) कम्बाण्ड प्रसुप्ति
(d) उपरोक्त में से कोई नहीं

65. निम्नलिखित में से कौन-सा नाइट्रोजन कम्पाउण्ड प्रसुप्ति तोड़ने के लिए प्रयोग किया जाता है?
(a) थायोयूरिया (b) एथेनॉल
(c) क्लोरोफॉर्म (d) ये सभी

66. पाइन बीजों में किस प्रकार का अंकुरण होता है?
(a) उपरिभूमिक (b) अधोभूमिक
(c) दोनों प्रकार से (d) कोई नहीं

67. घासों में किस प्रकार का अंकुरण होता है?
(a) उपरिभूमिक (b) अधोभूमिक
(c) 'a' और 'b' दोनों (d) कोई नहीं

68. बीजों के अंकुरण के लिए आवश्यक कारक है
(a) प्रकाश (b) पानी
(c) ऑक्सीजन (d) ये सभी

69. सोयाबीन के बीजों में तेल की मात्रा पाई जाती है
(a) 40% (b) 20%
(c) 30% (d) 10%

70. टमाटर का आधारीय बीज पैदा करने हेतु पार्थक्य दूरी होती है
(a) 50 मी (b) 20 मी
(c) 10 मी (d) 200 मी

71. सोयबीन का प्रमाणिक बीज पैदा करने के लिए पार्थक्य दूरी होती है
(a) 3 मी (b) 20 मी
(c) 100 मी (d) 50 मी

72. बाजरा का आधार बीज पैदा करने हेतु पार्थक्य दूरी रखते हैं
(a) 1000 मी (b) 200 मी
(c) 400 मी (d) 700 मी

73. प्याज का प्रमाणिक बीज पैदा करने के लिए पार्थक्य दूरी रखते हैं
(a) 1000 मी (b) 800 मी
(c) 400 मी (d) 500 मी

74. सफेद रंग का टैग किस प्रकार के बीज उत्पादन वाले खेत में लगाया जाता है
(a) आधार बीज (b) प्रमाणिक बीज
(c) न्यूक्लियस बीज (d) पंजीकृत बीज

75. प्रमाणीकृत बीज पैदा करने के लिए कौन-सा रंग का टैग प्रयोग किया जाता है?
(a) नीला (b) सफेद
(c) बैंगनी (d) लाल

76. खीरा में किस प्रकार का अंकुरण पाया जाता है?
(a) उपरिभूमिक (b) अधोभूमिक
(c) विविपैरस (d) कोई नहीं

77. एक्जोजिनस प्रसुप्ति का उदाहरण है
(a) ओलिव (b) अंगूर
(c) सिट्रस (d) ये सभी

78. पंजीकृत बीज किस बीज से पैदा किया जाता है?
(a) प्रमाणीकृत बीज (b) प्रजनक बीज
(c) आधार बीज (d) इनमें से कोई नहीं

79. बीज को परिभाषित किया जा सकता है
(a) परिपक्व बीजाण्ड से
(b) निषेचित अण्डाशय से
(c) जायांग से
(d) भ्रूण से

80. नग्नबीजी पादपों को क्या नाम दिया गया है?
(a) आवृत्तबीजी पादप (b) टेरिडोफाइट्स
(c) अनावृत्तबीजी पादप (d) ब्रायोफाइट्स

81. बीज का बाह्य आवरण निर्मित होता है
(a) बीजचोल से (b) प्रावार से
(c) दोनों 'a' व 'b' से (d) नाभिका से

82. विकसित होने वाले बीज में इसके एक भाग से बीजाण्डासन जुड़ा रहता है
(a) बीजचोल (b) नाभिका
(c) बीजाण्डद्वार (d) निभाग

83. निम्न में से कौन-सा विकल्प बीजाक्ष से सम्बन्धित है?
(a) बीजाक्ष का ऊपरी भाग बीजपत्रोपरिक कहलाता है
(b) बीजाक्ष के निचले भाग को बीजपत्राधार कहते हैं
(c) इसे भ्रूणीय अक्ष भी कहते हैं
(d) उपरोक्त सभी

84. सेम के बीज में विद्यमान सफेद-से उभार को क्या कहते हैं?
(a) बीजचोल (b) नाभिका
(c) सन्धिरेखा (d) स्ट्रोफिओल

85. चने के बीज में नाभिक की सीध में स्थित काले निशान को क्या कहा है?
(a) नाभिका (b) बीजचोल
(c) स्ट्रोफिओल (d) सन्धिरेखा

86. चना, मटर जैसे पादपों के परिपक्व बीजों में भ्रूणपोष नहीं होता, क्योंकि
(a) यह पादप आवृत्तबीजी नहीं होते
(b) इनमें द्विनिषेचन नहीं होता
(c) इनमें भ्रूणपोष नहीं बनता
(d) बीज के विकास के दौरान विकसित होने वाले भ्रूण द्वारा भ्रूणपोष का इस्तेमाल कर लिया जाता है

87. अभ्रूणपोषी पादपों का उदाहरण है
(a) अरण्डी (b) सेम (c) गेहूँ (d) मक्का

88. भ्रूणपोषी बीज हैं
(a) सेम व सरसों (b) अरण्डी व मक्का
(c) चना व मटर (d) इनमें से कोई नहीं

89. चने का बीज है
(a) भ्रूणपोषी तथा अधोभूमिक
(b) अभ्रूणपोषी तथा अधोभूमिक
(c) अभ्रूणपोषी तथा भूम्यूपरिक
(d) भ्रूणपोषी तथा भूम्यूपरिक

90. भूम्यूपरिक अंकुरण पाया जाता है
(a) सेम में (b) इमली में
(c) दोनों 'a' व 'b' में (d) इनमें से कोई नहीं

91. निम्न में से कौन-सा पादप अधोभूमिक अंकुरण प्रदर्शित करता है तथा यह भ्रूणपोषी भी है।
(a) बाजरा (b) चना (c) सेम (d) अरण्डी

92. *सेरिओप्स, राइजोफोरा* में किस प्रकार का अंकुरण पाया जाता है?
(a) अधोभूमिक (b) पितृस्थ
(c) जरायुजता (d) दोनों 'a' व 'b'

93. निम्न में से कौन अंकुरण के लिए सहायक कारक नहीं है?
(a) जल
(b) ऑक्सीजन
(c) भोजन
(d) कार्बन डाइऑक्साइड

94. बीजों के अंकुरण के लिए उपर्युक्त तापमान है
(a) 10-20°C (b) 20-35°C
(c) 50-60°C (d) 40-50°C

95. बीजावरण व फलभित्ति संयुक्त होकर एक हो जाते हैं
(a) मक्का में (b) मटर में
(c) सेम में (d) चना में

96. जिन बीजों में फलभित्ति व बीजावरण संयुक्त होता है, ऐसे बीजों को कहते हैं
(a) कैरियोप्सिस (b) सिप्सेला
(c) ड्रूप (d) पोम

97. निम्नलिखित सूची I का सूची II के साथ मिलान कीजिए तथा सही विकल्प को चुनिए

	सूची I		सूची II
A.	एल्यूरॉन सतह	1.	बिना निषेचन
B.	अनिषेकफल	2.	पोषण
C.	अण्डप	3.	द्विनिषेचन
D.	भ्रूणपोष	4.	बीज

कूट

	A	B	C	D		A	B	C	D
(a)	1	2	3	4	(b)	2	1	4	3
(c)	4	2	1	3	(d)	2	4	1	3

98. चना व मटर में किस प्रकार का अंकुरण पाया जाता है?
(a) अधोभूमिक (b) भूम्यूपरिक
(c) दोनों 'a' व 'b' (d) पितृस्थ

99. बीजों में सबसे लम्बी जीवन क्षमता पाई जाती है
(a) बरगद के बीज में
(b) गुलाब के बीज में
(c) कमल के बीज में
(d) विलो के बीज में

100. फाइटोक्रोम नामक वर्णक उपयोगी है
(a) जनन में
(b) पोषण में
(c) बीजों के अंकुरण में
(d) उपरोक्त में से कोई नहीं

101. जैन्थियम में बीजों का प्रसुप्ति का कारण है?
(a) बीजावरण की ऑक्सीजन के लिए अपारगम्यता
(b) यान्त्रिक रूप से प्रतिरोधी बीजावरण
(c) अपूर्ण परिवर्धित भ्रूण
(d) सन्दमक पदार्थों की उपस्थिति

102. निम्न में से कौन-से अंकुरणरोधी पदार्थ हैं?
(a) जिबरेलिन (b) एब्सिसिक अम्ल
(c) कैमेरिन (d) दोनों 'b' व 'c'

103. किन पादपों के बीज मधुमेह में उपयोगी है?
(a) जामुन (b) राई
(c) लोबिया (d) तिल

104. सलाद के बीज किसकी अनुपस्थिति में अंकुरित नहीं होते हैं?
(a) प्रकाश (b) तापमान
(c) ऑक्सीजन (d) ये सभी

105. जिबरेलिन का उपयोग होता है
(a) अंकुरण में
(b) पोषण में
(c) जनन में
(d) अंकुरणरोधी पदार्थ के रूप में

106. ऑर्किड्स के बीज होते हैं
(a) छोटे तथा चिपचिपे (b) बहुत बड़े तथा हल्के
(c) सूक्ष्म तथा शुष्क (d) बड़े तथा चिपचिपे

107. सेम के बीज में विद्यमान सफेदधारी को क्या कहते हैं?
(a) स्ट्रोफिओल (b) नाभिका
(c) सन्धिरेखा (d) बीजचोल

108. अधोभूमिक अंकुरण में प्रांकुर के बढ़ने के कारण भूमि से बाहर निकल आते हैं
(a) बीजपत्राधार (b) बीजपत्रोपरिक
(c) बीजपत्र (d) दोनों 'a' व 'b'

109. अधोभूमिक अंकुरण पाया जाता है
(a) चने में (b) सेम में
(c) अरण्डी में (d) इमली में

110. जरायुज अंकुरण विशेषता है
(a) जलीय पादपों की
(b) मरुस्थलीय पादपों की
(c) मैन्ग्रोव पादपों की
(d) उपरोक्त में से कोई नहीं

उत्तरमाला

1. (d)	2. (b)	3. (a)	4. (b)	5. (c)	6. (a)	7. (a)	8. (b)	9. (c)	10. (d)
11. (d)	12. (a)	13. (c)	14. (d)	15. (a)	16. (d)	17. (b)	18. (b)	19. (c)	20. (a)
21. (c)	22. (b)	23. (a)	24. (b)	25. (d)	26. (a)	27. (b)	28. (b)	29. (a)	30. (d)
31. (d)	32. (a)	33. (d)	34. (a)	35. (a)	36. (c)	37. (c)	38. (b)	39. (b)	40. (b)
41. (a)	42. (b)	43. (a)	44. (c)	45. (c)	46. (b)	47. (c)	48. (b)	49. (c)	50. (d)
51. (c)	52. (a)	53. (a)	54. (d)	55. (d)	56. (a)	57. (d)	58. (c)	59. (d)	60. (a)
61. (d)	62. (a)	63. (d)	64. (b)	65. (a)	66. (a)	67. (b)	68. (d)	69. (b)	70. (a)
71. (a)	72. (a)	73. (b)	74. (a)	75. (a)	76. (a)	77. (d)	78. (c)	79. (a)	80. (c)
81. (c)	82. (b)	83. (d)	84. (c)	85. (c)	86. (d)	87. (b)	88. (b)	89. (b)	90. (c)
91. (a)	92. (d)	93. (d)	94. (b)	95. (a)	96. (a)	97. (b)	98. (a)	99. (c)	100. (c)
101. (a)	102. (d)	103. (a)	104. (d)	105. (a)	106. (c)	107. (c)	108. (b)	109. (a)	110. (c)

अध्याय

07

पादप वृद्धि नियामक

(Plant Growth Regulators)

वृद्धि पौधों में आकार एवं आयतन का चिरस्थायी वर्धन है, जिसके साथ-साथ शुष्क भार तथा जीवद्रव्य का भी वर्धन होता है अर्थात् उपापचयी क्रियाओं के फलस्वरूप पौधों के आकार, आयतन तथा भार में हुई स्थायी बढ़ोतरी **वृद्धि** कहलाती है।

- निम्न श्रेणी के पौधों में वृद्धि प्रायः पूरे शरीर में होती है, जबकि उच्च वर्ग के पौधों में यह विभज्योतकी क्षेत्रों में ही होती है।
- तने में वृद्धि मापने का यंत्र **ऑक्सेनेमीटर** है।
- वृद्धि मुख्यतः **सूत्री कोशिका विभाजन** द्वारा होती है। वृद्धि के तीन चरण, कोशिका विभाजन प्रावस्था, कोशिका प्रसार प्रावस्था तथा कोशिका विभेदन प्रावस्था हैं।
- पौधों की वृद्धि को समय के साथ ग्राफ द्वारा प्रदर्शित किया जाए तो सिग्मा के आकार का वक्र प्राप्त होता है, इसमें तीन चरण या काल अर्थात् प्रारम्भिक मन्द वृद्धि काल, मध्य तीव्र वृद्धि काल और अन्तिम मन्द वृद्धि या जीर्णता काल होते हैं।
- उस कुल समय को जिसमें वृद्धि की तीनों अवस्थाएँ पूरी होती हैं **समग्र वृद्धि काल** कहते हैं।
- वृद्धि को मापने के लिए आर्क वृद्धि मापी, क्षैतिज सूक्ष्मदर्शी, फैफर के वृद्धिमापी तथा क्रेस्कोग्राफ का प्रयोग किया जाता है।
- वृद्धि बाह्य कारकों; जैसे-प्रकाश, तापक्रम, जल, ऑक्सीजन तथा आन्तरिक कारकों जैसे-आनुवंशिकीय कारक तथा वृद्धि नियामक पदार्थ द्वारा प्रभावित होती है।

कोशिकीय वृद्धि

कोशिका स्तर पर सभी बहुकोशिकीय जीवों का विकास दो मुख्य क्रियाओं जनन तथा वृद्धि द्वारा संचालित होता है।

- कोशिका जनन तथा वृद्धि, कोशिकीय वृद्धि के अन्तर्गत आते हैं। कोशिका का एक निश्चित कोशिका चक्र होता है।
- कोशिका चक्र में G_1 तथा G_2 **प्रावस्था** वृद्धि की अवस्थाएँ होती हैं, S **अवस्था** संश्लेषण की प्रावस्था है तथा M **प्रावस्था** विभाजन की अवस्था है।

वृद्धि हॉर्मोन्स (Growth Hormones)

थीमैन ने सर्वप्रथम **फाइटोहॉर्मोन** शब्द का प्रयोग किया।

- पादप हॉर्मोन पौधों की विभज्योतकी कोशिकाओं पर विकास करती हुईं पत्तियों एवं फलों में प्राकृतिक रूप से उत्पन्न होने वाले विशेष कार्बनिक यौगिक हैं, जो बहुत लघु मात्रा में परिवहन के उपरान्त पौधों के दूसरे अंगों में पहुँचकर **वृद्धि** एवं **उपापचयी क्रियाओं** को प्रभावित एवं नियन्त्रित करते हैं।
- पादप हॉर्मोनों के पाँच प्रमुख वर्गों में से ऑक्सिन, जिबरेलिन व साइटोकाइनिन वृद्धिकारक, जबकि एब्सिसिक अम्ल व इथाइलीन वृद्धिरोधक है।

1. ऑक्सिन

डार्विन (880) ने कैनरी घास के अन्धेरे में उगे नवांकुरों में प्रांकुर चोल को प्रकाश की ओर मुड़ते देखा, परन्तु प्रांकुर चोल का सिर काट देने पर यह प्रकाश की ओर नहीं मुड़ता।

- **एफ डब्ल्यू वेण्ट** (1928) ने शीर्ष में उत्पन्न होने वाले पदार्थ को अलग किया व इसे ऑक्सिन नाम दिया बाद में थीमैन ने इसे शुद्ध रूप में प्राप्त किया तथा इसकी आण्विक संरचना ज्ञात की।
- ऑक्सिन प्राकृतिक; जैसे—इण्डोल ऐसीटिक एसिड, इण्डोल 3 एसिटल्डिहाइड, इण्डोल 3-पाइरुविक अम्ल तथा संश्लेषित; जैसे—इन्डोल ब्यूटाइरिक अम्ल, नेफ्थेलीन एसीटिक एसिड, फिनाइल एसीटिक एसिड, 2,4–डाइक्लोरो फिनॉक्सी एसीटिक एसिड 2, 4, 5–ट्राइक्लोरो फिनॉक्सी एसीटिक एसिड आदि हो सकते हैं।

ऑक्सिन के कार्य

(i) **शीर्ष प्रमुखता** शीर्ष कलिका की उपस्थिति में पार्श्व कलिकाओं की वृद्धि नहीं हो पाती परन्तु, शीर्ष कलिका को काट देने पर पार्श्व कक्षीय कलिकाओं में वृद्धि होने लगती है।

(ii) **कोशिका दीर्घीकरण** प्ररोह में ऑक्सिन की अधिक सान्द्रता कोशिका दीर्घीकरण करती है।

(iii) **जड़ विभेदन** ऑक्सिन कैलस तथा तने में जड़ विभेदन को प्रेरित करता है, ऑक्सिन, साइटोकाइनिन का निश्चित अनुपात पादप ऊतक संवर्धन में प्रयोग किया जाता है।

(iv) **खरपतवार का नष्टीकरण** 2, 4-D का प्रयोग अनावश्यक पौधों अर्थात् खरपतवार को नष्ट करने के लिए करते हैं।

(v) **अनिषेकफलन** सन्तरा, नींबू, अंगूर, केला आदि में ऑक्सिन के प्रयोग द्वारा बीजरहित फल बनते हैं।

(vi) **पुष्पन आरम्भन** ऑक्सिन का विलयन अन्नानास, लीची के पौधों पर छिड़कने से सभी पुष्प एक ही समय पर उत्पन्न होते हैं।

(vii) **विलगन** ऑक्सिन की सान्द्रता कम हो जाने पर विलगन परत बन जाने से पत्तियाँ, फूल व फल गिर जाते हैं। 2, 4-D, IBA, NAA आदि का छिड़काव करने से विलगन रुक जाता है।

(viii) **प्रसुप्ति** ऑक्सिन का प्रयोग करके कलिकाओं को सुप्त किया जा सकता है।

(ix) **कोशिका विभाजन** ऑक्सिन क्षति में, कैम्बियम के विभाजन के समय, कलम बाँध के समय तथा ऊतक संवर्धन में कोशिका विभाजन को बढ़ाता है।

2. जिबरेलिन

- धान का **बकानी रोग** या **मूर्ख नवांकुर रोग** एक परजीवी कवक *जिबरेला फ्यूजीकुरोई* या *फ्यूजेरियम मोनिलीफार्मी* के कारण होता है।
- **कुरोसावा** (1926) ने प्रमाणित किया कि कवक से स्रावित रस धान के स्वस्थ पौधे में रोग पैदा कर देता है। **याबुता** एवं **हयाशी** (1939) ने इस कवक से एक वृद्धि नियन्त्रक पदार्थ पृथक् किया और उसे **जिबरेलिन-A** नाम दिया। जिबरेलिन का निर्माण एसीटाइल-कोएन्जाइम-ए से होता है।

जिबरेलिन का कार्य

(i) **आनुवंशिक बौने पौधे का दीर्घीकरण** मक्का व मटर की कुछ प्रजातियों में जिबरेलिन के छिड़काव से बौने पौधे लम्बे हो जाते हैं।

(ii) **तने का दीर्घीकरण** जिबरेलिन पौधों की कोशिकाओं का दीर्घीकरण करता है, जिससे पौधे की लम्बाई बढ़ती है। इस प्रकार तने का लम्बाई में बढ़ना **बोल्टिंग** कहलाता है।

(iii) **α-एमाइलेस का संश्लेषण** अनाज के दानों का भ्रूण कुछ मात्रा में जिबरेलिन संश्लेषित करता है, जो एल्यूरोन कणों में प्रसरित हो जाता है और यहाँ α-एमाइलेस का संश्लेषण होता है, जो भ्रूणपोष में उपस्थित संचित पदार्थों का जल अपघटन करता है।

(iv) **दीर्घ प्रदीप्त काली पौधों में पुष्पन** दीर्घ प्रदीप्तकाली पौधों को जिबरेलिन देने से इनमें लघु प्रकाश अवधि में पुष्पन हो जाता है।

(v) **प्रसुप्ति को दूर करना** आलू के कन्द और पौधों पर लगी शीतकालीन कलियों की प्रसुप्ति जिबरेलिन द्वारा दूर हो जाती है।

(vi) **अनिषेकफलन** जिबरेलिन द्वारा टमाटर, सेब, नाशपाती या पोम तथा गुठली युक्त फलों में अनिषेकफलन ऑक्सिन की अपेक्षा अधिक सुलभता से किया जा सकता है।

(vii) **शीत उपचार का प्रतिस्थापन** कुछ द्विवर्षीय पौधों को पुष्पन के लिए कम तापमान की आवश्यकता होती है। जिबरेलिन देने से इन पौधों को शीतकाल के प्राकृतिक तापमान की आवश्यकता नहीं रहती और ये एक वर्ष में ही पुष्पन कर लेते हैं।

3. साइटोकाइनिन

स्कूग एवं **मिलर** ने यीस्ट के DNA से कोशिका विभाजन के लिए उपयोगी पदार्थ अलग किया और इसे **काइनेटिन** नाम दिया, रासायनिक रूप से यह **6-फरफ्यूराईल अमीनो प्यूरीन** होता है।

- मक्का के बीजों से एक अन्य साइटोकाइनिन, **जिएटिन** पृथक् किया गया।
- नारियल के पानी अर्थात् भ्रूणपोष में काइनेटिन; जैसे– अनेक पदार्थ होते हैं जो कोशिका विभाजन में समर्थ हैं।

साइटोकाइनिन के कार्य

(i) **कोशिका विभाजन** साइटोकाइनिन का प्रमुख कार्य ऑक्सिन की उपस्थिति में कोशिका विभाजन को प्रेरित करना है।

(ii) **जीर्णता में विलम्ब** क्लोरोफिल का विलोपन तथा प्रोटीन का नष्ट होना जीर्णता के लक्षण है। साइटोकाइनिन देने से ये दोनों क्रियाएँ रुक जाती हैं। साइटोकाइनिन द्वारा जीर्णता दूर करने के इस प्रभाव को **रिचमॉण्ड लैंग प्रभाव** कहते हैं।

(iii) **प्रसुप्ति को दूर करना** साइटोकाइनिन देने से बीजों की सुप्तावस्था दूर हो जाती है अर्थात् यह बीजों के अंकुरण में सहायता करता है।

(iv) **कोशिका विभेदन** ऊतक संवर्धन में पोषक माध्यम में साइटोकाइनिन की अधिक व ऑक्सिन की कम मात्रा कैलस से प्ररोह विकास को जबकि कम साइटोकाइनिन व अधिक ऑक्सिन की मात्रा जड़ों के विभेदन को प्रेरित करती है।

(v) **शीर्ष प्रमुखता का विरोध** साइटोकाइनिन के छिड़काव से शीर्ष प्रमुखता समाप्त हो जाती है और पार्श्वीय कलिकाओं की वृद्धि होने लगती है।

(vi) **अल्प दीप्तकालिक पौधों में पुष्पन** साइटोकाइनिन अल्प दीप्तकालिक पौधों में पुष्पन को प्रेरित करता है।

4. एब्सिसिक अम्ल

कॉर्न्स एवं **एडिकोट** (1961-65) ने कपास के पौधे की पुष्प कलियों से **एब्सिसिन** नामक पदार्थ निकाला।

- **वेयरिंग** (1963) ने *ऐसर* नामक पेड़ की पत्तियों से **डोरमिन** नामक पदार्थ निकाला। बाद में यह सिद्ध हुआ कि डोरमिन व एब्सिसिन एक ही पदार्थ है और इसका नाम **एब्सिसिक अम्ल** रखा गया।

एब्सिसिक अम्ल के कार्य

(i) **पत्तियों का विलगन** एब्सिसिक अम्ल के घोल को पत्तियों पर छिड़कने से उनका शीघ्र ही विलगन हो जाता है।

(ii) **जीर्णावस्था** पत्तियों से काटे छोटे-छोटे भागों को एब्सिसिक अम्ल में रखने पर पर्णहरिम व प्रोटीन नष्ट हो जाता है और ये पीले पड़ जाते हैं।

(iii) **α-एमाइलेज के संश्लेषण पर प्रभाव** एब्सिसिक अम्ल α-एमाइलेज एन्जाइम के संश्लेषण को अवरूद्ध करता है, इसलिए इसको **जिबरेलिन विरोधी** भी कहा जाता है।

(iv) **कलियों तथा बीजों की प्रसुप्ति** एब्सिसिक एसिड कलियों की वृद्धि और बीजों के अंकुरण को रोकता है।

(v) **वाष्पोत्सर्जन नियन्त्रण** एब्सिसिक एसिड रन्ध्रों को बन्द करता है, जिसके कारण वाष्पोत्सर्जन कम हो जाता है।

(vi) **कोशिका विभाजन व कोशिका विवर्धन** एब्सिसिक एसिड कोशिका विभाजन एवं कोशिका विवर्धन दोनों को अवरुद्ध करता है।

(vii) **पुष्पन** कुछ पौधे जिनको पुष्पन के लिए लम्बें दीप्तिकाल की आवश्यकता होती है, एब्सिसिक अम्ल उनके पुष्पन को रोकता है।

(viii) **आलू में कन्द बनना** एब्सिसिक अम्ल आलू में कन्द बनने में सहायता करता है।

5. इथाइलीन

- **बुर्ग** (1962) ने इथाइलीन को पादप हॉर्मोन सिद्ध किया।
- इथाइलीन गैस के रूप में पाया जाने वाला पादप हॉर्मोन है।
- **इथेफोन** से इथाइलीन गैस निकलती है, इसलिए इसका प्रयोग फलों को कृत्रिम रूप से पकाने में किया जाता है।

इथाइलीन के कार्य

(i) **फलों का पकना** इथाइलीन को **फल पकाने वाला** हॉर्मोन भी कहते हैं। फलों के पकते समय इथाइलीन की मात्रा बढ़ जाती है, जिससे श्वसन दर भी बढ़ जाती है, इसे **श्वसन क्लाइमेक्टरिक** कहते हैं।

(ii) **तीन अनुक्रिया** इथाइलीन तने की लम्बाई का वृद्धि रोधक, तने के फूलने में सहायक तथा गुरुत्वानुवर्तन गति को नष्ट करता है।

(iii) **विलगन** इथाइलीन पत्तियों, फलों व पुष्पों के विलगन को तीव्र करता है।

(iv) **पुष्पन** ऑक्सिन की भाँति इथाइलीन भी पुष्पी पौधों में पुष्पन को कम करता है, परन्तु ऑक्सिन की तरह ही अन्नानास में पुष्पन को तीव्र करता है।

अभ्यास प्रश्न

1. सर्वाधिक वृद्धि होती है
(a) एक्सपोनेन्शियल अवस्था में
(b) लैग अवस्था में
(c) स्थैतिक प्रावस्था में
(d) अवरोही प्रावस्था में

2. पौधों में जीर्णता (senescence का विलम्ब हो सकता है
(a) ऑक्सिन के प्रयोग से
(b) साइटोकाइनिन के प्रयोग से
(c) जिबरेलिन के प्रयोग से
(d) इथाइलीन से

3. जिबरेलिन पुष्पन उद्दीप्त करते हैं
(a) अल्प प्रदीप्तकाली पौधों में
(b) दीर्घ प्रदीप्तकाली पौधों में
(c) निरपेक्ष प्रदीप्तकाली पौधों में
(d) सभी पादपों में

4. निम्न में से कौन फलों को कृत्रिम रूप से पकाने के काम आता हैं ?
(a) इथाइलीन (b) कोमेरिन
(c) ऑक्सिन (d) साइटोकाइनिन

5. पौधों में बौनापन किसके प्रभाव से नियन्त्रित किया जाता है ?
(a) जिबरेलिन (b) साइटोकाइनिन
(c) एन्टीजिबरेलिन (d) ऑक्सिन

6. शीर्ष प्रमुखता किसके निर्माण के कारण होती है ?
(a) पार्श्व कलिकाओं में GA
(b) तने के शीर्ष में काइनिन
(c) तने के शीर्ष में ऑक्सिन
(d) पार्श्व कलिका में ABA

7. प्रतिकूल वातावरणीय दशाओं में पादपों में तनाव हॉरमोन विकसित होता है
(a) इथाइलीन (b) एमिनो प्यूरीन
(c) 2, 4-D (d) एब्सिसिक अम्ल

8. पौधों में ऑक्सिन का संश्लेषण होता है
(a) वल्कुट में
(b) जाइलम कोशिकाओं में
(c) फ्लोयम कोशिकाओं में
(d) मूल तथा प्ररोह शीर्ष में

9. रन्ध्रों के बन्द होने की क्रिया घटित होती है
(a) काइनेटिन द्वारा
(b) एब्सिसिक अम्ल द्वारा
(c) इण्डोल ब्यूटाइरिक अम्ल द्वारा
(d) जिबरेलिक अम्ल द्वारा

10. जिबरेलिन सर्वप्रथम खोजे गये थे
(a) कवक में (b) शैवाल में
(c) जीवाणु में (d) विषाणु में

11. सर्वप्रथम साइटोकाइनिन संश्लेषित किया था
(a) मिलर ने
(b) लीथम ने
(c) बेन्सन एवं कैल्विन ने
(d) थीमैन तथा वेन्ट ने

12. निम्नलिखित में से कौन-सा हॉरमोन जड़ विभेदन में प्रमुख भूमिका अदा करता है ?
(a) IAA (b) ABA (c) NAA (d) 2, 4-D

13. 2, 4-डाइक्लोरो फिनॉक्सी एसीटिक एसिड (2, 4-D) है
(a) कीटनाशी (b) कवकनाशी
(c) खरपतवारनाशी (d) रोडेन्टीसाइड

14. निम्नलिखित में से कौन-सा गैसीय वृद्धि नियन्त्रक है ?
(a) एसीटिलीन (b) GA
(c) इथाइलीन (d) बेन्जीन

15. निम्नलिखित में से कौन कोशिका विभाजन को प्रेरित करता है ?
(a) GA (b) साइटोकाइनिन
(c) ऑक्सिन (d) एब्सिसिक अम्ल

16. किसकी उपस्थिति में प्ररोह तथा जड़ का विकास होता है ?
(a) साइटोकाइनिन तथा ऑक्सिन अनुपात
(b) पादप हॉरमोन के प्रयोग
(c) एन्जाइम की सहायता से
(d) ताप के प्रभाव से

17. वृद्धि वक्र का सामान्य आकार होता है
(a) रेखीय (b) प्रतिलोमित घण्टाकार
(c) सिग्मॉएड (d) टेढा-मेढा

18. पत्तियों के गिरने के समय निम्न में से कौन-सा हॉरमोन उत्पन्न होता है ?
(a) ABA (b) साइटोकाइनिन
(c) फ्लोरीजन (d) ये सभी

19. अनिषेकफलनी फल विकसित किये जा सकते हैं
(a) NAA, 2, 4-D (b) 2, 4- D
(c) 2, 3, 5 - T (d) NAA, 2T

20. अंकुरित बीज के भ्रूणपोष में α –एमाइलेस की सक्रियता प्रेरित होती है
(a) इथाइलीन द्वारा
(b) साइटोकाइनिन द्वारा
(c) IAA द्वारा
(d) जिबरेलिन द्वारा

21. घास के मैदान पर चलने से अधिक रख-रखाव होता है, क्योंकि इससे
(a) शीर्ष प्रमुखता को नष्ट कर पार्श्व विभज्योतक में वृद्धि होती है
(b) शीर्ष प्रमुखता नष्ट होती है
(c) पौधों के घायल होने से तेजी से पुनर्जनन होता है
(d) अग्र प्रमुखता को नष्ट कर अन्तर्वेशी विभज्योतक में वृद्धि होती है

22. प्राकृतिक रूप से पाया जाने वाला पादप हॉरमोन है
(a) 2, 4 - D
(b) NAA
(c) IAA
(d) मैलिक हाइड्राजाइड

23. लाल व सुदूर-लाल वर्णक के अन्तरापरिवर्तन सम्बन्धित हैं
(a) साइटोक्रोम से (b) जैन्थोफिल से
(c) लाइकोपेन से (d) फाइटोक्रोम से

24. निम्न में से कौन-सा प्राकृतिक रूप से पाया जाने वाला तथा वृद्धि में रूकावट डालने वाला पदार्थ है ?

(a) IAA (b) ABA
(c) NAA (d) GA

25. रिचमॉण्ड लैग प्रभाव जुड़ा है

(a) जीर्णता में विलम्ब (b) शीर्षस्थ प्रभाविता
(c) जड़ों का बनना (d) पत्ती का बनना

26. ········· पौधों में पुष्पन की प्रक्रिया को प्रभावित करता है।

(a) फोटोपीरियड
(b) मिट्टी में पानी
(c) मिट्टी की अम्लीयता
(d) हरे रंगद्रव्य की मात्रा

27. फाइटोक्रोम एक प्रकाश संवेदनशील वर्णक है, जो ········· में शामिल है।

(a) जियोट्रोपिज्म
(b) फोटोट्रोपिज्म
(c) फोटोपीरियोडिज्म
(d) प्रकाश श्वसन

28. निम्नलिखित में से किस जीवित प्रजाति में फाइटोक्रोम, नीला-हरा वर्णक पाया जाता है?

(a) शैवाल
(b) कवक
(c) फूल वाले पौधे
(d) संवहनी क्रिप्टोग्राम

29. पौधों में कायिक अवस्था से जनन अवस्था में परिवर्तन ·········की प्रतिक्रिया में होता है।

(a) दिन की लम्बाई
(b) तापमान की गम्भीरता
(c) हवा में ऑक्सीजन की मात्रा
(d) मुख्यतः मिट्टी में उपलब्ध खाद्य सामग्री

30. प्रकाश द्वारा प्रभावित एटिऑलेशन के व्युत्क्रम को ········· कहा जाता है।

(a) फोटोमोर्फोजेनेसिस
(b) रिचमंड लैंग प्रभाव
(c) अनिसोट्रोपिक दीवार विस्तार
(d) लाल-दूर लाल प्रकाश अन्तःक्रिया

31. वह पौधा जिसे फूलने के लिए कम से कम 10 घण्टे प्रकाश की आवश्यकता होती है, ········· कहलाता है।

(a) दिन-उदासीन संयन्त्र
(b) लघु दिवस पौधा
(c) लम्बे दिन का पौधा
(d) उपरोक्त में से कोई नहीं

32. निम्नलिखित में से कौन सा हार्मोन वर्नालिजेशन की जगह ले सकता है?

(a) ऑक्सिन
(b) एथिलीन
(c) साइटोकाइनिन
(d) जिबरेलिन

33. जब लघु-दिन वाले पौधों की अन्धकार अवधि प्रकाश के संक्षिप्त सम्पर्क से बाधित होती है, तो पौधा ········· ।

(a) अधिक फूल पैदा करता है
(b) कोई फूल नहीं लगेगा
(c) लम्बे दिन वाले पौधे में बदल जाता है
(d) तुरन्त फूल पैदा करता है

34. निम्नलिखित में से कौन सा वर्णक लाल-दूर लाल प्रकाश अन्तररूपान्तरण में शामिल है?

(a) साइटोक्रोम (b) लाइकोपीन
(c) फाइटोक्रोम (d) जैंथोफिल

35. चोलोडनी वेण्ट सिद्धान्त किस पर आधारित है?

(a) फोटोट्रोपिज्म
(b) फोटोपीरियोडिज्म
(c) प्रकाश श्वसन
(d) फोटोमोर्फोजेनेसिस

उत्तरमाला

1. (a)	2. (b)	3. (b)	4. (a)	5. (a)	6. (c)	7. (d)	8. (d)	9. (b)	10. (a)
11. (a)	12. (c)	13. (c)	14. (c)	15. (b)	16. (a)	17. (c)	18. (a)	19. (a)	20. (d)
21. (b)	22. (c)	23. (d)	24. (b)	25. (a)	26. (a)	27. (c)	28. (c)	29. (a)	30. (a)
31. (c)	32. (d)	33. (b)	34. (c)	35. (a)					

अध्याय

08

उत्तराखण्ड में कृषि, सिंचाई एवं पशुपालन

(Agriculture, Irrigation and Livestock in Uttarakhand)

उत्तराखण्ड की बहुसंख्यक जनता का आजीविका का प्रमुख साधन कृषि एवं पशुपालन हैं। राज्य में भौगोलिक परिस्थितियाँ विषम हैं, इसलिए यहाँ कृषि एवं सिंचाई की तकनीकें अधिक विकसित नहीं है।

उत्तराखण्ड में कृषि

- उत्तराखण्ड एक कृषि प्रधान राज्य है, जिसकी 70% से अधिक जनसंख्या गाँवों में निवास करती है।
- राज्य के कुल भूमि क्षेत्र का 86.07% भाग पर्वतीय एवं 13.93% भाग मैदानी है। राज्य का मैदानी भाग कृषि हेतु उपयुक्त है।
- प्रदेश में कुल कार्यशील जनसंख्या में कृषि से जुड़े लोग (कृषक एवं कृषि श्रमिक मिलाकर) लगभग 33.38% हैं।
- आर्थिक सर्वेक्षण 2023-24 के अनुसार, सकल घरेलू उत्पाद में राज्य की कृषि में हिस्सेदारी वर्ष 2022-23 में 10% रही।
- राज्य के सर्वाधिक एवं सबसे कम शुद्ध बोए गए भूमि क्षेत्रफल वाले जिले क्रमश: ऊधमसिंह नगर एवं चम्पावत हैं।

उत्तराखण्ड में भू-सुधार व भूमि बन्दोबस्त

- राज्य में भूमि बन्दोबस्त के अन्तर्गत पर्वतीय भूमि को 5 वर्गों तलाँऊ, उपराँऊ अव्वल, उपराँऊ दोयम, इजरान एवं कटील में बाँटा गया है।
- राज्य में सर्वप्रथम 1812 ई. गोरखा काल में भूमि बन्दोबस्त कराया गया।
- ब्रिटिशकाल में पहला भूमि बन्दोबस्त 1815-16 ई. में हुआ। 1815 ई. में **गार्डनर** द्वारा कुमाऊँ में तथा 1816 ई. में टेल द्वारा गढ़वाल में भूमि बन्दोबस्त कराया गया।
- अंग्रेजों द्वारा 1863-73 ई. में 9वाँ सबसे महत्त्वपूर्ण भू-बन्दोबस्त जी ई विकेट की अध्यक्षता में कराया गया, जो **विकेट बन्दोबस्त** कहलाता है।
- ब्रिटिश काल का 11वाँ व अन्तिम भूमि बन्दोबस्त (केवल गढ़वाल मण्डल में) वर्ष 1928 में **इबटसन** के नेतृत्व में हुआ था। स्वतन्त्रता के पश्चात् राज्य में अब तक मात्र एक बार भूमि बन्दोबस्त वर्ष 1960-64 में हुआ है।
- कृषि भूमि मापने के लिए राज्य में **नाली** व **मुट्ठी** पैमाना उपयोग किया जाता है।

उत्तराखण्ड में कृषि भूमि के प्रकार

सिंचाई की उपलब्धता की दृष्टि से राज्य में तीन प्रकार की कृषि भूमि मिलती है

1. तलाँऊ भूमि

- यह भूमि मुख्यत: घाटी के तलों में पाई जाती है, जहाँ सिंचाई की सर्वोत्तम व्यवस्था होती है।
- यह भूमि उपराँऊ भूमि से तीन गुना अच्छी मानी जाती है। इस भूमि पर मुख्यत: सिंचाई द्वारा धान उगाया जाता है।

2. उपराँऊ भूमि

- यह असिंचित भूमि मुख्यत: राज्य के ऊपरी भागों में पाई जाती है। इस भूमि को दो वर्गों **उपराँऊ अव्वल** तथा **उपराँऊ दोयम** में बाँटा गया है।
- उपराँऊ अव्वल भूमि उपराँऊ दोयम भूमि से डेढ़ गुना अच्छी मानी जाती है।

3. इजरान भूमि

- वनों के बीच या किनारें पर पाई जाने वाली अपरिपक्व एवं पथरीली भूमि को इजरान भूमि कहते हैं।
- पर्वतीय क्षेत्रों के गाँवों के समीप की भूमि को **घरया** गाँव के मध्य की भूमि को **बिचल्या** तथा वनों से लगी भूमि को **बुण्या** कहा जाता है।

उत्तराखण्ड में कृषि के प्रकार

राज्य में विषम भौगोलिक परिस्थितियों के कारण निम्न प्रकार की कृषि की जाती है

समोच्चरेखीय कृषि

- पहाड़ी ढालों के विपरीत कण्टूर रेखा (ऊँचाई के अलग-अलग दो बिन्दुओं को मिलाने वाली काल्पनिक रेखा) पर की जाने वाली कृषि कण्टूर या समोच्चरेखीय कृषि कहलाती है।
- इस विधि द्वारा कृषि करने से कम वर्षा वाले क्षेत्रों में नमी सुरक्षित रहती है तथा अधिक वर्षा वाले क्षेत्रों में मृदा अपरदन कम हो जाता है।

सीढ़ीदार कृषि

- इस प्रकार की कृषि में पर्वतीय ढालों को सीढ़ियों में परिवर्तित किया जाता है।
- अधिक ढाल वाली भूमि पर आड़ी जुताई करके सीढ़ीदार कृषि की जाती है।

स्थानान्तरणशील कृषि

- कृषि की इस पद्धति में वनों के किसी भी स्थान का चयन किया जाता है। इसके पश्चात् इसे साफ कर यहाँ कृषि की जाती है।
- मिट्टी की उत्पादक क्षमता कम होने के बाद वह स्थान छोड़ दिया जाता है और नए स्थान पर कृषि की जाती है।
- राज्य में यह कृषि मुख्यत: जनजातियों द्वारा की जाती है। इस कृषि को झूम (झूमिंग) कृषि भी कहा जाता है।

उत्तराखण्ड की प्रमुख फसलें

- राज्य में रबी और खरीफ फसलों की कृषि अधिक की जाती है तथा जायद फसलों की कृषि रबी व खरीफ की अपेक्षा कम की जाती है।
- रबी फसलों की अक्टूबर से दिसम्बर के मध्य बुआई की जाती है और इनकी कटाई मार्च-अप्रैल तक की जाती है।
- इन फसलों को कम जल और औसत ताप की आवश्यकता होती है। इसके अन्तर्गत गेहूँ, जौ, चना, मटर, मसूर, आलू आदि फसलें आती हैं। उत्तराखण्ड में बोई जाने वाली फसलों में मुख्य फसल गेहूँ, धान, मण्डुआ, आलू इत्यादि हैं।
- खरीफ की फसलें अधिक जल और अधिक ताप वाली होती हैं। इनकी बुआई मई से जुलाई तक की जाती है। इसके अन्तर्गत चावल, मक्का, उड़द, तिल, राजमा, मूँग, बाजरा आदि फसलें आती हैं।
- राज्य में गढ़वाल मण्डल की अपेक्षा कुमाऊँ मण्डल में अधिक कृषि की जाती है।

राज्य की प्रमुख फसलें निम्न प्रकार हैं

गेहूँ

- यह राज्य की सबसे महत्त्वपूर्ण फसल है। इसके लिए दोमट मिट्टी, 50 से 70 सेमी वर्षा तथा आरम्भ में 10°C से 15°C तथा बाद में 20°C से 25°C तापमान की आवश्यकता होती है।
- राज्य की लगभग 33% भूमि पर गेहूँ उगाया जाता है।
- इसकी खेती के लिए देहरादून, उत्तरकाशी, पिथौरागढ़, अल्मोड़ा, टिहरी गढ़वाल एवं पौड़ी जिले महत्त्वपूर्ण हैं।
- नैनीताल के अतिरिक्त यह फसल सभी जिलों की प्रथम क्रम की फसल है।

चावल

- यह राज्य की दूसरी सबसे महत्त्वपूर्ण फसल है।
- इसके लिए चिकनी, उपजाऊ या मटियार दोमट मिट्टी, गर्म जलवायु, 75 से 125 सेमी वर्षा, रोपते समय 20°C तथा पकते समय 27°C तापमान सर्वोत्तम होता है।
- राज्य की कुल कृषि भूमि के लगभग 21.6% भाग पर चावल उगाया जाता है।
- देहरादून, ऊधमसिंह नगर, हरिद्वार, नैनीताल, टिहरी, पौड़ी, बागेश्वर चावल के प्रमुख उत्पादक जिले हैं।
- यह नैनीताल जिले की प्रथम क्रम की फसल है। अन्य सभी जिलों में यह द्वितीय क्रम की फसल है।
- ऊधमसिंह नगर में सर्वाधिक चावल की मिलें हैं।

मण्डुआ

- राज्य के पर्वतीय भागों में मण्डुआ की खेती की जाती है। अल्मोड़ा, नैनीताल, बागेश्वर आदि प्रमुख मण्डुआ उत्पादक जिले हैं।
- यह जापान को निर्यात किया जाता है।

मक्का

- इसके प्रमुख उत्पादक जिले देहरादून एवं पिथौरागढ़ की 13.8% कृषित भूमि पर मक्का का उत्पादन किया जाता है।

जौ

- जौ की अधिकतम कृषि देहरादून, चमोली, उत्तरकाशी, टिहरी, पौड़ी जिलों में (गढ़वाल मण्डल) की जाती है।
- राज्य के अल्मोड़ा, नैनीताल जिलों में (कुमाऊँ मण्डल) भी जौ की खेती की जाती है।

सरसों

- सरसों की खेती के लिए आरम्भ में 10°C से 15°C तथा बाद में 20°C से 25°C तक का तापमान सर्वोत्तम है।
- राज्य के अल्मोड़ा, नैनीताल, ऊधमसिंह नगर, हरिद्वार, देहरादून, पौड़ी और चमोली आदि जिलों में सरसों की कृषि की जाती है।

गन्ना

- इसके लिए चिकनी दोमट मिट्टी, 100 से 200 सेमी वर्षा तथा 20 से 26°C तापमान सर्वोत्तम होता है।
- राज्य के भाबर एवं तराई क्षेत्र के चार जिलों ऊधमसिंह नगर, नैनीताल, हरिद्वार तथा देहरादून में गन्ने की खेती होती है।
- इन जिलों के कुल कृषि योग्य भूमि के 40% भाग में गन्ना उगाया जाता है।

दालें

- राज्य की कृषि में दालें उल्लेखनीय स्थान रखती हैं। रबी मौसम की दालें, खरीफ मौसम की दालों की अपेक्षा अधिक महत्त्वपूर्ण होती हैं।
- अरहर, मसूर, उड़द, मूँग व मोठ राज्य की प्रमुख दालें हैं।
- राज्य में दालों का कुल उत्पादन लगभग 65,017 हेक्टेयर भूमि पर होता है।
- नैनीताल, देहरादून, उत्तरकाशी, अल्मोड़ा, पिथौरागढ़, टिहरी व चमोली प्रमुख दाल उत्पादक जिलें है जहाँ यह तृतीय क्रम की फसल है।

राज्य की अन्य प्रमुख खाद्यान्न फसलें एवं उत्पादक क्षेत्र

प्रमुख फसल	सर्वाधिक उत्पादक जिले
साँवा	पिथौरागढ़, अल्मोड़ा, नैनीताल, देहरादून, हरिद्वार।
मसूर	पिथौरागढ़, नैनीताल, चमोली।
चना	नैनीताल, अल्मोड़ा, देहरादून, आदि।
उड़द	अल्मोड़ा, देहरादून, हरिद्वार, ऊधमसिंह नगर।
मटर	नैनीताल, अल्मोड़ा, टिहरी, उत्तरकाशी।
सोयाबीन	नैनीताल, पिथौरागढ़, अल्मोड़ा, चमोली, उत्तरकाशी।
सूरजमुखी	नैनीताल, देहरादून, अल्मोड़ा, हरिद्वार आदि।

सब्जी एवं मसालें

- राज्य में सब्जी उत्पादन में **आलू** प्रथम स्थान पर है। यह राज्य के लगभग सभी जिलों में उगाया जाता है।
- इसके अतिरिक्त राज्य में फूलगोभी, पत्तागोभी, शिमला मिर्च, टमाटर, बैंगन आदि का भी उत्पादन होता है।
- राज्य में मुख्य रूप से हल्दी, अदरक, मिर्च, लहसुन, धनिया, बड़ी इलायची की खेती की जाती है।
- आर्थिक सर्वेक्षण 2023-24 के अनुसार, राज्य में, 105763 लाख मीट्रिक टन सब्जियों का उत्पादन किया जा रहा है।

उत्तराखण्ड में बागवानी

- राज्य में सर्वप्रथम 1869 ई. में यूरोपीय मिशनरियों ने तथा सेना के अधिकारियों ने बागवानी प्रारम्भ की थी।
- आर्थिक सर्वेक्षण 2023-24 के अनुसार, राज्य में शीतोष्ण फलों के अन्तर्गत प्रथम स्थान पर **नाशपती,** द्वितीय स्थान पर **आडू** व तृतीय स्थान पर **सेब** का उत्पादन किया जाता है।

उत्तराखण्ड की प्रमुख बागवानी फसलें

राज्य की प्रमुख बागवानी फसलों का विवरण निम्न है

नाशपती

- राज्य में नाशपती के प्रमुख उत्पादक जिले नैनीताल, अल्मोड़ा, बागेश्वर, हरिद्वार तथा देहरादून हैं।

सेब

- राज्य में सेब के प्रमुख उत्पादक जिले उत्तरकाशी, नैनीताल, देहरादून व चमोली हैं। उत्तरकाशी में स्थित हर्षिल सेब की बागवानी के लिए विश्व प्रसिद्ध है।
- राज्य में उत्पादित सेब को दिल्ली में न्यूजीलैण्ड ब्राण्ड के नाम से बेचा जाता है।

आडू

- नैनीताल, अल्मोड़ा, पिथौरागढ़ और चमोली प्रमुख आडू उत्पादक जिले हैं।

लीची

- देहरादून, नैनीताल, ऊधमसिंह नगर आदि जिलों में लीची का उत्पादन होता है।
- उत्तराखण्ड के नैनीताल की लीचियाँ पूरे भारत में प्रसिद्ध हैं।
- देहरादून लीची का प्रमुख उत्पादक जिला है। भारत सरकार ने इसे लीची निर्यात जोन में सम्मिलित किया है।

सन्तरा और नींबू

- राज्य के अल्मोड़ा, नैनीताल, देहरादून, हरिद्वार आदि जिलों में इनकी कृषि की जाती है।
- यहाँ पर देशी, नागपुरी, एम्पदर तथा लड्डू किस्म का सन्तरा उत्पादित किया जाता है।

अखरोट

- पिथौरागढ़, चमोली, उत्तरकाशी, पौड़ी प्रमुख अखरोट उत्पादक जिले हैं।

चाय

- अल्मोड़ा, बागेश्वर, पौड़ी, नैनीताल, चमोली, पिथौरागढ़, देहरादून आदि प्रमुख चाय उत्पादक जिले हैं।
- कौसानी, भीमताल, भुवानी, कोटा बाग, चौकड़ी आदि (टी स्टेट) चाय बागान ब्रिटिश शासनकाल से ही विख्यात हैं।
- चाय उत्पादन में बढ़ोतरी के लिए राज्य के पर्वतीय क्षेत्रों में निष्प्रयोज्य भूमि के भू-स्वामियों से लीज पर लेकर इस पर चाय बागानों की स्थापना की जा रही है।

मशरूम उत्पादन

- पौड़ी, रुद्रप्रयाग, उत्तरकाशी, पिथौरागढ़, अल्मोड़ा, देहरादून, नैनीताल आदि प्रमुख मशरूम उत्पादक जिले हैं। मशरूम उत्पादन उत्तराखण्ड का स्वरोजगार का अग्रणी विकल्प के रूप में उभर रहा है। इसको बढ़ावा देने हेतु सरकार मशरूम उत्पादन के लिए 50% सहायता प्रदान कर रही है। राज्य में नैनीताल के ज्योलीकोट तथा मवाली में व देहरादून के शंकरपुर में कम्पोस्ट इकाई स्थापित की गई है।
- आर्थिक सर्वेक्षण 2023-24 के अनुसार, राज्य में 19,713 मीट्रिक टन मशरूम का उत्पादन किया गया।

कृषि विकास हेतु संचालित राज्य व केन्द्र सरकार के महत्त्वपूर्ण कार्यक्रम

उत्तराखण्ड में कृषि विकास हेतु संचालित राज्य व केन्द्र सरकार के महत्त्वपूर्ण कार्यक्रम निम्न हैं

- **प्रधानमन्त्री धन-धान्य कृषि योजना** इस योजना की शुरुआत फरवरी, 2025 में की गई, जिसके तहत् कम फसल उत्पादकता वाले क्षेत्रों में फसल उत्पादकता बढ़ाने हेतु किसानों को वित्तीय सहायता, आधुनिक कृषि तकनीक और टिकाऊ कृषि पद्धतियों के साथ सहायता प्रदान करना है।
- **प्रधानमन्त्री किसान सम्मान निधि** यह योजना 1 दिसम्बर, 2018 को केन्द्र सरकार द्वारा जारी की गई थी। इसके अन्तर्गत समस्त किसान परिवारों को ₹ 6 हजार प्रतिवर्ष डी.बी.टी. के माध्यम से प्रदान किए जा रहे हैं। आर्थिक सर्वेक्षण 2020-21 के अनुसार, राज्य में इस योजना के लाभार्थियों की संख्या 8.38 लाख है।
- **वीर शिरोमणि माधो सिंह भण्डारी एकीकृत आदर्श ग्राम योजना** असिंचित कृषि क्षेत्रों में सिंचाई साधन विकसित करने हेतु यह योजना वर्ष 2017-18 में प्रारम्भ की गई है। यह कलस्टर आधारित योजना है, जिसमें कृषक 100 के एक कलस्टर में सम्मिलित होंगे।

- **प्रधानमन्त्री फसल बीमा योजना** प्रधानमन्त्री श्री नरेन्द्र मोदी ने किसानों को सहायता प्रदान करने के उद्देश्य से 13 जनवरी, 2016 को प्रधानमन्त्री फसल बीमा योजना की शुरुआत की। यह योजना उत्तराखण्ड में भी लागू है। यह योजना नहीं टाले जा सकने वाले जोखिमों जैसे प्राकृतिक आग एवं तडित, तूफान, ओला वृष्टि, चक्रवात, टाइफून, बाढ़, फलप्लावन एवं भूस्खलन आदि के कारण कृषि उपज को हुई हानि की क्षतिपूर्ति के लिए व्यापक जोखिम बीमा प्रदान करता है।
- **किसान रत्न सम्मान** यह योजना 2010 में कृषि एवं पशुपालन क्षेत्र में उत्कृष्ट प्रदर्शन करने वाले किसानों को सम्मलित करने हेतु प्रारम्भ की गई।
- **कृषि आमदनी बीमा योजना** यह योजना 21 जनवरी, 2004 से शुरू की गई थी। इसमें बीमित किसानों (लघु एवं सीमान्त) को प्राकृतिक आपदा के समय 75% तथा अन्य को 50% प्रीमियम भारत सरकार द्वारा दिया जाता है।
- **किसान चैनल योजना** 21 जनवरी, 2004 से किसानों को कृषि सम्बन्धी जानकारी देने हेतु इस योजना का आरम्भ किया गया था।
- **कृषि विविधीकरण परियोजना** यह परियोजना राज्य में मई, 2001 से लागू की गई है। इसका मुख्यालय देहरादून में अवस्थित है। यह परियोजना किसानों को विभिन्न प्रकार की सहायता प्रदान करती है।
- **कोर वैली बीज उत्पादन योजना** इस योजना का संचालन पर्वतीय क्षेत्रों में बीजों की कमी को दूर करने के लिए किया गया है।
- **कृषक कवच योजना** इस योजना के अन्तर्गत सीमान्त एवं गरीबी रेखा से नीचे जीवनयापन करने वाले किसानों को नि:शुल्क दुर्घटना बीमा उपलब्ध कराया जाता है। इसमें दुर्घटनाग्रस्त किसानों को ₹ 50,000 की राशि उपलब्ध कराई जाती है।
- **व्यक्तिगत दुर्घटना सहायता योजना** इस योजना के अन्तर्गत राज्य के अधिसूचित क्षेत्रों के किसानों, खेतिहर मजदूरों तथा मण्डी मजदूरों को शारीरिक क्षति होने पर वित्तीय सहायता प्रदान की जाती है। मृत्यु की स्थिति में इन्हें ₹ 1 लाख रुपये की वित्तीय सहायता दी जाती है।
- **बीज ग्राम योजना** केन्द्र पोषित इस योजना के अन्तर्गत चयनित कृषकों को 50% अनुदान पर बीज (आधा एकड़ के लिए) प्रदान किया जाता है।
- **मुख्यमन्त्री बीज ग्राम योजना** यह योजना केवल कुछ चयनित ग्रामों में संचालित है, जिसमें बीज अनुदान पर उपलब्ध कराया जाता है।
- **कृषक सूचना एवं परामर्श केन्द्र** कृषि सम्बन्धी जानकारी उपलब्ध कराने हेतु राज्य के विकास खण्ड स्तर पर कृषक सूचना एवं परामर्श केन्द्र खोले गए हैं।
- **हर खेत को पानी** इस योजना के अन्तर्गत 11.50 हेक्टेयर क्षेत्रफल को उपचारित किया गया। इसके अन्तर्गत लघु सिंचाई के माध्यम से नए जल स्रोतों का विकास करना, जिसमें सतह एवं भूमिगत जल दोनों सम्मिलित होंगे, प्रक्षेत्र में जल वितरण प्रणाली का सुदृढ़ीकरण करना, जल वितरण एवं जल प्रबन्धन को बढ़ाना, कमाण्ड एरिया का कम-से-कम 10% क्षेत्र माइक्रो/प्रिसिसियन सिंचाई में लाना, विभिन्न स्रोतों से जल संचय को बढ़ाना ही इस योजना का मुख्य उद्देश्य हैं।

मेगा फूड पार्क

- राज्य में ₹ 100 करोड़ की लागत से दो मेगा फूड पार्क **पतंजलि फूड एण्ड हर्बल पार्क**, हरिद्वार में तथा **हिमालय मेगा फूड पार्क**, महुआखेड़ा, काशीपुर (ऊधमसिंह नगर) में स्थापित है।

उत्तराखण्ड में सिंचाई

उत्तराखण्ड अधिकांश भूमि ऊँची-नीची पहाड़ियों में स्थित है, जिसके कारण यहाँ कृषि के लिए समस्त भूमि का एक समान उपयोग नहीं हो पाता है। यहाँ कुल प्रतिवेदित क्षेत्रफल के लगभग 12.5% भाग पर ही कृषि कार्य होता है।

सिंचित क्षेत्रफल

- राज्य में बोए गए कुल कृषि भूमि के लगभग 47% भाग पर सिंचाई की जाती है। राज्य में कुआँ, तालाब, नदी, झील, नहर, नलकूप आदि साधनों का प्रयोग सिंचाई के लिए किया जाता है। गढ़वाल मण्डल में कुल सिंचित क्षेत्रफल के लगभग 50.95% भाग पर कुओं, तालाबों, झीलों तथा पोखरों से सिंचाई की जाती है।
- गढ़वाल मण्डल में नहरों से लगभग 43.43% भाग पर सिंचाई की जाती है तथा नलकूपों के द्वारा 5.57% भाग पर सिंचाई की जाती है। कुमाऊँ मण्डल में नलकूप द्वारा सिंचाई की जाती है।
- सिंचाई की आधुनिक सुविधाओं का विकास गढ़वाल मण्डल की तुलना में कुमाऊँ मण्डल में अधिक हुआ है।
- राज्य में सर्वाधिक व न्यूनतम सिंचित क्षेत्र क्रमश: ऊधमसिंह नगर व चमोली जिले में है।

सिंचाई के प्रमुख साधन

राज्य में सिंचाई के प्रमुख साधन नलकूप, **नहरें** तथा **गूले एवं पोखर** हैं। *इनका विवरण निम्न है*

नलकूपों द्वारा सिंचाई

- राज्य में शिवालिक से दक्षिण तथा दून क्षेत्रों में सिंचाई हेतु नलकूपों का प्रयोग बहुत तेजी से बढ़ रहा है।
- नलकूपों से गढ़वाल क्षेत्र में कुल सिंचित क्षेत्र के 5.57% भाग की, जबकि कुमाऊँ क्षेत्र में लगभग 44.57% भाग की सिंचाई की जाती है।
- कुमाऊँ क्षेत्र के ऊधमसिंह नगर तथा नैनीताल जिले में और गढ़वाल क्षेत्र के हरिद्वार जिले में नलकूपों का विस्तार अधिक है।
- वर्ष 1985 से राज्य में लघु सिंचाई योजना के अन्तर्गत नि:शुल्क बोरिंग योजना चलाई जा रही है।

नहरों द्वारा सिंचाई

राज्य में नदियों की अधिकता के बाद भी नहरों का विकास नहीं हो पाया है, क्योंकि यह प्रणाली खर्चीली है और उत्तराखण्ड की भू-संरचना विषम है।

नहरों एवं अन्य साधनों द्वारा सिंचाई का वर्णन निम्न है

ऊपरी गंगा नहर

- ऊपरी गंगा नहर राज्य की सबसे पुरानी नहर है तथा इसका उद्गम स्थल हरिद्वार है। इस नहर का निर्माण लॉर्ड डलहौजी ने 1842 से 1854 ई. के मध्य कराया था।
- यह नहर हरिद्वार में गंगा के दाहिनी ओर से निकलकर कानपुर तक जाती है। इस नहर के द्वारा हरिद्वार के दक्षिण-पश्चिमी क्षेत्रों में सिंचाई की जाती है।

पूर्वी गंगा नहर

- यह नहर हरिद्वार में नवनिर्मित भीमगोड़ा शीर्ष के बाईं ओर से निकाली गई है। इसकी लम्बाई 48.55 किमी तथा क्षमता 137.4 क्यूसेक है।
- चन्दोक, नगीना, नहटोर, नजीबाबाद व अलावलपुर इस नहर से निकाली गई प्रमुख शाखाएँ हैं।
- इन शाखाओं से हरिद्वार तथा उत्तर प्रदेश के बिजनौर तथा मुरादाबाद को सिंचाई सुविधा प्राप्त होती है।

शारदा नहर

- यह नहर उत्तराखण्ड-नेपाल सीमा पर चम्पावत जिले के बनवासा से निकाली गई है।
- इस नहर का निर्माण वर्ष 1928 में शारदा (काली) नदी पर हुआ था। इस नहर प्रणाली से चम्पावत व ऊधमसिंह नगर जिलों के साथ उत्तर प्रदेश को भी सिंचाई सुविधा उपलब्ध होती है।

रामगंगा नहर

- कालागढ़ पौड़ी गढ़वाल के पास बाँध बनाकर निकाली गई लगभग 3,200 किमी लम्बी नहरों की श्रृंखला से उत्तराखण्ड एवं उत्तर प्रदेश को सिंचाई की सुविधा उपलब्ध कराई जा रही है।

भीमताल

- यह कुमाऊँ क्षेत्र की सबसे बड़ी झील है। इससे कई छोटी नहरें निकाली गई हैं। ये नहरें नैनीताल जिले के कई क्षेत्रों में सिंचाई हेतु सहायक हैं।

जमरानी बाँध

- यह बाँध ऊधमसिंह नगर व नैनीताल जिलों को सिंचाई की सुविधा प्रदान करता है।

नानक सागर बाँध

- यह बाँध नैनीताल से निकलने वाली नहटोर नदी पर स्थित है। इससे नहर द्वारा नैनीताल व ऊधमसिंह नगर जिलों को सिंचाई सुविधा प्रदान की जाती है।

टिहरी बाँध

- इस परियोजना का शिलान्यास वर्ष 1978 में हुआ तथा वर्ष 2006 में इस परियोजना से बिजली उत्पादन प्रारम्भ हुआ। यह बाँध भागीरथी व भिलंगना नदियों के संगम पर बना है, जो एशिया का सबसे बड़ा (260.5 मी ऊँचा) बाँध है।
- इस परियोजना से 2,400 मेगावाट विद्युत का उत्पादन किया जाता है। इससे राज्य के टिहरी, पौड़ी, देहरादून तथा हरिद्वार जनपदों को सिंचाई सुविधा उपलब्ध होती है।

> **ड्रिप तथा स्प्रिंकलर सिस्टम**
>
> यह सिंचाई व्यवस्था कम पानी की उपलब्धता वाले क्षेत्रों के लिए उत्तम है। इस तकनीक में स्प्रिंकलर के माध्यम से पौधों में जल आपूर्ति की जाती है। राज्य की औद्योगिक फसलों के लिए यह तकनीक महत्त्वपूर्ण है।

गूले एवं पोखर द्वारा सिंचाई

- गूलों का निर्माण मुख्यत: प्राकृतिक गदेरों के पानी के संचय और सिंचाई के लिए उपयोग हेतु किया जाता है।
- वर्षा ऋतु में पानी के तीव्र बहाव से गूले प्राय: क्षतिग्रस्त हो जाती हैं। इस अवस्था में पोखर का निर्माण किया जाता है। इनमें वर्षाजल एकत्र किया जाता है। इन्हें स्थानीय भाषा में 'खाल' भी कहा जाता है।

उत्तराखण्ड में पशुपालन

- राज्य में पशुपालन ग्रामीण अर्थव्यवस्था का प्रमुख अंग है।
- 20वीं पशुसंगणना (2019) के अनुसार उत्तराखण्ड में कुल पशुधन संख्या 44.22 लाख और कुक्कुटों की कुल संख्या 50.19 लाख है।
- राज्य में पशुपालन विभाग की स्थापना के साथ ही पशुधन के विकास हेतु विभिन्न प्रकार की सुविधाएँ, पशु प्रजनन केन्द्र आदि के साथ अन्य केन्द्र खोले गए हैं।

पशुधन विकास

- राज्य में पशुधन के विकास हेतु उत्तराखण्ड पशुधन विकास बोर्ड देहरादून, पशु कल्याण बोर्ड एवं पशु चिकित्सा परिषद् का गठन किया गया है।
- गौवंशीय पशुओं के संरक्षण हेतु गौ सेवा आयोग का गठन किया गया है।
- पशुलोक (ऋषिकेश) में गो-विज्ञान एवं प्रौद्योगिकी संस्थान की स्थापना गो-वंश शोध एवं विकास हेतु किया गया है।
- श्यामपुर (देहरादून) में अतिहिमीकृत वीर्य उत्पादन केन्द्र स्थापित किया गया है। इस केन्द्र को ISO 9001 : 2000 स्तर पर प्रमाण-पत्र प्राप्त है।
- पौड़ी एवं नैनीताल में चिकित्सकीय जाँच हेतु दो प्रयोगशालाएँ स्थापित हैं।
- महिलाओं की श्रम बचत हेतु प्रत्येक ब्लॉक में एक-एक चारा बैंक खोला गया है।
- चारा विकास कार्यक्रम के अन्तर्गत पशुलोक एवं पन्तनगर में दो चारा बैंकों की स्थापना की गई है।
- अभिनव जवाहर योजना के अन्तर्गत उत्तराखण्ड चारा विकास परियोजना, राज्य के 11 जिलों की एक-एक वन पंचायत में प्रारम्भ की गई है।
- उत्तराखण्ड गौवंश संरक्षण अधिनियम, 2007 के प्रावधानों के अनुरूप राज्य में 43 मान्यता प्रदत्त गोसदन हैं।
- बद्री गाय राज्य की पहली गाय की नस्ल है जिसे NBAGR (National Bureau of Animal Genetic Resources) द्वारा मान्यता दी गई है।

डेयरी विकास

- राज्य में प्रथम दुग्ध संघ की स्थापना हल्द्वानी में वर्ष 1949 में की गई थी।
- डेयरी विकास हेतु प्रदेश स्तर पर उत्तराखण्ड सहकारी डेयरी फेडरेशन, जिला स्तर पर दुग्ध उत्पादक सहकारी संघ और ग्राम स्तर पर दुग्ध समितियों का गठन किया गया है। राज्य में आँचल ब्राण्ड से दुग्ध एवं दुग्ध उत्पादों की पूर्ति की जाती है।

- राज्य में उत्पादों के भण्डारण हेतु लगभग 45 दुग्ध अवशीतलन केन्द्रों की स्थापना की गई है।
- राज्य में मिल्क पाउडर प्लाण्ट की स्थापना ऊधमसिंह नगर में की गई है। नैनीताल में डेयरी शोध एवं विकास केन्द्र खोला जा रहा है।

डेयरी विकास हेतु कार्यक्रम

- **नेशनल डिजीटल लाइवस्टॉक मिशन** पशुपालन, डेरी एवं मत्स्य विभाग भारत सरकार द्वारा पायलट प्रोजेक्ट के रूप में यह योजना देहरादून व हरिद्वार में अप्रैल, 2021 से चलाई जा रही है। इसके अन्तर्गत गौवंशीय एवं महावंशीय पशुओं को शत-प्रतिशत UID year टैग द्वारा Information Network for Animal Productivity and Health में पंजीकरण किया जाना है।
- **स्वयं सहायता समूह** इस योजना का प्रारम्भ वर्ष 2001-02 में किया गया था। यह समूह स्थानीय आवश्यकताओं की पूर्ति करता है। इसमें महिलाओं की भी भागीदारी होती है।
- **समन्वित डेयरी विकास परियोजना** इस परियोजना की शुरुआत वर्ष 2002-03 में हुई थी। इस योजना के अन्तर्गत हरिद्वार एवं ऊधमसिंह नगर में आधुनिक दुग्धशालाओं की स्थापना की गई है।
- **गंगा गाय महिला डेयरी योजना** इस योजना के अन्तर्गत दुग्ध सहकारी समितियों की महिला सदस्यों को उच्च नस्ल दुधारू गाय उपलब्ध कराई जाती है। यह योजना एन.डी. तिवारी द्वारा लागू की गई थी।
- **महिला डेयरी विकास परियोजना** इस योजना की शुरुआत महिलाओं को विकास की मुख्य धारा में जोड़ने के लिए की गई है।
- **मिनी डेयरी योजना** इस योजना के अन्तर्गत दुधारू पशुओं को क्रय करने हेतु सरकार द्वारा 50% अनुदान प्रदान किया जाता है।

भेड़ एवं ऊन तथा रेशम विकास

- उत्तराखण्ड में भेड़ एवं ऊन विकास बोर्ड का गठन किया गया है। वर्ष 2004-05 से ऊन विकास कार्यक्रम भी प्रारम्भ हुआ है।
- इस कार्यक्रम के क्रियान्वयन हेतु प्रदेश में 12 भेड़ प्रजनन प्रक्षेत्र तथा 113 भेड़ एवं ऊन प्रसार केन्द्रों की स्थापना हुई।
- राज्य के पौड़ी में सघन भेड़ विकास परियोजना तथा मुनि की रेती (टिहरी गढ़वाल) में ऊन श्रेणीकरण तथा क्रय-विक्रय केन्द्र हैं।
- राज्य में ऊन के लिए अंगोरा बकरी प्रजनन प्रक्षेत्र क्रमशः चमोली, टिहरी, अल्मोड़ा एवं चम्पावत में कार्यरत् हैं।
- रेशम विकास हेतु राज्य में उत्तराखण्ड को-ऑपरेटिव रेशम फेडरेशन का गठन वर्ष 2006 में किया गया था।
- राज्य में मलवरी, टसर, मूँगा तथा ऐरी प्रकार के रेशम का उत्पादन किया जाता है।

शूकर तथा कुक्कुट विकास

- शूकर विकास हेतु 2 राजकीय, शूकर प्रक्षेत्र श्यामपुर (देहरादून) एवं काशीपुर (ऊधमसिंह नगर) में स्थित हैं।
- कुक्कुट विकास हेतु राज्य में 3 राजकीय कुक्कुट प्रक्षेत्र ऋषिकेश, दयालबाग (अल्मोड़ा) व वेणी (पिथौरागढ़) में संचालित हैं।
- राज्य के अल्मोड़ा, पिथौरागढ़, हल्द्वानी, देहरादून, चमोली, पौड़ी, टिहरी एवं उत्तरकाशी में सघन कुक्कुट विकास परियोजनाएँ प्रारम्भ की गई हैं।

मत्स्यपालन

- उत्तराखण्ड मत्स्य नीति लागू करने वाला पहला राज्य है। यह नीति वर्ष 2002 में लागू की गई थी।
- मछुआ सहकारी समिति के सदस्यों के लिए दुर्घटना बीमा योजना वर्ष 1985 में शुरू की गई, जिसके अन्तर्गत दुर्घटनाग्रस्त व्यक्ति को 50% प्रीमियम का भुगतान भारत सरकार द्वारा किया जाता है।
- मछुआरों के लिए **नेशनल फिशरमैन वेलफेयर फण्ड** बनाया गया है।
- राज्य में मत्स्य विकास केन्द्र खोले गए हैं, जिसमें मत्स्य प्रजनन, बीज उत्पादन तथा प्रशिक्षण जैसे कार्यक्रमों की जानकारी दी जाती है।
- राज्य में **तलवार फार्म** बायोफ्लोक मछली पालन हेतु नवाचार एवं इनक्यूवेशन सेण्टर की तरह कार्य कर रहा है।
- मत्स्य पालकों को मछलियों की समुचित मार्केटिंग हेतु देहारादून में प्रथम प्रसंस्करण यूनिट की स्थापना प्रारंभ की गई है।
- राज्य में **समेकित सहकारी विकास योजना** का विस्तारीकरण करते हुए ऊधमसिंह नगर में योजना प्रारंभ की गई है, जिसमें तालाबों का सुधार कार्य किया जा रहा है।

अभ्यास प्रश्न

1. उत्तराखण्ड में सर्वाधिक शुद्ध बोया गया क्षेत्रफल वाला जिला है
(a) ऊधमसिंह नगर (b) चम्पावत
(c) पिथौरागढ़ (d) देहरादून

2. निम्न में से किस प्रकार की भूमि पर उत्तराखण्ड में मुख्यत: धान उगाया जाता है?
(a) तलाँऊ भूमि (b) उपराँऊ भूमि
(c) खील भूमि (d) बंजर भूमि

3. गाँवों के समीप पाई जाने वाली इजरान भूमि को कहते हैं
(a) बिचल्या (b) घरया
(c) बुण्या (d) इनमें से कोई नहीं

4. सीढ़ीदार खेती सम्बन्धित है
(a) पंजाब से
(b) हरियाणा से
(c) उत्तर प्रदेश के मैदानों से
(d) उत्तराखण्ड से

5. **कथन** (A) गढ़वाल में सीढ़ीदार कृषि पारिस्थितिकी है।
कारण (R) यह पहाड़ी ढालों पर भूमि तथा जल संरक्षण का समुचित उपाय है।
(a) (A) तथा (R) दोनों सही हैं तथा (R), (A) की सही व्याख्या है।
(b) (A) तथा (R) दोनों सही हैं, परन्तु (R), (A) की सही व्याख्या नहीं है।
(c) (A) सही है, परन्तु (R) गलत है।
(d) (A) गलत हैं, परन्तु (R) सही है।

6. झूम कृषि को .... भी कहते हैं।
(a) सीढ़ीदार कृषि
(b) समोच्चरेखीय कृषि
(c) 'a' और 'b' दोनों
(d) स्थानान्तरणशील कृषि

7. उत्तराखण्ड में बोई जाने वाली फसलों में सबसे महत्त्वपूर्ण समूह है
(a) धान, गन्ना, झंगोरा, अरहर
(b) गेहूँ, धान, मण्डुआ, आलू
(c) गेहूँ, मण्डुआ, झंगोरा, आलू
(d) धान, गेहूँ, अरहर, मसूर

8. निम्न में से कौन-सी खरीफ की फसल नहीं है?
(a) कपास (b) मूँगफली
(c) मक्का (d) सरसों

9. निम्न में से कौन-सी खरीफ फसल है?
(a) मक्का (b) ज्वार
(c) बाजरा (d) ये सभी

10. उत्तराखण्ड के किस जिले में चावल का सर्वाधिक उत्पादन होता है?
(a) देहरादून
(b) अल्मोड़ा
(c) ऊधमसिंह नगर
(d) चमोली

11. राज्य में उत्पादित मण्डुआ (कोदो) अनाज का निर्यात किया जाता है
(a) अमेरिका (b) जापान
(c) ब्रिटेन (d) सिंगापुर

12. उत्तराखण्ड राज्य में गन्ने की कृषि सीमित है
(a) हरिद्वार तथा नैनीताल जनपदों में
(b) हरिद्वार तथा पिथौरागढ़ जनपदों में
(c) देहरादून तथा ऊधमसिंह नगर जनपदों में
(d) ऊधमसिंह नगर तथा पिथौरागढ़ जनपदों में

13. उत्तराखण्ड प्रदेश में कौन-से फल की पैदावार नहीं होती है?
(a) सेब (b) माल्टा
(c) लीची (d) नारियल

14. किस जिले को भारत सरकार ने लीची निर्यात जोन में सम्मिलित किया है?
(a) नैनीताल (b) देहरादून
(c) ऊधमसिंह नगर (d) ये सभी

15. उत्तराखण्ड के किस स्थान की लीची सम्पूर्ण भारत में प्रसिद्ध है?
(a) चमोली (b) हरिद्वार
(c) नैनीताल (d) देहरादून

16. कृषि सम्बन्धी जानकारी हेतु किस योजना को प्रारम्भ किया गया?
(a) कृषक कवच योजना
(b) कृषि आमदनी बीमा योजना
(c) किसान चैनल योजना
(d) उपरोक्त सभी

17. राज्य की सबसे पुरानी नहर है
(a) शारदा नहर (b) ऊपरी गंगा नहर
(c) रामगंगा नहर (d) पूर्वी गंगा नहर

18. कुमाऊँ क्षेत्र की सबसे बड़ी झील है
(a) भीमताल (b) रामगंगा
(c) शारदा (d) ये सभी

19. जमरानी बाँध परियोजना से उत्तराखण्ड के किस जिले को सिंचाई की सुविधा उपलब्ध होती है?
(a) देहरादून (b) पिथौरागढ़
(c) नैनीताल (d) चम्पावत

20. नानक सागर बाँध नहर परियोजना किस नदी पर निर्मित की गई है?
(a) भागीरथी (b) टौंस
(c) नहटोर (d) भिलंगना

21. टिहरी जल-विद्युत परियोजना निम्नलिखित में से किन नदियों पर बनी है?
(a) भागीरथी एवं अलकनन्दा
(b) यमुना एवं भागीरथी
(c) काली एवं टौंस
(d) भागीरथी एवं भिलंगना

22. टिहरी बाँध परियोजना से बिजली उत्पादन प्रारम्भ हुआ
(a) वर्ष 2008 (b) वर्ष 2007
(c) वर्ष 2006 (d) वर्ष 2005

23. उत्तराखण्ड पशुधन विकास बोर्ड का प्रशिक्षण केन्द्र स्थित है
(a) देहरादून (b) ऋषिकेश
(c) कालसी (d) हरिद्वार

24. अतिहिमीकृत वीर्य उत्पादन केन्द्र स्थापित किया गया है
(a) देहरादून (b) हरिद्वार
(c) हल्द्वानी (d) नैनीताल

25. उत्तराखण्ड में प्रथम डेयरी संघ स्थापित किया गया
(a) देहरादून (b) अल्मोड़ा
(c) हरिद्वार (d) हल्द्वानी

26. राज्य में दुग्ध एवं दुग्ध उत्पादों को किस ब्राण्ड के नाम से बेचा जाता है?
(a) आँचल (b) पराग
(c) नन्दन (d) अमूल

27. स्वयं सहायता समूह का प्रारम्भ कब किया गया?
(a) वर्ष 1998-99 (b) वर्ष 2001-02
(c) वर्ष 2003 (d) वर्ष 2005-06

28. उत्तराखण्ड में 'गंगा गाय महिला डेयरी' योजना लागू की गई
(a) बी.सी. खण्डूरी द्वारा
(b) वी.एस. कोस्यारी द्वारा
(c) एन.डी. तिवारी द्वारा
(d) हरीश रावत द्वारा

29. मिनी डेयरी योजना के अन्तर्गत दुधारू पशुओं को क्रय करने के लिए सरकार द्वारा कितना अनुदान दिया जाता है?
(a) 20% (b) 50%
(c) 60% (d) 70%

30. ऊन विकास कार्यक्रम किस वर्ष शुरू किया गया?
(a) वर्ष 2004-05 (b) वर्ष 2003-04
(c) वर्ष 2004-05 (d) वर्ष 2000-01

31. उत्तराखण्ड में-ऑपरेटिव रेशम फेडरेशन का गठन कब किया गया?
(a) वर्ष 2000 (b) वर्ष 2002
(c) वर्ष 2004 (d) वर्ष 2006

32. राज्य में रेशम की कौन-सी प्रजाति उत्पादित की जाती है?
(a) मलवरी (b) टसर
(c) ऐरी (d) ये सभी

33. निम्नलिखित क्षेत्रों में से कौन-सा क्षेत्र राजकीय कुक्कुट प्रक्षेत्रों में शामिल नहीं है?
(a) ऋषिकेश (b) श्यामपुर
(c) दयालबाग (d) वेणी

34. मत्स्य नीति लागू करने वाला प्रथम राज्य है
(a) हरियाणा (b) ओडिशा
(c) उत्तराखण्ड (d) गुजरात

35. दुर्घटना बीमा योजना किस वर्ष से प्रारम्भ हुई?
(a) वर्ष 1985 (b) वर्ष 1960
(c) वर्ष 1974 (d) वर्ष 1930

उत्तरमाला

1. (a)	2. (a)	3. (b)	4. (d)	5. (a)	6. (d)	7. (b)	8. (d)	9. (d)	10. (c)
11. (b)	12. (c)	13. (d)	14. (b)	15. (c)	16. (c)	17. (a)	18. (a)	19. (c)	20. (c)
21. (d)	22. (c)	23. (a)	24. (a)	25. (d)	26. (a)	27. (b)	28. (c)	29. (b)	30. (a)
31. (d)	32. (d)	33. (b)	34. (c)	35. (a)					

अध्याय

09

पौधों में सामान्य पोषक तत्त्व

(General Nutrition in Plants)

मैक्रोन्यूट्रिएण्ट्स और माइक्रोन्यूट्रिएण्ट्स

(Macronutrients and Micronutrients)

पौधों में मैक्रोन्यूट्रिएण्ट्स

पौधे जीवित जीव हैं और उन्हें भी जीवित रहने, बढ़ने, प्रजनन करने और विकसित होने के लिए हमारी तरह पोषक तत्वों की आवश्यकता होती है। पौधों में मैक्रोन्यूट्रिएण्ट्स वे पोषक तत्व होते हैं जो पौधों को ऊर्जा प्रदान करते हैं और उनके विकास और वृद्धि को बनाए रखने के लिए बड़ी मात्रा में आवश्यक होते हैं।

ये फसलों के लिए आवश्यक सबसे महत्त्वपूर्ण तत्व हैं और उदाहरणों में नाइट्रोजन (N), पोटेशियम (K), कैल्शियम (Ca), फॉस्फोरस (P), मैग्नीशियम (Mg), सल्फर (S), ऑक्सीजन (O), कार्बन (C), और हाइड्रोजन (H) शामिल हैं। इनमें से सबसे महत्त्वपूर्ण नाइट्रोजन, फॉस्फोरस और पोटैशियम हैं, जो सीधे पौधे की वृद्धि को प्रभावित करते हैं और वास्तव में पौधे के विभिन्न भागों का निर्माण करते हैं। इसके अलावा, नाइट्रोजन क्लोरोफिल का एक महत्त्वपूर्ण घटक है जो प्रकाश संश्लेषण (खाद्य संश्लेषण प्रक्रिया) में महत्त्वपूर्ण भूमिका निभाता है।

मैक्रोन्यूट्रिएण्ट्स के अलावा, माइक्रोन्यूट्रिएण्ट्स पोषक तत्वों की दूसरी श्रेणी है जिन्हें ट्रेस तत्व या खनिज कहा जाता है जो बहुत कम मात्रा में आवश्यक होते हैं और विकास या चयापचय में मदद करते हैं। कुछ महत्त्वपूर्ण सूक्ष्म पोषक तत्वों में बोरॉन (B), आयरन (Fe), क्लोरीन (Cl), मैंगनीज (Mn), कॉपर (Cu), जिंक (Zn), मोलिब्डेनम (Mo) और निकल (Ni) शामिल हैं।

मैक्रो और माइक्रोन्यूट्रिएण्ट्स की भूमिका

पौधों में मैक्रोन्यूट्रिएण्ट्स और माइक्रोन्यूट्रिएण्ट्स आवश्यक पोषक तत्वों के अन्तर्गत आते हैं जो पौधों को सभी जैव रासायनिक आवश्यकताओं के लिए सहायता प्रदान करते हैं और जिनके बिना:

एक पौधा अपना जीवन चक्र पूरा नहीं कर सकता।

अन्य तत्व किसी पौधे के विशिष्ट कार्य की जगह नहीं ले सकते।

पौधों को पूर्ण पोषण नहीं मिल पाता, क्योंकि प्रत्येक आवश्यक पोषक तत्व सीधे तौर पर पौधों के पोषण में शामिल होता है।

सभी आवश्यक पोषक तत्वों में से लगभग आधे तत्वों को मैक्रोन्यूट्रिएण्ट्स माना जाता है और मैक्रोन्यूट्रिएण्ट्स के कार्य बहुत आवश्यक हैं, उदाहरण के लिए, प्रोटीन, कार्बोहाइड्रेट, न्यूक्लिक एसिड और अन्य यौगिकों या प्रमुख पादप मैक्रोमोलेक्यूल्स को बनाने के लिए कार्बन की आवश्यकता होती है।

मैक्रोन्यूट्रिएण्ट्स और माइक्रोन्यूट्रिएण्ट्स की सूची
(List of Micronutricnts and Micrountricnts)

मैक्रोन्यूट्रिएण्ट्स	सूक्ष्म पोषक
कार्बन (सी)	लोहा (Fe)
हाइड्रोजन (H)	मैंगनीज (Mn)
ऑक्सीजन (O)	बोरोन (बी)
नाइट्रोजन (SN)	मोलिब्डेनम (Mo)
फास्फोरस (P)	ताँबा (Cu)
कैल्शियम (Ca)	क्लोरीन (Cl)
पोटेशियम (K)	जिंक (Zn)
मैग्नीशियम (Mg)	निकेल (Ni)
सल्फर (S)	कोबाल्ट (Co)
	सोडियम (Na)
	सिलिकॉन (Si)

मैक्रोन्यूट्रिएण्ट्स और माइक्रोन्यूट्रिएण्ट्स के कार्य

मैक्रो और माइक्रो पोषक तत्वों की संरचना और कार्यों को जानना अच्छा है, ताकि इनके बारे में बेहतर तरीके से जानकारी प्राप्त की जा सके और उनमें से प्रत्येक की भूमिका को पहचाना जा सके।

पौधों में मैक्रोन्यूट्रिएण्ट्स और उनके कार्य

सबसे महत्त्वपूर्ण फसल पोषक तत्व नाइट्रोजन, फॉस्फोरस और पोटैशियम हैं जो पौधों की वृद्धि को सीधे प्रभावित करते हैं और पौधों के विभिन्न भागों का निर्माण करते हैं।

नाइट्रोजन

पौधों के लिए यह महत्त्वपूर्ण है

- चयापचय, क्योंकि यह एक महत्त्वपूर्ण पदार्थ है और अमीनो एसिड, प्रोटीन और एन्जाइम का हिस्सा है।
- अंकुरण और वानस्पतिक वृद्धि को प्रभावित करता है।
- क्लोरोफिल का एक घटक होने के कारण यह प्रकाश-संश्लेषण में महत्त्वपूर्ण भूमिका निभाता है।
- पत्तियों की तीव्र वृद्धि के लिए उत्तरदायी।
- पौधों को हरा रंग प्रदान करता है।
- पौधों में लौह की कमी से फसल की वृद्धि अवरुद्ध हो जाती है, पत्तियाँ क्लोरोसिस या पीली पड़ जाती हैं तथा फल और फूल आने के दौरान कमजोरी आ जाती है, जिससे उपज कम हो जाती है।
- पौधों के लिए बहुत अधिक नाइट्रोजन भी अच्छा नहीं है, क्योंकि इससे पत्तियों का रंग गहरा हरा हो जाता है, विकास धीमा हो जाता है, फसल गिर जाती है और फलों की गुणवत्ता में कमी आ जाती है।

फॉस्फोरस

पौधों के लिए यह महत्त्वपूर्ण है

- जड़ों का विकास
- पुष्पन, फलन और बीज उत्पादन की अच्छी गुणवत्ता बनाए रखना।
- ऊर्जा का भण्डारण एवं परिवहन।
- रोग प्रतिरोधक क्षमता।
- फॉस्फोरस की कमी से पौधों की वृद्धि रुक जाती है, जड़ें कमज़ोर हो जाती हैं, अंकुर पतले हो जाते हैं और पत्तियाँ गहरे हरे/बैंगनी/लाल रंग की हो जाती हैं। फॉस्फोरस की अत्यधिक मात्रा Zn, Fe, Cu, Mn और B जैसे अन्य तत्वों की कमी और कम मात्रा का कारण बन सकती है।

पोटैशियम (K)

- पौधों के लिए यह महत्त्वपूर्ण है
- जल अवशोषण को प्रभावित करना।
- सूखा सहनशीलता में सुधार।
- शीत सहनशीलता में सुधार।
- फफूँद जनित रोगों और कीटों के प्रति प्रतिरोध प्रदान करना।
- प्रोटीन, शर्करा और वसा का संश्लेषण।

पौधों में पोटैशियम की कमी से विकास में कमी, पत्तियों के किनारों का जलना या पीला पड़ना तथा पुरानी पत्तियों पर मृत धब्बे पड़ना जैसी समस्याएँ होती हैं। अधिक मात्रा भी उतनी लाभदायक नहीं होती, क्योंकि इससे मैग्नीशियम, कैल्शियम और नाइट्रोजन सहित अन्य पोषक तत्वों का अवशोषण प्रभावित होता है।

पौधों में सूक्ष्म पोषक तत्व और उनके कार्य

बोरोन, आयरन, मैंगनीज और जिंक पौधे के जीव में सबसे महत्त्वपूर्ण सूक्ष्म पोषक तत्व हैं।

बोरोन

यह निम्नलिखित के लिए महत्त्वपूर्ण है

- चीनी परिवहन।
- अमीनो एसिड उत्पादन।
- कोशिका भित्ति निर्माण।
- फसल प्रजनन।
- फलन।
- पुष्पन

फसल की गुणवत्ता में सुधार

पौधों में बोरोन की कमी से कई तरह के लक्षण दिखाई दे सकते हैं, जिनमें युवा फसलों की वृद्धि रुकना, पत्तियों का विकृत होना, बढ़ते हुए बिन्दुओं का मरना, पत्तियों पर गहरे भूरे रंग के घाव, खराब फूल आना और पत्तियों का क्लोरोसिस या पीला पड़ना शामिल हैं। यह सुनिश्चित किया जाना चाहिए कि फसलों में बोरोन का प्रयोग फूल आने से पहले किया जाना चाहिए, बाद में प्रयोग करना फायदेमन्द नहीं है।

लोहा (Fe)

- क्लोरोफिल उत्पादन
- प्रकाश संश्लेषण
- एन्जाइम संरचना
- ऊर्जा स्थानान्तरण, नाइट्रोजन कमी और स्थिरीकरण को प्रभावित करता है।
- लिग्निन गठन
- पौधों में लौह की कमी से युवा पत्तियों को नुकसान पहुँचता है, क्योंकि इससे शिराओं के बीच पीलापन आ जाता है।

मैंगनीज (Mn)

- पौधों के लिए यह महत्त्वपूर्ण है
- क्लोरोप्लास्ट उत्पादन को प्रभावित करता है।
- प्रकाश संश्लेषण प्रक्रिया में सक्रिय रूप से भाग लेना।
- एन्जाइमों को सक्रिय करना तथा अंकुरण एवं फसल की परिपक्वता को प्रभावित करना।
- मैग्नीशियम की कमी से युवा पत्तियों की शिराओं में पीलापन आ जाता है, जिसे क्लोरोसिस कहा जाता है।

जस्ता (Zn)

- पौधों के लिए यह महत्त्वपूर्ण है
- प्रारम्भिक विकास चरण
- जड़, बीज और फल का विकास
- प्रकाश संश्लेषण की प्रक्रिया में
- पौधों के हार्मोन को सन्तुलित करना
- ऑक्सिन की गतिविधि

जिंक की कमी से विकास अवरुद्ध हो जाता है, अन्तरग्रन्थियों की लम्बाई कम हो जाती है, युवा पत्तियाँ छोटी हो जाती हैं तथा निचली पत्तियाँ पीली पड़ जाती हैं।

मोलिब्डेनम (Mo)

- मोलिब्डेनम पराग निर्माण के लिए जिम्मेदार है। यह नाइट्रोजन स्थिरीकरण के लिए भी जिम्मेदार है।
- फलों या अनाज की कम वृद्धि मोलिब्डेनम की कमी के लक्षण हैं। आर्द्र क्षेत्र में रेतीली मिट्टी वे स्थान हैं, जहाँ जिंक की कमी पाई जाती है।

क्लोरीन (Cl)

- क्लोरीन वह पोषक तत्त्व है जो परासरण और आयनिक सन्तुलन में मदद करता है। यह प्रकाश संश्लेषण की प्रक्रिया में भी महत्त्वपूर्ण भूमिका निभाता है।
- प्रतिरोधक क्षमता में कमी, पौधों की वृद्धि में कमी क्लोरीन की कमी के लक्षण हैं।

पौधों में सूक्ष्म पोषक तत्त्वों की कमी

पौधों में सूक्ष्म पोषक तत्त्वों की कमी के लक्षण निम्नलिखित हैं

सूक्ष्म पोषक तत्त्वों की	कमी के लक्षण
बोरोन	क्लोरोसिस, पत्तियों का विरूपण तथा रंगहीन धब्बे
क्लोरीन	क्लोरोसिस, पत्तियों का मुरझाना
ताँबा	समग्र हरित हीनता, पत्तियों के अग्रभागों का मुड़ जाना, युवा पत्तियों में स्फीति का ह्रास
लोहा	नई पत्तियों की शिराओं के बीच क्लोरोसिस
मोलिब्डेनम	सबसे पुरानी पत्तियों का क्लोरोसिस
मैंगनीज	नई पत्तियों की शिराओं के बीच क्लोरोसिस
जस्ता	युवा पत्तियों की वृद्धि सामान्य से कम होना

सूक्ष्म पोषक तत्त्वों की कमी

मनुष्यों में पाई जाने वाली सामान्य सूक्ष्म पोषक तत्त्वों की कमी इस प्रकार है

कमी से होने वाला रोग	सूक्ष्म पोषक तत्त्वों की
खून की कमी	आयरन की कमी
गण्डमाला, मानसिक मन्दता	आयोडीन की कमी
रिकेट्स, हड्डियों का नुकसान, माँसपेशियों की कमजोरी	विटामिन डी की कमी
मेगालोब्लास्टिक एनीमिया, मस्तिष्क की कार्यक्षमता में कमी	विटामिन बी 12 की कमी
ऑस्टियोपोरोसिस	कैल्शियम की कमी
दृष्टि क्षीणता, अन्धापन	विटामिन ए की कमी
माँसपेशियों में ऐंठन, थकान	मैग्नीशियम की कमी

सूक्ष्म पोषक तत्त्वों के मुख्य बिन्दु

- सूक्ष्म पोषक तत्त्व वे तत्त्व हैं, जिनकी हमें अल्प मात्रा में आवश्यकता होती है।
- लोहा, कोबाल्ट, क्रोमियम, आयोडीन, ताँबा, जस्ता, मोलिब्डेनम कुछ सूक्ष्म पोषक तत्त्व हैं।
- किसी भी पोषक तत्त्व की कमी से वृद्धि और विकास प्रभावित होता है।
- पौधों में मौजूद सूक्ष्म पोषक तत्त्व फसलों के सन्तुलित पोषण के लिए फायदेमन्द होते हैं। ये पौधे के सभी जैविक कार्यों का समर्थन करते हैं।
- उनकी कमी से विकास अवरुद्ध हो जाता है, हरित हीनता, परिगलन, परिपक्वता में देरी तथा जीर्णता होती है।
- पौधों में सूक्ष्म पोषक तत्त्व मिट्टी के कणों से सक्रिय रूप से जुड़ जाते हैं तथा अम्लीय परिस्थितियों में अत्यधिक घुलनशील होते हैं।

पोषक चक्र

पोषक चक्र, जिसे जैव-भूरासायनिक चक्र के रूप में भी जाना जाता है, वह प्रक्रिया है जिसके द्वारा आवश्यक तत्त्व और यौगिक पृथ्वी के पारिस्थितिक तन्त्रों में घूमते हैं तथा जैविक (जीवित) और अजैविक (निर्जीव) घटकों को जोड़ते हैं।

ये चक्र जीवों की वृद्धि, अस्तित्व और प्रजनन के लिए आवश्यक पोषक तत्त्वों की निरन्तर उपलब्धता सुनिश्चित करते हैं।

पोषक चक्र के प्रकार

जिस भण्डार में पोषक चक्रण हो रहा है उसके आधार पर पोषक चक्र दो प्रकार के होते हैं

गैसीय पोषक चक्र

इस चक्र के लिए जलाशय वायुमण्डल है। महत्त्वपूर्ण गैसीय चक्रों में कार्बन, नाइट्रोजन और जल शामिल हैं।

अवसादी पोषक चक्र

इस चक्र के लिए जलाशय पृथ्वी की पपड़ी है। महत्त्वपूर्ण अवसादी चक्रों में फॉस्फोरस और सल्फर शामिल हैं।

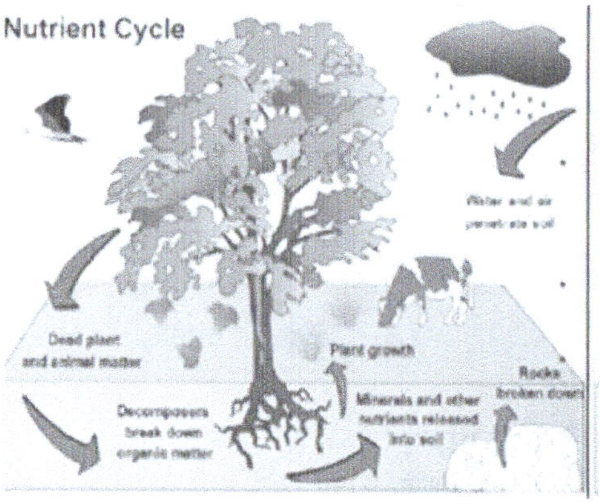

महत्त्वपूर्ण पोषक चक्र

किसी पारिस्थितिकी तन्त्र में कुछ महत्त्वपूर्ण जैव-भूरासायनिक चक्र हैं

- कार्बन चक्र
- नाइट्रोजन चक्र
- जल चक्र या जल विज्ञान चक्र
- फॉस्फोरस चक्र और
- सल्फर चक्र

इनमें से कार्बन व नाइट्रोजन चक्र सर्वाधिक महत्त्वपूर्ण है।

कार्बन चक्र

- कार्बन जीवित जीवों के आवश्यक भागों में से एक है, क्योंकि यह जीवों के शुष्क भार का 49% होता है।
- जहाँ तक कार्बन के स्रोतों की बात है, 71% कार्बन महासागरों में घुला हुआ है।

- यह पृथ्वी की सतह पर जीवाश्म ईंधन के रूप में भी मौजूद है।
- कार्बन वायुमण्डल में मुख्यतः दो रूपों में मौजूद है— कार्बन डाइऑक्साइड और मीथेन।
- इस प्रकार, इस चक्र में वायुमण्डल, महासागर, जीवित जीव और मृत पदार्थ सहित सभी घटक शामिल होते हैं।

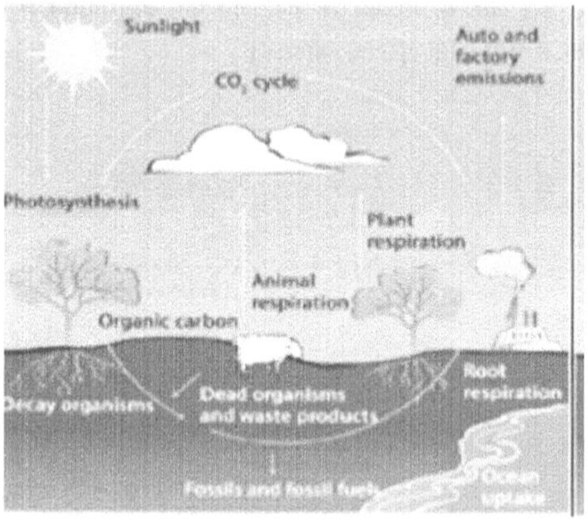

कार्बन चक्र में शामिल प्रक्रियाएँ

यह चक्र निम्नलिखित चरणों में पूरा होता है

प्रकाश संश्लेषण

यह वह प्रक्रिया है, जिसमें हरे पौधे सूर्य के प्रकाश की उपस्थिति में वायुमण्डलीय अकार्बनिक कार्बन (कार्बन डाइऑक्साइड) को कार्बनिक पदार्थ (भोजन) में परिवर्तित करते हैं और ऑक्सीजन छोड़ते हैं।

यह भोजन पौधों द्वारा अपने कार्यों के लिए उपयोग किया जाता है तथा उच्चतर पोषी स्तर के जीवों तक भी पहुँचाया जाता है।

श्वसन

भोजन को ऊर्जा में परिवर्तित करने की आवश्यकता है।

श्वसन वह प्रक्रिया है, जिसमें भोजन का ऑक्सीकरण होता है और वह ऊर्जा में परिवर्तित हो जाता है, तथा कार्बन डाइऑक्साइड और जल मुक्त होता है। इससे कार्बन डाइऑक्साइड (CO_2) वायुमण्डल में छोड़ी जाती है।

सड़न

प्रकाश संश्लेषित भोजन का केवल एक भाग ही ऊर्जा उत्पन्न करने के लिए ऑक्सीकृत होता है।

शेष भाग जीव के बायोमास के रूप में संग्रहित हो जाता है, जो जीव की मृत्यु पर उसके अवशेषों द्वारा क्रियाशील हो जाता है तथा पुनः वातावरण में कार्बन डाइऑक्साइड छोड़ता है।

दहन

अपघटन के अतिरिक्त, बायोमास के जलने से सीधे तौर पर कार्बन डाइऑक्साइड वायुमण्डल में उत्सर्जित होती है।

कार्बन चक्र पर मानवीय गतिविधियों का प्रभाव

कार्बन चक्र का प्राकृतिक सन्तुलन मानवीय गतिविधियों, विशेषकर औद्योगीकरण के कारण विकृत हो गया है। वनों के विनाश के साथ-साथ उद्योगों और बिजली संयन्त्रों से कार्बन डाइऑक्साइड के उत्सर्जन के कारण कार्बन डाइऑक्साइड उत्सर्जन में वृद्धि हुई है, जो ग्लोबल वार्मिंग का कारण बन रहा है।

नाइट्रोजन चक्र

नाइट्रोजन चक्र एक जैव-भूरासायनिक प्रक्रिया है, जो वायुमण्डल से नाइट्रोजन गैस को जीवित जीवों द्वारा उपयोग योग्य रूपों में परिवर्तित करती है, तथा पुनः वायुमण्डल में वापस भेजती है।

यह चक्र पौधों की वृद्धि के लिए नाइट्रोजन की निरन्तर आपूर्ति सुनिश्चित करता है, जो सम्पूर्ण खाद्य श्रृंखला को सहारा देता है।

नाइट्रोजन चक्र में शामिल प्रक्रियाएँ

नाइट्रोजन चक्र में पाँच मुख्य प्रक्रियाएँ शामिल हैं

नाइट्रोजन स्थिरीकरण

नाइट्रोजन स्थिरीकरण प्रक्रिया में गैसीय नाइट्रोजन को ऐसे रूप में परिवर्तित किया जाता है, जिसे पौधे आसानी से अवशोषित कर सकें; जैसे— अमोनिया, नाइट्रेट आदि।

चूँकि नाइट्रोजन गैस एक अक्रिय गैस है इसलिए इसके परमाणुओं को तोड़ने के लिए पर्याप्त मात्रा में ऊर्जा की आवश्यकता होती है ताकि वे अन्य परमाणुओं के साथ संयोजित हो सकें।

वायुमण्डलीय नाइट्रोजन को मुख्यतः तीन प्रक्रियाओं के माध्यम से स्थिर किया जा सकता है

वायुमण्डलीय निर्धारण

- इस प्रकार के स्थिरीकरण में, बिजली, दहन या ज्वालामुखी गतिविधि जैसी गतिविधियों द्वारा ऊर्जा प्रदान की जाती है, जो नाइट्रोजन के स्थिरीकरण में मदद करती है।
- यह ऊर्जा अन्यथा निष्क्रिय नाइट्रोजन गैस को तोड़ देती है।
- अन्ततः, नाइट्रोजन अणु ऑक्सीजन के साथ प्रतिक्रिया करके नाइट्रोजन के ऑक्साइड बनाता है।
- जब यह वर्षा के पानी में घुल जाता है और धरती तक पहुँचता है तो यह नाइट्रेट में परिवर्तित हो जाता है।

औद्योगिक निर्धारण

- कृत्रिम रूप से, नाइट्रोजन स्थिरीकरण उद्योगों में विशिष्ट परिस्थितियों में किया जा सकता है, जिसमें उच्च तापमान और उच्च दबाव शामिल होता है।
- इस प्रक्रिया के माध्यम से, वायुमण्डलीय नाइट्रोजन गैस और हाइड्रोजन गैस को संयोजित कर अमोनिया का उत्पादन किया जाता है, जिसे आगे यूरिया बनाने के लिए संसाधित किया जाता है और इस प्रकार पौधों तक पहुँचाया जाता है।

जीवाणु निर्धारण

- नाइट्रोजन को स्थिर करने की यह क्षमता केवल कुछ जीवाणुओं में ही पाई जाती है
- सहजीवी जीवाणु उदाहरणार्थ फलीदार पौधों की जड़ों में राइजोबियम।
- **स्वतन्त्र-जीवित या गैर-सहजीवी बैक्टीरिया** जैसे नोस्टॉक, एज़ोबैक्टर, साइनोबैक्टीरिया वायुमण्डलीय या घुली हुई नाइट्रोजन को हाइड्रोजन के साथ संयोजित करके अमोनिया बना सकते हैं।

नाइट्रीकरण

- यद्यपि पौधे अमोनिया के रूप में नाइट्रोजन ग्रहण कर सकते हैं, लेकिन अधिकांश अमोनिया को नाइट्रोसोमोनस और नाइट्रोबैक्टर बैक्टीरिया द्वारा क्रमश: नाइट्राइट या नाइट्रेट में परिवर्तित कर दिया जाता है।
- फिर पौधे इस नाइट्रेट को ग्रहण कर लेते हैं।
- पहले चरण में, नाइट्रोसोमोनस बैक्टीरिया अमोनिया को नाइट्राइट में बदल देता है।
- दूसरे चरण में, नाइट्रोबैक्टर नाइट्राइट को नाइट्रेट में ऑक्सीकृत कर देता है।

आत्मसात

- ये नाइट्रेट पौधे अपनी जड़ों के माध्यम से ग्रहण कर लेते हैं, जिससे वे प्रोटीन, आरएनए, डीएनए आदि सहित कार्बनिक अणु बनाते हैं।

ये पौधे और पशु ऊतकों का आवश्यक हिस्सा हैं।

अमोनीकरण

यह क्षय प्रक्रिया का हिस्सा है।

- इस प्रक्रिया के अंतर्गत, जीव द्वारा ग्रहण किया गया नाइट्रोजन पुन: अकार्बनिक अमोनिया में परिवर्तित हो जाता है।
- इसके लिए, अमोनीकारी बैक्टीरिया यूरिया और यूरिक एसिड जैसे अपशिष्ट उत्पादों और जीवों के मृत अवशेषों को अमोनिया में परिवर्तित करने में मदद करते हैं।

अनाइट्रीकरण

- यह वह प्रक्रिया है, जिसके द्वारा अमोनिया से नाइट्रोजन गैस मुक्त होकर वापस वायुमण्डल में छोड़ दी जाती है।
- इस प्रक्रिया के लिए मिट्टी में गहराई में रहने वाले नाइट्रोजन-शोधक बैक्टीरिया सहायक होते हैं।
- इस प्रकार, इस चक्र के माध्यम से नाइट्रोजन पुनः वायुमण्डल में वापस पहुँच जाती है और चक्र पूरा हो जाता है।

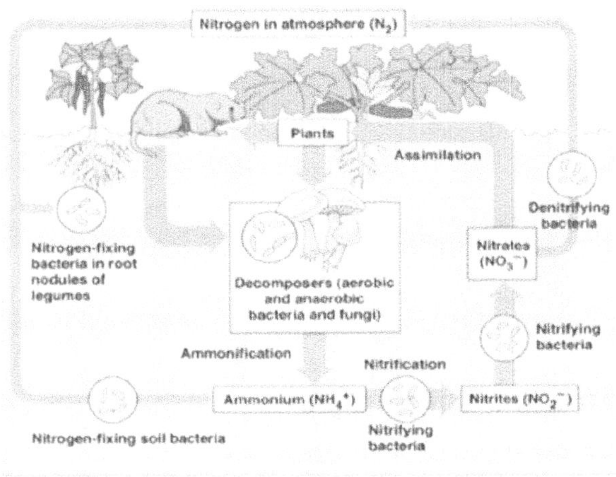

अभ्यास प्रश्न

1. पौधों व फसलों के विकास के लिए प्रमुख आवश्यक तत्त्व है?
(a) नाइट्रोजन (b) पोटैशियम
(c) मैग्नीशियम (d) ये सभी

2. निम्नलिखित में से कौन-सा पौधे के लिए सूक्ष्म पोषक होता है?
(a) कार्बन (b) ऑक्सीजन
(c) नाइट्रोजन (d) बोरॉन

3. हरे पौधों को कुल कितने पोषक तत्वों की आवश्यकता होती है?
(a) 15 (b) 17 (c) 16 (d) 20

4. निम्नलिखित में से कौन-सा एक, विभिन्न फसलों के लिए मृदा में विद्यमान एक सूक्ष्म पोषक है?
(a) कैल्शियम (b) मैंगनीज
(c) मैग्नीशियम (d) पोटैशियम

5. पौधों की लम्बाई में वृद्धि के लिए आवश्यक नहीं है
(a) सोडियम (b) कैल्शियम
(c) नाइट्रोजन (d) फॉस्फोरस

6. आलू में 'ब्लैक हार्ट' का कारक कौन है?
(a) ताँबे की कमी
(b) बोरॉन की कमी
(c) ऑक्सीजन की कमी
(d) पोटैशियम की कमी

7. नाइट्रोजन स्थिरीकरण में लेगहीमोग्लोबिन का क्या कार्य है?
(a) ऑक्सीजन का अवशोषण
(b) जीवाणुओं का पोषण
(c) जड़ों को लाल रखना
(d) प्रकाश का अवशोषण

8. इनमें से कौन-सा पौधा नाइट्रोजन स्थिरीकरण में सहायक नहीं है?
(a) चना (b) मटर
(c) सेम (d) धान

9. निम्नलिखित में से कौन-सा तत्व पौधों में सूक्ष्म पोषक नहीं है?
(a) आयरन (b) मैंगनीज
(c) कॉपर (d) मैग्नीशियम

10. पौधों में सूक्ष्म पोषक तत्त्व सभी जैव रासायनिक आवश्यकताओं के लिए सहायता प्रदान करते हैं, जिनके बिना
(a) एक पौधा, अपना जीवन चक्र पूरा नहीं कर सकता
(b) पौधों को पूर्ण पोषण नहीं मिल पाता
(c) अन्य तत्त्व किसी पौधे के विशिष्ट कार्य की जगह नहीं ले सकते
(d) उपरोक्त सभी

11. प्रमुख माइक्रोन्यूट्रिण्ट्स कौन-से हैं?
(a) आयरन (b) बोरॉन
(c) कॉपर (d) ये सभी

12. निम्न में से कौन-सा मैक्रोन्यूट्रिएण्ट्स पौधों में अंकुरण व वानस्पतिक वृद्धि को प्रभावित करता है?
(a) नाइट्रोजन
(b) फॉस्फोरस
(c) पोटैशियम
(d) बोरॉन

13. किस सूक्ष्म पोषक तत्त्व की कमी से पौधों की वृद्धि रूक जाती है जड़ें कमजोर हो जाती हैं तथा पत्तियाँ गहरे हरे या बैंगनी रंग की हो जाती हैं?
(a) फॉस्फोरस
(b) पोटैशियम
(c) लोहा
(d) उपरोक्त में से कोई नहीं

14. कौन-सा पोषक तत्त्व प्रकाश-संश्लेषण के दौरान क्लोरोफिल उत्पादन, एन्जाइम संरचना व ऊर्जा स्थानान्तरण के लिए उत्तरदायी है?
(a) बोरॉन (b) मैंगनीज (c) लोहा (d) जस्ता

15. कौन-सा पोषक तत्त्व पराग कणों के निर्माण के लिए उत्तरदायी है?
(a) मॉलिब्डेनम
(b) क्लोरीन
(c) जस्ता
(d) उपरोक्त में से कोई नहीं

16. सुमेलित कीजिए

	पौधों में रोग		सूक्ष्म पोषक तत्त्वों की कमी के कारण
A.	नई पत्तियों की शिराओं के बीच क्लोरोसिस	1.	बोरॉन
B.	युवा पत्तियों की वृद्धि सामान्य से कम होना	2.	लोहा
C.	पत्तियों का विरूपण व रंगहीन धब्बे	3.	ताँबा
D.	युवा पत्तियों में स्फीति का ह्रास	4.	जस्ता

कूट

	A	B	C	D		A	B	C	D
(a)	1	2	3	4	(b)	2	4	1	3
(c)	2	3	1	4	(d)	1	4	2	3

17. निम्न में से कौन-सा जैव-भू-रासायनिक चक्र नहीं है?
(a) ओजोन चक्र (b) जलीय चक्र
(c) नाइट्रोजन चक्र (d) फॉस्फोरस चक्र

18. बिजली गिरने के दौरान हवा में निर्मित उच्च तापमान और दबाव नाइट्रोजन को ……… में बदल देते हैं।
(a) क्लोरोफार्म
(b) अमोनिया
(c) नाइट्रोजन को ऑक्साइड
(d) ऑक्सीजन

19. निम्न में से कौन-सा कथन सही है?
(a) नाइट्रोजन वातावरणीय पौधों के लिए एक प्रमुख भण्डार है।
(b) नाइट्रोजन पौधों के लिए सबसे प्रचुर मात्रा में पाया जाने वाला पोषक तत्त्व है।
(c) नाइट्रोजन चक्र एक अवसादी चक्र है।
(d) उपरोक्त सभी

20. पौधों द्वारा नाइट्रोजन को किस रूप में अवशोषित किया जाता है?
(a) अमोनियम
(b) नाइट्राइट
(c) नाइट्रेट
(d) उपरोक्त सभी

21. नाइट्रोजन स्थिरीकरण के लिए महत्त्वपूर्ण एन्जाइम कौन-सा है?
(a) नाइट्रोजेनेज व हाइड्रोजेनेज
(b) नाइट्रोजनेज व हेक्सोकाइनेज
(c) नाइट्रोजनेज व पोप्टिडेज
(d) नाइट्रोजनेज व हाइड्रोलाइज

22. नाइट्रेट्स का नाइट्रोजन में रूपान्तरण कहलाता है।
(a) अमोनीकरण
(b) नाइट्रीकरण
(c) अनाइट्रीकरण
(d) नाइट्रोजन स्थिरीकरण

23. नाइट्राइट का नाइट्रेट में रूपान्तरण कहलाता है।
(a) नाइट्रोसोकोकस
(b) क्लॉस्ट्रीडियम
(c) नाइट्रोवैक्टर
(d) नाइट्रोसोमोनस

24. अमोनिया का नाइट्राइट व फिर नाइट्रेट में रूपान्तरण कहलाता है?
(a) अमोनीकरण
(b) अनाइट्रीकरण
(c) नाइट्रीकरण
(d) उपरोक्त में से कोई नहीं

उत्तरमाला

1. *(d)*	2. *(d)*	3. *(b)*	4. *(b)*	5. *(a)*	6. *(b)*	7. *(a)*	8. *(d)*	9. *(d)*	10. *(d)*
11. *(d)*	12. *(a)*	13. *(a)*	14. *(c)*	15. *(a)*	16. *(b)*	17. *(a)*	18. *(d)*	19. *(a)*	20. *(d)*
21. *(a)*	22. *(c)*	23. *(c)*	24. *(c)*						

अध्याय

10

जैविक खेती

(Organic Farming)

- जैविक कृषि (Organic Farming) का अर्थ विज्ञान द्वारा खोजे गए प्रकृति के रहस्यों व वरदानों का कृषि में उपयोग कर उत्पादन को उचित स्तर पर टिकाऊ रूप से प्राप्त करना है, ताकि टिकाऊ खेती का स्वरूप दिया जा सके। इसमें रासायनिक उर्वरक और कीटनाशकों का कोई उपयोग नहीं किया जाता है।
- सम्पूर्ण प्राकृतिक मित्र तकनीकों का उपयोग किया जाता है। वास्तव में, जैविक कृषि वही है, जो हमारी मिट्टी और जलवायु के अनुसार हो और हमारे पास उपलब्ध संसाधनों द्वारा हो तथा जिसमें सभी आदानों का सन्तुलित प्रयोग कर सदुपयोग हो, ताकि वे लम्बे समय तक उपलब्ध हो सकें।

जैविक खेती के सिद्धान्त (Principles of Organic Farming)

- **स्वास्थ्य** जैविक खेती से मिट्टी के स्वास्थ्य में सुधार होना चाहिए और इस प्रकार पौधों, जानवरों, मनुष्यों के साथ-साथ पृथ्वी को भी बनाए रखना चाहिए।
- **पारिस्थितिकी** जैविक खेती को प्राकृतिक चक्रों, जीवित प्रणालियों का समर्थन करना चाहिए और उन्हें बनाए रखने में मदद करनी चाहिए।
- **निष्पक्षता** इसे मजबूत सम्बन्धों पर बनाया जाना चाहिए, जो पर्यावरण सामाजिक न्याय और निष्पक्ष व्यापार से सम्बन्धित निष्पक्षता को प्रोत्साहित करना चाहिए।
- **देखभाल** पर्यावरण और आने वाली पीढ़ियों को ध्यान में रखते हुए जैविक खेती जिम्मेदारी के साथ की जानी चाहिए।
- मुख्य उद्देश्य मिट्टी की उर्वरता को बढ़ाकर प्रदूषण को कम करके, कीटनाशकों और सिन्थेटिक उर्वरकों के उपयोग से बचना, आनुवंशिक विविधता की रक्षा करना और प्राकृतिक कृषि प्रणाली चक्र को बढ़ाकर उच्च गुणवत्ता वाले खाद्य उत्पादन को बढ़ावा देना है।

जैविक खेती के प्रकार (Types of Organic Farming)

- **शुद्ध जैविक खेती** इसमें सभी अप्राकृतिक रसायनों के बिना खेती की जाती हैं और इसके बजाय, उर्वरक और कीटनाशक प्राकृतिक स्रोतों से प्राप्त किए जाते हैं।
- **एकीकृत जैविक खेती** इसमें पारिस्थितिक मानकों और आर्थिक माँगों को पूरा करने के लिए पोषक तत्त्व प्रबन्धन और कीट प्रबन्धन के लिए एक एकीकृत दृष्टिकोण शामिल है।

जैविक खेती के लाभ (Benefits of Organic Farming)

1. यह प्रदूषण के स्तर को कम करके पर्यावरण स्वास्थ्य को बनाए रखने में मदद करता है। यह उत्पाद में अवशेषों के स्तर को कम करके मानव और पशु स्वास्थ्य के खतरों को कम करता है।
2. यह कृषि उत्पादन को स्थायी स्तर पर रखने में मदद करता है।
3. यह कृषि उत्पादन की लागत को कम करता है और मिट्टी के स्वास्थ्य में भी सुधार करता है।
4. यह अल्पकालिक लाभ के लिए प्राकृतिक संसाधनों का इष्टतम उपयोग सुनिश्चित करता है और भविष्य की पीढ़ी के लिए उनके संरक्षण में मदद करता है।
5. यह न केवल पशु और मशीन दोनों के लिए ऊर्जा बचाता है, बल्कि फसल के खराब होने के जोखिम को भी कम करता है।
6. यह मिट्टी के भौतिक गुणों जैसे कि दानेदार बनाना, अच्छी जुताई और जल धारण क्षमता में सुधार करता है और कटाव को कम करता है।
7. यह मिट्टी के रासायनिक गुणों जैसे मिट्टी के पोषक तत्त्वों की आपूर्ति और प्रतिधारण में सुधार करता है, जल निकायों और पर्यावरण में पोषक तत्त्वों के नुकसान को कम करता है और अनुकूल रासायनिक प्रतिक्रियाओं को बढ़ावा देता है।

जैविक खेती की तकनीक
(Organic Farming Techniques)

1. **मृदा प्रबन्धन** मृदा प्रबन्धन भारत में जैविक खेती की प्राथमिक तकनीक है। खेती के बाद, मिट्टी अपने पोषक तत्त्वों को खो देती है और इसकी खाद कम हो जाती है। वह प्रक्रिया जिसमें मिट्टी सभी आवश्यक पोषक तत्त्वों से भर जाती है, मृदा प्रबन्धन कहलाती है। जैविक खेती मिट्टी की उर्वरता बढ़ाने के लिए प्राकृतिक तरीकों का उपयोग करती है। यह जानवरों के अपशिष्ट में उपलब्ध बैक्टीरिया का उपयोग करता है। जीवाणु मिट्टी को अधिक उत्पादक और उपजाऊ बनाने में मदद करते हैं। जैविक खेती के तरीकों की सूची में मृदा प्रबन्धन सबसे पहले है।
2. **खरपतवार प्रबन्धन** जैविक खेती का मुख्य उद्देश्य खरपतवारों को हटाना है। खरपतवार अवांछित पौधे हैं, जो फसत के साथ उगते हैं। खरपतवार मिट्टी के पोषक तत्त्वों के साथ चिपक जाने से फसलों के उत्पादन पर प्रभाव डालते हैं।
3. **फसल विविधता** इस तकनीक के अनुसार फसलों की बढ़ती माँग को पूरा करने के लिए विभिन्न फसलों की एकसाथ खेती की जा सकती है। फसत विविधता भारत में सबसे प्रसिद्ध जैविक कृषि तकनीकों में से एक है।
4. **खेती में रासायनिक प्रबन्धन** कृषि फार्मों में उपयोगी और हानिकारक जीव होते हैं, जो खेतों को प्रभावित करते हैं। फसलों और मिट्टी को बचाने के लिए जीवों की वृद्धि को नियन्त्रित करने की आवश्यकता है।

   इस प्रक्रिया में प्राकृतिक या कम रसायनों शाकनाशियों और कीटनाशकों का उपयोग मिट्टी और फसलों की रक्षा के लिए किया जाता है। अन्य जीवों को नियन्त्रित करने के लिए पूरे क्षेत्र में उचित रख-रखाव की आवश्यकता होती है।
5. **जैविक कीट नियन्त्रण** इस पद्धति में रसायनों के उपयोग के बिना या कीटों को नियन्त्रित करने के लिए जीवित जीवों का उपयोग किया जाता है। भारतीय किसानों द्वारा कृषि में जैविक खेती की इन तकनीकों का पालन किया जाता है।

जैविक कृषि सम्बन्धित योजना

जैविक कृषि से सम्बन्धित योजना निम्न प्रकार है

राष्ट्रीय जैविक कृषि परियोजना

- अक्टूबर, 2004 में दसवीं-पंचवर्षीय योजना की शेष अवधि के दौरान देश में जैविक कृषि के उत्पादन, प्रोत्साहन और बाजार विकास के लिए ₹57.05 करोड़ के परिव्यय के साथ 'राष्ट्रीय जैविक कृषि परियोजना' नामक नई योजना प्रारम्भ की गई।

इस परियोजना के मुख्य घटक निम्नलिखित हैं

- कार्बनिक उत्पादों के प्रमाणीकरण की प्रणाली स्थापित करना।
- सेवा-प्रदाताओं के माध्यम से क्षमता-निर्माण करना।

निम्नलिखित प्रकार के कार्बनिक घटकों के उत्पादन के लिए वाणिज्यिक उत्पादन इकाइयों को वित्तीय और तकनीकी सहायता देना।

1. फलों और सब्जियों के कचरे के लिए कम्पोस्ट इकाइयाँ।
2. जैव-उर्वरक उत्पादन।
3. जैव-कीटनाशक और कृषि-पालन के लिए अण्डज उत्पादित शालाएँ।

- जैविक कृषि को प्रोत्साहन देना और उसका विस्तार करना।
- जैविक कृषि में उचित लाभ प्राप्त करने के लिए वर्मी-कम्पोस्टिंग आवश्यक प्रक्रिया है।

वर्मी-कम्पोस्ट

- वर्मी-कम्पोस्ट को केंचुआ पालन भी कहा जाता है। गोबर, सूखे एवं हरे पत्ते, घास-फूस, धान का पुआल, मक्का/बाजरा की कड़वी, फसलों के अवशेष, डेयरी/ कुक्कुट वेस्ट, सिटी गारवेज आदि खाकर केंचुओं द्वारा प्राप्त मल से तैयार खाद ही वर्मी-कम्पोस्ट कहलाती है।
- यह हर प्रकार के पेड़-पौधों, फल वृक्षों, सब्जियों, फसलों के लिए पूर्णरूप से प्राकृतिक, सम्पूर्ण व सन्तुलित आहार (पोषण खाद) है।
- इससे बेरोजगार युवकों, गृहिणियों एवं भावी-पीढ़ी को रोजगार के अवसर प्रदान किए जा सकते हैं, साथ ही पर्यावरण प्रदूषण की भी समस्या कुछ हद तक सुलझ सकती है।

वर्मी-कम्पोस्ट की मात्रा

- भूमि में प्रथम वर्ष 5 टन प्रति हेक्टेयर, दूसरे वर्ष 2.5 टन एवं तीसरे वर्ष 1.25 टन प्रति हेक्टेयर वर्मी-कम्पोस्ट डालें। गमलों में फूलों के लिए 150-300 ग्राम प्रति गमला/पादप डालें।
- वर्मी-कम्पोस्ट की ट्रेनिंग एवं स्पान (केंचुए के कोकून) की उपलब्धता स्नोव्यू मशरूम लैब एण्ड ट्रेनिंग सेन्टर 3 गाँधी आश्रम नरेला, दिल्ली, राज्य कृषि विश्वविद्यालय (SAUs), कृषि विज्ञान केन्द्रों तथा नैफेड (NAFED) से प्राप्त की जा सकती है। वर्मी-कम्पोस्ट तकनीक को डॉ. सुल्तान अहमद स्माइल ने मृदा जीव-विज्ञान व जैव प्रौद्योगिकी अनुसन्धान संस्थान (IRSBB), चेन्नई में विकसित किया था।

वर्मी-कम्पोस्ट के लाभ

वर्मी-कम्पोस्ट के लाभ निम्नलिखित हैं

1. केंचुए के द्वारा भूमि की उर्वरता, pH, भौतिक दशा, जैविक पदार्थ, लाभदायक जीवाणुओं में वृद्धि एवं सुधार।
2. भूमि की जल सोखने की क्षमता, प्राप्य नमी, निस्यन्दन में वृद्धि एवं पृथ्वी संरचना व एकत्रीकरण में सुधार।
3. केंचुए के मल से 2-30 टन प्रति एकड़ प्रतिवर्ष जमाव का होना।
4. कैटामन एक्सचेंज कैपेसिटी (CEC) का बढ़ना।
5. खरपतवारों की कमी, सिंचाई की बचत।
6. फसलों में रोग/कीड़ों का कम लगना।

अभ्यास प्रश्न

1. जैविक किसान मिट्टी को किस प्रकार समृद्ध बनाते हैं?

(a) उर्वरक (b) कीटनाशक
(c) खाद/कम्पोस्ट (d) एण्टीबायोटिक्स

2. जैविक खेती के सिद्धान्त हैं

(a) स्वास्थ्य (b) पारिस्थितिकी
(c) निष्पक्षता (d) ये सभी

3. जैविक खेती का महत्त्व व लाभ है

(a) किसी रसायन का प्रयोग नहीं
(b) पर्यावरण अनुकूल
(c) मिट्टी का स्वास्थ्य बढ़ता है
(d) उपरोक्त सभी

4. जैविक खेती द्वारा मृदा स्वास्थ्य बनाए रखने का सर्वोत्तम तरीका कौन-सा है?

(a) फसल चक्र
(b) सिन्थेटिक उर्वरक
(c) काली मिट्टी का उपयोग
(d) एकल कृषि

5. भारत में जैविक खेती के लिए जल का मुख्य स्रोत कौन-सा है?

(a) नदियाँ (b) महासागर
(c) कुएँ/बोरवेल (d) पानी के टैंक

6. किस फसल में मुख्यत: एजोला जैव उर्वरक का प्रयोग किया जाता है?

(a) ज्वार (b) धान
(c) मक्का (d) बाजरा

7. जैविक खेती के प्रमुख लाभ हैं

(a) कृषि उत्पादन को स्थायी स्तर पर रखने में सहायता करना
(b) मिट्टी के स्वास्थ्य में सुधार
(c) प्रदूषण स्तर को कम करके पर्यावरण स्वास्थ्य को बनाए रखना
(d) उपरोक्त सभी

8. भारत का पहला जैविक खेती को अपनाने वाला राज्य है।

(a) गुजरात
(b) सिक्किम
(c) उत्तराखण्ड
(d) केरल

9. हरी खाद जैव उर्वरक क्या है?

(a) मक्का
(b) धान
(c) सेस्बेनिया
(d) उपरोक्त में से कोई नहीं

10. जैविक खाद्य की खेती की लागत है

(a) पारम्परिक खेती से अधिक
(b) पारम्परिक खेती से कम
(c) जैविक खेती
(d) उपरोक्त में से कोई नहीं

11. पौधों की वृद्धि हेतु आवश्यक प्राथमिक पोषक तत्त्व कौन-से हैं?

(a) नाइट्रोजन, फॉस्फोरस व पोटैशियम
(b) कैल्शियम, जस्ता व ताँबा
(c) कैल्शियम, सल्फर व मैग्नीशियम
(d) जिंक, बोरॉन व ताँबा

12. निम्न में कौन जैविक खेती की तकनीकें हैं?

(a) मृदा प्रबन्धन
(b) खरपतवार प्रबन्धन
(c) फसल विविधता
(d) उपरोक्त सभी

13. बागवानी में उपयोग के लिए किस प्रकार के उर्वरक/खाद्य की अनुशंसा की जाती है?

(a) यूरिया
(b) सोडियम फॉस्फेट
(c) डी.ए.पी
(d) वर्मी कम्पोस्ट

14. वर्मी कम्पोस्ट ········ तैयार की जाने वाली खाद है?

(a) कारखानों से (b) पौधों से
(c) केंचुआ से (d) मृत जानवरों से

15. केंचुआ को किसानों का मित्र माना जाता है, इसके निम्न कारणों का चयन कीजिए।

1. केंचुए मृत पत्तियों व पौधों को खाते हैं व उनका मल मिट्टी को उपजाऊ बनाता है।
2. केंचुए खरपतवारों को खाते हैं व मुख्य फसल को बचाते हैं।
3. केंचुए जमीन के नीचे खुदाई कर मिट्टी को नरम बनाते हैं।
4. केंचुओं द्वारा बनाई गई सुरंगें हवा और पानी को मिट्टी में आसानी से पहुँचाती हैं।

उपरोक्त में से सही कथन का चयन कीजिए।

(a) 2, 3 और 4 (b) 3, 4 और 1
(c) 1 और 3 (d) 1, 2 और 3

16. भारत में जैविक खेती को बढ़ावा देने हेतु भारत सरकार द्वारा किस वर्ष राष्ट्रीय जैविक कृषि परियोजना शुरू की गई?

(a) सितम्बर, 2001
(b) अक्टूबर, 2004
(c) जुलाई, 2008
(d) मार्च, 2011

17. राष्ट्रीय जैविक कृषि परियोजना के मुख्य घटक हैं

(a) कार्बनिक उत्पादों के प्रभावीकरण की प्रणाली स्थापित करना
(b) सेवा-प्रदाताओं के माध्यम से क्षमता-निर्माण करना
(c) जैविक कृषि को प्रोत्साहन देना व उसका विस्तार करना
(d) उपरोक्त सभी

उत्तरमाला

1. (c)	2. (d)	3. (d)	4. (d)	5. (c)	6. (b)	7. (d)	8. (b)	9. (c)	10. (b)
11. (a)	12. (d)	13. (d)	14. (c)	15. (b)	16. (b)	17. (d)			

यूनिट-VI गणित

अध्याय

01

संख्या पद्धति

(Number System)

विभिन्न प्रकार की संख्याओं को लिखने या दर्शाने और संख्याओं के गुणों के आधार पर उन्हें वर्गीकृत करने के सुव्यवस्थित मूलभूत नियमों को संख्या पद्धति कहा जाता है।

किसी भी संख्या को लिखने या दर्शाने के लिए निम्न दस संकेतों या चिह्नों का प्रयोग किया जाता है, जिन्हें अंक कहते हैं।

0, 1, 2, 3, 4, 5, 6, 7, 8, 9

किसी भी संख्या में अंकों को दायीं से बायीं ओर क्रमश: इकाई, दहाईं, सैकड़ा, हजार, दस हजार, लाख, दस लाख, करोड़, दस करोड़ आदि स्थानों पर व्यवस्थित किया जाता है।

किसी भी संख्या के अंकों के निम्न दो मान होते हैं

(i) **वास्तविक मान** (Face Value) किसी संख्या के अंक का वह मान, जो कभी नहीं बदलता है, चाहें वह अंक संख्या में किसी भी स्थान पर हो, उस अंक का वास्तविक मान कहलाता है।
जैसे—27584 में 7 का वास्तविक मान 7 ही है।

(ii) **स्थानीय मान** (Place Value) किसी संख्या में अंक का वह मान, जो उसकी विशेष स्थिति के अनुसार बदलता रहता है, उस अंक का स्थानीय मान कहलाता है।
जैसे—27584 में प्रत्येक अंक का स्थानीय मान निम्नवत् है

दस हजार	हजार	सैकड़ा	दहाई	इकाई	स्थानीय मान
2	7	5	8	4	
				4	$4 \times 1 = 4$
			8		$8 \times 10 = 80$
		5			$5 \times 100 = 500$
	7				$7 \times 1000 = 7000$
2					$2 \times 10000 = 20000$

संख्याओं के प्रकार

संख्याओं के विभिन्न प्रकार निम्न हैं—

1. **प्राकृतिक संख्याएँ** (Natural Numbers) वे सभी संख्याएँ जिनके द्वारा हम वस्तुओं या अन्य किसी क्रम की गणना करते हैं, प्राकृतिक संख्याएँ कहलाती हैं।
जैसे—$N = \{1, 2, 3, 4, \ldots\infty\}$

2. **पूर्ण संख्याएँ** (Whole Numbers) यदि प्राकृतिक संख्याओं में शून्य (0) को भी शामिल कर दिया जाए, तब ये संख्याएँ पूर्ण संख्याएँ कहलाती हैं।
जैसे—$W = \{0, 1, 2, 3, 4, \ldots\infty\}$

3. **पूर्णांक** (Integers) वे सभी संख्याएँ जिनमें ऋणात्मक संख्याओं को धनात्मक संख्याओं के साथ शामिल किया जाता है, पूर्णांक कहलाती हैं।
जैसे—$I = \{-4, -3, -2, -1, 0, 1, 2, 3, 4, \ldots\}$
पूर्णांक निम्न दो प्रकार के होते हैं
(i) **धन पूर्णांक** (Positive Integers) सभी प्राकृतिक संख्याएँ धन पूर्णांक कहलाती हैं।
जैसे—$I^+ = \{1, 2, 3, 4, \ldots\}$
(ii) **ऋण पूर्णांक** (Negative Integers) सभी प्राकृतिक संख्याओं की ऋणात्मक संख्याएँ, ऋण पूर्णांक कहलाती हैं।
जैसे—$I^- = \{-1, -2, -3, -4, \ldots\}$

4. **सम संख्याएँ** (Even Numbers) वे सभी संख्याएँ, जो 2 से पूरी तरह विभाजित हो, सम संख्याएँ कहलाती हैं।
जैसे—2, 4, 6, 8, 10, ...

5. **विषम संख्याएँ** (Odd Numbers) वे सभी संख्याएँ, जो 2 से पूरी तरह विभाजित नहीं होती हैं, विषम संख्याएँ कहलाती हैं।
जैसे—1, 3, ,5 7, 9, ...

6. **भाज्य संख्याएँ** (Composite Numbers) वे सभी संख्याएँ, जो 1 व स्वयं के अतिरिक्त कम-से-कम किसी एक अन्य संख्या से विभाजित हों, भाज्य संख्याएँ कहलाती हैं।
जैसे—4, 6, 10, 25, ...

7. **अभाज्य संख्याएँ** (Prime Numbers) वे सभी संख्याएँ, जो 1 व स्वयं के अतिरिक्त किसी भी अन्य संख्या से विभाजित न हों, अभाज्य संख्याएँ कहलाती हैं।
जैसे—2, 3, 5, 7, 11, 13 ...

8. **परिमेय संख्याएँ** (Rational Numbers) वे सभी संख्याएँ, जो $\frac{p}{q}$ (भिन्न) के रूप में लिखी जा सकती हैं, परिमेय संख्याएँ कहलाती हैं। जहाँ p तथा q दोनों ही पूर्णांक होंगे तथा $q \neq 0$
जैसे— $\frac{3}{8}, \frac{11}{13}, \frac{9}{11}$ ......

9. **अपरिमेय संख्याएँ** (Irrational Numbers) वे सभी संख्याएँ, जिन्हें $\frac{p}{q}$ (भिन्न) के रूप में नहीं लिखा जा सकता है, अपरिमेय संख्याएँ कहलाती हैं। जहाँ p तथा q दोनों ही पूर्णांक होंगे तथा $q \neq 0$.
जैसे—$\sqrt{3}, \sqrt{5}, \sqrt{7}$....

10. **वास्तविक संख्याएँ** (Face Numbers) वे सभी संख्याएँ जो या तो परिमेय हों या फिर अपरिमेय, वास्तविक संख्याएँ कहलाती हैं।
जैसे—$\sqrt{5}, \frac{3}{4}, \sqrt{8}, \frac{1}{2}$ आदि।

महत्त्वपूर्ण बिन्दु

- 0 (शून्य) न तो धन और न ऋण संख्या है केवल पूर्णांक है।
- केवल 2 एक सम अभाज्य संख्या है तथा सबसे छोटी अभाज्य संख्या है।
- 1 न तो भाज्य है और न ही अभाज्य।
- 1 से 100 के मध्य 25 अभाज्य संख्याएँ होती हैं जोकि निम्न हैं 2, 3, 5, 7, 11, 13, 17, 19, 23, 29, 31, 37, 41, 43, 47, 53, 59, 61, 67, 71, 73, 79, 83, 89, 97
- π एक अपरिमेय संख्या है, जिसका मान लगभग $\frac{22}{7}$ या 3.14 होता है।

उदाहरण 1 वह संख्या बताइए जो अभाज्य नहीं है?
(a) 67
(b) 83
(c) 89
(d) 63

हल (d) $\because 67 = 1 \times 67, 83 = 1 \times 83$
$89 = 1 \times 89$ तथा $63 = 1 \times 3 \times 3 \times 7$
संख्याएँ 67, 83, 89 केवल 1 और स्वयं से विभाजित होंगी जबकि 63 अन्य संख्याओं से भी विभाजित होगी।
अतः 63 अभाज्य नहीं है।

विभाज्यता की जाँच

संख्याओं की विभाज्यता की जाँच (Test of Divisibility) निम्न प्रकार से की जाती है

(i) **2 से विभाज्यता** यदि दी गई संख्या के इकाई के स्थान पर शून्य या सम संख्या हो, तो वह संख्या 2 से पूर्णतः विभाज्य होगी।
जैसे— 44, 200, 230, आदि।

(ii) **3 से विभाज्यता** यदि दी गई संख्या के सभी अंकों का योग 3 से विभाजित हो जाता है, तो वह संख्या 3 से पूर्णतः विभाज्य होगी।
जैसे— 1338
यहाँ, 1338 के अंकों का योग $= 1 + 3 + 3 + 8 = 15$
$\because \quad 15 \div 3 = 5$
अतः संख्या 1338,3 से पूर्णतः विभाज्य है।

(iii) **4 से विभाज्यता** यदि दी गई संख्या के इकाई व दहाई अंकों द्वारा बनी संख्या 4 से विभाज्य हो या अन्तिम दोनों अंक शून्य हों, तब वह संख्या 4 से पूर्णतः विभाज्य होगी।
जैसे—15436, 600, आदि।

(iv) **5 से विभाज्यता** यदि दी गई संख्या के इकाई का अंक शून्य या 5 हो, तो वह संख्या 5 से पूर्णतः विभाज्य होगी।
जैसे—120, 225, आदि।

(v) **6 से विभाज्यता** यदि दी गई संख्या 2 व 3 से पूर्णतः विभाजित हो, तो वह संख्या 6 से भी पूर्णतः विभाज्य होगी।
जैसे—145926

(vi) **7 से विभाज्यता** यदि दी गई संख्या के इकाई अंक को दोगुना करके शेष अंकों से बनी संख्या में से घटा देने के बाद प्राप्त संख्या 0 हो या 7 से विभाज्य हो, तो दी गई संख्या 7 से पूर्णतः विभाज्य होगी। यह प्रक्रिया दोहराई भी जा सकती है।
जैसे—2429

(vii) **8 से विभाज्यता** यदि दी गई संख्या के अन्तिम तीन अंकों द्वारा बनी संख्या 8 से विभाजित हो या अन्तिम तीन अंक शून्य हों, तो वह संख्या 8 से पूर्णतः विभाज्य होगी।
जैसे—321000, 641512, आदि।

(viii) **9 से विभाज्यता** यदि दी गई संख्या के सभी अंकों का योग 9 से विभाजित हो, तो वह संख्या 9 से पूर्णतः विभाज्य होगी।
जैसे—29034, 9 से पूर्णतः विभाज्य है, क्योंकि इसके अंकों का योग $2 + 9 + 0 + 3 + 4 = 18$, 9 से पूर्णतः विभाजित है।

(ix) **10 से विभाज्यता** यदि दी गई संख्या का इकाई का अंक शून्य हो, तो वह संख्या 10 से पूर्णतः विभाज्य होगी।
जैसे—150, 250, 4000, आदि।

(x) **11 से विभाज्यता** यदि दी गई संख्या के इकाई अंक से बाईं ओर चलने पर विषम स्थानों के अंकों का योग तथा सम स्थानों के अंकों के योग का अन्तर या तो शून्य हो या 11 से विभाजित हो, तो वह संख्या 11 से पूर्णतः विभाज्य होगी।

जैसे—7127362

यहाँ, सम स्थानों के अंकों का योग $= 1+7+6 = 14$

तथा विषम स्थानों के अंकों का योग $= 7+2+3+2 = 14$

$\therefore$ अभीष्ट अन्तर $= 14-14 = 0$

अत: संख्या 7127362,11 से पूर्णत: विभाज्य होगी।

उदाहरण 2 संख्या 275_476 को पूरी तरह से 11 से विभाज्य करने के लिए खाली स्थान पर कौन-सा अंक होना चाहिए?

(a) 6 (b) 4 (c) 2 (d) 3

हल (d) माना खाली स्थान पर अंक a है।

तब संख्या $= 275a476$

अब चूँकि संख्या 11 से विभाज्य है।

तब सम स्थानों के अंकों का योग और विषम स्थानों के अंकों का योग का अन्तर या तो शून्य या 11 से विभाज्य होगा।

$\therefore$ अन्तर $= (2+5+4+6)-(7+a+7)$

$= 17-14-a = 3-a$

$a = 3$ के लिए अन्तर शून्य होगा।

अत: अभीष्ट अंक $= 3$

संख्याओं पर भाग की संक्रिया

माना संख्या a को संख्या b से भाग देने पर प्राप्त भागफल x तथा शेषफल y है, जहाँ $b \neq 0$, तब $a = bx + y$ $(0 < y < b)$

अर्थात् भाज्य = भाजक × भागफल + शेषफल

जहाँ, भाज्य $= a$ (वह संख्या, जिसमें भाग दिया गया है)

तथा भाजक $= b$ (वह संख्या, जिससे भाग दिया गया है)

महत्त्वपूर्ण बिन्दु

- a और b के बीच n से विभाजित होने वाली संख्याएँ $= \frac{d-c}{n} + 1$, जहाँ c और d, a और b के बीच सबसे छोटी और सबसे बड़ी n से विभाजित संख्याएँ हैं।
- n के सभी मानों के लिए $(x^n - a^n)$, $(x-a)$ से सदैव पूर्णतया विभाजित होगा।
- केवल n के सम मानों के लिए $(x^n - a^n)$, $(x+a)$ से पूर्णतया विभाजित होगा।
- केवल n के विषम मानों के लिए $(x^n + a^n)$, $(x+a)$ से पूर्णतया विभाजित होगा।

उदाहरण 3 विभाजन के एक प्रश्न में भाजक, भागफल का 12 गुना तथा शेषफल का 5 गुना है। तद्नुसार, यदि शेषफल 36 हो, तो भाज्य कितना होगा?

(a) 2706 (b) 2796 (c) 2736 (d) 2826

हल (c) भाजक = 5 × शेषफल $= 5 \times 36 = 180$

पुन: भाजक = 12 × भागफल

$\therefore$ 180 = 12 × भागफल

$\therefore$ भागफल $= \frac{180}{12} = 15$

$\because$ भाज्य = भाजक × भागफल + शेषफल

$= 180 \times 15 + 36 = 2700 + 36 = 2736$

अत: भाज्य $= 2736$

ट्रिक 1

यदि किसी संख्या को a से भाग देने पर शेषफल r प्राप्त होता है, तो उसी संख्या को b से भाग देने पर शेषफल $= \frac{r}{b}$ से प्राप्त शेषफल, जबकि $b < r$ है।

इकाई अंक ज्ञात करना

संख्याओं में इकाई के अंक निम्न प्रकार ज्ञात करते हैं

संख्याओं के गुणनफल में इकाई का अंक ज्ञात करना

दो या दो से अधिक संख्याओं के गुणनफल में इकाई का अंक ज्ञात करने के लिए प्रत्येक संख्या के इकाई के अंकों को लेकर आपस में गुणा करते हैं। यदि गुणनफल में कोई दहाई का अंक आ जाए, तो उसका इकाई का अंक लेकर पुन: गुणा करते हैं। इस प्रकार, अन्त में प्राप्त संख्या का इकाई का अंक ही अभीष्ट इकाई का अंक होता है।

उदाहरण 4 $674 \times 218 \times 437 \times 513$ में इकाई का अंक है

(a) 2

(b) 3

(c) 4

(d) 5

हल (a) $67\underline{4} \times 21\underline{8} \times 43\underline{7} \times 51\underline{3}$ में इकाई का अंक

$= \underline{4 \times 8} \times \underline{7 \times 3}$ में इकाई का अंक

$= \underline{32} \times \underline{21}$ में इकाई का अंक $= 2 \times 1$ में इकाई का अंक $= 2$

अत: अभीष्ट इकाई का अंक 2 है।

घातीय रूप की संख्याओं में इकाई का अंक ज्ञात करना

1. यदि दी गई संख्या के आधार का इकाई का अंक 0, 1, 5, 6 हो, तो उसका इकाई का अंक अपरिवर्तित रहता है।

   जैसे— $(576)^{1151}$ का इकाई का अंक $= 6$

2. यदि दी गई संख्या के आधार का इकाई का अंक 2 हो, तो उसकी घात को 4 से भाग देकर 2^4 के रूप में लिखते हैं तथा सरल करते हैं अर्थात्

   2^4 में इकाई का अंक $= 6$

   जैसे— $(572)^{443}$ में इकाई का अंक $= (2)^{443}$ का इकाई का अंक

   $= (2^4)^{110} \times 2^3$ में इकाई का अंक

   $= 6 \times 8$ में इकाई का अंक

   $= 48$ में इकाई का अंक $= 8$

   अत: $(572)^{443}$ में इकाई का अंक 8 है।

3. इसी प्रकार, आधार संख्या के इकाई के अंक 4 तथा 8 वाली संख्याओं में इकाई का अंक ज्ञात करते हैं अर्थात्

   4^4 में इकाई का अंक $= 8^4$ में इकाई का अंक $= 6$

4. यदि दी गई संख्या में आधार संख्या के इकाई का अंक 3 या 7 हो, तो उपरोक्त प्रक्रिया के अनुसार ही सरल करते हैं, परन्तु 3^4 में इकाई का अंक $= 7^4$ में इकाई का अंक $= 1$

5. यदि दी गई संख्या में इकाई का अंक 9 है, तो घात विषम होने पर इकाई का अंक 9 तथा घात सम होने पर इकाई का अंक 1 होगा।
जैसे—$(539)^{140}$ में इकाई का अंक = 1 (∵ घात सम है)
तथा $(539)^{141}$ में इकाई का अंक = 9 (∵ घात विषम है)

उदाहरण 5 $7^{71} \times 6^{63} \times 3^{65}$ के गुणनफल में इकाई का अंक कितना होगा?

(a) 1 (b) 2 (c) 3 (d) 4

हल (d) $7^{71} \times 6^{63} \times 3^{65}$ में इकाई का अंक

$= 7^{4\times 17+3} \times 6 \times 3^{16\times 4+1}$ में इकाई का अंक

$= (7^4)^{17} \times 7^3 \times 6 \times (3^4)^{16} \times 3$ में इकाई का अंक

$= 3 \times 6 \times 3$ में इकाई का अंक = 4

विशेष संख्याओं की श्रेणियों का योग

- प्रथम n प्राकृतिक संख्याओं का योग $= \frac{n(n+1)}{2}$
- प्रथम n सम प्राकृतिक संख्याओं का योग $= n(n+1)$
- 1 से n तक की सम प्राकृतिक संख्याओं का योग $= \frac{n}{2}\left(\frac{n}{2}+1\right)$
- प्रथम n विषम प्राकृतिक संख्याओं का योग $= n^2$
- 1 से n तक की विषम प्राकृतिक संख्याओं का योग $= \left(\frac{n+1}{2}\right)^2$
- प्रथम n प्राकृतिक संख्याओं के वर्गों का योग $= \frac{n(n+1)(2n+1)}{6}$
- प्रथम n प्राकृतिक संख्याओं के घनों का योग $= \left\{\frac{n(n+1)}{2}\right\}^2$
- दो क्रमागत संख्याओं के वर्गों का अन्तर सदैव एक विषम संख्या होती है, जो दोनों संख्याओं के योग के बराबर होती है।

भिन्न

भिन्न (Fraction) एक ऐसी संख्या है, जिसे $\frac{p}{q}$ के रूप में व्यक्त किया जाता है। p को भिन्न का अंश और q को हर कहते हैं।

भिन्नों के प्रकार

भिन्नों के मुख्य प्रकार निम्नवत् हैं

1. **उचित भिन्न** (Proper Fraction) यदि किसी भिन्न का अंश हर से कम होता है, तो ऐसी भिन्न उचित भिन्न कहलाती है। *जैसे*— $\frac{2}{7}, \frac{4}{5}$ आदि।
2. **अनुचित/विषम भिन्न** (Improper Fraction) यदि किसी भिन्न का अंश, हर से अधिक होता है, तो ऐसी भिन्न अनुचित भिन्न कहलाती है।
जैसे—$\frac{13}{4}, \frac{17}{12}$ आदि।
3. **मिश्रित भिन्न** (Mixed Fraction) ऐसी भिन्न, जो पूर्णांक तथा एक भिन्न से मिलकर बनी होती है, मिश्रित भिन्न कहलाती है।
जैसे— $3\frac{1}{4}, 4\frac{7}{5}$ आदि।
4. **व्युत्क्रम भिन्न** (Inverse Fraction) किसी भिन्न के अंश तथा हर को परस्पर बदलने से प्राप्त भिन्न उस भिन्न की व्युत्क्रम भिन्न कहलाती है।
जैसे— $\frac{5}{7}$ की व्युत्क्रम भिन्न $\frac{7}{5}$ है।
5. **सतत् भिन्न** (Continuous Fraction) निम्न रूप से लिखी जाने वाली भिन्न सतत् भिन्न कहलाती है।
जैसे— $3+\cfrac{2}{4+\cfrac{1}{1+\cfrac{5}{6}}}$
सतत् भिन्न को हल करने के लिए नीचे से सरल करना प्रारम्भ करते हैं।

भिन्नों की संक्रियाएँ

अन्य संख्याओं के समान ही भिन्नों की भी गणितीय संक्रियाएँ (Mathematical operations of fraction) अर्थात् जोड़, घटाव, गुणा तथा भाग इत्यादि होती है।

- भिन्नों को जोड़ते तथा घटाते समय उनके हरों को समान करते हैं और फिर अंश को जोड़ते या घटाते हैं।
- भिन्नों की गुणा करते समय अंश की अंश से तथा हर की हर से गुणा होती है अर्थात्
$$\frac{a}{b} \times \frac{c}{d} = \frac{a \times c}{b \times d}$$
- भिन्नों का भाग करते समय भाजक के स्थान की भिन्न के अंश और हर को आपस में बदलकर भाज्य से गुणा करते हैं अर्थात्
$$\frac{a}{b} \div \frac{c}{d} = \frac{a}{b} \times \frac{d}{c} = \frac{ad}{bc}$$

दशमलव भिन्न

ऐसी भिन्न, जिसका हर 10 या 10 की घात के रूप में होता है, दशमलव भिन्न (Decimal Fraction) कहलाती है। जैसे—$\frac{2}{10}, \frac{3}{100}, \frac{5}{1000}$ अर्थात् 0.2, 0.03, 0.005 आदि।

दशमलव भिन्नों के प्रकार

दशमलव भिन्नों के मुख्य प्रकार निम्न हैं

1. **पुनरावृत्त दशमलव भिन्न** (Recurring Decimal Fraction) वह दशमलव भिन्न जिसमें दशमलव के बाद एक से अधिक बार अंकों की पुनरावृत्ति हो अर्थात् एक ही अंक बार-बार आए, पुनरावृत्त दशमलव भिन्न कहलाती है। ऐसी संख्याओं को प्रदर्शित करने के लिए पुनरावृत्त अंकों पर रेखा या बार खींचते हैं।
जैसे— $\frac{2}{3} = 0.6666\ldots = 0.\overline{6}$ तथा $\frac{22}{7} = 3.\overline{142857}$
2. **शुद्ध पुनरावृत्त दशमलव भिन्न** (Pure Recurring Decimal Fraction) वह दशमलव भिन्न, जिनमें दशमलव के बाद के सभी अंकों की पुनरावृत्ति होती है, शुद्ध पुनरावृत्त दशमलव भिन्न कहलाती है।
जैसे— $0.786786786\ldots = 0.\overline{786}$ तथा $0.575757\ldots = 0.\overline{57}$, आदि।
ऐसी भिन्नों को साधारण भिन्न में परिवर्तित करने के लिए दशमलव भिन्न के अंश को बिना दशमलव के अंश में लिखा जाता है तथा हर में उतनी ही बार 9 लिखा जाता है, जितने अंकों की पुनरावृत्ति होती है।

3. **मिश्रित पुनरावृत्त दशमलव भिन्न** (Mixed Recurring Decimal Fraction) वह दशमलव भिन्न, जिनमें दशमलव के बाद के सभी अंकों की पुनरावृत्ति नहीं होती है अर्थात् कुछ अंकों की होती है तथा कुछ अंकों की नहीं होती है, मिश्रित पुनरावृत्त दशमलव भिन्न कहलाती है।

   जैसे— $0.179999... = 0.17\bar{9}$ तथा $0.6393939... = 0.6\overline{39}$, आदि।

   ऐसी भिन्नों को साधारण भिन्न में परिवर्तित करने के लिए दशमलव के बाद के सभी अंकों की संख्या में से अपुनरावृत्त भाग को घटाकर अंश के रूप में लिख लेते हैं तथा हर में जितने अंकों की पुनरावृत्ति हो रही है, उतनी ही बार 9 लेकर उसके बाद उतने ही शून्य लगाते हैं, जितने अपुनरावृत्त अंक हैं।

उदाहरण 6 $0.12\overline{36}$ का साधारण (भिन्न में) मान होगा

(a) $\frac{101}{825}$ (b) $\frac{102}{825}$

(c) $\frac{103}{825}$ (d) $\frac{104}{825}$

हल (b) $\therefore 0.12\overline{36} = \frac{1236-12}{9900} = \frac{1224}{9900} = \frac{102}{825}$

भिन्नों की तुलना

दी गई दो या दो से अधिक भिन्नों की तुलना (Comparison of Fraction) करने की विभिन्न विधियाँ निम्न प्रकार हैं।

1. **भिन्नों को दशमलव रूप में परिवर्तित करके** यदि दो या दो से अधिक भिन्नों की तुलना करनी हो, तो उन्हें दशमलव रूप में परिवर्तित करके उनकी तुलना की जा सकती है।
2. **भिन्नों के हर समान करके** यदि दी गई भिन्नों के हर असमान हैं, तो सभी भिन्नों के हरों का ल.स. ज्ञात करके उनके हर समान कर लिए जाते हैं। फिर उनके अंशों की तुलना की जाती है। तब, बड़े अंश वाली भिन्न सबसे बड़ी होती है तथा छोटे अंश वाली भिन्न सबसे छोटी होती है।

उदाहरण 7 निम्न में से कौन-सी भिन्न 2/3 से छोटी नहीं है?

(a) $\frac{7}{12}$ (b) $\frac{11}{18}$

(c) $\frac{9}{15}$ (d) $\frac{17}{24}$

हल (d) $\because \frac{2}{3} = 0.6666...$

विकल्प (a) से, $\frac{7}{12} = 0.5833,$

विकल्प (b) से, $\frac{11}{18} = 0.6111$

विकल्प (c) से, $\frac{9}{15} = 0.6000,$

विकल्प (d) से, $\frac{17}{24} = 0.7083$

उपरोक्त से स्पष्ट है कि, भिन्न $\frac{17}{24}$, $\frac{2}{3}$ से छोटी नहीं है।

महत्तम समापवर्तक एवं लघुत्तम समापवर्त्य

अपवर्तक (गुणनखण्ड) किसी संख्या का अपवर्तक (Factor) वे सभी संख्याएँ होती हैं, जो उस संख्या को पूर्णतया विभाजित कर देती हैं।

जैसे— 42 के अपवर्तक = 1, 2, 3, 6, 7, 14, 21, 42,

48 के अपवर्तक = 1, 2, 3, 4, 6, 8, 12, 16, 24, 48

अपवर्त्य (गुणज) किसी संख्या का अपवर्त्य (Multiple) वे सभी संख्याएँ होती हैं, जो उस संख्या से पूर्णतया विभाजित हो जाती हैं।

जैसे— 3 के अपवर्त्य = 3, 6, 9, 12, 15, 18, ……

4 के अपवर्त्य = 4, 8, 12, 16, 20, 24, ……

महत्तम समापवर्तक

ऐसी बड़ी-से-बड़ी संख्या, जो दी गई दो या दो से अधिक संख्याओं को पूर्णतया विभाजित करे, दी गई संख्याओं का महत्तम समापवर्तक (HCF) कहलाती है।

महत्तम समापवर्तक ज्ञात करने की विधियाँ

दो या दो से अधिक संख्याओं का म.स. ज्ञात करने की निम्न दो विधियाँ हैं

1. **अभाज्य गुणनखण्ड विधि** (Prime Factorisation Method) सर्वप्रथम, दी गई संख्याओं को अभाज्य गुणनखण्डों के गुणनफल के रूप में लिख लेते हैं, तत्पश्चात् सभी संख्याओं में उभयनिष्ठ गुणनखण्डों का गुणनफल ज्ञात करते हैं, जो दी गई संख्याओं का म.स. होता है।

उदाहरण 8 संख्याओं 24, 30 तथा 42 का म.स. है

(a) 21

(b) 6

(c) 12

(d) 32

हल (b) $\because 24 = 2 \times 2 \times 2 \times 3,\ 30 = 2 \times 3 \times 5,$

तथा $42 = 2 \times 3 \times 7$

यहाँ, 24, 30 तथा 42 में उभयनिष्ठ गुणनखण्ड 2 तथा 3 है।

$\therefore$ 24, 30 तथा 42 का म.स. $= 2 \times 3 = 6$

2. **भाग विधि** (Division Method) सर्वप्रथम, दी गई दो संख्याओं में से बड़ी संख्या को छोटी संख्या से विभाजित करके शेषफल प्राप्त करते हैं तथा प्राप्त शेषफल से भाजक को भाग दिया जाता है। यह प्रक्रिया तब तक दोहराई जाती है, जब तक कि शेषफल शून्य न प्राप्त हो जाए। इस प्रकार अन्तिम भाजक ही दी गई दो संख्याओं का अभीष्ट म.स. होता है।

   दो से अधिक संख्याओं का म.स. ज्ञात करने के लिए सबसे पहले दो संख्याओं का म.स. ज्ञात किया जाता है, तत्पश्चात् इस म.स. का तीसरी संख्या के साथ म.स. ज्ञात करते हैं। यह म.स. ही तीनों संख्याओं का अभीष्ट म.स. होता है।

उदाहरण 9 संख्याओं 144, 180 तथा 192 का म.स. है

(a) 540 (b) 432 (c) 36 (d) 12

हल (d) पहले 144 व 180 का म. स. ज्ञात करते हैं

```
144)180(1
    144
    ----
     36)144(4
        144
        ---
         ×
```

$\therefore$ 144 व 180 का म.स. = 36

अब, 36 व 192 का म.स. ज्ञात करेंगे

```
36)192(5
   180
   ---
    12)36(3
       36
       --
        ×
```

$\because$ अन्तिम भाजक 12 है।

$\therefore$ 144, 180 तथा 192 का म.स. = 12

लघुत्तम समापवर्त्य

ऐसी छोटी-से-छोटी संख्या, जो दी गई दो या दो से अधिक संख्याओं में से प्रत्येक से पूर्णतया विभाजित हो, दी गई संख्याओं का लघुत्तम समापवर्त्य (LCM) कहलाती है।

लघुत्तम समापवर्त्य ज्ञात करने की विधियाँ

दो या दो से अधिक संख्याओं का ल.स. ज्ञात करने की निम्न दो विधियाँ हैं

1. **अभाज्य गुणनखण्ड विधि** (Prime Factorisation Method) सर्वप्रथम, दी गई संख्याओं को अभाज्य गुणनखण्ड के गुणनफल के रूप में लिखते हैं, तत्पश्चात् गुणनफलों को अभाज्य गुणनखण्डों की घातांकों के गुणनफल में लिखते हैं तथा इनमें से अधिकतम घातांकों वाले अभाज्य गुणनखण्डों का गुणनफल ज्ञात करते हैं, जो दी गई संख्याओं का अभीष्ट ल.स. होता है।

उदाहरण 10 24, 36 व 60 का ल.स. ज्ञात कीजिए।

(a) 180 (b) 360 (c) 540 (d) 380

हल (b) $\because 24 = 2 \times 2 \times 2 \times 3 = 2^3 \times 3$,

$36 = 2 \times 2 \times 3 \times 3 = 2^2 \times 3^2$,

तथा $60 = 2 \times 2 \times 3 \times 5 = 2^2 \times 3 \times 5$

$\therefore$ 24, 36 व 60 का ल.स. $= 2^3 \times 3^2 \times 5 = 8 \times 9 \times 5 = 360$

2. **भाग विधि** (Division Method) सर्वप्रथम, दी गई संख्याओं को एक पंक्ति में लिखकर छोटी-से-छोटी अभाज्य संख्या से भाग देते हैं, तत्पश्चात् प्राप्त भागफलों तथा बची संख्याओं को अगली पंक्ति में लिखकर फिर छोटी-से-छोटी अभाज्य संख्या से भाग देते हैं तथा यह प्रक्रिया तब तक दोहराते हैं जब तक कि प्रत्येक संख्या के नीचे भागफल 1 प्राप्त न हो जाए। अन्त में सभी अभाज्य भाजकों का गुणनफल ज्ञात करते हैं। इस प्रकार प्राप्त गुणनफल ही अभीष्ट ल.स. होता है।

उदाहरण 11 48, 72 **तथा 108 का ल.स. ज्ञात कीजिए।**

(a) 432 (b) 216

(c) 320 (d) 540

हल (a)

2	48, 72, 108
2	24, 36, 54
2	12, 18, 27
2	6, 9, 27
3	3, 9, 27
3	1, 3, 9
3	1, 1, 3
	1, 1, 1

48, 72 तथा 108 का ल. स. $= 2 \times 2 \times 2 \times 2 \times 3 \times 3 \times 3 = 432$

भिन्नों का ल. स. तथा म. स. ज्ञात करना

भिन्नों का ल.स. तथा म.स. दी गई भिन्नों को सरलतम रूप में परिवर्तित करके निम्न सूत्रों की सहायता से ज्ञात किया जाता है।

(i) भिन्नों का म.स. $= \dfrac{\text{अंशों का म.स.}}{\text{हरों का ल.स.}}$

(ii) भिन्नों का ल.स. $= \dfrac{\text{अंशों का ल.स.}}{\text{हरों का म.स.}}$

दी गई संख्याओं के ल. स. तथा म. स. में सम्बन्ध

दो संख्याओं का गुणनफल = संख्याओं का म. स. × संख्याओं का ल. स.

अर्थात् प्रथम संख्या × दूसरी संख्या

= संख्याओं का म. स. × संख्याओं का ल. स.

उदाहरण 12 दो संख्याओं का ल.स. 864 तथा म.स. 144 है। यदि इनमें से एक संख्या 288 हो, तो दूसरी संख्या क्या होगी?

(a) 432 (b) 345

(c) 540 (d) 324

हल (a) दिया है, पहली संख्या = 288, संख्याओं का ल.स. = 864

तथा संख्याओं का म.स. = 144

हम जानते हैं कि, दूसरी संख्या $= \dfrac{\text{ल.स.} \times \text{म.स.}}{\text{पहली संख्या}}$

$= \dfrac{864 \times 144}{288} = 432$

अभ्यास प्रश्न

1. यदि एक दो अंकों की संख्या में, इकाई के स्थान पर y अंक है और दहाईं के स्थान पर 5 अंक है, तो वह संख्या है
(a) $50y + y$ (b) $5y + 5$
(c) $50 + y$ (d) $50y + 5$

2. वह संख्या बताइये जो अभाज्य नहीं है?
(a) 89 (b) 87
(c) 79 (d) 97

3. 30 और 42 के बीच की सभी अविभाज्य संख्याओं का योग क्या है?
(a) 103 (b) 109
(c) 105 (d) 104

4. 3 अंकों वाली कितनी संख्याएँ हैं, जो पूरी तरह 4 से विभाजित हैं?
(a) 225 (b) 224
(c) 223 (d) 222

5. 2957 के साथ ऐसी कौन-सी न्यूनतम संख्या को जोड़ा जाए, ताकि योग 17 से पूरी तरह से विभाज्य हो?
(a) 9 (b) 2 (c) 3 (d) 1

6. एक संख्या 35786 X 625 पूरी तरह से 9 से विभाज्य है, 'X' की जगह में सबसे छोटी पूर्ण संख्या ज्ञात करें?
(a) 0 (b) 1 (c) 2 (d) 3

7. सात अंकों की संख्या $78x\,1y\,68$, संख्या 88 से विभाज्य है। $(x + y)$ का मान है
(a) 13 (b) 14 (c) 10 (d) 11

8. अभिव्यक्ति $\frac{550 \times 651 \times 662}{7}$ का शेषफल ज्ञात करें।
(a) 5 (b) 4 (c) 0 (d) 3

9. $(4764)^{1795}$ को 5 से भाग दिया जाता है। शेषफल है
(a) 1 (b) 2 (c) 3 (d) 4

10. वह बड़ी-से बड़ी अभाज्य संख्या क्या है जिससे 871 पूर्णत: विभाजित हो जाता है?
(a) 13 (b) 1
(c) 67 (d) 81

11. किसी संख्या को 899 से भाग देने पर शेष 63 प्राप्त होता है। यदि उस संख्या को 29 से भाग दें, तो शेष प्राप्त होगा
(a) 10 (b) 5
(c) 4 (d) 2

12. भाग की एक संक्रिया में भाजक, भागफल का 12 गुना और शेषफल का 5 गुना है। यदि शेष 48 हो, तो भाज्य कितना होगा?
(a) 4848 (b) 676
(c) 250 (d) 5800

13. $(2137)^{754}$ में इकाई का अंक होगा
(a) 1 (b) 3
(c) 7 (d) 9

14. $(124)^{372} + (124)^{373}$ के योग में इकाई का अंक कौन-सा है?
(a) 5 (b) 4 (c) 2 (d) 0

15. $3^{26} \times 11^{42} \times 7^{35}$ के गुणनफल में इकाई का अंक कितना होगा?
(a) 1 (b) 3 (c) 5 (d) 7

16. प्रथम 20 विषम प्राकृतिक संख्याओं का योग क्या होगा?
(a) 210 (b) 300
(c) 400 (d) 420

17. 1 और 60 के बीच सभी सम संख्याओं का योग क्या होगा?
(a) 870 (b) 960
(c) 840 (d) 930

18. एक रस्सी की लम्बाई 8 फीट और 9 इन्च है, जो 3 बराबर भागों में विभाजित है। इन्च में प्रत्येक भाग की लम्बाई क्या है?
(a) 31 (b) 33 (c) 35 (d) 37

19. दो संख्याओं के बीच का अन्तर 1146 है। जब हम बड़ी संख्या को छोटी संख्या से विभाजित करते हैं, तो हमे भागफल 4 और शेषफल 6 प्राप्त होता है। बड़ी संख्या ज्ञात कीजिए।
(a) 1526 (b) 1431
(c) 1485 (d) 1234

20. दो बाल्टियाँ हैं, एक छोटी और एक बड़ी, छोटी वाली बाल्टी, बड़ी बाल्टी का केवल 3/5 वाँ हिस्सा रख सकती है। यदि एक तालाब भरने के लिए 6000 बड़ी क्षमता की बाल्टी की आवश्यकता होती है, तो उसी तालाब को भरने के लिए कितनी छोटी क्षमता वाली बाल्टी चाहिए?
(a) 8000 (b) 10000
(c) 12000 (d) 15000

21. जब 0.090909...... को भिन्न में बदला जाए, तो परिणाम क्या होगा?
(a) 1/33 (b) 1/11
(c) 2/33 (d) 6/11

22. $9\frac{1}{11}$ का दशमलव (भिन्न में) मान है
(a) 9.99 (b) 9.111
(c) 9.09 (d) 9

23. $6.651 - (148.6 - x) - 57.22 = 6.098$ है, तो x ज्ञात करें।
(a) 205.267 (b) 90.827
(c) −91.933 (d) 218.569

24. $(0.17\overline{59} + 0.30\overline{41})$ का मान .... है।
(a) $0.48\overline{02}$ (b) $0.48\overline{01}$
(c) $0.47\overline{01}$ (d) $0.48\overline{11}$

25. 6/5 और 3/7 के व्युत्क्रम के योग का व्युत्क्रम क्या है?
(a) 57/18 (b) 35/57
(c) 18/57 (d) 57/35

26. यदि 192 किसी संख्या के 8/5 का 6/7 है, तो उस संख्या का 3/4 क्या होगा?
(a) 105 (b) 77 (c) 36 (d) 80

27. भिन्नों $\frac{15}{16}, \frac{19}{20}, \frac{24}{25}, \frac{34}{35}$ में सबसे छोटी भिन्न है
(a) $\frac{34}{35}$ (b) $\frac{15}{16}$ (c) $\frac{19}{20}$ (d) $\frac{24}{25}$

28. निम्नलिखित में से कौन-सा बढ़ते हुए सही क्रम में है
(a) $\frac{5}{7}, \frac{9}{11}, \frac{7}{8}$ (b) $\frac{5}{7}, \frac{7}{8}, \frac{9}{11}$
(c) $\frac{7}{8}, \frac{5}{7}, \frac{9}{11}$ (d) $\frac{9}{11}, \frac{7}{8}, \frac{5}{7}$

29. किसी भिन्न के अंश तथा हर का योग 13 है। यदि अंश में एक जोड़ दिया जाए तथा हर में से 2 घटा दिया जाए, तो भिन्न $\frac{1}{2}$ बन जाती है। भिन्न का मान है
(a) $\frac{7}{12}$ (b) $\frac{3}{10}$ (c) 3 (d) $\frac{13}{50}$

30. एक जहाज कार्गो कण्टेनर से भरा है। यह पहले बन्दरगाह पर 2/3 कार्गो कण्टेनरों को छोड़ देता है और 60 कण्टेनर और उठाता है। दूसरे बन्दरगाह पर यह कुल का दो-तिहाई गिरा देता है और 11 कण्टेनर और उठाता है। तीसरे बन्दरगाह पर पहुँचने पर यह पाया गया कि जहाज में 48 कार्गो कण्टेनर हैं। शुरुआत में जहाज में कार्गो कण्टेनरों की संख्या ज्ञात कीजिए।
(a) 189 (b) 159 (c) 161 (d) 153

31. तंजीम ने अपने वेतन का 1/5 अपने दोस्तों पर खर्च किया, आवास पर वेतन का 1/10 खर्च किया और वेतन का 1/4 बचत पर लगा दिया। अगर ₹ 1800 उसने अपने बटुए में छोड़ दिए, तो बताइए उसने आवास और बचत पर कुल कितना व्यय किया?
(a) ₹ 1200 (b) ₹ 1400
(c) ₹ 1600 (d) ₹ 1800

32. 36, 40 और 48 के महत्तम समापवर्तक का वर्ग क्या होगा?
(a) 16 (b) 49 (c) 25 (d) 36

33. 15, 18, 36 और 144 का लघुत्तम समापवर्त्य होगा
(a) 144 (b) 360 (c) 1440 (d) 720

34. दो संख्याओं का म.स. 96 तथा उनका ल.स. 1296 है। यदि एक संख्या 864 है, तो दूसरी संख्या क्या है?
(a) 11664 (b) 72
(c) 64 (d) 144

35. दो संख्याओं का गुणनफल 4107 है। यदि उनका म.स. 37 हो, तो उनमें बड़ी संख्या होगी
(a) 185 (b) 111 (c) 107 (d) 101

36. निम्नलिखित में से कौन-सी संख्या, 7, 11 और 13 से पूर्णत: विभाज्य है?
(a) 15004 (b) 14993 (c) 14982 (d) 15015

37. दो बर्तनों की क्षमता 120 लीटर एवं 56 लीटर है। उस बर्तन की क्षमता क्या होगी, जिससे दोनों में भरा तेल पूर्णतया मापा जा सके?
(a) 7850 सेमी^{3} (b) 9500 सेमी^{3}
(c) 8000 सेमी^{3} (d) 7500 सेमी^{3}

38. तीन घण्टियाँ एकसाथ प्रात: 11 बजे बजती हैं। वे तीनों क्रमश: 20 मिनट, 30 मिनट तथा 40 मिनट के अन्तराल पर बजती रहती हैं। तदनुसार, वे पुन: एकसाथ किस समय बजेंगी?
(a) अपराह्न 2 बजे
(b) अपराह्न 1 बजे
(c) अपराह्न 1 : 15 बजे
(d) अपराह्न 1 : 30 बजे

उत्तरमाला

1 (c)	2 (b)	3 (b)	4 (a)	5 (d)	6 (d)	7 (d)	8 (c)	9 (d)	10 (c)
11 (b)	12 (a)	13 (d)	14 (d)	15 (d)	16 (c)	17 (d)	18 (c)	19 (a)	20 (b)
21 (b)	22 (c)	23 (a)	24 (b)	25 (c)	26 (a)	27 (b)	28 (a)	29 (b)	30 (d)
31 (b)	32 (a)	33 (d)	34 (d)	35 (b)	36 (d)	37 (c)	38 (b)		

संकेत एवं हल

1. (c) दिया है,
इकाई का अंक = y
दहाई का अंक = 5
$\therefore$ संख्या $= 10 \times 5 + y = 50 + y$

2. (b) $\because 87 = 1 \times 3 \times 29$
$\therefore$ 87 अभाज्य नहीं है।

3. (b) 30 और 42 के बीच अविभाज्य संख्याएँ 31, 37, 41 हैं
$\therefore$ अभीष्ट योग = 31 + 37 + 41 = 109

4. (a) 3 अंकों की 4 से विभाजित सबसे छोटी संख्या = 100
तथा 3 अंकों की 4 से विभाजित सबसे बड़ी संख्या = 996
$\therefore$ अभीष्ट संख्याएँ $= \frac{996 - 100}{4} + 1 = \frac{896}{4} + 1$
$= 224 + 1 = 225$

5. (d) 2957 को 17 से भाग देने पर,
$2957 = 173 \times 17 + 16$
अत: 2957 के साथ 1 जोड़ने पर यह 17 से पूरी तरह विभाजित हो जाएगा।

6. (d) हम जानते हैं कि, कोई संख्या 9 से तभी विभाज्य होती है, जब उसके अंकों का योग 9 से विभाज्य हो।
अंकों का योग
$= 3 + 5 + 7 + 8 + 6 + X + 6 + 2 + 5$
$= 42 + X$
$X = 3$ रखने पर,
$= 42 + 3 = 45$
जोकि 9 से विभाज्य है
अत: $X = 3$

7. (d) यदि कोई संख्या 88 से विभाज्य होती है, तो वह 8 और 11 दोनों से विभाज्य होगी। 8 से विभाज्यता के नियम से,
$y68$, 8 से विभाजित होगी।
तब y का मान 1, 3, 5, 7, या 9 हो सकता है।
अब, 11 से विभाज्यता के नियम से, सम स्थानों के अंकों का योग तथा विषम स्थानों के अंकों का योग का अन्तर या तो शून्य या 11 से विभाज्य होगा।
अर्थात् $(7 + x + y + 8) - (8 + 1 + 6)$
$= x + y + 15 - 15$
$= x + y$ (या तो 0 या 11 से विभाज्य होगा।)
$\because$ दो अंकों का योग कभी भी 0 नहीं हो सकता है।
$\therefore$ $x + y = 11$

8. (c) $\frac{550 \times 651 \times 662}{7} = 550 \times 93 \times 662$
अत: शेष 0 होगा क्योंकि दी गई अभिव्यक्ति में 651, 7 से पूरी तरह विभाजित है।

9. (d) $\because 4^n$ को से 5 भाग देने पर शेषफल = 4, यदि n विषम है
तथा शेषफल = 1, यदि n सम है।
$\therefore (4764)^{1795}$ को 5 से भाग देने पर शेषफल = 4
[$\because$ 4764 का इकाई अंक 4 है तथा घात विषम संख्या है]

10. (c) $\because 871 = 13 \times 67$
अत: अभीष्ट संख्या 67 है।

11. (b) माना संख्या x तथा भागफल y है।
$x = 899y + 63$
$= 29(31y + 2) + 5$
अत: x को 29 से भाग देने पर शेषफल 5 बचेगा।

ट्रिक 1 से
शेषफल $= \frac{63}{29}$ से प्राप्त शेषफल = 5

12. (a) दिया है, शेषफल = 48
$\therefore$ भाजक $= 48 \times 5 = 240$; भागफल $= \frac{240}{12} = 20$
हम जानते हैं कि,
भाज्य = भाजक × भागफल + शेषफल
$= 240 \times 20 + 48 = 4848$

13. (d) $(2137)^{754}$ में इकाई का अंक
$= (7)^{4 \times 188 + 2}$ में इकाई का अंक
$= (7^4)^{188} \times 7^2$ में इकाई का अंक
$= 1 \times 7^2$ में इकाई का अंक
= 49 में इकाई का अंक = 9

14. (d) $\{(124)^{372} + (124)^{373}\}$ में इकाई का अंक
$= (124)^{4 \times 93}\{1 + 124\}$ में इकाई का अंक
$= (4^4) \times 125$ में इकाई का अंक
$= 6 \times 5$ में इकाई का अंक
= 30 में इकाई का अंक = 0

15. (d) $3^{26} \times 11^{42} \times 7^{35}$ में इकाई का अंक
$= 3^{4 \times 6 + 2} \times 1 \times 7^{4 \times 8 + 3}$ में इकाई का अंक
$= (3^4)^6 \times 3^2 \times 1 \times (7^4)^8 \times 7^3$ में इकाई का अंक
$= 9 \times 1 \times 3$ में इकाई का अंक = 7

16. (c) प्रथम n विषम प्राकृतिक संख्याओं का योग $= n^2$
$\therefore$ प्रथम 20 विषम प्राकृतिक संख्याओं का योग
$= (20)^2 = 400$

17. (d) 1 और 60 के बीच सभी सम संख्याओं का योग $= 2 + 4 + ... + 60 = \frac{n}{2}\left(\frac{n}{2} + 1\right)$

$= \frac{60}{2}\left(\frac{60}{2} + 1\right) = 30 \times 31 = 930 \quad [\because n = 60]$

18. (c) रस्सी की लम्बाई = 8 फीट + 9 इन्च

= 8 × 12 + 9 इन्च

= 105 इन्च

अतः रस्सी को 3 बराबर भागों में विभाजित करने पर प्रत्येक भाग की लम्बाई $= \frac{105}{3} = 35$ इन्च

19. (a) माना बड़ी संख्या x और छोटी संख्या y है।

तब प्रश्नानुसार,

$x - y = 1146 \quad ...(i)$

तथा $x = y \times 4 + 6$

[∵ भाज्य = भाजक × भागफल + शेषफल]

$\therefore \quad x - 4y = 6 \quad ...(ii)$

समी (i) में से समी (ii) को घटाने पर,

$3y = 1140$

$y = 380$

$\therefore \quad x = 380 \times 4 + 6$

$= 1520 + 6 = 1526$

20. (b) प्रश्नानुसार,

1 छोटी बाल्टी $= \frac{3}{5}$ बड़ी बाल्टी

∴ 1 बड़ी बाल्टी $= \frac{5}{3}$ छोटी बाल्टी

∴ तालाब को भरने के लिए आवश्यक छोटी क्षमता वाली बाल्टियों की संख्या $= \frac{5}{3} \times 6000 = 10000$

21. (b) $0.090909 = 0.\overline{09} = \frac{9}{99} = \frac{1}{11}$

22. (c) $9\frac{1}{11} = \frac{100}{11} = 9.09$

23. (a) $6.651 - (148.6 - x) - 57.22 = 6.098$

$6.651 - 148.6 + x - 57.22 = 6.098$

$x = 6.098 - 6.651 + 148.6 + 57.22$

$= 205.267$

24. (b) $0.17\overline{59} + 0.30\overline{41}$

$= \frac{1759 - 17}{9900} + \frac{3041 - 30}{9900}$

$= \frac{1742 + 3011}{9900} = \frac{4753}{9900}$

$= 0.4801010101 = 0.48\overline{01}$

25. (c) $\frac{6}{5}$ और $\frac{3}{7}$ के व्युत्क्रम के योग का व्युत्क्रम

$= \frac{1}{\frac{5}{6} + \frac{7}{3}} = \frac{1}{\frac{15 + 42}{18}} = \frac{18}{57}$

26. (a) माना संख्या $= x$

प्रश्नानुसार, $x \times \frac{8}{5} \times \frac{6}{7} = 192$

$x = 192 \times \frac{5}{8} \times \frac{7}{6} = 140$

∴ संख्या का $\frac{3}{4} = 140 \times \frac{3}{4} = 105$

27. (b) $\frac{15}{16} = 0.9375$, $\frac{19}{20} = 0.95$,

$\frac{24}{25} = 0.96$ तथा $\frac{34}{35} = 0.97$

अतः सबसे छोटी भिन्न $\frac{15}{16}$ है।

28. (a) $\because \frac{5}{7} = 0.714$, $\frac{9}{11} \approx 0.818$ तथा $\frac{7}{8} = 0.875$

अतः आरोही क्रम निम्न है $\frac{5}{7}, \frac{9}{11}, \frac{7}{8}$

29. (b) माना भिन्न का अंश $= x$

तब, भिन्न का हर $= 13 - x$

∵ भिन्न $= \frac{x}{13 - x}$

प्रश्नानुसार,

$\frac{x + 1}{13 - x - 2} = \frac{1}{2}$

$\Rightarrow \quad 2(x + 1) = (11 - x)$

$\Rightarrow \quad 2x + 2 = 11 - x$

$\Rightarrow \quad 3x = 9 \Rightarrow x = 3$

∴ भिन्न $= \frac{x}{13 - x} = \frac{3}{13 - 3} = \frac{3}{10}$

30. (d) माना शुरुआत में कार्गो कण्टेनरों की संख्या $= x$

पहले बन्दरगाह पर पहुँचने के बाद कण्टेनर की संख्या $= \frac{x}{3} + 60$

दूसरे बन्दरगाह पर पहुँचने के बाद कण्टेनर की संख्या $= \left(\frac{x}{3} + 60\right) \times \frac{1}{3} + 11$

प्रश्नानुसार, तीसरे बन्दरगाह पर पहुँचने पर कण्टेनर की संख्या = 48

$\Rightarrow \quad \left(\frac{x}{3} + 60\right) \times \frac{1}{3} + 11 = 48$

$\Rightarrow \quad \frac{x}{3} + 60 = (48 - 11) \times 3 = 37 \times 3$

$\Rightarrow \quad \frac{x}{3} = 111 - 60 = 51$

$\Rightarrow \quad x = 153$

31. (b) माना तंजीम का कुल वेतन = ₹ x

दोस्तों पर खर्च = ₹ $\frac{x}{5}$

आवास पर खर्च = ₹ $\frac{x}{10}$, बचत = ₹ $\frac{x}{4}$

प्रश्नानुसार, $x - \left[\frac{x}{5} + \frac{x}{10} + \frac{x}{4}\right] = 1800$

$x - \left[\frac{4x + 2x + 5x}{20}\right] = 1800$

$x - \frac{11x}{20} = 1800$

$\frac{20x - 11x}{20} = 1800$

$9x = 1800 \times 20$

$x = 200 \times 20$

$x = 4000$

∴ आवास और बचत पर व्यय $= 4000 \times \left(\frac{1}{10} + \frac{1}{4}\right)$

$= 4000 \times \frac{2 + 5}{20}$

= 200 × 7 = ₹ 1400

32. (a) $36 = 2 \times 2 \times 3 \times 3$

$40 = 2 \times 2 \times 2 \times 5$

$48 = 2 \times 2 \times 2 \times 2 \times 3$

∴ 36, 40 और 48 का म.स. $= 2 \times 2 = 4$

अब 36, 40 और 48 के म.स. का वर्ग $= (4)^2 = 16$

33. (d) $\because 15 = 3 \times 5, 18 = 3 \times 3 \times 2 = 2 \times 3^2$

$36 = 3 \times 3 \times 2 \times 2 = 2^2 \times 3^2$

तथा $144 = 2 \times 2 \times 2 \times 2 \times 3 \times 3 = 2^4 \times 3^2$

∴ अभीष्ट ल. स.

$= 2^4 \times 3^2 \times 5 = 5 \times 9 \times 16 = 720$

34. (d) दिया है, म.स. = 96, ल. स. = 1296

तथा पहली संख्या = 864

∴ दूसरी संख्या $= \frac{\text{ल.स.} \times \text{म.स.}}{\text{पहली संख्या}}$

$= \frac{96 \times 1296}{864} = 144$

35. (b) माना संख्याएँ क्रमशः $37x$ व $37y$ हैं।

$\therefore \quad 37x \times 37y = 4107$

$\Rightarrow \quad xy = 3$

$x = 1$ तथा $y = 3$

अतः बड़ी संख्या $= 37y = 3 \times 37 = 111$

36. (d) 7, 11 और 13 का ल.स. $= 7 \times 11 \times 13$

$= 1001$

अब दी गई संख्याओं को 1001 से विभाजित करने पर केवल संख्या 15015 पूर्णतया विभाज्य है, अर्थात् $15015 \div 1001 = 15$

अतः संख्या 15015, संख्या 7, 11 और 13 से पूर्णतः विभाज्य है।

37. (c) $\because 120 = 2 \times 2 \times 2 \times 3 \times 5$

तथा $56 = 2 \times 2 \times 2 \times 7$

∴ म. स. $= 2 \times 2 \times 2 = 8$ लीटर

∴ 1 लीटर = 1000 सेमी^{3}

अतः बर्तन की क्षमता = 8000 सेमी^{3}

38. (b) 20, 30 व 40 का म.स.

2	20, 30, 40
2	10, 15, 20
2	5, 15, 10
3	5, 15, 5
5	5, 5, 5
	1, 1, 1

20, 30 व 40 का ल. स.

$= 2 \times 2 \times 2 \times 3 \times 5 = 120$ मिनट = 2 घण्टे

अतः वे तीनों घण्टियाँ एकसाथ 2 घण्टे बाद अर्थात् अपराह्न 1 बजे एकसाथ बजेंगी

अध्याय

02

बीजगणित

(Algebra)

बीजगणितीय व्यंजक (या बहुपद)

चर एवं अचर राशियों के रूप में दो या दो से अधिक पद वाला ऐसा व्यंजक जिसमें हम चरों एवं अचरों को जोड़-घटाव, गुणा-भाग इत्यादि गणितीय संक्रियाओं के साथ लिख सकें, उन्हें बीजगणितीय व्यंजक (Algebraic Expression) कहते हैं।

जैसे—$2x + 3xy - 4y^2$ एक बीजगणितीय व्यंजक है। इसमें तीन पद हैं $2x$, $3xy$ तथा $4y^2$, ये सभी पद परस्पर अंकगणितीय चिह्नों से जुड़े होते हैं।

दो बहुपदों का योगफल

दो बहुपदों का योग चिह्नों सहित सदृश घातों को एकत्रित कर एवं गुणांकों को जोड़कर ज्ञात किया जाता है।

जैसे—$p(x) = x^4 - 5x^3 + 3x + 9$

एवं $q(x) = 2x^4 - 3x^3 + 5x - 4$ हो, तो

$$p(x) + q(x) = (x^4 - 5x^3 + 3x + 9) + (2x^4 - 3x^3 + 5x - 4)$$
$$= (x^4 + 2x^4) + (-5x^3 - 3x^3) + (3x + 5x) + (9 - 4)$$
$$= 3x^4 - 8x^3 + 8x + 5$$

दो बहुपदों का अन्तर

दो बहुपदों के घटाने की संक्रिया भी, योग की संक्रिया की तरह है। केवल घटाए जाने वाले बहुपद के चिह्नों को बदलकर, फिर योग कर दिया जाता है।

जैसे—$p(x) = x^4 - 5x^3 + 3x + 9$ एवं

$q(x) = 2x^4 - 3x^3 + 5x - 4$ हो, तो

$$p(x) - q(x) = (x^4 - 5x^3 + 3x + 9) - (2x^4 - 3x^3 + 5x - 4)$$
$$= x^4 - 5x^3 + 3x + 9 - 2x^4 + 3x^3 - 5x + 4$$
$$= (x^4 - 2x^4) + (-5x^3 + 3x^3) + (3x - 5x) + (9 + 4)$$
$$= -x^4 - 2x^3 - 2x + 13$$

दो बहुपदों का गुणनफल

दो बहुपदों का गुणनफल ज्ञात करने के लिए एक बहुपद के प्रत्येक पद की गुणा दूसरे बहुपद के प्रत्येक पद में करते हैं।

जैसे— $p(x) = (x^2 - 5)$ एवं $q(x) = (x + 2)$ हो, तो

$$p(x) \times q(x) = (x^2 - 5) \times (x + 2)$$
$$= (x^2)(x) - (5)(x) + (x^2)(2) - (5)(2)$$
$$= x^3 - 5x + 2x^2 - 10 = x^3 + 2x^2 - 5x - 10$$

दो बहुपदों का विभाजन

दो बहुपदों के विभाजन में एक बहुपद को दूसरे बहुपद से साधारण भाग विधि द्वारा भाग करते हैं अर्थात्

भाज्य = भाजक × भागफल + शेषफल

जैसे— माना $p(x) = x^2 + 3x^2 + 6$ एवं $q(x) = x + 2$, तो

$$x + 2 \overline{)\, x^2 + 3x + 6 \,(} \; x + 1$$
$$\underline{x^2 + 2x}$$
$$x + 6$$
$$\underline{x + 2}$$
$$4 = \text{शेषफल}$$

$\therefore \dfrac{p(x)}{q(x)}$ से प्राप्त भागफल $= x + 1$ तथा शेषफल $= 4$

बीजगणितीय सूत्र

कुछ महत्त्वपूर्ण बीजगणितीय सूत्र (Algebraic Formulae) निम्नवत् हैं

- $a^2 - b^2 = (a + b)(a - b)$
- $(a + b)^2 = a^2 + b^2 + 2ab$
- $(a - b)^2 = a^2 + b^2 - 2ab$
- $(a + b)^2 + (a - b)^2 = 2(a^2 + b^2)$
- $(a + b)^2 - (a - b)^2 = 4ab$

- $(a+b+c)^2 = a^2+b^2+c^2+2(ab+bc+ca)$
- $(a+b)^3 = a^3+b^3+3ab(a+b)$
- $(a-b)^3 = a^3-b^3-3ab(a-b)$
- $a^3+b^3 = (a+b)(a^2-ab+b^2)$
- $a^3-b^3 = (a-b)(a^2+ab+b^2)$
- $a^3+b^3+c^3-3abc = (a+b+c)(a^2+b^2+c^2-ab-bc-ca)$
- यदि $a+b+c=0$ हो, तो $a^3+b^3+c^3 = 3abc$

बहुपदों के गुणनखण्ड

बहुपदों के गुणनखण्ड (Factor) बीजगणितीय सूत्रों की सहायता से और मध्य पद को विभक्त करके करते हैं।

उदाहरण 1 यदि $a+b+c=5$ और $ab+bc+ca=4$ है, तो $a^3+b^3+c^3-3abc$ किसके समान होगा?

(a) 72 (b) 62 (c) 68 (d) 65

हल (d) दिया है, $a+b+c=5$

और $ab+bc+ca=4$

$\therefore \quad (a+b+c)^2 = (5)^2$

$\Rightarrow \quad a^2+b^2+c^2+2(ab+bc+ca) = 25$ [सूत्र से]

$\Rightarrow \quad a^2+b^2+c^2+2\times 4 = 25$

$\Rightarrow \quad a^2+b^2+c^2 = 25-8$

$\Rightarrow \quad a^2+b^2+c^2 = 17$

$\therefore a^3+b^3+c^3-3abc$

$= (a+b+c)(a^2+b^2+c^2-ab-bc-ca)$

$= 5\times(17-4) = 5\times 13 = 65$

उदाहरण 2 यदि $a^2+\frac{1}{a^2}=38$, है, तो $\left(a-\frac{1}{a}\right)$ का मान ज्ञात करें।

(a) 2 (b) 4 (c) 6 (d) 8

हल (c) दिया है,

$a^2+\frac{1}{a^2} = 38 \Rightarrow a^2+\frac{1}{a^2}-2 = 38-2$

$\left(a-\frac{1}{a}\right)^2 = 36 \Rightarrow a-\frac{1}{a} = 6$

उदाहरण 3 वास्तविक a, b, c के लिए $a^2+b^2+c^2 = ab+bc+ca$ है, तो $\frac{a+c}{b}$ का मान है

(a) 0 (b) 3 (c) 2 (d) 1

हल (c) $a^2+b^2+c^2 = ab+bc+ca$

$\Rightarrow 2a^2+2b^2+2c^2 = 2ab+2bc+2ca$

$\Rightarrow a^2-2ab+b^2+b^2-2bc+c^2+c^2-2ca+a^2 = 0$

$\Rightarrow \quad (a-b)^2+(b-c)^2+(c-a)^2 = 0$

$\therefore \quad a=b=c$

तब $\frac{a+c}{b} = \frac{b+b}{b}$ $[\because a=b=c]$

$= \frac{2b}{b} = 2$

उदाहरण 4 यदि $a+b+c+d=4$, तो

$\frac{1}{(1-a)(1-b)(1-c)}+\frac{1}{(1-b)(1-c)(1-d)}+\frac{1}{(1-c)(1-d)(1-a)}+\frac{1}{(1-d)(1-a)(1-b)}$ का मान क्या होगा?

(a) 1 (b) 4

(c) 0 (d) 5

हल (c) $\frac{1}{(1-a)(1-b)(1-c)}+\frac{1}{(1-b)(1-c)(1-d)}$

$+\frac{1}{(1-c)(1-d)(1-a)}+\frac{1}{(1-d)(1-a)(1-b)}$

$= \frac{1-d+1-a+1-b+1-c}{(1-a)(1-b)(1-c)(1-d)}$

$= \frac{4-(a+b+c+d)}{(1-a)(1-b)(1-c)(1-d)}$

$= \frac{4-4}{(1-a)(1-b)(1-c)(1-d)}$ $[\because a+b+c+d=4]$

$= \frac{0}{(1-a)(1-b)(1-c)(1-d)} = 0$

उदाहरण 5 यदि $\frac{xy}{x+y}=a$, $\frac{xz}{x+z}=b$ तथा $\frac{yz}{y+z}=c$ हो, जहाँ a, b, c सभी शून्येत्तर संख्याएँ हैं, तो x किसके बराबर होगा?

(a) $\frac{2abc}{ac+bc-ab}$ (b) $\frac{abc}{ab+bc+ac}$

(c) $\frac{2abc}{ac+bc-ab}$ (d) $\frac{2abc}{ab+ac-bc}$

हल (a) $\frac{xy}{x+y}=a \Rightarrow \frac{1}{x}+\frac{1}{y}=\frac{1}{a}$ ...(i)

इसी प्रकार, $\frac{1}{x}+\frac{1}{z}=\frac{1}{b}$ ...(ii)

और $\frac{1}{y}+\frac{1}{z}=\frac{1}{c}$ ...(iii)

तीनों समीकरणों को जोड़ने पर,

$2\left(\frac{1}{x}+\frac{1}{y}+\frac{1}{z}\right)=\frac{1}{a}+\frac{1}{b}+\frac{1}{c}$

$\left(\frac{1}{x}+\frac{1}{y}+\frac{1}{z}\right)=\frac{1}{2a}+\frac{1}{2b}+\frac{1}{2c}$ ...(iv)

समी (iv) में से समी (iii) को घटाने पर,

$\frac{1}{x}=\frac{1}{2a}+\frac{1}{2b}+\frac{1}{2c}-\frac{1}{c}$

$= \frac{bc+ac+ab-2ab}{2abc}$

$= \frac{bc+ac-ab}{2abc}$

$\Rightarrow \quad x = \frac{2abc}{ac+bc-ab}$

रैखिक समीकरण

वह समीकरण, जिसमें अज्ञात चर राशि की अधिकतम घात 1 होती है, रैखिक समीकरण (Linear Equation) कहलाती है।
जैसे— $4x + 3 = 0$, $4x + 5y = 7$ इत्यादि।

एक चर वाली रैखिक समीकरण वह रैखिक समीकरण, जिसमें अज्ञात चरों की संख्या 1 होती है, एक चर वाली रैखिक समीकरण (Linear Equation in One Variable) कहलाती है।
जैसे— $3x + 5 = 10$ तथा $y + 3 = 5$ इत्यादि।

दो चर वाली रैखिक समीकरण वह रैखिक समीकरण जिसमें अज्ञात चरों की संख्या 2 होती है, दो चर वाली रैखिक समीकरण (Linear Equation in Two Variable) कहलाती है।
जैसे— $2x + 5y = 10$, $x + 4y = 8$ इत्यादि।

रैखिक समीकरण निकाय के लिए प्रतिबन्ध

- यदि दिए गए रैखिक समीकरण $a_1x + b_1y + c_1 = 0$ और $a_2x + b_2y + c_2 = 0$ एक रैखिक समीकरण निकाय को प्रदर्शित करते हैं, तो
  (i) समीकरण निकाय का कोई हल नहीं होगा, यदि
  $$\frac{a_1}{a_2} = \frac{b_1}{b_2} \neq \frac{c_1}{c_2} \quad \text{[असंगत]}$$
  (ii) समीकरण निकाय के अनन्त हल होंगे, यदि
  $$\frac{a_1}{a_2} = \frac{b_1}{b_2} = \frac{c_1}{c_2} \quad \text{[आश्रित]}$$
  (iii) समीकरण निकाय का एक अद्वितीय हल होगा, यदि
  $$\frac{a_1}{a_2} \neq \frac{b_1}{b_2} \quad \text{[संगत]}$$
- यदि समीकरण $a_1x + c_1 = a_2x + c_2$ के रूप का है, तो
  (i) समीकरण का कोई हल नहीं होगा, यदि $a_1 = a_2$
  (ii) समीकरण के अनेक हल होंगें, यदि $\frac{a_1}{a_2} = \frac{c_1}{c_2}$
  (iii) समीकरण का एक अद्वितीय हल होगा, यदि $a_1 \neq a_2$

रैखिक समीकरणों को हल करने की विधियाँ

रैखिक समीकरणों को हल करने की मुख्यत: निम्नलिखित विधियाँ हैं

(i) **प्रतिस्थापन विधि** (Substitution Method) इस विधि में किसी एक समीकरण से एक चर का मान ज्ञात करके दूसरी समीकरण में प्रतिस्थापित कर देते है, फिर प्राप्त समीकरणों को हल करके चर का मान ज्ञात करते है।

(ii) **विलोपन विधि** (Elemination Method) इस विधि में किसी एक चर के गुणांकों को समान करके समीकरणों को उनके चिह्नों के अनुसार जोड़ते या घटाते हैं अर्थात् एक चर का विलोपन करते हैं, फिर प्राप्त समीकरण से दूसरे चर का मान ज्ञात करते हैं। इस मान को किसी समीकरण में प्रतिस्थापित करके दूसरे चर का मान ज्ञात करते हैं।

उदाहरण 6 $7x + 8ky - 16 = 0$ और $14x + 112y - 21 = 0$ समीकरण के युग्म हैं। k का मान ज्ञात करें, जिसके लिए प्रणाली असंगत है।
(a) 2 (b) 3 (c) 5 (d) 7

हल (d) यहाँ, $a_1 = 7, b_1 = 8k, c_1 = -16$
$a_2 = 14, b_2 = 112, c_2 = -21$

$\because$ प्रणाली असंगत है।
$$\therefore \quad \frac{a_1}{a_2} = \frac{b_1}{b_2} \neq \frac{c_1}{c_2} \Rightarrow \frac{7}{14} = \frac{8k}{112} \neq \frac{-16}{-21} \Rightarrow k = \frac{7 \times 112}{14 \times 8}$$
$$\therefore \quad k = 7$$

द्विघात समीकरण

ऐसा समीकरण, जिसमें चर राशि की अधिकतम घात 2 हो, द्विघात समीकरण (Quadratic Equation) कहलाती है। द्विघात समीकरण का व्यापक रूप निम्न प्रकार है

$ax^2 + bx + c = 0$, जहाँ a, b, c वास्तविक संख्याएँ व x कोई चर राशि है तथा $a \neq 0$। *जैसे*—$x^2 + 5x + 2 = 0$ एक द्विघात समीकरण है। द्विघात समीकरण के अधिकतम दो मूल अर्थात् दो हल होते हैं।

द्विघात समीकरण के गुण

1. यदि द्विघात समीकरण $ax^2 + bx + c = 0$ के मूल α तथा β हैं, तब
   मूलों का योग $= \alpha + \beta = -\frac{x \text{ का गुणांक}}{x^2 \text{ का गुणांक}} = -\frac{b}{a}$
   तथा मूलों का गुणनफल $= \alpha\beta = \frac{\text{अचर पद}}{x^2 \text{ का गुणांक}} = \frac{c}{a}$
2. द्विघात समीकरण का **विविक्तकर** (Discriminant), $D = b^2 - 4ac$
3. द्विघात समीकरण $ax^2 + bx + c = 0$ में मूलों की प्रकृति (Nature of roots), विविक्तकर $D = b^2 - 4ac$ के मान पर निर्भर करती है।
   (i) यदि $D = 0$, तब मूल वास्तविक तथा समान होंगे।
   (ii) यदि $D > 0$ तथा D एक पूर्ण वर्ग है, तब मूल वास्तविक, असमान तथा परिमेय होंगे।
   (iii) यदि $D > 0$ तथा D एक पूर्ण वर्ग नहीं है, तब मूल वास्तविक, असमान तथा अपरिमेय होंगे।
   (iv) यदि $D < 0$, तब मूल काल्पनिक या अधिकल्पित होंगे।

उदाहरण 7 द्विघात समीकरण $4x^2 + 4x + 1 = 0$ के मूल हैं
(a) वास्तविक तथा असमान (b) वास्तविक तथा समान
(c) अवास्तविक (d) अपरिमेय

हल (b) दी गई समीकरण $4x^2 + 4x + 1 = 0$ की तुलना द्विघात समीकरण $ax^2 + bx + c = 0$ से करने पर, $a = 4, b = 4$ और $c = 1$
$\therefore$ विविक्तकर $= b^2 - 4ac \Rightarrow (D) = (4)^2 - 4(4)(1) = 16 - 16 = 0$
अतः दी गई समीकरण के मूल वास्तविक तथा समान होंगे।

उदाहरण 8 यदि समीकरण $kx^2 + 2x + 3k = 0$ के मूलों का योग उनके गुणनफल के बराबर है, तो k का मान ज्ञात कीजिए।
(a) $\frac{1}{3}$ (b) $-\frac{1}{3}$ (c) $\frac{2}{3}$ (d) $-\frac{2}{3}$

हल (d) दिए गए समीकरण $kx^2 + 2x + 3k = 0$ की तुलना मानक समीकरण $ax^2 + bx + c = 0$ से करने पर, $a = k, b = 2, c = 3k$

दिए गए समीकरण के मूलों का योगफल $= \frac{-b}{a} = \frac{-2}{k}$

तथा मूलों का गुणनफल $= \frac{c}{a} = \frac{3k}{k} = 3$

प्रश्नानुसार, मूलों का योगफल = मूलों का गुणनफल

$\Rightarrow \quad -\frac{2}{k} = 3 \Rightarrow k = \frac{-2}{3}$

रैखिक असमिका

वह रैखिक समीकरण (Linear Inequation) जिसमें चर तीन चिह्नों '<, =, >' से सम्बन्धित होते हैं, रैखिक असमिका कहलाती है। जैसे— $3x \geq 2y + 5$ एक रैखिक असमिका है।

उदाहरण 9 यदि $2x - 2(3 + 4x) < -1 - 2x > -5/3 - x/3$; तो x का क्या मान होगा?

(a) 1 (b) 2 (c) – 2 (d) – 1

हल (d) $2x - 2(3 + 4x) < -1 - 2x > -\frac{5}{3} - \frac{x}{3}$

दिए गए व्यंजक के पहले दो पदों से,

$$2x - 2(3 + 4x) < -1 - 2x$$
$$2x + 2x < -1 + 2(3 + 4x)$$
$$4x < -1 + 6 + 8x$$
$$-5 < 8x - 4x$$
$$-5 < 4x \Rightarrow x > -\frac{5}{4}$$

व्यंजक के अन्तिम दो पदों से,

$$-1 - 2x > -\frac{5}{3} - \frac{x}{3}$$
$$\frac{5}{3} - 1 > 2x - \frac{x}{3}$$
$$\frac{5-3}{3} > \frac{6x - x}{3}$$
$$2 > 5x \Rightarrow x < \frac{2}{5}$$
$$\therefore \quad -\frac{5}{4} < x < \frac{2}{5}$$

अतः विकल्प (d) सही है।

अभ्यास प्रश्न

1. अगर $a^2 + b^2 = 135$ और $ab = 7, (a > 0, b > 0)$ है, तो $(a^3 - b^3)$ का मान है

(a) 1350 (b) 1600
(c) 1680 (d) 1562

2. दिए गए व्यंजक $\frac{1}{4}\left\{\left(a + \frac{1}{a}\right)^2 - \left(a - \frac{1}{a}\right)^2\right\}$ का मान है

(a) $\frac{1}{2}$ (b) $\frac{1}{4}$
(c) 4 (d) 1

3. यदि $8(a + b)^3 + (a - b)^3 = (3a + b)(Aa^2 + Bab + Cb^2)$ है, तो $(A + B - C)$ का मान क्या है?

(a) 4 (b) 10 (c) 2 (d) 11

4. दिया गया है कि x, y, z धनात्मक वास्तविक संख्याएँ हैं, यदि $(x + y)^2 - z^2 = 8$, $(y + z)^2 - x^2 = 10$ और $(x + z)^2 - y^2 = 7$ है, तो $(x + y + z)$ किसके समान होगा?

(a) 6 (b) 7 (c) 5 (d) 8

5. यदि x वास्तविक है, और $x^4 - 5x^2 - 1 = 0$ है, तो $\left(x^6 - 3x^2 + \frac{3}{x^2} - \frac{1}{x^6} + 1\right)$ का मान है

(a) 116 (b) 96
(c) 110 (d) 126

6. अगर $a + \frac{1}{a} = 2$ है, तो $a^4 - \frac{1}{a^4}$ का मूल क्या है?

(a) $\frac{1}{4}$ (b) 4 (c) 1 (d) 0

7. अगर $24\sqrt{3}x^3 + 2\sqrt{2}y^3 = (2\sqrt{3}x + \sqrt{2}y)(Ax^2 + Bxy + Cy^2)$ है, तो $(2A + \sqrt{6}B - C)$ बराबर है

(a) 6 (b) 8
(c) 10 (d) 14

8. यदि $x^4 + x^{-4} = 194$ है, $(x > 0)$, तो $(2x - 4)^2$ का मान है

(a) 15 (b) 20
(c) 12 (d) 16

9. यदि $3^{\sqrt[3]{x}} + 4^{\sqrt[3]{x}} = 5^{\sqrt[3]{x}}$ है, तो x का मान है

(a) 8 (b) 2
(c) 1 (d) 4

10. अगर $(2x - 7)^3 + (2x - 8)^3 + (2x - 3)^3 = 3(2x - 7)(2x - 8)(2x - 3)$ है,तो x का मान क्या है?

(a) 2 (b) 4
(c) 3 (d) 1

11. यदि $x - \frac{1}{x} = 10$ है, तो $\frac{x^4 + 1}{x^2}$ का मान ज्ञात करें।

(a) 98 (b) 100 (c) 102 (d) 106

12. $\frac{a^2 + b^2}{a^3 - b^3}$ का मान क्या है, जबकि $a + b = 8$ और $a - b = 2$ है?

(a) 0.313 (b) 0.347
(c) 0.368 (d) 0.381

13. $\left(\frac{1}{r} + \frac{1}{s}\right)$ का मान ज्ञात कीजिए, यदि $r^3 + s^3 = 0$ और $r + s = 6$ है।

(a) 0 (b) 0.5 (c) 1 (d) 6

14. "s" का मान निर्धारित करें, जिसके लिए समीकरण $5x + 35 = 60x + s$ के अनन्त समाधान हैं।

(a) 420
(b) 440
(c) 460
(d) 480

15. दो संख्याओं का योग 7 है और उनके वर्ग का योग 23 है, तो उनका गुणनफल ज्ञात कीजिए।

(a) 10 (b) 11
(c) 12 (d) 13

16. $(2 - 2z + z^2)(2 + 2z - z^2)$ का मान बताइए जब $z + \frac{2}{z} = 2$ है?

(a) 0 (b) 2
(c) 4 (d) 8

17. निम्नलिखित द्विघात समीकरणों में से किसके वास्तविक मूल हैं?

(a) $4x^2 - 7x + 5 = 0$
(b) $5x^2 - 11x + 7 = 0$
(c) $5x^2 - 11x + 8 = 0$
(d) $2x^2 - 7x + 5 = 0$

18. यदि $5x - 4 \leq 2 - x$ और $4x + 5 > 2x - 5$, तो x का मान क्या होगा?

(a) 3 (b) 6
(c) – 7 (d) – 1

19. निम्न में से क्या सही है?

(a) $(6x + y)(x - 6y) = 6x^2 + 35xy - 6y^2$
(b) $(6x + y)(x - 6y) = 6x^2 - 35xy - 6y^2$
(c) $(6x + y)(x - 6y) = 6x^2 - 37xy - 6y^2$
(d) $(6x + y)(x - 6y) = 6x^2 + 37xy - 6y^2$

20. यदि $4pxy = (x + 2y)^2 - (x - 2y)^2$ है, तो p का मान क्या होगा?
(a) 0.5 (b) 0.25 (c) 4 (d) 2

21. यदि $3x - 4 > 2 - x/3$ और $3x + 5 > 4x - 5$; फिर x का मान क्या होगा?
(a) 7 (b) 10 (c) −11 (d) 1

22. यदि $a + b = 10$ और $a^2 + b^2 = 58$, तब ab ज्ञात करें।
(a) 21 (b) 24 (c) 25 (d) 16

23. निम्न में से कौन-सा सही है?
(a) $(4x - 5y)^2 = 16x^2 - 20xy + 25y^2$
(b) $(4x - 5y)^2 = 16x^2 + 40xy - 25y^2$
(c) $(4x - 5y)^2 = 16x^2 - 40xy + 25y^2$
(d) $(4x - 5y)^2 = 16x^2 - 20xy - 25y^2$

24. यदि $4x - 5(2x - 1) > 2x + 3 > 2 - 3x$ तब x का मान क्या होगा?
(a) 1 (b) 0
(c) 2 (d) − 3

25. $x^2 + 5x - 14$ को गुणनखण्डों में विभक्त करें।
(a) $(x - 7)(x + 2)$
(b) $(x - 1)(x + 14)$
(c) $(x + 7)(x - 2)$
(d) $(x - 14)(x + 1)$

26. $(x + 3)(2 - 4x)(5x - 6)$ में x^2 का गुणांक है
(a) 26
(b) − 74
(c) 74
(d) − 26

27. यदि $t^2 - 4t + 1 = 0$, तो $t^3 + \frac{1}{t^3}$ का मान क्या होगा?
(a) 52 (b) 64 (c) 44 (d) 48

28. यदि $a^{\frac{1}{3}} + b^{\frac{1}{3}} + c^{\frac{1}{3}} = 0$, तो a, b, c के बीच क्या सम्बन्ध होगा?
(a) $a + b + c = 3abc$
(b) $a^3 + b^3 + c^3 = 0$
(c) $a + b + c = 0$
(d) $(a + b + c)^3 = 27abc$

29. यदि $\sqrt[3]{a} + \sqrt[3]{b} = \sqrt[3]{c}$, तो $(a + b - c)^3 + 27abc$ का सरलतम मान क्या होगा?
(a) − 3 (b) 0 (c) − 1 (d) 3

उत्तरमाला

1	(d)	2	(d)	3	(c)	4	(c)	5	(d)	6	(d)	7	(c)	8	(c)	9	(a)	10	(c)
11	(c)	12	(b)	13	(b)	14	(a)	15	(d)	16	(a)	17	(d)	18	(d)	19	(b)	20	(d)
21	(a)	22	(a)	23	(c)	24	(b)	25	(c)	26	(d)	27	(a)	28	(d)	29	(b)		

संकेत एवं हल

1. (d) दिया है, $a^2 + b^2 = 135$ और $ab = 7$

$\because \quad (a - b)^2 = a^2 + b^2 - 2ab$

$\Rightarrow \quad (a - b)^2 = 135 - 2 \times 7$

$= 121$

$a - b = 11$

$\therefore \quad a^3 - b^3 = (a - b)(a^2 + b^2 + ab)$

$= 11 \times (135 + 7)$

$= 11 \times 142$

$= 1562$

2. (d) $\frac{1}{4}\left\{\left(a + \frac{1}{a}\right)^2 - \left(a - \frac{1}{a}\right)^2\right\}$

$= \frac{1}{4} \times 4a \times \frac{1}{a}$ $[\because (a + b)^2 - (a - b)^2 = 4ab]$

$= \frac{1}{4} \times 4 = 1$

3. (c) दिया है,

$8(a + b)^3 + (a - b)^3$

$= (3a + b)(Aa^2 + Bab + Cb^2)$

$\Rightarrow \quad (2a + 2b)^3 + (a - b)^3$

$= (3a + b)(Aa^2 + Bab + Cb^2)$

$\Rightarrow \quad (2a + 2b + a - b)[(2a + 2b)^2 + (a - b)^2 - (2a + 2b)(a - b)]$

$= (3a + b)(Aa^2 + Bab + Cb^2)$

$[\because a^3 + b^3 = (a + b)(a^2 + b^2 - ab)]$

$\Rightarrow (3a + b)[4a^2 + 4b^2 + 8ab + a^2 + b^2 - 2ab - 2a^2 + 2ab - 2ab + 2b^2]$

$= (3a + b)[Aa^2 + Bab + Cb^2]$

$\Rightarrow \quad (3a + b)[3a^2 + 7b^2 + 6ab]$

$= (3a + b)[Aa^2 + Bab + Cb^2]$

दोनों पक्षों की तुलना करने पर,

$A = 3, B = 6, C = 7$

$\therefore \quad A + B - C = 3 + 6 - 7$

$= 9 - 7$

$= 2$

4. (c) दिया है,

$(x + y)^2 - z^2 = 8$

$x^2 + y^2 + 2xy - z^2 = 8 \quad \ldots(i)$

$(y + z)^2 - x^2 = 10$

$y^2 + z^2 + 2yz - x^2 = 10 \quad \ldots(ii)$

$(x + z)^2 - y^2 = 7$

$x^2 + z^2 + 2xz - y^2 = 7 \quad \ldots(iii)$

तीनों समीकरणों को जोड़ने पर,

$x^2 + y^2 + z^2 + 2xy + 2yz + 2zx = 8 + 10 + 7$

$x^2 + y^2 + z^2 + 2(xy + yz + zx) = 25$

$(x + y + z)^2 = 25$

$\therefore \quad x + y + z = 5$

5. (d) दिया है,

$x^4 - 5x^2 - 1 = 0$

$x^4 - 1 = 5x^2$

$x^2 - \frac{1}{x^2} = 5 \quad \ldots(i)$

दोनों पक्षों का वर्ग करने पर,

$\left(x^2 - \frac{1}{x^2}\right)^2 = (5)^2$

$x^4 + \frac{1}{x^4} - 2 = 25$

$x^4 + \frac{1}{x^4} = 27 \quad \ldots(ii)$

$x^6 - 3x^2 + \frac{3}{x^2} - \frac{1}{x^6} + 1$

$= x^6 - \frac{1}{x^6} - 3\left[x^2 - \frac{1}{x^2}\right] + 1$

$= (x^2)^3 - \frac{1}{(x^2)^3} - 3\left[x^2 - \frac{1}{x^2}\right] + 1$

$= \left(x^2 - \frac{1}{x^2}\right)\left(x^4 + \frac{1}{x^4} + 1\right) - 3\left(x^2 - \frac{1}{x^2}\right) + 1$

$= 5 \times (27 + 1) - 3 \times 5 + 1$

[समी (i) व (ii) से]

$= 5 \times 28 - 15 + 1$

$= 140 - 14 = 126$

6. (d) दिया है, $a + \frac{1}{a} = 2$

$\Rightarrow \quad \frac{a^2 + 1}{a} = 2$

$\Rightarrow \quad a^2 + 1 = 2a$

$\Rightarrow \quad a^2 + 1 - 2a = 0$

$\Rightarrow \quad (a - 1)^2 = 0$

$\Rightarrow \quad a-1=0$

$a=1$

$\therefore \quad a^4-\frac{1}{a^4}=(1)^4-\frac{1}{(1)^4}$

$=1-1=0$

7. (c) $24\sqrt{3}\,x^3+2\sqrt{2}y^3$

$=(2\sqrt{3}x+\sqrt{2}y)(Ax^2+Bxy+Cy^2)$

$\Rightarrow (2\sqrt{3}x)^3+(\sqrt{2}y)^3$

$=(2\sqrt{3}x+\sqrt{2}y)(Ax^2+Bxy+Cy^2)$

$\Rightarrow (2\sqrt{3}x+\sqrt{2}y)$

$[(2\sqrt{3}x)^2-2\sqrt{3}x\times\sqrt{2}y+(\sqrt{2}y)^2]$

$=(2\sqrt{3}x+\sqrt{2}y)(Ax^2+Bxy+Cy^2)$

$\Rightarrow (2\sqrt{3}x+\sqrt{2}y)[12x^2-2\sqrt{6}\,xy+2y^2]$

$=(2\sqrt{3}x+\sqrt{2}y)(Ax^2+Bxy+Cy^2)$

दोनों पक्षों की तुलना करने पर,

$A=12, B=-2\sqrt{6}, C=2$

$\therefore 2A+\sqrt{6}B-C=2\times12+\sqrt{6}(-2\sqrt{6})-2$

$=24-12-2=24-14$

$=10$

8. (c) दिया है,

$x^4+\frac{1}{x^4}=194$

$\Rightarrow x^4+\frac{1}{x^4}+2=194+2$

$\Rightarrow \left(x^2+\frac{1}{x^2}\right)^2=196$

$\Rightarrow x^2+\frac{1}{x^2}=14$

$\Rightarrow x^2+\frac{1}{x^2}+2=14+2 \Rightarrow \left(x+\frac{1}{x}\right)^2=16$

$x+\frac{1}{x}=4 \quad \ldots(i)$

हम जानते हैं कि,

$\left(x-\frac{1}{x}\right)^2=\left(x+\frac{1}{x}\right)^2-4$

$\left(x-\frac{1}{x}\right)^2=(4)^2-4=16-4=12$

$x-\frac{1}{x}=2\sqrt{3} \quad \ldots(ii)$

समी (i) व (ii) को जोड़ने पर,

$2x=4+2\sqrt{3}$

$x=2+\sqrt{3}$

$\therefore \quad (2x-4)^2=[2(x-2)]^2$

$=[2(2+\sqrt{3}-2)]^2$

$=[2(\sqrt{3})]^2=4\times3=12$

9. (a) दिया है, $3^{\sqrt[3]{x}}+4^{\sqrt[3]{x}}=5^{\sqrt[3]{x}}$

विकल्प (a) से, $x=8$ रखने पर,

$\Rightarrow 3^{\sqrt[3]{8}}+4^{\sqrt[3]{8}}=5^{\sqrt[3]{8}}$

$\Rightarrow 3^2+4^2=5^2$

$\Rightarrow 9+16=25$

$\Rightarrow 25=25$ (सत्य है)

$\therefore \quad x=8$

10. (c) दिया है,

$(2x-7)^3+(2x-8)^3+(2x-3)^3$

$=3(2x-7)(2x-8)(2x-3)$

हम जानते हैं कि,

यदि $a+b+c=0$ तब

$a^3+b^3+c^3=3abc$

$\therefore 2x-7+2x-8+2x-3=0$

$6x-18=0 \Rightarrow 6x=18$

$\therefore \quad x=3$

11. (c) दिया है,

$x-\frac{1}{x}=10$

दोनों पक्षों का वर्ग करने पर,

$\Rightarrow \left(x-\frac{1}{x}\right)^2=(10)^2$

$\Rightarrow x^2+\frac{1}{x^2}-2=100$

$\Rightarrow x^2+\frac{1}{x^2}=102$

$\therefore \quad \frac{x^4+1}{x^2}=102$

12. (b) दिया है,

$a+b=8 \quad \ldots(i)$

और $\quad a-b=2 \quad \ldots(ii)$

दोनों समीकरणों को जोड़ने पर,

$2a=10 \Rightarrow a=5$

समी (i) से,

$5+b=8$

$b=8-5=3$

$\therefore \quad \frac{a^2+b^2}{a^3-b^3}=\frac{(5)^2+(3)^2}{(5)^3-(3)^3}=\frac{25+9}{125-27}$

$=\frac{34}{98}=0.347$

13. (b) दिया है, $r^3+s^3=0$,

$\Rightarrow (r+s)(r^2+s^2-rs)=0$

$\Rightarrow r^2+s^2-rs=0$

$r^2+s^2=rs \quad \ldots(i)$

और $\quad r+s=6$

$\Rightarrow (r+s)^2=(6)^2$

$\Rightarrow r^2+s^2+2rs=36$

$\Rightarrow rs+2rs=36$

$\Rightarrow 3rs=36$

$\Rightarrow rs=12$

अब, $\quad \frac{1}{r}+\frac{1}{s}=\frac{r+s}{rs}=\frac{6}{12}=0.5$

14. (a) दिया है,

$5x+35=60x+s$

यहाँ $a_1=5, c_1=35$

$a_2=60, c_2=s$

$\because$ अनन्त समाधान हैं।

$\therefore \quad \frac{a_1}{a_2}=\frac{c_1}{c_2} \Rightarrow \frac{5}{60}=\frac{35}{s}$

$\Rightarrow \quad s=35\times12 \Rightarrow s=420$

15. (d) माना दो संख्याएँ क्रमशः x और y हैं।

प्रश्नानुसार, $x+y=7 \quad \ldots(i)$

और $\quad x^2+y^2=23 \quad \ldots(ii)$

हम जानते हैं कि,

$(x+y)^2=x^2+y^2+2xy$

$(7)^2=23+2xy$ [समी (i) व (ii) से]

$2xy=49-23$

$2xy=26$

$\Rightarrow \quad xy=13$

अतः संख्याओं का गुणनफल = 13

16. (a) दिया है, $z+\frac{2}{z}=2$

$\Rightarrow \quad \frac{z^2+2}{z}=2$

$\Rightarrow \quad z^2+2=2z$

$\therefore (2-2z+z^2)(2+2z-z^2)$

$=(2+z^2-2z)(2+2z-z^2)$

$=(2z-2z)(2+2z-z^2)$

$=0\times(2\times2z-z^2)$

$=0$

17. (d) यदि $D>0$, तो मूल वास्तविक होंगे।

$\therefore$ विकल्प (d) से, $2x^2-7x+5=0$

यहाँ, $a=2, b=-7, c=5$

$\therefore \quad b^2-4ac$

$=(-7)^2-4\times2\times5$

$=49-40=9$

$\because \quad D>0$

अतः समीकरण $2x^2-7x+5=0$ के मूल वास्तविक हैं।

18. (d) I. $5x-4\le2-x$

$5x+x\le2+4$

$6x\le6$

$x\le1$

II. $\quad 4x+5>2x-5$

$4x-2x>-5-5$

$2x>-10$

$x>-5$

$\therefore \quad -5<x\le1$

अतः विकल्प (d) सही है।

19. (b) विकल्प (b) से,

$(6x+y)(x-6y)=6x^2-35xy-6y^2$

$6x^2+xy-36xy-6y^2=6x^2-35xy-6y^2$

$6x^2-35xy-6y^2=6x^2-35xy-6y^2$

अतः विकल्प (b) सही है।

20. (d) दिया है, $4pxy=(x+2y)^2-(x-2y)^2$

$\Rightarrow 4pxy=4.(x)(2y) \quad [\because (a+b)^2-(a-b)^2=4ab]$

$\Rightarrow 4pxy=8xy$

$\Rightarrow \quad 4p=8$

$\therefore \quad p=2$

21. (a) I. $3x - 4 > 2 - \frac{x}{3}$

$$9x - 12 > 6 - x$$
$$9x + x > 6 + 12$$
$$10x > 18$$
$$x > 1.8$$

II. $3x + 5 > 4x - 5$

$$5 + 5 > 4x - 3x$$
$$10 > x$$

$\therefore \quad 1.8 < x < 10$

अतः विकल्प (a) सही है।

22. (a) दिया है, $a + b = 10$

और $a^2 + b^2 = 58$

हम जानते हैं कि,

$$(a+b)^2 = a^2 + b^2 + 2ab$$
$$(10)^2 = 58 + 2ab$$
$$100 = 58 + 2ab$$
$$2ab = 100 - 58 = 42$$
$$ab = 21$$

23. (c) विकल्प (c) से,

$$(4x - 5y)^2 = 16x^2 - 40xy + 25y^2$$
$$[\because (a-b)^2 = a^2 - 2ab + b^2]$$

अतः विकल्प (c) सही है।

24. (b) दिया है,

$$4x - 5(2x - 1) > 2x + 3 > 2 - 3x$$

पहले दो पदों से,

$$4x - 10x + 5 > 2x + 3$$
$$-6x + 5 > 2x + 3$$
$$5 - 3 > 2x + 6x$$
$$2 > 8x$$
$$0.25 > x$$

अन्तिम दो पदों से,

$$2x + 3 > 2 - 3x$$
$$2x + 3x > 2 - 3$$
$$5x > -1$$
$$x > -0.2$$

$\therefore \quad -0.2 < x < 0.25$

अतः विकल्प (b) सही है।

25. (c) $x^2 + 5x - 14$

$= x^2 + 7x - 2x - 14$

(मध्य पद को विभक्त करने पर)

$= x(x+7) - 2(x+7) = (x+7)(x-2)$

26. (d) $(x+3)(2-4x)(5x-6)$

$= (2x - 4x^2 + 6 - 12x)(5x - 6)$

$= (6 - 4x^2 - 10x)(5x - 6)$

$= 30x - 20x^3 - 50x^2 - 36 + 24x^2 + 60x$

$= 90x - 26x^2 - 20x^3 - 36$

अतः व्यंजक में x^2 का गुणांक = – 26

27. (a) $t^2 - 4t + 1 = 0$

$\Rightarrow \quad t^2 + 1 = 4t \Rightarrow t + \frac{1}{t} = 4$

$\Rightarrow \quad \left(t + \frac{1}{t}\right)^3 = (4)^3$

$\Rightarrow \quad t^3 + \frac{1}{t^3} + 3 \cdot t \cdot \frac{1}{t}\left(t + \frac{1}{t}\right) = 64$

$\Rightarrow \quad t^3 + \frac{1}{t^3} + 3 \times 4 = 64$

$\therefore \quad t^3 + \frac{1}{t^3} = 64 - 12 = 52$

28. (d) $a^{1/3} + b^{1/3} + c^{1/3} = 0$

$\Rightarrow \quad a^{\frac{1}{3}} + b^{\frac{1}{3}} = -c^{\frac{1}{3}}$

दोनों ओर का घन करने पर,

$$(a^{1/3} + b^{1/3})^3 = (-c^{1/3})^3$$

$\Rightarrow a + b + 3 \cdot a^{1/3}b^{1/3}(a^{1/3} + b^{1/3}) = -c$

$\Rightarrow \quad a + b - 3a^{1/3}b^{1/3}c^{1/3} = -c$

$\Rightarrow \quad a + b + c = 3a^{1/3}b^{1/3}c^{1/3}$

पुनः दोनों ओर घन करने पर,

$$(a+b+c)^3 = 27abc$$

29. (b) $\sqrt[3]{a} + \sqrt[3]{b} = \sqrt[3]{c}$

दोनों ओर घन करने पर,

$$a + b + 3 \cdot \sqrt[3]{a}\sqrt[3]{b}(\sqrt[3]{a} + \sqrt[3]{b}) = c$$

$\Rightarrow \quad a + b + 3 \cdot \sqrt[3]{a} \cdot \sqrt[3]{b} \cdot \sqrt[3]{c} = c$

$\Rightarrow \quad a + b - c = -3 \cdot \sqrt[3]{a} \cdot \sqrt[3]{b} \cdot \sqrt[3]{c}$

पुनः दोनों ओर घन करने पर,

$\Rightarrow \quad (a + b - c)^3 = -27abc$

$\therefore \quad (a + b - c)^3 + 27abc = 0$

अध्याय 03

ज्यामिति (Geometry)

'ज्यामिति' गणित की वह शाखा है जिसके अन्तर्गत रेखा, कोण, त्रिभुज, चतुर्भुज, वृत्त आदि का अध्ययन किया जाता है।

रेखा

जिस ज्यामिति आकृति में केवल लम्बाई पायी जाती है, किन्तु न चौड़ाई और न ही मोटाई पायी जाती है, रेखा (Line) कहलाती है।

यहाँ $\overleftrightarrow{AB}$ एक रेखा है।

रेखाओं के भिन्न-भिन्न नाम

समान्तर रेखाएँ (Parallel lines)	असमान्तर रेखाएँ (Non-parallel lines)	संगामी रेखाएँ (Concurrent lines)	तिर्यक रेखाएँ (Transversal lines)
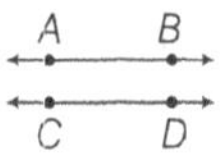 AB ‖ CD	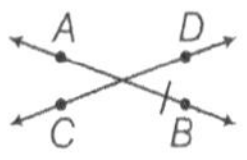 AB ‖ CD	(एक ही बिन्दु से होकर जाने वाली) 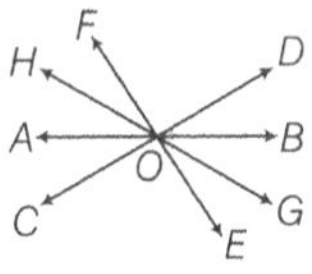	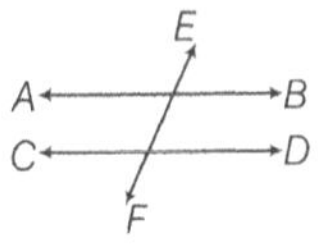 यहाँ EF तिर्यक रेखा तथा AB ‖ CD

कोण

जब दो रेखाएँ एक-दूसरे को प्रतिच्छेद करती हैं, तो इनके बीच झुकाव को कोण (Angle) कहते हैं। जैसे दो रेखाओं AB व CD के प्रतिच्छेद बिन्दु O पर झुकाव या कोण θ है।

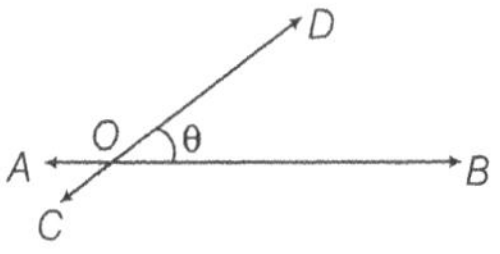

कोणों के प्रकार

कोणों के मान के आधार पर उन्हें निम्न प्रकार परिभाषित कर सकते हैं।

न्यूनकोण (Acute angle)	**समकोण** (Right angle)
90° से कम माप वाला कोण न्यूनकोण कहलाता है। 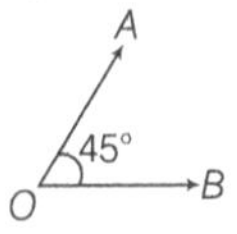 यहाँ $\theta = 45°$ = न्यूनकोण	90° की माप का कोण समकोण कहलाता है। 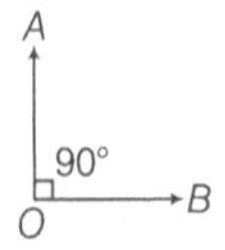 यहाँ $AOB = 90°$ = समकोण
अधिककोण (Obtuse angle)	**ऋजुकोण/सरलकोण** (Straight angle)
90° से अधिक कोण को अधिककोण कहते हैं, किन्तु यह 180° से कम हो 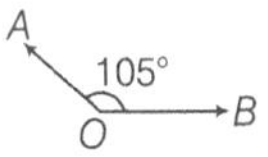 यहाँ $\angle AOB = 105°$ = अधिककोण	180° की सीधी रेखा को ऋजुकोण या सरल कोण कहते हैं। 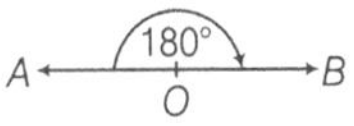 यहाँ $\angle AOB = 180°$ = ऋजुकोण
वृहत् या प्रतिवर्ती कोण (Reflex angle)	**सम्पूर्ण कोण** (Complete angle)
180° से अधिक तथा 360° से कम का कोण प्रतिवर्ती वृहत् कोण कहलाता है। 	360° के कोण को सम्पूर्ण कोण कहते हैं। 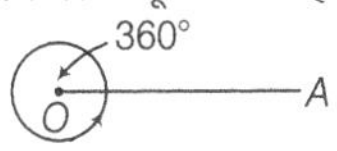

रैखिक युग्म के कोण (Linear Pair of angles)

दो विपरीत रेखाओं के मध्य उभयनिष्ठ बिन्दु से निकली तीसरी रेखा के दाएँ-बाएँ के कोण रैखिक युग्म कोण कहलाते हैं

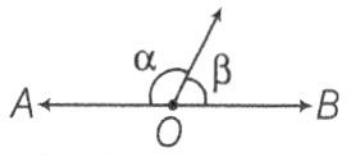

α व β रैखिक युग्म कोण हैं।

आसन्न कोण (Adjacent angle)

किसी कोण के भाजन से बने कोण एक-दूसरे के आसन्न कोण कहलाते हैं

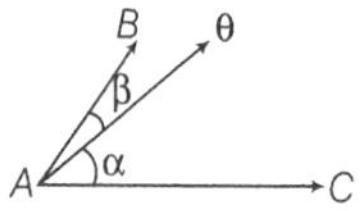

α व β आसन्न कोण हैं।

शीर्षाभिमुख कोण (Vertically opposite angle)

यहाँ α व β शीर्षाभिमुख कोण हैं।

कोटिपूरक कोण (Complementary angle)

जब दो कोणों का योग 90° होता है, तो प्रत्येक कोण एक-दूसरे का कोटिपूरक कोण होता है।

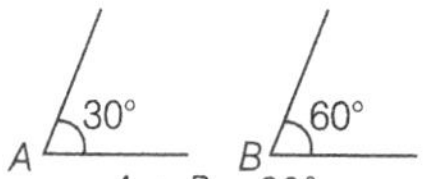

$A + B = 90°$

सम्पूरक कोण (Supplementary angle)

जब दो कोणों का योग 180° होता है, तो प्रत्येक कोण एक-दूसरे का सम्पूरक कोण होता है।

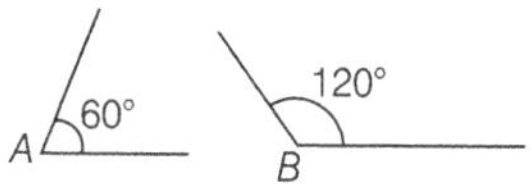

$A + B = 180°$

तिर्यक रेखा एवं कोण की प्रमेय

यदि एक तिर्यक रेखा दो समान्तर रेखाओं को काटती है, तो

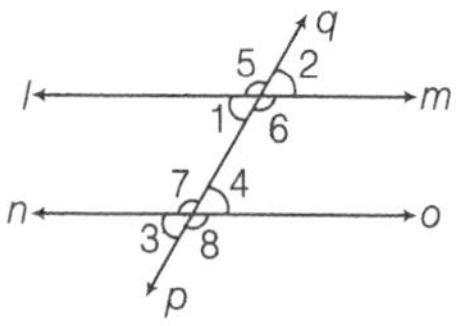

[यहाँ $lm \parallel no$ तथा तिर्यक रेखा pq है।]

A. संगत कोण बराबर होते हैं।

$\angle 1 = \angle 3$ $\quad$ $\angle 2 = \angle 4$

$\angle 5 = \angle 7$ $\quad$ $\angle 6 = \angle 8$

B. शीर्षाभिमुख (सम्मुख) कोण बराबर होते हैं।

$\angle 1 = \angle 2$ $\quad$ $\angle 3 = \angle 4$

$\angle 5 = \angle 6$ $\quad$ $\angle 7 = \angle 8$

C. एकान्तर अन्त: कोण बराबर होते हैं।

$\angle 1 = \angle 4$ $\quad$ $\angle 6 = \angle 7$

D. अन्त: कोणों का योगफल 180° होता है।

$\angle 1 + \angle 7 = 180°$ $\quad$ $\angle 4 + \angle 6 = 180°$

उदाहरण 1 दिए गए चित्र में α, β, γ व θ का मान क्रमशः है

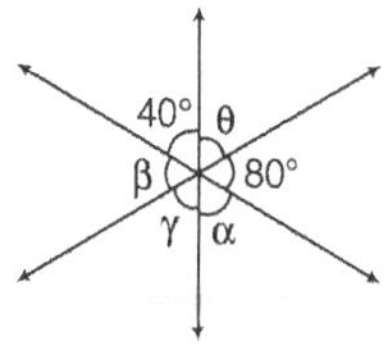

(a) 80°, 60°, 60°, 40° $\qquad$ (b) 60°, 80°, 40°, 60°

(c) 40°, 60°, 80°, 60° $\qquad$ (d) 40°, 80°, 60°, 60°

हल (d) 80 के सम्मुख कोण $\beta = 80°$

40 के सम्मुख कोण $\alpha = 40°$

$\theta = 180° - (40° + 80°)$

$= 180° - 120°$

$= 60°$

θ के सम्मुख कोण $\gamma = 60°$

इस प्रकार, $\alpha = 40°, \beta = 80°, \gamma = 60°, \theta = 60°$

उदाहरण 2 दिए गए चित्र में x का मान बताइए।

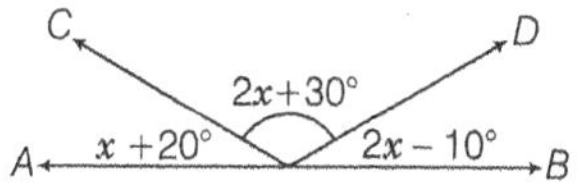

(a) 28° $\qquad$ (b) 30°

(c) 40° $\qquad$ (d) 45°

हल (a) हम जानते हैं कि, सरल रेखा पर बने सभी कोणों का योगफल 180° होता है

अत: $x + 20° + 2x + 30° + 2x - 10° = 180$

$5x + 40° = 180°$ और $5x = 140°$

$\Rightarrow$ $x = 28°$

अत: $x = 28°$

त्रिभुज

तीन रेखाखण्डों से घिरी आकृति त्रिभुज (Triangle) कहलाती है। त्रिभुज के तीनों कोणों का योगफल 180° होता है।

$\therefore$ ΔABC में,

$$\angle A + \angle B + \angle C = 180°$$

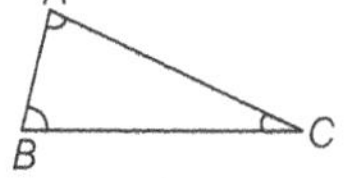

उदाहरण 3 त्रिकोण का सबसे छोटा कोण, सबसे बड़े कोण से 40° कम है। यदि सबसे बड़ा कोण 80° है, तो त्रिकोण का तीसरा कोण बताइए।

(a) 40° $\qquad$ (b) 90°

(c) 80° $\qquad$ (d) 60°

हल (d) माना तीसरा कोण $= x$

तब, त्रिकोण के तीनों कोणों का योगफल = 180°

$\Rightarrow$ $40° + 80° + x = 180°$

$\Rightarrow$ $x = 180° - 120°$

$\Rightarrow$ $x = 60°$

त्रिभुज के प्रकार

त्रिभुजों को भुजाओं और कोणों के आधार पर वर्गीकृत किया जा सकता है।

भुजा के आधार पर त्रिभुज तीन प्रकार के होते हैं।

- **समबाहु त्रिभुज** (Equilateral Triangle) इसकी प्रत्येक भुजा समान तथा तीनों कोण 60° के होते हैं।

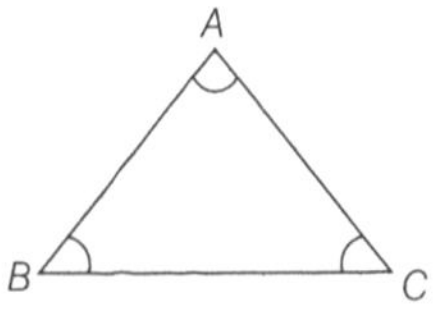

- **समद्विबाहु त्रिभुज** (Isosceles Triangle) इसकी कोई दो भुजाएँ समान होती हैं, तथा समान भुजाओं के सामने का कोण समान होता है।

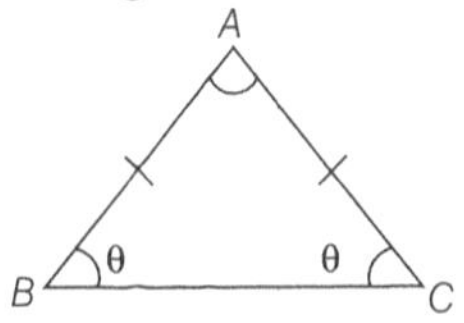

- **विषमबाहु त्रिभुज** (Scalene Triangle) इसकी प्रत्येक भुजा अलग-अलग माप की होती है।

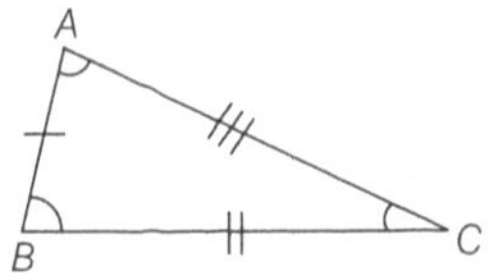

कोण के आधार पर त्रिभुज तीन प्रकार के होते हैं।

(i) **न्यूनकोण त्रिभुज** (Acute Angle Triangle) इसका प्रत्येक कोण 90° से कम होता है।

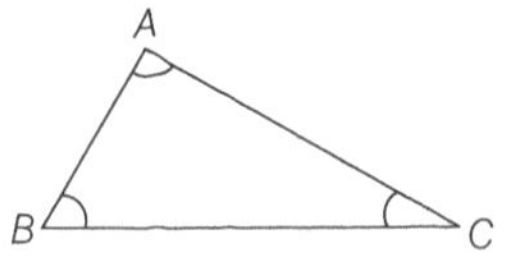

(ii) **समकोण त्रिभुज** (Right Angle Triangle) इसका एक कोण 90° का होता है। यही कोण समकोण कहलाता है।

समकोण के सामने की भुजा कर्ण तथा शेष भुजाएँ लम्ब एवं आधार कहलाती हैं।

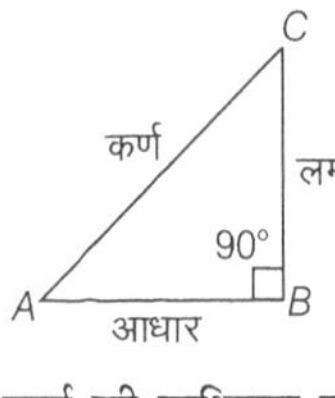

समकोण त्रिभुज में कर्ण की माध्यिका कर्ण की आधी होती है।

(iii) **अधिककोण त्रिभुज** (Obtuse Angle Triangle) इसका एक कोण 90° से अधिक और 180° से कम होता है।

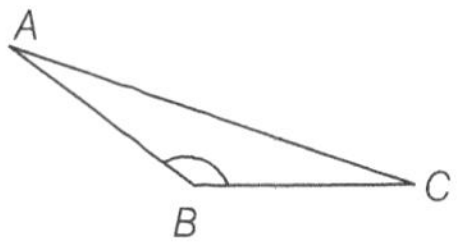

उदाहरण 4 दिए गए त्रिभुज में, यदि $AB = BC = 5$ सेमी हो तथा $\angle ABC = 60°$ हो, तो यह कैसा त्रिभुज है?

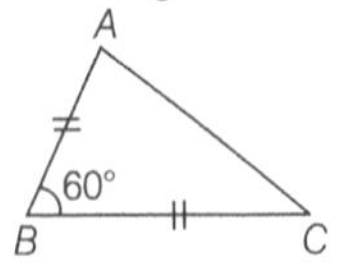

(a) समकोण (b) समबाहु (c) समद्विबाहु (d) अधिककोण त्रिभुज

हल (b) यहाँ, $AB = BC$

$\therefore$ $\angle A = \angle C$

परन्तु, $\angle A + \angle B + \angle C = 180°$

$\Rightarrow$ $\angle A + 60 + \angle C = 180° \Rightarrow \angle A + \angle C = 120°$

$\Rightarrow$ $\angle A + \angle A = 120 \Rightarrow 2\angle A = 120° \Rightarrow \angle A = 60°$

अतः दिया गया त्रिभुज समबाहु होगा।

त्रिभुजों पर आधारित प्रमेय

- **पाइथागोरस प्रमेय** (Pythagoras Theorem) किसी समकोण त्रिभुज में कर्ण का वर्ग शेष दो भुजाओं के वर्गों के योग के बराबर होता है।

ΔABC में, $\angle B = 90°$ तब

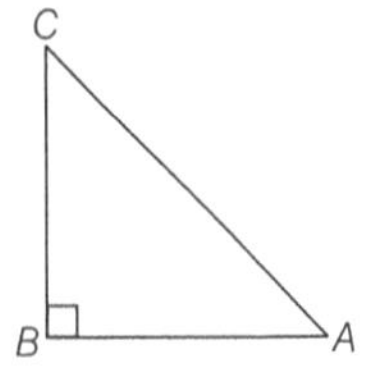

$$AC^2 = AB^2 + BC^2$$

- **बहिष्कोणीय प्रमेय** (Exterior Angle Theorem) यदि किसी त्रिभुज की एक भुजा बढ़ाई जाए, तो बाह्य कोण (बहिष्कोण) अन्त: अभिमुख कोणों के योगफल के बराबर होता है।

$$\angle ACD = \angle A + \angle B$$

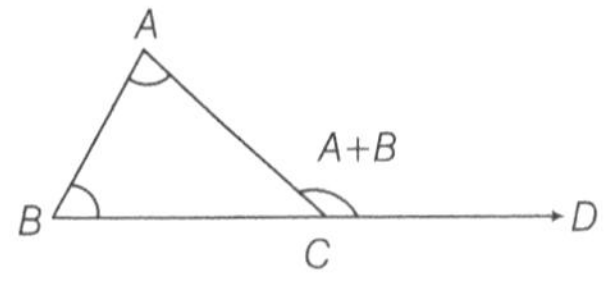

- **थेल्स प्रमेय** (Thales Theorem) यदि किसी त्रिभुज की किसी एक भुजा के समान्तर कोई रेखा खींची जाए, तो अन्य दो भुजाएँ एक अनुपात में विभाजित होती हैं

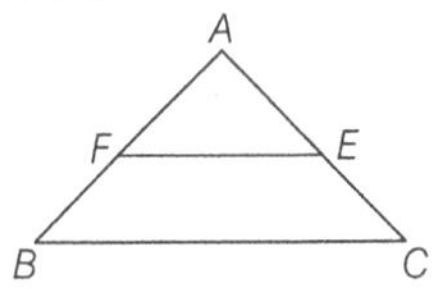

यदि $EF \parallel BC$ तो, $\frac{AF}{FB} = \frac{AE}{EC}$ तथा $\frac{AB}{AF} = \frac{AC}{AE} = \frac{BC}{FE}$

यदि F व E बिल्कुल मध्य में हैं, तो $BC = 2EF$

उदाहरण 5 ΔABC की भुजा BC को D तक बढ़ाया गया है। उसमें यदि $\angle ACD = 112°$ तथा $\angle ABC = \frac{3}{4} \angle BAC$ हो, तो $\angle ABC$ किसके बराबर होगा?

(a) 68° (b) 58° (c) 48° (d) 38°

हल (c) $\because \angle ABC + \angle BAC = \angle ACD$

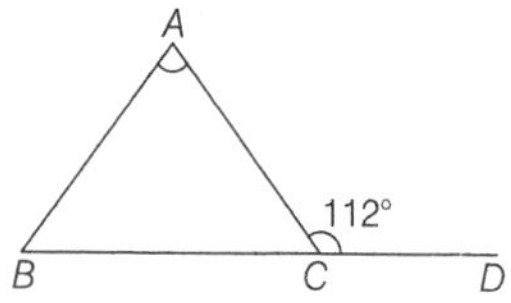

$\Rightarrow \frac{3}{4}\angle BAC + \angle BAC = 112° \Rightarrow \frac{7}{4}\angle BAC = 112° \Rightarrow \angle BAC = 64°$

$\therefore \quad \angle ABC = \frac{3}{4}\angle BAC = \frac{3}{4} \times 64° = 48°$

उदाहरण 6 D और E, ΔABC की भुजा AB और AC के क्रमशः मध्य-बिन्दु हैं। A से खींची गई एक रेखा H पर BC से और K पर DE से मिलती है। $AK : KH = ?$

(a) 1 : 2 (b) 2 : 1 (c) 1 : 1 (d) 1 : 3

हल (c) $\because$ D और E, AB और AC के मध्य-बिन्दु हैं

$\therefore DE \parallel BC$ होगी।

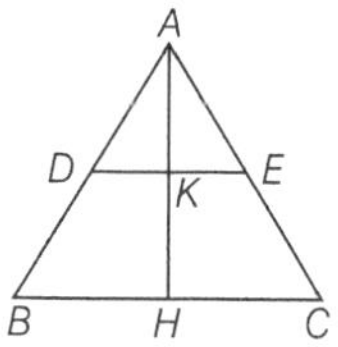

ΔAKD तथा ΔAHB से,

$\frac{AD}{AB} = \frac{AK}{AH}$ $[\because DE \parallel BC]$

$\Rightarrow \frac{AD}{2AD} = \frac{AK}{AK + KH} \Rightarrow \frac{1}{2} = \frac{AK}{AK + KH}$

$\Rightarrow AK + KH = 2AK \Rightarrow KH = AK \Rightarrow AK : KH = 1 : 1$

सर्वांगसमता यदि दो त्रिभुजों में कोई तीन संगत भाग बराबर हों, तो वे सर्वांगसम (Congruency) त्रिभुज कहलाते हैं।

दो त्रिभुजों के सर्वांगसम होने के लिए निम्नलिखित में से कोई एक शर्त आवश्यक है (जहाँ A = कोण, S = भुजा है; R व H क्रमशः समकोण की एक भुजा व कर्ण हैं)

(i) SAS (ii) ASA (iii) SSS (iv) RHS

उदाहरण 7 यदि दिए गए दोनों त्रिभुज सर्वांगसम हों, तो $\angle AOB$ या $\angle COD$ का मान क्या होगा?

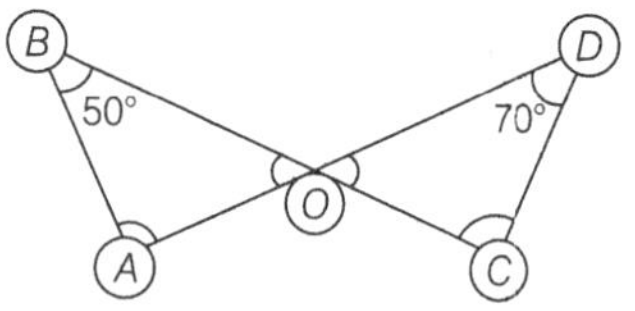

(a) 40° (b) 50° (c) 60° (d) 70°

हल (c) $\angle AOB = \angle COD$ (सम्मुख कोण)

$\because$ सर्वांगसम त्रिभुजों के संगत कोण बराबर होते हैं।

$\therefore \quad \angle BAO = \angle ODC = 70°, \angle OBA = \angle OCD = 50°$

$\angle AOB = \angle COD = 180° - (70° + 50°) = 60°$

त्रिभुजों की समरूपता

दो त्रिभुज समरूप (Similar) होंगे

- यदि किन्हीं दो त्रिभुजों में दो कोण या तीनों कोण बराबर हों।
- यदि संगत भुजाओं के अनुपात बराबर हों।
- यदि दो त्रिभुज ABC तथा DEF समरूप हैं, तो

(i) $\frac{AB}{DE} = \frac{BC}{EF} = \frac{CA}{FD}$

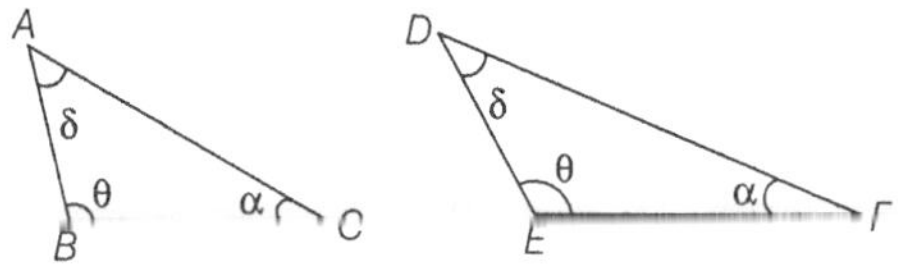

(ii) $\frac{\Delta ABC \text{ का परिमाप}}{\Delta DEF \text{ का परिमाप}} = \frac{AB}{DE} = \frac{BC}{EF} = \frac{CA}{FD}$

(iii) यदि दो समरूप ΔABC व ΔDEF की संगत ऊँचाइयाँ h_1 व h_2 हों, तो

$\frac{\Delta ABC \text{ का क्षेत्रफल}}{\Delta DEF \text{ का क्षेत्रफल}} = \frac{h_1^2}{h_2^2} = \frac{AB^2}{DE^2} = \frac{BC^2}{EF^2} = \frac{CA^2}{FE^2}$

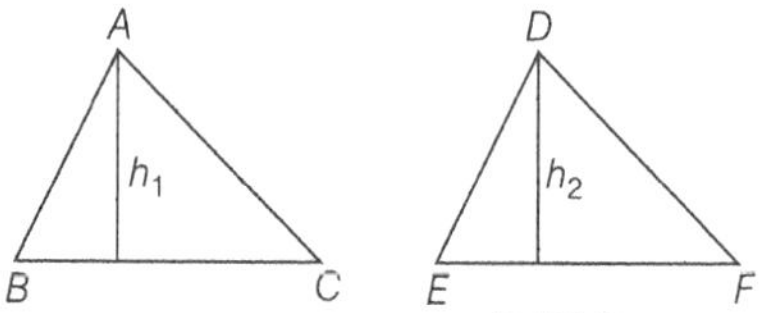

उदाहरण 8 माना $\Delta ABC \sim \Delta QPR$ और $\frac{\text{ar}(\Delta ABC)}{\text{ar}(\Delta PQR)} = \frac{4}{25}$ है। यदि $AB = 12$ सेमी, $BC = 8$ सेमी और $AC = 9$ सेमी है, तो PR बराबर है

(a) 18 सेमी (b) 15 सेमी (c) 17.5 सेमी (d) 20 सेमी

हल (d) दिया है,

$\Delta ABC \sim \Delta QPR$

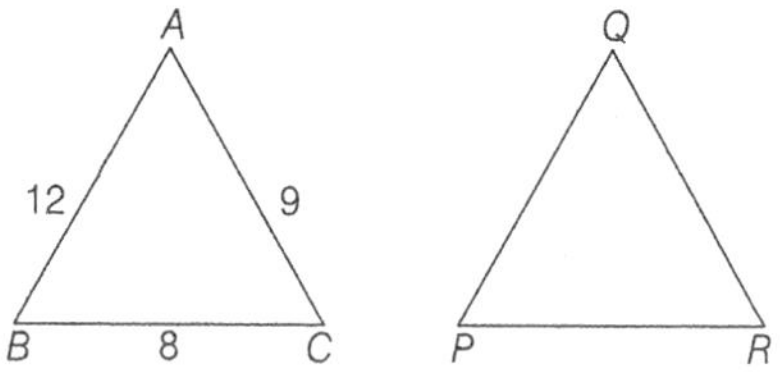

$\therefore \frac{\Delta ABC \text{ का क्षेत्रफल}}{\Delta QPR \text{ का क्षेत्रफल}} = \frac{(BC)^2}{(PR)^2}$

$\frac{4}{25} = \left(\frac{8}{PR}\right)^2 \Rightarrow \frac{2}{5} = \frac{8}{PR}$

$PR = 4 \times 5 = 20$ सेमी

त्रिभुज के प्रमुख केन्द्र

(i) **गुरुत्व केन्द्र** (Centre of Gravity) जिस बिन्दु पर त्रिभुज की तीनों माध्यिकाएँ आपस में मिलती हैं, (अर्थात् माध्यिकाओं का प्रतिच्छेद बिन्दु) गुरुत्व केन्द्र होता है। गुरुत्व केन्द्र G माध्यिका को शीर्ष से 2 : 1 में बाँटता है।

$\frac{AG}{GD} = \frac{BG}{GE} = \frac{CG}{GF} = \frac{2}{1}$

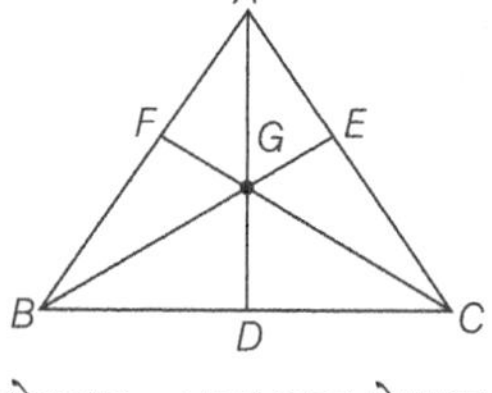

तथा ΔAGC का क्षेत्रफल = ΔBGC का क्षेत्रफल = ΔAGB का क्षेत्रफल

(ii) **अन्तः केन्द्र** (Incentre) किसी त्रिभुज के अन्त:कोणों को समद्विभाजित करने वाली रेखा जिस बिन्दु पर मिलती है, उसे अन्त: केन्द्र कहते हैं।

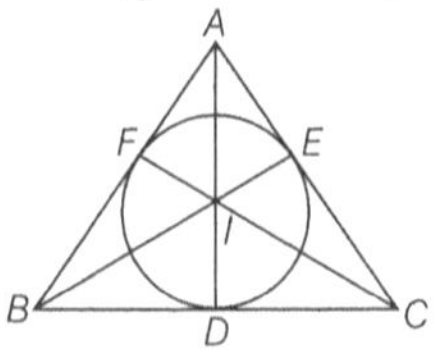

(iii) **परिकेन्द्र** (Circumcentre) किसी त्रिभुज की भुजाओं के मध्य-बिन्दुओं पर खींचें गए लम्ब (अर्थात् भुजाओं के लम्बार्द्धक) जिस बिन्दु पर मिलते हैं, उसे परिकेन्द्र कहते हैं।

यहाँ, $AO = BO = CO$

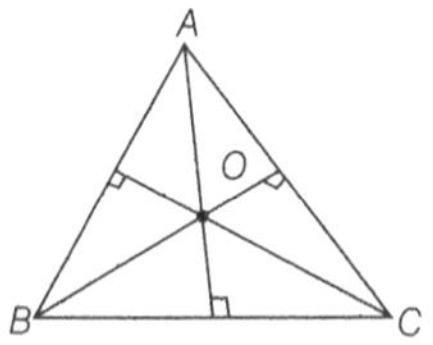

(iv) **लम्ब केन्द्र** (Orthocentre) त्रिभुज के शीर्ष लम्बों का प्रतिच्छेद बिन्दु लम्ब केन्द्र कहलाता है।

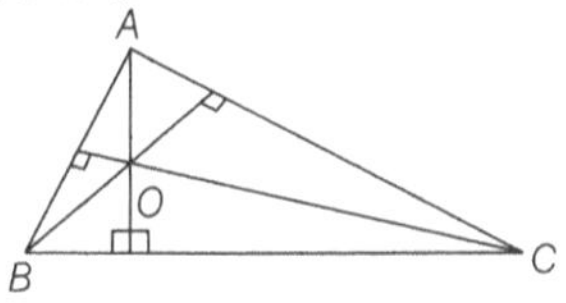

उदाहरण 9 ΔABC में, $\angle B$ और $\angle C$ के समद्विभाजक त्रिभुज के अन्दर O पर मिलते हैं। यदि $\angle A = 110°$, तो $\angle BOC$ की माप है

(a) 55° (b) 145° (c) 110° (d) 84°

हल (b) दिया है, $\angle A = 110°$

$\because \quad \angle A + \angle B + \angle C = 180°$

$\angle B + \angle C = 180° - \angle A$

$\angle B + \angle C = 180° - 110°$

$\angle B + \angle C = 70° \quad \ldots(i)$

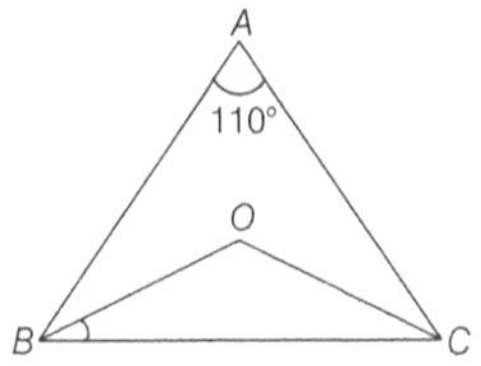

ΔOBC में,

$\frac{\angle B}{2} + \frac{\angle C}{2} + \angle O = 180°$

$\frac{\angle B + \angle C}{2} + \angle O = 180°$

$\frac{70°}{2} + \angle O = 180°$

$\angle O = 180° - 35°$

$\therefore \quad \angle BOC = \angle O = 145°$

चतुर्भुज

चार रेखाखण्डों से घिरी बन्द आकृति चतुर्भुज (Quadrilateral) कहलाती है। चतुर्भुज के चारों कोणों का योगफल 360° होता है। चतुर्भुज $ABCD$ के दो विकर्ण AB व CD होते हैं।

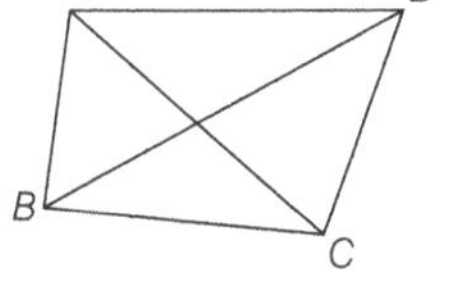

चतुर्भुज के प्रकार

चतुर्भुज मुख्य रूप से पाँच प्रकार के होते हैं

(i) समान्तर चतुर्भुज (ii) आयत (iii) वर्ग
(iv) समचतुर्भुज (v) समलम्ब चतुर्भुज

(i) **समान्तर चतुर्भुज** (Parallelogram) वह चतुर्भुज जिसकी आमने-सामने की भुजाएँ समान्तर होती हैं। दिए गए चतुर्भुज में $AB || CD$ तथा $BC || AD$

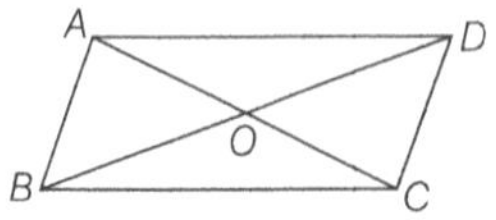

समान्तर चतुर्भुज में, $AB = CD$ तथा $BC = AD$

$\angle A = \angle C$ व $\angle B = \angle D$

$\angle A + \angle B = \angle B + \angle C = \angle C + \angle D = \angle D + \angle A = 180°$

(ii) **आयत** (Rectangle) आयत का प्रत्येक कोण 90° होता है तथा आमने-सामने की भुजाएँ एक-दूसरे के समान्तर होती हैं।

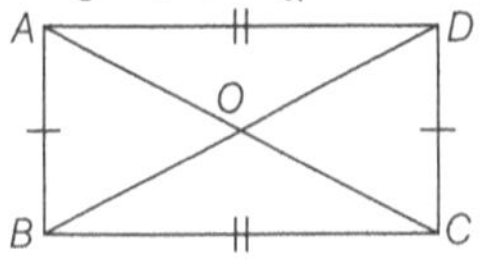

आयत के दोनों विकर्ण बराबर होते हैं।
प्रत्येक आयत एक समान्तर चतुर्भुज होता है।
आयत के विकर्ण एक-दूसरे को समद्विभाजित करते हैं।

(iii) **वर्ग** (Square) वर्ग की प्रत्येक भुजा बराबर होती है। इसका प्रत्येक कोण 90° होता है।

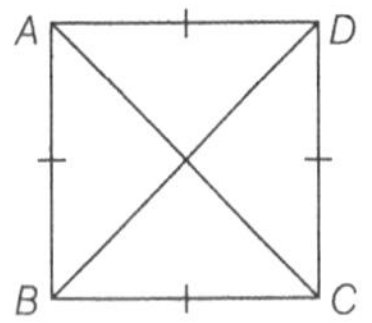

वर्ग के विकर्ण बराबर होते हैं तथा ये एक-दूसरे को लम्बवत् समद्विभाजित करते हैं।

(iv) **समचतुर्भुज** (Rhombus) समचतुर्भुज की प्रत्येक भुजा बराबर होती है। यह पतंगाकार होता है।

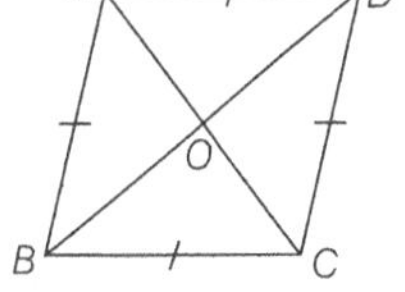

इसके विकर्ण एक-दूसरे को परस्पर लम्बवत् समद्विभाजित करते हैं।

(v) **समलम्ब चतुर्भुज** (Trapezium) यदि चतुर्भुज की दो सम्मुख भुजाओं का एक युग्म समान्तर है, तो वह समलम्ब कहलाएगा।

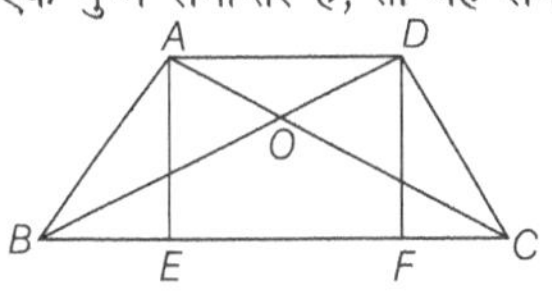

चतुर्भुज $ABCD$ में, $AB || CD$

इसकी लम्बवत् ऊँचाई समान होती है।

समलम्ब चतुर्भुज $ABCD$ में,

$$\frac{BO}{OD} = \frac{CO}{OA} = \frac{BC}{AD}$$

$$\angle A + \angle B = \angle C + \angle D = 180°$$

उदाहरण 10 दिए गए चित्र में $ABCD$ एक समचतुर्भुज है। इसके कोण x तथा y के मान क्रमश: हैं

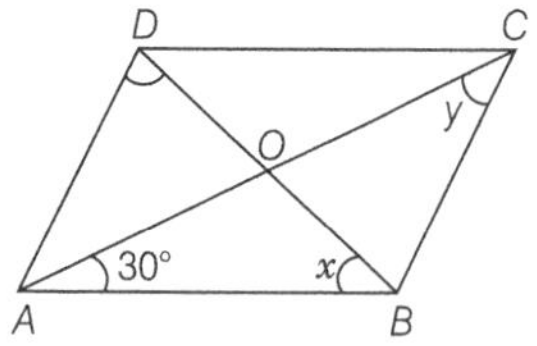

(a) 45°, 45° (b) 60°, 30° (c) 60°, 45° (d) 45°, 30°

हल (b) यदि $ABCD$ एक समचतुर्भुज है तो, $\angle AOB = 90°$

$\therefore$ ΔAOB में, $30° + 90° + x = 180° \Rightarrow x = 60°$

अब ΔBAC एक समद्विबाहु है।

$\therefore$ $BA = BC \Rightarrow \angle BAC = \angle BCA$

$\therefore$ $\angle BCA = \angle BAC = 30° \Rightarrow y = 30°$

समबहुभुज

वह बहुभुज जिसकी सभी भुजाएँ समान हों तथा सभी अन्त:कोणों की माप भी बराबर-बराबर हो, तो उसे समबहुभुज (Regular Polygom) कहते हैं। *जैसे*—समपंचभुज, समषट्भुज इत्यादि।

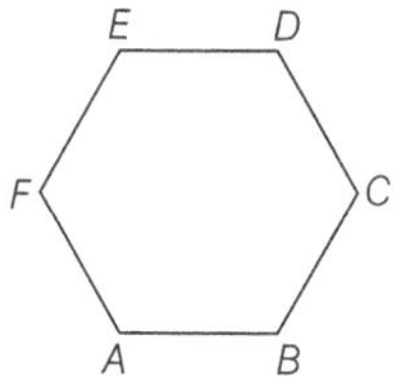

यदि समबहुभुज में N भुजाएँ हैं, तब

(i) प्रत्येक अन्त:कोण $= \frac{(N-2) \times 180°}{N}$

(ii) अन्त:कोणों का योगफल $= (N-2) \times 180°$

(iii) प्रत्येक बाह्य कोण $= \left(\frac{360°}{N}\right)$

(iv) सभी बाह्य कोणों का योगफल $= 360°$

(v) अन्त:कोण + बाह्य कोण $= 180°$

(vi) समबहुभुज के विकर्णों की संख्या $= \left[\frac{N(N-1)}{2} - N\right]$

उदाहरण 11 एक नियमित दशभुज के आन्तरिक कोण की माप क्या है?

(a) 120° (b) 140° (c) 144° (d) 150°

हल (c) दशभुज में भुजाओं की संख्या $(N) = 10$

आन्तरिक कोण की माप $= \frac{(N-2) \times 180°}{N}$

$= \frac{(10-2) \times 180°}{10}$

$= 8 \times 18°$

$= 144°$

वृत्त

वृत्त (Circle) उन सभी बिन्दुओं का एक बिन्दुपथ है, जो किसी समतल में स्थिर बिन्दु से समान दूरी रखते हुए उसके चारों ओर घूम सकते हैं। स्थिर बिन्दु वृत्त का केन्द्र तथा समान दूरी उसकी त्रिज्या होती है। वृत्त का पूरा घेरा उसकी परिधि होती है।

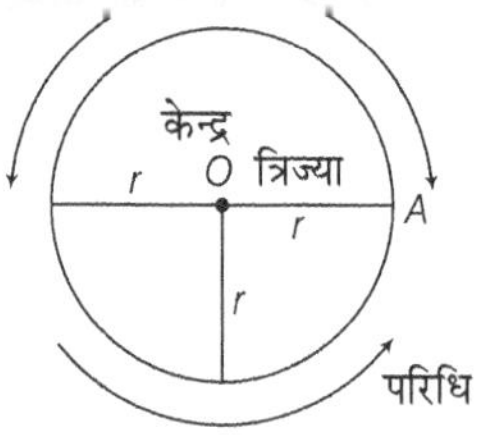

वृत्त से सम्बन्धित प्रमुख बिन्दु

- **व्यास** (Diameter) वृत्त की त्रिज्या के दोगुने को वृत्त का व्यास कहते हैं। यह वृत्त के केन्द्र से होकर गुजरता है तथा परिधि को दोनों ओर से छूता है। AB वृत्त का व्यास है।

AB = व्यास

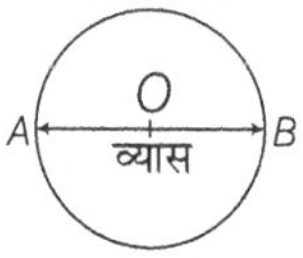

- **चाप** (Arc) वृत्त के वक्रपृष्ठ का अंश (PRQ) चाप कहलाता है, PRQ लघु चाप तथा PSQ दीर्घ चाप है।

PRQ = चाप

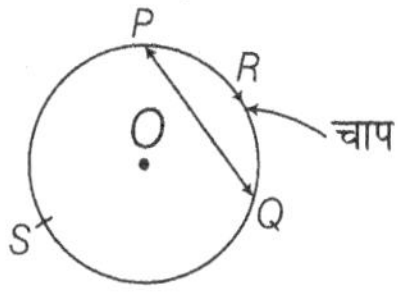

- **जीवा** (Chord) वृत्त की परिधि के दो बिन्दुओं को छूने वाली अन्त: रेखा जीवा होती है। AB व CD जीवाएँ हैं।

AB एवं CD = जीवा

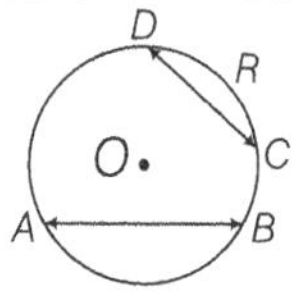

- **स्पर्श रेखा** (Tangent) वृत्त की परिधि को m बिन्दु पर स्पर्श करती हुई PQ रेखा स्पर्श रेखा है।

PQ = स्पर्श रेखा

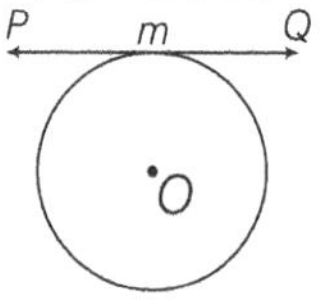

- **लघु वृत्तखण्ड एवं दीर्घ वृत्तखण्ड** (Minor segment and Major segment) यहाँ ACB लघु वृत्तखण्ड तथा ADB दीर्घ वृत्तखण्ड है।

ACB तथा ADB = वृत्तखण्ड

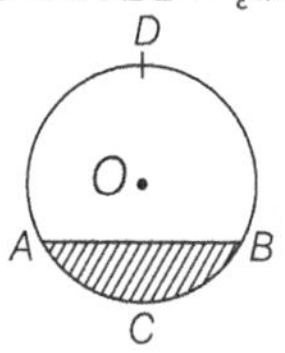

- दो त्रिज्याओं से घिरा क्षेत्र PQO त्रिज्यखण्ड है।

POQ = त्रिज्यखण्ड

अर्द्धवृत्त, संकेन्द्रीय वृत्त एवं चक्रीय चतुर्भुज

अर्द्धवृत्त (Semicircle) वृत्त का आधा भाग, अर्द्धवृत्त (Semi-Circle) कहलाता है। अर्द्धवृत्त की ऊँचाई इसकी त्रिज्या के बराबर होती है। चित्र में, O अर्द्धवृत्त का केन्द्र, $OA = OB = OC =$ त्रिज्या तथा AB अर्द्धवृत्त का व्यास है।

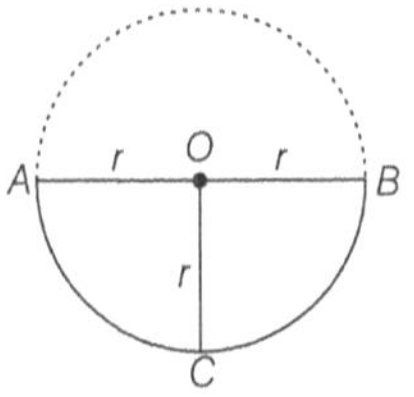

संकेन्द्रीय वृत्त (Concentric circle) जब दो या दो से अधिक वृत्तों का केन्द्र एक ही होता है, तो वे संकेन्द्रीय वृत्त (Concentric Circle) कहलाते हैं। 'O', तीन वृत्तों A, B व C का केन्द्र है।

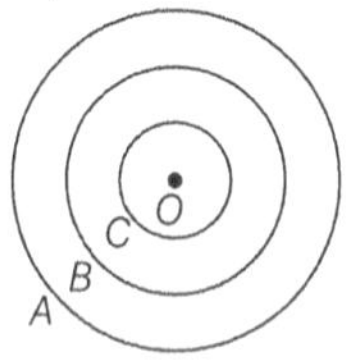

चक्रीय चतुर्भुज (Cyclic quadrilateral) जिस चतुर्भुज के चारों शीर्ष किसी वृत्त की परिधि पर स्थित हों, उसे चक्रीय चतुर्भुज (Cyclic Quadrilateral) कहते हैं।

चक्रीय चतुर्भुज के सम्मुख कोण सम्पूरक होते हैं।

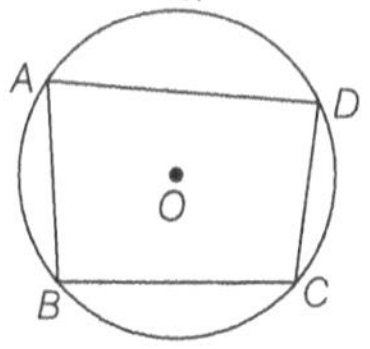

$\angle A + \angle C = 180°$ तथा $\angle B + \angle D = 180°$

वृत्त सम्बन्धी महत्त्वपूर्ण परिणाम

(i) अर्द्धवृत्त में बना कोण समकोण होता है।

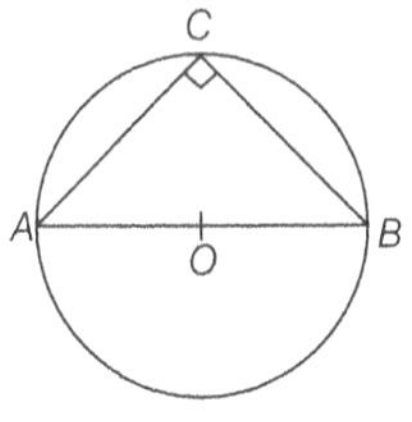

$\angle ACB = 90°$

(ii) दीर्घ वृत्तखण्ड का कोण न्यूनकोण होता है तथा लघु वृत्तखण्ड का कोण अधिककोण होता है।

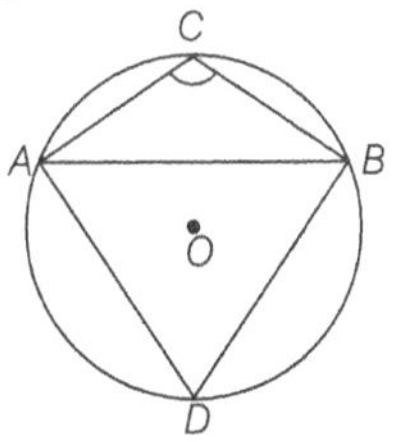

$\angle ADB$ न्यून कोण; $\angle ACB$ अधिककोण

(iii) चक्रीय चतुर्भुज का बहिष्कोण अपने सम्मुख अन्तःकोण के बराबर होता है।

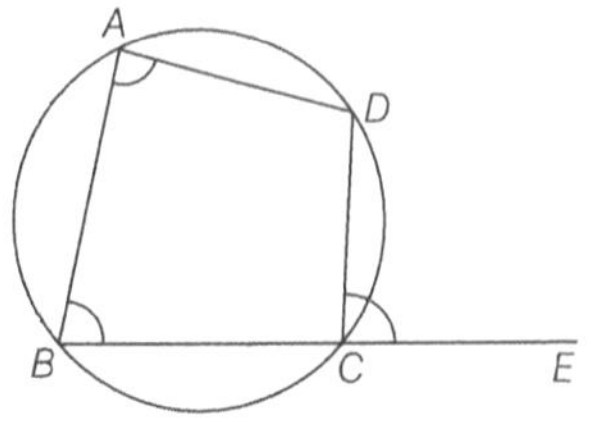

$\angle DCE = \angle A$

(iv) एक ही वृत्तखण्ड के कोण बराबर होते हैं।

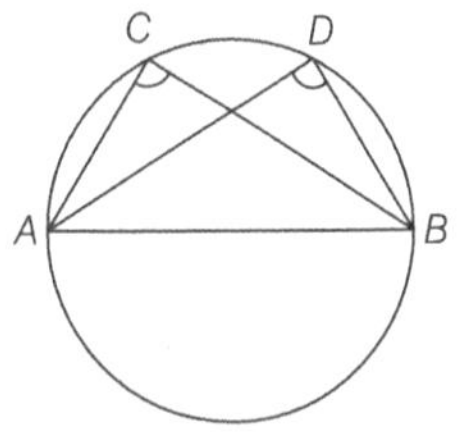

$\angle ACB = \angle ADB$

(v) किसी चाप द्वारा केन्द्र पर बनाया गया कोण, शेष चाप पर बनाए गए कोण का दोगुना होता है।

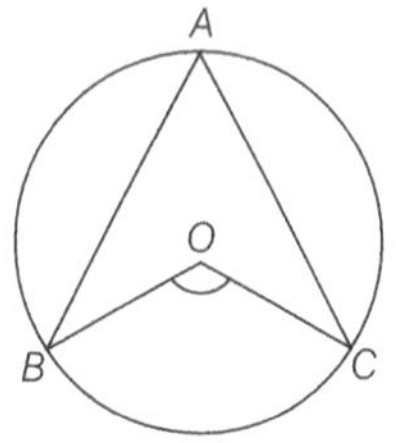

$\angle BOC = 2\,\angle BAC$

(vi) एक ही वृत्त में बराबर जीवाएँ केन्द्र से बराबर दूरी पर स्थित होती हैं।

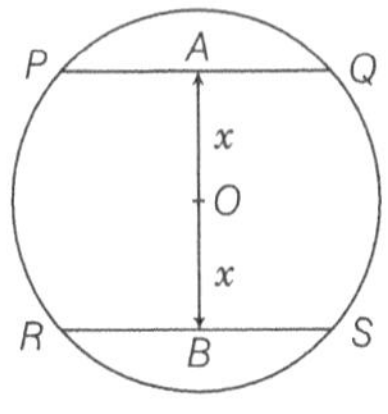

यदि $PQ = RS$ तब, $OA = OB = x$

(vii) यदि वृत्त की दो जीवाएँ एक-दूसरे को अन्तः या बाह्य प्रतिच्छेदित करें, तो उनके खण्डों के गुणनफल बराबर होते हैं।

$$PA \times PB = PC \times PD$$

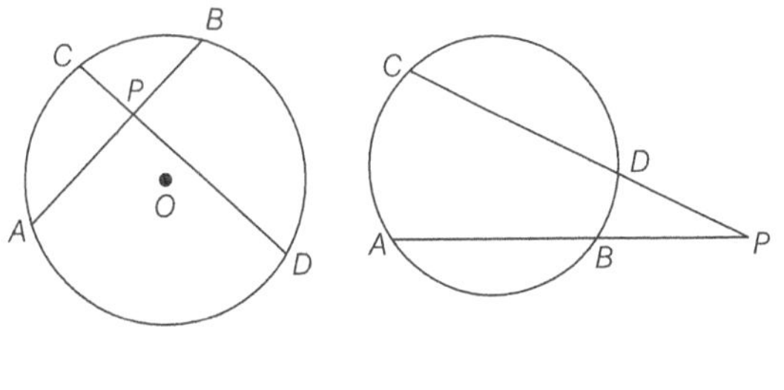

(viii) वृत्त के केन्द्र से जीवा पर डाला गया लम्ब जीवा को समद्विभाजित करता है।

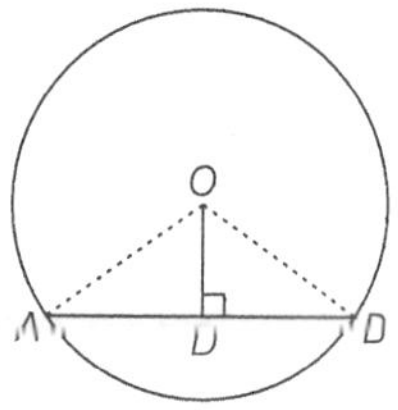

यदि $OD \perp AB$, तब $AD = BD$

वृत्त की स्पर्श रेखा से सम्बन्धित महत्त्वपूर्ण परिणाम

(i) यदि PAB वृत्त की एक छेदक रेखा है, जो वृत्त को बिन्दु A व B पर काटती है तथा PT स्पर्श रेखा है तब,

$$PA \times PB = PT^2$$

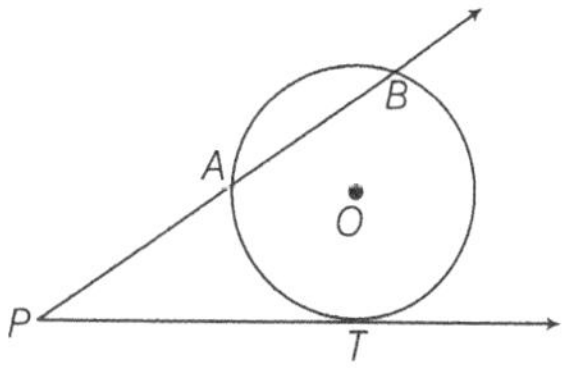

(ii) यदि वृत्त के किसी बाह्य बिन्दु से वृत्त पर दो स्पर्श रेखाएँ खींची जाएँ, तो वे समान होती हैं तथा केन्द्र पर समान कोण अन्तरित करती हैं तथा वे बिन्दु को केन्द्र से जोड़ने वाली रेखा से समान कोण बनाती हैं।

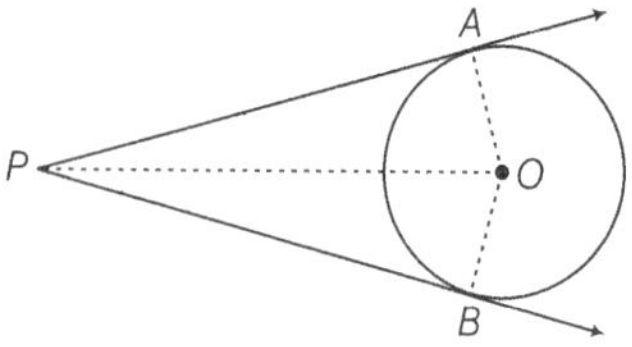

यहाँ, $PA = PB$

$$\angle APO = \angle BPO, \angle POA = \angle POB$$

(iii) वृत्त की स्पर्श रेखा की लम्बाई

$$= \sqrt{(\text{बाह्य बिन्दु से केन्द्र की दूरी})^2 - (\text{त्रिज्या})^2}$$

दो वृत्तों की उभयनिष्ठ अनुस्पर्श रेखा की लम्बाई

$$= \sqrt{(\text{वृत्तों के केन्द्रों के बीच की दूरी})^2 - (\text{त्रिज्याओं के अन्तर})^2}$$

दो वृत्तों की उभयनिष्ठ तिर्यक स्पर्श रेखा की लम्बाई

$$= \sqrt{(\text{वृत्तों के केन्द्रों के बीच की दूरी})^2 - (\text{त्रिज्याओं के योग})^2}$$

उदाहरण 12 उस वृत्त की त्रिज्या ज्ञात कीजिए जिसमें जीवा $AB = 8$ सेमी और जीवा AB पर केन्द्र से डाले गए लम्ब की लम्बाई $OC = 3$ सेमी है। O वृत्त का केन्द्र है।

(a) 5 सेमी (b) 3 सेमी
(c) 4 सेमी (d) 2 सेमी

हल (a) $AC = CB = \frac{AB}{2} = \frac{8}{2} = 4$ सेमी

समकोण ΔOCA में,

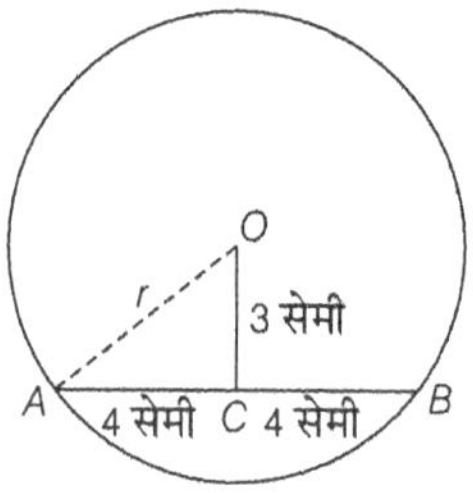

$$OA^2 = AC^2 + OC^2$$

$\Rightarrow \quad r^2 = 4^2 + 3^2 = 16 + 9 = 25$

$\Rightarrow \quad r = 5$ सेमी

उदाहरण 13 AB और AC एक वृत्त की स्पर्श रेखाएँ हैं, जिसमें O वृत्त का केन्द्र है। A वृत्त का बाहरी बिन्दु है। AO रेखा, जीवा BC को D पर काटती है। $\angle BDO$ की माप है

(a) 45° (b) 60°
(c) 75° (d) 90°

हल (d) प्रश्नानुसार,

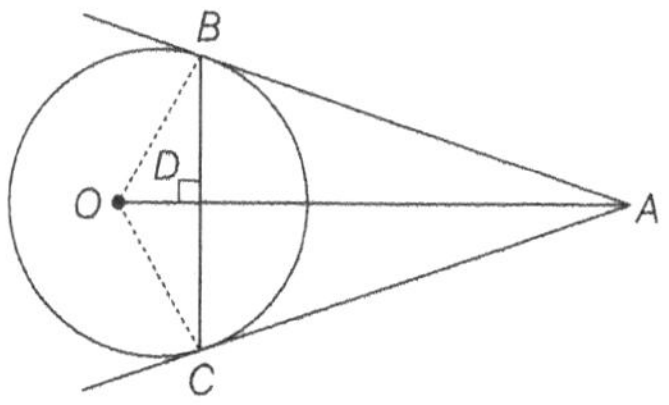

$\because \quad AB = AC$ तथा $OB = OC$

$\therefore \quad BD = DC$ तब,

$$\angle BDO = \angle CDO$$

$\because \quad \angle BDO + \angle CDO = 180°$

$\therefore \quad \angle BDO = \frac{180°}{2} = 90°$

अभ्यास प्रश्न

1. ΔABC में, BC पर कोई बिन्दु D इस प्रकार है, कि $\angle BAD = \frac{1}{2} \angle ADC$, $\angle BAC = 87°$ और $\angle C = 42°$। $\angle ADB$ की माप क्या है?
(a) 68° (b) 78°
(c) 94° (d) 102°

2. ΔABC में, $\angle ABC = 90°$ और $BD \perp AC$ है। यदि $AD = 4$ सेमी और $CD = 5$ सेमी, तो BD किसके समान होगा?
(a) $3\sqrt{2}$ सेमी (b) $2\sqrt{5}$ सेमी
(c) $3\sqrt{5}$ सेमी (d) $4\sqrt{5}$ सेमी

3. ΔABC में, $AD \perp BC$ है, और AE $\angle A$ का समद्विभाजक है। अगर $\angle B = 72°$ और $\angle C = 26°$ है, तो $\angle DAE$ की माप क्या है?
(a) 37° (b) 25°
(c) 23° (d) 49°

4. ΔABC में, $BD \perp AC$ है। BC पर E एक बिन्दु है, जहाँ $\angle BEA = x°$। अगर $\angle EAC = 38°$ और $\angle EBD = 40°$ है, तो x का मान है
(a) 72° (b) 68°
(c) 88° (d) 78°

5. किसी त्रिभुज का परिकेन्द्र, अन्त: केन्द्र , लम्बकेन्द्र, और केन्द्रिका एक ही बिन्दु पर हैं। त्रिभुज होगा
1. समद्विबाहु
2. समकोण
3. समकोण समद्विबाहु
4. समबाहु

(a) 4 (b) 1 (c) 2 (d) 3

6. यदि त्रिभुज ABC और DEF ने दिए गए समीकरण का अनुसरण किया है, तो यह दो त्रिभुज निम्नलिखित किस मापदण्ड से समान है?
$$\frac{AB}{DE} = \frac{BC}{EF} = \frac{AC}{DF}$$
(a) SAS समानता
(b) AAA समानता
(c) SSS समानता
(d) उपरोक्त में से कोई नहीं

7. नीचे दिखाए गए चित्र के लिए सही विकल्प चुनें।

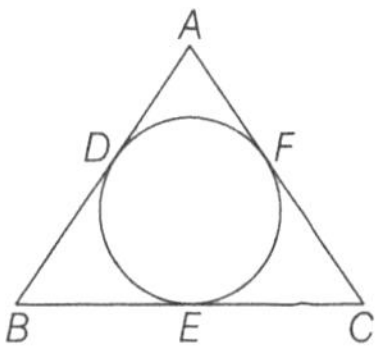

(a) $AD = AF$ (b) $BD = BE$
(c) $CE = FC$ (d) सभी विकल्प सही हैं

8. यदि DE, BC के समानान्तर है और त्रिभुज ΔABC की अन्य दो भुजाओं को समद्विभाजित करती है और अनुपात $\frac{AD}{DB} = \frac{5}{13}$ है। EC की लम्बाई 26 सेमी है, तो फिर AE (सेमी में) की लम्बाई निर्धारित करें।
(a) 5 (b) 10
(c) 15 (d) 20

9. एक समद्विबाहु त्रिभुज ABC में भुजा $AB = AC$ है। यदि भुजा BA को D तक इस तरह बढ़ाया जाता है, कि $AC = AD$ है, तो $\angle BCD$ की माप क्या होगी?
(a) $\frac{\pi}{6}$ (b) $\frac{\pi}{3}$
(c) $\frac{2\pi}{3}$ (d) $\frac{\pi}{2}$

10. ΔDEF में, G और H क्रमश: भुजा DE और DF पर स्थित बिन्दु हैं। GH, FE के समानान्तर है। यदि G, DE को $1:3$ के अनुपात में विभाजित करता है, और HF 7.2 सेमी है, तो DF की लम्बाई ज्ञात करें।
(a) 2.4 सेमी (b) 4.8 सेमी
(c) 3.6 सेमी (d) 9.6 सेमी

11. ΔDEF और ΔGHI समरूप त्रिभुज हैं। DE की लम्बाई 4 सेमी है और संगत भुजा GH की लम्बाई 9 सेमी है। ΔDEF और ΔGHI के क्षेत्रफलों का अनुपात क्या है?
(a) 81 : 16 (b) 4 : 9
(c) 16 : 81 (d) 9 : 4

12. ΔABC, ΔPQR के समान है। AB की लम्बाई 18 सेमी है, और इसकी संगत भुजा PQ की लम्बाई 12 सेमी है। यदि ΔABC का क्षेत्रफल 324 वर्ग सेमी है, तो ΔPQR का क्षेत्रफल ज्ञात करें।
(a) 72 वर्ग सेमी (b) 144 वर्ग सेमी
(c) 36 वर्ग सेमी (d) 487.5 वर्ग सेमी

13. एक अधिकोणीय त्रिभुज के परिकेन्द्र की स्थिति क्या है?
(a) यह त्रिभुज के अन्दर होता है
(b) यह त्रिभुज के बाहर होता है
(c) यह सबसे बड़े पार्श्व के विपरीत शीर्ष है
(d) यह सबसे लम्बे पार्श्व का मध्य-बिन्दु है

14. ΔABC में, D, BC का मध्य-बिन्दु है। AD की लम्बाई 27 सेमी है। N, AD पर ऐसा बिन्दु है, कि DN की लम्बाई 12 सेमी है। ΔABC के केन्द्रक से N की दूरी कितनी होगी?
(a) 9 सेमी (b) 15 सेमी
(c) 3 सेमी (d) 6 सेमी

15. ΔABC में, $\angle A = 80°$ है। उसमें यदि $\angle B$ तथा $\angle C$ के आन्तरिक द्विभाजक क्रमश: BD तथा CD हों, तो $\angle BDC$ कितना होगा?
(a) 100° (b) 110°
(c) 120° (d) 130°

16. एक त्रिभुज में, उसके केन्द्रक से शीर्षों की दूरी क्रमश: 4 सेमी, 6 सेमी तथा 8 सेमी है। तद्नुसार, उसकी माध्यिकाओं की लम्बाई ज्ञात कीजिए।
(a) 16 सेमी, 4 सेमी, 18 सेमी
(b) 4 सेमी, 6 सेमी, 8 सेमी
(c) 6 सेमी, 9 सेमी, 12 सेमी
(d) 20 सेमी, 21 सेमी, 25 सेमी

17. ΔABC की माध्यिकाएँ, AD, BE तथा CF, परस्पर G पर काटती हैं। ΔABC का क्षेत्रफल 108 वर्ग सेमी है। तद्नुसार, ΔAGB का क्षेत्रफल कितना होगा?
(a) 54 सेमी^{2} (b) 36 सेमी^{2}
(c) 48 सेमी^{2} (d) 24 सेमी^{2}

18. O बिन्दु, ΔABC का अन्त:केन्द्र है और $\angle A = 30°$ है। तद्नुसार, $\angle BOC$ कितना होगा?
(a) 100° (b) 105° (c) 110° (d) 90°

19. $ABCD$ एक समचतुर्भुज है, जिसकी प्रत्येक भुजा 8 सेमी है। यदि $BD = 10$ सेमी, $AC = 2\sqrt{x}$ सेमी है, तो $\sqrt{x + 10}$ का मान क्या है?
(a) 5 (b) 7
(c) $2\sqrt{3}$ (d) $3\sqrt{2}$

20. एक चतुर्भुज $ABCD$ एक वृत्त के अन्दर है जिसका केन्द्र O है। यदि $\angle BOC = 92°$ और $\angle ADC = 112°$, तो $\angle ABO$ किसके समान होगा?
(a) 24° (b) 26° (c) 22° (d) 28°

21. $ABCD$ एक चक्रीय चतुर्भुज है जिसमें AB इस पर बने वृत्त का व्यास है तथा $\angle ADC = 158°$ है, तो $\angle BAC$ बराबर है
(a) 50° (b) 38°
(c) 40° (d) 68°

22. 5 भुजाओं वाले एक नियमित बहुभुज के बाहरी कोण का माप क्या होगा?
(a) 72° (b) 60°
(c) 45° (d) 40°

23. यदि एक नियमित बहुभुज के आन्तरिक कोणों का योग 540° डिग्री है, तो उसमें कितनी भुजाएँ हैं?
(a) 6 (b) 8
(c) 5 (d) 9

24. यदि बहुभुज के सभी आन्तरिक कोणों का योग $1440°$ है, तो बहुभुज की भुजाओं की संख्या ज्ञात करें।
(a) 8 (b) 12
(c) 10 (d) 14

25. एक दशभुज के सभी बाहरी कोणों के माप का योग निकालें।
(a) 720° (b) 2160°
(c) 360° (d) 1800°

26. किसी चतुर्भुज के तीन कोण $9:7:3$ के अनुपात में हैं। यदि चौथा कोण $132°$ है, तो तीसरा सबसे बड़ा कोण क्या होगा?
(a) 36° (b) 42°
(c) 48° (d) 84°

27. एक समचतुर्भुज $ABCD$ में, $\angle A = 60°$ और $AB = 12$ सेमी है, तो विकर्ण BD है
(a) $2\sqrt{3}$ सेमी (b) 6 सेमी
(c) 12 सेमी (d) 10 सेमी

28. एक आयत $ABCD$ की भुजा AB को X, Y, Z बिन्दुओं द्वारा चार बराबर भागों में बाँटा गया है। तद्नुसार $\dfrac{\text{क्षेत्रफल } (\Delta XYC)}{\text{क्षेत्रफल (आयत } ABCD)}$ कितना होगा?

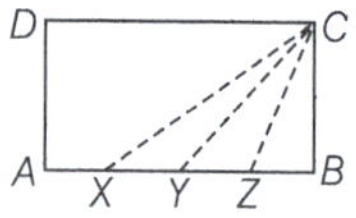

(a) $\frac{1}{6}$ (b) $\frac{1}{9}$ (c) $\frac{1}{8}$ (d) $\frac{1}{7}$

29. दो संकेन्द्रित वृत्तों की त्रिज्याएँ 15 सेमी और 9 सेमी हैं। बड़े वृत्त के जीवा की लम्बाई कितनी है, जो छोटे वृत्त पर स्पर्श रेखा है।
(a) 18 सेमी (b) 20 सेमी
(c) 25 सेमी (d) 24 सेमी

30. BAT किसी वृत्त के बिन्दु A पर एक स्पर्श रेखा है, और AB इस तरह एक जीवा है कि $\angle BAT = 72°$ है। अगर वृत्त पर एक बिन्दु C इस तरह है, कि $\angle CBA = 58°$ है, तो $\angle CAB$ की माप क्या है?
(a) 62° (b) 48° (c) 50° (d) 60

31. 2 सेमी और 5.6 सेमी व्यास वाले दो ऐसे वृत्त हैं जिनके केन्द्रों के बीच की दूरी 8.2 सेमी है। वृत्तों की उस एक उभयनिष्ठ स्पर्श रेखा की लम्बाई क्या होगी जो दो केन्द्रों को मिलाने वाली रेखा को छेद नहीं करती है?
(a) 6.4 सेमी (b) 7.2 सेमी
(c) 8 सेमी (d) 8.4 सेमी

32. एक वृत्त में, AB और CD जीवाएँ एक-दूसरे को E पर काटती हैं। अगर $CD = 18$ सेमी, $DE = 6$ सेमी और $AE = 18$ सेमी है, तो $BE = ?$
(a) 3 सेमी (b) 6 सेमी
(c) 8 सेमी (d) 4 सेमी

33. किसी वृत्त की जीवा AB और CD एक-दूसरे को बाहरी रूप से P पर काटती हैं। यदि $AB = 6$ सेमी, $CD = 3$ सेमी और $PB = 4$ सेमी है, तो PD की लम्बाई (सेमी में) है
(a) 5 (b) 2 (c) 6 (d) 7

34. एक वृत्त में, AD और BC जीवाएँ वृत्त के बाहर बिन्दु E पर मिलती हैं। यदि $\angle BAE = 76°$ और $\angle ADC = 102°$, तो $\angle AEC$ किसके समान होगा?
(a) 28° (b) 24° (c) 26° (d) 25°

35. निम्न में से कौन-सा विकल्प नीचे दिखाए गए चित्र के बारे में सही है?

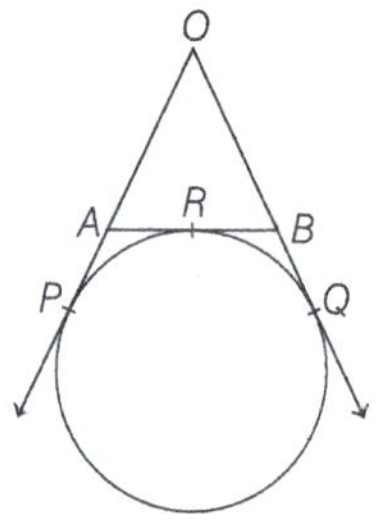

(a) $OA - AR = OB + BR$
(b) $OA + AR = OB - BR$
(c) $OA + AR = OB + BR$
(d) उपरोक्त में से कोई नहीं

36. AB वृत्त की जीवा है और वृत्त का केन्द्र 'O' है। यदि AB की लम्बाई 20 सेमी, जीवा से केन्द्र की दूरी $(2\sqrt{11})$ सेमी है, तो वृत्त की त्रिज्या (सेमी में) ज्ञात कीजिए।
(a) 10 (b) 12
(c) 13 (d) 15

उत्तरमाला

1	(b)	2	(b)	3	(c)	4	(c)	5	(a)	6	(d)	7	(d)	8	(b)	9	(d)	10	(d)
11	(c)	12	(b)	13	(b)	14	(c)	15	(d)	16	(c)	17	(b)	18	(b)	19	(b)	20	(a)
21	(d)	22	(a)	23	(c)	24	(c)	25	(c)	26	(d)	27	(c)	28	(c)	29	(d)	30	(c)
31	(c)	32	(d)	33	(a)	34	(c)	35	(c)	36	(b)								

संकेत एवं हल

1. (b) दिया है, $\angle BAC = 87°$, $\angle C = 42°$

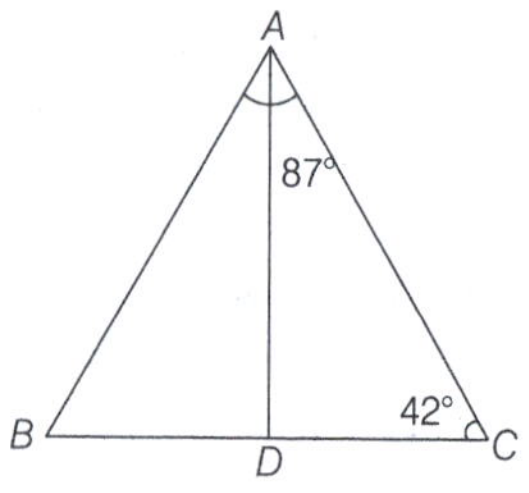

और $\angle BAD = \frac{1}{2}\angle ADC$

माना $\angle BAD = x$

तब, $\angle ADC = 2x$

$\angle DAC = 87° - \angle BAD$

$\angle DAC = 87° - x$

ΔADC में, $\angle DAC + \angle ADC + \angle DCA = 180°$

$87° - x + 2x + 42° = 180°$

$x = 180° - 129°$

$\Rightarrow x = 51°$

$\therefore \angle ADB = \angle 180° - \angle ADC = 180° - 2 \times 51°$

$= 180° - 102° = 78°$

2. (b) दिया है,

$\angle ABC = 90°$

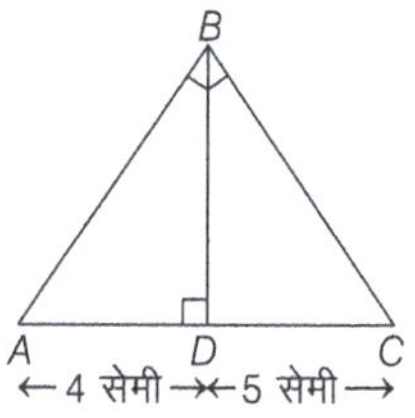

और $BD \perp AC$

हम जानते हैं कि, $BD^2 = AD \times DC$

$$BD^2 = 4 \times 5$$

$$BD = 2\sqrt{5} \text{ सेमी}$$

3. (c) दिया है, $\angle B = 72°, \angle C = 26°$,

$$\angle BDA = 90°$$

ΔABC में,

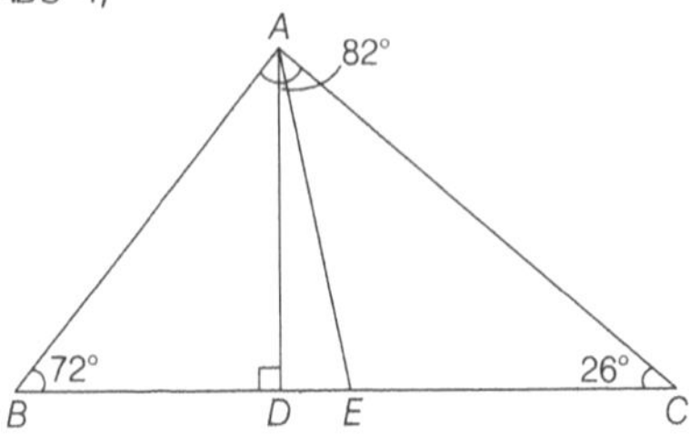

$$\angle A + \angle B + \angle C = 180°$$

$$\angle A + 72° + 26° = 180°$$

$$\angle A = 180° - 98°$$

$$\angle A = 82°$$

$$\angle BAE = \angle EAC = \frac{\angle A}{2} = \frac{82°}{2}$$

$\therefore \quad \angle BAE = \angle EAC = 41°$

ΔABD में,

$$\angle ABD + \angle BDA + \angle BAD = 180°$$

$$72° + 90° + \angle BAD = 180°$$

$$\angle BAD = 180° - 162°$$

$$\angle BAD = 18°$$

$\therefore \quad \angle DAE = \angle BAE - \angle BAD$

$$= 41° - 18° = 23°$$

वैकल्पिक विधि $\angle DAE = \frac{\angle ABC - \angle ACB}{2}$

$$= \frac{72° - 26°}{2} = \frac{46°}{2} = 23°$$

4. (c) दिया है, $BD \perp AC$

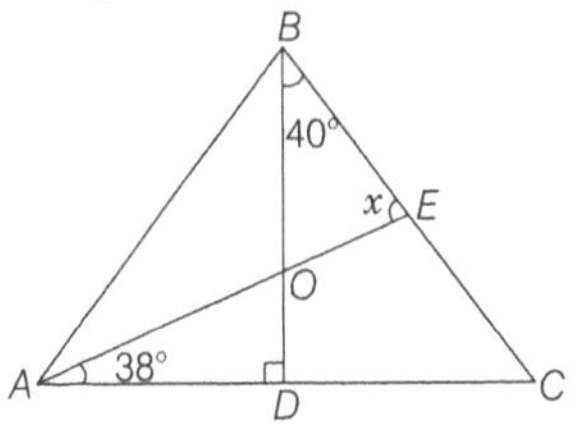

$\therefore \angle ADO = 90°$

ΔOAD में,

$$\angle OAD + \angle ADO + \angle DOA = 180°$$

$$38° + \angle 90° + \angle DOA = 180°$$

$$\angle DOA = 180° - 128°$$

$$\angle DOA = 52°$$

$$\angle BOE = \angle DOA = 52°$$

(शीर्षाभिमुख कोण)

ΔBOE में,

$$\angle OBE + \angle BEO + \angle EOB = 180°$$

$$40° + x + 52° = 180°$$

$$x = 180° - 92°$$

$$x = 88°$$

5. (a) समबाहु त्रिभुज में परिकेन्द्र, अन्त: केन्द्र, लम्बकेन्द्र और केन्द्रक सभी एक ही बिन्दु पर होते हैं।

6. (d) दिया है, $\frac{AB}{DE} = \frac{BC}{EF} = \frac{AC}{DF}$

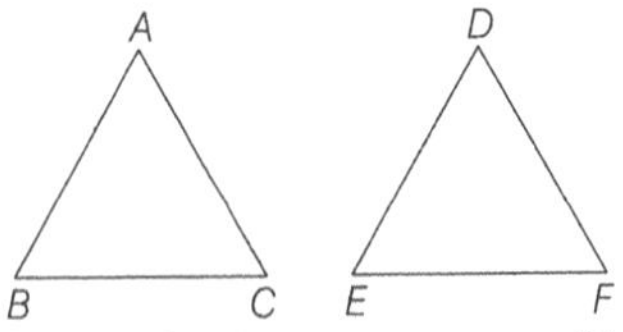

$\therefore$ त्रिभुज ABC और त्रिभुज DEF समरूप होंगे न कि समान।

7. (d) यहाँ, $AD = AF$ {$\because$ दोनों स्पर्श रेखाएँ हैं}

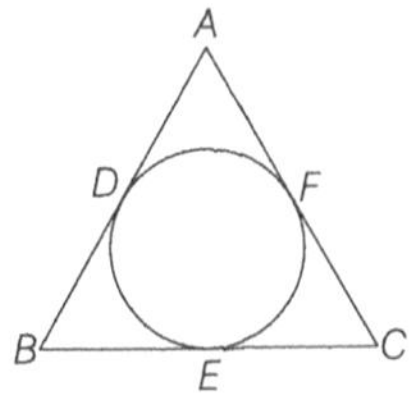

इसी प्रकार,

$$BD = BE$$

$$CE = CF$$

अत: सभी विकल्प सही हैं।

8. (b) दिया है, $\frac{AD}{DB} = \frac{5}{13}$

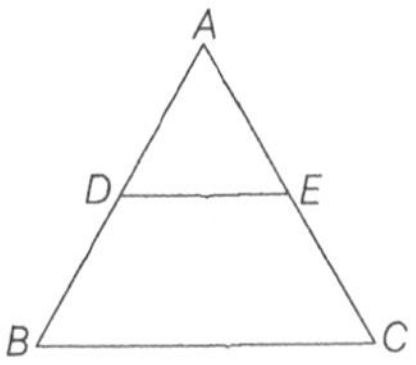

और $\quad EC = 26$ सेमी

$\therefore \quad \frac{AD}{DB} = \frac{AE}{EC}$

$$\frac{5}{13} = \frac{AE}{26}$$

$$AE = 5 \times 2 = 10 \text{ सेमी}$$

9. (d) दिया है, $AB = AC = AD$

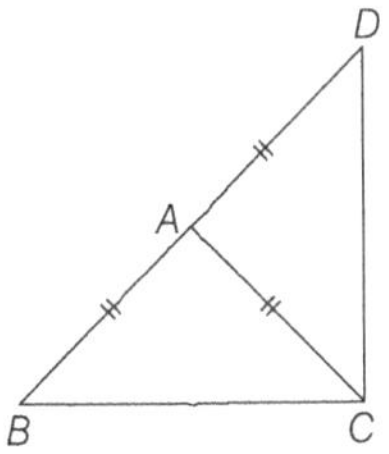

माना $\quad \angle ABC = x$

तब, $\quad \angle ACB = x \quad$ {$\because AB = AC$}

$\because \quad \angle DAC = \angle ABC + \angle ACB$

$$\angle DAC = x + x = 2x$$

माना $\quad \angle ACD = y$

तब, $\quad \angle ADC = y \quad$ {$\because AC = AD$}

ΔADC में,

$$\angle ADC + \angle ACD + \angle DAC = 180°$$

$$y + y + 2x = 180°$$

$$2x + 2y = 180°$$

$$x + y = 90°$$

$\therefore \quad \angle BCD = \angle ACB + \angle ACD$

$$= x + y = 90°$$

$$= \frac{\pi}{2}$$

10. (d) दिया है, $HF = 7.2$ सेमी

$GH \parallel EF$

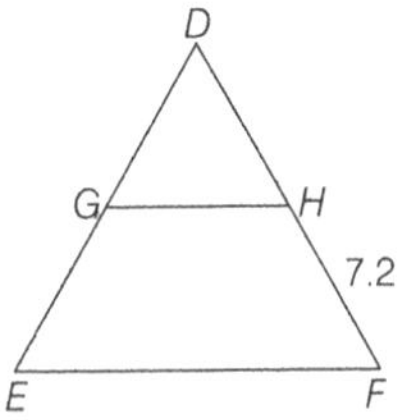

$\therefore \quad \Delta DGH \sim \Delta DEF$

$$\frac{DG}{GE} = \frac{DH}{HF}$$

$$\frac{1}{3} = \frac{DH}{7.2}$$

$$DH = 2.4 \text{ सेमी}$$

$$PF = DH + HF = 2.4 + 7.2$$

$$= 9.6 \text{ सेमी}$$

11. (c) दिया है, $\Delta DEF \sim \Delta GHI$

$DE = 4$ सेमी, $GH = 9$ सेमी

$$\frac{\Delta DEF \text{ का क्षेत्रफल}}{\Delta GHI \text{ का क्षेत्रफल}} = \frac{(DE)^2}{(GH)^2}$$

$$= \left(\frac{4}{9}\right)^2 = \frac{16}{81}$$

12. (b) दिया है, $AB = 18$ सेमी

$PQ = 12$ सेमी

ΔABC का क्षेत्रफल $= 324$ सेमी^{2}

$$\frac{\Delta ABC \text{ का क्षेत्रफल}}{\Delta PQR \text{ का क्षेत्रफल}} = \frac{(AB)^2}{(PQ)^2}$$

$$\frac{324}{\Delta PQR \text{ का क्षेत्रफल}} = \frac{(18)^2}{(12)^2}$$

$$\Delta PQR \text{ का क्षेत्रफल} = \frac{324 \times 144}{18 \times 18}$$

$$= 144 \text{ सेमी}^2$$

13. (b) यह त्रिभुज के बाहर होता है।

14. (c) माना G, ΔABC का केन्द्र है, तब

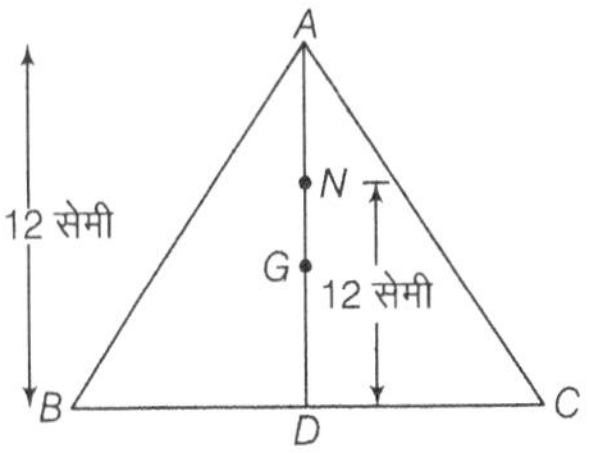

प्रश्नानुसार,

$AD = 27$ सेमी तथा $DN = 12$ सेमी

$\therefore AG = 27 \times \frac{2}{3} = 18$ सेमी

$\because AN = 27 - 12 = 15$ सेमी

$\therefore GN = AG - AN$

$$= 18 - 15 = 3 \text{ सेमी}$$

15. (d) $\angle BDC = 90° + \frac{1}{2}\angle A$

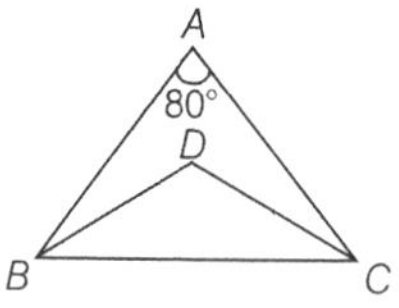

$= 90° + 40° = 130°$

16. (c) माना ΔABC में केन्द्र O है।

$\because \quad AO : OD = 2 : 1$

$\therefore \quad 2x = 4$ $\quad [\because AO = 4]$

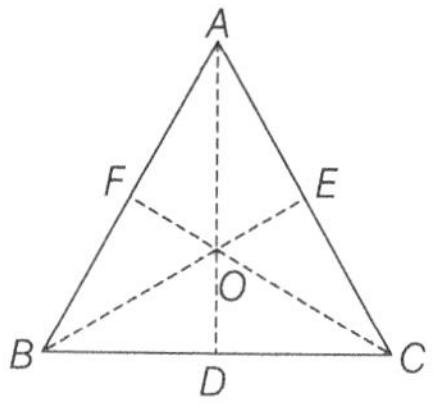

$x = 2$

$\Rightarrow \quad AD = 2x + x = 2 \times 2 + 2 = 6$

$BO : OE = 2 : 1$

$\therefore \quad 2x = 6 \Rightarrow x = 3$

$BE = 3 \times 2 + 3 = 9$

$CD : OF = 2 : 1$

$\therefore \quad 2x = 8$

$\Rightarrow \quad x = 4$

$CF = 4 \times 2 + 4 = 12$

अतः माध्यिकाओं की लम्बाई

= 6 सेमी, 9 सेमी, 12 सेमी

17. (b) ΔABC का क्षेत्रफल = 108 वर्ग सेमी

प्रमेय द्वारा, क्षेत्रफल ΔAGB = क्षेत्रफल ΔAGC = क्षेत्रफल ΔBGC

ΔAGB का क्षेत्रफल $= \frac{108}{3} = 36$ सेमी^{2}

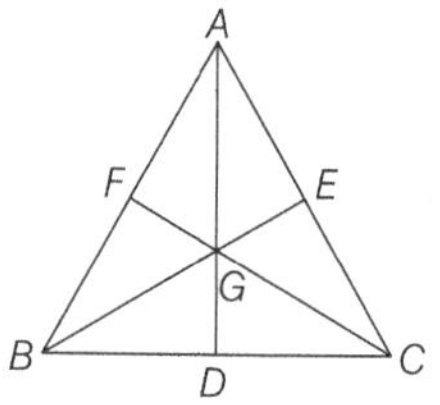

18. (b) $\angle B + \angle C = 180° - 30° = 150°$

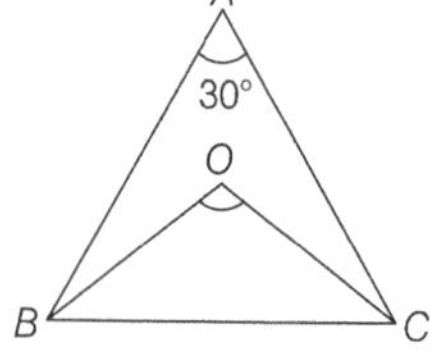

$\angle OBC + \angle OCB = \frac{150°}{2} = 75°$

$\therefore \angle BOC = 180° - 75° = 105°$

19. (b) दिया है, $AB = 8$ सेमी, $BD = 10$ सेमी

$AC = 2\sqrt{x}$ सेमी

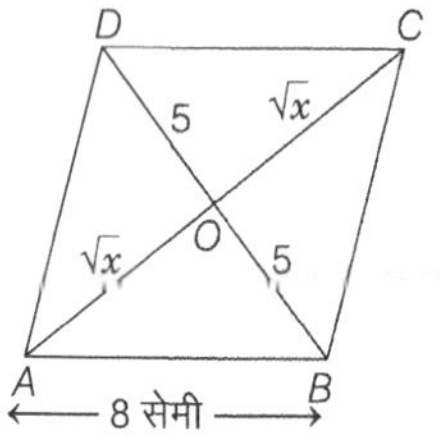

हम जानते हैं, कि समचतुर्भुज के विकर्ण एक-दूसरे को समकोण पर समद्विभाजित करते हैं।

$\therefore \quad \angle AOB = 90°$

और $\quad AO = \frac{AC}{2} = \frac{2\sqrt{x}}{2} = \sqrt{x}$ सेमी

$OB = \frac{BD}{2} = \frac{10}{2} = 5$ सेमी

ΔAOB में, $(AB)^2 = (OA)^2 + (OB)^2$

$(8)^2 - (\sqrt{x})^2 + (5)^2$

$64 = x + 25 \Rightarrow x = 64 - 25$

$x = 39$

$\therefore \quad \sqrt{x + 10} = \sqrt{39 + 10}$

$= \sqrt{49} = 7$ सेमी

20. (a) दिया है,

$\angle BOC = 92°$ और $\angle ADC = 112°$

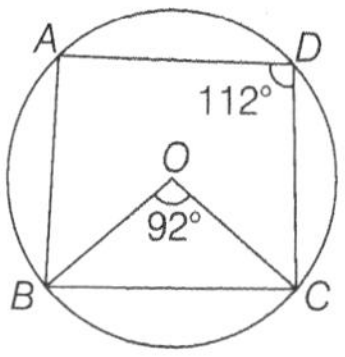

ΔOBC में, $OB = OC$ = त्रिज्या

$\therefore \quad \angle OBC = \angle OCB$

$\angle BOC + \angle OBC + \angle OCB = 180°$

$92° + \angle OBC + \angle OBC = 180°$

$2\angle OBC = 180° - 92°$

$2\angle OBC = 88° \Rightarrow \angle OBC = 44°$

$\because \angle ABC + \angle ADC = 180°$

[$\because$ चक्रीय चतुर्भुज के विपरीत कोणों का योग 180° होता है]

$\angle ABC + 112° = 180°$

$\angle ABC = 180° - 112°$

$\angle ABO + \angle OBC = 68°$

$\angle ABO + 44° = 68°$

$\therefore \quad \angle ABO = 68° - 44° = 24°$

21. (d) दिया है, $\angle ADC = 158°$

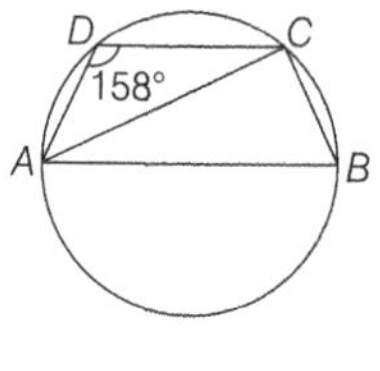

$\angle ADC + \angle ABC = 180°$

{$\because$ चक्रीय चतुर्भुज में सम्मुख कोणों का योग 180° होता है}

$158° + \angle ABC = 180°$

$\angle ABC = 180° - 158° = 22°$

$\angle ACB = 90°$

{$\because$ अर्द्धवृत्त में बना कोण 90° होता है}

$\therefore \Delta ABC$ में,

$\angle ACB + \angle BAC + \angle ABC = 180°$

$90° + \angle BAC + 22° = 180°$

$\angle BAC = 180° - 112°$

$\angle BAC = 68°$

22. (a) दिया है, $n = 5$

बाहरी कोण की माप $= \frac{360°}{n} = \frac{360}{5} = 72°$

23. (c) बहुभुज के आन्तरिक कोणों का योग = 540°

$(n - 2) \times 180 = 540°$ $\quad [n \rightarrow$ भुजाएँ$]$

$n - 2 = 3$

$\Rightarrow \quad n = 5$

अतः भुजाओं की संख्या = 5

24. (c) बहुभुज के आन्तरिक कोणों का योग = 1440°

$(n - 2) \times 180° = 1440°$ $\quad [n \rightarrow$ भुजाएँ$]$

$n - 2 = 8$

$\Rightarrow \quad n = 10$

अतः बहुभुज की भुजाओं की संख्या = 10

25. (c) दिया है, $n = 10$

बहुभुज के बाहरी कोणों का योग 360° होता है।

$\therefore$ दशभुज के बाहरी कोणों का योग = 360°

26. (d) माना चतुर्भुज के तीन कोण क्रमशः $9x, 7x, 3x$ हैं। चौथा कोण = 132°

तब, $9x + 7x + 3x + 132° = 360°$

$\Rightarrow 19x + 132° = 360°$

$\Rightarrow \quad 19x = 360° - 132°$

$= 228°$

$\therefore \quad x = \frac{228°}{19} = 12°$

अतः कोण $9 \times 12°, 7 \times 12°, 3 \times 12°$ तथा 132°

अर्थात् 108°, 84°, 36° तथा 132° हैं।

अब, कोणों का अवरोही क्रम 132°, 108°, 84° तथा 36° है।

$\therefore$ तीसरा सबसे बड़ा कोण = 84°

27. (c) हम जानते हैं कि, समचतुर्भुज की चारों भुजाएँ समान लम्बाई की होती हैं।

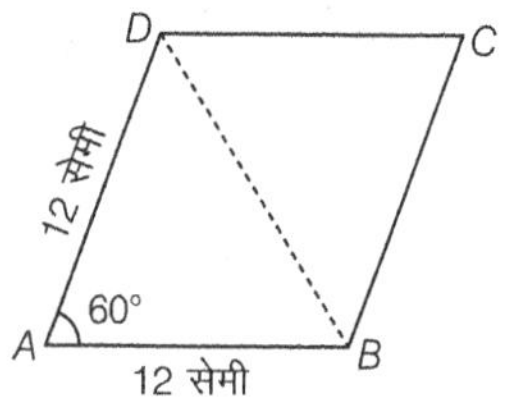

$\therefore$ $AB = AD = 12$ सेमी

अब ΔABD में,

$\angle ABD = \angle ADB$ $[\because AB = AD]$

$\therefore$ $\angle ABD + \angle ADB + \angle BAD = 180°$

$\because$ त्रिभुज के तीनों कोणों का योग 180° होता है।

$\Rightarrow$ $2\angle ADB = 180° - 60° = 120°$

$\Rightarrow$ $\angle ADB = \angle ABD = 60°$

$\therefore$ ΔABD एक समबाहु त्रिभुज है।

$\therefore$ $AB = AD = BD$

अतः $BD = 12$ सेमी

28. (c) माना $AB = a$ तथा $BC = b$

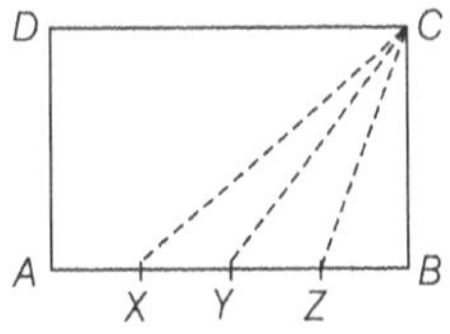

तब, $XY = \frac{a}{4}$

$\therefore \Delta BCY$ का क्षेत्रफल $= \frac{1}{2} \times \frac{a}{2} \times b = \frac{ab}{4}$

तथा ΔBCX का क्षेत्रफल $= \frac{1}{2} \times \frac{3a}{4} \times b = \frac{3ab}{8}$

अब, ΔXYC का क्षेत्रफल $= \Delta BCX$ का क्षेत्रफल $- \Delta BCY$ का क्षेत्रफल

$= \frac{3ab}{8} - \frac{ab}{4} = \frac{ab}{8}$

तथा आयत $ABCD$ का क्षेत्रफल $= a \times b$

अतः अभीष्ट अनुपात $= \frac{ab/8}{ab} = \frac{1}{8}$

29. (d) दिया है, $OA = 15$ सेमी, $OC = 9$ सेमी

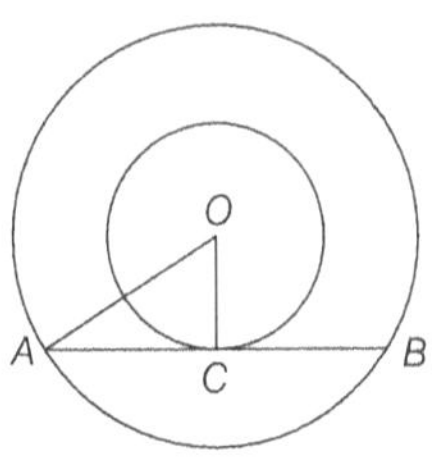

तथा AB बड़े वृत्त की जीवा है, जो छोटे वृत्त को बिन्दु C पर स्पर्श करती है।

$AC = CB$

{$\because$ केन्द्र से जीवा पर डाला गया लम्ब जीवा को दो बराबर भागों में विभाजित करता है।}

ΔOAC में, $OA^2 = AC^2 + OC^2$

$(15)^2 = AC^2 + (9)^2$

$AC^2 = 225 - 81 = 144$

$\Rightarrow$ $AC = 12$

अतः $AB = 2 \times AC$

$= 2 \times 12 = 24$ सेमी

30. (c) दिया है, $\angle BAT = 72°$

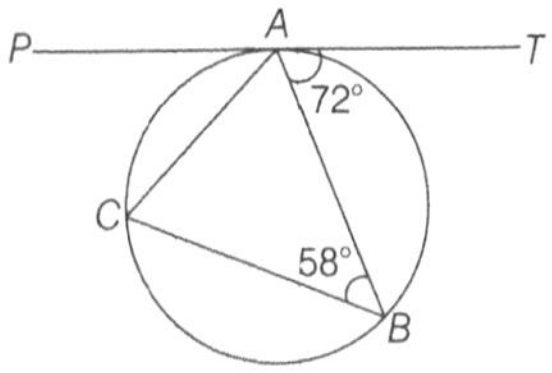

$\angle CBA = 58°$

$\angle ACB = \angle BAT = 72°$

{$\because$ स्पर्श बिन्दु से खींची गई जीवा और स्पर्श रेखा के बीच बना कोण एकान्तर वृत्तखण्ड में बने कोण के बराबर होता है}

ΔACB में, $\angle ACB + \angle CAB + \angle CBA = 180°$

$72° + \angle CAB + 58° = 180°$

$\angle CAB = 180° - 130°$

$\Rightarrow$ $\angle CAB = 50°$

31. (c) दो वृत्तों की उभयनिष्ठ स्पर्श रेखा की

लम्बाई $= \sqrt{(\text{केन्द्रों के बीच की दूरी})^2 - (\text{त्रिज्याओं का अन्तर})^2}$

$= \sqrt{(8.2)^2 - \left(\frac{5.6 - 2}{2}\right)^2} = \sqrt{67.24 - 3.24}$

$= \sqrt{64} = 8$ सेमी

32. (d) दिया है, $CD = 18$ सेमी

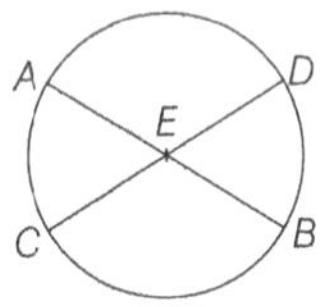

$DE = 6$ सेमी, $AE = 18$ सेमी

$\therefore$ $CE = CD - DE = 18 - 6$

$CE = 12$ सेमी

हम जानते हैं कि,

$AE \times BE = CE \times ED$

$18 \times BE = 12 \times 6$

$BE = \frac{12 \times 6}{18} = 4$ सेमी

33. (a) माना $PB = x$

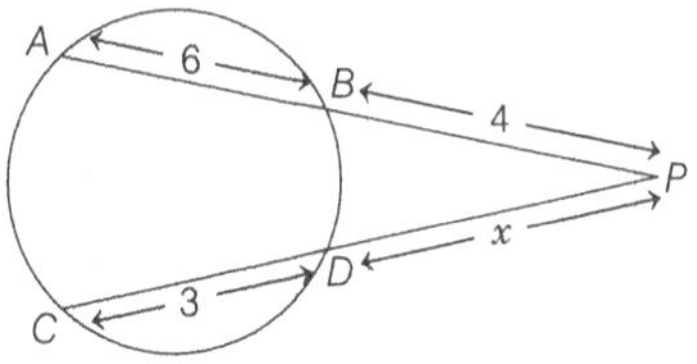

हम जानते हैं कि,

$PB \times PA = PD \times PC$

$4 \times (4 + 6) = x \times (x + 3)$

$40 = x^2 + 3x$

$x^2 + 3x - 40 = 0$

$x^2 + 8x - 5x - 40 = 0$

$x(x + 8) - 5(x + 8) = 0$

$(x + 8)(x - 5) = 0$

$x = 5, -8$

अतः $PD = 5$ सेमी

34. (c) दिया है,

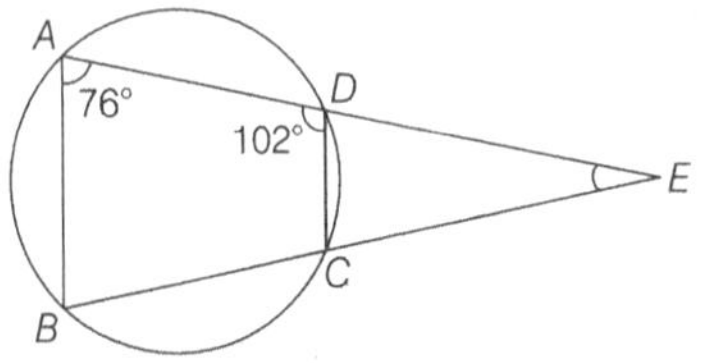

$\angle BAE = 76°$ और $\angle ADC = 102°$

$\angle ADC + \angle ABC = 180°$

{$\because$ चक्रीय चतुर्भुज में विपरीत कोणों का योग 180° होता है}

$102° + \angle ABC = 180°$

$\angle ABC = 180° - 102°$

$\angle ABC = 78°$

ΔAEB में,

$\angle AEB + \angle ABC + \angle BAE = 180°$

$\angle AEB + 78° + 76° = 180°$

$\angle AEB = 180° - 154°$

$\angle AEB = 26°$

अतः $\angle AEC = AEB = 26°$

35. (c) $AP = AR$ (वृत्त की स्पर्श रेखाएँ हैं)

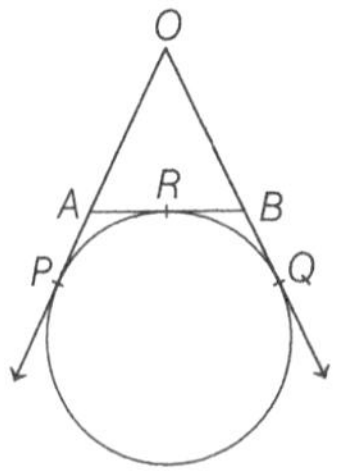

$BQ = BR$ (वृत्त की स्पर्श रेखाएँ हैं)

$\therefore$ $OP = OQ$

$OA + AP = OB + BQ \Rightarrow OA + AR = OB + BR$

36. (b) दिया है, $ON = 2\sqrt{11}$ सेमी, $AB = 20$ सेमी

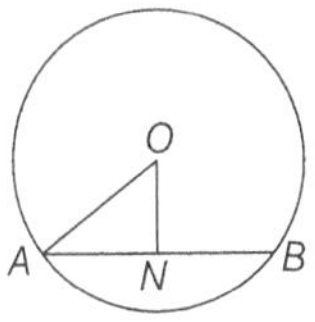

$AN = NB = \frac{AB}{2} = \frac{20}{2} = 10$ सेमी

{$\because$ केन्द्र से जीवा पर डाला गया लम्ब जीवा को दो बराबर भागों में बाँटता है।}

ΔOAN में, $OA^2 = AN^2 + ON^2$

$OA^2 = 10^2 + (2\sqrt{11})^2 = 100 + 44$

$OA^2 = 144, OA = 12$

अतः वृत्त की त्रिज्या $= 12$ सेमी

अध्याय

04

निर्देशांक ज्यामिति (द्वि-विमीय)

Coordinate Geometry (2 D)

निर्देशांक ज्यामिति गणित की वह शाखा है, जिसमें निर्देशांक निकाय जैसे ज्यामिति समस्याओं को हल करने के लिए बीजगणित का प्रयोग किया जाता है।

निर्देशांक अक्ष

माना XOX' तथा YOY' दो रेखाएँ एक-दूसरे को बिन्दु O पर प्रतिच्छेद करती हैं। यहाँ बिन्दु O को मूलबिन्दु कहते हैं तथा XOX' तथा YOY' निर्देशांक अक्ष कहलाते हैं।

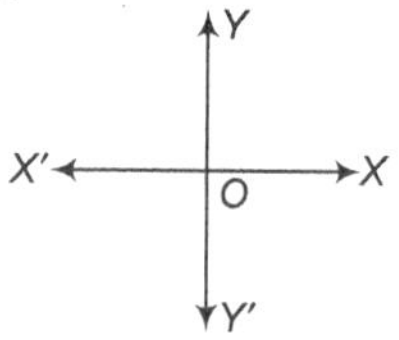

कार्तीय पद्धति

एक तल में एक बिन्दु की स्थिति का निर्धारण करने में प्रयुक्त पद्धति को कार्तीय पद्धति कहा जाता है। कार्तीय पद्धति में दो लम्बवत् रेखाएँ होती हैं तथा उनके द्वारा निर्देशित एक बिन्दु होता है। क्षैतिज रेखा XOX' को **X-अक्ष** तथा ऊर्ध्वाधर रेखा YOY' को **Y-अक्ष** कहा जाता है।

चतुर्थांश

रेखाएँ XOX' तथा YOY' समतल को चार बराबर भागों में विभाजित करती हैं जिनमें से प्रत्येक को चतुर्थांश कहते हैं।
अत: XOY प्रथम चतुर्थांश तथा YOX' द्वितीय चतुर्थांश, $X'OY'$ तृतीय चतुर्थांश तथा $Y'OX$ चतुर्थ चतुर्थांश कहलाते हैं।

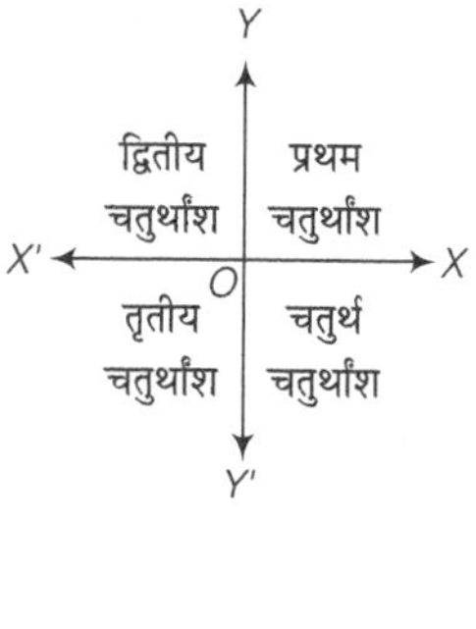

विभिन्न चतुर्थांशों में चिह्नों की स्थिति

विभिन्न चतुर्थांशों में चिह्नों की स्थिति निम्नलिखित हैं

1. मूलबिन्दु O से X-अक्ष के दाईं ओर OX दिशा में बिन्दु का भुज अर्थात् x-निर्देशांक धनात्मक होता है तथा इसके विपरीत मूलबिन्दु O से X-अक्ष के बाईं ओर OX' दिशा में बिन्दु का भुज अर्थात् x-निर्देशांक ऋणात्मक होता है।

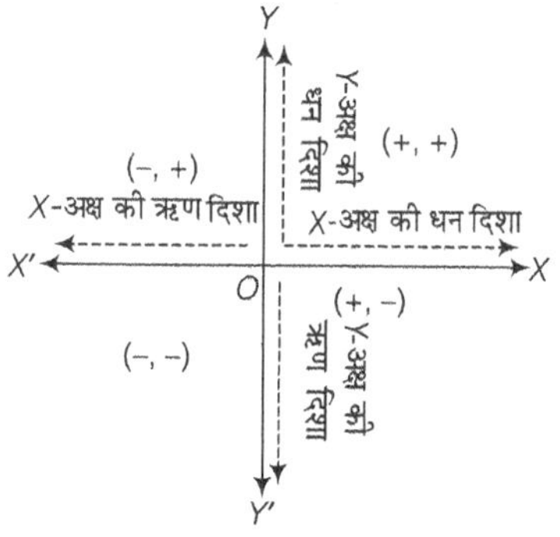

2. मूलबिन्दु O से Y-अक्ष के ऊपर की ओर OY दिशा में बिन्दु की कोटि अर्थात् y-निर्देशांक धनात्मक होता है, परन्तु इसके विपरीत मूलबिन्दु O से X-अक्ष के नीचे की ओर OY' दिशा में, बिन्दु की कोटि अर्थात् y-निर्देशांक ऋणात्मक होता है।

विभिन्न चतुर्थांशों में निर्देशांकों के चिह्न निम्न सारणी द्वारा प्रदर्शित किए जा सकते हैं

चतुर्थांश	**x-निर्देशांक** (भुज)	**y-निर्देशांक** (कोटि)	**बिन्दु के निर्देशांक**
प्रथम चतुर्थांश, YOX	+	+	(+, +)
द्वितीय चतुर्थांश, YOX'	−	+	(−, +)
तृतीय चतुर्थांश, $X'OY'$	−	−	(−, −)
चतुर्थ चतुर्थांश, $Y'OX$	+	−	(+, −)

नोट • किसी बिन्दु के निर्देशांकों में x-निर्देशांक अथवा y-निर्देशांक अथवा दोनों का धनात्मक या ऋणात्मक होना यह निरूपित करता है कि वह बिन्दु किस चतुर्थांश में स्थित है।

• यदि किसी बिन्दु का भुज अर्थात् x-निर्देशांक धनात्मक है, तो इसका अर्थ है कि मूलबिन्दु से उस निर्देशांक के बराबर दूरी X-अक्ष की धन दिशा में नापी गई है तथा यदि x-निर्देशांक ऋणात्मक है, तो मूलबिन्दु से उस निर्देशांक के बराबर दूरी X-अक्ष की ऋण दिशा से नापी गई है।इसी प्रकार ही बिन्दु की कोटि अर्थात् y-निर्देशांक के धनात्मक या ऋणात्मक होने पर दूरियाँ Y-अक्ष के अनुदिश नापी जाती हैं।

कार्तीय तल में एक बिन्दु के निर्देशांक

1. **X-अक्ष पर बिन्दु के निर्देशांक** X-अक्ष पर स्थित प्रत्येक बिन्दु की कोटि अर्थात् y-निर्देशांक सदैव शून्य होता है। अत: यदि X-अक्ष पर स्थित किसी बिन्दु का भुज a हो, तो X-अक्ष की धन दिशा OX में उस बिन्दु के निर्देशांक $(a, 0)$ होंगे तथा X-अक्ष की ऋण दिशा OX' में उसके निर्देशांक $(-a, 0)$ होंगे।

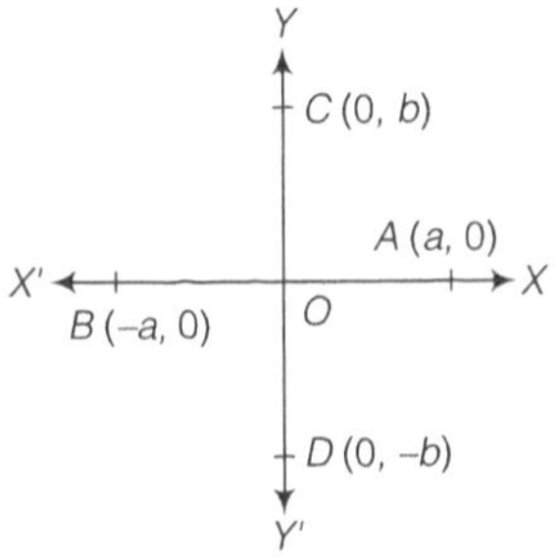

2. **Y-अक्ष पर बिन्दु के निर्देशांक** Y-अक्ष पर स्थित प्रत्येक बिन्दु का भुज अर्थात् x- निर्देशांक सदैव शून्य होता है। अत: यदि Y-अक्ष पर स्थित किसी बिन्दु की कोटि b हो, तो Y-अक्ष की धन दिशा OY में उस बिन्दु के निर्देशांक $(0, b)$ होंगे तथा Y-अक्ष की ऋण दिशा OY' में उसके निर्देशांक $(0, -b)$ होंगे।

उदाहरण 1 निम्न बिन्दु किस चतुर्थांश में हैं?

(a) (2, 4) (b) (–3, 6) (c) (4, 0) (d) $\left(-4, -\frac{1}{2}\right)$

हल (a) (2, 4) प्रथम चतुर्थांश में है।

(b) (–3, 6) द्वितीय चतुर्थांश में है।

(c) (4, 0) X-अक्ष पर स्थित है।

(d) $\left(-4, -\frac{1}{2}\right)$ तृतीय चतुर्थांश में है।

दो बिन्दुओं के बीच की दूरी

माना P व Q दो दिए हुए बिन्दु हैं जिनके निर्देशांक क्रमश: (x_1, y_1) व (x_2, y_2) हैं। यदि उनके बीच की दूरी d है, तो

$$d = \sqrt{(x_2 - x_1)^2 + (y_2 - y_1)^2}$$

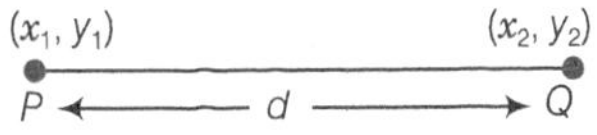

मूलबिन्दु (0, 0) तथा किसी बिन्दु (x, y) के बीच की दूरी, $d = \sqrt{x^2 + y^2}$

उदाहरण 2 बिन्दु (7, 3) और (4, –1) के बीच की दूरी बताइए।

(a) 4 इकाई (b) 5 इकाई (c) 6 इकाई (d) 7 इकाई

हल (b) माना $(x_1, y_1) = (7, 3)$ तथा $(x_2, y_2) = (4, -1)$

$$\therefore \text{ अभीष्ट दूरी } = \sqrt{(x_2 - x_1)^2 + (y_2 - y_1)^2} = \sqrt{(4-7)^2 + (-1-3)^2}$$

$$= \sqrt{9 + 16} = \sqrt{25} = 5 \text{ इकाई}$$

उदाहरण 3 मूलबिन्दु से बिन्दु (–3, – 4) की दूरी बताइए।

(a) 4 इकाई (b) 5 इकाई (c) 6 इकाई (d) 7 इकाई

हल (b) माना $(x, y) = (-3, -4)$

$$\therefore \text{ अभीष्ट दूरी } = \sqrt{x^2 + y^2} = \sqrt{(-3)^2 + (-4)^2} = \sqrt{9 + 16} = \sqrt{25} = 5 \text{ इकाई}$$

विभाजन सूत्र

किसी रेखाखण्ड को दिए गए अनुपात में निम्न दो प्रकार से विभाजित किया जाता है

अन्त: विभाजन

यदि बिन्दु P, रेखा AB पर A और B के बीच कहीं स्थित हो, तो हम कह सकते हैं कि बिन्दु P, रेखा AB को

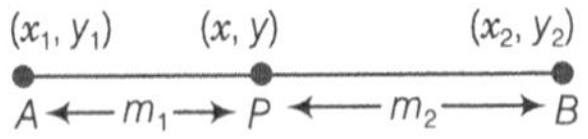

$AP : PB$ के अनुपात में अन्त: विभाजित करता है। यदि A के निर्देशांक (x_1, y_1) और B के निर्देशांक (x_2, y_2) हैं तथा बिन्दु $P(x, y)$, रेखाखण्ड AB को $m_1 : m_2$ के अनुपात में विभाजित करता है, तो बिन्दु P के निर्देशांक

$$= \left(\frac{m_1 x_2 + m_2 x_1}{m_1 + m_2}, \frac{m_1 y_2 + m_2 y_1}{m_1 + m_2}\right)$$

बाह्य विभाजन

यदि बिन्दु P, रेखा AB पर इसके बढ़ाए हुए भाग पर स्थित हो, तो कहा जाता है कि बिन्दु P, रेखाखण्ड AB को $AP : PB$ के अनुपात में बाह्यत: विभाजित करता है।

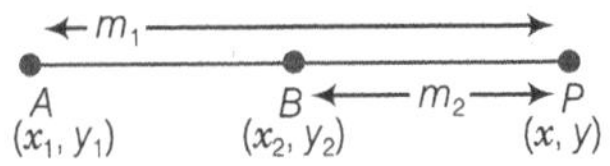

यदि बिन्दु $P(x, y)$, बिन्दु $A(x_1, y_1)$ तथा बिन्दु $B(x_2, y_2)$ से खींचे जाने वाले रेखाखण्ड को $m_1 : m_2$ के अनुपात में बाह्यत: विभाजित करता है, तो बिन्दु P के निर्देशांक $= \left(\frac{m_1 x_2 - m_2 x_1}{m_1 - m_2}, \frac{m_1 y_2 - m_2 y_1}{m_1 - m_2}\right)$

दो बिन्दुओं $A(x_1, y_1)$ व $B(x_2, y_2)$ को मिलाने वाली रेखा के मध्य-बिन्दु के निर्देशांक $= \left(\frac{x_1 + x_2}{2}, \frac{y_1 + y_2}{2}\right)$

उदाहरण 4 उस बिन्दु के निर्देशांक ज्ञात कीजिए, जो (2, 1) तथा (3, 5) को मिलाने वाली रेखा को 2 : 3 के अनुपात में बाह्य विभाजित करता है।

(a) (0, 7) (b) (0, – 7) (c) (0, 6) (d) (0, –6)

हल (b) माना (x, y) विभाजित बिन्दु के निर्देशांक हैं।

माना $(x_1, y_1) = (2, 1), (x_2, y_2) = (3, 5)$ तथा $m_1 : m_2 = 2 : 3$

$$\text{तब, } x = \frac{m_1 x_2 - m_2 x_1}{m_1 - m_2} = \frac{2 \times 3 - 3 \times 2}{2 - 3} = \frac{0}{-1} = 0$$

$$\text{तथा } y = \frac{m_1 y_2 - m_2 y_1}{m_1 - m_2} = \frac{2 \times 5 - 3 \times 1}{2 - 3} = \frac{10 - 3}{-1} = -7$$

अत: दिए गए बिन्दुओं को मिलाने वाली रेखा को दिए गए अनुपात में बाह्यत: विभाजित करने वाले बिन्दु के निर्देशांक (0, –7) हैं।

उदाहरण 5 यदि ΔABC के शीर्षों के निर्देशांक क्रमशः $(-1, 3), (-3, -2)$ और $(5, -1)$ हैं, तो शीर्ष A से खींची गई माध्यिका की लम्बाई ज्ञात कीजिए।

(a) $\frac{\sqrt{95}}{2}$ (b) $\frac{\sqrt{96}}{2}$ (c) $\frac{\sqrt{97}}{2}$ (d) $\frac{97}{\sqrt{2}}$

हल (c) माना शीर्ष $A(-1, 3)$ से खींची गई माध्यिका AP है।

$\because$ BC के मध्य-बिन्दु P के निर्देशांक $= \left(\frac{-3+5}{2}, \frac{-2-1}{2}\right)$

$= \left(\frac{2}{2}, \frac{-3}{2}\right) = \left(1, \frac{-3}{2}\right)$

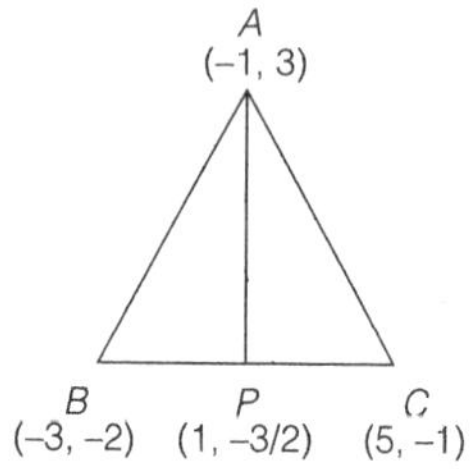

$\therefore$ माध्यिका AP की लम्बाई = बिन्दु A व P के बीच की दूरी

$= \sqrt{(1+1)^2 + \left(\frac{-3}{2} - 3\right)^2} = \sqrt{2^2 + \left(-\frac{9}{2}\right)^2}$

$= \sqrt{4 + \frac{81}{4}} = \sqrt{\frac{97}{4}} = \frac{\sqrt{97}}{2}$

त्रिभुज का क्षेत्रफल

यदि ΔABC के शीर्षों A, B तथा C के निर्देशांक क्रमशः $(x_1, y_1), (x_2, y_2)$ व (x_3, y_3) हैं, तो

ΔABC का क्षेत्रफल $= \frac{1}{2}[x_1 (y_2 - y_3) + x_2 (y_3 - y_1) + x_3 (y_1 - y_2)]$

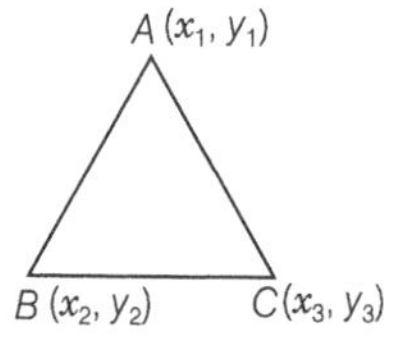

उदाहरण 6 यदि ΔABC के शीर्ष $A (0, 0), B (a, 0)$ व $C (0, -a)$ हों, तो त्रिभुज का क्षेत्रफल बताइए।

(a) $\frac{a^2}{2}$ (b) $\frac{a^2}{\sqrt{2}}$

(c) $\frac{a}{2}$ (d) $\frac{a}{\sqrt{2}}$

हल (a) यहाँ, $x_1 = 0, y_1 = 0, x_2 = a, y_2 = 0, x_3 = 0$ तथा $y_3 = -a$

तब, $\Delta = \frac{1}{2}[x_1 (y_2 - y_3) + x_2 (y_3 - y_1) + x_3 (y_1 - y_2)]$

$= \frac{1}{2}[0 + a(-a - 0) + 0] = \frac{1}{2}(-a^2) = \frac{-a^2}{2} = \frac{a^2}{2}$

(यहाँ, ऋणात्मक चिह्न छोड़ने पर क्योंकि क्षेत्रफल कभी भी ऋणात्मक नहीं होता)

तीन बिन्दुओं की संरेखता का प्रतिबन्ध

तीन बिन्दु $A (x_1, y_1), B (x_2, y_2)$ व $C(x_3, y_3)$ परस्पर संरेख होंगे अर्थात् एक ही रेखा में होंगे, यदि ΔABC का क्षेत्रफल = 0

अर्थात् $x_1 (y_2 - y_3) + x_2 (y_3 - y_1) + x_3 (y_1 - y_2) = 0$

उदाहरण 7 यदि $A (x, y), B (3, 2)$ और $C (1, 3)$ संरेख हों, तो x और y में सम्बन्ध बताइए।

(a) $x - 2y - 7 = 0$ (b) $x + 2y - 7 = 0$

(c) $x - 3y + 7 = 0$ (d) $x + 3y - 7 = 0$

हल (b) माना $x_1 = x, y_1 = y, x_2 = 3, y_2 = 2, x_3 = 1$ तथा $y_3 = 3$

चूँकि A, B व C संरेख हैं।

$\therefore x_1 (y_2 - y_3) + x_2 (y_3 - y_1) + x_3 (y_1 - y_2) = 0$

$\Rightarrow x(2 - 3) + 3(3 - y) + 1(y - 2) = 0$

$\Rightarrow -x + 9 - 3y + y - 2 = 0$

$\Rightarrow -x - 2y + 7 = 0$

$\therefore x + 2y - 7 = 0$

त्रिभुज के केन्द्रक के निर्देशांक

त्रिभुज की सभी माध्यिकाओं का प्रतिच्छेद बिन्दु, त्रिभुज का केन्द्रक कहलाता है। यदि ΔABC के शीर्ष $A (x_1, y_1), B (x_2, y_2)$ व $C (x_3, y_3)$ हैं, तो त्रिभुज के केन्द्रक के निर्देशांक $\left(\frac{x_1 + x_2 + x_3}{3}, \frac{y_1 + y_2 + y_3}{3}\right)$ होंगे।

कुछ महत्त्वपूर्ण बिन्दु

- किसी त्रिभुज का केन्द्रक उसकी माध्यिका को $2:1$ के अनुपात में विभाजित करता है।
- समकोण त्रिभुज में कर्ण का मध्य-बिन्दु त्रिभुज का परिकेन्द्र होता है।
- समबाहु त्रिभुज में लम्बकेन्द्र, केन्द्रक, परिकेन्द्र, अन्त:केन्द्र एक ही बिन्दु पर होते हैं।
- समान्तर चतुर्भुज के विकर्ण परस्पर समद्विभाजित होते हैं।

उदाहरण 8 शीर्ष $A(-1,3), B(5,-2)$ तथा $C(5,-4)$ से बनने वाले त्रिभुज के केन्द्रक के निर्देशांक हैं

(a) $(3, -1)$ (b) $(2, 3)$ (c) $(-3, 4)$ (d) $(2, -2)$

हल (a) यहाँ, $x_1 = -1, x_2 = 5, x_3 = 5$ तथा $y_1 = 3, y_2 = -2, y_3 = -4$

$\therefore$ केन्द्रक के निर्देशांक $= \left(\frac{x_1 + x_2 + x_3}{3}, \frac{y_1 + y_2 + y_3}{3}\right)$

$= \left(\frac{-1 + 5 + 5}{3}, \frac{3 - 2 - 4}{3}\right)$

$= \left(\frac{9}{3}, \frac{-3}{3}\right) = (3, -1)$

उदाहरण 9 एक त्रिभुज के शीर्ष $(-2, -3), (-1, 0)$ व $(7, -6)$ हैं। त्रिभुज के परिकेन्द्र के निर्देशांक हैं

(a) $(3, -3)$ (b) $(4, -4)$ (c) $(5, -5)$ (d) $(2, -2)$

हल (a) माना ΔPQR के निर्देशांक $P(-2, -3), Q(-1, 0)$ व $R(7, -6)$ हैं तथा परिकेन्द्र A के निर्देशांक (x, y) हैं।

$\therefore \quad AP^2 = AQ^2$

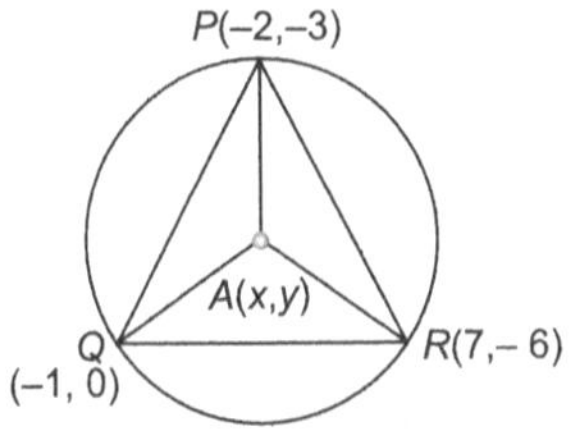

$\Rightarrow \quad (x+2)^2 + (y+3)^2 = (x+1)^2 + y^2$

$\Rightarrow \quad 4x + 6y + 13 = 2x + 1$

$\Rightarrow \quad 2x + 6y = -12$

$\Rightarrow \quad x + 3y = -6 \quad \ldots(i)$

इसी प्रकार, $AP^2 = AR^2$

$\Rightarrow \quad (x+2)^2 + (y+3)^2 = (x-7)^2 + (y+6)^2$

$\Rightarrow \quad 4x + 6y + 13 = -14x + 12y + 85$

$\Rightarrow \quad 18x - 6y = 72$

$\Rightarrow \quad 3x - y = 12 \quad \ldots(ii)$

समी (i) व (ii) से, $(x, y) \equiv (3, -3)$

$\therefore$ परिकेन्द्र के निर्देशांक $(3, -3)$ हैं।

अभ्यास प्रश्न

1. बिन्दु $(4, -8)$ किस चतुर्थांश में स्थित है?
(a) IV (b) III (c) II (d) I

2. बिन्दु $(6, 0)$ किस अक्ष पर स्थित है?
(a) X-अक्ष पर (b) Y-अक्ष पर
(c) मूलबिन्दु पर (d) इनमें से कोई नहीं

3. बिन्दु $(1, 1)$ और $(2, 3)$ के बीच की दूरी है
(a) $\sqrt{5}$ इकाई (b) 4 इकाई
(c) $\sqrt{3}$ इकाई (d) 2 इकाई

4. बिन्दुओं $(7, 5)$ और $(3, 2)$ के बीच की दूरी है
(a) 2 इकाई (b) 3 इकाई
(c) 4 इकाई (d) 5 इकाई

5. बिन्दु $P(-6, 8)$ की मूलबिन्दु से दूरी है
(a) 8 इकाई (b) $2\sqrt{7}$ इकाई
(c) 10 इकाई (d) 6 इकाई

6. बिन्दुओं $(0, 5)$ और $(-5, 0)$ के बीच की दूरी है
(a) 5 (b) $5\sqrt{2}$ (c) $2\sqrt{5}$ (d) 10

7. त्रिभुज जिसके शीर्षों के निर्देशांक $(0, 0)$, $(4, 0)$ तथा $(0, 6)$ हों, तो क्षेत्रफल होगा
(a) 24 (b) 12 (c) 6 (d) 8

8. किसी बिन्दु के निर्देशांक $(0, 1)$ हैं तथा दूसरे बिन्दु की कोटि -3 है। यदि दोनों बिन्दुओं के बीच की दूरी 5 हो, तो दूसरे बिन्दु का भुज है
(a) 3 (b) -3 (c) ± 3 (d) 1

9. एक बिन्दु के निर्देशांक $(a \sin\alpha, a \cos\alpha)$ हैं। मूलबिन्दु से इसकी दूरी है
(a) a (b) b
(c) $\sin\alpha$ (d) $\cos\alpha$

10. एक त्रिभुज के शीर्षों के निर्देशांक $(1, 2)$, $(2, 3)$ और $(3, 4)$ हैं, तब त्रिभुज के केन्द्रक के निर्देशांक होंगे
(a) (4, 5) (b) (3, 2)
(c) (2, 3) (d) (6, 9)

11. यदि $A(0, 0)$, $B(3, 0)$ व $C(0, -8)$ हों, तो ΔABC का क्षेत्रफल बताइए।
(a) 9 (b) 12
(c) 24 (d) 28

12. बिन्दुओं $(4, -6)$ और $(-6, 4)$ के बीच की दूरी बताइए।
(a) 10 (b) 2
(c) $10\sqrt{2}$ (d) $2\sqrt{10}$

13. बिन्दुओं $(3, -7)$ और $(4, 5)$ को मिलाने वाली रेखा को $2 : 3$ के अनुपात में अन्तः विभाजित करने वाले बिन्दु के निर्देशांक हैं
(a) $\left(\frac{17}{5}, \frac{11}{5}\right)$ (b) $\left(\frac{-17}{5}, \frac{-11}{5}\right)$
(c) $\left(\frac{-17}{5}, \frac{11}{5}\right)$ (d) इनमें से कोई नहीं

14. बिन्दुओं $(4, -2)$ और $(8, 6)$ को मिलाने वाली रेखा को $7 : 5$ के अनुपात में अन्तः विभाजित करने वाले बिन्दु के निर्देशांक हैं
(a) (16, 18) (b) (18, 16)
(c) $\left(\frac{19}{3}, \frac{8}{3}\right)$ (d) $\left(\frac{8}{3}, \frac{19}{3}\right)$

15. किसी वृत्त के व्यास के शीर्ष $A(-3, 4)$ और $B(-5, 6)$ हैं। इसके केन्द्र के निर्देशांक हैं
(a) (4, 5) (b) (4, – 5)
(c) (– 4, – 5) (d) इनमें से कोई नहीं

16. वह बिन्दु जिसके भुज और कोटि बराबर हैं और बिन्दुओं $(1, 0)$ तथा $(0, 3)$ से समान दूरी पर स्थित हैं, है
(a) (1, 1) (b) (2, 2)
(c) (3, 3) (d) (4, 4)

17. यदि बिन्दुओं $(a, 2)$ तथा $(3, 4)$ के बीच की दूरी 8 हो, तो a का मान है
(a) $2 + 3\sqrt{15}$ (b) $2 - 3\sqrt{15}$
(c) $2 \pm 3\sqrt{15}$ (d) $3 \pm 2\sqrt{15}$

18. शीर्षों $A(6, -6)$, $B(3, -7)$ और $C(3, 3)$ वाले त्रिभुज का क्षेत्रफल है
(a) 54 वर्ग इकाई (b) 24 वर्ग इकाई
(c) 15 वर्ग इकाई (d) 56 वर्ग इकाई

19. K का वह मान क्या होगा, जिससे बिन्दुओं $(1, 4)$ और $(K, 1)$ के बीच की दूरी 5 हो?
(a) 3 या 5 (b) – 3 या 5
(c) 3 या –5 (d) इनमें से कोई नहीं

20. $AOBC$ एक आयत है, जिसके तीन शीर्ष $A(0, 3)$, $O(0, 0)$ और $B(5, 0)$ हैं। विकर्ण की लम्बाई ज्ञात कीजिए।
(a) 5 (b) 3
(c) $\sqrt{34}$ (d) 4

21. त्रिभुज, जिसके शीर्ष $A(0, 4)$, $O(0, 0)$ और $B(3, 0)$ हैं, का परिमाप है
(a) 5 इकाई (b) 12 इकाई
(c) 11 इकाई (d) $7 + \sqrt{5}$ इकाई

22. एक त्रिभुज का क्षेत्रफल जिसके शीर्ष $A(3, 0)$, $B(7, 0)$ और $C(8, 4)$ हैं, है
(a) 14 (b) 28
(c) 8 (d) 6

23. बिन्दुओं $(a \sin\theta, a \cos\theta)$ और $(a \cos\theta, -a \sin\theta)$ के बीच की दूरी है
(a) $\sqrt{2}a$ (b) $\sqrt{3}a$
(c) $\sqrt{2}$ (d) इनमें से कोई नहीं

24. यदि बिन्दु $(x, 0)$, $(0, y)$ और $(1, 1)$ संरेखीय हों, तो
(a) $x + y = xy$ (b) $x^2 + y^2 = xy$
(c) $x + y + x^2y^2 = 0$ (d) इनमें से कोई नहीं

25. उस त्रिभुज के केन्द्रक के निर्देशांक, जिसके शीर्षों के निर्देशांक $(-3, -2)$, $(-2, 3)$ और $(3, 2)$ हैं, होंगे
(a) $(-1, 1)$ (b) $\left(-\frac{2}{3}, 1\right)$
(c) $\left(1, -\frac{2}{3}\right)$ (d) इनमें से कोई नहीं

26. एक त्रिभुज के शीर्ष (4, 6), (2, – 2) और (0, 2) हैं। इसके केन्द्रक के निर्देशांक होंगे
(a) (2, – 2) (b) (– 2, – 2)
(c) (– 2, 2) (d) (2, 2)

27. यदि बिन्दु $(x, 9)$, (0, 1) और (– 6, – 7) संरेख हैं, तो x का मान होगा
(a) 4 (b) 5
(c) 6 (d) 7

28. एक त्रिभुज के दो शीर्ष (3, 5) तथा (– 4, – 6) हैं। यदि त्रिभुज का केन्द्रक (4, 3) हो, तो त्रिभुज का तीसरा शीर्ष होगा
(a) (10, 13) (b) (13, 10)
(c) (5, 13) (d) (13, 5)

29. बिन्दु (– 1, 3) और (4, – 2) से खींची जाने वाली रेखा बिन्दु (a, b) से होकर जाएगी, यदि
(a) $a + b = 1$ (b) $a + b = 3$
(c) $a - b = 2$ (d) $a + b = 2$

30. बिन्दु (– 2, – 3), (4, 1) एवं (1, – 1) द्वारा घिरा क्षेत्रफल है
(a) $4\sqrt{2}$ (b) शून्य
(c) 12 (d) इनमें से कोई नहीं

31. किसी बिन्दु की कोटि उसके भुज के बराबर है तथा वह बिन्दु (– 3, 4) से 7 इकाई की दूरी पर है। उस बिन्दु के निर्देशांक हैं
(a) (4, 4), (3, 3)
(b) (– 4, – 4), (3, 3)
(c) (– 4, – 4),(–3,– 3)
(d) (4, 4), (– 3, – 3)

32. ABC एक त्रिभुज है तथा D, BC का मध्य-बिन्दु है। यदि ABC के निर्देशांक क्रमशः (1, 2), (– 1, – 3) तथा (3, – 5) हों, तब AD को 2 : 1 के अनुपात में आन्तरिक रूप से विभाजित करने वाले बिन्दु के निर्देशांक होंगे
(a) (1, – 6) (b) (– 1, 6)
(c) (– 1, – 6) (d) (1, – 2)

33. दो बिन्दु (– 3, 2) तथा (– 4, – 3) एक बिन्दु $(-1, y)$ से समान दूरी पर हैं। y का मान होगा
(a) 0 (b) 1
(c) – 1 (d) इनमें से कोई नहीं

34. बिन्दु $(a, 0)$, $(0, b)$ और (1, – 1) संरेख होंगे, यदि
(a) $a + b = 1$ (b) $\frac{1}{a} + \frac{1}{b} = 1$
(c) $a - b = 1$ (d) $\frac{1}{a} - \frac{1}{b} = 1$

35. यदि एक त्रिभुज, जोकि C पर समकोण बनाता है, के शीर्ष $A(-1, 0)$, $B(4, -5)$ तथा $C(5, -3)$ हों, तो त्रिभुज का क्षेत्रफल है
(a) 5.7 वर्ग इकाई (b) 7.05 वर्ग इकाई
(c) 7.5 वर्ग इकाई (d) 8.75 वर्ग इकाई

36. $PQ = QR$ के लिए x का मान क्या होगा, जहाँ P, Q तथा R क्रमशः (6, – 1), (1, 3) तथा $(x, 8)$ हैं?
(a) 5, – 3 (b) 5, 3
(c) – 5, 3 (d) इनमें से कोई नहीं

37. X-अक्ष पर (7, 6) तथा (– 3, 4) से समान दूरी पर स्थित बिन्दु है
(a) (–3, 0) (b) (3, 0)
(c) (3, 1) (d) (2, 0)

38. बिन्दुओं (2, 3) तथा (5, – 3) को मिलाने वाली रेखा को 1 : 2 के अनुपात में अन्तः विभाजित करने वाले बिन्दु के निर्देशांक हैं
(a) (–3, 1) (b) (3, – 1)
(c) (3, 1) (d) (1, 3)

39. यदि किसी समान्तर चतुर्भुज के तीन शीर्ष क्रमानुसार A (3, 5), B (–5, – 4) व C (7, 10) हों, तो चौथा शीर्ष बताइए।
(a) (10, 19) (b) (15, 10)
(c) (19, 10) (d) (15, 19)

40. K का वह मान क्या होगा जिससे बिन्दु $A(-6, -5)$, $B(6, K)$ और $C(12, 4)$ संरेखीय हों?
(a) 0 (b) 1
(c) 2 (d) –1

41. X-अक्ष पर वह बिन्दु क्या होगा, जो A (1, – 3) और B (–1, 5) से समान दूरी पर स्थित हो?
(a) (–4, 0) (b) (4, 0)
(c) (0, 4) (d) (0, – 4)

42. किसी त्रिभुज के शीर्ष (0, 4), (6, 0) तथा (0, 8) हैं। त्रिभुज का क्षेत्रफल है
(a) 12 (b) 8
(c) 4 (d) 14

43. यदि बिन्दु (1, 2), $(x, -1)$, (4, 5) संरेख हों, तो x का मान होगा
(a) –1 (b) –2 (c) 1 (d) 2

44. बिन्दु (– 3, 2), (3, 5) संरेख हैं
(a) (0, 7/2) के साथ
(b) (1, 1) के साथ
(c) (3, 8) के साथ
(d) (5, 2) के साथ

45. बिन्दुओं (2, – 3) तथा (– 5, 6) को मिलाने वाली रेखा Y-अक्ष द्वारा किस अनुपात में विभजित होती है?
(a) 2 : 5 (b) 2 : 3
(c) 3 : 5 (d) 1 : 2

46. यदि किसी समान्तर चतुर्भुज के तीन शीर्ष (1, 3), (2, 0) और (5, 1) हों, तो चतुर्भुज का चौथा शीर्ष है
(a) (3, 3) (b) (4, 4)
(c) (4, 0) (d) (0, – 4)

47. बिन्दुओं A $(a \cos\alpha, a \sin\alpha)$ और B $(a \cos\beta, a \sin\beta)$ के बीच की दूरी है
(a) $2a \sin\frac{\alpha + \beta}{2}$ (b) $2a \cos\frac{\alpha + \beta}{2}$
(c) $2a \sin\frac{\alpha - \beta}{2}$ (d) $2a \cos\frac{\alpha - \beta}{2}$

48. बिन्दु $(3a, 0)$, $(0, 3b)$ तथा $(a, 2b)$ हैं
(a) संरेखीय
(b) एक त्रिभुज के शीर्ष जिनका क्षेत्रफल $6ab$ है
(c) एक त्रिभुज के शीर्ष जिनका क्षेत्रफल $6a^2b^2$ है
(d) उपरोक्त में से कोई नहीं

49. यदि बिन्दुओं (–1, 3) तथा (4, – 2) को मिलाने वाली रेखा, बिन्दु (p, q) से होकर जाए, तो निम्न में से सही है
(a) $p + q - 2 = 0$ (b) $p - q - 1 = 0$
(c) $p - q - 2 = 0$ (d) $p + q + 1 = 0$

50. यदि एक त्रिभुज के शीर्ष $A(1, 4)$, $B(3, 0)$, $C(2, 1)$ हों, तो C से होकर जाने वाली माध्यिका की लम्बाई है
(a) 1 (b) 2
(c) $\sqrt{2}$ (d) $\sqrt{3}$

51. बिन्दुओं (7, – 6) और (3, 4) को मिलाने वाले रेखाखण्ड को 1 : 2 के अनुपात में अन्तः विभाजित करता है, वह बिन्दु है
(a) चतुर्थांश I में (b) चतुर्थांश II में
(c) चतुर्थांश III में (d) चतुर्थांश IV में

52. यदि बिन्दुओं $(4, p)$ और (1, 0) के बीच की दूरी 5 हो, तब p का मान है
(a) केवल 4 (b) ±
(c) केवल – 4 (d) 0

53. यदि बिन्दुओं A (1, 2), B (0, 0) और $C(a, b)$ संरेखीय हों, तब
(a) $a = b$ (b) $a = 2b$
(c) $2a = b$ (d) $a = -b$

54. त्रिभुज का क्षेत्रफल, जिसके शीर्ष $(a, b + c)$, $(b, c + a)$ और $(c, a + b)$ हैं, है
(a) $(a + b + c)^2$ (b) 0
(c) $a + b + c$ (d) abc

55. यदि बिन्दुओं $A(-3, -14)$ और $B(a, -5)$ के बीच की दूरी 9 इकाई है, तब a का मान ज्ञात कीजिए।
(a) 3 (b) 9 (c) – 3 (d) – 9

56. यदि बिन्दु (5, 1), (– 2, – 3) और $(8, 2m)$ संरेखीय हैं, तो m का मान ज्ञात कीजिए।
(a) $\frac{19}{14}$ (b) $\frac{15}{19}$ (c) $\frac{14}{19}$ (d) $\frac{15}{14}$

57. एक रेखा Y-अक्ष और X-अक्ष को क्रमशः बिन्दु P और Q पर प्रतिच्छेद करती है। यदि PQ का मध्य-बिन्दु (2, – 5) हो, तब बिन्दु P और Q के निर्देशांक हैं
(a) (0, – 5) और (2, 0)
(b) (0, 10) और (– 4, 0)
(c) (0, 4) और (–10, 0)
(d) (0, – 10) और (4, 0)

58. यदि तीनों बिन्दु (7, – 2), (5, 1) तथा (3, k) संरेखीय हैं, तब k का मान होगा
(a) 4 (b) 2 (c) 6 (d) 8

59. यदि तीनों बिन्दु (8, 1), (k, – 4) तथा (2, – 5) संरेखीय हैं, तो k का मान होगा
(a) 3 (b) 5
(c) 6 (d) 10

60. यदि बिन्दु $A(6, 1), B(8, 2), C(9, 4)$ तथा $D(P, 3)$ क्रमशः समान्तर चतुर्भुज के शीर्ष हैं, तब P का मान क्या है?
(a) 9 (b) 5
(c) 7 (d) 6

61. X-अक्ष पर वह बिन्दु, जोकि बिन्दुओं $A(2, -5)$ तथा $B(-2, 9)$ से समान दूरी पर स्थित है, है
(a) (– 7, 0) (b) (–9, 0)
(c) (7, 0) (d) (9, 0)

62. यदि बिन्दु $A(4, 3)$ तथा $B(x, 5)$ वृत्त पर स्थित हैं जिसका केन्द्र $O(2, 3)$ है, तब x का मान ज्ञात कीजिए।
(a) 3 (b) 1 (c) 2 (d) 4

63. बिन्दुओं $A(at_1^2, 2at_1)$ तथा $B(at_2^2, 2at_2)$ के बीच की दूरी है
(a) $a(t_2 + t_1)\sqrt{(t_2 + t_1)^2 - 4}$
(b) $a(t_2 - t_1)\sqrt{(t_2 + t_1)^2 + 4}$
(c) $a(t_2 - t_1)\sqrt{(t_2 - t_1)^2 + 4}$
(d) $a(t_2 + t_1)$

64. बिन्दु P, $A(-1, 3)$ तथा $B(9, 8)$ को जोड़ने वाली रेखा को इस प्रकार विभाजित करता है कि $\frac{AP}{BP} = \frac{K}{1}$, यदि P रेखा $x - y + 2 = 0$ पर स्थित है, तब K का मान क्या होगा?
(a) $\frac{1}{3}$ (b) $\frac{4}{3}$
(c) $\frac{2}{3}$ (d) $\frac{5}{3}$

65. बिन्दु P, $A(2, 1)$ तथा $B(5, -8)$ को जोड़ने वाली रेखा को इस प्रकार विभाजित करता है कि $\frac{AP}{AB} = \frac{1}{3}$, यदि P रेखा $2x - y + K = 0$ पर स्थित है, तब K का मान क्या होगा?
(a) – 2 (b) – 4
(c) – 6 (d) – 8

66. यदि बिन्दु $P(-3, 9), Q(a, b)$ तथा $R(4, -5)$ संरेखीय तथा $a + b = 1$ है, तब a व b के मान हैं
(a) (1, – 2) (b) (1, 3)
(c) (2, – 1) (d) (3, 1)

67. यदि बिन्दु (t, $2t$), (– 2, 6) तथा (3, 1) संरेखीय हैं, तब t बराबर है
(a) $\frac{3}{4}$ (b) $\frac{4}{3}$ (c) $\frac{5}{3}$ (d) $\frac{3}{5}$

68. बिन्दु (1, 5), (2, 4) तथा (–2, 6) से निर्मित त्रिभुज का परिकेन्द्र है
(a) (– 2, 1) (b) (2, – 1)
(c) (– 2, 2) (d) (2, – 2)

69. बिन्दु (2, 4) और बिन्दु (– 3, 5) को मिलाने वाली रेखा को Y-अक्ष निम्न अनुपात में विभाजित करता है
(a) 2 : 3 (b) 2 : 5
(c) – 3 : 2 (d) 5 : – 2

70. एक समबाहु ΔABC के शीर्ष A तथा B के निर्देशांक (3, 0) तथा (– 3, 0) हैं। 'C' के निर्देशांक हैं
(a) $(3\sqrt{3}, 0)$ (b) $(0, 3\sqrt{3})$
(c) $(0, 9\sqrt{3})$ (d) (0, 9)

71. बिन्दुओं (4, 6) तथा (3, – 8) को मिलाने वाली रेखा को X-अक्ष जिस अनुपात में विभाजित करता है, वह अनुपात है
(a) 1 : 2 (b) 2 : 3
(c) 3 : 4 (d) 4 : 5

72. बिन्दु (– 3, 5), (6, 2) तथा (– 3, 2) बनाते हैं
(a) 13.5 वर्ग इकाई समकोणिक त्रिभुज
(b) 13.5 वर्ग इकाई समद्विबाहु त्रिभुज
(c) 4.5 वर्ग इकाई विषमबाहु त्रिभुज
(d) उपरोक्त में से कोई नहीं

73. यदि बिन्दु $P(2, 1)$, बिन्दुओं $A(4, 2)$ और $B(8, 4)$ को मिलाने वाले रेखाखण्ड पर स्थित है, तब
(a) $AP = \frac{1}{3} AB$ (b) $AP = PB$
(c) $PB = \frac{1}{3} AB$ (d) $AP = \frac{1}{2} AB$

74. यदि बिन्दुओं $Q(-6, 5)$ और $R(-2, 3)$ को मिलाने वाले रेखाखण्ड का मध्य-बिन्दु $P\left(\frac{a}{3}, 4\right)$ हो, तो a का मान है
(a) – 4 (b) – 12
(c) 12 (d) – 6

75. एक समान्तर चतुर्भुज $ABCD$ जिसके तीन शीर्ष $A(-2, 3), B(6, 7)$ और $C(8, 3)$ हैं, चौथे शीर्ष D के निर्देशांक हैं
(a) (0, 1) (b) (0, – 1)
(c) (– 1, 0) (d) (1, 0)

76. यदि बिन्दु $A(2, -4)$, बिन्दुओं $P(3, 8)$ और $Q(-10, y)$ से समान दूरी पर है, तो y का मान ज्ञात कीजिए।
(a) 5 (b) – 5
(c) 3 (d) 9

77. यदि बिन्दु (a, b), बिन्दुओं $A(10, -6)$ और $B(k, 4)$ को मिलाने वाले रेखाखण्ड का मध्य-बिन्दु है तथा $a - 2b = 18$ है, तो k का मान और दूरी AB ज्ञात कीजिए।
(a) $3\sqrt{61}$ (b) $2\sqrt{61}$
(c) $4\sqrt{61}$ (d) $5\sqrt{61}$

78. यदि बिन्दु (1, 2), (4, y), (x, 6) और (3, 5), इसी क्रम में लेने पर, एक समान्तर चतुर्भुज के शीर्ष हों, तो x और y ज्ञात कीजिए।
(a) (6, 3) (b) (5, 3)
(c) (3, 5) (d) (3, – 5)

79. k के मान ज्ञात कीजिए, यदि बिन्दु $A(k+1, 2k), B(3k, 2k+3)$ और $C(5k-1, 5k)$ संरेख हैं।
(a) $2, \frac{1}{2}$ (b) $4, \frac{1}{4}$
(c) $3, \frac{1}{3}$ (d) $5, \frac{1}{5}$

80. K का वह मान ज्ञात कीजिए, जिससे बिन्दु $A(-6, -5), B(6, K)$ और $C(12, 4)$ संरेखीय हों।
(a) 0 (b) 1 (c) 2 (d) –1

81. बिन्दु (2, 2), (6, 3) और (4, 11) किस त्रिभुज के शीर्ष हैं?
(a) समद्विबाहु (b) समकोण
(c) विषमबाहु (d) समबाहु

82. किसी बिन्दु के निर्देशांक (0, 1) हैं तथा दूसरे बिन्दु की कोटि –3 है। यदि दोनों बिन्दुओं के बीच की दूरी 5 हों, तो दूसरे बिन्दु का भुज है
(a) 3 (b) –3
(c) ± 3 (d) 1

83. एक समचतुर्भुज के क्रम से तीन शीर्ष (2,–1), (3, 4) तथा (–2, 3) हैं। चौथा शीर्ष ज्ञात कीजिए।
(a) (1,2) (b) (3, 2)
(c) (–2, – 3) (d) (–3, – 2)

84. बिन्दु $A(-4, -3)$ और $B(5, 2)$ से खींचा जाने वाला रेखाखण्ड X-अक्ष को किस अनुपात में विभाजित करता है?
(a) 3 : 2 (b) 2 : 3
(c) –3 : 2 (d) –2 :3

85. एक समबाहु त्रिभुज का एक शीर्ष मूलबिन्दु पर और दूसरा शीर्ष (4, 0) पर है। त्रिभुज का क्षेत्रफल क्या होगा?
(a) 4 वर्ग इकाई (b) $\sqrt{3}$ वर्ग इकाई
(c) $4\sqrt{3}$ वर्ग इकाई (d) $2\sqrt{3}$ वर्ग इकाई

86. बिन्दु $P(9a - 2, -b)$, बिन्दुओं $A(3a + 1, -3)$ और $B(8a, 5)$ को जोड़ने वाले रेखाखण्ड को आन्तरिक रूप से 3 : 1 के अनुपात में विभाजित करता है। a और b के मान ज्ञात कीजिए।
(a) (1, 3) (b) (3, 1)
(c) (1, 2) (d) (1, – 3)

87. बिन्दु $P\left(\frac{3}{4}, \frac{5}{12}\right)$, बिन्दुओं $A\left(\frac{1}{2}, \frac{3}{2}\right)$ और $B(2, -5)$ को जोड़ने वाले रेखाखण्ड को किस अनुपात में विभाजित करता है?
(a) $\frac{5}{1}$ (b) $\frac{4}{1}$ (c) $\frac{1}{5}$ (d) $\frac{1}{4}$

88. बिन्दु A के निर्देशांक ज्ञात कीजिए, जहाँ AB एक वृत्त का व्यास है, जिसका केन्द्र $(2, -3)$ है तथा B के निर्देशांक $(1, 4)$ हैं।
(a) (3, 10)
(b) (4, 10)
(c) (3, – 10)
(d) (4, – 10)

89. यदि A और B क्रमश: $(-2, -2)$ और $(2, -4)$ हों, तो बिन्दु P के निर्देशांक ज्ञात कीजिए, ताकि $AP = \frac{3}{7} AB$ हो और बिन्दु P, रेखाखण्ड AB पर स्थित हो।
(a) $\left(\frac{2}{7}, \frac{20}{7}\right)$ (b) $\left(\frac{3}{7}, \frac{30}{7}\right)$
(c) $\left(-\frac{3}{7}, -\frac{30}{7}\right)$ (d) $\left(-\frac{2}{7}, -\frac{20}{7}\right)$

90. एक समचतुर्भुज का क्षेत्रफल ज्ञात कीजिए जिसके शीर्ष, इसी क्रम में $(3, 0), (4, 5), (-1, 4)$ और $(-2, -1)$ हैं।
(a) 48 वर्ग इकाई (b) 24 वर्ग इकाई
(c) 12 वर्ग इकाई (d) 36 वर्ग इकाई

उत्तरमाला

1	(a)	2	(a)	3	(a)	4	(d)	5	(c)	6	(b)	7	(b)	8	(c)	9	(a)	10	(c)
11	(b)	12	(c)	13	(d)	14	(c)	15	(d)	16	(b)	17	(d)	18	(c)	19	(b)	20	(c)
21	(b)	22	(c)	23	(a)	24	(a)	25	(b)	26	(d)	27	(c)	28	(b)	29	(d)	30	(b)
31	(d)	32	(d)	33	(c)	34	(d)	35	(c)	36	(a)	37	(b)	38	(c)	39	(d)	40	(b)
41	(a)	42	(a)	43	(b)	44	(a)	45	(a)	46	(b)	47	(c)	48	(a)	49	(a)	50	(a)
51	(d)	52	(b)	53	(c)	54	(b)	55	(c)	56	(a)	57	(d)	58	(a)	59	(a)	60	(c)
61	(a)	62	(c)	63	(b)	64	(c)	65	(b)	66	(c)	67	(b)	68	(a)	69	(a)	70	(b)
71	(c)	72	(a)	73	(d)	74	(b)	75	(b)	76	(b)	77	(b)	78	(a)	79	(a)	80	(b)
81	(b)	82	(c)	83	(d)	84	(a)	85	(c)	86	(d)	87	(c)	88	(c)	89	(d)	90	(b)

संकेत एवं हल

1. (a) चतुर्थांश सारणी से, (4, – 8) चतुर्थ चतुर्थांश में होगा।

2. (a) यहाँ, कोटि अथवा y-निर्देशांक शून्य हैं।
अर्थात् $y = 0$
अत: बिन्दु X-अक्ष पर स्थित होगा।

3. (a) माना $(x_1, y_1) = (1, 1)$ तथा $(x_2, y_2) = (2, 3)$

$\therefore$ अभीष्ट दूरी $= \sqrt{(1-2)^2 + (1-3)^2}$
$= \sqrt{1+4} = \sqrt{5}$ इकाई

5. (c) यहाँ, $x_1 = -6, y_1 = 8$ और $x_2 = 0, y_2 = 0$
$\therefore d = \sqrt{(x_2 - x_1)^2 + (y_2 - y_1)^2}$
$= \sqrt{[0-(-6)]^2 + (0-8)^2} = \sqrt{100} = 10$ इकाई

7. (b) त्रिभुज का क्षेत्रफल
$= \frac{1}{2}[0(0-6) + 4(6-0) + (0-0)]$
$= \frac{1}{2} \times 24 = 12$

8. (c) माना दूसरे बिन्दु का भुज x है।
तब, $(x-0)^2 + (-3-1)^2 = 5^2$
$\Rightarrow \quad x^2 + 16 = 25 \Rightarrow x^2 = 9$
$\therefore \quad x = \pm 3$

9. (a) $\because (x, y) = (a\sin\alpha, a\cos\alpha)$
$\therefore$ अभीष्ट दूरी $= \sqrt{(a\sin\alpha)^2 + (a\cos\alpha)^2}$
$= \sqrt{a^2(\sin^2\alpha + \cos^2\alpha)} = \sqrt{a^2} = a$

10. (c) केन्द्रक के निर्देशांक
$= \left(\frac{1+2+3}{3}, \frac{2+3+4}{3}\right) = (2, 3)$

13. (d) यहाँ, $x_1 = 3, y_1 = -7, x_2 = 4, y_2 = 5$, $m_1 = 2$ तथा $m_2 = 3$
$\therefore$ अभीष्ट बिन्दु
$= \left(\frac{m_1x_2 + m_2x_1}{m_1 + m_2}, \frac{m_1y_2 + m_2y_1}{m_1 + m_2}\right)$
$= \left(\frac{2\times4 + 3\times3}{2+3}, \frac{2\times5 + 3\times(-7)}{2+3}\right) = \left(\frac{17}{5}, \frac{-11}{5}\right)$

15. (d) स्पष्टत: केन्द्र, व्यास का मध्य-बिन्दु होगा
जिसके निर्देशांक $= \left(\frac{-3-5}{2}, \frac{4+6}{2}\right) = (-4, 5)$

16. (b) माना बिन्दु (x, x) है।
तब प्रश्नानुसार,
$(x-1)^2 + (x-0)^2 = (x-0)^2 + (x-3)^2 \Rightarrow$
$x = 2$

19. (b) माना $(x_1, y_1) = (1, 4)$
तथा $(x_2, y_2) = (-1, 5)$
प्रश्नानुसार, $\sqrt{(K-1)^2 + (1-4)^2} = 5$
$\therefore \quad K = 5$ या -3

20. (c) माना आयत के चौथे शीर्ष के निर्देशांक $C(x_1, y_1)$ हैं।

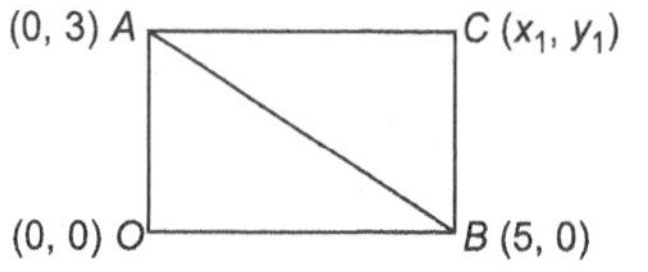

विकर्ण AB की लम्बाई
= बिन्दु $A(0, 3)$ और $B(5, 0)$ के बीच की दूरी
$= \sqrt{(5-0)^2 + (0-3)^2}$
$= \sqrt{25+9} = \sqrt{34}$ इकाई

21. (b) ΔAOB का परिमाप
$= d(AO) + d(OB) + d(AB)$

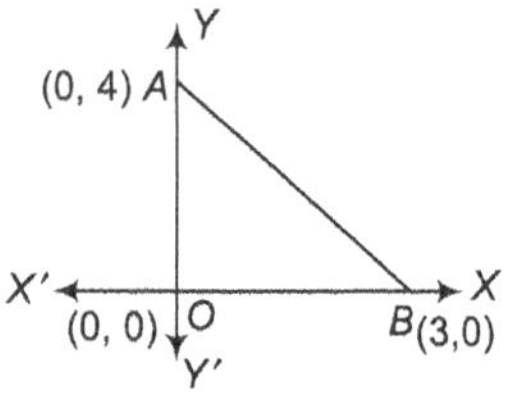

$= \sqrt{(0-0)^2 + (0-4)^2} + \sqrt{(0-3)^2 + (0-0)^2}$
$+ \sqrt{(0-3)^2 + (4-0)^2}$
$= 4 + 3 + 5 = 12$ इकाई

24. (a) चूँकि दिए गए बिन्दु संरेखीय हैं।
$\frac{1}{2}[x(y-1) + 0(1-0) + 1(0-y)] = 0$
$\Rightarrow \quad xy - x - y = 0$
$\Rightarrow \quad x + y = xy$

25. (b) अत: केन्द्रक के निर्देशांक
$= \left[\frac{(-3)+(-2)+3}{3}, \frac{(-2)+(3)+(2)}{3}\right] = \left(\frac{-2}{3}, 1\right)$

28. (b) माना त्रिभुज का तीसरा शीर्ष $= (h, k)$
तब प्रश्नानुसार, $\left(\frac{3-4+h}{3}, \frac{5-6+k}{3}\right) = (4, 3)$
या $\frac{h-1}{3} = 4$ एवं $\frac{k-1}{3} = 3$
$\therefore \quad h = 13$ एवं $k = 10$

29. (d) ∵ बिन्दु संरेख हैं।

$\therefore \frac{1}{2}[-1(-2-b)+4(b-3)+a(3+2)]=0$

$\Rightarrow 2+b+4b-12+5a=0$

$\Rightarrow \quad a+b=2$

31. (d) माना बिन्दु (x, x) है, तब

$(x+3)^2+(x-4)^2=(7)^2$

$\Rightarrow \quad x^2-x-12=0$

$\Rightarrow \quad (x-4)(x+3)=0$

$\Rightarrow \quad x=4,-3$

∴ बिन्दु (4, 4) या (− 3, − 3) हैं।

32. (d) D के निर्देशांक $=\left(\frac{-1+3}{2}, \frac{-3-5}{2}\right)$

$=(1,-4)$

A(1, 2) तथा D(1, − 4)

AD को 2 : 1 में बाँटने वाले बिन्दु का

भुज $=\frac{2\times1+1\times1}{2+1}=1$

कोटि $=\frac{2\times(-4)+1\times2}{2+1}=\frac{-6}{3}=-2$

∴ अभीष्ट बिन्दु के निर्देशांक (1, − 2) हैं।

33. (c) प्रश्नानुसार, [(− 3, 2) की (− 1, y) से दूरी]^2

= [(− 4, − 3) की (− 1, y) से दूरी]^2

$\Rightarrow (-3+1)^2+(2-y)^2$

$=(-4+1)^2+(-3-y)^2$

$\Rightarrow \quad -10y=10 \quad \Rightarrow y=-1$

35. (c)

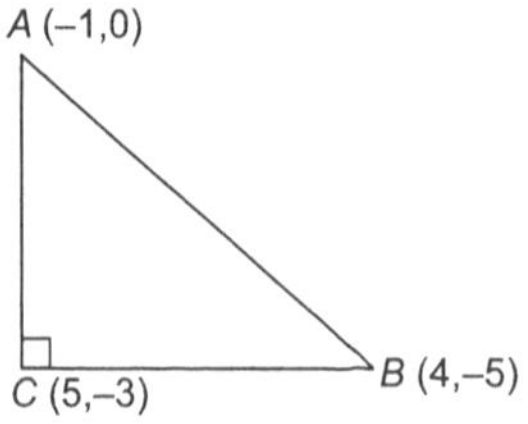

$BC=\sqrt{(4-5)^2+(-5+3)^2}=\sqrt{5}$

$AC=\sqrt{(-1-5)^2+(0+3)^2}=\sqrt{45}$

अतः Δ ABC का क्षेत्रफल $=\frac{1}{2}\times BC\times AC$

$=\frac{1}{2}\times\sqrt{5}\times\sqrt{45}=\frac{15}{2}=7.5$ वर्ग इकाई

37. (b) माना $P(x, 0)$ अभीष्ट बिन्दु है

तथा A (7, 6) और B (−3, 4) दिए हुए बिन्दु हैं।

$\therefore \quad PA=PB \Rightarrow PA^2=PB^2$

$\Rightarrow (x-7)^2+(0-6)^2=(x+3)^2+(0-4)^2$

$\Rightarrow x^2-14x+49+36=x^2+6x+9+16$

$\Rightarrow \quad -14x-6x=25-85$

$\therefore \quad x=\frac{-60}{-20}=3$

अतः अभीष्ट बिन्दु = (3, 0)

38. (c) माना $P(x, y)$ विभाजन बिन्दु के निर्देशांक हैं।

माना $(x_1, y_1)=(2,3), (x_2, y_2)=(5,-3)$

तथा $m_1:m_2=1:2$

$\therefore \quad x=\frac{1\times5+2\times2}{1+2}=\frac{5+4}{3}=3$

तथा $y=\frac{1\times(-3)+2\times3}{1+2}=\frac{-3+6}{3}=1$

अतः अन्तः विभाजन बिन्दु के निर्देशांक (3, 1) हैं।

39. (d) A (3, 5) और C (7, 10) का मध्य-बिन्दु

$=M\left(5, \frac{15}{2}\right)$

$\therefore BD$ का मध्य-बिन्दु $=M\left(5, \frac{15}{2}\right)$

$\therefore \quad \frac{-5+x}{2}=5 \Rightarrow x=10+5=15$

और $\quad \frac{-4+y}{2}=\frac{15}{2}$

$\Rightarrow \quad y=15+4=19$

अतः चौथा निर्देशांक (15, 19) हैं।

44. (a) बिन्दु (−3, 2), (3, 5) संरेख हैं

बिन्दु (0, 7 / 2) के साथ चूँकि इन तीनों बिन्दुओं के द्वारा बनाए गए त्रिभुज का क्षेत्रफल शून्य होता है।

$\frac{1}{2}\{x_1(y_1-y_3)+x_2(y_3-y_1)+x_3(y_1-y_2)$

$=\frac{1}{2}\left\{-3\left(5-\frac{7}{2}\right)+3\left(\frac{7}{2}-2\right)+0\right\}$

$=\frac{1}{2}\left\{\frac{-9}{2}+\frac{9}{2}+0\right\}=0$

45. (a) बिन्दुओं (2, − 3) तथा (− 5, 6) को मिलाने वाली रेखा को Y-अक्ष, $-\frac{x_1}{x_2}$ के अनुपात में विभाजित करेगा।

$k=-\frac{x_1}{x_2}$

$\therefore \quad k=-\left(\frac{2}{-5}\right)=\frac{2}{5}$

49. (a) बिन्दु (−1, 3), (4, −2) और (p, q) संरेखीय होंगे, यदि

$$\begin{vmatrix} -1 & 3 & 1 \\ 4 & -2 & 1 \\ p & q & 1 \end{vmatrix}=0$$

$\Rightarrow \quad -1(-2-q)+3(p-4)+1(4q+2p)=0$

$\Rightarrow \quad 2+q+3p-12+4q+2p=0$

$\Rightarrow \quad 5p+5q-10=0 \Rightarrow p+q-2=0$

50. (a) AB के मध्य-बिन्दु के निर्देशांक

$=\left(\frac{1+3}{2}, \frac{4+0}{2}\right)=(2,2)$

अतः अभीष्ट माध्यिका की लम्बाई

= (2, 1) व (2, 2) के बीच की दूरी

$=\sqrt{(2-2)^2+(2-1)^2}=1$

54. (b) माना $A=(x_1, y_1)=(a, b+c)$

$B=(x_2, y_2)=(b, c+a)$

$C=(x_3, y_3)=(c, a+b)$

∴ ΔABC का क्षेत्रफल

$=\frac{1}{2}[x_1(y_2-y_3)+x_2(y_3-y_1)+x_3(y_1-y_2)]$

$=\frac{1}{2}[a(c+a-a-b)+b(a+b-b-c)$
$+c(b+c-c-a)]$

$=\frac{1}{2}(0)=0$

57. (d) माना X-अक्ष और Y-अक्ष के निर्देशांक क्रमशः $Q(x, 0)$ और $P(0, y)$ हैं।

बिन्दु $P(0, y)$ और $Q(x, 0)$ का मध्य-बिन्दु (M)

$=\left(\frac{0+x}{2}, \frac{y+0}{2}\right)=\left(\frac{x}{2}, \frac{y}{2}\right)$

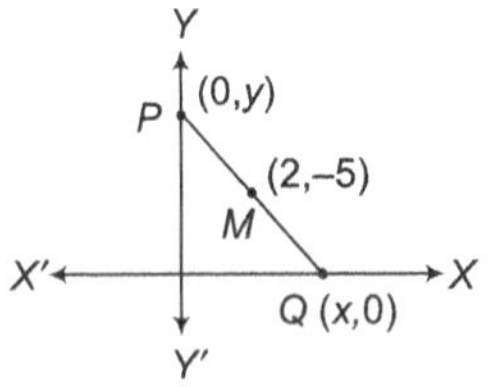

परन्तु M (2, − 5) दिया है।

$\therefore \quad 2=\frac{x+0}{2}$ और $-5=\frac{y+0}{2}$

$\Rightarrow \quad x=4$ और $y=-10$

अतः बिन्दुओं P और Q के निर्देशांक क्रमशः (0, − 10) और (4, 0) हैं।

60. (c) हम जानते हैं कि समान्तर चतुर्भुज के विकर्ण परस्पर प्रतिच्छेद करते हैं इसलिए विकर्ण AC तथा BD के मध्य-बिन्दुओं के निर्देशांक समान होंगे।

$\therefore \left(\frac{6+9}{2}, \frac{1+4}{2}\right)=\left(\frac{8+P}{2}, \frac{2+3}{2}\right)$

$\Rightarrow \quad \frac{15}{2}=\frac{8+P}{2} \Rightarrow 15=8+P \Rightarrow P=7$

62. (c) चूँकि बिन्दु A तथा B, 'O' केन्द्र वाले वृत्त पर स्थित हैं

$\therefore \quad OA=OB$

$\Rightarrow \sqrt{(4-2)^2+(3-3)^2}=\sqrt{(x-2)^2+(5-3)^2}$

$\Rightarrow \quad x-2=0 \Rightarrow x=2$

63. (b) दिया है,

$AB=\sqrt{(at_2^2-at_1^2)^2+(2at_2-2at_1)^2}$

$=\sqrt{a^2(t_2-t_1)^2(t_2+t_1)^2+4a^2(t_2-t_1)^2}$

$\Rightarrow AB=a(t_2-t_1)\sqrt{(t_2+t_1)^2+4}$

64. (c) दिया है बिन्दु P, A(− 1, 3) तथा B(9, 8) को जोड़ने वाली रेखा को K : 1 के अनुपात में विभाजित करता है, इसलिए बिन्दु P के निर्देशांक $\left(\frac{9K-1}{K+1}, \frac{8K+3}{K+1}\right)$ होंगे।

$\because$ P, रेखा $x - y + 2 = 0$ पर स्थित है।

$\therefore \quad \frac{9K-1}{K+1} - \frac{8K+3}{K+1} + 2 = 0$

$\Rightarrow \quad 9K - 1 - 8K - 3 + 2K + 2 = 0$

$\Rightarrow \quad 3K - 2 = 0 \Rightarrow K = \frac{2}{3}$

65. (b) दिया है, $\frac{AP}{AB} = \frac{1}{3} \Rightarrow \frac{AP}{AP + PB} = \frac{1}{3}$

$\Rightarrow \quad 3AP = AP + BP$

$\Rightarrow \quad 2AP = BP \Rightarrow \frac{AP}{BP} = \frac{1}{2}$

इसलिए P रेखा AB को 1 : 2 के अनुपात में विभाजित करता है।

$\therefore$ P के निर्देशांक = (3, 2) चूँकि बिन्दु P(3, 2) रेखा $2x - y + k = 0$ पर स्थित है।

$\therefore 2 \times 3 - 2 + K = 0 \Rightarrow K = -4$

68. (a) माना परिकेन्द्र (x, y) है।

परिकेन्द्र से तीनों शीर्ष समान दूरी पर होते हैं।

$\therefore (x, y)$ से (1, 5) की दूरी $= \sqrt{(x-1)^2 + (y-5)^2}$

(x, y) से (2, 4) की दूरी

$= \sqrt{(x-2)^2 + (y-4)^2}$

तथा (x, y) से (– 2, 6) की दूरी

$= \sqrt{(x+2)^2 + (y-6)^2}$

अब, $\sqrt{(x-1)^2 + (y-5)^2} = \sqrt{(x-2)^2 + (y-4)^2}$

$\Rightarrow \quad x^2 - 2x + 1 + y^2 - 10y + 25$

$= x^2 - 4x + 4 + y^2 - 8y + 16$

$\Rightarrow \quad 2x - 2y = -6$

$\Rightarrow \quad x - y = -3 \quad$ ...(i)

तथा $(x-2)^2 + (y-4)^2 = (x+2)^2 + (y-6)^2$

$\Rightarrow \quad x^2 - 4x + 4 + y^2 - 8y + 16$

$= x^2 + 4x + 4 + y^2 - 12y + 36$

$\Rightarrow \quad -8x + 4y = 20$

$\Rightarrow \quad 2x - y = -5 \quad$ ...(ii)

समी (i) व (ii) को हल करने पर, $x = -2, y = 1$

$\therefore$ परिकेन्द्र = (– 2, 1)

69. (a) माना Y-अक्ष, बिन्दुओं A(2, 4) तथा B(– 3, 5) को मिलाने वाली रेखा को बिन्दु C पर $m_1 : m_2$ के अनुपात में विभाजित करता है।

$\because$ बिन्दु C, Y -अक्ष पर है।

$\therefore \quad x = 0$

$x = \frac{m_1 x_2 + m_2 x_1}{m_1 + m_2}$

$\Rightarrow 0 = \frac{m_1(-3) + m_2 \times 2}{m_1 + m_2} \Rightarrow -3m_1 + 2m_2 = 0$

$\Rightarrow \quad 3m_1 = 2m_2 \Rightarrow \frac{m_1}{m_2} = \frac{2}{3}$

या $\quad m_1 : m_2 = 2 : 3$

70. (b) माना C के निर्देशांक (x, y) हैं।

A(3, 0), B(– 3, 0)

$\because \Delta ABC$ एक समबाहु त्रिभुज है,

अतः $AB = BC = AC$, $AB = \sqrt{36} = 6$

$\because \quad BC = AB$

$\Rightarrow \quad (3 + x)^2 + y^2 = 36$

$x^2 + y^2 + 6x = 27 \quad$ ...(i)

तथा $AC = AB \Rightarrow \sqrt{(x-3)^2 + y^2} = 6$

$\Rightarrow \quad x^2 + 9 - 6x + y^2 = 36$

$\Rightarrow \quad x^2 + y^2 - 6x = 27 \quad$ ...(ii)

समी (i) व (ii) से, $12x = 0 \Rightarrow x = 0$

समी (i) से, $y^2 = 27$ या $y = \pm 3\sqrt{3}$

अतः C के निर्देशांक $(0, 3\sqrt{3})$ हैं।

72. (a) $AC = \sqrt{\{(-3)-(-3)\}^2 + (5-2)^2} = 3$

$AB = \sqrt{(-3-6)^2 + (5-2)^2} = \sqrt{90}$

$BC = \sqrt{(6+3)^2 + (2-2)^2} = 9$

अतः $AB^2 = AC^2 + BC^2$

$\Rightarrow \quad 90 = 9 + 81 = 90$

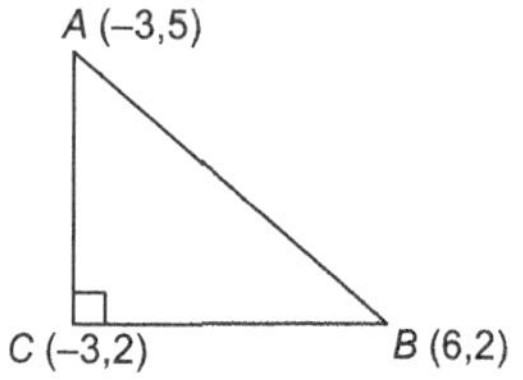

समकोण ΔABC का क्षेत्रफल

$= \frac{1}{2} \times BC \times AC = \frac{1}{2} \times 9 \times 3$

= 13.5 वर्ग इकाई

अतः दिए गए बिन्दु 13.5 वर्ग इकाई समकोणिक त्रिभुज की रचना करते हैं।

73. (d) अब, $AP = \sqrt{(2-4)^2 + (1-2)^2}$

$= \sqrt{(-2)^2 + (-1)^2}$

$= \sqrt{4+1} = \sqrt{5}$ इकाई

$AB = \sqrt{(8-4)^2 + (4-2)^2}$

$= \sqrt{(4)^2 + (2)^2}$

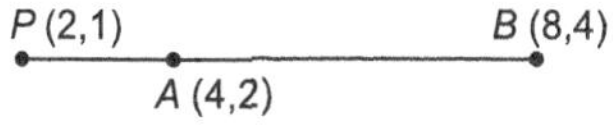

$= \sqrt{16+4} = \sqrt{20} = 2\sqrt{5}$ इकाई

$BP = \sqrt{(8-2)^2 + (4-1)^2} = \sqrt{6^2 + 3^2}$

$= \sqrt{36+9} = \sqrt{45} = 3\sqrt{5}$ इकाई

$\therefore \quad AB = 2\sqrt{5} = 2\ AP$

$\Rightarrow \quad AP = \frac{AB}{2}$

74. (b) $\because$ QR के मध्य-बिन्दु P के निर्देशांक

$= \left(\frac{-6-2}{2}, \frac{5+3}{2}\right)$

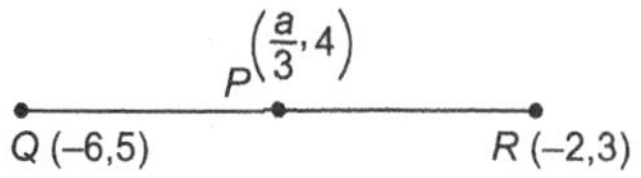

$= \left(\frac{-8}{2}, \frac{8}{2}\right) = (-4, 4)$

$\left[\because \text{मध्य-बिन्दु के निर्देशांक} = \left(\frac{x_1 + x_2}{2}, \frac{y_1 + y_2}{2}\right)\right]$

दिया है, मध्य-बिन्दु $P\left(\frac{a}{3}, 4\right)$ है।

$\therefore \quad \left(\frac{a}{3}, 4\right) = (-4, 4)$

निर्देशांकों की तुलना करने पर,

$\frac{a}{3} = -4$

तथा $\quad 4 = 4$

$\therefore \quad a = -12$

77. (b) चूँकि AB का मध्य-बिन्दु (a, b) है।

$\therefore \quad (a, b) = \left(\frac{10+k}{2}, \frac{-6+4}{2}\right)$

$(a, b) = \left(\frac{10+k}{2}, -1\right)$

निर्देशांकों की तुलना करने पर,

$a = \frac{10+k}{2} \quad$ ...(i)

$b = -1 \quad$ ...(ii)

दिया है, $a - 2b = 18$

समी (ii) से, $a - 2(-1) = 18 \Rightarrow a = 16$

समी (i) से, $16 = \frac{10+k}{2} \Rightarrow k = 22$

$\therefore A = (10, -6), B = (22, 4)$

$AB = \sqrt{(22-10)^2 + (4+6)^2} = \sqrt{(12)^2 + (10)^2}$

$= \sqrt{144+100} = \sqrt{244} = 2\sqrt{61}$

78. (a) माना A(1, 2), B(4, y), C(x, 6) और D(3, 5) समान्तर चतुर्भुज के शीर्ष हैं।

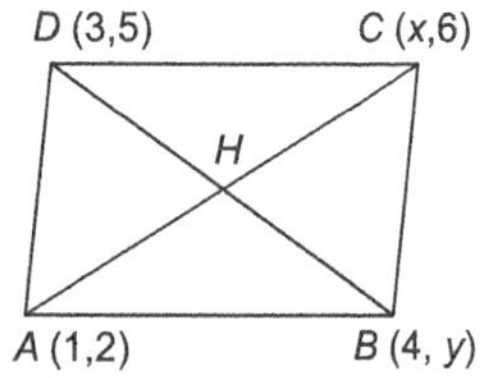

चूँकि ABCD एक समान्तर चतुर्भुज है।

चूँकि AC और BD एक-दूसरे को समद्विभाजित करेंगे।

अतः AC और BD का मध्य-बिन्दु एक ही होगा।

$\therefore$ AC का मध्य-बिन्दु = BD का मध्य-बिन्दु

$\left(\frac{1+x}{2}, \frac{2+6}{2}\right) = \left(\frac{4+3}{2}, \frac{y+5}{2}\right)$

निर्देशांकों की तुलना करने पर,

$\frac{1+x}{2} = \frac{4+3}{2}$ और $\frac{2+6}{2} = \frac{y+5}{2}$

$\Rightarrow \quad 1 + x = 7$

और $\quad 8 = 5 + y \Rightarrow x = 6$

और $\quad y = 3$

80. (b) यहाँ $x_1 = -6, y_1 = -5, x_2 = 6, y_2 = K$

$x_3 = 12, y_3 = 4$

अब, $\Delta = 0$

$\therefore -6(K-4) + 6(4+5) + 12(-5-K) = 0$

$\Rightarrow -6K + 24 + 54 - 60 - 12K = 0$

$\Rightarrow 18K = 18 \Rightarrow K = 1$

83. (d) माना D बिन्दु के निर्देशांक (x, y) हैं। माना M विकर्णों का कटान बिन्दु है। M, AC और BD का मध्य बिन्दु भी है।

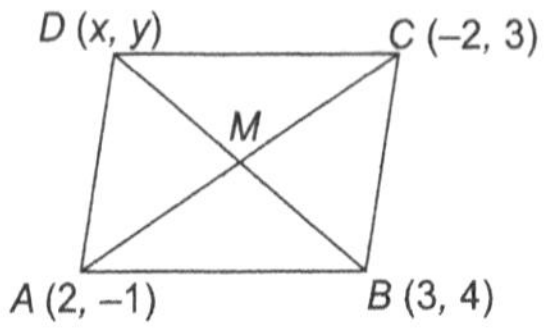

$\because M, AC$ का मध्य बिन्दु है, अतः M के निर्देशांक हैं

$\left(\frac{-2+2}{2}, \frac{-1+3}{2}\right) = (0, 1)$

$\because M, BD$ का मध्य बिन्दु है।

अतः M के निर्देशांक $\left(\frac{x+3}{2}, \frac{y+4}{2}\right)$

$\therefore \frac{x+3}{2} = 0, \frac{y+4}{2} = 1$

$\Rightarrow x = -3, y = -2$

अतः चौथा शीर्ष $(-3, -2)$ है।

84. (a) X-अक्ष पर y-निर्देशांक 0 होता है।

हम जानते हैं, $y = \frac{m_1 y_2 + m_2 y_1}{m_1 + m_2}$

$0 = \frac{m_1(2) + m_2(-3)}{m_1 + m_2}$

$\Rightarrow 2m_1 - 3m_2 = 0 \Rightarrow \frac{m_1}{m_2} = \frac{3}{2}$

85. (c) $\because$ त्रिभुज समबाहु है।

$\therefore AB = BC = CA = 4$

$\therefore BD = \frac{4}{2} = 2$

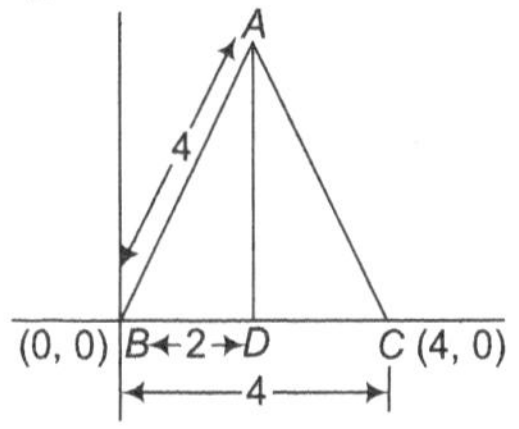

ΔABC में, पाइथागोरस प्रमेय से,

$AD^2 = 4^2 - 2^2 = 16 - 4 = 12$

$AD = 2\sqrt{3}$

$\therefore \Delta ABC$ का क्षेत्रफल $= \frac{1}{2} \times BC \times AD$

$= \frac{1}{2} \times 4 \times 2\sqrt{3} = 4\sqrt{3}$ वर्ग इकाई

86. (d) माना बिन्दु $P(9a-2, -b)$ रेखाखण्ड AB को आन्तरिक रूप से $3:1$ के अनुपात में विभाजित करता है।

विभाजन सूत्र से,

$(x, y) = \left(\frac{mx_2 + nx_1}{m+n}, \frac{my_2 + ny_1}{m+n}\right)$

$(9a - 2) = \frac{3(8a) + 1(3a+1)}{3+1}$

और $-b = \frac{3(5) + 1(-3)}{3+1}$

$\Rightarrow 9a - 2 = \frac{24a + 3a + 1}{4}$

और $-b = \frac{15-3}{4}$

$\Rightarrow 36a - 8 = 27a + 1$ और $-4b = 12$

$\Rightarrow 36a - 27a = 1 + 8$ और $b = \frac{12}{-4}$

$\Rightarrow 9a = 9$ और $b = -3$

$\Rightarrow a = \frac{9}{9} = 1$ और $b = -3$

अतः $a = 1$ और $b = -3$

87. (c) माना $P\left(\frac{3}{4}, \frac{5}{12}\right)$ रेखाखण्ड AB को $m:n$ के अनुपात में अन्तः विभाजित करता है।

विभाजन सूत्र से,

$(x, y) = \left(\frac{mx_2 + nx_1}{m+n}, \frac{my_2 + ny_1}{m+n}\right)$

$\therefore \left(\frac{3}{4}, \frac{5}{12}\right) = \left(\frac{2m - \frac{n}{2}}{m+n}, \frac{-5m + \frac{3}{2}n}{m+n}\right)$

तुलना करने पर, $\frac{3}{4} = \frac{2m - \frac{n}{2}}{m+n}$

और $\frac{5}{12} = \frac{-5m + \frac{3}{2}n}{m+n} \Rightarrow \frac{3}{4} = \frac{4m - n}{2(m+n)}$

और $\frac{5}{12} = \frac{-10m + 3n}{2(m+n)}$

$\Rightarrow \frac{3}{2} = \frac{4m-n}{m+n}$ और $\frac{5}{6} = \frac{-10m + 3n}{m+n}$

$\Rightarrow 3m + 3n = 8m - 2n$

और $5m + 5n = -60m + 18n$

$\Rightarrow 3m - 8m = -2n - 3n$

और $5m + 60m = 18n - 5n$

$\Rightarrow -5m = -5n$ और $65m = 13n$

$\Rightarrow m = n$ और $\frac{m}{n} = \frac{13}{65}$

चूँकि $m = n$ सन्तुष्ट नहीं करता।

$\therefore \frac{m}{n} = \frac{1}{5}$

89. (d) प्रश्नानुसार, $AP = \frac{3}{7} AB \Rightarrow \frac{AB}{AP} = \frac{7}{3}$

$\Rightarrow \frac{AP + PB}{AP} = \frac{7}{3}$

$\Rightarrow \frac{AP + PB}{AP} = \frac{3+4}{3}$

$\Rightarrow 1 + \frac{PB}{AP} = 1 + \frac{4}{3}$

$\Rightarrow \frac{PB}{AP} = \frac{4}{3} \Rightarrow \frac{AP}{PB} = \frac{3}{4}$

$\therefore AP : PB = 3 : 4$

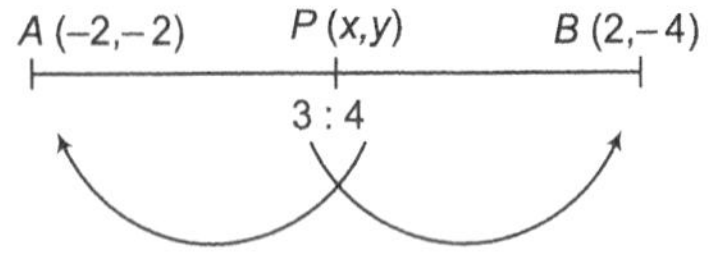

माना बिन्दु $P(x, y)$, बिन्दुओं $A(-2, -2)$ और $B(2, -4)$ को जोड़ने वाले रेखाखण्ड को $3:4$ के अनुपात में विभाजित करता है। तब, P के निर्देशांक

$= \left(\frac{3 \times 2 + 4(-2)}{3+4}, \frac{3 \times (-4) + 4 \times (-2)}{3+4}\right)$

$= \left(-\frac{2}{7}, -\frac{20}{7}\right)$

अतः बिन्दु P के अभीष्ट निर्देशांक $\left(-\frac{2}{7}, \frac{-20}{7}\right)$ हैं।

90. (b) माना $A(3, 0), B(4, 5), C(-1, 4)$ और $D(-2, -1)$ समचतुर्भुज $ABCD$ के शीर्ष हैं।

$\therefore$ विकर्ण, $AC = \sqrt{(-1-3)^2 + (4-0)^2}$

$= \sqrt{32} = 4\sqrt{2}$ मात्रक

और विकर्ण,

$BD = \sqrt{(-2-4)^2 + (-1-5)^2} = 6\sqrt{2}$ मात्रक

$\therefore$ समचतुर्भुज $ABCD$ का क्षेत्रफल $= \frac{1}{2} \times AC \times BD$

$= \frac{1}{2} \times 4\sqrt{2} \times 6\sqrt{2} = 24$ वर्ग इकाई

अध्याय

05

निर्देशांक ज्यामिति (त्रि-विमीय)

Coordinate Geometry (3 D)

ऐसे निकाय, जिनमें कोई बिन्दु (x, y, z) द्वारा परिभाषित होता है, त्रिविमीय ज्यामिति निकाय कहलाते हैं। त्रिविमीय ज्यामिति में तीन परस्पर लम्ब रेखाएँ XOX', YOY' तथा ZOZ' होती हैं, जिन्हें **अक्ष** कहते हैं।

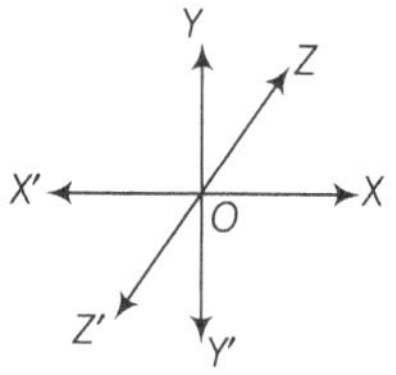

बिन्दु के निर्देशांक

तीन परस्पर लम्ब रेखाएँ त्रिविमीय क्षेत्र को आठ खण्डों में विभाजित करते हैं। माना XOX', YOY' व ZOZ', O पर प्रतिच्छेदित करती हैं तथा त्रिविमीय क्षेत्र में एक बिन्दु $P(x, y, z)$ है, जहाँ

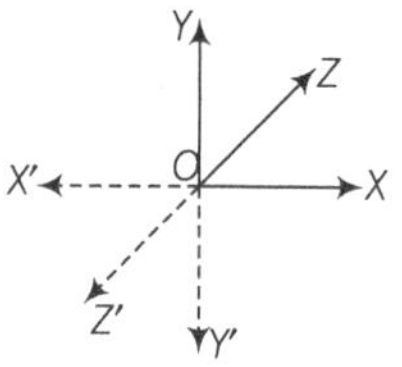

$|x| = YZ$-तल से दूरी

$|y| = ZX$-तल से दूरी तथा $|z| = XY$-तल से दूरी

दो बिन्दुओं के बीच की दूरी

दो बिन्दुओं $P(x_1, y_1, z_1)$ व $Q(x_2, y_2, z_2)$ के बीच की दूरी,

$$PQ = \sqrt{(x_2 - x_1)^2 + (y_2 - y_1)^2 + (z_2 - z_1)^2}$$

विभाजन सूत्र

माना $P(x_1, y_1, z_1)$ व $Q(x_2, y_2, z_2)$ दो बिन्दु हैं तथा P व Q को मिलाने वाले रेखाखण्ड पर बिन्दु R इस प्रकार है कि वह रेखाखण्ड PQ को अनुपात $m:n$ में अन्तः विभाजित करता है, तब बिन्दु R के निर्देशांक $\left(\frac{mx_2 + nx_1}{m+n}, \frac{my_2 + ny_1}{m+n}, \frac{mz_2 + nz_1}{m+n}\right)$ होंगे तथा यदि R रेखाखण्ड PQ को अनुपात $m:n$ में बाह्य विभाजित करता है, तब बिन्दु R के निर्देशांक $\left(\frac{mx_2 - nx_1}{m-n}, \frac{my_2 - ny_1}{m-n}, \frac{mz_2 - nz_1}{m-n}\right)$ होंगे।

नोट *यदि $A(x_1, y_1, z_1)$ तथा $B(x_2, y_2, z_2)$ दो बिन्दु हों, तो मध्य-बिन्दु के निर्देशांक $\left(\frac{x_1 + x_2}{2}, \frac{y_1 + y_2}{2}, \frac{z_1 + z_2}{2}\right)$ होंगे।*

उदाहरण 1 माना $P(a, b, c)$, $Q(a+2, b+2, c-2)$ तथा $R(a+6, b+6, c-6)$ संरेख हैं, तब निम्नलिखित कथनों पर विचार कीजिए।

I. R, PQ को $3:2$ के अनुपात में अन्तः विभाजित करता है।

II. R, PQ को $3:2$ के अनुपात में बाह्य विभाजित करता है।

III. Q, PR को $1:2$ के अनुपात में अन्तः विभाजित करता है।

उपरोक्त कथनों में से कौन-सा/से कथन सही है/हैं?

(a) केवल I (b) केवल II (c) I तथा III (d) II तथा III

हल (d) $\because$ $P(a, b, c), Q(a+2, b+2, c-2)$

तथा $R(a+6, b+6, c-6)$ संरेख हैं।

तब, $\frac{3(a+2) - 2a}{3-2} = a + 6 \Rightarrow \frac{3(b+2) - 2b}{3-2} = b + 6$

और $\frac{3(c-2) - 2c}{3-2} = c - 6$

$\because$ R, PQ को $3:2$ के अनुपात में बाह्य विभाजित करता है।

तब, $\frac{(a+6)+2a}{3}=a+2 \Rightarrow \frac{(b+6)+2b}{3}=b+2$

और $\frac{(c-6)+2c}{3}=c-2$

अतः Q, PR को 1:2 में अन्तः विभाजित करता है।

उदाहरण 2 बिन्दुओं (2, 4, 5) और (3, 5, – 4) को जोड़ने वाली रेखा किस अनुपात में XY-तल द्वारा अन्तः विभाजित है?

(a) 5 : 4 (b) 3 : 4 (c) 1 : 2 (d) 7 : 5

हल (a) माना बिन्दुओं (2, 4, 5) व (3, 5, – 4) को मिलाने वाली रेखा को XY-तल $m:n$ में अन्तः विभाजित करते हैं।

तब, $0=\frac{-m\times 4+5n}{m+n}$ [∵ XY-तल पर z-निर्देशांक = 0]

$\Rightarrow 4m=5n \Rightarrow m:n=5:4$

त्रिभुज का केन्द्रक

यदि त्रिभुज के शीर्ष क्रमशः (x_1, y_1, z_1), (x_2, y_2, z_2) तथा (x_3, y_3, z_3) हों, तो त्रिभुज का केन्द्रक $\left(\frac{x_1+x_2+x_3}{3}, \frac{y_1+y_2+y_3}{3}, \frac{z_1+z_2+z_3}{3}\right)$ होगा।

त्रिभुज का क्षेत्रफल

माना $A(x_1, y_1, z_1)$, $B(x_2, y_2, z_2)$ तथा $C(x_3, y_3, z_3)$ त्रिभुज के शीर्ष हैं, तब

$$\Delta=\sqrt{\Delta_x^2+\Delta_y^2+\Delta_z^2},\ \Delta_x=\frac{1}{2}\begin{vmatrix} y_1 & z_1 & 1\\ y_2 & z_2 & 1\\ y_3 & z_3 & 1\end{vmatrix}$$

$$\Delta_y=\frac{1}{2}\begin{vmatrix} z_1 & x_1 & 1\\ z_2 & x_2 & 1\\ z_3 & x_3 & 1\end{vmatrix} \text{ तथा } \Delta_z=\frac{1}{2}\begin{vmatrix} x_1 & y_1 & 1\\ x_2 & y_2 & 1\\ x_3 & y_3 & 1\end{vmatrix}$$

नोट *यदि बिन्दु A, B व C संरेखीय हों, तो ΔABC का क्षेत्रफल शून्य होता है, अर्थात्* $\Delta=0$

दिक् कोज्याएँ एवं दिक् अनुपात

यदि कोई सरल रेखा X, Y व Z-अक्षों की धनात्मक दिशाओं से क्रमशः α, β व γ कोण बनाती हैं, तो $\cos\alpha, \cos\beta$ व $\cos\gamma$ इस रेखा की दिक् कोज्याएँ कहलाती हैं। इन्हें प्रायः l, m तथा n से प्रदर्शित करते हैं।

अतः $l=\cos\alpha$, $m=\cos\beta$ तथा $n=\cos\gamma$

अब, $l^2+m^2+n^2=1$

$\Rightarrow \cos^2\alpha+\cos^2\beta+\cos^2\gamma=1$

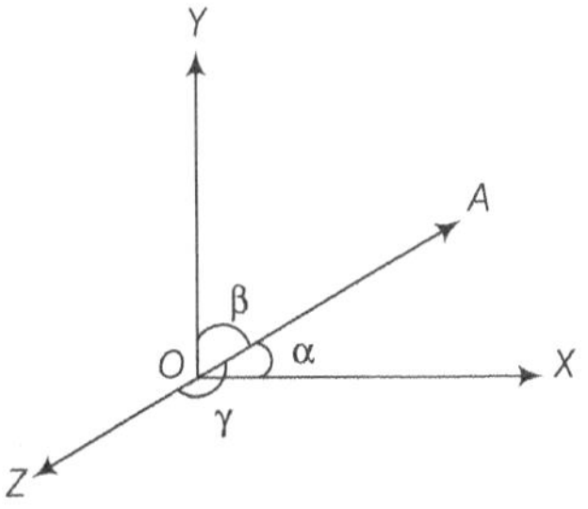

माना a, b तथा c क्रमशः l, m तथा n के समानुपाती हैं, तो a, b तथा c को दिक् अनुपात (direction ratios) कहते हैं।

यदि (a_1, b_1, c_1) तथा (a_2, b_2, c_2) दो बिन्दु A तथा B के निर्देशांक हैं, तब रेखा AB के दिक् अनुपात $< a_2-a_1, b_2-b_1, c_2-c_1 >$ हैं।

यदि $< a, b, c >$ एक सरल रेखा के दिक् अनुपात हैं, तब उसके दिक् कोज्याओं का मान होगा

$$<\frac{a}{\sqrt{a^2+b^2+c^2}}, \frac{b}{\sqrt{a^2+b^2+c^2}}, \frac{c}{\sqrt{a^2+b^2+c^2}}>$$

उदाहरण 3 एक रेखा धनात्मक X-अक्ष से 45° तथा धनात्मक Y, Z-अक्षों से क्रमशः समान कोण बनाती है। यदि यह रेखा धनात्मक X, Y और Z-अक्षों से जो तीन कोण बनाती है, तब उनका योग क्या है?

(a) 180° (b) 165° (c) 150° (d) 135°

हल (b) हम जानते हैं कि, $\cos^2\alpha+\cos^2\beta+\cos^2\gamma=1$ [∵ $\beta=\gamma$]

$\Rightarrow \cos^2 45°+\cos^2\beta+\cos^2\beta=1$ [∵ $\alpha=45°$]

$\Rightarrow \frac{1}{2}+2\cos^2\beta=1$

$\Rightarrow \cos^2\beta=\frac{1}{4} \Rightarrow \cos\beta=\frac{1}{2}$

$\Rightarrow \cos\beta=\cos 60° \Rightarrow \beta=60°$

∴ अभीष्ट योग $=\alpha+\beta+\gamma=45°+60°+60°=165°$

रेखा का समीकरण

(i) यदि रेखा बिन्दु (x_1, y_1, z_1) से गुजरे और उसके दिक् अनुपात a, b, c हो, तो सरल रेखा का समीकरण,
$\frac{x-x_1}{a}=\frac{y-y_1}{b}=\frac{z-z_1}{c}$

(ii) बिन्दुओं (x_1, y_1, z_1) तथा (x_2, y_2, z_2) से जाने वाली रेखा का समीकरण,
$$\frac{x-x_1}{x_2-x_1}=\frac{y-y_1}{y_2-y_1}=\frac{z-z_1}{z_2-z_1}$$

(iii) रेखा का सममित रूप, $\frac{x-x'}{l}=\frac{y-y'}{m}=\frac{z-z'}{n}=r$

(iv) जहाँ, रेखा बिन्दु (x', y', z') से गुजरती है व (x, y, z) रेखा पर व्यापक बिन्दु है। बिन्दु $(x'+lr, y'+mr, z'+nr)$ रेखा पर कोई भी बिन्दु है।

एक रेखा का दूसरी रेखा पर प्रक्षेप

माना PQ एक रेखाखण्ड है, जहाँ $P(x_1, y_1, z_1)$ तथा $Q(x_2, y_2, z_2)$ रेखा के दोनों शीर्ष हैं। माना L एक सरल रेखा है, जिसकी दिक् कोज्याएँ (l, m, n) हैं। यहाँ इस बात का ध्यान रखना आवश्यक है कि (l, m, n) रेखा L की दिक् कोज्याएँ हैं दिक् अनुपात नहीं।

अतः PQ का रेखा L पर प्रक्षेप
$=|l(x_2-x_1)+m(y_2-y_1)+n(z_2-z_1)|$

नोट *बिन्दु (x, y, z) के निर्देशी अक्षों पर प्रक्षेप बिन्दु क्रमशः (x, 0, 0), (0, y, 0) तथा (0,0, z) होते हैं।*

किसी बिन्दु से सरल रेखा पर डाले गए लम्ब का पाद बिन्दु

माना किसी सरल रेखा का समीकरण निम्न है

$\frac{x-a}{l}=\frac{y-b}{m}=\frac{z-c}{n}=r$ ...(i)

तथा $A(\alpha, \beta, \gamma)$ कोई बिन्दु है। रेखा (i) पर कोई बिन्दु $P(lr+a, mr+b, nr+c)$ होगा।

अब, यदि यह बिन्दु P, बिन्दु A से डाले गए लम्ब का पाद बिन्दु है, तो AP दी गई रेखा पर लम्ब होगा।

$\therefore \quad l(lr + a - \alpha) + m(mr + b - \beta) + n(nr + c - \gamma) = 0$

$\Rightarrow \quad r = (\alpha - a)l + (\beta - b)m + (\gamma - c)n$

अब, r के इस मान द्वारा अभीष्ट लम्ब का पाद बिन्दु P प्राप्त हो जाएगा।

लम्ब की लम्बाई,

$$AP = \sqrt{(lr + a - \alpha)^2 + (mr + b - \beta)^2 + (nr + c - \gamma)^2}$$

लम्ब का समीकरण,

$$\frac{x - \alpha}{lr + a - \alpha} = \frac{y - \beta}{mr + b - \beta} = \frac{z - \gamma}{nr + c - \gamma}$$

दो रेखाओं के बीच का कोण

यदि दो रेखाएँ जिनकी दिक् कोज्याएँ (l_1, m_1, n_1) व (l_2, m_2, n_2) हैं, तब दोनों रेखाओं के बीच का कोण $\theta = \cos^{-1} |l_1 l_2 + m_1 m_2 + n_1 n_2|$ होता है।

यदि दिक् अनुपात क्रमशः (a_1, b_1, c_1) व (a_2, b_2, c_2) हों, तब

$$\cos\theta = \left|\frac{a_1 a_2 + b_1 b_2 + c_1 c_2}{\sqrt{a_1^2 + b_1^2 + c_1^2}\sqrt{a_2^2 + b_2^2 + c_2^2}}\right|$$

(i) यदि $l_1 l_2 + m_1 m_2 + n_1 n_2 = 0$ हो, तो दोनों रेखाएँ परस्पर लम्ब होती हैं तथा यदि $\frac{l_1}{l_2} = \frac{m_1}{m_2} = \frac{n_1}{n_2}$ हो, तो दोनों रेखाएँ परस्पर समान्तर होती हैं।

(ii) इसी प्रकार, यदि $a_1 a_2 + b_1 b_2 + c_1 c_2 = 0$ हो, तो दोनों रेखाएँ परस्पर लम्ब तथा यदि $\frac{a_1}{a_2} = \frac{b_1}{b_2} = \frac{c_1}{c_2}$ हो, तो दोनों रेखाएँ परस्पर समान्तर होती हैं।

उदाहरण 4 k के किस मान के लिए सरल रेखाएँ $\frac{x}{k} = 2 - y = \frac{z-1}{2}$ और $\frac{x+1}{3} = \frac{y-1}{k} = z + 2$ एक-दूसरे के लम्बवत् होगी?

(a) -2

(b) -1

(c) 1

(d) 2

हल (b) रेखाओं को सममित रूप में लिखने पर,

$$\frac{x-0}{k} = \frac{y-2}{-1} = \frac{z-1}{2}$$

तथा $$\frac{x-(-1)}{3} = \frac{y-1}{k} = \frac{z-(-2)}{1}$$

अब, रेखाएँ परस्पर लम्बवत् होंगी, यदि

$$3k - k \cdot 1 + 2 \cdot 1 = 0 \quad [\because l_1 l_2 + m_1 m_2 + n_1 n_2 = 0]$$

$\Rightarrow \quad 3k - k + 2 = 0$

$\Rightarrow \quad 2k = -2$

$\Rightarrow \quad k = -1$

दो रेखाओं के समतलीय होने का प्रतिबन्ध

यदि रेखाएँ $\frac{x - x_1}{l_1} = \frac{y - y_1}{m_1} = \frac{z - z_1}{n_1}$ तथा $\frac{x - x_2}{l_2} = \frac{y - y_2}{m_2} = \frac{z - z_2}{n_2}$

समतलीय हैं, तब $\begin{vmatrix} x_2 - x_1 & y_2 - y_1 & z_2 - z_1 \\ l_1 & m_1 & n_1 \\ l_2 & m_2 & n_2 \end{vmatrix} = 0$

विषमतलीय रेखाएँ

दो सरल रेखाएँ जो न समान्तर (Parallel) हों एवं न ही एक-दूसरे को काटती हो अर्थात् जो एक समतल में विद्यमान नहीं हो, विषमतलीय रेखाएँ कहलाती हैं।

दो विषमतलीय रेखाओं के मध्य न्यूनतम दूरी

रेखाओं $\frac{x - x_1}{l_1} = \frac{y - y_1}{m_1} = \frac{z - z_2}{n_2}$ तथा $\frac{x - x_2}{l_2} = \frac{y - y_2}{m_2} = \frac{z - z_2}{n_2}$ के मध्य न्यूनतम दूरी

$$d = \frac{\begin{vmatrix} x_2 - x_1 & y_2 - y_1 & z_2 - z_1 \\ l_1 & m_1 & n_1 \\ l_2 & m_2 & n_2 \end{vmatrix}}{\begin{vmatrix} \hat{\mathbf{i}} & \hat{\mathbf{j}} & \hat{\mathbf{k}} \\ l_1 & m_1 & n_1 \\ l_2 & m_2 & n_2 \end{vmatrix}}$$

समतल का समीकरण

किसी पृष्ठ (surface) के किन्हीं दो बिन्दुओं को मिलाने वाली रेखाखण्ड यदि पूर्णतया उसी पृष्ठ पर विद्यमान हो, तो वह पृष्ठ समतल कहलाता है तथा वह सरल रेखा, जोकि किसी समतल में स्थित प्रत्येक रेखा पर लम्ब है, उस तल पर अभिलम्ब कहलाती है।

(i) समतल के समीकरण का अभिलम्ब रूप $lx + my + nz = p$ है, जहाँ l, m तथा n समतल के अभिलम्ब की दिक् कोज्याएँ हैं और p समतल की मूलबिन्दु से दूरी है।

(ii) $ax + by + cz + d = 0$ समतल का व्यापक समीकरण है, जहाँ a, b तथा c समतल के अभिलम्ब के दिक् अनुपात हैं।

(iii) मूलबिन्दु से जाने वाले समतल का समीकरण $ax + by + cz = 0$ होता है। बिन्दु (x_1, y_1, z_1) से होकर जाने वाले किसी समतल का समीकरण

$$a(x - x_1) + b(y - y_1) + c(z - z_1) = 0$$

है, जहाँ a, b व c समतल के अभिलम्ब के दिक् अनुपात हैं।

(iv) तीन बिन्दुओं $A(x_1, y_1, z_1)$, $B(x_2, y_2, z_2)$ व $C(x_3, y_3, z_3)$ से होकर जाने वाले समतल का समीकरण निम्न है

$$\begin{vmatrix} x - x_1 & y - y_1 & z - z_1 \\ x - x_2 & y - y_2 & z - z_2 \\ x - x_3 & y - y_3 & z - z_3 \end{vmatrix} = 0$$

या $\begin{vmatrix} x & y & z \\ x_1 & y_1 & z_1 \\ x_2 & y_2 & z_2 \end{vmatrix} + \begin{vmatrix} x & y & z \\ x_2 & y_2 & z_2 \\ x_3 & y_3 & z_3 \end{vmatrix} + \begin{vmatrix} x & y & z \\ x_3 & y_3 & z_3 \\ x_1 & y_1 & z_1 \end{vmatrix}$

$= \begin{vmatrix} x_1 & y_1 & z_1 \\ x_2 & y_2 & z_2 \\ x_3 & y_3 & x_3 \end{vmatrix}$

नोट बिन्दु (x_1, y_1, z_1) से होकर जाने वाले तथा दो रेखाओं, जिनके दिक् अनुपात $(\alpha_1, \beta_1, \gamma_1)$ व $(\alpha_2, \beta_2, \gamma_2)$ हैं, के समान्तर समतल का समीकरण $\begin{vmatrix} x-x_1 & y-y_1 & z-z_1 \\ \alpha_1 & \beta_1 & \gamma_1 \\ \alpha_2 & \beta_2 & \gamma_2 \end{vmatrix} = 0$ होता है।

(v) YZ-समतल का समीकरण, $x = 0$

(vi) ZX-समतल का समीकरण, $y = 0$

(vii) XY-समतल का समीकरण, $z = 0$

(viii) XY-समतल के समान्तर तथा इससे, Z-अक्ष के अनुदिश c(जहाँ, $c > 0$) दूरी पर स्थित समतल का समीकरण $z = c$ है। इसी प्रकार, YZ-समतल तथा ZX-समतल के समान्तर समतलों के समीकरण $x = a$ तथा $y = b$ होंगे।

(ix) निर्देशांक अक्षों से अन्तःखण्ड a, b एवं c काटने वाले समतल का समीकरण $\frac{x}{a} + \frac{y}{b} + \frac{z}{c} = 1$ होता है।

(x) समतल $ax + by + cz + d = 0$ के समान्तर कोई समतल $ax + by + cz + \lambda = 0$ होता है।

उदाहरण 5 यदि बिन्दु O, P क्रमशः $(0, 0, 0), (2, 3, -1)$ हैं, तब OP के लम्बवत् P से गुजरने वाले तल का समीकरण कौन-सा है?

(a) $2x + 3y + z = 16$

(b) $2x + 3y - z = 14$

(c) $2x + 3y + z = 14$

(d) $2x + 3y - z = 0$

हल (b) ∵ O व P के निर्देशांक क्रमशः $(0, 0, 0)$ व $(2, 3, -1)$ हैं।

अतः OP के दिक् अनुपात $<2, 3, -1>$ हैं।

अब OP के लम्बवत् तल का समीकरण निम्न है

$$2x + 3y - z + d = 0 \quad \ldots(i)$$

∵ यह समतल $(2, 3, -1)$ से होकर जाता है।

∴ $4 + 9 + 1 + d = 0 \Rightarrow d = -14$

d का मान समी (i) में रखने पर,

$$2x + 3y - z - 14 = 0$$

जोकि अभीष्ट समतल का समीकरण है।

दी गई रेखा से जाने वाला समतल

किसी दी गई रेखा $\frac{x - x_1}{l} = \frac{y - y_1}{m} = \frac{z - z_1}{n}$ से जाने वाले किसी समतल का समीकरण है $A(x - x_1) + B(y - y_1) + C(z - z_1) = 0$

जहाँ, $Al + Bm + Cn = 0$

किसी दी गई रेखा से जाने वाले समतलों की संख्या अनन्त होगी।

दो समतलों के बीच का कोण

समतलों $a_1x + b_1y + c_1z + d_1 = 0$ तथा $a_2x + b_2y + c_2z + d_2 = 0$ के बीच का कोण $\theta = \cos^{-1}\left|\frac{a_1a_2 + b_1b_2 + c_1c_2}{\sqrt{a_1^2 + b_1^2 + c_1^2}\sqrt{a_2^2 + b_2^2 + c_2^2}}\right|$ होता है।

कुछ महत्त्वपूर्ण बिन्दु

- दो समतलों के बीच का कोण उनके अभिलम्बों के बीच के कोण के बराबर होता है।
- बिन्दु $P(x_1, y_1, z_1)$ से समतल $ax + by + cz + d = 0$ की दूरी $\left|\frac{x_1 + by_1 + cz_1 + d}{\sqrt{a^2 + b^2 + c^2}}\right|$ होती है।
- दो समान्तर समतलों $ax + by + cz + d_1 = 0$ व $ax + by + cz + d_2 = 0$ के बीच की दूरी $\left|\frac{d_1 - d_2}{\sqrt{a^2 + b^2 + c^2}}\right|$ होती है।

उदाहरण 6 मूलबिन्दु से तल $ax + by + \sqrt{2ab} \cdot z = 1$ पर लम्ब की लम्बाई कितनी है?

(a) $\frac{1}{ab}$ (b) $\frac{1}{a+b}$

(c) $a + b$ (d) ab

हल (b) समतल $ax + by + \sqrt{2ab} \cdot z = 1$ पर मूलबिन्दु से डाले गए लम्ब की

लम्बाई $= \left|\frac{0 + 0 + 0 - 1}{\sqrt{a^2 + b^2 + 2ab}}\right| = \frac{1}{\sqrt{(a+b)^2}} = \frac{1}{a+b}$

एक समतल से एक बिंदु की दूरी

किसी बिंदु $P(x_1, y_1 z_1)$ की समतल $ax + by + cz + d = 0$ से दूरी P निम्न है,

$P = \frac{|ax_1 + by_1 + cz_1 + d|}{\sqrt{a^2 + b^2 + c^2}}$

दो समतलों का प्रतिच्छेदन

यदि $a_1x + b_1y + c_1z = d_1$ तथा $a_2x + b_2y + c_2z = d_2$ दो समतलों को निरूपित करता है, तब $a_1x + b_1y + c_1z + \lambda(a_2x + b_2y + c_2z) = d_1 + \lambda d_2$

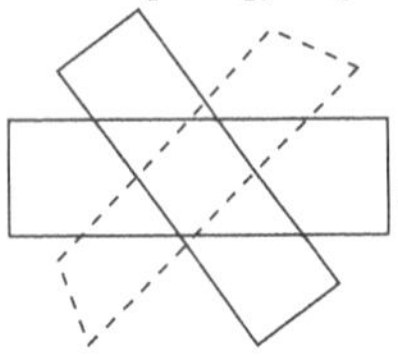

उस समतल को निरूपित करता है, जो दोनों समतलों के प्रतिच्छेद से गुजरता है।

उदाहरण 7 समतल $3x + 2y + 4z = 15$ तथा $2x - 3y + 5z = 10$ के प्रतिच्छेद बिन्दु तथा बिन्दु $(2, 3, 4)$ से गुजरने वाले समतल होगा

(a) $5x - 53y + 37z = 25$ (b) $-5x + 53y + 37z = -25$

(c) $5x + 53y - 37z = -25$ (d) $5x + 53y + 37z = -25$

हल (a) माना $P_1 : 3x + 2y + 4z = 15$ तथा $P_2 : 2x - 3y + 5z = 10$

अतः अभीष्ट समतल का समीकरण निम्न है,

$$P_1 + \lambda P_2 = 15 + 10\lambda$$

$\Rightarrow \quad (3x + 2y + 4z) + \lambda(2x - 3y + 5z) = 15 + 10\lambda \quad \ldots(i)$

x, y तथा z के मान रखने पर,

$(3 \times 2 + 2 \times 3 + 4 \times 4) + \lambda(2 \times 3 - 3 \times 3 + 5 \times 4) = 15 + 10\lambda$

$\Rightarrow \quad 28 + 17\lambda = 15 + 10\lambda \Rightarrow 7\lambda = -13$

$\therefore \quad \lambda = -13/7$

λ का मान समी (i) में रखने पर,

$$(3x + 2y + 4z) - \frac{13}{7}(2x - 3y + 5z) = 15 - 10 \times \frac{13}{7}$$

$\Rightarrow \quad 21x + 14y + 28z - 26x + 39y - 65z = 105 - 130$

$\Rightarrow \quad -5x + 53y - 37z = -25 \Rightarrow 5x - 53y + 37z = 25$

एक रेखा तथा एक समतल के बीच का कोण

यदि रेखा $\frac{x - x_1}{l} = \frac{y - y_1}{m} = \frac{z - z_1}{n}$ तथा तल $a_2x + b_2y + c_2z + d_2 = 0$ के बीच का कोण θ है, तब $\sin\theta = \left|\frac{la_2 + mb_2 + nc_2}{\sqrt{l^2 + m^2 + n^2}\sqrt{a_2^2 + b_2^2 + c_2^2}}\right|$

रेखा व समतल परस्पर समान्तर होंगे। यदि और केवल यदि $al + bm + cn = 0$ रेखा तथा समतल लम्बवत् होंगे, यदि $\frac{a_2}{l} = \frac{b_2}{m} = \frac{c_2}{n}$

उदाहरण 8 रेखा $6x = 4y = 3z$ तथा समतल $3x + 2y - 3z = 4$ के बीच का कोण होगा

(a) 0° (b) $\pi/6$ (c) $\pi/3$ (d) $\pi/2$

हल (a) रेखा का समीकरण, $6x = 4y = 3z$

$$\Rightarrow \quad \frac{x - 0}{1/6} = \frac{y - 0}{1/4} = \frac{z - 0}{1/3}$$

तथा समतल का समीकरण, $3x + 2y - 3z - 4 = 0$

माना रेखा तथा समतल के बीच का कोण θ है, तब

$$\sin\theta = \left|\frac{a_1a_2 + b_1b_2 + c_1c_2}{\sqrt{a_1^2 + b_1^2 + c_1^2}\sqrt{a_2^2 + b_2^2 + c_2^2}}\right|$$

$$= \left|\frac{\frac{1}{6} \times 3 + \frac{1}{4} \times 2 + \frac{1}{3} \times (-3)}{\sqrt{\frac{1}{36} + \frac{1}{16} + \frac{1}{9}}\sqrt{9 + 4 + 9}}\right| = \left|\frac{1 - 1}{\sqrt{\frac{1}{36} + \frac{1}{16} + \frac{1}{9}}\sqrt{22}}\right|$$

$$= 0 = \sin 0° \Rightarrow \theta = 0°$$

गोला

समीकरण $(x - a)^2 + (y - b)^2 + (z - c)^2 = R^2$ एक गोले का समीकरण है, जहाँ (a, b, c) गोले का केन्द्र व त्रिज्या R है।

(i) समीकरण $x^2 + y^2 + z^2 + 2ux + 2vy + 2wz + d = 0$ गोले का व्यापक समीकरण है जिसका केन्द्र $(-u, -v, -w)$ व त्रिज्या $R = \sqrt{u^2 + v^2 + w^2 - d}$ है।

(a) समीकरण एक वास्तविक गोला निरूपित करता है, यदि $u^2 + v^2 + w^2 > d$

(b) समीकरण एक बिन्दु को निरूपित करता है, यदि $u^2 + v^2 + w^2 = d$

(c) समीकरण एक काल्पनिक गोला निरूपित करता है, यदि $u^2 + v^2 + w^2 < d$

(ii) यदि (x_1, y_1, z_1) तथा (x_2, y_2, z_2) व्यास के दो शीर्ष हैं, तब गोले का समीकरण $(x - x_1)(x - x_2) + (y - y_1)(y - y_2) + (z - z_1)(z - z_2) = 0$ होता है।

उदाहरण 9 यदि गोलक $ax^2 + by^2 + cz^2 - 2x + 4y + 2z - 3 = 0$ का केन्द्र $\left(\frac{1}{2}, -1, -\frac{1}{2}\right)$ है, तो b का मान क्या है?

(a) 1 (b) −1 (c) 2 (d) −2

हल (c) दिए हुए गोले का समीकरण निम्न है,

$$ax^2 + by^2 + cz^2 - 2x + 4y + 2z - 3 = 0$$

यह समीकरण एक गोले का समीकरण निरूपित करेगा, यदि $a = b = c$

अतः गोले की समीकरण निम्न होगी

$$bx^2 + by^2 + bz^2 - 2x + 4y + 2z - 3 = 0$$

$$\Rightarrow \quad x^2 + y^2 + z^2 - \frac{2}{b}x + \frac{4}{b}y + \frac{2}{b}z - \frac{3}{b} = 0$$

इस गोले का केन्द्र $\left(\frac{1}{b}, -\frac{2}{b}, -\frac{1}{b}\right)$ है, परन्तु इस गोले का केन्द्र $\left(\frac{1}{2}, -1, -\frac{1}{2}\right)$ दिया है।

$$\therefore \quad \frac{1}{b} = \frac{1}{2} \Rightarrow b = 2$$

उदाहरण 10 एक गोले का समीकरण $x^2 + y^2 + z^2 - 10z = 0$ है। यदि गोले के एक व्यास का अन्त्य बिन्दु $(-3, -4, 5)$ है, तो दूसरा अन्त्य बिन्दु क्या है?

(a) $(-3, -4, -5)$ (b) $(3, 4, 5)$
(c) $(3, 4, -5)$ (d) $(-3, 4, -5)$

हल (b) गोले का समीकरण निम्न है $x^2 + y^2 + z^2 - 10z = 0$

अतः गोले का केन्द्र (0, 0, 5) है।

$\because$ गोले के व्यास के एक सिरे के निर्देशांक $(-3, -4, 5)$ हैं।

माना इस व्यास के दूसरे सिरे के निर्देशांक (x_1, y_1, z_1) हैं।

$\because$ गोले का केन्द्र = व्यास के दोनों सिरों का मध्य-बिन्दु

$$\therefore \quad \frac{-3 + x_1}{2} = 0 \Rightarrow x_1 = 3$$

$$\frac{-4 + y_1}{2} = 0 \Rightarrow y_1 = 4$$

$$\frac{5 + z_1}{2} = 5 \Rightarrow z_1 = 5$$

अतः अभीष्ट निर्देशांक (3, 4, 5) हैं।

कुछ महत्त्वपूर्ण बिन्दु

- समतल $ax + by + cz + d = 0$ गोले $x^2 + y^2 + z^2 + 2ux + 2vy + 2wz + k = 0$ को स्पर्श करेगा, यदि गोले के केन्द्र से समतल की दूरी गोले की त्रिज्या के बराबर होगी अर्थात्
$$\left|\frac{-au - bv - cw + d}{\sqrt{a^2 + b^2 + c^2}}\right| = \sqrt{u^2 + v^2 + w^2 - k}$$
- दो गोलों के लाम्बिक प्रतिच्छेदन के लिए प्रतिबन्ध $2u_1u_2 + 2v_1v_2 + 2w_1w_2 = d_1 + d_2$ होता है।

- एक समतल द्वारा गोले का प्रतिच्छेदन एक वृत्त होता है। इस वृत्त का केन्द्र गोले के केन्द्र से समतल पर खींचे गए लम्ब का पाद होता है
  $(\text{त्रिज्या})^2 = (\text{गोले की त्रिज्या})^2 - (\text{गोले के केन्द्र से समतल पर लम्ब})^2$

उदाहरण 11 वृत्त की त्रिज्या, जिसमें गोला $x^2 + y^2 + z^2 + 2x - 2y - 4z - 19 = 0$ समतल $x + 2y + 2z + 7 = 0$ द्वारा प्रतिच्छेदित होता है, है

(a) 1 (b) 2 (c) 3 (d) 4

हल (c) गोले की समीकरण निम्न है,

$$x^2 + y^2 + z^2 + 2x - 2y - 4z - 19 = 0$$

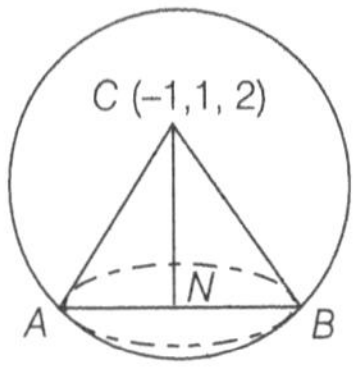

गोले का केन्द्र $= (-1, 1, 2)$

तथा त्रिज्या $= \sqrt{(-1)^2 + (1)^2 + (2)^2 + 19}$

$= \sqrt{25} = 5$

समतल की समीकरण

$$x + 2y + 2z + 7 = 0$$

समतल पर केन्द्र O से लम्ब की लम्बाई,

$$CN = \frac{-1 \times 1 + 1 \times 2 + 2 \times 2 + 7}{\sqrt{1^2 + 2^2 + 2^2}}$$

$$= \frac{12}{3} = 4$$

ΔCBN में, $CB^2 = CN^2 + NB^2$ [पाइथागोरस प्रमेय से]

$\Rightarrow (5)^2 = (4)^2 + NB^2$

$\Rightarrow (NB)^2 = 25 - 16 = 9$

$\therefore NB = 3$

जोकि वृत्त की अभीष्ट त्रिज्या है।

अभ्यास प्रश्न

1. xy–समतल में बिन्दु (α, β, γ) का परावर्तन है

(a) $(\alpha, \beta, 0)$
(b) $(0, 0, \gamma)$
(c) $(-\alpha, -\beta, \gamma)$
(d) $(\alpha, \beta, -\gamma)$

2. वह अनुपात क्या होगा, जिसमें समतल $x + y - z = \frac{1}{5}$ बिन्दुओं (3, 1, 4) तथा (4, 2, 5) को मिलाने वाली रेखा को विभाजित करता है?

(a) 1 : 4 (b) 1 : 3
(c) 2 : 1 (d) 1 : 2

3. बिन्दुओं (2, 4, 5) और (3, 5, – 4) को जोड़ने वाली रेखा किस अनुपात में XY-तल द्वारा अन्त: विभाजित है?

(a) 5 : 4 (b) 3 : 4
(c) 1 : 2 (d) 7 : 5

4. एक रेखा धनात्मक X-अक्ष से 45° तथा धनात्मक Y, Z-अक्षों से क्रमशः समान कोण बनाती है। यदि यह रेखा धनात्मक X, Y और Z-अक्षों से जो तीन कोण बनाती है, तब उनका योग क्या है?

(a) 180° (b) 165°
(c) 150° (d) 135°

5. यदि बिन्दु O, P क्रमशः (0, 0, 0), (2, 3, – 1) हैं, तब OP के लम्बवत् P से गुजरने वाले तल का समीकरण कौन-सा है?

(a) $2x + 3y + z = 16$
(b) $2x + 3y - z = 14$
(c) $2x + 3y + z = 14$
(d) $2x + 3y - z = 0$

6. रेखा $6x = 4y = 3z$ तथा समतल $3x + 2y - 3z = 4$ के बीच का कोण होगा

(a) 0° (b) $\pi/6$
(c) $\pi/3$ (d) $\pi/2$

7. बिन्दुओं $A(2, 4, 5)$ और $B(3, 5, -4)$ को जोड़ने वाले रेखा खण्ड को xy-तल किस अनुपात में बाँटता है?

(a) 3 : 4 (b) 5 : 4
(c) 4 : 3 (d) 4 : 5

8. एक ΔABC के शीर्ष $A(3, 2, 0)$, $B(5, 3, 2)$ और $C(-9, 6, -3)$ हैं, $\angle A$ का अर्द्धक AD भुजा BC पर बिन्दु D मिलता है, तो D के निर्देशांक हैं

(a) $\left(\frac{19}{4}, \frac{57}{4}, \frac{17}{4}\right)$ (b) $\left(\frac{19}{8}, \frac{57}{16}, \frac{17}{16}\right)$
(c) $\left(\frac{9}{2}, \frac{17}{2}, \frac{11}{2}\right)$ (d) इनमें से कोई नहीं

9. समतलों $3x + 6y + 2z = 6$ व $2x - y + 2z = 8$ के मध्य कोण है

(a) $\cos^{-1}\left(\frac{1}{7}\right)$ (b) $\cos^{-1}\left(\frac{2}{3}\right)$
(c) $\cos^{-1}\left(\frac{\sqrt{2}}{3}\right)$ (d) $\cos^{-1}\left(\frac{4}{21}\right)$

10. यदि $lx + my + nz = p$ लम्ब रूप से समतल का समीकरण है तो निम्न में कौन-सा विकल्प गलत है?

(a) l, m और n समतल पर अभिलम्ब की दिक् कोज्याएँ है
(b) p मूल से समतल पर लम्ब की लम्बाई है
(c) p के सभी मानों के लिए समतल मूल बिन्दु से गुजरता है
(d) $l^2 + m^2 + n^2 = 1$

11. यदि एक समतल निर्देश अक्षों A, B और C से इस प्रकार मिलता है कि ΔABC का केन्द्रक बिन्दु (1, 2, 3) पर है तो समतल का समीकरण है

(a) $\frac{x}{1} + \frac{y}{2} + \frac{z}{2} = 1$ (b) $\frac{x}{3} + \frac{y}{6} + \frac{z}{9} = 1$
(c) $\frac{x}{1} + \frac{y}{2} + \frac{z}{2} = \frac{1}{3}$ (d) इनमें से कोई नहीं

12. समीकरण $12x^2 - 2y^2 - 6z^2 - 2xy - 8yz + 6zx = 0$ किसको प्रदर्शित करता है?

(a) सरल रेखाओं के युग्म के
(b) समतलों के युग्म के
(c) एक गोले के
(d) समतलों का युग्म जो मूल बिन्दु से गुजरते हैं

13. समतल $2x + 3y - 3z = 5$ पर अभिलम्ब की दिक् कोज्याएँ हैं।

(a) $\left(\frac{1}{2}, \frac{1}{3}, \frac{-1}{3}\right)$
(b) $\left(\frac{2}{\sqrt{22}}, \frac{3}{\sqrt{22}}, \frac{-3}{\sqrt{22}}\right)$
(c) $\left(-\frac{1}{2}, -\frac{1}{3}, \frac{1}{3}\right)$
(d) उपरोक्त में से कोई नहीं

14. वह बिन्दु जहाँ समतल $3x - 4y + 5z = 6$ व Z-अक्ष मिलते हैं।

(a) $\left(2, -\frac{3}{2}, 0\right)$
(b) $\left(0, 0, \frac{6}{5}\right)$
(c) $\left(0, 0, -\frac{6}{5}\right)$
(d) उपरोक्त में से कोई नहीं

15. उस रेखा का सदिश समीकरण, जो बिन्दु $A(3, 4, -7)$ तथा $B(1, -1, 6)$ से गुजरती है

(a) $r = 3\hat{i} + 4\hat{j} - 7\hat{k} + \lambda(\hat{i} - \hat{j} + 6\hat{k})$

(b) $r = 3\hat{i} + 4\hat{j} - 7\hat{k} + \lambda(-2\hat{i} - 5\hat{j} + 13\hat{k})$

(c) $r = \hat{i} - \hat{j} + 6\hat{k} + \lambda(3\hat{i} + 4\hat{j} - 7\hat{k})$

(d) उपरोक्त में से कोई नहीं

16. $\frac{x-5}{3} = \frac{y+4}{7} = \frac{z-6}{2}$ रेखा का कार्तीय समीकरण है, तो सदिश समीकरण है

(a) $\mathbf{r} = (5\hat{i} + 4\hat{j} - 6\hat{k}) + \lambda(3\hat{i} + 7\hat{j} + 2\hat{k})$

(b) $\mathbf{r} = (5\hat{i} - 4\hat{j} + 6\hat{k}) + \lambda(3\hat{i} + 7\hat{j} + 2\hat{k})$

(c) $\mathbf{r} = (3\hat{i} + 7\hat{j} + 2\hat{k}) + \lambda(5\hat{i} - 4\hat{j} + 6\hat{k})$

(d) $\mathbf{r} = (3\hat{i} + 4\hat{j} + 6\hat{k}) + \lambda(3\hat{i} + 4\hat{j} - 6\hat{k})$

17. दो समतलों $2x + 3y + 4z = 4$ और $4x + 6y + 8z = 12$ के बीच की दूरी है

(a) 2 इकाई (b) 4 इकाई

(c) 8 इकाई (d) $\frac{2}{\sqrt{29}}$ इकाई

18. यदि गोलक $ax^2 + by^2 + cz^2 - 2x + 4y + 2z - 3 = 0$ का केन्द्र $\left(\frac{1}{2}, -1, -\frac{1}{2}\right)$ है, तो b का मान क्या है?

(a) 1 (b) −1

(c) 2 (d) −2

19. बिन्दु (α, β, γ) की Y-अक्ष से दूरी है

(a) β (b) $|\beta|$

(c) $|\beta| + |\gamma|$ (d) $\sqrt{\alpha^2 + \gamma^2}$

20. यदि एक रेखा की दिक् कोज्याएँ k, k, k हैं, तो

(a) $k > 0$

(b) $0 < k < 1$

(c) $k = 1$

(d) $k = \frac{1}{\sqrt{3}}$ या $k = -\frac{1}{\sqrt{3}}$

21. उन रेखाओं के बीच का कोण ज्ञात कीजिए जिनके दिक् अनुपात 4, − 3, 5 तथा 3, 4, 5 हैं।

(a) $\frac{\pi}{3}$ (b) $\frac{\pi}{4}$

(c) $\frac{\pi}{2}$ (d) $\frac{\pi}{6}$

22. एक रेखा X, Y तथा Z-अक्ष के साथ 90°, 135° तथा 45° का कोण बनाती है। रेखा की दिक् कोज्याएँ होंगी।

(a) $0, \frac{1}{\sqrt{2}}, \frac{1}{\sqrt{2}}$ (b) $0, \frac{1}{2}, \frac{1}{2}$

(c) $0, -\frac{1}{\sqrt{2}}, \frac{1}{\sqrt{2}}$ (d) $1, \frac{1}{\sqrt{2}}, -\frac{1}{\sqrt{2}}$

23. बिन्दुओं $P(1, -3, 4)$ तथा $Q(-4, 1, 2)$ के बीच की दूरी होगी

(a) $5\sqrt{3}$ (b) $3\sqrt{5}$ (c) $4\sqrt{5}$ (d) $6\sqrt{5}$

24. यदि एक रेखा अक्षों से बराबर कोण बनाए, तो इसके दिक् अनुपात होंगे

(a) (1, 2, 3) (b) (3, 1, 2)

(c) (3, 2, 1) (d) (1, 1, 1)

25. यदि रेखाओं, जिनके दिक् अनुपात 2, − 1, 2 तथा a, 3, 5 हैं, के बीच का कोण 45° है, तो a का मान है

(a) 4, − 52 (b) − 4, 52

(c) − 4, − 52 (d) 4, 52

26. एक त्रिभुज के केन्द्रक के निर्देशांक $\left(\frac{4}{3}, \frac{4}{3}, \frac{1}{3}\right)$ हैं। यदि त्रिभुज के दो शीर्षों के निर्देशांक (1, 3, 4) तथा (5, − 2, 1) हैं, तो तीसरे शीर्ष के निर्देशांक होंगे

(a) (2, 3, − 4) (b) (−2, 3, 4)

(c) (−2, 3, − 4) (d) (2, 3, 4)

27. एक रेखा X-अक्ष और Y-अक्ष से समान कोण α बनाती है और Z-अक्ष से कोण θ इस प्रकार से बनाती है कि $\sin^2\theta = 2\sin^2\alpha$ है, तो α का मान क्या है?

(a) $\frac{\pi}{4}$ (b) $\frac{\pi}{6}$ (c) $\frac{\pi}{3}$ (d) $\frac{\pi}{2}$

28. यदि किसी रेखा की दिक् कोज्याएँ (2, 1, 2) के अनुपात में हैं और यह रेखा एक समतल को बिन्दु (1, − 2, 4) पर लम्बवत् काटती है, तो बिन्दु (3, 2, 3) की समतल से दूरी क्या है?

(a) $\sqrt{2}$ (b) 2 (c) $2\sqrt{2}$ (d) 4

29. निम्नलिखित बिन्दुओं में से कौन-सा एक समतल $2x + 3y - 6z = 21$ पर है?

(a) (3, 2, 2) (b) (3, 7, 1)

(c) (1, 2, 3) (d) (2, 1, − 1)

30. उस समतल का समीकरण क्या है, जो बिन्दु $(1, -1, -1)$ से गुजरता है और $x - 2y - 8z = 0$ एवं $2x + 5y - z = 0$ समतलों में से प्रत्येक पर लम्ब है?

(a) $7x - 3y + 2z = 14$ (b) $2x + 5y - 3z = 12$

(c) $x - 7y + 3z = 4$ (d) $14x - 5y + 3z = 16$

31. यदि किसी समान्तर चतुर्भुज के क्रमशः शीर्ष $O(0, 0, 0)$, $P(3, 4, 5)$, $Q(m, n, r)$ तथा $R(1, 1, 1)$ हैं, तब $m + n + r$ का मान क्या है?

(a) 6 (b) 12

(c) 15 (d) 15 से अधिक

32. रेखा $\frac{x-1}{\cos\theta} = \frac{y+2}{\sin\theta} = \frac{z-3}{0}$ के समान्तर और Z-अक्ष से गुजरने वाले समतल का समीकरण क्या है?

(a) $x\cot\theta + y = 0$ (b) $x\tan\theta - y = 0$

(c) $x + y\cot\theta = 0$ (d) $x - y\tan\theta = 0$

33. समतलों $x - y + 2z = 1$ और $x + y - z = 3$ से बनी रेखा के दिक् अनुपात क्या हैं?

(a) (− 1, 3, 2) (b) (−1, − 3, 2)

(c) (2, 1, 3) (d) (2, 3, 2)

34. उस गोले का समीकरण क्या है जिसका केन्द्र (6, − 1, 2) पर हो और जो समतल $2x - y + 2z - 2 = 0$ को स्पर्श करता हो?

(a) $x^2 + y^2 + z^2 + 12x - 2y + 4z + 16 = 0$

(b) $x^2 + y^2 + z^2 + 12x - 2y + 4z - 16 = 0$

(c) $x^2 + y^2 + z^2 - 12x + 2y - 4z + 16 = 0$

(d) $x^2 + y^2 + z^2 - 12x + 2y - 4z + 25 = 0$

35. यदि बिन्दुओं $A(k, 1, -1)$ और $B(2k, 0, 2)$ से होकर जाने वाली रेखा बिन्दुओं B तथा $C(2 + 2k, k, 1)$ से होकर जाने वाली रेखा पर लम्ब है, तो k का मान क्या है?

(a) − 1 (b) 1

(c) − 3 (d) 3

36. मूलबिन्दु से एक समतल पर डाले गए लम्ब का पाद बिन्दु (1, − 3, 1) है। समतल द्वारा X-अक्ष से काटा गया खण्ड कितना है?

(a) 1 (b) 3

(c) $\sqrt{11}$ (d) 11

37. उस गोले का समीकरण बताइए, जो मूलबिन्दु से होकर जाता है तथा अक्षों को (3, 4, 5) निर्देशांक पर काटता है।

(a) $x^2 + y^2 + z^2 + 3x + 4y - 5z = 0$

(b) $x^2 + y^2 + z^2 - 3x + 5y - 4z = 0$

(c) $x^2 + y^2 + z^2 - 3x - 4y - 5z = 0$

(d) $x^2 + y^2 + z^2 + 3x - 5y - 4z = 0$

38. यदि बिन्दु (1, 1, 1) की मूलबिन्दु से दूरी, बिन्दु की समतल $x + y + z + k = 0$ से दूरी की आधी है, तब k का मान होगा

(a) 3 (b) 9 (c) − 3 (d) 7

39. किसी घन के शीर्ष क्रमशः (0, 0, 0), (2, 0, 0), (0, 2, 0), (0, 0, 2), (2, 2, 0), (2, 0, 2), (0, 2, 2) तथा (2, 2, 2) हैं, तब घन के किन्हीं दो विकर्णों के बीच का कोण क्या है?

(a) $\cos^{-1}\left(\frac{1}{2}\right)$ (b) $\cos^{-1}\left(\frac{1}{3}\right)$

(c) $\cos^{-1}\left(\frac{1}{\sqrt{3}}\right)$ (d) $\cos^{-1}\left(\frac{2}{\sqrt{3}}\right)$

40. बिन्दु A तथा B के निर्देशांक क्रमशः (−2, 2, 3) तथा (13, − 3, 13) है तथा L एक रेखा है, जो बिन्दु A से होकर जाती है एवं एक बिन्दु P किसी तल में इस प्रकार गतिमान है कि $3PA = 2PB$, तब बिन्दु P का बिन्दुपथ होगा

(a) $x^2 + y^2 + z^2 + 28x - 12y + 10z - 247 = 0$

(b) $x^2 + y^2 + z^2 - 28x + 12y + 10z - 247 = 0$

(c) $x^2 + y^2 + z^2 + 28x - 12y - 10z + 247 = 0$

(d) $x^2 + y^2 + z^2 - 28x + 12y - 10z + 247 = 0$

41. बिन्दु $P(1, 2, 4)$ से समतल $2x + y - 2z + 3 = 0$ पर लम्ब डाला जाता है, तब लम्ब का समीकरण होगा

(a) $\frac{x-1}{2} = \frac{y-2}{1} = \frac{z-4}{-2}$

(b) $\frac{x+1}{2} = \frac{y-2}{1} = \frac{z-4}{-2}$

(c) $\frac{x-1}{2} = \frac{y-2}{-1} = z + \frac{4}{2}$

(d) उपरोक्त में से कोई नहीं

42. यदि कोई रेखा अक्षों से α, β तथा γ कोण बनाती है, तो $1 + \cos 2\alpha + \cos 2\beta + \cos 2\gamma$ का मान क्या है?

(a) –1 (b) 0
(c) 1 (d) 2

43. गोले $x^2 + y^2 + z^2 - 4x + 6y - 8z - 7 = 0$ का व्यास क्या है?

(a) 4 इकाई
(b) 5 इकाई
(c) 6 इकाई
(d) 12 इकाई

44. Z-अक्ष के समान्तर एवं (a, b, c) से गुजरने वाली सरल रेखा का समीकरण क्या है?

(a) $\frac{x-a}{1} = \frac{y-b}{0} = \frac{z-c}{0}$

(b) $\frac{x-a}{0} = \frac{y-b}{0} = \frac{z-c}{1}$

(c) $\frac{x-a}{0} = \frac{y-b}{1} = \frac{z-c}{0}$

(d) $\frac{x-a}{0} = \frac{y-b}{1} = \frac{z-c}{1}$

45. तलों $x = 3z + 4$ एवं $y = 2z - 3$ की प्रतिच्छेद रेखा के दिक् अनुपात क्या हैं?

(a) 1, 2, 3 (b) 2, 1, 3
(c) 3, 2, 1 (d) 1, 3, 2

46. बिन्दु (1, 2, 0) की YZ-तल से क्या दूरी है?

(a) 1 इकाई (b) 2 इकाई
(c) 3 इकाई (d) 4 इकाई

47. यदि एक सदिश, जो yz-समतल में स्थित है, धनात्मक Y-अक्ष तथा Z-अक्ष के साथ क्रमश: 30° तथा 60° के कोण बनाता हो, तो निर्देशांक अक्षों के अनुदिश उसके घटक होंगे

(a) $\frac{\sqrt{3}}{2}, \frac{1}{2}, 0$

(b) $0, \frac{\sqrt{3}}{2}, \frac{1}{2}$

(c) $\frac{\sqrt{3}}{2}, 0, \frac{1}{2}$

(d) $0, \frac{1}{2}, \frac{\sqrt{3}}{2}$

48. रेखाओं $\frac{x-2}{1} = \frac{y+1}{-2} = \frac{z+2}{1}$ एवं $\frac{x-1}{1} = \frac{2y+3}{3} = \frac{z+5}{2}$ के बीच का कोण क्या है?

(a) $\frac{\pi}{2}$ (b) $\frac{\pi}{3}$
(c) $\frac{\pi}{6}$ (d) इनमें से कोई नहीं

49. यदि r लम्बाई की रेखा OP (जहाँ, O मूलबिन्दु है) X-अक्ष से α कोण बनाती हो तथा XZ-तल में स्थित हो, तो P के निर्देशांक क्या हैं?

(a) $(r\cos\alpha, 0, r\sin\alpha)$ (b) $(0, 0, r\sin\alpha)$
(c) $(r\cos\alpha, 0, 0)$ (d) $(0, 0, r\cos\alpha)$

50. यदि कोई रेखा X-अक्ष की धनात्मक दिशा से 30°, Y-अक्ष की धनात्मक दिशा से β और Z-अक्ष की धनात्मक दिशा से γ कोण बनाती हो, तो $\cos^2\beta + \cos^2\gamma$ किसके बराबर है?

(a) 1/4 (b) 1/2
(c) 3/4 (d) 1

51. k के किस मान के लिए समीकरण $3x^2 + 3y^2 + (k+1)z^2 + x - y + z = 0$ गोला निरूपित करेगा?

(a) 3 (b) 2
(c) 1 (d) –1

52. Z-अक्ष की दिक् कोज्याओं का योगफल क्या है?

(a) 0 (b) 1/3 (c) 1 (d) 3

53. समतलों $x - 2y + z - 1 = 0$ और $-3x + 6y - 3z + 2 = 0$ के बीच की दूरी क्या है?

(a) 3 इकाई
(b) 1 इकाई
(c) 0 इकाई
(d) उपरोक्त में से कोई नहीं

54. यदि सरल रेखा $\frac{x-x_0}{l} = \frac{y-y_0}{m} = \frac{z-z_0}{n}$ समतल $ax + by + cz + d = 0$ के समान्तर हो, तो निम्नलिखित में से कौन-सा एक सही है?

(a) $l + m + n = 0$ (b) $a + b + c = 0$
(c) $\frac{a}{l} + \frac{b}{m} + \frac{c}{n} = 0$ (d) $al + bm + cn = 0$

55. X-अक्ष की दिक् कोज्याओं के वर्गों का योग क्या है?

(a) 0 (b) –1
(c) 1 (d) 1/3

56. मूलबिन्दु पर केन्द्र और इकाई त्रिज्या वाले गोले का समीकरण क्या है?

(a) $x^2 + y^2 + z^2 = 0$
(b) $x^2 + y^2 + z^2 = 1$
(c) $x^2 + y^2 + z^2 = 2$
(d) $x^2 + y^2 + z^2 = 3$

57. यदि किसी घन के विकर्णों के बीच न्यून कोण θ है, तो निम्नलिखित में से कौन-सा एक सही है?

(a) $\theta = 30°$ (b) $\theta = 45°$
(c) $2\cos\theta = 1$ (d) $3\cos\theta = 1$

58. एक सरल रेखा (1, – 2, 3) से गुजरती है और समतल $2x + 3y - z = 7$ पर लम्ब है, तब समतल पर अभिलम्ब के दिक् अनुपात क्या हैं?

(a) $<2, 3, -1>$
(b) $<2, 3, 1>$
(c) $<-1, 2, 3>$
(d) इनमें से कोई नहीं

59. ΔABC के शीर्ष $A(2, 3, 1)$, $B(-2, 2, 0)$ और $C(0, 1, -1)$ हैं, तब कोण ABC की कोज्या क्या है?

(a) $\frac{1}{\sqrt{3}}$ (b) $\frac{1}{\sqrt{2}}$
(c) $\frac{2}{\sqrt{6}}$ (d) इनमें से कोई नहीं

60. बिन्दुओं (2, 1, 3) और (4, – 2, 5) को जोड़ने वाली रेखा समतल $2x + y - z = 3$ को काटती है, तब रेखा, समतल को कहाँ काटती है?

(a) (0, – 4, – 1) (b) (0, – 4, 1)
(c) (1, 4, 0) (d) (0, 4, 1)

61. एक समतल P, समतलों $2x - y + 3z = 2$, $x + y - z = 1$ की प्रतिच्छेदन रेखा और बिन्दु (1, 0, 1) से गुजरता है, तब दिए गए समतलों की प्रतिच्छेदन रेखा के दिक् अनुपात क्या हैं?

(a) $<2, -5, -3>$
(b) $<1, -5, -3>$
(c) $<2, 5, 3>$
(d) $<1, 3, 5>$

62. बिन्दु $P(3, -1, 11)$ से समीकरण $\frac{x}{2} = \frac{y-2}{3} = \frac{z-3}{4}$ द्वारा दी गई रेखा L पर एक अभिलम्ब खींचा जाता है। मान लीजिए कि अभिलम्ब का पाद Q है, तब रेखाखण्ड PQ के दिक् अनुपात क्या हैं?

(a) (1, 6, 4) (b) (– 1, 6, – 4)
(c) (– 1, – 6, 4) (d) (2, – 6, 4)

63. बिन्दुओं A (2, 2, 1), B (3, 4, 2) और C(7, 0, 6) से होकर गुजरने वाले समतल पर विचार कीजिए।

निम्नलिखित बिन्दुओं में से कौन-सा एक समतल पर स्थित है?

(a) (1, 0, 0,)
(b) (1, 0, 1)
(c) (0, 0, 1)
(d) उपरोक्त में से कोई नहीं

64. समतल $\mathbf{r} = (1+\lambda-\mu)\hat{\mathbf{i}} + (2-\lambda)\hat{\mathbf{j}} + (3-2\lambda+2\mu)\hat{\mathbf{k}}$ का कार्तीय समीकरण है

(a) $2x + y = 5$
(b) $2x - y = 5$
(c) $2x + z = 5$
(d) $2x - z = 5$

65. उस गोले का समीकरण क्या है, जिसका केन्द्र $(6, -1, 2)$ पर हो और जो समतल $2x - y + 2z - 2 = 0$ को स्पर्श करता हो?

(a) $x^2 + y^2 + z^2 + 12x - 2y + 4z + 16 = 0$
(b) $x^2 + y^2 + z^2 + 12x - 2y + 4z - 16 = 0$
(c) $x^2 + y^2 + z^2 - 12x + 2y - 4z + 16 = 0$
(d) $x^2 + y^2 + z^2 - 12x + 2y - 4z + 25 = 0$

66. उस गोले का समीकरण बताइए, जो मूलबिन्दु से होकर जाता है तथा अक्षों को (3, 4, 5) निर्देशांक पर काटता है।

(a) $x^2 + y^2 + z^2 + 3x + 4y - 5z = 0$
(b) $x^2 + y^2 + z^2 - 3x + 5y - 4z = 0$
(c) $x^2 + y^2 + z^2 - 3x - 4y - 5z = 0$
(d) $x^2 + y^2 + z^2 + 3x - 5y - 4z = 0$

उत्तरमाला

1	(d)	2	(a)	3	(a)	4	(b)	5	(b)	6	(a)	7	(b)	8	(b)	9	(d)	10	(c)
11	(b)	12	(d)	13	(b)	14	(b)	15	(b)	16	(b)	17	(d)	18	(c)	19	(d)	20	(d)
21	(a)	22	(c)	23	(b)	24	(d)	25	(d)	26	(c)	27	(a)	28	(b)	29	(b)	30	(d)
31	(c)	32	(b)	33	(a)	34	(c)	35	(d)	36	(d)	37	(c)	38	(a)	39	(b)	40	(a)
41	(a)	42	(b)	43	(d)	44	(b)	45	(c)	46	(a)	47	(b)	48	(a)	49	(a)	50	(a)
51	(b)	52	(c)	53	(d)	54	(d)	55	(c)	56	(b)	57	(d)	58	(a)	59	(a)	60	(d)
61	(a)	62	(b)	63	(a)	64	(c)	65	(c)	66	(c)								

संकेत एवं हल

1. (d) xy-समतल में बिन्दु (α, β, γ) का परावर्तन $(\alpha, \beta, -\gamma)$ होता है।

2. (a) माना समतल $x + y - z = \frac{1}{5}$ बिन्दुओं (3, 1, 4) और (4, 2, 5) को $k:1$ के अनुपात में विभाजित करता है।

तब, $x = \frac{4k+3}{k+1}, y = \frac{2k+1}{k+1}$

तथा $z = \frac{5k+4}{k+1}$

$\because$ यह बिन्दु समतल $x + y - z = \frac{1}{5}$ को सन्तुष्ट करेगा।

$$\therefore \frac{4k+3}{k+1} + \frac{2k+1}{k+1} - \left(\frac{5k+4}{k+1}\right) = \frac{1}{5}$$

$$\Rightarrow \frac{4k+3+2k+1-5k-4}{k+1} = \frac{1}{5}$$

$$\Rightarrow \frac{k}{k+1} = \frac{1}{5} \Rightarrow 5k = k+1$$

$$\Rightarrow 5k - k = 1 \Rightarrow 4k = 1 \Rightarrow k = \frac{1}{4}$$

अतः अभीष्ट अनुपात 1 : 4 है।

4. (b) हम जानते हैं कि,

$$\cos^2\alpha + \cos^2\beta + \cos^2\gamma = 1 \quad [\because \beta = \gamma]$$

$$\Rightarrow \cos^2 45° + \cos^2\beta + \cos^2\beta = 1 \quad [\because \alpha = 45°]$$

$$\Rightarrow \frac{1}{2} + 2\cos^2\beta = 1$$

$$\Rightarrow \cos^2\beta = \frac{1}{4}$$

$$\Rightarrow \cos\beta = \frac{1}{2}$$

$$\Rightarrow \cos\beta = \cos 60°$$

$$\Rightarrow \beta = 60°$$

$\therefore$ अभीष्ट योग $= \alpha + \beta + \gamma$

$$= 45° + 60° + 60° = 165°$$

5. (b) $\because$ O व P के निर्देशांक क्रमशः (0, 0, 0) व (2, 3, –1) हैं।

अतः OP के दिक् अनुपात $<2, 3, -1>$ हैं।

अब OP के लम्बवत् तल का समीकरण निम्न है

$$2x + 3y - z + d = 0 \qquad \ldots(i)$$

$\because$ यह समतल (2, 3, – 1) से होकर जाता है।

$$\therefore \quad 4 + 9 + 1 + d = 0 \Rightarrow d = -14$$

d का मान समी (i) में रखने पर,

$$2x + 3y - z - 14 = 0$$

जोकि अभीष्ट समतल का समीकरण है।

6. (a) रेखा का समीकरण,

$$6x = 4y = 3z$$

$$\Rightarrow \frac{x-0}{1/6} = \frac{y-0}{1/4} = \frac{z-0}{1/3}$$ तथा समतल का

समीकरण, $3x + 2y - 3z - 4 = 0$

माना रेखा तथा समतल के बीच का कोण θ है, तब

$$\sin\theta = \left|\frac{a_1a_2 + b_1b_2 + c_1c_2}{\sqrt{a_1^2 + b_1^2 + c_1^2}\sqrt{a_2^2 + b_2^2 + c_2^2}}\right|$$

$$= \left|\frac{\frac{1}{6}\times 3 + \frac{1}{4}\times 2 + \frac{1}{3}\times(-3)}{\sqrt{\frac{1}{36} + \frac{1}{16} + \frac{1}{9}}\sqrt{9+4+9}}\right|$$

$$= \left|\frac{1-1}{\sqrt{\frac{1}{36} + \frac{1}{16} + \frac{1}{9}}\sqrt{22}}\right|$$

$$= \theta = \sin 0°$$

$$\Rightarrow \theta = 0°$$

7. (b) माना अभीष्ट अनुपात $\lambda : 1$ बिन्दु जहाँ xy-तल AB को काटता है वहाँ, $z = 0$

$$\therefore \frac{-4\lambda + 5\times 1}{\lambda + 1} = 0$$

$$\Rightarrow 4\lambda = 5$$

$$\Rightarrow \lambda = \frac{5}{4}$$

$\therefore$ अभीष्ट अनुपात $= \frac{5}{4} : 1 = 5 : 4$

8. (b) D, BC को $AB : AC$ में काटता है।

$$AB = \sqrt{(5-3)^2 + (3-2)^2 + (2-0)^2} = 3$$

$$AC = \sqrt{(-9-3)^2 + (6-2)^2 + (-3-0)^2} = 13$$

$\therefore D$, BC को 3 : 13 में काटता है।

$\therefore D$ के निर्देशांक

$$\left(\frac{3\times(-9) + 13\times 5}{3+13}, \frac{3\times 6 + 13\times 3}{3+13}, \frac{3\times(-3) + 13\times 2}{3+13}\right)$$

अर्थात् $\left(\frac{19}{8}, \frac{57}{16}, \frac{17}{16}\right)$ है।

10. (c) जब (0, 0, 0) समतल की समीकरण को सन्तुष्ट नहीं करता है तो समतल मूल बिन्दु (0, 0, 0) से नहीं गुजरता है। अन्य विकल्प सही हैं क्योंकि तल मानक अभिलम्ब रूप में है

11. (b) माना समतल की अभीष्ट समीकरण $\frac{x}{a} + \frac{y}{b} + \frac{z}{c} = 1$, है जो निर्देश अक्षों को बिन्दु $A(a, 0, 0)$, $B(0, b, 0)$ और $C(0, 0, c)$ पर मिलता है।

अतः ΔABC के केन्द्रक के निर्देशांक $\left(\frac{a}{3}, \frac{b}{3}, \frac{c}{3}\right)$ हैं।

$\therefore \quad \frac{a}{3}=1, \frac{b}{3}=2$ और $\frac{c}{3}=3,$

$\Rightarrow \quad a=3, b=6$ और $c=9$

अतः समतल का अभीष्ट समीकरण $\frac{x}{3}+\frac{y}{6}+\frac{z}{9}=1$ है।

12. (d) दी गई समीकरण को निम्न प्रकार लिखते हैं

$(3x+y+3z)(4x-2y-2z)=0$

$\Rightarrow \quad 3x+y+z=0$

और $\quad 4x-2y-2z=0$

अतः स्पष्ट है कि समीकरणें मूल बिन्दु से गुजरने वाले समतल को प्रदर्शित करती हैं।

13. (b) समतल पर अभिलम्ब के दिक अनुपात 2, 3, −3 हैं~

दिए गए समतल पर अभिलम्ब की दिक कोज्याएँ

$$=\frac{2}{\sqrt{2^2+3^2+(-3)^2}}, \frac{3}{\sqrt{2^2+3^2+(-3)^2}}, \frac{-3}{\sqrt{2^2+3^2+(-3)^2}}$$

अर्थात् $\frac{2}{\sqrt{22}}, \frac{3}{\sqrt{22}}, \frac{-3}{\sqrt{22}}$ हैं।

14. (b) $3x-4y+5z=6$

$\Rightarrow \quad \frac{3x}{6}+\frac{(-4)y}{6}+\frac{z}{\left(\frac{6}{5}\right)}=1$

$\Rightarrow \quad \frac{x}{2}+\frac{y}{\left(\frac{-3}{2}\right)}+\frac{z}{\left(\frac{6}{5}\right)}=1$

$\therefore$ दिया गया समतल Z-अक्ष को $\frac{6}{5}$ पर मिलता है~

15. (b) माना **a** व **b** बिन्दुओं (3, 4, −7) व (1, −1, 6) के संगत स्थित सदिश है

जहाँ $\mathbf{a}=3\hat{\mathbf{i}}+4\hat{\mathbf{j}}-7\hat{\mathbf{k}}$ और $\mathbf{b}=\hat{\mathbf{i}}-\hat{\mathbf{j}}+6\hat{\mathbf{k}}$ अतः

$\mathbf{b}-\mathbf{a}=-2\hat{\mathbf{i}}-5\hat{\mathbf{j}}+13\hat{\mathbf{k}}$

माना **r** रेखा पर स्थित किसी बिन्दु का स्थिति सदिश है तब सदिश समीकरण

$\mathbf{r}=3\hat{\mathbf{i}}+4\hat{\mathbf{j}}-7\hat{\mathbf{k}}+\lambda(-2\hat{\mathbf{i}}-5\hat{\mathbf{j}}+13\hat{\mathbf{k}})$

16. (b) माना दी गई रेखा बिन्दुओं (5, −4, 6) से गुजरती है और सदिश $3\hat{\mathbf{i}}+7\hat{\mathbf{j}}+2\hat{\mathbf{k}}$ के समान्तर है।

17. (d) दिए गए समतल निम्न हैं

$2x+3y+4z=4 \quad \ldots(i)$

तथा $4x+6y+8z=12$

$\Rightarrow \quad 2x+3y+4z=6 \quad \ldots(ii)$

स्पष्ट है कि दोनों समतल समान्तर हैं।

हम जानते है कि समतल $ax+by+cz=d_1$ तथा $ax+by+cz=d_2$ के बीच की दूरी

$$d=\left|\frac{d_2-d_1}{\sqrt{a^2+b^2+c^2}}\right|$$

$$\Rightarrow \quad d=\left|\frac{6-4}{\sqrt{2^2+3^2+4^2}}\right|$$

$$\Rightarrow \quad d=\frac{2}{\sqrt{4+9+16}}$$

$$=\frac{2}{\sqrt{29}} \text{ इकाई}$$

18. (c) दिए हुए गोले का समीकरण निम्न है

$ax^2+by^2+cz^2-2x+4y+2z-3=0$

यह समीकरण एक गोले का समीकरण निरूपित करेगा, यदि

$a=b=c$

अतः गोले की समीकरण निम्न होगी

$bx^2+by^2+bz^2-2x+4y+2z-3=0$

$\Rightarrow x^2+y^2+z^2-\frac{2}{b}x+\frac{4}{b}y+\frac{2}{b}z-\frac{3}{b}=0$

इस गोले का केन्द्र $\left(\frac{1}{b},-\frac{2}{b},-\frac{1}{b}\right)$ है, परन्तु इस गोले का केन्द्र $\left(\frac{1}{2},-1,-\frac{1}{2}\right)$ दिया है।

$\therefore \quad \frac{1}{b}=\frac{1}{2} \Rightarrow b=2$

19. (d) $\therefore$ अभीष्ट दूरी

$$=\sqrt{(\alpha-0)^2+(\beta-\beta)^2+(\gamma-0)^2}$$

$$=\sqrt{\alpha^2+\gamma^2}$$

21. (a) यहाँ, $a_1=4, b_1=-3, c_1=5$

तथा $a_2=3, b_2=4, c_2=5$

माना दी हुई रेखाओं के बीच का कोण θ है।

तब, $\cos\theta=\frac{a_1a_2+b_1b_2+c_1c_2}{\sqrt{(a_1^2+b_1^2+c_1^2)(a_2^2+b_2^2+c_2^2)}}$

$\Rightarrow \cos\theta=\frac{4\times3+(-3)\times4+5\times5}{\sqrt{\{4^2+(-3)^2+5^2\}(3^2+4^2+5^2)}}$

$=\frac{12-12+25}{\sqrt{(16+9+25)(9+16+25)}}$

$=\frac{25}{50}=\frac{1}{2}$

$\Rightarrow \cos\theta=\cos\frac{\pi}{3}$

$\Rightarrow \quad \theta=\frac{\pi}{3}$

अतः अभीष्ट कोण $=\frac{\pi}{3}$

26. (c) माना त्रिभुज के तीसरे शीर्ष के निर्देशांक (x, y, z) हैं तथा केन्द्रक के निर्देशांक (4 / 3, 4 / 3, 1 / 3) हैं।

तब प्रश्नानुसार,

$\frac{1+5+x}{3}=\frac{4}{3}$

$\Rightarrow \quad x+6=4$

$\Rightarrow \quad x=-2$

$\frac{3-2+y}{3}=\frac{4}{3}$

$\Rightarrow \quad y+1=4 \Rightarrow y=3$

और $\quad \frac{4+1+z}{3}=\frac{1}{3}$

$\Rightarrow \quad z+5=1$

$\Rightarrow \quad z=-4$

अतः तीसरे सिरे के निर्देशांक (−2, 3, −4) हैं।

27. (a) $\because l^2+m^2+n^2=1$

$\Rightarrow \cos^2\alpha+\cos^2\alpha+\cos^2\theta=1 \quad \ldots(i)$

[दिया है, $\alpha=\beta$]

जबकि, $\sin^2\theta=2\sin^2\alpha$ [दिया है]

$\Rightarrow \quad 1-\cos^2\theta=2(1-\cos^2\alpha)$

$\Rightarrow \quad \cos^2\theta=2\cos^2\alpha-1$

समी (i) से,

$2\cos^2\alpha+2\cos^2\alpha-1=1$

$\Rightarrow \quad 4\cos^2\alpha=2$

$\Rightarrow \quad \cos^2\alpha=\frac{1}{2}$

$\Rightarrow \quad \cos\alpha=\pm\frac{1}{\sqrt{2}}$

$\Rightarrow \quad \alpha=\frac{\pi}{4}, \frac{3\pi}{4}$

28. (b) समतल का समीकरण, जो बिन्दु (1, −2, 4) से गुजरती है तथा जिसके अभिलम्ब की दिक् कोज्या (2, 1, 2) है, होगी

$2(x-1)+1(y+2)+2(z-4)=0$

$\Rightarrow \quad 2x+y+2z-8=0$

$\therefore$ अभीष्ट दूरी

$$=\frac{|2(3)+1(2)+2(3)-8|}{\sqrt{4+1+4}}=\frac{6}{3}=2$$

29. (b) (a) बिन्दु (3, 2, 2) पर,

$2x+3y-6z=2\cdot3+3\cdot2-6\cdot2$

$=6+6-12=0\neq21$

(b) बिन्दु (3, 7, 1) पर,

$2x+3y-6z=2\cdot3+3\cdot7-6\cdot1$

$=6+21-6=21$

(c) बिन्दु (1, 2, 3) पर,

$2x+3y-6z=2\cdot1+3\cdot2-6\cdot3$

$=2+6-18=-10\neq21$

(d) बिन्दु (2, 1, −1) पर,

$2x+3y-6z=2\cdot2+3\cdot1-6(-1)$

$=4+3+6=13\neq21$

अतः बिन्दु (3, 7, 1) समतल पर स्थित है।

30. (d) माना उस समतल का समीकरण, जो बिन्दु (1, −1, −1) से होकर जाता है,

$a(x-1)+b(y+1)+(z+1)=0 \quad \ldots(i)$

जहाँ, a, b तथा c समतल के अभिलम्ब के दिक् अनुपात हैं।

दिया है, समतल (i) समतलों $x-2y-8z=0$ तथा $2x+5y-z=0$ पर लम्ब है, तब

$a-2b-8c=0 \quad \ldots(ii)$

तथा $\quad 2a+5b-c=0 \quad \ldots(iii)$

अब, वज्रगुणन विधि द्वारा समी (ii) तथा (iii) को हल करने पर,

$$\frac{a}{(2+40)}=\frac{b}{(-16+1)}=\frac{c}{(5+4)}$$

$$\Rightarrow \quad \frac{a}{42}=\frac{b}{-15}=\frac{c}{9}$$

समी (i) से,

$42(x-1)-15(y+1)+9(z+1)=0$

$\Rightarrow \quad 42x-15y+9z=42+15-9$

$\Rightarrow \quad 42x-15y+9z=48$

$\therefore \quad 14x-5y+3z=16$

31. (c) हम जानते हैं कि, समान्तर चतुर्भुज के विकर्ण परस्पर समद्विभाजित करते हैं।

$\therefore$ OQ का मध्य-बिन्दु = PR का मध्य-बिन्दु

$$\Rightarrow \left(\frac{0+m}{2}, \frac{0+n}{2}, \frac{0+r}{2}\right) \equiv \left(\frac{1+3}{2}, \frac{1+4}{2}, \frac{1+5}{2}\right)$$

$$\Rightarrow m = 4, n = 5, r = 6$$

अतः $m + n + r = 4 + 5 + 6 = 15$

32. (b) Z-अक्ष से होकर जाने वाले तल का समीकरण निम्न है $ax + by = 0$ ...(i)

चूँकि यह तल निम्न रेखा के समान्तर है

$$\frac{x-1}{\cos\theta} = \frac{y+2}{\sin\theta} = \frac{z-3}{0} \quad ...(ii)$$

चूँकि तल का अभिलम्ब रेखा (ii) के लम्बवत् है।

तब, $a\cos\theta + b\sin\theta = 0$

$$\Rightarrow a = -b\tan\theta$$

$$\therefore -b\tan\theta\, x + by = 0$$

$$\Rightarrow x\tan\theta - y = 0$$

जोकि तल का अभीष्ट समीकरण है।

33. (a) प्रतिच्छेद बिन्दु से जाने वाले समतल का समीकरण,

$$x - y + 2z - 1 + \lambda(x + y - z - 3) = 0$$

$$\Rightarrow x(1+\lambda) + y(\lambda - 1) + z(2 - \lambda) - 3\lambda - 1 = 0$$

समतल के अभिलम्ब का दिक् अनुपात $= (1+\lambda, \lambda - 1, 2 - \lambda)$ विकल्प (a) से,

$$-1(1+\lambda) + 3(\lambda - 1) + 2(2 - \lambda) = 0$$

चूँकि समतल का अभिलम्ब रेखा पर लम्ब होगा।

$$\Rightarrow -1 - \lambda + 3\lambda - 3 + 4 - 2\lambda = 0 \Rightarrow 0 = 0$$

अतः विकल्प (a) सही है।

34. (c) दिए हुए गोले का केन्द्र $(6, -1, 2)$ है।

$\because$ त्रिज्या = केन्द्र से समतल पर डाले गए लम्ब की माप

$$\therefore \text{त्रिज्या} = \frac{2(6) - 1(-1) + 2(2) - 2}{\sqrt{4+1+4}} = \frac{15}{3} = 5$$

$\therefore$ गोले का समीकरण,

$$(x-6)^2 + (y+1)^2 + (z-2)^2 = 5^2$$

$$\Rightarrow x^2 + y^2 + z^2 - 12x + 2y - 4z + 16 = 0$$

36. (d) समतल का समीकरण जो बिन्दु $(1, -3, 1)$ से गुजरती है जिसके अभिलम्ब के दिक् अनुपात $(1, -3, 1)$ हैं, तब

$$1(x-1) - 3(y+3) + 1(z-1) = 0$$

$$\Rightarrow x - 3y + z - 11 = 0$$

$$\Rightarrow \frac{x}{11} - \frac{y}{11/3} + \frac{z}{11} = 1$$

[अन्तः खण्ड रूप]

अतः उपरोक्त समतल द्वारा X-अक्ष से काटा गया अन्तःखण्ड 11 है।

37. (c) हम जानते हैं कि, मूलबिन्दु से होकर जाने वाले गोले का समीकरण निम्न होता है

$$x^2 + y^2 + z^2 + 2ux + 2vy + 2wz = 0 \quad ...(i)$$

अतः पहले X-अक्ष से होकर जाने वाले समीकरण के लिए (3, 0, 0) समी (i) में रखने पर,

$$9 + 0 + 0 + 6u + 0 + 0 = 0$$

$$\Rightarrow 9 + 6u = 0 \Rightarrow u = -\frac{3}{2}$$

इसी प्रकार, Y-अक्ष से (0, 4, 0) समी (i) में रखने पर, $0 + 16 + 0 + 0 + 8v + 0 = 0$

$$\Rightarrow 16 + 8v = 0 \Rightarrow v = -2$$

और Z-अक्ष से (0, 0, 5) समी (i) में रखने पर,

$$0 + 0 + 25 + 0 + 0 + 10w = 0$$

$$\Rightarrow 25 + 10w = 0 \Rightarrow w = -\frac{5}{2}$$

अतः गोले का समीकरण,

$$x^2 + y^2 + z^2 - 3x - 4y - 5z = 0 \quad \text{[समी (i) से]}$$

38. (a) मूलबिन्दु से बिन्दु (1, 1, 1) की दूरी

$$= \sqrt{(1-0)^2 + (1-0)^2 + (1-0)^2}$$

$$= \sqrt{(1)^2 + (1)^2 + (1)^2}$$

$$= \sqrt{3} = P_1 \quad \text{[मान लीजिए]}$$

समतल $x + y + z + k = 0$ की बिन्दु (1, 1, 1) से दूरी

$$= \pm\frac{(1) + (1) + (1) + k}{\sqrt{(1)^2 + (1)^2 + (1)^2}}$$

$$= \pm\frac{k+3}{\sqrt{3}} = P_2 \text{ [मान लीजिए]}$$

प्रश्नानुसार, $P_1 = \dfrac{P_2}{2}$

$$\Rightarrow \sqrt{3} = \pm\frac{1}{2}\left(\frac{k+3}{\sqrt{3}}\right)$$

$$\Rightarrow 6 = \pm(k+3) \Rightarrow k = 3, -9$$

39. (b) विकर्ण OP के दिक् अनुपात

$$= 2 - 0, 2 - 0, 2 - 0$$

तथा दिक् कोज्या $= \dfrac{2}{2\sqrt{3}}, \dfrac{2}{2\sqrt{3}}, \dfrac{2}{2\sqrt{3}} = \dfrac{1}{\sqrt{3}}, \dfrac{1}{\sqrt{3}}, \dfrac{1}{\sqrt{3}}$

विकर्ण AB के दिक् अनुपात

$$= 2 - 0, 0 - 2, 2 - 0$$

$$= 2, -2, 2$$

तथा दिक् कोज्या $= \dfrac{2}{2\sqrt{3}}, \dfrac{-2}{2\sqrt{3}}, \dfrac{2}{2\sqrt{3}} = \dfrac{1}{\sqrt{3}}, -\dfrac{1}{\sqrt{3}}, \dfrac{1}{\sqrt{3}}$

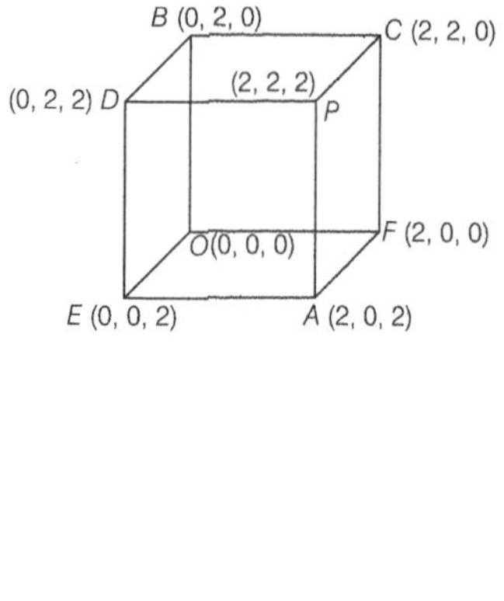

माना दोनों के बीच कोण का θ है, तब

$$\cos\theta = \left(\frac{1}{\sqrt{3}}\right)\left(\frac{1}{\sqrt{3}}\right) + \left(\frac{1}{\sqrt{3}}\right)\left(\frac{-1}{\sqrt{3}}\right) + \left(\frac{1}{\sqrt{3}}\right)\left(\frac{1}{\sqrt{3}}\right)$$

$$= \frac{1}{3} - \frac{1}{3} + \frac{1}{3} = \frac{1}{3} \Rightarrow \theta = \cos^{-1}(1/3)$$

40. (a) माना तल पर कोई बिन्दु $P(x, y, z)$ है, तब,

$$3PA = 2PB \Rightarrow 9PA^2 = 4PB^2$$

$$\Rightarrow 9[(x+2)^2 + (y-2)^2 + (z-3)^2] = 4[(x-13)^2 + (y+3)^2 + (z-13)^2]$$

$$\Rightarrow 5(x^2 + y^2 + z^2) + 140x - 60y + 50z - 1235 = 0$$

$$\Rightarrow x^2 + y^2 + z^2 + 28x - 12y + 10z - 247 = 0$$

41. (a) माना बिन्दु $P(1, 2, 4)$ से समतल $2x + y - 2z + 3 = 0$ पर डाला गया लम्ब PN है।

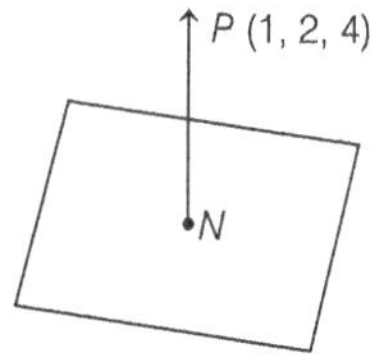

PN का समीकरण

$$\frac{x-1}{2} = \frac{y-2}{1} = \frac{z-4}{-2} = \lambda$$

42. (b) हम जानते हैं कि, यदि कोई रेखा अक्षों से α, β तथा γ कोण बनाती है। तब,

$$\cos^2\alpha + \cos^2\beta + \cos^2\gamma = 1$$

$$\Rightarrow 2\cos^2\alpha + 2\cos^2\beta + 2\cos^2\gamma = 2$$

$$\Rightarrow (1 + \cos 2\alpha) + (1 + \cos 2\beta) + (1 + \cos 2\gamma) = 2$$

$$\therefore 1 + \cos 2\alpha + \cos 2\beta + \cos 2\gamma = 2 - 2 = 0$$

43. (d) गोले का समीकरण,

$$x^2 + y^2 + z^2 - 4x + 6y - 8z - 7 = 0$$

इसकी तुलना

$x^2 + y^2 + z^2 + 2ux + 2vy + 2wz + d = 0$ से करने पर,

यहाँ, $u = -2, v = 3, w = -4$ तथा $d = -7$

$$\therefore \text{गोले की त्रिज्या} = \sqrt{u^2 + v^2 + w^2 - d}$$

$$= \sqrt{(-2)^2 + (3)^2 + (-4)^2 + 7}$$

$$= \sqrt{4 + 9 + 16 + 7} = \sqrt{36} = 6$$

$\therefore$ अभीष्ट व्यास = 2 × त्रिज्या

= 2 × 6 = 12 इकाई

44. (b) Z-अक्ष के दिक् अनुपात 0, 0, 1 है।

$\therefore$ रेखा का अभीष्ट समीकरण

$$\frac{x-a}{0} = \frac{y-b}{0} = \frac{z-c}{1}$$

45. (c) दिए हुए तल हैं,

$$x = 3z + 4 \quad ...(i)$$

तथा $y = 2z - 3$ ...(ii)

माना l, m तथा n प्रतिच्छेद रेखा के दिक् अनुपात हैं।

तब, $l = 3n$ ...(iii)

तथा $m = 2n$ ...(iv)

समी (iii) तथा (iv) से,

$$\frac{l}{3}=\frac{m}{2}=\frac{n}{1}$$

अतः प्रतिच्छेद रेखा के दिक् अनुपात 3, 2 तथा 1 हैं।

46. (a) बिन्दु (1, 2, 0) तथा (0, 2, 0) के बीच की दूरी $=\sqrt{(1-0)^2+(2-2)^2+(0-0)^2}$

$$=\sqrt{1+0+0}=1$$

47. (b) मान लीजिए इकाई सदिश $y\hat{\mathbf{i}}+z\hat{\mathbf{k}}$ है, तो

$$\sqrt{y^2+z^2}=1 \qquad \ldots(i)$$

चूँकि दिया गया है

$$\cos 30°=\frac{(y\hat{\mathbf{i}}+z\hat{\mathbf{k}})\cdot(y\hat{\mathbf{j}})}{|y\hat{\mathbf{j}}+z\hat{\mathbf{k}}||y\hat{\mathbf{j}}|}$$

$$\Rightarrow \quad \frac{y^2}{(\sqrt{y^2+z^2})y}=\frac{\sqrt{3}}{2}\Rightarrow y=\frac{\sqrt{3}}{2}$$

[$\because$ समी (i) से, $\sqrt{y^2+z^2}=1$]

इसी प्रकार,

$$\cos 60°=\frac{(y\hat{\mathbf{j}}+z\hat{\mathbf{k}})\cdot(z\hat{\mathbf{k}})}{|y\hat{\mathbf{j}}+z\hat{\mathbf{k}}||z\hat{\mathbf{k}}|}\Rightarrow z=\frac{1}{2}$$

अतः इकाई सदिश के घटक $0, \frac{\sqrt{3}}{2}, \frac{1}{2}$ हैं।

48. (a) दी हुई रेखाएँ निम्न हैं,

$$\frac{x-2}{1}=\frac{y+1}{-2}=\frac{z+2}{1} \qquad \ldots(i)$$

$$\frac{x-1}{1}=\frac{2y+3}{3}=\frac{z+5}{2}$$

$$\frac{x-1}{1}=\frac{2\left(y+\frac{3}{2}\right)}{3}=\frac{z+5}{2}$$

$$\frac{x-1}{1}=\frac{y+3/2}{3/2}=\frac{z+5}{2} \qquad \ldots(ii)$$

माना रेखा (i) तथा (ii) के बीच का कोण θ है।

$$\cos\theta=\left|\frac{1\times1+(-2)\left(\frac{3}{2}\right)+1(2)}{\sqrt{1+(-2)^2+1^2}\sqrt{1^2+\left(\frac{3}{2}\right)^2+2^2}}\right|$$

$$=\left|\frac{1+(-3)+2}{\sqrt{1+4+1}\sqrt{1+\frac{9}{4}+4}}\right|=\left|\frac{0}{\sqrt{6}\sqrt{\frac{29}{4}}}\right|=0$$

$$\therefore \quad \cos\theta=0$$

$$\Rightarrow \quad \cos\theta=\cos\frac{\pi}{2}$$

$$\Rightarrow \quad \theta=\frac{\pi}{2}$$

49. (a) ΔAOP में,

$$\sin\alpha=\frac{Z}{OP}=\frac{Z}{r}\Rightarrow x=r\sin\alpha$$

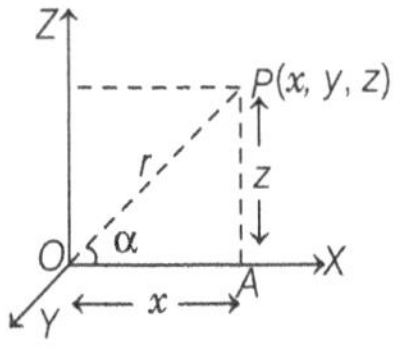

पुनः ΔAOP में,

$$\cos\alpha=\frac{x}{OP}=\frac{x}{r}$$

$\Rightarrow \quad x=r\cos\alpha$, तथा y-निर्देशांक xz-तल में सदैव शून्य होता है। अतः बिन्दु P के xz-तल में निर्देशांक $(r\cos\alpha, 0, r\sin\alpha)$ है।

51. (b) दी गई समीकरण एक गोले को निरुपित करेगी यदि x^2, y^2 तथा z^2 के गुणांक समान हों। इसलिए $k+1=3\Rightarrow k=2$

52. (c) हम जानते हैं कि, Z-अक्ष की दिक् कोज्याएँ (0, 0, 1) हैं।

$\therefore$ Z-अक्ष की दिक् कोज्याओं का योग $=0+0+1=1$

53. (d) दिया है,

$$x-2y+z=1 \qquad \ldots(i)$$

तथा $$x-2y+z=\frac{2}{3} \qquad \ldots(ii)$$

$$\therefore \text{ अभीष्ट दूरी }=\frac{\left|\frac{2}{3}-1\right|}{\sqrt{(1)^2+(-2)^2+(1)^2}}$$

$$=\frac{\left|\frac{-1}{3}\right|}{\sqrt{1+4+1}}=\frac{1/3}{\sqrt{6}}=\frac{1}{3\sqrt{6}} \text{ इकाई}$$

54. (d) दिया है, सरल रेखा की समीकरण,

$$\frac{x-x_0}{l}=\frac{y-y_0}{m}=\frac{z-z_0}{n} \qquad \ldots(i)$$

तथा समतल की समीकरण,

$$ax+by+cz+d=0 \qquad \ldots(ii)$$

चूँकि सरल रेखा (i) समतल के समान्तर है अर्थात् समतल का अभिलम्ब सरल रेखा के लम्बवत् है।

$\therefore$ लम्बवत् प्रतिबन्ध से,

$$l_1l_2+m_1m_2+n_1n_2=0$$

$$\Rightarrow \quad al+bm+cn=0$$

55. (c) हम जानते है कि, X-अक्ष कि दिक् कोज्याएँ (1, 0, 0) हैं।

$\therefore$ दिक् कोज्याओं के वर्गों का योग

$$=1^2+0^2+0^2=1+0+0=1$$

56. (b) हम जानते हैं कि, केन्द्र (x_1, y_1, z_1) तथा त्रिज्या r के गोले की मानक समीकरण निम्न है

$$(x-x_1)^2+(y-y_1)^2+(z-z_1)^2=r^2$$

परन्तु दिया है, केन्द्र (0, 0, 0) तथा त्रिज्या =1

$\therefore$ गोले का अभीष्ट समीकरण,

$$(x-0)^2+(y-0)^2+(z-0)^2=(1)^2$$

$$\Rightarrow \quad x^2+y^2+z^2=1$$

57. (d) माना घन की कोर की लम्बाई a है।

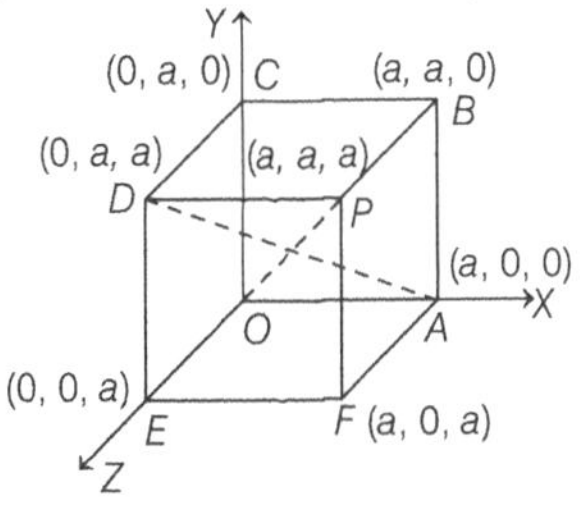

माना घन के विकर्ण OP के दिक् अनुपात,

$$\langle a_1, b_1, c_1\rangle=\langle a-0, a-0, a-0\rangle$$
$$=\langle a, a, a\rangle$$

तथा घन के विकर्ण AD के दिक् अनुपात,

$$\langle a_2, b_2, c_2\rangle=\langle 0-a, a-0, a-0\rangle$$
$$=\langle -a, a, a\rangle$$

माना घन के विकर्णों OP तथा AD के मध्य न्यून कोण θ है।

$$\therefore \cos\theta=\left|\frac{a_1a_2+b_1b_2+c_1c_2}{\sqrt{a_1^2+b_1^2+c_1^2}\sqrt{a_2^2+b_2^2+c_2^2}}\right|$$

$$=\left|\frac{(a)(-a)+(a)(a)+(a)(a)}{\sqrt{a^2+a^2+a^2}\sqrt{a^2+a^2+a^2}}\right|$$

$$=\left|\frac{-a^2+a^2+a^2}{\sqrt{3a^2}\sqrt{3a^2}}\right|=\left|\frac{a^2}{3a^2}\right|=\frac{1}{3}$$

$$\Rightarrow \quad 3\cos\theta=1$$

58. (a) किसी समतल $ax+by+cz+d=0$ के लिए अभिलम्ब सदिश $a\hat{\mathbf{i}}+b\hat{\mathbf{j}}+c\hat{\mathbf{k}}$ होता है।

$\therefore$ समतल $2x+3y-z=7$ के अभिलम्ब सदिश $2\hat{\mathbf{i}}+3\hat{\mathbf{j}}-\hat{\mathbf{k}}$ है। इसलिए समतल के अभिलम्ब के दिक् अनुपात $\langle 2, 3, -1\rangle$ हैं।

60. (d) बिन्दुओं (2, 1, 3) तथा (4, −2, 5) से होकर जाने वाली रेखा का समीकरण

$$\frac{x-2}{4-2}=\frac{y-1}{-2-1}=\frac{z-3}{5-3}=\lambda$$

$$\Rightarrow \quad \frac{x-2}{2}=\frac{y-1}{-3}=\frac{z-3}{2}=\lambda$$

$$\Rightarrow x=2\lambda+2, y=-3\lambda+1, z=2\lambda+3$$

$\because$ यह रेखा, समतल $2x+y-z=3$ को काटती है।

$\therefore$ बिन्दु $(2\lambda+2, -3\lambda+1, 2\lambda+3)$ समतल के समीकरण को सन्तुष्ट करेंगे।

$$\therefore 2(2\lambda+2)+(-3\lambda+1)-(2\lambda+3)=3$$

$$\Rightarrow \quad 4\lambda+4-3\lambda+1-2\lambda-3=3$$

$$\Rightarrow \quad -\lambda+2=3$$

$$\Rightarrow \quad \lambda=-1$$

अतः अभीष्ट बिन्दु

$$=[2(-1)+2, -3(-1)+1, 2(-1)+3]$$

$$=[0, 4, 1]$$

61. (a) दिए गए समतल के समीकरण हैं

$$2x-y+3z=2 \qquad \ldots(i)$$

तथा $$x+y-z=1 \qquad \ldots(ii)$$

माना $\langle a, b, c\rangle$ प्रतिच्छेदन रेखा के दिक् अनुपात हैं

$$\therefore \quad 2a-b+3c=0 \qquad \ldots(iii)$$

$$a+b-c=0 \qquad \ldots(iv)$$

समी (iii) तथा (iv) को हल करने पर,

$$\frac{a}{-2}=\frac{-b}{-5}=\frac{c}{3}$$

$$\Rightarrow \quad \frac{a}{-2}=\frac{b}{5}=\frac{c}{3}$$

$$\Rightarrow \quad \langle a, b, c\rangle=\langle 2, -5, -3\rangle$$

62. (b) दिया है, $\frac{x}{2}=\frac{y-2}{3}=\frac{z-3}{4}=\lambda$

$\Rightarrow \quad x=2\lambda,\ y=3\lambda+2$

तथा $\quad z=4\lambda+3$

$\therefore$ बिन्दु $P\ (3,-1,11)$ से होकर जाने वाली रेखा के दिक् अनुपात

$$[(2\lambda-3),(3\lambda+2+1),(4\lambda+3-11)]$$

अर्थात् $[(2\lambda-3),(3\lambda+3),(4\lambda-8)]$ है।

$\therefore (2\lambda-3)\cdot 2+(3\lambda+3)\cdot 3+(4\lambda-8)\cdot 4=0$

$\Rightarrow 4\lambda-6+9\lambda+9+16\lambda-32=0$

$\Rightarrow \quad 29\lambda-29=0$

$\Rightarrow \quad 29\lambda=29$

$\Rightarrow \quad \lambda=1$

$\therefore$ दिक् अनुपात $\equiv(2-3,3+3,4-8)$

$\equiv(-1,6,-4)$

63. (a) हम जानते हैं कि, तीन असंरेखीय बिन्दुओं $(x_1,y_1,z_1),(x_2,y_2,z_2)$ तथा (x_3,y_3,z_3) से होकर जाने वाले समतल का समीकरण

$$\begin{vmatrix} x-x_1 & y-y_1 & z-z_1 \\ x_2-x_1 & y_2-y_1 & z_2-z_1 \\ x_3-x_1 & y_3-y_1 & z_3-z_1 \end{vmatrix}=0 \text{ है।}$$

अब $(x_1,y_1,z_1),(x_2,y_2,z_2)$ तथा (x_3,y_3,z_3) का मान रखने पर,

$$\begin{vmatrix} x-2 & y-2 & z-1 \\ 1 & 2 & 1 \\ 5 & -2 & 5 \end{vmatrix}=0$$

$\Rightarrow (x-2)(10+2)-(y-2)(5-5)$
$+(z-1)(-2-10)=0$

$\Rightarrow \quad 12x-24-0-12z+12=0$

$\Rightarrow \quad 12x-12z=12$

$\therefore \quad x-z=1$

अतः बिन्दु $(1,0,0)$ समतल पर स्थित है।

64. (c) दिया है, $\mathbf{r}=(1+\lambda-\mu)\hat{\mathbf{i}}+(2-\lambda)\hat{\mathbf{j}}$
$+(3-2\lambda+2\mu)\hat{\mathbf{k}}$

$\Rightarrow \quad \mathbf{r}=(\hat{\mathbf{i}}+2\hat{\mathbf{j}}+3\hat{\mathbf{k}})+\lambda(\hat{\mathbf{i}}-\hat{\mathbf{j}}-2\hat{\mathbf{k}})$
$+\mu(-\hat{\mathbf{i}}+2\hat{\mathbf{k}}) \quad \ldots(\text{i})$

जोकि $\mathbf{a}=\hat{\mathbf{i}}+2\hat{\mathbf{j}}+3\hat{\mathbf{k}}$ से होकर गुजरने वाले तथा सदिश $\mathbf{b}=\hat{\mathbf{i}}-\hat{\mathbf{j}}-2\hat{\mathbf{k}}$ तथा $\mathbf{c}=-\hat{\mathbf{i}}+2\hat{\mathbf{k}}$ के समान्तर समतल का समीकरण है, अतः यह सदिश $\mathbf{n}=\mathbf{b}\times\mathbf{c}=-2\hat{\mathbf{i}}-\hat{\mathbf{k}}$ के लम्बवत् है।

अतः समतल सदिश समीकरण

$$(\mathbf{r}-\mathbf{a})\cdot\mathbf{n}=0$$

$\Rightarrow \quad \mathbf{r}\cdot\mathbf{n}=\mathbf{a}\cdot\mathbf{n}$

$\Rightarrow \quad \mathbf{r}\cdot(-2\hat{\mathbf{i}}-\hat{\mathbf{k}})=-2-3$

$\Rightarrow \quad \mathbf{r}\cdot(2\hat{\mathbf{i}}+\hat{\mathbf{k}})=5$

अतः कार्तीय समीकरण है

$(x\hat{\mathbf{i}}+y\hat{\mathbf{j}}+z\hat{\mathbf{k}})\cdot(2\hat{\mathbf{i}}+\hat{\mathbf{k}})=5$

$\Rightarrow \quad 2x+z=5$

अध्याय

06

क्षेत्रमिति

(Mensuration)

क्षेत्रफल

किसी समतल आकृति द्वारा घेरा जाने वाला स्थान अथवा आकृति की सीमाओं के अन्दर के धरातल (फर्श) का परिमाण, उसका क्षेत्रफल (Area) कहलाता है। क्षेत्रफल का मात्रक 'वर्ग इकाई' होता है।

परिमिति या परिमाप

किसी समतल आकृति की सभी भुजाओं का योगफल, उसका परिमाप (Perimeter) कहलाता है। इसे परिमिति भी कहते हैं। जिस इकाई में भुजा की माप दी गई होती है, वही इकाई परिमिति की माप होती है।

त्रिभुजों के क्षेत्रफल, परिमाप एवं अन्य माप

विभिन्न प्रकार के त्रिभुज तथा उनके क्षेत्रफल, परिमाप एवं अन्य मापें निम्न प्रकार हैं—

1. विषमबाहु त्रिभुज (Scalene Triangle)

माना त्रिभुज की भुजाएँ a, b व c हैं तथा शीर्षलम्ब की लम्बाई (त्रिभुज की ऊँचाई) h हो, तब

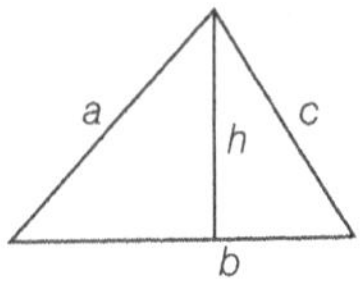

(i) क्षेत्रफल $= \sqrt{s(s-a)(s-b)(s-c)}$

जहाँ, $s = \dfrac{a+b+c}{2}$

या क्षेत्रफल $= \dfrac{1}{2} \times$ आधार $\times$ ऊँचाई $= \dfrac{1}{2} \times b \times h$

(ii) परिमाप $= a + b + c$

2. समबाहु त्रिभुज (Equilateral Triangle)

माना त्रिभुज की भुजा 'a' व शीर्षलम्ब की लम्बाई 'h' है,

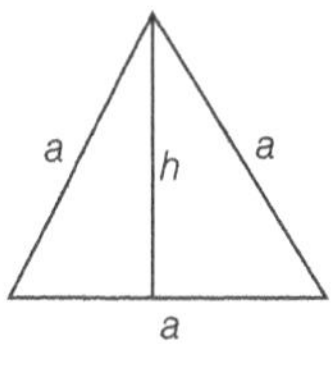

(i) क्षेत्रफल $= \dfrac{\sqrt{3}}{4} a^2$ (ii) ऊँचाई $(h) = \dfrac{\sqrt{3}}{2} a$

(iii) परिमाप $= 3a$ (iv) परिवृत्त की त्रिज्या $= \dfrac{a}{\sqrt{3}}$

(v) अन्त: वृत्त की त्रिज्या $= \dfrac{a}{2\sqrt{3}}$

3. समद्विबाहु त्रिभुज (Isosceles Triangle)

माना त्रिभुज की समान भुजाओं की लम्बाई a व तीसरी भुजा की लम्बाई b है।

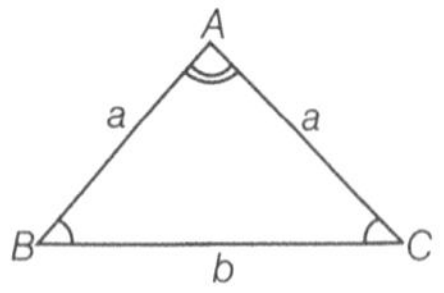

(i) क्षेत्रफल $= \sqrt{s(s-a)(s-a)(s-b)}$

$= (s-a)\sqrt{s(s-b)}$

जहाँ, $s = a + \dfrac{b}{2}$

(ii) परिमाप $= a + a + b = 2a + b$

4. समकोण त्रिभुज (Right Angle Triangle)

माना त्रिभुज का लम्ब 'p', आधार 'b' तथा कर्ण 'h' हो, तब

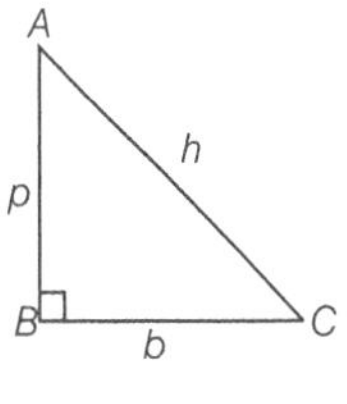

(i) क्षेत्रफल $= \dfrac{1}{2} \times$ आधार $(b) \times$ लम्ब (p)

(ii) परिमाप $= h + p + b$

(iii) $h^2 = (p)^2 + (b)^2$ [$\because$ (कर्ण)^2 = (लम्ब)^2 + (आधार)^2]

उदाहरण 1 त्रिभुज ABC में, BC की लम्बाई AB की लम्बाई के दोगुने से 3 सेमी कम है। AC की लम्बाई AB की लम्बाई से 9 सेमी अधिक है। त्रिभुज की परिमिति 34 सेमी है। त्रिभुज की सबसे छोटी भुजा की लम्बाई (सेमी में) है

(a) 9 (b) 8 (c) 10 (d) 7

हल (d) माना $AB = x$ सेमी

तब $BC = (2x - 3)$ सेमी

और $AC = (x + 9)$ सेमी

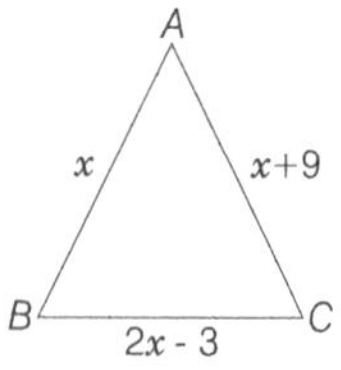

त्रिभुज की परिमिति $= AB + BC + CA$

$\Rightarrow \quad 34 = x + 2x - 3 + x + 9$

$\Rightarrow \quad 34 = 4x + 6$

$\Rightarrow \quad 4x = 34 - 6 = 28$

$x = 7$

अतः त्रिभुज की सबसे छोटी भुजा $= AB = 7$ सेमी

उदाहरण 2 एक समबाहु त्रिभुज का क्षेत्रफल $25\sqrt{3}$ वर्ग सेमी है। इसकी भुजा (सेमी में) ज्ञात करें।

(a) 10 (b) 5 (c) 20 (d) 30

हल (a) माना समबाहु त्रिभुज की भुजा $= a$ सेमी

समबाहु त्रिभुज का क्षेत्रफल $= \dfrac{\sqrt{3}}{4} a^2$

$\Rightarrow \quad 25\sqrt{3} = \dfrac{\sqrt{3}}{4} a^2$

$\Rightarrow \quad a^2 = 25 \times 4 = 100$

$a = 10$ सेमी

चतुर्भुज के क्षेत्रफल, परिमाप एवं अन्य माप

विभिन्न प्रकार के चतुर्भुज तथा उनके क्षेत्रफल, परिमाप एवं अन्य मापें निम्न हैं

1. वर्ग (Square)

माना वर्ग (Square) की प्रत्येक भुजा की लम्बाई a है, तब

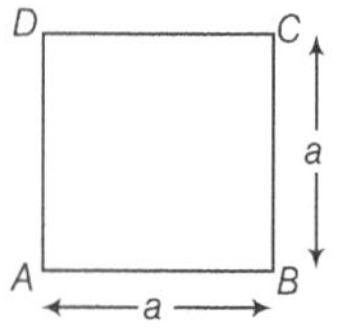

(i) क्षेत्रफल $= (\text{भुजा})^2 = a^2 = \dfrac{1}{2}(\text{विकर्ण})^2$

(ii) परिमाप $= 4 \times$ भुजा $= 4a$

(iii) विकर्ण $= a\sqrt{2}$

2. आयत (Rectangle)

माना आयत की लम्बाई व चौड़ाई क्रमशः l व b हैं, तब

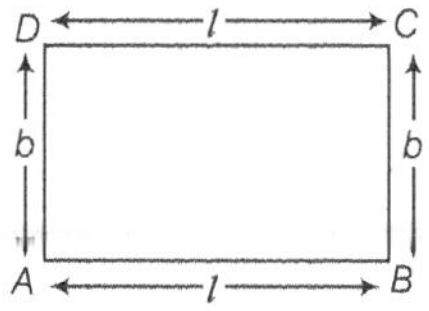

(i) क्षेत्रफल = लम्बाई × चौड़ाई $= l \times b$

(ii) परिमाप $= 2(l + b)$

(iii) विकर्ण $= \sqrt{l^2 + b^2}$

3. समान्तर चतुर्भुज (Parallelogram)

माना समान्तर चतुर्भुज की संलग्न भुजाएँ क्रमशः a व b हैं तथा इसकी ऊँचाई h हो, तब

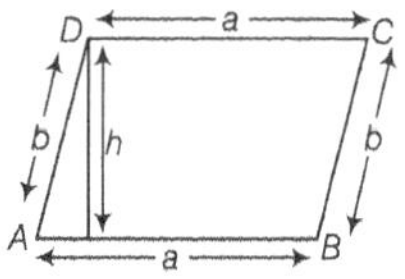

(i) क्षेत्रफल = आधार × ऊँचाई $= a \times h$

(ii) परिमाप $= 2(a + b)$

4. समलम्ब (Trapezium)

माना समलम्ब की समान्तर भुजाएँ क्रमशः a व b तथा इनके बीच की दूरी h हो, तब

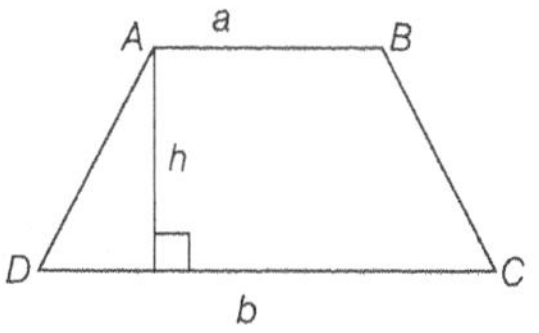

क्षेत्रफल $= \dfrac{1}{2} \times$ (समान्तर भुजाओं का योग) × ऊँचाई

$= \dfrac{1}{2} \times (a + b) \times h$

5. समचतुर्भुज (Rhombus)

माना समचतुर्भुज की भुजा a व विकर्ण क्रमशः d_1 व d_2 हों, तब

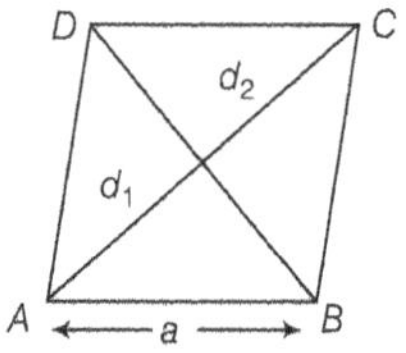

(i) क्षेत्रफल $= \dfrac{1}{2} \times d_1 \times d_2$ (ii) परिमाप $= 4 \times a$

(iii) $4a^2 = d_1^2 + d_2^2$

उदाहरण 3 उस समचतुर्भुज का क्षेत्रफल (सेमी² में) कितना होगा जिसकी भुजा 20 सेमी है और एक विकर्ण 24 सेमी है?

(a) 396 (b) 392
(c) 384 (d) 350

हल (c) दिया है, समचतुर्भुज की भुजा $(a) = 20$ सेमी

विकर्ण $(d_1) = 24$ सेमी

हम जानते हैं कि, $4a^2 = d_1^2 + d_2^2 \Rightarrow 4 \times (20)^2 = (24)^2 + d_2^2$

$$4 \times 400 = 576 + d_2^2 \Rightarrow d_2^2 = 1600 - 576 = 1024$$

$$d_2 = 32 \text{ सेमी}$$

समचतुर्भुज का क्षेत्रफल $= \frac{1}{2} \times d_1 \times d_2 = \frac{1}{2} \times 24 \times 32 = 384$ सेमी^{2}

उदाहरण 4 एक आयत के विकर्ण की लम्बाई और चौड़ाई क्रमश: 25 सेमी और 7 सेमी है। इसका परिमाप (सेमी में) ज्ञात करें।

(a) 124 (b) 41 (c) 82 (d) 62

हल (d) दिया है, आयत का विकर्ण = 25 सेमी

आयत की चौड़ाई = 7 सेमी

हम जानते हैं कि, आयत का विकर्ण $= \sqrt{l^2 + b^2}$ (जहाँ l = लम्बाई)

$$25 = \sqrt{l^2 + 7^2} \Rightarrow 625 = l^2 + 49$$

$$l^2 = 625 - 49 = 576$$

$$l = 24 \text{ सेमी}$$

$\therefore$ आयत का परिमाप $= 2(l + b) = 2(24 + 7) = 2 \times 31 = 62$ सेमी

उदाहरण 5 एक वर्ग का क्षेत्रफल 100 वर्ग सेमी है, तो उसके विकर्ण की लम्बाई कितनी होगी?

(a) $10\sqrt{2}$ सेमी (b) 10 सेमी
(c) 20 सेमी (d) $20\sqrt{2}$ सेमी

हल (a) दिया है, वर्ग का क्षेत्रफल = 100

$$a^2 = 100 \Rightarrow a = 10 \text{ सेमी}$$

वर्ग का विकर्ण $= \sqrt{2}\, a = 10\sqrt{2}$ सेमी

वृत्त (Circle)

माना वृत्त (Circle) की त्रिज्या r है, तब

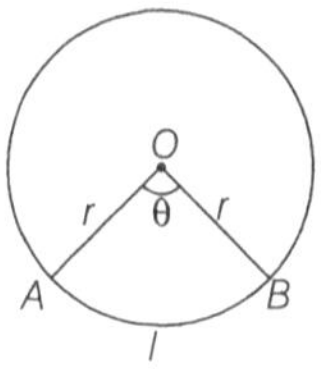

(i) व्यास, $(d) = 2r$

(ii) क्षेत्रफल $= \pi r^2$

(iii) परिधि $= 2\pi r = \pi d$

(iv) चाप की लम्बाई, $(l) = \frac{\pi r \theta}{180°}$

(v) त्रिज्यखण्ड (OAB) का क्षेत्रफल $= \frac{\pi r^2 \theta}{360°}$

वृत्ताकार वलय (Circular Ring)

माना बाह्य व अन्त:वृत्त की त्रिज्याएँ क्रमश: R व r हैं, तब

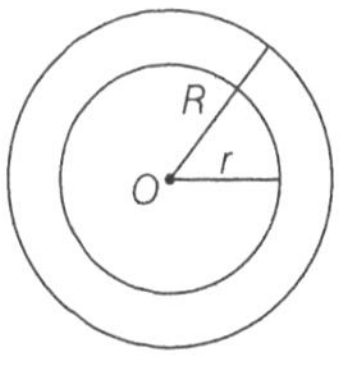

(i) क्षेत्रफल $= \pi (R^2 - r^2)$

(ii) दोनों वलयों की परिधियों का अन्तर $= 2\pi (R - r)$

अर्द्धवृत्त (Semi-Circle)

माना अर्द्धवृत्त की त्रिज्या r है, तब

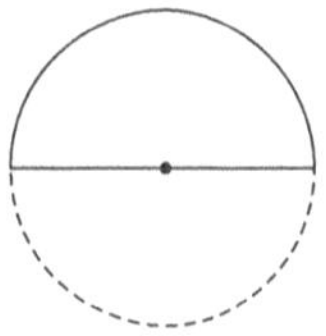

(i) व्यास, $(d) = 2r$

(ii) क्षेत्रफल $= \frac{1}{2} \pi r^2$

(iii) परिमाप $= \pi r + 2r$

उदाहरण 6 एक वृत्त की परिधि 88 सेमी है, तो उसका क्षेत्रफल कितना होगा?

(a) 616 वर्ग सेमी (b) 308 वर्ग सेमी
(c) 154 वर्ग सेमी (d) 77 वर्ग सेमी

हल (a) माना वृत्त की त्रिज्या = r

वृत्त की परिधि $= 2\pi r$

$$88 = 2\pi r$$

$$r = \frac{88}{2\pi} = \frac{88 \times 7}{2 \times 22} \Rightarrow r = 14 \text{ सेमी}$$

वृत्त का क्षेत्रफल $= \pi r^2 = \frac{22}{7} \times (14)^2 = 616$ वर्ग सेमी

उदाहरण 7 एक अर्द्धवृत्त का क्षेत्रफल 1925 वर्ग सेमी है। इसके परिमाप (सेमी में) की गणना करें।

(a) 360 (b) 80 (c) 160 (d) 180

हल (d) माना अर्द्धवृत्त की त्रिज्या = r

अर्द्धवृत्त का क्षेत्रफल $= \frac{1}{2} \pi r^2$

$$1925 = \frac{1}{2} \pi r^2$$

$$r^2 = \frac{1925 \times 2 \times 7}{22} = 1225$$

$$\Rightarrow r = 35 \text{ सेमी}$$

अर्द्धवृत्त का परिमाप $= \pi r + 2r = \frac{22}{7} \times 35 + 2 \times 35 = 180$ सेमी

आयतन

एक ठोस के पृष्ठों द्वारा घिरे हुए स्थान को आयतन (Volume) कहते हैं। जैसे— एक खाली कमरे में जितनी हवा भरी जा सकती है,उतना ही कमरे का आयतन होता है। आयतन को घन इकाई में मापा जाता है।

वक्रपृष्ठीय क्षेत्रफल तथा सम्पूर्ण पृष्ठीय क्षेत्रफल

समतल अथवा ठोस वस्तुओं के फैलाव को सतह या पृष्ठ कहते हैं। किसी त्रिविमीय आकृति को चारों ओर से घेरने वाले पृष्ठ या सतह का क्षेत्रफल, आकृति का वक्रपृष्ठीय क्षेत्रफल (Curved Surface Area) कहलाता है।

किसी आकृति के वक्रपृष्ठीय क्षेत्रफल, आधार के क्षेत्रफल तथा उसके समान्तर पृष्ठ के क्षेत्रफल का योग आकृति के सम्पूर्ण पृष्ठ का क्षेत्रफल (Total Surface Area) कहलाता है। पृष्ठीय क्षेत्रफल को वर्ग इकाई में मापा जाता है।

विभिन्न आकृतियों के आयतन एवं पृष्ठीय क्षेत्रफल कुछ मुख्य आकृतियों के आयतन एवं पृष्ठीय क्षेत्रफल निम्न हैं

घनाभ (Cuboid)

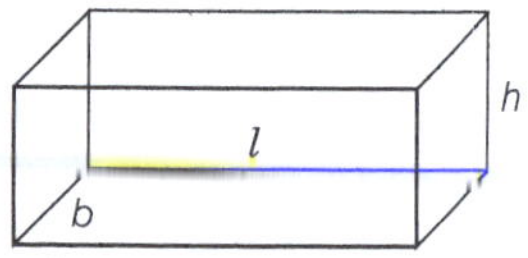

माना l = लम्बाई, b = चौड़ाई तथा h = ऊँचाई हो, तब

(i) घनाभ का आयतन $= l \times b \times h$ घन इकाई

(ii) घनाभ का विकर्ण $= \sqrt{l^2 + b^2 + h^2}$ इकाई

(iii) घनाभ का पार्श्व पृष्ठीय क्षेत्रफल $= 2(l + b)h$ वर्ग इकाई

(iv) घनाभ का पृष्ठीय क्षेत्रफल$= 2(lb + bh + lh)$ वर्ग इकाई

घन (Cube)

यदि घन की प्रत्येक भुजा की लम्बाई a हो, तब

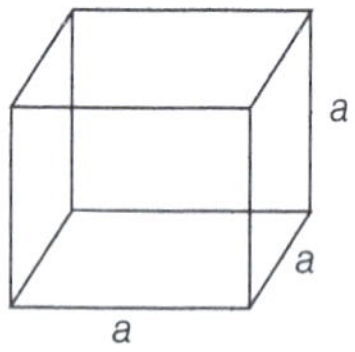

(i) घन का आयतन = (भुजा)$^3 = a^3$ घन इकाई

(ii) घन का पार्श्व पृष्ठीय क्षेत्रफल = 4 × (भुजा)$^2 = 4a^2$ वर्ग इकाई

(iii) घन का सम्पूर्ण पृष्ठ = 6 × (भुजा)$^2 = 6a^2$ वर्ग इकाई

(iv) घन का विकर्ण = भुजा × $\sqrt{3} = a\sqrt{3}$ इकाई

उदाहरण 8 प्रत्येक 10 सेमी कोर वाले दो घनों को आपस में एक सिरे से दूसरे सिरे तक जोड़ दिया गया है। इस प्रकार, बने घनाभ का सम्पूर्ण पृष्ठीय क्षेत्रफल होगा

(a) 100 सेमी^{2} (b) 1000 सेमी^{2} (c) 1001 सेमी^{2} (d) 1200 सेमी^{2}

हल (b) परिणामी घनाभ की लम्बाई = 10 + 10 = 20 सेमी

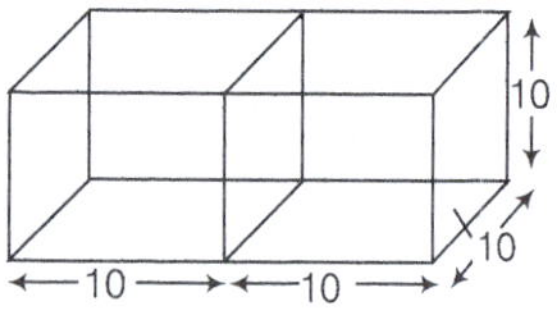

परिणामी घनाभ की चौड़ाई = 10 सेमी

परिणामी घनाभ की ऊँचाई = 10 सेमी

अत: परिणामी घनाभ का सम्पूर्ण पृष्ठीय क्षेत्रफल

$$= 2(lb + bh + hl)$$
$$= 2 \times (20 \times 10 + 10 \times 10 + 20 \times 10)$$
$$= 2 \times (200 + 100 + 200)$$
$$= 1000 \text{ सेमी}^2$$

उदाहरण 9 एक घन का आयतन 166.375 घन सेमी है। इसकी भुजा (सेमी में) ज्ञात करें।

(a) 6.5 (b) 4.5 (c) 7.5 (d) 5.5

हल (d) माना घन की भुजा = a सेमी

तब, घन का आयतन = a^3

प्रश्नानुसार,

$$a^3 = 166.375 = \frac{166375}{1000}$$
$$a^3 = \frac{55 \times 55 \times 55}{1000}$$
$$a = \frac{55}{10} = 5.5 \text{ सेमी}$$

बेलन (Cylinder)

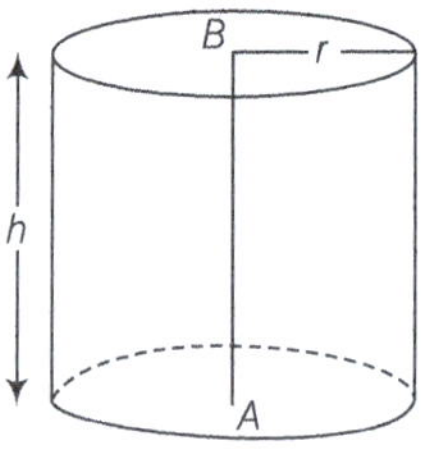

माना r और h क्रमश: बेलन की त्रिज्या और ऊँचाई हैं।

(i) बेलन का आयतन

= आधार का क्षेत्रफल × ऊँचाई

$= \pi r^2 h$ घन इकाई

(ii) वक्रपृष्ठीय क्षेत्रफल

= आधार की परिधि × ऊँचाई $= 2\pi rh$ वर्ग इकाई

(iii) बेलन का सम्पूर्ण पृष्ठ = वक्रपृष्ठ + दोनों सिरों का क्षेत्रफल

$= 2\pi rh + 2\pi r^2 = 2\pi r(h + r)$ वर्ग इकाई

उदाहरण 10 42 सेमी व्यास और 14 सेमी ऊँचाई वाले लम्ब वृत्तीय बेलन के सतह का कुल क्षेत्रफल (वर्ग सेमी में) ज्ञात करें।

(a) 4620 (b) 4500 (c) 4850 (d) 4200

हल (a) दिया है, बेलन की ऊँचाई (h) = 14 सेमी

बेलन का व्यास = 42 सेमी

बेलन की त्रिज्या (r) $= \frac{42}{2} = 21$ सेमी

बेलन के सतह का कुल क्षेत्रफल $= 2\pi r(h + r)$

$$= 2 \times \frac{22}{7} \times 21 \times (14 + 21)$$
$$= 44 \times 3 \times 35 = 4620 \text{ वर्ग सेमी}$$

खोखला बेलन (Hollow Cylinder)

माना किसी खोखले बेलन की बाहरी त्रिज्या R, भीतरी त्रिज्या r तथा ऊँचाई h है।

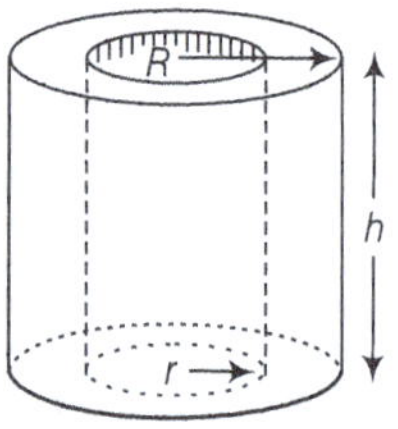

तब,

(i) खोखले बेलन का आयतन $= \pi(R^2 - r^2)h$ घन इकाई

(ii) खोखले बेलन का वक्रपृष्ठ $= 2\pi Rh + 2\pi rh = 2\pi(R + r)h$ वर्ग इकाई

(iii) खोखले बेलन का सम्पूर्ण पृष्ठ

= वक्रपृष्ठीय क्षेत्रफल + दोनों सिरों का क्षेत्रफल

$= 2\pi h(R + r) + 2\pi(R^2 - r^2)$

$= 2\pi(R + r)(h + R - r)$ वर्ग इकाई

उदाहरण 11 एक खोखले बेलनाकार पाईप की बाहरी तथा भीतरी त्रिज्याएँ क्रमशः 8 सेमी तथा 7 सेमी हैं और पाईप की ऊँचाई 30 सेमी है। पाईप का सम्पूर्ण पृष्ठीय क्षेत्रफल तथा आयतन क्रमशः होगा

(a) 2830.95 वर्ग सेमी 1420.21 घन सेमी
(b) 2922.86 वर्ग सेमी 1414.29 घन सेमी
(c) 3042.15 वर्ग सेमी 1415.10 घन सेमी
(d) 2850.15 वर्ग सेमी 1520.40 घन सेमी

हल (b) दिया है, खोखले बेलनाकार पाईप की बाहरी त्रिज्या, $R = 8$ सेमी, भीतरी त्रिज्या, $r = 7$ सेमी तथा ऊँचाई, $h = 30$ सेमी

$\therefore$ पाईप का सम्पूर्ण पृष्ठ $= 2\pi(R+r)(h+R-r)$

$$= 2 \times \frac{22}{7} \times (8+7)(30+8-7)$$

$$= 2 \times \frac{22}{7} \times 15 \times 31$$

$$= \frac{20460}{7}$$

$= 2922.86$ वर्ग सेमी

तथा पाईप का आयतन $= \pi(R^2 - r^2)h$

$$= \pi(8^2 - 7^2) \times 30$$

$$= \frac{22}{7} \times 15 \times 30$$

$= 1414.29$ घन सेमी

लम्बवृत्तीय शंकु (Right Circular Cone)

माना r, h तथा l क्रमशः शंकु की त्रिज्या, ऊँचाई तथा तिर्यक ऊँचाई हैं।

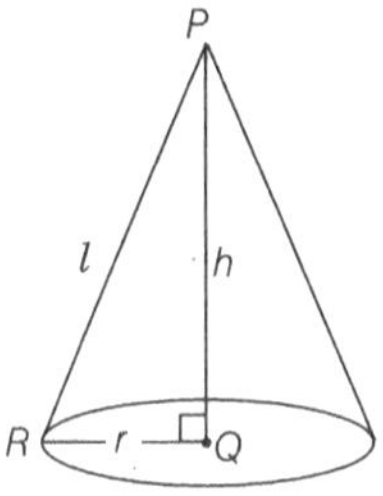

तब, $l = \sqrt{r^2 + h^2}$

(i) शंकु का आयतन $= \frac{1}{3}\pi r^2 h$ घन इकाई

(ii) शंकु का वक्रपृष्ठीय क्षेत्रफल $= \pi r l$ वर्ग इकाई

(iii) शंकु का सम्पूर्ण पृष्ठीय क्षेत्रफल $= \pi r(l + r)$ वर्ग इकाई

उदाहरण 12 एक लम्बवृत्तीय शंकु की त्रिज्या व ऊँचाई का अनुपात 5:12 है। यदि इसका आयतन 314 मी^{3} हो, तो इसकी तिर्यक ऊँचाई तथा त्रिज्या ज्ञात कीजिए। **(2015)**

(a) 14 मी, 5 मी
(b) 13 मी, 5 मी
(c) 13 मी, 6 मी
(d) 12 मी, 5 मी

हल (b) माना त्रिज्या $= 5x$ तथा ऊँचाई $= 12x$

शंकु का आयतन $= \frac{1}{3}\pi r^2 h$

$\Rightarrow \quad 314 = \frac{1}{3} \times 3.14 \times (5x)^2 \times (12x)$

$\Rightarrow \quad 314 = 314\, x^3$ या $x^3 = 1$

$\Rightarrow \quad x = 1$

$\therefore$ त्रिज्या $= 5 \times 1 = 5$ मी, ऊँचाई $= 12 \times 1 = 12$ मी

तिर्यक ऊँचाई, $l = \sqrt{r^2 + h^2} = \sqrt{(5)^2 + (12)^2} = \sqrt{169} = 13$ मी

अतः तिर्यक ऊँचाई 13 मी तथा त्रिज्या 5 मी है।

शंकु का छिन्नक (Frustum of Cone)

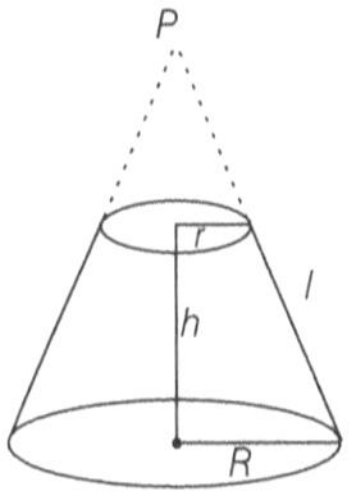

माना शंकु के छिन्नक की आधार की त्रिज्या R तथा ऊपरी भाग की त्रिज्या r हो, तब

(i) छिन्नक का आयतन $= \frac{\pi h}{3}(R^2 + r^2 + Rr)$ घन इकाई

(ii) पृष्ठीय सतह का क्षेत्रफल $= \pi l(R + r)$ वर्ग इकाई

जहाँ, $l^2 = h^2 + (R - r)^2$

(iii) सम्पूर्ण पृष्ठ = आधार का क्षेत्रफल + ऊपरी भाग का क्षेत्रफल + पृष्ठीय सतह का क्षेत्रफल $= \pi[R^2 + r^2 + l(R + r)]$ वर्ग इकाई

उदाहरण 13 एक बाल्टी के छोर की त्रिज्याएँ क्रमशः 15 सेमी व 5 सेमी हैं। इसकी क्षमता क्या होगी, जबकि ऊँचाई 24 सेमी है?

(a) 8172.80 सेमी^{3}
(b) 8171.30 सेमी^{3}
(c) 8171.43 सेमी^{3}
(d) 8170.00 सेमी^{3}

हल (c) बाल्टी की क्षमता = शंकु के छिन्नक का आयतन

$$V = \frac{\pi h}{3}(R^2 + r^2 + Rr)$$

$$= \frac{22}{7} \times \frac{24}{3} \times [(15)^2 + (5)^2 + (15) \times (5)]$$

$$= \frac{22}{7} \times 8\,(225 + 25 + 75) = 8171.43 \text{ सेमी}^3$$

गोला (Sphere)

माना गोले की त्रिज्या r है, तब

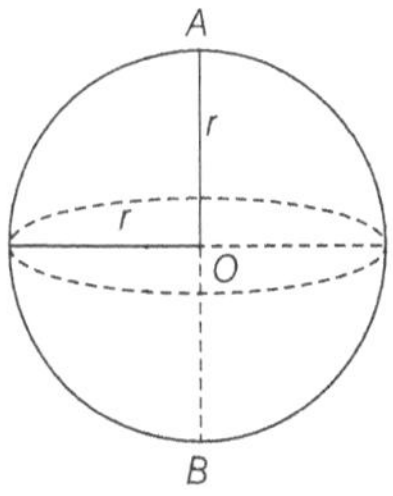

(i) गोले का आयतन $= \frac{4}{3}\pi r^3$ घन इकाई

(ii) गोले का पृष्ठीय क्षेत्रफल $= 4\pi r^2$ वर्ग इकाई

अर्द्धगोला (Hemisphere)

माना अर्द्धगोले की त्रिज्या r है, तब

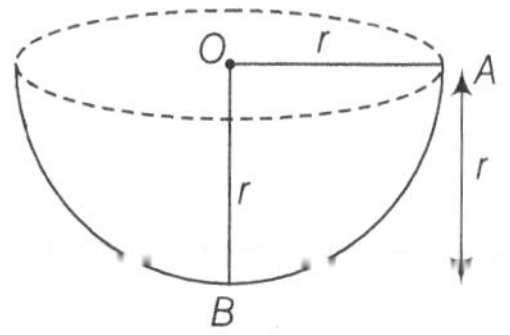

(i) अर्द्धगोले का आयतन $= \frac{2}{3}\pi r^3$ घन इकाई

(ii) अर्द्धगोले का वक्रपृष्ठीय क्षेत्रफल $= 2\pi r^2$ वर्ग इकाई

(iii) अर्द्धगोले का सम्पूर्ण पृष्ठ $= 2\pi r^2 + \pi r^2$

$= 3\pi r^2$ वर्ग इकाई

खोखला गोला (Hollow sphere) माना खोखले गोले की आन्तरिक तथा बाहरी त्रिज्याएँ क्रमशः r तथा R हैं, तब

(i) खोखले गोले का आयतन $= \frac{4}{3}\pi (R^3 - r^3)$

(ii) खोखले गोले का वक्रपृष्ठ $= 4\pi (R^2 + r^2)$

उदाहरण 14 एक धातु के गोले का आयतन 38808 सेमी^{3} है, तो इसकी त्रिज्या व पृष्ठीय क्षेत्रफल ज्ञात कीजिए।

(a) 21 सेमी, 5554 सेमी^{2}
(b) 20 सेमी, 5544 सेमी^{2}
(c) 21 सेमी, 5544 सेमी^{2}
(d) उपरोक्त में से कोई नहीं

हल (c) दिया है, धातु के गोले का आयतन = 38808 सेमी^{3}

$\Rightarrow \quad \frac{4}{3}\pi r^3 = 38808$

$\Rightarrow \quad r^3 = 38808 \times \frac{3}{4} \times \frac{7}{22}$

$\Rightarrow \quad r^3 = 9261$

$\because \quad r = 21$ सेमी

$\therefore$ गोले का पृष्ठीय क्षेत्रफल $= 4\pi r^2 = 4 \times \frac{22}{7} \times 21 \times 21$

$= 5544$ सेमी^{2}

उदाहरण 15 7 सेमी व्यास वाले एक अर्द्धगोले के सतह का कुल क्षेत्रफल (वर्ग सेमी में) ज्ञात करें।

(a) 105.5 (b) 99
(c) 77 (d) 115.5

हल (d) दिया है, अर्द्धगोले का व्यास = 7 सेमी

अर्द्धगोले की त्रिज्या $= \frac{7}{2}$ सेमी

अर्द्धगोले के सतह का कुल क्षेत्रफल $= 3\pi r^2$

$= 3 \times \frac{22}{7} \times \left(\frac{7}{2}\right)^2$

$= 115.5$ वर्ग सेमी

प्रिज्म (Prism)

प्रिज्म का आधार कोई भी आकृति हो सकती है
जैसे— त्रिभुज, वर्ग इत्यादि, तब

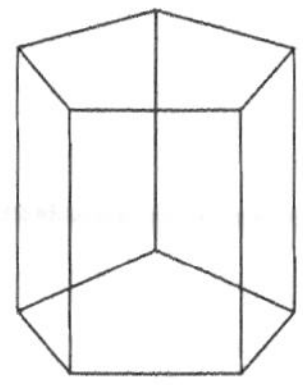

(i) प्रिज्म का आयतन = आधार का क्षेत्रफल × ऊँचाई

(ii) प्रिज्म का पार्श्व पृष्ठ का क्षेत्रफल
= प्रिज्म के आधार का परिमाप × ऊँचाई

(iii) सम्पूर्ण पृष्ठ का क्षेत्रफल
= पार्श्व पृष्ठ का क्षेत्रफल + 2 × आधार का क्षेत्रफल

पिरामिड (Pyramid)

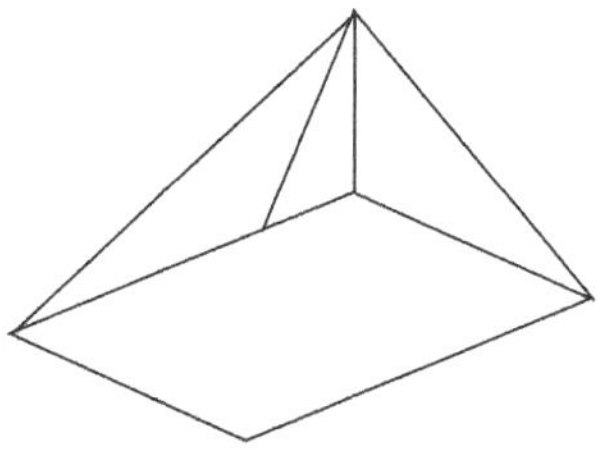

(i) पिरामिड का आयतन $= \frac{1}{3} \times$ आधार का क्षेत्रफल × ऊँचाई

(ii) पिरामिड का वक्रपृष्ठीय क्षेत्रफल
$= \frac{1}{2} \times$ आधार का परिमाप × तिर्यक ऊँचाई

(iii) पिरामिड का सम्पूर्ण पृष्ठीय क्षेत्रफल
= आधार का क्षेत्रफल × पार्श्व पृष्ठ का क्षेत्रफल

उदाहरण 16 एक लम्ब प्रिज्म का आधार एक ट्रैपीजियम है, जिसके दो समान्तर पार्श्वों की लम्बाई 10 सेमी और 6 सेमी है और उनके बीच की दूरी 5 सेमी है। यदि प्रिज्म की ऊँचाई 8 सेमी है, तो इसका आयतन है

(a) 320 घन सेमी (b) 300 घन सेमी
(c) 310 घन सेमी (d) 300.5 घन सेमी

हल (a) समान्तर भुजाओं की लम्बाई = 10 सेमी और 6 सेमी

तथा समान्तर भुजाओं के बीच की दूरी = 5 सेमी

प्रिज्म के आधार का क्षेत्रफल $= \frac{1}{2}(10 + 6) \times 5$

$\because$ प्रिज्म की ऊँचाई = 8 सेमी

$\therefore$ प्रिज्म का आयतन $= \frac{1}{2}(10 + 6) \times 5 \times 8$

$= \frac{1}{2} \times 16 \times 5 \times 8$

$= 320$ घन सेमी

अभ्यास प्रश्न

1. इकाई लम्बाई की प्रत्येक बारह छड़ों का उपयोग एक समबाहु त्रिभुज बनाने के लिए किया जाता है। त्रिभुज का क्षेत्रफल है
(a) $3\sqrt{3}$ वर्ग इकाई
(b) $8\sqrt{3}$ वर्ग इकाई
(c) $2\sqrt{3}$ वर्ग इकाई
(d) $4\sqrt{3}$ वर्ग इकाई

2. त्रिभुज ABC में, BC की लम्बाई AB की लम्बाई के दोगुने से 2 सेमी कम है। AC की लम्बाई AB की लम्बाई से 10 सेमी अधिक है। परिमिति 32 सेमी है। त्रिभुज की सबसे छोटी भुजा की लम्बाई (सेमी में) है
(a) 8 (b) 4
(c) 6 (d) 10

3. एक समबाहु त्रिभुज का क्षेत्रफल $36\sqrt{3}$ वर्ग सेमी है। इसकी भुजा (सेमी में) ज्ञात करें।
(a) 6 (b) 24
(c) 12 (d) 36

4. यदि एक समबाहु त्रिभुज की भुजा की लम्बाई 8 सेमी है, तो उस त्रिभुज का क्षेत्रफल ज्ञात करें।
(a) $32\sqrt{3}$ वर्ग सेमी (b) 16 वर्ग सेमी
(c) $16\sqrt{3}$ वर्ग सेमी (d) 32 वर्ग सेमी

5. एक त्रिभुज का परिमाप 54 मी है और उसकी भुजाएँ 5 : 6 : 7 के अनुपात में हैं। त्रिभुज का क्षेत्रफल क्या है?
(a) $27\sqrt{2}$ वर्ग मी (b) 25 वर्ग मी
(c) 18 वर्ग मी (d) $54\sqrt{6}$ वर्ग मी

6. किसी समलम्ब चतुर्भुज की समान्तर भुजाएँ 20 सेमी और 10 सेमी हैं और इसकी असमान्तर भुजाएँ एक-दूसरे के बराबर हैं। यदि इसका क्षेत्रफल 180 सेमी^{2} है, तो प्रत्येक असमान्तर भुजा की लम्बाई (सेमी में) क्या है?
(a) 11 (b) 15
(c) 13 (d) 12

7. एक आयताकार पार्क की लम्बाई इसकी चौड़ाई से 20 मी अधिक है। यदि ₹ 53 प्रति मीटर की दर से पार्क की चारदीवारी कराने का खर्च ₹ 21200 है तो पार्क का क्षेत्रफल (मी^{2} में) क्या है?
(a) 9900 (b) 8925
(c) 9240 (d) 9504

8. एक आयत के विकर्ण की लम्बाई (सेमी में) क्या होनी चाहिए, यदि इसका क्षेत्रफल और चौड़ाई क्रमश: 60 वर्ग सेमी और 5 सेमी है?
(a) 26 सेमी (b) 8 सेमी
(c) 16 सेमी (d) 13 सेमी

9. एक समचतुर्भुज का क्षेत्रफल और एक विकर्ण की लम्बाई क्रमश: 84 वर्ग सेमी और 7 सेमी है। इसके अन्य विकर्ण की लम्बाई (सेमी में) ज्ञात करें।
(a) 12 (b) 24 (c) 48 (d) 36

10. एक वर्ग का विकर्ण एक समबाहु त्रिभुज की भुजा के बराबर है। यदि उस वर्ग का क्षेत्रफल 12 वर्ग सेमी है, तो समबाहु त्रिभुज का क्षेत्रफल क्या है?
(a) $12\sqrt{3}$ वर्ग सेमी (b) $6\sqrt{3}$ वर्ग सेमी
(c) $12\sqrt{2}$ वर्ग सेमी (d) 24 वर्ग सेमी

11. एक वर्ग का विकर्ण $10\sqrt{2}$ सेमी है तो उसका परिमाप क्या होगा?
(a) 160 सेमी (b) 80 सेमी
(c) 20 सेमी (d) 40 सेमी

12. केन्द्रीय कोण वाले किसी वृत्तखण्ड का क्षेत्रफल A है। वृत्त की परिधि c है, तो A किसके समान होगा?
(a) $\frac{c^2}{6\pi}$ (b) $\frac{c^2}{24\pi}$
(c) $\frac{c^2}{4\pi}$ (d) $\frac{c^2}{18\pi}$

13. एक वृत्ताकार क्रिकेट मैदान का क्षेत्रफल 24.64 हेक्टेयर है। अगर रस्सी में मैदान की सीमा बनाई जाए, तो ₹5.40 प्रति मी की दर से लागत का पता लगाएँ।
(a) ₹ 9600 (b) ₹ 9504
(c) ₹ 9802 (d) ₹ 9876

14. एक वृत्त का क्षेत्रफल 616 वर्ग सेमी है। इसकी परिधि (सेमी में) कितनी होगी?
(a) 176 (b) 88
(c) 70 (d) 140

15. एक वृत्त की परिधि और व्यास के बीच अन्तर 150 मी है। उस वृत्त की त्रिज्या कितनी होगी? $\left(\pi = \frac{22}{7}\right.$ लीजिए$\left.\right)$
(a) 30 मी (b) 40 मी
(c) 25 मी (d) 35 मी

16. एक साईकिल के पहिए का व्यास (टायर सहित) 56 सेमी है। पहिया 2.2 किमी की दूरी तय करने में कितनी बार घूमेगा? (माना $\pi = \frac{22}{7}$)
(a) 1875 (b) 2500 (c) 625 (d) 1250

17. 5 सेमी किनारे वाले चार घन एक दूसरे से, छोरों से जुड़े हैं। परिणामी घनाभ का सम्पूर्ण पृष्ठीय क्षेत्रफल क्या होगा?
(a) 450 सेमी^{2} (b) 500 सेमी^{2}
(c) 475 सेमी^{2} (d) 600 सेमी^{2}

18. 7.5 सेमी की भुजा वाले एक घन के सतह का कुल क्षेत्रफल (वर्ग सेमी में) ज्ञात करें।
(a) 364.5 (b) 446
(c) 337.5 (d) 684

19. 25 मी की लम्बाई और 12 मी की चौड़ाई के आयताकार स्विमिंग पूल में एकसमान रूप से झुकती हुई फर्श है। वह अपनी लम्बाई के एक छोर पर 2 मी गहरा है और दूसरी ओर 3 मी गहरा है। इस पूल को पूरी तरह से भरने के लिए कितने पानी की आवश्यकता होगी?
(a) 1500 घन मी (b) 2250 घन मी
(c) 3000 घन मी (d) 750 घन मी

20. एक घन के प्रत्येक पार्श्व को 25% घटा दिया जाता है। मूल घन और परिणामी घन के आयतन का अनुपात ज्ञात करें।
(a) 64 : 1 (b) 27 : 64 (c) 64 : 27 (d) 8 : 1

21. यदि किसी आयताकार समान्तर षट्फलक (रेक्टेंगुलर पैरेललोपाइप्ड) के आयाम का जोड़ 24 सेमी है और विकर्ण (डायगोनल) की लम्बाई 15 सेमी है, तो उसका कुल पृष्ठीय क्षेत्रफल (सर्फेस एरिया) क्या होगा?
(a) 420 सेमी^{2} (b) 275 सेमी^{2}
(c) 351 सेमी^{2} (d) 378 सेमी^{2}

22. एक बेलनाकार पोल का वक्र पृष्ठीय क्षेत्रफल और आयतन क्रमश: 132 मी^{2} और 528 मी^{3} है। पोल की ऊँचाई (मी में) क्या है?
($\pi = 22/7$ मानें)
(a) $2\frac{1}{2}$ (b) $2\frac{5}{8}$ (c) $3\frac{5}{8}$ (d) $3\frac{1}{2}$

23. 28 सेमी व्यास और 12 सेमी ऊँचाई वाले एक लम्ब वृत्तीय बेलन के वक्र सतह का क्षेत्रफल (वर्ग सेमी में) ज्ञात करें।
(a) 968 (b) 924 (c) 856 (d) 1056

24. एक लम्ब वृत्तीय बेलन के वक्र सतह का क्षेत्रफल और व्यास क्रमश: 132 वर्ग सेमी और 7 सेमी है। इसकी ऊँचाई (सेमी में) ज्ञात करें।
(a) 7 (b) 8 (c) 9 (d) 6

25. यदि 4 सेमी की त्रिज्या और 8 सेमी की ऊँचाई वाले एक बेलनाकार वस्तु को पिघलाकर उसी त्रिज्या के एक शंकु का निर्माण किया जाता है, तो उस शंकु की ऊँचाई कितनी होगी?
(a) 48 सेमी (b) 24 सेमी
(c) 8 सेमी (d) 12 सेमी

26. किसी लम्बवृत्तीय शंकु का आयतन 924 सेमी^{3} है। यदि इसकी लम्बाई 18 सेमी है, तो इसके आधार का क्षेत्रफल (सेमी^{2} में) है
(a) 176 (b) 154
(c) 198 (d) 132

27. किसी लम्बवृत्तीय शंकु का आयतन, उस गोले के बराबर है जिसकी त्रिज्या, शंकु के आधार की त्रिज्या की आधी है। शंकु के आधार की त्रिज्या और इसकी ऊँचाई का अनुपात क्या है?
(a) 1 : 4 (b) 4 : 1
(c) 1 : 2 (d) 2 : 1

28. 21 सेमी व्यास और 11 सेमी तिरछी ऊँचाई वाले एक लम्बवृत्तीय शंकु के सम्पूर्ण पृष्ठ का क्षेत्रफल (वर्ग सेमी में) ज्ञात करें।
(a) 467.5 (b) 384
(c) 724 (d) 709.5

29. 3.5 सेमी त्रिज्या और 12 सेमी ऊँचाई वाला एक शंकु पूरी तरह से पानी से भर दिया जाता है। इस पानी को 7 सेमी की त्रिज्या के एक खाली बेलनाकार बर्तन में खाली कर दिया है। इस बर्तन में पानी की ऊँचाई क्या होगी?
(a) 2 सेमी (b) 0.33 सेमी
(c) 0.5 सेमी (d) 1 सेमी

30. यदि दो शंकुओं के आयतनों का अनुपात 2 : 3 हो और उनके आधारों की त्रिज्याओं का अनुपात 1 : 2 हो, तो उनकी ऊँचाईयों का अनुपात कितना होगा?
(a) 3 : 8 (b) 8 : 3 (c) 3 : 4 (d) 4 : 3

31. यदि 10.5 सेमी की त्रिज्या और 12 सेमी की ऊँचाई वाले एक शंकु को पिघलाकर उसी त्रिज्या के एक बेलन वस्तु का निर्माण किया जाता है, तो उस वस्तु की ऊँचाई कितनी होगी?
(a) 8 सेमी (b) 1.33 सेमी
(c) 2 सेमी (d) 4 सेमी

32. 42 सेमी के व्यास वाले एक गोले का आयतन (घन सेमी में) ज्ञात करें।
(a) 17779 (b) 36922
(c) 38808 (d) 13371

33. 42 सेमी व्यास वाले एक अर्द्धगोले के वक्र सतह का क्षेत्रफल (वर्ग सेमी में) कितना होगा?
(a) 2332 (b) 1778 (c) 1556 (d) 2772

34. 48 सेमी के व्यास वाली एक बड़ी गेंद को पिंघलाकर 3 सेमी की त्रिज्या वाली कितनी गेंदें बनाई जा सकती है?
(a) 1024 (b) 512 (c) 64 (d) 256

35. एक लम्ब प्रिज्म का आधार एक ट्रैपीजियम है, जिसके दो समान्तर पार्श्वों की लम्बाई 10 सेमी और 60 सेमी है और उनके बीच की दूरी 5 सेमी है। यदि प्रिज्म की ऊँचाई 8 सेमी है, तो इसका आयतन है
(a) 320 सेमी^{3} (b) 300 सेमी^{3}
(c) 310 सेमी^{3} (d) 300.5 सेमी^{3}

36. एक समलम्ब पिरामिड का आधार 16 वर्ग सेमी है और उसकी ऊँचाई 15 सेमी है। तद्नुसार, उसके तिरछे पृष्ठ का क्षेत्रफल कितने वर्ग सेमी होगा?
(a) 344 (b) 444 (c) 514 (d) 544

उत्तरमाला

1	(d)	2	(c)	3	(c)	4	(c)	5	(d)	6	(c)	7	(a)	8	(d)	9	(b)	10	(b)
11	(d)	12	(b)	13	(b)	14	(b)	15	(d)	16	(d)	17	(a)	18	(c)	19	(d)	20	(c)
21	(c)	22	(b)	23	(d)	24	(d)	25	(b)	26	(b)	27	(d)	28	(d)	29	(d)	30	(b)
31	(d)	32	(c)	33	(d)	34	(b)	35	(a)	36	(d)								

संकेत एवं हल

1. (d) दिया है, इकाई लम्बाई की बारह छड़े हैं।
अर्थात् समबाहु त्रिभुज का परिमाप = 12 इकाई
समबाहु त्रिभुज की भुजा $= \frac{12}{3} = 4$ इकाई
अतः समबाहु त्रिभुज का क्षेत्रफल
$= \frac{\sqrt{3}}{4} \times (\text{भुजा})^2$
$= \frac{\sqrt{3}}{4} \times (4)^2 = \frac{16\sqrt{3}}{4} = 4\sqrt{3}$ वर्ग इकाई

2. (c) माना $AB = x$

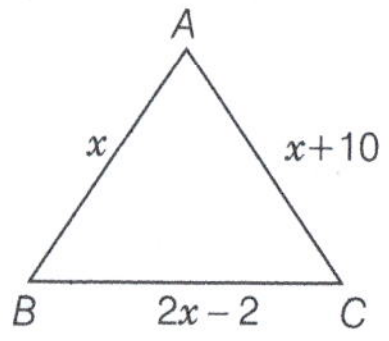

तब, $BC = 2x - 2$ तथा $AC = x + 10$
त्रिभुज का परिमाप $= AB + BC + CA$
$32 = x + 2x - 2 + x + 10$
$4x = 32 - 8 \Rightarrow 4x = 24$
$x = 6$
अतः त्रिभुज की सबसे छोटी भुजा $= AB = x$
$= 6$ सेमी

3. (c) माना समबाहु त्रिभुज की भुजा $= a$
समबाहु त्रिभुज का क्षेत्रफल $= 36\sqrt{3}$
$\frac{\sqrt{3}}{4} a^2 = 36\sqrt{3}$
$\Rightarrow a^2 = 144$
$\therefore a = 12$
अतः समबाहु त्रिभुज की भुजा = 12 सेमी

4. (c) दिया है,
समबाहु त्रिभुज की भुजा = 8 सेमी
समबाहु त्रिभुज का क्षेत्रफल $= \frac{\sqrt{3}}{4} \times (\text{भुजा})^2$
$= \frac{\sqrt{3}}{4} \times (8)^2 = \frac{\sqrt{3}}{4} \times 64 = 16\sqrt{3}$ वर्ग सेमी

5. (d) माना त्रिभुज की भुजाएँ क्रमशः $5k$ मी, $6k$ मी तथा $7k$ मी हैं। तब
प्रश्नानुसार,
$5k + 6k + 7k = 54$
$\Rightarrow 18k = 54$
$\therefore k = 3$ मी
त्रिभुज की भुजाएँ = 15 मी, 18 मी तथा 21 मी
$\because$ त्रिभुज का अर्द्ध परिमाप $(s) = \frac{15 + 18 + 21}{2}$
$= \frac{54}{2} = 27$
$\therefore$ त्रिभुज का क्षेत्रफल
$= \sqrt{27\,(27 - 15)\,(27 - 18)\,(27 - 21)}$
$= \sqrt{27 \times 12 \times 9 \times 6}$
$= 6 \times 9\sqrt{6}$
$= 54\sqrt{6}$ वर्ग मी

6. (c) दिया है, $AB = 20$ सेमी, $CD = 10$ सेमी

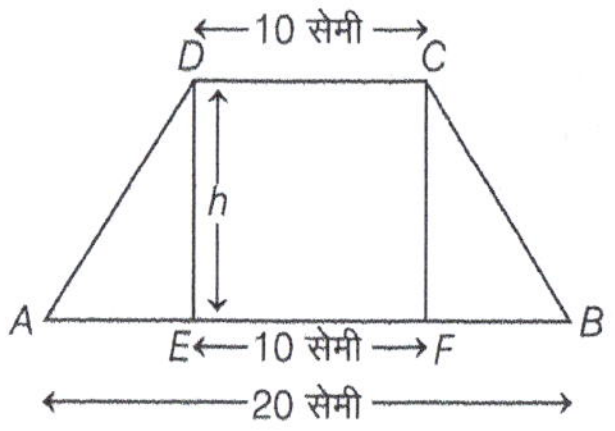

समलम्ब चतुर्भुज का क्षेत्रफल

$= \frac{1}{2} \times$ (समान्तर भुजाओं का योग) $\times$ समान्तर भुजाओं के बीच की दूरी

$180 = \frac{1}{2} \times (10 + 20) \times h$

$30h = 360$

$h = 12$ सेमी

अब, $AE = FB = \frac{AB - CD}{2} = \frac{20 - 10}{2} = 5$ सेमी

ΔADE में,

$AD^2 = AE^2 + DE^2$

$AD^2 = 5^2 + 12^2 = 25 + 144$

$AD^2 = 169$

$AD = 13$ सेमी

7. (a) माना पार्क की चौड़ाई $= x$ मी

पार्क की लम्बाई $= (x + 20)$ मी

आयताकार पार्क की चारदीवारी कराने का खर्च

$=$ परिमाप $\times 53$

$21200 = 2$ (लम्बाई + चौड़ाई) $\times 53$

$400 = 2(x + 20 + x)$

$200 = 2x + 20$

$2x = 180 \Rightarrow x = 90$

आयताकार पार्क का क्षेत्रफल

$=$ लम्बाई $\times$ चौड़ाई $= (x + 20) \times x$

$= (90 + 20) \times 90 = 110 \times 90 = 9900$ मी^{2}

8. (d) दिया है, आयत की चौड़ाई $(b) = 5$ सेमी

माना आयत की लम्बाई $(l) = x$ सेमी

आयत का क्षेत्रफल $= 60$ वर्ग सेमी

$l \times b = 60 \Rightarrow x \times 5 = 60$

$x = 12$ सेमी

अतः आयत का विकर्ण $= \sqrt{l^2 + b^2}$

$= \sqrt{12^2 + 5^2} = \sqrt{144 + 25}$

$= \sqrt{169} = 13$ सेमी

9. (b) दिया है, समचतुर्भुज का विकर्ण

$(d_1) = 7$ सेमी

समचतुर्भुज का क्षेत्रफल $= 84$ वर्ग सेमी

$\frac{1}{2} \times d_1 \times d_2 = 84$

$\frac{1}{2} \times 7 \times d_2 = 84$

$d_2 = 12 \times 2 = 24$ सेमी

अतः अन्य विकर्ण की लम्बाई $= 24$ सेमी

10. (b) दिया है,

वर्ग का क्षेत्रफल $= 12$ वर्ग सेमी

(भुजा)$^2 = 12$

भुजा $= \sqrt{12} = 2\sqrt{3}$ सेमी

वर्ग का विकर्ण $= \sqrt{2} \times$ भुजा $= \sqrt{2} \times 2\sqrt{3}$

$= 2\sqrt{6}$ सेमी

समबाहु त्रिभुज की भुजा $a =$ वर्ग का विकर्ण

$= 2\sqrt{6}$ सेमी

समबाहु त्रिभुज का क्षेत्रफल

$= \frac{\sqrt{3}}{4} \times (a)^2 = \frac{\sqrt{3}}{4} \times (2\sqrt{6})^2$

$= \frac{\sqrt{3}}{4} \times 24 = 6\sqrt{3}$ वर्ग सेमी

11. (d) दिया है, वर्ग का विकर्ण $= 10\sqrt{2}$ सेमी

$\sqrt{2}a = 10\sqrt{2}$

$a = 10$ सेमी

वर्ग का परिमाप $= 4a = 4 \times 10 = 40$ सेमी

12. (b) माना वृत्त की त्रिज्या $= r$

वृत्त की परिधि $= 2\pi r$

$c = 2\pi r$

$r = \frac{c}{2\pi}$

वृत्त-खण्ड का क्षेत्रफल $= \frac{\pi r^2 \theta}{360°}$

$A = \pi\left(\frac{c}{2\pi}\right)^2 \times \frac{60°}{360°} = \frac{\pi c^2}{4\pi^2} \times \frac{1}{6} \Rightarrow A = \frac{c^2}{24\pi}$

13. (b) दिया है,

वृत्ताकार मैदान का क्षेत्रफल $= 24.64$ हेक्टेयर

$\pi r^2 = 24.64 \times 10000$ वर्ग मी

$r^2 = \frac{246400}{22} \times 7 = 78400$

$r = 280$

मैदान की परिधि $= 2\pi r = 2 \times \frac{22}{7} \times 280 = 1760$ मी

$\therefore$ अभीष्ट लागत $=$ परिधि $\times 5.40$

$= 1760 \times 5.40 = 9504$

14. (b) दिया है,

वृत्त का क्षेत्रफल $= 616$ वर्ग सेमी

$\pi r^2 = 616$

$r^2 = \frac{616 \times 7}{22} = 196$

$r = 14$ सेमी

वृत्त की परिधि $= 2\pi r = 2 \times \frac{22}{7} \times 14 = 88$ सेमी

15. (d) माना वृत्त की त्रिज्या r मी है। तब प्रश्नानुसार,

$2\pi r - 2r = 150$

$\Rightarrow \quad 2r(\pi - 1) = 150 \Rightarrow 2r\left(\frac{22}{7} - 1\right) = 150$

$\Rightarrow \quad 2r\left(\frac{22 - 7}{7}\right) = 150$

$\Rightarrow \quad 2r \times \frac{15}{7} = 150 \Rightarrow r = \frac{10 \times 7}{2} = 35$ मी

16. (d) $\because$ 1 चक्कर में पहिए द्वारा चली गई दूरी

$= 2\pi r = \frac{22}{7} \times 56$

$= 22 \times 8 = 176$ सेमी

$\therefore$ 2.2 किमी की दूरी तय करने में चक्करों की

अभीष्ट संख्या $= \frac{\text{दूरी}}{\text{पहिए की परिधि}}$

$= \frac{2.2 \times 1000 \times 100}{176} = 1250$

17. (a) परिणामी घनाभ की लम्बाई

$(l) = 5 + 5 + 5 + 5 = 20$ सेमी

परिणामी घनाभ की चौड़ाई $(b) = 5$ सेमी

परिणामी घनाभ की ऊँचाई $(h) = 5$ सेमी

अतः परिणामी घनाभ का सम्पूर्ण पृष्ठीय क्षेत्रफल

$= 2(lb + bh + hl)$

$= 2(20 \times 5 + 5 \times 5 + 5 \times 20)$

$= 2(100 + 25 + 100)$

$= 2 \times 225 = 450$ सेमी^{2}

18. (c) दिया है, $a = 7.5$ सेमी

घन के सतह का कुल क्षेत्रफल $= 6a^2 = 6 \times (7.5)^2$

$= 337.5$ वर्ग सेमी

19. (d) प्रश्नानुसार,

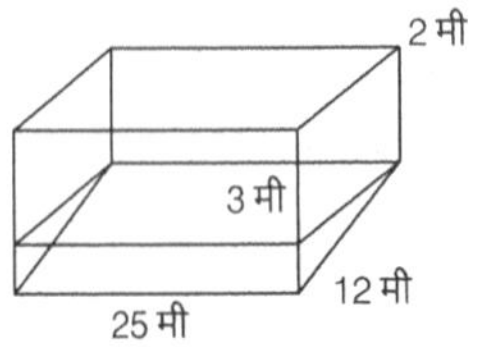

$\therefore$ अभीष्ट आयतन $= 25 \times 12 \times \left(\frac{3 + 2}{2}\right)$

$= 25 \times 12 \times 2.5 = 750$ घन मी

20. (c) माना घन की प्रत्येक भुजा की माप $= x$ इकाई

तब आयतन $= x^3$ घन इकाई

प्रश्नानुसार, भुजा में 25% कमी करने पर,

$x - x \times \frac{25}{100} = \frac{75x}{100} = \frac{3}{4}x$

नया आयतन $=$ (भुजा)$^3 = \left(\frac{3}{4}x\right)^3 = \frac{27}{64}x^3$

$\therefore$ अभीष्ट अनुपात $= \frac{x^3}{\frac{27x^3}{64}} = \frac{64x^3}{27x^3}$

$= \frac{64}{27} = 64 : 27$

21. (c) माना आयताकार समान्तर षट्फलक के आयाम क्रमशः a सेमी, b सेमी तथा c सेमी हैं।

तब, $\quad \sqrt{a^2 + b^2 + c^2} = 15$

दोनों पक्षों का वर्ग करने पर,

$\Rightarrow \quad a^2 + b^2 + c^2 = 225$

$\because \quad a + b + c = 24$

$\Rightarrow \quad (a + b + c)^2 = (24)^2$

दोनों पक्षों का वर्ग करने पर,

$\Rightarrow \quad a^2 + b^2 + c^2 + 2(ab + bc + ca) = 576$

$\Rightarrow \quad 225 + 2(ab + bc + ca) = 576$

$\Rightarrow \quad 2(ab + bc + ca) = 576 - 225$

$= 351$ सेमी^{2}

22. (b) दिया है, बेलनाकार पोल का वक्रपृष्ठ का क्षेत्रफल $= 132$

$2\pi rh = 132 \Rightarrow \pi rh = 66 \quad \ldots$ (i)

बेलनाकार पोल का आयतन $= 528$

$\pi r^2 h = 528 \quad \ldots$ (ii)

समी (ii) को समी (i) से भाग करने पर,

$$\frac{\pi r^2 h}{\pi r h} = \frac{528}{66} \Rightarrow r = 8$$

r का मान समी (i) में रखने पर,

$$\frac{22}{7} \times 8 \times h = 66 \Rightarrow h = \frac{3 \times 7}{8} = \frac{21}{8} = 2\frac{5}{8}$$

अतः पोल की ऊँचाई $= 2\frac{5}{8}$ मी

23. (d) दिया है, व्यास $(d) = 28$ सेमी

त्रिज्या $(r) = \frac{28}{2} = 14$ सेमी

ऊँचाई $(h) = 12$ सेमी

अतः बेलन के वक्र सतह का क्षेत्रफल

$$= 2\pi rh = 2 \times \frac{22}{7} \times 14 \times 12 = 1056 \text{ सेमी}^2$$

24. (d) दिया है, व्यास = 7 सेमी

वक्र सतह का क्षेत्रफल $= 132 \Rightarrow 2\pi rh = 132$

$$h = \frac{132}{\pi \times 2r} = \frac{132 \times 7}{22 \times 7} = 6$$

अतः लम्बवृत्तीय बेलन की ऊँचाई = 6 सेमी

25. (b) दिया है, बेलन की त्रिज्या = शंकु की त्रिज्या = 4 सेमी, बेलन की ऊँचाई = 8 सेमी

प्रश्नानुसार, बेलन का आयतन = शंकु का आयतन

$$\pi r^2 h_1 = \frac{1}{3}\pi r^2 h_2 \Rightarrow h_2 = 3 \times h_1 = 3 \times 8$$

$h_2 = 24$ सेमी

अतः शंकु की ऊँचाई = 24 सेमी

26. (b) दिया है, शंकु का आयतन = 924 सेमी^{3}

लम्बाई या ऊँचाई $(h) = 18$ सेमी

प्रश्नानुसार, $\frac{1}{3}\pi r^2 h = 924$

$$r^2 = \frac{924 \times 3 \times 7}{22 \times 18} = 49 \Rightarrow r = 7$$

$\therefore$ आधार का क्षेत्रफल $= \pi r^2 = \frac{22}{7} \times (7)^2$

$= 154$ सेमी^{2}

27. (d) माना शंकु के आधार की त्रिज्या $= r$

तब, गोले की त्रिज्या $= \frac{r}{2}$; शंकु की ऊँचाई $= h$

प्रश्नानुसार, शंकु का आयतन = गोले का आयतन

$$\frac{1}{3}\pi r^2 h = \frac{4}{3}\pi\left(\frac{r}{2}\right)^3 \Rightarrow r^2 h = 4 \times \frac{r^3}{8}$$

$$h = \frac{r}{2} \Rightarrow \frac{r}{h} = \frac{2}{1} \Rightarrow r : h = 2 : 1$$

28. (d) दिया है, $r = \frac{21}{2} = 10.5$ सेमी, $l = 11$ सेमी

$\therefore$ शंकु के सम्पूर्ण पृष्ठ का क्षेत्रफल $= \pi r(l + r)$

$$= \frac{22}{7} \times 10.5 \times (11 + 10.5)$$

$= 22 \times 1.5 \times 21.5 = 709.5$ वर्ग सेमी

29. (d) माना बेलनाकार बर्तन में पानी की ऊँचाई $= h$ सेमी

प्रश्नानुसार,

शंकु का आयतन = बेलन का आयतन

$$\frac{1}{3} \times \pi \times (3.5)^2 \times 12 = \pi \times (7)^2 \times h$$

$h = \frac{3.5 \times 3.5 \times 4}{7 \times 7} = 0.25 \times 4 \Rightarrow h = 1$ सेमी

30. (b) $V_1 : V_2 = 2 : 3, r_1 : r_2 = 1 : 2, h_1 : h_2 = ?$

अब, $\frac{V_1}{V_2} = \frac{2}{3}$

$$\frac{\frac{1}{3}\pi r_1^2 h_1}{\frac{1}{3}\pi r_2^2 h_2} = \frac{2}{3}$$

$$\Rightarrow \left(\frac{r_1}{r_2}\right)^2 \times \frac{h_1}{h_2} = \frac{2}{3}$$

$$\Rightarrow \frac{1}{4} \times \frac{h_1}{h_2} = \frac{2}{3}$$

$$\Rightarrow \frac{h_1}{h_2} = \frac{8}{3}$$

$$\Rightarrow h_1 : h_2 = 8 : 3$$

31. (d) माना, बेलनाकार वस्तु की ऊँचाई $= h$

प्रश्नानुसार,

शंकु का आयतन = बेलन का आयतन

$$\frac{1}{3}\pi(10.5)^2 \times 12 = \pi \times (10.5)^2 \times h$$

$h = \frac{12}{3} = 4$ सेमी

32. (c) दिया है, गोले का व्यास = 42 सेमी

गोले की त्रिज्या $(r) = \frac{42}{2} = 21$ सेमी

$\therefore$ गोले का आयतन $= \frac{4}{3}\pi r^3 = \frac{4}{3} \times \frac{22}{7} \times (21)^3$

$= 38808$ सेमी^{3}

33. (d) दिया है, अर्द्धगोले का व्यास = 42 सेमी

अर्द्धगोले की त्रिज्या $= \frac{42}{2} = 21$ सेमी

वक्र सतह का क्षेत्रफल $= 2\pi r^2$

$$= 2 \times \frac{22}{7} \times (21)^2 = 44 \times 3 \times 21$$

$= 2772$ वर्ग सेमी

34. (b) अभीष्ट गेंदों की संख्या

$$= \frac{\text{बड़ी गेंद का आयतन}}{\text{छोटी गेंद का आयतन}}$$

$$= \frac{\frac{4}{3}\pi\left(\frac{48}{2}\right)^3}{\frac{4}{3}\pi(3)^3} = \frac{24 \times 24 \times 24}{3 \times 3 \times 3}$$

$= 8 \times 8 \times 8 = 512$

35. (a) प्रिज्म का आधार एक समलम्ब चतुर्भुज है।

प्रिज्म की ऊँचाई = 8 सेमी

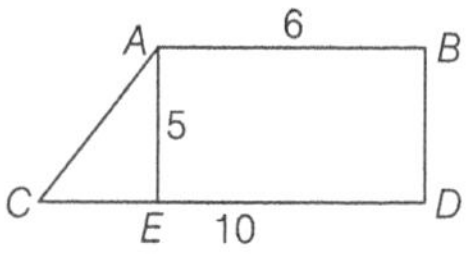

लम्ब प्रिज्म का आयतन

= आधार का क्षेत्रफल × ऊँचाई

आधार (समलम्ब) का क्षेत्रफल $= \frac{1}{2}(AB + CD) \times AE$

$$= \frac{1}{2}(6 + 10) \times 5 = \frac{1}{2} \times 16 \times 5$$

$= 40$ सेमी^{2}

$\therefore$ आयतन $= 40 \times$ ऊँचाई $= 40 \times 8 = 320$ सेमी^{3}

36. (d) ΔOAM में,

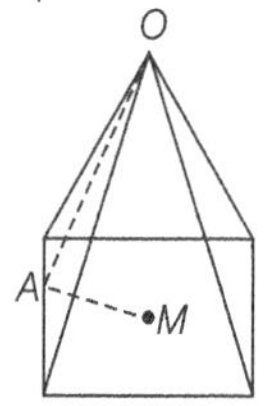

$$OA^2 = OM^2 + AM^2 = 15^2 + 8^2$$

$= 225 + 64 = 289$

$\Rightarrow$ $OA = 17$ सेमी

जोकि पिरामिड की तिरछी ऊँचाई है।

अब, पिरामिड के तिरछे पृष्ठ का क्षेत्रफल

$= \frac{1}{2}$ (आधार का परिमाप) × तिरछी ऊँचाई

$= \frac{1}{2} \times 64 \times 17 = 544$ वर्ग सेमी

अध्याय

07

त्रिकोणमिति

(Trigonometry)

कोण

किसी रेखा की एक बिन्दु के सापेक्ष दो स्थितियों के बीच का वृत्तीय विस्थापन, कोण (Angle) कहलाता है।

कोण मापन की पद्धतियाँ

कोणों को मापने की निम्न तीन पद्धतियाँ हैं

1. **षाष्टिक पद्धति** (Sexagesimal System) इस पद्धति में कोणों को अंश में मापा जाता है तथा अंश (°), मिनट (′) तथा सेकण्ड (″) में निम्न सम्बन्ध होता है

   1 समकोण = 90° (90° अंश)

   $1° = 60' = 60$ मिनट

   तथा $1' = 60'' = 60$ सेकण्ड

2. **शतिक पद्धति** (Centesimal System) इस पद्धति में कोणों को ग्रेड में मापा जाता है तथा ग्रेड (^{g}), मिनट (′) और सेकण्ड (″) में निम्न सम्बन्ध होता है

   1 समकोण = 100 ग्रेड (100 g)

   $1^g = 100' = 100$ मिनट

   $1' = 100'' = 100$ सेकण्ड

3. **वृत्तीय माप** (Circular Measure) इस पद्धति में कोणों को रेडियन में मापा जाता है।

   एक रेडियन वह कोण है जो किसी वृत्त की त्रिज्या के बराबर लम्बाई के चाप द्वारा उस वृत्त के केन्द्र पर अन्तरित किया जाता है तथा इसे 1^c से निरूपित करते हैं।

   यदि किसी वृत्त के चाप की लम्बाई l व त्रिज्या r तथा केन्द्र पर बना कोण θ हो, तब

   $$\text{कोण} = \frac{\text{चाप}}{\text{त्रिज्या}}$$

   अर्थात् $\theta = \frac{l}{r}$ रेडियन

   यहाँ, π रेडियन = 180°

त्रिकोणमितीय अनुपात

किसी समकोण त्रिभुज में दिए गए कोण की सम्मुख भुजा लम्ब (L), समकोण की सम्मुख भुजा कर्ण (K) तथा अन्य भुजा आधार (A) कहलाती है।

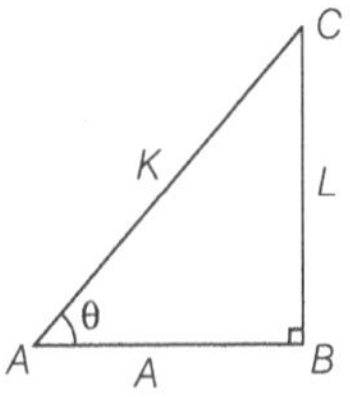

समकोण ΔABC में, BC लम्ब, AC कर्ण तथा AB आधार है।

पाइथागोरस प्रमेय से,

$$(\text{कर्ण})^2 = (\text{लम्ब})^2 + (\text{आधार})^2$$

अर्थात् $K^2 = L^2 + A^2$

किसी त्रिभुज के लिए उसके लम्ब, आधार तथा कर्ण के लिए परस्पर सम्बन्धों को निरूपित करने के लिए त्रिकोणमितीय अनुपातों का प्रयोग करते हैं। त्रिकोणमितीय अनुपात तथा उनके परस्पर सम्बन्ध निम्न हैं

(i) $\sin\theta = \frac{\text{लम्ब}}{\text{कर्ण}} = \frac{L}{K}$ (ii) $\cos\theta = \frac{\text{आधार}}{\text{कर्ण}} = \frac{A}{K}$

(iii) $\tan\theta = \frac{\text{लम्ब}}{\text{आधार}} = \frac{L}{A}$ (iv) $\cot\theta = \frac{\text{आधार}}{\text{लम्ब}} = \frac{A}{L}$

(v) $\sec\theta = \frac{\text{कर्ण}}{\text{आधार}} = \frac{K}{A}$ (vi) $\text{cosec}\,\theta = \frac{\text{कर्ण}}{\text{लम्ब}} = \frac{K}{L}$

उदाहरण 1 ΔPQR में, $\angle Q$ समकोण है। यदि $\cot P = \frac{5}{12}$ है, तो $\sin R$ का मान क्या है?

(a) $\frac{5}{13}$ (b) $\frac{5}{12}$ (c) $\frac{13}{5}$ (d) $\frac{13}{12}$

हल (a) दिया है, $\cot P = \frac{5}{12} = \frac{\text{आधार}}{\text{लम्ब}} = \frac{PQ}{QR}$

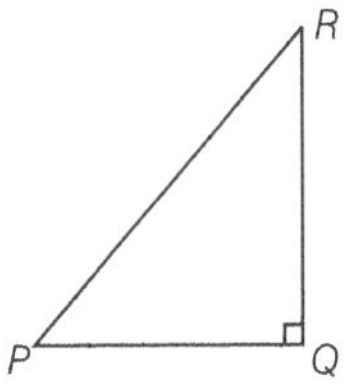

माना $PQ = 5x$ और $QR = 12x$

ΔPQR में पाइथागोरस प्रमेय से,

$$(PR)^2 = (PQ)^2 + (QR)^2 = (5x)^2 + (12x)^2$$

$$(PR)^2 = 25x^2 + 144x^2 = 169x^2$$

$$PR = 13x$$

अतः $\sin R = \frac{\text{लम्ब}}{\text{कर्ण}} = \frac{PQ}{PR} = \frac{5x}{13x} = \frac{5}{13}$

त्रिकोणमितीय अनुपातों में सम्बन्ध

न्यून कोण θ के लिए त्रिकोणमितीय अनुपातों में सम्बन्ध निम्न हैं

- $\sin\theta = \dfrac{1}{\operatorname{cosec}\theta} \Leftrightarrow \operatorname{cosec}\theta = \dfrac{1}{\sin\theta} \Leftrightarrow \sin\theta\operatorname{cosec}\theta = 1$
- $\cos\theta = \dfrac{1}{\sec\theta} \Leftrightarrow \sec\theta = \dfrac{1}{\cos\theta} \Leftrightarrow \cos\theta\sec\theta = 1$
- $\tan\theta = \dfrac{1}{\cot\theta} \Leftrightarrow \cot\theta = \dfrac{1}{\tan\theta} \Leftrightarrow \tan\theta\cot\theta = 1$
- $\tan\theta = \dfrac{\sin\theta}{\cos\theta} \Leftrightarrow \cot\theta = \dfrac{\cos\theta}{\sin\theta}$

त्रिकोणमितीय सर्वसमिकाएँ

आधारभूत त्रिकोणमितीय सर्वसमिकाएँ (Trigonometric Identities) मुख्यत: तीन होती हैं, जोकि निम्नलिखित हैं

(i) $\sin^2\theta + \cos^2\theta = 1$ (ii) $1 + \tan^2\theta = \sec^2\theta$

(iii) $1 + \cot^2\theta = \operatorname{cosec}^2\theta$

उदाहरण 2 $(1 + \tan^2\theta)(1 - \sin\theta)(1 + \sin\theta)$ का मान होगा

(a) 0 (b) 2 (c) 1 (d) −1

हल (c) $(1 + \tan^2\theta)(1 - \sin\theta)(1 + \sin\theta)$

$= (1 + \tan^2\theta)(1 - \sin^2\theta)$ $[\because (a-b)(a+b) = a^2 - b^2]$

$= \sec^2\theta\cos^2\theta$ $\left[\because 1 + \tan^2\theta = \sec^2\theta \text{ तथा } 1 - \sin^2\theta = \cos^2\theta\right]$

$= \dfrac{1}{\cos^2\theta}\cdot\cos^2\theta$ $\left[\because \sec\theta = \dfrac{1}{\cos\theta}\right]$

$= 1$

विशेष कोणों के लिए त्रिकोणमितीय अनुपात के मान के लिए सारणी

कोण	0°	30°	45°	60°	90°
sin	0	$\frac{1}{2}$	$\frac{1}{\sqrt{2}}$	$\frac{\sqrt{3}}{2}$	1
cos	1	$\frac{\sqrt{3}}{2}$	$\frac{1}{\sqrt{2}}$	$\frac{1}{2}$	0
tan	0	$\frac{1}{\sqrt{3}}$	1	$\sqrt{3}$	∞
cot	∞	$\sqrt{3}$	1	$\frac{1}{\sqrt{3}}$	0
sec	1	$\frac{2}{\sqrt{3}}$	$\sqrt{2}$	2	∞
cosec	∞	2	$\sqrt{2}$	$\frac{2}{\sqrt{3}}$	1

उदाहरण 3 यदि $\tan 60° - \sec 30° = x$, तो x का मान क्या है?

(a) 1 (b) $\frac{1}{\sqrt{3}}$ (c) $\frac{1}{\sqrt{2}}$ (d) 0

हल (b) $x = \tan 60° - \sec 30°$

$x = \sqrt{3} - \dfrac{2}{\sqrt{3}} = \dfrac{3-2}{\sqrt{3}}$

$x = \dfrac{1}{\sqrt{3}}$

कोण के पूरक एवं सम्पूरक कोण के त्रिकोणमितीय अनुपात

θ	90° − θ	90° + θ	180° − θ	180° + θ
sin θ	cos θ	cos θ	sin θ	− sin θ
cos θ	sin θ	− sin θ	−cos θ	−cos θ
tan θ	cot θ	− cot θ	− tan θ	tan θ
cot θ	tan θ	− tan θ	−cot θ	cot θ
sec θ	cosec θ	− cosec θ	− sec θ	− sec θ
cosec θ	sec θ	sec θ	cosec θ	− cosec θ

त्रिकोणमितीय अनुपातों के चिह्न

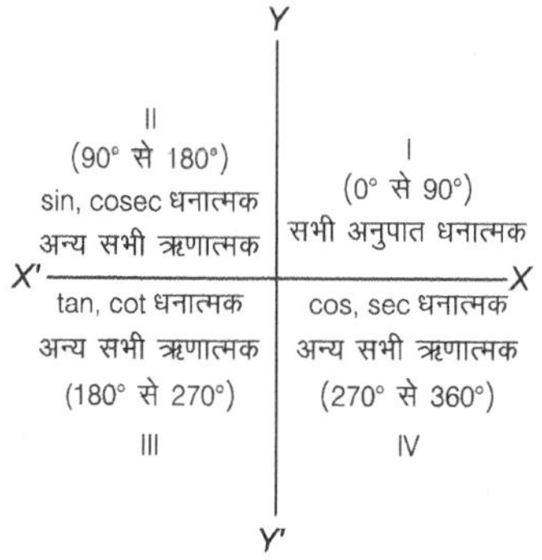

उदाहरण 4 यदि $2(\operatorname{cosec}^2 39° - \tan^2 51°) - \dfrac{2}{3}\sin 90° - \tan^2 56°\, y \tan^2 34° = \dfrac{y}{3}$ है, तो y का मान है

(a) $\frac{-2}{3}$ (b) 1 (c) −1 (d) $\frac{2}{3}$

हल (b) $\dfrac{y}{3} = 2(\operatorname{cosec}^2 39° - \tan^2 51°) - \dfrac{2}{3}\sin 90° - \tan^2 56°\, y\tan^2 34°$

$\dfrac{y}{3} = 2[\operatorname{cosec}^2(90° - 51°) - \tan^2 51°] - \dfrac{2}{3}\times 1 - y\tan^2 56°\cdot\tan^2(90° - 56°)$

$\dfrac{y}{3} = 2[\sec^2 51° - \tan^2 51°] - \dfrac{2}{3} - y\cdot\tan^2 56°\cdot\cot^2 56°$

$[\because \operatorname{cosec}(90° - \theta) = \sec\theta \text{ and } \tan(90° - \theta) = \cot\theta]$

$\dfrac{y}{3} = 2\times 1 - \dfrac{2}{3} - y\times 1$

$[\because \sec^2\theta - \tan^2\theta = 1 \text{ and } \tan\theta\cdot\cot\theta = 1]$

$\dfrac{y}{3} + y = 2 - \dfrac{2}{3} \Rightarrow \dfrac{y + 3y}{3} = \dfrac{6-2}{3} \Rightarrow 4y = 4$

$\therefore \quad y = 1$

ऋणात्मक कोणों के त्रिकोणमितीय अनुपात

- $\sin(-\theta) = -\sin\theta$
- $\operatorname{cosec}(-\theta) = -\operatorname{cosec}\theta$
- $\cos(-\theta) = \cos\theta$
- $\sec(-\theta) = \sec\theta$
- $\tan(-\theta) = -\tan\theta$
- $\cot(-\theta) = -\cot\theta$

उदाहरण 5 यदि $\cot\left(-\frac{5\pi}{4}\right)=x$, तो x का मान क्या है?

(a) $\sqrt{3}$ (b) 1 (c) – 1 (d) $-\frac{1}{2}$

हल (c) $\cot\left(-\frac{5\pi}{4}\right)=-\cot\frac{5\pi}{4}=-\cot\left(5\times\frac{180°}{4}\right)=-\cot 225°$

$=-\cot(180°+45°)=-\cot 45°=-1$

दो कोणों के लिए त्रिकोणमितीय अनुपातों के योग/अन्तर के सूत्र

- $\sin(A\pm B)=\sin A\cos B\pm\cos A\sin B$
- $\cos(A\pm B)=\cos A\cos B\mp\sin A\sin B$
- $\tan(A\pm B)=\frac{\tan A\pm\tan B}{1\mp\tan A\tan B}$
- $\cot(A\pm B)=\frac{\cot A\cot B\mp 1}{\cot B\pm\cot A}$
- $\sin(A+B)\sin(A-B)=\sin^2 A-\sin^2 B=\cos^2 B-\cos^2 A$
- $\cos(A+B)\cos(A-B)=\cos^2 A-\sin^2 B=\cos^2 B-\sin^2 A$

उदाहरण 6 $\frac{1-\tan A\tan B}{1+\tan A\tan B}$ का मान होगा

(a) $\frac{\cos(A+B)}{\cos(A-B)}$ (b) $\frac{\cos(A-B)}{\cos(A+B)}$

(c) 1 (d) $\frac{\cot(A-B)}{\cot(A+B)}$

हल (a) $\frac{1-\tan A\tan B}{1+\tan A\tan B}=\frac{1-\frac{\sin A}{\cos A}\cdot\frac{\sin B}{\cos B}}{1+\frac{\sin A}{\cos A}\cdot\frac{\sin B}{\cos B}}$ $\left[\because \tan A=\frac{\sin A}{\cos A}\right]$

$=\frac{\frac{\cos A\cos B-\sin A\sin B}{\cos A\cos B}}{\frac{\cos A\cos B+\sin A\sin B}{\cos A\cos B}}$ [ल.स. लेने पर]

$=\frac{(\cos A\cos B-\sin A\sin B)}{\cos A\cos B}\times\frac{\cos A\cos B}{(\cos A\cos B+\sin A\sin B)}$

$=\frac{\cos A\cos B-\sin A\sin B}{\cos A\cos B+\sin A\sin B}$

$=\frac{\cos(A+B)}{\cos(A-B)}$ [$\because$ $\cos(A+B)=\cos A\cos B-\sin A\sin B$ तथा $\cos(A-B)=\cos A\cos B+\sin A\sin B$]

अपवर्त्य तथा अपवर्तक कोणों के लिए त्रिकोणमितीय अनुपात

- $\sin 2\theta=2\sin\theta\cos\theta=\frac{2\tan\theta}{1+\tan^2\theta}$
- $\cos 2\theta=\cos^2\theta-\sin^2\theta=1-2\sin^2\theta=2\cos^2\theta-1=\frac{1-\tan^2\theta}{1+\tan^2\theta}$
- $\tan 2\theta=\frac{2\tan\theta}{1-\tan^2\theta}$
- $\sin 3\theta=3\sin\theta-4\sin^3\theta$
- $\cos 3\theta=4\cos^3\theta-3\cos\theta$
- $\tan 3\theta=\frac{3\tan\theta-\tan^3\theta}{1-3\tan^2\theta}$
- $\sin\theta=2\sin\frac{\theta}{2}\cos\frac{\theta}{2}=\frac{2\tan\theta/2}{1+\tan^2\theta/2}$
- $\cos\theta=\cos^2\frac{\theta}{2}-\sin^2\frac{\theta}{2}=2\cos^2\frac{\theta}{2}-1=1-2\sin^2\frac{\theta}{2}=\frac{1-\tan^2\theta/2}{1+\tan^2\theta/2}$
- $\tan\theta=\frac{2\tan\theta/2}{1-\tan^2\theta/2}$
- $\sin\frac{\theta}{2}=\sqrt{\frac{1-\cos\theta}{2}}$

उदाहरण 7 $\frac{1-\cos 4\theta+\sin 4\theta}{1+\cos 4\theta+\sin 4\theta}$ का मान होगा

(a) $\cot 2\theta$ (b) $\cos 2\theta$ (c) $\tan 2\theta$ (d) $\sin 2\theta$

हल (c) $\frac{1-\cos 4\theta+\sin 4\theta}{1+\cos 4\theta+\sin 4\theta}$

$=\frac{1-(1-2\sin^2 2\theta)+2\sin 2\theta\cos 2\theta}{1+(2\cos^2 2\theta-1)+2\sin 2\theta\cos 2\theta}$

[$\because \cos 2A=1-2\sin^2 A=2\cos^2 A-1$ तथा $\sin 2A=2\sin A\cos A$]

$=\frac{1-1+2\sin^2 2\theta+2\sin 2\theta\cos 2\theta}{1+2\cos^2 2\theta-1+2\sin 2\theta\cos 2\theta}$

$=\frac{2\sin 2\theta(\sin 2\theta+\cos 2\theta)}{2\cos 2\theta(\cos 2\theta+\sin 2\theta)}$

$=\frac{\sin 2\theta}{\cos 2\theta}=\tan 2\theta$ $\left[\because \tan\theta=\frac{\sin\theta}{\cos\theta}\right]$

ऊँचाई एवं दूरी

दृष्टि रेखा

यदि कोई दर्शक किसी वस्तु को देख रहा है, तो दर्शक की आँख को उस वस्तु से मिलाने वाली सरल रेखा को दृष्टि रेखा (Line of Sight) कहते हैं।

क्षैतिज रेखा

वह रेखा, जो प्रेक्षक की आँख से सीधी भूमि के तल के समान्तर जाती है, क्षैतिज रेखा (Horizontal Line) कहलाती है।

उन्नयन कोण

जब कोई वस्तु दर्शक की आँख की क्षैतिज रेखा से ऊपर स्थित है, तो दर्शक को उस वस्तु को देखने के लिए अपने सिर को ऊपर उठाना पड़ता है। इस प्रक्रिया में दर्शक की दृष्टि रेखा क्षैतिज रेखा से एक निश्चित कोण बनाती है। इस कोण को वस्तु का उन्नयन कोण (Angle of Elevation) कहते हैं।

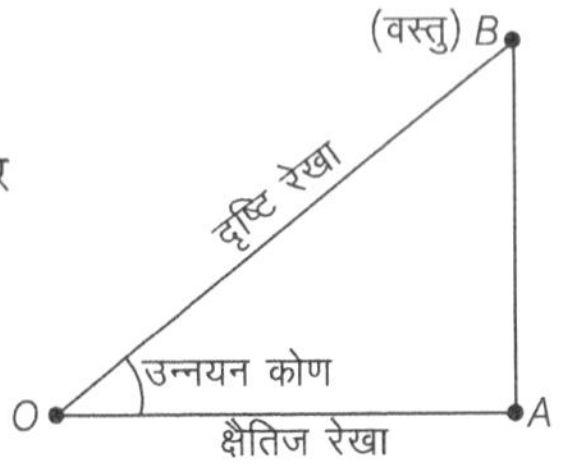

चित्र में, $\angle AOB$, वस्तु B का उन्नयन कोण है, उन्नयन कोण को उन्नतांश अथवा उन्नति कोण भी कहते हैं।

उदाहरण 8 किसी बिन्दु से एक मीनार का उन्नयन कोण 45° है। मीनार की ओर 40 मी चलने पर उन्नयन कोण 60° हो जाता है। मीनार की ऊँचाई होगी

(a) $\frac{20\sqrt{3}}{\sqrt{3}+1}$ मी (b) $\frac{40\sqrt{3}}{\sqrt{3}+1}$ मी

(c) $\frac{20\sqrt{3}}{\sqrt{3}-1}$ मी (d) $\frac{40\sqrt{3}}{\sqrt{3}-1}$ मी

हल (d) माना $PQ = h$, मीनार की ऊँचाई है। माना S और R वे बिन्दु हैं, जहाँ से उन्नयन कोण क्रमशः $45°$ तथा $60°$ हैं।

$\therefore SR = 40$ मी, माना $RQ = x$

ΔPQR में, $\tan 60° = \frac{PQ}{RQ}$; $\sqrt{3} = \frac{h}{x} \Rightarrow x = \frac{h}{\sqrt{3}}$ ...(i)

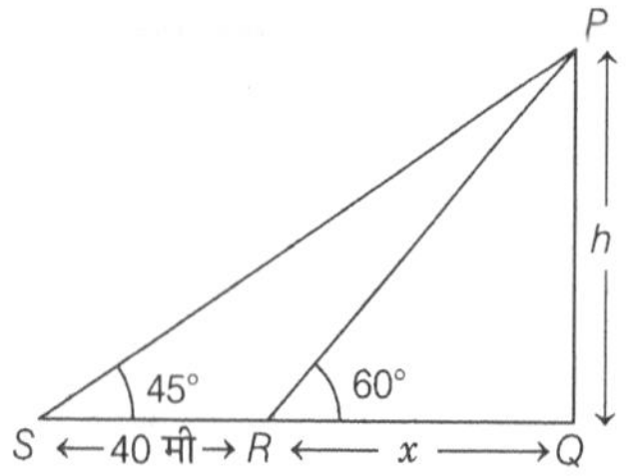

ΔPQS में, $\tan 45° = \frac{PQ}{SQ} = \frac{h}{x + 40}$

$\Rightarrow \quad h = 40 + x$

$h = 40 + \frac{h}{\sqrt{3}}$ [समी (i) से]

$h = \frac{40\sqrt{3}}{\sqrt{3} - 1}$ मी

अवनमन कोण

यदि कोई वस्तु दर्शक की आँख की क्षैतिज रेखा से नीचे की ओर स्थित है, तो दर्शक को उस वस्तु को देखने के लिए अपने सिर को नीचे झुकाना पड़ता है। इस प्रक्रिया में भी दर्शक की दृष्टि रेखा क्षैतिज रेखा से एक निश्चित कोण नीचे की ओर बनाती है। इस कोण को वस्तु का अवनमन कोण कहते हैं, चित्र में, $\angle AOB$ वस्तु B का अवनमन कोण है अवनमन कोण को अवनत कोण अथवा अवनति कोण भी (Angle of Depression) कहते हैं।

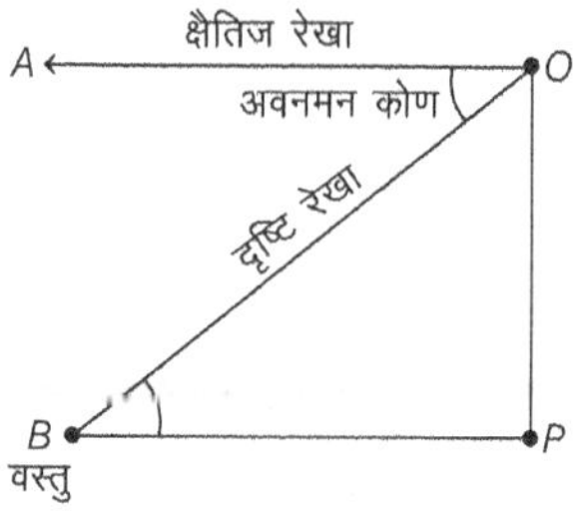

उदाहरण 9 200 मी ऊँचे एक शिखर की चोटी से प्रेक्षक के दक्षिण तथा उत्तर में स्थित नाव के अवनमन कोण $60°$ एवं $30°$ हैं। दोनों नावों के बीच की दूरी होगी

(a) $\frac{400}{\sqrt{3}}$ मी (b) $400\sqrt{3}$ मी (c) $600\sqrt{3}$ मी (d) $\frac{800}{\sqrt{3}}$ मी

हल (d) माना कि AB, शिखर की ऊँचाई = 200 मी

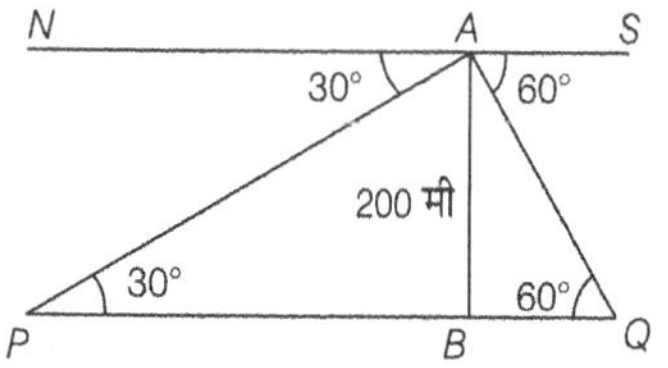

ΔABP में, $\tan 30° = \frac{AB}{BP} \Rightarrow \frac{1}{\sqrt{3}} = \frac{200}{BP}$

$\therefore \quad BP = 200\sqrt{3}$ मी ...(i)

पुनः ΔABQ में, $\tan 60° = \frac{AB}{BQ} \Rightarrow \sqrt{3} = \frac{200}{BQ}$

$\therefore \quad BQ = \frac{200}{\sqrt{3}}$ मी ...(ii)

$\therefore$ दोनों नावों के बीच की दूरी $= PB + BQ = 200\sqrt{3} + \frac{200}{\sqrt{3}} \approx \frac{800}{\sqrt{3}}$ मी

अभ्यास प्रश्न

1. यदि θ कोई न्यून कोण है, और $4(2\sin^2\theta + 7\cos^2\theta) = 13$ है, θ का मान क्या है?

(a) $60°$ (b) $30°$
(c) $45°$ (d) $90°$

2. $0° < \theta < 90°$, के लिए $\tan\theta + \cot\theta = 2$ तो θ बराबर है

(a) $45°$
(b) $0°$
(c) $30°$
(d) $60°$

3. अगर $3 - 2\sin^2\theta - 3\cos\theta = 0$, $0° < \theta < 90°$ है, तो $(2\,\text{cosec}\,\theta + \tan\theta)$ का मान क्या है?

(a) $5\sqrt{3}$ (b) $\frac{5\sqrt{3}}{3}$
(c) $7\sqrt{3}$ (d) $\frac{7\sqrt{3}}{3}$

4. $\left(\frac{\sin\theta}{1+\cos\theta} + \frac{1+\cos\theta}{\sin\theta}\right)\left(\frac{1}{\tan\theta + \cot\theta}\right)$ का सरलीकृत मान है

(a) $2\sin\theta$ (b) $2\cos\theta$
(c) $\cos\theta$ (d) $\sin\theta$

5. अगर $\frac{\cos\alpha}{\sin\alpha + \cos\beta} + \frac{\cos\beta}{\sin\beta - \cos\alpha} = \frac{x}{\sin\alpha - \cos\beta} + \frac{\cos\beta}{\sin\beta + \cos\alpha}$ है, तो 'x' बराबर है

(a) $\sin\beta$ (b) $\sin\alpha$
(c) $\cos\beta$ (d) $\cos\alpha$

6. $\frac{(\cos 9° + \sin 81°)(\sec 9° + \text{cosec}\,81°)}{\sin 56° \sec 34° + \cos 25° \,\text{cosec}\,65°}$ का मान है

(a) 2 (b) 1 (c) $\frac{1}{2}$ (d) 4

7. यदि $7(\text{cosec}^2 55° - \tan^2 35°) + 2\sin 90° - \tan^2 52°\, y \tan^2 38° = \frac{y}{2}$ है, तो y का मान है

(a) 2 (b) 3 (c) 1 (d) 6

8. अगर $\cot\theta = \sqrt{6}$ है, तो $\frac{\text{cosec}^2\theta + \sec^2\theta}{\text{cosec}^2\theta - \sec^2\theta}$ का मान होगा

(a) $\frac{49}{36}$ (b) $\frac{48}{35}$
(c) $\frac{7}{5}$ (d) $\frac{43}{36}$

9. अगर $\left(\frac{1}{1+\text{cosec}\,\theta} - \frac{1}{1-\text{cosec}\,\theta}\right)\cos\theta = 2$, $0° < \theta < 90°$ है, तो $\sin^2\theta + \cot^2\theta + \sec^2\theta$ का मान है

(a) $2\frac{1}{2}$ (b) $3\frac{1}{2}$ (c) 2 (d) 1

10. अगर $\dfrac{(\sin\theta - \text{cosec}\,\theta)(\cos\theta - \sec\theta)}{\tan^2\theta - \sin^2\theta} = r^3$ है, तो $r =$

(a) $\tan\theta$ (b) $\text{cosec}\,\theta\sec\theta$
(c) $\cot\theta$ (d) $\sin\theta\cos\theta$

11. $\dfrac{4\tan^2 30° + \frac{1}{4}\sin^2 90° + \frac{1}{8}\cot^2 60° + \sin^2 30°\cos^2 45°}{\sin 60°\cos 30° - \cos 60°\sin 30°}$ का मान है

(a) $2\frac{1}{2}$ (b) 4 (c) $1\frac{3}{4}$ (d) $3\frac{1}{2}$

12. अगर $\sqrt{\dfrac{1-\cos\theta}{1+\cos\theta}} \times \sqrt{\dfrac{\text{cosec}\,\theta - \cot\theta}{\text{cosec}\,\theta + \cot\theta}} = \dfrac{1-r}{1+r}$ है, तो r का मान होगा

(a) $\sin\theta$ (b) $\text{cosec}\,\theta$ (c) $\cos\theta$ (d) $\sec\theta$

13. यदि θ एक न्यूनकोण है और $5\sin\theta + 12\cos\theta = 13$, दिया गया है, तो $\tan\theta$ का मान क्या होगा?

(a) $\frac{12}{13}$ (b) $\frac{5}{13}$ (c) $\frac{5}{12}$ (d) $\frac{13}{12}$

14. $\dfrac{(\sec\theta + \tan\theta)(1-\sin\theta)}{\text{cosec}\,\theta(1+\cos\theta)(\text{cosec}\,\theta - \cot\theta)}$ बराबर है

(a) $\sec\theta$ (b) $\sin\theta$
(c) $\cos\theta$ (d) $\text{cosec}\,\theta$

15. $\left(\text{cosec}\,30° - \dfrac{1}{\sqrt{3}}\right)$ का मान क्या है?

(a) $\frac{(2\sqrt{3}-1)}{\sqrt{3}}$ (b) $\frac{(\sqrt{3}-4}{2\sqrt{3}}$
(c) $\frac{-1}{\sqrt{3}}$ (d) $\frac{2}{\sqrt{3}}$

16. ΔXYZ में कोण Y की माप 90° है। यदि $\sin X = \dfrac{4}{5}$ और $XY = 6$ सेमी है, तो भुजा YZ की लम्बाई (सेमी में) क्या है?

(a) 10 (b) 5
(c) 8 (d) 4

17. ΔDEF में, E समकोण है। यदि $\cos D = \dfrac{5}{13}$, तो $\tan F$ का मान क्या है?

(a) $\frac{5}{13}$ (b) $\frac{5}{12}$ (c) $\frac{13}{5}$ (d) $\frac{13}{12}$

18. ΔPQR में $\angle Q$ समकोण है। यदि $\angle R = 45°$ है, तो $(\text{cosec}\,P - \sqrt{3}/2)$ का मान ज्ञात करें।

(a) $\frac{(\sqrt{3}/3 - 1)}{3}$ (b) $\frac{2}{\sqrt{3}}$
(c) $\frac{(2-\sqrt{3})}{\sqrt{3}}$ (d) $\frac{(2\sqrt{2}-\sqrt{3})}{2}$

19. यदि $\sin 60° + \cos 45° = x$, तो x का क्या मान है?

(a) $\frac{1}{\sqrt{2}}$ (b) $\frac{(\sqrt{3}+\sqrt{2})}{2}$ (c) $\sqrt{2}-1$ (d) $\sqrt{3}$

20. यदि $\sin\left(-\dfrac{5\pi}{3}\right) = x$, तो x का मान क्या है?

(a) $\frac{-\sqrt{3}}{2}$ (b) $\frac{\sqrt{3}}{2}$
(c) -2 (d) $\frac{-2}{\sqrt{3}}$

21. $\dfrac{\sqrt{(\text{cosec}^2 A - 1)}}{\text{cosec}\,A}$ किसके बराबर है?

(a) $\cos A$ (b) $\sin A$
(c) $\text{cosec}\,A$ (d) $\sec A$

22. यदि $\sec A - \tan A = x$, तो x का मान क्या है?

(a) $\frac{1}{(\sec^2 A - \tan^2 A)}$
(b) $\frac{1}{(\sec^2 A + \tan^2 A)}$
(c) $\frac{1}{\sqrt{(\sec^2 A - \tan^2 A)}}$
(d) $\frac{1}{(\sec A + \tan A)}$

23. $(\cos A + \sin A)^2 + (\cos A - \sin A)^2$ किसके बराबर है?

(a) 1 (b) $\frac{1}{2}$ (c) 2 (d) 0

24. यदि $\sec A + \tan A = x$, तो x का क्या मान है?

(a) $\frac{\cos A}{(1+\sin A)}$ (b) $\sqrt{\left[\frac{\cos A}{(1-\sin A)}\right]}$
(c) $\sqrt{\left[\frac{\cos A}{(1+\sin A)}\right]}$ (d) $\sqrt{\frac{1+\sin A}{1-\sin A}}$

25. एक मीनार के शीर्ष का उन्नयन कोण जमीन के बिन्दु से 30° है और मीनार की ओर 70 मी चलने पर यह 60° हो जाता है। मीनार की ऊँचाई कितनी है?

(a) $10\sqrt{3}$ मी (b) $35\sqrt{3}$ मी
(c) 10 मी (d) $\frac{10}{\sqrt{3}}$ मी

26. भूमि के स्तर पर एक ऊर्ध्व (वर्टिकल) मीनार की परछाईं की लम्बाई, उस समय 10 मी बढ़ जाती है जब सूर्य की तुंगता (ऊँचाई) 45° से 30° पर परिवर्तित होती है। मीनार की ऊँचाई बताएँ।

(a) $5(\sqrt{3}+1)$ मी (b) $5(\sqrt{3}-1)$ मी
(c) $5\sqrt{3}$ मी (d) $\frac{5}{\sqrt{3}}$ मी

27. एक खम्भे के पाद से भूतल पर सीधी रेखा में स्थित दो बिन्दुओं से उस खम्भे के शीर्ष के उन्नयन कोण परस्पर पूरक हैं। तदनुसार, यदि उस खम्भे के पाद से दोनों बिन्दुओं की दूरी क्रमशः 9 मी तथा 16 मी हो और दोनों बिन्दु खम्भे के एक ही ओर हों, तो उस खम्भे की ऊँचाई कितनी होगी?

(a) 7 मी
(b) 12 मी
(c) 5 मी
(d) 10 मी

28. 120 मी ऊँचे एक पेड़ के शीर्ष से पेड़ की जड़ से एक ही दिशा में तथा एक ही रेखा में स्थित दो नौकाओं के अवनमन कोण क्रमशः 45° और 60° हैं। तदनुसार, उन नौकाओं के बीच की दूरी कितनी है?

(a) $40(3-\sqrt{3})$ मी
(b) $40(3\sqrt{3}-1)$ मी
(c) $120(\sqrt{3}-1)$ मी
(d) $120(3-\sqrt{3})$ मी

उत्तरमाला

1 (a)	2 (a)	3 (d)	4 (b)	5 (d)	6 (a)	7 (d)	8 (c)	9 (b)	10 (c)
11 (d)	12 (c)	13 (c)	14 (c)	15 (a)	16 (c)	17 (b)	18 (d)	19 (b)	20 (b)
21 (a)	22 (d)	23 (c)	24 (d)	25 (b)	26 (a)	27 (b)	28 (a)		

संकेत एवं हल

1. (a) दिया है,

$$4(2\sin^2\theta + 7\cos^2\theta) = 13$$
$$4(2\sin^2\theta + 2\cos^2\theta + 5\cos^2\theta) = 13$$
$$4[2(\sin^2\theta + \cos^2\theta) + 5\cos^2\theta] = 13$$
$$8 + 20\cos^2\theta = 13$$
$$20\cos^2\theta = 5$$
$$\cos^2\theta = \frac{5}{20} = \frac{1}{4}$$
$$\cos\theta = \frac{1}{2} = \cos 60°$$
$$\theta = 60°$$

2. (a) दिया है, $\tan\theta + \cot\theta = 2$

$$\frac{\sin\theta}{\cos\theta} + \frac{\cos\theta}{\sin\theta} = 2$$
$$\frac{\sin^2\theta + \cos^2\theta}{\sin\theta\cos\theta} = 2$$
$$1 = 2\sin\theta\cos\theta$$
$$\sin 90° = \sin 2\theta$$
$$90° = 2\theta \Rightarrow \theta = 45°$$

3. (d) दिया है,

$$3 - 2\sin^2\theta - 3\cos\theta = 0$$
$$3 - 2(1 - \cos^2\theta) - 3\cos\theta = 0$$
$$3 - 2 + 2\cos^2\theta - 3\cos\theta = 0$$
$$2\cos^2\theta - 3\cos\theta + 1 = 0$$
$$2\cos^2\theta - 2\cos\theta - \cos\theta + 1 = 0$$
$$2\cos\theta(\cos\theta - 1) - 1(\cos\theta - 1) = 0$$
$$(\cos\theta - 1)(2\cos\theta - 1) = 0$$
$$\cos\theta = 1, \frac{1}{2}$$

$\because \quad 0° < \theta < 90°$

$\therefore \quad \cos\theta = \frac{1}{2} = \cos 60°$

$\Rightarrow \quad \theta = 60°$

अब,

$2\,\text{cosec}\,\theta + \tan\theta = 2\,\text{cosec}\,60° + \tan 60°$

$$= 2 \times \frac{2}{\sqrt{3}} + \sqrt{3} = \frac{4+3}{\sqrt{3}} = \frac{7}{\sqrt{3}} \times \frac{\sqrt{3}}{\sqrt{3}} = \frac{7\sqrt{3}}{3}$$

4. (b) $\left(\frac{\sin\theta}{1+\cos\theta} + \frac{1+\cos\theta}{\sin\theta}\right)\left(\frac{1}{\tan\theta + \cot\theta}\right)$

$$= \left(\frac{\sin^2\theta + (1+\cos\theta)^2}{(1+\cos\theta)\sin\theta}\right)\left(\frac{1}{\frac{\sin\theta}{\cos\theta} + \frac{\cos\theta}{\sin\theta}}\right)$$

$$= \left(\frac{\sin^2\theta + 1 + \cos^2\theta + 2\cos\theta}{(1+\cos\theta)\sin\theta}\right)\left(\frac{1}{\frac{\sin^2\theta + \cos^2\theta}{\sin\theta\cos\theta}}\right)$$

$$= \left(\frac{1 + 1 + 2\cos\theta}{(1+\cos\theta)\sin\theta}\right)\left(\frac{\sin\theta\cos\theta}{1}\right)$$

$[\because \sin^2\theta + \cos^2\theta = 1]$

$$= \frac{2(1+\cos\theta)}{(1+\cos\theta)\sin\theta} \times (\sin\theta\cos\theta) = 2\cos\theta$$

5. (d) $\frac{\cos\alpha}{\sin\alpha + \cos\beta} + \frac{\cos\beta}{\sin\beta - \cos\alpha}$

$$= \frac{x}{\sin\alpha - \cos\beta} + \frac{\cos\beta}{\sin\beta + \cos\alpha}$$

$$\Rightarrow \frac{x(\sin\alpha + \cos\beta) - \cos\alpha(\sin\alpha - \cos\beta)}{\sin^2\alpha - \cos^2\beta}$$
$$= \frac{\cos\beta(\sin\beta + \cos\alpha - \sin\beta + \cos\alpha)}{\sin^2\beta - \cos^2\alpha}$$

$$\Rightarrow \frac{x(\sin\alpha + \cos\beta) - \cos\alpha(\sin\alpha - \cos\beta)}{1 - \cos^2\alpha - 1 + \sin^2\beta}$$
$$= \frac{2\cos\alpha\cos\beta}{\sin^2\beta - \cos^2\alpha}$$

$$\Rightarrow x(\sin\alpha + \cos\beta) = 2\cos\alpha\cos\beta + \cos\alpha\sin\alpha - \cos\alpha\cos\beta$$
$$\Rightarrow x(\sin\alpha + \cos\beta) = \cos\alpha(\cos\beta + \sin\alpha)$$
$$\Rightarrow x = \cos\alpha$$

6. (a) $\frac{(\cos 9° + \sin 81°)(\sec 9° + \text{cosec}\,81°)}{\sin 56°\sec 34° + \cos 25°\,\text{cosec}\,65°}$

$$= \frac{[\cos(90° - 81°) + \sin 81°][\sec(90° - 81°) + \text{cosec}\,81°]}{\sin 56° \cdot \sec(90° - 56°) + \cos(90° - 65°)\,\text{cosec}\,65°}$$

$$= \frac{(\sin 81° + \sin 81°)(\text{cosec}\,81° + \text{cosec}\,81°)}{\sin 56° \cdot \text{cosec}\,56° + \sin 65° \cdot \text{cosec}\,65°}$$

$[\because \cos(90 - \theta) = \sin\theta$ and $\sec(90 - \theta) = \text{cosec}\,\theta]$

$$= \frac{2\sin 81° \times 2\,\text{cosec}\,81°}{1+1} \quad [\because \sin\theta\,\text{cosec}\,\theta = 1]$$

$$= \frac{4\sin 81°\,\text{cosec}\,81°}{2}$$

$= 2 \quad [\because \sin\theta\,\text{cosec}\,\theta = 1]$

7. (d) दिया है, $7(\text{cosec}^2\,55° - \tan^2 35°)$

$$+ 2\sin 90° - \tan^2 52°\, y \tan^2 38° = \frac{y}{2}$$

$$7[\text{cosec}^2(90° - 35°) - \tan^2 35°] + 2 \times 1 - \tan^2 52°\, y \cdot \tan^2(90° - 52°) = \frac{y}{2}$$

$$7[\sec^2 35° - \tan^2 35°] + 2 - y\tan^2 52° \cdot \cot^2 52° = \frac{y}{2}$$

$[\because \text{cosec}(90° - \theta) = \sec\theta$ and $\tan(90° - \theta) = \cot\theta]$

$$7[1] + 2 - y = \frac{y}{2}$$

$[\because \sec^2\theta - \tan^2\theta = 1$ and $\tan\theta\cot\theta = 1]$

$$9 = \frac{y}{2} + y \Rightarrow \frac{3y}{2} = 9$$
$$y = 6$$

8. (c) दिया है, $\cot\theta = \sqrt{6} = \frac{AB}{CB}$

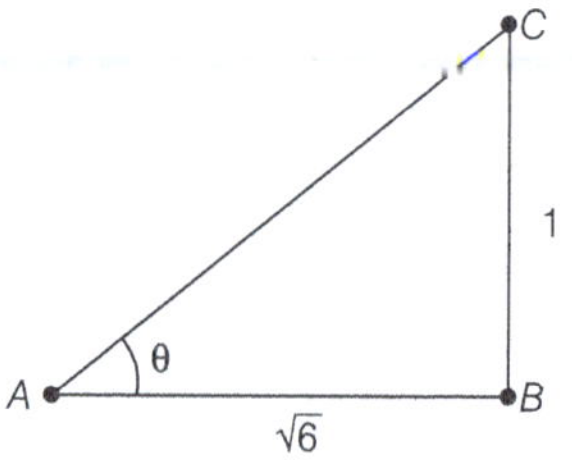

माना $AB = \sqrt{6}x, CB = x$

ΔABC में,

$$AC^2 = AB^2 + CB^2 = (\sqrt{6}x)^2 + x^2$$
$$AC^2 = 6x^2 + x^2 = 7x^2$$
$$AC = \sqrt{7x^2}$$
$$AC = \sqrt{7}x$$

$\therefore \quad \text{cosec}\,\theta = \frac{AC}{CB} = \frac{\sqrt{7}x}{x}$

$\sec\theta = \frac{AC}{AB} = \frac{\sqrt{7}}{\sqrt{6}}$

$\therefore \quad \frac{\text{cosec}^2\theta + \sec^2\theta}{\text{cosec}^2\theta - \sec^2\theta} = \frac{(\sqrt{7})^2 + \left(\frac{\sqrt{7}}{\sqrt{6}}\right)^2}{(\sqrt{7})^2 - \left(\frac{\sqrt{7}}{\sqrt{6}}\right)^2}$

$$= \frac{7 + \frac{7}{6}}{7 - \frac{7}{6}} = \frac{\frac{42+7}{6}}{\frac{42-7}{6}} = \frac{49}{35} = \frac{7}{5}$$

9. (b) दिया है,

$$\left(\frac{1}{1 + \text{cosec}\,\theta} - \frac{1}{1 - \text{cosec}\,\theta}\right)\cos\theta = 2$$
$$\left(\frac{1 - \text{cosec}\,\theta - 1 - \text{cosec}\,\theta}{1 - \text{cosec}^2\theta}\right)\cos\theta = 2$$
$$\Rightarrow \frac{-2\,\text{cosec}\,\theta}{-\cot^2\theta} \times \cos\theta = 2$$
$$\tan\theta = 1$$

$\therefore \quad \theta = 45°$

अब, $\sin^2\theta + \cot^2\theta + \sec^2\theta$

$$= \sin^2 45° + \cot^2 45° + \sec^2 45°$$
$$= \left(\frac{1}{\sqrt{2}}\right)^2 + (1)^2 + (\sqrt{2})^2$$
$$= \frac{1}{2} + 1 + 2 = \frac{1+2+4}{2}$$
$$= \frac{7}{2} = 3\frac{1}{2}$$

10. (c) $r^3 = \dfrac{(\sin\theta - \text{cosec}\,\theta)(\cos\theta - \sec\theta)}{\tan^2\theta - \sin^2\theta}$

$$r^3 = \frac{\left(\sin\theta - \dfrac{1}{\sin\theta}\right)\left(\cos\theta - \dfrac{1}{\cos\theta}\right)}{\dfrac{\sin^2\theta}{\cos^2\theta} - \sin^2\theta}$$

$$r^3 = \frac{\left(\dfrac{\sin^2\theta - 1}{\sin\theta}\right)\left(\dfrac{\cos^2\theta - 1}{\cos\theta}\right)}{\sin^2\theta\left[\dfrac{1-\cos^2\theta}{\cos^2\theta}\right]}$$

$$r^3 = \frac{\left(-\dfrac{\cos^2\theta}{\sin\theta}\right)\left(-\dfrac{\sin^2\theta}{\cos\theta}\right)}{\sin^2\theta \times \dfrac{\sin^2\theta}{\cos^2\theta}}$$

$$r^3 = \frac{\cos^2\theta\sin^2\theta}{\sin\theta\cos\theta} \times \frac{\cos^2\theta}{\sin^2\theta\sin^2\theta}$$

$$r^3 = \frac{\cos^3\theta}{\sin^3\theta} = \cot^3\theta \Rightarrow r = \cot\theta$$

11. (d) $\dfrac{4\tan^2 30^\circ + \dfrac{1}{4}\sin^2 90^\circ + \dfrac{1}{8}\cot^2 60^\circ + \sin^2 30^\circ \cos^2 45^\circ}{\sin 60^\circ \cos 30^\circ - \cos 60^\circ \sin 30^\circ}$

$$= \frac{4\times\left(\dfrac{1}{\sqrt{3}}\right)^2 + \dfrac{1}{4}\times 1 + \dfrac{1}{8}\times\left(\dfrac{1}{\sqrt{3}}\right)^2 + \left(\dfrac{1}{2}\right)^2\cdot\left(\dfrac{1}{\sqrt{2}}\right)^2}{\dfrac{\sqrt{3}}{2}\times\dfrac{\sqrt{3}}{2} - \dfrac{1}{2}\times\dfrac{1}{2}}$$

$$= \frac{\dfrac{4}{3} + \dfrac{1}{4} + \dfrac{1}{24} + \dfrac{1}{8}}{\dfrac{3}{4} - \dfrac{1}{4}}$$

$$= \frac{\dfrac{32+6+1+3}{24}}{\dfrac{3-1}{4}} = \frac{42}{24}\times\frac{4}{2} = \frac{7}{2} = 3\frac{1}{2}$$

12. (c) $\sqrt{\dfrac{1-\cos\theta}{1+\cos\theta}} \times \sqrt{\dfrac{\text{cosec}\theta - \cot\theta}{\text{cosec}\theta + \cot\theta}} = \dfrac{1-r}{1+r}$

$$\sqrt{\frac{1-\cos\theta}{1+\cos\theta}} \times \sqrt{\frac{\dfrac{1}{\sin\theta} - \dfrac{\cos\theta}{\sin\theta}}{\dfrac{1}{\sin\theta} + \dfrac{\cos\theta}{\sin\theta}}} = \frac{1-r}{1+r}$$

$$\sqrt{\frac{1-\cos\theta}{1+\cos\theta}} \times \sqrt{\frac{1-\cos\theta}{\sin\theta} \times \frac{\sin\theta}{1+\cos\theta}} = \frac{1-r}{1+r}$$

$$\sqrt{\frac{1-\cos\theta}{1+\cos\theta}} \times \sqrt{\frac{1-\cos\theta}{1+\cos\theta}} = \frac{1-r}{1+r}$$

$$\frac{1-\cos\theta}{1+\cos\theta} = \frac{1-r}{1+r}$$

$$1 - \cos\theta + r - r\cos\theta = 1 + \cos\theta - r - r\cos\theta$$

$$2r = 2\cos\theta$$

$$r = \cos\theta$$

13. (c) $5\sin\theta + 12\cos\theta = 13$

दोनों पक्षों का वर्ग करने पर,

$$(5\sin\theta + 12\cos\theta)^2 = 13^2$$

$$25\sin^2\theta + 144\cos^2\theta + 120\sin\theta\cos\theta = 169$$

$$25(1-\cos^2\theta) + 144(1-\sin^2\theta) + 120\sin\theta\cos\theta = 169$$

$$25 - 25\cos^2\theta + 144 - 144\sin^2\theta + 120\sin\theta\cos\theta = 169$$

$$-25\cos^2\theta - 144\sin^2\theta + 120\sin\theta\cos\theta = 169 - 169$$

$$25\cos^2\theta + 144\sin^2\theta - 120\sin\theta\cos\theta = 0$$

$$(5\cos\theta - 12\sin\theta)^2 = 0$$

$$5\cos\theta - 12\sin\theta = 0$$

$$12\sin\theta = 5\cos\theta$$

$$\frac{\sin\theta}{\cos\theta} = \frac{5}{12}$$

$$\therefore \quad \tan\theta = \frac{5}{12}$$

14. (c) $\dfrac{(\sec\theta + \tan\theta)(1-\sin\theta)}{\text{cosec}\,\theta(1+\cos\theta)(\text{cosec}\,\theta - \cot\theta)}$

$$= \frac{\left(\dfrac{1}{\cos\theta} + \dfrac{\sin\theta}{\cos\theta}\right)(1-\sin\theta)}{\dfrac{1}{\sin\theta}(1+\cos\theta)\left[\dfrac{1}{\sin\theta} - \dfrac{\cos\theta}{\sin\theta}\right]}$$

$$= \frac{(1+\sin\theta)(1-\sin\theta)}{\cos\theta} \times \frac{\sin^2\theta}{(1+\cos\theta)(1-\cos\theta)}$$

$$= \frac{(1-\sin^2\theta)\sin^2\theta}{\cos\theta(1-\cos^2\theta)}$$

$$= \frac{\cos^2\theta\sin^2\theta}{\cos\theta\sin^2\theta} = \cos\theta$$

15. (a) $\text{cosec}\,30^\circ - \dfrac{1}{\sqrt{3}} = 2 - \dfrac{1}{\sqrt{3}} = \dfrac{2\sqrt{3}-1}{\sqrt{3}}$

16. (c) दिया है, $XY = 6$ सेमी

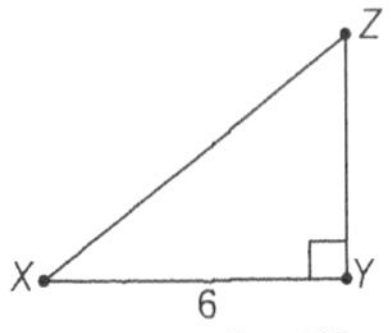

$$\sin X = \frac{4}{5} = \frac{\text{लम्ब}}{\text{कर्ण}} = \frac{YZ}{XZ}$$

माना $YZ = 4x$ तथा $XZ = 5x$

ΔXYZ में,

$$(XZ)^2 = (XY)^2 + (YZ)^2$$

$$(5x)^2 = (6)^2 + (4x)^2$$

$$25x^2 = 36 + 16x^2$$

$$25x^2 - 16x^2 = 36$$

$$9x^2 = 36$$

$$x^2 = 4$$

$$x = 2$$

$$\therefore \quad YZ = 4\times 2 = 8 \text{ सेमी}$$

17. (b) दिया है, $\cos D = \dfrac{5}{13} = \dfrac{\text{आधार}}{\text{कर्ण}} = \dfrac{DE}{DF}$

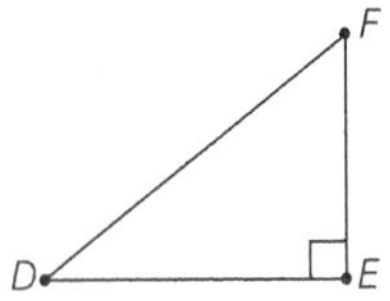

माना $DE = 5x$, $DF = 13x$

ΔDEF में,

$$(DF)^2 = (DE)^2 + (EF)^2$$

$$(13x)^2 = (5x)^2 + (EF)^2$$

$$169x^2 = 25x^2 + (EF)^2$$

$$EF^2 = 169x^2 - 25x^2 = 144x^2$$

$$EF = 12x$$

$$\therefore \quad \tan F = \frac{DE}{EF} = \frac{5x}{12x} = \frac{5}{12}$$

18. (d) दिया है, $\angle Q = 90^\circ$, $\angle R = 45^\circ$

$$\therefore \quad \angle P = 180^\circ - (\angle Q + \angle R)$$

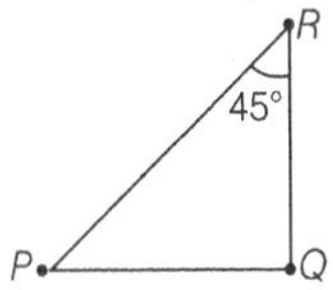

$$\angle P = 180^\circ - (90^\circ + 45^\circ)$$

$$= 180^\circ - 135^\circ \Rightarrow \angle P = 45^\circ$$

$$\therefore \quad \text{cosec}\,P - \frac{\sqrt{3}}{2} = \text{cosec}\,45^\circ - \frac{\sqrt{3}}{2}$$

$$= \sqrt{2} - \frac{\sqrt{3}}{2} = \frac{2\sqrt{2} - \sqrt{3}}{2}$$

19. (b) दिया है,

$$x = \sin 60^\circ + \cos 45^\circ$$

$$x = \frac{\sqrt{3}}{2} + \frac{1}{\sqrt{2}} = \frac{\sqrt{3}}{2} + \frac{1}{\sqrt{2}} \times \frac{\sqrt{2}}{\sqrt{2}}$$

$$x = \frac{\sqrt{3}}{2} + \frac{\sqrt{2}}{2} = \frac{\sqrt{3}+\sqrt{2}}{2}$$

20. (b) दिया है, $x = \sin\left(-\dfrac{5\pi}{3}\right)$

$$x = -\sin\frac{5\pi}{3} = -\sin\left(\frac{5\times 180^\circ}{3}\right)$$

$$x = -\sin 300^\circ$$

$$x = -\sin(360^\circ - 60^\circ)$$

$$x = -(-\sin 60^\circ) = \sin 60^\circ \Rightarrow x = \frac{\sqrt{3}}{2}$$

21. (a) $\dfrac{\sqrt{(\text{cosec}^2 A - 1)}}{\text{cosec}\,A} = \dfrac{\sqrt{\cot^2 A}}{\dfrac{1}{\sin A}}$

$$\left[\because \text{cosec}\,\theta = \frac{1}{\sin\theta}\right]$$

$$= \cot A \times \sin A$$

$$= \frac{\cos A}{\sin A} \times \sin A$$

$$= \cos A$$

22. (d) $x = \sec A - \tan A$

$$= \frac{\sec A - \tan A}{1} \times \frac{\sec A + \tan A}{\sec A + \tan A}$$

$$= \frac{\sec^2 A - \tan^2 A}{\sec A + \tan A} = \frac{1}{\sec A + \tan A}$$

23. (c) $(\cos A + \sin A)^2 + (\cos A - \sin A)^2$

$= \cos^2 A + \sin^2 A + 2 \sin A \cos A$
$+ \cos^2 A + \sin^2 A - 2 \sin A \cos A$
$[\because (a+b)^2 = a^2 + b^2 + 2ab$ और $(a-b)^2 = a^2 + b^2 - 2ab]$

$= 1 + 2 \sin A \cos A + 1 - 2 \sin A \cos A$
$[\because \sin^2 \theta + \cos^2 \theta = 1]$

$= 2$

24. (d) दिया है,

$x = \sec A + \tan A$

$$x = \frac{1}{\cos A} + \frac{\sin A}{\cos A} = \frac{1 + \sin A}{\cos A}$$

$$x = \frac{1 + \sin A}{\sqrt{1 - \sin^2 A}} = \frac{1 + \sin A}{\sqrt{(1 + \sin A)(1 - \sin A)}}$$

$$x = \sqrt{\frac{1 + \sin A}{1 - \sin A}}$$

25. (b) माना मीनार की ऊँचाई h मी है। तब ΔABC में,

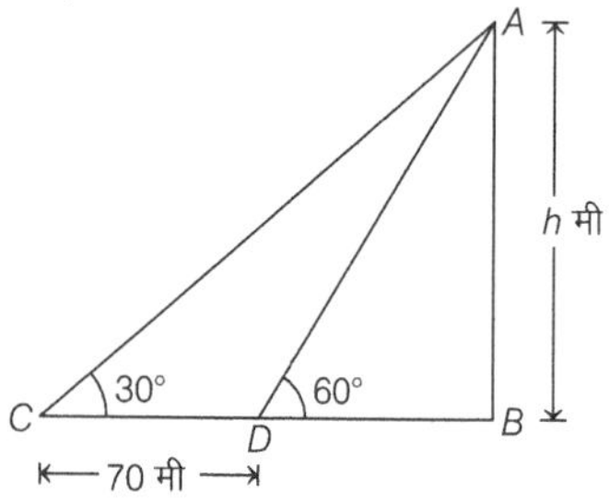

$$\tan 30° = \frac{h}{70 + DB} \Rightarrow \frac{1}{\sqrt{3}} = \frac{h}{70 + DB}$$

$\Rightarrow \quad 70 + DB = h\sqrt{3}$ ...(i)

पुनः ΔABD में, $\tan 60° = \frac{h}{DB}$

$$\Rightarrow \sqrt{3} = \frac{h}{DB} \Rightarrow DB = \frac{h}{\sqrt{3}} = \frac{h\sqrt{3}}{3}$$

DB का मान समी (i) में रखने पर,

$$70 + \frac{h \cdot \sqrt{3}}{3} = h\sqrt{3}$$

$\Rightarrow \quad 210 + h\sqrt{3} = h \cdot 3\sqrt{3} \Rightarrow h\sqrt{3}(3 - 1) = 210$

$\Rightarrow \quad 2 \times h\sqrt{3} = 210 \Rightarrow h\sqrt{3} = 105$

$\therefore \quad h = \frac{105\sqrt{3}}{3} = 35\sqrt{3}$ मी

26. (a) माना मीनार AB की ऊँचाई h मी है। तब ΔABC में,

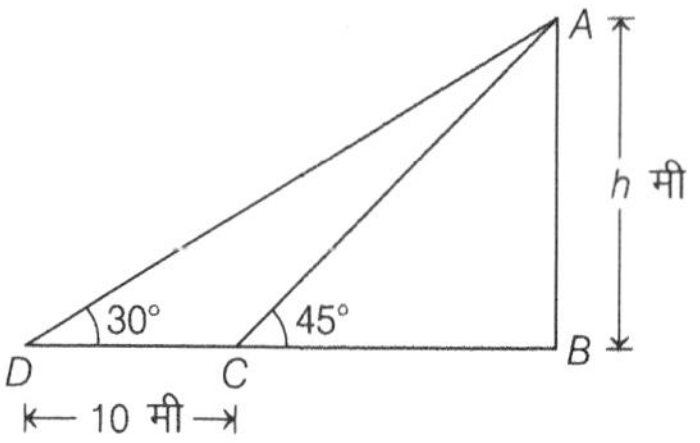

$$\tan 45° = \frac{h}{CB} \quad \Rightarrow \quad 1 = \frac{h}{CB}$$

$\therefore \quad h = CB$

पुनः ΔABD में, $\tan 30° = \frac{h}{DC + CB}$

$$\Rightarrow \quad \frac{1}{\sqrt{3}} = \frac{h}{10 + h} \qquad [\because h = CB]$$

$\Rightarrow \quad 10 + h = \sqrt{3}h$

$\Rightarrow \quad 10 = (\sqrt{3} - 1)h$

$$\Rightarrow \quad h = \frac{10(\sqrt{3} + 1)}{3 - 1}$$

$\therefore \quad h = 5(\sqrt{3} + 1)$ मी

27. (b) ΔABC में, $\frac{AB}{BC} = \tan(90 - \theta)$

$AB = 9 \cot \theta$ ...(i)

ΔABD में,

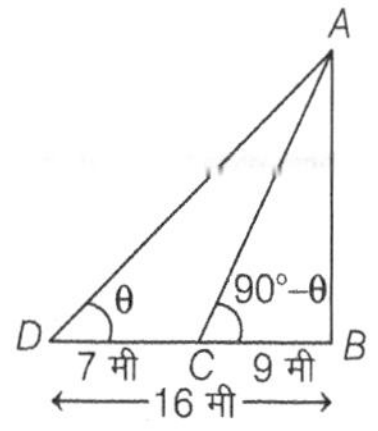

$$\frac{AB}{BD} = \tan \theta$$

$AB = 16 \tan \theta$ ...(ii)

समी (i) व (ii) की गुणा करने पर,

$AB^2 = 9 \times 16 \Rightarrow AB = 3 \times 4 = 12$ मी

28. (a)

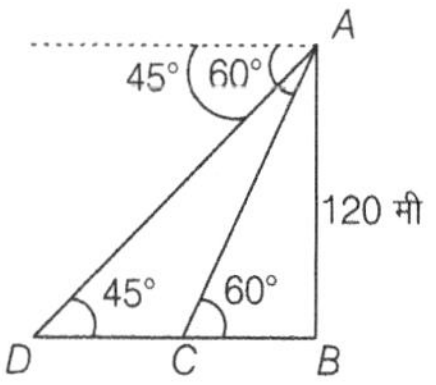

ΔABD में,

$$\tan 45° = \frac{AB}{BD} \Rightarrow 1 = \frac{120}{BD}$$

$\Rightarrow \quad BD = 120$ मी

ΔABC में,

$$\tan 60° = \frac{AB}{BC} \quad \Rightarrow \quad \sqrt{3} = \frac{120}{BC}$$

$$BC = \frac{120}{\sqrt{3}} \times \frac{\sqrt{3}}{\sqrt{3}} = 40\sqrt{3}$$

$\therefore$ दोनों नौकाओं के बीच की दूरी $= CD$

$= BD - BC$

$= 120 - 40\sqrt{3} = 40(3 - \sqrt{3})$ मी

अध्याय

08

सांख्यिकी

(Statistics)

सांख्यिकी गणित की एक शाखा है जिसके अन्तर्गत हम असंगृहीत आँकड़ों को संगृहीत आँकड़ों में बदलकर सूचना प्राप्त करते हैं।

आँकड़े

आँकड़े सूचनाओं का एक समूह है, जो चर के गुणात्मक तथा मात्रात्मक प्रवृत्ति की विवेचना करते हैं।

आँकड़े निम्न दो प्रकार के होते हैं

अवर्गीकृत आँकड़े

जब कुछ प्रेक्षण एक श्रेणी अथवा समूह में दिए गए हों, तो इन्हें अवर्गीकृत आँकड़े कहते हैं। जैसे—1, 4, 5, 6, 12, 3 आदि।

वर्गीकृत आँकड़े

जब प्रेक्षण $x_1, x_2, x_3, \ldots\ldots, x_n$ तथा उनकी संगत बारम्बारताएँ दी गई हों, तो इस प्रकार के आँकड़े वर्गीकृत आँकड़े कहलाते हैं। जैसे—1, 3, 4, 5, 6, 12, 13 आदि। ये निम्न दो प्रकार के होते हैं

असतत् आँकड़े

इन आँकड़ों में प्रेक्षण के मान तथा इनकी संगत बारम्बारता ज्ञात होती है। जैसे—कक्षा-11 के छात्रों के गणित विषय की परीक्षा में प्राप्तांक इस प्रकार हैं

अनुक्रमांक	1	2	3	4	5	6	7	8	9	10
प्राप्तांक	46	32	17	41	4	20	6	9	30	35

सतत् आँकड़े

इनमें आँकड़े, समूह या वर्ग अन्तराल के रूप में लिखे होते हैं तथा इनकी बारम्बारताएँ ज्ञात होती हैं। जैसे—

प्राप्तांक	0-10	10-20	20-30	30-40
विद्यार्थियों की संख्या	5	7	13	20

माध्य

दिए गए प्रेक्षण का माध्य, चर के सभी मानों के योगफल को मानों की कुल संख्या से भाग देकर प्राप्त किया जाता है। माध्य (या समान्तर माध्य) के अन्तर्गत अवर्गीकृत तथा वर्गीकृत आँकड़ों का माध्य ज्ञात करते हैं, जोकि निम्नलिखित हैं

1. अवर्गीकृत आँकड़ों का माध्य

दिए गए n प्रेक्षणों $x_1, x_2, x_3, \ldots, x_n$ के माध्य को $\bar{x}$ से निरूपित करते हैं तथा इसे निम्न प्रकार से परिभाषित करते हैं

$$\text{माध्य } (\bar{x}) = \frac{x_1 + x_2 + \ldots + x_n}{n} = \frac{\sum_{i=1}^{n} x_i}{n}$$

यहाँ, x के कुछ मान $\bar{x}$ से कम होंगे तथा कुछ मान $\bar{x}$ से अधिक होंगे। इसलिए यह कहा जा सकता है कि $\bar{x}$ सभी मानों के केन्द्र पर स्थित है, जो यह बताता है कि यह केन्द्रीय प्रवृत्ति की एक माप है। माध्य की इकाई वही होती है, जो दिए गए आँकड़ों की होती है।

उदाहरण 1 यदि छः आँकड़ों 5, 7, 9, α, 11 और 12 का माध्य 9 है, तो α का मान क्या है?

(a) 15 (b) 12 (c) 16 (d) 10

हल (d) प्रश्नानुसार,

$$\frac{5 + 7 + 9 + \alpha + 11 + 12}{6} = 9$$

$$\Rightarrow \quad 44 + \alpha = 54 \Rightarrow \alpha = 10$$

2. वर्गीकृत आँकड़ों का माध्य

(i) असतत् आँकड़ों के लिए

असतत् आँकड़ों का समान्तर माध्य से ज्ञात करने के लिए निम्न सूत्र का प्रयोग करते हैं

$$\text{समान्तर माध्य } (\bar{x}) = \frac{\sum_{i=1}^{n} f_i x_i}{\sum_{i=1}^{n} f_i}$$

जहाँ, f_i = पद की बारम्बारता
तथा d_i = कल्पित माध्य से विचलन = $x_i - A$

उदाहरण 2 निम्न आँकड़ों का माध्य ज्ञात कीजिए।

x_i	15	25	35	45	55	65
f_i	14	18	15	20	17	16

(a) 38.5 (b) 39.4 (c) 40.6 (d) 42.2

हल (c) माध्य के लिए सारणी निम्न है

x_i	f_i	$f_i x_i$
15	14	210
25	18	450
35	15	525
45	20	900
55	17	935
65	16	1040
योग	$\Sigma f_i = 100$	$\Sigma f_i x_i = 4060$

यहाँ, $\Sigma f_i = 100$ तथा $\Sigma f_i x_i = 4060$

$\therefore$ समान्तर माध्य $(\bar{x}) = \frac{\Sigma f_i x_i}{\Sigma f_i} = \frac{4060}{100} = 40.6$

(ii) **सतत् आँकड़ों के लिए**

सतत आकड़ों में सर्वप्रथम मध्यमान x_i ज्ञात करके, आँकड़ों को असतत आँकड़ों में परिवर्तित कर लेते हैं।

$$\text{मध्य } (\bar{x}) = \frac{\Sigma f_i x_i}{\Sigma f_i}$$

उदाहरण 3 निम्न आँकड़ों का माध्य ज्ञात कीजिए।

वर्ग-अन्तराल	25-30	30-35	35-40	40-45	45-50	50-55	55-60
बारम्बारता	14	22	16	6	5	3	4

(a) 36.9 (b) 37.4 (c) 37.9 (d) 38.2

हल (a) समान्तर माध्य के लिए सारणी निम्न है

वर्ग अन्तराल	मध्यमान (x_i)	बारम्बारता (f_i)	$f_i x_i$
25-30	27.5	14	385
30-35	32.5	22	715
35-40	37.5	16	600
40-45	42.5	6	255
45-50	47.5	5	237.5
50-55	52.5	3	157.5
55-60	57.5	4	230
योग		$\Sigma f_i = 70$	$\Sigma f_i x_i = 2580$

यहाँ, $\Sigma f_i = 70$ तथा $\Sigma f_i x_i = 2580$

$\therefore \bar{x} = \frac{\Sigma f_i x_i}{\Sigma f_i} = \frac{2580}{70} = 36.9$

माध्यिका

आँकड़ों को आरोही या अवरोही क्रम में व्यवस्थित करने पर चर का केन्द्रीय मान (मध्यमान) माध्यिका कहलाता है। माध्यिका के अन्तर्गत अवर्गीकृत तथा वर्गीकृत आँकड़ों की माध्यिका ज्ञात करते हैं, जोकि निम्नलिखित हैं

1. अवर्गीकृत आँकड़ों की माध्यिका

सर्वप्रथम, आँकड़ों को आरोही या अवरोही क्रम में लिखते हैं, तब

(i) यदि n विषम है, तो माध्यिका $= \left(\frac{n+1}{2}\right)$वाँ पद

(ii) यदि n सम है, तो माध्यिका $= \dfrac{\frac{n}{2}\text{वाँ पद} + \left(\frac{n}{2}+1\right)\text{वाँ पद}}{2}$

माध्यिका की इकाई वही होती है, जो दिए गए आँकड़ों की होती है।

उदाहरण 4 151, 153, 158, 165, 150, 140, 170, 153, 158 और 151 की माध्यिका ज्ञात कीजिए।

(a) 165 (b) 151 (c) 140 (d) 153

हल (d) दिए गए सभी आँकड़ों को आरोही क्रम में लिखने पर,

140, 150, 151, 151, 153, 153, 158, 158, 165, 170 = 10 (सम)

$$\text{माध्यिका} = \frac{\frac{10}{2}\text{वाँ पद} + \left(\frac{10}{2}+1\right)\text{वाँ पद}}{2} = \frac{5\text{वाँ पद} + 6\text{वाँ पद}}{2}$$

($\because$ कुल आँकडों की संख्या सम संख्या है)

$$= \frac{153+153}{2} = \frac{306}{2} = 153$$

2. वर्गीकृत आँकड़ों की माध्यिका

(i) **असतत् आँकड़ों के लिए**

असतत् आँकड़ों की माध्यिका ज्ञात करने के लिए सर्वप्रथम संचयी बारम्बारता सारणी बनाते हैं। यदि N एक विषम संख्या है,

तब मध्य पद $= \left(\frac{N+1}{2}\right)$ वाँ पद तथा माध्यिका $= \left(\frac{N+1}{2}\right)$ वें पद का मान जहाँ, $N = \Sigma f$ = बारम्बारताओं का योगफल

यदि N एक सम संख्या है तब मध्य पद

$$= \left(\frac{N}{2}\right) \text{वाँ पद और } \left(\frac{N}{2}+1\right) \text{वाँ पद}$$

$$\text{तथा माध्यिका} = \frac{\left(\frac{N}{2}\right)\text{वें पद का मान} + \left(\frac{N}{2}+1\right)\text{वें पद का मान}}{2}$$

यहाँ, मध्य पद का मान संचयी बारम्बारता सारणी में देखते हैं। मध्य पद संचयी बारम्बारता सारणी वाले जिस समूह या वर्ग में होता है, उस समूह के पद का मान मध्य पद का मान होता है।

उदाहरण 5 निम्नलिखित आँकड़ों की माध्यिका ज्ञात कीजिए।

x_i	20	29	28	33	42	38	43	25
f_i	6	28	24	15	2	4	1	20

(a) 32.6 (b) 28.5 (c) 29.4 (d) 31.5

हल (b) आँकड़ों को आरोही क्रम में लिखने पर,

प्रेक्षण (x_i)	20	25	28	29	33	38	42	43	योग
बारम्बारता (f_i)	6	20	24	28	15	4	2	1	$N = \Sigma f_i = 100$
संचयी बारम्बारता	6	26	50	78	93	97	99	100	

यहाँ, $N = \Sigma f_i = 100$ (सम)

$\therefore \quad \frac{N}{2} = 50$ तथा $\frac{N}{2} + 1 = 51$

जोकि संचयी बारम्बारता में क्रमशः 50 व 78 के अन्तर्गत हैं अतः इनके संगत प्रेक्षण के मान 28 व 29 हैं। अतः माध्यिका $= \frac{28+29}{2} = 28.5$

(ii) **सतत् आँकड़ों के लिए**

सतत् आँकड़ों की माध्यिका ज्ञात करने के लिए निम्न चरणों का प्रयोग करते हैं

चरण 1 सर्वप्रथम संचयी बारम्बारता ज्ञात करते हैं।

चरण 2 $\frac{N}{2}$वें प्रेक्षण वाले वर्ग (माध्यिका वर्ग) को ज्ञात करते हैं।

चरण 3 माध्यिका ज्ञात करने के लिए निम्न सूत्र का प्रयोग करते हैं।

$$\text{माध्यिका} = l + \frac{\left(\frac{N}{2} - C\right)}{f} \times h$$

जहाँ, l = माध्यिका वर्ग की निम्न सीमा

h = माध्यिका वर्ग के वर्ग अन्तराल की लम्बाई

f = माध्यिका वर्ग की बारम्बारता

C = माध्यिका वर्ग से पहली संचयी बारम्बारता

उदाहरण 6 निम्नलिखित बारम्बारता सारणी की माध्यिका ज्ञात कीजिए।

वर्ग-अन्तराल	10-25	25-40	40-55	55-70	70-85	योग
बारम्बारता	3	10	20	13	4	50

(a) 49 (b) 45

(c) 47 (d) 51

हल (a) दिए गए आँकड़ों के लिए संचयी बारम्बारता सारणी निम्न है

वर्ग-अन्तराल	10-25	25-40	40-55	55-70	70-85	योग
बारम्बारता	3	10	$20 = f$	13	4	50
संचयी बारम्बारता	3	$C = 13$	33	46	50	

जहाँ, $N = 50$ (सम)

$\therefore \quad \frac{N}{2} = \frac{50}{2} = 25$वाँ पद

संचयी बारम्बारता सारणी से स्पष्ट है कि 25वाँ पद संचयी बारम्बारता 33 के अन्तर्गत आता है जिसका वर्ग अन्तराल 40-45 है।

अतः $l = 40, C = 13, f = 20$ तथा $h = 15$

$$\therefore \text{माध्यिका} = l + \frac{\left(\frac{N}{2} - C\right)}{f} \times h = 40 + \frac{[25-13]}{20} \times 15 = 49$$

बहुलक

दिए गए आँकड़ों का बहुलक चर का वह मान है जिसकी बारम्बारता सर्वाधिक होती है।

1. अवर्गीकृत आँकड़ों का बहुलक

श्रेणी में अधिकतम बार पुनरावृत्ति वाले प्रेक्षण के मान को श्रेणी का बहुलक कहते हैं।

उदाहरण 7 आँकड़ों 75, 68, 64, 75, 69, 68, 75, 63 का बहुलक ज्ञात कीजिए।

(a) 75 (b) 68

(c) 64 (d) 69

हल (a) दिए गए आँकड़ों में 75 की पुनरावृत्ति सर्वाधिक (3 बार) हुई है। अतः दिए गए आँकड़ों का बहुलक 75 है।

2. वर्गीकृत आँकड़ों का बहुलक

(i) **असतत् आँकड़ों के लिए**

असतत् श्रेणी में अधिकतम बारम्बारता वाले चर का मान बहुलक होता है।

उदाहरण 8 निम्नलिखित आँकड़ों का बहुलक ज्ञात कीजिए।

x_i	7	8	9	10	11
f_i	84	96	42	77	92

(a) 7 (b) 8

(c) 9 (d) 10

हल (b) यहाँ सबसे अधिक बारम्बारता 96 है जो प्रेक्षण 8 के संगत है। अतः दिए गए आँकड़ों का बहुलक 8 है।

(ii) **सतत् आँकड़ों के लिए**

सतत् आँकड़ों का बहुलक ज्ञात करने के लिए निम्न चरणों का प्रयोग करते हैं।

चरण 1 सर्वप्रथम सर्वाधिक बारम्बारता वाले वर्ग अन्तराल को ज्ञात करते हैं जोकि बहुलक वर्ग होता है।

चरण 2 बहुलक ज्ञात करने के लिए निम्न सूत्र का प्रयोग करते हैं

$$\text{बहुलक} = l + \left(\frac{f_1 - f_0}{2f_1 - f_0 - f_2}\right) \times h$$

जहाँ, l = बहुलक वर्ग की निम्न सीमा,

f_1 = बहुलक वर्ग की बारम्बारता

f_0 = बहुलक वर्ग के पूर्व वर्ग की बारम्बारता,

f_2 = बहुलक वर्ग से अगले वर्ग की बारम्बारता

h = बहुलक वर्ग के वर्ग अन्तराल की लम्बाई

उदाहरण 9 निम्न बारम्बारता बंटन का बहुलक ज्ञात कीजिए।

x_i	0-7	7-14	14-21	21-28	28-35	35-42	42-49
f_i	19	25	36	72	51	43	28

(a) 25.42 (b) 28.50

(c) 31.36 (d) 40.88

हल (a) बंटन में वर्गों की बारम्बारता नियमित है तथा अधिकतम बारम्बारता वाला वर्ग 21-28 ही बहुलक वर्ग है।

$\because \quad l = 21, f_1 = 72, f_0 = 36, f_2 = 51, h = 7$

$\therefore \quad$ बहुलक $= l + \frac{f_1 - f_0}{2f_1 - f_0 - f_2} \times h = 21 + \frac{72 - 36}{144 - 36 - 51} \times 7$

$= 21 + \frac{252}{57} = 25.42$

माध्य, माध्यिका तथा बहुलक में सम्बन्ध

माध्य, माध्यिका तथा बहुलक में निम्न सम्बन्ध है

बहुलक = 3 (माध्यिका) − 2 (माध्य)

उदाहरण 10 यदि किसी दिए गए डाटा का माध्य 40 तथा बहलुक 25 हो, तो माध्यिका ज्ञात कीजिए।

(a) 36

(b) 32

(c) 35

(d) 33

हल (c) दिया है, माध्य = 40 तथा बहुलक = 25

हम जानते हैं,

बहुलक = 3 (माध्यिका) − 2 (माध्य)

$\Rightarrow$ 25 = 3 (माध्यिका) − 2 × 40 $\Rightarrow$ 3 (माध्यिका) = 25 + 80

$\Rightarrow$ माध्यिका $= \frac{105}{3} = 35$

अभ्यास प्रश्न

1. निम्नलिखित आँकड़ों 23, 17, 20, 19, 21 का समान्तर माध्य है

(a) 20 (b) 19
(c) 23 (d) 21

2. यदि निम्नलिखित आँकड़ों से अंकगणित माध्य 21.5 है, तो k का मान क्या होगा?

x	5	15	25	35	45
f	6	4	3	k	2

(a) 3 (b) 3.5 (c) 4 (d) 5

3. 8 अवलोकनों का माध्य (mean) 10.5 हैं। यदि अवलोकनों में से सात अवलोकन 3, 15, 7, 19, 12, 17 और 8 है, तो आठवाँ अवलोकन ज्ञात करें।

(a) 10 (b) 11 (c) 3 (d) 12

4. यदि 10 संख्याओं का समान्तर माध्य (mean) 35 है और प्रत्येक में 2 जोड़ दिया जाए तो संख्याओं की नई श्रेणी का माध्य (mean) क्या होगा?

(a) 28 (b) 34 (c) 40 (d) 37

5. निम्नलिखित वितरण की माध्यिका क्या है?

87, 21, 53, 12, 86, 98, 23, 64, 23, 23, 87, 56, 12, 53

(a) 53.5 (b) 54 (c) 53 (d) 56.5

6. 3, 4, 5, 5, 3, 6, 7, 3, 5, 5, 6 का बहुलक (mode) तथा माध्यिका (median) ज्ञात कीजिए।

(a) 5 और 5 (b) 3 और 5
(c) 5 और 4 (d) 3 और 4

7. आँकड़े आरोही क्रम अर्थात् 3, 4, 7, x, $x + 1$, 12, 13, 15 में लिखे हुए हैं। यदि इन आँकड़ों की माध्यिका 9.5 है, तो x का मान ज्ञात कीजिए।

(a) 9 (b) 8.5 (c) 8 (d) 7.5

8. 55, 53, 56, 59, 61, 69 और 31 संख्याओं की माध्यिका (median) ज्ञात कीजिए।

(a) 55 (b) 56 (c) 59 (d) 61

9. 52, 55, 56, 55, 54, 53, 55, 53, 51, और 57 का बहुलक (mode) बताइए।

(a) 53 (b) 54 (c) 55 (d) 52

10. 7, 5, 2, 6 का समान्तर माध्य क्या होगा?

(a) 4 (b) 4.5 (c) 5 (d) 5.5

11. दस प्रेक्षणों का माध्य 14 है। यदि प्रत्येक प्रेक्षण में 5 जोड़ दिया जाए, तो परिणामी माध्य क्या होगा?

(a) अपरिवर्तित होगा (b) 5 कम हो जाएगा
(c) 5 अधिक हो जाएगा (d) 2 अधिक हो जाएगा

12. यदि पाँच संख्याओं $x + 1, x + 2, x + 3, x + 4$ और $x + 5$ का माध्य 15 हो, तो प्रथम तीन संख्याओं का माध्य क्या होगा?

(a) 12 (b) 13 (c) 14 (d) 15

13. नीचे दिए गए बंटन में, माध्य है

x	3	4	5	6	7	8	9	10
f	2	4	2	3	5	4	3	7

(a) 10 (b) 7 (c) 7.1 (d) 6.5

14. यदि 8, 4, a और 10 का समान्तर माध्य 6 हो, तो a का मान क्या होगा?

(a) 5 (b) 8 (c) 7 (d) 2

15. दस संख्याओं के माध्य का मान 10 प्राप्त हुआ। बाद में पता चला कि एक संख्या को गलती से 9 पढ़ लिया गया था। जब उस संख्या का सही मान लिया गया तो माध्य का मान 12 प्राप्त हुआ। उस संख्या का सही मान क्या है?

(a) 19 (b) 20
(c) 29 (d) 10

16. एक बंटन के लिए, माध्य = 60 और माध्यिका = 48 है। इस बंटन के लिए बहुलक है

(a) 18 (b) 48
(c) 36 (d) 24

17. निम्नलिखित की माध्यिका ज्ञात कीजिए।

पद	10	15	18	20	22
बारम्बारता	3	4	8	3	2

(a) 18 (b) 16
(c) 19 (d) 117

18. 5 प्रेक्षणों के माध्य और माध्यिकाएँ क्रमशः 9 और 8 हैं। यदि प्रत्येक प्रेक्षण में से 1 घटा दिया जाए तो नए माध्य और माध्यिका क्रमशः होंगे

(a) 8 और 7
(b) 9 और 7
(c) 8 और 9
(d) आँकड़े अपर्याप्त

19. {10, 11, 9, 11, 9} समूह का मानक विचलन है।

(a) $1/\sqrt{5}$ (b) $2/\sqrt{5}$
(c) $3/\sqrt{5}$ (d) 0

20. यदि एक जनसंख्या का मानक विचलन 5 है, तो इसका प्रसरण क्या होगा?

(a) 10 (b) 15
(c) 25 (d) 12.5

21. नीचे दिए गए बंटन का माध्य 26 है, तो k का मान ज्ञात कीजिए?

वर्ग	0-10	10-20	20-30	30-40	40-50
बारम्बारता	8	10	k	6	12

(a) 10 (b) 1
(c) 4 (d) 8

22. निम्नलिखित आँकड़ों के माध्य की गणना कीजिए।
5.2, 13.3, 17.5, 19.5, 21.4
(a) 15.68 (b) 15.20
(c) 15.38 (d) 15.50

23. एक बारम्बारता बंटन में, यदि वर्ग का मध्य-मान 35 है और निचली सीमा का मान 30 है, तो इसकी ऊपरी सीमा का मान ज्ञात कीजिए।
(a) 40 (b) 30
(c) 10 (d) 20

24. संख्याओं 2, 4, 5, 8, 2 और 3 का माध्य m है। संख्याओं 4, 3, 3, 5, m, 3 और p का माध्य $m+1$, माध्यिका q तथा बहुलक r है। $(p+q-r)$ का मान ज्ञात कीजिए।
(a) 20
(b) 13
(c) 14
(d) 21

25. तीन संख्याओं का माध्य 53 है। आँकड़ों के इस समूह का परास (range) 28 है, जबकि दो सबसे छोटी संख्याओं का अन्तर 8 है। तीनों संख्याओं में से सबसे बड़ी संख्या ज्ञात कीजिए।
(a) 71 (b) 72
(c) 73 (d) 69

26. निम्नलिखित आँकड़ों के मानक विचलन की गणना कीजिए।
3, 4, 5, 6, 7
(a) $\sqrt{2}$
(b) $\sqrt{6}$
(c) 2
(d) $\sqrt{3}$

उत्तरमाला

1	(a)	2	(d)	3	(c)	4	(d)	5	(c)	6	(a)	7	(a)	8	(b)	9	(c)	10	(c)
11	(c)	12	(c)	13	(c)	14	(d)	15	(c)	16	(d)	17	(a)	18	(a)	19	(b)	20	(c)
21	(c)	22	(c)	23	(a)	24	(c)	25	(d)	26	(a)								

संकेत एवं हल

1. (a) दिए गए आँकड़े, 23, 17, 20, 19, 21

समान्तर माध्य $= \frac{23+17+20+19+21}{5}$

$= \frac{100}{5} = 20 \quad \left(\because \text{माध्य} = \frac{\text{कुल योग}}{\text{कुल संख्या}}\right)$

2. (d) समान्तर माध्य $= \frac{\Sigma f_i x_i}{\Sigma f_i}$

$= \frac{f_1x_1 + f_2x_2 + f_3x_3 + \dots + f_nx_n}{f_1 + f_2 + \dots + f_n}$

$\Rightarrow 21.5 = \frac{5\times 6 + 15\times 4 + 25\times 3 + 35\times k + 45\times 2}{6+4+3+k+2} \Rightarrow$

$322.5 + 21.5k = 30 + 60 + 75 + 35k + 90$

$\Rightarrow 13.5k = 67.5$

$\therefore \quad k = 5$

3. (c) 8 अवलोकन का योग $= 8 \times 10.5 = 84$

सात अवलोकन का योग

$= 3 + 15 + 7 + 19 + 12 + 17 + 8 = 81$

$\therefore$ 8वाँ अवलोकन $= 84 - 81 = 3$

4. (d) प्रत्येक पद में 2 जोड़ने पर समान्तर माध्य

$= 35 + 2 = 37$

5. (c) दिए गए आँकड़ों का आरोही क्रम में लिखने पर,

12, 12, 21, 23, 23, 23, 53, 53, 56, 64, 86, 87, 87, 98

यहाँ, $n = 14$

$\therefore$ माध्यिका

$= \frac{\frac{n}{2} \text{ वें पद का मान} + \left(\frac{n}{2}+1\right) \text{ वें पद का मान}}{2}$

$= \frac{\frac{14}{2} \text{ वें पद का मान} + \left(\frac{14}{2}+1\right) \text{ वें पद का मान}}{2}$

$= \frac{7 \text{ वें पद का मान} + 8 \text{ वें पद का मान}}{2}$

$= \frac{53+53}{2} = 53$

6. (a) दिए गए आँकड़ों को आरोही क्रम में लिखने पर,

3, 3, 3, 4, 5, 5, 5, 5, 6, 6, 7

यहाँ, $n = 11$

$\therefore$ माध्यिका $= \frac{n+1}{2}$ वें पद का मान

$= \frac{11+1}{2}$ वें पद का मान

$= \frac{12}{2}$ वें पद का मान $= 6$ वें पद का मान $= 5$

यहाँ, 5 की बारम्बारता सबसे अधिक है।

$\therefore$ बहुलक $= 5$

7. (a) आरोही क्रम में आँकड़े, 3, 4, 7, x, $x+1$, 12, 13, 15

यहाँ, $n = 8$ (सम)

माध्यिका $= \frac{\frac{n}{2} \text{वाँ पद} + \left(\frac{n}{2}+1\right) \text{वाँ पद}}{2}$

$\Rightarrow 9.5 = \frac{\frac{8}{2} \text{ वाँ पद} + \left(\frac{8}{2}+1\right) \text{वाँ पद}}{2}$

$\Rightarrow 9.5 = \frac{4\text{वाँ पद} + 5\text{वाँ पद}}{2}$

$\Rightarrow \quad 19 = x + x + 1$

$\Rightarrow \quad 2x = 19 - 1$

$\therefore \quad x = \frac{18}{2} = 9$

8. (b) आँकड़ों को आरोही क्रम में लिखने पर,

31, 53, 55, 56, 59, 61, 69

यहाँ, $n = 7$

$\therefore$ माध्यिका $= \frac{n+1}{2}$ वें पद का मान

$= \frac{7+1}{2}$ वें पद का मान $= \frac{8}{2}$ वें पद का मान

$= 4$ वें पद का मान $= 56$

9. (c) दिए गए आँकड़ों में 55 की बारम्बारता सर्वाधिक (3 बार) है।

$\therefore$ बहुलक $= 55$

10. (c) समान्तर माध्य $= \frac{\Sigma x}{N}$

$= \frac{7+5+2+6}{4} = \frac{20}{4} = 5$

11. (c) दिया है, 10 प्रेक्षणों का माध्य $= 14$

$\therefore$ 10 प्रेक्षणों का योग $= 14 \times 10 = 140$

अब प्रत्येक प्रेक्षण में 5 जोड़ने पर योग

$= 140 + 5 \times 10 = 140 + 50 = 190$

$\therefore$ नया माध्य $= \frac{190}{10} = 19$

अतः परिणामी माध्य $19 - 14 = 5$ अधिक हो जाएगा।

12. (c) दी गई पाँच संख्याओं का माध्य = 15

$\Rightarrow \frac{x+1+x+2+x+3+x+4+x+5}{5} = 15$

$\Rightarrow \quad 5x + 15 = 75$

$\Rightarrow \quad 5x = 60 \Rightarrow x = 12$

∴ प्रथम तीन संख्याएँ = 13, 14, 15

अब, प्रथम तीन संख्याओं का माध्य

$= \frac{13+14+15}{3} = \frac{42}{3} = 14$

13. (c)

x	3	4	5	6	7	8	9	10	
f	2	4	2	3	5	4	3	7	$\Sigma f = 30$
fx	6	16	10	18	35	32	27	70	$\Sigma fx = 214$

∴ माध्य $= \frac{\Sigma fx}{\Sigma f} = \frac{214}{30} = 7.1$

14. (d) दिए गए आँकड़ों का समान्तर माध्य

$= \frac{8+4+a+10}{4} = 6$

$\Rightarrow \quad 22 + a = 24$

$\Rightarrow \quad a = 24 - 22 = 2$

15. (c) यहाँ माध्य 10 के अनुसार 10 संख्याओं का योग = 10 × 10 = 100

तथा माध्य 12 के अनुसार 10 संख्याओं का योग

= 12 × 10 = 120

∴ अभीष्ट संख्या = 120 − (100 − 9)

= 120 − 91 = 29

16. (d) दिया है, माध्य = 60, माध्यिका = 48

बहुलक = 3 × माध्यिका − 2 × माध्य

= 3 × 48 − 2 × 60

= 144 − 120 = 24

∴ बहुलक = 24

17. (a)

पद	10	15	18	20	22	
बारम्बारता	3	4	8	3	2	$N = 20$
संचयी बारम्बारता	3	7	15	18	20	

$N = 20$ (सम)

$\therefore \frac{N}{2} = 10$ तथा $\frac{N}{2} + 1 = 11$

जोकि संचयी बारम्बारता में 15 के अन्तर्गत है अतः इसके संगत प्रेक्षण का मान 18 है।

$\text{माध्यिका} = \frac{\frac{N}{2}\text{वाँ पद} + \left(\frac{N}{2}+1\right)\text{वाँ पद}}{2}$

$= \left(\frac{10 \text{ वाँ पद} + 11 \text{ वाँ पद}}{2}\right) = \frac{18+18}{2} = 18$

18. (a) 5 प्रेक्षणों का माध्य = 9

$\Rightarrow \frac{5 \text{ प्रेक्षणों का योग}}{5} = 9$

⇒ 5 प्रेक्षणों का योग = 9 × 5 = 45

यदि प्रत्येक प्रेक्षण में से 1 घटा दिया जाए,

तब नया माध्य $= \frac{5 \text{ प्रेक्षणों का योग} - 5}{5}$

$= \frac{45-5}{5} = \frac{40}{5} = 8$

अब, 5 प्रेक्षणों की माध्यिका $= \left(\frac{5+1}{2}\right)$ वाँ पद

= 3 वाँ पद = 8

यदि प्रत्येक प्रेक्षण में से 1 घटा दिया जाए

तब, नई माध्यिका = 8 − 1 = 7

अतः नया माध्य तथा नई माध्यिका क्रमशः 8 तथा 7 हैं।

19. (b)

पद (x)	$d = x - \bar{x}$	d^2
10	10 − 10 = 0	0
11	11 − 10 = 1	1
9	9 − 10 = − 1	1
11	11 − 10 = 1	1
9	9 − 10 = − 1	1
$\Sigma x = 50$	$d = 4$	$\Sigma d^2 = 4$

समान्तर माध्य $= \frac{\Sigma x}{n} = \frac{50}{5} = 10$

∴ मानक विचलन $= \sqrt{\frac{\Sigma d^2}{n}} = \sqrt{\frac{4}{5}} = \frac{2}{\sqrt{5}}$

20. (c) मानक विचलन $= \sqrt{\frac{\Sigma d^2}{n}}$

$\Rightarrow \quad 5 = \sqrt{\frac{\Sigma d^2}{n}} \Rightarrow 25 = \frac{\Sigma d^2}{n}$

∴ प्रसरण $= \frac{\Sigma d^2}{n} = 25$

21. (c)

वर्ग	f_1	x_1	f_1x_1
0-10	8	5	40
10-20	10	15	150
20-30	k	25	25k
30-40	6	35	210
40-50	12	45	540

$\Sigma f_i = 36 + k,$

$\Sigma f_i x_i = 940 + 25k$

माध्य $= \frac{\Sigma f_i x_i}{\Sigma f_i}$

$26 = \frac{940 + 25k}{36 + k}$

$\Rightarrow \quad 936 + 26k = 940 + 25k$

$\therefore \quad k = 4$

22. (c) आँकड़ों का माध्य $\left[\frac{\text{आँकडो का योग}}{\text{आँकडो की संख्या}}\right]$

$= \frac{5.2 + 13.3 + 17.5 + 19.5 + 21.4}{5}$

$= \frac{76.9}{5} = 15.38$

23. (a) हम जानते हैं कि,

वर्ग का मध्य मान

$= \frac{\text{ऊपरी सीमा} + \text{निचली सीमा}}{2}$

$\Rightarrow \quad 35 = \frac{\text{ऊपरी सीमा} + 30}{2}$

$\Rightarrow \quad 70 = \text{ऊपरी सीमा} + 30$

⇒ ऊपरी सीमा = 70 − 30 = 40

24. (c) 2, 4, 5, 8, 2 और 3 का माध्य

$m = \frac{2+4+5+8+2+3}{6} = \frac{24}{6} = 4$

दिया है,

4, 3, 3, 5, m, 3 और p का माध्य = m + 1

4, 3, 3, 5, 4, 3 और p का माध्य = 5

[∵ m = 4]

$\Rightarrow \quad \frac{4+3+3+5+4+3+P}{7} = 5$

$\Rightarrow \quad 22 + P = 35$

$\therefore \quad P = 13$

आरोही क्रम = 3, 3, 3, 4, 4, 5, 13

माध्यिका (q) = 4

बहुलक (r) = 3

अतः ($p + q - r$) = 13 + 4 − 3

= 17 − 3 = 14

25. (d) माना तीन संख्याएँ a, b व c हैं।

जहाँ $a > b > c$

प्रश्नानुसार, $\frac{a+b+c}{3} = 53$

$\Rightarrow \quad a + b + c = 159 \quad$ ...(i)

$a - c = 28 \quad$ ...(ii)

व $\quad b - c = 8 \quad$ ...(iii)

समी (ii) व (iii) से, $a - b = 20 \quad$ ...(iv)

समी (i) व (iii) से, $a + 2b = 167 \quad$ ...(v)

समी (iv) व (v) से, $3a = 40 + 167 = 207$

$\Rightarrow \quad a = \frac{207}{3} \Rightarrow a = 69$

26. (a) समान्तर माध्य

$(\bar{x}) = \frac{3+4+5+6+7}{5} = \frac{25}{5} = 5$

x_i	$(x_i - x)$	$(x_i - \bar{x})^2$
3	3 − 5 = −2	4
4	4 − 5 = −1	1
5	5 − 5 = 0	0
6	6 − 5 = 1	1
7	7 − 5 = 2	4
		10

अतः मानक विचलन $= \sqrt{\frac{\Sigma(x_i - \bar{x})^2}{n}} = \sqrt{\frac{10}{5}} = \sqrt{2}$

अध्याय

09

प्रायिकता
(Probability)

प्रायिकता Probability

यादृच्छया (at random) किए गए प्रयोग द्वारा किसी वांछित परिणाम के प्राप्त होने अथवा न होने की सभी सम्भावनाओं को ज्ञात करना, उस प्रयोग की प्रायिकता कहलाती है।

प्रतिदर्श समष्टि Sample Space

किसी प्रयोग (experiment) के लिए प्रतिदर्श समष्टि (sample space) उस प्रयोग द्वारा प्राप्त सभी सम्भव परिणामों (results) का समुच्चय होता है जिसे अक्षर S से प्रकट करते हैं।

प्रतिदर्श समष्टि (sample space) = सभी परिणामों का समुच्चय

घटना Event

प्रतिदर्श समष्टि S का प्रत्येक उपसमुच्चय (subset) किसी घटना को व्यक्त करता है जिसे अक्षर E से प्रदर्शित करते हैं। अत: $E \subseteq S$। घटना E की प्रायिकता को $P(E)$ से प्रदर्शित किया जाता है।

सरल घटना Simple Event

यदि किसी घटना में प्रतिदर्श समष्टि का 'केवल एक' अवयव हो, तो वह सरल घटना कहलाती है।

पूरक घटना Complementary Event

किसी घटना E के घटित न होने को उसकी पूरक घटना कहते हैं जिसे प्रतीक E' से व्यक्त किया जाता है।

किसी घटना E के घटित होने तथा घटित न होने की अलग-अलग प्रायिकताओं का योग सदैव 1 के बराबर होता है अर्थात्

$$P(E) + P(E') = 1$$

मिश्रित घटना Compound Event

यदि घटना को प्रदर्शित करने वाले समुच्चय में प्रतिदर्श समष्टि के एक से अधिक अवयव हों, तो वह मिश्रित घटना कहलाती है।

किसी घटना की प्रायिकता ज्ञात करने का सूत्र

किसी घटना की प्रायिकता

$$= \frac{\text{उस घटना के घटित होने के सभी तरीकों की संख्या}}{\text{प्रतिदर्श समष्टि के अवयवों की कुल संख्या}}$$

यदि प्रतिदर्श समष्टि S तथा उसकी एक घटना E को प्रदर्शित करने वाले समुच्चयों में अवयवों की संख्याओं को क्रमशः $n(S)$ और $n(E)$ से व्यक्त किया जाएँ, तब सूत्र से,

$$\text{घटना } E \text{ की प्रायिकता} = P(E) = \frac{n(E)}{n(S)}$$

घटना के अनुकूल एवं प्रतिकूल संयोगानुपात

Odds in Favour and Odds Against an Events

यदि किसी घटना E के घटित होने के ढंग m तथा घटित न होने के ढंग n हो, तब

घटना E के अनुकूल संयोगानुपात $= m : n$

घटना E के प्रतिकूल संयोगानुपात $= n : m$

अब घटना E के घटित होने अथवा घटित न होने के कुल ढंग $= m + n$

घटना E के घटित होने की प्रायिकता $= \dfrac{m}{m+n}$

तथा घटना E के घटित न होने की प्रायिकता $= \dfrac{n}{m+n}$

किन्हीं दो घटनाओं में से किसी एक के घटने की प्रायिकता

यदि E_1 व E_2 कोई दो घटनाएँ है, तब घटना E_1 या E_2 में से किसी एक के घटित होने की प्रायिकता जिसे $P(E_1 \cup E_2)$ से प्रदर्शित किया जाता है, निम्न सूत्र से प्राप्त होती है

$$P(E_1 \cup E_2) = P(E_1) + P(E_2) - P(E_1 \cap E_2)$$

परस्पर अपवर्जी घटनाएँ Mutually Exclusive Events

यदि किसी प्रतिदर्श समष्टि S की दो घटनाओं E_1 और E_2 में से किसी एक के घटित होने पर दूसरी घटित न हो अर्थात् घटना E_1 के घटित होने का, घटना E_2 के घटित होने से कोई सम्बन्ध न हों, तो घटनाएँ E_1 और E_2 परस्पर अपवर्जी (mutually exclusive) कहलाती है।

अत: घटनाएँ E_1 और E_2 परस्पर अपवर्जी होती हैं, यदि

$$E_1 \cap E_2 = \phi$$

घटना E_1 या E_2 की प्रायिकता
Probability of Event E_1 or E_2

घटना E_1 या E_2 में से किसी एक के घटने की प्रायिकता जिसे $P(E_1 \cup E_2)$ से प्रदर्शित किया जाता है, निम्न सूत्र से प्राप्त होती है

$$P(E_1 \cup E_2) = P(E_1) + P(E_2)$$

जबकि E_1 और E_2 परस्पर अपवर्जी घटनाएँ हैं।

पूर्ण प्रायिकता का प्रमेय
Theorem of Total Probability

यदि $E_1, E_2, E_3, \ldots, E_n$ परस्पर अपवर्जी घटनाएँ है, तब इनमें से किसी भी एक घटना के घटित होने की प्रायिकता निम्न सूत्र से प्राप्त होती है

$P(E_1$ या E_2 या $E_3 \ldots)$

$$= P(E_1) + P(E_2) + P(E_3) + \ldots + P(E_n)$$

स्वतन्त्र तथा परतन्त्र घटनाएँ
Dependent and Independent Events

यदि किसी प्रतिदर्श समष्टि S की दो घटनाएँ E_1 और E_2 ऐसी है कि इनमें से किसी एक के घटित होने अथवा घटित न होने का प्रभाव दूसरी घटना के घटित होने की प्रायिकता पर नहीं पड़ता, तो E_1 और E_2 परस्पर स्वतन्त्र घटनाएँ कहलाती है। जो घटनाएँ स्वतन्त्र नहीं है वे परतन्त्र होगी।

दो स्वतन्त्र घटनाओं के एकसाथ घटित होने की प्रायिकता

दो स्वतन्त्र घटनाओं E_1 और E_2 के साथ घटित होने की प्रायिकता $P(E_1 \cap E_2)$ निम्न सूत्र से प्राप्त होती है

प्रायिकता के गुणन नियम से,

$$P(E \cap F) = P(E)\, P\left(\frac{F}{E}\right)$$

$$P(E_1 \cap E_2) = P(E_1)\, P(E_2)$$

जब E_1, E_2 साथ-साथ घटित होती है।

प्रतिबन्धित प्रायिकता Conditional Probability

यदि E_1 और E_2 दो घटनाएँ ऐसी है कि घटना E_1 के घटित हो चुकने पर दूसरी घटना E_2 घटित होती है, तो घटना E_2 की प्रायिकता को प्रतिबन्धित प्रायिकता कहते हैं जिसे $P\left(\frac{E_2}{E_1}\right)$ द्वारा व्यक्त किया जाता है।

इसी प्रकार, यदि घटना E_2 के घटित हो चुकने पर दूसरी घटना E_1 घटित होती है, तो घटना E_1 की प्रायिकता को प्रतिबन्धित प्रायिकता कहते हैं जिसे $P\left(\frac{E_1}{E_2}\right)$ द्वारा व्यक्त किया जाता है।

निम्न सूत्रों द्वारा प्रतिबन्धित प्रायिकता ज्ञात की जाती है

$$P\left(\frac{E_2}{E_1}\right) = \frac{P(E_2 \cap E_1)}{P(E_1)}, \text{ जब } P(E_1) \neq 0$$

तथा $$P\left(\frac{E_1}{E_2}\right) = \frac{P(E_1 \cap E_2)}{P(E_2)}, \text{ जब } P(E_2) \neq 0$$

मिश्र प्रायिकता प्रमेय Compound Probability Theorem

दो घटनाओं E_1 और E_2 के साथ घटित होने की प्रायिकता $P(E_1 \cap E_2)$ जबकि घटना E_1 घटित हो चुकी है, निम्न सूत्र से प्राप्त होती है

$$P(E_1 \cap E_2) = P\left(\frac{E_2}{E_1}\right) P(E_1)$$

इसी प्रकार, यदि घटना E_2 घटित हो चुकी है, तब

$$P(E_1 \cap E_2) = P\left(\frac{E_1}{E_2}\right) \cdot P(E_2)$$

द्विपद प्रमेय की सहायता से प्रायिकता ज्ञात करना

n स्वतन्त्र परीक्षणों में किसी घटना E के r बार घटित होने की प्रायिकता निम्न सूत्र से ज्ञात की जाती है $^nC_r p^r q^{n-r}$ जहाँ प्रत्येक परीक्षण में घटना E के घटित होने की समान प्रायिकता p तथा घटना के घटित न होने की प्रायिकता q है अर्थात् $q = 1 - p$ **जैसे** पासे के ऊपर 2 से बड़ा अंक आने की घटना E को व्यक्त करने वाले समुच्चय में चार अवयव 3, 4, 5, 6 होंगे।

$\therefore E = \{3, 4, 5, 6\}$ एक मिश्रित घटना है चूँकि इसमें S के एक से अधिक अवयव है।

उदाहरण 1 एक कॉलिज में 30% छात्र गणित में तथा 25% छात्र हिन्दी में तथा 10% छात्र दोनों विषयों में फेल होते हैं। एक छात्र यादृच्छया रूप से चुना जाता है। तब

(i) छात्र के हिन्दी में फेल होने की प्रायिकता ज्ञात कीजिए यदि वह गणित में फेल है।

(a) $\frac{1}{3}$ (b) $\frac{2}{3}$ (c) $\frac{3}{2}$ (d) $\frac{2}{5}$

(ii) छात्र के गणित में फेल होने की प्रायिकता ज्ञात कीजिए यदि वह हिन्दी में फेल है।

(a) $\frac{2}{3}$ (b) $\frac{2}{5}$ (c) $\frac{1}{3}$ (d) $\frac{1}{4}$

हल माना E_1 = गणित में फेल होने की घटना

E_2 = हिन्दी में फेल होने की घटना

∵ 30% छात्र गणित में फेल होते हैं

∴ $P(E_1) = \frac{30}{100} = \frac{3}{10}$

∴ 25% छात्र हिन्दी में फेल होते हैं

∴ $P(E_2) = \frac{25}{100} = \frac{1}{4}$

∴ 10% छात्र दोनों विषयों में फेल होते हैं $P(E_1 \cap E_2) = \frac{10}{100} = \frac{1}{10}$

(i) (a) हिन्दी में फेल होने की प्रायिकता यदि वह गणित में फेल है,

$$P\left(\frac{E_2}{E_1}\right) = \frac{P(E_1 \cap E_2)}{P(E_1)} = \frac{\left(\frac{1}{10}\right)}{\left(\frac{3}{10}\right)} = \frac{1}{3}$$

(ii) (b) गणित में फेल होने की प्रायिकता यदि वह हिन्दी में फेल है,

$$P\left(\frac{E_1}{E_2}\right) = \frac{P(E_1 \cap E_2)}{P(E_2)} = \frac{\left(\frac{1}{10}\right)}{\left(\frac{1}{4}\right)} = \frac{4}{10} = \frac{2}{5}$$

उदाहरण 2 एक पासा और एक सिक्का एकसाथ फेंके जाते हैं पासे पर एक विषम संख्या तथा सिक्के पर H आने की घटना की प्रायिकता ज्ञात कीजिए।

(a) $\frac{1}{4}$ (b) $\frac{4}{3}$ (c) $\frac{3}{5}$ (d) $\frac{2}{4}$

हल (a) पासे पर 1 से लेकर 6 तक कोई भी अंक ऊपर आ सकता है तथा सिक्के पर (H) और (T) में से कोई भी ऊपर आ सकता है।

∴ प्रतिदर्श समष्टि निम्न होगी

$S = \{(1, H), (2, H), (3, H), (4, H), (5, H),$
$(6, H), (1, T), (2, T), (3, T), (4, T), (5, T), (6, T)\}$

यदि पासे पर विषम संख्या तथा सिक्के पर (H) आने की घटना E है, तब

$$E = \{(1, H), (3, H), (5, H)\}$$

∴ S में अवयवों की संख्या $n(S) = 12$

तथा E में अवयवों की संख्या $n(E) = 3$

अतः घटना E की प्रायिकता $= \frac{n(E)}{n(S)} = \frac{3}{12} = \frac{1}{4}$

उदाहरण 3 प्रायिकता ज्ञात कीजिए कि शब्द UNIVERSITY के किसी यादृच्छया विन्यास में दोनों I एकसाथ आते हैं।

(a) $\frac{5}{2}$ (b) $\frac{2}{5}$ (c) $\frac{1}{5}$ (d) $\frac{-5}{2}$

हल (c) शब्द UNIVERSITY के अक्षरों से बनने वाले शब्दों की कुल संख्या

$$= \frac{\underline{|10}}{\underline{|2}}$$

दोनों को एक अक्षर मानने पर विभिन्न अक्षरों की संख्या = 9

इन 9 अक्षरों को = $\underline{|9}$ तरीके से विन्यासित किया जा सकता है।

अतः अनुकूल परिणामों की संख्या = $\underline{|9}$

अभीष्ट प्रायिकता होगी $= \frac{\underline{|9}}{\left(\frac{\underline{|10}}{\underline{|2}}\right)} = \frac{\underline{|9} \times \underline{|2}}{\underline{|10}} = \frac{2}{10} = \frac{1}{5}$

उदाहरण 4 एक सन्दूक में जिसमें 32 ठीक तथा 4 खराब बल्ब रखे हैं। यदि इसमें से दो बल्ब यादृच्छया निकाले जाएँ, तो उनके ठीक निकलने की प्रायिकता ज्ञात कीजिए।

(a) $\frac{248}{315}$ (b) $\frac{284}{315}$ (c) $\frac{315}{248}$ (d) $\frac{351}{248}$

हल (a) सन्दूक में बल्बों की कुल संख्या = 32 + 4 = 36

इनमें से हमें 2 बल्ब निकालने है।

36 बल्बों में से 2 बल्ब चुनने के ढंग $= {}^{36}C_2 = \frac{36 \times 35}{2 \times 1} = 630$

32 ठीक बल्बों में से 2 बल्ब चुनने के कुल ढंग

$$= {}^{32}C_2 = \frac{32 \times 31}{2 \times 1} = 496$$

अतः 2 ठीक बल्ब निकलने की प्रायिकता $= \frac{496}{630} = \frac{248}{315}$

अभ्यास प्रश्न

1. दो पासे (dice) फेंके जाते हैं, दोनों पासों के ऊपर बिन्दुओं का योग 7 हो, तो इसकी प्रायिकता होगी

(a) $\frac{5}{36}$ (b) $\frac{6}{36}$ (c) $\frac{7}{36}$ (d) $\frac{8}{36}$

2. अच्छी प्रकार फेंटी हुई ताश की गड्डी से एक-एक करके दो पत्ते निकाले जाते हैं। दूसरा पत्ता खींचने से पूर्व पहला पत्ता गड्डी में रख दिया जाता है। यदि गड्डी में 52 पत्ते हों, तो दो इक्के निकलने की प्रायिकता होगी

(a) $\frac{1}{13} \times \frac{1}{13}$ (b) $\frac{1}{13} \times \frac{1}{17}$
(c) $\frac{1}{52} \times \frac{1}{51}$ (d) $\frac{1}{3} \times \frac{4}{51}$

3. दो पासों के उछाल में कुल योग 8 प्राप्त करने की प्रायिकता होगी

(a) $\frac{1}{36}$ (b) $\frac{5}{36}$ (c) $\frac{6}{38}$ (d) $\frac{4}{36}$

4. भारत दो मैच वेस्टइण्डीज तथा ऑस्ट्रेलिया के साथ खेलता है। किसी मैच में भारत द्वारा 0, 1, 2 अंक प्राप्त करने की प्रायिकता क्रमशः 0.45, 0.05, 0.50 है। यदि नतीजे स्वतन्त्र माने जाए, तो भारत को कम-से-कम 7 अंक प्राप्त करने की प्रायिकता होगी

(a) 0.8750 (b) 0.0875
(c) 0.0625 (d) 0.0250

5. A तथा B में से किसी एक के होने की प्रायिकता 0.6 है। यदि A और B दोनों के साथ में होने की प्रायिकता 0.2 हो, तो $P(\bar{A}) + P(\bar{B})$ होगी

(a) 0.4 (b) 0.8
(c) 1.2 (d) 1.4

6. ताश के पत्तों की गड्डी से दो पत्ते खींचे जाते हैं। दूसरा पत्ता, प्रथम को गड्डी में रखने के बाद खींचा जाता है। प्रथम ईंट तथा द्वितीय बादशाह होने की प्रायिकता होगी

(a) $\frac{13}{4}$ (b) $\frac{4}{13}$
(c) $\frac{1}{52}$ (d) 52

7. घटना A तथा B के होने की प्रायिकता क्रमशः 0.5 तथा 0.3 है। यदि A तथा B परस्पर अपवर्जी घटनाएँ है, तो दोनों घटनाओं के न होने की प्रायिकता होगी

(a) 0.6 (b) 0.5
(c) 0.7 (d) इनमें से कोई नहीं

8. यदि घटनाएँ A तथा B इस प्रकार है कि $P(A) > 0$ और $P(B) \neq 0$, तो $P(\bar{A}/\bar{B})$ बराबर होगा

(a) $1 - P(A/B)$ (b) $1 - P(\bar{A}/B)$
(c) $\frac{1 - P(A \cup B)}{P(\bar{B})}$ (d) $\frac{P(\bar{A})}{P(\bar{B})}$

9. तीन एकसमान पासे फेंके जाते हैं, प्रत्येक पर एकसमान अंक आने की प्रायिकता होगी

(a) $\frac{1}{6}$ (b) $\frac{1}{36}$
(c) $\frac{1}{18}$ (d) $\frac{3}{28}$

10. एक सिक्का 3 बार उछाला जाता है। कम-से-कम दो शीर्ष (head) प्राप्त करने की प्रायिकता होगी

(a) $\frac{3}{8}$ (b) $\frac{1}{2}$
(c) 1 (d) 2

11. ताश के पत्तों की एक गड्डी में 51 पत्ते हैं। यदि परीक्षण किए गए प्रथम 13 पत्ते लाल हैं, तब खोए हुए पत्ते के काला पत्ता होने की प्रायिकता है

(a) $\frac{15}{26}$ (b) $\frac{16}{39}$
(c) $\frac{37}{52}$ (d) $\frac{2}{3}$

12. एक बैग में 1 से 30 तक अंकित कुल 30 टिकट हैं। इनमें से यादृच्छया (at random) पाँच टिकट खींचे जाते हैं तथा इनको अंकित संख्या के बढ़ते क्रम में रखते हैं। इनमें से तीसरे टिकट पर संख्या 20 हो, तो इसकी प्रायिकता होगी

(a) $\frac{{}^{19}C_2 \times {}^{9}C_2}{{}^{30}C_5}$ (b) $\frac{{}^{20}C_2 \times {}^{10}C_2}{{}^{30}C_5}$
(c) $\frac{{}^{19}C_2 \times {}^{10}C_2}{{}^{30}C_5}$ (d) $\frac{{}^{20}C_2 \times {}^{9}C_2}{{}^{30}C_5}$

13. कुल चार मशीनें हैं जिनमें से दो दोषपूर्ण हैं। इनका एक-एक करके तब तक परीक्षण किया जाता है जब तक दोनों दोषपूर्ण मशीनों की पहचान नहीं हो जाती। इसके लिए केवल दो परीक्षण आवश्यक हों, तो इसकी प्रायिकता होगी

(a) $\frac{1}{3}$ (b) $\frac{1}{6}$ (c) $\frac{1}{2}$ (d) $\frac{1}{4}$

14. एक बीमार के स्वस्थ होने की प्रायिकता $\frac{1}{2}$ है। यदि बीमारी से पाँच लोग पीड़ित हैं, तो उनमें से कम-से-कम तीन के स्वस्थ होने की प्रायिकता होगी

(a) $\frac{1}{2}$ (b) $\frac{1}{3}$
(c) $\frac{1}{4}$ (d) $\frac{1}{5}$

15. 15 बल्ब जिनमें 5 दोषपूर्ण हैं, में से 3 बल्ब यादृच्छया चुने जाते हैं। केवल एक बल्ब के दोषपूर्ण होने की प्रायिकता होगी

(a) $\frac{24}{91}$ (b) $\frac{45}{91}$
(c) $\frac{67}{91}$ (d) $\frac{82}{91}$

16. यदि A तथा B दो घटनाएँ इस प्रकार है कि $P(A) = 0.5$ तथा $P(A \cup B) = 0.9$, तो घटना B की प्रायिकता क्या होगी जबकि A तथा B दो स्वतन्त्र घटनाएँ हैं?

(a) 0.6 (b) 0.7
(c) 0.8 (d) 0.9

17. 4 बच्चों के एक परिवार में कम-से-कम एक लड़का होने की प्रायिकता होगी

(a) $\frac{4}{3}$ (b) $\frac{7}{8}$ (c) $\frac{5}{6}$ (d) $\frac{15}{16}$

18. 52 पत्तों की एक गड्डी से एक-एक करके दो पत्ते खींचे जाते हैं। दूसरा पत्ता खींचने से पूर्व प्रथम को गड्डी में नहीं रखा जाता है। प्रथम के बादशाह तथा द्वितीय के बेगम होने की प्रायिकता होगी

(a) $\frac{1}{663}$ (b) $\frac{2}{663}$
(c) $\frac{4}{663}$ (d) $\frac{5}{663}$

19. A के दौड़ जीतने की सम्भावना $\frac{1}{5}$ तथा B की $\frac{1}{4}$ है। किसी के भी न जीतने की प्रायिकता होगी

(a) $\frac{1}{5}$ (b) $\frac{2}{5}$ (c) $\frac{3}{5}$ (d) $\frac{4}{5}$

20. एक विद्यार्थी के तैराक न होने की प्रायिकता $\frac{1}{5}$ है, तो 5 में से 4 के तैराक होने की प्रायिकता होगी

(a) ${}^5C_4 \left(\frac{4}{5}\right)^4 \left(\frac{1}{5}\right)$ (b) $\left(\frac{4}{5}\right)^4 \left(\frac{1}{5}\right)$
(c) ${}^5C_1 \left(\frac{1}{5}\right)^4 \left(\frac{4}{5}\right)$ (d) इनमें से कोई नहीं

21. एक तीरंदाज का तीर निशाने पर लगने की प्रायिकता $\frac{1}{5}$ है, तो 10 में से कम-से-कम एक तीर सही लगने की प्रायिकता होगी

(a) $1 - \left(\frac{4}{5}\right)^{10}$ (b) $\frac{1}{5^{10}}$
(c) $1 - \frac{1}{5^{10}}$ (d) इनमें से कोई नहीं

22. एक साधारण पासे से दो क्रमागत उछालों में से प्रथम में एक आने की प्रायिकता होगी

(a) $\frac{1}{36}$ (b) $\frac{5}{36}$ (c) $\frac{25}{36}$ (d) $\frac{1}{6}$

23. एक थैले में 4 ताँबे के सिक्के तथा 3 चाँदी के सिक्के हैं। दूसरे थैले में 6 ताँबे के तथा 2 चाँदी के सिक्के हैं। किसी भी थैले से एक सिक्का निकाला जाता है। इसके ताँबे के होने की प्रायिकता होगी

(a) $\frac{4}{7}$ (b) $\frac{3}{4}$
(c) $\frac{3}{7}$ (d) $\frac{37}{56}$

24. 15 कूपनों को 1 से 15 तक संख्याएँ दी गई हैं। इनमें से यादृच्छया सात कूपनों को एक-एक करके चुना जाता है तथा अगला कूपन चुनने से पहले पूर्व में चुना गया कूपन गड्डी में रख देते हैं। चुने गए कूपनों पर बड़ी-से-बड़ी संख्या के 9 होने की प्रायिकता होगी

(a) $\left(\frac{9}{16}\right)^6$ (b) $\left(\frac{8}{15}\right)^7$
(c) $\left(\frac{3}{5}\right)^7$ (d) इनमें से कोई नहीं

25. प्रथम 120 प्राकृतिक संख्याओं में से यादृच्छया एक संख्या का चुनाव किया जाता है। इस संख्या के 5 या 15 का गुणक होने की प्रायिकता होगी

(a) $\frac{1}{5}$ (b) $\frac{1}{8}$ (c) $\frac{1}{6}$ (d) $\frac{1}{4}$

उत्तरमाला

1 (b)	2 (a)	3 (b)	4 (b)	5 (c)	6 (c)	7 (d)	8 (c)	9 (b)	10 (b)
11 (d)	12 (c)	13 (b)	14 (a)	15 (b)	16 (c)	17 (d)	18 (c)	19 (c)	20 (a)
21 (a)	22 (b)	23 (d)	24 (c)	25 (a)					